文／白／对／照

讀通鑑論

一

〔清〕王夫之 著
伊 力 译

团结出版社

前言

《读通鉴论》是明末清初著名思想家王夫之毕其一生心血，从六十九岁开始动笔写作，在其逝世前才完成的一部史论经典。内容涉及史学、哲学、政治、民族、军事等多个视角和层次。这不是一部单纯的历史著作，而是阅读另一部历史巨著的笔记。每一节都是针对《资治通鉴》所记的某一段史实而发的议论，作者借引《资治通鉴》所载史实系统评论自秦至五代间漫长的历史，分析历代成败兴亡，盛衰得失，臧否人物，引古鉴今，探求历史发展规律，寻求中国复兴之道。全书约六十余万字，文采飞扬，议论纵横，新见迭出，论点精到，堪称传统史论中最系统、最精彩的杰作，对后世影响极为深远。全书三十卷，其中秦一卷，西汉四卷，东汉四卷，三国一卷，晋四卷，宋、齐、梁、陈、隋各一卷，唐八卷，五代三卷，另附《叙论》四篇为卷末。

王夫之（1619年—1692年），明末清初的思想家、经学家、史学家和文学家。字而农，号姜斋，湖南衡阳人，晚年隐居衡阳石船山，学者尊称为船山先生。其别号甚多，据记载还有卖姜翁、一瓠道人、船山老农、船山遗老等十多个。生于明万历四十七年（1619年），崇祯十五年（1642年）壬午科举人。王夫之自幼从学于父兄，聪敏好学，博览群书，十四岁即考入衡阳县学，成为秀才，但继续科举仕进的梦想在农民大起义的冲击下破灭。王夫之目睹明末的腐朽统治和东北满族贵族势力的不断扩张，与许多有识之士一样感到危机日深，主张改革弊政。他十分关注国家社会政治时局，格外用心研究历史。王夫之壮年时，明清两朝交替，他曾积极参加抗清斗争，经受过坎坷的政治流亡生活的考验和锻炼，同时有机会广泛接触社会，使他的进步思想趋于成熟。迫于抗清形势逆转，王夫之遁迹林泉，近四十年幽居穷乡僻壤，荒山野岭，苦其心志，联系社会现实，总结历史经验，以全部精力从事著述，力图回答时代所提出的各种问题，寻找挽救危局的革新之路。

王夫之一生以“六经责我开生面”自期自许，为传统学术文化的发展，作出了历史性的总结和创造性的贡献，努力开创了古代哲学的新纪元。1985年，美国哲学社会科学界评出“古今八大哲学家”，王夫之位居第二。美国著名学者裴士锋称王夫之是“湖南人的精神领袖”。张岱年先生称王夫之是“中国古典哲学唯物主义的最高峰”。王夫之不仅是湖湘文化的优秀代表，也是中华优秀传统文化重要人物。

王夫之在《读通鉴论》一书中系统地阐述了自己的历史观和方法论。首先，他强调经世致用，以史为鉴。他对《资治通鉴》一书的命名十分赞赏，认为司马光从“求治之资”的目的出发，用意十分深刻。其次，在写史方面，他主张必须有实录精神，“敦实行，传信史”。具体方法是“立公言，去私意。”他批评司马迁在《史记》中对李陵投降持暧昧态度。王夫之本人写史也是如此，如在《永历实录》中对明末抗清义士予以充分肯定。此外，他还反对主观臆断，提倡用事实说话，并强调著史必须做到论述、观点和史实的统一，即所谓“言”、“义”、“事”相结合，在史学方法论上有着重要意义。

中国的史书，从朱熹著成《通鉴纲目》以后，正统的争论已成为封建史学家所最关心的事，甚至影响到宋、辽、金三史的修撰，迟迟未能定稿。千百年来，天不变道亦不变，宋元以来，为一家一姓而争正统的喧吵热闹非凡，而王夫之在《读通鉴论》中提出“理势合一”的进步历史观，指出社会发展有其必然之“势”，在这个必然之“势”中又存在一定的“理”，也就是规律性。他从远古人类的“异于禽兽者几希”与今天人类文明中看到了“世益降，物益备”；从三代的“沈酗”、“淫奔”、“黩货”与唐代的“天下帖然受治”中看到了今未必不如昔；从三代的封建诸侯与秦始皇改郡县制的成功中看到了“势相激而理随以易”。历史的变化使王夫之得出了一个哲理性的结论：“势之顺者，即理之当然者矣”。“理势合一”、“理因乎势”是王夫之在历史沉思中得出的最有光彩的结论。“变”是这个历史哲学的核心。在此思想指导下，王夫之批判了封建史学中的“正统论”，他认为“统者，合而不离，续而不绝之谓也”，就是说，所谓“统”是统一了国家并能较长久地持续下去的政权，不论是靠武力统一的，还是靠阴谋“篡弑”而来的，只要它顺应了大势，使国家“合而不离，续而不绝”，就是合理的、正统的，并不在乎它姓李还是姓赵。他说：“论之不及正统者，何也？曰：正统之说，不知其所自昉也。自汉之亡，曹氏、司马氏乘之，以窃天下，而为之名曰禅。于是为之说曰：‘必有所承以为统，而后可以为天子。’义不相授受而强相缀系，以掩篡夺之迹，抑假邹衍之邪说，与刘歆历家之绪论，文其诐辞，要岂事理之实然哉？”另一方面，王夫之还提出了趋时更新，并据此来评论历史人物和事件。例如对秦始皇的评价，历来是否定的，而王夫之却从顺应历史发展必然趋势方面给以充分的肯定。他肯定刘邦统一国家的作用，但同时又批评他分封同姓和异姓王而导致了多次叛乱。他还对曹操所执行的一些重要政治措施，作出比较中肯的评价，不仅肯定其屯田制，还称赞他能知人善任。他对历史上反对民族投降、坚持民族抗敌政策的人物都加以赞扬，而对那些民族败类则深恶痛绝。

如对割让燕云十六州给契丹贵族以换取“儿皇帝”之位的石敬瑭一再予以揭露和抨击。再一方面，王夫之从以史为鉴“求治之资”的思想出发，对历史上农民起义的原因作了深入的研究。他认为农民之所以起义是因为统治者的压迫和剥削。他认为陈胜、吴广到元末徐寿辉、韩山童等农民起义领袖都是敢于“犯天之险以首事”的英雄好汉，他们虽死了，但精神可嘉。这些议论在当时都是难能可贵的。

这部书纵论千载，然而，有心的读者总能从中看出明朝的影子。他在书中清醒地反观自身，认为“夷狄之蹂躏中国，亦非必有固获之心，中国致之耳”。于是他批评君主与大臣聚敛财富，批评君主贪巧自矜滥杀忠良，批评奸臣败坏纲纪使国家衰微，批评大臣拥兵自重强枝弱干，批评学风日衰邪说日盛，批评纵容商贾舍本逐末，批评奸臣引狼入室屈膝投降……批评几乎涉及到历代王朝的政治、经济、文化等各个领域。对于明亡于清这一事实，从其字里行间透溢出痛苦和悲愤。但是，他并没有简单地借古史来发泄自己的民族义愤，而是希望“推本得失之原”，“立一成之型”。王夫之的论证不仅具有巨大的现实感，而且能将现实与历史的沉思融合起来，试图从中总结出更高层次的历史哲学。因此，它既折射了明清之际那段血与火的历史之光，又积淀了一个当时心境极为痛苦与矛盾的思想家的深邃反思。

当然，王夫之也有他的时代局限性。当这位思想家在进行历史沉思时，常常不自觉地沿袭了传统历史观与道德观，陷入传统的保守观念之中。如他认为封建君主不能变，能变的只是具体的措施与制度；封建思想观念不能变，能变的只是个别的方法与观点，这便成了王夫之思想中一个永远难以摆脱的矛盾。他理智上承认“势之所趋”即“理”这一哲学命题，但感情上却不能接受真正扑面而来的“势”。

《读通鉴论》成书以后，由于清朝前期严厉的文化专制政策，这部书没能够公开刊印，经由王夫之子孙及故友门生数代秘密传抄，才保存了一些抄本。自19世纪下半叶起，随着金陵本《船山遗书》的刊刻发行，《读通鉴论》刻印本才开始多起来，不仅有官刻本，很多民营书局也刊刻此书。随着时代的变迁，船山思想与晚清有识之士相互激荡，化为强大的精神动力和思想武器，对晚清社会变革产生了巨大影响。

20世纪90年代，曾经兴起过一股“通鉴热”，编者曾组织人员整理翻译了《文白对照全译〈读通鉴论〉》，由中州古籍出版社出版，这是该书首个现代语译版本。二十多年过去了，我们在原版的基础上，重新校勘原文和译文（原书以《四部备要》本为底本，这次出版，参考最新的校勘成果，改正了个别错误，不出校记），纠正了当初的一些翻译错误，排版也改为一面文言文、一面白话文的形式，希望为现代读者提供一个精良的《读通鉴论》全新版本。当然，由于能力所及，其中难免还有错讹之处，恳请诸位读者批评指正。

编者

目录

第一册

第二册

第三册

第四册

卷一——卷八

卷一

秦始皇

1.两端争胜，而徒为无益之论者，辨封建者是也。郡县之制，垂二千年而弗能改矣，合古今上下皆安之，势之所趋，岂非理而能然哉？天之使人必有君也，莫之为而为之。故其始也，各推其德之长人、功之及人者而奉之，因而尤有所推以为天子。人非不欲自贵，而必有奉以为尊，人之公也。安于其位者习于其道，因而有世及之理，虽愚且暴，犹贤于草野之罔据者。如是者数千年而安之矣。强弱相噬而尽失其故，至于战国，仅存者无几，岂能役九州而听命于此数诸侯王哉？于是分国而为郡县，择人以尹之。郡县之法，已在秦先。秦之所灭者六国耳，非尽灭三代之所封也。则分之为郡，分之为县，俾才可长民者皆居民上以尽其才，而治民之纪，亦何为而非天下之公乎？

古者诸侯世国，而后大夫缘之以世官，势所必滥也。士之在历史上，关于封土建邦的优劣得失之争由来已久，持论的双方舌枪唇剑，争斗不止，大有不决出个上下高低绝不罢休之势，其实这种争论完全是枉费心机，毫无实际意义郡县制，迄今已经存在了两千余年，其间没有谁能改变或废除它，古今上下的人们都接受它，赞成它，就如同大势所趋，如果郡县制没有其深刻的合理性，内在的必然性，难道能够这样吗？上天一定要让人间拥有君主，即使没有人愿意做也不行。所以，在起初时，人们各自推举其间德高望重、功绩卓著之人奉之为主，然后再从这些人中推选一人做天子。人们并非没有自居富贵之心，然而却一定要推举别人奉为尊长的原因，正是由于它们具有大公无私的精神。一个人长期地在某岗位上工作，就会对本职工作越来越熟，了若指掌，并且还会促使其刻苦钻研，精益求精。所以，国君有子袭父位、兄终弟及之制，即使是很愚蠢而又残暴的国君，也比荒野那些占山为王的草寇强得多。像这样的君主制，已经延续数千年，早已深入人心，根深蒂固了。后来，列国相争，弱肉强食，完全抛弃了昔日相安无事、和平共处的传统，及至战国时期，幸存的国家已寥寥无几，难道富有四海的人能够俯首听命于这几个小小的诸侯王吗？于是秦朝将国土划分为若干个郡县，并且选派精明能干的人去加以治理。实际上，郡县制在秦始皇之前早就存在。秦始皇所灭亡的，仅仅是齐、楚、燕、韩、赵、魏等六国而已，并不是把夏、商、周三代所封的诸侯国全部灭掉。那么，秦朝把天下分为郡、分为县，让那些有治民才能的人去治理这些郡县，以尽其才，如此的治民之道难道不算是天下为公吗？

在古代，诸侯世袭君位，于是作为诸侯之臣的大夫因之得以世子恒为士，农之子恒为农，而天之生才也无择，则士有顽而农有秀；秀不能终屈于顽，而相乘以兴，又势所必激也。封建毁而选举行，守令席诸侯之权，刺史牧督司方伯之任，虽有元德显功，而无所庇其不令之子孙。势相激而理随以易，意者其天乎！阴阳不能偏用，而仁义相资以为亨利，虽圣人其能违哉！选举之不慎而守令残民，世德之不终而诸侯乱纪，两俱有害，而民于守令之贪残，有所藉于黜陟以苏其困。故秦、汉以降，天子孤立无辅，祚不永于商、周；而若东迁以后，交兵毒民，异政殊俗，横敛繁刑，艾削其民，迄之数百年而不息者亦革焉，则后世生民之祸亦轻矣。郡县者，非天子之利也，国祚所以不长也；而为天下计，则害不如封建之滋也多矣。呜呼！秦以私天下之心而罢侯置守，而天假其私以行其大公，存乎神者之不测，有如是夫！

世其位者习其道，法所便也；习其道者任其事，理所宜也。法备于三王，道著于孔子，人得而习之。贤而秀者，皆可以奖之以君子之位而长民。圣人之心，于今为烈。选举不慎，而贼民之吏代作，天地不能任咎，而况圣人！未可为郡县咎也。

袭官爵，这势必要造成官职泛滥的局面。士的儿子永远做士，农夫的儿子永远是农夫，然而上天降生人才时是不偏不倚的，所以士中有愚顽之辈而农夫中不乏杰出之才；杰出之才不可能永远屈居于愚顽之辈之下，于是不断有人应时而起，企图改善自己的处境，这种情形越来越严重，越来越激烈，乃是势所难免的事。封建制被破坏后选举制开始施行，从此太守县令握有诸侯之权，刺史牧督代行方伯之任，即使他们德高望重，功勋显赫，也无法庇护其不肖子孙。势相激而理随之改变，这莫非是天意？阴阳不能偏用，而仁义相辅相成以为亨利，即使是圣人难道能够违背吗？实行选举制如果择人不慎，就会造成郡县守令等地方官残害百姓的后果，而实行世袭制如果有始无终，就会造成诸侯违法乱纪的恶果，两者都有弊端，不过对于地方官的贪婪残暴，老百姓可以借助罢免或贬降官吏的方法以减轻自己的灾难。所以，从秦汉以后，天子孤立无援，享有国位的时间也不及商、周时代长；至于平王东迁以后，战火连绵，生灵涂炭，异政殊俗，横征暴敛，再加上严刑峻法，使得人民深受其害，饥寒交迫，这种局面一直延续了数百年仍未停息，也实在是太惨啦！相比之下，后世百姓所遭到的灾祸就轻多了。实行郡县制，对天子来说并不十分有利，所以享有国位的时间就不会太长久；然而，如果从整个天下的利益考虑，则实行郡县制的弊病远不如封建泛滥的危害严重。唉！秦始皇为了一手遮天、独占天下而废除诸侯王，设置郡守、县令，但是老天却用其私心而大行公道，其中的奥妙连鬼神也难以预测，这实在是不容易啊！

世袭爵位的人深谙其道，这对法律的连续性是很有利的；深谙其道的人工作称职，这是理所当然的。法律在三代时已经完备，道阐发于圣人孔子之时，因而后人都能学习研究它。德才兼备的人，都可以被奖以君子之位而治民。圣人的良苦用心，在今天更加受到人们若夫国祚之不长，为一姓言也，非公义也。秦之所以获罪于万世者，私己而已矣。斥秦之私，而欲私其子孙以长存，又岂天下之大公哉！

2.孔鲋藏书，陈馀危之。鲋曰："吾为无用之学，知吾者为友。秦非吾友，吾何危哉？"呜呼！能为无用之学，以广其心而游于乱世，非圣人之徒而能若是乎？

《诗》曰："握粟出卜，自何能谷。"谷者，在我而已，何用卜为？屈其道而与天下靡，利在而害亦伏；以其道而与天下亢，身危而道亦不竞。君子之道，储天下之用，而不求用于天下。知者知之，不知者以为无用而已矣。故曰"其愚不可及也"。秉道以自安，慎交以远物，存黄、农、虞、夏于盗贼禽兽之中，奚不可谷，而安用卜为！庄周惩乱世而欲为散木，言无用矣，而无以储天下之大用。握粟忧深而逃羿彀，其有细人之情乎！知进退存亡而不失其正，易简以消天下之险阻，非圣人之徒，其孰与归？

的重视。选举不慎，就会使得残害百姓的官吏世代涌现，天地也不能承担这样的责任，更何况是圣人呢！所以，不应该把一切过错都归咎于郡县制。至于享国不久，乃是为一家的利益考虑，而不是为整个社会的利益着想。秦始皇之所以留下万世骂名，乃是因为太过自私自利了。有些人一方面指责秦始皇的自私自利，另一方面却又想让他的子孙永享国位，长治久安，这难道能算是为整个天下考虑的大公无私之心吗？

（秦始皇焚书坑儒，禁止天下人私藏诸子百家著作，尤其是儒家的《诗经》、《尚书》等，违令者弃市。）孔门子孙孔鲋却收藏了不少儒家著作，陈余认为此举十分危险，力劝孔鲋不要冒这份杀头的罪名。孔鲋说："我研究的是无用之学，理解我的人便是我的朋友。秦皇不是我的朋友，我有什么危险呢？"能够研究无用的学问，以开阔其胸怀而遨游于乱世，这种超然若非圣人的门徒难道能够有人做得到吗？

《诗经》说："握粟出卜，自何能谷。"（意思是祈求神明护佑，去凶赐吉。）谷，在自己手中，占卜算卦有什么用处呢？屈其道而与天下人消靡，有利的同时也隐含着祸害；以其道而与天下人对抗，身陷危境而道也不会发扬光大。君子之道，储天下之用而不求用于天下。懂得的人当然深知其中的奥秘，不懂得的人只不过是把它当作无用之物罢了，因此孔子说："其愚不可及也"。依道而行自然安宁，慎重交友并远离物欲，如果让黄帝、神农氏、虞舜、夏禹等圣王和盗贼禽兽相处，这样的人何处不能容身，哪里用得着占卜呢！庄周因厌倦乱世而想做散木，也就是做不成才的无用之人，然而却无法储存对天下有大用的人才。握粟忧深而逃避后羿的神箭，从他身上难道还能看到细人（即地位卑微之人）之情吗？知进退存亡而不失其正，易简以消天下之险阻，若非圣人的门徒，别的人还会有谁与他志同道合

3.商始兴而太甲放，周始兴而成王危，秦并天下而扶苏自杀，汉有天下而惠帝弗嗣，唐则建成死于刃，宋则德昭不令其终，汔乎建文之变而憯尤烈。天下初定，人心未靖，则天命以之不康，汤、武且不能弭，后代勿论已。然而胡亥杀兄，旋以死亡；太甲、成王，终安其位；则伊尹、周公之与赵高，相去不但若霄壤也。

秦始皇之宜短祚也不一，而莫甚于不知人。非其不察也，惟其好谀也。托国于赵高之手，虽中主不足以存，况胡亥哉！汉高之知周勃也，宋太祖之任赵普也，未能已乱而足以不亡。建文立而无托孤之旧臣，则兵连祸结而尤为人伦之大变。徐达、刘基有一存焉，奚至此哉？虽然，国祚之所以不倾者，无谀臣也。

二世

1.陈婴之不自立也，周市之不王魏也，其情均也，而周市贤矣。市曰："天下昏乱，忠臣乃见。"义之所不敢出，害不敢自之而远。居尊以为天下不义之魁，"负且乘，致寇至"，灼然呢?

商朝刚建立而商王太甲便被放逐,周朝刚建立而成王竟身陷危境,秦朝统一天下后公子扶苏竟被逼自杀,西汉统一全国后惠帝竟然不能继承帝位,唐朝刚刚得天下太子建成就惨死于刀剑之下,宋朝立国不久太祖长子德昭便不得善终,到了明朝初年靖难之役发生时,建文帝朱允炆的命运就更惨啦!天下初定,人心不安,天命因此也不安定,连商汤王和周武王这样的圣明君主都无法避免或预防此类的灾难,后世一般君主就更不用说了。然而,秦二世胡亥杀死哥哥公子扶苏后不久就命丧黄泉;太甲与周成王却最终安居其君位,可见,其辅臣赵高与太甲、成王的辅臣伊尹、周公相比,其差距实在是有天壤之别。

秦始皇享国位时间不久的原因何止一条,不过最重要的莫过于不善于知人。秦始皇并非不明察,只是他太喜欢听阿谀奉承的话了。他死前把国家政权托付给奸宦赵高,在这种情况下,即使是才略中等的君主也难以保全江山社稷,更何况是愚顽无知的胡亥呢!汉高祖刘邦信任周勃,宋太祖赵匡胤重用赵普,尽管他们不能避免事变,却足以保证国家不至于灭亡。建文帝继位后缺少托孤老臣的支持,因而引发了靖难之役,造成兵连祸结的局面,并且最终落得一个身死家破,皇位被叔父朱棣篡夺的结果,实是人伦的大变。明朝的开国元勋徐达、刘基(字伯温)等人中只要有一人活着,建文帝怎么能落得如此下场?尽管这样,大明朝的政权也没有丧失,这主要是因为当时朝中没有阿谀奉承之臣。

秦末的陈婴不愿被众人拥戴为王,周市不愿在魏地称王,二人的事迹相同,但是相比之下周市更贤明。周市说:“天下昏乱之时,忠臣就显现出来了。”为了义而不敢出面,则灾难也不敢自找上门而是易见，而人不能知。非不知也，无志义以持其心，流俗之蛊之者进矣。陈婴非幸而有其母，亦殆矣哉！市之一言，所谓“大浸稽天而不溺，疾雷破山而不震”者乎！陈馀自矜儒者，而不能守义以自王。周市虽死而如生。陈馀碌碌以死，又何称焉？

2.李斯之对二世曰：“明主灭仁义之涂，绝谏争之辩，荦然行恣睢之心。”尽古今概贤不肖，无有忍言此者，而昌言之不忌。呜呼！亦何至此哉！斯亦尝学于荀卿氏矣，亦尝与始皇谋天下而天下并矣。岂其飞廉、恶来之所不忍言者而言之不忌，斯之心其固以为然乎？苟非二世之愚，即始皇之骄悖，能受此言而不谴乎？斯抑谓天下后世之不以己为戎首而无所恤乎？无他，畏死患失之心迫而有所不避耳。

夫死亦何不可畏也。失不可患，而亦何必于失也。前所以自进者非其道，继所以自效者非其功，后所以自保者非其术，退所以自置者无其方，则失果可患而死果可畏。欲无畏无患以不言其所不忍言，又奚得乎！天下无必死之涂，而亦无可几幸之得。正志于早而后无所迫，则不忍不敢之心以全。早不能图度于正，迨其后失有形、死有机，虽欲不为此言而不得。不待上蔡东门之欢，肺肝先已自裂。斯岂果无人之心哉？《易》

远循他方。高居显位以为天下不义魁首，《周易》里说，“负且乘，致寇至”，这个道理是显而易见的，而常人却不能看透。实际上，并不是不能看透，而是由于无志义以持其心，因而被流俗之蛊惑人心的念头乘虚而入了。陈婴如果不是幸而有一位好母亲，其前途也是很危险的。周市的一席话，莫非就是所谓的“大浸稽天而不溺，疾雷破山而不震”者吗？陈余向来以读书人自居，却不能坚守正义而自称王侯。周市虽死而犹生，陈余碌碌无为而死，又有什么值得称道的？

李斯对秦二世说：“圣明的君主灭仁义之途，绝谏争之辩，毫不掩饰地随心所欲，为所欲为。”自古及今，无论是圣贤还是不肖之徒，没有谁忍心这样说，而李斯却直言不讳，无有忌惮。唉，他怎么能做出这种事呢？李斯也曾跟随著名的儒学大师荀子学习过，也曾与秦始皇共同策划过统一六国的大计，并且成功地统一了天下，为什么连飞廉、恶来（秦人的两位祖先）等恶人都不忍说的话，而李斯却直言不讳呢？难道他真是这样想的吗？假如李斯面对的不是愚蠢的秦二世，而是他的父亲秦始皇，尽管秦始皇十分骄横、乖戾，他难道能倾听李斯之言而不加以谴责吗？莫非是由于李斯认为天下后世不把自己视为主谋而无所顾忌吗？这没有别的原因，只不过是李斯贪生怕死、患得患失之心太重太急，因而不顾一切罢了。

死亡并非是不可怕的。得失并不值得忧虑。而且又何必一定要局限于失呢！李斯当初的进身之道并不是他的应持之道，接着他得以重用的功绩并不是他自己所建的功绩，后来他借以自保的措施也不是他的所学之术，最后他赖以自置的方法更不是合适的方法，在这种情况下，对他来说，失的确是值得忧虑的，而死也的确是很可怕的。要想让他无畏无患，口不言人所不忍言的话，他又怎么能够做得到呢！天下没有必死之途，但也没有可以凭侥幸、期望而得到的幸福。正志于早而后无所迫，而不忍不敢之心以全。早不能图度于正。

曰:“履霜,坚冰至。”辨人于早,不若自辨于早也。

3.人皆有不忍人之心,而众怒之不可犯,众怨之不可任,亦易喻矣。申、商之言,何为至今而不绝邪?志正义明如诸葛孔明而效其法,学博志广如王介甫而师其意,无他,申、商者,乍劳长逸之术也。无其心而用其术者,孔明也;用其实而讳其名者,介甫也;乃若其不容掩之藏,则李斯发之矣。李斯曰:“行督责之术,然后绝谏争之路。”申不害曰:“有天下而不恣睢,命之曰以天下为桎梏。”谏争绝,桎梏脱,则虽目劳于刑名文籍之中,而耽酒嗜色、佚游骄乐,可晏享而不辍。苟未忘逸豫之情者,恶能不以此为两得之术哉!

任法,则人主安而天下困;任道,则天下逸而人主劳。无一切之术以自恣睢,虽非求治之主,不能高居洸瀁于万民之上,固矣。以孔明之淡泊而尽瘁也,以介甫之土木其形而好学深思也,然且乐奉名法者,何也?俭以耳目,勤以耳目,而心思从其康逸也。贤者且然,况令狐绹、张居正之挟权势者哉!使读李斯之言,知其为导谀劝淫之术也,能勿靦然而汗下与?

4.怀王之立,非项氏之意也,范增之说,以为从民望而等到后来失有形，死有机时，即使想不这样做也不可能了。不用等到他和儿子回忆上蔡东门的欢喜，肝胆早已自裂了。难道李斯真的是没有人的良知吗?《周易》说：“履霜，坚冰至。”辨人于早，不如自辨于早啊。

人都有不忍人之心，懂得这个道理，则众怨不可冒犯，众怒不可听任，也就不难理解了。申不害、商鞅的学说，为什么至今仍无法禁绝呢?像诸葛亮那样志正义明的人也效法他们的法令，像王安石这样博学志宏的人也学习他们的思想，这没有别的原因，只是由于申、商的学说乃是一劳永逸之术。诸葛亮是无其心而用其术，王安石是用其实而讳其名，而李斯则是第一个直言不讳、毫不掩饰的人。李斯说：“使用督责之术而后就可以断绝谏争之路了。”申不害说：“拥有天下而不随心所欲，这就叫做以天下为桎梏。”断绝了谏争，打破了桎梏，则即使终日劳碌于刑名文章之中，而美酒女色，佚游骄乐，可以尽情安享，一天也不中断。假若是一个没有忘记安逸享乐之情的人，他怎能不把此法作为两全其美的策略呢?

以法治国，则君主安逸而天下困苦，以道治国，则天下安逸而君主劳顿。没有权宜之计以尽情享乐，为所欲为，即使不是励精图治的君主，也不能高高地坐在万民之上，趾高气扬，耀武扬威，这是显而易见、理所当然的。像诸葛亮那样淡泊名利而又为国家鞠躬尽瘁的人，那王安石那样不修边幅而又好学深思的人，竟然乐于奉行法家学说，这是为什么呢?因为他们虽然喜欢倾听民声，善于观察世情，不大注重声色犬马之好，但内心深处却是追求安逸的。贤人尚且这样，何况是令狐绹、张居正等大权独揽的人呢!假如他们读了李斯的言论，知道这些完全是引导阿谀奉承，鼓励骄奢淫逸的方法，能不感到羞惭难当，汗如雨下吗?

楚怀王被立为王，并非项梁叔侄的本意，按照范增的谋略，此已。臣主之名立，而其心不相释，项氏成而怀王固不能有楚。怀王念此至悉，故一乘项梁之败而夺上将军之权以授宋义；义适遇其际而获怀王之心，故与计事而大悦。非悦其灭秦之计，悦其夺项之计也。宋义壁于安阳而项羽斩之，非愤其救赵之迟，愤其夺己之速也。义之壁安阳而不进也，非欲乘秦、赵之敝，欲得当以收项羽之兵也；其遣子相齐而送之无盐也，非不恤士卒之饥寒以自侈，为怀王树外援于齐而因以自固也。

宋义死，诸将慑然曰："首立楚者，将军家也。"羽之情见矣，义之情亦见矣，怀王之不能终安于项氏，情亦见矣。救赵则命宋义，入关则命沛公，梁死羽孤，为偏裨于宋义旌牙之下，为怀王谋项者之计得矣，而抑无以服楚人之心。幸而秦之君二世也，其相赵高也，其将章邯、王离也，无有能乘臣主之隙以间楚耳。不然，虽沛公且无以自持，况义之浅谋、羽之徒勇者乎！

于是而知君臣之非独以名为义也，天之所秩，性之所安，情之所顺，非是则不能以终日。范增立楚之说，董公缟素之举只不过是为了顺应人民的愿望而已。君臣的名分已经确定，而其内心却并不开诚布公，并不相互信任，即使项氏成功了，楚怀王肯定不能拥有楚国。楚怀王对此洞若观火，因而当项梁一战失败后，他马上把项梁的上将军印授给宋义；宋义正好借此良机获得了楚怀王的信任，怀王与他商议大计后非常高兴。怀王并不是赞赏宋义的灭秦之计，而是赞赏他的夺项之计。后来，宋义奉命以上将军的身份率项羽等救赵，行至安阳（今河南安阳东南）后顿兵不进，项羽于是借此杀死了宋义，他并不是对宋义救赵迟缓感到难以容忍，而是无法容忍宋义那么快就夺去了自己的大权。宋义在安阳逗留不进，并非是为了等待秦军的漏洞，乘其疲惫之机发动突然袭击，而是为了寻找适当时机夺取项羽的兵权；他派自己的儿子宋襄去辅佐齐王，且亲自送到无盐（今山东东平东部），这并不是不体恤士兵饥寒交迫之苦以讲排场、摆阔气，而是为了给楚怀王在齐国寻求外援，同时借此巩固自己的地位。

宋义死后，众将慌恐不安地对项羽说："首先拥立楚王的是将军您的家族。"至此，项羽的勃勃野心和宋义的真正居心昭然若揭，楚怀王对于项羽对自己的致命威胁感到不安，也由此清晰可见。怀王派兵救赵时命宋义为主将，分兵灭秦时命沛公刘邦先行入关，项梁死后项羽孤立无援，只得屈居于宋义帐下做偏将，宋义为怀王所出的剥夺项羽军权的计策，可以说是取得了成功，但是他却没有办法令楚人心服口服。幸而秦朝的君主是昏庸的二世，宰相是奸诈的赵高，主将是无能的章邯、王离，所以没有谁能设计利用楚国君臣的不睦挑拨离间其关系。不然的话，即使英才盖世的沛公刘邦也无法自保，更何况是谋略平平的宋义和有勇无谋的项羽呢！

由上述情况可知，在君臣之间并非仅仅是以名为义，它是上苍所规定的等级，符合人性，顺应情理，如果不这样，那么，君臣关系谋，不足与于兴亡久矣。

5.秦之所殄灭而降辱者，六王之后也；戍之徒之而寡其妻孤其子者，郡县之民也；而剸二世之首，欲灭宗室，约楚降而分王关中者，赵高也。故怨在敌国，而敌国或有所不能；怨在百姓，而百姓或有所不忍；狎及小人，而祸必发于小人。故曰“唯女子与小人为难养也”。圣人且难之，况中主以降乎！

小人之心，智者弗能测也，刚者弗能制也。料其必不能，而或能之矣；料其必不欲，而或欲之矣。项羽之暴也，沛公之明也，章邯之怨方新也，尽天下欲食高之肉而寝处其皮也，使高灭嬴氏之宗，开关以讲于诸侯，岂能免于刀俎，而况受纳地之封乎？则以智者料高，而固知其与秦相终始；以愚者料高，而亦决其与秦同齑粉也。然而必弑胡亥以徼幸于一得，岂徒胡亥之愚，矢人幄而不觉哉？明而熟于计者，未有谓为且然者矣。祸福之外，有无藉之欲焉；死生之外，有无方之谲焉；俄顷之间，有忽变之情焉。利亦有所不喻，而无所不逞，而后君子莫能为之防。故圣人且犹难之，诚哉其难之也！“繻有衣袽，终日戒”。终日者，无竟之辞也。舍禔躬慎微而求驭之之术，不堕其阱中者鲜矣。

6.孰谓秦之法密，能胜天下也？项梁有栎阳逮，蕲狱掾曹咎书抵司马欣而事得免。其他请托公行、货贿相属、而不见于连一天也维持不下去。范增立楚之说，董公缟素之谋，早已表明他们没有资格参与关系国家兴亡的大计。

秦始皇所殄灭而降辱的，是六国君主的后代；他所用以戍边、罚作苦力的，从而使其妻妾守寡，其子女孤苦伶仃的，是郡县的百姓；而割掉秦二世的首级，想消灭秦朝皇室，与楚军约定投降以换取在关中地区称王承诺的，是赵高。所以说，怨在敌国，敌国也许有所不能；怨在百姓，而百姓也许会不忍心起来造反；亲近小人，则灾祸必定会从小人而起。难怪孔子说："唯女子与小人为难养也。"圣人尚且觉得小人难养，何况是中等的君主、甚至下等的君主呢？

小人之心，聪明人难以预测，刚强的人也无法制服。估计他必定不能做的事，也许他就做了，估计他必定不想的东西，也许他就想要了。项羽鲁莽刚暴，刘邦精明强干，章邯正在怨恨赵高，普天之下的人们没有不想生吃赵高肉，床铺赵高皮的，在这样的形势下，纵使赵高能够覆灭秦朝宗室，开关与诸侯们讲和，难道就能免于做刀下之鬼吗？更不必提什么因献地有功而受封为诸侯了。在聪明人看来，赵高必定要与秦朝相终始；在愚人看来，赵高也肯定会与秦朝同归于尽。然而，赵高却一定要杀死胡亥，以图那万分之一的侥幸，难道只有二世胡亥愚蠢透顶，直到刀剑入帐也毫无察觉吗？精明而工于心计的人，没有人认为会是这样。祸福之外，存在着无藉的欲望，死生之外，存在着无方的诡谲；瞬息之间，存在着突变的可能。小人对利也有所不明白，却无所不做，因而君子无法加以防备。所以连圣人也认为小人难养，圣人的看法太正确了，一点儿也不过分！《周易》上说："濡有衣袽，终日戒。"终日，在这里是无边无际的意思。如果舍弃了褆躬慎微而寻求驾驭他们的方法，很少有不误中其圈套的。

谁说秦朝的法令严密，能够笼罩整个天下呢？项梁曾在栎阳（今陕西临潼东北）犯罪，之后逃往吴中避难，蕲县（今安徽宿县）狱掾史者，不知凡几也。项梁，楚大将军之子，秦之所尤忌者，欣一狱掾，驰书而难解。则其他位尊而权重者，抑孰与御之？法愈密，吏权愈重；死刑愈繁，贿赂愈章；涂饰以免罪罟，而天子之权，倒持于掾史。南阳诸刘屡杀人而王莽不能问，皆法密吏重有以蔽之也。

设大辟于此，设薄刑于彼，细极于牛毛，而东西可以相窜。见知故纵，蔓延相逮，而上下相倚以匿奸。闰位之主，窃非分而梦寝不安，借是以钳天下，而为天下之所钳，固其宜也。受天命，正万邦，德足以威而无疚愧者，勿效尔为也。宽斯严，简斯定。吞舟漏网而不敢再触梁笱，何也？法定于一王，而狱吏无能移也。

曹咎给司马欣写一封书信，项梁马上就平安无事了。其他请托公行、货赂成风而史书未予记载的，不知道有多少呢。项梁是楚国大将军之子，是秦人尤为忌惮的，而司马欣通过一个小小的狱掾，只写了一封急信，项梁随即得以解脱。小小的狱掾竟能如此，那么其地位尊而权势重的人徇情枉法谁又能够阻拦呢？法令越严密，官吏的权势就越重；死刑越繁多，贿赂就越公开；官吏文过饰非以免人罪责，则天子之权，反而掌握在基层小吏手中了。南阳的刘家屡次杀人而王莽不能过问，都是因为法令严密，官吏势重从而包庇了他们。

秦朝设大辟（死刑）于此，设薄刑于彼，法律细密甚于牛毛，而人是可以东西流窜的。见知故纵，蔓延相连，而上下相互勾结以庇护奸邪之人。名位不正的君主，由于非分窃取了国家政权而寝食不安，于是借此以钳制天下，但是结果却被天下所钳制，这是自作自受、罪有应得。承受天命，匡正万邦，德足以立威而无疚愧的人，千万别仿效这种做法。将原来的严刑峻法简化放宽后，吞舟大鱼漏网而人们却再也不敢触犯法律，这是什么原因呢？因为法定于一王，而狱吏无法钻空子营私舞弊。

卷二

汉高帝

1.有天下者而有私财，业业然守之以为固，而官天地、府万物之大用，皆若与己不相亲，而任其盈虚。鹿桥、钜台之愚，后世开创之英君，皆席以为常，而贻谋不靖，非仅生长深宫、习奄人污陋者之过也。灭人之国，入其都，彼之帑皆我帑也，则据之以为天子之私。唐克西京，而隋氏之有在唐；宋入周宫，而五代之积在宋；蒙古遁，而大都之藏辇而之于南畿。呜呼！奢者因之以侈其嗜欲，俭者因之以卑其志趣，赫然若上天之宝命、祖宗之世守、在此怀握之金赀而已矣。祸切剥床，而求民不已，以自保其私，垂至其亡而为盗资，夫亦何乐有此哉！

汉王之入秦宫而有艳心，见不及此。樊哙曰："将欲为富家翁邪？"英达之君而见不及哙者多矣。范增曰："此其志不在小。"岂徒一时取天下之雄略乎！以垂训后嗣，而文、景之治，至于尽免天下田租而国不忧贫，数百年君民交裕之略，定于此矣。

拥有天下的人却拥有私财，则国家苦于贫穷直至败亡，这种贪私财的思想根深蒂固，且影响到子孙后代，世代兢兢业业地死守这份家产以为固，而对治理天下、开发万物的大财政却不闻不问，任其自然盈亏；好像与自己毫无关系。商纣王修筑钜桥仓和鹿台（原文名称有误，此处据《通鉴》更正）的愚蠢行径，后世的开国明君都早已习以为常，他们为后人的前途考虑不周从而留下了祸根，这不仅仅是那些深居宫中、整日与太监们厮混的继承者的过错。统治者把别的国家灭掉后，长驱直入其都城，该国的府库，从此就成为我的府库，库内的财货当然就被天子据为己有了。唐军攻占西京长安（今陕西西安）后，隋朝所积蓄的财富全部归唐人所有了；宋人进入后周的皇宫，则五代的积蓄尽归于宋；蒙古人远遁漠北后，元大都（今北京）的府藏都被运往明朝首都南京。唉！奢侈的人因此更加放纵其嗜欲，节俭的人因此而降低了自己的志趣，真好像上天的宝命、祖宗的世守，仅仅就是自己手中所掌握的这点资财而已。大祸已经迫在眉睫，而统治者仍然在民间盘剥不已，以扩大其私产，不想等到其江山覆灭之时，这些资财却一古脑儿地成为强盗们的囊中之物，既然如此，统治者得到这些钱财又何喜之有呢！

汉王刘邦进入秦宫，看到宫殿、帷帐、犬马、重宝、美女数以千计，不禁怦然心动，想留居于此，可见他还没有认识到这一点。樊哙见状，上前劝谏道："您是想统一天下呢，还是只想做一个富翁呢？"英达之君而见识比不上樊哙的太多啦！范增说："这说明刘邦的志向不小。"刘邦的志向难道仅仅是一时夺取天下吗？他着眼于长治久安，谆谆教诲子孙后代，所以文、景之治中至于政府全部免除百天子而斤斤然以积聚贻子孙，则贫必在国；士大夫斤斤然以积聚贻子孙，则败必在家；庶人斤斤然以积聚贻子孙，则后世必饥寒以死。周有大赉，散之唯恐不速，故延及三十世，而亡之日，上无覆宗之惨，民亦无冻馁攘夺之伤。后之王者，闻樊哙富翁之诮，尚知惩乎！

2.韩信数项羽之失曰："有功当封爵者，印刓敝，忍不能予。"繇斯言也，信之所以徒任为将而不与闻天下之略，且以不保其终者，胥在是矣。封爵者，因乎天之所予而隆之，非人主所以市天下也。且爵赏亦岂必其足荣哉？荣以其难得而已。人主轻之，天下猎之；人主重之，天下荣之。宋艺祖许曹彬下江南授使相。彬早知不得而安焉，故封爵不侈而彬服。非然，则更始之侯林立，而不救其亡，期于必得之不足歆也。羽不惜屈己以下人，而靳天爵，何遽非道而必亡乎？汉高天下既定之后，侈于封矣，反者数起，武帝夺之而六寓始安。承六王之敝，人思为君，而亟予之土地人民以恣其所欲为，管、蔡之亲不相保，而况他人乎！以天下市天下而己乃为天子，君臣相贸，而期报已速，固不足以一朝居矣。

姓的田租，国家也不会发生财政困难，汉朝数百年君民共富的方略，就是在高祖刘邦时定下的。

帝王如果不顾一切地撸钱聚财以便留给子孙，则国家必定贫困；士大夫如果不顾一切地撸钱聚财以便遗留给子孙，则家族必定败落；老百姓如果不顾一切地撸钱聚财以便遗留给子孙，则后代必定饥寒而死。周人有大的赏赐时，统治者唯恐赏赐物不能尽快散发到每家每户，所以周朝的政权能够延续三十世，而国家灭亡之日，上无覆宗灭族之惨，老百姓也没有遭受冻饿掠夺之苦。后世的君主，知道了樊哙富翁之讥后，能够引以为戒吗？

韩信罗列项羽的过失说："有些人因功当封爵，但项羽吝惜印绶，直到其破旧也舍不得授给别人。"由这段话可以清楚地看出，韩信之所以在名义上担任了重要的将领，而实际上却根本不能与闻天下大计，且几乎难保其自身的真正原因。封爵，应当遵照天意封给有功之人，以表彰、推崇他们，而不应当作为君主收买人心的手段。爵赏难道一定能够使人荣耀吗？爵赏之所以荣耀，只是因为它难以获得。如果君主轻易授人，则普天之下的人都想侥幸猎取它；如果君主不轻易授人，则普天之下的人都会把它视为莫大的荣耀。宋太祖向大将曹彬许诺说只要他率兵下江南灭南唐大胜而归，就任命他为枢密使。曹彬心中早知其不可能故而置之一笑，毫不惊喜，所以，后来太祖给曹彬的封赏不高而曹彬并无怨言。相反的，更始帝刘玄所封的诸侯林立，却没有人挽救他的危亡，这正是因为众人觉得刘玄的官爵太容易得到，即使得到了也丝毫不值得高兴。项羽不惜屈己以礼贤下士，只是吝惜官爵，不愿轻易授人，难道他的这种做法能算是离经叛道，因而注定要走向败亡吗？汉高祖刘邦在天下已经平定之后，大行封赏，不料却发生了多起反叛朝廷的事件，汉武帝果断地收回了许多受封者的爵位，同时通过推恩令等手段削弱了众诸侯的力量，天抑信之为此言也，欲以胁高帝而市之也。故齐地甫定，即请王齐，信之怀来见矣。挟市心以市主，主且窥见其心，货已雠而有馀怨。云梦之俘，未央之斩，伏于请王齐之日，而几动于登坛之数语。刀械发于志欲之妄动，未有爽焉者也。信之言曰：“以天下城邑封功臣，何所不服。”为人主者可有是心，而臣子且不可有是语。况乎人主之固不可以是心市天下乎！言不必信，行不必果。宋祖之慎，曹彬之明，保泰居盈之道得之矣。奚必践姑许之言而亵天之景命哉！

若夫项羽之所以失者，非吝封爵之故。信之说，不如陈平之言之允也。陈平曰：“项王所任爱，非诸项、即妻之昆弟，虽有奇士不能用。”故羽非尽不知人，有蔽之者也。琐琐姻亚，踞膴仕，持大权，而士恶得不蔽？虽然，亦有繇尔。羽，以诈兴下从此才开始平安无事。当时，西汉初建，从短命的秦王朝手中承接的是战国时代留下的烂摊子，民心还很不安定。英雄豪杰无不想大展宏图以自做君主，在这样的形势下，汉高祖考虑不周就急急忙忙地大行封赏，把大片的土地和大量的人民分封给有功之臣，以便他们尽情享受，为所欲为，刘邦也许忘记了，或者有所不知，在西周初年，连成王的亲叔父管叔和蔡叔这样的直系亲属，也发动叛乱，何况是其他人呢！以天下换天下然后自己做皇帝，君臣之间像这样相互交易，双方都急切地希望对方回报，如此的君臣关系根本不可能在一个朝廷中和谐相处。

也许韩信说这番话是想以此要挟刘邦从而抬高自己，求得更多的好处。所以，他在齐地刚刚平定时就请求做齐王，韩信的内心世界由此可见一斑了。韩信怀着一颗商人之心想与君主做交易，君主刘邦一眼就看穿了他的用心，所以韩信虽然得到了好处，名利双丰收，但同时也“赚”来了深深的怨恨。他在湖北云梦被俘，在长安未央宫被杀，其祸根伏于请求做齐王之日，而杀机则萌动于登坛拜将时的寥寥数语。杀身之祸起于志欲妄动，这话一点也不错，从没有出现过例外的情况。韩信说：“用天下的城邑分封功臣，还有什么不能征服的。”做君主的人可以有此心，而做臣子的人不应当说这样的话。况且，做君主的人根本就不可以用这种心理去赢得天下呢！君主所说的话不一定都要讲信用，所做的事不一定都要有结果。宋太祖赵匡胤的谨慎，大将曹彬的开明，足以表明他们深懂保泰居盈之道。国君何必一定要履行随口所许的诺言从而亵渎苍天的意旨呢？

至于项羽之所以失败的原因，并不是吝惜封爵。韩信的说法远不如陈平的说法公允。陈平说：“项王所喜爱、重用的人，不是项家人便是妻子的兄弟，此外虽有奇才却不能重用。”所以，项羽并非完全不知人，只是有人蒙蔽了他。猥琐无能的众亲戚，高高地占据着各者也；事怀王而弑之，属宋义而戕之，汉高入关而抑之，田荣之众来附而斩艾掠夺之。积忮害者，以己度人而疑人之忮己。轻残杀者，大怨在侧而怨不可狎。左顾右盼，亦唯是兄弟姻党之足恃为援。则使轻予人以权，己且为怀王，己且为宋义。惴惴栗栗，戈戟交于梦寐，抑恶能不厚疑天下哉？然而其疑无救也。为汉王之腹心者项伯也，其兄弟也；追而迫之到者吕马童也，其故人也。从之于大败之馀者三十馀骑，而兄弟姻亚不与焉。怀慝求援，而终以孤立。非刓印不与者基己而贼之，其亲戚之叛已久矣。

不疚于天，则天无不祐；不愧于人，则人皆可驭。正义以行乎坦道，而居天下之广居；无所偏党，而赏罚可以致慎而无所徇；得失之几，在此而不在彼，明矣。不然，舍亲贤，行诱饵，贱名器，以徇游士贪夫之竞躁，固项羽之所不屑为者也。

3.名义云者，因名以立义，为可繇不可知之民言也。不知要害部门，手握大权，这样，士人们怎么能够不受排挤、抑制呢？不过，项羽这样做也是有其原因的。项羽，是靠奸诈发迹的，他在怀王殿下称臣而结果却杀了怀王，他在宋义帐下为将而最终却杀害了宋义；他看到汉王刘邦抢先一步推翻了秦王朝，便极力设法压服他；田荣的人马前来归附，而项羽却残酷地杀害、掠夺他们。项羽之所以接连因嫉妒而残害别人，是由于他以自己的小人之心度君子之腹，怀疑别人都在嫉妒、陷害自己。轻率杀人的人，必定会在周围招来许多对自己恨入骨髓的仇人，而这些仇人是不可亲近的，更不可重用。所以，项羽左顾右盼，发现也只有自己的兄弟姻亲值得信赖，可以重用以为辅弼，如果轻率地把大权授给别人，自己很可能就会成为第二个怀王，第二个宋义。项羽整日提心吊胆，惴惴不安，在睡梦之中看到的也往往是刀枪剑戟，短兵相接，他怎么可能不对天下人抱有极大的戒心和疑虑呢？然而，他的疑戒之心并不能挽救其覆亡的命运。在楚宫中为汉军做内应的是被刘邦引为心腹的项伯，他是项羽的兄弟；穷追不舍，把项羽逼到乌江边自刎身亡的是吕马童，他原是项羽的老朋友。在惨败之后仍然追随项羽的有三十余人马，但其中没有一人是项羽的兄弟姻亲。怀着一颗奸邪之心的项羽想求得亲友援助，而最终却落得个众叛亲离、孤立无救的下场。并不是原先项羽舍不得封赏的那些人因为怨恨而将项羽推向死亡，事实上，项羽的亲戚们早已背叛了他。

不愧于天，则苍天没有不保佑的；不愧于人，则人人都可以为我所用。坚持正义，正道直行，则可居天下之广居；不偏不倚，则可使赏罚更加谨慎、公允，不徇私情；得失之机，在此而不在彼，这是显而易见的。相反的，舍亲贤，行诱饵，贱名器，以曲从游士贪夫的争逐，本来就是项羽所不屑于为的事情。

所谓的名义，因名以立义，是针对“可使由之，不可使知之”的义矣，为之名以使之顾而思，抑且欲其顾而思而不但名也，况君子之以立民极而大白于天下者哉！谓董公说高帝为义帝发丧为汉之所以兴者，率天下后世而趋于伪，必此言夫！

忠孝非人所得而劝也。如其劝之，动其不敢不忍之心而已。心生而后有事，事立而后有礼，礼行而后有名。名者，三累之下。天下为之名，而忠孝者不欲自居。高帝无哀义帝之心，天可欺乎？人可愚乎？彭城之败，几死几亡，而缟素之名，不能为之救；则涂饰耳目以故主复仇之名，无当于汉之兴，明矣。

虽然，以此正项籍之罪，使天下耻戴之为君长也则有馀。何也？籍者，芈氏之世臣也。援立义帝者，项梁之以令诸侯者也。刘氏世不臣于楚，其屈而君怀王也，项氏制之耳。高帝初无君怀王之心，则可不哀怀王之死。为天下而讨弑君之贼，非人弑己君而有守官之责者也。故发丧之后，高帝亦终不挟此以令天下；而数羽之罪，不嫌以背约不王己于秦为首。则董公之说，亦权用之一时，而高帝亦终不以信诸心。呜呼！貌为君子者，日言心而以名为心，日言义而以名为义，告子恶得不以义为外而欲戕贼之乎？

人民说的。民众不知义，则为之立名以使他们产生眷顾之情，并思考君主的恩德，或者说是让他们产生眷顾之情，并恩报君主的恩德，而不仅仅是徒有其名，庶人尚且如此，何况要立民极而大白于天下的君主呢！有人说，董公劝说汉高祖为义帝发丧乃是汉朝之所以兴盛的根源，我认为，把天下及后世人指向歧途的，必定是这种说法。

忠孝并不是经别人劝说就能做得到的。如果有人劝说，也不过是动其不敢不忍之心罢了。有了心以后就会有行动，有了行动以后就会有礼，礼行以后就会有名声。名声，排在心、行动和礼这三个层次之下。即使名满天下，真正的忠孝者也不愿意自居其名。汉高祖刘邦没有哀悼义帝之心而强行之，难道苍天可以欺骗吗？难道人民可以愚弄吗？刘邦在彭城（今江苏徐州）惨败，几死几亡，而为义帝戴孝的好名声，丝毫也不能解救他的危难。由此看来，刘邦为了掩人耳目而虚情假意地宣称为故主复仇的好名声，与汉朝的兴盛毫无关系，乃是显而易见的。

尽管如此，刘邦的作法用来证明项羽的罪过，使天下的人都耻于拥戴项氏为君主则是绰绰有余的。为什么呢？因为项羽是楚国宗室芈氏的世臣，而援立义帝则是项梁对诸侯们发号施令的前提和途径。刘氏并非世世代代做楚国的臣民，其之所以奉怀王为君，是因为项氏强制他。汉高祖当初本无拥戴怀王之心，自然也不会对怀王的死感到哀伤。刘邦是为了夺取天下而讨伐弑君之贼，而不是因为别人杀了自己的君主，自己有责任、有义务去讨贼。所以发丧之后，汉高祖最终也不借此号令天下；甚至在罗列项羽罪状时，竟不避嫌疑以项羽违背前约拒不封自己在秦地为王作为第一条。可见，董公的说法，也只是暂且用之于一时，而汉高祖也始终未把此事真正当回事。唉！貌似君子的人，每天谈心却以名为心，整日谈义却以名为义，告子怎么能不以义为外而想杀掉他呢？

秦灭六国，互相噬而强者胜耳。若其罪，莫甚于殄周。楚幸不亡于秦，而楚且为秦。非其世臣，非其遗胄，抑何必戴楚以为君。戴楚者，项氏之私义也。汉亦何用引项氏之义以为己义乎！此义不明，但有名而即附诸义焉。李嗣源，夷裔也，名为唐而唐之；李昪，不知其为谁氏之子也，名为唐而又唐之。有名而无义，名为义而义不生于心，论史者之乱义久矣。中国立极之主，祖考世戴之君，明明赫赫在人心而不昧；臣子自有独喻之忱，行其不敢不忍者，而岂但以名哉！

4.毒天下而以自毒者，其唯贪功之人乎！郦生说下齐，齐已受命，而汉东北之虑纾，项羽右臂之援绝矣。黥布盗也，一从汉背楚而终不可叛。况诸田之耿介，可以保其安枕于汉也亡疑。乃韩信一启贪功之心，从蒯彻之说，疾击已降，而郦生烹，历下之军，蹀血盈野，诸田卒以殄其宗。惨矣哉！贪功之念发于隐微，而血已漂卤也。

龙且亦犹是也，军于高密，客说以深壁勿战，令齐王招散民，反汉而归己，汉客兵不容于久留而必溃败，以全三军尊楚势而保齐，岂不贤于浪战以死亡乎？且则曰："救齐，不战而降之，吾何功？"虽其后胜败不同，而且之心亦信之心也。信以其毒毒齐，而齐民骈死，田氏以亡；且以其毒自毒，而潍水涌流，楚军大覆，田氏不救。举人之宗社人民存亡生死之大，而秦国消灭六国，只不过是七雄互相吞并而强者取得了最后胜利罢了。它的罪过，没有比灭周更严重的了。如果楚国有幸未被秦国所灭，则楚国也会成为第二个秦国，一统天下。非其世臣，又非其后代的民众，为什么一定要拥戴楚人为君呢？拥戴楚国，是项氏的私义。刘汉又何必要引项家的私义为自己的义呢！由于此义不明，因而只要有名便附之于义。李嗣源，是少数民族的后裔，因为在名义上归附唐朝便被看作是唐人，李昪，不知道他是谁的儿子，也因为有归附唐朝之名而被看作是唐人。有名而无义，名为义而义不生于心，研究历史的人搞乱了“义”的内涵已经很久了。中国的立极之主，祖考（考即父）世戴之君，其光辉形象巍然屹立在人民心中，永放光芒，臣子自有独喻的热忱，以行其不敢不忍为之心，怎么可能是徒有其名呢？

残害天下结果却害了自己的，大概只有贪功之人啦！郦食其劝降齐国，齐国已经表示同意，从此汉东北方的威胁得以解除，项羽的左臂之援被断绝了。黥布是一名盗贼，然而一旦背楚投汉后就决计永不反叛，何况是耿直的田氏兄弟呢！他们肯定可以老老实实地作汉朝的臣民，绝不会有三心二意。然而，韩信却忽起贪功之心，听从了蒯通的劝说，突袭已经决定投降的齐国，结果使得郦食其被齐人烹死，齐历下（今山东济南市西）之军血流成河，田氏最终因此被灭宗。真惨啊！贪功之心起于隐微！却造成了血流成河的后果。

龙且的心思也与韩信相似，他率军驻扎在高密，有人劝他坚守阵地不要出战，同时让齐王招集散民，反汉而归己，汉军失去依托，无法久留，不久势必溃不成军，四散奔逃，如此则可以保全三军，稳定楚国形势，并且使齐国全面得救，这计谋难道不比拼死浪战、损兵折将高明得多吗？而龙且却说：“我奉命来救援齐国，如果不战而降之，我有什么功劳呢？”尽管后来胜败的结果很不相同，但龙且的心思与与韩信的心思是完全相同的。韩信以其恶毒之心残害齐国，不满忮人之溪壑，毒螫人而蜂虿亦死。信幸破齐以自请王齐，而未央之诛已伏于此，且亦以其身毙于潍水之上。然则贪功而毒人，亦自雠其项领而速之靳也。悲哉！愚不可瘳已。

李左车下全燕而燕不叛，随何收九江而黥布无疑。善用人者，亦何利有贪功之人，以贼天下而多其衅哉！汉虽有齐而力已疲，楚覆救齐之兵而项王大惧，忮人不黜而能定天下，未之有也。

5.韩信下魏破代而汉王收其兵，与张耳破赵而汉王又夺其兵，何以使信帖然听命而抑不解体以飏去哉？此汉王之所以不可及也。制之者气也，非徒气也，其措置予夺之审有以大服之也。结之者情也，非徒情也，无所偏任，无所听荧，可使信坦然见其心也。吾之所为，无不可使信知之矣。信固知己之终为汉王倚任而不在军之去留也，故其视军之属汉也无以异于己。无疑无怨，何所靳而生其忮惎乎？假使夺信军而授之他人，假使疑信之反而夺其军以防之，项王一印之刓而信叛，三军之重，岂徒一印之予夺乎！

结果使得齐民大量死亡，田氏也因此而灭宗；龙且以其恶毒之心坑害了自己，结果在潍水边被韩信用水攻法击败，楚军大半覆没，而田氏坐视不救。以人家的宗庙社稷和人民的生死存亡之大，尚不能填满贪人的欲壑，岂不知蜂、蝎等毒虫以毒螫人后自己也会很快死去。韩信幸而击败了齐军，于是自请加封为齐王，不过，他日后在未央宫被杀的祸根已经隐伏于此了。和韩信一样贪功的龙且，最终也在潍水边兵败被杀，身首异处。由此可见，因为贪功而残害别人，也就是自己想死因而伸长脖子，静候一刀，以求早上西天，可悲啊！这些人真是愚蠢透顶，不可救药了。

李左车降服全燕而燕不叛，隋何收九江（今安徽寿县）而九江王黥布不存疑虑。善于用人的人，亦有何理由利用贪功之人，以残害天下人民同时增加自己的冤家呢？汉虽然占有了齐国而军队已被战事搞得疲惫不堪，元气大伤；楚救援齐的军队全军覆没后项羽大惊失色，慌恐不安。不罢黜好猜忌、嫉妒之人而能平定天下的事，从来都不曾有过。

韩信征服魏国、击破代国后汉王刘邦收回了他的兵权，他与张耳合力攻破赵国后刘邦又夺了他的兵权，刘邦如此对待韩信，为什么却能使他俯首听命而不是拂袖而去呢？显然，这正是刘邦超过常人、令人望尘莫及的地方。制伏韩信的是气，不仅是气，而且刘邦审慎的措置予夺之道中有足以令韩信心服口服的地方。拢络韩信之心的是情，刘邦用人无所偏任，一点儿也不存疑心，可以让韩信坦然见其心，他的所作所为没有不可让韩信知晓的。韩信清楚地知道自己终将被汉王所倚重，军权一时的去与留并不重要，所以他觉得军权收归汉王与掌握在自己手中没有什么区别。无疑无怨，韩信还会因为吝惜什么而产生怨恨之心？假如刘邦夺了韩信的兵权授给别人，假如刘邦怀疑韩信图谋反叛因而收回其兵权以为防范，韩信会怎么做心不可使人知者，以柔用之而败，以刚用之而速亡。有所偏听、怙党而疑人者，不能制之而死于其人，能制之而其人速叛以去。武王曰："予有乱臣十人，同心同德。"十人之同乎武王，武王同之也。

6.汉王甫破项羽，还至定陶，即驰夺韩信军，天下自此宁矣。大敌已平，信且拥强兵也何为？故无所挟以为名而抗不听命，既夺之后，弗能怨也。如姑缓之，使四方卒有不虞之事，有名可据，信兵不可夺矣。夺之速而安，以奠宗社，以息父老子弟，以敛天地之杀机，而持征伐之权于一王，乃以顺天休命，而人得以生。

且信始不从蒯彻之言与汉为难者，项未亡也。参分天下，鼎足而立，蒯彻狂惑之计耳。昔者韩尝以此持天下之纵横，然吞于秦而不救，其覆轨矣。信反于齐，则张耳扼其西，彭越控其南，鼎足先折而徒为天下蟊贼。信知其不可而拒彻，计之深也。项王灭，汉王倦归于关中，信起而乘之，乃可以得志。彻之说，信岂须臾忘哉？卞庄子小死大毙一举而两得之术，俟时而发，发不旋踵矣。其曰"不忍背汉"者，姑以谢彻耳。削王而侯，国小而无兵，尚欲因陈豨以发难；拥三齐之劲旅，西向而虎视，尚谁忌哉？

呢？项羽因为舍不得一颗大印结果使得韩信愤然叛去，而三军之重，难道是一印之予夺可以相比的吗？

内心世界不能让别人知道的人，如果以柔驭众则必然败亡，如果以刚驭众则必然速亡。有所偏听、结党而疑的人，如果不能制之则必死于其人之手，如果能制之则其人必速叛而去。周武王说："我有治臣十人，个个与我同心同德。"十人之所以能与武王同心同德，是因为武王与他们同心同德。

汉王刘邦刚刚击败项羽，撤至定陶，就飞马剥夺了韩信的兵权，天下从此安宁无事了。大敌已灭，韩信手握重兵还有什么用呢？所以，他无法找到借口以抗令不遵，而且在被剥夺兵权之后也不能有所怨恨。假如刘邦的行动略有迟缓，结果四方突然发生了不测事件，韩信有了借口可以利用，其兵权就剥夺不了啦！剥夺得迅捷而且平和，以稳固刘氏的江山社稷，以减轻父老兄弟的负担，并且收敛天地之杀机，从而使征伐大权集中于君主一人之手，这样就可以顺应天命，使人民得以活命。

当初，韩信之所以不听从蒯通的建议反叛刘邦，是因为项羽还没有灭亡。要韩信与刘邦、项羽三分天下，鼎足而立，完全是蒯通的狂惑之计，根本不可行。以前，韩国曾以这种策略持天下之纵横，结果韩国仍然无法避免被秦国吞并的厄运，这乃是韩国的覆辙。如果韩信果真在齐地反叛，则张耳扼其西，彭越控其南，这样鼎足先折而自己白白地做了天下的害人虫。韩信深知蒯通的计策不可行，因而坚决予以拒绝，这是他深谋远虑的表现。项羽败灭以后，汉王刘邦疲惫不堪，急忙回归关中，韩信乘此良机起兵反汉，才可以如愿以偿，取得成功。蒯通的劝告，韩信每时每刻何曾忘怀？他采取的是卞庄子小死大毙、一举两得之术，伺机而动，一旦条件成熟，随时都会打起反旗，大动干戈。韩信所说的"不忍心背叛汉王"，只不过是为或曰宋太祖之夺藩镇也类此。而又非也。信者，非石守信、高怀德之俦也。割地而王，据屡胜之兵，非陈桥拥戴之主也。故宋祖惩羹吹齑而自弱，汉高拔本塞源以已乱，迹同而事异。其权不在形迹之间也。

7.汉王初即皇帝位，未封子弟功臣，而首以长沙王吴芮、闽粤王无诸，此之谓“大略”。二子者，非有功于灭项者也，追原破秦之功而封之。以天下之功为功，而不功其功，此之谓“大公”。楚、汉争于北，而南方无事，久于安则乱易起，立王以镇抚之，此之谓“制治于未乱”。以项羽宰天下不公为罪而讨之，反其道而首录不显之绩，此之谓“不遐遗，得尚于中行”。若此者，内断之心，非留侯所得与，况萧何、陈平之小智乎！量周天下者，事出于人所不虑，若迂远而实协于人心，此之谓“不测”。

8.秦、项已灭，兵罢归家，何其罢归之易而归以即乎安？古者兵皆出于农，无无家者也，罢斯归矣。汉起巴蜀、三秦之了感谢蒯通的好意罢了，并非是发自内心。韩信被削去齐王和楚王封号后贬为淮阴侯，国小而且无兵，他尚且准备与陈稀合作以起兵发难；可以想见，当年他拥有三齐地区的劲旅，向西方对关中虎视眈眈时，心里难道还会忌惮谁吗？

有人说，宋太祖赵匡胤采用杯酒释兵权的办法收回藩镇的军权，其做法与刘邦很相似，我觉得这种说法是不正确的。韩信，并不是石守信、高怀德之流所能比拟的。而割地以分封诸侯王，统帅着屡战屡胜之军的，又不是在陈桥兵变中被将士们黄袍加身，拥立为帝的赵匡胤。所以，宋太祖惩羹吹齑而削弱自己，汉高祖拔本塞源以制止叛乱，二人的做法貌似相同而实际上大相径庭，其中的关键并不在形迹之间。

汉王刘邦刚即皇帝位，未封子弟功臣，却先封长沙王吴芮、闽粤王无诸，这就叫做“大略”。这两个人首先被封，并不是因为他们在消灭项羽的战争中立有大功，而是因为他们有功于推翻暴虐的秦王朝。刘邦以天下之功为功，而不是仅仅认可自己所立的功勋，这就叫做“大公”。楚、汉两方在北部地区争战不休，而南方地区平安无事，一个地区如果长期地处于和平安定的形势下则容易出现动乱，所以刘邦在南方地区封王以镇抚之，这就叫做“制治于未乱”。刘邦曾以项羽宰割天下不公为罪而加以讨伐，现在又反其道而首先封赏并不卓著的功绩，这就叫做“不遗忘久远之功，得尚于中行”。这样的做法，都是出于刘邦的内断之心，连足智多谋的留侯张良也不能参与，何况是只有小聪明的萧何、陈平呢！心里装着整个天下的人，行事常常出于人们的意料之外，看起来似乎显得迂远而实际上十分高明，深得人心，这就叫做“不测”。

秦朝和项羽已灭，汉朝政府让很大一部分军人解甲归田，为什么把他们罢归如此容易而且回家以后就能安居乐业呢？因为在古代卒，用九江、齐、赵之师，不战其地，不扰其人，无闾井之怨，归斯安矣。后世召募失业之民，欲归而无所归，则战争初息而遣归之也难。善师古者，旁通而善用之。则汉抑有“民相聚山泽不书名数者，复其故爵田宅，教训而优恤之”之诏，是可为后世师者也。无所侵伤于民，而禁其仇杀；非有官爵田里，而为之授以隙地；宽假以徭役，而命为稍食之胥卒。以此散有馀之卒，熟计而安存之，奚患亡术哉？高帝甫一天下，而早为之所。国不糜，农不困，兵有所归。下令于流水之源，而条委就理，不谓之有“大略”也得乎！

9.以大义服天下者，以诚而已矣，未闻其以术也；奉义为术而义始贼。义者，心之制也，非天下之名也。心所勿安而忍为之，以标其名，天下乃以义为拂人之心而不和顺于理。夫高帝当窘迫之时，岂果以丁公为可杀而必杀之哉？当诛丁公之日，又岂果能忘丁公之免己而不以为德哉？欲惩人臣之叛其主，而先叛其生我之恩，且嚣然曰是天下之公义也。则借义以为利，而吾心之恻隐亡矣。

兵皆出自于农，没有无家可归的，所以一旦解甲，他们便欣然归家了。汉朝凭借巴蜀（今四川）、三秦（今陕西一带）之卒起家，利用九江、齐、赵之兵争夺天下，却不在这些军人的故乡作战，不骚扰那里的人民，因而不为当地的百姓所仇视，所以这些士兵一回家就能够安居乐业。后世的君主多召募无业游民为兵，这样的士兵一旦解甲便无家可归，因而战争一结束就遣返他们是非常困难的。善于效法古人的人，能够触类旁通并且适当地借用。在汉朝皇帝的诏书中有“民相聚山泽不书名数者，恢复其故爵田宅，国家教化而且优待他们”的诏书，非常值得后世效法、学习。刘邦无所侵伤于民，而禁止百姓相互仇杀；对没有官爵田宅的百姓，政府为他们分配空地；政府又设法尽量减轻百姓的徭役负担，而改由吃国家俸禄的吏卒承担。用这样的态度分散安排有余的士卒，深思熟虑后切实妥当地安置他们，何愁没有办法呢？汉高祖刚一平定天下，就早早地为大批士兵的退役问题做了细致周密的安排，结果使得国家不浪费资财，农民不致生活困顿，士兵各有其归宿，一举而三得。刘邦从根本着手，下令于流水之源，且顺时应势，使得各项大事都处理得有条不紊，不称他为有“大略”之人能行吗？

以大义征服天下的人，用的仅仅是诚心而已，没听说有用权术的；如果奉义为术就会受到伤害。义，是制约心的，而不是天下之名。心中不愿而勉强去做，以标榜其名声，于是天下人乃认为义与人心相悖且不和顺于理。试想，当汉高祖处境窘迫之时，难道果真会认为丁公应当处死因而一定要杀死他吗？当他诛杀丁公之日，难道又果真能够忘记当年丁公曾解救过自己的危难，而不认为这是丁公对自己的恩德吗？刘邦想惩罚臣子背叛君主之罪，却先背叛了这个臣子曾救自己一命的大恩，而且还理直气壮地声称：这是天下的公义，此举实质上是借义的名义以谋私利，自己的良知和恻隐之心已经丧失殆夫义，有天下之大义焉，有吾心之精义焉。精者，纯用其天良之喜怒恩怨以为德威刑赏，而不杂以利者也。使天下知为臣不忠者之必诛而畏即于刑，乃使吾心违其恩怨之本怀，矫焉自诬以收其利。然则义为贼仁之斧而利之囮也乎？故赦季布而用之，善矣，足以劝臣子之忠矣。若丁公者，废而勿用可也；斩之，则导天下以忘恩矣。恩可忘也，苟非刑戮以随其后，则君父罔极之恩，孰不可忘也？呜呼！此三代以下，以义为名为利而悖其天良之大慝也。

10.留侯欲从赤松子游，司马温公曰：“明哲保身，子房有焉。”未足以尽子房也。子房之言曰：“家世相韩，为韩报仇。”身方事汉，而暴白其终始为韩之心，无疑于高帝之妒。其忘身以伸志也，光明磊落，坦然直剖心臆于雄猜天子之前。且曰：“愿弃人间事，从赤松子游。”视汉之爵禄为鸿毛，而非其所志。忠臣孝子青天皎日之心，不知有荣辱，不知有利害，岂尝逆亿信之必夷、越之必醢，而廑以全身哉！抑惟其然，而高帝固已喻其志之贞而心之洁矣，是以举太子以托之，而始终不忮。

呜呼！惟其诚也，是以履虎尾而不疚。即不幸而见疑，有尽了。

义，有天下的大义，也有自己心中的精义。精，是指纯用其天良之喜怨恩怒以为德威刑赏，而不混杂私利于其中。让普天之下的人都知道，做人臣如果不忠则必受诛刑从而产生恐惧心理，不敢越雷池半步，也就是让我的心违背其恩怨之本怀，虚假地自诬以获取好处。如果这样，那么义是伤害仁的大斧和导致私利的诱饵吗？所以，刘邦赦免季布的罪过并予以重用，是很好的，足以激励臣子忠君报国，无有二心。至于丁公，废而不用就可以了；杀了他，则是引导天下人忘恩负义了。恩情可以忘记了，如果不是刑戮紧随其后，那么浩荡无极的君父之恩，为什么不可以忘记呢？唉！这就是从夏、商、周三代以后，以义为名，以义为利，从而违背了其天良的极端丑恶的现象。

留侯张良想随从赤松子云游天下，北宋的司马光在书中对此事发表评论说："明哲保身，子房（张良的字）做到了。"这个评价并不全面，不足以概括张良的处世哲学。张良自己曾说过："我家世世代代辅佐韩国，我的志向就是为韩国报仇。"当时，他正在为汉王刘邦做事，却公然暴露了他始终为韩国服务的决心，丝毫不顾忌会不会引起好嫉妒的汉高祖的猜疑。张良不避凶险以表白自己的志向，光明磊落，心底坦然地直剖其胸臆于好猜忌的天子面前，并且说："我愿意摆脱人间的一切杂事，跟随赤松子云游各地。"他把汉家的功名爵禄看得轻如鸿毛，而不是平生的追求。张良是个忠臣孝子，其心有如青天白日，不知有荣辱，不知有利害，岂曾预料到韩信必遭诛灭、彭越必遭醢刑（将人杀死后剁成肉酱），因而仅以此策保全性命呢！也正是由于张良能够推心置腹，光明磊落，汉高祖早已知道他志向坚贞，心地纯洁，因而主动把太子托付给张良教导，始终未生猜忌或加害之心。

唉！正是由于张良诚实无欺，因而可以踩着虎尾而不惧怕。即死而已矣，弗能内怀忠而外姑为佞也。曹操之綦毒也，徐庶怀先主之知，终始不与谋议，而操无能害，况高帝之可以理感者乎！若夫未忘故主，而匿情委曲以避患，谢灵运之所以身死而名辱。“本自江海人，忠义感君子”，孰听之哉？

11.中国夷狄之祸，自冒顿始。冒顿之阑入句注、保太原，自韩王信之叛降始。信失韩之故封而徙于太原，其欲甘心于汉久矣。请都马邑，近塞而易与胡通；数使之胡求和，阳为汉和而阴自为降地；畜不逞以假手于冒顿，不待往降之日，而早知其志在胡矣。

非韩信则冒顿不逞，非石敬瑭则邪律氏不横，求如郭子仪与吐蕃、回纥有香火缘而无贰心者，今古无两人。然则以狡焉不逞之强帅置之边徼，未有不决堤焚林以残刘内地者也。饥鹰猘犬，不畜之樊圈，而轶之扬飞奰走之地，冀免祸于目前，而首祸于千古。甚哉高帝之偷也！

12.鲁两生责叔孙通兴礼乐于死者未葬、伤者未起之时，非也。将以为休息生养而后兴礼乐焉，则抑管子“衣食足而后使不幸遭受猜疑，张良宁可一死，也不会内怀忠而外显奸，心口不一，逢场作戏。曹操是十分狠毒的，而徐庶深感刘备知遇之恩，始终不愿为曹操出谋划策，曹操也无计可施，不能加害于他，何况是还可以以理感化的汉高祖呢！至于心里尚未忘记过去的主人，却把自己的真实感情深深地埋藏起来，曲意逢迎以求避祸，这正是南朝著名田园诗人谢灵运之所以身死而名辱的原因。“本自江海人，忠义感君子”，谁听他呢？

中原地区遭受夷狄之祸，是从匈奴冒顿单于开始的。冒顿南侵，越过句注山（在今山西代县西北）、攻太原，是从韩王信叛降匈奴开始的。韩王信失去了韩国原来的封地，被迁徙到太原，他想甘心于汉已经很久了。韩王信请求建都马邑（今山西朔县），因为此地接近边塞，易于与胡人交流，他多次派人到匈奴求和，表面上是为汉朝与匈奴讲和，而实际上是在暗地里为自己寻找降地；一旦反叛不成功就假手于冒顿单于，以联合对付汉朝政府，因此不必等到韩王信前往投降之日，很早就可以知道他的志向乃是投降胡人。

如果没有韩王信，那么冒顿单于的野心就无法得逞，如果没有后晋的石敬塘，那么契丹耶律氏就无法横行于华北地区，要想找到像唐朝的郭子仪那样与吐蕃、回纥有香火缘而无二心的人，恐怕是不可能的，这样的人自古及今也不会有第二个。然而，如果把桀骜不驯的悍将强帅安排在边境地区，则没有不如决堤焚林一般残害我中原大地的。这难道不是古今之大痛，相沿袭而形成的一种恶习吗？饥鹰狂犬，不严密在畜地笼子或者圈里，而是置之于可以一飞冲天或纵横驰骋之地，当初只是希望借此躲过眼前的灾祸，不料却首开了中华民族千古灾祸的先河。汉高祖鼠目寸光，太没有长远眼光啦！

鲁国的两个儒生指责叔孙通兴礼乐于死者未葬、伤者未愈之时，这种责难是不妥当的。认为老百姓应当休养生息一段时期后才礼义兴”之邪说也。子曰：“自古皆有死，民无信不立。”信者，礼之干也；礼者，信之资也。有一日之生，立一日之国，唯此大礼之序、大乐之和不容息而已。死者何以必葬？伤者何以必恤？此敬爱之心不容昧焉耳。敬焉而序有必顺，爱焉而和有必浃，动之于无形声之微，而发起其庄肃乐易之情，则民知非苟于得生者之可以生，苟于得利者之可以利，相恤相亲，不相背弃，而后生养以遂。故晏子曰：“唯礼可以已乱。”然则立国之始，所以顺民之气而劝之休养者，非礼乐何以哉？譬之树然，生养休息者，枝叶之荣也；有序而和者，根本之润也。今使种树者曰待枝叶之荣而后培其本根。岂有能荣枝叶之一日哉？故武王克殷，驾甫脱而息贯革之射，修禋祀之典，成象武之乐。受命已末，制作未备，而周公成其德，不曰我姑且休息之而以待百年也。

秦之苛严，汉初之简略，相激相反，而天下且成乎鄙倍。举其大纲，以风起于崩坏之馀，亦何遽不可？而非直无不可也；非是，则生人之心、生人之理日颓靡而之于泯亡矣。唯叔孙通之事十主而面谀者，未可语此耳。则苟且以背于礼乐之大原，遂终古而不与于三王之盛。使两生者出，而以先王安上治民、移风易俗之精意，举大纲以与高帝相更始，如其不用而后退，未晚也。乃必期以百年，而听目前之灭裂。将百年以内，人心不靖，风化未起，汲汲于生养死葬之图，则德色父而谇语能兴礼乐的观点，大概也是受到管子“衣食足而后礼义兴”之类邪说的影响。孔子说：“自古皆有死，民无信不立。”信，即信用，乃是礼的主体；礼，乃是信用的凭藉。有一日之生，立一日之国，只有这个大礼的次序、大乐的的和谐，是不容有一日中断的。死了的人为什么一定要安葬，负伤的人为什么一定要抚恤？因为敬爱之心不容人昧着良知不这样做。敬而有序则必顺，爱而和谐则必洽，动之于无形无声之细微处，激起其庄肃乐易之情，则百姓知道并非苟且偷生的人可以生，苟且得利的人可以得利，大家相助相亲，不相背弃，这样生养才可以顺遂。所以晏子说：“只有礼可以消除动乱。”既然如此，那么在立国之初，用来顺民气并鼓励他们休养生息的，不是礼乐还能是什么呢？譬如树木，休养生息，便是使之枝繁叶茂；有序而和谐，就是滋润其根本。现在要求种树者说：等到枝繁叶茂之后再培其根本。难道能够有人在一日之内使树木枝繁叶茂吗？所以周武王灭商王后，刚刚解下车马便停止贯革之射，修禋祀之典，定《象武》之乐。武王灭商后不久就与世长辞了，他所制定的礼乐制度还不完备，于是周公继承其遗志最终完成了他的愿望，周人并没有说要等百姓休养生息百年之后再兴礼乐。

秦朝的政治苛严，汉初的政治简略，二者相激相反，而天下却成于鄙陋背理。举其大纲，以风起于崩坏之余，亦有何不可？而且不仅无有不可；若不这样，则生人之心，生人之理，一天天颓废而至于泯灭了。只有曾先后事奉过十个主人而且当面奉承刘邦的叔孙通，没有资格说这种话。则苟且以违背礼乐之大愿，遂终古而不与于三王的兴盛。假如鲁地的那两个儒生当时能够出山，并用先王安上治民、移风易俗之精意劝谏汉高祖，如果高祖不采纳再隐退山林，也不为晚。他们却一定要等到百年以后才兴礼乐，而对眼前的灭裂局面听之任之。如果百年之内，民心仍然尚未安定，风化也没有大的起色，姑，亦谁与震动容与其天良，而使无背死不葬、捐伤不恤也哉？

卫辄之立，乱已极矣。子曰："礼乐不兴，则刑罚不中，民无所措手足。"务本教也。汉初乱虽始定，高帝非辄比也。辄可兴而谓高帝不可，两生者，非圣人之徒与？何其与孔子之言相剌谬也！于是而两生之所谓礼乐者可知矣：谓其文也，非其实也。大序至和之实，不可一日绝于天壤。而天地之产，中和之应，以瑞相祐答者，则有待以备乎文章声容之盛，未之逮耳。然草创者不爽其大纲，而后起者可藉，又奚必人之娴于习而物之给于用邪！故两生者，非不知权也，不知本也。

13.萧何曰："天子以四海为家，非壮丽无以示威。"其言鄙矣，而亦未尝非人情也。游士之屦，集于公卿之门，非必其能贵之也；蔬果之馈，集于千金之室，非必其能富之也。释、老之宫，饰金碧而奏笙钟，媚者匍伏以请命，非必服膺于其教也，庄丽动之耳。愚愚民以其荣观，心折魂荧而戢其异志，抑何为而不然哉！特古帝王用之之怀异耳。

古之帝王，昭德威以柔天下，亦既灼见民情之所自戢，而纳之于信顺已。奏九成于圜丘，因以使之知天；崇宗庙于七政府的精力都集中在生养死葬上，则德色（指自以为有德于人而形于颜色）父而谇语（责怪、埋怨）姑，有谁能够感动其天良，使他们不要背死不葬、捐伤不恤呢？

卫辄被拥立为卫国国君，标志着卫的内乱已达极点了。孔子说：“礼乐不兴，则刑罚不中正，臣民就会感到手足无措，难以行动。”孔子是建议统治者必须注重从根本上教化百姓。西汉初年，战乱虽然刚刚平定，而汉高祖刘邦是卫辄所无法比拟的。卫辄尚可兴礼乐却说汉高祖不可，那两个儒生难道不是圣人（孔子）的门徒吗？为什么他们的话与孔子的话如此矛盾呢？由此那两位儒生所说的礼乐就可想而知了，他们指的乃是礼乐的外壳，而不是其实质。大序至和之实，不可有一天绝于天地之间，而天地之产，中和之应，以祥瑞相佑答的，则有待以备于文章声容鼎盛之时，平时是无法达到的。然而，如果草创之君不爽其大纲，而后起者可以依赖，那么又何必要求人人娴熟、物质充足呢！所以那两位鲁儒不是不懂得权变以顺时应势，而是不懂得其根本。

萧何说：“天子以四海为家，若不追求壮丽则无法显示其气派。”他的话很鄙俗，但是却未尝不是人之常情。游士的足迹，集中于公卿之门，并不是因为公卿一定能够使他们尊贵，蔬果等礼品，堆集于千金之家，并不是这些东西一定能够使主人们富裕。佛教和道教的寺观，装饰得金碧辉煌而且演奏着动听的乐曲，谄媚的人匍伏在地以祈求保佑，并非是因为他们热衷于宗教，而是被其建筑物的辉煌壮丽所感染。统治者用豪华壮丽的建筑物愚弄愚民，使他们心折魂萦而收敛异心，与此有什么区别呢？只有古代的帝王用这种办法怀柔异己。

古代的帝王，明德威以驯服天下，也是在已经清楚地看到民情得以安定的途径以后，把它引导于信和顺而已。在祭天的圆形高坛世，因以使之知孝；建两观以县法，因以使之知治；营灵台以候气，因以使之知时；立两阶于九级，因以使之知让。即其歆动之心，迪之于至德之域，视之有以燿其目，听之有以盈其耳，登之、降之、进之、退之有以诒其安。然后人知大美之集，集于仁义礼乐之中，退而有以自惬。非权以诱天下也。至德之荣观，本有如是之洋溢也。贤者得其精意，愚不肖者矜其声容。壮丽之威至矣哉！而特不如何者徒以宫室相夸而已。

不责何之弗修礼乐以崇德威，而责其弗俭。徒以俭也，俭于欲亦俭于德。萧道成之鄙吝，遂可与大禹并称乎？

14.国无贵人，民不足以兴；国无富人，民不足以殖。任子贵于国，而国愈偷；贾人富于国，而国愈贫。任子不能使之弗贵，而制其贵之擅；贾人不能使之弗富，而夺其富之骄。高帝初定天下，禁贾人衣锦绮、操兵、乘马，可谓知政本矣。

呜呼！贾人者，暴君污吏所亟进而宠之者也。暴君非贾人无以供其声色之玩，污吏非贾人无以供其不急之求，假之以颜色而听其辉煌，复何忌哉！贾人之富也，贫人以自富者也。牟利易则用财也轻，志小而不知裁，智昏而不恤其安，欺贫懦以矜夸，而国安得不贫、民安得而不靡？高帝生长民间而习其利害，重挫之而民气苏。然且至孝文之世，后服帝饰如贾生所讥，则抑末崇本之未易言久矣。

上连续演奏音乐，以便让百姓们知天；在宗庙里敬祀祖先时上溯七世，以便让百姓们知孝，在显眼的地方建造两座高台（或柱）以悬挂法律条文，以便让百姓们知治；营建灵台以观测天象，以便让百姓们知时，立两阶于九级，以便让百姓们知道礼让。利用百姓们的欣喜之心，将其启迪、引导入最高的道德境界，让他们有得听，有得看，无论是升还是降，也无论是进还是退，他们都会平心静气地予以接受。这样，人们才会知道大美之集，集于仁义礼乐之中，退而有以自惬。这并不是权宜之计以诱骗天下人，至德之荣耀，本来就有像这样洋溢的。贤能的人得其精粹，愚蠢的不肖之徒只看重其名声、外表，壮丽的威力可真大啊！只有那些不如萧何的人，才会仅仅以宫殿豪华、壮观炫耀于世。

我们不指责萧何不修礼乐以崇德威，而指责他不俭朴。俭朴，不应当只局限于欲望方面，而且还应包括道德方面。否则的话，像萧道成的鄙吝，岂可与大禹相提并论呢！

国中如果没有贵人，则百姓不足以兴；国中如果没有富人，则百姓不足以货殖。任子地位尊贵，则国家更加苟且懈怠；商人富过王侯，则国家更加贫穷。任子不可使之不尊贵，却应当防止其专擅尊贵；商人不可使之不富裕，却应当杜绝其骄横。汉高祖刚刚平定天下，就禁止商人穿丝绸、带兵器、骑马，可谓是懂得为政的根本啦！

唉！商人，是暴君污吏最急于进用和宠爱的一类人。暴君如果没有商人就无法供给其声色犬马之好，污吏如果没有商人就无法供应其不急的需求，只要假之以颜色就可以听其辉煌，他们还会有什么忌惮呢！商人的财富，正是穷人们用以自富的东西。牟利容易则用起财来也不当回事儿，志小而不知裁，智昏而不恤民，一味地欺压贫弱以自夸，这样国家怎么能不贫穷，百姓怎么能不困顿呢？汉高祖长期生活在民间，深知其中的利害关系，因而沉重地打击商人的势力，以

15.娄敬之小智足以动人主，而其祸天下也烈矣！迁六国后及豪杰名家居关中，以为强本而弱末，似也。遣女嫁匈奴，生子必为太子，谕以礼节，无敢抗礼，而渐以称臣，以为用夏而变夷，似也。眩于一时之利害者，无不动也。乃姑弗与言违生民之性，就其说以折之，敬之说恶足以逞哉！

富豪大族之所以强者，因其地也。诸田非勃海鱼、盐之利，不足以强；屈、昭、景非云梦泽薮之资，不足以强；世家非姻亚之盛、朋友之合、小民之相比而相属，不足以强。弃其田里，违其宗党，夺其所便，拂其所习，羁旅寓食于关中土著之间，不十年而生事已落，气焰沮丧。曹子桓云："客子常畏人。"谅矣哉！畏人者尚能自强以为国强邪？固不如休息馀民而生聚之也。故贫民尚可徙也，舍其瘠土而移其窳俗，可使强也。豪杰大族，摧折凋残而日以衰。聚失业怨咨之民于辇毂之下，弱则靡而悍则怼，岂有幸乎？而当时之为虐甚矣。

便使民气逐渐得到复苏。然而仅仅到了汉文帝时期，皇后和皇帝服饰的奢侈就遭到贾谊的讥讽，可见，抑末崇本（即重农抑商）政策实施之难，由来已久了。

娄敬的小聪明足以使君主动心，而他对天下的祸害却太大啦！他主张把原六国王族的后人及各国的豪杰大户都迁徙到关中，以便强本而弱枝，加强中央政府的力量，此计从表面上看似乎是高明的。他主张汉朝选派姑娘下嫁到匈奴，姑娘与匈奴单于所生的儿子将来肯定被立为太子，只要不断向他灌输礼义之道，使之不敢抗礼，从而逐步向汉朝天子称臣纳贡，这个以夏变夷之计似乎也是高明的。被一时的利害所迷惑的人，没有不对这两条似是而非的计策动心的。姑且不说娄敬的计策违背了生民之性，也姑且不论其割裂人道之大防，仅就其计谋本身来说，娄敬的“高招”又有什么值得得意的呢？

富豪大族之所以强，是因为占有地利。齐地的田氏如果没有渤海的鱼、盐之利，就不足以称强；楚国的屈、昭、景三大家族如果没有云梦泽（今湖北安陆一带）的水陆资源，就不足以称强；世袭爵禄之家如果没有姻亲的人多势众，朋友的大力合作，小民的纷纷归附，也不足以称强。迫使六国的王族和豪强大户离开家园，抛别其宗党，剥夺他们所便利的生活环境，改变他们早已熟悉的生活方式，千里迢迢地居到关中土著居民之间，还不到十年，这些人的生计就没有着落了，气焰也沮丧殆尽了。曹丕曾说：“客居关中之人的孩子常常胆小怕事。”这话说得真对啊！胆小怕事的人难道还能自强以为国强吗？当初就不如让六国的这些余民休养生息。安心地繁殖人口，积蓄财富。所以，贫民尚可迁徙，以便让他们舍弃贫瘠的土地，改变其鄙陋的风俗，从而逐渐走上富强之路。而豪杰大族迁徙后，摧残凋零，元气大伤，实力一天天衰落下去。将大批的无业游民和心怀不满之人集中到天子脚下，势力弱小之人则奢侈浪费，消耗大量的资财，生性匈奴之有馀者，猛悍也；其不足者，智巧也。非但其天性然，其习然也。性受于所生之气，习成于幼弱之时。天子以女配夷，臣民狃而不以为辱，夷且往来于内地，而内地之女子妇于胡者多矣。胡雏杂母之气，而狎其言语，駤戾如其父，慧巧如其母，益其所不足以佐其所有馀。故刘渊、石勒、高欢、宇文黑獭之流，其狡狯乃凌操、懿而驾其上。则礼节者，徒以长其文奸之具，因以屈中国而臣之也有馀，而遑臣中国哉！

凡斯二者，皆敬之邪佞，以此破之，将孰置喙？而徙民之不仁，和亲之无耻，又不待辨而折者也。

16.陈豨之反，常山郡亡其二十城。周昌请诛其守尉，高帝曰："是力不足，亡罪。"守尉视属城之亡而不效其死力，昌之请诛，正也。虽然，有辨。寇自内发，激之以反，反而不觉，觉而匿不以闻，不为之备，不亟求援，则其诛勿赦也无疑。寇自外发，非其所激，非所及觉，觉而兵已压境，备而不给，待援不至，其宥也无疑。故立法者，无一成之法，而斟酌以尽理，斯不损于国而无憾于人。陈豨之反，非常山之所能制而能早觉者也。故周昌之按法，不如高帝之原情。虽然，止于勿诛而已矣，其人不可复用也。所谓"近死之心不可复阳也"。

强悍的人则满腹怨气，时刻准备着伺机报复，这样难道会有什么好处吗？这些人在当时已经为害甚烈了。

匈奴人所有余的，乃是猛悍；他们所不足的，乃是智巧。不仅是其天性如此，而且其传统和习惯也造成了这种后果。天性受自于其所生之气，习惯形成于幼小之时。天子将姑娘嫁给夷族人，臣民们无动于衷，不以为耻辱，夷人还不断往来于内地，而内地的姑娘嫁给胡人为妻的越来越多了。胡人娶汉妇所生的孩子杂母之气，而且学习其母的语言，结果长大成人后暴戾野蛮如其父，聪颖智慧如其母，可以弥补其所不足而裨益其所有余。所以，刘渊、石勒、高欢、宇文黑獭之流，其狡猾竟然远在曹操、司马懿之上。可见，礼节，被胡人当作文饰奸邪的工具，借以屈服中国而使之称臣则有余，何况让他们向中国称臣呢！

这两条，都是娄敬的奸邪之处，如果因此杀他，他还会有葬身之地吗？而徙民之举的不仁，和亲之策的无耻，无须证明就昭然若揭了。

陈稀反叛汉朝时，常山郡（治今河北元氏县西北）失陷了二十余城，周昌建议处死该郡的太守和尉，汉高祖说："这是实力不足，守尉无罪。"太守和郡尉坐视其属城失陷而不拼死挽救，周昌请求处死他们，是完全正确的。尽管这样，而具体问题还要具体分析。贼寇从内部而起，是守尉将他们激反的，激反以后没有及时察觉，至察觉以后又隐瞒不报，不采取防范事态扩大的措施，更不紧急向外求援，如果这样，则守尉应处以极刑而不能赦免，是确定无疑的。如果贼寇从外部兴起，不是守尉所激反的，也不是他们所能觉察出来的，等到一旦发觉而贼寇已大兵压境，预先防备已来不及，等待外援又等不到，那么守尉就应宽大和赦免，这也是确定无疑的。所以，立法没有一成不变的通则，必要时可以酌情变通以尽情理，使之既不

17.叔孙通之谏易太子也，曰："臣愿伏诛以颈血污地。"烈矣哉！夫抑有以使之然者：高帝之明，可以理喻也；吕后之权足恃也；留侯、四皓之属为之羽翼，而诡随者惮高帝而不敢竞也。通知必不死，即死而犹有功，何惮而不争？呜呼！以面谀事十馀主之通，而犯颜骨鲠也可使如此。上有明君，下有贤士大夫，佞者可忠，柔者可强，天下岂患无人材哉！匪上知与下愚，未有不待奖而成者也。

惠帝

1.曹参因萧何之法而治，非必其治也，唯其时之不得不因也。高帝初崩，母后持权于上，惠帝孱弱而不自振，非因也，抑将何为哉？鲁两生曰："礼乐百年而后兴。"唯惠帝之时言此为宜尔。周公之定礼也，流言未靖，东郊未定，商、奄未殄，不遑及也。参非周公之德而值其时，乃欲矫草创之失以改易一代之典，则人心不宁而乱即于此起。易于益之初曰："利用为大作，元吉，无咎。"无吉而后无咎，利者非其利也。风风淫于上而雷迅于下，其吉难矣。

损害国家利益又不冤屈人。陈稀反叛，并不是小小的常山郡所能控制并能及早察觉的。所以，周昌的依法行事，不如汉高祖的原情。尽管如此，常山郡的守尉充其量只能免除一死，而不可以继续使用。这就是所谓的“近死之心不可复阳”。

叔孙通在劝谏改立太子时说：“我愿伏诛以颈血污地。”真刚直啊！不过，他这样做也是有其原因的：首先，汉高祖比较贤明，可以理喻；其次，吕后的势力足可以依赖；再次，留侯张良和“商山四皓”（四位德高望重的世外高人）等许多人都支持他，而诡秘地追随赵王的人因忌惮汉高祖，没有人敢公开出面与叔孙通相争。叔孙通知道自己肯定不会死，即使死了也会有功，他还会顾虑什么而不抗争呢？唉！连曾经侍奉过十几位主人、喜欢当面阿谀奉承的叔孙通，竟然也能像这样不顾一切地犯颜直谏。上有明君，下有贤士大夫，奸邪的人可以变得忠诚，软弱的人可以变得刚强，像这样，天下何愁没有人材呢？若非上智与下愚，则没有不靠众人帮助而能成功的。

曹参因袭萧何的成法而天下大治，并不是萧何的成法一定能使得天下治理，而是因为在当时的形势下不得不因袭。当时，汉高祖刚死，吕后掌握着国家大权，惠帝则孱弱不能自振，如果不因袭成法，又能怎么办呢？鲁地的两个儒生说：“礼乐百年而后兴。”只有在惠帝时期说这番话才是合适的。周公制订礼乐制度时，流言未平，东郊未定，商、奄未灭，不过也顾不上这么多。曹参没有周公之德却碰上同样的乱世，如果想纠正草创的失误以更改一代典章制度，则人心不安而天下必然随之大乱。《周易》在《益》卦的初爻说：“利于农作物的耕作播种，始而吉祥，没有灾祸。”初始吉祥而后没有灾祸，否则利便不是他的利了。《益》卦乃是巽上震下，巽为风，震为雷电，风不停地在上面刮，而雷电不停地在下面猛闪，要想吉祥实在是太难了。

夫饬大法、正大经、安上治民、移风易俗，有本焉，有末焉，有质焉，有文焉。立纲修纪，拨乱反正，使人知有上下之辨、吉凶之则者，其本也。缘饰以备其文章，归于允协者，其末也。末者，非一日之积也。文者，非一端之饰也。豫立而不可一日缓者，其本质也。俟时而相因以益者，其末文也。

高帝之时，不可待也，而两生之说非矣。无以植其本，则后起者无藉也，而锢人心风俗于简略慢易之中，待之百年而民俗益偷。虽有其志而无其征，虽有其主而无其臣。故迄乎武帝，仅得董仲舒之疏漏；而曲学阿世之公孙弘者且进也，不足以有为矣。此高帝不夙、两生不出之过也。

惠帝、曹参之时，不可不因也。有周之遗文，六国之遗老，虽有存者，可与厘定萧何之法、叔孙通之礼，以折衷三代，昭示来兹；而母后悍，权奸张，内难且作，更张未几，而祸发于中，势将指创制显庸为衅端，天下抑且以修明制作为戒。其弊也，诗书道圮，俗学苟容，人心趋靡，彝伦日斁，渐渍以益流为偷薄，所必然矣。

呜呼！方正学死，而读书之种绝于天下，则汉之犹有贾、董、臧、绾以存古道于百一者，非曹参有以养之乎？故唯曹参者，可以因也，时也。前此而为高帝，当敦其质，后此而为文、景，必致其文，时也。两生傲而不出，文、景让而不遑，违乎时，违乎道矣。

整饬大法、匡正制度、安上治民、移风易俗，必须分清本与末、文与质。立纲修纪，拨乱反正，使百姓们知道有上下之别、吉凶之则，这便是本。而极力粉饰以大做表面文章，使之完美无缺，归于允协，便是末。末，并非一日之功。文，并非一端之饰。预先计划好而不可延缓一日的事，便是其本、质。需要等待一段时期而与其他措施相辅相成以裨益国家、社会的事，便是其末、文。

在汉高祖时期，制定礼乐大政是不容等待的，因而那两位鲁儒的说法是错误的。没有措施以植其本，则后继者无法兴盛，而将人心风俗禁锢在简略懈怠之中，待百年以后民俗就更加苟且了。虽有其志而无其征，虽有其君而无其臣。所以，直到汉武帝时期，仅得董仲舒之粗疏错漏；而歪曲自己的所学以逢迎现实的公孙弘却得到了重用，他不足以有所作为。这都是汉高祖不早醒悟，两位鲁儒不愿出山的过错。

在惠帝、曹参时期，是不能不因袭前人成法的。周代的文献，六国的遗老，在汉初虽然仍可看到，可以用来厘定萧何之法、叔孙通之礼，以折衷三代之制，昭示后人；但惠帝的母亲吕后专擅朝政，十分强悍，被宠幸、重用的奸臣气焰嚣张，内乱即将发生，如果此时改弦更张，则必然引发祸乱，奸人肯定要指责创制显庸以挑起事端，整个天下的人也会以修明制作为戒。在当时的形势下，诗书道毁，俗学苟且求容，人心趋于侈靡，天地人之常道一天天地败落，渐渐地滋长成日益严重的苟且、浅薄的风气，形成这种弊病是势所必然的。

唉！自从明初方孝孺被杀死后，读书种子绝灭于天下。而汉朝还有贾、董、臧、绾等巨儒，能够使古代的“道”保存百分之一，如果没有曹参，难道还会有人蓄养、保护他们吗？所以，只有曹参可以因袭前人成法，这是当时的历史条件决定的。在曹参之前的汉高祖，应当抓住关键，大力加强“质”方面的建设；在曹参之后的是文帝和

2.语曰:“明王有道,守在四夷。”制治保邦之道至矣。《书》曰:“迪惟有夏,乃有室大竞。”竞以德也,非竞以兵也。《诗》曰:“邦畿千里,惟民所止。”民所止也,非兵所聚也。《易·萃》之象曰:“除戎器,戒不虞。”萃聚二阳于四五,而分四阴于上下。阳,文德也;阴,武功也。近九五者阳,而屏阴于外,内文外武而不虞以戒矣。

汉聚劲兵于南北军,而兵积强于天子之肘腋,以是为竞王室、巩邦畿、戒不虞之计焉。然天子岂能自将之哉?必委之人。而人不易信,则委之外戚,委之中官,以为昵我而可无虞者。乃吕禄掌北军,吕产掌南军,吕后死,且令据兵卫宫以遂其狂逞,而刘氏几移于吕。其后窦、梁、何进与中官迭相握符,而恣诛杀以胁天子者,蹀血相仍。即其未乱也,人主之废立,国事之措置,一听命于大将军,而丞相若其府史。使利器不操于其手,则三公九卿持清议于法宫之上,而孰敢恣睢以逞乎?天下散处而可以指臂使者也。兵者,卫四夷而听命于帅者也,近在肘腋而或制之矣。周勃偾得而成,窦武偾失而败,人主赘立于上,而莫必其操纵,则亦危矣。

景帝，必须注重“文”方面的建设，这也是适时应势，由时代特点决定的。那两位鲁儒清高自傲而不出山，文、景二帝一味谦让而无暇以顾，都是违背时代潮流，不合治国之道的。

俗话说：“明王有道，守在四夷。”这话将治国安邦之道讲得太深刻、太透彻啦！《尚书》说：“迪惟有夏，乃有室大竞。”竞比的是德，而不是武力。《诗经》说：“邦畿千里，维民所止。”国家的疆域是由臣民所居止的地区决定的，而不是决于武力所达到的范围。《周易》中《萃》卦的象辞说：“除戎器，戒不虞。”该卦萃聚二阳爻于第四和第五的位置上，而分四阴爻于上下两端。阳，乃是文德；阴，乃是武功。接近九五（上卦当中的阳爻，代表帝王之位）之尊的是阳，即文德，而阴爻屏障于外，也就是说，内文教而外武功，于是不测事件得以戒备了。

汉朝聚精兵于南北二军，将强大的兵力集中在天子脚下，以此作为保护王室、巩固国家、预防不测事件的策略。然而，天子难道能亲自统帅这些军队吗？显然不能，他肯定要把这些军队交给别人统领。但是，一般的人很难信任，所以天子把军权交给外戚，交给宦官，自以为亲近自己的人值得相信，可保无虞。于是，外戚吕禄掌握了北军，吕产则掌管南军，吕后死时还命令他率兵拱卫皇宫以便实现其疯狂的阴谋，当时若没有周勃、陈平等人力挽狂澜，刘氏的政权必定被吕氏所篡夺。后来，外戚窦氏、梁氏、何进等与宦官轮番交替掌握兵权，肆意诛杀以胁迫天子的事件，层出不穷。即使在国家尚未大乱的时期，皇帝的废立，国事的处置，都完全听命于大将军，而作为百官之长的丞相则好像是大将军的秘书。假如大权不操在他们手中，则三公九卿持清议于法官（即帝王处理政事的正殿）之上，有谁还敢恣意妄为呢？君主只要把军队分散到全国各地，就可以随心所欲地指挥，放心大胆地使用了。军队，是听命于将帅以防御四方少数民族唐当天宝之前，无握禁兵于辇毂者，故扑二张、诸武如缚雏之易。借曰不竞，然且安、史犯阙而旋踵以平。贞元以后，鱼朝恩、吐突承璀、王守澄、刘季述所挟以骄，而废主弑君如吹枯而振槁，其所恃者，岂非天子所欲聚以自竞之兵乎？垂及五代，郭氏攘于前，赵氏夺于后，不出郊关而天下以移。究所以御夷狄而除盗贼者，又不藉此也。则天子未能有兵，聚兵以授人之乱而已。

边徼之备不修，州郡之储不宿，耀武于法宫明堂之侧，舍德而欲以观兵，弃略而欲以炫勇，天子之服天下，岂以左矛右戟、遥震遐方而使詟乎！唯兵在外而守在夷也，则外戚奄宦辽远而不相及，利不足以相啖，威不足以相灼，怵然畏天下之议其后而无挟以争。即有逆臣猝起以犯顺，亦互相牵曳而终以溃败。推而大之，舜、禹之舞干而三苗效顺，亦惟不与天下竞勇而德威自震，胥此道焉耳矣。呜呼！聚兵于王室以糜天下于转输，祇以召乱而弗能救亡，岂非有天下者之炯戒哉！

的，如果大量地在京师及其周围集结，天子就可能为其所制。周勃诡得而成，窦武诡失而败，君主多余地高居于庙堂之上，如果他不能有效地控制军队，其处境也是很危险的。

唐朝在玄宗天宝年间以前，没有人在皇帝身边掌握禁军，所以消灭二张（张易之、张昌宗兄弟）和武氏时易如缚小鸡。如果说无人在皇帝身边统领禁军，中央政府就不够强大，可是在安史之乱发生后，唐朝政府没用多长时间就把叛乱平定了。唐德宗贞元以后，鱼朝恩、吐突承璀、王守澄、刘季述等人专横跋扈，而且废立、甚至杀害皇帝，如同摧枯拉朽一般，他们所凭仗的，难道不就是皇帝聚集在自己身边的，企图借以自强的禁军吗？到了五代时期，郭氏先窃取了后汉的政权，建立后周，接着赵氏又篡夺了后周的政权，建立北宋，他们足不出郊关就完成了改朝换代的过程。实际上，国家防御四方各少数民族，以及平定各地的盗贼时，并不依赖云集京师的禁军。可见，天子聚兵于京师后，并没有真正拥有军队，只不过是把军队集中起来交给别人去犯上作乱罢了。

边境的防御不完备，州郡的储备不持久，却耀武于法官明堂之侧，想舍德而阅兵以示威，弃法制而炫耀勇力，难道天子征服天下是凭借左手持矛、右手持戟，遥震远方以使人因畏惧而归附吗？只有兵在外以防御四方各夷族，则与外戚、宦官风马牛不相及，利不足以相倾，威不足相灼，每天都很谨慎小心，惟恐天下人在他们身后指指点点，因而不取拥兵相争。即使有个别奸臣敢冒天下之大不韪，突然发动叛乱，也会因为互相牵制而终至溃败。推而广之，舜和大禹手舞盾牌而三苗（居住在今长江中游以南的少数民族）归降，他们并不与天下竞勇而德威自震，用的也只是此道而已。唉！聚兵于王室而使国家为转运巨额的军需物资而劳民伤财，可见此举最终只能招致叛乱却不能挽救国家危亡，这难道不是拥有天下者最好的前车之鉴吗？

文帝

1.诚以安君之谓忠，直以正友之谓信，忠信为周。君子周而上下睦，天下宁矣。周勃平诸吕，迎立文帝，而有德色；非有罔上行私之慝也，不学无术而忘其骄耳。袁盎与俱北面事君，尊卑虽殊，固有同寅之义；规而正之，勃岂遽怙而不改。藉其不改而后廷折之，勃过不掩而文帝之情亦释矣。乃弗规弗折而告文帝曰："丞相骄，陛下谦让，臣主失德。"斯言出而衅忌生，勃之祸早伏而不可解，险矣哉！

帝之谦，非失德也，尊有功而礼大臣，亦何非太甲、成王之盛心；而导之以猜刻，此之谓不忠。谅其心之无他，弗与规正，而行其谗间，此之谓不信。盎之险诐，推刃晁错而夺之权，于勃先之矣。小人之可畏如此夫！

乃抑有奸不如盎者，浅而躁，褊迫而不知大体，击于目即腾于口，贻祸臣主，追悔而弗及，非盎类而害与盎等。故人主之宜远躁人，犹其远奸人也。则亲亲尊贤之道，其全矣乎！

诚恳老实，能够使国君安定叫做忠；正直无私，能够匡正朋友的过失叫做信，忠信兼备叫做周。君子做到周则上下和睦，天下安宁。周勃平定了吕氏的叛乱，迎立汉文帝后，便自居有功，情不自禁地流露出了得意之色；这并不是因为他有欺君罔上、营私舞弊之奸心，而是由于他不学无术，忘记了要戒骄戒躁。袁盎与他一起北面称臣，侍奉君主，虽然尊卑悬殊，但并不影响其同僚之义，这是天经地义的；如果能在私下里诚恳地规劝周勃，指出他的疏忽，周勃难道会自恃功高位显而不改吗？万一他真的不思悔改，再在朝廷当众批评他，这样既不掩饰周勃的过错，又使得文帝心中消除了疑虑。然而，袁盎既不规劝，又不当众批评，而是向文帝进谏说："丞相周勃自以为有大功于汉朝，因而趾高气扬，似乎连皇帝也不放在眼里，而陛下一味地谦让，这样臣子和君主各失其德。"此话一出，文帝马上对周勃产生了猜忌之心，周勃的灾祸早就埋下了而且不可解，真危险啊！

帝王谦让并不是失德，尊重有功之人，礼遇德高望重的大臣，亦未尝不是商王太甲和周成王的盛心；而把帝王的谦让之心导向猜忌刻薄，这就叫不忠。明白对方虽有失误但并无异心，却不加规劝、指正，而是在私下里说坏话，挑拨离间，这就叫做不信。袁盎的阴险，最著名的事例是向汉景帝建议诛杀御史大夫晁错，并且夺取他的权力，而陷害周勃则是在此前，小人就是如此可怕！

还有一些不如袁盎奸邪的人，浅薄急躁，爱走极端而不识大体，一旦看见什么，不等弄明白便迫不及待地说出来，结果给君臣都带来了灾祸，追悔莫及。这种人虽然与袁盎不属同类，但其危害与袁盎相同。所以，君主应当远离急躁之人，就如同应当远离奸邪之人一样。如果能做到这些，那么孝敬亲人、尊重贤才之道大概就齐备了吧！

2.《易》曰：“谦：亨。君子有终。”君子而后有终，非君子而谦，未有能终者也。故“撝”也、“鸣”也、“劳”也，而终之以“侵伐”。虽吉无不利，而固非以君子之道终矣。君子之谦，诚也。虽帝王不能不下丘民以守位，虽圣人不能不下刍荛以取善。理之诚然者，殚心于此，而诚致之天下。见为谦而非有谦也，而后可以有终。故让，诚也；任，亦诚也。尧为天下求贤，授之舜而不私丹朱与禹之授启、汤之授太甲、武王之授成王一也，皆诚也。舜受于尧，启受于禹与泰伯之去句吴、伯夷之逃孤竹一也，皆诚也。若夫据谦为柄，而“撝”之，而“鸣”之，而“劳”之；则姑以此谢天下而不自居于盈，则早已有填压天下之心，而祸机伏而必发，故他日侵伐而无不利。黄、老之术，离诚而用伪久矣。取其“鸣谦”之辞，验其“侵伐”之事，心迹违，初终贸，抑将何以自解哉！故非君子，未有能终其谦者也。

有司请建太子，文帝诏曰：“楚王，季父也；吴王，兄也；淮南王，弟也。”诸父昆弟之懿亲，宜无所施其伪者。而以观其后，吴濞、楚戊、淮南长无一全其躯命者。尺布斗粟之谣，取疢于天下而不救。然则诏之所云，以欲翕固张之术，处于谦以利用其忍，亦险矣哉！

《周易》说:“谦亨,君子有终。”只有君子谦才能有终,不是君子而谦,没有能得善终的。所以,谦卦从“撝谦”到“鸣谦”再到“劳谦”,而最终的归宿则是上六鸣谦的“侵伐”。虽然吉祥,没有不利之处,但它固然不是以君子之道得到归宿的。君子的谦虚,是诚恳的。即使是帝王也不能不退让小民以守位,即使是圣人也不能不礼让割草打柴之人以取善。理之诚者,尽心于此,而诚可以为他带来天下。厉行谦虚而不自居谦虚,这样才能得善终。所以,辞让是诚实,而自任也是诚实。唐尧为天下求贤,把帝位让给贤明的虞舜,而不是授给自己的儿子丹朱;尧的作法,与大禹把帝位传给儿子启、商汤传给儿子太甲、周武王传给儿子成王一样,都是出于至诚。舜得帝位于尧,夏启得帝位于大禹,与泰伯前往句吴(今浙江诸暨南)、伯夷逃离孤竹国(在今河北卢龙南)一样,都是出于至诚。如果以谦虚为资本,而广为散布之,沽名钓誉,据之以为功劳,则姑且以此谢天下而不自居于盈,则早已有镇压天下之心,祸根已经埋下,到了一定的时刻必然会突降人间,所以他日侵伐别的国家和地区,没有不利的。黄、老之术,弃诚而用伪由来已久了。取其“鸣谦”(即有名声而谦虚)之辞,来验证其“侵伐”之事,不难看出,其心与行动相违,始与终不一致,如此不知其将怎样为自己辩解呢?所以,若非君子,则没有能够始终如一保持其谦虚的。

有关部门的大臣请求早立太子,文帝下诏说:“楚王,是我的叔父,吴王,是我的兄长,淮南王,是我的弟弟。”以叔父兄弟这样的至亲关系,应当不会心怀二心,图谋不轨了。但是,从后来的事实看,吴王刘濞、楚王刘戊、淮南王刘长三人,没有一个不是身首异处,死于非命的。尺布斗粟之谣,取疚于天下而不救。虽然这样,但是诏书的说法,乃是以“将欲翕(xī,聚、合,关闭之意)之,必固张(开)之”的办法,自身尽量做到谦恭以暂时利用对方的残忍,这也太危险啦!

且夫言者，机之所自动也。吴、楚、淮南闻斯语而歆动其妄心，则虽欲扑之而不得。故曰“火生于木而焚生火之木”，自生而自克也。文帝亦何利焉？至于侵伐，而天下亦殆矣。君子立诚以修辞，言其所可行，行焉而无所避，使天下洞见其心，而鬼神孚之，兵革之萌销于心，而机不复作则或任焉而无所用谦，或让焉而固诚也，非有伪而托于“鸣”者也。何侵伐之利哉！

3.汉兴，至文帝而天下大定。贾谊请改正朔、易服色、定官名、兴礼乐，斯其时矣。鲁两生百年而后兴之说谬矣。虽然，抑岂如谊之请遽兴之而遂足以兴邪？武帝固兴之矣，唐玄宗欲兴之矣，拓拔氏、宇文氏及宋之蔡京亦皆欲兴之矣。文帝从谊之请，而一旦有事于制作，不保其无以异于彼也。于是而兴与不兴交错，以凋丧礼乐，而先王中和之极遂斩于中夏。

夫谊而诚欲兴也。当文帝之世，用文帝之贤，导之以中和之德，正之于非僻之萌，养之以学问之功，广之以仁义之化，使涵泳于义理之深，则天时之不可逆，而正朔必改；人事之不可简，而服色官名之必定；至德之不可斁，而礼乐之必兴。怵惕而不安于其心，若倦于游而思返其故。抑且有大美之容，至和之音，仿佛于耳目之间，而迫欲遇之。则以文从质，以事从心，审律吕于铢絫之间，考登降于周旋之际，一出其性之所安，学之所裕，以革故而鼎新，不待历岁年而灿然明备矣。谊之不劝以学而劝以事，则亦诏相工瞽之末节，方且行焉而跛语言，乃是引发行动或事变的导火线。如果吴王、楚王、淮南王听到此话后欣然动其妄心，那么即使想消灭他们也不可能。所以说："火生于木而焚生火之木"，这叫自生而自克。文帝又有什么好处可得呢？一旦与诸王发生武装冲突，则天下也就很危险了。君子立于至诚以修辞，所说的都是切实可行的，所做的都是可以不避人的，使天下人得以洞见其心，而鬼神也信服他；战争的萌芽消弭于心底，而且再也不起此意；则或者自任而无所用谦，或者让贤而出于至诚，并非虚情假意而托名于"鸣"。诉诸武力有什么好处呢？

汉朝建立后，直到文帝时期天下才完全安定。贾谊请求改正朔、换服色、定官名、兴礼乐，时机非常合适。那两位鲁儒主张待百年以后兴礼教，这种说法是完全错误的。尽管如此，但是，如果按照贾谊的建议尽快兴礼乐，难道就能兴得起吗？汉武帝固然兴礼乐了，唐玄宗想兴礼乐，而满身膻味的拓跋氏、宇文氏，奸邪卑鄙的蔡京，也暗自想兴礼乐。如果文帝接受了贾谊的请求，而一旦在制度方面出事，很难保证其命运与汉武帝等人有什么不同。于是兴与不兴交错，以凋丧礼乐，而先王中和之极随之在中原断绝。

贾谊是诚心想兴礼乐的，在文帝时期，用文帝之贤，导之以中和之德，正之于非僻之萌，养之以学问之功，启之以仁义之教，使他深入体会义理的精深奥妙。则四天时不可逆，故正朔必须改；人事不可简，故服色官名必须定；至德不可败，故礼乐必须兴；惊惧而不安于其心，如同厌倦游玩而想归故乡。或许有大美之容，至和之音，仿佛在耳目之间，因而急切地想遇到它。则以文从质，以事从心，审律吕（乐律）于铢累之间，考升降于周旋之际，完全都出自于其性之所安，学问之深厚积累，以革故鼎新，用不了一年就可以卓有成效。贾谊不劝君主先修学问，却劝其做具体的事情，这也是属于诏相乐人（主管音乐的官员）之末节，刚要行动便有所偏倚，刚要听取便倦卧在倚，闻焉而倦卧，情文不相生，焉足以兴？故文帝之谦让，诚有歉于此也，固帝反求而不容自诬者也。礼乐不待兴于百年，抑不可遽兴于一日，无他，惟其学而已矣。

或曰：成王幼冲，德未成而周公亟定宗礼，何也？曰：周公之自定之也，非成王之能也。迨其后成王日就月将而缉熙于光明，乃以用周公之所制而不惭。谊固非周公，藉令其能如周公，而帝以黄、老之心行中和之矩范，自顾其不类而思去之，又奚能以终日乎？

4.文帝罢卫将军军，不欲使兵之冗集于京师也；罢太尉官属丞相，不欲兵柄轻有属也；合将与相而一之，故匈奴侵上郡而灌婴以丞相出将。以是为三代文武同涂之遗制与！抑论之：罢卫军，罢太尉，未尝不宜也。天子者，不待拥兵以为威；假待之以为威，则固不可更授其制于一人。乃若合将相于一，而即相以将，则固不可。灌婴者，可将者也，非可相者也；其可相者，则又非可将者也。故三代之制，不可行于后世者有二：农不可兵，兵不可农；相不可将，将不可相也。

且夫古之将相合一者，列国之事尔。楚之令尹，楚之帅也；晋之将中军，晋之相也。所以然者，何也？列国无议礼、制度、考文之事，无百揆、四门、大麓之典。其执政者，不必有床，质与文（即内容与形式）不相生，礼乐怎么能够兴呢？所以，文帝的谦让，实在是因为在这（学问）方面有所欠缺，他宁愿继续努力完善自己而不容许自欺欺人。礼乐不可等到一百年以后再兴，也不可强求在一日之间奇迹般地兴起来，这没有别的原因，只是因为受学识的局限。

有人说：周成王年龄很小，德行还未成而周公便制订了一整套礼乐制度，这是为什么呢？回答是：这是周公自己定的，而不是成王本人能定。等到后来，成王日积月累，学问渐进以至光明的境界后，仍然继续使用周公所制订的礼乐制度，丝毫没有感到不满意。贾谊固然不是周公，即使他的能力德行与周公相同，而文帝以黄、老之心行中和之矩范，自己深感不伦不类因而正想放弃它，在这种情况下，他又怎么能把贾谊的说教坚持下去呢？

汉文帝罢除卫将军及其所辖军队，是因为不想使军队过多地聚集在京师；罢太尉（掌军政的官员）官隶属于丞相，是因为不愿让兵权轻易地掌握在别人手中；他把将与相合而为一，所以匈奴侵犯上郡（今陕西榆林东南）时，灌婴以丞相的身份率兵抗击。汉文帝认为这乃是夏、商、周三代文武同途的遗制！而且，如果仔细地想一下，罢卫军，罢太尉，没有什么不合适的。天子，不必拥重兵以显示威风；如果必须靠重兵以显示威风，那么兵权当然不可轻易授给别人。至于合将相为一，而以将军充任丞相，则是根本不可行的。灌婴，可以做将军，却不可以做丞相；可以做丞相的，则又不一定能做将军。所以，三代的制度中，后世不可行的有两种：一是农夫不可兼做士兵，士兵不可兼做农夫；二是丞相不可做将军，将军不可做丞相。

况且古代的将相合一，乃是列国时期的事情。楚国的令尹（相当于宰相），即楚国军队的统帅；晋国的中军，将也就是晋国的宰相。为什么会这样呢？因为在列国时期没有仪礼、制度、考文之事，没有百燮阴阳、兴教化、叙刑赏之任。而其为帅也，亦邻国之不辑，相遇于中原，以一矢相加遗，而犹有礼焉；非如后世之有天下者，与夷狄盗贼争社稷之存亡也。其谓之将相者，今一郡之倅判而已；又其小者，一县之簿尉而已。若天子，则吉甫、山甫、方叔、南仲各任其任而不相摄。然则三代且不然，而况后世统万方之治乱，司边徼之安危者乎！

盖相可使之御将，而不可使为将；将可与相并衡，而不可与六卿并设。宋之以枢密司兵而听于相，庶几近之矣。以枢密总天下之戎务，而兵有专治；以宰相司枢密之得失，而不委以专征。斟酌以仿三代之遗意，而因时为节宣，斯得之与！阁臣督师，而天下速毙。呜呼！殆矣夫！

5.审食其之死，文帝伤淮南王长之志，赦而弗治，亦未为失也。汉廷之大臣，无有敢请治之者，国无人矣。张释之为廷尉，虽在食其已死之后，而追请正邢侯、雕子之刑，抑非事远而不可问，姑市其直于太子、梁王之行驰道，而缄口于淮南？则其直也，盖“见可”“知难”之直，畏强御而行于所可伸者也。天子诎于情，而廷臣挫于势，故其后王安欲反，而谓汉廷诸臣如吹枯振落之易。其启侮于诸侯久矣。张释之其尤乎！

揆（指宰相）、四门（指学校）、大麓之典；当时的执政官，不必负责和谐阴阳、兴办教育、奖惩赏罚等事务。他们做将帅，也只是因为与邻国不和，双方相遇于原野，即使以一矢一箭相加，也不失礼仪；而不是像后世的天下之君那样，必须不断地与夷狄盗贼争夺社稷的存亡。古时的所谓将相，只不过相当今天一郡的副职官员罢了；其中更小的，仅仅相当于今天一县的主薄、县尉而已。至于天子，则尹吉甫、仲山甫、方叔、南仲（皆周宣王时大臣）各司其职而不互相统属。由此可见，连三代时期尚且不这样，何况是后世统万方之治乱、负责边境之安危的人呢！

大致宰相可以统将，却不可以做将；将帅可以与宰相并驾齐驱，却不可以与六卿并设。宋朝以枢密使统领军队，而枢密使听命于宰相，差不多接近古制了。以枢密使总领天下的军事，则军队有专门的人和机构主管；以宰相监督（主管）枢密使的得失，而不委之以专征之权。经过深入地分析研究后仿效三代的遗制，并且因时制宜，有增有节，宋人可谓做到啦！如果阁臣（即宰相）督军，则天下速亡。唉！危险啊！

审食其被淮南王刘长杀死后，汉文帝对淮南王矢志为母亲报仇感到非常悲伤、同情，因而赦免了他的罪过，不予追究，这种做法也不算大错。汉朝廷中的大臣，没有人敢于请求依法治淮南王的罪过，说明国家没有正人君子了。张释之担任廷尉，虽在审食其已死之后，而追正邢侯、雍子之刑，并不因为事远而不能过问；他对太子和梁王急行于驰道、不下司马门一事抓住不放，大做文章，以沽名钓誉，而对淮南王杀人一事却缄口不言。可见，张释之的正直，大概只是“见可”、“知难”之正直，畏惧强暴，不敢触犯横行无忌的权势人家。皇帝碍于亲弟弟的情面，而大臣们则畏惧淮南王的权势，所以后来淮南王刘长的儿子刘安准备反叛时，竟认为对付汉廷的大臣们就像摧枯

6.以一人之誉而召季布，以一人之毁而遣季布，天下将窥其浅深。虽然，何病？人主威福之大权，岂以天下莫能窥为不测哉！布之悻悻于罢去，而仰诘人主以取快，其不足以为御史大夫，明矣。使酒难近之实，自露而不可掩矣。文帝之失，轻于召布也，非轻于罢布也。慎用大臣而不吝于改过，闻人之言，迟之一月，而察其非诬，默然良久，而曰："河东吾股肱郡，故特召君。"所以养臣子之耻也，非惭也。如其惭邪，抑以轻于召布而愧其知人之不夙也。

7.贾谊、陆贽、苏轼，之三子者，迹相类也。贽与轼，自以为谊也；人之称之者，亦以为类也。贽盖希谊矣，而不能为谊，然有愈于谊者矣。轼且希贽矣，而不能为贽，况乎其犹欲希谊也。

奚以明其然邪？谊之说：豫教太子以端本，奖廉隅以善俗，贽弗逮焉。而不但此，傅梁怀王，王堕马毙，谊不食死，贽弗能也。所以知其不能者，与窦参为难之情，胜于忧国也。顾谊之为学，杂而不纯，几与贽等。而任智任法，思以制匈奴、削诸侯，其三表五饵之术，是婴稚之巧也；其削吴、楚而益齐，私所亲而不虑贻他日莫大之忧，是仆妾之智也；贽之所勿拉朽一般容易。朝廷的大臣们自取侮辱于诸侯由来已久了，张释之莫非是其中最甚的吗?

因为一个人的称赞而召见季布，又因为一个人的诋毁而撵走季布，天下人将由此窥探到皇帝城府的深浅。即便如此，又有什么危害呢?君主的生杀予夺大权，难道是以天下没有人能窥探到为不测吗?季布对自己无缘无故被召入京，又无缘无故地被罢回河东(今山西)悻悻不乐，于是亲自向文帝陈言以取快，此举清楚地表明他不足以担任御史大夫。别人告发他贪酒、任性、难以接近，这些事实全都自己暴露，不可掩饰了。汉文帝的过失，乃是轻率地召见季布，而不是轻率地罢归季布。他慎用大臣而不吝于改过，听到别人的提醒后一个月，才发现人家的话并非诬陷之词，沉默良久后却说："河东是我的战略要地，举足轻重，所以特意召见你。"这实际上是在养臣子之耻，而不是文帝的惭愧之词。如果文帝真的感到惭愧，那么应当是因为轻率地召见季布而愧于不能及早知人。

贾谊、陆贽、苏轼这三个人的事迹、经历非常相似。陆贽与苏轼，自以为便是贾谊；别人称许他们时，也认为这两人与贾谊的遭遇相似。实际上，陆贽很仰慕贾谊，而不能成为贾谊那样的人，但是在某些方面却超过了贾谊；苏轼则很仰慕陆贽，而不能成为陆贽，更不用说他还想仰慕贾谊呢!

这样说有什么根据吗?贾谊主张豫教太子以端本，奖励廉正以改善风俗，这是陆贽所比不上的。不仅如此，贾谊在做梁怀王太傅时，梁怀王不慎从马上掉下来摔死，贾谊因此每日哭泣，最终不食而死，这也是陆贽所不能做的。之所以知道他不能这样做，是因为陆贽与窦参为难之情，胜过忧国忧民。贾谊做学问，粗而不纯，差不多与陆贽相同。而贾谊任智任法、想制伏匈奴、削弱诸侯，他的三表五饵之术，乃是稚儿之巧；他削弱吴国和楚国而加强齐国，为了照顾自己道也。故辅少主、婴孤城、仗节守义，以不丧其贞者，贽不如谊；而出入纷错之中，调御轻重之势，斟酌张弛以出险而经远也，谊不如贽。是何也？谊年少，愤盈之气，未履艰屯，而性之贞者略恒疏，则本有馀而末不足，斯谊与贽轻重之衡，有相低昂者矣。

若夫轼者，恶足以颉颃二子乎！酒肉也，佚游也，情夺其性者久矣。宠禄也，祸福也，利胜其命者深矣。志役于雕虫之技，以耸天下而矜其慧。学不出于揣摩之术，以荧天下而仇其能。习于其父仪、秦、鞅、斯之邪说，遂欲以揽天下而生事于平康之世。文饰以经术，而自曰吾谊矣；诡测夫利害，而自曰吾贽矣；迷失其心而听其徒之推戴，且曰吾孟子矣。俄而取道于异端，抑曰吾老聃矣，吾瞿昙矣。若此者，谊之所不屑，抑贽之所不屑也。绛、灌之非谊曰："擅权纷乱。"于谊为诬，于轼允当之矣。藉授以幼主危邦，恶足以知其所终哉！乃欲推而上之，列于谊与贽之间，宋玉所云"相者举肥"也。

王安石之于谊，似矣，而谊正。谊之于方正学，似矣，而正学醇。正学凌谊而上之，且不能以戢祸乱，而几为咎首。然则世无所求于己，己未豫图其变，端居臆度，而欲取四海而经营之，未有能济者也。充谊之志，当正学之世，尽抒其所蕴，见诸施行，殆可与齐、黄并驱乎！贽且不能，而轼之淫邪也勿的私人感情竟然不惜给将来留下莫大的忧患，这不过是仆妾之智；陆贽是不赞成这些做法的。所以，辅佐少主、固守孤城、仗节守义，以不失其忠贞，则陆贽不如贾谊；而出入于纷乱之中，调御轻重之势，斟酌急缓以出险而经远，则贾谊不如陆贽。这是为什么呢？因为贾谊年轻气盛，愤世嫉俗，没有经历过艰难困苦，让他成为一个性情坚贞的人是难有恒心做到的，这样就会导致本有余而末不足，由此可见，贾谊与陆贽各有所长，互有优劣。

至于苏轼，哪里有资格与贾、陆二人相提并论呢！他嗜酒肉，喜佚游，情夺其性已经很久了。他念念不忘恩宠、爵禄与祸福，利胜其命已经很严重了。他致力于雕虫小技，以欺蒙天下而自夸其聪慧。他做学问不出于揣摩之术，以荧惑天下而炫耀其才能。他熟习其父关于张仪、苏秦、商鞅、李斯等人的荒谬说法，于是便想凭此包揽天下而生事于太平盛世。他以经术装潢门面，就自称是贾谊；私下里诡测利害，就自称是陆贽；鬼迷心窍而听任其门徒的推戴，就想自称为孟子。不久又取道于异端邪说，就会自称是老子，我是瞿昙了。像这些事，贾谊不屑于为，陆贽也不屑于为。绛侯周勃、颍阴侯灌婴指责贾谊，说他"擅权纷乱。"此话对贾谊来说是诬陷，而对苏轼则再合适不过了。苏轼想在君幼国危的形势下实践自己的学说，哪里能想到自己会落个什么结果呢？他竟然还想抬高自己，厕身于贾谊与陆贽之间，这正是宋玉所说的"相者举肥"。

王安石与贾谊相似，而贾谊更正直。贾谊与方孝孺相似，而方孝孺更醇厚。方孝孺的才识凌驾于贾谊之上，尚且不能以此平定、制止祸乱，反而几乎做了罪魁祸首。既然这样，那么世人无求于己，己未豫图其变，仅凭主观臆测，就想取天下而治理之，没有能够成功的。立下贾谊的壮志，处在方孝孺的时代，尽抒其心中的治国良策，使之付诸实践，大概差不多可以与齐、黄并驾齐驱了吧！陆贽尚且不能，论已。故抗言天下者，人主弗用而不足惜。惟贽也，能因事纳忠，则明君所衔勒而使驰驱者也。

8.文帝除盗铸钱令，使民得自铸，固自以为利民也。夫能铸者之非贫民，贫民之不能铸，明矣。奸富者益以富，朴贫者益以贫，多其钱以敛布帛、菽粟、纻漆、鱼盐、果蓏，居赢以持贫民之缓急，而贫者何弗日以贫邪！耕而食，桑苎而衣，洿池而鱼鳖，圈牢而牛豕，伐木艺竹而材，贫者力以致之，而获无几；富者虽多其隶佣，而什取其六七焉。以视铸钱之利，相千万而无算。即或贷力于贫民，而雇值之资亦仅耳，抑且仰求而后可分其波润焉。是驱人听豪右之役也。

故先王以虞衡司山泽之产而节之，使不敢溢于取盈，非吝天地之产，限人巧而使为上私利也。利者，公之在下而制之在上，非制之于豪强而可云公也。推此义也，盐之听民自煮，茶之听民自采，而上勿问焉，亦名美而实大为蟊稗于天下。

或曰：盐可诡得者也。茶之利，犹夫耕之粟，而奚为不可？曰：古之耕也以助，今之耕也以贡。助以百亩为经，贡以户口为率。法圮于兼并，而仍存其故。茶之于民也，非赖以生如粟也。制于粟而不制于茶，即有劚山之劳，而亦均于逐末。故漆林之税，二十而五，先王不以为苛。恶在一王之土，食地之而淫邪的苏轼就更不必提了。所以抗言天下的人，君主不采用也不值得惋惜。只有陆贽，能够因事纳忠，乃是明君能够驾驭且使之驰骋的人。

汉文帝废除了禁止私自铸钱的法令，使百姓可以自己铸钱，他坚信此政策可以利民。可是，能够铸钱的人必定不是贫民，贫民没有能力铸钱，这是显而易见的。奸诈的富人因此更加富裕，质朴的贫民因此更加贫穷，富人有了更多的钱来收敛布帛、粮食、纻漆、鱼盐、瓜果，囤积居奇以等侯贫民急需时高价抛售，这样，贫民怎能不一天比一天贫穷呢！耕地种田而得粮食，植桑种麻而得衣穿，开挖池塘以养鱼鳖，修建圈栏以养猪牛，伐木植竹以取木材，贫民全力以赴，而所获却寥寥无几；富人虽然增加了佃户和佣工，但是却剥削他们六七成的收益。农牧业之利与铸钱之利相比，差别不止千万倍。即使铸钱者雇佣贫民作为劳动力，其工钱的数目也少得可怜，况且还必须仰求才能分到一点儿残羹剩饭。文帝的政策实际上是在驱使贫民听从豪强们的奴役与剥削。

所以先王以虞衡主管山泽的物产并加以节制，使人不致于过度地采伐取用，这并不是吝惜天地间的物产，而是为了限制别人使用以便为君主谋取更多的私利。利，分布于下而控制权在上，并不是控制在豪强手中就叫公。推而广之，如果食盐可以听任百姓自煮，茶可以听任百姓自采，政府不加过问，这实质上也是一种名称好听而事实上严重危害天下的政策。

有人说：盐可以用不正当的手段获得，而茶之利，如同耕田上交粮食一样，为什么不可以听任其发展呢？因为古代是以借民力以助耕公田的方式征收田赋，而当今则是以交纳贡品的形式征收。助耕以百亩为标准，上贡以户口为依据。古法被无休无止的兼并所破坏，但今天仍然保留着一点儿古制的影子。对于百姓来说，茶并非像粮食那样必须赖以生存。如果政府垄断粮食生产却不垄断茶业，则即力，可任狡民之舍稼穑以多所营，而不为之裁制邪？抑末以劝耕，奖朴而禁奸，煮海种山之不可听民自擅；而况钱之利，坐收逸获，以长豪黠而奔走贫民，为国奸蠹者乎！

金、银、铅、锡之矿，其利倍蓰于铸钱，而为争夺之衅端。乃或为之说曰：听民之自采以利民。弄兵戕杀而不为禁，人亦何乐乎有君？

9.铸钱轻重之准，以何为利？曰：此利也，不可以利言也，而利莫有外焉矣。如以利，则榆荚线缳尚矣，殽杂铅锡者尚矣，然而行未久而日贱，速敝坏而不可以藏。故曰此利也，不可以利言也。

且夫五谷、丝苎、材木、鱼盐、蔬果之可为利，以利于人之生而贵之也。金玉珠宝之仅见而受美于天也，故先王取之以权万物之聚散。然亦曰以是为质，可以致厚生之利而通之，非果以为宝，而人弗得不宝也。然既仅有仅见，而因天地自然之质也。铜者，天地之产繁有，而人习贱之者也；自人制之范以为钱，遂与金玉珠宝争贵，而制粟帛材蔬之生死；然且不精不重，则何弗速敝坏而为天下之所轻。其唯重以精乎！则天物不替而人功不偷，犹可以久其利于天下。

使把整个山野都开辟为耕地，其成果也会被弃农而从事工商业的人所侵吞。所以漆林之税，税率为二十分之五，而先王不认为太重。在同一个君主的国土上，同样都靠种田吃饭，怎么可以听任狡民放弃农业去搞其他的经营以便多赚钱，而国家却不加以制裁呢？抑制末业（工商业）以鼓励农业，奖励质朴而禁止奸邪，煮海（即制盐）种山不可听任百姓随意进行；何况铸钱之利，生收逸获，以助长豪强们的奸邪、狡诈，驱使贫民奔走跋涉，为人做牛做马，备受磨难，从而严重地侵害国家的利益呢！

开采金、银、铅、锡等矿产，其利润五倍于铸钱，因而成为争夺的对象，流血冲突的导火索。但是，竟然还有为之辩护说：听任百姓开采以利民。民间大动干戈而政府不予禁止，人民要君主还有什么用处呢？

铸钱轻重的标准，以何为利？回答是：此利，不可以利言，这样利就不会外流。如果单纯以利润的高低为准，则榆荚钱线缳钱的利高，掺杂铅锡的钱利也高，但是流通不久就一天天地贬值，而且很容易腐坏磨损，不可以贮藏。所以说此利不可以利言。

五谷、丝麻、材木、鱼盐、蔬果等物之所以可以为利，乃是因为它们对人类的生存有大利而被看重。金玉珠宝非常稀有而且受美于天，因而先王用它们来平衡万物的聚散。但也可以说是以此为本，求得使人民生活富裕之利而流通之，并非是真的把它们当作宝贝，可民众却不能不把它们视为至宝。然而既然金玉珠宝稀有罕见，这也顺应了其天地自然之质。铜，在天地间有很大的蕴藏量，随处可见，因而不为人们所看重；自从人们将它冶炼出来用模子铸成钱后，它就开始与金玉珠宝争贵，而控制粮食、布帛、木材、蔬果的生死；铜钱不精不重，则为什么不迅速败坏而为天下人所轻视呢？莫非正是因为它重而且精致吗？如此，天物不废而人事不苟且，它还可以长期地造福故长国家者，知天人轻重之故，而勿务一时诡得之获。一钱之费，以八九之物力人功成之，利亦未有既也。即使一钱之费如一钱焉，而无用之铜化为有用，通计初终，而多其货于人间，以饶益生民而利国，国之利亦溥矣。一钱之费用十之八九，则盗铸无利而止。钱一出于上，而财听命于上之发敛，与万物互相通以出入，而有国者终享其利。故曰不以利言，而利莫有外也。则“五铢”之轻，不如“开元”之重；殽杂铅锡，不如金背漆背之精。通计之而登耗盈虚之数见，非浅人所易知也。以苟且偷俗之情，与天地之德产争美利，未有能胜者也。

10.淮南王长反形已具，丞相、御史奏当弃市，正也。所谓“人臣无将，将则必诛”者也。文帝赦而徙之，与蔡叔郭邻之罚等，臣子法伸而天子之恩纪不斩。长愤恚不食而死，“怙终贼刑”，免于讨，足矣。袁盎请斩丞相、御史，憸人之心，不可穷诘，有如此者！或者其欲以恩私外市诸侯而背天子，挟庄助外交之心，以冀非望，未可知也。抑或憎妒大臣之轧己，而欲因事驱逐，以立威于廷，而攘人位，未可知也。文帝避杀弟之名，置盎不谴而参用其说。盎之无惮以逞，面欺景帝，迫晁错而陷之死，终执两端，与吴、汉交市，而言之不衷也显矣。盎，故侠也；侠者之心，故不可致诘者也。有天下而听任侠人，其能不乱者鲜矣！

于天下。

所以，拥有天下的人，应当知道天人轻重之故，而不应当务求一时的不正当收入。一钱重的铜钱，用八九分的物力人力制成，其利润也还是有的。即使一钱的成本等同于一钱，似乎无利可图，可是把无用的铜化为有用之物，从整体上计算，这种东西在民间多了，可以使百姓们富足而且可以利国，国家由此所得的利也够大的。如果一钱的成本高达百分之八、九十，那么盗铸的人就会因为无利可图而停止盗铸。当钱由国家统一铸造时，财富的聚散流动就完全听命于君主，钱与万物互相交换而不断有出有入，这样国君就能够始终享有金钱所带来的好处。所以说：铸钱之利，如果不单纯地以求利为目的，则利也不会外流。可见，五铢钱的轻，不如开元（唐玄宗年号）钱的重，掺杂铜锡的钱，不如金背、漆背钱精致，通体计算则登耗盈虚的数目马上就出来了，这不是知识浅薄的人所容易理解的。以苟且偷俗之情，想和天地的德产争夺美利，没有能取胜的。

淮南王刘长谋反的形迹已经暴露出来，丞相和御史大夫都奏请应把淮南王处死弃市，这是依法行事，完全正确，所谓的“人臣无将，将则必诛”，正是指此而言。汉文帝赦免了他的死罪后准备把他流放到四川，与把蔡叔放置到郭邻的惩罚相同，这样臣子受到了法律的惩罚而天子也没有断绝骨肉情义。刘长心高气傲，性格倔强，被废除王位后愤恨不已，最终在被押往流放地的途中因愤恚不食而死，“怙终贼刑”，免于追究，也就够啦！刘长死后，汉文帝非常伤心懊悔，袁盎因此请求斩丞相、御史大夫，奸人之心，不可穷诘，竟然如此！或许袁盎想以私恩收买就藩诸侯之心从而背叛天子，怀着庄助（即严助）那样的广交外地豪杰之心，以图谋不轨，这也说不定，或许袁盎是憎恨大臣们都排挤自己，因而想借此事撵走他们，以便在朝廷中树立威名，且夺取别人的职位，也说不定。汉文帝为了避免落

11.呜呼！自汉以后，治之不古也有自矣。太甲、高宗、成王之姿，非必其轶文帝而上之；然而伊尹之训，傅说之命，周公之告，曰“无安厥位惟危”，曰“不惟逸豫，惟以乱民”，曰“所其无逸”，未尝贬道以诱之易从也。岂其如贾生之言曰：“使为治，劳志虑，苦身体，乏钟鼓之乐，勿为可也。乐与今同，而欲立经陈纪，为万世法。”斯其为言，去李斯之言也无几。何也？以法术制天下，而怙以恬嬉，则其法虽异于秦之法，而无本以立威于末，劳天下而以自豫，其能以是一朝居乎！使天下而可徒以法治而术制焉，裁其车服而风俗即壹，修其文辞而廉耻即敦，削夺诸侯而政即咸统于上，则夏、商法在，而桀、纣又何以亡？

夫文帝而幸非纵欲偷乐之主也，其未免于田猎钟鼓之好而姑以自逸，未有以易之耳。得醇儒以沃乃心，浸灌以道义之腴，建中和而兴王道，诸侯奚而不服，风俗奚而不移，廉耻奚而不崇？而先导谀以冀雠其说，文帝幸不为胡亥耳，文帝而胡亥，谊虽欲自异于李斯也不能。乃后世或犹称之曰“善诱其君得个杀弟之名，因而对袁盎不加指责，同时还参用了他的建议。袁盎肆无忌惮的耍阴谋搞诡计，竟至于当面欺骗汉景帝，将晁措推入死亡的深渊，他始终脚踩两条船，与反叛朝廷的吴国和西汉政府都有相当频繁的往来，其言不由衷是显而易见的。袁盎以前是游侠，侠客的心，本来就不能致诘。拥有天下的人如果听任侠客，则国家很少有不乱的。

唉！从汉朝以后，治国之道不循古制是有原因的。商王太甲、高宗和周成王的放纵，并不一定在汉文帝之上，但是伊尹之训、傅说之命、周公之告，却说："不安其位必危"，"不是单纯的追求安逸享乐，而是乱国乱民"，"君子在位不应当贪图安逸享受"，未曾贬道以诱导君主们放纵自己。哪里像贾谊所说的那样："如果治理国家要劳志虑，苦身体，不能多听钟鼓音乐，那么不要这样做就是了。古时君主的快乐与今天相同。……我们要立经陈纪，制定各项制度，以作为后世千秋万代的榜样。"贾谊的这番话，与李斯劝告秦始皇绝谏争之道差不多。为什么呢？因为若以法术制天下，却沉湎于安逸享乐，那么其法即使与秦法不同，而无本以立威于末，劳苦天下以满足自己的享受，这样做君主难道能够保有其天下吗？假如天下可以单凭法律治理、靠权术控制，裁其车服后风俗就会统一，修其文辞后廉耻之心就会敦厚，削夺诸侯后政权就会尽归国君，那么夏朝和商朝的法律尚在，可夏桀和商纣为什么却灭亡了呢？

汉文帝幸而不是一位纵欲过度、苟且享乐的君主，他没有摆脱田猎钟鼓之好，而想姑且以此享受一下，却没有人设法使他改变。如果能得到一位真正的儒生以浇灌他的心田，逐步灌输道义的精华，建中和而兴王道，诸侯们怎能不贴服，风俗怎能不改善，知廉耻之心怎能不增强呢？但是，贾谊却先阿谀奉承引导文帝恣情享乐以便兜售其学说，幸而汉文帝不是胡亥，如果文帝和胡亥一样，贾谊即使想不以兴治”。下恶得有臣，上恶得有君哉！

12.贾生之论教太子，本论也。虽然，尤有本焉。士庶之子，杯酒之耽，博弈之好，夺其欲而教之，且反唇曰“夫子未出于正”矣。况天子之子，淫声曼色交于前，妇人宦寺罗于侧，欲有与导，淫有与宣。为君父者，忘志虑之劳，惮身体之苦，逐钟鼓驰驱之乐，徒设严师以闲之于步履拜揖之间，使其听也，一偶人之威仪耳。成帝穆穆皇皇，而淫荒以滋乱。况其闻风志荡，徒怨君父之我夺，而思快于一旦乎！

成王幼而武王崩，无所取仪型也，则周公咏豳风，陈王业之艰难；作《无逸》，举前王之乾惕；遥立一文、武以为之鹄。亦惟文、武之果可以为鹄，而后周公非徒设以冀其观感。如其以逸乐为德，以法术为治，以声音笑貌为道，以师保傅之谆谆为教，此俗儒之徒以苦人，而父子师友之间，相蒙以伪，曾不如文帝之身治黄、老术，而以授其子之足使信从也。故贾生之论，非立教之本论也。

13.等贤而上之，则有圣人；等贵而上之，则有天子。故师一善者，希圣之积也；敬公卿大夫者，尊王之积也。此陛尊、廉远、堂高之说也。郡县之天下，夷五等，而天子孤高于上，举群臣而等夷之，贾生所以有戮辱太迫、大臣无耻之叹焉。

同于李斯也不可能。然而，后世竟然还有人称赞他说："善诱其君以兴治"。下边哪里能有那样的臣，上边哪里能有那样的君呢！

贾谊论教太子，乃是根本之论。尽管如此，但是还有更根本的。士庶之子，迷恋酒杯，喜欢下棋赌博，老师如果禁止这些爱好而加以教诲，学生尚且会振振有词地反唇说道："夫子（老师）未出于正"。何况是皇帝的儿子，整天淫声美色充盈于面前，宫女宦官罗列于身边，爱好有人满足，淫欲有处宣泄，做君父的，忘记了志虑之劳，惧怕身体受苦，日夜追求钟鼓驰驱之乐，却徒劳地设置严师，以闲之于步履拜揖之间，使他听命，那不过是一个木偶的威仪罢了。汉成帝穆穆皇皇，容止端庄恭敬，却因过度荒淫而引起了叛乱。何况其他那些闻风忘荡，只知怨恨君父剥夺了自己的权力和自由，而想及时行乐的人呢！

周武王去世时成王的年龄还很小，没有人可以做榜样，于是周公咏《豳风》以陈述创立王业的艰难；又作《无逸》，介绍先王的勤勉与惭惧；为成王遥立文、武二王作为学习的榜样。也只是因为文、武二王确实可以作为榜样，然后周公才能并非虚设以希冀成王，随其心意观察、体会。如果以逸乐为德，以法术为治，以音容笑容为道，以老师的谆谆教诲为教，这乃是俗儒徒劳地使人受罪，而且使父子师友之间互相欺蒙，虚情假意，远不如汉文帝亲自研究黄、老之道，然后教育儿子的作法，足以令受教者信从。所以，贾谊的观点，并不是立教的根本之论。

从贤往上，则有圣人；从贵往上，则有天子。所以，效法一善举，就是希望达到圣人境界的积累；尊敬公卿大夫，就是尊王的积累。这乃是其陛（台阶）崇、廉远、堂高之说。在实行郡县制时，天下有夷人五等，而天子孤零零地高高在上，把群臣与五等夷视为同类，所以贾谊发出了戮辱太甚、大臣无耻的感慨。唉！秦始皇变法后，天呜呼！秦政变法，而天下之士廉耻泯丧者五六矣。汉仅存之；唐、宋仅延之而讫不能延之；洪武兴，思以复之，而终不可复。诚如是其笞辱而不怍矣，奚望其上忧君国之休戚，下畏小民之怨讟乎！身为士大夫，俄加诸膝，俄坠诸渊，习于诃斥，历于桎梏，褫衣以受隶校之凌践，既使之隐忍而幸于得生。则清议之讥，非在没世而非即唾其面，诅咒之作，在穷檐而不敢至乎其前，又奚不可之有哉？

虽然，为士大夫亦有以致之矣。萧何出狱而仍相，周勃出狱而仍侯，不能禁上之不以囚隶加己，而何不可禁己之无侯以相也？北寺之狱，廷杖之辱，死诤之臣弗避焉，忠也。免于狱，不死于杖，沾沾然自以为荣，而他日复端笏垂绅于堂陛，是亦不可以已乎？如邹尔瞻之复为九卿也，于亏体辱亲之罪奚避焉？人主曰：是尝与囚隶同挞系而不以为耻者也，是恶足改容而礼乎！上弗奖之，下安受之；下既安之，上愈贱之。仁宗之宽厚，李祭酒之刚直，且荷校而不能引退，斯则贾生所宜痛哭者也。

14.子之于父母，可宠、可辱，而不可杀。身者，父母之身也。故宠辱听命而不慚。至于杀，则父母之自戕其生，父不可以为父；子不能免焉，子不可以为子也。臣之于君，可贵、可贱、可生、可杀，而不可辱。刑赏者，天之所以命人主也，贵贱生死，君即逆而吾固顺乎天。至于辱，则君自处于非礼，君不下之士的廉耻心泯丧了五六成。汉朝仅能保存之，唐、宋时代仅能延续之，到女真蒙古入主中国时，士人的廉耻之心尽丧。明太祖朱元璋建国后，准备恢复士人的廉耻之心，但最终没能成功。如果真的如此，那么他们受到责打凌辱后面不改色，心不惭，还怎么希望他们上忧君主与国家的祸福，下畏小民的怨恨呢！身为士大夫，一会儿被君主放在膝盖上以示恩宠，一会儿被投进深渊，习惯于受呵斥之辱，身历了桎梏之苦，被剥光衣服以受隶校的欺凌，即使他隐忍而侥幸得以活命，则清议的讥讽，乃是在身死之后而不是当即唾他的脸；诅咒的产生，乃是在穷檐之下而不敢到他面前，这又有什么不可以的呢？

尽管这样，但是士大夫在很大的程度上也是自己招来的侮辱。萧何出狱以后仍然做丞相，周勃出狱以后仍然做绛侯，二人不能制止皇帝把自己打成阶下囚，饱受狱卒的凌辱，可是为什么不能使自己不做侯爷不做丞相呢？北寺的监狱，廷杖的耻辱，拼死直谏的臣子是不回避的，这是忠诚。从监狱中被赦免出来，没有死于皇帝的刑杖之下，于是沾沾自喜，意气风发，并且不久之后又拿着笏板身穿官服站在朝堂上，这难道也不可以不做吗？如邹尔瞻重新跻身于九卿之列，他对有损人格，辱没双亲的罪名何所回避呢？君主说：这个人曾经与囚徒同受关押、鞭挞而不以为辱，哪里值得和颜悦色地以礼相待呢！君主不赞赏他，臣子却安然接受，臣子既然心安理得地忍受，于是君主更加看不起他。以仁宗之宽厚，刚直不阿的李祭酒在被戴枷受刑示众后，尚不能引退，这才是贾谊所应当为之痛哭流涕的。

儿子在父母面前，可以得宠，可以受辱，却不可以被杀。身体，是父母给的，属于父母，所以宠辱听命而不感到羞愧。至于杀，则是父母自己戕害其儿子的性命，这样父亲就不可以做父亲；做儿子的不能自免一死，就不可以做儿子。臣子在君主面前，可以贵，可以贱，可以活，可以死，却不可以受辱。刑赏，是天授给君主的特权，贵贱生死，可以为君；臣不知愧而顺承之，臣不可以为臣也。故有盘水加剑，闻命自弛，而不可捽。抑臣之异于子，天之秩也。人性之顺者不可逆，健者不可屈也。

贾生之言以动文帝，而当时之大臣，抑有闻而愧焉者乎？微直当时，后世之诏狱廷杖而尚被章服以立人之朝者，抑有愧焉者乎？使诏狱廷杖而有人自裁者，人君之辱士大夫，尚可惩也。高忠宪曰："辱大臣，是辱国也。"大哉言乎！故沈水而逮问之祸息。魏忠贤且革其凶威，况人主哉？

15.汉初封诸侯王之大也，去三代未远，民之视听，犹习于封建之旧，而怨秦之孤，故势有所不得遽革也。秦政、李斯以破封建为万世罪，而贾谊以诸侯王之大为汉痛哭，亦何以异于孤秦。而论者若将黜刖秦而揖进贾生以坐论，数十年之间，是非之易如水火。甚矣夫论史者之惛惛也！

谊之言曰："众建诸侯而少其力。"以为是殆三代之遗制也与？三代之众建而俭于百里，非先王故俭之也，故有之国不可夺，有涯之宇不可扩也。且齐、鲁之封，征之《诗》与《春秋传》，皆逾五百里，亦未尝狭其地而为之防也。割诸王之地而众建之，富贵骄淫之子，童心未改，皆使之南面君人，坐待其国君即使做得不对，我也必须顺应天意。至于侮辱，则是君主自处于非礼的境地，这样君主就不可以做君主；臣子不知羞愧而心安理得地逆来顺受，那么臣子也不可做臣子。所以有盘水加剑（即汉时大臣请求自杀），闻命即自行了结，而不可以抗拒。做臣子与做儿子不同，这是上天安排的秩序。人性之顺者不可逆，刚正的人不可屈服。

贾谊的言辞感动了汉文帝，而当时的大臣们，难道有闻听后感到羞愧的吗？不仅当时，就是后世那些曾被投入诏狱（奉皇帝诏令关押犯人的牢狱），受过廷杖处罚后，又身着官服立在朝堂上的大臣们，难道有感到羞愧的吗？假使因诏狱廷杖而有人自杀，那么君主侮辱士大夫的行为，尚可得到一定程度的惩戒。高攀龙说：“侮辱大臣，就是侮辱国家！”这话说得沉重有力！所以，他投水自杀后逮问之祸平息。大奸贼魏忠贤尚且因此收敛其凶威，何况君主呢？

西汉初年所分封的诸侯王国版图是很大的，因为当时距离三代不远，民众的视听仍然习惯于旧的封建制度，而怨恨秦朝的不封建诸侯，结果使得皇帝孤立无援的政策，所以，特定的历史条件和形势，决定了汉朝政府难以在短期内改革大封诸侯的旧传统。秦始皇和李斯因为破了分封制被视为万古罪人，而贾谊因为诸侯王的势力太大而为汉朝痛哭流涕，他的主张与秦朝的政策有什么区别呢？可是，持论者好像要因此对秦始皇处以重刑，而对贾谊却推崇备至，优礼有加，仅仅数十年之间，是非曲直的变化竟如同水火。论史的学者也太昏愦啦！

贾谊说：“众建诸侯而削弱其实力。”这真的是三代的遗制吗？三代时期众建诸侯而一般不超过一百里，并不是先王故意要加以限制，而是因为原有的诸侯国不可剥夺，有限的空间不能随意扩大。况且，齐国和鲁国的封地，从《诗经》和《春秋传》中可以证实，都超过五百里，周王室也未曾缩小其地盘以防范他们。分割诸王的封地以众陷于非辟，以易为褫爵。此阳予阴夺之术，于骨肉若仇雠之相逼，而相縻以术，谊之志亦奚以异于嬴政、李斯？而秦，阳也；谊，阴也；而谊憯矣！汉之剖地以王诸侯，承三代之馀，不容骤易。然而终不能复者，七国乱于前，秦革于后，将灭之镫馀一焰，其势终穷，可以无烦贾生之痛哭。即为汉谋，亦唯是巩固王室，修文德以静待其自定，无事怵然以惊也。乍见封建之废而怵然惊，乍见诸侯之大而怵然惊，庸人之情，不参古今之理势，而唯目前之骇，未有不贼仁害义而启祸者。言何容易哉！

至其论淮南之封侯，而忧白公、子胥、鱄诸、荆轲之事，则周公之封蔡仲也，曰："尔尚盖前人之愆。"将亦忧蔡仲剸刃以冲成王之胸乎？于是而谊之刻薄寡恩，不可掩矣。淮南之终叛也，皆以为谊言之中也。谊昌言于廷曰："安且为白公、子胥。"而安能无以白公、子胥为志哉！然则淮南之叛，谊导之矣。淮南王长之废，国法也；其子受封，亲亲之仁也。淮南终得国，而长犹然文帝之弟，安犹然文帝之从子，白公、子胥也乎哉！不引而亲之，顾推为仇而虑之，以杀机往者以杀机报，为天子司天下之生杀，日取天下而虑其仇，蔑不仇矣。甚哉，谊之不闻道而祇为术也！

建诸侯，于是那些富贵骄淫之子，童心未改，就被派到某个地方做君主，统治民众，而天子坐等他们做出不合法的事情来，以便借机剥夺其爵禄。这种明予暗夺之术，对亲骨肉就像仇敌一样相逼，而且用权术来控制他们，贾谊的志向与秦始皇、李斯又有什么不同呢？只是秦人的行为直接了当，光明正大，属于阳；而贾谊的主张拐弯抹角，名为推恩，实则剥夺，属于阴；可贾谊却悲伤地痛哭啦！汉朝剖地以分封诸侯王，乃是承接三代的遗制，不容在短期内改变。然而，封建制最终不能恢复；是因为七国乱于前，秦削平它们于后，将灭之灯仅剩下尸焰，其势最终必然走向绝灭，可以不烦劳贾谊痛哭流涕了。即使贾谊为汉朝廷打算，也应当是巩固王室，修文德以静待其自定，不必吓得胆战心惊。突然看见封建制被废而大惊失色，突然看见诸侯王势力强大而心惊胆战，这不过是庸人之情。他们不纵观古今之理势，只知道对眼前的事物感到惊骇，这样的人没有不残害仁义而挑起祸端的。谈何容易啊！

贾谊论淮南厉王刘长的儿子刘安被封为列侯时，十分担忧春秋战时国期白公胜、伍子胥、专诸、荆轲等复仇行刺之事得以重演，可是周公封蔡仲时说："你要以前人的罪过为戒。"难道他也担忧蔡仲会持刀刺向成王的胸膛吗？由此，贾谊的苛薄寡恩，无法掩饰了。淮南厉王的后人最终果然又反叛了，人们都认为贾谊的预言应验了。贾谊在朝廷上公然宣称："刘安必将成为白公胜、伍子胥那样的人。"这样，刘安能不以白公胜、伍子胥为榜样吗！　由此可见，淮南王刘安反叛，正是由于贾谊的引导。淮南王刘长被废，乃是为了维护国法的尊严，他的儿子受封为侯、为王，乃是皇帝疼爱亲属的仁慈之心，淮南国最终得以恢复，而刘长仍然是文帝的亲弟，刘安仍然是文帝的侄子，怎么能是白公胜、伍子胥呢！贾谊不争取并亲近刘安等，却把他视为仇敌而加以防范，以杀机对人者人以杀机回报，贾谊为

16.贾谊畏诸侯之祸，议益梁与淮阳二国之封，亘江、河之界，以制东方，何其言之自相背盭也！谊曰：“秦日夜苦心劳力以除六国，今高拱以成六国之势。”则其师秦之智以混一天下，不可掩矣。乃欲增益梁、淮阳而使横亘于江、河之间。今日之梁、淮阳，即他日之吴、楚也。吴、楚制而梁、淮阳益骄，而使横亘于江、河之间以塞汉东乡之户，孰能御之哉？己之昆弟，则亲之、信之；父之昆弟，则疑之、制之；逆于天理者，其报必速，吾之子孙，能弗以梁、淮阳为蜂虿而仇之乎？

夫封建之不可复也，势也。虽然，习久而变者，必以其渐。秦惟暴裂之一朝，而怨满天下。汉略师三代以建侯王，而其势必不能久延，无亦徐俟天之不可回、人之不思返，而后因之。七国之变未形，遽起而翦之，则亦一秦也。封建之在汉初，镫炬之光欲灭，而姑一耀其焰。智者因天，仁者安土，俟之而已。谊操之已蹙，而所为谋者，抑不出封建之残局，特一异其迹以缓目前尔。繇此言之，则谊亦知事之必不可以百年，而姑以忧贻子孙也。封建之尽革，天地之大变也，非仁智不足以与于斯，而谊何为焉！

天子掌管天下的生杀大权，每天都对天下人行使职权却担心他们报复，这样，在他眼里，天下就没有人不是准备报复的仇敌了。贾谊不闻道义而一味运用权术，也太严重啦！

贾谊害怕诸侯叛乱之祸，建议扩大梁国和淮阳国的封地，使之横亘于长江和黄河之间，以控制东方，这种说法是多么的自相矛盾啊！贾谊说："秦日夜苦心劳力以除灭六国，今则高拱双手，安坐不动以重新形成六国之势。"由此，贾谊仿效秦始皇的作法以混一天下的用心，无法掩盖了。他竟然想扩大梁国和淮阳国的地盘从而使它们横亘于长江、黄河之间，岂不知今日的梁国、淮阳国，也许就是将来的吴国、楚国。吴、楚二国被制伏后，梁国和淮阳国更加骄恣，如果它们横亘于长江和黄河之间以堵死汉朝通向东方的门户，则谁能抵御呢？帝王对自己的兄弟，则亲近、信任；对父亲的兄弟，则猜疑、控制；逆于天理的人，必定会很快得到报复，自己的子孙，将来能不以梁王、淮阳王为蜂蝎而仇视他们吗？

封建制不可恢复，乃是大势所趋。尽管如此，但积久而变，必定是循序渐进进行的。秦朝只是因为在极短的时间内粗暴地割裂天下、打破原来六国的界限，结果落得怨满天下。汉朝基本仿效三代的作法分封诸侯王，不过这种局面势必不能维持多久，只得平心静气地等待天意不可回、人心不思返之时，然后因势利导，废除封建制。吴、楚等七国的叛乱还没有发动，汉朝政府就急急忙忙地翦灭它们，这样汉朝政府与秦朝也没有什么不同之处。分封制在汉初，就如同将要熄灭的灯炬之光一样，只是回光返照，闪一下火焰而已。聪明的人顺应天意，仁义之人安居其土，大家都是在静候变革的时机罢了。贾谊已经操之过急，而他所出的计谋，也没有摆脱封建制的残局，只是稍微改变一下形式以缓和眼前的局势而已。由此看来，贾谊也深知事情绝不是百年之内所能解决的，因而姑且把忧患遗留给子孙后

17.晁错徙民实边之策伟矣！寓兵于农之法，后世不可行于腹里，而可行于塞徼。天气殊而生质异，地气殊而习尚异。故滇、黔、西粤之民，自足以捍蛮、苗，而无逾岭以窥内地之患。非果蛮、苗弱而北狄强也，土著者制其吭，则深入而畏边民之捣其虚也。

虽然，有未易者焉。沿边之地，肥硗不齐，徙而授以瘠壤，不逃且死者寡。吏失其人，绥抚无术，必反而为北狄用。此二患者，轻于言徙，必逢其咎，而实边之议，遂为永戒。错之言曰："相其阴阳之和，尝其水泉之味。"始事之不可不密也。地诚硗矣，虽有山溪之险，且置之为瓯脱，而移塞于内，无忧也。我所不得居，亦彼所不能据也。若夫吏人之得失，在人而不在法。然法善以待人，则人之失者鲜矣。后世之吏于边者，非羸贫无援之乙科，则有过迁补之茸吏；未有能入而为台谏郎官者，未有擢而为监司郡守者。以日暮涂穷衰飒之心，而仅延簪绂之气，能望其忧民体国而固吾圉哉？若择甲科之选，移守令课最之贤者以为之吏，宽其法制，俾尽其材，以拊循而激劝之，轻徭赋以安之，通商贾、教树畜以富之，广学宫之选以荣之，宠智能豪隽之士以励之，则其必不为北狄用以乘中国之衅者，可以保之百年，边日以强，而坐待狄之自敝。故曰：错之言伟矣。

代。封建制的变革，乃是天地间的巨变，若不是大仁大智之人则不能参与此事，不识时务的贾谊有什么用呢?

晁错的徙民实边政策太高明，太伟大啦！寓兵于农的办法，后世不可以在中原地区施行，却可以在边疆地区推行。气候条件不同的地区，生物的质地和特点也不同；地质条件不同的地区，居民的习惯和风尚也不同。所以，滇、黔和西粤的居民，其力量足以捍御蛮族和苗族，却不能越过五岭以插手内地的争斗。这并不是因为蛮族和苗人果真软弱而北狄强大，而是因为土著居民会扼其咽喉，所以深入内地时害怕边民乘虚直捣其老巢。

尽管如此，可仍然有不少困难存在。沿边的土地，有肥沃的也有贫瘠的，如果把百姓迁到边境地区后所授予的土地是贫瘠的土地，那么百姓不逃走、不死亡的是极少数。其次，如果官吏不称职，没有安民抚民的良策，则被迁来的百姓必定反而被北狄所用。这两条弊端，轻率地主张徙民的，必定会遇到，并深受其害，于是徙民实边之议成为永戒，很少有人重提。晁错自己说："要相(即看)其阴阳之和，尝其水泉之味。"在开始时是不能不倍加谨慎的。如果某个地方的土质确实贫瘠，则即使有山川之险，且已将它设为戍守点，也必须坚决把关塞内移，这样做有利无弊，毫无危险。我方无法居留的地方，敌方也不可能占据。至于官吏的得失，在人而不在法。然而，如要法善以待人，则人的流失也很少。后世在边地做官的，不是贫弱无援的乙科选人，就是有过错被降职的以及被列入候补之列的无能官吏；在这些官吏中，没有能被调入朝廷任台谏郎官的，也没有能被提升为监司郡守的。这些人以日暮途穷、老气横秋之心，而苟延显贵之气，能期望他们忧国体民并固守边防吗?如果选派甲科选人，调集政绩上乘的郡守县令到边疆地区做官，并且简化、放宽法律以便最大程度地发挥其才能，用安抚的方法激励移民，用轻徭薄赋的政策特其曰："绝匈奴不与和亲，其冬来南，壹大治则终身创矣。"此则未易言也。非经营于数十年之久，未能效也。羁縻以和亲，而徐修实边之策，或不待大治而自不敢南犯。其不悔祸而冒昧以逞与，大治之，无虑其不克矣。

18.入粟而拜爵免罪，晁错之计，亦未失也。其未为失计也，非谓爵可轻而罪得以赀免也，谓其可以夺金钱之贵而授之粟也。轻赍折色，有"三易"焉：官易收，吏易守，民易输。三易以趋苟简之利便，而金夺其粟之贵，则宁使民劳于输，官劳于收，吏劳于守，而勿徇其便。此参数十世而能纯成其利，非俗吏之所知也。

虽然，入粟六百石而拜爵上造，一家之主伯亚旅，力耕而得六百石之赢馀者几何？无亦强豪挟利以多古，役人以佃而收其半也；无亦富商大贾以金钱笼致而得者也。如是，则重农而农益轻，贵粟而金益贵。处三代以下，欲抑强豪富贾也难，而限田又不可猝行，则莫若分别自种与佃耕，而差等以为使移民们安居乐业，用通商贾、发展农牧业的方法使移民们富裕，用增加学校选人名额的方法荣耀他们，还要恩宠智能豪杰之士以激励他们；那么，移民们就肯定不会被北狄所用以伺机危害中国。而且，这种局面至少可以保证维持一百年，随着边防实力的日益增强，中国就可以坐待狄人的衰敝。所以说：晁错的主张太高明啦！

只是晁错说的“断绝同匈奴的关系，不再与它和亲（指汉朝把公主下嫁到匈奴，以换取其不再入侵），而且趁其冬日南下之机，发动一次大规模的军事行动，就可以使匈奴人遭受到沉重的打击，永远不能恢复”，则很难说。如果不经过数十年的经营，是无法奏效的。汉朝若能先以和亲政策拢络匈奴人，然后逐步推行徙民实边政策，则匈奴人或许不等汉朝发动大规模的军事行动就主动不敢南侵了。假如匈奴人执迷不悟，胆敢冒然南犯，就沉重地打击它，不愁不能马到成功，大获全胜。

臣民向国家交纳粮食以拜爵或免罪，晁错的此计，也不算失策。说它不算失策，并不意味着爵位可以轻易出卖、罪行可以用钱财赎免，而是说此举可以降低金钱的地位从而提高粮食的地位。为了轻便，按应交粮食的数额折成现钱，其好处有“三易”，即：政府易收，官吏易藏，百姓易输送。“三易”因为渐渐趋向追求苟简之利便，而金钱夺去了粮食的崇高地位，所以宁可使百姓们多费力气输送，政府多费力气收购，官吏多费力气保管，也不可曲从其便利。这经过数十代的实践证明有纯利而无一弊，一般的官吏是无法理解的。

虽然如此，纳粟六百石而拜爵一级，为上造，一家之主伯亚旅，力耕而得六百石粮食，除去养家活口所需之后，还能有多少赢余呢？能够入粟的，无非是豪强凭借有钱有势多占田地，然后让贫民佃种以收取一半的田租；或者是富商大贾凭借雄厚的财力以大量收购粮食。像这样，则本想重农而农业更受轻视，本想贵粟而金钱更受重赋役之制。人所自占为自耕者，有力不得过三百亩，审其子姓丁夫之数，以为自耕之实，过是者皆佃耕之科。轻自耕之赋，而佃耕者倍之，以互相损益，而协于什一之数。水旱则尽蠲自耕之税，而佃耕者非极荒不得辄减。若其果能躬亲勤力，分任丁壮，多垦厚收，饶有赢馀，乃听输粟入边，拜爵免罪。而富商大贾居金钱以敛粟，及疆豪滥占、佃耕厚敛多畜者不得与。如此，则夺金之贵而还之粟，可十年而得也。充错之说，补错之未逮，任牧民于良吏，严拜爵免罪之制于画一，乃不窒碍而行远。不然，输粟之令且变而为轻赍折色，天下益汲汲于金钱，徒以乱刑赏之大经，为败亡之政而已矣。

19.肉刑之不可复，易知也。如必曰古先圣王之大法，以止天下之恶，未可泯也，则亦君果至仁，吏果至恕，井田复，封建定，学校兴，礼三王而乐六代，然后复肉刑之辟未晏也。不然，徒取愚贱之小民，折割残毁，以唯吾制是行，而曰古先圣王之大法也，则自欺以诬天下，憯孰甚焉。

视。从三代以后，要想压抑豪强富商是很困难的，而限制占田的数量又无法在短期内做到，在这种形势下，不如区分自种与佃耕，制订出不同的赋役制度。百姓占田为自耕的，大户不得超过三百亩，要仔细地审查其子姓丁夫数目，以便使自耕的亩数实实在在，没有隐瞒，超出三百亩的部分，全部归入佃耕之科。轻减自耕的赋税，而佃耕田的租税则比自耕田的多一倍，这样一增一减，相互抵消，正好与什一之税（即百分之十的税）的税率相当。发生水灾、旱灾时，就全部免除自耕田的赋税，而佃耕的赋税若不遇特大的荒年则不能轻易减免。假若果真有人能够亲自勤勉地致力于农事，分任丁壮，多垦厚收，饶有赢余，就听任他向边境地区输送粮食，以拜爵免罪。而富商大贾凭金钱来大量收购粮食，以及豪强滥占、佃耕厚敛多蓄者不得参与纳粟拜爵、免罪。如此，则剥夺金钱的尊贵地位以还给粮食的目标，可以在十年之中实现。只有充实晁错的理论，增补他没有想到的一些内容，任用称职的官吏治理百姓，同时严格地执行由中央政府统一制订的拜爵免罪政策，不因人而废法，才能使此制顺利地长期实施下去。否则的话，输粟拜爵免罪的命令必将变成为了轻便而折收现钱，天下人就会更加热衷于追求金钱，最终只能是白白地搞乱国家的赏罚大法，造就出一个败亡之政而已。

肉刑不可恢复，乃是显而易见的。如果有人一定要说继承古圣王的大法，以制止天下的罪恶，肉刑是不可泯废的，那么，也只有等到君主果真非常仁慈，官吏果真宽宏大量，井田制得到恢复，重新封建的诸侯国已经稳定，学校又一次兴起，礼敬三王而乐六代，然后再恢复肉刑之法也不为迟晚。不然的话，国家单单对那些愚昧无知的卑贱小民，百般凌辱，折割残毁，名义上是恢复古先圣王的大法，而实质上只是推行帝王自己的私法。这样，帝王自欺以诬天下，还有比这更惨痛的吗？

抑使教养道尽，礼乐复兴，一如帝王之世，而肉刑犹未可复也。何也？民之仁也，期以百年必世，而犹必三代遗风未斩之日也。风未移，俗未易，犯者繁有，而毁支折体之人积焉，天之所不祐也。且也，古未有笞杖，而肉刑不见重；今既行笞杖，而肉刑骇矣。故以曹操之忍，而不敢尝试，况不为操者乎！张苍之律曰："大辟论减等，已论而复有笞罪，皆弃市。"严矣。虽然，固书所谓"怙终贼刑"者也。故详刑者，师文帝之诏、张苍之令，可也。

20.汉有杀人自告而得减免之律，其将导人以无欺也与！所恶于欺者，终不觉而仇其慝也。夫既已杀人矣，则所杀者之父兄子弟能讼之，所司能捕获之，其恶必露，势不可得而终匿也，而恶用自告为？小人为恶而掩蔽于君子之前，与昌言于大廷而无怍赧也，孰为犹有耻乎？自度律许减免而觊觎漏网者，从而减之，则明张其杀人之胆，而恶乃滔天。匿而不告者鼠也；告而无讳者虎也。教鼠为虎，欲使天下无欺，而成其无忌惮之心，将何以惩？故许自告者，所以开过误自新之路，而非可以待凶人。凶人而自匿，民彝其犹有未斁，不较瘥乎？

即使教养之道齐备，礼乐复兴，完全与古圣先王时代相同，而肉刑仍然不可恢复。为什么呢？因为百姓的仁，经过上百年、许多代的艰苦努力，也只能恢复到像三代遗风尚未断绝的时候那样。况且，古代没有笞杖之刑，因而肉刑并不显得有多重；今天已经有笞杖之刑，于是肉刑就显得可怕了，令人毛骨耸然。所以，像曹操那样残忍的人，也不敢尝试，何况不是曹操的人呢！汉丞相张苍所制订的汉律说："大辟（死刑的一种，即砍头）罪犯人按减等论处，之后如果又犯了笞罪，则全部处死弃市。"太严厉啦！尽管如此，这也固然是《尚书》中所谓的"怙终贼刑"。所以，审判案件的人，只要学习汉文帝的诏书、张苍的律令，就足够用了。

汉朝有杀人犯主动投案自首后可以得到减免惩罚的法律，这难道能够引导、鼓励臣民不隐瞒吗？人们之所以憎恶隐瞒行为，是因为担心这种令人深恶痛绝的罪恶行径，会被掩盖起来，永远不为世人所知。可是，如果已经杀了人以后，则被害人的父兄子弟必定会告状，官府的主管部门必定会派人捕获罪犯，因罪犯的罪行必定会暴露，不可能永远隐匿，哪里还用得着他投案自首呢？小人做恶而掩蔽于君子眼前，与肆无忌惮地在大庭广众之下胡说八道毫无羞色的人相比，哪个还有点羞耻之心呢？一些奸滑的小人看到法律允许自首减免惩罚，便想钻空子杀人而觊觎漏网，如果官府遂其心愿予以减免，则是明张其杀人之胆，从而造成罪恶滔天的结局。隐匿其罪行，不敢告诉别人的罪犯，乃是老鼠；敢于告诉别人而毫不忌讳的则是老虎。政府本来是想使天下人不隐瞒其罪恶，结果却造成了他们无所忌惮之心，把胆小怕人的老鼠教成了有恃无恐的老虎，法律还要惩戒什么呢？所以，允许罪犯自首乃是为了开辟悔过自新之路，而不可以用来对待凶犯。凶犯如果自匿其行迹，民众的正常伦理还没有完全沦丧，那不是更好吗？

21.什一之赋，三代之制也。孟子曰："重之则小桀，轻之则小貉。"言三代之制也。天子之畿千里；诸侯之大者，或曰百里，或曰五百里，其小者不能五十里。有疆场之守，有甲兵之役，有币帛饔飧牢饩之礼，有宗庙社稷牲币之典，有百官有司府史胥徒禄食之众，其制不可胜举。聘义所云："古之用财者不能均。"如此是已。故二十取一而不足。然而有上地、中地、下地之差，有一易、再易、莱田之等，则名什一，而折衷其率，亦二十而取一也。

自秦而降，罢侯置守矣。汉初封建，其提封之广，盖有倍蓰于古王畿者，而其官属典礼又极简略，率天下以守边，而中邦无会盟侵伐之事。若郡有守，县有令，非其伯叔甥舅之交，而馈问各以其私。社稷粗立，而祀典不繁。一郡之地，广于公侯之国，而掾史邮徼，曾不足以当一乡一遂之长。合天下以赡九卿群司之内臣，而不逮《周礼》六官之半。是古取之一圻而用丰，今取之九州而用俭，其视三代之经费，百不得一也。什一而征，将以厚藏而导人主之宣欲乎？不然，亦奚用此厚敛为也！

文帝十三年，除田租税；景帝元年，复收半租，三十而税一；施及光武之世，兵革既解，复损十一之税，如景帝之制；诚有馀而可以裕民也。封建不可复行于后世，民力之所不堪，什一之赋，这是三代时期的制度。孟子说："重之则小桀，轻之则小貉。"说的就是三代的制度。天子直接统治的地方方圆千里，诸侯的领地方圆百里，甚至五百里，小的则不超过五十里，有疆场之守，有甲兵之役，有币帛、早晚饮食，牢饩之礼，有宗庙社稷牲帛之典，有百官有司府史胥徒禄食之众，其制度多得不可胜数。《聘义》所说的"古代的用财者不能均"，是符合实际的。所以，当时征收二十分之一的赋税无法满足需要。然而由于土地有上等地、中等地、下等地的差别，有一年轮耕、两年轮耕和数年休耕不种的不同，因而尽管名义是征收十分之一的赋税，而折衷各种不同情况的税率后，实际上也是二十税一。

从秦朝以后，废除诸侯而设置郡守，即废除封建制，实行郡县制。西汉初年封建的诸侯国，其版图之大，有的竟是古时王畿的五倍，而他们的官属典礼又极简略，率天下以守边，而中原地区没有会盟侵伐之类的事情。如果实行郡县制，郡有郡守，县有县令，他们与皇帝不是伯叔甥舅关系，因而馈赠、聘问都以各自的私人关系和感情为依据。国家刚刚建立起来，祀典还不繁复。一郡之地，面积超过公侯的封国，而其掾史邮徼等官员，竟然比不上古时一乡一遂的长官。以整个天下的财力供养三公九卿和各部门的内臣，还不及《周礼》六官的一半。所以，古时的帝王从京师周围一千里方圆的地方取得收入，而开支很大；今天的帝王从天下九州取得收入而支出节俭，与三代时期的经费相比，还不到百分之一，征收十分之一的赋税，莫非是想聚敛大量的财富以便于君主宣欲吗？否则的话，又为什么要像这样横征厚敛呢！

汉文帝十三年，下诏免收田租；直到汉景帝元年，才恢复田租，但只征收一半，即三十税一；到了光武帝刘秀时期，战争已经结束，于是仅减征什一税，就像景帝时期那样，这是国家的财力真的有余，因而势在必革也。

22.汉文短丧，而孝道衰于天下，乃其繇来有渐也；先王权衡恩义之精意，相沿以晦，而若强天下以难从也。《礼》曰：“事亲致丧三年，事君方丧三年。”方也者，言乎其非致也。嗣君之丧，致丧也。外而诸侯，内而公卿大夫，方丧也。苟其为方丧，则郊可摄，社稷五祀可祭，会盟征伐可从事，于臣也奚病？弟子之丧师也，群居则绖，出则否；以意通之，然则臣为君丧，有事焉而摄吉以行，可矣。《昏礼》之辞曰：“三族之不虞。”君不与焉，则冠昏且得行矣。天地社稷，越绋而行事，则祭固不废矣。文帝之诏曰：“损其饮食，绝鬼神之祭祀，以重吾不德。”盖秦有天下，尊君已侈，禁天下以严，制天下之饮食，绝其祭祀，失先王之精义，而溢分以为物情之难堪，非三代之旧也。

抑文帝之诏，统吏民而壹之，则无差等也。《礼》有之：“诸侯为天子斩衰。”惟诸侯也。“公士大夫之众臣为其君斩衰，布带绳屦。”《传》曰：“近臣，君服斯服矣。”是从服也，非近臣则杀矣。“庶人为国君齐衰三月。”国君云者，对在国之民而言，于天子则畿内之民也，不施及天下明矣。统天下之臣民，禁其嫁娶、祠社、饮酒、食肉，皆秦之苛法也。秦统而重之，文帝统而轻之，皆味分殊之等，而《礼》遂以亡。

而可以减轻百姓的负担，以便他们能够过上富裕的生活。封建诸侯的制度在后世无法施行，因为民力不堪负担，而且势在必革。

汉文帝遗命缩短丧服日期，而孝道衰落于天下，这乃是一步步发展来的；先王权衡恩义之精意，相沿以晦，江河日下，倒好像是强迫天下人做难以做到的事情。《礼记》上说："事奉双亲，要守丧三年，事奉君主要方丧三年。"方，就是强调它并不是"致"。新继位的君主守丧，才是致丧。而在外的诸侯，在内的公卿大夫，都是方丧。既然他们守丧是方丧，则郊可摄，社稷五祀可祭，会盟征伐可参与，这些对臣子有什么妨害呢？弟子死了老师以后，群居则穿丧服，出外则不穿；以此类推，则臣子为国君守丧，有事时就穿上正常的衣服外出，也是可以的。《昏礼》说："三族之不虞。"国君不参与其事，所以加冠乱和婚礼都可以进行。为了天地社稷，越绋（指丧事）而行事，则祭祀肯定不会被耽误的。文帝的诏书说："减少饮食，断绝对鬼神的祭祀，以加重我的不道德名声。"大概秦始皇统一天下以后，建立了一整套封建专制中央集权制的制度，尊君的规格太高，束缚天下的戒律太严，竟至控制天下人的饮食，禁绝他们的祭祀，这些做法不合先王的精义，过分得令人难以忍受，实在不是三代的旧制。

或许文帝的诏书，是将官民平等看待，没有等级区别。《礼记》上说："诸侯为天子斩衰。"斩衰是五等丧服中最重的一种，为三年丧，只有诸侯才为天子守此丧服。"公士大夫的众臣为其君斩衰，布带绳鞋。"《传》说："近臣，君服斯服矣。"这是近臣从服，与国君守同样的丧服，如果不是近臣就可以减等了。"庶人为国君齐衰三月"。齐衰在五服中仅次于斩衰，共分四等，期限也有三年、一年、三个月等几种，其中三个月的一般是为曾祖父母的丧服。这里所说的国君，乃是针对所在国的百姓而言、对天子就是王畿之内的民众，而不涉及整个天下的臣民，这是显而易见的。对整个天下的臣民一视同唯夫嗣君者，虽天子，固子也。达于庶人，性之无可斁，一也。同姓之诸侯王，爵则古诸侯也，自汉以下，无民事焉，无兵事焉，尤其可伸者也。宰辅以下，至于外吏之卑者，一也，皆臣也。吉凶杂用，推布带绳屦之礼而通焉。特非莅祀，则降采而素焉可矣。郡县之天下，无内外之殊，通庶人三月之制，施及天下可矣。

唯是“谅闇”之礼，举兵戎刑赏之大政，皆总已以听于家宰，抑有难行于今者。非但家宰之难其人，而僭乱为忧也。古之天子所治者，千里之畿尔。四夷之守，藩卫任之。强臣内擅，诸侯得而问罪焉。外内相制，而诸侯之生死予夺，非朝廷所得意为恩威，则家宰亦不得以意乱之。郡县之天下，统四海之治，总万方之赋，兼四裔之守。监司守令，刑赏听命，而莫有恒经。是非交错，恩威互致，家宰孰敢以一身任之？非但无伊、周之德也，与百僚同拔于贡举资格之中，望自不足以相莅也。故欲行商、周之制，伸孝子之情，定天下之志，体先王之精意而无有弊，非穷理尽性以适时措之宜者，未易言也。沿三代之遗文于残阙之后，矫嬴政之过，而不内反诸心、外揆之时，达于事之无不可遂。则文帝之短丧，遂以施行于万世。而有志者莫挽，不亦悲乎！

仁，禁止他们嫁娶、祠社、饮酒、吃肉，这都是秦朝的苛法。秦朝统统地加重丧服，汉文帝则统统地予以减轻，他们都忽略了对不同地域、不同阶层、不同辈份的人应当区别对待，因此礼逐渐走向消亡。

只有嗣君，虽然说是天子，但自己同时又身为人子。从嗣君到庶民，都应当做到使天性无可指责，这是一样的。同姓的诸侯王，其爵位相当于古时的诸侯，从汉朝以后，即不治民事，又不治军事，尤其可伸。宰相以下，直到基层卑微的小吏，都一样是天子的臣。吉凶杂用，可以将布带绳鞋之礼推而广之，供大家通用。只要不是亲莅祭祀，则脱下彩色衣服换上素服就可以了。在实行郡县制时，天下无内外之别，只要把庶民为国君守丧三个月的制度，推广到全国就行了。

惟有“谅闇”礼，将国家军事和刑赏大权，总揽于帝王一身以听命于宰相，大概难以在今天施行。这不但是因为称职的宰相人选难求，同时也怕他们犯上作乱。古时，天子所直接统治的只不过是方圆千里的王畿罢了，对四方边境的守卫，则由藩卫诸侯担任。如果有强臣在朝廷内擅权，则在外的诸侯们可以兴师问罪。如此外内相互制约，相互牵制。诸侯的生死予夺，并不是朝廷可以随心所欲以作威福的，这样宰相也不可能凭借手中权力肆意妄为，败坏朝纲。在实行郡县制的天下，天子统一治理整个天下，总管万方的贡赋，同时负责对四方边境的守卫，各级官吏的赏罚都完全听命于皇帝，却从来没有固定的法律。是非交错，恩威互致，宰相怎么敢单凭自己一个人承担此重任呢？这不仅仅是因为宰相没有伊尹、周公的德行，而且由于宰相与百官都是由贡举资格选拔上来的，其威望自然不足以压服他们。所以，要想实行商、周时期的制度，伸张孝子之情，安定天下民心，体会先王的精意而无有差错，若非穷理尽性以因时制宜的人，是不能轻易谈论这些的。西汉沿袭经过秦火之后的三代遗文，矫正嬴政（即秦始皇）的过失，而不在内心反省自己，揣度时代的潮流，以达夫文帝犹有古之遗意也。已下棺，服大功十五日、小功十四日、纤七日，未葬以前，固皆斩衰也。《礼》：“天子七月而葬。”虞祔卒哭，将已期矣，期而小祥，古有受服焉。大功小功者，受服之变也；纤，禫服也；虽短之，犹未失古之意，而促已甚。文帝以己亥崩，乙巳葬，合而计之，四十三日耳。景帝速葬而速除，不怀甚矣。以日易月，非文帝之制也，愈趋而愈下也。

23.文帝崩年四十有六，阅三年而吴王濞反。濞之令曰：“寡人年六十有二。”则其长于文帝也十有三年。当文帝崩，濞年五十有九，亦几老矣。诈病不觐，反形已著。贾谊、晁错日画策而忧之，文帝岂不知濞之不可销弭哉？赐以几杖而启衅无端，更十年而濞即不死，亦以衰矣。赵、楚、四齐，庸劣无大志，濞不先举，弗能自动。故文帝筹之已熟，而持之已定。文帝幸不即崩，坐待七国之瓦解，而折棰以收之。是谊与错之忧，文帝已忧之。而文帝之所持，非谊与错所能测也。

吉凶之消长在天，动静之得失在人。天者人之所可待，而人者天之所必应也。物长而穷则必消，人静而审则可动。故天到无事不可成功的境地。则文帝缩短丧服的做法，于是就施行于万世万代，而有志者竟没有人加以挽回，能不令人伤心吗？

在汉文帝身上还保留着一点古代的遗意。他遗命已经下棺之后，服大功十五天，小功十四天，纤七天，在没有下葬之前，当然都是斩衰。《礼》说："天子七月而葬。"虞祔卒哭，至期服（即齐衰一整年的丧服）将满，满一年之后便是小祥，古代有受服。大功和小功，即是受服的变种；纤，就是禫服，即除服祭，从此以后，就平安无事了。虽然服期缩短，但仍然不失古意。只是未免太短了。汉文帝于己亥日仙逝，己巳日下葬，其间共计四十三天。汉景帝迅速下葬，迅速除服，也实在是太不缅怀前辈了。将月换成日，不是文帝之制，此后每况愈下。

汉文帝去世时四十六岁，过了三年吴王刘濞反叛。刘濞的动员令中说："寡人我六十二岁。"由此可以算出，刘濞比汉文帝年长十三岁。当文帝驾崩之时，刘濞已经五十九岁，也快老了。他假称身体有病，拒不入京朝见皇帝，其反叛的迹象已经暴露出来了，贾谊、晁错每天都为此忧心忡忡，因而积极出谋划策。难道汉文帝不知道刘濞终将谋反吗？他赐给刘濞象征着尊老的凭几和拐杖，以便使他没有借口挑起事端，等到十年以后刘濞即使不死也衰老不堪了。赵国、楚国、四齐（指齐地的四个诸侯国）的统治者庸劣无大志，如果刘濞不先反叛，他们就不可能自己行动，打起叛旗。汉文帝早已考虑成熟，确定了对策，而且坚定地付诸行动。假如文帝有幸不英年早逝，而是坐待七国土崩瓦解，必定可以轻而易举地制伏他们。贾谊和晁错所忧虑的事情，文帝早已开始忧虑。而文帝所持的对策，则是贾谊和晁错所无法想到的。

吉凶的消长在天，动静的得失在人。天是人所必待的，而人则是天所必应的。物长到极点必定消，人静到审慎的地步则可动。所常有递消递长之机，以平天下之险阻，而恒苦人之不相待。智者知天之消长以为动静，而恒苦于躁者之不测其中之所持。若文帝者，可与知时矣。可与知时，殆乎知天矣。知天者，知天之几也。夫天有贞一之理焉，有相乘之几焉。知天之理者，善动以化物；知天之几者，居静以不伤物，而物亦不能伤之。以理司化者，君子之德也；以几远害者，黄、老之道也；降此无道矣。庸人不测，恃其一罅之知，物方未动，激之以动。激之以动，而自诧为先觉。动不可止，毒遂中于天下，而流血成渠。国幸存，而害亦憯矣。呜呼！谋人家国者，可不慎哉！自非桀、纣，必有怀来，有一罅之知者，慎密以俟之，毋轻于言，而天下之祸可以息。

以，天道有消长交替之机，以削平天下的险阻，却总是苦于人不耐心等待。智者根据天的消长决定动静，却总是苦于急躁的人不能领会其中的奥秘。像汉文帝这样的人，可以说是知时了。可与知时，就接近知天了。知天，就是知道天的细微征兆。天有贞一之理，有相乘之征兆。知天之理的人，善动以化物；知道天的征兆的人，居静以不伤物，而物也不能伤害他。以理主持教化，乃是君子之德；根据天的征兆远离危险，乃是黄、老之道，此外便没有道了。庸人不懂，自恃有一点小聪明，当物尚未动时，就激之使动。激之使动，却自夸为先知先觉。因为动了以后就不能停止，于是流毒遍布天下，以致血流成河。即使国家能够幸存，而所受到祸害也太惨重了。唉！图谋别人家国的人，能不谨慎从事吗？自非夏桀、商纣，必可以招来远方之人；有一点小聪明的人，谨慎缜密地等侯着，不要轻易开口妄言，则天下的灾祸就可以平息了。

卷三

景帝

1.甚哉名义之重也，生乎人之心，而为针铓剑刃以刺人于隐者也。故名以生实，而义不在外。苟违乎此，疑在肘腋而先战乎心。夫欲有所为，而无可信之人，必危；有可信之人，而固不敢信，必败。吴太子之谏王濞曰：“王以反为名，此兵难以借人，人亦且反王。”以此疑田禄伯，不遣循江、淮入武关，而坐困于下邑。其不信禄伯而因以败也，则太子任其失。藉令假禄伯以兵，而禄伯且反也，亦未可知。是两穷之术，而姑保其可疑。太子固曰“王以反为名，兵难以借人”。名不正，义不直，浮鼓其忿欲以逞，其中之铓刃，常不去于肺肝。是以无名无义而欲有为于天下，即以之攻无道而不克，况以之犯顺哉？故自疑者必疑人，信人者必自信也。自不可信，人不可保，疑之而隳功，信之而祸亦起。苻坚以不疑而亡于慕容垂，安庆绪以不疑而亡于史思明。吴太子之言，固天理显露之一几，以震小人而褫之，恶能强哉！恶能强哉！

2.文帝且崩，戒景帝曰：“即有缓急，周亚夫可任将兵。”则文帝未尝须臾忘制吴也。故几杖之赐，欲以销其雄心而待其自敝，非玩也。中有所恃，则可静以待动，而不为祸先，无名义实在是太重要了，它从人的心里产生，却成为针芒剑刀以直刺人的隐私。所以名生实，而义不在外。如若不然，则猜疑必在肘腋之间产生，以致祸起萧墙。如果想有所作为，而无可信之人，则必定危险；如果有可信之人，却丝毫不敢相信，则必定失败。吴国的太子劝谏吴王刘濞说："大王您以反对朝廷为名，因而军队难以交给别人统领。不然的话，如果别人也反叛您怎么办呢？"刘濞因此怀疑大将田禄伯，不派遣他统兵沿长江、淮河入武关，而是坐困于下邑。他不信任田禄伯以致于败亡，其责任应由太子承担。如果把军队交给田禄伯，而田禄伯竟真的反叛吴王，也说不定。这真是前退维谷的两穷之术，姑且只能持怀疑的态度。吴太子说："大王您以反对朝廷为名，因而军队难以交给别人统领。"名不正，义不直，只是凭虚言鼓动起民众一时的愤怒以图谋不轨，其中所隐含的刀枪剑戟的锋刃，常不离心肝周围。因此，无名无义却想在天下大有所为的人，即使去进攻无道昏君也无法取胜，何况进犯坚持正义的正人君子呢？所以，怀疑自己的人必定怀疑别人，相信别人的人必定相信自己。自不可信，人不可保，若怀疑别人则不会建功，可是若相信别人而灾祸也会降临。前秦皇帝苻坚因不怀疑人，结果被慕容垂所灭，唐朝的安庆绪因为不怀疑人而被史思明所杀。吴太子的话，固然是天理显露的一种迹象，以震动小人而且褫夺他，他又怎么能尾大不掉呢！怎么能尾大不掉呢！

汉文帝临死前告诫景帝说："如果突发紧急事件，则周亚夫可以担当统率军队的重任。"可见，汉文帝不曾有片刻忘记对付吴国。所以，文帝赐吴王刘濞几案和拐仗，乃是想用这种象征着尊老的做法已，则固有以胜之矣。柔而不陷于弱，本立焉耳。晁错者，焉知此！迫而无以应，则请上自将而身居守，有亚夫之可恃而不知任也，身之不保，宜矣哉！故柔而玩、竞而不知自强之术，两者异出而同归于败。

3.周亚夫请以梁委吴，绝其食道，景帝许之。梁求救而亚夫不听，上诏亚夫救梁，而亚夫不奉诏。于是而亚夫之情可见，景帝之情亦可见矣。委梁于吴以敝吴，而即以敝梁。梁之存亡，于汉无大损益；而今日之梁为他日之吴、楚，则敝梁于吴而恃以永安。亚夫以是获景帝之心，不奉诏而不疑。景帝之使救也，亦聊以谢梁而缓太后之责也，故可弗奉诏而不疑也。

呜呼！景帝之心忍矣，而要所以致之者，太后之私成之也。帝初立，年三十有二，太子荣已长，而太后欲传位于梁王。景帝曰："千秋万岁后传于王。"探太后之旨而姑为之言也。窦婴正辞而太后怒，则景帝之惎梁久矣。亚夫委之敝而弗救，与帝有密约矣。不然，兄弟垂危，诏人往援，不应而不罪，景帝麻痹刘濞，销熔掉他的雄心壮志，以待其自己败灭，而不是漫不经心地赏赐，闹着玩儿似的。心中早已拿定了主意，有所依靠，就可以以静待动，但决定自己主动挑起祸端。实在到了迫不得已的时候，自己则早已有了准备，可以有十足的把握立于不败之地。柔而不陷于弱，就是立了本。晁错哪里懂得这些呢！他急切地请求朝廷先下手为强，却没有应付事变的策略，于是请求皇帝亲自统兵平叛，而自己在京留守，有周亚夫这样可以依赖的大将却不知重用，最终性命不保，首身异处，太应该啦！所以，一味地柔弱和与强敌争强却不知自强之术，二者异途而同归于失败。

周亚失请求把梁国放弃，任凭吴国攻打而不发援兵，汉兵则断绝吴军的粮道，这样肯定能击败吴国，汉景帝同意了。梁国屡次求救而周亚夫不予理睬，只得向景帝申诉，景帝下诏命令周亚夫救援梁国，可周亚夫拒不奉诏。由此，周亚夫之情可见，景帝之情也可见了。坐视吴国攻打梁国以疲敝、削弱吴国，同时也疲敝、削弱了梁国。梁国的生死存亡，对汉朝廷来说无所谓，没有什么大的利害关系；如果今天的梁国便是未来的吴国、楚国，则借吴国的力量以削弱梁国就可以使它们两败俱伤，而汉朝廷渔翁得利，赢得永久的和平安定。周亚夫此举深得汉景帝的欢心，因而拒不奉诏景帝也不猜疑。看来，汉景帝命令周亚夫发兵救援梁国，也只不过是为了应付梁国的求救，以缓和母太后的责备罢了，所以，尽管周亚夫拒绝奉命，他也毫不猜疑。

唉！汉景帝的心太残忍了，而造成他残忍的主要原因，乃是皇太后偏爱幼子的私心。景帝即位时，年龄为三十二岁，太子荣已经长大成人，可皇太后想让景帝传位于梁王。景帝说："我死后传位给梁王。"只不过是在探知太后的心思后违心地说说罢了。窦婴闻听，义正辞严地予以反驳，指出此举万不可行，于是太后十分生气，并很快能审固持重如此其定哉？后愈私之，帝愈惎之，梁其不为叔段、公子偃者，幸也。

故兄弟之际，非父母所得而与。亲者自亲，爱者自爱，信者自信，猜者自猜。全中人于不相激，而使贤者得自伸其恩义，则以养子孙于和平坦易之中，而无隐情以相倾。太后妇人，不足以知此，为君子者，尚其鉴诸！

4.国无人而不可与立，彝伦斁也。韩安国泣请于梁王，而羊胜、公孙诡伏诛；田叔悉烧狱辞，而梁王之罪解。以诚信行于家国骨肉之间，彝伦危而得安。汉之人才，所以卓越乎后世也。邹阳见王信而仇其说，策士之小慧耳。假天性合离之权于闺房，阳之智与胜、诡等；自诧其巧，而不知适成乎乱。安国也，叔也，守贞以全仁孝之大者也，非佞人之得有功也。

5.法严而任宽仁之吏，则民重犯法，而多所矜全。法宽而任鸷击之吏，则民轻犯法，而无辜者卒罹血不可活。景帝诏有司谳不能决，移谳廷尉，谳而后谳不当，谳者不为失，立法宽矣。乃郅都、宁成相继为中尉，则假法于残忍之小人，姑宽为对他进行严厉的报复。由此可见，汉景帝忌恨梁王由来已久了。周亚夫坐视吴国进攻梁国而不救，以期两败俱伤，肯定是与景帝有密约在先。不然的话，弟弟的封国岌岌可危，自己下诏令人前去救援，可统兵的将领拒不奉命，自己也不加怪罪，难道汉景帝能够这样老成持重、稳如泰山吗？皇太后越宠爱梁王，景帝就越忌恨梁王，梁王最终没有像共叔段、公子偃那样身死国亡，实在是万幸。

所以，兄弟之间的关系，并不是父母所能介入的。亲近的自会亲近，喜爱的自会喜爱，相信的自会相信，猜忌的自会猜忌。让资质平庸的后人不至于相互伤害，并且让贤德之人的恩义之心尽可能得到彰显，就可以长养子孙于和平安定之中，而无隐情以致他们相互倾轧。太后乃是妇道人家，不足以知此，而身为君子的人，难道还不应该从中有所借鉴吗？

国中找不到贤能之人与之共行大道，乃是因为天地人的常道沦丧了。梁国的内史韩安国流着眼泪向梁王进言规谏，于是羊胜、公孙诡伏法被诛；田叔将梁王派人刺杀袁盎等人一案的案宗全部焚毁，于是梁王的罪责得以解脱。以诚信行于家国骨肉之间，则天地人之常道由危而转安；这就是汉朝的人才比后世卓越的原因。邹阳进京拜见了皇后的兄长王信以兜售自己的说教，只不过是游说之士的小聪明罢了。邹阳把天性离合的法码压在宫中的女人身上，其智慧与羊胜、公孙诡相同；他以为自己的一番话妙不可言，高明之极，却不知它正好造成了动乱。韩安国和田叔二人，乃是守贞以全仁孝之大的聪明人，而不是奸邪之人投机取巧荣立大功。

法令严峻而任用宽厚仁慈的官吏，则百姓们不轻易犯法，这样，得以保全的人反而更多。法令宽松却任用残酷暴戾的官吏，则百姓不把犯法当回事儿，这样，无辜者最终也会身罹罪过难以活命。汉景帝下诏，令有关司法部门把无法审判的案件移交给廷尉审理，审了之法，以使愚民轻于蹈阱，而幸其能出而终不免也。且也谳不当而不为罪，无论失入之憯也，即数失出而弗谴，亦以导赇吏之鬻狱，而淫威之逞，冤民且无如之何也。于是而高帝宽大之意斩，武帝严酷之风起矣。严之于法而无可移，则民知怀刑；宽之以其人而不相尚以杀，则民无滥死。故先王乐进长者以司刑狱，而使守画一之法。雷电章于上，雨露润于下，斯以合天理而容保天下与！

6.算资十而得官，景帝减而为四，争之于铢两之间，亦恶足以善风俗乎！应劭曰："古者疾吏之贪，衣食足，知荣辱，赀盈十万，乃得为吏。"劭所云古者何古也，殆秦人之法也。举富人子而官之，以谓其家足而可无贪，畏刑罚而自保，然则畏人之酗饮，而延醉者以当筵乎？富而可为吏，吏而益富，富而可贻其吏于子孙。毁廉耻，奔货贿，薄亲戚，猎贫弱，幸而有赀，遂居人上，民之不相率以攘夺者无几也。自非嬴氏为君、商鞅为政，未有念及此以为得计者也。

呜呼！亦有自来矣。世之乱也，一策行而取卿相，一战胜而有封邑。故草野贫寒之子，忘躯命，游于刀锯鼎镬之下，以弋获官邑。于是而如馁者之得食焉，快贪饕而忘哽噎。于是天下苦之，人主厌之，而矫之以任富人之子，以是为愈于彼也。

又审。如果出现判决不当，也不追究审判者的过失，其立法够宽松了。至郅都、宁成相继担任中尉，则是把司法大权交给残忍的人，他们姑且放宽法律，以便让愚昧无知的百姓们轻率地触犯法规，蹈入陷阱，这些人本以为能够出来，而最终却无法幸免。况且，判决不当不为罪，丝毫不管蒙冤受刑之人的悲惨，即使审判者多次出错也不追究责任，这实际上是引导贪官污吏营私舞弊、徇情枉法，而淫威滥施，冤民毫无办法，徒唤奈何。在这种情况下，汉高祖宽大之意绝，汉武帝严酷之风起。法令严明，则老百姓知道避免刑罚；任用宽仁之吏而不以杀人多寡相夸耀，则老百姓没有无辜受死的。所以，先王都乐意任用忠厚长者主管刑狱，并使他们遵循统一的法律，上有雷鸣电闪，下有雨露滋润，这大概合乎天理而容保天下了吧？

以前，资产十万钱的人才能做官，汉景帝下令减为四万，像这样只是在铢两之间斤斤计较，又怎么能改善社会风气呢？应劭说："古时憎恨官吏贪婪，鉴于衣食足而后知荣辱的说教，规定只有资产满十万的人，才能为官为吏。"应劭所说的古时哪里是什么古时，大概也就是秦朝的办法。推举富人的子弟任命为官吏，说是他们的家庭富足殷实，因而可以不贪，畏惧刑罚因而力求自保，如若果真如此，那么害怕人家酗酒，就把醉鬼请到筵席上落座吗？富裕以后就可以做官，做官以后就更加富裕，更富以后就可以使子孙们做官。有些人不顾廉耻，贪图财货，苛薄亲戚，盘剥贫弱，侥幸而聚敛了巨资，于是就成为人上人，这样一来，百姓中不争先恐后地偷盗抢夺的还会有几人呢？如果不是秦始皇为君，商鞅执政，则没有以此为得计的。

唉！世道之所以会乱，都是有原因的啊！一条妙计成功就可以身居卿相显位，一次大仗打胜就可以取得封地。所以，荒野贫寒之人，不顾身家性命，日夜穿梭般地奔波在刀戈之中，以期伺机获取官爵和封地。这有点像快要饿死的人，突然意外地得到食物，只顾虽然，岂必无以养天下之廉耻而需此哉？矫枉者之枉甚于所矫，而天下之枉不可复伸。为君子者，清品类，慎交游，远挟策趋风之贱士，以使人主知所重轻焉。何至贻朝廷以菲薄贤智、轻侧陋之心，问居赢而揖进之哉？

7.班固叙汉初之富庶详矣。盖承六国之后，天下合而为一，兵革息，官吏省，馈享略，置邮简，合天下而仅奉一人，以王而府天下，粟帛货贿流通，关徼弛而不滞，上下之有馀宜矣。呜呼！后之天下犹汉也，而何为忧贫孔棘，而上下交征之无已也！班固推本所由，富庶原于节俭。而曰："高帝令贾人不得衣丝乘车，重租税以困辱之。孝惠、高后虽弛其禁，然市井之子孙，不得仕宦为吏。量吏禄、度官用、以赋于民。山川园池市井租税，自天子至于封君，皆取其入为私，奉养不领于经费。"知言也夫！

尤要者，则自困辱商贾始。商贾之骄侈以罔民而夺之也，自七国始也。七国者，各君其国，各有其土，有馀不足，各产其乡，迁其地而弗能为良。战争频，而戈甲旌旄之用繁；赂遗丰，而珠玑象贝之用亟；养游士，务声华，而游宴珍错之味侈。益之以骄奢之主、后宫之饰、狗马雁鹿袨服殊玩之日新，而非其国之所有。于是而贾人者越国度险，罗致以给其所需。

狼吞虎咽却忘记了有哽噎之虞。因此，天下人憎恨他们，君主厌恶他们，于是加以矫正，改为任用富人的子弟，认为这种办法比以前的好。尽管如此，可是，难道真的没有办法养天下人的知廉耻之心而不得不用这种办法吗？矫枉者的枉比所矫的更甚，于是天下的枉无法再得到矫正。做君子的人，如果都能做到清品类、慎交游，远离那些挟策趋风的贱士，令君主知道孰轻孰重，又怎么会导致朝廷以一颗菲薄贤能、轻视侧陋（指有才能而地位卑微的人）之心，专门任用那些富商大贾及其子弟呢？

班固记叙汉初的富裕够详尽了。大概当时正处于六国之后，天下统一，战争平息，官吏减少，馈享简略，邮驿省简，以整个天下之力仅仅供奉一个人，由一个君主治理天下，布帛、粮食、财货流通，关徼松驰而不呆滞，在这样的条件下，国家和百姓殷实富足是理所应当的。唉！后世的天下与汉朝的天下一样，却为什么如此严重地忧愁贫弱，以致上下永无宁息地横征暴敛呢？班固追本溯源，认为富庶源于节俭。他说："汉高祖下令商人不得穿丝乘车，而且国家还要重征租税以困辱他们。汉惠帝、吕后时期，虽然放松了禁令，但市井之人的子孙仍然不能做官为吏。估量官吏的俸禄，预算政府的开支，然后向百姓征收赋税。而山川、园池、市井的租税收入，从天子到封君（即诸侯），都用各自地盘上的收入养活自家，并不从国家领取经费。"班固的话很有见识啊！

尤其重要的，则从困辱商人开始。商人的骄横奢侈以及欺压盘剥百姓，是从七国开始的。吴、楚等七国，各自统治各自的国家，各国有各国的地盘，物产的多寡异同各随其宜，各有不同，如果换换地方就不好了。这七国所在地的战争频繁，因而戈甲、旌、旄的用量很大；送礼甚重，因而珍珠、象牙、贝壳需求很急：喜养游士，追求好名声，因而游宴请客的用品非常奢侈；再加上骄奢的君主，后宫的装饰、人主大臣且屈意下之，以遂其所欲得，而贾人遂以无忌惮于天下。故穷耳目之玩、遂旦暮之求者，莫若奖借贾人之利；而贫寒之士，亦资之以沾濡。贾人日以尊荣，而其罔利以削人之衣食，阳与而阴取者，天下之利，天子之权，倒柄授之，而天下奚恃以不贫？且其富也不劳，则其用也不恤，相竞以奢，而殄天物以归糜烂。弗困弗辱，而愚民荣之，师师相效，乃至家无斗筲，而衣丝食粲，极于道殣而不悔。故生民者农，而戕民者贾。无道之世，沦胥而不救，上下交棘而兵戎起焉。非此之惩，国固未足以立也。高帝之令，班固之言，洵乎其知本计也。

人主移于贾而国本凋，士大夫移于贾而廉耻丧。许衡自以为儒者也，而谓“士大夫欲无贪也，无如贾也”。杨维桢、顾瑛遂以豪逞而败三吴之俗。濠、泗之迁，受兴王之罚，而后天下宁。移风易俗，古今一也。

武帝

1.董仲舒请使列侯郡守岁贡士二人，贤者赏，所贡不肖者有罚，以是为三代乡举里选之遗法也，若无遗议焉。夫为政之患，闻古人之效而悦之，不察其精意，不揆其时会，欲姑试狗、马、雁、鹿、华丽的服装、奇珍异玩，天天更新，所有这些，都需要大量的东西，但是本国都没有。于是，商人越国渡险，想尽一切办法搜罗以满足七国的需求。国君和大臣尚且屈尊礼待商人，以便得到自己所想要的东西，而商人由此竟然逐渐发展到肆无忌惮于天下。所以，要想穷耳目之玩、满足早晚之需求的人，不若奖借商人之利；而贫寒的人，也由此得到好处。商人一天比一天尊贵、荣耀，但他们追求利润以至于剥夺别人的衣食，明给而暗取。天下之利，天子之大权，拱手让给商人，而天下怎么能不贫困呢？况且，他们致富并没有经过艰苦的劳动，因而用起钱财来也不心痛，商人间相互比赛谁更奢侈，以致暴殄天物，整日过腐朽糜烂的生活。商人们不困不辱，愚昧的百姓感到他们很荣耀，于是纷纷仿效，乃至家中无斗粮之积，却身穿丝绸，每天吃美味佳肴，直到快要饿死道边时也不后悔。所以说养活百姓的是农业，而残害百姓的是商业。在无道的时代，百姓相互影响争先从商，以致饱受苦难却无人相救，上下交征，急不可待，于是战乱爆发了。如果不以此为戒，国家就根本无法立足。汉高祖的诏令，班固的记载，真是知本之计啊！

君主如果过分注重于商业，则国家的根本必然动摇；士大夫如果过分注重商业，则廉耻之心必然丧尽。元代大学者许衡自以为是个圣人门徒，大知识分子，却出人意料地说出。“士大夫要想不贪婪，最好的办法莫过于经商”这样的话来。杨维桢、顾瑛等竟以豪逞败坏了三吴的风俗。濠州（今安徽凤阳东）、泗州（今江苏泗洪东南）之迁，受兴王之罚，然后天下才告安宁。移风易俗，古今都是一样的。

董仲舒请求朝廷令列侯和郡守每年向国家贡士二名，所贡的士贤能则贡者有赏，所贡的士如果是不肖之徒则贡者受罚，他认为这乃是三代乡举里选的遗法，似乎是没有异议的。执掌国政，最忌讳的之，而不合，则又为之法以制之，于是法乱弊滋，而古道遂终绝于天下。

郡县之与封建殊，犹裘与葛之不相沿矣。古之乡三年而宾兴，贡士唯乡大夫之所择，封建之时会然也。成周之制，六卿之长，非诸侯入相，则周、召、毕、荣、毛、刘、尹、单也。所贡之士，位止于下大夫，则虽宾兴，而侧陋显庸者亡有。且王畿千里，侯国抑愈狭矣。地迩势亲，乡党之得失是非，旦夕而与朝右相闻。以易知易见之人才，供庶事庶官之宂职，臧否显而功罪微。宾兴者，聊以示王者之无弃材耳，非举社稷生民之安危生死而责之宾兴之士也。

郡县之天下，统中夏于一王。郡国之远者，去京师数千里。郡守之治郡，三载而迁。地远，则贿赂行而无所惮。数迁，则虽贤者亦仅采流俗之论，识晋谒之士，而孤幽卓越者不能遽进于其前。且国无世卿，廷无定位，士苟闻名于天下，日陟日迁，而股肱心膂之任属焉。希一荐以徼非望之福，矫伪之士，何惮不百欺百仇以迎郡守一日之知，其诚伪淆杂甚矣。于是而悬赏罚之法以督之使慎，何易言慎哉！

就是听到古人的成功后非常羡慕，于是不明察其精意，不照顾不同的时代特点，只想生搬硬套古法，姑且一试，如果不合适，便再制订一套办法来制约它，这样难免造成法制混乱，弊端滋生，而古道终至绝灭于天下。

郡县制与分封制的不同，就像裘皮衣与葛麻布衣之间的天壤之别一样。古代的乡小学每三年选举一次贤能之士予以宾礼待遇，然后升入国学，贡士的人选完全由乡大夫决定，封建时代就是这样。周朝的制度，六卿的长官，非诸侯入朝拜相，则只有周公、召公、毕公、荣公、毛公、刘公、尹公、单公等几家。各地所贡之士，地位最高的也不能超过下大夫，可见，虽然各乡选了士并且以宾礼相待送入京师，但所选的并非是两名有才能而地位卑微的士人。况且，天子的王畿方圆千里，诸侯国当然就更狭小了。地狭势亲，乡党（皆古代居民单位）的是非得失，一天之中朝廷的达官贵人就可以知晓。用易知易见的人才，去供庶事庶官的冗职，优劣明显而功罪隐微。宾兴选举，只不过是为了显示国君没有埋没人才而已，并非是把江山社稷、人民的安危生死委托给所选之士。

在实行郡县制时，整个中国由一个国君统治。郡和封国中遥远的，离京师数千里。郡太守治郡；三年期满就可升迁。由于离京遥远，因而贿赂公行也无所忌惮。由于官员屡屡调动，因而即使贤能之人也只能仅仅采集流俗的议论，认识晋谒之士，可孤幽卓越的人才不能很快被举荐到他们的面前。而且，国家没有世袭的卿，朝廷没有固定的位，士人如果闻名于天下，就可以连续不断地升迁，最终股肱心腹之任必将落在他的肩上。通过一次举荐就可能得到出乎意料的好处，矫伪之士，怎么能不想尽一切办法招摇撞骗，极力兜售自己，以期望有朝一日能得到郡守的赏识呢？其间真伪混杂也太严重啦！于是政府采用赏罚之法以督使官员们审慎，审慎又谈何容易呢！

知人则哲，尧所难也。故鲧殛，而佥曰试可者勿罪。生不与同乡，学不与同师，文行之华实，孝友之真伪，不与从事相觉察，偶然一日之知，举刑赏以随其后，赏之滥而罚者冤，以帝尧之难责之中材，庸讵可哉？其弊也，必乐得脂韦括囊之士，容身畏尾，持禄以幸无尤。又其甚者，举主且为交托营护，而擿发者且有投鼠忌器之嫌。则庸驽竞乘，而大奸营窟，所必至矣。

闻一乡之有月旦矣，未闻天下之有公论也。一乡之称，且有乡原；四海之誉，先集伪士。故封建选举之法，不可行于郡县。《易》曰："变通者时也。"三代之王者，其能逆知六国强秦以后之朝野，而豫建万年之制哉？且其后汉固行之矣，而背公死党之害成，至唐、宋而不容不变。故任大臣以荐贤，因以开诸科目可矣；限之以必荐，而以赏罚随其后，一切之法，必敝者也。

封建也，学校也，乡举里选也，三者相扶以行，孤行则踬矣。用今日之才，任今日之事，所损益，可知已。而仲舒曰："三王之盛易为，尧、舜之名可及。"谈何容易哉！

2.乡举之法，与太学相为经纬，乡所宾兴，皆乡校之所教也。学校之教，行之数十年，而乡举行焉。所举不当者罚之，能够知人就叫哲，这是帝尧也感到困难的。所以，大禹的父亲鲧因治水失败被杀时，众人都说再试一下，如果成功就不要降罪。官员与士人，生不同乡，学不同师，其文行的华与实，孝友的真与伪，都没有经过长期的相处仔细观察，仅凭偶然一日的相识和印象，就以赏罚加于其身，赏的太滥而被罚的蒙冤，把圣明的帝尧也认为困难的事责成给才能一般的官员承担，怎么能够办好呢？其敝病就在于，官员们乐得占着官位白拿俸禄遇事缄口不言，畏首畏尾，明哲保身，不求有功，但求无过。甚至，还有些举主竟然为被举荐者交托营护，使得揭发者不免有投鼠忌器的顾虑。如此，则庸才得志，而大奸营窟，乃是势所难免的。

我曾听说一乡有品评人物的所谓“月旦评”，没有听说过天下有什么公论。一乡的称誉，当地尚有依据可考；四海的赞誉，往往首先被那些伪善之人所窃取。所以，封建诸侯和乡举里选的办法，不可行于郡县。《易经》说：“变通就是识时务。”三代时期的君主，难道能够预料到六国强秦以后的形势，而预先制定万年之制吗？况且，后来汉朝固然已经施行了二代之法，结果造成了损公利己、结交死党之祸，发展到唐、宋时代，不变实在是不行了。所以，责令大臣荐贤，借以开考各科是可以的。限令大臣们必须举荐贤才，而以赏罚紧随其后，这实际上是权宜之计，肯定会有不少弊端。

分封，学校，乡举里选，二者必须同时施行，相辅相成，如果单独施行一种则必定要摔跟头。用今天的人才，干今天的事情，自然应当对前人的制度有所损益，这是显而易见的。可是，董仲舒说：“三王（指夏禹、商汤、周文王）的盛举可以做到，尧、舜的名声可以达到。”话虽如此说，可实际做起来，谈何容易呀！

乡举里选之法，是与国家最高学府太学相配合的，乡所荐举的士人，都是乡校所培养的。学校教育实施了数十年，乡举才开始进行。

罚其不教也，非罚其不知人也。仲舒之策，首重太学，庶知本矣。不推太学以建庠序于郡国，而责贡士于不教之馀，是以失也。

经天下而归于一正，必同条而共贯，杂则虽矩范先王之步趋而迷其真。惟同条而共贯，统天下而经之，则必乘时以精义，而大业以成。仲舒之策曰："不在六艺之科、孔子之术者，皆绝其道。"此非三代之法也。然而三代之精义存矣，何也？六艺之科，孔子之术，合三代之粹而阐其藏者也。故王安石以经义取士，踵仲舒而见诸行事，可以行之千年而不易。安石之经学不醇矣，然不能禁后世之醇，而能禁后世之非经。元祐改安石之法，而并此革之，不知通也。温体仁行保荐以乱之，重武科以亢之，杨嗣昌设社塾以淆之，于是乎士气偷、奸民逞，而生民之祸遂极。皆仲舒之罪人也，况孔子乎！若夫割裂鞶帨而无实也，司教者之过也。虽然，以视放言绮语、市心恶习、睨径窦以徼诡遇者，不犹愈乎！习其读，粗知其义，虽甚小人，且以是为夜气之雨露，教亦深矣。

3.淮南王安之谏伐南越，不问而知其情也。读其所上书，所举荐的士人名实不符则举荐者必须受罚，这是罚其不教之过，而不是罚其不知人之错。董仲舒在给皇帝所上的策文中，首先强调太学的重要性，差不多可以算是知道根本所在了。不推重太学而建学校于郡国，而责贡士于不教之余，这显然是不合适的。

把天下统一起来置于一个政权的统治之下，一切事情都必须有条有理，互不干扰，如果各项工作都混在一起，杂乱无章，则即使跟在先王身后亦步亦趋，也会迷失方向，抓不住事物的本质、关键。只有条理分明，互不干扰，将天下统一起来再加以治理，而且还必须把先王之法的精义与时代特点结合起来，大业才能告成。董仲舒的策文说："那些不在六艺（指礼、乐、射、御、书、数六种科目）之列的以及不合乎孔子思想的学说，全部予以禁绝。"这不是三代之法，但是三代的精义尚存。为什么呢？因为六艺之科和孔子的学说，乃是糅合三代的精萃并阐发其隐微奥义后得到的。所以，王安石以经义取士，乃是步董仲舒的后尘而把他的学说付诸实践，此法可以使用一千年不必更改。王安石的经学不纯，可是不能禁绝后世的纯，却能禁绝后世非议经学。宋哲宗元祐年间废除王安石的新法时，把以经义取士的政策也废除，真是不知变通。温体仁推行保荐法以乱之，提高武科的地位以对抗之，杨嗣昌设社塾以混淆之，在这种形势下，士气苟且，奸民得志，而老百姓的灾难达到了极点。他们都是董仲舒的罪人，何况孔子呢！至于有些人徒有读书人的外表却无其实，则是负责教育者的过错。尽管如此，这些人比起那些毫无顾忌地谈论淫秽语言和市井恶习、时刻准备伺机用不正当手段猎取不义之财的人，不是还略胜一筹吗？如果翻过圣人的书籍，熟悉其标点符号，粗知其大义，即使是最卑鄙的小人，也会把它视为夜气所形成的雨露，了无声息地滋润着自己的心田。他们所获得的教益也够深，够大的。

淮南王刘安曾上书劝谏汉武帝不要讨伐南越（今两广、福建一讦天子之过以摇人心，背汉而德己，岂有忧国恤民仁义之心哉！越之不可不收为中国也，天地固然之形势，即有天下者固然之理也。天地之情，形见于山川，而情寓焉。水之所绕，山之所蟠，合为一区，民气即能以相感。中国之形，北阻沙漠，西北界河、湟，西隔大山，南穷炎海，自合浦而北至于碣石，皆海之所环也。形势合，则风气相为嘘吸；风气相为嘘吸，则人之生质相为俦类；生质相为俦类，则性情相属而感以必通。南越固海内之壤也。五岭者，培塿高下之垣也，未能逾夫大行、殽函、剑阁、黾厄之险也。若夫东瓯之接吴、会，闽、越之连馀干，尤股掌之相属也。其民鸡犬相闻，田畴相入，市买相易，昏姻相通，而画之以为化外，则生类之性睽，而天地之气阂矣。孟子曰："吾闻用夏变夷者。"帝王之至仁大义存乎变，而安曰："天地所以隔内外。"不亦慎乎！顾其所著书，侈言穷荒八殡九州之大，乃今又欲分割天地于山海围聚之中，"将叛之人其辞惭"，当亦内愧于心矣。

夫穷内而务外，有国之大戒，谓夫东越大海、西绝流沙也。《书》曰："宅南交。"则交阯且为尧封，而越居其内。越者，大禹之苗裔，先王所以封懿亲者也，非荒远之谓也。新造之土，赋不可均，如安所云："贡酎不输大内，一卒不给上带），不用问就可以知道刘安此举真实用意何在，在他所上的奏折中，大肆攻讦皇帝的过失以动摇人心，极力指责汉朝廷同时抬高、美化自己，哪里还有一点儿忧国忧民的仁义之心呢！越地不可不收归中国，乃是天地固然之形势，也是拥有天下者的固然之理，天地之情，外在表现为山川，而情隐含其中。河流所环绕的地方，山脉所蟠居的地方，合为一区，民气就会相互感应。中国的地理形势、北阻沙漠，西北边界的黄河、湟水，西隔大山，南穷炎热的南海，从合浦（今属广西）向北直到碣石（今河北昌黎县北），都被大海所环绕。地理形势相合，则风气相互嘘吸；风气相互嘘吸，则人的特征相互类似；特征相互类似，则性情相同而感应必通。南越本来就是中国的土地。五岭，只是几个小土丘横亘东西罢了，并没有太行山、函谷关、剑阁、黾阨（今河南信阳县西南平靖关）那样险要。至于东瓯（今浙江南部瓯江流域）与吴（今江苏苏州一带）、会稽（今浙江绍兴一带）相接，闽、越与余干（今属江西）相连，尤其像股掌和身体结为一个不可分割的整体一样。那里的百姓鸡犬之声相闻，田地相互穿插，有买有卖，相互交换，婚姻上世代相通，如果把东瓯、闽、越等地划于界外，不予以教化，则会违背人民之性，隔阂天地之气。孟子说："我听说过用中原文化改变四方各族的习俗。"帝王的至仁大义就在于变，而刘安说："南越与内地之间有山岭阻道，乃是天地特意用来阻隔内外的。"这话不是太颠倒了吗？在刘安所著的书中，侈谈穷荒八殥九州之大，而今却又想把山海包围之下的中国领土分裂开来，"将叛之人的言辞惭愧。"刘安应当也感到内心有愧了。

国内的事情还没有办好，就一心要向外拓展，乃是拥有国家者的大忌，这主要是指东越大海，西过大漠。《尚书》说："在南交安家落户。"可见，交址（今越南北部）尚且是帝尧所封，而越在其内。越，是大禹的后代，先王特意把它封给懿亲，并不属于荒远之地。新事。”诚有之矣。且城郭、兵防、建官、立学之费，仰资于县官，以利计之，不无小损。然使盗我边鄙，害我穑事，置兵屯戍，甚则兴师御之，通计百年之利，小吝而大伤，明王之所贱，而抑岂仁人之所忍乎？

君子之于禽兽也，以犬马之近人，则勒之、靮之、驯之、抚之而登其用。顾使山围海绕、天合地属之人民，先王声教所及者，悍然于彝伦之外，弗能格焉，代天子民者，其容恝弃之哉！武帝平瓯、闽，开南越，于今为文教之郡邑。而宋置河朔、燕、云之民，画塘水三关以绝之，使渐染夷风，于是天地文明之气日移而南，天且歆汉之功而厌宋之偷矣。安挟私以讦武帝，言虽辩，明者所弗听也。

4.言有迹近而实异者，不可不察。申公曰：“为治不在多言，顾力行何如耳。”汲黯曰：“陛下内多欲而外施仁义，奈何欲效唐、虞之治乎！”于以责武帝之崇儒以虚名而亡实，相似也。然而异焉者，申公之言，儒者立诚之辞也；汲黯之言，异端贼道之说也。

黯之自为治也，一以黄、老为师，托病卧闺阁而任丞史，曹参之馀智耳，而抑佐以傲忽之气。其曰“奈何欲效唐、虞”，开拓的疆土，赋税是不能与内地平等的，像刘安所说的“越地的贡酒不入于皇宫，而且没有一兵一卒为皇上服务。”确实有这种情况。另外，新开疆域的城池、防务、建官、立学的费用，都要靠朝廷拨款，如果从经济的角度考虑，则不无小损。但是，让他们骚扰我国的边境，破坏我们的农事，我方则派兵戍守，甚至兴师动众抵御他们，从百年的利害得失看来，则是因小失大，圣明的君主是绝不会这样做的，而仁义之人难道会忍心这样做吗？

犬马与人类的关系如此密切，尚需勒嚼子、系缰绳、驯化、爱抚以后才能为我所用，何况君子与禽兽呢！眼看着山围海绕、天合地属的人民，先王声教所及的地区，被悍然划于天地人之常道以外，却不能予以制止，为天子治民者，难道忍心抛弃他们吗？汉武帝平定了闽、瓯，开拓了南越，这些地方今天都成为文明的郡县。而北宋政府将河朔、燕州（今北京）、云州（今山西大同东）等十六州的人民，置于契丹及女真人的铁蹄下不顾，竟以河流和三关的屏障以隔绝他们与内地的联系，使其逐渐染上夷族的风俗，于是天地文明之气一天天地移向南方，连苍天也赞赏汉朝的功绩，而厌恶宋人的苟且。淮南王刘安为了自己不可告人的目的，大肆攻讦汉武帝，其言辞虽然犀利、雄辩，而聪明人是不会相信的。

有些言辞貌似相近而实际上大相径庭，不可不详察。申不害说：“执政不在多说，重要的是看他的行动如何。”汲黯对汉武帝说：“陛下您内多欲望而仅仅是外施仁义，又怎么能像唐尧、虞舜那样治理天下呢？”申、汲二人在指责汉武帝只有崇尚儒术之名而无其实方面，似乎是相近的，然而实际上是大不相同的。申公的话，乃是儒家立诚之辞；而汲黯的话，则是异端贼道之说。

汲黯自己治民时，一切以黄帝、老子为师，崇尚无为而治，竟至托病卧于家中而把政事交给下属处理，这只不过是曹参的余智罢了，则是直以唐、虞为不必效，而废礼乐文章，苟且与民相安而已。内多欲，则仁义不能行，固也。乃匹夫欲窒其欲，而无仁义以为之主，则愈窒而发愈骤，况万乘之主导其欲者之无方乎？故患仁义之不行，而无礼以养躬，无乐以养心耳。如其日渐月摩，涵濡于仁义之腴，以庄敬束其筋骸，益以强固；以忻豫涤其志气，益以清和。则其于欲也，如月受日光，明日生而不见魄之暗也，何忧乎欲之败度而不可制与！故救多欲之失者，唯仁义之行。而黄、老之道，以灭裂仁义，秕糠尧、舜，偷休息于守雌之不扰，是欲救火者不以水，而豫撤其屋，宿旷野以自诧无灾也。黯挟其左道，非侮尧、舜，胁其君以从己，而毁先王仅存之懿典，曰："仁义者，乃唐、虞、三代已衰之德。"孟子曰："言则非先王之道。"又曰："吾君不能谓之贼。"黯之谓与！武帝之不终于崇儒以敷治，而终惑于方士以求仙，黯实有以启之也。

庄助称"黯辅少主，贲、育不能夺"，恃其气而已。刘安惮黯而轻公孙弘，安固黄、老之徒，畏其所崇尚而轻儒耳，非果有以信黯之大节而察弘之陋也。主少国疑，唯行仁义者可以已乱。周公几几于有践之笾豆，冲人安焉。充黄、老之操，"泛兮其可左右"，亦何所不至哉！黯其何堪此任也！

同时他还带有一股傲慢之气。他说："怎么可能像唐尧、虞舜那样"，则是直截了当地认为唐尧、虞舜不值得效法，而废弃礼乐文章，姑且与百姓相安无事而已。内多欲望，则仁义不能行，这是肯定的。但是，普通人想压抑自己的欲望，却无仁义来支配，则越压抑而爆发越快；何况是万乘之君，疏导其欲望者无方呢？所以，担忧仁义不行，而无礼以养自身，无乐以养心田。如果日渐月摩，接受仁义之道的薰陶，以庄重恭敬约束其形骸，益以强固；以欣豫涤其志气，益以清和。这样，他们对于欲望，就像月亮接受日光，明亮的太阳升起而不见微弱的月光之暗，何必担忧欲望过度以致无法控制呢？因此，医治欲望多这种毛病的良方，只有行仁义而已。而黄、老之道，以灭裂仁义、诋毁尧、舜，苟且偷生休养生息、安于现状而不困扰，这就像想救火的人不用水，而是提前拆掉房屋，露宿在旷野以自夸无灾。汲黯挟其歪门邪道的学说，非议侮辱尧、舜，胁迫其君主听从自己，而毁弃先王仅存的宝典，并且说："仁义，乃是唐尧、虞舜、三代已经衰落的道德。"孟子说："言则非议先王的道。"又说："我们的国君不能胜任谓之贼。"说的不就是汲黯这种人吗？汉武帝最终没能以崇儒而将国家治好，却被方术之士所迷惑而求成仙，这实际上是汲黯首先开的头。

庄助说："汲黯辅佐年幼的国君，像孟贲、夏育那样力大无比的猛将也奈何他不得"，只不过是恃其气而已。刘安忌惮汲黯而轻视丞相公孙弘，刘安本来就是黄、老的信徒，敬畏他所崇尚的学说而轻视儒生，并不是真的相信汲黯有大节，并察觉到公孙弘的浅薄卑鄙。君主年幼，国人疑虑，在这种情况下，只有厉行仁义的人才能制止动乱。周公将天子登基的典礼及有关祭祀活动搞得盛大隆重，于是年幼的周成王放心了。坚持黄、老的操守，"泛兮其可左右，"又何处不至呢？汲黯哪里能够承担起此任呀！

5.太史公言：“匈奴畏李广之略，士卒亦乐从广而苦程不识。”司马温公则曰：“效不识，虽无功犹不败；效李广，鲜不覆亡。”二者皆一偏之论也。以武定天下者，有将兵，有将将。为将者，有攻有守，有将众，有将寡。不识之正行伍，击刁斗，治军簿，守兵之将也。广之简易，人人自便，攻兵之将也。束伍严整，斥堠详密，将众之道也。刁斗不警，文书省约，将寡之道也。严谨以攻，则敌窥见其进止而无功。简易以守，则敌乘其罅隙而相薄。将众以简易，则指臂不相使而易溃。将寡以严谨，则拘牵自困而取败。故广与不识，各得其一长，而存乎将将者尔。将兵者不一术，将将者兼用之，非可一律论也。人主，将将者也。大将者，将兵而兼将将者也。

三代而下，农不可为兵，则所将之兵，类非孝子顺孙，抑非简以驭之，使之乐从，固无以制其死命。则治军虽严，而必简易以为之本。非春秋、列国驰骤不出于畛轨，追奔不逾于疆域，赋农以充卒，夕解甲而旦相往来，可以准绳相纠，而但无疏漏即可固圉之比也。故严于守而简于攻，闲其纵而去其苦，有微权焉，此岂可奉一法以为衡而固执之哉？

班超以简，而制三十六国之命，子勇用之而威亦立。诸葛太史公司马迁说："匈奴人害怕李广的战术，士兵们也乐于随从李广而苦于受程不识指挥。"司马光则说："仿效程不识，即使无功也不至于失败；仿效李广，则很少有不败亡的。"司马迁和司马光的说法，都失于片面、偏颇。以武力平定天下的，有人善于统兵，有人善于统将。做将军的，有攻有守，有人善于统率大部队，有人善于统率小部队。程不识严格治军，要求夜里军营必须击刁斗传更以防意外，军队的帐簿务必要清楚无误，这乃是守兵之将。李广治军宽简，人人自便，乃是攻兵之将。队伍严整，侦察警戒详密，乃是统率大军之道。刁斗不警，文书省约，乃是统率小部队之道。队伍整齐严谨地去进攻敌人，则会因敌方容易观察到动静而无功返回。如果简易地防守，则敌方会发现漏洞而前来攻打。以宽简的态度统率大军，则会因指挥不灵而易于溃散。以严谨的作风统率小部队，则会因拘牵自困而遭受失败。所以，李广与程不识各有一方面的长处，而胜败的关键是在统将之人的身上。统兵之法各有不同，统将的人应当兼采众长，千万不可拘泥于一法，一概而论。君主，当然是统将之人。大将，则既统兵又兼统将。

三代以后，农夫不可以当兵，这样，将领所统率的士兵，基本上都不是孝子顺孙，如果不用宽简的方式驾驭他们，使他们乐于听从，就根本没有办法让他们以死报国。可见，治军虽严，却必须以宽简作为根本、基础。这与春秋、列国时期是大不相同的。在春秋、列国时代，驰骋不出于畛轨，追奔不逾越疆界；召集农夫以充士卒，夕解甲而旦相往来；对坏人坏事可以依法纠治，只要没有疏漏就可以万无一失地将奸人绳之以法，投入监牢。时代不同了，治军的方法也应该有所不同。所以，严于守而简于攻，防其纵而去其苦，其中自有奥妙，难道可以奉一法以为正而死守着不放吗？

东汉的班超，用宽简的方式控制了西域三十六国的命运，他的孔明以严，而司马懿不敢攻，姜维师之而终以败。古今异术，攻守异势，邻国与夷狄盗贼异敌。太史公之右广而左不识，为汉之出塞击匈奴言也。温公之论，其犹坐堂皇、持文墨以遥制阃外之见与！

6.王恢言："全代之时，北有强胡之敌，内连中国之兵，尚得养老长幼，种树以时，匈奴不敢轻侵。"夫恢抑知代之所以安而汉之所以困乎？恢言以不恐之故，非也。汉穷海内之力，与匈奴争，而胜败相贸。夷狄贪鸷而不耻败，何易言恐也！全代之安者，代弗系天下之重轻也。匈奴即有代，而南有赵，东有燕，不能震动使之瓦解。燕、赵起而为敌方新，势且孤立而不能安枕于代，而觊觎之情以沮。天下既一于汉，则一方受兵而天下摇。率天下之力以与竞，匈奴坐以致天下之兵，一不胜而知中国兵力止此也，恶得如全代之时，曾莫测七国之浅深哉？西汉都关中，而匈奴迫甘泉；东汉都雒阳，而上谷、云中被其患；唐复都长安，而突厥、回纥、吐蕃乘西墉以入；宋都汴，契丹攻澶、魏，卒使女真举河北以入汴，元昊虽屡胜而请和。天子之所在，郑重以守之，彼即睨是为中国全力之所注，因殚其全力以一逞，幸覆败之，则天下若栋折而榱自崩。且京师者，金帛子女之所辏也，其朵颐而甘心者，非旦夕矣。繇此推之，代之所以捍匈奴而有馀者，唯无可欲而不系中国之安危，故不争也。

儿子班勇仿效其父的作法也取得了威名。诸葛亮以严治军，而司马懿不敢进攻，姜维仿效诸葛亮而最终却遭到失败。古今方法不同，攻守形势不同，邻国、四方各族及盗贼为敌的情形也不相同。司马迁抬高李广而贬低程不识，乃是针对汉朝出塞攻打匈奴说的。司马光的说法，莫非也是高坐朝堂、持文弄墨以遥制境外的见解吗！

王恢说："在代国（今山西大同一带）仍然保持独立的战国时代，代国北有强大的匈奴为敌，内与中原的国家交战，尚能养老长幼，适时耕作，匈怒人不敢轻易侵犯。"王恢难道真的知道代国之所以平安而汉朝之所以受困的原因吗？他说匈奴之所以不敢轻易侵犯代国，是因为代国不害怕，这种看法完全不正确。汉朝以整个天下的力量与匈取相争，而胜败互见。少数民族人贪婪凶猛，不以失败为耻，哪里会轻易害怕谁呢！代国之所以平安，乃是因为代国对整个天下没有举足轻重的影响。匈奴即使占领了代国，而南边有赵国、东边有燕国，不可能使这两个强国受到震动而土崩瓦解。当燕、赵两国奋起抵抗，全力与匈奴为敌时，匈奴人势必陷入孤立无援的境地而不能安枕于代，鉴于这种后果，匈奴人觊觎代国之心自然要有所收敛。天下既然已经被汉朝统一，则一方有战事而整个天下动摇。汉朝动员整个天下的力量与匈奴人争雄，也就是说，对方不费吹灰之力就招来了全天下的汉兵，一旦汉兵失败，匈奴人就可以知道中原的兵力不过如此，不足畏惧，这时哪里能像独立的代国时期那样，匈奴人根本无法探测到七雄的深浅呢？西汉建都于关中地区，而匈奴人迫近甘泉（今陕西淳化县）；东汉建都于洛阳，而上谷（今河北怀来东南）、云中（今内蒙古托克托东北古城）受到了匈奴人的蹂躏；唐朝又建都于长安（今陕西西安），而突厥、回纥、吐蕃等族从西面攻入；北宋建都汴京（今河南开封），而契丹人攻至澶州（今河南濮阳县）、魏博（今河北大名），最终女真（建金国）人从河北攻入开封，西夏南蛮之悍，虽不及控弦介马之猛，然其凶顽嘤发而不畏死，亦何惮而不为。乃间尝窃发，终不出于其域。非其欲有所厌也，得滇、黔、邕、桂而于中国无损，天子遥制于数千里之外，养不测之威，则据非所安，而梦魂早为之震叠。中国之人心亦恬然，俟其懈以制之，而不告劳，亦不失守以土崩。滇、粤可以制南，燕、代可以制北，其理一也。

女直、蒙古之都燕，所以远南方也。中国之全力在于南，天子孤守于北，何为者乎？代以一国制匈奴则有馀，秦以天下则不足，汉、唐任之边臣而苟全。天子都燕，一失而不复收，其效大可睹矣。威以养而重，事以静而豫，如是者之谓大略。

7.主父偃、徐乐、严安，皆天下之憸人也。而其初上书以徼武帝之知，皆切利害而不悖于道。然则言固不足以取人矣的元昊虽然屡次击败北宋却与宋人讲和。京师乃是天子的所在地，自然要以重兵严密设防，夷狄之人正是看到其为全中国各种力量所倾注的地方，因而想竭尽全力孤注一掷，假如侥幸攻破了中原王朝的都城，则整个天下就会像断了大梁的房屋一样，椽子和房顶必然会土崩瓦解。况且，京师乃是金帛美女辐辏的地方，其达官贵人极为羡慕，已经急不可待了。由此推断，代国之所以能抵御匈奴并不费力，只是因为这里没有对方特别想要的东西，也不关系着全中国的安危，所以匈奴人不愿力争罢了。

南蛮的强悍，虽然不如精通骑射征战的北胡那样勇猛，但是他们凶顽怒发而不畏死，又会忌惮什么而不敢做呢？他们曾经悄悄地发动突然袭击，可最终没有将势力扩展到其疆域之外。这并不是因为他们的欲望已经满足，而是因为即使占领了滇、黔、邕、桂等地也对中原王朝没有损害，天子遥控于数千里之外，养不测之威，南蛮当然不敢占据这些可能会带来灾难的地方，他们早已被中原王朝的神秘和实力震慑住了。中国的人心也很平静，只要耐心地等待着，一旦南蛮戒备松懈就乘机发动攻势将其制服，这样既不兴师动众，也不会因为城池失守而致土崩瓦解。滇、粤可以抵制南蛮，与燕、代可以抵御北胡，其道理都是一样的。

女真人和蒙古人之所以要建都于燕京（今北京市），是为了远离南方。中国的主要力量都集中在南方，而天子孤守北方，有什么用呢？代国凭一个小国抵御匈奴则有余，秦朝以整个天下抵抗匈奴却力不从心，汉朝和唐朝重用守边大臣以抵御外敌，结果只是苟且保全社稷，天子建都于燕京，一旦失守便不再收复，其功效是很有看头的。威因为养而重，事因为静而办好，像这样的人就叫有大略。

主父偃、徐乐、严安，都是天下闻名的奸邪小人，可他们最初上书以求汉武帝赏识时，所论的问题都切中利害而不悖于道。既然这乎？夫人未有乐为不道之言者也，则夫人亦未有乐为不道之行者也。士之未遇，与民相迩，与天下之公论相习。习而欲当于人心，则其言善矣。言之善也，而人主不得不为之动。迨其已得当于人主，而人主之所好而为者不在是；上而朝廷，下而郡邑，士大夫之所求合于当世者，又不在是，遂与人主之私好，士大夫怀禄结主之风尚相习。习而欲合乎时之所趋，则其行邪而言亦随之。故不患天下之无善言也，患夫天下之为善言者行之不顾也。不患言之善而人主不动也，患夫下之动上也，以谔谔于俄顷；而下之动于上也，目荧耳易，心倾神往，而不能自守也。

中人者，情生其性，而性不制其情。移其情者，在上之所好、俗之所尚而已。使天下而有道，徐乐、严安、主父偃亦奚不可与后先而疏附哉！故文之有四友，惟文王有之也。若夫穷居而以天下为心，不求当于天下之论；遇主而以所言为守，不数变以求遂其私。此龙德也，非可轻责之天下者也。

8.徐乐土崩瓦解之说，非古今成败之通轨也。土崩瓦解，其亡也均，而势以异。瓦解者，无与施其补葺，而坐视其尽。土崩者，或欲支之而不能也。秦非土崩也，一夫呼而天下蜂起，不数年而社稷夷、宗枝斩。亡不以渐，盖瓦解也。栋本不固，榱本不安，东西南北分裂以坠，俄顷分溃而更无馀瓦，天下视其亡而无有为之救者。盖当其瓦合之时，已无有相浃而样，那么言论本来就不值得用来选拔人才吗？人没有喜欢说不道之言的，则人也没有喜欢做不道之事的。士人在没有得到贵人赏识时，与老百姓差不多，熟悉天下的公论。熟悉天下的公论又想取得人心，则他们的言论听起来肯定顺耳。其言论听起来特别顺耳，则君主不能不为之动心。等到他们已经得到君主的赏识，而君主所喜欢并做的与此无关，上至朝廷，下至郡县，士大夫们所求的合乎当时潮流的事，也与此无关；于是他们对君主的个人癖好，士大夫的保禄阿君风气越来越熟悉。熟悉之后又想顺应时代的潮流，于是他们的行为日益奸邪而且言论也紧随其后。所以，不愁天下没有好的言论，而愁天下说好听言论的人言行不一；不愁言论好而君主不动心，却愁臣下打动君主时，只是直言争辩于倾刻间；而臣下被君主打动时，目惑耳易，心荡神驰，无法自守。

普通人，情生其性，而性不能控制其情。能够打动其情的，只有贵人们的喜好和世俗所崇尚的事物而已。假如天下有道，徐乐、严安、主父偃又为什么不可以先后率群下以亲附君主呢？所以周文王有四位好友，只有周文王才有啊。至于穷居乡野而心忧天下，不强求符合天下人的公论；见到国君后始终如一地坚持自己的主张，不见风使舵，随机应变以求达到自己的私欲；这乃是龙德，不可轻易地以此要求天下人。

徐乐的“天下之患，在于土崩，不在瓦解”的说法，并不是古今成败的普遍规律。土崩瓦解，其结果都是灭亡，而具体的形势则各有不同。瓦解，是指没有人出头与君主共同施行补救措施，而坐视其破灭。土崩，则是即使有人想起来支撑局面也无济于事。秦朝的灭亡不是土崩，当时一人首先揭竿而起，随之天下蜂起响应，不几年就社稷灭，宗枝斩，秦的灭亡不是一个循序渐进的过程，所以应当算作瓦解。大梁本来就不坚固，椽子本来就不安全，东西南北分裂以致坠相维之势矣。隋、元亦犹是也。

周之日削，而三川之地始入于秦；汉之屡危，而后受篡于魏；唐之京师三陷，天子四出，而后见夺于梁；宋之一汴、二杭、三闽、四广，而后终沉于海。此则土崩也。或支庶犹起于遐方，或孤臣犹守其邱垄，城陷而野有可避之宁宇，社移而下有逃禄之遗忠。盖所以立固结之基者虽极深厚，而啮蚀亦历日月而深，无可如何也。土崩者，必数百年而继以瓦解，瓦解已尽而天下始宁。际瓦解之时，天之害气，人之死亡，彝伦之戕贼，于是而极。其圮坏而更造之，君相甚重矣，固有志者所不容不以叙伦拨乱自责也。

9.主父偃之初上书曰："蒙恬攻胡，辟地千里，以河为境，暴兵露师，死者不可胜计，蜚刍挽粟，百姓靡敝，天下始畔秦。"立论严矣。迨其为郎中，被亲幸，乃言"河南地肥饶，外阻河，蒙恬城之以逐匈奴，广中国，灭胡之本。"遂力请于武帝，排众议，缮蒙恬所为塞，因河为固，漕运山东，民劳国虚。同此一人，同此一事，不数年，而蒙恬之功罪，河南之兴废，自相攻背如此其甚。由是言之，辨奸者岂难知哉？听之勿骤，参酌之勿忘，而已曙矣。武帝两听而不疑，其为江充所惑以戕父落，倾刻间便分崩离析，片瓦无存，天下人坐视其灭亡却无人挺身而出，全力挽救；大概在其瓦合之时，已经没有相互依托、相互维系之势了。隋朝和元朝也和秦朝一样。

周朝一天天地削弱，因而首都所在的三川（今河南洛阳一带）之地才被秦国吞并；汉朝屡次处于危险的境地，而后其政权被曹魏所篡夺；唐朝的京城三次失陷，皇帝四次出逃，而后被后梁夺走了江山；宋朝一都开封，二都杭州，三都福建，四都广州，而后最终覆灭于大海之中。这些朝代的灭亡，都属于土崩。政权灭亡以后，有的皇族庶支又在远方崛起，有的孤臣还死守其邱垄，因而京城失陷以后地方上还有可以用来避难的宁静之地，社稷易主而下面还有逃避新政权爵禄的忠臣。大概加固政权基础的措施虽然极严密、影响极深厚，但啮蚀也随着岁月而加深，这是无可奈何的。土崩后，必定要等数百年才会出现瓦解，瓦解到了极点天下才开始安宁。在瓦解之时，天的害气，人的死亡，天地人之常道的戕害，在此时达到最惨烈的程度。在前政权崩溃之后又重新缔造新王朝的君主和宰相非常重视恢复彝伦之序，和拨乱反正使人民重见天日，这乃本来就是有志之士所不容不做的，义无反顾，责无旁贷。

主父偃初次向汉武帝上书说：“蒙恬攻打北胡（指匈奴等），开拓疆土逾千里，以黄河为界，驻扎大量的军队，死亡的士兵数不胜数，为了交纳和运输粮草等军需物资，整个国家的百姓都被搞得精疲力竭，苦不堪言，天下由此才开始背叛秦朝。”其立论够严肃、公正的。等到后来做了郎中（官名），深得皇帝宠信时，主父偃却说：“河南（今内蒙古河套黄河以南地区）土地肥沃，外面有黄河天险为屏障，蒙恬在这里筑城以抵御匈奴，开拓疆土，又可以节省输送粮草等费用，实为灭胡之本。”于是极力向汉武帝请求，同时力排众议，重新修缮蒙恬原来所筑的关塞，利用黄河天险为固守计，又漕运山东（指子之恩，宜矣哉！

10.分藩国推恩封王之子弟为列侯，决于主父偃，而始于贾谊。谊之说至是而始仇，时为之也。当谊之时，侯王强，天下初定，吴、楚皆深鸷骄悍而不听天子之裁制，未能遽行也。武帝承七国败亡之馀，诸侯之气已熸，偃单车临齐而齐王自杀，则诸王救过不遑，而以分封子弟为安荣，偃之说乃以乘时而有功。因此而知封建之必革而不可复也，势已积而俟之一朝也。

高帝之大封同姓，成周之馀波也。武帝之众建王侯而小之，唐、宋之先声也。一主父偃安能为哉！天假之，人习之，浸衰浸微以尽泯。治天下者，以天下之禄位公天下之贤者，何遽非先王之遗意乎？司马氏惩曹魏之孤，欲反古而召五胡之乱，岂其智不如偃哉？不明于时故也。

崤山或华山以东地区）地区的粮草，劳民伤财，使得国库为之一空。同一个人，同一件事，在数年之间，蒙恬的是非功过，河南地的弃守兴废，竟自相矛盾到如此严重的程度。由此说来，辨别奸邪之人难道果真有这样困难吗？听到对方的意见后不要匆忙做结论，更不可急急忙忙地依计行事；千万不要忘记对对方的话必须进行仔细的比较、斟酌，待深思熟虑后再决定采纳与否；能够做到这两点，识别奸邪小人就不会感到困难了。汉武帝听到主父偃两次截然不同的谈话却没有产生怀疑，后来他因为被江充所惑而伤害了父子感情，逼死了太子刘据，实在是太应该啦！

把藩国分成若干份，推恩加封诸侯王的子弟为列侯，使之各分得一块原属其父兄的地盘，这种政策决定于主父偃，而发端于贾谊。贾谊的思想之所以在这时被付诸实践，乃是因为时代需要，大势所趋。当贾谊在世时，诸侯王实力强大，天下刚刚平定，而吴、楚等大国都心怀叵测，骄横凶悍，不接受汉朝天子的节制，在这样的形势下，显然不可急于求成，草率行事。汉武帝承接七国败亡之余，诸侯的嚣张气焰已灭，主父偃单车到齐国而齐王自杀，可见，诸王心中惶惶，唯恐得罪，因而以分封子弟为安荣，于是主父偃的建议在这种有利的形势下取得了成功。从这件事也可以看出，封建诸侯的制度必须废除而不可恢复，乃是历史的必然，这种趋势日渐发展，条件日益成熟，只等待着不久之后的某一天最终废除。

汉高祖大封同姓诸侯，显然是周朝的余波。汉武帝增加数量而缩小其地盘，则是唐、宋二代的先声。一个小小的主父偃怎么能做到呢！天意如此，人心如此，随着时代的发展，分封制越来越衰微，越来越行不通，最后终于完全泯废。治理天下的人，以天下之禄位安置天下的贤才，难道不是先王之遗意吗？司马氏吸取曹魏宗室孤立无援的教训，想反古却召致了五胡（指匈奴、鲜卑、羯、氐、羌五族）之

11.公孙弘请诛郭解，而游侠之害不滋于天下，伟矣哉！游侠之兴也，上不能养民，而游侠养之也。秦灭王侯、奖货殖，民乍失侯王之主而无归，富而豪者起而邀之，而侠遂横于天下。虽然，逆弥甚者失弥速，微公孙弘，其能久哉？

若夫荀悦三游之说，等学问志节之士于仪、秦、剧、郭之流，诬民启乱，师申、商之小智，而沿汉末嫉害党锢诸贤之馀习尔。曹操师之以杀孔融、夺汉室；朱温师之以歼清流、移唐祚。流波曼衍，小人以之乱国是而祸延宗社。韩侂胄之禁伪学，张居正、沈一贯之毁书院，皆承其支流馀裔以横行者也。

虽然，郭解族而游侠不复然于后世。若夫学问志节之士，上失教，君子起而教之，人之不沦胥于禽兽者赖此也。前祸虽烈，后起复盛，天视之在人心，岂悦辈小人所能终掩之乎！游行之讥，祇见其不知量而已矣。

12.汲黯责公孙弘布被为诈，弘之诈岂在布被乎？黯不斥其大而摘其小，细矣。黯非翘细过以讦人者。黯之学术，专于黄、老，甘其食，美其衣，老氏之教也。以曾、史为桎梏，以名教为蹄衡羁络，为善而不欲近名，大白而欲不辱。故黯之言曰："奈何欲效唐、虞之治。"弘位三公，禄甚多，布被为诈。尧、舜富有四海而茅茨土阶，黯固以为诈而不足效也。弘起诸生，四十而贫贱，安于布被，则布被已耳，弘之诈岂在此乎？

乱，难道其智力不及主父偃吗？不，只是因为司马氏不识时务。

公孙弘请求诛杀郭解，于是游侠之害没有蔓延到整个天下，真伟大啊！游侠的兴起，是因为统治者不能保护百姓，而游侠保护他们。秦朝灭侯王、奖商业，老百姓突然失去了作为主人的侯王而无所归依，富而且强的人家乘机纷起招徕，于是游侠遍布天下，横行无忌。尽管如此，但是作恶越多的人，必然败亡越快，即使没有公孙弘，游侠难道能够长久吗？

至于荀悦的“三游”（指游侠、游说、游行）之说，把学问志节之士等同于张仪、苏秦、剧辛、郭解之流，诬民启乱，学习申不害、商鞅的小聪明，而沿袭汉末嫉害党锢诸贤之余习。曹操效法他而杀了孔融、篡夺了汉室江山；朱温效法他而残杀清流，并覆灭了唐朝江山；流波蔓延，小人以此乱国政而祸及江山社稷。韩侂胄禁止伪学，张居正、沈一贯捣毁书院，都是承其支流余脉以横行之举。

尽管这样，可郭解被族诛以后再也没有出现过游侠之祸。至于有学问的志节之士，在统治者失于教化百姓时，君子起而教之，人之所以不沦落到与禽兽同伍，正是有赖于此。前面的灾祸虽烈，而后面起的更甚，天之所视都在人民的心中，哪里是荀悦这样的小人所能最终掩饰的呢！他对游行的讥讽，只是反映了他的不自量力而已。

汲黯指责公孙弘使用布被是欺诈，公孙弘的欺诈难道是在布被这一件事吗？汲黯不斥责公孙弘大的欺诈行为却挑其小的，真是太没眼光啦！汲黯并不是专爱挑小毛病以攻击人的人。他的学术，专攻黄、老之道，吃好穿好乃是老子的教导。他以曾、史为桎梏，以名教为束缚，做好事而不想得好名声，清白而不想有污点，所以他说：“为什么要效法唐尧、虞舜的治国之道呢？”公孙弘位居三公，贵为丞相，俸禄很高，用布被就被说成是欺诈。尧、舜富有四海而住茅草房，台阶也是土垒的，汲黯必然也认为这是假的，不值得学习。公孙黯沈酣于黄、老，欲任情以远名，而见以为诈焉耳。

13.淮南王安著书二十篇，称引天人之际，亦云博矣。而所谋兴兵者，率儿戏之策；所与偕者，又童昏之衡山王赐及太子迁尔。叛谋不成，兵不得举，自刭于宫庭，其愚可哂，其狂不可瘳矣。

成皋之口何易塞，三川之险何易据。知无能与卫青敌，而欲徼幸于刺客，安即反，其能当青乎？即刺青，其能当霍去病乎？公孙弘虽不任为柱石臣，而岂易说者？起贫贱为汉三公，何求于淮南，而敢以九族试雄主大将之欧刀邪？内所恃者，徒巧亡实之严助；外所挟者，轻僄亡赖之左吴、赵贤、朱骄；首鼠两端之伍被，怀异志于肘腋而不知。安之愚至于如此，固高煦、宸濠之所不屑为，而安以文词得后世之名。由此言之，文不足以辨人之智愚若此乎！

而非然也。取安之书而读之，原本老氏之言，而杂之以辩士之游辞。老氏者，挟术以制阴阳之命，而不知其无如阴阳何也。所挟者术，则可以窥见气机盈虚之衅罅，而乘之以逞志。乃既已逆动静之大经，而无如阴阳何矣；则其自以为窥造化而盗其藏、而天下无不可为者，一如婴儿之以莛击贲、育，且自雄也。率其道，使人诞而丧所守，狂逞而不思其居。安是之弘从一个普通的书生起家，在四十岁时还很贫贱，他心安理得地使用布被，也是很有可能的，不值得大惊小怪，他的欺诈，难道是在于此吗？汲黯沉湎于黄、老之道，想任情而不求名，所以认为公孙弘用布被是欺诈。

淮南王刘安著《淮南子》二十篇，称引天人之际，也可谓知识渊博了。可是他所谋划的军事行动，全都是儿戏之策；与他关系密切的，又是卑陋无知的衡山王刘赐及太子刘迁。刘安谋叛不成，无法起兵，最后只得自刎宫中，其愚蠢可笑之极，而其狂妄不可救药。

成皋的关口难道容易堵死吗？三川的险要地形难道容易占据吗？当意识到自己没有能力与卫青交锋时，刘安竟想派刺客入京刺杀大将军卫青以图侥幸。刘安即使发动了叛乱，难道能够抵挡卫青吗？即使刺杀了卫青，难道能够抵挡霍去病吗？公孙弘虽然没有被倚为中流砥柱那样重要的大臣，可难道就那么容易劝说吗？公孙弘出身贫贱，却位居汉朝廷的三公，对淮南王有何求，以致敢于以九族的性命去试明君与大将的利刃呢？刘安在内所依赖的，只是有名无实的严助；在外所依仗的，是轻浮无赖的左吴、赵贤、朱骄；首鼠两端的伍被，早怀异心于肘腋却未觉察。刘安的愚蠢竟到了如此程度，难怪高煦、宸濠不屑于与他合作。淮南王刘安是凭文词在后世取得很高知名度的。由此说来，文词不足以用来辨别人的智愚。

但是，事实上并非如此。读刘安的著作后就可以看出，它乃是以老子的言论为基础，而混杂以辩士的游说之辞。老子，挟术以制阴阳之命，却不知自己对阴阳毫无办法。由于所挟的是术，因而他可以窥见气机盈虚变化的规律，并利用它来达到自己的目的。可是，当他已经能够预测事物动静变化的规律后，却对阴阳无可奈何；则他自以为能窥造化而盗其宝藏，天下没有做不了的事情，像一个婴儿用草棍去打猛将孟贲、夏育，还认为自己很了不起，一定比他们强。信仰老子的学，其自杀也，不亦宜乎！夫老氏者，教人以出于吉凶生死之外，而不知其与凶为徒也。读刘安之书，可以鉴矣。

14.张汤治狱为酷吏魁，而其决于诛伍被也，则非酷也，法之允也。被者，反覆倾危之奸人，持两端以贸祸者也。不诛之，又且诡遇于汉廷，主父偃、江充之奸，被任之有馀矣。被之始谏安也，非果禁安使勿反，称引汉德，为他日兔脱计耳。已而为安尽反谋矣，俄而又以谋反踪迹告矣。“宫中荆棘”之谏，“侯无异心、民无怨气”之语，盖亦事后自陈、规救其死之游辞，而谁与听之哉！与人谋逆而又首告，纵舍勿诛，则谗贼相踵，乱不可得而弭矣。故汤之持法非过，而被之诛死允宜也。

呜呼！为伍被者不足道，君子不幸陷于逆乱之廷，可去也，则亟去之耳。不然，佯狂瘖疾以避之；又不然，直词以折之；弗能折，则远引自外而不与闻。身可全则可无死；如其死也，亦义命之无可避者，安之而已；过此则无术矣。谋生愈亟，则逢祸愈烈；两端不宁，则一途靡据。故曰“有道则知，无道则愚”。诚于愚者，有全生，无用术以求生；有义死，无与乱以偕死者也。

15.遐荒之地，有可收为冠带之伦，则以广天地之德而立

“道”，使人变得荒诞而丧失心志，狂妄而不思其居处。刘安学习这种学说，其最终自杀身亡，难道不应该吗！老子，教人出于吉凶生死之外，却不知自己与凶为同伴。读刘安的书，一定要注意这个问题，引以为戒。

张汤判决案件为酷吏之冠，可他判决诛杀伍被，则不算酷，而是依法行事，量刑公允。伍被，是个反复无常、危害江山社稷的小人，脚踩两只船而招来了灾祸。如果不杀他，他又会在汉朝廷用不正当的手段猎取官位、名利，主父偃和江充的奸邪，与伍被相比，实在是小巫见大巫。伍被当初劝谏淮南王刘安，并不是真的要阻止他反叛，其称颂汉朝廷的恩德，乃是为将来谋反一旦失败预铺退路，以便能攻能守，确保自身的安全；不久，他就为刘安策划反叛的阴谋，可是很快他又告发刘安密谋叛乱。所谓的“宫中荆棘”之谏，“侯无异心，民无怨气”之语，大概也是他事后所编的瞎话，目的显然是为了救自己的性命，然而，又有谁会相信他呢！伍被与人合谋反叛却又首先告发，如果赦免他不杀，则谗贼蜂起，叛乱就不可能平息了。所以，张汤对伍被一案的量刑并不重，而伍被被处死也是罪有应得。

唉！像伍被这样的人不值一提，君子如果陷于反叛者之廷，能离开，则尽快离开，不然，就装疯卖傻，或假称有病以避开他；如果还不行，就直接了当地劝说他；如果说不服，就远远地躲开，不闻不问。性命如果能够保全则尽可能保全；如果不幸身亡，也是义不容辞的，毫无怨言；除了上述这些，就再也没有别的办法了。求生越急，则逢祸越烈；首鼠两端，则一头也靠不住。所以说“有道则智，无道则愚”。确实对于那些处无道两守愚的人来说，可以选择保全性命，但不可以为了求生而不择手段；可以为义而死，但不可以与叛党同流合污而死。

在十分荒远的地方，如果有可以收为冠带之伦（指文明、开化）

人极也；非道之所可废，且抑以纾边民之寇攘而使之安。虽然，此天也，非人之所可强也。天欲开之，圣人成之；圣人不作，则假手于时君及智力之士以启其渐。以一时之利害言之，则病天下；通古今而计之，则利大而圣道以弘。天者，合往古来今而成纯者也。禹之治九州，东则岛夷，西则因桓，南暨于交，北尽碣石，而尧、舜垂衣裳之德，讫于遐荒。禹乘治水之功，因天下之动而劳之，以是声教暨四海，此圣人善因人以成天也。

汉武抚已平之天下，民思休息。而北讨匈奴，南诛瓯、越，复有事西夷，驰情宛、夏、身毒、月氏之绝域。天下静而武帝动，则一时之害及于民而怨讟起。虽然，抑岂非天牖之乎？玉门以西水西流，而不可合于中国，天地之势，即天地之情也。张骞恃其才力强通之，固为乱天地之纪。而河西固雝、凉之馀矣。若夫駹也、冉也、邛僰也、越巂也、滇也，则与我边鄙之民犬牙相入，声息相通，物产相资，而非有駤戾冥顽不可向迩者也。武帝之始，闻善马而远求耳，骞以此而逢其欲，亦未念及牂柯之可辟在内地也。然因是而贵筑、昆明垂及于今而为冠带之国，此岂武帝、张骞之意计所及哉？故曰：天牖之也。

的，则以广天地之德而立做人的准则，如果有不是道所可以废除的，则暂且予以抑制以缓解边民的寇攘并使他们安居乐业。尽管如此，可这是天意，不是人类所能够勉强的。天欲开之，圣人成之；如果没有圣人出现，天就假手于当时的国君及有智有力之士以开其先河。假如从一时的利害得失考虑，则不利于天下；假如通古今算起来，则利甚大而圣道得以发扬广大。天，是混合往古、当今和未来而成纯净的。大禹治理天下，东则海岛居民，西则因桓，南及于交趾（今越南北郊），北达碣石，于是尧、舜的文明之德，播及远方。大禹乘治水之功，利用天下人的思动心理而驱使他们，使得自己的威名和文化传遍四海，由此可见，圣人善于利用人心以成全天意。

汉武帝统治的是早已和平安定的天下，老百姓都想安居乐业，休养生息。可是，他却北攻匈奴，南灭瓯、越，多次讨伐西南夷，又驰情于大宛（今中亚费尔干纳盆地）、大夏（今阿姆河以南至阿富汗境内）、身毒（今印度）、月氏（今阿姆河流域一带）等绝远的国家。天下思静而武帝思动，则一时之害降临到百姓身上而怨声载道。尽管如此，可是出现这种情况难道不也是天意所导致的吗？玉门以西的河水都向西流，而不能汇入中国，天地之势，也就是天地之情啊！张骞自恃才力强行凿通西域，本来就是乱天地之纲纪。河西走廊则是中国雍州（今陕西凤翔南）、凉州（今甘肃武威）的边缘，与西域的情况不同。至于冉骑駹夷（羌族的一支，分布在今四川茂汶一带）、邛都夷（在今四川西昌一带）、僰夷（居今四川南部和云南东北部）、越嶲（今四川西昌东南）、滇国（在今云南滇池一带）等，则与我们的边疆居民犬牙交错，声息相通，物产相资，而不是野蛮无知，难以接近的人。汉武帝最初是听说西方有良马因而不远万里去求，张骞通西域、西南夷正是逢迎汉武帝的这种私欲，并没有念及牂柯（今贵州贵阳附近）可以辟入内地。然而，因为此举而贵筑（今贵州贵阳市）、昆明君臣父子之伦，诗书礼乐之化，圣人岂不欲普天率土而沐浴之乎？时之未至，不能先焉。迨其气之已动，则以不令之君臣，役难堪之百姓，而即其失也以为得，即其罪也以为功，诚有不可测者矣。天之所启，人为效之，非人之能也。圣人之所勤，人弗守之，则罪在人而不在天。江、浙、闽、楚文教日兴，迄于南海之滨、滇云之壤，理学节义文章事功之选，肩踵相望，天所佑也，汉肇之也。石敬瑭割土于契丹，宋人弃地于女直，冀州尧、舜之馀民，化为禽俗，即奉冠带归一统，而党邪丑正，与宫奄比以乱天下，非天也，人丧之也。将孰俟焉以廓风沙霾曀之宇，使清明若南国哉！

16.武帝游宴后宫阅马，嫔御满侧，金日磾于数十人之中独不敢窃视，武帝以此知日磾，重用之而受托孤之命，非细行也。盖日磾非习于君子之教，而规行矩步以闲非体者也。不期而谨于瞻视焉，不期而敦其敬畏焉，不期而非所视者勿视焉，勿曰细行也。神不守于中，则耳目移于外而心不知。让千乘之国，而变色于箪豆；却千金之璧，而失声于破甑；才足以解纷，勇足以却敌，而介然之顷，莫能自制其耳目；岂细故哉！君子黈纩以养目，琇莹以养耳，和鸾佩玉以养肢体，兢兢乎难之，而恐不胜于俄顷。贞生死、任大任，而无忧惑，此而已矣。

至今仍然属于文明之国，这难道是汉武帝、张骞的本意所及吗？所以说这是天意啊！

君臣父子之伦，诗书礼乐之教，圣人难道不想使普天之下的人民都沐洛在它的雨露中吗？只是因为时机还不成熟，不可勉强行事。等到其气已动，则以无道的君臣，役使难以承受的百姓，却把自己的失当作得，把自己的罪当作功，这样真的会发生不可预测的事件。天所开启的，人类仿效它，并不是人的能力，圣人之所勤，人不守之，则罪在人而不在天。江、浙、闽、楚各地的文教日益兴盛，其影响及于南海之滨、滇云之壤，理学、节义、文章、事功之选人，摩肩接踵，相望于道，这是上天保佑的结果，其肇始则是在汉朝。石敬瑭把国土割让给契丹，宋朝人听任大片国土被女真人占领，使得冀州（今河北一带）的尧、舜之余民，从此与夷狄同伍，沾染了浓厚的夷狄风俗，即使日后被中原的文明政权重新统一，他们也会与奸邪之人结帮拉派，极端仇视正人君子，与宫内的奸宦们遥相呼应，扰乱天下，这不是上天的过错，而是统治者失德，抛弃了他们。靠谁来扫空风沙阴霾的北国，使之清明如南国呢？

汉武帝游宴后宫阅马，妃嫔宫女满侧，在牵马过殿下的数十人中只有金日磾不敢偷看如花似玉的美女，汉武帝由此认识了金日磾，后来竟日益重用，甚至遗命委托他辅佐年幼的昭帝，金日磾的作法不是小事小节。因为金日磾（本是匈奴休屠王的儿子，被俘投降后来到京师长安）不曾接受过正规的君子之教，却能规行矩步，不做非礼之事。不期而谨于瞻视，不期而敦其敬畏，不期而遵守“非礼勿视”的规矩，金日磾能做到这些，不可算作小事小节。神不守中，则耳目移于外而心不知。有人能辞让一个大国，却因为损失一点儿食物而颜色更改；能够谢绝价值千金的宝玉，却对摔破一个陶甑（古代蒸饭的器皿）而大惊失色；才能足以排忧解纷，勇力足以克敌制胜，却在关键武帝之知人卓矣哉！

诸葛公年廿七而昭烈倚为腹心，关羽、张飞所莫测也。武帝举日磾于降胡，左右贵戚所莫测也。知人之哲，非人所易测久矣。诸葛公之感昭烈，岂仅以三分鼎足之数语哉！神气之间，有不言而相喻者在也。乃既有言矣，则昭烈之知益审，而关、张之疑益迷。日磾之受知，非有言也，故武帝之知深矣。卫、霍之见知，犹众人之常也。心持于黍米，而可以动天地，自非耳食道听之庸流，岂待言而后相知。

17.武帝之劳民甚矣，而其救饥民也为得。虚仓廥以振之，宠富民之假贷者以救之，不给，则通其变而徙荒民于朔方、新秦者七十馀万口，仰给县官，给予产业，民喜于得生，而轻去其乡以安新邑，边因以实。此策，晁错尝言之矣。错非其时而为民扰，武帝乘其时而为民利。故善于因天而转祸为福，国虽虚，民以生，边害以纾，可不谓术之两利而无伤者乎！史讥其费以亿计，不可胜数，然则疾视民之死亡而坐拥府库者为贤哉？司马迁之史谤史也，无所不谤也。

的一瞬间无法控制自己的耳目；这难道是小事吗！君子用黄绵悬在冕下以养目，用晶莹的玉石悬挂在耳旁以养耳，和鸾佩玉以养肢体，整日战战兢兢，唯恐在事到临头的一霎那间失去自制。能够舍弃性命承担重任，而无忧惑的，只有这种人。汉武帝知人善任的才能太卓越啦！

诸葛亮年仅二十七岁就被昭烈帝刘备倚为心腹，这是关羽、张飞所想不到的。汉武帝从归降的胡人中破格提拔、重用了金日磾，朝中的大臣和贵戚们也感到莫名其妙。知人之哲，长期以来都不是常人所易测的。诸葛亮打动刘备，难道仅仅是凭三分天下等几句话吗？神气之间，自有不言而相互心中都明白的默契存在。及至有了语言交流，则刘备对诸葛亮的了解就会更加明了，而关、张二人的疑惑也就更甚。金日磾受到赏识，并没有依靠语言，所以汉武帝对他的了解是很深的。卫青、霍去病受到赏识，与一般人的情况相同。心持于黍米，却可以感动天地，自然不是耳食（用耳朵吃饭）道听的庸人，难道非要等到人家开口说话才能了解他吗？

汉武帝给百姓所造成的负担和骚扰太严重了，可他赈救饥民的措施却很得力。武帝把仓库里的粮食用空以赈济饥民，又鼓励、表彰富民放赈贷粮以救济饥民，如果还不能满足需要，则根据具体情况把灾民迁徙到朔方（今内蒙古杭锦旗北）、新秦等地的有七十多万人，政府为他们提供生活费用，给予产业，百姓们喜得活命，生存有了保障，于是都乐于离开家乡到新的环境中安家落户，边防线因此得以充实。此策，晁错也曾说起过，只是因为时机不成熟而给老百姓造成了麻烦、骚扰，汉武帝选对了时机，实行徙民实边的政策，结果为百姓带来了很大的好处，既利国又利民。所以，善于利用天时而转祸为福，国库虽暂时空了，而百姓得以活命，边境的危机得以缓解，能不说是一举两得而无一害的好政策吗？史书讥讽汉武帝此政策花

18.以名誉动人而取文士，且也跻潘岳于陆机，拟延年于谢客，非大利大害之司也，而轩轾失衡，公论犹绌焉，况以名誉动人而取将帅乎！将者，民之死生、国之存亡所系者也。流俗何知而为之流涕，士大夫何知而为之扼腕。浸授以国家存亡安危之任，而万人之扬诩，不能救一朝之丧败。故以李广之不得专征与单于相当为憾者，流俗之簧鼓，士大夫之臭味，安危不系其心，而漫有云者也。

广出塞而未有功，则曰“数奇”，无可如何而姑为之辞尔。其死，而知与不知皆为垂涕，广之好名市惠以动人，于此见矣。三军之事，进退之机，操之一心，事成而谋不泄，悠悠者恶足以知之？广之得此誉也，家无馀财也，与士大夫相与而善为慷慨之谈也。呜呼！以笑貌相得，以惠相感，士大夫流俗之褒讥仅此耳。可与试于一生一死之际，与天争存亡，与人争胜败乎？卫青之令出东道避单于之锋，非青之私也，阴受武帝之戒而虑其败也。方其出塞，武帝欲无用，而固请以行，士大夫之口啧啧焉，武帝亦聊以谢之而姑勿任之，其知广深矣。不然，有良将而不用，赵黜廉颇而亡，燕疑乐毅而偾，而武帝何以收绝幕之功？忌偏裨而掣之，陈馀以违李左车而丧赵，武侯以沮魏延而无功，而卫青何以奏置颜之捷？则置广于不用之地，姑以掣匈奴，将将之善术，非士大夫流俗之所测，固费以亿计，不可胜数，依其所说，难道要把眼看着百姓死亡而坐拥府库的人看作是贤君吗？司马迁的史书是谤史，无所不谤。

因为名声动人而录用文士，必将会把潘岳抬高到陆机的地位，拿李延年与谢客相比，虽然并没有让这些人占据到大利大害的职位，但是轻重失衡，公论尚且要抨击，何况凭名声动人而用将呢！将领，是人民的生死、国家的存亡所系的人物。世俗百姓懂得什么却为他们痛哭流涕？士大夫知道什么内情却为他们义愤填膺？如果把关系到国家安危存亡的重任，交给一个有名无实的所谓“良将”，则即使亿万人的赞美之词，也无法挽救其有朝一日的惨败。所以，那些对李广没有得到专征与直接攻击匈奴单于之权而感到遗憾的言论，乃是流俗的鼓噪，士大夫的臭味，由于安危不系于他们的心上，因而信口雌黄，妄加评论。

李广出塞没有立下战功，据说是因为“数奇”，实际上是无可奈何，姑且作为托辞说说罢了。李广死后，无论认识的还是素不相识的人，都为之痛哭流涕，由此可见，他平日十分注重用小恩小惠感动人，沽名钓誉。军中之事，进退之机，操于一心，即使战争结束后秘密也不能对外泄露，一般人怎么能够知道这些呢？李广之所以能得到这么高的声誉，是因为他家无余财，而且与士大夫们交往时喜欢口若悬河，慷慨陈词。唉！以笑脸对人，以小恩小惠打动人，士大夫和世俗的人所褒贬的仅此而已。这种人，可以试于一生一死之际，与天争存亡，与人争胜败吗？卫青命令李广走东路，避开单于的锋芒，并不是卫青自己的意思，也不是他的私心作怪，而是在私下得到汉武帝的告诫，说李广年老，恐怕不是单于的对手而致大败。当大军出塞前，汉武帝想不用李广，可李广坚决请求随军出征，士大夫们对此举交口称赞，汉武帝只得答应其请求，却不准备重用他。可见，汉武帝对李广的了解是够深的。不然的话，有良将而不用，赵国因为罢免了廉颇而矣。东出而迷道，广之为将，概可知矣。广死之日，宁使天下为广流涕，而弗使天下为汉之社稷、百万之生灵痛哭焉，不已愈乎！广之为将，弟子壮往之气也。“舆尸”之凶，武帝戒之久矣。

岳飞之能取中原与否，非所敢知也；其获誉于士大夫之口，感动于流俗之心，正恐其不能胜任之在此也。受命秉钺，以躯命与劲敌争死生，枢机之制，岂谈笑慰藉、苞苴牍竿之小智，以得悠悠之欢慕者所可任哉！

19.忠佞不并立。立人之廷者，谗不必忧，讥不可避，而必为国除蠹贼以安社稷，斯国之卫也。虽然，食其禄不避其难，居其职不委其责，去而隐，屏而在外，则亦终远小人而不与为缘尔，非取于必胜以自快也。所恶于佞者，恶其病国而已不可挽也，非与为仇雠而必欲得位以与胜也。汲黯之恶张汤，允矣。君任之以讽议，则攻击之无馀，以报君之知。既无言责，而出守外郡，则抑效忠于淮阳而臣道以尽。复固请为中郎，补过拾遗，以冀与汤争荣辱，何为者邪？引国家之公是公非为一己之私恨，干求持权，以几必胜，气矜焉耳，以言乎自靖则未致灭亡，燕国因为怀疑乐毅而致大败，可汉武帝为何彻底击败了匈奴呢？猜忌裨将而加以牵制，陈余因为不接受李左车的意见而断送了赵国，诸葛亮因为不采用魏延的计策而致伐魏无功，可卫青凭什么大获全胜了呢？汉武帝和卫青把李广置于不用之地，姑且让他去牵制匈奴的兵力，可谓是统将的好办法，士大夫和世俗之人弄不明白其中的奥妙，是必然的。李广率兵走东路进击匈奴的途中迷失了道路，其统兵作战的能力由此可见一斑。李广自刎身亡之日，宁可使天下人为李广痛哭，而不可使天下人为了汉朝的江山社稷，和数以百万计的生灵痛哭，不是更好吗？李广为将，凭的是一股初生牛犊不怕虎的精神，勇有余而谋不足。“以车载尸而还”的可悲后果，汉武帝早已在戒备了。

岳飞是否能够收复中原，我实在是不敢妄加猜测；他受到士大夫们的交口称赞，世俗之人对他也感激泣零，我担心他不能胜任光复中原的重任的原因正在于此。奉命统帅大军，意味着以性命与强敌在战场上争生死，战机稍纵即逝，形势瞬息万变，要克敌制胜，难道是仅凭谈笑慰藉，苞苴（指礼品、贿赂）牍竿之小智，以赢得虚名的人所能胜任的吗？

忠臣和奸臣势不两立，不共戴天。在君主朝廷上做臣子的人，不必忧愁别人说坏话，不可躲避别人的讥讽，却一定要为国家铲除奸贼，以安定社稷，这才是国家的忠实卫士。虽然如此，食国家俸禄就不回避其灾难，居其职位就不会不负实际的责任，毅然离去后隐居山林，被贬退后安心在外，则也终究是远离小人，不与他们沾边，而不是一定要击败他们以快自心。人们憎恶有才能而心术不正的小人，是憎恶他们危害国家而自己无法挽救，并非要与他们结下深仇大恨，而且务必要争得职位以便与对方争个胜负。汲黯憎恶张汤，是正当的。皇帝委任他负责谏议，则不遗余力地予以攻击，以报答君主的知遇之恩。既已没有进谏、弹劾的职责，而出守外郡，那就应该也。或曰：屈原放而不忘萧艾之怨，非乎？曰：屈原，楚之宗臣也，张仪、靳尚之用，楚国危亡之界也，而黯岂其伦哉？婞婞然属李息以攻排，而必快其志，气矜焉耳，非君子之道也。

20.张汤治囚“导官”，见鲁谒居之弟，阴为之而佯不省，奸人诡秘之术也。而谒居弟以之而怨汤，汤以之而死。诈者卒死于诈，鬼神不可欺，而人不可术御也。祸生非所能测矣，奸人挟此术以仇奸，而终以自覆也，固然。曾君子而为之乎？

周顗弗择而以施之王导，遂与汤同受其祸，愚矣哉！王敦之罪，不加于导，身为大臣，何嫌何疑，不引以自任，而用奸人之诈乎！阳与阴取，欲翕固张，顗沈溺于老氏之教，而不知其蹈张汤之回遹。为此术者，小以灭身，大以偾国，是以君子恶夫术之似智而贼智也。节之初六曰：“不出户庭，无咎。”密也。密者，慎之谓也，非隐其实、顾反用之，以示不测之谓也。秘而诡，虽无邪而犯神人之忌，可不戒哉！

21.乐成侯丁义荐栾大，大诈穷而义弃市。小人不耻不仁，不畏不义，小惩而大诫，小人之福也；惩一人而天下诫，在淮阳效忠以尽臣道。可是，汲黯又坚决请求担任中郎，拾遗补过，进谏弹劾，以期与张汤争荣辱，这是为了什么呢？因为他把国家的公是公非用于一己之私恨，极力设法掌握权力，以求必胜，这只是斗气而已，说是自靖则未必。有人说：屈原被流放而不忘君王重任小人之怨，不对吗？回答是，屈原，是楚国的宗臣，张仪、靳尚得到楚王重用，乃是楚王危急存亡之际，汲黯难道能与屈原相提并论吗？他临行前又悻悻不乐地嘱托李息攻排张汤，一定要达到自己的目的，这乃是斗气，而不是君子之道。

张汤在审讯关押在导官（少府属官）衙门的囚犯时，看到了亲信鲁谒居的弟弟，当即决定在私下里救他因而装作不认识，这是奸邪之人的诡秘之术。可鲁谒居的弟弟不知道张汤的心思，因而十分怨恨他，张汤最终因为此人的告发而死。奸诈之人最终死于奸诈，足见鬼神不可欺，而人不可用手段来驾驭。灾祸的发生不是人所能预测的，奸人凭借耍手段来兜售自己的奸诈，而最终因此自取灭亡，这是理所当然的。君子难道有这样做的吗？

东晋的周顗不知选择而以此法施于丞相王导，结果和张汤一样深受其害，首身异处，真是太愚蠢啦！王敦反叛之罪，不加于弟弟王导，周顗身为大臣，何嫌何疑；不引以自任，却用奸人之诈，暗中上书为王导求情呢！阳予阴取，欲闭固张，周顗沉溺于老子的学说，却不知自己重蹈了张汤的覆辙。使用此术，小的因此而自亡，大的因此而败坏国家，所以，君子厌恶术的似智而害智。《节卦》的初六爻说：“不出户庭，没有危险。”这是因为保密才没有危险。保密，就是指谨慎，而不是指隐瞒事实、反其道而行之，以示不测。秘而且诡，即使心中没有鬼也犯了神人的忌讳，难道可以不以此为戒吗？

乐成侯丁义把方士栾大推荐给汉武帝，到栾大的诈术使尽，骗局败露后被腰斩时，丁义也因此被处以弃市之刑，死于非命。小人不国家之福也。义之荐大，非武帝奖之弗荐也。弗与惩之，继义而荐者相踵矣。义既诛，大臣弗敢荐方士者，畏诛而自不敢尝试也。义诛，而公孙卿之宠不复如文成、五利之烜赫。其后求仙之志亦息矣，无有从臾之者也。故刑赏明而佥壬戢。武帝淫侈无度而终不亡，赖此也夫！

22.鬼神日流行于两间，而以怳忽无象、摇天下之耳目而疑之。立教者不能矫谓之无，精意莫传，浅陋者遂托焉。佛、老之教虽诐也，然其始教未尝倚乎鬼神。乃其流裔一淫于鬼神，而并悖其虚无寂灭之初心。岂徒佛、老然哉！君子之道，流而诬者亦有之。魏、晋以下，佛、老盛，而鬼神之说托佛、老以行，非佛、老也，巫之依附于佛、老者也。东汉以前，佛未入中国，老未淫巫者，鬼神之说，依附于先王之礼乐诗书以惑天下。儒之驳者，屈君子之道以证之。故驳儒之妄，同于缁黄之末徒，天下之愚不肖者，有所凭借于道，而妖遂繇人以兴而不可息。汉之初为符瑞，其后为谶纬，驳儒以此诱愚不肖而使信先王之道。呜呼！陋矣。

武帝之淫祠以求长生，方士言之，巫言之耳。兒宽，儒者也，其言王道也，琅琅乎大言之无惭矣；乃附会缘饰，以赞封禅之举，与公孙卿之流相为表里，武帝利赖其说，采儒术以文其淫诞，先王之道，一同于后世缁黄之徒，而灭裂极矣。沿及以不仁为耻，不害怕做不义之事，小惩而大诫，乃是小人之福；惩一人而天下诫，则是国家之福。丁义举荐栾大，如果不是汉武帝的鼓励他是不会这样做的。假若不惩罚丁义，则继他之后推荐方士的人必定会更多。丁义被杀以后，大臣们之所以不敢推荐方士，就是因为害怕被诛杀而不敢贸然尝试。丁义被杀，而公孙卿所受到的恩宠就远不及文成将军少翁，五利将军栾大那样烜赫。后来，汉武帝求仙之心也逐渐消失了，因为没有那么多投其所好、阿谀奉承的人了。所以，刑赏明而小人收敛。汉武帝骄奢淫逸，纵欲无度而最终不至灭亡，大概就是有赖于此吧！

鬼神日益流行在天地之间，而以恍忽无象动摇天下人的耳目以迷惑他们。立教者不能矫谓之无，精意失传，于是浅陋之人随意假托。佛教和道教虽然偏颇，但是它们最初并没有借助于鬼神。可是，它们的远代子孙一味过度依靠鬼神，连其虚无寂灭之初心也违背了。难道只有佛教和道教这样吗？实际上，君子之道，在流传过程中也有误入歧途的。魏、晋以后，佛教和道教盛行，而鬼神之说依托佛教、道教以流行，这并不是佛、道二教固有的内容，而是巫师依附于佛、道二教。东汉以前，佛教还没有传入中国，道教还没有被巫师所玷污，鬼神之说，依附于先王的礼乐诗书以迷惑天下。不纯的儒生，屈君子之道以证之。所以，杂儒的虚妄，与佛、道二教的不肖之徒相同，天下的愚不肖之人，有所凭藉于道，于是妖言由人而兴，一发而不可收。在汉朝初期表现为符瑞，后来是谶纬，杂儒用这些诱骗愚不肖之人信仰先王之道。唉！真是太浅薄啦！

汉武帝过度地祭祀以祈求长生不老，是受到方士和巫师之言欺蒙的结果。兒宽，是个儒生，他谈论王道时，口若悬河，大言不惭；可是，他却牵强附会，以赞美封禅之举，与公孙卿之流相互呼应，密切配合，汉武帝利采其说以文饰自己的荒淫无诞，先王之道竟然完全于谶纬，则尤与莲教之托浮屠以鼓乱者，均出一轨。呜呼！儒者先裂其防以启妄，佛、老之慧者，且应笑其狂惑而贱之。汉儒之毁道徇俗以陵夷圣教，其罪复奚逭哉！

盖鬼神者，君子不能谓其无，而不可与天下明其有。有于无之中，而非无有于无之中，而又奚能指有以为有哉！不能谓其无，“六经”有微辞焉，郊庙有精意焉，故妄者可托也。天下之喻微辞、察精意以知幽明之故者，鲜矣。无已，则宁听佛、老之徒徇愚不肖而诱之，俾淫妄者一以佛、老为壑，而先王之道，犹卓然有其贞胜。则魏、晋以下，儒者不言鬼神，迄于宋而道复大明，佛、老之淫祀张，圣道之藩篱自固，不犹愈乎！

23.治河之道，易知而无能行。盘庚曰：“无总于货宝，生生自庸。”古今之通弊尽此矣。中国之形如箕，西极之山，箕之膺也；南北交夹，连山以趋于海，箕之两胁也；其中为污下平衍，达于淮、泗之浦，箕之腹与舌也。近山者，土润而黏以坚；污下而平衍者，土燥而轻以脆。盖坟散沙尘自高迤下，而积以虚枵，河出山而径其中，随所冲决而皆无滞，若有情焉，豫审其易归于海之地，而唯便以趋耳。当尧之时，未出山而先阻，故倚北山之麓，夺济、漯以入海，其地坚也。是以垂之千馀年，至周定王之世而始决，因其倚山也。禹乘之而分二渠，疏九河，纾豫、徐之灾。河偶顺而禹适乘之，有天幸焉，非禹可必之万世者也。南岸本弱也，日蚀日薄而必决，至决而南而不可复北，神禹生于周、汉之馀，且将如之何哉！汉武之塞瓠等同于后世的僧、道之徒，其破坏、违背达到极点啦！发展到谶纬，则尤其与白莲教伪托佛教以鼓励叛乱，如出一辙。唉！儒家先损裂其防线以启妄，佛教和道教中的智者，且应笑其狂惑而贱视他们。汉儒毁道徇俗以破坏圣教，其罪过怎么能逃得脱呢！

关于鬼神，君子不能说它不存在，却绝不可以对天下人证明它存在。有存在于无之中，而不是无有于无之中，这又怎么能指有以为有呢？不能说它不存在，是因为"六经"中有微辞，郊庙之中有精意，所以妄言者可以假托。天下能弄懂微辞、明察精意以知晓幽明之故的人，太少啦！不得已，则宁可听任佛、道之徒徇愚不肖之人而诱之，使淫妄者都以佛教、道教为壑，而先王之道，还可以卓然有其贞性。那么，魏、晋以后，儒家不谈鬼神，到了宋代，圣人之道再次得以发扬光大，佛教和道教的淫祠尽管气焰很盛，而圣道的藩篱固若金汤，坚不可摧，这难道不是更好吗？

治理黄河的方法，易知却不易做。盘庚说："不要贪婪地聚敛财货，而要努力为百姓谋福利，这就是你们的事功。"古今之通病全都包括在这句话里面了。中国的地形就像一个簸箕，最西端的高山，便是簸箕的膺；南北两边山脉对峙，绵延万里一直通向海边，这便是簸箕的两胁；中部地区为地势低洼的平原，直通到淮河和泗水入海处，，这一广阔地区便是簸箕的腹和舌。近山的地方，土质润而粘，干透后就会变得很坚硬；低洼平坦的地方，土质干燥而且轻脆。大概松散的沙尘被大风从高处吹起，随风飘扬一段距离后落下，最终都集聚在低洼的中部地区。黄河从山中出来后，流经这块经风沙积成的黄土地带，河道随其冲决，毫无阻滞，真好像是有意识似的。似乎它事先知道这里容易通往大海，才选择这条路线的。在帝尧时代，黄河未出山却先受阻，因而背倚北山之麓，夺济水和漯水的河道入海，由于这一带的土质相当坚硬，因而能够保持千余年无事，直到周子而可塞也，其去决也未久，北河尚浚，而可强之使从也。不百年而终不可挽矣。则梁、楚、淮、泗之野，固河所必趋之地，虽或强之，终必不从。至于宋，而王安石尚欲回使北流，其愚不可瘳矣。

徐、豫、兖南之境，是天所使受河之归者也。河之赴海也，必有所夺以行，而后安流而不溢。所夺者必大川也，漯也、济也、漳也，皆北方之大川也。自河阴而东，南迤于徐，北迤于汶，水皆散而无大川以专受其夺，则唯意横流而地皆可夺矣。顾其地沙卤硗脆，不宜于稻粱，抑无金锡楩柟竹箭桑麻之利，而其人嗜利怀奸，狡者日富而拙者日瘠，盖中国之陋壤也。然则河既南而不可复北，而南山之麓，顺汝、蔡以东，带灊、霍而迤于江浦，抑河所必不能龁蚀之者，后世弗庸治也。弃数邑之污壤，并州县而迁之，减居者之赋，制迁者之产，于国家所损者无几，而治河之劳永弛矣。然而不可行者，在廷惜田赋之虚籍，惮建置之暂费，而土著之豪，肩货贿、恋田庐以疾呼而相挠也。

定王时才开始决口。黄河背倚大山是其决堤少的一个重要原因。大禹乘其倚山之势把黄河分为两渠，疏通九河，解除豫州、徐州人民的灾难。黄河偶然略为驯服而大禹乘机治之，这是因为有天助，而不是大禹一定能够为人民造万世之福。黄河南岸本来就弱，经过年复一年，月复一月的侵蚀，河堤必定会决口，到河水从决口溃出，势不可挡地冲向南方后，就再也不能回到北方了，即使神禹生于周、汉之余，对此又有什么办法呢？汉武帝堵塞瓠子口（今河南濮阳南）之所以能够成功，是因为当时离决口还不远，北河尚通，所以可以强行堵塞，使之重新回到北方。然而，还不到一百年就再也无法维持了。可见，梁、楚、淮、泗一带，本来就是黄河必趋之地，即使能够勉强使它改道，最终也无法维持多久。直到北宋时期，王安石还想使黄河重新向北流，其愚蠢实在是不可救药了。

徐州、豫州、兖州以南的地区，是天所安排的黄河入海通道，必由之径。黄河东流赴海，必定要夺得一定的通道而行，然后才能安流而不溢。它所夺的通道必定是大河，漯河、济水、漳河，都是北水的大河。从河阴（今河南巩县）向东，南至徐州，北至汶上，水都散流而无大河以专供黄河夺路，于是只有随意横流，而任何地方都可以被夺了。该地区沙卤遍地，土质贫瘠，不宜于种植粮食作物，也没有金锡、木材、竹箭、桑麻之利，当地的居民嗜利怀奸，狡滑的人越来越富而老实人越来越穷，这一带大概是中国的贫困地区了。既然黄河南流以后无法再回归北方，则南山之麓，顺汝河、蔡河向东，带濡、霍至于江浦，就成为黄河绝对冲刷不到的地方，后世无需治理。丢失几片贫瘠的土地，连州县也一起迁到安全地带，减免留居之民的赋税，为迁徙者安排产业，对国家来说，损失廖廖无几，可治理黄河的烦劳永远解除了。然而，此法之所以无法实施，是因为朝廷舍不得减少一些田赋收入，害怕建设新州县治所的暂时花费，而且当地的豪强孟诸，薮也；濠、泗之野，牧豕之地也；为万世之利，任其为河可也。故苟无贪水利之心，河可无治；如其大有为也，因河之所冲，相其污下，多为渠以分釃之，而尽毁其堤，神禹再兴，无以易此。抑必待氾滥之时，河自于徐、泗旷衍之浦，荡涤而有大川之势，于以施功，尤自然之获矣。如其未也，姑捐利以释河勿治，而徐俟之后世，其犹愈乎！瓠子宣防，数十年之涂饰，为戏而已矣。

24.旅之象曰："先王以明慎用刑而不留狱。"离，明也；艮，止也；明而慎，可以止矣，而必求明于无已，则留狱经岁，动天下而其害烈矣。汉武帝任杜周为廷尉，一章之狱，连逮证佐数百人，小者数十人，远者数千里，奔走会狱，所逮问者几千馀万人。呜呼！民之憔悴，亦至此哉！缘其始，固欲求明慎也。非同恶者，不能尽首恶之凶；非见知者，不能折彼此之辩；非被枉者，不能白实受之冤。三者具，而可以明慎自旌矣。居明慎之功，谢虚加之责，而天下络绎于徽纆，明慎不知止而留狱，酷矣哉！

且夫证佐不具，而有失出失入之弊，不能保也。虽然，其失出也，则罪疑而可轻者也；即其失入也，亦必非矜慎自好者不愿放弃自己的田产、财富，对家乡有极强的依恋心理，因而不惜工本地四出活动、想尽办法大声疾呼，以阻挠这一方案的实施。

孟诸，是一片沼泽；濠、泗之野，不过是放牧猪羊的地方；为了万世万代的长远利益，把这块地区抛弃，听任黄河通过是完全可以的。所以，如果没有贪水利之心，则黄河可以不治；如果想大有作为，则顺着黄河所冲的方向，选择地势比较低下的地方，多开渠道以分水势，并且完全拆毁这一带河堤，即使神禹再生，也不会有比这更好的办法。这必须要等到河水泛滥之时，黄河在徐、泗旷衍的两岸尽情奔腾、荡涤，使这一带渐有大河之势，趁此时动工治理，就更可以借助自然之力取得成功了。如果没有遇到这样的时机，则姑且放弃眼前利益暂时丢下黄河不予治理，等到将来适当的时机再去做这件事效果会更好！瓠子宣防，花费数十年的时间只是每年重复地沿着河道涂涂抹抹，实在像是儿戏！

《旅卦》的象词说："先王明慎用刑而不滞留案件。"《离》，表示明；《艮》，表示止；明而慎，可以就此止步了，如果一味追求明而没有限度，则滞留案件一年以上，甚至牵动到全国，其危害就太严重了。汉武帝任命杜周为廷尉，一章之案，连逮证佐数百人，小的也有数十人，远的在数千里以外，奔走会狱，所逮问的人成千上万。唉！老百姓的愁苦，竟然如此沉重！他的本意，固然是为了求得明慎。不是同犯的人，不能说尽首恶者的罪行；不是亲眼看见证据的人，不能驳倒当事人的狡辩；不是被冤枉的人，不能说清楚自己所受到的冤屈。这三方面的人证、物证具备，就可以以明慎自旌了。居明慎之功，谢虚加之责，而天下人络绎不绝地被囚禁，明慎不知适可而止，以致滞留案件，这种做法实在是太残酷啦！

因为证佐不全而造成失出失入（即罚重罚轻）之弊，这是谁也不敢保证的事。尽管这样，其失出，也即罪重而罚轻，是由于案件有之无纤过而陷大刑者也。若夫赇吏豪民之殃民也，民既受其殃矣，朝廷苟有以暴明其罪，心已佼矣，奚必廷指之而后快？其所朘削于弱民者，已失而固无望其复得；安居休息，而凋残之馀，尚可以苏。复驱之千里之劳，延之岁月之久，迫之追呼之扰，困之旅食之难，甚则拘之于犴狱，施之以五木；是饮堇幸生而又食之以附蒴，哀我惮人，何不幸而遇此明慎之执法邪！故台谏之任，风闻奏劾，巡察之任，访逮豪猾，事状明而不烦证佐，其得无留之旨与！法密而天下受其荼毒，明慎而不知止，不如其不明而不慎也。

25.治奸以迫，则奸愈匿，而盗其尤者也。盗之初觉也，未有不骇而急窜者也。当其为盗之日，未有不豫谋一可匿之穴以伏者也。求之愈急，则匿益固，匿之者亦恐其连坐而固匿之。则虽秦政之威，不能获项伯于张良之家，况一有司而任数不可诘之隶卒乎？迨其渐久，而上之求之也舒，则盗不能久处橐闭之中，匿者亦倦而厌之，则有复归田里、翱翔都市而无忌者，于是而获之易于圈豕。夫不才之有司，岂以盗之贼民病国为忧哉？畏以是为罪谪耳。

疑问因而可以从轻判决；即使是失入，即罪轻而罚重，也肯定不会是洁身自好的人没有一丁点儿罪过却被判处大刑。至于贪官污吏和豪强残害百姓，老百姓已经饱受其害了，朝廷如果能够暴明其罪恶，则民心大快，何必一定要到衙门里当众揭发而后快呢？贪官和豪强们从贫弱之民身上搜刮走的东西，百姓本来就没有指望它们能够失而复归；只要安居乐业，休养生息，则凋残之余，尚可逐渐恢复元气。可是，官府又驱使这些饱受残害的百姓千里迢迢地奔波，旷日持久地耽搁他们，又迫之以追呼之扰，让他们备尝旅食之艰难，甚至把他们投入监狱，动用刑具；这就像是贫民刚刚吃了堇菜得以幸存却又强迫他们吃毒药，我们这些可怜的穷苦百姓，为什么不幸又遇上了如此明慎的执法官呢？所以，负责进谏、弹劾的官员，可以没有什么确凿证据而风闻奏劾；负责巡察的官员，可以在访问的基础上逮捕不法豪强；犯罪事实很明白因而不必烦扰证人，这种做法大概深得不滞留案件之旨啦！法律严密而天下受其荼炭，注重明慎却不知适可而止，还不如不明不慎的好。

治理奸人越急，则奸人藏匿得越深，而盗贼是其中最典型的。盗贼在刚被觉察时，没有不惊恐失措、急忙逃窜的。当他做盗贼的时候，没有不预先寻找一个藏身之处以便潜伏的。官府搜求得越急，则盗贼藏匿得越隐秘，藏匿他的人也因为害怕被连坐受惩而更加卖力、更加尽心地保护他。在这种情况下，即使是削平六国一统天下的暴君秦始皇，也不能把藏匿在张良家的项伯捕获，何况是一个普通的官吏及其所任用的几名才能不一的隶卒呢？等到时间渐久，统治者的搜求放松了，而盗贼不可能长期处于隐蔽之中，藏匿他的人也产生了厌倦情绪，于是有的盗贼便又重归田里、翱翔都市而无所顾忌，趁此机会捕获罪犯简直易如反掌，比圈猪还省事。无能的官员，难道会把盗贼祸国鞅民的事放在心上吗？只是害怕因此得罪被贬斥罢武帝之发觉而捕弗满品者，二千石以下至小吏，主者皆死，则欲吏之弗匿盗不上闻、而以禁其窃发也，必不可得矣。秦之亡于盗也，吏匿故也。故高帝三章之法，唯曰“盗者抵罪”，而责之不急。盗者，人之所众恶者也，使人不敢恶盗，而恶逐盗之法，盗恶得而不昌？善治盗者，无限以时日，无宽以赦后，获之为功，而不获无罪，人将唯盗是求而无所惮，盗乃恶得而不绝？呜呼！上失其道而盗起，虽屡获伏法，仁者犹为之恻然。况凭一往之怒，立一切之法，以成乎不可弭之势哉！汉武有丧邦之道焉，此其一矣。

26.善者非以赏故善也。王者以赏劝善，志士蒙其赏而犹耻之。小人则怀赏以饰善，而伪滋生，而赏滋滥。乃流俗复有阴德之说，谓可劝天下以善，而挟善以求福于鬼神，俗之偷也，不可救药矣。

阴德之说，后世浮屠窃之，以诱天下之愚不肖，冀止其恶。然充其说，至于活一昆虫、施一箪豆，而豫望无穷之利；迨其死，无可徼之幸，而又期之他生。驱愚民，胁君子，而道遂丧于人心。东汉以上，浮屠未入中国，而先为此说者，史氏也，则王贺阴德之说是也。

贺逐盗而多所纵舍。法之平也不可枉，人臣之职也；人之无罪也不可杀，并生之情也。而贺曰：“吾所活者万人，后世了。

汉武帝下令：辖地出现盗贼，官府虽然发觉而捕获不足的，从二千石的郡守以下直到小吏，主管者一律处以死刑；这样一来，想使官吏不对朝廷隐瞒盗情，以及借此重法以禁绝盗贼蜂起局面的目的，就必定不可能达到了。秦朝亡于盗贼之手，是官吏隐匿盗贼的结果。所以，汉高祖约法三章，其中只说："盗贼抵罪"，而责之不急。盗贼，是人们都憎恶的，让人们不憎恶盗贼，却憎恶惩治盗贼的法令，盗贼怎么会不猖獗呢？善于治盗的人，不限定时间，不宽以下不为例，捕获了盗贼为有功，不能捕盗也无罪，这样人人都将全力捕盗而无所忌惮，盗贼怎能不很快绝迹呢？唉！君主不得其道而盗贼蜂起，虽然不断有盗贼落网伏法，可仁者的心中仍然为之恻然。何况仅凭一时的怒气，制订权宜之法，最终造成不可消弭的局面呢？汉武帝有丧国之道，这是其中之一。

善人并不是为了奖赏才行赏的，君主以奖赏鼓励行善，志士得到奖赏尚且觉得是一种耻辱。小人则为了奖赏而伪装行善，所以假善越来越多，而奖赏越来越滥。可是，世俗之人又有阴德的说法，说是可以劝天下人行善，然而挟善以祈求鬼神降福，这乃是苟且之俗，不可救药了。

阴德之说，后来被佛教徒所利用，以诱导天下的愚不肖者，期望他们停止并忏悔自己的恶行。然而，在其说法中，竟至于救活一个昆虫、施舍一点食物，就能期望得到无穷的好处；等到他们临近死亡，无可侥幸时，而又寄希望于来生来世。此说驱动了愚民，胁迫了君子，以致圣道在人们的心目中丧失了地位。东汉以前，佛教还没有传入中国，开此说先河的是史氏，这就是王贺的阴德之说。

王贺纠治盗贼时饶恕了很多罪犯。执法公正廉明、不徇情枉法，乃是臣子的职责；无罪的人不可杀，这是爱护同类之情。可王贺说：

其兴乎？”市沾沾之恩，而怀私利之心，王莽之诈，贺倡之矣。故王氏之族终以灭，而为万世乱贼之渠魁，以受《春秋》之鈇钺。史氏以阴德称之，小人怀惠，坏人心，败风俗，流为浮屠之淫辞，遂以终古而不息。近世有吴江袁黄者，以此惑天下，而愚者惑焉。夫亦知王贺之挟善徼天而终赤其族乎？

27.汉发七科谪充战士征胡，法已苛矣，乃犹有正俗重农之意焉。吏有罪，一也；使为吏者惜官箴而重自爱也。亡命，二也；使民有罪自伏而不逃亡以诡避也。赘婿，三也；使民不舍其父母而从妻以逆阴阳之纪也。贾人，四也；故有市籍，五也；父母有市籍，六也；大父母有市籍，七也。农人力而耕之，贾人诡而获之，以役农人而骄士大夫，坏风俗，伤贫弱，莫此甚焉。重其役者，犹周制贾出车牛乘马之赋、以抑末而崇本也。汉去古未远，政虽苛暴，不忘贱货利、重天伦、敦本业之道焉。至于唐，承五胡十六国之夷习，始驱农民以为兵。读杜甫石壕吏之诗，为之陨涕。汉即不可法，成周之遗制，甲兵之资取之于商贾，万世可行之法乎！

28.情之所发，才之所利，皆于理有当焉。而特有所止以戒其流，则才情皆以广道之用。止才情之流者，性之贞也。故

“我所救治的人数上万，后代大概可以兴盛了吧！”他为了自己的私利不惜徇情枉法，以换取私恩，还沾沾自喜，洋洋得意，真是太浅薄了。王莽的奸诈，就是王贺所倡导的。所以，王氏家族最终被诛灭，他本人也被当作万世乱贼的魁首，以接受《春秋》的审判。史氏以阴德称赞他，小人怀惠，坏人心，败风俗，又流为佛教的淫辞，于是其影响千秋万代也无法消除。近世吴江县有个叫袁黄的人，再用阴德之说迷惑天下，而成千上万的愚人都被迷惑住了。袁黄是否知道王贺挟善徼天而最终使其九族被诛灭了呢？

西汉政府征发有罪的官吏、逃亡者、赘婿、商贾、有市籍等七种人充当战士，以征讨胡人，其法令已经够苛刻了，但仍然有正俗重农之意。七科谪具体包括：第一，有罪的罪吏，征发这种人的目的，是为了让做官的人惜官箴而重自爱；第二，逃亡之人，目的是为了让老百姓有罪自伏而不流亡外地以求逃避；第三，赘婿，即入赘的女婿，目的是为了让百姓不舍弃自己的父母而居于妻家，入赘本身就违背了阴阳之纪；第四，商人；第五，原来有市籍的人；第六，父母有市籍；第七，祖父母有市籍。有市籍就意味着以工商业谋生。农夫全力耕作，商人不劳而获。商人凭借自己用不正当手段聚敛的大量资财，役使农夫，剥夺其劳动成果，而且看不起士大夫，败坏风俗，伤害贫弱之民没有比这更严重的了。加重商人的徭役，仍然是周朝商人负责出车牛乘马之赋的遗制，目的是为了崇本抑末。汉朝离古时还不远，虽然政令苛暴，却没有忘记贱商业、重天伦、敦本业之道。到了唐代，承袭五胡十六国的夷族习俗，开始征调农民为兵。读杜甫的名诗《石壕吏》时，情不自禁地要为之落泪。即使汉代不足以效法，而周朝的遗制，由商人负担军队的物资和费用，难道不是万世可行之法吗？

情之所发，才之所利，按道理都应当有适当的度。必须有所节制以防范其横流，才和情才能得到正确的使用。能够节制才情横流先王之情深矣，其才大矣，以通天下之志、成天下之务，而一顺乎道。武帝曰："朕不变更制度，后世无法；不出师征伐，天下不安；为此者不得不劳民。若后世又如朕所为，是袭亡秦之迹也。"有是心，为是言，而岂不贤乎？戒后世以为情，立大法、谨大防以为才，固通志成务者所不废也。然而终以丧德而危天下者，才利而遂无所择，情动而因滥于他也。因是而慕神仙、营宫室、侈行游，若将见为游刃有馀之资，可以唯吾意而无伤；而淫侈妖巫之气，暗引之而流。无他，才无所诎而忘其诎于道，情无所定而不知定以性也。固其得于天者，偏于长而即有所短。而方其崇儒访道，董仲舒、兒宽之流，言道言性，抑皆性道之郛郭，而昧其精核，无能儆所不逮，而引之深思以自乐其天也。

虽然，武帝之能及此也，故昭帝、霍光承之，可以布宽大之政，而无改道之嫌。宋神宗唯不知此，而司马君实被三年改政之讥，为小人假绍述以行私之口实。则武帝之为此言也，其贤矣乎！

29.刘屈氂之攻戾太子也，非果感于周公诛管、蔡之言而行辟也。武帝曰："丞相无周公之风矣。"其词缓，未有督责屈氂之意，则陈大义以责太子而徐为解散也，岂繄无术？而必出于死战，此其心欲为昌邑王地耳。太子诛，而王以次受天下，路人知之矣。其要结李广利，徇姻亚而树庶孽，屈氂之慝，非的，只有贞正的性。所以，先王的情很深，才很大，用以通天下之志、成天下之事，却完全与道相符合。汉武帝说：“我如果不改革制度，则后世没有成法；如果不出兵征伐，则天下不安；为此，我不得不劳民。如果后世还有人像我这样做，则是重蹈秦朝灭亡的覆辙。”汉武帝能有这样的心，说这样的话，难道不算是一个贤君吗？告诫后世以为情，立大法、谨大防以为才，这本来就是通天下之志、成天下之务的人所不废弃的。然而，他最终之所以因为丧德而危及天下，是由于才能得到利用以后便无所选择，情动以后便顺势泛滥到其他事物上。因此，他羡慕神仙，营建宫室，侈于巡游，似乎现在还游刃有余的钱财，可以随心所欲地使用而不会有什么妨碍；但是，淫侈妖巫之气，在神不知、鬼不觉中把武帝的情和才引向横流。这没有别的原因，是因为他自侍才无所屈而忘其当屈于道，一任情无所定而不知其应定以性。所以，得于天者，偏于长也就必定会有所短。当汉武帝正热衷于崇儒访道之时，董仲舒、兒宽之流，长篇累牍地谈论道和性，可他们所谈论的都是性和道的皮毛，仔细玩味他们这些言论的精要，并不能儆所不及，引导武帝深思以自乐其天年。

尽管，如此，但由于汉武帝能够做到这一点，因而汉昭帝、霍光承他之后，可以布宽大之政，却无改前人之道的嫌疑。宋神宗不懂得这一点，没有预先做出安排，因而司马光蒙受了三年改政之讥讽，也成为小人假借继承前人遗志以大行其私的口实。可见，汉武帝能够说出这样的话来，真是太高明啦！

丞相刘屈氂进攻戾太子，并不是真正感于周公旦诛杀管叔、蔡叔之言而大义灭亲。汉武帝说：“丞相没有周公的遗风啦！”其词语气和缓，没有督责屈氂之意。如果陈大义以责太子，然后寻机解散太子的军队，难道就没有办法吗？可是，刘屈氂却一定要决一死战，这是因为他的心中想为昌邑王留一块地盘，太子被杀死，昌邑王就可一日之积矣。然而屈氂旋诛，奸人戕天性以徼非望，未有能幸免者矣。顾孰使险如屈氂而为相也，则武帝狎宠姬、任广利、而为之左右也。用人假耳目于私昵，而不保其子，悲夫！

30.司马迁挟私以成史，班固讥其不忠，亦允矣。李陵之降也，罪较著而不可掩。如谓其孤军支虏而无援，则以步卒五千出塞，陵自炫其勇，而非武帝命之不获辞也。陵之族也，则嫁其祸于李绪；迨其后李广利征匈奴，陵将三万馀骑追汉军，转战九日，亦将委罪于绪乎？如曰陵受单于之制，不得不追奔转战者，匈奴岂伊无可信之人？令陵有两袒之心，单于亦何能信陵而委以重兵，使深入而与汉将相持乎！迁之为陵文过若不及，而抑称道李广于不绝，以奖其世业。迁之书，为背公死党之言，而恶足信哉？

为将而降，降而为之效死以战，虽欲浣涤其污，而已缁之素，不可复白，大节丧，则馀无可浣也。关羽之复归于昭烈，幸也；假令白马之战，不敌颜良而死，则终为反面事仇之匹夫，而又奚辞焉？李陵曰："思一得当以报汉"愧苏武而为之辞也。其背逆也，固非迁之所得而文焉者也。

31.忠邪亦易辨矣，而心迹相疑，当其前者亦易惑焉。武以被立为太子，然后做皇帝，君临天下，这是显而易见的，路人皆知。刘屈氂交结李广利，曲从于外戚势力而想立庶子为太子，其奸慝非一日之积了。然而，刘屈氂不久就被汉武帝处死，奸人戕天性以期实现非分之想，没有能够幸免的。像刘屈氂这样阴险的人之所以能做丞相，则是因为汉武帝过分宠爱李妃，并重用其兄李广利，结果反而被他们所左右。用人而以自己所亲近的人为耳目，以致连亲生儿子的性命都不能保全，太可悲啦！

司马迁为了私人目的而编写史书，班固讥刺他不忠，是公允的。李陵投降匈奴，其罪行相当明显而无法掩饰。如果说他孤军奋战，没有后援，可是率领五千步兵出塞，乃是李陵自恃勇力，而不是因为汉武帝有令在先，他无法推辞，不得已而出征。李陵家被族灭，则可嫁其祸于李绪；等到后来李广利征讨匈奴，李陵率领三万余骑兵追击汉军，转战九天，也将委罪于李绪吗？如果说是李陵受到匈奴单于的控制，不得不奉命追奔转战，难道匈奴就没有可信之人了吗？假若李陵有两袒之心，想在暗中帮助汉朝，那么单于又怎么能信任李陵而委以重兵，让他深入腹地与汉将相持呢？司马迁不遗余力地为李陵辩护，文过饰非，又喋喋不休地为李陵的爷爷李广歌功颂德。司马迁的书，都是背公死党之言，哪里值得相信呢？

身为将领却向敌人投降，投降以后又为新主子拼命作战，即使想洗涤自己身上的污点，可已经染黑的白布，不可能重新变白，大节已丧，则其余的都没法洗干净了。关羽能够重归刘备，实属侥幸，假如他在白马之战中不幸被颜良所杀，那么他就会永远被视为背主事仇的匹夫，他难道能推辞掉此名声吗？李陵说："我想找一个适当的机会报答汉朝"，只不过是愧于见到苏武而说的漂亮话而已。他的背叛，本来就不是司马迁所能文饰的。

忠奸容易分辨，而心迹相疑，站在他们面前的人也容易被迷帝所托孤者三人，而上官桀为戎首，与霍光、金日磾若缁素之别。乃自其得当于帝者推之，其迹显，其心见矣。光出入殿门，进止有常度；日磾在上左右，目不忤视者数十年；非以逢帝之欲而为尔也，以自敦其行而不失为履之贞也。桀谢马瘦之责，而曰："闻上不安，日夜忧惧，意不在马。"言未卒，泣数行下。桀非与国休戚之臣，厩令之职，在马而已，其泣也，何为而泣也？慎以自靖者，君子之徒也；佞以悦人者，小人之徒也。君子知有己，故投之天下之大，而唯见己之不可失；小人畏罪徼宠，迎人之喜怒哀乐，而自忘其躬。于此审之，忠邪之不相杂久矣。

唯我为子故尽孝，唯我为臣故尽忠。顾七尺之躬，耳目在体而心函于内，忠臣孝子，非以是奉君父，而但践其身心之则。光与日磾天性近之，而特未学耳，桀乌足与齿哉？武帝以待光、日磾者待桀，不知桀也，且不知光、日磾也。知人之难，唯以己视人，而不即其人之自立其身者视之也。

惑。汉武帝所委托的辅佐幼君的大臣有三名，其中上官桀为戎首，其余二人为霍光和金日磾。上官桀与霍、金二人相比，就像黑色与纯白色相比一样。从他们得到汉武帝赏识的原因看起来，其区别是显而易见的，其内心世界也昭然若揭。霍光出入殿门，进止有固定的路线，分毫不差；金日磾在皇帝身边，数十年目不斜视；他们并不是为了逢迎皇帝的喜好才这样做的，而是自己严于自律，行止不失其贞正。汉武帝曾指责马厩的马匹太瘦，主管养马的厩令上官桀立即谢罪，却又说道："我听说皇上您身体不舒服，因而日夜忧惧，心思没有用在马身上。"话还没说完，就落下了一串串泪珠。上官桀并不是参与国家休戚安危大计的大臣，厩令的职责，就是养好、管理好马匹，他哭泣，是为了什么而哭泣呢？谨慎地洁身自好的人，乃是君子之徒；奸邪地取悦别人的人，乃是小人之徒。君子知道自己的人格和价值，因而即使他投进广阔无垠的天地之间，也只是牢记自己不可失去本来面目，力图保持自我；小人畏罪邀宠，善于迎合别人的喜怒哀乐，却忘记了自己的人格与尊严。由此看来，忠奸本来就不会相互混杂，使人难以辨别。

由于自己是父母的孩子因而必须尽孝，由于自己是君主的臣子因而必须尽忠。试看七尺之躯，耳目在体表而心包在身体内部，忠臣孝子并不是要以此身躯事奉君父，而只是遵照自己身心的准则行事。霍光与金日磾天性与此接近，只是没读过多少书而已，奸邪的上官桀哪里能同他们相提并论呢？汉武帝用对待霍光、金日磾的方法对待上官桀，说明他不了解上官桀，也不真正了解霍光、金日磾。知人很难，只是因为常人仅从自己的角度看别人，而不知从对方的立身之道观察他。

卷四

汉昭帝

1.金日磾，降夷也，而可为大臣，德威胜也。武帝遗诏封日磾及霍光、上官桀为列侯，日磾不受封，光亦不敢受。日磾病垂死，而后强以印绶加其身。日磾不死，光且惮之，况桀乎？桀之逆，日磾亡而光受其欺也。霍光妻子之骄纵，至弑后谋逆以亡其家，无日磾镇抚之也。光之不终，于受封见之矣。日磾没，而光施施自得，拜侯封而若不及，早已食上官桀之饵，而为其所狎。利一时之荣宠，丧其族于十年之后，“厉熏心”，鲜不亡矣。光之咎，非但不学无术也；利赖之情浅，虽有憸人与其煽妻逆子，恶得而乘之？若日磾者，又岂尝学而有他术哉！

2.策者曰：“夷狄相攻，中国之利。”呜呼！安所得亡国之言而称之邪！孱君、懦将、痿痹之谋臣，所用以恣般乐怠傲而冀天幸者也。楚不灭庸、夔、群舒，不敢问鼎；吴不取州来、破越、胜楚，不敢争盟；冒顿不灭东胡，不敢犯汉；女直不灭辽，蒙古不灭金，不敢亡宋。夷狄非能猝强者也，其猝强者，则又其将衰而无容惧者也。刘渊之鸷，不再世而即绝；元昊之凶，有宁夏而不敢逾环庆之塞。惟其骤起也，若夫若爝火在积薪之下，日吞其俦类，浸以荧荧，而中国不知。如或知之，覆以自金日磾，是个归降的匈奴人，却可以做汉朝廷的大臣，其奥妙就是以德威取胜。汉武帝遗诏封金日磾及霍光、上官桀等人为列侯，金日磾拜辞不受封，于是，霍光也不敢接受。直到金日磾病危临死时，朝廷才强行把印绶加在他身上。金日磾不死，霍光尚且忌惮他，何况上官桀呢？上官桀倒行逆施，是因为金日磾已死而霍光受了他的欺骗。霍光的妻子儿女横行不法、骄纵非常，甚至于杀害皇后图谋反叛，结果其家被族灭，也是因为没有金日磾来镇抚他们。霍光不得善终，在受封时已见迹象。金日磾死，而霍光洋洋自得，似乎是迫不及待地接受了博陆侯之封，这说明他早已吞食了上官桀的诱饵，并被他所亲狎。霍光为了一时的荣宠之利，而使其家族在十年后被诛灭，"厉熏心"，很少有不败亡的。霍光的罪过，并不仅仅是不学无术。如果他没有那么重的贪心和依赖性，即使有小人与他的气焰嚣张的妻子、逆子相勾结，又怎么能有机可乘呢？再说，像金日磾这样的人，又何曾接受过正规的教育而另有他术呢？

谋士说："夷狄相互攻伐，乃是中国之利。"唉！他们是从哪儿得来的这种亡国之言而加以称赞呢？软弱的国君，怯懦的将领，萎靡不振的谋臣，都以此言为借口恣情享乐，骄奢淫逸，对国家的安危存亡漠不关心，只是把希望寄托在苍天的保佑上，祈求能够侥幸渡过难关。楚国如果不灭庸国（今湖北竹山一带）、夔国（今湖北秭归一带），团结舒国（今安徽庐江一带），就不敢问鼎中原；吴国如果不攻取州来（今安徽凤台）、击破越国（今浙江一带）、战胜楚国，就不敢到中原争霸；匈奴冒顿单于如果不灭东胡，就不敢侵犯汉朝疆土；女真人如果不灭辽国，蒙古人如果不灭金国，就不敢举兵灭亡宋朝。

慰曰：此吾之利也。乃地浸广，人浸众，战数胜，胆已张，遂一发而不可遏。火蕴于积薪之下，焰既腾上，焦头灿额而无所施救矣。赵充国藉藉称夙将，而曰："乌桓数犯塞，匈奴击之，于汉便。"此宋人借金灭辽、借元灭金之祸本也。充国之不以此误汉，其馀几矣！霍光听范明友追匈奴便击乌桓，匈奴县是恐，不能复出兵，韪矣哉！

3.人与人相于，信义而已矣；信义之施，人与人之相于而已矣；未闻以信义施之虎狼与蜂虿也。楚固祝融氏之苗裔，而周先王所封建者也。宋襄公奉信义以与楚盟，秉信义以与楚战，兵败身伤而为中国羞。于楚且然，况其与狄为徒，而螫噬及人者乎！

楼兰王阳事汉而阴为匈奴间，傅介子奉诏以责而服罪。夷狄不知有耻，何惜于一服，未几而匈奴之使在其国矣。信其服而推诚以待之，必受其诈；疑其不服而兴大师以讨之，既劳师绝域以疲中国，且挟匈奴以相抗，兵挫于坚城之下，殆犹夫宋公之自衄于泓也。傅介子诱其主而斩之，以夺其魄，而寒匈奴之胆，讵不伟哉！故曰：夷狄者，歼之不为不仁，夺之不为不夷狄并非能够猝然强盛，其中猝然强盛的，则又必将转衰而无须恐惧。刘渊凶残强悍，可是，他的汉国不到两代就灭亡了，元昊勇猛凶暴，虽然占据了宁夏却不敢逾越环庆（今甘肃庆阳）之塞，其原因就是崛起得太快。至于有的部族像炬火放在大柴堆之下，每天都吞食其同类，从而逐渐旺盛起来，而中国不知，即使有人知道了，却又自我安慰说：这对我们是有利的。可是，到它地盘越来越大，人口越来越多，屡战屡胜，胆子越来越大时，便一发而不可遏制了。火种隐藏在柴堆之下，等到已变成烈焰飞腾时，即使烧得焦头烂额也没法施救了。赵充国是被人们交口称赞的老将，却说出："乌桓多次入侵，匈奴攻击乌桓，对汉朝有利"这种没有见识的话来。这就是宋朝人借金灭辽、借元灭金"杰作"的祸本。赵充国幸而没有因此误了汉朝的大事，其实只是差一点点！霍光明智地听从了范明友的意见，派范明友率两万骑兵追击匈奴，匈奴慌忙撤兵，汉军趁势猛攻乌桓，大胜而归，匈奴人从此害怕，不敢再出兵。霍光的决策，太正确啦！

人与人相处，一定要守信义；施行仁义，只限于人与人之间的相处；从没有听说过有人对虎狼和蜂蝎等害人虫施行仁义的。楚国固然是祝融氏的后裔，而且是周朝的先王所封建的诸侯国。宋襄公奉信义与楚国结盟，秉信义与楚国交战，结果兵败身伤，成为中国的奇耻大辱。与楚国交往尚且如此，何况那些与夷狄为伍，而蜇嘬人的人呢！

楼兰王明里事奉汉朝而暗里为匈奴人服务，傅介子奉汉天子之命赴西域予以责备，而楼兰王当即表示服罪，从此忠心事奉汉朝。夷狄之人不知羞耻，哪里会把一次屈服当回事儿呢？不久，匈奴的使者又出现在楼兰国中了。如果相信楼兰王的服罪而对他推诚相待，则必受其骗；如果怀疑他不服而兴师动众征讨他，则既劳师远方从而疲扰中国，又会使楼兰与匈奴结盟以对抗汉朝，一旦汉军在坚城之下义，诱之不为不信。何也？信义者，人与人相于之道，非以施之非人者也。

4.严延年劾奏霍光擅废立无人臣礼，其言甚危，其义甚正，若有敢死之气而不畏强御。或曰：光行权，而延年守天下之大经，为万世防。延年安得此不虞之誉哉！其后霍氏鸩皇后，谋大逆，以视光所行为何如，延年何以噤不复鸣邪？光之必有所顾忌而不怨延年，宣帝有畏于霍氏，必心利延年之说而不责延年，延年皆虑之熟矣。犯天下之至险而固非险也，则乘之以沽直作威，而庸人遂敬惮之。既熟虑诛戮之不加，而抑为庸人之所敬惮，延年之计得矣。前乎上官桀之乱，后乎霍禹之逆，使延年一讦其奸，而刀锯且加乎身，固延年所弗敢问也。矫诡之士，每翘君与大臣危疑不自信之过，言之无讳以立名，而早计不逢其祸，此所谓“言辟而辨，行伪而坚”者也。有所击必有所避，观其避以知其击，君子岂为其所罔哉？

宣帝

1.爵赏者，人君驭下之柄，而非但以驭下也，即以正位而凝命也。辞受者，人臣自靖之节，而非但以自靖也，即以安上而远咎也。故赏有所不行，爵有所不受，而国家以宁。草昧之始，君与开国之臣，为天下而已乱。迨其中叶，外寇内奸，不逞受挫，损失和影响必然会很大。这种情形与宋襄公自败于泓水（故道在今河南柘城西北一带）之滨差不多。傅介子诱楼兰王中计而杀之，既夺楼兰人之魂魄，又使匈奴人为之胆寒，难道不伟大吗？所以说：夷狄，歼之不为不仁，夺之不为不信。为什么呢？因为信义，是人与人相处之道，而不可施行于非人身上。

严延年弹劾大将军霍光擅自废立皇帝，不守人臣之礼，其言辞甚为激烈，理直气壮，大义凛然，好像有必死之心而不畏强暴。有人说：霍光总揽朝政，大权在握，而严延年坚守天下之大法，为天下的千秋万代做防范。严延年哪里能得此不虞之誉呢？后来，霍氏毒死皇后，图谋反叛，以此看霍光的所作所为怎么样，正当其时，可严延年为什么噤若寒蝉，不发一言呢？霍光必定会有所顾忌而不敢怨恨严延年；汉宣帝害怕霍氏，必然会在心中赞许严延年的说法而不会责备他，这些情况，严延年早已深思熟虑，有足够的把握。冒犯天下最危险的人而实际上一点也不危险，于是严延年乘机以此沽取直名、树立威信，而庸人不明真伪，竟然对他非常敬畏。严延年看准自己此举绝不会招来刑戮加身，而且还会使自己为庸人所敬畏，他的计策成功了。此前的上官桀之乱，此后的霍禹之乱，假如严延年说一句指斥其奸邪的话，马上就会招致刀剑加身的横祸，严延年当然是不敢发一词的。矫诡之士，常常挑剔君主与大臣的危疑不自信之过，直言不讳以树立威名，而实际上，他们早已看准不会有什么灾祸，这就是所谓的“言辟而辨，行伪而坚。”有所击必有所避，观其避而知其所击，君子难道会被虚伪的小人所欺骗吗？

爵赏，是国君的驭下之柄，而且不但用以驭下，同时还用以正位凝命。辞让不受命，乃是人臣洁身自好的节操，而且不但洁身自好，同时还用以安上远咎。所以，赏有所不行，爵有所不受，国家就可以和平安定。国家草创之时，君主与开国之臣为了天下而平息叛乱。等到于宗社，而殃及兆民，大臣代君行讨，底定以绥之，而天下蒙安。斯二者，君爵之而非私，下受之而无惭，霍光岂其然哉！

昌邑之废，光之不幸也。始者废长立少，不择而立昌邑，光之罪也。始不慎而轻以天下授不肖，已而创非常之举，以臣废君，而行震世之威。若夫迎立宣帝，固以亲以贤，行其所无事者，非其论功之地也。宣帝纪定策功，加封光以二万户，侯者五人，关内侯者八人。宣帝之为此，失君道矣。己为武帝曾孙，遭家不造，以贤而立乎？其位，所固有也。震矜以为非望之福，德戴己者而酬之，然则觊非望者，可县爵赏以贸天下之归，而天位亦危矣。爵赏行，而宣帝之立亦不正矣，以爵赏贸而得之者也。光不引咎以谢严延年之责，晏然受之而不辞，他日且为霍山请五等之荣，则光之废主，乃以邀功而贸赏，又何怪其妻之鸩后而子之谋逆乎？则抑何异司马昭、萧道成之因以篡，苗傅、刘正彦之敢于行险以徼幸乎？

论者曰："光不学无术。"学何为者也？非揽古今之成败而审趋避之术也。诸葛公有云："非澹泊无以明志。"又云："学须静也。"惟澹与静，以养廉耻之心，以明取舍之节，以昭忠孝之志，纯一于天性，终远于利名。故可贵、可贱、可履虎尾而不咥、可乘高墉而射隼，居震世之功，而不愧于屋漏。无他，无欲故静。皎然白其志于天下，流俗不能移，妻子不能乱。

王朝中叶，外有敌兵入侵，内有奸臣作乱，虽不能夺取社稷，却殃及亿万人民，大臣代君征讨，彻底平定内忧外患，而天下人民也因此得以安居乐业。这两种人，君主授给他们爵位不算是徇私情，臣下接受爵位而心中无愧，霍光难道是这种情况吗。

昌邑王被废，是霍光的不幸。当初废长立少，不加选择地立昌邑王为帝，乃是霍光的罪过。最初不慎而轻率地把天下授给不肖之徒，不久又开创非常之举，以臣废君，从而树立了震世之威。至于迎立宣帝，固然是以亲以贤，行其所无事者，而不是其论功之地。汉宣帝重赏定策之功，加封霍光二万户，封侯的有五人，封为关内侯的有八人。汉宣帝这样做，丧失了为君之道。自己是武帝的曾孙，因为父亲早丧而处身失所，难道是以贤而立吗？从世系上看，他得君位是名正言顺，理所当然的。可他傲慢自大，以为得帝位乃非望之福，对推戴自己的人感激不尽，重重奖赏，如此一来，觊觎非分之位的人也可以悬爵赏，以招揽豪杰起来夺取天下，从此皇帝的宝座必定难以稳坐了。论功赏爵的做法，似乎表明帝位是用爵赏换来的。霍光不引咎以谢严延年的指责，反而若无其事地承受，不予理会，后来又为哥哥的孙子霍山请求五等之荣，使霍山被封为列侯，可见，霍光废立皇帝，乃是为了邀功请赏，他的妻子鸩杀皇后，儿子阴谋反叛又有什么值得奇怪的？司马昭、萧道成擅权而篡位，苗傅、刘止彦挺而走险以图侥幸，霍光的所作所为与他们有什么不同呢？

论者说：“霍光不学无术。”学习是为了什么呢？并不是为了根据古今成败的经验教训，深入思考、研究趋避之术。诸葛亮曾说：“非澹泊无以明志。”又说：“学习必须心静。”惟澹泊与心静，可以养廉耻之心，明取舍之节，昭忠孝之志，纯一于天性，终远于名利。因而可以贵，可以贱，可以踩虎尾而不被虎咬，可以登高墙而射鹰，可以居震世之功而不愧于住漏屋。这没有别的原因，无欲自然会心静。光明磊君以顺天休命而无私，臣以致命遂志而不困。光之不学，未能学乎此也。非此之学，而学于术，以巧为避就。曹操盖尝自言老而好学矣，曾不如金日磾之颛愚，暗合乎道也。

2.宣帝欲尊武帝为世宗，荐盛乐，过矣。然其过也，所谓君子之过，失于厚也。夏侯胜讼言讦之，如将加诸鈇钺者。子贡曰："恶讦以为直者。"殆是谓乎！《春秋》之法，"为尊者讳，为亲者讳"。《春秋》以正乱臣贼子之罪，垂诸万世者也。桓、宣弑立而微其辞，尊则君，亲则祖，未有不自敬爱其尊亲而可以持天下之公论者也。

宣帝者，武帝之曾孙也。假令有人数夏侯胜乃祖乃父之恶于胜前，而胜晏然乐听之，其与禽兽奚择哉！而胜以加诸其君而无忌，是证父攘羊之直也。而天理灭矣。苟其曰武帝之奢纵而泽不及民。万世之公论，不可泯也。则异代以后，何患无按事迹而核功罪者。鲧不以配帝而掩圮族之恶，吾弗从臾以效尤可尔。留直道以待后人，全恩礼以尽臣道，各有攸宜，倒行则乱。恶武帝之无恩于天下，而己顾无礼于上，宣帝按不道之诛，不亦宜乎！

3.霍光死而魏相兴，此后世大臣兴废，而国政变更、人材进退之始也。霍光非尽不可与言者也，严延年廷劾之而勿罪，田延年所与共废立者而不阿，悍妻行弑，欲自举发，特荏苒而不能自胜耳。上书者以副封先达领尚书者而后奏，光亦落地把自己的志向公布于天下，世俗之风不能移，妻儿老小不能乱。国君因为顺应上天的意旨而无私，臣子因为舍命酬志而不困，霍光的不学无术。实际上是没有学习上述的高贵品质与精神。他不学习这些，而是学习术，刻苦地钻研术，以便更巧妙地选择何去何从、何避何就。曹操好像曾经说过自己老而好学的话，可是他还远不及金日磾的谨悫，暗合于道。

汉宣帝想尊汉武帝为世宗，奏盛乐，是错误的。然而，这种过错，是所谓的君子之过，失于太厚道。夏侯胜以恶言攻讦汉武帝，似乎要以刑戮相加。子贡说“恶讦以为直者。”大概说的就是这种人吧？《春秋》之法，“为尊者讳，为亲者讳”。《春秋》是以无情鞭挞乱臣贼子之罪而流传万世的。可是，鲁桓公、鲁宣公弑君自立而《春秋》不如实记载，因为这两位从尊的角度看贵为国君，从亲的角度说是作者的祖先，没有不自己敬爱其尊与亲却可以持天下之公论的。

汉宣帝，是汉武帝的曾孙。假如有人在夏侯胜面前毫不掩饰地数落其父其祖的恶行，而夏侯胜若无其事地乐意听，他与禽兽还有什么区别呢？而夏侯胜在君主面前说先帝的坏话，却毫无顾忌这是证父偷羊之直，而天理从此灭绝了。如果他说汉武帝奢侈骄纵而恩德不布于百姓，这乃是万世之公论，不可泯灭的。则若干年以后，何愁没有按事迹而核功罪的人？鲧不因为配帝掩其被族灭之恶，我不从谀以效尤是可以的。留直道以待后人，全恩礼以尽臣道，各有所宜，倒行则乱。夏侯胜憎恨汉武帝无恩于天下，而自己却对君主无礼，汉宣帝用大逆不道的罪名将他处死，不也很应该吗？

霍光死而魏相得宠，这就是后世大臣兴废，而国政变更，人材进退的开端。霍光并不是完全不可与语的人，严延年在朝廷上弹劾他可他不怪罪；田延年曾与霍光共同参与废立皇帝的计划，然而当田延年犯罪后，霍光也不徇情枉法，免他不死；悍妻毒死皇后，霍光惩昌邑之失而正少主之视听，特未深知宣帝之明而持之太过耳。相当光之时，奏记于光，俾去副封可也；昌言于廷，俾宣帝敕光去之可也。为人臣者，言苟当于纪纲之大，难有所不避，况光之犹可与言而无挟以不相听从者乎！待光之死而后言之，相之心不纯乎忠。而后世翘故相以树新党者，相实为之倡。是殆授兴革之权于大臣，而人主幸大臣之死以行己意。上下睽，朋党兴，国事数变。至于宋，而宰相易，天子为之改元。因是而权臣有感于此，则恋位以免祸，树党以支亡，迭虚迭盈而国为之敝。斯其为害，三代亡有也；高、文、景、武之世，亦亡有也。故曰：自相始也。

抑相之进也，言正而心诐，迹贞而行诡，所因者许广汉也，听起伏于外戚而莫能自遂也。司马温公奉宣仁太后改新法，而章惇、邢恕犹指宫闱以为口实，况缘外戚以取相乎？君子之慎始进也，枉尺而直寻不为也。春秋之世，不因大夫而立功名者，颜、曾、冉、闵而已。汉之不因外戚，后世之不因宦寺者，鲜矣。此风俗邪正、国事治乱之大辨也。

4.路温舒之言缓刑，不如郑昌之言定律也。宣帝下宽大想自己告发，按律治罪，只是因为于心不忍而犹豫不决，难以自胜，才没有举报。上书的人必须先把副本呈送给领尚书事的官员，待领尚书者拆看以后才能上奏，这是霍光吸取昌邑王失德的教训后所采取的措施，目的是匡正少主的视听，只是由于他不深知宣帝的智慧与才能因而做得有点过头罢了。如果魏相在霍光活着的时候，向他上奏记，要求废除副本，这是正当的；或者直截了当地在朝廷上提出这个问题，让汉宣帝敕令霍光废除副本，这也是正当的。做人臣的，如果有涉及国家纲纪大事的言论，很难有所不避，何况霍光还可以听取不同意见，而不会自恃权势拒不接受正确意见呢！等霍光死了以后再说，可见魏相的心是不够忠诚的。而后世百般挑剔前宰相以树新党的作法，实际上是魏相首倡的。这差不多就是把兴革大权交给大臣，而君主希望大臣死亡以便实现自己的意旨。于是上下相违，朋党兴起，国家的政策屡屡变更。到了宋朝，宰相易人，皇帝竟为此而改变年号。权臣有感于此，则更加贪恋官位以求免祸，树立党羽以求救亡，迭虚迭盈而国家深受其害。这种危害，三代没有，汉高祖、汉文帝、汉景帝、汉武帝时期也没有。所以说是从魏相开始的。

魏相得到重用，贵为丞相，其原因是此人言正而心邪，迹贞而行诡，所倚仗的是许皇后之父许广汉，他的命运完全被外戚控制，根本无法自主行动，司马光奉宣仁太后改新法，而章惇邢恕等人尚且以女人当政为攻击的口实，何况魏相凭借外戚的支持而做宰相呢？君子非常重视最初的进身之道，即使枉（即曲）尺而直寻（八尺为一寻）这种事也不会做。春秋时代，不借助大夫而立功名的，仅有颜回（即颜渊）、曾参、冉有、闵子骞等数人而已。汉朝不借助外戚的，后世不借助宦官的，真是太少啦！这是区分风俗的正与邪，国家的治与乱的主要标准。

路温舒建议宽简刑法，不如郑昌所主张的删定律令高明。汉宣之诏，而言刑者益淆，上有以召之也。律令繁，而狱吏得所缘饰以文其滥，虽天子日清问之，而民固受罔以死。律之设也多门，于彼于此而皆可坐，意为重轻，贿为出入，坚执其一说而固不可夺。于是吏与有司争法，有司与廷尉争法，廷尉与天子争法，辨莫能折，威莫能制也。巧而强者持之，天子虽明，廷尉虽慎，卒无以胜一狱吏之奸，而脱无辜于阱。即令遣使岁省而钦恤之，抑惟大凶巨猾因缘请属以逃于法，于贫弱之冤民亡益也。唯如郑昌之说，斩然定律而不可移，则一人制之于上，而酷与贿之弊绝于四海，此昌之说所以为万世祥刑之经也。

夫法之立也有限，而人之犯也无方。以有限之法，尽无方之慝，是诚有所不能该矣。于是而律外有例，例外有奏准之令，皆求以尽无方之慝，而胜天下之残。于是律之旁出也日增，而犹患其未备。夫先王以有限之法治无方之罪者，岂不审于此哉？以为国之蚕、民之贼、风俗之蜚蜮，去其甚者，如此律焉足矣，即是可以已天下之乱矣。若意外无方之慝，世不恒有，苟不比于律，亦可姑俟其恶之已稔而后诛，固不忍取同生并育之民，逆亿揣度，刻画其不轨而豫谋操蹙也。律简则刑清，刑清则罪允，罪允则民知畏忌，如是焉足矣。

帝下宽大之诏，于是谈论刑罚的人更加庞杂，鱼目混珠者不在少数，这是皇帝自己招来的。律令繁杂，则狱吏得以轻而易举地文饰其滥用刑罚，即使皇帝每天都予以清查，百姓也难免蒙冤而死。律令的制定很不统一，政出多门，此法与彼法都可以使用，最后的判决因为私情而有轻重，因为贿赂而有出入，狱吏如果坚持使用各家法令中的一种，谁也没有办法驳倒他，使他改变判决。于是狱吏与有司争法，有司与廷尉争法，廷尉与皇帝争法，没有人能平息他们之间的争执，没有人能控制他们，巧而且强的小人如果钻这些法律的空子，则皇帝虽然英明，廷尉虽然审慎，最终也无法战胜一个狱吏的奸邪，而使无辜的百姓免受囹圄之苦。即使朝廷每年都派遣使臣到各地省视而钦恤百姓，也只能使大奸巨滑千方百计地逃脱法律的惩罚，对贫弱的冤民是没有什么益处的。只有像郑昌所说的那样，断然删定律令而且从此绝不可轻易更改，则一人在上面主管，而残酷与贿赂的弊病在整个国家绝迹，这就是郑昌的主张之所以可以成为万世万代慎刑之经的原因。

法律的建立是有限的，而人们犯法的情形是无穷的。以有限的法律，去应付无穷的奸慝，实在是无法尽善尽美，包容一切。于是在律外有例，例外有奏准之令，都想以此包括尽无穷的奸邪行为，而且战胜、制伏危害天下的恶人。于是律的旁支越来越多，各项法令与日俱增，却仍然忧愁其不完备。先王用有限的法律惩治无穷的罪行时，难道没有深入地思考这个问题吗？只要把危害国家、残害百姓、败坏风俗的罪犯和罪行，严惩其最严重的，依照这个原则来制定法律就行了，足可以消弭天下之乱。至于意外的无穷之奸，世上不常有，即使不收入法律，也可以姑且等这些罪恶已经发展得比较显著时，再予以重惩，先王实在是不忍心以同生同长的百姓为对象，凭借主观的想象，推测其种种不轨行为，预先设计好对付的措施。律简则刑清，抑先王之将纳民于轨物而弭其无方之奸顽者，尤自有教化以先之，爱养以成之，而不专恃乎此。则虽欲详备之，而有所不用，非其智虑弗及而待后起之增益也。乃后之儒者，恶恶已甚，不审而流于申、韩。无知之民，苟快泄一时之忿，称颂其擿发之神明，而不知其行自及也。呜呼！可悲矣夫！

5.霍光之祸，萌于骖乘。司马温公曰："光久专大柄，不知避去。"固也。虽然，骖乘于初谒高庙之时，非归政之日也，而祸已伏。虽避去，且有疑其谖者。而谗贼间起，同朝离贰，子弟不谨，窦融所以不免，而奚救于祸？夫骖乘之始，宣帝之疑畏，胡为而使然邪？张安世亦与于废立，而宣帝亡猜。无他，声音笑貌之间，神若相逼，而光不知，帝亦情夺意动而不知所以然也。

子夏问孝，子曰："色难。"岂徒子之于父母哉。上之使民，朋友之相结，宾主之相酬，言未宣，事未接，而早有以移民之情。惟神与气，不可强制之俄顷而获人心者也。诗云："温温恭人，惟德之基。"德之用大矣，而温恭为之基。温恭者，仁之荣也，仁荣内达而德资以行，岂浅鲜哉！子曰："切切偲偲，怡怡如也，可谓士矣。"非便辟之谓也。其气静者，貌不期而恭；其量远者，色不期而温。善世而不伐，德博而化，宽以居之，仁以守之，学问以养之，然后和气中涵而英华外顺。呜刑清则罪实，罪实则民知畏忌，像这样就足够了。

先王准备纳民于轨物而弭其无穷之奸顽时，必定会以教化先行，以爱抚、恩养来成全其德行，而不会完全依赖刑法。即使想详备法律，但最终还是会有所放弃，并非智虑欠周而待后人增益。后来的儒生，极端憎恶社会上的罪恶，没有经过细致深入的思考就向申不害、韩非的学说求救。无知的愚民，只想快泄一时之忿，称颂其阐发的神明，而不知自己将深受其害。唉！真可悲啊！

霍光的灾难，萌生于骖乘即陪皇帝同乘一车之时，司马光说："霍光长期地执掌大权，不知道及早功成身退，以避嫌疑。"这话说得很对。尽管这样，而骖乘开始于最初拜谒高庙之时，而不是归政之日，可祸根已经埋下了。这时即使交权避去，也会有人怀疑他欺诈。如果谗言乘机而起，同朝的大臣乘机发难，而子弟们的言行又不检点，霍光像窦融一样因此而不免于祸，又怎么能够救得了呢？在开始骖乘时，汉宣帝对霍光疑惧非常，如芒刺在背，为什么会这样呢？张安世也曾参与废立大计，而宣帝对他毫无猜忌，而且谈笑风生。这没有别的原因，因为霍光在音容笑貌之间，神色似乎有相逼之势，而他自己没有意识到，宣帝也情夺意动却不知其所以然。

子夏向老师请教孝道，孔子说："和颜悦色地侍奉父母是很困难的。"难道只是子女对父母吗？君主对待百姓，朋友相互交往，主客相互应酬，话未说，事未接，而早已移民之情。只有神与气，是不可稍加强制而获得人心的。《诗经》说："温温恭人，惟德之基。"德的用处太大啦，而温恭是德的基础。温恭，就是仁之荣，仁荣内达而德借此以行，哪里是很肤浅的呢？孔子说："相互切磋勉励，和顺相处，可以称为士啦！"他指的不是逢迎谄媚。气静的人，面貌不期而恭敬；量大的人，颜色不期而温和。善世而不自夸，德博而用以教化，以宽居之，以仁守之，以学问养之，然后和气中涵而英华外顺。

呼！此岂霍光之所及哉！立震世之功名，以社稷为己任，恃其气以行其志，志气动而猝无以持，非必骄而神已溢，是以君子难言之也。

周公处危疑而几几，孔子事暗主而与与，则虽功覆天下，终其身以任人之社稷而固无忧。夫周、孔不可及矣，德不逮而欲庶几焉者，其在曾子之告孟敬子乎！敬其身以远暴慢，心御气而道御心。有惴惴之小心，斯有温温之恭德。虽有雄猜之主、忮害之小人，亦意消而情得。故君子所自治者身也，非色庄以求合于物也。量不弘，志不持，求不为霍光而不可得，岂易言哉！

6.流俗之毁誉，其可徇乎？赵广汉，虔矫刻核之吏也，怀私怨以杀荣畜而动摇宰相。国有此臣，以剥丧国脉而坏民风俗也，不可复救。乃下狱而吏民守阙号泣者数万人。流俗趋小喜而昧大体，蜂涌相煽以群迷，诚乱世之风哉！

小民之无知也，贫疾富，弱疾强，忌人之盈而乐其祸，古者谓之罢民。夫富且强者之不恤贫弱，而以气凌之，诚有罪矣。乃骄以横，求以忮，互相妨而相怨，其恶惟均。循吏拊其弱而教其强，勉贫者以自存，而富者之势自戢，岂无道哉？然治定俗移而民不见德。酷吏起而乐持之以示威福，鸷击富强，而贫弱不自力之罢民为之一快。广汉得是术也。任无藉之少年，遇事蜂起，敢于杀戮，以取罢民之祝颂。于是而民且以贫弱为安荣，而不知其幸灾乐祸，偷以即于疲慵，而不救其死唉！这难道是霍光所能达到的境界吗？立震世之功名，以天下为己任，赖其气以行其志，志气已动却无以自持，并非一定要骄傲可得意之情已不由自主地外露，因此君子对这种人很难说什么。

周公身处危疑却若无其事，继续为国家建功立业；孔子事奉昏君却泰然自若，仍然毫不松懈地为公事操劳；这样，虽然功盖天下，可终生为国君的江山社稷出力而不会有任何忧愁。周公和孔子是可望不可及的，德行不及却也要尽量去效仿个差不多，大概就是曾子劝告孟敬子这种情况啦！自己做到恭敬谨慎就能远离暴慢，心御气而道御心。有惴惴之小心，才会有温温之恭德。即使有心雄而喜猜忌的君主和喜欢嫉妒、残害人的小人，也会意消而情得。所以，君子所自治的乃是躯体，而不是神色庄重地求合于外物。如果气量不大，志向不坚，即使想不做霍光那样的人也不可能，难道能说容易做到吗？

世俗之人的称赞和贬斥，难道可以轻易相信吗？赵广汉，是个虚伪、凶残、苛薄的官吏，为了泄私愤而杀害了荣畜，并诬告宰相杀害奴婢，国家有这种臣子以剥丧国脉，败坏民俗，是不可能挽救的。可是，当赵广汉被投入监狱后，守阙号哭的吏民有数万人。世俗之人趋小喜而昧大体，蜂涌相煽以群迷，实在是乱世之风啊！

小民非常无知，穷的憎恨富的，弱的憎恨强的，嫉妒别人的圆满而喜欢看到他们的灾祸，古时称这种人为罢民。富而且强的人不救济贫弱之民，反而以气凌辱他们，实在是有罪。至于那些骄横不法，无视别人死活而嫉害贪求不已，互相妨害以致相互怨恨的人，其罪也是同样。循吏爱抚弱民而教化强民，鼓励穷人自强自存，于是富人的气焰自然会收敛，这难道没有办法吗？然而，治定俗移而民不见德。酷吏应时而起，他们喜欢用强硬的态度显示威福，严厉地打击豪强，贫弱懒惰的罢民为之拍手称快。赵广汉深谙此术，他任用了大批游手好闲的少年，遇事蜂起，猛拼猛杀，以博取罢民的称颂。于是，百亡。其黠者，抑习为阴懵，伺人之过而龁啮之，相仇相杀，不至于大乱而不止。愚民何知焉，酷吏之饵，酷吏之阱也。而鼓动竞起，若恃之以为父母。非父母也，是其嗾以噬人之猛犬而已矣。

宣帝以刻核称，而首诛广汉刻核之吏，论者犹或冤之。甚矣流俗之惑人，千年而未已，亦至此乎！包拯用而识者忧其致乱，君子之远识，非庸人之所能测久矣。

7.萧望之之不终也，宜哉！宣帝欲任之为宰相，而试以吏事，出为左冯翊，遂愤然谢病，帝使金安上谕其意，乃就。望之而有耻之心也，闻安上之谕，可愧死矣。

世之衰也，名为君子者，外矜廉洁而内贪荣宠，位高则就之，位下则辞之。夫爵禄者，天之秩而人君制之者也。恃其经术奏议之长，择尊荣以为己所固得；充此志也，临大节而不以死易生、不以贱易贵、以卫社稷也，能乎？处己卑而高视禄位，揽非所得以为己据，诚患失之鄙夫，则亦何所不可哉！其或以伉直见也，徒畏名义以气矜自雄耳，非心所固耻而不为者也。人主轻之，小人持之，而终不免于祸，不亦宜乎！武帝以此薄汲黯而终不用，黯得以令终，武帝可谓善驭矣。宣帝温谕以骄望之，非望之之福也。

8.居心之厚薄，亦资识与力以相辅，识浅则利害之惑深，姓将会以贫弱为安荣，而不知其幸灾乐祸，苟且偷生至于极疲慵的程度，无人能救其死亡。其中狡猾的，或许习惯于暗中害人，千方百计地伺探别的过失，然后向官府告发，疯狂地撕咬他们，必欲置之死地而后快，双方相互仇视，相互残杀，不搞成大乱便不会停止。愚民哪里知道，酷吏的诱饵，便是酷吏的陷阱。可是，百姓们却鼓动竞起，似乎已把酷吏依赖如父母。实质上，这不是父母，而是他们嗾使的、扑上前咬人的疯狗。

汉宣帝以苛刻著称，可他首诛像赵广汉这样苛刻的官吏，竟然还有论史者为赵广汉喊冤。流俗迷惑人也太严重了，竟然千年之后其影响还在！在包拯得到重用时，有见识的人担心他会惹出乱子，君子的远见卓识，根本不是庸人所能测的。

萧望之不得善终，实在是罪有应得！汉宣帝想任命他为宰相，于是试以吏事，让他出任左冯翊，萧望之竟然愤怒地称病不就职，宣帝派金安上去传达自己的意思，萧望之这才就职。萧望之如果有羞耻之心，听到金安上所传达的意思后，可以愧羞而死啦！

在衰世，名为君子的人，外矜廉洁而内贪荣宠，位高则居之，位低则辞之。爵禄，是天之秩而为君主所控制。恃其经术奏议之长，择尊荣以为自己本来的所得；心怀此志，临大节时不以死易生，不以贱易贵，以保卫社稷，能行吗？处己卑而高视禄位，揽非所得以为己据，这种人实在是患得患失的庸俗之辈，他们会有什么事做不出来呢？其间或许有表现得比较正直的，只不过是畏惧名义而矜气自雄罢了，绝不是因为本来有羞耻心而不愿意做。君主轻视，小人坚持，而最终不免于祸，这难道不应该吗？汉武帝因此看不起汲黯，并终生不再重用他，汲黯得以善终，汉武帝可谓善于驾驭人啦！汉宣帝温和地告谕以骄纵萧望之，这绝非萧望之的福音。

居心的厚薄，也依赖见识与力量以相辅，见识浅则利害之惑力弱则畏避之情甚。夫苟利害惑于无端而畏避已甚，则刻薄残忍加于君臣父子而不恤。

张敞，非昌邑之故臣也，宣帝有忌于昌邑，使敞觇之，敞设端以诱王，俾尽其狂愚之词，告之帝而释其忌，复授以侯封，卒以令终，敞之厚也。徐铉，李煜之大臣也，国破身降，宋太宗使觇煜，而以怨望之情告，煜以之死。铉之于煜，以视敞于昌邑，谁为当生死卫之者？而太宗之宽仁，抑不如宣帝之多猜。铉即稍示意旨，使煜逊词，而已藉以入告，夫岂必逢太宗之怒；则虽为降臣，犹有人之心焉。铉遂躬为操刃之戎首而忍之，独何心乎！无他，敞能知人臣事君之义，导主以忠厚，而明主必深谅之，其识胜也。且其于宠辱祸福之际，寡所畏忌，其力定也。而铉孱且愚，险阻至而惘所择，乃其究也，终以此见薄于太宗而不得用。小人之违心以殉物也，亦何益乎！

有见于此而持之，则虽非忠臣孝子，而名义之际，有馀地以自全。无见于此而不克自持，则君父可捐，以殉人于色笑。若铉者，责之以张敞之为而不能，况其进此者乎？故君之举臣，士之交友，识暗而力柔者，绝之可也。一旦操白刃而相向，皆此俦也。

9.尹翁归卒，家无馀财，宣帝赐其子黄金百斤以奉祭祀，深，力量弱则畏避之心重。如果对利害的疑惑无穷无尽，而且畏避心理特别严重，则刻薄残忍加于君臣父子而不恤。

张敞，不是昌邑王的旧臣，汉宣帝猜忌昌邑王，因而派张敞前去试探，张敞设计策诱导故昌邑王，使他说尽其狂愚之词，然后向宣帝汇报，消除了宣帝的顾忌，于是故昌邑王刘贺又被封为海昏侯，最后得以善终，这是张敞心地善良，为人厚道的结果。徐铉，是南唐后主李煜的大臣，在国家灭之后投降宋朝，宋太宗赵匡义派他监视李煜，可是他却把李煜在亡国之后满腹怨言，报告给宋太宗，结果李煜因此而死。徐铉对李煜与张敞对故昌邑王，谁更应当舍生忘死地保护自己所监视的对象呢？而宋太宗的宽仁，竟然还不如汉宣帝的喜欢猜忌。徐铉如果稍微泄露一点皇帝的意旨，提示李煜别说过头话，而自己把李煜所说的好听话上报，又岂必逢太宗发怒；则虽然身为降臣，却还有一点人心。徐铉竟然亲自做了操刀杀人的罪魁而能忍心，究竟是何居心呢？这不是因为别的，张敞能知人臣事奉君主之义，引导君主待人忠厚，而圣明的君主必定能深深地体谅他，这是张敞的见识比徐铉高。而且张敞在宠辱祸福之际，很少有什么畏忌，这是他意志坚定的缘故。相反，徐铉软弱而且愚蠢，遇到艰难险阻便手足无错，举棋不定，最终仍然被宋太宗所轻视而不得重用。小人违心以殉物，又有什么用处呢！

有见于此而持之以恒，则即使不是忠臣孝子，而名义之际，自有余地以保全自己。无见于此而不能自持，则君父可捐，以逢迎别人的好脸色，换取别人的笑容。像徐铉这样的人，要求他学习张敞的所作所为也不可能，何况比这更进一步呢？所以，君主举臣，士人交友时，对那些没有见识而且意志薄弱的人，应当一律拒之门外。有朝一日，一旦操白刃相向的，都是这种人。

尹翁归死时，家无余财，汉宣帝赏赐给尹的儿子黄金一百斤以于朱邑亦然，非徒其财也，荣莫至矣。故重禄者，非士所希望以报忠者也，而劝士者在此。刻画人以清节，而不恤其供祭祀、养父母、畜妻子之计。幸而得廉士也，则亦刻核寡恩、苛细以伤民气之褊夫，而流为酷吏，然且不能多得。而渔猎小民以求富者，借口以无忌而不惭。唐、宋以前，诏禄赐予之丰，念此者至悉，犹先王之遗意也。

至于蒙古，私利而削禄，洪武之初，无能改焉。禄不给于终岁，赏不逾于百金，得百轩輗，而天下不足以治，况三百年而仅一轩輗乎？城垂陷，君垂危，而问饲猪，彼将曰救死而不赡。复奚恤哉！

10.汉人学古而不得其道，矫为奇行而不经，适以丧志。若韦玄成避嗣父爵，诈为狂疾，语笑昏乱，何为者也？所贵乎道者身也，辱其身而致于狂乱，复何以载道哉！箕子之佯狂，何时也？虞仲断发文身，过矣，盖逃于句吴而从其俗以安，非故为之也。然而亏体辱亲，且贻后嗣以僭王猾夏之巨恶矣。且古之诸侯，非汉诸侯之比也。国人戴之，诸大夫扳之，非示以必不可君，则不可得而辞也。若夫玄成者，避兄而不受爵，以义固守，请于天子，再三辞而可不相强，奚用此秽乱辱身之为以惊世哉！丞相史责之曰："古之辞让，必有文义可观，乃能垂荣于后。"摘其垂荣之私意，而勉之以文义，玄成闻此，能勿愧乎？士守不辱之节，不幸而至于死，且狱立海腾以昭天下之大义；从容辞让之事，谁为不得已者？而丧其常度，拂其恒奉祭祀，对朱邑也是如此，这不仅仅是钱财的问题，而是莫大的荣耀。所以，重禄并不是士人所希望的对自己一片忠心的回报，而是用以鼓励士人的有效方法。一味地强调官员的清贫，节俭，而不考虑其供祭祀、养父母、畜妻小之计，幸而遇到廉士，却又是苛薄寡恩、过分注重细枝末节以伤民气的极端分子，很容易变为酷吏，即使如此，这种人也不可多得。而盘剥百姓以求富的人，借口无忌而毫不惭愧。唐、宋以前，诏禄赏赐很丰厚，在这方面考虑得相当周到，仍然不失先王的遗意。

到了元朝，因为私利而削禄，至明初，尚不能改观。禄不能满足一年之需，赏不超过百金，即使有一百个轩輗，天下也不能得到很好的治理，更何况三百年才出了一个轩輗呢？城池即将失陷，国君面临着灭顶之灾，却问及养猪之事，有关人员必定会回答说：眼下全力挽救危亡还来不及，哪里还顾得上别的呢？

汉朝人学习古人而不得其道，只是虚伪地做一些荒诞不经的行为，这正好足以使人丧志。像韦玄成为了避免继承父亲的爵位，竟然装疯卖傻，言笑昏乱，究竟是干什么呢？对道来说更宝贵的是身体，辱其身而至于狂乱，又将用什么来载道呢？商朝末年的箕子装疯，那是什么时代？虞仲断发文身，太过分了，大概是逃到句吴（今浙江诸暨南）后，不得不接受当地风俗以便立稳脚跟，并不是故意这样做以引人注目的。可是，他亏体辱亲，尚且给后代留下了僭王（指吴王）侵犯中原的大祸。况且古代的诸侯，与汉代的诸侯是大不相同的。国人拥戴，诸大夫支持，如果不显示确实无法做君主的根据，就不可能辞让。至于韦玄成，为了避狱中的哥哥而不接受父爵，只要以义固守，再三向皇帝请求辞让，皇帝也不至于强迫他，何必要做这些秽乱辱身之事以惊世骇俗呢？丞相史责备他说："古代的辞让，必定有文义可观，才能垂荣于后世。"摘其垂荣之私意，而勉之以文义，韦玄成性，亦愚矣哉！韦氏世治经术，而玄成以愚。学以启愚也，不善学者，复以益其愚；则汉人专经保残之学，陷之于寻丈之间也。

11.史称宣帝元康之世，比年丰稔，谷石五钱，而记以为瑞，盖史氏之溢辞，抑或偶一郡县粟滞不行，守令不节宣而使尔也。一夫之耕，上农夫之获，得五十石足矣。终岁勤劳而仅获二百五十钱之赀，商贾居赢，月获五万钱，而即致一万石之储，安得有农人孳孳于南亩乎？金粟之死生，民之大命也。假令农人有婚丧之事，稍费百钱，已空二十石之囷积，一遇凶岁，其不馁死者几何邪？故善养民者，有常平之廪，有通籴之政，以权水旱，达远迩，而金粟交裕于民，厚生利用并行，而民乃以存。腐儒目不窥牖，将谓民苟得粟以饱而无不足焉；抑思无布帛以御寒，无盐酪蔬肉以侑食，无医药以养老疾，无械器以给耕炊，使汝当之，能胜任焉否邪？

12.赵充国之策羌也，制狡夷初起之定算也。夷狄而初起，其锋铦利，谋胜而不忧其败。谋胜而不忧其败，则致死而不可撄。败之不忧，则不足以持久而易溃。其徒寡，其积不富，其党援不坚，而中国之吏士畏之不甚。是数者，利于守而不利于攻，不易之道也。

狡夷之初起亦微矣，而中国恒为之敝。有震而矜之者而听到这句话，能不羞愧吗？士人坚守不辱之节，如果不幸而死，也要像山岳耸立、大海翻腾那样昭示天下之大义；从容辞让这种事，谁是迫不得已而做的呢？然而他却丧失了自己的常度，违背了自己的恒性，也太愚蠢啦！韦家世代研究经术，而韦玄成竟如此愚蠢！学习是为了医治愚蠢，可是不善于学习的人，却越学越蠢；可见汉朝人专经保残之学，往往只是局陷于寻（八尺）丈之间。

史书称汉宣帝元康年间，连年丰收，谷价为每石五钱，因而记载下来作为功德，这很可能是史学家的溢美之辞，或许是偶尔有一个郡县粮食积滞，郡守县令不设法疏导而造成的。一个人耕作，优秀农夫的节余能达到五十石就很不容易了，即终年辛劳而仅得二百五十个钱的收入，可商人囤积居奇，每月收入五万钱，相当于有一万石粮食的积蓄，这样难道还会有农夫在田地里辛勤耕作吗？金钱和粮食的死生，乃是老百姓的命脉。假如农夫有婚丧之事，规模小的也要花费一百钱，这就损失了二十五石的存粮，一旦遇到灾年，不被饿死的能有几个人呢？所以，善于养活百姓的君主，设有常平仓，立有通粜之政，以调节丰歉，通达远近，而钱粮都聚积于民家，使人民生活富裕和物尽其用并行，老百姓才能生存下去。腐儒鼠目寸光，庸碌无知，认为百姓如果有粮食吃饱肚子就无所不足了；试想，没有布帛以御寒，没有盐酪蔬肉以佐食，没有医生和药品以养老治病，没有器械以供耕炊，如果让你在这种环境中生活，你能够胜任吗？

赵充国所谋划的对付羌人的计策，乃是制伏刚刚崛起的狡夷的定算。狡夷初起之时，其锋锐利，只谋胜而不虑败。只谋胜而不虑败，则其兵众拼死作战，锐不可挡。夷人不忧虑失败，则不足以持久而容易溃败。他们的人力少，积蓄不富，后援不坚，因而中国的吏士不太畏惧他们。这几条，利于守而不利于攻，这是万世不变之道。

狡夷初起时也是很微弱的，而中国却总是被它们拖得很疲敝。

人心摇，有轻而蔑之者而国谋不定。彼岂足以敝我哉？尝试与争而一不胜，则胁降我兵卒，掠夺我刍粮，阑据我险要，而彼势日猖。党而援之者，益信其必兴而交以固。盛兵以往，溃败以归，而我吏士之心，遂若疾雷之洊加而丧其魄。故充国持重以临之，使其贫寡之情形，灼然于吾吏士之心目，彼且求一战而不可得，地促而粮日竭，兵连而势日衰，党与疑而心日离。能用是谋而坚持之，不十年而如坚冰之自解于春日矣。

虽然，一人谋之已定，而继之者难也。夷，无耻者，困则必降，降而不难于复叛。充国未老，必且有以惩艾而解散之，而辛武贤之徒不能，故羌祸不绝于汉世。然非充国也，羌之祸汉，小则为宋之元昊，大则为拓拔之六镇也，而拓拔氏以亡矣。

13.宣帝之诏充国曰："将军不念中国之费，欲以数岁而胜敌，将军，谁不乐此者？"呜呼！此鄙陋之臣以惑庸主而激无穷之害者也。幸充国之坚持而不为动，不然，汉其危矣！

为国者，外患内讧，不得已而用兵。谓之不得已，则不可得而速已矣；谓之不得已，则欲已之，亦惟以不已者已之而已矣。何也？诚不可得而已也，举四海耕三馀九之积，用之一隅，民虽劳，亦不得不劳；国虽虚，亦不得不虚。鄙陋之臣，以有受到震动而夸大夷人力量的，结果造成人心动摇；有盲目地轻蔑对方的，结果使得国谋长期不定。夷人难道真的有力量疲敝我国吗？只是我国在与其争斗中，如果有一战失利，对方就会迫降我兵卒，掠夺我粮草，占据我险要，同时其气焰越来越嚣张，活动越来越猖獗。与对方结盟而提供援助的部族，更加相信其必兴而关系更密切，同盟更稳固。我军盛兵前往，溃败而归，于是吏士之心就像连遭讯雷袭击一样，魂飞魄散。所以，赵充国主张稳重地对付夷人，使其贫寡之情形，清晰地留在我国将士的脑海里，敌方渴求一战而我方不应战，时日稍久，他们就会因为地域狭少而粮草越来越少，由于战火连绵而致势力越来越弱，其同盟军便会因为对前途产生疑虑而日益离心离德。如果能用这种计策并持之以恒，则不用十年，来自西方的威胁就会像坚冰遇到春阳一样，在不知不觉中便消融无遗。

尽管如此，可一人谋之已定，而继承他是很困难的。夷人没有羞耻之心，困则必降，投降后得机会便又背叛。赵充国未老时，必定会有办法为了防患于未然而解散他们，可辛武贤之流没有能力这样做，所以羌人之祸一直不绝于汉世。然而，如果没有赵充国，那么羌人对汉朝的祸害，小则为北宋的元昊，大则为拓拔魏的六镇，而拓拔氏最终因此灭亡。

汉宣帝对赵充国下诏说："将军不念中国的浩繁花费，想用数年的功夫战胜敌人，做将军的，谁不乐意这样呢？"唉！这肯定是有鄙陋之臣以此来迷惑庸主，并激起无穷的祸害。幸而赵充国坚持己见，不为所动，不然的话，汉朝可就危险啦！

治理国家的人，外患内讧，不得已才有兵，谓之不得已，则不可得而速已；谓之不得已，则自己想已之，也只能等不已者已之的时候才行。为什么呢？因为实在是不可得而已。举四海耕九年则有三年节余的积蓄，用于一隅，百姓虽然辛苦，也不得不辛苦；国库虽然空虚，其称盐数米于炷厨之意计而为国谋，庸主遂信以为忧国者，而害自此生。司农怠于挽输，忌边帅之以军兴相迫，窳敝之有司，畏后事之责，猾胥疲民，一倡百和，鼓其欲速之辞，而害自此成。茫昧徼功之将帅，承朝廷吝惜之指，翘老成之深智沈勇以为耗国毒民，乃进荡平之速效，而害自此烈矣。

充国之至金城也，以神爵元年之六月，其振旅而旋，以二年之五月，持之一年而羌以瓦解，则所云欲以数岁而胜敌者，盖老成熟虑之辞，抑恐事不必速集，而鄙陋之庸臣且执前言以相责耳，非果有数岁之费以病国劳民。显矣甚矣，国无老臣而庸主陋臣之自误也！惮数岁之劳，遽期事之速效，一蹶不振，数十年兵连祸结而不可解，国果虚，民果困，盗贼从中起，而遂至于亡。以田夫贩竖数米量盐之智，捐天下而陆沈之，哀哉！

14.宣帝重二千石之任，而循吏有馀美，龚遂、黄霸、尹翁归、赵广汉、张敞、韩延寿，皆藉藉焉。迹其治之得失，广汉、敞、霸皆任术而托迹于道。广汉、敞以虔矫任刑杀，而霸多伪饰，宽严异，而求名太急之情一也。延寿以礼让养民，庶几于君子之道，而为之已甚者亦饰也。翁归虽察，而执法不烦；龚亦不得不空虚。鄙陋之臣，以其在厨房中称盐数米的计谋用在国家大事上，平庸的君主竟然相信他们是真正忧国忧民的，于是祸害由此而产生。大司农不愿费心劳神运输军需品，因而忌恨边帅以军兴相迫，疲惫不堪的有关官员，害怕因为误期而受罚，狡吏疲民，一唱百和，极力鼓吹其要求速战速决的言论，于是祸害由此而形成。茫昧邀功的将帅，顺承朝廷节省费用的意旨，指责老成持重、深智沈勇的将领为耗国害民的将领，并且上书陈述及早发动攻势，速战速决的好处，然后付诸行动，于是祸害自从更加严重了。

赵充国是在神爵元年六月抵达金城（今甘肃兰州西北）的，其凯旋而归是在神爵二年的五月份，仅用了一年时间，羌人就土崩瓦解，可见他所说的计划用数年时间战胜敌人，大概只是老成熟虑之辞，恐怕战事一旦不能迅速结束，则浅薄无知的庸臣就会以先前所说的时限为借口，大肆指责、攻击。并非真的有数年浩瀚的军费开支以病国劳民，这则明摆着的。国家没有老臣时，平庸的君主和无知的大臣的自误也太严重啦！害怕数年的劳苦，期望能够速战速决，万一天不遂人愿，中国军队一蹶不振，则数十年兵连祸结而不可解，国库果真空虚，百姓果真困顿，盗贼又乘机在国内各地蜂涌而起，于是国家便很快走向灭亡。把农夫小贩称米量盐的小聪明，用在天下大事上，结果使得国家土崩瓦解，迅速走向灭亡，这实在是太令人感到悲哀啦！

汉宣帝重视二千石（指郡守一级的官员）的职任，于是循吏的美名上冲霄汉，龚遂、黄霸、尹翁归、赵广汉、张敞、韩延寿等人，都厕身于其间。考察他们为政的得失，赵广汉、张敞、黄霸都是用术而托名于道。赵广汉、张敞虚伪、残暴，过分注重刑杀，而黄霸多伪饰，这些人为政虽然宽严不同，但求名心太切的情形则是一样的。韩延寿以礼让养民，接近于君子之道了，但是如果做得过头，也是虚伪、文遂虽细，而治乱以缓；较数子之间，其愈矣乎！要此数子者，唯广汉专乎俗吏之为，而得流俗之誉为最；其馀皆缘饰以先王之礼教，而世儒以为汉治近古，职此繇也。

夫流俗之好尚，政教相随以滥；礼文之缘饰，精意易以相蒙；两者各有小著之效，而后先王移风易俗、缘情定礼之令德，永息于天下。救之者其惟简乎，故夫子言南面临民之道，而甚重夫简；以法术之不可任，民誉之不可干，中和涵养之化不可以旦夕求也。

如广汉者，弗足道矣。继广汉而兴，为包拯、海瑞者，尤弗足道矣。至于霸、延寿、翁归，循其迹而为之，何遽不如三代？而或以侈败，或以伪讥，何为其致一时之感歆，反出广汉下乎？虽然，亡其实而犹践其迹，俾先王之显道不绝于天下，以视广汉与敞之所为，犹荑稗与五谷，不可以熟不熟计功也。褊躁以徇流俗之好恶，效在一时，而害中于人心，数百年而不复，亦烈矣哉！

15.萧望之曰："恩足以服孝子，谊足以动诸侯，故《春秋》大士匄之不伐丧。"遂欲辅匈奴之微弱，救其灾患，使贵中国之仁义，亦奚可哉？恩足以服孝子，非可以服夷狄者也；谊足以动诸侯，非可以动夷狄者也。梁武拯侯景于穷归，而死于台城；宋徽结女直于初起，而囚于五国。辅其弱而强之，强而弗饰。尹翁归虽然明察，但执法不烦苛；龚遂虽然仔细，但治乱和缓。尹、龚二人与其他几位相比，难道不略胜一筹吗？在这些所谓的循吏中，赵广汉专门干俗吏所干的事情，可得到世俗之人的称赞最多；其余的人都以先王的礼教粉饰自己，而世儒认为汉朝的政治接近古制，就是基于这种理由。

世俗之人崇尚什么，政教便追随什么以至于泛滥；礼节仪式方面的文饰，容易使其精意被掩盖；两者各有小著之功效，而后先王移风移俗、缘情定礼的美德，永绝于天下。能够挽救这种局面的办法，大概只有简了吧！所以，孔子论南面治民之道时，非常重视简；因为法术不可偏任，民誉不可强求，中和涵养之教化不可能在一日之内得到。

像赵广汉这种人，是不值得称道的。继赵广汉而起的，有包拯、海瑞等，尤其不值得称道。至于黄霸、韩延寿、尹翁归等人，如果官吏都循着他们的足迹走下去，像他们所做的那样做，难道会不如三代时期吗？然而，有的人因为奢侈而遭失败，有的人因为虚伪而被讥讽，为什么他们赢得一时的感欣，反在赵广汉之下呢？尽管如此，可无其实而仍然仿效其行事，使先王的显道不致于绝灭于天下，赵广汉和张敞的所作所为与此相比，就像是杂草与五谷相比一样，是不可以用丰收不丰收为标准计算成绩的。急不可耐地曲从于世俗之人的好恶，只能取得一时的功效，可毒害却深深地击中人心，数百年也无法恢复，实在是太惨啦！

萧望之说："恩足以服孝子，情谊足以感动诸侯，所以，《春秋》高度称赞士匄不攻伐刚死了国君的齐国的做法。"于是准备帮助匈奴于微弱之时，救济其灾患，使他们珍视中国的仁义，难道可以这样吗？恩德足以服孝子，并非可以服夷狄之人；情谊足以感动诸侯，并非可以感动夷狄之人。梁武帝萧衍在侯景穷途末路时接受了他的可制也；救其患而安之，安而不可复摇也。汉之于匈奴，岂晋之于齐、均为昏姻盟会之友邦哉？望之之说《春秋》也，失之矣。

16.苏威以五教督民而民怨，黄霸以兴化条奏郡国上计而民颂之。盖霸以赏诱吏，而威以罚督民，故恩怨殊焉，而其为治道之蠹，一也。耕者让畔，行者让路，道不拾遗，传记有言之以张大圣人之化者矣；而《诗》《书》所载，孔门所述，未尝及焉。故称盛治之民曰“士悫女憧”，言乎其朴诚而不诡于文也。故曰：“礼不下庶人，刑不上大夫。”礼之不可望庶人，犹大夫之不待刑也。圣人之训，炳如日星矣。

孔子没，大义乖，微言绝；诸子之言，激昂好为已甚，殆犹佛、老之徒，侈功德于无边，而天地日月且为之移易也。夫圣人之化，岂期之天下哉？尧有不令之子，舜有不恭之弟，周公有不道之兄，孔子有不圬不雕之弟子，草野无知，而从容中道于道路，有是理哉？以法制之，以刑束之，以利诱之，民且涂饰以自免；是相率为伪，君子之所恶也。汉之儒者，辞淫而义诡，流及于在位，袭之以为政。霸之邪也，有自来矣。君子之道，如天地之生物，各肖其质而使安其分，斯以为尽人物之性而已矣。

归降，但是自己最终却被侯景困死于京师的台城；宋徽宗赵佶在女真人刚崛起时与之结盟，但是自己最终却被女真人俘虏，并囚禁于五国城（今黑龙江依兰）。我们在匈奴人势力衰弱时提供援助，使之重新强盛起来，可强盛以后就无法制伏了，在匈奴人遇到灾患时予以救济，使之安定下来，可安定以后就无法动摇了。汉朝与匈奴的关系难道与晋国和齐国一样，都是婚姻盟会的友邦吗？萧望之对《春秋》的说法，是不正确的。

苏威以五教督民而民怨恨，黄霸以兴化条奏郡国上计而百姓交口称赞。大概黄霸以奖赏诱惑官吏，而苏威以惩罚督促百姓，因而恩怨虽异，但他们作为治道的蠹虫，则是一样的。耕田的人互让田界，行路的人互相让路，道不拾遗，传记有这样的记载以夸张圣人之教化的；而《诗经》、《尚书》所载，孔门弟子所述，都没有这方面的记载。所以，称盛世之民为"士悫女憧"，指的是他们质朴诚实而不屑于在文辞上做功夫。所以说："礼不下庶人，刑不上大夫。"礼之不可望庶人，就像大夫不待刑一样。圣人的遗训，昭如日星。

孔子死后，大义乖张，微言断绝；诸子百家的言论，激昂好为已甚，大概也与佛、道之徒相似，贪求功德无边，而天地日月也将会因此而改易。圣人的教化，难道能够期望遍及天下吗？帝尧有不肖之子，舜有不恭的弟弟，周公有不道的哥哥，孔子有朽木不可雕的弟子，草野无知之人，慢慢腾腾地走在道路正中间，有这种道理吗？如果以法惩治他们，以刑约束他们，以利诱导他们，百姓就会文过饰非以求自免。这实质上是相率弄虚作假，君子憎恶这种做法。汉朝的儒生，辞淫而义诡，其影响逐渐蔓延到高高在上的统治者，统治者把这些学说使用于政治方面。黄霸的奸邪，是有其由来的。君子之道，就像天地生育万物，诸物种各肖其质，各安其位，这样才能尽人和物的天性。

17.耿寿昌“常平”之法，利民之善术也，后世无能行之者，宋人仿之，而遂流为“青苗”。故曰：非法之难，而人之难也。三代封建之天下，诸侯各有其国，其地狭，其民寡，其事简，则欲行“常平”之法也易。然而未尝行者，以生生之计，宽民于有馀，民自得节宣焉，不必上之计之也。上计之而民视以为法；视以为法，则惮而不乐于行，而黠者又因缘假借以仇其奸。故三代之制，裕民而使自为计耳。虽提封万井之国，亦不能总计数十年之丰歉而早为之制也。郡县之天下，财赋广，而五方之民情各异，其能以一切之治为治乎？

然则“常平”之制不可行与？曰：“常平”者，利民之善术，何为而不可行也？因其地，酌其民之情，良有司制之，乡之贤士大夫身任而固守之，可以百年而无弊，而非天子所可以齐一天下者也。寿昌行之而利，亦以通河东、上党、太原、弘农之粟于京师而已矣。

18.宣帝临终，属辅政于萧望之，其后望之被谮以死，而天下冤之。夫望之者，固所谓可小知而不可大受者也。望之于宣帝之世，建议屡矣，要皆非人之是，是人之非，矫以与人立异，得非其果得，失非其固失也。匈奴内溃，群臣议灭之，望之则曰：“不当乘乱而幸灾。”呼韩邪入朝，丞相御史欲位之王侯之下，望之则曰：“待以不臣，谦亨之福。”韩延寿良吏也，忌其名而讦其小过以陷之死。丙吉贤相也，则倨慢无礼而以老耿寿昌的“常平（即稳定粮价）”之法，乃是利民的好办法，后世没有能够推行的，宋朝仿效他，却演变为“青苗法”。所以说：不是法令难行，而是人难行之。在实行分封制的三代时期的天下，诸侯各有其国，其地盘狭小，民众不多，事情简易，因而想推行“常平”之法也很容易。然而，当时却不曾推行，这是因为民生之计，宽民于有余，则百姓自可节宣，不必国君为他们制订具体计划。政府制订计划就会被百姓们视为法律；视为法律，则有所忌惮而不乐于执行，同时狡黠之徒还会乘机借此做坏事，大售其奸。所以，三代之制，是富民而让他们各自为计。即使是一万平方里的大国，也不能总计数十年的丰歉而提前做出安排。在郡县制时代的天下，财赋甚广，四方的民情又各不相同，难道能够以一时之治为治吗？

既然如此，那么“常平”之法是否不可行呢？回答是：“常平”法，乃是利民的好办法，为什么不可行呢？如果因地制宜，顺应各地不同的民情，选择称职的官员主管，地方上的贤士大夫以身作则，并且持之以恒，就可以保证一百年不出弊病，这不是天子所能一刀切于天下的。耿寿昌推行常平法取得成效，也是因为他通河东（今山西西南部）、上党（今山西长子西）、太原、弘农（今河南灵宝）等地的粮食于京师而已。

汉宣帝临终，遗嘱萧望之辅政，后来，萧望之被诬害而死，天下人都认为他很冤枉。萧望之，本来就是所谓的可小知而不可大受之人。萧望之在宣帝时代，多次向皇帝建议，基本上都是把别人的对说成错，把别人的错说成对，强词夺理地标新立异，他的所得不是其果真应得，所失不是其固然应失。匈奴发生内讧，汉朝的群臣建议乘此良机攻灭匈奴，可萧望之却说：“不应当乘人之乱而幸人之灾。”呼韩邪单于投降后入汉朝廷晋见，丞相和御史大夫准备把呼韩邪的班次排在王侯以下，萧望之却说：“不把他作为一个臣子对待，乃是侮之。且不但已也，出补平原太守，则自陈而请留；试之左冯翊，则谢病而不赴。迹其所为，盖揽权自居，翘人过以必伸，激水火于廷，而怙位以自尊者也。若此者，其怀禄不舍之情，早为小人之所挟持；而拂众矫名，抑为君子所不信。身之不保，而安能保六尺之孤哉！见善若惊，见不善如雠，君子犹谓其量之有涯而不可以任大；况其所谓善者不必善，所谓不善者非不善乎！

宣帝之任之也，将以其经术与？挟经术而行其偏矫之情，以王安石之廉介而祸及天下，而望之益之以侈；抑以其议论与？则华而不实，辩而窒，固君子之所恶也。主父偃、徐乐岂无议论之近正，而望之抑奚以异？盖宣帝之为君也，恃才而喜自用，乐闻人过以示察者也，故于望之有臭味之合焉。以私好而托家国之大，其不倾者鲜矣。

元帝

1.朋党之兴，始于元帝之世，流风所染，千载不息，士得虚名获实祸，而国受其败，可哀也夫！萧望之、周堪、张猛、刘更生，固雅意欲为君子者也。其攻史高、弘恭、石显，以弼主于正，固君子之道也。夫君子者，岂徒由其道而遂以胜天下之邪哉？君子所秉以匡君而靖国者，蹇蹇之躬，可生可死，可贵可贱，可行非常之事，可定众论之归，而不倚人以为援。若夫进谦亨之福。”韩延寿是个好官，可萧望之却对他傲慢无礼，欺侮他年迈。而且不仅如此，朝廷要萧望之出任平原太守，他却自己陈情要求留任；让他到左冯翊任职，他却称病而不赴任。从其所作所为可以看出，萧望之这个人喜欢揽权自居，对别人的过失穷究不舍，又在朝廷里激起水火不相容之势，自己则坐山观虎斗，凭借尊贵的地位作威作福。像这样，他的贪恋禄位、依依不舍之情，早已被小人所挟持；而他违背众意，沽名钓誉，则更为君子所不信。自身尚且不能保全，又怎么能保全已经将近成年的皇帝呢！见善若惊，见不善如仇，君子尚且认为其气量有限而不可任大事；何况萧望之所说的好不一定好，所说的不好不一定不好呢！

汉宣帝重用萧望之，是因为看中他的经术吗？挟经术而行其偏矫之情，像王安石那样廉洁正直的人尚且祸及天下，何况萧望之这样荒淫奢侈呢？或许汉宣帝是看中了萧望之的议论？可萧望之的言论华而不实，雄辩而不通顺，本来就是君子所厌恶的。主父偃、徐乐等奸臣难道没有冠冕堂皇、貌似义正辞严的议论吗？萧望之与他们有什么区别呢？大概汉宣帝作为一个君主，恃才傲物，刚愎自用，喜欢听别人的过失以示自己的明察秋毫，因而很宠爱萧望之，两人实际上是臭味相投。因为个人的喜好而把身家性命和江山社稷这样的大事，轻率地托付给别人，很少有不覆亡的。

朋党的兴起，始于汉元帝时代，其流毒蔓延，千年不息，士人得虚名获实祸，而国家因此遭受重大损失，太可悲啦！萧望之、周堪、张猛、刘更生等人，本来是有雅意想做君子的。他们攻击史高、弘恭、石显等奸臣，以便把皇帝推上正路，纠正皇帝的过失，这当然是君子之道。君子，难道仅仅凭其道便能战胜天下的邪恶势力吗？君子所倚仗以匡正君主、安定国家的，是正直的为人，绝不阿谀奉承，可生可死，可贵可贱，可做非常的事，可定众论之归，而不依赖别人为援。

贤以卫主，而公其善于天下，则进之在已，而举错一归之君。且必待之身安交定之馀，而不急试之危疑之日。然且避其名而弗居，以使贤士大夫感知遇于吾君，而勉思报礼。身已安，交已定，道已行，小人已远，则善士之进，自拔以其汇，而不肖者不敢饰说以干。于身为君子，于国为大臣，恃此道也。

今萧、周二子者，奉遗诏，秉国政，辅柔弱之主，甫期年耳。元帝浮慕之而未尝知之。使二子果以抑群小、清政本为远图，身任之，以死继之，其孰敢不震叠焉？乃其所为有异是者，郑朋欲附之，望之受之，周堪听之，华龙闻其风而欲附焉。□□□□□□□□□□□□□□□而杨兴、诸葛丰之徒，皆仰望而欲攀倚。以此思之，则此数子者，必悬朝廷之禄位以引躁进喜事之人，而望其援，讼其直以击恭、显。身为大臣，国是不决，乃借资于浮薄之徒，或激或叛，以成不可解之祸。呜呼！四子者，果捐躯以报上，独立不惧，而奚以此闻声附和之宵人为哉？县汲引以诱人，利则从，害则叛，固其常也。况乎风相煽，讹相传，一时之气焰，小民之视听且骇，而况孱主孤立于群小之间乎！

故朋党之兴，必有败类以相附，而贻小人之口实。使为君子者，远爵赏之权，泯交游之迹，不歆便佞之推戴，不假新进以攻排，无瑕可求，孤立自任，则败类恶得而乘之？狄仁杰且以制诸武之凶，李沆终不受梅询、曾致尧之惑，大臣之道，当如此矣。四子而能然也，元帝虽孱，恭、显虽横，亦孰与相激，至于进荐贤才以保卫君主，而把他的好处公开于天下，则是把举荐贤人之事归于自己，而把决定权都归于君主。而且必定要等到身安交定之余，而不急试之于危疑之日。并且，君子还要避其名不居，以便使贤士大夫感知遇之恩于我们的君主，从而勉思报礼。身已安，交已定，道已行，小人已远，则善士的进用，自然是从士人中选拔最优秀的，不肖之徒当然不敢粉饰言论以求。对自身来说是君子，对国家来说是大臣，能够做到两不误，依赖的就是此种办法。

萧望之、周堪二人，奉宣帝的遗诏，执掌国家政权，辅佐柔弱的新君元帝，才刚满一年。汉元帝只是仰慕他们的虚名而未曾了解他们。假如这两个人果真以抑制群小，清理政本为长远目标，以身任之，以死继之，难道会有人不感到震惧吗？可是，他们的所作所为却与此不同，郑朋想依附他们，萧望之接受，周堪听任，于是华龙闻风而想依附。而杨兴、诸葛丰之徒，都仰望而想攀倚。由此想来，则萧、周、张、刘等人，必定是以朝廷的禄位吸引躁进喜事之人，希望得到他们的援助，主要是让他们上书称颂萧、周等人的正直以攻击弘恭、石显。萧望之等身为大臣，不关心国家大事的决策，却借助于浅薄无知之徒，或激或叛，从而造成不可解之祸。唉！这四位，如果真的甘愿捐躯以报答国君，正道直行，无所畏惧，要这些随声附和的小人干什么用呢？以高官厚爵所引诱来的人，有利则亲附，有害则叛去，从来都是这样。况且，阴风相煽，谣言飞播，一时间气焰嚣张，甚嚣尘上，小民的视听尚且骇然，何况孱弱的君主孤立于群小之中呢！

所以朋党兴起，必定有败类附合，因而给小人留下了口实。假如作君子的，远爵赏之权，泯交游之迹，不喜欢小人们的推戴，不假借新进之人攻击对手，无瑕可求，孤立自任，则败类怎么能有机可乘呢？狄仁杰尚且凭此制伏了强大而凶残的武氏势力，李沆最终也不受梅询、曾致尧的蛊惑，为大臣之道，应当如此，萧、周、张、刘四人如而令宣帝之业隳于一朝乎?

申屠嘉之困邓通，困之而已；韩魏公之逐内竖，逐之而已；何所藉于群不逞而为之羽翼?司马温公任二苏以抑王安石，而秦观、张耒以狭邪匪人缘之，以忝清流之选，故终绌于绍述之党。杨、左广结台谏以抗魏忠贤，而汪文言以无赖赀郎窃附以召祸。浮薄之徒，一得当于君子，而使酒狂歌、呼卢谑傲以嗣萧艾兰茝之音，其气膻，其焰绿。为君子者，可勿豫戒之哉!

2.元帝诏四科举士，即以此第郎官之殿最，一曰质朴，二曰敦厚，三曰逊让，四曰有行。盖孱主佞臣惩萧、周、张、刘之骨鲠，而以柔惰销天下之气节也。自是以后，汉无刚正之士，遂举社稷以奉人，而自诩其敦厚朴让之多福。宣帝曰:“乱我国家者，必太子也。”其言验矣。

虽然，有自来矣。极重必反者，势也。文、景、武、昭之世，贤不肖杂进，而质朴未亡，君子无赫赫之名，而小人亦无难见之恶。气矜如汲黯，名胜如贾谊，人主甚器其材，而终不显。至于逞风采以徼人主之知，动天下之色，如主父偃、徐乐、终军、东方朔，以洎刑名聚敛之臣，皆旋用而旋弃。迨宣帝切于求治，以文法为尚，而天下翕然从之。于是而沽名衒直之士，矫为人所不能以自旌，气焰足以凌人主，而人主厌其苛核，非但贵戚宦寺之疾之也。魏相以之赤霍氏之族，萧望之以之持丙吉之短，张敞以之攻黄霸之私，势已成乎极重，则其反而相奖以诡随也，天下且乐其易与，而况乎人主之与戚宦哉?

果能够这样，汉元帝虽孱弱，弘恭、石显虽然强横，又能与谁相配合而使汉宣帝之业毁于一旦呢？

申屠嘉困邓通，也只是困而已；韩琦驱逐内竖，也只是驱逐而已；他们何求于这些小人以致要为其羽翼呢？司马光重用二苏以压抑王安石，而秦观、张耒两位行为狭隘之人依附他们，从而跻身于清流之列，所以最终屈于绍述之党。杨涟、左广结台谏官员以对抗魏忠贤，而汪文言作为无赖的赀郎悄悄地依附他们从而招来了灾祸。浮薄之徒，一旦得当于君子，便纵酒狂歌、呼卢谑傲以接萧艾兰茝之音，其气膻，其焰绿。做君子的，能不预先警戒吗？

汉元帝诏以四科举士，即以此四科来确定郎官的等第、名次，第一是质朴，第二是敦厚，第三是逊让，第四是有德行。这大概是孱弱的君主，奸邪的臣子鉴于萧望之、周堪、张猛、刘更生等人的骨鲠，而以此柔情来消磨天下人的气节。从此以后，汉朝没有刚正之士，于是江山社稷拱手奉送给别人，却还自诩其敦厚朴让的多福。汉宣帝说："乱我国家的，必定是太子。"他的话应验了。

尽管如此，这种局面还是有来由的。物极必反，乃是势所自然的规律。文帝、景帝、武帝、昭帝时期，贤才和不肖之徒杂用，而质朴还没有消亡，君子没有赫赫的名声，小人也没有难见的罪恶。自矜气节的如汲黯，名扬天下的如贾谊，君主都很看重他们的才干，但最终也没有予以重用。至于逞风度文采以求君主赏识，动天下人颜色的，如主父偃、徐乐、终军、东方朔等刑名聚敛之臣，都是刚开始重用不久便被抛弃。等到汉宣帝急于求治，崇尚文法，于是天下人纷起响应。在这种情况下，沽名炫直之士，虚伪地做一些别人所不能做的事情来显示自己，其气焰足以欺凌君主，而君主厌其苛刻，并非只有贵戚宦官嫉恨他们。魏相因此诛灭了霍氏家族，萧望之因此攻击丙吉的短处，张敞因此揭发黄霸的隐私，这形势已经发展到了极为严重屈伸之理，一彼一此；情伪之迁，一虚一盈。故人主驭天下之人材，不轻示人以好恶而酌道之平，诚慎之也。畏其流而尤畏其反也。

3.赵充国持重以破羌，功莫盛矣，二十馀年而羌人复反，吾故曰：难乎其为继也。当充国时，求战不得、坐而自困之羌，心灰而不敢竞者阅二十年，而皆已衰老。后起之胡雏，未尝躬受挫抑，将曰：汉但能自守，而不能有加于我，前人无能为而受其困，我别有以制汉而汉穷矣。藉令充国未老，天子终以西事任之，抑必有锐师以继之于挫折之馀，而辛武贤之徒弗能也。外忌充国之功，而内实私幸之以偷安。故冯奉世曰："守战之备，久废不简，夷狄有轻边吏之心。彡姐骄狂而骤起，实有由来矣。"于是而奉世之决于进讨，功不可泯；韦玄成、郑弘之固陋，罪抑不可掩矣。

羌之初起也，持重以困之而自敝，万全之道也。过此而彡姐踵乱，非先零比矣。一起一败而不能无疑畏焉。已尽之炷，狂焰一熺而膏不给，胜则前，败则降，习先零故事，而无致死之心，是其必当剿除也明甚。故奉世决于大举，合六万人以捣之于初起，盖与充国之策异术而同功。奉世不可师充国之守，充国不可用奉世之攻，因时度敌而善其操纵，其道一也。

的程度，于是他们又反而争先恐后地相互奖勉，暗行诡诈，天下人尚且喜欢其容易接近，何况君主与贵戚、宦官呢?

屈伸之理，一彼一此；真假之迁，一虚一盈。所以，君主驾驭天下的人材时，不轻易向别人表示自己的好恶，而是努力将道持平，真正做到谨慎从事。因为畏惧其泛滥，更畏惧其走向反面。

赵充国老成持重，稳打稳扎，从而打败了羌人，功德无量，二十年后羌人又反叛了，所以我说：开创局面并不太难，难的是继承前人，长期保持这种局面。在赵充国所处的时代，求战不得、坐而自困的羌人，心灰意冷，不敢起来与汉朝相抗达二十余年后，都衰老了。后起的新一代胡人，未曾亲受挫折，将会说：汉朝只能自守，而不能进攻我们，前人没有本事以致受困，现在我们有好办法制伏汉人，汉人必定势穷力竭，一败涂地。即使赵充国未老，天子也始终把西边的事交给他负责，他也必须有精锐的军队以继于挫敌之余，而辛武贤之流是无能为力的。辛武贤等外忌赵充国的功绩，而心里实际上想图侥幸以苟且偷安。所以冯奉世说：“守战之备，已经长期废弛，无人督催，夷狄之人竟有轻视我边吏之心。彡姐骄狂而骤起，实际上是有缘由的。”于是冯奉世决定发兵进讨，其功不可泯灭；韦玄成、郑弘浅薄无知，其罪也不可掩饰。

在羌人初起之时，我们稳打稳扎，步步为营，日久敌人自然会内外交困，疲敝不堪. 这乃是万全之策。此后而彡姐接着武装反抗汉朝，形势与先零大为不同。羌人一起一败，不可能不产生疑畏心理。羌人就像一盏已经燃尽油的灯，狂焰一闪便没有油脂了，他们胜则向前冲，败则投降，效法先零以前的做法，而无拼死作战的决心，因此必须剿灭他们，这是显然的。所以，冯奉世决定大举进攻，在对方刚起之时集合六万人的兵力直捣其巢穴，这与赵充国的策略异术而同功。冯奉世不可效法赵充国的坚守战略，赵充国不可使用冯奉夫羌地亘河、湟，南接秦、陇，于长安为肘腋；力虽小而骄之则大，种虽散而使之相并则合；使其得志以逞，非但唐之回纥、宋之元昊已也。迨乎东汉，幸而都雒耳；使都长安，庸臣师玄成、郑弘之说，茸阘以召侮，羌且逼王畿城下而莫惩，汉其亡于羌乎！奉世翦之于始，张奂、段颎夷灭之于后，羌乃不能为中国腹心之患。其后虽姚弋仲之桀雄，不乘刘、石之馀而不敢起。垂至于今二千年，秦、陇、河、岷、阶、文之间，岩险瓯脱而防闲不设，则二汉之猷远矣。冯奉世首建大议以申天讨，善体充国之意而通其变，民到于今受其赐，非玄成等偷安一时之所能知也。

4.贡禹、匡衡之言，其不醇者盖亦鲜矣。禹曰："天生圣人，盖为万民，非自娱乐而已。"衡曰："天人之际，精祲有以相汤，善恶有以相推，宜省靡丽、考制度、近忠正、远巧佞，以崇至仁。"又曰："聪明疏通者，戒于太察；寡闻少见者，戒于壅蔽；勇猛刚强者，戒于太暴；仁爱温良者，戒于无断；湛静安舒者，戒于后时；广心浩大者，戒于遗忘。"又曰："婚姻之世的进攻战略，因时度敌而随机应变，最终克敌制胜，其道理是一样的。

羌人所盘踞的地区横跨黄河、湟水，南接秦、陇，对长安（今陕西西安）来说乃是肘腋之地；他们的势力虽小，但是如果我们不予以重视，就会日益强大；他们的种族虽然分散，但是如果我们听任其互相兼并，他们就会联合起来；如果他们志得意满，肆无忌惮，其对中原的威胁就不是唐朝的回纥，宋朝的元昊所能比拟了。到了东汉时期，幸而建都于洛阳；假如都城建在长安，庸臣承袭韦玄成、郑弘的说法，委曲求全以招致侮辱，羌人必将逼近王畿城下而无人能阻拦，汉朝大概就要被羌人所灭了吧！冯奉世翦除之于起初，张奂、段颎夷灭之于后来，羌人才没能成为中国的心腹之患。到了十六国时期，羌族首领姚弋仲虽然是一代豪杰，具有雄才大略，但是如果不乘刘渊、石勒大败之余也不敢举事。发展到今天差不多已经二千年，秦州（今甘肃天水）、陇州（今陕西陇县）、岷州（今甘肃岷县）、阶州（今甘肃武都）、文州（今甘肃文县西）之间，要道关塞都不设防务，则两汉时代人的谋略是够长远的。冯奉世首先建议征讨羌人，善于体会赵充国的意图并能融会贯通，随机应变，直到今天老百姓仍然得到他的好处，他的深谋远虑和良苦用心，绝不是韦玄成等偷安于一时的人所能懂得的。

贡禹、匡衡的言论，其中不纯的大概是很少的。贡禹说："天生圣人，是为了万民，而不是为了自己娱乐而已。"匡衡说："在人与自然界之间，精气可以相荡，善恶可以相推，应当减少浪费，考证制度、亲近忠臣、疏远小人，以崇至仁。"又说："聪明睿智的人，防止过分明察；孤陋寡闻的人，防止被人蒙蔽；勇猛刚强的人，防止太过残暴；仁爱温良的人，防止优柔寡断；恬静安舒的人，防止落后于时代；广心浩大的人，防止遗忘大事。"又说："婚姻之礼正，然后品物

礼正，然后品物遂而天命正，孔子论诗以关雎为始，此纲纪之首、王教之端也。”又曰：“圣人动静游燕所亲，物得其序。”又曰：“佞巧之奸，因时而动，圣人慎防其端，禁于未然，不以私恩害公义。”又曰：“正家而天下定矣。”读其文，绎其义，想见其学，非公孙弘、兒宽之剿旧闻而无心得者所及；亦且非韦玄成、薛广德之择焉而不精者所可与匹俦也。

论者谓元帝柔而少断，禹与衡不以为言，而但就帝之长，孜孜以恭谨节俭相奖，为禹、衡之罪，过矣。元帝所以优游不断者，惟其心之不清，几之不慎，而中不适有主也。则其所为恭谨节俭，亦唯其名而无其实。天子之尊富，即省之又省，而以溺其志者尚多。燕间游息之下，史高、石显岂无导侈之为？而特未甚耳。不然，何知其邪而不能去乎？由是言之，使无禹、衡之正，称诗、礼精严之旨以防其流，则以帝之柔而益以骄淫，安所得十六年之安，内无寇攘，而外收绝域之功乎？

君子出所学以事主，与激于时事之非而强谏之臣异。以谏为道者，攻时之弊，而不恤矫枉之偏。以学事主者，规之以中正之常经，则可正本以达其义类，而裁成刚柔一偏之病；主即不悟，犹可以保其大纲而不乱。故以孔子之圣，告荏弱之哀公，唯规之以人道政本之大端，而不屑取奔越之祸豫为之防。夫岂不达于时变哉？以道豫立而变自消也。且衡之言曰：“近忠正，远邪佞，寡闻少见者戒于壅蔽，仁爱温良者戒于无遂而天命正，孔子论《诗经》从《关雎》开始，因为这是纲纪之首、王教之端。”又说：“圣人动静游宴所用的东西，各得其所。”又说：“佞巧之奸，因时而动，圣人谨慎地防止其发端，禁绝灾患于未然，绝不因为私恩而害公义。”又说：“家正然后天下定。”读其文，释其义，可以想见，其学说绝不是剿袭旧闻而无心得体会的公孙弘、兒宽之流可比的；更不是虽有选择却不精深的韦玄成、薛广德等人所可匹敌的。

论者认为汉元帝优柔寡断，贡禹与匡衡却不当回事儿，只是就元帝的长处，不遗余力地称赞他恭谨节俭，于是认定贡禹与匡衡罪过就在于此，实际上，这种责难是不正确的。汉元帝之所以优柔寡断，只是因为他心里不清，察之不慎，因而心中没有主见。则他所表现的恭谨节俭，也唯有其名而无其实。天子至高无上，富有四海，即使节省了又节省，可因此而丧志的尚有许多。燕闲游息之下，史高、石显难道会没有引导皇帝侈纵的行为？只不过是不太严重罢了。不然的话，为什么知道他们的奸邪行为而不除掉他们呢？由此说来，如果没有贡禹、匡衡的正直，大力称赞《诗经》、《礼经》的精严之旨以防范其泛滥，那么以元帝的优柔而再加上骄淫，怎么能得到十六年的平安无事，内无寇盗，而外收绝域之功呢？

君子以所学的知识事奉君主，与激于时事之非而强行进谏的臣子不同。以进谏为道的人，为了攻击时弊，甚至不惜矫枉过正。以学问事奉君主的人，用中正之常法规劝君主，就可以正本以达其义类，而裁成刚柔一偏的弊病，君主即使不醒悟，尚可以保其大纲而不乱。所以，以孔子之圣，在见到软弱的鲁哀公时，也只是以人道政本之大端规劝他，而不屑于取奔越之祸而预作防范。他难道不通达时变吗？不，因为道豫立而变自消。况且匡衡曾说过：“亲近忠臣，疏远小人，孤陋寡闻的人防止被人蒙蔽，仁爱温良的人防止优柔寡断。”本断。”固已尽元帝之所短，而特不为矫枉之论，导之鸷击耳。夫可喻者，则微言而喻矣；不可喻者，则痛哭流涕以谈而固不喻也。是以君子之言，有体有要，而不诡于大常；补偏救弊之术，二子有所不尚，夫亦犹行君子之道乎！

论者徒见萧望之、周堪之死不以罪，咎元帝而因以咎禹、衡。乃石显之奸恶不及于天下，而海内晏安，则儒者雍容涵养之功，亦岂可诬哉？汉之中亡也，成、哀之奢纵成之，非元帝优柔致之也。又奚可以张禹、孔光之罪罪二子也！

5.邪说之行于天下，必托于君子之道。释氏之言心性，亦君子之言也；老氏之言道德，亦君子之言也；天下以其为君子之雅言，遂谓其有当于治与道而信之。故“六经”之支说，皆以破道而有馀，焦延寿、京房之于易是已。

《易》乾、坤之策三百六十，当期之日，取其象之一端大略而言也。屯、蒙以下之策，老少杂而非三百六十者多矣。期之日三百六十有五而有馀分，不尽如乾、坤之策也。圣人观天地人物之变而达其会通，以为是肖其大纲耳；亦犹二篇之策万一千五百二十以象万物，而物固不可以万计也。故曰：“神无方而易无体”“周流六虚，不可为典要。”二子者，乃欲限六十四卦之爻以各当一日，无以处馀四卦，不得已而以震、兑、坎、离居分至之位。则不知二分二至在六十卦之外而为之纲维邪？抑二分二至一日而二卦以异于馀卦邪？东震、西兑、南离、北坎者，位也；二分二至之日，时也。时经而位纬，二子来已经概括尽了汉元帝的缺点，而只是不说矫枉过正的话，以免致使他猛烈反击。可以理喻的人，则稍微一点就明白了；如果是不可理喻的人，则即使痛哭流涕来劝说，他也永远不会明白。所以，君子之言有体有要，而不诡于大常；补偏救弊之术，贡禹、匡衡二人不太重视，他们还行君子之道吗！

论者只看到萧望之、周堪二人不是因罪而死，于是便归咎于元帝，同时也因此责怪贡禹、匡衡。至于石显的奸恶不及于天下，而海内安然无事，则儒者的雍容涵养之功，难道也可以诬蔑吗？汉朝中道灭亡，是成帝和哀帝的奢纵所造成的，而不是由于汉元帝的优柔寡断所导致的。难道还能以张禹、孔光的罪过怪罪贡禹、匡衡二人吗？

邪说在天下传播，必定要假托君子之道。佛教谈论心性，也是君子之言；道教讲道德，也是君子之言；天下人以为它们是君子的雅言，对治国和道德必定会有好处，于是就相信了。所以，“六经”的支说，都是用来破坏道则有余，焦延寿、京房关于《易经》的学说正是这样。

《易经》的《乾》、《坤》二卦的策数为三百六十，相当于一年的天数，这是取其卦象的一方面粗略而言。《屯》、《蒙》二卦以下各对卦的策数，由于卦爻的老少阴阳相杂，不比《乾》、《坤》的纯卦，因而不是三百六十的有很多。一年的天数是三百六十五天还有余头，不完全与《乾》、《坤》的策数相同。圣人观察天地万物之变而达到融会贯通，认为这只是象其大纲而已；就像阴卦和阳卦的总策数为一万一千五百二十，象征着万事万物，而事物本来就不是以万为单位所能计算得了的。所以说：“神无方而易无体”；“周流六爻，不可为恒定不变的准则。”焦延寿和京房二人，竟想限六十四卦之爻以各相当于一天，每卦六爻，六十卦即为三百六十天，相当于一年，还有四卦是多余的，无法安置，迫不得已，他们只好以《震》、《兑》、取而错乱之也何居？故延寿者，筮史日者之流，以小术测阴阳之迹，似不足以知天化而叙治理。房是之学，乃敢以与人宗社哉？

其为术也，立典要以为方体，于是而有八宫世应之说。抑自乾至剥而穷，又不得已而措晋、大有于其末。垂至于今，鬻技之卜师，相因以断吉凶之大故，而不能明言其所以然之理，徒以惑民而徼幸。然则延寿与房，虽欲辞为妖妄之魁也而不得。何也？非天理之自然，则皆妖也。房以是欲与石显、五鹿充宗竞贞邪于天人之际，吾未见妖之足胜邪也。邪者获罪于人，妖者获罪于天，妖尤烈矣。

或曰：房之按日以候气，分卦以征事，所言者亦与当时之得失祸福合，何也？曰：石显之邪，而君德以昏，国是以乱，众耳众目具知之矣。事既已然，取而求其所以然者，而实固非也。势已成，形已见，谓天之象数亦然，亦恶从而辨之？故日月之有灾眚，岁时之有水旱，禽虫草木之有妖蠥，人民之有疴沴，山川之有崩沸，吾知其不祥；而有国者弗可不恐惧以修省耳。铢累而分之，刻画而求之，幸而弋获之妖人，以是取显名、致厚利而惑天下；王制所谓“假于鬼神时日卜筮以疑众，

《坎》、《离》四卦分居于二分（即春分与秋分）二至（即夏至与冬至）的位置上。则不知二分二至在久十卦以外而为它们的纲维呢？或者是二分二至一日而二卦以异于其他卦呢？东方《震》、西方《兑》、南方《离》、北方《坎》，指的是方位；二分二至的日子，指的是时间。以时间为经，以方位为纬，焦延寿与京房把它们拿来弄得一塌糊涂是干什么呢？所以，焦延寿只是筮史日者（指以占侯卜筮为业的人）之流，以小术测阴阳之迹，似乎不足以知天化而叙治理。京房研究这种学问，竟敢凭此参决国家大事吗？

焦延寿与京房的学术，是树立恒定的准则以为方体，于是乎有了八宫世应之说。大概从《乾》到《剥》已经达到尽头，实在不得已只好强行把《晋》、《大有》排在后面，流传到今天，靠鬻技为生的算卦先生，世代相因袭以此法判断吉凶，却不能说清楚其所以然的道理，只不过是以此迷惑百姓而图侥幸罢了。既然这样，那么焦延寿与京房，即使不想做妖妄之魁首也不可能。为什么呢？因为若不是天理之自然，则都是妖言。京房凭借这种学说想与石显及五鹿（今河南濮阳东北）的充宗竞争正邪于天人之际，看不出妖一定能够战胜邪。邪者获罪于人，妖者获罪于天，妖的危害尤甚。

有人说：京房按日以侯气，分卦以征事，所得出的结论也和当时的得失祸福相吻合，这是为什么呢？回答是：石显极为奸邪，君德因此而昏，国事因此而乱，乃是众所周知的。事情既然已经发生，取而求其所以然的缘由，而事实本来就不是这样。在势已成，形已现的情况下，说天的象数也是这样，又怎么能够分辨得清楚呢？所以，日月有灾异，年景有水旱，禽虫草木有妖怪，人民有病害，山川有崩沸，我知道这些是不吉祥的；而拥有国家的人不能不诚慌诚恐地反省自己，以便尽快改正错误。铢累而分之，刻画而求之，侥幸达到目的的妖人，以此取得显赫的名声，招致丰厚的利润，从而迷惑天下；《王杀。”其宜膺天刑久矣。房内挟此以与邪臣竞，自杀其躯而邪益张，宜矣哉！何也？托君子之道，诬圣人之教，矫造化之神，三者皆获罪于天而不可逭者也。

6.京房考课之法，迂谬而不可举行；即使偶试而效焉，其不可也固然。何也？法者，非一时、非一人、非一地者也。房曰：“末世以毁誉取人，故功业废而致灾异。”毁誉之不当者多也，然而天下之公论存焉。虽甚拂人之性，亦不能谓尧暴而跖仁也。舍此而一以功业程之，此申、韩之陋术，而益之以拘迫，不肖者涂饰治具以文其贪庸；不逮，则鞭策下吏、桎梏民庶以副其期会，灾不在天，异不在物，而民已穷、国已敝矣。

先后异时也，文质相救而互以相成，一人之身，老少异状，况天下乎？刚柔异人也，不及者不可强，有馀者不可裁，清任各有当，而欲执其中，则交困也。南北异地也，以北之役役南人，而南人之脆者死；以南之赋赋北土，而北土之瘠也尽；以南之文责北士，则学校日劳鞭扑；以北之武任南兵，则边疆不救危亡。其间损乃以益，杀乃以生，简乃以备，一视为吏者居心之仁暴、忧国之诚伪。而唯考课其一切之功能，此王莽所以乱天下者，房为之开先矣。塾师之教童子也有定课，而童子益愚；耕夫之驭牛也有定程，而牛以敝。梏四海九州强智柔和于房一人之意见，截鹤胫以续凫，其不亡也何待焉？

制》所谓的“假借鬼神时日卜筮以疑惑民众的人，一律处死。”他们早就应该受天刑了。京房内挟此与邪臣抗争，自杀身亡后邪臣势力更加嚣张，太应该啦！为什么呢？因为他托名君子之道，诬蔑圣人之教，假托造化之神，这三条都获罪于天，无法逃避。

京房的考课之法，迂谬而不可施行；即使偶尔试用有成效，它仍然是不可施行的。为什么呢？因为法律，不是一时、一人、一地之法。京房说：“在王朝的末期凭名声的好坏取人，因此功业废而灾异起。”名声的好坏与实际不符合的甚多，但是天下的公论尚存。即使严重违背人性，也不能说尧残暴而盗跖仁慈。舍此而完全以功业衡量，这乃是申不害、韩非的陋术，又增添了拘迫，不肖之徒涂饰治民之道以掩盖其贪庸；如果不及，则鞭策部下的官吏、桎梏百姓以求达到其目标，天不降灾，物不出现怪异，而百姓已经穷困，国家已经凋敝了。

先后的时间不同，文质相救而相辅相成，同一个人，老年时期与少年时代的情形大不相同，何况整个天下呢？刚柔因人而异，不及的不可强求，有余的不可强裁，清任各有其合理性，而想执其中，则必然会交困。南北方是不同的地区，以北方人的徭役之事让南方人做，则南方的脆弱之人很可能因此而丧生；以南方的赋税让北方人负担，则北方贫瘠土地的收益就被征光了；以南方的文化程度要求北方的读书人，则学校每天都要忙于鞭打学生；以北方人的战斗力水平任用南方士兵，则边疆不救危亡。其间损还是益，杀还是生，简还是备，完全取决于官吏居心的仁与暴，忧国的真与伪。而唯有考课其一切的功绩才能，乃是王莽最终搅乱天下的根由，实际上是京房为王莽首开的先河。私塾老师教儿童如果有定课，则儿童越来越愚笨；耕夫用牛如果有定程，则牛因此而吃尽苦头。使四海九州的强智柔和受限于京房一人的意见，截鹤腿以续凫鸟腿，除了灭亡还会有什盖房之为术，以小智立一成之象数，天地之化，且受其割裂，圣人之教，且恣其削补。道无不圆也，而房无不方，大乱之道也，侮五行而椓二仪者也。郑弘、周堪从而善之，元帝欲试行之，盖其补缀排设之淫辞有以荧之尔。取天地人物、古今王霸、学术治功，断其长，擢其短，令整齐瓜分如弈者之局、厨人之饤也，此愚所以闻邵子之言而疑也，而况房哉!

7.汉之亡，非元帝之咎也。帝弱而寡断，然而无所伤于天下，石显仅逞于异己，而恶不及于民，国之元气未斫焉。故曰：非元帝之咎也。王氏，元后之族也，王凤为大将军录尚书事，为篡弑之阶。然非元帝之宠后族而早任之，帝崩，成帝乃假凤以大权，而帝无遗命。故曰：非元帝之咎也。虽然，其所自来，抑岂非元帝隐伏之咎肇于不测哉？帝以成帝耽燕乐为不能胜大位，而欲立山阳王，识之早也。重易国储，闻史丹之谏而止，亦正也。然知成帝之不克负荷，而不择贤臣以辅正之，幸傅昭仪而迟回于山阳，遘重疾而忽忽不定，闻史丹之谏，知命之已促，而徒有善辅之言，无托孤之遗命，以听哲妇孺子之自求亲信，而王凤进矣。

成帝之在东宫也，既为元帝之所憎而孤危甚，摇摇于废立之间者将十年。匡衡、史丹亦但以大义规元帝，而非必与成么结果呢?

大概京房的学说，只是以小智立一成之象数，天地之化，尚且被他割裂，圣人之教，也被他任意削补。道没有不圆的，可京房没有不方的，实在是大乱之道，侮辱五行(即金、木、水、火、土)而又危害两仪(即阴阳)。郑弘、周堪尾随其后啧啧称赞，汉元帝竟想试用京房的说教，可能是京房的补缀排设之淫辞迷惑了他们。取天地人物、古今王霸、学术治功，切断其长的，延长其短的，使之整齐划一，就像下棋人的棋盘，厨师所堆码的五色小饼，这就是我之所以听到邵子的言论而起疑的原因，更何况京房呢!

西汉的灭亡，并不是汉元帝的罪过。元帝虽孱弱而又寡断，但对天下没有什么伤害，石显仅仅是得志于铲除异己，而对百姓没有什么罪恶，国家的元气尚未丧失。所以说：不是元帝的罪过。王氏，是元帝皇后的家族，王凤担任大将军录尚书事，乃是王氏篡权弑君的台阶。然而，并不是元帝因为宠幸后族而早已重用他，元帝死后，继位的成帝才授给王凤以大权，可元帝并没有遗命成帝这样做。所以说：不是元帝的罪过。尽管如此，而灾难的根源，难道不是元帝隐伏的罪过突发于不测之时吗?元帝看到成帝沉湎于燕乐，认为他不能胜大任，因而想改立山阳王为太子，可见元帝对成帝早就有看法，知道他做不好帝王。更换太子的事，因为史丹的劝谏而停止，这也是正确的。但是，元帝既然明知成帝不能胜任，却不选择贤臣以辅正他，因为宠幸傅昭仪而有心要立她的儿子山阳王刘康，身染重病仍然犹豫不决，当听到史丹的谏言后知自己余日无几，却唯有嘱咐史丹好好地辅佐太子的口头表示，而没有托孤的遗命，于是听任自己聪明的妻子和无能的儿子自找亲信，在这种情况下，王凤得到了重用。

成帝在东宫做太子期间，因为被元帝所憎恶而处境十分危险，在废与立之间摇摆不定就将近十年。匡衡、史丹也只是以大义规劝帝为腹心。所窃窃然忧、翕翕然私语而计者，徒王凤耳。元后宠衰，而忧祸之及，所与窃窃然忧、翕翕然私语而计者，亦凤兄弟耳。人情出危险之中而思故时之同患者，未有不深信而厚倚之。故成帝一立，而顾瞻在廷，无有如凤之亲己者，岂复忧他日之攘己乎？呜呼！于是而知叔孙舍之不赏私劳以杀竖牛，卓乎其不可及已。

天位者，天所位也；人君者，人所归也。为主器之长子，膺祖宗之德泽，非窃非夺，天人所不能违；而翕訿以相保，呴沫以相怜，私忧过计，贪天功为己力，此其人亦何足任而戴之不忘乎？唐玄宗知张说之奸，怀其潜邸之恩而不能远，以召均、垍之逆；况杨复恭之以家奴而门生天子乎？呜呼！自非攘功擅权之小人，孰敢以大宝之攸归自任为己绩者？赵汝愚不欲行内禅之赏，可法也，而犹存其迹也；丙吉护宣帝于狱而终不自白，故能相天子以成中兴之业。然则汉文却周勃之私言，世庙罢新都之政柄，不得谓之刻核而寡恩；成帝之碌碌，何足以语此哉！元帝不能顾命史丹，而使凤得以私劳惑庸主，亦其昵爱山阳而愦然不恤之咎与！故曰：隐伏之咎，肇于不测也。

元帝不要更换太子，而不是一定要交结成帝，做他的心腹。私下里为成帝的前途担忧，偷偷地私语并为成帝出谋划策的，只有王凤一人。元帝的皇后王政君所受到的宠幸衰减后，私下里与她一起担忧，偷偷地私语并为她出谋划策的，也只有王凤兄弟而已。人之常情是跳出危险境地后，便会想起先前与自己同患难的人，而且没有不十分信任，并倚为股肱的。所以，汉成帝一继位，环顾朝廷中的大臣，没有看见一个能像王凤那样亲近自己的人，在这种形势下，难道他还能顾虑到有朝一日王凤会夺自己的政权吗？唉！由此可知，叔孙舍不赏私劳以杀竖牛，其高明实在是没有人能够比拟的。

天位，乃是天所占居的位置；人君，乃是人所归依的对象。身为即将继承宗庙社稷的长子，承受祖宗的德泽，不窃不夺，天下都不能违背；却要懈怠职事以求自保，相濡以沫以相怜，私忧过计，贪天之功为己力，这种人又哪里值得重用而且戴之不忘呢？唐玄宗知道张说奸邪，只是念其为东宫旧臣之恩，而不疏远他，结果招来了均、垍的叛乱；何况杨复恭身为家奴却以天子为门生呢？唉！如果不是窃功擅权的小人，谁敢以大宝之攸归自任为自己的功劳呢？赵汝愚不想行内禅之赏，可以效法，却仍然保留有古人的痕迹。丙吉在狱中保护过汉宣帝的生命而始终不表白自己的功劳，因而能帮助天子完成中兴大业。既然这样，那么汉文帝拒绝周勃的私言，世宗罢免新都侯的执政权，不能说是苛刻而寡恩；汉宣帝碌碌无为，哪里能听得懂这些话呢？汉元帝不能遗命史丹辅孤，使得王凤能够以私劳迷惑庸主，也是元帝宠爱山阳王因而愤然不顾的罪责！所以说：隐伏的罪过，突发于不测之时。

卷五

成帝

1.读杜钦进谏之章，与其奏记王凤之书，及论王章之事，竟以王氏之篡，归祸始于钦之党奸，非平情之论也。成帝之无道也，足以亡国。王凤初起，犹修饰而有类于社稷之臣；其视张放、淳于长、史育之导欲以宣淫者，不若也。五侯之专，莽之篡，岂钦之所能前知哉？士志于有为，而际昏庸之主，思有所造于国家，不得自达于上，不获已而见大臣之可与言者，因之以效“纳约自牖”，而“遇主于巷”，所谓救失火而不暇问主人者也。故以陈蕃之刚正，而依窦武以行其志，能早知自别以远嫌者鲜矣。至于凤已成乎专逼，心知其误，而卒不能自拔，钦固有无可如何者，而其情亦可愍矣。

故君子之爱身也，甚于爱天下；忘身以忧天下，则祸未发于天下而先伏于吾之所忧也。外戚也，宦寺也，女主也，夷狄也，一失其身，虽有扶危定倾之雅志，不得自救其陷溺；未有身自溺而能拯人之溺者也。孔子行乎季孙而鲁几治，非孔子固弗敢也。圣人之大用，中材所不敢效也。虽然，圣人岂有不测之术哉？齐人服，郈、费堕，季斯一受女乐，而即决于行，无所凝滞，而必不与之推移。则一旦释然忘前此之功业，而逌然以去，无他，纯乎道而无私焉耳。圣人不可学而可学者，此读杜钦进谏的奏章，和他奏记王凤之书，及论王章之事，便认为王氏的篡位，乃是因为杜钦与奸贼结党，这并不是公允而不偏于感情的论述。汉成帝的无道，足以亡国。王凤初起时，还多方粉饰，表现得像是一个社稷之臣；与张放、淳于长、史育等勾引情欲以宣淫之人相比，是大不一样的。同日受封的王谭、王商、王立、王根、王逢时等“五侯”专权，王莽最终篡位，难道是杜钦所能预先知道的吗？士人立志要有所作为，却生不逢时遇上了昏庸的国君，即使想为国家建功立业，也不能自己上达于君主，万不得已只好先求见能够说上话的大臣，通过他以效“纳约自牖”，而“遇主于巷”，这就是所谓的急于救火而无暇询问主人的姓名。所以，连以刚正著称的陈蕃，也通过窦武以实现自己的理想，可见能够早点知道自重以避免嫌疑的人太少啦！到王凤已经形成专逼之势，杜钦虽然心里明白自己已犯了错误，却最终无法自拔，他实在是无可奈何，其痛苦处境也着实令人同情。

所以，君子爱惜自身，甚于爱惜天下；忘了自身以忧虑天下，则祸未发于天下而先伏于自己所忧虑的事中。一旦不顾自身的清白与外戚、宦官、女主等结交，则即使有扶危定倾的雄心壮志，也无法自救深陷水深火热之中的人；从没有自己已经溺水却能救出别的溺水者的。孔子依赖擅权的季孙氏而鲁国几乎大治，这种事除了孔子别人肯定是不敢的。圣人的大用，才能一般的人是不敢效法的。尽管如此，可圣人难道有想象不到的妙术吗？齐国人想发兵劫持鲁公，孔子斥退了齐人，又主持拆毁了叔孙氏所据守的郈城（今山东东平东南），季孙氏所据守的费城（今山东费县北），可是当季斯一接受女乐，孔也。凤之专，王氏之盛，成帝之终不足与有为，威福下移，形势已成，钦胡为其荏苒而不去也？能去则去，虽因季斯而不损其圣。事已不可，而尚惜其位，则钦虽持义之正，而不免于党奸。虽然，若钦者，固未易言去也；谏凤不听而去之，且无名而为其所忌，故非圣人不能去，不能去而可不早慎择所从哉？君子度德以自处。女主也，外戚也，宦寺也，夷狄也，即可与有为，而必远之夙，人道之大戒也。贾捐之、杨兴、崔浩、娄师德、张说、许衡，一失其身，而后世之讥评，无为之原情以贷者，皆钦之类也。可勿戒乎！

2.亡西汉者，元后之罪通于天矣。论者徒见其吝玺不予、流涕汉庙、用汉伏腊而怜之，妇人小不忍之仁，恶足以盖其亡汉之大憝哉！今有杀人者，流涕袒免而抚其尸曰：吾弗忍也，而孰听之？

汉惩吕氏之祸，不举国柄而授之外戚久矣。霍氏之持权，武帝拔霍光于下僚，与降胡厩吏等，非缘后族也；其既也，则以废暗立明安社稷之功也。宣帝之于史氏，元帝之于许子当即决定离去，毫不迟疑，不愿与孟孙氏再合作一天。孔子一旦全然忘记了此前的一切功业，而轻松愉快、毫不留恋地离去，这没有别的原因，除了为保证道的纯洁而不顾个人的利益。圣人不可学而可学的，就是这种精神。王凤专权，王氏隆盛，汉成帝最终不可能有什么作为，皇帝大权旁落的形势已经形成，杜钦为什么仍然留任而不尽快离去呢？能走则走，孔子尽管曾依赖过季斯也不会有损于他的名。国事已经没有什么希望，可杜钦还依依不舍官位，即使他坚持正义，最终也不免于结交奸臣的恶名。尽管如此，可是像杜钦这样的人，本来就不容易离去；他劝谏王凤未被接受便拂袖而去，必将会因为没有正当的理由而被王凤等人所忌恨，所以若非圣人便不能离去，既然不能轻易离去，难道当初可以轻率地选择所要依仗的对象吗？做君子的，应当揣度自己的德行以找准定位。像女主、外戚、宦官及夷狄之人等，即使与他们合作能够有所作为，也一定要尽早离开他们，这是人道的大戒。贾捐之、杨兴、崔浩、娄师德、张说、许衡等人，一旦不顾自己的清白之身与上述几种人交往，则后世的讥评，没有谅解他们的苦衷而予以宽贷的，这些人与杜钦同属于一类。后人难道可以不引以为戒吗？

元帝的皇后王政君，直接导致了西汉的灭亡，可谓罪恶滔天了。发议论的人只看到她舍不得把传国玺奉送给王莽、为了汉朝的江山社稷而痛哭流涕、又继续使用汉朝的伏日、腊日为节，因而十分怜悯她，可是，妇人不忍心小节的仁慈，又怎么能掩盖她灭亡汉朝的滔天大罪呢？如果有人杀了人，却袒衣免冠，痛哭流涕地扶着死者说我不忍心，谁会听他的话呢？

汉朝从吕氏之祸吸取教训，不把国家的大权交给外戚，这很早时就开始了，并形成为传统。霍氏曾经执掌大权，霍光是汉武帝从低级官吏中提拔起来的，与降汉的胡人、主管喂马的厩吏并列，并不是氏，以恩泽侯而已矣。成帝年已二十，元帝未有属王氏之遗命焉；王凤起自卫尉，一旦而持天下之柄，孰为之邪？五侯并日而封，杨兴、驷胜争之而不得；苟参以异父弟强成帝以封侯，帝不听，而犹宠以侍中；刘向谏而不听，王章争而见杀，垂涕不食，以激成帝之诛章；刘向抗疏不已，成帝欢息悲伤，卒受制而不能决。凤死而音代，音死而商代，商死而根代，根死而莽代，一以世及之法取汉之天下，而使相嗣以兴，非后之内主于宫中，亦岂能蔓引绵延之如此哉？

且夫王氏之横，未尝不可扑也。成帝察其奢僭不轨，而音、商、立、根藉稿负斧锧以待罪；王立结淳于长之奸露，成帝下有司按治，而立杀其子以灭口；计其为人，非能险鸷于吕之产、禄，武之三思、懿宗也。乃吕氏私其族而终以国事付平、勃，武氏私其侄而终以国事付狄、娄，元后则笼刘氏之宗社于其鞶帨，而以授之私亲。逮乎哀帝之立，姑退莽以胁哀帝，而蛊在廷之心，纵董贤之不逞，乘其败以进莽，使恣行其鸩主之毒，晏然处之而不一诘。摄则使之摄矣，假则使之假矣，岂徒莽之奸足以恣行无忌哉？老妖不死，日蚀月齕，以殄汉而必亡之，久矣。故曰：罪通于天也。

依靠皇后家族起家的；他之所以能掌握大权，则是因为废除暗弱拥立明达以安定社稷的大功。汉宣帝对于史氏，汉元帝对于许氏，只是以恩泽加封其为侯而已。成帝的年龄已达二十岁，元帝没有托王氏辅佐新君的遗命；王凤本是一个卫尉，在极短的时间内就掌握了天下的大权，这是谁造成的？王氏五侯同日受封，杨兴、驷胜力表反对却没有被采纳；苟参是成帝的异父弟，太后强行要求成帝封他为侯，成帝没有答应，却提拔他为侍中，以示恩宠；刘向劝谏，可成帝不听，王章不顾一切地争辩，结果却死于狱中。当王章指斥王凤时，太后整日流泪，茶饭不进，以激怒成帝诛杀王章。刘向不断地上表反对王氏，成帝叹息悲伤，最终却仍然因为受制于王氏，而不能下决心剥夺王氏的大权。王凤死后由王音取代，王音死后由王商取代，王商死后由王根取代，王根死后由王莽取代，完全按照父死子继、兄终弟及的办法一步一步地夺取汉朝的天下，如果不是王太后在宫内操纵，王氏难道能够像这样蔓引绵延吗？

况且王氏的势力并非不可扑灭。当成帝察觉到王氏奢侈僭越图谋不轨时，王音、王商、王立、王根便坐在草垫上、身背刀斧以待刑戮；王立与淳于长勾结的奸谋败露后，成帝命有关部门审理，而王立马上杀掉自己的儿子以灭口；看他们的为人，并没有吕氏的吕禄、吕产，武氏的武三思、武懿宗那样阴险、凶猛。然而，吕氏虽然偏爱她的家族却最终把国事交给陈平、周勃，武氏虽然偏爱她的侄子却最终把国事托付给狄仁杰、娄师德，元后则把刘氏的江山社稷控制在自己手心，然后交给自己的亲属。到了哀帝继位时，她让王莽姑且避位以胁迫哀帝，并且蛊惑在朝廷大臣之心，纵容董贤为非作歹，乘其败以起用王莽，使他肆地忌惮地实施其毒死皇帝的恶毒行动，元后对所有这一切泰然处之，不曾责问王莽一个字。王莽要摄政就让他摄政，王莽要做假皇帝就让他做假皇帝，难道只是因为王莽的奸邪足妇人之道，柔道也，反其德而为刚，虽恶易折。大畜之五曰：“豶豕之牙，吉。”牙可豶也，而吕、武以之，周勃、狄仁杰豶之而吉矣。姤之初曰：“羸豕孚蹢躅。”羸云者，不壮而柔者也，以柔而结人心者也，而蹢躅之凶不可禁，元后以之，虽刘向痛哭以陈言，成帝悲伤而惧祸，而无如后之涕泣者何也！莽已篡，汉已灭，姑以一泣逃天下后世之诛，而谁信之？不然，莽之基毒，无有于其子，后果有思汉之心，莽其能戴之没世而生荣死哀以相报哉？女祸之烈，莫如王氏，而论者犹宽之，蹢躅之孚，且以孚后世而免于史氏之诛，亦险矣哉！

3.成、哀之世，天地宗庙之祀倏废倏兴，以儿嬉而玩鬼神甚矣。其废而复兴也，或以天子之病，或以继嗣之不立，小人徼福之术，固不足道。其废也，始于贡禹而成于匡衡，所持者，三代之典礼也。宗庙远，有毁而无立者，义也；诚所不至，不敢黩焉，义所以尽仁也。儒者之言礼，文而已矣；以文而毁，犹之乎以文而立。夫汉之嗣君，于其所不废之祀而能以诚格之乎？执是以论，举凡天地祖宗之祀皆可毁矣，而何但七世以上兴五畤之郊也？苟非其人，道不虚行。宫室之侈，妃嫔之众，服膳之奢，乐之淫，刑之滥，官之冗，赋之重，一能汰其所以使他横行无忌吗？老妖不死，日蚀月吞，以蚕食汉朝江山，并且一定要灭亡刘氏政权，其险恶用心由来已久了。所以说他罪恶滔天。

妇人之道乃是柔道，反其德则为刚，虽恶易折。《大畜卦》的第五爻说：“割掉公猪的生殖器，猪嘴里的长牙便不会伤害人了，可获大吉。”要避开野猪锋利的獠牙，就要击其要害，将它阉割。而吕氏、武氏就好比是野猪锋利的獠牙，周勃、狄仁杰阉割了公猪，制服了它的烈性，就可以获得大吉祥。《姤》卦的初爻说：“瘦弱的母猪被捆绑而竭力挣扎。”羸，指的是不强壮的柔弱者，以柔笼络人心，而蹢躅（即徘徊不进的样子）之凶不可禁，元后以此，即使有刘向痛哭流涕地陈言，成帝悲伤而惧祸，却对元后的哭泣无可奈何！等到王莽已经篡位，汉朝已经灭亡，元后王政君竟想姑且以一场痛哭逃避天下后世的惩罚，可又有谁会相信她呢？不然的话，以王莽的歹毒凶残，连自己的亲生儿子也不放过，元后如果真的有不忘汉室之心，王莽难道能够始终爱戴她并且生荣死哀以报答她吗？女祸之烈没有比王氏更甚的，而发议论的人还宽恕她，被捆绑而竭力挣扎，即使被后世人信服而免于史学家的讨伐，也很危险啊！

在汉成帝、汉哀帝时代，天地宗庙的祭祀忽废忽兴，像儿戏一样玩弄鬼神已达到极为严重的程度。其被废以后又重新兴起，有时是因为天子生病，有时是因为继承人没有确立，这些都是小人的求福之术，本来就不值得称道。其废弃始于贡禹而最后一直到匡衡，他们所持的根据，是三代的典礼。祖宗的时代久远，祭礼有毁而无立，乃是义；诚所不至，又不敢亵渎，义就是为了尽仁。儒家所谈的礼，只是其形式而已；为了形式而毁礼，就如同为了形式而立礼。汉朝继任的诸位君王，对于其所不废的祭祀，能够以诚举行吗？以此论起来，则所有对天地祖宗的祭祀都可以毁弃，却为什么只限于七世以上的祖先和五畤之郊祀（即祭天地）呢？如果不是其人，则道不馀以合于三代，而后议郊庙之毁，未晚也。

且三代之靳祀于七世，岂徒然乎？抑创法者，自开国之君守约以待子孙之易尽其情而无伪，非祖宗立之而后王毁之也。自汉以降，百为不师古，礼乐之精意泯焉；而独于祧庙致严于祖宗之废兴，何其徇末而斫其本也？况古之祧也，于大禘而合食，则虽废而不忘。后世无禘而徒祧，几于忘其所自出。然则废五畤以伸上帝之孤尊，古之可法者也。制以七世而毁庙，古之未可遽法者也。君子之言礼，非但以其文也。

4.进言者极其辞，而必有所避就，非但以远嫌而杜小人之口实也，道存焉矣。嫌已远而小人无间以指摘，则君之听不荧，而言乃为功于宗社。刘向忧王氏之势盛而移汉，见之远，虑之切，向死而汉亡，所系亦大矣哉！而于进言有未得者，故成帝虽感，而终不能庸，小人之党，且有挟以上摇主听而下惑人心。

其言曰：“王氏、刘氏且不并立，宜援近宗室。”斯岂向所宜言者乎？以事言之，刘氏之贤，无有逾于向者，枢筦之任，不归王氏必归向矣，未有斥人之奸而自任者也。且刘氏、王氏岂颉颃而并论以争衰王者。颉颃而并论，妇人勃溪之说也；且假虚行。宫殿的豪华，妃嫔的众多，衣食的奢侈，音乐的淫荡，刑罚的泛滥，赋税的苛重，一旦能够削其多余以合于三代，然后再说郊庙祭祀的废弃，也不晚。

而且三代仅仅祭祀到七代，难道是徒然的吗？创立法度的人，从开国之君遵守礼制以便宜子孙后代能诚心祭祀而没有虚伪之意，并不是祖宗立了以后就使后任的君主毁掉它。自汉朝以后，各种事情都不效法古人，以致礼乐的精意泯灭了；可只有在对远祖之庙的祭祀方面，严格掌握祖宗的废兴，为什么要像这样顺从枝末而斫削根本呢？何况古代的祭远庙，在郊祭祖先的合食，让他们共同享用祭品，则虽废而不忘。后代只有祧祭（祭远庙）而没有禘祭（郊祭最初的祖先），几乎就等于忘记了自己是从哪儿发源的。既然这样，那么废五畤（祭祀五帝等）以突出上帝的独尊地位，是古制中可以仿效的制度。规定过七世便要毁庙，不再祭祀，则是古制中不可匆匆仿效的制度。君子谈礼，并不是仅仅重视其形式。

向皇帝进谏的人虽然极力陈词，似乎把话说到头了，却必定会有所避开趋就，这不仅是为了避免嫌疑而堵住小人的口实，而且其中包含着深刻的道理。嫌疑已远而小人没有借口予以指责，则国君的视听不被荧惑，这样，进谏者的议论才能给江山社稷带来好处。刘向担忧王氏的势力强盛后，会夺取汉朝的政权，看得远，虑得切，刘向死而西汉灭亡，可见他身上所系的干系也太重大了！但是，他在进言方面有不成功之处，因而成帝虽然感动，却最终不能采纳，小人之党，还有挟此以向上摇动君主之视听，向下蛊惑臣民之心的。

刘向说："王氏与刘氏必将势不两立，应当依赖亲近的宗室为援。"这难道是刘向所应当说的吗？从实际情况来看，刘氏中的贤才，没有超过刘向的，掌握中枢大权的重任，不归王氏便必定归刘向，没有斥责别人奸邪而自己取而代之的。况且，刘氏和王氏难道是颉颃之以颛顼之名而王氏张。彼将曰：天下非彼则我也。况乎吕氏之祸，与吴、楚、淮南、燕、广陵互相盈虚，则外戚反唇而相讥，岂患无辞哉？以道言之，选贤任能以匡扶社稷者，天下之公也。尧之举禹、皋，禹之任稷、契，汤之托伊尹，高宗之立傅说，文王之任闳、散，皆非懿亲也。周道亲亲，而周、召以庸，管、蔡以诛；师尚父，邑姜之父，且以佐燮伐而位太师。王氏诚不可任，博求之天下，岂繄无贤；而必曰援近宗室，举大义而私之一家，又岂五帝三王之道哉？

向于是而失言矣。以为独任，则不可有自请之情：以为博选宗室之贤，则歆之党逆，向且不能保之于子，而况他乎？成帝悟而不终，群奸闻而不惮，未必非向之言有以召之也。故进言者，匪道是循，徒以致寇，而可不慎哉！

5.汉诸王之以禽兽行废者不一，汉廷无有能据道以处此者，而谷永能言之。其曰："帝王不窥人私，而《春秋》为尊者讳。"此义行，讫乎东汉，秽德不章。永之言，其利溥矣。夫人之有耻，自耻者也；耻心荡而刑杀不能止，故知刑杀者，非可以善风俗、已祸乱者也。汉之于此，既无家法以正之于先，而纵苛察之吏、告讦之小人、扬之于后。无他，忌侯王之强，日思翦艾以图安，而纨袴膏粱，卒投于阱而无从辨。呜呼！甚如是矣，恶得不拱手而授之贼臣哉？以刑制淫而固不可制，假暗昧

（指不相上下、相抗衡）而并论以争衰王的吗？颉颃而并论，乃是妇人争斗之说；并且借颉颃之名而王氏更加嚣张。他们将会说：天下不归刘氏就归我。比起吕氏之祸，与吴、楚、淮南、燕、广陵等国互相呼应，则外戚反唇相讥，难道会发愁没词儿吗？按道理来说，选贤任能以匡扶社稷，乃是天下之大公。尧推举禹、皋陶，禹任用稷、契，商汤委托伊尹，商高宗立傅说，周文王重用闳夭、散宜生，都不是近亲。周朝的治国之道是任人唯亲，可周公、召公得以重用，管叔、蔡叔最终被杀；师尚父，即姜尚，是周武王妻邑姜的父亲，尚且因为辅佐征伐有功而位居太师。王氏确实不可任用，则面向整个天下广求人才，难道会没有贤人吗？可刘向一定要依赖亲近的宗室为援，举天下之大义而偏爱于一家，这难道也是五帝三王之道吗？

刘向在这件事上是失言了。如果他是想独自掌握大权，则不可有自请之情；如果他是想广选宗室的贤才，则刘歆与叛逆结党，身为父亲的刘向连亲生儿子都不能保证无二心，更何况其他人呢？对于刘向的谏言，成帝虽然感悟却始终不用，众奸臣听说后也不忌惮，这未必不是刘向的议论本身造成的。所以，进言的人，如果所说的话不合乎道理，则只能招来灾祸，难道可以不谨慎吗？

汉朝的诸侯王因为非人的行径而被废的不在少数，汉朝廷没有能据道以自守的人，可谷永能言之。他说："帝王不窥探别人的隐私，而《春秋》为尊者所忌讳。"这种道义的行持，直到东汉，梼恶的行径不公之于众。谷永的话，好处太大啦！人有羞耻心，乃是自己感到羞耻，一旦羞耻心丧失，即使刑杀也不能制止，由此可知，刑杀并不足以用来改善风俗、制止祸乱。汉朝在这方面，既无家法以正之于先，而又放纵苛察的官吏、告讦的小人张扬之于后。这没有别的原因，因为忌惮诸侯王的强大，每天都在谋划着翦除他们以图安宁，而纨绔膏粱子弟，最终投入陷阱而无从分辨。唉！汉朝天子如此歹毒，以锄强而衹以自弱。谷永者，王氏之私人也，而虑能及此，故知永者，附权臣非有移鼎之心，宠利未忘，规一时之进取而已。汉能用之，亦何遽不为赞治之臣乎？

6.老之戒在得，至于老而所需于天下者微矣，得奚足以乱其心哉？子孙之情长，而道义之气馁，引子孙之得为已得，于是濒死而不忘。张禹之初，与王根毕也，犹有生人之气也；虑及子孙，而行尸走肉，遂祸人之宗社，冒万世之羞，朱云欲以齿剑而不惭。夫人为不善而贻怨于子孙，诚不可为也；身之无过，质之鬼神而不疚，则亦奚患哉？且夫祸福亦何常之有，假令王氏早败，而按同恶之诛，禹之子孙，又能保其富贵乎？故祸福者，天也；失得者，人也；老而忧子孙，引天之吉凶以私之没世，其愚不可疗矣。成帝不辑折槛以旌朱云，则所以待禹者亦可知矣。禹且不自保，而况其子孙？

7.谷永非杜钦之比也，永虽无党王篡汉之远图，而资王氏以荣宠，因为之羽翼焉，与钦之误合于小人、欲悔而不能也，其情毕矣。顾于此得人君听言之道焉。永，王氏之私人也，其心，王氏之心也；若其言，则固成帝膏肓之药石，可以起汉于死而生之也。夫王氏之固结而不解，帝忌之而不能黜，岂非以怎么能不把江山社稷拱手奉送给奸臣呢？用刑罚制止淫荡固然无法制止，可凭借阴谋来铲除强大的诸侯王，最终只能是反而削弱了自己。谷永，是王氏的私人，却能为汉朝廷考虑得这么多，这么深，由此可知谷永虽然依附权臣，但没有推翻刘氏政权之心，而且还念念不忘汉室，他投靠王氏，只是图一时的进取罢了。汉朝天子如果能予以重用，他难道不是一个掌管文书的臣子吗？

老人之戒在得，到了老年时期所需于天下的东西是很少的，哪里足以乱其心呢？子孙之情长，而道义之气短，把子孙们的得引以为自己的得，于是乎直到临死也不忘得。张禹在初期与王根是不同的，还有一点活人之气；当他为子孙们考虑时，便成为行尸走肉，不惜危害别人的宗社，冒万世之羞耻，朱云奏请诛杀他，他也丝毫不感到羞惭。人做不善之事从而给子孙们留下怨债，这实在是不可做的；如果自己没有过罪，即使质之鬼神也于心无愧，则又会担心什么呢？况且祸福又何常之有，假如王氏早败，朝廷追究同恶之罪，则张禹的子孙，难道能够保住富贵吗？所以，祸福是由天意决定的，得失则是由人自己决定的。人在老年时期为子孙们的前途担忧，引天的吉凶为自家的吉凶，直到生命的最后一刻，其愚蠢实在是不可救药了。当朱云请斩张禹时，汉成帝非常生气，想处死朱云，朱云死死地抓住殿槛，以致殿槛折断。后来经人劝谏，成帝醒悟，下令保存原槛，只作修补，以表彰朱云的直谏，则成帝对待张禹的态度也就可想而知了。张禹尚且泥菩萨过河，自身难保，何况他的子孙呢？

谷永与杜钦是不一样的，谷永虽然没有同王氏结党以篡夺汉朝江山的远图，却依赖王氏而得到了荣宠，于是成为王氏的羽翼，杜钦则是误合于小人，欲悔而不能，二人的情况是不大相同的。由此可以得知君主听言之道。谷永，是王氏的私人，他的心也就是王氏的心；至于他的话，则固然是成帝深入膏肓的灵丹妙药，可以使汉朝起死回躬耽淫侈，畏昌邑之罚；而内护赵、李，外庇张放、淳于长之私心，有所恧缩，而倒授以权哉？宠骄妒之妾，饮食幸臣之家，加赋重敛以纵游，而失百姓之心，是持宗社以遗人之道也。使帝感永之言，悔过自艾，正己齐家而忧社稷，贤臣进，庶务理，民情悦以戴汉而不忘；权奸之谋自日以寝，而岂必诛戮放废以伤母氏之心乎？故曰："君子不以人废言。"永之谏不行，虽忘躯忧国之臣与奸贼争死生而无救于祸败。则读永书者，勿问其心可也。

8.何武欲分宰相之权而建三公，自成帝垂及东汉，行之二百馀年，至曹操而始革。丞相，秦官也；三公，殷、周之制也。古者合文武为一涂，故分论道之职为三；秦以相治吏，以尉治兵，文武分，而合三公之官于一相。汉置相，而阃政专归于大将军，承秦之分，而相无戎政之权，大将军总经纬之任。故何武有戒心焉，分置三公，以大司马参司空、司徒之间，冀以分王氏之权。乃名乍易而实不可更，莽之终以大司马篡也，亦其流极重而不可挽也。然而武之法行之终代而不易者，以防微杜渐之术，固人主之所乐用也。

若以古今之通势而言之，则三代以后，文与武固不可合矣，犹田之不可复井，刑之不可复肉矣。殷、周之有天下也以戎功，其相天子者皆将帅。伊尹、周公，始皆六军之长也。以生。王氏根深蒂固难以分解，成帝因为畏惧而不敢罢黜他们；这难道不是自身沉湎于淫侈，却害怕像昌邑王那样被废，因而内护赵、李诸侍中，外庇张放、淳于长的私心，有所惭缩，于是反而倒要授之以权柄吗？宣帝宠爱骄横嫉妒的妻妾，吃喝宠幸的臣子之家，横征暴敛以纵游，因而失去了民心，这实际上是以江山社稷赠人的做法。假若成帝采纳谷永的忠告，悔过自新，正己齐家而忧国家，重用贤臣，善理国事，民心乐于拥戴汉室而不忘，则权奸的阴谋自然会一天天地打消，却又何必要诛戮流放废弃以伤母亲（指元后王政君）的心呢？所以说："君子不以人废言。"谷永的谏言不被采纳，于是尽管有忘身忧国之臣拼死与奸贼相抗争，也无济于事。则后人在读谷永的上书时，只看其言辞，不问其心就行了。

何武想分割宰相的权力而设置三公，自汉成帝以后直到东汉，施行了二百余年，最后曹操改变了这种做法。丞相，是秦朝所设的官职；三公，则是商、周时代的官制。古代合文武为一途，因而分论道之职为三；秦代以丞相主管官吏，以太尉主管军事，文武分离，而合三公之职权于丞相。汉代设置丞相，而军政专归大将军负责，承袭了秦朝的分工，可丞相没有兵权，大将军总领规划和治理大任。所以，何武产生了戒备心理，建议分置三公，把大司马参于司空、司徒之间，使这三公并驾齐驱，希冀以此分割王氏的权力。然而，称谓容易在短期内更改而实却无法在短期内更改，所以王莽最终以大将军的身份篡夺了汉室的江山，这也是由于积重难返的缘故。但是，何武的方法之所以能在整个东汉时代都一直使用，没有变化，是因为这种防微杜渐之术，本来就是君主所乐意使用的。

如果从古今的通势说来，则三代以后，文与武本来就不可能合二为一，就像土地不可能再实行井田制，刑法不可能再恢复肉刑一样。在商、周时代，拥有天下都是凭借武力，当时辅佐天子的人都将帅任国政，武为尚而特缘饰之以文；是取武臣而文之，非取文臣而武之也。列国之卿，各以军帅为执政，敦诗书，说礼乐，文之于既武之后，秉周制也。所以必然者，三代寓兵于农，兵不悍，而治民之吏即可以治兵。其折冲而敌忾者，一彼一此，疆场之事，甲未释而币玉通，非有犷夷大盗争存亡于锋刃之下者也。而秦、汉以下不然，则欲以三公制封疆原野之生死，孰胜其任而国不为之敝哉？则汉初之分丞相将军为两涂，事随势迁，而法必变。遵何武之说，不足以治郡县之天下固矣。特汉初之专大政以大将军，而丞相仅承其意指，如田千秋、杨敞、韦玄成、匡衡，名为公辅，奉权臣以行法，则授天下于外戚武臣之手，而祸必滋。故武之说，可以救一时之畸重，而惜乎其言之晚也！相不可分也，将相不可合也，汉以后之天下，以汉以后之法治之，子曰："所损益，可知也。"

9.成、哀之世，所可任为大臣者，王嘉而已矣。师丹之视翟方进，寻丈之间耳，皆以其身试权奸之好恶而不能出其樊笼，即有所欲言，而必资以自达也。师丹之劾董弘，何武之援王莽，屈于时之所尚，而不得不为之羽翼。无他，王、傅二女主交相起伏，汉已无君与大臣久矣。方进之附淳于长也，欲与王氏忤，而长固王后之姊子也；长之不类，尤出诸王之上，资之以与诸王抗，而方进之欲不死也奚能？荧惑之变，驾言移祸于宰相，王氏之嫉也深，虽微荧惑，方进其能免乎？武与丹是将帅出身。伊尹和周公，起初都是六军的长官。以将帅执掌国政，国中必然尚武而仅仅以文治装潢门面；这是取武臣而使之习文，并不是取文臣而使之习武。列国时代的卿，各以军帅为执政，然后精研《诗》、《书》，致力于礼乐，习文于既武之后，这是秉承周代的制度。之所以一定要这样，是因为三代时期寓兵于农，士兵不凶悍，于是治民的官员能够带兵。当时击退敌人而愤恨敌人，乃是一来一往，疆场上的战事还没结束，双方的经济交往就开始了，并没有犷夷大盗争生死于锋刃之下的。而秦汉以后则不然，此时想以三公制封疆原野之生死，有谁能够胜任而不使国家为凋敝呢？所以，汉初分丞相、将军为两途，事随势迁，而法必变。按照何武的说法去做，其不足以治郡县制的天下是肯定的。只是汉初以大将军专断大政，而丞相只能秉承大将军的意旨行事，如田千秋、杨敞、韦玄成、匡衡等，虽然名为公辅，却只能奉权臣以行法，这实际上就是把天下送入外戚和武臣手中，因而灾祸必定会滋生。所以，何武的说法，可以救一时之弊，可惜他说得太晚啦！丞相的权力不可分割，将相的职权不可合二为一，汉朝以后的天下，必须用汉以后的办法治理，正如孔子所说的，"后人对前人的制度有所增减，是可以看出来的。"

在汉成帝、汉哀帝时期，可以任为大臣的，只有王嘉一人而已。师丹与翟方进相比没有多大差别，都是以其身试权奸的好恶却不能出其牢笼，即使有所欲言，也必须依靠权奸才能把自己的意见传到皇帝耳中。师丹弹劾董弘。何武支持王莽，都是屈于时尚，不得不为当权者的羽翼。这不是因为别的，王、傅二位太后交替掌权，汉室早已没有国君和大臣了。翟方进附和淳于长，是想与王氏对抗，可淳于长本来就是王太后的姐姐的儿子；淳于长的奸邪，尤出王氏诸人之上，翟方进依赖他与王氏相争，想不死难道可能吗？当时，出现了荧惑守心的现象，也就是说，被视为妖星的火星运行到了心宿所在的浮沉于积阴之间，一彼一此，小有所效，而俱为女主效妒媢之功，其不被显戮，幸尔。

呜呼！至于成、哀之季而无可为矣。君子慎所趋以自全，辞大位而不居，其庶几乎！一受其事，则非如王嘉之必死以自靖，而负咎于天人也，必不可浣。庄生曰："游羿之彀中。"谓此时也。游其彀中而死焉，君子之徒也；游其彀中而免焉，小人之徒也；游其彀中，避死而得死焉，刑戮之民也。慎之哉！

哀帝

1.人之能为大不韪者，非其能无所惧也，唯其能无所耻也。故血气之勇不可任，而犹可器使；唯无所耻者，国家用之而必亡。成帝欲用孔光为丞相，刻侯印书赞而帝崩，是日光于大行前拜受丞相博山侯印绶，汲汲然惟恐缓而改图，一如乞者之于墦间，唯恐其馂之不馀，而遽长跽以请也。张放者，幸臣也，帝崩，且思慕哭泣而死，而光矫凶为吉，犯天下之恶怒；然且卒无恶怒之者，光岂能不惧哉？冥然无耻，而人固容之也。

始为廷尉，则承王莽之指，鸩杀许后，若无所惧也，而实无可惧也；莽为内主，天下无有难之者也。既则议为傅太后筑别宫，力请逐傅迁归故郡，抗定陶王之议，夺其立庙京师，若天区，古人认为这是帝王将要遭殃的征兆，结果皇帝把灾祸转嫁到丞相翟方进头上，王氏对翟方进非常嫉恨，即使没有荧惑守心之变，翟方进难道能够幸免吗？何武与师丹浮沉于积阴之间，一彼一此，小有所效，都是为女主效嫉妒之功，他们不被显戮，实在是侥幸。

唉！到成帝、哀帝晚期，已经没有什么希望了。君子慎重地选择所投靠的对象以保全自己，必要时辞让高官厚爵而不居，这样做大概可以吧！一旦参与权奸之事，则若不像王嘉那样抱定必死的信念以保持自己的纯洁，而是负咎于天人，这种罪过必定是永远洗不净的。庄生说："游弋于神射手后羿的射程之中。"说的就是这种时候。游弋于射程之中如果死了，乃是君子之徒；游弋于射程之中如果平安无事，则是小人之徒；游弋于射程之中，千方百计想避免一死，结果反而死了，这种人便是应受刑戮之民，一定要慎重啊！

人能够做大不韪的事，并不是因为他能无所畏惧，只是因为他毫无羞耻之心。所以，血气之勇不可任，但是还可以使用；唯有毫无羞耻之心的人，国家如果重用他们就必定会灭亡。汉成帝想任命孔光为丞相，已经刻好侯印，写好委任状，可是成帝却死了，当天孔光就在成帝的灵柩前拜受了丞相、博山侯印绶，真是迫不及待，惟恐稍有迟缓，而出现变故，完全像是乞丐在坟茔之间，唯恐人家的祭品没有残余，因而急忙长跪请求。张放，是个受皇帝宠幸的奸臣，当成帝死时，他尚且因为思慕过度，以致哭泣而死，可孔光矫凶为吉，犯天下之恶怒；然而最终没有人恶怒他，孔光难道不畏惧吗？他毫无羞耻之心，而人们固然也容忍了他。

孔光始任廷尉，就秉承王莽的旨意，毒死许皇后，好像是无所畏惧，而实际上是没有什么可畏惧的；因为王莽在幕后配合，天下没有敢为难他的。后来，孔光又建议为傅太后筑别宫，力请驱逐傅迁无所惧也，而非无所惧也；内主有人，群臣相保，故师丹获不测之祸，而光自若也。耻心荡然，而可清可浊，无不可为，以得宠而避辱。王嘉濒死，犹对狱吏曰："贤孔光而不能进。"亦恶知光之谮其迷国罔上，陷嘉于死，机深不测也哉？而嘉云然者，其两端诡合以诱嘉，抑可知已。

拜谒迎送、执臣主之礼于董贤者，光也；莽既乘权，去贤如敝屣者，光也；拱手以天下授之贼臣，幸早死而不与佐命之赏者，光也；莽既诛，犹无有声言其恶以殄其世者，光也。呜呼！人苟自尽丧其耻，则弑父与君而罪不及，亦险矣哉！有国者不辨之于早，徒忌鸷悍之强臣，而容厚颜之鄙夫，国未有不丧者也。故管子曰：廉耻，国之维也。

2.限田之说，董仲舒言之武帝之世，尚可行也，而不可久。师丹乃欲试之哀帝垂亡之日，卒以成王莽之妖妄，而终不可行。武帝之世可行者，去三代未远，天下怨秦之破法毒民而幸改以复古；且豪强之兼并者犹未盛，而盘据之情尚浅；然不可久者，暂行之而弱者终不能有其田，强者终不能禁其兼也。至于哀帝之世，积习已久，强者怙之，而弱者亦且安之矣；必欲限之，徒以扰之而已矣。

治天下以道，未闻以法也。道也者，导之也，上导之而下遵以为路也。封建之天下，天子仅有其千里之畿，且县内之卿回老家，又反对立定陶王为太子，不许其立庙于京师，好像是无所畏惧的，而实际上并非无所畏惧；因为内部有人策立，又有群臣相保，所以师丹得不测之祸，而孔光泰然自若。羞耻之心已经荡然无存，因而可清可浊，没有不可以做的，以取宠而避辱。王嘉临死时还对狱吏说："我觉得孔光这个人很有才能，可他却没有得到重用。"王嘉哪里知道孔光诬告他欺君罔上、误国误民，把他置于死地，孔光的心机可谓深不可测啦！从王嘉的话中可以看出，孔光两头欺骗以引诱王嘉掉入陷井。

拜谒迎送，执臣对君之礼对待董贤的，是孔光；王莽执掌大权后，弃董贤如破鞋的，是孔光；把天下拱手奉送给奸臣，幸而早死没能接受佐命之赏的，是孔光；王莽被诛灭后，仍然没有人声讨其罪恶以消除其世爵的，是孔光。唉！人如果自己丧尽羞耻之心，则杀害其君与父而罪不及，也太凶险啦！拥有国家的人不及早分辨清楚，只是忌恨凶悍的强臣，却容纳厚颜无耻的小人，则国家没有不灭亡的。所以管子说：廉耻是维系国家的绳。

限田之说，董仲舒在汉武帝时代提出，尚且可行，但不可持久。师丹竟想试用于哀帝垂亡之时，结果只能成就王莽的妖妄，而最终仍然无法行得通。在汉武帝时代之所以可行，是因为当时距离三代还不太远，天下人怨恨秦朝破法毒民而希望改之以复古；而且豪强对土地的兼并还不盛，盘踞之情尚浅；然而此法不可长久，是因为暂行之而弱者最终不能有自己的田地，强者最终不能停止自己的兼并活动。到了哀帝时期，积习已久，强者怙之，而弱者也安心于此了；如果一定要限制拥有田地的数量，其结果只能是搅得全国都不得安宁而已。

治理天下要用道，没有听说用法的。道，就是引导，君主引导而臣民遵从以为路。实行分封制时代的天下，天子仅有方圆千里的王士大夫分以为禄田也；诸侯仅有其国也，且大夫士分以为禄田也；大夫仅有其采邑，且家臣还食其中也；士仅有代耕之禄也，则农民亦有其百亩也；皆相若也。天子不独富，农民不独贫，相仿相差而各守其畴。其富者必其贵者也，且非能自富，而受之天子、受之先祖者也。上以各足之道导天下，而天下安之。降及于秦，封建废而富贵擅于一人。其擅之也，以智力屈天下也。智力屈天下而擅天下，智力屈一郡而擅一郡，智力屈一乡而擅一乡，莫之教而心自生、习自成；乃欲芟夷天下之智力，均之于柔愚，而独自擅于九州之上，虽日杀戮而祗以益怨，强豪且诡激以胁愚柔之小民而使困于田。于是限之而可行也，则天下可徒以一切之法治，而王莽之化速于尧、舜矣。

限也者，均也；均也者，公也。天子无大公之德以立于人上，独灭裂小民而使之公，是仁义中正为帝王桎梏天下之具，而躬行藏恕为迂远之过计矣。况乎赋役繁，有司酷，里胥横，后世愿朴之农民，得田而如重祸之加乎身，则强豪之十取其五而奴隶耕者，农民且甘心焉。所谓“上失其道民散久矣”者也。轻其役，薄其赋，惩有司之贪，宽司农之考，民不畏有田，而强豪无挟以相并，则不待限而兼并自有所止。若窳惰之民，有田而不能自业，以归于力有馀者，则斯人之自取，虽圣人亦无如之何也。

3.成、哀之世，汉岂复有君臣哉！妇人而已矣。彭宣、何畿，而且畿内的卿士大夫还要分出一部分作为自己的禄田；诸侯仅有自己的封国，而且大夫士还要分出一部分作为自己的禄田；大夫仅有其采邑，而且家臣还要从这里取得养家糊口的田地；士仅有代耕之禄田，连农民也有自己的百亩之田；大家的情况都相似。天子不独富，农民不独贫，全国人相仿相差而各守其地盘。其富人必定是其尊贵之人，而且他们并非能够自己致富，而是受之于天子，或受之于祖先。君主以各足之道引导天下，而天下人乐得顺从。发展到秦朝，分封制被废除而富贵垄断在一人手中。他垄断富贵，是靠智慧和才能屈服天下。以智慧和才能屈服天下则垄断天下，智慧和才能屈服一郡则垄断一郡，屈服一乡则垄断一乡，没有人教导而他们心自生、习自成；他们竟想芟夷天下人的智慧和才能，使大家都等同于愚蠢柔弱之人，而自己独自垄断于九州之上，尽管每天都在杀戮却只能增加怨仇，豪强还要怪异偏激地胁迫愚柔的小民而使他们受困于田地。在这种情况下限制占田数目如果可行的话，则天下可以仅以一切之法治理，而王莽的教化比唐尧、虞舜还要快。

限制，就是要平均；平均，就是要公平。天子如果没有大公之德以立于万民之上，却只是灭裂小民而使他们公平，这样做就是把仁义中正作为帝王束缚天下的工具，而躬行宽恕则被视为迂远的过计。况且，赋税徭役繁重，有关官员残酷，基层小吏蛮横，后世质朴的农民，得到田地就像大祸加身一样，则豪强收取十分之五的租税奴役农夫，农民尚且心甘情愿。这就是所谓的"君失其道，民心早散。"如果轻徭薄赋，惩罚贪婪的官员，放宽司农的考课，农民不怕得到土地，而豪强无所挟持以兼并农民，则不必限制，兼并自然会停止。如果懒惰的农民，有田而不能自己耕种，于是想把田地奉送给力量有余的人家，则这种人得到土地，即使圣人也无可奈何。

在汉成帝、哀帝时代，汉朝难道还有君臣吗？当时所有的，只是武、唐林，皆所谓铮铮者也，而所争者，仅一傅喜之去留而已。哀帝之初，傅氏与王氏争而傅氏胜；哀帝之亡，王氏与傅氏争而王氏胜。胜者乘权，而不胜者愤；二氏之荣枯，举朝野而相激以相讼，悲夫！

当傅迁之倾邪，而推喜以抑迁，亦何异乎王根、王立之骄横而推莽邪？其言曰：“喜，傅氏贤子，议论不合而退，百寮莫不恨之。”傅氏之贤子，何当于天下之安危、刘宗之存亡，而百寮何所容其恨？又何异乎王莽、王仁之就国，而天下多冤王氏者。傅喜幸而未败尔。莽之废，吏民叩阙而讼冤，贤良对策而交奖，伪谦所诱，人心翕归，而贤者不免，且较喜而弥甚。喜之贤，其孰信之？以四海之大，岂繄无人可托孤寄命者，唯区区王、傅二妪之爱憎是争。呜呼！率天下而奔走于闺房之嚬笑，流俗之溺流而不反如是哉！

故圣王之治，以正俗为先，以辨男女内外之分为本。权移于妇人，而天下沉迷而莫能自拔，孰为为之而至此极！元后之阴狡，成帝之昏愚，岂徒召汉室之亡哉？数十年中原无丈夫之气，而王莽之乱，暴骨如山矣。

4.历成、哀、平之三季，环朝野而如狂，所仅能言人之言者，一李寻而已，其他皆所谓人头畜鸣也。寻推阴阳动静之义，昌言母后之不宜与政，岂徒以象数征吉凶哉？天地之经，妇人而已！彭宣、何武、唐林，都是所谓的诤诤之臣，可是他们所争的，仅仅是一个傅喜的去留而已。汉哀帝初年，傅氏与王氏相争，结果傅氏获胜；在汉哀帝后期，王氏与傅氏争斗，结果王氏获胜。胜利者掌握大权，而失败者愤愤不平；为了傅、王两家的荣枯，整个朝野上下都被驱动起来相互争斗，汉朝真是太可悲啦！

鉴于傅迁的奸邪，而推出傅喜来抑制傅迁，这和鉴于王根、王立的骄横而推举王莽，有什么不同呢？他们说："傅喜是傅氏的贤子，因为主张不合乎定陶太后的心意而被罢退，文武百官没有不为了国家而感到痛恨的。"傅氏的贤子，与天下的安危，刘氏宗社的存亡有什么关系，而文武百官又有什么值得痛恨的？这同王莽、王仁被罢政后前往自己的封国，而天下人多为他们喊冤有什么区别？只是傅喜幸而没有败国罢了。王莽被罢免时，吏民，集于皇宫门前叩头喊冤，贤良方正之士的对策交相称赞王莽，可见在虚伪的谦恭诱惑下，人心都倾向于他，连贤者也不免上当，而且比傅喜时更甚。傅喜贤能，谁相信呢？以天下四海之大，难道果真没有一个人可以托孤寄命，因而只得顺从区区的王、傅两位老妇人的爱憎吗？唉！整个天下的人都为了两个女人的喜怒而奔走，世俗之人的执迷不悟竟然如此严重！

所以，圣王治理天下，以匡正风俗为先，以明辨男女内外的界限为本。大权转移到女人手中，而天下沉迷其中，不能自拔，究竟是因为什么而造成这么严重的局面呢？元后王政君的阴险狡诈，汉成帝的昏庸愚蠢，难道仅仅是导致了西汉的灭亡吗？此后的数十年中，中原人没有大丈夫的气概，而且王莽之乱，暴骨如山，这些都是他们造成的。

历成帝、哀帝、平帝三代，整个朝野犹如发了狂，所仅能说人话的，唯有一个李寻而已，其他的人都是所谓的人头而畜声。李寻推究阴阳动静之义，理直气壮地说母后不应该参与政事，他难道仅仅是以治乱之理，人道之别于禽兽者，在此也。妇人司动而阴乘阳，阳从阴，履霜而冰坚，豕孚而蹢躅。天下有之，天下必亡；国有之，国必破；家有之，家必倾。父子、君臣、兄弟、朋友之伦，以之而泯；厚生、正德、利用之道，以之而蔑。故曰：寻之言，言人之言，而别于禽兽也。妇者，所畜也；母者，所养也；失其道，则母之祸亦烈矣，岂徒妇哉？

夫国有君子，国可不亡。寻昌言之无诛，而不能救汉之亡，又何也？寻非其人也。阴之干阳，其变非一。女子之干丈夫也，鬼之干人也，皆阴之干阳也。寻知乾之刚、阴之静矣，鬼亦阴也，静以听治于人者也。顾其识不及此，听甘忠可、夏贺良之邪说，惑上以妖，终以贬死燉煌，为天下笑；则亦以阴乾阳，等于妇人之煽处尔。载鬼一车，而欲惩负涂之豕，奚其可？故阴阳动静之理大矣，其变繁矣，其辨严矣。立人之道以匡扶世教，无一而可苟焉者也。

5.治河之策，贾让为千古之龟监，而平当之数言决矣。当言“经义有决河深川，而无堤防壅塞之文”。此鲧所以殛，禹所以兴，而以尧、舜之圣，不能与横流之水争胜者也。让言“古之立国者，必遗川泽之分，度水势所不及”。殷所以世有河患，而盘庚奋然依山以避灾，无他，唯无总于货宝而已。细人之情，怙田庐之利，贪濒河之土，动天下以从其欲，贻沉没于子孙，而偷享其利，既古今之通弊矣。而后世之谋臣，要君象数来论证吉凶吗？天地之经，治与乱之理，人道和禽兽的区别，就在于此。妇人司动则阴压阳，阳顺从阴，履霜而冰坚至，猪掴而拼命挣扎。天下有这种情况，天下必亡；国家有这种情况，国家必破；家庭有这种情况，家庭必败。父子、君臣、兄弟、朋友的伦理，因此而泯灭。富民、正德、物尽其用之道，因此而废弃。所以说：李寻的话，说的是人的语言，与禽兽不同。妻子，是丈夫所畜养的；母亲，是儿子所赡养的；如果失其道，则母亲所造成的灾祸也是很严重，哪里只有妻子呢？

国家如果有君子，就可以不灭亡。可是，李寻直言不讳，没有被诛杀，却不能挽救西汉的灭亡，这又是为什么呢？因为李寻并不是君子。阴犯阳，其变化不止一种。女人犯男人，夷狄犯中原，鬼犯人，都属阴犯阳。李寻知道乾刚强、阴安静，可鬼也属于阴，安静地听从人的调治。李寻没有认识到这一点，只是听从甘忠可、夏贺良的邪说，用妖言蛊惑国君，最终被贬死于敦煌，给天下留下了千古笑柄；则他也是以阴犯阳，等同于妇人权势正盛，高高在上，炙手可热。载鬼一车，却想惩戒负途的猪，难道可以吗？所以，阴阳动静之理甚大，其变化繁多，区别也非常严格。立人之道以匡扶世教，没有一样是可以苟且从事的。

关于治理黄河的策略，贾让为千古的榜样，而平当也多次提出要疏泄河水。平当说：“经义有分泄河水，浚治河道的记载，却没有筑堤设防、壅塞河水之文。”这就是鲧之所以被杀死，大禹之所以兴起，而以尧、舜的圣哲，不能与横流的河水争胜的原因。贾让说“古代建立国家的人，必定要留下川泽河水所流聚的地域，而在估计水害影响不到的地方建设居民区，开垦耕地。”商朝之所以世代有黄河灾害，而盘庚奋然依山以避灾，不是因为别的，只是由于不过分看着眼前的利益而已。小人之心，舍不得田庐之利，贪图河滨之地，托累天劳民以堙塞逆五行之叙者，其不肖之情有二焉：其所谓贤者，竭民力，积一篑以障滔天而暂遏之，濒河之民，且歌谣而祷祀焉，遂以功显于廷，名溢于野，故好事者踵起以尝试而不绝。其不肖者，则公帑之出纳，浩烦而无稽，易为侵牟；民夫之赁佣，乘威以指使，而乾没任意；享其利而利其灾，河滨之士大夫与其愚民及其奸胥，交起以赞之，为危词痛哭以动上听。宜乎自汉以来，千五百年，奔走天下于河，言满公车，牍满故府，疲豫、兖、徐三州之民，供一河之溪壑，而一旦溃败，胥为鱼鳖，而但咎堙塞之不固也。可悲矣夫！

古今之异者，南北之殊流耳，其理势则一也。繇让之言而推其利病之原，非河之病民，而民之就河贪利以触其害耳。贪退滩之壤，民有其土而国有其赋，锋端之蜜截舌，而甘之者不恤也。使能通百年之算，念天下之广，犹是民也，徙之而于国无伤，其愈于堙塞疲役之贫劳困毙与溃决之漂荡淹溺也，孰为利害哉？数千年而不出鲧之覆辙，君不明，而贪功嗜利之臣民，积习而不可破，平当之言，贾让之策，悬巨烛于广廷，而昧者犹掷埴以趋也；不亦悲乎！

下以满足自己的欲望，给子孙们留下灭顶之灾，而自己苟且享受眼前的利益，这乃是古今的通病。可是，后世的谋臣，要君劳民以堵塞河水，从而违背了五行的规律。其不肖之情有二。首先，其所谓的贤者，就是竭尽民力，一筐一筐地积土以暂时遏制滔天洪水的人，濒河的百姓竟然还要载歌载舞地称颂他，并且祈求苍天保佑他，于是主持治黄的人因此功显朝廷，名满天下，所以，喜欢多事的人接踵而起，纷纷尝试。其次，不肖之人，则国库的支出浩繁而无稽，大量地被人侵吞；对所雇佣的民夫，乘威以指使，却随意克扣其工钱；享其利而以水灾为利，河滨的士大夫与其愚民及其奸邪的基层小吏，纷纷起来称赞主持治河的官员，甚至以危词痛哭来打动国君。难怪从汉朝以后，一千五百年间，奔走天下于河，言满公车，文件满故府，疲扰豫州、兖州、徐州的百姓，供黄河之溪壑，然而，一旦大堤溃决，居民全部为鱼鳖，却怪罪堵塞得不牢固。太可悲啦！

古今所不同的，只是黄河的南北流向不同而已，其理势则是一样的。从贾让的话中可以推断出黄河利病的根源，不是黄河本身祸害百姓，而是百姓在黄河上过分贪利，以致触发了它的灾害。贪图退滩的土地，民得其地而国家得其赋税，吃刀刃上的蜂蜜会割断人的舌头，可是只看到眼前好处的人根本不顾这些。如果通计一百年的利害，念天下之大，仍然是这些百姓，把他们迁徙到别的地方对国家没有什么损害，却好于堵塞洪水的劳顿。贫民在兴河工时辛勤劳作，不少人因为督促太急，劳累过度而死，当大堤溃决之后，人民的生命财产又受到极大的损失，移民与筑堤堵水相比哪一种办法更有利呢？数千年来，中国人一直跳不出鲧的覆辙，国君不明智，而贪功嗜利的臣民，积习难改，极为保守，平当的言论，贾让的治河策略，就像悬挂在大廷上的一枚巨烛，足以光照万代，但是愚昧无知的人们仍然抱着土块去筑堤堵河，这不是太可悲了吗？

6.谷永请讳诸侯王之兽行，以全人道之耻，议之正者也；耿育请掩赵昭仪杀皇子之恶，以隐成帝之惑，议之不正者也；二说相似而贞邪分，精义以立法，不可不辨。永之正者，凯风之不怨也；育之不正者，小弁之怨也。淫妒之嬖妾，操刃以绝祖宗之胤胄，而曲为之覆，天子之子，不死于妖嬖者，其馀几何哉！《春秋》成而乱臣贼子惧，故书“文姜逊于齐”、“哀姜逊于邾”，以昭大义，而不以逐母为嫌。昭仪之恶，宗庙所不容，况非嫡后君母，而可纵之乎？

甚哉，育之言悖也，曰“知陛下有贤圣通明之德，废后宫就馆之渐，绝微嗣以致位”。是成帝戕父子之恩以为未然之迂图，其孰信之？育若曰“昭仪不杀皇子，则哀帝不得而立”，以蛊帝心而纵妖嬖。是哀帝本不与于篡弑之谋，而育陷之使入也。《春秋》严党贼之诛，哀帝不能免，而育之罪不可逭矣。解光问罪之爰书不伸，赵氏宫官之大罚不正，宫闱肆毒于社稷而莫之问，故元后党王莽以弑平帝、废孺子、而无所顾忌。胡三省者，乃谓其合《春秋》“为尊者讳”之义。邪说张，而贾继春资之以仇其庇李选侍之奸。清议不明，非一时一事之臧否已也。

7.鲍宣七亡七死之章，陈汉必亡之券以儆哀帝，正本之论也。王莽之奸奸而愚，非有操、懿之才，其于国又未有刘裕之功，轻移于衽席之上而莫之禁，莽其何以得此哉？唯民心先溃于死亡，而莽以私恩市之也。藉非成帝之耽女宠，哀帝之昵顽谷永请求隐讳诸侯王的兽行，以成全人道之耻，这是正确的议论；耿育请求掩饰赵昭仪杀害皇子的罪恶，以便隐瞒汉成帝的迷惑，这是不正确的议论；这两种说法相似，但正邪大不相同，精义以立法，不可不辨。谷永的正确，是《诗经·凯风》不怨恨的；耿育的不正确，是《诗经·小弁》所怨恨的。淫妒的宠妾，操刀杀死祖宗的后代，如果人们曲意为她掩饰，则天子之子，不死于妖孽之手的，能有几个呢？《春秋》写成后乱臣贼子非常恐惧，所以记载“文姜逊于齐”，“哀姜逊于邾”以昭示大义，而不以逐母为嫌。赵昭仪的罪恶，是宗庙所不容的，何况她并不是嫡后君母，难道可以放过她吗？

耿育的言论太糊涂啦！他说：“成帝知陛下您有贤圣通明之德，因而废后宫就馆之渐，绝幼主祸乱之根，想传位于您以安社稷。”这就是把成帝不计父子之恩视为防患于未然的远图，谁会相信呢？耿育这样说，就如同说：“赵昭仪如果不杀皇子，则哀帝无法做皇帝”，以此蛊惑哀帝的心，从而解脱妖孽赵昭仪。汉哀帝本来没有参与弑君篡位阴谋，而耿育这样做，实际上就是强行把哀帝卷了进去。《春秋》对结交奸贼之人的惩罚非常严厉，哀帝无法逃脱，则耿育的罪责也不可逃避。解光问罪的文书得不到伸张，赵氏宫官的严厉惩罚得不到公正，宫闱肆意残害社稷却无人过问，所以元帝的皇后王政君与王莽结党，杀害了平帝、废黜了孺子婴而无所顾忌。胡三省竟然说耿育的作法合乎《春秋》“为尊者讳”之义。邪说盛行，而贯继春赖此以实现其庇护李选侍的奸谋。清正的议事得不到澄清，并非仅仅是一时一事的好坏。

鲍宣关于民有七亡七死的奏章，陈述汉室必亡之势以警戒哀帝，实在是正本之论。王莽极为奸邪而又愚蠢，并没有曹操、司马懿那样的才能，对于国家又没有刘裕那样显赫的功绩，却轻而易举地夺取了汉室的江山而无人禁止，王莽的野心为什么能够得逞呢？只是童，纵其礊吏贼民而蛊民以寇攘，莽亦上官桀、霍禹之续尔，而汉祚奚其亡？

张放、淳于长，王氏之先驱也；傅迁、董贤，王氏之劝驾也；曹爽、何晏，司马懿之嚆矢也；李林甫、杨国忠，安禄山之前茅也；蔡京、童贯、史弥远、贾似道，女直、蒙古之伥鬼也；而非君之溺于宠乐以忘民之死也不成。不然，孔光、扬雄之流，亦尝与闻名教；而宗室群臣以及四海之民，岂遽能以片饵诱婴克而辄弃其母乎？故宣陈亟救死亡之言，知探本矣，愈于刘向之欲挽横流而堙诸其下也。

虽然，宣之言犹有病焉，后世言事之臣，增暗主之疑而授奸臣以倾妒之口实，皆此繇也。宣言："慎选举，大委任，以儆官邪，而免民于死亡。"是矣。勿亦姑言贤者之当任，以听人主之自择，待有问焉，而后可胪列傅喜、何武、孔光、彭宣、龚胜之贤以告，未晚也。今乃不然，若天子之左右一唯其所建置，而君不得以司取舍之权，众不得以参畴咨之议，则逼上有嫌，而朋党之谤兴。且喜、武诸人皆大臣也，自不能邀人主之知而安其位，宣能以疏远片言取必于同昏之廷乎？知不可得而故言之，授奸人以背憎之资，石介遇明主而激党祸，况庸君佞幸权奸交乱之天下哉！进言者不知其道，徒以得后世之称而无益于时，皆此一时之气矜为之也。又况宣所称者，龚胜而外，吾未见有大臣之操焉。孔光巨奸而与于清流，宣失言矣。盈廷之士气，汉室之孤忠，唯一王嘉，而不能讼其屈抑。然则因为民心先溃于死亡，而王莽乘机以私恩笼络他们。如果不是成帝沉湎于女色，哀帝过分亲昵顽童，纵使他们买卖官爵残害百姓而蛊惑百姓以劫掠，王莽也只能是上官桀、霍禹的继续，必将落得个身首异处的结果，而汉朝政权又怎么会灭亡呢？

张放、淳于长，是王氏的先驱；傅迁、董贤，是王氏的劝驾；曹爽、何晏，是司马懿的预兆；李林甫、杨国忠，是安禄山的先行；蔡京、童贯、史弥远、贾似道，是女真人的帮凶；如果不是君主沉湎于宠乐而忘却了百姓的生死，他们也不会取得成功。不然的话，孔光、杨雄之流，也曾与闻名教，而宗室群臣以及四海的百姓，难道能够像婴儿那样为了一片诱饵而上当，以致抛弃自己的母亲吗？所以，鲍宣陈述紧急救亡的言论，说明他知道探本，比刘向想挽救河水横流却堵塞其下强得多。

尽管如此，鲍宣的言论还是有毛病的，后世的言事之臣，增加昏君的疑惑从而授给奸臣倾妒之口实，都是起因于此。鲍宣说："谨慎地选举人才，委派重任，以警醒官吏的奸邪而免除百姓的死亡。"这正是毛病所在。如果他姑且只说应当重用贤者，以便由国君自己选择，等到君主询问后，再罗列傅喜、何武、孔光、彭宣、龚胜等贤才上奏，也不晚。可鲍宣却不这样，似乎天子身边的官员完全是由鲍宣设置、任命的，而国君没有决定取舍的权力，众人没有参与国事讨论的资格，则鲍宣有逼迫国君的嫌疑，同时朋党的诽谤也会随之而起。况且，傅喜、何武等人都是朝廷中的大臣，自己不能求得君主的赏识从而安居其位，鲍宣难道能够以疏远之臣的一席话，在君臣同昏的朝廷上取得成效吗？明知不可能却执意要说，结果给奸人提供了攻击的借口，石介碰上有道明君尚且激起党祸，何况在庸君、佞幸和权奸交乱的天下呢！进言的人不得其道，只能因此得到后世的称赞，而对当时的事情毫无用处，这都是凭一时的豪气做出来的。更何况鲍宣者，亦一时气激之士，而未足以胜匡主庇民之任者乎！

8.《易》曰：“伏戎于莽，三岁不兴。”不兴者，虑其兴之辞也。三岁而不兴，逮其兴而燎原之焰发于俄顷矣。哀帝崩，元后一闻之，即日驾之未央宫，驰召王莽，诏诸发兵符节、百官奏事、中黄门、期门兵、皆属莽。此高帝驰入赵壁夺韩信、张耳军之威权，后以一老妪断然行之，雷迅风烈而无疑畏；其提携刘氏之天下授之王氏，在指顾之间耳。非伏之三岁，爪牙具而羽翼成，安能尔哉？

甚矣，悍妇之威，英雄所不能决，帝王所不能持，而指麾轻于鸿毛，至此极也！司马懿之杀曹爽，刘裕之克刘毅，朱温之争李克用，大声疾呼、深虑阴谋、赪颜流汗、喋血以争而仅得者，元后偃息谈笑而坐收之。故莽有伏戎藏于平芜蔓草之中，无有险阻之形而不可测也。三岁伏而一旦兴，有国者可不戒哉！

9.何武以忤王莽而死，可以为社稷之臣乎？未也。武与公孙禄谋云：“吕、霍、上官几危社稷，不宜外戚大臣持权。”此汉室存亡之纽也。乃当其时，内而元后为伏莽之戎，外而孔光为翼戴之奸，武仅以孤立之势扑始然之火，既处于不敌之数矣。国之安危，身之生死，徒藉于一言，而言非可恃也，所恃者浩然之气胜之耳。公孙禄岂可终保者哉？而与之更相称鲍宣所称赞的几位，除了龚胜之外，我没有看出谁有大臣的节操。孔光是个大奸臣却名列清流，鲍宣称道他实在是失言。盈廷的士气，汉室的孤忠，唯有一个王嘉，可鲍宣却不为他申诉冤屈。由此可见，鲍宣也只不过是一时志气激发之士，根本不足以胜任匡正君主庇护百姓的重任。

《易经》说："伏兵于莽林，三年不兴。"不兴，实际上是担心他发起的说辞。三年而不兴，等到兴起时，倾刻之间就会形成燎原大火。汉哀帝死后，元后王政君当天就赶到未央宫，火速召见王莽，下诏令发兵符节、百官奏事、中黄门、期门兵都归王莽负责。这是汉高祖驰入赵壁夺取韩信、张耳兵权的威权，元后是个年迈的老妇人，却能断然行之，如同风驰电掣一般，毫无疑畏；她把刘氏的天下转移到王氏手中，似乎是在一瞬间完成的。如果没有经过三年隐伏，使得爪牙齐备，羽翼形成，怎么能够这样迅速、这样顺利呢？

悍妇的威风，太厉害啦！英雄豪杰所不能决定的，帝王将相所不能持有的，而悍妇做起来轻而易举，不费吹灰之力！司马懿杀害曹爽，刘裕战胜刘毅，朱温与李克用争斗，都是经过大声疾呼、深虑阴谋、汗流浃背，浴血奋战才取得的胜利，元后偃息谈笑而坐收之。所以，莽有伏兵藏于平芜蔓草之中，没有雄关险阻之形，因而鬼神莫测。三年伏而一旦兴，拥有国家的人难道可以不加戒备吗？

何武因为得罪了王莽而死，可以算是社稷之臣了吧？不可以。何武与公孙禄谋划说："吕氏、霍氏、上官桀几乎危及社稷，不应当由外戚大臣掌权。"这是汉室存亡的关键。当时，内有元后为伏莽之兵，外有孔光为辅佐拥戴的奸臣，何武仅以孤立之势扑刚燃之火，已经处于不利的境地。国家的安危，自身的生死，只依赖于一句话语，而话语是不可以依赖的，所依赖的是以浩然正气战胜对方。公孙禄难道可以始终保护吗？何武却与他交相称赞，何武捧公孙禄，公孙说，武举禄，禄即举武，标榜以示私，授巨奸以朋党之讥，则气先馁而恶足以胜之！禄惟诡随，乃以幸免；武不欲为禄之诡随矣，则足以杀其躯而已矣。心不可质鬼神，道不可服小人，出没于宠辱之中，而欲援已倾之天下，以水溅沸膏，欲息其焰而焰愈烈，非直亡身，国因以丧，悲夫！

10.平当、彭宣皆见称于班固，宣未可与当并论也。当临受侯封，卧病不起以固辞之，知世不可为，郁邑以死，可谓知耻矣。当之在位，丁、傅持权，而史称帝虽宠任丁、傅，而政自己出，异于王氏；则当逡巡以死，而不忝无实之封，于自守之道未失也。若宣者，位司空为汉室辅，王莽杀两后，诛异己，腹心爪牙交布朝廷，而元后为国贼之内主，此正宣肝脑涂地、激天下忠烈之气、以救一线之危者，而为全躯、保妻子之谋，谢不能以引退，尚足为人臣子乎？龚胜、邴汉且犹在梅福之下，所任异也，而况宣位三公之重哉？宣者，与董贤、孔光并居台辅而不惭者也，其生平可知矣。班固曰："见险而止。"率天下以疾视君父之死亡而不恤，必此言夫！

平帝

1.元寿二年六月，哀帝崩，明年正月，益州贡白雉，群臣陈莽功德，号安汉公，天下即移于莽。以全盛无缺之天下，未浃岁而迁，何其速也！上有暗主而未即亡，故桓、灵相踵而不绝；

禄就捧何武，二人相互标榜做给奸臣看，给大奸臣留下了攻击他们结党营私的把柄，这样，自己的气势已经先被对方压倒了，又怎么能够战而胜之呢？公孙禄一味地不顾是非而妄随人意，结果得以幸免；何武不愿像公孙禄那样不顾是非而妄随人意，则足以使自己身首异处。心不可质问鬼神，道不可使小人屈服，出没于宠辱之中，却想挽救已经倾危的天下，就像是用水去溅沸腾的油锅，本想止沸，可结果使得油锅更加沸腾，而且油汁四溅，引起更大的火灾，不但丢了自己的性命，而且国家也因此而灭亡，真是太可悲啦！

平当和彭宣都得到了班固的称赞，实际上，彭宣与平当不可相提并论。平当临受侯封时，以卧病不起为由坚决推辞，他深知世事已经没有什么希望，结果忧郁而死，可谓知耻了。平当居丞相位时，丁、傅两家当权，而史书称哀帝虽然宠任丁、傅两家，但政由自己出，不同于王氏；则平当退让而死，不接受有名无实的封爵，未失自守之道。至于彭宣，位居三公之一的司空，是汉室的辅佐，王莽杀害两位皇后，铲除异己，腹心爪牙文布朝廷，而元后王政君充当了国贼在宫内的策应者，这正是彭宣肝脑涂地、激起天下人的忠烈之气，以挽救岌岌可危之天下的时刻，但是他却为保全自身和妻儿老小考虑，声称自己年迈无能以引退，这样做，他还有资格做人臣、人子吗？龚胜、邴汉尚且还在梅福之下，而所任不同，何况彭宣位居三公之重呢？彭宣与董贤、孔光同居台辅而不羞惭，他的生平就可想而知了。班固说：“彭宣遇到危险就停步不前。”引导天下人以疾病为借口，坐视君父死亡而不援救的，必定是班固的这句话！

元寿二年六月，哀帝死，次年正月，益州上贡白雉以示祥瑞，群臣陈列王莽的功德，建议赐王莽号为“安汉公”，于是汉朝的江山实际上已经转移到王莽手中了。以全盛无缺的天下，在不到一年的时间下有权奸而未即亡，故曹操终于魏王；司马懿杀曹爽、夺魏权，历师、昭迄炎而始篡天下者，待一人以安危，而一人又待天下以兴废者也。唯至于天下之风俗波流簧鼓而不可遏，国家之势，乃如大堤之决，不终旦溃以无馀。故莽之篡如是其速者，合天下奉之以篡，莽且不自意其能然，而早已然也。

莽之初起，人即仰之矣；折于丁、傅，而讼之者满公车矣；元后拔之废置之中，而天下翕然戴之矣。固不知莽之何以得此于天下，而天下糜烂而无馀，如疫疠之中人，无能免也。环四海以狂奔，氾滥滔天，而孰从挽之哉？夫失天下之人心者，成、哀之淫悖为之，而蛊天下之风俗者不在此。宣、元之季，士大夫以鄙夫之心，挟儒术以饰其贪顽。故莽自以为周公，则周公矣；自以为舜，则舜矣；周公矣，舜矣，无惑乎其相骛如狂而戴之也。

当伪之初起也，匡衡、贡禹不度德，不相时，舍本逐末，兴明堂辟雍，仿周官饰学校于衰淫之世；孔光继起为伪之魁，而刘歆诸人鼓吹以播其淫响。而且经术之变，溢为五行灾祥之说；阳九百六之数，易姓受命之符，甘忠可虽死而言传，天下翕然信天命而废人事，乃至走传王母之筹而禁不能止。故莽可以白雉、黄龙、哀章铜匮惑天下，而愚民畏天以媚莽。则刘向实为之俑，而京房、李寻益导之以浸灌人心，使疾化于妖内就改换了主人，这是何等的迅速啊！上有昏君而国家不一定就会很快灭亡，所以汉桓帝、汉灵帝相继而刘氏社稷不绝；下有权奸而国家不一定就会很快灭亡，所以曹操至死仍然只是魏王；司马懿杀害曹爽，夺取了魏国政权，可是又经历了司马师、司马昭直到司马炎时才开始篡夺天下，这是因为待一人以安危，而这个人又要待天下以兴废。只有到了天下的风俗随波逐流巧言惑人，不可遏止时，国家的形势，就像大堤决口，不到一个早上就溃败无余。所以，王莽篡权能够如此迅速，是因为整个天下都奉他篡权，王莽自己尚且没有意识到会这样，而实际上早已这样了。

王莽初起时，人们已经敬仰他了。当他被丁氏、傅氏排挤出朝时，为他喊冤的人装满公车了；元后重新起用被废置的王莽，天下一致拥戴他。不知道王莽凭什么得到了天下人如此的爱戴，而天下糜烂无余，就像人得了来势非常凶猛的传染病一样，根本无法幸免。环四海以狂奔，泛滥滔天，谁能够去挽救呢？丧失了天下的人心，是汉成帝、汉哀帝的荒淫与悖乱造成的，而毒害天下之风俗的尚不在此。宣帝、元帝时期，士大夫以鄙陋浅薄者之心，挟儒术以文饰其贪顽。所以，王莽自以为是周公，便是周公；自以为是舜，便是舜；既然是周公、大舜，则无怪乎国人相骛如狂地拥戴他。

当伪初起时，匡衡、贡禹不揣度德行，不考虑时机，舍本逐末，兴建明堂辟雍，仿效《周官》在衰微昏乱的时代假托学校来整治；孔光继起为作伪的魁首，而刘歆等人又极力鼓吹以传播其淫声。而且经术演变为五行灾祥之说；阳九百六之数，改变姓氏承受天命的谶符，甘忠可虽然死了，可他的学说仍然在流传，天下人翕然相信天命而废弃人事，竟至于走传王母娘娘之筹而无法禁止。所以，王莽可以用白雉、黄龙和哀帝的铜匮迷惑天下，而愚民畏惧天命，只得驯服地谄媚王莽。在这件事上，刘向实际上是始作俑者，而京房和李寻又进一也。子曰："无为小人儒。"儒而小人，则天下无君子；故龚胜、邴汉、梅福之贞，而无能以死卫社稷，非畏祸也，畏公议之以悖道违天加己也。小人而儒，则有所缘饰以无忌惮；故孔光诸奸，施施于明堂辟雍之上而不惭。莽之将授首于汉兵，且以孔子自拟，愚昧以为万世笑而不疑。《传》曰："国有道，听于人；国无道，听于神。"古之圣人，绝地天通以立经世之大法，而后儒称天称鬼以疑天下，虽警世主以矫之使正，而人气迷于恍惚有无之中以自乱。即令上无暗主，下无奸邪，人免于饥寒死亡，而大乱必起。风俗淫，则祸眚生于不测，亦孰察其所自始哉？

汉之伪儒，诡其文而昧其真，其淫于异端也，巫史也，其效亦既章章矣。近世小人之窍儒者，不淫于鬼而淫于释，释者，鬼之精者也。以良知为门庭，以无忌惮为蹊径，以堕廉耻、捐君亲为大公无我。故上鲜失德，下无权奸，而萍散波靡，不数月而奉宗社以贻人，较汉之亡为尤亟焉。小人无惮之儒，害风俗以陆沉天下，祸烈于蛇龙猛兽，而幸逸其诛。有心者，能勿伸斧钺于定论乎？

2.君子之道以经世者，唯小人之不可窍者而已；即不必允协于先王之常道而可以经世，亦唯小人之所不可窃者而已。君子经世之道，有质有文。其文者，情之已深，自然而昭其美者也。抑忠信已浃于天下，天佑而人顺之，固可以缘饰而增其华者也。是则皆质之馀，而君子不恃之以为经世之本。于是而小人窃之，情隐而不可见，天命人心不能自显，则窃而效之，步推波助澜以浸灌人心，使之更快地变为妖邪。孔子说：“不要做小人儒。”儒生如果做小人，则天下没有君子；所以，龚胜、邴汉、梅福虽然忠贞，却不能以死保卫社稷，这并不是害怕灾祸，而是害怕公众舆论把悖道违天的罪名加在自己头上。小人做儒生，则有所缘饰从而更加肆无忌惮；因此孔光等奸臣，洋洋得意地坐在明堂辟雍等学校之上而毫不惭愧。王莽在被汉兵杀死前夕，尚且自比为孔子，他的愚蠢无疑将成为万古笑柄。《左传》说：“国有道，听于人；国无道，听于神。”古代的圣人，绝地天通以立经世的大法，然而后世的儒生称天称鬼以疑误天下，虽然警戒君主矫正它，可人气迷于恍惚有无之中以自乱。即使上无昏君，下无奸邪，人民没有饥寒死亡之患，可大乱也必定会爆发。风俗淫，则灾祸生于不测，又有谁能够察知灾祸是从什么时候开始的呢？

汉朝的伪儒，违背形式而隐瞒真相，他们过分沉醉于异端和巫史，其影响是显而易见的。近代披着儒生外衣的小人，不沉湎于鬼却沉湎于佛，佛，是鬼中之精者。他们以良知为门庭，以无忌惮为蹊径，以堕廉耻、弃君亲为大公无私。所以，在上没有不失德的，在下没有不弄权作恶的，全国一片风平浪静，可是在几个月之间就把江山社稷奉送给别人，这比汉朝的灭亡还要快得多。肆无忌惮的小人之儒，残害风俗使天下沉沦陷溺，害风俗以陆沉天下，其灾祸甚于蛇龙猛兽之害，而侥幸逃脱了诛杀。有心的人，能不对所谓的定论大动斧钺吗？

君子之道用以经世的，乃是小人所不能窃用的；即使是不一定符合先王之常道而可以经世的，也只是小人所不能窃用的。君子经世之道，有质有文。其文，就是情之已深，自然地显示出来的美。或许忠信已经遍行天下，天佑而人顺之，固然可以修饰而增其光辉。这都是枝叶末端，而君子不恃此以为经世之本。于是乎小人私自运用，隐藏的真相不可见，天命与人心不能自显，则窃而效法之，然后竟亦遂以为君子之道在于此而无惭。然则小人之所可窃者，非君子之尚，明矣。

封建、井田、肉刑，三代久安长治，用此三者。然而小人无能窃也，何也？三者皆因天因人，以趣时而立本者也。千八百国各制其国，而汉之王侯仅食租税；五刑之属三千，而汉高约法三章；田亩之税十一，而汉文二十税一，复尽免之；小人无能窃也。何也？虽非君子之常道，然率其情而不恤其文，小人且恶其害已而不欲效也，非文也。七月之诗，劝农之事也，而王莽窃之，命大司农部丞十三人、人部一州、以劝农桑，似矣。养生、送死、嫁娶、宫室、器服之有制，礼之等也，而王莽窃之，定制度吏民之品，似矣。若此类，君子之道盖有出于是者；而小人不损其欲，不劳其力，不妨其恶，持空文，立苛禁，一旦以君子之道自居而无难。则以此思之，君子经世之大猷不在此，明矣。何也？农桑者，小民所自劝也，非待法而驱也。制度者，士大夫遵焉，庶人所弗能喻，惟国无异政，家无殊俗，行之以自然耳，非一切之法限之不得而继之以刑者也。然而窃仿之而即似，虽不效而可以自欺，遂以施施于天下曰：吾既以行君子之道矣。故文者，先王不容已，而世有损益，初不使后世效之者也。承百王之敝，而仍有首出庶物之功名，乃能立高明阔远之崖宇，而小人望之如天之不可企及。无他，诚而已矣。诚则未有可窃者也。

认为君子之道在自己手中，而毫不惭愧。既然这样，则小人所能窃用的，并不是君子所推崇的，这是显而易见的。

三代长治久安，使用过分封诸侯、井田制、肉刑等制度和措施，这不是小人所能窃用的。为什么呢？因为这三条都是因天因人、适应时代而立本的措施。三代一千八百个诸侯国的君主各自治理自己的国家，而汉代的王侯仅食封地的租税；三代五刑的条文有三千，而汉高祖仅约法三章；三代田亩之税为十分之一，而汉文帝只征二十分之一，甚至完全蠲免租税；这些都是小人不能窃用的。为什么呢？因为这些虽然不是君子之常道，但是依据实际情况而不注重其形式，小人将会嫌其危害自己的利益而不愿效法，这并不是文饰。《诗经·七月》记载的是劝民勤耕之事，可王莽窃用它，命大司农部丞十三人，每人分管一州，以劝农桑，这是相似的。三代养生、送死、嫁娶、宫室、器服各有制度，乃是礼的等第，而王莽窃用之，定制度吏民之品，这也是相似的。诸如此类，君子之道有出于此的；而小人不减其欲，不劳其力，不敛其恶，只是凭着一纸空文，立苛刻的法律，一旦以君子之道自居也不难。则以此想来，君子经邦济世的大谋并不在此，乃是显然的。为什么呢？因为农桑是小民自己鼓励自己，并不需要法律来强制、驱使。制度，是士大夫所遵守的，庶民无法弄明白，只有国家不各自为政，家庭内没有不同的习俗，顺其自然地实行，并不是权宜之法无法控制时只得借助于刑法。然而，小人偷偷地仿效而又很相似，虽然不能取得成效却可以自欺，于是便得意洋洋地对天下宣称：我已经奉行君子之道了。所以，文是先王所不容的，而后世各有损益，当初并不是要后人完全仿效的。承接百王的破败局面，却仍然有创生万物的功名，才能站在高明阔远的崖宇，而小人望之就像天一样，高不可攀，因此无法企及。这没有别的原因，只是因为信诚罢了。诚实则是没有人能够窃取的。

3.天下相师于伪，不但伪以迹也，并其心亦移而诚于伪，故小人之诚，不如其无诚也。诚者，虚位也；知、仁、勇，实以行乎虚者也。故善言诚者，必曰诚仁、诚知、诚勇，而不但言诚。陵阳严诩，当王莽之世，以孝行为官，任颍川守，谓掾史为师友，有过不责，郡事大乱。王莽征为美俗使者，诩去郡时，据地而哭，谓已以柔征，必代以刚吏，哀颍川之士类必罹于法。此其呴沫之仁，盖亦非伪托其迹也。始于欲得人之欢心，而与人相昵，为之熟，习之久，流于软媚者浸淫已深而不自觉。盖习于莽之伪俗，日蒸月变，其羞恶是非之心，迷复而不返。乃试思其泣也，涕泪何从而陨？则诘之以伪，而诩不服；欲谓之非伪，而诩其能自信乎？

呜呼！伪以迹，而公论自伸于迹露之日；伪以诚，而举天下以如狂，莫有能自信其哀乐喜怒者，于是而天理、民彝澌灭尽矣。故天下数万蚩蚩之众，奔走以讼莽称莽而翕然不异，夫岂尽无其情而俱为利诱威胁哉？伪中于心肾肺肠，则且有前刀锯、后鼎镬而不恤者。蔡邕之欢董卓，姚崇之泣武曌，发于中而不能自已。甚哉，诚于伪之害人心，膏肓之病，非药石之所能攻也。

4.陈涉、吴广败死而后胡亥亡；刘崇、翟义、刘快败死而后王莽亡；杨玄感败死而后杨广亡；徐寿辉、韩山童败死而后蒙古亡；犯天下之险以首事，未有不先自败者也。乱人不恤其天下人相率学伪，不但言行伪，而且他们的心也变得一心作伪了，所以小人之诚，还不如不诚。诚，乃是虚位；知、仁、勇，则是真正行于虚的。因此，善于说诚的人必定说诚仁、诚知、诚勇，而不是仅仅说诚。陵阳的严诩，在王莽时期因为有孝行而做了官，担任颍川郡（治今河南禹县）太守之职，他以自己的部下为师友，即使他们有了过错也不责怪，结果郡事大乱。王莽征调严诩为美俗使者，严诩临离开颍川郡时，据地痛哭，说自己因为柔和被征召，必然代之以刚暴的官员，他为颍川士民必将饱受严刑峻法之苦而深感悲哀。这是严诩的濡沫之仁，大概也不是伪托其迹的。开始是为了讨得人们的欢心，而与人过分亲近，天长日久，习以为常，结果流于阿谀奉承，浸淫已深却不自知。大概严诩是习惯了王莽的伪俗，日蒸月变，其羞恶是非之心，早已扔到爪哇国，再也收不回来了。再想想他的哭泣，其眼泪究竟是为何而落？如果责问他虚伪，严诩肯定不服；可是如果说他不虚伪，严诩难道能够自信吗？

唉！在迹象上作伪欺诈，而公论自然会真相大白的时候公布开来；在诚心上饰以伪诈，则整个天下如疯似狂，没有能自信其喜怒哀乐的，于是乎天理、民伦尽灭。所以，天下数万痴迷不悟之人，辛苦奔走以便为王莽伸冤或为王莽歌功颂德，都很一致没有区别，难道他们毫无真情，都是被利诱威胁的吗？如果虚伪深入心肾肺肠，则将会有人面对前有刀锯，后有油锅的处境，却毫不畏惧。蔡邕因为董卓而感慨万端，姚崇因为武则天而泪如雨下，都是发自内心，无法自持，诚于伪对人心的毒害太严重啦！这乃是膏盲之病，并不是药石所能救治的。

陈胜、吴广败死而后秦二世亡；刘崇、翟义、刘快败死而后王莽亡；杨玄感败死而后隋炀帝亡；徐寿辉、韩山童败死而后元朝灭亡；犯天下之险以首先举事，没有不自己先败亡的。乱人不顾其死亡，贞

死亡，贞士知死亡而不畏，其死亡也，乃暴君篡主相灭之先征也，先死以殉之可矣。胜、广、玄感、寿辉、山童，皆挟徼幸之心以求逞其志，非其能犯难以死争天下者也；天将亡秦、隋、蒙古而适承其动机也。二刘、翟义不忍国仇，而奋不顾身，以与逆贼争存亡之命，非天也，其志然也；而义尤烈矣。义知事不成而忘其死，智不逮子房而勇倍之矣。

当莽之篡，天下如狂而奔赴之，孔光、刘歆之徒，援经术以导谀，上天之神，虞舜之圣，周公之忠，且为群不逞所诬而不能白。义正名其贼、以号召天下于魔魅之中，故南阳诸刘一起，而莽之首早陨于渐台。然则胜、广、玄感、山童、寿辉者，天贸其死以亡秦、隋；而义也、崇也、快也，自输其肝脑以拯天之衰而伸莽之诛者也。不走而死，义尤烈哉！

王莽

1.王莽未灭，而刘歆先杀，歆未死而族先灭，哀哉！刘向之泽不保其子孙，而从学之门人与俱烬也。甄丰也，王舜也，皆推戴莽以分膏润者也。鬼夺其魄，而丰以乱诛，舜以悸死，于是而知鬼神之道焉。推戴已成而心不自宁，此心之动，鬼神动之也，二气之良能所见几而不可掩也；故皆不得其死，而歆之罚为尤酷焉。《易》曰："小人而乘君子之器，盗思夺之矣。"歆小人也，蒙父向之馀烈，自命于儒林，以窃先王之道；君子之器，其可乘乎？貌君子而实依匪类者，罚必重于小人。圣人士知道会死亡却不害怕，他们的死亡，乃是暴君和篡主相灭的征兆，因而先死以陪葬是值得的。陈胜、吴广、杨玄感、徐寿辉、韩山童等人，都怀着一颗侥幸之心以求实现其野心，并非能够犯难以死唤醒天下；上天要灭亡秦朝、隋朝和元朝，陈胜、吴广等正好开了个头。刘崇、刘快和翟义不忍心看着天下被奸臣篡夺，因而奋不顾身地起来与大逆不道的奸贼争斗，他们的丧生不是因为天意，而是自己的志向如此，其中翟义的死是尤为壮烈的。翟义知道大事不能成功却不考虑自己的生死，他的智谋比不上张良，可勇气超过张良数倍。

当王莽篡夺汉室江山时，天下人疯狂地支持他，孔光、刘歆之徒，援引经术以引导人们阿谀奉承，上天的神明，虞舜的圣贤，周公的忠诚，尚且被众不逞之徒所诬蔑而无法辩白。翟义把王莽正名为贼，以号召天下用邪道致人死亡，所以南阳的刘氏一起事，王莽的脑袋早已丢在渐台。由此可见，陈胜、吴广、杨玄感、韩山童、徐寿辉等人的死亡，是上天以此来灭亡秦朝、隋朝；而翟义、刘崇、刘快三人，则是肝脑涂地以拯救天下的危亡，同时表达对王莽滔天罪行的讨伐。能够逃生却不逃，翟义尤其是位烈士！

王莽未灭，而刘歆先死，刘歆未死而其家族先被诛灭，真可悲哀啊！刘向的德泽保护不了自己的子孙，而跟随他学习的门生弟子也一同被杀光。甄丰和王舜，都是推戴王莽从而分得好处的人，可是鬼迷心窍的甄丰结果因为叛乱被杀，王舜因为惊悸而死，由此便可以知道鬼神之道了。推戴王莽已经成功而心中还不安宁，此心动乃是鬼神启动的，阴阳二气的良能所见微小却不可掩盖；所以，他们都不得善终，其中刘歆所受到的惩罚是最残酷的。《易经》说：“小人如果占据君子之位，盗贼也想夺取它。”刘歆是个小人，承接父亲刘向的余业，在儒林中自视甚高，以窃先王之道；君子之位，难道可以占吗？

之学，天子之位，天之所临，皆不可窃者也。使天下以窃者为君子，而王道斩、圣教夷，姚枢许衡之幸免焉，幸而已矣。

2.严尤之谏伐匈奴，为王莽谋之则得尔，而后世亟称之为定论，非也。莽之召乱，自伐匈奴始，欺天罔人，而疲敝中国，祸必于此而发。尤不敢言莽不可伐匈奴，而言匈奴不可伐，避莽之忌而讳之，岂果如蟁蝱之幸不至前，无事求诸水草之薮以扑之哉。

秦之毒天下而亡，阿房也，骊山也，行游无度而诛杀不惩也；非筑城治障斥远匈奴之害也。汉武之疲敝天下，建章也，柏梁也，祷祠祈仙而驰驱海岳也，贪一马而兴万里之师也；非埽幕南之王庭以翦艾匈奴之害也。秦得天下于力战，民未休息。而筑戍之役暴兴，则民怨起。汉承文、景休息之馀，中国无事，而乘之以除外逼之巨猾，故武帝之功，至宣、元而收，垂及哀、平，而单于之臣服不贰。莽之得天下更悖于秦，而亟用其不知兵之赤子，是其为秦之续也，必剧于秦，尤心知之而不敢讼言耳。岂可以为定论而废汉武之功哉？

兵者，毒天下者也，圣王所不忍用也。自非鳞介爪牙与我殊类，而干我藩垣，绝我人极，不容已于用也，则天下可以无貌似君子而实依非类的，所受到的处罚必定比小人重。圣人之学，天子之位，天之所临，都是不可窃取的。假如天下以窃者为君子，则王道断绝，圣教夷灭，姚枢、许衡能够幸免，实在是侥幸而已。

严尤劝谏王莽勿伐匈奴，如果单是为王莽考虑则是高明的，而后世人匆忙地称它为定论，却是不正确的。王莽召致祸乱是从攻伐匈奴开始的，此举欺诬上天蒙蔽世人，使中原疲惫不堪，大祸必然会由此而起。严尤不敢明说王莽不可攻打匈奴，却说匈奴不可攻打，避开王莽的忌讳而不说，难道攻打匈奴、果真就像是遗憾蚊虻不到眼前来，于是百无聊赖地跑到水草杂生的沼泽地去寻找，然后加以扑杀吗？

秦朝残害天下以致政权灭亡的，是阿房宫，骊山始皇陵，行游无度以及诛杀不惩；而不是修筑长城、整顿边备以驱逐匈奴。汉武帝疲敝天下的，是建章宫，柏梁宫，祈祷求仙，并奔波于海岳之间，以及因为贪求一匹良马而大动干戈，派兵万里迢迢地去讨伐西域；绝不是扫灭漠南的王庭，从而消除匈奴所造成的危害。秦国经过长期惨烈的战争才取得了天下，人民还没有来得及休养生息，而筑戍之役骤兴，于是百姓怨言四起，汉武帝承接文景盛世百姓休养生息之余，国内又没有什么大事，因而乘机扫灭气势咄咄逼人的外寇。汉武帝的功绩，到汉宣帝、汉元帝时期已经见效，再向后直到哀帝、平帝时期，匈奴单于仍然忠心耿耿地臣服于汉朝，毫无二心。王莽取得天下的方式与秦始皇是不同的，却急不可耐地使用根本不懂军事知识的百姓去攻打匈奴，这是在步秦朝灭亡的后尘，而且比秦朝更甚，严尤心里清楚地知道，只是不敢明说罢了。难道可以把严尤的话视为定论而否定汉武帝的功绩吗？

军队，是残害天下的，圣王不忍心轻率使用。如果不是鳞甲爪牙与我异类的敌手侵犯我边境，灭绝人伦纲常，我国不得已而用兵，兵。故莽之聚兵转饷以困匈奴，为久远计者，未尝非策。而严尤之欲深入霆击也，亦转计之谬焉者。莽非其人，莽之世非其时，故用莽之术而召天下之乱。自非莽也，尤之策，与赵普之弃燕、云也均，偷安一时，而祸在奕世矣。

3.西汉之亡也，龚胜、薛方、郭钦、蒋诩、陈咸，皎然不辱，行迹相侔，而未可等也。薛方诡辞以免，何以处夫严光、周党际盛世而隐者乎？君子名之必可言也，言可孙而不可诬。谓王莽为唐、虞，则唐、虞矣，谋诸心，出诸口，方亦何以自安乎？莽之逆以伪，而不足以延，苟有识者，无不知也，知之则必避之矣。避臣莽之诛于他日，抑避忤莽之祸于当时，方之工于术也，其得与龚胜齿哉？视纪逡、两唐而慧焉者尔。钦、诩则可谓自好矣。咸谢病不应，辞亦孙矣，而悉收汉之律令书文壁藏之，岂徒以俟汉氏中兴之求哉？诚有不忍者矣。子之慕亲也，爱其手泽；臣之恋主也，闵其典章；典章者，即先王神爽之所在也，故以知咸有不忍之心也。呜呼！胜以死自靖，咸以生存汉，恻怛之生心一也。微二子，吾孰与归？

4.天下相习于怪，无不怪也。郅恽引天文历数，上书王莽，令就臣位，复立汉室，可不谓怪乎？以莽之憯，无不可杀则天下可以没有军队。所以，王莽聚集大军，转运粮草以攻打匈奴，作为长远之计，并不曾失策。而严尤想深入敌境，发动突然袭击，则是转而出了个错误的计策。王莽的计划虽好，可是他不是适宜的主持者，他所处的时代不是适宜的时代，所以，使用他的策略只能招致天下大乱。即使不是在王莽时期，严尤的计策，也和赵普主张放弃燕、云十六州一样，都是苟且偷安于一时，却把灾难留给后世的馊主意。

西汉灭亡时，龚胜、薛方、郭钦、蒋诩、陈咸等人皎然不受辱，其形迹相似，可实际上并不能等同。薛方违心地阿谀奉承以免被王莽征辟，这样做怎样与身处盛世而隐居山林的严光、周党相比呢？君子所说的必定是可以说的，言辞可以谦逊但不可以瞎编。称王莽为唐尧、虞舜，就是唐尧、虞舜，心里这样想，口里这样说，薛方自己能够安心吗？王莽大逆不道而又极端虚伪，不可能维持多长时间，如果是有见识的人，没有不知道这一点的，知道以后则必定会远远地避开；薛方的做法，既避免了因为做王莽的臣子而在未来受到惩罚，又避免了因为得罪王莽而当即遇祸，可谓工于心计了，他难道能与龚胜相提并论吗？不过，薛方与纪逡、唐林、唐尊相比，还算是明智的。郭钦、蒋诩则可谓是洁身自好的人。陈咸声称有病，不应王莽的征召，他的言辞虽然也是很谦逊的，但是他却把汉朝的律令文书都收集起来，藏在夹墙之中，这难道只是为了等待汉朝中兴时使用吗？不，陈咸实在是于心不忍啊！子女敬慕双亲，是爱其遗产；臣子眷恋君主，是担忧他们的典章制度；典章制度，就是先王灵魂的所在，由此可知陈咸有不忍之心。唉！龚胜以死洁身自好，陈咸以活着保护汉室，二人作为不同，而忧伤生于心中则是一样的。如果没有这两个人，我与谁为伴呢？

如果天下人都相习于怪，则没有不怪的。郅恽引用天文历数为依据，上书王莽，要他重新回到臣子的位置上，继续拥立汉室，这难者，而恽免于死；莽诬天而以天诬人，故忌天而不加刑，恽故持之盈而发之无惮耳。恽以此故智，闭门不纳光武而蒙赏，世皆惊其奇而伟其志操，而不知为君子所必斥为怪而不欲语者也。怪士不惩，天下不平。使明主戮之，而天下犹惜之。大经不正，庶民习于邪慝，流俗之论，以怪为奇，若此类者众矣。

道不算怪吗？以王莽的凶残，没有不可杀的人，然而郅恽却免于一死；这是由于王莽欺诬上天而又以上天来蒙蔽世人，因而畏惧忌惮上天的威严，不敢加刑罚于郅恽，所以，郅恽拉满弓攻击王莽，却毫无忌惮。后来，郅恽又以这种策略，闭门不接纳光武帝刘秀入城而受到奖赏，世人都惊异他的奇特，认为他的志操很宏伟，却不知此举必定被君子斥为怪异而不愿提起。怪士如果不受到应有的惩罚，则天下不平。假如圣明的君主惩罚了他们，天下人还要为此而感到惋惜。大法不正，百姓都习惯于奸邪，世俗之人的舆论，像这样以怪为奇的，太多啦！

卷六

后汉更始

1.为名而有所推奉者，其志不坚；人为名而尊己者，其立不固；项梁之立怀王，新市、平林之立更始是已。天下愤楚之亡而望刘氏之再兴，人之同情也，而非项梁与张卬、王凤、朱鲔之情也。怀王、更始不思其反，受其推戴而尸乎其位，名岂足以终系天下而戢桀骜者私利之心乎？怀王任宋义、抑项羽，而祸发于项氏；更始终恃诸将、而无与捍赤眉之锋。徇不坚之志，立不固之基，疑之信之，无往而非召祸之门。

呜呼！其危也，非一旦一夕之故也。而士之处斯世也难矣！彼以名而立君，而我弗事焉，则世且责我以名义；顺而与之，则今日之输忱，且为他日党贼之地。荀彧所以退不保其身，进不全其节也。嬴氏之暴，楚之亡，莽之篡，汉之中绝，苟有心者，孰不愤焉？而斟酌于从违，在间不容发之顷，一往之志，义未审而仆其生平。无他，不揣其实而为名所动也。慎之哉！

2.力均则度义，义均则度德；力可恃也，义可恃也，至于德而非可以自恃矣。伯升果有天下之志，与更始力相上下而义相匹，则以德相胜，而天下恶能去已？诸将之欲立更始，无亦姑听之而待其自獘。如其不弊，则天且授之，人且归之，而恶能与争？如其獘，则姑顺诸将之欲，自全于祸福之外，遵养以为了名而有所推奉的人，其志向不坚定；别人为了名而以我为尊，其拥立是不牢固的；项梁拥立怀王，新市、平林拥立更始帝，都属于此类。天下人对楚国的灭亡感到愤恨，希望刘氏复兴，乃是人人都怀有的心情，而不是项梁与张印、王凤、朱鲔的心情。怀王和更始帝不考虑退出，竟然接受其推戴，心甘情愿地做傀儡，其名望难道足以始终维系天下，并且打消桀骜不驯者的私利之心吗？怀王重用宋义以抑制项羽，结果灭顶大祸从项羽而发；更始帝始终依赖诸将，结果却无人能为他抵挡赤眉军的进攻。曲从于并不坚定的东西，站立在并不牢固的君位上，无论是猜疑还是信任，无往而非召祸之门。

唉！他们的危险，并不是一朝一夕形成的。士人处在这个世界上真难啊！有些人为了名而拥立君主，如果我不侍奉他，则世人将从名义方面指责我；如果我顺从地与众人拥戴他，则今日的效忠，他日必将成为与奸贼结党的罪名。这就是荀彧之所以进不能保全其自身，退不能保全其气节的原因。秦朝的残暴，楚国的灭亡，王莽的篡权，汉朝的中道灭亡，如果是有良心的人，谁不气愤呢？可是，怀王等许多人不仔细地斟酌何去何从，就在极短暂的时间内决定接受别人的拥戴，结果既违背了正义，又葬送了自己的前程。这没有别的原因，只是因为他们不考虑实际而为名所打动罢了。一定要慎重啊！

实力均衡就要考虑义，义均就要比较德，实力可以依赖，义可以依赖，至于德却不可以居为己有。刘縯（字伯升）如果真的有夺取天下之志，自己与更始帝刘玄实力不相上下而义又匹敌，则以德战胜他，难道天下能不归自己吗？诸将想拥立更始帝，刘縯不如暂且听之任之以等他自我败亡。如果更始帝不败，则是天意要把天下授给他，待时。故高帝受巴、蜀、汉中之封，而待三秦之怨、三齐之反以屈项羽，而羽终屈。伯升不知出此，婞婞然与张卬、朱鲔争，夫天下之大宝，岂有可自争而自得者乎？其见害于诸将也，不揆而犯难也。李轶且扼腕而思害焉，况他人乎？

3.王莽既诛，更始定都雒阳，赤眉帅樊崇将渠帅二十馀人入见，安危存亡之大机也，于此失之，而更始之亡决矣。定天下之纷乱者，规模有可素定而未可全定也。莽之未诛，汉之力全注于莽；莽平，群盗方兴而未戢，固其所不豫谋者。一旦而莽诛矣，释其重忧而相庆以大定，猝然授以赤眉而不容其踌躕以审处，豫谋所不及矣。莽未诛，赤眉者，莽之赤眉也；莽已诛，赤眉者，汉之赤眉也。以新造之邦，代莽而受赤眉之巨难，周章失措而不知所裁；及其算失事败，而后知前此之疏。当其时，气乍盈而易弛，机至速而难留，善已乱者，俄顷定之而永靖，将谓其有不测之智勇，而不知非然也。神不偏注于所重，而固有馀力以待变也。故撄大敌，举大事，谋大功，敛精专气以求成者之非难；而大敌已灭，大事已决，大功已就，正天人交相责，而艰难萃于一人之身，此则中材以下者所不及谋，而大有为者立不拔之基，以应万变之迁流，权不可设而道则不穷也。

人民自愿归附他，怎么能够与他相争呢？如果更始帝失败了，则姑且顺从诸将的愿望，在祸福之外保全自己，静待时机。所以，汉高祖接受巴、蜀、汉中之封，等待三秦（今陕西）地区人民的怨恨和三齐（今山东）地区人民的反抗以打败项羽，而项羽也最终被打败。刘缜不懂得这个道理，强硬地与张卬、朱鲔争斗，难道天下的大宝有可以自争而自得的吗？他被诸将所害，就是因为揣度自己的德行而遇难的。李轶尚且愤怒地想加害于刘缜，何况其他人呢？

王莽被诛灭之后，更始帝定都于洛阳，赤眉军的统帅樊崇领着二十多位首领前来觐见，这实在是安危存亡的关键时机；错失了这一良机，更始帝的败亡就注定了。定天下之纷乱的人，规制格局有可以素定而未可全定的。王莽未被诛灭时，汉军力量全部集中在王莽身上；王莽败亡之后，盗贼蜂起，方兴未艾，固然是更始帝所没有料想到的。一旦王莽被诛灭，去掉了沉重压力的汉军正在庆祝天下可以大定之时，猝然间碰上了赤眉军这个大敌，容不得略有迟缓以便仔细地审时度势，这是预先所没有想到的。王莽未死时，赤眉军乃是对付王莽的赤眉军，王莽已死之后，赤眉军便是对付汉军的赤眉军。以一个刚刚建立起来的政权，取代王莽承受赤眉军的巨大压力，一时间张慌失措，不知所裁；到了因为失算而事败之后，才知道此前的疏忽。当时，气刚刚充盈而容易松懈，机会来得很快却难以留住，稍纵即逝，善于平定骚乱的人，倾刻间平息之却永远安定，别人必定会认为他有令人捉摸不透的大智大勇，而不知道实际上并非如此。如果神不偏注于所重，则本来就会有余力以待时变。所以，迎接大敌，发起大事，谋求大功时，专心致志、聚精会神以求得成功并不难；而当大敌已灭，大事已决，大功已成之后，正天人交相责，而艰难集于一人身上，这是中等以下才能的人所不及预料的，只有大有作为的人可以立于坚不可摧之地，以应付千变万化的形势，应事的权变不能够预先更始君臣，恶足以及此哉！其遣使谕降赤眉也，亦忧其不降耳；不知不降之不足忧，而降之之忧更大。然则无前定之道，无抑姑置赤眉而急自治；未能如圣哲之坐制于俄顷也，则无如缓之以俟其定。将天自有不测之吉凶，人自有猝然之离合，可降也而后降之，可讨也而后讨之，夫亦可谓因天乘时而顺俟天命矣。其始也，无馀力以待之；其继也，又弗能姑置焉；更始之亡，所以决于樊崇之入见也。

4.光武之拒更始，与昭烈之逐刘璋，一也；论者苛求昭烈，而舍光武，失其平矣。刘焉之于昭烈，分不相临，光武则固受更始大司马之命矣。更始起于汉室已亡之后，人戴之以嗣汉之宗社；刘焉当献帝之世，坐视宗邦之陵夷，方且据土而自尊。则焉父子有可逐之罪，而更始无之。如曰更始不能安位而存汉，则璋之弱，又岂足以保三巴而不授之曹操乎？然则以忠信坚贞之义相责，而昭烈有辞，光武无辞矣。

乃光武之不与篡逆同罚也，则固有说。更始之立，非光武兄弟之志也；张卬、朱鲔动摇人心而不能遏，则奉更始而君之，受其鈇钺之赐，皆出于弗获已，而姑以自全。君臣之义，生于人心者也。天下方乱，君臣未定，无适主之分义，同兴讨贼之师，势均德齐而志不属。故更始不任为光武之君，拒之而心固不疚。义非外也，信诸心者，无大疚焉斯可矣。唯然，则光武可逸不忠之罚，昭烈可释不信之咎，皆非可执一切之信义以设计出来这样大道的功用就会无穷尽。

更始君臣，哪里能够达到这种水平呢！他们派使者去劝赤眉军投降，也是担忧他们不投降；却不知道其不投降不值得忧虑，而投降后的忧虑更大。既然没有预先安定的大计，还不如暂且置赤眉军于不顾，而抓紧时间整顿自己；如果不能像圣哲之人那样坐制强敌于谈笑之间，则不如暂缓一段时间以等待其稳定下来。因为天自有不测吉凶，人自有不测的离合，敌人可以降伏而后降伏它，可以讨伐而后讨伐它，这样的人也可以算是能因天乘时而顺应天命了。在开始时，更始帝没有余力以待之；后来，又不能暂且把敌手置于一边；他的败亡，就是在樊崇等前来晋见时决定的，其原因就在于此。

光武帝抗拒更始帝，与昭烈帝刘备驱逐刘璋，是完全一样的；发议论的人苛求于昭烈帝，却放过光武帝，实在有失公平，刘焉与昭烈帝，在名分上没有什么关系，光武帝则早就接受更始帝的大司马之职了。更始帝起于汉室已亡之后，人民推戴他以继承汉朝的宗社；刘焉处在汉献帝时代，坐视宗邦衰亡，却致力于割据一方，加强自己的地位。则刘焉父子有可逐之罪，而更始帝刘玄没有。如果说更始帝不能安位而延续汉朝，则刘璋的暗弱，难道足以保住三巴地区而不被曹操夺去吗？既然如此，假如以忠信坚贞之义相责，则昭烈帝有理由，而光武帝师出无名了。

至于光武帝刘秀不能与篡逆之人同受惩处，则本来就有道理。更始帝刘玄被立为君，并不是刘秀兄弟的志向；而是朱鲔、张印动摇人心，无法遏止，于是奉立刘玄为君，受其斧钺之赐，这些都出于万不得已，姑且以此保全自己，君臣之义，是从人的内心深处产生的。正在天下大乱之时，君臣未定，没有正统君主的名号和君臣之义，大家同兴讨贼之师，势均德齐而志向不统一，谁也不服气谁。所以更始帝并非光武帝名符其实的君主，光武帝抗拒他固然于心无疚。君臣之相纠者也，而于昭烈乎何诛？

5.更始不足以有为，史极言之，抑有溢恶之辞。欲矜光武之盛而掩其自立之非，故不穷更始之恶，则疑光武之有惭德也。乃若更始之亡也，则舍雒阳而西都长安也。当是时，赤眉在濮阳，城头子路、力子都在河、济间，铜马、大彤等贼在燕、赵，李宪在淮南，天下所岌岌未定者东方也。而遽避劳趋逸，欲拥关以自固，则天下深见其不可恃，而竞扼其虚。顾欲长保故宫之富贵以自封殖，是犹狐兔倚窟以安，而韩卢腾踯于外，甫一出而必不免于获也。王莽诛，关中无事，隗嚣委宗族而从己；于斯时也，得一重臣如寇恂者，镇抚长安而安集之，为雒阳之根本，而都雒以弹压山东，光武即解体于河北，其能遽收河内、下河东而无所顾畏邪？赤眉已降之馀，不能驰骋任志如践无人之境，必矣。

盖更始所任为大臣者，类皆群盗之长，贪长安之富盛，而藉口于复高帝之旧业以为廓清；其铮铮小异如朱鲔、刘嘉、鲍永之流，亦不胜盈廷謟詄之论；则塞颠当之户，耽燕雀之嬉，义不是外在的东西，而是内心深处的真情实感，因而光武帝心中无大疚是可以的，没有什么奇怪的。也只是因为这一理由，则光武帝可以逃脱不忠的罪名，昭烈帝可以解除不讲信用的指责，这些都不是可以执一切之信义以相矫正的，而对昭烈帝刘备有什么可以声讨和责备的呢？

更始帝刘玄不足以有所作为，史书极力渲染这种看法，其实或许其中不乏过分贬低之处。史家想夸耀光武帝的隆盛而掩饰他自立为帝的过失，因而若不穷究更始帝的罪恶，就会使人觉得光武帝有败德。至于更始帝的败亡，则是由于舍弃洛阳而西都长安（今西安）。当时，赤眉军在濮阳，城头子路、力子都在黄河和济水之间，铜马、大彤等贼寇在燕、赵之地（今河北省一带），李宪在淮河以南，天下所岌岌未定的地方乃是东方地区。而更始帝却急急忙忙地避劳趋逸，准备拥关中而固守，于是天下人清楚地看到他不可依赖，因而竞起占据其空虚之地。本想长保故宫的富贵以自封治疆域，种植谷物，这就像狐狸和兔子依赖窟穴来保护自己的安全，而外面有极为凶猛的名贵猎犬在跃跃欲试，虎视眈眈，它们只要一出洞就必然会被捕获。王莽被诛灭以后，关中没有大的战事，隗嚣弃舍宗族而顺从更始帝，此时，选派一位像寇恂那样的重臣去镇抚长安，安定那里的社会秩序，作为洛阳的根本，而首都建在洛阳以弹压山东（今崤山或华山以东）地区，光武帝刘秀即使割据了河北，难道能够轻易地占领河内（今河南武陟西南），攻克河东（今山西省西南部）而无所顾忌吗？赤眉军已经投降之后，其残部不可能纵横驰骋如入无人之境，这是必然的。

大概更始帝所任用的大臣，基本上都是群盗的首领，贪图长安的富盛，而借口为了恢复汉高祖的旧业，特意前去肃清关中地区；其比较正直、持不同意见的大臣，如朱鲔、刘嘉、鲍永之流，面对满朝固其宜也。光武得士于崛起之中而任之，既无盗贼之习气；及天下甫定，复不以任三公，而别用深识之士；虚建西都，而定宅雒阳，以靖东方之寇；皆惩更始之失而反其道。老子曰：“不善人，善人之资。更始之失，光武之资也。”

6.匈奴之祸，至元、成之世而大息矣。东汉之初，因卢芳而大为中国害，非徒王莽之激之，抑更始挑之也。更始尸位于关中，赤眉横行于曹、濮，萧王异志于河北，公孙述割据于巴、蜀，斯时也，岂有德有威足以及匈奴；而轻以一介之使，循故事以求匈奴之顺己，召其侮而授之以嫚词，自取之矣。故严尤之谏，为王莽言也。伐之不可，和之不能，夷狄焉知仁义，势而已矣。更始之势，曾莽之不若，而欲匈奴修呼韩邪之已事，不度德，不量力，贻数十年边关之祸。陈遵者，洵妄人也。易世而后，微窦宪、耿秉之矫矫，汉其危矣。

光武

1.昆阳之战，光武威震天下，王业之兴肇此矣。王邑、王寻之师，号称百万，以临瓦合之汉兵，存亡生死之界也。诸将欲散归诸城，光武决迎敌之志，诸将不从，临敌而挠，倾覆随大臣损公利己的错误论调，徒唤奈何，一筹莫展；既然这样，则更始帝君臣自投于天罗地网之中，却仍然沉湎于燕雀之嬉，最终落得个身死国灭的下场，实在是罪有应得，并不值得同情。光武帝得士于崛起之中而任用他们，这些人没有盗贼的习气；等到天下刚刚平定后，他又不把大权交给三公，而是另外选用才识优异之士；他以长安为西都，实际上只是有名无实，而定洛阳为首都，这是真正的都城，以便就近平定东方的贼寇；这些做法，都是吸取了更始帝失败的教训，因而反其道行之。老子说："不好的人，乃是好人的借鉴。"更始帝的过失，就是光武帝的借鉴。

匈奴之祸，到了汉元帝、汉成帝时代已经大大地缓解了。东汉初年，匈奴人又借助卢芳，给中原造成了很大的威胁，这不但是王莽所激起的，而且也是更始帝挑起的。更始帝空居君位于关中，赤眉军肆意横行于曹（今山东曹县）、濮一带，萧王刘秀心怀异志于河北地区，公孙述割据于巴、蜀地区，此时，难道会有德有威足以镇服匈奴吗？可更始帝随随便便地派出一介使臣，按照以前的惯例要求匈奴人顺从自己，结果招致了匈奴人的侮辱，而且传给他轻侮的言辞，这实际上是自取其辱，自作自受。所以严尤的谏言，是对王莽说的。既不可讨伐，又不能讲和，夷狄之人哪里懂得仁义，只认得实力。更始帝的实力，还不如王莽，却想让匈奴像呼韩邪先前事汉那样侍奉自己，真是不度德，不量力，而且留下了数十年的边祸。陈遵，真是个无知妄为之人。东汉建立以后，如果没有窦宪、耿秉两位佼佼者，也就危险啦！

昆阳（今河南叶县）之战以后，光武帝威震天下，王业的中兴从此开始了。王邑、王寻所统帅的军队，号称百万，去攻打瓦合的汉军，这实在是光武帝生死存亡之际。诸将想散归各城，光武帝下定决心之。光武心喻其吉凶，而难以晓譬于群劣，则固慨慷以争、痛哭以求必听之时也。乃微笑而起，俟其请而弗迫与之言，万一诸将不再问而遽焉骇散，能弗与之俱糜烂乎？呜呼！此大有为者所以异于一往之气矜者也。

寻、邑之众，且压其项背，诸将欲散而弗及，光武知之矣。知其欲散而弗及，而又迫与之争，以引其喧嚣之口，相长而益馁其气，则不争而得，争之而必不得者也。而且不仅然也。藉令敌兵不即压境以相迫，诸将惊溃而敌蹑之，王邑无谋，严尤不决，兵虽众而无纪，外盛而中枵，则诸将溃败之馀，敌兵骄懈，我乃从中起以乘之，夫岂无术以处此？而特不如今此之易耳。诸将自亡，而光武固不可亡，项梁死而高帝自兴，其明验已。一笑之下，绰有馀地，而何暇与碌碌者争短长邪？

而尤不仅然也。得失者，人也；存亡者，天也；业以其身任汉室之兴废，则寻、邑果可以长驱，诸将无能以再振，事之成败，身之生死，委之于天，而非人之所能强。苟无其存其亡一笑而听诸时会之量，则情先靡于躯命，虽慷慨痛哭与诸将竞，亦居然一诸将之情也。以偶然亿中之一策，怀愤而求逞，尤取败之道，而何愈于诸将之纷纭乎？

迎敌，诸将如果不从，临阵而退，则汉军的覆亡必将接踵而至。光武帝刘秀心中明知吉凶祸福，却难以说服无知的诸将，这固然是慷慨地争论，痛哭流涕地请求他们听从自己安排的时候了。可刘秀却微笑而起，等待诸将的请求而不急着与他们说，万一诸将不再问他如何迎敌，而是惊慌失措，四散溃逃，刘秀能不与众人一起败亡腐烂吗？唉！这就是有大作为的人异于一往之气矜者的地方。

王邑、王寻的大军将要压其项背，诸将迫不及待地要散去，光武帝当然是知道的。如果他明知众将迫不及待地要散去，却又急切地与他们争论，以引其喧嚣之口，众人在喧哗吵闹、恶言相加之后，必定更加惊恐，更加泄气，则刘秀不争论还可能得到众将相助，同心抗敌，若争论则必定不能得到众将齐心协力，共御强敌。而且不仅如此。假如敌兵不即刻压境以相迫，待汉军诸将四散溃逃后敌兵分头尾追，敌帅王邑有勇无谋，严尤优柔寡断，兵力虽多而没有纪律，外强而中干，则在诸将溃败之余，敌兵骄傲懈怠，我于是乘机发动猛攻，打敌人个措手不及，难道刘秀会没有办法应付这种局面吗？只不过是没有现在这么容易罢了。诸将自己灭亡，而光武帝本来就不可能灭亡，项梁死后汉高祖兴起，就是明证。光武帝一笑之下，已绰有余地，哪里顾得上与庸碌无为之徒争短长呢？

然而，还要更进一步。得失，取决于人；存亡，则取决于天；刘秀已经以自身承担汉室兴亡的重任，则王寻、王邑即使果真可以长驱直入，汉军诸将即使真的没有能力再振作精神拼死一战，大业的成败，自身的生死，一概听命于天，这不是人力所能勉强的。如果刘秀没有把生死存亡置之一笑，完全听命于时运的气量，那么情理上就先委靡不振，即使慷慨痛哭与诸将争论，而且居然也统一了众将的思想。凭借这种偶然的、只有亿分之一成功希望的对策，怀着愤恨而想达成心愿，仍然是求取失败的举措，比起诸将众说纷纭，各自为天下之大，死生之故，兴废之几，非旷然超于其外者，不能入其中而转其轴。故武王之《诗》曰："勿贰尔心。"慎谋于未举事之前，坦然忘机于已举事之后，天锡帝王以智，而必锡之以勇。勇者，非气矜也，泊然于生死存亡而不失其度者也。光武之笑起而不与诸将争前却，大有为者之过人远也，尤在此矣。

2.怀王遣高帝入关，而高帝之王业定；更始遣光武徇河北，而光武之王业定。大有为者之初起，不欲躬为戎首，抑必藉人以兴；迨其威名已著，而追随于行队之间，则得失兴丧之枢，不任己而因人；稍欲持权，而祸已发于肘腋，宋义之所以死于项羽，伯升之所以死于李轶、朱鲔也。

然则项羽禁高帝不令入关，更始听朱鲔而拒刘赐之请，不委河北于光武，羽与更始，可以终保大位而无与争乎？曰：不能也。禽之相制以气，人之相役以道，项羽有韩信、陈平而不能禁其不去，更始有隗嚣而不能服，无以役之也。藉令置高帝、光武于股掌之上，用之不能，杀之不可，羽与更始且自困于无术。三齐甫受封而旋叛，彭越、陈馀、英布翱翔桀骜以需时，王郎蜂起于河北，赤眉反戈而西向，羽与更始终无以固其位，而徒召乱于无已。尔朱兆且不能得之于高欢，况二帝之涵育者深乎！故以范增、朱鲔为忠谋者，愚也，无救于败而徒乱天下也。无御豪杰定四海之道，而操疑忌以困人，其亡愈速矣。

计，又能好多少呢？

天下之大，死生之事，兴废之机，若不是旷然超于其外的人，就不能深入其中而掌握其关键。所以周武王的《诗》说：“不要生出二心。”谨慎地谋划于未举事之前，坦然忘机于已举事之后，天赐给帝王智慧，必定也赐给他们勇气。勇气，并非争强好胜，而是淡泊于生死存亡而又不失其度。光武帝一笑而起，不与诸将争论进退，有大作为的人远远地超过常人，尤其表现在这里。

怀王派遣汉高祖刘邦入函谷关，于是汉高祖的王业奠定；更始帝派遣光武帝刘秀收复河北，于是光武帝的王业奠定。有大作为的人初起时，不想亲自做戎首，则必须借助别人之力兴起；等到其威名已著之时，如果仍然追随别人于行队之间，则得失兴衰的大权，不掌握在自己手中，而是操纵在别人手中；只要稍微想掌握大一点的权力，灾祸就会起于切近之地，这就是宋义之所以死于项羽之手，刘縯之所以死于李轶、朱鲔之手的原因。

既然如此，那么项羽制止汉高祖入关，更始帝听从朱鲔的意见而拒绝刘赐的请求，不把河北交给光武帝刘秀，项羽和更始帝就可以终保大位而无人与其争夺了吗？回答是：不可能。禽类相互制约凭借的是气力，人类相互役使靠得是道术，项羽有韩信、陈平等奇才却留不住他们，更始帝有将才隗嚣却不能制服，都是因为没有用才的办法。假如把汉高祖和光武帝置于股掌之上，既不能重用他们，又不能杀掉他们，则项羽和更始帝必将自困于无术。秦汉之际，三齐地区刚刚受封而随即反叛，彭越、陈余、英布放荡倔强以寻找时机；东汉建国时，王郎的势力蜂起于河北地区，赤眉军又反戈而向西进攻，项羽和更始帝最终不会有什么办法来保住自己的地位，却只能召来无休无止的祸乱。尔朱兆尚不能斗败高欢，何况汉高祖和光武帝具有很深的涵养化育功夫呢！所以，认为范增和朱鲔是为了尽忠于主人而出

3.王者代天而行赏罚，参之以权谋，则逆天而天下不服，非但论功行赏、按罪制刑于臣民也。武王封武庚于东国，不得不封也，天也；周公相成王诛武庚，不得不诛也，天也。三代以上，诸侯有道，天下归之，则为天子；天子无道，天下叛之，退为诸侯。武庚宜侯者也，不得不封；武庚宜安侯服，而欲复干天命，不得不诛。既代天以赏罚，则洞然与四海公其衮钺，而无所委曲于操纵以为驾驭之术。苏洵氏唯不知此，故以权术测王者之举动，而成乎小人之邪说。

王郎遣杜威纳降，威为郎请万户侯封，光武曰："顾得全身可矣。"刘恭为盆子乞降，恭问所以待盆子者，帝曰："待以不死耳。"大哉王言！奉天以行赏罚，而意智不与焉，斯乃允以继天而为之子。王郎者，妖人也。妖人倡乱，不可不诛；以其降而姑贳之，终拒其降而斩之，以惩天下之妖妄，而天下定。盆子者，愚而为人立者也。愚且贱，而欲干天位也，可诛；非其志而听命于人也，可宥；待以不死，而授之散秩以养之，义正而仁亦裕矣。所尤难者，光武决于一言，而更无委曲之辞以诱之，明白洞达，与天下昭刑赏之正，故曰：大哉王言，体天无私而为之子也。

谋划策的观点，是愚蠢的。因为范，朱二人的计策不能挽救败亡的命运，只能使得天下更乱。没有驾驭豪杰、平定四海的方法，却怀着疑忌心理打击、刁难别人，这种人必然灭亡得更加迅速。

帝王代天而行赏罚，如果在其间参用权谋，则违背了天意因而天下不服，自己也要受惩罚，而不仅是论功行赏、按罪制刑于臣民。周武王封殷纣王的儿子武庚于东方，这是不得不封的，因为是天意；周公旦辅助周成王诛杀了武庚，他是不得不诛杀的，因为是天意。三代以前，诸侯如果有道，天下人都归附他，则做天子；天子如果无道，天下人都背叛他，则降为诸侯。武庚是应当封侯的，因而不得不封；武庚应当安心于侯服，可他却想再次冒犯天命，夺取帝位，因而不得不诛灭。既然代天以行赏罚，则应当毫不忌讳地公布其赏罚于天下，而不应当在治国时使用秘谋来作为驾驭臣下的手段。苏洵不懂这个道理，因而用权术窥测帝王的举动，最终成为小人的邪说。

王郎派遣杜威向光武帝交降表，杜威请求封投降的王郎为万户侯，光武帝说："王郎只要能保全性命就足够了。"刘恭为刘盆子请降时，问光武帝将如何对待刘盆子，光武帝说："保证他不被处死。"光武帝的回答太伟大啦！尊奉天意以行赏罚，而自己的意智不掺入，这样才能真正公允地执行天意而为天子。王郎，是个妖人。妖人发起叛乱，不可不杀；因为他投降而姑且赦免他，可他最终拒绝投降，因而诛杀他，以惩戒天下的妖妄之人，于是天下逐渐安定。刘盆子，是个愚蠢的被别人所拥立的人。他愚蠢而且低贱，却妄想登上天位，称孤道寡，实在是可杀；念起他本无其心而被迫听命于人，可以宽大处理；许诺不处死他，并且授给他闲散官职以度其余生，可谓义正仁裕了。尤其难得的是，光武一言九鼎，断然决然，再也没有婉转的言辞来引诱对方，明白洞达，昭示刑罚之正于天下，所以说：光武帝的答词太伟大啦，他能够公正无私地执行天意而作天子了。

为权术之说者则不然，心恶之而姑许之，谓可以辑群雄之心，使刘永之俦，相仍而革面。独不见唐高祖之待李密，其后竟如之何也？狙诈兴而天下相长以伪，故终唐之世，藩镇倏叛倏服，以与上相市，而兵不可戢。然则权者非权也，伪以长乱而已矣。《汤诰》曰：“有罪不敢赦，帝臣不蔽，简在帝心。”诚帝心也，岂忧天下之有不服哉？何所葸畏而与人相为驵侩乎！故言权术以笼天下者，妾妇之智而已矣。

4.冯异招李轶于雒阳，轶报曰：“千载一会，思成断金。”异斩武勃，轶闭门不救，是宜受其款而雒阳可速下也。光武则宣露其书，使朱鲔杀轶。轶本与伯升俱起，谄事诸将，忌伯升而谮杀之，光武欲得而甘心久矣。轶死，而雒阳之围经年始拔，事有宁劳而不贪近功以申大义者，此是也。乃杀伯升者，朱鲔之本志，轶特徇鲔而从之者尔。帝之于鲔也，使岑彭说之曰：“举大事者，不忌小怨，鲔降，官爵可保，河水在，吾不食言。”鲔降而拜将军，封列侯，传封累世。同怨而异报，达于理者之制恩怨，非常情之所可测也如此。

虽然，亦恶有不可测哉？伯升初起，始发于李轶，迎光武而与建谋，则轶固光武兄弟所倚为腹心也。更始立，朱鲔、张卬暴贵，轶遽背而即于彼。因势而迁者，小人之恒也，亦何至主张使用权术的人则不然，心里憎恶对方却姑且答应他，说是可以安定群雄之心，使刘永之类的人能够相继归降。难道没有看到唐高祖以此法对待李密，其后来结果如何吗？诡诈兴则天下作伪之风越来越盛，所以在整个唐代，藩镇忽叛忽服，反复无常，以与朝廷讨价还价，强求好处，于是战乱长期无法平息。由此看来，权术并不是权术，而只不过是引导人作伪以致挑起祸端罢了。《尚书·汤诰》说："有了罪过不敢赦免不敢隐瞒皇上和大臣，这都是皇帝所知道的。"帝心若诚，难道还会忧虑天下有人不服从吗？究竟是因为畏慎什么而与人都作市侩呢？所以，主张以权术来笼络天下，只不过是妇人之智而已。

冯异招洛阳守将李轶投降，李轶回答说："咱俩千载一会，我想其义必可断金。"冯异斩杀武勃于洛阳城外，李轶闭门不救，这时应当接受李轶的投降条件，如此则洛阳很快就可以拿下，可是，光武帝却向外界透露了李轶的书信，使朱鲔派人刺杀了李轶。李轶本来与刘縯一同举事，却谄媚诸将，忌恨刘縯，并说坏话劝更始帝杀害了刘縯，光武帝早就想得而诛之，以使为哥哥报仇了。李轶死后，刘秀的军队围攻洛阳一年多才攻克，事情有宁愿多费周折以申明大义而不愿急功近利的，就是这种情况。至于杀害刘縯，乃是朱鲔的本志，李轶只不过是顺从于朱鲔的意见，拍马溜须而已。光武帝对于朱鲔，则派岑彭劝告他说："举大事的人不忌恨小怨，朱鲔只要投降，官爵可保，有黄河为证，只要黄河水存在，我决不食言。"朱鲔投降后被拜为将军，封列侯，传封数代。同样的怨仇却有不同的回报，通达事理的人对待恩怨的态度，竟是如此的令常人莫测高深。

尽管如此，难道真的有什么不可测的吗？刘縯初起，始发于李轶，李轶奉从兄李通之命迎接，与他深入交谈，商定了起兵的详细计划，可见李轶本来就是光武帝与刘縯两兄弟所倚重的心腹。更始反戈推刃而无馀情哉？及光武初定河北，始有入关之志。更始委三十万之重兵于轶守雒阳，而李松甫败于赤眉，轶又窥长安之不固而思附光武，覥然纳断金之言而不惭。光武曰：“季文多诈，不能得其要领。”特假手于鲔以杀之，而讨犹未伸，非可以鲔例之也。

鲔起于平林，先光武以举事，与伯升未有交也；奉更始而为更始谋杀伯升者，亦范增之愚忠耳。更始之诸将，类皆贼也，而鲔独异。杀伯升，留光武而不遣，知有更始而不恤其他；诸将挟功而欲自王，更始弗能违也，鲔独守高帝之约，辞胶东之封；受命守雒，百战以与寇恂、冯异争死生之命；及长安破，更始降于赤眉，雒阳孤立无援，且坚壁固守，以杀伯升为惭而不降。故通更始之廷所可与有为者，唯鲔一人而已。于事君之义，立身之耻，殆庶几焉。藉令光武以怨轶者怨鲔而拒戮之，则以私怨而废天下之公，且将奖人臣之操异志以介从违，而何以劝忠乎？子曰：“以直报怨。”直者，理而已矣，于轶何可忘，而于鲔何容芥蒂也。

5.效卓茂之为，可以化今之人乎？曰：何为其不可也。效卓茂之为，遂可以化人乎？曰：何为其可也。所以然者何也？素履无咎，居心无伪，而抑于大节不失焉，则行之也，和顺而无矫物之情，笃实而不期功名之立，动之以天而物弗能违矣。非帝登基以后，朱鲔、张印暴贵，李轶马上背弃刘縯兄弟而投靠新贵。见风使舵，本来就是小人的常情，又何至反戈推刃而毫不记前情呢？到光武帝初步平定河北后，才有了打进关中的念头。更始帝交给李轶三十万大军守卫洛阳，而李松刚刚被赤眉军击败，李轶便觉得长安无法固守因而想投靠光武帝，并厚颜无耻地向光武帝表示了义可断金的誓言。光武帝说："李轶（字季文）诡计多端，不可相信他。"于是借朱鲔之手杀死了李轶，可对他的声讨还没有伸张，真是死有余辜，李轶与朱鲔的情况是无法相比的。

朱鲔起于平林（今湖北随州市东北），在光武帝之前起义，与刘绩兄弟没有交情；他拥戴更始帝因而为更始帝献计杀死刘绩，这也如同范增对项羽的愚忠。更始帝的诸将，基本上都是贼寇出身，只有朱鲔例外。朱鲔建议杀掉刘縯，留光武帝刘秀于南阳不放，这是心中只有更始帝而不顾其他；诸将自恃有功而想称王，更始帝无力阻止，只有朱鲔遵守汉高祖不许封异姓为王的规定，辞去了胶东王的封号；他奉命守卫洛阳，连续作战上百次以与寇恂、冯异争胜负；到长安被攻破后，更始帝向赤眉军投降，洛阳孤立无援，朱鲔尚且坚壁固守，觉得杀刘缜有愧而拒不投降。所以，在整个更始朝廷，所可与有所作为的，只有朱鲔一人而已。他于事君之义，立身之耻，大概差不多了。假若光武帝像怨恨李轶那样怨恨朱鲔，拒绝其投降而后诛灭他，这就是为了私怨而废天下之公，而且将会鼓励人臣心怀二志以见风使舵，谋取好处，如此还怎么劝人忠诚呢？孔子说："以直报怨。"直，就是指理，对于李轶何可忘，而对朱鲔何容芥蒂呢？

效法卓茂的做法，可以教化今天的人吗？回答是：为什么不可以呢？那么就是说，效法卓茂的做法，可以教化人了？回答是：为什么可以呢？为什么这样说呢？因为平日行事没有过错，居心无伪，而且不失大节，则效法卓茂的做法，和顺而又没有矫物之情，笃实而不期望然，则严诩之以乱颍川者，所谓“乡愿德之贼也”。王莽之当国，上下相率以伪，效茂之迹以夸德化者，非直一严诩也；莽皆乐推之以诱天下，彼亦乐附莽而成其利达。莽居摄而茂以病免，名不照于当时，而莽无求焉。自拔于流俗，而居约以自污，敦实行而远虚名，茂自此远矣。

且其谕部民之言曰：“人所以群居不乱异于禽兽者，以有仁爱礼义，知相敬事也。”扩愚贱之昏瞀，而示以天理流行之实，夫岂托迹宽仁以干誉者之所能及此乎？茂唯有此，虽无皦皦之名，而志终不降；虽违物情之顺，而不爽天性之贞。自非然者，恭而谄，宽而弛，朴而鄙，无得于心，不全其大，徒饰为从容平易之容，石建以之猎显名厚实，而不保其子之令终。天不可罔，人固不可重欺也。故欲学茂者，无但求之事为之迹也。

6.鲍永、冯衍审知更始之亡而后降，正也。然既已事主不终，纳款以免战争攻守之祸，岂更有无妄之福可容其觊望乎？鲍永以立功而受封，虽可受之而无疚，要亦听新主之自为予夺耳。冯衍曰：“天命难知，人道易守，守道之臣，何患死亡。”苟知此矣，在贫如富，在贱如贵，悠游卒岁，俟命而无求，岂不成乎大丈夫哉！而怏怏失志，移怒忿于妻子，抒怨怼于文辞；然则昔之阻孤城、抗大敌而不降者，正留一不挑之节，为夫死更嫁之地，衍之生平，败于此矣。光武终废而不用，不亦宜乎！

荣立功名，依天行事则物不能违背他了。相反，则严诩用以乱颍川郡的，就是所谓的"那种处处讨好的老好人，是败坏道德的人。"王莽当权时，上下相率以伪，效法卓茂的事迹以夸耀德化的，不止一个严诩；王莽很乐意把他们都推举出来以诱惑天下，这些人也乐得依附王莽从而飞黄腾达。王莽摄政时卓茂因病被免职，因为他当时名声不显赫，而王莽对他也无所需求。自己是从世俗之人中选拔出来的，却居约以自洁，注重实行而远避虚名，卓茂从此远离虚名之累了。

而且卓茂劝告百姓说："人之所以群居不乱与禽兽不同，就是因为有礼义仁爱，知道相互尊重。"开放愚贱之民昏暗封闭的思想，而向他们展示天理流行之实，这难道是托迹宽仁以沽名钓誉的人们所能做到的吗？卓茂能够如此，虽然没有皎皎的名声，而志向最终不改；虽然违背了物情之顺，却不损害天性之贞。本来达不到这种境界的人，恭而谄，宽而驰，朴而鄙，没有心得，不顾全大局，只是装成一副从容平易的样子，石建以此猎取了显赫的名声，丰厚的利益，却不能保佑他的子孙得善终。天不可以罔，人也本来就不可以重欺。所以，想学习卓茂的人，不要只仿效他们行为。

鲍永、冯衍预计到更始帝必然灭亡，于是向光武帝投降，这是正确的选择。然而，既然已经事主不终，纳款投降以免百姓受战争攻守之祸，难道还会有无妄之福可容其企图吗？鲍永因为立功而受封，虽然可以受之而心中无愧，但是也要听从新主子随意决定予夺。冯衍说："天命难以明知，人伦纲常容易坚守，持守为臣之道的人又担心什么死亡呢？"如果懂得这个道理以后，在贫如富，在贱如贵，悠闲自在地度岁月，听天由命，清心寡欲，难道不就成为大丈夫了吗！可是，冯衍怏怏失志，迁怒于妻儿老小，又在文章中抒发怨恨情绪；既然如此，则昔日守孤城、抗大敌而誓不投降的作为，正是以无可挑剔的气节，作为夫死改嫁之地，冯衍的一生，就是毁在这里。光

7.光武之处彭宠，不谓之刻薄而寡恩，不得矣。王郎之乱，微耿况与宠之力不及此。天下粗定，置宠若忘，而以年少骄躁之朱浮位于其上，宠恶能不怨邪？泄浮之奏以激宠，使速反而殪之，诚不知光武之何心？意者宠之初发突骑助光武讨王郎，宠无固志，特为吴汉、王梁所胁诱，而耿况、寇恂从臾之，以此有隙焉，而虽功亦罪乎？夫天下竞起，疑王疑帝，岂易测之于风尘之下；既有功于己而拯其急，则固未可忘也。光武能忍于反侧子而不能忍于宠也何邪？

乃宠之不得其终也，亦有以自取矣。耿况之始归光武，亦寇恂决之也；乃既决于听恂矣，则遣其子弇亲将而来，称帝之议，弇无所避而密陈之，故寇恂虽见委任，而不能掩况父子之输忠。宠弗然也，从汉与梁之策，即遣汉与梁任之，资以兵众，而成汉与梁之丰功，宠无与焉。汉与梁驰驱于中原，而己晏坐于渔阳，何其不自树立，倒柄以授人邪？宠之愚不应至是，则宠有犹豫之情可知矣。光武而兴，则汉与梁为己效功；光武而败，则汉与梁任其咎，而己犹拥郡以处于事外。呜呼！处乱世，拥重兵，势不可以无事，非儒生策士徘回顾虑之时也。虑未可以委身，则窦融虽后至而无猜；审可以托迹，则得丧死生决于一念；若其姑与之而留馀地以自处，犯英主之大忌，受群言之交摘，未有能免者也。《易》曰：“需于泥，致寇武帝始终将他废置不用，不是很合适吗？

光武帝对待彭宠的作法，不谓之刻薄寡恩，是说不过去的。王郎之乱，如果没有耿况与彭宠大力相助是无法平定的。天下刚刚平定，光武帝就把彭宠放在一边，似乎已经遗忘了，却把年少骄躁的朱浮提拔在彭宠之上，彭宠怎么能不怨恨呢？泄露朱浮的奏章以激怒彭宠，使他迅速反叛而诛灭之，实在不知道光武帝是何居心？或许彭宠当初发突骑帮助光武帝讨伐王郎时，并没有坚定的信念，只是因为被吴汉、王梁所胁诱，而耿况、寇恂又跟在后面怂恿他才发兵的，因此产生了隔阂，于是虽然有功也是罪过吗？可是，当时天下的豪杰蜂涌而起，纷纷称王称帝，难道容易在滚滚风尘之中认清刘秀这个“真龙天子”吗？既然彭宠为自己立过大功，解救过自己的危急，则本来就不应当忘记他。光武帝能够容忍投降之一却不能容忍彭宠，究竟是因为什么呢？

彭宠不得善终，也有自取其祸的因素。耿况当初投靠光武帝，也是寇恂决定的；他决定听从寇恂的意见以后，立即派遣自己的儿子耿弇亲自统兵而来，称光武帝之议，耿弇无所回避而密陈自己的意见，因此寇恂虽得重用，却不能掩盖耿况父子对光武帝的忠诚。彭宠则不然，他接受了吴汉和王梁的计策后，就派遣吴汉与王梁为将，拨给他们军队，结果成全了吴汉和王梁荣立大功，彭宠自己却没有份儿。吴汉和王梁驰骋于中原，而彭宠自己安坐于渔阳郡（今北京一带），他为什么不亲自出马，反而把刀把子交给别人吗？彭宠还不至于愚蠢到这种程度，显然他心中有犹豫不决之情存在。大概彭宠的如意算盘是：如果光武帝刘秀成功了，则吴汉和王梁为自己挣了一份功劳，因为他们是自己派出的；如果光武帝失败了，则吴汉与王梁承担责任和灾难，而自己还可以继续控制渔阳郡以置身于事外。唉！处乱世，拥重兵，势必会无事，这并非儒生策士徘徊顾虑之时。担心不可以委身，至。”敬慎且危，而况悍妻群小之交煽乎？乱世之去就，决之以义而已；义定而守之以信，则凶而可以无咎。需者事之贼，非欲其躁也，无两端以窥伺之谓也。宠之不免，非旦夕之故矣。虽然，略其心，纪其绩，以不忘患难之初心，则物自顺焉。光武之刻薄寡恩也，不得以宠之诈愚而谢其咎也。

8.光武之得天下，较高帝而尤难矣。建武二年，已定都于雒阳，而天下之乱方兴。帝所得资以有为者，独河北耳。而彭宠抑叛于幽州，五校尚横于内黄。关以西，邓禹虽入长安，赤眉环绕其外，禹弗能制焉。郾、宛、堵乡、新野、弘农，近在咽颊之间，寇叛接迹而相为牵制，不异更始之在长安时也。刘永、张步、董宪、苏茂，横亘东方，为陈、汝眉睫之患；隗嚣、公孙述姑置而可徐定者勿论焉。其视高帝出关以后，仅一项羽，夷灭之而天下即定，难易之差，岂不远哉？

或曰：项羽，劲敌也，赤眉、五校、刘永、张步、董宪、苏茂、董訢、苏况、隗嚣，皆非羽伦，则光武易。夫寇岂有常哉？项羽之强也而可使弱，弱者亦何不可使强也。曹操虑袁绍之难平，而卒与争衡者周瑜之一隅；苻坚荡慕容、姚氏之积寇，而一败不支于谢玄之一旅。时之所兴，势之所凑，人为之效其则窦融虽然后到却不被猜忌；审可以托身，则得失生死决于一念；像彭宠那样姑且投靠刘秀而又留余地以自处，犯了英明君主的大忌，受到舆论的轮番指责，最终没有能够幸免的。《易经》说：“待在泥泽中，招致贼寇的进犯。”恭敬谨慎尚且危险，何况悍妻群小交相煽风点火呢？身处乱世时的去与就，只能以义决定；义定而守之以信，则虽凶却可以无祸。需，也就是等待，乃是事业成功的大敌，这并不是要让人们急躁，而是指不要首鼠两端，见风使舵。彭宠的悲剧，并非一朝一夕形成的。尽管如此，但是如果不苛求其心迹，而表彰其功绩，以不忘患难之初心，则情理自顺。光武帝的刻薄寡恩，是不能以彭宠奸诈、愚蠢为借口而推托其应受之谴责的。

光武帝刘秀取得天下，比汉高祖刘邦取天下要难得多。建武二年，光武帝已经定都于洛阳，而天下的战乱正处于非常激烈的时期。光武帝当时所能利用以有所作为的地盘，只有河北地区。可是，彭宠又在幽州（今北京）反叛刘秀，五校尚在内黄横行。在关西地区，邓禹虽然占领了长安城，可赤眉军环绕于城外，邓禹无力制服。郾、宛、堵乡、新野、弘农等地，近在咽颊之间，敌寇和叛贼频繁出没，极大地牵制着刘秀，这种形势不亚于更始帝在长安时所遇到的困难。刘永、张步、董宪、苏茂等人横行于东方，成为汝州、陈州的眉睫之患；隗嚣、公孙述等可以暂且置之不理的还不论。这种局面，比起当年汉高祖出关以后，强敌仅有一个项羽，消灭了他以后天下就平定了，其难易程度难道相差得不远吗？

有人说：项羽乃是劲敌，赤眉军、五校、、刘永、张步、董宪、苏茂、董欣、苏况、隗嚣等人，都无法与项羽相比，所以光武帝容易。敌寇难道能够长期保持不变吗？项羽的强盛可以削弱，而弱者又为什么不能变强呢？曹操担心袁绍难以平定，而最终与他争衡的却是东南一隅的周瑜；苻坚荡平了强大的慕容氏和姚氏等宿敌，结果却在淝羽翼，天为之长其聪明，燎原之火，一爝未灭，而猝已焚林，讵可量邪？且合力而与争者一涂，精专志定，无旁挠焉，而恶得不易！分势而四应者杂起，左伏右起，无宁日焉，而恶得不难！使以高帝荥阳之相持，而遇光武丛生之敌，乘间持虚而掣其后，羽不待约，而人为之犄角，高帝不能支矣。则甚矣光武之难，而光武之神武不可测也。

乃微窥其所以制胜而荡平之者，岂有他哉？以静制动，以道制权，以谋制力，以缓制猝，以宽制猛而已。帝之言曰："吾治天下以柔道行之。"非徒治天下也，其取天下也，亦是而已矣。柔者非弱之谓也，反本自治，顺人心以不犯阴阳之忌也。孟子曰："行法以俟命。"光武其庶几乎！高帝之兴，群天下而起亡秦，竞智竞力，名义无所伉，人心无所惑也。光武则乘思汉之民心以兴，而玄也、盆子也、孺子婴也、永也、嘉也，俱为汉室之胄，未见其分之有所定也。苟有分义以相摇，则智力不足以相屈，故更始亡而故将犹挟以逞志。然则光武所以屈群策群力而独伸焉者，舍道其何以哉？天下方割裂而聚斗，而光武以道胜焉。即位未久，修郊庙，享宗祖，定制度，行爵赏，举伏湛，征卓茂，勉寇恂以绥河内，命冯毕使抚关中，一以从容镇静结已服之人心，而不迫于争战。然而桀骜强梁之徒，皆自困而瓦解。是则使高帝当之，未必其能耆定如此也。而光武水边，以百万大军被谢玄的八万晋军击败，从此一蹶不振，时代所兴，大势所趋的，人为之作羽翼，天为之长聪明，燎原之火，一炬尚未灭，而大火已经焚毁了大片的森林，难道可以估量吗？况且，如果合力与自己争斗的对手只有一个，则可以专心致志，全力以赴，没有别的干扰，怎么能不容易！如果分势与我争斗的对手有很多，分布在四面八方，左伏右起，无有宁日，则怎么能不难呢！假如汉高祖在荥阳与项羽相持时，遇上了刘秀所面对的丛生之敌，这些敌手乘机捣虚而掣其肘，不待项羽相约，而有人主动替他作犄角以为配合，则汉高祖必然无法支撑下去。可见，光武帝所遇到的困难真是太多、太严重了，而光武帝的神武也实在是太不可思议了。

如果仔细地探究光武帝克敌制胜、荡平群寇的策略，可以发现，他的策略不是别的，正是以静制动，以道制权，以谋制力，以缓制急，以宽制猛而已。光武帝自己说："我治理天下用的是柔术。"不但治天下，他取天下用的也是柔的策略。柔，并不是指弱，而是指注重根本，整顿自己，顺应人心从而不犯阴阳之忌。孟子说："行法以俟命。"光武帝大概差不多吧！汉高祖兴起时，率领天下的人起来推翻秦朝的暴政，大家竞智竞力，名义上无人能够相抗衡，人心也没有什么疑惑的。光武帝则是利用思汉的民心而兴，可是刘玄、刘盆子、孺子婴、刘永、刘嘉等，都是汉朝宗室的后代，看不出来光武帝的名分已经定了。如果有名与义以资争夺，则智慧与才能不足以屈服别人，所以更始帝死后其部将仍能挟此以逞志。既然如此，则光武帝用以屈服群策君力而独自取得成功的法宝，除了道还能有什么呢？当天下正在割裂而争斗之时，光武帝刘秀以道取胜了。他即位不久，便修郊庙，祭宗祖，定制度，行爵赏，举伏湛，召卓茂，委任寇恂安定河北地区，命冯异安抚关中地区，完全凭从容镇静团结已服的人心，而不急于争战。但是，那些桀骜不驯，凶狠残暴之徒，都自困而瓦解。如果之规模弘远矣。

呜呼！使得天下者皆如高帝之兴，而无光武之大猷承之于后，则天下后世且疑汤、武之誓诰为虚文，而唯智力之可以起收四海。曹操何所惮而不为天子，石虎、朱温亦何能寒海内之心而不永戴之哉？三代而下，取天下者，唯光武独焉，而宋太祖其次也。不无小疵，而大已醇矣。

9.赤眉之弃长安、西走安定，非邓禹之力能驱之也，食尽而旁掠，固不以安定为终焉之计，而必返乎长安。邓禹不乘其有可溃之势，蹑其后以蹙之，而入长安晏坐以待其归，河决痈溃，容可御乎？于是退之云阳，士气已馁，而还攻之于坚城之下，其败宜矣。故善用兵者，知时而已。赤眉食尽，引兵东归，时毕乎昔，则唯扼之于险而可制其死命。禹乃违光武之令，就关内而与争，何昔之怯而今之忿也！

然光武终能遏之于宜阳而尽降之，曾不恤归师勿掩之戒，塞决河而敛溃痈，则又何也？严陈以待，求战不得，求走不能，弗犯其锋，稍迟之而气即馁矣。帝以持重而挫其方决之势，禹以持重而失之方溃之初，相时之变，定几于顷刻，非智之所能知、勇之所能胜。岳鹏举曰："运用之妙，存乎一心。"心不忘而时自应于其会，此未可以一成之论论之也。

让汉高祖面临这种局面，他未必能够像光武帝这样平定天下。光武帝的规制真是太弘远啦！

唉！假如取得天下的人都像汉高祖那样兴起，而没有光武帝的雄才大略继之于后，则天下后世必将会怀疑商汤、周武王的誓诰为虚文，而唯有才能和实力可以用以征服四海，夺取天下。曹操忌惮什么而不做天子呢？石虎、朱温为什么能够使海内的人民心寒而人民却不永远拥戴他们呢？三代以后，夺取天下的人，只有光武帝是最独特的，而宋太祖赵匡胤居其次。他们虽然不无小的毛病，可从总体上来看，还是很纯的。

赤眉军放弃长安，西走安定郡（今宁夏固原），并不是因为邓禹的驱逐，而是因为粮食用尽，不得不到外地掳掠，他们本来就没有以安定为最终的目的地，而是必定要返回长安。邓禹不乘敌人有可溃之势的良机，跟踪追击，一举破敌，反而进入长安安坐以待赤眉军返回，可是等河决痈溃以后，还容抵御吗？于是，邓禹率军败退至云阳（今陕西谆化），士气已经消沉，却又还攻赤眉军于坚城之下，他的失败是应该的，罪有应得。所以善于用兵的人只不过是知时务而已。赤眉军粮食用尽，退兵东归，其形势与以前已大不相同，这时汉军唯有坚守险要地段以拦截赤眉军，才能制其死命。邓禹却违背光武帝的命令，在关内与赤眉军争斗，为什么以前那样胆怯而现在如此愤怒、勇敢呢？

然而，光武帝最终能够把赤眉军遏止于宜阳（今属河南），而且完全降服了他们，不曾顾及撤退的军队不可追击掩杀的禁戒，如同堵塞决口的河堤，收敛溃破的痈包一样，这又是为什么呢？因为他严阵以待，赤眉军求战不成，求走不能，不必交战，只要稍微拖一段时间，赤眉军的士气就一落千丈，斗志锐减。光武帝因为持重而挫败了敌军方决之势，邓禹因为持重而错失良机于敌军方溃之初，看准形

10.所贵乎史者，述往以为来者师也。为史者，记载徒繁，而经世之大略不著，后人欲得其得失之枢机以效法之无繇也，则恶用更为？

光武之始徇河北，铜马诸贼几数百万；及破之也，溃散者有矣，而受其降者数十万人。斯时也，光武之众未集，犹资之以为用也。已而刘茂集众十馀万而降之于京、密；朱鲔之众且三十万而降之于雒阳；吴汉、王梁击檀乡于漳水，降其众十馀万于邺东；五校之众五万人降之于蕈阳；馀贼之拥立孙登者五万人，降之于河北；赤眉先后降者无算，其东归之馀尚十馀万人，降之于宜阳；吴汉降青犊，冯异降延岑、张邯之众，盖延降刘永之馀，王常降青犊四万馀人，耿弇降张步之卒十馀万；盖先后所受降者，指穷于数。战胜矣，威立矣，乃几千万不逞之徒听我羁络，又将何以处之邪？高帝之兴也，恒患寡而亟夺人之军，光武则兵有馀而抚之也不易，此光武之定天下所以难于高帝也。

夫民易动而难静，而乱世之民为甚。当其舍耒而操戈，或亦有不得已之情焉，而要皆游惰骄桀者也。迨乎相习于戎马之间，掠食而饱，掠妇而妻，驰骤喧呶，行歌坐傲，则虽有不得已之情而亦忘之矣。尽编之于伍，而耕夫之粟不给于养也，织妇之布不给于衣也，县官宵夜以持筹、不给于馈饟也。

势，定机于倾刻之间，并不是智力所能知、勇气所能胜的。岳飞说："兵法的运用之妙，存于一心。"心不忘则时机自然会到来，这是不能用一成之论来论的。

历史的重要性，在于记述以往的事实以便为后人借鉴。写史的人，如果只求记载的繁多，而对经邦济世之道却略而不著，使得后人无法得到前人成败得失的关键以资借鉴，则要历史有什么用呢？

光武帝刚到河北时，铜马等贼寇大约有数百万人；到攻破他们时，除了溃败逃散的，向刘秀投降的有数十万人。当时，光武帝的人马尚未集合起来，还需要依赖他们以便有所作为。不久，刘茂率领十几万人马在京、密（今郑州附近）一带向刘秀投降；朱鲔将近三十万人马投降于洛阳；吴汉、王梁在漳水边攻击檀乡，降伏其人马十余万于邺东；五校部的人马五万余投降于萧阳；其余拥立孙登的贼寇五万余人，投降于河北；赤眉军先后投降的人马无数，其东归的余部尚有十几万人，投降于宜阳；吴汉降服了青犊，冯异降服了延岑、张邯的部众，盖延降服了刘永的余部，王常降服青犊四万余人，耿弇降服张步的部属十几万人；大概刘秀先后所受降的人马，扳着指头是数不清的，至少有数百万人。战争打赢了，威名树立了，却有近千万不逞之徒听我羁络，又如何安置他们呢？汉高祖兴起时，总是忧虑人马不够，因而多次剥夺别人的军权，光武帝则兵力有余而抚之不易，这就是光武帝平定天下之所以比汉高祖难得多的原因。

民众易动而难静，乱世的民众尤甚。当他们舍锄操戈时，或许也有不得已之情存在，而主要的都是些游手好闲，桀骜不驯之人。等到他们逐渐熟悉了戎马生活，抢吃抢喝，掳掠妇女，驰骋喧哗，行歌坐傲，则即使有不得已之情也早已忘记了。如果把这些人都编入军队，则农夫的粮食不足以供他们军粮，织妇的布帛不足以供他们军衣，天子日夜筹划计算也不足以保证军需物资的供应和运输。如尽勒之归农，而田畴已芜矣，四肢已惰矣，恣睢狂荡、不能受屈于父兄乡党之前矣。故一聚一散，倾耳以听四方之动而随风以起，诚无如此已动而不复静之民气何矣！而光武处之也，不十年而天下晏然，此必有大用存焉。史不详其所以安辑而镇抚之者何若，则班固、荀悦徒为藻帨之文、而无意于天下之略也，后起者其何征焉？

无已，而求之遗文以仿佛其大端，则征伏湛、擢卓茂，奖重厚之吏，以调御其嚣张之气，使惰归而自得其安全，民无怀怨怒以摈之不齿，吏不吝教导以纳之矩矱，日渐月摩而消其形迹，数百万人之浮情害气，以一念敛之而有馀矣。盖其觌文匿武之意，早昭著于战争未息之日，潜移默易，相喻于不言，当其从戎之日，已早有归休之志，而授以田畴庐墓之乐，亦恶有不帖然也？自三代而下，唯光武允冠百王矣。何也？前而高帝，后而唐、宋，皆未有如光武之世，胥天下以称兵，数盈千万者也。通其意，思其变，函之以量，贞之以理，岂易言哉！岂易言哉！

11.光武报隗嚣书，称字以与颉颃，用敌国礼，失御嚣之道矣，是以失嚣。嚣者，异于狂狡之徒，犹知名义者也。始起西州，歃血告于汉祖之神灵，知汉未绝于天，愿为中兴之元功耳。更始疑欲杀之，亦奔归秦、陇，而耻与张卬、谢禄同逆。达其情，奖之以义，正名之为君臣，而成其初志，嚣将以为得果让他们全部解甲归田，可是原来的田园已经荒芜了，他们的四肢已经懒惰了，而且骄横放荡，不能再受制于父兄乡党了。所以，一聚一散，侧耳倾听四方之动以便随风而起，对这种已动而无法再静的民气，实在是无可奈何！可是，光武帝处理这个问题，不到十年天下就平安无事了，这说明他必定有超人的高招、妙策。史书不详载光武帝安抚、镇抚这些人的办法，则是因为班固、荀悦只求文辞藻丽，却无意于天下之大略，后世如何汲取经验、教训呢？

不得已，我只得求助于遗文散籍以推知其大概，则光武帝征召伏湛、提拔卓茂，奖励忠厚的官吏，以调御其嚣张之气，使他们心平气和地回到家园，他们自然安居乐业，不滋生事端，百姓不怀怨怒以仇视他们，官吏不吝教导以使他们循规蹈矩，天长日久其恶迹自会消失，于是数百万人的浮情害气，以一念敛之仍绰绰有余。估计光武帝的重文匿武之意，早在战争未结束时已经确定了，只是潜移默化，相喻于不言，当这些骄兵悍将尚在军中作战时，已经早有回家好好过日子的念头，战后政府授给他们田畴庐墓之乐，他们怎么能不满怀欣喜地接受，俯首帖耳地安居乐业呢？从三代以后，唯有光武帝真正可以称得上是百王之冠。为什么呢？因为前面的汉高祖，后来的唐朝、宋朝，都没有能像光武帝时期那样，空天下以举兵，兵员总数超过一千万的，可光武帝在战后对过剩的兵员安置得很妥当，因而没有造成大的麻烦。通其意，思其变，涵之以量，正之以理，谈何容易呢！谈何容易呢！

光武帝在回复给隗嚣的书信中，称隗嚣的字以示亲近、平等，用的是对待国君的礼节，显然是不得驾驭隗嚣之道，因而最终失去了隗器。隗器，不同于狂狡之徒，是个还懂得名与义的人。他当初在西州起事时，歃血祭告汉祖的神灵，说明他知道汉室未绝于天，愿意做汉朝中兴的元勋。更始帝怀疑并想杀害他，隗嚣于是返回秦、陇，知己而愿委身焉。名义者，嚣所素奉之名也，待以敌国，而置之名义之外以相笼络，嚣且谓更始之始尊我而终忌我，今犹是也，奚以委身而相信哉？文帝之下尉佗也，佗本无戴汉之心，下之而骄气以平，非可与嚣比者也。怀疑未决，而又重授以疑，虽慷慨论列如马援，无能蠲其猜忮矣。

12.上下相亲，天下之势乃固。故三代之王者，不与诸侯争臣民，立国数百年；其亡也，犹修天子之事守而不殄其宗社。汉承秦而罢侯置守，守非世守，而臣民亦迭易矣。然郡吏之于守，引君臣之义，效其忠贞，死则服之，免官而代为之耻，曲全其名，重恤其孤幼，乃至变起兵戎而以死卫之。如楚郡刘平遇龙萌之乱，伏太守孙萌身上，号泣请代，身被七创，倾血以饮萌，如此类者，尽东汉之世，不一而足。盖吏之于守，其相亲而不贰也，天子不以沾恩附势为疑，廷臣不以固结朋党为非，是以上下亲而迭相维系以统于天子。故盗贼兴而不能如黄巢、方腊之僭，夷狄竞而不能成永嘉、靖康之祸，三代封建之遗意，施于郡县者未斁也。

而耻于与张印、谢禄一同反叛。如果深入地了解隗嚣的情况，称赞他深明大义，正名光武帝与他之间为君臣关系，从而满足他当初的愿望，隗嚣必将认为自己遇到了知己，因而乐意归附。名与义，乃是隗嚣向来所尊奉的，光武帝待之以国君之礼，就是把他置于名与义之外以便笼络他，隗嚣必定会想到当初更始帝一开始尊重我，而最终猜忌我，以至于想杀掉我，现在的情况与当时一样，有这样的看法，他怎么可能归附刘秀而心中没有疑虑呢？汉文帝屈己下尉佗，是因为尉佗本无拥戴汉朝天子之心，尊敬他则骄气得平，尉佗的情况根本不能与隗嚣相比。隗嚣本来心存疑虑，犹豫不决，而光武帝的作法又进一步增加了他的疑虑，在这种情况下，即使有像马援那样能言善辩，慷慨论列的说客，也无法解除隗嚣的猜忌心理了。

上下相亲，天下的形势才能稳固。所以，三代时期的帝王，不与诸侯争臣民，却能立国数百年；它们灭亡后，仍修天子之事守而不灭其宗社。汉承秦制，罢侯置守，即废除分封制，实行郡县制，设置郡守，郡守不是世袭的郡守，而臣民也随之不断地变换。然而，郡吏对于郡太守，引用君臣之义，报效自己的忠贞，如果郡守死了则为他守丧，郡守被免职则为他承担恶名、耻辱，以便保全郡守的名节，郡吏还要好好地保护郡守的孤儿幼子，甚至在发生兵变时以死保卫郡守一家。比如楚郡的刘平在庞萌之乱中，伏在太守孙萌身上，号哭不止，请求代他受死，结果身受七伤，还以自己伤口的血喂孙萌，供他解渴，像这样的事例，在整个东汉时代，不一而足。大概郡吏对郡守，相亲相敬，忠贞不贰，天子不怀疑他们沽恩附势，廷臣不指责他们固结朋党，因此上下相亲而迭相维系以统于天子。所以，地方上虽有盗贼兴却不能像黄巢、方腊那样犯上作乱，边境上虽有夷狄骚扰却不能形成永嘉、靖康之祸，可见三代分封制的遗意，施行于郡县的尚未沦丧。

延及后世，党议兴而惟恐人之不离，告讦起而惟恐部民之不犯其上，将以解散臣民而使专尊天子，而不知一离而不可复合，恶能以一人为羁络于清宫，而遍縻九州之风马牛哉？导民以义，而民犹趋利以忘恩；导民以亲，而民犹背公以瓦解；如之何更奖以刻薄犯顺之为也！三代以下，唯汉绝而复兴，后世弗及焉，有以夫！

13.言一发而不可收，习相沿而不能革，无圣人出，则须其自已而后已。班彪之说隗嚣，窦融之决志以从光武，皆以符命为征；彪与融处乱世而身名以全，皆所谓豪杰之士也，然而所据者在此，况其他之琐琐者乎？

仲尼没，七十子之徒，流风日远，舍理言天，而窥天以数，贤者不能自拔，而疑信参焉。刘杨造瘿杨之谶以惑众，张丰宝肘石之玺以自迷，皆缘之以酿乱而亡其身。光武之明，且恐非此而无以动天下，刻画五行、割裂六艺者二百馀年，迨魏、晋而始衰，害固如是之烈也！

孔子赞《周易》以前民用。道而已矣，阴阳柔刚仁义之外无道也。至于汉，乃有道外之数以乱道；更千年而濂、雒阐其微以距邪说，邵康节犹以其授于陈抟、穆修者，冒三圣之显道，以测皇王之升降，非君子之所知也。其殆京房、夏贺良之馀尽，乘风而一煽者乎！

14.疑信相参之际，人有隐情而我亦与之隐，则疑终不释；豁然发其所疑而示之以信，岂有不测之明威哉？无不可共到了后世，党议兴而惟恐人心不离散，告讦起而惟恐部属不冒犯上司，目的是想以此解散臣民，使他们专尊天子，却不知一旦离散便不能再聚合，难道凭天子一人深居宫中操纵，竟能控制整个天下的风马牛吗？教导百姓坚持正义，百姓尚且趋利而忘恩；教导百姓相亲相敬，百姓尚且背公而瓦解；像这样，为什么还要鼓励他们刻薄犯顺呢！三代以后，唯有汉朝灭亡以后又复兴，后世没有能够比得上的，这是有深刻原因的！

话一出口便无法收回，习惯世代相沿袭便不能改革，如果没有圣人出世，则只有等候其自止而后止。班彪规劝隗嚣归顺刘秀，和窦融决计追随刘秀，都是以符命为证据，班彪和窦融虽处乱世而身名皆得以保全，二人都是所谓的豪杰之士，可引以为依据的竟是符命，何况其他芸芸众生呢？

孙子死后，他的七十二位贤弟子之徒，遗风日远，舍理谈天，而窥天以数，贤者不能自拔，因而将信将疑。刘杨造瘿杨之谶以迷惑众人，张丰视肘石之玺为宝以自迷，都是借此酿乱以致身亡。英明圣哲的光武帝尚且担心非此则没有什么可以打动天下人心，因而刻画五行，割裂六艺达二百余年，直到魏、晋时期，谶纬神学才开始衰落，其祸害竟是如此严重！

孔子赞《周易》以引导民用，乃是道而已，阴阳刚柔仁义之外没有道。到了汉朝，才有道外之术数以乱道；又过了一千年，濂、洛又阐幽发微以对抗邪说，邵雍却还把这种邪说传授给陈抟、穆修，冒三圣之显道，以测皇王的升降，这不是君子所能知道的。这种邪说大概是京房、夏贺良的余烬，乘风一煽，死灰复燃吧？

在信疑参半之时，别人有隐情而我也和他一起隐瞒此事，则疑虑最终无法得到解除，如果开诚布公地指出他的疑虑而示之以诚见之心而已。窦融在河西，怀疑不决，好事者且以尉佗之说进，此融所秘而不敢以告者也。光武赐书，开两端以掷发之，而河西震服。凡光武之诎群雄者，胥此道也。

盖有所隐而不敢宣者，畏人之知。抑料人虽知我而无能禁我也，更相与隐之，则彼且畏我之含杀机以暗相制；不则谓其疑已而无如已何矣。晓然曰：予既已知汝必有之情矣，而终不以为罪；且亦不禁汝之勿然，而吾固无所惧也。则相谅以明恩，而无姑相隐忍之情以示懦。此非权术之为也，恃在己而不幸人之弗相害，洞然知合离得失之数，仰听之天，俯任之人，术也而道在其中。此光武之奇而不诡于正者与！

15.起于学士大夫、习经术、终陟大位者三：光武也，昭烈也，梁武帝也。故其设施与英雄之起于草泽者有异，而光武远矣。

昭烈习于儒而淫于申、韩，历事变而权术荡其心，武侯年少而急于勋业，是以刑名乱之。梁武篡，而反念所学，名义无以自容，不获已，而闻浮屠之法有"心亡罪灭"之旨，可以自覆，故托以自饰其恶，愚矣。然而士大夫释服入见者，面无毁容，则终身不录，终不忍使大伦绝灭于天下，人道犹藉以仅存，固愈于萧道成之唯利是尚也。光武则可谓勿忘其能矣。天下未定，战争方亟，汲汲然式古典，修礼乐，宽以居，仁以信，难道还会有不测的明威吗？所有的，只不过是没有不可让人都看到的诚心而已。窦融割据河西地区，因为心存疑虑，对归汉一事犹豫不决，喜欢多事的人尚且向他献计，劝他最起码像尉佗那样割据一方，这是窦融所极力保密，不敢告诉别人的事情。光武帝赐给他的玺书，指出两条道路，从而揭示了窦融心中的秘密和疑虑，于是河西震服。光武帝折服群雄，用的都是此道。

有所隐讳而不敢公开，乃是因为害怕别人知道。估计别人虽然知道我的心思，却不能禁止我，于是进一步向他隐讳此事，则对方必将害怕我含杀机以暗中相制；或者认为我怀疑他却对他无可奈何。不如明白无误地说：我早已知道你肯定会有的心思了，但是我最终不怪罪你；而且也不禁止你这样做，因为我本来就无所畏惧。也就是说，要敞开心扉以明恩，而不能有姑且隐忍之心以示怯懦。不侥幸别人不加害于自己，清楚地知道离合得失的定数，仰听于天，俯任于人，虽说是术而道在其中，这就是光武帝的神奇而又不诡于正的地方吧！

出身于学士大夫，熟习经术，最终登上帝位的有三人，即：光武帝刘秀，昭烈帝刘备，梁武帝萧衍。所以，他们的作为与措施，有所不同于从草泽之中发迹的英雄豪杰，而光武帝则远甚。

昭烈帝熟习儒家学说，同时又热衷于申不害、韩非子的法家学说，见多识广，阅历丰富，满脑袋权术，他所重用的诸葛亮年少而又急于建功立业，因此，浓厚的刑名思想坑害了他。梁武帝篡位后，反而想起自己所学过的儒家伦理道理，于名于义无地自容，在迫不得已的情况下，听说佛教经义中有“心亡罪灭”的说法，可以作为自己的保护伞，因而借此以掩饰自己的罪恶，真是太愚蠢啦！但是，士大夫解除丧服后前来晋见时，如果面不憔悴，则终身不予录用，萧衍毕竟不忍心让大伦绝灭于天下，人道尚能借他以仅存，固然胜过萧道成的唯行，而缘饰学问以充其美，见龙之德，在飞不舍，三代以下称盛治，莫有过焉。故曰：光武远矣。

呜呼！古无不学之天子，后世乃有不学之相臣。以不学之相臣辅草泽之天子，治之不古，自高帝始，非但秦也。秦以亡而汉以兴，亡者为后戒，而兴者且为后法，人纪之存，不亦难乎！

16.王元说隗嚣据隘自守，以待四方之变，其亡也宜矣。天下方乱，士思立功名，而民思息肩于锋刃，能为之主者，众所待也，人方待我而我待人乎？待者，害之府也。无已，则儒生怀道术以需时而行者，待求治之主；不则武夫以方刚之膂力欲有所效者，待有为之君；是两者可待也。若夫欲创非常之业，目不营乎四海，心不周乎万民，力不足以屈群策群力而御之，谋不能先天下而建廓清之首功；乃端坐苟安，待人之起而投其隙。所待者而贤于我，则我且俛首而受制；所待者与己齐力而或不己若，则幸虽制彼而无以服天下之心。鹬蚌渔人之术，其犹鼠之俟夜乎！而何以为天下雄也？拥重兵，据险地，谋臣武士亦足以用，但立一待人之心，而即已自处于坐困之涂；延颈企之，仰窥天，俯视地，四顾海内而幸其蜂起，乱人而已。乱人者，未有不亡者也。

利是尚。光武帝则可谓是不忘其所学了。当天下未定，战争正在激烈进行时，他就急急忙忙地仿效古制，宽政策，行仁义，并且推崇学问以充实自己的美，见龙之德，在飞不舍，三代以下号称盛治，没有超过他的。所以说：光武帝则远甚。

唉！古代没有不好学习的天子，而后世却有不学无术的辅政大臣。以不学无术的大臣辅佐出身于草泽的天子，其治国措施不合于古制，乃是从汉高祖刘邦开始的，而不仅是秦朝。秦朝因此灭亡，而汉朝因此兴起，灭亡的应当作为后世的教训，可兴起的又将成为后世的榜样，而为后人所学习、仿效，要保存人的立身处世之道，能不难吗？

王元劝说隗嚣据险自守，以待四方之变，他的败亡是罪有应得。天下大乱，士人想建立功名，而百姓想免受战争之苦，能做他们主人的人，乃是众人所等待的，人民正在等待我，而我却去等待别人吗？等待，便是灾害的源泉。如果不得已，则儒生怀道术以寻机而用的，等待求治的君主；或者是武士想以自己方刚的膂力有所作为，而等待有作为的君主；这两种人，是可以等待的。至于想开创非常之业，却目不注视四海，心不考虑万民，力量不足以屈服群策群力而驾驭他们，计谋不足以在天下人之先而建肃清的首功；却端坐于家，苟且偷安，等待别人兴起而钻他们的空子。如果所等待的人比我贤，则我将会俯首受制于人；如果所等待的人与自己实力相等或者不如自己，则即使侥幸制服了他也无法服天下之心。鹬蚌相争，渔人得利之术，大概就像是老鼠守夜吧！像这样，还怎样做天下之雄呢！拥重兵，据险地，谋臣武士也足以使用，却在心中打定主意等待别人，这就已经使自己处于坐困待毙的境地了；如果伸长脖子，渴望别人兴起，仰窥天，俯视地，环顾全国而庆幸群雄蜂起，这只不过是个乱人而已。乱人，是没有不自取灭亡的。

17.严光之不事光武，以视沮、溺、丈人而尤隘矣。沮、溺、丈人知道不行，弗获已而废君臣之义者也，故子曰：“隐者也。”隐之为言，藏道自居，而非无可藏者也。光武定王莽之乱，继汉正统，修礼乐，式古典，其或未醇，亦待贤者以道赞襄之，而光何视为滔滔之天下而亟违之？倘以曾与帝同学而不屑为之臣邪？禹、皋陶何为胥北面事尧而安于臣舜邪？

若周党者，则愈僻矣。召而至三，征而就车，偃蹇伏而不拜，忿鷔之气，施于君臣礼法之下，范升劾其不敬，罪奚辞焉？党闻《春秋》报仇之说，非君非父之惨，称兵以与人相仇杀，党其北宫黝之徒与！黝固无严诸侯，党亦无严天子也。赐帛而罢之，耻孰甚焉！帝覆载以容之，而党藐乎小矣。

王良应召而受禄，虽无殊猷，而恭俭以居大位，于君子之道尚不远矣。故君子者，以仕为道者也，非夷狄盗贼，未有以匹夫而抗天子者也。范希文曰：“蛊之上九，子陵有焉。”非其时而凭高以为尚，则“比之无首”而已矣，恶足法哉？

18.来歙使隗嚣，愤然为危激之辞质责嚣，欲刺之，而嚣不能加害。史称歙有信义，言行不违，往来游说，皆可覆按，故西州士大夫敬爱而免之。信义之于人大矣哉！

严光不侍奉光武帝，比起古代的沮、桀溺、丈人等就显得尤为狭隘。长沮、桀溺、丈人等看到天下无道，大道不行，不得已才废弃了君臣之义，所以孔子说他们是“隐士”。用“隐”这个字，是指藏道自居，而不是没有什么可藏的。光武帝平定了王莽之乱，继承汉王朝的正统，修礼乐，遵古制，或许有的不够纯粹，正需要贤人以道辅助他，可严光为什么把此时视为洪水弥漫的纷乱天下，因而拒不奉命呢？莫非是因为曾经与光武帝一同读书，而不屑于做他的臣子吗？如果这样，则大禹、皋陶为什么曾与舜一起北面侍奉帝尧，而后来却能安心地做舜的臣子呢？

至于周党，就更狭隘、怪僻了。光武帝下诏征召他，使者前去骋请了三次，才答应上车，入京以后又非常的高傲，朝见皇帝时伏而不拜，其忿恨傲慢之气，施于君臣礼法之下，范升弹劾他对天子不恭敬，周党难道能够推辞此罪名吗？周党知道《春秋》报仇之说，非君非父之惨，操刀而与人相仇杀，周党莫非是北宫黝之流的人吗？北宫黝固然不尊重诸侯，而周党也不尊重天子。光武帝赏赐给四十匹帛罢归他，还有比这更大的耻辱吗！光武帝以包容天地的宽广胸怀容纳周党，而周党却显得更加渺小，更加卑微了。

王良应召而受禄，虽然没有过人的谋略，但谦恭，俭朴地居高位，于君子之道还不算远。所以，君子就是以仕宦为道的人，如果不是夷狄盗贼，则没有敢以匹夫对抗天子的。范希文说：“《蛊》卦的上九，严光（字子陵）占有了。非其时却凭高以为尚，则是《比》卦的无首”而已，哪里值得效法呢？

来歙奉命出使隗嚣，愤怒地以激烈的言辞指责隗嚣，还想刺杀他，而隗嚣不能加害于他。史书称赞来歙有信义，言行一致，往来游说，都可以反复按验，因此西州的士大夫敬爱他，于是免他一死。信义对于人真是太重要啦！

士处纷争之世，往来传命而失信义者有二，而乱人不与焉。习于说术者，以为荐朴诚于雄猜狙诈之前，则且视为迂拙而见诎；以巧驭巧，以辩驭辩，机发于不测，而易以动人；而不知有尽之慧敌多方之诈，固不胜而适逢其怒也。又或胸无主而眩于物者，两雄相猜，其中未易测也，而所争所欲，和与战、合与离，两端而已，欲翕固张，薄为望而厚为责，有溢美溢恶之辞焉。乃无定情而惊其夸说，因而信之，遂与传之，而固不可覆按也；则未有欺而欺者多矣，欺已露而追悔无及也。是两者，失信失义而抑取憎于人者多矣。

故庄周非知道者，而其言游说则尽矣，勿传其溢词，而信义可以不失，歙其明于此而持之固乎！履虎尾而不咥，素以往而已矣。

19.建官之法，与选举用异而体合，难言之矣。省官将以息民，而士之待用者，滞于进而无以劝人于善。不省，则一行之士，可自试以交奖于才能；然而役多民劳，苦于不给，且也议论滋多，文法滋繁，责分而权不一，任事者难而事多牵制以疑沮。吏省而法简，则墨吏暴人，拥权自恣，无以相察；而胥史豪疆，易避就以雠其奸。故一兴一废一繁一简之际，难言之也。

天下有定理而无定法。定理者，知人而已矣，安民而已士人身处纷争的乱世，往来传命而失去信义的情况有两种，而乱人不计在内。熟习游说之术的人，认为如果以朴诚对待雄猜多诈之人，则会被视为迂拙而遭到失败；如果以巧驭巧，以雄辩对付雄辩，心机发于人所不测，则容易打动人；却不知以有限的智慧去对抗变化无穷的奸诈，本来就难以取胜而正好碰钉子。第二种情况是，心中没有主见而被外界事物所迷惑的人，面对两雄相猜，其心思不容易测知，而所争所欲，和与战，离与合，都是模楞两可而已，欲擒故纵，声东击西，薄为望而厚为责，其中不乏过分的溢美和溢恶之辞，竟然毫无主见地惊叹人家的夸夸其谈，随之相信并且传播它，这当然是不可审查的；于是本不想欺骗却骗了人的情况很多，到了骗局败露，水落石出时便追悔莫及了。在这两种情况下，失信失义而又遭人憎恨的人太多了。

所以庄子并非是懂得道的人，可是他的言论如果用以游说则是绝妙的，只要不采用他的过分夸张的言辞，就可以保证不失信义，来歙大概是深深地懂得这个道理，并且坚决地奉行它吧！踩着老虎的尾巴而虎不咬人，只是因为素服前往，不虚张声势激怒它而已。

建官之法，与选举法用异而体合，这是很难说清楚的。如果裁减官吏的数量以减轻百姓的负担，则等候国家使用的士人就会积滞不进，因而无法鼓励人们行善。如果不裁省官吏的数量，则有某种德行的士人，可以通过考试显示自己才能，从而为国家所用；然而，这又必然造成役多民劳，百姓苦于无法供给他们，同时议论越来越多，文法越来越繁，职责分开而权力不统一，任事的人困难重重，很多事情因为受到多方牵制而被搁置。如果裁减官吏，简化法令，则贪官污吏和凶恶的小人拥权横行，无人督察；而且胥史豪强，易于钻空子以施售他们的奸计。所以，一兴一废、一繁一简交替之际，很难说啊！

天下有定理却没有定法。定理，就是知人，安民，进贤远奸而矣，进贤远奸而已矣；无定法者，一兴一废一繁一简之间，因乎时而不可执也。

乱之初息，不患士之不劝于功名也，而患其竞。一夫有技击之能，一士有口舌刀笔之长，尝以试之纷纠之际而幸仇，效者接踵焉；而又多与以进取之涂，荡其心志，则捐父母、弃坟墓、舍田畴以冒进者不息。唯官省而难容，乃退安于静处，而爵禄贵、廉耻兴焉。且也民当垫隘之馀，偷安以自免之情胜。其有犯不轨者，类皆暴横恣睢，恶显而易见；不则疲敝亡赖而不知避就者；未容有深奸奇巧，诡于法而难于觉察者焉。则网疏吏寡，而治之也有馀。抑百务草创，而姑与天下以休息，虽有不举，且可俟之生遂之馀，则郡县阔远而事为不详，正以绥不宁而使之大定，此则省官之法善矣。

若夫天下已定，人席于安矣，政教弛而待张矣；于斯时也，士无诡出歧涂以幸功名之路，温饱安居而遂忘于进，则衣冠之胄，俊秀之子，亦且隳志于庠序，而自限于农圃。非多为之员、广为之科，以引掖之于君子之涂，则朴率之风，流为鄙倍，而诗书礼乐不足以兴方起之才。且强暴不足以逞，而匿为巧诈；豪民日以磐固，而玩法自便；则百里一亭，千里一邑，长吏疏，掾督缺，而耳目易穷。乃官习于简略，而事日以积，教化之详，衣裋之备，官不给而无以齐民，事不夙而无以待变。是已；没有定法，是指在一兴一废、一繁一简交替之际，要适应时代特点，不可抱残守残，固执己见。

在动乱刚刚平定之时，不怕士人追求功名，只怕他们过于热衷于此，争先恐后，互不相让。一个武夫有技击之能，一个士人有能言善辩擅写文章的长处，假如他们在纷乱之中一试身手而侥幸达到了目的，则仿效的人接踵而至；如果再多给他们提供进取的途径，使其心神荡漾，则抛父母、弃祖坟、舍田庐以冒进的人川流不息。只有官吏名额减少，他们难以容身时，才会退出官场，安心静处，于是爵禄日益受到世人重视，而廉耻之心也会重新恢复。况且，百姓在艰难困苦之余，没有不想苟且偷安以求自免灾祸的。那些违法犯罪者，基本上都是残暴骄横，恣意妄为之徒，其罪恶昭彰容易被大家看清；不然就是穷困潦倒、无依无靠而又不知道躲避的人；不可能有深奸奇巧，善于钻法律的空子因而难以觉察的人。如此，则虽然法网宽疏，官吏稀少，但是治理起来仍绰绰有余。或者在百事草创之时，姑且让天下人休养生息，即使有的事务没有办理，也可以等到人民生活安定以后，则郡县阔远而行事不周详，正是为了消除不安定因素从而使地方大定，这就是省减官吏之法的好处。

至于天下已经安定之时，人民完全安居乐业了，松驰的政教便需要收紧了；此时，士人没有诡出歧途以邀取功名之路，于是整日过温饱安居的生活从而忘却了上进，则士大夫的后代，才能优异的士人，也将无志于刻苦攻读，反而自己限于农圃。如果不增加官吏的名额、拓宽士人进身入仕的渠道，以便把他们引上君子之途，则纯朴正直之风，逐渐流为鄙俗，而诗书礼乐不足以兴方起之才。况且，强暴不足以得逞，因而收敛行迹变成巧诈；豪强势力日益牢固、宽大，因而无视法律，为所欲为；在这种情况下，百里一亭，千里一邑，官吏稀少，掾督缺乏，因而耳目易穷，了解不到全面细致的情况。再加上官吏已经则并官以慎选，而不能尽天下之才；省吏以息民，而无以理万民之治；吝爵吝权之害，岂浅于滥冗哉？故曰：理有定而法无定，因乎其时而已。

光武建武六年，河北初定，江、淮初平，关中初靖，承王莽割裂郡县、改置百官、苛细之后，抑当四海纷纭、蛇龙竞起之馀，徼幸功名之情，中于人心而未易涤，并省四百馀县，吏职减损，十置其一，斯其时乎！斯其时乎！要之非不易之法也。

20.窦融之责隗嚣曰："兵起以来，城郭皆为邱墟，生民转于沟壑，天运少还，而将军复重其难，孤幼将复流离，言之可为酸鼻。"仁人之言，其利溥如此哉！

说人罢兵归附而以强弱论，我居强而孰甘其弱？激之已耳。以天命论，天视听自民视听，置民不言，而托之杳茫之符瑞，妄人不难伪作以惑众，而乱益滋。唯融之为言也如此，嚣虽不能听，而已怆于心，心怆而气夺矣。秦、陇之民闻之，固将怨嚣而不乐为之死；汉之荷戈以趋、负粮以馈者，亦知上之非忍毒我，而祸自彼发，不容已也。其利溥矣。

然而融之为此言也，则非以是为制嚣之柄，而离秦、陇之习惯了简略，而公事日益积滞，教化之详，衣裙之备，官不足则无法治民，事不预则无法应变。这就是并官以慎选，却不能尽天下之才；省吏以息民，却无法理万民之治；吝惜爵位和权力的危害，难道会比官吏滥冗轻吗？所以说：理有定而法无定，只不过是要顺应时代而已。

光武帝建武六年，河北地区初步平定，江、淮地区初步占领，关中地区刚刚安宁，承接王莽割裂郡县，改置百官，过于苛求细枝末叶的政策之后，又是在四海纷乱、龙蛇竞起之余，侥幸功名之情深入人心，难以在短期内荡涤，光武帝在这种形势下，竟然果敢地下令撤并四百多个县，官吏数量也大幅度地削减，仅仅保留十分之一，这正是时候啊！这正是时候啊！总之，没有一成不变的法令。

窦融责备隗嚣说："战争爆发以后，城郭都被夷为废墟，百姓颠沛流离，纷纷因饥病交加而死于荒野、沟壑，现在天运稍有好转，可将军您又加重其灾难，老弱孤幼又将再次饱尝颠沛流离之苦，说起此事来实在令人伤心，忍不住要流下眼泪。"仁义之人的话语，其好处竟是如此的广溥！

劝人罢兵归附如果以强弱论，则我居于强者地位而谁甘心示弱呢？结果只能是激怒对方而已。如果以天命论，可是天所看到、听到的来自于民众所看到和听到的，不谈民心的向背，却假托于虚无飘渺的符端，大胆妄为之人不难于做假以迷惑大众，于是动乱更加蔓延，日益严重。窦融说的这番话，隗嚣即使不能听从，而心中也已经感到怆然，心中怆然则斗志必然大减。秦、陇地区的百姓听说窦融的劝告后，自然会怨恨隗嚣而不愿意为他卖命，汉朝征讨隗嚣的将士和运送军粮的民夫，也知道皇上不忍心连累我们受苦，可是敌方挑起祸端，我们不得已，只好出征。可见，窦融的话，好处太广博啦！

然而，窦融的这番话，并不是以此为制服隗嚣的手段，从而离散心使去嚚也。何以知其然也？使融而操此以为术，则言之不能如是之深切；而融全河西以归命，实践此言，以免民于死，非徒言也。窦氏之裔，与汉终始，一念之永，百年之泽矣。

21.治之敝也，任法而不任人。夫法者，岂天子一人能持之以遍察臣工乎？势且仍委之人而使之操法。于是舍大臣而任小臣，舍旧臣而任新进，舍敦厚宽恕之士而任徼幸乐祸之小人。其言非无征也，其于法不患不相傅致也，于是而国事大乱。江冯请令司隶校尉督察三公，陈元争之，光武听元而黜冯之邪说，可谓知治矣。臣下之相容，弊所自生也；臣下之相讦，害所自极也。如冯之言，陪隶告其君长，子弟讼其父兄，洵然三纲沦、五典斁，其不亡也几何哉！

大臣者，日坐论于天子之侧者也；用人行政之得失，天子日与酬辨，而奚患不知？然而疑之也有故，则天子不亲政而疏远大臣，使不得日进乎前，于是大臣不能复待天子之命而自行其意。天子既疏远而有不及知，犹畏鬼魅者之畏暗也，且无以保大臣之必不为奸，而督察遂不容已。媢疾苛核之小人，乃以挠国政而离上下之心。其所讦者未尝不中也，势遂下移而不可止。藉令天子修坐论之礼，勤内朝外朝之问，互相咨访，以析大政之疑，大臣日侍黼扆，无隙以下比而固党；则台谏之设，上以纠君德之愆，下以达万方之隐，初不委以毛鸷攻击之为，然而面欺擅命之慝，大臣固有所不敢逞，又焉用督察为秦、陇地区的民心，使他们弃隗嚣远去。凭什么这样说呢？如果窦融果真以此为计，则不可能说得如此情真意切；而且窦融以整个河西地区归附东汉，实践此言，以免百姓死亡，并非只是说说而已。窦融的后代，与东汉王朝同终始，足见一念之永，便是百年的德泽。

治国者的败政，在于任法而不任人。难道天子一个人能持法律遍察臣民吗？他势必仍然委任别人来执法。于是舍弃了大臣而任用小臣，舍弃了旧臣而任用新进之臣，舍弃了敦厚宽恕之士而任用侥幸乐祸的小人。他们的言论似乎并非是没有根据，他们在法律方面不愁不能相互罗织罪名，于是国家大事被搞得一片混乱。江冯请求责令司隶校尉督察三公，陈元力争其不可，光武帝听从陈元的意见而斥退了江冯的邪说，可谓懂得为治之道了。臣下相互包容，必然会生弊端；臣下相互攻讦，祸害必然达到极点。像江冯所说的那样，陪臣奴仆控告其君长，子弟诉讼其父兄，眼巴巴地看着三纲（即君为臣纲，父为子纲、夫为妻纲）沦丧，五常（指仁、义、礼、智、信）败坏，国家不灭亡还等待什么呢！

大臣，是每天都在天子身边坐论军国大事的人；用人与行政的得失，天子每天都与他们在一起酬办，何愁不了解呢？然而，天子怀疑大臣们也是有由来的，因为天子不亲政而疏远大臣，使他们不能天天与自己见面，于是大臣不能再秉承天子的意旨，只得按照自己的意愿行事。天子既然已经疏远了大臣，自然担心有些事情不能知道，就像害怕鬼魅的人害怕黑暗一样，况且也无法保证大臣们肯定不奸邪，于是督察臣下便成为不得已的事情。苛刻嫉妒的小人，就借此干扰国政，离散上下之心。他们攻讦人没有不得逞的，逐渐地君权下移，不可遏止。假如天子重修坐论之礼，勤于过问内朝和外朝的事情，互相咨询访问，以解析大政的疑问，大臣们每天都侍奉在皇帝身边，没有机会结党营私；则台谏官员的设置，上可以纠正君德的哉?

况大臣者，非一旦而加诸上位也。天子亲政，则其为侍从者日与之亲，其任方面者，以其实试之功能，验之于殿最而延访之，则择之已夙，而岂待既登公辅之后乎？唯怠以废政，骄以傲人，则大臣之得失不审，于是恃纠虔之法，以为不劳而治也。于是法密而心离，小人进而君子危，不可挽矣。

22.乘乱以起兵者，类不得其死，而隗嚣独保首领以终。嚣之所为，盖非犯阴阳之忌而深天下之怨者，不亦宜乎！藉其子纯弗叛以逃，虽世其家可也。嚣之所以不终事汉者，惩于更始之败而葸以失之也。以身托人，而何容易哉，则固不容不慎；慎而过焉，遂成乎葸，于是而毁家存汉之心，不能固守而成乎逆。然而兵不越陇，而毒未及于天下，郑兴、马援、申屠刚去之而不留，来歙刺之而不杀，隐然有名义在其心而不忘，其异于公孙述、张步、董宪之流远矣。惜哉，其不奉教于窦融耳。卑屈而臣于公孙述，则势蹙而无聊之为也。其怙终而不听光武之招，则愧于马、窦而恐笑其不夙也。葸而成乎愚，而固不安于戕忍诡随之为，乃以善其死而免于显戮。天维显思、自求自取之谓也。

过失，下可以通达万方的隐情，开始就不委任他们猛禽捕食小鸟的攻击之权，可是当面欺罔，专擅朝政等奸邪行为，大臣固然会自敛行迹，不敢肆意妄为，像这样，督察还有什么必要呢？

况且，大臣并不是一朝一夕间便提上高位的。如果天子自己处理朝政，则那些做侍从的官员每天都与天子亲近，其中独当一面的，天子便以其在实践中证明了的才干，来验证对他的考核结果，并且亲自询问他一些具体情况，这样早已了解并加以选择，哪里能等到他们已经登上公卿要位之后才了解他们呢？只有天子因为懈怠而荒废了政事，对人傲慢无礼，则无法审知大臣的成败得失，于是只好依赖纠举督正之法，认为可以不劳而治。在这种情况下，法网严密而人心离散，小人得到重用而君子处境危险，这是无法挽救的。

利用混乱之机起兵的人，基本上都不得善终，唯有隗嚣得以善终。隗嚣的所作所为，大概并不是犯阴阳之忌而深受天下怨恨的，他得到这样的结果不是很应该的吗？如果他的儿子隗纯不叛汉而逃，则他家世袭爵位也是可以的。隗嚣之所以不始终事奉汉朝，是因为吸取了更始帝败亡的教训，害怕再次投错人而陷入险境。把身家性命托付给别人，谈何容易啊，则固然不容不谨慎从事；可是谨慎如果过了头，就会成为畏缩，于是乎毁家存汉之心，不能固守而成为叛逆。然而，隗氏的军队没有越过陇地，其祸害没有蔓延到整个天下，郑兴、马援、申屠刚等汉将要离去，而隗嚣不加以强留，来歙想刺杀他，可隗嚣并没有因此杀死来歙，可见他隐然有名义在心而不忘，比公孙述、张步、董宪之流强得太多了。可惜，他没有听从窦融的教诲。隗嚣卑躬屈膝地向公孙述称臣，则是因为势穷力竭，百无聊赖而不得不这样。他至死割据一方，而不听从光武帝的招降，乃是由于愧于见到马援、窦融，恐怕他们嘲笑自己不早听劝告。隗嚣畏缩到了愚蠢的程度，当然不会安心于残忍、肆意欺诈之类的行为，于是得以善终而

23.任为将帅而明于治道者，古今鲜矣，而光武独多得之。来歙刺伤，口占遗表，不及军事，而亟荐段襄，曰："理国以得贤为本。"此岂武臣之所及哉？歙也、祭遵也、寇恂也、吴汉也，皆出可为能吏、入可为大臣者也。然而光武终不任将帅以宰辅，诸将亦各安于韎韐而不欲与于鼎铉。呜呼！意深远矣。故三代以下，君臣交尽其美，唯东汉为盛焉。

24.苟为欲治之君，乐其臣之敢言者有矣。而敢言之士不数进，非徒上无能容之也。言出而君怒，怒旋踵而可息矣，左右大臣得为居间而解之；藉其终怒不释，乃以直臣而触暴君，贬窜诛死，而义可以自安且自伸也。唯上之怒有已时，而在旁之怨不息，乘间进毁，且翘小过以败人名节，则身与名俱丧，逮及子孙族党交游而皆受其祸，则虽有骨鲠之臣，亦迟回而吝于一言。故能容敢言者非难，而能安敢言者为难也。

光武以支庶之馀，起于南阳，与其人士周旋辛苦、百战以定天下，其专用南阳人而失天下之贤俊，虽私而抑不忘故旧之道也。且南阳将吏，功成爵定，亦未闻骄倨侈汰以乱大法，夫岂必斥远而防制之。乃郭伋以疏远之臣，外任州郡，慷慨而谈，无所避忌。曰："当简天下贤俊，不宜专用南阳故旧。"孤立不惧赫奕之阀阅，以昌言于廷，然而帝不怒也。且自邓禹免遭显戮。上天监察最明显，就是指自求自取，自做自受。

身任将帅而又通晓治国之道的人，古今都很少，唯有光武帝得到了许多。来歙在率兵攻打公孙述时，被公孙述所派的刺客刺伤，临死前他口授遗表，没顾上谈论军事问题，却急切地推荐段襄，说："治理国家以得贤为本。"这难道是一般武臣所能达到的吗？来歙、祭遵、寇恂、吴汉等人，都是出可以做能吏，入可以做大臣的贤才。然而，光武帝最终不任将帅为宰辅，诸将也各自安心于军中而不求参与国家大政。唉！光武帝的立意太深远了。所以三代以后，君臣各尽其才，尽显其美，唯有东汉为最盛。

如果是想治理好国家的君主，喜欢其臣子敢于直言的有不少，而敢直言的臣子得到重用的不多。这不仅是因为国君不能容忍他们，直言一出如果君主发怒，怒气不久就可以平息，左右的大臣必定能够居间解除君主的怒气；即使君主的怒气始终不消，直臣因为触犯暴君而遭贬窜诛死，而义可以自安并自伸了。只是国君的怒气有消解之日，而君主身边之人的怨恨不易平息，于是寻机向君主进谗言，挑剔敢于直言的臣子的小毛病以败其名节，害得他们身与名俱丧，连子孙、宗族、师友等也都受到牵连而身遭横祸，在这种情况下，即使有耿直的大臣，也只能是迟疑徘徊，不愿多说一句话。所以，能够容忍敢于直言之人并不难，而能够保护敢于直言之人才是最难的。

光武帝刘秀作为汉室皇族庶支之余，在南阳起兵，与当地人士一同经过千辛万苦，饱尝磨难，奋战数十年才平定了天下，他专用南阳人而失去了天下的贤俊，虽然显得自私却仍是不忘故旧之道。况且南阳将吏功成爵定以后，没有听说过骄倨侈汰以违犯国家大法的，难道有必要一律斥退，严加防制吗？只有郭伋作为被疏远的臣子，出京治理州郡，敢于慷慨陈词，无所避忌。他说："应当选择天下的贤俊人才，不宜专用有老交情的南阳人。"尽管人单势孤，却全然不惧怕以降，勋贵盈廷，未有忿疾之者，伋固早知其不足畏而言之无尤。诚若是，士恶有不言，言恶有不敢哉？诸将之贤也，帝有以镇抚之也；奖远臣以忠鲠，而化近臣于公坦，帝之恩威，于是而不可及矣。宋祖怀不平于赵普，而雷德骧犹以鼎铛见责，曲折以全直臣，而天子不能行其意。伋言之也适然，帝听之也适然，南阳勋旧闻之也适然。呜呼！是可望之三代以下哉？

25.建武十二年，天下已定，所未下者，公孙述耳。三方竞进，蹙之于成都，述粮日匮，气日衰，人心日离，王元且负述而归我，此其勿庸劳师亟战而可坐收也较然矣。触其致死之心，徼幸而犹图一逞，未易当也。吴汉逼成都而取败，必然之势矣。光武料之于千里之外而不爽，非有不测之智也，知其大者而已。

故善审势者，取彼与我而置之心目之外，然后笼举而规恢之，则细微之变必察；耳目骛于可见之形，而内生其心，则智役于事中，而变生于意外。《诗》云："不出于颎。"出于颎者，其明哲无以加焉。昆阳之拒寻、邑，邯郸之蹙王郎，光武固尝以亟战得之矣，彼一时也。吴汉效之而恶得不败！

那些权势显赫的豪门大族，以昌言于朝廷，可光武帝一点也不生气。而且从邓禹以下，满朝勋贵没有愤恨他的，可见郭假早就知道此举没有什么可怕的，因而直言无讳。如果真的像这样，士人哪里会有不发议论的，而议论又哪里会有不敢发的？诸将的良好表现，乃是因为光武帝有办法镇抚他们；鼓励远臣忠诚正直，而化近臣于公坦，光武帝的恩威，于是乎令一般帝王望尘莫及了。宋太祖对宰相赵普不满，但是当雷德骧弹劾赵普时，宋太祖尚且大发雷霆，指责雷德骧像是没有双耳的鼎铛一样，孤陋寡闻，委婉地保全忠直的臣子，而天子不能按自己的意愿行事。郭伋说得心安理得，光武帝听得心安理得，南阳的勋旧们听到以后也心安理得。唉！这种情形难道能够奢望于三代以后吗？

建武十二年，天下已经平定，尚未归降的，只是蜀地的公孙述而已。当时，汉军三路并进，将公孙述围困在成都城中。公孙述的粮食储备越来越匮乏，士气一天天地衰减，人心一天天地离散，连心腹爱将王元也背叛公孙述而归附我，这种形势已经清楚地表明，不用劳师急战便可以坐收公孙述。但是，如果激起他的必死之心，希望侥幸一举将他歼灭，则是相当不容易的。吴汉逼近成都结果大败而归，乃是势所必然的。光武帝在千里之外已经料想到这种结果，而且准确无误，并不是有不测之智慧，而是知其大势罢了。

所以，善于审时度势的人，把对方与自己置于心目之外，然后笼举而规恢之，则即使是极其细微的变化也必定能明察无遗；如果耳目忙碌于可见之形，而内生其心，则智投于事中，可变故却发生于意外。《诗经》说：“不出于颎。”出于颎的人，其聪明贤哲将会无以复加。在昆阳力拒王寻、王邑，在邯郸围困王郎时，光武帝固然曾以速战速决取得了胜利，然而彼一时也，此一时也，时代与形势已经不同了，吴汉再生搬硬套地仿效光武帝以前的做法，怎么能够不失败

26.公孙述之廷不可仕也；虽然，述非王莽比矣，不得已而姑与周旋以待时，不亦可乎？李业、王皓、王嘉遽以死殉之，过矣。述之初据蜀也，犹未称帝，威亦未淫也；察其割据之雄心，虑相污陷，夫岂无自全之术哉？乃因循于田里家室之中，事至而无馀地，居危乱之邦，无道以远害，畏溺而先自投于渊，介于石而见几者若此乎？

谯，荐贿以免，则尤可丑矣。处乱世而多财，辱人贱行以祈生，殆所谓“负且乘致寇至”者与！哀、平之季，廉耻道丧，一变而激为吊诡，蜀人尤甚焉。匹夫匹妇之谅，恶足与龚胜洁其孤芳哉！

27.晋平公喜其臣之竞，而师旷讥其不君。为人君者，欲其臣之竞，无以异于为人父者利其子之争也。光武之诏任延曰：“善事上官，勿失名誉。”其言若失君人之道，而意自深。延曰：“忠臣不和，和臣不忠，上下雷同，非陛下之福。”考异曰：延传作“忠臣不私，私臣不忠”。按高峻小史作“忠臣不和，和臣不忠”，意思为长，又与上语相应，今从之。然则尊卑陵夷，相矫相讦，以兴讼狱而沮成事，抑岂天子之福乎？

夫欲使上官之履正而奉公也，但择其人而任之。夫既使居上位矣，天子无能纳诸道而制其进退，乃恃下吏之駤戾以呢?

公孙述的朝廷是不可以做官的，尽管如此，可公孙述与王莽并不是一类，在不得已的情况下姑且与他周旋以等待时机，不是也可以吗?李业、王皓、王嘉等人为了不做公孙述的官，竟然轻率地自杀身亡，以死殉之，未免有点太过分了。公孙述刚刚占据蜀地时，还未称帝，也没有淫威，如果及早察知公孙述要割据一方的雄心，担心自己被强行征召而玷污自己的清名，他们难道会没有自全之术吗?却因循于田里家室之中，当事到临头时毫无回旋余地，身居危乱的国家中，没有办法远避灾祸，惧怕被水淹死而先自投于无底深渊之中，难道处在两石之间竟是如此危险吗?

谯玄献上巨额的钱财，从而免除了被公孙述强行征召和自杀身亡之祸，则是尤为令人发指的丑行。身处乱世却有数以千万计的财产，辱人贱行以求生，这大概就是所谓的“肩上扛着东西，坐在华丽的车上，招来了强盗”之人吧!在汉哀帝、汉平帝晚期;廉耻道丧，一变而激为怪诞，蜀人尤甚。匹夫匹妇的固执己见，哪里能与龚胜的洁身自好相提并论呢!

晋平公喜欢自己的臣子相互竞争，而师旷讥刺他不守君德。做君主的人，想让自己的臣子相互竞争，无异于做父亲的以子女相互争斗为利。光武帝对任延下诏说:“好好地侍奉上司，不要损害他的名誉。”他的话似乎不合君主统治臣民之道，但是寓意却很深刻。任延说:“忠臣不相附和，相互附和的臣子不忠，上下雷同，并不是天子的福气。”如果这样，那么尊卑之礼被日益破坏，官场中上下相互欺诈，相互攻讦，使得诉讼案件大幅度增长，而日常的政事被搁置在一边，长期不办，这难道就是天子的福气吗?

要想使上官履正而奉公，只有精心地选择适宜的人选，然后加以任用。如果已经使他高居上位了，可天子不能将他纳上正道，也不翘其过而为异同，于是乎相劝以傲，而事之废兴，民之利病，法之轻重，人得操之以行其意。其究也，下吏抗上官而庶民抗下吏，怨讟生，飞语兴，毁誉无恒，讼狱蜂起，天子亦何恃以齐天下，使网在纲，有条而不紊乎？阴阳之气不和，则灾沴生；臣民之心不和，则兵戎起。共、驩不和于舜、禹，管、蔡不和于周、召，如是而可以为忠臣乎？

光武叹息曰："卿言是也。"为延之说所摇与？抑姑以取其一节之亢直而善成其和衷与？以为治理之定论，则非矣。

28.道非直器也，而非器则道无所丽以行。故能守先王之道者，君子所效法而师焉者也；能守道之器者，君子所登进而资焉者也。王莽之乱，法物凋丧，公孙述宾宾然亟修之。其平也，益州传送其瞽师、乐器、葆车、舆辇，汉廷始复西京之盛。于此言之，述未可尽贬也。

述之起也非乱贼，其于汉也，抑非若隗嚣之已北面而又叛也。于一隅之地，存礼乐于残缺，备法物以昭等威，李业、费贻、王皓、王嘉，何为视若戎狄乱贼而拒以死邪？自述而言，无定天下之略，无安天下之功，饰其器，惘其道，徇其末，忘其本，坐以待亡，则诚愚矣。自天下而言，群竞于智名勇功，几与负爪戴角者同其竞奰，则述存什一于千百，俾后王有所考而资以成一代之治理，不可谓无功焉。马援，倜傥之士也，能控制他的升降赏罚，不得已而依靠其下属官吏，让他们残酷无情、不分青红皂白地罗织其上司的过错，以标新立异，于是乎官吏们相互鼓励、比着傲慢，而事情的兴废，百姓的祸福，法律的轻重，别人得以操纵以实现自己的意愿。其结果是下吏抗衡上司而百姓抗衡下吏，怨声载道，谣言四起，毁誉无常，诉讼猛增，天子又靠什么来治理天下，使纲统网，有条而不紊呢？阴阳之气不和，则灾祸产生；臣民之心不和，则战争爆发。共、驩与舜、禹不和，管叔、蔡叔与周公、召公不和，像这样的人能算是忠臣吗？

光武帝叹息说："您说的很对。"是被任延的说法打动了心呢？还是姑且取其正直刚强的气节以成全其和衷呢？如果把它视为治理国家之道的定论，则是不正确的。

道并不仅仅是指器，但是如果没有器则道无所附著以行。所以，能守先王之道的人，乃是君子所效法并且学习的人；能守道器的人，则是君子所登进而且依赖的人。在王莽之乱中，礼器失散，公孙述毕恭毕敬，而又急冲冲地收集它们。当公孙述败死以后，益州（治今四川成都）将公孙述的乐师、乐器、葆车、舆辇等送往京师洛阳，汉廷这才恢复了西汉时期的隆盛。由此看来，公孙述还不算一无是处。

公孙述其实并不是乱贼，他对于汉廷，也没有像隗嚣那样已经投降而后却又反叛了。公孙述在西南一隅之地，存礼乐于国家残破之余，备礼器以昭示与不同身份相称的威仪，李业、费贻、王皓、王嘉等人为什么视他为夷狄乱贼，因而以死拒绝他呢？从公孙述的角度来说，他没有平定天下的谋略，也没有安定天下的大功，只是以道器为装饰，而不得其道，追逐末节而忘其本，坐以待亡，则实在是够愚蠢的。从天下的角度来说，群雄以智名勇功相争斗，其情形差不多像是与负爪戴角的野兽拼命争强一样，在这种情况下，公孙述在成百上斥述为井蛙，后世因援之鄙述，而几令与孟知祥、王建齿，不亦诬乎？

汉道中圮，而述储文物以待光武，五代涂炭，而李氏储文艺以待宋太宗，功俱未可没也。宋失汴梁而钟律遂亡，乃者南都陷而浑仪遂毁，使当世而有公孙述也，可勿执李、费二王之硁硁以拒之也。

29.高帝初入关，约法三章，"杀人者死"，无待察其情，而壹之以上刑。盖天下方乱，民狎于锋刃，挟仇争利以相杀者不可卒弭，壹之以死而无容覆勘，约法宽而独于此必严焉，以止杀也。

王嘉当元、哀之世，轻殊死刑百一十五事，其四十二事，手杀人者减死一等。建武中，梁统恶其轻，请如旧章。甚矣，刑之难言也。杀人一也，而所繇杀之者异。有积忿深毒，怀贪竞势，乘便利而杀之者；有两相为敌，一彼一此，非我杀彼，则彼杀我，偶胜而杀之者；有一朝之忿，虽无杀心，拳勇有馀，要害偶中，而遂成乎杀者。斯三者，原情定罪，岂可概之而无殊乎？然而为之法曰：察其所自杀而轻重之。则猾民伏其巧辩，讼魁曲为证佐，赇吏援以游移，而法大乱。甚矣，法之难言也。

千的礼器中保存了十分之一，使得后来的君主能够有所考据，而且赖以成就一代的盛治，不能说是没有功劳。马援是位倜傥之士，却斥责公孙述为井底之蛙，后世因为马援的鄙视几乎把公孙述贬入孟知祥、王建之类，这不是过于诋毁了吗?

汉道中败，而公孙述储藏文物以等侯光武帝；五代涂炭，而南唐李氏积储文艺以等候宋太宗；他们的功劳不可埋没。北宋丢失了汴京开封而钟律遂亡，后来南宋的京城杭州失陷而浑天仪毁灭，假如当时有公孙述，有识之士应当可以不像李业、费贻、王皓、王喜那样固执地以死拒绝他。

汉高祖刘邦刚刚进入关中，便约法三章，“杀人者处死”不需要审察具体的情况，而一律处以死刑。大概当时天下大乱，百姓对战争已经司空见惯，熟悉刀枪剑戟之事，为了报仇争利而相互杀戮的风气难以在短期内消弭，因而对杀人者统一处以死刑，无容重新审查，约法虽宽而唯有这一条必须严厉，其最终目的显然是为了以此来制止百姓相互攻杀。

王嘉在汉元帝、汉哀帝时期，减轻斩首之刑一百一十五条，其第四十二条规定，亲手杀人的减死一等。光武帝建武年间，梁统嫌刑法太轻，上书请求恢复旧制、刑法，真是太难说啦!杀死了人都是一样的，但是造成杀人的原因却各不相同。有积忿深毒，怀贪争势，利用方便之机而杀人的；有双方为敌，一彼一此，不是对方杀我，就是我杀对方，偶然获胜而杀人的；有出于一时的愤怒，虽然本无杀人之心，可拳勇有余，失手击中要害，于是成为杀人犯的。这三种情况，如果原情定罪，难道可以一概而论，不加区别吗?然而，一旦制订法律规定：根据杀人的具体情节而决定判决的轻重，则刁民充分利用其巧辩，讼魁(专门唆使人打官司以便从中谋利的人)费尽心机为他作证，贪官污吏再从中舞文弄墨，大做手脚，于是法律被搞得一塌糊夫法一而已矣，一故不可干也，以齐天下而使钦畏者也。故杀人者死，断乎不可词费而启奸也；乃若所以钦恤民情而使死无馀憾者，则存乎用法之人耳。清问下民者，莫要乎择刑官而任之以求情之道。《书》曰："刑故无小，赦过无大。"故与过之分，岂徒幕外弯弓不知幕中有人而死于射之谓乎？横逆相加，操杀己之心以来，而幸胜以免于推刃，究其所以激成而迫于势者，亦过之类也；猝然之忿怒，强弱殊于形体，要害不知规避，不幸而成乎杀者，亦过之类也。一王悬法于上，而不开以减死之科；刑官消息于心，而尽其情理之别。则果于杀人者，从刑故之条；而不幸杀人者，慎赦过之典。法不骫而刑以祥，存乎其人，而非可豫为制也。

夫法既一矣，而任用刑者之矜恕，则法其不行矣乎？而抑有道焉。凡断刑于死者，必决于天子之廷，于是而有失出失入之罚，以儆有司之废法。既任吏之宽恤，而又严失出以议其后，则自非仁人轻位禄而全恻隐者，不能无惕于中而轻贷人以破法。夫有司者，岂无故而纵有罪以自丽于罚乎？非其请托，则其荐贿，廷议持衡而二患惩，则法外之仁，可以听贤有司之涂。所以，王嘉、梁统的论点各执一端，都有一定的道理，但是都不全面。法律，真是太难说啦！

法律，就是要统一，简明扼要，只有这样才能不可冒犯，以此治理天下，必可使天下人产生敬畏心理。所以，杀人者一律处死，断然不可多费词墨从而为奸邪之人大开方便之门，至于钦恤民情、使之死无余憾的任务，则落在执法者肩上。体恤百姓的人，没有比谨慎地选择审刑官，然后任之以求实之道更重要的了。《尚书》说："处罚故意犯罪时无论其罪过有多小，赦免过失犯罪时不论其过失有多大。"故意过失的划分，难道只是指在幕外弯弓射箭，小知幕中有人因而将人射死吗？突遭别人强暴相加，对方怀着一定要置我于死地之心而来，我侥幸战胜他从而免于横死，在这种情况下杀了人，究其原因，乃是为形势所迫，不得不拼死保护自己，当然属于过失杀人之类；在与人交往中，因故突然发怒，双方的体力相差悬殊，强的一方在气急败坏的情况下，不知规避要害部位，而不幸失手成为杀人者，这也属于过失杀人之列。君主悬法于上，而不开减死之科，法官有一杆称在心中，足以量尽情理之别而酌情判决。则存心杀人者，按故意杀人的律条判决；而不幸杀人者慎重地按过失杀人的旧例判决。可见，法不枉而案件得到公正审理，完全取决于法官，而不可以提前制订好律令，以为防范。

法律已经统一以后，而听任用刑者怜悯、宽恕，这样法律不是就难以执行了吗？不必担忧，办法还是有的。凡是死刑案件，必定要由天子之廷最后裁决，在这里对待量刑不当的官吏，有失出失入之罚，以儆戒其徇情枉法。一方面许可官吏宽恤百姓，另一方面又以严厉的失出（即罪重而罚轻）之刑约束他们，则自非仁人不惜位禄以成全自己恻隐之心的，不可能心中不害怕，从而轻率地饶恕罪犯以破坏法律。有关部门的官员，难道会无缘无故放过罪犯从而使自己受到求瘼，而何忍一人死复继之以一人乎？若曰杀人而可不死也，人将相戕而不已也，而亡虑也。虽减死而五木加之，犴狴拘之，流放徒隶以终其身，自非积忿深毒、怀贪竞势之凶人，亦孰乐有此而昧于一逞也乎？

30.治盗之法，莫善于缓；急者，未有不终之以缓者也。且盗之方发而畏捕也，强则相拒，弱则惊窜伏匿而莫测其所在。缓之而拒之气馁矣，不能久匿而复往来于其邑里族党矣，一夫之力擒之而有馀矣，吏不畏其难获而被罪也。人孰无恶盗之情，而奚纵之？惟求之已急也，迫之以拒，骇之以匿，吏畏不获而被罪，而不敢发觉，夫然后展转浸淫而大盗以起，民以之死，而国因以亡。

光武之法，吏虽逗留、回避、故纵者皆勿问，听以禽讨为效。牧守令长畏懦选怯不敢捕者，皆不以为罪，祇取获贼多少为殿最。唯匿蔽者乃罪之。此不易之良法，而愚者弗能行久矣。

31.张纯、朱浮议宗庙之制，谓礼为人子事大宗降其私亲，请除舂陵节侯以下四亲庙，以先帝四庙代之。光武抑情从议，以昭穆祢元帝，而祠其亲于章陵，毕于后世之苟私其亲严厉的惩罚吗？不是有人请托，便是有人送贿，如果廷议持平则二患都得到惩戒，于是法外之仁，可以听任贤官自取其病，怎么能忍心在一个人死后而又以另一个人继之呢？有人说杀人的人假若可以不被处死，则天下的人将会相互残杀，无休无止，其实，这种担心是多余的。因为罪犯虽然被免除一死，但是五刑加身，监狱囚禁，流放徒隶以度过一生，如果不是积忿深毒、怀贪竞势的凶人，谁又会甘愿为了一时的痛快而冒此危险呢？

治盗之法，没有比缓治更好的了；性急的，没有不最终以缓治了结的。况且，盗贼初发时非常害怕被捕获，强而有力的必定会拼命抵抗，弱者则必然是惊恐失措地逃窜，然后悄无声息地藏起来。如果官府采取缓的办法，时日稍久，则盗贼的拼死抗拒之心自然消散，潜逃的也不能长期躲藏，于是又往来于其乡里族党了，这时一个人的力量擒获他也绰绰有余，官吏当然不必害怕因为盗贼难以捕获而受到惩处了。作为人，谁没有憎恨盗贼之心呢？因此，没有人会轻易放纵盗贼的。只有当官府急不可待地捕捉他们时，逼着他们拼死抗拒，吓得他们深深地藏匿起来。官吏害怕因为不能捕获而受罚，因而不敢声张，于是盗贼辗转蔓延，不断发展，最终成为大规模的叛乱势力，百姓因此而大量死亡，国家也因此而覆亡。

光武帝的法令规定，官吏即使有逗留、回避、故意放纵盗贼等行为，也全部不问罪，允许他们以最终擒讨成功为政绩。州牧、郡守、县令、县长畏软选怯不敢捕盗的，都不为罪过，国家只以官吏捕获盗贼的多少确定其政绩的大小。只有窝藏盗贼的，才依律治罪。这乃是万世不变之法，而愚蠢的人长期以来，都不能施行此法。

张纯、朱浮议论宗庙之制，认为按照礼，为人子的应当敬奉大宗，而降低自己私亲的地位，请求撤去春陵节侯以下的四代祖庙，然后以先帝四庙取而代之。光武帝抑制了自己的私人感情，而听从张、者，而要未合于礼之中也。

为人子者，必有所受命而后出为人后，内则受命于父以往，外则受命于所后之父母而来，若哀帝之于成帝是已。故尊定陶为皇，而自绝于成帝，非也。若内无所禀，外无所承，唯己之意与人之扳己而继人之统，此唯天子之族子，以宗社为重，可以不辞，而要不得与受命出后者均。何也？父子之恩义，非可以己之利与臣民之推戴而薄其所生，诬所后者以无命为有命也。况乎光武之兴，自以武功讨篡逆而复宗祊，其生也与元帝之崩不相逮，而可厚诬乎哉？成、哀、平不成乎君者也，废焉可也。元帝于昭穆为诸父，而未有失德，勿毁而列于世，得矣；以为己所后而祢之，不可也。光武之功德，足以显亲，南顿令而上，虽非积累之泽，而原本身之所自来，则视组绀以上而尤亲。尊者自尊也，亲者自亲也，人子不敢以非所得而加诸亲。故组绀之祀，得用天子之礼乐，而特不追王。则南顿以上四世之庙不可除，而但无容加以皇称而已。后世之礼，势殊道异，难执先代之相似者以为法，而贵通其意。光武之事，三代所未有也，七庙之制，不必刻画以求肖成周，节侯以下与元帝以上并祀，而溢于七庙之数，亦奚不可？所难者唯祫祭耳。然使各以其昭穆，君先臣后，从太祖而合食，礼原义起，岂与哀帝之厚定陶、欧阳修之崇濮王、张孚敬之帝兴献，同其紊大分而伤彝伦乎？

朱等人的建议，按照昭穆次序应继承汉元帝，以元帝为父，祭祀于太庙，而祭祀自己的先人于章陵，不同于后世苟且偏爱自己的直系祖先，违背礼教的作法。

为人子的人，必定有所受命而后出为别人的继承者，内则受命于父以往，外则受命于所继嗣的父母而来，就像汉哀帝继承成帝那样。所以，他尊自己的父亲定陶共王为恭皇，而自绝于成帝，在礼法上是不应当的。如果内无所禀，外无所承，只是根据自己的意愿与别人能够帮助自己，而继承人家的香火，这唯有天子的族子，以宗庙社稷为重，不容推辞，而且决不能与受命出继的等同看待。为什么呢？因为父子恩义，不可因为自己的私利和臣民的推戴而薄待其生身父，诬陷所继承的人以无命为有命。何况光武帝的兴起，是自己凭借武力讨平了篡位的逆贼，从而恢复了汉室的宗社，他的出生与汉元帝驾崩时间上相差甚远，难道可以深加欺骗吗？成帝、哀帝、平帝不能算是国君，在太庙中废去他们是可以的。论昭穆辈份，汉元帝为光武帝的叔父，而且没有失德之处，把他留在太庙里，列入世系，是正确的；可是，以他为自己所继承的人而以父礼祭祀他，则是不可以的。光武帝的功德，足以荣耀亲人，从他的生父、南顿县令刘钦以上的祖辈，虽然不是积累的德泽，可是推究自身的由来，则比组绀以上的亲属更亲近。尊的自尊，亲的自亲，为人子的不敢以越礼的待遇加在亲人身上。所以组绀的祭祀，可以用天子的礼乐，只是不能追封为王。则南顿县令以上四代的庙不可撤除，但是却不应当加以皇称。后世之礼，势殊道异，很难执前代相似的为典范，因此贵在贯通其意。光武帝的这种事情，是三代时期所没有的，七庙之制，不必刻意要求符合周制，舂陵节侯刘买以下与汉元帝以上的先辈并祀，虽然超过了七庙之数，又有什么不可以的呢？所困难的只是祫祭而已。然而，假如让他们各以其辈份，君先臣后，从太祖合食，礼原义起，难道会与汉哀帝若纯与浮之言大宗，则尤谬矣。大宗者，非天子之谓也。礼曰：“别子为祖，继别为宗。”宗者，百世不迁；而天子之位，父死子继，兄终弟及，乃至本支绝而旁亲立，国中斩而支庶兴，初非世次相承而不可越。故天子始兴，而母弟为大宗。尊者嗣位，亲者嗣宗。宗者，一姓之独尊也，位者，天下之同尊也，天子之非大宗明矣。大宗无后，就大宗之支子以次而嗣，递相衍以百世，而昭穆不乱，故以宗为重而绝其私亲。天子不与于宗子之中者也，嗣位也，非嗣宗也，不拘于昭穆之次，孙可以嗣祖，叔父可以嗣从子者也。使汉而立大宗焉，抑唯高帝之支子相承不绝，天下虽亡而宗不圮，非王莽所得篡，而光武亦弗能嗣焉。纯与浮不考于周礼，合宗与位而一之，于周且悖，而况汉乎？疏漏寡闻，任气以矫时王之制，其与欧阳修、张孚敬之说，异失而同归矣。

32.王氏之祸烈矣！光武承之，百战而刘宗始延，惩往以贻后，顾命太子而垂家法，夫岂无社稷之臣？而唯阴识、阴兴之是求。识虽贤，何知其不为莽之恭？识虽不伪，能保后之外戚皆如识乎？饮堇而幸生，复饮以冶葛，卒使窦、梁、邓、何相踵以亡汉。光武之明，而昏于往鉴如是者，何也？

帝之易太子也，意所偏私而不能自克，盈廷不敢争，而从厚待定陶王，欧阳修尊崇濮王、张孚敬奉兴献王为帝一样，扰乱大局，败坏彝伦吗？

至于张纯和朱浮提到大宗一事，则是尤其荒谬的。大宗，并不是指天子。《礼》说：“别子为祖，继别为宗”。宗，百代不变，而天子之位，父死子继，兄终弟及，甚至本支无后时由旁亲继立，国中没有继承人时由庶支取代，本来就不是按世系相承而不可逾越的。所以，天子始兴时，同母弟为大宗。尊者继承帝位，亲者继承宗。宗，是一家一姓所独尊的，而位，则是天下人所同尊的，天子显然不属于大宗。如果大宗没有后人，则由大宗的支子以次而继，这样递进相衍可至于百世，而辈份不乱，因此继承人都以宗为重而断绝自己的私亲。天子是不在宗子之列的，他们是继位而不是嗣宗，因而不拘泥于辈份的先后，孙子可以继承祖父，叔父可以继承侄子。假如汉朝皇室是立大宗的，则也只有汉高祖的支子可以相承不绝，天下虽亡而宗不灭，王莽不可能篡夺，而光武帝也不能继承。张纯与朱浮不深入钻研《周礼》，竟然把宗与位合而为一，此举已经讳背了周朝的制度，更何况汉朝呢？张、朱二人孤陋寡闻，意气用事以妄改时君之制，其观点与欧阳修、张孚敬的说法，异失而同归。

王氏所造成的灾祸太严重啦！光武帝承之，经过大小数百战刘氏的江山才得以延续，鉴于既往的教训以留给后人，顾命太子而垂家法，难道没有社稷之臣吗？光武帝却只看重太子的舅父阴识、阴兴。阴识虽然有贤德，怎么知道他不是像王莽那样谦恭地伪装自己呢？即使阴识不虚伪，能够保证后来的外戚都像阴识一样吗？就像刚刚吃了堇菜而侥幸得活命的人，却又吃毒草冶葛，光武帝以后，窦、梁、邓、何等外戚相继擅权，最终促成了东汉的覆亡。光武帝非常圣明，却昏于借鉴以前的经验教训，这是为什么呢？

光武帝更换太子，是因为心里有所偏爱，无法自持，满朝的臣僚臾之者，自郅恽之佞外无人焉。若张湛者，且洁身引退以寓其不满之意矣。东海虽贤，郭况虽富而自逸，光武不能以自信，周旋东海而优郭氏，皆曲意以求安，非果有鸤鸠之仁也。于是日虑明帝之不固，而倚阴氏以为之援，故他日疾作，而使阴兴受顾命领侍中，且欲以为大司马而举国授之。

呜呼！人苟于天伦之际有私爱而任私恩，则自天子以至于庶人，鲜不违道而开败国亡家之隙，可不慎哉！卒之帝崩而山阳王荆果假郭况以称乱，则帝之托阴氏以固太子之党，亦非过虑也。虽然，虑亦过，不虑亦过；虑以免一时之患，而贻数世之危，固不如其弗虑也。

33.汉之通西域也，曰“断匈奴右臂”。君讳其贪利喜功之心，臣匿其徼功幸赏之实，而为之辞尔。夫西域岂足以为匈奴右臂哉？班固曰：“西域诸国，各有君长，兵众分弱，无所统一，虽属匈奴，不相亲附，匈奴能得其马畜旃罽，而不能与之进退。”此当时实征理势之言也。

抑考张骞、傅介子、班超之伏西域也，所将不过数十人，屯田之卒不过数百人，而杀其王、破其国，翱翔寝处其地而莫之敢仇。若是者，曾可以为汉而制匈奴乎？可以党匈奴而病汉乎？且匈奴之犯汉也，自辽左以至朔方，横亘数千里，皆可阑都不敢抗争，而怂恿他的，除了郅恽等奸佞小人外别无他人。太子太傅张湛，尚且洁身引退以暗示其心怀不满之意。东海王虽然有贤德，郭况虽然富裕而又放荡不羁，光武帝仍不能自信，于是应酬东海王（即前太子刘强）而优待郭氏，都是曲意笼络以求安定，并不是果真有布谷鸟那样的仁义之心。所以，光武帝日夜担忧明帝地位不稳固，因而依赖阴氏巩固和加强当时仍然是新太子明帝的地位。后来有一天，光武帝病重，竟然使阴兴接受遗命领侍中，而且还想任命阴兴为大司马，把整个国家政权授给他，只是阴兴不敢接受。

唉！人如果在人伦之际有偏私而任私恩，则从天子到平民，很少有不违天逆道而开败国亡家之隙的，难道可以不慎重吗？光武帝刘秀死后，山阳王刘荆果然假借郭况的名义发动叛乱，则光武帝托付阴氏以加强太子党的势力，也不算过虑。尽管如此，但考虑是过错，不考虑也是过错；其考虑只是免除了一时的忧患，却留下了数世的危机，固然不如不考虑。

汉朝通西域，据说是“斩断了匈奴的右臂”，实际上，这只不过君主避讳其贪利喜功之心，臣下隐瞒其邀功幸赏之实所编造的饰辞而已。西域难道足以做匈奴的右臂吗？班固说：“西域诸国，各有君长，兵众分散而又弱小，没有统一的号令，虽然名义上隶属于匈奴，而实际上各国并不亲附匈奴，匈奴人只能得到西域的马匹、其他牲畜，以及毛织品，却不能在军事上联合起来，一致行动。”这乃是当时的人根据当时的实际情况，结合自己的耳闻目睹，所作的准确记载。

考察张骞、傅介子、班超制服西域的事实，他们所率领的人马不过数十人，屯田的士卒不过数百人，却能擒杀其国王，攻破其国家，悠闲自在地生活在那里，没有人敢向他们报仇，像这样弱小的国家，难道可以为汉朝而牵制匈奴吗？难道可以依附匈奴而危害汉朝吗？况且，匈奴人侵犯汉朝时，从辽左直到朔方郡（今内蒙古河套以入，抑何事南绕玉门万里而窥河西？则武帝、张骞之诬也较著。光武闭关而绝之，曰："东西南北自在也。"灼见其不足为有无而决之矣。

夷狄而为中国害，其防之也，劳可不恤，而虑不可不周。如无能害而徼其利，则虽无劳焉而祸且伏，虽无患焉而劳已不堪，明者审此而已矣。宋一亡于金，再亡于元，皆此物也。用夷攻夷，适足以为黠夷笑，王化贞之愚，其流毒惨矣哉！

34.光武之于功臣，恩至渥也，位以崇，身以安，名以不损，而独于马援寡恩焉，抑援自取之乎！

宣力以造人之国家，而卒逢罪谴者，或忌其强，或恶其不孙，而援非也，为光武所厌而已矣。老氏非知道者，而身世之际有见焉。其言曰："功成名遂身退。"盖亦察于阴阳屈伸之数以善进退之言也。平陇下蜀，北御匈奴，南定交址，援未可以已乎？武溪之乱，帝愍其老而不听其请往，援固请而行。天下已定，功名已著，全体肤以报亲，安禄位以戴君，奚必马革裹尸而后为愉快哉！光武于是而知其不自贵也；不自贵者，明主之所厌也。夫亦曰：苟非贪俘获之利，何为老于戎马而不知戒乎？明珠之谤，有自来矣。老而无厌，役人之甲兵以逞南）东西数千里的范围内都可以南下，又何必要万里迢迢地绕道玉门关，而觊觎河西走廊呢？可见，汉武帝和张骞的说法显然是不符合实际的。光武帝关闭边关，断绝了与西域的交往，并且说：“西域各国如果力不从心，愿意依附谁就依附谁，不一定非得归属汉朝不可。”清楚地表明，西域各国对中原王朝来说无足轻重，完全不必费心劳神去经营。

长期以来，夷狄一直是中原王朝的重大威胁，为了防范它们，劳可不恤，而考虑不可不周全。如果看到对方不能危害自己而贪图其好处，则虽然没有劳顿国人而灾难可能会埋下祸根，虽然没有忧患而劳顿已经不堪忍受，聪明人自然会清楚地懂得这个道理。宋朝第一次被金国所灭，第二次被元朝所灭，都属于此类。以夷攻夷的做法，正好足以被狡夷所嘲笑，王化贞的愚蠢想法，其流毒也太惨烈啦！

光武帝对于功臣，恩情够深厚了，让他们地位尊贵，安全有保障，名声也不受损害，但是只有对马援薄情寡恩，也许这是马援自取其祸吧！

倾尽全力以协助别人打江山，而最终却遭到罪谴的人，或者是因为君主顾忌其实力强大，或者是因为君主厌恶其言语不逊，而马援并不是这样，只不过是被光武帝所讨厌罢了。老子并非是懂得道的人，但是对于处世之道却有独特的见解。他说：“功成名就以后应当不居而退。”这大概也是根据阴阳屈伸之数所得出的、指导人适时进退之言。马援平定了隗嚣，击破了公孙述，北御匈奴，南定交趾（今越南北）以后，难道还不可以离开战场，好好享清福吗？当武溪之乱发生时，光武帝怜悯马援年迈体衰，不许可他请缨，但是马援坚决请命，不屈不挠，光武帝无奈，只得答应他率兵前往。当时，天下已经平定，自己的功名也已经十分显赫，本可以全体肤以报答双亲，安禄位以侍奉君主，又何必要马革裹尸而后才愉快呢！光武帝由此看出其志，诚足厌也。故身死名辱，家世几为不保，违四时衰王之数，拂寒暑进退之经，好战乐杀而忘其正命，是谓“逆天之道”。老氏之言，岂欺我哉？

《易》之为教，立本矣，抑必趣时。趣之为义精矣，有进而趣，时未往而先倦，非趣也；有退而趣，时已过而犹劳，非趣也。“日昃之离，不鼓缶而歌，则大耋之嗟，凶。”援之谓与！

35.事难而易处之则败，事易而难图之亦败。易其难者，败而知其难，将改图而可有功；难其易者，非急悔而姑置焉，易者将成乎难，而祸不息矣。

武陵蛮之叛也，刘尚之全军偾焉，马成继往而无功焉，马援持之于壶头，而兵之死者大半，援亦殒焉。及乎援已死，兵已疲，战不可，退不能，若有旦夕歼溃之势；而宗均以邑长折简而收之，群蛮帖服，振旅以还，何其易也！其易也，岂待今日而始易哉？当刘尚、马援之日，早已无难慑伏，而贪功嗜杀者不知耳。使非均也，以疲劳之众与蛮固争，蛮冒死以再覆我军，虽饥困而势已十倍矣。

马援很不自重；不自重的人，必定是明君所厌恶的人。因为君主难免会想到，如果不是贪图俘获之利，他为什么要老死军中而不知引退呢？明珠之谤，由来已久了。老而无厌，驱使别人的军队来达到自己自私自利的目的，实在是令人讨厌。所以，马援最后身死名辱，家世几乎也因此而不保；违背四时衰亡之数，不守寒暑进退之经，好战乐杀而忘其正命，这就是所谓的“逆天之道。”老子的话，难道会欺骗我们吗？

《易经》教导人立本，同时又必须趋时，即随时势为转移。“趋”的含义太精深了，有人过分急切地“趋”，结果时未过而自己先疲倦了，这不叫趋时；有的人过分迟缓，结果时已过而自己仍在劳顿，这也不是趋时。“太阳偏西收工时，不敲缶而是唱歌，则是老人的伤心事，大凶。”说的就马援这种情况吧！

如果事情很难却被看作是很容易的，则必定会遭到失败；如果事情很容易却被视为很困难的，也会遭到失败。视难为易的人，遭到失败以后就会知道它的难度，于是改弦易辙，尚且可以取得成功，而视易为难的，如果不立即悔改而姑且置之一旁，则容易的事将会变成难的，而且祸连不息。

武陵蛮反叛以后，刘尚所率领的汉军全军覆没，马成随后赶到也寸功未立，马援在壶头与叛军相对峙，士卒死亡大半，马援自己也染病身亡。到马援身死之后，汉军无力再战，撤退也不可能，真好像有旦夕歼溃之势，可是，宗均假称皇帝的诏令，命人前去招降，自己仅仅率军以为威慑，蛮夷便大为震惊，不几天就斩其大帅而归降汉朝，宗均于是遣散叛军，重新任命官吏，轻而易举地平定了武陵蛮的反叛。谈笑之间，坐收大功，多么容易啊！其容易，难道非得等到今天才容易不可吗？当刘尚、马援抵达之时，蛮夷早已不难慑伏，只是贪功嗜杀的人不知道罢了。假如不是宗均，而是别的将领以疲惫不堪的汉军与蛮夷拼命争战，蛮夷破釜沉舟，集中全力与我决一死战，结果呜呼！一隅之乱，坐困而收之，不劳而徐定。庸臣张皇其势以摇朝廷之耳目，冒焉与不逞之虏争命，一溃再溃，助其焰以燎原，而遂成乎大乱。社稷邱墟，生民左衽，厉阶之人，死不偿责矣。

36.汉诏南单于徙居西河美稷，人极之毁，自此始矣。非但其挟戎心以乘我也，狎与之居而渐与之安，风俗以蛊，婚姻以乱，服食以淫，五帝、三王之天下流泆解散，而元后父母之大宝移于非类，习焉而不见其可耻也，间有所利而不见其可畏也。技击诈谋，有时不逮，呴沫狎媟，或以示恩，而且见其足以临我；愚民玩之，黠民资之，乃至一时之贤豪，委顺而趋新焉。迤及于千岁以后，而忘其为谁氏之族矣。臧宫、马武请北伐，光武曰："吾恐季孙之忧不在颛臾。"奈之何延之于萧墙之内也！

37.明帝英敏有馀，而蕴藉不足，光武选师儒而养以"六经"之教，得其理矣，然而张佚、桓荣未足以称此。岂当时无间起之豪杰，守先王之道以待学者，可以为王者师乎？抑有其人而光武未之能庸也。

奚以知佚、荣之不称也？帝欲使阴识傅太子，张佚正色而再次歼灭了我军，即使他们饥困已极，但气势必定会十倍于前。

唉！一隅的叛乱，本来可以坐困而收其功，不必花费多大气力而缓缓平定他们。然而，庸臣小题大做以迷惑朝廷的耳目，轻率地与不逞的夷狄争命，不料一败再败，促使星星之火蔓延成燎原之势，结果造成大乱的局面，江山社稷因此而覆亡，中国的百姓因此而遭受夷狄之人的统治与蹂躏，当初肇祸之人，实在是死有余辜！

汉光武帝诏令匈奴南单于迁居于西河美稷（今山西离石一带），人伦纲常的毁灭，从此开始了。这不仅是因为他们怀着侵略野心时刻准备伺机攻打我，而且我们的人民与他们长期居住在一起，逐渐地相安无事，而良好的风俗逐渐被破坏，婚姻关系被搞混乱，服食也日渐奢侈，五帝、三王的天下流荡解散，而天子父母的大宝转移到外族手中，日久天长熟习以后就看不见其有可耻之处，而且还不时从他们身上取得好处，因而感觉不到可怕。技击诈谋方面，我们有时还不如他们，于是为他们提供援助，以巨大的物质利益笼络他们，目的只是想显示自己的无上恩德，可是不久就会发现，对方的实力已经超过我了；愚民不把夷狄当回事儿，狡民依赖他们，甚至一时的贤豪顺势弃旧而投靠新主子。这种局面延续一千年以后，就会忘记他们是哪一个族的人了。臧宫与马武请求派兵北伐匈奴，光武帝回答说："我担心季孙氏的忧患不在颛臾，而是在萧墙（即大门口的照墙）之内。"可是，光武帝又为什么要把灾祸引入萧墙之内呢！

汉明帝英敏有余，而含蓄宽容不足，光武帝便为他选择儒生为老师，以讲授"六经"之教，提高他的修养，这种做法是很正确的，但是光武帝所选的张佚、桓荣却不足以承担教导太子的重任。难道当时没有应时而起的豪杰，守先王之道以传授学生，可以作为帝王的老师吗？也许是有这样的人才，可光武帝不能重用他们。

何以知道张佚、桓荣不称此职呢？光武帝想让阴识任太子太傅，争之，是矣。帝遂移太傅之命以授佚，自非圣人以天自处而无疑，与夫身为懿亲、休戚与俱而无容辞，未有可受命者也。佚乃自博士超擢居之而不让，恶可以为帝王师！桓荣受少傅之车马印绶，陈之以诧诸生，施施然曰："今日所蒙，稽古之力也，可不勉哉！"抱君子谋道之忧者，闻斯言也，有不汗面者乎？而足以为帝王师乎？

呜呼！师道之难也，于蒙之象见之。人心之险，莫险于利禄之得失；惟以艮止之德，遏欲以静正，不获其身，不见其人，而后夏楚收威，行于胄子。身教立，诚心喻，德威著，塞蒙心之贪戾，而相沐以仁让。故曰："蒙以养正，圣功也。"身之不正，何以养人哉？荣与佚区区抱一经以自润，欲以动太子之敬信，俾忘势让善而宜人，讵可得乎？赖明帝之不为成帝也，非然，荣与佚之情，亦奚以愈于张禹邪？故曰："能自得师者王。"光武之豫教，太子之尊师，而所得仅若此，王道之所以不兴与！

38.以祖妣配地祇于北郊，汉之乱典也。光武以吕后几危刘氏，改配薄后，乱之乱者也。吕氏之德，不足以配地矣，薄后遂胜任而无歉乎？开国之君，配天而无歉者，非以其能取天下贻子孙也。宇内大乱，庶民不康，三纲沦，五典斁，天莫能复其性；暴政夺人居食，兵戎绝其生齿，地莫能遂其养；王者首出，诛恶削僭，以兵治而期于无兵，以刑治而期于无刑；饥者负责教导太子；张佚神色庄重地表示异议，这是正确的。光武帝于是改任张佚为太子太傅，如果不是圣人以天自处而没有疑虑，和身为近亲、休戚与共而无容推辞，则没有能够接受任命的。张佚乃是从博士被破格提拔为太子太傅的，却心安理得地接受任命而不辞让，怎么可以做帝王之师呢？桓荣接受了太子少傅的车马印绶，然后陈列出来以惊诧众儒生，并且洋洋得意地说："我今天所蒙受的恩泽，乃是依赖稽考古道之力，你们能不努力吗？"抱君子谋道不谋食之忧的人，听到此话后，有不汗颜的吗？像桓荣这样的人，难道有资格做帝王之师吗？

唉！师道之难，从《蒙卦》的卦象可以反映出来。人心之险，没有比利禄的得失更险的。只有以艮止之德，遏欲以静正，不获其身，不见其人，而后夏楚（即教师体罚学生的用具）收威，施行于贵胄。身教立，诚心喻，德威著，杜绝萌生贪戾之心，才能相沐以仁让。所以说："开始涵养正气，这便是圣功。"自身不正，怎么培养别人的正气呢？张佚与桓荣仅仅死抱着一经以自润，想以此动摇太子的敬信，使他忘势让善以讨众人欢心，难道可能吗？幸好汉明帝不是汉成帝那样的君主，否则的话，张佚与桓荣的结果，又怎么会比张禹好呢？所以说："能自得师者称王。"光武帝预为教诲，汉明帝尊重老师，而所得的结果仅仅如此，这大概就是王道之所以不兴的原因吧！

以祖妣配地神祭于北郊，乃是汉朝的乱典。光武帝鉴于吕后几乎覆灭了刘氏，因而改为以薄后配地神，则是乱中最乱的。吕后的德行不足以配地，难道薄后就能胜任而无愧吗？开国之君配天而无愧的原因，并不是因为他能争取天下以传给子孙。当天下大乱，民众遭受苦难，三纲五常沦丧时，天不能恢复其本性，当暴政夺人居食，战争涂炭生灵时，地不能实现其生养，于是，先王挺身而出，诛恶削僭，期望以战争来消除战争，以刑罚来制止刑罚，使饥饿的人有饭吃，挨食，寒者衣，散之四方者逸以居，于是而得有其父子、兄弟、夫妇、朋友，以相亲而相逊；代天以奠兆民，而相天地之不足，则臣子推崇之以配天，以是为与天通理也。母后，一姓之妣也，配祖于宗庙而私恩伸矣。位非其位也，君授之也；德非其德也，元后为民父母，母道亦君所任，非后所任也。吕后不足以配地，薄后其能堪此乎？故曰乱也。

象之不仁，舜不得不以为弟，丹朱之不肖，尧不得不以为子，天伦者受之于天，非人所得而予夺者也。夫妇之道，受命于父母，而大昏行焉；出以其道，而自夫制焉。为人子孙而逆操其进退，已不道而奚以治幽明哉？文姜之逆也，而《春秋》书曰“夫人”。僖公致成风以抑哀姜，而《春秋》书曰“用致”。吕后之罪，听后世之公论，非子孙所得黜也；薄后非高帝之伉俪，非子孙所得命也。告祠高庙，退吕进薄，幸先君之无知，唯己意以取必焉。舜不能使瞽瞍之不子象，而光武能使高帝之不妻吕后哉？慕容垂追废可足浑氏，崔鸿讥其以子废母，致其子宝弑母而无忌。人君垂家法以贻子孙，顺天理而人情自顺，大义自正。如谓光武借此以儆宫闱，乃东汉之祸，卒成于后族，徒为逆乱，而又奚裨邪？故曰乱之乱者也。

冻的人有衣穿，流亡四方的人有宽敞的住处，在这种情况下，他们才能有父子、兄弟、夫妻、朋友，大家相亲相敬，帝王代表上天来安定亿万百姓，并且弥补天地的不足，则臣子推崇开国之君以配天，乃是以此与天通理。母后，是一姓之妣，配祖于宗庙则私恩得伸。她的地位实际上不是她的地位，而是国君授给她的；德行实际上也不是她的德行，帝后作为臣民的父母，母道也是国君承担的，而不是由王后或皇后承担的。吕后不足以配地，薄后难道能够有此资格吗？所以说，这是汉朝的乱典。

象非常不仁义，可舜不得不以他为弟弟；丹朱十分不肖，可尧不得不以他为儿子；因为天伦是等之于天的，不是人所能够予夺的。夫妇之道，受命于父母，然后还必须举行大婚仪式；正当地休弃妻子，则是丈夫自己决定的，为人子孙的如果擅自决定其进退，则自己已经不道，又将凭什么来治阴阳夫妇之道呢？文姜离经叛道，可《春秋》仍然称她为“夫人”。鲁僖公致成风以抑制正妻哀姜，而《春秋》记载他“用致”吕后的罪过，应该听后世的公论，她本人不是子孙们所能罢黜的，薄后不是汉高祖的元配夫人，这不是子孙们所能擅自命名的。在太庙祭祀汉高祖时，罢吕后而以薄后取代，乃是希望其先君无知无觉，而武断地按自己的意愿行事。舜不能让父亲瞽叟不以象为儿子，难道光武帝能够使汉高祖不以吕后为正妻吗？慕容垂追废可足浑氏，崔鸿讥讽他以子废母，结果引导他的儿子慕容宝杀死了自己的母亲，而无所忌惮。君主垂家法以传给子孙，如果顺应天理则人情自顺，大义自正。如果说光武帝是想借此以儆戒后宫，可是东汉的灾祸，最终来自于外戚，此举除了造成逆乱之外，又有什么好处呢？所以说它是乱中最乱的。

卷七

明帝

1.明帝即位之元年，率百官朝于先帝之陵，上食奏乐，郡国计吏以次占其谷价及民疾苦，遂为定制。迨后灵帝时，蔡邕从驾上陵，见其威仪，察其本意，叹明帝至孝恻隐之不易夺，而古不墓祭之未尽也，邕于是乎知通矣。

夫云古不墓祭，所谓古者，自周而言之，盖殷礼也。孔子于防墓之崩，泫然流涕曰："古不修墓。"其云古者，亦殷礼也。孔子殷人也，而用殷礼，示不忘故也。然而泫然流涕，则圣人之情亦见矣。殷道尚鬼，贵神而贱形，礼魂而藏魄，故求神以声，坐尸以献，是亦一道也。而其弊也，流于墨氏之薄葬。若通幽明一致而言之，过墓而生哀，岂非夫人不自已之情哉！

且夫谓神既离形而形非神，墓可无求，亦曰魂气无不之也。夫既无不之矣，则亦何独墓之非其所之也？朝践于堂，事尸于室，祝祭于祊，于彼乎，于此乎，孝子之求亲也无定在，则墓亦何非其所在。始死之设重也，瓦缶也；既虞而作主也，桑栗也；土木之与人，异类而不亲，而孝子事之如父母焉，以为神必依有形者以丽而不舍也；岂繄形之所藏，曾瓦缶桑栗之明帝即位的元年，率领文百官到原陵祭祀光武皇帝，太官上食，太常奏乐，各郡国的上计吏依照一定的次序上前，预测其郡国的谷物价格和百姓的疾苦，于是这种作法就成为定制。等到了汉灵帝时期，蔡邕从驾上先帝的陵寝去祭祀，看到祭祀先帝的礼仪细节，考察其本意，感叹孝明帝的至孝恻隐之心是不可易夺的，古不墓祭还没有完全消失，于是蔡邕知道了祭祀先帝之礼的全部内容。

其中所说的古不墓祭，所谓古，从周代时已这么说了，大概这是商朝的礼制。孔子听到防（今山东省费县东北）地之墓为雨所冲毁的消息后，潸然流涕说："古代人不修墓。"他说的古，也是殷代的礼制。孔子，姓子，其祖先是商朝的同姓贵族，他用商朝的礼制，以示不忘其祖先。然而他听到消息之后潸然流涕，则是圣人流露出了他的真情实感。殷朝崇尚鬼，以神为贵，以形为贱，礼魂而藏魄，所以，有向神求未来的，也有在坐着的尸体旁祭祀的，这也是一种葬礼，但也有它的弊端，流传到墨翟时，他就以此主张实行薄葬。假如把阴间阳间统一起来说，从墓旁经过而产生悲哀之心，难道这不是人们的感情情不自禁地流露吗？

再说，所谓精神既然离开了形体，形体就没有精神了，可以不用在墓前寻找已去世的人的精神，也就是说人的灵魂是无处不到的。既然人的灵魂是无处到的，那么为什么灵魂唯独不到坟墓之中呢？朝践（古代祭祀的名称。代表受祭者的活人称尸，尸入室吃完祭品，主人酌酒饮尸）于正堂，在偏室侍奉尸（古代祭祀时，代死者受祭，象征死者神灵人，以臣下或死者的晚辈充任）在祊祝祭，无论是在那里或是在这里，孝子祭祀父母没有固定的地方，那么为什么不能在不若哉？墓者，委形之藏也；孙者，委形之化也。以为非其灵爽之故，则皆非故矣；以为形之所委，则皆其体之遗矣；事尸之礼，以孙为形之遗而事之如生，乃于其形之藏而弃之于朽壤乎？夫物各依于其类，不得其真，则以类求之。形之与神，魂之与魄，相依不舍以没世，则神如有依，不违此也审矣。

孝者，生于人子之心者也；神之来格者，思之所成也；过墓而有哀怆之情，孝生于心，而神即于此成焉。且也，是形也，为人子者寒而温之，暑而清之，疾痛疴痒而抑搔之，事之生平，一旦而朽壤置之，曰有尊形者在焉，其情恝，其道过高而亡实。庄也、墨也，皆尝以此为教，而贼人恻隐之良；虽为殷道，自匪殷人，何为效之哉？子曰："其或继周者，虽百世可知也。"损益于礼之中，而不伤仁义，百世之后，王者有作，前圣不得而限之矣。故曰："丧，与其易也宁戚。"执古礼以求合，抑情以就之，易之属也；情有所不忍，虽古所未有而必伸，戚之属也；守章句以师古者，又何讥焉！

墓前祭祀呢？最初人死时，用来供奉的食物很重要，一般都用瓦器盛食；既虞而作主，则用桑栗；土木建筑与人关系而言，它是属于没有生命与人不同类的东西，因此它与人类并不亲近，但孝子们对它很重视，对待它就像对待自己的父母一样，他们认为神灵必须依附有形的东西而存在，因此而不能舍弃；难道贮藏形体的地方，连瓦缶桑栗都不如吗？坟墓是赋予形体贮藏的地方；孙子是赋予形体的化身。认为不是其精爽之故，那么就都不是理由；若以为形体所以委付东西，那么都是身体的遗留物；事尸的礼仪，以其孙子作为其形体的遗留。对待他像对待活着的人一样，难道也把他的形体藏在墓中，而抛弃在腐朽的土壤里吗？各种物质都有它自己的同类，不能得其真象，就从其同类中来找它。形体与精神，阳魂阴魄，他们都是相依不舍的关系，一直到人去世，那么精神也就有依托，确实是不会违背这一点的。

所谓孝，是产生于人子之心中的东西；神灵的降临，是人们思虑所形成的。经过先人的坟墓而产生的哀怆之情，这是有孝心的表现，神灵也就由此而产生。况且，这时的形体，作为人子的人，如果觉得先人的形体受冷，可以使之温暖，天太热了，可以使之清凉，如有疾病还可以照料它，可以侍奉他一生，一旦把它埋入腐土之中，而说尊重其形体，其实，这是对先人感情不真实，其名听起来好听但无其实。庄子、墨子都曾经用这种葬礼来教育人，这是残害人的恻隐之良的行为；即使这是殷朝人的办法，他们自己并不是殷朝人的子孙，为什么还要效法它呢？孔子说：“如果有继承周礼的人即使是过了百代人仍然可以知道。”在礼仪之中增加一些内容或是减少一些内容，并不伤害仁义本身，百代以后，王者有所更改，前代的圣人也不会限制它，所以说：“丧礼不论如何改变，要服丧者感到悲伤。”拿古代的礼仪来套今天的礼仪，压抑自己的情感而顺从这种礼仪，这是变化

2.养老之典，有本有标，文其标也；文抑以动天下之心而生其质，则本以生标，标以荫本，枝叶荣而本益固矣。养老于庠，袒而割牲，执酱而馈，执爵而酳，标也。制民田里，教之树畜，免其从政，不饥不寒，而使得养其老，本也。王者既厚民之生，使有黍稷、酒醴、丝絮、鸡豚可以养其老矣；然恐民之怙其安饱，而孝弟之心不生也，于是修其礼于太学，躬亲执劳，惇宪乞言，以示天子之必有尊，而齿为天下之所重，乃以兴起斯民之心而不敢凭壮以遗老，则标以荫本而道益荣。明帝修三老五更之礼，养李躬、桓荣尽敬养之文，于时之天下，果使家给户饶遂其衣帛食肉以奉其父母乎？抑尚未也？民未给养而徒修其文，则固无以兴起孝弟而虚设此不情之仪节矣。虽然，文与质相辅以成者也；本与标相扶以茂者也。以天下之未给而不遑修其礼焉，俟之俟之，而终于废坠矣。修其文以感天下之心，抑可即此以自感其心，俯仰磬折之下，顾文而思之，必有以践之，而仁泽之下流，亦将次第而举矣。明帝之时，内寇靖，边陲无警，承光武之馀泽，犹挹水于江、承火于燧也。则文以滋质，标以荫本，亦不得曰虚致此不情之仪节也。乃若其不可者，《记》曰："敬老为其近于父也。"以近父故敬，则敬老以父而推尔。光武崩，曾未期年，而雍容于冠冕笙磬之下，不已急乎！躬与荣凭几受馈，而寝门之视膳，天的这一类；如果古代的礼仪不能充分表达悲伤之情，即使古礼中没有的也一定要增加内容来体现悲伤之情，这是属于哀伤的一类。遵守章句的内容以古礼为师，又有什么可讥讽的呢？

养老制度，有本有标，形式也能惊动天下人的心从而产生出实质性的东西来。那么本生标，标又可以使本繁盛，这样枝叶茂盛而且根本更加巩固。把老人都养于庠（古代的地方学校），为他们而杀牲畜，用酱器盛上让他们吃，用爵盛满酒让他们喝，这些都是形式，让老百姓安居乡里，教他们种树养牲畜，免去他们的徭役，使他们能过上不饥不寒的温饱生活，让他们在家中养活他们的老人，这才是根本。称王的人既然使百姓生活得很好了，让他们有粮食、酒、棉絮、牲畜可以养活他们的老人，但又恐怕百姓恃其已过上了温饱生活，没有孝悌之心，于是就在太学专门修饬养老之礼，天子亲自执讲，殷勤恭敬地向老人们求教，以表示天子也一定要尊重老人，老年人必须受到全社会的尊重，通过这些活动，来促使老百姓的养老之心，而不敢凭年少力壮而遗弃老人，那么这样形式就可以更好地为内容服务，而社会道德风尚也会日趋提高。汉明帝整理对三老五更的礼仪，作为尊老养老的一个形式，他把李躬、桓荣二位老人接到宫中养老，在当时的天下果真能使每家农户都家给户饶能拿出衣帛食肉来奉养他们的父母吗？或者还没有富余到这样的程度呢？百姓既然没有足够的东西养活父母而仅仅搞些形式，那么当然不能由此而生孝悌之心，而只是虚设一些没有真情实感的毫无意义的仪式而已。尽管如此，形式和内容都是相辅相承，根本与细微末枝又是互相联系互相促进的，如果因为天下还没有家给户足，就不急于修整养老的礼节，那么等啊等啊，最终会使养老之礼全部废弃。整理养老之礼的一些形式，可感动天下人的心，或者使自己受到感动，自觉不自觉地就会由形式涉及到内容，必然会有按照形式去实践，仁义之心就会首先在子夺吾欢。则固有憯怛而不宁者，明帝、东平王苍皆斩焉。衔恤之子也，王亟请之，帝辄行之，无已泰乎！是则斫本而务其末也。

3.明帝永平三年，以左冯翊郭丹为司徒，郡守入为三公，循西汉之制也，而尤不待内迁而速拔之以升。其后邢穆、鲍昱皆以太守践三公之位，其重吏事也甚矣。是道也，以奖郡守，使劝进于治理，重其权而使安于其职则得也；若以善三公之选，则有不贵于此者，何也？道者，事之纲也，天下者，郡之积也。即事而治之，目与纲并举而不可有遗；即道而统之，举其纲而不得复察其目；此郡守三公详简之殊也。以郡守纤悉必察之能，赞君道而摄大纲，则琐细而亏其大者多矣。

孙中产生，然后就会在全社会得到以推广。汉明帝时，国内平静，边境安定，上承光武皇帝刘秀的恩德，就如同在江中舀水，用燧取火一样。那么，以形式来丰富内容。以末端来维护根本，也不能说是虚设这些没有真情实情实感的毫无意义的仪式而已。至于不能做的，就像《礼记》中所说的："敬老的形式应当与敬父的形式相接近。"因为老人与父母都是接近的，所以要以敬父的方式尊敬他们。光武帝刘秀去世以后，连一年都不到，而雍容冠冕声乐之下，不也太急了吗？李躬和桓荣坐在小桌旁自然有人送衣送食，而且他们住在皇宫之内，皇帝还经常给们送饭，这是上天夺去了他们的天伦之乐，那么他们的内心肯定会感当悲伤痛苦和心神不宁。汉明帝、东平王刘苍都是割裂了人们的父子之情的人，东平王刘苍向明帝提出重视养老的奏议，汉明帝就马上实行，不考虑人们的情感和实际情况，这不也太过分了吗？这就是丧失了根本而只求细微末节的行为。

汉明帝永平三年（公元60年），左冯翊郭丹被任命为司徒。由郡守升迁到中央任三公官（司徒、司马、司空），这是东汉沿袭西汉的制度，而且东汉时期，地方官不须内迁为中央官员，就可以迅速提拔三公。在他们之后，邢穆、鲍昱都是以郡守的身份直接提升为三公的。由此可见，明帝是非常重视吏事的。这种办法，用来奖励郡太守，鼓励他们忠心为朝廷治理地方，加重其权力，使他们安于本职工作还是可以的。但是，假如从选拔称职的三公这一点来考虑，就不能认为这是好办法了，为什么呢？治国之道，是天下一切事务的纲领，天下是由众多的郡县积聚在一起的。就事情的处治而言，重要的方面不重要的方面必须都照顾到而不能有遗漏，否则事情就处治不好。就统治一个国家而言，就只能重视重要的方面，而不必再考虑不重要的问题。这是郡守和三公在处理事情详简上的差别。如果以郡守无论大小情况都必须明察的能力，来帮助君主统治国家，处理重大事务，那五方之政，刚柔之性异于天，饶瘠之产异于地，一郡之利病，施于百里以外，则利其病而病其利。郡守之得民也，去其郡之病以兴其利，而民心悦矣。遂以概之于天下，是强山国以舟、泽国以车，徒为病而或足以毙也。然则郡守果贤，固未可坐论清宫，而平章四海。况乎名之所自成，实之所自损，黄霸之贤，且以鸱雀之欺为鼎足羞，况不能如霸者，而遽以宗社托之乎？是则旦郡守而夕三公，庙堂无广大从容之化，其弊也，饰文崇法以伤和平正直之福，非细故也。明帝勤吏事，而不足与于治道，未可为后世择相法也。

4.宗均去槛阱，而九江之虎患息，其故易知也。人与虎争，而人固不胜矣。槛阱者，人所与虎争之具也，有所恃而轻与虎遇，蹈危而不觉，虎与人两毙之术也。均之令曰："江、淮之有猛兽，犹北土之有鸡豚。"谓其繁有而不可使无也。常存一多虎于心目，而无恃以不恐，则自远其害。推此道也，以治民之奸可矣。

么就会因为处理的琐碎事务过多，而影响到重大事务的处理。

对于全国的政治而言，天的刚柔之性不同，不同的地方，土地的富饶与贫瘠以及其物产也不相同，对一个郡有利或者有害的东西，如果把它们搬到百里以外的地方，那么有利的东西可能会就成有害的东西。郡守要想得到老百姓的支持，，只要为该郡除去有害的事情，大兴有利的事情，老百姓心中就会很高兴，就会拥护郡守。如果把这种办法推广到整个天下，那么这无疑是强迫山区用船，强迫水乡用车，结果只能是有害的，甚至有时足以使整个国家疲弊。这样说来那么即使郡守真的品行高尚，才干出众，也确实不能在宫中坐而清谈，而应该积极务实地去处理国家大事。况且，一个人的名声起来以后，其实际总是与其名有出入的，像黄霸这样贤能的人，名与实还有出入，更何况还不如黄霸的人呢？怎么能不经详细地考察就很快地把国家社稷托付给他们呢？这就是早上还是郡守，晚上就成了三公，朝廷上没有广大从容之化，这是它的弊端。上任以后，他们摒弃儒教，崇尚法术，伤害了天下的和平正直的形势，并非处理事务过细的缘故。汉明帝只把自己的主要精力放在小事上，却没有把事关大局的要事处理好。所以他选择三公的办法不能为后世所效法。

宗均下令取消捕捉野兽用的机具和陷阱，结果九江（今安徽寿县）地区的虎伤害人的事件逐渐得到平息，其原因是显而易见的。人与老虎相争斗，人当然是不能取胜的。槛阱是人们与老虎争斗时所用的工具，正因为人们有所依仗，因而与老虎相遇时就掉以轻心，自己处于危险的境地却不知道，结果是导至人与老虎双双毙命。宗均的命令中指出：“长江、淮河流域凶猛的野兽很多，就如同北方地区有鸡和猪一样。”他意思是说，凶猛的野兽很多，而且不可使野兽完全没有。如果人们以常在自己心目中保持一个多虎的概念，而且不能依靠机具和陷阱为自己壮胆，那么，这就使自己远离了灾祸。以此类故其论治，谓文法廉吏不足以止奸，亦以鸡豚视奸而奸者诎，与天下息机而天下之机息也。文法之吏，恃文法以与奸竞而固不胜；廉吏恃廉以弗惧于奸，而奸巧以伤之；惟其有恃也，而遂谓奸之不足防也。挈大纲，略细法，讼魁猾胥不得至于公廷矣，奚以病吾民哉？均之所挟持者弘远矣。刘先主、诸葛武侯尚申、韩，而蜀终不竞，包拯、海瑞之悁疾，尤其不足论者已。

5.楚王英始事浮屠，而以反自杀；笮融课民盛饰以事浮屠，而以劫掠死于锋刃；梁武帝舍身事浮屠，而以挑祸乐杀亡其国；邪说暗移人心，召祸至烈如此哉！

浮屠之教，以慈愍为用，以寂静为体，以贪、嗔、痴为大戒。而英、融、梁武好动嗜杀，含怒不息，迷乎成败以召祸，若与其教相反，而祸发不爽，何也？夫人之心，不移于迹，而移于其情量之本也。情量一移，反而激之，制于此者，大溃于彼，溃而不可复收矣。浮屠之说，穷大失居，谓可旋天转地而在其意量之中，则惟意所规，无不可以得志，习其术者，侈其心而无名义之可守。且其为教也，名为慈而实忍也；发肤可忍推，整治老百姓中的乱法犯禁现象也可以采用这样的办法。

所以谈论国家的治理，认为只知法令条文的官员和清正廉洁的官员都不足以制止乱法犯禁现象，也就是把乱法犯禁的现象比作鸡猪一样多，而作奸犯科的人就会屈服，在天下停止使用与作奸犯科的所用的手段，那么作奸犯科的苗头也会停止。只知法令条文的官吏，依仗法令条文与作奸犯科者作斗争，当然是不能取胜的；清正廉洁的官吏自恃清廉不怕作奸犯科的人，但作奸犯科的人利用其智来伤害清廉正直的官吏。正是因为他们有所依恃，于是他们就说是作奸犯科的现象不值得防范。如果能抓住事情的根本，略去细微末节，不让那些诉讼的魁首、奸猾的胥吏到公堂上去，他们怎么祸害老百姓呢？宗均的作法影响是深远的。三国时，先主刘备、武侯诸葛亮崇尚申不害、韩非的法家治国理论，至使蜀汉短命夭折，至于像宋代的清官包拯、明朝的清官海瑞，他们嫉恶如仇，就更不值得谈论了。

楚王刘英非常信佛教，结果以谋逆罪遭贬后被杀；笮融向百姓征收重赋以装饰佛教的寺庙，结果因劫惊百姓而成了刀下之鬼。梁武帝萧衍几次舍身皈依佛教，最后也因些挑起祸端形成各派之间相互撕杀的局面，导致了国家的灭亡。这些异端邪说逐渐改变人们思想，结果招致了如此残烈的祸乱。

佛教讲究的是以慈善和怜悯为其功用，以清静无为为其根本，以贪、嗔、痴为其大戒。而刘英、笮融、梁武帝都是好动、嗜杀成性的人，他们整日怒火攻心，从不停息，他们沉溺于事情的成败之中，因些而招致灾祸，假若他们的所作所为与他们信奉的佛教教义正好相反，往往会大祸临头，这是没有差错的，为什么呢？因为人心的变化，并没有表现在行为上，而是表现在情量的根本上。情量一变化，反而会刺激人心的变化，在这个方面能控制住自己，在另外的方面就难以控制自己，因此而溃败，甚至一溃而不可收拾。佛教的教义，也，妻子可忍也，君父可忍也，情所不容已而急绝之，则愤然一决而无所恤矣。

又其为说也，禁人之欲而无所择；于是谓一饮、一食、一衣、一宿，但耽著而无非贪染也。至于穷极无厌，毒流天下，而其为贪染，亦与寸丝粒米之贪同其罪报而无差别。则既不能不衣食以为物累，又何惮于穷极之贪饕而不可为乎？迫持之，则举手扬目而皆桎梏；宽假之，则成毁一同，而理事皆可无碍，心亡罪灭而大恶冰释，暴逆凶悖无非梦幻泡影，一悟而悉归于空。故学其学者，未有不駤戾以快于一逞者也。

桎梏一脱，任翱翔于剑锋虎吻以自如一真法界，放屠刀、出淫坊，而即获法身。操之极而继以纵，必然之势也。英何惮而不反，融何恤而不掠，衍何忌而不纳叛怒邻以驱民于锋刃哉？赵阅道、张子韶、陆子静之不终于恶，幸也；王钦若、张商英、黄潜善，则已祸人家国矣。

声称其可以根据自己的意量，使天旋地转，照这样的说法那么信奉佛教的人就可以根据自己的意图谋求自己想得到的一切东西，而且会如愿以偿。这样，信奉佛教，通其经术的人，就会放纵自己的野心，没有名和义的约束。佛教作为一种宗教，名义上是仁慈的，而实际上则是残忍的。自己的头发可以残忍地剃去，妻子儿女可以残忍地抛弃，君主父亲可以残忍地弑杀，只要为自己情所不容的人或物可以马上抛弃，那么一旦他愤然而起的时候，就再也无所顾忌无所考虑了。

佛教的教义，对人的欲望无所选择地加以禁止；于是对于一口水、一顿饭、一件衣服、一次住宿，都有严格的限制而无非贪染。在他们看来，穷极无厌，毒害天下为贪染，与贪取寸丝粒米都是一样的罪过，都要受到同样的报应。那么，人既然不能不穿衣吃饭，又怕什么穷极之贪婪的事不能做呢？若极力要求他们，那么一举手一抬眼都要受到限制；假如对他们从宽要求，那么成功与失败都是一样，干什么事情都没有妨碍，心中没有罪恶与毁灭，罪大恶极也可以如冰而释，暴逆凶悖也无非是梦幻泡影，如此一悟，就把一切归结于空。所以，学佛教学说的人，没有不是蛮横凶暴为了自己一时痛快而放纵自己的人。

桎梏一旦解脱，他们就在危险的境地自由自在就如同在一真法界一样，他们放下屠刀，走出淫坊，也就获得了法身称号。把一切事情都发展到以极限，接着就是放纵无所顾忌，这是他们发展的必然趋势。这样一来，刘英怎么会因怕而不谋反，笮融怎么会体谅百姓而不掠夺他们，梁武帝萧衍又有什么顾忌而不接纳叛贼侯景，使邻国愤怒从而把百姓置于死地呢？赵阅道、张子韶、陆子静没有发展到罪大恶极，也算是幸运的了；王钦若、张商英、黄潜善则因他们信奉佛教已危害到国家利益了。

6.让国之义，伯夷、泰伯为昭矣，子臧、季札循是以为节，而汉人多效之。丁鸿逃爵，鲍骏责之曰：“《春秋》之义，不以家事废王事。”允矣，而犹未尽也。汉之列侯，非商、周之诸侯也。古之诸侯，有其国，君其民，制其治，盖与天子迭为进退者也，君道也。汉之列侯，食租衣税，而无宗社人民之守，臣道也。君制义，臣从义，从天子之义，非己所得制也。古之诸侯，受之始祖，天子易位，而国自如。汉之列侯，受之天子，天子失天下，则不得复有其封。国非己所得私也，何敢以天子之爵禄唯己意而让之也。

且君子之让国，非徒让其禄也。叔齐之贤，王季、文王之德，故伯夷、泰伯以保国康民兴王制治之道德勋名让之。若禄，则己所不屑，而可以非分之得污弟为爱弟乎？鸿弟盛而贤也，不必侯而可以功名自见也；如其不能，则亦温饱以终身而已矣。禄食者，箪食豆羹之类也，让者小而受者愧，商、周之义，恶可效之后世乎？读古人书，欲学之，而不因时以立义，鲜不失矣。子曰：“以与尔邻里乡党乎！”受列侯之封，分禄以把自己应该继承的君主地位让给自己兄弟的大义之举，商、周时期伯夷和泰伯是最有名的，其后子臧和季札认为他们行为是有节操的表现，因而按他们的做法让国，汉代的人也多仿效他们。丁鸿愿把由自己袭封的爵位让给他的弟弟丁盛，因没有得到皇帝的批准，就辞掉爵位逃到他乡，他的朋友鲍俊见到他后，责备他说："《春秋》中所倡导的大义行为，是不能因自己的家事而耽搁了国家大事。"鲍骏说得是正确的，但是还不全面。汉朝的列侯，并不同于商朝、周朝的诸侯。古代的诸候，有自己的国家，可以对自己的老百姓称君，可以独立地行使统治权，大概他们与天子的地位基本相同，而且可以轮流做天子，他们遵从的是君道。汉代的列候，只享用封地内的租税收入，而没有相对独立的封国和可供其统治的百姓，他们所遵从的是臣道。君主可以制定合宜的道德行为，做大臣的只有遵道德而行，即遵从天子的制定的道德行为，并非大臣自己可以制定。古代的诸侯，他们的封国和地位是从祖先那里接受过来的，即使天子的地位发生了变化，他们的封国和地位和以前一样，并不随之变化。汉代的列候，其爵位是天子授予他们的，天子失去天下以后，诸侯的封国就再不能保存下去了。封地并不是自己的私有财产，怎么能敢把天子赐予的爵禄只根据自己的意愿让给别人呢？

况且，君子让国与人，并不仅仅以让其禄位。因为叔齐很贤能，王季、文王品德高尚，所以他们的兄长伯夷、泰伯才把保国康民兴王制治的道德勋名让给他们，至于像爵禄，自己都不屑于获得的东西，怎么可以把这种非分所得让给弟弟，而且还把这种污辱弟弟的行为认为是爱护弟弟呢？丁鸿的弟弟丁盛如果真是贤能的话，没有必要接受这个爵位，而可以由自己去争取功名。如果他没有这个能力，那么也可以使自己终生过上温饱生活。爵位俸禄，是箪食豆羹一类的东西，推让的人显得小家子气，接受的人无功受禄又受之有愧。商朝、与弟，斯得矣，佚岂鸿所得让者哉？

7.史有溢词，流俗羡焉，君子之所不取。纪明帝之世，百姓殷富，曰“粟斛三十钱”。使果然也，谋国者失其道，而民且有馁死之忧矣。

一夫之耕，中岁之获，得五十斛止矣。古之斛，今之石也。终岁勤劳，而仅得千五百钱之利，口分租税徭役出于此，妇子食于此，养老养疾死葬婚嫁给于此，盐酪耕具取于此，固不足以自活，民犹肯竭力以耕乎？所谓米斛三十钱者，尽天下而皆然乎？抑偶一郡国之然而诧传之也？使尽天下而皆然，尚当平籴收之，以实边徼，以御水旱，而不听民之狼戾。然而必非天下之尽然也，则此极其贱，而彼犹踊贵，当国者宜以次输移而平之，讵使粟死金生，成两匮之苦乎？

故善为国者，粟常使不多馀于民，以启其轻粟之心，而使农日贱；农日贱，则游民商贾日骄；故曰：“粟贵伤末，粟贱伤农。”伤末之与伤农，得失何择焉？太贱之后，必有饿殍。明周朝人的大义之举，难道也是后代的人可以仿效的吗？读古代的书的人，要想学习书中的一些作法，如果不能因时置宜，很少有不失误的。孔子说："以与尔邻里乡党吗？"丁鸿若接受列候的爵位，把俸禄分给他弟弟一部分，这还是可以的，列候的爵位难道是丁鸿可以让给他弟弟的吗？

史书上有些夸大溢美之词，流俗中人们很羡慕它，对于君子来说是不信这种说法的。史书记载，汉明帝在位时期，百姓殷富，说是"每斛粟米只值三十钱"。假使真的是这样，那么就说明治理国家的人失去了治国之道，而且老百姓将会有饿死的危险。

一个农夫种地，收成一般的年份，能收五十斛粮食就算不错了。（古代有斛，与今天的石是一样的。）一年的辛苦劳累，若折合成货币仅有一千五百钱之多，而且国家按人头摊派的租税徭役要从这里面出，妻子儿女也要从这里边吃饭，养老治病死葬婚嫁也要从这里面出，盐乳酪生产工具也要从这里面拿出一部分去换。这样算来，老百姓连自家人都养活不了，还怎么肯竭尽全力耕田种地？史书所记载的粟米每斛三十钱，难道全天下都是这样吗？或者是偶然的一个郡国是这样而讹传全国都是如此呢？假如全国的米价都是这么便宜，还应当平价将粮食收起来，以充实边疆地区，以防止水旱灾害之年，而不能让粟贱伤农，使老百姓对国家产生怀疑。然而，一定不是全国都是这样。那么，这里的粟米非常便宜，而那里的粟米还很贵，执撑国政的人应该按照次序把粟米由便宜的地区输送到较贵的地方，从而平抑粮价，难道能使粟死金生，使天下形成两者都缺乏的局面吗？

所以，善于治理国家的人，常常使百姓手中的余粮并不多。否则，老百姓就会产生轻视粮食的思想，从而使农民的地位下跌，而游民及工商业者的地位日趋提高。所以说："粮食太贵会伤害末业（即帝之世，不闻民有馁死之害，是以知史之为溢词也。虽然，亦必有郡国若此者矣，故曰谋国者失其道也。

8.广陵王荆、楚王英、淮阳王延，以逆谋或诛或削。夫三王者诚狂悖矣；乃观北海王睦遣中大夫入觐，大夫欲称其贤，而欢曰："子危我哉！大夫其对以孤声色狗马是娱是好，乃为相爱。"则明帝之疑忌残忍，夫亦有以致之也。

且三王者，未有如濞、兴居之弄兵狂逞也，绥之无德，教之无道，愚昧无以自安，而奸人乘之以告讦，则亦恶知当日之狱辞，非附会而增益之哉？楚狱兴而虞延以死，延以舜之待象者望帝，意至深厚也，而不保其生。寒朗曰："公卿口虽不言，而仰屋窃叹。"则臣民之为寒心者多矣。作图谶，事淫祀，岂不可教，而必极无将之辟以加之，则诸王之寝棘履冰如睦所云者，善不敢为，而天性之恩几于绝矣。

指工商业），粮食太便宜就会伤害农业。”伤害末业与伤害农业相比，我们应该选择哪一个呢？粮食太便宜的日子过后，一定会有饿死的人，明帝在位时期，没有听到有饿死人的消息，所以可以知道这是史书载中的夸大溢美之词。尽管如此，也一定有一些郡国的粮价会这样便宜。所以说治理国家的人没有正确地把握好治理国家的规律。

广陵王刘荆、楚王刘英、淮阳王刘延，都是因想谋逆或是被杀或是被削爵位。这三位王也确实狂妄荒谬。但是，北海王刘睦觐遣中大夫去京师朝觐明帝，中大夫想在明帝跟前称赞北海王刘睦的贤能，刘睦知道后非常感慨地对中大夫说：“你这是害我呀！大夫如果见到了皇上就说我只爱好声色狗马，这才是爱护我。”从北海王刘睦的这番话中也可以看出汉明帝的疑忌和残忍，刘睦对中大夫交待这番话也是有原因的。

况且、刘荆、刘英、刘延这三位王，并没的像西汉时期吴王刘濞，济北王刘兴居那样狂妄地举兵反叛。明帝对待三王，没有用德来安抚他们，也没有以道来教育他们，不装出愚昧无知的样子就难以保证自己的安全，而一些奸佞小人又乘机攻击他们，那么在这样的情况下，怎么能够知道当日所取的供词，没有牵强附会增加有内容呢？楚王刘英之狱兴起后，大臣虞延也因而被处死，虞延对待明帝，就像舜对待象一样，情深意厚，尽管如此，也没有能够保全自己的性命。寒朗说：“对于这件事，公卿大臣虽然嘴上不说什么，但都会暗自叹息。”那么由此可知，对这件事的处理使很多臣民感到寒心。楚王刘英作图谶（方士巫师编造的隐语或预言叫谶，他们声称谶都是出自天意，必将应验。谶附有图，故称图谶），信奉佛教，难道不可以通过教育使其改正吗？为什么一定要采取削爵或诛杀的办法呢？这样一来，那么其他的各位王就如同刘睦所说的那样如卧针毡如履薄冰，而不敢做好事，而兄弟之间的天性之恩也几乎断绝。

西京之亡，非诸刘亡之也；汉之复兴，诸刘兴之也。乃独于兄弟之间，致其猜毒而不相舍，闻睦之言，亦可为之流涕矣。身没而外戚复张，有以也矣！

9.班超之于西域，戏焉耳矣；以三十六人横行诸国，取其君，欲杀则杀，欲禽则禽，古今未有奇智神勇而能此者。盖此诸国者，地狭而兵弱，主愚而民散，不必智且勇而制之有馀也。万里之外，孱弱之夷，苟且自王，实不能逾中国一亭长。其叛也，不足以益匈奴之势；其服也，不足以立中夏之威；而欺弱凌寡，挠乱其喙息，以诧奇功，超不复有人之心，而今古艳称之，不益动妄人以为妄乎？发穴而攻蝼蛄，入沼而捕鳅鯈，曰："智之奇勇之神也。"有识者笑之久矣。

光武闭玉门，绝西域，班固赞其盛德。超，固之弟也。尝读固之遗文，其往来报超于西域之书，述窦宪殷勤之意，而羡其远略，则超与固非意异而不相谋也。其立言也如彼，其兄弟相奖、诬上徼幸以取功名也如此，弄文墨趋危险者之无定情，亦至此乎！班氏之倾危，自叔皮而已然，流及妇人而辩有馀，其才也，不如其无才也。

西汉的灭亡，并非所有刘姓宗室把它灭亡的；东汉的复兴，是刘氏宗室共同复兴了它。为什么明帝对待他的兄弟这样猜忌狠毒呢？听到北海王刘睦的话，不觉得会使人感到心酸。汉明帝死后，外戚的势力再次膨胀，也是有原因的呀！

史书记载的班超在西域（汉代以后对于玉门关、阳关以西地区的总称）的活动，就如同儿戏一样。班超率领三十六人横行西域诸国，对于他们的君主，想杀就杀，想擒就擒，古往今来从没有能像班超这样的奇智神勇的人。大概西域的这些国家，地盘小，兵力弱，君主愚蠢，百姓又不团结，不必有才智勇力控制他们就绰绰有余。远在万里之外，实力孱弱的少数民族，他们即使称王，其实力也超不过中原地区一位亭长。他们即使反叛朝廷，也不足以增加匈奴的势力；他们即使臣服朝廷，也不足以树立中国的威力。像班超这样欺侮弱小凌辱寡少，扰乱这里的人民和动物，以此骗取奇功，班超也不再有人的良心，而古往今来人们还都盛赞他的所作所为，这不是更加鼓动的狂妄的人更加狂妄吗？像这种发掘人家坟墓而攻蝼蛄，进入小水坑捉几条泥鳅的行为，也说是有“奇智神勇”。有识之士看到此会觉得可笑的。

光武帝刘秀下令关闭玉门关（汉武帝时设置，因西域输入玉石取道于此而得名。故址在今甘肃省敦煌市西北小方盘城），断绝与西域的交往，班固在写史书中盛赞其品德。班超是班固的弟弟，他曾经读过班固的遗文，那些报到班超处的往来的西域文书，都记述了窦宪的功劳，班超很羡慕窦宪能远略立功，那么班超和班固兄弟两人并不因为意见不一致就不在一起谋划。班固写史书时是那样说的，他们兄弟两人相互勉励，欺骗皇上侥幸取得功名却又是这样做的，舞文弄墨又想冒险骗取功名的人，他们没有固定的思想以至到了这样的地步！班氏家族的倾危，从班彪时已是这样了，到他的女儿班昭仍

章帝

1.陈汤幸郅支之捷，傅介子徼楼兰之功，汉廷议者欲绌而勿录，可矣；介子、汤无所受命，私行以徼幸，既已遂其所图，而又奖之，则妄徼生事之风长，而边衅日开。若第五伦之欲弃耿恭也，则无谓矣。

恭之屯车师也，窦宪奏遣之，明帝命之。金蒲城者，汉所授恭使守者也；车师叛，匈奴骄，围之经年，诱以重利，胁以必死，而恭不降。车师之屯，其当与否，非事后所可归咎于恭也；恭所守者，先帝之命，所持者汉廷之节，死而不易其心，斯不亦忠臣之操乎！车师可勿屯，而恭必不可弃，明矣。伦独非人臣子与？而视忠于君者，如芒刺之欲去体，何也？鲍昱之议是已，然犹未及于先帝之命也。山陵无宿草，忿疾而委其衔命之臣于原野，怨怼君父以寄其恶怒于孤臣，伦之心，路人知之矣。伦之操行矫异，无孝友和顺之天良，自其薄待从兄以立名而已然，是讵足为天子之大臣乎？

然是辩才有余。他们有才，还不如他们没有才。

陈汤在与郅支（匈奴单于名）的交战中侥幸取得胜利，傅介子在与楼兰（汉西域城国。在今新疆罗布泊西。地处西域通道上）的交战中也侥幸取得胜利。东汉在召开中央政府会议时，讨论者想不给他们记战功，这是可以的。傅介子、陈汤没有受朝廷之命，私自进攻郅支和楼兰，既已达到他们目的，朝廷又要奖励他们，这就会助长私自行动的风气，边境地区就不会有安静之日。至于像第五伦想抛弃耿恭的功劳。就不能这样认为了。

耿恭驻军在车师（汉西域城国名。又分车师前国和车师后国，分别在今新疆吐鲁番县和吉尔吉斯县带），是窦宪奏请明帝派遣的，是汉明帝亲自下了命令的。金蒲城（今甘肃省永清县西北），是汉朝让耿恭把守的地方。车师叛归匈奴。匈取日益骄盛，围困耿恭长达一年，以重利来引诱他，以死亡来威胁他，而耿恭始终不投降，在车师驻扎军队，是否合适且不论，但不能把责任全部归到耿恭的身上。耿恭所坚守的地方，是先帝命令他守御的，所持的仍然是汉朝廷的节，宁死也不改变其忠心，这难道不是忠臣的节操吗？很明显，车师可以不屯驻军队，但耿恭的功劳一定不能抛弃。难道只有第五伦不是为人臣子的人吗？他把忠于君主的人，看作像芒在背上一样，去之而后快，为什么呢？鲍昱的议论是正确的，然而还没有涉及到是先帝命令耿恭这样做的。明帝死后不久，陵墓上还没长出草，第五伦就挟私忿把受命的大臣抛弃在原野，他怨恨先帝，却把自己的怒火全部施及忠臣身上，第五伦之心，可以说是路人尽知，第五伦的节操品行故意表现出与人为同，他没有孝友顺和的天良，就因为他薄待从兄才有了名气，最终到今天的地步，像他这样的人，难道能称得上是天子的大臣吗？

2.“三年无改于父之道”，道者，刚柔质文之谓也。刚柔质文，皆道之用也，相资以相成，而相胜以相节。则极重而必改，相制而抑以相生，消息之用存乎其间；非即有安危存亡之大，则俟之三年而非需滞，于是而孝子之心遂，国事亦不以相激而又堕于偏。明帝之明察，诚有过者；而天下初定，民不知法，则其严也，乃使后人可得而宽者也。章帝初立，鲍昱、陈宠急挢先君之过，第五伦起而持之，视明帝若胡亥之惨，而已为汉高，章帝听而速改焉，将不得复为人子矣。

人君当嗣位之初，其听言也，尤不容不慎也。臣下各怀其志于先君之世，而或不得逞，先君没，积愤懑以求伸，遂若鱼之脱于钩，而唯其洋洋以自得。斯情也，名为谋国，而实挟怨怼君父之心，幸其死以鸣豫者也。为人子者，奈何其殉之！且君而尚宽弛与，则人臣未有不悦矣；君而尚严察与；则人臣未有不怨矣。故察吏治、精考核、修刑典，皆臣下之所大不利焉者；幸先君之没，属望于新君，解散法纪以遂其优游，啧有烦言，无所顾忌；立心若此，而殉之以干臣民之誉，过听之病，成乎忘亲，而可不慎哉！

“三年无改于父之道，”所谓道，就是经常所说的刚柔质文。刚柔质文，都是道的具体功用，它们之间的关系是相辅相成，相胜相节。那么，如果其中的一个方面走向极端其结果必然向相反的方向改变，它们之间是相互制约又是相互促进的，在它们之间存在着一消一长，互为交替，如果不改先君的政策并不影响到国家的安危存亡，那么等上三年也没什么关系，这样，作为孝子的心愿得到满足，国家大事也不因矫之过急而使之失于偏激。汉明帝的明察，确实有过分之处。然而，天下刚刚平定，百姓不知有法律，那么对他们严一些，才使后人因此而可以施行宽政。汉章帝一即位，鲍昱、陈宠就急于矫正先君汉明帝过分的政策，第五伦起来后也坚持这种观点，他们把汉明帝看作像胡亥一样残暴。而把自己看作像汉高祖刘邦一样宽仁。汉章帝听从了他们建议，很快就改变了先君汉明帝时推行的政策，汉章帝的做法决定了他不再是汉明帝的孝子。

作为君主，在即位之初，听大臣的话，更不能不慎重。在先君在位的时候，大臣各怀其志，有的人的意愿得不到满足，先君去世以后，他们就想把多年积压在心中的愤懑发泄出来，于是，他们就像摆脱了鱼钩的鱼一样，洋洋自得。这样情况，他们名为国家谋利益，实则挟怨恨君主之心，侥幸先帝去世而自鸣得意罢了。作为先帝之子，为何要附和在他们之后呢？况且，如果君主崇尚宽弛的政策，那么作人臣的没有不高兴；如果君主崇尚严察的政策，那么作人臣的没有不怨恨他的。所以，明察吏治、严格考核、修饬刑典，对大臣来说是非常不利的。他们感到幸运的是，先帝去世了，于是，他们把希望寄托在新即位的君主身上，他们废除先君在位时制定的法纪，这样他们就可优游自在，即使听到一些不同的意见，他们也不把它当回事。君主如果有此心，为了取得百姓的赞誉，结果偏听一面之词，忘记了先君的政策。因此，新君初即位时，听别人的建议不慎重能行吗？

明帝之过于明察也，非法外而加虔刘，如胡亥之为也，尽法而无钦恤之心耳。其法是，其情则过；其情过，其法固是也。即令大狱之兴，罹于囚隶者，有迫待矜释者焉；章帝自得以意为节宣，姑即事而贷之，渐使向宽，以待他日；则先帝之失不章，嗣君之孝不损，而臣民之禁忌乐育，亦从容调燮以适于中，无或骤释其衔勒，以趋于痿痹，俾奸宄探朝廷之意旨，以罔戒于吞舟。今陈宠之言曰："荡涤烦苛之法。"帝之诏曰："进柔良，理冤狱。"皆唯亟反明帝以表异。君若臣相劝于纵弛，一激一反，国事几何而不乱哉！

故刚柔文质，道原并建，而大中即寓其间。因其刚而柔存焉，因其文而质立焉，有道者之所尚也。怀忿怼而遽更张之，如攻仇雠，如救暴乱，大快于一时，求逞而不忌，其弊也，又相反而流以为天下蠹。为此说者佞人也，明主之所放流者也。此道不明，唐、宋以降，为君子者，矫先君之枉以为忠孝，他日人更矫之，一激一随，法纪乱，朋党兴，国因以敝。然后知三年无改之论，圣人以示子道也，而君道亦莫过焉矣。

3.称母后之贤，至明德马后而古今无异词，读其诏，若将使人涕下者，后盖好名而巧于言者也。建初二年大旱，言者以汉明帝过于明察，并不是像秦二世胡亥那样，在法之外滥杀无辜，仅仅是严格以法办事没有同情之心罢了。尽管从法律上讲是正确的，但从感情上讲是太过分了，尽管从感情讲是过分的，但从法律上讲确实是正确的。即使兴大狱，使囚徒遭受痛苦，有待于放松一下。汉章帝如果首先继承汉明帝的政策，然后，政策逐渐放宽以等待以后彻底改变。那么，先帝的过失并不明显，新即位的君主孝子之名也不会受到损害，对臣民来讲，他们的禁忌也会作适当的调整。否则如果突然把人们从严厉的政策中解脱出来，就会使人因欣喜若狂而趋于麻痹，一些奸宄不法人，探得朝廷的本意后，就会开戒，从事更为严重的违法行为。陈宠有句话说："要把苛刻的法彻底扫荡干净。"汉章帝的诏书中也指出："要提拔宽厚善良的人做官，清理冤狱。"这些都是急于纠正明帝政策的过激言论。这样汉章帝君臣互相鼓励实行宽政策，一激一反，国家大事怎么能不混乱呢？

所以，刚柔文质，道原并建，而尊大居中正好寓于其间。因其有刚，柔能相对地存在。因其有文，质也因此而立，这是有道的人所崇尚的。心怀忿恨，先帝一死，就马上改变他的政策，如同攻击仇敌，如同从暴乱中救人一样，只求大快一时，而无所顾忌，其弊端就是国家的政策由一个极端发展到另一个极端，同样会给国家造成危害。主张这种说法的人肯定是奸佞小人，是英明的君主所要流放的人。正因为对这个道理不明白，所以唐朝、宋朝以后，新即位的君主，都以矫正先君的过失作为忠孝，他去世以后，别人再矫正他的过失，这样一激一随，必然使法混乱。朋党兴起，国家也因此走向衰落。知道了这规律，然后就可以知三年不改父之道的议论是正确的，是圣人叫人们如何作人之子，而为君之道，也没有比这个道理更高明的了。

称赞母后贤德，到了东汉明德马太后，古往今来没有人有不同的意见，读她所下诏书，能使人感动得流泪。大概，马太后是位喜为不封外戚之故，奸人邪说，言之而罔所愧忌，亦至此哉！

夫人不从上之言，而窥上之心以为从，久矣；言者之无愧忌，有致之者也。章帝屡欲封诸舅，后屡却之，受封已定，复有万年长恨之语，人皆以谓封诸马者章帝强为之，非后意也。乃后没未几，奏马防兄弟奢侈逾僭，悉免就国，且有死于考掠者，同此有司，而与大旱请封之奏邈不相蒙也。奸人反覆以窥上意，则昔之请封，为后之所欲；后之劾治，为章帝之所积愤而欲逞，明矣。是以知帝之强封诸舅，阳违后旨，而实不获已以徇母之私也。

车骑之盛，丁宁戒责，而操国之兵柄，讨羌以为封侯地，第五伦争之而不克；兵柄在握，大功既建，复饰恭俭以要誉；此王莽之故智，后所属望于诸马者将在是乎！东京外戚之害，遂终汉世，而国繇以亡，自马氏始，后为之也。故言不足以徵心，誉不足以考实。马后好名而名成，工于言而言传，允矣其为“哲妇”矣。哲妇之尤，当时不觉，后世且不知焉，以欺世而有馀，可不畏哉！

欢好名声而又善于言辞的人，建初二年（公年77年）天下大旱，议论的人认为，大旱的原因是章帝没有封外戚，这纯粹是奸佞小人胡说八道，说这样的话而无所顾忌，不感到惭愧，他们无耻到这样的地步！

人们不遵从皇帝的言论，而是看皇上的心思行事，这种情况很久以来就有。说天下大旱是因为不封外戚的人，之所以无所顾忌，不感到惭愧，是有原因的。汉章帝屡次想封他的三位舅舅为侯，马太后屡次都拒绝了，章帝强封马氏三兄弟为侯，受封已定，马太后知道后，说自己没有坚持住，这是一件万年长恨的事，人们也都从马太后的诏旨中知道，封马氏三兄弟是章帝强为之，并非是马太后的本意。马太后去世不久，有关部门又上奏皇帝说，马防兄弟奢侈无度，僭越礼制，结果都被免去了封爵，甚至其中还有死于考掠的。同样是有关部门，他们这次上奏与天下大旱时请封外戚的上奏完全相反。很显然，奸佞小人反复窥测皇上的心思，那么以前请封外戚为侯，则皇太后想这么做，但不好明说；马太后死后，他们又弹劾马氏三兄弟，这是章帝心中压抑的愤闷得到解脱想自己来操纵一切。所以，由此而知，章帝强封他的三位舅舅，明着是违背了马太后的意旨，实际上是章帝不得已为取得马太后的欢心才这样做。

车骑很多，丁宁戒责，操着国家的兵权，讨伐羌族之后以为封地，第五伦争论这件事，但是没有结果，兵权在握，已建大功，又装出一副恭敬节俭的样子，以邀取声誉，这是王莽曾经玩过的鬼把戏，马太后对其兄弟所抱希望，难道也是在这样吗？东汉时期，外戚祸害国家，一直伴随了东汉一世，国家也因此而灭亡。外戚之祸是从马氏开始，是马太后这样做的。所以，一个人的言论不能代表他的真心，一个人的名誉也不能反映其真实情况．马太后喜欢好名声，于是她就有了好名声，她善于言辞，她的言论就可以流传后世，人们称她

4.论守令之贤，曰清、慎、勤，三者修，而守令之道尽矣乎？夫三者，报政以优，令名以立，求守令之贤，未有能置焉者也。虽然，持之以为标准，而矜之以为风裁，则民之伤者多而俗以诡，国亦以不康。矜其清，则待物也必刻；矜其慎，则察物也必细；矜其勤，则求物也必烦。夫君子之清、清以和，君子之慎、慎以简，君子之勤、勤以敬其事，而无位外之图。于己不浼，非尽天下而使严于箪豆也；于令不妄，非拘文法而求尽于一切也；于心不逸，非颠倒鸡鸣之衣裳，以使人从我而不息也。君子修此三者，以宜民而善俗，用宰天下可矣。然而课政或有所不逮，而誉望减焉，名实之相诡久矣。第五伦言“陈留令刘豫、冠军令驷协务为严苦，吏民愁怨，议者反以为能”，谓此也。使豫与协不炫其曲廉小谨勤劳之迹，岂有予之以能名者？欲矫行以立官坊而不学，则三者之蔽，民愁而俗诡。故曰：“君子学道则爱人。”弦歌兴而允为民父母，岂仅恃三者哉！

为“哲妇”也是应该的。这位“哲妇”的过错，当时人没有感觉出来，后世的人也不知。像马太后这样的人欺世盗名，其才能还是绰绰有余的，能不叫人感到可怕吗?

评价一个郡县守令贤与否，要从清廉、谨慎、勤劳三个方面加以考察。如果这三个方面都做得很好，郡县守令就是一个称职的地方官吗?这三个方面，通过陈报良好的政绩，树立自己的美名，使自己成为好的地方官，从这些而言，这三个方面是不能不重视的。尽管如此，假若拿这三个方面作为衡量地方官好坏的标准，重视它把它作为裁夺的标准，那么老百姓受到的伤害就越多，而且社会风俗也会变坏，国家也会因此得不到发展。若注重官吏清廉，那么他们待物必然很苛刻；若注重官吏的谨慎，那么他们察物必然细微；若注重官吏的勤劳，那么他们求物必然很繁杂，作为君子的清廉，就是把清谦与平和结合起来；君子谨慎，就是把谨慎和简略结合起来；君子的勤劳，就是只在其工作范围内的勤劳，没有其职位以外的其他企图。自己不贪污，并非全天下都严于箪豆；政令不妄谬，并不是只拘泥于法令条文，要求办好一切事情，内心不安逸，就不会颠倒是非，这样就会使天下的人能不停地拥护我跟从我。如果把这三个方面做得很好，就会给百姓带来好处，也会使社会风俗好起来，像这样的人治理天下也是可以的。但是，地方官在治理地方时很多地方考虑不到，名誉和声望在逐渐降低，名与实也很难相附。第五伦说：“陈留（今河南省开封市东陈留城一带）令刘豫，冠军（今河南省邓县西北）驷协为政特别严酷，小吏老百姓心中都很怨恨他们，但评价他们的人反而认为他们很有才干”就是说的这种情况。如果刘豫和驷协不炫耀他们的曲廉、小谨、勤劳的事迹，难道会有人说他们很有才干吗?想通过矫饰的行为来立官坊而不学，就是这三个方面的缺陷，也是百姓愁苦，社会风俗堕落的原因。所以说：“君子学道则爱人。”只有

5.纳谏之道，亦不易矣。君无爵赏以劝之，则言者不进；以爵赏劝之，言者抑不择而进；故纳谏难也。抑有道于此，士之有见于道而思以匡君者，非以言仇爵赏也，期于行而已矣。故明君行士之言，即所以报士，而爵赏不与焉。子曰：“君子不以言举人。”此之谓与！

且夫进言者，绳君之愆而匡之，则言虽未工而知其为忠直之士。心识其人，而以爵赏继其后，其失焉者鲜矣。若夫所言者，求群臣之得失而抑扬之，取政事之沿革而敷陈之，其言允，洵可行矣，而人之贤不肖未可知也。此而以爵赏酬焉，则佞人杂进而奚保其终哉？

抑其言是矣，其人非不肖矣，因其言之不讳，而置之左右，使旦夕纳诲焉。上既唯言是取，人且引言为己任而欲终其敢言之名，于是吹求在位者无已，而毛举庶务之废兴以为言资。将有事止于此，而言且引之以无穷，非奸而斥之奸，非贤而奖之贤；事不可废而欲已之，事不可兴而欲行之；荒唐苛细使天下歌舞升平，才能配做百姓的父母官，难道仅仅依靠这三个方面能做得到吗?

君主接纳规谏，也并不是一件容易的事。君主若没有爵位赏赐来鼓励人们进谏，那么主动进谏的人就很少。假若以爵位、赏赐来鼓励人们进谏，那么进谏的人就会不加选择地对任何事情都要给君主提意见。所以，君主接纳规谏也是很难的。但是也有真正的进谏者，这些士大夫对某件事情有自己的看法，于是就给君主进谏，他们想匡正君主的过失的目的，并非想通过进谏获得爵位和赏赐，而是希望君主正确行事而已。所以，英明的君主能够按士大夫的正确规谏行事，也就是报答了士大夫，并不是一定要给进谏的士大夫以爵位或赏赐。孔子说："君子不以一个人的言论来推荐这个人。"就是说的这种情况吧!

进谏的人，指摘君主的过失并匡正它，那么，规谏的言辞虽用得不一定恰当，但知道这个人是位忠直之士，彻底了解了这个人之后，再给予他爵位和赏赐，失误的现象是很少的。至于那些发表议论的人，他们或对群臣的得或失进行赞扬或指责，或对政事的沿革发展发表议论，如果他们说得正确，确实可以按他们所说的行事，但他们这些人是贤或是不肖却不能知道。对待这些人也是以爵位赏赐酬报他们，那么，就很难保证奸佞小人不混杂于其中，这怎么能保证有一个好的结果呢?

如果进谏人的意见是正确的，其人并非不肖之人。因为其规谏直言不讳，说把他提拔到君主的左右，使他能经常地给君主提建议。君主既然唯言是取，人们就会把谏诤作为自己的任务，而且还想保持一个敢言的好名声，于是就对在位的君臣没完没了地吹毛求疵，而且还把一切事物很细小的问题作为他提建议的材料。若事情在此为止，他们就会对这件事发表无穷的言论，不是奸人的被指责为奸人，之论，皆以塞言之责，而国是乱。故言者可使言也，未可使尽言也；可使尽言也，不可使引伸为无已之言也。斟酌之权，在乎主心，乐闻谏而不导人以口给，爵赏之酬，其可轻乎哉！

章帝于直言极谏之士，补外吏而试其为，非无以酬之，而不引之以无涯之辩，官守在而贤不肖抑可征焉，庶几得之。

6.与贤者在于得人，与子者定于立嫡，立嫡者，家天下一定之法也。虽然，嫡子不必贤，则无以君天下而保其宗祏，故必有豫教之道，以维持而不即于咎。太甲颠覆典刑，而终迁仁义，以伊尹也。乃夫人气质之不齐，则固有左伊尹右周公而不能革其恶者。和峤困于晋惠帝之愚；而教且穷，故汉元、晋武守立适之法，卒以亡国。则知适子之不可教，而易之以安宗社，亦讵不可？古之人何弗虑而守一成之例以不通其变乎？君子所垂法以与万世同守者，大经而已。天下虽危，宗社虽亡，亦可听之天命而安之。何也？择子之说行，则后世昵宠嬖而易元良，为亡国败家之本，皆托之以济其私。君子不敢以一时之利害，启无穷之乱萌，道尽而固可无忧也。

不是贤人的却被奖赏以贤名；不可废弃的事情他们想停止做这些事，不能兴办的事情，他们却想实行。这些荒唐苛细的评论，都作为进谏的言论。那么国家就会因此而出现混乱。所以对于进谏者可以让他们进谏，但不是让他们对任何事情都发表意见；可以让他们对任何事情都发表意见，但不能让他们发展到吹毛求疵没完没了地发表意见的地步。怎样把握这个界限，完全在于君主内心是如何斟酌的，君主乐于听谏诤而又不引导人没完没了提建议。对进谏的人给予爵位赏赐的酬报，怎么能掉以轻心呢？

汉章帝对于直言极谏的大臣，把他们委任为地方官以试他们的作为，这样做并非无以酬报直言极谏之士，而是不把他们引向空谈，有了实际职务；他们的贤能与不肖就可以得到验证，这也不失为一种办法。

君主之位传与贤者，关健在于选出合适的人选，君主之位传与子，关健在于确立嫡长子的地位。确立嫡室，是家天下的一成不变的规则。尽管如此，嫡子并不一定都是贤能的，那么他们就没有能力驾驭天下，保护其宗庙社稷，所以，对于嫡子也一定要有一套事先教育的办法，以便使他能够做一个称职的接班人，而不使有太多的过失。商朝太甲做君主时，不遵君道，但最后还是成为一位很懂仁义的君主，这主要是伊尹教育的结果。但是由于人的心理和生理素质是不一样，这样也就确实有即使伊尹和周公两位贤臣的辅佐也不能革去其罪恶的人。西晋和峤对于晋惠帝的愚蠢束手无策，想教育他都没法教育，所以汉元帝、晋武帝坚守立嫡长子为太子的规则，使汉成帝、晋惠帝即位，结果导致了国家的灭亡。那么，既然知道嫡子愚昧不可教诲，就换其他人做自己的接班人来安定社稷，又有什么不可以的呢？古代的人为什么没有考虑到这一点，而坚持一成不变的继承规则不知道变通呢？君子所制定的这些规则与后世共同坚守的，是一个光武以郭后失宠而废太子强，群臣莫敢争者。幸而明帝之贤，得以掩光武之过。而法之不臧，祸发于异世，故章帝废庆立肇，而群臣亦无敢争焉。呜呼！肇之贤不肖且勿论也，章帝崩，肇甫十岁，而嗣大位，欲不倒太阿以授之妇人而不能。终汉之世，冲、质、蠡吾、解渎皆以童昏嗣立，权臣哲妇贪幼少之尸位，以唯其所为，而东汉无一日之治。此其祸章帝始之，而实光武贻之也。故立嫡与豫教并行，而君父之道尽。过此以往，天也，非人之所能为也，而又奚容亿计哉！

7.不测之恩威无常经，谋略之士所务也，谓足以震人于非所期而莫敢不服。虽然，岂足恃哉？张纡守陇西，羌人反，其酋号吾首乱入寇，追而生得之，纡释之遣归；已而迷吾寇金城塞，纡与战，败之，迷吾将人众诣临羌纳降，纡以毒酒杀之。战而获，则释之；降而来，则杀之；纡以是为不测之恩威也。

大的原则而已，并非不能变通。他们虽然知道让这一些愚昧的嫡子继承皇位，天下会因此而危险，宗庙社稷会因此而灭亡，但仍然听天由命，让愚昧的嫡子继承皇位。这是为什么呢？自从君主可以自由选择继承人的说法出现以后，那么一些君主就以此为理由废嫡立庶，废长立幼，废恶立爱，为亡国败家打下了基础，而他们都是借为国家社会稷考虑的名义来实现自私的目的的。所以，君子也不敢为一时的利害，而埋下无穷之乱的祸根，办法已经用尽，确实也没有什么担忧的了。

光武皇帝刘秀因其皇后郭后失宠就废掉了郭皇后所生的长子刘强太子的地位，群臣没有人敢争的。幸运的是，明帝还算是贤能的君主，这样就掩盖了光武帝废嫡立爱的过失。由于法制的不完备，使祸患又发生在其他时代。所以汉章帝废掉太子刘庆改立刘肇为太子，群臣中也没有人敢争论这件事。唉！刘肇是贤能或是不肖我们暂且不论，汉章帝死后，年仅十岁的刘肇继承皇帝之位，想使国家大权不旁落于母后之手是不可能的。东汉一代，冲帝、质帝、桓帝、灵帝都是以年幼无知的童昏继承皇帝的大位的，权臣和有野心的太后就趁皇帝年幼无知，他们把持国家大权，为所欲为，从此以后汉就没有了平静的日子。这个祸根是章帝埋下的，实际上又是光武刘秀留下来的。所以，立嫡子为太子与对太子进行教育同时进行，这样君父之道才算是做完了自己的事。过此以往，都是天意，不是人所能决定的，又怎么能预料得到呢？

不可测度的恩威并没有固定的原则，这是谋略之士所从事的事，认为这样可以因为出乎预料之外而使人感震动，从而没有敢不服。尽管如此，难道这种不测的恩威就足以依恃吗？张纡镇守陇西（今甘肃省临洮县南一带），当地的羌人反叛朝廷，他们的首领叫号吾，首先率军入侵陇西，张纡紧急追捕，擒获了号吾，并把他释放遣于是而羌祸之延于秦、陇者几百年而后定。一生一杀，不可测者如是也，彼将何据以为顺逆之从哉？

战而禽，禽而释，何惮乎不战；胜可以逞，败犹可以生也。降而来，来而杀，何利乎降；降而必死，不如战而得生，其不决计相寻于死斗者鲜矣。故恩威者，必有准者也，在己可白，而在物可信也。感其恩者不渝，畏其威者不可犯，乃以服天下而莫敢不服。尚勿轻言不测哉！

8.西汉之衰自元帝始，未尽然也；东汉之衰自章帝始，人莫之察也。元帝之失以柔，而章帝滋甚。王氏之祸，非元帝启之，帝崩而王氏始张；窦宪之横，章帝实使之然矣。第五伦言之而不听；贵主讼之，怒形于言，不须臾而解；周纡忤窦笃而送诏狱；郑弘以死谏，知其忠，问其疾，而终不能用。若此者，与元帝之处萧、张、弘、石者无以异。而元帝之柔，柔以己也，章帝之柔，柔以宫闱外戚也，章帝滋甚矣。托仁厚而溺于床第，终汉之世，颠越于妇家，以进奸雄而陨大命，帝恶能辞其咎哉？

归原籍。不久，又有一个叫迷吾的人进犯金城（今甘肃省兰州市西北）要塞，张纡与之交战，大败迷吾，迷吾不得已就率众到临羌（今青海省洎源县东南）请求投降，张纡却用毒酒毒杀了他。交战以后擒获的人，就释放了他们；投降归顺的人，就杀掉他们；张纡就把这当作是不可测度的恩威。其结果使羌人在秦、陇地区的暴乱持续了上百年之久，后来才得到平定。张纡的这一生一杀，是如此不可测度，他是根据什么来判断顺从与叛逆呢？

交战之后被擒获，擒获之后被释放，怎么能不继续交战，胜利了可以逞强，失败还可以生还。投降归顺的人，只要来就杀掉，还会有人投降吗？投降了就一定得死，不如战下去还可以得生。其结果是很少有人不决心战争到底。所以恩威，一定要有一个标准，对于自己来说可以表白，对于他们来说是可信的。为其恩义所感动的人就会坚持不渝，害怕其威力的人，也不敢侵犯，这才可以使天下服从，而且没有人敢不服从。因此，还是不要轻易说什么深不可测。

西汉的衰落是从元帝时期开始，这种说法并不一定完全是这样；东汉的衰落是从章帝时期开始的，这一点人们并没有察觉到。元帝的失误在于其软弱，而汉章帝比元帝更软弱。王氏颠覆汉室的大祸，并不是元帝时开始的，元帝去世以后，王氏的势力才开始扩张；而窦宪的蛮横，则确实是章帝一手造成的。第五伦一再提醒章帝，可章帝并不听从。公主向章帝诉说窦宪的霸道，章帝当时也怒形于言，但没多大一会儿就又忘掉了。周纡因得罪了外戚窦笃就被下诏逮捕送入狱中治罪；郑弘冒死向章帝建议不可重用外戚窦氏，章帝知道他是忠心，在郑弘生病时，章帝也过问过他的病情，但最终也没有重用他。与汉元帝对待萧望之、张敞、弘恭、石显等人是一样的。然而，元帝的软弱，是对自己的软弱，章帝的软弱，是对后宫嫔妃外戚的软弱，相比较而言，章帝更软弱。章帝假托仁厚之名，沉溺于后宫之中，曹子桓曰："明帝察察，章帝长者。"为长者于妇人姻娅之闭，脂韦嚅唲以解乾纲，恶在其为长者哉！范晔称帝之承马后也，尽心孝道。乃合初终以观之，帝亦恶能孝邪！马后崩未几，而马氏被谴，有考击以死者矣。是其始之欲封诸舅、后辞而不得也，非厚舅氏也，面柔于马后之前，而曲顺其不言之隐也。其终之废马氏于一旦也，非忘母恩也，窦氏欲夺其权，面柔于哲妇之前，而替母党以崇妻党也。于母氏，柔也；于诸父昆弟，柔也；于床闼，柔也；于戚里，柔也；于臣民，柔也；于罪罟，柔也；虽于忠直之士，柔也；亦无异于以柔待顽谗者也。柄下移而外戚宦寺怙恩以逞，和、安二帝无成帝之淫昏，而汉终不振，章帝之失，岂在元帝下哉？

9.明帝车驾屡出，历兖、并、冀、豫、徐、荆之域，章帝踵之，天下不闻以病告，然天下亦恶能不病哉！供亿有禁，窥探有禁，践蹂有禁；能禁者乘舆也，不能尽禁者从官也，不可必禁者军旅也、台隶也，天下恶能不病也！天子时出巡游，则吏畏觉察而饰治，治可举矣。乃使果有循吏于此，举大纲而缓细目，从容以綦乎治，而废者未能卒兴，且无以酬天子之省视；

整个东汉一代，就是被后妃搞衰落的，他引进奸雄用事，把国家大权旁落他人之手，章帝怎么能够推卸他的责任呢？

曹丕说：“明帝善于明察，章帝像是一位长者。”对待后妃外戚像位长者，在阿谀强颜欢笑之中，使自己丧失了君权，怎么能称为长者呢？范晔称赞章帝上承马太后旨意，尽心于孝道。纵观章帝的所作所为，章帝又怎么能称得上是孝顺呢？马太后去世不久，马氏三位兄弟就被免去爵位，还有人被拷打致死。所以，章帝当初想封他的三位舅舅为侯，马太后再三推辞，这并不是章帝想厚待他的舅舅，而是他在马太后面前表现得太软弱，而曲顺于马太后无法用语言表达的隐衷。因此，他最终废掉马氏三兄弟的封爵；并非忘掉了母后的养育之恩，而是其妻族窦氏要夺其权，他又在窦皇后面前表现出他的软弱，只好废掉母党，宠信妻党。对于马太后，他是软弱的；对于同父的其他兄弟，他是软弱的；对于后妃，他是软弱的；对于外戚，他是软弱的；对于臣民，他是软弱的；对于罪犯，他是软弱；即使对待忠直之士，他也是软弱的。他对这些人的软弱，与对奸佞小人的软弱毫无差别。权柄逐渐旁落，外戚、宦官依恃其宠信，为非作歹为所欲为。和帝、安帝两位君主，虽然，不像西汉成帝那样昏庸无能，但他们最终也没有能使汉室重新振兴起来。汉章帝的过失，难道会在西汉元帝之下吗？

汉明帝屡次乘车驾出巡地方，经历过兖州（今山东省金乡县西北）、并州（今西省太原市西南）、冀州（今河北省柏乡县北）、豫州（今安徽省亳州市北）、徐州（今山东省郯城县）、荆州（今湖南省常德市东北）的广大地区，汉章帝也继承明帝的传统，也屡次出巡地方，虽然没有听到皇帝出巡给天下造成祸害的报告，但是皇帝出巡怎么能不给天下造成祸害呢？皇帝出巡，供给的东西有一定的限制，窥探有一定的限制，践踩有一定的限制。能够限制一定的数量的是皇帝于是巧宦以逃责者，抑将缘饰其末而置其本，以徒扰吏民；天下恶能不病也！

光武之明以立法，二帝之贤以继治，岂繄不念此，而乐为驰驱以病民者，何也？光武承乱而兴，天下盗贼蜂起，已亦繇之以成大业，故重有疑焉，冀以躬亲阅历，补罅整纷，而销奸桀之心，以是为建威销萌之大计焉耳。乃国用耗于刍粮，小民狎其举动，羌祸一起，军兴不给，张伯路一呼于草泽，数年而不解，蔓延相踵，垂及黄巾之起，而汉遂亡。盗贼横行，以丧天下，前此未有而自汉始之。然则厚疑天下，而恃目击足履以释忧，徒为召忧之媒，亦何益乎？

有虞氏五载一巡守，岁不给于道途，所谓“尽信书则不如无书”也。周制：十有二年，王乃时巡。历三传而昭王以死，四传而穆王以荒。封建之世，天子之治，止千里之畿，则有暇以及远。五服之君，各专刑赏之柄，则遥制而不能。然且非虞舜、成王而利不偿害。况以一人统天下而耳目易穷，自非廓然车轿，不能完全限制的是皇帝的随从人员，一定不限制的是跟随的军队，和皇帝身边的侍从官员，这么大规模的人员出巡地方，怎么能不给天下造成祸害呢？天子不时地出巡游历，地方官因害怕皇帝的检察就治理地方，使一地出现大治的形势。如果确实有这样的好官吏，抓主要问题逐渐解决小问题，从而使地方得到治理，但官吏这样做，使废者不能再兴起而且无法接受天子的视察。于是，一些善搞投机的官员为逃避皇帝的责备，就弄虚作假，颠倒本末，这样做只能扰乱百姓的正常生活。皇帝出巡所造成的这种恶果，怎么能不给天下造成祸害呢？

光武帝刘秀明以五法，明帝、章帝以他们的才干，继光武帝之后使天下大治，难道他们就不知道经常出巡地方会给天下带来祸害吗？为什么还乐于四处出巡给百姓带来灾祸呢？光武帝刘秀是承天下大乱才兴起的，天下盗贼蜂拥而起，光武帝在镇压他们中，扩大自己的势力，建立了自己的事业。东汉建立以后，马草粮食都比较紧张，刁民又不断地轻举妄动，羌族一起造反，国家兴兵镇压就显得军用供给不上，张伯路站高一呼，无数的百姓起来响应，几年都难以平息下去，而且还不断地蔓延，发展到黄巾军起义，最后导致了汉朝的灭亡。盗贼横行以丧天下，以前从没有这样的情况，这是从汉朝才开始的。明帝、章帝也正是因此而对天下的臣民极不信任，于是就靠自己亲自到各地走走看看，以发现问题，结果他们的出巡非但没有解决多少问题，而白白又增加了一些问题，他们出巡又有什么好处呢？

传说记载，有虞氏每五年到各地巡守一次，岁不给于道路，这就是所说的“尽信书则不如无书”。周代的制度：每隔十二年，天子才按时出巡地方一次。经过三传到昭王因此而死，四传到周穆王更加放纵自己，经常出巡。在封邦建国的时代，由于天子治理的地方仅限于王畿周围近千里的地区，因此天子就有时间和精力到远方出巡大公、推诚以听监司郡县之治，未有能消天下之险阻者也。又况乐酒从禽、游观无度，如顺、桓二帝之资以为口实哉！

和帝

1.议者曰："夷狄相攻，中国之利。"谁为此言者，以贻祸于无穷矣。邓训力破浮议，保护诸胡，免于羌难，群胡悦从，训乃专力以攻迷唐，而迷唐远窜，智矣哉！楚庄吞舒、蓼，而后灭陈、破郑，败晋于邲；夫差栖越于会稽，而后大败齐师，胁晋于黄池；冒顿破东胡，而后困高帝于平城；苻坚吞慕容、卷河西，而后大举以寇晋；蒙古灭金、灭夏，西收钦察畏吾儿，南收六诏，而后举襄、樊以亡宋。夷狄之起也，恒先并其丑类，而后及于中国。中国偷庸之士，犹且曰：夷狄相攻，吾利也。地益广，人益众，合众小而成一大，犹疥癣之毒聚为一痈也。屡胜之气益壮，习于攻击之术益熟，得利而其愿益奢，我且鼾齁自得，以为虎斗于穴而不暇及于牧厩也，祸一发而不可收矣。

游历。各地方侯诸国的君主，各自掌握着本地区的刑赏大权，天子对他们很难遥相控制，因此出巡就成为控制地方的一种手段。然而，也并非是说虞舜、成王出巡只有利而无害。况且，以一人来统治天下，能力精力时间都是很有限的，如果不推诚布公信任地方官员对地方的治理，就不能消除天下的险阻。又何况，他们出巡的时候饮酒作乐、奢侈无度、游山玩水呢？他们的出巡只能为顺帝、桓帝提供话柄。

有人议论说："夷狄之间相互攻击，对于中国（主要指汉族居住的中原地区）是非常有利的。"不知是谁说的这句话，却给天下造成了无穷无尽的灾难。邓训力破那些华而不实的议论，保护诸胡，免遭羌族人的进攻，因此，诸胡心悦诚服，顺从朝廷。于是，邓训就集中力量进攻迷唐，使迷唐逃往远处，这才是明智之举！楚庄王先吞并了舒国、蓼国、然后又灭掉陈国，打败郑国，最后才在邲（今河南省荥阳县北）大败晋国。吴王夫差把越王勾践赶到会稽山（在今浙江省中部绍兴、嵊县、诸暨、东阳间）上，然后向北大败齐国军队，胁迫晋国会盟于黄池（今河南省封丘县西南）。匈奴单于冒顿，先破东胡，然后围困汉高祖于平城（今山西省大同市东北）；前秦皇帝苻坚先吞并慕容氏，又席卷河西地区，然后才大举进攻东晋王朝。蒙古人先灭掉金国、西夏、收服西钦察畏吾儿，又收服南方六诏，然后才发襄阳、樊城（今湖北省襄樊市）的军队进攻南宋，并灭掉了南宋。少数民族最先起来的时候，总是先灭掉他的同类，然后就把矛头指向中国。而中国的苟且偷生的平庸之士，还在那里叫嚷：少数民族之间相互攻击，对我们是有利的。少数民族之间相互攻击，相互吞并，他们的地盘就会不断地扩大，人员也就会不断地增加，这样由若干个小的集团联合而形成一个大的集团，就像是一片微不足道的疥癣最后发展成一个毒疮一样。他们屡战屡胜，气势就更壮，其攻击之术在多次的善制夷者，力足以相及，则抚其弱、抑其强，以恩树援，以威制暴，计之上也。力不足以相及，闻其相攻也而忧之，修城堡，缮甲兵，积刍粮，任将训卒，以防其突出，策之次也。听其蹄啮以增其强，幸不我及以缓旦夕之祸，坐毙之术也。其尤烈者，激之、奖之、助之，以收兼弱拾残之馀利，不知戎心之熟视我吭而思扼之也。悲夫！庸人一言而祸千古，有如是夫！

2.南单于降汉，光武置之西河塞内，迨和帝之世，窦宪出塞五千里，大破北匈奴，北单于逃亡，其馀种於除鞬请立，袁安、任隗欲乘朔漠之定，令南单于反北庭，驱逐於除鞬，而安其故庐，此万世之长策也。於除鞬不得立，而汉亡一敌。送南匈奴反北庭，统一匈奴，而南单于抑且以为恩。乃若阳以施大德于南虏，而阴以除中国腹心之蠹，戎心不启，戎气不骄，夷风不淫于诸夏，判然内外之防，无改于头曼以前之旧，刘渊、石勒之祸，恶从而起哉？

战争中磨炼得更加熟练，他们获得的利益越多，他们就不满足，也就越贪婪，而我们却在鼾然在睡梦之中洋洋自得，认为两虎在洞中争斗而无暇顾及牧厩中的牲畜，一旦大祸临头就会惊慌失措，一败而不可收拾。

善于控制少数民族的人，如果我方的力量和他们势均力敌，就扶持其中的弱小者，抑制其中的强大者，以恩来树援，以威来制暴，这是上策。如果我方的力量不及敌方，听到他们相互攻击的消息，也应警惕起来，修葺城堡，修缮甲兵，屯积粮草，任用将领，训练士卒，以防不测之祸，这是中策。听任他们相互进攻相互吞并，以增强他们的实力，侥幸他们没有进攻我们，延缓迟早要发生的灾祸，这种办法只能使自己坐以待毙。还有更甚者，就是刺激他们，鼓励他们，帮助他们，使他们相互残杀，而自己想坐收渔人之利，却不知他们早已注视着我们的脖子，想着有一天会扼住它。令人痛心啊！平庸人的一句话，竟能如此祸害千古。

南单于投降汉朝后，光武帝把其整个部落都安置在河西地区边塞之内，到了和帝时期，窦宪率军出塞五千里，长驱直入，大破北匈奴，北单于逃亡，其余孽於除鞬请求汉朝重建北匈奴，袁安、任隗想乘朔漠（泛指今内蒙古以北以西地区）初定之时，让南单于率部重返回北方，从而驱逐於除鞬，使南单于安居于其故乡，这是利及万世的长策。於除鞬不能重建北匈奴，就使汉朝失去了一个强大的敌人。若把南匈奴送返回北方，使之统一匈奴，而南单于会因此对汉朝感恩戴德。这样，汉朝廷名义是对南匈奴极大的恩德，而实际则为中原地区的汉朝廷除去了心腹之患，这样，匈奴就不会再起侵略之心，其军队的士气也不再那么骄横，少数民族的风俗也不会传染给内地的华夏，判然形成内外防范之势，实际上就是要恢复到头曼单于时期的旧的格局。如果这个计划得到实现，那么，西晋末年的刘渊、石勒之夷狄阑居塞内，狎玩中国。而窥间乘弱以恣寇攘，必矣。其寇攘也，抑必资中国之奸宄以为羽翼，而后足以逞，使与民杂居，而祸烈矣。尤不但此也，民之易动于犷悍慆淫、苟简喙息，而畏礼法之检束，亦大化之流所易决而难防也。古之圣王忧之切，故正其氏族，别其婚姻，域其都鄙，制其风俗，维持之使若其性。而民之愚也，未能安于向化而利行之也。廉耻存，风俗正，虽有不利，而固不忍于禽行以不容于乡党。夷狄入而杂处焉，并且与之相市易矣，必将与之相交游矣，浸乃与之结昏姻矣；其衣、其食、其寝处、其男女，盖有与愚不肖之民甘醉饱、便驰逐而相得者矣。彼恶知五帝、三王之前，民之蹄啮弃捐与禽兽伍，而莫保其存亡之命者，固若此也？则且诧为新奇，大利于人情，而非毁五帝、三王之为赘疣。然而疆力不若也，安忍僄利不若也，则君之、宗之、乐奉而率从之，而不知元后父母之必就吾同类而戴以德乘时之一人矣。

女奚之酿也，必择其酸醅而去之，恶其引旨酒而酸之祸，怎么会发生呢？

让少数民族安居于塞内，轻侮中原地区，他们就一定会窥测机会乘内地积弱之时寇掠中原。他们入侵内地，也一定会借助于中原地区的奸佞小人作为他们的羽翼，而后才足以称其强，因此让他们与内地的老百姓杂居在一起，灾祸是严重，事情还不仅仅如此简单，百姓很容易为犷悍享乐无度所动，草率行事，虽然百姓也害怕礼法的约束，但这种广远深入的教化是很容易被冲垮的。古代的圣王对此非常忧虑，所以就正其氏族，区别其婚姻，划定其居住的区域，制订其风俗习惯，按照不同人的本性来维持这种现状。但是，由于百姓的愚昧，他们还不能安于教化，也不能顺利地推行它。只要他们存有廉耻之心，社会风俗正，虽有不顺利，但他们也不会去做那禽兽的行为，因为他们这样会不为乡里所容。让少数民族入居内地与汉族百姓混杂居住在一起，汉族百姓肯定会与他们相交易货物，也肯定会与他们相交往，更进一步还会与他们通婚。他们的衣服、饮食、居室都会影响到汉族百姓，大概他们还与汉族百姓中的那些不肖者互通饮食以致醉饱。此后又一起驱驰追逐。他们怎么知道早在五帝、三王（指夏禹、商汤、周文王）使人们摆脱愚昧走向文明之前，百姓茹毛饮血如同禽兽一样，他们就像少数民族当前的状况一样，不能保证自己的生与死，只能听天由命。现在却又被自己早已抛弃仍然保留在少数民族之中的新奇的生活方式风俗习惯所打动，非常容易让人们接受，相反这时他们攻击五帝、三王为多余的无用之物。然而，汉族百姓强力不如少数民族，习于残忍地追逐暴利不如他们，于是就以他们为君主，尊奉他们，乐于奉迎他们并率全体百姓服从他们，而不知道天子和父母一定会趋与我们同类而拥戴乘时而起的品德高尚的人。

奴婢们酿酒时，一定要把其中的酸醅选出丢掉，以防止它把好也；慈父之教也，必禁其淫朋而绝之，恶其引朴子而胥淫也。祸莫重于相引，而相害者为轻；害知御，引不知避也。于是而知袁安、任隗之识远矣。其言曰：“光武招怀南单于，非谓可永安内地，正以权计之算，扞御北狄。”夫光武岂可谓之权哉？倒置重轻，而灭五帝、三王之大经也。

3.孝和之世，袁安、任隗、丁鸿为三公，何敞、韩棱为尚书，皆智勇深沉，可与安国家者也。窦宪之党，谋危社稷，帝阴知而欲除之，莫能接大臣与谋，不得已而委之郑众，宦寺之亡汉自此始。非和帝宠刑人、疏贤士大夫之咎也，微郑众，帝其危矣。揆所自始，其开自光武乎！崇三公之位，而削其权，大臣不相亲也；授尚书以政，而卑其秩，近臣不自固也。故窦宪缘之制和帝不得与内外臣僚相亲，而唯与阉宦居。非宪能创锢蔽之法以钳天子与大臣也，其家法有旧矣。三公坚持匈奴之议，而不能违宪之讨虏，权轻则固莫能主也。尚书郅寿抗窦宪而自杀，则诛赏待命于权臣也。西汉之亡也，张禹、孔光悬命于王氏之手而宗社移矣。光武弗知惩焉，厚其疑于非所疑者，使冲人孤立于上，而权臣制之，不委心膂于刑人，将谁委乎？明主一怀疑而乱以十世，疑之灭德甚矣哉！

酒都染酸。慈父教育儿子，一定要禁止儿子与狐朋狗友们的交往，并断绝与他们的联系，以防止纯朴的儿子被他们带坏。没有比引诱更重的灾祸了，相比较而言，害人算是较轻的了；伤害是可以防止的，而对引诱，人们却不知道回避。由此可知，袁安、任隗是有远见卓识的。他们说："光武帝招引南单于入塞定居，并不是说可以使内地永远平安，这样做，仅仅是权宜之计，主要是为了抵御北匈奴。"光武帝把南匈奴引入塞内定居，难道可以说是权宜之计吗？光武帝刘秀这样做，使本末倒置，轻重不分，实际是毁灭了五帝、三王区分华夷的大原则。

孝和帝在位时期，袁安、任隗、丁鸿分别任司徒、司空、太尉三公之职，何敞、韩棱分别为尚书，他们都是智勇兼备深沉干练有能力安定国家的人。窦宪一伙，想危及社稷，和帝心中也知道这件事，也想除掉窦宪，但却不能接近大臣与大臣商量，在万不得已的情况下，才把除掉窦宪的重任交给了宦官郑众，宦官灭亡汉朝也就是从此开始的。和帝这么做并不是他宠信宦官疏远贤士大夫，因为没有郑众，和帝的处境就会很危险。之所以会出现这种情况，追根溯源，还是从光武帝刘秀时期开始的。尊崇三公的地位，削弱三公的权力，君主与重臣的关系疏远了，把政事交给尚书处理，尚书的官职秩级很低，因此尚书虽为君主近臣，但地位并不巩固。所以，窦宪就利用这一点限制和帝，使他不能和内朝外廷的臣僚接近，而只能与宦官居住生活在一起。并不是窦宪自创这一套制度把天子与大臣分开，而是刘氏自创的，是其集权皇帝的传家法宝。袁安、任隗、丁鸿三人坚持不能出兵征匈奴，但是仍然不能阻止窦宪出兵征讨匈奴，这是因为三公的权任太轻，也确实不能作主。尚书郅寿坚决反对窦宪却被迫自杀，由此表明诛杀赏赐大权完全操纵在权臣手中。西汉的灭亡，张禹、孔光被王氏所控制，致使汉室的宗庙社稷转移到王氏手中。光武帝没有创业之主而委任大臣，非仅为己计也。英敏有馀，揽大政于一心，而济之以勤，可独任矣。大臣或有一二端之欺己，而遂厚致其疑；然其疑君子也，必不信小人；君子且疑，而小人愈惧；此岂可以望深宫颐养中材以下之子孙乎？公辅无权，中主不胜其劳，而代言之臣重；代言之臣秩卑，不得与坐论而亲扆坐，则秉笔之宦寺持权；祸乱之兴，莫挽其流矣。天下皆可疑，胡独不疑吾子孙之智不逮，而昵于宴安也乎？

当其始也，大臣与宦寺犹相与为二也，朝纲立而士节未堕，则习尚犹端，而邪正不相为借。若袁安、任隗、丁鸿者，虽忧时莫能自效，而必不攀郑众以有为。事不求可，功不求成，自靖以听天，而不假枉寻以直尺，故郑众虽有成劳，而尚存捡柙。迨及君臣道隔，宦寺势成，大臣之欲匡君而卫国者，且绍介之以行其志，而后宦寺益张而无所忌。杨一清因张永以诛刘瑾，杨涟且不得不左袒王安以抑魏忠贤，则忠端之大臣不能绝内援以有为，又恶能禁小人之媚奄腐哉？高拱、张居正之废兴，一操于冯保之荣落。上失其道，下莫能自主，祸始于东吸取这个教训，对他不应当怀疑的人却非常怀疑，以致使年幼的君主孤立于皇位之上，无人辅佐，完全被权臣所操纵，君主不把除掉权臣的重任交给宦官，还能够交给谁呢？明主这一怀疑，致使天下大乱了十世，猜疑毁灭人之道德也太厉害了！

开创大业的君主委任大臣，并非仅为自己考虑。开国君主一般都是英敏有余，集国家大权于一身，再加上他的勤奋，完全可以独自承担治理天下的重任。大臣有时会在一二件事上欺骗君主，君主也就因此对大臣就失去信任，以致非常猜疑大臣；他猜疑君子，也就肯定不信任小人；这样，君子心中也会疑忌，小人也就更加害怕。像这样的局面，难道能够留给在深宫中长大的才能在中等以下的子孙吗？公卿辅臣没有权力，才干平常的君主不胜其劳，从而代替皇帝发号施令的人权力就加重；代替皇帝发号施令的人官秩级别又比较低，不能参与国家大事的谋议和决策，那么手执朱笔代皇帝批阅章奏的人就把持政权。事情发展到这样的地位，灾祸动乱的发生也就再所难免了。开国君主认为天下谁都可疑，为什么唯独不怀疑自己的子孙能力不及，而只会沉溺于安逸呢？

开国之初，大臣与宦官泾渭分明，朝廷纲纪确立，士大夫的节操还没有堕落，那么风习时尚还很端正，而奸邪与正直也不会错位。像袁安、任隗、丁鸿等人，尽管忧国忧民，想报国而无门，也决不会去攀附郑众以求有为。他们对事不求行与不行，对功不求成与不成，宁可平静等待听天由命，也不会借弯以求直，所以，郑众杀掉窦宪之后，虽然功劳很大，但还是比较检点的。等到君臣的关系疏远，宦官的势力进一步形成，大臣要想匡正君主卫护国家，也必须通过宦官的中间介绍，才能接近君主，也才能实现自己的愿望，而后宦官的势力进一步扩大，宦官也就可以为所欲为，无所顾忌。明代的杨一清是通过宦官张永才杀掉宦官刘瑾的，杨涟也不得不通过偏护宦官来抑制汉，而流毒万年，不亦憯乎！

4.朋党之兴，其始于窦宪之诛乎！霍氏之败也，止其族类之同恶者，而不及其馀；王莽篡而伏诛，王闳其族子而免，他勿论已。窦宪之即法也，窦笃、窦景、郭璜、邓叠之同恶，诛之可也；宋繇以大臣而与比，罢之可也；班固之怙势而横，窜之可也；尽举其宗族宾客名之以党，收捕考治之，党之名立，而党祸遂延于后世。君子以之穷治小人，小人即以之反噬君子，一废一兴，刑赏听人情之报复，而人主莫能尸焉，汉、唐以还，危亡不救，皆此之繇也，可不悲乎！

子曰："唯上知与下愚不移。"然则中材之可移者多矣。无所慕而好善，无所惩而恶不善，中心安仁者，天下之一人也。出而欲仕，仕而欲速，非能择恶而远之，抑非必择善而忌之也。人主不能正于上，大臣不能持于下，授奸邪以奔走天下之柄，使陷于恶，无抑内愧于心乎？捐廉耻，迷祸败，徼一旦之利禄，以蹈于水火，仁人所哀矜而不以得情为喜者也。锢之宦官魏忠贤，像杨一清、杨涟这样忠诚正直的大臣要想有所作为还不能不引宦官为内援，又怎么能禁止小人去讨好宦官呢？高拱被罢去内阁首辅的职务，张居正升任内阁首辅，完全是由宦官冯保一手操纵的。君主失其道，臣下不能自主，这种灾祸开始于东汉，遗害于后世，不也让人感到痛心吗？

朋党的兴起，大概就是开始于诛杀窦宪吧！西汉时，霍氏家族被诛杀，所牵连致死的，也仅仅是同族的从恶者，并没有殃及其他人。王莽篡汉失败而被杀，王闳是其同族兄弟之子而免于一死，也不再牵连其他人。窦宪被正法处死时，与其同恶的窦笃、窦景、郭璜、邓叠等人，杀掉他们是可以的；宋繇以大臣的身份与之相勾结，免去其官职就行了；班固也只是恃其权势而蛮横，把他贬窜到边地也就行了。像这两个人，就其罪行而言是用不着对之施以极刑的。但东汉朝廷在诛杀窦宪的同时，全部把他的宗族宾客称为是他的同伙，将他们全部逮捕考掠治罪，这样，党（同伙）名也就开始确立，党祸（因党争引起的祸难）从此开始一直延续到后代。君子以结党为名整治小人，小人也以结党为名对君子反咬一口，这样一废一兴，此伏彼起，刑赏成为党人互相报复的手段，君主对此也束手无策，汉朝、唐朝之间，国家处以危亡之季不能挽救，都是因为这个原因，能不让人感到痛心吗？

孔子说："只有上等的聪明人和下等的愚蠢者才会没有变化。"这也就是说，中等才能的人变化得最多。无所羡慕而又好善，没有吸取教训而又痛恨不善，中心安于仁义，他是天下第一人。一旦有出头之日，就想做官，一旦做了官，又想提升得快一些，不能挑选坏人而疏远他们，又没有一定挑选出好人而嫉妒他们。为人君主者不能正于上，做大臣的也不能坚持于下，只是把奔走天下拉帮结派的把柄授予奸邪之人，使自己被奸邪之人诬陷于恶，像这样的人，难道内心以党，而蹙之以穷年，实繁有徒，亦且聚族延颈待国事之非而乘之复起。迨其后也，愤毒积，而善类之死生县于其手，而唯其斩艾。国亡人而人亡国，自臣子之迭相衰王酿之，而君亦且无如之何，此抑可为痛哭者矣！

邪党之依附者，戚里也、宦寺也、宫闱也。乃陈蕃之死以窦武，亦戚里也；司马、吕、范之贬以宣仁，亦宫闱也；杨、左之杀以王安，亦宦寺也。彼小人者，亦何不可借戚里、宫闱、宦寺之名以加君子哉？子曰："举直错诸枉，能使枉者直。"枉者直，则直用之，奚党之有乎？舜之所诛者共、驩耳，而告司徒曰："敬敷五教，在宽。"中材之士，不绝其利禄之径，而又涤除其佥佞之名，亦何为不濯磨以自新邪？

张酺曰："宪等宠贵，群臣阿附唯恐不及，言宪怀伊、吕之忠，比邓夫人于文母。严威既行，皆言当死，不顾其前后。"以此思之，君失道于上，大臣失制于前，使人心摇摇靡定，行不顾言，言不顾心，如饮之狂药而责其狂，狂可恶，而饮之药者能勿疚乎？君子当思有以处之矣。定国者一人，非天下之自不感到惭愧吗？抛弃廉耻之心，对大祸临头熟视无睹，只图一时之利禄，宁愿赴汤蹈火，仁义之人对此只能感到悲哀和可怜，而决不会为得到一时的利禄而高兴。把他们以党人的名义禁锢起来，不计年地限制他们的自由，这样的人还是很多的，他们仍然聚族而居延颈等待国事的变化，并企图东山再起。等到他们复出以后，他们又要发泄积于心中的愤恨，而善良的人们的生死又都操于他们之手，由其斩杀。国家毁灭于人，反过来，人又毁灭国家，大臣之间互相争斗，此伏彼起，互有消长，而君主对这种朋党之争也无可奈何，这又是很让人们感到痛心！

不正当的党派所依附的就是外戚、宦官、后妃。陈蕃是因从窦武而死，这是依附外戚；宋朝的司马光、吕大防、范纯仁是因宣仁皇太后而遭贬，这是依附后妃；明代的杨涟、左光斗依靠宦官王安弹劾宦官魏忠贤被杀，这是依附宦官。像这些号称正直君子的人都可以依靠外戚、宦官、后妃来对付他们的对手，那么，那些小人又为什么不能借助于外戚、宦官、后妃来对付这些君子们呢？孔子说："拿直来代替弯曲，能使弯曲者变直。"弯曲者变直，那么直用之，那么还有什么党派呢？虞舜所要杀的人是作恶多端的驩兜、共工，他告诉司徒说："要恭恭敬敬地布施五教（五种伦理道德，即父义、母慈、兄友、弟恭、子孝），要宽以待人。"中等才能的人，如果不杜绝其追求利禄的途径，而又不涤除其奸佞的名声，他们又怎么能够改过自新呢？

张酺说："窦宪等人为君主所宠信，地位尊贵的时候，大臣们阿谀攀附唯恐不及，都说窦宪怀有像商代伊尹、周代吕尚一样的忠心，把邓夫人比作周文王妃太姒一样有美德。一旦他们倒台之后，大臣又都说他们应当被处死，大臣们说话前后截然相反。"由此我们想，君主失道于上，大臣就会失制于前，从而使人心摇摆不定，行事与所能定也。愤奸邪之驰骋，快诛殛于一朝，博流俗之踊跃，其反也，还以自戕而戕国。捶铁者戒其反覆，任人之宗社，曾爱铁之不若，而亟反亟覆以折之也！

5.章帝命曹褒制汉礼，不参群议，断自上裁，而褒杂引“五经”、旁及谶纬以成之。和帝之加元服，亦既用之矣，张酺奏褒擅制、破乱圣术而废之，褒所定礼遂不传于世，亦可惜矣！褒之引谶纬以定彝典，其说今间见于郑玄，如号上帝以耀宝魄之类，诚陋矣；若其杂引“五经”以参同异者，初未尝失。而酺以专家保残之学，屈公义以伸其私说，其不能通于吉凶哀乐之大用也庸愈乎？

秦废三代之彝典，制氏、戴氏、后氏仅传其一曲，而不可通之于他，未可执也。且即其存者而犹有不可执者焉。子曰：“殷因于夏礼，所损益可知也。”因者，仁义之蕴、中和之藏、彝伦之叙耳。夏、殷、周治法相仍，而犹随时以损益，况郡县之天下迥异于三代者哉？

说的不一致，所说的与其心中所想不一致，就如同饮用了使人发狂的药物一样，只责备他的狂，狂固然可恶，而使之饮药的人难道不感到内疚吗？君子应当好好考虑这个问题，然后再决定如何处理。安定国家者在于一人，并非天下自己能安定下来的。愤恨奸邪之人的任意妄为，只求快点把他们诛杀掉，以来博得流俗的喝彩，然而自己不吸取教训，又重蹈奸邪之人的覆辙，等于自己又害了自己也害了国家。打铁的人最忌讳反覆，身上担负着别人的宗庙社稷，还不像铁匠对铁那样经心，结果是急反急覆造成国家的灭亡。

汉章帝下令让曹褒制定汉礼，不参考群臣的建议，绝对由自己来裁决，曹褒杂引“五经”（指儒家的五部经典，即《易》、《诗》、《尚书》、《礼》、《春秋》）中的有关内容，也吸取了谶纬中的有关内容，将它们杂揉到一起，制成了汉朝礼。和帝成年时，在带成年所带的帽子时，就已经采用了它。后来，张酺上奏议，认为曹褒擅制礼仪，破坏挠乱圣术，因而就废除了它。于是，曹褒所制定的礼仪也就没有流传到后世，这也太可惜了！曹褒吸取谶纬中的有关内容来制定国家的常典，这种说法从郑玄的著作中隐隐约约还可以见到，如号上帝以耀宝魄之类的话，也确实太浅陋了。像他采纳了“五经”中的有关内容来参定礼仪的异同，当初也未尝就是错误的。而张酺却以专攻一家的保残之学，为倡导自己的学说，公然委屈公义，他不懂得吉凶哀乐之礼的重要用处，不也太庸俗了吗！

秦朝废弃了夏、商、周时期的常典，制氏、戴氏、后氏都仅仅保存了其中的一部分，而不能把所有礼仪贯穿起来，因此不能采用他们。况且，即使那些保存下来的古礼，其中也还有不能采用的。孔子说：“殷朝沿袭了夏朝的礼仪，增删之处也都知道。”所因袭的内容，就是仁义的深奥、中和的隐微，天地人之常道的秩序。夏朝、商朝、周朝治理国家的大法是相传的，但也随时以增删，更何况郡县即以彝伦之不易者言之：父子，均也；而汉、唐无自出之帝，不可强立，王侯无社稷之守，长子之丧，不当上视君父。君臣，均也；而令之于守，掾属之于守令，国相长史之于侯王，生杀废置统于天子，令共之谊，自异于三代侯国之臣。兄弟，均也；侯王无国，公卿不世，孝秀登朝，士农迭为兴废，宗子不得独尊，支庶不得终贱。夫妇，均也；同姓而婚姻不通，乃同一姓而所出者异，周、齐、楚、郑之各有王氏，非本支也；周宗之支，周、鲁、滕、邢、孟、仲、臧、南，固同姓也；禁异出而不禁同祖，非其本矣。秦奖节妇，而出妻再适，不齿于人伦；舅姑视父母，以正家纲，而答拜之仪，且适骄其悍妇。然则彝伦之损益，得“五经”之精意，而无嫌于损益，多矣。他如觐聘之礼，田猎之制，相见之仪，馈赠之节，郡县行之，而情固不浃，事固不治。是必通变以审天则，穷理以察物宜，曲体乎幽明之故，斟酌乎哀乐之原，使贤者可就，不肖可及，以防淫辟，以辨禽兽，而建中和之极，用锡万民，固必参“五经”之大义微言，以出入会通，而善其损益；虽或有过焉，可俟后之作者，继起而改之，可勿虑也。若夫专家之学，守其故常，执闻见而迷其精音，亦恶足尚哉？

制实行后的天下与三代时期迥然不同了呢?

就以天地人之常道不变者来说:父子是相同的,但是汉朝、唐朝没有自己出来做皇帝的,也不能强立皇帝,王侯没有封地没有宗庙社稷,长子去世,在礼仪也不能比拟君父。君臣是相同的。县令听命于郡守,掾属吏胥听命于郡县守令,王国的国相长史听命侯王,但对他们的生杀予夺大权全部操纵于天子之手,令共之谊,自然不同于三代时期的侯国的大臣。兄弟是相同的。诸侯王没有自己的国家宗庙社稷,公卿的地位不能世袭,孝廉、秀才可以逐步升迁进入朝廷,士人与农民的地位也在不断地更迭变化,宗室子弟不能独尊,支庶子弟也不会永远低贱。夫妻之道是相同的,同姓之间不能通婚姻,同一姓所出者也不同,周朝、齐国、楚国、郑国都有王氏,但他们并非嫡系和庶出子孙;周宗的分支,周、鲁、滕、邢、孟、仲、臧、南,本来就是同姓;禁异出而不禁同祖并不是其根本。秦代鼓励节妇,结过婚的妇女如果再嫁人,就会被人们看不起;对待公婆就应当像对待父母一样,以正家纲,而答拜的礼仪,正是为了让强悍的女子也能知道收敛。这样说来,那么天地人之常道的增与删,都是本着“五经”的精神,因此对常道的增删,也无需多加疑忌。其他的如朝觐聘问的礼仪、田猎的制度、相见的仪式、馈赠的时节、郡县制推行之后,人情确实不融洽,事情也确实很难治理。所以要制定礼仪,一定要做到考察天之规则而通变,因事置而穷理,深入地体察幽明变化的原因,仔细地斟酌哀乐的根源,这样可使贤者采用,也可使不肖者能够做到,从而防止人类的放纵和邪恶,区分人与禽兽的差别,从而使无事不达到和谐的境界,用以赐给天下的百姓,确实一定应当采用“五经”中的大义微言;从而使出入会合变通,而善其增损。即使有的地方有过错,可以等后代的作者继起之后修改它,这是不用担心的。至于只专一家之学,坚守其过去的准则,只执于耳闻目睹的东西而对其褒之礼，吾知其必有疵也；虽然，吾知其必有得也。应劭、蔡邕之所传，语而不详，永嘉之后，夷礼杂附，而天道人事终于昏翳，惜哉！使褒之礼而传也，辨其失，存其得，考其异，验其同，后之人犹有征焉。张酺以迂执之说致其湮没，是亦古今之大缺陷矣。自宋以后，律吕毁而九宫之淫乐兴，冠冕废而袍靴之胡服滥，九献亡而酹酒之野祭行。乃至郭守敬以介然之颎明，废历元而弃天纪，径以为直，便以为利，人之且沦于禽兽也，悲夫！

6.东汉不任三公，三公因不足任，上失御而下遂偷也。刘方、张奋亦有名誉，自致大位矣，乃于和帝之世，因仍章帝之柔缓，弗能有补。所诧为敢言者，为梁氏报怨，吹求窦氏以迎帝之私情而已。乱先帝夫妇之伦，逢嗣君寡恩之恶，舍旧趋新，犯神人之怨恫，而树援于后族，是尚足为天子之大臣乎？帝手诏曰："恩不忍离，义不忍亏。"三公读此而不愧以死，非人也。夫当窦后生存之日，窦景横逆，何弗一言匡救，而必待后之死，乃践蹂之如斯其酷邪？窦替梁兴，而东汉遂大乱，三公为宫闱妒争之吠犬，而廉耻埽地，固其人之不肖，抑汉以论道之职为养尊处优之馀食赘形，休戚不相共，而无以劝之也。则光武作法之凉，不能谢咎矣。

基本精神感到困惑，这又怎么能足以推崇它呢？

曹褒制定的礼仪，我知道它肯定会有缺陷，即使这样，我也知道它肯定有自己的独到之处。应劭、蔡邕虽然提到其中的一些内容，但说得很不详细，晋怀帝永嘉年间（公元307年——312年）过后，少数民族的礼仪与中原地区汉族的礼仪杂揉在一起，从此天道人事终于变得昏暗了，真是可惜呀！假若曹褒的礼仪流传下来，就可辨正其失误，保存其独到之处，考察不同的地方，验证其相同之处，后代的人的礼仪还有一个证明。张酺以其固执迂腐的学说致使曹褒制定的礼仪被历史所淹没，这也是古往今来的一大损失。自宋代以后，传统的律吕被毁坏，九宫的靡靡之音兴起，传统的冠冕被废弃，以袍靴为象征的胡服开始泛滥，九献之祭礼丧失，把酒洒在野外祭祀的礼仪流行。至元代郭守敬时，竟然废掉了历元，抛弃了天纪，把快捷以为直，方便以为利，人类都快沦落为禽兽了，真是令人痛心啊！

东汉不给三公以重任，三公因此而不足以委以重任，君主失去其驾驭臣下的手段，臣下于是就马马虎虎得过且过。刘方、张奋也是名声很大的人，是他们自己一步步走上重要位置的，但在和帝在位时期，沿续了章帝的软弱政策，因此他们对国事也没有能有所帮助。夸耀自己敢于说话的人，就是为外戚梁氏报怨，对窦氏吹毛求疵，以此逢迎和帝私人的情感而已。他们扰乱了先帝夫妇的人伦，对新嗣大位的和帝的寡恩少义的缺点，不但不加劝谏，反而曲意逢迎，抛弃旧主奔向新君，违背神人共同的意志，却引外戚为奥援，这样的人还能称得上是天子的大臣吗？皇帝亲手起草的诏令中说：“恩不忍离，义不忍亏。”三公读到诏书中的这句话，若不内心惭愧以死，就不是人了。当窦太后健在的时候，窦景蛮横暴逆，为什么不进言匡正他们的过失，挽救他们，而一定要等到窦太后死后，如此残酷地摧残窦氏呢？窦氏覆灭梁氏兴起，东汉于是大乱起来，三公成为后宫中

7.班超之告任尚曰:“塞外吏士,本非孝子顺孙,皆以罪过徙补边屯,宜荡佚简易,宽小过,总大纲。”此后世将兵之善术也,然繇此而言兵者难矣。严之,则兵心离而无与效死;宽之,则恣其骄暴而以病民;故曰难也。

三代即民即兵,井甸之赋,师还而仍为乡邻,将虽宽而兵自不为民害。故师之象曰“容民畜众”,宽而无损也。后世之兵出于召募,类皆贪酒嗜色樗蒲淫酗之民,容者所不能容,畜者所不易畜也,其不禁而兵为民害久矣。然而三代之兵,不敢暴于其国,而诸侯相竞于侵伐,则出疆而斩木堙井、俘虏掠夺,有所不禁。后世所与出塞之士,弥望而皆茅苇逐盗之兵,所克皆为内地,守法而不内侵,则饥渴暴露,生之不保,而况有所利乎?然则三代兵不毒民,但不毒乎国中,而自有馀逞。故后世之言兵者,倍为难也。无已,则唯达其贪饕淫荡之情,重其饷犒,椎牛酤酒,优裕有馀,而后可持法而严以驭之,而民其不病矣乎!

嫔妃急宠夺位的工具，三公廉耻扫地，固然是与占据三公之位的人的不肖有关，但也与汉代把三公由实职转变为坐而论道养尊处优的虚职有关，这样三公不能与国家休戚相关，因此也就没有能够鼓励他们为国家效力。那么光武帝对三公制度的改变，是不能推卸其责任的。

班超告诉任尚说："塞外的吏士，本来就不是孝子顺孙，都是因为犯了罪才被迁徙到边境地区作守军的，应当摆脱世务，只求简易，自求安逸，对待这些士卒要坚持大的原则，宽恕其小的过错。"这是后代带兵的好办法，然而这样说起来容易，实际做起来就难了，对士兵们太严厉，士兵们就会形聚心散，没有为国家效死之心；对待他们太宽松，他们就会恣意妄为，骄奢暴虐祸害百姓；所以说，实际做起来很难。

夏、商、周三代时期，人们既是老百姓又是士兵，走出井田就是士兵，出师返回仍然是乡邻，对他们即使宽厚一些，他们自然不会为百姓的祸害。所以，《易》之《师》卦之象说："容民畜众，"对他们宽厚而不会有什么损害。后代的士兵都是召募而来的，都是些贪酒好色赌博淫酗的人，再大度的人也不能容忍，能养他们的人也不容易养活他们，如果不用严格的纪律约束他们，他们早就成了百姓的祸害。然而夏、商、周三代的士兵，不敢侵暴其本国，而诸侯之间相互征伐，出了自己的国家就可以砍木塞井，俘虏掠夺，为所欲为，在所不禁。后代所兴的出塞的士兵，一眼望去都是茅苇逐盗之兵，所攻克的地方都是内地，都应像对待内地一样，严守纪律，不能掠夺，士兵就是饥渴难忍，暴露野外，像这样生命都难保，难道还有什么利可图吗？这么说来，那么夏、商、周三代的士兵不祸害百姓，仅仅是不祸害本国的百姓，而自有其放纵的地方。所以，后代的谈兵者，就更加困难了。没有办法，就只能满足其贪婪淫荡之心，加重他们的兵饷犒乃将之严也，尤恶其矜名而邀士大夫之誉也。有恤民之心，而矜惠民之名，法浮于情，而足以召怨。无恤民之实，而徒炫清市德，斩刈壮士以要盈廷之荐剡，求兵之以躯命报斗筲之粟，欲其弗鸟兽散也，其可得乎？故获市井小民之歌颂者，必溃之将也；得学士大夫之称说者，必败之将也；多其兵而寡其食，必亡之国也；以名求将而不以功，授将帅殿最之权于清议者，必乱之政也。厚以养之，简以御之，弗与民杂处而殊之，屯聚之于边陲，而与民相忘以安之，庶几乎民无所施其恩怨，士大夫无所容其毁誉，为将者坦然任意以斟酌其恩威，而后兵可得而用也。故曰难也。

8.辟异端者，学者之任，治道之本也。乃所谓异端者，诡天地之经，叛先王之宪，离析“六经”之微言，以诬心性而毁大义者也。非文辞章句度数沿革之小有合离，偏见小闻所未逮而见为异者也。“六经”当秦火之馀，非汉儒则愈亡逸，不可谓无功；而专家以相竞，不可谓无罪。善求益者，乐取其所不及以征所已及，丽泽并行竞流以相度越而汇于大川，朋友讲习之功，所为取诸兑也；见善而迁，如风之下流，如雷之相应，而十朋之龟弗克违，所为取诸益也。汉之诸儒，各有师劳，使他的生活有酒有肉，富足有余，而后才可以拿出纪律严格地约束他们，老百姓怎么能不被祸害呢？

将领带兵严厉，最令人讨厌的就是他们只图虚名以博得士大夫的赞誉。将领有体恤百姓之心，就炫耀其惠民的名声，纪律成了人情之上的空虚的东西，这样的结果只能召致怨恨。将领没有体恤百姓的实际行动，而只是炫其最不存在的德义之举，斩杀个别士兵以邀取满朝官员的荐举，再想要求士兵为报答其斗筲之粟的恩德而舍身忘死，想不让士兵像鸟兽一样地逃散难道能做得到吗？所以，获得市井小民歌颂的将领，一定是溃退的将领；获得学士、士大夫们称赞的将领，必然是败军之将，多给其兵而少给食，一定会灭亡掉他的国家；以名声来选拔将领，而不是以战功选拔将领，把评定将帅好坏的大权交给那些坐而论道者，必然使国家政事混乱。对待军队，给与它丰厚的给养，用简政的方法控制它，不让它与百姓杂住在一起，让它驻扎在边垂地区，让他与百姓相互忘掉对方，以此来安定他，老百姓几乎对他无所施其恩也无所报其怨，士大夫也没法对它褒贬毁誉，作将领的，可以坦然任意斟酌统率的办法，可以任意独立地施其恩威，这样以后，军队才能够为国家所用。所以说这是很难的。

驳斥异端是学者的重任，也是治道的根本。所谓异端，就是违背天地的常规，背叛先王的法令，割裂“六经”（即六部儒家经典，《诗》、《书》、《礼》、《乐》、《易》、《春秋》）的精微之言，以欺骗人的心性，毁灭大义。并不是文辞章句度数在沿革过程中前后稍有不合，或是偏见丝闻不及而见解不同。“六经”经历了秦朝焚书的烈火而散落民间，如果不是汉朝儒生们的继承整理散失得就更多，因此不能说汉儒没有功劳；但汉儒各治一经，各成一家互相争逐，又不能说他们没有罪。善于追求增长自己见识的人，乐于取其所不能见到的来证明其已经见到的，这样双方共同竞争共同提高，最后汇传，所传者皆圣人之道所散见也。而习气相沿，保其专家以相攻击，非其所授受者谓之异端，天子听其说而为之禁，不已陋与！

徐防位三公，天子所与论道者也。道论定而为天下则。乃首所建白，禁博士弟子之意说，坐以不修家法之罪，离析圣道，锢蔽后起之聪明，精义隐而浮文昌，道之不亡也几何哉？宋承其弊，苏、王二氏之学迭为废兴，而诐淫以逞。延及于今，经义取士，各有师承。塾师腐士，拾残沈以为密藏，曾不知心为何用、性为何体，三王起于何族，五霸兴于何世。画地为狱，徽纆不解，非是者谓之破裂文体。因而狂迷之士，请以雌黄帖括沉埋烟雾之老生从祀先师。世教衰，正学毁，求斯人之弗化为异物也，恶可得哉？

9.善言天者验于人，未闻善言人者之验于天也。宜于事之谓理，顺于物之谓化。理化，天也；事物，人也；无以知天，于事物知之尔。知事物者，心也；心者，性之灵、天之则也。汉儒言治理之得失，一取验于七政五行之灾祥顺逆，合者偶合也，不合者，挟私意以相附会，而邪妄违天，无所不至矣。

于大河之中，朋友互相讲习之功，他们的所做所为是取之于《易》中的《兑》卦。见到好的就想齐之，如同风之下流，如同雷之相互响应，而十朋之龟不能使其回头，他们的所作所为是取之于《易》中的《益》卦。汉代的各位儒生，各自都有自己的师傅，所传的授的都是散见的圣人的言论或行为。但是他们各自一派，相沿成习，只保其一家之学与别家互相攻击，不是由其所传授的就称之谓异端，天子听信其言就对别家加以禁止，这样做不也太狭隘了吗？

徐防位至三公，是能与天子一起论道的人。道一旦确定就成为天下共同遵守的准则。但徐防却首先向皇帝建议，禁止博士弟子凭个人的意见立说，扣上不修本家之学的罪名，这种行为割裂了圣人之道，禁锢蒙蔽了后起的聪明的人，从而使精义隐微，轻浮之文繁荣，像这样的做法，还能不灭亡吗？宋代继承了汉代的这个弊端，苏氏、王氏二家之学互相攻击，迭为废兴，而阴险放纵之徒乘此而逞强。发展到今天，以经义选拔人才，士人又各有所师承，那些私塾的教师和迂腐的士人，拾起残汁败迹当作宝贝，并不知道心为何而用，性为何而体，三王是从哪个家族兴起的，五霸又是产生于什么时代。他们画地为牢，不解身上的绳索，谁要是不这样做，他们不称之为破裂文体。因此一些狂妄迷惑的士人，就请那些信口雌黄迂腐至极的沉埋烟雾中的老生，随从祭祀先师。世传的儒学衰落，正宗的儒学被毁灭，想让这样的士人不化为异物，怎么会可能呢？

善于谈天的变化的人可以从人事中找到其证明，没有听说过善于谈人事的人从天的变化中找到其证明。适宜于事就叫做理，顺应于物就叫化。理化就是指天，事物就是指人；无从了解天，就可从人事中了解它。了解人类的变化者是心；心是人性的精神意志，是天的准则。汉代的儒生谈论治理天下的得失，都要从七政五行的灾祥顺逆中得到验证，如果一致了纯粹是巧合，如果不一致，就根据自己的和帝之世，正阳之月，日有食之，有司无以塞咎，举而归之兄弟诸王留京师之应。呜呼！天其欲使人主绝毛里之恩，蔑鞠子之哀，忍忮以逞阳刚之威焰乎？亡周者六国、强秦，鲁、卫终安其分；亡汉者前有王莽，后有袁、曹、孙氏，而先主犹延其祀；亡魏者司马，亡晋者刘裕，亡唐者朱温，又降而孤立无援，异类乘而灭之，兄弟何尤焉。当和帝时，宗支削，外戚张，此正所谓阴逼天位、离火下熸、明夷之世也。而顾责之天子仅有之兄弟。读和帝之诏，有人之心者，不禁其潸然泣下矣！妄人逞妖诬之辞，援天以制人主，贼仁戕义而削社稷之卫，乃至此哉！

夫日食有常度，而值其下者蒙其咎。抑惟惩忿思过以避阴阳之沴，反诸心，征诸事，察诸物，无往而不用其修省，恶可以一端测哉！虽亿中，不足取也，况其妄焉者乎！

安帝（殇帝附）

1.司马迁有言："伯夷虽贤，得孔子而名益著。"吾于泰伯亦云。三代以下不乏贤者，而无与著，贤不著而民不兴行，世无有师圣人乐善之心者也。汉清河王庆其贤矣。夫庆之废，章帝之私也。庆废而安于废，母以诬死而不怨，怡然与和帝相意志牵强附会，这种行为邪恶狂妄违背天理，已经到了无所不至的地步了。

和帝在位的时候，农历四月，出现了日食，有关部门无法找出人间的过失以应天象，于是就牵强附会把这种天象的出现归咎为天子的兄弟诸王留在京师造成的。唉！难道是天想使人主断绝兄弟之情，蔑视稚子的悲哀，以其残忍来逞其阳刚之威焰吗？灭掉周朝的是六国和强秦，与周同姓的鲁国和卫国最终是安分守已的；灭亡汉朝的，前汉有王莽，后汉有袁绍、曹操、孙权，而同姓的先主刘备还能延续其祭祀；灭掉曹魏的是司马氏，灭掉晋朝，是刘裕，灭掉唐朝的是朱温，这些事例表明，都是在国家实力下降，皇室孤立无援时，奸臣们才乘机起来灭掉他们的。天子的兄弟又有什么过错呢？当和帝在位的时候，宗室势力削弱，外戚气焰嚣张，这正是人们所说的阴逼天位、离火下焐，主暗于上贤臣退避的乱世。其他的事都没有指责，只责备天子仅有的几个兄弟！读和帝颁布的诏书，凡是有人心的人，都会禁不住潸然泪下！荒谬的人借妖诬之辞，援引天来控制君主，贼戕仁义，削弱卫护社稷的力量，以至到了如此的地步！

日食是一种自然现象，是有其变化的规律的，若正好碰到日食，就要蒙受其咎。但只要吸取教训，反思过错，以回避阴阳相克的灾气，反思于自己的内心，从各种事物中找出验证，观察各种事物，到处都可以用其修饰反省，怎么能从一个方面来推测验证呢？即使推测是合乎情理也不足取，更何况是荒谬之人胡说八道呢？

司马迁曾说过："伯夷虽然有贤德，其得孔子的宣扬后名声就更显著。"我说对于泰伯而言也是这样。夏、商、周三代以后，社会上最不缺乏贤者，但却没有显露出来，贤而不显露，老百姓也就不推崇他，这是因为世界上没有人学到圣人的乐善之心。东汉清河王刘庆友爱而笃其敬，窦后没，和帝崇梁氏之礼，庆垂涕念母，欲求作祠堂而守礼不敢言，和帝崩，立襁褓之子于民间，而无所窥望，庶几乎知命而安土以敦仁者乎！

当东汉时，兄弟以相让为谊，刘恺、丁鸿皆闻东海王强之风以起，然而逃匿颠沛，效伯夷、泰伯而徇其迹，则谓之好名非苛也。庆从容于章、和之世悍后之旁，优游辇毂，徐就藩封，执臣礼而处之若忘，德弥隐，志弥深，礼弥谨，行弥庸，其不膺至德之称，天下后世无有师圣人乐善之心为心者也。庆之所为，亦可谓“民无得而称矣”。

东海王之安于废也，母氏固存而不失其尊养也，然且山阳王荆假之以称乱，无抑强有可乘之间，而荆乘之。安帝以赤子卧天下之上，而无有拥庆以起者，庆有以弭之也，非强之所能逮也。唐宋王成器委顺于玄宗之世，其近之矣。乃玄宗以戡乱之大功，虽嗣睿宗而若其自致，成器固不敢干，非若庆之以私爱相妨而坐废。成器虽不争，岂能望庆之项背乎？三代以下未尝无贤也，人不知也。殇帝夭，庆子祐终嗣天位，人所不知，天佑之矣。

是位有贤德的人。刘庆被废，是章帝想挟私废长立爱。刘庆被废掉太子以后，就安于被废的现状，其母亲被诬陷致死，他也没有抱怨，表面上很轻松地与和帝和以往一样友爱，而且对和帝非常忠诚敬重，窦太后死后，和帝宠信外戚梁氏，并给梁氏以很高的地位，刘庆见到此想起自己的母亲不禁潸然泪下，想要求给他的母亲修座祠堂以便祭祀，但又为礼法所约束不敢说，和帝去世以后，立其襁褓之中的儿子为帝，而刘庆并无觊觎皇位之心，刘庆可以说就是一个知命安土厚道的仁者了吧！

东汉时期，兄弟之间以相让为合宜的行为，光武帝废郭皇后，刘恺、丁鸿听到要废掉东海王刘强的太子称号就准备起来与光武帝争这件事，但刘强自己却主动请求废掉自己的太子称号，宁愿就封，愿效法伯夷、泰伯、向众人表明他的心迹，那么说刘强是想落个好名声也并非太刻薄。刘庆在章帝、和帝时期从容处于骄悍的太后之旁，悠闲自在乘车不慌不忙地回到封地，对天子执臣子礼处之自然，其品德更加隐而不露，其志气更加深沉，其礼仪更加谨慎，其行动也更加平常，他如果接受至德的称号，天下后代再也没有学会圣人乐善之心为心的人了。刘庆的所作所为，也可以称得上“民无得而称矣”。

东海王刘强安于被废，其母亲仍活着，他不失尊养母亲，但山阳王刘荆借此事而发动叛乱，虽然刘强有可乘之机，但他并没有起兵，而是刘荆借助了这个机会。安帝以年幼无知的小孩即皇帝之位，而没有拥立刘庆而起的人，这是因为刘庆有安抚他们的理由，这一点并非刘强所能比拟的。唐朝的宋王李成器虽为唐玄宗的兄长，但却委顺于唐玄宗，这与刘庆是很近似的。唐玄宗是立了戡平暴动的大功，虽是继承了睿宗的地位，而实际上是自己争来的，李成器当然不敢干涉，他并不像刘庆那样是因皇帝喜欢另外一个儿子，刘庆已成了障碍，只好把他废掉。李成器虽然不与玄宗争立，难道他能与刘庆相比

2.延平之诏曰:“郡县欲获丰穰之誉,多张垦田,竞增户口,不畏于天,不愧于人,自今以后,将纠其罪。”庶几乎仁者之怒矣。

垦田之不足为守令功,不待再思而知也。田芜而思垦之,民之不能一夕安寝而忘焉者,而特力不足耳。其能垦与,吏虽窳,不能夺也;其不能垦矣,吏虽勤,不能劝也。病而不甘食者,慈父不能得之于子,无亦防其强食而噎焉耳。必欲劝之垦也,则无如任其垦而姑不以闻之县官也。张垦田而民愈不敢垦,欺天罔人,毒流原野而田终以芜,国终以贫,此孝宣之世,窃循吏之名者,祸之所延,而贪君利之,纠以罚而害其弭乎!

若夫户口之增,其为欺谩也尤甚。春秋、战国之世,列国争民以相倾,则以小惠诱邻国之民而归己,国遂以强,非四海平康之道也。郡县之天下,生齿止于其数,人非茂草灌木,蹶然而生,实于此者虚于彼,飞鸿偶有所集,哀鸣更苦,非可藉为土著也。曷抑问所从来而知增者之为耗乎?不然,抑将析人父子兄弟而赋及老稚,虐莫甚焉。贪君以为利,酷吏以为名,吗？夏、商、周三代以下并不是没有贤人，只是人们不知道罢了。殇帝夭折以后，刘庆之子刘祜即皇帝，人们也没有想到，这是上天在保佑他。

汉殇帝延平元年（公元106年）的诏书中说："郡县要想获得庄稼丰收的美誉，就应该多开垦田地，增殖户口，这样，既不害怕天，也不愧对人，从今以后，将要对没有开垦荒地、增殖户口的郡县守令治其罪。"这道诏书几乎把有仁义之心的人惹怒了。

开垦荒田不足以作为郡县守令的功劳，这是用不着再考虑就知道的事情。田地荒芜之后，老百姓想开垦它，为此百姓从来没有睡过安稳觉，也从来没有忘记过，只是力量不足罢了。老百姓能开垦的土地，官吏即是很懒，不督促百姓，百姓也照样会把土地开垦出来；百姓不能开垦的土地，官吏虽然很勤快，经常鼓励百姓来开垦，百姓也不会开垦。有病不愿吃饭的人，慈父也不能强迫儿子吃，以防止因强吃而被噎住。若地方官一定想鼓励百姓垦田，那么不如任其开垦，而且暂时不把开垦田地的消息让朝廷知道。越是大张旗鼓地要求垦田，老百姓就越是不敢垦田，这样做是欺天罔人之举，百姓受到伤害，田地也最终是荒芜着，国家最终也会贫困，这是西汉孝宣帝时期，窃取循吏之名的人所作所为带来的祸端，而贪婪的君主却以垦田多为利，惩罚那些垦田少的官吏，这种祸害难道能够平息吗？

至于户口的增长，欺骗的现象就更严重了。春秋、战国时期，各国为了在相互争霸的战争取得优势，相互争夺老百姓，也有以小恩小惠引诱邻国的老百姓投靠自己的，凡是人口多的国家，国力就会逐渐强盛，这种办法并非是全天下都安定富裕的途径。实行郡县制以后的天下，人口是有一定的数量，其增加也是缓慢的，人并非是茂草灌木，说生长起来很快就生长起来的，人口在此地众多，在彼地必然稀少，就如同飞燕一样偶而也会聚集，但其哀鸣声是很悲惨的，因此读延平之诏，知章、和之世，守令之贼民以邀赏者多矣。张伯路之援棘矜而起，非一朝一夕之故也。

3.母后临朝，未有不乱者也。邓后之视马后也为尤贤，马后贤以名，邓后较有实矣。厚清河王庆而立其子，诏有司捡敕邓氏家门非过，遣邓骘兄弟还第，皆实也，宜乎其贤无以愈也。然而听政十年，国用不足，至于鬻爵，张伯路起于内，羌叛于外，三辅流亡，天下大困，非后致之而孰使然邪？

盖后之得贤名者，小物之俭约、小节之退让而已，此里妇之炫其修谨者也。所见所闻，不出闺闼。其择贤辨不肖，审是非，度利害，一唯琐琐姻亚之是庸。故任尚屡败而不黜，一得罪于邓氏而死不旋踵，徙民蹙地，唯邓骘之意而人不能争。其尤忮害者，杜根、成翊世进归政之谏，而扑杀于廷。则擅国昵私，縻国于无名之费以空国计，人不得而知者多矣。张禹、尹勤、梁鲔、徐防、张敏、李修、司马苞、马英，皆以庸劣之才，取容邓氏，而致三公，袁敞铮铮而早不能容，则崇佞替忠，上下是不能把彼地的百姓吸引到此地，把他们当作土著居民的。难道他们不知道对本地而言人口是增加，对国家而言却是损失吗？他们是知道的，但是，他们不这样做，就或许会拆散父子兄弟组成的大家庭，形成若干个小家庭而增加税赋，甚至还会对老人儿童征赋，没有比这种暴虐更严重的了。贪婪的君主把开垦荒田、人口增长看作是大利，酷吏们以此来获取能名，读延平年间的诏书，而知道在章帝与和帝时期，地方的郡县守令残害百姓以邀功请赏的事太多了。张伯路之所以揭竿而起，羌族也随之反叛朝廷，也并非是一朝一夕的原因。

凡是母后临朝称制的时代，天下没有不大乱的。东汉邓太后与明德马太后相比，邓太后更为贤德。马太后有贤名，而邓太后与之相比则有实。邓太后厚待清河王刘庆而立其儿刘祜为天子，下诏要求有关部门检举邓氏家族的过错，让邓骘兄弟辞爵回家，这些都是事实，可以说，东汉时期的皇太后没有哪一个比她更贤德。但是，他临朝称制十年，国家资用不足，以至于卖官鬻爵，张伯路在内地揭竿而起，反叛朝廷，羌人又起兵于边境地区，三辅（指长安周围的京兆尹、左冯翊、右扶风）地区人口流散，天下处于困窘的境地，这不是邓太后导致的又是谁把天下治理成这个样子的呢？

大概得到好名声的太后，就是表现在对小物的勤俭节约、对小节的拘泥退让，这是妇女们炫耀其修谨的必不可少的条件。这些太后们，他们的所见所闻，都是宫廷之中的事，她们选择贤良分辨不肖，分析是非，估计利害，完全受外戚的操纵。所以，任尚对敌作战屡战屡败，也没有降他的官职，一旦得罪了邓氏，很快就被处死了，把百姓迁徙到非常拥挤的地区，也只能按邓骘的意志来办事，其他人是不能与之争论的。她特别忍心残害的人，像杜根、成翊世，他们仅仅要求邓太后归政皇帝，就当庭被扑打致死。至于专权擅政亲昵私人，耗费国家的资财致使国库空虚等事，人们不知道的还有很多。

相蒙以酿乱而不自觉者多矣。呜呼！后之始立以贤名，后之终总大政以贤著，干愚贱之誉，而蠹隐于中，蚀木不觉，阴始凝而履霜，亦孰知坚冰之至哉？

故奖妇贤者，非良史之辞也；事女主者，非丈夫之节也。司马温公历鉴于汉、唐，而戴宣仁后以行其志，佞者为之说曰：母改子道。岂非过乎？

4.利之所在，害之所兴，抑之已极，其纵必甚。故屈伸相感而利生，情伪相感而害起，屈伸利害之相为往复，而防之于早，以无不利。智者知之明也，而庸愚不知。知者则立法以远害，不知则徇利以致凶，利害之枢机在此矣。

永元之后，降羌布在郡县，为吏民豪右所徭役，积以愁怨，及迎段禧之役，征发羌骑，诸羌犇溃，因结聚入寇，而陇右、三辅、并、益皆残杀破败，内乱乘之，汉因以衰。制之不早，火郁极而燎原，屈伸必然之数也。

张禹、尹勤、梁鲔、徐防、张敏、李修、司马苞、马英，都是些平庸拙劣之才，但因为讨好邓氏，都做官做到了三公，而像袁敞这样的铮铮正直的忠臣却不为邓氏所容，至于宠信奸佞小人，贬退忠臣，上下相互欺骗埋下动乱的祸根而自己没有感觉出来的事情还很多。唉！邓太后以贤名而立，后来又以贤能著名而总领大政，虽然获得愚昧低贱之人的称誉，但埋下的祸根，就如蛀虫钻到木头里面；腐蚀木头而人们并感觉不到，天刚变阴，人们踏着霜的时候，又有谁会知道坚冰将会到来呢？

所以，称赞母后有贤德，并不是好的史官应采用的词；侍奉女主的大臣，并非男子汉大丈夫的节操。司马光先生以汉朝到唐朝为鉴，却拥戴宣仁太后以行其心愿，奸佞小人会为她辩护说：这是母改子道。这难道不太过分了吗？

利所在的地方，也正是害所兴的地方，如果把它压抑到了极点，那么它一旦放纵起来必然非常严重。所以，屈伸相感就会有利，情伪相感，就会产生祸害，屈伸利害是在不断地变化的，提防得越早，就越能使事物向有利的方面转化。有才智的人对此是非常了解的，平庸愚昧的人却不知道。知道的人就采取一些措施以远离祸害，不知道的人仍然为图利而招致灾祸，利害的关键也正在于此。

和帝永元年间（公元89年——104年）以后，投降的羌人分布在各郡县.他们被当地的吏民豪右所役使，愁怨久积于心中，又加上朝廷为了与段禧打仗，征发羌族骑兵，结果导致羌族各部四处逃散，后来，他们就集结在一起入寇内地，陇右、三辅、并州（今山西省太原市一带）、益州（今四川省成都市及其周围地区）等地区都被羌族人残杀破败，在内地，张伯路等人而乘机作乱，汉朝因此而衰落。对他们没有早点采取措施，他们就如一团郁集已久的烈火一样，一旦迸发，就很快形成燎原之势，这是一屈一伸必然的规律。

中国之智，以小慧制戎狄；戎狄之智，以大险覆中国；中国之得势而骄，则巧以渔其财力；戎狄之得势而逞，则很以恣其杀掠；此小胜而大不胜之固然也。役其力，听役矣；侵其财，听侵矣；债帅、墨吏、猾胥、豪民，施施自得，而不知腰领妻孥之早已在其锋刃羁络间矣。

制吏民而使勿虐之者，下策也。贪猾者幸快其须臾之意欲，刑罚非所畏也。或且献其佞说，曰“何事苦吾民以奖异类”，如汲黯之言矣。力可役，财可侵，大险之伏，不敌小慧，贪猾者何知，近取股掌而弗利之邪？迨及郁极而熺，蒙其利者死骨已朽，而后生食报于毒，亦痛矣哉！

故王者之于戎狄，暴利惩之，顺则远之，各安其所，我不尔侵，而后尔不我虐。旅獒之戒，白雉之却，圣人之虑，非中主具臣所测也。

5.赏以春夏，刑以秋冬。赏者，封国受爵之锡命也；刑者，五刑大辟之即市也。天有恒经，王有恒政，顺天以不违其温肃之气，王道之精微也。而夷狄盗贼之主，逞喜怒而不为之节，则干天而伤民。然其为义，止此而已。进忠贤者，引之若中原地区汉族人的办法是以自己的小聪明来控制少数民族；少数民族的办法，是以自己巨大的危险来颠覆中原地区；中原地区的汉族人一旦得势就骄傲自大，就用一些巧法来掠夺他们的财力；少数民族人一旦得势就放纵自己就恣意烧杀抢掠；汉族人很显然是小胜而大不胜。汉族人役使少数民族人的力量，少数民族人就听任其役使；汉族人抢掠少数民族人的财物，少数民族的人就听任其抢掠，当汉族人中的债帅、贪官污吏、奸猾吏胥、强宗豪民正为自己获得的蝇头小利洋洋自得的时候，却不知道自己的性命妻子儿女早已在人家的刀口绳索之间了。

制止吏民不要虐待少数民族人，这是下策。奸猾贪婪的人为了满足其一时的意欲，是不会怕刑罚的。有人会谄媚地说："为什么对汉族老百姓这么严厉而却对少数民族这样宽厚呢？"这种话就像是汲黯的话一样。他们的力量可以役使，他们的财物可以掠夺，潜伏着的巨大危险却敌不住其小聪明，贪婪奸猾的人都知道些什么呢？难道就知道掠取少数民族人的一切而残害他们吗？等到大火郁结到极点后，迸发燃烧起来时，从少数民族人身上获得好处的人早已死去，这种残酷报应只能落在其后代身上，也太令人痛心了！

所以，善于统治少数民族的人，当少数民族人残暴动乱时就严厉惩罚他们，当他们归顺时，就把他们迁到远处，疏远他们，这样各安其所，我不侵犯你，你也不暴虐我。《旅獒》中的告诫，周公推让白雉这种祥瑞之鸟，圣明君主的深谋远虑，并非是中等才能的君主和各位充数不称职守的大臣所能够领会得到的。

春夏之季是赏赐的季节，秋冬是刑杀的季节。赏赐就是君主给予人封国赐爵的奖赏；刑杀，就是对犯人处以五刑（汉代主要指墨、劓、刖、宫、大辟五种残酷的刑罚）或即市处以大辟。天有其常规，王有其常政，顺应天规不违背其平和肃杀之气，是王道的精细隐微不及；赏军功者，劝之使复效；秋冬不举，万一汰先朝露，王者之心恻矣，贤者功臣之心亦沮矣。若夫听讼断狱，易固曰“明慎用刑而不留狱”。留狱者，法之所为大扰也。留以俟秋冬，而枉者直者交困于心而不能释，怨且繇是而深，而变计滋起矣。

且其留而待时也，将拘禁之与？徽纆丛棘之苦，剧于笞杖，逮连证佐，浸以贿而游移其初心。若纵之与？自知不免，几何而不逋也！故夫子取子路之无宿诺，诺不宿，狱不留矣。唯大辟抵罪已定，囚之以待秋冬，缓死而不拂天之和气；肉刑未除，劓、刖、宫、墨，有事刀锯，不可戾温和之化；王者之慎，慎以此尔。夫岂流刑使即三居，扑刑旋施教诫，纵证佐于南亩，省簿书于掾史之谓哉？

《月令》非三代之书，然其曰“孟夏断薄刑”。孟夏，正阳之月也，可以断刑，则春夏之馀月可知矣。鲁恭之言，有得有失，言治理者不可不辨。若呴呴之仁，缓之乃以贼之，以是为顺天而爱民，岂理也哉？哀矜清问，则四时皆春，不徒以其文也。

之处。而夷狄和盗贼的首领，不按天之时节任意放纵自己的喜怒哀乐，这样的结果就扰乱了天也伤害了百姓。至于大义之举，也止于此而已。推荐忠贤的人，招引他们唯恐不及；奖赏有军功的人，是鼓励他们继续为国效力；秋冬之季没有举动，万一先朝露，为王者会感到悲痛，贤者功臣会感到沮丧。至于听理诉讼，推断案件，《周易》里说“明慎用刑而不留狱”。所谓有留狱，就是法律已经大乱了。把囚犯留在狱中等待秋冬之季，而罪有应得人和受冤枉的人内心都非常困窘而不能放松，怨恨也由此而变得越来越深，而思谋变化的计划也会逐渐的产生。

况且把囚犯留在狱中以等待季节，是要把他们拘禁起来吗？被绳索捆绑抛于狱房的丛棘中的苦楚，比处以笞刑、杖刑还要剧烈，逮连证佐，浸以贿而改变其初衷。假若放掉他们呢？他们自知不免，能不逃跑吗？所以，孔夫子赞赏子路诺不隔宿，诺不隔宿，狱不留宿。只有大辟之罪已经审判决定，把犯人囚禁起来，以等待秋冬季节，缓其死刑并不扰乱天之和气。至于还没有废除的肉刑，如劓、刖、宫刑、墨刑，都离不开刀锯，在处以这些刑罚时，不可违背温和之化。王者对行刑的慎重，也主要是对此而慎重。这难道说是对处以流放之刑的人使即三居，处以扑打之刑的人立即施刑，把证人放掉，让椽吏小吏来省阅案卷吗？

《礼记·月令》中，对夏、商、周三代时期的法律文书持否定态度，但它说“孟夏断薄刑”。孟夏，就是农历的四月，可以审理案件，那么可知春夏季节的其他月份也可审理案件。鲁恭的言论，有得也有失，治理国家的人是不能不加以分辨的。如果像有些人心中老是有仁义之心，想按季节来处罚罪犯，对罪犯的延缓处理，实际上也是在害他们，如果把这也当作顺应天理，爱护百姓，难道这还有道理吗？如果断案的人心中对罪犯存有哀怜之心，清审详问，那么四时都是春

6.和、安之世，汉所任将者，任尚也，军安得不覆，乱安得不极也！尚严急而不知兵，见于班超之说。而犹不仅此。章帝以来，历三世而国事屡变，窦宪盛，尚则为宪之爪牙；邓骘兴，尚则为骘之心膂；宪败，宾客皆坐，而尚自若；西域叛乱，北边丧师，汉法严矣，而尚自若；尚者，一后世之债帅也。平襄之败，死者八千馀人，羌遂大盛而不可制；尚翱翔汉阳者三载，坐视羌人之暴，罚谪弗及，复以侍御史将兵于上党，迁中郎将，屯于三辅，保禄位、怙兵权而不惧。尚何以得此哉？其辇金帛以曲媚宫闱戚里者可知矣。然则其严急也，乃以渔猎吏士而为结纳之资也。三辅残，国帑空，并、凉、益士死不收，徙不复，羌人力尽而瓦解，尚乃起而与邓遵争功以死，天殛之也。尚之诛也，赇赃千万以上，宪与骘所为护尚以稔其恶者在此矣。债帅之兴，其始于东汉乎！而邓骘之为汉蟊贼可知矣。母后听政而内外交寇，其所繇来亦可知矣。

天，所以断案不能仅徒其形式。

和帝、安帝在位时期，汉朝所任用的将领就是任尚，任用任尚这样的人为将领，军队怎么能不覆灭，天下大乱怎能不发展得更严重呢？任尚严峻急躁而不懂用兵作战，人们从班超的话中早已知道这一点。但还不仅仅于此。自汉章帝以来，经历了三代人而国家大事却屡有变化，窦宪权势处于顶峰时，任尚则是窦宪的爪牙；邓骘兴起，任尚则又成为邓骘的心腹之臣。窦宪败亡后，其宾客都受到了应有的惩罚，而唯独任尚泰然自若，好像事情与自己无关一样。西域诸国暴发了反叛朝廷的动乱，他又在北方边境丧师而归，汉代的法律是很严厉的，而任尚仍然能泰然自若，自己一点儿事没有。任尚就是一位活生生的债帅（指将领为了向权臣行贿，不惜贪污借贷）。他率军在平襄（今甘肃省通渭县西北）与羌人打仗，结果大败而归，士卒死去者达八千余人，羌人的势力于是就强盛起来，再也难以控制住。任尚驻扎在汉阳（今甘肃省甘谷县东南）长达三年之久，坐视羌人的暴乱，并不对他们采取任何措施，他又以侍御史的身份率兵驻扎在上党（今山西省长子县西），又升迁为中郎将，又驻军在三辅（指长安周围的左冯翊、右扶风、京兆尹）地区，他只要保住其禄位，依仗他掌握着兵权，什么都不怕。任尚怎么能够这样呢？从其用车子送金帛曲意逢迎后妃外戚就可以明白了。这样说来，那么他的严峻急躁，主要是为了渔猎吏士而获得向后妃外戚行贿的资本。三辅地区残破，国家库藏空虚，并州（今山西省太原市一带）、凉州（今甘肃省张家川回族自治县及其周围地区）、益州（今四川省成都市及其周围地区）土地荒芜，粮食颗粒无收，由这些地区迁徙而走的百姓再也没有回来，在这种情况下，羌人无所依靠，力量已用尽而土崩瓦解，这时任尚才起来与邓遵争功，结果被杀，这也是天要杀他。任尚被杀后，查出他贪赃受贿的财物价值在千万钱以上，窦宪和邓骘之所以要包庇

7.盗贼之兴，始于王莽之世。莽篡，天下相师以寇攘，而抑刘崇、翟义以草泽起义先之，未足开盗贼窥天之径也。张伯路一起而滨海九郡陷没，孙恩、窦建德、黄巢、方腊、李自成踵兴，而四海鼓动，张伯路实为之嚆矢焉。

三代之盛，大权在天子也。已而在诸侯矣，已而在大夫矣，已而在陪臣矣，浸以下移而在庶人矣。郡县之天下，诸侯无土，大夫不世，天子与庶人密迩；自宰执以至守令，所为尊者，荣富而已，其他未有尊也。十姓百家相雄长而莫能制，丰凶不能必之于天，贪廉不能必之于吏，风会移之，怨毒乘之，欻然狂起，抑将何法以弭之哉！

《易》曰：“天险不可升也。”谓上下之分相绝，而无能陵也。易国而郡县，易侯而守令矣；安守令也有体，严守令也有道。守令之仁暴，天子之所操也；其次，廷臣之所衡也；其次，省方之使所纠也；非百姓之所可与持也。赇吏兴，上下蔽，天子大臣弗能廉察，激民之重怨，而假民以告讦之权，制守令之黜陟诛赏，是进庶人而分天子之魁柄。不肖之吏，弱者偷合于民，强者相仇而竞，豪民视守令如鸡豚，可豢也、可圈也、可他已经形成的罪恶，原因也就在于此。债帅的兴起，大概就是始于东汉吧！从而也可知，邓骘是汉朝的蠹贼。由母后临朝称制，形成内外交寇的局面，其由来也由此而可知。

盗贼的兴起，开始于王莽在位时期。王莽篡汉自代以后，天下纷纷起兵来反对他，而刘崇、翟义最先从草泽中起兵，但这时起兵者还不足以打开盗贼觊觎天子之位的途径。到东汉时，张伯路起兵以后很快滨海九郡纷纷陷没，在他之后，东晋的孙恩、唐代的窦建德、黄巢、宋代的方腊、明代的李自成也都接踵而起，而天下鼓动，后世出现这样的情况，张伯路确实是其先驱。

夏、商、周三代兴盛时，国家大权是掌握在天子手中的。后来，大权旁落到诸侯手中；又后来，诸侯之权又旁落到大夫手中；再后来，大权旁落到陪臣手中。再逐渐地往下移就会落到老百姓手中。天下实行郡县制以后，诸侯没有封土，大夫的职位不能世袭，天子与百姓的关系接近；从宰相到郡县守令，所追求的就是荣华富贵而已，并没有其他。十姓百家百姓起来称雄道长，他们都不能制止，丰收或是灾荒不能一定求之于天，也不能一定要求官吏贪污或是清廉，风气会合在一起而改变它，报怨残毒给它以机会，如同火焰一样突然烧起，又会用什么办法把它扑灭呢？

《易·坎》中说："天位之险非常人所升至的。"其本意就是隔绝上下之间的名分，使下不能侵犯其上。天下废除封邦建国之后，把封国改称郡县，把诸侯改成郡县守令；安稳守令有其依据，严格要求守令也有其方法。郡县守令的仁义与残暴，由天子操纵着；其次由朝廷大臣制约着；再次由监察官员制约着；并不是老百姓所能够做得到的。贪赃枉法的官吏出现以后，上下都受到蒙蔽，若天子和大臣对这些贪赃枉法的官员不能认真查处，就会进一步刺激老百姓的不满。假如把揭发攻击贪官污吏的权力交给老百姓，并以此作为升降讦也、斯可杀也，而何弗可称兵以胁天子也？盗之所以死此而又兴彼也。

《易》曰：“上天下泽，履，君子以辨上下、定民志。”又曰：“小人而乘君子之器，盗思夺之矣。”上下不辨，民志不定，乘君子之器者，无大别于小人。侯王岂有种哉？人可幂岸以制守令之荣辱生死，则人可侯王，而抑可天子矣。察吏不严于上，而听民之讼上，摇动人心而犹谓能达庶人之情，非审于天纲人纪者，莫知其弊也。陵夷天险而授之升，立国者尚知所惩乎！

8.国帑屡空，军兴不足，不获已而加赋于民，病民矣，而犹未甚也；以官鬻钱谷而减其俸，民病乃笃。邓后妇人米盐铢絫之计也，后人师之，视为两利之术，狂愚不可瘳矣。

万不获已而加赋也，抑必有则。吏方苦其不易征，未有能因而溢者也。獭不饥，不可使捕；鹰不饥，不可使逐；诱取其钱谷于前，而听其取偿于民，吝予之以生计，而委之以自掠，虽欲惩贪，词先讷涩矣。不能使徒步布衣草屦粝食冻老馁幼以为国效功也，则乌能禁饥鹰馁獭之攫而无厌哉！乃人主且赏罚官吏的依据，这就会抬高百姓的地位，使他们分割了天子的大权。不正派的官吏，其中的弱者暗地里与百姓联合在一起，强者互为仇敌而相互争逐，强宗豪民把地方守令看作像鸡猪一样，可以豢养，可以圈起来，可以随意地骂他们，还可以杀掉他们，他们又怎么不能起兵威胁天子呢？这就是盗贼此伏彼起的原因之所在。

《易·履》中说："天尊在上，泽卑在下，君子认为履卦之象，就是分辨上下尊卑，以定正百姓的志意，使上下尊卑有稳定的秩序。"又说："小人若能用君子的器物，盗贼起来就想夺取它。"上下尊卑不能分辨，百姓的志意也就难以确定，使用君子器物的人与小人也就没有多大的区别。照这样发展下去，那些侯王们难道还会有余种吗？如果人们都可以以自己的高傲操纵郡县守令的荣辱生命，那么人人都可以做侯称王，还可以做天子。对官吏的监督不严格，而听任百姓往上告状，动摇了人心，却还说是能了解百姓的真情，如果不是非常清楚天纲人纪的人，就不会知道这样做的弊端。侵犯天位之尊严，抬高平民百姓的地位，立国的人还知道应当吸取什么教训吗？

国库屡空，不能满足军事需要，不得已而增加百姓的赋税负担，这样做虽然危害了老百姓，但还不算太严重；靠卖官而得到钱粮，靠减少官吏的俸禄而得到钱粮，老百姓受到的危害才算是严重。邓太后以一位妇人关心家庭米盐资财的方法来管理国家，后人又以她为师，把卖官鬻爵看作是既有利于国家也有利个人的办法，，这种荒谬愚昧真是难以治愈。

国家如果万不得已必须增加百姓的税赋负担，也必须有一定的规则。地方官吏正苦于赋税难以征收，只要按制度办事，没有能依靠制度，而使赋税征收过多。水獭不饥，就不能用它捕鱼；鹰不饥，就不能使它追逐猎物；对于朝廷来说，已诱取了纳资为官者的钱谷，而听任其从老百姓那里取得补偿，给予他们的官俸太低不足以维持曰：吾未尝加赋以病民，民如之何而不急公。上下交怨而国必亡矣。

三代之世，方百里之国，君卿大夫士世食其禄，下逮于胥史者数百人。饔飧币帛车乘刍粮奔走于四方而有馀。一郡之大，或兼数圻，禄于朝者几何人？官于其地者几何人？守卫缮修公私交际所资于民者几何事？今之天下，其薄取也，视古而什之二三耳。而古之民足，今之民贫；古之国有馀，今之国不足。下不在民，上不在君，居其间者为獭为鹰，又使饥而教之攫；金死于一门，而粟贱于四海，则终岁耕耘，幸无水旱，而道殣相望必矣。

“无野人莫养君子。”上节宣野人之馀以养贤，而使观人朵颐，以惟攫取之巧拙为贫富哉！鬻官爵以贱之，减俸以贫之，吏既贱而终不肯贫，廉耻堕，贫窶相迫，避加赋之名，蹈朘削之实，愚者之虐，虐于暴君，曾不自知其殃民，民亦不知也。怨不知所自起而益亟矣。

生计，任凭他们自己掠夺。朝廷即使想惩罚贪赃受贿，话也不好说出口。总不能让纳资为官的人徒步身穿布衣草鞋，吃粗粮，让老人受冻小孩受饿去为国家效力吧！那么，怎么能禁止这些人像饥鹰饿獭一样去掠夺百姓贪得无厌呢？君主就会说：我又没有增加老百姓的税赋负担，老百姓怎么不为国家着想呢？像这样上下相互报怨，国家一定会灭亡的。

夏、商、周三代时期，方圆百里的一个小国家，诸侯国君，卿大夫、士世世代代都有俸禄收入，他们下边还有胥史等低级官员数百人，他们的早饭晚饭、货币布帛、车马粮草无论走到哪里都是绰绰有余的。现在的一个郡，有的方圆数千里之大，拿国家俸禄的有几个人？在当地做官的又有多少人？一郡的守卫、修缮、公私交往需要老百姓筹资的又有多少事？现在的天下，老百姓的赋税负担是不重的，与古代相比只相当于其十分之二三罢了。而古代的老百姓生活富足，今天的老百姓生活贫困；古代的国家资财有余，而今天的国家资财却不足。之所以出现这样的现象，下不在老百姓，上不在君主，居于他们中间的是像水獭和鹰一样的官吏，而朝廷又使他们经常处于困窘之中，任由他们巧取豪夺；金死于一门，全天下的粮食都便宜，那么老百姓终年耕田种地，若侥幸没有水旱之灾，生活还勉强过得去，否则一定会出现道路上饿死的人很多的现象。

“无野人莫养君子。”君主把老百姓生产剩余劳动产品用来养贤，难道只是让这些贤人只注重名位利禄，只是根据自己掠夺财物的巧与拙来确定贫与富吗？卖官鬻爵使人们卑视做官的人，降低其俸禄使他们经常处于贫困的境地，官吏既然被人瞧不起，就最终不肯太贫困，廉耻之心堕落，生活贫穷窘迫，于是他们就不用增加赋税的名义，而采取直接掠夺百姓的办法，这些愚蠢的官吏之暴虐甚至超过了暴君，而他们自己并不知道自己残害了老百姓，而老百姓也不

9.汉之强也，北却匈奴，西收三十六国。未数十年，羌人一梗于河湟，其志止于掠夺，未有窥觎汉鼎之心也。而转徙五郡，流离其民，僵仆载道，如孤豚之避猛虎。悲哉！谁为谋国者，而强弱相贸至此极也！任尚债帅也，邓骘纨袴也，邓后妇人也；妇人尸于上，纨袴擅于廷，债帅老于边，三者合而亡国之道备焉。幸而不亡，民之死也，谁恤之哉？天下未有妇人制命，而纨袴债帅不兴者也。未有阴气凝于上，而干戈之惨不流于天下者也。故曰："鹤鸣于九皋，声闻于野。"气相召，祸相应，而庞参之邪说始乘之，以懦缩消生人之气，可不戒哉！

10.邓后为邓氏近亲开邸第教学，而躬自试之，史称之以为美谈。汉武开博望苑，而太子弄兵；唐高开天策府选文士，而宫门蹀血；天子之子且以召难，况后族乎？谚有之曰："妇人识字则诲淫，俗子通文则健讼。"诗书者，君子所以调性情而忠孝，小人所以启小慧而悖逆者也。故曰："民可使繇之，不可使知之。"不然，三代王者岂以仁义礼乐吝予斯人；而内不及于宫闱，外不私于姻党，何为也哉？

知道他们只是被贪官污吏所残害。不知从何而起的报怨就会更加急剧。

汉朝强盛的时候，在北方击退了匈奴，在西方，收复了西域三十六国。不到几十年的时间，羌族人在河湟（今青海省湟水黄河一带）地区一旦起兵，他们的目的就是掠夺财物，并没有觊觎汉室天下的野心。其后，他们辗转迁徙，足迹遍布五郡，其百姓流落离散，死去的百姓到处都是，他们逃避汉朝军队的围追堵截，就如同孤猪逃避猛虎的追捕一样。令人痛心啊！是谁为国家谋划，而使国家强弱的转化如此之快，而且反差如此巨大呢？这些人就是债帅任尚，纨袴子弟邓骘，临朝称制的邓太后。邓太后临朝称制于上，却并不管实事，纨袴子弟邓骘专权擅政，债帅任尚屡次在边疆的战争中败北，他们三者结合在一起，亡国的条件也就具备了。侥幸的是，国家并没有灭亡，但老百姓死去了，谁体恤他们呢？天下从来没有因女主临朝称制，纨袴子弟债帅专权擅政而不兴盛的。从来没有阴气凝结于上（喻女主临朝称制），而天下没有惨酷的战争的。所以，《诗·小雅》中说："鹤鸣于九皋（深远的水泽淤地），声闻于野。"气相互吸引，灾祸就相应而生，这样就为庞参的邪说的产生创造了机会，这种邪说以其丑弱萎琐消磨活人的生气，能不引以为戒吗？

邓太后为邓氏近亲子弟亲自开学校教他们学习文化知识，而且还亲自给他们讲课，史书上都称赞她，并把这件事当作美谈。西汉武帝开博望苑，而太子起兵反叛武帝；唐高祖李渊开天策府选拔文学之士，其几个儿子在玄武门自相残杀；天子的儿子况且还因此而招致灾祸，更何况后族子弟呢？有句谚语是这样说的："妇人识字则诲淫，俗子通文则健讼。"诗书对于不同的人会产生不同的效果，读诗书对君子来说是调节性情尽忠纳孝的基础，对小人而言则是开启其小聪明而为反叛谋逆的基础。所以，孔子说："民可使由之，不可使邓后之约饬子弟也屡矣，其辞若足观者。乃豫章唐檀告其太守曰："方今外戚豪盛，君道微弱"，则后之宠私亲以紊朝纲可知矣。假之兵权，复假之以文教，先王经纬天下之大用，一授之匪人，国尚孰与立也！言治者，知兵权之不可旁落，而不知文教之不可下移，未知治道之纲也。一道德，同风俗，教出于上之谓也。

11.有其始之，则已之也难，是以君子慎乎其始之也。西域通塞，初无当于中国与匈奴之强弱。乃自张骞始之，班超继之，中国震而矜之曰：吾以断匈奴之右臂。于是匈奴亦因而曰：是可以为吾右臂也。迨安帝之世，羌寇起，陇西隔绝，凉州几弃，匈奴于是因车师攻杀后部司马，又杀燉煌长史索班，盖至是而西域不可弃矣。公卿乃始欲闭玉门、绝西域，置河西、陇右剥床及肤之祸于不恤，班勇力争其不可，勇之策贤于其父超矣。非勇之果贤也，时异而势不容已也。乃超之出，无挠之者，而重挠勇。勇策不用，汉师不出，匈奴寇抄不息，沈氐因之而乱。害极于邓骘之庸懦，而祸始于张骞之挑引。故曰有其始之，则已之也难也。

知之。”否则，夏、商、周时期的先王们，难道还吝啬把仁义礼乐教给这些人吗？他们在教授仁义礼乐时，内不教后宫中的嫔妃们，外不教外戚家族，这是为什么呢？

邓太后屡次约束其近亲的子弟，其言辞说得也非常好。豫章（今江西省南昌市）人唐檀对其太守说：“当今外戚势力强盛，君主权力微弱”，那么由此可知，邓太后这样宠信她的近亲，紊乱了朝廷纲纪。把兵权交给外戚，又教会他们文化知识，先王治理天下的文武之道，全部授予不应授予的人，国家还能够独立地保存下去吗？谈论治理国家的人，知道兵权不可旁落他人之手，而不知道文教也不可下移。他们并不知治理国家的根本所在。统一道德，同化风俗，这就是所说的教化仍然掌握在君主手中。

事情一旦有了开头，结束它就很难，所以君子都很慎重地对待事情的开头。是否通西域，最初并不能使中国与匈奴的强弱对比发生变化。从西汉张骞时，开始通西域，东汉班超又继之，于是中国人为之震动，并夸耀说：我们可以使西域归顺，斩断匈奴的右臂。于是匈奴也因此而说：西域可以作为我们的右臂。到了汉安帝时期，羌族人起兵反叛，陇西（今甘肃省临洮市南）地区与内地隔绝，凉州（今甘肃省张家川回族自治县）几乎被放弃，匈奴就在这种情况下，通过车师攻杀了汉朝西域都护的后部司马，又攻杀了敦煌（今甘肃省敦煌县西）郡长史索班，大概到了这时，汉朝就不能抛弃西域了。一些公卿大臣才开始想到要关闭玉门关（今甘肃省敦煌县西北小方盘城），断绝与西域的联系，置陇右（泛指今甘肃省六盘山以西，黄河以东一带）、河西（即今河西走廊和湟水流域）于惨遭灭顶之灾而不顾，班勇在朝廷上据理力争，认为这样行不通，班勇的策略要比其父班超的好。并非班勇真的比他父亲强，而是当时的形势发生了变化，不能像公卿大臣们说的那样做。班超出使西域，没有人阻挠他，而班勇郑于晋、楚，非果系重轻。而楚争之，晋因争之；晋争之，楚益争之；疲天下之兵力百馀年，而两皆无据。高欢、宇文泰之玉璧，朱友贞、李存勖之杨刘，一旦而以存亡系之；非其存亡之果系也，力尽于此，而馀地皆虚，徒使其土之民人蹂躏而殆无遗种，皆始之者贻之，孰有能包举兴亡胜败之大而游心于馀地者乎？《易》曰：“非所据而据焉，身必危。”凡见可据者，皆非据也，游士炫其谋，武人张其功，后欲已之而不能，故君子必慎乎其始之也。

12.颍川杜根上书邓后归政安帝，后怒，扑杀之，得苏，逃宜城山中为酒家保，积十五年，后死乃出。或问以何不投知故而自苦，根言：“发露，祸及亲故。”智哉根乎！何也？亲故之能托生死者不易得也。非谓夫叛而执之也，为根之知交者应不至此也。好义之心苟不敌其私利之情，则其气先馁；好义之心与私利之情相半，即不相半而不能忘，其神必乱；气馁神乱，耳目不能自主，周旋却顾，示人以可疑，则愈密而愈疏，故义却受到了重重阻挠。班勇的策略没有被采纳，汉朝军队不出使西域，匈奴掠抢不止，沈氏也因此而叛乱。当时的天下，被邓骘的平庸与懦弱祸害已极，但这场大祸却开始于张骞的出使西域。所以说，一旦有了开始，要结束它是很难的。

春秋时期，郑国对于晋国、楚国来说，并非有举足轻重的地位。而楚国争取它，晋国因此也争取它；晋国争取它，楚国就更要争取它；两国耗费天下的兵力争取郑国达一百多年，结果两国也都没有得到郑国。南北朝时期，高欢和宇文泰争夺玉壁城（故址在今山西省稷山西南）；五代时期，朱友贞和李存勖争夺杨刘镇（故址在今山东省东阿县北杨柳村）；一旦把自己的存亡系于一地。并非这个地方真的关系到双方的存亡，而是双方把自己的所有力量都集中到这里，其余地方都已空虚，他们这样争夺白白使此地的老百姓遭受铁蹄的蹂躏而几乎死亡殆尽，都是开始于双方把力量集结于此而留下的灾祸，谁又能把举国兴盛败亡的大事不顾而有闲心思考虑其他地方呢？《周易》中说："非应当据守的地方而据之，必然危及到自身。"凡是看起来可以据守的，并不都是可以据守的东西，都是游说之士为了炫耀自己的谋略，武官为了扩大其战功而认为可以据守，以后，若是再想不据守已是不可能了。所以君子一定要慎重地对待事情的开端。

颍川（今河南省禹州市）郡人杜根上书邓太后，请求邓太后归政安帝，邓太后大怒，下令扑杀杜根，杜根苏醒过来以后，就逃到宜城（今湖北省宜城县南）县的山中开了一家酒店卖酒，他在那里呆了十五年，邓太后死后他才复出。有人问他为什么不投靠朋友故旧，而自己却这样受苦，杜根说："事情一旦暴露会牵连到朋友故旧的。"杜根真是太聪明了！为什么呢？亲朋故友中能够托以生死的人是很难得的。这并不是说，杜根投靠他们，他们就会背叛杜根，把他抓送交官府，作为杜根知交的人应不会差到这种地步。如果一个人的好利交战于胸者，必交受其祸。今有人于此，而人或投之，邻里乡党不问焉者，以适然听之也。唯大勇者，为能以适然处变；不然，则如酒家之本不觉而固适然者也。非此而必不能矣。

呜呼！士不幸而处乱世，不屈于邪，而抑未可以死，缓急固时有矣，而可不慎所依乎！好苛礼而不简者，恤小利而形于色者，多疑而好谋者，貌愿谨而勤小物者，吊死问疾而多为容者，皆不可依者也，可弗慎邪？

13.处士之征而不受命者多矣：或志过亢而不知时者也；或名高而藏其拙者也；或觊公孤师保之尊而躐级以不屑小官者也。吾于薛包独有取焉。包以至行闻，尽孝友、饬门内之修而已；自尽以求仁，而无矫异惊人之节，初未尝规画天人，谓己有以利天下也。汉征之而拜侍中，非其事也，固非其志也。包曰：吾以尽吾门内之修，天子知我征我以风示天下，而德不孤矣；吾未尝有匡济之心，而何用仕为！

义之心不能超过他的私利之情，那么他就会先气馁；如果好义之心与私利之情各占一半，即使不占一半也没有丢掉好义之心，那么他的神色必然荒乱；如果一个人气馁了、神色荒乱了，他的耳朵眼睛就不完全听自己的使唤，经常周旋顾盼，让人觉得他可疑，那么他越是想保密就越是保不住，所以让义和利交战于心中的人，他一定会受到灾祸。今天如果有人在此，有人来投靠他，邻里乡党一般都不予过问，因为像这样的事情太平常了。只有有很大勇气的人，才能处变不惊；不是这种情况，那么就是像酒店一样，人们并不觉得它有什么特别之处，因此而泰然自若。如果不是这两种情况，人们肯定做不到泰然自若。

唉！如果士人不幸而处于乱世，不屈服于邪恶，但也不能死，事情的缓急也确实在经常变化，能不对自己所依靠的人慎重选择吗？好苛刻之礼而不简略的人，顾小利而喜怒形于色的人，多疑而又好谋划的人，表面上谨慎而又顾小节的人，吊祭死去的人、探问病人仪容经常变化的人，都是不可依托的人，对所依托的人能不慎重选择吗？

隐士被朝廷征召而不接受征命的人很多：他们中有的是志向过高而不知时务；有的是名声很高，但在名声背后隐藏着其拙劣；有的人觊觎公侯师保等尊贵的职位，想一下跳过那些他不屑做的小官。我觉得薛包这个人却独有可取之处。薛包以其有非常人所及的德行而闻名，但他所做的不过是尽孝友、饬门内之修而已；他自尽以求仁，而没有以自己不同于别人的行为来惊动人之心，当初他并不曾有匡济天下的志向，称自己有利于天下。汉朝廷征召他，并授予他侍中之职，并不是他做得了的事，当然也不是他的志向。薛包说：我的作为就在于使家门之内的各种关系协调好，天子知道并征召我使天下人都知道，我的所作所为总算得到了大家的承认。但我从来没有匡济奚以知其然也？以包之所为，皆循循乎父子兄弟之间，非襄楷、郎顗、樊英窥测天人，舍己而求诸人者比也。而汉之授以侍中，抑非其道。侍中者，出入讽议之臣也。当安帝之世，外羌戎，内盗贼，外戚、阿母、宦寺，交相煽构，此大人抟捥斡运见功之地，而包之志略固不及此。非天下有不可为之时，而非包敦笃修能所堪之任也，则汉任之固不以其道矣。善处包者，使分司徒之教职，而任之庠序，则得矣。不则使治一郡，以兴教化、抚贫弱，敷其洁己爱物之德，治绩懋焉。如之何以侍中任之邪！包之以死乞免，度己量时之道允协矣；岂志亢名高薄小位而觊公孤者类哉？

龙有潜也，有见也，有亢也。孔子知不可而为，圣人之亢也；伊吕之兴，大人之见也；包之终隐，君子之潜也。潜者，非必他日之见也，道在潜，终身潜焉可矣。

14.安帝之不德，岂至如昌邑王贺之荒悖哉！立十五年矣，邓后宠平原王翼，欲废帝而立之；杜根请帝亲政，而扑杀之；视天位如置棋，任其喜怒，后之恶烈于吕、武矣。伊尹之放太甲，未尝他有援立，示必反之也。昌邑王之不可一日为君，霍光之不幸，而又幸得宣帝之贤也。且昌邑既废，始求宣帝于民间，未尝豫扳宣帝而后废昌邑也。邓后以妇人而辅以碌碌之天下的志向，为什么要让我做官呢？

从哪里知道这一切的呢？从薛包的所作所为看，皆是非常和顺地处理父子兄弟之间的关系，并非像襄楷、郎凯、樊英那样，觊觎高官厚禄，舍己而向别人乞求的人可以与之相比的。但是汉朝廷授予他侍中一职，也不是个好办法。侍中一职，是侍从皇帝左右，专掌讽议进谏的人。汉安帝在位的时候，外有羌、戎等少数民族的入寇，内有盗贼的反叛，还有外戚、后妃、宦寺交替专权擅政，这个职位是有能力的左右大臣应酬斡旋以建立功勋的地方，而薛包的志略确实不能胜任这项工作。并不是当时天下混乱薛包不能任此职，而是薛包的敦朴纯厚的性格不能胜任这个职务，那么汉朝确实没有在任用官职上考虑他的长处和短处。如果对薛包了解的话，给薛包最合适的职务，就使让他担任司徒一职，负责教化，或者在学校任职，这样就好了。如果不这样的话，就让他担任郡守，治理一郡，以兴教化，抚育贫弱，发扬其洁己爱物之德，治绩肯定会非常显著。为什么要任用他担任侍中一职呢？薛包以死求免，度己量时之道还是很和洽的。难道这是那些志亢名高卑视小位而觊觎公侯者可比的吗？

龙有潜伏的，有浮现的，也有遮蔽的。孔子知不可为而为之，这是圣人显亢龙之象；伊尹、吕尚的兴起，是见龙的浮现；薛包最终隐藏而不为众人所知，这是君子的潜伏。潜伏并非在一定的期限之后必然出现，道在潜伏，终身潜伏是可以的。

汉安帝没有贤德，难道到了像西汉昌邑王刘贺一样荒唐悖逆的地步了吗？汉安帝在位十五年，邓太后宠信平原王刘翼，想废掉安帝立刘翼为天子；杜根请安帝亲政，结果惹火了邓太后，马上命人将其扑杀；邓太后把皇位看作是她手中的棋子，任其喜怒而放置，所以，邓太后的罪恶比吕后、武则天还要严重。商代伊尹把太甲放置桐宫令其思改错误，并不曾另外再立一个君主，而是让太甲反思自己的错邓骘，予夺在手，唯意所授，渎大伦，玩神器，君子所必诛勿赦也。邓后死，王圣、李闰乘权而乱政，繇安帝之不君，可谓后之先识而志安社稷乎？

乃抑稽圣、闰之得以蛊帝而逞者，谁使然也？十五载见郊见庙之天子，不能自保，大臣弗能救也，小臣越位孤鸣而置之死也，舍保母宦寺而谁依邪？易位之僇辱，与死接踵，自非上哲反己自强以潜消内衅，则免己于死而固其位，奚暇择阿母宦寺之非，而不以为恩哉！宦寺之终亡汉，李闰、江京始之也，而实邓后之反激以延进之也。

15.建元中，守相坐赃，禁锢二世。刘恺以谓"恶恶止其身，《春秋》之义，请除其禁"，持平之论也。抑《书》曰："刑乱国、用重典。"从重以挽极重之势，施之乱国，亦讵不可哉？

人之贪墨无厌、罪罟不恤者，岂其性然？抑其习之浸淫者误，之后仍然就君主之位。西汉昌邑王刘贺根本不是做君主的人才，这是霍光的不幸，然而值得庆幸的是又选择出了宣帝这样有贤德的皇帝。况且，霍光是在废掉昌邑王刘贺之后才开始在民间找到宣帝的，并不曾事先攀附宣帝而后才废掉昌邑王的。邓太后以女主临朝称制，辅助碌碌无为的邓骘，生杀予夺大权操纵在其手中，只根据其自己的意愿而授人以官职，亵渎人伦，轻侮神器（指皇帝之位），对这样的人，君子对他们是必杀不赦。邓太后死后，王圣、李闰则乘机夺权乱政，由汉安帝不是称职的君主，难道就可以说邓太后有先见之明而其本心是为了安定社稷吗？

那么，逼迫王圣、李闰蛊惑安帝起来争权诛杀邓氏，是谁使他这样做呢？汉安帝已做了十五年的天子，仍然自身难保，朝廷中的大臣救不了他，小臣越位替他鸣冤叫苦而却把自己置于死地，在汉安帝的周围他除了保母宦官还有谁能靠得住呢？被夺去皇帝之位的侮辱是与死紧密相连的，如果不是皇上聪明发奋自强逐渐消除内患，那么也只能求自己免于一死而巩固皇位了，哪里还有时间去挑保姆，宦官的错，而不把他们看作是自己的恩人呢？宦官之祸终于灭亡了汉朝，是从宦官李闰、江京开始的，而实际上是在邓太后的刺激之下，汉安帝才拉拢重用这些宦官的。

西汉武帝建元（公元前140——公元前135年）年间，凡是郡守国相犯了赃罪的，都要禁锢两代人不得为官。刘恺认为“一个人犯罪完全是他自己的事，这是《春秋》的精神，请求废除禁锢两世的禁令。”这句话可以说是公平的。但《尚书》中又说：“要治理混乱的国家，必须用严厉的法律。”应从重惩除犯罪以便挽救国家所处的极其严峻的形势，由此而言，对赃官禁锢二世的禁令，在形势混乱的国家施行，难道不可行吗？

人们的贪得无厌，罪恶不顾的行为，难道是他们的天性如此不能自拔也。身为王臣，已离饥寒之苦，而渔猎不已，愚之不瘳，何至于是！斥田庐，藏珠玉，饰第宅，侈婚嫁，润及子孙，姻亚族党称弗绝，则相尚以迷，虽身受欧刀而忘之矣。妻妾子女环向以相索，始于献笑，中于垂泣，终则怨谪交加而无一日得安于其室；则自非卓然自立者，且求徽纆丛棘之不加于身，勿宁他日之系项伏锧以偷免于旦夕也。一行为吏，身为子孙之仆隶，驱使死辱而莫能逃，乃伏法以还，彼且握爵衔宪，施施自得，不复忆祖父之惨伤。呜呼！孱柔者内逼于淫威，甚于国宪，亦大可矜也已！

故贪墨者，其人也；所以贪墨者，其子孙也；拔本塞源，施以禁锢之罚，俾得谢入室之遍谪，亦讵不可哉？为子孙者，虽拥肥寡立，而士类弗齿；即甚不肖，忘情仕进，然世胄耻与为婚姻，人士羞与为朋侣，守令可持法以相按治，仇怨可抗颜以相报复。则子孙先怵，妻妾内忧，庸谨之夫，亦可借手以寡怨于百姓。则非但弭生民之蠹贼，且以旌则善类，曲全中材，而风俗亦繇之易矣。

恶恶止其身，非此之谓也。三代世禄，士不忧贫，虽贪而无为子孙计者，先世之泽，不可自一人而斩也。

吗？或者是长期在坏风习中耳濡目染而不能自拔？身为君主之大臣，已经脱离了饥寒之苦，反过来又对百姓掠夺不已，这些人的愚蠢难以克服，为什么会到这样的地步？扩展其田地房舍，收藏珍珠美玉，装饰宅第，奢侈无度于婚嫁，自己受益，子孙也受益，姻亲族党也都对他称赞不绝，他们推崇以至到了迷乱的地步，即使有杀身之祸，这时也早忘到九霄云外去了。妻妾儿女不断地向他求索财物，开始对他献笑，如其不给就大哭大闹，最终导致全家都怨恨他，使他不能在家安心地呆上一天；那么，如果不是卓然自立的人，宁可求绳索丛棘不加于其身，也不求将有一天被五花大绑押赴刑场斩首时偷免旦夕。一旦做了官吏，自己就成了子孙的仆人奴隶，自己即使被赶到受侮甚至被杀的境地，也不能逃脱，只能伏法以还，等到他们的子孙掌握大权时，洋洋自得，已再也记不起来祖父、父亲们所受的惨害伤痛了。唉！性格懦弱的作官者，在家内为其家人的淫威所逼，要远比国家法律对他要求的严格，这也太叫人可怜了！

所以，虽然贪赃枉法者是官吏本人，但实际的贪赃枉法者，则是其子孙。拔本塞源，对贪赃枉法的官员的子孙也进行禁锢不得为官，使其家人都受到贬谪，难道又有什么不可以的吗？作为官吏子孙的人，即使腰缠万贯傲视别人，士人也会瞧不起他们；如果是贪赃官吏非常不肖的子孙，不顾廉耻踏上仕途，那么世代为官的家族也会耻与和他们联姻，一般人也以与他们交朋友为耻，地方守令可以依照法律治他们的罪，他们的仇人甚至会趁机报复他们。那么，这些子孙就首先害怕，妻妾又感到内忧，平庸谨慎的官吏，也可以阻止在百姓中产生盗贼，而且还可以借此表彰好的官吏，保全中等才能的官吏，这样一来，社会风俗就会因此而改变。

恶恶止其身，并不完全是说的这些。夏、商、周三世实行世官与世卿世禄制，士人不用担心其会贫困，即使贪婪，士大夫们也并不是

16.治天下之纲纪，非徒以其名也。其实在，其名虽易，纲纪存焉。其实亡，其名存，独争其名，奚益哉！

宰相之任，唐、虞之百揆合于一，周之三公分于三；其致治者，非分合之为之，君正于上，而任得其人也。其合也，位次于天子；其分也，职别于专司。然而虽分，必有统之者以合其分。要因乎上所重，而天下之权归之。天子孚以一心，而躬亲重任，唯待赞襄则一也。自汉以后，名数易而权数移，移之有得有失，论者举而归功过于名；夫岂其名哉？操之者之失其实，则末繇以治也。

西汉置丞相而无实，权移于大将军；故昌邑之废，杨敞委随，而生死莫能自必。东汉立三公而无实，权移于尚书；故陈忠因灾异策免三公，上书力争，言选举诛赏不当一繇尚书。两汉之异，丞相合而三公分，然其权之上移于将军、下移于尚书同也。晋之中书监，犹尚书也。唐之三省，犹三公也。宋以参知分宰相之权，南宋立左右相，而移权于平章。永乐以降，名为分任九卿，而权归内阁。或分或合，或置或罢，互相为监，而互相为因。

为子孙考虑的原因而是其先世的恩泽，不能从他这里斩断。

治理天下的纲纪，并不仅仅只图其名。其实若存，其名即使简易，纲纪仍然存在；如果其实已亡，其名虽存，独争其名，又有什么好处呢？

宰相一职，是唐尧、虞舜时期的百揆合而为一，是周代的三公（司徒、司马、司空）之权分于三；就其致天下太平而言，并非分合而为之，君主立于上，宰相之任得其人。就其合起来说，地位仅次于天子；就其分开来说，其职掌又不同于其他的各大部门。然而即使分开，也一定有把它统一在一起的东西把它结合在一起。其重要是因为天子对它的重视，而天下之权全部归它掌握。不论在什么朝代，天子一心一意，处理重要事务，他们在等待辅佐大臣的赞襄上则是一致的。自从汉代以后，宰相的名称经过几次变化，，权力也几次被转移，权力的转移有得也有失，评论的人都把得失的功过归于名称的变化。难道这是因为名称的变化吗？有宰相之名的人失去其实，那么不重要的事情就由他来治理。

西汉武帝以后设置的丞相都没有实权，实权转移到了大将军手中；所以昌邑王刘贺被废，作为丞相的杨敞也就跟着附和，而且生死自己也作不了主。东汉设立的三公也没有实权，实权下移到尚书手中，所以陈忠因灾异的出现皇帝免去其三公之职务，他上书据理力争，认为选拔人才惩罚奖赏不能由尚书来决定。两汉宰相的不同之处是，西汉丞相合而为一，东汉则分为三公。然而他们的权力，西汉时丞相的权力上移到大将军手中，东汉时三公的权力下移到尚书手中，在丧失权力这一点上，他们是相同的。晋代的中书监，就像是汉代的尚书。唐代的三省（指中书省、门下省、尚书省），就像是汉代的三公。宋代以参知政事为副宰相分割宰相的权力，南宋又设立左右丞相，而权力却移于同中书门下平章事。明成祖永乐（公元1404

若其所以或治或乱者，非此也；人不择则望轻，心不孚则事碍，天子不躬亲，而旁挠之者，非外戚则宦寺也。使大将军而以德选，则任大将军可矣。使尚书中书而以德进，则任两省可矣。丞相三公其名也，唐、虞、殷、周不相师也。惩权奸而分任于参知，下移于内阁，恶在参知内阁之不足以擅权而怀奸也？上移于大将军，而仅以宠外戚；下移于内阁，而实以授宦寺；岂其名之去之哉？实去之耳。天子不躬亲，而日与居者，婢妾之与奄腐；不此之防，徒以虚名争崇卑分合之得失，亦末矣。

为公辅争名不如争实；其争实也，争权不如争道；非励精亲政而慎选有德，皆末也。荧惑守心而翟方进赐死，地震而陈褒策免，其时独无天子乎？

17.周之进士也，虽云乡举里选，而必贡自诸侯与卿大夫；非诸侯与卿大夫，未有能达于天子者也。已而大夫执政，士之仕也，必于大夫；非大夫，未有能达于诸侯者也。汉之辟召自州郡，非州郡，未有能达于三公者也；非三公，未有能达于天子者也。魏、晋之选举，中正司九品之升降；非中正，未有能达于吏部者也。隋设进士科，而唐以下因之，益以明经、学究、年——1424年）年间以后，名义上把宰相之权分于九卿，而实际上权力却归于内阁。从历史的发展来看，宰相有时分有时合，有时设置有时废除，既互相依靠又相互监督。

至于国家有时大治有时混乱的原因，并非因为宰相制度的变化；宰相的人选不合适，他的名望就轻，其心不专，事情就做不好，如果天子不亲自办，在旁阻挠的人，不是外戚就是宦官。假如大将军其人是以其品德被选拔上来的，那么任大将军一职还是可以的。如果尚书令、中书令其人也是以其品德被选拔上来的，那么他们主持尚书省、中书省的工作也会是能胜任的。丞相三公其名，并非是从唐尧、虞舜、殷朝、周朝沿袭而来的。后代吸取权臣擅政的教训，分割宰相之权与参知政事，下移其权力于内阁，又怎么知道参知政事和内阁的学士们不会专权擅政而心怀其奸？汉代相权上移到大将军手中，仅仅是宠信外戚；明代相权下移于内阁，而实权却操纵在宦官手中。难道仅是其名丢掉了吗？其实也丧失了。天子不躬亲国事，而整天和他在一起的就是嫔妃和宦官；对这两种人不防范，仅以虚名来争尊卑分合之得失，也并不重要。

为公辅大臣争名不如争实；争实中，与其争权不如争道。如果君主不励精亲政而慎重选择有贤德的人做宰相，那么这些争名争实都是没有意义的。汉代，宰相翟方进以荧惑守心而被赐死，陈褒因为地震而被皇帝下策免去了职务，难道当时唯独没有天子吗？

周代推荐人才的方法，虽然说是乡举里选产生的，但必须由诸侯与卿大夫的推荐；如果没有诸侯卿大夫的推荐，就不能到达天子那里。不久，大夫执掌国政，士人入仕，必须经过大夫的推荐；如果没有大夫的推荐，士人就不能到诸侯国君那里。汉代辟召人才，是州郡长官推荐的，没有州郡长官的推荐，士人就不能到达三公那里；没有三公的推荐就不能到达天子那里。魏晋选拔人才，以大小中正来掌童子诸科，与太学上舍之选，学校岁贡之士；逮及任子掾吏，皆特达而登仕籍；士无不可自达于天子。而犹有依附权门、失身匪类、堕其名节者，此尚何所委咎哉！

周末之政在大夫也，圣门之贤，亢志陋巷，颜、闵而已；冉有之失身季氏，子路之失身孔悝，夫岂有康衢之可繇而趋邪径哉！士之仕也，犹农夫之耕也；无畇畇之隰，则阪田虽确，而不能已于藨蓘。故自隋以上，清直端洁之士，限以地，迫以时，失身于荐辟之匪人，而不免于公论之弹射，士之不幸也，古之不今若也。

杨伯起之刚方，而谮之者以邓氏故吏为其罪；邓骘辟震，而震不能辞，时使然也。崔瑗之持正，欲说阎显立济阴王，不能见显，因陈禅以进说，禅不代达，犹以显累，终身被斥；瑗受显之辟召，而不能辞，时使然也。夫二子皆有求、路不可夺之节，而浮云之翳，白日减辉。自非蛰龙屈蠖，学颜、闵而终潜德，遭世末流，亦将如之何哉！

后世贡举法行，举主门生虽有不相忘之雅，而一峰之于南阳，念庵之于江陵，抗疏劾之，而不以为嫌。然且有别托蹊管九品（是指人品）的升降；如果没有中正的推荐，士人就不能到达吏部。隋朝开始设立进士科，唐代以后历代都沿袭这一制度选拔人才，又增加了明经科、学究科、童子科等科目，与学校岁贡人才，太学的上舍选拔人才共同组成了选拔官吏制度；至于任子和掾吏，都是一下子登上仕途，踏入仕籍；士人通过上述的选官途经，都可以自达于天子。当然，还有一些依附权门、失身匪类、名节不好的人，他们还能把责任推卸给谁呢？

周朝末年，由大夫执掌各国政权，圣门的弟子中，志高而身处陋巷的，只有颜回、闵损两人而已；再有失身事奉季孙氏，子路委身于孔悝，难道有平坦通顺可以通过而非要抄邪路不行吗？士人踏入仕途，就像是农夫耕田种地一样；没有平坦整齐墒情很好的田地，那么坑坑洼洼虽然很牢靠，也不能培植出好苗。所以，隋朝以前，清廉正直之士，由于受地域的限制，时间的紧迫，失身于能够推荐他们的那些坏人，他们这样不免会被公论所批评和指责，这是那个时期士人的不幸，古代的世人不如今天的士人自由。

刚直不阿的杨震，诬陷他的人认为他曾经常做过邓氏的故吏因此而有罪。邓骘辟召杨震，杨震不能推辞，当时的情况下只能做这种决择。崔瑗也是位很正直的人，他想向阎显建议立济阴王为帝，他见不到阎显，就让陈禅替他捎口信给阎显，陈禅虽然没有替他转达，但他还是受到了阎显的牵连，终身被禁锢不得为官；崔瑗受阎显的辟召，而不能推辞，也是当时的情况所决定的。这两个人都有像冉有、子路那样的不可剥夺的节操，由于浮云的遮蔽，致使太阳的光辉减弱。如果不是蛰龙屈蠖，学颜回、闵损终其不显露的品德，正值王朝末期，又将会怎么样呢？

后代贡举之法推行，推荐人与门生即使有不相忘的雅意，但一峰对于南阳，念庵对于江陵，虽上疏弹劾他们，但他们没有以为仇径以呈身邪党者，使当晋、汉以上，其不为郗虑、贾充之躬任弑逆者几何也？览伯起、子玉之始终，为之深悼，而士可以不恤其身哉？

18.人之至不仁而欲赖以为宠，人之至不祥而欲附以为援，天下之至愚，成天下之大恶，终陷天下之大刑，其能免乎？

人主即至愚且忍，未有不欲其子为天子者也。其或有所废者，必有所立，类皆私嬖妾、宠庶孽，而要亦授于其子。安帝仅一子尔，旁无嬖庶，年甫十岁，性犹婉顺，而惑于宦寺，忍弃之钟下，而不恤己之无苗裔，此诚古今之至不仁者矣。奄人之祟恶也，毒螫善类，攻毕己以行私尔。即至伤及元良，如伊戾、赵高之为，亦阴有攀附，仍不舍其君之子，而但逞于一时。王圣、江京、樊丰之琐琐怀忿于王男、邴吉，而怨及国本，吾君仅有一子，而敢摧折以濒于死亡，此诚天下之至不祥者矣。而耿宝无知，丧心失志，徇至不祥之人，行至不仁之事，惑古今至愚至忍之安帝，赖其宠禄，而附险毒之奄妾以为援；帝死未寒，宝先死于阎显之手，与圣、丰而俱烬。呜呼！不可与为父子者：必不可与为君臣。不可与为君臣者，必不可与为朋友。宝也、显也、京也、丰也，歧首之蛇，还自相噬，而阎后亦因以毙。按顺帝虽纳周举之谏，复朝阎后，而数日后阎后辄崩，其死于见迫可知，史讳言之耳。不仁之尤，不祥之甚，未有能终怨。然而还有为了走捷径而托身于邪党的人，使他们处在汉晋时期，他们中能不作像郗虑、贾充亲自弑杀君主的人又有几个呢？纵观杨震、崔瑗的一生，为他们而感到深深地裴哀，作为士人能不顾其自身吗？

最不仁的人总是想依赖某种人并宠信他们，最不吉祥的人总是想攀附某个人，并把他作为奥援，天下最愚蠢的人，会制造出大的罪恶，终究又会身陷大刑；难道还会能避免吗？

作为君主即便是最愚蠢又狠心，但没有不想把自己的儿子作为天子的。虽然君主有时也会废掉所立的太子，但一定另有所立，一般都是宠幸的妃子所生的庶子，但关键是皇帝的地位仍然传给了自己的儿子。汉安帝仅有一个儿子，没有其他的庶子，年近十岁，性情还算是婉顺，但安帝为宦官的花言巧语所迷惑，却残忍地把自己的亲生儿子抛弃于皇位之外，而不顾自己没有后代，这确实是古往今来所没有过的最大的不仁。宦官推崇坏人，毒害好人，攻击不是自己同党的人，以此来推行他们卑鄙的私意。就是伤害到了元良，如伊戾、赵高的所作所为，他们暗地里也仍然有所攀附，他们仍然不舍弃君主的儿子，以便借其达到逞强一时的目的。宦官王圣、江京、樊丰他们对王男、丙吉怀恨在心，而恨及与王男、丙吉亲近的太子，汉安帝仅有这么一个儿子，他们却敢把他推下皇太子的宝座，并把他折磨到几乎至死，这真是天下最不祥的事。而耿宝没有一点见识，他丧心失志，帮助那些最不祥的人，做出最不仁的事，蛊惑古今以来最愚蠢最狠心的安帝废掉太子，以此来巩固自己的地位，为了达到此目的他又攀附险恶歹毒的宦官后妃，引以为奥援，安帝死后，尸骨未寒，耿宝就先被阎显处死，与王圣、樊丰同归于尽。唉！不能帮助人作为父子的人，必定日者也。刘授、刘熹、冯石之为三公，缄默不言，辱人贱行，身逸𫓧钺，而耻心荡然矣。

不能帮助君臣搞好关系；不能帮助君臣搞好关系的人，也必定不能帮助朋友。耿宝、阎显、江京、樊丰，就如同身长几个头的蛇一样，自相残杀，而阎后也因此而毙命。（顺帝虽然采纳了周举的谏议，再次朝见阎后，但几天之后阎后就去世了，她的死是被迫的，史书上忌讳说出这一点。）最不仁的人，最不祥的人，最终都没有好下场。刘授、刘熹、冯石三人身为三公，对所发生的一切，缄默不语，为了避免灾祸，他们宁愿受人的侮辱，行为受人鄙视，他们的廉耻之心已经荡然无存了。

卷八

顺帝

1.惜天下之不治者，曰有君无臣。诚有不世出之君矣，岂患无臣哉！所谓有君者，君在中材以上，可与为善，而庸谫之臣，无能成其美而遏其恶也，则顺帝是已。帝之废居西钟下也，顺以全生，群奸不忌，非不智也。安帝崩，不得上殿亲临，悲号不食，非不仁也。孙程等拯之危亡之中而登天位，一上殿争功，而免官就封，不使终持国政，非不断也。谅虞诩之谏逐张防，听李固之言出阿母，任左雄之策清吏治，非不明也。樊英、黄琼、郎顗公车接轸，纳翟酺之说，广拓学宫，非不知务也。使得丙吉之量，宋璟、张九龄之节，韩琦之忠，姚崇、杜黄裳之才，清本源，振纲纪，以纳之于高明弘远之途，汉其复振矣乎！而桓焉、朱宠、朱伥之流，皆衰病瓦全，无生人之气，涂饰小康，自寡其过，不能取百年治乱之大端谨持其几。而左雄、虞诩因事纳忠之小器，遂为当时之杰。区区一庞参，为时望所归，乃悍妻杀子于室而不能禁，本已先缺，而求物之正，必不能者；盈庭物望，遽尔归之，则其时在位之人才，概可知已。帝德不终，而汉衰不复，良有以也。

痛惜天下不能大治的原因，都说是有君无臣。假如真是有英才盖世的明君，难道还担心没有贤臣吗？所谓有君，就是指君主的才干中等偏上，如有贤臣辅佐可以成就一番事业，而平庸之臣对于这样的君主，既不能辅佐其充分发挥才干，也不能遏止其为非作歹。顺帝就是典型的例子。顺帝在做太子时，被奸臣陷害，被废除太子称号，居住在德阳殿西钟下，韬光养晦，苟且偷生，没有再引起奸臣的忌恨。这不能不说他不聪明。安帝驾崩以后，奸臣不让他上殿亲临守丧，他悲号不食以寄哀思，这不能说他不仁义。孙程等人把他从危难之中解救出来，并辅佐他登上皇帝宝位，而孙程后因在朝殿上争功，顺帝不徇私情，罢免了孙程的官职，并让他回到封地，不让他专擅朝政，这不能说他不果断。顺帝原谅了虞诩的犯颜直谏，贬斥张防，能听李固的建议出封乳母宋娥，能采纳左雄的建议整饬吏治，这不能不说他英明。能礼贤下士，用公车招聘樊英、黄琼、郎𫖮等名士，能采纳翟酺的建议，广开学校，扩大太学的规模，这不能说他不识时务。像顺帝这样的君主，若是得到像西汉丙吉的度量、唐代宋璟、张九龄的气节、韩琦的忠诚、姚崇、杜黄裳的才干的大臣的辅佐，清本正源，重振纲纪，把国家的一切都纳入正确发展的轨道，汉王朝说不定会重振雄风！然而遗憾的是，顺帝的辅臣，像桓焉、朱宠、朱伥之流，都是些体衰多病，宁为瓦全，不为玉碎，毫无振作精神的人。他们为人处世，息事宁人，只拘泥细微末节而置国家治乱兴衰于不顾。至于左雄、虞诩只是因为他们能在自己的工作上竭忠尽力，就成了当时的豪杰。像庞参这样人，在当时也是众望所归的人物，而他本人经常在家打其妻子甚至杀了他的儿子。像这样的人，其夫岂天于季汉之世吝于生才哉！才焉而不适于用，用焉而不尽其才者多矣。而其故有二：摧之，激之，成于女谒、宦竖、佥人之持权者则一也。女谒、宦竖、佥人互相起伏，此败彼兴，而要不出于其局。其摧焉而不克振者，仰虽忧国，俯抑恤己，清谨自持，苟祈免于清议，天下方倚之为重，而不知其不足有为也，则桓焉、朱伥之流是已。（近世叶福清贺江夏以之。）其激焉而为已甚者，又有二焉：一则愤嫉积于中，而抑采草野怨讟之声以求快于愚贱，事本易而难之，祸未至大而张之，有闻则起，有言必诤，授中主以沽直之讥，而小人反挟大体以相难，则李固、陈球之徒是也。（近世谏臣大抵如是。）一则伤宿蠹之未消，耻新猷之未展，谓中主必不可与有为，季世必不可以复挽，傲岸物表，清孤自奖，而坐失可为之机，则黄宪、徐穉、陈寔、袁闳之徒是也。（唐宋以下无其人矣。）激而争者，详于小而略于大，怒湍之水，不可以行巨舟。激而去者，决于弃世而忍于忧天，环堵之光，不可以照广野。呜呼！若是者，皆非不可康济之才，而不终其用，繇来久矣，岂一旦一夕之故哉！故虽有可与为善之君，而终无与弘奖而利成之也。

自身都不正，要正别人，这肯定是不行的。至于朝廷中其他的众望所归的人物，从当时在位的这些人才中，也大概可以知道他们的情况。顺帝之所以不能善始善终，汉室之所以衰落而不能重振，确实是有原因的。

难道是上天到了东汉末年就特别吝啬，不愿多出人才吗？不是的，关键是这一时期有才干的人无用武之地，有用者而又不能充分发挥其才干，这样的事太多了。之所以如此，原因有二条：即打击和挫折，而这又都是由女谒（通过皇帝宠信的女人请托做官的人）、宦官、奸佞小人中的掌权者造成的。东汉末年，女谒、宦官、奸佞此伏彼起，此败彼兴，而国家大权始终掌握在他们手中。那些遭受过打击而又不能振作的人，虽然也忧国忧民，但更恤己保位，他们息事宁人，谨慎自持，以祈求免遭清议褒贬，当靠他们来处理国家大事的时候，却不知他们是完全靠不住的。顺帝时的桓焉、朱伥等就是这一类的人物。（近世的叶福清、贺江夏也是这样的人。）那些遭受极大挫折的人，又可以分为两类：一种人是，把对小人的深恶痛绝积于心中，到处搜集反对奸佞之人的呼声，然后公开发表以求得愚贱之人的欢呼，结果事情本来很简单，他们却搞得复杂化，祸乱本来还处于萌芽状态，他们却搞成公开化、扩大化。他们听到一点风声就起来，有话必谏诤而后快，结果让中主抓住了他们想获取介直之名的把柄，而奸佞小人借机反拿大体来压他们，李固、陈球就是这一类人。（近代的谏官也大都如此。）另一种是对以前所受的挫折耿耿于怀，而对自己新的宏图难以施展而觉得羞耻，从而认为中主难以成就大事，汉室气数已尽难以扶大厦之将倾，进而傲世轻物，孤芳自赏，从而失去了大有作为的机会，黄宪、徐稚、陈寔、袁闳等就是这样的人。（唐宋以后就没有这样的人了。）遭受挫折后奋起而争的人，拘泥于小事而忽略了大端，就像是湍湍急流，不能行大船一样，难以作出大事。遭受挫折悲夫！大权移于女谒、宦坚、佥人，则主虽明、臣虽直，相摧相激以贻宗社生民之祸，不可谓无君，抑不可谓无臣，而终不可谓有臣也。此今古败亡之所以不救也。

2.左雄限年四十乃举孝廉，论者皆讥其已隘，就孝廉而言之，非隘也。孝廉者，尝为郡国之吏，以资满无过而举，亦中材之表见者尔；至于四十矣，所事非一，守相既无偏好之私，而练习民俗，淹通经律，兢兢焉寡过以无陨其名，超郡职而登王廷，岂患其晚哉！非然者，始试于掾曹，旋登于王国，幸途百启，猎进无厌，官常毁而狂狡者挠风化之原，是恶可不为之制乎！天子能举人而后可拔非常之士，天子能养士而后可登英少之人。孝廉之举，至于顺帝之世而已极乎陋矣，士之欲致贵显者，知有郡县而不知有朝廷也，知有请托扳附而不知有学术事功也，故黄宪之流，耻之如浼焉。塞其幸猎之捷径，尚多得之自好之中人，诸葛孔明、周公瑾英年早见，而知己者得之象外，岂孝廉之谓哉？

后退却的人，虽然决心超凡脱俗又容忍自己忧国忧民，就像是四面高墙围着的火光一样，难以照亮广袤的田野。唉！像上述这些人，都不是不能成为济世之才，而才不尽其用，也是由来已久了，难道是一朝一夕形成的吗？所以，虽然有可以成就一番大事的君主，而无贤臣的辅佐，最终也难以成就大事。

令人痛心的是，国家大权被女谒、宦官、奸佞小人所掌握，那么君主虽然英明，大臣尽管鲠直，内部的斗争给国家、百姓留下无穷的灾祸。像这种情况，不能说无君，也不能说无臣。然而最终不能说是有臣，如有贤臣辅佐中等偏上才能的君主，决不会出现这样的结果。这就是自古至今国家衰败灭亡难以挽救的原因。

左雄在任尚书令时对察举孝廉制进行了改革，规定以后凡举孝廉，年龄必须在四十岁以上。很多人都认为这样选举孝廉的范围太狭窄。我认为，就选举孝廉而言，范围并不算太狭窄。被选为孝廉的人，一般都曾做过郡或封国的吏员，因为资历已满又没有什么过错才得以被举，也都是中等偏上的人才；至于年龄到四十以后，他们所事俸的郡国守相不是一个，那些郡国守相既无偏心好恶的私心，而这些孝廉又可以在任职间体察民情，熟读经籍，只要兢兢业业地工作，少犯错误不损害自己的名声，就可以一跃而登郡级长官的宝座然后就可进入朝廷任职；难道还用担心太晚吗？如果不是这样，在开始试职吏员时，很快就升职到王国任高级官职，上任后宠幸小人，贪得无厌，官吏应当遵循的准则遭到破坏，更有一些狂妄者甚至毒化社会风气，像这样的不良风气怎么能不为之制度呢！一国天子只有先选举出人然后才可以从中再择选出才干非常的人，天子能够先造就出士人，然后其中的盖世英才才能登上高位。汉代察举制度中的孝廉一科，到了顺帝的时候已是弊端丛生，士人中凡有想往上爬的，只知道有郡县而不知有朝廷，只知道有请托攀附以求进，而不知道还有学

3.言有似是而实非者，马融之对策是已。行其说，不足以救弊；而导其说，则足以蛊人心、毁仁义而坏风俗。融忧民之不足，而言曰："嫁娶之礼俭，则婚者以时矣。丧祭之礼约，则终者掩藏矣。"汉之季世，艳后尸政，寺人阿母，穷奢极侈以蠹国；私人墨吏，横行郡国以吮民；民之贫也，岂婚葬之糜之哉"融避不言，而嫁其罪于小民区区未殄灭之孝慈，邪说诬民，充塞仁义，其他日附权门而献颂，拥绛帐而纵欲，皆此念为之也。

婚葬者，人事始终之大故，《记》言曰："先王重用民财，而重用之于礼。"其以奖仁厚、崇廉耻之精意，岂褊夫陋人之所知哉？昔者殷之且亡也，昏姻之礼废，浮僻之行逞，茅束死麇可以诱女，而文王忧之；《关雎》之诗曰："琴瑟友之，钟鼓乐之。"盛礼乐以宜淑女也。肃雍之车，秾如桃李，岂不节而乐以淫乎？崇闺门之廉隅，防野合之滥觞，故虽梅摽盈筐，而不忧其失时。以失时者无损于归妹之愆期，而惩刲羊无血、承问和政绩，所以像黄宪这样清高的人，耻于与这样的人同流合污。堵塞那些宠幸猎进之人的做官捷径，还可以从洁身自好的人中选出一些清廉之士，诸葛亮、周瑜英才少年就已展露头角，而他们的知己却是把他们从起逸物象之外的环境中聘出的，像察孝廉这样岂能做到这一点呢?

有些话乍听起来似乎是有道理的，而仔细品味则又是错误的，马融的对策就是如此。马融在其对策中认为婚丧嫁娶应崇尚节俭。如果推行他的建议，也不足以挽救当时败坏的社会风气；若以其建议为指导，就会蛊惑人心，毁坏仁义道德而最终败坏社会风气。马融忧民之心不足，而只是说：“嫁女娶妻的礼仪节俭，结婚的人就不会错过时节。丧葬祭祀的礼节越是简单，去逝的人就会极早地被掩埋。”东汉末年，阎太后虽临朝听政却无所事事，宦官及皇帝乳母，穷奢极欲，蠹害国政。奸佞之臣贪官污吏，横行地方搜刮民脂民膏；老百姓的贫穷难道是婚丧嫁娶浪费得太多了吗?马融对此避而不谈，而把百姓的贫穷归罪于这些尚有一点未曾泯灭的孝慈之心的小民身上，以此荒谬之说诬陷百姓，完全不顾仁义道德，而其本人又攀附权门进献颂词，又常坐高堂，施绛纱帐，前授生徒，后列女乐，这都是此念所致。

婚丧嫁娶是一个人一生的开始与终结的大事，《礼记》中说：“先哲圣王非常重视用老百姓的财富，把财富都用到适合于人们道德行为规范的活动中。”其精神本意就是为了弘扬仁厚，崇高廉耻，这难道是那些凡夫俗子庸俗浅薄之人所能认识得到的吗?过去，商朝快要灭亡的时候，有关婚姻的礼节都被废止，盛行一些轻浮邪僻的行为，拿一束茅草一头死獐就可诱骗到一个少女，而周文王当时对这种非礼行为非常担心。《诗·关雎》中有句诗：“琴瑟友之，钟鼓乐之。”意思是说要盛张礼乐，以合善良少女的心意。整齐和谐的车，筐无实之无攸利也。若夫丧祭，则岂君之忍禁其民、民之忍背死以求财之足者乎？家贫而厚葬，非礼也。喻贤者以俯就，使无以不备物为哀而伤其生也。士之禄入亦薄矣，而士丧礼之所记，衣衾紟绞罶茵抗席殷奠三虞之盛，不以贫而杀焉。唯夫嬴政之后，穷天下以役骊山，故汉文裁之以俭，以纾生人之急。然天子之俭也，自不至于土亲肤而伤人子之心，若士民则固弗禁也。墨氏无父，而桐棺之制，戕仁寡恩以牖民于利，孟子斥之为禽兽矣。罔极之恩，终天之一日，此而不用吾情，何所用吾情者？融不生于空桑，而欲蔽锢人子之恻隐，各馀财以畜妻子；融也，其能免于枭獍之诛乎？呜呼！此说行，而禽兽食人，人将相食，其伊于胡底也！

昏及时而弃礼，则赘婿不知耻，而年未及期者，且配非其类，以启淫乱。葬欲速而趋简，则旦在堂而夕在野，委骼荒崖，而野火狐狸灼啮其未冷之骨。其极也，竟相索而鬻色以自肥；惑术士之言，而焚割枯骸以邀富贵；利心一逞，何有终再加上夭桃秾李的装饰去迎婚，怎么能说是不节俭、浪费太过份呢？应崇尚闺门少女的人品行为端正，防止出现私自结合私奔的现象，所以，虽然熟透梅子落了一满筐（比喻女子都到了结婚的年龄），也不用担心失其时。因为失时者也无损于其嫁妹误期，而苦于宰羊无血、承筐无实而无利可图，至于丧葬祭祀，难道作君主的就忍心禁止百姓做这些事情吗？而百姓难道为了自己财富不受损失就忍心背叛死者吗？家庭经济困难而对死去的人厚葬，是不合乎礼仪的。告诉贤者让他们对死人厚葬，让他们不要为不具备所用的东西而悲哀，这是对活人的伤害。士人的收入也不太丰厚，而《士丧礼》中记载的士人去世后，衣服被子紟绞翣茵抗席般奠应有尽有，不能因为家里贫穷而减少。秦王嬴政统一六国后，竭尽天下的人力物力在骊山脚下为其修建坟墓，所以到了西汉文帝时裁减葬礼崇尚节俭，以解除压在活着的人身上的重担。然而天子所讲的节俭自然不会不用棺椁就埋掉自己的父母而使作人之子者伤心，至于士人百姓自然没有这样的限制。墨翟没有父亲，所以他提倡薄葬，倡导以桐棺埋葬死去的亲人的制度，从而把百姓引导到只知道蝇头小利而不知仁义道德的歧途上去，孟子痛斥他的这种作法是禽兽行为。父母对我们有无穷无尽的恩德，在他们去世的时候，我们不报答其恩情，那还用我们的情感干什么？马融不是生于空桑之地却想蒙蔽禁锢作为人子的恻隐之心，用此节余下来的钱财养活老婆孩子；像马融这样忘恩负义的人，岂能逃脱人们的口诛笔伐吗？马融的建议要使得到施行的话，不但禽兽吃人，人们自己也会自相残杀。

到了结婚的年龄而放弃礼节，那么像赘婿这样的人也不会感到羞耻，而年龄不到结婚的时候，就私自许配于人，这是开了淫乱之端。人死之后为埋葬得快一些而使葬礼日趋简单，使人白天还在家晚上就被抛尸荒野，埋葬在荒草野地之中，野火狐狸或烧或咬其极！不知先王斟酌质文而轻财贿以全天性之至教为不可及也。融也，固名教之罪魁，无足数于人类者也，其何诛焉！

4.善用天下者，恒畜有馀以待天下，而国有馀威，民有馀情，府有馀财，兵有馀力，叛者有馀畏，顺者有馀安。不善用之，小警而大震之，以天下之力，争一隅之胜负，虽其胜也，以天下而仅胜一隅，非武也；疲天下而摇之，民怨其上，非情也；民狎于兵而玩兵，非所以安之也。区怜之乱，九真、交址之小衅，而在廷者欲发荆、扬、兖、豫四万人赴讨，廷无人矣。微李固之深识，任祝良、张乔以单车而收万里之功，汉其危哉！

唯遣吏循抚而不加之兵，将使九真、交址之人曰：吾之于中国，犹蠡蚋之嘬也，置我于不足较，而姑使贤二千石以绥我也，不轨不顺，而仅与二单车之使抗，吾其如中国何哉！将使中国之人，坦然亡疑而私相语曰：九真、交址犹蠡蝱之嘬也，一使者单车折之而已款服矣。天下固自定也，无有能摇之者也。使桀骜思逞之人，无所施其技击之勇，无所施其机变之未寒之骨。更有甚者，有些人竟相出卖色相取利，有的人受巫士的蒙蔽，而烧掉或割袭先人的枯骨以求富贵；一旦利欲熏心，什么事都能做得出来！不知先王提倡人们重义轻利，以完善人的天性，竟如此难以达到！马融，本是就是毁坏名教的罪魁祸首，不能把他算作人类，对这样的还有什么说呢？

善于治理天下的人，经常贮藏天下用不完的财富以应不虞之需，因而国家有强大的威力，百姓对国家有深厚的感情，国家府库有充足的财物，军队有强大的战斗力，背叛者会感到更害怕，归附者会感到更安心。而不善于治理国家的人，有一点事就要惊动天下，拿出天下全部的力量，去争取一个角落的胜负，虽然取胜了，但顷天下之力而仅仅收复一小片地方，也算不上勇猛；使天下疲惫不堪动摇了国家的根基，百姓又怨恨官僚，也算不上体恤百姓。百姓把耍刀弄枪当作儿戏，这也不是安定百姓的办法。顺帝时，区怜（今越南承天顺化南一带）发生叛乱，九真（今越南清化、河静、义安三省部分地区）、交趾（今越南河内及其周围地区）也屡次挑衅，而朝廷上的大臣都想派荆州、扬州、兖州、豫州四万人的军队前去讨伐，看来朝廷上这帮人都是无能之辈。如果没有李固的远见卓识，任命祝良为九真太守、张乔为交趾太守，两人皆不带兵只身前抚慰诱使叛者投降，汉朝的天下就会变得很危险。

只派遣官员前去抚慰诱降而不发兵征讨，九真、交趾的人就会认为：我们对于中国来说，就像是蚊子、蚋虫咬了人一样，根本不把我们当回事，而中国只是派来好的太守安抚我们，如果我们仍然坚持对抗不归顺朝廷，而仅仅与两位不带兵的太守相抗衡，与中国相比我们算是什么呢？而国内，人也会对朝廷的强大安定坦然无疑，私下也会相互说道：九真、交趾的挑衅就像是蚊子、虻虫在人身上咬一下一样，朝廷根本不把它当回事，现在两位不带军队的太守一到他们就巧，知弄兵而矜智勇，曾不如单车一使之从容而折万里之冲也。将使单车一使之威伸于万里，则浸假大臣殚谋于廷，大将奋扬于外，抑不知其荡涤之功何若；而天子之德威赫赫如是，则即有权奸，亦无敢生其心以尝试。故九真、交址戢耳以听命，而天下晏然。

鸣呼！枭雄之初起，未必即敢小视天下而睥睨之也；殚天下之力与争胜败于一旦，而枭雄之胆乃张，中国之情日茶。天宝之乱，始于云南之丧师；宋尽心力于西夏，而女真测其荏弱。一良吏制之有馀者，合天下震惊以不足；以瓦注者以金注，未有不自乱者也。播州之巢穴初空，奢蔺之连兵遽起，朝鲜之救兵甫旋，辽沈之严关早失；廷无人而贪功者挠之，无馀威无馀祚矣。悲哉！

5.梁商之策匈奴曰："良骑夜合，交锋决胜，夷狄所长，中国所短。乘城固守，以待其衰，中国之长，夷狄之短。"马续从其教令，而右贤王力屈而降，此万世之訏谟也。佛貍之强，而不能拔盱眙；完颜亮之众，而不能渡采石；其衰可待，躁者不能待而自败耳。故杨镐王化贞之罪，死不偿责也。

折服投降了。这样，天下就会自然安定，没有人能支援得了他。也使那些桀骜不驯、思逞其强的人，无处施展其高超的武艺，无处施展其权变计谋，认识到只知穷兵黩武、矜智夸勇，还不如只身前往的不带兵的使者，从容地使有强大军队的叛者投降。也会使天下都知道朝廷只派了一个不带兵的使者就降服了强大的叛者，那么逐渐地大臣殚精熟虑于廷堂，大将扬威于疆场，但也不知他们能建立多大的功勋：而天子有如此赫赫的德威，那么即是有那些权奸之人，也不敢萌生叛心来尝试。所以说，九真、交趾俯首听命于朝廷，那么天下就安然无恙。

唉！当一代枭雄最初起兵的时候，未必就敢小看天下而无所顾忌；一旦朝廷顷天下之力与争输赢的时候，枭雄的胆量就会越来越大，朝廷就会越来越感疲惫不堪。唐玄宗天宝年间爆发的安史之乱，是开始于朝廷军队在云南吃了败仗；当北宋尽天下之力与西夏争胜负时候，金国的建立者女真族已清楚地看到了宋朝的荏弱。一位好的官吏就可以制止的叛乱，若惊动天下倾天下之力却不一定能做得好。以瓦器作赌注就可以偏要用黄金作赌注，像这样的朝廷是自己扰乱自己的军心。播州（今贵州省遵义市）叛军的巢穴初空的时候，奢蔺联合起来的军队马上起来，当朝鲜的救兵开始撤退的时候，辽沈各处的关隘早已散失；朝廷无人设良谋，而贪功者又阻挠良谋，国家没有强大的威力，国家的命运也难以维持长久。令人悲痛啊！

梁商对付匈奴的计策认为："精锐的骑兵夜间集合，两军交锋争强决胜，这是少数民族军队的长处，中国军队的短处。依靠深沟高墙固守一城，以等待敌方的气势衰落，这是中国军队之所长，少数民族军队之所短。"马续采纳了这一策略，在与匈奴军队的决战中，固守一城使匈奴右贤王力尽而投降。这是中国军队对付少数民族军队的万世不变的良策。北魏皇帝佛貍自恃其强，却不能攻克盱眙（今江苏若夫驱除之于盛极将衰之际，则又有异焉。守位者人也，聚人者财也，金粟足以相赡，而后守可以继。彼虽衰而犹承极盛之馀，则彼且倚金粟之馀以困我，与之相守而固不敌，则溃败也必矣。主者利于守，客者利于攻，主客无定，在因其时而迁。负荡平天下之大略者，尚其审此哉！

6.张纲单骑诣贼垒，谕张婴而降之，言弭盗者侈为美谈。杨鹤、陈奇瑜、熊文灿遥慕其风，而祸及宗社。呜呼！孰知纲之为此，为梁冀驱之死地，迫于弗获已，而姑以谢一时之责者乎！纲卒未几，而婴复据郡以反，滕抚斩之而后绝，纲何尝能弭东南之盗哉！且婴降而马勉、华孟相继以蜂起，滕抚追剿净尽，而江湖始宁，则抚盗之为盗囮，审矣。

胥吾民也，小不忍于守令之不若，称兵以抗君父，又从而抚之，胜则自帝自王而唯其意，败则卑词荐贿而且冒爵赏之省盱眙县）；金废帝完颜亮虽然军队庞大，却不能从采石（今安徽省马鞍山市长江北岸）渡过长江。只要耐心等待，他们的士气自然会衰落，而那些性急将领不能耐心等待急与争强决胜，以自己短处对敌方的长处，这是自寻其败。所以，杨镐、王化贞就是犯这样的错误，他们给国家造成的损失虽死也不足以偿其罪。

至于双方相持到敌方气势由盛转衰的时候，情况则又有所不同。守位者是人，能把人团结起来的东西是财，只有金钱粮食充足，固守一城才可以维持下去。敌方气势虽已衰落但仍有不可争锋之余威，再加上敌方以自己钱粮充足有保障而以大军围困我方，与敌方相恃守肯定是敌不住敌方的，那么失败也就在所难免。在两军的交战中，固守有利于主方，进攻有利于客方，主客方关系不定的情况下，在于因时因地置宜。胸怀荡平天下雄伟报负的人，还是应该弄明白这个道理的。

张纲只身单骑到了叛贼张婴的营垒之中，晓谕张婴以理，最后张婴投降朝廷，主张安抚盗贼者都把这件事当作美谈。后来，杨鹤、陈奇瑜、熊文粜都非常仰慕张纲只身单骑劝贼投降的胆略和风范，就比猫画虎也照此行事，结果给国家造成了极大的祸害。唉！岂不知张纲之所以如此，也是被梁冀逼到了死地，没有办法的情况下被迫如此行事的，同时也只能如此来推卸自己的责任。所以，张纲死后不久，张婴等又重新据郡反叛朝廷。滕抚奉命围剿，最后杀掉了张婴，此事才算彻底结束。张纲凭只身单骑怎么能消灭东南地区的叛贼呢？况且张婴投降之后，马勉、华孟又相继起来造反，滕抚将他们全部围剿消灭后，天下才开始变得安定，看来安抚盗贼就会使盗贼更猖獗，这一点是很明白的。

我国的老百姓，对郡县守令稍微有点不满，就起兵造反对抗朝廷，而朝廷也纵容他们，安抚他们，他们战胜就可以随心所欲称王加，一胜一败，皆有馀地以自居，而不失其尊富，桀猾者何所忌而不盗也？南宋之谚曰："欲得官，杀人放火受招安。"且逆计他日之官爵而冒以逞，劝之盗而孰能弗盗邪？

夫失业之民，随桀猾所诱胁，尽俘杀之也，诚有所不忍；歼其渠魁，而籍其党与，以为边关之戍卒，则矜全其死命，已不伤吾仁矣。而使仍居其故地，则岂徒渠帅哉？失业之民，一染指于潢池，而乡党不齿，田庐不保，欲使之负耒而为戢顺之民，亦终不可得，是宁以抚求其永绥哉？改纪暴政，慎择良吏，而饬之以宽恤，以安未乱之民，而已乱者非可旦夕使顺也，弭盗者慎勿轻言抚哉！

均之抚也，祝良、张乔用之交址而定，张纲用之广陵而咨益猖。其术同而效异者，则又有说。蛮夷之寇边鄙，进为寇而退自有其田庐之可居，姻亚乡闾之可与处，则敛戢以退，而固不失其所，抚之斯顺矣。生中土为编氓，一行为盗，反而无以自容，使游泳于非逆非顺之交，翱翔而终思矫翮；抑且弭之豢之，宠而荣之，望其悔过自惩而不萌异志，岂能得哉？张纲者，以缓梁冀一时之祸，而不暇为国谋也，何足效哉！

称帝，失败了就投降，说些谦恭的话，交纳一定财物，这样他们还可以获得封爵和赏赐。因此，起兵造反无论胜负，都有生存的余地，而且还可以不失其富贵，因此，那些桀骜不驯奸猾不规的人还有什么顾忌不做盗贼呢？南宋时，民间流行着一句谚语，叫作："欲得官，杀人放火受招安。"而且谋反者日后官爵的高低取决于他谋反规模的大小，像这样鼓励人们谋反有谁能不愿意作盗贼呢？

那些失去生业的百姓，受桀骜不驯奸猾不规之人的引诱和胁迫而为盗贼，俘获他们后，将他们全部诛杀，确实让人有所于心不忍；消灭他们的首领，把所有参与的人都发配到边疆地区作戍卒，这样既可以保全其命，也不伤害朝廷的仁义。假若让他们仍然住在原籍，难道只罚首领一人服劳役吗？失去生业的百姓，一旦被迫为盗，乡里的百姓就会歧视他们，甚至他们的田宅也难保住，要想让这些人重新务农作个老实顺从的良民，也很难办到。像这样的人难道能通过安抚保证他永远不再为盗吗？革除暴政，慎重选择善良的官吏进行统治，宽厚待民，安抚那些尚未参与叛乱的百姓，而那些已经参加动乱的人并非一朝一夕可以让他们归顺，想消除叛乱的人一定要慎重，不要把安抚叛贼当作儿戏！

虽然都是采用安抚的办法，祝良、张乔用它，安定了九真、交趾地区；张纲也用它，却使广陵（今江苏扬州市）地区的盗贼更加猖獗，他们所采用的办法相同而结果却截然相反。之所以会出现如此不同结果是有原因的。少数民族入侵边境地区。他们进则可以为贼寇，退则有自己的田宅可以耕居，亲朋好友乡间百姓仍然和他们相处，正因为他们收兵而退，而不影响他们的耕田居住，所以安抚他们也比较顺利。中原地区的百姓，出生以后就成了编户齐民，一旦出为盗贼，即使想悔改，反而无处容身，让他们在叛逆与归顺之间徘徊是不行的，最后他们为了自由还是想重新回到叛逆的老路上去的。

桓帝

1.顺帝崩，冲帝殇，质帝弑，李固两欲立清河王蒜而不克，终与蒜而俱毙。夫固而安能必立蒜也！伊尹、周公相汤、武以取天下，位极尊，任极重，而所戴以立者太甲、成王，皆嫡冢宜立而无容异议者；是以不顺之徒，毁室之党，挠之而不败。若非此而俾天子之立决于一人之意旨，则此一人者，伊尹、周公所不敢任，而李固安能必也！天子之立，决于一人之意旨，以为择贤而戴之。忠者曰："吾所择者贤也。"奸者亦曰："吾所择者贤也。"贤无定名，随毁誉而移焉。忠奸互角，视权之轻重为凭借，而奸者常胜。固之言曰："以天下与人易，为天下得人难。"唯天子有天下可以与人，而后人唯其所择而授之以天下；身为人臣，而可云为天下得人乎？固之言不顺矣。

汉之亡也，母后、外戚、宦竖操立主之权，以持国柄而乱之；其所立者，感立己者之德而捐社稷以徇之；夫其渐积使通过安定他们，给他们生路，信任他们，给他们应有的地位，希望这样他们就会接受教训悔过自新而且不再萌生野心，这种愿望难道能够实现吗？张纲之所以这么做，主要是为了缓解梁冀加在他身上的祸端，而无暇顾及为国家的长远利益着想了。这种做法，有什么足以让后世效法的呢？

顺帝驾崩以后，接着冲帝即位一年就夭折了，质帝又被梁冀毒杀，李固两次都想立清河王刘蒜，但没有如愿，结果和蒜都因此而死。在当时的条件下，李固怎么能把刘蒜立为皇帝呢？伊尹、周公辅佐商汤、周武王取得天下以后，地位很高，责任也很重，在商汤、周武王去世后，他们所拥立即位的君主是太甲和成王，太甲和成王都是嫡长子，按照当时的王位继承制度，应立他们为君主这是毫无疑问的。所以，虽然有些不满意甚至想废除太甲、成王的嫡室地位的人从中阻挠，太甲、成王仍然继承了王位。如果不是有继承制度的规定，而是由谁继承天子位完全取决于一个人的意志，虽然是伊尹、周公也不担当此重任、而李固一人怎么能一定立刘蒜为皇位继承人呢？假若立皇位继承人取决于一人的意志，都认为是选择了有贤德的人继承，那么，忠臣就会说：我选择的皇位继承人有贤德；而奸臣也会说：我选择的继承人有贤德。而贤德没有一个固定的标准，完全取决人们的毁誉。这样忠臣奸臣斗争的结果，总要根据双方权势的轻重而定，而奸臣一方在这些斗争中总是获胜。李固有句话说："把天下交给别人容易，为了天下太平选立一个合适的人就太难了。"只有天子可以把自己拥有的天下交给别人，而大臣们只能把天下授予天子所选择的那个人。身为人臣者，怎么能说为了天下太平选立一个合适的人呢？李固的话听起来也太不顺理了。

汉代将要灭亡的时候，母后、外戚、宦官交替操纵着废立君主的权力，他们把持朝政、为非作歹，把天下搞得一片混乱。他们所立然，岂一朝一夕之故哉？诸吕诛，惠帝子废，舍齐王而迎立代王者，周勃也。昭帝无后，昌邑废，迎立宣帝于民间者，霍光也。夫二子所择者贤，而二子无奸心，则得矣，然此岂可以为后世法哉？且勃立文帝，而帝目送之曰："鞅鞅非少主臣。"光立宣帝，而骖乘之日，帝若芒刺。则二子危而汉以安。非然者，跋扈之言出诸口，而鸩毒已入其咽。故为人臣而以为天下得人为己任，虽伊尹、周公弗敢任焉，而况李固乎？

自禹以后，传子之法定。无子而以次相继，为母后者不敢择也，为大臣者不敢择也。庶支无觊觎之心，外戚奄人无扳援之望，则虽得之不令，而亦唯天所授，非臣子所敢以意为从违。故刘子业之凶淫，而沈庆之有死而不敢废。忠者无所容其忠，奸者无所容其奸，然后权臣不能操天位之取舍以与人主市。宋仁宗之立英宗，高宗之立孝宗，人主自择之，此则可谓为天下得人尔。先君无前定之命，嗣子无豫建之实，则如杨廷和之迎兴邸，顺次而无敢择焉可也。廷和行其所无事，而世宗曰："以门生天子待朕。"亦鞅鞅芒刺之谓矣。然廷和危而天下安。固欲为天下得人，而有择焉，恶足以敌梁冀之结奄人、挟母后、以仇其邪心哉？汉法不善，而固无能自审于人臣之义；固争愈力，则桓帝之感冀愈深，而冀之恶愈稔。卒与蒜的皇帝，都是些为感谢他们立自己为皇帝而宁愿捐出社稷来报答他们的人。之所以如此，也是逐渐积累的结果，难道是一朝一夕形成的吗？吕后死，吕后兄弟被杀，惠帝之子被废，舍弃齐王刘襄而迎立代王刘恒为帝者，是周勃；昭帝无子嗣，他死后，是霍光废掉昌邑王刘贺，迎立在民间的宣帝即位。他们二人选立皇帝有贤德，原因是他们二人没有奸心才有这样的结果，然而，他们这样做就可以让后世的人效法了吗？况且，周勃选立文帝，后来文帝看着周勃离去的背影说："像周勃这样的人，一提到太子就怏怏不乐，肯定不适合做太子的大臣。"霍光选立了宣帝，而有一天，当霍光与皇帝同坐一车的时候，宣帝就感到如芒刺背，心里很怕霍光。后来，周勃、霍光死后，汉朝才又安定。如果不这样，只要他们稍有出言不逊，就有被鸩杀的危险。所以，作人臣者如把选立天子作为自己份内的事，虽然有伊尹、周公之贤也不敢担当此任，更何况是李固呢？

自从大禹以后，王位由儿子继承已成为法定的规则。没有子嗣者可以根据血缘关系的远近亲疏依次继承，作母后者不敢择立天子，作大臣者更不能择立天子。假若诸庶子无觊觎皇位之心，外戚、宦官也无依靠攀附引皇帝为奥援的愿望，那么，虽然继承皇位不令人满意，也只能听从天意的安排，不是为人臣子者所能够任意违从的。所以，南朝宋前废帝刘子业凶残荒淫，而大臣沈庆之宁可身死也不敢废掉刘子业。忠臣无处容其忠，奸臣无处容其奸，这样权臣就不能拿住皇帝的宝座与未成年的天子相交换，以获取好处。宋仁宗立英宗，宋高宗立孝宗，都是现任皇帝自己选择决定的。这样才可以说是为天下选到了合适的人。去世的皇帝生前没有指定继承人，嗣子中也没有人被预立为太子，就像是杨廷和迎立兴邸一样，依照次序而不是通过选择还是可以的。杨廷和像无事一样照常行事，而世宗却说："杨廷和总是以门生对待我。"这话就像文帝说周勃、宣帝对霍光一而俱毙也，哀哉！

2.读崔寔之政论，而世变可知矣。譬德教除残为粱肉治疾，申韩之绪论，仁义之蟊贼也。其后荀悦、钟繇申言之，而曹孟德、诸葛武侯、刘先主决行之于上，君子之道诎，刑名之术进，激于一时之诡随，而启百年严酷之政，亦烈矣哉！

司马温公曰：“慢则纠之以猛，残则施之以宽，宽以济猛，猛以济宽，斯不易之常道。”是言也，出于左氏，疑非夫子之言也。夫严犹可也，未闻猛之可以无伤者。相时而为宽猛，则矫枉过正，行之不利而伤物者多矣。能审时而利用之者，其唯圣人乎！非激于俗而毗于好恶者之所得与也。若夫不易之常道，而岂若此哉！

宽之为失，非民之害，驭吏以宽，而民之残也乃甚。汉之季世，驭委其辔，马骀其衔，四牡横奔，皇路倾险者，岂民之遽敢尔哉？外戚奄人作威福以钳天下，而任贪人于郡邑，使虔刘赤子，而民日在繁霜积雪之下，哀我惮人，而何忍言猛乎！严者，治吏之经也；宽者，养民之纬也；并行不悖，而非以时为进退者也。今欲矫衰世之宽，益之以猛，琐琐之姻亚，仳仳样。这样，杨廷和死后天下才安定。李固本想为天下选立合适的人才对诸王有所选择的，但李固的能力哪里能比得上梁冀联合宦官、挟持母后的权势大呢？汉代的制度不完善，而李固作为大臣却没有自知之明，争立刘蒜；李固争立刘蒜越努力，桓帝对梁冀的感激也就越深，梁冀作恶的条件也就越成熟。最后，致使李固和清河王刘蒜双双毙命，真是令人痛心啊！

读崔寔的《政论》，可以知世事的变化。把德教除残比作为梁肉治病，申不害、韩非所提倡的法家治国理论，是仁义的最大的敌人。此后，荀悦、钟繇进一步宣扬它，而曹操、诸葛亮、先主刘备在治国中竭力推行这种理论，这样凡是遵从君子之道的进身就很难，而掌握刑名之术的进身就容易。因为这一时期的影响，才首开数百年严酷政治的先河，危害也太严重了！

司马光说："为政之道，慢则纠之以猛，残则施之以宽，宽以济猛，猛以济宽，这是为政不能更改的常道。"这句话是出自左丘明，并不是孔夫子所说。为政严还说得过去，没有听说过猛能不伤百姓的。根据世事的变化来解决宽与猛的关系，有时把握不好时机，那么矫枉过正，行之不利，所伤害的东西肯定会更多。能够审时度势地利用好宽猛，恐怕只有圣人能做到这一点！并非受风俗刺激或受好恶之心支配的人能够运用的。至于说它是不能更革的常道，难道有像这样的常道吗？

为政宽厚的失误，并非百姓之害，对官吏管理的放松，就必然使老百姓受到更惨的压榨。汉朝末年，国家对官吏的管理放松到了极点，就像骑马人放弃马的缰绳，去掉马的衔子一样，任它们四处横奔，皇路倾险者，难道百姓敢马上出来阻止吗？外戚、宦官作威作福，交替掌握国家政权，在地方上一些贪赃枉法的官吏，劫掠百姓，而百姓整天生活在厚霜积雪之下，对自己的遭遇感到悲哀，也很害怕薮薮之富人，且日假威以蹙其贫弱，然而不激为盗贼也不能。犹且追咎之曰：未尝束民以猛也。憔悴之馀，摧折无几矣。故严以治吏，宽以养民，无择于时而并行焉，庶得之矣。而犹未也。

以汉季言之，外戚奄人之族党肆行无惮，是信刑罚之所不赦也；乃诛殛以快一时之众志，阳球用之矣，范滂、张俭尝用之矣，卒以激乎大乱而不可止。然则德教不兴，而刑罚过峻，即以施之殃民病国之奸而势且中溃。寔乃曰："德教除残，犹以粱肉治疾。"岂知道者之言乎？上之自为正也无德，其导民也无教；宽则国敝而祸缓，猛则国竞而祸急；言治者不反诸本而治其末，言出而害气中于百年，申、韩与王道争衡而尤胜。鄙哉寔也，其以戕贼天下无穷矣。

且夫治病者而恃药石，为壮而有馀、偶中乎外邪者言也。然且中病而止，必资粱肉以继其后。若夫衰老羸弱而病在府藏者，禁其粱肉而攻以药石，未有不死者也。当世之季叶，元气已渗泄而无几，是衰老羸弱之比也，而寔尚欲操砭石、捣五毒以攻其标病乎？智如孟德，贤如武侯，而此之不审，天其欲那些贪官污吏，为什么还忍心说要为政以猛呢？治吏的关键在于严，养民的关键在于宽，二者是并行不悖的，并不是根据世事的变化宽和猛交替进退。现在想矫正衰世为政之宽的现象，纠之以猛，像琐琐姻亚之亲，仳仳蔌蔌的富人，还整日狐假虎威压迫贫弱的百姓，这样一来，能不刺激这些贫弱的人为盗贼是不可能的。而还不吸取教训，把这样的结果归咎为没有用猛来约束百姓。饱经折磨，憔悴之余的百姓，也被摧残得差不多了。所以严于治官，宽以养民，不要根据什么时机来选择宽猛，而使让他们并行，这样才基本上算是找到好的办法。但还不是最好的办法。

从汉朝末年的情况来说，外戚、宦官及其族党肆无忌惮，他们这些作恶多端的人确实应处以刑罚而决不能赦免。阳球曾用猛的办法严厉地打击诛杀过这样一批人，当时是大快人心，范滂、张俭也曾用过这样的办法，但最后却激起了天下大乱而且一发而不可收拾。这样说来那么德教不兴，刑罚过于严峻，即使是惩治祸国殃民的奸贼也必然会导致国家势力的中衰。而崔寔竟然说："德教除残，就像是用粱肉治病一样。"难道他这是了解治国之道的言论吗？统治者自己施政无德，他们又会把百姓引导到无教的道路上去。为政宽，那么国家衰败得慢，祸害来临得也慢；为政猛，那么国家就要参与争逐，祸患也来得快。谈论治国道理的人不回归根本却治其末，言一出而危害国家近百年，申不害、韩非的法家理论在与王道的争衡中占了上风。崔寔真是卑鄙啊！他给天下造成了无穷无尽的灾难。

治病的人要靠药物，这是相对于身体健壮偶然得病的人而言的。然而，如果其病刚好一定要依靠粱肉等好东西作滋补。至于年老体弱而且病在腑脏的人，如果不让吃粱肉之类的东西只以药物来治疗，病人肯定会死的。每个王朝的末年，国家的元气已经渗泄得差不多了，所剩无几，这就好像是年老体弱的病人一样。而崔寔还想用石以此时刘孑遗之馀民乎！夫崔寔者，殆百草欲衰而鶗鴂为之先鸣乎！

3.张奂却羌豪之金马，而羌人畏服。为将者，能不受贼饵以受毙于贼者，鲜矣。岂特中国之盗贼哉？敌国之相攻，强夷之相逼，而未尝不荐贿以饵边将。故或以孤军悬处危地而磐固自安，朝廷夸其坚悍有制寇之劳，乃不知香火之誓，馈问之往还，日相酬酢，而人莫之觉也。其事甚秘，其文饰甚密，迨其后知受其饵，欲求自拔而莫之能免。夫为将者，类非洁清自好独行之士，其能如奂之卓立以建大功者无几也，而朝廷何以制之哉？中枢不受贿以论功，司农不后时以吝饷，天子不吝赏以酬劳，庶有瘥乎！唐高祖不与突厥通，则师不可兴；石敬瑭不与契丹为缘，则反不能速。即不尔者，鬻国而贪盗贼夷狄之苞苴，为武人相传之衣盋，能无败亡乎？

4.子曰："不可与言而与言，失言。"谓夫疑可与言而固不可者也。故其咎也，失言而已，未足以裁及其身。若夫虎方咥而持其爪，蛇方螫而禁其齿，非至愚者不为。然而崔琦献箴于梁冀之怒，乃曰："将军欲使马鹿易形乎？"其自贻死也，更谁咎哉！

针、大剂量的药来治疗这种的危病吗？像曹操那样有才智的人。像诸葛亮这样贤明的人，对此都没有很慎重地考虑一下，大概这是上天想杀掉这些锋镝余生的百姓吧！崔寔就是那种当百草快要衰败的时候，最先叫唤的鶗鴂鸟吧！

张奂击退了羌族豪帅的金马，而使羌族人害怕他佩服他。作将帅的人中，能不接受敌人的引诱而甘愿受死于贼的人，是非常少的。难道只是对中国盗贼是这样吗？敌国之间相互攻击，强悍的少数民族之互相紧逼，也未尝不献财物以引诱边将。所以，有位以孤军深入到危险之地的将领能够磐石一样驻扎在那里，朝廷称赞其强悍有制御贼寇的功劳，其实他们不知，敌我边将之间有香火之盟誓，相互馈问往来，天天相互应酬，而别的人是不知道这些事的，他们做事是偷偷地，他们掩饰得也很好。等到以后知道这个边将是受了别人的引诱，已是难以自拔了。作将领的人，都不是那种洁身自好的独行之士，他们中能够像张奂那样洁身自好而又建立大功的人是很少的。而朝廷又有什么办法控制他们呢？如果中央给将领论功不受贿，司农能及时供应粮草，天子能不吝于赏赐和酬劳，这种情况也可能会好一些。唐高祖李渊若不与突厥相通，就不能起兵；后晋的建立者石敬塘如果不向契丹称臣，那么他打回中原的速度也不会那么快。即使不这样，卖国贪取盗贼夷狄的财物，也是武官们世代相传的衣钵，像这样的武将，他们能不失败吗？

孔子说："不可与言而与言，失言。"就是说自己认为可以与之交谈而实际上并不能与之交谈。所以其错误，也仅仅是失言而已，不足以使大祸临头。至于当老虎正吃东西时你去抓他的爪，蛇正要咬人时要拔它的齿，如果不是非常愚蠢的人是不这样做的。然而，崔琦却要向权臣梁冀献箴言，惹得梁冀大发雷霆，而崔琦这时还说："难道将军也想象赵高一样指鹿为马吗？"他说这样的话是自己寻死，能夫冀仰不知有天，上不知有君，旁不知有四海之人，内不知有己，弑君专杀，鸢肩虎视而亡赖，是可箴也，是虎可持之无咥、蛇可禁之无螫也。琦果有忠愤之心，暴扬于庭，而与之俱碎，汉廷犹有人焉。而以责备贤者之微词，施之狂狡，何为者也！冀之为冀，如此而已矣。藉其为王莽与，则延琦而进之，与温言而诱使忠已，琦且为扬雄、刘歆，身全而陷恶益深矣。故若冀辈者，弗能诛之，望望然而去之可尔。以身殉言，而无益于救，且不足以为忠直也，则谓之至愚也奚辞？

5.桓帝之诛梁冀也，一具瑗制之，而如擒鼠于瓮。冀，亡赖子耳，诛之也其易如此；然而举国无人，帝不得已，就唐衡而问中人。李固、杜乔死，君孤立于上，以听狂童之骄横。若胡广之俦，固不足道，乃举国而无深识定力士，亦至此哉！

呜呼！刘瑾之诛也，非张永不能；魏忠贤之诛也，发其恶者一国子生而已。岂尽其威劫之乎？悬利以熏士大夫之心，而如霜原之草，藉藉佗佗而无生气，国不亡也何恃哉！《易》曰：“藏器于身，待时而动。”故乘高墉以射隼，而无不获。诚笃其忠贞乎，奚待单超等之锄冀，而后扬王庭以呼号也！能勿愧焉否也？

怪谁呢?

梁冀其人仰不知有天，上不知有君主，旁边不知有四海之人，内又不知有自己，上弑君主，擅杀大臣，纯粹是一个像野兽一样的无赖。对这样的人给他提忠告，这就像是不让老虎吃东西，不让蛇吃东西一样难。崔琦如果真是有忠愤之心的人，就应该把梁冀的罪行暴扬于朝廷，而与之俱碎，汉朝廷还算是有人。而崔琦却以责备贤者的隐晦的批评，来指责狂妄狡猾的梁冀，有什么用呢?梁冀之所以是梁冀，就是这样一个人。如果崔琦规劝的是王莽的话，王莽就会用另外一种作法，即要把崔琦拉拢到朝廷，好言相劝，引诱崔琦忠于自己，那么崔琦也就会像杨雄、刘歆一样，虽然可以保全性命，但却会落个不忠不孝的恶名。所以梁冀这样的人，如果不能杀掉他，怀着失意离开他就行了。以身殉言，对当时又无可救助，而且还不足以称之为忠直，那么称之为愚蠢至极，能是夸大其辞吗?

桓帝诛杀梁冀，具瑗一个人就制服了他，就如同瓮中捉鼠一样。梁冀，本是一个无赖，诛杀他如此容易。然而当时举国无人可用，桓帝不得已，就去唐衡之处向其身边的宦官请求帮助。李固、杜乔死后，只剩桓帝一人孤零零地坐在皇位上，听任梁冀骄横不法而自己毫无办法。像胡广之类的人，确实不足为道，整个国家竟然没有有识之士，以至到了如此的地步!

唉!明代宦官刘瑾被诛杀，没有张永就不能;魏忠贤被诛杀，诛其恶者是个国子监的学生而已。难道别的人都被他们的淫威所吓住了吗?他们这些人用厚利来引诱士大夫，这样，士大夫们就如同受霜打的草一样，精神萎靡毫无生气，国家不灭亡能依靠谁呢?《周易》中说:“藏器于身，待时而动。”所以，站在高处射隼鸟，没有射不中的。如果士大夫们确实非常忠贞，为什么要等单超等人诛杀梁冀而后又飞扬跋扈于朝廷呢?士大夫们能不为此感到惭愧吗?

6.徐稺、姜肱、袁闳、韦著、李昙、魏桓，征而不至，非忘世也，知乱之未讫也。桓之言曰：“后宫千数，其可损乎？厩马万匹，其可减乎？左右权豪，其可去乎？”此知本之论也。

梁冀之横也，人知病冀而已矣，冀诛而天下遂若沉疴之去体。黄琼为太尉，陈蕃为尚书令，范滂按察冀州，无知者想望新政。呜呼！冀之生死，乌足系汉之存亡哉！冀之诛，殆痃疟之得汗而解也。伏邪在桓帝之膏肓，而内竖之以鸩而攻砒也，天下无能知者。琼与蕃且不知，而况蚩蚩之望影以对语者乎！以桓帝为君，而汉无可复为之理势，其本挠，其末乍正而倾愈疾。故权奸之殛，非必国之福也。况乎帝之诛冀，为邓香之妻报其登屋之怒，而非以其贪浊枉杀之凶于而国哉！

然则陈蕃之荐五处士为不知时而妄动乎？曰：此未可以责蕃也。蕃既立乎其位矣，苟可以为焉，则庶几于一当，植正人于君侧，君其有悛心乎！亦臣子不容已之情也。然而固不能也。故五子者，爱道以全身，斯可尚也。

7.乱政不一，至于卖官而未有不亡者也，国纪尽，民之生理亦尽也。古之天子虽极尊也，而与公侯卿大夫士受秩于天者均。故车服礼秩有所增加，而无所殊异。天子之独备者，大裘、玉辂、八佾、宫县而已；其馀且下而与大夫士同，昭其为一体也。故贵士大夫以自贵，尊士大夫以自尊，统士大夫而上有同于天子，重天之秩，而国纪以昭。秦、汉以下，卿士大夫车徐稚、姜肱、韦著、李昙、魏桓，皇帝征召他们，他们却不应召，他们并非忘记尘世，而是他们知道天下大乱还没有结束。魏桓曾说过：“后宫中数以千计的嫔妃宫女，能减少吗？皇帝的马厩之中数万匹的马，能减少吗？皇帝左右的那些权臣们，能使皇帝疏远他们吗？”这是明白根本的言论。

梁冀骄横跋扈，人们都知道把国家衰败归咎于梁冀而已，梁冀被诛杀之后，国家就如同一个久病初愈的病人一样。当时，黄琼为太尉，陈蕃为尚书令，范滂为冀州刺史，不知道的人都想他们会实行新政。唉！梁冀的生死，怎么能关系到汉室的存亡呢？梁冀被杀后，国家大概就像是大病得到缓解一样。而潜伏在桓帝膏肓之中的是，宦官杀掉梁冀而又取而代之，这一点天下人并不知道。黄琼、陈蕃且不知道，更何况那些捕风捉影的人呢？以桓帝这样的人为君主，汉室决无复兴之理，其本曲，其末再正也无济于事。所以，权臣被杀，也不一定是国家的福份。况且，桓帝诛杀梁冀是因为为了邓香之妻报其登屋之仇，而不是因为他贪浊枉杀危害国家。

这么说，那么陈蕃推荐这五位隐士是不识时务的荒诞的举动了吗？这也不能责备陈蕃。既然陈蕃在其位，那么趁此机会在君主身边安插一些正直之人，使君主有悔改之心，这也是做臣子者义不容辞的责任。然而这事却不能促成。所以，这五位隐士，为了保全自己的性命而保全其身，这也是很值得人尊敬的。

乱政的形式不一而足，但国家到了卖官这种地步就没有不灭亡的，一个国家的法度没有了，老百姓也就难以生存下去。古代的天子虽然其地位极尊，但与公侯、卿大夫、士同受秩于天。所以，他坐的车、穿的服饰、以及与之有关的礼仪虽然有所增加，但并没有特别不同的地方，天子独有的东西，就是大裘、玉辂、八佾和宫县而已。其余的东西都与士大夫一样，以此向人昭示君臣同为一体。所以，人们服礼秩绝于天子矣，而犹不使之绝也。举立以行，进之以言，叙之以功，时复有束帛安车之征，访之以道。上下有其大辨，君子小人有其大闲，以为居此位者，非其人而不可觊，抑且使天下徼幸之徒望崖而返。卿大夫士且有巍然不可扳跻之等，临其上以为天子者，其峻如天而莫之敢陵。卖官之令行，则富者探囊而得，狡者称贷以营，旦市井而夕庙堂。然则天子者，亦何不可以意计营求于天而幸获之也？而立国之纪，埽地而无馀。

古之诏禄，下逮于府史胥徒而皆浃，曰以代耕。民耕以养吏，而上制之。上敛民以养吏，而民不怨；吏知己之养一出于民，而不敢复渔猎于民。且士唯其不谋利而贫也，是以贵；而既得所养矣，抑谋其丧祭冠昏之资，而士以安。故以天子而养士，不以士养天子；天子制民之财以养士，而士不求养于民。彼之揭金粟以奉一人之欲，非其义也。且非徒邀其荣也，失之于天子，而得之于民，贾道行而希三倍之利，上弗能禁焉。且贪人之取偿于倍利者，禁之杀之而终不厌。纵千百贾于郡邑，以取偿于贫弱，民之生理不尽者，亡有也。国无纪，民无生，黠者逾垣而冀非望，弱者泣隅而幸灾祸，故曰国未有不亡者也。

以士大夫为贵，士大夫自然就贵；人们以士大夫为尊，士大夫自然也就尊，统士大夫而上与天子一样，这是重视无所规定的秩序，这样国家的纲纪也就显而易见。秦、汉以后，卿大夫坐的车、穿的衣服、以及与之相关的礼仪与天子的已有所不同，但仍有千丝万缕的联系。举之以行，进之以言，天子还时有用束帛安车征召贤士，访之以道。上下之间有很大的区别，君子与小人之间也有其不同，认为居于高位者，不是其人就不能觊觎，也使天下的那些图谋侥幸的人望崖而返。卿大夫士尚且有巍然不可妄居的威严，他们上面的天子，更是如天一样不可冒犯。卖官的政令下达以后，那么富者得官如囊中取物，狡猾者借贷来买官，白天尚居市井之中，傍晚就可以穿上官服进入朝堂。如果官都卖的话，那么天子之位又为什么不可以意计营求于天而侥幸地获得呢？这样，国家的法度，也就完全被废除了。

古代天子下诏发放的俸禄，下及于府史胥徒之类的小官，都称为代耕。百姓耕田种地养活官吏，而由天子统一掌握。天子从百姓那里收取赋税以养官吏，老百姓并不埋怨；官吏知道是百姓养活了自己，也就不敢再劫掠百姓了。况且，只有不谋私利，家境贫困的士人才是受人尊重的。已得生存之资，又想得祭丧冠昏的东西，只有这样士人的心才能安定。所以，历来都是天子养士人，而不是士人养天子。天子掌握着从百姓那里收敛来的财物以养士人，而士人不求百姓养活自己。他们把所有的财物用来满足一个人的欲望，是不义的行为。况且他们掏钱买官，并不仅仅是为了荣耀，他们上任后，要把交给天子的买官钱，又从百姓那里剥削来，并且通过商业买卖而获得以原本高出三倍的利润，天子对此也毫无办法，不能禁止。况且，凡是贪婪的人只要能有一倍的利益，杀头都不怕。纵容这些名为官实为商贾的人，让他们在千百个郡县从贫弱百姓那里获取高额的利润，老百姓是决不能生存下去的。国家没有法度，老百姓就生存不下去，狡黠的人祸始于桓、灵，毒溃于献帝，日甚日滋，求如前汉之末，王莽篡而人思汉，不可复得矣。石虎、高洋之国贫而用汰，不屑也；唐僖宗之猥贱，宋徽宗之骄奢，皇甫镈、裴垍之牟利，蔡京、贾似道之勫法，不屑也；孰其继桓、灵而自亡者也！

8.中人监军，自冯绲之请始也。夫绲亦恶知蚁穴之决而汜滥迄于千载乎？绲之请也，以将帅出师，宦官多陷以折耗军资，而诬抵乎罪；使与焉，则以钳其口，而无辞以相倾。然未几而绲竟以军还盗复起钳免官。则其为此也，何救于祸？而徒决裂防闲，使内竖操阃外之权，鱼朝恩、童贯、卢受、张彝宪，小以败而大以亡，绲之贻害烈矣哉！

汉至此已无可为矣，无往而非宦官之挟持也。南北军之唯其颐指，所仅存者疆场之军政，皇甫规、张奂几伸几诎于宦官之手，而犹自行其权藉于师中，绲更引而受之以利器；蹇硕之为八校尉魁也，熟尝其肯綮，而取必于人主以威中外，循故事以行之而逌然矣。

夫汉事不可为矣，竭其忠贞，继之以死，亦何惧于谤谮。

千方百计企图获得更好的东西，贫弱的人只能向隅而泣，并希望国家遇到大的灾祸，所以说，像这种情况，国家没有不灭亡的。

东汉时期，国家的大祸开始于桓帝、灵帝，在汉献帝时期最为严重，以至日甚一日，这时想让人们像西汉末年王莽篡汉时思念汉朝，已是不可能的了。石虎、高洋在国家贫困时却过分奢侈，不值得与东汉末年的卖官相比。唐僖宗的猥贱，宋徽宗的骄奢，皇甫鏄、裴垍的牟利，蔡京、贾似道的枉法，都不足以与之相比。谁继承桓帝、灵帝卖官的作法，谁就是自取灭亡。

宦官监军，是从东汉冯绲要求设置宦官监军开始的。冯绲怎么会知道他的这一要求就像是河堤上的蚁穴使河水泛滥一样，竟然使宦官监军沿续了一千余年呢？冯绲提出让宦官监军的要求，是因为当时将帅出兵，宦官往往诬陷他们损耗军用物资，并以此治他们的罪；假使让宦官随军出征，就可以堵住他们嘴巴，使他们无辞诬陷将帅们。然而不久之后，冯绲竟然因为撤军后盗贼重起，被免去了官职。那么他这样做，对落在他头上的大祸有什么帮助呢？而只能放弃对宦官的防备和禁阻，使宦官掌握军权。其后，鱼朝恩、童贯、卢受、张彝宪等人，危害小的导致军队的失败，危害大的导致国家的灭亡。冯绲这个请求的危害真是太严重了。

汉朝到此已是无所作为了。无论干什么事受到宦官的挟持。京师地区的驻扎的南军北军只听从宦官的指挥，所仅存的不受宦官控制军队就是在疆场上的军队，虽然他们的将帅皇甫规、张奂几伸几曲于宦官之手，但在军中仍然可以独立地行使其权力。冯绲改变了宦官的处境，并把国家权力交给他们。宦官蹇硕是八校尉的魁首。他非常熟悉如何抓住军队的要害，干什么事都要假借君主的名义威行内外，他按以往的惯例并悠闲轻松地控制着军队。

汉朝之事到这时已经不可为了。若是忠臣，对朝廷竭忠尽智，舍不然，引身而退耳。防之愈密，纵之愈甚，业已假监军之权，而生死成败且唯其意旨，他日者，忠臣元老欲去之而不得。绲胡弗思，而惧祸之情长，以倒行至是乎！推祸原而定罪首，绲不得辞矣。

9.汉之末造，必亡之势也，而兵强天下。张奂、皇甫规、段颎皆奋起自命为虎臣，北虏、西羌斩馘至百万级，穷山搜谷，殄灭几无遗种，强莫尚矣。乃以习于战而人有愤盈之志，不数十年，矢石交集于中原，其几先动于此乎！

桓、灵之世，士大夫而欲有为，不能也。君必不可匡者也；朝廷之法纪，必不可正者也；郡县之贪虐，必不可问者也。士大夫而欲有为，唯拥兵以戮力于边徼；其次则驱芟盗贼于中原；名以振，功以不可掩，人情以归往，暗主权阉抑资之以安居而肆志。故虽或忌之，或谮之，而终不能陷之于重辟。于是天下知唯此为功名之径而祸之所及者鲜也，士大夫乐习之，凡民亦竞尚之，于是而盗日起，兵日兴，究且瓜分鼎峙，以成乎袁、曹、孙、刘之世。故国恒以弱丧，而汉以强亡。

夫羌、虏之于汉末，其害已浅矣，驱之迫之，蹙而杀之，身忘死，死都不怕还怕什么诬陷和诽谤。否则，自己就引身告退，再也不会招惹什么麻烦，对宦官防范得就越是严密，对他们的纵容就越是严重，他们已经获取监军之名控制军队的权力，进而君主和国家的生死成败也操纵在他们手中。日后，忠臣元老想废掉这些宦官都无能为力。冯绲不深谋远虑，只怕祸加于自身，请宦官监军，以致于发展到宦官如此猖獗的地步！对宦官监军之祸，如果追根溯源确定首犯的话，冯绲是推卸不掉的。

汉朝末年，国家有必然灭亡的趋势，而军队却异常强盛。张奂、皇甫规、段颎等人都奋起率兵，自命为天子的虎臣，北方的少数民族、西方的羌族都被他们斩首数百万，他们还穷山搜谷，把这些少数民族几乎是斩草除根，军队之强盛没有比得上的。就是因为军队习于战争而且人有愤盈之志，所以数十年后，各路军队大战于中原，差不多这时就是其开端。

桓帝、灵帝的时候，士大夫要想有所作为是不可能的。君主的过失，士大夫不能匡正；朝廷的法纪，也一定不能纠正；郡县长官的贪婪害民，也一定不可过问。士大夫要想有所作为，只有率领军队集中力量剿灭各少数民族，或在中原镇压盗贼的反叛。这样，他的名声就会传遍天下，他们的功劳谁也无法掩盖，人情归附他们，昏君及掌权的宦官也想利用他们以安定自己的地位、肆行其志。所以，虽然有人忌妒他们，有人谮毁他们，但最终不能处以他们极刑。于是，天下的士大夫们都知道，要争取功名只有这一条途径，而且这样做还很少惹祸，所以，士大夫们乐于学习战事，凡夫俗子也竞相崇尚战争，结果是盗贼天天有，军队日日兴，最后各军阀相互瓜分天下争夺天下，形成了袁绍、曹操、孙权、刘备等几大军事集团，所以，别的朝代都是国家衰弱而致灭亡的，而汉朝却是因为军队的强盛而导致灭亡的。

羌族等少数民族，在汉朝末年，对国家并不构成多大的危害，而生类几绝。非以纾边疆之急，拯生民之危，扶社稷于不倾，而薙艾之若此其酷。人长乐杀之气，无虏可杀而自相为杀。自相杀，则自相敝矣；自相敝，则仅存之丑类，徐起而乘之；故垂百年，三国兵息，而五胡之祸起。佳兵不祥，遂举旷古以来富强卓立之中夏趋于弱，而日畏犬羊之噬搏。汉末之强，强之娄尾而姑一快焉者，论世者之所深悲也。

10.仇香不致陈元不孝之罚，感而化之，香盖知元之可化而不骤加之罚也；非尽人之不孝者皆可以化元之道化之也。天下有道，生养遂，风俗醇，无不顺之子弟。非其恻隐之性笃而羞恶之心不可泯也，人率其子弟之常，而己独逆焉，则无以自容于乡间。乃天下而无道矣，羞恶之心不泯以亡者不数数矣。仇香曰："吾过元舍，庐落整顿，耕耘以时，此非恶人。"元不孝，而于此奚取焉？取其欲自铮铮于乡闾，而羞恶之心有存焉者也。

夫孝者，人之性也，仁之所繇发也。舍其不忍之真，而求之于羞恶，亦已末矣。虽然，苟其有羞恶之心，则戢其狂愚，徐俟天良之复，而恻隐亦旋以生。惰四支，昵妻子，偍以自媮，于是而生人之气乃绝。故《易》曰："小人不耻不仁。"仁不仁，岂耻不耻之能辨存亡者哉！苶然而甘于猥贱，愦然而生其而汉朝军队却驱赶他们、镇压他们、追杀他们，使他们整个民族几乎绝根。汉朝的军队并不是为了解除边疆的危急，也不是去拯救于危难之中的百姓，更不是为了挽救江山社稷的危亡，却对这些少数民族进行如此残酷地镇压。这样的结果使人大长乐杀之气，无虏可杀时，就自相残杀，就必然导致相互衰弱；相互衰弱，就使那些仅存的丑类们乘机而起。所以，在近百年的时间里，三国兵停，而匈奴、鲜卑、羯、氐、羌五个少数民族之兵又起。好用兵造成了不祥的结果，于是自古以来富强卓立的中原地区日趋衰弱，甚至到了害怕犬羊之间相互争斗的地步。汉朝的所谓强盛，是强盛之末尾姑且图一时之快罢了。论世者对此是深感悲痛的。

仇香不以不孝罪惩罚陈元，而是感化他，大概是仇香知道陈元是可以感化的，因而才不马上对他进行惩罚。但并不是说对父母不孝的人都可以采用像感化陈元的办法来感化他们。如果天下有道，百姓能顺利地生活，风俗淳朴，就不会有不孝顺的子弟。尽管其恻隐之心不深，但其羞恶之心不可能完全泯灭，为自己子弟作表率的人，如果自己谋逆，就不会被乡里所容。如果天下无道，羞恶之心不泯灭的人是寥寥无几的。仇香说："我从陈元家门口经过的时候，看到他家的房舍整齐，耕田种地也依农时，由此而判定，他并不是个坏人。"陈元不孝顺父母，从这里又能看到什么呢？因为在这里能够看到陈元想在乡里中做一个胜过一般人的人，他的羞恶之心还保存着。

孝，是人的天性，仁也就是由此而产生，抛弃其恻隐之心，即使有羞恶之心，也是很浮浅的。尽管这样，如果其有羞恶之心，就可以制止他的荒诞和愚昧，逐渐等其天良的恢复，天良恢复了，恻隐之心也会逐渐产生。如果一个人四体不勤，只亲昵妻子儿女，沉溺于刻薄，那么这个人也就完全没有生人之气。所以《周易》中说："小人不耻不仁。"仁或是不仁，难道能用耻与不耻来衡量其存亡吗？精神萎悍戾，不见不仁之可耻，而后天性终迷以不复。故人之无良，莫甚于有胸无心而不自摄者也，而后教化之道穷。

仇香知此矣，以其无惰心也，知其有耻；以其有恒度也，知其不迷；急取其羞恶之心而重用之，以徐俟恻隐之生焉，故元终以孝闻。虽有圣人，不能如无耻心者何也。弑父与君，皆介然蹶起，忘乱贼之名为可恶者也。惰四支，昵妻子，势穷而逆施。故先王之德教，非不如香，而设不孝之诛，无如此无耻者何也。杀之而已矣。

11.巨奸之蠹国殃民而自伏其法，不足以为大快，于国之存亡无当也。左悺自杀，具瑗贬，侯览黜，非桓帝之能诛之，非杨秉之能取必于桓帝而诛之，罪已逾涯，自灭焉耳矣。三凶去而宦官之势益张，党锢之狱且起，曾何救于汉之危亡哉！

外戚灭，宦官兴，大臣无事焉，天子欲行其意以诛僭逼，而大臣不与，宦官除君侧之奸，事已显著，而后擿其罪以请诛，未有倾心而听者。故曰："人不足与适也，唯大人为能格君心之非。"能之者，有以能之者也。无坚识定力为天子除患，则虽日陈尧、舜之道，而固视之如梦呓。汉之大臣道不足，而与宦竖争存亡，亦晚矣。快一时之人情，去三凶而若拔牛之一靡而甘于堕落，愤怒起来骄悍无比，不知道不仁是可耻的，像这样的人，其天性最终也难以恢复起来。所以，人不善良没有比有胸无心而且不能自我控制更严重的了，这样教化的途径也就穷尽了。

仇香对此非常了解，他从陈元有无懒惰之心，知道他羞耻之心；从他有持久不变气度，知道他是不会执迷不悟的。很快取之其有羞恶之心而重用他，使他的恻隐之心也逐渐复生，所以终于使陈元以孝闻名于天下。尽管是圣人，对那些没有羞耻之心的人也无可奈何。这些没有羞耻之心的人，最终发展到杀父杀君，以至忘掉了乱贼的坏名声，这是最坏的情况。四体不勤，只亲昵妻子儿女，其势穷必然会叛逆。所以古圣先王的德教，并非不如仇香，他们设置不孝的罪名，杀掉这些不孝之子，是因为对这些毫无羞耻之心的人没有一点办法，只好杀掉他们算了。

祸国殃民的巨奸，若其自杀以伏法，不足以使人感到大快人心，对国家的生存灭亡也都不适当。左倌畏罪自杀，具瑗被贬官，侯览被降职，并不是桓帝能够诛杀他们，也不是杨秉能从桓帝那里取得权力杀掉他们，而是他的罪恶太深，自取灭亡罢了。左倌、具瑗、侯览三位凶贼或死或降以后，宦官的势力非但没有缩小，反而气焰更加嚣张，以结党之罪，大起冤狱，禁锢士大夫，他们的或死或贬对汉朝的危亡又有什么帮助呢？

东汉末年，外戚宦官交掌握国家政权，外戚势力消灭，宦官势力兴起，外廷大臣不能参与国家大事。天子想自己掌权，自行其意，就必须杀掉那僭越礼制威逼天子的人，而外廷大臣却不能参与此事，宦官清除了君主身边的外戚，事情已经很明显，然而，宦官揭发他们的罪状，并请求天子诛杀他们，但并没有人倾心于宦官而所任其颐指气使。所以说：“这些人不足以与之共事，只有圣人才能纠正君主的不正当的言行。”所谓能纠正，是指有能力来纠正。没有远见卓识强毛，不救其亡，固矣。

12.桓、灵之世，君道澌灭，而臣之谏之也亟，探本以立论者，唯荀爽乎！当其时，荼毒生民而椓杙正气者，无如宦官之甚。乃宦官之于人主，亦何亲而过信之？且其声音笑貌之无可悦者，夫人而知厌恶之矣，而人主昵之，若乳子之依母也，何故？非艳妻哲妇之居间，则宦官之不敌士大夫久矣。内宠盛而后宦官兴，密迩于宫闱，而相倚以重；溺君于晏寝，而视听以衰。付诏令刑赏之权于宦官，而床笫之欢始得晏间于娱乐。非然，则声音、采色、肥甘、轻暖，人主自可给其欲，而何藉此嚬笑可憎之刑人为邪？爽之对策，直斥而切言之，女谒远，奄权自失矣。故曰探本立论也。

13.党锢诸贤，或曰忠以忘身，大节也；或曰激以召祸，畸行也。言畸行者，奖容容之福以堕士气。言大节者，较为长矣，而犹非定论也。

大的实力为天子铲除祸患，那么，即使每天都向皇帝陈说唐尧、虞舜治国的方略，也如梦话一样无济于事。汉朝末年，外廷大臣没有足够的办法，却与宦官争个你死我活，也太晚了。虽然铲除左倌、具瑗、侯览三位奸贼，能够大快人心，使人们高兴一阵子，但就如同拔掉牛身上的一根毫毛那样，也确实不能挽救汉朝灭亡的命运。

桓帝、灵帝在位时期，君主无道，而大臣对他们的规劝建议也提得很急。在这些人中，能抓住根本的人，大概只有荀爽一人！当时，历经磨难幸存下来的人，都没有了浩然正气，他们的势力根本比不上宦官。那么宦官对于君主为什么那么重要，为什么君主那么亲近他们，宠信他们呢？况且，他们的声音笑容让人看了听了都会感到不舒服，甚至是厌恶，而君主亲昵他们，就像是吃奶的孩子依赖母亲一样，这是什么原因呢？很显然，如果不是君主宠妻居于皇帝和宦官之间，宦官是肯定敌不过士大夫的。君主若非常宠幸其嫔妃，那么必然造成宦官势力的兴起，宦官和内宫紧密联系而又相互倚重，他们完全使皇帝沉溺于后宫之中，国家大事，皇帝眼看不到，耳听不见，完全受宦官和内宠的蒙蔽。这样，皇帝就把下达诏令，实施刑赏的大权交给了宦官，而自己却沉溺女色之中不能自拔。如果不是这样，君主可以自己决定需要听什么声音，看什么颜色，吃什么样的美味，穿什么样的衣服，何必要借助那些点头哈腰令人可恶可恨的宦官呢？荀爽的对策，言语直接了当而且非常恳切，如果君主疏远后宫的嫔妃，那么宦官的势力就会自然丧失。所以说，荀爽的对策抓住了宦官弄权的根本。

对于东汉末年被朝廷以结党之罪禁锢不得为官的各位士大夫们，有人称他们是忠而忘身，保持了士大夫的大节。也有人认为他们激起事端，引火烧身，说这是偏激的行为。认为他们的行为偏激的人，实际上就是鼓励那种老好人的和事佬态度，结果必然使士大夫人臣捐身以事主，苟有裨于社稷，死之无可辟矣。暗主不庸，谗臣交构，无所裨于社稷，而捐身以犯难，亦自靖之忱也。虽然，太上者，直纠君心之非而拂之以正；其次视大权之所倒持，巨奸之为祸本，而不与之俱生，犹忠臣之效也。然一奸去而一奸兴，莫之胜击也。若夫琐琐之小人，凭借权奸而售其恶者，不胜诛也，不足诛也。君志移，权奸去，则屏息以潜伏而萧条窜匿，亦恶用多杀以伤和哉！然其流毒于天下，取恶于士大夫，则琐琐者易激人怒而使不平；贤者知之，则以为不胜诛、不足诛者也。乃诸贤之无所择而怒，无所恤而过用其刑杀，但与此曹争胜负，不已细乎！

李膺、杜密，天子之大臣也，匡君之邪而不屈其节也。膺尝输作左校矣，非以击大奸而刑，所击者一无藉之羊元群而已。既已诎于时而被罔，则悔向之攻末而忘本，以争皇极之安倾，夫岂无道焉？所与伉直之流搏杀以快斯须者，一野王令张朔耳，富贾张汎耳，小黄门赵津耳，下邳令徐宣耳，妄人张成们丧失士气。认为他们保持了大节的人，其态度是较为可取的，也是比较客观的，但这仍然不是定论。

为人臣者舍身忘死侍奉君主，假若能对国家社稷有裨益的话，即使面临死亡也不能回避，若是不能被昏君所重用，而又受谗言之臣的构陷，对国家社稷无所益的话，即使舍身忘死，临危不惧，也仅仅是表达了自己对国家安定的热忱。尽管如此，首先，能直接纠正君主的过失，矫枉过正。其次，看到国家大权旁落，巨奸大猾为国家祸乱之源，不愿意与这种现象共存下去，这仍然能够证明是忠臣。然而，一个奸贼被消灭而另外一个奸贼又兴起，难以消灭干净。至于那些猥猥琐琐的小人，依靠那些掌握大权的奸臣，为非作歹，为所欲为，像这样的人更是难以诛杀干净，也不屑于把他们诛杀干净。只要君主志向转移，想有所作为，罢去专权擅政的奸臣，那么他们就自然平息，或是潜伏下来或是像老鼠一样地逃窜隐匿起来。何必要采用多杀的办法，伤害天下和睦的气氛呢？但是，那些猥猥琐琐的小人，为非作歹，毒害天下，士大夫们非常厌恶他们，而且他们的所作所为也容易激起人们的愤怒，使人们产生不平之心。而贤士大夫们非常了解这些情况，那他们就认为像这样的小人是杀不完，也不值得杀。假如各位贤士大夫无所选择地对这些小人的一切行为都很恼火，而且无所体恤地采用滥杀的办法对待这些小人，只与他们争个你死我活，不是也太不注重大节而看到细微末节了吗？

李膺、杜密都是天子的大臣，他们匡正君主的行为过失而又不为此屈大臣之节。李膺曾被宦官诬陷，被遣送到左校（官名）罚作苦工，并不是指责高官权臣而罚他作苦工，他所指责攻击的是没有任何依靠的羊元群而已，而羊元群却贿赂宦官诬陷李膺。既然已身遭冤枉而又遭到了惩罚，就对以前只攻末而忘本的行为进行反思，转而去为扶持皇室安倾而争，这样难道没有道理吗？他与那些正直的大耳，是何足预社稷之安危，而愤盈以与仇杀者邪！侯览也，张让也，蟠踞于桓帝之肘腋，而无能一言相及也。杀人者死，而诛及全家；大辟有时，而随案即杀；赦自上颁，而杀人赦后；若此之为，倒授巨奸以反噬之名，而卒莫能以片语衹词扬王庭以祛祸本。然则诸君子与奸人争兴废，而非为君与社稷捐躯命以争存亡乎！击奸之力弱，而一鼓之气易衰，其不敌凶憝而身与国俱毙，无他，舍本攻末而细已甚也。

直击严嵩，而椒山之死以正；专劾魏阉，而应山之死以光；党锢诸贤，其不得与二君子颉颃焉，无他，岑晊、张俭之流有以累之也与！

灵帝

1.桓帝淫于色，而继嗣不立，汉之大事，孰有切于此者！窦武任社稷之重，陈蕃以番番元老佐之，而不谋及此。桓帝崩，大位未定，乃就刘儵而问宗室之贤者，何其晚也！况天位之重，元后之德，岂区区一刘儵寡昧之识片言可决邪？持建置天子之大权，唯其意以为取舍，得则为霍光，失则为梁冀矣。武以光之不学、冀之不轨者为道，社稷几何而不危，欲自免于臣一起，非常痛快地弹劾诛杀的人，不过是野王（今河南省泌阳县）县县令张朔，富商张泛，小黄门赵津，下邳（今江苏省睢宁县西北）县县令徐宣，狂妄的张成等小人物而已，这些人对国家社稷的安危会有多大的影响呢？李膺等人却愤怒之极像对仇人一样非要把他们杀掉而后快！侯览、张让，聚集在桓帝身边，他们却无可奈何，杀人者偿命，更何况诛杀其全家，因此对他们来讲随时都有遭受杀头的危险，只要一案查清楚即可杀头；赦免令是由皇帝下达的，他们杀人之后才颁布赦免令。象这样的作法，实际上为奸臣小人留下了把柄，而李膺等人最终也不能靠自己的只言片语抬高皇帝的地位，为国家社稷除去祸根。这么说来，那么李膺等人与奸臣小人的争斗，并不是为了君主和社稷的存亡而舍身忘死地去争斗！攻击奸臣的力量太弱，同时鼓起来的勇气也容易衰落，最终他们难敌凶恶的奸贼，只好与国家一起灭亡。造成这样的结果，没有其他的原因，仅仅是因为他们舍本攻末，太注重细微末节了。

直斥奸臣严嵩，杨继盛先生死得光明正大；专门弹劾宦官魏忠贤，杨涟先生也死得光荣。遭党锢之祸的各位贤士大夫，他们之所以不能与明代的两位君子相提并论，没有其他的原因，只是因为像岑蛭、张俭等小人连累了他们！

汉桓帝沉溺于女色，却没有子嗣，汉室的一切大事，能有比这件事更为迫切的吗？窦武担负国家的重任，陈蕃以几朝元老的身份辅佐他，但他们都没有想到这一点。桓帝驾崩以后，皇位一直没有确定合适的人选，他才到刘鯈的住处打听宗室中谁是贤者，这不是太晚了吗！况且，天子地位之重，天子的道德品行，难道是微不足道、孤陋寡闻、昏庸愚昧的刘鯈的只言片语可以决定的吗？自己掌握立天子的大权，唯其个人的意志为取舍，做得好就会像霍光一样，做得不赤族之祸，讵将能乎哉!

武也，一城门校尉也，非受托孤之命如霍光之于武帝也。所凭借以唯意而立君者太后耳。宫闱外戚之祸，梁氏之覆车不远，宦官安得不挟以为名哉？夫武也，既不能及桓帝之时谏帝以立储之大义；抑不于帝崩之后，集廷臣于朝堂，辨昭穆、别亲疏、序长幼、审贤否，以与大臣公听上天之命。儵以为贤而贤之，武谓可立而立之，天子之尊，若其分田圃以授亚旅而使治。则立之唯己，废之唯己，朱瑀恶得不大呼曰：“武将废帝为大逆。”而灵帝能弗信哉？汉之亡也，亡于置君，而置君者先族，武不蚤死，吾不保其终也。获诛奄之名，以使天下冤之，犹武之幸也夫!

2.忠直有识之言，亦无难听也；庸主具臣不能听，毁而家亡而国也，谁其哀之？窦武以椒房之亲，任立君之事，踵梁冀之所为，虽心行之无邪与梁冀异，而所为者亦与冀奚别？录定策功，封闻喜侯，灵帝亦按冀之故事而以施之武。卢植说之曰：“同宗相后，披图按牒，以次建之，何勋之有？宜辞大赏以全身名。”斯亦皎然如白日之光，昆虫皆喻于昏旦；而武不能用，悲夫，其自取覆亡也!

好就会像梁冀一样。窦武却兼备了霍光的不学无术，梁冀的不轨行为，江山社稷怎么能不危险呢？窦武想自免于被诛灭九族的大祸，难道能办得到吗？

窦武，是一个城门校尉的低级武官，他不像霍光那样接受了武帝的托孤之命。他所凭借的是太后的支持，他才敢唯其意立新君。后宫外戚惹下的大祸，像梁冀家族被诛之事刚发生不久，宦官怎能不以此为名再次发难呢？窦武其人既不能在桓帝生前以立太子建储君的大义规谏天子；也不能在桓帝去世以后，把大臣召集到朝堂，辨明皇室家族各成员的辈份，排定长幼的顺序，考察其贤能与否，然后跟其他人一起共同听从上天之命来立天子。刘儵认为贤能者，他就也这样认为，窦武说是可立为天子者，就立其人为天子，以天子之尊，就好像是把田圃给各军队让他们耕种一样。这样，立天子根据自己的意志，废天子也是根据自己的意志，朱瑀怎么会不大呼："窦武要废掉皇帝，想谋大逆。"而灵帝又怎么能不相信呢？汉室的灭亡，亡在擅立君主，而立天子的人总是最先被族灭，窦武假如死得不早，很难保证他能善终。获得诛杀宦官的名声，又使天下人都认为他是冤枉的，这还算窦武的幸运呢！

忠诚正直有远见卓识的言论，也并不难听；但是昏君庸主、备位充数不称职守的大臣却听不进去，以致于家毁国亡，谁能为他感到悲哀呢？窦武以外戚的身份，担当起立君的重任，结果却重蹈梁冀的所作所为，尽管其心不像梁冀那样奸邪，但他的所作所为与梁冀又有什么区别呢？他立灵帝以后，灵帝录其定策立之功，封爵闻喜侯，这是灵帝按照桓帝封赐梁冀的故事封赐窦武。卢植就这件事对窦武说："既是刘氏同宗之后，按照家谱、履历，根据顺序而立为皇帝，你窦武有什么功勋？应当辞掉丰厚的赏赐，以保全你的性命和名声。"这样的语言，就像是白天的太阳一样，但那些昆虫宁愿躲在阴暗的角落夫欲秉国均、匡社稷、诛宦竖、肃官常也，岂不侯而不足以立功？即庸臣之私利计之，荣其身、泽其子孙，抑岂今日不侯，而终掩抑其大勋，贻子孙以贫贱哉？则卢植之说，引而上之，可以跻善世不伐之龙德；推而下之，亦计功谋利者之勿迫求于一旦而致倾仆之善术也。而武不能，且欲引陈蕃以受无名之赏。蕃固知其不可受也，惜乎不知武之不足与共为社稷之臣也！

3.窦武、陈蕃杀，而汉之亡必不可支矣。陈蕃老矣，而诛权竖、安社稷、扶进君子之心，不为少衰，惜乎不知择而托于窦氏也！然则窦武其非贤乎？曰：武非必不贤，而所为者抑贤者之道。虽然，武即贤而固不可托，且吾不能保武之以贤终也，故重为蕃惜也。

武之可信为贤者，以其欲抑宦寺以奖王室，且引李膺、杜密、尹勋、刘瑜而登进之。然此岂可决其必贤哉？单超之杀梁冀也，尊黄琼矣，用陈蕃矣，征徐稺、姜肱、袁闳、李昙、韦著矣，天下固尝想望其风采而属望以澄清。然则有所诛逐，有所登进，矫时弊以服人，奸人用之俄顷，而固不可信。蕃已老，窦武方内倚太后、外受定策之赏，而蕃又恶能保其终乎！

里。窦武最终不能听信卢植的话，令人痛心啊！这是他自取灭亡！

为人臣者想秉持国家大权，匡扶社稷，诛杀宦官，整肃有关官吏的规则，难道不封侯就不能建立这些大的功勋吗？即使平庸的大臣为自己的私利考虑，荣耀其身，泽及子孙，难道今日不封爵为侯，最终能掩盖其巨大的功勋，使其子孙贫贱吗？那么，卢植的言论，若引而上之，可以在天下太平的时候立下巨大的功劳；往下来说，也是计功谋利的人不追求一时之利而导致最终失败的好办法。而窦武却不能听从卢植的建议，而且还想拉拢陈蕃一起接受这没有功勋的赏赐。陈蕃确实知道这种赏赐不能接受，可惜却不知道窦武这样的人是不足以与他一起成为国家社稷的重臣的。

窦武、陈蕃被杀以后，汉朝的灭亡已成定局，就像是大厦将倾而难以支撑一样。陈蕃年纪已大，但是，他诛杀握有大权，为非作歹的宦官，安定江山社稷，推荐君子之心却并没有因其年老而有丝毫的懈怠，遗憾的是他不知选择人，却依靠窦氏！这么说来，那么窦武难道不是好人吗？窦氏并不一定不是好人，但其所作所为压抑了好人做好事的途径。尽管如此，窦武即使是好人也确实不能依靠他，况且，我不能保证其贤能善始善终，所以就更加为陈蕃感到惋惜。

人们能够相信窦武是个好人，是因为他想抑制宦官的势力以辅佐汉室，况且，他推荐了李膺、杜密、尹勋、刘瑜等人做官，然而，这样难道就可以决定他一定是个好人吗？宦官单超联合其他几位宦官诛杀了外戚梁冀，尊崇黄琼，进用陈蕃，征召徐稚、姜肱、袁闳、李昙、韦著等名士，天下确实曾想望其风采，并希望他能整顿混乱不堪的社会。但最后却是令人失望的。这么说来，那么有被杀掉的，有被贬逐的，有被推荐重用的，顺应人心而矫正时弊，奸臣也可暂时采用这些办法。因此，不能据此就认为这样做的人一定是好人。当时，陈蕃已经老了，窦武内依靠皇太后，外又受定策立君的重赏，而陈蕃却汉之将亡也，天子之废立，操于宫闱，外戚宦寺，迭相争胜，孙程废而梁氏兴，梁冀诛而单超起，汉安得有天子哉！而蕃所托者犹然外戚也，则授宦者以梁冀复起之名，既无以正天诛而服受戮者之心，且天下亦疑外戚宦寺之互相起灭而不适有正。故张奂亦为王甫、曹节所惑，欲自祓濯而终不免。蕃之托武，非所托也明甚。然且以老成之识，昧焉而不察者，时之所趋，舍是而无能为也。

呜呼！以三族之膏血，争贤奸之兴废、社稷之存亡者，岂易言哉？不幸而无如砥之周道，率繇之以行志，则亦埋怨于江潭山谷之间，赍恨以没焉耳。毫厘之辨不审，而事以大溃，贤人君子骈首以死，社稷旋踵而倾，若以膏沃火，欲灭之而益增其焰。蕃之志可哀，而其所为亦左矣。是以君子重惜之也。

4.夫人情亦惟其不相欺耳，苟其相欺，无往而不欺；法之密也，尤欺之所藉也。汉灵之世，以州郡相党，制婚姻之家及两州人士不得对相监临，立三互之禁，选用艰难，而州郡之贪暴益无所忌。司马温公述叔向之言，“国将亡，必多制。”若夫开国之始，立密法以防欺，未即亡焉，而天下之害积矣。

依靠窦武这样的人，难道能保证会有一个善终的结果吗？

汉朝末年，国家将亡，天子的废立完全被内宫所操纵，外戚宦官，迭起而相互争强斗胜，孙程被废，外戚梁氏兴起，梁冀被杀而宦官单超又兴起，汉朝的江山社稷都掌握在外戚宦官手中，人们怎么会知道还有天子呢？而陈蕃所依托的窦武仍然是外戚，这就为宦官声称梁冀（泛指外戚）又出现了留下了口实，这样既不能以正天诛，也不能使被杀者心服口服，况且，天下人也都怀疑外戚宦官之间互相倾轧你死我活，没有哪一派是好的。所以，当宦官起来诛杀窦武、陈蕃时，张奂却被宦官王甫、曹节所迷惑，想自洗濯，但最终还是遭到宦官的陷害，被禁锢终身。陈蕃依靠窦武，很明显，窦武并不是能靠得住的人。然而，况且陈蕃以其见多识广，却这样愚昧而不详细审察，这大概也是当时的趋势，舍此而没有更好的办法。

唉！以三族人的性命，为贤奸之兴废而争斗、为社稷之存亡而争斗的人，难道很容易把他们说清楚吗？假如不幸而没有平坦的大道，由其率领按自己的意图行事，那么也只能在江潭山谷之中抱怨，怀恨而死罢了。非常细微的小事不认真考察，就有可能使大事完全失败，贤人君子也只能骈首待死，江山社稷很快就会倾塌，就如同用油浇火一样，想灭火却使火烧得更厉害。陈蕃的志向叫人同情，但其所作所为也是不对的。所以，君子就更加惋惜他。

人与人之间以不相互欺骗为首要。假如，有一事欺骗，就没有任何事情不能欺骗了。法律越是严密，人们借助它越是欺骗得厉害。汉灵帝在位时期，因为州郡地方结党营私现象非常严重，于是就制定了有婚姻关系的两家人，以及两州人士不能到对方所住地担任地方官的制度，进而又发展为三互法（即甲地人到乙地做官，乙地人到丙地做官，那么丙地人既不能到甲地也不能乙地做官；对于有姻亲关系的人来说，也是如此）。因此，由于这回避制度的限制，选官用今之为制，非教官及仓巡驿递不亲民者，皆有同省之禁，此汉灵之遗法也。司马温公曰："适足为笑。"诚然有可笑者。名为一省，而相去千里者多矣；名为异省，而鸡犬相闻者多矣；同省而声闻不接，异省而婚媾相连，岂天限地绝，一分省而遂不相及哉？此适足为笑者也。或为婚姻，或相对治，情相狎，过相匿，所必虑也，而又奚必婚姻对治之相临乎！展转以请托，更相匿而互相报，夫岂无私语密缄之足任。已非婚姻、已非对治矣，借手以告曰：吾无私也。而交通请属之无所惮，此又适足为笑者也。

夫防之严，而适以长欺，既良然矣。若夫捐禁而乡郡可守，尤有利焉。自贤者而言之，南北之殊风，泽国土国之殊壤，民异利，士异教，遥相治而见为利者或害，教以正者或偏，审士之宜以益民，视习之趋以正士，则利果利而教果教矣。自不肖者而言之，酷以墨者之无忌也，突为其寇仇，而翩然拚飞于千里之外，无能如何也；即罢斥以归休，而身得安、子孙得人也非常艰难。而州郡的官吏贪暴成性，更加肆无忌惮。司马光记述叔向的话说："国家将要灭亡的时候，制度也就特别多。"假如一个国家在建国之初，就制定严密的法律以防范人们相互欺骗，结果国家还没有灭亡，而天下的积弊却已经很深了。

今天的制度，不是教官以及仓巡驿递官不直接统治百姓的官员，都有回避同省任职的限制性规定，这实际就是汉灵帝时期三互法的翻版。司马光先生说："削足适履的行为是可笑的。"确实有这种可笑的人。虽住同一个省，但相距千里的人多得很；虽同在两个不同的省份，但鸡犬之声相闻的近邻也非常多；同一省内并无任何交往的人很多，邻省之间结成婚姻的人也很多，难道天限地绝，一分省就不能相互交往了吗？这就是一个削足适履的可笑例子。或者是婚姻之家，或者是两地人士易地治理，一定应当考虑的是，他们是不是对情感不严肃，是不是相互隐瞒过错，而又何必限制婚姻之家及两州人士易地而治理呢？通过各种请托，相互隐瞒过错、相互回报人情，他们虽然不是婚姻之家也不是易地对治的两地人士，难道他们之间就没有私语密缄，难道对他们就可以放心地任用了吗？既不是婚姻之家，也不是两地人对治，这样就可以挥手告诉人们说："我是公正无私的。而在背后交通上下级官僚请托受贿肆无忌惮，这又是一个削足适履的可笑例子。

对人防范得严，而恰好能助长欺骗，如果说这种制度已是不错的话，那么废除这些限制性的制度，乡郡人士都可以在本地任职，那就更有利了。从好人的观点来说，南方与北方的风俗不同，水乡与平原地区的土壤不同，百姓的利益不同，士人的教法不同，使人远离自己家乡的地方去做官，那么当地人认为是有利，他就可能认为有害，当地人认为这种教法是正的，他就可能认为是偏的。如果能够因地置宜，对百姓有好处，根据当地的风俗来正士，那么这种利才是真正免，无馀虑矣。居其土，与其人俱，当官则吏也，归里则乡曲也，刑罚科敛之加，非以其正，而乡人可报之于数十年之后，则惴惴焉一夫胜予，不肖之情戢焉，害亦有所惩矣。

夫王者合天下以为一家，揭猜疑以求民之莫而行士之志，法愈疏，闲愈正，不可欺者，一王之法，天理之公，人心之良也，而恃区区之禁制也乎？三代之隆也，士各仕于其国，而民益亲。亡汉之稗政，奈之何其效之！

5.呜呼！世愈移而士趋日异，亦恶知其所归哉！灵帝好文学之士，能为文赋者，待制鸿都门下，乐松等以显，而蔡邕露章谓其“游意篇章，聊代博弈”，甚贱之也。自隋炀帝以迄于宋，千年而以此取士，贵重崇高，若天下之贤者，无逾于文赋之一途。汉所贱而隋、唐、宋所贵，士不得不贵焉；世之趋而日下，亦至此乎！

的利，教才是真正的教。从小人的角度来说，到异地做官，残酷贪墨无所顾忌，突然间一地之人把他认为是仇人，继而他又翩然调迁到千里之外做官，人们即使恨他，但对他也无可奈何，即使他被罢斥退休回家，他也可以安居，子孙也可以免去灾祸，他根本不用担心。如果都在其本地做官，就会经常与人们住在一起，当他履行自己的工作时就是官，当他回到家里就是一般平民百姓，也要接受刑罚科敛的制约，如果他做官贪酷残暴，同乡的人还可以在数十年以后报复他，那么他就得惴惴不安地考虑将来的退路，这样其小人的恶习就会有所收敛，即使他危害一时，将来也会受到惩罚的。

称王的人合天下为一家，去掉猜忌怀疑之心要求百姓不能做什么，而都要有士人之志。这样一来，就会让法律越宽疏，人就越显得正直高雅。人不能欺骗的是，君主的统一的法律，天理的公道，人心的善良，怎么能只依靠这些微不足道的限制性规定呢？夏、商、周三代之所以兴盛，是因为士人都在本国做官，与百姓的关系非常好。官吏回避籍贯的制度是灭亡汉朝的一项坏的制度，今天为什么还要仿效他呢？

唉！随着时代的变化，士人们的趋向也在日新月异地变化，怎么能够知道往哪里方面发展呢？汉灵帝非常喜欢有文学才能的士人，能作文赋的士人，都待诏鸿都门下，等待灵帝的任用，乐松等人都是以其文学才能而显贵的，而蔡邕露章弹劾乐松是“游意篇章，聊以代替赌博下棋。”非常卑视乐松这样的人。自从隋炀帝实行科举考试选官制度一直到宋代为止，近千年的时间里都是以此作为考试选拔官吏的主要内容，其贵重崇高，与天下的贤者相比，没有超越文赋一途的。汉代所卑视的东西，到了隋朝、唐朝、宋朝就成了人所推崇的东西，士人也不得不以有文学才能，能写文作赋为贵。时代的发展如此日下一日，以致到了这样的地步！

夫文赋亦非必为道之所贱也，其源始于楚骚，忠爱积而悱恻生，以摇荡性情而伸其隐志，君子所乐尚焉。流及于司马相如、扬雄，而讽谏亦行乎其间。六代之衰，操觚者始取青妃白，移宫换羽，而为不实之华；然而雅郑相杂，其不诡于贞者，亦不绝于世。夫蔡邕者，亦尝从事矣，而斥之为优俳，将无过乎！要而论之，乐而不淫，诽而不伤，丽而不荡；则涵泳性情而荡涤志气者，成德成材以后，满于中而嗰于外者之所为。而以之取士于始进，导幼学以浮华，内遗德行，外略经术，则以导天下之淫而有馀。故邕可自为也，而不乐松等之辄为之，且以戒灵帝之以拔人才于不次也。

繇是言之，士趋亦何尝有异哉？上之用之也别耳。于是而王安石之经义，虽亦末耳，而不伤其本，庶几乎华实兼茂之道也。元祐革新法，而并此革之，过矣。若王鏊、钱福之浅陋，陶望龄、汤宾尹之卑陋，则末流波靡，而非作者之凉也。经义者，非徒干禄之器也，士之所研精以极道者也。文赋者，非幼学之习也，志正学充，伤今思古，以待人之微喻者也。而志士崇业以单心，亦可于此而审所从矣。

文赋也并不是一定会被人们所卑视，文赋最早起源于战国时期楚国人屈原所作的《离骚》。它是自然形成的结果，忠君爱国之情深然后产生了悱恻之心，时刻不停地冲击着人们的性情，使其通过文赋把自己内心的苦闷痛快淋漓地表达出来，当时君子也非常崇尚这种文体。流传到西汉司马相如、扬雄时，他们就在文赋中夹杂一些讽谏劝告的内容。黄帝、唐尧、虞舜、夏、商、周六个朝代衰落以后，写文章的人开始取青妃白，移宫换羽，只作些华而不实的文章。然而，《雅乐》和《郑声》相互杂揉在一起，其中一些并不违背正直的内容，也流传后代，不绝于世。蔡邕本人，也曾从事过文赋的创作，把作文赋的都斥之为地位卑贱的优俳，难道不过分吗？简要地来说，乐而不淫，诽而不伤，丽而不荡；那么文赋就是涵养性情而荡涤志气的人，在成德成材之后，满于中而畅于外的所作。但是，假如把文赋作为士人进身入仕的一条途径，就引导年幼的学生趋于华而不实，内心则丢掉德行，外表则全采用经术，这样就会把天下导引到毫无节制的地步。所以，蔡邕自己可以作，却不想让乐松这样的人来作，况且，蔡邕主要是为了规劝灵帝不要不按秩序地提拔这样的人才。

从此而言，士人的趋向又有什么区别呢？但是，当君主利用它的时候就有所不同了。于是，宋代科举考试中，王安石提出要重视经义，虽然也是其末，但并不伤害本，差不多具备了华实兼备的地步了。宋哲宗元祐年间（公元1086——1093年）年间，革去王安石制定的新法，同时也把此项内容革去了，这也太过分了。像王鳌、钱福这样浅薄的人，像陶望龄、汤宾尹这样卑微浅陋的人，就是那种末流波靡的人，并非所有的作者都像他们这样浅薄。经义并不只是士人求取利禄的工具，是士人应该深入研究，深刻领会的最高原理。文赋并不是年幼的学生可以学习的，是一个人心正学满，伤今思古的时候对人用微妙的比喻使人明白了解大道的一种手段。然而有志之士要一

6.论为子为臣之变，至于赵苞而无可言矣。何也？若苞者，无可为计，虽君子亦不能为之计也，无往而非通天之罪矣。以苞之死战，为能死于官守，苞与手刃其亲者均也。为此论者，无人之心。以苞当求所以生母之方，不得已而降于鲜卑；分符为天子守邑，而北面臣虏，终身陷焉，亦不可谓有人之心也。故至于苞，而求不丧其心之道穷矣。此谁使之然哉？苞自处于穷以必丧其心。故曰无往而非通天之罪也。

为人子者，岂以口腹事亲乎？抑岂敢以己之荣施及其母为愉快乎？故子曰："老者安之。"求所以安之之方，虽劳不辟，虽死不辍，而况于苞之安其母者甚易乎！苞，东武城人也，所守则辽西也。母所居者，中国之乐土，苞所守者，鲜卑凭陵蹂践之郊也；胡为乎甫到官而即迎母以居柳城之绝塞哉？苞于此已不复有人之心矣。以口腹与，禽虫之爱也；以荣宠与，市井之得金钱而借亲以侈华美者之情也。强寇在肘腋之间，孤城处斗绝之地，奉衰老妇人以徼幸于锋镝之下，苞之罪通于天，奚待破贼以致母死之日邪？故曰："正其本，万事理。"一念之不若，而成乎昏昧，母子并命于危城，苞虽死，其可以逭中心之刑辟哉？

心一意地崇业敬业，虽然可以作文赋，但一定慎重从事。

论为人子为人臣的变化，到了赵苞这里已是没有话好说了。为什么呢？像张苞这样的人，实在无办法挽救他，尽管是君子也不能挽救他，因为无论怎么说，他都是犯了通天之罪。赵苞如果死战，能够恪尽职守，死于其职，就不能顾及被鲜卑俘虏去的母亲，这样赵苞就和亲手杀自己母亲的一样，由此而论，他是没有人子之心的人。如果赵苞为了救他的母亲，不得已投降了鲜卑人；他本来是受朝廷的重托为天子守地治民的，结果却投降鲜卑，向敌人北面称臣，且终身陷于此境，这也不能说他是有人心的人。所以，对赵苞来说，想找一个不丧失人心的办法都找不到。这是谁使他处于这样的境地呢？是赵苞自己把他自己处于毫无办法而必须丧失人心的境地的。所以说，无论赵苞怎么做，他都会犯通天之罪。

作为人子的人，难道仅仅是为满足父母的物质需要吗？难道敢把自己获得的荣誉给与母亲，心中才能愉快吗？所以，孔子说："老者安之。"为找到使父母安宁的办法，尽管劳累也不能回避，尽管是死也不能放弃，更何况赵苞能非常容易地安顿自己的母亲呢？赵苞是东武城（今山东省费县一带）人，任汉朝辽西（今辽宁省义县西）太守。其母居住的地方，是中原地区的好地方，而赵苞所守的是鲜卑族经常侵犯蹂躏的边境地区。为什么刚刚赴任就马上迎接母亲并把母亲安置在受鲜卑族威胁的柳城（今辽宁省朝阳县南）呢？赵苞这样做，实际上就是说他已不再有人心了。仅仅满足父母吃饱吗？这是连禽虫都有的感情；拿自己的荣誉使父母高兴吗？这是那种市井之人获得金钱以后借孝顺父母之名宣扬自己的浅薄的做法。鲜卑族这个强大的敌人经常出没辽西，柳城更是处于非常危险的位置，想在锋镝之余侍奉年老多病的母亲，赵苞之罪通于天，还有等到他大败鲜卑人致母亲于死地的时候才可以证明这一点吗？所以说："正其或者其愚也，则君子弗获已而姑为之计，当羯贼出母示苞之日，自悔其迎母之咎，早伏剑以死，委战守之事于僚吏，母之存亡城之安危不计也，则犹可无馀恶也。虽然，晚矣！苞死而母必不可得生，城必不可得存也。

7.蔡邕意气之士也，始而以危言召祸，终而以党贼逢诛，皆意气之为也。何言之？曰：合刑赏之大权于一人者，天子也；兼进贤退不肖之道，以密赞于坐论者，大臣也；而群工异是。奸人之在君侧，弗容不击矣。击之而吾言用，奸人退，贤者之道自伸焉。吾言不用，奸人且反噬于我，我躬不阅，而无容以累君子，使犹安焉，其犹有人乎君侧也。君子用而不任，弗容不为白其忠矣。白之而吾言用，君子进，奸人之势且沮焉。吾言不用，奸人不得以夺此与彼之名加之于我，而犹有所惮焉。邕苟疾夫张颢、伟璋、赵玹、盖升之为国蠹也，则专其力以击之可耳。若以郭禧、桥玄、刘宠之忠而劝之以延访也，则抑述其德以赞君之敬礼已耳。而一章之中，抑彼伸此，若将取在廷之多士而惟其所更张者。为国谋邪？为君子谋邪？则抑其一往之意气以排异己而伸交好者之言耳，庸有听之者哉！

本，万事理”。一念之差，却办了愚蠢的事，使其母亲妻子都丧命于危城，赵苞尽管死了，难道他可以逃避对他这种人心的谴责吗？

或许有一个愚蠢的办法，那也是君子万不得已的情况下也姑且可以采取的办法。当鲜卑族人拿赵苞的母亲作人质，让赵苞看的那一天，赵苞自己后悔犯下的迎母亲于辽西的错误，趁早自刎而死，把战争防守的任务交给自己的从官，不考虑母亲的存亡城的安危，那么还不会有坏的影响。尽管他这样做，也太晚了！如果赵苞自杀而死，他的母亲也肯定不能生还，辽西城也肯定守不住。

蔡邕是一位意气之士，灵帝时，他因犯颜直谏招致灾祸，东汉末年，又因其为董卓的同党而被杀，有这样的结果，完全是他凭意气办事而导致的。为什么这么说呢？集天下刑赏大权于一身的人是天子；能推荐贤才，罢退不肖，为君主出谋划策的人是大臣。虽然君臣是一起的，但分工不同。如果君主的身边有奸臣，不能不攻击他们，如果我攻击他们的建议被君主采纳，奸臣就会被罢退，好人的道路自然就会伸张。如果我的建议不被采纳，奸臣会反咬一口，我本人会受到打击，却没有连累其他君子，心中仍然是安宁的，因为仍有忠臣在君主的身边。君子若被任用但不付于重任，就不能不向君主表白自己的忠诚，表白之后，我的建议被采纳，君子就可以进用，奸臣的势力就会受到打击。如果我的建议没有被君主采纳，奸臣也不能把夺此与彼的罪名强加于我，他们仍然有所顾忌害怕。如果蔡邕恨张颢、伟璋、赵玹、盖升等人祸国殃民，就可以集中自己的一切力量弹劾他们。假如认为郭禧、桥玄、刘宠忠诚而劝君主对这几个人加以进用，那么这就是表达自己的德行，以帮助君主敬礼贤士。然而，蔡邕却在一个奏章之中，把这两件事结合在一起，抑彼伸此，假若让在朝廷的大臣们对他的奏章评论的话，人们不禁会问，这到底为国家考虑呢？或是为君子着想呢？这样以来，那么像他这样仅凭借一往的意气而汉之末造，士论操命讨之权，口笔司荣枯之令，汝南、甘陵太学之风波一起，而成乎大乱。非奸人之陷之，实有以自致焉。同于我者为懿亲，异于我者为仇雠，唯意所持衡而气为之凌轹，则邕他日者幸董卓之杀奄人，而忘其专横，亦此意气为之矣。桥玄、刘宠之不为邕所累，幸也；而君子以相形而永废，朝廷以偏击而一空，汉亦恶得不亡哉！

8.鲜卑持赵苞之母以胁苞，苞不顾而战，以杀其母，无人之心也。贼劫桥玄之幼子登楼求货，玄促令攻贼，以杀其子，亦无人之心也。母之与子若是其均重乎？非也。使苞之子为鲜卑所持以胁苞，苞不顾而击鲜卑，则忠臣之效矣，不以私爱忘君父之托也。而苞则其母也。贼所胁玄以求者货耳，货与子孰亲，而吝货以杀其子乎？

或曰："玄非以货也，贼劫质以胁人，法之所不可容也。"夫一区区登楼之贼，杀之不足为国安，纵之不足为国危。法发表的排除异己，伸扬知己朋友的建议，难道会有人听从这样的建议吗？

汉朝末年，士大夫们的议论操纵着任命征讨的大权，他们的言语文章掌握着使人荣枯的政令，汝南（今河南省平舆县北）、甘陵（今河北省南宫县东南）两地的太学风波一起，就造成了大的动乱。并不是有人要陷害他们，实际上是他们自己招致的灾祸。与我志同道合的人就是亲人，与我不同心的人就是我的仇敌，只根据他们自己的意气用事，并不考虑别人怎么想。那么，蔡邕在东汉末年，非常欣赏董卓杀宦官的举动，而没有看到董卓的擅权专横，因而投靠了董卓，这也是唯自己的意气用事的本性所决定的。桥玄、刘宠没有被蔡邕所连累，也算是幸运的了；而君子因为有唯意气之行而被永远废除仕籍，不再叙用，朝廷也因偏听一词打击士大夫而使朝廷无人，这样，汉朝怎么能够不灭亡呢？

鲜卑人挟持赵苞的母亲为人质，以威胁赵苞放弃守城，赵苞不顾母亲在敌人手中仍然与鲜卑人决战，导致他的母亲被鲜卑人杀害，赵苞真是没有做人的良心。强盗抓住了桥玄的幼子，并把他作为人质，向桥玄索取财物，桥玄不顾其子在盗贼手中，仍然促令攻打盗贼，结果他的儿子被盗贼杀害，桥玄也是没有做人的良心。如此说来，母亲和儿子的地位一样重要吗？不是的。假若是赵苞的儿子，被鲜卑人抓去作人质以威胁赵苞，赵苞不顾儿子的危险攻击鲜卑人，那么他不因为自己的儿子在敌人手中而忘记了君父的重托，可以表明他是忠臣，然而这并不是事实，事实是赵苞的母亲被敌人扣作人质。盗贼拿桥玄之子作人质的目的是为了求取财物，财物和儿子那个更亲呢？为什么要吝啬那一点财物使自己的儿子遭到杀害呢？

有人会说：“桥玄并非吝啬那点财物，盗贼劫掠人质威胁他人，这是法律所不能容忍的。”一个微不足道的盗贼，杀掉他国家者，司隶河南尹之法，非玄之法也，而玄何怙法以忘其天性之恩邪？史氏之言曰："玄上言凡有劫质者皆并杀之，不得赎以财货，由是劫质遂绝。"史之诬也。乐道之以为溢美之言，以覆玄绝恩之咎也。友兄、恭弟、慈父、顺妻，苟有劫其亲以求货者，法虽立，孰忍恝置之而不恤？虽严刑禁之而必不从。则谓劫质永绝者，非果有之，为诬而已矣。充桥玄之操，藉其为赵苞也，又奚不可也哉？

9.封建废而权下移，天子之下至于庶人，无堂陛之差也，于是乎庶人可凌躐乎天子，而盗贼起。嬴政之暴，王莽之逆，盗始横焉，然未尝敢与久安长治之天子抗也。至汉之季，公孙举、张婴、许生始称兵僭号而无所惮，积以成乎张角之乱，盗贼辄起于承平之代者，数千年而不息。秦之盗曰悲六国之亡；莽之盗曰思汉室之旧；盗者必有托也，然后可假为之名以耸天下而翕然以从。至于角而无所托矣，宦寺之毒，郡县之虐，未可以为名也，于是而诡托之于道。角曰：吾之道，黄帝、老子之道也。乃至韩山童、徐寿辉曰：吾之道，瞿昙之道也。微二氏之支流，亦未足以惑天下而趋之若流。甚哉二氏之殃民，亦岂其初念哉？而下流必至于此。故孟子曰："率兽食人，人将不会因此而安定，放掉他，国家也不会因此而有大祸。法是司隶校尉、河南尹的法律，并不是桥玄的法律，桥玄为什么要受法律的束缚而抛弃人类天生的爱子之心呢？史书上这样记载道：“桥玄上书皇帝认为，凡是有盗贼劫持人质的，格杀勿论，不能用财物赎还人质，从此后劫持人质的现象就不再发生。”这都是那些历史学家们骗人的话，纯粹是溢美不实的话，他们想以此使人们对桥玄津津乐道，以掩盖桥玄没有爱子之心，致使儿子被杀害的过错。友兄、恭弟、慈父、顺妻，假如其中的任何一个亲人被劫持，而盗贼要求的仅仅是财物，尽管有法律的约束，谁能眼睁睁地看着自己的亲人被杀害而吝啬那点财物吗？尽管有严刑禁止人们以财物赎人质，但人们肯定不会遵从。那么，说劫持人质的现象永远绝迹的话，肯定是假的，是为骗人而已。根据桥玄的所作所为，把他和赵苞相提并论，又有什么不行呢？

封邦建国制度废除以后，权力下移，从天子之下到庶民百姓，没有宫殿和台阶的差别，于是，庶人百姓可以干犯天子，这样盗贼也就产生了。秦始皇的残暴，王莽的篡逆，致使盗贼开始蛮横残暴，但这些盗贼还不敢与长治久安的天子相对抗。至了汉朝末年，公孙举、张婴、许生开始称兵僭越礼制妄称尊号而肆无忌惮，最后发展成为张角的暴乱，从此而后，在数千年承平日久的朝代里，盗贼叛乱接连不断。秦代的盗贼打着对六国灭亡痛心的旗号，王莽时期的盗贼则打着思念汉室，恢复汉室的旗帜。盗贼兴起以后必然要有一个借口，然后就可假托其名号召天下，使天下的人起来响应他们。到了东汉末年，张角无名可以依托，宦官弄权，郡县长官的暴虐，都不能作为反对朝廷的借口，于是就采取欺诈的方法假托于道教。张角曾说：我讲的道，就是黄帝、老子的道。到了元朝末年的韩山童、徐寿辉，他们又说：我讲的道，是瞿昙的道。如果张角、、韩山童没有他们的分支，相食。”岂过计哉？

虽然，二氏之邪淫而终以乱也，非徒二氏倡之也，为儒者之言先之以狂惑，而二氏之徒效之也。君子之言人伦物理也，则人伦物理而已矣；二氏之言虚无寂灭也，则虚无寂灭而已矣；无所为禨祥瑞应劫运往来之说也。何休、郑玄之治经术，京房、襄楷、郎顗、张衡之论治道，始以鬼魅妖孽之影响乱六籍。而上动天子，下鼓学士，曰此圣人之本天以治人也。于是二氏之徒歆其利，而后曰吾师老子亦言之矣，吾师瞿昙亦言之矣；群然兴为怪诞之语以诱人之信从，而后盗贼藉之以起。儒者倡之，二氏和之，妖人挟之，罪魁戎首将谁归哉？

齐桓、晋文挟天子以令诸侯，而盗贼挟圣人以惑百姓。天子之权下移于庶人，所挟者亦移焉。而盗贼泛滥乎数千年而不息，祸亦烈矣！端本之治，治佛、老而犹非本也。儒而言灾祥言运会，妖之始也。三代之圣人杀而勿赦者，而后之君子从而尊之，以加一倍之小术测兴亡，使与《通书》、《正蒙》相杂以立教，辟邪者容勿辩乎？

也不足以迷惑天下的老百姓，使他们对道教趋之若流。他们两个对百姓的祸害真是太严重了。难道他们当初就想到会这样吗？下传到这样的地步。所以，孟子说：“率领着野兽那样吃人，必然导致人们之间相互残杀，相互吞食。”难道这是过分的估计吗？

尽管如此，张角、韩山童以其歪门斜道终于导致国家的动乱，但并不是只有这两个人倡导的，而是儒生中那些狂惑的人最先倡导的，张角、韩山童只不过是仿效他们罢了。君子谈论人伦物理，也仅是就人伦物理本身而谈论；张角、韩山童谈论虚无寂灭，也是就虚无寂灭本身而谈论的，没有所谓吉祥、瑞应、劫运、往来等掺杂在里面。何休、郑玄等人专攻经术，京房、襄楷、郎觊、张衡等人论治国之道，是他们开始把鬼魅妖孽引进儒教的，从而影响了儒家的六部经典《诗》、《书》、《礼》、《乐》、《易》、《春秋》的传播。他们的影响很大，上则惊动天子，下则鼓动学士，都声称这是圣人以天为本治理天下万民的最高原理。于是释道之徒从中享受到了它的好处，然后就说，我的先师老子也是这样说的，我的先师瞿昙也是这么说的。于是他们就一哄而起，用怪诞的语言来引诱人做他们的信徒，这样以后，盗贼也就借此引诱信徒起来谋反。总之，这是儒生首先提倡，释道之徒附和，荒诞的妖人拿着它去骗人。追根溯源，罪魁祸首应该是谁呢？

春秋时期，齐桓公、晋文公挟天子以令诸侯，而盗贼则挟圣人的名义蛊惑百姓。战国以后，天子之权下移于庶人，盗贼挟以蛊惑百姓的东西也变了。盗贼祸害天下数千年而没有停息，危害也太大了。治天下要正本而治，崇尚佛教、道教，这还都不是治国的根本。儒生谈论灾祥，谈论运气时机，是妖言的开端。夏、商、周三代的对人格杀勿赦的东西，到了后代就成了君子遵从崇尚的东西，并且还要以加一倍的小术来揣测兴亡，使与《通书》、《正蒙》相杂揉立于儒教，驳

10.士可杀不可辱，诃斥之、鞭笞之之为辱矣，未甚也，加以不道之名，而辱乃莫甚焉。子见南子，子路不悦，于圣人何伤焉，而援天以矢之，惧夫以辱名加君子，而天下后世谓君子之无妨于辱也。党人者，君子之徒也。黄巾起，吕强曰："党锢积久，人情怨愤，若不赦宥，将与合谋。"吕强，奄人之矫矫者耳，言无足深责；皇甫嵩，士大夫而亦为此言也，党人之辱，不如死之久矣！以君子始，以贼终，则向者王甫、曹节谋危社稷之谮，非诬也。呜呼！李膺、杜密、范滂诸君子者死，而党人之能卓然自立于死生者无几，张俭之徒，方将以贼起得赦为幸，而孰知其辱甚于死哉？皇甫嵩之凌蔑善类也，逾于奄人矣。

11.用兵之道，服而舍之，自三代之王者以迄五霸，皆以此而绥天下。唯其为友邦也，王者以理相治，霸者以威相制，理伸威胜而志得；灭之不义，屠之不仁，舍其服而天下自不敢复竞。封建圮，以庶人而称兵抗天子，岂此谓哉？朱儁曰："秦项之际，民无定主，赏附以劝来者。"此后世之权术，不可与三代并论。故以曹操之猜，而关羽之降非其诚款，操犹听其来去而不加害。或者乃欲于盗贼败困之馀，乞降而受之，其不然审矣。

斥异端邪说的人能不与他们辩论吗?

士人可以被杀但不能受到侮辱,诃斥他们,鞭打他们,可以说是侮辱,但并不严重,假如给他们加以不道德的名声,就没有比这更大的侮辱了。孔子去见南子,子路很不高兴,这对圣人又有何伤害呢?而孔子却援天发誓,他是怕把辱名加于君子,而天下后世就会认为君子也可侮辱。东汉末年的党人,都是正人君子。张角领导的黄巾军起来以后,宦官吕强就说:“对党人禁锢的时间太长了,人们对此非常怨恨愤懑,假如不赦免他们,他们就有可能与黄巾合谋,共同谋逆。”吕强是宦官中的矫矫者,他说这样的话是情理之中的事,不足以深加追究,但皇甫嵩这样的士大夫也说这样的话,这对党人的侮辱之严重,还不如把他处死!党人最初是君子,最终却成了叛贼,如果这样说的话,那么以前宦官王甫、曹节说党人危害社稷的话也是正确的。唉!李膺、杜密、范滂等君子死后,党人中能像他们那样卓然而立面对生死者已是寥寥无几,像张俭这样的人,正将为张角起义得赦免而高兴,谁还会知道侮辱比死更严重呢?皇甫嵩虽为士大夫但他侮辱蔑视党人有过于宦官而无不及。

用兵之道,对于征服了的敌人应当放弃他们,从夏、商、周三代时期的称王的人到春秋时期称五霸的人,他们都是用这种办法来安定天下的。只要它是友好的国家,称王的人以理相治,称霸者以威相制,理伸威胜而心愿也就得到了满足。对于失败者,全部把他们消灭掉是不义的,全部把他们屠杀掉是不仁的,放弃那些被征服的人,那么天下自然不会有人敢再起来与胜者争高低。封邦建国的制度破坏以后,以庶民百姓的身份起兵对抗天子的人,难道也能采用这种办法吗?朱儁说:“秦朝末年,项羽起兵之际,老百姓没有固定的君主,于是,各集团竞相赏赐归附的人以鼓励来投奔的人。”这是后代所采用的权术,是不能与三代时期的做法同日而语相提并论的。所败而诛之，不可胜诛，而姑予以生，使知惧而感我之不杀，或犹知悔也，且非可施于渠帅者也。歼其魁，赦其馀党，自我贷之，固不可予以降之名也。予以降之名，抑将授以降之赏，犹然尊高于众人之上，而人胡不盗？以黄巾之遍天下也，不数年而定，汉虽亡，不亡于黄巾之手，则朱儁之所持者定矣。不可以三代之法处秦、项之际，况可以处逆民之弄兵以抗国而毒民者乎？庸臣懦将酿无穷之祸，有识者勿为所乱也。

12.孙坚之欲诛董卓也，张廷珪之欲杀安禄山也，论者惜其不果而终以长乱。张让等为蠹贼于中，李林甫、杨国忠相继朘削于国，微卓而汉必亡，微禄山而唐必乱，夫岂二竖之果足以移天而沸海乎？何进不召卓而卓何逞？玄宗不宠禄山而禄山何藉？逆未著而以疑杀人，且不胜其杀矣。是故后事之论，惩其末而弗戒其本，智者所弗尚也。

先主劝曹操杀吕布，而为操劲敌者，先主也。孙坚之况鸷而怀远图，夫岂出卓下哉？张温弗假以威福，而使卓相制，非以，像曹操这种猜忌心很强的人，虽然知道关羽投降他并非出自真心，但曹操仍然听从他来去自由而不加害他。有人就想在盗贼失败或遭围困的时候，当他们乞求投降的就接受他们，慎重地考虑一下，这样做是不对的。

敌人失败后而杀掉他们，杀也杀不完，姑且给他们一条生路，使他知道害怕我而且会感激我的不杀之恩，或许他们还知道后悔。但不能用这种办法对待他们的首领。歼灭其首领，赦免其余党，我们还要宽恕他们，但坚决不能给他们以投降之名。若把投降之名给了他们，还要给予他们投降之后的奖赏，这样，他们投降者还要受到赏赐，似乎比众人高出一等，那么谁不做盗贼呢？张角起义时，黄巾军遍布天下，没过几年就被全部平定，汉室虽然灭亡了，但它不是亡于黄巾军之手，而是持朱儁这样观点的人灭亡了它。不能拿三代的办法处理秦、项之际的事情，难道可以用三代的办法处理那些逆民起兵祸国殃民的事情吗？平庸的大臣，懦弱的将帅酿造了无穷的祸患，有识之士千万不能听信他们的谬论。

孙坚想杀董卓，唐朝人张廷硅想杀安禄山，论者都为他们没有取得结果而最终助长了天下大乱感到惋惜。汉代宦官张让等这样的大奸贼居于宫中，唐代的李林甫、杨国忠又相继残害国家，即使没有董卓，汉室也一定会灭亡，即使没有安禄山，唐朝也一定大乱。难道董卓和安禄山这两个恶贼真的能使天下大乱吗？何进不招引董卓，董卓怎么会有机会作乱呢？唐玄宗不宠信安禄山，安禄山凭什么起兵反叛呢？如果叛逆的恶迹还没有完全暴露出来，而以猜疑杀人，那么就杀不胜杀。所以，后代议论此事时，只汲取了其末，并没有戒其本，有才智的人是不会崇尚这种行为的。

先主刘备劝曹操杀掉吕布，而曹操的劲敌，正是刘备。孙坚像一只深沉凶猛的鸟一样，胸怀大志，难道他们都愿意屈居于董卓之下无意计焉。不幸而卓恶成，未可以咎温之不豫矣。

13.汉之将亡，有可为社稷臣者乎？朱儁、卢植、王允未足以当之，唯傅燮乎！讨黄巾而有功，赵忠欲致之而予以侯封，燮不受也。当其时，有军功而拒宦寺，非直赏不及焉，还以受罪。故卢植辱于槛车，王允几于论死，皇甫嵩夺其印绶。燮拒忠而忠弗能挫，惮其名而弗敢害，燮之德威詟权奄而制之也，大矣。

燮之拒忠也，曰："遇不遇，命也；有功不论，时也。"守正而不竞，安命而不为已甚之辞，坦夷以任天，而但尽其在己，自以雅量冲怀适然于宠辱之交，而小人莫能窥其际。其在汉阳也，曰："吾遭世乱，不能养浩然之志，食人之禄，又欲避其难乎？"方且自逊以引身之不早，而不待引亢爽之气以自激其必死之心。夫如是，岂小人之所可屈，又岂小人之所可伤哉！若燮者，托以六尺之孤，正色从容而镇危乱，植也、儁也、允也，智勇形而中藏浅，固不足以测燮之涯量矣。故知燮非徒节义之士也，允矣其可为社稷之臣矣。

14.王芬欲乘灵帝北巡，以兵诛诸常侍，废帝立合肥侯。使其成也，亦董卓也，天下且亟起而诛之，其亡且速于董卓。

吗？张温没有给予他更大的权力，使他与董卓相牵制，也不是没有考虑的。不幸的是董卓恶逆而成，但也不能怪张温事先没有想到。

汉室将要灭亡，有能够做社稷之臣的人吗？朱儁、卢植、王允难以担当得起，担当此任者，只有傅燮一个人。傅燮征讨黄巾军有功，宦官赵忠想拉拢他，要封他为侯，但傅燮坚决不接受。当时，立有军功而抵制宦官的人，不但受不到奖赏，还要受罪。所以，卢植功劳虽大，但仍不免有槛车之辱，王允几乎被论罪处死，皇甫嵩也被夺去印绶，撤销职务。傅燮抵制赵忠，而赵忠却不能折服他，这主要是因为赵忠害怕他的名声太大了，因此不敢加害于傅燮，傅燮的德威如此之大，折服了掌握大权的宦官。

傅燮在拒绝接受赵忠给予的封爵时说："受不受重用，这是命中注定的；有功而不论功行赏，是时势问题。"以他的这句话中可以看出，他洁身自好而不攀炎附势，安于命运的安排，而不发牢骚，不埋怨，宽广坦荡对天，而自己却是踏踏实实，以自己的雅量冲淡宠辱对自己的影响，他的品行不是小人所能够看得清楚的。他在汉阳（今甘肃省甘谷县东南）时说："我生逢乱世，不能培养起远大的志向，今天，我食君主的俸禄，当君主遇到大祸时，我能想着逃避吗？"方且自逊以引身不早，而不待亢爽之气以激励自己那颗一定要死的心。像这样的人，难道是小人可以折服他的吗？难道小人能够伤害他吗？像傅燮这样的人，托负给他辅佐的责任，他一定会正色从容地控制危险和祸乱，像卢植、朱儁、王允这样的人，他们的才智英勇都体现在表面，他们内心却是浮浅的，当然他们也就不能揣测出傅燮的涯量。所以，由此可知，傅燮并不仅仅是守大节晓大义的人，而且也是能够作为社稷之臣的人。

东汉末年，冀州刺史王芬想乘灵帝北巡之际，兴兵诛杀由宦官担任的诸常侍，废掉汉灵帝，立合肥侯为帝。假如其计划成功的话，卓拥强兵专征讨，有何进之召为内主，废辨立协，在大位未定之初，协慧而欲立之者，又灵帝之志也，然且不旋踵而关东兴问罪之师矣。芬以斗筲文吏，猝起一旦，劫二十二年安位之天子，废之而立疏族，力弱于卓，名逆于卓，人之问罪也，岂徒如卓而已乎？况其轻躁狂动而必不能成也乎？曹操料其败，以止其废立之妄，非其智之过人也，皎然是非祸福之殊途，有心有目无不能辨也。

夫芬之狂，何以迷而不觉也哉？陈蕃之子逸从臾之，而襄楷以其术惑之也。故有积愤者，不可与图万全之术；挟技术者，不可与谋休咎之常。陈逸有不戴天之根，身与俱碎而不恤，闵其志可也，而不可从也。若襄楷者，昂首窥天而生觊覦，君子之远之也夙矣。此择交定谋者之不可不知也。

15.何进辅政，而引袁隗同录尚书事，隗之望重矣，位尊矣，权盛矣。绍及术与进同谋诛宦官，而隗不能任；进召董卓，曹操、陈琳、郑泰、卢植皆知必乱，而隗不能止；董卓废弘农立陈留，以议示隗，而隗报如议；犹然尸位而为大臣，廉耻之心荡然矣。然且终死于卓之手而灭其家。故夫有耻者，非王芬也是董卓作法一样的叛逆，天下人会很快地起来讨伐他，他灭亡得比董卓还要快。董卓拥有强大的军队专事征讨，有何进的招引他才率军进入京师，他杀掉宦官，废除少帝刘辨，立刘协为天子。在皇位继承人还没有确定时，因为刘协比较聪明，汉灵帝就有心把他立为继承人。然而，刘协刚即位，很快关东各地将领纷纷兴兵问罪董卓。王芬身为一个小小文吏出身者，想突然起兵，废掉当了二十二年皇帝的汉灵帝，立疏族出身的合肥侯为帝。他的力量比董卓弱，叛逆之名恶于董卓，人们起来兴师问罪，难道仅仅会和对董卓的一样吗？况且，王芬轻浮急躁胆大妄为，是肯定不能成功的。曹操已经预料到他必然会失败，就制止了他想废立君主的狂妄的念头，这并不是曹操的才智有过人之处，而是因为是非祸福非常明显地摆在人们面前，只要有心有眼的人都会知道该不该这么做。

王芬如此荒诞，为什么他会执迷不悟呢？陈蕃的儿子陈逸纵容他，而术士襄楷又以其方术蛊惑他。所以不能与心中充满愤恨的人以图万全之计。不能与挟方术的人谋划祸福变化的规律。陈逸因其父亲陈蕃被宦官所杀，因此与宦官有不共戴天之仇，即使与他们同归于尽也在所不辞，像陈逸这样的人，哀怜其心是可以的，但不能一切都听从他的建议。像襄楷这样的，仰起头看看天都会产生觊觎之心，君子早就应该疏远这样的人。对于选择朋友合作谋事的人来说，对此是不能不知道的。

何进为辅政，就召引袁隗和他一起同录尚书事，共同掌握国家大权。袁隗的名望很重，地位也非常尊贵，权力也很大。袁绍、袁术与何进一起共同谋划诛杀宦官，但袁隗却不能任用他们。何进召董卓进京，曹操、陈琳、郑泰、卢植都知道一定会出乱子，而袁隗却不能制止何进。董卓废掉弘农王刘辨而立陈留王刘协为天子，当他征求袁隗的意见时，袁隗却表示同意。袁隗就像是一个活着的尸体居于大臣之以智也，而智莫智于知耻。知耻而后知有己；知有己而后知物之轻；知物之轻，而后知人之不可与居，而事之不可以不断。故利有所不专，位有所不受，功有所不分，祸有所不避。不知耻而避祸，是夜行见水而谓之石，不濡其足不止也。以疲老荏弱之情，内不能知子弟之桀骜，外不知奸贼之雄猜，自倚族望之隆，优游而图免，而可谓有生人之气乎？东汉之有袁氏与有杨氏也，皆德望之巨室，世为公辅，而隗与彪终以贪位而捐其耻心。叔孙豹曰："世禄也，非不朽也。"信夫！不朽有三，唯有耻者能之；隗与彪，其朽久矣。

16.轻重之势，若不可返，返之几正在是也，而人弗能知也。宦寺之祸，弥延于东汉，至于灵帝而蔑以加矣。党人力抗之而死，窦武欲诛之而死，阳球力击之而死，后孰敢以身蹈水火而姑为尝试者！然天下之盗蜂起，指数之而挟以为名。四海穷民，受其子弟宾党滥大官大邑以朘削无馀者，皆诅咒而望其速亡。诛杀禁锢之子孙宗族，不与共戴天日而愿与并命者，日含愤以求一旦之报。士大夫苟非其党，不获已而俯出其下者，畜恶怒以俟天诛之期。桀、纣、幽、厉以圣帝明王之冢裔，正位为天下君，而卒至陨灭，况此无赖之刑人，其能长此而无位，其廉耻之心早已荡然无存。然而，最终他还是死于董卓之手，而且他的全家也被抄灭。所以，有廉耻之心的人，并非恃其才智，而才智没有比知耻更大的才智了，知耻然后才知道有自己；知道有自己然后才知道财物、地位都是微不足道的身外之物，是很轻的。知道物之轻，然后才知道什么样的人不可与之共事，共事又不能不果断。所以不专擅善某项利益，不接受某种职位，不承受某份功劳，不逃避某种灾祸。不知廉耻而逃避灾祸，就像是夜见行路一样，见到水却说是石头，不湿其脚就不停止前进。袁隗年老体弱，虽然阅历丰富，但他内不知道子弟的志向，外不知道奸雄对他的利用猜忌，自恃其有很高的族望，想图个优闲自在的消灾免祸，像他这样的人还能说是有活人之气吗？东汉时期，袁氏和杨氏都是德高望重的大家族，世代都有公卿辅臣，而到了袁隗和杨彪时，最终因为他贪恋禄位而抛弃了自己的廉耻之心，也败坏了其家族的名声。叔孙豹说："世官世禄，并非永远保存下去的东西。"这话是可信的！永不磨灭的东西有三种，即立德、立功、立言，只有有廉耻之心的人才能做得到。袁隗和杨彪，他们早就腐烂了。

轻重的形势，好像是不能翻转更换的，其实轻重翻转变化的迹象也正表现在这里，而人们并不能知道这一点。宦官弄权之祸，在东汉延续时间很长，到了汉灵帝时期更是发展到了无以复加的程度。党人竭力抵制他们，结果不是被杀就是被禁锢，窦武想诛杀他们结果反被他们所杀，阳球率兵攻击他们结果兵败而死，其后谁敢赴汤蹈火尝试一下呢？然而，天下盗贼蜂拥而起，他们指数宦官的罪恶，并以诛杀宦官为名起兵。天下的贫苦老百姓，都受尽了他们的子弟党羽以及地方官的残酷剥削，都诅咒他们，希望他们快点灭亡。被诛杀禁锢的党人的子孙宗族，都与宦官有不共戴天之仇，甘心情愿与他们同归于尽的人，整日含愤以求有一天能够报仇雪恨。士大患乎？故极重而必返，夫人而可与知也。

夫既夫人而可与知，则一旦扑之，如烈风吹将尽之镫，甚速而易，必矣。陈琳曰："此犹鼓洪炉燎毛发。"曹操曰："诛其元恶，一狱吏足矣。"而何进若持方寸之刃以拟猛虎，其呼将助也不择人，其挠败也无决志。袁绍以豪杰自命，为进谋主，且忧危展转而无能为计；而遣鲍信募泰山之甲，丁原举孟津之火，甚且召董卓以犯宫阙。进之心胆失据，而绍无能辅也。曹操笑而袁绍忧，其智计之优劣，于斯见矣。

所以然者，进以外戚攻宦官，人惩窦氏之祸，无为倾心，一也。进之所恃者何后，举动待后而后敢行，以妇人而敌宦官，智计不及，而多为之蛊，二也。袁隗身为大臣，而疲庸尸位，无能以社稷自任，三也。郑泰、卢植初起于田间，任浅望轻，弗能为益，杨彪、黄琬，无以大殊于袁隗，四也。袁绍兄弟，包藏祸心，乘时构乱，而无戮力王室之诚，五也。曹操识之明、持之定，而志怀叵测，听王室之乱，居静以待动，视何进之迷，而但以一笑当之，六也。皇甫嵩、盖勋顾名义而不欲狂逞，进躁迫而不倚以为腹心，七也。具此七败之形势以诛宦者，而固非其所堪，虽欲祸之不中于宗社，其将能乎？

夫如果不是宦官的党羽，不得已而屈服于他们淫威的人，压抑着内心的愤恨等待着诛杀宦官的那一天。夏桀、商纣王、周幽王、周厉王虽然是圣帝明王的后代，正位为天下的君主，但他们因为无道而最终灭亡，况且是这些无赖的刑余之人（宦官），难道他们能长此以往而没有后患吗？所以，物极必返，人们是能够知道这些的。

既然人们知道物极必返的道理，那么一旦起来消灭宦官，就如同大风吹将要熄灭的灯一样，一定会非常快非常轻松。陈琳说："这就像烧大炉燎毛发一样。"曹操也说："诛杀他们中的罪大恶极者，一个狱吏也就足够了。"然而何进就像是手持匕首要与猛虎搏斗，他求人帮助却又不选择好人，自己又没有决心打败宦官。袁绍自称是天下的豪杰，他作为何进的主要谋划者，犹豫不决瞻前顾后，拿不出好的计策。最后，他们派鲍信到泰山招募兵甲，让丁原到孟津（今河南省孟津县）遥相呼应，甚至把董卓召进京师进犯宫阙。何进胆战心惊，方寸已乱，而袁绍也无能为力不能帮助他。曹操笑而袁绍忧，从此也可以明显看出，他们的才智计谋的优劣。

之所以会有这样的结果，是因为何进以外戚的身份攻击宦官，人们吸取窦武之祸的教训，不敢倾心相待，这是原因之一。何进所依靠的人是何太后，何进的一举一动都等待何太后同意之后才敢行事，以何太后一妇人来与宦官相敌，不仅才智计谋不及，而且何进也往往会被她迷惑，这是原因之二。袁隗虽然为国家重臣，却尸位素餐，不能以江山社稷为己任，这是原因之二。郑泰、卢植出身低贱，资历浅薄名望也轻，所以无济于事。杨彪、黄琬，虽然地位高责任重，但他们与袁隗并无二致，这是原因之四。袁绍、袁术兄弟二人，包藏祸心，想乘机构乱，并没有竭忠尽智卫护汉室之心，这是原因之五。曹操见识远、主意定，但其心怀叵测，听任王室的动乱，自己则静坐待等时机出动，他看到何进的愚蠢，只是一笑了之，这是原因夫内怀夺柄之心，外无正人之助，若何进者，不足论已。已往之覆辙，为将来鉴。凡皇天之所弗予，志士仁人之所弗予，天下之民受制于威，受饵于利，人心所不戴以为尊亲，而苛暴淫虐，日削月靡，孤人子，寡人妻，积以岁月而淫逞不收，若此者，其灭其亡皆旦夕之间，河决鱼烂而不劳馀力。智者静以俟天，勇者决以自任，勿为张皇迫遽而惊为回天转日之难也。存乎其人而已矣。彼曹操者，固亦尝晏坐而笑之矣，况其秉道以匡，夫不为操者乎！

□□□□□□□□□□□□□□□□□□□□□□。

17.史纪董卓之辟蔡邕，邕称疾不就，卓怒曰：“我能族人。”邕惧而应命。此殆惜邕之才，为之辞以文其过，非果然也。

卓之始执国柄，亟于名而借贤者以动天下，盖汲汲焉。除公卿子弟为郎，以代宦官，吊祭陈、窦，复党人爵位，征申屠蟠，推进黄琬、杨彪、荀爽为三公，分任韩馥、刘岱、孔伷、张邈为州郡，力返桓、灵宦竖之政，窃誉以动天下。蔡邕首被征，岂其礼辞不就而遽欲族之哉？故以知卓之未必有此言也。且使卓而言此矣，亦其粗犷不择、一时奰发之词，而亦何足惧哉！申屠蟠不至，晏然而以寿终矣。袁绍横刀揖出，挂节上东之六。皇甫嵩、盖勋顾及名义而不想妄称强胜，何进浮躁急切也不把他们当做心腹之人，这是原因之七。有此七种失败的形势来诛杀宦官，当然是他难以承担得起的。他尽管想杀掉宦官而不影响国家社稷，难道能办得到吗？

内怀夺权之心，外无正人的帮助，像何进这样的人，实在不值得谈论。前车之鉴，后车之师。凡是皇天上帝不赞许的人，志士仁人不拥护的人，天下的老百姓为其淫威所控制，为其利益所诱惑，人心并不像拥戴君主父母那样拥戴的人，他们苛暴淫虐，日甚一日，使人子成为孤儿，使人妻成为寡妇，日积月累而其淫威难以收敛，像这样的人，他们的灭亡都是在旦夕之间，就像是河决口而鱼落于地腐烂一样，不需耗费余力。有才智的人平静地坐待上天对他们的惩罚，有勇力的人则决心以此自任，都不做张惶失措让人震惊的回天转日的事。只要能保存其人就行了。曹操这个人确也曾静坐而笑他们争斗，何况他若秉道以匡正朝廷，那他也就不是曹操了。

据史书记载，董卓聘请蔡邕做官，蔡邕声称身体有疾不能应征，董卓发火说："我能灭人全族。"蔡邕害怕，不得已才从命做官。这大概是史书的作者怜惜蔡邕的才能，所以才这样写以掩饰邕的过错，事实并非真的如此。

董卓最初执掌朝政时，他也急于提高自己的声望并想借贤士大夫以震动天下，大概他对这个想法的实施也是迫不及待的。他任用公卿子弟为郎官，以代替宦官，吊祭被宦官杀害的陈蕃和窦武，恢复被宦官禁锢的党人的官职爵位，征召名士申屠蟠，推举黄琬、杨彪、荀爽为三公，分别任用韩馥、刘岱、孔伷、张邈为州郡的地方长官，想尽力澄清桓帝、灵帝时期被宦官搞得混乱不堪的政治，以此沽名钓誉惊动天下。蔡邕首次被董卓征召，难道他以礼相辞不就，董卓就马上想杀他的全族吗？所以由此可知董卓未必就说过这样的话。即门，而弗能迫杀之矣。卢植力沮弘农王之废，而止于免官，逌然以去矣。郑泰沮用兵之议，巽辞而解矣。朱儁、黄琬不欲迁都，而皆全身以退矣。邕以疾辞，未至如数子之决裂，而何为其族邪？狂夫之言，一怒而无馀，卓之暴，市井亡赖之谰言也，而何足惧邪？

邕之始为议郎也，程璜之毒，阳球之酷，可以指顾杀人，而邕不惧；累及叔质，几同骈首以死，而不惧；何其壮也！至是而馁矣。亡命江海者十二年，固贞人志士义命自居之安土也。宦官之怨愤积，而快志于一朝；髡钳之危辱深，而图安于晚岁；非惧祸也，诚以卓能矫宦官之恶，而庶几于知己也。于是而其气馁矣。以身殉卓，贻玷千古，气一馁而即于死亡，复谁与恤其当年之壮志哉？

君子之立身，期于洁己；其出而事君也，期于靖国；恩怨去就，非有定也。祸在宫闱，则宫闱吾所亟违也；祸在阉宦，则阉宦吾所亟违也；祸在权奸，则权奸吾所亟违也。推而至于僭窃之盗贼、攘夺之夷狄，皆冰炭之乍投而沸、薰莸之逆风而使是董卓说过这样的话，也完全是他的粗鲁和一时用词不当而说出的，又有什么可害怕的呢？申屠蟠没有接受董卓的邀请出山做官，却平安无事晏然寿终。袁绍一怒之下横刀揖出，把节挂在东门之上不辞而别，董卓也没有追杀他。卢植竭力阻止废掉弘农王刘辨，结果也只是被免去官职，而且是很从容地离去。郑泰阻止用兵之议，虽然惹怒了董卓，但他说了几句退让的话，双方就又正常了。朱儁、黄琬不想把都城由洛阳迁到长安，也都能保全性命而退。蔡邕只说自己身体有病而推辞应召，也不至于像上述其他人那样对待董卓那么坚决，怎么至于诛及全族呢？狂妄的人说话，一怒之下什么话都能说得出，像董卓这样狂暴的人，他的话就像是市井无赖骗人的谎言一样，有什么可以害怕的呢？

蔡邕开始做议郎的时候，像程璜的残毒，阳球的酷暴，他们这些人想杀人就杀人，而蔡邕并不怕他们，仍然要上书弹劾他们；牵连到他的叔父蔡质，两人几乎都被处死，然而他并不惧怕。其志气是多么雄壮啊！然而，到这时他气馁了。他遭贬十二年，固然是贞人志士义命自居的安土。对宦官的怨愤日积月累，而痛快淋漓地弹劾他们于一朝；他遭贬流放十多年受尽了侮辱，而今天有机会安度晚年。因此他并不是害怕灾祸，确实是因为董卓矫正了宦官的恶政，几乎可以称得上是自己的知己了。这样他气馁了心软了。最后他为董卓而死，给他的上身上留下了污点，他气一馁，很快就被杀，还有谁能再想起当年的壮志呢？

君子立身，期望能洁身自好；君子出山而侍奉君主，期望安定国家；至于恩怨去就，并没有确定。如果国家的祸乱在宫闱，君子就马上弹劾宫闱之中的人；如果国家的祸乱在宦官，君子就马上弹劾宦官；如果国家的祸乱在掌有大权的奸臣，君子就马上弹劾这些专权擅政的奸臣。推而广之，那些僭位窃号的盗贼，侵略边境的夷狄，君辨也。所疾恶者在此，而又在彼矣。气运移而贞邪忽易，违之于此，而即之于彼，是逃虎而抱蛇、舍砒而舍鸩也。能终始数易而不染者，其唯执志如一而大明于义之无方者乎！而邕不能也。始终之怨毒，宦竖而已，此外而篡弑之巨慝不辨矣。非不辨也，己私未忘，而宠辱之情移于衰老也。则一往之劲直，乌足以定人之生平哉？《易》曰："介于石，不终日。"介于石，贞之至也；不终日，见几而无执一之从违，乃以保其贞也。邕勿论矣。欲养浩然之气，日新其义而研之以几，其尚以邕为戒乎！

18.申屠蟠征而不至，论者谓之知几。几者，事之微，吉凶之先见者也。汉之亡，天下之乱，董卓之不可与一日居，有目者皆见，有耳者皆闻，自非蔡邕之衰老惛迷，孰不知者，而何谓之几邪？乃若蟠之不可及也，则持志定而安土之仁不失也。卓之征名贤也，蔡邕畏之矣，荀爽畏之矣。人劝蟠以行，蟠笑而不答，人不可与语也，志不自白也。夷然坦然而险阻消，蟠岂中无主而能然哉？故知其志定而安土之仁不失也。

士苟贞志砥行以自尚，于物无徇焉，于物无侮焉，则虎狼失其暴，蝮蛇失其毒。天下之穰穰而计祸福者，皆足付一笑而已。故庄子曰："大浸稽天而不溺，大旱金石流而不热。"岂有子都与他们是水火不相容，冰炭不同炉，与他们势不两立。所痛恨的这是一个方面，但又有另外一个方面。气数命运发生了变化，那么忠贞和邪恶也会忽然转变，如果违背了这一点，就会发展到另外一个方面，这无疑是逃出虎口以被蛇缠住，抛弃砒霜却又口含鸩毒。能够经历数次变化始终不变的人，恐怕只有那种心诚如一，深明大义的人了！而蔡邕却不能做到这一点。他始终所痛恨的是宦官而已，此外对辨善恶，是因为别人对自己的恩情，自己始终没有忘却，而其宠辱之情也逐渐地变得衰老了。那么，一往的刚劲正直，怎么能够决定人的一生都会这样呢？《周易》中说："介于石，不终日。"介于石，就是最忠贞正直；不终日，就是见到一点预兆就变化，没有一成不变的从违，这样才能保证其忠贞。蔡邕就无须再说了。想养浩然之气，每天都要使其义更新，不断地研究事物发展的苗头。难道还要以蔡邕的行为为戒吗？

董卓征召申屠蟠，申屠蟠却不应征，谈论这件事的人都认为申屠蟠知几。所谓几，就是事情的苗头，是吉凶最先显示出来的预兆。汉朝的灭亡，天下的大乱，董卓的不能与之共事，是有目共睹，有耳共闻的，只要不是像蔡邕那样衰老糊涂，谁不知道这些呢？怎么能称这为几呢？至于与申屠蟠相比就比不上了，申屠蟠有其主见，不失安土之仁。董卓征召著名的贤士大夫，蔡邕害怕他，应征了，荀爽害怕他，也应征了。有人劝申屠蟠也应征，申屠蟠只是笑而不答，他觉得不能与这些人交谈，自己的内心也无法表白。他从容自然，结果没有任何危险，他心中假如没有主见，难道他能这样做吗？所以说，由此知之决心已定而不失安土之仁。

如果士大夫自己崇尚忠贞之心磨练德行，对某种东西既不曲从也不轻侮，那么虎狼就会失去他们的残暴，蝮蛇也会失去它的毒液。天下熙熙攘攘为祸福而奔走的人，对他们都足以付之一笑。所神变不测者存乎？贫而安，犯而不校，子孙不累其心，避就不容其巧；当世之安危，生民之疾苦，心念之而不尝试与谋；文章誉望，听之后世而不亟于自旌；其止如山，其涵如水，通古今、参万变以自纯，则物所不得而辱矣。此安土之仁，所谓即体以为用者也，蟠庶几矣。何以知之？以其笑而不答知之也。而浅人犹谓之曰知几，若邕与爽，其仅谓之不知几也与？

以庄子说："大水高到天上也不会被淹没，大旱把金石烧成液体也不感觉到热。"难道存在着神仙吗？安贫乐道，对伤害自己的人不与之计较，也不为子孙操过多的心，是回避还是就任不容其虚浮不实；当代社会的安危，百姓的疾苦，心中虽一直考虑着，但却不尝试参与；文章声誉名望流传后世而他自己并不炫耀；他停下就像山一样稳重，他潜入水中就像水一样清澈，通古今，明白各种事物变化的道理，那么就不会受到任何人任何事物的侮辱。这种安土之仁，就是所说的体以为用，申屠蟠几乎就达到了这种地步。从哪里知道这一点呢？从其笑而不答就可以知道。连浮浅的人却还说他是知几的人，像蔡邕和荀爽，难道仅仅说他们不知几吗？

文/白/对/照

讀通鑑論

三

〔清〕王夫之　著
伊　力　译

团结出版社

卷十七——卷二十三

卷十七

梁武帝

1.齐、梁之际，天下始有志节之士。马仙琕之不降也，何胤、何点之召而不赴也，颜见远之死也，梁武能容之，而诸君子者，森森自立于人伦，晋、宋以来顽懦之风，渐衰止矣，非待梁武之奖劝之也。夫齐之得国也，不义之尤者，东昏之淫虐亦殊绝，而非他亡国之主所齿，齐亦何能得此于天下士哉？

风教之兴废，天下有道，则上司之；天下无道，则下存之；下亟去之而不存，而后风教永亡于天下。大臣者，风教之去留所托也。晋、宋以降，为大臣者，怙其世族之荣，以瓦全为善术，而视天位之去来，如浮云之过目。故晋之王谧，宋之褚渊，齐之王晏、徐孝嗣，皆世臣而托国者也，乃取人之天下以与人，恬不知耻，而希佐命之功。风教所移，递相师效，以为固然，而矜其通识。故以陶潜之高尚，而王弘不知自愧，强与纳交，己不愧而天下孰与愧之？则非凛秋霜、悬白日以为心，亦且徜徉而有馀地。至于东昏之世，尸大位、秉大政、传此鬻君贩国之衣钵者，如江祏、刘暄、沈文季、徐孝嗣之流，皆已死矣。东昏所任茹法珍、梅虫儿诸宵小，又皆为人贱恶而不足以惑人。其与梁武谋篡者，则沈约、范云，于齐无肺附之寄，而发迹于梁以乍起者也。于是而授受之际，所号为荐绅之领南朝齐、梁禅代之际，天下才有了一些志高操洁、风节高尚的人。马仙琕忠于萧齐而不投降，何胤、何点得到梁的招抚而不接受，拒绝赴京拥戴新主，颜见远为萧齐死节，梁武帝萧衍都能容忍和成全他们，而这几位君子也以其凛凛风骨立于人伦世道，从而标志着东晋、南朝刘宋以来顽钝懦弱的社会风气，已逐渐地衰落进而终止了，并不是要等到梁武帝的奖掖劝勉，激励风节，才出现了这种局面。萧齐王朝的建立，就是以最为不义的方式取得天下，而东昏侯萧宝卷的荒淫和残暴又空前绝后，与其他亡国之主相比，尤其令人不齿，那么这样一个萧齐王朝，又怎么能得到天下士人君子的如此效忠呢？

风俗教化的兴衰，如果天下有道之时，则由上层统治者掌握它；如果天下无道之时，则保存于下层民众的行为之中；一旦下层民众中的志操风节消除净尽，荡然无存，那么天下的风俗教化随后也就永远消亡了。朝廷文武大臣，是风俗教化兴亡存留所赖以依托的主体。东晋、刘宋以来，作为朝中大臣，大多数依靠着其世家大族的荣耀，以保全自己的身家性命，财产禄位为善术，而对于皇位的更迭禅代，就看作似过眼的浮云，毫不在意。象东晋的王谧，刘宋的褚渊，萧齐的王晏、徐孝嗣，都是世受皇恩，受顾命之托，辅国执政，却拿天下皇位拱手让人，恬不知耻，而希望得到新王朝的佐命推戴之功。风俗教化的变迁，相互师法仿效，江河日下，人们都以为理所当然，而且还以自己善识时务而自夸。所以象陶渊明那样风节高尚的仁人君子，而王弘却不知羞愧，强与结纳交往，自己不知惭愧而天下人谁替他惭愧呢？因此，在这样的世道中，即使不是凛秋霜、悬白日以为心的正人君子，也还可以徜徉其中而游刃有余了。到了萧齐东昏侯统袖者，皆不与焉。则世局一迁，而夫人不昧之天良，乃以无所传染而孤露。梁氏享国五十年，天下且小康焉。旧习袚除已尽，而贤不肖皆得自如其志意，不相谋也，不相溷也。就无道之世而言之，亦霪雨之旬，乍为开霁，虽不保于崇朝之后，而草木亦蓁蓁以向荣矣。

“人之云亡，邦国殄瘁”。故党锢兴而汉社移，白马沈而唐宗斩；世臣之重系安危也，继治之世然也。宿草不除，新荑不发，故宋、齐鬻君贩国之老奸绝，而齐有自靖之臣；世臣不足倚而亟用其新也，继乱之世然也。若夫豪杰之士，岂有位大权尊、名高族盛者在其目中哉？“八表同昏，平路伊阻”，陶令之风，不能以感当时，而可以兴后世，则又不可以世论者也。

2.谢朏与何点、何胤同征不赴，而朏忽自至，角巾白舆，拜谒以受司徒之命，人知丑之，亦知朏之不终其节者，何以冒天治时期，那些占据重要职权而尸位素餐、执掌军政大权而又传递其卖国卖主求荣的衣钵的人，象江祏、刘暄、沈文季、徐孝嗣之流，都已经死去了。东昏侯所任用的茹法珍、梅虫儿等竖子小人，又都被世人憎恶、轻贱而唾弃，不足以蛊惑人心。至于参加梁武帝萧衍篡位谋划的人，主要是沈约和范云，在萧齐朝廷中都不是深受重用的股肱之臣，而是在梁武帝萧衍的麾下发迹的新贵。在齐、梁禅代君权授受之际，那些号称为世家重臣、缙绅领袖的人物，都没有参与其中。这乃是世风的一大转变，而人们还不昧天良，于是那种卖君卖国的行为已被世人唾弃，而无所效法，渐趋孤绝。萧梁王朝享国五十年，天下号称小康。旧有的陋习已消亡净尽，而贤明君子与不肖小人皆得其志意自如，不相为谋，不相混乱。就无道之世相对来说，也就象是阴雨连旬之时突然雨过天晴，阳光普照，虽不一定能保于崇朝之后，而大地上的草木万物也都枝叶茂盛、欣欣向荣了。

《诗经·大雅·瞻印》中说："如果良臣贤士都逃亡远去，那么国家也要艰危困顿而趋于崩溃。"所以党锢之祸兴起而东汉社稷转移，朱温将唐室宗亲大臣沉于白马（今河南滑县东北，在金代改道前为黄河重要渡口）而唐朝的宗社灭绝；世家重臣关系着国家的安危存亡，守成之治世就是如此。旧的杂草不除掉，新的植物幼叶就无法生长，所以东晋、刘宋时期那种卖主卖国的老奸臣断绝之后，到萧齐末年才有了风节高尚的大臣；世家重臣不足依靠而急用新人，继乱世之后的新王朝就是这样。至于那些豪杰之士，难道有在心目中看重位大权尊、名高族盛的人的吗？"八表同昏，平路伊阻"，陶渊明的高风亮节，不能感奋当时的乱世之人，却足在激励后人，兴于后世，这又是不能仅以当时之世道而论的。

萧衍篡位建立梁朝后，萧齐旧臣谢朏与何点、何胤都受到梁武帝萧衍的征召，都拒绝入朝事奉新君，可是后来谢朏却忽然自己前来下后世之讥而不恤邪？朏于时老矣，且受三事之命，终不省录职事。当无所希冀之暮年，而未尝贪权利以自裕，朏何味于名实哉？盖有迫之者也。孰迫之？子弟之迫之也。盖谢氏于此，历三姓而皆为望族，朓死而势衰，朏终隐而其族之气焰熄矣。当郁林且弑之日，朏戒弟瀹以勿与，齐明篡而不与推戴之功，子弟方且怪焉。迨东昏虐杀而幸保其宗，朏可以先见服其子弟。及梁篡而朏犹远引，子弟又不能弗怪也。已而梁位定，梁政行，粲然可观，则子弟观望之心释，而竞进之志不可遏。朏不出而见绝于当世，则闺门之内，相迫以不容，朏于此亦无可如何，而忍耻包羞，不惮以老牛为牺，而全其舐犊之恩也，是可悲也。

至尊者君，而或能抗之矣；至亲者父，而或且违之矣；琐琐禽犊，败人之名节，垂老而丧其本心，亦可畏也夫！悠悠天下，孰有如王思远之于兄晏，劝其自裁而免于逆死者乎？“母也天只，不谅人只”，父母之不谅，可形之歌叹，而子弟之相煎，其威更逾于天。白首扶筇，唯其所遣，至此哉！陶令之子，投奔，头戴角巾，乘着白舆，拜见梁武帝从而接受了司徒官的新职位的任命，人们知道后都为他感到羞愧，那么是不是也知道谢朏为什么不能始终坚守气节，甘冒天下后世的讥讽而没有顾虑呢？谢朏当时年事已高，且接受这三事（司徒、司马、司空）的任命，终究也不执掌什么职事，并没有实权。在这无所希冀的暮年岁月，而且又未曾贪图什么权与利，以求自裕，谢朏为何于名于实都这么糊涂呢？大概是受到别人的逼迫，谁会逼迫他呢？乃是他们谢氏的宗族子弟。到这个时候，谢氏已经历了东晋、刘宋、萧齐三姓的天下，均为世家大族，谢朓去世之后其家族势力趋于衰落，谢朏又终隐不仕，其宗族昔日的威势气焰几乎熄灭了。当郁林王将被人阴谋杀死篡位的时候，谢朏告诫其弟谢瀹不要参与其事，结果齐明帝篡位之后，谢氏没有拥戴之功，其宗族子弟都怪罪于他。到了东昏侯即位后，残暴嗜杀，谢氏也因此幸免于祸，得以保全其宗脉，谢朏也因有先见之明为其宗族子弟所叹服。而等到梁武帝取代齐之帝位，谢朏还是不受征召，准备隐居终生，其宗族子弟自然不会不怪罪他。不久，萧梁的皇位稳定下来，政令行于天下，政治颇为可观，于是谢氏子弟放弃了观望等待之心，树立起坚定的竞取仕进的志向。如果谢朏在这种情况下仍然隐居不仕，自绝于当世，那么就在其宗族之内，就为其子弟逼迫而不容。对此，他也无可奈何，只好忍含着羞耻、惭愧的心情，宁可以自己这把老骨头作为牺牲，也要成全对其宗族子弟的一片舐犊之情，这真是可悲啊！

至尊至贵的人是皇上，而有时也可以与之相抗；最亲近的人是父亲，但有时也可以与之相违背；只有这些象一群小鸡鸭、小牛犊一样的宗族子弟，却可以败坏人的名声气节，垂老之人还不得不丧失其本心，也真可谓可怕啊！悠悠天下，有谁能象王思远对待其兄王晏那样，劝他自杀尽忠以免于抗逆而死的人呢？“母也天只，不谅人只。”

不爱纸笔，幸也，而何叹焉？

3.晋武任贾充而乱其国，宋武任谢晦、傅亮而翦其子，故梁废王亮为庶人，用徐勉、周舍而抑沈约，诚有鉴于彼也。充、晦、亮，魏、晋之世臣也，何怨于故君？而望风献款，屋其社，馁其鬼，歼其血胤，不问而可为寒心。晋、宋之主，举国而听之，何其愚邪！

或曰：人为我犯难以图，我因以得天下，既得而忘之，疑于寡恩。晋、宋之主所以沾沾而不忍，亦过之失于厚者也。汉高之斩丁公，则过之失于薄者也。失之厚而祸非所谋，亦奚必不可哉？

曰：此不可以小人怀惠之私为君子之厚也。乱人不死，天下不宁，怙恶相比，怀其私恩，则祸乱弗惩；岂区区较量于厚薄者乎？晋惠公杀里克，传《春秋》者，谓里克非惠公之所得杀，非也。乱臣贼子，天下无能正其罚，而假手于所援立之君，天道也，非人之所可用其厚薄之私者也。梁武之于此，天牖之，弗容自昧矣。沈约之于齐，仕未显也，故其罪轻于王亮，亮，大臣也，约虽抑而不废，亮永废而不庸，天理之差也。张父母不能谅解，还可以形之歌叹，抒发情怀，而宗族子弟的逼迫煎熬，其威力真是比天力还强大。满头白发的老者手拄竹杖，前去拜谒投靠新主，所造成的结果以致于如此严重！陶渊明的儿子，不爱舞文弄墨，知书达理，这也是一种幸运；如果谢朏也是这样的话，还用得着叹息什么呢？

晋武帝信用贾充而导致西晋天下大乱，宋武帝刘裕任用谢晦、傅亮而使其诸子受到翦灭，所以梁武帝废斥王亮为庶人，而任用徐勉、周舍，并压抑沈约，这确实是吸取了晋、宋的前车之鉴。贾充、谢晦、傅亮，原来分别是曹魏、晋朝的世家重臣，对其原来的君主有什么怨恨，却对篡位的新君望风纳款请降，颠覆其社稷，断绝其祭祀，歼灭诛杀其宗亲血脉，不言而喻，这是多么令人寒心和可恶啊！可是晋武帝、宋武帝即位之后，却将军国大权交给他们，对他们言听计从，真是太愚蠢了！

也许有人会说：人家曾为我而背主叛国，图谋篡权，我因此而得到天下，新朝建立之后，却忘记他们的功劳，似乎有些寡恩无义。晋武帝、宋武帝之所以念念不忘旧恩，不忍废斥他们，也正是这样，对人过于忠厚了。汉高祖刘邦杀了曾放自己一条生路的丁固，则正好相反，对功臣过于刻薄了。过于忠厚而灾祸又不是他们有意筹划的，这又有什么不可的呢？

回答说：对于这种情况，不可以用小人怀惠之私心当作君子的忠厚待人。乱国之人不死，天下就不会安宁，他们怙恶不悛，结为朋党，怀其私心恩惠，那么祸乱就不可避免。这难道只是仅仅计较其忠厚与刻薄的吗？春秋时期，晋惠公杀了功臣里克，后来为《春秋》作传的人说里克不是惠公所应当诛杀的，这是不对的。乱臣贼子，天下人无法明正典刑，给予惩罚，因而假手于他所拥戴的君主予以诛杀，这正是天道，不是人们可以用其忠厚、刻薄之私心来测度的。梁稷逃于刑而死于叛民，恶尤烈于亮与约也。天之所罚，梁不逆焉，故得免于贾充、谢晦之祸。若不能免愧于己，因以怨人，相劝以恶，而祸乃不讫。以之为厚，自贼而贼世，庸有救乎？

4.缇萦、吉翂之事，人皆可为也，而无有再上汉阙之书、挝梁门之鼓者，旷千馀年。坐刑之子女，亦无敢闻风而效之，何也？不敢也。不敢者，非畏也，父刑即不可免，弗听而已矣，未有反加之刑者，亦未有许之请代而杀之者，本无足畏，故知不畏也。不畏而不敢者，何也？诚也。平居无孺慕不舍之爱，父已陷乎罪，抑无惊哀交迫之实。当其挝鼓上书之日，而无决于必死之心，青天临之，皎日照之，万耳万目交注射之，鬼神若在其上而鉴观之，而敢饰说以欺天欺鬼、欺人欺己、以欺天子与法吏也，孰敢也？缇萦、吉翂之敢焉者，诚也；天下后世之不敢效者，亦诚也。诚者，天之道也，人之心也。天之道，其敢欺也乎哉！于是而知不敢之心大矣。

天有所不敢，故冬不雷而夏不雪；地有所不敢，故山不流武帝对于这个问题，上天引导他，使其明白而不容其糊涂。沈约，在齐做官并不显贵，所以他的罪过要比王亮轻。王亮乃朝廷重臣，沈约受到抑制而不废黜，王亮则废斥不用，这正是天理的差别。张稷虽然未受到刑法处置，却死于乱民之手，说明其罪恶比王亮更为重大。上天对乱国之人的惩罚，梁武帝顺应其意而不逆，所以能够避免象贾充、谢晦乱国那样的灾祸。如果自己内心不免愧疚，因而对人也予以宽恕，双方相互为恶，那么祸乱就不远了。反而以此为待人忠厚，真乃是自我戕害而又残害世人，哪里还可救药呢？

汉文帝时太仓令淳于意的少女缇萦伏阙上书请入身为官婢，以赎父刑，梁武帝时的少年吉翂挝登闻鼓为父鸣冤，请杀身以代父命，这样的事情人人都能够做到，可是至今千有余年，却再也没有伏阙上书、挝朝门鼓的人。即使是父辈获罪、连坐遭刑罚的子女，也没有敢于闻风而效法缇萦、吉翂二人的，这是为什么呢？是不敢。不敢，并不是害怕，父亲的刑罚既然不可赦免，朝廷也就不听其子女申诉罢了，而不会反而加重其刑，也不会因为其子女请求代父受刑而杀之，所以说伏阙申诉请代这种事本来没什么可怕的，因而可知并不是害怕。不害怕而又不敢这么做，这又是为什么呢？因为诚心。平时父子间没有孺慕不舍之爱，父亲获罪之后，也没有惊哀交迫的实情。当其挝鼓、上书申诉之时，也就没有下定必死之心，上有青天临于头顶，阳光映照，似乎有上万双眼睛注视着，上万只耳朵倾听着，鬼神也似乎在空中时刻观察着，这种情况下难道敢欺骗上天、鬼神、众人、自己内心以及天子和法官吗？谁敢如此呢？缇萦、吉翂之所以敢擂鼓、上书，也是出于诚心；天下后世的人们不敢效法他们，同样是出于诚心。诚，是天之大道，人之良心。天之大道，难道敢欺骗吗！从此可知不敢之心关系重大啊！

天也有所不敢为之事，所以冬天不能打雷，夏天不能下雪；地也而水不止；圣人有所不敢，故禹、汤不以天下与人，孔子述而不作。人皆有不敢之心，行于恻隐羞恶辞让是非之中，君子以立诚而居敬。昧其所不敢，而效人之为以欺天下，则违天而人理绝。王莽自以为周公，曹丕自以为舜、禹，敢也；扬雄以《法言》拟《论语》，王通以《元经》拟《春秋》，敢也。闻古有之，不揣而仿之，愚夫愚妇所不自欺之心，僻而辨、伪而坚者，无所惮而为之，皆自绝于天者也。然则有效缇萦、吉翂之为者，明主执而诛之可也。

5.惟以势利为心，则无所不至，故鄙夫而与事君，上以危国而下以亡身也，必矣。赵修得幸于元恪，甄琛、王显谄附之，高肇忌修，将发其奸，琛、显惧而背修附肇，助肇攻修，密加重刑，杀修以灭口，险而很也如是，亦可畏哉！虽然，无足怪也，鄙夫之情所必至也。小人之与鄙夫，气相翕而忘其相害，机相制而不畏其相倾，非异也；所异者，君子不审，见其反面相攻，而信以为悔过自新，抚而收之，则愚矣。过有可悔，有不可悔。沈溺佞幸膻秽之中，与相胶漆，过之不可悔者也，而何为听之？

有所不敢为之事，所以山不能流动，而水却流动不止；圣人也有不敢为之事，所以夏禹、商汤不把天下传给别人，孔子则述而不作。人人都有不敢之心，而表现在恻隐不忍、羞愧、憎恶、推辞、礼让、是非之中，正人君子以诚心立身，而居敬行事。如果隐藏起自己的不敢之心，而效法别人的行为以欺骗天下人，则违背天道，而断绝人理。王莽自以为是周公，曹丕自以为是虞舜、夏禹，这就是"敢"；扬雄以其所著的《法言》比拟孔子的《论语》，王通以其所著的《元经》比拟孔子的《春秋》，这也是"敢"。听说古代有什么事情或东西，不揣度合不合适，就盲目仿效，这是出自愚夫愚妇的不自欺之心，而那些阴僻而善辩、伪装而坚定的人，则是无所畏惧而大胆妄为，都是自绝于天下的行为。既然是这样，那么若有效法缇萦、吉翂之所作为的人，贤明的君主把他们抓起来杀掉，也未尝不可。

只以势利为心的卑鄙之人，什么都可能干得出来，所以如果那些卑鄙之人参与事奉君主，主持朝政，一定会上使国家危亡，下使自己身败名裂。赵修得到北魏宣武帝元恪的宠幸，因此卑鄙之人甄琛、王显都去讨好依附他，高肇妒忌赵修，要揭发他的奸行，甄琛、王显非常害怕，马上又背叛赵修而依附高肇，秘密地对赵修施以重刑摧残，想杀人灭口，其阴险、狠毒以至于此，真是可怕啊！虽然如此，但也不足为怪，卑鄙之人的思想感情必定达到这种地步。不肖小人与卑鄙之徒，声气相投，而忘记了互相危害，其机巧权术也相互制约，因而不畏惧相互倾轧，这也没有什么奇怪的。所奇怪的，乃是正人君子对卑鄙之人不加辨别，看到他们一反常态，攻击原来的对立面，便信以为真，认为是他们悔过自新，从而加以抚慰，引为同志，这就太迂阔了。过错有可以悔改的，也有不可悔改的。如果沉溺于奸邪佞幸的卑鄙污浊行为之中，与他们如胶似漆，这样的过错是不可悔改的，而为何要听其悔改之虚言呢？

《易》曰："君子豹变。"言豹文蔚纡匆切而不章，虽能变物，而小人之所革者，徒面而已，中固未革，莫之变也。蔡京不旬日而尽改新法，司马公何为而信之哉？工于面者忍于心，疾叛其所与交狎者，致之死亡而心不为之怵，斯人也，虽在胁从罔治之科，而防之也必严。故圣人之待人恕矣，而斥言其不可与事君，绝之唯恐其不至也。开以悔过之科，则鄙夫之悔也，捷于桴鼓，一无所不至之情耳。君子而为其所罔哉！

6.三代之教，一出于天子所立之学宫，而下无私学。然其盛也，天子体道之精，备道之广，自推其意以为教，而师儒皆喻于道，未尝画近小之规，限天下之聪明，以自画于章程之内。其道略见于《大学》，若是乎其渊深弘博，而不以登天为疑也！且自天子之子以降无异学，公卿大夫士之子弟，自以族望而登于仕，非以他日受禄，歆之以利而使学，故学者亦无苟且徇时，求合于章程以徼名利，则学虽统于上，而优游自得者，无一切之法以行劝惩，亦犹夫人之自为学焉而已也。乃流及于三季之末，文具存而精意日以泯忘，国家之教典，抑且为有志之士所鄙，而私学兴、庠序圮矣。非但其法之弛也，法存而以法限之，记问之科条愈密而愈偷也。以三代之圣王不能持之于五世之后，而况后之有天下者，道不本诸躬，教不尽其才，

《易经·革卦》上说："君子豹变。"是说豹的文彩丰富，却不显明，虽然能够使事物改变原貌，但小人所改变的，仅仅是其脸面罢了，内心并未有丝毫不同，并未有任何变化。北宋蔡京本来是王安石变法的新党，元祐更化后，很快摇身一变，投向旧党，不到十天就把新法尽行革除，司马光为何会信任他呢？这就是因为蔡京这个卑鄙之徒善于伪装，而内心残忍，很快背叛了他原来所结交的朋党，甚至置之死地，内心也不丝毫发怵，这种人，即便是处在胁从者不加处置之列，也要对之严加防范。所以圣人对待人宽恕大量，但对于卑鄙之人斥责他们不可参与事君执政，与之断绝交往唯恐防范不周密。一旦开启悔过之科，那么卑鄙之人的悔过自新，比桴鼓（即用鼓槌一击，鼓声就发出来）还快捷得多，只是一种无所不至的心机罢了。正人君子就要为其所蒙蔽了。

夏、商、周三代的教育，都通过天子所立的学宫（学校），而社会上没有私立的学校。然而其教化之盛，天子体悟道义的精微，具备道德的广大，自己推衍其真义而进行教育，那些博学的老师们也都深明道义，不曾划定一个短近、狭小的框框，以局限天下人的聪明才智的发挥，从而使自己也局限于自定的章程之内。其具体方法大略可从《礼记·大学》中看到，象这样其源远流长，弘通广博，而不以登天为疑。况且从天子的儿子以下都在一个学校中学习，公卿、大夫、士的子弟各自根据其族望等级而进入仕途，而不是以将来做官受禄为诱饵，用利禄使他们歆慕，从而使他们一心向学，所以学习的人也没有苟且应付，虚度时光，以合乎天子所定的章程，以便将来获取官职利益的，这样学校教育由上面统管，而优游自得的人也没有一成不变的办法加以劝勉和惩处，和人们自学也差不多。这种教育制度沿袭到周朝后期，各种规定几乎成了一纸空文，而三代教化的精义也日益泯灭不存了，国家的教典，甚至为有志之士所鄙视，于是私学欲以齐天下之英才而羁络之，不亦难乎！

乃或为之说曰："先王以学域天下之耳目心思而使不过，然则非以明民而以愚民，学其桎梏乎？"后世之学，其始也为桎梏，而其后愈为君子所不忍言，故自周衰而教移于下。夫孔子岂为下而倍，尸天子之道统乎？教亡于天下，圣人之所重忧，不容不身任之，亦行天子之事，作《春秋》而任知罪之意也。教移于下，至秦而忌之，禁天下以学，而速丧道以自亡。然则后之有天下者，既度德、量力、因时，而知不足以化成天下，则弘奖在下之师儒，使伸其教，虽未足以几敬敷五教、典胄教乐之盛，而道得以不丧于世。梁武帝既置"五经"博士于国学，且诏州立学矣，而不敢自信为能培养天下之俊士，一出于乡国之教也，又选学士往云门山就何胤受业，知教之下移而不锢之于上，亦贤矣哉！

三代以还，道莫明于宋，而其所始，则孙明复、胡安定实开其先，至于程、朱而大著，朱子固尝推孙、胡之功矣。夫宋兴起，而官方的庠序（学宫）衰废了。不仅仅是其制度废驰了，即使其制度存在，而又以新的制度严加限制，记问之科条越来越严密、越来越苟且敷衍。以三代圣明君主尚不能使其教化制度保持到五世以后，何况后世据有天下的庸碌之主呢？道义不本之于内心，教育不能尽其才智，而想要把天下之英才统统聚拢在一起，不也是很困难的吗？

也许会有人替他们辩解，说："古代的圣明君主通过教学来规范天下人的耳目心思，使其不超越道义的境界（藩篱），然而这并不是为了使人民深明事理道义，而是为了使老百姓愚昧无知，这种学校教育制度不就是一种桎梏吗？"后代的学校教育制度开始也是一种桎梏，其后越来越为君子所不忍议论，所以自周朝衰落以后，教育的职权开始转移到社会下层民众之中。孔子难道能够贬低和违背三代的教育之制，去主持天子的道统吗？天下教化的衰亡，孔圣人非常忧虑，不容不亲自担负起重振教风的大任，也是行使了天子的职事，编写了《春秋》以表示其知罪之意。教育的职权下移，私学兴起，到秦始皇统一中国之后，对这种状况颇为忌恨，于是禁止天下私设学校，结果很快因丧失道义而亡国。然而后世据有天下的君主，自己测度估计道德、力量以及时势，知道不足以化成天下，于是就大力鼓励劝勉儒生，让他们从事教化，虽然不足以达到敬敷五教、典胄教乐的盛况，但也使天下大道不至于沦丧。梁武帝不仅在国学中设置了"五经"博士，而且下诏让各州设立官学，但还不能自信能够培养出天下的才俊之士，使他们全出自于乡国之教化，于是又选拔学士到云门山师从大学者何胤学习，梁武帝知道教化之职权的下移，因而不把教育仅仅局限于上层的官学，可以称得上是贤明君主了。

夏、商、周三代以来，天下大道没有比宋代阐发得更为明晰的，而追溯其源流，则要数孙复、胡瑗开其风气之先，到二程、朱熹而理于国学郡县之学，未尝不详设而加厉也，而教之所自兴，必于孙、胡；道之所自明，必于程、朱；何也？国家以学校为取舍人才之径，士挟利达之心，桎梏于章程，以应上之求，则立志已荒而居业必陋。天子虽欲游学者之志于昭旷之原而莫繇，固不如下之为教为学也，无进退荣辱之相禁制，能使志清而气亦昌也。韩侂胄、张居正亟起而陻塞之，呜呼！罪浮于桀、纣矣。

或曰："教出于下，无国家之法以纠正之，则且流于异端而为人心之害。"是固然也，即如何胤者，儒而诡于浮屠氏者也。然所恶于异端者，为知有学而择术不审者言耳。若夫坏人心、乱风俗、酿盗贼篡弑危亡之祸者，莫烈于俗儒。俗儒者，以干禄之鄙夫为师者也，教以利，学以利，利乃沁入于人心，而不知何者之为君父，固异端之所不屑者也。即如何胤者，以浮屠乱道矣，然王敬则欲召与同反而不敢召，武帝征与谋篡而终不就，大节固不逾矣。若彼守国家教术之章程，桎梏于仕进之捷径者，则从乱臣贼子而得显荣，亦曰："吾之所学求利达者本无择也，诵诗读书以徼当世之知而已矣。"则其清浊之相去，不已天地悬隔哉！故孟子之论杨、墨曰："归斯受之。"归而可受者，所学非、而为己之初心可使正也。俗儒奉章程以希利达，师鄙夫而学鄙夫，非放豚也，乃柙虎也，驱之而已学（道学）风气大著，朱熹也推崇孙复、胡瑗二人的功劳。宋王朝对于国学、郡（州）县官学教育未尝不设置周详、奖劝鼓励，但教化之所兴，必定要起自孙、胡，天道之所阐发明白，必定要靠二程、朱熹，这是为什么呢？国家以学校教育作为取舍选拔人才的途径，读书人都怀着功名利达之心，为官定的章程所局限，以便适应上面的要求，这样他们本来所立的志向一定会荒废，而所习的学业也必定会狭隘而敝陋。君主虽然想让游学之士志趣广阔，而不得其法，自然不如民间私学中的教与学，没有进退荣辱的观念来加以限制，能使学术环境自由而轻松，使学者志向清高而意气昌扬。可是宋朝的韩侂胄、明朝的张居正却逆其潮流，堵塞了私学之路，其罪行简直比夏桀、商纣还要大啊！

有人说："教育出于下层私门，没有国家统一的法令进行约束，就可能会流于异端邪说，而为人心之毒害。"这是当然，即使像何胤那样的学者，儒学中也夹杂着佛教的思想。然而，人们之所以憎恶异端邪说，只不过是知其有学问而选择不够精审罢了。至于坏人心术、败坏风俗、酿成盗贼反叛和篡位弑君亡国之祸的罪魁祸首，则要数俗儒最为严重。俗儒，是以干取官爵禄位的卑鄙之徒为师的人，老师教的是利，学生学的也是利，于是利的观念乃深入人心，而不知什么是君臣、父子之礼义，这乃是异端邪说所不屑一顾的。就拿何胤来说，他是以佛教思想来混乱儒家道德，但是王敬则想召他共同反叛朝廷而不敢召，梁武帝萧衍当初征召他共谋篡位大事，他也不来参与，其大节仍然清正不曲。像那些遵守国家教化的既定章程，从不逾越仕进之途径的人，却随从乱臣贼子背国谋逆，而得到显贵尊荣，也说："我所学的追求功名利禄本无所选择，乃是遵守国法，诵读诗书也不过是求得当世的人们知道而已。"这些人与何胤那样的所谓异端之人相比，清浊高下，相去不啻天渊之别，所以孟子评论杨朱、墨矣，又何受焉？教移于下而异端兴，然逃而归焉可俟也，非后世学宫之教，柙虎而傅之翼者比也。上无礼，下无学，而后贼民兴，学之统在下久矣。

7.弛盐禁以任民之采，徒利一方之豪民，而不知广国储以宽农，其为稗政也无疑。甄琛，奸人也，元恪信之，罢盐禁，而元勰邢峦之言不用。夫琛之欺主而恪听其欺，固以琛为利民之大惠，而捐己以从之也。人君之大患，莫甚于有惠民之心，而小人资之以行其奸私。夫琛之言此，非自欲乾没，则受富商豪民之赂而为之言尔。于国损，于民病，奚恤哉？

呜呼！民之殄瘁也，生于窃据之世，为之主者，惠民之心，其发也鲜矣。幸而一发焉，天牖之也。天牖之，小人蔽之，蔽焉而尼之不行，虽有其心，如无有也，犹可言也。蔽焉而借之以雠其奸私，则惠民之心于以贼民也，无可控告也。上固曰："吾以利民也，其以我为非者，必不知恩者也，必挠上而使不得有为者也，必怀私以牟利者也。"而小人之藏慝，终不觉其为邪。哀此下民，其尚孰与控告哉？不信仁贤，而邪佞充位，翟说："归斯受之。"终归可以接受的，是因为其所学虽然不纯正，而自己的初心可以使之归于正道。俗儒遵守章程以求功名利禄，以卑鄙之徒为师，向他们学习，这不是放出小猪，而是拘禁的老虎，只要一旦驱逐而出，怎么能受得了呢？教化之职权移于下层，异端邪说得以兴起，但就象是放出的小猪，逃出去之后还可等待他回来，并不象后世的官学教育制度，简直就是拘禁的老虎放开后又插上翅膀，为害非浅，这样上无礼义，下无正学，然后贼民兴起，道学的统绪移于下层已经很久了。

开放私盐的禁令，任人制作和贩卖，只能对某个地区的豪富之人有利，而不知要增加国库的储积以宽舒民力，这无疑是一种弊政。甄琛，是个奸佞小人，可是北魏宣武帝元恪却信任他，听从他的建议而罢除私盐之禁，而对元勰、邢峦的正确意见却不予采纳。甄琛欺蒙主上，而元恪却听任其欺蒙而不自觉，他本来以为甄琛的建议是施惠于民的良策，因而不顾一切而同意实施。作为君主，最大的祸患莫过于自己有施惠于民的本心，却被奸佞小人利用了去，以行其奸诈的私欲。甄琛之所以要建议开放盐禁，不是自己要从中渔利，就是受了富商豪民的贿赂。对国家有损害，对人民有弊端，谁来进行抚恤呢？

唉！人民艰难困苦，生长在君主窃据帝位的乱世，作为君主，施恩于民的心思，很少能生发出来。即使侥幸偶尔发一发善心，可以说是上天有眼。上天有眼，使君主发惠民之心，可是奸佞小人又从中蒙蔽，使惠政阻挡而不得实行，虽有其心，和没有此心也没有什么两样，这还可以说得过去。奸佞小人欺骗蒙蔽，而又借此机会实现自己奸邪私欲，那么君主的惠民之心被用作残害人民，其中冤情真是无从控诉。君主自然可以说："我为了便利人民，可是他们却认为我做得不对，那肯定是他们不知恩图报，一定要阻挠上面的政令使仁而衹以戕，义而衹以贼，毒流天下，而自信为无过。于是而民之死积，而国之危亡日迫而不知。太平之歌颂盈于耳，而鸿雁之哀鸣偏于郊。其亡也，不足恤也。民亦何不幸而生斯世也！

8.将不和，则师必覆，将岂易言和者哉？武人之才不竞，则不足以争胜，有功而骄，其气锐也；无功而忮，其耻激也；智者轻勇者而以为爪牙，勇者藐智者而讥其啸诺，气使之然也。呴呴然易与，而于物无争，抑不足称武人之用矣。韩信任为大将，而羞伍樊哙；关羽自命亲臣，而致忿黄忠；不和也而导之以和，非君与当国大臣善为调驭，安能平其方刚之气乎？汉高能将将矣，而不能戢韩信之骄，无以得信之情也。武侯、费诗能消关羽之戾，能得羽之情也。

曹景宗，骁将也，韦睿执白角如意、乘板舆以麾军，夫二将之不相若，固宜其相轻矣。武帝豫敕景宗曰："韦睿，卿之乡望，宜善敬之。"得将将之术矣。敕睿以容景宗易，敕景宗以下睿难。然而非然也，睿能知景宗之鸷，而景宗不能知睿之弘，景宗之气敛，而何患睿之不善处景宗邪？且其诏之曰：

不能有所作为，一定是怀着私心以求牟利的。”而奸佞小人却善于伪装，藏而不露，始终无法发觉其奸邪。可悲的是下层人民，其冤枉向谁去控诉呢？君主不信任仁人贤士，而奸邪之人占据要害，仁义被戕杀，道义被歪曲，毒流天下，却自信没有过错。长此以往，人民生灵涂炭，尸积道路，国家岌岌可危，亡在旦夕，而不自知。太平盛世、圣明天子的歌颂之声充盈耳中，而哀鸿之鸣遍于天下。其国家灭亡，没有什么可忧患的，所可忧的是，人民为何不幸而生长在这个世道呢？

将领不相互团结，其军队必定会败灭。然而武将难道是容易握手言和的吗？军人的才能，如果没有竞争之心，就不足以取得胜利。有功而骄傲自满，乃是由于其气势锐健；无功而嫉妒有功，是由于羞耻心所激发；足智多谋的轻视骁勇善战的，视之为爪牙，而骁勇善战的则轻视足智多谋的，讥讽其懦弱而只凭口舌之能，这是由于意气使然。呴呴和鸣而易与相处，与世无争，还不足以称作武人之用，韩信被任命为大将，而以与屠夫出身的樊哙为伍作为耻辱；关羽认为自己是刘备的亲信大臣，而与将军黄忠结下怨忿；将领不相团结而引导他们握手言和，如果不是君主与执政的大臣善于调和和统御，怎么能使他们的方刚之气平息呢？汉高祖刘邦可以称得上是善于统御诸将的君主，却不能安抚韩信的骄气，无法得知韩信内心的真实感情。诸葛亮、费诗却能够消除关羽的暴戾，从而得知其内心的真实情感。

曹景宗是梁武帝的一员猛将，而韦睿则手执白角如意、乘着木板轿子以统帅军队，二人一为骁将，一为儒将，正好相反，自然相互轻视，不好调和。梁武帝事先下诏令给曹景宗说：“韦睿是你的同乡，德高望众，你应当尊敬他。”可谓深通统御将领之术。下诏给韦睿，让他宽容和团结曹景宗容易，而下诏给曹景宗，让他礼待韦睿就难了。然而也有并非如此的道理，韦睿能知道曹景宗的勇猛，而曹景宗

“韦睿，卿之乡望”，动之以情，折之以礼，而未尝有所抑扬焉。睿以景宗之下己，而让使先己告捷，景宗乃以睿之不伐，而变卢雉以自抑。如其不然，睿愈下而景宗愈亢，睿抑岂能终为人屈乎？武帝曰：“二将和，师必济。”自信其御之之道得也。钟离之胜，功侔淝水，岂徒二将之能哉。

9.梁制：尚书令史，并以才地兼美之士为之，善政也，而亦不可继也。何也？掾史之任，凡簿书期要，豪毛委琐，一或差讹，积之久则脱漏大。而下行于州郡吏民者争讼不已，其事亵矣。故修志行者，不屑问焉。刑名钱谷工役物料之纷乱，无赏罚以督其后，则不肖者纵以行私，贤者抑忽而废事，若必核以赏罚，则以细故而伤清流之品行，人士终厌弃而不肯为；其屑为之者，必其冒昧而不惜廉隅者也。则其势抑必于令史之下，别委簿书之职于胥役，而令史但统其纲。是以今之部郎，仍置吏书以司案籍，则令史虚悬而权仍下替。盖自有职官以来，皆苦胥吏之奸诡，而终莫之能禁。夫官则有去来矣，而吏不易，以乍此乍彼之儒生，仰行止于习熟之奸吏，虽智者不能胜也。于是而吏亦有三载考成、别迁曹署之例，然而无却不能知道韦睿的宽弘大量，只要曹景宗的凶猛之气收敛，还何必忧虑韦睿不能与曹景宗善处呢？而且梁武帝在诏书中说："韦睿是你同乡中德高望众的人。"动之以情，服之以礼，却未曾有任何褒贬、抑扬之意。韦睿因为曹景宗对自己尊重，也对之礼让，使他在战胜后先掷子得"雉"赢采，而翻过来，变成了"塞"的输采，曹景宗也因为韦睿不自居功劳，对自己礼让，而掷卢雉而变作簺，表示自谦而居下位。（编者按：此事本系韦睿所以，此处有误。曹景宗掷子得"雉"赢采，韦睿慢掷也得一个"卢"的赢采，可韦睿翻过来，变成一个"塞"的输采。）如果不是这样的话，韦睿越是谦和礼让，曹景宗就会越加骄横，韦睿又怎么能够始终屈己以事人呢？梁武帝说："二将精诚团结，军队才可在这场战役中获取胜利。"言外之意，自信自己统御诸将之术颇为得法。钟离之战的胜利，功劳和淝水之战相当，这难道仅仅是二位将领的成绩吗？

梁朝的制度规定：尚书令史的职位都必须选取才德兼备的士人来担任，这确实是善政，可是也无法继承下去。为什么呢？掾史之类属吏的职位，凡是文书机要之类，头绪繁杂，事务琐碎，一旦有什么差错，日积月累，久而久之其疏漏必定越来越严重，如果下行到各州各县，胥吏平民就会聚讼纷纭，莫衷一是，其事也受到干扰和亵渎。所以志修行洁的人，不屑问津这种职位。刑名钱谷工役物料这些琐碎纷乱的事情，如果没有奖赏和刑罚在其后进行督责，那么不肖之徒就会狂纵不法，借机营私舞弊，贤明之人也可能有所疏忽而荒废政事，若一定要纠核正误，进行赏罚，则会因琐碎小故而伤害清流之士的品行，士大夫阶层终究会厌弃而不肯屈就此职；那些愿意屈就的人，必定是冒昧行事而不惜其廉洁清正之名节。这种情况，势必会导致在令史之下，另外再设置簿书文案的职位，让吏役办理其事，而令史只是统管其大事而已。因此，如今（指明代）各部院的郎官，仍补也。官者，唯朝廷所命，不私相授受者也；吏虽易，而私相授受者无从禁止。且其繁细之章程，必熟尝而始悉，故其练达者，欲弗久留其司而不得；易之，而欲禁其授受也，抑必不能；则其玩长上以病国殃民，如尸蚘之在腹，杀之攻之，而相续者不息。此有职官以来不可革之害，又将奚以治之邪？

夫奸吏亦有畏焉，诃责非所畏也，清察非所畏也，诛杀犹非所畏也，而莫畏于法之简。法简而民之遵之者易见，其违之者亦易见，上之察之也亦易矣。即有疏漏，可容侵罔者，亦纤微耳，不足为国民之大害也。唯制法者，以其偶至之聪明，察丝忽之利病，而求其允协，则吏益争以繁密诘曲衒其慎而雠其奸。虽有明察之上官，且为所惑蔽，而昏窳者勿论矣。夫法者，本简者也，一部之大纲，数事而已矣；一事之大纲，数条而已矣。析大纲以为细碎之科条，连章屡牍，援彼证此，眩于目而荧于心，则吏之依附以藏慝者，万端诡出而不可致诘。惟简也，划然立不可乱之法于此，则奸与无奸，如白黑之粲然。民易守也，官易察也，无所用其授受之密传；而远郊农圃另置吏，员书佐以管理文案册籍之事，令史这种本来属于管理文案之事的吏职却虚悬于上，成为官，而使其职权下移于胥吏。自有职官以来，一直都苦于胥吏的奸诈欺蒙，而始终无法禁绝。官员有升有调，来去不断，而胥吏则不变，以这些初来乍到任职的儒生作官，言行举止都要听命于熟悉官场世故的奸诈胥吏，即便是足智多谋之人，也无法摆脱胥吏的左右。针对这种弊端，朝廷也规定了胥吏三年考核、调往其它官署任职的条例，但仍然无补于政事。官员，只听从朝廷的任命，不能私相授受；胥吏虽要调换，但却无法禁止私相授受。而且官府中繁杂周详的章程，必须长时期地熟悉掌握，所以那些政事练达的吏员，要想不让他长期留在职位上也是不现实的；即便调换他们，而要禁绝其私相授受，也是不可能的；如此，他们玩其官长于股掌之上，从而祸国殃民，就象是把蛔虫留在肚里，杀之攻之，而仍然繁衍生息，连续不断。这是自从有职官以来所无法革除的祸患，又将如何治理它呢？

奸诈的胥吏也是有所畏惧的，严词斥责不是他们所害怕的，整顿考察也不是他们所害怕的，诛杀仍然不是他们所害怕的。他们所畏惧的莫过于立法简明。立法简明，那么人民守法的容易看得见，违法的也容易看得见，官府考察也就容易了。即便有所疏漏，可以给侵权枉法者以可乘之机的，也只是一些细枝末节，不足造成国家和人民的大祸害。如果制定法律的人，以其偶尔显露的聪明，去考察细枝末节的利弊得失，而务求公允协调，这种情况下，胥吏们就更是争相以其繁密诘曲表面上炫耀其办事谨慎，而实际上却施行其奸诈伎俩。即使有明察公断的上级官员，尚且为其所蛊惑蒙蔽，而昏庸腐败的就更不用说了。法律，本来应该是简便易记易行的，一部根本大法，只有几件事情罢了，一件事情的规定，只有数条罢了。把这些大法纲领条分缕析而形成细小琐碎的科条，连篇累牍，援引此项而证之子，苟知书数，皆可抱案以事官。士人旦弦诵而暮簿领，自可授以新而习如其故，虽间有疏脱，而受其愚蔽，不亦鲜乎！则梁以士流充令吏之选，治其末而不理其本，乍一清明而后必淆乱，故曰不可继也。语曰：“有治人，无治法。”人不可必得者也，人乃以开治，而法则以制乱，安能于令史之中求治人乎？简为法而无启以乱源，人可为令史也，奚必士哉？

10.圣王之教，绝续之际大矣哉！醇疵之小大，姑勿苛求焉，存同异于两间，而使人犹知有则，功不可没已。其疵也，后之人必有正之者矣。故君子弗患乎人之议己，而患其无可议也。周公而后，至汉曹褒始有礼书；又阅四姓，至齐伏曼容始请修之；梁武帝乃敕何佟之、伏暅终其事，天监十一年而五礼成。其后嗣之者。唯唐开元也。宋于儒者之道，上追东鲁，而典礼之修，下无以继梁、唐，是可惜也。朱子有志而未逮焉，盖力求大醇而畏小疵，慎而葸，道乃息于天下矣。夫以彝伦攸斁之张孚敬而小有厘定，抑可矫历代之邪诬而反之于正。若惧其未尽物理而贻后人之擿发，则又何所俟而始可惬其心乎？有其作之，不患其无继之者。秦灭先王之典，汉承之而多明他项，使人目不暇接，心不暇记，那么胥吏上下其手，又可依据某某科条以为隐藏罪行的保护伞，而法律头绪繁杂，矛盾错综，无可凭借以治其罪。只有在法令简明的情况下，明白易晓，确立下不可更改混乱的法律政令，那么奸诈与清正，正如黑白分明，粲然可见。人民易于遵守，官员也易于考察，无法运用胥吏间私相授受的秘传，而身处乡野的农夫之子，如果知书达礼，都可以去从事文案工作以事奉官员。士大夫自可以早晨吩咐他们职事，日暮收查簿册，授以新事而习熟故事，虽然间或有所疏漏，而受他们的愚弄和欺蔽，不也是极少数情况吗？那么梁朝以士大夫阶层充当令史之人选，可以说是治其末而不治其本，开始时可能会使政务清明一阵子，其后必定混乱，所以说这种所谓的善政是无法保持下去的。俗话说："有治人，无治法。"人才不一定能够得到，而且只是开辟治道，而法律则是为了制止混乱，怎么能够从令史之中寻求治世之才呢？立法简明而不开启混乱的根源，人人都可以去做令史，又何必一定要士大夫呢？

古圣先王的礼教，其绝传和绍绪沿袭之间关系重大啊！其纯正或缺失的大小，姑且不要过分苛求，存其同异于正误之间，而能使人民仍然知道有所遵循的原则，已是功不可没了。其中的缺失，后代一定会有人进行纠正。所以君子不忧虑有人议论自己，而忧虑自己没有什么可议论的，也就是无所作为。周公制礼作乐之后，直到汉代曹褒才有了礼书；又经过三国、两晋、宋、齐四代，才有了萧齐的伏曼容请求编修礼书；梁武帝下令何佟之、伏暅完成其事，于天监十一年修成五礼（吉礼、凶礼、军礼、宾礼、嘉礼）。此后继续纂修的只有唐朝开元年间修的《开元礼》。宋代对于儒家道德，上追孔孟，颇有发展，可是在编修礼制之典方面，却无法继承萧梁、唐朝的传统，这实在是很可惜的事。朱熹曾有志于此，却未能实现，原因是力求纯正精确，而害怕有细小的缺失，因此谨慎而又畏缩不前，结果使得古代礼固陋之仪，然叔孙通之苟简，人见而知之，固不足以惑天下于无穷也。若叔孙通不存其仿佛，则永坠矣。曹褒之作，亦犹是也，要其不醇，亦岂能为道病哉？至于梁而人知其谬，伏曼容诸儒弗难革也。如封禅之说成于方士，而诸儒如许懋者，正名其为纬书之邪妄，辨金泥玉简之诬，辟郑玄升中之误。繇此推之，梁之五礼，其贤于汉也多矣。然非有汉之疵，则亦无据以成梁之醇。故患其绝也，非患其疵也，疵可正而绝则不复兴也。

夫礼之为教，至矣大矣，天地之所自位也，鬼神之所自绥也，仁义之以为体，孝弟之以为用者也；五伦之所经纬，人禽之所分辨，治乱之所司，贤不肖之所裁者也；舍此而道无所丽矣。故夷狄蔑之，盗贼恶之，佛、老弃之，其绝可惧也。有能为功于此者，褒其功、略其疵可也。伏曼容诸子之功伟矣，梁武帝不听尚书庶务权舆，欲罢修明之议，固君子之所重嘉，而嗣者其谁邪？

教几乎消失于天下。到了明代，而以败坏天道伦常的张孚敬对古礼稍加厘定，也可以使历代对礼教的邪说和诬蔑加以矫正，而归于纯正可依。如果畏惧所定礼制未能穷尽物理从而遭到后人的批评和攻击，那么等到什么时候才能够尽善尽美、惬其心意呢？只要进行礼教的整饬校定，就不用忧愁没有后继之人加以发展。秦始皇焚毁了古圣先王的典籍，汉承秦制，礼仪多所鄙陋，但叔孙通制定礼制，简明扼要，使人见而知之，自然也不会给天下人带来无穷的疑惑。如果当时叔孙通不是这样仿仿佛佛地保存下来古代的礼制，礼教就可能永远消没了。曹褒编修礼书，也象这一样，虽然不够纯正，难道对天道人道有什么危害吗？到了梁代，人们都知道前代礼教有错误的地方，伏曼容等儒士也就不难加以革除。例如，封禅之说是汉代的方士确立的，而诸位儒士如许懋等人，为其正名，认为这是《纬书》的邪妄之说，力辨金泥玉简之诬，批驳郑玄所说的升中的错误。由此推断，梁代的五礼，比汉代的礼制要完善。但是，如果没有汉代带有缺失的礼制，也就不会有根据汉礼修订改编而成的梁代纯正之礼。所以说令人忧虑的是礼教的断绝不传，而不是有一些缺失，缺失可以改正，而断绝不传就无法得以复兴了。

以礼制来实行教化，是至为重大的事情。天地之所以各处其位，鬼神之所以各安其处，仁义之所以为体，孝悌之所以为用；君臣父子朋友五伦之所经纬，人与禽兽之所以不同，天下的治乱之所执掌，贤臣、小人之所分别裁判；离开了礼教，天下大道也就无所附着依托了。因此，夷狄对礼教蔑视，盗贼对礼教憎恶，佛教道教对礼舍弃不用，正说明它是令人十分畏惧的。对礼教有功劳的人，可以褒奖其功绩，而忽略其缺失，伏曼容等人的功绩可称伟大，梁武帝不赞同尚书所说的王业初创，等到天下承平之时再制礼定乐的意见，本来是君子所应该大加赞美的，可是谁能继承下去呢？

11.与人同逆而旋背之，小人之恒也。利其同逆而亲任之，比于匪人，必受其伤，则晋于贾充、宋于谢晦是已。已谋逆而人成之，因杀其人以掩己之恶，其恶愈大，杨广杀张衡，朱温杀氏叔琮，而死亡旋踵，天理之不可诬也。使司马昭杀贾充以谢天下，天下其可谢，而天其弗亟绝之邪？己谋逆而人成之，事成而恶其人，心之不昧者也。存人心于百一者，恶其人则抑且自恶，坐恶其影，梦恶其魂，乃于同逆者含恶怒之情，而抑有所禁而不能发，心难自诬，无可如何而听其自毙，则梁武之于沈约、张稷是已。

沈约非齐之大臣，梁武辟之，始与国政，恶固轻于贾充、谢晦矣。然和帝方嗣位于上流，梁武犹有所疑，而约遽劝之以速夺其位；梁武欲置和帝于南海，而约劝梁以决于弑；盖帝犹有惮于大逆之情，而约决任天下之恶以成之，是有人心所必愤者也。若张稷者，自以己私与王珍国推刃其君，固梁武之所幸，而实非为梁武而弑，若赵穿之于赵盾，贾充之于司马昭也。故此二逆者，梁武深恶之，而果其所宜恶者也。

虽然，梁武抑岂能伸罪以致讨于约与稷哉？徒恶之而已。恶之深，因以自恶也；于恶之深，知其自恶也。置稷于青、冀，而弗任约以秉均，抑安能违其不可尽泯之秉彝乎？不杀稷与他人共同谋逆篡位，不久又背叛了自己的同伙，这是小人的惯常做法。如果认为他与自己共同谋逆得以成功，就对他大加信用，这就象是对待匪类，必定受其所伤，西晋对于贾充、刘宋对于谢晦就是这种情况。自己谋逆反叛，别人协助而成功，于是就将他杀掉以掩盖自己的罪恶，其罪恶反而越加重大，隋炀帝杨广杀死张衡、后梁太祖朱温杀死氏叔琮，很快自己也落得身首异处的下场，可见天理昭昭，不可欺诬啊！假如司马昭杀掉贾充以谢天下，天下可谢，上天也不会很快让其宗社绝灭。自己谋逆而别人相助成功，事成之后自己登上帝位，而厌恶其人，这是天良尚未丧尽的人。尚存有百分之一的人心天良的，厌恶其人也就会自我憎恨，坐着恶见其身影，做梦恶见其灵魂，对于共同谋逆的人含有憎恶、恼怒之情，而又有所顾忌，无法发泄出来，因为内心是难以自欺的，无可奈何，只有听任他们自取灭亡，梁武帝对于沈约、张稷就是这样。

沈约并不是萧齐的朝廷重臣，梁武帝征召他共图大事，才得以参与国政，其罪恶比贾充、谢晦要轻一些。然而齐和帝刚刚即皇帝位，梁武帝对谋逆篡位仍然有些犹豫，而沈约却急力劝他迅速夺取帝位；谋逆成功后梁武帝想把齐和帝安置到南海，而沈约又极力劝梁武帝把他杀死；大约梁武帝还有所畏惧，不忍大逆不道，而沈约则决心背上天下大恶的罪名以使谋逆成功，这是稍有点人心的人所共愤的。至于张稷，从自己的私心出发，与王珍国共同亲手弑其君上，固然是梁武帝所庆幸的，但他并不是为了梁武帝才杀死皇上的，就象春秋时晋国的赵穿之于赵盾、西晋贾充之于司马昭是同样的。因此这两个叛逆之臣，梁武帝对之深加憎恶，也确实有其应当憎恶的理由。

虽然如此，梁武帝又怎么能够申明其罪而对沈约、张稷大加讨伐呢？只能是憎恶他们罢了。对他们深深憎恶，因而也自己憎恶自己；从他对二人的深深憎恶，也可看出他对自己的憎恶。把张稷安置于青而稷失志以死于叛民，不杀约而约丧魄以死于断舌之梦。帝语及稷而怒形于色，约死而加以恶谥。推斯情也，帝之自疚自赧于独知之隐，虽履天子之贵，若无尺地可以自容也可知矣。然而终不能杀稷与约者，则以视杨广、朱温为差矣，已有慝而不能伸讨于人矣。已有慝而杀助逆之人，然后人理永绝于心。均之为恶，而未可以一概论，察其心斯得之矣。

12.壅水以灌人之国邑，未闻其能胜者也，幸而自败，不幸而即以自亡，自亡者智伯，败者梁武也。智伯曰："吾今而知水之可以亡人之国。"前乎智伯者，未之有也，而赵卒不亡，智自亡耳。后乎智伯者，梁人十馀万漂入于海，而寿阳如故；宋太祖引汾水以灌太原，而刘氏终未有损。天下后世至不仁者，或以此谋献之嗜杀之君，其亦知所鉴乎！

人有相杀之具，而天不废之；天有杀物之用，人不得而用之。虎豹犀象，天之所产，于人为害者也，纣用之，王莽用之，而皆以速亡。彼其以势用而不可以情使，能激之以势，而不能感其情以为我用，一发而不听人之收，自且无如之何，而可使如我之志以效功乎？水无择湮，兽无择噬，以其无择也，故禹与周公抑之驱之，为功烈矣。从而狎之，因而自毙，恶孰甚州、冀州，而不让沈约主持政务，又怎能违背其不可完全泯灭的常道呢？不杀张稷，可是张稷却郁郁不得志而最终死于叛民之手，不杀沈约，而沈约却在被皇上割断舌头的噩梦中丧魄而亡。梁武帝谈到张稷就怒形于色，沈约死后又给他加了个很坏的谥号，推想梁武帝如此作为时的内心情感，可以知道他对于独自知道的隐衷感到疚愧和负罪，虽然身处天子之尊位，却象是没有尺寸之地可以自容。然而终究不能杀死张稷和沈约，则要比杨广、朱温要差一些，自己有隐衷却不能伸讨于别人。自己有难言之隐，而杀死那些帮助叛逆之人，然后自己内心完全丧失人理天良。同是为恶，而不可一概而论，考察其内心情感可以得出判断。

堵塞河流以淹没他人的国土城邑，没有听说能够以此取胜的，侥幸的仅仅是自己失败，不幸的就要因此而自取灭亡了。自取灭亡的象春秋末期晋国的大夫智伯，自己失败就是梁武帝萧衍。智伯说："我到今天才知道水是可以亡人之国的。"在智伯之前，没听说这种事例，而被智伯用水淹灌的赵最后没有灭亡，智伯只是自取灭亡罢了。在智伯之后，这种事例则有梁武帝下令以水淹寿阳，结果梁人十余万被冲走漂没至东海，而寿阳仍然未被攻下；宋太祖赵匡胤引汾水倒灌太原城，而刘氏北汉政权仍然没受什么损失。天下后世的极其残忍的人，或许有人会向嗜杀成性的君主献上这种计谋，也应当有所借鉴啊！

人有相互杀戮的器具，而上天不予废弃；天有杀物之用，而人无法运用。虎、豹、犀牛、大象，是自然界所产的野兽，是与人为害的东西，商纣王用了，王莽用了，都很快亡国。他们是凭借其权势使用，而不是以其情感驱使它们，可以以势激之，而不能以情感化而为我所用，一发而不听人之收，自己尚且无法使它怎样，又怎能使它按照自己的意志，而报效立功呢？洪水不选择要淹没的地方，野兽不选择要焉？且夫人之相杀，一与一相当而已，曲直因乎理，强弱因乎势，杀戮虽多，固一与一相当也。阻滔天之浸，不择顺逆，而逞其欲以使歼焉，方谓我能杀彼而彼不能加我也，然而还自杀矣。志憯而行逆，岂有生理哉？

或曰："以水灌城而城不坏，退水而城必圮，后世必有行是谋者，引师退水以进攻，彼城圮而我无漂溺之忧。"乃军行泥淖之中，樵苏无备，以攻必死之敌，城虽圮，终不能入，而先为敌禽矣。残忍之谋，愈变而愈左，勿惑其说，尚自免于败亡乎！

13.债帅横于边而军心离，赇吏横于边而民心离，外有寇则速叛，外无寇则必反。边任之重，中主具臣必轻之。袁翻、李崇忧六镇之反，请重将领守令之选，匪特验于拓拔氏，亦万世之永鉴已。

均是将领也，而在边之将，贪残驽阘者，甚于腹里；均是守令也，而在边之守令，污墨冒昧者，甚于内地。夫将领或挟虏寇以恣其所为，犹有辞也。守令之理民也无以异，而贪虐甚焉，无他，才望有馀之士，据善地以易奏成劳，则清华之擢，必其所捷得，而在边者途穷望尽，姑偷利以俟归休也。于是而吞噬的对象，正因为它无所选择，所以夏禹和周公既抑制它，又驱使它，从而建立了丰功伟绩。放纵而亲近他们，因而自取灭亡，没有比这可恶的了！况且人与人的厮杀，一对一相当而已，曲直存于公理，强弱在于权势，杀戮虽多，固然是一对一，还算公平相当，堵塞波浪滔天的洪水，使其不选择顺行逆灌，逞其势欲而淹没城邑，吞没生灵，这才说我可以杀死对方，而对方无法对我如何，然而终究要自取身亡的。存心狠毒而行为忤逆，难道还有不亡的道理吗？

有人说："用水倒灌城邑而城墙没有损坏，退水之后城墙必定坍塌，后代必定有运用这项计谋的，就要撤退军队等水退之后再进攻，对方城池已坏，而我军也没有遭水湮没的顾虑。"其军队行进在泥泞之中，粮草无备，去进攻置之死地、决心战斗到底的军队，对方城池虽坏，终究无法突破，而自己却可能会首先被敌人打败擒获了。残忍的计谋，越变而越本上加厉，千万不要受其邪说迷惑，这样尚有可能免于败亡！

骄横的将帅横行于边疆，军心必定会离散，贪婪的官吏横行于边疆，民心必定会离散，如果一旦境外有敌寇侵入，就会很快叛变投敌，即使没有外寇侵扰，也一定会反叛朝廷。边境军政要职的人员任命关系重大，中主具臣必定会轻视它。北魏大臣袁翻、李崇担忧北方的六个边镇造反，请加强六镇将领、郡守、县令的选拔，其正确性和预见性，不仅仅在北魏得到验证，也是后世千秋万代所应该永远引以为鉴的。

同样是将领，可是边疆的将领，贪婪、残忍、昏庸、无能，要比内地严重得多；同样是太守县令，可是在边疆的太守县令，贪赃枉法、欺诈蒙蔽要比内地严重得多。边疆的将领甚至还有勾结虏寇相挟，借以为所欲为，还振振有词的。太守县令统治人民没有什么新办法只是贪婪暴虐更严重了，这没有别的原因，才能德望兼备的官员，都边方郡邑永为下劣之选，才望之士且耻为之，亦恶望其有可任之人乎？且也大帅近而或挫于武人矣，监军出而或辱于中涓矣，刍粮庤而或疲于支给矣，重臣临而或瘁于将迎矣。非夫涂穷望尽不获已而姑受一命者，固不屑为也。人士之习见既然，司铨者遂因之以为除授之高下，于是沿边之守令，莫非士流不齿之材，其气茶，其情偷，苟且狼戾，至于人之所不忍为而为之不耻。及边民之憔悴极、反叛起，然后思矫其弊，重选人才以收拾之，祸已发而非旦夕可挽矣。

唯开国之始，无长虑以持其终，愈流愈下而极重难回也，故袁翻、李崇危言之而不能动当事之心。至于破六韩拔陵、胡琛、莫折大提称戈竞起，而后追用崇言，改镇为州，徒以残危之地，强才臣而致之死地，何嗟及矣！大河以北，人狎于羯胡；五岭以南，民习于寇攘；无人以治之，而中华愈蹙。但此荆、扬、徐、豫之上，蚁封其垤，雀安于堂，不亦悲乎！

占据好的地区做官，这样容易取得成效，于是那些清高尊贵的职位，必定会为其所捷足先登，可是在边疆的太守县令则如日暮穷途，无所指望，只有姑且得过且过，营私舞弊，以等待年老退休回家。这样，边疆的郡县军镇永远沦为下劣的职位，才德兼备之士耻于到边疆任职，又怎么能指望有可当此大任的人选呢？而且临近大帅，不免会被这些武将所阻挠挫折，朝廷派出宦官来这里作监军，又不免会受到这些宦官的凌辱，粮草接济不上，又不免会为转运粮草而疲于奔命，如有朝廷重臣来到，又不免会为迎来送往而心力交瘁。这样的职位，如果不是日暮途穷、前程无望而无可进取，姑且受一职命的人，自然不屑于担任。人们的习惯看法既然如此，那么掌管官吏任免的人于是就以内地与边疆作为任免官员的高低等级分别，这样一来，沿边的太守县令，没有不是士林中人人不齿的庸材，他们心情消极，得过且过，苟且偷安，残忍暴戾，以至于人们所不忍心干的事，他们甘心去做而不以为耻。等到边民疲惫不堪，忍无可忍，起而反叛，然后再想矫正其弊端，重新选拔人才以收拾残局，祸端已经开启，不是一朝一夕可以挽回的了。

在开国之初，如果没有长远策略计划以保持其统治有始有终，就会每况愈下而积重难返，所以袁翻、李崇极言其危而不能打动当政者之心。到了六镇将领破六韩拔陵、胡琛、莫折大提倒戈反叛朝廷之后，才想起来采纳李崇的建议，改镇为州，只是白白地强迫驱使有才干的大臣到这些反叛竞起的危险边境地方，置之死地，令人叹息不已。黄河以北，人民都受到羯胡的欺侮；五岭以南，人民则习惯于盗寇攘乱；没有人去治理这些边疆地区，而中原地区也越来越动荡不安了。仅仅只剩下荆州、扬州、徐州、豫州这中原四州之地仍然是蚂蚁在做窝、麻雀安于高堂，处在和平气氛中，这不也是很可悲的吗？

14.武帝之始，崇学校，定雅乐，斥封禅，修五礼，“六经”之教，蔚然兴焉，虽疵而未醇，华而未实，固東汉以下未有之盛也。天监十六年，乃罢宗庙牲牢，荐以疏果，沈溺于浮屠氏之教，以迄于亡而不悟。盖其时帝已将老矣，畴昔之所希冀而图谋者皆已遂矣，更无馀愿，而但思以自处。帝固起自儒生，与闻名义，非曹孟德、司马仲达之以雄豪自命者也；尤非刘裕、萧道成之发迹兵间，茫然于名教者也。既尝求之于圣人之教，而思有以异于彼。乃圣人之教，非不奖人以悔过自新之路；而于乱臣贼子，则虽有丰功伟绩，终不能盖其大恶，登进于君子之途。帝于是旁徨疚愧，知古今无可自容之馀地，而心滋戚矣。浮屠民以空为道者也，有心亡罪灭之说焉，有事事无碍之教焉。五无间者，其所谓大恶也，而或归诸宿业之相报，或许其忏悔之皆除，但与皈依，则覆载不容之大逆，一念而随皆消陨。帝于是欣然而得其愿，曰唯浮屠之许我以善而我可善于其中也，断内而已，绝肉而已，捐金粟以营塔庙而已，夫我皆优为之，越三界，出九地，翛然于善恶之外，弑君篡国，沤起幻灭，而何伤哉？则终身沈迷而不反，夫谁使之反邪？不然，佞佛者皆愚惑失志之人，而帝罔非其伦也。

梁武帝即位的初年，加强学校教育，订定宫廷雅乐，贬斥举行封禅大典的邪说，编修五礼，古圣先王"六经"之教化，蔚然兴起。虽然可能会有缺失，还不纯正，华丽而不实在，却仍然是东汉以来从未有过的盛事。天监十六年（公元517年），梁武帝乃下令废除宗庙祭祀中供献牲畜的礼制，改以蔬菜瓜果作为供献，而沉弱于佛教信仰之中，一直到去世而始终没有醒悟过来。大概因为当时他年事已高，当年所怀抱希望而又图谋获取的东西均已如愿以偿，再没有什么其他心愿，而只是在思考如何自处。梁武帝本来出身于儒生，受过名节道义的教育，并不是象曹操、司马懿那样的以英雄豪杰自命的人，更不是象刘裕、萧道成那样发迹于行伍之中，对名节礼教茫然无知的人。既然曾经以圣人之教的标准来自我要求，而反思自己的行为又有与此相违背的地方。而圣人之教化，并非不给人以忏悔过错的机会，而是给人以自新之路；可是对于那些罪在不赦的乱臣贼子，即便有丰功伟绩，终究无法掩盖其滔天罪恶，从而登进于君子之正途。梁武帝因此而感到徬徨无措，疚愧不已，知道自己弑君篡位，自古及今没有可以自容之地，因而内心产生了悲伤绝望之情。佛教主张色空理论，有消除欲望也就消除罪恶的说法，有事事无碍的说教，五无间，就是佛教所说的大恶，有的归因于自己各种宿业（以前的恶行）的报应，有的许愿说经过忏悔就会完全消除，只要皈依佛门，即便是天地不容的大逆不道之罪，也可能在一念之间而消除净尽。梁武帝于是欣然而得其所愿，说是只有佛许我以多做善行，而我可皈依其中而广结善缘，只要断绝色欲，断绝酒肉，捐舍金银营建佛塔寺庙，好自为之，就可以超越天地人三界，出入大地，游于善恶之外，弑君篡位的罪恶，就象沤起而幻灭，对我又能有何伤害呢？于是终身沉迷于佛教而不知返，谁又能使他迷途知返呢？其实并非如此，迷信佛教的都是愚昧迷惑而失意丧志的人，而梁武帝本不是他们的同类。

呜呼！浮屠之乱天下而遍四海垂千年，趋之如狂者，唯其纳天下之垢污而速予之以圣也。苟非无疚于屋漏者，谁能受君子之典型而不舍以就彼哉？淫坊酒肆，佛皆在焉，恶已贯盈，一念消之而无馀愧，儒之驳者，窃附之以奔走天下，曰无善无恶良知也。善恶本皆无，而耽酒渔色、罔利逐名者，皆逍遥淌漾，自命为圣人之徒，亦此物此志焉耳。

15.元魏神龟二年，其吏部尚书崔亮始立停年格以铨除，盖即今之所谓资也。当时讥其不问贤愚而选举多失。夫其时淫后乱于宫闱，强臣恣于政府，贿赂章，廉耻丧，吏道杂,而奸邪逞。用人之失，岂亮立法之不善专尸其咎哉？停年之格，虽曰不拣，然必历年无过而后可以年计，亦未为大失也。国家有用人之典，有察吏之典，不可兼任于一人明矣。吏部司进者也，防其陵躐而已。竞躁者不先，濡滞者不后，铨选之公，能守此足矣。以冢宰一人而欲知四海之贤不肖，虽周公之圣弗能也。将以貌、言、书、判而高下之乎？貌、言、书、判末矣。将以毁誉而进退之乎？毁誉不可任者也。以一人之耳目，受天下之贤愚，错乱遗忘，明者弗免，偶然一誉，偶然一毁，谨识之而他又荧之，将何据哉？唯夫挟私罔利者，则以不测之恩威雠其贪伪，而藉口拔尤，侈非常之藻鉴，公而慎者弗敢也。故吏部唯操成法以奖恬抑躁，而不任喜怒以专己行私，则公道行而士气静，守此焉足矣。若夫大贤至不肖之举不崇朝、惩弗姑待，自有执宪之司，征事采言，以申激扬之典，固非吏部之所能兼也。考无过以积年，升除惟其成法；察贤奸而荐劾，清议自有唉！佛教混乱天下，遍于四海，至今已有千余年了。而人们趋奉迷信而如疯如狂，只有它能够容纳天下的污垢，而很快给予他们神圣，假如不是无疚于屋漏之人，谁能够承受君子的规范限制而不舍此而就彼呢？淫坊酒肆，都有佛的存在，罪恶已经满盈，一念之间就消除净尽而不感到惭愧，儒士中的不纯正者，暗中归附佛教以奔走天下，口称无善无恶良知。善恶本来都不存在，而沉湎酒色、争名逐利的人，都逍遥法外，自命为圣人的门徒，大概也是这一类人的情况。

北魏孝明帝神龟二年（公元519年），吏部尚书崔亮开始确立停年格以进行铨选和考察官员，大约就相当于今天所说的资望。当时的人都批评他不论贤明愚钝，铨选举荐官员多有缺失。当时，淫荡的太后擅权于宫廷，骄横的权臣肆行无忌于政府，贿赂公行，廉耻沦丧，仕途杂乱无章，奸佞乘机营私舞弊，用人的缺失，难道仅仅是崔亮立法不善而造成的结果吗？停年格，虽然称作不拣，但一定要历年来没有过错，然后才可以进行一年一度的考核，以备升迁，这也不是什么大的缺失。国家有用人的制度，有考核官员的制度，不可将此两种职权由一人兼任，这是非常容易理解的。吏部是掌管任命、升迁官员的，防止其侵凌僭越罢了。急功躁进的人不让他率先升迁，濡弱谦下、淡泊不争的人也不要让他滞后，铨选的公道与否，只要能保证做到这一点就足够了。以宰相一人而想了解天下四方官吏的贤明与昏庸，即使象周公那样的圣贤也不可能做到。于是就会以容貌举止、言语、文书以及判案情况而确实其高低之别，而这些都是些细枝末节。又可能根据别人对他评价的好坏作为进升和黜退的标准，而这种评价也是不足为凭信的。以一人的耳目，来倾听和观察天下四方官吏的贤明和愚钝，不可避免会出现错乱和遗忘的弊端，偶然的一次褒扬、偶然的一次批评，谨记心头，而相反的议论又会产生矛盾现象，又将何去何从，以何为据呢？只有那些带着私人恩怨或贪图财利的特操；并行不悖，而吏道自清。停年之格，何损于治理，而必欲以非常之典待寻常守职之士乎？

或曰：周官黜陟，专任冢宰，非与？曰：此泥古而不审以其时者也。周之冢宰，所治者王畿千里，俭于今之一省会也，其政绩易考，其品行易知，岂所论于郡县之天下，一吏部而进退九州盈万之官乎？停年以除吏，非一除而不可复退也，有纠察者随其后也。责吏部者，以公而已矣，明非所可责也。

16.莫折念生反于秦州，元志亟攻之，李苗上书请勒大将坚壁勿战，谓“贼猖狂非有素蓄，势在疾攻，迟之则人情离沮”。此万世之长策也。

天下方宁而寇忽起，勿论其为夷狄、为盗贼，皆一时僄悍人，会以无可测度的恩威进行震吓和利诱，以其贪图私利、奸诈欺蒙，而借口选拔俊才，大肆进行舆论宣传和评价，这是公正而谨慎的执政者所不敢做的。所以吏部只有根据既定法令褒奖那些恬淡清正者，贬斥那些急功躁进者，而不是凭借个人喜怒好恶而自己专断，行其私欲，因此就会公道直行，士林安静，只要坚持这一点就足够了。至于说大贤大德的君子立即荐举给朝廷，对罪大恶极的不肖之徒立即严惩而不姑且，自有监察和执法机构，考察事实，采摘舆论，依法行事，以申明国家激浊扬清之典制，本来不是吏部所得兼管的。历年考核没有过失，升迁除授自有成法可循；考察贤明与奸伪，从而进行荐举或弹劾，清议自有特操；两方面并行不悖，而官场自然清明；停年格，对治国之道有什么损害，而一定要以非常之典对待一般守职安民的官吏呢?

有人会说：《周官》中所载官吏升迁黜退，由冢宰大臣专门负责，难道就不对了吗? 回答是：这是泥古不化，而不审时度势的观点。周代的冢宰大臣，所管辖的仅仅是京都周围方圆千里的地方，比今天一个省的地盘还小，各级官吏的政绩容易考察，其品德操行也容易知晓，怎么可以与今日天下郡县众多，一个吏部要掌管九州之地成千上万的官员的升迁进退的情况相提并论呢? 历年考核没有过失然后再超擢升迁，并不是一次任命而不能再黜退，还有纠核考察随后进行。指责吏部的任免进退官吏，只是为了使官吏任免升降更为公允，并非是说吏部有什么可以指责的地方。

北魏末年，莫折念生在秦州（治今甘肃天水）起兵反叛，元志急忙率军向他进攻，李苗上书建议约束大将坚壁清野，不要轻易出战，说："莫折念生声势浩大，但并没有长期准备，利在速战，如果迟滞就会使人心离散，气势沮丧。"这是万世良策。

天下安宁无事而寇乱突然爆发，不论是夷狄入侵，还是盗贼作之气，瞀不畏死者也。譬如勇戾之夫，忿起而求人与斗，行数里而不见与斗者，则气衰而思遁矣。故乍起之兵，所畏者莫甚于旷日而不见敌。其资粮几何也？其器仗几何也？其所得而掳掠者几何也？称兵已久，而不能杀吾一卒，则所以摇惑人心而人从之者又几何也？乃当事者轻与急争也，其不肖之情有二：一则畏怯，而居中持议者，唯恐其深入，则必从臾人以前御而冀缓其忧；一则乘时徼利，而拥兵柄者欲诧其勇，轻用人以试，而幸其有功。且不但此也，司农惮于支给，郡邑苦于输将，顽民吝其刍粟，不恤国之安危，唯思速竟其事，于是而寇之志得矣。冒突以一逞，乘败而进，兵其兵也，食其食也，地其地也，气益锐，人益附，遂成乎不可扑灭之势。然后骄懦之帅，反之以不战，坐视其日强，而国因以亡。

鸣呼！以天下敌一隅，以百年之积、四海之挽敌野掠，坐以困之，未有不日消月萎而成擒者，六镇岂能如魏何哉！魏自亡耳。强弱众寡虚实之数较然也，强可以压弱，众可以制寡，实可以困虚，而亟起以授之掠夺，惴惴然惊，悻悻然起，败军杀将，破国亡君，愚者之情形，古今如一，悲夫！

17.人士之大祸三，皆自取之也。博士以神仙欺嬴政而谤乱，都是凭着一时的骁勇骠悍之气，而不怕死亡。例如那些骁勇暴戾的匹夫，逞忿而起，求与人斗，奔行数里而无人与他斗，就可能士气衰退而寻思逃遁。所以初起事的兵将，所害怕的莫甚于旷日持久而不见敌人。他们的后勤粮草供应能有多少？器械兵仗又有多少？他们能够掳掠到的又能有多少？起兵反叛年深日久，而不能杀戮我方一兵一卒，那么他们所用来蛊惑人心而使人民追随的口号又能起到什么作用呢？而执政大臣之所以轻易与贼寇急急争战，其奸诈的隐情不外乎以下两端：一是畏惧法令，而居中持论之人，唯恐贼寇深入，因此一定要怂恿人们向前御敌，希望缓解他们的忧虑。二是想乘机取利，拥兵自重的人想要夸耀其勇武有为，轻易用兵上阵，侥幸取得功勋。况且不仅仅如此，管理财政的官员害怕供应粮草，郡县则苦于转运，那些刁顽小民吝啬粮料，不体谅国家的安危，只考虑尽快平息其事，于是寇贼的反叛之志得以实现。冒险一拼，乘着败势而进攻，兵成了寇贼之兵，食物资财归于寇贼，国家版图也归于寇贼，其气焰日盛，人民日益归附，遂成了难以扑灭之局势。然后骄横而又怯懦的将帅，反而不敢开战，坐视寇贼之势日益嚣张，而国家也因而而趋于危亡。

唉！以整个天下抵御盘踞一方的盗贼，凭着上百年的积蓄、四海的转输供应以对付靠四处掳掠而维持的贼寇，稳坐江山，围而困之，贼寇没有不日益消萎而最后失败被擒的，六镇的反叛难道能对北魏构成多大的威胁吗？北魏只是自取灭亡罢了。强弱、众寡、虚实对比的结局命运是很显然的，强可以压弱，众可以制寡，实可以困虚，可是却匆忙起兵对敌，授之以掠夺之机，惴惴不安，惊慌失措，恼羞成怒，仓促应战，败军死将，破国亡君，愚蠢者的情形，古今如一，真是可悲啊！

士大夫阶层的大祸有三次，都是咎由自取。秦代的博士（方士）

之；元魏之臣阿淫虐之女主而又背之；唐臣不恤社稷，阴阳其意于汴、晋，恶朱全忠而又迎之；故坑于咸阳，歼于河阴，沉于白马，皆自取之也。

君子有必去以全身，非但全其生之谓也，全其不辱之身也。拓拔氏以伪饰之诗书礼乐诱天下之士，而翕然从之。且不徒当世之士为所欺也，千载而下，论史者犹称道之而弗绝。然有信道之君子，知德而不可以伪欺，则抑岂可欺邪？而鄙夫无识，席晏安，规荣利，滔滔不反，至于一淫妪杀子弑君，而屏息其廷，怀禄不舍。则相率以冥行，蹈凶危而不惜，其习已浸淫胶固而不解，欲弗群趋于死地，其可得乎？

河阴之血已涂郊原，可为寒心甚矣。尔朱荣奉子攸入雒，而山伟孑然一人趋跄而拜赦，吾不知伟之不怖而欣然以来者何心也？盖不忍捐其散骑常侍而已。则二千馀人宾宾秩秩奉法驾以迎子攸于河阴者，皆山伟也。廉耻丧而祸福迷。二千馀人，岂有一人焉戴发含齿血在皮中者乎？如其道，则日游于兵刃之下而有馀裕；丧其耻，则相忘于处堂之嬉，白刃已加其脰而赴之如归。挟诗书礼乐之迹而怙之，闻声望影而就之，道以神仙方术之事欺骗秦始皇，而又制造谣言进行诽谤，结果导致了焚书坑儒的大浩劫；北魏的大臣阿谀奉承荒淫暴虐的太后而又背叛了她，结果导致了尔朱之乱和河阴之变；唐末诸臣不为国家社稷着想，在汴、晋之间曲意调和，最后虽然憎恶朱温而又迎之入都执政，结果导致白马之沉；所以儒士大臣被坑杀于咸阳（今属陕西）、聚歼于河阴（今河南孟津东北）、沉溺于白马（今河南滑县东北），都是他们自己造成的悲剧。

君子有必须离去以保全性命的情况，并不是说仅仅保全性命，而是保全其不受侮辱的性命。北魏统治者拓拔氏以假意粉饰的诗书礼乐来引诱天下士大夫欣然归附，不仅使当时的士人为其所欺骗，千年之后，谈论历史的学者仍然对他们称颂不断。但也有一些笃信道义的真君子，知道儒教道德是不可以虚伪欺诈的，那么他们难道可以欺骗得了吗？卑鄙之徒缺乏识见，习惯于平安无事，规取荣华富贵，变本加厉，迷途而不知返，以至于一个淫妇杀其子，弑其君，垂帘听政，仍然在朝廷上唯唯喏喏，不敢声言，抱着官爵利禄不舍抛弃。于是相率以昏愚之行，蹈凶履危，而在所不惜，其习俗已经相沿成风，胶固而不可解，想要不一意孤行，直趋于败身亡国的死地，难道做得到吗？

河阴之变，儒臣们的鲜血已洒在了原野之间，太令人寒心了。尔朱荣奉孝庄帝元子攸进入洛阳，可是山伟却还孑然一身踉跄趋前拜迎以求赦免，我不知道山伟不仅不感到恐怖反而欣然前来，是什么居心？大概是不想舍弃他散骑常侍的职位罢了。那么到河阴以盛大礼节奉法驾以迎接元子攸的两千余人，也都是象山伟一样的心情，可是却遭此毒手。廉耻丧尽，而迷于祸福，这两千余人难道有一个是披头散发、咬牙切齿地痛恨他们的凶手的吗？达到这样的道德状况，则每天游于兵刃之下而有余裕；丧其廉耻，安处堂中嬉戏无度，之贼也，德之弃也。蛾蚁之智，死之徒也，自取之也。

18.奸雄之相制也，互乘其机而以相害。然而有近正者焉，亦非徒托于名以相矫而居胜也。仪度其心，固有正者存焉，见为可据而挟之以为得也。乃其机则险矣，险则虽有正焉而固奸雄之为也，特其祸天下者则差焉耳。

尔朱荣挟兵肆虐，狂暴而不足以有为，高欢、贺拔岳皆事之，而欢与岳之意中固无荣也。荣拘子攸于幕下，高欢遽劝荣称帝，欢岂欲荣之晏居天位，而己徼佐命之功以分宠禄乎？荣称帝而速其亡，欢之幸也。乃荣恍惚不自支而悔曰："唯当以死谢朝廷。"贺拔岳劝荣杀欢，岳岂果欲荣之忠魏以保荣之身名乎？知欢之纳荣于死地而己藉以兴，欢兴而己且为欢下，杀欢而荣在岳之股掌也。欢之权力不如荣，岳之诈力不如欢，荣败而欢可逞，欢死而岳可雄，相忌相乘以相制，亦险矣哉！此机一动而彼机应之，丛毒矢利刃于一堂，目瞬心生，针锋相射。庄生曰："其发也如机括。"此之谓也。

白刃已加到他的身上还象归家一样前去赴死而不知。依凭着诗书礼乐的形迹作为资本，对于名利爵禄，闻其声，望其影，而趋之若鹜，乃是道德的叛徒。蛾蚁的智慧，白白地送死，真是自取灭亡。

乱世奸雄的相互制约，各乘其有利之机以危害对方，但是其中也有近乎公正的一方；也并不是仅仅假托正义之名而相互矫正其弊，从而居于正道，而是测度其内心动机，本来含有一些公正的道理，认识到这一点而居而挟之，因而得到正理；至于其内心机巧也是阴险的，虽有公正的道理，仍然是奸雄所为，只是他对于天下的祸害相比之下小一些罢了。

北魏权臣尔朱荣拥兵自重，肆虐不已，狂妄暴戾而不足以有所作为，大将高欢、贺拔岳都屈从而事奉他，但高欢和贺拔岳二人的心中本来就没把尔朱荣放在眼中。尔朱荣把孝庄帝元子攸拘禁在军帐中，高欢急忙劝谏尔朱荣篡位称帝，他难道真想要尔朱荣安然居于皇位、而自己希望得到佐命开国之功而分享荣宠厚禄吗？尔朱荣如果称帝，而迅速败亡，才是高欢所希望的。没料到尔朱荣却恍恍惚惚，而不自信，说："我罪恶深重，只有以迅速死亡以酬报朝廷。"贺拔岳劝谏尔朱荣杀掉高欢，他难道真的想使尔朱荣忠于北魏以保全其性命和名节吗？他知道高欢要把尔朱荣推向死地，而自己借以兴起，一旦高欢势力强大，自己将成为高欢的属下，而杀了高欢，尔朱荣就会被置于他贺拔岳的股掌之上，任其摆布。高欢的权力不如尔朱荣，贺拔岳的奸诈不如高欢，尔朱荣败亡而高欢得以逞其私欲，高欢死去之后贺拔岳才能称雄天下，如此相互猜忌，相互乘机攻击而相互制约，也是很阴险的啊！此一机谋一行动而对方则以其机谋与之相应相抗，毒箭利刃汇聚在一起，转瞬之间，心机一动，便针锋相对，一决雌雄。《庄子·齐物论》中说："其发动就象是张弩发箭一样。"说的正是这种情况。

然而岳之言为近正矣，为魏谋，为荣谋，执大义以诛欢，则他日之叛尔朱兆、陷雒阳、走元修之祸亦息。岳即为欢，固不如欢之狡悍以虔刘天下于无穷也。何也？岳之心犹有正焉者存也。

19.张骏伤中原之不复，而曰："先老消谢，后生不识。慕恋之心，日远日忘。"呜呼！岂徒士民之生长于（边远）[夷狄]之（地）[世]者不知有中国之君哉？江左君臣自忘之，自习而自安之，固不知中原为谁氏之土，而画河山以不相及之量矣！拓拔氏封刘昶为宋王、萧赞为齐王，以为宋、齐之主，使自争也，梁亦以元颢为魏王而使之争。拓拔氏遣将出兵，助刘昶、萧宝寅以南侵，梁亦使陈庆之奉元颢而北伐。相袭也，相报也，以雒阳为拓拔氏固有之雒阳，唯其子孙应受之，而我不能有也。呜呼！梁之丧心失志一至此哉！

六镇乱，冀、并、雍皆为贼薮，胡后弑主，尔朱荣沈其幼君，分崩离析，可乘而取也，梁之时也。下广陵，克涡阳，郢、青、南荆南向而归已，元悦、元彧、羊侃相率而来奔，梁之势也。时可乘，势可振，即未能尽复中原，而雒阳为中国之故都，桓温、刘裕两经收复，曾莫之念，而委诸元颢，听其自王，授高欢以纳叛之词，忘晋室沦没之恨，恬然为之，漫不知耻。浸令颢之终有中原也，非梁假之羽翼以授之神州也哉？雒阳已然而，相比之下，贺拔岳的话近乎公正，不论为北魏社稷江山考虑，还是为尔朱荣谋划，从大义出发以诛杀高欢，那么日后背叛尔朱兆（尔朱荣之子）、攻陷洛阳、逼迫孝武帝元修出走等祸乱也就不会发生。贺拔岳即便是作为高欢而篡夺帝位，也不会象高欢那样狡猾凶狠，从而给天下带来无穷的灾难。为什么呢？因为贺拔岳的内心仍然存在着正义。

张骏对当时南北对峙、中原不能恢复感到很痛心，说道："立志统一中原的前辈都已谢世，年轻的后生不知恢复，仰慕先辈混一宇内的雄心壮志，随着时光的流逝而日益被人遗忘了。"唉！难道仅仅是边远地区的人民不知有中国之君吗？连偏安江东的南朝君臣们自己也已经忘却了。习惯于苟且偷安，自不知中原本为哪国的版图，而以不相关的态度来划定河山了。北魏分封南朝的降臣刘昶为宋王、萧赞为齐王，让他们作为宋、齐的国君，让他们自己与南朝争夺南朝天下，梁朝也同样封北魏降臣元颢为魏王，以与北魏相争斗。北魏派遣将领出兵南下，帮助刘昶、萧宝寅向南侵略，梁朝也派陈庆之奉着元颢进行北伐。这样相袭，而又相报，似乎就是以洛阳为北魏拓拔氏（元氏）固有的洛阳，只有元氏子孙才应接受占有其地，而我汉族却不能恢复主权。唉！梁朝的丧心失志以至于如此啊！

北魏北方六镇叛乱，冀州（今河北地区）、并州（今山西地区）、雍州（今陕甘地区）都成了盗贼的渊薮，胡太后杀死了北魏孝明帝元诩，尔朱荣又把幼小的皇帝沉于河中，以致于北魏政权分崩离析，岌岌可危，乘机北伐，恢复中原，梁朝正当其时。梁朝攻下广陵（今扬州），收复涡阳（今安徽蒙城），郢（治今湖北武昌）、青州（今江苏连云港东）、南荆州也都望风归附，北魏文武大臣元悦、元彧、羊侃相率来降，正是梁朝北伐中原的大好形势。时机可乘，局势可振，即使不能全部收复中原失地，而洛阳作为中国的古都，而且以前桓温、刘拔，子攸已走，马佛念劝庆之杀颢以据雒，而庆之犹不能从，则其髡发以逃，固丧心失志者之所必致也。君忘其为中国之君，臣忘其为中国之臣，割弃山河，恬奉非类，又何怪乎士民之视衣冠之主如寇贼，而戴殊族为君父乎？至于此，而江左之不足自立决矣。幸宇文、高氏之互相吞龁而不暇南图也，不然，岂待隋之横江以济而始亡邪？

20.宗国危而逡巡畏死以堕其忠孝，是懦夫也。而更有甚焉者，憯不惩而乘之以徼非望，如蛾之自赴于火，相逐而唯恐后也。夫人不知义矣，或知害矣；心不能知，目能见矣；目荧于黑白，耳能闻矣；目见之，耳闻之，然且不知害焉，贪夫之闵不畏死，其将如之何哉！

尔朱荣之暴横，不择而狂噬，有目皆见，有耳皆闻也。立元子攸以为君，而挟之犯阙。以荣之势如彼，而子攸其能自许为荣之君乎？孑然一身，孤危无辅，而尔朱天光一往告，子攸遽欣然潜渡，谓荣之且以己为君也，荣已目笑之矣。然犹曰荣恶未著而不察也。荣伏诛，而尔朱兆修怨于其主，兆之凶横又倍于荣矣。子攸废死，元晔以疏远之族，又欣然附兆以立，裕曾两度收复过，竟不加考虑，却委托给元颢，让他自己称王于此，并使高欢得以招降纳叛作为口实，梁朝这样做完全忘记了西晋丧失洛都的仇恨，恬然为之，漫不知耻。假使元颢能够始终统治中原的话，这不就是梁朝授给他羽翼而拱手把神州大地让于他手吗？洛阳攻克后，孝庄帝元子攸已经西逃了，马佛念劝陈庆之杀元颢而占据洛阳，可是陈庆之还不能听从，那么他后来惨败，剃去头发仓慌逃跑，本来就是这种丧心失志之人的必然下场。君主忘记了自己是中国之君，大臣忘记了自己是中国之臣，舍弃中原大好河山而恬不知耻地奉给外族之人，那么，人民视中国的衣冠之主如寇贼，而视异族的戴珠之主为君父，这又有什么可奇怪的呢？到此时，偏安江左的南朝不足以自立，已经很明确了。所幸北方宇文氏、高氏分裂了北魏，并代之以北周、北齐，相互攻击吞并，无暇南下侵略，否则的话，南朝难道还用等到隋朝大军渡过大江才归于灭亡吗？

国家危亡而宗室却逡巡不前，畏惧死亡，不忠不孝，这是懦夫的行径。还有更为严重的，不仅不以此惨痛教训而有所警觉醒悟，反而乘机想侥幸实现非分之望，就象飞蛾前去扑火一样，相互追逐而唯恐自己落后。人不知道义，可能还会知道祸害；内心不能了解，眼睛还能看到；眼光为黑白颜色所荧惑，耳朵还能够听到；眼睛看到，耳朵听到，尚且不知祸害，贪婪之徒不害怕死，又能对他怎么样呢？

尔朱荣残暴骄横，不加选择而乱加诛杀，这是有目共睹、有耳都可听到的事实。他拥立元子攸为皇帝，而挟天子举兵进犯京城。以他这样的情势，而元子攸自己能够称得上是尔朱荣的皇上吗？他孑然一人，孤立危险、而没人辅助，可是当尔朱天光一去请他为帝，便欣然秘密渡河前来，自以为尔朱荣真的要以自己为君了，尔朱荣看到就一笑了之。但元子攸仍然说尔朱荣的罪恶尚未显著，而不觉察。尔朱荣被诛杀以后，其子尔朱兆与元子攸结下怨仇，而尔朱兆的凶残骄立未数月，兆又废之，而元恭以阳喑幸免之身，褰裳而就之恐后。高欢之狡，又倍于荣与兆者也。欢起兵，而元朗以一郡守急起而为欢之君，立之数月，元修已闻斛斯椿“变态百端，何可保也”之语，曾不惧而又起而夺朗之位也。五年之中，子攸也、晔也、恭也、朗也、修也，或死、或幽、或废，接迹相仍，而前者覆，后者急趋焉。元颢且倚梁七千之孤旅，相谋相猜之陈庆之，高拱雒阳，为两月之天子，卒以奔窜而死。元氏之欲为天子，自信其能为天子，信人之以己为天子者何其多也？

呜呼！欲为天子者多，而民必死；欲为将相大臣者多，而君必危；欲为士大夫者多，而国必乱。其乱也，始于欲为士大夫者之多也。士大夫不厌其欲，而求为将相大臣矣；爵禄贱，廉耻隳，其苟可为天子者，皆欲为天子矣。是以先王慎之于士大夫之途，而定民之志，所以戢躐等猖狂之心而全其躯命，义之尽，仁之至也。

21.国无与立，则祸乱之至，无之焉而可，虽有智者，不能为之谋也。元修畏高欢之逼，将奔长安就宇文泰以图存。裴侠曰：“虽欲投之，恐无异避汤入火。”王思政再问之，而侠亦无术以处，虽知之，又何裨焉？高欢者，尔朱荣之部曲也；宇文泰，葛荣之部曲也。拓拔氏有中原数世矣，而其挟持天下横又倍于其父，元子攸终于被废除皇位并杀死，此后，元晔作为北魏皇帝远房的宗室，又欣然依附于尔朱兆，得立为帝，没过几月，尔朱兆又废除了他；可时元恭又以佯喑（哑巴）而幸免之身，提起衣裙急忙趋附于尔朱兆，唯恐落后一步。高欢的狡诈，又远远超过尔朱荣、尔朱兆父子，高欢起兵，宗室元朗以一郡太守起而归附被拥立为帝，即位几个月后，元修已听到斛斯椿"事态变化莫测，怎么可以保住皇位"的话，不曾有任何忧惧而起兵夺取元朗的帝位。五年之中，元子攸、元晔、元恭、元朗、元修，或被杀死，或被幽禁，或被废除，接连相续，前者败亡，后者不知鉴戒反而急蹈其故辙。而宗室元颢投降梁朝后，甚至依靠梁朝的七千孤军，与陈庆之相互筹谋、又相互猜忌，占据故都洛阳，做了两个月的天子，最终落得个溃败奔逃而死的下场。元氏宗室中想做天子、自信自己能做天子、同时相信别人会以自己为天子的人，何其多啊！

唉！想做天子的人多，生灵必定涂炭；想做将相的大臣多，皇帝必定危险；想做官员士大夫的人多，而国家必定会混乱。天下大乱，是从想做官员士大夫的人多萌发的。士大夫欲望永不满足，而想法设法去做将相大臣；官爵禄位轻贱，廉耻忠孝沦丧，那么如果可以做天子的人，都要争当天子了。所以古圣先王对于士大夫的仕进之途非常慎重，并安定人民的志趣，就是为了安抚人民僭越犯上、猖狂骄横之心，从而保全其身家性命，可以说是仁至义尽了。

立国如果没有依凭的强大力量，那么祸乱一旦发生，怎么可以保卫其江山社稷呢？即使有足智多谋之人，也不能为其运筹谋划。北魏孝武帝元修畏惧高欢的威逼挟迫，将要出奔长安依靠宇文泰以图存，裴侠说："虽然想去投奔他．恐怕无异于避汤而赴火，结果没什么两样。"王思政又进一步向他问计，裴侠也没什么办法应付当时的危局，即使知道投奔文泰是避汤赴火，于事又有什么裨补呢？高者，唯秀容之裔夷，六镇之残胡，此外更无一人焉，而其主舍此而更将何依？尔朱荣河阴之杀，魏之人殚矣。虽然，彼骈死于河阴者，皆依违于淫后女主之侧，趋赴逆臣戎马之间，膻以迷心，柔若无骨，上不知有君国，内不惜其身名者也。即令幸免而瓦全，亦恶有一人焉可倚为社稷之卫哉？

夫拓拔氏之无人也，非但胡后之虐，郑俨、徐纥之奸，耗士气于淫昏也，其繇来渐矣。自迁雒以来，涂饰虚伪，始于儒，滥于释，皆所谓沐猴而冠者也。縻天下于无实之文，自诧升平之象，强宗大族，以侈相尚，而上莫之惩，于是而精悍之气销矣，朴固之风斲矣。内无可用之禁兵，外无可依之州镇，部落心离，浮华气长；一旦群雄揭竿而起，出入于无人之境，唯其所欲为，拓拔氏何复有尺土一民哉？此亦一寇仇也，彼亦一寇仇也，舍此而又奚之也！

诗书礼乐之化，所以造士而养其忠孝，为国之桢干者也。拓拔氏自以为能用此矣，乃不数十年之间，而君浮寄于无人之国，明堂辟雍，养老兴学，所为德成人、造小子者安在哉？沐猴之冠，冠敝而猴故猴矣，且并失其为猴矣，不亦可为大笑者乎！高欢、宇文泰适还其为猴，而跳梁莫制，冠者欲复入于猴群，而必为其所侮，不足哀而抑可为之哀也！

欢，是尔朱荣的部曲；宇文泰是葛荣的部曲，拓拔氏统治中原已历数代，可是到这时挟制天下的却只是夷人秀容部落的后裔，六镇残存下来的胡人，此外便没有一人可以依靠，而其皇上不去依附高欢、宇文泰又能投奔谁呢？尔朱荣在河阴之变中杀死了一大批宗室及文武大臣，北魏统治集团几乎一网打尽。虽然如此，但死于河阴之变的人，都是依违于荒淫残暴的胡太后之侧，或者趋炎附势于叛臣的戎马之间，腥膻之气迷住了心性，阴柔得毫无骨气，上不知有国有君，内不知珍惜名节的懦夫、鄙夫。即使这些人幸免于河阴之难，也不会有一个人可以倚凭来拱卫江山社稷。

拓拔氏的无人依靠，不仅仅是因为胡太后的肆虐，郑俨、徐纥的奸佞，荒淫昏庸而消耗了士气，其由来已经很久了。自从北魏迁都洛阳以来，粉饰太平，虚文俗套，开始时大兴儒教，最后又泛滥于佛教，都是所谓的沐猴而冠。消耗尽天下的资财搞这些虚伪的东西，自夸其升平治世的气象，强宗大族，以奢侈相崇尚，而统治者也不加惩戒，于是原来的精悍之气消失殆尽，朴素干练的风气也断绝了。内部没有可用的禁军，外面又没有可以依靠的州镇，拓拔族内部离心离德，滋长起浮华之风；一旦天下群雄揭竿而起，反叛朝廷，出入于无人之境，为所欲为，拓拔氏还会有其尺寸之土、一个忠孝之民吗？这里也是寇仇，那里也是寇仇，除了避汤就火这一无可奈何的选择，还能到哪里去呢？

儒家诗书礼乐的教化，是为了培养人才并修养其忠孝之道，以作为国家的栋梁、干城。拓拔氏自以为能够运用这一手段，可是不到数十年的时间，其君主竟然东奔西逃，浮寄于无人可依的国家，明堂辟雍这些所以养老、兴学、教化成人、培养后代的设施和制度还存在于何地呢？沐猴而冠，冠破而猴仍然是猴，并且失去了作为猴的本性，不也是令人大为可笑吗？高欢、宇文泰正好再把他们还原成猴，故鬻诗书礼乐于非类之廷者，其国之妖也。其迹似，其理逆，其文诡，其说淫，相帅以嬉，不亡也奚待？虞集、危素祗益蒙古之亡，而为儒者之耻，姚枢、许衡实先之矣。虽然，又恶足为儒者之耻哉？君子之道，“六经”、《语》《孟》之所详，初不在文具之浮荣、谈说之琐辩也。

22.元修依宇文泰而居关中，元善见依高欢而居邺，将以何者为正乎？曰：君子所辨为正不正者，其义大以精，而奚暇为修与善见辨定分邪？拓拔氏以夷而据中原，等窃也，不足辨，一也。修之在关中，宇文泰之赘疣也；善见之在邺，高欢之赘疣也；不足辨，二也。乃即置此而尤有大不足辨者焉，就拓拔氏之绪而言之，亦必其可为君者而后可嗣其世，非但其才之有为与否也。修之淫乱，不齿于人类，善见孱弱，而其父亶以躁薄为高欢所鄙，等不可以为君。而尤非此之谓也，修之立，岂其分之所当立者？即令当立，而岂如光武之起南阳，晋元帝、宋高宗之特为臣民所推戴者哉？魏有君矣，修徼宠于高欢，乘时以窃位，晔也、恭也、朗也，皆修所尝奉以为君者，而皆弑之，修亦元氏之贼而已矣。修入关中，未死也，未废也，元亶固修之臣，介高欢之怒而亟欲自立其子，君存而自立，其为篡贼也无辞，是善见又修之贼也。两俱为贼，而君子屑为之辨哉？

而其跳梁无可控制，戴冠之猴想要再入于猴群，必定会受到同类的欺侮，不值得为之感到悲哀，而又确有其可悲之处！

因此，贩卖儒家诗书礼乐教化于并非同类的地区，乃是国家的妖邪魔鬼。其形式虽然相似，但其道理相反，文词诡异，其说教淫邪，相率以嬉戏逸乐，其国家不灭亡还等待何时？元朝的虞集、危素就是这样，只益于蒙古的灭亡，而为儒者的耻辱，姚枢、许衡实开其先河。虽然如此，但又何足为儒者的耻辱？君子之道，“六经”、《论语》、《孟子》所详加论述的，本来就不在于文采、形式的浮华，谈论说教的繁琐诡辩。

魏孝武帝元修依附宇文泰而居关中，孝静帝元善见依附高欢居于邺城（今河北临漳），那么将以谁为正统呢？回答是：君子所分辨正统与非正统，其寓义大而且精，哪有闲功夫为元修和元善见分辨正统、确实名分呢？拓拔氏以夷狄而占据中原，就相当于窃取帝位，不足以为之分辨是否正统，这是第一个原因。元修在关中，简直可以说是宇文泰身上的赘瘤，元善见在邺城，也可以说是高欢身上的赘瘤，这是不值得分辨是否正统的第二个原因。即使把以上两条置之不论，还有更大的不足以分辨的因素，就拓拔氏的世系统绪而言，也必须是其德其能可以为君的，然后才可以承嗣帝位，并不是仅仅其才能是否有为。元修淫乱无度，令人不齿，元善见孱弱非常，他父亲元亶又浮躁刻薄，为高欢所鄙视，二人都不足以为君。而尤其重要的是，元修被立为帝，难道是根据他身份所当立的吗？即便是当立，而难道是象东汉光武帝刘秀起于南阳（今属河南），晋元帝司马睿、宋高宗赵构那样特为臣民所拥戴的吗？北魏当时还有皇帝，而元修依附邀宠于高欢，乘当时天下混乱而窃取帝位；元晔、元恭、元朗，都是元修曾经尊奉为君的，可是元修都杀了他们，元修可以说是元氏的叛贼了。元修进入关中后，没有死去，也没有被废弃，而元亶本来是元凡乱臣之欲攘夺人国也，其君以正而承大统，则抑不敢蔑天理以妄干之；其蔑理以妄干者，则速以自灭，王莽、朱泚是已。刘彧乘君弑而受命于贼，萧鸾与萧衍比而弑其君，皆贼也，而后贼乘之以进。繇此言之，则汉献帝之所以终见胁于权臣者，董卓弑其君兄而己受之，则亦贼之徒也；故袁绍、韩馥欲不以为君，而曹操姑挟以为自篡之资。“其身不正，虽令不从。”承平无事之日，天子不能行之于匹夫，而况权奸之在肘腋乎？己为贼，而欲弭人之弗贼也不能。贼者，互相利而互相害者也。修之于泰，善见之于欢，且不足辨其孰君而孰臣，况修与善见而屑为之轩轾哉？假修以正而绌善见者，隋人得国于宇文，宇文得国于修，因推以为统，而君子奚择焉？

23.梁武之始立也，惩齐政之鄙固，而崇虚文以靡天下之士，尚宽弛以佚天下之民，垂四十年，而国政日以偷废。于时拓拔衰乱，高欢、宇文泰方争哄于其穴，梁多收其不守之土、不服之人，高欢西掣而请和，盖中原大有可图之机矣。帝知其可图，亟思起而有事，而吏治荒，军政圮，举目无可共理之人修的大臣，乘着高欢对元修逃往关中的愤怒，急迫地要立其子善见为君，原来的君主尚存而自立为帝，他也难辞篡位贼子的罪名，这样元善见又是元修的叛贼，两人都为叛贼，那么君子难道还屑于为之分辨正统非正统吗？

大凡乱臣贼子要篡夺他人的帝位，如果君主以正当身份而承继大统，那么他们也不敢蔑视天理而狂妄地攘夺君权；即使有胆敢蔑视天理而狂妄行事，也会象汉代的王莽、唐朝的朱泚一样迅速地自取灭亡，刘彧乘着君主被杀而接受叛贼的拥立，萧鸾与萧衍朋比为奸，杀其君主，都是国家的叛贼，而此后逆贼也都不断出现，由此来说，那么汉献帝之所以最终被权臣曹操所协迫，是因为在董卓杀掉他的父兄之后，他却接受董卓之命登上帝位，可以说也是叛逆之徒，所以袁绍、韩馥不想以之为君，可是曹操却要挟持他以为日后篡位的有利条件。“其身不正，虽令不行”，天下承平无事之日，天子的诏令尚不能行于民众之中，何况有权奸在天子的身边呢？自己身为逆贼，而想平息他人不使成为逆贼，是不可能的。逆贼之间是互为利而互相害的。元修对于宇文泰，元善见对于高欢，甚至不足以分辨其谁是君主谁是臣子，何况对元修与元善见，还屑于分别出高低正伪吗？假如以元修为正统，而以善见为非正统，认为隋朝得国于北周宇文氏，宇文氏得国于元修，因而应推为正统，正人君子谁能采纳这种说法呢？

梁武帝立国之初，鉴于齐朝的国政鄙陋，因而崇尚虚文而使天下士人文采华丽，崇尚宽简松驰以使天下人安闲逸乐，一直坚持了近四十年，而国政日益走向苟且废驰。当时北方的北魏拓拔氏政权日益衰乱，高欢、宇文泰正在其内部争斗夺权，如果梁朝在这时能多收复北魏无法坚守的土地和不服其统治的人民，高欢率部西撤以求和，可以说是恢复中原的大好时机。梁武帝知道此事可以图谋，急急思才，乃拣何敬容、朱异簿领之才而授之以国。敬容、异之不可大受，固也；然舍之而又将谁托也？徐勉、周舍称贤矣，以实求之，一觞一咏，自谓无损于物，而不知其损之已深者也。敬容勤于吏事，而“持荷作柱持荷作镜”之诮，已繁兴于下。自非贪权嗜利之小人如异者，谁甘犯当世之非笑而仆仆以为国效功。大弛之馀，一张而百害交生，则勉与舍养痈不治，而敬容、异亟用刀针以伤其腠理，交相杀人，而用刀针者徒尸其咎也。

史称晋、宋以来，宰相皆以文义自逸，岂其然哉？王导、谢安勿论已，王华、王昙首、谢弘微，夫岂无文义者？而政理清严，一时称治，虔矫苛细之小人，又何足以乘墉而攻之？有解散纪纲以矜相度者，而后刻核者以兴，老、庄之弊，激为申、韩；庸沓之伤，反为躁竞，势也。一柔一刚，不适有恒，而小狐济矣。思患而豫防之，岂患至而急反之哉？

24.梁分诸州为五品，以大小为牧守高下之差，而定升降之等，立此法者朱异也。然唐制：州县有畿、赤、望、紧、雄、上、中、下之别，垂及于今，亦有腹、边、冲、疲、繁、简、调除之法，皆祖此焉。夫异之为此，未可以其人而尽非之也。古者诸侯之国，以提封之大小，差五等之尊卑；以疆域之远近，定虑着起兵，可是吏治荒废，军政凋敝，举目四望，朝野上下没有可以共图大事的人才，于是选拔何敬容、朱异簿领之才而授之以国政。何敬容、朱异不可授以大任，固然不错；然而除他们而外又能托付给谁呢？徐勉、周舍号称贤明，但实事求是而言，一人好饮酒，一人善吟咏，自以为于物无损，却不知这是深深地有损于事的行为。何敬容对于公务之事勤勤恳恳，可是“依靠他做柱石，依靠他做镜子”的讥讽，已经在下面传笑不已。自然不象朱异那样贪权嗜利的小人，谁甘愿触犯当世之人的非议和讥笑，而地为国效劳呢？为政过于宽简松驰，长此以往，一旦突然崇尚威猛严苛，必然百害交互产生，而徐勉与周舍正好比养痈贻患而不可治，而敬容、朱异又急忙用刀刺杀而伤其皮肤的纹理，交相杀人，而用刀刺杀的人白白的承担罪责。

史书上称晋、宋以来，宰相都以文章义理自相逸乐，难道真是这样吗？王导、谢安二位名臣自不必说，王华、王昙首，谢弘微难道没有文章义理吗？而却为政清明严谨，一时称为善政，虔矫苛细的小人，又何足以乘高以攻下呢？有解散纲常法纪以矜相度的人，而后刻薄严核者得以兴起，老庄清净无为的弊端，矫枉过正而相激变为申不害、韩非的法家统治政策；庸碌拖沓的后果，会一反而变为崇尚争竞、急功躁进，这都是客观形势的必然结果。一柔一刚，宽猛相济，不能适用有恒，而小狐渡河沾湿了尾巴。忧虑到祸患就豫防于未然，难道能等到祸患发生之后再一改往日的为政方针吗？

梁朝把天下各州分为五个品级，以各州面积的大小作为各州行政长官州牧或太守的等级高低的差别，并据此以确定升降的等级，确定这种法律的是大臣朱异。然而唐朝的制度，各州县有畿、赤、望、紧、雄、上、中、下的分别，沿袭到今天，仍然有腹、边、冲、疲、繁、简、调除之法，这些都是以梁朝朱异所立之法为渊源。朱异确立此法，有其积极的意义，不可因其人品不好而把其法也贬得一无是五服之内外；固不名之为诸侯而一之矣。州郡亦犹是也，政有劳逸，民有淳浇，赋役有多寡，防御有缓急，而人才有长短，恶容不为之等邪？顾其为法，为治之求得其理也，非为人之求遂其欲而设也。大非以宠，小非以辱也。腹里之安，虽大而非安危之寄；边方之要，虽小而固非菲薄所堪。大而繁者以任才臣，而非以裕清流而使富；小而简者以养贞士，而非以窘挂议者而使偷。而不然者，人竞于饶，而疲者以居孤陋无援之士，则穷乡下邑，守令挟日暮途远之心，倒行逆施，民重困而盗以兴，职此繇矣。

朱异之法，以异国降人边陲之地为下州，则乱政也。以安富遂巧宦之欲，而使顽懦之夫困边民、开边衅，日蹙国而国因以危。后世北鄙南荒，寇乱不息，莫不自守吏召之，非分品之制不善，而所以分之者逆其理也。边之重于腹也，瘠之重于饶也，拔边瘠之任置之腹饶之上，以劝能吏，以贱贪风，是在善通其法而已矣。

处。古代的诸侯之国，根据封地的大小，分为公、侯、伯、子、男五等爵位以区别尊卑贵贱，根据封地距离王都的疆域远近，确定在五服（古代以王都方圆千里之内为畿，向四周辐射，每五百里为一服，依次有甸、侯、绥、要、荒五服）的内外；本不是命名为诸侯便一律平等了。州郡也和诸侯国一样，其行政有劳逸之分，民风有淳厚、刻薄之分，赋役有多少之分，军事防御有缓急之别，而人才各有长短，难道能不为之划分等第吗？作为一项法令制度，其设置是为了治国而求得合理，而不是为了个人满足私欲。大州并不说明荣宠，小州也不说明屈辱。腹里（王都附近的内地）平安富庶的州郡，虽然是大州也并不关乎国家安危；边疆地区形势险要的州郡，即使是小州也不能妄自菲薄。州大而且政务繁杂的要任命有才干的大臣担任州牧或太守，而并不是厚待清流之士而使其富足；州小而政务简明的培养忠贞之士，并不是为了安置那些忤旨失宠的人而使之窘迫而苟且偷安。然而事实上并非完全如此，人人竞相争做富庶地区的官员，而疲困朽弱的人身处孤陋无援的地方，穷乡下邑，这些官员带着日暮途远的悲观失意之心，倒行逆施。人民处于水深火热之中，盗贼由此而兴起，都是因为这个制度。

朱异的法令制度，以他国投降、归附的地方和边陲之地作为下等州郡，这是一种乱政之法。以安宁富足的大州授给那些善于奉迎的乖巧干练官吏，以遂其所欲，而让那些愚钝、懦弱之人任职于边境小州，困扰边民，轻易挑起边界争端，使国土日益缩小，国家渐趋于灭亡。后代北部边疆和南方蛮荒之地，寇贼祸乱接连不断，没有不是由当地守令胡作非为肇其端，并非分品级的制度不好，而是之所以分别上下的依据逆于正理。边境地区比腹里更为重要，贫瘠的地区比富庶地区重要，把边疆、贫瘠地区官吏的品级拔高到腹里、富庶地区的官员品级之上，以勉励有才干的官吏，以鄙贱和惩治贪风，这些

25.武帝以玄谈相尚，陶弘景作诗以致讥，何敬容对客而兴叹，论者皆谓其不能谏止而托之空言。非可以责二子也。弘景身处事外，可微言而不可切谏，固已。彼其沈溺已深，敬容虽在位，其能以口舌争乎？至谓二子舍浮屠而攻老、庄，则尤非也。自晋以来，支、许、生、肇之徒，皆以庄生之说缘饰浮屠，则老、庄、浮屠说合于一久矣。尝览昭明太子二谛义，皆以王弼、何晏之风旨诠浮屠之说。空玄之说息，则浮屠不足以兴，陶、何之论，拔本之言也。夫浮屠之祸人国，岂徒糜金钱、营塔庙、纵游惰、逃赋役已乎，其坏人心、隳治理者，正在疑庄疑释、虚诞无实之淫辞也。

盖尝论之，古今之大害有三：老、庄也，浮屠也，申、韩也。三者之致祸异，而相沿以生者，其归必合于一。不相济则祸犹浅，而相沿则祸必烈。庄生之教，得其泛滥者，则荡而丧志，何晏、王衍之所以败也；节取其大略而不淫，以息苛烦之天下，则王道虽不足以兴，而犹足以小康，则文、景是已。若张道陵、寇谦之、叶法善、林灵素、陶仲文之流，则巫也。巫而托于老、庄，非老、庄也。浮屠之修塔庙以事胡鬼，设斋供以饲髡徒，鸣钟吹螺，焚香呗咒，亦巫风尔；非其创以诬民，充塞仁义者也。浮屠之始入中国，用诳愚氓者，亦此而已矣。故浅都关键在于善于变通其法令制度罢了。

梁武帝崇尚玄学清淡，陶弘景作诗对他进行讽刺，何敬容为此面对宾客而长叹不已，议论的人都说他们不能谏止武帝，而只能托之于空言吁叹。其实并不可因此而责备他二人。陶弘景作为一名道人，身处事外，可以暗暗进言规劝而不可苦苦谏戒，这是理所当然的，梁武帝他对玄谈沉溺已深而不能自拔，何敬容虽处朝廷大臣之位，他能以口舌相争而改变武帝的性情吗？至于说让二人不攻击佛教学说而只攻击老庄道学，更是不正确的。自晋朝以来，支遁、许逊、竺道生、僧肇之流都是以老庄道家学说来联系和妆饰佛教学说，因而老庄道学、佛教合而为一已经很久了。我曾经阅览梁昭明太子萧统的二谛议，都是以王弼、何晏魏晋玄学的宗旨来诠释佛教学说。空论玄谈的风气止息，那么佛教也就不足以兴起，陶弘景、何敬容的议论，是釜底抽薪的治本之言。佛教对国家和祸害，不仅仅在于浪费金钱、营建塔庙、纵容游手懒惰之民、逃避国家赋役，更重要的是坏人心术、破坏治国之道，其关键就在于似道似佛，虚妄荒诞、空洞无物的淫邪之辞。

我曾经论述过这样的观点，自古及今中国有三大祸害，即老庄的道学、佛教以及申不害、韩非的法家学说。三种说教导致的祸害虽然不一样，但相互沿袭而产生的最终后果，都是必定归于一途。三者如果不是相辅相济，那么祸害还不深，一旦三者相互融合而相沿相承，其造成的祸害就至为惨烈。庄子的道家学说如果得以泛滥，就会使人放纵而丧失心志，这就是何晏、王弼之所以败亡的原因；节取其学说的大略而不至于放纵安逸而无为，则可以使经过苛政繁法浩劫的天下得以休养生息，古圣先王之道虽不足以大兴，仍足以使天下小康，汉朝文景之治就是如此。至于象后世道教徒张道陵、寇谦之、叶法善、林灵素、陶仲文之流，简直就是巫师。行施巫术又尝其说而为害亦小，石虎之事图澄，姚兴之奉摩什，以及武帝之糜财力于同泰，皆此而已。害未及于人心，而未大伤于国脉，亦奚足为深患乎？其大者求深于其说，而西夷之愚鄙，猥而不逮。自晋以后，清谈之士，始附会之以老、庄之微词，而陵蔑忠孝、解散廉隅之说，始熺然而与君子之道相抗。唐、宋以还，李翺、张九成之徒，更诬圣人性天之旨，使窜入以相乱。夫其为言，以父母之爱为贪痴之本障，则既全乎枭獍之逆，而小儒狂惑，不知恶也，乐举吾道以殉之。于是而以无善无恶、销人伦、灭天理者谓之良知；于是而以事事无碍之邪行、恣其奔欲无度者为率性，而双空人法之圣证；于是而以廉耻为桎梏，以君父为萍梗，无所不为为游戏。可夷狄，可盗贼，随类现身为方便，无一而不本于庄生之绪论，无一而不印以浮屠之宗旨。萧氏父子所以相戕相噬而亡其家国者，后世儒者，沿染千年，以芟夷人伦而召匪类。呜呼！烈矣！是正弘景、敬容之所长太息者，岂但饰金碧以营塔庙，恣坐食以侈罢民，为国民之蝥螣矣哉？

夫二氏固与申、韩为对垒矣，而人之有心，犹水之易波，假托老庄之学，实际并非老庄。佛教修建塔庙以奉事胡人（外族）的鬼怪，设斋摆供以奉事秃头和尚，敲钟吹号，烧香念咒，也有巫术之风，并非为了欺骗人民、充塞仁义之道而创设。佛教刚开始传入中国，用来欺骗愚昧小民的，也仅此巫术而已。因此对其学说迷信得浅，导致的祸害也不大，后赵石虎敬奉佛图澄，后秦姚兴敬奉鸠摩罗什，以及梁武帝舍身同泰寺而劳民伤财大兴佛事，都是这样的情况。祸害没有深入影响到人的内心，没有对国家命脉造成致命影响，何足为大患呢？佛教的大祸患在于深入沉溺到它的教义中去，但西方夷人（指印度佛教徒）愚钝鄙陋，无法达到这种高度；自晋朝以后，清谈玄学的士大夫，开始附会于老庄道学，进而蔑视、凌辱忠孝道义，败坏端方纯正的学说，公然开始与儒家之道相抗衡。唐宋以后，李翱、张九成之徒，又诬伪圣人性天之旨，把佛教学说窜入其中，从而混乱圣人之学。按照他们的论调，把父母之爱作为贪痴恶业的本障（根源），这样既成全了食母食父的禽兽的大逆行径，可是俗浅之儒生蛊惑人心，不知其恶果，乐意以儒家大道而殉之。因此，他们就以无善恶之分、消除人伦、灭绝天理的大逆不道，称作“良知”，以事事无所滞碍的邪恶行为，而纵情恣欲，无有限度，称作“率性”，而双空人法之圣证；以礼义廉耻作为桎梏羁绊，以君臣父子的伦理纲常作为障碍，以无所不为作为游戏，可为蛮夷戎狄，可为盗贼寇仇，随类现身，以为方便。这些无一不是以庄子的议论为基础，无一不是以佛教教义为宗旨，萧梁的宗室子弟之所以同室操戈、自相残杀，而导致国家灭亡，根源正由于此。后世俗儒，相互沿习影响上千年，灭绝人伦，招致匪类。唉！其为祸惨烈啊！这正是陶弘景、何敬容之所痛心和长叹的，难道仅仅是叹息其营造金碧辉煌的寺庙，僧道肆意挥霍，坐食国课，骄奢淫逸，为国家人民的蠡贼螣虫吗？

佛、道二教固然是与申、韩的法家学说相对垒，但人的内心犹激而岂有定哉？心一失其大中至正之则，则此倡而彼随，疾相报而以相济。佛、老之于申、韩，犹鼙鼓之相应也。应之以申、韩，而与治道弥相近矣。汉之所谓酷吏，后世之所谓贤臣也。至是而民之弱者死、强者寇，民乃以殄而国乃以亡。呜呼！其教佛、老者，其法必申、韩。故朱异以亡梁，王安石、张商英以乱宋。何也？虚寂之甚，百为必无以应用，一委于一切之法，督责天下以自逸，而后心以不操而自遂。其上申、韩者，其下必佛、老。故张居正蹙天下于科条，而王畿、李贽之流，益横而无忌。何也？夫人重足以立，则退而托于虚玄以逃咎责，法急而下怨其上，则乐叛弃君亲之说以自便，而心亡罪灭，抑可谓叛逆汩没，初不伤其本无一物之天真。繇此言之，祸至于申、韩而发乃大，源起于佛、老而害必生，而浮屠之淫邪，附庄生而始滥。端本之法，自虚玄始，区区巫鬼侈靡之风，不足诛也。斯陶、何二子所为舍浮屠而恶玄谈，未为不知本也。

26.苏绰之制治法，非道也，近乎道矣。宇文泰命绰作大诰，为文章之式，非载道之文也，近乎文矣。其近焉者，异于道方明而袭之以饰其邪伪也，谓夫道晦已极，将启其晦，不能深造，而乍与相即也。天下将向于治，近道者开之先，此殆天乎！非其能近，故曰近道。天开之，使以渐而造之，故曰乍与如水面一样容易激起波澜，对人心的激荡哪有使其平定无波的？内心一旦失去其极其中正的标准，就会此倡而彼随，疾相报而以相济。佛、道与申韩的法家学说，就好象鼙鼓相应一般，如果以申韩法家学说应之，相对来说与治国之道更为相近了。汉朝的所谓酷吏，在后世就是所说的贤明大臣，这样就使得民众懦弱者无法生存、而豪强者沦为寇贼，最终导致人民生灵涂炭，国家衰亡。唉！他们所信奉的是佛教、道教，所推行的则是法家政治。所以朱异导致了梁朝的灭亡，王安石、张商英则造成了宋朝的祸乱。为什么这样说呢？如果清静无为、孤寂因循达到严重的地步，各种作为、法度必定无法实施，如果一切都听命于统一的法令，督责天下人去实行，而自己安享其功，然后不必再操心兴革而自然遂其心愿。其上以法家学说治国，其下必以佛、道之教理民。所以张居正以严苛的法度治理天下，而王畿、李贽之流却更加在下面横行无忌。为什么呢？人人都重足而立，感到自危，就会退而托迹于玄虚以逃避罪责，法律严苛而民怨沸腾，从而喜欢那些叛弃君亲的佛、道学说，从而使心亡而罪灭，也可以说是叛逆都湮没无闻了，本不伤其本来无一物的天真童心。由此而论，祸乱由于法家政治而造成，其发展必然很重大惨烈，如起源于佛、道学说，也必然会产生危害，而佛教的淫邪说教，由于附会于老庄学说才大肆泛滥。端正根本的办法，必须从根绝玄虚之风开始，至于小小的巫术鬼怪、奢侈淫靡的风气，不足以根除。陶弘景、何敬容这两位先生舍弃佛说而憎恶玄谈的行为，不能说是不知根本啊！

苏绰所制定的国家法令，虽不符合儒家伦理道德，而却近乎儒家伦理了。宇文泰命令苏绰作《大诰》，作为文章的通行格式。并非载道之文，却近乎载道文章了。说它近乎于道，是因为他与那种与天下清明、道德淳厚之时却沿袭其外表以掩饰自己奸邪虚伪的不同，由于道义被隐晦不显已达到极点。将要开启隐晦而见显明，不可能一相即也。

治道自汉之亡而晦极矣。非其政之无一当于利病也，谓夫言政而无一及于教也。绰以六条饬官常，首之以清心，次之以敷化，非其果能也，自治道亡，无有以此为天下告者，而绰独举以为治之要领。自是而后，下有王仲淹，上有唐太宗，皆沿之以起，揭尧、舜、周、孔之日月而与天下言之，绰实开之先矣。文章之体，自宋、齐以来，其滥极矣。人知其淫艳之可恶也，而不知相率为伪之尤可恶也。南人倡之，北人和之，故魏收、邢子才之徒，与徐、庾而相仿佛。悬一文章之影迹，役其心以求合，则弗论其为骈丽、为轻虚而皆伪。人相习于相拟，无复有繇衷之言，以自鸣其心之所可相告者。其贞也，非贞也；其淫也，亦非淫也；而心丧久矣。故弗获已裁之以“六经”之文，以变其习。夫苟袭矣，则袭“六经”者，亦未有以大愈于彼也，而言有所止，则浮荡无实之情，抑亦为之小戢。故自隋而之唐，月露风云未能衰止，而言不繇衷、无实不祥者，盖亦鲜矣，则绰实开之先矣。宇文氏灭高齐而以行于山东，隋平陈而以行于江左，唐因之，而治术文章咸近于道，生民之祸为之一息，此天欲启晦，而泰与绰开先之功亦不可诬也。非其能为功也，天也。

蹴而就，而刚刚与之相接近。天下将归于大治，近乎道义者开其风气之先，这大概是天命吧？非其能近，所以称作近道。上天开启之，使循序渐进，逐步达到合乎道义，所以称作刚刚与之相接近。

治国之道自汉朝灭亡以后就隐晦至极了。这并不是说其为政无一件切中要害，而是说议论政事的人没有一句涉及到教化的。苏绰以六条法令整饬吏治，首先是澄清其心，其次是施行教化，并不一定果真能做到这些，但自从治道消亡，从来没有人以此来诏告天下，独有苏绰把这些列举为政治纲领。从此以后，在臣下则有王仲淹，皇帝则有唐太宗，都是沿袭这一做法而兴起，揭去蒙在唐尧、虞舜、周公、孔子古圣先王之道上面的尘污，使之如日月一样光照人间，从而与天下人共谈治国之道，苏绰实在是具有开风气之先的功劳。文章的体裁，自南朝刘宋、萧齐以来，华而不实、散漫无制，已达到了极点。人们都知道华而不实，散漫无制的可恶，而不知道相互作伪尤其令人憎恶。南朝士人倡导这种风气，北朝的士人也附和响应，所以象魏收、邢子才之流，与徐陵、庾信等人的风格相近。把一篇文章树为典范，役其心神去模仿，以求合拍，这样不论是骈丽之体，还是轻虚之作，都是虚情假意的伪文。人们都习惯于模仿，就再也没有发自内心的言论，以表达其真实情感，以告知世人。说他贞节，也并非贞节，说其淫邪，也并非淫邪，而是他丧失本心已经很久了。因此没有办法改变现状，只有用“六经”之文来规范其风格，改变其陋习。姑且要模仿沿袭的话，就模仿“六经”之文好了，虽然也没有什么比原来的作为仿效之风可称道的，但言有所止，那么浮荡不实之情，也可能会略微有所收敛。所以从隋朝到唐朝，虽然吟咏月露风云的文风未能衰颓消亡，但言不由衷、空洞无物的骈体伪文，也已经很少见了，苏绰的确是开其先河。宇文氏的北周灭掉高氏的北齐之后，这一风气又行于东部地区，隋文帝统一全国后，又行于江南，唐朝沿袭下来，从而呜呼！治道之裂，坏于无法；文章之敝，坏于有法。无法者，惟其私也；有法者，惟其伪也；私与伪横行，而乱恶乎讫！胡元之末，乱极矣，而吴、越之俊士，先出其精神以荡涤宋末淫靡繁乱之文，文章之系亦大矣哉！六代之敝，敝于淫曼；淫曼者，花鸟锦绮为政，而人无心。宋之敝，亦敝于淫曼；淫曼者，多其语助，繁其呼应，而人无气。无心而人寻于篡弑，无气而人屈于禽狄。徐、庾、邢、魏之流波，绰挽之矣。孰有能挽苏洵、曾巩之流波者乎？俟之来哲。

27.贺琛上书论事，其他亦平平耳，最要者，听百司莫不奏事，使斗筲诡进，坏大体以窃威福，此亡国败家必然之券也。妄言干进者，大端有二：一则毛举小务之兴革也，一则钩索臣下之纤过也。若此者，名为利国，而实以病国；名为利民，而实以病民；害莫烈焉。

法虽善，久而必有罅漏矣，就其罅漏而弥缝之，仍一备善之法也。即听其罅漏，而失者小，全者大，于国民未伤也。妄言者指其罅漏以讥成法，则必灭裂成法而大反之，歆之以斯须之小利，亦洋洋乎其可听矣。不知百弊乘之，蠹国殃民使治国之道、文章之体都近于大道，人民的灾祸得以缓解，这是上天要开启隐晦，归于光明，而宇文泰和苏绰的开先之功不可磨灭。并不是他们能立此大功，而是天意使然。

唉！治国之道的衰废，坏于没有法度，而文章风气的凋敝，则坏于有定式的约束规范。没有法度，掌权者营私舞弊；有定式，则作文虚伪模仿，营私舞弊，虚伪从事。祸乱怎么能够避免呢？元朝末年，天下混乱至极，而江南吴、越地区的豪杰才士，首先振奋精神，对宋末以来淫靡繁乱的文风痛加涤荡，可见文章风气的关系是多么重大啊！六朝（吴、东晋及南朝宋、齐、梁、陈）文风的凋敝，根源就在于淫曼（浮靡柔美），淫曼就是以花鸟风月、锦绣华美为主流，而缺少心志和思想。宋朝文风的衰敝，根源也在于淫曼，其淫曼则是语助很多，呼应纷繁，而缺乏阳刚之气、豪壮之节，没有心志则人人相寻于篡位弑君，没有气节则人人屈从于禽兽夷狄。徐陵、庾信、邢子才、魏收所泛滥的流波，苏绰已挽转回来了。谁又能挽回苏洵、曾巩所泛滥的流波呢？要等待后来的哲人俊杰。

贺琛给梁武帝上书言事，其他都持论平平，无甚可言，最重要的，就是听任各级各类官员都可以上书奏事，从而使才识短浅的人都以诡道进用，破坏国家大体以窃取权位，擅作威福，这是亡国败家必然的标志。虚妄上言以求进用的，大体上有两种情况；一是广泛列举细枝末节的政务兴革；二是吹毛求疵，钩稽大臣们的微小过失，大作文章，象这样的情况，名为有利于国家，其实是有害于国家；名为有益于人民，其实是有害于人民；祸害没有比这更严重的了。

法律即使完善，但行之既久必定不免有纰漏，针对这些漏洞进行补救，仍然不失为一种使法律完备周详的好办法。即便是听任其出现漏洞而不加弥补，就全局而言，损失也还是小的，所得到周全的还是大的，于国于民都没什么妨害。如果妄加指责，指其纰漏进而攻而坏风俗，此流毒于天下而失民心之券也。贤者之周旋视履而无过者亦鲜矣，刚柔之偏倚，博大谨严之异志，皆有过也。贪廉之分，判于云泥，似必不相涉矣，而欲求介士之纤微，则非夷、惠之清和，必有可求之瑕璺。君天下者，因其材，养其耻，劝进于善，固有所覆盖而不章，以全国体、存士节，非不审也。乃小人日伺其隙，而纠之于细微，言之者亦凿凿矣，士且侧足求全而不逸于罪罟，则人且涂饰细行以免咎，曲徇宵小以求容，而锲刻之怨，独归于上，此流毒于荐绅而失士心之券也。民心离，士心不附，上有馀怨，下有溢怒，国家必随之以倾。

故非舜之智，不能取善于耕徒钓侣也；非孔子之圣，不能择善于同行之三人也。是以垂纩塞耳，垂旒蔽目，心持天下之大公，外杜辩言之邪径，然后润色先型，甄别士品，民安于野，吏劝于廷。至治之臻，岂其察小辨微之琐琐者哉！周德长而秦祚短，非千秋之永鉴与？武帝不纳琛之格言，而为之辞曰："专听生奸，独任成乱。乃二世之委赵高，元后之付王莽。"抑岂知秦法密而后赵高得志，王莽秉国，颂功德者皆疏击国家的既定成法，这样必然毁坏成法反其道而行，企图从中获得斯须小利，并为其言可采纳而洋洋得意。却不知各种弊端乘之而产生，祸国殃民，败坏风俗，这种流毒于天下，就会成为失掉民心的标志。贤明的大臣在这种周旋往复视其行迹视的监察甚至指斥下，没有过失的也很难见到了，为政刚直或宽柔的，则指为偏倚，博大或谨严的，则劾其有野心，全都有过错。贪婪和廉洁的区分，就象天上的云彩和地下的泥土一样判然有别，似乎没有什么关涉了，但欲加之罪，何患无词，以此来寻求耿介之士的微小过失，那么如果没有伯夷、柳下惠的清正和气，必定有白璧微瑕遗人口实。君临天下的人，根据臣下的才干，培养其廉耻之心，劝诫勉励使他背恶向善，自然要有所掩饰而不让他的一切优缺之处都显露无遗，以全国之大体，以存士人志节，并不是不加分辨，可是这些卑鄙小人却每时每刻都在等待机会，以揭发他的细微缺失，言之凿凿，这样官吏士大夫都要求全责备，无人能幸免于罪责刑罚，于是人们都致力于粉饰自己的一言一行，以免罪罟，曲意顺从奸佞小人以求宽容，从而使天下的怨愤，全归咎于皇上，这种风气流行并毒害着缙绅阶层，是国家失去官员士大夫之心的标志。民众之心离散，士大夫之心不归附，上有余怨，下有余怒，国家一定会随之而灭亡。

因此，非有虞舜的智慧，不能取法农民渔夫的微善；非有孔子的圣明，不可能从同行的三个人中择善而从。所以用绵絮塞住耳朵，悬垂的玉串遮蔽了双眼，内心秉持天下之大公，外则杜绝辩驳议论的邪路，然后补偏救弊，完善国家成法，甄别士大夫的流品，使老百姓各安其业，各级官吏勤于政事。要达到天下大治，难道能依靠那些察小辨微的繁琐议论吗？周朝功德绵长，而秦朝国祚短暂，难道不是天下后世应当永远引为鉴戒的吗？梁武帝不采纳贺琛的建议，而推辞说："偏听专信容易产生奸佞，专权独任容易导致祸乱。秦二世委国贱之吏民邪？琛言未冷，梁社旋亡，图存保国者，尚以察察为戒哉！

28.神智乘血气以盛衰，则自少而壮，自壮而老，凡三变而易其恒。贞于性者正，裕于学者正，则藏之密，植之固，而血气自盛，智不为荡；血气自衰，智不为耗；卫武公之所以为睿圣也。

梁武帝之初，可谓智矣。裴叔业要之北奔，则知群小之害不及远；萧颖胄欲请救于魏，则知示弱戎狄之非策；萧渊藻诬邓元起之反，则料其为诬；敕曹景宗下韦睿，则知师和必克。任将有功，图功有成，虽非宋武之习兵而制胜，而其筹得丧也，坚定而无回惑，于事几亦孔晰矣。至其受侯景之降，居之内地，萧介危言而不听；未几，听高澄之绐，许以执景，傅岐苦谏而不从；旋以景为腹心，旋以景为寇仇，旋推诚而信非所信，旋背约而徒启其疑，茫乎如舟行雾中而不知所届，截然与昔之审势度情者，明暗杳不相及；盖帝于时年已八十有五矣，血气衰而智亦为之槁也。

政于赵高，汉元帝的王太后将大权托付给王莽，都是前车之鉴。”他哪里知道因为秦朝法律严密而后赵高才得以弄权丧国，王莽执政，歌功颂德都是些疏陋卑贱的吏民呢？贺琛的言论刚刚说过，梁朝不久便灭亡了，要图存保国，应当以此为戒啊！

人的神智随着血气的刚柔强弱而显现出盛衰变化，因而从少年到壮年，从壮年到老年，共经历三次变化而改变其原来的状态。对于人的本性坚贞不移的，称作“正”，对于学问广博精通的，称作“正”，这样隐藏得秘密，培植得牢固，血气变得强盛，神智也不受波动；血气变得衰弱，神智也不受到损耗，这就是卫武公之所以被称为睿智圣明的人的原因。

梁武帝萧衍，当初可以说是个大智之人。裴叔业邀请他一起北逃投奔北朝，以避免受到奸佞小人的迫害。他知道奸佞小人的迫害不会长久，因而拒绝；萧颖胄想要向北魏请求援救，他知道向戎狄示弱并非上策；萧渊藻诬陷邓元起谋反，他料到这必定是诬害；敕令让曹景宗尊重韦睿，他知道军队的将领团结一心，定能旗开得胜。任命将领出征，一定有奏捷而还；图谋一件功勋，一定会如愿以偿，虽然他不象宋武帝刘裕那样熟习军阵，出兵制胜，但他筹划用兵得失。坚定而不犹豫徬徨，对事情几乎达到洞若观火的程度。至于他接受侯景的投降，让侯景率所部居于内地，萧介危言进谏却不予理睬；不久，又听从高澄的欺骗，准许逮捕侯景，傅岐苦苦劝谏而不听；一会儿以侯景作为心腹，一会儿又把他作为寇仇，一会儿推心置腹而相信不可信的话，一会儿又背弃旧约白白地使人猜疑，朝令夕改，举棋不定，就象是小船在大雾中的海上飘荡，不知所止，这与当初的他审势度情，胸有成竹，真是截然相反，圣明昏庸无法比拟，这大概是因为梁武帝当时已达到八十五岁高龄，血气衰弱，而神智也因此而枯萎了。

智者，非血气之有形者也，年愈迈，阅历愈深，情之顺逆，势之安危，尤轻车熟路之易为驰也，而帝奚以然也？其智资于巧以乘时变，而非德之慧，易为涸也。且其中岁以后，薰染于浮屠之习，荡其思虑。夫浮屠既已违于事理矣，而浮慧之流，溢为机变，无执也，可无恒也；无碍也，可无不为也；恍惚而变迁，以浪掷其宗社人民而无所顾恤，斯岂徒朱异、谢举之荧之哉？抑非老至耄及之神智衰损之为也，神不宅形，而熟虑却顾之心思，荡散而不为内主矣。夫君子立本于仁义，而充之以学，年虽迈，死则死矣，智岂与之俱亡哉？

29.父子兄弟之恩，至于武帝之子孙而绝灭无馀矣。唯萧综凶忍而疑于东昏之子，其他皆非蜂目豺声如商臣，帝亦未有蔡景之慝，所以然者，岂非慈过而伤慈之致哉？正德之逆也，见帝而泣；萧纶之悖也，语萧确而亦泣。绎也、范也、誉也、詧也，虽无致死以救君父之心，而皆援戈以起。然而迁延坐视，内自相图，骨肉相吞，置帝之困饿幽辱而不相顾也。且其人非无智可谋，无勇可鼓；而大器之笃孝以安死，方等之忘身而自靖，咸有古烈士之风焉。叙之以礼，诲之以道，约之以法，掖之以善，皆王室之辅也；抑岂若晋惠之愚、刘劭之凶，不可革易也乎？慈而无节，宠而无等，尚妇寺之仁，施禽犊之爱，望恩无已，则挟怨益深，诸子之恶，非武帝陷之，而岂其不仁至此哉？

神智，并不是象血气那样的有形的东西，年龄越大，阅历越是丰富，情理的顺与逆，形势的安与危，尤其轻车熟路，易于驾驭驱驰，可是梁武帝为何不是这样呢？他的智慧主要是凭借机巧以乘时观变，而不是道德标准上的深层智慧，因而容易干涸衰退。而且他自从中年以后，受到佛教风习的熏染，使其思虑放纵。本来佛教学说已经违背了事理，而浮慧之流，又溢为机变，无所把持，可以没有恒定的思想；无所违碍，则又可以无所不为，恍恍惚惚，随波逐流，从而轻易地断送其江山社稷、国家人民而无所忧虑，这难道仅仅是朱异、谢举等人欺蒙蛊惑的结果吗？也不是因为年事高迈，神智衰退劳损的而造成的，人的神智并不一定以身形为依附的主体，而深思熟虑却又回顾不已，激荡耗散而不如内心所支配了。正人君子立身以仁义为本，而以学识充实之，年龄虽老，死就死了，神智难道能与之一起消亡吗？

父子兄弟之间的恩情，到了梁武帝的子孙时已灭绝无余了。其诸子孙中，只有萧综凶暴残忍，怀疑是萧齐东昏侯萧宝卷的遗腹子，其他人都不是象商臣那样目似黄蜂，声如豺狼的恶人，梁武帝也不是象蔡景那样邪恶，之所以导致这样的结果，难道不是由于过分慈爱而伤其慈爱之心的缘故吗？萧正德大逆不道，见到梁武帝就哭泣，萧纶狂悖无行，与萧确说话时也哭泣不止。萧绎、萧范、萧誉、萧詧，在梁武帝落难时，虽然没有赴汤蹈火以营救君父的必死之心，但也都起兵救援。然而却迁延时日，坐视危局，宗室内部各怀异志，自相残杀，而置梁武帝于拘禁、饥饿、凌辱之中而不相顾。而且他们也并不是没有可以筹谋的智慧，没有可以鼓舞的勇气，象萧大器笃于孝悌而视死如归，萧方等忘身报国而自靖其志，都有着古代忠烈之士的风节；如果能够用礼义来引导他们，用道德来教诲他们，用法纪来约束他们，用善行来扶持鞭策他们，都可能成为王室的坚强辅弼，他而不但此也，人主之废教于子者，类皆纵之于淫声美色狗马驰逐之中。而帝身既不然，教且不尔，是以诸子皆有文章名理之誉，而固多智数。然而所习而读者，宫体之淫词；所研诸虑者，浮屠之邪说；二者似无损于忠孝之大节，而固不然也。子不云巧言鲜仁？则言巧而仁忘，仁忘而恩绝矣。若浮屠者，以缘生为种性，自来自去于分段生死之中，父母者，贪欲痴爱之障也，以众生平等视之，见其危亡，悲愍而已，过此又奚容捐自有之生缘以殉其难乎？二者中于人心，则虽禽呴鱼沫，相合以相亲；而相离以相叛，不保之于势穷力蹙之日矣。然则谓帝慈之已过者，非果慈也，视其子无殊于虎，以大慈普摄投身饲之而已。其学不仁，其教无父，虽得天下，不能一旦居，岂有爽与？

简文帝

1.至治之世无请托，至乱之世无请托，故嘱托之禁，虽设于律而不严，以其非本治也。汉灵帝立三互之法，高洋赏房超棓杀赵道德请托之使，命守宰设棓以捶杀属请之使，盖其时请托公行，狱讼大乱，有激而然也。

们难道是象晋惠帝的愚蠢、刘劭的凶残那样的本性无法改变吗？慈爱而无节制，宠信而不加区别，以妇人之仁，而施以小鸟、牛犊之爱，使子孙期望恩典而无有底止，那么挟私报怨也就更深更大，诸子为恶，不是梁武帝自己招致的，难道是他们自己不讲仁义到这样的地步吗？

而且不仅如此，君主对其子孙的教导不严，一般都是放纵他们于淫声、美色、犬马驰逐之中。而梁武帝本身既不是这样，而且对子孙的教育也不同于此，所以诸子也都有精于文章名理的称誉，而且多有才智谋略。但是他们平日诵读的书，都是些宫体诗词，所研究思考的道理，都是佛教的异端邪说；这两个方面表面看起来无损于忠孝仁义的大节，但本质上却并非如此。孔圣人不是说巧言善辩很少符合仁义吗？言语乖巧就忘记了仁义，忘却仁义也就丧失了恩情。例如佛教，以缘生为种性，自来自去于分段生死之中，父母乃是贪欲痴爱诸恶业的孽障，作为众生而平等看待，见到父母危亡，也只是悲伤忧愁罢了。除此之外，怎能够捐弃自己生缘而为之殉节呢？宫体诗词、佛教邪说如果深入人心，那么即便是鸟兽虫鱼，也可以相合相亲；又不能保证在势穷力衰之时不会相离和相叛。虽然如此，说梁武帝慈爱子弟还是过分了，他并不是真正的慈爱，只是把子孙看作与老虎没有两样，而以大慈大悲、普度众生之心舍身饲之罢了。其所学不仁不义，其所教无君无父，虽然得到天下，却不能统治一时，难道会不是这样吗？

最清明的治世没有请托之弊，最昏浊的乱世也没有请托之弊，所以关于请托的禁令，虽载在法律之中却无法严厉执行，因为这不是治本之法。汉灵帝设立三互法，北齐文宣帝高洋用棍棒打死赵道德请托的使者，并命令守令大臣设置棓棒以捶杀那些请托的使者，是因为当时请托公行，狱讼大乱，因此导致他不得不如此行事。

至乱之世，守宰专利于己，恶民之行赂属请而不存贿于己，则假秉公守法以总货贿于一门。上既为之严禁矣，虽致怨于人，而可弗惧，无有敢挤举其污者也。刘季陵不与公府之事，而陈蕃诮之，季陵正也，蕃非正也。然蕃且有辞于季陵矣，其时请托盛行，而季陵孤也。至治之世，在官有养廉之典，退居有尸祝之尊，贤士大夫亦何忍以身纳于垢浊。而乱世不能也。于是而擅利淫刑之守，亢厉以为能，请托绝而贿赂益滥，况乎绝其所绝而不能绝其所不绝者哉？任守宰而重其廉隅，教行而俗美，请托不足禁也。禁之而民之枉也益甚，灵帝之世是也。若高洋乐杀人以逞威，又无足论已。

2.唐之府兵，言军制者竞称其善，盖始于元魏大统十六年宇文泰创为之。其后籍民之有才力者为兵，免其身租、庸、调，而关中之强，卒以东吞高氏，南并江陵。隋、唐因之，至天宝而始改。人胥曰府兵改而边将骄，故安、史乱，河北终不能平，而唐讫以亡。而不知其不然也。府兵不成乎其为兵，而徒以厉民，彍骑虽改，而莫能尽革其弊，唐乃无兵而倚于边将。安、史之乱，府兵致之也，岂府兵不改而安、史不乱，安、史乱而府兵能荡平之也哉？

最昏浊的乱世，守令大臣都专门利己，憎恨民众的贿赂请托不行于自身，于是假借秉公执法的名义以便使货赂都归于自己一门。上面虽然有严厉的禁令进行惩治，但即使导致他人怨恨，也没什么可怕的，因为没有人敢于揭发这种污浊行为。东汉的刘季陵不参与官府政事，可是陈蕃却讥讽他，刘季陵正直无私，陈蕃则有私心而不清正。但陈蕃却有借口去攻击刘季陵，因为当时请托之风盛行，刘季陵清正廉洁，孤立无朋。最清明的治世，在官府则有养廉的规定，退居在家则有尸祝之尊，贤明的士大夫怎么忍心以清白之身而藏污纳垢呢？但身在乱世却不能做到这一点。因此擅权嗜利、滥用刑罚的官吏，刚强严苛而以为贤能，请托虽绝而贿赂更泛滥，何况再断绝已断绝了的请托，而又不能根绝无法断绝约贿赂呢？任命守令大臣而注重其清廉的操行，就会使教化大行，而风俗淳美，请托之弊不足以严禁而自绝。如果禁绝请托，则民众的冤屈更加严重，汉灵帝时就是这样。至于象北齐文宣帝高洋那样乐于杀人而逞其威风，就不足以评论了。

对于唐代的府兵制度，议论军制的人竞相称道其善。这种制度是从西魏大统十六年（公元550年）由宇文泰创立的。此后宇文氏按籍征发有才力的农民当兵，免除其自身的租庸调负担，从而使占据关中之地的北周政权实力大增，最终向东吞并了高氏的北齐政权，向南兼并了南朝的江陵（今属湖北）地区。隋朝、唐朝相继沿袭了这一制度，直到唐玄宗天宝年间（公元742—755年）才改变。人们都认为府兵制改变而使边境将帅骄横跋扈，导致安史之乱发生，而黄河以北地区的藩镇割据不能平定，唐朝政权也趋于灭亡，却不知道事实的真相并非如此。府兵不能形成真正意义上的兵，只是白白地危害人民，虽然后来改成了彍骑兵，但仍不能完全消除其弊端，于是唐朝没有可依赖的兵力，只好倚靠边将。安史之乱，是由府兵制造成的，怎三代寓兵于农，封建之天下相承然也。周之初，封建亦替矣，然其存者犹千八百国也，外无匈奴、突厥、契丹之侵逼，兄弟甥舅之国，以贪愤相攻而各相防尔。然忿忮一逞，则各驱其负耒之愿民以蹀血于郊原。悲夫！三代之季，民之瘅以死者，非但今之比也。禹、汤、文、武之至仁，仅能约之以礼而禁其暴乱，而卒无如此斸农民以死之者何也！上古相承之已久矣，幸而圣王善为之法，以车战而不以徒战，追奔斩馘，不过数人，故民之死也不积。然而农民方务耕桑、保妇子，乃辍其田庐之计，奔命于原野；断其醇谨之良，相习于竞悍；虔刘之，爚乱之，民之憔悴，亦大可伤矣！至于战国，一战而斩首者至数十万，岂乐为兵者哉？皆南亩之农夫，欲免而不得者也。汉一天下，分兵民为两途，而寓兵于农之害乃息。俗儒端居占毕而谈军政者，复欲踵而行之，其不仁亦惨矣哉！身幸为士，脱耒耜之劳，不耕而食农人之食，更欲驱之于白刃之下，有人心者，宜于此焉变矣。

宇文泰之为此也，则有说也。据关中一隅之区，欲并天下，乃兴师以伐高洋，不战而退，岂畏洋哉？自顾寡弱而心早么能说府兵制度不改就不会导致安史之乱、而且即使发生安史之乱府兵也能够一举荡平呢?

夏、商、周三代实行寓兵于农的制度,这是分封建藩的天下相承所决定的。周朝初年,分封制度已经趋于衰弱了,但仍然存有一千八百个大小诸侯国,外部又没有后世的匈奴、突厥、契丹等异族的侵逼,各诸侯之间都是兄弟甥舅之国,只是为避免双方贪求土地、激于义愤而相互攻击,因而各设兵备加以防范。但是含忿妒忌而一逞其欲,也有各自驱使其手拿农具的民众相互攻击,喋血于原野沙场的。可悲啊!三代的末期,人民因战争而死的,不是今天所能比的。夏禹、商汤、周文王、周武王这些至为仁慈的明君,只能用礼义来约束其民,禁止其暴乱,而终究避免农民为战争而死,这是为何呢?上古以来世代相承已经很久了。所幸有这些圣明的君主善为区处,运用车战而不用人徒手相搏,这样追奔斩杀,也不过几个人而已,所以死于战事的还不多。但是,农民正忙于耕织劳作,保护其妻子儿女,却让他们中断正常营生,奔走效命于疆场;斩断他们淳厚安分的良好风气,相习于竞争强悍;杀害他们,破坏扰乱他们,人民身处水深火热之中,憔悴疲敝,实在令人悲伤。到了战国时期,一次战役就断送几十万条性命,人民怎能乐于当兵呢?但他们这些田野的农夫,要想免于兵役又没有办法。汉朝统一全国后,将兵与民截然分开,于是寓兵于农的祸害才得以消除。后世的那些浅陋庸俗的儒士端居占毕而谈论军政,还要沿袭恢复这种制度,其缺乏仁义之心也太狠毒了。他们自身侥幸而成为士大夫,摆脱了耕耘劳作之苦,不事耕作而坐享农民收获的粮食,反而要驱使农民喋血于沙场,有一点人心,也应当改变这种制度了。

宇文泰创立府兵制度,有其客观的社会环境。他占据关中一隅之地,而又想兼并统一天下,于是兴兵讨伐北齐文宣帝高洋,结果寒也。南自雒、陕，西自平阳，北极幽、蓟，东渐青、兖，皆洋之有，众寡之形，相去远矣。且梁氏方乱，抑欲起而乘之以吞襄、郢，而北尚不支，势不足以南及。虽前乎此者，屡以寡而胜众，而内顾终以自危。故其所用者，仍恃其旧所习用之兵，而特欲多其数以张大其势。且关中北拥灵、夏，西暨河、湟，南有武都、仇池、羌、氐之地，虽耕凿之氓，皆习战，使充行伍，力是而情非不甘，泰可用权宜以规一时之利，未尽失也。若夫四海一，战争休，为固本保邦之永计，建威以销夷狄盗贼之萌，则用武用文，刚柔异质，农出粟以养兵，兵用命以卫农，固分途而各靖。乃欲举天下之民，旦稼穑而夕戈矛，其始也，愚民贪免赋免役之利，蹶起而受命；迨其后一著于籍，欲脱而不能。故唐之府兵业更为彍骑矣，乃读杜甫石壕、三别之诗，流离之老妇，宛转于缧绁；垂死之病夫，负戈而道仆；民日蹙而兵日窳，徒死其民。而救如线之宗社者，朔方边卒、回纥援兵也。然则所谓府兵者，无益于国而徒以殃民审矣。

不战而退，难道是害怕高洋吗？并不是，而是自己感到弱小而心胆早寒。南部从洛阳（今属河南）陕州（今河南陕县），西部从平阳（今山西临汾），北边直达幽州（今北京西南）、蓟州（今天津蓟县），东部延伸到青州（今山东淄博）、兖州（今属山东），这一广大的地区，都被高洋所占有，强弱众寡的形势，相差太远了。而且南朝萧梁内部正出现混乱，宇文泰又想乘机向南吞并襄阳（今属湖北）、郢（今湖北江陵），这样北边伐齐尚力不从心，势必无力南进。虽然在此以前，宇文泰曾多次以弱胜强，但是举目四顾，毕竟自己也觉得危险。所以他所用以征讨的，仍然是以前所习用之兵，只是大大增加其数量，壮大其声势而已。且关中地区北边拥有灵州（今宁夏灵武西南）、夏州（今陕西靖边），西边河州（治今宁夏西北）及湟水两岸（今属青海），南有武都（今甘肃武都东南），仇池（今甘肃成县西北）以及羌人和氐人所居地区，这些地区的民众虽然都是农夫，却习于骑射战斗，使他们充实军队，实力充足，而且感情上也乐意甘心，宇文泰可以采取权宜之计而收取一时之利，所以实行府兵制度，寓兵于农在当时为势所必须，不足为失计。至于到了天下统一，战事停止，为巩固根本、保卫国家的长远利益筹划，确立权威以消除夷狄背叛、盗贼丛生的祸端萌芽，那么用武用文，正如刚柔异质，农民交纳税粮以养兵，军队效命疆场以保卫农民，自然应该使兵民分途，各安其职。在这样的环境中，却想让天下之农民，白天忙于农事劳作，晚上手持戈矛为兵，保家卫国，起初，愚昧的农夫为贪求免除赋役的小利，纷纷前来受命，等到后来一旦著于兵籍，要想摆脱也不可能了。因此唐朝的府兵更改为彍骑兵之后，再读杜甫的史诗《石壕吏》、《三别》（《新婚别》、《垂老别》、《无家别》），颠沛流离的老妇人，躲避官府的拘禁；垂死挣扎的病夫，扛着兵器仆倒于道路；人民日益困窘而军兵日益怠惰，白白地让人民去送死。而能够挽救生命如游丝一般的唐王朝江不能反三代封建之制，幸而脱三代交争之苦，农可安农，兵可安兵，天别之以材，人别之以习，宰制天下者，因时而利用，国本坚而民生遂，自有道矣。占毕小儒，称说寓兵于农而弗绝，其愚以祸天下，亦至此哉，农之不可兵也，厉农而祇以弱其国也；兵之不可农也，弱兵而祇以芜其土也。故卫所兴屯之法，销天下之兵而中国弱，以坐授洪图于异域，所繇来久矣。且所谓屯田者，卤莽灭裂，化肥壤为硗土，天下皆是也，可弗为永鉴乎！

3.魏、晋以降，廉耻丧而忠孝泯。夫岂无慷慨之士，气堪一奋者哉？无以自持，而因无以自继，则虽奋而终馁也。持其廉耻以养其忠孝于不衰者，自归诸从容蹈义之君子，非慷慨之能也。于梁之亡而得二君子焉，太子大器及吴兴太守张嵊是已。

吴兴兵力寡弱，而嵊不闲于军旅，然矫举自奋，以弱抗强，岂不足以自暴其忠哉？既无畏死之心，自可与贼争一旦之命，而嵊不为也；虑夫为之而不继，则气挫而志以摇也。徼幸于俛胜俛败之间，神无定守而不能保其必死之心；知死矣，知死之外无所容心矣，整服安坐，待执而捐生已矣，此嵊之所守山的，只有朔方的边军和回纥的援兵。可见所谓的府兵，无益于国而又白白地殃害老百姓，的确是如此啊！

不可能再返回到夏、商、周三代的分封建藩制的轨道上去，幸而又摆脱了三代交相攻伐的苦难，农民可以安于耕织，军队可以安于保卫国家，天以其才力而区分，人又以其所习而分别，统治天下的人，根据时势需要合理利用，国家的根本牢固，人民的生活安康，自有其发展规律。可是那些记诵小儒却不断地称赞和评论寓兵于农政策的优越性，其愚昧无知，而祸害天下，以致达到了这种境地。农民不可以利用为兵，危害农民，只能使国力削弱；兵也不可以利用于农，削弱兵力，只能使其国土荒芜。所以明朝的卫所兴屯之法，削弱天下的兵力而使国家衰败，从而坐视万里江山奉于外族，其渊源可谓由来已久。而且所谓的屯田，如果草率粗疏为之，把肥沃的良田化为贫瘠之地，天下比比皆是，能不引为永远鉴戒吗？

魏、晋以来，士人的廉耻之心沦丧，而忠孝之念泯灭。难道说就没有一个慷慨有为之士，其气概可以为之振奋一下吗？有则有之，但因为没有足以自我坚持的志向和毅力，因而无法坚持下去，虽然一度奋发有为，最终不免意失气馁。秉持廉洁之心，以养其忠孝之节而坚定不衰的，自归之于从容赴义的君子，而不是慷慨之士所能达到的。在萧梁的亡国过程中，涌现出了两位君子，即太子萧大器和吴兴（今属浙江）太守张嵊。

当时的吴兴郡兵力弱小，而太守张嵊又不熟悉军旅之事，但他却毅然举兵奋战，以弱抗强，这岂不是足以表现出他的忠孝之心吗？既然没有贪生怕死之心，自然可以与敌人拚死一搏，以争旦夕的生命，但张嵊没有这样做；考虑到这样做而无法坚持下去，则容易使士气受到挫折，军心因此而动摇。如果侥幸于诡胜诡败之间，神无定守，则无法保持其必死的决心；知道不免于死，除知其必死之外什么也。

侯景之不能容简文与太子明矣，太子可去而不去，不忍离其父也。于景之党未尝屈意，而曰："若必见杀，虽百拜无益也。"神色怡然，及于难而不改其度。死生其命也，忠孝其性也，端凝尊重其道也。既知必死，则崛起于中，若献帝衣带之诏，高贵乡公援戈之举，夫岂不可？而太子不为也。既不欲为，则养晦以冀免于凶逆以俟外援，亦一道也，而太子抑不为也。臣子之道，居身之节，若是焉止矣，过此则乱矣。不欲自乱以丧己，犹张嵊也，此太子之守也。

二子之守，君子之守也，乐天者也，安土者也，俟命者也，求诸己而不愿乎外者也。呜呼！使太子早正乎位，而得若嵊者以为之辅，朱异何能惑之，侯景何能欺之，高澄何能绐之。而武帝耄以荒，简文弱而忌，同姓诸侯叛君亲而戕骨肉，太子拥储贰之虚名，张嵊守贫弱之僻郡，居无可为之地，虽有可君可相之道而无能为也，天亡梁也。

无能为，则不丧己而永为君子焉已耳。君子者，知之审而居之安也。生死也，成败也，居之安者所不为时势乱也。不乱，而后可以安死；可以安死，而后可以贵生；贵生，而后可以善其败；善其败，而后可以图其成。故晋明帝可以折王敦，谢安可以制桓温，气先定、神先凝也。太子未履晋明之位，张也不再想，整理冠服，安坐堂前，等着被抓起来献出生命罢了，这就是张嵊所坚守不殆的君子之行。

侯景叛乱之后，不能容下简文帝萧纲及其太子萧大器，这是显而易见的。太子可以逃离却不逃走，因为不忍心离开他的父亲。他对于侯景的党羽始终不曾有屈服之意，说："如果一定会被杀，即使百般乞求也没有用处。"神色安怡，直到遇难都没有改变他的气度。死生是他的命中所定，忠孝是他的本性，端凝尊重是他的处世方式。既然知道自己必死无疑，而孤注一掷，从内部发动，象汉献帝写下衣带之诏，魏高贵乡公请求援兵救驾，这种行动都未尝不可，而太子不这样做。既然不想从中发动，就韬光养晦，以希望幸免于死难，而等待外援，这也未尝不是一种可取的办法，可是太子也不愿这样做。臣子之道，居身之节，象这样也就算尽到了，超过此界限就混乱了。不想自己混乱而使自己丧命，犹如张嵊一样，这就是太子的操守。

这二位先生的操守，乃是君子的操守，乐天知命，安土重迁，无为俟命，求诸自身而不愿求助于外界。唉！假使让太子早登帝位，并得到象张嵊那样的大臣以为辅佐，那么朱异怎能蛊惑他，侯景怎能欺蒙他，高澄怎能哄骗他。而梁武帝年迈而宽纵，简文帝柔弱而好猜忌，同姓诸王背叛君亲，残杀骨肉，太子只拥有储君的虚名，张嵊只掌管一个贫穷弱小的偏僻小郡，处于无法施展才干、有所作为的地位，虽然具有可以为君、为相的才华，却无法施展，可见是上天要灭亡梁朝啊！

不能有所作为，就不丧失自己的人格而求为君子罢了。君子，就是对局势了解得确切，而安居以待命。生与死，成与败，能够安居的人不因时势的变迁而混乱心志。心志不混乱，而后可以安处而待死，能安处以待死，而后可以以生为贵；能以生为贵，而后可以善于对待失败；能善于应付败局，而后才可以图谋成功。所以东晋明帝可以折嵘不秉谢安之权，而梁亡必矣。下此则武陵、湘东、邵陵而已矣，柳仲礼、韦粲而已矣，虽矫举以兴，徒速其亡，而何裨焉？国无君子，则无以立，信夫。

元帝

1.元帝忌岳阳王詧而欲灭之，遂失襄阳，襄阳失而江陵之亡可俟矣。及武陵王纪称帝于成都，复请于宇文泰使袭纪，而成都又入于周，则江陵未有不亡者。非宇文能取之，皆自亡也。蜀亡，江陵陷，襄阳北折而为宇文之先驱，江左之能延数十年者，幸也。高齐未灭，关中之势未固，宇文之篡未成，故犹幸而存也。夫地利非有为者之所恃，固已，曹操据兖州四战之地而制群雄，李势、谯纵据蜀而江东不为动摇。虽然，得地利而人不和，地未可恃；人不和以内溃，未有能保其地利者；失地之利，而后其亡也必也。故非英雄特起，视天下无不可为者，则地利亦其所必争。梁元残忍忿戾，捐地利以授人，而卒以自灭，其明验矣。

梁之不和以内溃，非武陵、岳阳之罪也，元帝一起而即杀其弟慥矣，杀其兄之子誉矣，袭其兄纶矣，杀其从孙栋矣；武陵遣子圆照入援，听其节度，而阻之于白帝；圆正合众以受署，而囚之岳阳，起兵而尽力以攻之；舍侯景之大雠，而亟戕服大将王敦，谢安能够制伏桓温，都是意气先定，神志先凝的缘故。太子萧大器没有登上与晋明帝一样的皇位，张嵊也没有掌握谢安那样的大权，所以梁朝的灭亡是注定了的。除了太子与张嵊之外，等而下之的则只有武陵王萧纪、湘东王萧绎、邵陵王萧纶以及柳仲礼、韦粲而已，虽然也都起兵举事，但只是加速其灭亡罢了，有什么作用呢？国中没有君子掌权辅佐皇帝，国家政权就无法巩固，确实如此啊！

梁元帝萧绎猜忌岳阳王萧詧而想灭掉他，结果却因此而失去了襄阳（今属湖北），襄阳丧失之后，江陵（今属湖北）的沦陷也就指日可待了。等到武陵王萧纪在成都（今四川成都）称帝，梁元帝又请求宇文泰袭击萧纪，结果成都也归入了北周的版图，于是江陵也就不可避免要丧失了。这些地区并不是宇文泰能够攻取，而都是梁元帝自己丧失的。蜀地丧失，江陵沦陷，襄阳王降于北周，成为宇文泰南下的先锋，在这种情况下，南朝还能苟延残喘几十年，可谓侥幸。高氏的北齐政权尚未灭亡，关中的局势还不稳固，宇文泰篡夺西魏的帝位还未实现，所以南朝得以侥幸残存下来。地利并不是有所作为的人所依靠的唯一条件，本来如此，曹操占据兖州四战之地而控制群雄，李势、谯纵割据成都而江东的南朝却不为其动摇。虽然如此，但占据地利而人不和，地利也不足依凭，人不和而内部混乱，未有能保其地利的；失去了地利，后然其灭亡也就成了必然趋势。所以如果不是豪杰崛起，视天下之地没有不可以有所作为的，那么地利则是在所必争的，梁元帝残忍暴戾，葬送地利而拱手让人，而终究自取灭亡，正是最好的证明。

梁朝内部不和，自行崩溃，并不是武陵王萧纪、岳阳王萧詧的罪过，梁元帝箫绎刚一起兵称帝，就杀掉其弟萧慥，杀其兄子萧誉，袭击其兄萧纶，杀其从孙萧栋；武陵王派其子萧圆照入京援助，听其节制指挥，而被阻止于白帝城（今四川奉节县城东）；萧圆正纠合众将其骨肉，皆帝挟至不仁之情以激之使不相下也。呜呼！帝即不念一本之爱而安忍无亲，抑思夫二王者，一处襄阳，一处成都，为江陵生死之所自操者乎？故不仁者，未有能保其地利者也。一念之乖，而上流失、咽吭夺，困孤城以自毙，举刘弘、陶侃以来经营百年之要地委之鲜卑，亦憯矣哉！江东四易主而不亡，刘子业、萧宝卷之凶顽，犹知地之不可弃，而帝弃之如赘疣。至不仁之人，至于弃地利而极矣，不恤己之死亡，而奚有于兄弟邪？

2.江陵陷，元帝焚古今图书十四万卷，或问之，答曰："读书万卷，犹有今日，故焚之。"未有不恶其不悔不仁而归咎于读书者，曰书何负于帝哉？此非知读书者之言也。帝之自取灭亡，非读书之故，而抑未尝非读书之故也。取帝之所撰著而观之，搜索骈丽、攒集影迹、以夸博记者，非破万卷而不能。于其时也，君父悬命于逆贼，宗社垂丝于割裂，而晨览夕披，疲役于此，义不能振，机不能乘，则与六博投琼、耽酒渔色也，又何以异哉？夫人心一有所倚，则圣贤之训典，足以锢志气于寻行数墨之中；得纤曲而忘大义，迷影迹而失微言，且为大惑之资也。况百家小道、取青妃白之区区者乎！

受其调度，而被囚禁于岳阳（今属湖南），起兵尽力攻击其部属；舍弃侯景那样的大仇敌，而大肆残杀其骨肉，都是梁元帝带着至为不仁的心情，而激愤诸王，使他们不相上下。唉！元帝即使不念同室兄弟子侄的情分，而安忍无亲无故，难道也不思虑岳阳、武陵二王一居襄阳，一处成都，关系着国家北方门户江陵的存亡大计吗？所以说，不仁的人，没有能保持其地利的。一念之差，而长江上流的战略要地丧失，咽喉之地被夺取，坐困孤城，束手待毙，把刘弘、陶侃以来经营上百年的战略要冲轻易断送给了鲜卑人，也太可悲了！江东之地四易其主而没有灭亡，宋废帝刘子业、齐东昏侯萧宝卷残暴愚蠢，也知道国土不可丧失，而梁元帝却象割掉赘疣一样轻易放弃。至为不仁的人，到了放弃地利的境地已走到了极端，连自己的生死存亡都不怜惜，对其兄弟骨肉还有什么不忍呢？

江陵沦陷，梁元帝焚烧古今图书达十四万卷，有人寻问其中的缘故，他回答说："我读了上万卷书，仍不免有今日的下场，所以将藏书付之一炬。"对此，没有不憎恶他不忏悔自己的不仁义的行为，而归咎于读书万卷的，说：图书有什么对不起元帝的呢？这是不知道读书深义的人所评论的。梁元帝自取灭亡，不是读书万卷的缘故，也未尝不是读书万卷的缘故。拿元帝的著作来看，都是搜索骈丽之文、攒集逸闻奇迹以夸耀其博闻强记的，的确不是读书破万卷，就不能做到。当时，他的父皇为叛贼所困，命在旦夕，国家江山四分五裂，命如游丝，而他却夜以继日地披览图书，殚精竭虑地编著书籍，既不能振奋士气，有所作为，也不能乘机而动，挽救国家的危亡，那么这与那些贪图游乐、沉湎酒色的亡国君臣又有什么不同呢？人心一旦有所偏倚，那么圣贤的训诫之典，也足以禁锢人的志气于寻行数墨、字斟句酌之中，得纤小屈曲之小识而忘却大义，沉迷于逸闻奇迹，失掉其中的精微之理，从而成为昏庸疑惑的助资。何况是百家之小道，区区于呜呼！岂徒元帝之不仁，而读书止以导淫哉？宋末胡元之世，名为儒者，与闻格物之正训，而不念格之也将以何为？数“五经”、《语》、《孟》文字之多少而总记之，辨章句合离呼应之形声而比拟之，饱食终日，以役役于无益之较订，而发为文章，侈筋脉排偶以为工，于身心何与邪？于伦物何与邪？于政教何与邪？自以为密而傲人之疏，自以为专而傲人之散，自以为勤而傲人之惰，若此者，非色取不疑之不仁、好行小慧之不知哉？其穷也，以教而锢人之子弟；其达也，以执而误人之国家；则亦与元帝之兵临城下而讲老子、黄潜善之虏骑渡江而参圆悟者，奚别哉？抑与萧宝卷、陈叔宝之酣歌恒舞、白刃垂头而不觉者，又奚别哉？故程子斥谢上蔡之玩物丧志，有所玩者，未有不丧者也。梁元、隋炀、陈后主、宋徽宗，皆读书者也；宋末胡元之小儒，亦读书者也；其迷均也。

或曰：“读先圣先儒之书，非雕虫之比，固不失为君子也。”夫先圣先儒之书，岂浮屠氏之言书写读诵而有功德者乎？读其书，察其迹，析其字句，遂自命为君子，无怪乎为良知之说者起而斥之也。乃为良知之说，迷于其所谓良知，以刻画而仿髴者，其害尤烈也。

夫读书将以何为哉？辨其大义，以立修己治人之体也；察其微言，以善精义入神之用也。乃善读者，有得于心而正之以诗文对仗之事呢?

唉!岂止是梁元帝一个人不仁不义,读书万卷却诱导他荒淫残暴呢?宋末到元朝时期,那些名为儒士的人,只听到格物致知的正训,却不考究将以什么行为方式去格物;统计“五经”、《论语》、《孟子》文字的多少而牢记不忘,考辨经传的文字章句合离、音韵形声,而比拟模仿,饱食终日,埋头于故纸堆中,作那些无益的考证校注,而做成文章,以骈丽对偶为精巧,对人的身心有什么用处?于政治教化又有何裨益?自以为缜密而傲视他人的疏阔,自以为专精而傲视他人的博杂,自以为勤奋而傲视他人的怠惰,象这样的人,难道不是外表做出行仁的样子,好行小慧的不智吗?这种人在不得志的时候,通过教育而禁锢人家的后生子弟;在显达的时候,则控制国政而贻误国家社稷;这和梁元帝在兵临城下之时还讲《老子》的清净无为,宋朝奸臣黄潜善在金人铁骑渡江南下之时仍在参禅悟道,有何区别呢?又与齐东昏侯萧宝卷、陈后主陈叔宝长歌曼舞,花天酒地,白刃架在脖颈之上尚不觉醒,又有何区别呢?所以程夫子训斥谢良佐玩物丧志,只要有所玩,未有不丧其心志的。梁元帝、隋炀帝、陈后主、宋徽宗,都是博览群书的人;宋末元朝的小儒,也都是些读书之人,其沉迷而不返,是相同的。

有人说:“诵读先圣先儒的著作,不是那些雕虫小技可比的。本不影响其为君子。”先圣先儒的著作,难道是象佛教所说的书写诵读就有功德那样吗?诵读其著作,考察其形迹,分析其字句,就自命为君子,无怪乎后世倡导致良知学说的王学指斥其为章句俗儒呢?倡导致良知之说的又沉迷于所谓的良知之中,以主观唯心而仿佛其义,近于禅悟,其为害尤为惨烈。

那么究竟应该怎样读书呢?分辨其大义,以确立修身治世的大体,考察其奥妙,以完善精义入神的功用。那些善于读书的人,有独书者，鲜矣。下此而如太子弘之读《春秋》而不忍卒读者，鲜矣。下此而如穆姜之于易，能自反而知愧者，鲜矣。不规其大，不研其精，不审其时，且有如汉儒之以公羊废大伦，王莽之以讥二名待匈奴，王安石以国服赋青苗者，经且为蠹，而史尤勿论已。读汉高之诛韩、彭而乱萌消，则杀亲贤者益其忮毒；读光武之易太子而国本定，则丧元良者启其偏私；读张良之辟谷以全身，则炉火彼家之术进；读丙吉之杀人而不问，则怠荒废事之陋成。无高明之量以持其大体，无斟酌之权以审于独知，则读书万卷，止以导迷，顾不如不学无术者之尚全其朴也。故子曰："吾十有五而志于学。"志定而学乃益，未闻无志而以学为志者也。以学而游移其志，异端邪说，流俗之传闻，淫曼之小慧，大以蚀其心思，而小以荒其日月，元帝所为至死而不悟者也，恶得不归咎于万卷之涉猎乎？儒者之徒而效其卑陋，可勿警哉！

敬帝

1.义以生勇，勇以成义，无勇者不可与立义，犹无义者不可与语勇也。

王僧辩非不知义者，元帝使之攻湘州杀萧栋而不从。身建平贼之大功，受大任而镇京邑，可以有为之资也。高洋遣邢子才帅一旅纳萧渊明使为梁主，渊明非武帝之子孙，而挟异类以阑入，使其成也，则萧晋附庸于宇文，渊明述职于高氏，中到的心得而通过读书加以修正，这样的人很少见；等而下之的则象太子弘那样阅读《春秋》而见其相互残杀，不忍卒读的，也很少见；再等而下此的则象穆姜阅读《易经》，能够反躬自省，而感到羞愧，也是很少见的。不确立其大体，不研求其精妙，不审度其时势，而且有象汉儒以《公羊传》而废弃伦理纲常，王莽以将起名不能两个字的规矩推广到匈奴，王安石以国服而赋青苗，经书尚且成为危害社会蛀虫，史就更不足论了。读史读到汉高祖刘邦诛杀功臣韩信、彭越，而消除了叛乱的祸根，那么残杀宗亲、贤臣的人就会更加残忍狠毒；读到东汉光武帝刘秀改立太子而使国家根本稳定，昏庸的君主就会舍弃贤良之嫡长子而立其偏私宠爱的庶次子；读到汉留侯张良退隐修道而保全其性命，那些崇信道教的人就会更加精进其炉火金丹的方术；读到汉大臣丙吉见杀人而不问罪，于是荒废政事的陋习逐渐形成。没有高明的度量涵养以持其大体，没有斟酌利弊的权变以确定自己独到的识见，那么即使读书万卷，也只能引导人走向迷惑，还不如不学无术的人还能保全其纯朴之心呢！因此，孔夫子说他年十五才有志于学，志向确定之后，学习才会有收益，没听说过没有志向而以学为志的。因为学习而使志向游移不定，异端邪说，流俗之传闻，淫曼之小慧，大则腐蚀其心志，小则荒废其岁月生命，梁元帝的所学所为，至死而没有醒悟，怎么能不归咎于涉猎万卷图书呢？儒门后学仿效其卑鄙浅陋的人，能不引为警戒吗？

由义可以产生勇，从勇可以成就义，无勇的人不可与他一道建功立业，正如无义的人不可与之谈论勇是一样的。

王僧辩并不是一个不知道义的人，梁元帝萧绎让他进攻湘州（治今湖南临湘），杀死萧栋，他不从命。立下平定叛贼的大功，接受重任而镇守京城，可以作为有所作为的基础了。北齐文宣帝高洋派遣邢子才率领一支军队接纳萧渊明的投降，并立为梁朝皇帝，萧渊明并分梁国，效臣妾于二虏，此王僧辩肝脑涂地以报宗社，而为中原留一线之日也。僧辩既遣裴之横御之于东关，亦已知敬帝已正位为君，而渊明为贼矣。乃之横败死，遽屈节而迎渊明以入，何其馁也！

夫高氏方与宇文争存亡之命，不能乘衅以窥梁，明矣。其以偏师奉渊明而入，直戏焉耳。邢子才雕虫之士，据长江而待其毙也有馀。顾乃震掉失守，废君奉贼，唯虏志之是殉，卒以此受大恶之诛，授首于陈霸先，为千古笑，则何如仗节临江，以与高洋争一旦之生死乎？无勇之夫，义不能固，而身名俱毁，不亦伤哉！

故未知义者，可使之知也，知有义而勇不足以决之，然后明君不能为之鼓厉，信友不能为之奖掖，陷于大恶以亡身。故曰：勇者天德也，与仁、智并峙而三也。

2.法先王者以道，法其法，有拂道者矣；法其名，并非其法矣。道者因天，法者因人，名者因物。道者生于心，法者生于事，名者生于言。言者，南北殊地，古今殊时，质文殊尚；各以其言言道、言法；道法苟同，言虽殊，其归一也。法先王而法其名，唯王莽、宇文泰为然。莽之愚，刘歆导之；泰之伪，苏绰导之。自以为周官，而周官矣，则将使天下后世讥周官之无当于道，而谓先王不足法者，非无辞也，名固道法之所不存者也。泰自以为周公，逆者丧心肆志之恒也；绰以泰为周公，谄不是梁武帝的子孙，以异族而混称宗室，假使他此举成功，则萧詧作为宇文氏的附庸，而萧渊明听命于高氏，二人中分梁国，纳命称臣于两个异族政权，这正是王僧辩肝脑涂地，忠心报国，从而为中原王朝留下一线生机，王僧辩派遣裴之横屯兵于东关进行防御，也已经知道敬帝萧方智已即位称帝，而萧渊明则成了叛逆。可是裴之横兵败被杀之后，王僧辩却很快屈节恭迎萧渊明入都，何其丧心失志！

北齐高氏正在和北周宇文氏争夺存亡之命，不能乘梁朝内乱之机阴谋暗算，这是显然的。北齐用偏师奉送萧渊明入侵梁国，简直就是戏弄于梁，其统帅邢子才是一个雕虫之士，占据长江待其自毙则绰绰有余。可是他却惊恐无措，而使城池失守，废除君主，奉立逆贼，唯北齐的意旨是从，最终因此而受大恶之诛，被陈霸先杀掉，成为千古笑谈，怎么比得上仗节临江，以与高洋争一旦之生命呢？无勇的匹夫，道义不能坚守，而导致身败名裂，怎不令人悲叹啊！

因此，不知道义的人，可以让他知道，知其有道义而勇气不足，然而圣明的君主不能为之鼓舞劝勉，真心的朋友不能为之奖励鞭策，最终使他陷于大逆大恶而亡身。所以说：勇；是天德，与仁、智并举而为三，是君子所必须具备的资质。

效法古圣先王。要合乎道，效法其法，就有可能不合乎道了；效法其名，就并非其法了。道，因天而变，法，因人而变，名，因物而变。道生于心，法生于事，名生于言。言，古今时代不同，质朴、文饰崇尚不一；各个时代、各个不同的人以其言来阐述道，阐述法，道和法如果相同，即使论述不一样，终究也是一致的。效法先王而效法其名，只有王莽、宇文泰是这样。王莽的愚昧，是由刘歆诱导的；宇文泰的虚伪，是由苏绰引导的。自以为其官制符合《周官》，就是《周官》了，从而将使天下后世批评《周官》无当于道。进而认为古圣先王不足效法，并不是无辞以对答，而是说名本来是道和法都不存在者丧心失志之恒也。李弼、赵贵、独孤信、于谨、侯莫、陈崇，何人斯而与天地四时同其化理，悲夫！先王之道，陵夷亦至此哉！

高洋之篡也，梁、陈之偷也，宇文氏乃得冠猴舞马于关中，而饰其膻秽以欺世。非然，则王莽之首，剸于渐台，泰其免乎？以道法先王而略其法，未足以治；以法法先王而无其道，适足以乱；以名法先王而并失其法，必足以亡。泰之不亡，时不能亡之也。至于隋，革泰之妄，因时以命官，垂千馀年，有损益而弗能改，循实之效可睹矣。《周礼》六官，有精意焉，知之者奚有于法，而况名乎？

3.权臣，国之蠹也，而非天下之害也，小则擅而大则篡，圣人岂不虑焉，而"五经"之文无防制权臣之道。胡氏传《春秋，始惴惴然制之如槛虎，宋人猜忌之习，卒以自弱，而授天下于异族。使孔子之意而然也，则为司寇摄相事之日，必以诛三桓为亟，而何恶乎陪臣执国命？何忧乎庶人之议也？故知胡氏之传《春秋》，宋人之私，非圣人之旨也。岳侯之死，其说先中于庸主之心矣。

自晋东渡以来，王敦始逆，桓温继之，代有权臣，而司马、刘、萧之宗社以移。其逆未成，而称兵构乱者，王恭、殷的。宇文泰自以为是周公，真是一个丧其心、肆其志的叛逆；苏绰以宇文泰为周公，真是一个丧心失志的谄媚者。李弼、赵贵、独孤信、于谨、侯莫、陈崇，哪一个能与天地四时同其化理，可悲啊！古圣先王之道，被陵夷破坏以至于此啊！

高洋的篡位，梁、陈二朝的苟且，宇文氏于是得以在关中沐猴而冠、横刀舞马，从而粉饰其膻腥污秽的本质，欺世盗名，不然的话，王莽的首级，被斩于渐台，宇文泰能逃避这样的下场吗？运用道义效法先王，却忽略其法度，不足以治世；以法来效法先王。却不合乎道义，恰恰会导致祸乱；以名来效法先王，却又失其法度，必定足以亡国。宇文泰没有亡国，是因为当时的时势不能使之灭亡。到了隋朝，革除了宇文泰的虚妄之制，根据时代需要而改革官制，任命官吏，沿袭千余年，只有损益补充而不能改变，从实际出发的效果是有目共睹的。《周礼》六官的设置，自有其精意，知道的人只效法其道，而效法其法什么呢？更何况效法其名了。

权臣，是国家的蛀虫，而不是天下的大害，其结局小则擅权乱政，大则窃国篡位，圣人难道能不忧虑吗？可是“五经”之中却没有防范和控制权臣的办法。胡安国为《春秋》作传，才惴惴不安地提出用槛圈老虎的办法进行钳制，宋朝人有猜忌的习气，终究自我削弱，而将天下葬送于异族之手。假如孔圣人意见也是如此的话，那么他当鲁司寇代行相权之日，必定会以诛杀三桓（季孙、孟孙、叔孙）为急务，而为何憎恶陪臣执掌朝政呢？为何担忧庶人的议论呢？因此而知道胡安国为《春秋》作传，是带着宋人的私意，并非孔圣人的本旨。岳飞的死，是因为这种观点已深入到昏君赵构的心中，从而引起了猜忌。

自从晋朝东渡建康（今南京市）以来，王敦首开叛乱之端，桓温继之而起，各代都有权臣，而司马、刘、萧的江山也不断转移。其仲堪、刘毅、沈攸之、萧颖胄，皆愤起以与京邑相竞。然而兵屡乱、国屡危，而百姓犹能相保，乱民无掠夺之恶，羸弱无流离之苦，则祸止于上，而下之生遂不惊也。非其世族与其大勋，不秉朝权；非秉朝权，不生觊觎；草野非无桀骜之雄，摺伏下风而固不敢骋也。至于侯景之乱，羊侃卒，韦粲死，柳仲礼无能而败，萧氏子孙分典州郡，相寻自贼，而梁无虎臣，于是而陈霸先以吴下寒族，岭表卑官，纠合粤峤之民，起救国难，王僧辩资之成功；于是而建业、荆江、北府、三吴之牧守，皆倒授其权于山溪峒壑之豪。国无世族尊贵居中控外之大臣，而崛起寒微如霸先者，駸駸为天子矣；其次则分州典郡，握符分阃，为重臣矣；然后权移于下，穷乡下邑之中，有魁磊枭雄之士，皆翘然自命曰：丈夫何所为而不可成哉？故周迪、留异、熊昙朗、陈宝应奋臂以兴；乃至十姓百家稍有心机膂力者，皆啸聚其闾井之人，弃农桑、操耰锄、以互相掠夺。于斯时也强者自投于锋刃，弱者坐受其刀鈇，而天下之乱极矣。弗待有建威销萌、卫社稷、安生民之大臣，如刘弘、陶侃、谢玄、檀道济、沈庆之之流也；即有王敦、桓温、刘裕、萧道成之权奸，执魁柄以临之，亦安至是哉？

以在下之义而言之，则寇贼之扰为小，而篡弑之逆为大；以在上之仁而言之，则一姓之兴亡，私也，而生民之生死，公谋逆不成，而称兵作乱的王恭、殷仲堪、刘毅、沈攸之、萧颖胄等都是愤然而起兵，与京中权臣相争斗。然而军队屡次叛乱，国家屡屡危急，老百姓却还可以相保其生命，强悍的乱民没有劫杀掳掠的罪恶，懦弱的小民也没有颠沛流离的苦难，这样祸乱只限于上层，而下层的民众不受其惊。不是世家大族和世袭勋爵，不能秉持国政；不把持朝政，就不会产生觊觎皇位的野心；草野之中并不是没有桀骜不驯的英雄豪杰，但折伏下风而自然无法驰骋了。到了侯景叛乱之时，羊侃死了，韦粲死了，柳仲礼无能抵御，而遭大败，萧氏宗室子孙分典州郡，不久就自相残杀，梁朝没有豪杰重臣即权臣，于是陈霸先得以一个吴下寒族、岭南小官的身份，纠合南粤山野的民众，起兵援救国难，王僧辩帮助他得以成功；而建业（今南京市）、荆江（今湖北湖南地区）、北府（今江苏扬州）、三吴（今江浙一带）地区的州牧、郡守都倒授其权于山溪峒壑的豪强。国家没有世家大族、地位尊贵、居于京都而控制外地的大臣，而出身寒微、逐渐崛起的陈霸先，居然专权谋篡而成为天子；其次则分典州郡，握有兵权，成为重臣；从此权利转移到了社会下层，穷乡小邑之中，也有了枭雄之士，也都翘然自命：大丈夫有什么不能成就呢？所以象周迪、留异、熊昙朗、陈宝应之流都振臂而兴起；甚至于十姓百家之中稍有些心机和膂力的人，都纠集其乡的民众，放弃农桑本业，操起农具刀枪相互劫掠。当时，强悍的人自投于刀剑之下，弱的人则坐受刀斧之灾，天下祸乱达到了极点。不要说有象刘弘、陶侃、谢玄、檀道济、沈庆之那样的建功立威、消除乱源、捍卫国家、安定民生的大臣，即便是有象王敦、桓温、刘裕、萧道成那样的权奸之人，手握权柄，雄视天下，怎么能使天下混乱到这种境地呢？

以在下之道义而言，则寇贼的扰乱事小，而篡位弑君的叛逆罪大；而以在上的仁爱而言，则一姓一朝的兴亡，只是私事，而人民的也。故明王之涖臣民也，定尊卑之秩，敦忠礼之教，不失君臣之义，而未尝斤斤然畏专擅以削将相之权。子孙贤，何畏于彼哉？其不肖也，则宁丧天下于庙堂，而不忍使无知赤子窥窃弄兵以相吞啮也。鲁之末造，三桓之子孙既弱，阳虎、公山不狃狂兴，而鲁国多盗，孔子伤之矣！徒以抑强臣为《春秋》之大法乎？故以知胡氏之说，宋人之陋习也。

生死存亡，才是天下的公事。所以圣明的君主莅临天下，治理万民，确实尊卑的秩序，敦厚忠孝礼让的教化，不失君臣之义，而不曾斤斤计较，担心大臣专权，而消夺将相的职权。子孙贤明，还用担心权臣怎样呢？子孙不肖，则宁肯丧失天下，也不忍心使愚昧无知的赤子小民觊觎皇位，兴兵攻伐，相互残杀。鲁国末年，权臣三桓的子孙势力转衰，阳虎、公山不狃狂悖而兴，国内盗贼蜂起，孔子感到很忧伤。怎么能仅仅把抑制强臣专权作为《春秋》之大法呢？由此而知胡安国的说法乃是由于宋人的陋习所造成的。

卷十八

陈高祖

1.自曹魏以迄于宋，皆名为禅而篡者也。盖尝论之，本以征诛取天下，狃于习而假迹于篡者，唐高祖也，其名逆，其情未诈，君子恶其名而已。以雄桀之才起而图功，其图功也，以觊得天下为心，功既立而遂攘之，曹魏、刘宋也，而刘宋之功伟于曹魏矣。受推诚托孤之命，遂启逆心，非不立功，而功不在天下，以威福动人而因窃者，司马氏也。无固获之心，天下乱而无纪，一旦起而攘之者，宋太祖也。无功于天下，天下已乱，见为可夺而夺之者，梁武帝也。既无功矣，蓄奸谋以从人于弑逆，因而夺之者，萧齐也。本贼也，而名为禅者，朱梁也。

若夫陈氏之篡梁，功劣于曹、刘，而抑有功焉。天下之乱已极，可攘而攘之，亦无固获之心，如是，则不足以颉颃于刘宋，而优于赵宋，有讨平侯景之义；愈于曹、马者，无素蓄之奸；贤于梁武者，无犯顺之兵也。是故其为君也虽微，而其罪亦轻矣。却渊明而复辟于敬帝，非果念武帝之子孙而固立之，然当其时，江左之不能自立甚矣，萧詧称藩于宇文，以杀叔父而保一隅，以号为君，渊明称藩于高氏，以蔑君之遗孙，而拥虚号以为君，皆非君也。宇文，高氏守藩之臣也，使渊明得立，自曹魏一直到刘宋，君主退位美其名曰禅让，实际上都是被他人篡夺。大概前面已经说过，依靠征伐取得天下，而又习惯于假托名义篡夺权位者，是唐高祖李渊。他当君王，名义不正，而实际上没有伪诈的行为，所以君子们只是厌恶他假托的名义而已。靠着雄杰的才气起兵图功，其图功的目的是要想得到统治天下的权力，那么功已立就就夺得了皇帝的位置，曹魏、刘宋的建立就是这类情况，不过刘宋的功大于曹魏。接受赤诚托命的重任，而起生叛逆之心，只是为自身立功，没有为天下人立功，利用威福手段去打动人心，而乘机窃夺权位者，就是晋朝的建立者司马氏。本来没有获取权位的野心，而乘天下之乱，没有法纪的时候，突然起来夺取权位者，是宋太祖赵匡胤。无功于天下，却乘天下离乱之机，看到可以夺取权位就夺取权位者，是梁武帝萧衍。没有什么功绩可言，内藏阴谋，随从别人从事叛逆杀君活动，而乘机夺取权位者，是南齐高帝萧道成。本为奸贼，而名义上是通过禅让得君位者，是朱梁。

陈氏霸先篡夺梁的权位，他的功绩不如曹操和刘裕，但也有功可表。当时天下已极其混乱，陈氏觉得根据形势可以夺得天下，就夺取了天下，而他本来也没有夺取天下之心。若是这样，就不能够把陈与刘宋等同起来，却也不能说陈好于赵宋，他有平定侯景之乱的正义之功。陈氏之所以好于曹氏、司马氏的地方，就在于他最初没有奸邪之心。他好于梁武帝的地方，是没有举兵反叛。所以陈氏作为君王，虽然不是突出人物，但罪行也较轻。梁末渊明之所以让梁敬帝复辟，并不是真的为梁武帝的子孙考虑，保持他们的帝位，而是因为在当时的形势下，在江南地区不可能自立为帝。萧詧宣布自己转为北则举江东以属服于高洋，尤惨也。陈高非忠于萧氏，而保中国之遗民，延数十年以待隋之一统，则功亦伟矣哉！

夫陈高始起岭表之日，逮乎入讨侯景之初，固知其未有妄干天位之志也，萧氏子孙自相戕贼，天下莫适为主，而后思攘之，其罪既轻，虽无赫赫之功，而功亦不可泯，视隋之居中狐媚以夺宇文氏者远矣。若夫君子之有恕于隋者，则以中国代夷狄，得之不以其道，而终不可名为篡也。此陈、隋之后，天下所以定也。惜乎唐之不正名为诛弑父虐民之独夫，而托之乎禅，以自居乎篡也。

2.君子之善善也，豪毛必取，唯其豪毛之果善也。若夫赫然著一善之名而实无，非恶役于其名而取之，则受罔于非其道，为愚而已矣。

陈氏篡梁，王琳起兵至湓城以伐陈，赫然讨贼之义举也。自君子论之，子之篡燕，齐宣王兴师伐之，而孟子曰："以燕伐燕。"若琳者，岂但以陈伐陈哉？琳起兵以救元帝于江陵，正也。萧詧导宇文氏以戕元帝，而毁其宗社，詧者，琳之仇雠也；而詧不能独成其恶，元帝死于宇文氏之刃，则宇文氏尤琳之不共戴天者也。侯平不受琳之指麾，琳遂奉表于高周宇文氏的属地后，杀掉他的叔父，占据一隅之地，自号为君。渊明宣布自己转为北齐高氏的属地后，轻蔑梁萧氏的遗孙，以虚号自立为君。实则萧詧、渊明都不是真正的君主，他们只是宇文氏、高氏的地方守臣而已。假使渊明能成为真正的君王，那么他就会把整个江南之地让给北齐文宣帝高洋，这样情况就更惨了。陈高并不是忠于萧氏，但他能保持中原王朝的遗民气节，经过数十年之久，一直等到了隋朝统一，那么他的功绩也很大啊！

从陈高起兵于岭表之日开始，到他讨伐侯景之乱的当初，明确知道他没有妄自夺取君位的用心。萧氏子孙之间自相残杀，天下人已不知道还有君王的存在，在这种情况下，陈高才考虑夺权的事，他的罪是轻的。他虽然没有赫赫大功，但他的功劳也是不可泯灭的，比隋朝靠取媚夺得北周宇文氏君位的情况，要强得多了。君子们之所以对隋持宽恕态度，则是因为隋以中原王朝代替了夷狄王朝，因而即使隋得君位不是通过正当渠道，也最终不能说是篡夺。这也是南陈、隋朝之后，天下能够保持稳定的原因。可惜唐高祖为帝并不是以诛杀弑父虐民的独夫为名义，他假托禅让，实则是自取篡夺之名。

君子之人喜欢好的东西，即使是毫毛一点也要取来，只要这毫毛一点是真正好的东西。如果只有显赫的善名而无实迹，那么不是受名的役使而取之，就是受了不道德的欺骗，这都是愚昧的做法而已。

陈氏篡夺梁的权位后，王琳起兵来到湓城，以攻打陈氏，可以说是赫然讨贼的仁义之举。从君子角度来说，子之篡夺燕的权力，齐宣王就兴兵讨伐他，然而孟子却说：“这是以燕伐燕。”象王琳起兵仅仅是以陈伐陈吗？王琳起兵营救困于江陵（今属湘北）的梁元帝，可谓是正义之举。萧詧劝导宇文氏杀梁元帝，毁灭他的宗社，萧詧，乃是王琳的仇敌。然而萧詧不能实现他的丑恶阴谋，梁元帝最后死洋，去华即夷，恶已大矣，犹曰高氏非吾雠也；以妻子陷入于关中，复奉表称臣而西向，身为盟主，二三其德，荏苒妻子之私爱，北面稽颡于杀吾君、亡吾国之索虏鲜卑；斯人也，陈主所鼍虿视之，不以为人类者也，而何能奉词以讨陈邪？萧詧，琳之雠也，敬帝非琳之雠也，元帝死亡，敬帝以武帝之孙元帝之幼子立于建业，琳既两奉表于二虏，复称臣于敬帝，以縻系于梁，梁征之为司空而不至，何为者也？使琳果有匡复之心，则身既为上流之盟主，应司空之召，人奉敬帝，折陈氏之邪心，夫岂不能？既怀贰心，亲高齐而忘故国，及陈之篡，乃窃讨贼之名，以与陈氏争，倚高氏之援，求萧庄以借为主，一人之身，倏彼倏此，廉耻荡然，而尚可许为讨贼之师乎？幸与陈氏胜矣，陈而败也，高洋乘乱而取江东，琳不能禁，固琳之所不恤也。假令萧庄得入建业而君梁，琳因起而夺之，势所必然，抑琳志之固然者也。无恒之小人，旦夕莫测，而许之以讨贼之义乎？即后事而观之，陈遣谢哲往说，而琳又还湘州，陈高祖殂，复背约而奉萧庄屯溢城以称帝，大败于侯瑱，而奔齐之志决矣，此琳始终变诈之情形也。故曰非但以陈伐陈也。

呜呼！人至于无恒而极矣，无恒者，于善无恒也，于恶亦于宇文氏的屠刀之下，那么说，宇文氏也是王琳不共戴天的敌人。侯平不接受王琳的指挥，于是王琳就奉表求救于北周的高洋，背离中原王朝，而去投靠夷狄，他的罪已很大了，但还说高氏不是他的仇敌。后来因他的妻儿被俘于关中地区，又奉表称臣而投靠两边。他身为盟主，德行变化无常，顾惜妻儿的私爱，面转北向，向杀我国君、亡我国家的鲜卑叩头。这样的人，陈氏君主就把他当作蜂虫一样看待，把他排除出人类之列，还怎么能够自我标榜去讨伐陈氏呢？萧詧是王琳的仇敌，梁敬帝则不是王琳的仇敌。梁元帝死亡后，敬帝把武帝的孙子元帝的幼子在建业（今江苏南京）立为帝，而王琳却两次奉表北边的二虏，同时又向敬帝称臣，以维系与梁的关系，梁征用他为司空官，他都辞不就职，为什么呢？如果王琳真的有匡复梁氏之心，那么自身作为上流地区的盟主，就应该同意司空之召，到朝廷中供奉敬帝，以打击陈氏的邪心，难道不能这样做吗？他已身怀贰心，亲近高齐而忘掉了自己的故国，到陈氏篡权的时候，又窃取了讨贼之名，以便与陈氏争夺天下。又依靠高氏之援，求萧庄借助他的君位。他一人之身，一会儿彼，一会儿此，廉耻之心荡然无余，还可以称得上讨贼之师吗？万幸的是陈氏取胜了，如果陈氏失败，高洋乘混乱之机攻取江南之地，王琳是不能制止的，这本来也不是他所顾惜的。假如萧庄能够进驻建业，而成为梁的君主，那么，王琳起而夺取他的权位，这是必然的趋势，也是王琳内心本来的打算。变化无常的小人，什么时候都不可预测，能称许他是正义的讨贼吗？从后来的事情发展来看，陈遣谢哲前往说和，而王琳又返回湘州。陈高祖死后，又违背约定供奉萧庄屯据湓城称帝，大败于侯瑱，之后他投奔北齐的决心已经下定了。这就是王琳前后欺诈变化的情形。所以说，他的举兵，不仅仅是以陈伐陈。

唉！人的心变化无常达到了顶点。变化无常，在善的方面是这无恒也；于恶无恒，而有时乎善，其果善与，犹不可据也，况乎其徒以名邪？为君也忠而死，为父也孝而死，非为君父而忠孝也，吾臣吾子不忍自废者也，岂忍以忠臣孝子为可猎取之浮名乎？失身于异类，则已无身矣，无身而君谁之君，父谁之父，遑及忠孝哉！且若琳者，则又失身于异类而亦无据也，倏而禽，倏而人，妖魅而已矣。今有妖魅于此，衣冠粉泽，而遂乐推之以为人，非至愚者不然。然则假琳以梁臣之名，而嘉予其伐陈之义，又何以异于是？人之别于禽兽，恒而已矣。君子之观人，洁其初终以定其贞邪，持论之恒也；乍然见其袭义之虚声而矜异之，待其恶已败露而又贬之，亦持论之无恒者也；无恒则其违琳也不远矣。善善而无一定之衡，可不鉴与！

3.被征不屈，名为征士，名均也，而实有辨。守君臣之义，远篡逆之党，非无当世之心，而洁已以自靖者，管宁陶潜是也。矫厉亢爽，耻为物下，道非可隐，而自旌其志，严光、周党是也。闲适自安，萧清自喜，知不足以经世，而怡然委顺，林逋、魏野之类是也。处有馀之地，可以优游，全身保名而得其所便，则韦敻、种放是也。考其行，论其世，察其志，辨其方，则其高下可得而睹矣。

样，在恶的方面也是这样。在恶的方面变化无常，有时也有善行，那么是真的有善良之心吗，仍不敢肯定，更何况他只图善名呢？为君，尽忠而死。为父，尽孝而死。不为君为父而讲忠孝，即使我们的臣子也不忍心让他们自己报废自己，难道能够容忍让忠臣孝子作为可猎取的虚浮名义吗？把自己献身给边夷种类，那么自身已经不复存在，失去了自身，又去以哪一个国君为国君，以谁的父亲为父亲，还能谈得上忠与孝吗！就象王琳一样，献身于边夷种类，也失去了自身，他一会儿是禽，一会儿是人，是妖魔神怪罢了。今有妖魔鬼怪在此，身有衣冠，身涂脂粉，于是都乐以承认他是人，不是特别愚昧的人则不会这样认为。那么，假借给王琳南梁大臣的名义，又嘉奖给他伐陈的仁义之名，这又与前面说的有什么不同呢？人有别于禽兽的地方，就在于有固定不变的良心。君子们观察人的方法，是根据这个人的前后表现，来判定他是贞节还是邪恶，这样对人下的结论才是永远正确的。另一种情况是刚一看这个人，有仁义的名声，就大力夸奖他，而等到他的丑恶败露后却又贬抑他，这也是对人的结论多变无常的表现。喜欢好的东西，却没有一致的衡量标准，不应该以此为鉴吗！

受上面征召而不屈身前去就任，这类人称为征士，尽管征士的名称都一样，但其中仍有所区别。恪守君臣之义，远离篡逆之人，不是没有考虑当世之心，而是要洁身自爱，过平静生活，管宁、陶潜则是这类人。志向远大，耻为人下，不隐瞒自己的思想，并自己去实现自己的愿望，严光、周党就是这类人。自己过安宁、舒适的生活，以清静自喜，知道自己不足以为当世之用，就怡然安分，林逋、魏野之类的人就是这样。给自己留条后路，以便于自己选择，在保全性命、保全名誉的前提下，随其所便，韦夐、种放就是这类人。对这些人如果考察他们的行迹，了解他们的处世，探究他们的心愿，明确他们的异同，就可明显看得出他们之间的高下差别。

复者，孝宽之兄，放者，世衡、师道之族也，故二子者尤相肖。其家，赫然著显名、居厚实于天下，而已得以高卧，邀人主之尊奖，则亦何求于一命之荣哉？二子者尤相肖也，此为逍遥公、豹林处士而已矣。

文帝

1.文帝既以从子继高祖而立，宇文氏遣高祖之子昌归陈，文帝与侯安都毙之于江，帝之贪位安忍，其恶无所逃矣。所可重伤者，昌之愚而为狡夷投之死地以乱陈也。

昌在关中，高祖屡请之，而宇文氏不遣，持重质以胁陈。高祖殂，乃亟遣之归，知其兄弟必争，则已乘之以收其利。萧纪争而得巴蜀，萧詧争而得江陵，其术两雠，复以试之建业，其情晓然易见，而何昌之不觉也！侯安都之戕贼行而昌死于道，丧一夫公子耳；宇文氏无一族之援，一使之逆，于己无损也。昌不死，而陈有奉之者，则必求援于己，卷土而奉藩，昌不能违，不复有陈矣。昌何利于此，而徒为宇文氏伥乎？昌不听而终老于关中，虽居异域，自以梁亡被虏，非投身幽谷如刘昶、萧宝寅之迷也。仲雍断发文身以全孝友而大周祚，则委贽于宇文氏，其又何伤？晋文公谢秦伯得国于斯之命，岂忘君晋哉？秦奉已以入，而已制于秦，惠公之所以见获于韩原，文公不屑为也。父死之谓何，而忍利其国，秦人之谋折矣，故晋以宁，而文公终以霸。天命在已，恶知其不为晋文，其不然也，以韦敻，是韦孝宽的哥哥。种放，是种世衡、种师道的同族人。所以，这二人的情况很相似。他们的家族，赫然有名，在天下是荣华富贵的，他们自己也是高枕无忧，受到人主的宠奖，那么在这样的环境下，他们又何必要去追求一个人的荣华呢？他们二人的情况特别相似，这里就如同逍遥公、豹林处士一样。

陈文帝让其侄子继承高祖陈霸先的君位后，北周的宇文氏始把高祖的儿子陈昌遣返陈朝，文帝与侯安都合谋把陈昌淹死于长江之中，文帝贪恋君位，不惜残忍，他的罪恶是不能逃脱的。最值得伤心的事，是陈昌愚昧无知，被狡猾的边夷投置于死地，扰乱陈朝的政局。

陈昌在关中的时候，高祖曾多次向宇文氏请求遣还，但宇文氏拒绝遣还，把陈昌这样的重要人物押为人质，以胁制陈朝。高祖死后，之所以马上遣还陈昌，是因为拓拔氏知道他们兄弟之间必定为皇位而争夺，那么他自己，则可以从中渔利。过去萧纪争夺皇位曾得到了巴蜀之地，萧詧争夺皇位也得到了江陵之地，他们都取得了成功，后来二者为争夺皇位发生矛盾，就又在争夺对建业（今江苏南京）统治问题上比高低，他们的目的显而易见，为何陈昌就无所觉察！侯安都实施暗杀，使陈昌死于半道之中，这不过是丧失一亡命公子而已。而对此，宇文氏却未出一兵之援，未出一人之助，对他自己没有任何损失。如果陈昌不死，陈朝中又有拥护支持他为国君的势力，那么一定要有求援于宇文氏的，这样宇文氏如果要把整个江南地区变成为他的附属地，陈昌也不敢违抗，陈朝也就不复存在了。陈昌能从中得到何利，而非要去为宇文氏作伥不行？如若陈昌不服从宇文氏遣归南朝的安排，最后老死于关中，那么即使居处于外夷地区，也可认为是南梁灭亡后被北边俘虏，也不至于把自身投入幽谷之中，就象刘昶、亡公子优游于南山、渭水之间，可以全身而不贻祸于宗国，又何怨乎？

或曰："此仁者之事，非昌之所及也。"道二：仁与不仁而已矣，出乎仁则入乎不仁；危其国，亡其身，不仁不可与言，而为人所颠倒，一间而已。身死则为陈昌，国危则为萧詧，昌不仁而文帝、安都以不仁应之，昌先之矣。

2.国破君危，志士奋兴以图匡复，此决起一朝，无暇豫计其始终者也，豫计则不果矣。虽然，亦有不容不豫计者。乱一起而不知所届，事会之变，未可测矣，所可豫计者，己有其初心，道有其大常也。或死乎？或弗死乎？死有所为死，生有所为生，变虽生于始谋之外，而心自依乎其初，此之谓豫计。志不定，义不明，以义始，以乱终，利害乱其中，从违失其则，则萧宝寅步入迷途一样。过去仲雍曾不惜削发纹身的代价，以保全自己的孝友之义，使大周统治得以延续，那么陈昌如果一直委质于宇文氏，又会有何伤害呢？晋文公当时辞谢秦伯请他返国主政，难道是他忘记了要作晋君吗？受秦国扶植，就会受制于秦国，就像后来晋惠公在韩原（今陕西韩城西南）被秦国俘虏那样的情况，他不屑于这样做。父亲死去了，怎么忍心让秦国得利，因而秦国的阴谋被打破，晋国也得以安宁，晋文公又最终作了霸主。人命在天，陈昌怎么就知道自己以后不会成为象晋文公一样的人物。即使不能成为晋文公，那么以流亡公子的身份委心自得于南山、渭水之间，也可以保全自己的性命，并不给陈国留下后患，这又有什么怨恨可言呢？

有的人会说：“这是恪守仁义的人做的事，不是陈昌所能做到的。”这里的道路有两条，就是仁义与不仁义。如果自己置身于仁义的环境当中，自己也就会做出仁义的行为。如果抛弃了仁义，就必定会走上不仁义的道路。宇文氏危害他的国家，灭亡他的性命，作出这样不仁义的事，那么对宇文氏也没有什么仁义可言。以上的看法是颠倒了仁义与不仁义的标准，实际二者就是那么一点的区别。陈昌的行为导致了自身的灭亡，萧詧的行为导致了国家的危亡。陈昌不仁义，文帝、侯安都就以不仁义来对付他，这是因为陈昌先有不仁义的行为。

国家衰败，君王面临危亡，在这样的形势下，仁人志士奋起救国，匡复君王。这类决策是一朝所定，并没有时间对前前后后进行预先考虑，如果预先计划，就会与实际不相符，不能成功。尽管这样说，也有不得不进行预先考虑的。变乱一起，就不知道要发展到何种地步，形势的变化，不可预测。能够预先考虑的，自己必须有即早的打算，有基本的指导思想。是为此而死呢？是不为此而死呢？死有死的打算，不死有不死的打算。这样即使形势变化超出意料之外，自为王琳而已矣。

孙玚之始，与琳俱起，本以萧詧引宇文攻元帝于江陵，急于入援，以拯元帝之危，而存梁之宗社；不及而江陵陷，元帝死，事虽不克，而为吾大雠者，宇文氏也。陈氏攀敬帝以之而又篡之，则其意计不及，忽然之变也，于是而琳志乱矣。外既逼而内复溃，琳乃首施两端，偏奉表于二夷，观望以拒陈，遂受高齐骠骑之命，终为异类矣。而玚异是，宇文氏授玚以刺史，玚誓死以拒，守孤城而不降，使城陷而死焉，玚得死所矣。乃陈兵至，周围解，兵力已疲，民情已释，旁徨四顾，故国已亡，而无可托足，乃集将佐而告之曰：吾与王公同奖梁室，勤亦至矣，时事如此，岂非天乎！”乃举州以降陈。非降也，不降而无所归也。救江陵拒宇文者，玚之初心也；陈之篡，梁之亡，非瑒始计所及也。玚非敬帝之臣，陈高有篡弑之逆，而敌怨不在后嗣，文帝非躬篡之主，不辱其身于加刃吾君之狡夷，玚可以无死，而又为谁死邪？若此者，玚不能豫计于先，而抗宇文以全郢城，则其素所立之志，终始初无异致，玚何病哉？

己的基本思想也不会因此而改变，这样也可以说是有了预先考虑。如果思想不定，义节不明，以义节开始，以意乱告终，受利害关系的影响，或从或违没有一致的标准，那么也就成了王琳之类的人。

孙玚当初与王琳一同起兵，本是因为萧詧勾引宇文氏的兵攻打梁元帝所在的江陵（今属湘北），急着要前往救援，拯救危难之中的元帝，确保梁朝的统治。但孙玚兵还未赶到，江陵已经陷落，元帝死去。这次行动虽然没有成功，但却可以明白，宇文氏是自己的大敌。那么陈氏攀援梁敬帝自立于朝中，又篡夺了他的权位，这是始料不及了，是突如其来的变化，因而在这种形势下，王琳才变得心神无主。在这外有兵逼、内又崩溃的情况下，王琳犹豫不定，并多次奉表北边的两个民族王朝，请求援助，观望形势的变化，以抗拒陈的力量，还接受高齐掌军的任命，他所依靠的最终还是边夷之人。然而，与他一同起兵的孙玚则不同，他誓死拒任宇文氏授给他的刺史官位，镇守孤城，坚决不投降。那么假使孤城陷落而死，孙玚也死得其所。之后陈氏兵赶到，解除了北周的围兵，此时孙玚则感到自己的兵力已经疲备，民众恐惧的情绪已经安定下来了，彷徨间四下观望，看到昔日的国家已不复存在，而自己也没有立足之地，于是就召集所有将吏宣告说："我与王琳一同起兵匡扶梁室，心已经尽到了，然而局势如此恶变，莫非这是上天的安排！"于是，就率同全州投降陈朝。这不是他要投降，而是因为不投降就无路可走。援救江陵，抵抗宇文氏的军队，这是孙玚最初的打算。陈氏篡权，梁朝灭亡，也并非是孙玚始料所及的。孙玚不是梁敬帝的大臣，陈高祖有篡权杀君之罪，但是仇怨不应算在他的子孙身上。文帝也不是亲自参与篡权谋立的君主，不辱身于杀害我君的夷人，那么孙玚完全可以不死，却又为谁去死呢？这类事情，孙玚并不能预先考虑到。然而，抵抗宇文氏的军队，保全郢城（江陵附近），则是他当初的打算，而且始终没有变化，对孙玚还无他，王琳虽名为义，而图功徼幸之心胜，则遇变而不知所择；玚义在心，而不仅以名，事虽不济，而义终不坠也。决死一旦，而挟功利以为心，物必败之，亦恶知变之所生而早计之哉？

3.《诗》云："大风有隧，贪人败类。"类之已败，则虽非贪人，相习于乱，大风之隧，当其隧者，无不靡也。贪人之所吹指成乎风，而类无不败，且不自知其为大恶，捐名义以成乎乱贼，而后人道绝矣。

华歆、贾充、刘穆之、谢晦、沈约、褚渊、崔季、舒胥，贪人也，扶人为乱贼，居篡弑之功，而身受佐命之赏，弗足责也。王晞曰："非不好作要官，但思之烂熟耳。"高演报其翼戴之功，使为侍郎，苦辞不受，知贪人之不保令终，而静退以全身，非华歆辈之匹也。乃首倡逆谋，力为赞画，夜入帷幕，忘生蹈险，以夺高殷而弑之。晞不自为荣膴也，徒焦肺困心不恤族诛之祸，唯恐演之不成乎篡，何为者邪？功成而不受赏，安下位以终身，使移此心以尽诚于君父，而奖掖人于忠孝之途，则于诸葛公桑株八百、薄田十顷之节，又奚让焉？然而晞憯不畏疢，以为乱贼之腹心者，何也？篡夺之风，已成乎隧，当其隧者靡焉，习以为安，而不知其动摇之失据也。

有什么可指责的呢?

之所以出现这两种情况，并没有其他原因。王琳虽表面上仁义，但由于图功得幸之心压倒一切，遇到形势变化就不知所措。孙玚是实有仁义之心，不仅仅是表面的仁义。事情尽管没有成功，但仁义始终没有丧失。决计献身，是一瞬间的事。如若以功利为心，事情必败。怎么能够知道形势中的突然变化而进行预先考虑呢?

《诗经》中说："大风迅猛的吹，贪婪小人危害同类。"如果同类的人已经败坏，那么即使其中不贪妄的人，也会相习为乱。大风通过隧道，在隧道口站的人，没有不倒下的。如果受贪妄之人的影响而形成了坏的风气，那么同类的人就没有不败坏的。其中有的自己还不知道自己做了大恶的事，抛弃名义，成为乱贼。这样以来，做人的道德就会灭绝。

华歆、贾充、刘穆之、谢晦、沈约、褚渊、崔季、舒胥，这些都是贪妄之人。他们扶植作乱的人，自己窃取篡权杀君之功，因而他们因辅佐君王而得到奖赏，也不足责怪。王晞曾说："我们不是不喜欢任高官要职，只是整天夜思梦想而已。"北齐(孝昭帝)高演为回报王晞的辅佐拥戴之功，曾任命他为侍郎，但他却坚决推辞，因为他知道贪人是不能保证可得善终的，所以最后还是平静地退下，以保全自己的性命，他和华歆之流是不同的。高演后来就首倡叛逆之谋，并为此大加标榜，乘夜色进入宫中，冒着生命危险，夺取了北齐废帝高殷的君位，并杀掉了他。王晞不去为自己追求荣华，而焦心积虑，不顾惜灭族之祸，唯恐高演不能篡夺权位，为何要这样做呢?功成了以后，自己又得不到奖赏，只有安居下位，以度过一生。假使他能用这样的心去对君父尽忠尽诚，勉励扶持别人也尽忠尽孝，那么，他与诸葛公桑株八百、薄田十顷的气节相比，又有什么逊色呢?然而，王晞并不因此而感到害怕和内疚，甘愿充当乱贼的心腹之人，这是为什么民彝泯矣！天理绝矣！百年之内，江东、河北视弑君父如猎麏鹿，篡国如掇蜩蝉，无有名此为贼而惊心动魄者。晞固曰：吾为其所应为，而不受佐命之赏，则道在是矣。悲哉！华歆辈之败人类，而人类无能更存也！上不引千秋之公义以自择所趋，习染时风以为固然，从后而观之，恶岂有瘳？而一曲之操，其能揜不赦之辜哉！

4.以乱人为可畏者，懦夫也；以乱人为不可畏者，妄人也。庄周氏自谓工于处乱人矣，一以为猛虎，一以为婴儿，一以为羿之彀中而不可避也，一以为大浸稽天而可不溺也。懦夫闻之，益丧其守；妄人闻之，益罹于凶；则唯失己，而谓轻重之在物也。

虞寄侨处闽海，陈宝应连周迪、留异以作乱，寄著居士服，屏居东山寺，危言不屈，宝应纵火焚寺以胁之，威亦炽矣，而寄愈危，责宝应也愈厉。如寄者，岂不戒心于乱人之锋刃，而任气以行邪？乃终岳立千仞而不以宝应之凶悖为疑，非妄以轻生、狎暴人而姑试也，求诸己者正而已矣。浸令不然，心非之，抑诡随之；私议之，而面讳之；亟于求去，而多方以避之；放言毁度，佯狂闵默以顺之；皆庄周所谓缘督之经也。而早为乱人之所测，祇以自辱而无补于祸难。妄之兴，懦之变呢？因为篡权夺位之风盛行，已经成了隧道之风，那么在隧道口的人都被吹倒，他们也习以为安，不知道自己的行动已失去了控制。

做人的常道泯灭了，天理灭绝了，在这百年之内，南朝、北朝的人们把杀君杀父当作猎杀群鹿一样看待，把窃取一个国家当作捉蝉一作轻松，没有谁把这些人看作是贼而感到惊心动魄的。王晞固然说：我做我应该做的事，不接受因辅佐之功而得到的奖赏，这就是我作人的正道。可悲啊！华歆之流败坏同类的人们，使后来的人丧失了做人的资格。士大夫们不发扬千秋以来的公义作风，恰当选择自己的道路，而是受败坏时风的影响，顽固坚持自己的态度，如果从以后的角度来看，这种恶病难道有治愈的时候吗？凭着一点点微小的节操，能掩盖住不赦的大恶吗？

认为为乱的人可畏，是懦夫。认为为乱之人不可畏，是狂妄之人。庄周自称自己对待为乱人有各种适当的方法，其中有：视为猛虎，视为婴儿，视为后羿弓箭的目标而不可躲避的人，还有视为洪水涛天而淹不死的人。那么，懦夫知此，就会更加丧志。狂妄人知此，就会更多遭受凶险。这样，只有忘却自我的人，才能把轻重利害全部推托在身外的事物上。

虞寄曾侨居于闽南沿海一带，陈宝应以及周迪、留异作乱以后，他穿着居士服，隐居于东山寺，正言斥责而不屈从，陈宝应又焚烧了东山寺，以此来威胁他，这也够可怕的了，但虞寄处境越危险，他对陈宝应的责骂也越厉害。象虞寄这样的人，难道就不对乱人的屠刀存戒心，而非要凭意气用事不行吗？他始终能像山岳一样，千仞而立，不为陈宝应的凶险所动摇，不妄自轻生，不屈服于暴人的压力，这样做的目的，就是要求得自己的意气之正。假若不这样做，就得心里反对陈宝应，表面上却要服从他。或者两者进行私下交涉，而正面则回避他。或者急于离去，想方设法躲避他。或者放出言论，转变自也。夫君子正己而已矣，可为者奚惴而不为？可言者奚惮而不言？乱人虽逆，凋丧之天良未尽绝于梦寐，天可恃也；即不可恃，而死生有命，何所用吾术哉？是以知虞寄之可为君子矣。

欧阳纥反于广州，流寓人士，惶骇失措，而萧引恬然曰："管幼安、袁曜卿亦安坐耳，直己以行义，何忧惧乎？"寄近宝应而危，引远纥而安，寄直己之道行，引直己之志定，其归一也。反是，则韦思祖以畏葸为赫莲勃勃所恶而死，赵崇以轻薄为朱温所怒而死，崇呼橐驼为山驴王以诮温。刚柔无据而可，惟其处己者未正也。

5儒为君子者也，君子不可欺者也。儒而受欺于人，则不惟无补于世教，而其自立也，亦与欺为徒。因以欺人而自欺也。甚矣！养老之典，儒者重言之，不审于何以养也；则宇文邕胡孙而优俳，遂谓其可登箫韶之缀兆也！

汉儒饰文而迷其本，于是桓荣、李躬受割牲躬馈之荣施。今且未知明帝之果可以养老，而荣、躬之果可为老更否邪？虽然，当东汉之初，天下可无捐瘠离散之苦，而荣与躬非从弑父与君之臣，犹可尸此而无大渐也。宇文氏日糜烂其民以与高己的隐士气节，表面上假装沉默，顺从于他。这些都是庄周所谓“缘督”的方法。然而，他早已为谋乱之人所注意到，如果仅仅满足于自己感到耻辱的态度，对患难的发生是没有什么补救的。狂妄人兴起以后，懦夫的性格就会改变。君子之人只是要行己之正，可做的事，有什么担心而不去做？可说的话，有什么害怕而不敢说？乱人尽管作恶，但丧失的天良在梦醒时分还没有完全丧尽，另还有天良可以依恃。如若天良也不可依恃，那么人的生死有命，何必要去采用的权术呢？由此便知道，虞寄可以成为君子之人。

欧阳纥在广州（今属广东）反叛之后，流居的人士都惶恐失措，萧引却怡然自得地说：“还有管宁、袁涣两人仍安然居坐，只要自己正直，行仁义，还有什么可担心的呢？”虞寄临近陈宝应危急，萧引欧阳纥安闲，虞寄正己行道，萧引志定有守。最终说来，这两人的态度都是一样的。与这种态度明显相反的，则有韦思祖，他因害怕胆怯，为赫连勃勃所憎恶而死。还有赵崇，他因轻薄，为朱温所愤恨而死。（赵崇把骆驼称为山驴王，来谴责朱温。）他们选择刚柔的态度没有一致标准，这还可以原谅。只是他们不能端正自己，这一点是不可原谅的。

儒士是君子，君子们是不能够欺骗的。如若儒士受人欺骗，不仅无补于世教，而且他自身也逐渐和欺骗者一样，欺骗别人，又自己欺骗自己。很厉害啊！儒士们重视宣扬养老的伦理，但不去探究养老的具体方法。宇文邕作为边夷民族的子孙，所编排的不过滑稽杂耍，于是就认为在演奏庙堂之音。

汉代儒士注重粉饰文辞，而迷乱了根本的东西，于是桓荣、李躬以能够受到皇帝亲自宰杀的牛羊馈赠而倍感荣耀。现在也不知道汉明帝真的可以养老，桓荣、李躬真的可以做三老和五更吗？尽管如此，东汉之初，天下并没有惨死离散的苦难，桓荣、李躬也不是从事齐、陈氏争，丁壮捐尸于中野，农人没命于挽运，父老孤气无告者不知几千万，而于谨以机诈倾危之士，左袒宇文护以弑其君，乃靦然东面登降，坐食于太学，掇拾陈言，如乐人之致语，遂施施然曰：此文王敦孝尊贤之道也。儒者荣之，称说于来今，为君子儒者其然乎？文王之养老，孟子言之备矣，非饰衣冠、陈尊俎、赞拜兴于伯夷、太公之前也。且其为伯夷、太公而后为国老，桓荣、李躬何足以称，而况于谨者，固伯夷所与言而视如涂炭者乎？

先王之政，纪于《尚书》，歌于“雅颂”，论定于孔、孟，王者之所宜取法，儒者之所宜讲习，无得而或欺，亦无得而自欺者也。语虽略，而推之也，建天地、考三王、质鬼神、俟后圣，无不在矣。汉儒之说，欲以崇道，而但侈其荣利，宾宾然，夫我则不暇也。

临海王

观于陈氏之代，抑不知当世之无才，何以至此极也！侯安都、周文育、程灵洗战而获，获而囚，囚而击以长锁，鼠窃而逃，仍为大将而不惭，其武人可知矣。刘师知、到仲举奉诏辅政，忌安成王之逼上，乃使殷不佞孤衔口敕人相府，麾王使退，内不令太后幼主知，外不与群臣谋，而不虑其拒命，五尺杀父杀君的大臣，他们尚可以凭此而无愧于当世。北周的宇文氏日益残害他的人民；同时又与北齐、南陈争夺天下。他的人民，丁壮者捐尸于原野，农夫丧命于运粮之道，父老孤幼无处诉冤的不知有几千万人。然而，于谨却以他那权诈险恶的为人，去袒护宇文护刺杀他们的国君。此后又羞于介入仕途的沉浮，转而坐食于太学中，研习古老的典籍，好象鼓乐人寻找音乐的语言一样，并且他还自我标榜说：这是周文王劝孝尊贤的方式。儒士都以此为荣，并称道至于今世，那么对君子儒士来说，也是这样吗？关于周文王养老的情况，孟子已经说得很完备了，并不是采用在伯夷、太公跟前粉饰衣冠、陈奉高贵供品、称颂盛世这种方式，而且文王如果象伯夷、太公那样而后才可以称老，那么相比之下，桓荣、李躬的作为又何足称道，更何况伯夷与他们交谈后必定要视之为污泥、炭火呢？

先王的政治，记载于《尚书》，称道于《雅颂》，而论证于孔子和孟子。它是为王者所应该取法的，是儒士们所应该讲授、传习的，不能够欺骗他人，也不能欺骗自己。有关记载先王之政的语言虽简略，但若仔细推敲，有关天地建立、三王源流、鬼神由来、圣人产生等内容，无不包容在里边，汉代儒士的学说，虽是要崇尚道德，但由于大肆宣扬荣利，人们都纷纷去追求荣利的事，而无暇顾及真正的道德。

观览陈朝的历史，真不知道当世缺乏可用的人才，为什么竟会达到那样严重的程度。侯安都、周文育、程灵洗在战争中被俘虏，之后被囚禁，又被加上长锁系于狱中，最后又偷偷逃跑，回去后仍担任大将之职，并没有羞愧之感，南陈武人的情况由此便可知道了。刘师知、到仲举奉诏辅佐朝政，因忌恨安成王威逼君上，就让殷不佞带着君上口敕进入相府，传达君上要安成王退位的指意。办这样的事，之童所不为者，身为托孤大臣，谋君国之安危而漫同儿戏，其为执政者，又可知矣。夫当世岂遂无才，而至此极者，何也？

人主者，以臭味养贤，以精神感众者也。道以导之，德以得之，道德者，即其臭味；导之得之者，其精神也。陈高祖一偏裨之才耳，任之为大将而固不胜者也，而使为天子，其仅足以致拳勇无廉之武夫，文墨不害之文吏，非是臭味莫相亲，精神不相摄矣。遍求其时而无其人，仅一虞寄，而出为藩王之记室，天下之士，相帅以趋于偷，天生之，人主不成之，当世不尚之，何怪其不碌碌哉？故江东王气之将尽也，为之主者气先疲也。所知、所志、所好、所恶，不出于颎，则人胥奔走于颎中，夕阳之照，晨星之光，趋于尽而已矣。

宣帝

（自太建十三年以前，论高齐、宇文周事皆附陈下；自太建十二年隋文帝纪号开皇，凡论隋事皆附隋下，唯论陈事则列卷中；陈、隋皆中国之君，南北分疆，义无偏胜也。）

1.小人之争也，至于利而止矣；而更有甚焉者，始见为利而争之，非必利也，争之以不相下，气竞而不能止。有国家者，毒众连兵、暴骨如莽而不止；匹夫匹妇，讦讼操戈，两败交伤而不止；乃不知因此而害不弭，舍此而固有利也。明于计者，内部不让太后和幼主知道，外边不去同群臣商量，也不考虑安成王是否听命，那么五尺高的儿童也不会这样做。身为担负国家重任的大臣，却把关系君国安危的计划，当作儿戏一样轻慢对待。那么，南陈执政人员的情况，也可想而知。南陈之世，难道真的没有可用的人才吗？为什么国家的不治能发展到如此严重的地步呢？

作为君主，应以臭味培养贤人，应以道德精神感动众人的心。用道来引导，用德来修养，道和德一起，就是臭味。进行引导，进行修养，就是道德的精神。陈高祖不过是一个小将之才而已，因而他担任大将，本来就不能够取得战争的胜利。他当了天子，也仅足以招来有勇无廉的武夫，以及文墨不精的文吏，并不是道德臭味不亲近他，道德精神不帮助他。当时遍求天下，却没有可任用的人才，仅有虞寄一人，也出外任藩王的记室官。天下的士人，都纷纷争相使自己过上苟且的生活。上天产生出人才，而人主却不去培养人才，世风也不崇尚人才，那么人们都愿碌碌无为地生活，这还有什么可奇怪的呢？所以，江南的帝王之气即将消尽，是因为人君的主人之气首先丧失。人君所知道的，心所想的，以及所好与所恶，都不出于高颎的测度，人们的行为也不超出高颎的范围。那么，夕阳的光辉，晨星的光亮，都快要用尽了。

（自太建十三年以前，论高齐，宇文周事皆附陈下；自太建十三年隋文帝纪号开皇，凡论隋事皆附隋下，唯论陈事则列卷中；陈、隋皆中国之君，南北分疆，义无偏胜。）

小人的争夺，得利而止。更有甚者，一开始见利就争，其实并不是真的为了争利，就争夺的不相上下，争强之气得不到控制。作为一个国家，如果这样争夺下去，就会毒害人民，战火连绵，无数的人民象草芥一样暴骨于野，形势不能控制。匹夫匹妇之间，也会互相攻讦，刀矛相见，两败俱伤而不能制止。他们却不知道这样下去会灾难方争之顷，一念旁及而早知改图矣。

晋悼公与楚争郑，用兵十年，连十二国之诸侯，三分四军以疲于道路，仅服一郑，而中国之力已惫。当其时，若舍郑而无可以制楚者，乃服郑而晋遂不竞，楚亦恶能制哉？幸楚之不觉而亦相竞于郑耳，使其舍郑而他图，三川危、天下裂矣。夫晋与楚，非择利而趋也，气不相下，捐躯命以求赢，匹夫匹妇之情也。

宇文氏与高齐相持于宜阳，经年不解，韦孝宽以宜阳一城不足损益，彼若弃之来图汾北，我必丧地，欲罢宜阳之兵以防汾、晋，力穷于所争之地，而流念以旁营，孝宽可谓智矣。宇文护不能从，斛律光果弃宜阳而筑十三城于汾北之西境，拓地五百里，孝宽撤宜阳之兵以奔命，而大败于汾北，定阳失，杨敷擒，而其所争者亦败，悁悁忿戾之情，亦恶足以逞哉？孝宽之机甫动，斛律光之情已移，所争者俄顷之间耳，迷于往者，固不觉也。

夫孝宽、光皆趋利之徒也，然于忿戾相乘之顷，返念以自谋成败，思以免无益之死伤，而不徒糜烂生灵于尺寸之土，则又岂徒工于计利哉？利不可竞也，忿尤不可不戢也。固执必胜以快其忿，幸而败，不幸而亡；两俱迷，则徒为斯人之困以自困，将有旁起者坐而收之。匹夫之乘潮竞渡以身饱鱼腹不息，而不这样做则有大吉大利。明于计谋的人，就会在争夺开始的一瞬间，偶然想起其他方面，于是就即早停止争夺，另图他路。

晋悼公时，与楚国争夺郑国，前后用兵十年，联合了十二国诸侯的力量，各处分散的军队疲备于道路上，仅仅为了征服一个郑国，就使整个国家的力量疲备不堪。当时，如果放弃对郑国的争夺就不能钳制楚国的话，那么征服了郑国之后，晋国虽然不再争夺了，但楚国又怎么能够制服呢？万幸的是，楚没有觉察到这一点，而去参与了对郑的争夺，假使楚舍弃对郑的争夺，而另作他图，那么楚的国家就四分五裂了。晋与楚为郑的争夺，并不是为利所趋从，二者相争，不相上下，不惜用生命换取胜利，这是匹夫匹妇的思想。

北周宇文氏与北齐高氏对峙于宜阳（今属河南），持续了一年多时间。当时韦孝宽认为，宜阳一城无关乎大局利害，如果敌方放弃宜阳，而转攻汾北地区，那么我们一定要丧失土地。于是他要撤回宜阳的军队，用以防守汾、晋地区。撤除用于宜阳争夺的全部力量，转而用于巩固后防基地。韦孝宽可谓是有智谋的人。后来宇文护未能听从他的建议，那么对方斛律光果然不出所料，放弃宜阳，率兵北进，在汾北西境建筑十三处城池，开拓五百里土地。之后，韦孝宽才不得不撤回宜阳的兵力，奉命北上应战，结果在汾北大败，又丢失了定阳，杨敷被俘。这样，他们连宜阳也没有争到手，韦孝宽心中的愤恨之情，又怎么能够抒发呢？韦孝宽刚有弃宜阳的想法的时候，对方斛律光的考虑也已改变，执迷不悟的人，本来也不能够觉察到。

韦孝宽、斛律光二者之间的争夺，都是为利而争夺。然而在双方敌对抗衡的一时间，要回过头来认真考虑自己的成败得失，尽量避免不能得益的伤亡，避免生灵在这尺寸土地上遭受残害，难道又是善于谋利者所能做到的吗？利不可去争夺，怨愤不可不收敛。固执坚持必胜的思想，以发泄自己的怨愤，那么幸运的也是失败，不幸而不惩，事有大于此者，为千古笑。不知不仁，君子之所深恶也。

2.为五行之说者曰："荧惑之精，降为童谣。"言虽非实，而固有指也。荧惑者，以荧荧之光、荧荧之智惑人者也。火之光，荧荧而已，炀之而兴，撤其膏薪而息矣，然当晦也，则暗行者依之以求明，故曰月固不胜火，大明有耀，不足以荧荧矣。故智者求明于日月，而不求明于火，恶其有炀之者也。童谣者，荧荧而惑人者也，是之谓荧惑之精，非必天之星降为童之谣也。善通其义者，可以垂鉴。

祖珽欲杀斛律光而无其隙，韦孝宽密为童谣以间之，而光坐诛。夫天下之为童谣者，皆奸人之造也，岂果祸福之几，鬼神早泄其秘于童稚之口哉？鸜鹆之谣，师已造之，为季氏解逐君之恶也。故童谣者，必有造之之人；即其果中于事理，若河间姹女、千里草之属，亦时有志疾恶而葸弱畏祸，师妇姑诅咒之智，喋喋于娃瓮之间而已。若灵帝之国必亡，董卓之身必戮，又岂待童谣而知邪？晋文公城濮之师，势不容于姑已者也，"原田每每"之诵，恶知非楚人之反间哉？故曰："先民有言，询于刍荛。"刍荛可询也，出其所不意而对以公也。民之为言，不可听也，先为之成言，必其荧荧而惑人者也。祖珽之奸，高纬之愚，孝宽之诡，一童谣而光以死，高氏以亡，可畏也运的就会灭亡。如果在利势两方面都无主意，那么只是让别人围困自己，而自己也处于困迫的境地，只有坐等其他兴起的力量来收拾你们。匹夫之人，乘涨潮之机渡水，自己葬身鱼腹也不知道以此为戒，象如此大不明智的事情，将成为千古笑话。自己不知道自己做了不仁义的事，这是君子们所深恶痛绝的。

研究五行学说的人宣扬说：“荧惑之精，降为童谣。”这话虽无根据，也固然有它所指的东西。荧惑，就是用微光闪烁来迷惑人。微光即火光，有东西燃烧就发亮，如果拿掉其燃烧的东西，就会熄灭。然而到了晚间，夜行的人借此以求明。所以说月光不如火亮。如果天大亮，就不需要荧荧的微光了。所以聪明的人，借助日月之光求明，而不借助火光求明，讨厌有焚烧东西的人。童谣，也象荧荧微光一样迷惑人，这就是所谓荧荧之精，并不一定是天上的星降下来以后才变成了童谣。善于理解其中大义的人，可以以此为鉴。

祖珽想杀掉斛律光，却苦于找不到借口。当时韦孝宽就暗地里编造了一则童谣，作为反间计，果然，斛律光被杀掉。天下之所以有童谣，都是奸邪之人编造出来的，难道真的是鬼神把祸福来临的密秘首先泄露到儿童的口中的吗？鸜鹆的童谣，是师己所捏造的，其目的就是要为季氏开脱逐出君王之罪。所以说，凡是童谣，一定有捏造的人。如果这些童谣真的能与事理相符，那么象河间少女、千里草之类，如果想发泄自己的怨恨而又胆小害怕的话，也可以采用妇人用的咒骂的方法，在自己的屋内喋喋不休地诅咒，来实现自己报仇的愿望。诸如象汉灵帝的国家必然灭亡，董卓必然被杀，这些难道也要等待童谣来预见吗？晋文公布署城濮的战事，是形势决定不得不这样做，而当时有关“原田每每”的传诵，怎么就知道不是楚国人所散布的反间计呢？过去有句话说：“先民有言，刍荛是可询问的人。”如果事情超出他的意想之外，他就会把可能出现的实际情况对你说。民哉！

上愈察，下愈谲，愬谮不行，而童谣兴，惑乃益不可解。王洽、李邦华以死窜于小竖之口，可为痛哭者，岂徒高纬之愚乎？（崇祯己巳，都城被围，兵部尚书王洽、戎政李邦华搜简军政，宦官忌之，为童谣曰："杀了王洽，鞑子容易杀，杀了李邦华，走破鞑子靴。"播令上闻，洽被诛，邦华削夺，军政益紊，以底于亡。）

3.中国输岁币于夷，自宇文氏始。突厥挟两端以与宇文、高氏市，宇文畏其为高氏用也，岁给缯絮锦彩十万以縻之，高氏亦畏其为宇文氏用而厚赂焉。夫宇文与高于突厥，何中外高卑之有哉？弱役于强，屈者其常也，而突厥固曰：宇文、高氏，中国之君也，中国之奉我，常也。此骄夷狄之始祸也。宇文、高氏朘削中国以奉于其类，非其土，非其民，无不可也。而后世驽窳之君臣，且曰：宇文、高氏，中国之君也，不惜悉索之于民以奉突厥而国以安，吾亦奚不可邪？此启惰君陋臣之祸始也。

地之力，民之劳，男耕女织之所有，殚力以营之，积日以成之，委输以将之，奉之异域，而民力尽、民怨深矣。无财无间的谣言，是不可听信的。如果事前就先相信这些谣言，那么，必定要受这种荧荧微光的迷惑。祖珽的奸邪，高纬的愚昧，韦孝宽的诡诈，使一则童谣把斛律光置之死他，之后北齐高氏也灭亡了，真可怕啊！

上边越明察，下边越欺诈。诬陷不能成，就会出现童谣，迷惑就更加不解。王洽、李邦华也是被小人童谣的诬陷而死，值得为他们痛哭，难道只有高纬愚昧吗？（明代崇祯己巳年，都城被围，当时兵部尚书王洽、戎政李邦华整顿军政，受到宦官的忌恨，他们就编造童谣说："杀了王洽，敌人容易杀。杀了李邦华，敌人走破靴。"皇上听到了这则童谣以后，就杀掉了王洽，削夺了李邦华的军权。那么军政也更加紊乱，最终导致灭亡。）

中原王朝向边外的夷狄民族贡输岁币，开始于北齐的宇文氏。当时北方的突厥向双方取利，与南边的北齐宇文氏、北周高氏进行互市贸易，宇文氏担心突厥被高氏所利用，就通过每年送给突厥十万匹缯絮锦彩的形式，来维系二者之间的关系。那么高氏也同样害怕突厥被宇文氏所利用，每年也赂送突厥很多东西。宇文氏、高氏，对于突厥来说，有什么中外、高下之分？弱者被强者役使，委屈于下，是正常的事。另一方面，突厥也认为，宇文氏、高氏，都是中原王朝的君主，中原王朝事奉我突厥，也是正常的事。这就是助长了夷狄制造灾难。宇文氏、高氏只要能够剥削中原王朝的人民，去供奉他们的夷狄同类，那么割裂土地，残害人民，等等，没有不能做的事。然而，后世怯懦、懒惰的君臣则认为，宇文氏、高氏作为中原王朝的君主，不惜以勒索人民供奉突厥的代价，换取了国家的安定，我们为什么不能这样做呢？这是引发胆小怕事、无所作为君臣灾难的根源。

对土地的财富，人民的辛劳，男耕女织的收获进行竭力经营，累积多长时间才有丰硕的成果，又把这些财物转送到各地，进行统一以养兵，无人无以守国，坐困而待其吞吸，日销月铄，而无如之何，自亡而已矣。而不但此也，方其未入中国之日，已习知中国之富而使朵颐久矣。中国既自亡，而揖之以入为主，其主臣上下皆固曰：此畇畇之原隰，信天地之沃壤也，肥甘之悦口，轻暖之适体，锦彩佳丽之炫目，繁声冶奏之娱耳，求焉而即得，取焉而即盈，昔之天子奉我而如不及，今为我之臣妾，而何求不克邪？故淫虐婪取，川吸舟吞，而禹甸为荒郊，周黎为道殣，皆宇文氏之毒，延及千年而益烈。悠悠苍天，其如此皮骨空存之赤子何也！所为推祸始而为之痛哭者也。

4.度德量力相时以沮有为之气，君子弗取。而当积衰已久，立本未坚，求自保以徐图有为也，则度德量力相时之说伸矣。高纬不道，亡在旦夕，陈与接壤于淮右，宣帝决策遣吴明彻帅师北伐，庸讵非所宜为、非所可为者？顾使陈深计而思其所竟，纬虽必亡，吴明彻能以积弱之孤军捣邺、并而灭之，如宋武之于姚泓否邪？用兵三年而不能越吕梁一步，与高氏一彼一此，交敝于两淮，徒为宇文氏掣高氏之肘而利其吞龁耳。

管理，这时候却全部送往外域，那么，就使得人民的财力荡尽，人民的积怨加深。没有财力就不能养兵，没有人力不不能守卫国家，就只有坐困自己，等待别人的吞食。这样的日削月损，也不能怎么样，只有自取灭亡罢了。不仅如此，这还使得夷狄在未进入中原之前，就已习知中原王朝的富实，而且供养他们已经很久了。中原王朝自取灭亡以后，又拱手让夷狄入主中原，那么这个时候，夷狄君上臣下就会当然地认为：这些平坦整齐的土地，是天底下的沃壤，肥美甘甜的食物非常可口，轻暖的衣服非常舒适，锦彩佳丽眩眼夺目，多种乐器奏成的音乐，求之即得，取之即盈，过去中原王朝的天子供奉我如有做不到的地方，这个时候因为他们都成了我的下臣小妾，还有什么欲求而得不到的呢？所以就淫侈肆虐，贪婪夺取，大肆侵吞，使大禹昔日的家园成了荒野，使周代黎民的后代成了饿死道路的人。这都是为宇文氏所毒害，以后延续达上千年，这种形势愈演愈烈。悠悠苍天在上，对这些空存皮骨的中原赤子怎么办呢！这是追究祸乱根源而值得为此痛哭的事。

根据时机，度德量力，却去减消自己有所作为的勇气，这是君子们所不取用的态度。然而当衰败日久，根基尚未牢固的时候，要保护自己，并想慢慢筹谋有所作为的事情，把握时机、度德量力的理论就用得着了。北方的高纬不行仁道，危在旦夕，他们在淮右地区与南陈接壤。在这样的形势下，陈宣帝就决定派遣吴明彻率师北伐，难道这不是应该做的事，不是能够做的事吗？固然陈方有深谋远虑，会考虑他们所要争取的东西，高纬尽管也必定要灭亡，但吴明彻若能够率领积弱的孤军直捣邺（今河北临漳西南）、并（今山、西太原），消灭他们，这不是象宋武帝任用姚泓的功劳一样吗？陈朝用兵三年，就没能跨越一步，同高氏一彼一此，疲备对抗于两淮之间，这只是为宇文氏钳制高氏并吞食他制造有利条件。

宇文之决于灭纬也，韦孝宽固曰："齐目长淮之南，悉为陈氏所取，与陈氏共为犄角，必当所向摧殄。"则其用陈而陈为所用可知矣。巴蜀失，江陵陷，陈之大患在宇文而不在高氏。为高氏犄角而拒宇文，不可为而尚可为也。为宇文犄角而灭高氏，宇文无北顾之忧，而地益广，兵益众，气益张，昔者齐为陈蔽，而今则陈受周冲，去狐狸而邻豺虎，则他日者，既下巴、荆以乘上流，临江介而捣建业，旁无所挠而势无不便，是灭齐适以自灭，不待智者而知也。

当斯时也，天下之势，在宇文而不在高氏明矣。陈所急者，在江、郢、庸、蜀而不在淮右明矣。即无能奋兴以决图荆、襄，抑惟固境辑民、治兵积粟，听二虏之争，而我以暇豫图久远之计，悉三吴、湘、广之力，尚可为也。计不出此，乘人之危，收旷莽难守之地以自居功，殆犹鼠也，潜出而掠人之馀也。高氏为己之捍卫而急撤之，陈何恃以抗宇文哉？高氏亡而明彻败。金人告宋曰："吾亡而蒙古之祸移于宋。"其愚同，其祸同也。舍周无虑，贪得以逞，有可为而不可为，为其所不可为以自诧，祸已及，乃局蹐而自缩，晚矣。高氏不灭，陈氏不亡，叔宝虽不足以固存，尚可俟他姓之兴以延江左衣冠之统，刘子业、萧宝卷不灭，而叔宝灭乎？

宇文氏决计消灭高纬的时候，韦孝宽曾明确指出：“北齐淮河以南的大片土地，都被南陈所占，北齐与陈互为犄角，一定应该南进，歼灭北齐力量。”由此便知道，宇文氏是利用南陈来消灭北齐，而南陈也果真为宇文氏所利用。在巴蜀土地丢失，江陵（今属湘北）陷落之后，南陈所面临的大患，不是高氏而是宇文氏。作为高氏的犄角，而去对抗宇文氏，这是不能够做而还可以做到的事。如果作宇文氏的犄角，去消灭高氏，那么宇文氏就会解除北顾之忧，他的地会更广，兵会更多，气会更盛，昔日北齐为南陈屏蔽的形势，今日变成了南陈为北周胁迫的形势，等于远离狐狸而靠近豺虎，那么以后宇文氏攻下长江上游的巴、荆之地后，就会顺江而下，直捣建业（今江苏南京），沿路不会受到任何阻挠，没有不便利的形势。可见，陈灭北齐后，要自取灭亡，这是不必智者预见就可知道的事。

对陈来说，当时天下的形势，很明显是应当对付宇文氏，而不应当对付高氏。南陈所面临的重要问题，明显是在江、郢、庸、蜀地区，而不是淮右地区。自己既然无能力振兴，夺取荆、襄之地，就应该保境安民，治兵储粮。任凭他二虏之间随便争夺，自己要乘好的时机做久远打算，很好地利用三吴、湘、广地区的人力和财力。如果不从这方面去考虑，而是乘人之危，把夺取空旷难守的土地作为自己的功劳，那么也就象老鼠一样，乘人不注意的时候，偷偷出来吞掉人所留下的东西。如果高氏为了自己的防卫事务而立即撤兵，那么南陈又凭什么对抗宇文氏呢？高氏灭亡后，吴明彻也失败了。后来的金人曾告诫宋人说：“蒙古灭了我们的国家，接着而来的灾祸就转到你们宋人的头上了。”他们二者同样愚昧，也遭受了同样的灾难。陈舍弃北周不考虑，贪图夺取，能够做的事都认为不能够做，自欺其人，于是祸患将临，就拘束萎缩，这时已经晚了。如若高氏不灭，陈氏不亡，陈后主叔宝尽管不能自存，但也可等待他姓王朝的兴起，以延续江南

5.谅闇不言，孔子曰：“古之人皆然。”古谓殷也。周公定礼，于此阙焉，意者其不然邪？故孔子但言古。夫周公推至孝以立极，岂三年之爱不逮古人哉？时有易而道有诎也。殷道立弟，国恒有长君，则冢宰虽非伊、傅，而不能擅命以乱天下；周道立子，而冲人践阼，冢宰持权，则苟非其人，固不可托也。即其人可托矣，而小子同未在位，以周公之忠，二叔之流言且不可遏，非贪权罔恤之奸，未有不惩周公之难，而敢于自危以危天下者也。故殷道至周而易，道大易，则一端不得以独存，时诎之矣。

若后世之天下，尤非三代之比也。三代有天下者，名而已矣，其实则亦一国也。王畿千里，政教号令所及，今之一大省会耳，诸侯固自为治也，则其事简。诸侯受制于天子，而无所诎于天子之大臣，天子之卿视侯，视云者，仰而跻及之之谓也，则其任轻。诸侯入相，自有宗社，而不敢尝试，非诸侯而相，则夹辅之公侯可入正之，而相臣不敢自恣，则其权分。郡县之天下，统四海于一人，总己则总天下矣，其事繁，其任重，其权壹。冢宰已总天下之职官，司农已总天下之田赋，司马已总天下之兵戎，司寇已总天下之刑罚，而又总而归之一人。此衣冠之族的统治。如果宋刘子业、齐萧宝卷自己不灭亡，难道陈叔宝能灭亡吗？

居丧不出言语，孔子说：“古人都是这样做。”古指殷商时代。周公制定的礼仪当中，也缺少这一项，考虑的人就因此而不承认它吗？所以，这里孔子只说古人都这样做。周公推崇至孝以树立做人的准则，难道三年守丧期的爱敬之心比不上古人吗？随着时间的更易，道德有被歪曲的。殷代的制度是册立兄弟为王继承人，所以国家永有君长。冢宰即使不是象伊尹、傅说那样的贤才，但也不能够擅权，搅乱天下。周代的制度是册立儿子为后，那么幼子为君，就由冢宰主持朝政。因而如果不是适当的人，就坚决不能托付给他冢宰之职。即使人可托付，而年幼的新君如同没有在位执政，凭着周公的忠心，二叔的流言蜚语尚且不可遏制，只要不是贪权无所顾措的奸邪之人，那么，没有不体谅周公继统处于困难之际，而敢于放纵自己并危害天下的人。所以，殷的制度，到周有了变化。这一制度的巨大变化，使过去旧的制度不能够单独再存在下去，这是随着时势的变化而改变。

至于后世的天下，很大程度上不能与三代相比。三代统治天下，重名而已，其实也是一个国家。那时王畿的范围，方圆千里，天子的政教号令都可以直接传达到，只相当于今天一个大省的范围。其他诸侯国，都是各自为治，为政简便。各地诸侯都受制于天子，天子的卿官要视侯而行事，视，就是仰上看并登到那个位置的意思，所以，卿的权限也很小。诸侯入为宰相，仍有其宗社排列制度，而不敢轻易为相。若不是诸侯的人担任宰相，辅佐天子的公侯官就可以进入监督他。因而宰相不敢放肆，他的权力也为他官所分有。郡县制的天下，是四海之内有一人统管，权力总归自己，则可以总统天下。所以，这一人的事务繁多，责任重大，权力归一。那么冢宰已总管天下的职魏、晋以降，录尚书事辅政之所以篡夺相仍也。州牧郡守待命而不能仰诘，四海无谁何者，三年之内，以收人心而移宗社，后虽挽之，祸已发于肘腋矣。人子受先王之托，而委之他人，庸讵可以为孝，此后世之诎于时者，尤非仅如周而已也。

夫法有常而人无常。当周之季，皇甫、尹氏之流，君亲政而犹为天下僇，讵可不言而唯其所为？容容自保者，且以误国而召疑叛，况其为窦宪、梁冀之跋扈者乎？又况其为司马懿、傅亮、徐羡之、杨坚也乎？乃先王既使之在大臣之位矣，欲别委而弗使之总己也不得，陶侃且怨，不徒祖约也。茕茕在疚之孺子，岂能求侧陋之忠贤，拔起而授之大任，其不畀宗社生民于奸邪也，鲜矣。故匹夫不能逮天子之养，天子不能尽庶民之哀，情无已而量有涯，虽圣人不能尽满人子之心，亦无如之何也。故孟子诏滕文公行三年之丧，而未有命戒者五月尔，于此见《周礼》之既葬而亲政也。宇文邕之令曰："衰麻之节，苫庐之礼，遵前典，申罔极；军国务重，须自听朝。"庶乎其情理之两得与！五服之内依礼，百僚既葬而除，亦称其情也。虽然，此唯天子而不得不诎尔，翟方进妄自尊以短丧，李贤、张居正怙权而丧其心，岂能托以为辞哉？

官，司农已总管天下的田赋，司马已总管天下的军政，司寇已总管天下的刑罚，而以上他们又总管于一人之手。这乃是自魏、晋以来，录尚书事官辅政之所以出现篡权相仍的原因。当时州牧郡守只能待命，而不能向上问津，四海之内，没有能对谁怎么样。那么，三年之内，就可以收扰人心，改变宗社。之后国家即使挽救，祸患已发展到了关键的地方。新君继承了先王的江山社稷，却把权力让给他人，这难道可以算得上是尽孝吗？这也是后世随着时间的推移而歪曲的地方，不仅仅是周代有这种情况。

法制有常，而人心无常。周代末期皇甫氏、尹氏之流，君王亲政还敢危害天下，新君怎么可以不发一言而听任他们为所欲为呢？那些大臣苟且保安，只能够贻误国家，招致叛乱，更何况象窦宪、梁冀那样的飞扬跋扈之人呢？又何况象司马懿、傅亮、徐羡之、杨坚之类的人呢？先王已使自己但任了大臣的位置，只因为要分自己的权让给别人而没有做到，陶侃就产生了怨恨，这种情况不只是祖约一个人。那些有责任感的孺子，怎么能够从侧陋之处寻找忠贤之才，并提拔他们，授与大任，这要不给宗社生民增添奸邪之人，是很少见的。所以，匹夫之人不能受到天子的培养，天子不能象平民百姓那样对亲人尽哀，这在情上无边，而在量上有边，即使圣人也不能尽到人子对双亲的孝心，而也无可奈何。因此，孟子令滕文公守三年的丧期，其中不理朝政的有五个月时间。由此可见，《周礼》中有埋葬了之后就亲政的情况。宇文邕的命令中说："衰麻之节，苫庐之礼，遵前典，申罔极。军国务重，须自听朝。"差不多这是与情与理两得啊！五服亲属的范围内按礼办事，对于百官，葬后即可除去丧服，这与情也是相一致的。尽管如此，出现这种情况，不得不说天子也有一定责任。翟方进妄自尊大，缩短丧期。李贤、张居正弄权而丧其天良，难道这还能假托什么理由吗？

6.贼圣人之道，以召异端之侮，而坚其邪辟者，小人儒也。异端则既与我异为端矣，不相淆也；然异端亦固有其端，非沈溺于流俗之利欲而忘其君父以殉其邪者也。若杨朱、墨翟、庄周、列御寇，以及乎陆子静、王伯安，苟自有其端，则卑污趋利、瞀不畏死、而尽捐其恻隐羞恶之行，固醉梦之馀念所不屑及者也。君子小人之大辨，人禽之异，义、利而已矣。小人之趋利而无耻，君子恶之，异端亦从乎君子之后而恶之，不敢谓君子之恶非正也。唯小人而托于儒，因挟儒以利其小人，然后异端者乃挟以讥吾道之非，而曰为小人资者儒也。夫异端之始念，未至于无父无君，而君子穷其所归，斥为禽兽。乃小人冒儒者之迹，挟诗书礼乐为宠利之资，则顽鄙残忍，公然忘君父而不恤，以诧于天下曰：为道卫也。其可贱而可恶，又奚但异端之比哉？故曰："无为小人儒。"小人儒者，异端之所不屑为也。

桓荣耀车服之荣以劝门人曰："稽古之力。"君子贱之，以其侈乎利而有禽心也。况如熊安生者，业以儒术，为高氏国子博士矣，于高氏固有君臣之义也；宇文灭齐，邺城方破，安生遽令埽门，语家人曰："周帝重道尊儒，必将见我。"悲夫！其所事之君已走，其所从班行以奉祀之宗社且毁且屋，其同列之官僚且死且窜，其比闾连居之妇子且杀且俘，漠然无一念之悲闵，乞高氏之馀不足，又顾而之宇文氏之墦间，以是变乱圣人道德，遭到异端理论的攻击，却又坚持其邪辟之说不改的人，是小人儒人。异端，就是与我的观点对立而另持一端，相互思想不能一致。然而，异端理论也固然有它端见的道理，并不是沉溺于流俗的利欲之中，而忘掉君父的存在，专门去追求邪妄的学说。象杨朱、墨翟、庄周、列御寇，以及陆九渊、王阳明，他们固然都有自己的异端之见，然而他们也鄙视趋利之心，不害怕死亡，并在实际行动中完全表现出自己的恻隐羞恶之心，即使在醉梦的余暇，也不忘大力倡导自己的学说。君子与小人的最大区别，就是人和禽的区别，关键就在义和利上。小人无耻求利，这是君子们所厌恶的，那么持异端的人，也随从君子之后厌恶小人的行为，他们不敢说君子厌恶的态度不正确。只有小人才把自己假托为儒士，利用儒学来辅助他小人之心，那么持异端者就因此而讥讽圣人之道的不是，认为儒学成了小人所凭依的资本。异端思想产生的当初，也并未发展到无视君父的地步，而君子们却极力攻击这些人，使他们无所归宿，被贬斥为禽兽。至于小人冒充儒士名分，利用诗书礼乐的学问，作为取宠得利的资本，他们放肆残忍，公然忘掉君父的存在而不顾惜，并欺骗天下人说：我们是儒学的卫道士。他们可蔑又可恶，难道能和异端之人相比吗？所以说："不作小人儒。"小人儒，为异端之人所蔑视。

桓荣曾炫耀自己新得的车马服饰，并劝说门人道："这乃是稽古之力。"君子们都贱视他，因为他贪图私利，并有禽兽之心。更何况象熊安生其人，修养儒术，最后还成了北齐高氏的国子博士官，可以说他对高氏，是有君臣之义的。北周宇文氏灭北齐，邺城（今河北临漳西南）即将被攻破的时候，熊安生马上令人打扫门庭，对家中人说："北周的皇帝尊儒重道，一定会来拜见我。"可悲啊！当时他所事奉的国君已经逃离，他们一帮子官僚所供奉的宗社建筑，有的存在，有的已被毁了，同列官僚中，有的死了，有的逃了。他邻居附近的妇为儒之道也。异端之徒，稍知自好者，鄙夷之如犬豕，况君子哉？不绝小人于儒，不正儒者之谊，以使小人不敢干，君子之责也。无他，义、利而已矣。议者苛求于吴康斋、陈公甫，而引姚枢、许衡于同类，不亦傎乎？

7.强敌在前而以轻军试之，非徒败也，其国必亡。故吴明彻一溃于彭城，而江东有必亡之势，其幸而延之十年者，宇文邕殂，宇文赟无道，杨氏谋篡而不暇及也。不然，亡之亟矣。为兵家之言者曰："知彼知己，百战百胜"未然也。诚知彼而知己，则有不战者矣。吴明彻可以当宇文宪、韦孝宽乎？萧摩诃、任忠、周罗睺可以当梁士彦、王轨乎？宣帝可以当宇文邕乎？宇文氏其如高纬、祖珽、穆提婆之君臣可以姑试而幸获乎？己不自知，知之而又何以战邪？不可以战而何以胜邪？

然则坐而待其相加与？曰：善为国者不师，非不师而即善也，为国善，则可以不师也。江东至是而无可取中原之势矣。固本靖民，养兵择将，迟之数十年，而不轻挑之以益其势，则尚可为也。故孙绰、王羲之之论，在东晋之初则为自弃，在陈之末造则善矣。东晋虽草创，人咸愤激以图存，有死之心则有人、子弟，有的被杀了，有的被俘了。然而在这样的形势下，他却一点儿也不感到悲伤，乞食于高氏不成，转而又乞贪于宇文氏的坟墓间，以这样的行为作为儒士之道。那么，异端之徒当中，稍微有点自知之明的人，就会把他当作犬猪一样鄙视，更何况君子之人呢？不杜绝小人混入儒士之门，不端正儒士们合宜的道德，以便使小人不敢冒犯，这是君子们的责任。要做到这样，没有其他办法，只有区分义和利的界限。议论的人苛求于吴康斋、陈公甫，并把姚枢、许衡二人划归为他们的同类，这不是弄颠倒了吗？

如果强敌在前，而己方轻易指派军队去应战，那不仅要失败，国家也得灭亡。所以，吴明彻在彭城（今江苏徐州）一溃败，对江南王朝来说，已出现了必然灭亡的趋势。后来之所以万幸又拖延十年，是因为当时北方宇文邕已死，宇文赟不行仁道，杨氏图谋篡权而无暇顾及南方事务。若不是这样的话，南方王朝很快就灭亡了。兵家的话中说："知彼知己，百战百胜。"实际上并非如此。如果真正做到知彼知己，那么根据形势，有时会有不参战的选择。吴明彻能够抵挡宁文宪、韦孝宽的力量吗？萧摩诃、任忠、周罗能够低挡梁士彦、王轨的力量吗？陈宣帝可以抵挡宇文邕的力量吗？象宇文氏以及高纬、祖珽、穆提婆那样的一帮子君臣能够轻易应战而取得胜利吗？自己不知道自己的力量，如果知道又怎么能够去应战呢？不能应战又怎么能够凭战取胜呢？

这么说，就应该坐着等待敌人的进攻吗？应该说，善于为国家考虑者不轻易用兵，并不是不用兵就等于善于为国家考虑。乃是从国家的大局利益考虑，不适合用兵。那么到了这个时侯，江南王朝已不具备收复中原的形势。固本安民，养兵选将，坚持几十年时间，不轻易向北边王朝挑衅，以便乘机扩大自己的军事力量，只有这是尚且可以做的事。故此，孙绰、王羲之的理论，用于东晋之初，等于自己毁灭生之气也。至于陈，而江东之生气，齐凋之、梁萎之、侯景摧之、萧詧、王琳中起而灭裂之，陈氏偷存而销铄之；刘宋吞广固、捣长安之锋颖，荡尽无馀矣。然使固本图安而尚可为者，以高纬之淫昏，宇文邕迟之又久、再进再退而始决，陈能自立而不授以俘大将、覆全军之势，宇文君臣慎动者也，且以苻坚、拓拔佛狸为大戒，而遽轻试席卷之雄心乎？陈仅一蔡景历而不能用，一溃而举国之人皆靡，引领以望北师之渡而已矣。

8.奚以辨大奸而必覆人之邦家者乎？则劝其主以杀人者是也。至于劝人以杀其兄弟子孙而甚矣。仁绝于心，心绝于天，而后劝人以杀其兄弟子孙；欺其人之终迷不复，而后敢劝人以杀其天性之亲。不然，虽怀忮忌而挟私怨，不忍也，抑不敢也。

郑译初用，而导宇文赟杀其叔父，则于灭宇文以戴杨坚也，何靳而不为？而坚知之矣，摘其不孝之罪，不比数之于人类，而后译之恶穷。宇文赟之不肖也，宇文孝伯对其君曰："父子之际，人所难言，臣知陛下不能割爱，遂尔结舌。"孝伯之可托也，宇文邕之不可导以不慈也，于斯言验之矣。晁错忠于袁盎，而居心之厚薄，则不若盎也，不顺于父，而父亟去之，其于父子可知矣。故求可托之臣，求之于根本之地，而思过半自己。用于南陈之末，乃是对国家有利。东晋初，虽王朝刚刚建立，但人们都振兴图存，有不怕死的决心，就有长期的生气。然而到南陈时期，南方人们的生气，已先后受齐、梁、侯景的摧残，还有中起的萧詧，王琳的破坏，以及南陈苟且求安对人生气的打击，使得当年刘宋吞并广固，直捣长安（今陕西西安）的威武雄壮之气，荡然无存。然而，如果南陈能奉行固本图安的政策，象北方高纬淫昏，宇文邕决策迟迟不定，经过两进两退才终于做出决策，北方王朝仅凭这帮人为政，那么陈也可以自立于南方，不会出现大将被俘、全军覆没的形势。北周宇文氏的君臣也不敢轻举妄动，也要吸取苻坚、拓拔焘心惨败的教训，难道会很快产生轻率出兵、席卷南方王朝的雄心吗？南陈仅有蔡景历这样一个人才也未能起用，经历一次溃败，就导致了举国上下的泄气，那么，人们只有昂首等待北方军队的南渡了。

怎么才能识别必定会覆亡别人国家的大奸人呢？其方法就是看谁规劝自己的君主去杀人。而规劝人们斩杀自己的兄弟子孙乃是更严重的。只有在仁义之心灭绝、天良之心丧尽的时候，才能规劝人们惨杀自己的兄弟子孙。只有在自欺其人而最终执迷不悟的时候，才敢劝说人们惨杀自己的骨肉亲属。否则，即使怀有忌恨、私怨的人，也不忍心这样做，也不敢这样做。

郑译，刚被任用的时候，就劝说北周宣帝宇文赟杀掉他的叔父，这就象灭掉宇文氏以拥戴杨坚一样，还有什么可吝惜而不去做的呢？然而杨坚却知道他的内心，于是就惩治他的不孝之罪，把他排除于人类之外，这样郑译的丑恶就没有再可施发的地方。北周宣帝宇文赟不成器，宇文孝伯曾对他的先君武帝宇文邕说：“父子之间的关系，其形势人所难言。臣我知道陛下不能割去对后继者的爱心，所以也不敢进言。”宇文孝伯是可托付的人，宇文邕是不能够用舍弃仁慈去劝导的人，在这句话中已经应验了。从对君上的忠心上讲，晁错矣。

9.宇文邕之政，洋溢简册，若驾汉文、景、明、章而上之，乃其没也甫二年，而杨氏取其国若掇。赟虽无道，然其修怨以滥杀，唯宇文孝伯、王轨而止，其他则固未尝人立于鼎镬之上也。淫昏虽汰，在位两浃岁而已。邕果有德在人心，讵一旦而遽忘之？乃其大臣如韦孝宽、杨惠、李德林、高颎、李穆皆能有以自立者，翕然奉杨氏而愿为之效死。坚虽有后父之亲，未尝久执国柄，如王莽之小惠遍施也；抑未有大功于宇文，如刘裕之再造晋室、灭虏破贼也；且未尝如萧道成仅存于诛杀之馀，人代为不平而思逞也；坚女虽尸位中宫，而失宠天元，不能如元后之以国母久秉朝权也。然而人之去宇文也如恐不速，邕骨未冷而宗社已移，则其为君也可知矣。德无以及人，而徒假先王之令名以欺天下，天下其可欺乎？

史之侈谈之也，记其迹也。论史者之艳称之也，为小人儒者，希冀荣宠，而相效以袭先王之糟粕，震矜之以藻帨其门庭也。故拓拔宏、宇文邕几于圣，而禹、汤、文、武之道愈坠于阱而不能自拔。试思之，恶有盛德如斯，不三岁而为权奸所夺，臣民崩角以恐后者乎？

不如袁盎。晁错对父亲不顺从，他的父亲很快就离开了他，那么他与兄弟之间的关系就可想而知了。所以说，寻求可托付的大臣，只要从人的本心上着眼，就已领悟了大半。

北周武帝宇文邕的为政事迹，遍布于简册，好象他的功劳凌驾于汉代文帝、景帝、明帝和章帝之上，然而他死后刚刚两年，杨氏就很轻松地夺取了他原来的国家。宣帝宇文赟虽不行仁道，但他因为仇怨而滥杀，只不过是宇文孝伯、王轨二人，其他也未曾有受鼎镬酷刑的人。他虽淫侈昏暗，但在位时间满打满算不过两年。宇文邕如果真的在人们心中积有善德，怎么一朝一夕就很快忘了呢？至于他的大臣，如韦孝宽、杨惠、李德林、高颎、李穆，都是能够有自立之才的人，却都纷纷然去事奉杨氏，并且愿为他拼死效力。杨坚虽然在北周朝廷中是皇后的父亲，却也未曾长时间把持朝政，没有象汉代王莽那样，遍施小惠的行为。他也没有给宇文氏立过大功，就象当年刘裕有再振晋室、灭虏破贼之功一样，同时也没有象萧道成那样，幸免于屠刀之下，人们为他鸣不平，都想着要支持他，于是他想借此篡权。杨坚的女儿虽也占有后宫中的位置，但并没有得到天子的宠爱，不能象元后一样，可以以国母的身分主管朝政。然而，人们逃脱宇文氏却唯恐不及，宇文邕尸骨未寒，国家宗社已转移为他姓，那么他作君为政的情况便可想而知了。不能用良好的道德去对待人们，只是假托先王的规制来欺骗天下的人们，天下人可欺骗吗？

史书中更多记述的，是他的事迹，论史的人都称颂他。那些小人儒士为希求荣宠，都争相效法学习先王的糟粕，并夸耀他，以粉饰自家的门庭。所以，这样拓拔宏，宇文邕都几乎成了圣人。而另一方面，夏禹、商汤、文王以及武王的政治道德传统，却日益坠入陷井而不能自拔。试想一想，怎么能有这般的盛德，不到三年时间政权已被别的权奸之人篡夺，而过去的臣民对新的主人，都象山崩一样叩头

10.尉迟迥可以为宇文氏之忠臣乎？宇文阐称帝已二年矣，父死而正乎其位，杨氏虽逼，阐未有失德也，迥乃奉赵王招之少子以起兵。曹操所不敢奉刘虞以叛献帝者，而迥为之不忌，迥之志可知矣。迥可为忠臣，则刘裕之讨刘毅，萧道成之拒沈攸之，使其败而死也，亦晋、宋仗节死义之臣乎？杨坚无功而欲夺人之国，于是乎有兵可拥者，皆欲为坚之为，迥亦一坚也，司马消难亦一迥也，王谦亦一消难也。志相若，事相竞，则以势之强弱、谋之工拙、所与之多寡分胜败矣。胜者，幸也；败者，其常也；抑此而伸彼，君子而受奸雄之罔矣。

君子不逆诈，而未尝不先觉，以情度之，以理衡之而已矣。王凌、诸葛诞不保其不为司马懿，况迥辈之纭纭者乎？宇文氏之亡，虏运之衰已讫也。杨坚无德以堪，而迥、谦、消难愈不可以君天下，“民亦劳止，汔可小康”。三方灭而杨氏兴，民之小康，岂迥之所能竞乎？（自此以后，北朝事归隋论。）

11.高颎南侵，而陈宣帝殂，陈请和于隋，高颎以不伐丧班师。陈之愚而必亡，隋之智而克陈，皆于此征之矣。

陈、隋强弱不相敌明矣，宣帝殂，叔陵狂逞，嗣子伤，内不靖而未遑外御，权下隋以纾难，何言愚也？弱者示人以弱，而争先恐后呢?

北周尉迟迥能称得上是宇文氏的忠臣吗?宇文阐称帝两年后,他父亲死去,自己立正了皇帝的位置,在杨氏的威逼下,宇文阐也没有失德的地方,然而尉迟迥却打着赵王招少子的旗号起兵。过去曹操也不敢打着刘虞的旗号反叛汉献帝,尉迟迥却这样做而无所顾忌,由此便可知道他的内心。如果尉迟迥是北周的忠臣,那么象刘裕讨伐刘毅、萧道成抵抗沈攸之,如果他们在战争中失败而死,也可说是晋、宋高风亮节的忠臣吗?杨坚无功,却要夺取别人的国家,于是有兵势可依仗者,都想按照杨坚的做法去做。这么说,尉迟迥又是一个杨坚,司马消难又是一个尉迟迥,王谦也又是一个司马消难。他们心愿相似,目标相同,那么就以力量的强弱、筹谋的好坏以及各自的优势与劣势如何,分别胜负。取胜者,是幸运的。失败者,也是常事。削弱此方,而扩大彼方,君子也会受到奸雄的欺骗。

君子之人不抵触欺诈,但未尝不是首先觉察到,就是采用从人心上、从道理上去衡量的方法。王凌、诸葛诞难保不成为司马懿之类的人,更何况众多的尉迟迥之辈呢。北周宇文氏的灭亡,标志着北虏王朝衰运的终结。杨坚无功德可称,然而尉迟迥、王谦、司马消难就更无能力充当天下的君王,出现所谓“人民劳苦结束,差不多可以过上小康生活”的形势。其他三方力量灭亡后,杨氏力量兴起,建立了自己的王朝,人民过上了小康生活,这难道是尉迟迥所能夺得的吗?

北方高颎南侵的时候,正值陈宣帝死去,于是陈向隋请和,高颎就以不乘丧攻伐为由,班师回防。陈的愚昧而必然灭亡,隋的明智而必然消灭南陈,从这里即可预见。

陈、隋力量强弱不等,是很明显的形势。宣帝死后,叔陵王放纵,嗣子又受到伤害,由于内部不稳定,也无暇顾及抵御外敌,那么则受陵乘也无已。高颎之兵，固不足畏者也。隋主初篡而位未固，以司马消难之在陈，有戒心焉。颎之南侵，聊以御陈，非能有启疆之志也。既分兵以南侵，千金公主、高宝宁又挟沙钵略以入寇，隋固急欲辍南军而防北塞。陈于此，正可晏坐以全力固封守，待其疲敝而空返；乃葸怯柔巽，暴其虚枵惶遽之情实，使隋得志以班师，而测其不自振之隐，使洋洋而盗名以去；故愚甚也。

颎不伐丧，义也，而何但言智也？夺人之国而无惭，欺人之孤而不恤，以女事人而因攘其宗社，不以为耻，隋之君臣岂能守规规之义，闵人之丧而不伐也哉？乘丧而急攻之，固败道也，非胜术也。陈虽弱，江东之立国久矣，非其可以必得，未易倾也。庸人之情，当危而惧，稍定而忘。君薨，嗣子初立，内难方作，而强敌压境，君臣皆惴惴焉，外虽请和，而内固不自宁也。知其且亡，而迫于不容已，则人有致死之心，以争存亡于一决。颎以偏师深入，撄必死之怨愤，而吾军欺其茕弱，挟骄以徼幸，猝与困兽相当于其内地，未有不败者也。幸而请和之使至矣，假不伐丧之美名以市陈，实收全师不败之功，以养威而俟时，故隋智甚也。

权且求和，让隋军撤退，平定患难，这又有什么愚昧可言？弱者向别人表现出自己的虚弱，就会倍受欺害，无有止境。高颎的军队，本来也是不足畏的。隋朝君主刚刚篡位而尚未巩固的时候，因为南陈有司马消难存在，所以存有戒备之心。高颎这次南进，只是为了防御南陈，并没有扩展疆土之心。隋分兵南侵以后，千金公主、高宝宁又胁用沙钵略的力量从北边入寇，所以，本来隋急于撤回南侵军队，以加强北部边防的守卫。这个时候，正是南陈自我稳定，并全力加强防守的好时机，等待着隋军在疲敝后，一无所获地撤退。然而，陈却胆小害怕，把自己虚弱恐慌的内情暴露给了隋朝，使隋自得其愿；撤回军队，同时也使隋朝知道了陈朝没有振奋生气的内情，使得他们窃取了不伐丧的好名声，而洋洋自得地离去。所以说，陈非常愚昧。

高颎不伐丧，是义的行为，这里却为什么只言智呢？隋朝杨氏，窃取人家的国家而不感到惭愧，欺负人家的孤儿而不顾惜，让自己的女儿去事奉人家却又铲除了人家的宗社，并不以此为耻，那么，隋朝的君臣怎么能够恪守仁义、可怜人家国君的丧亡而不攻伐呢？如果乘国君丧亡之机，猛烈进攻人家，这是取败之道，而不是战胜之术。陈虽虚弱，但在南方的统治已经很久了，并不是隋所一定能得到的，陈不会轻易被消灭。庸人的情感无常，当危急的时候感到恐惧，稍定之后又忘忧。南陈国君死后，嗣子初立，内有乱难，外临强敌，所以君臣上下都惴惴不安。外边虽已请和，但内部仍然不宁。陈人如果知道自己行将灭亡，在不得已的形势下，会有拼死的决心，要决一死战以争存亡。高颎以一部分军队攻入陈朝，是触犯了陈人必死的怨愤，那么陈如果乘其虚弱，利用其骄性，组织全力应战，敌人没有不失败的。隋庆幸的是，这时陈派使者请和。因而隋就假借不伐丧的美名，实收全师不败之功，之后再养兵积威，等待时机。所以说，隋十分明智。

不伐丧矣，许之和矣，陈之廷，愚者曰："隋有仁义之心，不吾并也；"黠者曰："隋有隙而不能乘，无能为也"。于是而君骄臣怠，解散其忧惧，栩然以自即于安，信使往来，礼文相匹，縻其主于结绮临春赋诗行乐之中，则席卷而收之也，易于拾芥。善胜敌者，不乘其忧危，而乘其已定之情、已衰之气，隋之智，非陈之所能测也。自弛于十年而国必亡，姑待之十年而必举其国，一智一愚，一兴一亡，于此决矣。

故善谋国者，不忧其所忧，而忧其所不忧，不震掉失守于一朝，不席安自驰于弥日，孰得而乘之哉？而庸人不能也。庸人之愚，智人之资。向令陈人请和之使不出，高颎且进退无据，而苶然以返，隋气挫而陈可以不亡。夫岂陋君具臣之所及哉！

后主

1.大臣不言，而疏远之小臣谏，其国必亡。小臣者，权不足以相正，情不足以相接，骤而有言，言之婉，则置之若无，言之激，则必逢其怒，大臣虽营救而不能免，能免矣，且以免为幸，而言为徒设，况大臣之媢忌以相排也乎？大臣者，苟非穷凶极悖之主，不能轻杀也，故言可激也；苟非菽麦不辨之主，从容乘牖以入，故言可婉也；大臣秉正于上，而小臣亦恃之以敢言，然后可切言之，以曲成大臣之婉论，交相须也，而所恃者终大臣也。大臣不言，小臣乃起而有言，触昏昏者之怒，以隋不伐丧，答应请和，南陈朝廷的愚昧者说：“隋有仁义之心，不会吞并我们。”狡黠者说：“隋内部有矛盾，却不能利用这个时机，因为我们没有能力去干这些事。”于是，陈的君臣骄怠，解除了忧惧之心，自以为安，任便使者往来，礼文交聘，使君主满足于赋诗行乐中。这样，隋席卷而占领陈的土地，就象在地上拾取草芥一样容易。善于战胜敌人者，不是利用他们的忧危形势，而是利用他们已形成的思想，已衰弱的生气，隋的聪智，不是陈所能预测到的。陈氏自己松懈治理十年，而国家必然灭亡。杨氏姑且等待十年，而国家一定兴起。一智一愚，一兴一亡，乃由此决定。

所以，善于为国家考虑者，不是担忧所应该担忧的问题，而是担忧没有担忧的问题。只要什么时候都不失守卫，不居安忘危，那么，谁还有可乘之机？然而，庸人却不能这样做。庸人的愚昧，也正是智人的资本。假使陈不遣使请和，高颎军队进退都没有目标，疲备撤回，那么就会重挫隋的气焰，陈也可以不被灭亡。这难道是愚弱无能的君臣所能做到的吗？

大臣不劝谏，而疏远的小臣劝谏，那么国家必亡。凡为小臣，他的权力不足以端正问题，他的情感不足以处理问题。小臣多次劝言，如若他的上言婉顺，就会被置而不理。如果言词激烈，则一定遭到怒斥，大臣即使营救也不能免罪。如果能免罪，将会为免而庆幸，那么谏官就徒为虚设。更何况这些小臣还受到大臣的嫉妒、排斥呢？至于大臣，如果不是穷凶极恶的君主，不会轻易杀掉他们，所以他们言词可以激烈一些。如果不是不辨菽麦的君主，那么可以从正面直接劝谏，所以言词可以婉顺些。只有大臣秉正于上，小臣才能倚此而敢言，在这样的基础上，才可以能切言时政得失，从而形成大臣的婉劝益其恶，未有不亡矣。

夫大臣既导君以必亡矣，则为小臣者将何如而可哉？去而已矣。陈后主国垂危而纵欲以败度，傅縡、章华危言而见杀，陈之亡，迟之十年而犹晚，而二子者，亦舍身饲虎之仁，君子所弗尚也。《春秋》书陈杀其大夫泄冶，说经者谓“泄冶失语默之节，不如高哀之全身”，非也。微者名姓不登于《春秋》，曰杀其大夫而著其名，泄冶贵大夫也，谏而死，允矣；高哀名姓登于史策，亦贵大夫也，而去之，失臣节矣。縡与华非泄冶比也，胡为其以身试醒人之暴怒邪？其情忿，其言讦，唯恐刃之不加于项，而无救于陈之亡，何为也哉？

诚不忍故国之沦没，而耻为隋屈，山之涯、水之涘，庸讵无洁身之所，而必于刑人之市以置此父母之遗体乎？于是而江总之邪益成；于是而施文庆、沈客卿之势益张；于是而盈廷之口益箝；于是而隋人问罪之名益正。故陈必亡者也，杀二子而更速也。羸瘵者浮火方张，投以栀芩而毙逾速，二子之以自处而处人之宗社，无一可者也。

2.名教之于人甚矣！国虽破，君虽降，而下犹以降为耻，不能死而不以死为忧，行其志以免于惭，名教未亡于心也。

之论。大臣、小臣二者都相互需要，不过最终所依恃的还是大臣。如果大臣不上言，而只起用小臣上言，那么就会触怒昏昏之君，因为你暴露了他丑恶的一面，这样没有不身死的。

如果大臣规劝君王往死路上走，那么，作为小臣将如何是好呢？远离而去就可以了。陈后主在国家垂危之际，放纵侈欲，败坏法度，傅縡、章华曾危言劝谏而被杀。南陈的灭亡，推迟了十年还有点晚，这两个舍身养虎的行为，是君子所不提倡的。《春秋》中记载陈国君主杀其大夫官泄冶时，称说："泄冶没有重视少说为佳的节操，不象高哀一样，得以保全他的性命"。这话不对。小人物的姓名是不载于《春秋》的，这里说杀其大夫官，并著出了姓名，说明泄冶乃是高贵的大夫，因劝谏而死，死得其所。高哀姓名也列入史策，也属于贵大夫，然而他不谏而去，说明丧失了大臣的节操。傅縡、章华的行为不能与泄冶相比，他们为什么要以自身性命去劝谏神志不清的暴怒之人呢？他们带着愤很之情，采用激烈的语言，唯恐刀不放在自己的脖子上，同时又不能挽救南陈的灭亡，为什么要这样做呢？

如果真的不忍心自己国家的沦丧，耻于屈服于隋，那么山旁、水边，难道就没有洁身自爱的去处，而非要被人斩杀于市、丢弃这父母留下的身躯不行吗？如此这样，那么江总的邪妄之心就会得逞，施文庆、沈客卿的势力就会更加扩大，全朝廷中人的口就会更加紧闭，隋朝向陈问罪的名义就会更加正当。因此，南陈必亡，杀掉了傅縡、章华二人，南陈灭亡的速度会更快。羸病者虚火正盛的时候，让他服用栀芩，就会死亡更快。傅縡 、章华二人以自己永远过活的态度，去让别人的宗社也永远过活，那么到头来，没有一个能永远过活的。

名教道德对人的影响真深啊！国家尽管破灭了，君主尽管投降了，但人们仍为此而感到耻辱。没能死的人，则不再为死而顾惜，大胆去实现自己的心愿，以减免自己的愧疚之感。这说明名教道德在陈亡，袁宪侍后主而不忍去；许善心奉使未返，而衰服以临；周罗睺大临三日，而后放兵散仗；陈叔慎置酒长叹，而谢基伏而流涕；任瓌勸王勇求陈后立之，不听而弃官以隐；于仗节死义未能决也，而皆有可劝者焉。慕容、姚、苻、高氏之灭，未有此也，其或拥兵而起，则皆挟雄心以徼利者尔。晋南渡而衣冠移于江左，贤不肖之不齐，而风范廉隅养其耻心者，非暴君篡主之能销铄也。诸子之不死，隋不杀之耳，皆无自免于死之道也；无求免于死之道而不死，不死不足以为其节累。且陈氏之为君微矣，其得国也不以义，非有不可解君臣之分也；所不忍亡者，永嘉以来，中原士大夫之故国，先代仅存之文物，不忍沦没于一旦也。虽然，陈不能守，而隋得之，固愈于五胡之种多矣。诸子者，视家铉翁、谢枋得而尤可不死，然而毅然以名教自尽也，不尤贤乎！

人们的心目中并没有消亡。

南陈灭亡后，袁宪事奉陈后主而不忍心离去。许善心奉命出使还没有回来，就换上衰服大哭。周罗回来大哭三天后，才解散了军队及其仪仗。陈叔慎摆酒长叹，谢基伏身流涕。任环劝说王勇寻求陈氏后代再立君主，王勇不听，任环就弃官而去，过隐居生活。这对节操、死义犹豫不决的人，都有劝勉的意义。而十六国中慕容氏、姚氏、苻氏、高氏灭亡的时候，则没有出现这种情况，当时有些拥兵而起的人，却都是些雄心勃勃的谋利之徒。晋室南渡以后，中原的衣冠之族移居江南，其中的人有贤才，也有庸劣之辈，很不一致，其中有在传统良好的环境中自养其耻心的人，也不是暴君篡主统治所能限制的了的。如果诸多守节的士大夫不死，是隋政府不杀他们，他们都没有自免于死的道理。如果没有乞求免于死的道理而不死的话，那么，不死还不足以影响其节操。至于陈氏作君王，也是不起眼的君王，他当初夺得国家的统治权力，也不是采取仁义的方式，所以没有值得不可解除的君臣名分。之所以不忍心陈氏国家的灭亡，是因为不忍心自晋代永嘉以来，中原士大夫传下的故国，先代仅存的统治机制，沦丧于一日之间。但是，尽管如此，陈不能守国，而隋得到了国家，这本来就远远胜过五胡统治中原的情况。陈亡后的诸多士大夫，若与家铉翁、谢枋得比起来，尤其可以不死，然而他们却为了名教道德，毅然自己终结自己性命，这不是极贤的人才吗？

卷十九

隋文帝

1.圣人之道：有大义，有微言。故有宋诸先生推极于天，而实之以性，核之心得，严以躬修，非故取其显者而微之、卑者而高之也。自汉之兴，天子之教，人士之习，亦既知尊孔子而师“六经”矣，然薄取其形迹之言，而忘其所本，则虽取法以为言行，而正以成乎乡原，若苏威、赵普之流是已。

苏威曰：“读《孝经》一卷，足以立身治世。”赵普曰：“臣以半部《论语》佐太祖取天下。”而威之柔以丧节，普之险以斁伦，不自知也，不自愧也。以全躯保妻子之术，为立身扬名之至德；以篡弑夺攘之谋，为内圣外王之大道；窃其形似，而自以为是，歆其荣宠者，众皆悦也。挟圣言以欺天下，而自欺其心，阉然求媚于乱贼而取容，导其君以欺孤寡、戕骨肉而无忌。呜呼！微有宋诸先生洗心藏密，即人事以推本于天，反求于性，以正大经、立大本，则圣人之言，无忌惮之小人窃之以徼幸于富贵利达，岂非圣人之大憾哉？

普之于《论语》，以夺人为节用，以小惠为爱人，如斯而已，外此无一似也。威则督民诵五教，而谓先王移风易俗之圣人的思想学说，有大义，也有精微之言。所以宋代诸位学者把它捧上了天，又用人的本性来验证，凭自己的心得来核查，又亲身严格地遵循圣人之道，并不是故意把那些明显的隐微起来、低下的抬高起来。自汉朝立国以来，通过国君的倡导，士人的研习，尊崇孔子、学习“六经”已成为风尚，然而，如果仅仅浅薄地抓住圣人的一言一行，却丢掉了圣人之道的根本，那么，虽然取法它作为言行的准则，政教却被那些伪君子所把持，正如苏威、赵普这类人，就是如此。

苏威曾说：“熟读《孝经》一卷，足以立身、治国。”赵普也曾夸口：“我凭借半部《论语》辅佐太祖取得天下。”然而苏威很温顺，却丧失了气节，赵普很阴险，却败坏了伦理，但他们却不自知，也不感到惭愧。把保全自身与妻子儿女的方法作为立身扬名最高尚的道德；把杀君夺位和阴谋，作为内以圣人的道德为体、外以王者的仁政为用的大道理；窃取圣人的只言片语，求得外表相似，而自以为是，众人欣羡他们的官位和恩宠，对他们很悦服。拿圣人的话来欺骗天下人，并进而自己欺骗自己，屈意献媚以取悦于乱贼，唆使他的君王欺压孤寡之人，残害骨肉之亲却无所顾忌。唉！如果没有宋代诸学者洗涤其邪恶之心，蕴怀圣人之道的真谛，从人事推求其本原，达于上天，又反过来从人的本性来探求，以端正大法，树立根本，那么，圣人的话被肆无忌惮的小人窃取，作为侥幸获取升官发财的工具，岂不是圣人大可遗憾的吗？

赵普所说的《论语》，是以掠夺别人为减省费用，以小恩小惠为爱人，如此而已，除此之外和《论语》没有一点相似之处。苏威则道，毕于此矣。子曰：“乡原，德之贼也。”托于道，所以贼德也。正人心，闲先圣之道，根极于性命，而严辨其诚伪，非宋诸先生之极微言以立大义，《论语》、《孝经》为鄙夫之先资而已矣。

2.可以行之千年而不易，人也，即天也，天视自我民视者也。民有流俗之淫与偷而相沿者矣，人也，非天也。其相沿也，不可卒革，然而未有能行之千年而不易者也。天不可知，知之以理，流俗相沿，必至于乱，拂于理则违于天，必革之而后安，即数革之，而非以立异也。若夫无必然之理，非治乱之司，人之所习而安焉，则民视即天视矣，虽圣人弗与易矣。而必为一理以夺之，此汉儒之所以纤曲涂饰而徒云云也。

改正朔，易服色，汉儒以三代王者承天之精意在此，而岂其然哉？正朔之必改，非示不相沿之说也。历虽精，而行之数百年则必差。夏、商之季，上敖下荒，不能厘正，差舛已甚，故商、周之兴，惩其差舛而改法，亦犹汉以来至于今，历凡十馀改而始适于时，不容不改者也。若夫服色，则世益降，物益备，期于协民瞻视，天下安之而止矣。彼三王者，何事汲汲于此，与前王相竞相压于染绘之间哉？小戴氏之记《礼》杂矣，未见《易》、《书》、《诗》、《春秋》、《仪礼》、《周官》之斤斤于此也。其曰夏尚玄、殷尚白、周尚赤，吾未知其果否也。莫尊于冕服，而周之冕服，上玄而下纁，何以不赤也？牲之必骍强迫百姓诵读五教，却说先王移风易俗的方法全在于此了。孔子说：“那些伪善的君子，是败坏道德的坏人。”伪托圣人的学说，因此更容易败坏道德。端正人的本心，捍卫先圣的学说，穷极事物的本原于人的生命，并严格地辨别其真实与虚伪，如果不是宋代诸学者这样穷究圣人之道的精微之言，从而树立其大义，那么《论语》、《孝经》就成为那些卑鄙小人求得功名利禄的本钱了。

能够流行千年而不变的事情，是人意，即是天意，天意出自民意。民间有长久盛行的流俗并潜自沿袭，是人意，不是天意，它们沿袭不绝，不能骤然革除，然而并没有流行千年而一成不变的。上天难以预测，但可以事理推知，流俗相沿袭，一定会有混乱的那一天，悖于事理就违背于上天，必须予以改革才行，即使改革多次，却并不是为了标新立异。如果没有必定如此的道理，也不是政治清明或混乱使然，人们安于习俗，则民意就是天意了，即使是圣人也不能改变。而一定要用一个道理生搬硬套，这就是汉儒所以事无巨细必铺张粉饰却只是空费口舌的原因。

改变历法，变换服饰车马祭牲的颜色，汉儒认为夏、商、周三代诸王上承天意的精髓就在于此，但难道是这样吗？一定要改变历法，并非表示不相沿用。即使很精密的历法，使用几百年就必定出现差错。夏、商之际，上下荒怠，不能改正，错误已很严重，所以商、周之初，找出历法错误的地方予以改变，就像从汉代到今天，历法共改变了十余次才适用，这是不能不改的。至于服色，则世道越安定，器物越完备，为了让百姓瞻仰，天下平安而设置。夏禹、商汤、周文王，有什么功夫一心一意致力于此，和前王在服色上争来争去呢？小戴氏著《礼》很杂乱，我没有发现《易》、《书》、《春秋》、《仪礼》、《周官》在这上面斤斤计较。他说夏尚黑色、商尚白色、周尚红色，我不知道是真是假。没有比礼服更重要的了，而周代的礼服，上面也，纯而易求耳，非有他也。夫服色者，取象于天，而天之五色以时变，无非正矣；取法于地，而地之五色以土分，无非正矣。自非庞奇艳靡足以淫之者，皆人用之不可废，理无定，吾恶从知之？其行之千馀年而不易者，民视之不疑，即可知其为天视矣。

开皇元年，隋主服黄，定黄为上服之尊，建为永制。以义类求之，明而不炫，韫而不幽，居青赤白黑之间而不过，尊之以为事天临民之服可矣，迄于今莫之能易，人也，即天也。于是而知汉儒之比拟形似徒为云云者，以理律天，而不知在天者之即为理；以天制人，而不知人之所同然者即为天。凡此类，《易》、《书》、《诗》、《春秋》、《周官》、《仪礼》之所不著，孔、孟之所不言，诎之斯允矣。

3.今之律，其大略皆隋裴政之所定也。政之泽远矣，千馀年间，非无暴君酷吏，而不能逞其淫虐，法定故也。古肉刑之不复用，汉文之仁也。然汉之刑，多为之制，故五胡以来，兽之食人也得恣其忿惨。至于拓拔、宇文、高氏之世，定死刑以五：曰磬、绞、斩、枭、磔，又有门房之诛焉，皆汉法之不定启之也。政为隋定律，制死刑以二：曰绞、曰斩，改鞭为杖，改杖为笞，非谋反大逆无族刑，垂至于今，所承用者，皆政之制也。若于绞、斩之外，加以凌迟，则政之所除，女直、蒙古之所设也。

夫刑极于死而止矣，其不得不有死刑者，以止恶，以惩是黑的，下面是浅红色的，为什么不是红色呢？祭牲用红色毛皮的牛马，是因为颜色纯净且容易得到，并没有其他原因。如果说服色取法于天，而天的五色随着时间的变化而变化，没有不是正统的，如果说取法于地，而地的五色根据土质来划分，没有不是正统的。如果不是庞大、奇特、艳丽、奢靡足以使人惑乱的，那是人们使用不可废弃的，没有一定之规，我又如何知晓呢？那些流行千年而不改变的，百姓对之也不怀疑，即可知那是天意了。

开皇元年，隋文帝穿黄色的衣服，定黄色为最尊贵的服色，成为历代相沿的制度。按火类来探求，黄色明亮而不耀眼，蕴藉而不昏暗，处于青、红、白、黑之间，把它尊为事天临民的服色是恰当的，到今天没有谁能更改，这是人意，即是天意。由此可知，汉儒比拟铺叙只是空费口舌，拿理来套天，却不知上天就是理；以天来压人，不知人们都认为，正确的就是天意。所有这些《易》、《书》、《诗》、《春秋》、《周官》、《仪礼》都没有记述，孔子、孟子也没有论及，在此研究明白是可以的。

现在的法律，大多都是隋朝裴政制定的。裴政的恩泽远被后世，一千多年来，除非暴君酷吏，没有能恣意妄为，应归于法律稳定。古代的肉刑不再使用，归功于汉文帝的仁德。然而汉代的刑律，多为制度条文，所以五胡乱华以来，那些满身兽性的野蛮人得以欺凌他人，恣行残暴。到了拓拔氏、宇文氏、高氏执政的时候，制定了五种死刑：磬、绞、斩、枭、磔，外加满门诛戮，都是因为汉代法律不固定造成的。裴政为隋代制定法律，制定死刑二条，即绞、斩，改鞭刑为杖刑，改杖刑为笞刑，只要不是谋反就不施以族刑，直到今天，国家继承使用的刑律，都是裴政制定的。至于在绞刑、斩刑之外，又增加的凌迟之刑，则是裴政所废除，女真、蒙古族执政时所增设的。

刑法到死刑就到头了，之所以不得不设立死刑，是为了制止罪恶，不得已而用也。大恶者，不杀而不止，故杀之以绝其恶；大恶者，相袭而无所惩，故杀此以戒其馀；先王之于此也，以生道杀人也，非以恶恶之甚而欲快其怒也。极于死而止矣，枭之、磔之、轘之，于死者又何恤焉，徒以逞其扼腕啮龈之忿而怖人已耳。司刑者快之，其仇仇快之，于死者何加焉，徒使罪人之子孙，或有能知仁孝者，无以自容于天地之间。一怒之伸，惨至于斯，无裨于风化，而祇令腥闻上彻于天，裴政之泽斩，而后世之怒淫，不亦憯乎？隋一天下，蠲索虏鲜卑之虐，以启唐二百馀年承平之运，非苟而已也；盖有人焉，足以与于先王之德政，而惜其不能大用也。

4.周制：六卿各司其典，而统于天子，无复制于其上者，然而后世不能矣。《周礼》曰："惟王建国。"言国也，非言天下也。诸侯之国，唯命之也，听于宗伯；讨之也，听于司马；序之也，听于司仪行人。若治教政刑，虽颁典自王，而诸侯自行于国内，不仰决于六官。如是，则千里之王畿，政亦简矣，其实不逾今一布政使之所理也。郡县之天下，揽九州于一握，卑冗府史之考课，升斗铢累之金粟，穷乡下邑之狱讼，东西万里之边防，四渎万川之堙泄，其繁不可胜纪，总听于六官之长，而分任之于郎署。其或修或废，乃至因缘以仇私者，无与举要以省其成，则散漫委弛而不可致诘。故六卿之上，必有佐天子以总理之者，而后政以绪而渐底于成，此秦以下相臣之设不容已也。

恶，惩罚罪恶之人，迫不得已而设置的。对于那些罪大恶极的人，不杀他们没法制止他们的罪恶，所以杀了他们以断绝罪恶；那些罪大恶极的人，相沿袭而无所惩戒，所以要杀一以儆百，先王对于这一点，杀人是为了更多的人能活下去，并非因为痛恨罪恶而杀之使自己感到痛快。刑法到死就到头了，枭首、肢解、车裂，对于死者又有什么怜悯的呢，只是解除其咬牙切齿之恨并使人恐怖罢了。仅仅使罪人的后代或者有知仁知孝的，没法自容于世罢了。为了解恨，惨忍到这个地步，对于社会风气没有什么裨益，而只使血腥彻天，裴政以恩泽断绝，而后世仇恨泛滥，不是很惨痛的吗？隋统一天下，结束了鲜卑族的暴虐，开启唐代二百多年的太平盛世，并非苟延残喘而已；隋代有贤能之人，足以靠他们推行先王的德政，可惜不能够重用他们。

周代官制，六卿各自管理各自的部门，并直接听命于天子，六卿之上不再设置官职，然而后世却不能如此。《周礼》云：“诸侯王建立国家。”说的是诸侯国，并非指天下。那些诸侯国，在接受礼物的赐予时，听命于宗伯；征伐时，听命于司马；排列座次时，听命干司仪。至于治理、教化的政策法令，虽然由天子颁布，但诸侯在各自国内自行执行，不受六卿的制约。如此，则方圆千里的王畿，政事却很简单，实际上不超过如今一个布政使所治理的。天下设立郡县以来，九州统一在一起，那些低微庸劣的府官、史官的考核，一升一斗，一铢一厘的钱粮，穷乡僻壤的官司，东西南北的边防，大江大河的堵塞、泛滥，事务繁杂不可胜记，全听于六卿之官的头脑，并把任务分配到各个郎署。这样有的部门整治，有的部门败坏，乃至于有以权谋私的，无法找出其中严重的来省查，因此百官散漫怠惰却不能查问。所以六卿之上，一定要有一位辅佐天子来总理的人，然后政治才能井然有序并逐渐达到清明，这就是秦以后设立宰相不容废止的原因。

乃相臣以一人而代天子，则权下擅而事亦冗，而不给于治；多置相而互相委，则责不专，而同异竞起以相挠；于是而隋文之立法为得矣。左右仆射皆相也，使分判六部，以各治三官，夫然，则天子统二仆射，二仆射统六卿，六卿统庶司，仍周官分建之制，而以两省分宰相之功，殆所谓有条而不紊者乎！繇小而之大，繇众而之寡，繇繁而之简，揆之法象，亦太极生两仪，两仪生四象八卦，以尽天下之至赜，而曲成乎亹亹者也。法者非必治，治者其人也；然法之不善，虽得其人而无适守，抑末繇以得理，况乎未得其人邪？以法天纪，以尽人能，以居要而治详，以统同而辨异，郡县之天下，建国命官，隋其独得矣乎！不可以文帝非圣作之主而废之也。

5.开河以转漕，置仓以递运，二者孰利？事固有因时因地而各宜，不能守一说以为独得者，然其大概，则亦有一定之得失焉。其迹甚便，其事若简，其效若速，一登之舟，旋运而至，不更劳焉，此转漕之见为利者也。然而其运之也，必为之期，而劳甚矣。闸有启闭，以争水之盈虚，一劳也；时有旱涝，以争天之燥湿，二劳也；水有淤通，以勤人之浚治，三劳也；时有冻沍，以待天之寒温，四劳也；役水次之夫，夺行旅之舟以济浅，五劳也。而又重以涉险飘沉、重赔补运之害，特其一委之水，庸人偷以为安，而见为利耳。

然而宰相一人代天子总理朝政，就会权力下移，而且政务繁杂难以治理；如果多设置宰相又会互相推委，职责不能专一，赞同与反对的意见并起，互相阻挠；在这一点上，隋文帝立官的办法是很得当的了。左右仆射都是宰相，让他们分别兼管六部，各管领三官，这样，天子总领二仆射，二仆射总领六卿，六卿总领百官，继承了《周官》分置官吏的制度，却以左右仆射分理宰相的职权，这大概可谓有条不紊了吧？从小到大，从众到寡，从繁到简，用法象来衡量，就像太极生两仪，两仪生四象八卦，从而穷尽了天下的精微、深奥，谱成了悦耳动听的乐章。有好的法令政治不一定清明安定，政治清明安定需要贤能的人；然而如果法令就不当，即使贤能的人也无法称职，或者无法得以治理，何况没有得到贤能之人呢？遵守天道纲纪，人尽其才，以简要驾驭繁杂，统一相同的意见，辨别不同的意见，实行郡县制以后，建国立官，只有隋代做得恰当了吧！不能因为隋文帝不是圣明的君主而否定这一点。

开河来运粮与设置粮仓来传送粮食，二者哪一个更有利？事情固然有因时因地而各有所宜，不能坚持一种观点认为只有自己正确，然而约略说来也有一定之规。方法很便利，事情很简单，效率很高，一旦装上船，很快就能运到，不必再麻烦，这是漕运显而易见的有利之处。然而漕运必需要规定一定的期限，非常麻烦。水闸要有时开启有时关闭，以调剂河水有多少，这是一种麻烦；季节有旱有涝，要应付天气的干燥和湿润，这是第二种麻烦；河水的堵塞和通畅的时候，需要人们，不断地疏通治理，这是第三种麻烦；冬季有结冰的时候，要等到天暖开冻时才能行船，这是第四种麻烦；役使水道两旁的丁夫，争夺客船分运以渡过水浅的地方，这是第五种麻烦。更加经过危险的河段容易沉船，需要赔偿补运粮食，只依靠漕运，目光短浅之辈以此为安，只看到表面的便利。

夫无渐可循，而致之一涂，以几速效，政之荑稗也。岁月皆吾之岁月，纡徐之，则千钧之重分为百，而轻甚矣。置仓递运者，通一岁以输一岁之储，合数岁以终一岁之事，源源相因，不见有转输之富，日计不足，岁计有馀，在民者易登于仓，在仓者不觉而已致于内，无期会促迫之苦，而可养失业之民，广马牛之畜，虽无近功，而可经久以行远，其视强水之不足，开漕渠以图小利，得失昭然矣。

隋沿河置仓，避其险，取其夷，唐仍之，宋又仍之，至政和而始废，其利之可久见矣。取简便而劳于漕挽者，胡元之乱政也。况乎大河之狂澜，方忧其泛滥，而更为导以迂曲淫漫，病徐、兖二州之土乎？隋无德而有政，故不能守天下而固可一天下。以立法而施及唐、宋，盖隋亡而法不亡也，若置仓递运之类是已。

6.有名美而非政之善者，义仓是也。隋度支尚书长孙平始请立之，家出粟麦一石，储之当社，凶年散之，使其行之而善，足以赈之也。抑一乡一社，有君子长者德望足以服乡人，而行之十姓百家焉可矣。不然，令之严而袛以病民，令之不严，不三岁而废矣。且即有君子长者主其事，行乎一乡，亦及身而止耳。恶有一乡之事，数十年之规，而可通之天下，为一代之法也哉？

行之善，而犹不足以赈荒者，假使社有百家，岁储一石，三年而遇水旱，曾三百石之足以济百家乎？倘水旱在三年之没有前例可循，而得到异曲同工的功效，以期又快又好，这对政治是有无所裨益的。岁月都是我们的岁月，慢慢来，则千钧的重量可分为百钧，减轻得多了。设置粮仓来转送粮食，一年就交纳一年的储备，合数年来完成一年的事，源源不断，虽看不到像漕运粮食那样地丰富，但每天统计不足，一年下来统计却有余，对于百姓来说容易向粮仓交纳粮食，对于粮仓来说，不知不觉已储粮于内，没有期限逼迫的缺点，却可以供养失去产业的百姓，扩大牛马等牲畜，虽不见近期的功效，却可以经久致远，这和漕运的不足，开挖河道徒谋小利比起来，得失是很清楚的了。

隋代沿河设置粮仓，避开了漕运之险，取得置仓转运的方便，唐朝沿用，宋朝又沿用，到宋徽宗政和年间才废止，可见设置粮仓的长远效益。元代败坏政治，为了简便采用漕运。何况大河波浪凶猛，正担心河水泛滥，为什么却又把它开挖得迂回曲折，使得河水到处漫延，为害徐、兖二州的土地呢？隋代没有美德但有善政，所以不能守天下但却必然能够统一天下。创立法规并施行到唐代、宋代，是因为隋代虽然亡国但它创制的法规却没有丧失，就像置仓传运粮食的制度就是如此。

有美名而不是善政，义仓可为一例。隋度友尚书长孙平最早倡议设立义仓，每家出一石粮食，储存在里社，荒年分配下去，假如这种办法实行得好，足以赈济饥荒。或者一乡一里，有德望足以让人信服的君子长者主持其事，在十家百家中实行是可以的。不然，法令严厉只能危害百姓，法令不严，不出三年就废止了。况且即便有君子长者主持其事，在一乡一里实行，也只能一代而止。怎么能有乡里的小措施，几十年的规矩，却能够通行于天下，成为一个朝代的法规呢？

即使义仓实行得好，却还不足以赈济饥荒。假使一里有一百户人家，每家每年交纳一石粮食入义仓，三年之后遇到水旱灾害，三百外，粟且腐坏虫蚀，而不可食也。且储粟以一石为率，将限之邪？抑贫富之有差邪？有差，而人诡于贫，谁尸其富？家限之，则岁计不足，而遑计他年？均之为农，而有馀以资义仓，其勤者也；及其受粟而多取之者，其惰者也；非果有君子长者以仁厚化其乡，而惰者亦劝于耕，以廉于取，则徒取之彼以与此，而谁其甘之？不应，抑将刑罚以督之，井里不宁而讦讼兴，何义之有？而惰窳不节之罢民，且恃之以益其骄怠。况乎人视为不得已而束于法以应令，糠核湿腐杂投而速蠹，仅以博好义之虚名，抑何为者邪？况行之久而长吏玩为故常，不复稽察，里胥之乾没，无与为治，民大病而匄免不能，抑其必致之势矣。

夫王者之爱养天下，如天而可以止矣，宽其役，薄其赋，不幸而罹乎水旱，则蠲征以苏之，开粜以济之。而防之平日者，抑商贾，禁赁佣，惩游惰，修陂池，治堤防，虽有水旱，而民之死者亦仅矣。赋轻役简，务农重谷，而犹有流离道殣者，此其人自绝于天，天亦无如之何，而何事损勤苦之民，使不轨之徒悬望以增其敖慢哉？故文王发政施仁，所先者鳏、寡、孤、独，所发者公家之廪，非取之于民而以饱不勤不节之惰农也。孟子曰："惠而不知为政。"捐己以惠民，且不知养民之大经，况强以义胁民而攘之为己惠乎？夫义仓者，一乡之善士，石粮食难道足以赈济百家的饥荒吗？假使水旱灾害在三年以外发生，粮食将腐败被虫蚀，不能食用了。况且储粮一家以一石为标准，不是限止了储粮的数量吗？或者按贫富不同有区别地交纳，有区别，人们就会谎称贫困，谁会露富呢？如果限制每家都出粮，那么有些人家本年的粮食都不够吃，哪来顾得上其他年份呢？都是农夫，那些有余粮资助义仓的，是勤劳的人；至于那些总是接受赈济的，是懒惰之辈；如果不是果然有君子长者以其仁德教化乡里，使懒隋的人也勤于农耕，少于索取，那么义仓只是把粮食从勤劳的农夫那里取来送给懒惰的，谁会心甘情愿呢？如果有人拒绝向义仓纳粮，难道还要用刑罚来督促他们，使乡里不宁，诉讼并起，这样还有什么仁义可言呢？而那些游手好闲的无赖，却依靠义仓而更加骄慢怠惰。况且人们把向义仓纳粮视为摄于法令不得已而为之，缴纳的粮食往往是粗粮、湿的或者腐败的，这些粮食放在一起很快就会被虫蚀，仅仅以此博得好义的虚名，怎能有什么作用呢？更何况长久实行，主管义仓者习以为常，不再审查，乡吏侵吞，无法妥善管理，百姓受害不浅却不能得到免除，大概是义仓必然导致的情形。

天子爱护养育天下之人，像上天那样就可以了，宽免他们的劳役，减少他们的赋税，如果不幸遭到水旱灾害，就免除赋役使他们恢复，开仓来赈济他们。而平日预防的，要抑制商贾，禁止雇佣，惩治怠惰，开挖池塘，修治堤防，这样即使有水旱灾害，百姓饿死的也会很少了。轻徭薄赋，重视农业生产，而仍有流离失所，饿死道边的人，这是他们自绝于天，上天对他们也没办法，为什么要损害勤劳的百姓，使不务正业之徒寄望于义仓而更加怠惰呢？所以周文王发布政令，散布仁爱，优先照顾的是鳏、寡、孤、独的人，散发的是公家粮仓里的粮食，并非取之于民而使那些懒惰无赖之徒饱食终日。孟子说过：“只知给民以小恩小惠的人，不知为政之道。”拿出自己当上失其道、横征困民之世，行之十姓百家以苟全一隅者可也。为人上者而行之，其视梁惠王之尽心奚愈哉？

7.立教之道，忠孝至矣，虽有无道之主，未有不以之教其臣子者，而从违异趣，夫亦反其本而已矣。以言教者，进人子而戒之曰："尔勿不孝"；进人臣而戒之曰："尔勿不忠"；舌敝颖秃，而听之者藐藐，悖逆犹相寻也。弗足怪也，教不可以言言者也。奖忠孝而进之，抑不忠不孝而绝之，不纳叛人，不恤逆子，不怀其惠，不歆其利，伸大义以昭示天下之臣子，如是者，殆其好也，非其令也，宜可以正于家，施于国、推于天下而消其悖逆矣。然而隋文帝于陈郢州之叛而请降，则拒而弗纳；突厥莫何可汗生擒阿波归命于隋，请其死生，高颎曰："骨肉相残，教之蠹也，存养之以示宽大。"帝则从之，而禁勿杀；吐谷浑妻子叛其主请降，帝则曰："背夫叛父，不可收纳。"夫帝之欲并陈而服二虏，其情也；抑且顾君臣、父子、夫妇之大伦，捐可乘之利而拒之已峻，以是风示臣子，俾咸顺于君父，而蠲其乖悖，夫岂不能？然制于悍妻，惑于逆子，使之兄弟相残，终以枭獍之刃加于其躬，一室之内，戈矛逞而天性蔑，四海之称兵，不旋踵而蜂起，此又何也？繇此而知忠孝者，非可立以为教而教人者也。以言教者不足道，固已，徒以行事立标准者，亦迹而已矣。

的东西恩惠百姓，犹且为不知养民的大道理，更何况以义为名强迫百姓纳粮而夺之为己谋私利呢？至于义仓，乡里仁德的人士，当天子无道，横征暴敛，百姓困顿的世道，在十家百家中实行，苟且求安于一乡一里是可以的。作为天子却推行义仓，这和梁惠王的所谓尽心养民有什么不同呢？

树立教化，忠孝是最根本的，即使无道的昏君，也没有不用忠孝教导他的臣子的，但是有的遵从，有的违背，情形截然不同，也不过是各自反归其本罢了。宣传教化的人，对作子女的训戒道："你不要不孝顺"；对作臣子的训戒道："你不要不忠诚"；磨破了嘴皮，用秃了笔锋，而听者却心不在焉，不忠不孝的事仍然相继发生。这并不值得奇怪，教化光凭说来说去是行不通的。奖励忠孝之人并予以重用，压制不忠不孝的行径以断绝，不接纳叛主求荣的人，不怜悯不孝的子女，不接受他们的恩惠，不羡慕他们带来的利益，伸张大义，向天下作臣子的、作子女的表明孰是孰非，如果能做到这一点，虽不是最好的，也差不多算是好的了，可以此端正家风、施行于方国、推广到天下以消除不忠不孝的行为了。隋文帝征服陈国时，郢州守官背叛陈国向他请降，却拒绝而不接纳；突厥莫何可汗活捉了阿波来归顺隋，请求对阿波的处置，高颎说："骨肉相残，这是败坏教化，应该放了阿波以示宽大。"文帝就听从了他的意见，下令不准杀害阿波。吐谷浑之主的妻子和儿子投降于隋，文帝说道："背叛丈夫和父亲，不能接纳。"隋文帝希望吞并陈国。降服突厥和吐谷浑，这是不言而喻的，但还要顾及君臣、父子、夫妇的大伦，放弃可以获得的利益，予以严厉拒绝，以此告诫臣下，使他们都顺从于君父，消除他们背离违抗君父的倾向，难道不能做到这一点吗？然而文帝被悍妻左右，为逆子炀帝迷惑，使杨勇、杨广兄弟相残杀，最终自己也被不忠不孝的逆子杨广加害，一家之中，大动干戈，人性泯灭，国内举兵作乱，眨眼夫忠孝者，生于人之心者也，唯心可以相感；而身居君父之重，则唯在我之好恶，为可以起人心之恻隐羞恶，而遏其狂戾之情。文帝以机变篡人之国，所好者争夺，所恶者驯谨也。制之于外，示彝伦之则；伏之于内，任喜怒之私；其拒叛臣、绝逆子也，一挟名教以制人者也。幽暧之地，鬼神瞰之，而妻子尤熟尝之。好恶之私，始于拂性而任情，既且违情而殉物。悍妻逆子，或饵之，或胁之，颠倒于无据之胸，则虽日行饬正人伦之事，而或持之，或诱之，终以怨毒而贼害之。无他，心之相召，好恶之相激也。呜呼！方欲以纲常施正于裔夷，而溅血之祸起于骨肉，心之几亦严矣哉！好恶之情亦危矣哉！故藏身之恕，防情之辟，立教之本，近取之而已。政不足治，刑赏不足劝惩，况欲以空言为求亡子之鼓乎？

8.《周礼》：乡则比、闾、族、党，遂则邻、里、酂、鄙，各有长司其教令，未详其使何人为之也。就农民而为之，则比户之中，朴野之氓非所任也，其黠而可为者，又足为民害者也。且比邻之长虽微，而列于六官之属，则既列于君子而别于野人矣，舍其耒耜而即与于班联，不已媟乎？意者士之未执贽以见君而小试之于其乡，凡饮射宾兴所进于君之士，皆此属也，固之间四面蜂起，这又是什么原因呢？由此可知，忠孝是不可以立为政教来教导别人的，因为宣传教化的人不足称道，本来就是这样；仅仅做出一些事情作为忠孝的标准，也不过是一些表面现象罢了。

忠孝根植于人们的心底，只有用心才能感受得到；而对于那些身居君父重位者，则只有通过他们自己赞成什么，反对什么来激起人们的恻隐羞恶之心，遏止住他们悖逆狂乱之情。隋文帝凭借自己的机智灵活篡夺了国家政权，喜欢争强斗狠，讨厌驯服谨慎。对外族示以人伦的楷则，对内却喜怒无常；他拒绝接纳叛臣逆子，是为了拿伦理道德来控制别人。虽然鬼神看得清清楚楚，而妻子和儿子却不断地搞阴谋诡计。好恶的偏见，始于遇到违背自己性情的事随心所欲，既而达到违背情理，为了求得某些事物而不惜生命。悍妻和逆子，或者引诱他，或者胁迫他，在他面前颠倒是非使其失去主见，这样即便文帝天天做端正人伦的事，但由于妻儿的胁迫引诱，终于因为怨恨和狠毒使得骨肉相残。没有别的原因，是心相感染，好恶相激发造成的。唉！正想用纲常伦理教化边远的少数民族，而自己的家中骨肉相残，内心的希望也算迫切了吧！好恶的偏见也够危险了吧！所以用以安身的宽恕，杜绝人性的私情，树立教化的根本，都应从自身求得。政治不能清明，刑赏不能达到劝戒效果，还想用空话招回逃亡的儿子杨勇吗？

据《周礼》记载，周代的地方组织是这样的：乡下面设置比、闾、族、党，遂下面设置邻、里、酂、鄙，各有官长予以管理，但不知让什么人做这些乡吏。让农民做乡吏，则乡下那些朴实、野的农夫难以胜任，那些狡猾可以胜任的，又将为害百姓。况且乡吏虽然官位低微，但却列于六官的属下，也就应归于君子之列而有别于草野之民了，放下他们的农具而加入官吏的行列，不是太轻率了吗？我猜测，那些没有拿着礼物晋见国君而在他的乡里试用，凡是经过选举被国不耕而有禄食，士也，非民也。唯然，则可士、可大夫，而登进之涂远，则当其居乡而任乡之教，固自爱而不敢淫泆于其乡，庶几不为民病，而教化可资以兴。然《周礼》但记其职名，而所从授者无得而考焉，则郡县之天下，其不可附托以立乡官也，利害炳然，岂待再计而决哉？

成周之治，履中蹈和，以调生民之性情，垂为大经大法以正天下之纲纪者，固不可以意言求合也；故曰：人也，非政也。但据缺略散见之文，强郡县之天下，铢累以肖之，王莽之所以乱天下也。而苏威效之，令五百家而置乡正，百家而置里长，以治其辞讼，是散千万虎狼于天下，以攫贫弱之民也。李德林争之，而威挟《周礼》以钳清议之口，民之膏血殚于威占毕之中矣。悲夫！

封建之天下分而简，简可治之以密；郡县之天下合而繁，繁必御之以简。春秋之世，万国并，五霸兴，而夫子许行简者以南面，况合中夏于一王，而欲十姓百家置听讼之长以爚乱之哉？周之衰也，诸侯僭而多其吏，以渔民而自尊，蕞尔之邹，有司之死者三十三人，未死者不知凡几，皆乡里之猾，上慢而残下者也。一国之提封，抵今一县耳，卿大夫士之食禄者以百计。今一县而百其吏，禄入已竭民之产矣。卿一行而五百人从，今丞尉一出而役民者五百，其徭役已竭民之力矣。仁君廉吏且足以死民于赋役，污暴者又奚若也？况使乡里之豪，测畜君任用的士人，都是这类乡吏，生来不用务农而有俸禄，是士人，不是一般的百姓。只有这样，可作士人，也可作大夫，然而晋升的路途遥远，当他在乡里任乡吏的时候，就会自重自爱而不敢恣意妄为，大概不会危害百姓，教化也可以借此而兴。然而《周礼》仅仅记载了他们的职务名称，而授给他们官职的人却无从考证，实行郡县制以来，天下不能按照周代的制度再立乡官，利害关系是很明确的，哪里还用再计议而后决定呢？

成周时的政治，实行中庸之道，以调节百姓的性情，流传下来成为经典大法以端正天下的纲纪，决不可能凭猜测求得与之相合；所以说：治理天下靠的是贤能之人，而不是政治。只凭残缺不全的文献记载，强迫已实行郡县制的天下，一点一滴都要模仿周制，王莽就是因此使天下混乱的。而苏威却效法王莽，强令五百家设置一个乡正，一百家设置一个里长，来处理民间的法律纠纷，这其实是把千万恶狼饿虎散布到天下，去掠夺贫弱的百姓。李德林进行争辩，反对这样做，苏威就拿《周礼》来压制公正的评论，由于苏威的本本主义，百姓的血汗都被榨干了。可悲呀！

实行分封制的天下权力分散，政事简单，正因为政事简单，故可以用严密的政治进行统治；实行郡县制以来，天下一统，政事繁杂，正因为政事繁杂，故必须用宽简的政治进行统治。春秋时期，万国合并，五霸兴起，孔子就赞许用宽简的政治统治天下，况且今天华夏一统，却打算在十家百家中置乡吏来扰乱天下吗？西周衰落的时候，诸侯超越礼制，多设官吏，以掠夺百姓，并使自己尊崇，小小的邹国，官吏死亡的就有三十三人，没有死的不知道还有多少，都是乡里中为人奸猾，对上怠慢对下残暴的人。当时一个诸侯国设置的官吏，只抵当今的一县罢了，卿、大夫、士这些吃官粮的人数以百计。现在一县就设置数以百计的官吏，他们的俸禄已经用尽百姓的生产所得了。古代藏以侧目，挟恩怨以逞私，拥子弟姻亚以横行，则孤寒朴拙者之供其刀俎又奚若也？《易》曰：“通其变，使民不倦。”君子所师于三代者，道也，非法也。窃其一端之文具以殃民，是亦不容于尧、舜之世者也。

9.声音之动，治乱之征，《乐记》言之，而万宝常以验隋之必亡。顾其说非可一言竟也。有声动而导人心之贞淫者，有心动而为乐之正变者，其感应之几，相为循环，而各有其先后。谓声动而心随之，则正乐急矣；谓心动而乐随之，则乐固不能自正而待其人矣。倘于无道之世，按韶、夏之音而奏之，遂足以救其亡乎？不可得也。虽然，未有无道之世，不崇淫声、侈哀响，而能以韶、夏之音为乐者。于是而知志气之交相动，而天人之互为功矣。且以宝常之言，直斥何妥之乐为亡国之音，隋文何以不悦，终废宝常，而谓何妥之乐曰“滔滔和雅，与我心会，”则盛世之音，必不谐于衰世之耳。其谐不谐者，天也，非人也。乃唯帝任诈以取天下，昵悍妻，狎逆子，任其好恶于非僻，则心流于邪，而耳从心尔。然则治心而后可以审音，心者其本也，音者其末与！乃何妥衰乱慆淫之乐作，遂益以导炀帝邪淫无厌之心，而终亡其国，则乐之不正，流祸无涯，乐又本而非末矣。

上卿出行才会有五百人随从，现在一个丞尉出行就能役使五百人，这种徭役把百姓的精力用尽了。即使仁爱的国君、清廉的官吏还使百姓死于赋役，那些贪婪残暴的国君、官吏又会怎么样呢？更何况，假使乡里的恶霸，凭着自己资产丰足而无所顾忌，根据自己的好恶恣意妄为，带领子弟亲戚横行霸道，那些孤寡贫寒老实巴交的百姓任人宰割又会怎么样呢？《易》云："政治要变通，使百姓不感到疲惫。"君子所效法三代的，是他们为政的规律，并非具体的法规。据《周礼》中的一面之辞危害百姓，这在尧、舜时代也是行不通的。

音乐的变化，是政治清明安定与动荡不定的征兆，《乐记》记述了这一点，万宝常以此验证了隋代必定灭亡。对于他的论点是不能用一句话就说明的。有的是由音乐的改变而导致人心的贞洁或淫荡的，有的是由人心的改变而导致音乐的雅正与淫乱的，它们互相作用，交相循环，但却各自有先有后。如果说人心随着音乐的改变而改变，那端正音乐就是很急迫的了；如果说音乐随人心的改变而改变，那么音乐实在不能先予端正而期望人心随之改变。假若在无道的乱世，光凭演奏《韶》、《夏》这样好的乐章，就足以挽救它的衰亡吗？这是不可能的。虽然如此，没有哪个无道的乱世不崇尚浮靡不正派的音乐、放纵于哀惋凄恻的乐章中，而能以《韶》、《夏》这样的好乐章为音乐的。由此而知心志和万物是交相变化的，天和人是相互作用的。万宝常曾斥责何妥所作的音乐为亡国之音，隋文帝对此却不高兴，最终还是废止了万宝常所制的音乐，却称赞何妥所作的音乐道："温和娴雅，与我心相合"，这说明盛世之音，在衰世的天子听来一定不谐和。谐和不谐合，是天意，并非人愿。这是因为隋文帝凭奸诈取得天下，偏信悍妻，亲爱逆子，任其好恶，这样他的心就变得邪恶不正，耳朵也随心而变了。因此，先端正己心而后才可以辨别音乐，心是根本的，音乐是其次的！当何妥衰乱荒淫的音乐产生后，就更增加了隋炀古先王之作乐也，必在盛德大业既成之后，以志之贞者斟酌于声容之雅正，而不先之于乐，知本也。然必斟酌于声容之雅正，以成一代之乐，传之子孙，而上无淫慝之君，流之天下，而下无乖戾之俗，则德立功成，而必正乐，亦知本也。呜呼！自秦废先王之典而乐乱，自契丹、女直、蒙古入中国毁弃法物而乐永亡。唯声音之自然者，流露于人心、耳、手、口之间，时亦先兆其治乱兴亡之理。于是乐唯天动以感人，而人不能以乐治心，召和平之气。凡先王所以治，圣人所以教，俱无可为功于天下，固有心者所留憾于无穷也。天不丧道，又恶知无圣人者兴，无师而得天之聪明，以复移风易俗之大用乎？

古之教士也以乐，今之教士也以文。文有咏叹淫泆以宣道蕴而动物者，乐之类也。苏洵氏始为虔矫桎梏之文，其子淫荡以和之，而中国遂沦于夷，亦志气相召之几也。取士者有权，士之以教以学也有经，舍其大经，矜其小辨，激清繁绕，引哀怨以趋偷薄，亦恶知其所底止哉？

10.以德化民至矣哉！化者，天事也，天自有其理气，行乎其不容已，物自顺乎其则而不知。圣人之德，非以取则于天也，自修其不容已，而人见为德。人亦非能取则于圣人也，各以其才之大小纯驳，行乎其不容已，而已化矣。故至矣、尚帝邪恶放荡、贪得无厌之心，最终导致国家败亡，这样说来，如果音乐不正，祸害无边，音乐又是根本原因而非次要的了。

古代圣王制作音乐，一定要在盛德大业完成之后，让心志贞洁的人斟酌辨别音乐的雅正，而不是先制作音乐，可谓知其根本了。然而，一定斟酌音质的雅正，以制成一个朝代的音乐，把它传给子孙，不会招致淫邪的君王，把它推行到天下，不会招致民间违背情理的习俗，则道德树立、大功告成，而后再端正音乐，也可谓知其根本了。唉！自从秦代废除先王的典章制度导致音乐混乱，自从契丹、女真、蒙古入主中国毁弃法器名物，音乐永远消失了。只有自然的声音，从人的心、耳、手、口之中流露出来，也时时预兆着他们的治平混乱和兴盛败亡。这个时期音乐只能凭自然变化作用于人，人们不能主动地用音乐端正人心，招致和悦清平的气氛。凡是先王所以实现治平的，圣人所以完成教化的办法，都不能用于造福天下，这总使有识之士感到遗憾无穷。上天不会失去其运行的规律，又怎么知道没有圣人出现，无师自通地获得上天的精奥，用于移风易俗的大事业呢？

古代用音乐来教育士人，现在用文辞来教育士人。文辞中有讽咏淫荡以宣扬正道从而改变事物的，和音乐的作用是一样的。苏洵开始写欺诈束缚人的文章，他的儿子放纵地和他唱和，中国于是沦于蛮夷，也是人的心态和外界事物相互作用的表现。取士有所权变，士人用以教用以学的有至道，放弃至道大法，夸耀他小小的辨才，把文章写得激昂清高、跌宕起伏、缠绵悱恻却很浅薄，又如何得知这什么时候是个尽头呢？

用道德改变百姓是最高明的了，变化是天事，上天自有其本体和现象，它们运动不息不容停止，事物按照自己的规律运动却不自知。圣人的道德，并不是从上天那里获取的法则，而是不断学习，自强不息，别人看到认为这就是德行。一般人也不能从圣人那里获取法矣，绝乎人而天矣。谓其以德化者，人推本而为之言也；非圣人以之，如以薪炀火，以勺斢水，执此而取彼之谓也。夫以德而求化民，则不如以政而治民矣。政者，所以治也。立政之志，本期乎治，以是而治之，持券取偿而得其固然也，则犹诚也。持德而以之化民，则以化民故而饰德，其德伪矣。挟一言一行之循乎道，而取偿于民，顽者侮之，黠者亦饰伪以应之，上下相率以伪，君子之所甚贱，乱败之及，一发而不可收也。

夫为政者，廉以洁己，慈以爱民，尽其在己者而已。至于内行之修，则尤无与于民，而自行其不容已，夫岂持此为券以取民之偿哉？自汉龚、黄、卓、鲁之见褒于当代，于是有伪人者，假德教以与民相市，民之伪者应之，遂以自标而物榜之，曰此德化之效也。东汉之末，矫饰之士不绝于策。至于三国，迄乎梁、陈，岂无循良之吏，而此风阒然；时君之所不尚，褒宠不及，伪人苶然而返耳。至隋而苏威剽袭“六经”之肤说以干文帝，帝利其说以诧治定功成之盛，始奖天下以伪，而辛公义、刘旷诡激饰诈之为，赩然表见以徼荣利。公义则露坐狱中以听讼，讼者系狱，则宿厅事，不归寝阁；旷则称说义理，晓谕讼者，而不决其是非，遂以猎无讼之虚名，迁美官而传于史册。呜呼！当是时也，君臣相戕，父子相夷，兄弟相残，将相相倾，其上若此，则闾巷之民，相綦、相仇、相噬、相螫，不知其则，各自凭其才智的大小高下，遵循圣人之道不容停止，不知不觉已得到教化了。所以这是最好的，最高的，非人力可为而是自然所成。所谓用道德来教化，是人们推求其根本而这样说的，并不是说圣人用其道德来教化，就像用柴燃火，用勺舀水，拿一种东西去获取另一种东西。用道德来教化百姓，不如用政治来治理百姓。政治是用以治理天下的。推行政事的目的，本来就是希望得到治理，用政治来治理天下，就像拿着债券去索取欠款一样，得到欠款本来就是应该的，也还算真诚。拿道德来教化百姓，就会因为要教化百姓而伪饰道德，他所持的道德是虚伪的。凭着一言一行合乎道德，向百姓索取报偿，愚妄的人对此轻慢，奸猾的人也用虚伪来应承，上下一起虚伪，这是正直的君子非常瞧不起的，乱政由此开始，并将一发不可收拾。

那些当政的人，应该清廉以洁身自好，仁慈地爱护百姓，竭尽全力而已。至于自身的修养，和百姓并没什么关系，应该自修不止，怎能把这当作债券向百姓讨债呢？自从汉代的龚、黄、卓、鲁被当代人褒扬，从此就有虚伪的人，假借道德教化和百姓进行交易，百姓中虚伪者奉迎他，遂自我标榜，认为这是道德教化的功效。东汉末年，载于策书上的虚伪做作的人连绵不断。到了三国，截止梁、陈，难道就没有奉公守法的好官，只是那种自我标榜吹嘘的风气悄然消失了而已。当时的君王不欣赏虚伪的作法，虚伪的人得不到表扬宠幸，就疲倦地返归其本性了。到隋代，苏威剽取“六经”上那些肤浅的说教干预隋文帝，文帝赞许他的建议，用以夸耀政治清明安定大功告成的繁荣景象，开始奖励天下一些虚伪的作法，辛公义、刘旷就用瞒天欺人的作法，明日张胆地邀取名利。辛公义坐在监狱中听取诉讼，把打官司的人囚禁在牢中，他也住在办公的地方，不回寝室；刘旷大讲仁义大道理，晓谕打官司的人，却不判决谁是谁非，以此猎取没有诉讼的虚名，加官进级并传于史册。唉！当时，君臣相互戕杀，父子相互杀何若，而公义与旷取美誉、弋大官而止，后无闻焉。无讼者，孔子之所未遑；德化者，周公之所不敢居；区区一俗吏，以掉舌于公庭，暴形于寝处，遂胜其任而愉快乎？何易繇言而重为伪人之欺邪？

夫德者，自得也；政者，自正也。尚政者，不足于德；尚德者，不废其政；行乎其不容已，而民之化也，俟其诚之至而动也。上下相蒙以伪，奸险戕夺，若火伏油中，得水而焰不可扑，隋之亡也；非一旦一夕之致也。其所云德化者，一廉耻荡然之为也。

11.天下分争之馀，兵戈乍息，则人民之生必蕃，必天地之生理，屈者极，伸者必骤，往来之数，不爽之几也。当其未定，人习于乱，而偷以生，以人之不足，食地之有馀，民之不勤于自养也，且习以为常。迨其乱定而生齿蕃，后生者且无以图存，于斯时而为之君者将如之何？蕃庶而无以绥之则乱，然则人民之乍然而蕃育也，抑有天下者之忧也。虽然，王者又岂能他为之赐哉？抑岂容作聪明、制法令以为之，所哉？唯轻徭薄赋，择良有司以与之休息，渐久而自得其生，以相忘而辑宁尔。

五代南北之战争，民之存者仅矣。周灭齐而河北定，隋灭陈而天下一，于是而户口岁增，京辅、三河地少人众，且无以自戮，兄弟相互残害，将相相互倾轧，上面竟是这样，则一般的平民百姓相互毒害、相互仇杀、相互吞噬、相互伤害，不知道会怎么样呢，然而，辛公义和刘旷却得以猎取美名，骗取高官，不知他们以后怎么样了。消除诉讼官司的理想，孔子也没有实现；用道德教化百姓，周公也不敢以此夸口；小小的俗吏，凭着或者在公堂上口若悬河地讲大道理，或者在监狱中听取诉讼，就能实现孔子、周公也没有实现的理想而从容适意吗？文帝为什么如此容易地被虚伪的人用言辞欺骗呢？

道德，首先要自己具备；为政，首先要端正己身。重视政治的，在道德方面就会有所不足；重视道德的，却不会荒废政事；不停地行施道德，精诚所至，百姓自然被教化了。上下用虚伪互相蒙蔽，奸诈阴险，互相戕害，就像火在油中燃烧，虽然有水却不能扑灭火焰，隋朝的灭亡，并不是一朝一夕招致的。隋代所说的用道德教化，实际上是没有廉耻的所做所为。

天下大乱之后，战争刚刚平息，人口生育一定很多，这是天地间自然之理，压制地厉害，伸展得也一定厉害，一来一往，差不多毫厘不爽。当天下还没有安定的时候，百姓对战乱已经习惯，苟且偷生，人少地多，不愁吃喝，百姓自我供养，并不勤劳，且习以为常。等到战乱平息，人口增多，后来生育的人口无法生存，在这个时候做君王的该怎么办呢？人口众多却无法予以安置就会发生骚乱，这样，人口忽然增多，却成了统治者的忧患了。虽然如此，但是君王又怎能赐给他们其他的土地呢？或者又怎能制定出明智的法令，给他们分配新的地方呢？只有轻徭薄赋，选择良吏，给民以休养生息的机会，时间久了各自就渐渐得到了谋生的手段，忘却艰难，随遇而安了。

五代时南北交战，百姓活下来的很少。周灭齐后黄河以北安定下来，隋灭陈后天下统一，此时户口一年比一年增多，京辅（今陕西西安给，隋乃遣使均田，以谓各得有其田以赡生也。唯然，而民困愈亟矣。

人则未有不自谋其生者也，上之谋之，不如其自谋；上为谋之，且弛其自谋之心，而后生计愈蹙。故勿忧人之无以自给也，藉其终不可给，抑必将改图而求所以生，其依恋先畴而不舍，则固无自毙之理矣。上唯无以夺其治生之力，宽之于公，而天地之大，山泽之富，有馀力以营之，而无不可以养人。今隋之所谓户口岁增者，岂徒民之自增邪？盖上精察于其数以敛赋役者之增之也。人方骤蕃，地未尽辟，效职力于为工为贾以易布粟，园林畜牧以广生殖者未遑，而亟登之版籍，则衣食不充。非民之数盈，地之力歉，而实籍其户口者之无馀，而役其户口者不酌其已盈而减其赋也。乃欲夺人之田以与人，使相倾相怨以成乎大乱哉？故不十年而盗贼竞起以亡隋。民之不辑也久矣，考其时，北筑长城，东巡泰岳，作仁寿宫，而丁夫死者万计，别宫十二，相因营造，则其搜剔丁壮以供土木也，不待炀帝之骄淫，而民已无馀地以求生矣。乃姑为均田以塞其匄免之口，故曰唯然而民困愈亟也。

夫王者之有其土若无其土也，而后疆圉以不荒；有其民若无其民也，而后御众而不乱；夫岂患京辅、三河地少而人贫一带)、三河(今河南洛阳一带)土地少而人口多，粮食将无法自给，隋政府就派官吏平分土地，以使百姓都有土地以维持生计。正是因为这一点，百姓反而更加困窘了。

人没有不谋生路的，统治者为他们图谋，不如他们自己去谋求，如果废除他们自谋生路的念头，他们的生计就会更加困窘。所以不要担心百姓无法自给自足，即使他们最终不能够自给自足，他们一定会千方百计地求得生路，他们会对祖先的田地恋恋不舍，决不会有自我毙命的道理。统治者只要不夺去他们谋生的劳力，对他们轻徭薄赋，则凭着天地的广大，山川河湖的富有，加上百姓有精力来经营，就没有不能生养的人。而这里隋朝所说的户口一年比一年增多，难道仅仅是指百姓人口增加吗？统治者所以这样精密地计算户口的增加，只是为了对增加的人口征收赋税徭役。人口刚刚猛然增多，土地还没有全部开垦出来，人们从事工商贸易以维持生计，园林畜牧这些扩大生产的手段还没有来得及实施，却马上把新增加的人口登记在户籍上，这样只能使百姓衣食不足。并非百姓人口增多，土地不能承受，实在是因为把户口统计无余，征收赋税却不考虑百姓人口增多而予以减免。却打算夺人田地分给别人，使他们互相怨恨互相争斗以致酿成大乱吗？所以不出十年而盗贼蜂起灭亡了隋朝。百姓不得安宁已经很长时间了，考察当时的情形，在北方修筑长城，向东巡行东岳泰山，建造仁寿宫，死亡的丁夫成千上万，十二处别宫离馆，一处接着一处营造，搜求丁壮劳力运送土木，不需要隋炀帝再骄奢荒淫，百姓已经没有求得生存的余地了。竟然实行均田制来堵塞百姓请求减免赋税徭役的要求，所以说正因为如此百姓的困窘才更加厉害了。

君王拥有国土就像没有国土一样，而后国土才能不荒芜；抚有百姓就像没有百姓一样，而后统治百姓才不会混乱；何必担心京辅、哉？邓禹之多男子也，各授以业，而宗以盛，不夺此子之馀以给彼子也。宽之恤之，使自赡之，数十年而生类亦有序，而不忧人满。汉文、景得此道也，故天下安而汉祚以长。隋之速亡也，不亦宜乎！均田令行，狭乡十亩而籍一户，其虐民可知矣，则为均田之说者，王者所必诛而不赦，明矣。

12.开皇十四年，诏给公卿以下职田。其时天下已定，民各守其先畴，不知何所得田以给之，史无所考，大抵其为乱政无疑矣。先是官置公廨钱，贷民收息，诚稗政也，于是苏孝慈请禁止之，给地以营农，意且谓此三代之法，可行无弊者，而岂其然哉？三代之国，幅员之狭，直今一县耳，仕者不出于百里之中，而卿大夫之子恒为士，故有世禄者有世田，即其所世营之业也，名为卿大夫，实则今乡里之豪族而已。世居其土，世勤其畴，世修其陂池，世治其助耕之氓，故官不侵民，民不欺官，而田亦不至于污莱。郡县之天下，合四海九州之人以错相为吏，官无定分，职无常守，升降调除，中外南北、月易而岁不同，给以田而使营农，将人给之乎？贵贱无差，予夺无恒，而且不胜给矣；将因职而给之乎？有此耕而彼获者矣。而且官不习于田，一授其权于胥隶，胥隶横于阡陌，务渔猎而不恤其荒瘠，阅数十年而农非其农，田非其田，徒取沃土而灭裂之，不足以养士，而徒重困乎民也。故职田者，三代以下必不可行之法也。

三河因为人多地少而百姓贫困呢？邓禹儿子多，他每人都分给产业，宗族因此兴盛，他不强夺一个儿子多余的东西给另一个儿子。宽待他们，怜悯他们，使他们能够自我赡养，几十年后百姓生活得井然有序，而不用担心人满为患。汉代文帝、景帝深得此道，所以天下安定，汉政权得以久长。隋朝很快地灭亡了，不是很应该的吗？推行均田令，土地少的地方十亩地就登记一户，其残害百姓的情形便由此可知了，对于提倡实行均田制的人，君王一定要对他们诛杀不赦，这是很明白的了。

隋文帝开皇十四年，下诏分给公卿以下各级官吏职田。那时候天下已经安定，百姓各自守着祖上的田地，不知从哪儿获得田地分给他们，史书上没有记载，大概为乱政之法无疑了。起先是给官吏设置公廨钱，贷给百姓，收取利息，实在是拙劣的办法，因此苏孝慈请求禁止公廨钱，而分给官吏土地，经营农业，认为这是三代的圣法，可以推行而无弊害，然而难道真是这样吗？三代时的国家，幅员狭小，只相当于现在的一个县那么大，做官的不出于方圆百里的范围，而且卿大夫的子孙后代永远是官吏，所以有世代享用的禄位就有世代享有的禄田，就是他们世代经营的家业，名义上是卿大夫，实际上就是相当于现在乡里的大家豪族罢了。世代居住在他们的家乡，世代经营他们的土地，世代修整他们的池塘，世代管理给他们耕田的农夫，所以官吏不侵夺百姓，百姓不欺骗官吏，田地也不至于荒芜。天下实行郡县制以来，官吏来自五湖四海，他们没有固定的职位，固定的地方，或升或降，或调离或除名，京官边官，东西南北，月月更换，年年不同，分给他们职田让他们经营农业，将人人都给吗？贵贱没有差别，给予和收回没有一定的规矩，分配职田太多，政府将无法承受了；如果按照职位分给职田呢？又会出现此人耕种而别人收获的现象。而且官吏不熟悉农事，把管理职田的权力全交给属下小吏，这些胥吏横放公廨钱以收息，所以毁官箴而殃民，在所必禁者，君子与小人义利之疆畛，不可乱耳。力耕者，亦皇皇求利之事也，故夫子斥樊迟为小人，而孟子以不耕而食为不素餐之大。有天下者，总制郡县之赋税，领以司农，而给百官之禄入，俾逸获而不与民争盈缩，所以靖小人而迪君子于正道之不易者也。禄入丰而士大夫无求于民，犹恐其不廉也，乃导之与袯襫之夫争升斗于秉穗乎？苏孝慈者，知公廨钱之非道，胡不请厚其禄以止其贪，而非三代之时，循三代之迹，以徒乱天下为邪？隋文帝锱铢之主也，以为是于国无损，而可以益吏，且可窃师古之美名，遂歆然从之，溺古之士，且以为允。后世有官田，有学田，有藩王勋戚之庄田，皆沿此以贻害于天下，创制宜民者，尽举以授民而作赋，庶有瘥乎！

13.文帝畜疑御下，芟夷有功于己者不遗馀力矣。郑译、卢贲、柳裘或黜或死，防其以戴己者戴人，固也。其戮力以混一天下者，若史万岁、王世积、虞庆则诬讦一加，而斧锧旋及。至于贺若弼、高颎、李德林倚为心膂，不在杨素之下，而弼下吏几死，颎除名，德林终废。徒于杨素投胶漆之分，举天下以托之，何坦然无疑而尽易其猜防之毒也？乃素卒比附逆广以行乡里，经营渔猎而不管土地的荒芜贫瘠，经过几十年而农耕不像农耕，田地不像田地，白白地把肥沃的土地给毁掉了，不足以供养官吏，而只使百姓更加困窘。所以职田是三代以后坚决不能推行的法令。

贷出公廨钱以收取利息，毁坏了官吏的信誉，危害百姓，是务必要禁止的，君子和小人道义与利益的界限，是不能混乱的。辛勤耕作，也是忙忙碌碌追求财利的事情，所以孔子斥责樊迟是小人，孟子认为不以农耕为生并非不劳而食。君王总理郡县的赋税，由司农具体管理，供给百官俸禄，使他们收入丰厚从而不和百姓争利，以此安定小人并引导君子坚定不易地走正道。俸禄丰厚官吏就无求于民，这样还恐怕他们不廉洁呢，难道还要引导他们和布衣农夫争夺一升一斗的粮食吗？苏孝慈知道公廨钱不合理，为什么不请求文帝增加官吏的俸禄以防止他们贪污，不是三代的时代却推行三代时的法令，白白地扰乱天下呢？隋文帝是个眼光短浅的君主，赞成苏威设置职田的建议，认为对国家没有损害，却可以增加官吏的收入，而且还能够博取学习古人的美名，于是欣然听从，崇尚古法的人士，也认为允当。后世又出现了官田、学田、藩王勋戚的庄田，都是沿袭这种制度而贻害天下的。前人首创的制度适合百姓，就照搬在百姓身上实行，大概不合适吧！

隋文帝用人疑心很大，清除对自己有功的人不遗余力。郑译、卢贲、柳裘或被免官或被处死，实在是为了防止他们像拥戴自己一样拥戴别人。那些竭尽全力帮助他统一天下的人，如史万岁、王世积、虞庆则诬蔑之辞一旦加于身，马上就被处以死刑。至于贺若弼、高颎、李德林，文帝曾把他们当作心腹膀臂，不在杨素以下，然而，贺若弼被贬差点丧命，高颎被除去名籍，李德林终身不复起用。只有和杨素关系亲密，如胶似漆，把天下托付给他，为什么竟然坦然不疑，完推刃于帝，夫岂天夺其衷与？不然，何疑其所可不疑，信其所必不可信，如斯之甚也！

隋之诸臣，唯素之不可托也为最，非但颎、弼、德林之不屑与伍，即以视刘昉、郑译犹有悬绝之分。何也？素者，天下古今之至不仁者也。其用兵也，求人而杀之以立威，使数百人犯大敌，不胜而俱斩之，自有兵以来，唯尉缭言之，唯素行之，盖无他智略，唯忍于自杀其人而已矣。其营仁寿宫也，丁夫死者万计，皆以杀人而速奏其成，旷古以来，唯以杀人为事者更无其匹。呜呼！人之不仁至于此极，而犹知有君之不可弑乎？犹知子之不可弑父而已弗与其谋乎？文帝之项领日悬于素之锋刃而不知，岂徒素之狐媚以结独孤后而为之覆翼乎？抑帝惨毒之性、臭味与谐而相得也！

故曰：君不仁，则不保其国；臣不仁，则不保其身；不仁者乐与不仁者狎而信之笃，虽天子不保其四体。素之族至其子而乃赤，犹晚矣。故恻隐之心，存亡生死之几也。夫人性之弗醇，习之不顺，恻隐之心不足以发。唯好恶之不迷，不乐与不仁者处而利赖之，恶其可损、祸其可轻乎！

14.太子勇耽声色、狎群小，而逆广立平陈之功，且矫饰恭俭以徼上宠、钓下誉，声施烂然。文帝废勇而立广，虽偏听悍妻，致他日有独孤误我之叹，然当广恶未著、勇德有愆之全改变了他猜疑防范的一贯作法呢？杨素最终勾结依附于逆子杨广弑杀了文帝，难道上天夺去了文帝的中正之心吗？如果不是这样，为什么文帝怀疑他不必怀疑的人，信任他一定不能信任的人，如此厉害呢？

隋的诸位大臣，最不可以托付后事的只有杨素，不但高颎、何若弼、李德林不屑于和他为伍，即便是拿他和刘昉、郑译比较也有天壤之别。为什么呢？杨素是天下古今最不仁义的人。他指挥军队，靠着找人杀了来树立威信，派几百人进攻强大的敌人，如果不能取胜就全杀了他们，自从有军队以来，只有尉缭这样讲过，也只有杨素这样做过，这是因为没有别的智谋，只是忍心杀戮自己的人罢了。他建造仁寿宫的时候，死亡的丁夫数以万计，都是靠杀人而迅速完成了任务，自古以来，专以杀人为事的没有能和他相比的。唉！人不仁到这个地步，还知道君主是不能弑杀的吗？还知道儿子不能弑杀父亲而不和他合谋吗？文帝的脖颈每天都悬在杨素的刀锋之下，自己却不知道，难道只是因为杨素以谄媚巴结独孤皇后而成为她的羽翼吗？还是文帝生性惨毒，和杨素臭味相同而对他很满意。

所以说：君主不仁，就不能保全他的国家；臣子不仁，就自身难保；不仁的人喜欢和不仁的人亲近而且对他们非常信任，即是天子也不能保全自己。杨素一家到他的儿子时才变得真诚仁义，但已经晚了。所以有没有恻隐之心，是人生死存亡的预兆。如果人性不醇厚，生活习惯不顺和，恻隐之心就难以表露出来。只有对好的、坏的不糊涂，不喜欢和不仁的人相处并依赖他们，他的罪恶才可以减少，祸患才可以减轻！

太子杨勇沉湎于音乐女色、亲近众小人，而逆子杨广建立平定陈国功勋，并且伪装成谦恭节俭的样子以对上邀取宠爱，对下沽名钓誉，名声很好。隋文帝废掉杨勇而立杨广为太子，虽然是偏听了悍妻日，参互相观，亦未见废立之非社稷计也，而奚以辨之哉？广之所以惑独孤者，曰阿縱大孝耳。妇人喜嗫嚅呴沫之爱，无足怪者，帝固熟察人情者，而何亦懵焉？天下有孝于父母而忍贼害其兄弟者乎？勇虽不德，然知广之陷己，终未尝求广之过暴之父母之前。广则伏地流涕曰："不知何罪，失爱东宫。"勇无言，而广亟于谮，勇犹自处于厚，而广之不仁不可掩矣。

故人之甚不仁也易见也，父子兄弟之不若，夫人所无可如何者也。非其懿亲与其执友，则虽祸且相及，而固不可讦之相告，使触其怒以伤天性之恩；即其懿亲与其执友不容不告，而必谋其曲全之术：若直讦其阴私以激吾之谴责，则必其人天性固绝于己，而忿戾以求快其私者也。夫人且然，而况同生兄弟，均为父母之子，而浸润肤受交致以激吾之怒，尚可信为大孝而可以生死存亡托之者乎？

勇于见废之日，再拜泣下，舞蹈而出，终不讼广之见诬而擿其隐慝，然则使勇嗣立，隋尚可以不亡，藉令不然，亦何至逞枭獍之凶如广之酷邪？故勇与广贤不肖未易辨也，而广诉勇，勇不诉广，其仁心之仅存与其澌灭，则灼然易知也。天下未有忍夺其兄之孝子，古今无有谗毁我子弟、劝令杀戮屏弃而为可托之人，两言而决之有馀矣。

的话，致使日后有独孤误我的悔叹，然而当杨广的罪恶还没有表现出来，而杨勇的德行有过失的时候，相互比较，也看不到废杨勇立杨文并不是国家大计，但是凭什么来分辨好坏呢？杨广用以迷惑独孤皇后的办法，是让皇后觉得他是个大孝子罢了。妇人喜欢喋喋不休地说出来的爱，不值得奇怪，文帝本来就洞察人情，为什么也昏头了呢？天下有对父母孝顺却忍心残害他兄弟的人吗？杨勇虽然不检点，但知道杨广陷害自己，却始终没有搜集杨广的过错向父母报告。杨广却在独孤皇后面前伏在地上大哭着说："不知道犯了什么过错，得罪了东宫太子。"杨勇没说杨广什么坏话，而杨广却多次诽谤杨勇，杨勇还算厚道，但杨广不仁却是不可掩盖的事实。

所以，如果一个人非常不仁，那是很容易看到的，父子兄弟之间谁不如谁，却是外人无可奈何的。如果不是至亲至友，则虽然祸患马上降临，而一定不能揭发他们的隐私，触发他们愤怒使父子兄弟之间的恩情受到伤害；即使他们的至亲至友不能不相告，也一定想办法把话说得委婉；如果直言不讳地揭露他们的隐私并在一旁谴责挑拨，那么此人自己一定天性泯灭了，愤恨乖戾以求得自己开心。一般人况且如此，何况同胞兄弟，同为父母的儿子，却不断地向父母进哥哥的谗言以激起父母的愤怒，还能信任他是大孝子而把生死存亡的大事托付给他吗？

杨勇被废的那天，向文帝拜了两次，眼泪掉了下来，拜别文帝就出去了，始终没有诉说被杨广诬陷并指责、揭发杨广的隐恶，因此，假若让杨勇继承王位，隋朝尚且能够不亡国，即使不能这样，也何至于让杨广得以逞凶，不忠不孝，如此酷毒呢？所以，杨勇和杨广的贤与不贤不容易分辨，但杨广诬陷杨勇，而杨勇不诽谤杨广，他们的仁爱之心一个尚存，一个已经泯灭，则是明白可见的。天下没有忍心篡夺哥哥位置的孝子，古今没有谗毁自己的子弟，劝令杀戮抛弃他们，而为

15.《传》曰:“俭,德之共也;侈,恶其大也。”所谓德之共者,谓其敛耳目口体之淫纵,以范其心于正也,非谓吝于财而积之为利也。所谓恶之大者,谓其荡心志以外荧,导天下于淫曼也,非谓不留有馀以自贫也。俭于德曰俭,俭于财曰吝,俭吝二者迹同而实异,不可不察也。吝于财而文之曰俭,是谓贪人。谚曰:“大俭之后,必生奢男”,贪吝之报也。若果节耳目、定心志,以恭敬自持,勿敢放逸,则言有物、行有恒。即不能必子之贤,亦何至疾相反而激以成侈哉?隋文帝之俭,非俭也,吝也,不共其德而徒厚其财也。富有四海,求盈不厌,侈其多藏,重毒天下,为恶之大而已矣。

奚以明其然邪?仁寿宫成,赏封德彝而擢为内史。耳目之欲,力制而不能制也;盗边粮者升以上皆斩,积聚之贪,夸富强而唯恐不丰也。宋武藏农服以示子孙,齐高欲黄金与土同价,皆此而已矣。是下邑穷乡铢积丝累以豪于闾井者之情,而奚足为俭哉?视金粟也愈重,则积金粟也愈丰;取之于人也愈工,而愈不忧其匮;而后不肖之子孙无求弗获,而以为天下之可以遂吾志欲者,莫财若也。太子勇之饰物玩、耽声色,逆广之离宫别馆,涂金堆碧,龙舟锦缆,翦采铺池,裂缯衣树,皆取之有馀,而仓粟陈红,以资李密之狼戾,一皆文帝心计之所聚,而以丰盈自侈者也。祇速其亡,又何怪乎?

可以托付大事的人，用这两句话判断杨广的为人已绰绰有余了。

《传》云：“节俭，是值得尊敬的美德；奢侈，是极大的罪过。”所谓节俭是值得尊敬的美德，是说它使人收敛耳目口体的荒淫放纵，把他的心规范于中正，并不是说吝啬钱财，聚财图利。所谓奢侈是极大的罪过，是说它使人心志放荡，对外夸耀，引导天下人过度浪费，并不是说钱财一点也不留而使自己贫困。节俭作为美德叫作节俭，节俭到贪财就叫吝啬，节俭和吝啬二者，表面相似而实质不同，不能不加以区别。吝啬钱财却予以文饰称作节俭，这就是所谓的贪婪之人。谚语道：“大大地节俭之后，必然会招志穷奢极欲、挥霍浪费。”这是贪啬的报应。假若能够节制耳目之欲，安定心志，坚持恭敬谨慎，不敢放纵，言而有信，操行持之以恒，即使不能使儿子一定贤良，也何至于使他截然相反，奢侈无度呢？隋文帝的节俭，不是节俭，而是吝啬，不修他的德行而只是积累钱财。富有天下，却仍然不断地搜刮钱财，增加库藏，只能毒害天下，增加他的罪恶罢了。

怎么知道文帝是这样的呢？仁寿宫建成后，文帝赏赐了封德彝并提拔他为内史，耳目的欲望，极力控制却不能制止；偷窃边粮一升以上的都处以死刑，他聚积财货的贪心，夸耀富强而唯恐不足由此可见一斑。宋武帝收藏用过的旧衣服，传给子孙，齐高帝希望黄金和土块价钱一样，都是贪啬罢了。这就像在穷乡僻壤中一点一滴地积累财产，为的是在乡里称富，而这怎么算是节俭呢？把钱粮看得越重，则积聚钱粮越多，从别人那儿剥夺钱粮的方法也更加巧妙，也就越是不担心钱粮的匮乏，后世不肖子孙没有什么追求，而以为天下可以满足我愿望的东西，没有什么能比得上钱财的。太子杨勇装饰器物古玩，沉湎于音乐女色，逆子杨广营建离宫别馆，用黄金美玉进行装饰，制造龙舟，用锦帛作缆绳，剪彩缎铺盖池塘，撕缯帛包裹树木，都取之不尽，而粮仓里所藏的谷物也多得陈腐变红，以助长李密的若夫贤者之俭，岂其然哉？视金玉若尘土，锦绮若草芥，耳目不淫，心志不惑，澹然与之相忘，而以金粟给小人之欲，君臣父子相竞于义以贱利，其必不以为诲奢之媒审矣。夫唯大吝之后，乃生奢男，岂俭之谓哉？

16.文帝之察也，肘腋有杨素之奸而信之笃，宫闱有逆广之凶而爱之专，卒以杀身而亡国。无他，以涂饰虚伪笼天下，情以移，志以迁，而好恶皆失其本心，乐与伪人相取，狎焉而不自知也。

王伽者，天下古今之伪人也，罢遣防送之卒，纵流囚李参等七十馀人，与约期至京，而曰："如致前却，当为汝受死。"参等皆如期而至。夫参等身蹈重法，固桀敖不轨之徒也，伽何恃而以死党试其诚伪？前乎此者，未闻伽有盛德至行足以孚豚鱼也，一旦而以父母之身与罪人市，岂其愚至此哉？且李参等已至京而待配于有司矣，孰使帝闻之而惊喜？则伽与参等探知帝之好虚伪以饰太平，而相约以成诡异之行，标榜自炫于帝之左右，俾得上闻。帝果为之下诏曰："官尽如王伽，刑措其何远哉！"伽乃擢为雍令矣，参等乃予宴而赦矣。帝已为伽持券而取偿，而帝不知也；非不知也，知之而固喜其饰平康以昭吾治功之盛，而欺天下也。是其为情，与王劭上灵感志而焚香歌诵以宣示之无以异。唯然，故杨素伪忠，而帝且曰吾有忠臣；逆广伪孝，而帝且曰吾有孝子；情与之相得，心与之相习，贪暴凶残，这全是文帝的苦心积聚，而后代因为钱财丰盈而自行奢侈。只能加速隋的灭亡，又有什么值得奇怪的呢？

至于贤者的节俭，怎能是这样呢？看待金玉就像尘土，看待锦缎就像草芥，耳目不淫荡，心志不惑乱，淡淡地忘掉钱财，用钱财去满足小人的欲望，君臣父子重义轻利，就一定不会成为教唆奢侈的媒介了。老子过分贪吝之后，就出现了过分奢侈的儿子，怎能说文帝节俭呢？

隋文帝洞察世理人情，但是身旁有奸臣杨素却对他非常信任，家中有逆子杨广却对他非常偏爱，终于因此身死国亡。没有别的原因，是因为他喜欢粉饰虚伪以笼络天下，情移志迁，好恶都不是他的初衷，喜欢和虚伪的人相互利用，亲近他们却不自知。

王伽是天下古今的大伪人，遣散押送罪犯的士卒，放开被流放的囚犯李参等七十多人，和他们约定日期到达京城，并对他们说："如果到前边你们逃跑了，我就替你们去受死。"李参等罪犯都如期到达京城。李参等人身犯重法，一定是些桀骜不驯的家伙，王伽靠什么拿生命来考验他们的诚实和虚伪呢？在此以前，没有听说王伽有什么高尚的德行而深孚众望，一时心血来潮就拿父母给予的生命和罪犯进行交易，难道他就这样愚蠢吗？况且李参等罪犯到京城以后等待有关部门发配，谁使文帝听到这件事而惊喜呢？其实是王伽和李参等人探知文帝喜欢虚伪以粉饰太平，因而相约做成不合常理的事情，并在文帝的近臣前标榜炫耀，使皇上听到这件事。文帝果然下诏说："官吏都像王伽一样，免除刑法的日子还会很远吗？"王伽被提升为雍县县令，李参等罪犯也被赐予宴饮并予释放。文帝已为王伽持券取酬了，而文帝自己却不知道，其实文帝是知道的，只是他本来就喜欢粉饰太平以炫耀自己的治理平定天下的功劳，来骗骗天下人罢了。这种情形和王劭上《灵感志》焚香歌诵以宣告天下没有什么区不复知此外之有心理。亦将曰：文王之孝亦广，周公之忠亦素而已矣；孔子之绥来动和，亦伽而已矣。古今恶有圣贤哉？饰以为之而即可传之万世，则怀奸畜逆者，方伏刃以拟其项领，固迷而不觉。始以欺人，终于自罔，身弑国亡，若蹈火之必灼，狎水之必溺也，岂有爽哉？

夫圣人者，同于人者也；为创见之事，举世惊之，必有伪焉，秉正者所弗惑也。若伽者，固不容于尧、舜之世，唯不容焉，斯以为尧、舜之智与！

炀帝

（凡六代不肖之主，皆仍其帝称，篇内独称炀帝曰逆广，以其与刘劭同其覆载不容之罪，且时无夷狄割据，不必伸广以明正统。）

1.牛弘问刘炫以《周礼》士多府史少而事治，后世令史多而事不济，炫答以古之文案简而今繁，事烦政弊，为其所繇。此得其一于末，而失其一于本也。文繁而覆治重叠，追证荒远，于是乎吏求免纤芥之失，而朦胧游移，上下相蔽，不可致诘，此治道之所以敝，教令之所以不行，民人之所以重困，奸顽之所以不戢者，而非府史之劳也。苟求无摘而粗修文具，一老吏任之而有馀矣。乃府史之所以冗多而不理者，权移贿行而役重，民之贪顽求利与窜名避役者，竞趋于府史胥役之一别。正因为这样，所以杨素伪忠，而文帝却说我有忠臣；逆子杨广伪孝，而文帝却说我有孝子；感情上喜欢他们的虚伪，内心对此习以为常，不知道在这伪忠伪孝的后面包藏着祸心。也许有人会说：文王的孝和杨广的差不多，周公的忠也就像杨素的罢了；孔子安抚来者，也就像王伽所为罢了。古今哪里还有圣贤呢？做一些虚伪的事就可以流芳百世，那些心怀奸谋准备谋反的人，正拿刀对着他的脖颈，而他却迷惑不觉。开始时欺骗别人，最终连自己也欺骗了，自己被弑杀，国家也败亡了，就像踏在火上一定被烧伤，喜欢玩水的人一定被水淹溺，怎么会有差错呢？

圣人和一般人是一样的；因为有独到的见解，世人对他很敬服，若一定有虚伪的事情，心地中正者是不会被迷惑的。像王伽那样的人，是一定不能容于尧、舜之世的，正因为这一点，才显出尧、舜的睿智了。

牛弘曾问刘炫：据《周礼》所载，周代士民多而官吏少，但政事却有条不紊，后世官吏众多而政事却不能治平，这是什么原因？刘炫答道：古代文案简单而现在繁杂，事务繁杂，政治就会出现弊病，这就是它的原因。这种回答说出了一个次要的原因，而丢掉了根本的原因。文案繁杂，管理重复，难以求证，因此官吏为了避免一星一点的失误，而模棱两可，含糊其辞，上下互相蒙蔽，而不能核查，这就是政治所以残破，法令所以不能执行，百姓所以非常困窘，奸滑凶顽所以不收敛的原因，而并非官吏因事务太繁多而疲惫所致。仅仅求得不受指责而粗劣地处理文案，一位老吏就非常胜任了。所以官吏冗多却不途，则固有目不识文案、身不亲长官者篡入其中，而未尝分理事之劳，事恶得而理也？

《周礼》之所以可为万世法者，其所任于府者谨其盖藏，所任于史者供其篆写，而法纪典籍一委之士，士多而府史固可少也。士既以学为业，以仕为道，则苟分任于六官之属者，皆习于吏事而娴于典故，政令虽繁，无难给也。周之所以久安长治，而政不稗、官不疵、民不病者，皆繇于此。士则既知学矣，学则与闻乎道矣，进而为命士，进而为大夫，皆其所固能致者，则名节重而官坊立，虽有不肖，能丧其廉隅而不能忘情于进取，则吏道不污，而冒法以仇奸者，十不得一。

且夫国家之政，虽填委充积，其实数大端而已：铨选者，治乱之司也；兵戎者，存亡之纽也；钱谷者，国计之本也；赋役者，生民之命也；礼制者，人神之纪也；刑名者，威福之权也。大者举其要，小者综其详，而莫不系于宗社生民纲纪风俗之大。其纤微曲折，皆淳浇仁暴之机也。而以委之刀笔之猥流，谋尽于私，而智穷于大，则便给于一时，而遗祸于久远，虽有直刚明哲之大臣，未能胜也。如唐滑涣一堂后小吏耳，郑馀庆一斥其奸，而旋即罢相，其可畏而不可挽也如此。乃举国家之事，不属之名义自持之清流，而委之鄙贱乾没之宵小，岂非千金之堤溃于蚁壤哉？参佐清谈而浊流操柄，愈免小失而愈能治理，是因为权力变动，贿赂公行而百姓的赋役加重，百姓中那些贪婪顽劣谋求私利与逃避徭役的，争相趋于仕途，这样一定有目不识丁、不适宜作官长的人混进官吏的行列，却不曾分理政务，政事如何得以治理？

《周礼》之所以可以作为万世的法规，是因为它规定：府库官只用心掌管好财贷，史官只用心搞好撰著，至于法律条文，文书典籍都委托给士民，士民多府官史官自然就少了。士民既然以学习道艺为业，以作官为前途，那么如果把他们分配到六官府作属吏，全会凭借对吏事和典故非常熟悉，政令虽然繁杂，却难不倒他们。周代所以能够长治久安，而政治不混乱，官吏不犯错误、百姓不困窘，都由此所致。士民既然知道学习道艺，学习了就会明白道义，下一步就可以作名士，再进一步就可以作大夫，都是他们一定能够实现的，这样名节就变得非常重要，官吏的牌坊也树立起来了，虽然有个别不肖之徒，可能会丧失棱角但不会忘记进取，因而官风不会败坏，而违法做坏事的人，十个里面找不到一个。

况且国家的政事，虽然看起来非常繁多，其实也就是几个大的方面罢了：选拔官吏，是政治治平与混乱的决定因素；军队是国家安危的关健；钱粮，是国家经济的根本；赋税徭役，决定着百姓的命运；礼制，是人与神灵行为的纲纪；刑法，是示民恩威的权力。大的地方要抓住主要的，小的地方要做到无微不至，没有不关系着国家百姓纲纪风俗的大体。它们的细微之处都是社会风气淳厚与浮薄，仁爱与残暴的关健。而把它们交给刀笔之吏的卑劣之辈管理，为了私利想尽千方百计，而对国家大事却束手无策，虽然一时方便，而遗祸无穷，即使有刚直贤明的大臣，也不能制服他们。例如唐滑涣只是个堂后的小吏，郑余庆一旦训斥他的奸邪，却马上被罢相，他们可畏而不可挽救的情形就是这样。把国家的政事，不托付给坚持仁义名节的酿大忧，然后知《周礼》之法，卓然非后世所及。炫，儒者也，何不曙于先王立教之本而长言之，以垂为永鉴？区区以文之繁简为言，九州混一之世，文法何易言简也！

2.人以才自旌，以智先人，功亦立，名亦著，所行亦不大远于正，而及其成局已终，岁时已过，则猥末局蹐，名节不立，而抑不保其身，则汉朱儁、皇甫嵩，隋之高颎、贺若弼是已。呜呼！士苟无卓然自立之志以辅其气，而禄位子孙交集而萦之，则虽以儁与嵩秉正以匡乱者，尚困于董卓而不能立义以捐生，况颎与弼乎？当其盛也，智足以见事几，才足以济险阻，年力方强，物望方起，又遇可与有为之主，推奖以尽其用，则亿而中、为而成，心无顾恤而目空天下，可为也，则为也，于是而功名赫然表见于当世；曾不知其时迁世易，智尽才枯，而富贵已盈，子孙相累，暗为销谢，茶然一翁妪之姝暖，则诛夷已及，既不能奋起以蹈仁，复不能引身而避祸，昔之所为英豪自命者安往哉？此志士之所深悲，而君子则早知其衰气先乘，莫能自胜也。

杨广之弑君父，杀兄弟，骄淫无度，其不可辅而不相容，涂之人知之矣。颎之料敌也，目悬于千里而心喻若咫尺，弼轻杨素、韩擒虎而自诩以大将，夫岂不能知此，而遂无以处此者？乃不能知也，不能处也。嚅嗫于李懿、何稠佞幸之侧，以讦广之失，其所指摘而重叹之者，又非广之大恶必致败亡者清流，却委派给鄙贱贪污的小吏，难道不是千里之堤溃于蚁穴吗？清流只能作副职，浊流掌握着权柄，越是避免小失误越是酿成大的忧患，然后才知道《周礼》上的法规，是后世远远不能赶得上的。刘炫是位儒者，为什么不用先王树立教化和根本而详予论述，以传为永远的鉴戒，仅仅以文案的繁简来论述，天下一统的时代，文案法规不能轻易以简略而论。

人以才干表现自己，凭智慧超过别人，功成名就，所做所为近于中正，而当他大局已定，时过境迁，却变得行为猥琐，举止谨慎，难以保持名节，或者连自身也不能保全，汉代的朱俊、皇甫嵩、隋代的高颎、贺若弼都是这类人。士人如果没有卓然不群的自立之志来辅助他的胆气，而官位和子孙交相纠缠，那么虽然像朱俊和皇甫嵩那样秉正匡乱的人，尚且为董卓所困而不能杀身成仁，何况高频与贺若弼呢？当他们兴盛的时候，智慧足以预见事物的发展趋势，才干足以渡过艰难险阻，年富力强，威望正在提高，又遇到可以和他大干一番事业的君主，奖掖他们，充分发挥他们的才干，料事能中，做事就成，无所顾忌，目空天下，可以做的事情就去做，于是功名显赫，世人瞩目；当时并不知道会有时过境迁的时候，智穷才尽，而富贵已经到头了，子孙相连累，暗自衰败，一对疲倦的老头老婆的柔软顺从，竟招致杀头之祸，既不能奋起为仁义献身，又不能引退避祸，过去自命为英雄豪杰的人到哪里去了呢？这是志士所深感惋惜的，而君子也早已发现自己的衰败气象，却不能超越自我。

杨广杀父屠兄，骄奢淫逸，放荡无度，他不可辅佐，不能相容，天下人都明明白白。高颎料敌如神，远在千里而心里清楚得却像近在咫尺，贺若弼看不起杨素、韩擒虎而自诩为大将军，怎么能不知道这些，却对此束手无策呢？但是，他却不能知道，不能处理这件事。在李懿、何稠这些佞臣旁边吞吞吐吐地揭发杨广的过失，他们所指责也；征散乐而已，厚遇启民可汗而已。舍其大，讦其小，进不能抒其忠愤，退不能守以缄默，骈首以就狂夫之刃。悲哉！曾颎与弼之铮铮，而仅与王胄、薛道衡雕虫之腐士同膏鈇锧乎？其愚不可警，其懦不可扶，还令颎与弼自问于十年之前而岂屑尔哉？高堂曲榭，金玉纨绮，老妻弱子，系累相婴，销耗其丈夫之气，则虽有忧世之心，徒喁喁啧啧于匪人之侧，祸之已及，则喑死屠门，如在胎之羔犊矣。故曰："血气既衰，戒之在得。"血气之刚，足以犯难而立功者，岂足恃哉？儁与嵩扶义以行，且不能保于既衰之后，况二子之区区者乎？衰矣而不替其盈，唯方刚而豫谨其度，制其心于田庐妻子之中，身轻而志不靡，则迨其老也，伏枥不忘千里之心，以皦皦垂光于白日，而亦奚至此哉！君子者，非以英豪自见者也，然于道义名节之中自居于大矣。年弥逝而气弥昌，非颎与弼之所与也，然观于颎与弼而益知所戒已。

3.高丽，弱国也，隋文攻之而不克，逆广复攻之而大败，其后唐太宗征之而丧师。广虽不道，来护儿、宇文述虽非制胜之将，而北摧突厥、吐谷浑之强，南渡海俘杀流求，则空国大举以加高丽，亦有摧枯拉朽之势焉；况唐太宗以英武之姿，席全盛之天下，节制兴兵以加蕞尔之小邦；然而终不可胜者，非隋、唐之不克，而丽人之守固也。隋方灭陈，高丽闻之而惧，的又不是杨广必致败亡的大恶；征集散乐而已，厚待启民可汗而已。舍弃了他大的罪恶，揭发他小的过失，进一步不能表现他们的忠贞，退一步又不能保持沉默，两个人把头并在一起让狂夫杨广来砍。可悲呀！以高颎、贺若弼的赫赫声名，却仅得和王胄、薛道衡这些小小的迂腐之士一同受刑，他们的愚蠢不可劝戒，他们的懦弱不可扶持，回过头让高颎、贺若弼在十年前自问，他们怎屑于这样做呢？高大的房屋，曲折的台榭，黄金美玉，绫罗绸缎，老妻弱子，束缚羁绊，销耗了他们大丈夫的浩然之气，因此，虽然有忧国忧民之心，却只是在佞人的旁边吞吞吐吐，灾祸一旦降临，就像尚在母胎中的羊羔牛犊一样，悄无声息地死在肉铺里。所以孔子说："在年老血气衰败的时候，要警戒贪得无厌。"血气刚强，足以克服困难创立功勋，怎么值得依赖呢？朱俊、皇甫嵩坚持道义以行事，还不能在衰败之后保全自己，何况小小的高颎、贺若弼呢？要想衰老时不失去富贵，只有方正刚直，谨慎行事，把握分寸，不要让心束缚于田地房舍妻子儿女之中，一身轻松，志气不颓败，那么到他老迈的时候，仍然是老骥伏枥，志在千里，以自己的贞洁和白日争光，而怎么会落到这种地步呢？君子不是凭着英雄豪气来表现自己的，而是在道义名节上保持自己的高大形象。年岁越大，气节越高尚，这不是高颎和贺若弼所能做到的，然而纵观高颎与贺若弼的一生就更加明白自己所应该警戒的了。

高丽是个弱小的国家，然而，隋文帝进攻它却不能取胜，杨广再次进攻它大败而还，后来唐太宗征伐高丽却也损兵折将。杨广虽然无道，来护儿、宇文述虽然也不是常胜将军，然而向北摧毁了强大的突厥、吐谷浑，向南渡海消灭了流求国，因此全国动员，大举进攻高丽，也应该有摧枯拉朽之势；况且唐太宗凭着英武的雄姿，领导全盛的国家，统帅精兵强将进攻小小的弱国，然而最终还是不能取胜，不是隋、唐不能攻克，而是高丽的防守坚固。隋刚灭陈国时，高丽得九年而隋文始伐之，二十二年而广复伐之，则前此者，皆固结人心，择将练兵、积刍粮、修械具之日也，故不可克也。何以知其然邪？陈非高丽之与国，恃之以相援而固圉者；乃闻陈亡而惧，惧于九年之前，机发于九年之后，效著于二十三年之馀，而施及于五十馀年之久，其君臣之惧以终始，则能抗强大以保邦也，不亦宜乎？

《易》曰："其亡其亡，系于苞桑。"孰系之？能惧之心系之也。夫既有其国，即有其民，山川城郭米粟甲兵皆可给也。尊俎之谋臣，折冲之勇士，役意以求，激奖以进，抑不患其无才，不知惧者莫与系之耳。蜀汉亡，而孙皓不惧；高纬亡，而叔宝不惧；孟昶亡，而李煜不惧；迨及兵之已加，则惴惴然而莫知所应，旁皇四顾，无所谓苞桑矣。朽索枯桩，虽系之，其将何济焉？虽然，惧者，自惧也，非惧人也。智者警于心以自强，愚者夺其魄以自乱，突厥之震慑，而降服争媚以交攻，抑不如其无惧也。谯周畏魏而挠姜维之守，蜀汉以亡，亦惧者也；宋高畏女直而忍称臣之辱，大仇不雪，亦惧者也；惧而忘其苞桑，与不惧者均，闻丽人之已事，尚知愧夫！

4.秦与隋虐民已亟，怨深盗起，天下鼎沸而以亡国，同也。然而有异焉者，胡亥高居逸乐于咸阳，销兵孤处，而陈胜、吴广起于江、淮，关中悬远，弗能急为控制，迨其开关出到消息后非常恐惧，九年后隋文帝才征伐它，二十二年后杨广再次征伐，因此在这之前，高丽人有充裕的时间笼络人心、选拔将士、操练兵丁、屯积粮草、修造械具，所以不能被攻克。陈国不是高丽友好的国家，可以依靠它的支援来巩固边疆，但高丽听说陈亡国，在九年前已感到恐惧，这种恐惧给高丽带来的影响，最初表现于九年之后，二十二年之后攻效最为显著，一直持续到五十年之久，他们君臣始终感到恐惧忧患，因此能够抵抗强大的隋、唐大军，保卫国家平安，这不是应该吗？

《易》云："灭亡了灭亡了，却维系在稳固的根基上。"高丽维系在哪儿呢？它维系在内心的恐惧忧患上。既然拥有国家，就拥有人民，山川城郭粮食军队都能够有保障。对宴享礼宾的谋臣，冲锋陷阵的勇士尽力搜求，激励奖赏他们使其为国出力，而不担心自己无才无德，除了恐惧忧患没有什么可以维系的了。蜀汉亡国后，而东吴的孙皓不忧惧；北方高纬亡国，而陈叔宝不忧惧；后蜀孟昶亡国，而南唐的李煜不忧惧；等到大兵压境，则惊慌失措不知道怎么对付，彷徨四顾，已没有可依赖的根基了。朽绳枯木，即便维系着，又有什么用呢？虽然如此，所谓忧惧，是忧惧自己，并不是惧怕他人。睿智的人心内警戒，发奋自强，愚蠢的人丧魂落魄，不攻自乱，突厥被隋震慑，争相投降献媚，内部却互相残杀，还不如他们不忧惧。谯周惧怕曹魏而阻挠姜维进行防守，蜀汉因此亡国，也是因为畏惧；宋高宗赵构畏惧女真而忍受对金称臣的污辱，大仇不报，也是因为畏惧；畏惧别人而忘掉了自己可以依赖的根基，和不忧惧是一样的，听听高丽人的往事，应该感到惭愧。

秦和隋对百姓都非常暴虐，百姓怨恨朝廷，纷纷揭竿而起，天下大乱以致亡国，这一点是相同的。然而也有不同的地方，胡亥高高在上地住在咸阳，消遥享乐，销毁兵器，独处关中，而陈胜、吴广起兵击，而六国之兵已集，势不便也。隋方有事于高丽，九军之众一百一十三万人连营渐进，首尾千馀里，会于涿郡，而王薄拥众于长山，刘霸道集党于平原，张金称、高士达、窦建德群起于漳南、清河之间，去涿数百里耳，平芜相属，曾无险隘之隔；此诸豪者，不顾百万之师逼临眉睫，而纠乌合之众，奡立于其旌麾相耀、金鼓相闻之地，则为寇于秦也易，而于隋也难。夫岂隋末诸豪之勇绝伦而智不测乎？迨观其后，亦如斯而已，而隋卒无如之何，听其自起自灭、旋灭旋起、以自毙于江都。且逆广非胡亥匹也，少长兵间，小有才而战屡克，使与群雄角逐于中原，未必其劣于群雄也，则隋末之起兵者尤难也。然而群雄之得逞志以无难者，无他，上察察以自聋，下师师以自容，所急在远而舍其近，睨盗贼为疥癣，而自倚其强，若是者，乘其所忽而回翔其间，进可以徼功，退固有馀地以自藏，而又何惴焉？

虎之猛也，而制于猬；即且之毒也，而困于蜗；其所轻也。故杨玄感、李密以公侯之裔，世领枢机，门生将吏半于朝右，金钱衣币富将敌国，而兵起两月，旋就诛夷，唯隋之忌之也夙而防之也深，一闻其反，全力以争生死，而山东诸寇起自草莱，不在独夫心目之中，夫且曰“以玄感之势倾天下而可如韩卢之搏兔，此区区者其如予何哉！”故群雄败可以自存，而连兵不解，卒无如之何也。高颎、贺若弼而既诛夷矣，正逆广于江淮之间，关中遥远，秦不能马上控制局势，等到开关出击义军，六国的大军已会合起来，形势已经不利了。而隋正和高丽作战，九军将士共一百一十三万人，军营连着军营，渐次向前行进，首尾一千多里，会集于涿郡（今河北涿县），而王薄在长山（今山东邹平县）拥众起义，刘霸道在平原（今山东平原县）起义，张金称、高士达、窦建德在漳南、清河之间（今河北清河县一带）起义，离涿郡只有几百里，平原相连，中间没有险要的关隘相隔，这几位豪杰，不顾百万大军迫在眉睫，而纠集乌合之众，傲立于旌旗飘扬、金鼓震地的军事重地，如此说来，在秦代起义容易，在隋代起义艰难。难道隋末起义的几位豪杰英勇绝伦、才智高深莫测吗？待观察他们后来的表现，也就如此而已，而隋政府对他们最终也没有怎么样，听任他们自起自灭，此起彼伏，以致炀帝江都毙命。况且杨广不是胡亥可以相比的，他年轻时就执掌兵权，小有才略，作战屡次胜利，如果让他和群雄逐角中原，未必他就不如群雄，因此在隋末起义就显得更加艰难了。然而群雄所以得以毫不费力地各据一方，没有别的原因，是因为皇上对群雄起义傲慢地不屑一顾，臣下规规矩矩，不敢进言以保全自己，忙于遥远的事情却把急待解决的事情搁置起来，视农民起义为肌肤之患，而自持强大，就这样，群雄趁着朝廷忽视而纵横驰骋，进可以攻城掠地，退可以占据一方，保全自己，而又有什么担心的呢？

老虎非常凶猛，但对刺猬却没有办法；蜈蚣毒性很大，但对蜗牛却束手无策；刺猬和蜗牛都是它们瞧不起的。所以杨玄感、李密作为公侯的后代，世代为朝廷重臣，朝廷的官吏一半都是他们的门生故吏，家资巨富，可以和国家相比，但他们起义才两个月，很快就遭到诛灭，这是因为隋炀帝一向猜忌他们，对他们防范得很紧，一听到他们造反，就全力以赴地进行围剿，而山东的诸豪杰起兵于草莽，不在独夫炀帝的心目之中，炀帝曾说："我对付势倾天下的杨玄感就像韩骄语太平、鞭笞六寓之日也，群雄不于此而兴，尚奚待哉？于是而王薄等之起兵二年矣，仅有一张须陀者与战而胜，逆广君臣直视不足畏而姑听之。然则诸起兵者，无汉高、项羽耳，藉有之，岂待唐公徐起太原，而后商辛自殪于牧野哉？

至不仁而敛天下之怨，非所据而踞天位之尊，起而扑之，勿以前起者之败亡，疑其强不可拔也。杨玄感死，而隋旋以亡，大有为者，知此而已。

5.圣人之大宝曰位，非但承天以理民之谓也，天下之民，非恃此一而无以生，圣人之所甚贵者，民之生也，故曰大宝也。秦之乱，天下蜂起，三国之乱，群雄相角，而杀戮之惨不剧，掠夺之害不滋，唯王莽之世，隋氏之亡，民自相杀而不已。王莽之末，赤眉、尤来、铜马诸贼徧于东方，延于西陇，北极赵、魏，南迤江、淮，而无有觊觎天步僭名号以自雄者。赤眉将败，乃拥刘盆子以盗名，而盆子不自以为君，贼众亦不以盆子为君也。大业之乱，自王薄、张金称，起于淄、济，窦建德、刘元进、朱燮、管崇、杜伏威、刘苗王、王德仁、孟让、王须拔、魏刀儿、李子通、翟让，攘臂相仍，凡六年矣，无有以帝王自号者。其尤妖狂者，则有知世郎、历山飞、漫天王、迦楼罗王之号。非徒无定天下之心，而抑无草窃割据之志；非徒不为四海所推奉，而抑不欲为其类之雄长。于是而淫掠屠割，举山国的良犬搏杀野兔，这些小小的毛贼又对我怎么样呢？”所以群雄虽然一时失败却可以图存，聚众不散，最终对他们也没有办法。高颎、贺若弼被诛戮后，正是炀帝狂言天下太平、暴虐天下的时候，群雄不在此时起义，还等到什么时候呢？当时王薄等起义已有二年，隋政府只有一张须陀和他们作战而取胜，炀帝君臣认为群雄不值得担心而姑息养奸。可惜诸位起义者中间，没有刘邦、项羽那样的人物，如果有的话，哪里还要等到唐公李渊慢慢地起兵太原，然后才使得炀帝毙命江都呢？

炀帝极端不仁，招致天下人的怨恨，不该他做皇帝而他却占据着皇帝的宝座，群雄起义，攻击隋王朝，千万不要因为前起的义军败亡而怀疑它强大得不可战胜。杨玄感死后，隋很快就亡国了，准备大干一番事业的人，知道这一点就行了。

帝王最宝贵的东西是帝位，并非仅仅因帝王上承天意，管理万民才这样说，天下的百姓，不依靠帝位继持太平就无法生存，帝王最可宝贵的，是百姓的生命，所以说帝位叫大宝。秦代大乱时，天下豪杰蜂起，三国大乱时，群雄相互角逐，而杀戮的惨状并不厉害，掠夺的危害也不严重，只有王莽统治的时代，隋代亡国之际，百姓自相残杀，没有休止。王莽末年，赤眉、尤来、铜马各支义军遍布东方，连绵于西陇、北抵赵、魏，南达江、淮，却没有觊觎帝位而僭立名号称雄一方的，赤眉军将要失败的时候，才拥立刘盆子以盗取名号，但刘盆子自己不愿作君主，赤眉军将士也没有把刘盆子当作君主来拥戴。大业年间的战乱。自从王薄、张金称在淄水、济水起义以后，窦建德、刘元进、朱燮、管崇、杜伏威、刘苗王、王德仁、孟让、王须拔、魏刀儿、李子通、翟让，相继群起响应，经过六年，没有自称帝王的。他们中最为狂妄的，也只有自称知世郎、历山飞、漫天王、迦楼罗王这些名号，非但没有安定天下的志向，而且连作个草野盗贼，割据二方东、河北、淮左、关右之民，互相吞龁，而愿弱者缩伏以枕藉，流血于郊原。其惨也，较王莽之末而加甚焉。至大业十二年，而后林士弘始称帝于江南，窦建德、李密踵之，自命为王公，署官僚，置守令。虽胥盗也，民且依之以延喘息。而捋采既刘，萌蘖稍息，唐又起而收之，人始知得主之为安，而天下以渐而定矣。

夫盗也，而称帝王，悖乱之尤，名实之舛甚矣，然而虚拥其名，尚不如其无名也。既曰帝矣，曰王矣，为之副者，曰将相矣，曰牧守矣，即残忍颠越，鄙秽足乎讪笑，然且曰此吾民也，固不如公然以蛇豕自居、唯其突而唯其螫也。故位也者，名也，虽圣人有元后父母之实，而天下之尊之以位者，亦名而已。君天下而天下保之，君天下而思保其天下，盗窃者闻风而强效焉，则名位之以敛束暴人之虔刘，而翕合离散之馀民者，又岂不重哉？宝也者，保也，人之所自保也。天下有道，保以其德；天下无道，保以其名；故陈胜起而六王立，汉室沦而孙、曹僭，祸且为之衰减。人不可一日而无君，天祐下民，作之君，作之师，伪者愈于无，况崛起于厌乱之馀以又安四海者哉！

6.忌天下之强，而奖之以弱，则以自弱而丧其天下，赵宋是已。然弱者，暴之反也，故外侮不可御，而内不失民也。忌的愿望也没有；非但不被天下拥戴，而且连他们同类中的首领也不愿做，于是奸淫、抢劫、屠杀无所不为，带领山东、河北、淮左、关右的百姓，互相残杀，老弱者纵横相枕，死于荒郊野岭，那种惨象，比王莽末年更加严重。到大业十二年，林士弘才开始在江南称帝，窦建德、李密也随之称帝，自己分封王公，任命官吏，设置郡守县令，虽然他们全是盗贼，百姓却权且依靠他们苟延残喘。当大的盗贼枝叶剥落，稀疏凋残，新的枝芽暂停萌生的时候，唐公就起兵收服他们，天下人才知道国家有君主世道才会太平，天下也就因此渐渐安定下来了。

是盗贼，却称帝王，名和实相外，非常荒唐可笑，因此，徒有名号，还不如他设有名号。既然称帝称王，辅佐他们的称将称相称牧守，而残忍荒诞、鄙卑肮脏却只能今人讪笑，然而他们竟说：这是我的百姓啊，真不如公然以毒蛇、野猪自居，因为他们只知道像猪一样到处冲撞，像蛇一样随意螫人。所以说帝位只是一个名号，虽然帝王有作民父母的说法，而天下却凭着帝位而尊奉他，也是因为一个名号而已。君临天下而天下人也拥护他，君临天下也要想着保护天下的百姓，盗取名号的人听到一些前代的风范而免强效法，则名号帝位可以束缚残暴之人的劫夺和杀戮，而流离失所免强活下来的百姓又怎能不尊重这个名号呢？宝，就是保护的意思，是指人的自我保护。天下有道，靠道德来保护；天下无道，靠名号来保护；所以陈胜起义之后六王并立，汉朝败亡后，孙权、曹丕窃居帝位，而灾祸却因此减少了，天下人不能一天没有国君，上天为了保护人民，为他们设置了君主，置备了官长，即便是假冒的也比没有强，更何况崛起于天下厌恶战乱的时候，为的是安定天下的呢？

忌讳天下手握兵权的将帅，而奖掖孱弱的文职人员，使得国家积贫积弱因而丢掉江山，宋代就是这样。然而孱弱是强暴的反面，天下之贤，而驱之不肖，于是而毒流天下，则身戮国亡，不能一朝居矣。逆广之杀高颎、贺若弼也，畏其贤也；薛道衡、王胄、祖君彦一词章吟咏之长耳，且或死或废，而无以自容，非以天子而求胜于一夫也，谓贤者之可轧己以夺己，而不肖者人望所不归，无如己何也。故虞世基、宇文述、裴矩、高德儒之猥贱，则委之腹心而不疑；乃至王世充之凶顽，亦任之以土地甲兵之重；无他，以其耽淫嗜利为物之所甚贱，而无与戴之者也。唐高祖以才望见忌，几于见杀，乃纵酒纳贿，托于污行，则重任之使守太原，以为崛起之资。夫人君即昧于贤不肖之分，为小人之所挠乱，抑必伪为节制之容，饰以贞廉之迹，而后可以欺昏昏者以仇其奸；未有以纵酒纳贿而推诚委之者，此岂徒逆广之迷乱哉？自隋文以来，欲销天下之才智，毁天下之廉隅，利百姓之怨大臣以偷固其位者，非一朝一夕之故矣。

呜呼！为人君者，唯恐人之修洁自好，竭才以用，择其不肖而后任之，则生民之荼毒，尚忍言乎？以宇文化及之愚劣，可推刃以相向，夫岂待贤于己者而后可以亡己哉？祇以贼天下，使父子离而为涂殍。故天下之恶，莫有甚于恶天下之贤而喜其不肖者也。天子以之不保天下，士庶人以之不保其身，斩宗灭祀、鬼祸不解者，皆此念为之也，可不畏哉！

所以虽然不能抵御外侮，但对内却没有失去民心。忌妒天下贤能之人，而任用不肖之徒因此毒害天下，很快就会国破人亡。杨广诛杀高颎、贺若弼，是畏惧他们的贤能；薛道衡、王胄、祖君彦只是吟咏诗词的行家罢了，犹且或者被处死，或者被免官，难以自容，并不是炀帝因为自己是天子而一定要胜过哪一个人，而是因为贤能的人可能反对自己并夺取自己的帝位，而不肖之徒众望不归，对自己不会怎么样。所以，虽然虞世基、宇文述、裴矩、高德儒这类人鄙卑下贱，却把他们当作心腹而毫不怀疑；甚至王世充那样凶顽，也任命他为手握重兵管辖一方的要臣；没有别的原因，因为他们沉湎淫乐，贪谋私利，为世人瞧不起，因而没有拥戴他们的人。唐高祖李渊因为有才能名望而被猜忌，差一点被杀，他就放纵地宴饮，并收取贿络，用污秽行为掩盖自己，炀帝被他迷惑，就任命他镇守太原，成为他以后崛起的资本。君主即使分辨不清什么是贤能什么是不肖，被小人搅乱，也一定要虚伪地制定节度法制，用贞洁清廉的行为来装点门面，然后用这来欺骗那些糊糊涂涂的人以达到自己的目的；没有凭着纵酒纳贿而信任他并委以重任的，这难道只是杨广迷惑糊涂吗？自隋文帝以来，就希望销毁天下的聪明才智，销毁天下方正不苟的棱角，任用百姓怨恨的奸臣以苟且稳固帝位，并非一朝一夕所致。

唉！作君主的，唯恐别人品行兼优、人尽其才，却挑选那些不肖之徒委以重任，生灵涂炭，让人不忍述说。像宇文化及那样愚蠢鄙劣的人，也能够对炀帝下手，哪里还用比自己贤能的人来灭亡自己呢？妒贤嫉能，只能毒害天下，使父子分离，饿死路旁。所以天下的罪过，没有比忌恨天下贤能之人而喜欢不肖之徒更厉害的了。天子因此不能保有天下，一般人因此不能保全自己，断子绝孙、隐密不测的灾祸不能消除，都是这种忌贤妒能的念头造成的，多么可怕呀！

7.语曰："明君贵五谷而贱珠玉。"五谷之所以贵者，不可不务白也，迷其所以贵，而挟之以为贵，则违天殃人而祸必及身。所以贵者何也？人待之以生也。匹夫匹妇以之生，而天子以生天下之人，故贵；若其不以生天下之人而奚贵焉？积则不可以约为藏，藏则易以腐败而不可久，不能如珠玉之韫千金于一椟，数百年而缄之如新也。故聚之则不如珠玉远矣，散之则以生天下而贵莫甚焉。《传》曰："财聚则民散，财散则民聚。"谓五谷也。若夫钱布金银之聚散，犹非民之甚急者也。聚钱布金银于上者，其民贫，其国危；聚五谷于上者，其民死，其国速亡。天之生之也，不择地而散，而敛之以聚，是违天也；人之需之也，不终日以俟，而积之以久，是殃民也；故天下之恶，至于聚谷以居利而极矣。

为国计者曰："九年耕，必有三年之蓄。"此谓诸侯有百里之封，当水旱而告籴于邻国，一或不应，而民以馁死，故导民以盖藏，使各处有馀以待匮也。四海一王，舟车衔尾以相济，而敛民之粟，积之窖窌，郁为麴尘，化为蛾蚁，使三旬九食者茹草木而咽糠秕，睨高廪大庾以馁死，非至不仁，其忍为此哉？

隋之毒民亟矣，而其殃民以取灭亡者，仅以两都六军宫官匠胥之仰给，为数十年之计，置雒口、兴雒、回雒、黎阳、永丰诸仓，敛天下之口食，贮之无用之地，于是粟穷于比屋，一遇常言道："贤明的君主看重五谷，看轻珠玉。"五谷之所以贵重，不能不务必说明，不知道它所以贵重，而占有它自以为贵重，就会背天理，危害百姓并使自己遭殃。五谷贵重之处是什么呢？是人依靠它生存。一般人靠五谷生存，天子靠五谷生养天下人，所以贵重；如果它不是人们赖以生存的东西又贵重在哪里呢？积聚吧，又不能简单地来收藏，储藏吧，又容易腐败，不能长久。不能像珠玉一样把价值千金的东西放在一个小匣子里，封闭起来几百年后还像新的一样。所以在积聚方面五谷就远远地不如珠玉，而分散下去就可以养活天下人，没有什么比它更贵重的了。《传》云："财物积聚在一起民心就散了，财物分散下去百姓就会团结一致。"这里说的财物是指五谷。至于金银钱财的积聚和分散，还不是百姓感到很急迫的。统治者积聚金银钱财，就会使百姓贫困，国家危机；如果把五谷积聚在政府手里，就会使百姓饿死，国家迅速败亡。上天让五谷生长，不是选择某一个地方而是分散在各处，如果把它收敛起来积聚在一处，这就违背了天意；人们需要五谷，不能一日没有，却把它积聚起来长久储存，这就危害了百姓，所以天下的罪恶，到了积聚粮食来求利算是到头了。

制定国家方针大计的人说："耕种九年，必定会储存可供三年食用的粮食。"这里说的是有方圆百里封土的诸侯国，遇到水旱灾害向邻自请求买进粮食，一旦邻国不答应，百姓就会被饿死，所以要引导百姓储藏粮食，使各地有余粮以备缺粮时用。国家统一，运粮的船和车首尾相接，把从百姓那里搜刮来的粮食，堆积在粮窖里，腐败长出酒母菌，化作蛾子蚂蚁，使得家境贫困度日艰难的人吃糠咽菜剥食树皮，看着高大的粮仓饿死，不是极端不仁，能忍心这样做吗？

隋代毒害百姓的地方多了，而它危害百姓并因此自取灭亡的，仅仅是因为它为了供给两都的军队、工匠、官吏，作几十年的长远打算，设置了洛口、兴洛、回洛、黎阳诸粮仓，搜刮天下人的口粮，储藏在无凶年，则流亡殍死，而盗以之亟起，虽死而不恤，旋扑旋兴，不亡隋而不止。其究也，所敛而积者，衹为李密聚众、唐公得民之资，不亦愚乎？隋之富，汉、唐之盛未之逮也，逆广北出塞以骄突厥，东渡海以征高丽，离宫遍于天下，锦绮珠玉狼戾充盈，给其穷奢，尚有羸馀以供李密、唐公之撝散，皆文帝周于攗聚之所积也。粟者财之本也，粟聚则财无不聚，召奢诲淫，皆此粟为之也。贵五谷者，如是以为贵，则何如无贵之为愈哉？

天子有四海之赋，可不忧六军之匮；庶人有百亩之田，可不忧八口之饥。靳枵腹者之饔飧，夺勤耕者之生计，居贱粜贵，徒以长子弟之骄奢，召怨家之盼望，何如珠玉者，非人之所待以生，而思夺之者之鲜也。上好之，下必甚焉。粟朽于仓，人殣于道，豪民逞，贫民毙，争夺兴，盗贼起，有国破国，有家亡家，愚惛不知，犹托之曰莫贵于五谷，悲夫！

8.隋之得天下也逆，而杨广之逆弥甚，李氏虽为之臣，然其先世与杨氏并肩于宇文之廷，迫于势而臣隋，非其所乐推之主也，则递相为王，惩其不道而代兴，亦奚不可？且唐公幸全于猜忌而出守太原以避祸，未尝身执朝权，狐媚以欺孤寡，如司马之于魏、萧氏之于宋也。奉词伐罪，诛独夫以正大位，天下孰得而议其不臣？然其始起，犹托备突厥以募兵，诬用的地方，使得粮食全积聚在这些粮仓里，一遇到荒年，百姓就流离失所，饿死在路旁，盗贼因此蜂起，虽然冒着杀头的危险却不畏惧，刚刚镇压下去，马上就又复起，隋代不灭亡就不停止。究其所以，隋代所搜刮积聚的粮食，仅仅成了李密财结群众，唐公李渊获得民心的资本，不是很愚蠢吗？隋代的富有，强盛的汉、唐，也赶不上它，杨广向北出塞向突厥炫耀国威，向东渡海征伐高丽，离宫别馆遍布天下，布帛珠宝把府库堆积得满满的，供给他穷奢极侈，还有赢余供李密、唐公分散给百姓，都是隋文帝苦心搜刮积聚所积累的。粮食是财富的根本，粮食积聚起来财富就没有不积聚的道理，招致奢侈，诱使放荡，都是这些积聚起来的粮食造成的。看重五谷，却是如此看重，还不如不看重五谷呢！

天子拥有天下的赋税，可以不用担心军队缺粮；百姓拥有一百亩田地，可以不用担心八口之家挨饿。搜刮嗷嗷待哺者的口粮，剥夺勤于耕作者的生计，用低价买进高价的粮食，只能助长纨绔子弟骄横奢侈，招致心怀怨恨者的非分之想，哪像珠玉，不是人们赖以生存的东西，想夺得的人很少。上面所喜好的，下面一定更厉害，粮食在粮仓里腐坏，而百姓却在道旁挨饿，豪民横行，贫民毙命，争夺出现，盗贼蜂起，国破家亡，仍然愚昧糊涂，不知所以，还托辞说：没有比粮食更贵重的，可悲呀！

隋文帝靠叛逆取得天下，而杨广的叛逆更加厉害，李氏虽然作了他的臣下，然而他的祖先世代与杨氏在北周同朝称臣，迫于情势作了隋的臣下，并不是自愿拥戴杨氏作君主的，那么轮流作天子，征伐不道君主并取而代之，又有什么不可呢？况且唐公李渊幸而在遭到猜忌后保全了自己，出守太原避祸，不曾执掌朝廷大权，靠谄媚欺君枉上，就像司马氏之于曹魏，萧氏之于刘宋。奉正词，伐有罪，诛暴君以正大位，天下谁能够指责他背叛君主？然而李渊开始起兵时，还得王威、高君雅以反而杀之，不能揭日月而行吊伐，何也？自曹氏篡汉以来，天下不知篡之为非，而以有所授受为得，上习为之，下习闻之，若非托伊、霍之权，不足以兴兵，非窃舜、禹之名，不足以据位，故以唐高父子伐暴君、平寇乱之本怀，而不能舍此以拔起。呜呼！机发于人而风成于世，气之动志，一动而不可止也如此夫！

自成汤以征诛有天下，而垂其绪于汉之灭秦；自曹丕伪受禅以篡天下，而垂及于宋之夺周。成汤秉大正而惧后世之口实，以其动之相仍不已也，而汉果起匹夫而为天子。若夫曹丕之篡，则王莽先之矣。莽速败而机动不止者六百馀年，天下之势，一离一合，则三国之割裂始之，亦垂及于五代之瓜分而后止。金元之入窃也，沙陀及掠枭鸡先之也，不一再传之割据耳，乃亘五百馀年而不息，愈趋愈下，又恶知其所终哉？夫乘唐高之势，秉唐高之义，以行伐暴救民之事，唐高父子固有其心矣，而终莫能更弦改辙也，数未极也。非圣人之兴，则俟之天运之复，王莽、沙陀之区区者，乃以移数百年之气运而流不可止。自非圣人崛起，以至仁大义立千年之人极，何足以制其狂流哉？

9.唐起兵而用突厥，故其后世师之，用回纥以诛安、史，用沙陀以破黄巢，而石敬瑭资契丹以篡夺，割燕、云，输岁币，亟病中国而自绝其胤；乃至宋人资女直以灭辽，资蒙古以伪托为了防御突厥而招兵，诬陷王威、高君雅造反而杀了他们，不能光明正大地吊民伐罪，这是为什么呢？自从曹氏篡夺东汉政权以来，天下人不知道篡权是非法的，而以虚假的禅让和受禅为合乎情理，上面习惯这样做，下面也司空见惯，如果不依托伊尹、霍光的大权，不足以起兵，不窃得舜、禹的名望，不足以即帝位，所以，唐高祖父子怀着讨伐暴君、平定暴乱的志向，却不能丢掉这些虚假的托辞而崛起。唉！大事由人发起而风气已在世上形成，风气影响人们的心志，一发而不可止竟到这个地步。

自从成汤靠征伐而获得天下，它的余风流传到汉代灭秦；自从曹丕靠虚假地受禅而篡夺天下，它的余风流传到北宋篡夺后周。成汤靠征伐取得天下而担心成为后世起兵的借口，因为他的影响可能被后世继承下去，而汉代果然崛起了个平民刘邦做了天子。至于曹丕篡夺东汉政权，则有王莽提前给他作了榜样，王莽迅速败亡了，但影响深远达六百多年之久。天下大势，有分裂，有统一，从三国分裂割据开始，到五代天下瓜分豆剖，然后统一。金、元入主中原之前，已有沙陀突厥和捩臬鸡为之先，只是不再分裂割据罢了，竟然绵延五百年而不止，愈演愈烈，又怎知什么时候是个头呢？凭着唐高祖的威势，操持着唐高祖的道义，来进行征伐暴君，拯救百姓的事业，唐高祖父子本来就有这样的志向，而最终却不能改弦更张，是因为隋代的气数还没到头。如果没有圣人出现，就要等待天运的循环，凭小小的王莽和沙陀突厥，竟然改变了数百年的风气而流传不止。假如不是圣人崛起；用至仁和大义树立千年为人的准则，怎能足以制止这种狂乱的风气呢？

唐起兵时曾借用了突厥的力量，所以后世纷纷效法，借助回纥的力量平定安史之乱，借助沙陀的力量镇压了黄巢起义，而石敬瑭依靠契丹登上了皇位，割燕、云十六州地给契丹，并向契丹缴纳岁币，不灭金，卒尽沦中原于夷狄，祸相蔓延不可复止。夫唐高祖则已早知之矣，既已知之，而不能不用突厥者，防突厥为刘武周用以袭己于项背，可与刘文静言者也；假突厥之名以恐喝河东、关中，而遥以震惊李密，则未可与刘文静言者也。乃所资于突厥者数百人，而曰“无所用多”，则已灼见非我族类者之不可使入蹦中国以戕民而毁中外之防，故康鞘利仅以五百人至，而高祖喜，其破长安，下河东，上陇以击薛仁杲，出关以平王世充，皆不用也，则高祖岂疏于谋而不忧后患者？然而机一发而不可止，则大有为于天下者，一动一静之际，不容不谨，有如是哉！

勿恃势之盈而可不畏也，勿恃谋已密而可不虞也，勿恃用之者浅而祸不足以深也。矢之发也，脱于彀者毫末，而相去以寻丈；三峡之漩，投以勺米而不息，则大舟沉焉；事会之变，不可知而不可狎，固若此也。能用突厥者高祖耳，不能用者相习而用之，无其慎重而贪其成功，又恶容辞千古祸媒之罪乎？若夫唐之用突厥而终未尝用者，则固难一二与庸人言也。

10.言生乎心者也，成乎言而还生其心。繇心而生言，心之不贞，发于言而渐泄矣，其害浅；繇言而成事，繇事而心益以移，则言为贞邪之始几，而必成乎事，必荡其心，其害深；故曰“生于其心，害于其政”。卒然言之，以为可为而为之，未有不害于政者也。故君子之正天下，恒使之有所敬忌而不敢言。小断地危害中国并自己断绝自己的后代；以至于北宋借助女真去消灭辽国，南宋借助蒙古消灭金国，终于中原全部沦陷于夷狄，灾祸蔓延起来，不能制止。对于这种后果，唐高祖早就知道，既然已经和道却不能不借助于突厥，是为了防止突厥被刘武周利用，袭击自己的后方，这是高祖可以和刘文静说明的；假借突厥的名义来恐吓河东、关中，并遥遥地震慑李密，这是不能和刘文静说明的。借助于突厥的只有几百人，并说不用太多，唐高祖已清醒地看到非我族类者不能让他们到中原来蹂躏百姓，毁坏中外之间的堤防，所以康鞘利只派来五百人，而高祖很高兴，以后唐军破长安，下河东，上陇攻击薛仁杲，出关平定王世充，都不用突厥兵，那么，高祖难道疏于谋略不担心后患吗？然而弩机一旦发动就不能停止，那些对天下大有作为的人，一举一动都不能不谨慎，就像唐高祖这样！

不要仗着势力强大而觉得无所畏惧，不要自恃计谋周密而可以不再考虑，不要凭着用人家的地方不多而觉得祸患不会有多大。箭射出时，在张满的弓上相差毫发，距离目标就会相差一寻一丈；长江三峡有漩涡，投下去一勺米就会随波而下不会停息，而大船却在那里沉没了；时机变幻，不可预知也不能习以为常。能借用突厥的只有唐高祖，不会借用的人也效法唐高祖而借用外族，缺乏唐高祖的慎重态度却贪图他的成功，又怎么能推掉千古祸患媒介的罪名呢？至于唐名义上借用突厥而实际上始终不曾利用的玄妙之处，则实在难于和庸人论述一二。

言语产生于思想，说出的话又反过来引出新的思想。由思想产生言语，内心不正，说出的话就会渐渐暴露这一点，这种危害不大；由言语而做成某些事情，通过这些事情内心发生了变化，那么言语就成了正和邪开始的苗头，一定会做出某些事情，一定会改变他的内心，这种危害很大。所以说：“内心产生一些不好的念头，就会危害他的人之无忌惮也，卒然言之，而祸不可戢也。

李密之与唐公，皆隋氏之世臣也，逆广虽不道，俱尝北面事之，未尝如嵇绍之于晋，有父母之仇也。逆广不可以君天下，密欲夺之，唐公欲夺之，一也。唐公起，明知掩耳盗铃之不足以欺天下，而必令曰："犯七庙及代王宗室者，夷三族。"密则任祖君彦怨怼之私，昌言之曰："殪商辛于牧野，执子婴于咸阳。"于是而唐公得挟义以折之曰："所不忍言，未敢闻命。"呜呼！密与唐之兴丧，自此决矣。夫唐岂不以逆广为纣，而睨代王侑为怀玺面缚之子婴乎？然令其遽出诸口而有所不能也。其不能者何也？不敢与不忍也。非畏逆广与微弱之代王也，自畏其心之鬼神也。故人至于言之不怍，而后人无可如何矣；人无可如何，而鬼神之弗赦必矣。

故圣人欲正人心，而亟正者人之言。心含之，口不能言之，则害止于心；心含之，口遂言之，则害著于外；心未必信之，口遽言之，则还以增益其未至之恶，而心与事猖狂而无所讫止。言之有怍，而心有所忌，事有所止，则事虽不顺，鬼神且谅其不敢不忍之犹存，而尚或祐之。心叛于理，言叛于心，可言则言，以摇动天下于蔑彝伦、逞志欲之大恶，然后恶满于天下，而天之殛之也不爽。故唐之报密则折之也，非果有不忘隋之忱悃也，挈不敢不忍以告天下，而还自警其心，卒以保全杨氏之族而宾之。其享有天下，而李密授首于函谷，言不可逞，政治。”突然说出某些话，认为可行而实行了，没有不危害政治的。所以君子端正天下，总使自己有所敬畏忌讳而不敢说出。小人则无所顾忌，随意发表言论，灾祸是不可避免的。

李密和唐公，都是隋的旧臣，杨广虽然无道，他俩都曾作过他的臣子侍奉过他，不曾像嵇绍对于晋，有父母之仇。杨广不能够君临天下，李密想夺取他的帝位，唐公也想夺取他的帝位，这一点是一样的。唐公起事后，明知道掩耳窃铃是不能欺骗天下人的，却一定下令道：“有冒犯七庙和代王杨侑宗室的人，诛杀三族。”李密因听任祖君彦怨恨隋室的私情，放言道：“在牧野杀掉商辛，到咸阳捉拿子婴。”因此唐公得以挟道义折服他说：“你所说的我于心不忍，不敢从命。”唉！唐公和李密的兴起与丧亡，在这一点上已经决定了。唐难道就不认为杨广就是当年的殷纣王，而把代王杨侑看作是怀揣传国宝玺等待受绑的子婴吗？然而让他马上说出来却是不能的，为什么不能呢？不敢说和，不忍心说。不是畏惧杨广和微弱的代王，而是畏惧自己心中的鬼神。所以人到了大言不惭的地步，人们对他就无可奈何了；人们对他无可奈何，鬼神却一定不会放过他。

所以圣人要端正人的内心，首先急待端正的是人的言论。心里怀着某种坏念头，嘴巴不说出来，危害只在内心；心里产生某种坏念头，嘴巴就说出来，则危害就表现在外面；内心还没有确定的坏念头，嘴巴就急忙说出来，就会反过来增加他内心原来没有的罪恶，内心奇思狂想；处事恣意妄为而没有休止。说出来感到惭愧，内心有所顾忌，做事有分寸，那么即使所做的事不顺天意，鬼神还会因为他不敢不忍之心犹存而原谅他，而且还可能保祐他。内心违背事理，言语又违背内心，觉得可以说就说，鼓动天下人蔑视伦理纲常，放任内心的罪恶念头，最后恶贯满盈，上天就会对他严惩不贷。所以唐公给李密回信时驳斥他，并非果真有不忘隋的真心实意，怀着不敢不忍之不可欺，不亦信夫！

11.徐洪客者，不知其为何许人，即其言而察之，大要一险陂无忌之游士，史称莫知所之，盖亦自此而死耳，非能蠖屈鸿飞于图功徼利之世者也。其上书李密曰："米尽人散。"以后事验之，人服其明矣，乃曰："直向江都，执取独夫。"密为隋氏世臣，假令趋江都执杨广，又将何以处之哉？项羽，楚之世族，秦其仇也，而杀子婴、掘骊山之墓，则天下叛之。杨广俨然君天下者十三载，密以亲臣子弟侍于仗下，一旦屠割之如鸡豚，以密之很，于是乎固有踌躇而不敢遽者。故殪商辛、执子婴，乃祖君彦忿怼之谰言，非密之所能任也。天下之大难，以身犯之者死；业已为人君，而斩刘之者凶；业已为人臣，而直前执杀其君者，必歼其类。夫密亦知捣江都杀杨广徒受天下之指数而非可得志也。洪客险陂而不恤名义之小人，恶足以知此乎？

或曰：杨广之逆，均于刘劭，非但纣匹也，执杀之也何伤？曰：密之起也，乘其乱而思夺之乎？抑愤其覆载不客之罪，为文帝讨贼子如沈庆之之援戈而起乎？此密所不能自诬其心而可假以为名者也。

或曰：慕容超、姚泓亦尝君其国矣，宋武直前破其国而俘斩之都市，又何也？曰：武未尝臣彼，而鲜卑与羌不可以君心宣告天下，并反过来使自己敬戒，最终保全了杨氏的宗族并予以礼遇。唐公拥有了天下，而李密在函谷关被杀，说话不能随心所欲，上天不可欺侮，的确如此啊！

徐洪客，不知道他是什么人，通过他的言论来考察，大概是一个邪谄不正的游士，史称不知所终，大约那时就死去了，他不是那种能在贪图功名利禄的世道屈身退隐的人。他曾上书李密云：“粮仓里米用尽了，人心就会离散。”以后的事实果然如此，人们佩服他的高明。他还曾云：“直捣江都，抓获独夫杨广。”李密是隋的旧臣，假使果真率众到江都抓获杨广，又将怎样处置他呢？项羽是楚国的世家大族，秦是他的仇国，然而因为他杀了子婴，发掘骊山秦皇陵，天下人就背叛了他。杨广俨然君临天下十三年，李密作为亲信大臣的子弟，曾在杨广身旁侍奉，一旦造反，就像对待鸡和猪一样屠杀他，虽然李密狠毒，在这件事上却本来就犹豫不决，不敢冒然下手。所以说诛杀纣王，抓获子婴，是祖君彦因为愤恨而说出的没有根据的话，不是李密所能胜任的。天下的大难，以身触犯的不免一死；已经作了君主，杀戮他的人不吉祥；已经作了臣子，而站出来捉杀其君主的人，他的同党一定全被诛灭。李密也知道直捣江都杀了杨广只能遭到天下人的指责数落，不能实现自己的志愿。徐洪客是个邪谄不正、不顾名分道义的小人，怎能明白这个道理呢？

有人说：杨广大逆不道，和南朝宋的刘劭不相上下，不只是商纣王的匹敌，捉杀他有什么不妥呢？可以这样回答：李密起兵，是想乘隋大乱而夺取杨广的帝位吗？或者是愤恨杨广所犯下的天地不容的罪恶，像南朝宋文帝讨伐贼臣沈庆之一样揭竿而起呢？这只是李密如果不欺骗自己而可以借以作为起兵的名义。

有人说：慕容超、姚泓也曾作过南燕、后秦的君主，而宋武帝刘裕勇往直先，攻破他们的国家，把他们俘虏并斩首于市曹，又是为什道予之者也。徐魏公之纵妥欢，拘此义而不知通，而岂以例隋氏哉？悬纣首于太白，未知其果否也？即有之，而三代诸侯之于天子，不纯乎臣，非后世之比也。君彦忿戾以言之，洪客遂欲猖狂而决行之，自绝于天，窜死草间而无以表见，宜矣。或乃跻之鲁仲连之高谊，不已过与！

12.择君而后仕，仕而君不可事则去之，君子之守固然也。失身于不道之君而不能去，则抑无可避之名义矣。徒人费、石之纷如、贾举、州绰之不得为死义，以其从君于邪也；苟不从君于邪，则其死也，不可更责以失身。故宋殇、宋闵皆失德之君，而无伤乎孔父、仇牧之义。当凶逆滔天、君父横尸之日，而尚可引咎归君，以自贷其死乎？

杨广之不道而见弑于宇文化及，许善心、张琮抗贼以死，当斯时也，虽欲不死而不得也。麦孟才、沈光讨贼而见擒，麾下千人无一降者；李袭志保始安，闻弑哭临，坚守而不降于萧铣，岂隋氏之能得人心？而顿异于宋齐以来王谧、褚渊恬不知愧之习者，何也？十三载居位之天子，人虽不道，名义攸存，四海一王，人无贰心，苟知自念，不忍目击此流血宫庭之大变也。唐高祖闻变而痛哭，岂杨广之泽足以感之？而又岂高祖么呢？可以这样回答：宋武帝不曾作他们的臣子，而且对待鲜卑族和羌族不能用君道，徐魏公纵容妥欢，是拘泥于这种道义不知变通，但怎能认为这和隋的情形相似呢？周武王曾把商纣王的人头悬挂在太白旗上，这件事不能确定是真是假，即便真有其事，三代时的诸侯对于天子，不是单纯的臣子，不是后世可比的。祖君彦因愤恨而写了过头的话，徐洪客就主张照那样猖狂地决然行事，这是他自绝于上天，逃亡毙命于草莽而不见记载，罪有应得。有人说他赶上了战国时鲁仲连的高风亮节，不是太过分了吗？

选好君主然后做官，做了官而君主不可侍奉就弃官而去，才能保持君子的节操。给无道的君主做官丧失操守却不能弃官而去，就没有避世隐居的名誉和道义了。徒人费、石之纷如、贾举、州绰不能算为义而死，是因为他们跟随昏君走向邪路；如果没有跟随昏君走上邪路，他们的死就不能再被指责为丧失操守。所以宋殇公、宋闵公都是无道的昏君，却没有损害孔父、仇牧的道义。当杨广弑杀君父、凶残叛逆、罪恶滔天的时候，还能把过失归于文帝，而把自己的生命抵押给杨广吗？

杨广无道，被宇文化及弑杀，许善心、张琮进行抵抗被杀，那个时候，即使想不死也是不可能的。麦孟才、沈光讨伐宇文化及却被抓获，手下一千多人没有一个投降的；李袭志镇守始安，听到炀帝被弑杀的消息后聚众举哀，坚守始安，不向萧铣投降；难道是隋王朝能得人心，使得臣下能保持臣节，和刘宋、北齐以来的王谧、褚渊恬不知耻的恶习截然不同，这是为什么呢？杨广作为在位十三年的天子，人虽无道，名义犹存，四海统一，人无贰心，臣下尚且知道爱怜，不忍心看到这种流血宫廷的大事变。唐高祖听到事变的消息痛哭失声，之伪哀以欺世乎？臣主之义，生于人心，于此见矣。故庄周曰：“无所逃于天地之间。”君子恶其贼人性之义，有以夫！

难道是因为杨广的恩泽足以感化别人，又难道是唐高祖假装悲哀以欺骗世人吗？君臣之义，根植于人的心底，从这里可以看到了。所以庄周说："没有什么能逃出天地之间。"君子憎恨他们败坏人性的大义，是有缘故的！

卷二十

唐高祖

1.《易》曰："汤武革命，应乎天而顺乎人。"圣人知天而尽人之理，《诗》《书》所载，有不可得而详者，千世而下，亦无从而知其深矣。乃自后世观之，承天之祐，受人之归，一六宇而定数百年之基者，必有适当其可之几，盖亦可以知天、可以知人焉。得天之时则不逆，应人以其时则志定，时者，圣人之所不能违也。唐之取天下，迟回以起，若不足以争天下之先，而天时人事适与之应以底于成，高祖意念之深，诚不可及也。

天之理不易知矣，人之心不易信矣，而失之者恒以躁。杨广之播虐甚矣，而唐为其世臣，受爵禄于其廷，非若汤之嗣契、周之嗣稷，建国于唐虞之世，元德显功，自有社稷，而非纯乎为夏商之臣也。则隋虽不道，唐不可执言以相诘。天有纲，则理不可逾，人可有辞，则心不易服也。故杨广惎高祖而屡欲杀之，高祖处至危之地，视天下之分崩，有可乘之机，以远祸而徼福，然且敛意卑伏而不遽起；天下怨隋之虐，王薄一呼，而翟让、孟海公、窦建德、李密、林士弘、徐圆朗、萧铣、张金称、刘元进、管崇、薛举、刘武周、梁师都、朱粲群起以亡隋，唐且安于臣服，为之守太原、御突厥而弗动。至于杨广弃两都以流荡于江都，李密已入雒郛，环海无尺寸之宁土。于斯时也，白骨邱积于郊原，孤寡流离于林谷，天下之毒痡又不在独夫而在群盗矣。唐之为馀民争生死以规取天下者，夺之

《易经》上说："商汤、周武王改朝换代，上合天意，下顺民心。"圣明的君主知天命而且洞悉人世间的情理，《诗经》、《书经》所载，有些地方很不详尽，千百年来，也无从更深入地了解了。就从后世来看，承上天的保祐，受世人的归服，统一天下，奠定几百年江山的基业，一定有适合的机会，既可以知天命，又可以识人情。得到上天赐予的时机就不算叛逆，抓住时机，顺应民意，就会万众一心，时机是帝王不能错过的。唐夺取天下时，迟迟疑疑地起兵，好像不足以和天下英雄争先，而天时人事恰好与之相应而引致成功，唐高祖思虑精深，实在让人望尘莫及。

天理难以把握，人心难以信任，而出现失误的人往往是因为急躁。杨广是非常暴虐，但唐是他的旧臣，是从他的朝廷上接受的官爵、俸禄，不像商汤的君位是从契传下来的。周武王的君位是从后稷传下来的，商和周建国都在唐尧、虞舜的时代，大德显功，原来就有国家，不纯粹是夏、商的臣下。而隋虽然无道，唐却不能发表意见，提出诘问。天有纲常，就不能越过天理，人如果有怨言，人心就难以归服。所以杨广忌恨唐高祖几次想杀了他，唐高祖身处极端危险的境地，看到天下分崩离析，有机可乘，可以逃避灾祸，求取福祐，然而却暂时收起壮志，卑微地潜伏起来而不马上起事；天下怨恨隋政暴虐，王薄振臂一呼，翟让、孟海公、窦建德、李密、林士弘、徐圆朗、萧铣、张金称、刘元进、管崇、薛举、刘武周；梁师都、朱粲便群起响应，竟相起兵反隋，唐却暂且安于臣服，替隋镇守太原，防御突厥而不轻举妄动。到了杨广丢下东西两都流落到江都，李密已经进入洛阳的外城，天下没有一处安宁的地方，在这个时候，百姓流离失于群盗，非夺之于隋也。隋已亡于群盗，唐自关中而外，皆取隋已失之宇也。然而高祖犹慎之又慎，迟回而不迫起，故秦王之阴结豪杰，高祖不知也，非不知也，王勇于有为，而高祖坚忍自持，姑且听之而以静镇之也。不贪天方动之几，不乘人妄动之气，则天与人交应之而不违。故高祖以五月起，十一月而入长安立代王侑，其明年二月，而宇文化及遂弑杨广于江都。广已弑，代王不足以兴，越王侗见逼于王世充，旦夕待弑，隋已无君，关东无尺寸之土为隋所有，于是高祖名正义顺，荡夷群雄，以拯百姓于凶危，而人得主以宁其妇子，则其视杨玄感、李密之背君父以反戈者，顺逆之分，相去县绝矣。

故解杨广之虐政者，群盗也，而益之深热；救群盗之杀掠者，唐也，而予以宴安。惟唐俟之俟之，至于时至事起，而犹若不得已而应，则叛主之名可辞；而闻江都之弑，涕泗交流，保全代王，录用隋氏宗支，君子亦信其非欺。人谓唐之有天下也，秦王之勇略志大而功成，不知高祖慎重之心，持之固，养之深，为能顺天之理、契人之情，放道以行，有以折群雄之躁妄，绥民志于来苏，故能折棰以御枭尤，而系国于苞桑之固，非秦王之所可及也。

呜呼！天子之尊，非可志为拟也；四海之大，非可气为压所，荒郊野岭白骨累累，天下的祸患已不是独夫杨广而是群盗了。唐为劫后余生的百姓求得生存而夺取天下，是从群盗手里夺取的，不是从隋那里夺取的。隋已经被群盗灭亡，唐除了关中以外，夺取的都是隋已经丧失的地盘。然而唐高祖还是慎之又慎，徘徊迟疑不急着起兵，所以秦王李世民暗地结交豪杰，唐高祖假装不知，不是不知，秦王勇于有所作为，而唐高祖隐忍自持，姑且听任他而以镇定稳住局势。不贪图天意刚刚转移的苗头，不乘人轻举妄动的气象，天意和人事交相应合，不相违背，所以唐高祖五月起事，十一月就攻入长安立了代王杨侑，次年二月，宇文化及就在江都弑了杨广。杨广被弑之后，代王杨侑不足以东山再起，越王杨侗被王世充挟持着，等着早晚被弑杀，隋已没有君主，关东没有一尺一寸的地盘为隋所有，此时唐高祖平定群盗，把百姓从水深火热中拯救出来，名正言顺，百姓获得明君，使自己的妻子老小得以安宁，这和杨玄感、李密背叛君父、起兵造反相比，一顺一逆，有天壤之别。

所以，解除杨广虐政的是群盗，却使百姓更加水深火热；制止群盗杀戮劫夺的是唐，而给百姓带来太平安宁的生活。只有唐等来等去，直到时机成熟才起事，还好像迫不得已而响应别人，则可以推掉背叛君主的恶名；而听到杨广在江都被弑杀的消息，唐高祖涕泪横流，保全了代王杨侑，录用隋宗室作官，君子也相信他不是欺骗天下。有人说唐取得天下，是因为秦王李世民志向远大、智勇双全而成功，却不知道唐高祖处事慎重的重要性，高祖对起兵一事牢固地控制着，深深地藏在心底，等待到了能够上顺天理、下合人情的时候，遵照道义起事，这比群盗急躁妄动高明得多，安抚百姓使之从疾若中获得重生，所以能够挥鞭驾御天下枭雄，把国家系缚于稳固的基础上，这是秦王李世民所望尘莫及的。

唉！尊崇的天子，不能够凭想象去模仿，天下广大，不能够凭气也。相时之所疾苦，审己之非横逆，然后可徐起以与天下休息，即毒众临戎，而神人罔为怨恫；降李密，禽世充，斩建德，俘萧铣，皆义所可为、仁所必胜也，天下不归唐，而尚谁归哉？慎于举事，而所争者群盗也，非隋也；非恶已熸而将熄之杨广也，毒方兴而不戢之伪主也。有唐三百载之祚，高祖一念之慎为之，则汤、武必行法以俟命，其静审天人之几者，亦可仿佛遇之矣。

2.李密以杀翟让故，诸将危疑，一败于邙山，而邴元贞、单雄信亟叛之；密欲守太行、阻大河以图进取，而诸将不从，及相帅以降唐，则欣然与俱，而密遂以亡。项羽杀宋义，更始杀伯升，皆终于败，其辙一也。然则令项羽杀汉王于鸿门，犯天下之忌，愈不能以久延，而昧者犹称范增为奇计，鄙夫之陋，恶足以知成败之大纲哉？

夫驭物而能释其疑忌者，虽未能昭大信于天下，而必信之于己。信于己者，谓之有恒，有恒者，历乎胜败而不乱。己有以自立，则无惧于物，而疑忌之情可以不深。李密者，乘人以斗其捷，而无能自固者也。密，隋之世臣也，无大怨于隋，而己抑无可恃之势，无故而畜乱志以干杨玄感，玄感败，亡命而依翟让，隋有恨于密，密固无恨于隋，而檄数其君之罪，斥之如仆隶，且既已欲殪商辛执子婴矣，则与隋不两立，而君臣之义永绝。乃宇文化及弑立，而趋黎阳以逼之于河上，密惧雒阳之议其后，又幸盖琮之招己，奉表降隋，以缓须臾之困，而势去压服。仔细观察时代的疾苦，审视自己起事不算强暴不顺理，然后可以慢慢起兵，为的是与民休息，即便毒害百姓，让百姓从军，并不会招致神人的怨恨；降服李密，擒获王世充，杀了窦建德，俘虏了萧铣，都是仁义之举，必胜无疑的，天下不归顺唐，还归顺谁呢？由于高祖慎重起事，使得和唐争锋的是群盗而不是隋；不是作恶已尽，奄奄一息的杨广，而是毒害刚刚蔓延却不收敛的伪主。唐代三百年的江山社稷，因为高祖慎重起事而取得，就是商汤、周武王也一定会这样做，以静待天命，他们审视天意人事隐微之处的能力，可以说不相上下。

李密因为杀了翟让的缘故，诸将人人自危，一旦兵败邙山，邴元贞，单雄信就马上背叛了他；李密打算守住太行山，封锁黄河以图谋进取，而诸将不愿从命，等到李密率众降唐，却欣然相从，而李密也就因此而丧命。项羽杀宋义，更始帝杀刘伯升，都以失败告终，他们的败亡如出一辙。然而假令项羽在鸿门杀了汉王刘邦，冒犯了天下的大忌，他就更不能长久，而不明事理的人还称赞范曾建议杀刘邦为奇计，鄙陋之人怎么能够明白成败的关键所在呢？

能够丢掉怀疑猜忌来驾驭事物的人，虽然不能向天下显示大的信用，而一定能够对自己讲信用，对自己讲信用，就叫作有恒，有恒的人，遇到胜败都不会慌乱。自己有赖以自立的信念，遇事就不忧惧，怀疑猜忌的心情就不会严重。李密依靠别人的力量取得暂时的成功，却没能使自己的权力巩固。李密是隋的旧臣，对隋没有什么大怨仇，而自己也没有什么可以依靠的势力，无故心怀异志参预杨玄感造反，杨玄感败亡后，为了逃命依附了翟让，隋对李密有仇，而李密对隋本来就没什么仇恨，然而李密发出檄文数落他的君主的罪过，就像斥责奴仆一样，况且，既然已经打算诛杀商纣、捉拿子婴了，那么和隋已势不两立，君臣的名义已永远断绝了。但是. 等到宇文化及弑杀受太尉尚书令之命。夫炀帝，密之所欲殪之于牧野者也，而责化及曰：“世受隋恩，反行弑逆。”越王侗，密之所欲执之于咸阳者也。而北面称臣，受其爵命，则诸将视之如犬豕，而知其不足有为，尚谁为之致死以冀其得天下哉？其降隋也，非元文都之愚，未有信之者也；其降唐也，唐固不信其果降也。反而自问，唐公见推之语而不惭，念起念灭，而莫知所据，匹夫无志，为三军之帅而可夺，其何以自立乎？《易》曰：“不恒其德，或承之羞。”咎可补也，凶可贞也，人皆可承以羞，而死亡不可逸矣。故诸将之亟于背密而乐于归唐也，羞其所为而莫之与也。密死而不能掩其羞，岂有他哉？无恒而已矣。

3.制天下有权，权者，轻重适如其分之准也，非诡重为轻、诡轻为重，以欺世而行其私者也。重也，而予之以重，适如其数；轻也，而予之以轻，适如其数；持其平而不忧其忒，权之所审，物莫能越也。

李密弃土释兵，拥二万人以降唐，密之乱天下也，有必诛之罪，而解甲以降，杀之则已重矣。北有建德，东有世充，密独间关来归，为天下倡，当重奖之以劝天下者也；而本为隋之乱臣，天下之残贼，厚待之，则又已重矣。密之狙诈乐祸而了炀帝另立新君，进军黎阳，大军境到黄河边，李密担心在他对付宇文化及时洛阳隋军从后边进攻他，又幸好盖琮来招抚他，他于是就上表降隋，以缓解一时的困窘，而接受了越王杨侗给的太尉尚书令的任命。炀帝，是李密打算诛杀于江都的，却责备宇文化及说："你世代受隋，反而弑杀了君上。"越王杨侗，是李密打算到洛阳捉拿的，却对他北面称臣，接受了他封的官爵。因此，诸将发现他出尔反尔、猪狗不如，知道他不会有所作为，谁还会为他卖命以期望他获取天下呢？他归降越王杨侗，只要不像元文都那愚蠢的人，没有谁会相信他；他归降唐，唐本来就不信任他是真心归降。反过来自问，对唐公信中推奉他的话不感到惭愧，念头随起随灭，没有谁知道他坚持的信念是什么，匹夫如果没有远大的志向，他就是做三军的统帅也会被敌人俘获，凭什么自立于世呢？《易经》云："不能够始终如一地保持他的德行，就可能蒙受羞辱。"错误可以补救，凶顽可以改正，人都可以承受羞辱，而死亡却不可逃脱。所以李密手下的众将急于背叛李密而乐于归顺唐，是对他的所做所为感到羞耻而没人支持他了。李密死了也不能掩盖他的羞辱，哪有什么别的原因？不能始终如一罢了。

权术是操纵天下的手段，它是使轻重恰如其分的标准，并非把重的诈称作轻，把轻的诈称作重，来欺骗世人，实现自己的私欲。重的就给他重的，恰如其分，轻的就给他轻的，恰如其分；坚持公平原则就不用担心会出现差错，用权所审定的，没有什么能够超越。

李密放弃地盘和兵权，率领二万人降唐，李密扰乱天下，犯了杀头之罪，但他放下武器，来投降，杀了他就太过分了。北面有窦建德，东面有王世充，只有李密通过潼关来归降，为天下人带了头，应当重重奖赏他以鼓励天下人归降；但李密原本是隋的乱臣，天下凶残的贼寇，给他优厚的待遇，就又太过分了。李密诡诈，唯恐天下不乱而且骄，虽降唐而无固志，缓之须臾，则跳梁终逞，宜乎厚防以制其奸，不可遽抑而激之怨。而众叛援孤，力穷智屈，疑之重则又本轻，视为轻而又若重，审其所适然之数者，权也。高祖授之以光禄卿，一闲冗之文吏，而司进食之亵事，使执臣节于殿陛，一若不知其狡黠凶很者然，此之谓能持权以制天下者也。非故扬之，非故抑之，适如其稽颡归命之情形，而澹然待之若进若退之间。呜呼！此大有为者之所以不可及也。

于是而密无可怙之恩，抑无可讼言之怨，许无所仇，恶无所施，不得已而孤骑叛逃，一有司之禽捕而足矣。使其志悛而终顺与？则饱之以禄，安之以位，一如孟昶、刘继元之在宋，而不至如黥布、彭越之菹醢以伤恩也；密之不然，自趋于死，而抑无怨矣。于是而知天下之至很者，无很也；至诈者，无诈也；量各有所止，机各有所息，以固然者待之而适如其分，则于道不失而险阻自消。天下定于一心之平，道本易也；而非大有为者，不足以与于斯。

4.徐世勣始终一狡贼而已矣。其自言曰“少为亡赖贼”，习一定而不可移者也。夫为盗贼而能雄长于其类者，抑必有似信似义者焉，又非假冒之而欺人亡实也；相取以气，相感以私，亦将守之生死而不贰。如萤之光，非自外生，而当宵则耀，当昼则隐。故以其似信似义者，予之以义之能执、信之能骄傲，虽然降唐却不是一心一意，稍等一段时间，他的罪恶就会暴露出来，应该对他严加防范以制止他的奸谋，不能马上压制他而激起他的怨恨。李密已众叛亲离，孤单无援，力屈智穷，把他看得很重，本来却很轻，把他看得很轻，又好像很重，审定对待他很适宜的分寸，这就是权术。唐高祖让他作了光禄卿，一个闲散无实权的文官，而主管饮食的卑贱琐事，让他在朝廷做一个普通的臣子，好像不知道他狡诈凶狠的样子，这就叫作能用权术来操纵天下。不故意拔高他，也不故意压低他，对待他正符合他叩头归降的情形，而淡淡地对待他，介于好像重用又好像慢待之间。唉！这就是大有作为的人所以让人不能企及的地方。

这样，李密既没有可以依靠的恩宠，也没有可以申诉的怨情，奸诈无处可用，强横难以施展，迫不得已只好单人独骑叛逃，让官吏予以捉拿就可以了。假如他悔改前恶，最终顺服，又该如何对待呢？就应该多给他俸禄，给他一个满意的职位使他安心，就像后蜀的孟昶、北汉的刘继元在宋的情形一样，而不至于像黥布、彭越一样被剁成肉酱而伤害恩情；李密却不这样，而是自己找死：也该没什么怨恨的了。由此可知天下最狠毒的，是不狠毒；最奸诈的，是不奸诈；事物的大小轻重各有一定限度，机变有难以达到之处，恰如其分地用本来该怎么对待的方式来对待，就会不失道义而艰难险阻自然消除。心底平正，天下就会安定，道理本来很简单，但不是大有作为的人，是难以达到这种境界的。

徐世勣始终是一个狡诈的盗贼罢了。他曾自己说：“年轻时是个无赖的盗贼”习气一旦形成就不能改变了。作为盗贼而能在同伙中称雄做首领，一定有似信似义的地方，而且不是假冒无实来欺骗别人的，意气相投，恩惠相感，也会相守生死不渝。就像萤火虫发出的光，不是从外边获得的，在晚上就发光，在白天就隐起来了。所以因笃、而重任之，则一无足据，而适以长乱。其习气之所守者在是，适如其量而止，过此则颠越而不可致诘。其似信似义者亦非伪也，愈真而愈不足任也。

世勣受李密之命守黎阳，魏征安集山东，劝之降唐，而世勣籍户口士马之数，启密使献之，已不特修降表，高祖称之曰："不背德，不邀功，真纯臣也。"遂宠任之，以授之于太宗，而终受托孤之命。世勣之于此，亦岂尽出于伪以欺高祖而邀其宠遇乎？其所见及是，其所守在是，盖尝闻有信义而服膺焉，以为是可以卓然自命为豪杰也，故以坦然行之，而果为高祖之所矜奖。若其天性之残忍，仅与盗贼相乎，而智困于择君，心迷于循理，可以称英君之任使，不可以折暗主之非僻，则祇以铮铮于群盗之中，而遽许之以纯臣，高祖、太宗知人之鉴，穷于此矣。夫不见其降于窦建德，质其父而使为将，遂弃父而欲袭曹旦以归唐乎？故其为信义也，盗贼之信义也，察于利以动，任于气以逞，戕性贼恩，亦一往而不恤，遽信其为纯臣而任以安定国家之大，鲜不覆矣。曾子曰："临大节而不可夺，君子人也。"惟君子而后可以履信而守义，非小人之所能与，殆鱼跃之不可出沼，鸟步之不可越域也矣。

5.拔魏征于李密，脱杜淹、苏世长、陆德明于王世充，简岑文本于萧铣，凡唐初直谅多闻之上，皆自僭伪中被濯而出为他们似信似义而称赞他们能够坚持道义、非常真诚，因而委以重任，就一点也不能依靠，而只能助长动乱。他们习气所能操守只能达到这种地步，到了他们能力节操相称的职位就不能再提拔了，超过了他们能力节操所及就会狂乱不可追究。他们似信似义的地方并不虚假，但越真就越不足以委以重任。

徐世勣接受李密的命令镇守黎阳，魏征招抚山东，劝他降唐，而徐世勣登记了户口兵马的数量，禀告李密，让他献给唐，而自己不再专门写降表，高祖称赞他说："不违背道德，不邀功请赏，真是忠纯笃实之臣。"于是就宠爱重用他，并把他推荐给唐太宗，而最终接受了托孤的大命。徐世勣在这件事上，难道全是出于虚伪以欺骗高祖，谋取高祖的宠爱和厚待吗？他的见识达到了这一步，他的操守就是如此，他曾听说过信义而牢记在胸中，衷心信服，以为靠这可以出类拔萃成为豪杰，所以坦然地做了这件事，而果然受到高祖的嘉奖。如果他天性残忍，只能和盗贼互相信任，才智不足以选择明君，思想不足以遵循道义，可以胜任明君的任命，而不能纠正昏君的过失，那么就只能在群盗中出类拔萃，而竟称赞他是忠纯笃实的臣子，高祖、太宗号称知人善任，在这一点上却失误了。没见他被窦建德降服，把他父亲作为人质而让他作大将，他就放弃父亲准备袭击曹旦而归顺唐吗？所以说，他所谓的信义，是盗贼的信义，见利而动，凭义气行事，戕灭人性毁坏恩义，一意孤行而不顾惜，竟信任他是忠纯笃实之臣而委以安定国家的大任，很少有不倾覆的。曾子说："遇到关系存亡安危的大事不能改变他的节操，才是真君子。"只有君子才能讲信用、守道义，不是小人能够做到的，就像鱼儿再跳跃也不能跃出池塘，鸟儿步行终不能走出很远的距离一样。

魏征是从李密那里选拔出来的，杜淹、苏世长、陆德明是从王世充那里选拔出来的，岑文本是从萧铣那里选拔出来的，凡是唐初者也。封德彝、宇文士及、裴矩不伏同昏之诛，而犹蒙宠任。盖新造之国，培养无渐渍之功，而隋末风教陵夷，时无岩穴知名之士可登进之以为桢干，朝仪邦典与四方之物宜，不能不待访于亡国之臣，流品难以遽清，且因仍以任使，唐治之不古在此，而得天下之心以安反侧者亦此也。乃何独至于苏威而亟绝之？盖苏威者，必不可容于清明之世，苟非斥正其为匪人，则风教蔑、廉耻丧、上下乱，而天下之祸不可息也。

隋文之待威也，固以古大臣之任望之；威之所以自见者，亦以平四海、正风俗为己功，天下翕然仰之以为从违，隋可亡，而威不可杀。故宇文士及、王世充、李密皆倚威以收人望，威亦倚其望以翱翔凶竖之庖俎，锋镝雨集，膏血川流，而威自若也。是则兵不足以为强，险不足以为固，天子之位不足以为尊，而无有如威之重者，士亦何惮而不学威，迂行腐步、奡岸以逍遥邪？媚于当世也似慎，藏于六艺也似正，随时迁流也似中，以老倨骄而肆志也似刚，杀之无名，远之不得，天下且以为道之莫尚者，而导世以偷污，为彝伦之大贼，是可容也，熟不可容也？明王之所必诛勿赦者，唐姑拒之而弗使即刑，其犹姑息怜老、仁过而柔乎！若德彝、士及、裴矩之流，天下知贱恶之矣，虽复用之，不足以惑人心而坏风化，杀之可也。赦之而器使之，亦讵不可哉？

耿直诚信博闻多识的能臣，都是从造反的伪主那里脱颖而出的。封德彝、宇文士及、裴矩没有因为同宇文化及弑杀炀帝而伏诛，反而还蒙受宠信和重用。因为新兴的国家，在培养教育人才方面没有什么成勣，而隋末教化衰落，当时没有品德高尚、怀才不遇的知名人士可以提拔作为国家的栋梁的，能够胜任朝廷的礼仪、邦国的典章和四方牧守的人，不能不从亡国的故旧大臣中求得，类别等级难以马上搞清，暂且按照他原来的职务来任用，唐朝政治不合古法的原因在此，而获得天下人的忠心并使心怀不安的人安心的原因也在于此。为什么对于苏威却坚决予以拒绝呢？如果不斥责他，把他定为行为不正的人，那么教化就会被毁坏，人们就会丢掉廉耻之心，上下离乱，而天下的祸患难以平息了。

隋文帝对待苏威，原本就把他看作古代的忠良大臣；苏威用以表现自己的，也是把安定天下、端正风俗作为自己的功劳，天下人都很敬仰他，听从他，隋可以亡国，而苏威却不可以杀。所以宇文士及、王世充、李密都依靠苏威来收买人心，苏威也依靠他的威望在凶顽的反贼中间周旋，枪林弹雨，血流成河，而苏威却安然自若。因此，军队算不得强大，险隘算不得坚固，帝位算不得尊崇，都没有苏威被看得重要，士人还有什么顾虑而不向苏威学习，做事迂腐、傲慢自在呢？谄媚于当权者好像是慎重，潜心于六艺之中好像是正统，随着时局的变化而随风倒来倒去好像是忠诚，以老卖老而随心所欲好像是刚直，杀了他没有借口，离了他又不行，天下还认为没有谁比他的道义更高尚了，而他却引导世人苟且偷生，玷污道义，成为伦理纲常的大敌，这都可以宽容，还有什么不能宽容的呢？明君对他一定格杀勿论，唐却姑且排斥了他却没让他受刑，唐还是怜悯老人、待人宽恕，过于柔和仁爱了吧！至于封德彝、宇文士及、裴矩这些人，天下人都瞧不起他们，虽然再起用他们，不足以迷惑人心，伤害风化，杀了他

6.薛仁杲、萧铣、窦建德或降或杀而皆斩，唯王世充赦而徙蜀，此不可解之惑也。唐高君臣当大法可伸之日，而执生杀之权，夫岂茫焉而罔正如此。世充，隋之大臣也，导其主以荒淫，立越王而弑夺之，其当辜也，固也；乃世充力守东都，百战以扞李密，而其篡也，在炀帝已弑之后，使幸而成焉，亦无以异于陈霸先。而唐立代王，旋夺其位，有诸己者不可非诸人，唐固不能正名以行辟也。且取世充与仁杲、建德、萧铣较。世充者，操、懿以后之积习也。建德、仁杲以匹夫，铣以县令，忽乘丧乱，遂欲窃圣人之大宝以自居，则张角、黄巢之等匹，尤不可长之乱，而无可原之情矣。

《春秋》于里克、宁喜弑其君而其伏诛也，书曰“杀其大夫”；齐豹杀公兄，阳虎窃玉弓，未有弑逆之大恶也，而书曰“盗”。贵近之臣，或以亲，或以旧，或以才，为国之柱石，先有成劳于国，而人心归之，然后萌不轨之心以动于恶，欲效之者，固未易也。且人主与之相迩，贤奸易辨，而可防之于早也；辨之弗明，防之不夙，渐酿坚冰之至，人主亦与有罪焉。若夫疏远小臣如萧铣，亡赖细民如建德、如仁杲，始于掠夺，攫穷民而噬之，乌合势成，遂敢妄窥天位，则四海之广，枭桀饮博之徒，苟可为而无不可为，人君居高而莫察，有司拘法而难诛，决起一旦而毒流天下，则虽人主之失道有以致之，而蚁穴一穿，金堤不保，祁寒暑雨之怨咨，皆可为耰耝棘矜之口实；

们可以，赦免并重用他们，又有什么不可呢？

薛仁杲、萧铣、窦建德或者投降或者抗争，最终都被唐杀掉了，唯有王世充被赦免而流放到蜀，这是不可理解的疑问。唐高祖君臣在可以伸张大法的时候，执掌着生杀大权，怎么能糊涂不公正到这个地步呢？王世充是隋的大臣，却劝导他的君主荒淫，立了越王杨侗而后又弑杀、篡夺了他，本该受分裂肢体的重刑；然而王世充曾全力保卫东都洛阳，身经百战防御李密，而他的篡逆发生在炀帝被弑以后，如果他侥幸取得成功，也和陈霸先没有什么区别；然而唐立代王杨侑，不久就篡了位，自己做过的事就不能责备别人，唐实在不能一面端正名分，一面自己又去违背名分。况且拿王世充和薛仁杲、窦建德、萧铣比较，王世充继承了曹操、司马懿的衣钵。窦建德、薛仁杲是一般百姓，萧铣是个县令，忽然趁天下大乱，就想窃居帝王的宝座，和张角、黄巢属同一种类型，尤其不能助长他们的叛乱，因而无情可原。

《春秋》对于里克、宁喜弑君而被诛杀之事，写道“杀了他的大夫”；齐豹杀了公兄，阳虎盗窃玉弓，没有犯弑逆的大罪恶，却写道：“盗”。显贵的近臣，或者凭借和皇帝亲近，或者凭借与皇帝是故旧，或者凭借有才干，成为国家的支柱大臣，先对国家有功劳，人心归服他，然后产生不轨之心而图谋叛逆，想效法他们，实在也不容易。况且君主和他们亲近，贤良、奸邪很容易辨别，可以提前防范。如果不能明确地分辨他们，不能提前防范他们，逐渐酿成大祸，君主也有过失。至于偏远的小官如萧铣，无赖的小民如窦建德、薛仁杲，起家于掠夺，抢劫穷困的百姓，毒害生灵，凑成乌合之众，就敢狂妄地觊觎帝位，那么天下之大，凶顽无赖之徒只要能够起事就没有不起事的，君主高高在上，不能觉察，官吏为法律束缚难以诛灭，一旦起义造反就会毒害天下，虽然是因为君主的一时无道而招致的，但是如果及其溃败乞降，犹可以降王之礼恣其徜徉，则人何惮而不杀越平人以希富贵；况当初定之天下，众志未宁，此扑而彼兴，岂有艾乎？

自东汉以后，权臣之篡者，成而为曹魏、六朝；未成而败，为王敦、桓温、刘毅、沈攸之、萧颖胄、王僧辩；俛成而速败，为桓玄、侯景；乃及隋之亡，而天下之势易矣，人皆可帝，户皆可王，是匹夫狂起之初机也。唐及早惩之，正草泽称尊之大罚，然且有黄巢之祸，延于朱温而唐以亡：使弗惩焉，则暗主相承，政刑无纪，闾井之匹夫，几人帝而几人王，生民之流血，终无已日矣。若权臣受将相之托，为功于国，而逼夺孤幼，则不待正鈇钺于世充而无有继之者。高祖相世运之迁，大权之移，祸胜之变，而责世充、诛三僭，其亦审矣，而岂贸贸以张弛乎？已天下之乱者义也，而义固随时以制宜者也。世充可诛也，建德、铣、仁果尤不可贷者也，非昧于治乱之几者，可执一切之义以论得失也。

7.言有不可以人废者，封德彝之策突厥是已。突厥拥众十五万寇并州，郑元璹欲与和，德彝曰："不战而和，示之以弱，击之既胜，而后与和，则恩威并著。"斯言也，知兵筹国相时之善术也。唐之不能与突厥争，始于刘文静之失策，召之入而为之屈，权一失而弗能速挽矣。中国初定，而突厥席安，名有可挟，机有可乘，唐安能遽与突厥争胜哉？然当百战之馀，被蚂蚁的洞穴穿破，就是金筑的堤防也不能保全，对严寒、酷热、大雨的怨恨，都可能成为揭竿而起的借口；等到他们溃败求降，还可以用王侯的待遇来安置他们，使其逍遥法外，那么人们还害怕什么而不敢杀人越货以求得富贵呢？况且正当天下刚刚安定，大家的心还没有安定下来，此伏彼起，哪里是个尽头呢？

从东汉以后，权臣篡位的，成功的有曹魏、六朝，没有成功而失败的，有王敦、桓温、刘毅、沈攸之，萧颖胄，王僧辩；侥幸成功而又迅速失败的，有桓玄、侯景。到了隋亡以后，获得天下权势非常容易，人们谁都可以称帝称王，这是平民疯狂地揭竿而起的最初动机。唐对此早早地予以惩戒，制定了对平民起义称帝的严苛的刑罚，即使这样后来还是发生黄巢起义，到朱温，唐朝终于灭亡了。如果不惩治叛逆，就会使得暗弱的君主代代相承，政事刑律没有一定之规，草野的平民几人称帝几人称王，百姓任人宰割，终无宁日。至于权臣被委以将相的大任，对国家有功，却篡夺孤幼的君主，就不用诛杀王世充也没有后继者。唐高祖审视世事盛衰更替的变迁，大权的转移，发生祸患的各种灾变，而后赦免了王世充，而杀了薛仁杲、萧铣和窦建德，他也是很严谨的，怎么能贸然地一严一宽呢？只有道义能够消除天下的暴乱，而道义不是因时制宜的。王世充应当诛戮，窦建德、萧铣、薛仁杲就更不能赦免了，这不是糊涂于治乱的玄机、可以用权宜的道义来评定得失的。

言论不能因人而废，封德彝论述对付突厥的办法就是如此。突厥大军十五万进攻并州，郑元璹想和突厥讲和，封德彝说道：“不和突厥作战就和它讲和，是向它显示软弱，如果进击它取得胜利，然后和它讲和，就会达到恩威并施的效果。”这番言论，是熟知兵法，审视时局为国筹划的好办法。唐不能和突厥抗争，开始于刘文静的失策，召突厥进入中原而被它屈服，一时失误就不能马上挽回了。中人犹习战，故屡挫于刘黑闼而无朒缩之心，则与战而胜可决也；所难者，锐气尽于一战，而继此则疲耳。奋起以亟争，而藏拙于不再，速与战而速与和，则李神符、萧颛之功必成，而郑元璹之说必仇矣。

夫夷狄者，不战而未可与和者也，犬絷项而后驯，蛇去齿而后柔者也。以战先之，所以和也；以和縻之，所以战也；惜乎唐之能用战以和，而不用和以战耳。知此，则秦桧之谋，与岳飞可相辅以制女直，而激为两不相协以偏重于和，飞亦过矣。抗必不可和之说，而和者之言益固，然后堕其所以战而一恃于和，宋乃以不振而迄于亡。非飞之战，桧亦安能和也；然则有桧之和，亦何妨于飞之战哉？战与和，两用则成，偏用则败，此中国制夷之上算也。夫夷狄者，诈之而不为不信，乘之而不为不义者也，期于远其害而已矣。

8.唐初定官制，三公总大政于上，六省典机务于中，九寺分庶政于下；其后沿革不一，而建国之规模，于此始基之矣。一代兴，立一代之制，或相师，或相驳，乃其大要，分与合而已。周建六官，纯乎分也，秦统以一相一尉而合，汉承之而始任丞相，后任大将军，专合于一，而分职者咸听命焉。唐初之制，三公六省与九寺之数相匹，所重在合，而所轻在分。于九寺国刚刚安定，而突厥长期宴安，有可以挟持的名义，又有可乘之机，唐怎能马上和突厥决一胜负呢？然而唐在百战之后，人们还习惯作战，所以多次被刘黑闼挫败却没有畏缩之心，因此和突厥交战也是可以取得胜利的；困难是，如果一战丧失了锐气，此后就会疲惫不堪一击了。奋起尽快与之决战，而实际不愿再和它作战，速战速和，那么就一定能实现李神符、萧颛大功一定能实现，郑元祷议和的建议则一定成仇。

对于夷狄，不和它作战是不能和它讲和的，恶狗栓住脖颈而后会驯服，毒蛇去掉毒齿而后会柔顺。先和它作战，是为了和它讲和；用和议束缚它；是为了以后再开战；可惜唐能以战争来求和，却不能用议和来作战。明白这一点，则秦桧的主和与岳飞的主战可以相辅相承以制服女真，但他们矛盾激化，将相不和，最后偏向和谈，岳飞也有过错。坚持一定不讲和的观点，主和派的主和意见也更加坚定，然后放弃了和女真作战而完全依靠和谈，宋因此一蹶不振，一直延续到它灭亡。如果不是岳飞和女真作战，秦桧又怎能和女真讲和呢？然而，秦桧讲和，于岳飞作战又有什么妨碍呢？战与和，两种方法一起使用就会成功，只用一种方法就会失败，这是中国制服夷狄的上策。对于夷狄，欺骗它不算不讲信用，乘它危难时进攻它不算不讲道义，只是为了避免遭受它的祸害罢了。

唐初制定官制，三公总领大的政务在上，六省掌管机要事务在中，九寺分理各种行政事务在下；以后发展变化各不相同，而建国的规模，从此开始奠定了基础。一个朝代建国，就要创立一个朝代的官制，代与代之间或者相效法，或者相违背而其大概。只不过分职与合权罢了。西周六官，纯粹是分职，秦代总括起来设置了一宰相一太尉，把职权合并起来，汉代继承了秦制开始设置丞相，后又设置大将军，大权合并在一处，各个部门都听命于丞相、大将军。唐初的之上，制之以六省，六省之上，莅之以三公，统摄之者层累相仍，而分治者奉行而已，长短以时移，得失各有居也。然而唐多能臣，前有汉，后有宋，皆所不逮，则劝奖人才以详治理，唐之斟酌于周者，非不审也。

国家之务，要不出于周之六官，分其事而各专其职，所以求详于名实也；因名责实，因实课功，无所诿而各效其当为，此综核之要术也。然而有未尽善者存焉，官各有司，司各有典，典各有常，而王之听治，综其实，副其名，求无过而止；因循相袭，以例为师，苟求无失，而敬天勤民、对时育物、扬清激浊、移风善俗之精意，无与消息以变通之。实可稽也，不必其顺乎理；名可副也，不必其协于实；于是而任国家之大政者，且如府史之饰文具以求免谪，相为缘饰，以报最于一人之听睹，而人亦不乐尽其才。故周制使冢宰统六典以合治之，而冢宰既有分司，又兼五典，则大略不失，亦不能于文具之外，斟酌人情物理、天时事变之宜，与贤不肖操心同异之隐，以求详于法外，自非周公之才，亦画诺坐啸而已。于是而知唐初之制，未尝不善也。

六省者，皆非有执守者也，而周知九寺之司；三公者，虽各有统也，而兼领六省之治；九寺各以其职循官守、副期会、官制，三公六省和九寺的职位数目相等，重在合权，轻在分职。在九寺上面，设置六省来辖制，六省上面，设置了三公来统领，一级一级相互统辖，分理政务的各个部门奉命行事就是，优点和缺点随着时间的变化而变化，得和失各占几分。然而唐代多能臣，前面有汉代，后面有宋代，都比不上它，所以在劝勉奖励人才使得国家管理非常周详，唐代对西周所创官制的斟酌取舍，不能说不周密了。

国家的政务，主要不超出西周六官所管辖的范围，把政务分配到各个部门，让他们各自管理好自己的职守，是用以审察名称和实际的；通过名称来审察实际，通过实际情况来考核政勣，无所推委各负其责，这是综合考核的主要方法。然而存在着美中不足之处，官吏各有主管，主管各有一定的典章，典章各有一定的常规，而君主处理政务，要求综合实际情况，务求名副其实，求得没有过错而后止；照旧行事，相互沿袭，以以往事例为师，以求得不出现失误，因而恭敬上天，为百姓操劳，顺应时节，长养万物，倡善抑恶，移风易俗。此中的精微之意，不能消长更替予以变通，实际情况可以查考，但不一定顺于理，名声可以和职务相称，但不一定与事实和洽，因此，担任国家要职的重臣，会和府官、史官一样伪饰文辞以免被贬职，相互伪饰，以求把自己作为政勣最好的上报给君主，而人们也不乐于尽其才智。所以西周的官制让冢宰掌管大典以统一管理，而冢宰既有自己分管的一部分，又管其余五典，就只能大概不出现失误，又不能在忙于文案之外，斟酌人情、物理、天时、事变的事宜，辨别贤良和不肖隐微的区别，以求得在法律的范围之外能够明察，只要没有周公的才智，就只能在文书上签字并闲坐吟啸罢了。由此而知唐初的官制，不能算不好了。

六省都没有固定的主管政务，而细密地执掌着对九寺的管理；三公虽各有统辖的政务，而兼领着对六省的管理工作；九寺各自按照依成法以奉行，而得失之衡，短长之度，彼此相参以互济。与夫清浊异心，忠佞异志，略形迹以求真实之利病，则既以六省秉道而酌之，又有三公持纲而定之，互相融会以求实济于崇社生民之远图，岂循名按实、缘饰故例以苟免于废弛之诛者所能允协于宗社生民之大计哉？故责名实于分者，详于法而略于理；重辨定于合者，法或略而理必详。不责人以守法拘文之故辙，而才可尽；能会通于度彼参此之得失，而智日生。于是乎人劝于天下之务，而耻为涂饰，以下委于谙习法律之胥史，致令天下成一木偶衣冠、官厨酒食之吏治，则唐之多能臣也，其初制固善也。

夫郡县天下，其治九州也，天子者一人也，出纳无讽议之广，折中无论道之司，以一人之耳目心思，临六典分司之烦冗，即有为之代理者，一二相臣而止，几何不以拘文塞责、养天下于痿痹，而大奸巨猾之胥史，得以其文亡害者、制宗社生民之命乎？国家之事，如指臂之无分体也；夫人之才，如两目之互用，交相映而合为一见也。取一体而分责之，无所合以相济，将司农不知司马之缓急，司马不知司农之有无，竞于廷而愤于边，所必然者。刑与礼争而教衰，抚字与催科异而政乱，事无以成，民无以靖，是犹鼻不择味，口不择香，背拥重纩而不恤胸之寒，虽有长才，徒为太息，固将翱翔于文酒琴弈之中，而不肖者持禄容身，不复知有清议，贤愚无别，谁复戮力以勤自己的职位居官守职，执行政令、按照现成的法规行事，而衡量得失，揣度长短相互参照，相互帮助。对于清廉和贪浊不同的内心，忠良与奸佞不同的志趣，透过表面现象以了解真实情况的好与坏，则既有六省秉公斟酌，又有三公用纲纪来考定，相互融会，以求得有利于国家百姓的长远利益。那些循规蹈矩，用以往的事例来伪饰，以苟且免除政事荒废之罪的官吏，怎能和富国强民的大计和洽呢？所以由各个部门审察官吏的名实，就会详于法规而略于事理，经过多次辩论最后由主管者决定的，就会略于法规而详于事理。如果不强迫下属走恪守法规；拘泥文辞的老路，就能人尽其才；能够揣度参照彼此的得失，达到融会贯通，就会增加才智。这样，官吏尽心于国家的政务，而耻于伪饰，基层的政务委托给熟悉法律条文的小史官，使得天下成为一个木偶官吏，只要有官厨酒食，官吏就得以治理，唐初能臣很多，当初创立的制度确实很好。

实行郡县制的天下，天子一人统治九州，官吏只知把帝王的诏令向下宣告，把下面意见向帝王报告而缺乏广泛的讽谏，调和二者，取其中止没有专司议论的部门，凭着一个人的耳目才智，对付六典与各部门烦冗的政务，即使有替帝王代为管理的人，也就是一二个丞相罢了。多少不因为拘泥文案、敷衍塞责，使得天下的官僚机构痿缩麻痹，而那些奸猾的胥史，得以用他们看似无害的文案，钳制国家百姓的命运呢？国有的政事，就像手指和手臂一样没有相互分开的个体；人的才智，就像双眼互用，双眼都在看却合在一起看到同样的事物。如果拿出一件政事单独让下属去完成，不把各种政务合起来统筹安排，就会出现司农不知司马的缓急，司马不知司农的有无，在朝廷上争执而败坏边防，必然如此。弄法与礼制纷争教化就会衰败，抚养爱护和催征租税不谐调就会使政治混乱，政事无以成功，百姓无以安定，这就像鼻不择味，口不择香，穿着两层丝绵的衣服不用担心胸王事哉?是故三公六省无专职,而尽闻国政以佐天子之不逮,国多才臣,而虽危不亡,唐之所以立国二百馀年,有失国之君,而国终存,高祖之立法持之也。

后世合六官而闻政者,台省也。乃职在纠参,则议论失平,而无先事之裁审;联六官而佐治者,寺监也,乃仰承六官,则任愈析,而专一职之节文;故言愈棼而才愈困。鉴古酌今,以通天下之志而成其务,非循名责实泥已迹者之所与知久矣。

9.租、庸、调之法,拓拔氏始之,至唐初而定。户赋田百亩,所输之租粟二石,其轻莫以过也;调随土宜,庸役两旬,不役则输绢六丈。重之于调、庸,而轻之于粟,三代以下,郡县之天下,取民之制,酌情度理,适用宜民,斯为较得矣。

地之有稼穑也,天地所以给斯人之养者也。人之戴君而胥匡以生也,御其害,协其居,坊其强以淫,抚其弱以萎,君子既劳心以治人,则有力可劳者当为之效也。地产之有馀者,桑麻金锡茶漆竹木棕苇之属,人不必待以生,而或不劳而多获,以资人君为民立国经理绸缪之用,固当即取于民以用者也。酌之情,度之理,租不可不轻,而庸、调无嫌于重,岂非君以部寒冷，虽然有俊才，只能叹息，必定沉溺于文辞宴饮、琴棋书画之中；而不肖者做官领取俸禄，不知道世上还有公正的评论，贤愚没有区别，谁还竭尽全力为王事尽心呢？所以三公六省没有什么专职，而参与所有的国政以辅佐天子心智达不到的地方，国家能臣很多，即使遇到危险也不致亡国，唐朝所以立国二百多年，有失国的君主，但国家始终不灭，这是唐高祖创立的法规维持的。

后世把六官合起来处理政事，设置了台省，它的职权在于举发弹劾百官，但它的评论往往失去公正，在它之前又没有事先的审察裁决；联合大官辅佐治理的，有寺监，而寺监仰承六官，它的职责更加支离，专管节制修饰；所以言论越纷乱，贤才越是感到无所适从。对照古代，斟酌当今，沟通天下贤才的心志来完成他的政务，不是那些按名声去考察实际、拘泥于以往事例的人所能参与知晓的已经很久了。

租、庸、调的方法，北魏拓拔氏开始推行，到唐代初年固定下来。每户授田一百亩，每年缴纳租粟二石，没有比这再轻的岁租了；调随乡土所产交纳，丁男每年服劳役二十天，若不服役就缴纳绢六丈。调、庸较重，租粟较轻，夏、商、周三代以后实行郡县制的天下，向百姓征收赋税的制度，斟酌情理，比较适用并方便百姓的，这是较好的一种。

土地出产庄稼，是大自然所以供给人们用以生存的。百姓拥戴君主而相互匡辅以求得生存，防御灾害，和睦地安居乐业，防范豪强横行，抚慰老弱病残，既然君子从事脑力劳动统治别人，那么身强力壮能够劳作的人就该为他们效劳。土地上额外出产的，有桑、麻、金、锡、茶、漆、竹木、棕苇等等这些东西，人不必依赖它们生存，但有的可以不劳而多获，用以资助君主为百姓安邦立国，经营四方，防患于未然，确实也应当从百姓那里取来使用的。斟酌情理，租粟不能不养民、民以奉公之大义乎？故曰“明君贵五谷”。谷者，民生死之大司也。箕敛以聚之上，红朽盈而多豢不耕之人，下及于犬马，则贱矣；开民之利，劝之以耕，使裕于养，而流通其馀，以供日用之需，所以贵之也；示民以不爱其力以事上，而重爱其粟，虽君上而不轻与，则贵之也至矣。故惟重之于庸，而轻之于租，民乃知耕之为利，虽不耕而不容偷窳以免役，于是天下无闲旧，而田无卤莽，耕亦征也，不耕亦征也，其不劝于耕者鲜矣。

且按唐开元户数凡九百六十一万九千有奇，户租二石，为租千九百二十三万有奇，以万历清丈所定，夏秋税粮二千六百六十三万有奇较之，其差无几也。田百亩而租二石，几百而取一矣，而可给二百二十万人之食以饷兵，而不止三年之馀。一粟之取也薄，而庸、调之取绢绵土物也广，则官吏胥役百工之给，皆以庸、调之所输给之，使求粟以赡其俯仰，皆出货贿以仇籴于农民，而耕者盐酪医药昏丧之用，粟不死而货贿不腾。调、庸之职贡一定于户口而不移，勿问田之有无，而责之不贷，则逐末者无所逃于溥天率土之下，以嫁苦于农人。徭不因田而始有，租以薄取而易输，污吏猾胥无可求多于阡陌，则人抑视田为有利无害之资，自不折入于强豪，以役耕夫而恣取其半。以此计之，唐之民固中天以后乐利之民也；此法废而后民不适有生，田尽入于强豪而不可止矣。

轻，而庸、调重一些也无妨，这难道不是君主用以生养百姓，百姓赖以奉公守法的大义吗？所以说：“明君看重五谷。”粮食是生死的关键。一点一滴的收敛把粮食聚积在国家手里，多得变红腐败而多养不耕作的人，以及狗和马，粮食就会被看轻；让百姓有利可图，劝勉他们勤于耕种，使他们赡养自己绰绰有余，剩余部分可以卖掉，以供购买日用所需，这就是所以看重粮食了。向百姓表示国家让他们服劳役并不怎么爱惜他们的力气，却非常爱惜他们生产的粮食，虽然是给君主也不让他轻易地缴纳，人们就会看重粮食了。所以只有征收庸重些，而征收租粟轻些，才知道耕作是很有利的，不耕作又不容许偷懒免役，于是天下没有闲田，田地没有贫瘠荒芜的，耕作征发徭役，不耕作也征发徭役，那些不从事耕作的人就少了。

况且，按照唐开元年间的户共有九百六十一万九千多户，每户缴租二石，就是一千九百二十三万多石，据明万历年间丈量土地后所定的税，夏秋两季可以征收税粮二千六百六十三万多石，和它比较起来，相差无几。田地一百亩才收租粟二石，几乎是收成一百而税一了，却可以提供二百二十万人食用的粮食以供军需，而且不到三年就能剩余一成。征收租粟的范围较窄，而庸、调根据各地的出产征收绢、绵、土物，范围很广，官吏、胥役、百工的给养，都用庸、调所缴纳的物品来供给，让他购求粮食以供早晚食用，都拿出钱财从农民那里买进粮食，而农夫购买盐、酪、医药以及婚丧所需的费用，只要庄稼不死钱财就用不完。调、庸的缴纳数量一旦确实，对于一家一户来说就不变了，不管你有没有田地，都要征收，不予宽免，这样，普天之下从事工商业者也无法逃避，而把自己的转嫁给农夫。徭役不按田地征发，租税因为收的很少而缴纳，贪官污吏无法从土地上捞到多少油水，人们就把田地看作是有利无害的资产，自然不会折价卖给豪强地主，使他们雇佣农夫，自己不耕种却恣意获取收成的一半。由此役其人，不私其土，天之制也；用其有馀之力，不夺其勤耕之获，道之中也；效其土物之贡，不敛其待命之粟，情之顺也；耕者无虐取之忧，不耕者无幸逃之利，义之正也。若夫三代之制，田税十一，而二十取一，孟子斥之为小貉，何也？三代沿上古之封建，国小而君多，聘享征伐一取之田，盖积数千年之困敝，而暴君横取，无异于今川、广之土司，吸龁其部民，使鹄面鸠形，衣百结而食草木；三代圣王，无能疾出其民于水火，为撙节焉以渐苏其生命，十一者，先王不得已之为也。且天子之畿，东西南北之相距，五百里而已。舟车之輓运，旬日而往还。侯国百里之封，居五十里之中，可旦输而夕返。今合四海以供一王，而馈饟周于远塞，使输十一于京边，万里之劳，民之死者十九，而谁以躯命殉一顷之荒瘠乎？弗获已而折色轻赍之制以稍宽之，乃粟之贵贱无恒，而定之以一切之准，墨吏抑尽废本色，于就近支销而厚取其值，且使贱粜以应非时之诛求，台非奸诡豪强，未有敢名田为己有者。若且不察而十一征之，谁为此至不仁之言曰中正之制，以剿绝生民之命乎？

看来，唐代的百姓实在是尧舜时代以后乐于厚利的百姓，这种征收租役的方法废止以后，百姓生活困顿，田地全并入豪强地主而不能禁止。

役使百姓而不占有他们的土地，是上天的制度。征用百姓多余的劳力，而不掠夺他们勤于耕作的收获，是中正之道；征收各地土产的物品，而不搜刮百姓维持生计的粮食，情理顺通、农夫没有被剥夺的忧虑，不从事耕作的人没有侥幸逃脱赋役的私利，是公正的道义。至于说到夏、商、周三代的制度，田税十取一，其余的二十取一，孟子骂这是小貉，为什么呢？三代时沿袭上古的分封制度，国家小而国君多，访问、祭祀、征伐的所需全从田地上征收，使得百姓几千年贫寒困顿，暴君的横征暴敛，和如今四川、广西的土司没有什么两样，敲诈勒索他的部民，使他们形容消瘦，憔悴不堪，穿着补丁摞补丁的衣服，吃的是野菜树皮；夏、商、周三代的圣明君主，不能把他的百姓很快地从水深火热中拯救出来，只好实行节约使百姓的生活逐渐复苏，十税一的制度，是先王不得已而为之的。况且当时天子的京畿，东西南北相距各五百里罢了，水运或者陆运，十天就可来回，侯国只有方圆一百里的封土。住在离四周各五十里的中间，粮食可以早上运来晚上就返回了。现在天下统一，供奉一王，而供应粮食的地方遍及边远地区，让他们到京城缴纳十一税，万里路途的辛劳使百姓死去的就占十分之九，谁会让自己的生命丧失在一顷荒地上呢？这样没有收获就让步减轻赋税对百姓稍稍放宽，粮食的贵贱就因此没有一定之规，却强定一个统一的标准，贪官污吏就完全废弃原来的规定，就近把粮食卖出，收取高价，并强迫百姓低价卖出粮食以应非时之需，只要不是奸猾的豪强，没有谁敢说田地为自己所有。如果不明察而征收十一税，是谁提出这极端不仁的建议而称之为中正之制，以毁灭百姓的生命呢？

乃若唐之庸，重矣，以后世困农而恣游民之逋役则重也，以较三代则尤轻。古者七十二井而出长毂一乘，步卒七十二人，九百亩而一人为兵。亩百步耳，九百亩，今之四百亩而不足也。以中则准之，凡粮二十石有奇而出一兵。无岁不征，无年不战，死伤道殒，复补伍于一井之中。唐府兵之未尽革也，求兵于免租免庸之夫，且读杜甫《无家》、《垂老》、《新婚》三别之诗，千古犹为堕泪。则三代之民，其死亡流离于锋矢之下，亦惨矣哉！抑且君行师从，卿行旅从，狩觐、会盟、聘问、逆女、会葬，乃至游观、畋猎，皆奔走千百之耕夫于道路，暑喝冻瘃、饥渴劳敝而死者，不知凡几，而筑城、穿池、营宫室、筑苑囿之役不与焉，其视一岁之庸，一户数口而折绢六丈者，利害奚若也？论者不体三代圣王因时补救不得已之心，而犹曰十一取民，寓兵于农之可行于今也，不智而不仁，学焉而不思，亦忍矣哉！后王参古以宜民，唐室租、庸、调、画一仁民之法，即有损益，无可废矣。

10.古者士各仕于其国，诸侯私其土，私其人，既禁士之外徙，而羁旅之臣，新君有其情不固之疑，三代圣王欲易之而不能也。乃其为卿大夫者，类以族升，则役于相习之名分，而民帖然以受治，农之子恒为农，虽有隽才，觖望之情不生，赏罚施于比邻，而恩怨不起。乃逮周之季，世禄之家迭相盛衰，于是陈、鲍、高、国、栾、郤、赵、范且疑忌积而起寻戈矛，兄至于唐代的庸，是比较重的，从后世使农民困窘而游民逃避徭役这一点看，的确是重了，但比起夏、商、周三代就显得很轻了。古代七十二井出战车一乘，步卒七十人，九百亩田地出一人当兵。当时每亩方圆只有一百步，九百亩仅相当于如今的不足四百亩，用中等的标准推算，大约二十多石粮出一名士兵，即使无年不出征，无年不作战，战场上死伤道路上损失的士兵，都要在一井当中再递补上去。唐朝的府兵制度没有完全改革，从免租免庸的男子中招募士兵，读杜甫的《无家》、《垂老》、《新婚》三别的诗，千年之后还为之垂泪。那么，夏、商、周三代的百姓，他们流离失所死亡于战争的情形，就更悲惨了！况且君主出行要跟从一个师的军队，上卿出行要跟随一个旅的军队，朝觐、会盟、聘问、迎女、会葬，乃至游览、狩猎，都使得成千上百的农夫奔波在道路上，夏季中暑，严冬挨冻，饥渴劳顿而死的人不知道有多少，而筑城、挖池塘，一户六口人折合绢只有六丈相比，利害如何呢？发表议论的人不体谅三代圣王采取暂时补救的措施，于心为迫不得已，而还建议向百姓征收十一税，寓兵于农也可以在今天推行云云，既不明智，又不仁义，学习古代的东西却不思考，也太残忍了！后世君王参照古法制定适宜百姓的政策，唐朝的租、庸、调制定了一部仁爱百姓的法规，即使对它有所增减，也不可废弃呀。

古代士人各自在自己的国家做官，诸侯私自拥有他的土地和百姓，禁止士人对外流动，而寄居作客的臣子，新君会怀疑他感情不牢固，夏、商、周三代的圣王想改变这种局面却无能为力。那些做卿大夫的，等级因为家族得以提升，受到相与沿习的名分所左右，而百姓也俯首帖耳地接受统治，农夫的子弟永远是农夫，即使他们中间有才智出众的人，也不会产生怨恨的心情，赏罚加于近邻，却不会产生恩怨。到了西周末年，世家大族交替盛衰，这时候，陈氏、鲍氏、高弟姻亚互修怨于顾盼之间，而蹀血覆宗，亦人伦之大斁矣。法与情不两立，亦不可偏废者也。闾井相比，婚媾相连，一旦乘权居位，而逮系之、鞭笞之，甚且按法以诛戮之，憯焉不恤，曰"吾以奉国法也"，则是父子、昆弟、夫妇、朋友之恩义，皆可假君臣之分谊以摧抑之，而五伦还自相贼矣。于是乎仁心牿丧，而民竞于权势以相离散，非小祸也。若欲曲全恩义，而骫法以伸私，则法抑乱，而依倚以殃民者不可胜诘。然则除诸侯私土私人之弊政于九州混一之后，典乡郡、刺乡州、守乡邑，其必不可，明矣。

张锁周，舒州人也，为其州都督，召亲故酣饮十日，贻以金帛，泣与之别，曰："今日得与故人欢饮，明日都督治百姓耳。"此何异优人登场，森然君臣父子之相临，而歌舞既阕，相聚而食，相狎而笑邪？恻隐不行，而羞恶之心亦澌灭尽矣。故官于其乡，无一而可者也。君欲任贤以治民也，奚必其乡；欲为民以择吏也，奚必其乡之人；士出身事主而效于民也，又岂易地之无以自效。君不为士谋安，士抑不自谋其安，致法与情之两掣，甚矣其昧于理也。韩魏公以守乡郡而养老，亦朱买臣衣绣之荣耳，况如镇周之加刑罚于父老子弟而憯莫之恤乎！

11.谓高祖之立建成为得适长之礼者，非也。立子以适长，此嗣有天下，太子诸王皆生长深宫，天显之序，不可以宠氏、国氏、栾氏、郤氏、赵氏、范氏产生疑忌而操戈纷争，兄弟姻亲顾盼之间已产生了怨恨，因而争斗流血毁灭宗族，也是对人伦极大的败坏。法律和人情势不两立，但也不能有所偏废。原来乡里相邻，婚姻相连，一旦做了官掌了权，就逮捕拘禁他们，鞭笞他们，甚至依法诛戮他们，惨毒而不怜悯，却说："我这是奉行国法"照这样，父子、兄弟、夫妇、朋友之间的恩义情分，都可假借君臣的名分和大道理来摧残毁坏，而五常之间反过来自相残害。于是仁心沦丧，而百姓因为权势之间相互纷争而流离失所，这并不是小祸。如果想成全恩义，枉法而讲私情，法律就会造成冤枉和混乱，而凭恃法律危害百姓的人就难以追究了。既然如此，那么在国家统一之后废除诸侯私自拥有土地和百姓的弊政，却让官吏做家乡的郡守、州刺史、县令，这一定行不通，是很明白的了。

张镇周，是舒州（今安徽省安庆市）人，做了家乡舒州的都督，他召集亲朋故旧酣饮十天，赠送给他们钱财，流着泪和他们道别说："今日得以和故人痛饮，明日就要做都督治理百姓了。"这和戏子登台演出有什么区别，俨然是君臣父子相临，歌舞结束后，相聚宴饮，相亲见而欢笑。恻隐之心消失，羞恶之心也泯灭殆尽了。所以在家乡做官，没有一点是可取的。君主希望任用贤才以治理百姓，为什么一定让他在家乡做官，想为百姓选择良吏，为什么一定要选家乡是那里的人；士人做官为的是事奉君主效力于百姓，又怎么会换个地方就无法效力了呢？君主不为士人谋安，士人也不能自己谋安，致使法律和人情两相掣肘，他们糊涂于事理是很厉害的。韩魏公因为被委以乡郡的太守而辞职养老，和朱买臣穿绣衣的荣誉相仿，而张镇周对家乡的父老施以刑罚，残酷无所怜悯，二者对比鲜明。

说唐高祖立建成为太子符合立嫡长子的礼法，是错误的。立嫡长子为嗣子，他可以继承天下，太子和诸王都在深宫中长大，上天显孽乱也。初有天下，而创制自己，以贤以功，为天下而得人，作君师以祐下民，不可以守法之例例之矣。抑谓高祖宜置建成而立世民者，亦非也。睿宗舍宋王成器而立隆基，讨贼后以靖国家，隆基自冒险为之，事成乃奉睿宗以正位，睿宗初不与闻，而况宋王？则宋王固辞，而睿宗决策可也。太原之起，虽繇秦王，而建成分将以向长安，功虽不逮，固协谋而戮力与偕矣。同事而年抑长，且建成亦铮铮自立，非若隋太子勇之失德章闻也，高祖又恶得而废之？故高祖之处此难矣，非直难也，诚无以处之，智者不能为之辩，勇者不能为之决也。君子且无以处此，而奚翅高祖？

处此而无难者，其唯圣人乎！泰伯之成其至德者，岂徒其仁孝之得于天者厚乎？太王、姜女以仁敬孝慈敦彝伦修内教于宫中者，其养之也久矣。《诗》之颂王季也，曰“则友其兄”。王季固不以得国而易其兄弟之欢也。王季无得国之心，而泰伯可成其三让之美，一门之内，人修君子长者之行，而静以听夫天命。故王季得国，犹未得也；泰伯辞国，犹未辞也；内教修而礼让兴，让者得仁，而受者无疑于失义。邠人之称太王，曰“仁人也”。岂一朝一夕之故哉？

唐高祖之守太原，纵酒纳贿以自秽，宫人私侍，而尝试生死以殉其嗜欲，则秦王矫举以奋兴，一唯其才之可以大有为，示了他们的先后次序，不能因为偏爱哪一个而乱了次序。刚刚享有天下，由自己创立制度，凭着才能和功劳，为天下选定继承人，作君王以保祐天下百姓，不能因为遵守礼法的惯例而拘泥了。或者说唐高祖应该把建成放在一边，而立世民为太子，也是错误的，唐睿宗丢下宋王成器而立隆基为继承人，讨伐奸邪的韦后以安定国家，李隆基自己冒险完成了这项事业，事成之后尊奉睿宗而继承了王位，睿宗还不参与政事，更何况宋王成器呢？这样由宋王坚决地推辞，而由睿宗决定就行了。太原起兵，虽然是由秦王李世民发起的，但建成也率领将士进攻长安，功劳虽然不及世民，确实也和他们共同谋划而且和他们一起尽力了。共同起事而且又年长，况且建成也能卓然自立，不像隋太子杨勇丧失德行而且大家都知道，唐高祖又怎能废弃他呢？所以唐高祖处理这件事很为难，不只是为难，实则是无法处置，聪明的人不能为他辨析，果敢的人不能替他作出决定，君子都将无法处置这件事，哪里仅仅是唐高祖？

处置这件事而不为难，大概只有圣人了吧！泰伯实现了他至高无上的美德，难道只因为他天性非常仁孝吗？太王、姜女凭着仁敬孝慈在宫中加固伦理纲常整治内教，培养他的美德已很久了。《诗经》颂扬王季说："对他兄长很友好。"王季决不会为了取得国家权力而伤害他们兄弟之间感情。王季没有得国的心思，泰伯因而做到三次让国的美德，一家之内，人人学习君子长者的德行，静听天命。所以王季得国，好像没有得到，泰伯辞国，好像也没有推辞掉；内教得到整治礼让之风兴起，让国的人获得仁义，接受的人也不被怀疑失去仁义。邠人称赞太王是仁爱之人，泰伯和王季互相谦让，难道是一朝一夕的缘故吗？

唐高祖镇守太原时，曾纵酒纳贿以搞臭自己的名声使隋炀帝放心，他暗地让宫人侍奉，冒着生命的危险以满足自己的私欲，而秦王而驰骋侠烈之气，荡其天性，固无名义之可系其心，建成尤劣焉，而以望三后忠厚开国之休，使逊心以听高祖之命，其可得乎？高祖之不能式谷其子，既如此矣；而所左右后先者，又行险徼幸若裴寂之流而已。东宫天策士各以所知遇为私人，自不睹慈懿之士，耳不闻孝友之言，导以争猜而亟夺其恻隐，高祖若木偶之尸位于上，而无可如何，诚哉其无可如何也！源之不清，其流孰能澄汰哉？

后世之不足以法三代者，此也，非井田封建饰文具以强民之谓也。王之所以王，霸之所以霸，圣之所以圣，贼之所以贼，反身而诚，不言而喻。保尔子孙，宁尔邦家，岂他求之哉？自非圣人，未有能免于祸乱者。立嫡之法，与贤之权，皆足以召乱，况井田封建之画地为守者乎？

12.魏征、王珪必死于建成之难乎？曰：未见其可也。事太宗而效忠焉，有以异于管仲之相桓公乎？曰：有异焉，而未为殊异也。《传》曰："食焉不辟其难。"非至论也。君子之身，天植之，亲生之，生死者，名义之所维，性情之所主，而仅以殉食乎？君臣之义，生于性者也，性不随物以迁，君一而已，犹父之不可有二也。管仲，齐之臣，齐侯其君也；征、珪，唐之臣，高祖其君也。仲之事子纠，齐侯命之，征、珪之事太子，高祖命之。天之所秩，性之所安，义之所承，君一而已。即以食李世民勇武地奋起，全是因为他的才干可以大有作为，纵横驰骋的侠烈豪气，涤荡他的天性，实在没有什么名义可以束缚他的思想，而李建成很低劣，却希望三个儿子在开国之初非常忠厚，恭敬地听从高祖的命令，这能实现吗？高祖不能给他儿子们以福禄，已经如此了；而高祖前后左右的近臣，又冒险侥幸如裴寂之流罢了。东宫天策士都以他们所知遇的人为私人，李建成眼睛看不到仁慈的士人，耳朵听不到有关忠孝友好的言论，周围的人唆使他与李世民争夺使他丧失了恻隐之心，唐高祖像个木偶一样端居帝位，却对儿子之间的争斗束手无策，他实在是束手无策！源头的水不清，河流的水又怎能清流呢？

后世不足以效法三代的地方，是这一点，并不是说不足以效法三代的井田制、分封制和修饰文案以富国强民。王所以能够称王，霸所以能够称霸，圣人所以能够称圣，贼人所以被称为贼，反过来求诸己身，就不言而喻了。保全子孙，安定国家，哪里还追求别的什么呢？如果不是圣人，没有能免于祸乱的。立嫡长子的礼法，与立贤能儿子的权变，都足以招致祸乱，何况井田制、分封制划分土地、各自为守呢？

魏征、王珪一定要为李建成的危难而死吗？答曰：不见得应该如此。事奉唐太宗而效其忠心，和管仲辅佐齐桓公有什么区别吗？答曰：有区别，但不是很大的区别。《传》云：“吃人家的饭就不回避人家的危难”，这不是十分恰当的论断。君子的身体，是上天所赐，父母所生，生死，是名义所系，性情所主，却仅仅拿它为禄食而死吗？君臣之间的道义，产生于人性之中，人性不会随着外物而改变，君主只有一人而已，就像父亲不能有二个一样。管仲，是齐的臣子，齐侯是他的君主；魏征、王珪是唐的臣子，唐高祖是他们的君主。管仲事奉公子纠，是齐侯的命令；魏征、王珪事奉太子，是高祖的命令。要论，仲食齐侯之食，征、珪食高祖之食，子纠、建成弗与焉，而况君子之死，必不以殉食乎？故无知者，齐襄之贼，管仲不共戴天之仇也。使唐高而蒙篡弑之祸，征、珪有死有亡，而必不可一日立于其廷，子纠、建成，君臣之分未定，奚足为之死邪？为之死，是一日而有二君矣。胥为君之子也，或废或立，君主之，当国之大臣引经衷道以裁之，为宫僚者，不得以所事者为嫡主，而随之以争。建成以长，世民以功，两俱有可立之道，君命我以事彼，则事彼而已矣；君命我以事此，则事此而已矣：高祖初未尝以荀息之任任征与珪，使以死拒世民也。则建成死，高祖立世民为太子，非敌国也，非君仇也，改而事之，无伤乎义，无损乎仁，奚为其不可哉？

然则征、珪之有异于管仲者，何也？襄公弑，纠与小白出亡于外，入而讨贼，不幸而兄弟争，仲之所不谋也。子纠败，仲囚于鲁，桓公释之而使相，仲未尝就公求免以自试也。建成、世民之含毒以争久矣，知其必有蹀血宫门之惨，不能弭止其慝，抑不能辞宫僚以去之，欲徼幸以观变，二子之志偷矣。太子死，遽即秦王而请见，尤义之所不许也，斯则其不得与管仲均者也。夫魏征起于群盗之中，幸自拔以归唐，功名之士耳。“介于石，不终日”，而后可以知几。亦恶足以及此哉？

想上天赐予职位，内心安定，道义可以接续下去，事奉一位君主就行了。即使从食禄的角度来论述，管仲享用的是齐侯的俸禄，魏征、王珪享用是唐高祖的俸禄，和公子子纠、李建成没有什么关系，更何况君子的死，一定不能为食禄而死呢？所以无知，才是齐襄公的贼臣，管仲不共戴天的仇敌。假使唐高祖被人弑杀篡夺，魏征、王珪就只有或死或逃亡两条路可走，必定一天也不能再在朝廷做官，公子纠、李建成君臣的名分还没有确实，何足为他们献出生命呢？如果为他们而死，就成了同时事奉二位君主了。同样是君主的儿子，或废或立，由君主来掌握，作为国家的执政大臣，应该引经据典使之合乎道义以帮助君主裁决，作为东宫的属臣，不能以他所事奉的人为正主，而追随他去争斗。李建成因为是长子，李世民因为有大功，两人都可以立为太子的道理，君主命我事奉那一位，我就事奉那一位了；君主命我事奉这一位，我就事奉这一位了；唐高祖当初不曾把荀息那样的使命交给魏征和王珪，让他们以死和李世民抗争。那么，李建成死后，唐高祖立李世民为太子，既不是敌国，又不归仇人，改换主子来事奉他，不伤义，不损仁，怎么能不可以呢？

然而魏征、王珪比起管仲来还是有区别的，区别在哪里呢？齐襄公被弑后，公子纠和公子小白逃亡国外，回国讨贼时，不幸兄弟之间发生争执，这是管仲所不能预知的。公子纠失败后，管仲被囚禁在鲁国，齐桓公（即公子小白）释放了他并让他做了宰相，管仲不曾到齐桓公那儿请求免罪与起用。李建成、李世民怀恨争斗已经很久了。知道他们之间一定会发生喋血宫门的惨祸，却不能消除制止他们的邪念，又不能辞去王府属吏的官职远去，希望侥幸或功而静观形势的变化，魏征、王硅二人的心志够不厚道的了。太子死后，就马上到秦王李世民那里请求接见，这尤其是仁义所不容许的，这就是他们不能和管仲等量齐观的地方。魏征发迹于群盗中间，幸而自己投靠了唐，

太宗

1.《书》曰："能自得师者王，谓人莫己若者亡。"夫人即丧心失志迷惑之尤者，长短、虚实、大小、有无、清浊、得失、明暗，皎然分画于前，知则知之，能则能之，眇者穷于视，跛者困于趋，恶得诬其心之所未喻，而谓多闻善虑者之不若己哉！然则谓人不己若者，抑实有不己若者在也。太宗曰："炀帝文辞奥博，是尧、舜，非桀、纣，行事何其相反。"魏征曰："恃其隽才，骄矜自困，以至覆亡。"然则炀帝之奥博，固有高出于群臣之上者，不己若，诚不若己矣，而人言又恶足以警之哉？

夫人主之怙过也，有以高居自逸而拒谏者矣，有以凭势凌人而拒谏者矣。然忠直之士，卓然不挠，虽斥窜诛夷而不恤以言黜，而暴君不能夺其理，则身虽诎而道固伸也。且恃位而骄，恃威而横，浮气外张，而中藏恧缩，迫乎虚憍稍息，追忆前非，固将曰：是吾所不知不能，而终不可诬者也。则谏者之言，或悔而见庸矣。唯夫多闻广识而给于辩者，知是其所是而非其所非，则言者不惮其威，而惮其小有才之辩慧。言之大，则以为夸也；言之切，则以为隘也；察情审理，拟议穷年，而彼已一览而见谓无馀；引古证今，依类长言，而时或旁征之有误；则自非明烛天日，断若雷霆者，恒惴惴焉恐言出而反为所折，抱忠而前、括囊而退者，十且八九矣。

是个追求功名的士人。“介于两种势力之间，一天也不能停留”，知道了这一点然后才能够明了世事的隐微，魏征和王珪又怎能达到这一步呢?

《尚书》上说：“能够自己虚心听取意见，以他人为师的人可称王，认为他人不如自己的人灭亡。”丧心失志，迷惑不解尤其严重的人，长短、虚实、大小、有无、清浊、得失、明暗，皎然明了于眼前，知则知之，能则能之，双目失明的人穷于视觉，跛脚的人困于快步而走，怎么能够冤枉他的内心不明白，而认为多闻善虑的人不如自己呢?然而，认为他人不如自己的人，或许他人确实有不如自己之处。唐太宗说：“隋炀帝才华横溢，知识广博，赞扬唐尧、虞，批评夏桀、商纣，行事何其相反呢?”大臣魏征说：“隋炀帝依仗他才智出众，骄傲矜持自我困挠，以至覆国。”然而，隋炀帝知识广博，固然有高出群臣之上的地方，群臣不如隋炀帝，的确不如隋炀帝，那么他人的言论又怎么能够用来警戒他呢?

君主坚持自己的过错，有高居皇位自我放纵而拒绝纳谏的。有依仗权势、盛气凌人而拒绝纳谏的。然而，忠诚刚直之士，坚持正义，不屈不挠，即使因为进献忠言罢官而被流放杀头，却从不顾惜，而暴君也不能强夺其理，那么自己虽然罢官而道理也伸张了。况且恃位而骄傲，恃威而蛮横，浮气外张，内心惭愧，等到骄横之气稍稍和缓下来，追忆以前的过错，固然将说：这是我所不知、不能做的，最终不可冤枉啊。那么进谏的言论，或许因君主后悔而采纳。只有多闻广识而善长争论的人，知道对于他们认为正确的东西采纳听取，对于他们认为不正确的东西剔除改正。那么进谏的人就会不畏惧其威严，而畏惧其稍有才气的辩慧。如果进谏之言涉及大政方针，就会认为是浮夸；如果进谏之言紧切时政，就会认为是狭隘，察明实情审断事理，拟议一整年，而彼一看之后而见谓无余；引古证今，按照类且夫尧、舜之是，彼且是之矣，吾恶得以尧、舜进之；桀、纣之非，彼且非之矣，吾恶得以桀、纣戒之。彼固曰：使我而为人臣，以称说于人主，吾之琅琅凿凿以敷陈者，更辩于此也，彼诚不我若，而爱我若父，责我若子，为笑而已矣。天下虽大，贤人君子虽众，谁肯以强智多闻见屈于我而不扪舌以自免于辱乎？故人不已若，危亡之媒也；谓人不已若，而其危亡必矣。太宗君臣之知此也，是以兴也。不然，太宗之才，当时之臣无有能相项背者，唯予言而莫违，亦何所不可乎？

呜呼！岂徒人主哉？士而贤智多闻，当世固出其下，则欲以取择善之益也难矣。“以能问于不能，以多问于寡”，颜子之所以大也。虽然，人知其能与多矣，问之虽勤，且欲告而中讷，则问为虚设，而衹益其骄；惟若无若虚之情发于不容已，而问必以诚，然后人相忘于寡与不能，以昌言而不怯。太宗之问孔颖达也，几知学矣，乃固以多能有实自居，而矜其能问，亦何足以测颜子之心哉？孔颖达不能推极隐微以格君心，太宗之骄所繇未戢也。

2.宗室人才之盛，未有如唐者也，天子之保全支庶而无猜无戕，亦未有如唐者也。盖太宗之所以处之者，得其理矣。

别，长言进谏，而有时旁征也会有些错误；那么，自非明烛天日，断若雷霆的人，常常惴惴不安，恐怕进谏之言说出以后而反为皇上所驳回，抱忠而向前，括囊而后退的人，十将有八九了。

况且尧、舜的正确之处，他也认为正确，我怎么能够用尧、舜来劝进他；夏桀、商纣的错误之处，他也认为错误，我怎么能够用夏桀、商纣来告诫他。他固然说：假使我做为大臣，通过谏诤来干预皇上，我的陈说议论洋洋洒洒，在谏诤上更能说明真伪、分辨真假。他们确实不如我，反而爱戴我象父像，责备我像儿子，仅仅是笑笑罢了。天虽然很大，贤能之人、正人君子虽然很多，谁肯以强智多闻屈服于我而不讲话以自免于受辱呢？所以，他人不如自己，是通向灭亡的媒介；认为他人不如自己，而他必然危险，并走向灭亡了。唐太宗君臣因为知道这一点，所以国家兴盛。如果不这样，唐太宗的才能，当时的文武大臣没有能望其项背的人，只听从而不违背，也有何不可呢？

唉！难道仅仅君主吗？士大夫的贤能、智慧、见多识广，当世固然在君主之下，那么想择善而从、补救时政就很难了。“以能问于不能，以多问于寡”即是颜子所以伟大的原因。虽然这样，人们知道他既有能力且见识广博了，咨问即使勤恳，那么打算告诉而内心木讷，那么咨问成为虚设，而只能增加他的骄横；只有虚怀若谷，发自内心，谨慎请教，咨问时必须诚心，然后他人才会忘记自己的见识浅陋和能力不足，畅所欲言而不胆怯。唐太宗咨问孔颖达，几乎知道学习了，却固以多能有实自居，而矜持其能够咨问，又何足以知道颜子的用心呢？孔颖达不能推至诚之心来规劝君主，唐太宗的骄傲之情也无法抑制了。

自古至今，宗室人才兴旺，没有超过唐朝的，天子保全宗族而使他们不相互猜疑、相互残杀，也没有超过唐朝的。大概唐太宗之所高祖欲强宗室以镇天下，三从昆弟之属皆封王爵，使循是而不改，则贵而骄，富而溢，邪佞之士利赖之而导以放恣，欲强之，适以贻其灾而必至于弱，晋、宋之所以自相戕灭而终于孤立也。太宗从封德彝之言，而曰天子养百姓，岂劳百姓以养己之宗族乎？以公天下者，即以安本支而劝进其贤能。德彝，佞人也，于此而几乎道矣。

为天子之懿亲，妾媵广，生养遂，不患其不蕃衍也；远于十姓百家鸡犬锥刀之鄙猥，不患其无可造之材也。而强慧者得势而狂，愿朴者温饱而自废，于是乎非若刘濞、司马伦之自龁以亡，则菽麦不分，如圈豚之待饲而已矣。夫节其位禄之数，登之仕进之涂，既免于槁项无闻之忧，抑奖之于德业文章吏治武略之美，使与天下之英贤汇进而无所祟替，固将蒸蒸劝进而为多士之领袖以藩卫天家。故唐宗室之英，相者、将者、牧方州守望郡者，臻臻并起，而耻以纨裤自居，亦无有梦天吠日、觊大宝而干甸师之辟者。施及于今，陇西之族犹盛焉，不亦休乎！孟子曰：“亲之欲其贵也，爱之欲其富也。”富贵者，其可以非所宜而长有之乎？制之有等，授之有道，而后欲贵者之果能贵，欲富者之果能富也，义之至、仁之尽也，大公行而私恩亦遂矣。

以能很好地处理宗室问题，是因为深得其中的道理。唐高祖打算通过加强宗室的力量来威镇天下，三个跟从他南征北战的兄弟都被封王晋爵，假使因循这种状况而不更改，那么就会尊重而骄横，富足而扩张，奸邪之人为了自己的利益依赖他们而诱导他们放荡恣肆，打算增强他们的力量，恰恰适得其反，将埋下灾难的种子而必将削弱，晋朝、宋之所以自相戕灭而终于陷入孤立无靠的地步正在于此。唐太宗采纳了大臣封德彝的建议，从而说：天子养育黎民百姓，难道能役使百姓来供养自己的宗族吗？以天下为公的君主，即以安定本宗本族而鼓励推进其中的贤才能人。封德彝是奸佞小人，在这一点而近乎治理之道了。

做为天子的至亲，妻妾成群，生产养育，不担心他的子孙不蕃衍，远远超过十姓百家鸡犬锥刀的鄙陋状况，不担心他们没有可以造就的人才。而争强聪明的人得势而狂傲，情愿俭朴的人只求温饱而自暴自弃，于是乎，如果不像汉朝的刘濞、西晋的司马伦自相残杀而灭亡，就菽麦不分，如圈中的猪一样等待饲养罢了。节制他们爵位俸禄的数目，让他们进入仕途，既可免于他们老死也默默无闻的担忧，也可以奖励他们注重品德、文章、吏治、武略，使他们和天下的英雄贤才共进而无所崇替，固将纷纷，勉励上进而成为士大夫中出类拔萃的人物来保护捍卫天下。所以，唐代宗室的英才，做宰相者，大将者，州牧者，郡守者，臻臻并起，而以纨绔生活为耻辱，也没有梦天吠日、觊觎皇帝宝座而兴师进犯京城的人。恩泽惠施至于今日，陇西的宗族仍然很兴旺，不也很美吗？孟子说：“亲近他而想让他尊贵，爱护他而想让他富足。”对于富贵，他可以不合时宜而长久拥有吗？制定法规有一定的等级，授给他们有一定的手段，而后想尊贵的人果真能够尊贵，想富足的人果能够富足，仁至义尽，公道自行而私情恩惠随之也实现了。

然则周道亲亲，而文昭武穆，施及邢、茅、蒋、胙与毕、召之裔，皆分茅土，岂非道与？曰：此武王、周公定天下之微权，而千古之未喻者也。古之天下，人自为君，君自为国，百里而外，若异域焉，治异政，教异尚，刑异法，赋敛惟其轻重，人民唯其刑杀，好则相昵，恶则相攻，万其国者万其心，而生民之困极矣。尧、舜、禹、汤弗能易也；至殷之末，殆穷则必变之时，而犹未可骤革于一朝；故周大封同姓，而益展其疆域，割天下之半而归之姬氏之子孙，则渐有合一之势；而后世郡县一王，亦缘此以渐统壹于大同，然后风教日趋于画一，而生民之困亦以少衰。

故孔、孟之言治详矣，未尝一以上古万国之制欲行于周末，则亦灼见武王、周公绥靖天下之大权，而知邱民之欲在此而不在彼。以一姓分天下之半，而天下之瓦合萍散者渐就于合，故孟子曰“定于一”。大封同姓者，未可即一而渐一之也。春秋之战亟矣，而晋、鲁、卫、蔡、曹、滕之自相攻也鲜，即相攻而无掬指舟中、焚茨侵海之虐。当其时，异姓庶姓犹错立于外，而同姓者不能绝援以自戕，此周之所以亲亲；而亲亲者非徒亲也，实以一姓之兴，定一王之礼制，广施于四海，而渐革其封殖自私、戕民构乱之荼毒也。

至于汉，六国废，韩、彭诛，而欲以周道行之，则七国、衡山、淮南之祸，骨肉喋血而不容已。然则人主即欲建本支以然而，周朝的治国之道乃是亲近宗室，从周文王到周武王，恩泽惠及邢、茅、蒋、胙与毕、召宗族的后裔，都被封为诸侯，难道不合乎治国之道吗？回答是：这是周武王、周公安定天下的权宜之策，而千百年来人们也无法明白其中的缘故。古时候天下，人自为君，君自为国，百里之外，好像两个不同的地域，治国之政有差别，教化风尚有差别，刑罚法律有差别，赋敛仅仅有轻有重，人民唯好刑罚屠杀，喜欢就相互亲近，讨厌就相互攻伐，万国万心，而百姓困乏已极。尧、舜、禹、汤不能改变这种状况，到殷商末年，已经到了穷途末路而必须改变之时，但是仍然不能一朝一夕立刻革除，所以周朝大封同姓，进而扩张拓展他们的疆域，分封天下一半的疆土而归之于姬氏宗族的子孙，那么渐渐有合而为一的态势；而后世的郡县有一位被封的王，也缘此以渐渐统一于大同，然后风俗教化日趋统一，而百姓的困乏状况也因此有所减少。

所以，孔子、孟子的治国言论非常周详了，不曾用上古万国之制推行于周朝末年，那么也非常明了地看到周武王、周公绥靖天下的权宜之计，而知道百姓想在此地而不想在彼地。用一姓瓜分天下一半的疆土，而天下的支离破碎的地方渐渐走向统一。所以孟子说“安定在于统一。”大封同姓宗亲不可能立刻统一天下而逐渐统一天下。春秋之时，战争频繁，而晋、鲁、卫、蔡、曹、滕等国自相进攻的情况很少。即使相互进攻，也没有掬指舟中、焚茨侵海的暴行。当那个时候，异姓庶姓仍然错落存在于外，而同姓者不能拒绝外援而自相残杀，这是周朝之所以亲其所亲的原因。而亲其所亲不仅仅是为了彼此的亲近，实际上是通过一姓的兴盛，统一国家的礼制，广施于四海，进而渐渐革除封殖自私、残害百姓，造成祸乱的毒素。

到了西汉，六国被废，韩信、彭越被诛，而想用周朝分封宗族的方法来推行分封制，那么七国之乱，衡山、淮南之祸，骨肉相残而不镇天下，亦无如节其位禄、奖其仕进、公其黜陟之足以育才劝善，而祐子孙之令祚以巩固维城，奚必侈予以栈枥之豢养，假借以优俳之衮黼，使之或偾而狂，或茸而萎哉？邓禹享大国之封，且使诸子各分一艺以自立，曾有天下者以公天下为道，将使人竞于姱修，而授子孙以沉溺之具，亦仁过而流于不仁矣。是故亲亲之杀，与尊贤互用而相成，唯唐为得之，宜其宗室之多才，独盛于今古也。

3.太宗制谏官随宰相入阁议事，故当时言无不尽，而治得其理。然则以是为尽听言行政之理乎？抑有未尽然者。治惟其人，不惟其法。以王珪、魏征为谏议大夫，房玄龄、杜如晦为宰相，而太宗之明，足以折中群论而从违不爽，则可矣。必恃此以立为永制，又奚可乎？命官图治之道，莫大乎官各明其守，而政各任于其人。庶务分治于六官，其属详其目，其长持其纲，皆有成宪之可准也。或举或废，或倚法而挟奸私，或因时而为斟酌，各以其所效之成能为得失；然而有待于天子宰相之裁成者，则太宗之制，令五品以上更宿内省，以待访问，固善术也。下有利病得达于上，而上得诘其勤怠公私以制其欺；若夫小有过误，则包含教戒而俟其改。如使谏官毛举细过以相纠，则大体失而争党起于细微，乱世之所以言愈棼而事愈圮也。

顾惜。然而，君主即使打算封建本姓宗族来威镇天下，也不如节制他们的爵位俸禄、奖励他们进入仕途，公正地对他们罢官晋职，这样就足以养育人才、勉励从善，而保祐子孙的好福分来作为巩固天下的基石，为什么一定要把他们豢养起来，给予优厚的待遇，假借优俳艺人的君王服饰，使他们或败坏而发狂，或萎靡而不振呢？东汉邓禹享有大国之封，而且让他的儿子们各分一种手艺以自立，曾经拥有天下的人以天下为公做为应该遵循的法则，将使人竞相追求华丽美好的东西，而授给子孙沉溺不醒的工具，也是过于仁而最终陷于不仁了。因此宗族之间的血亲仇杀，和尊重贤才互相兼用而相辅相成，只有唐朝做到了这一点，那么唐朝宗室人才很多，兴旺状况超过古今，也是合乎实情的。

唐太宗制定谏官可以随宰相入阁商议国家大事，所以当时言无不尽，而治国之道深得其理。然而，因为这一点就认为全部采纳进谏之言治理朝政能深得其理吗？也未必尽然。治国之道惟在其人，不在其法。唐太宗让王珪、魏征做为谏议大夫，房玄龄、杜如晦做为宰相，而唐太宗的英明，足以折中群臣的议论而是否采纳从来不会发生偏差，那么可以做为制度。一定要依仗这一点而确立为永久性的制度，又怎么可以呢？任命官员图谋治国之道，莫大于官员各自明了各自的职责范围，而政事各自委任于人。一般性的政务由礼、户、吏、兵、刑、工六官分管治理，其下属详细条目，其官长掌握其纲，都有现成的法则可以遵循。或举荐、或废掉、或倚法而挟持奸私，或因时而斟酌损益，各以他们政勣的优劣做为得失的标准；然而，有待于皇帝宰相裁决判断的。就可以采取唐太宗的制度，令五品以上的官员更宿内省，以等待访问，固然是好办法。下边的利弊得失能够为上所畅，下情上达。而上边也能够责问他们的勤怠公私而控制其欺骗行为。如果稍微有一点过错和失误，就包容教导劝戒而等他们改正。如果让宰相者，外统六官，内匡君德，而持可久可大之衡，以贞常而驭变者也。君心之所自正，国体之所自立，国本之所自固，民生之所自安，非弘通于四海万民数百年之规而不役于一时之利病者，不足以胜其任。故古者三公论道，所论者道耳，不能与任气敢言之士，争一言一事之可否；而论道于君，抑不在摘人间细政，绳举动之小愆，发深宫之纤过，以与君竞，徒自媟而与天子不亲；故与谏官同者未必是，而其异者未必非也。诡随谏官而避其弹射，则可以应一事而不可以规大全；逆折谏官而伸其独见，则几事不密，而失其正色立朝之度。若夫宰相而果怀私以病国，固谏官所必抗正以争，而非可使与辩讼于一堂，竞偶然之得失者也。

夫谏官职在谏矣。谏者，谏君者也，征声逐色，奖谀斥忠，好利喜功，狎小人，耽逸豫，一有其几而必犯颜以诤；大臣不道，误国妨贤，导主贼民，而君偏任之，则直纠之而无隐。若夫群执事之修坠，则六官之长核其成，执宪之臣督其失，宰相与天子总大纲以裁其正，初不藉谏官之毛举鸷击、搜剔苛求、以矜辨察；老成熟虑之吁谟，非繁称曲说、矫举异同于俄顷者，所可诧风裁以决定者也。

谏官随便地指出他们细小的过错来纠劾他们，那么就会失去大体而因细微之事惹起党争。这是乱世谏言越纷乱而政事越荒废的原因。

宰相对外统驭六官，对内匡正君德，而掌握维持国家长治久安的大权，用来统筹全局而控制变化的。君心因为宰相而自正，国体因为宰相而自固，民生因为宰相而自安，只有对四海万民数百年的治国之道，能够融会贯通而不为一时利弊所左右的人才足以胜任宰相之职。所以，古时三公谈论治国之道，所谈论的是治国之道罢了。不能和任气敢言之士，争论一言一事是否可行；而对君主谈论治国之道，也不在于选取百姓的政事，对于举动上的小错小非也不绳之以法，对于皇宫中的小过也不细问，用来和君主争胜，仅仅沾沾自喜而和天子不亲。所以，和谏官的言论相同的未必都正确，而和谏官言论不同的未必就不正确。如果采取欺骗手段同意谏官的言论而躲避谏官的弹劾攻击，则可以应对一事而不可以统筹全局，坚决拒绝谏官的言论而向人们伸明自己的独见，就会机事不密，而失去其正色立朝的风度，如果做为宰相而怀着私念伤害国政，固然谏官必定义正辞严地抗争，而不可以使谏官与自己争论于一堂之上，争胜于偶然的得失罢了。

谏官的职责在于进谏，进谏是规劝君主，使他改正错误。整日追逐声色，褒奖献媚，责备忠臣，好利喜功，亲近小人，安逸放纵，君主一旦有这些苗头，谏官必须犯颜直上，据理谏诤；大臣如果不道，误国妨贤，诱导君主残害百姓，而君主偏偏委以重任，谏官就直接纠正而毫不隐瞒，如果执事大臣很好地勤于政事，那么六部的官长考核其成勳，掌握刑罚的大臣监督其得失，宰相与天子总揽大纲来公正裁决，起初不借助于谏官的猛烈攻击，搜剔苛求、矜持辨察，老成熟虑的计划，不是在倾刻之间繁称曲说，矫举异同的人，所可以风闻裁决而断定的。

故天子诚广听以求治，则宰相有坐论之时，群臣有待问之时，谏官有请对之时，而不可有聚讼一堂、道谋筑舍之时。官各有其守，政各任其人，分理而兼听之，惟上之虚衷以广益，岂立一成法以启争端，可为不易之经乎？

4.旱饥而赦，以是仁民，非所以仁之也。太宗曰："赦者，小人之幸，君子之不幸，"亦既知之矣；而贞观二年以旱赦天下，信道不笃，知不可而复为，非君师之道矣。

夫赦亦有时焉而可者，夷狄盗贼僭据上国，蚩蚩之氓胁从以徼幸，上不能固保其民，使群陷于逆，则荡涤而矜全之可耳。旱饥之民，流离道殣者，类不能为奸恶；而奸恶之徒，虽旱饥而固不至于馁瘠者也。如曰衣食不足，而非僻以起，则夫犯者在未饥以前，固非为饥所迫，而奚所恤哉？省囚系以疏冤滞，宥过误以恤惷愚，止讼狱以专农务，则君上应行之政，无岁不宜，而不待旱饥。至于旱饥之岁，豪民擅粟以掠市子女，游民结党以强要籴贷，甚且竞起为盗以攘杀愿懦；非法不惩，非刑不戢；而更纵不轨之徒，使无所创艾以横行郊邑，又岂非凶年之大蠹哉？

蠲逋欠，减租庸，所以救荒也。困于征输者，朴民也。蠲免与赦罪并行于一纸，则等朴民于奸宄，名不正，实不符，亦所以，天子如果能广泛地听取各方面的意见而求得国家的大治，那么宰相有坐着谈论之时，群臣有等待咨问之时，谏官有请求答对之时，而不可有聚讼一堂，道谋筑舍之时。官员各有其职守，政事各任其人才，分理而兼听之，只有君主虚心来博采众人之长，难道制定一成法来开启争端，可做为一可更改的经典吗？

遇到旱灾饥荒而大赦天下，用这种办法仁爱百姓，不是仁爱百姓的办法。唐太宗说："赦免天下，对于小人是好事，对于君子是不幸之事"，唐太宗既然也知道这一点，在贞观二年因为大旱而大赦天下，不是真诚地信大赦之道，知道不可以大赦而又做，不符合君师之道了。

大赦也有时而可以实行的，夷狄盗贼僭越礼制，犯上作乱，自称上国，愚昧无知的百姓因为侥幸之心而纷纷跟从，皇上固然不能保护其百姓，使他们都陷于叛逆之列，那么涤荡清除而怜惜保全他们也是可行的。旱灾饥荒下的百姓，流离失所。饿死道旁的人，一般来讲不能变成奸恶之人；而奸恶之人，即使旱灾饥荒而固然不至于挨饿困苦。如果说衣食不足，而不是恼怒而揭竿起义，那么犯人在没有发生饥荒之前，本来不是为饥荒所逼迫，而又有什么顾惜呢？减少囚犯来昭雪冤案，赦免过错失误来安抚愚蠢之人，停止诉讼案件来专一致力于农业事务，这些都是君主应该实行的政策，每年都应该实行，而不必要等到旱灾饥荒之时，等到旱灾饥荒之年，豪民擅有粮食、囤积居奇，盘剥掠夺百姓，游民结成团伙强要粜货，甚至竞相而起成为强盗，来抢夺杀戮贫弱的百姓；不用法律无法严惩，不用刑罚无法收敛；而四处纵横、图谋不轨之徒，假使无所收益而横行乡间，又难道不是凶年的大蛀虫吗？

蠲免拖欠的赋税，减少交纳的租和庸，这是救荒的办法。困于交纳赋税、徭役的是朴实的百姓。蠲免赋税和赦免罪行并行于一张重辱吾衽席之赤子矣。不杂赦罪之令于蠲租之诏，尤人君扶正人心之大权，而时君不察，曰“以此答上天好生之心”，天其乐祐此顽民以贼凋零之孑遗乎？体天心以达民隐，非市恩之俗吏所得与焉久矣。

5.唐制：军国大事，中书舍人各陈所见，谓之五花判事，而宰相审之，此会议之始也；敕旨既下，给事中黄门侍郎驳正之，则抄参封驳之始也。夫六官之长贰，各帅其属、庀其事、以待军国之用，乃非体国如家者，则各炫所长、匿所短，互相推移而避其咎。使无总摄而通计之者，将饰文具以应，而不恤国事之疏以倾也，此不可听庶司之泛应，而无与折中之者也；统之以宰相，而推诿自私之弊去矣。然宰相之贤者，且虑有未至而见有或偏，不肖者之专私无论也；先以中舍之杂判，尽群谋以迪其未达，而公论以伸，则益以集而权弗能擅，其失者庶乎鲜矣。犹且于既审之馀，有给事之驳正以随其后，于是而宰相之违以塞，而人主之愆以绳，斯治道之至密，而恃以得理者也。

虽然，杂判者，陈于其先也；驳正者，施于其后也；中舍之议已集，宰相之审已定，始起而驳之，自非公忠无我之大臣，纯白知通之给谏，参差相左，而给事与宰相争权，则议论多、朋党兴，而国是以乱。然则驳正之制，当设于杂判陈而宰纸上，就是把朴实的百姓和奸邪之徒划等号，名不正，实不符，也是严重地羞辱了我们的黎民百姓。不把赦罪之令夹杂于蠲免租税的诏书之中，尤其是君主掌握扶正人心的大权，而当时的君主不能明察，说“用这种赦免天下的诏令报答上天好生之心”，上天难道乐于保祐这种刁顽之民来残杀凋零无靠的百姓吗？体察上天好生之心，解除百姓的困苦，不是沽取恩惠的俗吏所能够做到的，这种情况已很久了。

唐朝制度：商讨军国大事，中书舍人各陈己见，称之为五花判事，而宰相仔细审查，综合考虑，这是集中讨论国家大事的开始；敕旨起草以后，下达给给事中黄门侍郎驳正敕旨的违失，即是抄参封驳制度的开始；礼、户、吏、兵、刑、工六曹的正割长官，各自统率其下属，治理其政事，用来准备军国之用，至于那些不以国为家的人，则各自炫耀自己的优势、隐藏自己的缺陷，互相推诿而逃避责备。假使没有从总体上把握而统筹计划，将粉饰文词来应付上级，而不管国事的疏散和危亡，这样就不能听任各个部门泛泛地应付，而没有折中可行的方案，让宰相从总体上统领，而自私推诿的弊病就革除了，然而，贤能的宰相，尚且有思虑不周详而见解也有偏颇之处，不肖者只为一己之私利更不用说了；先用中书舍人纷纷判断，集中众人谋略来启发他没有考虑到的地方，而公论得以伸明，那集思广益而大权不能自专，其失误几乎很少了。况且在审查之余，有给事中黄门侍郎驳正紧随其后，于是宰相的过失得以杜绝，而君主的错误得以纠正，这种治国之道非常缜密，因此深得治国之理了。

虽然这样，中书舍人的杂判，陈说于先，给事中黄门侍郎的驳正，施行于后，中书舍人的议论已经汇集，宰相的审查已经决定，给事中才起而驳正，自然不是忠心为国的大臣，纯白知通的进谏，参差相左，而给事中和宰相争夺权力，就将议论繁多、朋党兴起，而国家相方审、敕旨未下之际，以酌至当之宜，是非未著，而从违皆易，斯群臣之能尽，而宰相之体不伤。唯公议已允，而宰相中变以舞法者，然后给事封还而驳正之，不尤可达人情、定国是，而全和衷之美乎？太宗谓王珪曰："论难往来，务求至当，舍己从人，亦复何伤，或护己短，遂成怨隙。"盖虑此矣。立法欲其彻乎贤不肖而俱可守，法不精研，而望人之能舍己从人也，亦不可得之数已。中舍各抒所见，而给事折之以从违，宰相持衡而断之，天子裁成以行之，合人心于协一，而宫省息交竞之情，事理得执中之用，酌古鉴今，斯可久之良法与！

近世会议偏及九卿，而唐之杂判专于中舍，其得失也孰愈？夫九卿各有典司者也，既与其属参议其所修之职以待举行，固有一成之见而执为不可易者，假有大兵大役，司马、司空务求其功之成，而司农务求其用之省，则其不相协而异同竞矣。唐、宋之给舍，皆历中外、通众理、而待枚卜之选者也，兼知盈诎成败之数，以酌时之所可行，则彼此不相妨而以相济，杂判而驳正之足矣，何用询及专司之官以生嚣讼哉？如有议成敕下，而九卿不可奉行者，自可复陈利病以更为酌改，无容于庙议未审之前，豫为异论以相掣。国事之所繇定，惟其纲纪立以一人心而已；会议者，大臣免咎之陋术，其何利之有焉。至于登进大臣、参酌大法、裁定大礼，则惟天子之乾断与宰相之赞襄，而参以给舍之清议；六官各守其典章，而不可有越位大政因之混乱。然而，驳正的制度，应当设在杂判陈说而宰相正在审查、敕旨没有下达之际，用来斟酌再三，选择最佳的合乎时宜的方案，是非未明，而顺从违背都可更改，这样群臣的能量得以充分的发挥，而宰相的大体也不受到损伤。只有公议允正，而宰相中间变化而徇私枉法时，然后给事中封还敕旨而驳正之，不更可以通达人情、制定国是而保全和衷之美吗？唐太宗对王珪说："商讨大政难以往来，务求至当，放弃自己的意见，顺从他人的意见，又有何伤，有时护自己的短处，遂成怨恨和隔阂。"大概也考虑到这一点了。立法而想达到贤臣和不肖之人都可遵守，不精心研究法规，而望他人能够舍己从人，也不可得之罢了。中书舍人各抒己见，而给事中以从违来驳正，宰相掌握大权而决断，天子裁定而实行，统一人心，谐调一致，而中书门下内史省平息了交互竞胜之情，事理能得到折中的处理，酌古鉴今，真乃可以长久的良法啊！

近世集中商讨国家大政，遍及九卿，而唐朝的杂判专一由中书舍人负责，其中得失，哪一种好呢？九卿各有自己的职责范围，他们已与其下属商议其职责范围内的事务而等待实行，固然有一成之见而坚持不可更改的原因，假使有大的军事行动，司马、司空务必求得完成他们功业，而司农务必要求他们节省开支，那么他们不相协调而不同竞胜了。唐朝、宋朝的给事中和中书舍人，都是贯通中外、博识众理而等待选拔的人，兼知盈亏成败之数，用来斟酌当时可行的方案，那么彼此之间不相互妨碍而是相互补充，杂判而驳正政令的遗失足以胜任了，何用咨询专管某一部门的官员而产生不必要的争论呢？如果有商议结束，敕旨已下，而九卿不能施行的情况，自然可以再次陈说其中的利病得失而更为斟酌改动，不容在庙议没有审定之前，预先制造不同的言论来相互攻击。国家大政得以制定，仅仅在于众心一致确定大政方针罢了，集体商议国家大政，做为大臣推辞过错的鄙陋侵官之妄。如使采纷呶之说，以模棱而求两可，则大臣偷，群臣竞，朋党兴，机密泄，其弊可胜言哉？

不周知天下之务，不足以决一事之成；宰相给舍无所偏私，以周知为道者也。不消弭人情之竞，不可以定国事之衡；杂判驳正慎之于前，而画一必行于后，议论虽详而不至于争竞者也。太宗曰："或成怨隙，或避私怨，顺一人之情，为兆民之患，亡国之政，炀帝之世是也。"斯言韪矣。

6.读太宗论治之言，我不敢知曰尧、舜之止此也，以视成汤、武王，其相去无几矣。乃其斁彝伦，亏至德，杂用贤奸，从欲规利，终无以自克，而成乎大疵。读史者鉴之，可以知治，可以知德，可以知学矣。

气者，发以嘘物，而敛以自摄其心者也。闻见之善，启其聪明，而随气以发敛。其发也，泄其藏以加于物。故言者，所以正人，而非以正己也。己有馀，而不忍物之不足，则出其聪明以迪天下之昏翳而矫之以正，子不忍于父，臣不忍于君，士不忍于友，圣人君子道不行而不忍于天下后世，于是而言之功大矣。若夫受天命作君师，臣民之责，服于躬、载于一心，则敛气以摄聪明，而持天下于心，以建中和之极，故曰"汤、武身之也"。身正而天下正，不以言也。故《仲虺之诰》，仲虺言手段，有什么益处呢？至于进用大臣、参议斟酌大法、裁定大礼，则只有希望天子乾刚独断，和宰相的精心辅佐，而增加给事中、中书舍人的清议；六官各守其职，而不可有越职侵权的非分之想。如果广采纷纭众说，模糊不清之中而求两可，那么大臣苟且而安，群臣竞相争胜，朋党兴起，机密泄露，其中弊病可以尽言吗？

不详细地了解天下的政务，不足以决断一事；宰相、给事中、中书舍人无所偏私，以详细了解天下的政务做为治国之道。不消除人们之间竞相争胜的状况，不可以安定国事的大权；首先，杂判驳正谨慎缜密，其次，统一政令必定贯彻执行，议论虽然详尽而不至于争相竞胜了。唐太宗说："或者造成怨气和隔阂，或者躲避私人的怨气，顺从一人的感情，成为黎民百姓的祸患，即是亡国之政，隋炀帝之世即是这样。"这句话真精辟啊！

奉读唐太宗论述治国之道的言论，我不敢说古圣先王唐尧、虞舜也只是如此，但与商汤王、周武王相比，则相差不多了。可是他却破坏人伦纲常，有亏于大德，杂用贤臣奸佞，纵欲而取利，且终生无法自我克服，从而成为这位明君一生中大的污点。读史的人以此为鉴戒，就可以明白治道，修养德操，增进学识了。

人的呼吸，散发出来以缓缓舒气，收敛进去以自摄其心，耳听善言，眼见好事，可以启发人的聪明才智，而又随着呼吸以散发和收敛，发挥出去，就会泄露其内心行藏，以施加于事物之中。所以说言论，是为了规正别人，而不是为了规正自己的。自己聪明有余，而不容忍事物的不足，于是发挥自己的聪明才智以启迪天下的昏愚蒙蔽，而加以矫正。儿子不容忍父之不足，臣下不容忍君上的不足，士大夫不容忍朋友的不足，圣人君子不容忍天下后世大道不行，于是发为言论进行规正，可见言论之功是很大的。至于那些接受天命而做君主的人，臣民的议论指责，亲自承担，而且牢记在心，于是收敛气息以摄之也；《咸有一德》，伊尹言之也；《旅獒》，召公言之也；《无逸》，周公言之也；而汤、武无言以自鸣其道而诏群臣。推而上之，大禹、皋陶、益、稷各尽言以进尧、舜，而尧、舜执中之训，迨及倦勤逊位之日，道不在己，而后以诏舜、禹。然则尧、舜惟不忍于后世，禹、皋、益、稷、伊、莱、周、召惟不忍于君，而不容已于言。下此者，虽躬行未逮，而进忠于上，亦不必以言过其行责之，其忠也，即其行也。今太宗之言，非尧、舜、汤、武之言，而伊、莱、周、召之言也。任尧、舜、汤、武之任，而夺伊、莱、周、召之言以为已已言，则下且何言之可进，而闻善之路穷。盖太宗者，聪明溢于闻见，而气不守中，以动而见长者也。其外侈，其中枵，其气散，其神瞀，其精竭，其心驰，迨乎彝伦之攸斁，至德之已亏，佞幸外荧，利欲内迫，而固无以自守；及其衰年而益以泛滥，所必然矣。

鸣呼！岂徒帝王为然哉？自修之士，有见而亟言之，德不崇，心不精，王通之所以不得为真儒也。况扬雄、韩愈之利欲熏心者乎？故鲁论之言言也，曰慎、曰后从、曰讷、曰讱、曰取聪明，以诚心来秉持天下，从而达到万事和谐的最高境界，所以说“商汤、周武王自身达到了这种境界”。自身正而天下正，并不在于言论的正确与否，所以《尚书·仲虺之诰》是仲虺的言论；《尚书·咸有一德》是伊尹的言论；《尚书·旅獒》是召公的言论；《尚书·无逸》是周公的言论；而商汤、周武王却没有言论以自鸣其道以诏令群臣。用这种臣下有言以进劝君主、君主无言以自鸣其道的规律向上依次类推，那么大禹、皋陶、后益、后稷都各有其言以进谏其君唐尧、虞舜，而唐尧、虞舜做事无过无不及的中庸之训，一直等到倦于勤政逊位的时候，大道已不在自身，然后才诏告了继位之君虞舜、夏禹。然而，唐尧、虞舜正因为不容忍，其天下后世大道不行，大禹、皋陶、后益、后稷、伊尹、莱朱、周公、召公正因为不容其君上的不足，而内心不容忍缄口不言。等而下之的人，虽然其身体力行做得不够，却能对君上进其忠言，也不必因为言过其实而责备他，他的忠心忠言，本身也是他行为的表现。如今唐太宗的言论，虽是君主之言，却不是唐尧、虞舜、商汤、周武王那样的言论，而是伊尹、莱朱、周公、召公那样的言论。担任着唐尧、虞舜、商汤、周武王那样的职位，可是却抢夺伊尹、莱朱、周公、召公那样臣下的言论作为自己的言论，那么自己的臣下还会有什么言论可以进谏，从而使闻善纳谏的言路被堵塞了。大概是由于唐太宗的聪明才智溢于闻见，可是气息不能自摄而守定中和，而以行动表现见长，其外表侈言，内心却空虚；其真气耗散，神志昏乱，精力衰竭，心力松驰，一直达到败坏人伦纲常，有亏于大德，奸佞在外进行蛊惑，利欲在内心胁迫，因而无法自守其真元，到了他衰弱之年就更加泛滥，这就是在所必然的了。

唉！难道仅仅是帝王这样吗？自我修习的士大夫，一有见解就急忙发表言论，道德不高，心志不精，这就是像隋朝的王通不能成为真儒的原因。何况是杨雄、韩愈那样利欲熏心的人呢？以《鲁论》在谈论言论耻、曰怍，圣狂之辨，辨于笔舌，可畏也哉!

7.夷狄之势，一盛一衰，必然之数也。当其衰而幸之，忘其且盛而无以御之，故祸发而不可止。夫既有其土，则必有其人以居之，居之者必自求君长以相保，相保有馀而必盛，未有数千里之土，旷之百年而无人保之者也。已盛者而已衰矣，其后之能复盛者鲜矣，而地已旷，人必依之，有异族、有异类、而无异土。衰者已衰，不足虑也，继之以人，依其土而有之，则族殊类异，而其逼处我边徼也同。突厥之盛，至颉利而衰，既分为二，不能相比，于是乎突厥以亡，迄于五代而遂绝。夫岂特夷狄为然哉?五帝、三王之明德，汉、唐、宋之混一，今其子孙仅存者不再兴，而君天下者不一姓，况恃强不逞之部落乎?

夫其人衰矣亡矣，其土则犹故也，天不能不为之生种姓，地不能不为之长水草，后起者不能戢止其戎心；曾无虑此，而可以其一族之衰为中国幸邪?其族衰，其地无主，则必更有他族乘虚而潜滋暗长于灌莽之中。故唐自贞观以后，突厥之祸渐息矣，而吐蕃之害方兴，继之以契丹，皆突厥两部之域也。颉利禽而御楼受俘，君臣交庆，其果以是为中国永安之祚哉?

的正确标准时用了这些词语：谨慎、后从、木讷、迟钝、耻辱、惭愧；圣贤与狂生的分别，就是从言语、文字中区分的，的确可畏可慎啊！

夷狄（周边少数民族）的势力，一盛一衰递相循环，这是必然的规律。当其势力衰弱的时候，如果幸灾乐祸，而不知道他们即将转向强盛，没有预做准备、筹划对策进行防御，所以一旦祸乱发生，将不可收拾。既然有他们所聚居的地域，必定有其人去居住，居住的人必定自己寻求君长统率以相保护，如果力量自卫有余，则必定强盛，没有数千里的土地，空旷上百年而无人聚居并起来保卫的。曾经强盛一时而又转向衰落的，其后人能够重新复兴达到强盛的情况，是很少的，但衰弱后土地空旷，异族的人必定会去依附他，这样有异族异类之人，却仍然是这片土地。衰弱的人已经衰弱，不足顾虑，继之而起的，依附其土而进行占有和统治，虽然其民族、部落不同，但其迫近和威胁我边境地区却是一样的。突厥的强盛，到颉利可汗之时已衰落下来，分成东、西两部，不能相互团结自保，于是日渐趋于衰亡，到五代时期就灭绝了。难道只有夷狄是这样吗？五帝（通常指黄帝、颛顼、帝喾、唐尧、虞舜）、三王（夏禹、商汤、周文王武王）道德完美，汉朝、唐朝、宋朝混一天下，其子孙后代仅存下来的也没有能复兴其祖业，君临天下的尚且不止一姓，何况是恃强不逞的部落呢？

其人虽然衰弱甚至消亡了，而其土地却依然存在，上天不可能不使再生其他种姓人民，大地也不能不为之生长水草万物，后起之人也不能收敛和中止其称雄称强之心；不考虑到这种情况，而可以因其一族的衰落而为中国感到侥幸吗？其部族衰弱，其地没有头领，就必然会有另外的部落、民族乘虚而起，在草原林莽之中逐渐暗暗地滋长着自己的势力。所以唐朝从太宗贞观年间以后，突厥的祸乱逐渐平息了，而西部吐蕃的祸害正在兴起，继之而起者又有东北的契丹，这正是突厥东、西两部的地域，突厥颉利可汗被擒之后，唐朝君西突厥种落散在伊吾，太宗命李大亮安抚之，贮粮碛口以赈之，未尝非策也，而大亮之不奉行也何居？施之以德者，制之以威也。已衰者，存之不足为忧，存已衰者，则方兴者不能乘无主以擅其地，则前患息而后衅可弭。盛衰之形，我得而知，而无潜滋暗长之祸，虽暂劳暂费，而以视糜财毒众以守边，割地纳贿以丐免，其利害奚若邪？株守安内之说为吁谟，岂久远之大计哉？

8.魏征之折封德彝曰："若谓古人淳朴，渐至浇讹，则至于今日，当悉化为鬼魅矣。"伟哉其为通论已。

立说者之患，莫大乎忿疾一时之流俗，激而为不必然之虑，以鄙夷天地之生人，而自任以矫异；于是刻核寡恩成乎心，而刑名之术，利用以损天地之和。荀卿性恶之说，一传而为李斯，职此故也。且夫乐道古而为过情之美称者，以其上之仁，而羡其下之顺；以贤者匡正之德，而被不肖者以淳厚之名。使能揆之以理，察之以情，取仅见之传闻，而设身易地以求其实，则尧、舜以前，夏、商之季，其民之淳浇、贞淫、刚柔、愚明之固然，亦无不有如躬阅者矣。唯其浇而不淳、淫而不贞、柔而疲、刚而悍、愚而顽、明而诈也，是以尧、舜之德，汤、武之功，以于变而移易之者，大造于彝伦，辅相乎天地。

臣在皇城的御楼接受献俘，上下交相庆贺，难道真的可以以此作为中国天下永安的福祉吗？

西突厥的残部分散在伊吾（治今新疆哈密），唐太宗命李大亮前去安抚，在碛口贮备粮食进行赈济，未尝不是良策，可是如果李大亮不奉行命令又如何区处呢？以恩德对其施惠，以威势对其钳制，已经衰落了的，保存其残余势力不足为忧，保存其残部就可以使方兴未艾的其余部族不能乘该部衰落无主之机占据其地，这样先前的祸乱平息，新的纠纷又可以避免。夷狄盛衰的形势，我方可以始终胸有成竹，从而避免暗中滋长的祸乱，虽然暂时劳动兵力，耗费资财，而要和那种糜费资财、流毒民众不守备边境、割地赔款以苟延残喘相比，其利其害又如何呢？以守株待兔、安定内部的说法作为谋略，难道是长治久安的大计吗？

魏征驳斥封德彝说："如果说古代的民风淳厚朴实逐渐发展到刻薄虚伪，那么到了今天人类应当全部化为鬼魅了。"其博雅通变之论，太伟大了！

确立论点的大患，没有比忿怒嫉恨于一时的流俗败坏，激发而提出并非必然的思虑，以鄙夷天地之生人，而自以矫正异俗为己任；因此形成了刻薄寡恩的心地，利用刑名权术，法律严苛，有损于天地的中和。荀子的性恶论学说，一传而为李斯以严刑峻法治天下，正是由于上述的缘故。乐于称道古制而对之过分赞美的人，因其上层的仁义，而称羡其下层的驯顺，因贤明之人匡正风俗的美德，而使不肖之徒也享受淳厚朴实的美名。假如能够以理来度量，以情来考察，搜集今天所能仅见的传闻，而设身处地、实事求是地进行分析，那么唐尧、虞舜以前，夏朝、商朝以后，其民情的淳厚和刻薄、坚贞和淫逸、刚强和柔弱、愚昧和贤明的差别自然存在，也没有不像亲自观察的一样。正是因为民风刻薄而不淳厚、淫逸而不坚贞、柔弱而疲敝、若其编氓之皆善邪？则帝王之功德亦微矣。

唐虞以前，无得而详考也，然衣裳未正，五品未清，昏姻未别，丧祭未修，狉狉獉獉，人之异于禽兽无几也。故孟子曰："庶民去之，君子存之。"舜之明伦察物，存唐、虞之民所去也，同气之中而有象，况天下乎？若夫三代之季，尤历历可征焉。当纣之世，朝歌之沈酗，南国之淫奔，亦孔丑矣。数纣之罪曰"为逋逃萃渊薮"，皆臣叛其君、子叛其父之枭与豺也。至于春秋之世，弑君者三十三，弑父者三，卿大夫之父子相夷、兄弟相杀、姻党相灭，无国无岁而无之，蒸报无忌，黩货无厌，日盛于朝野，孔子成《春秋》而乱贼始惧，删《诗》、《书》，定《礼》、《乐》，而道术始明。然则治唐、虞三代之民难，而治后世之民易，亦较然矣。

封德彝曰："三代以还，人渐浇讹。"象、鲧、共、驩、飞廉、恶来、楚商臣、蔡般、许止、齐庆封、鲁侨如、晋智伯，岂秦、汉以下之民乎？子曰："斯民也，三代之所以直道而行也。"春秋之民，无以异于三代之始。帝王经理之馀，孔子垂训之后，民固不乏败类，而视唐、虞、三代帝王初兴、政教未刚强而骁悍、愚昧而顽钝、明智而欺诈，所以唐尧、虞舜的圣德，商汤、周武王的大功，才使其改变而移风易俗，形成淳厚之风，建立伦常大道，辅相天地之位。如果当时的民众都很善良正直，那么帝王的功德也就很微不足道了。

唐尧、虞舜以前，其情况已无法详细考究了，然而当时衣裳之制未定，社会等级分别还不清晰，婚姻制度尚未确立，丧礼祭祀也没形成规范，其行为方式和禽兽相差无几。所以孟子说："百姓都丢失了，而只有君子还保留着。"虞舜明于伦常，明察万物，唐、虞两部落的庶民所去，存留下来的君子就有与之声气相投的，何况整个天下呢？至于夏、商、周三代的后期，就更加历历可观了。在殷纣王的时代，在国都朝歌（今河南淇县）酒池肉林，骄奢淫逸，在南国的淫奔，也是很羞丑败俗的。在后来列举纣王的罪恶时说："作为逃亡的渊薮"，都是臣背叛其君、子背叛其父的枭鸟和豺狼。到了春秋时代，杀害其君的事件有三十三起，杀害其父的有三起，公卿大夫阶层中父子相害、兄弟相杀、姻亲相灭，没有哪个诸侯国哪一年不发生的，上蒸其母辈、下报其嫂，没有忌讳，贪财嗜利，没有停止，这种风气日盛于朝，孔子鉴于世风日坏，作《春秋》而使乱臣贼子惧，删节编成《诗经》、《书经》（《尚书》），订定《礼经》、《乐经》，而使道术明于天下。虽然如此，但治理唐尧、虞舜、夏、商、周三代的民众困难而治理后世的民众容易，也是显而易见的。

封德彝说："夏、商、周三代以来，民风渐趋于刻薄虚伪。"象、鲧、共工、驩兜、飞廉、恶来、楚国的商臣、蔡般、许止、齐国的庆封、鲁国的侨如、晋国的智伯，这些恶人难道是秦、汉以后的人吗？孔子说"这些民众，在夏、商、周三代直道而行。"春秋时代'的民众，与三代开始时的人民没有什么差别。先王治理之余，孔圣人垂训教导之后，民众中固然不乏败类，然而与唐、虞三代商王初兴、政教未化孚之日，其愈也多矣。战国之末，诸侯狂逞，辩士邪诬，民不知有天性之安，而趋于浇，非民之固然也。秦政不知而疾之如寇，乃益以增民之离叛。五胡之后，元、高、宇文駤戾相踵，以导民于浇，非民之固然也。隋文不知而防之若仇，乃益以增民之陷溺。逆广嗣之，宣淫长佞，而后民争为盗。唐初略定，夙习未除，又岂民之固然哉？伦已明、礼已定、法已正之馀，民且愿得一日之平康，以复其性情之便，固非唐、虞以前茹毛饮血、茫然于人道者比也。以太宗为君，魏征为相，聊修仁义之文，而天下已帖然受治，施及四夷，解辫归诚，不待尧、舜、汤、武也。垂之十馀世而虽乱不亡，事半功倍，孰谓后世之天下难与言仁义哉？

邵子分古今为道、德、功、力之四会，帝王何促而霸统何长？霸之后又将奚若邪？泥古过高，而菲薄方今以蔑生人之性，其说行而刑名威力之术进矣，君子奚取焉？腥风扇，民气伤，民心之待治也尤急，起而为之，如暑之望浴也，尤易于隋、唐之际哉！

9.太宗曰："未能受谏，安能谏人。"此知本之论也。夫唯穷凶之主，淫虐无择，则虽以虚衷乐善之君子，陈大公无我之言，而亦祇以危身；非此者，君之拒谏而远君子，洵失德矣，谏的时候相比，要好得多了。战国的末期，诸侯之间争伐不休，游说之士邪说欺诬，人民不知有天性之安，而趋于刻薄，并不是民风本来如此。秦始皇不知此理，而对民风的刻薄憎恨如寇仇，却更进一步加剧了人民的背离。五胡（匈奴、鲜卑、羯、氐、羌）十六国之乱以后，拓拔氏（元）的魏、高氏的北齐、宇文氏的北周统治者相继都残暴无道，从而引导民风趋向刻薄，并不是民风本来如此，隋文帝不知此理，而对民众防范如仇敌，反而更加剧了人民的反叛。大逆不道的隋炀帝继之而立，荒淫无度，信用奸佞，此后民众争相为盗贼。唐初平定天下，这种不良的民风尚未消除，难道又是民风本来如此吗？伦常已明、礼仪已定、法律已正之余，民众希望得到一时的平安康乐，以便于恢复本来的风俗性情，自然不是唐尧、虞舜以前茹毛饮血、对人道茫然不知之时可以比拟的。以唐太宗为君，魏征为相，略略修正礼义之文，而天下人已服服帖帖而接受治理，再推广到四方边境民族，使他们弃末俗归王化，不须等待唐尧、虞舜、商汤、周武王那样的圣王。沿袭十余代，虽有祸乱也不至于灭亡，事半而功倍，谁说后世的天下民众难与之讲究仁义呢？

邵雍将古今分为道、德、功、力四会，那么帝王之世为何短暂而霸主的统系却长久呢？霸政之后又将怎么样呢？把古代推崇得过高，而非薄当今之世，以蔑视生民之性，其学说行于世，则刑名威力的统治方法就会得到进用了，君子怎么能采取这种方式呢？暴力苛政盛行，民众之风气受到伤害，而民心要求天下大治尤其急迫，如果统治者起来施行，以仁义治天下，那么就像是暑天希望沐浴一样，比隋、唐之际的形势还容易治理啊！

唐太宗说：“自己不能接受劝谏，怎么能够谏戒别人呢？”这是知本之论。只有那些穷凶极恶的君主，荒淫残暴而不能择善而从，则虽然有虚心乐善的正人君子，陈述大公无私的言论，终究只能会危者亦恶能自反而无咎哉？凡能极言以谏者，大抵其气胜者也；自信其是，而矜物以莫及，物莫能移者也。其气胜，则其情浮；自矜而物莫能移，则其理窒。上以事君，下以莅众，中以交于僚友，可其所可，而否其所否，坚于独行，而不乐物之我违；唯如是也，乃以轻宠辱、忘死生、而言之无忌。其贤者，有察理未精、达情未适之过，而执之也坚；其次则气动而不收，言发而不止，攻异己而不遗馀力，以堕于娼忮，而伤物已甚；则人主且窥其中藏，谓是哓哓者之但求利己也。其言不可夺，而心固不为之感，奚望转石移山于片语乎？

惟虚则公，公则直；惟明则诚，诚则动；能自受谏者，所以虚其心而广其明也，谏者之能此者鲜矣。事上接下，其理一也。君不受谏，则令焉而臣民不从；臣不受谏，则言焉而天子不信。位不可恃，气不可任，辩不可倚，理不可挟，平情好善、坦衷逊志者，早有以动人主之敬爱，而消僚友之疾忌，圣而周公，忠而孔明，用此道也。婞直予智，持一理以与当宁争得失，自非舜、禹以刍荛之道待之，其不以启朋党而坏国是也，难矣哉！

及自身。如果不是这样，君主拒绝纳谏而疏远贤君子，也确实是丧失道德的举动，进谏的人又怎能自我反思而无有过错呢？凡是能够极言以进谏的人，大抵都是以豪气取胜的；自信自己所说的正确无误，而以为别的都无法相比，也无法改变自己的。其豪气胜，则其性情浮华；自以为别的人或事都无法改变自己，则其于道理不通。对上的事奉君主，对下以莅临万民，中以交结同僚朋友，认可其所可以的，否定所予否定的，坚持自己独特的观点和行为方式，而不喜欢别人或事与自己相违背；也只有这样，才能够轻视荣宠与耻辱，忘掉生与死，大胆进谏而没有忌讳。贤明的人，有察理不够精审，达情不够适当的过失，却坚持己见而不改变；其次的则志气浮动而不沉定，言论轻易发表而不知止，攻击异己不遗余力，从而堕落为嫉妒猜疑，对人对事的损害非常严重；那么君主可以从中窥见其内心情感，认为这些喋喋不休的进谏者，只是想追求有利于自己。这样他们的谏言虽然正确而不可否认，但无法感动君心，怎么能希望以此片言只语而起到转石移山的功用呢？

只有虚心才能公正，公正则理直；只有明达才能意诚，意诚则能动人；能够从谏如流的人，正是因为能够虚其内心而广其聪明，进谏的人能达到这种境界的非常少。事奉君上，接受臣下的进谏，其道理是一样的。君主不接纳；谏戒，那么他的命令臣民就会不执行；臣下若不接受别人的劝谏，那么他的话天子也就会不信任。地位不可以依赖，意气不可以任用，巧辩之言不可靠，有道理不可以挟迫，只有心情平和，乐善好施，心地坦诚，谦逊礼让，才可以打动君主的敬受之心，而消除同僚朋友之间的嫉妒和猜疑，周公的圣明，诸葛亮的忠诚，都是用这样的办法。刚愎自用而善用智巧的人，坚持一条道理适当而与人争得失，辩是非，如果不是虞舜、夏禹那样的圣明君主以刍荛之道对待他们，那么他们要想不开启朋党的纠纷从而破坏国体，

10.唯大人为能格君心之非。君心之非，亦易见也；所以格之者，天理民彝之显道，人皆与知，亦易能也。然而断之于大人之独得，而谏诤之臣不足与焉，于魏征、马周见之矣。君心无过，而过在事，则德不足而言有当，下逮于工瞽而言无不效。若夫心，则与心相取者也，心之有非，必厚自匿而求以胜物。进言者，其言是也，其人非也，其人虽无大非，而心不能自信，于是则匿非求胜者，将曰旁观而言之，吾亦能为此言，试以此言于汝，汝固不受也。言还其言，而心仍其心，交相谪而祇益其怨恶。如能隐忍以弗怨恶足矣，奚望格哉？

唐太宗不恤高祖之温凊视膳，处之卑湫之大安宫，而自如九成宫以避暑，嫁其女长乐公主，敕资送倍于长公主。此岂事之失哉？其憯不知恤者，仁孝忘于心也。马周言之，魏征言之，皆开陈天理民彝之显教，以思动其恻悱也。乃周言不听，决驾以行，于征之言，则入谋之长孙皇后而后勉从，使后而如独孤、武、韦也，征死矣。人自有父子，人自有兄弟，一念之蔽，忽焉不觉，直辞以启之，以自亲其亲，岂难知而难从者乎？而二子者，君所信受者也，卒不能得此于君，则其故可思矣。征之起也，于群盗之中，事李密而去之，事隐太子而去之；周也是很难的啊!

《孟子·离娄上》说:“只有德高望重的人能够纠正君主内心的错误。”君主内心的错误,也是容易看得到的。之所以要加以纠正,是因为天理人伦的明显道理,人人都能够懂得,也容易加以纠正。然而孟子却判断说只有德高望重的人才能够做到,而敢言极谏的诤臣却不足以纠正君主的过失,其中的奥妙我们可以从唐太宗的两位大臣魏征,马周身上看得出来。君主的本心没有过错,错则错在行事上,这种情况下即使德行不足的人,只要言论适当,甚至下至工匠瞎子,其劝谏之言都没有不奏效的。至于内心的过失,则需要以心相取,内心有错误,必定厚厚地加以隐藏,而又寻求胜过别人之处。进谏的人,如果其言论确当,而其人却德行不高,那么即使没什么大的过错,其内心也不能自信,因此就隐匿过失而求胜人之处,将会说:从旁观者的姿态来讲,我也能进此谏言,如果用这种言论劝谏你,你自然不会接受。言论还是他的言论,而内心也仍是其本心,交相指责而只能增加怨恨。如果能隐忍不言,而不激起怨恨也就足够了。还能希望纠正其过失吗?

唐太宗不体恤其太上皇唐高祖的冷暖饮食起居,把他安置在低下潮湿的大安宫居,而自己却到九成宫去避暑,其女长乐公主嫁时诏令陪送的东西,比长公主(即高祖的女儿)要多数倍。这难道是行事的失误吗?其残酷而不知体恤其父皇,是因为内心忘记了仁义忠孝。马周劝谏他,魏征也为此事进谏,都是陈述天理人伦的大道,希望以此打动其恻隐之心。可是马周的话不听,坚持起驾入九成宫避暑,而对魏征的话,则进入后宫与长孙皇后商议后勉强听从,假如长孙皇后是像隋文帝独孤皇后、高宗武后、中宗韦后那样的人,那么魏征必死无疑了。人人自有父子,人人都有兄弟,一念的蒙蔽,疏失而不自觉,直言相劝而开导他,从而自亲其亲人,难道这是难以知晓、难则挟策干主，馀于才而未闻其修能之自洁者也；以此而欲警人子之心于不容已之愧疚，奚可得哉？

夫大人者，苟以其言格君心之隐慝，贤主乐之，中主愧之，庸主弗敢侮之，何至以太宗之可与言而斥为田舍翁邪？不幸而遇暴主以杀身，亦比干之自靖自献于先王，而非滕口说以听凶人之玩弄，岂易言哉？大人者，正己而物正，己之正非一旦一夕之功矣。

11.言治者而亟言权，非权也，上下相制以机械，互相操持而交仇其欺也。以仪、秦之狙诈，行帝王之大法，乱奚得而弭，人心风俗奚得而不坏哉？王伽之诈也，与李参朋奸而徼隋文之赏，唐太宗师之，以纵囚三百九十人，而三百九十人咸师参之智，如期就死。呜呼！人理亡矣。好生恶死，人之情也，苟有可以得生者，无不用也。守硁硁之信，以死殉之，志士且踌躇而未决，况已蹈大辟之戮民乎？

太宗之世，天下大定，道有使，州有刺史，县有令尉，法令密而庐井定，民什伍以相保，宗族亲戚比闾而处，北不可以走胡，南不可以走粤，囚之纵者虽欲逋逸，抑谁为之渊薮者？

以听从的话吗？而马周、魏征这两位先生，都是皇帝所信用而听从的大臣，终究不能以此而得到皇帝的接受，那么其中的缘故就值得深思了。魏征出身于群盗（隋末义军）之中，事奉李密而背离了他，事奉太子李建成又背离了他；马周则靠着代人上书言事，得到皇上赏识，而骤然进身，才智有余，却没听说其道德修养能够洁身自好；以自己这样的德行而想要警戒为人之子的君主之心而不得不感到愧疚，怎么能够得到呢？

德高望重的人，如果以其言论纠正君主内心隐藏的过失，贤明的君主会感到高兴，一般平平的君主会感到愧疚，而昏庸的君主也不敢欺侮于他，何而至于像唐太宗那样可与谏争的明君却斥骂为田舍翁呢？即使不幸而遇到残暴的君主，从而杀身成仁，也能像殷纣王的大臣比干那样为先王而献身，而不是信口放言而听任凶残之人的玩弄，难道容易进言吗？德高望重的人，端正自己的身心而使别人的言行也得到纠正，端正自身并不是一朝一夕之功啊！

治理国家的人如果热衷于谈论并使用权术，这实际上不是权术，而是上下以巧诈相制，各怀奸计面交相兜售其欺诈。用张仪、苏秦的诡诈，来推行帝王的大法，动乱怎么能够消弭呢？人心和风俗怎能不坏呢？王伽极其狡诈，他与李参结伙为奸以贪求隋文帝的奖赏，唐太宗效法他，放纵了囚徒三百九十人，而这三百九十名囚徒都学习李参的“明智”之举，如期主动投案受死。唉！人理至此完全沦丧了。好生恶死，乃是人之常情，如果有可以逃生的办法，人们没有不用的。坚守信用，甚至以死殉之，仁人志士尚用犹豫不决，何况是已经犯了死罪的戮民呢？

唐太宗时代，天下大定，道有使，州有刺史，县有令、尉，法令严密而居民稳定，百姓十家五家相保，互相监督，有事举报，否则同受惩罚，而且宗族亲戚比闾而处，囚犯不可能向北逃入胡人居住区，太宗持其必来之数以为权，因亦操其必赦之心以为券，纵而来归，遂以侈其恩信之相孚，夫谁欺，欺天乎？夫三百九十人之中，非无至愚者，不足以测太宗必赦之情，而徼幸以逃；且当纵遣之时，为此骇异之举，太宗以从谏闻，亦未闻法吏据法以廷争；则必太宗阴授其来归则赦之旨于有司，使密谕所纵之囚，交相隐以相饰，传之天下与来世，或惊为盛治，或诧为非常，皆其君民上下密用之机械所笼致而如拾者也。

古所未有者，必有妄也；人所争夸者，必其诈也。王道平平，言僻而行诡者，不容于尧、舜之世。苏洵氏乐道之，曰“帝王之权”，恶烈于洪水矣。

12.《传》曰：“为人君而不知《春秋》之义，前有谗而不见，后有贼而不知。”《春秋》之义，何义也？嫡庶明，长幼序，尊卑别，刑赏定，重农抑末，进贤远奸，贵义贱利，端本清源，自治而物正之义也。知此，则谗贼不足以逞，而违此者之为谗贼，不待擿发而如观火。舍是，乃求之告讦以知之，告谗告贼，而不知告者之为谗贼也，宜其迷惑失守，延谗贼于肘腋，而以自危亡也。

人主明其义于上以进退大臣，大臣奉此义以正朝廷，朝向南逃入越人地区，因此，被放纵后的囚犯即使想逃走，又有谁能够掩护他们呢？唐太宗料定囚徒必定会如期返回，故而持此以为权术，囚徒们也怀着一颗必赦之心以为免死的证券，因此被放纵以后又主动来归，于是唐太宗以此来侈夸其恩信能令人信服，这是欺骗谁，欺骗天吗？在那三百九十人之中，并不是没有十分愚蠢的人，不足以猜测到太宗肯定赦免自己，从而乘机急忙逃走，以图侥幸；况且唐太宗是以善于纳谏著称的，可是当他纵遣众囚犯时，做出了这种惊世骇俗之举，却没有听说法吏据法当廷争辩；可见，唐太宗必定在事先已经将囚徒如果来归则予以赦免的旨意，秘密地授给有关官员，以便让他们悄悄地转各所要放纵的囚徒，大家相互隐瞒以粉饰唐太宗，纵囚来归的故事传遍全国乃至流传到后世，有的惊讶地视之为盛世之举，有的人诧异地视之为非常之事，实际上都是唐太宗君臣上下密用的巧计所笼致，却似乎像是轻易拾得一样。

自古所没有的事，必定是有虚妄的；人们所争相夸耀的人，必定是他的伪诈所致。王道平平，言僻而行诡的人，不容于尧、舜之时。苏洵对此津津乐道，称之为“帝王的权术”，其罪恶甚于洪水猛兽。

《传》曰：“做君主的如果不懂《春秋》之义，则前有谗臣却看不见，后有奸贼却不知道。”《春秋》之义是什么呢？所谓的《春秋》之义，就是指嫡庶分明，长幼有序，尊卑有别，刑赏严明，重农抑商，进贤远奸，贵义贱利，正本清源，自身治则外物必然归正的道理。懂得这个道理，则谗贼不足以得逞，而违背《春秋》大义的人就是谗贼，这不用阐发就洞若观火。舍此而求助于告讦以求了解谗贼，告谗告贼，却不知告讦者本人就是谗贼，这样的君主难免会迷惑失守，将谗贼请到自己的身边，从而导致自身危亡的结果。

君主明晓其义理于上以使大臣降进退，大臣恭奉道义以规正朝廷饬此义以正郡邑，牧之有守令，核之有观察采访之使，裁之有执宪之大臣。苟义明而法正，奸顽不轨者恶足以恣行而无忌？即有之，亦隐伏于须臾，而终必败，奚事告讦乎？告讦兴，则赏罚之权全移于健讼之匹夫，而上何贵有君，下何贵有执宪之臣哉？

且夫为人告讦者，洵不道矣，而愿朴柔懦之民，能奋起以与奸顽争死命者，百不得一也。非夫险诐无惮之徒，恶有暇日以察人之隐慝，而持短长操必胜之术，以与官吏豪强角逐。忘尊卑，轻祸福，背亲戚，叛朋友，吏胥胁其长官，奴隶制其主伯，正《春秋》之义所斥为谗贼，必杜绝其萌蘖者也。知其害而早绝之，则谗无不见，贼无不知，昭昭然揭日月以与天下相守于法纪，吞舟漏网之奸，其得容于政简刑清之日者，盖亦寡矣。太宗曰："朕开直言之路，以利国也，上封事者讦人细事，当以谗人罪之。"而其时吏不殃民，民不犯上，韪矣哉！

13.银之为用，自宋以上，用饰器服，与黄金珠玉等，而未得与钱、布、粟、帛通用于民间。权万纪请采银宣、饶，而太宗斥之，亦犹罢采珠以惩侈耳。后世官赋民用以银为主，钱、布、粟、帛皆受重轻之命于银。夫银，藏畜不蚀，炼铄不减，藏之约而赍之也易，人习于便利，知千百年之无以能易之矣。则发山采矿，无大损于民，而厚利存焉，庸讵不可哉？然而大害存焉者，非庸人之所知也。

廷，朝廷整饬此义以肃正郡县，治民有郡守、县令，审核官吏有观察使和采访使，制裁官吏有执法的大臣，如果义明法正，奸顽不轨的人怎么能够横行无忌呢？即使有这样的人，也只能在短期内隐伏，而最终必定会败露，要告讦干什么用呢？如果告讦兴起，则赏罚之权完全转移到善于告状的匹夫之手，在这种情况下，上面有君主，下面设执法的大臣有什么用处呢？

况且那些为了别人而告讦的人，实在是太无道了，可是淳朴懦弱的百姓，能奋起与奸顽之徒争死命的人，不到百分之一。如果不是阴险毒辣、肆无忌惮之徒，哪里会有那么多闲暇时间来侦察别人的隐慝，从而抓住别人的把柄，设好计策，稳操胜券，以便与官吏豪强角逐呢？忘记尊卑，轻视祸福，背叛亲戚，抛弃朋友，吏胥胁迫其长官，奴隶控制其主人，这正是《春秋》之义所斥为贼，必须杜绝其萌芽的行为。如果知道其危害而及早予以杜绝，则没有看不见的谗邪，没有不知道的奸贼，昭昭然揭日月以与天下相守于法纪，逍遥法外的奸贼，其能容身于政治清明刑罚公正环境中的，大概是很少的。唐太宗说："我开直言之路，是为了利国，如果有人写密信告讦别人鸡毛蒜皮之类小事，则以谗人论罪。"所以，在唐太宗时代，官吏不祸害百姓，百姓不犯上作乱，真是太正确啦！

银的使用，在宋代以前，是以它来装饰器皿和衣服，与黄金、珍珠、宝玉相同，却未能与钱、布、粟、帛通用于民间。权万纪请求在宣州（今安徽宣城）、饶州（今江西波阳）开采银矿，唐太宗对此予以斥责，其用意如同禁止采集珍珠以惩戒奢侈。后世官赋民用以银为主，钱、布、粟、帛反而都由银来决定轻重。白银、贮藏不腐朽，熔炼不减损，收藏起来很简单而携带也很容易，人们已经习惯了它的便利，坚信千百年间是没有什么东西能够取代它的。既然开山采矿对百姓的利益没有大的损害，却有丰厚的利润，诸多的方便，难道不可以开采吗？然奚以明其然邪？银之为物也，固不若铜、铁为械器之必需，而上类黄金，下同铅、锡，亡足贵者。尊之以为钱、布、粟、帛之母，而持其轻重之权，盖出于一时之制，上下竞奔走以趋之，殆于愚天下之人而蛊之也。故其物愈多，而天下愈贫也。采之自上，而禁下之采，则上积其盈，以笼致耕夫红女之丝粟，而财亟聚于上，民日贫馁而不自知。既以殚民之畜积矣，且大利之孔，未可以刑法禁塞之也。严禁民采，则刑杀日繁，而终不可戢。若其不禁而任民之自采乎？则贪惰之民，皆舍其穑事，以徼幸于诡获，而田之污莱也积；且聚游民于山谷，而唯力是视以取盈，则争杀兴而乱必起。一旦山竭泽枯，游民不能解散，而乱必成；即幸不乱也，耕者桑者戮力所获，养游民以博无用之物，银日益而丝粟日销，国不危，民不死，其奚待焉？自非参百年之终始以究利病者，奚足以察此哉？

鸣呼！自银之用流行于天下，役粟帛而操钱之重轻也，天下之害不可讫矣。钱较粟帛而赍之轻矣，藏之约矣，银较钱而更轻更约矣；吏之贪墨者，暮夜之投，归装之载，珠宝非易致之物，则银其最便也。不然，泛舟驱车，衔尾载道，虽不恤廉隅者不敢也。民之为盗也，不能负石粟、持百缣，即以钱而力而，开采银矿于国于民是有很大危害的，这不是庸人所能明白的。

何以知之呢？因为银这种东西，本来就不像铜、铁那样，是制造器械所必需的，而是上似黄金，下同铅、锡，没有什么值得珍贵的。将它抬高到钱、布、粟、帛之母的地位，操纵其轻重之机，大概是出于一时的权宜之制，可是举国上下竞相奔走趋之若鹜，这几乎就是愚弄天下之人而毒害他们。所以，银这种东西越多，则天下越穷。如果君主自己组织开采银矿，却禁止臣民开采，则君主积累了很多的白银，以掠夺农夫织女的粮食和丝帛，于是财富迅速地聚在君主手中，而百姓日益贫困，以至饱受饥寒交迫之苦，却意识不到是什么原因造成的。照这种趋势发展下去，不久就必将剥尽百姓的蓄积。况且大利的口子，是不能以刑法来禁塞的。如果严禁百姓开采，则刑杀虽然越来越繁，可最终也无法制止。那么，不加禁止，听凭百姓自己开采怎么样呢？如果真的这样，则贪惰之民，都放弃其农事，以图侥幸用不正当的手段获取巨额的收益，于是被荒废的田地与日俱增；而且聚集大量的游民于山谷之中，完全凭借强力来获得收益，则争杀必兴战乱必起。一旦山竭泽枯，无银可采，而游民不能解散，则祸乱必成；即使幸而没有发生祸乱，可是农夫全力种田养蚕的所得，供养游民以博取无用的白银，于是白银越来越多而粮食丝绸越来越少，在这种情况下，国家必然危亡，人民不免死散，难道还会有别的结果吗？如果不是考证百年之完整历史，以探究其利害关系的人，有谁能够想到这一点呢？

唉！自从白银流行于天下，控制了粟帛而操纵钱的轻重以后，天下所受到的祸害已经无法消止了。钱与粮食、布帛相比，携带起来轻得多了，收藏也方便得多了，而白银比钱更轻更方便，贪官污吏，趁夜色为别人所送的贿赂，和归装中所载的财物中，珠宝是不容易得到的东西，而银则是其间最便利的。不然的话，如果泛舟驱车，衔尾载尽于十缗矣，穴而入、箧而胠者，其利薄，其刑重，非至亡赖者不为，银则十馀人而可挟万金以去。近自成化以来，大河南北单骑一矢劫商旅者，俄顷而获千缗之值。是银之流行，污吏箕敛、大盗昼攫之尤利也，为毒于天下，岂不烈哉？无已，杜塞其采炼之源，而听其暗耗，广冶铸以渐夺其权，而租税之入，以本色为主，远不能致而后参之以钱，行之百年，使银日匮而贱均铅锡，将耕桑广殖，墨吏有所止而盗贼可以戢，尚有瘥乎？

天地之产，难得而不易贸迁者，以安民于所止而裕之也；帝王之政，繁重而不取便安者，以息民之偷而节其溢也。旦斸诸山，夕煆诸冶，径寸而足数十人之衣食，奸者逞，愿者削，召攘夺而弃本务，饥不可食，寒不可衣，而走死天下者，唯银也。采矿之禁，恶可不严哉？权万纪之削夺，有馀辜矣。

14.贞观十年，定府兵之制，大约与秦、隋销兵，宋罢方镇之意略同。府兵者，犹之乎无兵也，而特劳天下之农民于番上之中，是以不三十年，武氏以一妇人轻移唐祚于宫闱，李敬业死而天下靡然顺之，无有敢伸义问者，非必无忠愤之思兴，力不能也。唐之乱亟矣，未有三十年而无大乱者，非能如汉、宋守成之代，晏安长久也。非玄宗罢府兵，改军制，则安、史、怀道，即使是不顾廉耻的人也不敢。百姓做盗贼时，不能扛走一石粮食，拿走一百匹缣，即使是钱也最多只能携带十缗，挖穴而入，撬箱盗柜这种事，收利较薄而刑罚甚重，如果不是万不得已，走投无路的人，是不会这样做的，白银则十几个人就可以挟万两而去。近代从成化年以来，在黄河南北单枪匹马劫掠商旅的强盗，倾刻间就可以获得上千缗的价值。这就是说，白银的流行，乃是污吏聚敛，大盗昼抢的最便利之物，其为害于天下，难道不厉害吗？迫不得已，杜塞其采炼之源，而听任其暗耗，同时大规模地冶铸器皿以逐步削夺其统治地位，而且租税的交纳，以本色物品为主，如果的确路远无法运来时再参用钱币，像这样施行一百年，使白银日渐匮乏而与铅、锡一样贱，让农业和蚕桑业获得迅猛发展，贪官污吏有所收敛而盗贼得以平息，这时，白银难道还会为害天下吗？

天地的物产，难得而不易贸迁的，乃是用以使百姓安居乐业并逐渐走向富裕的，帝王之政，繁重而不取便安，是为了制止百姓的苟且而抑制其泛滥。早上从山中开采，傍晚在炉中冶炼，一寸见方的一小块就足够数十人的衣食之需，奸邪之人横行，觊觎的人盘剥，召致抢夺而抛弃本职工作，饥时不能吃，寒冷时不能穿，却使天下人奔波劳碌而死的，只有白银。可见，关于开采银矿的禁令，难道可以不严格吗？权万纪被削官夺职，实在是太轻了，完全应当加重惩罚，此人可谓是死有余辜。

唐太宗贞观十年确定了府兵制，其目的大约与秦朝、隋朝销毁兵器，宋朝罢除藩镇之意相同。所谓的府兵，实际上就如同无兵，而只是劳扰天下农民轮番戍守京师之中。因此还不到三十年，武则天就以一个妇道人家轻而易举地把唐朝政权转移到自己手中，成为中国历史上第一个女皇，并改国号为周，而且这次政权的转移乃是在宫闱之中进行的，未曾大动干戈。当时，起兵反抗的李敬业败死之后，天下恩、朱泚、河北、西川、淮、蔡之蜂起，唐久为秦、隋，恶能待懿、僖之昏乱，黄巢起而始亡哉？

府军之制，散处天下，不论其风气之柔刚、任为兵与否也；多者千二百人，少者百人，星列棋布于陇亩，乃至白首而不知有行陈，季冬习战，呼号周折，一优人之戏而已。三百人之团正，五十人之队正，十人之火长，编定而代袭之，无问其堪为统率否也。尤可嗤者，兵械甲装，无事则输之库，征行而后给之，刃锈不淬，矢屈不檠，晴燥不润，雨溽不暴，甲断胄穿，刀刓弓解，典守之吏，取具而止，仓卒授之而不程以其力，莫能诘也。甲与身不相称，攻与守不相宜，使操不适用之顽金，衣不蔽身之腐革，甚则剡挠竹以为戈矛，漆败纸以为盾橹，其不覆军陷邑者几何也？狃为故事，而应以虚文，徒疲敝其民于道路，一月而更，而无适守者无固志，名为有兵六百三十四府，而实无一卒之可凭；故安、史一拥番兵以渡河，而两都瓦解。盖天宝初改府兵易彍骑，而因循旧习，未能蠲积玩之弊以更张也。

就驯服地接受了武则天，没有人敢于伸张正义，予以过问，这并不是必定都没忠愤之心，而是因为实在是无能为力。唐朝的动乱是极为严重的，不曾有三十年而没有大乱的情况，根本无法像汉朝、宋朝那样的守成的朝代，可以长期保持和平安定。如果不是唐玄宗废除了府兵制，改行募兵制，则安禄山、史思明、鱼怀恩、朱泚、河北、西川、淮阳、蔡州等叛军蜂起，唐朝早就像秦朝、隋朝一样灭亡了，哪里能等到唐懿宗、唐僖宗昏庸荒淫，黄巢揭竿而起，发动声势浩大的农民起义之后才灭亡呢？

府兵制，是把轮到服役的农民编入军队，然后分散到全国各地驻守，不论其风气的柔与刚，是否能够充军作战；多的一千二百人，少的一百人，星罗棋布于各地，甚至有的农民已经白发苍苍，根本不懂战阵之事，到季冬时节练习军事，号呼周折，只不过是像演员演戏一样。三百人的首领团正，五十人的首领队正，十人的首领火长，都是早先编定以后世代沿袭的，国家根本不问他们是否有能力带兵。尤其可笑的是，兵器铠甲之类的军用物品，在国家无事时就收藏在仓库之中，等到有战事时才配发给士兵们，由于长期不用，又无人妥善保养，使得刀剑锈蚀无人淬除，弓矢弯曲无人矫正，天晴干燥无人湿润，阴雨潮湿无人曝晒，甲胄破损穿透，刀钝弓解，负责守护的官吏，只是充数而已，临到形势急迫时只是仓猝地把兵器分配给军队，根本不照顾个人的具体情况，谁也不能过问。铠甲与士兵的身材不相称，攻与守不相宜，让士兵们手持不适用的被铜烂铁，身穿不蔽体的腐烂革甲，甚至削挠竹以为戈矛，漆败纸以为盾牌，这样的军队不覆灭的有多少呢？自以为是照旧例行事。而应以虚文，徒劳地疲敝自己的百姓于道路之上，一个月便轮流一次，可是没有适当职守的人没有坚定的志向，唐初虽然在名义上拥有六百三十四府军队，而实际上没有一兵一卒可以依赖，所以安禄山、史思明一旦率领十几万藩兵后世论者，泥古而不知通，犹曰兵制莫善于唐，则何如秦、隋之尽销弭而犹不驱农民以沦死地乎？详考府兵之制，知其为戏也，太宗之以弱天下者也。欲弱天下以自弱，则师唐法焉可尔。

15.太宗以荆王元景、长孙无忌等为诸州刺史，子孙世袭，而无忌等不愿受封，足以达人情矣。夫人之情，俾其子孙世有其土，世役其民，席富贵于无穷，岂有不欲者哉？知其适以殄绝其苗裔而祸天下，苟非至愚，未有不视为陷阱者也。周之大封同姓与功臣也，圣如周公，贤如吕、召，而固不辞，其馀非不知居内之安，而无不利有其国以传之奕世，何至于无忌等之以免受茅土为幸乎？时为之，则人安之，时所不可为，非贪叨无已、怀奸欲叛者，固永终知敝而不愿也。

马周曰："孩童嗣职，万一骄愚，兆庶被殃，国家受败。"则不忍毒害见存之百姓，宁割恩于已亡之一臣；稍有识者，固闻之而寒心也。故夫子之论治，参鲁论而居其一，而不及于封建；作《春秋》，明王道，而邾、郳之受爵不登于策，城卫迁杞皆不序其功。然则当春秋之世，固有不可复行者矣，况后世乎？柳宗元之论出，泥古者犹竞起而与争；勿庸争也，试使之渡过黄河，东都洛阳和西都长安很快就土崩瓦解，陷落敌手。大概唐玄宗天宝初年，虽然把京师的府兵制改为彍骑，可实质上仍然因循旧习，未能革除积弊而彻底改弦易辙。

后世的论者，拘泥于古制，不懂得变通，仍然坚持说兵制没有比唐朝更好的，如果真的这样，那么，秦朝、隋朝将兵器全部销毁以消弭战机，并且不把百姓驱逐入死亡陷井，难道不是更好吗？详细考察府兵制后就可以发现，此制乃是儿戏，是唐太宗用以削弱天下的策略。如果想削弱天下以削弱自己的话，则可以效法唐朝的办法。

唐太宗以荆王元景、长孙无忌等人为诸州刺史，子孙可以世袭其官位，可长孙无忌等人不愿受封，足以通达人情了。人之常情，是想让自己的子孙世代享有封土，世代役使封地上的人民，无穷无尽地垄断富贵，难道会有人不愿如此吗？当明白接受世袭封爵正好足以灭绝自己的后代，并且祸害天下以后，如果不是最愚蠢的人，则没有人不视为陷阱。周代大规模地分封同姓子弟和功臣，圣明的人如周公旦，贤能之人如姜子牙、召公等，都毫不辞，其余的人并非不知道在天子身边任职既安全又舒适，却没有人不想拥有国家封土以传给后人，何至于像长孙无忌等人那样以不接受封土为幸呢？如果时势可以接受封土，则人们心安理得地接受；如果时势使人不可接受，则若非贪得无厌，怀奸欲叛之人，固然会明哲保身而不愿接受。

马周说："小孩子继承职位，万一是个骄横愚蠢之辈，必将使得百姓遭殃，国家败灭。"这是不忍心毒害现存的百姓，因而宁愿割恩于已亡的一个臣子；稍有见识的人，自然会闻之而心寒。所以，孔夫子论述为政，参考《鲁论》却只居其一，而不取其分封的作法；编写《春秋》，表明王道，却不记载邾、郧受爵之事，也不序列建造卫国都城，迁移杞国首都之功。由此可见，在春秋时代，有些古制已经无法再施行，何况后世呢？柳宗元的论点提出以后，拘泥古道的人还行焉，而自信以必行否也？太宗曰：“割地以封功臣，古今通义，而公薄之，岂强公以茅土邪？”强人而授之国，为天下嗤而已矣，恶足辩？

16.贞观改服制，嫂、叔、夫之兄、弟之妻、皆相为服，变周制也。古之不相为服者，《礼》传言之详矣。嫂不可以母道属，弟之妻不可以妇道属，所以定昭穆之分也。嫂叔生而不通问，死而不为服，所以厚男女之别也。唐推兄之敬，而从兄以服嫂；推弟之爱，而从弟以服其妻；所以广昆弟之恩也。周谨乎礼之微，唐察乎情之至，皆道也，而周之义精矣。

虽然，抑有说焉。礼以定万世之经，则必推之天下而可行，尽乎事之变而得其中者也。有人于此，少而失其父母，抑无慈母乳母之养，而嫂养之，长而为之有室，则恩与义两不得而忘也。生藉之以生，死则恝然而视若行道之人，心固有所不安矣。在礼，舅之妻、从母之夫，无服者也，而或曰：“同爨缌，鞠我之恩而不如同爨乎？”其不忍不为服，必也。有人于此，少孤而兄养之，已而为之纳妇，自纳采以至于请期，称主人者皆兄也。既娶而兄犹为家政之主，未异宫而兄死，其妇视夫之兄有君道焉。且兄而居长，则固小宗之宗子也；合小宗之男女为之服，而弟之妻独否，一家之所统尊，顾可傲岸若宾客乎？继父，无服者也，同居而为之成室家、立亲庙，则服群起而攻之，与他百般争辩，其实不必争论，假如放手让他们付诸实践，难道他们能够自信其一定行得通吗？唐太宗说："割地以分封功臣，乃是古今的通义，可是你们鄙视这种做法，难道我是强迫你们接受封土吗？"强迫别人接受封国，只能被天下嗤笑而已，又有什么可以争辩的？

唐太宗贞观年间改革了服丧制度，嫂子、小叔子、丈夫的哥哥、弟弟的妻子，都相互为丧服，这与周代的制度是不相同的。古代相互不相丧服的亲属关系，《礼传》已经讲得很详备了。嫂子不能以母道论，弟弟的妻子不能以妇道论，这是为了确定辈份的先后顺序。嫂叔活着时不对面说话，死后互相不守丧服，这是为了严格男女之别。唐朝推崇哥哥的敬，因而从哥哥而为嫂子服丧；推崇弟弟的爱，因而随弟弟而为他的妻子服丧；这样做，是为了增长兄弟之间的恩情。周代注重礼的细微之处，唐朝强调表的至深至厚，二者都合乎道，只是周制之义更加精深。

尽管如此，可是唐制仍然有值得商榷的地方。礼既然是定万世之大经，则必须要推广到整个天下也可行得通，包括尽事物的变化而得其中庸之道。这里有一个人，少年时失去了父母双亲，也没有慈母乳母养育，于是嫂子养育了他，长大成人后嫂子又为他娶妻成家，这样的恩和义都不容忘记。在嫂子活着的时候依赖她生活，可是当她去世以后却全然忘记了她的恩情，视为过路之人，这本来就是一般人于心不忍的做法。按照礼，舅舅的妻子、从母的丈夫，都是不必服丧的人，有人会说："同居同炊的人守缌麻之服，这是一种很轻的丧服，难道养育我的恩情还不如同居同炊吗？"其不忍心不为之守丧服，这是肯定的。这里还有一个人，少年时便成为孤儿，哥哥抚养了他，后来又为他娶了媳妇，从纳采直到请期，即从求亲直到择定完婚吉日，都是兄长作主的，弟弟娶亲以后哥哥仍然执掌家政，兄弟没有期。夫之兄可为小宗，而成其家室，以视继父之同居而异姓者奚若？抑义之不得不为服者也。礼有之，子思之哭嫂也，为位而哭，不容已于哭也。可为之哭，则可为之服。君子恶夫涕之无从，而服之，不亦可乎？

上古之世，男女之则未正，昭穆之序未审，故周公严之于此而辨之精。后世男女正而恩礼睽，兄弟之离，类起于室家之猜怨，则使相为服以奖友睦之谊，亦各因其时而已。《礼》曰："时为大。"百王相承，所损益可知也。圣人许时王以损益，则贞观之改周制，可无疑已。

17.自言兵者有使贪之说，而天下之乱遂不可弭。岑文本引黄石公之言，以请释侯君集私高昌珍宝之罪，用此说也。乃阿史那社尔以降虏而独能不受君集之贻，（边外）[夷狄]之法，严于中国，中国安能不为[夷狄]屈哉？败其军，拔其城，灭其国而贪其所获，武人之恒也。然而君以之怒其臣，臣以之叛其君，主帅以之恶其偏裨，偏裨以之怼其主帅，兵以之恋剽获而无战心，民以之受掠夺而争反畔，功已成，乱已定，不旋踵而大溃，古今以此而丧师失地、致寇亡国者不一也。贪人败类，而可使司三军之命以戡乱宁民而定国乎？

分家，可是哥哥却不幸死了，弟媳视丈夫的哥哥为君道。况且哥哥居长，则本来就是小宗的宗子；小宗的全部男女为他守服，可是只有弟弟的妻子不参加，她对待一家之主，难道可以傲岸若宾客吗？对继父，是不用服丧的，如果继父与自己同住，并且为自己娶妻成家，建立亲庙，则应守一周年的丧服。丈夫的哥哥可为小宗，而他为弟弟成了家，这与一同居住而不同姓的继父相比，怎么样呢？显然，对这样的哥哥也是义不容辞应为他服丧的。《礼》记载子思为了嫂子而哭，并且是设立了灵位而哭，因为情理不容仅仅停留在哭。既然可以为了嫂子而哭，当然就可以为她守丧服。君子哭不出泪来，于是为她服丧，不也可以吗？

上古时代，男女之别未正，辈份之序未审，因此周公在这方面特别严格，而且分辨得很精深。后世男女正而恩礼违，兄弟的离心，基本上都是因为家庭内部的猜忌和怨恨，所以要想让他们相互守服以鼓励友睦之谊，也只能各因其时而已。《礼》说："具体的历史条件是最重要的。"百王相承，他们对前人制度的增删是可知的。圣人允许时君增删，则贞观年间改革周制，当然是可以不受指责的。

自从谈论战争的人有可以让将领贪财之说，于是天下的祸乱便无法消弭了。岑文本引用黄石公的话，请求唐太宗免除侯君集贪污高昌（今新疆吐鲁番市东四十余里哈拉卓堡西南）珍宝之罪，用的就是这种说法。但是，阿史那社尔作为投降唐朝的外族人，却能独守清白不接受侯君集的馈赠，可见夷狄的法律比中国的严，如此中国怎能不为夷狄之人所征服呢？打败别人的军队，攻克别人的城池，灭亡别人的国家从而掠夺别人的财宝，乃是武夫的一贯原则。然而，国君因此恼怒自己的臣子，臣子因此背叛自己的君主，主帅因此厌恶自己的部将，部将因此仇视自己的主帅，士兵因此热衷于剽获而无战心，百姓因此受到掠夺而争相反叛，于是尽管大功已经告成，动乱已经平汉高之于项羽，非其偏裨也；其于怀王，君臣之分未定也；而封府库以待诸侯，樊哙屠狗者能明此义，乃以平项羽之怒，而解鸿门之厄。项羽不知，终以取怨于天下。诲盗而人思夺之，大易岂欺我哉？唐下侯君集于狱，宋征王全斌而使之待罪，法所必饬也；终释君集而薄罚全斌，示不与争利也；两得之矣。故言兵者之言，皆乱人之言尔，岑文本恶足以知此哉！

18.太宗诏诸州有犯十恶罪者勿劾刺史，则前此固有劾之之法，而戴州所部有犯者，御史以劾刺史贾崇，亦循例以劾之也。此法不知所自昉，意者苏威当隋之世，假儒术、饰治具、以欺世，其创之乎？

曾子曰："上失其道，民散久矣。"久者，周失道而后鲁失之，鲁君失而后卿大夫无不失也；上者，端本清源，归责于天子之辞也。民有大逆，君逾月而后举爵，自艾而已。治之不隆，教之不美，天子不自惭恧而以移罪于刺史乎？民犯大逆，而劾及刺史，于是互相掩蔽，纵枭獍以脱于网罟，天下之乱，风俗之坏，乃如河决鱼烂而不可止。隋末寇盗遍天下，而炀帝定，可是不久又陷入一片混乱之中，自古及今，因此而丧师失地、致寇亡国的不在少数。由此可见，难道可以让贪得无厌之徒和败类，执掌三军来平定叛乱安定国家吗？

汉高祖刘邦对于楚霸王项羽，不是他的部将。对于怀王，君臣的名分还没有确定；可是，他却能推翻暴秦政权以后，封府库以待诸侯入关，樊哙原本是个屠狗者，竟能深明此义，劝告刘邦这样做，结果平息了项羽的怒气，解除刘邦在鸿门宴上的危难。项羽不懂得这个道理，因而最终招致了天下的怨恨。教诲别人盗窃却招来了盗贼的光顾，《易经》的这种说法难道是欺骗我们吗？唐朝政府把侯君集投进监牢，北宋政府把王全斌从四川调回而使他待罪，这乃是法令必须要整饬的；最后释放了侯君集，轻罚王全斌，乃是为了表明不与之争利；如此做法，可谓两全其美了。所以，谈论战争者的言论，都是乱人的言论，岑文本哪里懂得这个道理呢？

唐太宗诏令：各州如有人违犯谋反、谋大逆、谋叛、恶逆、不道、大不敬、不孝、不睦、不义、内乱等十恶之罪的，该州刺史可以不受弹劾，则此前显然是有要求弹劾的法令，由此可知，戴州所辖的地方有人犯了十恶之罪，御史因此弹劾刺史贾崇，也是遵循旧例进行弹劾。此法不知是从何时开始的，我觉得，苏威在隋朝时假托儒术、粉饰治国的措施以欺世盗名，他莫非就是此说的创始人吧？

曾子说："君主丧失了道义，民心已经离散很久了。"久，是指周天子失道而后鲁君失道，鲁君失道而后卿大夫没有不失道的；上，则是正本清源，归咎于天子之辞。百姓中有人犯了大逆之罪，君主在一个月之后才举杯饮酒，这只不过自怨自艾而已。政治搞得不好，教化搞得不成功，天子不自感羞惭，反而要委罪于刺史吗？百姓犯了大逆之罪，却弹劾刺史，于是各州互相掩护，隐瞒真相，放纵汪洋大盗逃脱法网，因此天下的动乱，风俗的败坏，竟像河决鱼烂一样，无法遏罔闻，刃加于颈，尚不知为谁氏之贼，皆苏威之流，置苛细之法，自诩王道，而以涂饰耳目、增长谗贼者致之也。

惩贪而责保存之主，戢盗而严漏捕之诛，详刑而究初案之枉；皆教之以掩蔽，而纵奸以贼民之法也。必欲责之上，以矜民之散，亦自天子之自为修省而已，下者其何责焉！

19.小道邪说，惑世诬民，而持是非以与之辩，未有能息者也，而反使多其游词，以益天下之惑。是与非奚准乎？理也，事也，情也。理则有似是之理，事则有偶然之事，情则末俗庸人之情，易以歆动沈溺不能自拔者也。以理折之，彼且援天以相抗，天无言，不能自辩其不然。以事征之，事有适与相合者，而彼挟之以为不爽之验。以情夺之，彼之言情者，在富贵利达偷生避死之中，为庸人固有之情，而恻隐羞恶之情不足以相胜。故孟子之辩杨、墨，从其本而正其罪曰“无父无君”，示必诛而不赦也；若其索隐于心性，穿凿于事理者，不辩也。君子之大义微言，简而文，温而理，固不敌其淫词之曼衍也。

太宗命吕才刊定阴阳难书，欲以折其妄而纳民于正，然而妄终不折，民终不信，流及于今，日以增益，且托为吕才之所定止。隋朝末年虽然盗贼遍及天下，可隋炀帝没有得到报告，当利刃架到脖子上时，他还不知自己是被什么人所杀的，这些都是苏威这些人制订过于苛细的法律，还自诩为王道，而以涂饰耳目、增长诡贼的做法所招致的。

惩治贪污时追究举荐者的责任，平定盗贼时严厉惩罚官吏漏捕之罪，覆审案件时追究初审的失误；这些都是教官吏们掩饰真情，而放纵奸人残害百姓的法律。必须由君主自己承担责任，以抚恤离散的百姓，这本来就是天子自己好好反省一番的事情，下边的官吏有什么罪责呢？

礼教以外为邪说、思想，惑乱社会欺骗百姓，若拿是非标准与之相辩论，不但不能止息它的传播，反而使它丰富了词汇，更增强了他对社会的惑乱程度。是与非的标准是什么呢？就是理、事、情这三个方面，理则有似是而非的道理，事则有偶然发生的事，情则有陋俗庸人之情。那些异端邪说易于煽动人心，使人沉溺于其中不能自拔。用道理来驳斥它，它就援引上天的道理与你相抗，上天不会说，不能自辩其不是这样。若用事来验证它，而它们便拿出这些事例向人们证明它宣传的东西是不错的。若以情感夺之，他们宣传的人情，都是在富贵通达偷生避命之中的人情，是常人所固有的人情，而礼教所宣扬的恻隐羞恶之情不足以与之相抗争。所以孟子分析杨朱、墨子的思想，从其本布正罪，说他们是“无父无君”，对传播这种思想的人，孟子认为是一定要诛杀而不能赦免，至于他们索隐于心性，穿凿于事理的东西，是难以与之辩论的。君子所宣扬的礼教大义微言，简要而有文采，和柔而有道理，当然比不上异端邪说粗俗之词传播得快。

唐太宗让吕才刊定阴阳杂家的书籍，想借此机会驳斥其中的妄言，把百姓的思想导入礼教的正轨，然而，异端邪说最终没有被驳以疑民者；折之于末，而不拔其本，宜其横流之不止矣。夫此鄙猥不经之说，何足定哉？定之而孰必信之？乍信之而孰与守之？且托于所定以乱人道之大经，如近世择婚以年命，而使配耦非其类者，佥曰才所定也，历官乃以赘敬授民时之简末。呜呼！祸亦烈哉！

夫才所据理、征事、缘情以折妄者，宅经也，葬法也，禄命也。三者之不可以妖妄测阴阳，而贼民用、蔑彝伦、背天理、干王制，不待智者而洞若观火。先王虑愚民之受罔而迷也，为著于《礼经》曰："假于鬼神时日卜筮以疑众，杀。"刑当其辜，勿与辩也。然且贪懦之俗，微幸锋端之蜜，苟延蟪蛄之生，日向术人而谋行止，忘亲蔑性，暴骨如莽而不收，争夺竞讼以求得，为君师者，尚取其言而删定之，不亦傎乎！

夫王者正天下之大经，以务民义，在国则前朝后市，在野则相流泉、度夕阳，以利民用，而宅经废矣。贤者贵，善人富，有罪者必诛，诡遇幸逃之涂塞，而禄命穷矣。慎终追远，导民以养生送死之至性，限以时，授以制，则葬法诎矣。然而有挟术以鬻利者，杀其首，窜其从，焚其书，而藏之者必诛不赦，以刚断裁之，数十年而可定。舍此不图，屑屑然与较是非于疑信之闲，咸其辅颊舌以与匪人争，其以感天下，亦已末矣。吕才倒，百姓最终还是不相信礼教，传到今天，这种情况更为严重，而且还有人假托是用吕才所刊定的阴阳杂书来惑乱百姓；只驳斥它的细微末节，而不拔其根本，这应该是邪说横流不止的原因。像这些鄙陋猥琐不经的邪说，何足以刊定？即使刊定之后又有谁一定会相信它呢？即使暂时相信它又有谁能坚持它呢？况且，假托所刊定的东西以扰乱人类的大道理，比如近代选择婚姻以争命，而使配偶非其类者，都说是吕才所定的规矩，历法官也把它放在敬授民时一篇的末尾。唉！这样做的危害真是太厉害了！

吕才据理、征事、缘情以驳斥的东西，是宅经、葬法、禄命这三个方面。这三个方面不可以妖妄测阴阳，否，则就会危害民用、蔑视彝伦、违背天理、干乱王制，不是太聪明的人也看得很清楚。先王圣哲考虑到愚蠢的百姓受他们的欺骗而迷惑，为此专门在《礼经》中著述道："假借鬼神的名义经常用蓍草占卜的迷信举动来蛊惑民众的人，杀掉他。"刑罚与其所犯的罪适当，这是不用辩论的。然而在贪婪庸懦的民俗中百姓，侥幸舔食刀刃上的蜜，身处危险之中而不知，苟延残喘，每天都要向方士术人请教该干什么不该干什么，忘记亲人殄灭人性，暴骨于原野而不收，争夺竞讼以求得某件东西，作为君师，还要取其言而删定它，这样做不是颠倒本来了吗？

称王的人，修明礼法常道，使百姓接受教化，在国为王时，则前朝后市，在野则与流泉、夕阳相伴，以利民用，而有关（宅经）的邪说也就因此而废。贤者贵，好人富，有罪的人受到诛杀，诡诈之人侥幸逃到边塞，这样有关禄命的邪说也就走到了尽头。深谋远虑，引导百姓养生送死，限制一定的时间，授予一定的制度，那么有关葬法的邪说就会屈服。对于那些挟方术邪说以牟取利益的人，杀掉其首领，贬窜其随从，焚烧其书籍，凡是收藏这种书的人必杀而不赦，这样以强硬手段加以管理，数十年之后，邪说异端的影响就会消除，国家之定，适以长乱，言虽辩，谁令听之？

20.立子以嫡，而嫡长者不肖，必不足以承社稷，以此而变故起于宫闱，兵刃加于骨肉，此人主之所甚难，而虽有社稷之臣，不能任其议也。魏王泰投太宗之怀，曰：“臣今日始得为陛下子。”褚遂良即以此折泰之奸，伟矣；而唐几亡于高宗，遂良致命以自靖，弗能靖国焉。故曰人主之甚难，而社稷臣不能任其议也。

丹朱不肖，尧以天下与舜，圣人创非常之举，非后世所可学也。舜立而丹朱安虞宾之位，魏王不窜，能帖然于高宗之世哉？太宗能保高宗之容承乾与泰，而不能必泰安于藩服以承事高宗，则抑情伸法以制泰，事有弗获已者；自投于床，抽刀欲刎，呜呼！英武如太宗，而欷歔以求死也，亦可悲矣哉！

或曰：“立嫡长而不能贤，择人以辅之，勿忧矣，”似也；太宗之世，忠直老臣，无有过魏征者，固以师保之任任之矣。乃征尝为建成之宫僚，效既可睹。征以正月卒，而承乾以四月就会安定。舍去这样的措施不做，却费尽口舌与之论是非于半信半疑之间使尽全身的力气鼓动唇舌与那些传播异端邪说的争论，即使能感动天下，那时也已经太晚了。吕才刊定阴阳杂书，恰恰起到了助长混乱的作用，其言辞虽然巧辩，但让谁去听呢？

按皇位继承原则的规定，应立嫡妻所生的长子为太子，但嫡长子若没有什么出息，就肯定难以承担起治理国家的大任，也正因为此，宫闱之内祸乱不断，骨肉之间自相残杀，这是作君主的非常头痛的事，君主身边虽然有忠于国家的大臣，也不能听任他们的建议。魏王李泰曾投入太宗的怀中，说："儿臣今天开始才可以作陛下的儿子。"褚遂良就以此揭露李泰的阴谋，可以说是有远见卓识的，但是立晋王李治为太子，唐王朝几乎亡于高宗（李治的庙号）手中，褚遂良这时致命于自保，却不能安定国家。所以说，这是君主非常难办的事情，也不能只听任忠臣的建议，因为忠臣的建议也不见得就尽善尽美。

尧的儿子丹朱没有出息，尧就把天下传给舜，圣人所创立的这种非常之举，并不是后代人所能够学得到的。虞舜的地位确立以后，丹朱才能安于虞舜国宾的地位，假如魏王李泰不被贬窜，能够安然顺从高宗的统治吗？唐太宗能够保证高宗容忍李承乾和李泰的存在，但却不能肯定李泰能安于藩服的地位接受高宗的统治，那么太宗抑父子之情，用法律遏制李泰，也是不得已而为之；在立太子问题上，唐太宗左右为难，以至于扑倒在床上，想抽刀自刎。唉！像唐太宗这样英武的皇帝，竟然在立太子问题上这样为难，以至于唏嘘不已想一死了之，也太可悲了！

有人会说："立嫡长子为太子，若嫡长子能力不济，可以选择大臣辅佐他，这样就没有后顾之忧了。"这话听起来似乎是对的；唐太宗时期，忠诚正直的老臣，没有能超过魏征的，所以就让魏征担当反，征即不死，固无能改于其德，大难兴，征为袁淑而已，纥干、承基之流，于征何惮焉？

教者，君父之反身也，非可仅责之师保也。光武废东海、立明帝、而汉道昌，东海亦保其福禄，不待窜也，光武之为君父者无愧也。太宗蹀兄弟之血于宫门，早教猱以升木，窜逐其所宠爱，以徇长孙无忌之请，知高宗之不能克家而姑授之，置吴王恪之贤以陷之死，夫亦反身不令，故无以救其终也。汉文守藩代北，际内乱而无窥觊之心，迎立已定，犹三让焉，然有司请建太子，犹迟久而不定，诚慎之也，非敢执嫡长以轻天位，况太宗之有惭德也乎？

21.长孙无忌曰："太子仁恕，实守文之德。"此佞者之辩也。太宗不能折之，遽立治而不改，唐几以亡。仁恕者，君德之极致，以取天下而有馀，况守文乎？无忌恶知仁恕哉！不明不可以为仁，不忠不可以为恕。

起太子太师的重任，魏征曾经是李建成的幕僚，他侍奉太宗之后，其作用是有目共睹的；魏征身为太师，他在贞观十七年（公元643年）正月去世，太子李承乾四月就谋反。魏征即使不死，也不能改变李承乾的德行。如果李承乾造反的想法付诸实施的话，魏征也不过是另一个袁淑而已，纥干、承基之流怎么会害怕魏征呢？

教育太子，是为君为父者应负的责任，不能仅仅把教育太子的大任交给太师、太保之类的官员。汉光武帝废掉太子，改封他为东海王，而立明帝，东汉王朝因而强盛，东海王刘强也能保其福禄，没有被削爵贬窜，光武帝刘秀作为君作为父亲也问心无愧。而唐太宗通过“玄武门之变”杀掉他的兄弟，为其子孙树立了坏的榜样，又贬窜他所宠爱的魏王李泰，以顺从长孙无忌立李治为太子的要求，明知高宗的能力不能保其家却又把皇位继承权交给他，把有才干有品德的吴王李恪陷害致死，这也是他这个榜样做得不好，所以难以挽救他最终的失误。汉文帝作为藩王长期驻守在代北（今山西代县以北地区）地区。正好碰上皇室内乱，他本人也没有觊觎皇位之心，直到朝廷大臣决定迎立他为皇帝时，他还再三谦让，然而，当有关部门请他立太子时，他还考虑很长时间，犹豫不定，对立太子他确实是很谨慎的，不敢只考虑嫡长子的利益而不考虑皇帝宝座能否万世一系地传给自己子孙的大事。更何况唐太宗本人为了争夺皇位而杀兄诛弟，以次子继承皇位呢？他在选立太子时，应该是不受封建皇位继承规则的约束的。

长孙无忌说；“太子仁恕，确实具备守成之君的品德。”这句话只能说是能说会道的人的巧辩罢了。唐太宗不能驳斥这种巧辩，很快立李治为太子，而从此至死没有再废立太子，唐朝几乎因高宗李治无能而灭亡。所谓仁恕，是君主品德的最高境界，君主凭此夺取天下还绰绰有余，何况是遵守成法呢？长孙无忌怎么知道仁恕呢！不明不仁者，爱之理也，而其发于情也易以动，故在下位而易动于利，在上位而易动于欲。君子之仁，廓然曙于情之贞淫，而虚以顺万物之理，与义相扶，而还以相济。故仁，阴德也，而其用阳。若遇物而即发其不忍之情，则与嚅呪呴沫者相取，而万物之死生有所不恤。阴德易以阴用，而用以阴，乃仁之贼，此高宗之仁也。

恕者，推己以及人，仁之牖也。以己之欲，推之于物，难之难者也。难之难者，以其所推者己之欲也。故君子之恕，推其所不欲以勿施于人，而不推其欲以必施，以所欲者非从心而不逾矩，未可推也。然而不欲者，亦难言矣。夺己之声色臭味，而使不集于康，固人之所不欲也；以此而不欲夺人，则屈己之道，屈天下之情，以求免于人之怏悒，皆可曰恕，而以纵女子小人佥壬谗佞者弥甚。忠也者，发己自尽之谓。尽己之所可为，尽己之所宜为，尽己之所不为而弗为，而后可以其不欲者推于物而勿施。不然，人且呼吁以请，涕泣以干，陈其媟狎之私，以匍伏而待命，女子小人佥壬谗佞未能得志之日，方挟此术以怵我，而己于义利理欲之情未定，则见为不可拂而徇之，以恣其奸邪，皆曰是不可欲者勿施焉，恕也。

能称作仁，不忠不能称作恕。

所谓仁，是爱的原则，由于它是由人的情感中产生的，因此也就容易发生变化。所以地位较低的人就容易为利所动，地位较高的人容易为其情欲所动。君子之仁，对人情之忠贞或放纵非常廓然明朗，又虚怀若谷以顺从万物发展的规律，与义相辅相承。所以，仁是阴德，而其为阳所用。假若遇到事情即发其不忍之情，就对强笑顺从处与困境需要帮助的人产生了同情之心，而置万物的生死于不顾。阴德由原来的阳用转变为阴用，而阴德为阴所用，仁也就由君子之仁转化为妇人之仁，这是仁的大贼，这就是高宗之仁。

所谓恕，是用自己之心推想他人之心，是仁的一个窗口。把自己想要的东西，推与他人，这是难上加难的事情。难就难在，他所推与他人的正是自己所需要的，所以，君子之恕，自己所不要的东西也不推施与他人，而不推其所需要的东西以必施，因为所需要的不是从心而不逾矩，这是不可推与的。然而不需要者也是很难说的。夺去自己的声色美味，而使之不集于安乐，本来就是人所不愿的；由此而不想夺人之声色美味，那么委屈自己的方法，委屈天下的情感，以求免去人们的不快，都可以称做是恕，而把放纵对女子小人亲信谗佞的约束也称做是恕，那就太过分了。所谓忠，就是说把自己的全部能力都发挥出来。尽自己的能力干所能干的事，尽自己的能力干自己应该干的事，尽自己的能力不干自己不应该干的事，而后才能把自己不想要的推于物而不施与人。否则，人们将呼叫着以请愿，哭涕着以干扰，陈述其轻慢狎玩之私，以匍伏而等待命令，女子小人亲信谗佞之人在没有能得志的时候，正是采取的这种办法来吓唬我们，而我们自己的义利理欲之情还没有确定，那么见到他们这样做又不能拂去，只能顺从他们，从而纵容他们的奸邪行为，所有这些都是说，这是不能需要的东西，不要施与他人，这就是恕。

故仁恕者，君子之大德，非中人以下所能居之不疑者也。高宗竟以此而不庇其妻子，不保其世臣，殃及子孙，祸延宗社。长孙无忌恶足以知仁恕哉？挟仁恕之名以欺太宗，而太宗受其罔，故曰佞者之辩也。太宗明有所困，忠有所诎，遂无以折佞人之口而使仇其邪，此三代以下，学不明，德不修，所以县绝于圣王之理也。

22.负慝而畏人知，掩之使不著，以疑天下，小人之伪也。其犹畏人知也，有不敢著、不忍著之心，则犹天良之未尽亡也。抑不著而使天下疑，则使天下犹疑于大恶之不可决为，而名教抑以未熸。无所畏，无所掩，而后恶流于天下，延及后世，而心丧以无馀。太宗亲执弓以射杀其兄，疾呼以加刃其弟，斯时也，穷凶极惨，而人之心无毫发之存者也。史臣修高祖实录，语多微隐，若有怵惕不宁之情焉。夫人皆有之心也，且以示后世，与宋太宗烛下斧影之事同其传疑，则人固谓天伦之不可戕也。而太宗命直书其事，无畏于天无惮于人而不掩，乃以自信其大恶之可以昭示万世而无惭，顾且曰“周公诛管、蔡以安周，季友鸩叔牙以存鲁”，谁欺乎？周公之诛管、蔡，周公不夺管、蔡之封也；季友鸩叔牙，季友不攘叔牙之位也。建成、元吉与己争立，而未尝有刘劭之逆，贻唐室以危亡，而杀之以图存，安忍无亲，古人岂其口实哉？

所以，仁恕是君子的崇高品德，并不是中等才能以下的人所能担当其名而不受怀疑的。唐高宗竟然以他的所谓“仁恕”，不能管好自己的妻子儿女，不能保护元勋老臣，殃及子孙，祸及国家。长孙无忌怎么能知道仁恕的含义呢？他挟高宗有仁恕之名欺骗唐太宗，而唐太宗也受了他的蒙蔽，所以说，这是能说会道的人的巧辩而已。唐太宗处在几个儿子的包围之中，聪明被杂事所困，忠臣被冤枉，于是唐太宗找不到合适的理由驳斥佞人的言论，使其邪说得到纠正，这也是三代以下，学不明，德不修，与圣王提倡的道理相去甚远的原因。

身负邪恶而害怕人知道，千方百计地掩饰使其邪恶不致于显露出来，以惑乱天下，这是小人的诡诈。这些做了坏事还害怕别人知道，有不敢显露或不忍显露之心，那么这些人的天良还算是没有丧尽。但不显露而使天下疑惑，那么还使天下人怀疑决不可做坏事，而名教还是没有被毁灭。做了坏事，无所畏惧，无所掩饰，而后罪恶流传于天下，传及后世，使人的良心丧尽无余，唐太宗亲手用弓箭射死他的哥哥李建成，大声喊叫让别人杀他的弟弟李元吉，正当这时，穷凶极惨，作为人的良心已是丝毫不存在了。史官在修撰唐高祖实录的时候，对此事用语非常隐讳，就如同有怵惕不宁之情一样，这是常有的想法，况且将此事传示后世，与宋太宗烛光斧影（传说是宋太宗杀掉了宋太祖）之事都作为一个谜，让后人随意揣测，这样做，那么人们就会以为天伦是不能毁灭的。而唐太宗看到此后，命令史官秉笔直书这件事情，既不怕天，也不怕人而且毫不掩饰，他自信他犯下的大罪可以昭示万世而自己并不感到惭愧，他还说：“周公杀他的弟弟管叔、蔡叔以安定周朝，季友鸩杀叔牙以保存鲁国”，他这样说是欺骗谁呢？周公诛杀管叔、蔡叔，但周公并没夺回管叔、蔡叔的封地；季友鸩杀叔牙，但季友并不夺叔牙的地位。李建成、李元吉与唐太宗且周公之不得已而致天讨也,《鸱鸮》之怨,《东山》之悲,有微辞,有隐痛,祸归于商、奄,而不著二叔诛窜之迹;东人之颂公者,亦曰四国是皇,不曰二叔是诛也。过成于不忍疑,事迫于不获已,志窘于不能遂,言诎于不忍明,天下后世勿得援以自文其恶,观过而知仁,公之所以无惭于夙夜也。若夫过之不可掩,而君子谓其如日月之食者,则惟以听天下后世之公论,而固非己自快言之以奖天下于戕恩。况太宗之以夺大位为心,有不可示人之巨慝乎?至于自敕直书,而太宗不可复列于人类矣。

既大书特书以昭示而无忌矣,天子之不仁者,曰吾以天下故杀兄弟也;卿大夫之不仁者,亦曰吾以家故杀兄弟也;士庶人亦曰吾以身故杀兄弟也。身与家之视天下也孰亲?则兄弟援戈矛以起,争田庐丝粟之计,而强有力者得志焉,亦将张胆瞋目以正告人曰:吾亦行周公季友之道也。蛇相吞,蛙相啖,皆圣贤之徒,何惮而弗为哉?史者,垂于来今以作则者也,导天下以不仁,而太宗之不仁,蔑以加矣。万世之下,岂无君子哉?无厌然之心,恻隐羞恶,两俱灰烬,功利杀夺横行于人类,乃至求一掩恶饰伪之小人而不易得也,悲夫!

争夺太子地位，但不曾有刘劭那样的叛逆行为，也不曾给唐王室带来危亡，而唐太宗却要杀掉他们以图自存，他的残忍无情，难道把古人搬出来作为杀死兄弟的口实吗？

况且，周公杀管叔、蔡叔也是不得已而为之。《诗·鸱鸮》的哀怨，《诗·东山》的悲痛，其中有微辞，也有隐痛，把制造祸乱的责任归咎于商、奄之地商朝遗民，却不说明诛杀管叔、蔡叔的任何蛛丝蚂迹，东方人称赞周公，说他是四国是皇，而不说他诛杀管蔡二叔的事。周公之过形成于不忍怀疑二叔而致封，事情紧迫到万不得已。其愿望窘迫到不能实现，其言辞诎于不忍心明说，天下后世是不能把它作为掩饰自己罪恶的事例。通过观察过错就可以知这个人仁与不仁，这也正是周公白天晚上都不会感到惭愧的原因。至于自己的过错已不能掩饰，君子把这种情况称谓就像日食月食一样，那么也只对听任天下后世的公证评论了。固然不是自己先给自己做个评价，以鼓励天下毁灭恩情。更何况唐太宗当时诛杀兄弟是为了夺取皇帝的宝座，其内心有不可告人的巨大的邪恶之心呢？到了他使史官直书这件事，唐太宗已不能再与人类同列了，已与禽兽无异。

既然把天子的邪恶大书特书以昭示天下无所顾忌，那么天子中的不仁者就会说，我是为了天下才杀掉我兄弟呀；卿大夫中的不仁者也会说，我是为了保护采邑才杀掉我的兄弟的；士人庶人也会说，我是为了保护自己才杀掉我兄弟的。自身和采邑与天下相比哪个更亲呢？照他们的说法，那么兄弟之间为了争夺田宅丝粟，拿起戈矛自相残杀，兄弟强有力者就会得胜，然而他也可以张胆嗔目正告他人说：我也按照了周公、季友的办法行事。这样做就像是毒蛇相互吞食、青蛙食其同类一样，他们都是圣贤的门徒，不这样做又有什么可怕的呢？历史，是垂于后世，让后人当行事的原则，而唐太宗让史官这样编撰历史，把天下人引导到不仁的歧途上，唐太宗的不仁可以说是变本

23.隋之攻高丽而不克也，君非其君，将非其将，士卒怨于下，盗贼乱于内，固其宜矣。唐太宗百战以荡群雄，李世勣、程名振、张亮，皆战将也，天下抑非杨广狼戾以疲敝之天下，太宗自信其必克，人且属目以待成功，乃其难也，无异于隋，于是而知王者行师之大略矣。

太宗自克白岩，将舍安市不攻，径取建安，策之善者也，而世勣不从。高延寿、高惠真请拔乌骨城，收其资粮，鼓行以攻平壤，而长孙无忌不可。乃以困于安市城下，而狼狈班师。夫世勣、无忌岂不知困守坚城之无益，而阻挠奇计，太宗自策既审，且喜闻二高之言，而终听二将以迂延，何也？唯天子亲将，胜败所系者重，世勣、无忌不敢以万乘尝试，太宗亦自顾而不能忘豫且之戒也。向令命将以行，则韩信之度井陉、刘裕之入河、渭，出险而收功；即令功堕师挠，固无系于安危之大数，世勣、无忌亦何惮而次且哉？

加厉。万世之后，难道就没有君子了吗？如果人们对唐太宗的这些行为没有厌恶之心，那么人们的恻隐之心，羞恶之心，就会双双俱亡，功利杀夺会在人类中横行，到那时，想找一个掩恶饰伪的小人都很难找到，那才实在是令人痛心啊！

隋朝攻打高丽（古国名，在今朝鲜境内）而没有取得成功，这主要是因为君非其君，将非其将，士卒怨恨隋王朝，国内盗贼的叛乱不止，所以隋朝的失败也是很自然的事。唐太宗在隋末唐初百战百胜，荡平群雄，李世勣、程名振、张亮，都是有名的战将，天下也不像隋炀帝杨广时期那样疲敝不堪，唐太宗自信他一定能够取胜，国人也都拭目以待成功，但唐太宗遭受的挫折，与隋炀帝无异，以这两次教训中，我们可以知道作为君主行军作战的大要。

唐太宗自从攻克白岩（在今辽宁抚顺市境内），将舍去安市（今辽宁省辽阳市）直接攻取建安（今辽宁省营口市），这是比较好的作战计划，而李世勣却不听从命令。高延寿、高惠真请求先拔掉乌骨城（在今辽宁省丹东市境内），收取其粮食物资，然后一鼓作气攻下平壤（今朝鲜平壤市），而长孙无忌认为这样不行。就这样军队被困于安市城下，最后狼狈班师，无功而还。李世勣、长孙无忌难道真的不知道困守坚城没有什么好处吗？而阻挠奇计的实施，唐太宗自己确定的策略已经很清楚，而又喜欢听高延寿、高惠真的话，最后终于听任二将迁延时日，这是为什么呢？这是因为他们是天子的亲信将领，这一仗的胜败关系重大，李世勣、长孙无忌不敢让皇帝去作无谓的冒险，唐太宗也以自顾而不能忘掉豫且捕鱼的教训。因为君主信任，直接命令战将去作战，那么韩信就顺利通过井陉关（在今河北井陉北井陉山上），刘裕也顺利进入黄河、渭水流域，去险要之地而建奇功；即使不幸军队受到阻挠无功而返，本来也对国家安危没有大的影响，李世勣、长孙无忌又怕什么而想进又不能进呢？

苻坚不自将以犯晋，则不大溃以启鲜卑之速叛；窦建德不自将以救雒，则不被禽而两败以俱亡；完颜亮不自将以窥江，则不挫于采石，而国内立君以行弑；佛狸之威，折于盱眙；石重贵之身，禽于契丹；区区（远方）盗贼［夷狄］之主，且轻动而召危亡，况六宇维系于一人而轻试于小夷乎？怯而无功，世勣、无忌尚老成持重之谋也。不然，土木之祸，天维倾折，悔将奚及邪？王钦若诋寇准以孤注，钦若诚奸，准亦幸矣；鼓一往之气，以天子渡河为准之壮猷，几何而不误来世哉？《春秋》书从王伐郑，讳其败以讥之，射肩而后，王室不可复兴，桓王自贻之也。故曰天子讨而不伐。

24.刘洎之杀，谓褚公谮之者，其为许敬宗之污诬，固已。乃使褚公果以洎之言白于太宗，亦讵不可哉？太宗征高丽，留守西京者，房玄龄也；受命辅太子于定州者，高士廉、张行成、高季辅、马周，而洎以新进与焉，非固为宗臣，负伊、周之独任也。兵凶战危，太宗春秋已高，安危未决也，太子柔弱，固有威福下移之防。洎于受命之日，遽亢爽无忌而大言曰：

假如苻坚不亲自率军侵犯东晋，则军队也不会大败而导致鲜卑人的速起反叛；窦建德若不亲率军救援洛阳，那么就不会为唐军所擒而导致洛阳城内外的军队全军覆没；完颜亮若不亲自率军到长江边准备进攻南宋，就不会在采石（在今安徽省马鞍山市长江东岸）遭到失败，在金国内部也不敢有立新君行弑完颜亮；佛狸那么威风，还在盱眙（今江苏省盱眙县）受到挫折；而石重贵在战争中被契丹人所擒获。像这些区区盗贼夷狄的君主，由于轻举妄动而招致危险或灭亡，更何况唐王朝这样的泱泱大国的君主，怎能轻易地亲自率军与小小的高丽作战呢？由于害怕唐太宗出危险，因此不敢进攻，最后无功而返，这是李世勣、长孙无忌的老成持重之谋。否则，一旦发生像明朝的"土木之变"（指明英宗被瓦剌军所俘的事件），君主被敌方俘获或战死，那时后悔还来得及吗？宋代王钦若诋毁寇准孤注一掷，王钦若确实奸诈，但他这话还是正确的；皇帝没有出什么事，也算是寇准的幸运；鼓一往无前之气，让天子率军渡过黄河与敌军作战，这是寇准的雄壮计划，但这个计划难道多少对来世没有造成坏的影响吗？《春秋》中记载，周桓王率联军讨伐郑国，没有记载其失败而讥讽他。周桓王在伐郑的战斗中，被郑国将领一箭射中肩膀，其后周王室一蹶不振，再也没有复兴的希望，这是周桓王自找的结果。所以说，天子只能声讨敌方而不能亲自率军征伐。

刘洎被杀，有人认为是褚遂良在太宗面前说他坏话诬陷他的结果，本来是许敬宗在太宗面前告了他的状。假如褚遂良公正的把刘洎所说的过头的一些话告诉唐太宗，又有什么不可以的呢？唐太宗远征高丽（古国名，在今朝鲜境内），留守西京长安（今陕西西安市）的是房玄龄；受太宗之命在定州（今河北定县）辅佐太子的，是高士廉、张行成、高季辅、马周等人，而刘洎也以新提拔上来的官参与辅佐，他本就不是宗臣，太宗也没有让他担当起像伊尹、周公那样独自

“大臣有罪，臣谨即行诛。”然则不幸而太宗不返，嗣君在疚，玄龄之项领，且县于洎之锋刃，而况士廉以下乎？又况其馀之未尝受命者乎？

人臣而欲擅权以移国者，必立威以胁众，子罕夺宋公之柄，用是术也。而曹操之杀孔融，司马懿之杀曹爽，王敦之杀周顗、戴渊，无所禀承，犹无择噬；矧洎已先言于当宁，挟既请之旨，复何所忌以戢其专杀乎？魏王泰未死，吴王恪物望所归，洎执生杀之权以诛异己，欺太子之柔，唯其志以逞，何求而不得？然则伊、霍之事，洎即不言，抑必有其情焉；且又恶知洎之狂悖，不果有是言哉？

或曰：洎谨即行诛之对，刚而戆耳，非能有不轨之情也。曰：所恶于强臣者，唯其很耳。戆者，很之徒也。无所忌而函之心，乃可无所忌而矢诸口，遂以无所忌而见之事。司马师、高澄、朱温、李茂贞唯其言之无忌者，有以震慑乎人心，而天下且诧之曰：此英雄之无隐也。当其曰“谨即行诛”，目无天子，心无大臣，百世而下，犹不测其威之所底止，而可留之以贻巽懦之冲人乎？使褚公果劝太宗以杀洎，亦忠臣之效也。

辅佐幼君的重任。当时正是兵凶战危之机，唐太宗年事已高，安危不定，加上太子懦弱，本来就有心防止大权旁落。刘洎在接受任命的那一天，就慷慨激昂无所顾忌地大言说：“大臣有罪，臣谨即行诛。”这样说来，那么如果不幸唐太宗死于战争途中，继位的君主沉浸于悲痛之中，就连房玄龄的脖子都在刘洎高悬的利刃之下，何况高士廉以下的大臣呢？更何况其余在唐太宗出征前没有委以重任的大臣呢？

作为人臣想专权擅政进而想夺君主之国的，一定要树立自己的权威以协迫众人，子罕夺取宋公的权力，就是用的这种办法。而曹操杀孔融，司马懿杀曹爽，王敦杀周顗、戴渊，根本不禀报君主，还无区别地滥杀；况且刘洎已事先向皇帝说过，他既得到了皇帝的批准，还有什么可忌讳而收敛其专杀的大权呢？魏王李泰还没有死，吴王李恪也以其贤德为众望所归，刘洎执生杀大权诛除异己，欺太子懦弱无能，肆逞其野心，要什么他得不到呢？这么说来，那么伊尹、霍光控制君主于自己手掌之中这样的事，刘洎即使不说，但一定有这种愿望；况且又怎么知道以刘洎的狂悖，难道不真的会说出这种话吗？

有人说：刘洎“谨即行诛”的对答，只能表明他太刚直罢了，不能因此就说他有不轨之心。人们所讨厌强臣的，就是因为他们太凶暴罢了。愚直的人，就是凶暴之徒。他们表面上无所顾忌却把野心深藏起来，进而就可以无所顾忌地从其嘴中说出，更一步就会无所顾忌地把其野心付诸实施。司马师、高澄、朱温、李茂贞就是因为他们说话时无所顾忌，从而震慑人心，而天下对他都惊讶地说道：这是英雄无疑了。当刘洎说“谨即行诛”这句话的时候，目无天子，心无大臣，假若任其发展下去，还难以预测其威风会耍到什么地步为止，像这样的人怎么能够把他留给懦弱无能的太子李治呢？即使褚遂良果真劝唐太宗杀掉刘洎，也是忠臣应有的举动。

或曰：唐处方兴之势，而长孙无忌、房玄龄、李世勣以开国元臣匡扶王室，洎虽狂，无能为也。曰：人之可信以无妄动者，唯其慎以言、虑以动而已。不可言而言之，则亦不可为而为之。朱泚孤军无助而走德宗，苗傅、刘正彦处张浚、韩世忠之闲而废宋高，皆愚戆而不恤祸福者也。藉曰洎为文吏，兵柄不属焉，范晔、王融亦非有兵之可恃，又孰能保洎之无他乎？使伏其辜，非过计而淫刑，审矣。

25.星占术测，乱之所自生也。史言秘记云："唐三世之后，女主武王，代有天下。"谁为此秘记者，其繇来不可考也。太白之光，群星莫及，南北之道，去日近而日夺其光，去日远则日不能夺，而书见五纬之出入，历家所能算测，而南北发敛，历法略而古今无考，使有精于步测者，亦常耳。而太史守其曲说，曰"女主昌"，与所谓秘记者相合，太宗不能以理折之，而横杀李君羡以应之；李淳风又曰"天之所命，人不能违"，以决其必然，武氏之篡夺，实斯言教之也。

凡篡夺之祸，类乘乎国之将危，而先得其兵柄，起而立功以拯乱，然且迟回疑畏而不敢骤；抑有强干机智之士，若荀攸、郗虑、刘穆之、傅亮、李振、敬翔之流，赞其逆谋，而多畜虎狼之将佐，为之爪牙，然后动于恶而人莫能御。今武氏以一淫妪处于深宫，左右皆傅粉涂朱猥媟之贱士，三思、懿宗、有人说：唐王朝正处在兴盛的势头上，而长孙无忌、房玄龄、李世勣都以开国元老匡扶王室，刘洎虽然狂妄，也不会有什么作为。可以信任其人为不轻举妄动的人，只能表现在他说话谨慎，行动深思熟虑而已。不能说的话说出来了，那么不能做的事情也就会做得出来。像朱泚孤军无援却要赶走唐德宗，苗傅、刘正彦身处张浚、韩世忠之间，却想废掉宋高宗，他们都是以其愚直而不考虑后果。借口说刘洎身为文吏，没有掌握兵权，不会像朱泚等人轻举妄动，而范晔、王融也没有兵权可依靠，仍然轻举妄动，又有谁能保证刘洎没有其他想法呢？杀掉刘洎，使其伏其罪，很显然，并非过多地考虑而滥施刑罚。

星相占卜之术，是祸乱的根源。史书记载，《秘记》一书中说："唐朝三世之后，女主武王，将取代李氏而拥有天下。"《秘记》一书的作者是谁，其由来已不可考证。太白星的光亮，是群星莫及的，南北之道，离太阳近，太阳光就遮住太白星的光，离太阳远，太阳光就遮不住其光亮，白天见到金、木、水、火、土五大行星的出入，历法家是可以推算预测到的。而南北的放开收聚，历法中略去了，自古至今也没有人考证，假若有精于步测的人，这事也是很平常的。而太史却坚守其错误的主张，声称"女主昌"，与所谓《秘记》中的说法相吻合，唐太宗不能以理驳斥这种谬论，却杀掉李君羡以印证这种说法。李淳风又说："天之所命，人不能违。"表示这样的事情一定会发生。武则天篡权夺位，实在是这些言论教她这样做的。

凡是篡权夺位的祸乱，一般都在国家将要发生大的危机的时候出现，权臣们总是先夺取兵权，平定祸乱，建功立业，即使这样权臣们要篡权夺位也总是犹豫迟疑而不敢马上付诸实施；但也有一些强干机智的士大夫，像荀攸、郗虑、刘穆之、傅亮、李振、敬翔这类人，助纣为虐，帮助权臣谋逆，他们豢养一些如虎狼的将士，作为其承嗣辈，固耽酒嗜色之纨袴，一强项之邑令可鞭笞而杀之庸竖也。乃以炎炎方兴之社稷，淫风一拂，天下归心，藏头咋舌于枷梏薰灼之下，莫之敢抗。武氏何以得此于臣民哉？天下固曰：前圣之秘记然也，上天之垂象然也；先知如淳风者，已曰天之所命，人不能违也。淳风曰：当王天下。武氏曰：吾当王也。淳风曰：杀唐子孙殆尽。武氏曰：吾当杀也。呜呼！摇四海之人心，倾方兴之宗社，使李氏宗支骈首以受刃，淳风一言之毒，滔天罔极矣。

甚哉！太宗之不明也，正妖言之辟，执淳风而诛之，焚秘记、斥太史之妄，武氏恶足以惑天下而成乎篡哉？有天下而不诛逐术士、敬授民时、以定民志，则必召祸乱于无穷。人有生则必有死，国有兴则必有亡，虽百世可知也，恶用此哓哓者为？

26.以利为恩者，见利而无不可为。故子之能孝者，必其不以亲之田庐为恩者也；臣之能忠者，必其不以君之爵禄为恩者也；友之能信者，必其不以友之车裘为恩者也。怀利以孝于亲、忠于君、信于友，利尽而去之若驰，利在他人，则弃君亲、背然诺，不旋踵矣，此必然之券也。故慈父不以利畜其爪牙，然后才开始谋权篡位，这时也没有人能制止他们。武则天不过是处于深宫之中深居简出的一位淫妇，她的身边都是些傅粉涂脂的猥琐轻浮的贱士，其宗人武三思、武懿宗、武承嗣等人，本来就是些嗜酒好色的纨绔子弟，一个性格刚直不肯低首的小官就可以鞭笞或杀掉这些无用的人。然而，正在蒸蒸日上的唐王朝，武则天一施淫威，天下都纷纷归顺，即使藏头咋舌于枷梏薰灼之下，也没有人敢起来反抗，武则天为什么能从臣民那里得到顺从呢？天下人固执地说：前人圣贤所作的《秘记》中说唐三世后有女主临朝，上天的垂象也表明是这样；像李淳风这样的先知者，也说：这是上天所命，人们是不可违抗的。李淳风说：女主当称王天下，武则天就说：我当称王天下；李淳风说：把唐王朝的建立者李氏之子孙几乎杀光，武则天说：我应当杀掉他们。唉！动摇全国的人心，使蒸蒸日上的李唐王朝倾覆，让李氏宗室子孙束手就擒，坐以待毙，李淳风这一句话的危害，可以说是罪恶滔天。

唐太宗也太不明察了。假如他能驳斥那些妖言，抓住李淳风，把他杀掉，烧掉《秘记》一书，驳斥太史的妄言，武则天怎么能够蛊惑天下，而篡权夺位呢？拥有天下却不诛杀驱逐那些妖言惑众的术士，又不敬授民时以安定百姓的思想，这样就会召来无穷的祸乱，人有生就一定有死。国家有兴就一定有亡，虽然百世之后这是可以知道的。但在唐王朝正兴盛的时候怎么用得着这种妖言妄语呢？

以利为恩的人，为了利就没有不可做的事情。所以作为孝子，一定不会把得到父母的田宅当作恩惠；作为忠臣，一定不会把君主赐与的爵禄当作恩惠；作为忠实的朋友，也一定不会把得到朋友的车马衣裘当作恩惠。如果是为了私利而孝顺父母、忠于君主、对朋友讲信用，那么当无利可图时就会很快地远离父母、君主和朋友；如果别的人对他有利，那么他就会很快地抛弃君主父母、违背朋友之间的诺子，明君不以利饵其臣，贞士不以利结其友。

太宗迁李世勣为叠州都督，而敕高宗曰："汝与之无恩，我死，汝用为仆射，以亲任之。"是已明知世勣之唯利是怀，一夺予之间而相形以成恩怨，其为无赖之小人，灼然见矣；而委之以相柔弱之嗣君，不亦愚乎！长孙无忌之勋戚可依也，褚遂良之忠贞可托也，世勣何能为者？高祖不察而许为纯臣，太宗不决而托以国政，利在高宗，则为高宗用，利在武氏，则为武氏用，唯世勣之视利以为归，而操利以笼之，早已为世勣所窥见，以益歆于利，"家事"一言，而社稷倾于武氏，所必然矣。若谓其才智有馀，任之以边陲可矣，锢之于叠州，唐恶从而乱哉！

言，这是必然的；所以，作为慈父不用利来养其子；作为明君，不用利引诱其大臣，正直之士不用利交结朋友。

唐太宗把李世勣调动到叠州（今甘肃省叠部县）任都督，而又对其子高宗李治说：“你对李世勣没有什么恩惠，我死以后，你把他调入京城，用为尚书仆射，这样你就对他有恩惠了，就可以信任他重用他了。”这时唐太宗已经非常清楚地知道李世勣是唯利是图的人，一贬官一升官，李世勣就会对君主产生怨恨或感激之情，很显然，李世勣是一个无赖小人。唐太宗把辅佐柔弱的继承者李治这样的重任委托给他，不也太愚蠢了吗？长孙无忌作为元勋、外戚是可以依靠的，褚遂良忠诚正直也是可以委托重任的，而李世勣能做些什么呢？唐高祖不明察把李世勣当作忠臣，唐太宗不排除掉他却又把国政委托给他，当唐高宗对他有利时，他就为唐高宗所用，当武则天对他有利时，他就为武则天所用，他只把有无利和利之大小作为去就的标准。唐太宗父子用利来笼络李世勣，早已被李世勣暗中知道，使他更加对利感兴趣。在高宗欲立武则天为皇后问题上，元老重臣极力反对，而李世勣却以这是皇帝“家事”这一句话，确立了武则天的皇后地位，后来国家倾覆于武则天之手，也是必然的。若认为李世勣才智有余，委托以守边疆的重任还是可以的。把李世勣禁锢在叠州，唐王朝还怎么会发生内乱呢？

卷二十一

高宗

1.房遗爱狂騃，与妇人谋逆以自毙，而荆王元景、吴王恪骈首就戮，李道宗亦坐流以死。呜呼！元景之长而有功，恪之至亲而贤，道宗之同姓而为元勋，使其存也，武氏尚未能以一妇人而制唐之命也。夫长孙无忌之决于诛杀，固非挟私以争权，盖亦卫高宗而使安其位尔。乃卫高宗而不恤唐之宗社，则私于其出，无忌之恶也。原其所自失，其太宗之自贻乎！

承乾废，魏王绌，太宗既知恪之可以守国也，则如光武之立明帝，自决于衷，而不当与无忌谋。如以高宗为嫡子而分不可紊，则抑自决于衷，而尤不当与无忌谋。疑而未决，则在廷自有可参大议之臣，如德宗之于李泌，宋仁宗之于韩琦，资其识以成其断。唯无忌者，高宗之元舅也，而可与辨高宗与恪之废立乎？乃告无忌曰："雉奴弱，恪英果类我，我欲立之。"事既不果，无忌所早作夜思以疑恪、忌恪、畏恪之怨已而欲剿绝其命者，终不忘矣。唐无夹辅之亲贤，而己以先后已谢之威灵，不能敌房帷之亲宠，终亦必亡者，皆其所懵焉不顾者矣。太宗一言之失，问非其人，而不保其爱子，不永其宗祧。《易》曰："君不密，则失臣。"岂徒君臣？父不密，且失其子矣。无忌怙外戚以为揽固之图，太宗不察焉，顾谓无忌曰："公以恪非己之甥邪？"愈发其隐，而无忌之志愈憯矣。房玄龄、褚遂房遗爱狂妄愚钝，参与女人谋夺权位结果自投罗网，而荆王李元景、吴王李恪一起被杀，李道宗也因此而被流放死于边陲。哎呀！李元景作为长子又有功绩，李恪性情亲善而又贤明，李道宗既为同姓又是元勋功臣，假使他们能够活下来，武则天也不可能以一个女人的力量而废唐立周。当然长孙无忌参预处死这些人，当然不是以私人恩怨来争夺权力，大概也是为了捍卫高宗的地位来巩固自己的地位。为了捍卫高宗的地位而不惜屠杀李氏王朝后代，这就是他泄私恨的表现，这也是长孙无忌最大的罪恶。追究他的罪恶所在，根在唐太宗自遗祸根。

承乾太子被废，魏王被削为平民，唐太宗明知李恪有守国之材，犹如东汉光武帝立汉明帝，应自己裁决，不应当与长孙无忌商量。如果以高宗为继承人，名分还不乱，应该自己裁定，不应该与长孙无忌商议。犹豫不决，朝中又有参议大臣，就如同唐德宗时的李泌，宋仁宗时的韩琦，依靠这些人的才识照样可以下定决心。只有长孙无忌，是高宗的亲舅舅，可偏偏和长孙无忌来商议高宗和李恪该立谁废谁，这样合适吗？太宗又对无忌说："雉奴（高宗小名）性情懦弱，恪英明果断类似于我，我想立他为太子"。事情的结果并非如此，长孙无忌惧怕李恪怨恨自己而想断绝其命的事，念念不忘。自己在唐并不是因为是辅佐大臣而被亲宠，只不过自己凭借着长孙皇后的威灵，自知敌不过李氏父子的骨肉之情，最后也一定会失去恩宠的，这就是他恐慌不安而不惜一切的原因。唐太宗说错了一句话，又问错了人，结果断送了爱子的性命，也就断绝了李氏王朝的垂绪。《易经》上说："国君不正，必失去大臣"，难道仅仅是君臣？为父不严密，照样会失去良之赞立高宗，义之正也；太宗之疑于立恪，道之权也；无忌之固请立高宗，情之私也。挟私而终之以戕杀，无忌之恶稔，而太宗不灼见而早防之，不保其子，不亦宜乎！

或曰：褚公受顾命辅国政，不能止无忌之奸，且道宗之窜，公实与谋，岂亦挟私以翦宗子乎？夫房遗爱已探无忌之意旨，诬恪以求自免，言已出而若有征，褚公未易任其无患，恪且死，骂无忌而不及公，则谓公之陷道宗者，亦许敬宗之诬，史无与正之与？

2.刘文成公自言“疾恶太甚，不可为相”。相者，贤不肖之所取裁，以操治乱之枢机者也，好善不笃，恶恶不严，奚可哉？刘公之言何以云邪？今绎其语而思之，太甚云者，非不能姑纵之谓也，谓夫恶之而不如其罪之应得，不待其恶之已著，而擿发之已亟也。形于色，发于言，无所函藏，而早自知其不容，一斥为快，而不虑其偾兴以旁出也；如是以赞人主赏罚之权，而君志未定，必致反激以生大乱。赵高邑为总宪，欲按崔呈秀之贪，而考核未速，嗔恨先形，乃使投权奄以杀善类，古今之如此者多矣，然后知刘公之自知明而审几定也。

长孙无忌之恶李义府，正矣；既熟察其凶险之情，则不儿子。长孙无忌凭借着是外戚以揽权巩固自己的地位，唐太宗没有觉察出来，还对无忌说：“你以为李恪不是你的外甥吗？”一言道破长孙无忌的隐私，而长孙无忌更加恼恨李恪。房玄龄、褚遂良之所以赞成拥立高宗，出自正义和对李唐王朝的忠心；唐太宗对立李恪有疑虑，这是出于政治的权衡；长孙无忌坚持立高宗，这就完全出于私情。挟私情而最终被杀头，这是无忌应有的下场，而唐太宗没有察觉出来早加防范，断送爱子性命，不也是这样！

有人说：褚公受太宗遗命辅佐国政，不能阻止长孙无忌的阴谋，况且李道宗被流放，他事实上参与了密谋，难道这也是挟私怨消灭太宗诸子吗？房遗爱已探知长孙无忌的意图，诬陷李恪以求自保，话已说出又有些不安，褚公没有撤换他的官职，他也没有什么后患，李恪已死，大骂长孙无忌而不提褚公，那么说褚公陷害李道宗之说，事实上是许敬宗所为，可历史上怎么没有这样记载？

刘基说过这样一句话：“嫉恶如仇的人是不能当宰相的”。宰相是裁定百官贤明不贤明的，是掌握着国家治乱的关键大权，喜欢好的不明显，讨厌丑恶的也不严格，这可以吗？刘公的话怎么能这样说呢？现在揣磨他的话仔细思量，说太过份的话，并不是不能姑且纵容的说法，说厌恶它不能象它罪有应得那样，不等到他的罪行已经暴露，很快地就揭发他的罪行。人的表情在于脸色，出于语言，没有什么可以掩盖，而早自知不能容于他，痛斥一顿为快，而不考虑他的阴谋从别处显露，如果是这样盛赞皇帝赏罚分明，而帝王志向还没有确定下来，必定会激起大乱。赵高邑担任刑狱总管，欲追究崔呈秀贪污之罪，然而案情尚未审清，愤恨的表情已表现出来，结果不问清红皂白杀了崔呈秀，自己也遭到不测。象这样的事情，古往今来太多了，数不胜数。事后再回想一下刘基所说的话就不是没有道理啦。

长孙无忌厌恶李义府，是正确的；既然他已完全察觉了李义府宜轻示以机而使之自危。乃不待其罪之著见而无可逃，而遽欲谪之于蜀徼；抑不能迅发以决行，而使得展转以图徼幸。于是义府之奸，迫以求伸，用王德俭之谋，请立武氏，一旦超擢相位，而无忌不能不坐受其穷。然则为相臣者，不能平情以审法，持法以立断，徒挟恶恶之心，大声疾呼，赪颜奋袂，与小人争邪正，以自祸而祸国也有馀。好恶赏罚，治乱之枢机，持之一念，岂易易哉！

韩魏公之处任守忠也，其气不迫，而后其断不疑，函之从容，而决之俄顷，故守忠弗能激出以反噬。申屠嘉一失之邓通，再失之晁错，皆疾恶甚而无持重之断，以一泄而易穷也。刘公之言，为万世大臣之心法，允矣。

3.至弱之主，必有暴怒；至暗之主，必有微明。使弱以暗者，必无偶见之明、无恒之怒，则巨奸犹不测其所终，而未敢凌乘以逞；明乍启而可蔽，怒忽动而旋移，然后伎俩毕见，可迫驾其上而无所复忌，君子之欲辅之以有为也，难矣。而抑有道焉：苟知其明之不审而怒之易移，则豫防其明与威之不可继，而因间抵隙，徐以养之，使积之厚而发之以舒，庶乎其有济矣。即其不济，而在我有馀地，以待他日之改图；在彼无增长之威，以成不可拔之势。故惟慎重以持权者，能事昏主、宰乱朝，而消其险阻，斯大臣之所以不易得也。

的险恶用心，那么就不应该从轻易表露使其他感到危险。不等到他罪恶昭著而无可逃之地，而急忙下书把他流放到四川。如果不能迅速把他赶出京师，而使其有机会周旋图得侥幸。于是李义府之奸，急迫寻求靠山，他用王德俭的阴谋，上书要求立武则天为皇后，一旦高宗提拔他为宰相，那么长孙无忌就不能不受到迫害。然而作为宰相，不能心平气和来以法行事，办事又不果断，仅怀讨厌丑恶之心，大声疾呼，赤颜振臂与小人争论谁是谁非，不但自己遭祸也祸及国家。好恶赏罚，是国家治乱的关键，操持在于一念，难道非常容易吗？

韩魏公处罚任守忠，他不急不躁，而后果断不疑，对他从容宽厚，判决却在一瞬间，所以任守忠根本没有理由反叛，申屠嘉失去了邓通，又失去了晁错，都是因为他疾恶太过又没有稳重果断的决心，结果一事无成，处处受难，刘公的话，可以说是历朝历代百官大臣的心法啊。

软弱无能的皇帝，必定会有大发雷霆的时候；昏庸暴戾的皇帝，有时也一定会有精明的时候。假如皇帝既软弱又昏庸，必定不会有一点点的精明之处，不会常有暴怒，那么再厉害的奸臣也觉察不出他的秉性，不敢一直祸乱朝政，更不敢凌驾在帝王之上逞凶逞能，跋扈朝野；稍有点贤明而又消失，则发点脾气顷刻就被转移到其他事情上，而后其伎俩手段全部暴露出来，这样可以凌驾在大臣之上又无所顾忌，即使有忠心的大臣想辅佐帝王干一番事业，实在是太难了。然而即使有这样的道理，假如了解他的英明又不彻底，发脾气又容易转移，那么预防他的英明和威严就没办法，最好的办法是利用有利时机，慢慢地等待，使积累的多了，了解了一切情况，办事也就容易多了，这样大事几乎可以办成了。即使事情没有办成，对于自己来说还有余地，等待日后再说也不迟；对方威严并无任何增长，自己的地位也就倍加巩固了。所以只有慎重保持自己的权力，能奉昏君、治理高宗以厌祷故怒武氏而欲废之，使其废也，社稷之福也。虽然，废后大事也，恶有倏然怒之，倏然言之，而即倏然废之者乎？倏然言之，即可倏然废之，则其人虽不废，亦无能害于国凶于家矣。悍狡如武氏，而可以偶然之忿黜之须臾乎？懦夫之懦也，惟其忿怒偶发而悻悻不能俄顷待也。暴雨之盈沟浍，操舟而泛之以指江海。上官仪之不审，愚亦甚矣哉！使于此持重以处而渐导以机，从容谓帝曰：后之不可为天下母，臣等固知之而未敢言也，今幸上知之矣，而固未可轻也，姑宽之以观其骄，渐疏之以观其怨，斟酌于心，而正告群臣，悔前此之过，然后正祖宗之家法，与天下共黜之，臣且达上意于公忠体国之大臣，咸使昌言以昭天下之公论，今未可以一纸诏书快须臾之怒也。如此，则高宗之志可渐以定，武氏之恶可察而著，忠直之言可牖而纳，佞幸之党可次而解，而懦夫易消之怒，以无所发而蕴于中，武氏之涕泣无所施，而危机自阻。其终废也，社稷以宁，即不终废也，亦何至反激其搏噬、劫群臣以使风靡哉？上官仪之不及此也，识不充，守不固，躁率而幸成于一朝，丧身殃国，仪欲辞其咎而不能矣。

虽然，论者曰："彼昏不知，不可与言，仪之不智以亡身，与京房等，则非也。身为大臣有宗社之责焉，缄口求容，鄙夫而已矣，仪忠而愚者也，未可以苛求也。

乱朝，铲除自己政途上的险阻，这是作为大臣所不容易得到的。

高宗因为厌恶祈神所以迁怒武则天想废掉武则天，假如真的废了武则天，真是唐朝的洪福。即使这样，废皇后是国家大事，讨厌她就突然迁怒，突然说出废后之话，难道一瞬间就能废了吗？突然说出这样的话，那么就应当立即下诏废掉，那么别人再说不能废，于国于家都不会构成什么危害。象武则天这样强悍狡猾的女中豪杰，难道能因为一时的愤怒顷刻间就废掉她吗？懦夫之所以懦者，就在于他生气是偶然间，过一会儿就烟消云散，暴雨使沟河暴满，驾船漂泊可以到达大海，上官仪之所以不明智，实在是太愚蠢了！假如他稳重以待慢慢等待时机，然后再对高宗说：皇后不能当天下国母，我们虽然知道但不敢明说，今幸好陛下也知道了，因此不可轻视此事，姑且宽大她看她有多骄横，慢慢疏远她看到能愤恨到何等地步，慢慢仔细思量，然后宣告群臣，对以前的过错追悔莫及，然后行祖宗家法，颁诏天下废黜她，我向那些忠于国家的大臣传达你的意思，均让他们一起上书以宣示天下公论，今切不可以下诏书来宣泄自己一时的怒气。如果是这样，那么高宗的志向慢慢可以稳定下来，武则天的罪恶慢慢就能彻底败露，忠臣进谏可达朝廷，佞幸奸人之辈也可慢慢减少，懦夫容易消除怒气，以没有什么可生气的而藏在心中，即使武则天痛哭流泣也没办法，那么危机自然就断阻了。她最后真的被废，国家也就安宁了，即使没有被废，也不会激起她劫杀大臣百官横扫朝廷。上官仪达不到这样的地步，眼界不宽，根基不牢，想一气之下有利于国家，结果丧身殃国，上官仪想脱逃罪名也不能够了。

尽管这样，评论的人认为：“你不了解对方昏暗到何等地步，千万不能与他谈心，上官仪不明智遭致身亡，与京房等人同被杀头”，并非如此。作为大臣，有捍卫国家兴亡的职责，闭口自保，那是小人的所为，上官仪虽然忠心耿耿却也愚蠢的很，这不能强求于他。

4.张公艺以百忍字献高宗，论者谓其无当于高宗之失，而增其柔懦。亦恶知忍之为道乎！《书》曰：“必有忍，乃克有济。”忍者，至刚之用，以自强而持天下者也。忍可以观物情之变，忍可以挫奸邪之机，忍可以持刑赏之公，忍可以畜德威之固。夫高宗乍然一怒，听宦者之辞，而立命上官仪草诏以废武氏，是惟无激，激之而不揣以愤兴，不忍于先，则无恒于后，所以终胁于悍妇者正此也。

夫能忍者，岂桎梏其羞恶是非之心以使不行哉？不任耳而以心殉之而已矣。任耳而以心殉之者，如急水之触矶、沸膏之蘸水，谮诉甫及而颜赪耳热，若高天厚地之无以自容，正哲妇奸人所乘之以制其命者也。故王后伉俪之恩，太子贤、太子忠毛里之爱，长孙无忌渭阳之情，闻谮即疑，而死亡旋及，一激即不能容，他日悔之而弗能自艾，不忍于耳，即不忍于心，高宗之绝其天良，恶岂在忍哉？

公艺之忍而保九世之宗，唯闻言不信而制以心也，威行其中矣。不然，子孙仆妾噂沓背憎以激人于不可忍，日盈于耳，尺布斗粟，可操戈戟于天伦，而能饬九世以齐壹乎？

5.居重驭轻，先内后外，三代之法也。诸侯各君其国，势且伉乎天子，故县内之选，优于五服，天子得人以治内，而莫敢不正，端本之道也。郡县之天下，以四海为家，奚有于远近哉？

畿辅之内与腹里尚文之郡邑，去朝廷也近，吏之贤不肖张公艺献给高宗一百个忍字，评论者说这并不能抵挡高宗的过失，而增加了他的柔懦。难道恶人也知道忍的道理吗？《尚书》上说："一定要有忍，才能克服重重险阻，成就大事"。忍者，是刚强之人所用，来增强自身力量统治国家的法宝。忍可以观察万事万物的变化，忍可以挫败奸诈小人的阴谋诡计，忍可以公正地把握刑赏尺度，忍可以增加巩固威德。高宗瞬间暴怒，偏听宦官一面之辞，就立刻命令上官仪草拟诏书废武则天，这是没有激她，激她又不考虑后果，开始不忍，到最后也就不会有恒心，因而他一直被武则天控制在手中。

能忍的人，怎么会束缚羞恶是非之心而不让发生呢？只要不听凭耳朵而听从内心就行了。耳听而内心强忍的人，如同急水碰到了暗礁，沸膏遇到了水，阴谋还未现出就脸红耳热，即便是高天厚地也无以自容，正好被悍妇奸人所利用而制其命。所以王皇后的恩德，太子贤、太子忠兄弟亲情，长孙无忌渭河北岸的威情，听到阴谋就怀疑，身死也就很快到来，一旦激起感情就不能容忍，日后后悔而不能自保，不忍于听，就不能容忍于心，高宗之所以断绝李氏脉绪，祸根怎么能说在于忍呢？

张公艺能忍保住了张氏九代子孙，只有听了不信记在心里，他的威望也在其中。不这样，子孙妻妾互相对骂憎恨，激人以不能容忍，天天听到都是这些，天长日久，定会酿成同室操戈，互相残杀，而又怎能保住九代完整呢？

居重驭轻，先内后外，这是夏商周三代相袭之法。诸侯各自立国，势力与天子相抗衡，所以县内选才，要比（侯、甸、绥、要、荒）五等划分优越，天子得人来治理国内，没有敢不廉正的，这就是刚正的道理。天下的郡县，以四海为家，哪还分远近？

国都附近与国内崇尚文教的郡邑，离朝廷也近，官吏的廉明与易以上闻，且其人民近天子之光而畏法深，名教兴而风俗雅，虽中材莅之，亦足以戢其逸志，而安其恒度。至于荒远杂夷之地，其民狃于顽陋犷戾，而诗书礼乐之文，非所喻也，其吏欺其愚而渔猎之，民固不知有天子，而唯知有长吏，则贪暴之吏，唯其所为，而清议不及；乃民夷积怨，一激以兴，揭竿冒死，而祸延于天下。如是，则轻边徼长吏之选，就近补调，使充员数，善不加擢，恶不降罚，俾其贪叨恣日暮涂穷之倒逆，离叛相寻，兵戈不戢，内治虽修，其能遥制之哉？前之定天下者，芟菁棘，夷溪峒，威服而恩抚之，建郡县以用夏变夷，推行风教，力甚勤、心甚盛也。乃割弃不理，授之卑茸狼戾之有司，以敺之于乱，溥天之下，特有此蠡贼之区宇，是亦可为长太息矣！故与其重内也，不如其重外也。内虽不綦乎重，而必不轻也；外不重，则永轻之矣

唐初，桂、广等府官之注拟，一听之都督，而朝廷不问，治之大累也。边徼之稍习文法者，居其土，知其利，则贪为之，而不羡内迁；中州好名干进之士，恶其陋，而患其绝望于清华，则鄙夷之而不屑为。仪凤元年，始遣五品以上同御史往边州注拟，庶得之矣，犹未列于吏部之选也，后世统于吏部，以听廷除，尤为近理。然而县缺以处劣选，且就地授人，而虽有廉声，不得与内擢之列，吏偷不警，夷怨不绥，民劳不复，迨其叛乱，乃勤兵以斩刈之，亦惨矣哉！千年之积弊，明君良和弗

不肖容易被皇帝察觉，况且百姓距离天子近，畏于刑法，教化兴起的地方风俗就比较雅正，即使中等才能的人去那里当官，也足够安抚百姓，使他们安于生活。至于边陲少数民族聚集的地方，那里的民众粗犷剽悍，对于诗书礼乐，知之甚小，那里的官吏欺服他们愚昧而处处掠夺他们，当地百姓根本不知有皇帝，只知道有统治他们的当地官吏，然而那些贪心跋扈的官吏，他们的所作所为，朝中大臣又无法弹劾批评。当地的百姓无法忍受，激起暴动，揭竿而一起，与官府作对，招致天下祸乱。如果是这样，那么轻视边陲官吏的选择，就近补调，滥竽充数，为官清廉的不加奖赏提升，作恶多端的也不处罚，假使他们贪污腐化倒行逆施，不断发生背叛朝廷的事情，不发兵平息，国内治理的虽好，怎能遥控边陲呢？过去打天下的，对于边疆少数民族，以武力征服抚之以恩情，在那里建郡设县以汉文化同化他们，在那里推行文化教育，用力越多，功效也就越大。如果对他们舍弃不管不问，把他们交给那些心狠手毒的不良官吏，这是驱赶他们叛乱，普天之下，都成了这些贪官暴吏统治的地方，这实在是让人叹息失望。所以与其重视内地，不如重视边疆，内地虽然不用心重视，也一定不会轻视，边疆不予重视，那就是永远的轻视啦。

唐初桂、广等府州，朝廷名义上管辖，一切均听从于州都督，朝廷不管不问，统治实在是累赘。那些边远地区稍稍懂点文书法令的，居住在此，知道有利可图，贪图享受，不愿内迁回中原。中州好学想干出一番伟业的人，又嫌那里太落后，担心到那里不能享受荣华富贵，鄙视那里不愿去当官。仪凤元年，朝廷开始派遣五品以上同御史的官吏到边远地点为官，可以说几乎实现了，可不算吏部正式挂名的官员，后来选官统统归于吏部，以听朝廷拜官，成为惯例。然而县官空缺以不好的充任，况且就地拜官，即使有廉正的名声，也不能与内地的官吏一起提拔，官吏苟且偷生，无所事事，边民有怨恨不加安能革也，可胜悼哉！

八闽、东粤，昔者亦荒陋之区也，重守令之选，而贤才往牧，今已化为文教之邦，何独邕、桂、滇、黔、阶、文、邛、雅之不可使为善地乎？不勤兵而服远，不劳中国而化夷俗，何所嫌而弗为也？人士厌薄之私心，假重内轻外之说以文之，明主之所弗徇，而尚奚疑焉？

6.赈饥遣使，民有迎候之劳，如刘思立所言者，未尽然也，所遣得人，则民不劳矣。若其不可者，饥非一邑，而生死之命县于旦夕，施之不急，则未能速遍，而馁者已死矣；施之急，则甫下车而即发金粟，唯近郭之人得逾分以沾濡，而远郊不至。且府史里胥，党无籍之游民，未尝饥而冒受；大臣奉使，尊高不与民亲，安能知疾苦之为何人，而以有限之金粟专肉白骨邪？此徒费国而无救于民之大病也。

且不特此也。饥民者，不可聚者也。饵之以升斗锱铢，而群聚于都邑以待使者，朴拙之民，力羸而恤其妇子，馁死而不愿离家以待命；豪捷轻狷之徒，则如跛鼈之鱼，闻水声而鼓鬣，弃其采橡梠、捕禽鱼可以得生之计，而希求自至之口实，固未能厌其欲而使有终年之饱也。趋使者于城郭，聚而不散，失业以相尊沓，掠增夺兴以成乎大起大落乱，所必然已。

抚，残酷压迫百姓，等到他们无以忍受聚众叛乱，才派兵屠杀平息暴乱，实在是太惨酷了。千年弊端，即使是明君贤相也无法革除，太让人伤心了。

八闽、东粤，过去也是荒凉愚昧的地方，因为注重官吏的选拔，那些有才能的人被派去当官，现在已成为文教之邦，怎么只有邕、桂、滇、黔、阶、文、邛、雅这些地方就不能变成文明的地方呢？不用军队而使边民信服，不动用中原财物而变化边疆习俗，又有什么疑虑不能落实呢？人们以厌恶到落后地区的私心，假借着重内轻外说法来做藉口，明主不依之而行，还有什么可忧虑的呢？

派官吏去赈济饥民，又得动用百姓去迎接候送，象刘思立所说的，也并非尽然，所派的人恰当，那么百姓也就不会受劳。那些无法做到的，闹饥荒的并非一城，百姓的生死之命危在旦夕，救济不快，还未等赈济完毕，饥民已饿死了；救济的太快，则到一个地方就发放钱财粮米，只有离城近的人能够分到救灾物品免于饥荒，那么较远的地方就无法办到。况且州府里的一些杂役小工，还有那些游荡不务正业之辈，并非是饥民而冒领救灾物品；大臣奉诏救灾，尊高不和百姓打成一片，又怎能知道哪些人是饥民，怎么能以有限的钱粮来救济所有饥民呢？这不过是白白浪费国家的粮钱，而对于灾民又没有什么太大的帮助。

况且不仅仅如此。饥民，是不能让他们聚在一起的。饥民为了得到国家的救济物品，一起离家群聚在城镇等待朝廷派来的救灾大臣，生活极度困难的百姓，耗尽精力以照顾其妻子儿女，宁愿饿死也不愿离乡背境；地方豪强恶棍之辈，如同粗暴强横的河鱼，听到水声就鼓动嘴上的长毛，抛弃他们采集橡相树子、捕捉动物鱼虾的行当，为了能够求生，他们期待着不劳而获就能得到的东西，因此根本无法断绝他们的欲望而使他们有常年吃饱饭的欲念。饥民追随救灾大臣夫亦患无良有司耳。有良有司者，就其地，悉其人，行野而进其绅士与其耆老，周知有无之数，而即以予之，旦给夕归，仍不废其桑麻耕种、采山渔泽之本计，则惠皆实而民奠其居，仁民已乱之道，交得而亡虞也。故救荒之道，蠲租税，止讼狱，禁掠夺，通运，其先务也；开仓廪以赈之，弗获已之术也。两欲行之，则莫如命使巡行，察有司之廉能为最亟。守令者，代天子以养民者也，民且流亡，不任之而谁任乎？授慈廉者以便宜之权，而急逐贪昏敖惰之吏，天子不劳而民以苏，舍是无策矣。

7.李世勣之安忍无亲也：置父于窦建德之刃下而不恤；强其壻杜怀恭与征高丽，而欲杀之以立法；付诸子于其弟，而使怒则挞杀之。顾于其姊病，为之煮粥燎须，而曰："姊老勣亦老，虽欲为姊煮粥，其可得乎？"蔼然天性之言，读之者犹堪流涕。繇此言之，则世勣上陷其父于死，而下欲杀其子与婿，非果天理民彝之绝于心也？天下轻率寡谋之士，躁动而忘其天性之安，然其于不容已之慈爱，是惟弗发，发则无所掩遏而可遂其情。唯夫沈鸷果决者，非自拔于功利之陷溺，则得丧一系其心，而期于必得，心方戚而目已怒，泪未收而兵已操，枭獍之雄心不可复戢，彼固自诧为一世之雄也，而岂其然哉？盖无所不至之鄙夫而已。刚则不恤其君亲，柔则尽捐其廉耻，到城镇，聚在一起不愿离开，无事可做者比比皆是，公然偷抢劫夺几乎成为大乱，这是无法避免的。

也有人担心是没有好的地方官吏。如果有好的官吏，来到当地，了解当地百姓的情况，亲自去拜访当地的绅士和年长者，全部了解灾民的详细情况，立即发放赈灾物品，早上出去发放钱粮晚上就可回城，这样仍不耽误百姓耕种纺织，采山渔猎，那么百姓受到实实在在的赈救必安居乐业，善良百姓发动暴乱的事，可以说没必要再担心啦。所以救荒之道，在于减轻租税，禁止讼狱，消除抢夺，开通粮运卖买，这是首要做的事；开仓赈济，这不是维护统治的办法。两方面都想进行，不如派大臣巡视各地，监察各地官吏的清廉为最急切的事。当地官吏，是代替天子来保护百姓的，百姓已经流亡各地，州令守还有什么可做的呢？他当谁的父母官呢？应该授给那些仁慈廉洁的官吏以见机行事的特权，罢免驱逐那些昏庸贪污懒惰的官吏，作为天子不必劳神费力而百姓自安，除此别无他法。

李世勣安心忍受没有亲人的局面：窦建德把刀架在父亲的脖子上，他丝毫不加顾恋忧虑，强迫他的女婿杜怀恭和他一起出兵征伐高丽，还想杀他以严肃军法；把儿子交给弟弟照看，儿子们惹他生气就毒打不停。他姐姐生病亲自照看，下锅台为姐姐煮粥以至于烧了胡须，情不自禁地说："姐姐老了我也老了，尽管想为姐姐煮点粥，这能办到吗？"这的确是发自内心的想法，后人读到这里没有不被感动得热泪滚滚。从此断言李世勣上使父亲陷于敌手而死，下想杀儿子女婿，这绝不是他内心里没有天理伦常。天下那些性情轻率缺乏谋略的人，脾气躁动而忘了一惯的天性，然而他对父母的慈爱不动于心，这只不过没有发动，一旦发动就不可遏止。只有沉入水中的鸷鸟有果断性格，并非陷于功利的泥潭中自拔出来，那么得到的只是内心的伤感，他希望一定要得到，内心刚悲哀眼里已冒出怒火，泪未擦干明知之而必忍之，虽圣人亦无如之何也。有时而似忠贞矣，有时而似孝友矣，非徒似也，利之所不在，则抑无所吝而用其情也。世勣之于单雄信，割肉可也，为姊而燎须，何所吝邪？利无可趋，害无可避，亦何为而不直达其恻隐之心，以发为仁者之言哉？

籍甲兵户口上李密而使献，知高祖之不以为己罪也；太宗问以建成、元吉之事而不答，事未可知，姑为两试，抑知太宗之不以此为嫌也；年愈老，智愈猾，高宗问以群臣不谏，而曰“所为尽善，无得而谏”，知高宗之不以己为佞也。则以党义府、敬宗，赞立武氏，人自亡其社稷，己自保其爵禄，恻隐羞恶是非之心，非不炯然内动，而力制之以护其私，安忍者自忍其心，于人何所不忍乎？故一念之仁，不足恃也，正恶其有一念之仁而矫拂之也。夫且曰吾岂不知忠孝哉？至于此而不容不置忠孝于膜外也。为鄙夫，为盗贼，为篡弑之大逆，皆此而已矣。

8.魏玄同上言欲复周、汉之法，命内自三公省寺，外而府州，各辟召僚属，而不专任铨除于吏部。其言辩矣，实则不可行也。一代之治，各因其时，建一代之规模以相扶而成治，故三王相袭，小有损益，而大略皆同。未有慕古人一事之当，独举一事，杂古于今之中，足以成章者也。王安石惟不知此，故武器已拿在手中，凶狠的鸟兽的雄心是不能收敛，他们自夸自己是一世枭雄，果真是这样吗？不过是为所欲为的庸人而已。性格刚强就不忧虑其君主和双亲，性格柔弱则廉耻丧尽，明知道这些道理还忍心不做，即使是圣人也对他毫无办法。有时很象是忠贞，有时又表现得相当孝友，并非仅仅相似，不关乎切身利益，那么他的真情表现出来也就毫不吝啬。李世勣对于单雄信，割自己身上的肉都可以，为姐姐烧了胡须，都毫不吝惜。没有功利驱使，也没有灾难可避，为什么不能引发自己的恻隐之心，说出宽厚爱人的话呢？

李世勣将武器户口登记造册给李密让他献给唐高祖，他知道李渊不会怪罪自己；唐太宗向他征求对付李建成、李元吉的事，他闭口不谈，事情结果尚不可知，只好暂且互不得罪，只是知道唐太宗不会为此而嫌弃自己；年龄越大，思想就越狡猾，唐高宗问大臣为什么不上书进谏，他说："你所做的都是正确的，所以也就没有什么可规劝的"，他清楚唐高宗不会把自己列入奸臣之列。但他同李义府、许敬宗结为同党，辅佐树立武则天为皇后，别人都为社稷存亡而担心，他为了保全一世高官厚禄，恻隐羞恶是非之心，内心并非没有颤动，只不过尽力克制以维护自己的私心，平心静气忍受一切的人自然从内心也能容忍，对他人又有什么不能容忍呢？所以说有一点仁爱的念头，不足以依仗，正是厌恶有一丝仁爱之心又强行拂逆。况且说出"我怎么能不知道忠孝呢？"到这等地步也就不能不把忠孝置于度外了。作庸人，作强盗，作篡权倒行逆施之事，都是缘于此。

魏玄同上书要求恢复周朝、汉朝的法度，在朝内令三公省寺，外至府州，各自召集幕僚下层官吏，这些官吏的任免不再经过吏部考核任命，他的说法详审明晰，事实上根本行不通。历代治理国家的方法，都是根据当时情况而定，一个朝代达到一定的规模都是相互继承以成其统治，所以说三王治理国家互相继承，小有变化，但总体是偏举《周礼》一节，杂之宋法之中，而天下大乱。

周之所以诸侯大夫各命其臣者，封建相沿，民淳而听于世族，不可得而骤合并以归天子也。故孔子之圣，天子不得登庸，求、路之贤，鲁、卫之君不能托国，三代之末流亦病矣。汉制：三公州郡各辟掾曹，时举孝廉以贡于上，辟召一听之长官，朝廷不置冢宰，盖去三代未远，人犹习于其故，而刺史太守行法于所部，刑杀军旅赋役祀典皆得以专制，则势不得复为建属吏以掣之。其治也，刑赏之施于三公州郡者，法严明，而诬上行私者不敢逞；适其乱也，三公州郡任非其人，而以爱憎黜陟其属吏，于是背公死党之习成，民之利病不得上闻，诛杀横行，民胥怨激，而盗贼蜂起，则法敝而必更，不可复矣。

汉之掾吏，视其长官犹君也，难而为之死，死而为之服衰，各媚其主，而不知有天子。然则使为公敛处父之据成不堕，祝聃之射王中肩，皆可自命为忠而无忌，大伦不明，倒行逆施，何所不可哉？且其贡于天子者，一唯长吏之市恩，而天子无以知其贤奸，抑无考核之成宪以衡其愚哲。三公之辟召，则唯采取名誉于州郡，于是虚誉日张，雌黄在口，故处士之权日相一致的。从来没有美慕古人一件事的正确来治理整个国家仅仅借用古人一件事，把古代的法度揉合在当今政治之中，就足够成就大事的。只有王安石不知此理，所以他只采用《周礼》中的一小部分，把它充实在宋朝法律之中，结果导致天下大乱。

周朝时之所以出现诸侯大夫各自授官的局面，这是因为封建诸侯代代相沿，百姓淳朴甘心听从世家大族的统治，无法得到就马上被合并起来听从于周王统治的结果。因此孔子虽然圣贤，但周王并不重用他，冉求、子路够聪明贤惠的吧，但鲁国、卫国的国君也不愿把国家托付给他们，夏商周三代到末期弊病还是很多的。汉朝规定：三公州郡长官各自召授掾曹，当时国家选举孝廉之人以供朝廷所用，拜官召士全凭长官处理，朝廷不设冢宰之类的官吏，这大概是距离三代不远，人们还是习惯于过去的作法的原因吧，但刺史太守可以在自己统辖区统政行法，刑杀、军队、赋役、祀典这些事一人作主，在这种情况下不得不自辟僚属来协助统治。他们的统治；三公州郡可以有刑赏之权，法令严明，向天子诬靠他人以满足自己的阴谋的人就不能得逞；等到辖区发生混战，这是由于三公州郡选择错的官吏，那么就凭着自己的爱恨来提升和撤换官吏，因此甘心为主子不惜牺牲自己的习俗也就日益兴盛，百姓生活的好坏天子不清楚，在下边诛杀横行，民怨沸腾，起义暴动之事不断出现，所以法制产生了弊端就一定要更改，因而不能恢复周、汉之制。

汉朝的小官吏，把他们的长官当作君主，有危险就挺身而出替主而死，长官死了则为他奔丧守孝，各自讨好主子，从来不知还有皇帝的存在。然而如果让他们替公敛处父据守城不被攻破，祝聃射箭而击中王的肩膀，都可以表白这是为主子尽忠而不被猜忌，公理不明，倒行逆施，又有什么不可以呢？况且那些被推荐给天子的人，都对长官感恩戴德，而天子并不清楚他们是忠臣还是奸臣，这是由于重，朋党兴而成乎大乱。故曹孟德惩其敝而改之，总其任于吏部，此穷则必变之一大机会也。既变矣，未有可使复穷者矣。

法无有不得者也，亦无有不失者也。先王不恃其法，而恃其知人安民之精意；若法，则因时而参之礼乐刑政，均四海、齐万民、通百为者，以一成纯而互相裁制。举其百，废其一，而百者皆病；废其百，举其一，而一可行乎？浮慕前人之一得，夹糅之于时政之中，而自矜复古，何其窒也！

魏、晋以下，三公牧守不能操生杀兵农之权，教化不专司于己，而士自以其学业邀天子之知；乃复使之待辟于省寺府州之众吏，取舍生乎恩怨，奔竞盛于私门，于此不仇，自媒于彼，廉耻丧，朋党立，国不能一日靖矣。唐之乱也，藩镇各树私人以为爪牙，或使登朝以为内应，于是敬翔、李振起而亡唐。他如罗隐、杜荀鹤、韦庄、孙光宪之流，皆效命四方，而不为唐用。分崩瓦解，社稷以倾，亦后事之明验矣。

夫吏部以一人而周知士之贤否，诚所不能如玄同之虑者。然士之得与于选举也，当其初进，亦既有诸科以试之矣。君子不绝人于早，而士之才能亦以历事而增长，贪廉仁暴，亦以束于法而磨砺以劝于善。其有坏法乱纪、蠹政虐民者，则固有持没有考察官吏的标准来衡量这些人是聪明还是愚笨，三公所收罗的人，仅仅是在当地有名望的人，于是沽名钓誉之风日渐盛行，为了达到目的信口雌黄，所以处士的权力越来越大，结党营私兴起几乎酿成大乱。所以曹操鉴于这种弊端而力加纠正，把选择官吏的权力集中在吏部。到了极点就必定要有所变化，既然变了，就没有必要再退回到原来的地步。

法令没有不正确的，也没有不出现失误的。先王不依靠他的法度，而依据知人安民的核心；象法令，一定要因时代的变化配合一些礼乐行政，使天下均等，百姓一心，任何人都能执行，以一套详尽的法规互相加以制裁约束。制定一百条法规，而失之于一条，那么一百条法规都不能彻底执行，废了一百条法度，只执行一条法度，那么这条法规能够行得通吗？表面上羡慕前人的一点经验，并把它夹杂于当今的时政之中，还自矜复古，这是何等的呆板？

魏、晋以来，三公牧守不能掌握生杀兵农的大权，教化也不专属于自己，那些知识分子们以他们的学业想让天子知道；就重新让他们到省寺府州准备举荐，结果为了升官产生了各种恩恩怨怨，东奔西跑、挖空心思想成为长官的门生，为此仇恨没有了，廉耻之心也完全丧尽，结党拉派遍布各地，国家也就没有一日的安宁了。唐朝之所以乱，在于藩镇各自征集私人作为爪牙，有的派属下到朝中作耳目，结果敬翔、李振起兵灭了唐朝。别的如罗隐、杜荀鹤、韦庄、孙光宪这些人，都效命于各个藩镇军阀，不被唐朝所用，结果分崩瓦解，国家行将灭亡，这也是后来所证明了的。

吏部以一个人就可以洞察天下士人的贤与不肖，即使不能做到，就如同魏玄同所说。然而士人参加选举，他刚开始参加选举，已有诸科考试。君子不过早给人下结论，而士人的才能也是经历许多事后才有长进，贪廉仁暴，也应当用法令来约束磨练他们，并以正确的来宪之臣，操准绳以议其后。若夫偏材之士，有长此短彼之疑，则因事旁求，初不禁大臣之荐举。然则吏部总括登进之法，固魏、晋以下人心事会之趋，而行之千年不可更易者也。

读古人之书，以揣当世之务，得其精意，而无法不可用矣。于此而见此之长焉，于彼而见彼之得焉，一事之效，时之宜，一言之传，偏据之，而曰："三代之隆、两汉之盛恃此也"，以固守而行之者王安石，以假窃而行之者王莽而已，何易繇言哉？知人安民，帝王之大法也，知之求其审也，安之求其适也，所以知、所以安，非一切之法窜乱于时政变迁之中，王不成王，霸不成霸，而可不偾乱者也。庸医杂表里、兼温凉、以饮人，强者笃，弱者死，不亦伤乎！

中宗

（伪周武氏附于内）

1.中宗嗣位两月，失德未著，而武氏与裴炎亟废而幽之。三叶全盛之天子，如掇虚器于井灶之间，任其所置，百官尸位，噤无敢言者，武氏何以得此于天下哉？国必有所恃以立。大臣者，所恃也。大臣秉道，而天子以不倾。即其怀奸，而犹依天子以自固，唯其任重而望隆，交深而位定，休戚相倚而情不容不固也。而高宗之世，大异于是。高宗在位三十四年，尚书令、仆、左右相、侍中、同平章事皆辅相之任，为国心膂者也，而乍进乍退，尸其位者四十三人。进不知其所自，退不知加以劝说。如果有违纪犯法，害政害民的人，有掌握刑法的大臣，以国家法律来对付他们。象那些有一技之长的人，恐怕会于长此短彼的嫌疑，那么应因事从别处寻找，开始不应禁止大臣举荐。然而吏部总管选官的标准，所以魏晋以来人们致力于钻营投机，这种风气即便行之千年也不会改变。

读古人的书，以便于了解当今的事情，如果得到其精意，没有任何法不能用的。从此也可窥见它的长处，对于那些过去的见多了也就有所领悟，一件事的效果，一时之宜，一言之传，全掌握了解了，再说：三代的兴隆、两汉的强盛都是基于此。王安石固执己见而执行过去的，王莽假借过去的而执行。为什么要这样说呢？知人安民，是帝王的一大法宝，知道了就应当认真探求，想平静的话就应当寻找适当时机，所以知、所知安，并不是所有法令都能在现实时政变迁中夹杂着，想做大王又不能成为大王，想称霸又不能称霸，这是不能再有混乱的了。庸医能治内外科病，兼用温水凉水让病人喝，身体强壮的就更加强壮，身体弱的则一命呜呼，不也是很悲哀的事吗？

唐中宗继承皇位才两个月，并没有明显的过错，就被武则天和裴炎合谋废囚禁了他。唐朝三辈盛世的天子，就如同抛弃废物一样扔在井灶之间，任凭他们摆布，群臣百官尸位素餐禁若寒蝉，武则天为什么就能够这样做而面对天下呢？一个国家一定要有所依靠才站住脚跟，大臣，正在所依靠的。大臣正直，那么天子就不会从皇位上倒下来，即使他们怀有奸心，也还得依靠天子来巩固自己的地位，唯有此他的官位才能保住，威望才能树立起来，交往越深官职就会越稳定，他们之间休戚相关，感情上自然就会越来越密切。但高宗一朝，和这大不一样。高宗在位三十四年，尚书令、仆射、左右宰相、侍其所亡，无有一人为高宗所笃信而固任者。大臣之贱，于此极矣。长孙无忌、褚遂良、于志宁、高季辅、张行成，太宗所任以辅己者也，贬死黜废，不能以一日安矣，保禄位以令终，唯怀奸之李勣耳。自是而外，若韩瑗、来齐、杜正伦、刘仁轨、上官仪、刘祥道，较无覆之伤，而斥罪旋加，幸免者亦托于守边以免祸。若其他窃位怀禄之宵小，勿论李义府、许敬宗之为通国所指数；即若宇文节、柳奭、崔敦礼、辛茂将、许圉师、窦德玄、乐彦玮、孙处约、姜恪、阎立本、陆敦信、杨弘武、戴至德、李安期、张文瓘、赵仁本、郝处俊、来恒、薛元超、高智周、张大安、崔知温、王德真、郭待举、岑长倩、魏玄同者，皆节不足以守筦库，才不足以理下邑，或循次而升，或一言而合，或趋歧径而诡遇，竞相踵以赞天工。至其顾命托孤委畀九鼎者，则裴炎、刘景先、郭正一二三无赖之徒也。呜呼！恶有任辅弼大臣如此之轻，而国可不亡者乎？

夫高宗柔懦之主也，柔者易以合，然而难以离也，乃合之易而离之亦易者，何也？惟其疑而已矣。疑者，己心之所自迷，人情之所自解者也。刚而责物已甚也，则疑；柔而自信无据也，则疑；两者异趣同归，以召败亡一也。刚不以决邪正，而以行猜忮；柔不以安善类，而以听谗谀；猜忮生于心，谗谀兴于外，于是乎人皆可相，人皆不可相也，人皆可斥而可诛也。为大中、同平章事都是担任宰相的官职，是国家的支柱，但他们莫名其妙的身居此职，又莫名其妙地被赶下台，这样的人共有四十三人。担任相位不知道因何而进，撤了相职也不知因何被撤，没有一个人为高宗所深信不疑长期担任此职的，大臣卑贱到这等地步，此时达到了顶点。长孙无忌、褚遂良、于志宁、高季铺、张行成，是唐太宗最信任的辅佐大臣，但他们最终不是遭贬而死就是被撤职赶出朝廷，没有一个人能终日得到安宁。能够终身确保官职的，只有怀有私心的李勣。朝外大臣如韩瑗、来济、杜正伦、刘仁轨、上官仪、刘祥道等人，相较没有人身受到遭害，但也免不了痛斥罪状的结果，只有那些守边大臣幸免于难。象其他窃取官位一心想到俸禄的小人，且不说李义府、许敬宗为全国百姓所熟知的罪行，就连宇文节、柳奭、崔敦礼、辛茂将、许圉师、窦德玄、乐彦玮、孙处约、姜恪、阎立本、陆敦信、杨弘武、戴至德、李安期、张文瓘、赵仁本、郝处俊、来恒、薛元超、高智周、张大安、崔知温、王德真、郭待举、岑长倩、魏玄同等人，都是些操守不足以管理府库，才能不足以治理小城邑的人，他们有的按顺序得到进升，有的因一句语博得天子欢心，有的通过歪门斜道受到天子的宠幸，这些人竟相迎合天子。至于他们当中有的作为顾命大臣扶助幼主治理国家的人，只有裴炎、刘景先、郭正一两三个无赖之徒。哎呀！怎么能这样任意摆动辅助大臣，国家又怎么能不灭亡呢？

高宗是柔顺懦弱的天子，柔顺的性格容易聚合在一起，然而也难以分离。聚合这般容易分离也这般容易，这又是什么原因呢？归根结底是有疑心而已。有疑心，自己也就捉摸不定，这就是人情用来自我解说的地方。性格刚强对事情要求就严格，那么内心就有疑心，性格柔顺自信不足，也怀疑，两者性质不一样，但结论却是一样的，以致招来败亡的下场。刚强而不裁决邪恶和正义，却心怀猜忌，柔弱不对善良刚正的人加以安抚，而听从谗言；猜忌产生于内心，谗谀兴盛臣者，视黄阁为传舍，悠悠于来去，而陌路其君亲，不亦宜乎！孟子曰："王无亲臣矣。"无亲臣，则不可以为父母，裴炎片语之失意，而废中宗如扪虱于裈中，复奚恤哉？夫相代天工，天之所畀、人之所归也；天下不能知其姓字，逆臣不屑奉为蓍龟，艳妻宵小，怙长存之势，以役骤进骤退之鄙夫，谈笑而移宗社，一多疑之所必致也。审察乱源，可以知所繇来矣。

2.伸天下之大义，而执言者非其人，适以堕义，而义遂不可复伸。齐桓公不责楚之僭王，自反其不足以伸大义，宁阙焉而若有所俟，虽无可俟，楚终惴惴然疑且有责之者，天下亦颙颙然几有责之者，故曹、桧之大夫，犹敢秉公论以讴吟，而楚终不敢灭宗周、迁九鼎，义以不亵而未遽堕也。夫齐桓，方伯也，固执言伸义之人也，奚为不可？然而不可者，内省其情，求以雄长诸侯而霸之，非果恤宗周、欲以复宗周之绪也。非其情则非其人矣，自问而知之，天下皆知之，乱贼亦具知之。其情不至，其人不足畏，乃徒号于天下曰："吾以伸大义也。"天下弗与，乱贼弗惮，孤起无援，终以丧败，则乱贼之焰益炎，而天下之势一扑而不可复张。义之不可袭取，而必本于夫人之心，亦严矣哉！

于外边，因而人人都可以做宰相，人人都不可做宰相，人人都可以遭受斥责、诛杀。作大臣者，把朝廷视作旅馆，悠悠然来去自在，但对天子却产生了隔合，实在太不合适啦！孟子说：“国王没有亲厚的大臣了。”没有亲厚的大臣，那么也就失去了为人父母之道，裴炎因为几句话没有得到采用，废中宗就如同在裤子中捉虱子，怎么会再怜悯呢？宰相代替天子，是天子所给与、人心所归；天下不可能知道他的姓名，逆臣不屑于奉为龟鉴，女色与恶党依仗长久以来形成的势力，以此来驾驭天下忽进忽退的鄙夫，谈笑之间就把国家的命运给转移了，这就是多疑所造成的后果。认真详察祸乱的根源，就可以知道它是从何而来。

伸张天下的大义，而说这话的人并非恰当人选，恰恰是毁了正义，而正义并不能够得到伸张。齐桓公不指责楚国僭号称王，他自知力量达不到伸张正义，宁愿不指责这一条好象有所等待，即使等待不到时机，楚国必终日惴惴不安有所顾虑那些指责自己的人，普天之下几乎所有的人都在责斥他的不义之举，所以曹国、桧国的大夫，还敢于秉公加以评论，楚最终不敢灭宗周，自封天子，因而正义没有得到轻慢也还不至于马上毁灭。齐桓公，是周朝的诸侯，本来就是敢于说话伸张正义的人，又有什么不能做到呢？然而他不能伸张正义的，仔细观察他的真实用心，想作诸侯的领袖来称霸天下，并非出于真心忧虑周朝、恢复周朝统治的脉绪。不是出于真心就不是恰当的人选，扣心自问就清楚了，天下都知道他的用意，那么乱臣贼子更清楚他的用心。他的真情没有表现出来，此人还不足以害怕，他大声急呼“我要伸展正义”，也不过枉然，天下无人响应，有野心的人也就不惧怕，单单奋战没有后援，最终注定要失败，那么乱贼的气焰更加嚣张，天下大势一去不可复返。正义不能表面继承，一定要出于此人的本心，这也够严肃的了。

李敬业起兵讨武氏，所与共事者，骆宾王、杜求仁、魏思温，皆失职怨望，而非果以中宗之废为动众之忱也。敬业以功臣之裔，世载其奸，窥觎闲隙，朝权不属，怀忿以起，观其取润州、向金陵，以定霸基而应王气，不轨之情，天地鬼神昭鉴而不可欺，徒建鼓以号于天下曰："吾为霍子孟、桓君山之歌哭也。"内挟代唐之私，外假存唐之迹，义可取也，则宵人之巧谲，但能淋漓慷慨为忠愤之言，而即佑于天、助于人，天其梦梦、人其胥有耳而无心乎？于是兵败身死，而嗣是以后，四海兆人之众，无有一夫焉为唐悲宗社之沦没，皆曰"义不可伸，贼不可讨"。天移唐祚，抑将如之何哉！

大义之堕，堕于敬业之一檄也，无情之文，巧言破义，贞人之泪，为奸人之诽笑，而日月昏霾，妖狐昼啸，复谁与禁之哉？故敬业之败，武氏之资也；敬业之起，宾王之檄，必败之符也。忠臣孝子以无私之志伸不容已之义，虽败虽歼，不患无继我以兴者，唯孤情之在两间，群蒿絪缊，百衄百折，流血成川，积骸如莽，而不能夺也。群不逞之徒，托义以求盈，而后义绝于人心，悲夫！

3.自霍光行非常之事，而司马懿、桓温、谢晦、傅亮、徐羡之托以仇基私，裴炎赞武氏废中宗立豫王，亦其故智也。不然，恶有嗣位两月，失德未彰，片言之妄，而为之臣者遽更置之如仆隶之任使乎？炎之不自揣也，不知其权与奸出武氏之下倍蓰而无算，且谓豫王立而己居震世之功，其欲仅如霍氏之李敬业起兵讨伐武则天，参与谋事的，有骆宾王、杜求仁、魏思温，这些人都是因为丢官怨恨，并非真的因为中宗被废而激于忠心才兴兵动众讨伐武则天。李敬业凭借着是功臣的后代，数代心怀私念，乘机掌握朝政大权，现在手中没有政治大权，心怀不愤，从他发兵夺取润州，进军金陵的目的来看，完全是想奠定称霸的根基想当皇帝，这些图谋不轨的举动，在地鬼神都看得一清二楚，想欺骗是万万不可能的，还故意向天下发布号令，表白自己是“步霍子孟、桓君山的后尘”。其实他内心怀着代替唐朝的雄心，对外还装着是为了维持大唐的基业，即使道义上是可取的，但小人的诡辩阴谋，尽管发出为大唐存亡表示慷慨激昂的壮举，受苍天保护，得到百姓拥护，上天难道昏乱不明，人们难道没有良知吗？结果兵败被杀，从此以后，天下再也没有一人出来感叹大唐的沦陷，都说：“正义不能伸张，贼人不能讨伐”。上天要改变大唐的国脉，又有什么办法呢？

道义之所以坠落，根本原因在于李敬业的讨伐檄文，这篇檄文是无情之文，巧言害义，刚正有义人的泪水，却成为心怀阴谋的小人的笑柄，日月昏暗，妖狐白天狂啸，又有谁能禁止呢？所以李敬业兵败，成了武则天篡权的凭借，李敬业起兵，让骆宾王写讨伐檄文，这是必败的征兆。忠臣孝子没有私心来伸展正义，即使兵败被杀，也不必担心没有后继之人，即使是孤军奋战，历尽艰辛，人头落地，血流成河，尸骨遍野，其功绩也不能磨灭。那些心怀诡计的逞能之辈，假借正义以满足自己的私欲，结果正义失信民心，实在是太悲伤了。

自从霍光开专政的先河以来，司马懿、桓温、谢晦、傅亮、徐羡之等人借以辅政之名而出卖他们的私心，裴炎帮助武则天废唐中宗立豫王为帝，依然是过去的那套伎俩。如果不是这样，为何即位才两个月，没有明显的恶政和狂妄的语言，作为他的大臣为何象驱赶奴隶仆人一们就把他撵下了帝王的宝座另换他人？裴炎也不自己思量乘权与懿、温之图篡也，皆不可知；然时可为，则进而窥天位，时未可，抑足以压天下而永其富贵；岂意一为武氏用，而豫王浮寄宫中，承嗣、三思先已而为捷足也哉？其请反政豫王也，懿、温之心，天下后世有目有心者知之，而岂武氏之不觉邪？家无甔石之储，似清；请反政于豫王，似忠；从子仙先忘死以讼冤，似义；以此而挟滔天之胆，解天子之玺绂以更授一人，则其似是而非者，视王莽之恭俭诚无以过。而武氏非元后，已非武氏之姻族，妄生非分之想，则白昼攫金，见金而不见人，其愚亦甚矣。

自炎奸不仇而授首于都市，而后权奸之诈穷，后世佐命之奸，无有敢藉口伊、霍以狂逞者，刘季述、苗傅、刘正彦以内竖武夫骤试之而旋就诛夷，不足以动天下矣。炎之诛死，天其假手武氏以正纲常于万世与！

4.将各有其军而国强，将各有其军而国乱，唐之季世，外夷之祸浅，国屡破、君屡奔而不亡，然天下分裂，以终于五代，皆由此也。

将各有其军，于是监军设焉。中人监军，唐之大蠹也，其始以御史监之，较中人为愈矣，然即以御史监军，而军不败者亦鲜矣。既命将以将兵，而必使御史监之者，亦势之不容已也。将各有其军，而骄悖以僭叛者勿论已；即其不然，朝廷之一下，不知道从权力和奸诈等方面远差武则天几倍，还以为拥立豫王自己就可以独步朝政，一手遮天，他想仿效霍光乘危而入和效法司马懿、桓温篡夺皇位，这些他并不清楚。即使时机成熟，也足以控制朝廷永保荣华富贵；怎料他的一番用意却被武则天所利用，而豫王仅有皇帝的虚名并无实权，武承嗣、武三思先于他掌握了唐朝的大权？他上书请求豫王亲政，司马懿、桓温的用心，天下后世有眼有心的都清楚其用意，为什么武则天就不会察觉出来呢？家里没有半石粮食储存，好象很清廉，请求还政于豫王，好象很忠心；侄子裴伯冒死替中宗伸冤，好象很正义；借此心怀滔天大胆，把天子的玉玺帝印另授给他人，他的所为是正确的但并非如此，如同王莽勤俭恭让没有过错一样。然而武则天并非元后，自己又不是武氏的亲戚，徒怀非分之想，如同大白天去偷人家的东西，光见东西不见别人，这实在是大愚蠢啦！

自裴炎的罪恶目的没有达到被处以死刑后，权臣奸人的诡计暴露无遗，以后身执大权的奸臣，没有人再敢仿效伊尹、霍光的故技来逞能，刘季述、苗傅、刘正彦等人想以武力来篡权不久就被诛杀，其威力不足以憾动天下。裴炎被处死，是上天借助武则天的手腕来端正纲常，垂名万世！

将领统领各自军队那么国家就强盛，将领各自拥有军队国家就出现混乱，唐朝末年，外敌入侵造成的祸乱很少，但国家屡屡被攻破；皇帝屡屡被赶得四处逃亡，可国家并没有灭亡，然而天下已四分五裂，最后被五代所取代，都是由此而生。

将领各自有军队，于是乎就设立了监军。宦官监视军队，是唐朝的大害，开始时以御史监视军队，比宦官监军好一些，然而以御史任监军，很少有作战不惨败的。既然授命将军统帅军队，而一定要让御史监视，这与形势发展不相容的。将军各自有军队，骄悍跋扈拥兵意指不行于疆埸，而养寇以席权，葸缩以失机，迁延以糜饷，情事之所必有，而为国之大患。天子大臣不能坐受其困，则委之监军以决行上意，故曰不容已也。然而其军必败，未有爽焉者矣。

监军者而与将合，则何取于监军？而资将以口实，曰：夫监军者，目击心知而信以为必然矣。监军者而与将异，于是将不能自审其进止，以听之与兵不习、于敌不审之人。《传》有之曰："将得其人，而使刚愎不仁者参焉，则败。"监军者，非必刚愎不仁也，而御史者，以风裁无惮于大吏，持文法以责功效者也。责功效者必勇于进，则刚；持文法而无所惮，则愎；居朝端、习清晏、而不与士卒之甘苦相喻，则不仁。业任之以刚愎不仁之任，虽柔和之士，亦变其素尚而勉为决裂。且柔和之士，固不乐受监军之任；其乐任者，必其喜功好竞以尝试为能者也。

且夫朝廷之使监军，其必有所属意矣。天子有欲速之心，宰相有分功之志，计臣恤馈餫之难，近寇之荐绅冀驱逐之速；将虽无养寇畏敌之情，而在廷固疑其前却；操此为虑，则自非少年轻锐、挟智自矜、以傲忽元戎者，固莫之使也。无敢死之心，无必胜之谋，无矜全三军之生死以固邦本之情，抑无军覆受诛之法以随其后，如是而不挠将以取败也，必不得矣。乃其设之之繇，则惟将各有其军，而天子大臣不能固叛乱的就不用说了；即使他们不叛乱，皇帝的意图也不能贯彻到军队中，外敌日益强大以分散权力，羞于应战误了战机，又以粮草不济耽误时间，这种情况必定会产生，是国家的大患。天子大臣不能受此威胁，就让监军担任要职传达朝廷的意思，因此说不容许罢除。但是这样的军队一定要失败，很少有胜利的。

监军如果与将军团结一致，何必设监军，听将军汇报就行了。有人说：监军，亲眼看到心里清楚然后才能信以为真，就是这个道理。监军如果与将军意见不合，结果将军就不能自己决定军队前进后退计划，必须听从那些不熟悉军队，又不熟悉敌情的监军。《左传》上有这样一句话："选择的将军有真正的军事能才，又让刚愎不仁的人参与军队，那一定要败"。监军，不一定是刚愎不仁的人，御史，又是无所畏惧的朝廷大官，拿着国家的法令训责那些有功的军人。训责军队急于功利，那么军队必须勇于前进，这就叫作刚；手持国家法令无所畏惧，这就叫作愎；身居朝中，整日花天酒地，不愿与士卒同甘共苦，这就叫作不仁。如果把大权交给那些刚愎不仁的人，即使柔顺听话的官员，也会改变决心与他们决裂。况且那些柔顺听话的官员，本来就不愿意担任监军的职务；那些喜欢担当此任者，一定是些喜功好利，卖弄本领的人。

朝廷之所以设立监军，一定有他的用意。天子有急功近利的思想，宰相有分功邀赏的念头，掌管财政的大臣担忧运输军粮的艰难，外敌又希望速战速决；作为将领虽然没有养敌畏敌的情况，但在朝廷本来就对他们有所怀疑；有了这种担心，除非是那些年少勇猛、目空一切看不起武将的人，才敢于承担这一差使。没有敢死的雄心，一定不会有取胜的计谋，没有顾全保护三军将士生命保家卫国的情感，也就不考虑一旦全军覆没被杀头的结果，象这样不阻止将军导致失败的，一定不会有的。至于设立监军的理由，唯一的在于将军各信之也。

唐初府兵方建，军政一统于天子，授钺而军非其军，振旅而众非其众，故虽武氏之猜疑，而任将以勿贰，李孝逸、程务挺以分阃立效之元戎，杀之流之而不敢拒命，则亦无所用监军为矣。非武氏之能将将也，府兵定、军政一、而指臂之形势成也。然其始府兵初建于用武之馀、而兵固竞，则将可无兵，而唯上之使。一再传而府兵之死者死、老者老矣，按籍求兵而弱不堪用矣，势必改为召募，不得不授将以军矣；故监军复设而中人任之，庸主忮臣所不容已之乱政也。夫任将以军，而精于择将，慎于持权，天子之明威行于万里，而不假新进喜功之徒、挠长子之权，夫乃谓之将将；唯西汉为能然，岂武氏所可逮哉？

涉大难，图大功，因时以济，存社稷于已亡而决裂之伤，论者曰“非委曲以用机权者不克”，而非然也，亦唯持大正以自处于不挠而已矣。以机权制物者，物亦以机权应之，君子固不如奸人之险诈，而君子先倾；以正自处，立于不可挠之地，而天时人事自与之相应。故所谓社稷臣者无他，唯正而已矣。孔融之不能折曹操以全汉者，忼慨英多而荡轶于准绳者不少，操有以倒持之也。周顗、戴渊密谋匡主而死于王敦，几以亡晋，夫亦自有咎焉。愤而或激，智而或诡，两者病均，而智之流于诡者，其败尤甚。虽有奇奸巨慝杀人如莽之气焰，而至于自有军队，作为天子大臣对他们又不敢完全相信。

唐初实行府兵制，军权行政统统揽在天子手中，天子授武将军权但不是他自己的军队，作战大军并非他的军队，所以尽管武则天对此有所猜忌怀疑，但任命武将并无两样，依然如前，李孝逸、程务挺尽管是分兵立下赫赫战功的大将，但武则天杀他们流放他们，他们丝毫不敢抗拒，这也就没必要启用监军。并非武则天能够镇住武将，府兵制不变，军政大权集中在武则天手中，所以弹指之间一切就顺理成章。然而府兵制开始建立在用兵之际，军队力量很强大，那么将领不一定要有军队，只能听从天子的安排。随着时间推移，府兵死的死，老的老，按户籍来征兵都是些老弱不能作战的士军，形势逼迫改为募兵制，不得已才将领军权授给武将；因此监军重新设立启用宦官担任，昏庸的皇帝有嫉妒心的大臣也不容他祸乱朝政。授武将以军队，关键在于认真选择将领，慎重赋于他权力，天子的威望就可行于万里，不把军权授给那些喜功好利之徒，滥于掌权之辈，这才叫作善于统帅武将；只有西汉能够做到这一点，武则天怎么能做到的呢?

历经大难，图谋伟业，因时完成，确保濒临灭亡的国家而又没有决裂的危害，评论的人说：“不是委曲求全见机行事的人是不能做到的，”事实上并非如此，只有心怀正气临危不乱才能做到的。以机心权谋来处理事情的，也会被机心权谋所反作用，正直的本来就不如奸诈小人的阴险狡诈，所以君子先倒下；以正气相处，就能立在不被阻挠的境地，结果天时人事自然就与他相呼应。所以说作为国家的大臣没有别的方法，唯有中正而已。孔融不能阻止曹操保全汉朝基业，是因为他虽然有不少慷慨英气但行为不够检点。周顗、戴渊等人密谋恢复天子的宝座，结果死在王敦手中，东晋也几乎灭亡，他们自身也有过错。愤怒或激动，聪明或诡诈，两方面都有弊端，聪明的山乔岳峙守塞不变之前，则气为之敛，而情为之折。呜呼！斯狄梁公之所以不可及也。

或曰："公之所以得武氏之心而唯言是听，树虎臣于左右而武氏不疑，此必有巽人之深机，以得当于武氏，而后使为己用。"考公之生平，岂其然乎？当高宗时，方为大理丞，高宗欲杀盗伐昭陵柏者，公持法以抗争，上怒洊加而终不移；及酷吏横行之际，为宁州刺史，以宽仁获百姓之心；再刺豫州，按越王贞之狱，密奏保全坐斩者六七百家，当籍没者五千馀口免之；此岂尝有姑尚委随而与世推移以求曲济之心乎？其尤赫然与日月争光者，莫若安抚江南而焚淫祠一千七百馀所。是举也，疑夫轻率任气者亦能为之，而固不能也。鬼神者，即人心而在者也，一往而悍然以兴，气虽盛，心之惴惴者若或掣之，昧昧之士民，竞起而挠之，非心服于道而天下共服其心者，未有不踟躇而前却者也，故曰赫然与日月争光者也。繇此思之，唯以道为心，以心为守，坦然无所疑虑，其视妖淫凶狠之武氏，犹夫人也，不见可忧，不见可惧。请复庐陵，而树张柬之等于津要，武氏灼见其情而自不能违，岂有他哉？无不正之言，无不正之行，无不正之志而已矣。

或曰："公苟特立自正，无所用其机权，则胡不洁身不仕，发展成诡诈，他失败的更惨。尽管有奸诈无比、罪大恶极、杀人如麻的气焰，但到了人格高峻操守坚贞的大臣面前之前，他的气焰为之收敛，伪情为之折服。呜呼！这些都是狄仁杰高不可及之处啊。

有的人说："狄仁杰之所以深得武则天欢喜并唯言是听，把象老虎一样的大臣摆在左右武则天又深信不疑，其内心一定有过人的计谋，能够深得武则天的信服，然后再施展自己的才华和目的"。详考察狄仁杰的一生，果真是这样吗？在高宗朝时，狄仁杰是大理丞，高宗想杀掉偷伐昭陵墓林木的人，狄仁杰据理力争，高宗对此怒气冲天而狄仁杰始终不肯改变意见；当酷吏横行的时候，他任宁州刺史，以宽厚仁慈深得百姓拥护；再任豫州刺史，审讯越王李贞案，他秘密上奏皇帝保全了本应全家斩首的六七百家，免除了本应没为官奴的五千多人，这怎么能说他姑且随波逐流，随着时间推移委曲求全以达到匡复李唐基业的目的呢？他最让人称道的是任江南巡抚时烧毁了一千七百多所鼓惑愚弄百姓的寺庙；这种壮举，有人怀疑即使是轻率任性的人也能做到，其实难以做到。鬼神，即人们心中要寄托的东西，过去悍然兴起来，气势虽然很旺盛，但内心中惴惴不安好象有人在控制着他，愚昧无知的百姓一起来阻挠他，并非内心信服道义是天下百姓所共同认可的，没有不犹豫不决停止不前的，所以说他的功绩可与日月争辉。由此仔细思考一下，只有以道义为内心所存的东西，内心加以防守，其行动就坦荡没有什么可疑虑的，他对待凶狠妖淫的武则天，仅仅作为高宗的妃子而已，看不到他有什么忧虑，也看不到他有什么可害怕的。请求恢复庐陵王，把张柬之等人摆在重要的地位，武则天虽然看到他的用意，但又不会加以阻止，怎么还有别的？他没有不正确的言语，在行为上也没有什么过失，更没有什么险恶的阴谋。

有人说："狄仁杰假如其的公正廉明，不用机心权谋为什么不卓然而无能浼辱？乃姑事之而后图之，则抑权也，而非正也。曰：武氏无终篡之理，唐无可亡之势，天下愦愦弗之察耳。三思、承嗣以无赖小人淫昏醉梦而结市井椎埋之党，逐声狂吠。庸人视之，如推车于太行之险；大人君子视之，一苇可杭之浅者也，秉正治之而有馀，何为弃可为之时，任其煽乱，以待南阳再起，始枭王莽于渐台，而贻中原之流血乎？天下无正人而后有妖乱，丛狐山足以惑人之视听，武氏亦犹是而已。范我驰驱，无求不获，公亦坦然行之，而何机权之足云！

6.夷狄之蹂中国，非夷狄之有馀力，亦非必有固获之心也，中国致之耳。致之者有二，贪其利、贪其功也。贪其货贿而以来享来王为美名，于是开关以延之，使玩中国而羡吾饶富，以启窃掠之心。故周公拒越裳之贡，而曰："德不及焉，不享其贡。"谓德能及者，分吾利以赉之，使受吾豢养，而父老子弟乐效役使以不忍叛也。不然，贪其利而彼且以利为饵，惑吾臣民之志，则猝起而天下且利赖之以不与争；且其垂涎吾锦绮珍华而不得遂者，畜毒已深，发而不可遏也。契丹、女直皆始以贡来，而终相侵灭，其必然者一也。贪不毛之土，而以辟土服远为功名，于是度越绝险，逾沙碛、梯崇山、芟幽箐以徼奇捷；不幸而败，则尾之以入，幸而胜，而馈相寻，舟车相接，拔木夷险，梁水凌冰，使为坦道。贾曰："我能往，寇亦能往。"推此言之，我能往，寇固能来，审矣。故光武闭关，而洁身自好不入朝为官，光明磊落不遭受羞辱；可是却暂且侍奉武则天，慢慢再想法整垮她，这是权衡，并非正气。”我回答说：“武则天篡夺唐不会长久，唐朝没有灭亡的趋势，这是对天下混乱并没有认真体察。武承嗣、武三思这群无赖之辈终日花天酒地、醉生梦死和市井流氓结成同伙，斗鸡玩狗碌碌无为，一般人认为，他们的所为就如同在太行山推车行走，险象环生，正人君子看到他们的所为，如同一叶苇草那样低贱无用，秉公管治他们绰绰有余，为何要抛弃大有作为的有利时机，任凭他们祸害国家，是否等待象刘秀那样在南阳起兵，斩王莽于渐台，让中原大地悲惨流血吗？天下没有正直的人就会有妖乱出现，山林中野狐的狂猓足以迷惑人们的视听，武则天也不过如此而已。规范自我行为，没有什么不能得到，狄仁杰胸怀坦荡干自己应该干的事，而又何必去投机取巧。

外敌之所以蹂躏中国，并非外敌有过剩的力量，也并非其一定要得到中国的野心，是中国自己招致的。招致有二种情况，贪外国的好处，贪于邀功请赏。贪图外国的东西贿赂，朝廷以享有外国来朝为美名，于是打开关门让外国进中国，使其在中国尽兴游山玩水，外国倾心羡慕中国的富饶，这就打开了他们想窃取掠夺中国的野心。所以周公拒受越裳的贡物，并且说：“美德达不到这等地步，就不能享受人家的贡品”。说美德能够达到的，把自己的利益分出一部分赏给人家，使他们感受是我们在养育他们，那么父老子弟乐意出力供朝廷役使不忍心叛乱。如果不是这样，贪图人家的利益，人家以此作为诱饵，迷惑我们的臣民百姓，丧失对他们的防范，战斗一旦突然爆发，天下觉得受了人家的好处而不与对方争战；况且敌国对我中国锦绣河山、物华天宝早就垂涎三尺又不能得到，积怨太深，一发就无法阻止。契丹、女真开始时都送来贡品，而最终来侵吞中原，这是必然的道理。贪图那些不毛之土，以开辟疆土征服河、湟巩固。天地设险以限华夷，人力不通，数百里而如隔世，目阻心灰，戎心之所自戢也。中国之形势，东有巨海，西有崇山，山之险，不敌海之十一也。然胡元泛舟以征倭，委数万生灵于海岛，而示以巨浪之可凌，然后倭即乘仍以犯中国；垂至于嘉靖，而东南之害为旷古所未有。巨海且然，况山之蹠实以行、相蹑以进者乎？铲夷天险以启匪类之横行，其必然者又一也。二者害同，而出于贪君佞臣不知厌足之心，一而已矣。

吐蕃之为唐患，祸止于临洮，则专力以捍之也犹易。武氏欲发梁、凤、巴、蜑，自雅州开道以击之，陈子昂曰："乱边羌，开隘道，使收奔亡之众为乡导以攻蜀，是借寇兵而为贼除道，举全蜀以遗之也。"其言伟矣！事虽暂止，而此议既出，边臣潜用之以徼功，严武、韦皋虽小胜而终贻大害。明而熟于计者，见终始之全局，洞祸福之先几，可为永鉴。然而后世君臣犹不悟焉，天维倾，地极坼，有自来矣。

7.陈子昂以诗名于唐，非但文士之选也，使得明君以尽其才，驾马周而颉颃姚崇，以为大臣可矣。其论开间道击吐蕃，远国作为功名，于是翻越险境，走过沙漠，跋涉崇山峻岭，穿越恶草丛来邀奇功；不幸战败，那么敌国也就尾随侵入中国，侥幸得胜，那么远送军粮，舟车相接，拔木涉险，涉河渡冰，成为坦道。為贾说："我们能去，敌寇也能去"，以此推算，也就是说，我们能去，敌寇当然也能来，这是明摆的道理。所以光武帝刘秀封闭关口，那么黄河、湟水一带也就巩固。天地险要就是为了限制中国外夷，人力不通，数百里就如同进入另一个世界，亲眼目睹，习武作战的决心也就自然淡化了。中国的地理形势，东有大海，西有高山，高山的险要，比不上大海的十分之一。然而胡元渡船征讨倭寇，将数万士兵置身于海岛上，他表示可以征服巨浪，结果为巨浪所征服，而倭寇乘机仍来侵犯中国；到了嘉靖年间，东南沿海发生的祸乱从古到现在都没有出现。巨浪尚且如此，何况高山相连便于跋涉能阻止敌寇入侵吗？铲除外夷的天险屏障招来了敌夷在中国横行，这是必然的结果。二种情况祸害都是一样的，这些都出于贪婪的天子奸诈的小人那无法满足的欲望，这是必然的。

吐蕃成为唐朝的外患，但祸乱只到临洮，如果集中力量迎击吐蕃也还是比较容易的。武则天想集中梁州、凤州、巴州、蜑州的兵力，从雅州开路进攻吐蕃，陈子昂说："边疆无人作战，打开险要关道，让那些逃亡的百姓作为敌人的向导来进攻四川，这是借敌国的军队来为贼人开道，把整个四川都交给了人家"。这话太正确了。事情尽管暂且停止，这话既然已说出口，守边之臣偷偷用来邀功行赏。严武、韦皋尽管小有胜利却最终留下了祸根。明确熟悉战略的人，能够看到全局发展的始终，洞察祸福，这可作为经验加以借鉴，但后来的天子大臣都醒悟不到其中的道理，天崩地解，是有其原因的。

陈子昂以诗歌名扬唐朝，并不仅仅是一个文士而已，假使碰到明君使他的才能尽情发挥，与马周并驾齐驱、同姚崇不差上下，作为既经国之远猷；且当武氏戕杀诸王、凶威方烈之日，请抚慰宗室，各使自安，撄其虓怒而不畏，抑陈酷吏滥杀之恶，求为伸理，言天下之不敢言，而贼臣凶党弗能加害，固有以服其心而夺其魄者，岂冒昧无择而以身试虎吻哉？故曰以为大臣任社稷而可也。

载观武氏之世，人不保其首领宗族者，蔑不岌岌也，而子昂与苏安恒、朱敬则、韦安石皆犯群凶、持正论而不挠；李昭德、魏元忠、李日知虽贬窜，而终不与傅游艺、王庆之、侯思止、来俊臣等同受显戮。繇是言之，则武氏虽怀滔天之恶，抑何尝不可秉正以抑其妄哉？而高宗方没、中宗初立之际，举国之臣，缩项容头，以乐推武氏，废夺其君，无异议者。乡令有子昂等林立于廷，裴炎、傅游艺其能仇奸慝以移九鼎乎？

夫人才之盈虚，视上之好恶。无以作之，其气必萎；无以檠之，其体必戾。乃武氏以嗜杀之淫妪，而得人之盛如此；高宗承贞观之馀泽，有永徽之初治，而流俗风靡，不能得一骨鲠之士，何也？善善而不用，恶恶而不去，目塞而暗，耳塞而聋，其足以挫生人之气，更甚于诛杀也。人之有心，奖之而劝，故盛世之廷多正士；激之而亦起，故大乱之世有忠臣；废针石以养痈，而后成一痿痹之风俗，则高宗之柔暗以坏人心、毒天下，剧于武氏之淫虐，不亦宜乎！灭唐者，文宗也；灭宋者，理宗也。唐之复兴于开元，尚太宗未斩之泽与！不然，何以堪高大臣是可以的。他上书论述开辟小路进攻吐蕃入侵，是治理国家的远大谋略；况且正当武则天屠杀李姓诸王淫威鼎盛的时候，他上书要求武则天安抚李姓宗室，使他们能有安全感，触犯武则天的淫威却无所畏惧，极力控诉酷吏滥杀无辜的罪行，要求伸张正义，敢于说出天下人不敢说出的话，那些奸臣恶棍又不敢加害于他，应当有足以威服他们心魄的力量，怎敢糊里糊涂不加选择就以身试虎狼呢？所以说作为大臣捍卫社稷是可以的。

从史书上看武则天统治的时代，不能保全身加性命全家被斩的，大有人在，但陈子昂和苏安恒、朱敬则、韦安石都触犯了奸臣恶人，但他们以公正行事也没有被奸臣杀害；李昭德、魏元忠、李日知虽然遭到流放斥贬，最终也没有和傅游艺、王庆之、侯思止、来俊臣这些一起处斩。从这一点也可以说，尽管武则天有滔天的罪恶，又何尝不能持正义来抑制她的狂妄企图呢？正值高宗刚死，中宗刚即位之际，整个朝中大臣，个个缩头不敢露面，一起推举武则天秉国政，废除国君。没有不同意见的人，假使有陈子昂等人在朝中为官，裴炎、傅游艺这些人又有何才能心怀恶行改变唐朝的根基呢？

人才的多寡，关键在于天子的好恶。没有作为，他的志气一定要受到挫折。没有什么可信用，他的宏伟志向必定不能实现。而武则天不过是一个喜欢杀人的妖妇，怎么她能网罗这么多有才干的人呢？高宗继承贞观之治的余威，也出现过永徽之治，但流于形式，得不到一个忠于他的大臣，这又是为什么呢？喜欢正直的人却不重用，讨厌阴险的人却不铲除，目塞耳聋，这足以挫伤生人的志气，比杀人还要严重。人有善心，就应当加以奖励，所以盛世朝中多正直之人，感情奔发以身殉职，所以乱世时多忠臣；抛弃良药任病痛发展，结果使病痛愈演愈烈，高宗软弱昏庸，人心坏，毒戮天下，更厉害的是武则天的淫威，不也正是这样吗？灭亡唐朝的，是文宗皇帝；灭亡宋朝的，宗三十馀年噎噎之阴邪？

8.策贡士于殿廷，自武氏始。既试之南宫，又试之殿廷，任大臣以选士，不推诚以信，而以临轩易其甲乙，终未见殿廷之得士优于南宫，徒以市恩遇于士，而离大臣之心。故至于宋而富郑公欲请罢之，其说是已。虽然，勿谓贡士之策异于汉武之策问贤良也。贡士之取舍，人才进退之大辨，轻于其始，则不得复重之于后。天子以天之职求天之才而登进之，使委之有司，弗躬亲以莅之，则玩人而以亵天，其弊也，士愈轻而贡举愈滥，又奚可哉？有道于此，付试事于南宫，而所拔者缄其文以献之上，上与大臣公阅而定其甲乙，庶乎不疑不亵得进贤之中道，惜乎富公之言不及此也。

士之应科而来者，贤愚杂而人数冗，故授之所司，以汰其不经不达之冒昧；而天子亲定其甲乙，则以崇文重爵，敬天秩，奖人才，而示不敢轻，此亦易知易行之道。而自武氏以来，迄千馀年，议选举者，言满公车，而计不及此者，后世人主之心，无以大异于武氏也。夫武氏以妇人而窃天下，唯恐士心之不戴己，而夺有司之权，鬻私惠于士，使感己而忘君父，固怀奸负慝者之固然也。后世人主，承天命，缵先猷，作君作师，无待私恩以固结，而与大臣争延揽以笼络天下，顾使心膂猜疑，互相委卸，不亦悖乎！天子而欲收贡士为私人，何怪乎是理宗皇帝。唐复兴于开元，继承了唐太宗的余波！如果不是这样的话，为什么高宗三十多年的政治竟是这样黑暗的呢？

参加应试的文人在殿廷上应对皇帝提出的问题，开始于武则天，既然南宫主持考试了这些应试文人，又在殿廷内由皇帝重新考试，选择文士来担任大臣要职，不以信任推诚布公，而是在宫中确定甲等乙等，始终并没见到在殿廷取得学士比南宫录取的学士好多少，仅仅是把隆隆皇恩布施给文士，离散了大臣的心。所以到宋朝富弼上书要求停止殿试，他所指的也就是这。尽管如此，也不能说策问贡士和汉武帝策问贤良有不同之处。取舍贡士，是关系到进退人才的关键，开始就这样轻视，也就不能希望到后来加以重视。天子以上天授给他的职务来选择良才入登朝政，把这些工作交给有关部门，自己不亲自加以过问，那么就是愚弄他人对不起上天，这是弊端，越不重视士人那么科举就越泛滥，这怎么能可以呢？道理就在这里，把考试的事交给南宫，把录取的文人的试卷交给天子，天子和大臣一起参阅试卷然后再定甲等或乙等，这就是既不疑心又不偏袒那些有才干的贤人，可惜的是富弼没有谈到这方面内容。

学士为了求得功名来参加考试，他们人数庞大且愚贤混杂，把这些人交给有司，让有司经过考试裁汰那些既不通识又不明达的冒牌学士；天子亲自确定甲等乙等，表示崇尚文人重视官爵，恭敬上天，奖励人才，以表示不轻视此项工作。这也是容易明白容易行动的道理，自从武则天以来，迄今已有一千多年，谈论科举取士的人，往往说参加应试的人实在太多，究竟多少则无法统计，后来帝王的想法，和武则天并没有太大的差异。武则天以一个女人而夺取天下，唯恐士人不拥护自己，她夺取有司的权力，把自己私人的恩惠出售给那些文人，使他们对自己感恩戴德而忘却还有君臣父子的存在，那些心怀不轨有不可告人目的人本来就是这样，后来的帝王，秉承天命，举主门生怀私以相市也。此朋党之所以兴，而以人事主之谊所繇替也。

9.王莽之后，合天下士民颂功德劝成篡夺者，再见于武氏，傅游艺一授显秩，而上表请改唐为周者六万人，功若汉、唐，德若汤、武，未闻有此也。孟子曰："得乎邱民为天子。"其三代之馀，风教尚存，人心犹朴，而直道不枉之世乎！若后世教衰行薄，私利乘权，无不可爵饵之士，无不可利囮之民，邱民亦恶足恃哉？盗贼可君，君之矣；妇人可君，君之矣；夷狄可君，君之矣。孔子曰："天下有道，则庶人不议。"后世庶人之议，大乱之归也。旦与之食，而旦讴歌之；夕夺之衣，而夕诅咒之；恩不必深，怨不在大，激之则以兴，尽迷其故。利在目睫而祸在信宿，则见利而忘祸；阳制其欲而阴图其安，则奔欲而弃安。赘壻得妻，而谓他人为父母；猾民受贿，而讼廉吏之贪污。上无与惩之，益进而听之，不肖者利其易惑而蛊之，邱民之违天常、拂至性也，无所不至，而可云得之为天子哉？

以贤治不肖，以贵治贱，上天下泽而民志定。泽者，下流之委也，天固无待于其推崇也，斯则万世不易之大经也。

继承先烈的宏图，不论是天子还是老师，等不及私恩广施就想牢牢掌握大权，和大臣争相延揽人才以笼络天下百姓的心，为此使他们互相猜疑，互相推委责任，不也是大错特错吗？天子想网罗贡士作为自己的私人，怪不得那些门生故吏心里藏奸互相标榜。因此朋党产生，超越了用人为帝王服务的情谊。

王莽以后，能够令天下士民百姓一起歌功颂德劝成篡夺帝位的现象，到武则天时这种情况再度出现，傅游艺因此授了高官显位，上书请求改唐为周的就有六万人，称颂武则天功绩如同汉、唐，德操可比商汤、周武王，这些颂词闻所未闻。孟子说："能够得到百姓拥护的就是天子"。那时夏商周三代刚过去，风化教育还有遗存，人心朴素无华，这样讲实在不为过。象后来教化衰落行为浅薄，私心自利乘机掌权，没有不能以爵位相诱惑的士人，也没有见利不眼红的百姓，百姓又怎么能依靠呢？强盗贼人可以当皇帝，那么百姓就拥立她当皇帝；女人可以当皇帝，那么百姓就拥立她当皇帝；外敌可以当皇帝，百姓就拥立他当皇帝。孔子说："天下有道，那么百姓就不会议论"。后来百姓议论，是大乱的根源。一早上给他吃的，他早上就歌颂拥护你；晚上不给他衣服，那么晚上他就诅咒你；恩惠不一定很深，怨恨不在于大，否则激他就会振作起来，把他的原本都迷失了。利在眼前祸在深信，见利而忘祸；表面上控制欲望，背地里图谋安全，为了欲望就不顾安危。入赘的女婿得到了妻子，却认别人为父母；狡猾的百姓受到小恩小惠，就控诉廉吏贪污腐化。天子不加惩处，进而偏听偏信，不肖之徒见利容易迷惑受鼓动，百姓违背天理伦常，没有什么不能得到，这能够说他得到了就能做天子吗？

以贤明来对付不肖，以尊贵来对付贫贱，上对得起天下布恩于百姓那么百姓就可以安定。恩惠，是布施给百姓的，上天本来就没有期待他所推崇的人，这是千秋万代都不能改变的根本。

10.逸民之名，君子所甚珍也。商、周历年千岁，而鲁论授以其名者七人，则固与汤、武颉颃，为不世出之英，流风善世，立清和之极，非其人岂胜任哉？辞禄归老，保身家，要美名，席田园之乐，遂许之为逸民，则莽可为周公，操可为文王，朱泚、黄巢逐无道之君可为汤、武矣。

武攸绪者，武氏之族，依逆后而起，无功可录，窃将军之号，冒安平王茅土之封，与攸暨等乘武氏之篡，拥衮冕而南面称孤，凡六年矣。唐之子孙杀者囚者殆无遗类，而攸绪兄弟以皇族自居，不知此六年之内，何面目以尸居于百僚之上，而犹自矜曰恬澹寡欲，将谁欺乎？官扈卫而位侯王，虽极天下之多欲者亦厌足矣，犹曰寡欲，将必为天子而后为多欲邪？盖至是而武氏之势已浸衰矣，三思、承嗣淫昏而非懿、操之才，武氏知天下之必归于唐，而意已革，逾年而中宗召返东都矣。攸绪畏祸之且及，引身以避祸，席安荣尊富于嵩山之下，免脱禄、产之诛，福则与诸武共之，祸则全身以违众，就小人而论之，三思、承嗣之愚犹可哀矜，而攸绪之狡尤甚矣哉！使三思、承嗣而为曹丕、司马炎也，攸绪俨然以懿亲保其社稷，其肯就峰阴溪侧冬茅椒而夏石室乎？予之以隐逸之名，名何贱也？以法论之，免其殊死可尔，流放之刑，不可曲为贷也。

逸民的美名，是君子非常珍惜的。商、周一千多年历史，在《鲁论》中提到的仅有七人，这些，才能与商汤、周武王不差上下是不愿入世的英雄，他们美名流垂当时，清静寡欲达到了极点，不是这样的人不怎么胜任这样的荣誉呢？辞官隐居田园，保全性命家族，美名远扬，享受田园之乐，所以就称之为逸民，如果是这样的话，那么王莽可以当周公，曹操可以当周文王，朱泚、黄巢推翻没有善政的皇帝自己也可以作商汤、周武王啦。

武攸绪，是武则天的族人，他沾武则天之光迅速崛起，没有一寸战功，就封为将军的职务，并受封为安平王，和武攸暨等人趁武则天篡夺帝位之机，拥立武则天自己也南面称孤，时间长达六年之久。李唐宗族不是被杀就是被逮捕下狱，而武攸绪兄弟以皇族自居，不知道这六年之间，有何脸面位居百官之上，而且还自吹自己是恬澹寡欲，又能欺骗谁呢？官至扈卫将军位达侯王之尊，即便是完全达到了天下所有强烈欲望也不觉得满足，还说是寡欲，难道说一定要作天子才算是多欲吗？大概到此武则天的势力已经开始衰落了，武三思、武承嗣荒淫无度又没有司马懿、曹操的才能，武则天知道最终帝位还得归还给唐朝，有了这种意思，一年之后就把中宗召回东都洛阳。武攸绪也害怕自己染上灾祸，辞去官职来避免灾难，在嵩山下筑舍享受平静的生活，避免逃脱重蹈吕禄、吕产杀头之灾，有福就和武氏家族共同享受，有祸则保全自己不顾武氏家族，这实在是小人的所作所为，武三思、武承嗣的糊涂愚蠢尚可原谅，但武攸绪实在是太狡猾了。假如武三思、武承嗣是曹丕、司马炎，那么武攸绪必然以皇族自居来捍卫其政权，他还肯隐居在荒凉的山峰之下小河旁边，冬天倦缩在草茅之中、夏天居住在山洞里吗？给他以逸民的名声，隐士之名为何低贱到这等地步？如果以法律来治裁的话，免去他们死刑是可以，但处以流放的罪行，恐怕是不能免除的。

11.知人之哲，其难久矣。狄公之知张柬之、敬晖，付以唐之宗社，何以知其胜任哉？夫人所就之业，视其器之所堪；器之所堪，视其量之所函；量之所函，视其志之所持。志不能持者，虽志于善而易以动，志易动，则纤芥之得失可否一触其情，而气以勃兴，识以之而不及远，才以之而不及大，苟有可见其功名，即规以为量，事溢于量，则张皇而畏缩，若此者，授之以大，而枵然不给，所必然矣。

夫以宗社之沦亡，而女主宣淫，奸邪窥伺，嗣君幽暗，刑杀横流，天下延颈企踵以望光复，此亦最易动之情矣。则欲立拔起之功，以反阴霾之日月，似非锐于进取者不能。狄公公门多士，而欲得此义奋欻兴之人，夫岂难哉？然前此者，李敬业、骆宾王以此致败，徒以增逆焰而沮壮夫之气，其成败已可睹矣。故虽有慷慨英多捐生效节之情，公弗与也。张柬之为蜀州刺史，奏罢姚州之戍，泸南诸镇一切废省，禁南夷之往来；敬晖为卫州刺史，突厥起兵，欲取河北，诸州发民修城，晖不欲舍收获而事城郭，罢使归田；公于此乃有以得二公之器量，而知其可以大任焉。

持之不发者，藏之已固也；居之以重者，发之不轻也；敛之以密者，出之不测也；不为无益之功名者，不避难成之险阻能够长时间洞察别人的长处，是很困难的。狄仁杰了解张柬之、敬晖，把恢复大唐社稷的重任交给他们，他又怎知道他们能不负重任呢？人之所以担负重任，关键在他的气度能否胜任；器度可以，还要看他的涵养能否胜任；涵养也可以，还要看他的志向能否胜任。志向不能胜任的，即便志在行善但容易改变，志向容易改变，一点点的得失就可能激起他的情绪，脾气容易一触即发，即使认识到问题所在却不能看得很远，有一定的才干却不能成大气候，假使能够见到功名，就用器度来劝勉他，那么事情往往就坏在涵养方面，如此遇到事情不是张皇失措就是畏头缩尾，如果真是这样，即便授给他相当大的重任，而事与愿违，这是必然的道理。

国家社稷面临灭亡危险，女主又飞扬跋扈，专权独断，新即位的皇帝软弱无能，杀人如麻，血流成河，天下百姓从内心里希望光复大唐，这也是最容易激起人们感情的事。想建立突出的功名，一返被乌云遮住的日月光辉，不是勇于立功名的人是不能做到的。狄仁杰为国家延揽了许多良臣，而想用正义来得到能够复兴大唐基业的人，难道是一件很难定成的事情吗？纵观以前李敬业、骆宾工起兵失败，白白加强了武则天倒行逆施的气焰而使有志之士寒心，他的成败已经彻底表现出来，所以尽管心怀慷慨为光复大唐奋不顾身的激情，狄仁杰却不参与。张柬之任蜀州刺史时，上奏罢去姚州的兵役，泸南诸镇统统罢去，禁止和西南少数民族政权往来；敬晖任卫州刺史时，突厥发兵侵周，想一举夺取河北，诸州召百姓修筑城墙，敬晖不想耽误收获庄稼的大好机会而去修筑城墙，罢去徭役让百姓回到田地。狄仁杰以此认识到这两个人的气度涵养，也知道他们可以胜任重任。

掌握着这些想法却不暴露，埋藏在心里是很牢固的；让这些人胜任重职，事情也就可以充分完成；秘密进行谋划，就会有预想不也。故武氏任之而不疑，群奸疑之而不敢动，臣民胥信其举事之必克，而乐附以有成，善观人而任之者，于此求之而失者鲜矣。

12.读《文王世子》之篇，而知古者天子诸侯之元子日侍于寝门，而损益衣食皆亲执其事，无异于庶人之父子；天性之恩，既不以尊位而隔，孝养之礼，抑且以居高而倡，乃当大位危疑、奸邪窥伺之日，受顾命、传大宝，亦相与面授于衽席之侧，德不偷而道立，道不失而祸亦消，皇哉弗可及已！

后世子道之衰，岂尽其子之不仁哉？君父先有以致之也。宫嫔多，嬖宠盛，年已逾迈，而少艾盈前，于是不肖者以猜妒怀疑，即其贤者亦以嫌疑为礼。太子出别宫，而朝见有度、侍立有时、问安有节，或经旬累月而不得至君父之前，离析毛里之恩，虚拥尊严之制，戕性斁伦，莫之能改。故其为害也，父子不亲而谗间起，嬖宠怙权而宦寺张。秦政之于扶苏，晋惠之于太子遹，隋高之于太子勇，坐困于奸贼，召之不为召，诬之不能白，杀之不能知，而祸乱极矣。

道二：仁与不仁而已矣。绝父之慈，禁子之孝，尚安足与问祸福乎？无已，则如崔神庆之请于武氏，太子非朔望朝参，应别召者，降手敕玉契，以防奸慝，此三代以下仁衰恩薄必不到的灾难；不做那些没有意义的功名，不避事业难成的艰难险阻。所以武则天重用他并不怀疑，那些奸臣对他有疑心却又不敢动他，百姓都相信他一定能够完成大业，都愿意追随于他，善于观察别人又给以重任，这样想成就大事不失败的很少发生。

读《文王世子》这一篇章，才知道古代天子诸侯的长子每天都在后宫侍奉，衣食增加减少他都亲自过问，这和百姓家的父子之情没有什么两样；固有的恩情，并没因为地位尊贵就被隔断，养育孝顺的礼节，越是位居高官者愈加提倡，当帝位危险奸人窥伺的时候，接受临终遗命，把帝玺传给他，在宿房内面授机宜，德性不苟且人倫的大道才立得起来，人道不失祸乱也就自然消除，太广大了，真是不可企及啊。

后来子道衰落了，难道全是儿子不仁不孝吗？这是作皇帝的老子自酿的结果。宫里的嫔妃很多，宠幸嫔妃日渐盛行，年已半百，但年轻的嫔妃拥立在他的跟前，结果品性不端的嫔妃以猜嫉怀恨一切，即便那些品性端庄的也不能逃脱猜忌和嫌疑。太子为别的嫔妃所生，那么上朝拜见父皇就有一定的限度，侍奉父皇也有一定的时间，向父皇问安也就有一定的节度，有的半月十天也见不到父皇一面，自然父子之间的感情就有所减弱，表面上还有尊严之分，但内心的不轨已有所产生，谁也无法改变。所以也就产生了灾害，父子不合睦结果谗言就兴起，加以挑拨离间，宠幸嫔妃专权宦官日益嚣张。秦始皇对待儿子扶苏，晋惠帝对待太子司马遹，隋文帝对待太子杨勇，被奸人所围困，想召见儿子又不能召见，儿子被诬陷又不能洗冤，儿子被杀却又不知，那么祸乱就达到了顶点。

为人之道有二条：仁和不仁。断绝父亲的慈爱，禁止儿子的孝心，政局怎么会安宁呢？没有别的办法，就如崔神庆上书武则天，说太子除非是重大节日上朝参见，别的时候想召见他，就拿降下旨圣宝可废之典也。神庆之言此者，虑诸武之假旨以召太子而害之也。其人虽不肖，其言之为功亦伟矣。不然，夜半一人传呼，而太子蹈白刃以暗死，何从而知其真伪哉？后世人君处疏暌疑贰之势，防奸杜祸，建为永制可也。

13.罪者，因其恶而为之等也，而恶与罪亦有异焉。故先王之制刑，恶与罪有不相值者，其恶甚而不可以当辜，其未甚而不可以曲宥，酌之理，参之分，垂诸万世而可守，非悁悁疾恶、遂可置大法以快人情也。

武氏之恶，浮于韦氏多矣，鬼神之所不容，臣民之所共怨，万世闻其腥闻，而无不思按剑以起，韦氏之恶，未如是之甚也。然以罪言，则不可以韦氏之罪加之武氏。法者，非以快人之怒、平人之愤、释人之怨、遂人恶恶之情者也；所以叙彝伦、正名分、定民志、息祸乱，为万世法者也。故唯弑父与君之贼，自其子之外，人皆得而杀之；苟其为枭獍矣，则虽他恶无闻，人无馀怨，而必不可贷。

玄宗起而斩韦氏于宫中，允矣。凡唐室之臣民，尝以母后事韦氏者，无不可手刃以诛之。若武氏，则虽毒流天下，歼戮唐宗，恶已极，神人之怨已盈，而唐室之臣曾改面奉之为君者，不可操刃以相向，况中宗其子而张柬之其相乎？无已，则锢中宗于房州、废豫王为皇嗣之日，犹可诛也。中宗归而受皇玺，以防备奸人加害。这就是三代以下仁政衰落皇恩浅薄时不能够废除的法宝。崔神庆所指的，大概是担心武则天的宗族假借着武则天的名义来加害太子。此人品性虽然差一些，但他说的话还是很正确的。如果不是这样，深更半夜有一人传呼太子，太子也就可能糊里糊涂的被杀死，又怎能辨出是真圣旨还是假圣旨呢？后来的天子面对政局混乱的局势，防奸杜祸，可以成为定制。

罪行，是依据他所犯罪恶的多少并区分为等级，恶和罪还是不同的。所以先王制定刑法，恶和罪有不同的对待，他的恶很大但也不能抵得上他的罪行，他的恶不显著也不能故意宽大，认真酌定，把握分寸，即使历史发展万代也还是可以保持其统治，不是仅仅为了表示对罪恶的痛恨来设立刑法以快人心。

武则天的罪行比起韦皇后来是大太多了，鬼神都不能容忍，百官百姓均怨恨十足，即使千秋万代知道了她的腥风血雨的恶迹，也都会不加思索拔剑共击之，韦皇后的罪恶，还没有发展到这等地步。然而若谈她的罪行，就不能把韦皇后的罪行同武则天的罪行相提并论。法令，并非是激动人们的怒气，平息人们的愤恨，消除人们的仇怨，满足人们憎恨罪恶的感情；是用来评汉等级次第、端正名分、安定百姓心志、平息祸乱，成为万世的法令。所以只有那些杀害天子和父亲的贼人，除了他的儿子以外，人人都有权力杀他。假如他是罪大恶极的人，即便是他的恶迹没有听说过，人们对他也没有太大的怨恨，那么也一定不能宽恕他。

唐玄宗起兵把韦皇后杀死在宫中，这是应该的。凡是唐朝的臣民百姓，曾经把韦皇后作为国母来追随她的人，都可以把她杀死。像武则天，尽管恶贯满盈，毒流天下，屠杀唐朝宗室，罪迹实在太大了，鬼神都对她非常怨恨，但唐朝的大臣们都曾一改初衷奉她为天子，这就不能拿刀来杀害她，况且中宗是她的儿子，她的宰相又是张柬太子之封矣，柬之奉太子以诛幸臣，非可杀武氏之日矣；迁之别宫，俟其自毙，行法如是焉可耳。许柬之以杀武氏，旦北面而夕操戈，奉其子以杀其母，而曰“法所宜伸也”，乱臣贼子，因缘以起，何患无言之可执，而更孰与致诘乎？

恶武氏者，责柬之之不行诛，求快恶恶之心，而不恤法之伸诎，又何取焉？唯加以则天皇帝之称，而使三思等仍窃禄位，则失刑矣。文姜非躬弑而但与闻，哀姜与弑而所弑者其子，《春秋》不夺夫人之称，许齐桓之讨哀姜，而不使鲁人伸法，则中宗君臣不得加刃于武氏明矣。（以上皆武氏时事。）

14.武氏迁于上阳宫，姚元之涕泗呜咽，以是出为亳州刺史，张柬之、敬晖恶足以察元之之智术哉？武氏废，二张诛，而诸武安于磐石；中宗淫昏，得之性成，疢疾而不悟；其不能长此清晏也，众人不知，而智者先见之矣。元之之智，垂死而可以制张说，方在图功济险之日，百忧千虑，周览微察，早知五王之命悬于诸武之手，固不欲以身试其戈矛，以一涕谢诸武而远引以出，故其后五王骈戮而元之安。或持正以居功，或用智以祈免，忠直之士不屑智士之为，而通识之士不尚婞直之节，其不相为谋也久矣。

之呢？不得已，尽管她禁锢中宗于房州，废豫王作为皇位继承人的时候，该处死她。中宗被召回并受封为皇太子，张柬之拥立太子处死那些奸臣，这就不是处死武则天的时候了，把她迁到别的宫殿，让其自行老死，执法到这地步也就可以啦。若允许张柬之杀死武则天，早上还北面称臣晚上就操刀杀她，拥立她的儿子杀死他的母亲，还说"法令应当伸张"，那些乱臣贼子，乘机叛乱，还担心没有什么把柄痛斥他们吗？

憎恨武则天的人，指责张柬之不杀武则天，为的是求一时之快，而不顾及法令的规定，这又有什么可采取呢？只有加封武则天为皇帝之称号，让武三思等人仍掌握重要官职，这是刑法失去了标准。文姜并没有亲自参加杀死国君，只是参与了议论，哀姜参加了杀死国君但所杀的是她的儿子，《春秋》一书中仍称其为夫人，若允许齐桓公讨伐哀姜，而不让鲁国用法加以裁治，那么中宗等人不能杀害武则天也就很清楚了。

武则天迁到上阳宫，姚元之痛哭流涕，因而被贬为亳州刺史，张柬之、敬晖又怎么能以足够的证据证明姚元之的心术呢？武则天被废，张易之兄弟被杀，但武氏宗族依然手握朝中大权；中宗荒淫昏暗，其性格成熟以后，身染重病仍不醒悟；他不能长时间这样清静欢晏，别人不知道，聪明的人早就看出来了。姚元之的聪明才智，即使临死之际也可以制服张说，当时正处于求得功名排除危险的关头，千思百虑，详细洞察一切，早就知道五王的命运操纵在武氏家族的手里，所以他不愿拿自己的性命去冒死救五王，他痛哭流涕感激武氏族人被放了出来，后来五王被杀姚元之却安然无恙。有的人以刚正性格居功自傲，有的人用智谋祈求免祸，刚正不阿的忠臣对智士的所为不屑一顾，周知一切的人并不崇尚固执刚强人的节操，他们不在一起商量办事由来已久。

或曰：蔡邕一叹而受刑，元之弗虑，智亦疏矣。曰：邕不与诛卓之谋，而元之赞兴复之计，五王虽怒，不得以邕之罪罪元之，元之何惴焉？邕受董卓之辟于钳之中，而王允不因卓而显；元之虽见庸于武氏，柬之固武氏之相也，元之无惮而称武氏曰旧君，武氏岂但元之之旧君乎？不得执以为辞，苛责以蔡邕之罪，元之所熟审而无嫌者也。夫其诡于自全，而贞概不立，诚不足为忠矣。而五王际国步之倾危，诛二竖子，废一老妪，谋定祟朝，事成指顾，非有补天浴日之艰难，乃得意以居，环列相位，裂土称王，鸣豫以翱翔，心忘憯怛，则以视大臣之忧，阴雨苞桑之计，道亦褊矣。废其母，立其子，奸人未翦，宗社飘摇，不可涕也，亦未可笑也；又恶知元之之涕，非以悲五王之终穷而唐社之未有宁日也与？

15.狄公之与张柬之，皆有古大臣之贞焉，故志相输、信相孚也。中宗初复，薛季昶曰："产、禄犹在，草根复生。"而柬之不诛诸武，欲使上自诛之，以张天子之威。以斯言体斯心，念深礼谨，薄一己之功名，正一王之纲纪，端人正士所繇异于功名之士远矣。

中宗之不可与有为而不知揣，非暗也。赵汝愚曰："社稷有灵，当无此患。"人臣为其所可为，而谨守臣节，不与天子争威福之柄，知此而已。其不济与？社稷之不幸也，荣辱生死又何恤焉？且使中宗之淫昏不如是之甚乎？春秋已富，曾正位于有人说：蔡邕一声叹息就被处以酷刑，元之没有想到，这是聪明反被聪明误。有人说：蔡邕不参与杀董卓的阴谋，姚元之赞成恢复过去的谋略，五王尽管生气，也不能以蔡邕的罪名来惩治姚元之，元之又何必惴惴不安呢？蔡邕是董卓在他受重刑之中举荐为官，王允并没有依仗董卓才显贵；元之虽然被武则天所重用，张柬之也是武则天的宰相，元之毫无顾忌称武则天为旧君，武则天怎么只有姚元之这样一个旧臣呢？不能用此来说明，痛责蔡邕的罪行，姚元之明知道却也没有什么嫌弃。他的诡计在于保全自己，贞操也就不能守住，这实在不足以说明是忠心。而五王处于国家面临灭亡的关键时候，杀那两个宦官，废除一个老太婆，出于朝政才加以商谋，事情在举手之间就成功了，但并没有经历了补天浴日的艰难，还得意洋洋挤身于宰相之列，割土称王，任意翱翔，内心忘却忧伤，对大臣顺美引咎的热忱，未雨绸缪谨慎小心的态度，心胸也太狭小了。废了他的母亲，立了她的儿子为帝，奸臣还没有铲除，国家还处在风雨飘摇之中，不能哭，也不能笑；又怎知姚元之的眼泪，不是悲哀五王最后以灭亡和唐朝政局还没有稳定下来呢？

狄仁杰和张柬之，都具有古时大臣的贞操，所以他们的志向相一致，信心相互一致。中宗刚复位时，薛季昶说："吕产、吕禄还在，草根再生。"张柬之不杀诸武，想让中宗自己杀他们，以显示天子的威望。用此话体察这种心情，对国家社稷存有深念，宁愿抛弃自己的一时功名，也要端正天子的纲纪法度，这就是品性端庄刚正的人和功名的人相比相差甚远的根本原因。

中宗不能有所作为也不知道揣磨人心，并不是昏庸，赵汝愚说："社稷若有上天保佑的话，应该不必为此担心"。大臣尽量做他应该做的事，谨慎坚持大臣的礼节，不和天子争夺施威降福的大权，明白这层道理就行了。他不能做的，也就是国家的不幸，荣辱生命又有什受终之日矣。乃既斩二张，复诛诸武，王鈇在手，唯己所为，无所待命，怀贞事主者，自怵惕而不敢宁，固非薛季昶以利害居心者所能知也。

刘幽求曰："三思尚在，公等终无葬地。"成何等事，而早以葬地系其心乎？绛侯之尽诛诸吕，文帝尚在藩服，而国无君，非中宗不违咫尺之比也，然绛侯且不免对吏之辱，而几不保。中宗而果有为也，柬之不待天子之命，广行诛戮，又足以保其勋名乎？乃其淫昏如彼矣，其后三思伏诛，且割太子首以献宗庙，宗楚客复起而乱唐，相王几不免焉，则诸武虽诛，未见五王得免于走狗之烹也。均之不免，而秉臣节以蒙大难，不尤无疚于心与？

论者惜季昶、幽求之言不用，而嗤柬之之愚，其愚不可及也。豫谋祸福者，不足以见贞士之心，久矣。唐多能臣而鲜端士，于柬之有取焉，所以与狄公有芥珀之投也。

16.李日知、魏元忠、唐休璟、韦安石当武氏之世，折酷吏之威，斥宣淫之魂，制凶竖之顽，怀兴复之志，张挞伐之功，皆自命为伟人，而为天下所属望者也。及其暮年，潦倒于韦氏淫昏之世，与宵小旅进旅退，尸三事之位，濡需于豢养，殆无异于鄙夫。呜呼！士之欲保名义于桑榆，诚如是之不易乎？义者，无往而不与人并立者也，旦取之，而义立于旦矣；夕取之，么可以忧虑呢？又怎么能使中宗不象这样更加荒淫昏暗呢？国家已经富强了，就开始了他们施政措施，既然已经杀了张易之兄弟，又杀姓武宗族，天子的生杀大权掌握在手中，为所欲为，不再听命于天子，那些胸怀报国志趣的人，自然害怕不敢安静，这本来就不是薛季昶内心存有利害的人所能明白的。

刘幽求说："三思还存在，你们这些人就没有葬身之地"。有什么事促使他早就把葬身之心埋在心中？绛侯周勃杀尽吕氏一家，汉文帝当时还是藩王，国家没有天子，不能和中宗不杀武氏一家相提并论，然而周勃也逃脱不了大臣对他的羞辱，性命几乎不保。中宗果真有所作为，张柬之也等不到天子的命令，就大开杀戒，又怎么能保全他的勋禄名位呢？中宗昏淫无度，到后来武三思被杀，况且割下太子的头颅供献在宗庙，宗楚客又崛起乱唐，相王差点不能保全性命，尽管姓武族人全部被杀，也没有见到五王能够侥幸逃脱。这些都无法避免，身为大臣却遭受这样的大灾难，其内心不是没有惭愧吗？

评论的人痛惜不采用薛季昶、刘幽求的话，笑话张柬之愚蠢，他的愚昧也达不到这种程度，能够预见祸福的人，并不能真正见到贞士的内心，这太长时间了。唐朝多能臣缺少端士，所以对张谏之有所取法，所以和狄仁杰非常相似。

李日知、魏元忠、唐休璟、韦安石，在武则天时代，敢于挫败酷吏的淫威，痛斥荒淫的生活，制止凶狠之人的野心，胸怀光复唐朝的志向，申张抨击时弊的功业，都自命为了不起的人，当时天下百姓都非常看重他们。等到了晚年，韦皇后秉政时却潦倒失意，和一帮坏人结为一气，白白占据三事的官位，生活如同豢养，几乎和一般百姓没有什么两样。哎！士想保全名节到晚年，象这样是多么不容易啊！正义的人不管到什么地方都不和他人站在一起，早上采用义，那么义而义立于夕矣；天下服之，而已亦乐以自见。夫然，则可辱、可穷、可死而无所息，故曰“怯夫慕义，无不勉焉”。若夫立乎险阻之馀，回念畴昔，而复自叹其昔之危也，则百炼之刚，必有绕指之柔，相为终始者矣。

武氏之杀人亟矣，杀愈惨而人愈激，激以为义，非必出于伪，而义终不固。迨乎武氏已老，杀心已灭，韦氏继起，柔奸不酷，激之也不甚，而义之不固者潜消暗馁，以即于亡。于是后起之英，已笑其衰颓，顾夷然曰“此吾少壮之所尝为，而今不尔者也”，则一茶然以退而不可复兴矣。故君子养之以静，持之以坚，审于大小轻重之宜，而参终始于一念，无激也，斯无随也，知柔知刚，百夫之望，夫乃谓之精义以利用而志不渝也。

17.唐自显庆迄乎景龙，五十有五年，朝廷之乱极矣，艳妻接迹，昏主死亡而不悟，嬖幸之宣淫，酷吏之恣杀，古今所未有也。取唐之懿僖，宋之徽钦而絜之，十不敌一焉，然而彼速亡而此犹安者，其故何也？人之邪正不两立，政之善恶不并行，纯则治，杂则乱，所固然矣。虽然，尤恶其相激相反而交为已甚也。已甚者，小人之忮毒也，进而陷君子以反其类，于是而国为之空；国既空矣，乃取君子之政，无论宗社生民存亡死生之所系，抑非必其心之所不欲，而概反之，以泄其忿怒，就存在早上，晚上采用义，那么义就立在晚上；天下人都佩服他，那么他也就乐以体现。如果这样的话，可以羞辱，可以贫穷，可以死，这些都无所叹息，所以说：“怯夫羡慕正义，没有不互相勉励的”。如果处在艰难险阻之际，回头想想过去的所为，又自叹过去实在是太危险了，那么历经百次炼就如钢，也一定会有缠绕手指的柔软，这前后是互相一致的。

武则天杀人太快了，她杀人愈惨那么人们就会更加悲愤，悲愤就会产生正义，不一定出于假装，那么正义感也就不牢固，到了武则天的晚年，杀心已经没有了，韦皇后秉乘其业，柔弱奸诈不严酷，因而人们悲愤之情也就不太厉害，那么正义感不牢固的人慢慢就失去了正义感，最后以至于没有正义感。那些后起之秀，笑话他们老而颓废，他们不以为然，说：“我们年轻时也曾经这样做过，不过现在的确没有了”。一旦疲倦就会退缩再也不能重新振兴起来。所以君子的正义感养之以静，坚定坚持正义感，对于大小轻重的事认真审核，自始自终保持一致，没有感情用事，也没有随波逐流，知柔知刚，众百姓所希望的，这就叫做精于正义并加以利用，其志向始终不改变。

唐从显庆年间到景龙年间，前后五十五年，朝政混乱达到了极点，女色之祸接连不断，昏庸的皇帝到死也没有醒悟，后宫嫔妃飞扬跋扈，酷吏滥杀无辜，从古到今都没有出现这种局面。取唐朝的懿宗、僖宗，宋朝的徽宗、钦宗相对比，十个也比不过他们中的一个，然而末代君主速亡他们却安然无恙，这又是什么原因呢？人的邪正不两立，朝政好坏不能同时进行，纯正则国家有清明政治，混杂则国家就乱，这本来就是这样。尽管这样，更讨厌的是他们相互刺激相互反对交互政治太过分了。既然过分，小人得势毒戮天下，入朝政则陷害君子抵毁好人，结果国家出现空虚；国家既已空虚，才采用君子的推以及于言语文字之不合者，皆架以为罪，而坐之死亡；天下乃钳口绝笔，以成乎同恶相扇之势，此唐、宋之所以亡，与汉末党锢之祸若出一辙也。

武、韦之世，自长孙无忌、褚遂良以忠蒙诛夷之祸亦憯矣，然杀是人则祸尽于其人，为其所汲引与所同事者安处无惊也？则苟不力触奸邪之爨怒，而犹绰乎其有以自居。若夫贞观、永徽之善政，虽不能厘定而修明之，初不听奸邪之变易。武、韦所自为异议以乱典常、蛊众志者，丧祭之虚文，选举之冒滥而已；边疆之守，赋役之制，犹是太宗之遗教也。杀君子而不蔓引其类，故斩艾虽憯，而陈子昂、苏安恒、李邕、宋务光、苏良嗣之流，犹得抒悃昌言而无所诎；乃至守正不阿、效忠不贰如狄仁杰、宋璟、李日知、徐有功、李昭德，皆列上位而时伸其志。其宣力中外者，则刘仁轨、裴行俭、王方翼、吉顼、唐休璟、郭元振、姚元之、张仁愿悉无所掣曳以立功名；乃至杨元琰、张说、刘幽求诸人同事俱起，而被害者不相及。奸邪虽执大权，终不碍贤臣登进之路，驱天下以一于淫惨；则乱自乱也，亡自可不亡也，或摧之，或扶之，两不相掩，而天下犹席以安也。

夫小人之毒不可扑者，莫甚于与君子争名；君子之自贻以戚者，莫甚于与小人竞气。武、韦、太平淫虐方逞之日，小人利得其欲，而自安于小人；君子自靖其诚，而不待抑小人求伸其政治，不管关系到国家存亡百姓生死，并非一定是他内心不想这样做，大概反对他这样做，激起他们的忿怒，以此再推到他们的话语文字不合朝政的，就统统加以罪名，不是因此下狱就是杀头；天下众口闭口扔笔，造成了同恶相互吹捧的形势，这就是唐、宋之所以灭亡的原因，和汉末党锢之祸如出一辙。

武则天、韦皇后当政的时候，长孙无忌、褚遂良等人忠心唐朝而被诛杀，实在是太惨了，杀了这些人灾祸仅降临在这些人头上，而那些同这些人亲密无间同朝为官的人则安然无恙，主要是由于这些人从根本上没有触犯武则天、韦皇后，引起她们的愤怒，对这些人尚比较宽大使他们安然无虑。贞观、永徽之治，尽管治理得不很稳定则加以增补修定，开始不信奸邪的鼓惑，任意改变朝政。武则天、韦皇后以自己的不同意见扰乱朝纲，蛊惑众人，以空虚的文章祭祀祖先，科举取士泛滥成灾；边疆大臣，赋税徭役制度，仍是太宗所留下的制度；杀死皇子但不祸连他的同党，所以屠戮尽管很惨酷，但陈子昂、苏安恒、李邕、宋务光、苏良嗣等人，还能诚恳进谏没有受到屈服；至于那刚正不阿、忠心不贰如狄仁杰、宋璟、李日知、徐有功、李昭德等人，都被授以要职尽量发挥他们的才能。那些效力朝中朝外的，如刘仁轨、裴行俭、王方翼、吉顼、唐休璟、郭元振、姚元之、张仁愿等都不受任何制约立下赫赫功名，到了杨元琰、张说、刘幽求等人一起谋事，被害的人也没有全部株连。奸邪之人尽管掌握朝廷大权，最终也没有阻塞贤臣为官的道路，驱使普天之下同受惨祸；乱虽然乱了，但灭亡是不能自己灭亡的，有的摧毁他，有的协助他，两方面互不相干，结果天下依然比较稳定。

小人的毒辣阴谋不能击破的，没有比同君子争夺名利更厉害啦；君子自己感到内心难过，没有比同小人赌气更严重的了。当武则天、韦皇后、太平公主持权弄政的时候，小人，能够得到他们所君子；故小人之毒浅，而君子之志平，水火不争，其毒不烈，所固然矣。夫名者，君子之实也；气者，小人之恃以凌物者也。君子惜名已甚，而气乘之，小人于是耻荣名之去己，而亦饰说以干誉；然后公忠正直之号，皆小人之所弋获，一旦得志以逞，则尽取君子题以奸党而诛殛之，空其禄位，招致私人，而朝廷倏易其故。及其败露，直道乍伸，义激气矜者，抑用其术以铲绝败类。数十年之中，起伏相互，风静而波犹不息，君无适信，吏无适守，民无适从，乃至取边疆安危之机，小民膏血之资，旦此夕彼以各快其施，如痎疟之炎抱火而寒履冰也。呜呼！锻铁者屡反其钳椎，疗病者疾易其栀附，其不折以亡也，岂可幸哉？甚矣使气而矜名者之害烈也！

宋仁宗，贤主也，吕夷简、夏竦，非大奸也，相激以争，而石介以诗受斫棺之僇。流波所荡，百年不息。无罪可加，而苏轼以文词取祸；有罪可讨，而蔡确亦以歌咏论刑。免役非殃民之稗政，而司马公必速改于一朝；维州非宗社之急图，而李文饶坚持其偏见。虽君子之乍升，亦且以敛怨而妨国家之大计；况小人之骤进，唯人是苛、唯政是乱者，又遑恤倾危之在旦夕乎？唐武宣、宋神哲之可与有为也，顾不如高宗之柔闇、中宗之狂惑，观其朝右之人与邦国之政而可知矣。国无党祸而不想企求的东西，那么小人也就自安无乱；君子自我平定自己的诚心，不必等到压制小人重用君子；所以小人的危害比较浅，那么君子的志向就能平息，水火不相争，其危害也不很严重，这本来就是这样。名声，是君子的真实渴望；赌气，小人就以此凌辱他人。君子本来非常重视名声，而怒气又趁机加入，那么小人耻于名声已经没有了，所以就巧言令色以求得名声；而后公平正直忠诚等荣誉，统统被小人夺取，有朝一日他们得势，那么把君子一网打尽诬以奸党全部处死，空缺的职位，授给忠于自己的人，结果朝廷时常发生变局。等到他们阴谋败露，正义才能伸张，那些自以为出于正义维护朝纲的人，用同样的办法铲除这些小人败类。数十年当中，此起彼伏，风静而浪不停，天子不知该信任谁，官吏不知该怎样为官，老百姓不知该听谁的，以至于拿边疆安危作为机遇，小民百姓的生命作为资本，早上这样晚上那样政策变化无常，就好象患疾症的病人发烧还抱着火盆取火，寒冷还要在冰冷的雪地上行走一样。哎呀！炼铁的人不断地翻转烧红的铁板，治疗病人疾病不断变换药物，没有治好就死亡了，不是太侥幸了吗？有怨恨之气比自吹名声的人祸害更严重！

宋仁宗，是贤明的天子，吕夷简、夏竦，并不是大奸臣，相互不合结果互相攻击，而石介因为写诗险些受到开棺之辱。这种风气百十年间都没有停止。没有什么罪可以治裁，苏轼因文词受到灾祸；有罪可讨，但蔡确也因诗歌受到惩处。免去徭役并不是危害老百姓的弊政，但司马光却将此快速革除；维州不是国家急于收复的失地，但李文饶坚持自己的看法。尽管君子突然升迁，只是暂且收敛怨恨却妨碍了国家的大政方针；况且小人骤然掌权，对人严厉苛刻，唯一的就是扰乱朝政，哪有闲暇来照顾国家灭在一瞬间呢？唐朝的武宗、宣宗、宋朝的神宗、哲宗都是可以有所作为的，看起来还亡，为人君者弭之于其几，奚待祸发而无以救药乎？

18.临淄王之诛韦氏，不启相王。豪杰之识，有暗合于君子之道者，此类是也。臣受命于君，子受命于父，勿敢专焉，正也。信诸心者非逆于理，成乎事者不疚于心，则君父虽加以尤而不避。唯豪杰以心为师，而断之于事，夫君子之靖乃心以制义者，亦如此而已矣。推而至于圣人，舜之不告而娶，亦如此而已矣。理者，生于人之心者也，心有不合于理，而理无不协于心。故豪杰而不可为圣贤者有矣，未有无豪杰之识而可为圣贤者也。

临淄王曰："事不成，以身死，不以累王。"亦未有以信其必然也。然以相王之温厚柔巽，全身于刑杀横行之日，则亦可冀其或然耳。且微临淄之举事，王亦岌岌矣。宗楚客、叶静能日谋杀王奉韦氏以夺唐祀，韦氏不诛，王固不能再全于凶妪之手，临淄不忍言耳。实则谓事不成而王危，不举事而王亦危，以必危之势，求全王而使嗣大统，势不两立，徒畏王之优柔而挠成算，告则兵不得起，宁无告也。以安社稷，以讨乱贼，以救王于颠危，在此举矣。崔日用业以宗楚客害王之谋告，而犹需迟不决乎？故临淄之不告，孝子之道也。即一事一念而言之，大舜之不告而娶，奚必远哉？是以知临淄之可与大有为也。生于秽乱之世，驰逐于声色狗马之中，而所与游者王琚之不如唐高宗的柔懦昏暗，中宗的狂妄糊涂，从执掌大柄的朝中大臣和国家的政治情形就可以明白了。国家没有党祸就不会灭亡，作为天子的就应该将它消灭在开始萌芽之时，为什么要等到灾祸发生了而没有办法救治呢？

临淄王杀死韦皇后，没有秉告相王，豪杰的认识，和君子之道不谋而合的，就如同这些。大臣听命于天子，儿子听命于父亲，不敢独断，这是正确的。在内心相信并非违背常理，事情办成内心并不惭愧，即使天子加以责备也没有什么可回避。只有豪杰以自己内心所想作为老师，果断行事，君子表面恭敬内心以正义行事，也如同这样。把这推广到圣人，舜不告诉大家就娶妻，也是这样。道理，产生于人的内心世界，内心所思若不与道理相符合，道理对内心也没有什么相牵制。所以豪杰不能做圣贤是有的，但是没有豪杰的才识是不能够作圣贤的。

临淄王（李隆基）说："事情如果不成功，我宁愿被杀，绝不连累王爷（相王）"。并非相信事情就真的如此。然而相王性格温和软弱，在刑杀横行之时能保全自身，那么他也希望事情真是这样。况且临淄起兵不成，相王的命运也岌岌可危。宗楚客、叶静能整天商谋杀害相王尊韦皇后为帝夺取大唐的天下，韦皇后不杀，相王也就不能逃脱妖妇之手，临淄王不忍心这样说。事实上说事不成功相王危险，不起兵相王也危险，这是必然之势，企求保全相王使唐朝统治垂绪，这是势不两立，仅仅害怕相王优柔寡断阻止起兵，告诉他肯定不能起兵，宁肯不告诉他。为了国家稳定，讨伐乱贼，救相王于危机之中，在此一举。崔日用已经将宗楚客谋害相王的阴谋告诉了临淄王，这还需要什么犹豫不决吗？所以临淄王不告诉相王起兵一事是出于孝道。如果将一件事一点想法都告诉他，那么大舜不告诉众人娶妻，这不是和这相去太远了吗？从这也可以看出临淄王是有所大作为的。他生于混乱之世，终日生活在花天酒流，故终于浊乱而亏其天彝，亦不幸而不奉教于君子乎！

地，声色狗马之中，和他在一起共事的是王琚这些人，所以最终流于浊乱而亏了天理伦常，最大的不幸在于没有求教君子。

卷二十二

睿宗

1.国无正论，不可以立。睿宗表章死于武、韦之祸者，太子重俊与焉，韦凑斥之为乱贼，请夺其节愍之谥，论之正者也。

重俊之恶，非但蒯聩之比也。或曰：韦氏不诛，而中宗弑，祸深于南子；三思逸产、禄之诛，而乱天下，恶剧于宋朝；重俊诛之，视蒯聩为愈矣。曰：非然也。君子之恶恶也，诛其意；而议刑也，必以其已成之罪，而不可先其未事早施以重辟。三思谋篡于武氏之世，既不成矣，韦氏之行弑，在重俊死后之二年。当其时，篡弑未形而亿其必然，以称兵向阙，欲加刃于君母，其可乎？且夫重俊之起，非果忧社稷之危，为君父除伏莽之贼也。韦氏以非其所出而恶之，三思、崇训逢其恶而欲废之，重俊不平，而快一朝之忿，恐不得立而持兵胁君父以争之，据鞍不下，目无君父，更何有于嫡母？充其恶之所至，去商臣、刘劭也无几，非但如蒯聩之恶丑声而逆行也。则重俊之恶，浮于蒯聩，奚容以韦氏、三思之罪为之末减哉？

韦氏淫纵以蛊上，三思、崇训怀逆以思逞，其已露也，人得而诛之，非但临淄王也；其未露也，唐有社稷之臣，废韦氏，讨诸武，法之所得行也，而独重俊则不可。申生自靖而不得谥为孝，重俊何节之可称，而奚足愍乎？

国家没有正确的指导思想，是不能立国的。睿宗表彰那些被武则天、韦皇后谋乱而处死的人，太子李重俊也是其中之一。韦凑批评李重俊是乱贼，请求剥夺授给他节愍的谥号，其评论是正确的。

李重俊的罪行，不能和蒯聩相比。有人说，不杀韦皇后，那么中宗被毒死，祸害比春秋时的南子还要深；武三思逃脱了吕产、吕禄被杀的命运，危害比卫国的宋朝（人名）还要大；李重俊杀他，优于蒯聩。我认为并非如此。君子厌恶他的罪恶，责罚在萌动之前；而量刑，一定要根据他所犯的罪行，千万不能以他还没有犯的罪作为事实加以惩治。武三思在武则天时就想篡夺权位，然后没有成功，韦皇后毒死中宗，是在李重俊死后二年才做的，当那时，篡权杀帝还没有显露凭主观臆断他一定会这样做，兴军闯入皇宫，想杀死韦后，这怎么能可以呢？况且李重俊起兵，并不是真的出于维护国家的安危，替父皇铲除隐藏在父皇身边的坏人。韦皇后因为他不是自己所生才厌恶他，武三思、武崇训看不惯他的飞扬跋扈才想废了他，李重俊内心不平，为了发泄一时的怨恨，害怕自己不能当太子才拥兵胁迫父皇要求杀韦后，坐在马上不下马拜父皇，心目中根本没有父皇，更何况对待他的后母呢？他的罪恶充其量和商臣、刘劭差不多，并不能和蒯聩因为厌恶后母的丑行才动杀机相提并论。那么李重俊的罪恶比蒯聩严重得多，怎么能容忍韦后、武三思的罪恶呢？

韦皇后荒淫迷惑中宗，武三思、武崇训心怀不轨想独步朝廷，若果恶迹已败露出来，那么人人都能杀他们，并不只有临淄王能；他们的罪恶还没有暴露，唐朝自有大臣，废韦后，讨伐诸武，利用法律就能办到，不是除了李重俊就不能办到。申生自杀不能谥“孝”，李夫韦氏、三思之谋危宗社，重俊兴兵之名也。苟有其名，子得以犯父而杀母，乱臣贼子谁则无名，而大逆安所戢乎？韦凑之论，所以大正人纪而杜乱萌也，惜乎睿宗之知而不能决也。

2.夺情之言扬于廷，人子之心丧于室矣。蝇蚋不嘬生而嘬死，有以召之也，而况纷呶自辩以与公论相仇！史嵩之、李贤、张居正、杨嗣昌之恶，滔天而无可逭矣。

唐欲夺苏颋之情，李日知衔睿宗之命至颋家谕之，日知见其哀毁，不敢发言，人子于此，岂更有言之可出诸口乎？耳闻命而心裂，目对客而神伤，人且自疚曰：斯言也，胡为而至于我之前？君不我谅，我之为臣可知矣；友不我恤，我之为子可知矣；我诚禽兽也乎！而忍使吾亲有禽兽之子乎？至于敦趣不已，而待我之固辞，罪已通于天矣。又从而为之辞，以冀苟留，则大豕不食其馀，弗问人也。

夫人之恶，有待吹求而始显者，有不得吹求而无不著者。夺情之恶，一言以折之，峰、念庵、幼玄之参劾，其犹赘辞乎！子曰："女安，则为之。"奚足辩哉？丧亲若苏颋者可矣。

3.太平公主谋危太子，宋璟、姚元之请令于东都安置，睿宗曰："朕唯一妹，岂可远置东都。"悲哉其言之乎！自武氏之殄唐宗，惨杀其子而不恤，于是高宗之子姓，上及于兄弟，芟夷向尽，所仅存者三人而已。父闇而不能庇其生，母憯而不难重俊有什么操节可称，又怎么能说他是“愍”呢？

韦后、武三思阴谋危害唐朝，这就是李重俊起兵的名义。假使用这样的名义，儿子能够侵犯父亲杀死母亲吗？若这样，那些乱臣贼子谁没有名义，那些大逆不道的事又怎么能平息呢？韦凑的评论，是端正人伦杜绝祸乱萌芽，可惜的是睿宗明知其故却无法解决。

父母丧期未满而强使出仕，诏令发自朝廷孝心丧于家门。苍蝇不吃活的东西而吃死的东西，这是有东西在招引它，况且喧闹辩解与众人说法相抵牾！史嵩之、李贤、张居正、杨嗣昌的罪恶滔天，无处可逃。

朝廷想在苏颋服丧期间召用他，李日知拿着睿宗的诏书到苏颋家宣旨，李日知见他悲伤到极点，不敢说一句话，作为儿子的也只能如此，还能说什么呢？听到诏书心里就如同撕裂一样难受，眼望着来客神伤沮丧到了极点，自己内心惭愧地说：这样的话为什么要在我面前说呢？天子不原谅我，我作为大臣也就明白了；朋友不忧虑我，我作儿子的也就清楚了；我真的成了禽兽吗！怎么能容忍我的父母有我这样禽兽的儿子？至于宽厚的意向不是这样，也应等我好好告辞，我的罪已经通于天不可饶恕！又找出种种借口，希望他暂且停止服丧，那么狗猪还不吃他留下的东西，更不用问人啦。

人的罪恶，有的是挑剔才能明显表现出来，有的是不用挑剔就很显著的。剥夺感慨的罪恶，一句话就毁了他，一峰、念庵、幼玄等加以弹劾，这不是多余的话！孔子说：“你心安就去做吧。”还有什么可辩解呢？丧亲后，像苏颋这样的做法是可以的。

太平公主阴谋危害太子，宋璟、姚元之上书请求睿宗将太平公主安置到东都洛阳，睿宗说：“我只有一个妹妹，怎么能让她到东都呢。”他们这一番话实在是太伤心啦！从武则天屠杀李氏宗室，惨酷杀死她的儿子也毫不可惜，结果高宗的儿子们，那么多兄弟，几置之死，又继以韦氏、宗楚客之淫凶，睿宗之与公主，其不与中宗同受刃者，幸也。原隰之裒，伊谁相惜？凋残已尽，仅保二人。《诗》不云乎？将恐将惧，惟吾与汝。”况其在同气之亲乎？故姚、宋之言，社稷之计也；睿宗之蠹然伤心，亦讵可决于一旦哉？

公主之习于悍戾也，耳习于牝鸡之晨，目习于倾城之哲，贞士且不保其贞，而况妇人？其蔑视宫闱，操废置之权，朝章家法，亦未可遽责以顺者。虽然，岂遂无以处之哉？公主之忌太子也，尚含恶怒而未发。窦怀贞以远州长史遽起不轨之心，导其邪而为之结党，俄而迁侍中矣，同三品矣，为左仆射平章军国重事矣，于是崔湜、萧至忠、岑羲竞起比附以取相，李日知、韦安石衰老庸沓而无能正，刘幽求孤立以争而流窜及之。于斯时也，姚、宋位大臣，系物望，得与睿宗之密勿，夫岂不可早声怀贞之恶，以弭湜、羲、至忠之奸？而党援未削，遽欲取睿宗患难倚存之一妹，正国法以摈斥之，睿宗之心戚，而群奸之计得矣。无怀贞、湜、羲、至忠，则公主之恶不足以发，徒远公主，而群奸在位，翟茀方涉蒲州，召命旋还京邸，其必然之势矣。

睿宗之不忍于公主者，性之正也，情之不容已也，患难与偕，义之不可忘也。若怀贞辈之于唐，九牛之一毛耳，无德望之系人心，无勋劳之在社稷，流放窜殛，旦命下而夕伏辜，一乎全被杀尽，留下来的只有三个人。父亲昏庸不能保护他的儿子，母亲残忍很容易置他们于死地，后来又有韦皇后、宗楚客的猖狂凶残，睿宗和太平公主，没有和中宗一起被杀，实是大幸。本来田地减少，又有谁怜惜呢；凋残已尽，仅存二人。《诗经》不是说：“既害怕又惊慌，只有我和你”。更何况他们是同胞骨肉呢？所以姚元之、宋璟的话，是关系到国家的存亡大计，睿宗暗然伤心，难道能马上就决定吗？

公主习惯了强悍跋扈，从她母亲听到了各种阴谋诡计，看到了颠覆唐朝的一切手段，贞士还不能保住他的贞洁，更何况女人呢？她看不起朝中大臣掌握了废置的大权，国法家法，也不能责令她马上遵守。尽管这样，怎么没有办法对付她呢？公主怀恨太子，只是心怀怨恨还没有爆发，窦怀贞从边远州郡的长史一下子升入朝中大臣之列，心怀不轨，为其出谋划策结为同党，不久就升任侍中，同三品官，任左仆射掌握国家军政大权，结果崔湜、萧至忠、岑义这些人蜂涌而起互相攀附，入为宰相，李日知、韦安石年老昏花无能为力，刘幽求孤立抗争又被流放外地。到这个时候，姚元之、宋璟位属大臣之职，众望所归，不能和睿宗密切往来，怎么不能早一点揭露窦怀贞的险恶用心，铲除崔湜、岑义、萧至忠的阴谋呢？那些党援没有铲除，马上就要撵走睿宗患难与共的妹妹，想正国法排斥她，睿宗内心非常伤感，那么那些奸诈小人的阴谋也就得成了。没有窦怀贞、崔湜、岑义、萧至忠，那么太平公主的罪恶也不足以揭露，白白疏远公主，那些奸人还掌握大权，遮蔽的车子刚过蒲州，又命令它马上还京，这是必然之理。

睿宗不忍心疏远太平公主，属于心性之正，感情上也不容许他这样办，二人患难与共，道义上是不能忘记的。象窦怀贞这些人，如同九牛之一毛，没有什么德望聚结人心，对国家也没有什么功劳，流白简之劳而已。姚、宋何惮而不为乎？卒使睿宗不能保其恩，玄宗不能全其孝，公主不能免于死，群奸恶已盈而始就诛，唐之社稷又岌岌矣，姚、宋不能辞其咎矣。

唐初之习气，士大夫过惜其类而相容忍，贤奸并列而不相妨，宁得罪于天子，而不结怨于僚友，以宋璟之刚，弗能免也，元之之智以图全，又何望焉！

4.按察使之设，自景云二年始，观李景伯、卢俌之言，则所遣者御史也。时议分天下为十道，道遣一使按察；又分二十四都督，纠察所部刺史以下善恶。嗣以景伯、俌上言生杀之柄任太重、用非其人、为害不小而罢之。罢之诚是也，而景伯、俌谓御史秩卑望重，奸宄自禁，则有未当者。何也？官之得人与不得，不系乎秩之崇卑也。唐之刺史，汉之太守也，守郡而兼刺察之任，其权重矣。任重秩尊，而使卑秩者临其上以制之，则爵轻；爵轻则不足以立事，而规避以免责。刺史怀规避之心，则下吏侮之，豪民胁之，而刑政不修。新进之士，识不足以持大体，而乐毛击以诧风裁；贤者任私意而亏国计民生深远之永图，不肖者贪权利而无持纲挈领匡扶之至意，秩卑者望奚重哉？徒奖浮薄以灰牧守之心。故景伯、俌之言，非治理之经也。命卿贰以行，但任以纠察，而不授以生杀兵戎财赋之权，又何任太重而专私为害之忧乎？

放处死，早上下命令晚上他们就会命丧黄泉，不费吹灰之力。姚元之、宋璟为什么害怕不敢这样做呢？最终使睿宗不能保全他们的恩情，玄宗不能保全他的孝道。公主不能幸免一死，那些奸官罪恶已满才开始被杀，那么唐朝的政局又处于风雨飘摇之中，姚、宋二人实在不能推卸责任。

唐初的风俗，士大夫们怜惜同僚互相容忍。贤臣与奸臣并列朝中互不侵犯，宁肯得罪天子，也不愿与同僚结怨，以宋璟的刚正，却也不能避免，姚元之以聪明保全自己，对他又有什么希望呢？

设立按察使一职，开始于景云二年，从李景伯、卢俌所说可以看出，所派的按察使都是御史。当时议论应把全国分为十道，每道派一按察使；又分二十四都督，主管纠察所管辖的刺史以下官员的好坏。后来李景伯、卢俌上书说按察使主管生杀大权太重了，所选得并非其人，祸害一定不少，请求罢免按察。罢免当然是对的，但景伯、卢俌说御史地位低名望重，狡诈犯法作乱的事自行禁止，也有不太恰当的。为什么呢？官吏是否能选对人，不在于地位的高下。唐代的刺史，就相当于汉代的太守，负责管理一郡又兼任纠察的大任，权力很大。职位重地位高，就派地位低的官员驾驭控制他们，那位爵位就轻，爵位轻不足以成事，就设法逃避以避去责备。刺史怀逃避之心，那下层官吏就会欺侮他，当地豪绅就会威胁他，那么一郡社会秩序就不会搞好。刚任此职的人，才识不足以保持大体，乐意于击毛以让社会对他的手段惊诧；贤能的人从私心出发结果就失去为国计民生制定长远的计划，品性不好的人贪于权利没有诚心来持纲提领匡扶社稷，地位低下的人名望又怎么能被人看重呢？白白的嘉奖浅薄之士而使牧守心灰意冷。所以李景伯、卢俌的话；不是治理的根本。命心怀两端的官员前去，只担任纠察一事，不授给生杀兵戎财赋的大权，又有什么忧虑职位太重专于私心为害国家呢？

按察使之设，后世踵之，而其法有二：一专官也，一特遣也。专官者，任之久而官于其地，其利也，久任则足以深究民情、博考吏治，不以偶尔风闻、瞥然乍见之得失而急施奖抑；其害也，与郡邑习处而相狎，不肖之吏，可徐图诉合以避纠劾。特遣者，出使有时，复命有程，间行亟返，不与吏亲，事止参纠，他无适掌，使毕仍复其官。其利也，职有专司，威有独伸，无狎习比昵之交，无调停迁就之弊；其害也，风土未谙，利病不亲，据乍然之闻见，定臧否于一朝，贤者任气，而不肖者行私。此二者利害各半，而收其利，免其害，则无如特遣而缓之以期，任之大臣而不以为升迁之秩；则代天子以时巡而民不劳，代诸侯之述职而事不废，因时制宜，慎择人而饬法以简，斯为得中之道乎！

若夫过任都督，使之畸重，则天下且不知有朝廷，而唯知有都督。节度分疆，而唐室以裂；行省制命，而元政不纲；皆此繇也。则景伯、俌之请罢之，诚定论也。

玄宗

1.言治道者，至于法而难言之矣。有宋诸大儒疾败类之贪残，念民生之困瘁，率尚威严，纠虔吏治，其持论既然，而临官驭吏，亦以扶贫弱、锄豪猾为已任，甚则醉饱之愆，帘帏之设立按察使，后来历朝都有所效法，大致有二种情况：一是专职官员，一是特派官员。专职官员，担任此职时间长又在当地为官，这是有利的一方面，长时间担任此职可以比较深入了解民情，广泛考核吏治如何，不以偶然听到、看见的一点得失就急忙采取措施或奖励或处罚；不利的一方面，与一郡官吏相处时间长就可能互相勾结，品性不好的官吏，慢慢想方设法纠合在一起逃避纠劾。特派的官员，派出有时间限定，回来复命也有时间要求，从小路出去察访急速返回，不和官吏亲近，办事完就参纠官员，他没有别的任务，事完就恢复他原来的官位。有利的一面，职位有专人负责，威望独有，没有相互勾结亲昵的勾当，也没有调停迁就的弊端；其不利的一面，风土人情不熟悉，利病好坏没有亲眼见到，只是根据一时的所见所闻，就在朝中定下好坏的结论，贤明的人心中有怒气，品性不端的人以此来进行私心。这二种情况利弊各占一半，应当充分利用好的一方面，避免不好的一方面，则不如特遣应宽限时间，让大臣担任此职不以此作为官员进升职位的标准。让他们代替天子出巡各地，那么百姓也就不为此而劳作，代替诸侯进京述职，那么事情也不白干，因时利宜，慎重选派官员治法以简，这就是得到了恰当的办法。

如果超过了都督的特权，使之畸形发展，那么天下就不会知道还有朝廷存在，在他们的心目中只有都督。分地设立节度使，结果唐朝四分五裂；在全国实行行省制，结果元朝纲纪混乱；都由此而产生。因此，李景伯、卢俌请求罢去按察使，实在是正确的。

说治理国家的道理，说到法就难以启口。宋朝的那些儒学大师们痛恨败类的贪婪凶残，念于百姓的困难，均相当严厉，纠合虔诚官吏来治理，他们的依据就是这些，作官统治官吏，均以扶贫弱，铲除失，书箑之馈，无所不用其举劾，用快舆论之心。虽然，以儒者而暗用申、韩之术，将仁恕宽平之言，尧、禹、汤、文、孔、孟其有奖乱之过与？

仁而弱，宽而纵，祟情以骩法，养奸以病民，诚过矣。然使其过也，果害于国，果贼于民，则先王既著之于经，后世抑守之以律，违经破律，取悦于众，而自矜阴德，则诚过矣。欲谢其过，抑岂毛举瘢求、察人于隐曲，听惰民无已之怨讟，信士大夫不平之指擿，辱荐绅以难全之名节，责中材以下以不可忍之清贫，矜纤芥之聪明，立难撄之威武也哉？老氏以慈为宝，以无为为正，言治言学者所讳也。乃若君子之言，曰宽、曰简、曰不忍人、曰哀矜而勿喜，自与老氏之旨趣相似而固不同科，如之何以羞恶是非之激发妨其恻隐邪？

绝人之腰领，死者不可复生矣；轻人之窜逐，弃者不可复收矣；坏人之名节，辱者不可复荣矣。唯夫大无道者，怙终放恣，自趋死而非我杀之，自贻辱而非我辱之，无所容其钦恤耳。苟其不然，于法之中，字栉而句比之；于法之外，言吹而行索之；酒浆婢妾之失，陷以终身，当世之有全人者，其能几也？恶非众恶，害未及人，咎其已往，亿其将来，其人虽受罚而不服，公议亦或然而或否，欲坚持以必行而抑自诎矣。徒为繁密之深文，终以沮挠而不决，一往恶恶之锐气，亦何济于惩奸，而祗以辱朝廷羞当世之士邪？

豪强为己任，大的在于醉饱产生的过错，卧室发生的失误，写扇子来相赠，动不动就弹劾，以使百姓高兴。尽管这样，那些儒家背地里却采用申不害、韩非子的法家主张，哪能以仁恕宽平的话，说尧、禹、汤、文、孔、孟也有奖励祸乱的过错呢？

仁厚而软弱，宽大而跋扈，殉情以用法不公，培养奸人剥削百姓，实在是大错特错。这些错误，果然对国家有害，对百姓有盘剥，那么先王既然把它写在经典上，后世坚守把它作为法律，违反经典破坏法律，来使众人高兴，还自夸做了好事，实在是大错特错。想承认错误，又怎能吹毛求疵，纠察别人的隐情，倾听懒人的怨恨诽谤，相信士大夫愤愤不平的指责，羞辱士绅难以保卫自己的名节，批评中等人以下不能忍受清贫生活，自吹自己点滴的聪明、建立难以干扰的威武？老子以慈爱为宝，以无为作为核心，论学说治理国家的难以接受。象君子所说的，叫宽、简、不忍人，哀矜而不高兴，实在是和老子所倡导的相类似就是不同道而已，为什么要用羞恶是非来激发人心妨碍他们的恻隐怜悯之心呢？

断绝人的腰、脖子，死人是不能复生的；轻视人们四处逃窜，抛弃的就不可能再收回来；败坏别人的名节，受污辱的人不可能再有荣耀。只有那些道德败坏的人，横行霸道，自己想死不是我要杀他，自取其辱不是我要羞辱他，内心根本容纳不下一点忧顾。假如不是这样，在法律之中，字和句相互对比；在法律之外，说话自吹这样，在行动上却向人家索取；失去美酒妻妾，终身受困，当今社会的全人、完人能有几个呢？罪恶不是大家的罪恶，祸害没有伤到人，错在过去，面对未来，这人尽管受到处罚却不服，大家议论有的说这有的说那，想坚持这样做结果自受其困。想做那么多深奥难懂的文字，最后心情沮丧不能裁决，昔日抨击罪恶的勇气，怎么能完成惩治奸邪，岂能只是羞辱朝廷辱没当今的士人？

夫曰宽、曰不忍、曰哀矜，皆帝王用法之精意，然疑于纵弛藏奸而不可专用。以要言之，唯简其至矣乎！八口之家不简，则妇子喧争；十姓之闾不简，则胥役旁午；君天下，子万民，而与臣民治勃溪之怨，其亦陋矣。简者，宽仁之本也；敬以行简者，居正之原也。敬者，君子之自治，不以微疵累大德；简者，临民之上理，不以苛细起纷争。礼不下于庶人，不可以君子之修，论小人之刑辟；刑不上于大夫，不可以胥隶之禁，责君子以逡巡。早塞其严刻之源，在创法者之善为斟酌而已。

玄宗初亲政，晋陵尉杨相如上言曰："法贵简而能禁，刑贵轻而必行。小过不察，则无烦苛；大罪不漏，则止奸慝。"斯言也，不倚于老氏，抑不流于申、韩，洵知治道之言乎！后世之为君子者，十九而为申、韩，鉴于此，而其失不可掩已。

2.夫苟欲自全其志行以效于国，则乐党淫朋以败官常也，必其所不欲为。乃立身无玷，而于邪佞终不得而远，究以比匪受伤，势成于无可如何，而正志不伸、修名有累者，抑何多也！张九龄抱忠清以终始，夐乎为一代泰山乔岳之风标，为李林甫所侧目，而游冥寥以消矰弋，观其始进奏记于姚崇，可以得其行己待物之大端矣。其言曰："君侯登进未几，而浅中弱植之徒，已延颈企踵而至，岂不有才，所失在于无耻。"至哉其言之乎！

夫以鸿才伟望，一旦受天子之知，爰立三事，隆隆炎炎，论宽、不忍、哀矜，都是帝王用法的核心，然而疑心纵横藏奸又不敢专用，说它重要，只有简达到了这个要求！一家有八口不用简，那么女人儿子间定会吵闹不休；一条小街若有十个姓氏不用简，那么徭役定会一直从这里抽调；作天下的君主，万民百姓作他的儿子，但和臣民之间因治理产生很大的积虑，他也太粗陋了。简，是宽厚仁爱的根本；恭敬采用简的，是居于中心的根本。敬，君子自己治理，不因小小的过错连累德行；简，治民的上策，不以一点苛剥引起纷争。礼不下老百姓，不能用君子的品性来议论下民的刑罚；刑不上大夫，也不能用禁止百姓的法规，来指责君子的错误。早一点堵塞他严刻的泉源，可以认真思量一下制定法律之人的良苦用心。

玄宗刚亲政时，晋陵县尉杨相如上书说："法令贵在简要才能禁止，刑罚贵在轻才能实行。有点小小过失不必纠察，也就没有烦琐的苛政；大的罪行一点也不能漏网，那么就能防止奸邪。"这句话，既不依从于老子，也不和申子，韩非所言同流，这才知道是治理国家的正确意见！后世当君子的，十有九个都信从申不害、韩非子的学说，有鉴于此，那么它的错误也就无法掩盖。

如果想把自己整个宏伟志向和抱负来报效国家，那么奸党淫朋丢官去官也就是常事了，这必然不是他希望这样做的。立身不玷染坏的习气，奸邪之人终不能得逞并离他很远，因为不是勾结受到伤害，形势对其也就没有任何办法，结果远大理想不能得到发挥，美名声受到连累，为何会这么多呢，张九岭一贯忠心清廉，其伟大几乎是一代楷模，被李林甫所怀恨，内心苦闷无所作为来消除谗害，从他当时给姚崇写的奏词中，可以看出他待人接物的大节。他说："您被重用没有多长时间，那些内在浅薄毫无建树的人，接踵而至，难道是缺少才华吗？缺陷在于他们没有羞耻之心。"他的话实在太对了。

那些有雄才厚望的人，一旦被天子了解，授以重任，皇恩隆隆，熏蒸海内，物望之归，如夏云之矗兴，春流之奔凑，所不待言矣。于斯时也，有所求而进者进矣，无所求而进者进矣。有所求而进者，志在求而无难窥见其隐也；无所求而进者，徐而察之，果无所求也，是其为乐我之善，玉我于成，以共宣力于国家者乎？于是乐与之偕，而因以自失。夫恶知无所求而进者，为熏蒸之气所鼓动，不特我不知其何求，使彼自问，亦不知其何以芸芸而不自释也，无他？浅中者其量之止此，而弱植者自无以立，待人而起者也。俄而势在于此，则集于此矣，俄而势在于彼，则移于彼矣，害不及而避其故也如惊，福不及而奔其新也如醉。君子小人一伸一屈，数之常也，言为之易其臧否，色为之易其嚬笑，趾为之易其高下，则凡可以抑方屈而扬方兴者，无所不用，与斯人居，而上不病吾君、下不病吾民、中不贻他日之耻辱者，鲜矣。故天下之可贱、可恶、君子远之必夙者，唯此随风以驱、随波以逝、中浅而不知事会之无恒、植弱而不守中心之所执者也。

生于教衰行薄之日，履物望攸归之位，习尚已然，弗能速易，惟有杜门却迹，宁使怨谤，勿与周旋，以自立风轨而已耳。天下方乱而言兵，天下初定而言礼，时急于用而言财，乃至教兴道显而相仿以谈性学，皆中之浅、植之弱，足以玷君子之修名，而或一违时、则反唇相诋而不遗馀力者也。乍与周旋，容使天下人倾慕，众望所归，如同夏天白云层叠，春流奔荡，这就不用再说了。这个时候，有理想的人入官也就入官了，没有理想的人入官也就入官了。那些有理想入朝为官的人，志向在于得到所梦寐以求的东西不难看出他们内心的隐私，那些没有理想入朝为官的人，慢慢察看，果然是没有理想；因为他们喜欢我们好处，想借我来成就其志向，能和这些人共同为国效力吗？结果愿意和他们一起共事，那么自己也就失去了自我。怎么能知道那些没有理想入官的人，是被大家推崇的气势所感动，不是我不知他们有什么要求，让他们凭心自问，也不清楚为什么要这样，他们也说不清楚；无有别的，刚刚符合要求的他们的肚量也只有这样，刚刚被树起来的人自己考虑没有什么可立足，等待他人而后自己再被提拔起来。不久形势发展到这一地步，那么都集中到这里，不久形势又转到别的方面，他们都集中到别的方面，灾害尚未降临就惊慌地逃避，福气还没到如醉酒一般奔了过来。君子小人一张一屈，这是经常发生的事，一句话就可改变他们是非标准，脸色情形也可以改变他们是愁闷还是喜乐，一抬脚就可以改变他们的地位高下，如果是这样很容易一会儿屈从一会儿高兴，什么也不采用，和这些人共事相处，上对皇帝没有危害，下对百姓没有痛苦，中不留下以后的耻辱的人，是很少。所以天下那些可贱、可恶，君子必定要远离的，只有随风飘动，随波逐流，内在浅薄事情到来没有常性，孱弱无所建树又不能有所执守的人。

出生于世风日下的时候，占据众望所归的地位，社会风气已经这样，不能迅速改变，只有闭门不出，宁肯让别人怒谤自己，也不与他们同流合污，自己坚守正义就行了。天下还值混乱时建议兴兵，天下刚稳定建议以礼治国，国家急于财政乏匮而建议加强财政，等到教兴道显时就兴起谈性命之学，皆是内在浅鄙、孱弱无建树的人所其旅进，一为其所颠倒，欲不病于而国、累于而身、败于而名也，其可得乎？司马温公失之于蔡京，唯察此之未精耳。九龄唯早曙于此也，故清节不染于浊流，高蹈不伤于钳网。其诗曰："弋者何所慕。"无可慕也，鸿飞之冥冥，所以翔云逵而为羽仪于天下也。

3.唐多才臣，而清贞者不少概见，贞观虽称多士，未有与焉。其后如陆贽、杜黄裳、裴度，立言立功，赫奕垂于没世，而宁静淡泊，固非其志行之所及也。唯开元之世，以清贞位宰相者三：宋璟清而劲，卢怀慎清而慎，张九龄清而和，远声色，绝货利，卓然立于有唐三百馀年之中，而朝廷乃知有廉耻，天下乃藉以又安，开元之盛，汉、宋莫及焉。不然，则议论虽韪，法制虽详，而永徽以后，奢淫贪纵之风，不能革也。

抑大臣而以清节著闻者，类多刻核而难乎其下，掣曳才臣以不得有为，亦非国民之利也。汉、宋之世，多有之矣，孤清而不足以容物，执竞而不足以集事，其于才臣，如水火之相息、而密云屯结之不能雨也。乃三子之清，又异于是，劲者自强，慎者自持，和者不流，而固不争也。故璟与姚崇操行异而体国同；怀慎益不欲以孤介自旌，而碍崇之设施；九龄超然于毁誉之外，与李林甫偕而不自失，终不与竞也。唯然，而才臣不以己为嫌，己必不替才臣以自矜其素履，故其清也，异于为，这些足以玷污君子的美名，一旦违背时俗，就不遗余力的诋毁。刚开始与这些共处，容许他们入官，并被他们所控制迫害，想对国家没有危害，对自己也没有什么连累，不会败坏自己的名声，这能做到吗？司马光失察于蔡京，只是对此人没有彻底的了解。张九龄早就看出了端倪，所以保持名节不与时流同污，同这些人共事不伤害自己，他的诗中写道："使用短箭的又有什么可羡慕呢？"没有什么可羡慕，鹏鹄在黑暗中飞行，所以在高高的白云上飞翔，羽翅于天下。

唐朝有很多才臣，但是清贞之臣很少见，贞观之时即使被人们盛称为"多士"，也没有清贞之臣。贞观之后，如陆贽、杜黄裳、裴度，立言立功，声望垂及后世，但是宁静淡泊，不是他们的志行所达到的。只有开元之世，以清贞之名担任宰相的有三人：宋璟清贞而刚劲，卢怀慎清贞而谨慎，张九龄清贞而平和，远离声色，杜绝货利，卓然立于唐朝三百余年之中，从而使官员知道有廉耻，天下也藉此而平安。开元盛世，是汉朝、宋朝是没法比的。如果不是这样，即使议论正确，法制详细，而永徽以后，奢侈荒淫、贪婪狂纵之风也是不能革除啊。

大臣以清廉的节操闻名于世的，这类人多刻薄惨核难以相处，限制有才能的大臣不能让他们有所作为，这并不是国家百姓的利益。汉、宋两朝，多有这种情况，孤单清廉不足以容纳他人，相互抗争不足以合力办事，他对于有才能的大臣，如同水火互相扑灭，密云聚结不能下雨一样。这三个人的清廉，就和这不同，有度量的人更加强大，慎重的人就更加慎重，合睦的人也不和污水相合，所以就没有争夺。宋璟和姚崇操守不一样却治国方略相同，卢怀慎更不想以自己一人品德自吹，妨碍姚崇治国；张九龄对败坏自己名誉不加计较，和李林甫和睦共事但不失贤臣本份，始终不和他争权夺名。只有这样，那汉、宋狷急之流，置国计民生于度外，而但争泾渭于苞苴竿牍之间也。呜呼！伟矣！杨震也，包拯也，鲁宗道也，轩輗、海瑞也，使处姚崇、张说、源乾曜、裴耀卿之间，能勿金跃于冶、冰结于胸否邪？治无与襄，功无与立，徒激朋党以启人主之厌憎，又何赖焉？

夫三子之能清而不激，以永保其身、广益于国者，抑有道矣。士之始进也，自非猥鄙性成、乐附腥膻者，则一时名之所归，望之所集，争托其门庭以自处于清流之选，其志皆若可嘉，其气皆若可用也。而怀清之大臣，遂欣受之以为臭味，于是乎和平之度未损于中，而激扬之情遂移于众，竞相奖而交相持，则虽有边圉安危之大计，黎民生死之远图，宗社兴衰之永虑，皆不胜其激昂之众志，而但分流品为畛域，以概为废置。夫岂抱清贞者始念之若斯哉？唱和迭增，势已成而弗能挽也。于是而知三子者之器量远矣，其身不辱，其志不骩，昭昭然揭日月而行者，但以率其固然之俭德，而不以此歆召天下，奉名节为标榜，士固无得而附焉。不矜也，亦不党也，不党则不争矣。

鸣呼！士起田间，食淡衣粗，固其所素然矣。若其为世禄之子，则抑有旧德之可食，而无交谪之忧；读先圣之书，登四民之上，则不屑以身心陷锥刀膻秽之中，岂其为特行哉？无损于物，而固无所益，亦恶足以傲岸予雄而建鼓以求清流之誉闻乎？天下之事，自与天下共之，智者资其谋，勇者资其断，艺些有才能的大臣不嫌弃自己，自己也没有必要拿自己过去的行为来超过才臣，所以他的清廉，和汉、宋朝的狷急之人大不一样，把国计民生的大事置之度外，只在行贿请托这样的事情上争论不休。哎呀！太伟大了！杨震、包拯、鲁宗道、轩輗、海瑞，假使让他们处在姚崇、张说、源乾曜、裴耀卿这些人中间，能够安心冶炼黄金，在胸中聚集冰块吗？治不成，功不立，白白引起朋党之争，使帝王产生厌憎，又怎么能依靠呢？

这三个人都能清静而不感情用事，这才保全自身，对国家有益，就是这样的道理。士人刚入官，并非都是些贪生怕死，阴附权贵的人，当时名声所归，威望齐集，纷纷争着投入其门下以得到清流之名被选择，他们的志向都应嘉奖，其志气也可以采纳利用。那些胸怀清静的大臣，欣然同意并与之相投，结果平和气度没有损失，激扬之情遂转移到大家身上，竟相夸奖相互提携，尽管胸怀边疆安危的大计，长远考虑黎民百姓的生死，永保国家兴衰的谋略，都超不过他们的激昂情绪，以此作为选废的范围。怀抱清静贞操的人会考虑这些吗？不断唱和相附，势局已形成就无可挽回。这才知道和这三个人器度相比相差甚远，他们身不受辱，志向不改变，光明磊落如同举着日月而行走，只是循着原有的勤俭品德，不以此号召天下、以自己的名节作为标榜，那些人就没有所得到的东西并依附他们。不自夸，不结党，不结党也不会出现纷争。

哎，士人拔起田野间，粗茶淡饭，陋衣粗被，本来就是这样朴素。如果他们出身官宦人家，还有荫德作为依靠，就没有一心想求取功名的忧虑；读过去圣贤的书籍，跃然在百姓之上，不愿意将自己落入尖刀污秽之中，怎么能会做出惊人之举呢？对他物没有任何损害，本来也就没有什么好处，拿什么来傲视别人鼓吹自己建立清流的名誉呢？普天下的事，本来就应当和天下共同拥有，聪明的人依仗的是者资其材，彼不可骄我以多才，我亦不可骄彼以独行，上效于君，下逮于物，持其正而不厉，致其慎而不浮，养其和而不戾，天下乃赖有清贞之大臣，硗硗者又何赖焉？故君子秉素志以立朝，学三子焉斯可矣。有伯夷之廉，而骄且吝，亦人道之忧也。

4.奸人被发，而诬发奸者以罪，其罪不贳；两俱有奸，而因人之发，还相为发，则后发者之罪，姑置勿论，而先发之奸，罪在不贳；诚彼之有奸也，奚不早声其罪以论奏之，而待己慝已彰，乃相反噬乎？

京兆尹崔日知贪墨不法，御史李杰纠之，日知反构杰罪。勿论杰罪之有无也，杰不可以日知之言而坐，日知不可以讦杰而宽。玄宗纳杨玚之言，释杰而窜日知，允矣。虽然，有说焉。御史、京兆尹，皆法吏也。尹之贪暴，御史之所必纠；御史汰纵于辇毂，尹亦习知，而执官守以论劾之。假令杰败官箴、藏奸宄、以下挠尹权，知日知之必擿己慝，而先掇拾其过以钳制之，将亦唯杰之搏击而扪日知之舌乎？则杨玚所云"纠弹之司，奸人得而恐喝，则御史台可废"者，亦偏护台臣之党，而非持平之论也。

夫日知之罪，不可以构杰而减，固也；而杰罪之有无，抑不可以不察。杰果无罪，则日知既以贪暴抵法，而益之以诬贤他的谋略，勇敢的人依仗的是果断，艺人依仗的是才能，他们都不应自我吹嘘自己多才，我们也不应吹嘘别人，我行我素，上效仿天子，下至于事物，拥有其刚正而不严厉，谨慎但不虚浮，温和但不暴躁，天下依赖这些有清静节操的大臣，那么顽硬之辈又怎么所依靠呢？所以君子以一贯的志向立于朝中，学习三人就可以啦。尽管具有伯夷的廉洁，但骄傲又吝啬，这些作为应该忧虑的。

邪恶的人被揭发，他反而诬陷揭发他的人有罪，那么他的罪就不可宽恕。若双方都是邪恶的人，被别人揭发出来，结果双方互相揭发，那么最后一个被揭发人的罪恶，暂且不论，那么先告发他人邪恶的人，罪在不释，如果对方真的有邪恶，为什么不早点揭露他的罪恶上告给朝廷呢，想掩盖自己的罪行却被揭露，这才反过来咬他人，这行吗？

京兆尹崔日知贪污掩盖不守国法，御史李杰上书弹劾他，崔日知反过来诬告李杰有不轨行为。且不论李杰是否有罪，李杰不能因崔日知诬告就下狱坐牢，崔日知也不能因抵毁李杰就宽大免罪。玄宗采纳杨玚的建议，释放李杰贬斥崔日知，这是正确的。尽管这样，还是有说法的。御史、京兆尹，都是执法官吏。京兆尹贪污残暴，御史必然弹劾他；御史身居朝中纵横不法，京兆尹早就清楚，秉公执法弹劾他。假使李杰败坏国法，必怀不轨，阻挠京兆尹的职权，知道崔日知必定弹劾自己的过错，那么先揭露他的罪行来整治他，怎么能仅凭李杰的权利来堵崔日知的嘴呢？那么杨玚所说的“执掌纠察弹劾官吏不法的机关，若被邪恶人掌握则会作威作福，这样的话，御史台就不必存在”，这实在是偏护那些御史台的官员，并非公正的话。

崔日知的罪行，不能因揭发李杰的罪就减轻，李杰是否有罪，也不能因此就不追察。李杰果真没有罪，那么崔日知因贪污残暴之恶，加等之刑，不但贬为丞而足蔽其辜；若杰而有罪也，亦不可以纠日知故而概不加察。今玚不辨杰罪之有无，但以护台臣而护杰；且当开元之始，群贤皆有以自见，而杰无闻焉，杰之为杰，亦可知矣。玚为御史台存纲纪，而不为朝廷别贤奸，非平允之论也。天子虚衷以详刑，则奸人自无所藏奸；士人正己以匡世，则小人自弗能置喙；又非可以禁恐喝斥、反构一切之法弹压天下者也。

5.君与臣为谑，则朝无章；朝无章，则邪佞玩而巧仇其慝。故闻以道裁物者矣，其次则以法禁下矣；道不可揆，法无所饬，君谑其臣而以资浅人之庆快。庆快者，浅人也；乘之以交谑者，奸人也；道法之君子，知其不足以君天下，而奚快焉？

郑铣、郭仙舟投匦献诗，述游仙之旨，以媟上听，按法而窜殛之，或姑贷而斥罢之，允矣。堂堂为天下君，弗能秉道以饬法，惩奸止邪，乃度之为道士，聊与之谑，以供浅人之一笑；然则贪人聚敛而赐之金粟，淫人劝秽而畀以少艾乎？且铣与仙舟奉敕而为道士矣，恶知其不栩栩然集徒众、建楼观、采铅汞以鸣得意而猎厚利哉？玄宗之为此，聊以谑也；小人得天子之谑，而以谑为荣，无知者竞荣之；未数年而张果、叶法善、邢和璞辐辏于天子之廷，非此致之哉？

触犯国法，又加上他诬陷贤明大臣，罪上加罪，不能只贬为丞就掩盖他的罪行；若李杰有罪，也不能因为他弹劾崔日知的罪就不再追究。现在杨玚不分辨李杰是否有罪，只是为了偏护御史台的大臣才袒护李杰；况且正值开元盛世之初，那些贤臣都以其作为表现出来，李杰的作为没人知道，李杰之所以是李杰，也就可以清楚了。杨玚为了御史台的尊严不受侵犯，不替国家辨明谁是贤人，谁是奸人，这就不是公正的议论了。天子如果真正以法行事，那么奸诈之人也就无处可藏其狡诈的行为；官员若能端正自己来辅治国家，那么小人也就无处可立；这些并非都能禁止恐喝痛斥，用所有的法令平息天下所有的人。

天子和大臣互相开玩笑，那么朝廷就无章法可循；朝廷无章法，那么奸佞小人得志巧言令色隐藏其险恶用心。所以听说以道理来裁定事物，其次以法禁止下属；道理是无法用尺量的，法令也没有什么可整顿，天子对大臣开玩笑那些无能的人以此作为快乐，喜娱快乐的人，都是些无知小人；借此机会互相开玩笑的人，都是些邪恶的人；讲道理遵纪守法的正人君子，知道他不足以当天下的帝王，这又有什么可快乐呢？

郑铣、郭仙舟端着小箱子向天子献诗，叙述他们游仙境的大意，是为了轻慢皇帝的视听，对这些人就应当依法铲除，或者姑且宽恕他们把他们痛斥撵出宫，这是正确的。堂堂的天子帝王，不能秉道治法，惩治邪恶制止不轨之念，还准许他们出家为道士，与他们聊天开玩笑，以博得无庸之人的开颜一笑；结果贪图富贵的人涌入宫内，天子又赐给他们黄金粮食，那么荒淫的人劝帝王行乐要赐予他很多少女吗？郑铣、郭仙舟奉圣旨成为道士，怎么能知道他们不得意洋洋广收门徒、建立寺观、采集铅汞、自鸣得意猎取厚利呢？玄宗这样做，只是为了开玩笑；小人能和天子开玩笑，以此为荣耀，无知小人君可以谑其臣，臣抑可谑其君，交相谑，则上无章而下无忌。萧瑀，大臣也，太宗听其出家，亦谑也；此唐之所以无政也。论者快之，谓足以惩奸而警俗，国宪官箴法律刑纪皆可不用，而以谑惩奸，天下其谁警哉？浅人之所快，君子之所羞称久矣。

6.姜皎与诛逆之功，玄宗闻宋璟之谏，放之归田，下制曰："南阳故人，以优闲自保。"其于刘幽求、钟绍京，胥此道也。徇国亦为其所可为者而已，过此未有不以召憎恶于明主者。若遇猜忍之君，则里克、宁喜之服刑，亦其自取，而不可但咎其君之刻薄。明乎此，君知所以待有功之臣，臣知所以立节而全身矣。（此篇疑有脱误。）

7.经国之远图，存乎通识。通识者，通乎事之所繇始、弊之所繇生、害之所繇去、利之所繇成，可以广恩，可以制宜，可以止奸，可以裕国，而咸无不允。于是乎而有独断。有通识而成其独断，一旦毅然行之，大骇乎流俗，而庸主具臣规目前之损益者，则固莫测其为，而见为重有损，如宋璟发太府粟及府县粟十万石粜之，敛民间恶钱送少府销毁是已。

散粟于民，而取其值，疑不足以为仁之惠；君与民市，疑纷纷羡慕他；没过多少年，张果、叶法善、邢和璞纷纷涌到天子门下，不是因为这样他们又怎么能进入天子宫廷呢？

天子可以开大臣的玩笑，大臣也可以开天子的玩笑，君臣互相开玩笑，对上没有章法可言，对下则没有什么顾忌。萧瑀，是很有作为的大臣，太宗听任他出家为僧，这就是开玩笑；所以唐朝也就没有贤明的政治。议论的人很快乐，说这足够惩处邪恶、振惊世俗，国家法令官吏规劝法律刑法纲纪都不能用，用玩笑来惩治邪恶，天下又有谁能惊慌呢？庸人之所以高兴，也就是君子羞于这样。

姜皎列入诛杀太平公主叛乱的功臣之列，玄宗听从宋璟的谏言，把姜皎解甲归田，下诏书说："你是南阳人，还是以优闲自得保全终生吧"。对于刘幽求、钟绍京，也都是这样。为国效力做到自己能做到的就行了。超过了这个限界没有不被明君憎恨讨厌的。如果是遇到了猜忌残忍的天子，那么里克、宁喜被判刑，是咎于自取，不能完全归咎于天子的刻薄。明白了这个道理，天子也就知道了怎样对待有功的大臣，大臣也就知道了怎样树立节操保全身家性命的道理。

治理国家的长远计划，在于具有能够从长远看问题的才能。具有整体才能的人，在于了解事情从何开始，弊端是怎样产生的，危害是怎样消除的，利益是怎样得到的，这就可以广泛施恩，可以适时治理，可以防止邪恶，可以使国家富裕，这些没有不成功的。于是就出现了独断专行。具有整体的眼光又独断专行，一旦毅然推行，就能使社会各界震惊非常，那些无本事的天子有才能的大臣就可以测出目前的利害，这本来就对其所为摸不透，看到的措施只是对自己有害，像宋璟把太府、府县的十万石粮食拿出去买卖，没收流行在民间的粗糙的钱币送到少府消毁一样。

抛售粮食给百姓，以收取和他们所持对等价值的钱币，怀疑这不足以为义之宜；以粟易钱而销毁之，徒取值于民而无实于上，疑其病国而使贫；一旦为之，不可测而可骇，庸主具臣闻言而缩舌，固其所必然矣。以实求之，夫岂然哉？取值不有，而散十万之粟于待食之人，不费之惠也；下积恶钱，将随敝坏，上有馀粟，将成红朽，而两易之，制事之宜也。乃若大利于国者，则尤非浅见褊衷之所易知也。恶钱之公行于天下，奸民与国争利，而国恒不胜，恶钱充斥，则官铸不行；人情趋轻而厌重，国钱之不能胜私铸久矣。恶钱散积于人间，无所消归，而欲人决弃之也，虽日刑人而不可止；发粟以收恶钱者，使人不丧其利而乐出之也。销毁虽多未尽，而民见上捐十万粟之值付之一炬，则知终归泯灭而不肯藏，不数年间，不待弃捐而自不知其何往矣。恶钱不行则国钱重，国钱重则鼓铸日兴，奸民不足逞，而利权归一，行之十年，其利百倍十万粟之资，暗偿之而赢馀无算，又岂非富国之永图乎？

乃当其时，愚者不测也，吝者不决也，非玄宗之倚任，姚崇、苏颋之协恭，则璟言出而讪笑随之矣。司国计而知大体者之难；小人以环堵之识，惜目睫之锱铢，吝于出而急于纳，徒以削民敛怨，暗耗本计于十年之后，而吮之如蜜，王安石之以不足以作为仁厚的恩惠；天子和百姓买卖，怀疑这不足以是作为正当的道义；拿粮食换钱并消毁这些钱，仅仅是取走和百姓对等价值的钱对天子并没有什么好处，怀疑这些对国家不利使国家贫穷；一旦这样做，摸不透意图就惊慌不安，无能的天子有才能的大臣一听说就吓得缩舌，这本来就是这样。以事实来验证，果真是这样吗？若不是取其同等价值，把十万石粮食分给那些等待吃粮的人，这是没有意义的恩惠；民间积累的粗钱，也将任其腐坏，国家多余的粮食，也将化为腐朽，双方互换，做事恰到好处。如果是对国家有极大的好处，更不是那些眼光短浅、固执己见的人所容易知道的。粗陋的钱币只公开在全国流行，狡猾的小民和国家争夺利益，国家一定不会取胜，粗陋的钱币充斥市场，那么官钱就不能流行使用；人们喜欢用轻钱而不乐意用重钱，这就是长久以来国家铸造的钱币胜不过私人铸造的钱币的原因，粗陋的钱散布在人们手中，没处消毁存放，想让人们把这些丢掉，即使是每天逮捕人也无法禁止。拿粮食收回粗陋的钱币，让人们不失去其价值大家都乐意拿出。消毁的不少但并没有全部消毁，老百姓见天子拿出十万石粮食将收回的钱一把火烧掉，最终都清楚这些都是被消毁谁也不愿再收藏，不过几年，等不到扔掉，自己也不知这些钱该怎么办。粗陋的钱不流通那么官钱就被看重，国家的钱被看重那么铸钱就会日渐兴隆，狡诈小民不能逞凶，那么利益权力统统归到朝廷，实行十年，利益要超过十万石粮食的价值，背地里亏本实际上盈利不知多少，这难道不是富国的长远计划？

当那个时候，糊涂的人看不到这一点，吝啬的人犹豫不快，要不是玄宗信任，姚崇、苏颋鼎力相助，那么宋璟此话一出取笑他的人也就随之而来。为国家掌握财政才知道治理国家的艰难，那些鼠目寸光的小人，仅怜惜眼前的钱财，拿出钱财非常吝啬，往自己口袋里病宋者此也。不耕而思获，为盗而已，为乞而已；盗与乞，其可与托国哉！

8.黄帝正昏姻而父子定，《周礼》：父在为母服齐，以体黄帝之精义，而正性以节情，非圣人莫能制也。武氏崇妇以亢夫，而改为斩衰，于是三从之义毁，而宫闱播丑，祸及宗社。开元七年，敕五服并从《礼传》，乃士大夫议论纷起，各从其意，迷先圣之典，逆时王之命，褚无量叹曰："俗情肤浅，一紊其制，谁能正之？"伤哉！言之而无能知也，知之而无能信也，信之而无能从也，圣人不足以垂训，天子不能以行法，天下之锢人心、悖天理者，莫甚于俗，莫恶于肤浅，而奸邪悖逆者不与焉，有如是哉！

奸邪悖逆之坏法乱纪也，其恶著，其辨不能坚，势尽情穷，及身而止，无以乱天下后世也。俗则异是。其始为之倡者，亦怀奸耳，亦行邪耳，亦悖王章、逆天理、以逞其私耳；乃相沿而成，末流之泛滥，则见以为非而亦有其是也，见以为逆而亦有其顺也。其似是而顺乎人情者，何也？人莫不有所溺而利以为归也。夫人之用爱也易，而用敬也难；知情者众，而知性者少；于养也见恩，而于德见惮；皆弱也。而不但此也。出而议礼于大庭，入而谋可否于妻子，于是而父之得与母同其尊亲，亦仅存之法纪使然耳。不然，伸母以抑父，父齐而母斩，又岂非其所可为、所忍为者哉？于是亲继父而薄继母，怙捞钱却非常迅速，白白的削弱民志聚集怨恨，还自我陶醉，如吃甜蜜一样，这就是王安石危害宋朝的原因所在。不耕地还想收获，作强盗可以，作乞丐可以；强盗和乞丐，他们怎能够担负起治理国家的重任。

黄帝纠正婚姻父子名分并确定下来，《周礼》讲，父亲还活着替母亲服齐衰之礼一年，来体现黄帝的精神核心，端正品性以节制情绪，即使再伟大也不能做到。武则天以妇道抗衡夫道，而改变为斩衰三年，于是乎三从之德被毁，皇宫内院恶气横冲，祸害危及国家安危。开元七年，下诏五服依从《周礼传》，士大夫们纷纷议论，各抒己见，迷失于先圣的典训，违背当今天子的旨令，褚无量叹息说："习俗就是这么肤浅，若制度紊乱，谁还能纠正？"太悲伤了。这样说又无法知道，知道又无法相信，相信又无法依随，圣人不足以垂训后人，天子不能够来协行法制，天下那些禁锢人心，违背天理的人，没有比风俗更利害，没有比肤浅更可厌恶，奸邪悖逆不产生，就如同这样。

奸邪悖逆毁坏法律扰乱朝纲的人，他的邪恶昭著，他的辨解就不能坚固，势尽情穷，到他们停止，也就不能乱祸天下后代。风俗不是这样。他开始这样提倡，是心怀邪恶，他的行为也就不端，这就违背王法、违反天理来逞自己的私念；沿袭而成，未等泛滥，看见不是这样也有其对的地方，看见以为是违背，其实也有他顺应的地方。这好象是顺乎民情，为什么呢？人们没有不有所喜欢的是利害所归。况且人们喜爱也时有变化，想用心恭敬实在很难；知内情的人多，而知性情的人就少；有养育才能见到恩德，对于品德则能见到恐惧，皆是沉迷不悟。并不仅仅如此。出去则在大庭广众之下谈论礼仪，回家则和妻子儿女商量这是否合适，这样父亲就能和母亲同样得到尊重孝敬，这就是仅存的法纪使其这样。不这样的话，伸扬母亲的压制父母党以贼本支，茫然几不知为谁氏之子。“何知仁义，以享其利者为有德”，犹且自诩孝慈以倡率天下，中国之不狄、人之不禽也，几何哉？

天性者，藏密者也，非引闻见以归心、潜心以体性、顺性以穷理者，不能喻也。肤浅以交于人伦，十姓百家浮动之志气，违天理而与奸邪悖逆者之情相合，所必然已。故曰：恶莫大于俗，俗莫偷于肤浅。无量之叹，垂之千年，而帝王不能正，士大夫不能行，呜呼！人道之沦亡，吾不知其所终已！

9.论鲁庄公者曰：“母不可制，制其侍御之人。”以此而事不顺之父母，未尽善也，以施之不令之兄弟，则义正而恩全，道莫尚焉。舜使吏治象国，而不得暴其民，圣人亦如是而已。不谓玄宗之能及此也。驸马都尉裴虚己私从岐王游，挟图谶，坐流新州，离其婚，法严而无所贷；于岐王则不以此怀疑，而慰安之如故。夫虚己挟邪说以私交，而岐王客之，王岂无罪乎？而虚己之辟既伸，则游王门者咸知畏忌。以生长深宫之帝子，居宦官宫妾之间，旦歌夕饮以戢其邪心，固不待加威而自安侯服矣。

无左吴、赵贤，则淮南不能谋逆，无宇文述、杨素，则杨广不能夺嫡；无张公谨、尉迟敬德，则太宗不能杀兄；天下之乱，酿成于徼幸功名者之从臾者类然也。博望启，而戾太子之项县于湖城；天策开，而隐太子之血流于玄武；事成则祸及于亲，为父服齐服一年，为母服斩服三年，这又怎么不是他所做，所容忍的呢？于是乎孝敬继父，不敬继母，依靠母亲力量来损害本家，茫茫然几乎不清楚是谁的儿子。“何以知道仁义，能享受他利益的就是有德操”，还自吹自己孝道仁慈作天下楷模，中国不沦为夷狄，人不沦为禽兽，能有几个呢？

天性，是隐藏在内心的，并非以所见所闻才返回内心，潜藏内心来体现本性，顺应本性以不讲道理，不能这样说。交人伦用以肤浅，十姓百家志气浮动，违背天理和奸邪悖逆的人性情相一致，这是必然之理。所以说：邪恶没有比恶俗再大，恶俗没有比肤浅更轻佻。褚无量的叹息，即使千年之后，帝王不能够端正，士大夫不能够实行，哎呀！人们道德的沦丧，我实在不清楚它到底发展到何等地步！

评论鲁庄公的人说：“母亲不可以禁止，应禁止那些侍候她的人”。以此来事奉那些不顺道的父母，并非是最好的，以此来用到不善的兄弟之间，那么就义正恩全，没有比这更好的方法。舜派官员治理象的封国，使他不能残暴百姓，圣人也不过如此。不要说玄宗能做到这样。驸马都尉裴虚己和岐王私交过密，劝岐王行图谶之说，结果被流放到新州，也与公主离婚，法律严厉也就没有什么可宽恕；对岐王并不以此加以怀疑，还象往常一样安慰他。裴虚己怀不轨邪说与岐王私交，而岐王又接纳了他，岐王怎能没有罪？裴虚己的罪行被揭露出来，那么与岐王有私交的人都感到害怕。生长在深宫之内的帝王儿子，夹杂在宦官和宫妾之间，白天歌舞晚上饮酒来消除他的邪念，所以等不到对他们施以严威就使他们心服口服。

没有左吴、赵贤，那么淮南也就不会叛乱，没有宇文述、杨素，那么杨广也就不能夺取皇太子的位置；没有张公谨、尉迟敬德，那么唐太宗也就不能杀死他的兄弟；天下混乱，往往酿成在那些依随有野心的人想侥幸图得功名的人手中。为了博取广博的威望，结果庆太国，不成则殃及于身。玄宗日游诸王于斗鸡吹笛之间，而以雷霆之威，亟施之挑激之小人，诸王保其令祚，王室无所震惊，不亦休乎！不能殛逐煽乱之奸，继乃摧残其同气，睿宗所以纵窦怀贞而仅存一妹，终以伤心也。周公以顽民授管叔，固不如舜之与象以天子之吏治其国，而永保其恩也。故曰："圣人人伦之至也。"法其一端，可以尽伦，可以已乱，尧、舜之道，人皆可学，亦为之而已矣。

10.汉之太守，去古诸侯也无几，辟除赏罚兵刑赋役皆得以专制，而县令听命如其臣，故宣帝诏曰："与我共天下者，其二千石乎！"太守之权重，则县令之任轻，故天子详于二千石之予夺，而治道毕举矣。唐、宋以降，虽有府州以统县，有禀承稽核之任，而诛赏废置之权不得而专，县令皆可自行其意以令其民，于是天下之治乱，生民之生死，惟县令之仁暴贪廉是视，而县令之重也甚矣。玄宗敕在京官五品以上、外官刺史四府上佐、各举县令，诚重之也。重之于举之之始，必将以保任分功罪，其得也，但得文饰治具之士，葸弱免咎，而无以利民；其失也，举主畏连坐之罚，而互相掩蔽以盖其奸；则保举之法，不足以肃官常、泽民生，固已。重之者，岂徒在选举之日乎？

夫县令之任重矣，而其秩则卑，故后世多以为筮仕之官，子的头被挂在湖城城门之上；想夺取帝位，结果隐太子喋血玄武门；事成那么祸及国家，事不成那么殃及自己。玄宗每天同诸王戏游斗鸡吹笛，却以天子的雷霆之威，迅速惩处挑拨的小人，那么诸王保其侯王之尊，王室没有惊恐，不是很美善吗？不能尽快驱逐那些酝酿叛乱的邪恶阴谋，继而摧毁那些与之同伙的人，象唐睿宗之所以纵惯窦怀贞想保存唯一的一个妹妹，最终不是徒然伤心。周公把不法百姓交给管叔，不如舜用天子的名义派官员治理象国，使其永远享受皇恩沐浴。所以说："圣人的人伦之情就到这个地步。"用其一点，就可以尽人伦，防叛乱，尧、舜治国之道，人人都可以学习，象他那样做就行了。

汉代的太守，同古代的诸侯差不多，选拔官吏，奖赏处罚、军事刑法、赋税徭役之权都得以独揽，而县令听其命如同大臣一样，所以汉宣帝诏书中说："和我共同拥有天下的，是那些二千石的太守吗！"太守权力过重，那么县令的职能就轻，所以天子用心提拔免除二千石官吏，那么治理国家就轻而易举。唐、宋以来，尽管府州统辖县，府州虽然有禀承圣旨考核纠察官吏的重任，但杀人奖赏提升免除官吏的权力却被剥夺，县令可以根据自己的意图来统治其百姓，结果天下政治产生混乱，百姓的生死，全依托在县令是仁厚清廉，还是残暴贪污，县令的职权也太重了。玄宗下召让那些五品以上的京官，刺史四府上佐以上的外官，各自推举县令，实在是太重视了。重视它也就是荐举的开端，这必定导致为了保住自己的地位定夺有功还是有罪，他能够得到的，仅得到那以文装饰政治的人，胆怯懦弱者为避免错误，对百姓没有什么好处；他的过失，推举的官吏害怕连坐之法，就互相掩盖他们的邪恶；保举的法规，也不足以严肃官政，恩泽百姓本来就是这样。重视它，怎么只有在选举的时候？

县令的职权过重，但他们的地位较低，所以后世多认为是筮仕才不才非有前效之可验，欲先辨而使克副其职，虽具知人之鉴者未易也。然士当初受一命，初试一邑，苟非繇胥史异途而升，则其不畏清议、甘为败类、以病国虐民者，固鲜矣。无以激之，其浊不惩；无以扬之，其清不展；轧于上官，其用不登；责以奔趋，其节不立；夫亦存乎上之所以用之者耳。重宪纪以纠其不若，则有所戒也；县清要以待其拔擢，则有所劝也。成法之外，许以因地而便民，则权可任也；供顿驿递之役，委之簿尉，而弗效亵役之劳，则节可砺也。夫然，则贤者志得，而不才者亦勉而自惜；若其尤不肖者，固比类相形，愆尤易见，持法以议其后，亦不患稂莠之难除矣。何事于未试之前，以不可保之始终绳荐举者，而责以所难知哉？

开元之制，乍行之以昭示上意之所重，可也；据以为法，而弊即在焉。重者，用之重也，非一选举而可毕任贤养民之道也，用之重而治可几矣。

11.罢兵必有所归，兵罢而无所归，则为盗、为乱。张说平麟州叛胡，奏罢边兵二十万人，而天下帖然，盖其所罢者府兵也，府兵故农人也，归而田其田、庐其庐，父子夫妇相保于穹室粟薪之间，故帖然也。于是而知府兵之徒以毒天下而无救之官，有没有才能并未有先前作为可验证，想先考察再让他能胜任本职，尽管都清楚识人的经验却无法改变。然而士人当初接受一道命令，在一个县邑试其所为，除非由胥吏从别的途经升上去，那么他甘心不害怕清议，甘心做败类，危害国家残害百姓的是很少的。没有什么激励他们，他们的污浊不受惩治；不加表扬，他们的清廉也不被宣扬；被高一级官员约束，他们就不能登上显位；责令他们四处奔走，那么他们的节操也就树立不起来；这就是为了保存天子厮用的人。注重朝纪国法纠察他们的不法行为，他们也没有所提防，立清廉使别人相信以等待提拔，这是应该有所劝告的。在国家规定的权限之外，允许根据当地情况便利百姓，那么他的作法是可以信任的；把驿站传递信件的差使，交给小小的胥吏，但并不效法不卖力的作法，那么他的节操也就能得到磨炼。这样的话，贤惠人的志向就得到施展，没有才能的人也自我勉励加以珍惜；对于那些庸碌无为的人，和同类相比相形见绌，其错误也就容易现露，而后依法评定他的功过，也就不用担心好坏难以根除、分辨。为什么任何事情在没有验证之前，拿不能自始至终要求荐举的人，还指责他些这实在难以知道的地方？

开元的制度，刚推行时用来明示天子意图所重视的，是可以的；据此为法，那么弊端也同时存在。重视，加以重用，并不是一选拔就能全部完成任贤养民的任务，委之重任那么天下大治也就差不多了。

停止战争军队一定要有所归属，战争结束而没有地方可去，那一定会成为强盗、作乱祸害天下。张说率兵平息麟州胡人叛乱，上奏罢免守边士兵二十万人，天下安定，大概所罢免的是府兵，府兵本来就是农民，让他们回到田地种应稼，回到家安居乐业，父子夫妇团聚，共同生活，所以是安然无忧。从此可以看府兵不过是毒害天下对于国之危乱，审矣。

说之言曰："臣久在疆场，具知其情，将帅苟以自卫及役使营私而已。"夫民之任为兵者，必佻宕不戢、轻于死而惮于劳之徒，然后贪酾酒椎牛之利、而可任之以效死。夫府兵之初，利租庸之免，而自乐为兵，或亦其材勇之可堪也。迨其后著籍而不可委卸，则视为不获已之役，而柔弱愿朴者，皆垂涕就道以赴行伍。若此者，其钝懦之材，既任为役，而不任为兵，畏死而不惮劳，则乐为役以避锋镝，役之而无不受命，骄贪之将领，何所恤而不役以营私邪？团队之长役之矣，偏裨役之矣，大将役之矣，行边之大臣役之矣；乃至纨袴之子弟、元戎之仆妾役之矣；幕府之墨客，过从之游士，弹筝击筑、六博投琼、调鹰饲犬之徒，皆得而役之。为兵者，亦欣然愿为奴隶以偷一日之生。呜呼！府兵者，恶得有兵哉？举百万井疆耕耨之丁壮为奴隶而已矣。纵遣归田，如奴隶之得为良人，而何弗怗然邪？

无强悍不受役之气，有偷安不恤役之情，因其有可役之资，而幸收其效役之利，行则役于边臣，居则役于长吏，一时不审，役以终身，先世不谋，役及后裔，天下之苦兵也，不待矢石相加、骴骼不返、而后怨毒填胸矣。是张说所奏罢之二十万人，无一人可供战守之用，徒苦此二十万之农民于奉拚除、执虎子、筑毬场，供负荷之下。故军一罢，而玄宗知其劳民而弱国也，而募兵分隶之议行，渐改为长从，渐改为彍骑。穷之必国家的危险祸乱没有什么作用，实在是太确切了。

张说说："我久在疆场，深知详情，将帅苟且自卫来役使兵士为自己出力"。百姓被召为士兵，必定是轻浮放荡不受约束，轻于死却害怕供人役使的人，然后贪于美酒杀牛的利益，这样就可以愿意效命供人役使。当初实行府兵时，利益在于免除租税，所以乐意当兵，或许也有一些智勇双全可供任用的人。其后日见登记在册无法推卸，农民把它看作是对自己没有好处的差使，那些懦弱老实的人，都痛哭流涕被迫上道参加军队。如果是这样，那些不堪一用的人，只是充军，但不具备士兵的素质，怕死却不害怕被人役使，很高兴作为仆役来逃避上战场作战，指使他们没有一个人不甘心听命，那些骄横贪图的将领，怎么会可怜他们不为自己所利用呢？团队的长官奴役他们，偏将奴役他们，大将奴役他们，奉命巡视边陲的大臣奴役他们。以至于那些纨袴子弟，守边将领的妻妾也奴役他们，幕府的文人墨客，经过此地的游士，弹琴击鼓、赌博玩耍、养鹰饲犬的人，都能奴役他们。作为士兵，也都心甘情愿作奴隶以换取苟且偷生。哎！所谓府兵哪里是兵呢？只不过是选择数百万从事农耕的青壮劳力作为奴隶罢了。假如让他们回到土地上，把这些奴隶释放回去以过正常生活的人，他们怎能不高兴呢？

没有强悍不受奴役的志气，有苟且偷安不忧虑被奴役的感情，依仗他们有可供奴役的资本，侥幸得到乐意被奴役的利益，当兵则受大臣的奴役，在家又受长吏的奴役，一时不清楚，就终身受奴役之苦，先辈没有考虑到这一点，他的后代子孙也遭受奴役之苦，天下百姓受兵役之苦，等不到刀剑相加，白骨送回家园，怨恨之气已填满胸间。张说所奏罢免的二十万人，没有一个人，可供作战所用，白白折磨这二十万农民承受打扫卫生，保育孩子、修筑球场、供他们超负荷役使的处境之下。所以军事一停，玄宗才知道是使百变，尚可须臾待哉？而论者犹责玄宗、张说之改制异于古法，从事于君子之道以垂法定制而保国安民者，不宜如此之卤莽也。

所患者，法弊已极，习相沿而难革，虽与更张，害犹相袭。故自说罢边兵而边空，长从彍骑制未定而不收其用，边将承之，畜私人，养番兵，自立军府，以酿天宝之乱。盖自府兵调戍之日，早已睥睨天下之无兵，而一旦撤归，刍粮赢馀，唯其所为，而朝廷固莫之能诘也。数十年府兵之流祸，而改制之初受之，乃举而归过于召募，胡不度人情、循事理，而充耳塞目以任浮游之说轻谈天下事邪？

12.议也，而以私与其间，则成乎私而害道。唐、宋以下所称持大体、务远图之大臣，未有不杂公私以议国事者，故忮主奸臣倒持之以相挠而相胁。

玄宗与宰相议广州刺史裴伷先之罪，张嘉贞请杖之，张说曰："刑不上大夫，为其近于君也，且所以养廉耻也。"其言韪矣，允为存国体、劝臣节之吁谟矣。既而又曰："宰相时来则为之，大臣皆可笞辱，行及吾辈。"此与宋人"勿使人主手滑"之说同。苟怀此心以倡此说，传之上下，垂之史策，人主将曰：士大夫自护其类以抗上而避害，盖古今之通习，其为存国体、奖士节，皆假为之辞，不可信也。贾谊以不辱贵大臣谏文姓疲劳，使国家削弱，所以募兵分属管理的建议才得以实行，渐渐改为长时间执行，渐渐改为立彍骑制。发展到极限一定会变革，哪有片刻可缓呢？评论的人还指责玄宗、张说改制与古法不同！从事作君子的道理以制定法规制度捍卫国家保护百姓的，不能这样这么卤莽草率。

所担心的是法令的弊端已到了极点，习惯相继难以改革，即使改革，灾害还是相互沿袭。所以自从张说罢兵那么边疆防务也就空虚了，强悍的骑射制度未定那么也就见不到功效，边将依靠其制，积蓄私人力量，培养亲兵，自立军府，结果酿成天宝年间的大乱。大概自从府兵换防之际，边将就早看出天下没有军队，一旦军队撤退，多余的粮草，全攫为己有，而朝廷根本不清楚也就不能责怪。数十年的府兵遗留下来的灾祸，从改革制度之初就已出现，把这些全部归咎为召募制度，这不是不考虑人情、依循事理，充耳不闻凭那些轻浮之说漫淡天下的大事吗？

议论，如果夹杂着自己的私心，那么自己的目的达到了却违害了常理。唐、宋以来自称自己识大体，为国家长远利益着想的大臣，没有不夹杂着公私利益来议论国家大事的，所以昏君奸臣反过来以此阻挠胁持。

玄宗和宰相商议该给广州刺史裴伷先定何罪，张嘉贞认为应该杖刑，张说说：“大夫不能受刑，因为他是皇帝的近臣，这就是培养他们的耻廉之心。”他的话是正确的，这是存国体劝臣节最得当的谋略。即而又说：“宰相一来就这样做，大臣都可以受鞭打的羞辱，我们这些人也免不了。”这和宋人所说“不能让皇帝手滑”之说相同。苟且心怀这种想法来倡道这种说法，使上下相传，名垂史册，帝王说：士大夫自己保护他们来违抗帝命逃避灾害，大概古往今来都是一样的，他们所说的存国体、奖励臣节，都是推托之辞，不能相信。

帝，亦与说略同，而谊以新进小臣，非绛、灌之伍，自可昌言而无讳。说怀“行及我辈”之心，与同官噂沓以语，则不可令人主闻，而开后世臣主猜防之衅。念一移而言随得咎，过岂在大哉？

且夫士之可杀不可辱者在己也，非挟持以觊上之宽我于法也。居之以淡泊，行之以宁静，绝贿赂之门，饬子弟之汰，谢游客之邪，息党同之争，卓然于朝右，而奚笞辱之足忧？诚有过也，则引身以待罪；言不庸也，则辞禄以归耕。万一遇昏暴之主，触妇寺权奸之忌，而辱在不免，则如高忠宪攀龙之池水明心，全肢体以见先人于地下。又其不幸，固义命之适然，虽辱而荣者。规规然计及他日之见及，而制人主以不我辱，士大夫有门庭，而君不能有其喜怒，无怪乎暴君之益其猜忌，偏以其所不欲者加之也。说自诩其识之及远，而自君子观之，何以异于胥史之雄，钳制其长吏为不可拔之根株也乎？

天下之公理，以私乱之，则公理夺矣。君臣之道丧，唐、宋之大臣自丧之也。于是而廷杖诏狱之祸，燎原而不可扑矣。

13.《春秋》纪晋盟诸侯于商任，以锢栾氏，讥其不能抚有，而又重禁之于人国，为已甚也。封建之天下，国各私其人，去其国则非其人，于是而有封疆之界以域之。而《硕鼠》之诗曰：“逝将去女，适彼乐土。”亦挟去以抗其君。上下交相疑贰，衰世之风，不可止矣。

贾谊用不羞辱尊贵的大臣来劝谏汉文帝，和张说说法差不多，但贾谊是刚入仕的小官，不是周勃、灌婴这层次的人，所以说这些话也就无所顾忌。张说心怀“行及我辈”的私欲，和同朝官僚相互唱和，实在不能让天子听到，其实是开了后来君臣之间猜忌提防的先河。欲念稍一改动言语上就犯了错误，过失怎么能不大呢？

况且士可杀不可辱在于自己，并非以此让天子违法宽大我们。居家则与世无争，出门则以宁静为本，杜绝贿赂之道，告诫子弟不要太奢侈，平息朋党之争，一身磊落居官朝中，又有什么鞭打之辱的担忧呢？即使真的有错误，也应以身等待处治；劝谏不被采用，那就应当辞官回家。万一遇到昏君暴主，触动了妖妇宦官权臣奸人的忌嫉，羞辱在所难免，就如同高攀龙一样昭昭忠心，毫无私念，保全自身，见先人于黄泉之下。即使不幸，也都是义所当为天命如此，虽然受到羞辱却和享有尊荣一样。谋划着日后被累及时，令君主不能羞辱自己，士大夫有门第，天子不能有喜怒哀乐，所以无怪乎暴君更加猜忌，偏偏拿他不想得到的加在这些人身上。张说自夸他的才识非常远大，但让天子看来，和胥吏强大，控制他的长官做那些不应该做的事有什么不同呢？

天下公理，往往乱在私心，那么公理也就不存在了。君臣等级被废，是唐、宋士大夫自己制造的。结果出现廷杖诏狱的灾祸，如星火燎原不能扑灭。

《春秋》记载晋国同诸侯在商任结盟，讥笑他不能安抚本国百姓，反而对别国百姓严加禁止。这样做太过分了。天下被分封成诸侯国，各国只管理自己的人民，离开他的国家就不是他国的臣民，结果就出现划分边界来隔离百姓自由往来。诗歌《硕鼠》中有“我将要离开你了，到那别的乐土去”之句。用离开来对抗他们的国君。国君百姓互相怀疑不一心，这就是世道日下的征兆，是不可逆转的。

天下而一王矣，何郡何县而非一王之土？为守令者，暂相事使而固非其民，民无非天子之民也。土或瘠而不给于养，吏或虐而不恤其生，政或不任其土之肥瘠，而一概行之，以困其瘠，于是乎有去故土、脱版籍而之于他者。要使耕者耕、工者工、贾者贾，何损于大同之世，而目之曰逃人，有司者之诐辞也，恶足听哉？

民不可使有不服籍者也，客胜而主疲，不公也；而新集之民，不可骤役者也。生未定而力不堪也。若夫捡括之而押还故土，尤苛政也。民不得已而远徙，抑之使还，致之死也。开元十一年，敕州县安集逃人，得之矣，特未问其所以安集之者奚若也。安集之法，必令供所从来，而除其故籍，以免比闾宗族之代输，然后因所业而徐定其赋役，则四海之内，均为王民，实不损，而逃人之名奚足以立乎？

然则邑有逃亡，可罪其守令乎？曰：未可也。地之肥硗，既其固然矣；征徭之繁简，所从来者非一日也。转徙多，则相其陂池堤防之便而化其土，问其徭役堕积之敝而平其政，非守令之能专，乃抚治大臣所任也。邑多新附之民，可赏其守令乎？曰：未可也。守令之贤不肖，能及于版籍之民，而不能加之新附，若其以小惠诱人之来徙者，又非法之所许也。无旷土，普天之下只有一个天子，哪一个郡哪一个县不是天子的土地呢？作为守令，只是暂且役使管理那些又不是他的百姓，百姓都是天子的百姓。有的地方土地贫瘠不足以养活百姓，官吏有的残害他们又不加忧虑他们的生存，政策也不管其土地肥沃还是贫瘠，按统一的标准来要求，百姓迫于土地贫瘠不能生存，结果就出现有些百姓离开故土，脱离户籍控制到别的地方去谋生。如果能让耕地的人有田可耕，手工业者有工可做，经商的有商可经营，为什么有损于大同世道，把他们看成是逃亡的人，这是官吏的强词夺理，有什么可以听信呢？

百姓不可以使他们有不服从户籍管理的，客人多了主人就受不了，不平衡。而新近聚集的百姓，不可以马上就役使他们，生活还不稳定下来力量就承受不了。如果把他们收笼起来押送返回故土，更是苛政。百姓不得已才跋涉迁徙到远方，假使让他们回去，是置他们于死地。开元十一年，下诏各州县安顿逃跑的人，是对的，还从没听说过把这些召集起来的逃亡者怎么样。安集的法规，一定要清楚他们从何处来，消除他们原有的户籍，免去他们在故里的邻居家族的劳役，而后依其所从事的职业慢慢规定他们的赋税徭役，那么四海为家，都是天子的臣民，国家事实上没受任何损害，逃亡者的名称还能站得住脚吗？

然而城邑有逃亡的人，能够加罪守令吗？回答是不能的。土地肥沃贫瘠，本来就是这样，征收徭役的繁多简单，存在也不是一天两天了。迁徙移动的人多，那么他们就相互修池筑堤开发这里的土地，询问徭役停顿积压的症结来端正管理，不是守令一人的专职，这是抚治大臣的任务。城邑有许多新近归附的百姓，能奖赏这里的守令吗？回答是当然不能。守令好与坏，他能管理的有户籍的当地百姓，但不能管理新近归依这里的逃亡百姓，如果他用小恩小惠引诱百姓迁无旷民，解法禁以任所在，而士者仕、农者氓，安集之令，犹为赘设也乎！

14.唐多才臣，唯其知通也。裴耀卿之于漕运，非可为万世法者乎？壅水以行舟，莫如易舟以就水；冒险以求便，莫如因时而避险；径行以求速，莫如转递以相续。江河各一其理，南北舟工各一其习，水之涨落各一其时，舟之大小各一其制。唯不知通也，以一舟而历数千里之曲折，崖阔水深，而限之以少载；滩危碛浅，而强之以巨艘；于是而有修闸之劳，拨浅之扰，守冻之需迟，决堤之阻困；引洪流以蚀地，乱水性以逆天，劳劼生民，糜费国帑，强遂其径行直致之拙算，如近世漕渠，历江、淮、汶、泗、河、济、漳、沽，旷日持久，疲民耗国，其害不可胜言，皆唯意是师，而不达物理者也。

成天下之务者，因天之雨旸，就地之险易，任人之智力，为其所可为，不强物以自任；则以理繁难、试艰危、通盈虚、督偷窳、禁盗侵，无不胜也。自宋以后，议论猥多，而不可用者，唯欲以一切之术，求胜于天时、人事、物力，而强以从己而已矣。唯唐有才臣，方之后世，何足述哉！

15.帝王立法之精意寓于名实者，皆原本仁义，以定民志、兴民行，进天下以协于极，其用隐而化以神，固不在封建井田也。井田封建，因时而为一切之法者也。三代贡举之法不传，唯周制之散见者，有大略之可考。任以其职，正以其名，寓其法规没有流传下来，只有周朝的制度散见可以看到，大致上可以考证出。以其职位授给相应权力，端正其名分，把这些都容纳在百姓行善的心里，让他们学习相传相照办，这是表示君主可以作天下之君，天下之老师，并非仅仅算计百姓的产业来企求自己的利益，所以让司徒掌握此职，象冢宰宗伯不能专任。其意义深远，即使百世以后仍可效仿。

贡举，可以一举两得。选拔天下有才能的人，来承担天下的重任，以完善政治保国安民，本来就是一回事。区别君子和小人，授以爵位使之光荣，给以奉禄使之能享受，使天下以善互相劝勉，'好的不抑制，不好的则悔改，这是另一层意义。这两层意义都有，以善心劝民，更象圣人着急那样。人人以善相劝，国家可保，百姓可安宁，这是本来的秩序。所以冢宰，担任治理国家的重任，宗伯，授给那些已被录用的贤才的重任，端正其事物的本原；推举贤才的职权，专用司徒担任。徒的意思就是众多，受过教化的君子和未受教化的野人都在他的职责之内。掌握君子的教化，用来作为教化百姓的标准，那么天下成千上万的百姓，都能仰沐风化成就善俗。司徒怎能改变职权呢？他所鼓励的、表扬的、吹捧的、贬斥的，不用刑那么百姓就互相戒禁，等不到用礼那么百姓就如同宾客一样有礼教，只掌握选举的权利，以为是关键，专授给司徒，天下都明白天子的用心，说：天子使他们管理我们养育我们强迫治理我们，莫非想让我们行善；这都如同是君子之道。所以司徒掌管选举，其用意深远，实在是万世不变的最好法则。

唐朝的旧制，贡举掌握在考功员外郎手中，仅是替朝廷选择官员，并非从许多人中间求取贤人。开元二十四年，改为礼部侍郎掌握，这就使贡举成为了修饰文治的事情，那些浮华之人日进，百姓德行也就不能提升。风俗变化，是根据天子所喜好的才慢慢改变，但不于司徒，而贡举轻，一人之予夺私，而兆民之公理废矣。自司徒不领贡举，而司徒轻，但为天子头会箕敛之俗吏，而非承上天协君叙伦之天秩矣。士竞于浮华，以弃其实行；民迫于赋役，以失其恒心。一分职在事之间，循名责实，治乱之大司存焉。良法改而精意亡，孰复知先王仁义之大用，其不苟也如此乎！善师古者，凡此类勿容忽焉不察也。其他因时随土以立一切之法者，固可变通以行其化裁者也，而又何成法之必仿乎？

16.李林甫之谮杀太子瑛及二王，为寿王地也。武惠妃薨，寿王宠渐衰，而林甫欲树私恩、怙权势，志终不移，谋之愈很，持之愈坚，凡可以荧惑主听、曲成邪计者，尤剧于惠妃未死之前，以其为己死生祸福之枢机也，可以得当者，无所不用。然而玄宗终以忠王年长好学，闻高力士乘间片言，储位遂定，林甫莫能置一喙焉。繇此观之，奸邪自诩得君，劫廷臣以惧己，其夸诞无实之伎俩，概可知矣。

非徒玄宗中载未甚淫昏也，即极闇懦之主，一听奸臣之然然否否而唯其牵曳，亦情之必不能而势之不可得者。且奸臣狐媚以容身，抑岂若董卓、高澄威胁上以必徇己志而俾君怼怨哉？唯探其意之所欲为于前，秘其事之所自成于后，举凡其君之用舍从违，皆早测而知其必尔，乃以号于众曰：天子固未然而吾能使之然也。恩者其恩，威者其威，群工百姓待命于知道名分存在于何处，事实就会归向何处，没有差错的。自从司徒不掌握贡举，那么贡举就被轻视，一人以私心操予夺之权，那么万民公理也就废了。自从司徒不掌管贡举，那么司徒也就被轻视，只是替天子网罗一般的官吏，并非承受天命协调君臣关系的秩序。士人竞相浮华，抛弃其实实在在的品行，百姓迫于赋役，也失去了恒心。将职任事分开，依名求实，是治乱的关键所在。善法被改那么其内在的精神就消亡了，先王仁义的大用途，不可轻忽到这种程度！善于效法古代的人，大凡这类不能忽视不加详察。至于其他方面依时随地情形所建立的法规，当然可以变通以行化解裁治之权，又有什么成法可以仿效呢？

李林甫进谗言杀死太子瑛和二王，是替寿王瑁争宠。武惠妃死，寿王宠幸渐渐衰落，但李林甫想树立自己的私欲，独揽朝中大权，志向终不改变，阴谋越加紧，把持大权就越牢固，大凡这样可以迷惑天子视听，达到自己的诡计，比武惠妃死之前还要厉害。认为这是自己生死祸福的关键，若能得逞，他的阴谋就没有不被采纳。但玄宗最后还是认为忠王年长好学，又听了高力士的片语规劝，遂立忠王为太子，李林甫也无能为力。由此可以看出，奸邪之人自以为得到天子的信任，压迫朝中大臣来害怕自己，其夸夸自谈的手腕，由此就看得一清二楚。

并非只是玄宗中期昏淫还不太严重，即便是非常昏暗懦弱的天子，一切听从奸臣的控制，这也是情理所不能，形势所不允许的。况且奸臣阿谀奉称是为了自身安全，怎么会像董卓、高澄那样威胁天子听从自己而惹天子怨恨呢？只有早点打探出他的内心所想要做的，在后来隐蔽他想办成的事，列举凡是天子想取舍的他是否依从违背，这些早就预测到必然是这样，对大家吹虚说："天子本来不是这样但我能使他这样。"对他有恩的人感激他的恩情，威胁他的人受其威胁，群工敕旨既下之馀，不得亲承顾问，则果信恩威之一出于奸臣，而人主唯其牵曳，乃以恐喝天下，笼络而使归己，虽有欲斥其奸者，弗敢发也。

然则苟有忠智之士，知其术之仅出乎此，则以武氏之悍淫，周、来、侯、索之骤衔天宪，诸武、二张之密侍内廷，而攻击者弗伤，按杀者无惮，直言请斥远之者反见任使，况其乱非武氏之世，犹可与言者乎？特患无明理察情之士，灼见而不惑耳，岂果有不可拔之势哉？恶之、恨之、疑之、畏之，私议于下，徒罹于祸以暗死屠门，奸邪之所以益逞，忠贞之所以益替，人君之所以益迷，可胜悼哉！

17.天宝元年，置十节度使，其九皆西北边徼也。唯河东一镇治太原，较居内地。别有岭南经略，长乐、东莱、东牟三守捉，亦皆边也，而权抑轻。若畿辅内地，河、雒、江、淮、汴、蔡、荆、楚、兖、泗、魏、邢，咸弛武备，幸苟安，而倚沿边之节镇，以冀旦夕之无虞，外强中枵，乱亡之势成矣。盖自一行立两戒之说，分用文用武之国，于是居轻御重、强枝弱干之术行，而自诧其巩固。方玄宗之世，吐蕃、突骑施、奚、契丹虽倔强不宾，而亦屡挫衄以退，本无可用防御者。无故而若大患之在边，委专征之权于边将，其失计固不待言矣。即令外寇果强，侵陵相迫，抑必内屯重旅，以时应敌，而不容栖重师于塞上，使玩寇失防，一败而无以为继。况周、汉之亡，痡先内溃，覆车不远，岂尽繇四裔乎？

百姓等待天子诏书既下之余不能亲自向天子征询，果然相信这些恩威完全出自奸臣之手，天子被其牵制，以此吓唬恐吓天下，笼络人心使归自己，尽管也有想痛斥其邪恶的人，也不敢揭露其邪恶。

假使有一些忠心智谋之士，知道他的阴谋不过如此，以武则天的强悍暴淫，周兴、来俊臣、侯思之、索元礼等人结伙把持朝纲，武氏诸人，张易之兄弟控制后宫，攻击他们的人没有受伤害，要求下狱杀死他们的人没有什么可害怕，直言犯上指责这些人要求疏远这些人反而被重用，更何况其作乱并非在武则天统治时候，还用得着与他们说吗？尤其担心是没有明理察情之士，有一点真知灼见不被迷惑，难道果真有不可动摇的情势吗？讨厌他、恨憎他、怀疑他、害怕他，在下边议论，只不过白白遭祸死，奸邪之所以更加猖狂，忠臣之所以更加受到压迫，天子之所以更加迷惑，这种伤痛说不完啊。

天宝元年，设立十个节度使，其中九个在西北边陲重地。只有河东节度使镇守太原，离内地较近。另有岭南经略使，长乐、东莱、东牟三守捉使，都在边陲，但权力却很轻。象京城附近中原内地，河、洛、江、淮、汴、蔡、荆、楚、兖、泗、魏、邢等地，武备松驰，侥幸苟且偷安，倚重沿边陲的节度使，希图没有旦夕忧虑，外强中弱，乱亡局势也就形成了。大概从僧一行提出两戒之说，国家分别用文用武来治理，结果居轻御重、强枝弱干的措施广为实行，还自我夸耀这是巩固国家的好办法。当玄宗在世的时候，吐蕃、突厥、奚族、契丹尽管拥兵称强不服唐朝，屡屡打败他们的军事挑衅迫使其后退，本就没有什么可用来防御他们的。没有原因却好像有大患就在边陲，委任给边将征伐的特权，失策就不用再说了。即使外敌果真强大，不断侵扰边境，在国内也一定要驻扎重兵，以防备敌军入侵，也不应当只在边界驻扎重兵，假使因轻敌失去防备，一旦战败就无法再派兵出征。

寇之起于内也，非能亟聚数万人以横行天下；其或尔者，又皆乌合而弗难扑灭者也。唯中原空其无人，则旋灭旋起，而无所弹压。撤边兵以入讨，必重虐吾民，而人心离叛；偶一折衄，乘势以收溃卒，席卷以行，而边兵皆为贼用，然后鼓行而入无人之境，更无有挟一矢以抗之者，社稷邱墟在旦晚之间耳。

夫使禄山之乱，两河、汝、雒、淮、楚之间，有大臣屯重旅，拊其入关之背，而迫之以前却两难之势，贼其敢轻窥函谷哉？封常清一身两臂，募市人于仓卒，以授贼禽，其为必败无疑矣。二颜之起河北，张，许之守睢阳，皆率市人以战，贼之所望而目笑者也。李、郭虽出，九门克捷，而不救潼关之败。观于此，则虚其腹心，以树强援于四末，一朝瓦解，大厦旋倾，势在必亡，无可拯救，必然之券矣。

且重兵之在边也，兵之强弱，朝廷不得而知也；将之忠奸，中枢不得而诘也。兵唯知其将之恩威，而不知有天子；将一失其所守，而自放为游兵，溃而散，靡而降，反戈而内讧，岂徒禄山犯阙、天子奔蜀为然乎？杨刘一溃，而朱友贞匹马无投；恒州一衄，而石重贵束身待缚；种师道入援不振，而宋徽父子凭孤城以就获。千古败亡之一轨，自大戎遽起，烽火无援，其来久矣。东汉黎阳之屯，差为有恃；乃其亡也，亦以边强腹弱，而山东义旅，不敌董卓之胡骑。后之谋保天下者，可周、汉灭亡，病在内部先坏，前车之鉴未去多远，怎么能全部委任四方节度使吗？

盗匪产生在内地，不能马上聚集数万人横行天下；即使是这样，都是些乌合之众不难镇压消灭。只有中原空虚没有重兵节制，那么盗匪刚被剿灭继而又兴起，也就没办法镇压。撤回边陲守兵入中原讨伐盗匪，一定会殃及百姓导致人心叛离，偶然被打败，盗匪乘胜收罗残兵败将，席卷天下，守边将士全被盗匪利用，而后乘胜前进如入无人之地，再也不会有一人能和他们抗衡，国家灭亡在旦夕之间。

假使安禄山作乱，河西、河东、汝、洛、淮、楚之间，有大臣掌握重兵，堵住他们入潼关的大门，迫使他们其进退两难，盗匪还敢轻易窥视函谷关吗？封常清在仓卒之间召募市民百姓，结果被盗匪、所逮，他这样做必败无疑。颜真卿、颜杲卿在河北起兵，张巡、许远死守睢阳，都是率城中市民作战，叛贼极看不起他们。李光弼、郭子仪虽然出兵，九节度大获全胜，但仍救不了潼关惨败。从此可以看出，内地空虚，树立强援在四周，一朝瓦解，国家大厦马上倾倒，势在必亡，无法拯救，这是必然之势。

重兵驻守边关，军队的强弱，朝廷并不清楚；将领是忠心还是奸诈，朝中大臣也不得而知。士兵只知道他们将领的恩威，但不知天子的恩威；将领一旦掌握不住士兵，这些士兵就成放任自流的游兵，溃散就四处逃跑，被俘就投降敌人，反过来攻打本国引起内讧，怎么只是安禄山作乱，天子逃跑到四川是这样呢？杨刘一败，朱友贞的军队就无处可去；恒州溃败，石重贵只好束身被俘；种师道救援不及，宋徽宗、宋钦宗父子困守孤城被敌俘虏。千古败亡都是这样。自从边界少数民族政权兴起，军情危急没有援兵，这由来已久。东汉在黎阳驻守重兵，稍稍有所依靠，等到其灭亡，也是边关强大内地空弗鉴诸?

18.唐政之不终者凡三：贞观也，开元也，元和也。而天宝之与开元，其治乱之相差为尤悬绝。夫人之持志以务修能，亦难乎其始耳，血气未定，物诱易迁，智未开，守未固，得失贞淫治乱之故未熟尝，而易生其骄惰；及其年富力强，见闻益广，浮荡之志气已敛，声色之娱乐已厌，而好修之成效有可居，则靡而淫，玩而弛，纵而暴，皆日损以向于善；此中人之恒也。太甲、成王终为令主，亦此而已矣。唐之三君，既能自克以图治于气盈血溢、识浅情浮之日矣，功已略成，效可自喜，而躁烈之客气且衰，渔色耽游之滋味已饫，乃改而逆行，若少年狂荡之为者，此又何也?于是而知修德之与立功，其分量之所至，各有涯涘，而原委相因也。

夫苟以修德为心与?德者，无尽之藏也，未之见，则一善成而已若有馀矣，天下之可妨吾善者，相引以迁而不自觉；既见之矣，既习之矣，仁不熟不安于心，义未精不利于用，浩乎其无涯矣，森乎其不可犯矣，亹亹乎相引以深密，若登高山，愈陟而愈见其峻，勿容自释也。故所患者，始之不自振也，继之不自省也，而不患其终之不自保也。师保在前，疑丞在后，古人之遗文，相督而不假，窥其精意，欲从而末繇，则虽未日进于高明，而可不失其故步，奚忧末路之猖狂哉?

虚，山东义兵，抵挡不住董卓的少数民族骑兵，后世君主想保全国家天下的，怎么能不从这里吸收教训呢？

唐代的政事不能自始自终的有三个阶段：贞观之治，开元之治，元和之治。从开元到天宝，治乱相差甚远。人们心怀远大志向从事发挥才能的事，开始是很难的，血气没有稳定下来，容易受事物引诱改变志向，聪明才智未开化，坚守志向也就不牢固，得失贞淫治乱的原因并未熟悉清楚，容易产生骄傲惰情；等到年富力强步入中年，见闻日渐多了，轻浮动荡的志气业已收敛，对声色娱乐感到厌倦，业已取得的成效有所可观，奢靡荒淫，贪图玩乐志向松驰，纵欲暴怒，这些的不良习气减少渐趋良善；这是这是中等人的常态。太甲、成王之所以最后成为明君，也是这个道理。唐朝三个天子，都能在志气充足血气冲冠、知识浅陋情绪浮动的时候自我控制励精图治，功业初见成效，心中暗自高兴，本来躁烈的性格日益衰败，贪图美色晏乐游玩的滋味已满足，此时却转而向坏的方向发展，象那些少年狂荡的人一样，这又是为什么呢？所以这才知道建立功业与修养道德，其所得到的分量，各有边际，其原委都是相互承继。

怎能以修德作为根本呢？道德，无尽的宝藏，没有发现它的时候，做成一件善事好象已经有余了，天下能妨碍我行善的，不知不觉相互牵引；既而已经发现了它，已经实践了它，仁爱未做到内心就不安，道义未做到精确对行动就会不利，浩浩荡荡就如同没有边际一样，严整而不可侵犯，不知疲倦相互进入深密义理中，就像登上高山，越走路越险峻，不容自己放弃。所以担心的，是开始自己不振作、接着又不反省，从不担心最后自己能否保住自己。老师在前保护，疑丞在后供咨询，古人留下的典籍，相互督促但不凭借，一看到其内其深邃的内涵，想随从但不知道路径在哪里，尽管不能达到高妙，但不会丧失原来的法度，为什么还担心结局的慌乱呢？

苟其以立功为心，而不知德在己而不在事与？则功者，有尽之规也，内贼未除，除之而内见清矣；外寇未戢，戢之而外见宁矣；百姓未富，富之而人有其生矣；法制未修，修之而国有其典矣。夫既内无肘腋之奸，外无跳梁之敌，野鲜流亡，而朝有纲纪，则过此以往，复奚事哉？志大而求盈，则贪荒远之功；心满而自得，则偷晏安之乐；所愿者在是，所行者及是，所成者止是，复奚事哉？邪佞进，女宠兴，酣歌恒舞，而曰与民同乐；深居晏起，而曰无为自正。进厝火积薪之说者，无可见之征；抱蚁穴金堤之虑者，被苛求之责。智浅者不可使深，志小者不可使大，度量有涯，淫溢必泛，盖必然之势矣。

是以古之圣王，后治而先学，贵德而贱功，望之天下者轻，而责之身心者重，故耄修益勤，死而后已，非以为天下也，为己而已矣。为己者，功不欲居，名不欲立，以天子而无殊于岩穴之士，志日专，气日敛，欲日憺忘，心日内守，则但患其始之未正也，师保任之也；不患其终之不永也，无可见之功勋，则无告成之逸豫也。唐以功立国，而道德之旨，自天子以至于学士大夫置不讲焉，三君之不终，有以夫！

19.大义不可易，显道不可诬，苟且因仍，无能改者，不容终隐于人心，而不幸发自德薄望轻之口，又或以纤曲邪妄之说假如有想在内心立功，怎能不清楚品德在于自己不在于事情呢？功业，是有其标准要求的，内贼不除，铲除了其内部也就宁静了；外敌不消灭，消灭了边关也就安宁了；百姓不富，使他们富裕那么百姓生活也就无虑了；法制不加治理，治理了国家也就有法可依了。对内没有肘腋的奸人，对外又没有逞凶的外敌，国家也就很少出现逃亡的百姓，朝廷也就有纲纪，除此之外，还有什么可以从事呢？志向远大那么希求就满，就会出现贪图荒远的功业；心满自得，那就会出现偷安晏乐的生活；所希望的是这些，所做的又是这些，所成就的也是这些，还有什么要从事的呢？邪恶奸佞的人被重用，宠幸美女也就兴起来，整日酣酒狂歌醉舞，却说是与民同乐，深居简出，却说这是无为自正。潜藏的危机如同把火种放在了柴堆下边，有人进谏没有可见到的征兆；提出牢固的水坝会溃于蚁穴建议的人，反而受到苛责。才能一般的人不能让他们担任大任，志向小的人不能使他们担当大政，度量有一定的限度，满了必然泛滥，大概这是必然之势。

所以古代的圣王，先学习后治理，看重品德轻视功业，轻视承受天下的重望，对自己却要求严格，所以步入晚年会更勤奋，一直到生命结束，并非认为天下是自己的。作为自己的，有功业不想占有，名望又不想建立，认为天子和隐士没有什么不同，志向日益专一，浮气日益收敛，欲望也就渐渐淡忘，内心坚守志向，只是担心开端没有开好，师保对此负责；不担心其最终不变，也就没有什么显著的功勋，也就没有大功告成的放纵。唐以功业立国，对于道德这些东西，从天子以至到学士大夫放置一边不讲，三个天子有始无终，也就是因为这个。

大的道德不能改变，明显的主张不能诬陷，苟且因循，不能改变，最终不容许只隐藏在内心，但不幸从那些德薄望轻人的口中说附会之，遂以不伸于天下，君子之所重叹也。

商、周之德，万世之所怀，百王之所师也。祚已讫而明禋不可废，子孙不可替，大公之道也。秦起西戎，以诈力兼天下，蔑先王之道法，海内争起，不相统一，杀掠相寻，人民无主，汉祖灭秦夷项，解法网，薄征徭，以与天下更始，略德而论功，不在汤、武下矣。汉祚既终，曹魏以下二百馀年，南有司马、刘、萧、陈氏，皆窃也；北有五胡、拓拔、宇文，皆夷也；隋氏始以中原族姓一天下，而天伦绝，民害滋；唐扫群盗为中国主，涤积重之暴政，予兆民以安，嗣汉而兴，功亦与汉埒等矣。

天下之生，一治一乱，帝王之兴，以治相继，奚必手相授受哉！道相承也。若其乱也，则天下无君，而治者原不继乱。故夏之末造，有韦、顾、昆吾，乘暴君而霸；殷之将殄，崇、密攘臂而争；周之已衰，六国、强秦、陈涉、项籍，挟兵以逞；汉之已亡，曹、吴、司马、刘、萧、陈、杨、五胡、索虏、宇文，割裂僭号，皆彗孛之光，前不继西没之日，后不启东生之月者也。若以一时僭割、乘郄自雄者，可为帝王授受之统系，则三蘖、崇、密，可为商、周之所绍嗣矣，而岂天之所许、人之所怀哉？

王者褒崇先代，隆其后裔，使修事守，待以宾客，岂曰授我以天下而报其私乎？德足以君天下，功足以安黎民，统一六宇，治安百年，复有贤子孙相继以饰治，兴礼乐，敷教化，存人出，或许有的又以纤伪歪曲邪恶狂妄之说来附会，所以就不能伸于天下，君子不得不重重叹息。

商、周的厚德，被万世所怀念，被百王所学习。国运结束了但祭祀之礼不能废除，子孙不能改易，这是最公正的道理。秦起自西戎，凭借着狡诈的力量统一天下，蔑视先王的道法，海内争起，不相统一，互相杀掠，百姓没有君主。汉高祖刘邦灭秦杀项羽，解除法网，减轻徭役，以此重新安定天下，如果忽略思想重视功业方面讲，功业不在商汤、周武王之下。汉朝国运结束，曹魏以下二百多年，江南有司马、刘氏、萧氏、陈氏政权，都是窃取；北方有五胡、拓拔氏、宇文氏，都是夷人政权；隋朝始以中原大姓统一天下，但天伦断绝，百姓祸害更大，唐朝一举消灭诸雄成为中国一主，涤除多年积累的暴政，给予百姓安定生活，这是继承汉朝兴起，功业也与汉朝相当。

天道循环，有一治必有一乱，帝王兴起，以治理相继，何必要亲手交给他呢！道统相继承，若是乱世，那么天下没有君主，治世之统与乱世之统不相承接。所以夏朝最后，出现韦、顾、昆吾等政权，趁暴君昏庸称霸天下；商将被消灭时，出现崇、密之争；周已衰落，六国、强秦、陈胜、项藉，拥兵逞强；汉已灭亡，曹、吴、司马、刘、萧、陈、杨、五胡、索虏、宇文等政权，割裂山河僭越称帝；皆是彗星之光，前不接从西边落下的太阳，后不承从东边升起的月亮。如果以一时割据，趁机称雄，就可以作为帝王接受的正统，那么三檗、崇、密，可也作为商、周的继承者了，这又怎能是上天所允许，百姓所怀念的呢？

帝王应推崇先代，使其后代兴隆，让他们修明先代美政，待以宾客之礼，怎能说是前朝把天下交给我让我报答他的私恩呢？有道德足以作天下君主，功业足以安定黎民百姓，统一全国，治理安定百道，远禽兽，大造于天人者不可忘，则与天下尊之，而合乎人心之大顺。唐欲法古帝王之德意，崇三恪之封，自应以商、周、汉为帝王相承而治之绪，是不易之大义，不诬之显道也。

自武德至天宝，百馀年矣，议礼之臣，无能昌言以厘正，犹奉拓拔、宇文（偏隅）[犬羊]之族、杨氏悖乱之支为元后父母之渊源，何其陋也！天宝九载，乃求殷、周、汉后立为三恪，而废拓拔、宇文、杨氏之封，虽曰已晚，堂堂乎举久湮之坠典，立百王之准则，亦伟矣哉！乃非天子所能念也，非大臣所能正也，非儒者所能议也，而出于人微言轻之崔昌。又以以王代火，五德推迁，袭邹衍之邪说参之。为儒如卫包者，抑以“四星聚尾”无稽之言为征，不能阐元德显功、民心天理之秩序以播告来兹者为永式，主之者又李林甫也。故林甫死，杨国忠之党又起而挠之，后此弗能伸其义者；圣帝明王之祀荫，永绝于世，不亦伤乎！

唐之既亡，朱温以盗，朱邪、枭捩鸡以夷，刘知远、郭威琐琐健儿，瓜分海内，而仅据中州，称帝称王，贱于丞尉；至宋而后治教修明，贤君相嗣，以为天下君师。是于周、汉与唐，犹手授也。曾不能推原治统，自跻休美；而以姑息之恩，独崇柴氏。名儒林立，此议无闻，大义隐，显道息，垂及刘伯温、宋景濂，不复知有乾坤之纲纪，弗能请求刘、李、赵氏之裔以作宾于王家，曾李林甫之弗若，岂非千古之遗憾哉？虽然，人年，再加上贤明的子孙相继治理，兴礼乐，施教化，存人道，远禽兽，对天人有大成就的不能忘记，那么天下就尊敬他，更合乎顺应人心。唐朝想效法古代帝王的品德意志，崇尚分封三恪，自己对应商、周、汉帝王的继承者，垂绪其统治，这是不能改变的大义，不可复加的显道。

从武德到天宝，一百多年，那些制定礼仪的大臣，不能提倡加以纠正，仍继承拓拔氏、宇文氏这些偏居一隅的少数民族政权，杨广违背人伦混乱的枝节，作帝王父母的渊源，他是何等丑陋！天宝九年，寻求商、周、汉后人立为“三恪”，废除拓拔氏、宇文氏、杨氏的分封，虽说已经晚了，堂堂正正把埋没多年的典章重新建立起来，确立百王的准则，这也是太伟大了。这并非天子所能惦挂的，也不是大臣所能端正的，也不是儒家所能议论的，而出自被人看不起的崔昌之口。又改用土德代替火德，五德推移，沿袭邹衍的邪说加以参用。卫包又以“四星聚屋”这些无稽之语来作为征兆，不能阐明元德显功、民心天理的秩序来广为告诉后人作为永恒不变的常式，主管此事的又是李林甫。所以李林甫死后，杨国忠这些人又起来加以阻挠，后来也就不能伸张其大义；圣帝明王的祭祀香火，永远消失，不是太悲伤了吗？

唐既已灭亡，朱温盗窃了政权，朱邪、臬捩鸡以屠杀夺取政权，刘知远、郭威这些年轻健儿，瓜分天下，但仅占据中原，称帝称王，比县丞县尉这样的小官吏还要低贱；到宋才治教修明，贤君相继承，可以为天下君主所取法。所以周、汉和唐，犹如亲手授给一样。竟然不能从本源上推明志统，跻身美善；以迁就私恩，专尊崇柴氏。名儒林立朝中，没有听说有人提出正论，大义隐藏，显道息灭，到刘伯温、宋景濂，不再知道还有天地之纲纪，不能请求刘邦、李渊、赵匡胤的后代子孙作帝王家的座上宾客，连李林甫都不如，难道不是纪不容终绝，王道不容永弛，豪杰之士申其义，明断之主决于行，夫岂难哉？敬以俟之来哲。

20.秀者必士，朴者必农，僄而悍者必兵，天与之才，习成其性，不可移也，此之谓天秩，此之谓人官。帝王之所以分理人物而各安其所者，此而已矣。

唐之府兵，世著于伍，垂及百年，而违其材质，强使即戎，于是而中国无兵。安禄山以蕃骑渡河，入无人之境，直叩潼关，岂中原之民一皆脆弱，无可奋臂以兴邪？颜鲁公一振于平原，旬日之间，而得勇士万馀人，于是卢全诚于饶阳，李奂于河间，李随于博平，而颜常山所收河北义旅凡二十馀万，张睢阳所纠合于雍邱者一日而得数千人，皆蹀血以与贼争死命。斯固三数公忠勇之所激，而岂此数十万比屋之民，皆义愤填胸、思拯国难者乎？僄轻鸷悍之材，诚思得当以自效，不乐于负耒披蓑，宁忘身以一逞，其材质不任农而任兵，性以成、情以定也。然则拘府兵之故纸，疑彍骑为虚文，困天下材勇于陇首，荡泆游闲，抑不收农民之利者多矣。违其性，弃其长，强其短，徒弱其兵，复窳其农，唐安得有兵与民哉？

唯其不能收天下之材勇以为国用，故散在天下，而天下皆得以收之，忠者以之效其忠，邪者以之党其邪，各知有所募之主帅，而顺之与逆，唯其马首是瞻，于是乎藩镇之势成，而唐千年的遗恨吗？即使这样，人纪不容于绝灭，王朝不容于永远废弛，豪杰之士申明其义理，明于果断的君主在行动之中采用，难道会很难吗？让我们此恭敬之心等待哲人的到来。

才华出众的人必定是读书人，朴实无华者必定是农民，狂剽强悍的必定是士兵，上天赋予他们才能，习惯养成其本性，这是不能改变的，这就叫做天秩，这就叫做人官。帝王之所以分别管理人事，使他们各安其位，也就是这个道理。

唐代的府兵，世世代代都在军队，沿续了一百多年，结果违反了其素质才能，强迫他们当兵，那么中国就没有真正的兵了。安禄山率胡骑渡过黄河，如同进入无人之境，直抵潼关难道是中原百姓都很脆弱，没有人敢振臂起来抵抗吗？颜真卿在平原起兵抵抗，半月之内，就招收勇士一万多人，与此同时，卢全诚在饶阳，李奂在河间，李随在博平纷纷起兵，颜常山笼络河北一带义军达二十多万人，张睢阳在雍邱招收士兵一天就达数千人，这些士兵都是勇于牺牲和叛军决战的人。这些固然是颜真卿等人激于忠心勇气，难道数十万的农民，个个都是义愤填胸，一心想着挽救国家危难的吗？那些有轻捷强悍之才的人，诚然想得当以自报效国家，不愿背着锄镰披着蓑衣，宁愿忘却自身安危也要逞一时之能，他们的才能只任当兵不任做农，情绪已安定，性格也就形成这样的状况。然而他们受府兵条条框框的限制，又怀疑精锐骑兵是表面的作法，有才干的英雄被困在田亩之中，无事可作，游手好闲，不能从农民手中得到的利益实在太多了。违背其秉性，抛弃其长处，强迫用其短处，白白削弱士兵的志气，又损害农民的利益，唐怎会拥有士兵和农民呢？

只因为不能网罗天下英勇的人为国家效力，因而他们分散在全国，况且天下都能够网罗他们，忠心的可以让他们效自己的忠心，奸邪的人据此结党逞其奸邪，都清楚他们被召募的将领，是顺从还是虽共主，亦与棋立以相敌。延及五代，天下分崩，互相吞灭，固幽、燕叛逆之所倡，抑河北、山东义兵之所启也。若夫高仙芝、封常清迫而募于两都者，则市井之罢民，初不足为重轻者也。民惩府兵之害，闻召募出于朝廷，则畏一登籍而贻子孙之祸，固不如河北、山东、雍、睢牧守之号召，人乐于就而能得其死力也。

宰天下者，因其可兵而兵之，因其可农而农之，民不困，兵不枵，材武之士不为将帅所私畜，而天下永定。因天也，因人也，王道之所以一用其自然也。

21.李萼说颜鲁公陈清河之富云："有布三百馀万疋，帛八十馀万疋，钱二十馀万缗，粮三十馀万斛，甲兵五十馀万事。"一郡之积，充牣如此，唐之富可知矣。唐之取民，田百亩而租二石，庸调绢六丈、绵四两而止。宇文融、韦坚、王鉷、杨慎矜虽云聚敛，未尝有额外之征也。取民之俭如此，国储之富如彼，其君若臣又未尝修《蟋蟀》《葛屦》之风，方且以侈闻矣。繇此观之，有天下者，岂患无财哉？忧贫者，徒自忧而益其贫耳。

夫大损于民而大伤于国者，莫甚于聚财于天子之藏而枵其外，窘百官之用而削于民，二者皆以训盗也；盗国而民受其伤，盗民而国为之乏矣。辇天下之金粟钱货于内帑，置之无用之地，积久而不可用，愈积愈冗，而数不可稽，天子莫能问也，大臣莫能诘也，则一听之宦竖戚畹及主藏之奸胥，日窃月抗拒，只有看主帅的意图行事，因此形成的藩镇割据局势，唐朝虽然只有一个天子，但藩镇割据互相敌视。发展到五代，天下分崩离析，互相吞并，固然是据幽州、燕州的叛逆首先发动，也是占据河北、山东的义军所开的头。象高仙芝、封常清迫于无奈在长安、洛阳召募士兵，那些市镇乡村中的疲惫百姓，开始并不能形成举足轻重的力量。百姓苦于府兵的灾害，听说朝廷召募士兵，害怕一旦入伍为兵将给儿孙造成祸害，所以比不了河北、山东、雍邱、睢阳太守的号召力，人们乐意入伍并能愿意以出力效死。

主宰天下的人应当根据百姓可以当兵的就让其当兵，可以做农的就让其当农民，这样农民不受困扰，兵源就不会空虚，有武艺之才的人不被将帅所私养，那么天下也就永远安定。顺应天时，顺应人事，那么王道就可运用并顺其自然。

李萼向颜真卿陈述清河郡的富裕时说："存有布三百多万匹，丝帛八十多万匹，钱二十多万缗，粮食有三十多万斛，武器有五十多万件。"一个郡的积蓄，能达到这个地步，那么唐朝的富庶就可想而知。唐朝收取百姓的有一百亩地收租二石，雇佣征调的绢六丈、绵布四两。宇文融、韦坚、王鉷、杨慎矜虽说聚敛，从来没有额外的征收。从百姓那里收取的这样节省，国库积储又是那样的富，不论是天子还是大臣都未染《蟋蟀》、《葛屦》的邪气，这才有奢侈的说法。从此可以看出，拥有天下的，怎么能担心没有财宝呢？忧虑贫穷的人，徒然自忧而贫者更贫。

对百姓有大的损害对国家有大的伤害的，没有比把财宝储在天子的仓库里州郡空虚的更厉害，使百官的费用窘迫向百姓搜刮，二者都是用来训责强盗的，偷了国家而百姓受到伤害，偷了百姓的那么国家也就匮乏。把天下的黄金粮食钱币货物统统充到内府库，放在无用之地，时间长了不能用，越积越多，数不胜数，天子无法询问，大臣匿，以致于销耗；且复以有为无，欺嗣君之暗，而更加赋以殚民之生计，是盗国而民伤也。有司无可赡之用，不得不为因公之科敛，以取足于民，于是而蔽上以盗民者，相习为故；且有司之科敛者一，而奸吏猾胥以及十姓百家之魁长乘之而交相为盗，官盗一，而其下之层累以相剥者不但二也；民乃急其私科，缓其正税，逋欠频仍以徼幸于恩贷，匿田脱户，弊百出以欺朝廷，而岁之所入，十不得五，是盗民而因以乏国也。

唐散积于州，天下皆内府，可谓得理财之道矣。已散之于天下，而不系之于一方，则天子为天下措当然之用，而天下皆为天子司不匮之藏，有司虽不保其廉隅，而无所藉口于经用之不赀，与奸胥猾吏相比以横敛于贫民，而民生遂矣。官守散而易稽，不积无用以朽蠹，不资中贵之隐窃，而民之输纳有恒，无事匿田脱户，纵奸欺以堕朴氓而亏正供，则国计裕矣。故天宝户口之数，古今莫匹，兵兴之初，州县财馀于用，非地之加广、生之加蕃也，非虐取于民、俭吝于用也。散则清，聚则漏，昭然易见之理，自宋以来，弗能察焉；富有四海而患贫，未有不以贫亡者也。

22.天子出奔以避寇，自玄宗始。其后代、德、僖三宗凡四出而卒返，虽乱而不亡。平阳之青衣行酒，五国之囚系终身，视此何如邪？《春秋传》曰：“国君死社稷，正也。”国君者，诸侯之谓也，弃其国，寓于他人之国，不得立宗庙、置社稷，委天子之命，绝先祖之祀，殄子孙之世，不若死之愈矣。诸侯也不能过问，那就完全听从于宦官和负责贮藏的奸史，天天偷窃月月藏匿，以致于消耗殆尽；况且又认有作无，欺侮嗣君软弱，更增加赋税以穷尽百姓的生计，这就是偷窃国家伤害百姓。官员没有可赡养的费用，官吏聚敛一次，那么奸吏狡猾官员以十姓百家的族长乘机互相偷窃，官员偷窃一次，他的下属各级官员相互剥削也就不只二次；百姓急于其私人所得，拖欠正当税收，欠得多了就侥幸天子开恩免除租税，隐蔽田地逃脱户口，出现百弊欺侮朝廷，每年国家所得，十分不能得到五分，这就是偷窃百姓因而使国家匮乏。

唐朝分散积储于州郡，天下都是内府库，可以说是得到了理财之道。既然分散到天下，而不专系于一方，那么天子为天下措置当然的费用，天下都能为天子管理不匮乏的储藏，官员虽然不保全部都廉洁，也没有借口说国家没有用的钱财，与奸臣狡猾官吏向贫民横征暴敛相比，那么百姓生存就没问题了。官员执守分散容易考核，不储积那些无用的以至于腐朽，不被禁中太监私藏起来窃为己有，百姓交纳的有一定限度，没有从事隐匿田产逃脱户籍、放纵奸人欺凌来毁坏百姓让他们亏欠赋税的情况，那么国家就富裕了。所以天宝年间户口数目，古今无法相比，兴兵之初，州县钱财有余可供国用，并非土地拓宽，百姓增加，并非从百姓那些横征暴取，节省吝啬用于国用。分散则清宁，聚积则出漏洞，这么容易看到的道理，从宋以来，还没有看到，拥有天下却担心贫困，没有不因为贫穷亡国的。

天子四处逃亡以躲避入侵者，始于玄宗。后来代宗、德宗、僖宗三个皇帝四次逃亡最后才返回京城，尽管遭到祸乱但国却没有灭亡。西晋怀愍帝被俘后，在押往平阳时为匈奴人做斟酒的仆人；北宋徽钦二宗被囚五国城终身不返。从此看这又是为什么呢?《春秋传》上说：“君为国家而死，是正当的。”国君，是诸侯的称谓，抛弃国家，到别国避难，不能建立宗庙、建国家大业，抛弃天子的名位，断绝祖之侯度固然，非天子之谓也。自宋李纲始倡误国之说，为君子者，喜其词之正，而不察《春秋传》大义微言之旨，欲陷天子于一城而弃天下，乃以终灭其宗庙之血食。甚矣！持一切之论者，义不精，学不讲，见古人之似而迷其真，以误天下有馀矣。

天子者，天下之望也，前之失道而致出奔，诚不君矣；而天下臣民固倚以为重，而视其存亡为去就；固守一城，而或死或辱于寇贼之手，于是乎寇贼之势益张，而天下臣民若丧其首，而四支亟随以仆。以此为正，而不恤四海之沦胥，则幽王之灭宗周，元帝之斩梁祀，可许以不辱不偷之大节乎？天子抚天下而为主，都京师者，其择便而安居者尔。九州莫非其土，率土莫非其人，一邑未亡，则犹奉宗祧于一邑，臣民之望犹系焉，弗难改图以光复也。而以匹夫硁硁之节，轻一死以瓦解天下乎？

呜呼！非徒天子然也。郡县之天下，守令为天子牧民，民其所司也，土非其世守也。禄山之乱，守州郡者，如郭纳、达奚珣、令狐潮之流，望风纳款，乃至忠贞如颜杲卿、袁履谦、张巡者，亦初受胁迫而始改图，困守孤城而不知变计，几陷于逆，莫能湔涤。力不能如颜鲁公之即可有为也，则何如洁身以避之，徐图自效可也。身居危困之外，自有馀地以致身尽瘁；而濡忍不决，势迫神昏，自非与日月争光之义烈、“艮其限，厉宗的祭祀，残害子孙后代，不如死的快一些；诸侯作诸侯的度量固然是这样，但并非是天子也是这样。从宋朝李纲开始提出误国的说法后，是君子欣赏他的话说得正大，但不细细推敲《春秋传》微言大义的内涵，想把天子困陷在一城之中而舍弃天下，最后断绝他的宗庙的供奉祭祀。太严重了！坚持一切评说的人，道义不精通，学问不明了，看见古人似乎是这样就迷惑了真实的含义，实在是比误天下还要严重。

天子，是天下人所尊崇的，先前失于治道以致于逃亡，实在不够作国君的资格；天下的臣民本以把一切都寄托在他身上，权衡他是存是亡作为离开追随的标准；困守一城中，在外敌盗匪掌中或死或受辱，结果寇贼的气焰日益嚣张，天下的臣民失去了主心骨，他们纷纷离散成为他人的仆人。以此作为准则，不忧虑天下沦亡，那么幽王灭了周朝，元帝断绝梁朝国脉，可以说这也是不被羞辱不被偷窃的伟大贞操吗？天子安抚天下而为共主，定都京师，是选择其便利又可安居乐业。九州没有不是他的土地，所有土地上的人没有不是他的人民，只要还有一座城没有灭亡，那么就还可以在一座城中尊奉他的宗庙祭祀，臣民的期望还系于一心，不难改变意图光复国家大业。怎能以那些浅陋固执的小节，轻于一死来瓦解天下呢？

哎！并非只有天子是这样。天下的郡县，守令替天子管理百姓，百姓归其掌管，土地却不是他世代持有的。安禄山叛乱，守州郡的象郭纳、达奚珣、令狐潮这些人，望风披靡，归顺投降。至于忠贞之士如颜杲卿、袁履谦、张巡等人，也是当初受到胁迫才开始改变想法，坚守孤城不知道改变一下策略，几乎被叛军俘虏，不能洗清。力量达不到象颜真卿说得是要有所作为，不如先洁身躲避一下，从长计议。身居危困之外，自然有余地来尽心尽瘁；犹豫不决，形势逼迫头脑昏沉，自己并不是要与日月争光芒，《易经》说：“艮其限，厉熏心”，

熏心”，亦危矣哉！不保其终无玷也。故守令无三军之寄，而以失城坐大辟，非法也。去亦死，守亦死，中人之情，畏死其恒也，迫之以必死，则唯降而已矣，是驱郡邑以从逆也。故曰非法也。

实在是太危险了！保不住自己最终不被玷污。所以守令没有三军可作为依托，如果因为丢失城邑就受到杀头之刑，这不合法度。逃离是死，坚守也是死，从一般人的感情来说，怕死是常理，胁迫他必定是死，那么他只有投降了，这是驱赶郡邑百姓顺应叛军。所以说不合法度。

卷二十三

肃宗

1.肃宗自立于灵武，律以君臣父子之大伦，罪无可辞也。裴冕、杜鸿渐等之劝进，名为社稷计，实以居拥戴之功取卿相，其心可诛也。史称颜鲁公颁赦书于诸郡，河南、江、淮知肃宗之立，徇国之志益坚，若以此举为收拾人心之大计，岂其然乎？

玄宗之召乱也，失德而固未尝失道也。淫荒积于宫闱，用舍乱于朝右，授贼以柄而保寇以滋，斁伦伤教，诚不足以任君师、祐下民。而诛杀不淫，未尝如汉桓、灵之搒掠，宋哲、徽之窜逐也；赋役不繁，未尝如秦之筑长城、治骊山，隋之征高丽、开汴渠也。天不祐玄宗，而人不厌唐德，禄山以凶淫狂騃之胡雏，县军向阙，得志而骄，无终日之谋以固其势，无锱铢之惠以饵其民，蟪蛄之春秋，人知其速陨，岂待灵武之诏，始足动天下以去逆效顺哉？

虽然，肃宗不立，而天下抑有不可知者。幸而不然，人不知其变之必至耳。国虽不固，君虽不令，未有一寇甫兴而即灭者，秦之无道，陈涉不能代之以兴，况唐立国百年，民无荼毒，天宝之富庶甲乎古今，岂易倾哉？而有不可知者，乱者，所以召乱也；止乱者，尤乱之所自生也。袁、曹讨董卓，而汉亡于袁、曹；刘裕诛桓玄，而晋亡于刘裕；祸发而不戢，恶知其极？定之不早，意外之变继起，而天下乃以分崩，是则安、史虽平，肃宗在灵武自立为皇帝，如果以君臣父子的伦理来要求的话，那么他的罪行无法推卸。裴冕、杜鸿渐等人劝他当皇帝，名义上是为国家着想，实际上是占居拥戴的功劳来夺取卿相大任。这种想法实在可恶。史书上称颜真卿向各郡颁布赦书，黄河以南，长江、淮河一带才知道肃宗已登上帝位，报国之心更加坚强，如果拿这一举动想作为收拾天下人心的谋略，能行吗？

玄宗召致叛乱，虽然失去了恩德但还没有失去治道。在后宫内院荒淫无度，朝中取舍极为混乱，授贼人以大权养虎为患，伤伦理败坏名教，实不足以作君师，保佑百姓。但诛杀不滥，并没有像汉桓帝、汉灵帝肆以掠夺，像宋哲宗、宋徽宗四处逐掠；赋税徭役并不繁重，并不像秦始皇修筑长城、建设骊山，像隋炀帝征付高丽，开凿惠灵渠。上天不保佑玄宗，但人们并不厌恶唐朝的恩德，安禄山以凶淫残暴的胡人小儿，领兵逼向京师，得志忘形，傲慢无礼，没有始终如一的谋略来巩固其势力，没有一分钱恩惠来利诱百姓，如春秋的小蝉，人们知道它死的也很快，怎么会等到灵武的诏书，才发动起来离开叛贼效顺朝廷？

尽管这样，肃宗不立为天子，那么天下也会有不可预料的。幸好不是这样，人们不知道他们变故必然会发生。国家虽然不巩固，君主虽然诏令不行四方，也没有一个盗贼马上兴起马上灭亡，秦虽然无道，陈胜却不能代替它自立为帝，况且唐朝建国一百多年，百姓没有遭受太大的盘剥，天宝年间的富庶甲于古今，怎么会那么容易就倒塌呢？也有无法预料的，就是叛乱，这就是导致叛乱的原因。制止叛乱，比叛乱自动发生还要厉害。袁绍、曹操讨伐董卓，那么东汉亡在唐尤岌岌也。

于稽其时，玄宗闻东京之陷，既欲使太子监国矣；其发马嵬，且宣传位之旨矣。乃未几而以太子充元帅，诸王分总天下节制，以分太子之权。忽予忽夺，疑天下而召纷争，所谓一言而可以丧邦者在此矣。盛王琦、丰王珙，皆随驾在蜀；吴王祇、虢王巨，皆受专征之命；永王璘之出江南，业已抱异志而往；是萧梁骨肉分争之势也。河北、雍、睢之义旅，罔测所归；河西李嗣业，且欲保境以观衅；安西李栖筠，愈远处而无适从；李、郭虽心王室，且敛兵入井陉，求主未得而疑；同罗叛归，结诸胡以内窥，仆固玢败而降之为内导，以掣河东、朔方之肘；此汉末荆、益，西晋河西之势也。使一路奋起讨贼，而诸方不受其统率，则争竞以生；又李克用、朱全忠不相下之形也。诸王各依一镇以立，诸镇各挟之以为名；抑西晋八王之祸也。居今验古，不忧安、史之不亡，而亡安、史者即以亡唐。托玄宗二三不定之命，割裂以雄长于其方，太子虽有元帅之虚名，亦恶能统一而使无参差乎？玄宗之犹豫不决，吝以天下授太子，不尽皆杨氏衔士之罪也，其父子之间，离忌而足以召乱久矣。

肃宗亟立，天下乃定归于一，西收凉、陇，北抚朔、夏，以身当贼，而功不分于他人，诸王诸帅无可挟之勋名以嗣起为袁绍、曹操手中；刘裕杀了桓玄帝，那么东晋也就灭在刘裕手中；祸乱发生不加铲除，怎么知道它会达到这等严重程度？不早加以确定，意外的变化就会发生，天下因而分崩离析，所以安史之乱虽然平息，但唐也到了岌岌可危的地步。

考察当时情况，玄宗听说东京沦陷，就想让太子监国；他到了马嵬，就宣布传位的圣旨。不久又让太子担任元帅，诸王分督天下一方节度使，来瓜分太子的权力。一会儿给一会儿又夺，使天下怀疑导致纷争，所谓一句话就可以丧失国家的就在于此。贤王李琦、丰王李珙，随玄宗在四川；吴王李祇、虢王李巨，都受命率兵征伐；永王李璘出镇江南，心中已怀有异志才去；这就形成了萧梁骨肉兄弟纷争的局面。河北、雍邱、睢阳义军，无法猜测该归谁节制；河西李嗣业，想保住自己的地盘观看一切；安西李栖筠，想到更远的地方却不知该往何处去；李光弼、郭子仪虽然心怀王室，聚集军队到井陉，寻找天子不得又被怀疑；同罗叛归唐朝，勾结胡人窥视中原，仆固玢失败投降作为向导，控制河东、朔方重要地位；这就是汉末的荆州、益州，西晋河西的形势。假使让一路起来讨伐叛贼，而别的军队又不受其统率，那么就产生竞争心理；这就是李克用、朱全忠不甘心作下属的情形。诸王各自依靠一藩镇自立为王，诸藩镇各自扶其作为招牌；这也如同西晋八王之乱一样。用现在验证古代的，不忧虑安禄山，史思明不会灭亡，灭亡安禄山、史思明也等于灭亡了唐朝。依靠玄宗犹豫不定的命令，各自割据独占一方，太子虽然有元帅的虚名，他怎能统一全国军队使他们间没有参差不齐呢！玄宗犹豫不决，吝啬的不想把天下交给太子，不全都是杨国忠专权的罪恶，他们父子之间，离心猜忌也足以招致长久的祸乱。

肃宗马上立为皇帝，天下安定统一，西边收复凉州，北边安抚朔方、夏州，以自身抵挡叛贼，功劳却不分给他人，诸王诸帅也没有挟乱，天未厌唐，启裴、杜之心，使因私以济公，未尝不为唐幸也。盖肃宗亦未尝不虑此矣，而非冕、鸿渐之所能及也。肃宗自立之罪无可辞，而犹可原也。冕、鸿渐戮大伦以徼拥戴之功，唐虽繇之以安，允为名教之罪人，恶在心，奚容贷哉？

2.李长源间关至灵武，肃宗命为相而不受，以白衣为宾友，疑乎其洁身高尚也，而其后历仕中外，且终相德宗矣，此论者所未测也。抑而下之，则讥其无定情，始以宾友自尊，而终丧其所守。推而高之，则谓其鄙肃宗之乘危自立，紊大伦而耻与翼戴之列。夫长源志深识远，其非始自尊而终耽宠禄也明甚。若鄙肃宗之自立，则胡为冒险间行以参帷幄，既与大谋，又恶可辞推戴之辜邪？夫长源之辞相，乃唐室兴亡之大机，人心离合、国纪张弛之所自决，悠悠者恶足以知之？

玄宗之几丧邦也，惟其以官酬功，而使禄山怀不得宰相之忿，仇忮廷臣，怨怼君父，而逞其毒。玄宗出奔，肃宗孤起于边陲，以待匡救于群臣。于斯时也，人竞乘时以希高位，而不知所厌止者也。凡天下一败而不能复兴之祸，恒起于人觊贵宠而君轻爵位。贵宠可觊，则贤不肖无别，而贤者不为尽节；爵位既轻，则劝与威无以相继，而穷于劝者怨乃以生。长源知乱之必生于此也，故玄宗知其才，欲官之，而早已不受；抑知必反此而后可以立功也，故肃宗与商报功之典，而曰“以持勋名继续起来作乱，上天还没有厌恶唐朝，暴露裴冕、杜鸿渐的心思，假使其以私来济公，未尝不是唐朝的幸运。大盖肃宗还没有考虑到这方面，也不是裴冕、杜鸿渐渐能达到的。肃宗自立的罪行无法推卸，还是可以原谅的。裴冕、杜鸿渐扰乱伦理想博取拥戴的功劳，唐虽然因此而安定，作为名教的罪人，内心存在邪恶，又怎么能容忍宽恕呢？

李长源从小路过险关到灵武，肃宗任命他作宰相但他坚决拒绝就任，以朝外贤士作肃宗宾朋，疑心他洁身自爱的高尚行为，但后来他于各地作官，最终当了德宗朝宰相，这是评论家所没有预料到的。如果是贬低他，那么就会讥笑他没有专心的情致，开始还以宾友自我得意，最后丢掉了他的职守。推而崇敬他，那就是说他鄙视肃宗乘危难之际自立为帝，扰乱纲纪耻午充任肃宗拥戴之列。李长源志向远大见识广博，他不是开始自尊后来沉醉于宠幸官禄，这是很清楚的。如果鄙视肃宗自立为帝，那又何必冒着危险从小路前往替肃宗出谋划策，既然参与谋略，为什么又要拒绝拥戴的功劳呢？李长源拒绝为宰相，这是唐朝兴亡的关键，人心离合，国纪张驰取决于自己裁决，得意洋洋又怎么足以清楚呢？

玄宗几乎失去国家，根本在于他用官职来酬谢功劳，使安禄山心怀不能得到宰相之位的怨恨，报复朝臣，怨恨天子，而发泄自己的不满怨恨。玄宗出逃，肃宗独自从边陲继位，以等待群臣来挽救国家。当这个时候，人们争着趁机谋取高官，不知道他们的欲望到何时为止。大盖天下一旦惨败不能复兴的祸害，常常发自人们觊觎尊贵宠幸而天子又轻视爵位。贵宠可以觊觎，那么贤人和不肖者就无法分辨，贤能的人不做尽贞操的事；爵位既然轻视，奖励和威胁就无法相继，奖励得不到，怨恨就产生。李长源知道祸一定产生于此，所以玄宗知道他的才能才想给他官做，但他早就不接受；也知道必然回官赏功，非才则废事，权重则难制，莫若疏爵土使比小郡，而不可轻予以宰相之名”唯然，犹恐同功共事之人，侈望之积习不化，故己以东宫之友，倚任之重，联镳对榻之隆，而居然一布衣也；则人不以官位为贵而贵有功，不以虚名为荣而荣有实，天宝滥竽之敝政，人耻而不居，而更始“羊头关内”、高纬“鹰犬仪同”败亡之覆轨，不复蹈焉。

鸣呼！此长源返极重之势，塞溃败之源，默挽人心、扶危定倾之大用，以身为鹄，而收复之功所自基也。深矣远矣，知之者鲜矣。以示人臣遇难致身、非贪荣利之大节，以戒人主邂逅相赏、遽假威福之淫施，不但如留侯智以全身之比也。其后充幕僚、刺外州、而不嫌屈驯，至德宗之世，始以四朝元老任台鼎之崇，进有渐也。士君子登用之正，当如此尔。昭然著见而人不测，乃疑其诡秘无恒也。吴聘君一出山而即求枚卜，视此能勿惭乎？

3.自唐以上，财赋所自出，皆取之豫、兖、冀、雍而已足，未尝求足于江、淮也。恃江、淮以为资，自第五琦始。当其时，贼据幽、冀，陷两都，山东虽未尽失，而隔绝不通，蜀赋既寡，又限以剑门、栈道之险，所可资以赡军者唯江、淮，故琦请督租庸自汉水达洋州，以输于扶风，一时不获已之计也。乃自是以后，人视江、淮为腴土，刘晏因之辇东南以供西北，东南之民力殚焉，垂及千年而未得稍纾。鸣呼！朝廷既以为外府，垂到这地步然后才可以建立功名，所以肃宗与他商量报答功劳的准则，他说：“以官位赏给功劳，没有才干就会耽误事情，权力过重则难以控制，不如疏散爵位土地使他到小的郡县，千万不能轻以授给他宰相的官名”。只有这样，仍然害怕同功共事的人，过分期望他的积习不改，所以自己作为东宫的朋友，倚靠过重信任，以自己受皇恩浩荡的宠幸，居然是一介平民；那么人们不以官位为尊贵而希求有功劳，不以虚名为光荣而实有光荣，天宝滥竽充数的弊政，人心感到耻辱不愿为官，更始帝“关内挂羊头”、高纬“仪同鹰犬”，败亡覆轨，不能再重蹈前轨。

哎呀！这是李长源重返被重用的情势，堵塞溃败的源泉，默默挽住人心、扶危定倾的大任，以自己比做鸿鹄，收复的功业由自己奠定。深远博大，知道的是很少的。以表明大臣遇到危难勇于献身，不是贪图荣禄利益的大节操，以告戒天子邂逅相赏，马上借威福的淫施，不能和留侯张良以心计保全自身相比。后来充任幕僚，到外州任刺史不嫌委屈，到德宗朝，开始以四朝元老担任国家重职，士人君子被提拔启用，应当像这样。昭然著见而人们预测不到，怀疑他神秘诡谋没有常势。吴聘君从山中一出来就求于算卜，以此来看能不惭愧吗？

唐朝以前，国家所获取的财赋，都来自于豫州、兖州、冀州、雍州，从来没有从长江、淮河一带征收。凭借江、淮作为依靠的，从第五琦开始。当时，叛贼占据幽州、冀州，攻陷长安、洛阳，山东虽然没有全部沦陷，但隔绝道路不通，四川的赋税已经很少，又因剑门栈道险阻的局限，能够依靠来供养军队的只有江、淮，所以第五琦请求亲自监督从汉水到洋州的租赋劳役，以运到扶风，这是一时不得已的方法。从此以后，人们把江、淮看作是沃土，刘晏继续把东南的财赋运到西北，东南百姓精力疲倦殆尽，延续一千多年也没有稍稍放宽。

腴朵颐之官吏，亦视以为膻场，耕夫红女有宵匪旦，以应密罟之诛求，乃至衣被之靡丽，口实之珍奇，苛细烦劳以听贪人之侈滥，匪舌是出，不敢告劳，亦将孰与念之哉！

自汉以上，吴、越、楚、闽，皆荒服也。自晋东迁，而江、淮之力始尽。然唐以前，姚秦、拓拔、宇文，唐以后，自朱温以迄宋初，江南割据，而河雒、关中未尝不足以立国。九州之广，岂必江滨海澨之可渔猎乎？祖第五琦、刘晏之术者，因其人惜廉隅，畏鞭笞，易于弋取，而见为无尽之藏。竭三吴以奉西北，而西北坐食之；三吴之人不给饘粥之食，抑待哺于上游，而上游无三年之积，一罹水旱，死徙相望。乃西北蒙坐食之休，而民抑不为之加富者，岂徒天道之亏盈哉？坐食而骄，骄而佚，月倍三釜之餐，上无再易之力，陂堰不修，桑蚕不事，举先王尽力沟洫之良田，听命于旱蝗而不思捍救，仍饥相迫，则夫削妻骸，弟烹兄肉，其强者弯弓驰马以杀夺行旅，而犹睥睨东南，妒劳人之采梠剥蟹也。谁使之然，非偏困东南以骄西北者纵之而谁咎邪？骄之使横，佚之使惰，贪欲可遂，则笑傲以忘所自来；供亿不遑，则忮忿而狂兴以逞。其野人恶舌喑噁，以胁羸懦之驯民；其士大夫气涌胆张，恫喝以凌衣冠之雅士。于是国家无事，则依中涓、附戚里而不惜廉隅；天下有虞，则降盗贼、戴夷狄而不知君父；何一而非坐食东南者之教猱豢虎，以使农非农、士非士，日渐月靡，俾波逝而无回澜哉？

哎呀！朝廷既然已在他处建立府第，那些垂涎肥沃土地和丰富财物的官吏，也把那里看作是大有捞头的地方，耕夫织女通宵达旦，为了满足朝廷的苛刻要求，到他们织出漂亮的衣被，种出珍奇的果子，细致劳作以听从那些贪婪之人的奢侈滥欲，不是话说出来，不敢诉说劳苦，但又有谁顾恋他们呢？

汉朝以前，吴国、越国、楚国、闽国，都是荒凉野蛮的地方。自西晋东迁，江、淮的财力才被开发出来。唐朝以前，姚秦、拓拔、宇文，唐以后，从朱温到宋初，江南割据，河洛、关中都足以建立国家。广阔的九州，怎么一定只有江滨海澨可以渔猎呢？尊祖第五琦、刘晏这种作法的，只因此人怜惜某一地方，害怕鞭打，容易获取，视此地有取之不尽的宝藏。竭尽三吴的财物供奉给西北，西北却坐享其成；三吴百姓连糠粥也得不到，还等到上游供养，而上游连三年的积蓄也没有，一旦遭到水灾旱灾，百姓不是困死就是逃亡。西北受到坐享其成的安逸，但百姓也不因此就增加财富，这难道只是天道的满和亏吗？坐享其成就骄傲，骄傲就会安逸，一月增加两倍的粮食供给，土地再也不容易增加产量，湖塘堤坝不加修整，无人从事桑蚕业，拿先王尽力开辟出来的良田，听命于旱灾虫灾不想拯救，饥迫相交，丈夫剐食妻子的骨骸，弟弟烹煮哥哥的肉充饥，有力气的人弯弓驰马拦路抢劫，还厌恶东南，妒嫉百姓采梠剥蟹。谁让他这样做，并非偏困穷东南以使西北之人骄傲，放纵他们又是谁的过错呢？骄傲使其横行，安逸使其懒惰，贪欲可以满足，那么傲慢狂笑忘了他从何处来，供给大量的东西使其不慌恐，那么怨恨忿怒狂妄就以得逞。那些粗野的百姓满口大骂，以威势胁迫疲老的百姓；那些士大夫气壮胆大，恫吓凌辱那些衣冠正士。若天下无事，那么他们依附豪富，投奔亲戚不顾惜故土；天下若有事，那么他们就投降盗贼，拥戴夷狄不知谁是其天子。为何一定要贪图依托东南使他们狡猱如猛虎，结果使农冀土者，唐尧勤俭之馀泽也；三河者，商家六百载奠安之乐土也；长安者，周、汉之所久安而长治也。生于此遂，教于此敷，一移其储偫之权于江介，而中原几为无实之土。第五琦不得已而偶用之，害遂延于千载。秉国之均，不平谓何。非均平方正之君子，以大公宰六合，未易以齐五方而绥四海。邵康节犹抑南以伸北，亦不审民情天化之变矣。

4.制治于未乱，保邦于未危，乃可以为天子之大臣。《易》曰：“其亡！其亡！系于苞桑。”九四捍御之功，不如上九之豫防，足以倾否，九五之不亡，上九系之也，李长源当之矣。

其与肃宗议功臣之赏，勿以官而以封邑，故贼平而无挟功以逼上之大臣，此之谓保邦于未危。不然，则如刘裕之诛桓玄、李克用之驱黄巢，社稷随之以倾矣。

其谏肃宗以元帅授广平、勿授建宁也，故国储定而人心一。全二王兄弟之恩，息骨肉猜疑之衅，此之谓制治于未乱。不然，则且如太宗宫门流血之惨，玄宗、太平构祸之危，家国交受其伤矣。

太原之起，秦王谋定而乃以告；韦氏之诛，临淄不告相王而行；非适非长而独建大功，变起宫庭，高祖、睿宗亦无如之何也，非君父之舍适长而授庶少以权也。使肃宗以元帅授民不是农民，士人不是士人，随着时间推移，待其波浪消逝，怎会没有回头波澜呢？

冀土，是唐尧勤俭的遗惠；三河，是商朝六百年奠定的乐土，长安，是周朝、汉朝之所以长治久安的地方。生长在这个地区，教化得到布施，一旦把储蓄的大权移到江淮，那中原几乎就成为没有实权的土地。第五琦不得已偶而采用这种方法，祸害延及千年。掌握国家的公平，不公平叫什么。不是均平方正的君子，以大公主宰百官，并非那么容易统一五方诸侯安抚四海百姓。邵康节仍抑制南方来伸张北方，这也是不清楚百姓自然运化的变化。

控制管理在没有出现祸乱的时候，保全国家在没有出现危险的时候，这样就可以胜任天子的辅助大臣。《易》上说："其灭亡！其灭亡！关系到百姓"。九四爻有捍御保护的功劳，不如上九爻早做预防，这足够来颠覆与否，九五爻不亡，上九爻紧密相连，李长源当属此类。

他和肃宗商议封赏功臣，只封给土地人口不揽官，所以叛臣被镇压没有出现以功逼天子的大臣，这就叫保国在未出现危难的时候。不是这样，就如同刘裕杀桓玄，李克用驱逐黄巢，国家也随此灭亡。

他劝谏肃宗把天下兵马元帅之职授给广平王，不授给建宁王，所以国家继承人确定下来，人心也就整齐划一。成全二王兄弟情谊，平息骨肉之间猜疑惨杀，这就叫统治在未出现混乱的时候。不是这样，就如同唐太宗玄武门流血的悲惨，唐玄宗太平公主之间构祸的危险，不论是家庭还是国家都互相受到了伤害。

太原起兵之时，秦王李世民密谋好了才告诉李渊；韦皇后被杀，临淄王李隆基不告诉相王就采取行动；不是继承人也不是长子而独建大功，事变起于宫廷之中，高祖、睿宗毫无办法，不是父皇舍弃嫡建宁，则业受命于己矣，是他日之争端，肃宗自启之也。乃肃宗之欲命建宁，非有私宠之情，以建宁英果之姿，成功较易，则为当日平贼计者，固得命帅之宜，廷臣自以为允。乃长源于图功之始，豫计未有之隙，早涂塈以泯其迹，决之一言，而乱萌永塞，所贵于天子之有大臣者，唯此而已矣。事已舛，祸已生，始持正以争于后，则虽以身殉，国家不蒙其祐，奚足赖哉？

且夫逆贼有必亡之势，诸将有克敌之能，广平虽才让建宁，亦非深宫豢养无所识知者也。假元子之宠灵，为将士先，自可制贼之死命，无待建宁而始胜其任，长源知之审矣。广平为帅，两京旋复，亦非拘名义以隳大功。知深虑远，与道相扶，仁人之言其利溥，此之谓也。故曰必如是而后可以为天子大臣也。

5.借援夷狄，导之以蹂中国，因使乘以窃据，其为失策无疑也。然而有异焉者，情事殊，而祸之浅深亦别焉。

唐高祖知突厥之不可用，特以孤梁师都、刘武周之党，不得已从刘文静之策，而所借者仅五百骑，未尝假以破敌也，故乍屈而终伸。渭上之役，太宗能以数骑却之，突厥知我之强而无可挟以逞也，故其祸尤轻。

石敬瑭妄干大位，甘心臣虏，以逞其欲，破灭后唐者，皆长子而将权位授给其他小儿子。假使肃宗把元帅大印授给建宁王，那么既然已经受命于自己，是日后兄弟之间的纷争，这是肃宗自酿祸乱。肃宗想命建宁为元帅，并非有私宠之情，因为建宁王有英勇果断的性格，成功比较容易，那么当时只是为了平息叛军的一时之计，所以任命他为元帅，朝臣也认为这样做比较恰当。李长源在开始就考虑到这一点，预计兄弟间还没有裂隙，早加防范以消除其不睦的迹象，以自己一句话，就永远堵塞混乱的源泉，难能可贵的在于天子有大臣，唯此而已。事情已经爆发，祸乱已经发生，这才开始以正确的建议劝谏天子，即便以身殉国，国家也得不到保护，又有什么可以依赖呢？

况且叛贼必然会灭亡，诸将领有打败敌人的才能，广平王虽然才能不如建宁王，也并非是生活在深宫后院没有人清楚这一点。借着长子的宠幸，身先士卒，自然可以制叛贼于死命，无须只有建宁才能胜任此职，李长源心里非常清楚。广平王为元帅，长安洛阳不久就收复，也不是拘于名义才成就功业。深思熟虑，和道理同辅相一致，仁人说其利大得很，就是这个意思。所以说必须这样然后才可以作天子作大臣。

向夷狄借援兵，导致他们蹂躏中国，使他们乘机窃据中国，这样做失策是毫无疑问的。然而也有和这不一样的，情况事情特殊，那么所带来的灾害深浅也就有所区别。

唐高祖知道突厥不能利用，特以自己孤军对付梁师都、刘武周等人，不得已才采用刘文静的建议，所借援兵也只有五百骑兵，并没有借这些援兵来打败对手，所以暂时的屈服最后还是伸直。渭水桥之战，唐太宗能以少数骑兵击退敌军，突厥知道我方强大没有什么可以挟持逞凶的，所以灾祸尤其轻。

石敬塘妄图夺取帝位，甘心作契丹的臣属，以逞他的欲望，灭契丹之力也；受其册命，为附庸之天子，与宋之借金亡辽、借元亡金，胥仰鼻息于匪类，以分其濡沫，则役已操我之存亡生死而唯其吞吸者也，故其祸尤重。

肃宗用朔方之众以讨贼收京，乃唯恐不胜，使仆固怀恩请援回纥，因胁西域城郭诸国，征兵入助，而原野为之蹂践；读杜甫拟绝天骄、花门萧瑟之诗，其乱大防而虐生民，祸亦棘矣。嗣是而连吐蕃以入寇，天子为之出奔，害几不救。然收京之役，回纥无血战之功，一皆郭汾阳之独力，唐固未尝全恃回纥，屈身割地以待命也。则愈于敬瑭远矣，有自立者存也。

夷考其时，西京被陷，而禄山留雒，不敢入关，孙孝哲、安守忠、李归仁、张通儒、田乾真之流，日夜纵酒宣淫而无战志，搜索民财，人皆怨愤，颙首以望王师，薛景仙破贼于扶风，京西之威已振，畿内豪杰杀贼应官兵者四起，肃宗既拥朔方之众，兼收河西、安西之旅，以临欲溃之贼，复何所藉于回纥而后敢东向哉？此其故有二，皆情势之穷，虑不能及于远大也。

其一，自天宝以来，边兵外强，所可与幽、燕、河北并峙者，唯王忠嗣之在朔方耳。玄宗自削其辅，夺忠嗣而废之，奉忠嗣之馀威收拾西陲者，哥舒翰也。翰为禄山屈而称病闲居，朔方之势已不振，既且尽撤之以守潼关，而陷没于贼。郭、李虽分节钺，兵备已枵，同罗叛归，又扼项背以掣东下之肘，故郭、李志虽坚，名虽盛，而军孤且弱，不足压贼势于未灰。陈后唐的，都是契丹的力量；受人家册封，做的是附庸天子，与宋借道金灭辽，借道元灭金，仰首听从人家，来分得小小的利益，那么人家已完全掌握了我方存亡生死的情况只有听从人家的吞并，所以祸害比较严重。

肃宗利用朔方军队来讨伐叛军收复京城，唯恐不能取得胜利，派仆固怀恩向回纥求借援兵，因而胁迫西域诸国，征兵入助，那么大唐土地遭到蹂躏践踏；读杜甫拟绝天骄、花门萧瑟的诗句，其祸乱太大虐待百姓，祸害也很棘手。以后他们又联合吐蕃入侵，天子被迫出逃，祸害几乎得不到挽救。然而收复京城的战役，回纥实际上并无血战之功，全仰仗郭子仪一人力量，唐本来并没有完全依靠回纥，屈身割地以待命。和石敬塘相比相差太远了，自立的才能生存。

考察当时情况，西京沦陷，安禄山又留在洛阳，不敢入关，孙孝哲、安守忠、李归仁、张通儒、田乾真等人，终日沉湎酒色无斗志，搜刮民财，人人都非常怨恨，都举首盼望唐朝军队到来，薛景仙在扶风大败叛军，京西斗志已振作起来，都城附近的豪杰四处起来杀死叛军准备迎接官兵，肃宗既已利用朔方的军队，又加上有河西、安西的军队，用这些军队来对付一触即溃的叛军，为什么还要依靠回纥兵才敢向东挺进呢？这有两方面情况，都是迫于形势，不能从长远考虑问题。

第一，从天宝年间以来，边兵强大，能和幽、燕、河北并驾齐驱的，只有王忠嗣的朔方军。玄宗自削其辅，剥夺王忠嗣的权力并废了他，继承王忠嗣的余威收复西陲边关的，只有哥舒翰。哥舒翰被安禄山挫伤心情称病闲居，朔方的兵势已废颓不振，又尽撤回那些守军镇守潼关，结果全部被叛军消灭。郭子仪、李光弼虽然分掌大权，军备已松弛，同罗叛归唐朝又扼住其背后使他们不能东下讨贼，所以郭子仪、李光弼虽怀坚志，名声很大，但孤军且又很弱，不足以压涛之败，继以清渠，不得专咎房琯而谓汾阳之所向无前也。推其致弱之繇，玄宗失计于前，肃宗不能遽振于后，积弱乍兴，不得不资回纥以壮士气而夺贼胆，其势然也。

其一，肃宗已至凤翔，诸军大集，李泌欲分安西、西域之兵并塞以取幽、燕，使其计行，则终唐之世，河北跋扈之祸永消；而肃宗不从，急用回纥疾收长安者，以居功固位不能稍待也。其言曰："切于晨昏之恋，不能久待"，徒饰说耳。南内幽居，父几死于宦竖之手，犹曰功在社稷，晨昏之语，将谁欺乎？盖其时上皇在蜀，人心犹戴故君，诸王分节制之命，玄宗且无固志，永王璘已有琅邪东渡之雄心矣。肃宗若无疾复西京之大勋，孤处西隅，与天下悬隔，海岱、江淮、荆楚、三巴分峙而起，高材捷足，先收平贼之功，区区适长之名，未足以弹压天下也。故唯恐功不速收，而日暮倒行，屈媚回纥，纵其蹂践，但使奏效崇朝，奚遑他恤哉？决遣燉煌王以为质而受辱于虏帐，其情然也。

乃以势言之，朔方之军虽弱，贼亦散处而势分，统诸军向长安者凡十五万，回纥六千耳，卒之力战以破贼者，非回纥也，固愈于石敬瑭之全恃契丹，童贯、孟珙之仅随虏后也，故回纥弗敢睥睨而乘之以夺中国。唯其情之已私，则奉回纥以制人，与高祖之假突厥而实不用者殊。是以原野受其荼毒，而仆固怀恩且挟之以入为寇难，非汾阳威信之能服强夷，唐亦殆矣。

服叛贼的气势。陈涛惨败，接着清渠又败，不能专责怪房管说郭子仪没有向前进军。推究其致弱的原因，玄宗在前采取措施不当，肃宗在后又不能立即振作，长期积弱马上要让其强盛起来，这就不得不借助回纥来壮士气使叛军丧胆，这是必然之理。

另外，肃宗已到了凤翔，各路大军聚集待命，李泌建议将安西、西域的兵马合并直取幽、燕，假使他的建议被采纳，那么到唐结束，河北割据跋扈的局势就可能永远消除；但肃宗不同意，他急不可待用回纥兵马上收复长安，以用来建立功业巩固自己的地位，稍稍等待都不允许。他说："关系到了晨昏之际，不能长久等待。"仅仅饰粉自己而已。自己幽居在宫中，父亲几乎死在宦官之手，还说功在国家，说晨昏这些话，又能欺骗谁呢？大概那时太上皇在四川，百姓仍然拥戴过去的天子，诸王又统领一方大权，玄宗已对做天子失去信心，永王李璘已怀有琅邪王氏东渡的雄心。肃宗如果没有马上收复西京的大功，独处西陲，和天下隔绝，海岱、江淮、荆楚、三巴分裂割据，有高材者捷足先登，先占据平息叛乱的功劳，区区嫡长子之名，远远不足以镇住天下，所以唯恐功业不能马上夺取，日夜兼行，屈从讨好回纥，纵使他们蹂躏践踏，但为了能奏效稳住根基，还有什么忧虑担心呢？决意派遣燉煌王作为人质尽受回纥凌辱，这是必然之理。

就以当时形势而言，朔方军队虽然虚弱，叛军也分散在各地力量也必然分散，叛军直逼长安的军队有十五万人马，回纥兵只有六千人，最后力战打败叛军，也不是回纥，这本来就远胜过石敬塘完全依赖契丹，童贯、孟珙仅随虏后，所以回纥不敢小看唐朝而乘机夺取中原。只有完全出于私心，尊奉回纥来制服别人，这和唐高祖借突厥兵而不用相差太远。因而广大土地受到回纥兵荼毒践踏，仆固怀恩又以此为挟入内叛乱，若不是郭子仪的威信可以使强夷屈服，那么唐朝也就完了。

故用夷者，未有免于祸者，用之有重轻，而祸有深浅耳。推其本原，刘文静实为厉阶，仅免于危亡，且为愚夫取灭之嚆矢，不亦悲乎！

6.“资于事父以事君而敬同。”但言敬也，则以臣之事君者事父焉可矣。乃抑曰“资于事父以事母而爱同”。爱同于母，奚徒道之必尽，抑亦志之必从，饮食男女，非所得间也，岂容以事君者事父乎？责难于君，敬之大者也；责善贼恩，伤爱之尤者也；至于此，则以臣之事君者事父，陷于不孝，以伤天性，辱死及身而不足以赎其愆矣。

均事也，君父有过，臣谏之，则纳者十之三四也；虽不纳，而不施以刑杀者十之五六也；遇暴君而见戮见杀，十之一二耳，抑虽死而终不失其忠。子则不然，子谏而父纳，自非至仁大圣，百不得一焉；况乎宠妾媚子，君所溺爱，位相逼，势相妨，情相夺，岂人子所能施其檠括乎？申生以君安骊姬之故，不忍辩而死，君德失，宗社危，而以不忍君失其宠嬖之情，任其煽惑，喑死无言；臣而若此，则非臣也，臣以责难为敬者也。子之事父，爱敬并行，而敬繇爱起，床笫之欢，私昵之癖，父安而不得不安之，忍以臣道自居哉？非徒祸之及己而陷父以不慈也，言焉而未有听焉者也，争焉而未有能胜焉者也，徒为无益以召死亡，庸讵非一朝之忿乎？

所以借用外兵，没有能免于祸乱的，利用他们有轻有重，那么所带来的灾祸也就有深浅之分。究其原本，刘文静实为罪魁祸首，仅免于危亡，但被愚昧的人利用成为灭亡自己的弓剑，不也是太悲惨了吗？

"用事奉父亲的来事奉天子那么尊敬也就相同"。只说尊敬，那么拿大臣事奉天子的来事奉父亲也是可以的。又说："拿伺奉父亲的来伺奉母亲，其敬心也就相同"，对母亲一样敬重，为什么仅仅道理上一定要是这样，心志也一定要依从，一般的男女，不是能所离间的，怎么容忍拿伺奉天子的来伺奉父亲？对天子的过错大加指责，是极大的尊重，指责善人伤害恩人得的好利，更是伤害了爱心，到这等地步，那么拿事奉天子的来事奉父亲，使他陷于不孝，伤害天性，辱死及身也不足以赎其罪恶。

同是一件事，天子有过，大臣劝谏，能采纳的十有三四；即使不被采纳，不对他们施以刑法屠杀的也十有五六；遇到暴君被杀头的十个之中也不过一二个，即使死了最终也不能改变其忠心。儿子却不是这样，儿子劝谏父亲采纳，不是至仁大圣，一百个不见得采纳一个；况且那些宠妾媚子，天子所宠爱，地位相逼，情势妨碍，情理相夺，那么作为儿子怎么能施展其本领呢？申生因诸侯庇护骊姬的原因，不忍心辩解而被杀，诸侯的威德失掉了，威胁到了国家的根本，而以不忍心诸侯失去他的宠妾的情份，任凭她煽动鼓惑，被杀死也不说；作为大臣像这样，也就不是大臣了，大臣应责备诸侯错误才是尊重天子。儿子事奉父亲，爱心尊敬并行，尊敬起由爱心，床笫之欢，私昵之好，父亲安心也不得不使他安心，这怎么忍容以臣道来自居呢？并非只是因为祸危及到自己才陷父亲于不慈，劝说没有被采纳罢了，争论没有能胜过父亲罢了，对己没有一点好处白白招致死亡，难道不是一朝的忿怒吗？

肃宗方在军中，而张良娣以护庇见嬖，党于李辅国以乱政，李长源恶之，建宁王倓亦恶之。呜呼！良娣虽不可容，岂倓之所得恶者邪？长源秉臣道之正以匡君，倓违子道之常以逆父，故肃宗虽惑良娣，辅国虽伏机械以求害长源，而终保全恩礼，悠然以去；于倓则发蒙振落挤之死，而肃宗不生瘝木之悲；其道异，其情殊，其得失不同，而其祸福亦别，岂有爽与？

小弁之怨，所以不害乎为君子者，幽王无忠直拂弼之臣，而平王之傅亦徒讼已诬，不斥褒姒之恶也。当此之时，肃宗任长源以腹心，长源业不恤良娣之怨以与争成败，则倓授规正之责于长源，而可平情以静听；乃欲杀良娣以为长源效，不已偾乎？相激而陷父以杀子之大恶，自贻之矣。

所惜者，长源于倓投分不浅，而不能固谏倓以安人子之职，倓死，乃追悔而力止广平之忿怒，至于他日涕泣以讼倓之冤，亦已晚矣。岂倓之刚愎，不可与深言邪？不然，则长源善处人父子兄弟之间，功屡著矣，而徒于倓失之，抑又何也？

7.肃宗表请上皇，自求还东宫修人子之职，虽其饰词，亦子道之常耳，而李长源料玄宗之咈然，果彷徨不进，得群臣就养之表，而后欣然就道，抑何至于此哉？

言之必如其事也，事之必如其心也，君子之以立诚而动物，无有不然者也。然有时乎以交天下之人，犹出之以逊让，肃宗当时还在军中，随身只有张良娣一人被宠，她和李辅国勾结一起干扰朝政，李长源厌恶她，建宁王李倓也厌恶她。唉！张良娣虽然无法容忍，怎么李倓能厌恶呢？李长源从做大臣的立场出发辅助天子，李倓违背作儿子的伦常违抗父亲，所以肃宗虽受张良娣迷惑，李辅国虽然巧设机关陷害李长源，但最终他还是保全感恩戴德的礼节，兴高彩烈地离开肃宗，而李倓却被极刑处死，但肃宗丝毫不感到丧子之痛；他们两人道理不一样，情况不一样，其得失也就不同，其祸福更有区别，这又是为什么呢？

《小弁》的怨恨，所以不伤害君子，幽王没有忠贞正直的辅弼大臣，周平王也只是白白讼诉自己的冤枉，不痛斥褒姒的邪恶。当这个时候，肃宗把李长源作为心腹，李长源业已不顾惜张良娣的怨恨来与之争成败，李倓从李长源那里接受了正规的教育，他可心平静气听从，想杀张良娣为李长源出力，不是自摔跟头吗？相互争激陷父亲于杀子的大恶，这是自取的。

所可惜的是，李长源与李倓情份不浅，他不能劝谏李倓要安于作儿子的本分，李倓死了，才追悔莫及竭力阻止广平王的忿怒，以至于到后来他泪流满面讼诉李倓的冤枉，不是太晚了吗。怎能是李倓刚腹自用，不能和他深入谈心呢？不是这样，那么李长源较好地处在人家父子兄弟之间，功业屡著，但对于李倓却没有做到，这又是为什么呢？

肃宗上表给太上皇玄宗，要求回东都做太子尽儿子的职责，尽管这是他的推托之词，也是做儿子的道理和伦常，李长源预料玄宗不会答应，果然玄宗傍徨不敢入主帝位，得到群臣让他好生休养的表章后，欣然同意，为何要这样呢？

这样说一定要像事情原本一样，这样做一定要是出于其真心，君子只有诚心相待才能感化事物，没有不是这样的。然而有时候结饰之以文词，抑以昭雍容谦挹之度，而远直情径行草野倨侮之恶，君臣朋友宾主之间，盖亦择其可用而用之矣。独至于父子之际，固无所容此也。幼而哺以乳，未尝让乳也；长而食以食，未尝让食也；壮而授以室，未尝让室也；天性自然之爱，不忍欺也。可欲者欲之，可得者得之，以诚请，以诚受，天子虽尊，天下虽大，亦将彻之卮酒豆肉而已矣，父犹父也，子犹子也，夺之非怨，予之非恩，父母而宾客之，岂复有人之心哉？

肃宗自立于灵武，其不道固矣，天下不可欺，而尤不可自欺其心，以上欺其父。伪为辞让以告天下，人亦孰与谅之？乃于拜表奉迎之日，悲欢交集之顷，为饰说以告父，此何心邪？贼未破，京未收，寸功不见于社稷，则居大位而不疑；已破贼收京，饮至论功，正南面之尊，乃曰退就东宫，归大位于已称上皇之老父乎？肃宗之为此也，探玄宗失位怏悒之情而制之也。若曰吾非不欲避位，而天命已去，人心已解，父且不能含羞拂众以复贪大宝，折服其不平之气，而使箝口戢志以无敢复他也。呜呼！天理灭，人心绝矣。

玄宗固曰彼已自立而复为此辞者，不以父待我，而以相敌之情相制，心叵测矣。司马懿称病以谢曹爽，唐高祖输款以推李密，其后竟如之何也，尚能忘忧以安寝食哉？不孝之大者，莫甚于匿情以相胁，故自立之罪可原，而请就东宫之恶不交天下的人，犹如赶人家走还要谦让一番，语句文词上加以装饰，以来表示自己雍容宽怀的气度，而远离真情直接做出粗鲁小人傲慢凌辱的邪恶，君臣朋友宾主之间，大概也是选择其可以利用的就利用他。只有父子之间，本来就无法容忍这种情形。小的时候给他喂乳汁，从来没有不吃而把乳汁让给他人的情况；长大了吃东西，也从来没有把吃的让给别人的情况；到了壮年娶妻，也没有把妻子让给他人；天性自然的爱心，是不能欺骗的。想达到的就达到，可以想的就想，以诚心请求，以诚心接受，天子虽然尊贵，天下虽然很大，也不过是撤去美酒豆肉罢了，父亲仍然是父亲，儿子依然是儿子，削夺他们没有怨恨，给予他们又没有感激，父母如同宾客一样对待他，这怎能说还有人心呢？

肃宗在灵武自立为帝，这当然是不道德的，天下是不能骗的，更不能自欺欺人，对上欺凌他的父亲。伪装辞让宣告天下，人们谁还原谅他？在拜表奉迎玄宗之日，父子悲切交集之时，还假装着说出这些话告诉父亲，这是什么用心？叛军还没有平息，京城还没有收复，为国家还未立一寸功劳，就占据帝位内心不疑；已经平息叛贼收复京城，谈到功劳，已登基立位，还说要退居东宫，把帝位归还给已被称为太上皇的老父亲手里，能行吗？肃宗之所以这样做，是想探一探玄宗失去帝位后心情压抑的情形然后再控制他。如果说我不是不想避位，是天命已去，人心已散，父亲当然不能不顾羞耻抛弃众人再贪图帝位，挫败他内心不平的怨气，使他闭口削志不敢再有任何企望。哎呀！天理灭，人心绝了。

玄宗说他已自立为帝还说这些话，是不把我当父亲来对待，而是以对待仇敌一样对付我，居心叵测啊。司马懿称病谢绝曹爽，唐高祖献财物推荐李密，后来竟然都是这样，怎能忘忧来安心寝食呢？最大的不孝，没有比陷藏真实想法相威胁的更利害了，所以自立的罪可道。非郧侯之善处，则南宫禁锢，不待他日，且使自毙于成都，恶尤烈于卫辄矣。群臣表至，玄宗乃曰："今日为天子父乃贵。"所以明其不复愿为天子而自保其馀年也，悲哉！

8.张巡捐生殉国，血战以保障江、淮，其忠烈功绩，固出颜杲卿、李澄之上，尤非张介然之流所可企望。贼平，廷议褒录，议者以食人而欲诎之，国家崇节报功，自有恒典，诎之者非也，议者为已苛矣。虽然，其食人也，不谓之不仁也不可。

李翰为之辩曰："损数百人以全天下。"损者，不恤其死则可矣，使之致死则可矣，杀之、脔之、龁而吞之，岂损之谓乎？夫人之不忍食人也，不待求之理而始知其不可也，固闻言而心悸，遥想而神惊矣。于此而忍焉，则必非人而后可。巡抑幸而城陷身死，与所食者而俱亡耳；如使食人之后，救且至，城且全，论功行赏，尊位重禄不得而辞，紫衣金佩，赫奕显荣，于斯时也，念啮筋噬骨之惨，又将何地以自容哉？

守孤城，绝外救，粮尽而馁，君子于此，唯一死而志事毕矣。臣之于君，子之于父，所自致者，至于死而蔑以加矣。过此者，则愆尤之府矣，适以贼仁戕义而已矣。无论城之存亡也，无论身之生死也，所必不可者，人相食也。汉末饿贼起而祸始萌，隋末朱粲起而祸乃烈；然事出盗贼，有人心者皆恶之而不忍效。忠臣烈士亦驯习以为故常，则后世之贪功幸赏者且以为行可以原谅，他请求回东宫的罪恶就不能推卸。不是郕侯善于自处，那么南宫被禁锢，没过多久就自杀于成都，其罪恶比卫辄更厉害。群臣奏章递上来，玄宗说：“今日才知作天子的父亲实在是太尊贵了。”用来表明他不想再作天子，想自己保全晚年的幸福，悲哀啊！

张巡为唐朝献出了生命，与叛军血战以保护捍卫江、淮一带，他忠诚英烈的功绩，本来就在颜杲卿、李澄之上，更不是张介然这些人所能企望的。平息叛军后，朝廷商议对他加以褒奖，议论的人认为他曾吃人肉就想冤枉他。国家崇尚情操报答功劳，自然有一惯的标准，冤枉他的人错了，议论他的人也太苛刻了。尽管这样，他所吃人这事，千万不能说这就是仁爱。

李翰为他辩解说：“损失几百人而保住了天下”。损失，不怜惜死是可以的，使他致于死也是可以的。杀人、绞人、吃人，难道这就叫损失吗？人们之所以不忍心吃人，不需要求之公理才知道这不能，本来一听此话就心惊肉跳，遥想当时也惊怕不安。在这时忍心，那么一定是非常之人然后才能做到。张巡很幸运城被攻破自己也死于叛军之手，和他一起吃人的同僚都阵亡了；假使吃人以后，救兵到了，城也保住，论功行赏，他无法推辞授给他的高官厚禄，身穿紫衣腰戴金佩，赫然神采奕奕十分荣耀，在这时，当想到咬筋啃骨的悲惨景象，又有什么地方能让他容身呢？

镇守孤城，没有外援，粮草用完处于饥饿状态，君子到这个时候，只有一死了事。大臣对于天子，儿子对于父亲，他能够做到，宁愿死也要蔑视加封。超过这些，就是极大的过错，这恰似戕害仁爱践踏正义罢了。不论城是存是亡，也不管是生是死，唯一不能做的，就是人们不能互相吞食。汉朝末年饥民起义祸乱开始萌芽，隋朝末年朱粲起兵祸乱更加厉害。然而如果事情出于盗贼，有人心的人都憎恶他们不忍心效法。忠臣烈士也慢慢习惯成为常事，那么后来那些师，而恶流万世。哀哉！若张巡者，唐室之所可褒，而君子之所不忍言也。李翰逞游辞以导狂澜，吾滋惧矣。

9.史思明降而复叛，肃宗使乌承恩阴图之，而给阿史那承庆铁券以离其党，事觉而速其反，谋之不臧，祇以速乱。虽然，乱自速耳，即弗然，而思明岂悔过自新、终于臣服者哉？张镐之策，李光弼之请，非过计也。安庆绪欲图思明，耿仁智、乌承玼乘其危疑而诱之以降，于时庆绪孤保邺城，不亡如线，思明既惎其图己，抑料其必亡，姑为自全之计，持两端以观衅，其不可恃也，亦较著矣。庆绪之心既非不可解之仇，无难数易；而唐室君臣复东京而志已满，回纥归，子仪弱，威力不足以及河朔，明矣。思明何所惮、复何所歆，而已张之爪距弭耳受柙乎？旷岁无北伐之师，思明目已无唐矣，不反何待焉？

讨贼易，平乱难；诱贼降已易，受贼之降难。能受降者，必其力足以歼贼，而姑容其归顺者也。威不足制，德不足怀，贼以降饵已，己以受降饵贼，方降之日，即其养馀力以决起于一旦者也。非高位厚禄、温言重赐之所能抚也，非输粟辇金、安插屯聚之所能戢也，非深谋秘计、分兵散党之所能制也，诚视吾所以致其降者何如耳。重兵以临之，屡挫而夺其魄，如诸葛公之于孟获，岳鹏举之于群盗，而后可开以自新之路，而不萌反覆之心。故肃宗之失，在不听邺侯之策，并塞贪功行赏的人就以此为师，其毒害流传万世，悲哀啊！像张巡这样，朝廷应该表彰，君子应不忍心说。李翰以游词逞强导致了一时的争论狂潮，我更是害怕。

史思明投降重新叛唐，是因为肃宗派乌承恩利用机会消灭史思明的结果，给阿史那承庆象征高官的铁券来离间史思明的同党，事情被发觉后加速其反叛，计谋不周到，只是加速他叛乱。虽然这样，叛乱自然很快，即使不是这样，史思明怎么悔过自新，永远做唐朝的大臣服从其管辖呢？张镐的计策，李光弼的请求，并不是不好的计策。安庆绪想图谋史思明，耿仁智、乌承玼乘其危难被怀疑之机诱劝他投降唐朝，当时安庆绪孤守邺城，不灭亡也如丝线，史思明既已憎恨安庆绪暗算自己，预料自己必然会被消灭，姑且为了保全自己，心怀两端以观时局，他是不能依靠的，这是很明显的。安庆绪的用心既然不是无法解决的仇恨，多次改变也不困难；唐朝君臣收复东都心高气扬，回纥兵已归，郭子仪又不强大，威望力量不足以威慑河朔，这是很明白的。史思明有什么可害怕，又有什么可欢心，已张开的爪牙距离消除耳目甘心受管制吗？整年没有北伐的军队，史思明眼中已经没有唐朝了，他不反还等待什么？

讨伐贼寇容易，平息叛乱就很困难；诱贼投降自己容易，接受贼人投降就很困难；能够担任受降的，一定是他的力量足以消灭贼人，只是暂且容许他归顺罢了。威望不足以控制对方，德操不足以感化对方，贼人以投降引诱自己，自己以受降引诱贼敌，当投降之时，也就是养贼敌余力使其有朝一日叛乱。不是高官厚禄、好言厚赏不能安抚他们，不是给他们粮草钱财，安插各地使之屯聚所能消灭他们，不是深谋远虑、分其军队散其党徒所能控制他们，诚心看我们用什么使其投降。派重兵监视他们，屡屡挫败他们夺取他们的气魄，就如诸葛亮对付孟获，岳飞对于农民义军，然后才可使他们开辟以攻幽、燕，使诸贼失可据之穴，魂销于奔窜，而后受其归命之忱，薄录其将，解散其兵，乃可以受降而永绥其乱。失此不图，遽欲挽狂澜以归壑，庸可得哉？

邺侯去国，兵无谋主，郭、李之威，尽于一战，思明再叛，河北终不归唐，非但乌承恩之谋浅、李光弼之计左也。梁武之威，不足以压侯景；唐肃之威，不足以制思明；养寇与激乱，均为失策，张镐虽能先知，亦将如之何也！向令承恩之计行，与承庆共斩思明，而承庆、承恩又一思明矣。数叛之人，不保其继，愈疑愈纷，愈防愈溃，河决而塞之，痈溃而敛之，其亡速矣。

10.将与兵必相得也，兵不宜其将，非弱则讧。唐节度使死，因察军中所欲立者授之，亦未为过也。其事自肃宗以平卢授侯希逸始。于是唐权下移，终其世于乱，而国以亡。盖人君之心，有可洞然昭示使天下共见者，虽雄猜如曹孟德，而亦无所隐。有藏之密、虑之熟，决于一旦而天下莫测者，虽孔子之堕郈、费，亦未尝示人以欲堕之志。非疑于人，信之在己者深也。

唐之中叶，节度使各有其兵，而非天子所能左右，其势成矣。察三军之志，立其所愿戴者，使军效于将，将效于国，亦不容已之势也。非可以汉高旦驰入营夺韩信、张耳之军行焉者也。惟然，而此意可使将与兵知之乎？军有帅，有偏裨，帅自新的道路，使他们不萌发反叛的动机。所以肃宗失策，在于不听邺侯的计策，合兵力攻打幽、燕，使这些叛贼失去可作为根据地的大后方，使丧魂失魄四处逃亡，然而再接受他们诚心归顺，给他们的将领很少的奉禄，解散他们的兵力，这就可以接受其投降永保他们不叛乱。舍此不用，想马上力挽狂澜使之归附，这能办到吗？

邺侯离开朝廷，军队没主谋，郭子仪、李光弼的威力，只在于一战，史思明重新叛乱，河北再次背叛了唐朝，并不只是乌承恩计谋浅陋、李光弼计谋不对。梁武帝的威力，不足以镇服侯景，唐肃宗的威力，不足以制服史思明；养寇和激乱，都是失策，张镐虽能早清楚这一点，又能怎么样？假使乌承恩的计谋得行，和阿史那承庆共杀史思明，那么乌承恩、阿史那承庆又是一个史思明。反复叛乱的人，不能始终如一，越怀疑就越纷乱，越防备就越溃散，黄河决口就堵塞，痈块溃烂就挤它，他灭亡也就很快了。

将领和士兵一定要相互得当，兵不适应将领，不是软弱就是内讧。唐朝节度使死后，在其军队中观察可以立为节度使的就授予他节度使，这也不是过错。这事从肃宗把平卢节度使授给侯希逸开始。结果唐朝权力下移，祸乱的出现一直持续到唐朝灭亡，国家也就灭亡。大概天子的内心，有可洞然昭示使天下人都能看见的想法，虽像曹操那样善于猜忌，也没有什么可以隐藏。有隐藏的秘密、成熟的考虑，一朝采取天下谁也预料不到，尽管孔子在郈、费等国受到排斥，但从来没有展示在人们面前他有心灰意冷的想法。不是被人怀疑，相信他自己早就考虑好了。

唐朝中叶，节度使各自有军队，天子却不能控制，这种割据形势也就形成了。观察军队的意图，拥立他们所愿意拥戴的，使军队效从其将领，将领报效于国家，这也是相当不容易的大势了。不像汉高祖那样直入军中夺取韩信、张耳的兵权。只有这样，他的心思能使将领死而偏裨之可任与否，非不可以豫知者也。其为忠、为逆、为智、为愚、为宽、为严，天子与大臣辨之审而虑之早，则帅一死而赫然以军中所欲奉之主授以节钺，而不待其陈请。则帅既感其特恩，兵亦服其夙断。既惮其明见万里之威，复怀其实获我心之德。虽有桀骜，敢生携贰乎？天下止此数镇，镇之偏裨止此数人，天子大臣曾不察其可否，而待迫以询之群小邪？刘后主之闇也，犹能使李福问帅于诸葛方病之日；若祭遵、来歙死于仓卒，而兵柄有归，尤先事以防不测，其计定矣。恶有悬三军之任，摇摇不知所付，帅死而后就军中以谋用舍哉？又况所遣者奄人，贿赂行，威权替，李怀玉得逞其奸，而唐无天子，养乱以垂亡，寄生之君，尸禄之相，不足与有为久矣。将有材而不能知，军有情而不能得，浸使不问，军中自为予夺，其召乱尤速也。操大权者，非一旦之能也。

11.安、史之灭，自灭也，互相杀而四贼夷，唐不能俘馘之也。前之复两京，后之收东都，皆乘其敝而资回纥之力，李、郭亦因时以取大勋，非有血战之殊劳焉。以战功论，李光弼奋其智勇，克敌制胜之功视郭为多；郭则一败于清渠，再溃于相州，功尤诎焉。然而为唐社稷之臣，天下倚以重轻，后世无得而议者，又岂徒徼虚誉乎？

任天下之重者，莫大乎平其情以听物之顺逆，而不挟意以自居于胜，此唯古之知道者能之。故《诗》称周公之德曰和士兵都清楚吗？军队有主帅，有偏将，主帅死了偏将能否胜任，不是不能知道的。他是忠心、叛逆、聪明、愚昧、宽仁、威严，天子和大臣认真加以分辨早加思虑，那么主帅一死就可以马上从军队中选拔可以担任主帅的授给他节度使大印，不必等待他们上奏请求。那么主帅既已感其特殊恩情，士兵也服其早断。既让他们畏惧我有明见万里的威业，又让他们感到我的圣德。即使有桀骜不驯，还敢心怀两端吗？天下只有这几个节镇，节镇的偏将也只有这么几个人，天子大臣何曾不细察他能否胜任，还要等待去向那些小人们询问呢？刘后主虽然昏庸，还能派李福到诸葛亮的病榻前询问谁可担任大帅；像祭遵、来歙死于仓卒之间，但兵权有归属，更是早就采取措施以防不测，他的计划也就稳定下来。怎么能空悬着三军的重任，摇摇摆摆不知该授给谁，主帅死了然后在军中以思虑是重用还是废置呢？况且所派遣的人都是宦官，贿赂公行，威权凌替，李怀玉得以逞其奸凶，唐朝没有天子，养乱以至垂亡，寄生的天子，尸禄无用的宰相，想长久有所作为是无法做到的。将领有本事无法知道，军队中有情况又得不到，长期不管不问，军队自己定夺，这导致祸乱也就更迅速了。掌握大权的，不是一朝就能做到的。

安禄山、史思明的灭亡，是自取灭亡，互相残杀遭致身死，唐朝无法俘获其首阶。先前收复两京，后又收复东都，都是趁其疲惫依助回纥的力量，李光弼、郭子仪也是乘时立下大功，并非有血战叛军的特殊功劳。若以战功来论，李光弼智勇双全，克敌制胜的功劳比郭子仪多；郭子仪先是战败于清渠，又战败于相州，功劳相当不明显。然而作为唐朝的社稷大臣，国家对他的重用，后人没有谁再议论，又怎么能说是徒具虚名呢？

担当天下重任的，没有比平心静气顺其自然发展更大的了，不以自己的意欲以胜利自居，这只有古代明白此理的人才能做到。所以

“赤舄几几”，言其志定而于土皆安也。夫有揽天下于己之心，其心危；有疑天下而不自任之心，其心诐；心者，藏于中而不可掩者也。藏于中而固不可掩，故天下皆见之，而思与斁、疑与信、报之以不爽。汾阳以翘关负米起家，而暗与道合，其得于天者，三代以下莫与之伦矣。

能任也，则不能让，所谓豪杰之士也，韩信、马援是已；能让也，则不能任，所谓保身之哲也，张子房李长源是已。汾阳于位之崇替，权之去留，上之疑信，谗佞之起灭，乃至功之成与不成，俱至则受之，受则任之，而无所容心于其间。情至平矣，而天下不能测其所为。山有陂陀，则测其峰之起伏；水有滩碛，则测其波之回旋；平平荡荡，无高无下，无曲无奇，而物恶从测之哉？天下既共见之，而终莫测之。大哉！平情之为用也，四海在其度中，贤不肖万殊之情归其范围矣。

相州师溃，汾阳之威名既损，鱼朝恩之谮行，肃宗夺其兵柄授李光弼。数年之内，光弼以元帅拥重兵戮力中原，若将驾汾阳而上之也。乃许叔冀叛于汴州，刘展反于江、淮，段子璋反于梓州，楚州杀李藏用，河东杀邓景山，行营杀李国贞、荔非元礼，内乱蜂起，此扑彼兴。迨乎宝应元年，汾阳受王爵、知诸道行营，而天下帖然，内既宁而外自戢，史朝义釜鱼之游不能以终日，弗待血战之功也。呜呼！是岂光弼智勇之所能

《诗》称颂周公的品性说“赤舄几几”，说他意志坚定国家安宁，若有独揽天下功劳于一身的想法，那么这种想法很危险；若有疑心天下不能独占功劳的想法，那么这种想法也是不公平的。想法，是藏在心中不能掩盖的。藏在内心固然无法掩盖，所以天下人都能看得出，那么想法和掩藏、怀疑和信任，都不能顺利得以实现，郭子仪以飞越关隘背米起家，他内心暗暗与道理相符合，他能得到天时，三代以下没有人能与他相符合。

能够胜任的，就不能推让，所谓豪杰之士，指的是韩信、马援；能够推让的，就不能胜任，所说保全自身的哲人，张良、李长源就是这类人。郭子仪对于地位的高下更替，衡量是离开还是留下，天子的怀疑和信任，谗言的兴起和熄灭，以至于功劳的成和不成，一起来了就承受，承受就担当，没有把自己的想法夹杂在中间，心情相当平静，天下的人就不能测算出他的所作所为。山有陡凹，就能看出山蜂的起伏，水有暗礁滩沙，就能看出波澜的回旋，平平坦坦，无高无低，没有弯曲没有奇特，那么事物怎样才能观测呢？天下人都看到了，那么最终也就无法观测出其所为，高明啊！以平情的心情从事一切事，那么四海之大都在其胸中，贤和不肖以及所有的情况都归纳在他的范围之内。

相州兵败，郭子仪的名望受到损害，鱼朝恩又加以诬陷，肃宗剥夺了他的兵权交给李光弼，数年之内，李光弼以元帅自居拥兵在中原与叛军展开血战，好像要超过郭子仪。许叔冀在汴州叛乱，刘展在江、淮反叛，段子璋在梓州反叛，李藏用在楚州被杀，邓景山在河东被斩，李国真、荔非元礼被行营所杀，内乱蜂起，此起彼伏。到宝应元年，郭子仪授王爵、统领诸道行营，那么天下才安稳，国内安宁外敌也就平息，史朝义如同缸里之鱼也就不能再逞凶，这就不需要血战就能获取的功劳。哎呀！这怎能是李光弼的智慧和英勇所能达到及，汉、魏以下将相大臣之能得于天下者乎？

董卓不足以亡汉，亡汉者关东也；桓玄不足以亡晋，亡晋者北府也；黄巢不足以亡唐，亡唐者汴、晋也。然则安、史非唐之忧，而乘时以蜂起者，鹿不知死于谁手。汾阳一出而天下熄，其建威也，不过斩王元振四十馀人而已，天下莫敢复乱。唯其平情以听权势之去来，可为则为，不可为则止，坦然无我之大用，人以意揣之而不能得其要领，又孰知其因其心而因物以受宠辱之固然者乎？仆固怀恩乱人也，张用济欲逐光弼，而怀恩曰："邺城之溃，郭公先去，朝廷责帅，故罢公兵。"引咎以安众心，何其似君子之言也！非公安土敦仁、不舍几几之度，沦浃于群心，怀恩讵足以及此哉？

人臣之义，忧国如家，性之节也；社稷之任在己而不可辞，道之任也。笃忠贞者，汲汲以谋济，而势诎力沮，则必有不平之情。此意一发于中，必动于外，天下乃争骛于功名，而忘其忠顺。奸人乘之，乱因以起。唯并取立功匡主之情，夷然任之，而无取必于物之念，以与天下相见于冰融风霁之宇，可为者无不为焉，则虽有桀骜不轨之徒，亦气折心灰而不敢动。不言之言，无功之功，回纥称之曰"大人"，允矣其为大人矣。以光弼之忠勇不下于公，而天下不蒙其祐，两将相衡，度量较然矣。

12.孤臣孽子，历疢疾而愤兴。虽然，亦存乎其人尔。抱倜呢，东汉、曹魏以来的将相大臣能够得到天下吗？

董卓不足以灭亡东汉，亡东汉的是关东豪强；桓玄不足以灭东晋，灭东晋的是北府势力；黄巢不足以灭亡唐朝，灭亡唐朝的是后唐、后晋。然而安禄山、史思明不是唐朝的心腹大患，所担心的是那些趁机蜂涌而起的军阀，鹿死谁手不得而知。郭子仪一出来天下纷争就平息，他所建立的威望，也不过只杀了王元振四十多人，天下不敢再有叛乱。唯一的在于他平心静气听从权势的到来和离去，可以做的就做，不可以做的就停止，心情坦荡对自己无所谓，人们尽心揣磨却不得要领，谁又能知道他本来就是依顺自己的想法顺从事情的发展来获取宠幸和羞辱呢？仆固怀恩是叛乱之人，张用济想驱逐李光弼，仆固怀恩说："邺城兵败，郭子仪先逃跑，朝廷责备元帅，所以罢免郭子仪的兵权。"引咎来安慰大家，这和君子所说的又是多么相似！不是郭子仪忠厚宽仁体谅众人，不是舍弃自己的私念，安慰众人，仆固怀恩怎么会能达到这种地步呢？

作为大臣的道德，应该是忧虑国家如同忧虑自家一样，这是本性的节操；国家大任在于自己就不能推辞，这是道理之任。那些诚实忠厚坚贞的人，想尽一切办法来效力，但势力不足内心沮丧，就一定会产生不平的心情。这种想法一旦产生于内心，必定会在行动上有所表现，天下纷纷争夺名利，而忘记了他们的忠诚顺众，奸人乘机利用，祸乱也因此而产生。只有心怀立功匡主的心情，坦然处之，不谋取一定要得到的心念，和天下共处在冰融风霁的宇宙之内，能做的没有不做的，尽管有一些桀骜不驯之辈，斗志也会遭到挫折心灰意冷不敢轻举妄动。不说的话，没有功劳的功劳，回纥称他为"大人"，他作为大人是再恰当不过了。李光弼的忠诚英勇和郭子仪不差上下，但天下得不到他的庇佑，两将相比较，度量相差太远了。

孤臣孽子，只有经历热病以后才能愤而振作起来。尽管如此，傥不平之姿者，安乐易以骄，忧危乃以惕，则晋重耳、越句践是已。其不然者，气折则神益昏，心危则志益溺，使驾轻车、骋康庄，犹不免于折辀输载也。

中宗幽辱于房州。因与韦氏昵以自安，而制于韦氏，身为戮，国几丧，固无足道矣。肃宗之明能任李泌，其断能倚广平，虽不废宠乐，而无淫荒之癖，是殆可与有为者。其在东宫，为李林甫、杨国忠所离间，不废而死者，幸耳。灵武草创，履行闲者数年，贼逼于外，援孤于内，亦可谓与忧患相终始、险阻备尝者也。而既归西京，讨贼之功，方将就绪，苶然委顺，制于悍妻，迫于家奴，使拥兵劫父，囚处别宫，唯其所为，莫之能禁，乃至蒙面丧心，慰李辅国曰："卿等防微杜渐以安社稷。"天伦泯绝若此之酷者，岂其果有枭獍之心乎？畏辅国之拥六军，祸将及己，而姑以自全耳。黜萧华，相元载，罢子仪，乃至闻李唐之谏，泫然流涕，而不敢修寝门之节，与冥顽不慧之宋光同其陷溺，岂非忧患深而锋棱绌，以至于斯哉？

其任辅国也，徇良娣也；其嬖良娣也，亦非徒悦色也，当在灵武时，生子三日而起缝战士之衣，畏刺客而寝于外，以身当之，患难之下，呴沫相保，恻然之心一动，而沈酣不能自拔，纵遣骄横，莫能复制，日销月靡，志不守而神不兴，不复有生人之气，岌岌自保之不遑，于是而泯忘其天性，所必然矣。乡使以元子之尊，早受册立，无奸臣之摇动，无巨寇之摧残，嗣还可以保存他自己。心怀倜傥不平姿态的人，沉缅淫乐容易骄横，忧虑危险才能警惕，那么晋国公子重耳，越王勾践就是这一类型。如果不是这样，意志受到挫折精神更加不振，内心害怕那么意志就更加消沉，即使让他驾着空车在大道上奔跑，也不免会翻车耽误运输。

中宗被幽囚在房州，因与韦皇后昵爱才感到心情宽畅，结果被韦皇后控制，不仅被韦后毒死，国家也差点丧失，这本来就没有什么可以称道的。肃宗英明能任用李泌，他果断重用广平王，虽然不舍弃宠幸后宫淫乐，但还没有染上荒淫的癖好，这差不多还可以说是有作为的天子。他在东宫当太子时，被李林甫、杨国忠所离间，不被废掉太子丢掉性命，也算是侥幸了。在灵武仓促就帝位，那几年时间里，外有叛军逼迫，内无援军，真可以说和忧患相始终，尝遍了艰难险阻。回到西京，讨伐叛军的功业，刚刚就绪，却委顺不振，受悍妇张良娣控制，被宦官李辅国逼迫，派兵劫持父亲唐玄宗，迁到别的宫殿，他们的所作所为，自己又无法禁止，以至于蒙面伤心，安慰李辅国说："你们的所作所为是防微杜渐以安定国家"。天伦丧失到这等地步，难道他真有猛兽的野心吗？畏惧李辅国掌握禁军，怕灾祸危及自己，姑且这样以保全自己，罢黜萧华，任命元载为宰相，罢免郭子仪，等到他听了李唐的劝谏后，才痛哭流泣，不敢整治朝政，和宋光等人沉缅淫乐，难道不是忧患深锋芒被削，才到这等地步吗？

他重用李辅国，顺从张良娣；他宠幸张良娣，并非仅仅是取悦于她的美色。当他在灵武的时候，张良娣刚生子三天就起来替战士缝衣服，害怕刺客行刺肃宗就睡在门外边，以自己的身体保护肃宗，患难之下，相互保护，恻隐之心一动，就沉缅进去不能自拔，纵使其骄横跋扈，无法再控制她，日销月磨，意志不坚定精神振作不起来，不再有生人的志气，岌岌乎自保还来不及，于是就丧失了天性，这是必然的。过去假使他以太子之尊，早点受封册立，没有奸臣拥助，没天位，抚金瓯，则固可与守文，而岂其丧心失志之尔尔邪？

呜呼！岂独天子为然乎？士起孤寒之族，际荒乱之世，与炎寒之流俗相周旋，冻馁飘摇，激而特起，念平生之坎坷，怀恩怨以不忘。主父偃曰：“日暮途远，倒行而逆施之。”一饭千金，睚眦必报。苏秦、刘穆之、元载身陷大恶，为千古僇，皆疢疾之深，反激而愈增其狂戾也。故曰：“不仁者，不可以久处约。”处约而能不以女子小人醉饱金钱为恩怨者，鲜矣。此乱世所以多败德也。

代宗

（唐讳世，代宗犹言世宗，近人欲以加景皇帝，其不学如此。）

1.代宗听程元振之谮，流来瑱杀之，而藩镇皆怀叛志，仆固怀恩以是树四降贼于河北，养乱以自固，终始为唐巨患，其上书自讼，指瑱之死为口实，用拒入朝之命。夫来瑱之诛，岂其无辜而仅以请托不从致元振之怨乎？瑱之诛，亦法之所不贷者也。

其镇襄阳也，以李辅国之私人，夺韦伦而得之，引降贼张维瑾等为爪牙，收人心以据大镇，召赴京师而不至，徙镇淮西而不行，纵兵击裴茙，禽送京师，胁朝廷以行辟，唐藩镇之抗不受代图不轨者，盖自瑱始。杀瑱而藩镇怨，纵瑱而藩镇抑骄，两俱致乱之道；杀之而咎其刻，不杀则必听之，而抑咎其偷。已成之咎，怨之所归，不知反此，而咎又将在彼矣。肃有强敌的摧残，登上帝位，掌握国邦，那么他就可以坐得住朝位，又怎么能丧心失志到这等地步呢？

哎呀！难道只是天子是这样吗？士人出生于孤寒贫弱的家庭，生活在荒乱之世，与贫寒百姓生活在一起，忍受着风吹挨饿的折磨，这促使他发奋图强，思念一生所受的坎坷遭遇，不忘世人的恩怨。主父偃说："天黑了道路还远着呢，不如倒回头走用相反方法行进"。一顿饭价值千两黄金，小的仇恨也一定要报复。苏秦、刘穆之、元载所做的邪恶，为千古羞耻，都是忧患太深，反激起他们更加狂妄跋扈。所以说："不仁义的人，是不能和他们长久相处的。"和他们相处又能不以女子小人醉生饱死金钱利诱酿成恩怨的，是很少的。这就是乱世之所以多败德的原因。

代宗听从程元振的谗言，将来瑱流放并杀了他，结果藩镇都心怀叛唐的想法，仆固怀恩在河北招集叛军降兵，以此为乱作为巩固自己的资本，始终成为唐朝的大患，他还上书自我辩解，以来瑱之死作为借口，拒绝天子将他调入朝廷的命令。来瑱被杀，难道他是没有罪的仅仅是不顺从程元振的请托才导致程元振的怨恨吗？来瑱被杀，也是法律所不能宽恕的。

来瑱！镇守襄阳，是走了李辅国的后门，夺了韦伦的地位才得到的，他招纳叛军降将张维瑾等为爪牙，收买人心占据大镇，召他进京却不来，让他改镇淮西又不去，派军队阻击裴茂，抓住裴茂送到京师，胁迫朝廷杀掉裴茂，唐朝藩镇拒不接受天子的命令心怀不轨的，大概是从来瑱开始。杀了来瑱导致藩镇怨恨，放纵来瑱又使藩镇骄横，这两方面都是致乱之道；杀了他怪罪太刻苛，不杀他必然会受其摆布，也是怪罪太刻薄。已形成了怪罪产生的怨恨，不知道怪罪宗以来，骄纵养痈，势将必溃，饬法以诛瑱，固非淫刑以召叛也。瑱不死，仆固怀恩溪壑之欲又岂易厌乎？

乃若代宗之所以不克惩乱而反以致乱者，杀之非所以杀也。刑者，帝王所以惩天下之不恪也。刑滥于不当刑，人固自危，而犹不敢欺，且冀其偶失而终能不滥，则疑怨不深。唯刑施于所当刑而不以其道，天下乃测其刑之已穷，而怨其以机相陷也，乃始挟毒以相报。

当来瑱襄阳跋扈之日，唐不倚之以讨贼，瑱固无恃以胁唐；藩镇林立，势不相下，瑱即叛，衹以速亡，则使正名声罪以致天诛，夫岂有大害于社稷哉？而惴惴然将迎之不遑，杀裴茙以媚之，虚相位以饵之，鱼脱于渊，然后假通贼之诬辞，加以不当辜之辟。藩镇之怨，非徒怨也，固将曰：瑱拥兵不入，唐固无如瑱何，唯倔强者可以免祸，而瑱自投其囮，吾知戒矣。留贼以为援，抗命而不朝，鹰隼扬于寥天，岂矰弋之能加哉？

苏峻曰："吾宁山头望廷尉，不能廷尉望山头。"孱主庸臣之伎俩，在奸雄心目之中，以怨为名而非怨也，倒持魁柄以相制而相持也。藉令当瑱违命之日，下尺一之诏，责以不可贯之法，使束身归阙，则姑贷其死而贬之；不则举六师以急清内贼，则河北群丑，且震动以弭其邪心，况方在立功、反谋未决之怀恩哉？

2.以文取士而得真才，以行取士而得笃行，则行愈于文多反而在此，那么怪罪又将在别的地方。肃宗以来，骄纵养痈，势将必败，以法杀来瑱，固然不是乱用刑才招致叛乱。来瑱不死，仆固怀恩无底的欲望又怎么能容易满足呢？

像代宗之所以不能控制叛乱反而招致叛乱，杀他也不是杀的理由。刑法，是帝王用来惩罚天下不守规矩的人的。刑法过滥不该受刑的也受刑，人人感到自危，更不敢互相欺骗，况且寄希望于他偶而失准最终不能泛滥，那么怀疑怨恨也就不深。只有刑法用在该受刑而用的又不是地方，天下人就看出刑法已没有了真正的标准，结果怨恨产生互相陷害，才挟私毒来报复。

当来瑱在襄阳跋扈的时候，唐朝不依靠他来讨伐叛军，来瑱也没有什么资本来胁迫唐朝；藩镇林立，势不两立，来瑱即使叛乱，只是很快就灭亡，那么就可以正名数其罪来杀他，这对国家有什么大的危害？心中害怕迎合他们不端，杀了裴茂来讨好他，给他宰相的宝座来利诱他，鱼脱离了深渊，然后借他通贼的诬陷之辞，加以不该受刑的杀头之罪。藩镇怨恨，并非只是怨恨，所以说：来瑱拥兵不入朝，唐对来瑱也无可奈何，只有不听话的才可以免去灾祸，来瑱自投罗网，我们应当引以为戒。留下叛军作为援军，违抗命令不入朝，雄鹰奋翅在天中的翔飞，难道只能用弓箭才行吗？

苏峻说："吾宁山头望廷尉，不能廷尉望山头"。弱主庸臣的伎俩，在那些奸雄心目之中，以怨恨为名但并非真的怨恨，反过来以此为把柄相挟迫朝廷与朝廷对抗。假如当来瑱违抗命令之时，天子下一道诏书，指责他不能宽恕的法律，让他自缚入京谢罪，那么姑且免其死而流放他；不然就派发军队消灭他，那么河北一带的叛臣，都吃惊非小也收敛了他们的邪念，更何况正在想法立功，谋反还犹豫不决的仆固怀恩呢？

以文章取士得到真才实学，以品行取士得到忠厚的品性，那么矣。以文取士而得伪饰之文，以行取士而得伪饰之行，则伪行之以害人心、坏风俗、伤政理者，倍于伪饰之文，支离浮曼，而害止于言也。且设科以取士，则必授之以式矣。文者，言治而要之事，言道而要之理，即下至骈偶声韵之文，亦必裁之以章程，可式者也。行而务为之成法，则孝何据以为孝之程，廉何据以为廉之则邪？不问其心，而但求之外，非枭獍皆可云孝，非盗贼皆可云廉，不可式者也。极其弊，委之守令，而奔走于守令之门，临以刺史，而奔走于刺史之门，以声誉相奖，以攀援相竞，乃至以贿赂相要，父母为羔雁，廉耻为优俳，其不率天下以狂趋者能几也？

乡举里选，三代之法也。而殷之大国方百里，周之大国五百里而止，其小者五十里耳，即其地，选其人，官其士，君大夫世与相狎，而贤奸易辨，犹今置乡耆于一村社而已，则公议固不容掩也。乃以四海之辽绝，刺史守令三载之乍临，求知岩穴之行履，责以知人之哲，而升朝以任天下之大，何易易邪？又况曲士之垂腴而干请，赇吏之鬻民以徼利者哉！

汉之举孝廉，举其为吏于州郡者也。既为吏而与一乡之政，能否可知其大凡矣，而清浊异流，臭味异合，请托易集，党比相怙，孝者固非孝，廉者固非廉也；汉末之得士，概可见矣。况使求升朝而理、易地而官者于未登仕籍之处士乎？杨绾惩进士之亡实，欲复孝廉之举，终不可行，论者惜之。惜之品性比文章要重要的多。以文章取士得到的是华丽词藻的文章，以品性取士得到的是伪装粉饰的品性，那么伪装的品性伤害人心，败坏风俗，扰乱政理的，要比华丽词藻的文章多一倍，支离浮华，危害只停留在语言上，况且设科取士，那么必定要以固定的方法进行。文章，说的是治理国家的至要事情，说的是道德的至要理论，即使是一般的对偶声韵的文章，也一定要根据章程进行，有其一定的格式。品性一定要依现成的法则，那么孝道为什么要依据作孝道的程式，廉洁为什么要依据廉洁的准则呢？不考究其内心，但从外表上看，不是猛兽都可以说孝道，不是强盗贼人都可以说廉洁，不能以标准来要求他们。最大的弊端，在于交给守令，使士人奔走在守令门下，让刺史负责，他们就奔走到刺史门下，以声望名誉互相推奖，相互攀附授引，以致于公开贿赂，父母成为羊羔大雁，将廉耻置于脑后，那么天下的人不跟着学的能有几个？

乡举里选，这是三代的方法。商朝大的方国方圆百里，周朝的大方国也只有五百里，小的方国也不过五十里，在此地，选举此地人，在这里为官，君大夫互相亲近熟悉，贤明奸诈就容易分辨，犹如今天在一村一社推选德高望重的老人一样，那么社会舆论也就不容易掩盖。天下非常辽阔，刺史守令三年一换，寻求了解有品性的隐居之人，责令他们熟悉他人的智慧，推荐到朝廷担当大任，怎会这么容易？况且品性不好的士人贪图功名上门请托，贿赂官员以获取私利！

汉朝举孝廉，由州郡的官吏举荐。为官吏掌管一乡之政，能否知道他的大概情况，清浊分流，臭味异合，请托容易聚集，朋党相互攀引，孝的固然不孝，廉洁的也固然不廉洁；汉末取士，大概就可以看得见。况且使他入官有理，易地作官的，都是没有选入仕籍的处士吗？杨绾苦于进士不符合实际情况，想恢复孝廉之举，最终无法实者，未尝体人情、揆事理、周世变、究终始，浮慕古昔，而徒以空言居胜者也。绾未几而奏罢孝弟力田科，以无实状、多侥幸故废之，绾亦自知其前之失言矣。

然则行不足以取真士，而以文取者可得士乎？夫非谓文之可以得士也，设取士之科者，止以别君子野人而止耳。虽有知人之哲，不能于始进而早辨其贤奸也。故三代之法，观之于饮，观之于射，观其比礼比乐内正外直之度、拜起揖让之容而已；酬爵行而合语，观其称古昔、道先王而已；观之于此，而君子野人之辨，可十九得也。过此以往，敷奏以言，明试以功，皆论定后官之馀，乃以察其贤不肖而进退之。然则立法以取士，试之以策问，试之以诗赋，试之以经义，亦饮射之遗意而变通之，岂期于此而遽得真士哉？习文教而与闻乎德言之绪论，为野人之所不胜，既繇乎君子之途，则可望以循此而上达耳。授之以政，而智愚勤惰忠佞贪廉，自有秉宪者执法以议其后，其可县行谊为标格，使之仇伪以藏奸乎？

若夫学校之设，清士类于始进，不当专求之文，而必考其闺门之素履；正士习，育贤才，严不淑之惩，又不待登进之日也。然而方在子衿之列，修子弟之敬爱，绝公门之请谒，亦士之常耳。或既贵而丧其所守，讵可遽以此为贤，而授之大官大邑乎？以行按不肖之罚，而以文求君子之度，流品清而伪行抑行，评论的人还甚觉可惜。可惜的，从来没有体察人情，考察事情的常理，周知世道的变化，探究事物的始末，表面上羡慕古代的，只是空谈高高在上。杨绾不久就上奏罢免孝悌力田科，因为没有实际情况，多侥幸之人所以废掉，杨绾也自知先前他说的话有些不切实际。

然而品性不足以录取真正的士人，那么以文章能录取到真正的士人吗？不是说文章就可以得到士人，设科取士，目的在于辨别君子和百姓。虽然有了解人的才能，也不能开始录取就早就分辨出他是贤明还是奸诈。所以三代的方法，观察他们饮食、射箭，比较他的礼乐教化内正外直的度量、拜起揖让的容颜而已；授给他爵位合乎言词，观察他称颂古代，遵守先王的教诲罢了；从这里看，那么君子小人的分辨，十有八九就可以做到。经过这些以后，尽情上书言事，以功绩加以考核，都可以轻松论定落在后面的官员，以此纠察他是贤明还是不肖之徒并提拔和辞退。那么创立法规来录取士人，以策问考试他们，再考其诗赋，再考其经义，也是饮食射击的遗风加以变通，怎能寄希望于这些而马上得到真正的士人呢？学习文教并让他们了解德言的内容，是一般平民百姓无法胜任的，既然通过君子的途径，那么就可以希望依据这些而使天子清楚。将国家政事授给他，那么是聪明愚昧勤快懒惰忠诚奸佞贪婪廉洁，自然有执掌法规的官员依法加以评议，怎么能标举品性合适作为准则，使他们作伪来藏奸诈呢？

设立学校，分清士人于开始录用，不应当专看其文章，必须考察他在家时的品性节操；端正士人习气，培育贤明人才，严管不良的惩罚，不一定要等待录用的时候。然而他们在没有录取之前，遵守作为子弟的敬爱标准，杜绝请谒出门，也是士人的常理，有的既已尊贵却丧失了他的品德操守，怎么马上就认为他是贤明之人，授给他高官大邑呢？以品性按查不肖之人并加惩罚，以文章搜求君子的风度，那么不敢冒，斯其于取士之法，殆庶几与！

3.盈唐之廷而发程元振之奸者，太常博士柳伉也，唐可谓廷无人矣。抑考古今巨奸之在君侧，大臣谏官缄默取容，小臣寒士起而击去之，若此类者不一，夫人君亦何赖有心膂股肱之臣哉？诚足悲已！乃其间抑有辨焉。如其奸邪得势，执暗主之权，生杀在手，士大夫与争而不胜，因起大狱，空君子之群，诛戮流窜，流血盈廷，槛车载道，而纶扉卿署偏置私人，故奸已露、势将倾，而无有能诘者，于是一介之士，迎其机而孤起以攻之，此固无容深怪已。

程元振得权以来，所谮而诛者来瑱，瑱固有可诛之罪也；所忌而逐者裴冕，犹得刺州以去，未有大伤也；李岘与相不协，柳伉之事，岘且与谋，未尝先发制岘，而安位自若；省寺台端，类非繇元振以升，而害亦不及，士大夫固优游群处于朝右，谁禁之使喑，而让搏击之举于一博士乎？通国痿痹，无生人之气，何其甚也！

宋之谏臣，迁谪接踵于岭南，而谏者日进；唐无贬窜之祸，而大奸根据，莫之敢摇；无他，上委靡而下偷容，相养以成塞耳蔽目之天下，士气不伸，抑无有激之者也。进无听从之益以仰庇宗社，退无诛逐之祸以俯著直声，虽欲扼腕昌言，一螿吟而蚓泣耳。无惑乎视纠谬锄奸为迂阔之图，人弃廉隅而保容容之福也。是以薰莸并御之朝廷，不如水火交争之士气拜官就清廉而伪装品性的不敢假冒，以此作为取士的方法，几乎差不多了。

唐朝那么多文武百官，敢于揭露程元振的邪恶的，只有太常博士柳伉，唐朝可以说朝中无人啦。详究古往今来在天子身边的最大奸臣，大臣谏官闭口以保其自身，小官寒士起来抨击把他撵出朝中，像这样的事情也不是一个二个，那么天子有什么能依赖那些捍卫天子朝政的大臣呢？这实在是太悲哀了！他离间大臣还强加狡辨。如果让其奸诈邪恶得势，把持昏君的大权，生杀大权握在手中，士大夫们与他抗争无法取胜，因此受到刑狱，将天子的群臣撵完，诛杀屠戮流放各地，流血满朝廷，道路上都是囚押犯人的牢车，把朝中各衙门都安置自己的党徒，所以其邪恶已经暴露，势必将要完蛋。可是没有一个人敢于批评他，指责他，于是乎一介之士，迎着锋芒起来攻击他，这无怪乎无法容忍他。

程元振得势以来，诬陷杀死了来瑱，来瑱固然可杀，他猜忌流放了裴冕，仍授他以刺史离京，没有什么大的伤害；李岘和他不合，柳伉一事，先和李岘商议，但从没有先行制裁李岘，仍让他安位自居，省寺台等机关，这些官员并非都因程元振才得以提升，那么危害也就没有达到，士大夫们依照优闲位居朝中，谁禁止他们使其沉默，让一个博士来抨击指责程元振的罪恶？全国委靡不振，无法使人精神振作，怎么会这样呢？

宋朝的谏官，纷纷迁徙贬谪到岭南，但谏者依然不断。唐朝没有贬斥流放谏官的灾祸，但大奸臣根深蒂固，没有人敢撼摇；没有别的原因，天子委靡不振那么下边就苟且偷安，相互养成塞耳蔽目的风气，士人正气不能伸张，也就没有激发他们奋起的原因。登朝没有听从他人的好处来庇护家族，退朝也没有诛杀放逐的祸害来提高他们正直的名声，虽想奋臂倡言，一种小蝉一吟唱而蟋蟀就悲鸣。无怪也。

4.拥重兵、居高位、立大功、而终叛，类皆有激之者，唯仆固怀恩不然。来瑱虽诛，然无功于唐，而据邑胁君，上下之猜嫌久矣，非彭、韩在汉，苏、祖在晋比也。虽诛十瑱，怀恩自可坦然无危疑也。代宗推心以任怀恩，至于已叛，犹眷眷不忘，养其母，鞠其女，且曰："朕负怀恩。"程元振、鱼朝恩虽不可久恃，而方倚怀恩以沮汾阳，抑不如杨国忠之于禄山矣。怀恩不叛，优游拥王爵于朔方，何嫌何惧，不席富贵以终身邪？河北初平，大功已集，薛嵩等迎拜马首，乞随行间，正其策勋鸣豫之日矣；遽起异心，养寇树援，为叛逆之地，辛云京闭城自卫，岂过计哉？骆奉仙虽为云京行说以发其反谋，亦非悬坐以本无之志而陷以醢俎，辛云京、李抱玉先事之知耳，非激之也；然而冒昧以逞，决志不回，此何心哉？《传》曰："狼子野心。"洵怀恩之谓与！

乃若唐之召叛也，其失在过任怀恩耳。许回纥之昏，而以怀恩之女妻之，使结戎狄以为援，有藉而得起，一失也；命雍王为元帅，进收东京，不置帅副，而以怀恩领诸营节度为雍王副，二失也；夺汾阳兵柄，以朔方授怀恩，三失也。功已立，权已张，位已极人臣而逼上，内有河北之援，外结回纥之好，睥睨天下，莫己若也，汾阳亦不得不解元帅之任以授之。汾阳他们把纠察错误铲锄奸人视作迂阔的行为，人们抛弃廉洁得以保全自己满满的幸福。所以君子小人并列在朝中，不如火水互相纷争的士人之气。

掌握重兵，身居高位，立取大功还叛乱，这些都是有所激起他们才这样做，只有仆固怀恩不是这样。来瑱虽然被杀，对唐也没有什么功劳，占据城邑威胁天子，上下之间猜疑已很久了，不能和汉朝的彭越、韩信，东晋的苏峻、祖约相比。虽然杀了十个来瑱，仆固怀恩依然坦然没有什么危险。代宗推心置腹重用怀恩，即使到了他已经叛乱，仍念念不忘，养活他的老母，照顾他的女儿，还说："我辜负了仆固怀恩"。程元振、鱼朝恩虽不能长久依靠，但当时正倚重仆固怀恩以疏远郭子仪，还不如杨国忠对于安禄山。仆固怀恩不叛乱，可以朔方优闲当自己的王爷，有什么嫌疑有什么害怕，不能终身享受荣华富贵呢？河北一带初被平定，大功已经告成，薛嵩等纷纷投降，乞求跟随他左右，正是他建立功勋自鸣得意的时候，突然起了异心，养寇树援，占据叛军的土地，辛云京闭城自卫，难道他的计谋错了吗？骆奉仙虽然劝说辛云京揭发仆固怀恩叛乱的阴谋，也不是空悬坐着没有主意被其屠戮，辛云京、李抱玉早就知道，并非激他；然而冒昧逞凶，决意不回头，这是什么居心呢？《传》上说："狼子野心"。这说仆固怀恩再恰当不过了。

如果是唐朝招致了叛乱，其失误在于过分重用仆固怀恩。答应回纥婚姻，而让仆固怀恩的女儿嫁过去，使他勾结戎狄作为援兵，有依靠可得以叛乱，这是失误之一；任命雍王为元帅，进取东京，又不设副元帅，让仆固怀恩统领诸营节度使身份兼任副元帅，这是失误之二；剥夺郭子仪的兵权，把朔方交给仆固怀恩，这是失误之三。功业已建立，权力已扩张，地位已到百官之上逼近天子，内有河北作为援兵，外勾结回纥，窥视天下，非己莫属。郭子仪也不得不卸下元帅且为之屈，怀恩目中不复有唐矣。鹰饱则飏，岂待激之而后叛哉？云京不发其奸，怀恩之逆特迟耳。祸速则其根本未固，河北四镇，初分土得兵，尚未有生聚固结之资以拥怀恩而蜂起；使其羽翼已成，群凶翕聚，幸而为禄山，不幸而为石敬瑭矣。唐之不亡，其馀凡几也！

夫人之所受，如其器而止，溢于器，则泛滥不可复收，并其器而亦倾。怀恩可使为偏裨，听汾阳之颐指者也。故当李光弼入军之日，而能止军中之乱，过此则溢矣；虽自速其亡，亦所不恤也。叛之速，而祸止于太原与奉天，河北不与俱起，犹云京、抱玉之功也。借曰勿激，则其反也在程元振既诛之后，徒委罪于元振，岂定论乎？以大任委人，不揆其器，未有不乱者也。

5.广德二年，户部奏户口之数二百九十馀万，较天宝户九百六万九千有奇，仅存者三之一也，而犹不足。叛贼之所杀掠，蕃夷之所蹂践，乱军之所搜刷，死绝逃亡，而民日以耗，固也。然天地之生，盈而必消，消而抑长，民之自惜其生，惊窜甫定，必即谋田庐、育妇子，筋骸以习苦而强，婚嫁以杀礼而易，亦何至凋零之速是哉？

盖国家所以安集其人民而足其赋役者，恃夫法之不乱、政之不苛，污吏无所容其奸，猾胥无所仇其伪耳。丧乱猝兴而典籍乱，军徭数动而迁徙杂，役繁赋重，有司以消耗薄征输不及之责而利报逃亡，单丁疲户，徼幸告绝，而黠民乘之，以众交给他，郭子仪既然已受到压制，仆固怀恩心目中就不在有唐朝的存在了。老鹰吃饱了就振翅而飞，这怎么能还用等着激他然后才叛乱吗？辛云京不揭发他的奸恶，仆固怀恩的叛乱还要更迟一些。祸乱迅速发生那么其根基不牢固，河北四镇，刚分土得兵，还没有群聚起来得以巩固作为资本，拥立仆固怀恩蜂涌起来响应；假使待其羽翼丰满，群凶聚结，侥幸就像安禄山一样，不幸就是石敬塘。唐之所以不亡，也差不了。

人所以能承受，就如同器皿一样，器皿水满了，泛滥出来不可收拾，和器皿一起倾倒。仆固怀恩可以使他作为俾将，唯郭子仪命令是从。所以当李光弼掌握军队时，能制止军队的叛乱，超过这就会泛滥，尽管他很快就灭亡了，也不应有所怜惜。叛乱越迅速，那么祸乱只在太原和奉天，河北一带不能和他一起叛乱，这也是辛云京，李抱玉的功劳。假如说不激他，那么他的叛乱也是在程元振被杀以后，怎么能把这一切罪过全推在程元振身上，这能说得过去吗？以太仟委任他人，不考察其才能，没有不乱的。

广德二年，户部上奏全国户口数有二百九十多万，和天宝年间全国户数九百零六万九千相比少得可怜，仅存三分之一还不足。叛军所杀死抢掠，蕃夷所蹂躏践踏，乱军所搜刮，死亡逃散，百姓天天加以消耗，这是本来的道理。然而天地生物的道理，满了必然会消弱，消弱就抑制其生长，百姓自我怜惜其生活，惊慌刚定下来，一定会想法建房修地、娶妻生子，身体经历艰苦不断强大，婚嫁也就容易不拘于礼数，为何凋零到这等地步？

大概国家所以安稳人民使其能够满足赋税徭役的，依据国法不乱、政治不残暴，污吏无法隐藏其邪恶，狡猾的官吏不能掩盖其恶行。灾害祸乱突然发生国家典籍就被打乱，不断的战争徭役百姓迁徙就比较困难，徭役繁多赋税沉重，掌握户籍的官员就消耗户籍害怕为寡，以熟为莱，堕赋于僻远愿朴之乡，席腴产、长子孙者，公为籍外之游民，墨吏鬻版籍，猾胥市脱漏，乃使奉公畏法之愿民，代奸人以任国计，户日减，科敛不得不日增，昔以三而供太平之常赋，今以一而应军兴之求索，故其后两税行而税外之苛征又起，杜甫所为哀寡妇诛求之尽者，良有以也。

民之重困，岂徒掠杀流亡之惨哉？第五琦、元载之箕敛愈酷，疲民之诡漏愈滋，官胥之欺诬愈剧，此二百九十馀万者，犹弗能尽隐而聊以塞上之搜求者也。以此知广德之凋残，上损国而下病民，诚有以致之，盖乱世必然之覆轨矣。赋轻役简，官有箴，民有耻，虽兵戈之馀，十年而可复其故，亦何至相差之邈绝乎？

6.读古人书，不揆其实，欲以制法，则殃民者亦攀援附托以起，非但耕战刑名之邪说足以祸天下也。

三代取民之法，皆曰什一，当其时必有以处之者，民乃不困。其约略可考者，则有中地下地、一易再易、田莱相参之法，名为什一，非什一也。以国之经费言之，天下既自上古以来封建相沿，而各君其国，以与天子相颉颃，以孟子所言，率今一小县，而有五世之庙，路寝三门之制；百官有司，则以周初千八百国计之，以次国二卿为准，南不尽楚塞，西不逾河、陇，受到指责就报说百姓逃亡，单丁疲户，侥幸断绝，狡诈的百姓乘机利用，把多的说成少的，把熟的粮食说成是未熟的粮食，在偏远之地逃离赋税，拥有肥沃土地以养其子孙，公开成为户籍之外的流民，贪官出卖户藉，狡猾胥吏出卖隐户，使那些奉公畏法的良民，代替奸人来完成国家的赋役，户口日减，赋税徭役不得不天天增加，过去以三成来供给太平之世的赋税徭役，今天以一成来应付军队作战的需求，所以后来两税法实行在税外又实行严苛的税收，杜甫诗中所说悲哀那些寡妇被征收穷尽，也就是指这些。

百姓被苛捐困扰，怎么能说只有杀掠流亡才残酷呢？第五琦、元载搜刮的越残酷，疲倦的百姓想方设法隐瞒逃脱的就越严重，官员胥吏欺骗诬告的就越剧激，这二百九十万户百姓，仍然不能完全隐瞒逃脱而姑且躲避官吏的搜刮。以此就可以清楚广德年间民户凋残的情形，上损害国家下不利于百姓，之所以产生这样的情况，大概是乱世必然产生的结果。赋税轻徭役简，官员有所规矩，百姓就有耻辱之心，尽管战争之后，十年就可以恢复到原来的状况，为何相差到几乎无法再提的地步？

读古人的书，不考察其真实情况，想以法律来制裁，那么攀援附托一起兴起殃及百姓，并非只有耕战刑名的邪说才足以祸害天下。

三代向百姓征取的方法，都说取十分之一，当那个时候一定有恰当的方法这样做，百姓不感到困扰。大致可以考察出来的，有中等地下等地，一变再变，良田荒地相互参照的法规，名叫十取一，并不是十取一，拿国家的经费来说，天下既然从上古以来都是封建诸侯相互沿袭，各国均有国君，来和天子相抗衡，以孟子所说的，大概今天的一个小县，就有五代的宗庙，路寝三门的制度，百官衙门，以周朝初年一千八百国来计算，以二等国二个卿来作为标准，往南不包括楚东不有吴、越，中原侯甸未讫六州，而为卿者已三千六百人，人食一千六百之粟，而大夫士府史胥徒坐食无算，今天下十不得一也；币帛饔飧见于聘礼者，如此其繁，比年三年数举而偏于友邦，皆民之昼耕夕织、勤苦而仅获者也。后世而幸免此矣，则无三王宽恤之仁，而欲十取其一，以供贪君之慢藏，哀哉！苟有恻隐之心者，谁忍言此哉？

然而第五琦窃其语以横征，欲诘其非，则且曰此禹、汤、文、武，裁中正之法以仁天下，而孟子谓异于貉道者也，胡不可行也？乃代宗行之三年，而民皆流亡，卒不可行而止。以此推之，后世无识之士，欲挠乱成法，谓三代之制一一可行之今，适足以贼民病国，为天下僇。类此者众矣，不体三代圣人之心，达其时变，而徒言法古者，皆第五琦之徒也，恶逾于商鞅矣。何也？彼犹可钳束其民而民从之，此则旦令行而夕哭于野，无有能从之者也。三十取一，民犹不适有生，况什一乎？

7.以道宅心者，天下所不能测也。兵凶战危，以死为道者也。以死为道，然后审乎所以处死之道；审乎所以处死之道，然后能取威制胜，保国全民，不战而屈人之道咸裕于中而得其理。繇其功之已成，观其所以成功，若有天幸；乃其决计必行之际，甚凶甚危，而泰然不疑，若不曙于祸福生死以徼幸，皆人之所不测也。不测之，则疑其智之度越而善操利钝之枢。夫岂然哉？知死为其道，而处之也不惑耳。

国，西不到黄河、陇西，东不到吴国、越国，中原州郡不超过六个，是卿的已有三千六百人，一人吃一千六百斤粟，那些大夫士府史胥白白吃喝不算在内，今天下十个不能得当时一个，诸侯国往来聘礼用的钱币布帛礼品，这么繁多，三两年就在友邦行遍，都是百姓白天耕种晚上织布，辛辛苦苦才获得的。后代只是幸运地免除这些，又没有三王宽怀怜惜的仁爱之心，还想取十分之一，用来供给那些贪婪君主的挥奢，太悲哀啦！即使有恻隐之心，谁还忍心说这些呢？

然而第五琦借这些话来横征暴敛，想批评他们不是，就说这是夏禹、商汤、周文王、武王所为，制定中正的法令来使天下得到仁爱，孟子说和貉道不一样的，怎么能实行呢？代宗实行了三年，百姓都流亡逃散，最后无法实行才停止。以此类推，后来那些无识之士，想扰乱成法，说三代的措施每一个都可以今天实行，这正如使百姓受困使国家危害，被天下所耻辱，像这样的事太多了。不体察三代圣人的心意，加以变通，只说效法古代，都是第五琦的门徒，邪恶超过了商鞅。为什么呢？他们仍然可以束缚百姓使百姓顺从他们，那么早上颁布法令执行晚上百姓就哭于四野，没有什么能依从他们的。三十取一，百姓还不能生存，更何况十取一呢？

有考虑自家思想的人，天下无人能知其想法。兵凶战危，以死作为道理。以死为道理，然后详细考察去死的方法；详细考察去死的方法，然后才能以威望取胜，保全国家保全百姓、不战就使敌人屈服的方法统统得到充分体现也合乎道理。他的功业已建成，再看他所成功的秘诀，好像是上天保佑成全他；当他下定决心一定要这样办的时候，情况非常凶险非常危急，但他泰然处之，毫不犹豫，如果不是早就看出生死福祸在于侥幸，所有人都不清楚其所为。揣磨不透，就怀疑他的才智非常出众并善于掌握利钝的关键，怎么能是这样呢？知道死是其道理，所以安然对待也就没有什么困惑了。

回纥要郭汾阳相见，汾阳知战之必败，而唯以身往赴之之一策，可以抑锋止锐而全宗社。于斯时也，固不谓往之必死也，亦不谓往之必不死也，虽死而无所恤焉而已。故药葛罗情穷而辞屈，慑于其不畏死之气，则未知杀公以后胜败奚若，而心已折、气已馁矣。决于死，则情志定；情志定，则神气平而条理现。免胄投枪之际，一从容就义者大雅之风裁也。

处死之道，致一而已。致一则神全，神全则理裕。理处其至裕，而事必应乎其心。凡人之情，局于目前而迷于四际者，固不足以测之，遂相与诧之曰：其不可测也，有若是哉！不则其有天幸乎？夫恶知所守之约，为恐惧疑惑之所不得乘哉？

其谓子晞曰："战则父子俱死，不然，则身死而家全。"聊以慰晞而已，非公之本志也。告药葛罗曰："挺身听汝杀之，将士必致死与汝战。"亦示以不可胜耳，非挟将士之报仇死战、足以慴回纥也。公之心，则惟极致于死，而固无必生之计也尔。

8.代宗委权以骄藩镇，而天下瓦解。其柔弱宽纵也，人具知之；抑岂知其失也，非徒柔弱不自振之过哉？惟握深险之机以与天下相劘相制，而一人之机，固不足以敌天下也。代宗之机，得之于老氏。老氏曰："将欲取之，必固与之。""天下之至柔，驰骋天下之至刚。"此至险之机也，而代宗以之。固为宽弱以极悍戾者之骄纵，骄纵已极，人神共愤，而因加之杀戮也不难，将自以为善制奸慝而必死于其手。乃天下习知其回纥要求郭子仪去相见，郭子仪知道一开战就必败，唯一的只有自己亲自前去才是唯一的策略，这样可以挫伤敌人的锋芒保全国家。在这时，固然不说前往必定会死，也不说前往一定会不死，即使死了也没有什么可怜惜。所以药葛罗理穷辞屈，慑于他不怕死的气概，也不清楚杀了郭子仪胜败如何，他的决心已折破，盛气已消。决心一死，那么意志也就定下来了；意志已定，那么精神平和条理清楚。脱去胄甲出入刀枪之际，从容就义颇有大雅的风度。

去死的道理，集中到一点就行了。主意集中精神就不惧怕，精神完备道理就充足。道理相当充分，一切事情都顺其思想。大凡人的感情，局限于目前而迷惑于四周的，根本不足以预测他的行动，所以互相惊诧说：他实在无法预料，有像他这样！不是他有上天保佑吗？又怎知他所坚守的誓约，不被恐惧疑惑所占据呢？

郭子仪对儿子郭晞说：“和回纥作战咱们父子全死，不然的话，咱们身死可家能保全”。聊以安慰郭晞罢了，并非郭子仪的本意。告诉药葛罗说：“我只身来听凭你处置，可将士一定会冒死同你决战”。也是告诉对方不能取胜，并非心怀将士报仇雪恨决一死战，来慑服回纥。郭子仪的心情，就是置生死于度外，根本不考虑一定能生还的计谋。

代宗把权力交于他人使藩镇骄横，结果天下瓦解。他柔弱宽纵，人人都知道，怎能知道他的失误，不是柔弱振作不起来的过错呢？只有掌握深险的关键以此来与天下相切磋相制约，一个人的关键所在，本来就不足以与天下相抗衡。代宗的关键，在于得到老子学说的影响。老子说：“你想要获取他，就必然先要给予他。”“天下最柔弱的水能够自由随意地穿行于金石之间而毫无阻碍”。这是非常危险的想法，但代宗却采用了，本来你宽怀柔弱就使强悍的人骄纵达到了极点，骄纵达到了极点，人神共怨，以此再杀戮也不难，那么自术，而受其与、不听其取，乘弱制之以不复刚，终处于无何而权以倒持。安足以驰骋哉？自敝而已矣。

李辅国恶已极而杀矣，程元振恶已极而流矣，鱼朝恩恶已极而诛之俄顷矣；假手元载以杀朝恩，复纵元载以极其恶，而载又族矣。当其姑为隐忍，则辅国繇三公而王，唯其志也；程元振位骠骑，激怒群情，挫抑汾阳，唯其志也；鱼朝恩总禁兵，判国学，隶视宰相，发汾阳之墓，钳制朝政，唯其志也；然犹曰宦官已掌禁军，有不测之防，弗能骤计也。元载以一书生，贪猥无状，自可折棰以鞭笞之者；乃颜真卿为之坐贬，杨绾为之左迁，李少良为之杖死，且寄邺侯于江外，一唯其荼毒而莫之禁。其处心积虑，欲甘心于载者已非旦夕，且必俟其恶盈而后殄，使害已播于天下，乃以快刑杀于俄顷。凡诛四肘腋之臣，皆以老氏之深机图之，而藉口以号于天下曰：吾非忍杀之也，彼自杀而我因之也。亦险矣哉！

夫四奸者，依附左右，弗难制者也；不若是而诛殛之也有馀，即若是而诛殛之也，亦弗能抗也；故代宗得以用其机而终投其阱。乃怙此以为胁持天下之具，饵藩镇而徐图之，则愚甚矣。

来瑱不臣已著，举天下以讨一隅，易矣；而饵之以宰相，诬之以通贼，然后杀之。仆固怀恩已反，势且溃败，而犹为哀矜之说以恤之。于是枭雄之帅，皆测其险诈，即乘其假借之术，淫威既得而不复可制。故怀恩受副元帅而后叛，田承嗣受以为用善心来对付奸诈不轨之人必定死在这些人手中。天下都熟悉他的手段，都采用他的手段，不听从他要获取的，乘其柔弱控制他，他再也不能恢复刚强，最终落得无可奈何权力被人把持。这怎么能足以驰骋呢？自我削弱灭亡罢了。

李辅国恶贯满盈被杀，程元振恶贯满盈被流放，鱼朝恩恶贯满盈一瞬间就被杀头；借元载的手杀死朝恩，又纵恿元载使其邪恶达到极点，元载又被诛灭九族。当他暂且容忍之时，李辅国由三公位进封王，唯一的是他的志向；程元振被授予骠骑大将军，激起群臣共愤，压制郭子仪，也是他的志向；鱼朝恩掌握禁军，统管国学，视宰相为奴隶，掘郭子仪的坟墓，独柄朝政，也是其唯一志向；然而还说宦官已掌握禁军，为了防备料想不到的事情发生，也就不能马上想出好计谋。元载作为一介书生，贪污很多，本可以鞭笞他；颜真卿被他贬官，杨绾被他撤换，李少良被他打死，又把邺侯撵到江南，任其荼毒天下没人能禁止。他处心积虑，想让元载甘心这样做并非一天两天，他想等到元载邪恶满盈然后再杀他，让他们危害遍布天下，乃以顷刻间就杀了他。大凡所杀的四个辅政大臣，都是习用老子的学说的关键才这样做，还借口对天下说：我不是忍心要杀他们，是他们自己要杀死自己我不过依从他们罢了。这是多么险恶！

那四个奸臣，依附在他的左右，不是很难制服的；不像这样杀他们相当容易，即使像这样，杀他们他们也不能反抗；所以代宗深深知道这里的关键最终投下深井。凭借着这些作为胁持天下的工具，引诱藩镇慢慢再铲除他们，这也是太愚蠢了。

来瑱不守臣子的本分罪恶已明显表现出来，那么举天下军队讨他一个地方，是相当容易的，却授他宰相作为诱饵，诬告他暗中勾结叛军，然后才杀了他。仆固怀恩已经叛乱，情势必然失败，却还说些可怜他的话以怜悯他。于是乎那些枭雄统帅，都看出了他的险诈用平章事而终不入朝，李灵曜、崔旰、朱希彩、李正己、李宝臣皆姑受其牢笼而终逸于柙阱。一人之险，何足以胜天下哉？徒宽纵之而莫之能收。故曰其愚尤甚也。

元载死，晋杨绾而任之，意且与绾深谋制群雄而快其夙恨，绾早卒，乃戢意而废然返耳；藉其不然，诛夷行于一方，则四方愈为摇动。然而无虑也，元载杀朝恩而帷盖之恩不保，绾虽忠，亦必虑及于此，以自处于不才之散术，挟诈之主，未有敢与深谋者也。信乎老氏翕张取与之术，适以自敝，孰谓汉文几杖赐吴之智为能制吴之死命乎？帝王之诛赏，奉天无私，犹寒暑之不相贷也。邪说兴，诐行逞，宝此以为术，而天下之乱日生，可勿戒与？

9.李长源当肃宗之世，深触张良娣、李辅国之怒，拂衣而归衡山，何其快也！其于元载也，未尝斥其恶以纠责之，徒以贤奸不可并处而去之，则引身归岳，不犹便乎？乃置身参佐，托魏少游以自全，又何屈也！夫岂葸畏无端而不能自持也哉？达人之通识，度己度人，因时以保明哲之身，而养国家和平之福，非一概之说所可执为得失也。

长源之于肃宗，在东宫则定布衣之交，在灵武则冒难首至，参大议于孤危，坐寝与偕，成收复之元功，其交固矣。良娣、辅国虽恶其斥己，而所欲者，但令长源一日不居左侧，弗心，趁着他假借的方法，施行淫威也就不能再控制他们。所以仆固怀恩授副元帅而反叛，田承嗣授平章政事而始终不入朝，李灵曜、崔旰、朱希彩、李正己、李宝臣都姑且受其束缚最终逃脱他的束缚。一人的险恶，凭什么能取胜天下？白白宽大纵容他们却无法收拾他们。所以说愚蠢到了极点。

元载死后，晋升杨绾为宰相，本意想和杨绾商议怎样制服群雄以痛快地解决自己的夙恨，杨绾早死，他就收敛这种想法又返回到原来的那一套思路上去；如果他不是这样，专对一个地方讨伐，那么天下藩镇就为之震惊。然而没有考虑到，元载杀了鱼朝恩却不能保其恩惠，杨绾虽然忠心，也必定会考虑到这一点，把自己放在无大用的地方，受狡诈的天子的挟制，不敢和天子深谋密划。相信老子先骄纵后夺取的方法，正好自受其害，谁能说汉文帝把权力赐给聪明的吴王是为了置吴王于死地呢？天子的诛伐赏赐，完全应该没有私心，也就像冬天夏天不能相互替代一样。邪说兴盛，诡计逞凶，事实上以此为统治的法则，天下混乱也就天天发生，这能不引以为戒吗？

李长源在肃宗在位时，深深触犯了张良娣、李辅国的怨恨，他拂衣辞官隐居衡山，这是何等的快乐！他对于元载，从来没有痛斥他的邪恶并纠弹抨击他，只是说贤臣和奸臣不能同在一起共事就离他远去，随即引身归山林，不是更方便吗？把置身参议朝政辅佐天子的重任托交给魏少游以保全自己，这又是何等的委屈！怎么能这样害怕品性不端的人自己不能自持正义呢？明人的胸怀才识，考虑自己又考虑别人，因时保全聪明的一身，保佑国家和平的幸福，不是一句话就可以掌握其得失的。

李长源对于肃宗，在肃宗是太子时就结下了布衣之交，在灵武登基时他又冒死前往，在孤援无助危险的情况下参议大政，与肃宗同吃同坐同睡，建立了收复天下的首功，他们的交情本就是这样。张为已难，则意得而无馀恨；于此而翩然已逝，全终始之交，绰有馀裕矣。其于代宗也，虽与谋元帅有翼戴之功，而其早不侍青宫，其后不参帷帟，交未固也。复东京，拒吐蕃，返陕州之驾，诛殛三阉以清宫禁，又未有功也。代宗以畜疑之主，离合不可终凭；元载虽见忌于君，而旁无相逼以升之朝士，唯长源以宗臣入参谋访，唯恐轧己而代之；且载文辩足以济奸，朋党乐为效命，众忌交集，深谋不测，抑非如妇人奄竖、褊衷陋识、一去而遂释然也。载与长源立于两不相下之势，而祸机所发，不可预防，岣嵝烟云，祝融冰雪。其能覆荫幽人使之安枕哉？

且夫山亦未易居也。其唯韬光未试、混迹渔樵者，则或名姓上达于天子，而锋棱未著，在廷忘猜妒之心，乃可怡情物外，世屡变而不惊。其不然者，名之所趋，世之所待，功之已盛，地之已危，即欲抗志烟霄、杜口时事，而讲说吟咏以迨琴酒弈画之流，闻风而辐辏，乃有遍游戎幕拓落不偶之士，争其长短以恣其雌黄，甚且挟占星卜气谶纬之小技者，亦浪迹溪山，而附高人以自重，绝之则怨生而谤起，纳之则祸发而蔓延，孰谓山之厓、水之涘，非风波万叠、杀人族人之险阻哉？如稗说所传，懒残十年宰相之说，已足深元载之媢嫉，而可坐以结纳妖人之大法；则衡山一片地，正元载横施网罟之机也。自非有所托于外援，优游军府，而屈志下僚，示以不相逼代之势，其能免乎？代宗虑此已熟，而长源何勿俯首以从也？夫长良娣、李辅国虽然讨厌他痛斥自己，他们想得到的，只是让李长源不能一日居于朝中，不给自己为难，那么就心满意欢没有多余的怨恨了，面对这种情况翩然离开，保全了始终交情，还绰绰有余。对于代宗来说，虽然他有谋议代宗为元帅有拥戴的功劳，但他早些时候就不侍奉太子，后来又不参议帐下，交情本来就不牢固。收复东京，抗拒吐蕃，车驾回到陕州，诛灭三个宦官清理内宫，又没有功劳。代宗又是一个多疑的天子，离合不能始终如一；元载虽被天子猜忌，但朝中又没有与自己相抗衡的大臣，只有李长源以李姓同宗大臣入朝参议访求意见，唯恐逼迫自己取代自己；况且元载的文词足可以掩盖其罪恶，他的朋党都乐意为他效命，众人猜忌不断增多，再深的阴谋也无法预测，也不是宦官妇人褊袒才浅，一离开朝廷就可解决的。元载和李长源互不相立，祸乱所发生，也就无法预测，岣嵝烟云，祝融冰雪，他能覆盖荫恩囚禁他人使自己安枕无忧吗？

况且山林也不是那么容易居住的。他唯一的谋略光芒没有采用、混迹在渔夫樵夫之中的有的名姓天子知道，但锋芒没有明显表现出来，在朝中忘却了还有猜忌之心，那么可以怡情忘物，世道屡变也不惊慌。其实不是这样的，名利所驱使，世道所希待，功业已成立地位已危险，即使想抗志烟霄、闭口不言政事，讲说吟咏几乎到了琴酒弈画这等地步，一听到风声就凑在一起，和那些充任幕府的不得志的士子们交游，与其争论长短信口胡言，更甚的心怀占星卜气占验符命的雕虫小技的人，也浪迹在溪水山中，依附高人来自重，拒绝他们怨恨产生诽谤兴起，容纳他们祸害发生四处蔓延，谁能居山中、水边，不是波涛汹涌，杀人灭族的险阻呢？像民间所传说的，苟延为十年宰相的说法，这已足使元载嫉妒万端了，还可坐下来结纳妖人的大法；那么衡山一片土地，正是元载跋扈横行的关键。并非自有外援可作依托，闲游军府，对下属委屈自己的志向，表现出自己没有与他相源非无意于当世之务，明矣。相唐以定天下者，其志也，固且诛逐元载而戴之以匡王国者也。进退之间，岂容不审，而但以冥飞之鸿、矫志林泉也哉？

10.辨奸者，辨于其人而已。故曰：“君子而不仁者有矣夫，未有小人而仁者也。”

大历之季年，河北降贼之抗衡久矣。田承嗣连昏帝女，致位元宰，一再召而必不逾魏博一跬步，李正己、李宝臣党叛而自相袭夺，不复知唐之有天下也。乃卢龙强悍可凭，凶逆成习，而朱泚一授节钺，随遣朱滔入卫，继且自请释镇归朝，病而有舆尸赴阙之语。代宗于此，虽欲不惊喜失措，隆礼以待之，厕之汾阳之列，使冠百僚，不能也。桀骜者如彼，而抒忠者如此，其诚也。

虽然，亦思其何为而然哉？德有以怀之与？威有以震之与？处置之宜，有以服其心与？三自反求而皆无其具，则意者其人之忠贞素笃，超然于群类之中，而可信以无疑邪？乃泚之非其人也明甚矣，托胎于乱贼之中，熏染于悍戾之俗，而狡凶尤甚，假手于李怀瑗，杀朱希彩，而使其弟滔蛊三军以戴己，柔媚藏奸，乘间而窃节镇，既有明验矣，饰忠归顺，遂倚为心膂之大臣，呜呼！何其愚也。

田承嗣、李正已株守一隅，阻兵抗命，虽可负固以予雄，终非良久之谋也。而泚尤岌岌，骤窃幽、燕，众志未戢，而李宝臣有首邱之志，日思攘臂，轻兵入其郛，弗能遏也；于是张逼相代替的情形，这能避免吗？代宗对此已考虑得相当成熟，那么李长源为什么不俯首依从呢？李长源并非无意于当今朝中的事务，这是很明白的。作唐朝的宰相来安定天下，这是他的志向，固然诛逐元载拥戴他来匡正国家。进退之间，怎能不仔细核审，怎能只像冥昏的大飞蛾一样，改变志向隐居山林呢？

分辨邪恶的人，在于分辨这个人就行了。所以说："君子不是仁爱的是有的，还从来没有小人是仁爱的。"

大历末年，河北降贼抗衡已很久了，田承嗣与天子联姻娶公主，当上了首席宰相，数次召他入京却不越魏博节度一步，李正己、李宝臣党徒相叛互相吞并，不再知道还有唐朝的天下存在。卢龙强悍可以依靠，凶狠残暴已成风气，朱泚一受任节度使大权，就派朱滔入京保卫天子，继而又请求朝廷收回节镇归朝，天子病了就坐车入宫安慰天子。代宗对此，虽然不想惊喜得不知所措，以隆重的礼节宽待他，让他列入郭子仪之列，使他做百官之首，也是无法办到的。桀骜不驯的像那些人，抒发忠心的又像他这样，的确是如此。

尽管这样，也要想想他为什么要这样做呢？品德感化他吗？威望能震住他吗？安排的恰当，使他口服心服吗？三方面加以求证都不是这样，怀疑他忠贞素笃，比别人都强，能相信不怀疑吗？朱泚并非这样也是相当明白的，他生长在乱贼之中，受到悍戾残暴的熏陶，狡猾凶残更厉害，他借李怀瑗之手杀了朱希彩，又让他的弟弟朱滔鼓惑三军拥戴自己，柔媚藏奸，乘机窃取了节度使之权，既然已有明验，伪装忠心归顺朝廷，还把他作为倚重的重臣，哎呀！是何等的愚蠢。

田承嗣、李正己镇守一方，阻止官兵违抗帝命，虽然可以以自己的雄厚资本来称雄，但终非良久之策。朱泚更是岌岌可危，一瞬间窃据幽州、燕州，众人气势未平息，李宝臣又有称霸的野心，整天盘算取代他，率轻兵进入其地盘，无法遏制；于是惊慌失措，觉得朝皇四顾，睨朝廷为藏身之窟，使朱滔倚内援以安枕于北平，已乃居不世之功，狎天子大臣而伺其间隙以逞狂图。自强藩割据以来，人所未及谋者，泚窃得之以侥幸。代宗不能知，汾阳不能制，常衮、崔祐甫之褊浅，莫能致诘，而泚果能优游岩廊以观变，亦狡矣哉！代宗崩，汾阳总已，德宗初政，未有衅也，是以迟久而始发。不然，泚岂能郁郁久居此哉？若此者，一望而知之，而唐之君臣固梦梦也，夫岂奸之难辨哉？问泚之何以得帅卢龙，而能不为之寒心乎？非但如安禄山之初起，非有猾逆之易窥者也。

然则如之何？于其入而待之以礼，荣之以秩，而不授以政，使受统于汾阳，而汾阳得以制之，岂徒泚之恶不足以逞乎？河北诸逆知天子之不轻于嚬笑，而意亦消沮矣。得失之机，昏昭之别，判于持重审固者之心，非庸主具臣浪为惊喜者之所能与也。

11.法未足以治天下，而天下分崩离析之际，则非法不足以定之。故孟子言仁天下而归之法，为七国分争十二失守不定之天下而言也。有法不可施之日，而后法亦无能以行，则孔北海欲复王畿千里之制，徒为空言，而身以丧，国终以亡。若其犹可治也，法可施，而恶容不亟建乎？

唐自天宝以后，天下分裂而无纪。至于大历，乱少息而泮散尤甚。虽然，可为之几正在是矣。逆臣之逆横已极矣，唯意所为，而不能以非法之法乱法也；邪臣之邪贪已极矣，唯利是崇，然其乱法者，莫能改法也。故杨绾一相，三月之间，而天廷是他藏身的地方，派朱滔入内作为援兵以安定北平，自己占据不世功劳，亲近天子大臣趁其有利机会以施展自己的阴谋。从藩镇割据以来，人们所来不及谋画的，朱泚侥幸窃取节度使。代宗不能知道，郭子仪又不能制止，常衮、崔祐甫这些浅陋之人，又不能指责，而朱泚果然能闲居朝中以观时局变化，太狡猾了。代宗死，郭子仪总揽一切，德宗初即位，还没有征兆，是时间长了才开始暴发，不是这样，朱泚岂能郁郁寡欢长时间安于此任？像这样，一眼就可以看出来，但唐朝君臣昏昏欲睡，又怎能知道奸邪难以分辨？问朱泚凭什么能统帅卢龙，这能不使人心寒吗？不是像安禄山开始叛乱，不是他的狡猾不轨容易看得见。

然而该怎么办呢？他开始入朝以隆重的礼节宽待他，给以很高的官秩，不授给他以朝政大权，使他受郭子仪统辖，郭子仪就能制住他，怎么只能朱泚的邪恶不足以得逞？河北一带的叛军知道天子不随便开玩笑，那么他们的意图自然就消失受沮丧。得失的关键，明暗的分别，要由行事慎重，思虑审慎稳重的人来决断，不是昏庸的君主和充数的臣子一时惊喜就能办到的。

法令还没有达到足够治理天下，那么天下在分崩离析之际，没有法令不足以安定天下。所以孟子说仁爱天下使天下归顺的法令，说的是七国纷争十二国失守不能安定天下。有法不能施行之时，然而法也不能得以施行，孔融想恢复王畿千里的制度，只是空话而已，自己身死，国家最终也就灭亡。如果还可以治理，法可以施行，为何还容忍不马上建立呢？

唐朝自天宝以后，天下分裂没有纲纪，到了大历年间，叛乱少少平息但割据更严重。虽然这样，可以做的几乎也正是在这个时候。逆臣的逆横已到了极点，唯其意图所为，但不能用非法的法令来扰乱国法；邪臣的邪恶贪污已到了极点。所以杨绾一当上宰相，三个月之下为之震动恪共以从，绾于是得立法之本，而行之有序；绾不死，知其可以定天下矣。河北之逆末也，西川、岭南之乱尤末也，凤翔、泾原、汴宋、河阳之蜂起，犹非本也。三竖乱于前，元载乱于后，朝廷无法，而天下从风。绾清修自饬，立法于身，而增百官之奉以养官廉；罢团练守捉以肃军政；禁诸使之擅召刺史，以孤悖逆之党；定诸州兵数，以散聚众之谋。行之朝廷，可行而行矣；行之内地，可行而行矣。且姑置抗拒之逆藩于不论，使其允行之，十年之后，内宁而外患亦无藉以生，天下将秩秩然，兵有制，吏有守，则据土叛君者，明其为化外之迹，而不敢以中逆貌顺、觊朝廷之宠命，河北梗化之凶竖，不敛手而听命者，未之有也。

夫代宗非果无能为者，一受制于李辅国，而二竖因之，元载乘之，怀情以待，得绾以相而志将伸，绾遽卒，常衮不足以胜任，而代宗又崩矣，唐之不振，良可悼已！然建中之初，天下姑安者，犹绾之馀休也。法先自治以治人，先治近以及远，绾清慎自持，汾阳且为之悚惕，孰敢不服哉？法犹可行，治犹可定，天夺绾而代宗终为寄生之君，过此无可为矣。

间，天下为之震动共同遵守消除非法，杨绾也就得到了立法的根本，施行也就有序；杨绾不死的话，知道他可以安定天下了，河北叛逆已到了末途，川西、岭南叛乱更是到了末途，凤翔、泾原、开封、河阳尽管纷纷起来，但这不是根本。三个宦官叛乱于前，元载又叛乱于后，朝廷没有法令，天下跟着相乱。杨绾清正廉明自守，自身先立法，增加百官的奉禄使其廉洁；罢免团练以端正严肃军政；禁止诸节度使擅自提拔刺史，来孤立那些心怀叵测的人；确定州郡的兵员，以解散聚结众人的计谋。在朝廷施行，能行的就执行；在内地施行，能行的也就施行。暂且置那些抗拒朝廷的藩镇且不说，使其很好推行，十年之后，内地安宁边疆战火也就没有什么可以藉此产生，天下也就非常有秩序，军队有制度，官吏有规则，那些据守一方背叛国君的人，明白他们的所作所为的恶迹，也就不敢内心抗拒表面顺从，觊觎朝廷的命令，河北一带那些奸竖叛臣，不敛手听天子命令的，不会再发生。

代宗不是果真不能做到，先是受制于李辅国，后又受制程元振、鱼朝恩两个宦官，元载又乘机利用，他只有怀情等待，得到杨绾以宰相志向即将伸张，杨绾不幸早死，常衮又不能胜任，代宗又死了，唐朝不振作，实在很悲哀！然而建中初年，天下暂且安宁的，还是杨绾的余威。法令首先要自治才能治人，先治近才能及远。杨绾清慎自持，郭子仪对他也有所畏惧，谁还敢不服呢？法律可以施行，治理国家就能安定，上天夺取杨绾性命而代宗最终成为寄生的天子，超过这些就没有什么作为了。

文/白/对/照

讀通鑑論

二

〔清〕王夫之 著
伊 力 译

团结出版社

卷九——卷十六

卷九

献帝

1.有诡谲鸷悍之才，在下位而速觊非望者，其灭亡必速。故王莽、董卓、李密、朱泚俱不旋踵而殄。又其下者，则为张角、黄巢、方腊之妄，以自歼而已矣。其得大位，虽夺虽僭，而犹可以为数十年人民之君长，传之子孙，无道而后亡，则必其始起也，未尝有窥窃神器之心，而奋志戮力以天下之祸乱为己任；至于功立威震，上无驾驭之主，然后萌不轨之心，以不终其臣节而猎大宝，得天下而不可以一日居，未有或爽者也。

关东之起兵以诛董卓也，自袁绍始。绍之抗卓也，曰：“天下健者，岂惟董公？”其志可知已。及其集山东之兵，声震天下，董卓畏缩而劫帝西迁以避之，使乘其播迁易溃之势，速进而扑之，卓其能稽天讨乎？乃诸州郡之长，连屯于河内、酸枣，踌躇而不进。其巽懦无略者勿论也；袁绍与术，始志锐不可当，而犹然栖迟若此，无他，早怀觊觎之志，内顾卓而外疑群公，且幸汉之亡于卓而己得以逞也。

善于权变而又野心勃勃的人，在地位很低的情况下想迅速登上帝位，他本人一定会很快灭亡。所以像西汉末的王莽、东汉末年的董卓、隋朝末年的李密，唐朝末年的朱泚都是因此转瞬之间灭亡的。又有其次者，像东汉末年的张角、唐朝末年的黄巢、宋朝中期的方腊也狂妄自大，结果也以自己的灭亡而告终。那些坐上皇帝大位的，虽是从别人手中夺来的或割据一方僭称皇帝，但仍然可以当上数十年的皇帝统治百姓，到期把大位传于子孙，不久就会因其子孙的无道而很快灭亡；这些人最初兴起的时候，并没有觊觎皇帝宝座的野心，而往往下决心全心全意以惩治天下的祸乱为己任；到了他们功高而有震主之威时，君主对他们已是无能为力难以驾驭了，这时他们才萌生了不轨之心，终于不能守忠臣之节而篡权夺位，像这样的人虽然暂时夺取了天下，但却不能占据很久，这一点从来都是不错的。

东汉末年，潼关以东地区各路大军起兵攻打董卓，是袁绍倡议开始的。袁绍在抗击董卓时曾说过：“天下强大者，难道只有一个董卓吗？”从这句话中也可以知道其志向。到他把山东（汉代崤山或华山以东地区）地区的各路军队集中在一起的时候，其声名已是威震天下，董卓也很害怕而不敢与之争锋，于是就协迫皇帝迁都到西京，假如当时乘董卓西迁军队易溃之际，山东诸军迅速出击，董卓岂能逃脱天下的惩罚？而当时山东各州郡的长官率领自己的军队安营扎寨在河内（今河南省武陟县一带）、酸枣（今河南省延津县一带），犹豫不决，踌躇不前。对于其中那些性格懦弱无远见卓识者我们暂且不论，就袁绍及其弟袁术而言，最初他们消灭董卓之志锐不可当，而现在之所以将军队驻扎于此，不敢追赶董卓者，没有其他的原因，主要是于斯时也，蹶起以与卓争死生，曹操、孙坚而已。操曰：“董卓未亡之时，一战而天下定。”使一战而天下定，操其能独有天下乎？既败于荥阳，且劝张邈等勿得迟疑不进，失天下望，而邈等不用，操乃还军。当斯时，操固未有擅天下之心可知也。以操为早有擅天下之心者，因后事而归恶焉尔。孙坚之始起，斩许生而功已著，参张温之军事，讨边章而名已立，非不可杰立而称雄也；奋起诛卓，先群帅而进屯阳人，卓惮之而与和亲，乃曰：“不夷汝三族悬示四海，吾死不瞑目。”独以孤军进至雒阳，埽除宗庙，修塞诸陵，不自居功，而还军鲁阳。当斯时也，可不谓皎然于青天白日之下而无惭乎？故天下皆举兵向卓，而能以躯命与卓争生死者，坚而已矣。其次则操而已矣。岂袁绍等之力不逮操与坚哉？操与坚知有讨贼而不知有他，非绍、术挟奸心以养寇，而冀收刺虎持蚌之情者所可匹也。故他日者，三分天下，而操得其一，坚得其一，坚之子孙且后操而亡；坚之正，犹愈于操之速易其心者多矣。

因为他们早就有觊觎皇位的野心，然而他又害怕一方面受董卓的掣肘，另一方面会遭到各州郡长官的反对。而此时，他正希望借董卓之手灭掉汉朝为自己的阴谋得逞扫除障碍。

就在同一时间里，起兵与董卓以争生死者还有曹操和孙坚。曹操曾说："在董卓还没有西逃的时候，和他决一死战消灭掉他，天下就可以安定了。"假如一战而使天下安定的话，曹操后来怎么能够独自拥有天下呢？曹操在荥阳（今河南省荥阳县）被董卓军队打败以后，就劝张邈等人不要犹豫不决迟疑不前，不要让天下人失望，而张邈等人为保全自己的实力，不用曹操的建议，曹操孤掌难鸣，也被迫撤军。从这时曹操言行中可以看出，他确实没有统治天下的野心。人们之所以认为曹操早有专擅天下的野心，是因为后来他做的坏事太多，人们归罪于他早有野心而已。孙坚开始起兵也是默默无闻的，后来他斩掉许生功劳卓著，在作张温的参军事时，以征讨边章而名扬天下，因此他也不是不能算作英雄豪杰。董卓之乱，孙坚率军奋起征讨，比各路军队先率军驻屯阳人（今河南省临汝西）董卓害怕和他交战，就派使者提出和他和亲，孙坚则说："不杀掉你三族悬首示众天下，我死不瞑目。"他率先孤军进入京师洛阳，清扫宗庙，修葺几位先帝的陵墓，尽管如此，他并不居功自傲，还军驻扎在鲁阳（今河南省鲁山县）。这时的孙坚，其忠心是皎然于青天白日之下尽人皆知的。所以说，当天下各州郡长官都率军抗击董卓，而能舍身忘死与董卓争生死者，只有孙坚而已，其次则算得上曹操。难道是袁绍的实力不及曹操和孙坚吗？当时，曹操和孙坚只知道讨贼而没有其他的想法，不是袁绍、袁术兄弟包藏奸心养痈贻患，而希望两虎争斗鱼蚌相争自己得利所能相比的。所以，后来，天下三分，曹操得其一，孙坚得其一，孙坚的子孙又灭亡于曹操子孙之后，这主要因为孙坚忠心耿耿，而曹操的心变得太快的缘故。

故天下非可以一念兴而疾思弋获者也。汉高之入关中，思亡秦而王关中耳，项羽弑义帝，而后有一天下之心。创业之永，天所佑也。董卓死，李、郭乱，袁绍擅河北而忘帝室，袁术窃，刘表僭，献帝莫能驭，而后曹操之篡志生。曹操挟天子，夷袁绍，降刘琮，而后孙权之割据定。是操之攘汉，袁绍贻之；坚之子孙僭号于江南，曹操贻之也。谓操与坚怀代汉之心于起兵诛卓之日，论者已甚之说，岂谅人情、揆天理、知兴废成败之定数者乎？以诡谲之智、鸷悍之勇，乘间抵巇，崛起一朝而即思天位，妄人之尤者尔，而何足以临臣民、贻子孙邪？

孟子曰："五霸，假之也。"假之云者，非己所诚有，假借古人之名义、信以为道之谓，非心不然而故窃其迹也。无其学，无其德，则假矣。名与义生于乍然之心者，固非伪也。王莽之于周公，张角之于老聃，不可谓之假也。当曹操不受骁骑校尉之职，东归合众，进战荥阳，而孙坚起兵长沙，进屯鲁阳，拒卓和亲之日，而坐以窥窃神器之罪，则张角、黄巢、方腊可以创业贻子孙，而安禄山、朱泚、苗傅、刘正彦尤优为之矣。诛非其罪而徒以长奸，深文之害世教，烈矣哉！

所以，并不是说一有得天下念头就可以想很快获得天下的。汉高祖进入关中（古代泛指函谷关以西地区）就是想灭掉秦朝称王关中，项羽在杀义帝的时候，也就有了统一天下的野心。创业的长久，要有上天的保佑。董卓死后，其部将李傕、郭汜内讧，而袁绍此时却专擅河北（指黄河以北地区），忘记还有汉天子的存在，袁术不自量力窃居大位，刘表也僭称尊号，当时献帝对他们也无能为力，在这样的情况下，曹操篡位的野心才萌生的。曹操挟天子以令诸侯，夷灭袁绍，迫使刘琮投降，而后孙权才割据江东。曹操能挟持汉天子，这是袁绍留给他的机会；孙坚的子孙能在江南地区僭称尊号，则是曹操留给他的机会。说曹操和孙坚早在起兵抗击董卓时就已萌生了取代汉朝的野心，有人对此说非常肯定。这些人难道会理解人情、考虑天理、知道兴衰成败都是有一定气数的吗？凭借有权变之智、骁悍之勇，乘皇帝权衰、诸侯争雄之机，一旦其实力强大就野心勃勃，想坐上皇帝的宝座，这是这些无知妄为的人的最大过错，像这样的人怎么能够坐天下统治臣民，怎么能够把天下留给子孙呢？

孟子说："春秋五霸，假借仁义"。所谓假之，就是说并非自己真正拥有，而是说假借古人的名义，确实想替天行道，而不是心不愿这样做，而故摆出样子让人看。没有才学，缺乏道德的，才是假的。名和义油然而生于心者是有的，确非全是假的。王莽把自己比作周公，张角把自己比作老聃的时候，都不能说他们是假的。当曹操拒绝接受董卓授予的骁骑校尉一职，而逃到关东地区集合军队，与董卓相战在荥阳的时候，当孙坚在长沙（今湖南省长沙市）起兵，进住鲁阳，抗击董卓并拒绝和董卓和亲的时候，就说他们是心怀叵测，有觊觎皇帝宝座的野心，那么像张角、黄巢、方腊等人就可以开创基业传及子孙了，而像安禄山、朱泚、苗傅、刘正彦就尤其应该这么做。无罪者得到惩罚只能会助长心存奸心者的气焰，引用教条，苛细周纳，以

2.蔡邕之愚，不亡身而不止。愚而寡所言动者，困穷而止；愚而欲与人家国神人之大，则人怒神恫而必杀其躯。邕之应董卓召而历三台，此何时也？帝后弑，天子废，大臣诛夷，劫帝而迁，宗庙烧，陵寝发，人民骈死于原野，邕乃建议夺孝和以后四帝之庙号，举三代兴革之典礼于国危如线之日，从容而自炫其学术，何其愚也！

而不但愚也。汉之宗社岌岌矣，诸庙之血食将斩矣。夫苟痛其血食之将斩，讳先祖之恶而扬其美，以昭积功累仁之允为元后也，犹恐虚名之无补。乃亟取和帝之凉德不足称宗者而播扬之，是使奸雄得据名以追咎曰：是皆不可以君天下者，而汉亡宜矣。此则人怨神恫，陷大恶而不逭者也。

以情理推之，邕岂但愚而已哉？邕之髡钳而亡命，灵帝使之然也。四帝可宗，则灵帝亦可宗矣。邕盖欲修怨于灵帝，而豫窒其称宗之路，邕于是而无君之心均于董卓，王允诛之，不亦宜乎。董卓曰："为当且尔，刘氏种不足复遗。"邕固曰"刘氏之祖考不足复尊。"其情一也。故曰：邕非但愚也。虽然，神定人罪对孔孟正统思想的危害也真是太大了!

蔡邕的愚蠢就表现在，他人不死就不停止愚蠢的言行。很少付诸行动的愚蠢行为，会因愚蠢者困穷而停止，而涉及到别人、国家、神人的非常愚蠢的行为，就会引起人神共怒从而一定会给愚蠢者带来杀身之祸。蔡邕接受了董卓的征召历任三个部门的长官，而这是什么时候呢？太后被杀，天子被废除，大臣被诛戮，又挟持皇帝西迁长安，汉朝宗庙被烧毁，先帝陵寝被发掘，人民横尸原野，而蔡邕这时却助纣为虐，建议董卓削去汉孝和帝以后四位皇帝的庙号，在汉朝天下岌岌可危的时候还要恢复夏商周的礼制(古礼，庙号以祖和宗称谓，祖有功而宗有德)，对董卓的残忍暴虐视而不见，却自己卖弄所谓学术，这是何等的愚蠢啊!

其愚蠢还不仅仅表现在这一点上。当时，汉朝江山岌岌可危，供奉各位先帝的宗庙已很少人来祭祀。如果对汉朝宗庙已很少人来祭祀表示痛心，也会把先朝皇帝短处隐蔽起来，宣扬他们的优点，以向人们昭示他们功德和仁义是可以算作称职的天子的，尽管仍会觉得这些虚名无补于事。而蔡邕却急于把和帝等先帝德行不足以称宗的消息到处传扬，以致于使那些奸臣们据此而到处宣扬他们的错误说：这都是些不能作君主统治天下的人，汉朝的灭亡也是应该的。蔡邕这样做，引起神人共怒，结果他本人身陷大罪也是在所难免的。

以人情道理来推论，蔡邕难道仅仅是愚蠢而已吗？蔡邕之所以被罢免官职处以刑罚，是因为灵帝的缘故。如果四位皇帝都可以在庙宗中获得“宗”的称号，那么灵帝自然也可获得“宗”的称号。蔡邕大概是怨恨灵帝，而想通过这样一种办法不让灵帝称“宗”。蔡邕这样做，他的无君之心和董卓是一样的，王允杀掉他，不也是应该的吗？董卓说过：“为这一切，也应把刘氏子孙斩草除根。”蔡邕也曾说过：

其可欺、神其可惘乎？则亦愚而已矣。

3.韩馥、袁绍奉刘虞为主，是项羽立怀王心、唐高祖立越王侑之术也；虞秉正而明于计，岂徇之哉？王芬欲立合肥侯而废灵帝，合肥侯愚而曹操拒之，合肥以免。刘虞之贤必不受，操知之矣。故但自伸西向之志，而不待为虞计。于是而知操之视绍，其优劣相去之远也。操非果忠于主者，而名义所在，昭然系天下之从违，固不敢犯也。未有犯天下之公义，而可以屈群雄动众庶者也。

或曰：馥、绍之议，亦恶乎非义哉？《春秋》之法，君弑而为弑君者所立，则正其为篡。梁冀弑质帝而桓立，董卓弑弘农王而献立，献不正乎其为君，则关东诸将欲不奉献为主而立虞，恶乎不可？

曰：执《春秋》之法以议桓帝之不正其始，得矣。帝方以列侯求婚于梁氏，趋国门而承其隙，未尝无觊覦之心焉，则与闻乎弑者同乎贼；使有仗大义以诛冀者，桓帝服罪而废焉，宜也。且顺、桓之际，汉方无事，而不亟于求君也。若献帝之立，年方九岁，何进之难，徒步郊野，汉不可一日而无君，帝自以明了动卓之钦仰，弘农废，扳己以立，未能誓死以固辞，幼而不

“刘氏的祖先不应该再称尊。”他们的说法尽管不同，但所表达的对刘氏的怨恨之情却是一致的。所以说，蔡邕不仅仅是愚蠢。尽管如此，难道神可欺吗，神可以恫吓吗？蔡邕可以说是愚蠢到了极点。

东汉末年，袁绍奉立刘虞为皇帝，这与项羽立楚怀王熊心，唐高祖立越王杨侑的办法没有什么两样。而刘虞其人正直而且明于心计，难道会被他们所利用吗？王芬曾想立合肥侯为皇帝，废掉灵帝，合肥侯很愚蠢想接受这个称号，但遭到了曹操的拒绝，这才使合肥侯保全了一条性命。同时，曹操也知道，像刘虞这样有贤德的人肯定不会接受尊号。所以他就不在刘虞身上打主意，而把自己的主要精力放在向西方延伸势力迎回汉献帝。从这件事中也可以看出：曹操与袁绍相比，要高明得多。曹操并非真实忠于天子，然而献帝有作为天子的名义，而且很明显天下的一切名义还得由献帝决定，天下的人本来也是不敢违犯皇帝的诏令的。没有人能既违反天下的公义，而又可以使群雄屈服，统帅民众的。

有人会说：韩馥、袁绍议定奉刘虞为君主，难道也是不义之举吗？《春秋》中明确规定，君主被臣下所杀而被杀君主者所奉立的人，也算是篡位。梁冀杀掉质帝，而桓帝又被梁冀所立，董卓杀弘农王刘辩而立献帝刘协，按照《春秋》的规定，献帝也不适合作为君主，那么关东地区的各位将领不奉献帝为天子而另立刘虞，怎么不行呢？

我认为，拿《春秋》的规定对照桓帝的所作所为，他是不应该作天子的。桓帝即位之前，正以列侯的身份向梁氏家族求婚，借此而进入京城伺机以动，他是有觊觎皇位的野心的，那么，参与和知道是谁杀了君主，而又不奋起讨贼，其罪过和贼是相同的。若使有仗大义者起兵杀掉梁冀，桓帝服罪而被废黜也是应该的。况且顺帝到桓帝这段时间，汉朝天下无事，而不是急于求立君主。像汉献帝被立为审，无大臣以匡之，而卓之凶焰，且固曰："刘氏种不复留。"则舍己以延一线之祀，是亦义也，而况其在幼冲乎！袁绍迁董卓之怨以怒帝，其为悖逆也明甚。操知之审，而曰："我自西向。"知帝之可以系人心，刘虞虽贤，无能遥起而夺之也。桓帝之诛冀，以嬖宠之怨，而不忌其弑主之逆；董卓之诛，则已正名之为贼矣，以贼讨卓，则弘农之大仇已复，献帝可无惭于践阼矣。视晋景、鲁定而尤正焉，而何容苛责之也。

4.所谓雄桀者，虽怀不测之情，而固可以名义驭也。明主起而驭之，功业立，而其人之大节亦终赖以全。惟贪利乐祸不恤名义者为不可驭之使调良，明主兴，为彭越、卢芳以自罹于诛而已。不然，则乱天下以为人先驱，身殪家亡而国与俱敝。曹操可驭者也，袁绍不可驭者也。

起兵诛卓之时，操与孙坚戮力以与卓争生死，而绍晏坐于河内；孙坚收复雒阳，乘胜以攻卓，在旦晚之间也，而绍若罔闻；关东诸将连屯以偕处，未有衅也，而绍首祸而夺韩馥之冀州；先诸将而内讧者，无赖之公孙瓒也，而绍诱之以首难；

君主的情况就不同了，汉献帝当时年方九岁，何进之难时，曾徒步逃到荒郊野外，此时天下纷乱，国家不可一日无君，献帝靠他的聪明善辩使董卓很钦佩他，这样董卓就废掉了弘农王刘辩，立献帝刘协，献帝没有誓死拒绝，是因为他年幼无知，也没有大臣的辅佐，而且当时董卓气焰嚣张，曾说过："对刘氏家族要斩草除根。"那么，汉献帝苟居皇位延续汉家天下，这也是义举，而何况他当时年龄还小呢？袁绍把对董卓的怨恨迁到献帝身上，很显然他这是悖逆反上。曹操对此事非常明白，因而就说："我自西向。"知道献帝在此时是可以维系人心的，刘虞虽然有贤德，也不能取而代之，桓帝之所以杀掉梁冀，是因为他宠信的人都怨恨梁冀，而不是因为梁冀杀了质帝、董卓被杀以后，就已正其名为贼了，人们诛杀声讨董卓，也算是为弘农王刘辩复仇雪耻了。献帝也没有必要为继承了皇位而感到内疚了。以此来看，晋景公和鲁定公即君主之位就更无可非议了，何必对他们求全责备呢？

能够称得上英雄豪杰的人，虽然怀有不可测度之心，却可以坚持以其名誉和道义来控制自己。如果有英明的君主出现，就会接受统治，这样，其功业可立，而且他本人的大节也最终可以靠此而保全。只有那些贪一时之利，幸灾乐祸而又不爱惜自己名义的人才难以控制自己、使自己往好的方面发展，英明的君主出现以后，他必然就像彭越、卢芳一样不可避免地会被诛杀。不这样，乱天下作为人们的先锋，最后身死家亡封国也随之取消。曹操就是那种可以驾驭自己的人，袁绍则是不能控制自己的人。

关东地区各州郡起兵抗击董卓的时候，曹操和孙坚齐心协力想与董卓决一死战，争个你死我活，而此时袁绍却安坐于河内（今河南省武陟县一带）。孙坚收复洛阳以后，如果追击，很快就可以消灭董卓集团，而这时袁绍却置若罔闻。关东地区各位将领率军驻扎在一然则昔之从臾何进以诛宦官，知进之无能为而欲乘之以逼汉尔，进不死，绍固不容之，而陈留又岂得终有天下乎？鲍信曰："袁绍自生乱，是复有一卓也。"孙坚曰："同举义兵，将救社稷，逆贼垂破而各若此，吾将谁与戮力？"虽有汉高、光武，欲收绍而使效奔走，必不得也。李密之所以终死于叛贼也。

自其后事而观之，则曹操之篡成，罪烈于绍，而操岂绍比哉？诸将方争据地以相噬，操所用力以攻者，黑山白绕也，兖州黄巾也，未尝一矢加于同事之诸侯。其据兖州自称刺史，虽无殊于绍，而得州于黄巾，非得州于刘岱也；击走金尚者，王允之赏罚无经有以召之也；然则献帝而能中兴，操固可以北面受赏，而不获罪于朝廷，而不轨之志戢矣。

绍拥兵河北以与操争天下，而操乃据兖州以成争天下之势。绍导之，操乃应之；绍先之，操乃乘之；微绍之逆，操不先动。虽操之雄桀智计长于绍哉！抑操犹知名义之不可自我而干，而绍不知也。然则虽遇高、光之主，绍亦为彭越、卢芳而终不可驭，身死家灭而徒为人先驱。贪利乐祸，习与性成，起和睦共处，而袁绍却首先发难夺取了韩馥的冀州（今河北省临漳及其周围地区）；首先在诸将领内部搞分裂的人，是奸诈强横的公孙瓒，他之所以首先发难完全是由袁绍的引诱。这且不说，那么以前他奉承怂恿何进诛杀宦官的时候，已知道何进是个无能之辈，只不过想乘机威逼汉室罢了，何进如果不被宦官所杀，袁绍也肯定不会容忍他，那么陈留王刘协又怎么能最终当上皇帝在名义上拥有天下呢？鲍信说过："袁绍自搞混乱，这是又一个董卓。"孙坚也说："各位将领同举义兵以讨董卓，挽救社稷，当逆贼董卓将要击败的时候，而我们内部却首先内讧，我能和谁齐心戮力呢？"虽然是汉高祖刘邦、光武皇帝刘秀在世，想收服袁绍，让他听从指挥，也肯定不行。这也是李密最终死于叛贼的原因。

从此以后的世态发展来看，曹操篡夺了汉朝的政权，他的罪要比袁绍大，而曹操岂是袁绍可以与之相比的呢？当关东各位将领正在为争夺地盘自相残杀的时候，曹操却致力于攻打黑山（今河南省浚县一带）叛贼白绕和兖州（今山东省金乡县一带）黄巾军，从没有与各位将领所率的军队发生过冲突。他占据兖州后自称刺史，虽然表面上与袁绍没有什么区别，但他是从黄巾军手中夺取的兖州而非得刘岱之手。曹操击败金尚以后，王允这时赏罚也没有什么原则想把曹操召到皇帝身边。如果曹操照办的话，那么汉献帝若能中兴汉室，曹操也当然在大臣的位置上受到赏赐，而不会获罪于朝廷，那么，曹操图谋篡权的野心也会有所收敛。

袁绍在河北（东汉指黄河以北地区）地区集聚了庞大的军队想凭此与曹操争夺天下，而曹操也被迫占据兖州与袁绍形成争天下的形势。袁绍倡导，曹操响应，袁绍先行，曹操也紧随。如果没有袁绍的叛逆，曹操是不会先动的。尽管曹操作为雄杰才智的计谋都远优于袁绍。但曹操还知道名誉和道义不可自我求取，而袁绍却不知道这非一朝一夕之故矣。

5.孙坚之因袁术也，犹先主之因公孙瓒也，固未可深责者也。汉高帝尝因项梁矣，唐高祖下李密而推之矣，以项氏世为楚将，而密以蒲山公之后，为天下所矜也。天下之初乱也，人犹重虚名以为所归，故种师道衰老无能为，而金人犹惮之。袁氏四世五公之名，烜赫宇内，孙坚崛起，不能不藉焉。彼公孙瓒之区区，徒拥众枭张耳，昭烈且为之下，而况术乎？

夫坚岂有术于心中者哉？贼未讨，功未成，以长沙疏远之守，为客将于中原，始繇术以立大勋，而速背之，则术必怀恚毒以挠坚之为；进与卓为敌，而退受术之掣，刘虞怀忠义而死于公孙瓒，职此繇也。使坚不死，得自达于长安，肯从术以逆终而为乱贼之爪牙乎？刘表之收荆州也，卓之命也，众皆讨卓而表不从，表有可讨之罪焉；因袁术之隙而为之讨表，实自讨也。若坚者，虽不保其终之戴汉，而固未有瑕也，与术比而姑从之，恶足以病坚哉！

一点。因此，尽管遇到像汉高祖刘邦、光武帝刘秀这样的英明君主，袁绍也会像彭越、卢芳那样最终难以控制，结果必然是身死家灭而白白为人先锋。袁绍这种贪图利益幸灾惹祸的缺点，并非一朝一夕之间形成的，而是习久成性。

孙坚投靠袁术，就像先主刘备投靠公孙瓒一样，对此我们不能不加分析就痛加责备。汉高祖刘邦也曾投靠项梁，唐高祖李渊也曾卑身推崇李密，之所以如此是因为项氏世世代代都是楚将，而李密是蒲山公的后代，他们都是天下所钦佩的人，天下动乱的初期，人们还比较重视虚名纷纷归属有虚名的人，所以钟师道尽管年龄很大体弱无力，金人却仍然很害怕他。袁氏家族四代人中出了五位身居三公之职的人，其名声天下尽知，孙坚没有什么根基，所以起兵之初，不能不依靠他人。至于公孙瓒这样微不足道的人，只因其势力强大，刘备还暂且居于其下，更何况孙坚对于袁术呢？

孙坚难道把袁术放在心上吗？孙兵起兵的时候，没有讨伐过叛贼，没有立过大功，仅以边远之地的长沙（今湖南省长沙市）太守，在中原地区又是客地作战，他是因为袁术才有了机会才立了大功，如果很快地背叛了袁术，那么袁术肯定会伺机报复，阻挠孙坚所做的一切。因此，孙坚进退两难，进必然与董卓为敌，退而受袁术的掣肘，刘虞心怀忠诚道义却死于公孙瓒之手，也正是因为此。假使孙坚没有过早死去，可以直捣长安（今陕西省西安市）的话，难道他会听从袁术的叛逆行为，最终成为叛贼袁术的爪牙吗？刘表攻占荆州（今湖南省常德市一带），是受董卓之命，关东诸将皆派兵征讨董卓，只有刘表不从，因此，刘表也有可以征讨的罪状。趁袁术与刘表关系不好的情况下，孙坚表面上是为袁术而征讨刘表，实际上他想脱离袁术自愿去征讨的。像孙坚这样的人，虽然不能保证其一生都拥戴汉室，而他有生之年毕竟没有什么过错，与袁术结合在一起而且暂听

6.管宁在辽东，专讲诗书、习俎豆，非学者勿见，或以宁为全身之善术，岂知宁者哉？王烈为商贾以自秽，而逃公孙度长史之辟命，斯则全身之术，而宁不为也。天下不可一日废者，道也；天下废之，而存之者在我。故君子一日不可废者，学也；舜、禹不以三苗为忧，而急于传精一；周公不以商、奄为忧，而慎于践笾豆。见之功业者，虽广而短；存之人心风俗者，虽狭而长。一日行之习之，而天地之心，昭垂于一日；一人闻之信之，而人禽之辨，立达于一人。其用之也隐，而抟捥清刚粹美之气于两间，阴以为功于造化。君子自竭其才以尽人道之极致者，唯此为务焉。有明王起，而因之敷其大用。即其不然，而天下分崩、人心晦否之日，独握天枢以争剥复，功亦大矣。

繇此言之，则汉末三国之天下，非刘、孙、曹氏之所能持，亦非荀悦、诸葛孔明之所能持，而宁持之也。宁之自命大矣，岂仅以此为祸福所不及而利用乎？邴原持清议，而宁戒之曰："潜龙以不见成德。"不见而德成，有密用也；区区当世之得失，其所矜而不忍责、略而不足论者也。白日之耀，非镫烛从袁术的指挥，怎么能够伤害孙坚的大节呢？

东汉末年，管宁住在辽东，（今辽宁省襄平县一带），专门讲授诗书、反复教习祭祀之礼，不是求学的人他一概不见，有人认为这是管宁苟全性命于乱世的良方，这样说的人怎么能了解管宁呢？王烈曾经作过商人，因此自惭形秽，逃避了公孙度的长史的辟除，这才是保全性命的办法，而管宁的所作所为绝对不是为此。天下不可一日废除的东西就是道，天下的道德规范废掉了，而能将它保存下来的就是管宁。所以，君子一日不能不作的事就是学习。舜、禹对三苗（我国古代的部族）并不感到担心，却急于向部民传授精粹纯一的道理；周公并不担心商（建都于今河南安阳小屯的商国）和奄国（建立在今山东曲阜奄里的古国）后裔的反叛，而对于祭祀之礼却非常慎重。一个人建立了巨功伟业，虽然其影响是巨大的，而时间却是短暂的；如果一人创立的道德规范，存于人心风俗之中，虽然不会是广泛的，但其影响却是深远的。只要人们实践学习的这种道德规范，天地公正之心就会存在人间一天；只要有一个人听到他相信他，就会在一个人身上分辨出人性和兽性来。他的推广应用没有大张旗鼓地声张，却在天地之间塑造出清刚粹美之气，悄无声息地为人类社会创建了大功。君子竭尽才智能为人类社会作出最大的贡献，就是创建出合乎时代要求的道德规范。如果有英明的君主出世，就可以依靠它，使它发挥更大的作用。即使不能这样，就是在天下分崩离析，人心涣散的时候，英明的君主独自掌握着权柄以争取天下，也肯定会立下较大的功业。

从此而言，那么东汉末年和三国的天下，不是刘备、孙权、曹操所能控制的，也不是荀悦、诸葛亮所能够控制的，而是由管宁这样的人控制着。管宁把自己的责任看得很重大，难道仅仅是因为涉及不到自己的祸福而采用的办法吗？邴原经常参与一些不切实际的议论，管宁曾告诫他说：“潜伏着的龙虽然人们见不到却能成其德。”人们见之光也。宁诚潜而有龙德矣，岂仅曰全身而已乎？

7.王允诛董卓，而无以处关东诸将，虽微李傕、郭汜，汉其能存乎？首谋诛卓者袁绍，是固有异志焉，而不可任者也。曹操独进荥阳，虽败而志可旌；孙坚首破卓而复东都，粪除宗庙，修治陵园，虽死而其子策可用也；急召而录其功以相辅于内，傕、泛失主而气夺，安敢侧目以视允乎？区区一宋翼、王弘，傕、泛且惮之，而不敢加害于允，而况操与策也。允之倚翼与弘，皆其所私者也，操与策非其所能用者也，而又以骄气乘之，不亡何待焉！

或曰：操非可倚以安者，允而召操，则与何进之召卓也何以异？此又非也。进不能诛宦官而倚卓，进客而卓主矣。允之诛卓，无假于操，而威大振；操虽奸，赏之以功，旌之以能，绥之以德，束之以法，操且熟计天下而思自处。故王芬之谋，刘虞之议，必规避之，而不敢以身为逆。当此之时，众未盛，威未张，允以谈笑灭贼之功临其上而驾御之，操抑岂敢蹈卓之不到却能成其德，是因为他们不显山不露水深入实际。至于当世的得与失，人们对夸耀和非议，都是区区小事，是可以省去而不足谈论的事。太阳的耀眼之光不是灯烛的昏暗可以与之相比的。管宁确实是潜伏着的有龙德的人，难道他居于辽东讲书为生仅仅是为了全身保命之计吗？

王允设计诛杀董卓以后，没有处理好与关东地区起兵征讨董卓的诸将的关系，即使没有李傕、郭汜的反叛，汉室难道就可以保存下去吗？最先谋划征讨董卓的人是袁绍，袁绍本来就有其个人野心，是不能委以重任的。在征讨董卓时，曹操独自率军进攻敌军占领的荥阳（今河南省荥阳县），虽然失败了，但其志节是可以表彰的。孙坚在战斗首次战胜董卓的军队，收复了东都洛阳，之后又清扫宗庙的杂乱物，修治被破坏的陵园，尽管不久他就被刘表的部将射死，但他的儿子孙策还是可以重用的。假如王允很快地把曹操、孙策征召到朝廷，论功行赏，委以重任，让他们辅佐朝廷，那么李傕、郭汜因他们的主子董卓被杀而锐气已丧，在这样的情况下，他们还怎么敢对王允侧目而视呢？像宋翼、王弘这样微不足道的人物，李傕、郭汜尚且害怕他们，从而不敢加害王允，更何况是有雄才大略的曹操、孙策在其身边呢？然而，王允依靠宋翼和王弘，完全是出于私心，曹操和孙策也最终不能被他所重用，而且王允自恃有功盛气凌人不可一世，他怎么会不被别人所杀呢？

有人会说：曹操也并不是那种依靠他，天下就可以安定的人，王允假如征召曹操，那么与何进征召董卓进京又有什么不同呢？这话说的是不对的。何进无能，不能诛杀宦官，而征召董卓进京，想依靠董卓借刀杀人，这样，何进就很被动，而董卓掌握着主动权。而王允杀掉董卓，并非借曹操之手，而完全是靠自己的计谋，因此声威大振。曹操虽然狡猾，只有对他论功行赏，表彰他的志节才干，用道德的手段覆轨乎？策方少，英锐之气，诱掖之以建忠勋也尤易，而奚患召之为后害哉？允非其人也，智尽于密谋，而量不足以包英雄而驯扰之，加以骄逸，而忘无穷之隐祸，其周章失纪而死于逆臣，不能免矣。

东召孙、曹而西属凉州之兵于皇甫嵩，则二袁、刘表、公孙瓒不足以逞；二袁、刘表、公孙瓒不逞，而曹操亦无藉以启跋扈之心。天下可定也，况李傕、郭汜之区区者乎？

8.马日磾、赵岐之和解关东也谁遣之？于时李傕、郭汜引兵向阙，种拂战死，天子步出宣平门，王允、宋翼、王弘骈死阙下，宫门之外皆仇敌也，而暇念及于袁、刘、公孙不辑于千里之外邪？故知非献帝遣之，傕、汜遣之也。关东诸将之起，以诛卓起。傕、汜，卓之部曲也，其引兵犯阙，以报卓之仇为辞，吕布东走，而傕、汜安能不忧诛卓之师浸加于己哉？欲求款于关东而恐其见拒，则姑以天子之诏为和解之迂说，亦其虽为卓报仇，而于关东则均为王臣，无异志也，此不款和而妙安抚他，用法律来约束他，以曹操的狡猾，他是会对天下的情况深思熟悉，而使自己处于适当的位置。曹操对待王芬立合肥侯，袁绍立刘虞的态度就足以说明这一点。他对待这两件事都是采取回避拒绝的态度，这就说明他不敢使自己置身于叛逆的境地。当时，关东诸将之势不盛，也无任何威风可言，假如王允以自己谈笑之间灭掉董卓的巨大功劳，在诸将之上，控制他们，像曹操这样的人，难道还敢重蹈董卓的覆辙吗？当时，孙策还很年轻，若能引导他鼓励他忠于朝廷建功立业就更容易了，为什么要担心把他征召来后会遗患无穷呢？王允不是这样的人，他的才智在他密谋诛杀董卓的时候已经用完了，他的度量也不能延揽天下的英雄而控制他们，再加上他狂妄自大，不可一世，而不知道自己身边有很多隐患，最后他调度不当而死于叛臣之手，这也是不可避免的。

如果王允当时能在东方征召孙坚、曹操，而在西方把凉州（今甘肃张家川回族自治县一带）的军队交给皇甫嵩掌握，那么袁绍、袁术、刘表、公孙瓒就不敢放肆，袁绍、袁术、刘表、公孙瓒的行为也会有所收敛，那么曹操也就不会产生骄横跋扈的野心。这样天下就可以安定，何况李傕、郭汜都是微不足道的人物呢？

马日磾、赵岐到关东（指函谷关以东）地区和解各位将领之间的关系，他们是受谁的派遣呢？当时，李傕、郭汜正率兵攻打宫阙，种拂已经战死；献帝被迫徒步从宣平门逃出，王允、宋翼、王弘都死于宫阙之前，宫门之外都是仇敌，汉献帝哪里有时间想到与远在千里之外的袁绍、刘表、公孙瓒关系不和呢？故此可知，马日磾、赵岐并非献帝所派，而是由李傕、郭汜派遣的。关东诸将起兵的原因，是为征讨董卓。李傕、郭汜是董卓的部曲，他们率兵进攻宫阙是打着为董卓报仇的旗号，吕布当时已逃到东方，而李傕、郭汜怎么不担心征讨董卓的关东诸军会把矛头指向他们呢？想和关东诸军求和又怕被为款和者也。刘表则自刺史而牧矣，曹操上书而优而使之归矣，征朱儁为太仆矣，皆傕、汜以求免于关东之善术也。呜呼！日磾、岐为汉之大臣，而受贼之羁络以听其颐指，其顽鄙而不知耻，亦至是哉！

夫与贼同立于朝，所难者不能自拔耳。二子者，幸而得衔命以出，是温峤假手以图王敦之机会也。绍、术、瓒、表虽怀异志，而朱儁、曹操、刘虞、孙策，夫岂不可激厉入援以解天子之困厄？而命之曰和解，则以和解毕事，曾不知有问及中朝者，二子将何辞以答也？故遣日磾、岐者，傕、汜也；奔走于诸将之间，靦颜以嚅嗫者，为傕、汜效也；为天下贱，不亦宜乎！

9.曹操父见杀而兴兵报之，是也；坑杀男女数十万人于泗水，遍屠城邑，则惨毒不仁，恶滔天矣。虽然，陶谦实有以致之也。谦别将掩袭曹嵩而杀之，谦可谢过曰不知，然使执杀嵩者归之于操，使脔割而甘心焉，则操亦无名以逞。乃视嵩之死，若猎人之射麇麚，分食其肉而不问所从来，亦何以已暴人之怒哉？

诸将领拒绝，于是就声称是奉天子之诏来为双方和解的，大意无非是说他们虽然是为董卓报仇，而他们和关东诸将都是王臣，他们也没有什么野心，这名义上不是和解而实际上则是巧妙地和解双方的关系。刘表从刺史为州牧，曹操上书声称父亲去世，皇帝就批准他回家守丧，又征召朱俊为太仆，而这些都是李傕、郭汜想与关东诸军和解想出的办法。唉！马日磾、赵岐身为汉天子的大臣，却投靠叛贼，听其指挥，他们恬不知耻，以至到了这样的地步！

作为正直的大臣之所以还与叛逆之臣同朝称臣，是因为没有别的办法脱身。马日磾、赵岐侥幸可以奉命逃出，这与温峤趁脱身之机联合诸将图谋王敦一样，也是图谋李傕、郭汜的好机会。在关东的诸将领中，袁绍、袁术、公孙瓒、刘表虽然有野心，但朱儁、曹操、刘虞、孙策等人在当时还是忠于汉室，难道不能激励他们入援长安，把天子从困窘之中解救出来吗？而马日磾、赵岐二人却没有这样做，他们既是被派来调解双方的关系的，就是以调解作为自己的使命，不知道假如有人问及朝廷的情况，他们两人将怎样来回答？所以说，派遣马日磾、赵岐的人，是李傕、郭汜。马日磾、赵岐恬不知耻地奔走于诸将之间进行调解，是为李傕、郭汜效力的。他们两人被天下瞧不起，不也是应该的吗？

曹操因其父曹嵩被陶谦部将所杀而起兵报仇这是对的。但把徐州（今山东省郯城一带）百姓数十万人杀死后抛尸于泗水（河名，流经山东中部）之中，所到城邑对手无寸铁的百姓格杀勿论，则反映他凶狠残暴、歹毒不仁，可谓是罪恶滔天。尽管如此，陶谦也有不可推卸的责任，可以说，这场大祸完全是陶谦招致而来的。陶谦的部将贪人财物袭杀了曹嵩一行人，假如陶谦向曹操谢罪说不知此事，然后抓捕袭杀曹嵩的部将，将他们送给曹操，杀刮存留任其所便，那么曹操也就没有充分的理由放纵逞强、肆无忌惮地屠杀。而陶谦对待曹且操之击谦也，以报私仇，而未尝无可托之公义也。李傕、郭汜称兵向阙，杀大臣，胁天子，人得而诛者也。谦首唱诛逆之谋，奉朱儁以伐逆而戴主，傕、汜以太仆饵儁，以牧饵谦，其力弱而畏我也可见矣。知其弱，惧其饵，儁虽志义不终，而谦自可奋兴以致讨；乃听王朗之谋，邀宠于贼臣，而受州牧之命，则欲辞党逆之诛而无所逭；操执此以告天下，而天下孰为谦援者乎？盖谦之为谦也，贪利赖宠，规眉睫而迷祸福者也。然则曹嵩之辎重，谦固垂涎而假手于别将耳。吮锋端之蜜，祸及生灵者数十万人，贪人之毒，可畏也夫！

10.国家积败亡之道以底于乱，狡焉怀不轨之志，思猎得之者众矣，而尚有所忌也。天子不成乎其为君，大臣不成乎其为相，授天下以必不可支之形，而后不轨者公然轧夺而无所忌。

关东起兵以诛卓，而无效死以卫社稷之心，然固未敢逞其攘夺也。至于卓既伏诛，王允有专功之心，而不与关东共功名，可收以为用者勿能用，可制之不为贼者弗能制，而关东嵩的死，就像是猎人捕杀一只麋鹿一样，分得一点肉吃也不问问肉是何处而来，这样怎么能不让人愤怒呢？

况且，曹操进攻陶谦，完全是报私仇，但他并不是不能假托为公正和道义。李傕、郭汜率兵进攻宫阙，诛杀大臣，胁迫天子，都可以诛杀这样叛贼。陶谦首先倡导诸将起兵讨伐李傕、郭汜等叛逆之贼，并且还推举朱儁为首领军计伐叛贼、拥戴汉天子，李傕、郭汜获此事后，就以太仆一职为诱饵来拉扰朱儁，又以徐州牧一职为诱饵拉扰陶谦，由此可见，李傕、郭汜之所以这样做，是因为他们的力量太弱害怕诸将起兵征讨。知道叛贼力量之弱，又经不住高官厚禄的诱惑，朱儁晚节不保，败下阵来，而陶谦作为倡导者，他本人应该奋起率兵征讨叛贼。遗憾的是，他却听了王朗的建议，派人专门到长安向贼邀宠，而且接受了州牧一职，那么，陶谦就不能逃脱作为贼党中的一员被征讨诛杀的下场。如果曹操以此宣告天下，天下人中还有谁敢支援陶谦呢？陶谦之所以为陶谦，大概是因为贪图小利，巩固保持权位邀取宠幸，只看到眼前的祸福而看不到长远的利害。这样看来，那么曹嵩的资财，肯定是陶谦早已垂涎三尺而假手于部将抢掠罢了。自己吮食刀刃上的蜂蜜，却给数十万的老百姓带来大祸，贪官的毒害也是很可怕的呀！

国家因积弊太深而发生大的动乱，狡猾凶暴在动乱中都野心勃勃，想争得皇帝宝座的人太多了，但在争夺的过程中还是有所顾忌的。到了天子不成天子的样子，大臣不成大臣的样子，以致使天下形势到了难以维持的程度，那么，那些心存不轨者就会公然相互倾轧而无所顾忌。

关东（指函谷关以东地区）诸将起兵的目的是为了征讨董卓，尽管他们都没有以死来卫护社稷之心，但他们也不敢逞强相互争权夺利。到了董卓被王允设计所杀，王允有心独揽诛杀董卓、挽救在社之心解矣。允以无辅而亡，李傕、郭汜以无惮而讧，允死，而天下之心遂为之裂尽。李、郭杀大臣，胁人主，关东疾视而不问，马日磾、赵岐之庸鄙，受二凶之意旨以和解行，而实为逆贼结连衡之好，然后关东始坚信汉之必亡。于是而曹操上书之情，非复荥阳之志矣。孙坚即不死，而不保其终，策以孤立之少年，走刘繇，逐王朗，杀许贡，跳踯于江东矣。张邈、陶谦、吕布、刘备互相攻而不戢矣。二袁之思移汉鼎以归己，又显著其迹矣。环视一献帝而置之若存若亡之间，以无难紾其臂而夺之。呜呼！迟之十馀年，而分崩之势始成。天下何尝亡汉，而汉自亡，尚孰与怜之，而兴下泉苞稂之思者乎？

王允非定乱之人也，马日磾、赵岐，则手授天下于群雄者也，汉之终亡，终于此也。

11.乱天下者，托于名以逞其志；故君子立诚以居正，而不竞以名，则托于名者之伪露以败，而君子伸。乱天下者，并其名而去之不忌，则能顾名以立事者，虽非其诚而志欲伸，无可为名者，莫能胜也。管、蔡内挟孺子、外挟武庚以为名，非无名也，自不可敌周公之诚也。项羽立义帝而弑之，并其名而去之稷的大功，不愿意与关东诸将共享功名，因此对于可以招来加以重用的人不能重用，对可以制止为叛逆的人而不能制止，这样，关东诸将人心涣散。王允因没有好的助手而被杀，李傕、郭汜因无所忌惮而发生内讧，王允死后，天下人拥戴汉室之心也就随之土崩瓦解。李傕、郭汜诛杀大臣，胁持天子，关东诸将虽然很痛心地看到，但谁也不过问，马日磾、赵岐这两个奸佞小人，受李傕、郭汜两个叛贼之命名为和解关东诸将与李傕、郭汜的关系，实际上是为叛逆之贼之间结连衡之好，这样以来，关东诸将才开始坚信汉朝一定会灭亡。于是，曹操在他的上书中已经看不到往日在荥阳（今河南省荥阳县）与董卓军队作战时的雄心壮志。孙坚即使不死，也难保他能守节尽忠汉室，其子孙策虽是一个孤立无援的年轻人，他率军赶走刘繇，驱逐王朗，诛杀许贡，控制了江东（今芜湖、南京一带的长江以南地区）地区。张邈、陶谦、刘备、吕布等为了争夺地盘相互之间征战不休，袁术想取汉室而代之的野心，也充分地暴露出来。纵观献帝的一生，虽然贵为天子，却一直处于若存若亡之间，就差有人把他从皇帝的宝座上拉下来了。唉！十年以后，天下分裂鼎立之势才开始形成。天下何尝要灭亡汉室，而汉室自寻灭亡，事态已经发展到这种地步，还有谁可怜，还有谁会想到它往日的恩德呢？

王允不是能够平定天下动乱的人，马日磾、赵岐则亲手把天下交给各位将领，让他们去撕杀争夺，汉室的彻底灭亡，也就灭亡在这个时候。

祸乱天下的人，总要假托一个虚名来放纵野心。所以，君子立身处世以诚为本；而不争虚名，那么，假托虚名的人就会露出其伪装后的本质，而后君子可以伸其志。祸乱天下的人，废掉别人，兼有别人的名义而无所顾忌，那么能顾及到别人的名义而立身处世的人，尽管不是出于诚心，但又为了实现其雄心不图虚名的人，没有不取矣；汉高为帝发丧，名而已矣，而天下戴之以诛羽之不义。使义帝而存，汉高之能终事之也，吾不敢信，然而以讨项羽则有馀。故胡氏曰：“与其名存而实亡，愈于名实之俱亡。”此三代以下之天下，名为之维持也大矣。

袁绍不用沮授之策，听淳于琼而不迎天子于危困之中，授曰：“必有先之者。”而曹操果听荀彧迎帝以制诸侯。夫无君之心，操非殊于绍也，而名在操，故操可以制绍，而绍不能胜操；操之胜也，名而已矣。

虽然，名未易言也。名而可以徒假与，则绍亦何惮而不假？淳于琼曰：“今迎天子，动则表闻，从之则权轻，违之则拒命。”故曹操迁许以后，外而袁绍耻太尉之命，内而孔融陈王畿之制，董承、刘备、伏完、金祎交起而思诛夷之；入见殿中，汗流浃背，以几幸于免；与绍之恣睢河北唯意欲为而莫制者，难易之势，相悬绝也。苟不恤其名，而唯利是图，则淳于琼之言，安知其不长于荀彧哉？假令衣带诏行，曹操授首于董承、伏完、金祎之手，则授、彧之谋，岂不适为琼笑？而非然也，出天子于棘篱饥困之中，犹得奉宗庙者二十馀年，不但以折群雄之僭，即忠义之士，怀愤欲起，而人情之去就，尚且疑且信得最后胜利的。西周初年，管叔、蔡叔内则假托成王的名义，外则假托武庚的名义，正因为他们只图虚名，所以自然比不上周公的忠诚。楚汉之际，项羽奉立义帝楚怀王却又杀掉他，把义帝并于已有，汉高祖刘邦为义帝发丧，也是个名义而已，全天下人拥戴他以征讨不讲道义的项羽。如果义帝仍然存在的话，汉高祖能最终听从于他的指挥，我不敢相信这一点，然而，汉高祖借此名义征讨项羽则绰绰有余。所以，胡三省说："与其名存实亡，还不如名实俱亡。"这就是夏、商、周三代以后的天下，虚名还维持着的重要原因。

袁绍不采纳沮授的建议，而听从淳于琼之言，不接迎处于危难困苦之中的汉献帝。沮授说："一定会有人抢在我们前面迎接汉献帝。"果然，曹操听从了荀彧的建议，把汉献帝迎接到许昌，并借汉献帝之名来控制诸侯。根本不把汉献帝放在心中这一点上，曹操与袁绍并没有什么不同，但迎接天子之名在于曹操，所以曹操可以借此控制袁绍，而袁绍因此不能战胜曹操，曹操之所以能够取胜，就是因为他有迎接天子、忠诚天子之名。

尽管如此，名也并非轻而易举获得的。名既然可以白白地假托，那么袁绍为什么害怕而又不敢假借呢？对此，淳于琼说得很明白："现在假若把天子迎来，一举一动都要上奏，让皇帝知道，听从天子的命令我们的权就轻，违抗了就又得一个抗拒天子命令之名。"所以，曹操在迎接天子迁都许昌（今河南省许昌市）以后，在外，袁绍耻于接受委任他的太尉一职，伺机进攻；在内，孔融想通过建王畿制度来限制他；董承、刘备、伏完、金祎此伏彼起都想诛杀他。曹操进入殿中晋见献帝时，总是紧张得汗流浃背，几次都幸免于难。曹操所处的环境，与袁绍在河北恣意妄为没有人能制止他相比，有天渊之别。假如曹操不在乎虚名，而只是唯利是图，那么淳于琼所说的话，怎么知道他不比荀彧的建议更好呢？假使献帝诛曹操的衣带诏而不决于从也。琼之情唯利是图，受天下之恶名而不恤，绍是之从，欲不亡也，得乎？

名与利，相违者也；实与名，未相违而始相合也。举世骛于名，而忠孝之诚薄；举世趋于利以舍名，而君臣父子之秩敍，遂永绝于人心。故名者，延夫人未绝之秉彝于三代之下者也。夫子于卫辄父子之际，他务未遑，而必先正名，盖有不得已焉耳。

12.刘先主之刺豫州，因陶谦也；其兼领徐州，亦因陶谦也。二袁、曹操，皆受命于灵帝之末，吕布、刘表，亦拜爵王廷而出者，唯先主未受命也，而不得不因人以兴。始因公孙瓒，继因陶谦，周旋于两不足有为者之左右，而名不登于天府，是以屡出而屡败。孔北海知之已夙，而何为不飏于王廷？北海之疏也。败于吕布而归许，然后受命而作牧，望乃著于天下。以义揆之，则受陶谦之命兼领二州，其始不正，故终不足以动天下而兴汉，亦始谋之不臧哉！

施行，董承、伏完、金讳杀掉了曹操，那么沮授、荀彧的计谋，岂不正好被淳于琼耻笑吗？而事实并非这样，曹操把天子从危困饥饿之中救出，还使他居天子的地位，奉宗庙二十余年，不仅使群雄的僭越成为不可能，即使是一些心怀忠义之士，想起来征讨曹操，但人情的去就都处在半信半疑、犹豫不决，不知道听从谁的境地。淳于琼考虑问题唯利是图，受天下之恶名而又不在乎，而袁绍听从了他的建议，想不被消灭，能行吗？

名和利，是相互排斥的，名和实，最终是相互排斥的，而开始的时候是结合在一起的。举世之人都去追逐名，那么忠孝之心就越来越不被人看中；举世之人都舍弃名而去追逐利，那么君臣父子的纲常伦理，就会永绝于人心，名是延续了夏、商、周以后人们尚未弃绝的对天道的执守。孔夫子在卫辄父子之际，其他的事情还没有抽出时间做，就一定先要正名，大概也是不得已才这样做的。

先主刘备作豫州（今安徽省亳县一带）刺史，是依靠陶谦得到的；他兼领徐州（今山东省郯城一带）刺史，也是依靠陶谦得来的。袁绍、袁术、曹操的职务，都是灵帝末年由朝廷委任的；吕布、刘表的官职也是由朝廷授予之后，他们外出朝廷任地方官职的。只有先主刘备没有经朝廷的任命，因此也不得不依靠别人才能兴起。开始的时候，他投靠公孙瓒，接着又投靠陶谦，在这两个无所作为的人身边长期周旋，而他的名字朝廷根本不知道，所以，他屡次想出人头地都遭到惨败。北海（今山东省昌乐西）相孔融早就对他非常了解，为什么不把他推荐给朝廷呢？这是因为刘备与孔融关系已经疏远了。刘备被吕布打败之后，才归顺许（今河南省许昌市），然后，受朝廷的委任作豫州牧，威望才为天下共知。从道义上来考察刘备，那么他受陶谦的委任而兼领两州刺史，他的开始不能称为合适，所以，最终他不足以震动天下，兴复汉室，也是他开始的时候没有谋计好！

及其为左将军，受诏诛操而出奔，乃北奔于袁绍，托非其人矣，而非过也。何也？既已受命诛操，则许都之命制自操者，义不得而受也。结孙权而分荆，夺刘璋以收益，可以不受命矣；可不受命而制自己，故虽不足以兴汉，而终奄有益州，以成鼎足之形。

使其于陶谦授徐之日，早归命宗邦，诛傕、汜以安献帝，绍与操其孰能御之？而计不及此，孔北海亦莫之赞焉，徒与袁术、吕布一彼一此，争衡于徐、豫之间，惜哉！

13.张巡守睢阳，食尽而食人，为天子守以抗逆贼，卒全江、淮千里之命，君子犹或非之。臧洪怨袁绍之不救张超，困守孤城，杀爱妾以食将士，陷其民男女相枕而死者七八千人，何为者哉？张邈兄弟党吕布以夺曹操之兖州，于其时，天子方蒙尘而寄命于贼手，超无能恤，彼其于袁、曹均耳。洪以私恩为一曲之义，奋不顾身，而一郡之生齿为之并命，殆所谓任侠者与！于义未也，而食人之罪不可逭矣。

到他被任命为左将军时，又受献帝衣带诏被曹操发觉，被迫出走，于是就往北投奔袁绍，可以说这也是他把自己托付给一个靠不住的人，但这并不是他的过错。为什么呢？刘备既然已经受献帝之命征讨曹操，那么，来自许都由曹操颁布的命令，按道理来讲，刘备是不能接受的。他联合孙权而暂借荆州容身，夺取刘璋的权力而占有益州（今四川省成都市一带），这样他就可以不受曹操的摆布，而自己处理所遇到的一切问题。所以，尽管刘备不足以复兴汉室，却仍然可以占有益州，与曹操、孙权形成三足鼎立之势。

假如刘备在接受陶谦的委任兼任徐州刺史的时候，早点归命朝廷，认领宗籍，率军诛杀李傕、郭汜，安下献帝的地位，那么，袁绍和曹操两人谁能控制住他呢？然而，事实是，刘备当初没有想到这一点，北海相孔融也没有帮助他，他就白与袁术、吕布在徐州、豫州之间争斗了两年，浪费掉这两年时间，真是太可惜了！

唐朝人张巡起兵抵抗安禄山叛军，与太守许远共守睢阳（今河南省商丘县南一带），粮食吃尽就以人为食，为唐天子守城抗击叛贼，最后，虽然保住了江淮地区的百姓免遭叛贼的蹂躏，但因其在城内以人为食，仍然遭到不少君子的非议。臧洪对袁绍不援救被曹操围困的张超，至使城池被攻破，张超及其人全部被曹操杀害非常怨恨，于是就起兵反抗袁绍，袁绍派大军围困臧洪据守的东郡（今河南省濮阳市），臧洪困守孤城，无人救援，粮食吃尽，就杀掉爱妾让将士们吃，最后城被袁绍攻破，城中百姓将士相枕而死者有七八千人，为什么要这样做呢？张邈兄弟联合吕布想夺取曹操的兖州（今山东省金乡县一带），当时，汉天子遭难，落于叛贼的手中，张超不能体恤天子，却为私利而争斗，他与袁绍、曹操都是一样的人。臧洪为报答张超对自己的知遇之恩，奋不顾身，而且一城的将士百姓都因此而毙命，大概这就是人们通常所说的负气仗义吧！从道义讲，他的行为天下至不仁之事，其始为之者，未必不托于义以生其安忍之心。洪为之，巡效之而保其忠，于是而朱粲之徒相因以起。浸及末世，凶岁之顽民，至父子、兄弟、夫妻相噬而心不戚，而人之视蛇蛙也无以异，又何有于君臣之分义哉？

若巡者，知不可守，自刎以徇城可也。若洪，则姑降绍焉，而未至丧其大节；愤兴而憯毒，至不仁而何义之足云？孟子曰："仁义充塞，人将相食。"夫杨、墨固皆于道有所执者，孟子虑其将食人而亟拒之，臧洪之义，不足与于杨、墨，而祸烈焉。君子正其罪而诛之，岂或贷哉！

14.董承潜召曹操入朝，操至而廷奏韩暹、杨奉之罪，诛罪赏功，矜褒死节，而汉粗安。惜哉，承之行此也晚，而王允失之于先也。

当斯时也，汉之大臣，死亡已殆尽矣；天子徒步以奔，而威已殚矣；从官采梠饿死，而士大夫之气已夺矣；故董昭谋迁帝于许，尚惧众心之不厌，而卒无有一言相抗者。若当董卓初诛之日，廷犹有老成之臣，人犹坚戴汉之心，刘虞怀忠于北陲，孙坚立功于雒阳，相制相持，而允之忠勋非董承从乱之是有意义的，但其吃人之罪不可逃避。

天下最不仁义的事，开始做这些的人，未必不假托道义而使其对残忍行为心安理得。臧洪为此而死于负气仗义，张巡效法他而死于对唐天子的忠心，这样，到了后来又有像朱粲这类人也起来效法他们。这类事情，每到王朝末年时，遇到灾荒之年无以为食的时候，那些愚昧无知的百姓，对父子、兄弟、夫妻相互吞噬习以为常，并无痛心疾首之感，把人看作是像蛇、青蛙一类的动物，在这种情况下，还有什么君臣之分和道义呢？

像张巡这样的人，知道城守不住，于是就以自杀的方式与城池共存亡，以保其大节。而臧洪就不同了，他就是暂且投降袁绍，也不至于丧其大节。但他只因一时的怨恨，至使有残毒之举，他不仁义到了极点，还有什么仗义可说呢？孟子说：“仁义道德得不到发扬广大，人们将会自相残杀。”杨朱、墨翟对于道义都是有他们自己的看法的，孟子考虑到他们的所谓道义推行，结果就会发展到了人吃人的地步，因此他就马上起来攻击杨朱、墨子的学说。臧洪的仗义，不足以与杨朱、墨翟相比，但其所造成的祸害却远比他们大。君子明正其罪而口诛笔伐他，难道还要宽恕他吗？

董承秘密将曹操召入朝廷，晋见献帝，此后，曹操又将迁都许昌。曹操到朝廷后，弹劾韩暹、杨奉的罪状，论功行赏，按罪诛伐，表彰褒奖那些忠于朝廷而死的人，这样，汉朝天下才初步安定。遗憾的是，董承这么做已经太晚，在此之前王允已失去了这样的机会。

当时，汉室的大臣，已经死亡得差不多。汉天子被迫徒步奔走，威风已丧失殆尽。随从的大臣因没有食物而被饿死，而士大夫们的锐气也已经丧失。所以，董承谋划把汉献帝迁到许昌的时候，还害怕众人心中不服，结果，当他宣布时，竟没有一个人说一句反对的话。若是当初董卓刚被杀掉的时候，朝廷中还有老成之臣，人们还有坚比，操亦何敢遽睥睨神器、效董卓之狂愚乎？

王允坐失之，董承不得已而试为之；为之已晚，而无救于汉之亡，然而天下亦自此而粗定。观于此而益为允惜，诚可惜而已矣。

15.范增之欲杀沛公，孙坚之欲杀董卓，为曹操谋者之欲杀刘豫州，王衍之欲杀石勒，张九龄之欲杀安禄山，自事后而观之，其言验矣。乃更始杀伯升而国终亡；司马氏杀牛金而家终易。故郭嘉之说曹操，勿徒受害贤之名，而曹操笑曰："君得之矣。"有识者之言，非凡情可测也。

人之欲大有为也，在己而已矣，未有幸天下之不肖，而己可攘贤而自大者也。苟可以大有为，则虽有英雄，无能为我难也；苟未可以有为，则何知天之生豪杰者不再生也？待獭以驱鱼，待鹯以驱雀，此封建之天下为然尔。起于纷乱之世而欲成大业，非能屈天下之英雄，不足以建非常之业。忌英雄而杀之，偷胜天下之庸流以为之雄长，则气先茶；而忽有间起之英豪乘之于意外，则神沮志乱而无以自持。若此者，曹操之所不屑为，而况明主之以道胜而容保无疆者乎！尽己而不忧天下之我胜，君子之道，而英雄繇之；不能仿佛于君子之道而足为英雄者，未之有也。

决拥戴汉室之心，刘虞在北方边陲心怀忠诚，孙坚又在洛阳立下大功，这样相制相持，内外结合，再加上王允对汉室的忠诚和勋劳不是董承纵容祸乱可以与之相比的，曹操还怎么敢仿效董卓的狂妄愚蠢，觊觎皇帝的宝座呢？

王允坐失良机，董承不得已而试着这么做，但已经为时过晚，也挽救了汉室灭亡的命运，然而，天下也从此基本安定。看到这一点。我就更为王允错失良机感到惋惜，确实太可惜了！

秦汉之际，范增想杀沛公刘邦；东汉末年，孙坚想杀董卓，曹操的心腹们想杀刘备；西晋末年，王衍想杀石勒；唐朝中期，张九龄想杀安禄山，从以后的势态发展来看，下面的话就得到了验证，这就是，更始帝刘玄杀刘绩而国家最终灭亡；司马氏杀牛金结果是江山易姓。所以，曹操的谋臣郭嘉对曹操说，不要杀掉这些人白白落一个害贤的坏名声，而曹操笑着对他说：“你说得太对了！”有识之士的话，并不是凡夫俗子能够理解的。

一个人要想大有作为，只有靠自己，没有只宠信天下不肖之人，通过自己攘除有贤德的人就可以大有作为的。如果一个人可以大有作为，那么虽有英雄，也不能妨碍我；假如不能大有作为，那么，你怎么会知道上天不会再生出许多豪杰来？靠水獭来驱鱼，靠鹯来赶鸟，这在封邦建国的时代才这么做。起身于纷繁混乱的社会而想成就大业的人，不能使天下的英雄屈服，就不足以创建出宏伟的事业。忌妒英雄而杀掉他们，以不正当的手段战胜天下平庸无能之辈并做他们的头领，那么自己的气势就先萎靡下去。忽然之间，如有英雄乘机而起，那么他就神情沮丧、斗志不坚从而难以抵抗得住。像这样的事，曹操是决不屑于去做的，更何况英明的君主总是以道义战胜他人，这样才能保证其江山万寿无疆呢？竭尽自己的能力，而又不担心天下的英雄战胜我，这才是君子之道，英雄都对此都有同感。做事不像

16.刘表无戡乱之才，所固然也，然谓曹操方挟天子、擅威福，将夺汉室，而表不能兴勤王问罪之师，徒立学校、修礼乐，为不急之务，则又非可以责表也。

表虽有荆州，而隔冥阸之塞，未能北向以争权，其约之以共灭曹氏者，袁绍也，绍亦何愈于操哉？绍与操自灵帝以来，皆有兵戎之任，而表出自党锢，固雍容讽议之士尔。荆土虽安，人不习战，绍之倚表而表不能为绍用，表非戡乱之才，何待杜袭而知之？表亦自知之矣。踌躇四顾于袁、曹之间，义无适从也，势无适胜也，以诗书礼乐之虚文，示闲暇无争而消人之忌，表之为表，如此而已矣。中人以下自全之策也。不为祸先而仅保其境，无袁、曹显著之逆，无公孙瓒乐杀之愚，故天下纷纭，而荆州自若。迨乎身死，而子琮举土以降操，表非不虑此，而亦无如之何者也。

杜袭之语繁钦曰："全身以待时。"袭所待者曹操耳，钦与王粲则邀官爵醼乐之欢于曹丕者也，夫岂能鄙表而不屑与居者哉？诸葛公侨居其土，而云"此中足士大夫遨游"。亦唯表之足以安之也。天下无主，而徒以责之表乎！

君子之道而足以成为英雄的人，从来没有过。

刘表没有戡乱的才能，本来也就是这样，然而，有人说曹操正挟天子以令诸侯，专擅朝政，想篡夺刘氏的天下，而作为宗室之一员的刘表却不兴兵帮助天子，征讨曹操，只在荆州（今湖南省常德市一带）地区修建学校，重视礼乐，做一些当时并不需要急于办的事，像这样的事是不能责备刘表的。

刘表虽然拥有荆州，但冥陀之塞把他与中原地区完全隔开，不能到北方与其他诸侯争权夺利。和他约定共灭曹操的人，是袁绍，袁绍怎么能胜过曹操呢？自从灵帝以来，袁绍和曹操都有军事重任，而刘表则刚从党锢之祸中解放出来，本来就是一位清静雅致之士。荆州地区尽管安定，但人不善作战，袁绍想依靠刘表但刘表并不能被袁绍利用。刘表并非是戡乱之才，为何要等杜袭了解他这一点？刘表自己也知道。刘表在袁绍和曹操之间，犹豫不决，从道义上讲，他投靠谁都不合适，从势力上讲，他投靠其中的胜者也不合适。在这样的情况下，他倡导诗书礼乐，以示没有时间与别人争权夺利，从而消除别人对他的忌妒。刘表之所以是刘表，也不过如此而已。这也是中等以下才能的人希图自全的办法。正因为刘表不想首先发难而只想保全他管辖的地区，他没有袁绍、曹操明显地叛逆行为，没有公孙瓒的残忍好杀，所以尽管当时天下纷纭多变，而荆州仍然十分安宁。等他死后，其子刘琮举荆州投降曹操，刘表并不是没有考虑到这一点，而是虽然想到了但又无可奈何。

杜袭对繁钦说："我要活着以等待时机。"杜袭所等待的是曹操；繁钦和王粲就是为了高官厚禄，荣华富贵才投靠曹丕的，他们难道能鄙视刘表而不屑于和他在一起吗？诸葛亮曾侨居在荆州，他说："荆州真是士大夫遨游的好地方。"在当时的情况下，也只有刘表才足以使荆州晏然无事。天下没有一位明君英主，怎么能把责任只推到

17.吕布不死，天下无可定乱之机，昭烈劝曹操速杀之，此操所以心折于昭烈也。

当时之竞起者众矣。孙坚，以戡乱为志者也；刘焉妄人也，而偷以自容；刘表文士也，而无能自立；袁绍虽疏而有略，其规恢较大矣；狂愚而逞者袁术，而犹饰伪以自尊；顽悍而乐杀者公孙瓒，而犹据土以自全；若夫倏彼倏此，唯其意之可爂发，旦暮狂驰而不能自信，唯吕布独也。而有骁劲之力以助其恶，嗾之斯前矣，激之斯起矣，触之斯哄矣，蹂蹦于中夏而靡所底止，天下未宁而布先殪，其自取之必然也。吕布殪，而天下之乱始有乍息之时，乱人不亡，乱靡有定，必矣。

呜呼！布之恶无他，无恒而已。人至于无恒而止矣。不自信而人孰信之？不自度而安能度人？不思自全，则视天下之糜烂皆无足恤也。故君子于无恒之人，远之唯恐不速，绝之唯恐不早，可诛之，则勿恤其小惠、小勇、小信、小忠之区区而必诛之，而后可以名不辱而身不危。与无恒者处，有家而家毁，有身而身危，乃至父子、兄弟、夫妇之不能相保。论交者通此义以知择，三人行，亦必慎之哉！

18.汉武、昭之世，盐铁论兴，文学贤良竞欲割盐利以归民为宽大之政，言有似是而非仁义之实者，此类是也。夫割利以与民，为穷民言也；即在濒海濒池之民，苟其贫弱，亦恶能刘表头上呢?

吕布不死，天下就不会有安定的机会，刘备劝曹操快点杀掉吕布，这是曹操之所以佩服刘备的原因。

当时，天下起兵的人很多。孙坚，是以平戡动乱作为其志向；刘焉，是位很荒诞的人，他还苟且偷生于益州；刘表，是个文人，不能自立于争战之中；袁绍，虽然粗心大意但也有谋略，其野心也很大；狂妄愚蠢而又爱逞强的袁术，还伪装起来以求自称尊号。凶残顽悍喜欢杀人的公孙瓒，还希望占据地盘以求自全。至于忽此忽彼，恣意妄为，从早到晚疯狂飞驰于各地而又不能自信的人，唯独吕布一人。再加上他有高超武艺助他作恶，嗾使他，他就向前；刺激他，他就奋起；触犯他，他就起来撕杀。在中原地区不停地蹂躏践踏。天下没有平静而吕布就死掉了，这也是他咎由自取。吕布死后，动乱的天下忽然平静了一阵子。看来，乱天下的人不死，天下一定没有安定的日子。

唉！吕布的可恶之处没有别的，只是没有恒心罢了。人如果没有恒心，这个人就算完了。不自信的人还有谁会相信他呢？对自己都不了解的人怎么去理解别人呢？不为保全自己着想，那么看天下的一切都不足以体恤。所以，君子对于那些没有恒心的人，疏远他唯恐不及，断绝与他的来往唯恐不早，有机会杀掉这样的人，就不要顾及他的那些小惠、小勇、小信、小忠一定要杀掉他，这样以来名誉就可以不受侮辱，而性命也不会受危险。与没有恒心的人相处，有家则家毁，有身则身危，以至于父子、兄弟夫妇也不能相互保证安全。交友的人了解了这一点就会知道如何选择朋友，即使是几个人在一起，交结朋友也一定要慎重！

汉武帝、汉昭帝之际，关于盐铁专卖的争论兴起，那些贤良文学们都想把国家对盐的专卖权还给百姓，认为这样才是宽政待民。有些议论听起来似乎是正确，其实是完全错误的，贤良文学们的议食利于盐以自润？所利者豪民大贾而已。未闻割利以授之豪民大贾而可云仁义也。盐犹粟也，人不可一日无者，而有异。粟则徧海内而生，勤者获之，惰者匮之；盐则或悬绝于千里之外，而必待命于商贾。上司其轻重，则虽苛而犹有制；一听之豪民大贾，居赢乘虚，其以厚取于民者无制，而民不得不偿，故割利以与豪民大贾而民益困。王者官山府海以利天下之用而有制，以不重困于民，上下交利之善术也，而奚为徇宽大之名以交困国民邪？与其重征于力农之民，何如取给于天地之产。盐政移于下，农民困于郊，国计虚于上，财不理，民非不禁，动浮言以谈仁义者，亦可废然返矣。

卫觊曰："盐，国之大宝也。"置盐官卖盐，以其直市犁牛给民，勤耕积粟，行之关中而民以绥，强敌以折。施及后世，司马懿拒守于秦、蜀之交，诸葛屡匮而懿常裕，皆此为之本也。觊之为功于曹氏，与枣祗均，而觊尤大矣。

论就属此类。把国家应得的利让渡给老百姓，主要是指贫穷百姓而言的。但是，即使住在大海边和盐池边的老百姓，假如他们贫弱，又怎么能从卖盐的利润中得到好处呢？能够从中得到好处的无非是豪强大族和大商人而已。没有听说过，把国家之利让渡给豪强大族、大商人可以称为有仁义之心的。盐就像是粟一样，人不能一日不吃，但也有不同的地方。粟是天下各地都可以种植、生长，勤劳的人就多收一些，懒惰的人就少收一点。盐则不同，它产于千里之外，只能依靠商贾的贩运人们才能得到。当国家控制着盐的生产贩卖时，尽管价格较高但仍有一定之规；假如让豪强大族，富商大贾来控制盐的生产与贩卖，他们就会屯集居起，以更高的价格索利于百姓，这样也就没有一定之规，老百姓得到的抵不上他们失去的，所以，把厚利让渡给豪强大族、富商大贾，老百姓就会更加贫困。君主把山海池泽划归国有主要是为所有的天下人服务的，而且也便于制订一些规章制度，目的是不给老百姓增加负担，是对国家与个人相互都有利的一种好办法，为什么为了图为政宽大之名给国家和百姓增加负担呢？与其重征耕田种地的老百姓的赋税，何如把天然之物的盐卖给百姓以取利呢？如果把盐的生产贩卖之权下放，农民就会越来越贫困，国库也会越来空虚，国家财政不理，百姓的动乱也就难以避免，那些只会说大话空话清谈仁义的人，他们真该收回自己的废话。

卫觊说："盐是国家的非常重要物资。"卫觊设置盐官卖盐，获利后又购买些犁和牛分给百姓，让他们耕田种地，这种办法在关中推行以后，百姓安定，强敌遭受挫折。到了后来，司马懿出守关中与诸葛亮对阵，诸葛亮军队的粮食经常匮乏，而司马懿军队的粮食非常充足，都是卫觊的政策推行的结果。卫觊对曹氏所建立的功勋，与枣祗建议曹操实行屯田所建立的功勋是一样的。相比较而言，卫觊的功劳更大。

19.韩嵩，智而狡者也。刘表旧与袁绍通，而曹操方挟天子以为雄长，绍之不敌操也，人皆知之，故杜袭、繁钦、王粲之徒，日夕思归操以取功名。嵩亦犹是而已矣。高之劝表以归操，明言袁、曹之胜败，而论者谓其奉戴汉室，过矣。

嵩之欲诣许也迫，而固持之以缓，其与表约曰：“守天子之命，义不得为将军死。”先为自免之计，以玩弄表于股掌之上，坚辞不行，而待表之相强，得志以归，面折表而表不能杀，亦陈珪之故智，而嵩持之也尤坚。表愚而人去之，操巧而人归之，以中二千石广陵守遂珪之志，以侍中零陵守遂嵩之志，珪与嵩之计得，而吕布、刘表之危亡系之矣。二子者，险人之尤也，岂得以归汉为忠而予之！

20.董承受衣带诏，与先主谋诛曹操，乘操屯官渡拒袁绍之日，先主起兵徐州，势孤而连和于袁绍。勿论待人者不足以兴，即令乘间而诛操，绍方进而夺汉之权，先主、董承其能制绍使无效操之尤而弥甚乎？不能也。然则此举也，亦轻发而不思其反矣。董承者，与乱相终始，无定虑而好逞其意计者也。前之召操，与今之连绍，出一轨而不惩，弗责矣；先主亦虑不及此，而轻为去就，何以为英雄哉？

韩嵩是位有才智也非常狡猾的人，刘表过去曾和袁绍有联系，而当时曹操正挟天子以令诸侯，袁绍难以胜过曹操，人们都了解这一点，所以杜袭、繁钦、王粲之流，为取得功名都朝思暮想归顺曹操。韩嵩也是这样的人，韩嵩曾劝刘表归顺曹操，向他说明了曹操之必胜，袁绍之必败。而有人还认为他拥戴汉室，这就大错特错了。

韩嵩非常想到许都去，但又表示出并不急于去，他还和刘表相约说："我既是天子的大臣，从道义上讲，我不能为将军你而死。"未去之前，就为自己考虑了后路，他愚弄刘表就像玩弄手掌中的一件东西一样，接着他又坚决拒绝出使北方，以等待刘表强迫他去。得志以后回到荆州，又当面折损刘表而刘表却又不能杀他。韩嵩的这些做法，都是吕布的谋臣陈珪曾经玩弄过的伎俩，只不过韩嵩比陈珪更坚决罢了。刘表因为太愚蠢所以人们都离开他，曹操太聪明所以人们都归服他。曹操以中二千石的广陵（今江苏省扬州市）太守一职满足了陈珪的要求，以侍中兼零陵（今湖南省零陵）太守的职位满足了韩嵩的心愿。陈珪和韩嵩的愿望实现了，而吕布和刘表则因此处于危亡之中。这两个人，都是非常阴险奸诈的人，怎么能因为有他们归顺汉室之名就给他们一个忠臣的称号呢？

董承接受汉献帝的衣带诏，与先主刘备谋划诛杀曹操。他们想趁曹操屯军官渡（今河南省中牟县）抗拒袁绍之际，由先主刘备在徐洲起兵，若势力单薄就联合河北的袁绍。且不论他们这样待人的办法不足以复兴汉室，即使是他们乘机诛杀了曹操，袁绍正要进入中原夺汉室之权，刘备和董承难道能使袁绍不效法曹操甚至比曹操更专权吗？他们当然不能。对这次举动，他们准备得太草率而没有后果。董承其人，他经历汉末以来的历次动乱，他没有一定谋略却又爱表现其有计谋。此前，是他把曹操召到朝廷，与今天联合袁绍可谓如出一辙，但并不接受教训。对于他这样的人没有什么好责备的。但先夫先主之于此，则固有其情矣。其初起也，因公孙瓒，因陶谦，虽为州牧，而权藉已微，固不能与袁、曹之典兵于灵帝之世，与于诛贼之举者齿；故旋起旋蹶，而姑托于操。及其受左将军之命，躬膺天子之宠任，而又承密诏以首事，先主于是乎始得乘权而正告天下以兴师。曹操之必篡，心知之矣；袁绍之为逆，亦心知之矣。脱于操之股掌，东临徐、豫，孤倡义问以鼓人心，乘机而兴，不能更待，绍不可连而连之，姑使与操相持，己因得以收兵略地为东向之举，而有馀以制群雄，先主之志，如此而已。初未尝倚绍以破操，而幸绍之能戴汉以复兴也。董承、种辑亦恶足以知其怀来哉？

故许先主以纯臣，而先主不受也。其于献帝，特不如光武之于更始，而岂信其可终辅之以荡群凶乎？故连和于绍而不终，未尝恃绍也。操即灭，绍即胜，先主亦且出于事外而不屑为绍用。先主之东，操心悔之而不惧，绍遥应之而不坚，亦已知之矣。他日称尊于益州，此为权舆；特其待操之篡而后自立焉，故不得罪于名教，而后世以正统加之，亦可勿愧焉。

主刘备也没有考虑到这一点，而草率地决定奉帝诛操，这样做怎么能称得上是英雄呢？

当然，先主刘备之所以这么做，也确实有其原因。刘备最初起兵时，是依靠公孙瓒，依靠陶谦，尽管他官到州牧，但他暂且依靠的人已经衰败，他当然也就不能与灵帝之世就典领军队的袁绍、曹操相比，也不能和起兵征讨董卓的那些将军们相比。所以他的地位忽沉忽浮，最后不得不暂且寄托在曹操麾下。到了他被任命为左将军以后，受到天子的宠信，并寄于他重任，接着他就接到了皇帝的密诏让他首先起事，于是乎，先主刘备就乘势起兵宣告天下。曹操必然会篡汉自代，刘备心中非常清楚这一点，袁绍早就有叛逆朝廷之心，刘备也非常清楚。摆脱曹操的控制，在徐州、豫州之间，倡导除贼兴汉以此来鼓动人心，乘机兴兵，不能再等待，虽知道袁绍不可联合但也只能与之联合，暂且借其势力与曹操相对持，自己则趁他们无力顾及的时候，攻城略地，收兵买马，作为征讨曹操的资本，一旦实力有余就可以进而控制群雄，控制天下，先主刘备的志向也无非就是这些而已。当初不曾依靠袁绍打破曹操，却有幸袁绍还能拥戴汉室以求复兴。董承、种辑怎么能知道刘备的想法呢？

所以，给先主刘备一个纯正无私的忠臣称号，他也绝对不会接受。他对于献帝的忠诚，还不如光武帝刘秀对待更始帝刘玄，怎么能相信刘备一辈都会辅佐汉献帝以荡灭贼寇呢？所以，他与袁绍联合而没有结果，是因为他对袁绍存有戒心不肯依赖他。如果曹操被消灭，袁绍取胜的话，先主刘备也会跳出此事之外，不屑于被袁绍任用。先主刘备东逃以后，曹操心中很恨他但并不担心他，袁绍和刘备遥相呼应，但并没有和他诚心合作，这是因为曹操、袁绍对刘备的志向已经非常清楚，知道他不是愿久居人下的人物。日后他在益州（今四川省成都市一带）称孤道寡，这仅仅是开始。只不过他是等到曹

21.曹操东攻先主，田丰说绍乘间举兵以袭其后，绍以子疾辞丰而不行，绍虽年老智衰，禽犊爱重，岂至以婴儿病失大计者？且身即不行，命大将统重兵以蹑之，亦讵不可？而绍不尔者，绍之情非丰所知也。操东与先主相距而绍乘之，操军必惊骇溃归，而先主追蹑之，操且授首；先主诛操入许而拥帝，绍之逆不足以逞，而遽与先主争权；故今日弗进，亦犹昔者拥兵冀州，视王允之诛卓而不为之援，其谋一也。

岂徒绍哉！先主亦固有此情矣。绍之兴兵而南，众未集，兵未进，虽承密诏与董承约，抑可姑藏少待也；待绍之进黎阳、围白马，操战屡北，军粮且匮，土山地道交攻而不容退，乃徐起徐、豫之兵，亟向许以拒曹之归，操且必为绍禽。而先主遽发以先绍者，亦虑操为绍禽，而已拥天子之空质，则绍且枭张于外而逼我，孤危将为王允之续矣。惟先绍而举，则大功自己以建，而绍之威不张。绍以此制先主，先主亦以此制绍，其机一也。

操的儿子曹丕篡汉自代以后他才自立为皇帝的。所以，他并没有违犯正名定分的礼教，后代人又把正统的头衔给他加上，也可说是受之无愧了。

曹操率军东攻先主刘备的时候，袁绍的谋臣田丰就劝袁绍乘机举兵偷袭曹操的后方，但是袁绍却借口儿子有病拒绝了田丰的建议没有出兵。袁绍虽年老智衰，非常钟爱自己的儿子，难道他会因为自己儿子有病而坐失良机吗？况且，即使他自己不能去，可命大将统率重兵跟随在曹操军队之后，伺机偷袭，有什么不行？而袁绍之所以不这么做，是因为袁绍的想法田丰并不知道。如果曹操与先主刘备交战，袁绍乘机袭击曹军的后方，曹军必然会惊慌失措，大败而归，而先主刘备肯定会跟踪追击，曹操就有可能被杀。先主刘备若杀掉曹操进入许都拥戴献帝，袁绍的叛逆之谋就难以得逞，这样就得马上与刘备争权。所以，这次他不出兵进攻曹操支援刘备，就像是以前他拥兵冀州，看着王允诛杀董卓而不支援王允是一样的。都是一个计谋。

难道只有袁绍是这样吗？先主刘备也确实有这样的做法。袁绍兴兵南下，军队没有集结，将士还没有前进的时候，刘备虽然接到了密诏，与董承约了起事的时间，也可以暂且隐蔽起来稍等待一段时间。等袁绍军队进住黎阳（今河南省浚县），围困白马（今河南省滑县），曹操军队屡战败北，军粮又匮乏，双方打持久战，曹操军队又不能退身的时候，刘备就悄悄在徐州豫州起兵，迅速开向许都，以堵曹操的归路，那么曹操就有可能被袁绍擒获。然而，事实上，刘备却在袁绍起兵之前，率先起兵征讨曹操，他这么做，也是考虑到假如曹操被袁绍擒获，而自己却拥奉着一位毫无实权的皇帝，那么袁绍在外就会气焰嚣张，威逼他，这样他就很有可能成为王允第二。只有在曹操之前举兵，大功才能由自己来建，刘备也以此限制袁绍，他们夫先主岂徒思诛操而纵绍以横者乎？两相制，两相持，而曹操之计得矣。急攻先主而缓应绍，知其阳相用而阴相忌，可无俟其合而迫应其分。先主恶得而不败？绍恶得而不亡？此其机先主与绍缄之于心，非董承之所察，而田丰欲以口舌争之，不亦愚乎！

22.张鲁妖矣，而卒以免于死亡，非其德之堪也；听阎圃之谏，拒群下之请，不称汉宁王，卫身之智，足以保身，宜矣。呜呼！乱世之王公，轻于平世之守令；乱世之将相，贱于平世之尉丞；顾影而自笑，梦觉而自惊，人指之而嗤其项背，鬼瞰之而夺其精魂，然而汲汲焉上下相蒙以相尊，愚矣哉！

陈婴、周市之所弗为，张鲁能弗为，张鲁之所不为，而吕光、杜伏威、刘豫、明玉珍汲汲焉相尊以益其骄，骈首就戮而悔之无及，以死亡易一日之虚尊，且自矜也，人之愚未有如是之甚者也。

23.袁绍之自言曰："吾南据河，北阻燕、代，兼戎狄之众，南向以争天下。"起兵之初，其志早定，是以董卓死，长安大乱，中州鼎沸，而席冀州也自若，绍之亡决于此矣。

手段也都是一样的。

先主刘备难道只想诛杀曹操而让袁绍强横下去吗？他们两人既相互限制又相互维持，结果使曹操有机可乘。于是，曹操在迅速进攻刘备的同时缓于对付袁绍，因为他知他们的关系名义上相互支持而实际上又互相忌妒，这样不等到袁绍，刘备联合起来，就把他们各个击破。先主刘备能不失败吗？袁绍能不败亡吗？这其中的秘密，先主刘备和袁绍都把它深藏在心中，不是董承所能够察觉的，而田丰不了解真相却还建议袁绍救刘备，不也太愚蠢了吗？

张鲁是凭其妖言惑众的人，而他的结果却是免于一死，这并不是他品德高尚可以免于一命。他听了阎圃的规谏，拒绝了臣下要他称汉宁王的要求。他保身的才智，足以使他保全性命，他免于一死也是应该的。唉！乱世的王公，比太平之世的郡县守令地位还要轻；乱世的将相，比太平之世的郡尉县丞还要卑贱；看看自己的影子，自己都感到可笑；梦中醒来，也是自己惊吓自己，人们指着他们远去的背影嗤之以鼻，就连鬼也经常看着他们伺机夺走他们的魂魄，然而这些人急急忙忙地在相互蒙蔽中以称尊，他们也太愚蠢了。

陈婴、周市不自称自尊，张鲁也不能称尊号，张鲁所不做的事，而吕光、杜伏威、刘豫、明玉珍却非常急迫于自称尊号，称了尊号就更不可一世，到砍头就戮的时候后悔了，但那还来得及吗？以自己的性命换得一天虚荣的尊称，况且尊号又是自封的。人的愚昧无知没有比此事更为严重的。

袁绍曾声称说："我向南占据黄河地区，北方倚仗燕、代地区，兼有众多的少数民族，我就凭借这些条件到黄河以南去争天下。"早在起兵征讨董卓的时候，他的志向已经确定，所以董卓被杀，长安大乱，中原地区沸沸扬扬，而袁绍却泰然自若，驻军冀州，对天下的大乱莫不关心。袁绍的灭亡也就是由此决定的。

夫欲有事于天下者，莫患乎其有恃也。已恃之矣，谋臣将帅恃之矣，兵卒亦恃之矣，所恃者险也，而离乎险，则丧其恃而智力穷。坎之象曰：“王公设险以守其国。”险不可久据，而上六出乎险矣。智非所施，力非所便，徽纆之系，丛棘之置，非人困之矣。山国之人，出乎山而穷于原；泽国之人，离乎泽而穷于陆；失所恃而非所习，则如蜗牛之失其庐而死于蚁。故袁绍终其身未尝敢跬步而涉河，非徒绍之不敢，其将帅士卒睨平原广野川陆相错，而目眩心荧，莫知所措也。

曹操曰：“任天下之智力，以道御之，无所不可。”在山而用山之智力，在泽而用泽之智力，己无固恃，人亦且无恃心，而无不可恃，此争天下者之善术，而操犹未能也。西至于赤壁，东至于濡须，临长江之浩瀁而气夺矣。则犹山陆之材，而非无不可者也。何也？操之所以任天下之智力，术也，非道也。术者，有所可，有所不可；可者契合，而不可者弗能纳，则天下之智力，其不为所用者多矣。其终强而夺汉者，居四战之地，恃智恃力，而无河山之可恃以生其骄怠也。

然则诸葛劝先主据益州天府之国，亦恃险矣，而得以存，想争天下成就大事的人，没有比有依仗更令人担忧的了。如果有可以依靠的东西，自己会依靠他，谋臣将帅会依靠他，士兵也会依靠它，他们所依靠的无非就是险要之处，而离开了险地要塞，他们就会因为丧失所依赖的东西而智力穷困。《易·坎》之象说："王公设险以守其国。"险地要塞不能长期占据，而上六之爻是从险要出来的。不需施展才智，不需出大力气，只需悬挂绳索，布置荆棘，不是靠人力而困住对手山区的人，从山中出来后在平原上就显得无所适从；水乡的人，离开河湖在陆地上也显得无所适从。丧失他所依靠的东西而到他不熟悉的地方，就像是蜗牛失去了他的外壳会被蚂蚁咬死一样。所以袁绍直到身死也没有跨过黄河，不只是袁绍不敢，他的将帅士兵也都把广袤的原野视作畏途，一到这样的地区，眼花心乱他们就不知所措。

曹操说："我任用天下人的才智和力量，以一定的方法驾驭他们，没有干不成的事情。"在山区就用山的智力，在水乡就利用水乡的长处，自己本来就没有什么可依恃的，别人也就没有依赖之心，不依赖一种东西就是要依靠对自己有利的一切东西，这是想争天下的好办法，然而曹操也并不能对此运用自如。从西边的赤壁（今湖北省武昌县境内），到东边的濡须（今安徽省巢县境内），每当其大军到长江边，望着奔腾的江水，曹操吓破了胆。就像是山区和陆地的木材一样，并不是用在哪里都可以。为什么呢？曹操任天下人的才智和力量是靠权术，而不是道义。对于权术，有可用的地方，有不可用的地方；可用的就能很好地结合，不可用的就不会被接纳，那么天下人的才智和力量，就有很多不被他所用。曹操之所以最终成为强者，夺取汉室的天下，是因为他占据的四战之地，只可依赖才智和实力，而没有山河之险可以依赖，这样也不会产生骄傲懈怠之心。

然而，诸葛亮劝刘备占据天府之国的益州，也是想依赖险要，因又何也？先主之时，豫、兖、雍、徐已全为操之所有，而荆、扬又孙氏三世之所绥定，舍益州而无托焉，非果以夔门、剑阁之险，肥沃盐米之薮，为可恃而恃之也。李特睨剑阁而叹曰：“刘禅有此而不知自存。”夫特亦介晋之乱耳，使其非然，则亦赵韪、李顺而已。董璋、王建皆乘乱也，岂三巴岩险之足以偷安两世哉！

24.荀悦、仲长统立言于纷乱之世，以测治理，皆矫末汉之失也，而统为愈。悦之言专以绳下，而操之已亟，申、韩之术也，曹操终用之以成乎严迫之政，而国随亡。统则专责之上，而戒慆淫以清政教之原，故曰统为愈也。

悦之言曰：“教化之废，推中人而坠于小人之域，教化之行，引中人而纳于君子之途。”是也。顾其所云正俗者，听言责事，举名察实，则固防天下之胥为小人而督之也。故曰申、韩之术也。统切切焉以犇私嗜、骋邪欲、宣淫同恶为戒，诚戒此矣，越轨改制之俗，上无与倡，而下恶淫荡哉？汉之亡也，积而得以生存下，这又是为什么呢？刘备当时的处境非常艰难，豫州、兖州、雍州（今陕西省西安市西北一带）、徐州全都被曹操占有，而荆州、扬州因孙坚、孙策、孙权父子的长期占拥而十分安定，如果舍弃益州，刘备就无处寄身，并非只因为夔门（即今瞿塘峡，因地处川东门户，故名）、剑阁（栈道名，在今四川剑阁县东北大剑山、小剑山之间，是川陕间的主要通道）的险要，肥沃的土地，充足的盐米可以依赖而专门去依靠它们的。西晋末年，李特看到剑阁的险要，就感叹道："刘禅有如此险峻的要塞却不知道自己保护自己。"李特当时也正处于西晋的动乱之中罢了，如果当时不是天下动乱，朝廷无暇顾及益州地区，他也就和赵廞、李顺一样，很快就会被消灭。后世的董璋、王建皆乘天下动乱之际，占据益州称尊道寡，但是难到益州四周险要的地势能够保证这些小王朝延续两代吗？

荀悦、仲长统在东汉末年天下纷乱的形势下创一家之言，在考察治理的基础上，都是为矫正东汉末年的过失而创立的。而仲长统的学说则更胜一筹。荀悦的学说专门限制臣下的行为，而且又操之过急，这是春秋战国时期法家代表人物申不害、韩非子的治国理论的翻版。曹操采纳这样的理论治国最后形成严迫之政，从而导致了国家的灭亡。而仲长统则专门指责高高在上的统治者，提出要通过限制统治者的骄奢淫逸，享乐无度的生活达到澄清政教之源，治标又治本的效果。所以说，仲长统的理论要更胜一筹。

荀悦的话是这样说的："教化废弛，就会把一般的人推到小人的境地；教化推行，就会把一般的人引导到君子的正途上。"他说的是对的。从他所说的矫正风俗来看，无非就是听言责事，举名察实，这本来就是防止天下的小官吏变为小人而采取的督责的办法。所以说，荀悦的理论就是申不害、韩非子所提倡的权术。而仲长统非常恳切地建议高高在上的统治者戒掉自己的贪婪、邪欲、奢侈无度等坏顺、桓、灵帝三君之不道，而天下相效以相怨，非法制督责之所可救，而悦何仅责之于末也！

虽然，统知惩当时之弊而归责于君，亦不待深识而知其然者也；而推论存亡迭代，治乱周复，举而归之天道，则将使曹氏思篡之情，亦援天以自信而长其逆。故当纷乱之世，未易立言也。愤前事之失，矫之易偏；避当时之忌，徇之不觉；非超然自拔于危乱之廷，其言未有不失者也。悦为侍中矣，统为尚书郎矣，而且得有言乎哉？

25.诸葛公之始告先主也，曰："天下有变，命一上将将荆州之军以向宛、雒，将军身率益州之众出于秦川。"其后先主命关羽出襄、樊而自入蜀，先主没，公自出祁山以图关中，其略定于此矣。是其所为谋者，皆资形势以为制胜之略也。蜀汉之保有宗社者数十年在此，而卒不能与曹氏争中原者亦在此矣。

毛病，统治者中的上层人物如果真的能戒掉这些毛病，那些越轨改制的坏风俗，高高在上的统治者不提倡，下面的小官吏怎么敢放肆地去做呢？汉室的灭亡，是积顺帝、桓帝、灵帝三位昏君的不道行为，而天下人都竞相仿效、怨恨的结果，不是靠用法制督责小官吏这样治标不治本的办法所能挽救的。那么，荀悦为什么只指责那些小官吏呢？

尽管如此，仲长统知道当时社会一切弊端的根源在于君主因此就指责君主，但对于这一点，人们不需要有高深的知识也会知道这一点。然而，他进一步议论国家兴衰更迭，治乱周复的时候，把原因归结于天道，那么这就为曹氏篡权夺位创造了理论基础，他们也就可以认为是天道使魏代汉，因而就会更有信心，从而又助长了他们叛逆气焰。所以，当天下纷乱的时候，不要轻易立言。否则，对以前的失政愤恨，就会矫枉过正；为避当时的忌讳，就会不自觉回避一些问题。如果不是超然自拔于各派的争斗之中，他们的理论不可能没有缺陷。当时，荀悦身为侍中，仲长统则任职尚书台，他们的理论难道都会完全正确吗？

诸葛亮在其茅庐中为先主刘备分析天下的形势时说：“一旦天下有变化，就派一名上将军率军直指宛（今河南省南阳市）、雒（今河南省洛阳），将军您亲自率领益州的军队从秦川（地名，自大散关以北到岐雍，夹渭川南北岸，沃野千里，以秦之故地，故名）中攻出。”后来，先主刘备就派大将关羽从襄阳、樊城（两地皆指今湖北省襄樊市）出后，而自己进了入四川，刘备死后，诸葛亮自己亲率军队六出祁山（山名，在今甘肃省礼县东）企图夺取关中。这个战略计划就是出自隆中对策。他的这个战略计划，都是想依靠地理形势以取胜的策略。蜀汉能使其国家存在几十年的原因在于此，而最终不能与曹氏争中原的原因，也正在于此。

以形势言，出宛、雒者正兵也，出秦川者奇兵也，欲昭烈自率大众出秦川，而命将向宛、雒，失轻重矣。关羽之覆于吕蒙，固意外之变也；然使无吕蒙之中挠，羽即前而与操相当，羽其能制操之死命乎？以制曹仁而有馀，以敌操而固不足矣。宛、雒之师挫，则秦川之气楞，而恶能应天下之变乎？

乃公之言此也，以宛、雒为疑兵，使彼拒我于宛、雒，而乘间以取关中，此又用兵者偶然制胜之一策，声东击西，摇惑之以相牵制，乘仓猝相当之顷，一用之而得志耳。未可守此以为长策，规之于数年之前，而恃以行之于数年之后者也。敌一测之而事败矣。谋天下之大，而仅恃一奇以求必得，其容可哉？善取天下者，规模定乎天全，而奇正因乎时势。故曹操曰：“任天下之智力，以道驭之，无所不可。”操之所以自许为英雄，而公乃执一可以求必可，非操之敌矣。

且形势者，不可恃者也。荆州之兵利于水，一逾楚塞出宛、雒而气馁于平陆；益州之兵利于山，一逾剑阁出秦川而情摇于广野。恃形势，而形势之外无恃焉，得则仅保其疆域，失则衹成乎坐困。以有恃而应无方，姜维之败，所必然也。当先主飘零屡挫、托足无地之日，据益州以为资，可也；从此而书宛、雒、秦川之两策，不可也。陈寿曰：“将略非其所长。”岂尽诬乎？

从地理形势来说，从宛、雒阳出兵是正兵，从秦川出兵是奇兵，想让刘备亲自率领大军以秦川出兵，而派一位将军直指宛和雒阳，是颠倒了轻重的次序。关羽被东吴大将吕蒙所杀，固然是意外之变。然而，即使吕蒙不从中挠乱，关羽即使各方面条件与曹操相当，他能把曹操置于死地吗？关羽的能力遏止曹仁则绰绰有余，但要与曹操对阵就显得很不足了。关羽被杀，直向宛和雒阳的军队受挫，那么要出秦川的军队气势就会受到很大的影响，在这种情况下，还怎么能够适应天下形势的变化呢？

诸葛亮作出这样的战略计划，是想把指向宛和雒阳的军队作为疑兵，使曹氏在抗击直向宛、雒阳的军队的时候，出于秦川的军队则乘机夺取关中；这又是用兵的人偶然取胜的一种计策。在几年以前制订的计划，在几年之后不做调整地贯彻执行，敌方一旦意识到这一点，我方就会失败。谋划天下的大事，而企图仅靠一奇策制胜，能行吗？善于夺取天下的人，战略规划定得大而全，至于战术的采用上因地因时而变化。所以，曹操说：“我任用天下人的才智和力量，采取适当的方法驾驭他们，就无往而不胜。”曹操之所以自许为英雄，也就是因为他有这样的战略眼光。诸葛亮如果执着于某一方面以求超越曹操是可以的，但从他们的战略眼光来看，他不是曹操的对手。

况且山川形势，是不能依赖的。荆州地区的士兵利于水，一旦越过楚地的要塞，出兵宛、雒阳这样的平原地区，他们的气势就会受到影响；出生在益州的士兵利于山，一旦穿过剑阁进入平原地区的秦川，他们的士气也会受到影响。仅依靠山川形势，除此之外没有什么可以依赖，进一步说则可以保全其统治区域，退一步讲则只能形成坐守困城以待毙。正是因为有所依恃而对应无方，才导致了姜维北伐的必然失败。当先主刘备屡受挫折四处飘零没有立足之地的时候，占据益州作为其东山再起的资本，还是可以的。但以此而用分别出兵向

26.身任天下之重，舍惇信而趋事会，君子之所贱，抑英雄之所耻也，功隳名辱而身以死亡，必矣。欲合孙氏于昭烈以共图中原者，鲁肃也；欲合昭烈于孙氏以共拒曹操者，诸葛孔明也；二子者守之终身而不易。子敬以借荆资先主，被仲谋之责而不辞；诸葛欲谏先主之东伐，难于尽谏，而叹法正之死。盖吴则周瑜、吕蒙乱子敬之谋，蜀则关羽、张飞破诸葛之策，使相信之主未免相疑。然二子者，终守西吊刘表东乞援兵之片言，以为金石之固于心而不能自白，变故繁兴之日，微二子而人道圮矣。

且以大计言之，周瑜、关羽竞一时之利，或得或丧，而要适以益曹操之凶；鲁、葛之谋，长虑远顾，非瑜与羽徼利之浅图所可测，久矣。兵之初起也，群雄互角，而操挟天子四面应之而皆碎。此无异故，吕布倏彼倏此而为众所同嫉，袁术则与袁绍离矣，袁绍则与公孙瓒竞矣，袁谭、袁尚则兄弟相仇杀矣，韩遂则与马超相疑矣，刘表虽通袁绍，视绍之败而不恤矣，皆自相灭以授曹氏之灭之也。今所仅存者孙、刘，而又相宛、雒阳和秦川的战略决策，是不行的。陈寿在《三国志·蜀志·诸葛亮传》中评价诸葛亮说：“用兵的谋略不是他的长处。”从以上的事实看，难道陈寿的话都不真实吗？

身负天下重任的人，抛弃敦信而完全以是否有利于自己作为处理事情的标准，这是君子所卑视的，也是英雄所耻于做的，像这样做的人，一定会落一个功毁名辱身死家亡的下场。想让孙权和刘备联合起来共同争夺中原地区的人是鲁肃；想让刘备和孙权联合起来共同抗击曹操的是诸葛亮。他们两个坚持这一点终身都没有改变。鲁肃把荆州借给刘备，以帮助刘备重整旗鼓，因为这件事鲁肃几次遭到孙权的责备，但他并不推卸责任。诸葛亮想劝刘备不要东征孙吴，但刘备执意不听，诸葛亮无能为力，只能感叹法正死得太早，如果法正在，他就会劝止刘备。在吴国，是周瑜和吕蒙打乱了鲁肃的计划，蜀国则是关羽、张飞打破了诸葛亮的计划，他们，这几个人，使孙权和刘备原来互相信任的关系变成了互相猜疑。然而，鲁肃和诸葛亮始终坚守着他们在西去吊念刘表和诸葛亮到东吴乞求援兵时两人定下的诺言，并把这个诺言永记于心中，但在两国交恶的情况下，他们也难以自白，在当时天下多事时，如果没有诸葛亮和鲁肃，两国的关系甚至人道都会遭到彻底地破坏。

况且，从当时的大局来看，周瑜、关羽为了争得一时的苍头小利，或有所得或有丧，而结果都是加剧了曹操的凶猛。鲁肃、诸葛亮的两国联合的计谋，是一项长远的打算，不是周瑜、关羽这样只知邀功取利不顾长远打算的人所能考虑得到的。当初起兵的时候，群雄互相角逐，而曹操打着汉天子的旗号所向披靡。之所以有这样的结策。没有别的原因，吕布没有恒心，今天投靠这个明天投靠那个，群雄都非常讨厌他，袁术和袁绍兄弟两人不团结，袁绍又与公孙瓒相互争斗，袁谭、袁尚兄弟又自相残杀，韩遂与马超相互猜疑，刘表虽寻于干戈，其不内溃以折入于曹操也不能。则鲁、葛定交合力以与操争存亡，一时之大计无有出于此者。晋文合宋、齐以败楚，乐毅结赵、魏以破齐，汉高连韩、彭、英布而摧项，已事之师，二子者筹之熟而执之固。瑜与羽交起而乱之，不亦悲乎！

27.仲谋之听子敬，不如其信瑜、蒙，先主之任孔明，而终不违关、张之客气，天下之终归于曹氏也，谁使之然也？

或曰：操汉贼也，权亦汉贼也，拒操而睦权，非义也。夫苟充类至尽以言义，则纷争之世，无一人之不可诛矣。权逆未成，视操之握死献帝于其掌中，则有间矣。韩信请王齐之日，窦融操迟疑之志，亦奚必其皎皎忠贞如张睢阳、文信国而后可与共事。使核其隐微以求冰霜之操，则昭烈不与孔北海同死，而北奔袁绍，抑岂以纯忠至孝立大节者乎？

故孙、刘之不可不合，二子之见义为已审也。其信也，近于义而可终身守者也。先主没，诸葛遽修好于吴，所惜者，肃先亡耳，不然，尚其有济也。乃其无济矣，二子之惇信，固以存人道于变故繁兴之世者也。

然和袁绍联合，但他坐视袁绍被曹操打败却按兵不动。所有这些都是首先他们内部自相攻伐，然后被曹操乘机灭掉的。现在群雄中仅存的只有孙权和刘备，如果他们也相互攻伐，他们肯定会因为内耗而最终被曹操所灭。鲁肃、诸葛亮制定出两国合力以与曹操争存亡的策略，当时情况下没有比此策更高明的了。春秋时期，晋文公联合宋国、齐国打败了楚国；战国时期，燕将乐毅联合赵国、魏国打败了齐国；秦汉之际，汉高祖刘邦联合韩信、彭越、英布打败了项羽，历史的经验，使鲁肃和诸葛亮为两国的联合深思熟虑地筹划，并坚定不移地执行，而周瑜和关羽不断的起来干扰破坏这个计划的实施，不也太令人遗憾了吗？

孙权对鲁肃，不如他对周瑜、吕蒙信任；刘备重用诸葛亮，最终也不肯违背与关羽、张飞所结成的兄弟之情。天下最终由曹氏所统一，出现这样的结果是谁的责任呢？

有人会说：曹操是汉室的贼臣，孙权也是汉室的贼臣，如果拒操而与孙权合好，是不义之举。假如把同类的事物，加以比照推论，以此来谈仁义的话，那么生存纷争之世，没有一个人不可被诛杀。孙权还没有称孤道寡的时候，看到曹操死死地控制着汉献帝，就开始疏远曹操。韩信请求封为齐王的时候，窦融迟疑不决的时候，难道他们一定有像张巡、文天祥那样的忠贞不二之心才可以与他们联合共事？假如只看别人细小的缺点毛病而求人有像冰霜纯忠的节操，那么刘备不和孔融同死，而是逃奔到北方的袁绍那里，难道他是纯忠至孝顾大节的人吗？

所以，孙、刘两家不能不合，鲁肃、诸葛亮两人也正是因为大义而为两国的联合做了许多深入细致的工作。他们的相互信任是建立在大义基础之上的。因此也是可以终身守信的。刘备死后，诸葛亮马上派人与孙吴重归于好，遗憾的是，鲁肃已先诸葛亮而死，否则，

28.赤壁之战，操之必败，瑜之必胜，非一端也。舍骑而舟，既弃长而争短矣。操之兵众，众则骄；瑜之兵寡，寡则奋；故韩信以能多将自诧，而谓汉高之不己若也，此其一也。操乘破袁绍之势以下荆、吴，操之破绍，非战而胜也，固守以老绍之师而乘其敝也，以此施之于吴则左矣；吴凭江而守，矢石不及，举全吴以馈一军，而粮运于无虑之地，愈守则兵愈增、粮愈足，而人气愈壮，欲老吴而先自老，又其一也。北来之军二十万，刘表新降之众几半之，而恃之以为水军之用，新附之志不坚，而怀土思散以各归其故地者近而易，表之众又素未有远征之志者也，重以戴先主之德，怀刘琦之恩，故黄盖之火一爇而人皆骇散，荆土思归之士先之矣，此又其一也。积此数败，而瑜之明足以见之；即微火攻，持之数月，而操亦为官渡之绍矣。知此，而兵之所忌，与敌之足畏与否也，皆可预料而定也。

两国联合以图中原的大业还有可能实现。即使是不能实现，鲁肃、诸葛亮的相互信任，在天下纷乱多事的时候，对弘扬人与人之间相互信任的道德也是有益的。

赤壁之战，曹操必败，周瑜必胜，原因并非一个方面。舍去马匹而乘船，是丢掉自己的长处而拿自己短处与别人作战。曹操兵多将广，这样就容易产生骄傲之心；周瑜的军队人少，就容易奋起。所以韩信自夸其带兵多多益善，而认为汉高祖不如自己，最后导致他的灭亡。这是原因之一。曹操想乘打败袁绍的势头，再接再励，攻下荆州和孙吴控制的地区，曹操之所以打败袁绍，并非经过激烈的交战而后取胜的。而是采取固守的办法，使袁绍的军队懈怠以乘机袭击得手的，如果对待东吴仍然采取这样的办法，那他就错了。东吴凭借着长江天堑以守其国，曹操武器用不上，集中吴国的力量供给周瑜的军队，周瑜的军队就不用担心粮草不足，周瑜坚守的时间越长，他的兵员就越多，粮草也就越充足，士气就会愈旺盛。曹操想用拖时间的办法使吴军懈怠，结果目的没有达到，反而使自己的军队军心涣散。这也是一条原因。曹操的军队二十万人，而原属于刘表后来投降曹操的人几乎占了曹操军队人数的一半，曹操想依靠他们，用他们作为水军，而这些刚归附曹操的军队，对曹操并非铁心归顺，他们怀恋故乡，要想逃散回到故土很近也很方便。再加上原属于刘表的军队又从没有远征的打算，又因为刘备对他们很好他们就拥戴刘备，还怀念刘表的长子刘琦的恩德，所以，当黄盖一把火一烧起来，荆州的这些士兵早就想回到故土首先逃散。这又是一条原因。曹操有这几条失败的原因，以周瑜的才智足以看清这几点，即使没有采用火攻，两军相持数月，曹操也就成了官渡之战时的袁绍了，兵疲而将怠。能分析到这些方面，用兵的忌讳，以及敌人是不是可怕，都可以通过事先的分析而确定。

29.黄权、王累、严颜、刘巴之欲拒先主也，智在一曲而不可谓智，忠在一曲而不可谓忠。奚以明其然也？

张松曰：“曹公兵无敌于天下，因张鲁以取蜀，谁能御之？”诸欲拒先主者，曾有能保蜀而不为操所夺乎？亡有术也。钟繇之兵已向张鲁，危在旦夕，而璋以柔懦待之，夺于曹必矣。与其夺于曹，无如夺于先主，则四子者，料先主之必见夺以为智，知其一曲而不知其大全也，非智也。

四子之于刘焉，豢属耳，非君臣也。焉虽受命作牧，而汉之危亡，风波百沸，焉勿问焉。割土自擅，志士之所不屑事者也。先主虽不保为汉室之忠辅，而犹勤勤于定乱，视焉而愈也多矣。戴非其主而怙之，相依为逆而失名义之大，非忠也。

然则张松、法正其贤乎？而愈非也。璋初迎昭烈，二子者遽欲于会袭之，忍矣哉！君子于此，劝璋以州授先主而保全之，则得矣，其他皆不忠不智之徒也。

30.论治者言得言失，古今所共也；而得不言其所自得，失不言其所自失，故牍满册府，而听之者无能以取益。张纮将黄权、王累、严颜、刘巴想抵抗先主刘备入蜀，他们的才智局限于一个方面因此不能不称为才智，他们的忠心也局限于一面因此不能称之谓忠心。怎么明白他们是这样的呢？

张松说：“曹操的军队无敌于天下，若能通过，张鲁夺取蜀地，谁能抵御他？”那些想抵抗先主刘备入蜀的人，有能力保证蜀地不被曹操夺取吗？他们只会丧失蜀地。当时，曹操的大将钟繇已率兵直指汉中（今陕西汉中县）的张鲁，蜀地形势危在旦夕，刘璋因其懦弱无能而无可奈何，益州如不借助他人之力，肯定会被曹操夺去。与其被曹操夺去，还不如被先主刘备夺去。黄权、王累、严颜、刘巴四人，料到先主刘备一定会夺取益州，认为这是他们的聪明，其实他们只看局部而没有顾及大局全局，因此，这并不是什么聪明。

对于前益州牧刘焉来说，黄权、王累、严颜、刘巴四人是被豢养起来的一类人，他们之间的关系并非君臣关系。刘焉虽然受朝廷的委任作了益州牧，而汉室的危亡，天下的纷争动荡，刘焉却从不过问。像这样割据一方专擅其权的人，有志之士是决不肯也不屑于做他的臣属。尽管不能保证先主刘备成为汉室的忠诚辅臣，却还能够不顾一切致力于平定纷乱，与刘焉相比，他胜过刘焉的地方太多了。拥戴一个不适宜做主人的人而又依仗他，结合在一起共同为逆，结果使他们失去像名和义这样重要的东西，这也不是什么忠诚。

如果这样说的话，那么张松、法正算是有贤德的人吗？那就更不是了。最初，刘璋想把刘备迎接到益州时，他们两人马上就想会合起来袭击刘备，他们的心也太狠了！君子对待这件事的做法应该是：劝刘璋把益州交给刘备，从而保全益州，这样才是正确的。至于其他的人，都是些既不忠心也不聪明之徒。

凡议论治理国家的人，谈到有关治理国家的得与失时，所说的话古今以来没有什么不同，他们所谈的得并不是自己的心得体会，所死，遗笺吴主曰：“人情惮难而趋易，好同而恶异，故与治道相反。”斯言抉得失之机于居心用情之际，闻之者而能悟焉，反求之寸心，而听言用人立政之失焉者鲜矣。

夫人之情，不耽逸豫，天下无不可进之善；不喜谀悦，天下无不可纳之忠。然而中人之于此，恒讳之也。乐逸豫矣，而曰图难者之迂远而无益也；喜谀悦矣，而曰责善者之失理而非法也；反诸其心而果然乎哉？偷安喜谀，一妇人孺子之愚，而远大之猷去之。讳其偷安喜谀之情，则利害迫于身而不知避。其迹刚愎者，其情荏苒；急取其柔情而砭之于隐，然后振起其生人之气。而图治有本，非泛言得失者，令人迷其受病之源，而听之若忘也。奋耻自强，而矫其情之所流，虽圣王之修身立政，又何以加焉！

31.荀彧拒董昭九锡之议，为曹操所恨，饮药而卒，司马温公许之以忠，过矣。乃论者讥其为操谋篡，而以正论自诡，又岂持平之论哉？彧之智，算无遗策，而其知操也，尤习之已熟谈的失也并不是说自己认为是失，所以尽管他们的议论到处都是，但听者并不能从中汲取多少有益的东西。张纮将死的时候，给吴主孙权写了一封信，信中说道：“人之常情就是怕难而趋于易，喜欢同样的东西，而讨厌不同的东西，所以说人之常情则正好与治理国家的道理相违背。”这句话是张纮在总结自己治理国家的得失经验教训的基础上，经过动情认真地思考而得出的结论，凡是听到这段话的人都能醒悟过来，扪心自问，进行反思。因此，听张纮的这番话，就会很少在用人治理国家方面犯错误。

人的情感，如果不沉溺于安逸和贪图享乐，那么天下的一切善事都可以做；如果不喜欢那些阿谀奉迎取悦于己的人，那么天下的一切忠言都可以采纳。然而，有中等才干的人对于此，往往非常忌讳。贪图安逸享乐，就会说要求解决困难的人迂阔好远对国家没有什么好处；喜欢阿谀奉迎的人，就会说要求他做善事的人有失道理属于不法之徒。如果他能扪心自问的反思一下的话果然就是这样吗？苟且偷安喜欢阿谀奉称自己的人，就像是妇女孩子一样愚蠢，那些有远大报负和深远谋略的人就会离他而去。如果把他苟且偷安喜欢阿谀奉称的毛病隐讳起来，那么当利害之事接近他时，他就不知回避。那些刚愎自用的人，他们的感情往往是很脆弱的。只有很快地把他们脆弱的感情取出抛弃掉，才能使他们重振其作为活人的气势。想把国家治理好要有理论为根据，但这种理论决不是那种空泛以谈得失的理论，像他们那些听起来好听但不切实际的空洞理论，听后可以把它当作耳旁风。想奋起雪耻自强，但又流于矫饰其情，对于圣王的修身立政，又有什么好处呢？

荀彧抵制了董昭要曹操加九锡之礼的建议，曹操对此怀恨在心，最后曹操趁荀彧有病之际，赐药毒死彧，司马光认为荀彧对汉室忠诚，其实对荀彧是过誉。也有另外一些人对荀彧为曹操谋篡策划而深悉之；违其九锡之议，必为操所不容矣，姑托于正论以自解，冒虚名，蹈实祸，智者不为，愚者亦不为也，而彧何若是？夫九锡之议兴，而刘氏之宗社已沦。当斯时也，苟非良心之牿亡已尽者，未有不恻然者也。彧亦天良之未泯，发之不禁耳，故虽知死亡之在眉睫，而不能自已。于此亦可以征人性之善，虽牿亡而不丧，如之何深求而重抑之！

彧之失，在委身于操而多为之谋耳。虽然，初起而即委身于操，与华歆、王朗之为汉臣而改面戴操者，抑有异矣。杨彪世为公辅，而不能亡身以忧国；邴原以名节自命，而不能辞召以洁身。蜀汉之臣，惟武侯不可苛求焉，其他则皆幸先主为刘氏之胤，而非其果能与汉存亡者也。然则彧所愧者管宁耳。当纷纭之世，舍宁而无以自全，乃彧固以才智见，而非宁之流亚久矣。季路、冉有，聚敛则从，伐颛臾则为之谋，旅泰山则不救，而子曰："弑父与君，亦不从也。"至于大恶当前，而后天良之存者不昧，祸未成而荏苒以为之谋，圣人且信其不与于篡弑，善恶固有不相掩矣。

很瞧不起，认为他这样做是想通过规谏以自欺欺人，这难道是公正的评价吗？荀彧的才智，算无遗策，料事如神，他对于曹操的了解可以说是非常深刻。抵制给曹操加九锡的建议，肯定会为曹操所不容，姑且假托公正的言论以求自解，图虚名而冒杀身之祸，有才智的人不干，愚蠢的人也不会这样干，而荀彧为什么要这样做呢？如果给曹操加九锡的建议通过，就意味着刘氏的江山不保。当时，假若不是良心完全丧尽的人，不能不为之感到悲痛。荀彧也是天良未完全泯灭的人，禁不住地发上一通议论，所以知死亡迫在眉睫，但他也不能控制自己。从此也可证明人的本性是善良的，荀彧就是这样，尽管他做过一些没有良心的事，但其良心还没有完全丧尽，何必要推崇他或者贬低他呢？

荀彧的过错、在于他投靠曹操，并且做了许多出谋画策的事。尽管如此，当初他归服曹操的时候，与像华歆、王朗等这样的汉室之臣改头换面拥戴曹操又有所不同。杨彪一家祖上都是汉室的公卿辅臣，却不能为国家的利益牺牲自身；邴原自称是非常有气节，却不能回绝曹操的征召而洁身自好。蜀汉的大臣中，除了武侯诸葛亮鞠躬尽瘁，死而后已无可指责以外，其他人都是答应为刘备辅佐刘氏后代，却都不能与汉室共存亡。然而，能使荀彧感到惭愧的人是管宁。当天下动乱纷争的时候，国家如果没有管宁这样的人就不能自我保全。所以荀彧就以自己的聪明才智得到重用。但与管宁相比，他错得太远了。孔子的学生季路，冉有，人聚敛时他们跟从，孔子伐颛臾时他们为他参谋，在泰山旅行遇到危险时，他们又不相救，但孔子对他们评价说：“他们还没有丧尽天良，杀父弑君的事，他们肯不会做。”到了大恶当前的时候，那些尚未丧尽天良的人头脑是很清楚的。但若大祸没有降临，他们又会继续为坏人出谋画策。孔子还相信这样的人不会参与篡权弑君。人的本性是善是恶本来就是难以掩饰住。

且彧之为操谋也，莫著于灭袁绍。绍之为汉贼也，不下于操，为操谋绍，犹为绍而谋操也。汉之贼，灭其一而未尝不快，则彧为操谋，功与罪正相埒矣。若其称霸王之图以歆操，则怀才亟见，恐非是而不为操所用也，则彧之为操谋也，亦未可深罪也。试平情以论之，则彧者，操之谋臣也，操之谋臣，至于篡逆而心怵焉其不宁，左掣右曳以亡其身，其天良之不昧者也。并此而以为诡焉，则诬矣。

32.《春秋》之法，诸侯失国则名之，贱之也；失国又而降焉，贱甚矣。此三代封建之侯国则然，受之先王，传之先祖，天子且不得而轻灭焉，为臣子者，有死而无降，义存焉耳。刘焉之牧益州，汉命之；命之以牧，未尝命之以世。焉死，璋偷立乎其位，益州岂焉所可传子，而璋有宗社之责哉？

先主围成都，璋曰："父子在州二十馀年，无恩德以加百姓，攻战三年，肌膏草野，以璋故也，何心能安。"犹长者之言也。论者曰："刘璋暗弱。"弱者弱于强争，暗者暗于变诈，而岂果昏孱之甚乎？其不断者，不能早授州于先主，而多此战争耳。韩馥之于袁绍，璋之于先主，自知不逮而引退以避之，皆可谓保身之智矣。其属吏悻悻以争气矜之雄，以毒天下，何足况且，荀彧为曹操出的计谋中，没有比灭袁绍的计谋更有名的。袁绍作为汉室叛贼，其作恶的程度是不下于曹操的，为曹操出谋划以图袁绍，就像为袁绍出谋画策以图曹操是一样的。汉室的叛贼，无论先灭掉哪一个都是件好事，那么荀彧为曹操出谋画策，他的功和过是正好相当。假若他在曹操面前为曹操称霸称王出谋画策，以此取得曹操的欢心，那么他虽然怀才想找一个发挥才能的地方，恐怕也是错误的，而且也不会被曹操重用，那么对荀彧为曹操出谋画策这件事，也不可妄加批评。公平而论，荀彧是曹操的谋臣，到了曹操想篡权夺拉谋逆时，荀彧心中很害怕，而且为此而心感不宁，想左右掣肘曹操，结果也因此而死。这说明荀彧的本性是善良的。如果认为荀彧这样完全是为了欺骗人，那就是不容观了。

按照《春秋》中所记载的办法，如果诸侯丧失了他的国家；在记载中就直呼其名，以示对他的鄙视；如果不仅丧失了国家而且又投降了敌人，就更加鄙视他。对于夏、商、周时期被封建的诸侯国都是这样。他们的国家是先王封赐的，又是从先祖那里世代传下来的，天子还不能轻易地灭掉他们。作为臣子，宁可身死不能投降，人虽死了，但大义却永存。刘焉作为益州牧，是汉天子任命他的；任命他作益州牧，并没有让他世代相传州牧这一职位。刘焉死后，其子刘璋没有给朝廷打招呼，就偷偷任益州牧一职，难道刘焉能把益州传给他的儿子吗？难道刘璋有责任建宗立社吗？

先主刘备围困成都的时候，刘璋说："我父子两人在益州三十余年，对老百姓没有什么恩德可言，三年战争又夺去了许多人的生命。这都因为我刘璋，我的心怎么能够平静呢？"刘璋的这几句倒是实话，很像是年长者说的话。有人评论说："刘璋这个人昏暗懦弱。"弱者弱在相互争夺上，暗者则暗在愚昧无知不知权变。难道他真的昏暗懦弱到这样严重的地步吗？他一直犹豫不决，难下决断的是，不能早一点把益州交给先主刘备，因此才尚哉!

33.吴、蜀之好不终,关羽以死,荆州以失,曹操以乘二国之离,无忌而急于篡,关羽安能逃其责哉?羽守江陵,数与鲁肃生疑贰,于是而诸葛之志不宣,而肃亦苦矣。肃以欢好抚羽,岂私羽而畏昭烈乎?其欲并力以抗操,匪舌是出,而羽不谅,故以知肃心之独苦也。

羽争三郡,贪忿之兵也,肃犹与相见,而秉义以正告之,羽无辞以答,而婞婞不忘,岂尽不知肃之志气与其苦心乎?昭烈之败于长坂,羽军独全,曹操临江,不能以一矢相加遗。而诸葛公东使,鲁肃西结,遂定两国之交,资孙氏以破曹、羽不能有功,而功出于亮。刘锜曰:“朝廷养兵三十年,而大功出一儒生。”羽于是以忌诸葛者忌肃,因之忌吴;而葛、鲁之成谋,遂为之灭裂而不可复收。

然而肃之心未遽忿羽而堕其始志也,以义折羽,以从容平孙权之怒,尚冀吴、蜀之可合,而与诸葛相孚以制操耳。身有这样多的战争。韩馥对于袁绍，刘璋对于先主刘备，他们自知能力和实力不及袁绍、刘备，而不早点把他们控制的地区交出来宣告引退，如果他们能这样做，都可以称得上有保身之才智。他们那些属吏悻悻然争强斗气，结果毒害了天下，像这样的人又有什么可以值得推崇的呢？

吴、蜀两国的关系没有自始自终地友好下去，关羽因此而死，荆州因此而丢失，曹操因此而乘两国关系恶化之际，肆无忌惮急于篡权夺位，对于所发生的这一切，关羽难道能推卸其应负的责任吗？关羽驻守江陵（今湖北省江陵县），几次对鲁肃生猜疑之心，这样就导致了诸葛亮的战略决策难以实施，而鲁肃也因此吃尽了苦头。鲁肃对关羽友好相待，难道他想讨好关羽，是害怕烈皇帝刘备吗？不是的。鲁肃只是想使吴、蜀联合起来共同抵御曹操，当时谣言四起，孙吴政权有人反对鲁肃，而关羽一点也不体谅鲁肃，所以可以知道当时鲁肃的心是倍受熬煎。

关羽为了争夺南郡（今湖北省江陵）、襄阳、樊城（后两地指今湖北省襄樊市）三郡，起贪忿之兵，鲁肃仍然和他相告，凭仁义之心正告关羽不要贪心，关羽对此虽无辞对答却耿耿于怀，难道他一点都不知道鲁肃的计划和他的一片苦心吗？昭烈皇帝刘备被曹操军队大败于长坂（今湖北省当阳县东北），关羽的军队没有受到任何损失，当曹操临过长江时，关羽的军队根本没有与曹军接触。而诸葛亮东去孙吴，鲁肃则西结刘备，于是就确立了两国的友好关系，这种友好关系足以帮助孙权大破曹操的军队。对此，关羽没有丝毫功劳，大功全是诸葛亮建立的。刘铸曾说："朝廷养兵三十年，而大功却出自一介儒生。"于是，关羽非常忌妒诸葛亮，也忌妒鲁肃，并因此嫉恨孙吴。诸葛亮和鲁肃共同制定的联合抗曹的战备决策，于是就被关羽破坏，以至发展到不可收拾的地步。

尽管如此，鲁肃之心并没有因为生关羽的气而马上改变其联刘抗曹的初衷，他以大义折服关羽，又从容不迫分析利害以平息孙权遽死而授之吕蒙，权之忮无与平之，羽之忿无与制之，诸葛不能力争之隐，无与体之，而成谋尽毁矣。肃之死也，羽之败也。操之幸，先主之孤也。悲夫！

34.金祎、耿纪、韦晃欲挟天子伐魏，使其克焉，足以存汉乎？不能也。幸而不败，又幸而杀操，尔朱兆之死，拓拔氏乃以奔窜而见夺于宇文，非但如董卓之诛，献帝一日不能安于长安已也。故董承之计非计，而伏完为甚，至于金禕而尤甚矣。虽然，至于金祎、耿纪、韦晃之时，更无可以全汉之策，而忠臣志士捐三族以与国俱碎，虽必不成，义愤之不容已，亦烈矣哉！

于是而孙权之罪不容诛也，怀愤嫉于先主，而请降于操，操无忌矣。关羽出襄、邓，向宛、雒，而怀忿以与孙氏争，操知之而坐待其败。普天之下，为汉臣者，唯三子之不恤死而誓与献帝俱殉社稷耳，其他皆贪忿以逞者。忠臣志士无可俟之机，而又何择焉？

35.关羽，可用之材也，失其可用而卒至于败亡，昭烈之骄之也，私之也，非将将之道也。故韩信之称高帝曰："陛下的心头之怒，还希望吴、蜀两国能够联合起来，以便与诸葛亮相互信任共同抵御曹操。遗憾的是，鲁肃很快就去世了，他死后，吴国军权就由吕蒙掌握，而在这时，孙权内心愤恨已无人来平息他，关羽的愤怒也无人制止他，而诸葛亮不能力争的隐痛也无人来体谅他，最后导致了他们的战略决策彻底失败。鲁肃去世了，关羽兵败被杀了。曹操所希望看到的，正是先主刘备的孤立。令人痛心啊！

金祎、耿纪、韦晃想挟天子征讨魏王曹操，假如他们真能打败曹操，足以保证汉室不灭亡吗？肯定是不能的。如果侥幸他们没有失败，进一步说若他们侥幸杀了曹操，天下也不会安定。北魏尔朱兆被杀以后，北魏天子到处奔窜，最后被宇文氏夺走了政权，并非仅仅是董卓被诛的时候，汉献帝不能在长安过一天的安静日子，他们三人即使杀了曹操，天下也会是这样的结果。所以董承之计就不是什么好计谋，到伏完时就更不是了，到了金讳三人时尤其不是什么好计策。尽管如此，到了金祎、耿纪、韦晃三人的时候，已经没有可以保全汉室的计策了，然而，他们三人作为忠臣志士指出自己的三族与国家一起灭亡，虽然他们的策划必然要失败，但他们难以压抑的义愤促使他们这样做。他们所做所为，也是很壮烈的。

从此而言，孙权可谓是罪不容诛，他怀着对先主刘备的愤怒和嫉恨，向曹操请求投降，曹操就更肆无忌惮了。关羽从襄阳、邓（今河南邓州市）出兵，直指宛（今河南省南阳市）、洛阳，心怀忿恨要与孙权争个高低，曹操对他们之间的关系非常了解，因此就忍心等待他们内讧，两败俱伤，当时，普天之下，身为汉朝大臣的人中，只有金祎、耿纪、韦晃三人不怕身死，誓死与献帝共同为国家社稷殉身，其他人都是些贪忿以逞其强之徒，忠臣志士没有可以等待的机会，又怎么把他们与别的人区别开呢？

关羽，是位可用之材，由于没有很好地发挥他应有的作用，结果他本人兵败被杀，蜀国又失去了军事要地荆州。之所以会有这样的结能将将。”能将将而取天下有馀矣。先主之入蜀也，率武侯、张、赵以行，而留羽守江陵，以羽之可信而有勇。夫与吴在离合之间，而恃笃信乎我以矜勇者，可使居二国之间乎？定孙、刘之交者武侯也，有事于曹，而不得复开衅于吴。为先主计，莫如留武侯率云与飞以守江陵，而北攻襄、邓；取蜀之事，先主以自任有馀，而不必武侯也。然而终用羽者，以同起之恩私，矜其勇而见可任，而不知其忮吴怒吴，激孙权之降操，而鲁肃之计不伸也。

然则先主岂特不能将羽哉？且信武侯而终无能用也。疑武侯之交固于吴，而不足以快己之志也。故高帝自言能用子房者，以曹参之故旧，百战之功，而帷幄之筹，唯子房得与焉。不私其旧，不骄其勇，韩、彭且折，况参辈乎？先主之信武侯也，不如其信羽，明矣。诸葛子瑜奉使而不敢尽兄弟之私，临崩而有“君自取之”之言，是有武侯而不能用，徒以信羽者骄羽，而遂绝问罪曹氏之津，失岂在羽哉？先主自贻之矣。

果，主要是刘备纵容他，偏向他所造成的。刘备对待关羽的态度，不是统率将领的正确办法。所以，韩信称赞汉高祖刘邦说："陛下您能够统率将领。"能够统率将领，那么夺取天下就绰绰有余了。先主刘备进入益州的时候，率领武侯诸葛亮、张飞、赵云和他一进入益州，而留关羽驻守江陵（今湖北省江陵县），这是因为他对关羽特别信任而且关羽有勇力。在两国关系处于离合不定的情况下，使用自己特别信任而喜欢夸耀其勇力的人，像这样的人能让他驻扎在两国之间吗？建立起孙吴、蜀汉两国友好关系的人是武侯诸葛亮，既然要北讨曹操，就不能与吴国开战。为先主刘备考虑，不如留武侯诸葛亮率领赵云、张飞驻扎江陵，向北进攻襄阳、邓两地。夺取益州的事，先主刘备一个人担当起就绰绰有余，而一定要武侯诸葛亮去。然而，刘备最终是留关羽驻守江陵，只因为他们是结拜兄弟可以信任，关羽之勇力足以守江陵。然而，刘备却不知道关羽非常恨吴国，他与吴国争斗的结果，促使孙权向曹操请降，而鲁肃的计划被彻底打乱。

这样说来，那么难道刘备仅仅是不能统率关羽吗？刘备信任武侯诸葛亮却不能重用他。因为他对武侯诸葛亮要与孙吴结成巩固友好的关系不理解，而且这样也不能满足他的志向。所以，汉高祖自己说他能重用张良，因为当时只有张良可以参与运筹帷幄，像曹参这样的人既是高祖的故旧又有显赫的战功却不能参与。不偏爱其故旧，不纵容他们的勇力，韩信、彭越况且折服，更何况曹参呢？很明显，先主刘备对武侯诸葛亮的信任，比不上对关羽的信任。诸葛亮的哥哥诸葛瑾出使蜀国也不敢与诸葛亮尽兄弟之情。刘备临崩前才醒悟过来说："若嗣子刘禅可辅则辅之，如其不才，君可取而代之。"但已为时晚矣。刘备有武侯诸葛亮却不能重用，只相信关羽纵容关羽，结果丧失了征讨曹操的好机会，这个过失难道仅仅在关羽吗？这是先主刘备自己一手造成的。

卷十

三国

1.国之亡，有自以亡也，至于亡，而所自亡之失昭然众见之矣。后起者，因鉴之、惩之，而立法以弭之；然所戒在此，而所失在彼，前之覆辙虽不复蹈，要不足以自存。汉亡于宦官外戚之交横，曹氏初立，即制宦者官不得过诸署令，黄初三年，又制后家不得辅政，皆鉴汉所自亡而惩之也。然不再世，而国又夺于权臣。立国无深仁厚泽之基，而豫教不修，子孙昏暴，扑火于原，而焰发于烓灶，虽厚戒之无救也。

自其亡而言之，汉之亡也，中绝复兴，暴君相继，久而后失之；魏之亡也不五世，无桀、纣之主而速灭；以国祚计之，汉为永矣。乃自顺帝以后，数十年间，毒流天下，贤士骈首以就死，穷民空国以胥溺，盗贼接迹而蔓延；魏之亡也，祸不加于士，毒不流于民，盗不骋于郊；以民生计之，魏之民为幸矣。故严椒房之禁，削埽除之权，国即亡而害及士民者浅，仁人之泽，不易之良法也。

一个国家的灭亡，自有灭亡的原因，到它快要灭亡的时候，它要灭亡的征兆毫无掩饰地表现出来，而且众人也都能看到这些征兆。后起建国的人，把前代亡国的过失拿来作为借鉴，当作教训，而且颁布一些法令以防止类似事件的再次发生。然而，这样做却往往顾此而失彼，虽有前车之鉴不至于重蹈覆辙，但抓住这个要领还不足以保证国家自存下去。汉室是因为外戚和宦官交替掌握国家政权而亡的，曹魏建国之初，就规定宦官的最高官职不能超过署令之类的职务。黄初三年（公元222年），又规定，外戚之家不得作辅政之臣。所有这些都是借鉴汉朝灭亡的教训而制定的。然而，曹魏政权下传二代，国家就被权臣司马氏所篡夺。建立一个国家没有深仁厚泽作为基础，再加上豫教不修，后世子孙昏庸暴虐，就像是扑灭了草原上的火，而灶炉之火又燃烧开来，尽管想高度戒备它但也无济于事，也难于挽救将要灭亡的命运。

从自取灭亡这一点来说，汉朝的灭亡，西汉灭亡后，东汉再度中兴，此后暴君是一个接着一个，这样持续了很长时间以后国家就彻底灭亡了。曹魏没有传够五代国家就灭亡了。虽没有像夏桀、商纣王那样残暴的君主，但国家仍然很快地灭亡了。从国家存在的时间计算，汉代存在的时间算是最长的了。东汉王朝自顺帝以后，几十年间，毒害天下，贤良之士或是禁锢或是被处死，全国的穷苦百姓都被抓去服劳役，强盗叛贼彼伏此起接连不断并且颇有蔓延扩大之势。曹魏快要灭亡的时候，士大夫没有遭到大祸，老百姓也没有遭受伤害，荒郊僻野也没有盗贼，从老百姓的利益考虑，曹魏的百姓算是比较幸运的了。所以，严格限制后宫及外戚的权力，削除洒扫之徒宦官的权力，乃昏主则曰：外戚宦官，内侍禁闼，未尝与民相接，恶从而朘削之？且其侈靡不节，间行小惠，以下施于贫乏，何至激而为盗？其剥民以致盗者，士大夫之贪暴为之也。夫恶知监司守令之毒民有所自哉？纨袴之子，刑馀之人，知谀而已，知贿而已；非谀弗官也，非贿弗谀也，非剥民之肤弗贿也，则毒流四海，填委沟壑，而困穷之民无所控告。犹栩栩然曰：吾未尝有损于民，士大夫吮之以为利，而嫁祸于我以为名。相激相诋，挟上以诛逐清流，而天下钳口结舌，视其败而无敢言。汉、唐、宋之浸败而浸亡，皆此繇也。其能禁此矣，则虽有夺攘之祸，而民不被其灾。故司马篡曹，潜移于上而天下不知。勿曰防之于此，失之于彼，魏之立法无裨于败亡也。

2.魏从陈群之议，置州郡中正，以九品进退人才，行之百年，至隋而始易，其于选举之道，所失亦多矣。人之得以其姓名与于中正之品藻者鲜也，非名誉弗闻也，非华族弗与延誉也。故晋宋以后，虽有英才勤劳于国，而非华族之有名誉者，谓之寒人，不得与于荐绅之选。其于公天爵于天下，而奖斯人国家即使灭亡了，对老百姓的危害也是比较轻的。因此，限制后宫外戚、宦官的权力也是仁义之君的恩泽，是历代不能更改的好办法。

那么，有些昏君庸主就会说：外戚、宦官、内侍、近臣。他们从没有接触百姓的机会，怎么能残酷地剥削百姓呢？况且，他们虽然奢侈腐化，不拘小节，但他们有时对贫穷的百姓施一些小恩小惠，何至于把老百姓逼为盗贼呢？残酷地剥削百姓并逼他们走上盗贼之路的，是士大夫们的贪婪残暴的行为一手造成的。怎么知道那些地方的官员能毒害百姓呢？那些出身外戚的纨绔子弟、身受阉割的宦官，只知道阿谀奉承而已，只知道贪污纳贿而已。不阿谀奉承就不能得官。不贿赂就没有阿谀奉承的机会，不残酷地剥削百姓就没有东西去贿赂，这样的结果就是残暴地毒害天下，但穷困的老百姓又无处控告他们。还高兴自得地说：我从没有损害过老百姓的利益，是那些士大夫剥削老百姓，嫁祸于我们的头上。这样，士大夫和外戚宦官就相互攻击相互诋毁。最后，外戚宦官就会挟皇帝之名驱逐诛杀士大夫，使天下人张口结舌，看着士大夫被杀被逐不敢申张正义。汉朝、唐朝、宋朝的逐渐失败灭亡，原因都在于此。凡是能够禁止这类事情发生的国家，那么即使国家政权有被夺之祸，也不会给老百姓造成什么灾难。所以，司马氏篡夺曹魏政权，就是不露声息地从上层夺起，使天下不知不觉之时，曹魏政权已归司马氏。不要说防之于此，失之于彼，是曹魏建立的法令对于其国家的灭亡没有任何帮助。

曹魏政权听取吏部尚书陈群的建议，在各州郡分别设置大小中正官，中正官把当地的人才根据一定的标准划分为九个等级，即九品，并根据人才的等级向中央推荐。这项用人制度推行了数百年，直到隋朝才开始被科举制所取代。这种制度有关选举人才的办法，可以说有许多不完善的地方。很少有人能使自己的姓名让中正官知道，并让中正官为他作出一个客观公正的评价，获得一个与其相称的等以同善之道，殊相背戾，而帝王公天下之心泯矣。

然且行之六代而未尝不收人才之用，则抑有道焉。人之皆可为善者，性也；其有必不可使为善者，习也。习之于人大矣，耳限于所闻，则夺其天聪；目限于所见，则夺其天明；父兄熏之于能言能动之始，乡党姻亚导之于知好知恶之年，一移其耳目心思，而泰山不见，雷霆不闻；非不欲见与闻也，投以所未见未闻，则惊为不可至，而忽为不足容心也。故曰："习与性成。"成性而严师益友不能劝勉，醲赏重罚不能匡正矣。

是以古之为法，士之子恒为士，农之子恒为农，非绝农人之子于天性之外也，虽欲引之于善，而噎霾久蔽，不信上之有日，且必以白昼秉烛为取明之具，圣人亦无如此习焉何也。故曰："民可使由之，不可使知之。"不可使知矣，欲涤除而拂拭之，违人之习，殆于拂人之性，而恶能哉？则靳取之华胄之子、清流之士、以品骘而进退之，亦未甚为过也。父母者，乾坤也，即以命人之性者也；师友交游者，臭味也，即以发人之情者也；见闻行习者，造化也，即以移人之气体者也。知此，则级，因为没有名气中正官就不会知道，不是世家大族子弟就不会有名气。所以东晋、南朝刘宋王朝以后，尽管是英俊之才而且为国勤劳工作，但因不是世家大族因而名气也就不大，这样的人称之谓寒人，也因为此，他们也就不能参加高级官吏的选拔。这与把官职向所有天下的人开放，鼓励人们以自己的才干去争取的精神，是严重违背的。正因为此，封建帝王以天下为公之心也就泯灭了。

但是这项制度推行了六代也并不是说没有延揽一些人才，它还是有一定的办法的。人都可以成为好人，这是人们善良的本性所决定的。也有必不能使人成为好人的因素，这就是人们的坏习惯。习惯对于人的影响太大了。如果听到的很少，他知道的就不多；所看到的很少，他了解也就不多。当一个人能说能动的时候，就开始受到父亲兄长的熏陶，当他到了知道好坏的时候，他又会受到乡里乡亲的影响，一旦他的心思不在某些方面，即使这些方面遇一些大的事他也会不闻不问。这并不是他不想见到或听到，而是在那样的环境中不可能见到或听到，即使偶而听到看到也不会放在心上。所以说，有“习惯成性”的说法。如果一个人在某个方面习惯成性，即使是严师益友也不能规劝他，厚赏重罚也难以匡正他。

所以，古人的作法是，士人之子永远是士人，农民之子永远是农民，并不是要把农民子弟排除在天性之外，尽管想把他往好的方向引导，但因其久处于愚昧之中，他就不相信天上有太阳，而且在白天也要用点燃蜡烛作为照明的工具，对于有这样习性的人，即使圣人再世也拿他没办法。所以说：“民可使由之，不可使知之。”不能让他知道，要是想违背他们的习惯，彻底改掉他们的习惯，那就与改变人的本性一样困难，难道能办得到吗？那么，只选世家大族子弟，清流的士人，然而根据他们的等第或进或退，也并不是太过分。父母是天地，是他们确定了一个人的善恶。老师、朋友相互交往的人，都于是以求材焉，有所溢，有所漏，然而鲜矣。

唐之举进士也，不以一日之诗赋，而以名望之吹嘘，虽改九品中正之制，犹其遗意焉。宋以后，糊名易书，以求之于声寂影绝之内，而此意殆绝。然而学校之造士也夙，而倡优隶卒之子弟必禁锢之，则固天之所限，而人莫能或乱者。伊尹之耕，傅说之筑，胶鬲之贾，托以隐耳。岂草野倨侮、市井锥刀之中，德色父而诟谇母者，有令人哉？

3.以先主绍汉而系之正统者，为汉惜也；存高帝诛暴秦、光武讨逆莽之功德，君临已久，而不忍其亡也。若先主，则恶足以当此哉？

光武之始起也，即正讨莽之义，而誓死以挫王邑、王寻百万之众于昆阳，及更始之必不可为君而后自立，正大而无惭于祖考也。而先主异是。其始起也，依公孙瓒、依陶谦，以与人争战，既不与于诛卓之谋；抑未尝念袁绍、曹操之且篡，而思扑之以存刘氏；董承受衣带之诏，奉之起兵，乃分荆得益是同类的人，是他们激发了人的情感。所见所闻行为习惯，是一个人的运气，它可以改变一个人的气质与性格。了解了这些，那么在选拔人才的时候，有的被幸运地多选上，有的很遗憾被遗漏，但一般情况下这样的事情较少，能够选上的大多都是时代所需要的人。

到了唐代，实行了科举考试选拔进士，但一个人能否中进士，并不是根据你的诗赋考试的成绩，而是取决你的知名度及别人对你称扬，因此唐代的科举考试虽然改变了不公正的九品中正选官制度，但仍然保留了九品中正制的某些痕迹。宋代以后，科举考试制度实行糊名（密封）誊录制度，科考评卷全是保密的情况进行的，这样九品中正选官制的遗留才算彻底改变。然而，学校培养士大夫的风气也由来以久，而那些从事娼妓表演、衙役、兵丁等贱业的人被严格禁止，这是上天对他们的限制，人类是不能打乱这个界限的。至于古代的伊尹、傅说、胶鬲他们虽是出身卑微而作了高官，他不过以此来托迹隐身。难道荒草野地，偏僻的乡村，市井中商贾之子，那些对父母都不尊重的人中，能有适合当官的好人吗？

因为先主刘备建立蜀汉，继承了汉室的地位，就把他当作正统，这是人们对汉朝的灭亡感到惋惜才这样做的。人们心存汉高祖刘邦推翻残暴的秦王朝、光武皇帝刘秀征讨逆臣王莽的功德，由于汉室统治的时间太长了，人们都不忍心看到他的灭亡。像先主刘备这样的人能够担当此任吗？

光武帝刘秀起兵的时候，一开始就打出征讨逆贼王莽的旗帜，以申明大义，后来他又舍身忘死在昆阳（今河南省叶县）之战中力挫王邑、王寻的数百万军队，直到更始帝刘玄显示出一定不能作个好君主时，他才自立为帝。从他的所作所为看，他是正大光明地称尊号的，是无愧他的祖先的。而先主刘备则不然。他开始起兵的时候，他先是投靠公孙瓒，接着又投靠陶谦，像他们的爪牙一样为他们与人而忘之矣。曹操王魏，己亦王汉中矣；曹丕称帝，己亦帝矣；献帝未死而发其丧，盖亦利曹丕之弑而己可为名矣；费诗陈大义以谏而左迁矣；是岂誓不与贼俱生而力为高帝争血食者哉？

承统以后，为人子孙，则亡吾国者，吾不共戴天之仇也。以苻登之孤弱，犹足以一逞，而先主无一矢之加于曹氏。即位三月，急举伐吴之师，孙权一骠骑将军荆州牧耳，未敢代汉以王，而急修关羽之怨，淫兵以逞，岂祖宗百世之仇，不敌一将之私忿乎？先主之志见矣，乘时以自王而已矣。

故为汉而存先主者，史氏之厚也。若先主，则固不可以当此也。羿篡四十载而夏复兴，莽篡十五年而汉复续，先主而能枕戈寝块以与曹丕争生死，统虽中绝，其又何伤？尸大号于一隅，既殂而后诸葛有祁山之举，非先主之能急此也。司马温公曰："不能纪其世数。"非也。世数虽足以纪，先主其能为汉帝之子孙乎？

争战，既没有参与征讨叛贼董卓的活动，也从没有想到袁绍、曹操将谋篡汉室时，为保住刘氏的江山社稷而灭掉袁绍、曹操。董承接到献帝写的衣带诏以后，就拥戴刘备起兵，但等到刘备从孙权处借了荆州后，早就把衣带诏的事忘到九霄云外去了。曹操称魏王时，他也称汉中王；曹丕废掉汉献帝自称尊号时，他也称皇帝；汉献帝虽被废但并没有死，而刘备却为他发丧，大概他也是想通过宣扬曹丕弑君而向世人昭示自己即皇帝之位是名正言顺的；大臣费诗陈述大义来劝谏刘备，却受到贬谪。凡此种种，难道可以说刘备誓不与贼同存，而力争保全汉高祖开创的江山社稷吗？

继承大统以后，作为先祖的子孙，那么对于灭亡我国的人，我就与他有不共戴天之仇，誓死必报。像苻登这样的人，尽管很孤立，实力也很弱，仍没有忘记报灭国之仇，而先主刘备逃到荆州以后从没有亲自率军与曹军打过一仗。即皇帝位三个月以后，又急忙率大军亲征孙吴，谁也阻拦不住，孙权当时仅为一骠骑大将军、荆州牧罢了，他也没敢代汉称王。而刘备却因关羽被杀一事，急于修怨孙吴，穷兵黩武，难道灭国之仇还不比上一将被杀之仇大吗？由此可见刘备的志向，无非是想乘机自立为王而已，至于汉室兴与亡，汉献帝的生死他并不真正关心。

所以，先主刘备延续汉室，历来都是为史家所津津乐道的事。若对于先主刘备本人来讲，他则肯定不能担任如此厚誉。后羿篡夺夏朝政权四十年，而夏朝再次兴起，王莽篡夺西汉政权十五年，而汉朝又能延续下去。假如先主刘备能够卧薪尝胆，与曹丕争个你死我活，虽然汉室中绝，对他的名声又有什么伤害呢？而先主刘备却偏安一隅，尸位素餐，他死后，诸葛亮才率大军出祁山北伐曹氏，先主刘备是不会急于干事的。司马光说："不能把刘备记入汉室的世数。"这是不对的。世数虽然可以记，先主刘备难道能称为汉帝的子孙吗？

4.谈君臣之交者，竞曰先主之于诸葛。伐吴之举，诸葛公曰：“孝直若在，必能制主上东行。”公之志能尽行于先主乎？悲哉！公之大节苦心，不见谅于当时，而徒以志决身歼遗恨终古，宗泽咏杜甫之诗而悲惋以死，有以也夫！

公之心，必欲存汉者也，必欲灭曹者也。不交吴，则内掣于吴而北伐不振。此心也，独子敬知之耳。孙权尚可相谅，而先主之志异也。夫先主亦始欲自强，终欲自王，雄心不戢，与关羽相得耳。故其信公也，不如信羽，而且不如孙权之信子瑜也。疑公交吴之深，而并疑其与子瑜之合；使公果与子瑜合而有裨于汉之社稷，固可勿疑也，而况其用吴之深心，勿容妄揣也哉！先主不死，吴祸不息，祁山之军不得而出也。迨猇亭败矣，先主殂矣，国之精锐尽于夷陵，老将如赵云与公志合者亡矣；公收疲敝之馀民，承愚暗之冲主，以向北方，而事无可为矣。公故曰：“鞠躬尽瘁，死而后已。”唯忘身以遂志，而成败固不能自必也。

向令先主以笃信羽者信公，听赵云之言，辍东征之驾，乘谈论君臣之间的交情的人，都会说道先主刘备与诸葛亮可谓是君臣之交的典范。然而，刘备起兵伐吴的时候，诸葛亮说："法正若在的话，一定能制止陛下东征。"诸葛先生的想法，难道先主刘备都能采纳吗？令人痛心啊！诸葛先生的大节和苦心，不能被当时的人所理解，而只能自己实现其抱负，但终因出师未捷身先死，遗恨千古。宋代名将宗泽临终反复吟咏杜甫写诸葛亮的《蜀相》诗，悲愤而死，这也是有原因的。

诸葛亮的心愿，就是想一定要保存汉室，一定要灭掉曹氏。不结交孙权，那么就会受到孙吴的掣肘，使北伐难以成行。诸葛亮的这个心思，只有鲁肃理解他。孙权可以联合，而先主刘备之志却与此截然不同。先主刘备开始起兵的时候是想自强，最终的心愿是想自立为王，他不愿意收敛其雄心，这一点他与关羽是相同的。所以他对诸葛亮的信任程度远远比不上对关羽的信任，而且也不像孙权一样，信任诸葛亮的兄长诸葛瑾。刘备怀疑诸葛亮与吴国交往得太深了，并且还怀疑诸葛亮与他的兄长诸葛瑾合作。如果诸葛亮与诸葛瑾真的合作了，而且这种合作对巩固汉朝的江山社稷有帮助，当然是不能怀疑的，更何况诸葛亮深结孙吴之心是不容妄加揣测的呢？先主刘备不死，征吴之兵就不会停止，与东吴的战端就不会休止，诸葛亮也就不能出兵祁山北伐曹魏。到了猇亭（今湖北省宜都县北）之战失败以后，先主刘备紧接着就去世了，蜀国的精锐完全被东吴消灭在夷陵（今湖北省宜昌市东面），一些与诸葛亮志同道合的老将如赵云也先后去世。诸葛亮面临的是疲敝不堪的百姓，昏庸愚昧的后主，就凭这样的条件，出兵征讨曹魏是不会有什么大的作为的，诸葛亮说："鞠躬尽瘁，死而后已。"在这种情况下，他只有忘身以遂其志了，但成败确实是难以预料了。

此前，假如先主刘备就像坚信关羽一样相信诸葛亮，听从赵云曹丕初篡、人心未固之时，连吴好以问中原，力尚全，气尚锐，虽汉运已衰，何至使英雄之血不洒于许、雒，而徒流于猇亭乎？公曰："汉、贼不两立。"悲哉其言之也！若先主，则固非有宗社存亡之戚也，强之哭者不涕，公其如先主何哉？

张良遇高帝而志伸，宗泽遇高宗而志沮；公也，子房也，汝霖也，怀深情而不易以告人，一也，而成败异。公怀心而不能言，诚千秋之遗憾与！

5.杨颙之谏诸葛公曰："为治有体，上下不可相侵。"大哉言矣！公谢之，其没也哀之，而不能从，亦必有故矣。公之言曰："宁静可以致远。"则非好为烦苛以竞长而自敝者也。

先主之初微矣，虽有英雄之姿，而无袁、曹之权藉，屡挫屡奔，而客处于荆州，望不隆而士之归之也寡。及其分荆据益，曹氏之势已盛，曹操又能用人而尽其才，人争归之，蜀所得收罗以为己用者，江、湘、巴、蜀之士耳。楚之士轻，蜀之士躁，虽若费祎、蒋琬之誉动当时，而能如钟繇、杜畿、崔琰、陈群、高柔、贾逵、陈矫者，亡有也。军不治而唯公治之，民不理而唯公理之，政不平而唯公平之，财不足而唯公足之；任李严而严乱其纪，任马谡而谡败其功；公不得已，而察察于纤微，的建议，不去亲征孙吴，而是趁曹丕刚刚篡位，人心不稳的时候，联合孙吴，共同讨伐，再加上军队实力雄厚，气势强盛，尽管汉运已衰，难救其亡，何至于使英雄们的鲜血不洒在许昌、洛阳，而白白流在猇亭呢？诸葛亮说：“汉、贼不两立。”他的话是很悲壮的。至于先主刘备，本来对汉室的灭亡并不感到痛心，勉强哭也没有用。诸葛亮能拿先主刘备怎么样呢？

张良遇到汉高祖刘邦，他的愿望得到实现；宗泽遇到宋高宗，他的心愿就难以满足。诸葛亮就是当年的张良、宗泽，他们都有深沉的情感而不轻易告诉人，这是他们的相同点，但他们的成败却不相同。诸葛亮心怀崇高愿望却不能道出，真是让人遗憾千古啊！

杨颙规劝诸葛亮说：“治理国家要有规则，上下级之间不能相互干涉。”这是杨颙针对诸葛亮常干预下级所管理的事务而说的，但这话未免太不客气了！诸葛亮非但没有生气，反而向他承认是自己错了，杨颙死时，诸葛亮还哀悼他。但是，杨颙的建议，诸葛亮没有采纳，这也一定是有什么原因。诸葛亮有句话说：“宁静可以致远。”可见，诸葛亮并不是为了显示自己而做那些繁杂的小事而使自己疲惫不堪。

当初，先主刘备的地位比较低而不为人所知的时候，尽管他有作为英雄的才能，却没有袁绍、曹操的实力可凭借，因此屡次受挫屡次逃奔，最后客居在荆州，由于他名声不大，归附他的人也很少。到了他借到荆州占据益州时，曹操的势力很盛。曹操又能知人善任，人尽其才，人们都争着归附他。刘备能够收罗到而又为己所用的人，无非是江、湘、巴、蜀地区的士人而已。楚地的士人随便，而蜀地的士人急躁，虽然有名重当时的费祎、蒋琬这样的人，但能像钟繇、杜畿、崔琰、陈群、高柔、贾逵、陈矫这样的人，却没有。蜀中无人统军，只有诸葛亮来统率，无人理民也只有诸葛亮来管理。政不平也只有以为訏谟大猷之累，岂得已乎？

夫大有为于天下者，必下有人而上有君。而公之托身先主也，非信先主之可为少康、光武也，耻与荀彧、郭嘉见役于曹氏，以先主方授衣带之诏，义所可从而依之也。上非再造之君，下无分猷之士，孤行其志焉耳。向令庞统、法正不即于溘亡，徐庶、崔州平未成乖散，先主推心置腹，使关羽之傲、李严之险，无得间焉，领袖群才，各效其用，公亦何用此营营为也？公之泣杨颙也，盖自悼也。

6.汉、魏、吴之各自帝也，在三年之中，盖天下之称兵者已尽，而三国相争之气已衰也。曹操知其子之不能混一天下，丕亦自知一篡汉而父子之锋铓尽矣。先主固念曹氏之不可摇，而退息乎岩险。孙权观望曹、刘之胜败，既知其情之各自帝，而息相吞之心，交不足惧，则亦何弗拥江东以自帝邪？权所难者，先主之扼其肘腋耳。先主殂于永安，权乃拒魏而自尊，乐得邓芝通好以安处于江东。繇此观之，此三君者，皆非有好战乐杀之情，而所求未得，所处未安，弗获已而相为扞格也。

诸葛亮使之平衡，国家财力不足也只有诸葛亮来理财。诸葛亮任用李严，李严却乱其纪律，重用了马谡，马谡却不按他的布置去做，结果功败垂成。诸葛亮实在是没有可用之人的情况下，不得已才事必躬亲，关心那些小事，他想全身心地投入到大的谋划决策之中，怎么能办得到呢？

在天下，大有作为的人，必须下有其助手而上有明君。诸葛亮托身于先主刘备，并不因为他相信刘备会成为少康、光武帝刘秀那样的中兴之主，而是耻于像荀彧、郭嘉那样为曹操奴役的士人，因为刘备当时刚接受献帝让他诛杀曹操的衣带诏，从大义上讲可以追从。因此才依归刘备。但刘备并不是那种再造中兴的君主，而诸葛亮之下又没有为他分担忧愁的合适的助手，因而诸葛亮是一个人在为实现其报负而奋斗着，前此，如果庞统、法正还活着的话，徐庶、崔州平和他共事的话，如果先主刘备又能推心置腹，那么关羽的恃才傲物，李严的险恶不法也就没有机会表现出来，君主和大臣，各尽其用，诸葛亮用得着如此关心那些小事吗？诸葛亮为杨颙而泣，大概也是为自己悲伤。

在三年之中，蜀汉、魏、吴三国都各自有了自己的君主，之所以如此，大概是天下除他们之外已没有称兵者，而三国之间相互争斗的气势也衰竭了。曹操知道他的儿子不能统一天下，曹丕自己也知道，他篡汉自代以后，其父子的锐气也已消耗殆尽。先主刘备本来就认为曹氏是不可动摇，于是就退到了崇山峻岭包围的蜀地过太平日子去了。孙权坐观曹、刘两家的胜败，既知道他们各自称帝之后，已停止了相互争夺吞并之心，都不足以害怕，那么他为什么不占据江东地区也自称尊号呢？孙权所恐惧的是，先主刘备一直对他怀恨在心，伺机进攻。先主刘备死于永安宫（在今四川省奉节县）后，孙权已无所畏惧，于是就断绝和曹魏的关系而自称尊号，更让他高兴的是，诸葛曹氏之战亟矣，处中原而挟其主，其敌多，其安危之势迫，故孙氏之降，知其非诚而受之。敌且尽，势且安，甘苦自知，而杀戮为惨，亦深念之矣。孙氏则赤壁之外无大战也。先主则收蜀争荆而姑且息也。是以三君者，犹可传之后裔，而不与公孙、袁、吕同殄其血胤。上天之大命集于有德，虽无其德，而抑无乐杀之心，则亦予之以安全。天地之心，以仁为复，岂不信哉？

丕之逆也，权之狡也，先主之愎也，皆保固尔后而不降天罚，以其知止而能息民也。逆与狡，违道甚矣，而惟愎尤甚。先主甫即位而兴伐吴之师，毒民以逞，伤天地之心，故以汉之宗支而不敌篡逆之二国。先主殂，武侯秉政，务农殖谷，释吴怨以息民，然后天下粗安。蜀汉之祚，武侯延之也，非先主之所克胜也。

7.蜀汉之义正，魏之势强，吴介其间，皆不敌也，而角立不相下，吴有人焉，足与诸葛颉颃。魏得士虽多，无有及之者也。立国之始，宰相为安危之大司，而吴之舍张昭而用顾雍，雍者，允为天子之大臣者也，屈于时而相偏安之国尔。

亮派邓芝来东吴修好，这就使江东地区处于非常安稳的境地。由此观之，这三位君主，都没有好战乐杀之情，但他们所求未得，所处未安时，他们想获得而没有获得时才相互对抗。

当初，曹氏的战争比较多，再加上他地处中原胁迫其主，树敌颇多，因此，其安危的形势也很紧迫，所以，孙权请求投降，曹氏知道他不是诚心但仍然接受其投降。等到曹氏的敌人几乎全部消灭了，天下形势安定了，做天下之主的甘苦也深深体会到了，也想到战争杀戮也未免太惨酷了。孙权自从赤壁之战以后再没有大的战事。先主刘备在占据益州后，虽与孙吴在荆州问题上争论不休，但也暂且平息下来了。所以这三位君主，还都可以把自己的皇位传给他们的后代，不像公孙瓒、袁绍、吕布那样，自己身死不说，子孙也被全部杀掉。上天会把重任集中到有德的人身上，虽然无德，但只要他们没有乐杀之心，也可以赐予其安全。天地之心，是根据仁与不仁而报应的，难道不可信吗？

曹丕的叛逆，孙权的奸猾，先主刘备的固执，都能确保其后代不受上天的惩罚，因为他们知道停止战争而且能使百姓休养生息。叛逆与奸猾，是违背天道的严重行为，而刚愎自用则是更为严重的行为。先主刘备刚刚即位，就兴兵伐吴，毒害百姓以逞其志，伤害了天地之心，所以，蜀汉的后代反而比不上叛逆的魏、吴两国的后代守位时间长。先主刘备死后，武侯诸葛亮秉权执政，劝民农桑，与吴国恢复和好，使百姓休养生息，此后，蜀汉国内才基本安定。蜀汉的国祚，是诸葛亮延续了它，并不是先主刘备的功劳。

蜀汉名为汉室的继承者，因此其义正，曹魏的势力强盛，孙吴居于他们之间，尽管它不敌蜀、魏两国，但它与两国形成三足鼎立之势，不相上下。之所以如此，是因为吴国有人才，足与诸葛亮相抗衡，魏国的人才虽多，但没有能赶得上他们的。建国之初，宰相是关系到曹氏始用崔琰、毛玠，以操切治臣民，而法粗立。王道息，申、韩进，人心不固，而国祚不长，有自来也。诸葛之相先主也，淡泊宁静，尚矣。而与先主皆染申、韩之习，则且与曹氏德齐而莫能相尚。三代以下之材，求有如顾雍者鲜矣。寡言慎动，用人惟其能而无适莫；恤民之利病，密言于上而不炫其恩威；黜小利小功，罢边将便宜之策，以图其远大。有曹参之简靖而不弛其度，有宋璟之静正而不燿其廉。求其德之相若者，旷世而下，唯李沆为近之，而雍以处兵争之世，事雄猜之主，雍为愈矣。故曰：允为天子之大臣也。

雍既秉国，陆逊益济之以宽仁，自汉末以来，数十年无屠掠之惨，抑无苛繁之政，生养休息，唯江东也独。惜乎吴无汉之正、魏之强，而终于一隅耳。不然，以平定天下而有馀矣。

8.魏之亡，自曹丕遗诏命司马懿辅政始。懿之初起为文学掾，岂夙有夺魏之心哉？魏无人，延懿而授之耳。懿之视操，弗能若也。操之威力，割二袁、俘吕布、下刘表、北埽乌桓，而懿无其功；操迎天子于危乱之中，复立汉之社稷，而懿无其名；魏有人，懿不能夺也。

国家安危的重要职务，吴国立国之初罢免了张昭，任用顾雍为宰相。顾雍可以作天子的大臣，委屈于当时，辅佐吴这个偏安一隅的国家。

曹氏最初所用的人是崔琰、毛玠、因为曹操勤于管理臣民，在两人的辅佐下，一些制度初步建立起来。当时，天下王道止息，申不害、韩非所提倡的法家治国理论盛行。当时人心不稳，国家的命运也很短暂，自有原因。诸葛亮辅佐先主刘备，淡泊宁静，息事宁人，高人一筹。但诸葛亮和刘备沾染上了一些法家的习气，况且他们与曹氏的品德差不多因而也就难以比出个高低。夏、商、周以下的人材，能够找到像顾雍这样的人，那是很少的。顾雍寡于言而慎于行，用人则唯才是举不分厚薄，体恤百姓的利害，如遇事总是私下地向君主建议，不爱炫耀恩威；他不在乎小利小功，罢去边将提出的只顾眼前的策划，以顾及长远和大局。他有汉初曹参的为政清静但又不像曹参那样使法度废弛；有唐代宰相宋璟的清正，却又不喜欢炫耀自己的清廉。仔细寻一下品德与顾雍相近的人，旷世以下，只有宋朝宰相李沆与之接近，而顾雍所处的是战乱时代，奉事的是奸雄猜忌之君，因此，相比较而言，顾雍要胜过李沆。所以说：顾雍是天子合格的大臣。

顾雍秉权执政，再加陆逊又以宽仁相助，自汉末以来，几十年间，江东地区没有掠夺屠戮之祸，国家也没有苛繁之政。百姓能充分地休养生息的，当时天下只有江东地区。遗憾的是，吴国没有蜀汉的正统地位，也没有魏国的实力，因此，最终只能偏安一隅。否则，吴国平定天下是绰绰有余的。

曹魏的灭亡，自从曹丕遗诏司马懿辅政的时候就开始了。司马懿初入仕途仅是较低级的官职文学椽，难道他早就有取魏自代的野心吗？曹魏无人，是他们把司马懿请出来，并把政权交给他的。司马懿与曹操相比，相差太远了，是没法比的。曹操威力巨大，他削除了袁绍、袁术，俘获了吕布，夺取了刘表的荆州，在北方又沉重地打击了乌魏之无人，曹丕自失之也。而非但丕之失也，丕之诏曹真、陈群与懿同辅政者，甚无谓也。子睿已长，群下想望其风采，大臣各守其职司，而何用辅政者为？其命群与懿也，以防曹真而相禁制也。然则虽非曹爽之狂愚，真亦不能为魏藩卫久矣。以群、懿防真，合真与懿、群而防者，曹植兄弟也。故魏之亡，亡于孟德偏爱植而植思夺适之日。兄弟相猜，拱手以授之他人，非一旦一夕之故矣。

汉高意移于赵王，唐高情贰于建成，宋祖受母命而乱与子之法，开国之初所恒有也。而曹氏独以贻覆宗之祸。天不佑僭人，而使并峙于时以生猜制，天之道也。藉其不然，衅虽开于骨肉，必不假秉政握兵之异姓，持权以钳束懿亲。汉、唐、宋争于室而奸邪不兴于外，岂有患哉？魏之自取灭亡，天邪？人邪？人之不臧者，天也。

9.两敌相持，而有起兵于腹里者以遥相应，见为可恃，恃以夹攻内应者必败；勿问其为义也、为贼也，皆不可恃以冒进者也。其为义也，忠臣志士，孤愤蹶起，而成败非其所谋，且其果怀忠愤者，一二人耳，其他皆徼利无恒，相聚而不相摄者桓，而司马懿没有这样的大功；曹操又把汉天子从危乱穷困中救出，并迎接了许昌，重建了汉朝的江山社稷，而司马懿则没有这样的名声。如果曹魏有人材，司马懿是不能夺得曹魏的政权的。

曹魏没有人材，是曹丕自己的失误。而且也不仅仅是曹丕的失误，曹丕遗诏曹真、陈群和司马懿共同辅政这件事，是没有必要的。其子曹睿业已成人，臣下都希望看到他的风采，如果大臣们各司其职，还用辅政者干什么呢？曹丕遗诏陈群和司马懿为辅政大臣，既是为了防范曹真，也是为了让他们相互牵制。如此说来，尽管没有曹爽的愚昧狂妄，那么曹真也不会久为曹魏之臣。以陈群三人合起又共同防范曹植兄弟。所以说，曹魏的灭亡，是亡于曹操偏爱曹植而曹植想夺嫡以立己为太子的时候。兄弟之间，相互猜疑，拱手而把政权交给他人，这不是一朝一夕的原因。

汉高祖刘邦偏爱赵王如意，曾想废嫡立幼，唐高祖李渊对立长子李建成为太子一直动摇不定，宋太祖赵匡胤受母后之命而乱传子之法，把皇位传给了自己的弟弟，这种事情在开国之初是经常见到的。而只有曹氏因此为灭亡宗庙社稷埋下了祸根。苍天不保佑那些篡权夺位的人，而故意让他们兄弟、君臣并立于当时使他们相互猜忌，这是苍天所能采取的办法。假若不是这样，虽然他们骨肉之间自相残杀，但一定不假借掌权握兵的异姓，让他们掌权来控制自己的亲人。汉朝、唐朝、宋朝虽然皇室家族内部斗争激烈，但外朝不参与，这样还有担心国家政权会旁落于他人之手吗？曹魏自取灭亡，是天意？还是人意呢？当这个人不是好人时，其自取灭亡就是天意。

敌对双方相互僵持的时候，如果敌方内部有起异兵者与我遥相呼应，我方见其可靠，就以他为内应夹攻敌方，像这样的事情，我方是肯定会失败的。不论起异兵者是为大义或者是为叛逆，对于他们，我方都不能为了贪功冒进而轻易相信他们、依靠他们。如果他们也。若其为贼也，则妄人非分之图、假我以惑众而亡实者耳，如之何其恃邪?

彭绮，乱人也，借为魏讨吴以为名，而实贼也。其心恃我之援，而已欻然而兴，虐民罔利，而欲恃以为应援，彼败而我之锋亦挫矣。彼可恃也，奚用我为？彼不可恃矣，而抑安能为我之恃乎？侯景不足以难魏，适以亡梁，拥大众、扼争地者且然，况乌合之一旅哉！岳侯恃两河忠义以伐金，使无金牌之撤，亦莫保其不与俱溃也。孙资谏曹睿之应彭绮，明于料敌矣。

10.诸葛公出师北伐，表上后主，以亲贤远小人为戒，一篇之中，三致意焉。后主失国之繇，早见于数十年之前，公于此无可如何，而唯以死谢寸心耳。

贤臣之进，大臣之责也，非徒以言，而必有进之之实。公于郭攸之、费祎、董允、向宠亦既进之无遗力矣。然能进而不能必庸主之亲之。庸主见贤而目欲垂，犹贤主见小人而喉欲哕也，无可如何也。虽然，尚可使之在列也。至于小人之亲，而愈无可如何矣。卑其秩，削其权，不得有为焉止矣。愈抑之，庸主愈狎之；愈禁之，庸主愈私之；敛迹于礼法之下，而是为大义而起，他们就是忠臣义士，是为愤世疾俗而起兵的，因此他们是根本不考虑大事的成与败的。况且，起兵的人中真正心怀忠愤者就是那一二个人而已，其他的人都是为了邀利，因此他们就变化无常，虽然相聚在一起，但他们并不能互相帮助。假若他们是为了叛逆而起兵，那么他们就是狂妄之徒以图非分之想，是想假借我方的名义惑众。并不是真心为我方的内应。像这样的内应，怎么能依靠他们呢？

吴人彭绮，是叛乱之人，虽假借为魏讨吴之名，其实是个叛贼。他的心思是想引魏为援，而自己趁机兴起，虐民罔利，如果以他为内应，他失败后，我方的锐气也会受到挫折。如果他们自己靠得住的话，还引我们为自援干什么？如果他不可靠，我们怎么能依靠他为内应呢？侯景无力在东魏发难，却逃到梁国，结果兵败身亡，像他这样拥有大军、占据要地的人尚且有这样的下场，更何况彭绮一伙是一群乌合之众呢？岳飞想依靠黄河两侧的忠义之士讨伐金国，假如他没有被宋高宗用金牌召回，也难保其不与他们一起失败。因此，孙资规劝明帝曹睿不要以彭绮为内应，是对我方和敌方的清醒估计。

诸葛亮出师北伐的时候，曾上表后主刘禅，一定要以亲贤臣远小人为戒，在这份上表中，多次提到这个意思。后主刘禅亡国的原因，早在十年之前就已露其端倪。诸葛亮对此也无可奈何，只有以死来表达他的忠心。

向朝廷推荐贤臣，这是大臣应尽的责任，不是光说说而已，而是必须拿出推荐的实际行动来。诸葛亮向后主刘禅推荐郭攸之、费祎、董允、向宠等人，可以说是不遗余力的。但是，虽然能推荐他们，但并不能保证他们一定会被昏庸的君主亲任。昏庸的君主见到贤臣目光就想垂下来，就像是英明的君主见到奸佞之臣喉咙卡着东西一样难受，对这样昏庸的君主毫无办法。尽管如此，还可以使贤臣们能噂沓于帷帟之中；庸主曰：此不容于执政，而固可哀矜者也。绸缪不舍，信其无疵可摘，而蛊毒潜中于肸蠁之微。呜呼！其将如之何哉！

故贤臣不能使亲而犹可进，小人可使弗进而不能使弗亲。非有伊尹放桐非常之举，周公且困于流言，况当篡夺相仍之世，而先主抑有“君自取之”之乱命，形格势禁，公其如小人何哉！历举兴亡之繇，著其大端而已。何者为小人，不能如郭、费、董、向之历指其人而无讳也。指其名而不得，而况能制之使勿亲哉？以一死谢寸心于未死之间，姑无决裂焉足矣。公之遗憾，岂徒在汉、贼之两立也乎？

11.曹孟德推心以待智谋之士，而士之长于略者，相踵而兴。孟德智有所穷，则荀彧、郭嘉、荀攸、高柔之徒左右之，以算无遗策。迨于子桓之世，贾诩、辛毗、刘晔、孙资皆坐照千里之外，而持之也定。故以子桓之鄙、睿之汰，抗仲谋、孔明之智勇，而克保其磐固。

在大臣之列。对于昏君亲用奸佞小人，就更是没有办法了。对于奸佞小人，尽量压低其品秩，削夺其权力，使他们不能有所作为，如此而已，但是，愈是压抑这些奸佞小人，昏君就越是亲近他们；越是禁止这些奸佞小人作坏事，昏君就越是向他们听之任之。这些奸佞小人虽然在礼法的约束之下收敛其恶迹，但在宫帷之中在昏君身边嘀嘀咕咕。昏君会说：他们不被执政的宰相所容，也确实是很可怜的。昏君对这样的奸佞小人恋恋不舍，相信他们没有什么毛病可以指责的，这样蛊毒渐入于身而不自觉。唉！对待这样的人又能怎么办呢？

所以，贤臣虽不能被昏君亲用但还可以推荐为官，奸佞小人虽不能被推荐升官但不能使昏君不亲用他们。因为周公没有像伊尹那样放太甲于桐宫的非常举动，致使自己也被流言飞语所困扰，更何况诸葛亮处身于篡权夺位现象不断出现的时代呢？再加上先主刘备临终就有“君自取之”的遗言，当时的内外形势使诸葛亮不能取后主自代之，因此，诸葛亮对那些奸佞小人又有什么办法呢？因此，只能列举历代兴亡的原因，将其放在重要方面对待罢了。什么人是小人，不能像说郭攸之、费祎、董允、向宠那样，指名道姓地一个个把他们数出来。连奸佞小人的名字都不能指出来，更何况能制止昏君亲用他们呢？在诸葛亮以一死表忠心，在未死之前，很显然，他也不能与昏君奸佞小人彻底决裂。诸葛亮的遗憾，难道仅仅是汉室与叛贼处于两立状态吗？

曹操对待为他出谋画的人推心置腹，于是有谋略之长的人都相继出现为其所用。当曹操无计可使时，那么荀彧、郭嘉、荀攸、高柔等人在他的左右为其谋划，可以说是料事如神，算无遗策。等到曹丕在位的时候，贾诩、辛毗、刘晔、孙资都有运筹帷幄之中，决胜千里之外的才能，曹魏依靠他们才使天下安定。所以凭借此，曹魏虽有像曹丕这样浅薄、曹睿这样奢侈的君主，也能抵御孙权、诸葛亮的智勇，而孔明之北伐也，屡出而无功，以为司马懿之力能拒之，而早决大计于一言者，则孙资也。汉兵初出，三辅震惊，大发兵以迎击于汉中，庸讵非应敌之道？乃使其果然，而魏事去矣。汉以初出之全力，求敌以战，其气锐；魏空关中之守，即险以争，其势危；皆败道也。一败溃而汉乘之，长安不守，汉且出关以捣宛、雒，是高帝破项之故辙也，魏恶得而不危？资筹之审矣，即见兵据要害，敌即盛而险不可逾，据秦川沃野之粟，坐食而制之，虽孔明之志锐而谋深，无如此漠然不应者何也。资片言定之于前，而拒诸葛、挫姜维，收效于数十年之后，司马懿终始所守者此谋也。

魏足智谋之士，昏主用之而不危。故能用人者，可以无敌于天下。

12.魏延请从子午谷直捣长安，正兵也；诸葛绕山而西出祁山，趋秦、陇，奇兵也。高帝舍栈道而出陈仓，以奇取三秦，三秦之势散，拊其背而震惊之。而魏异是：非堂堂之阵直前而攻其坚，则虽得秦、陇，而长安之守自有馀。魏所必守者长安耳，长安不拔，汉固无如魏何。而迂回西出，攻之于散地，魏且以为是乘间攻瑕，有畏而不敢直前，则敌气愈壮，而我且疲保证曹魏的地位坚如磐石。

诸葛亮出兵祁山，北伐曹魏，历次出兵都是无功而返，人们都认为是司马懿的能力足以抵御蜀军。其实，这种坚守不出，以待敌疲的战术早就由一个人提出来了，这个人就是孙资。蜀汉屡次出兵，三辅（即京兆尹、左冯诩、右扶风，辖境相当于今以西安为中心的陕西中部地区）震惊，曹魏若出大军在汉中（今陕西汉中县一带）地区迎击蜀军，也并非不是用兵之道。假如果然这样做了，那么曹魏就大事已去。蜀汉就会竭尽全力，求敌以战，其气势锐不可挡；曹魏若不坚守关中，却设险以与蜀军决战，它的形势也很危险。这两种办法都是失败之道。一旦曹魏军队失败后退，蜀汉就会乘机长驱直入，攻占长安（今陕西省西安市），紧接着就是出关直捣宛、洛，这是汉高祖刘邦打败项羽的老办法。这样曹魏的处境怎么不危险呢？孙资对此了解得非常清楚，在策划抵御蜀军时也非常谨慎。他认为，曹魏若在要害之地设兵把守，蜀军即使再强盛而不能逾越险塞，魏军可以靠秦川地区充足的粮食供应，坐食而抵御蜀军，诸葛亮虽然志锐难挡谋深难抵，但他对坐不应战漠然处之的魏军也毫无办法。孙资之策定于十年之前，抗拒诸葛亮，挫败姜维，收效在数十年之后。司马懿始终坚守的就是这个战术。

曹魏有这样多的足智多谋之士，即使是昏君，只有重用他们，国家也不会有什么危险。所以能用人才的人，可以无敌于天下。

魏延请求率军从子午谷（在今陕西省长安县南秦岭山中，古代为川陕间的要道），直捣魏军占据的长安（今陕西省西安市），这是正兵；而诸葛亮绕过崇山峻岭从西边的祁山出兵，直趋秦（今陕西省西部）、陇（今甘肃省南部）地区，这是奇兵。汉高祖刘邦不从栈道出兵而从陈仓（今陕西省宝鸡市东）出奇兵夺取三秦（秦亡，项羽三分秦故地；一为今陕西中部咸阳以西和甘肃东部地区；一为陕西咸于屡战矣。夏侯楙可乘矣，魏见汉兵累岁不出而志懈，卒然相临，救援未及，小得志焉；弥旬淹月，援益集，守益固，即欲拔一名都也且不可得，而况魏之全势哉？故陈寿谓应变将略非武侯所长，诚有谓已。

而公谋之数年，奋起一朝，岂其不审于此哉？果畏其危也，则何如无出而免于疲民邪？夫公固有全局于胸中，知魏之不可旦夕亡，而后主之不可起一隅以光复也。其出师以北伐，攻也，特以为守焉耳。以攻为守，而不可示其意于人，故无以服魏延之心而贻之怨怒。

秦、陇者，非长安之要地，乃西蜀之门户也。天水、南安、安定，地险而民强，诚收之以为外蔽，则武都、阴平在怀抱之中，魏不能越剑阁以收蜀之北，复不能绕阶、文以捣蜀之西，则蜀可巩固以存，而待时以进，公之定算在此矣。公没蜀衰，魏果由阴平以袭汉，夫乃知公之定算，名为攻而实为守计阳以东地区；一为陕西北部地区，合称三秦）地区，三秦地区势散之后，使项羽非常震惊。然而魏国的情况与当时不同。如果不是实力强大的军队，勇往直前，攻坚过关，那么虽然夺取秦、陇地区，魏兵把守长安还是绰绰有余的。曹魏一定要坚守的就是长安，如不攻克长安，蜀汉对曹魏也没有办法。而诸葛亮蜿蜒迂回，西出奇兵，攻占了一些零散的地区，曹魏还认为他们是乘间攻暇，而此时蜀军却有些胆怯不敢勇往直前，这样，曹魏的军队气势就越盛而蜀军因为接连不断地作战而非常疲惫。夏侯楙为将，可以说为蜀汉军队创造了可乘之机，曹魏军队见蜀汉军队几年没有出，斗志懈怠，当蜀军突然来临时，魏军想救援都来不及，但这只不过是小得志而已。数月后，曹魏的援军越来越多，魏军的防守也越来越巩固，这时即使想攻克名都长安都办不到，更何况要面对曹魏势力强胜的大军呢？所以，陈寿在《三国志·蜀志·诸葛亮传》中，说应变将略并不是诸葛亮的长处，确实是有道理的。

然而，诸葛亮对北伐之事谋划了数年，一朝奋起出兵，难道他没有考虑到这一点吗？如果真的害怕出现这样危险的结果，那还不如不出兵北伐而使百姓免于疲敝呢？诸葛亮自然有全局性的谋略。他知道要灭掉曹魏不是一朝一夕的事，也知道后主刘禅不是能够起于一隅光复汉室的人物。他出师北伐进攻魏军的目的，也只不过是为了防守而已。以攻为守，这种想法是不可明示于人的，所以，他无法说服魏延而只能使魏延怨恨自己了。

秦、陇地区，不是长安地区的要地，却是出入西蜀的门户。天水（今甘肃省甘谷东南）、南安（今陕西省渭水东岸）、安定（今甘肃省镇原东南）三郡，地势险要，人民富强，若能收复三郡为蜀汉的屏障，那么武都（今甘肃西和西南）、阴平（今甘肃文县一带）二郡就如同在怀抱之中，曹魏军队不能越过剑阁占领蜀汉的北部，也不能绕也。

公之始为先主谋曰："天下有变，命将出宛、雒，自向秦川。"惟直指长安，则与宛、雒之师相应；若西出陇右，则与宛、雒相去千里之外，首尾断绝而不相知。以是知祁山之师，非公初意，主暗而敌强，改图以为保蜀之计耳。公盖有不得已焉者，特未可一一与魏延辈语也。

13.武侯之任人，一失于马谡，再失于李严，诚哉知人之难也。暗者不足以知，而明察者即以明察为所蔽；妄者不足以知，而端方者即以端方为所蔽。明察则有短而必见，端方则有瑕而必不容。士之智略果毅者，短长相间，瑕瑜相杂，多不能纯。察之密，待之严，则无以自全而或见弃，即加意收录，而固不任之矣。于是而饰其行以无过、饰其言以无尤者，周旋委曲以免摘；言果辨，行果坚，而孰知其不可大任者，正在于此。似密似慎，外饰而中枵，恶足任哉？

故先主过实之论，不能远马谡，而任以三军；陈震鳞甲之路阶(今甘肃省武都东)、文(今甘肃省文县)二地直捣蜀汉的西部，那么蜀汉就可以巩固地存在下去，等待时机进军中原。诸葛亮的战略计划就在于此。诸葛亮去世以后，蜀汉衰落，魏军果然由阴平通过袭击蜀汉，这才知道诸葛亮的战略计划是名为攻而实为守。

诸葛亮开始为先主谋划时说：“一旦天下有变动，命一大将出兵宛、洛，将军您亲率军直指秦川。”只有直指长安，才能与出兵宛洛的军队遥相呼应。假若出兵陇右，那么就与宛、洛地区的军队相离千里，首尾断绝，对方的情况也很难知道。所以，由此可知，出兵祁山，并不是诸葛亮的初衷，只是因为后主刘禅昏庸，曹魏实力强大，不得已而改变了原来的战略计划，改战略进攻为保存蜀汉罢了。诸葛亮是不得已才这样做的，只是不能一一为魏延等人说明而已。

武侯诸葛亮用人有两次失误，一次是任用马谡，一次是任用李严。由此可知，要了解一个人确实很难。昏庸的人不足以知人，而明察秋毫的人往往被自己的明察所蒙蔽；荒诞的人不足以知人，而正直的人又往往被自己的正直所蒙蔽。善于明察的人对于别人的短处他看得一清二楚，正直的人则不能容忍别人的缺点毛病。一个有智慧谋略果断坚忍的人，其短处和长处是结合在一起的，缺点和优点也是杂揉在一起的，因此没有缺点、短处的人是没有的。对他们考察得很细密，对他们的要求也非常严格，那么这些人就不能自全，有的人就会被弃而不用，即使被选拔上来，也不加以重用。于是，这些人为了表示自己没有失误就掩饰自己的行为，为了显示自己没有缺点就掩饰自己的言语，即使受到委屈也不申辨以免被人指责。能言善辨，行动果断，对这样的人谁能知道他们不能担当重任呢？原因也正在于此。表面上看起来很严密谨慎，其实是金玉其外，败絮其中，像这样的人，怎么能委以重任呢？

所以，先主临终前，虽然对诸葛亮说过马谡其人言过其实不堪言，不能退李严，而倚以大计；则唯武侯端严精密，二子即乘之以蔽而受其蔽也。于是而曹孟德之能用人见矣，以治天下则不足，以争天下则有馀。蔽于道而不蔽于才，不能烛司马懿之奸，而荀彧、郭嘉、钟繇、贾诩，惟所任而无不称矣。

14.城濮之战，晋文不恃齐、秦也。恃齐、秦，则必令齐掠陈、蔡而南以牵之于东，秦出武关，下鄢、郢以挠之。荥阳之战，高帝不恃彭、黥也。恃黥布，则当令布率九江之兵，沿淮而袭之；恃彭越，则越胜而进，越败而退也。善用人者不恃人，此之谓大略。

吴人败曹休于石亭，诸葛出陈仓之师，上言曰："贼疲于西，又务于东，兵法乘劳，此进趋之时也。"其无功宜矣。恃吴胜而乘之，吴且退矣，失所恃而心先沮、气先折也。蜀定吴交以制魏，此诸葛之成谋，计之善者也。虽然，吴交之必定，亦唯东顾无忧，可决于进尔。及进，而所恃者终在己也。我果奋勇以大挫魏于秦川而举长安，吴且恃我以疾趋淮、汝，不恃吴而吴固可恃也。己未有必胜之形，而恃人以逞，交相恃，交相误，六国之合从，所以不能动秦之毫末，其左验已。

大用，但诸葛亮却不能疏远马谡，而且委以三军的重任；陈震也曾明言李严不能重用，但诸葛亮却不能斥退李严反而依靠他来参与谋划。只因诸葛亮正直严厉精密谨慎，所以马谡、李严就乘此掩饰自己的缺点毛病，而诸葛亮也因此而受到他们的蒙蔽。一对比就可以知道，曹操还是善于知人善任的，尽管他的这方面的能力治理天下还嫌不足，但用来争夺天下就显得绰绰有余。曹操虽不明道义，但他是了解人才的，除了没有发现司马懿的奸诈以外，像荀彧、郭嘉、钟繇、贾诩等，他所任用的这些人都是很称职的。

晋楚城濮（今河南省濮阳市一带）之战时，晋文公没有依赖秦、齐两国的支持，依靠秦、齐两国，就必须让齐国掠过陈国、蔡国向南，在东方牵制楚国，秦国则出武关（今陕西省丹凤东南），南下鄢（今湖北省宜城县）、郢（今湖北省江陵西北）阻挠楚国对北方的进攻。楚汉荥阳（今河南省荥阳县境内）之战，汉高祖刘邦也没有依靠大将彭越和黥布。依靠黥布，就应当命令黥布率兵从九江（今安徽省寿县），沿淮河袭击项羽的军队；依靠彭越，就让彭越与项羽战，彭越胜了高祖就进，失败了高祖就退。善于用人的是不轻易依靠人的，这就是人们所说的远大的谋略。

吴国军队在石亭大破曹休率领的魏军，诸葛亮就率军出陈仓（今陕西省宝鸡市东），给后主刘禅的上书中说："曹贼疲惫于西，而又不得不顾及东，用兵之法讲究乘敌之疲劳，这次进兵也是要把握住这个时机。"从他们的这几句话看，他无功而返也是应该的。依赖于东吴的暂时取胜就趁机出兵，吴国一旦退兵，因为蜀军失去了依靠，而心中沮丧，锐气受挫。蜀汉与孙吴两国联盟对付曹魏，这是诸葛亮的战略计划的一部分，这个计划是完善的。尽管如此，与吴国的关系再好，也仅仅是没有了东顾之忧，可以毫无顾虑地起兵讨曹了。出兵以后，所能够依靠的最终只能是自己。假若蜀军果真能奋勇杀敌石亭之役，贾逵以虚声怖吴而吴退，吴望蜀之乘之，蜀不能应也。陈仓之役，张郃以偏师拒蜀而蜀沮，蜀望吴之牵之，吴不能应也。两国异心，谋臣异计，东西相距，声响之利钝不相及，闻风而驰，风定而止，恃人者，不败足矣，未有能成者也。德必有邻，修德者不恃邻；学必会友，为学者不恃友；得道多助，创业者不恃助。不恃也，乃可恃也。故曰："一人行则得其友。"言致一也。

15.魏制：诸侯入继大统者，不得谓考为皇、称妣为后，是也。帝后之尊，天之所秩，非天子所得擅以加诸其亲，则大统正而天位定也。其曰："纂正统而奉公义，何得复顾私亲。"则袭义而戕仁矣。

所后者以承统而致其尊，因以致其亲，义也；所生者以嗣统而屈其尊，不能屈其亲，仁也；亲者，与心生以生其心，性之不可掩者也。故古之制服，为人后者，为所生父母期，不问与所生相去亲疏，即与所后者在六世袒免之外而必期，且必正在秦川大挫曹魏，进而夺取长安，吴国还要依靠蜀国而直指淮、汝地区，即使不依靠吴国，吴也是可以依靠的。自己没有必胜的把握，而是光想靠人的帮助取胜，相互依靠，就会毁了对方。战国末年，六国合纵，声势浩大，之所以他们没有能动秦国的一根毫毛，原因也正在于此。历史的教训，已充分地证明了这一点。

魏、吴石亭之役中，贾逵以虚张声势吓唬吴军，吴军退却，这是吴国希望蜀国能借这个机会，从西部进攻魏国，以使吴军脱险，但蜀国却不能接应。蜀、魏陈仓之战，张郃以一部分军队抗拒蜀军，蜀军受挫，蜀国希望吴国在东方牵制曹魏，吴国也没有响应。两国不同心，谋臣不同计，再加上东西相距遥远，对方的消息很难听到，闻风而起，风定而止。只想依赖别人的人，不遭失败就已经不错了，他们是决不会成就什么大事的。品德高尚的人，一定有跟他一样的人，修德的人不能只依赖品德高尚的人；有学问的人一定有志同道合的朋友，但治学的人不能只依赖有学问的朋友；得道者多助，但创业者不能只依赖于人的帮助。只有不依赖别人，自己才能可以依赖。所以说："只有一个人能在某方面做得很好，他就肯定会得到和他志同道合的朋友。"这与上面我们所说的是一个道理。

曹魏的制度规定：凡是诸侯入继大统的，不能称父亲为皇，称母亲为后。这是正确的。皇帝皇后的尊号，是上天所规定的次序，不是天子可以擅自将这样的尊号赠给他的父母的。这样，大统之名就正。天位也就安定了。因此说："继承正统而奉立公义，还怎么能顾及自己的父母呢？"也就是说掩取大义而戕害仁心。

过继给别人作后代的人继承大统以后，既要显示个人的尊贵，又要致其双亲，这是大义。亲生儿子嗣继大统以后，只能委屈自己，而不能委屈双亲，这是仁。父母是不仅生下其子身，也生了其心，父母传给他的本性是掩饰不住的。所以古代的丧服制度规定，过继给别名之曰“所生父母”，未尝概置诸伯叔之列也。抑此犹为为人后者言之。若宋英宗之后仁宗，孝宗之后高宗，固以为子而子之，则所后所生父母之名各正，而所生者并屈其亲。若夫前君之生也，未尝告宗庙、诏臣民、而正其为后；嗣子之嗣也，未尝修寝门视膳之仪，立国储君副之位，臣民推戴而大位归焉，则亦如光武之于南顿，位号不可僭，而天伦不可忘，何得遽谓之私亲而族人视之也哉？

天下所重者，统也；人子所不可背者，亲也。为天下而不敢干其统，则天下之义重，而己之恩轻。虽有天下，而不可没其生我之恩，则天下敝屣，而亲为重。导谀者，献追尊之僭；矫异者，没父母之名；折衷以顺天理之固然，岂一偏之说所可乱哉！

16.国政之因革，一张一弛而已。风俗之变迁，一质一文而已。上欲改政而下争之，争之而固不胜；下欲改俗而上抑之，抑之而愈激以流；故节宣而得其平者，未易易也。

东汉之中叶，士以名节相尚，而交游品题，互相持以成乎党论，天下奔走如骛，而莫之能止。桓、灵侧听奄竖，极致其人和后代的人为自己的亲生父母齐衰一年之服是可以的，而且不问与亲生父母相离的远近，即使是过继给了六世袒免之外的亲属为后代，也要服齐衰一年之服，而且还必正名称为“亲生父母”，从来没有把亲生父母排在各位伯叔之列中。也许这还是指过继给别人，为后的人而言的。像宋英宗过继给宋仁宗为后，宋孝宗过继给宋高宗为后，尽管宋仁宗、宋高宗对待英宗、孝宗像亲生儿子一样看待，那么他们的继父母、亲生父母之名都要扶正，为父母亲生的还可以委屈他们的亲生父母。至于以前君之子，不曾向宗庙请示向臣民公布，而确立为继承人；嗣子的继承人，虽不曾修过寝门问安视膳之仪，被立为皇太子，臣民拥戴他，就可以承继大统。也就像是光武皇帝刘秀在南顿（今河南省项城县西）时一样。天子之位号不能轻易僭越父母的恩情不能忘，怎么能立即称之为私亲而像族人那样看待他们呢？

天下所重视的是大统，作为人子不能违背的是父母。为天下着想，不能冒犯他的天子地位，那么天下人就会重义，而天子本人之恩轻。尽管拥有天下，而不能不知父母生我之恩，那么即使天下最没用的人，也会尊重父母的，导谀的人，提出追尊父的越礼建议；矫异的人，不在乎没有父母之名。这两种作法都不足取，折衷的作法当然也是顺天理的。难道偏执一说就可以乱天理吗？

国家政治的因循变革，有时紧张有时松驰罢了；风俗的变化迁移，有时朴实有时虚浮而已。上面的统治者要改革政治，下面的臣民如不愿意，就会与他们争论，争论的结果下面的百姓自然不能获胜。下面的人要改变现有的风俗，而上面的压制不让改，结果越压制就越刺激他们去改。所以因革有节，宣散怨恨使人们心平气和的办法就是不要轻率改变现有的一切东西。

东汉中期，士大夫们互相推崇名节，交流品题（评论人物，定其高下），他们相互标榜，于是就成了各个派别之间的争论，一时间，天罪罟以摧折之，而天下固慕其风而不以为忌。曹孟德心知摧折者之固为乱政，而标榜者之亦非善俗也，于是进崔琰、毛玠、陈群、钟繇之徒，任法课能，矫之以趋于刑名，而汉末之风暂息者数十年。琰、玠杀，孟德殁，持之之力穷，而前之激者适以扬矣。太和之世，诸葛诞、邓飏浸起而矫孟德综实之习，结纳互相题表，未尝师汉末之为，而若或师之；且刓方向圆，崇虚堕实，尤不能如李、杜、范、张之崇名节以励俗矣。乃遂以终魏之世，迄于晋而不为衰止。然则孟德之综核名实也，适以壅已决之水于须臾，而助其流溢已耳。故曰抑之而愈以流也。

名之不胜实、文之不胜质也，久矣。然古先圣人，两俱不废以平天下之情。奖之以名者，以劝其实也。导之以文者，以全其质也。人之有情不一矣，既与物交，则乐与物而相取，名所不至，虽为之而不乐于终。此慈父不能得之于子，严师不能得之于徒，明君不能得之于臣民者也。故因名以劝实，因文以全质，而天下欢忻鼓舞于敦实崇质之中，以不荡其心。此而可杜塞之以域民于矩矱也，则古先圣人何弗圉天下之跃冶飞扬于钳网之中也？以为拂民之情而固不可也。情者，性之依下趋之若鹜，没有人能够制止这种现象。桓帝、灵帝偏听宦官之言，给参与党论的人判除很重的罪刑，希望以此来摧毁它，但天下本来就仰慕参与党论的这些人的风采，对朝廷的政令置之不理，仍然是我行我素。曹操深知，靠重治其罪的办法摧毁它必然会导致国家政治的混乱，但士人相交游标榜也并不是好的风俗，于是，他重用崔琰、毛玠、陈群、钟繇等人，任法课能，以刑名法术矫正这种风俗，效果十分明显，汉末以来的这种风俗暂时平息十余年。崔琰、毛玠被杀，曹操去世之后，国家已没有力量再控制清议，结果以前的几次刺激反而使其越发而不可收拾。魏明帝曹睿太和年间（公元227–232年），诸葛诞、邓飏等人相继而起，矫正了曹操对待清议者的态度，又相互结纳，交游题表。他们虽然没有以汉末的党议为师，但有些地方好像也承自汉代。况且，他列方以为圆，崇虚堕实，更不能像东汉中期的李膺、杜密、范滂、张俭等人那样崇尚名节激励风俗。于是，这种清议之风不仅伴随了曹魏一世，而且直到晋朝也没有衰止。这样说来，那么曹操的综名核实的办法，就像是堵住已决的河水一会儿，结果反而帮助他造成了更大的危害。所以说，压抑它只能使它更加泛滥。

虚名不如朴实，文不如质，很久以来，人们都懂得这个道理。然而，古代的先哲圣王，把两者都保存以满足人们的不同需要。奖励一个名誉，目的是为了劝其实。以文来引导质，目的是为了全其质。人们的需要不同，既与物交，则乐与物而相取，名如不至，虽然这么做了，但人们都会高兴。这就是慈父不能从儿子那里得到它，严师不能从徒弟那里得到它，君主不能从百姓那里得到它的原因。所以，因名以劝实，因文以全质，这样天下的人都在敦实崇质之中欢欣鼓舞，这样才不能动摇其心。这若可以用法规制度把一定区域内百姓没有这样的思想，那么，先贤圣王为何不把天下跃冶飞扬的人置于钳网之中，也，拂其情，拂其性矣；性者，天之安也，拂其性，拂其天矣。志郁而勃然以欲兴，则气亦蝹蜦屯结而待隙以外泄。迨其一激一反，再反而尽弃其质以浮荡于虚名。利者争托焉，伪者争托焉，激之已极，无所择而唯其所泛滥。夏侯玄、何晏以之亡魏，王衍、王戎以之亡晋，五胡起，江东仅存，且蔓引以迄于陈、隋而不息，非崇质尚实者之激而岂至此哉？

桓、灵激之矣，奄竖激之矣，死亡接踵而激犹未甚，桓、灵、奄竖不能掩其名也。孟德、琰、玠并其名而掩之，而后诡出于玄虚，横流于奔竞，莫能禁也。以傅咸、卞壸、陶侃之公忠端亮，折之而不胜，董昭欲以区区之辨论，使曹睿持法以禁之，其将能乎？圣王不作，礼崩乐坏，政暴法烦，祇以增风俗之浮荡而已矣。

17.魏伐辽东，蜀征南中，一也，皆用兵谋国之一道也；与隋炀之伐高丽、唐玄之伐云南，异矣。隋、唐当天下之方宁，贪功而图远，涉万里以徼幸，败亡之衅，不得而辞焉。诸葛公之慎，司马懿之智，舍大敌而勤远略，其所用心者未易测矣。

不给他们自由呢?因为扫老百姓兴的东西当然是不能用的。情，是人的天性所依靠的东西;拂其情就等于要拂其本性;性，天之所要，拂其性，就等于拂其天。当人们受到压抑郁郁不乐，就想勃然兴起，那么，气也就像蛇一样逐渐行进屯结在一起，以伺机外泄。等到它遭到一激一反，再反时，就会以浮荡的虚名彻底取代其质。夺利的人争着托付于它，伪君子也争着托付于它，受到的刺激太大时，就会无所选择，只有任其泛滥。夏侯玄、何晏以此灭亡了曹魏，王衍、王戎以此灭掉了晋，五胡(指魏晋时我国北部和西北部的匈奴、鲜卑、羯、氐、羌五个少数民族)占据中原，东晋的建立使江东保存下来，但这种清议之风一直蔓延到陈、隋时期还没有平息。如果不是崇质尚实者刺激它，难道会发展到这样的程度吗?

桓帝、灵帝刺激了它，宦官们刺激了它，死亡的接踵而至对他们的刺激还是太厉害，桓帝、灵帝、宦官不能遮盖他们的名气。曹操、崔琰、毛玠排除名气想以此压住他们，结果后来诡出于玄虚，横流于奔竞，没有人能禁止他们。像傅咸、卞壶、陶侃这样忠心耿耿正直无私的人，驳斥他们尚且不能取胜，董昭想通过辨论，然后寻找时机，使明帝曹睿以法律的名义禁止他们，难道这个办法能行得通吗?因为没有英明的君主在世，致使礼崩乐坏，政暴法烦，上述的所作所为只能使风俗更加浮荡而已。

曹魏讨伐辽东(今辽宁东南部辽河以东地区)，蜀汉征讨南中(相当于今四川省大渡河以南中云南、贵州两省。三国蜀汉以巴蜀为根据地，其地在巴蜀之南，故名)，都是一样的，都是用兵谋国的一种方法。它与隋炀帝讨伐高丽(古国名，在今朝鲜人民民主共和国境内)，唐玄宗讨伐云南(大致相当于今云南省及周围地区)是不同的。隋唐时期，天下平静安宁，隋炀帝、唐玄宗都是好大喜功的君主，他们是为显示其国力的强盛才征讨高丽、云南的，为此使千军万马跋山两敌相持，势相若而不相下，固未得晏然处也。而既不相为下矣，先动而躁，则受其伤，弗容不静以俟也。静以俟，则封疆之吏习于固守，六军之士习于休息，会计之臣习于因循。需之需之，时不可徼而兵先弛；技击奔命、忘生趋死之情，日以翱翔作好而堕其气；则静退之祸，必伏于不觉。一旦有事，张皇失措，惊忧朒缩，而国固不足以存，况望其起而制人，收长驱越险之功哉？魏之东征，蜀之南伐，皆所以习将士于战而养其勇也。先主殂，蜀未可以图中原，孟德父子继亡，魏未可以并吴、蜀，兵不欲其久安而忘致死之心，诸葛之略，司马之智，其密用也，非人之所能测也。

或曰：习士于战，有训练之法，而奚以远伐为？呜呼！此坐而谈兵，误人家国之言耳。步伐也，系刺也，束伍也，部分也，训练而习熟者也。两军相当，飞矢雨集，白刃拂项，趋于死以争必胜，气也，非徒法也。有其法不作其气，无轻生之情，而日试于旌旗金鼓之间，雍容以进退，戏而已矣。习之愈久而士愈无致死之心，不亡何待焉？训练者，战馀而教之也，非数涉水万里，以图侥幸，他们的失败也是必然的。以诸葛亮的谨慎，以司马懿的才智，他们都有自己的大敌不去讨伐，却要征讨远方的南中、辽东，他们的用心是难以揣测的。

两敌相持，势力相当不相上下，当然他们就不可能平安相处。既然双方势力不相上下，先动者必然急躁，那么急躁就有可能在战争中遭到失败，因此双方都不能不平静地等待下去。长期地平静地等待时机，那么那些封疆官吏就习惯于固守，六军将士就习惯于休养生息，管理财物及其出纳等事的大臣，就习惯于因循守旧，墨守成规。久而久之，由于长期没有作战的机会，军队就逐渐松驰下来，竞技立功，舍身忘死之情，也因为天天过着舒适的日子，士气逐渐地消沉；安静地等待战争的到来，对双方的危害都是很大的，而且这种危害还是不知不觉地潜伏着。一旦爆发，必然会惊慌失持，心惊肉跳，国家都难以保住，更何况希望能克敌制胜，立下长驱越险的大功呢？曹魏的东征，蜀汉的南伐，目的都是为了使将士们熟习战争，养其锐气而已。先主刘备死后，蜀汉不能马上争夺中原地区；曹操、曹丕父子相继而死，曹魏也不能兼并孙吴、蜀汉，诸葛亮和司马懿都不想让他们的士兵久处于长期安定的环境中，而失去为国献身的雄心。这可能就是他们出兵征伐的原因，只不过在当时不易公开，而一般人也很难想到这一点。

有人会说：让将士熟习战争，不是有训练之法吗？何必要以远伐实战的方式呢？唉！这是坐而谈兵，误人家国的议论。比如像步伐、击刺、束伍、部分都是可以通过训练而掌握和熟练的。当两军相战，势力相当时，将士必须面临着矢如雨集，刀光剑影，在这种情况下，能舍身忘死争取必胜的关键就是要有气势，而气势并非只靠训练就可以训练得出来的。虽有好的训练办法，没有气势，将士就不可能有舍身忘死之情，整日在旌旗金鼓之间训练，根据预定好的方法，十年之中，目不见敌，徒修其文具之谓也。

18.武侯遗令魏延断后，为蒋琬、费祎地也。李福来请，公已授蜀于琬、祎。而必不可使任蜀者，魏延也。延权亚于公，而雄猜难御，琬未尝与军旅之任，而威望不隆，延先入而挟孱主，琬固不能与争，延居然持蜀于掌腕矣。唯大军退而延不得孤立于外，杨仪先入而延不得为主于中，虽愤激而成乎乱，一夫之制耳。

延之乱也，不北降魏而南攻仪，论者谓其无叛心。虽然，岂可保哉？延以偏将孤军，主帅死而乞活于魏，则亦司马懿之属吏而已矣，南辕而不北驾，不欲为懿下也。使其操全蜀之兵，制朝权而唯其意，成则攘臂以夺汉，不成将举三巴以附魏，司马懿不得折棰而驭之，其降其否，亦恶可谅哉？

从容进退，就如同游戏一般。像这样的训练练习得越久，将士就越无舍身忘死之心，这样怎么能不打败仗呢？所谓训练，就是在战争之余进行教练，并不是说几十年间，根本不见敌人，只对将士进行徒具形式的训练。

武侯诸葛亮临终前命令大将魏延在蜀军大军撤退时断后，这是为蒋琬、费祎的处境考虑。李福来到五丈原（今陕西省岐山县南斜谷口两侧）求问诸葛亮百年以后由谁主大政时，诸葛亮已经把蜀汉托付给了蒋琬、费祎两人。一定不能付于重任的人，就是魏延。魏延的军权仅次于诸葛亮，但此人爱称强猜忌，很难驾驭他。蒋琬从来没有参与过军事事务，而且权威名望也不重，假如魏延先入朝廷，挟持昏庸的后主刘禅，蒋琬当然就难以与之相争。那么，魏延就会把全蜀汉控制在自己手中。蜀大军只有退回那么魏延才不能拥兵自重于外，杨仪先进入朝廷，魏延也不能进入朝廷为所欲为。虽然他对此非常恼火，以致最后发动叛乱，但相比较而言，就很容易制服他了。

魏延发动叛乱以后，没有北向投降曹魏，却向南攻打杨仪，有人认为魏延并没有叛蜀之心。虽然，他没有投降曹魏，难道就可以保证他没有叛蜀之心了吗？如果魏延在主帅诸葛亮死后，一个人投降曹魏，乞求活命，那么他本人在曹魏的眼里也就无足轻重，最多也不过是司马懿手中的一个属吏而已。要想往南去就不能驾车往北走，魏延的野心很大，决不是那种做个小官就满足的人，因此他不想投降司马懿。如果他能掌握全蜀的兵权，进而控制军权为所欲为，时机成熟就篡汉自代，万不待已就率三巴（即指巴郡、巴东、巴西的合称，相于今四川省的巴县、忠县、云阳、奉节、阆中县等地，一般以三巴代指整个四川地区）归附曹魏，这样，他的地位就不一样了，司马懿也不能像使牲畜一样地使唤他了。他是降或是不降，难道他没有作过这样的考虑吗？

杨仪褊小之器耳，其曰“吾若举军就魏，宁当落度如此”，是则即为懿屈而不惭者。令先归而延与姜维持其后，蒋琬谈笑而废之，非延匹也。于是而武侯之计周矣。故二将讧而于国无损。不然，将争于内，敌必乘之，司马懿之智，岂不能间二乱人以卷蜀，而何为敛兵以退也？

19.武侯之言曰：“淡泊可以明志。”诚淡泊矣，可以质鬼神，可以信君父，可以对僚友，可以示百姓，无待建鼓以亟鸣矣。且夫持大权、建大功，为物望所归，而怀不轨之志者，未有不封殖以厚储于家者也。以示豆区之恩，以收百金之士，以饵腹心之蠹，以结藩镇之欢，胥于财而取给。季氏富于周公，而鲁昭莫能制焉，曹、马、刘、萧，皆祖此术也。诚淡泊矣，竞利名者之所不趋，而子孙亦习于儒素，不问其威望之重轻，而固知其白水盟心、衡门归老之夙图矣。

乃武侯且表于后主曰：“成都有桑八百株，薄田十五顷，死之日，不使内有馀帛、外有赢粟，以负陛下。”一若志晦不章、忧谗畏讥之疏远小臣，屑屑而自明者。呜呼！于是而知公之志苦而事难矣。后主者，未有知者也，所犹能持守以信公者，先主之遗命而已。先主曰：“子不可辅，君自取之。”斯言杨仪是个度量狭小的人，后因求高官而没有得到满足，就耿耿于怀地说：“当时，假若我率全军投奔曹魏，难道会沦到这种地步吗？”这就是那种即使屈从于司马懿也不感到惭愧的人。让他先率军返回而让魏延和姜维断后，也是有原因的。后来，蒋琬轻而易举地就把他罢官废掉了。看来，杨仪还比不上魏延。这样，武侯诸葛亮的计划就非常周密了。所以，魏延、杨仪两位将领的内讧对蜀汉没有太大的损害。否则，二将相争于内，敌人就必然会乘机而入，以司马懿的才智，如果魏延、杨仪内讧，难道他不能率军席卷全蜀吗？为什么他要收兵撤退呢？就是因为魏延被杀，杨仪被废以后，蜀汉内部暂时安定，他无利可图。

武侯诸葛亮有句话叫做“淡泊可以明志。”果真淡泊的人，可以上质于鬼神，可以使君父信任，可以对待同僚好友，可以明示百姓，不是谁发号施令要他这么做，而是心甘情愿这样的。至于那些手握大权，立有大功，为众所归，而又怀有野心的人，没有不大量地聚敛财物储存在自己家中的。以一点小恩小惠来收买有志之士，来养活心腹近臣，来拉拢藩镇的将士，都是根据他们的有用程度来决定，是索取或是给予其财物。季孙氏比周公要富有，而鲁昭公却不能控制他，曹操、司马懿、刘裕、萧道成等人，都是沿用了季孙氏的办法。如果真的是淡泊之人，就不会与别人争名夺利，而其子孙也一定十分朴素。不论其威望是重是轻，但他们确实都有这样的夙愿，即与白水盟心，归隐终老，因为他们所图的本非是名和利。

武侯诸葛亮在给后主刘禅的上表中说：“我家在成都有八百棵桑树，十五顷薄田，等我死的那一天，不能使家中有多余的布帛，外边有多余的粮食，以不辜负先帝和陛下对我的信任。”就像是很不得志，害怕皇帝听信别人的谗言要疏远自己的小臣一样，把自己的一切都清清楚楚向皇帝说明。唉！由此可知诸葛亮的心中的痛苦和办事而入愚昧之心，公非剖心出血以示之，岂能无疑哉？身在汉，兄弟分在魏、吴，三国之重望，集于一门，关、张不审，挟故旧以妒其登庸，先主之疑，盖终身而不释。施及嗣子之童昏，内而百揆，外而六军，不避嫌疑而持之固，含情不吐，谁与谅其志者？然则后主之决于任公，屈于势而不能相信以道，明矣。公乃谆谆然取桑田粟帛、竭底蕴以告，无求于当世，其孤幽之忠贞，危疑若此，而欲北定中原、复已亡之社稷也，不亦难乎？

于是而知先主之知人而能任，不及仲谋远矣。仲谋之于子瑜也、陆逊也、顾雍也、张昭也，委任之不如先主之于公，而信之也笃，岂不贤哉？先主习于申、韩而以教子，其操术也，与曹操同，其宅心也，亦仿佛焉。自非司马懿之深奸，则必被掣曳而不能尽展其志略。故曰公志苦而事难也。不然，公志自明，而奚假以言明邪？

20.得直谏之士易，得忧国之臣难。识所不及，诚所不逮，无死卫社稷之心，不足与于忧国之任久矣。若夫直谏者，主德之失，章章见矣。古之为言也，仁慈恭俭之得，奢纵苛暴之失，亦章章见矣。习古之说而以证今之得失，不必深思熟虑，之难。后主刘禅，对诸葛亮根本不理解，他之所以能一直信任诸葛亮，是因为先主刘备临终交待他必须这样做而已。先主刘备临终前曾对诸葛亮说：“若刘禅不能辅佐，你可以取而代之。”这句话愚昧无知的刘禅一直放心上，如果诸葛亮不剖心出血，让他看看他的一片忠心，刘禅难道能不怀疑他吗？诸葛亮本人在蜀汉，他的兄弟却分别在曹魏和吴国，三国之重望都集于诸葛氏家族，关羽、张飞并不深思，而是仗着与刘备为结义兄弟的关系嫉妒诸葛亮被委以重任。先主刘备对诸葛亮的猜疑，大概到他死也没有释解。后主刘禅又昏庸无能，诸葛亮在朝为相，总领百官，在外为将，总率六军，虽不避嫌疑却仍然忠心耿耿，他自己心中的苦楚又无处诉说，谁能理解他的一片忠心呢？这样说来，那么很明显，后主刘禅能委诸葛亮于重任，是屈从于当时的形势，而不是真正信任诸葛亮。诸葛亮无端而受到如此的猜疑，他想北定中原，恢复已亡汉室江山社稷，不也太难了吗？

由此可知，先主刘备的知人善任，与孙权相比也相差太远了。孙权对待诸葛瑾、陆逊、顾雍、张昭，虽然委以之任不如先主对诸葛亮重，但对他们却非常信任。孙权难道不是个贤明的君主吗？先主刘备对申不害、韩非所倡导的法家的权术非常熟悉，并以此来教育其子。就其方法手段而言，他与曹操没有什么区别；就其居心而言，与曹操也很相似。假如不是司马懿奸诈阴险，那么诸葛亮一定会受到后主刘禅的掣肘，而不能施尽其文才武略。所以说，诸葛亮的心中很痛苦，做事也很难。否则，诸葛亮忠心自知，何必要通过上表的方式来表示呢？

得直谏之士容易，得忧国之臣就难了。见识不足，忠心不诚，没有为保卫江山社稷舍身忘死的精神，都难以担负起忧国的重任。至于直言极谏之人，君主失德的地方，非常明显，一眼便可看到。古代有关于此的议论，包括对君主仁慈谦恭节俭的赞扬，对奢侈纵欲苛刻殷忧郁勃，引休戚于躬受，而斟酌以求宁，亦可奋起有言而直声动天下矣。

魏主睿之后，一传而齐王芳废，再传而高贵乡公死，三传而常道乡公夺。青龙、景初之际，祸胎已伏，盖岌岌焉，无有虑此为睿言者，岂魏之无直臣哉？睿之营土木、多内宠、求神仙、察细务、滥刑赏也，旧臣则有陈群、辛毗、蒋济，大僚则有高堂隆、高柔、杨阜、杜恕、陈矫、卫觊、王肃、孙礼、卫臻，小臣则有董寻、张茂，极言无讳，不避丧亡之谤诅，至于叩棺待死以求伸；睿虽包容勿罪，而诸臣之触威以抒忠也，果有身首不恤之忱。汉武、唐宗不能多得于群臣者，而魏主之廷，森森林立以相绳纠。然而阽危不救，旋踵国亡。繇是观之，直谏之臣易得，而忧国之臣未易有也。

高堂隆因鹊巢之变，陈他姓制御之说；问陈矫以司马公为社稷之臣，而矫答以未知。然则魏之且移于司马氏，祸在旦夕，魏廷之士或不知也，知而或不言也。隆与矫知之而不深也，言之而不力也。当其时，懿未有植根深固之党，未有荣人、辱人、生人、杀人之威福，而无能尽底蕴以为魏主告。无残暴行为的批评，也非常多且随处可见。熟悉古代的议论来证验今天君主的得失，没有必要深思熟虑、冥思苦想，只要有与国家休戚相关的精神，或是斟酌思考以求不遭大祸，也可以奋起指责君主的过失，从而使自己正直的名声震动天下。

曹魏明帝曹睿死后，皇位首先传给齐王曹芳，不久被废，又传给高贵乡公曹髦，不久就死去，三传给常道乡公曹奂，不久皇位就司马氏所篡夺。魏明帝青龙、景初年间，就已埋下祸根，大概当时还没有明显地暴露出来，没有人能考虑到日后司马氏会篡权夺位，因此也没有人提醒曹睿，难道曹魏没有正直的大臣吗？曹睿的缺点过失很多，如大兴土木、内宠众多、祈求神仙、躬亲细务、滥施刑赏等等，对于他的这些缺点和过失，老臣则有陈群、辛毗、蒋济，大僚则有高堂隆、高柔、杨阜、杜恕、陈矫、卫觊、王肃、孙礼、卫臻，小臣则有董寻、张茂，他们都能极言无讳，严厉批评指责曹睿的缺点过失，为此他们并不逃避被杀的危险，有的人甚至为了让曹睿接受自己的建议抬着棺材进谏，以示冒死极谏。曹睿尽管对他们的这些行为都容忍下来并没有怪罪，然而这些大臣犯颜直谏以表达自己的忠心，确实是不顾身死的真诚之心。对于大臣们来说，像汉武帝、唐太宗都是不可多得的明君，因此他们才有那么多的直臣。然而魏明帝虽然不明，但其朝廷上仍有那么忠贞正直之臣来纠正他的过失行为。但是，这些大臣仍然不能把曹魏从危险中挽救出来，致使曹魏很快就灭亡了，由此看来，直言极谏之臣容易得到，而忧国之臣却很难得到。

明帝时，崇霄阙刚建成，就有鹊在上筑巢，曹睿问高堂隆这是什么征兆，高堂隆认为将有异姓起来篡夺权位，提醒曹睿要多加防范。当曹睿就司马懿能否为社稷之臣问陈矫时，而陈矫却回答说不知道。然而，这时曹魏的政权正逐渐转移到司马氏手中，对曹魏来说是祸在旦夕，曹魏的大臣，有的不知道，有的知道了也不说。高堂隆他，心不存乎社稷，浮沉之识因之不定，未能剖心刻骨为曹氏徘徊四顾而求奠其宗祏也。逮乎魏主殂，刘放、孙资延大奸于肘掖之后，虽灼见魏之必亡而已无及矣。

以社稷为忧者，如操舟于洪涛巨浸，脉察其碛岸洑涡之险易，目不旁瞬而心喻之；则折旋于数十里之外而避危以就安也，适其所泊而止。岂舟工之智若神禹哉？心壹于是而生死守之尔。若夫雒阳、崇华铜人土山之纵欲劳民，与夫暴怒刑杀、听小臣毁大臣、躬亲细务而陵下不君，此皆见之闻之，古有明训，而依道义以长言之，则不必有体国之忠，而但有敢言之气，固可无所畏避而唯其敷陈者也。抑岂足恃为宗社生民之托哉？

21.陈群上封事谏魏主，辄削其草；杨阜触人主之威以直谏，与人言未尝不道；袁宏赞群之忠，而讥阜之播扬君恶。夫阜激而太过，诚然矣；以群之削草为忠臣之极致，又奚得哉？宏曰："仁者爱人，施之君谓之忠，施之亲谓之孝。"非知道之和陈矫都意识到司马氏会篡权夺位但并没有把握，因此没有向曹睿明说。当时，在司马懿的周围并没有根深蒂固的党派，他也没有荣辱生杀予夺别人的大权，因此高堂隆和陈矫并没有把自己心中的想法告诉曹睿。之所以如此，没有其他的原因，就是因为他们心中没有时刻为江山社稷着想，他们原有还拿不住的见识也就不能认真地加以考虑，因此也就难确定，还因为他们没有对曹氏剖心刻骨的忠诚，而是为了使其宗祠保存下去而徘徊四顾，犹豫不决。到了魏明帝曹睿死后，刘放、孙资在司马氏把持朝政的情况下，又使曹魏的国祚延长了一段时间，尽管此时，他们已经清楚地看出了曹魏马上要灭亡，但自己也无能为力了。

以江山社稷为忧的人，就如同波涛海浪中驾船一样，要时刻注视着碛岸漩涡的危险，尽管目不斜视，但心中非常明白。那么就可以在过艰难困苦之后，把小船停在数十里的地方避危就安，一直找到合适的停泊处才能停下来。难道船工的才智能像大禹吗？不是的，只是能一心一意，与小船生死相守罢了。至于像明帝曹睿建洛阳铜人、大兴土木修崇华殿纵欲劳民，以及暴怒刑杀、听信小臣谗毁大臣、躬亲小事、陵下不君等等缺点失德之处，人们都能够看得到听得到，古代有关大臣劝谏君主的这些语也很多，完全可以改头换面从大义上向明帝直言极谏，而不必非有对江山社稷的绝对忠诚也可以说出这些话，只要有敢于犯颜直谏的勇气就足够了，就可以无所回避地把自己心中的话全盘托出。但是，难道能够把江山社稷的危亡，百姓的祸福托付给他们吗？

陈群上封事（古代文书的一种形式）规谏曹魏皇帝后，就毁掉草稿；杨阜对皇帝也敢于犯颜极谏，但与人谈话的时候总是谈到此事。袁宏称赞陈群对君主忠诚，而讥讽杨阜宣扬君主的缺点。杨阜到处宣扬君主的过错确实过分了。把陈群上书后毁掉草稿当作是忠臣之言也。

君父均也，而事之之道异。礼曰："事亲有隐无犯，事君有犯无隐。"隐者，知其恶而讳之也。有隐以全恩，无隐以明义，道之准也。君之有过也，谏之而速改，改过之美莫大焉。称其前之过以表其后之改，固以扬其美之大者也。谏而不听，君过成矣；即不言，而臣民固已知之矣。导谀之臣，方且为之饰非为是，弭在廷之口；而谏者更为之掩覆，于是而导谀之臣益无所忌，而唯其欲为。且已谏而不听，庶几人之继进也。小臣疏远，望近臣之从违以为语默。近臣养君之慝而蔽下之知，则疏远欲言之士，且徘徊疑沮，而以柔巽揄扬为风尚。劝忠之道，丧于唯诺之习，孤鸣无和，虽造膝而为痛哭，亦无如怙过之主何矣！

韩愈氏非知道者，拟文王之诗曰："臣罪当诛兮，天王圣明。"文王而为此言也，则飞廉、恶来且援为口实以惑纣，而信比干之死为当其辜矣。亦何惮而不殚其斮胫炮烙之惨乎？若群者，以全身于暴主之侧，孔光温树之故智也，谓之曰忠，而同君父于一致，袁宏恶知忠臣之极致哉！

举，其根据在哪里呢？袁宏说：“仁者爱人，施爱于君就叫作忠，施爱于亲就叫作孝。”这句话是袁宏不懂事理的表现。

君和父都是一样的，但对待他们的方式有所不同。《礼》中说：“对待父亲的隐私是不能公开宣扬指责的，对待君主则毫无隐讳可言，一切都是公开的。”所谓隐，就是知道不好而忌讳的事。有隐，即不指责批评父亲的坏事，是为了感谢父亲的养育之恩；无隐，即可以批评君主的一切错误和过失，是为了伸明大义，这都是道之准则。君主有过失，大臣进谏后，君主能纳谏并迅速改正，可以说没有比君主能改过这样好的事了。提到他以前的过错主要是为表扬他以后的改正，这本来就是宣扬其改过的美德。大臣进谏，君主不听，君主的过错就真成了过错。即使不这样，臣民也都已经知道了。阿谀曲意逢迎之臣，正要为君主饰非为对，在朝廷上封住大臣的口，不让他们进谏；而进谏的大臣也要为君主掩盖过错，这样以来，那么阿谀曲意逢迎的大臣就更无所顾忌，君主也就更唯所欲为了。况且自己进谏君主不听，可能还有别人相继进谏。小臣被疏远，他们就希望君主的近臣为提醒君主应该做什么不应该做什么。但君主的近臣纵容君主的过错，而且千方百计地掩饰，不使天下人知道，那些被疏远的大臣也徘徊犹豫，结果就以私下传扬、道听途说为风尚。进谏本来是鼓励人们为忠臣的办法，结果却被唯君命是从、唯唯诺诺的习气所破坏。只有一个人进谏而没有别的大臣的附和，尽管抱膝痛哭，又对那些恃过不改的君主会怎么样呢？

唐人韩愈也是不明事理的人，他以文王的口吻作诗说：“臣罪诛兮，天王圣明。”周文王如果说这样的话，都是应该的了。当时飞廉、恶来等人以此为借口来蛊惑昏君商纣王，比干这样的忠臣遭杀害。那么，难道周文王不怕自己遭受斮胫炮烙这样残酷的刑罚吗？像陈群这样做，只不过是在暴君之侧希图保身全命的办法，就像西

22.魏主睿之诏曰："汉承秦乱，废无禘礼，曹氏世系，出自有虞，以舜配天，以舜妃配地。"其亢地于天，离妣于祖，乱乾坤高卑之位，固不足道矣。妄自祖虞而以废禘讥汉，尤不知禘者也。

自汉以下，禘之必废也无疑也。三代而上，君天下者，数姓而已，天子之支庶，分封为侯，各受命而有社稷。其后一族衰微，则一族之裔孙以德而复陟帝位，无有不繇诸侯祖天子而崛起者也。推创业之主而上之，始受命而有社稷者，其始祖也，商之契、周之稷是也。又推而上之，则固有天下者也，而高辛是也，是为始祖所自出之帝也。世有社稷而为君，代相承而谱牒具存，虽历数十世而云仍不绝，则所自出之帝虽远，亦犹父子之相授，渊源不昧；而后此之有天下者，仍还其前此有天下之故业，以示帝位之尊，不越神明之胄，非是者不得而干焉。此封建未坠之天下，道固然也。

秦虽无德，而犹柏翳之裔，受封西土，可以继三代而王，使追所自出之帝而禘焉，得矣。至于汉兴，虽曰帝尧之苗裔，而不可考也。陶唐之子孙受侯封者，国久灭而宗社皆亡，帝尧汉孔光不说温室之中树为何木是一样的，若称这种行为为忠的话，就是说对待君主和对待父亲的作法完全一样了。袁宏岂知忠臣的最高造诣是什么呢？

魏明帝司马睿诏书中说：“汉继承天下于秦乱以后，废除追祭祖先的郊祭之礼，我曹氏家族的世系，是出自有虞氏，从此以舜配天，以舜妃配地，祭祀舜及其妃礼如同祭天地之礼。”他这种把地抬高与天同等的地位，离妣于祖，搞乱了乾坤高卑的次序，已是不足为道。荒诞地自称其祖先是有虞氏，而且讥讽汉室废除追祭先祖之礼。更说明他不知追祭祖先是怎么一回事。

自从汉代以后，追祭祖先礼一定要废除是毫无疑问的。夏、商、周三代以前，君临天下者，也不过是几个家族而已，天子的子孙都被分封到各地作诸侯，而各自受命于天子，有自己的国家有自己的社稷。其后，若一族衰微，那么这一族后世的子孙可以自己的品德高尚而重登天子之位，没有一个诸侯不是以天子为祖先而崛起的。由此追溯到创业的君主，最初受天子之命而建有自己国家社稷的，就是始祖，这就像商朝的契、周朝的后稷一样。又往上追溯，就是那些巩固地拥有天下的人，如高辛一样，他们都是始祖的后代而立为帝的。世世代代有国家社稷而作君主的人，代代相承，而且家谱也一直续修保存着，虽然下传数十代人，世系仍然非常清楚，那么尽管自己的祖先距现在非常遥远，但也仍像是父子相传一样，渊源非常清晰，而此后拥有天下的人，总是把天下视为故业，是从祖先那里继承下来的，以显示其帝位之尊，不宣扬自己是神明的后代的人，就与帝位毫无关系。这种现象在封邦建国尚未衰落的时代也确实这样。

秦朝虽然无德于天下，但他仍然是柏翳的后代，被周天子分封到西部地区，他可以继夏、商、周三代而后称帝。即使是他追溯他们的祖先祭祀他们，也是应该的。到了汉朝兴起的时候，虽然他们声之不祀，久已忽诸。高帝起田间为亭长，自以灭秦夷项之功而有天下，征家世于若存若亡之馀，悬拟一古帝为祖，将谁欺？欺天乎？自汉以下之不禘，岂不允哉！

汉曰祖尧也，王莽、曹氏曰祖舜也，唐曰祖皋陶也、老聃也，攀援不可致诘之圣贤以自张大者也。泽所已斩，道所不嗣，诚所不至，以名属之，以文修之，漠乎其不相及久矣。当其侧微，不知其有所祖也，序其谱系，不知其必为祖也，且远引而祖之，仁人孝子之事其先，如是而已哉。郭崇韬垂涕汾阳之墓，梁师成追讼眉山之诬，为姗笑而已。魏主睿其何以异于是！

23.任人任法，皆言治也，而言治者曰：任法不如任人。虽然，任人而废法，则下以合离为毁誉，上以好恶为取舍，废职业，徇虚名，逞私意，皆其弊也。于是任法者起而摘之曰：是治道之蠹也，非法而何以齐之？故申、韩之说，与王道而争胜。乃以法言之，周官之法亦密矣，然皆使服其官者习其事，未尝悬黜陟以拟其后。盖择人而授以法，使之遵焉，非立法以课人，必使与科条相应，非是者罚也。

称是帝尧的后裔，但很难以考证。陶唐氏的那些被封为侯的子孙，国家早就灭亡了，宗庙也没有保存下来，长期以来，帝尧都没有被祭祀过。汉高祖刘邦出身于农村，曾经做过亭长这样的小官，他是因为灭掉了残暴的秦王朝，打败了强硬的竞争对手项羽而拥有天下的，考察他那并不怎么兴盛家世的时候，却要搬出一位古帝作为他的祖先，将能欺骗谁呢？欺骗天吗？从汉代以后就不在追祭祖先，这难道不很应该吗？

汉朝的建立者声称自己的祖先是尧，王莽、曹氏声称自己的祖先是舜，唐朝的建立者声称自己的祖先是皋陶，是李耳，他们攀附这些不能说话的圣贤的目的，就是为自己制造声势。先帝的恩泽早已斩断，先帝的道德没有继承，先帝的诚实也没有传续下来，他们不思承续先帝恩泽，道德和诚实，却牵强附会把先帝作为自己的祖先，并且通过祭祀等方式来宣扬，他们比先帝相差得太远了。当他们地位卑微的时候，不知其祖先是谁，也不知道续其家谱，更不知道自己一定会成为后世人的祖先，而且自己还要把古先帝作自己的祖先，作为仁人孝子最先做的事，难道就是做这些吗？五代时，郭崇韬声称自己是汾阳公的后代，因此亲自到墓前垂泣祭祀；宋人梁师成也追溯眉山公为自己的祖先。他们的行为徒为后人耻笑而已，除此之外毫无意义。魏明帝曹睿的所言所为与他们两人又有什么区别呢？

任人任法，都是说的治理国家的一种方法，而重人治的人会说：任法不如任人。尽管这样，重视人的作用而废除法治，那么大臣就完全根据别人与自己关系的远近亲疏来决定对他们是赞扬或是攻击，君主也会以个人的好恶来取舍一切，这样的结果必然导致人们废其职业，只徒虚名，恣意忘为，这是人治的弊端。于是，提倡法治的人就起来攻击指责他们说：这是治理国家的蛀虫，人治只能破坏国家的治理，没有法制怎么能够整齐人们的行为呢？所以说，申不法诚立矣，服其官，任其事，不容废矣。而有过于法之所期者焉，有适如其法之所期者焉，有不及乎法之所期者焉。才之有偏胜也，时之有盈诎也，事之有缓急也，九州之风土各有利病也。等天下而理之，均难易而责之，齐险易丰凶而限之，可为也而惮于为，不可为也而强为涂饰以应上之所求，天下之不乱也几何矣！上之所求于公卿百执郡邑之长者，有其纲也。安民也，裕国也，兴贤而远恶也，固本而待变也，此大纲也。大纲圮而民怨于下，事废于官，虚誉虽腾，莫能掩也。苟有法以授之，人不得以玩而政自举矣。故曰择人而授以法，非立法以课人也。

论官常者曰：清也，慎也，勤也。而清其本矣。弗慎弗勤而能清也，诎于繁而可以居要，充其至可以为社稷臣矣。弗清而不慎不勤，其罪易见，而为恶也浅。弗清矣，而慎以勤焉，察察孳孳以规利而避害，夫乃为天下之巨奸。考课以黜陟之，即其得而多得之于勤慎以堕其清，况其所谓勤者非勤，而慎害、韩非所提倡的法家治国学说，就与先王所倡的仁义治国的正道相竞胜。就法治而言，《周官》中制定法律可以说很严密，但都是讲的做官者怎样恪尽职守，没有在后面附录赏罚的规定。大概是选人作官后，把有关的法律交给他，使他能遵纪守法，制定法律的目的不是督促人，也并不是必须与有关惩罚的条文相应，如果没有做好，就要受到惩罚。

法确实应当制定，这样，做官的人才能恪尽职责，因此法是不能废除的。然而，有过于法所要求的事情，有正好适合法所要求的事情，也有满足法所要求的事情。就人的才能而言有高有低，就时间而言有的时机好有的机会差，就事情本身而言，有的事情急有的事情不急，就所处的地区而言，天下这么大，各地区的条件也不平衡，有的条件好有的条件差。如果把各种不同的情况同等对待，提出一样的要求，规定一样的限额，可以做得到的也害怕这样做，做不到的只好弄虚作假，以应付上级的要求，像这样，天下怎么会不乱呢！君主对公卿大臣地方长官的要求，是有纲领的。这就是使百姓安稳，使国家富裕，推荐贤人疏远小人，稳定这些根本的方面以逸待劳，以不变应万变，这是根本中的根本。如果这个根本遭到破坏，百姓就会怨声载道，官吏就会不尽职责。尽管社会表面很繁荣，但其危机是掩盖不住的。如果人们有法可依，人们就不会对一切都漫不经心，政治也会日益清明。所以说，是先选人然后把法给他，使之有法可依，并不是制定法律来督促人。

论官吏准则的人认为：官吏应当遵循的准则是清廉、谨慎、勤奋。而清廉是三者的根本。不谨慎不勤奋但能清正廉洁的人，不善于处理杂事却能抓住主要问题，充其量可以做一个合格的官员。贪赃枉法，不谨慎也不勤奋的人，他的罪行显而易见，危害也比较小。贪赃枉法而且谨慎勤奋的人，非常贪婪求利而又非常小心以避危者非慎乎？是所谓孳孳为利，蹠之徒矣。清议者，似无益于人国者也，而国无是不足以立。恐其亡实而后以法饬之，《周官》、《周礼》、《关雎》、《麟趾》之精意所持也。京房术数之小人，何足以知此哉？卢毓、刘邵师之以惑魏主，不能行焉必也。虽不能行，而后世功利刑名之徒，犹师其说。张居正之毒，所以延及百年而不息也。

24.魏主睿授司马懿以辅政，而懿终篡也，宜哉！法纪立，人心固，大臣各得其人，则卧赤子于天下之上而可不乱，何庸当危病昏瞀之时，委一二人，锡以辅政之名，倒魁柄而授之邪？

周公之辅成王也，王幼而未有知识，且公之至德，旷古一人，而武王之信公也，以两圣而相知也。然使无辅政之名，则二叔亦无衅以构难，而冲人晏然矣。汉武之任霍、金、上官也，上官逆，霍氏不终矣；辅政之名，由此而立，而抑安足师乎？先主之任诸葛，而诸葛受命，当分争之世，而后主不足有为也，两俱弗获已而各尽其心耳。先主不能舍后主而别有所立，则不能不一委之诸葛以壹后主之心。

若夫魏主睿，无子而非有适长之不可易也，宗室之子，唯害，这些人是天下最大奸贼。对他们进行考核奖罚，只能知道工作的谨慎和勤奋，很难了解他是否清廉。况且所谓勤奋的人也不一定勤奋，谨慎的人也不一定谨慎呢？这就是孜孜求利的人就是盗蹠一类的人物。清议之风，似乎对个人对国家没有什么好处，但没有清议就难以立国。《周官》、《周礼》、《关雎》、《麟趾》的基本精神就是怕其考课官吏失实才用法加以整饬。京房是只知术数的小人，他怎么会知道这个道理呢？卢毓、刘邵师法京房并以此来蛊惑曹魏皇帝，当然是一定不能施行的。尽管没有施行，但是后代那些功利刑名之徒，仍然相信学习这种理论。明代的张居正就是这些人中的一个典型，他的改革所造成的坏的影响沿续了近百年仍没有停息。

魏明帝曹睿临终前任命司马懿为辅政大臣，而司马懿的子孙最终篡魏自代，这也是应该的。法纪确立，人心巩固，大臣各得其人，那么就是一个婴儿来做天子天下也不会动乱，为什么要在自己病危神智不清的时候，委任一二个人，赐给他们辅政的名号，把国家政权轻易地交给他们呢？

周公辅政成王，当时，成王年幼不懂事。况且周公品德高尚，自古以来没有人能超过他。这也是周武王信任周公的原因。因此，周公和成王号称两圣。但是，假若没有辅政的名号，那么管叔和蔡叔二人也就没有借口发难，君主也会平安无事。汉武帝任命霍光、金日磾、上官桀为辅政大臣，结果上官桀谋逆、霍光家族全被诛灭。辅政的名号，由此而立，难道足以效法吗？刘备重用诸葛亮，而诸葛亮尽心竭力，使蜀汉能自立于纷乱之世，然而后主刘禅却是不能有所作为的人，结果后主刘禅和诸葛亮都没有什么收获却都尽心尽力了。先主刘备不能废昏庸愚昧的后主刘禅，而另立贤明的君主，那么也就不能不委任诸葛亮一心一意地辅佐后主刘禅。

至于魏明帝曹睿，自己没有儿子，然而没有嫡长子就不能把皇位其所择以为后。当其养芳与询为子之日，岂无贤而可嗣者慎简而豫教之？迨其将殂，芳之为子已三岁矣，可否熟知，而教训可夙，何弗择之于先，教之于后，令可君国而勿坠，而使刘放、孙资得乘其笃疾以晋奸雄于负扆哉？为天下得人者，得一人尔。得其人而宰辅百执无不得焉。己既无子，唯其意而使一人以为君，不审其胜任与否，而又别委人以辅之，则胡不竟授以天下而免于篡弑乎？汉之自旁支入继者，皆昏庸之器，母后权奸之为之也，非若睿之自择而养之也。彼愦愦以死，无意于宗社而委之妇人者，无责耳矣，而魏主睿何为者也！

宋仁宗之授英宗，高宗之授孝宗，一旦嗣立而太阿在握；有二君之慎，岂至忍死以待巨奸而付以童昏也哉？故宋二宗之立嗣，允为后世法也。辅政者危亡之本，恶得托周公之义以召祸于永世哉！

25.史称何晏依势用事，附会者升进，违忤者罢退，傅嘏讥晏外静内躁，皆司马氏之徒，党邪丑正，加之不令之名耳。晏之逐异己而树援也，所以解散私门之党，而厚植人才于曹氏也。卢毓、傅嘏怀宠禄，虑子孙，岂可引为社稷臣者乎？藉令曹爽不用晏言，父事司马懿，而唯言莫违，爽可不死，且为戴莽之刘歆。若逮其篡谋之已成，而后与立异，刘毅、司马休之传下去。当时，宗室的孩子，曹睿可以任意选一个作为自己的继承人。当他领养曹芳和曹询时，难道就没有贤明的孩子可做他的嗣子吗？难道就不能慎重地选择并事先好好地教育吗？等到他临终前，曹芳过继他为子已经三年了，是不是熟知，而教训可夙，何不先选择，然后再教育，使之可以统治国家而不致灭亡，怎么能使刘放、孙资乘其病危把奸雄之人引入内廷呢？为天下选人的人，只要能选一个合适的君主就行了。得到一个合适的君主，那么宰相辅臣文武百官就都能得到。自己既然没有儿子，自己可以任意挑选一个人来做君主的继承人，不考察他能否胜任，却又委任其他人来辅佐他，那么为什么不把天下授给一个能够胜任它的人以免于被奸雄篡夺呢？汉代从皇帝直系以外的旁支入继皇位的人，都是些昏庸无能之辈，这是太后们为了专权擅政故意这样选择的。并不是像曹睿一样可以自由地选择、收养。他快要死时，如果任命辅政大臣是为了不使国家政权旁落于外戚之手，自然是无可指责的。而魏明帝曹睿他究竟是为了什么呢？

宋仁宗传位于宋英宗，宋高宗传位于孝宗，他们一旦嗣君确立而太阿之剑（喻国家大权）在握。有宋仁宗、宋高宗的谨慎，难道会把国家政权交给不懂事的玩童，让他们等待奸雄们的篡夺吗？所以，宋仁宗、宋高宗两位天子立继承人，确实可以为后世效法。辅政是国家危亡的根本所在，怎么能够假托周公的先例而为后代召来灾祸呢？

史书上称何晏依仗权势办事，凡是攀附巴结他的人就会很快地升官，违忤他的人就会被罢官降职。傅嘏嘲弄何晏是外表平静而内心浮躁，这都是司马氏的党徒，栽赃陷害，把不好的名声强加在何晏的头上，何晏排挤异己，树立党援，就是要把一些私人集团解散，而为曹氏拉拢人才。像卢毓、傅嘏这样的人，只关心自己的高官厚禄，只考虑自己的子孙后代，怎么可以把他们引为社稷之臣呢？即使曹爽之所以或死或亡，而不亦晚乎！爽之不足与有为也，魏主睿之不知人而轻托之也。乃业以宗臣受顾命矣，晏与毕轨、邓飏、李胜不与爽为徒而将谁与哉？

或曰：图存社稷者，智深勇沉而谋之以渐。晏一旦蹶起而与相持，激懿以不相下之势，而魏因以亡。

夫曹芳以暗弱之冲人孤立于上，睿且有“忍死待君相见无憾”之语，举国望风而集者，无敢逾司马氏之阃阈，救焚拯溺而可从容以待乎？懿之不可托也，且勿论其中怀之叵测也；握通国之兵，为功于阃外，下新城，平辽东，却诸葛，抚关中，将吏士民争趋以效尺寸。既赫然矣，恶有举社稷之重，付孺子于大将之手，而能保其终者哉？王敦无边徼之功，故温峤得制之于衰病；桓温有枋头之败，故王、谢得持之以从容。夺孤豚于猛虎之口，雅士无所容其静镇，智者无所用其机谋，力与相争而不胜，天也，非人之所能为也。

不听何晏的免去司马懿的职务的建议，像对待父亲一样对待司马懿，唯其命是从，曹爽可以免去一死，但却成为拥戴王莽篡汉的刘歆。假若等司马氏谋权篡位的阴谋实现了，曹爽等人想起来反抗，刘毅、司马休之不也死得太晚了吗？曹爽等人即使造反，也会很快地被镇压，也会很快地被处死的。曹爽不是一个大有作为的人，只是一个纨绔子弟而已，魏明帝不能知人，却把辅政的重任轻易地托付给曹爽这样的人。曹爽已经作为宗室之臣接受了辅政的重任，何晏和毕轨、邓飏、李胜等人不与曹爽联合在一起，他们能与谁合作呢？

有人会说：千方百计要保存江山社稷的人，智谋深不外露，勇敢而又沉着，而且谋划要逐渐地进行，不能操之过急。而何晏一旦起来之后，马上就建议曹爽与司马懿相对峙，刺激司马懿和他们对立，曹魂是因此才灭亡的。

当时，齐王曹芳是一位昏庸懦弱的孩童而登上皇帝的宝座的。曹睿临死前又对司马懿说过“临死前能见到你，我也就死而无憾了”的话，全国人望风而集也难跳出司马氏的控制，挽救曹魏的危亡就像是救火救落水的人一样急迫，难道还可以从容等待吗？司马懿这样的人不可托孤与他，且不论他心怀叵测。他还掌握着全国的军队，统兵在外立下了很大的功劳，他攻克新城（今湖北省房县一带），平定了辽东（今辽宁省东南部辽河以东地区）的公孙渊，逼退了蜀相诸葛亮，安抚关中的贫民百姓，将士官吏百姓都想追随他并为他立功，其功之大，全曹魏无人能及。难道有把江山社稷的重任以及年幼的天子都托付给一位大将，而能保证其国家不灭亡吗？东晋时，王敦没有获得的军功，所以温峤能趁其年老多病制止他的叛乱；桓温也是因为出师北伐枋头（今河南省浚县西南）大败以后，王坦之、王彪之、谢安才可以从容制服他。从虎口夺回小猪，士大夫不容许镇静自若，有才智的人也没有办法施展自己的计谋，以力相争而失败。这当是时，同姓猜疏而无权，一二直谅之臣如高堂隆、辛毗者，又皆丧亡，曹氏一线之存亡，仅一何晏，而犹责之已甚，抑将责刘越石之不早附刘渊，文宋瑞之不亟降蒙古乎？呜呼！惜名节者谓之浮华，怀远虑者谓之铦巧，《三国志》成于晋代，固司马氏之书也。后人因之掩抑孤忠，而以持禄容身、望风依附之逆党为良图。公论没，人心蛊矣。

26.蒋琬改诸葛之图，欲以舟师乘汉、沔东下，袭魏兴、上庸，愈非策矣。魏兴、上庸，非魏所恃为岩险，而其赘馀之地也。纵克之矣，能东下襄、樊北收宛、雒乎？不能也。何也？魏兴、上庸，汉中东迤之馀险，士卒所凭以阻突骑之冲突，而依险自固，则出险而魂神已惘，固不能逾阃限以与人相搏也。且舟师之顺流而下也，逸矣；无与遏之而戒心弛，一离乎水而衰气不足以生，必败之道也。先主与吴共争于水而且溃，况欲以水为势，而与车骑争于原陆乎？魏且履实地、资宿饱，坐而制之于丹、淯之湄，如蛾赴焰，十扑而九亡矣。

刘裕之逆河、渭以入关中，王镇恶等以步骑驰击，而舟师是天意，不是人力所能挽救的。

当时，曹氏家族相互猜忌，关系因而疏远，当然被疏远者也就无权可言，正直的大臣像高堂隆、辛毗也都先后去世了，曹氏存亡的关键人物只剩下何晏一个人了，而对何晏又这样严厉地责备他，这样说来，难道还要责备刘越石不早点投降刘渊，还要责备文天祥不快点投降蒙古人吗？唉！惜名重节的人被说成是浮华，作长远打算的人又被说成是投机取巧，《三国志》之所以这样评价追随曹氏的人物，是因为它成书于晋代，当然要站在司马氏的立场上说话。后人就按这部书中写的去做人，没有忠心，不为国家着想，只想怎样才能获得高官厚禄，甚至不惜投靠依附逆贼叛党。没有公论时，人心也会被异端邪说所诱惑。

蒋琬改变了诸葛亮的计划，想以水军船师沿汉水、沔水而下，袭击曹魏的魏兴（今湖北竹山县北）、上庸（今湖北省竹山县西南），这样的计策就愈发不高明了。魏兴和上庸两地，并不是曹魏恃之为险要的地方，而是块多余的地方。即便是攻下了这二地，能东下襄阳、樊城，北夺宛城和洛阳吗？当然不能。为什么呢？因为魏兴和上庸，是汉中（今陕西省汉中县）蜿蜒往东延伸过来的险要之地。魏兵想借此险要阻击敌方的突然袭击的骑兵，他们依险自固有余，一旦离开这种险要地势就会感到不知所措，当然也就很难越过险地与魏军搏杀。况且，水军舟师顺流而下，将士们都很安逸，如遇不到遏止，他们戒心就会丧失，一离开水士气也难以一下子高涨起来，这样做是一定要失败的。先主刘备与吴国交战时就是因为顺流而下导致他的军队的最后崩溃。况且，蒋琬又想借水势，与坐在车骑上的魏兵在陆地上战斗，能行吗？魏军只要上居险要之地，睡好吃饱，坐而等待蜀于丹水、清水岸边，蜀军就会如同飞蛾赴火焰一样，十扑九亡。

东晋末年，晋将刘裕征讨后秦，他率水军沿黄河、渭河溯水而上为其继，非恃舟师以争人于陆也。姚泓恃拓拔氏为之守，拓拔氏不为泓守，而泓弛其防，故获利焉，非独倚舟师之利攻人于千里之外也。诸葛之出祁山，以守为攻，即以攻为守，知习于险者之不利于夷，且自固以待时变，特不欲显言之以怠众志耳。琬移屯而东西防遂弛，邓艾阴平之祸，自琬始矣。琬疾动而不能行，司马懿方谋篡而未暇，故蜀犹以全。不然，此一举而蜀亡不旋踵矣。

27.曹孟德始屯田许昌，而北制袁绍，南折刘表；邓艾再屯田陈、项、寿春，而终以吞吴；此魏、晋平定天下之本图也。屯田之利有六，而广储刍粮不与焉。战不废耕，则耕不废守，守不废战，一也；屯田之吏士，据所屯以为己之乐土，探伺密而死守之心固，二也；兵无室家，则情不固，有室家，则为行伍之累，以屯安其室家，出而战，归而息，三也；兵从事于耕，则乐与民亲，而残民之心息，即境外之民，亦不欲凌轹而噬龁之，敌境之民，且亲附而为我用，四也；兵可久屯，聚于边徼，束伍部分，不离其素，甲胄器仗，以暇而修，卒有调发，符旦下而夕就道，敌莫能测其动静之机，五也；胜则进，不胜则退有所止，不至骇散而内讧，六也。有此六利者，而粟米刍稿之取给，以不重困编氓之输运，屯田之利溥矣哉！诸葛公之于祁山进入关中，部将王镇恶则率步兵骑兵从陆地入攻，水军陆军遥相呼应，并不是只依靠水军舟师与后秦军队争夺陆地。后秦皇帝姚泓靠拓拔氏为他防守，结果鲜卑族拓拔氏没有真心为他防守，而姚泓又没有充分重视防守，所以刘裕军队才大获全胜，并不仅仅是依靠舟师的便利攻取千里之外的后秦的。诸葛出祁山，以守为攻，也就是以攻为守，他深知守险要之处者是很难被消灭的，因此他总按兵不动或撤兵归国，巩固自我以等待时局的变化，其实只不过是他不好明说罢了。因为明说了就会懈怠将士的斗志。蒋琬把军队迁移驻扎在另外的地方，那么蜀汉的东西防务空虚，可以说，邓艾从阴平（今甘肃文县西北）偷袭蜀国的大祸，从蒋琬移兵时就开始了。蒋琬很快地调动军队却没有达到目的，司马懿此时正忙于篡夺曹魏的权力没有时间顾及蜀汉，所以蜀汉才暂时得以保全。否则，如果曹魏集中兵力一举就可以灭掉蜀汉。

曹操最初在许昌（今河南省许昌市）屯田，就打败了北方的袁绍，挫败了南方的刘表；邓艾又在陈（今河南省淮阳县）、项（今河南省项城县）、寿春（今安徽省寿县）屯田，而最终吞并了孙吴。屯田是曹魏、晋平定天下的最根本的计划。屯田有六条好处，还不包括广储粮食这一条。第一条，虽有战争但不废耕植，那么耕种也不耽误防守，防守又不耽搁战争。第二条，参与屯田的士兵，把屯田地区作为自己的乐园，探听敌人的秘密坚守的决心非常牢固。第三条，士兵没家属，他们的情绪就不稳定，有了家属，又会成为军队的拖累，在屯田地区安置士兵的家属，就可使军队出则战，归则有处休息。第四条，士兵从事耕种，就知道稼穑之艰难，因而从感情上就容易和百姓接近，残害百姓之心就会停息，即使是境外的百姓，也不忍心欺凌掠夺他们，敌国境内的百姓也因此会对我方有很深的感情，必要时会为我所用。第五条，兵士可以长久地驻屯，聚集在边境地区，仍是军也，亦是道也；姜维不能踵之，是以亡焉。

虽然，有其地，有其时矣。许昌之屯，乘黄巾之乱，民皆流亡，野多旷土也；两淮之屯，魏、吴交争之地，弃为瓯脱，田皆芜废也；五丈原之屯，秦、陇、阶、文之间，地广人稀，羌、胡据山泽而弃平土，数百里而皆草莱也。非是者，可屯之地，畸零散布于民田之间，而分兵以屯之，则一散而不可猝收矣。夺民熟壤以聚屯，民怨而败速矣。此屯之必以其地也。

屯之于战争之时，压敌境而营疆埸，以守为本，以战为心，而以耕为馀力，则释耒耜、援戈矛，两不相妨以相废。若在四海荡平之后，分散士卒，杂处民间，使食利于耕，而以战守为役，则虽有训练钳束之法，日渐月靡于全躯保室、朴钝偷安之习，而天下于是乎无兵。故唯枣祗、邓艾、诸葛可以行焉，而后此之祖以安插天下之兵，是弭兵养懦之术也，故陵夷衰微而无与卫国。此屯之必以其时也。

队的编制，所需的武器铠甲可以抽出空闲时间来修整，一旦有所集调，就可以迅速行动起来，使敌人难以预测我方的行动。第六，军队战胜了就可以一直向前进，即使失败了也有退回的地方，不至于逃散或者内讧。有这六条好处，军粮马草就可以自给有余，不至于给老百姓增加运输的负担，屯田之利可真是太大了！诸葛亮出兵祁山的时候，也采取了这个办法。姜维没有沿用这一办法，所以他才失败了。

虽然屯田之利很大，但也是有条件的，这就是要有空地，要在适当的时候。曹操在许昌屯田时，是刚经过黄巾军的叛乱，这一地区百姓都逃亡了，田野多成了无主的旷田。邓艾在淮河两岸地区屯田时，是因为这个地区是魏、吴两国经常交战的战场，成为两国的边界地区，田地也都荒芜废弃。诸葛亮在五丈原（今陕西省岐山县南斜谷口西侧）地区屯田，是因为当时秦、陇、阶、文之间，地广人稀，羌胡等少数民族都占据着山地湖泊，平原地区却弃而不用，方圆数百里都长满了野菜。如果不是有空旷的田地可供屯田的话，把屯田地方都零散地和民田交错在一起，如果分散军队去屯田，就有可能一散而不可收拾。如果从老百姓手中夺取土地作为屯田之用，就会引起百姓的怨恨，失败得就更快。所以说，要屯田必须有大片的空旷的田地。

在战争时期屯田，可以给敌境施加压力，来营建疆场，以固守为根本，但也提高警惕，时刻准备战争，而耕田种地就是利用守而不战的有利时机和士兵战斗之余力，这样耕田种地和拿武器作战两者互不妨碍，也不荒废。假若在天下平定以后，把士兵分散到各地，与各地百姓杂居，让他们在耕田种地中获利，而以兴兵打仗作为徭役，那么尽管有严格的训练办法，士兵们也会逐渐地沉溺于保全性命保全家室苟且偷安的环境之中，这样的话，天下也就没有军队可言。所以只有枣祗、邓艾、诸葛亮可以实行屯田，而后代人想以为师，也让军队屯田，这是消磨将士的意志，养其懦弱的办法，结果肯定是军队的战法有名同而实异，事同而效异，如此者多矣。谋国者不可不审也。

28.史称管宁高洁而熙熙和易，因事而导人以善。善于传君子之心矣。

世之乱也，权诈兴于上，偷薄染于下，君不可事，民不能使，而君子仁天下之道几穷。穷于时，因穷于心，则将视天下无一可为善之人，而拒绝唯恐不夙，此焦先、孙登、朱桃椎之类，所以道穷而仁亦穷也。夫君子之视天下，人犹是人也，性犹是性也，知其恶之所自熏，知其善之所自隐，其熏也非其固然，其隐也则如宿草霜凋而根荄自润也。无事不可因，无因不可导，无导不可善，喻其习气之横流，即乘其天良之未丧，何不可与以同善哉？此则盎然之仁，充满于中，时雨灌注而宿草荣矣。惜乎时无可事之君，而宁仅以此终；非然，将与伊、傅而比隆矣。

呜呼！不得之于君，可得之于友，而又不可得矣；不得之荐绅，可得之于乡党，而又不可得矣；不得之父老，可得之童蒙，而又不可得矣；此则君子之抱志以没身，而深其悲闵者也。友之不得，君锢之；乡党之不得，荐绅荧之；童蒙之不得，父老蔽之；故宁之仁，终不能善魏之俗。君也，荐绅也，父争力下降，无力保家卫国。所以说，屯田一定要把握好时机。

有名称相同而实际不同的法，有相同的事却有不同的效果，这样的事情太多了。为国家谋划的人不能不慎重。

史称管宁高尚纯洁，平易近人，可以借一件事情引导人们向善的方向发展。管宁善于辅正君子的思想行为。

天下大乱之世，权术奸诈兴起于上，轻薄之俗浸染于下，君主不可侍从，百姓难以管理，君子向天下宣扬仁的途径几乎穷尽了。困于时，是困于心，那么就认为天下没有一个可以为善的人，因而就只求早点拒绝向社会宣扬仁，焦先、孙登、朱桃椎等就是这样的人，这就是认为道穷而仁也穷。君子看待天下与他们就有所不同，他看天下，人仍是人，本性仍是本性，知道他的恶习是来自外界的薰陶，也知他的善良是来自他的本性，其恶来自外界的熏陶说明并非其本身固有的东西，其善良来自天性，就如同隔年的草一样，尽管遭到冰霜的袭击凋零了，而其根仍然滋润着它顽强地活着。没有事情没有原因，没有动因不可以引导，没有通过引导不可以为善的事，明白了其恶习横流的原因，就马上趁他天良还没有完全丧尽的时候，怎么不能引导他和他共同走向善良呢？这是盎然之仁，充满人的心中，就像是给枯草下了一场及时雨而枯草变成了郁郁丛丛的青草一样。遗憾的是，当时没有可以侍奉的君主，管宁也仅仅能够停留在理论的宣扬上。否则，他的功劳将会和历史上的伊尹、傅说比个高低。

唉！不能得到君主的支持，本来可以得到朋友的支持，然而朋友的支持也得不到；不能得到官吏们的支持，本来可以得到乡里的支持，然而乡里的支持也得不到；不能得到父老的支持，本来可以得到儿童的支持，但儿童的支持也得不到。这就是君子胸怀大志却无处施展在郁郁中死去让人感到无比悲痛和惋惜的原因。不能得到朋友的支持，是因为君主禁锢了他们；不能得到乡里的支持，是因为官吏们荧老也，君子之无可如何者也。吾尽吾仁焉，而道穷于时，不穷于已，亦奚忍为焦先、孙登、朱桃椎之孤傲哉？

29.形可以征神乎？曰：未尝不可也。神者，天德之函于地者也；形者，地德之成乎天者也；相函相成而不相舍，神之灵，形受之；形之灵，神傅之；非神孤荡其灵于虚而形顽处也。譬之笙竽然，器洪而声洪，器纤而声纤矣；譬之盂水然，器方而水方，器圜而水圜矣。造化者以其神之灵抟造形质，而气以舒敛焉。荣，随气而华，随气而黯；卫，随气而理，随气而乱；内而藏府之精粗，外而筋骸之劲脆，动静语默各如其量，而因以发用；则明于察形者，可以征神，固矣。管辂之评邓飏、何晏而言皆屡中，知此而已矣。

然则神可以化形乎？曰：奚为其不可也？其始也天化之，天之道也；其后也人化之，人之道也。天之道，亭之毒之，用其偶然，故孅恶偏全、参差而不齐；人之道，熏之陶之，用其能然，则恶可使孅，偏可使全，变化而反淳。人莫难于御其神，而形其易焉者。昧者不知，曰："一受其成型，而与之终古。"其不知道也久矣。孟子曰："居移气，养移体。"荣卫随养以移，而内而藏府、外而筋骸，随之以移；况动止语默，因心而纵敛，因习而率循者哉！

惑他们；得不到儿童的支持是因为父老蒙蔽了他们。所以管宁的仁，最终不能改善魏国的风俗。对于君主、官吏们、父老们，君子是不能拿他们怎么样的。我想向社会贡献我的仁，但当时没有途径，并非是自己不愿贡献。怎么能够去做像焦先、孙登、朱桃椎一样孤傲于世的人呢？

形可以体现神吗？回答是未尝不可。所谓神，指的是天德包含于地；所谓形，指的是地德由天所成。二者是相辅相承不能割舍的关系，神之灵，由形来承受他；形之灵，由神附着他。并不是神之灵孤独飘荡在空虚之中，而形依然故我地存在。譬如笙竽之类的乐器，乐器大，它的声音就洪亮，乐器小它的声音就细小。又譬如水盆中水，水盆是方的水就是方的，水盆是圆的水也是圆的。大自然这个造物主把神之灵制造形质，而气或舒展或收敛。荣，随气而发，随气而黯；卫，随气而理，随气而乱，纳入而藏府中之精粗，外出而筋骨之脆，动静语默各如其量，而因以发用。那么，明于察形的人，那当然可以体现神。管辂对何晏、邓飏的评论屡言屡中，就是因为他知道这一点。

这样说来，那么神也可以转化为形吗？回答是：怎么不行呢？神化为形开始的时候是天转化它们，这是天道；后来是人转化它们，这是人道。上天转化它们的方法是用调和化育的方法，而且也非常偶然，所以好恶偏全，参差不齐；人类转化它们的方法是用熏陶的办法，顺其自然，所以就能使坏的转化成好的，偏面的可以转化成全面的，变化过程完全顺乎自然。人们不难于控制自己的精神，而控制形体就更容易了。愚昧的人不知道这一点，只说："一旦其成型之后，就终生不会变化。"他对此的了解实在太浮浅了。孟子说："居移气，养移体。"荣卫（指人体的营养作用，卫外机能和血气循环）随营养而变化，而内在的脏腑，外在的筋骨，也都随之而变化。况且，人的邓飏之躁，征于形之躁也，不可骤息，而息之以静者，飏可得而主也；何晏之幽，征于形之幽也，不可骤张，而张之以明者，晏可得而主也。岂有他哉？一旦而知躁与幽之为不善，操之纵之，惩艾于俄顷；习之制之，熏成于渐次；则二子者，金锡圭璧之章，再见而惊非其故，辂又安能测之哉？乃若二子者，终成乎幽躁，而使辂言之终验，其蔽一也。一者何也？曰：骄也。老、庄者，骄天下而有馀者也，绝学以无忧，与天而为徒，而后形之不善，一受其成型，而废人道之能然，故祸至而不知其所自召也。地承天而受化，形顺神而数移，故管辂之术，君子节取焉，而不怙之以为固然。人之有道也，风雨可使从欲，元气可使受治，况在躬之荣卫藏府筋骸，与从心之动止语默哉！

30.王凌可以为魏之忠臣乎？盖欲为司马懿而不得者也。为懿不得，而懿愈张矣。齐王芳，魏主睿之所立也，懿杀曹爽而制芳于股掌，其恶在懿，其失在睿，而芳何尤焉！使霍光而有操、懿之心，汉昭亦无如之何，而可责之芳乎？凌诚忠于魏而思存其社稷，正懿闭门拒主、专杀宗臣、觊觎九锡之罪，抗表而入讨，事虽不成，犹足以鼓忠义之气，而懿不能驾祸于楚王以锢曹氏之宗支，使敛迹而坐听其篡夺。而凌欲废无过之主以别立君，此其故智，梁、隋之季多效之者，而终以盗铃。

行动停止，说话沉默，完全是由自己的心来决定是放纵或者收敛，因个人的习惯而遵循的。

邓飏的浮躁，体现为外形的浮躁，不能马上停息，能够把邓飏的浮躁停息下使之平静，邓飏就可以内心有主宰。何晏的幽暗，也是体现为外表的幽暗，不能马上使开达明彻，能够使何晏开达明彻，何晏可以内心有主宰。难道还有其他吗？一旦知道浮躁和幽暗是不好的，就要控制住它，把它尽快遏止住；然后认真学习，逐渐地熏陶。如果能这样的话，那么这三个人必定有更大的成就，会得到更高的官职和赏赐，使再见到他们的人一定非常惊讶他们的变化，管辂能看透他们吗？但他们两个人，最终成了昏暗、浮躁的人，使管辂的话最终应验，他们的错误都是一样。是什么错误呢？就是自高自大。老子、庄子是轻视天下而有馀的人，他们弃绝学问就不会有烦恼，可以与天为徒了。受先天影响如果成形不善，就会废弃人道，所以大祸临头也不知道是自己招来的。地承天而受化，形顺神而数移，所以管辂的办法，君子对他有所认可，但不能持之以为是当然。发挥人道教化的功用，可以让风雨听从自己的使唤，可以使元气受自己的控制，何况自己本身的荣卫藏府筋骨，和发自内心的动止语默呢！

王凌可以称为是曹魏的忠臣吗？他之所以谋废齐王曹芳立楚王曹彪为天子，大概是为了防止司马懿篡权夺位，不得已才想出这个办法。结果计谋失败，司马懿的气焰更加嚣张。齐王曹芳，是魏明帝曹睿所立，司马懿杀掉曹爽，把曹芳完全控制在自己手中。此事作恶者是司马懿，失误者则是曹睿，而曹芳有什么罪过呢？假若西汉霍光也有曹操、司马懿等人的野心，汉昭帝能把他怎么样呢？这件事怎么能怪曹芳呢？王凌如果真是忠于曹魏而想保存曹魏的江山社稷的话，当司马懿关闭城门拒曹芳、曹爽等人进入都城，专杀宗室大臣，觊觎九锡之礼时，王凌宣布其罪，上书直言，入讨司马懿，事虽不能成功，则使凌得志，楚王彪恃其掩耳之资，操此心也，恶足以惑人心而使效顺哉？

名义者，邪正存亡之大司也，无义不可以为名，无名不可以为义，忠臣效死以争之，奸雄依附而抑必挟之。以曹操之不轨也，王芬欲立合肥侯以诛宦官，而操审其必败，勿从也；袁绍欲立刘虞以诛董卓，而操恶其徒乱，勿从也；名正而义因以立，岂特操之智远过于凌乎？天下未解体于弱主，而己先首祸，心之所不安，裁之所必逮也。刘虞贤矣，袁绍弗能惑也；合肥侯听曹操而安，楚王彪听王凌而死，非独自杀，且以启祸于宗室，胥入司马之阱中，亦烈矣哉！

呜呼！乱人假义而授人以名，义乃永堕而祸生愈速，如是而许之以忠也，则沈攸之、陈霸先皆忠矣。王凌之心，路人知之，无以异于司马氏，而益以愚者也。

31.曹操之篡也，迎天子于危亡之中而措之安土；二袁、吕布、刘表、刘焉群起以思移汉祚，献帝弗能制，而操以力胜而得之。刘裕之篡，馘桓玄，夷卢循，东灭慕容超，西俘姚泓，还足以鼓舞忠义之气，而司马懿也不敢嫁祸于楚王曹彪，禁锢曹氏宗室，使他们对司马懿的行为不敢反抗，只能听任司马懿篡权夺位。然而王凌并没有这样做，他却想废黜无过的君主齐王曹芳，而另立楚王曹彪。他的这套办法，南朝梁、隋朝之际很多人效法他，而最终结果无疑于掩耳盗铃。那么，即使王凌的计划实现了，楚王曹彪也只不过是他掩耳盗铃的工具。王凌操这样的心，怎么能够足以迷惑人心，使人们效忠顺从他呢？

名义是邪和正、存和亡的关键，无义就不可能会有名，无名也不可能会有义，忠臣效死帝王是为了争取名义，奸雄依附君主也一定要挟名义。曹操是位存有野心的奸雄，但当王芬想立合肥侯为帝以诛宦官时，曹操知道他这样做一定会失败，于是就坚决不从；袁绍想立刘虞为帝以诛杀董卓，曹操知道这样做是自寻其乱，因此也坚决不从。因为曹操这样做名正，因此其义也就树立起来了。难道仅仅是曹操的智谋超过王凌吗？弱主在位时，天下还没有解体，而王凌自己首先发难，王凌心中肯定不会安宁，那么灾难首先降临到他头上也就很自然了。刘虞是位贤明的人，袁绍是迷惑不住他的，合肥侯听了曹操的建议而平安无事，楚王曹彪听了王凌的建议却落得一个身死的下场。如果曹彪不自杀，也会把宗室人员全部牵连进司马懿设下的陷阱中去。曹彪的死也算是很壮烈了！

唉！乱人假借义却把名送给了别人，最后也没有保全义又很快地招来了灾祸。如果这样的人也可以称之为忠臣的话，那么沈攸之、陈霸先都算是忠臣。王凌之心，路人尽知，与司马氏没有什么差别，只不过更愚蠢而已。

曹操的篡权夺位是建立在他迎接汉献帝于危亡中并使之处于安定的环境之中的基础上的。袁绍、袁术、刘表、刘焉群起而想移汉室之祚，汉献帝对他们是无能为力，而曹操以自己的实力挫败了他们收复中国五十馀年已覆之土宇，而修晋已墟之陵庙，安帝愚暗，不能自存也。若夫二萧、陈霸先，功不逮操、裕而篡焉，则不成乎其为君而不延其世。由此言之，虽篡有天下，而岂易易哉？

司马懿之于魏，掾佐而已，拒诸葛于秦川，仅以不败，未尝有尺寸之功于天下也；受魏主睿登床之托，横翦曹爽，遂制孱君、胁群臣，猎相国九锡之命，终使其子孙继世而登天位，成一统之业。其兴也不可遏，而抑必有道焉，非天下之可妄求而得也。曹氏之驱兆民、延人而授之也久矣。

汉之延祀四百，绍三代之久长，而天下戴之不衰者，高帝之宽，光武之柔，得民而合天也。汉衰而法弛，人皆恣肆以自得。曹操以刻薄寡恩之姿惩汉失，而以申、韩之法钳网天下；崔琰、毛玠、钟繇、陈群争附之，以峻削严迫相尚。士困于廷，而衣冠不能自安；民困于野，而寝处不能自容。故终魏之世，兵旅亟兴，而无敢为萑苇之寇，乃蕴怒于心，思得一解网罗以优游卒岁也，其情亟矣。司马懿执政，而用贤恤民，务从宽大，以结天下之心。于是而自搢绅以迄编甿，乃知有生人而自己掌握汉朝政权。刘裕篡夺东晋王朝的权位，也是建立在他建立了一系列的大功基础之上的。他杀掉叛逆的桓玄，消灭了卢循领导的起义，在东方灭掉了南燕主慕容超，西方又俘获了后秦主姚泓，收复了晋朝散失了五十年的国土，还重新整修了已经废墟的晋朝先帝的陵庙。但晋安帝昏愚暗弱，是其自己不能生存下去。至于像萧道成、萧衍、陈霸先三人，他们的功劳比不上曹操和刘裕，但也篡权夺位，他们的功德不够成为帝王的资格，因此他们建立的王朝也都是短命王朝。由此而言，尽管篡夺了天下的大权，但是难道能轻而易举地改朝换代吗？

司马懿对于曹魏而言，最初他只不过是曹操手下的一个低级官吏而已，他在秦川抵御诸葛亮，仅仅没有打败仗而已，并没有立下多大的功劳。他是受魏明帝的临终嘱托辅政的，但他消灭了曹爽集团，于是就控制了年幼的皇帝，胁迫群臣，获得了相国的称号和九锡之礼，最终使他的子孙们登上了皇帝的宝座，成就了统一天下的大业。他的兴起是不可遏止的，他一定有其道理，并非天下人都可以这么做的。是曹氏把百姓驱使到司马氏一边，又亲自把国家权力交给司马氏的。

汉氏建国四百年，接续了夏、商、周三代立国的长久，而天下人之所以能忠心拥戴汉朝的，是因为汉高祖刘邦的宽厚，光武帝刘秀的柔和，他们行为是受百姓欢迎的也是符合天意的。汉朝末年，法制松驰，任何人都可以恣意妄为，曹操就以刻薄寡恩的姿态出现，接受汉室法制松弛的教训，以申不害、韩非所提倡法家学说驭下理民。崔琰、毛玠、钟繇、陈群等人争相归附曹操，他们都互相推崇峻削严迫的法治。这样的结果，使士人困于朝廷，贵族缙绅内心不安；百姓困于郊野，没有自己的容身之处。所以，在曹魏一代，虽屡次兴兵，但没有敢起来反抗曹魏的统治，人们都把内心的愤怒压抑在心中。他之乐。处空谷者，闻人声而龥然，栾盈之汰，人且歌泣以愿为之死，况懿父子之谋险而小惠已周也乎！王凌之子广曰："懿情虽难量，事未有逆。"可谓知言矣。故曰："得乎邱民为天子。"

逆若司马，解法网以媚天下，天且假之以息民。则乘苛急伤民之后，大有为之君起而苏之，其为天祐人助，有不永享福祚者乎？三国鼎立，曹、刘先亡，吴乃继之。孙氏不师申、韩之报也；曹操不足道；诸葛公有道者也，而学于申、韩，不知其失，何也？

32.蒋琬死，费祎刺，蜀汉之亡必也，无人故也。图王业者，必得其地。得其地，非得其险要财赋之谓也，得其人也；得其人，非得其兵卒之谓也，得其贤也。巴蜀、汉中之地隘矣，其人寡，则其贤亦仅矣。故蒋琬死，费祎刺，而蜀汉无人。

虽然，尝读常璩《华阳国志》，其人之彬彬可称者不乏。张鲁妖盗而有阎圃，刘焉骄怠而有黄权，王累、刘巴，皆国士也。先主所用，类皆东州之产，耄老丧亡，而固不能继。蜀非乏才，无有为主效尺寸者，于是知先主君臣之图此也疏矣。勤于耕战，察于名法，而于长养人才、涵育熏陶之道，未之讲们从感情上急于希望能有一天废除这种苛刻的法治，能悠闲自在地生活。司马懿秉权执政时，务从宽大，以结天下之心。于是自贵族到平民百姓，才知道人活着的乐趣。处在空荡山谷中的人，听到人声也会很高兴，像栾盈这样的人，人们尚且为他歌声为他流泪，甚至愿他而死，更何况司马懿父子计谋奸险而且也很周到地向天下广施小恩小惠呢？王凌之子王广曾说："司马懿情虽难测，但他做的事并没引起天下人的反感。"可以说，王广说得太正确了。所以说："能够得到天下众人的拥护就可以做天子了。"

像司马氏这样的逆贼，解除苛刻的法律以讨好天下，上天还通过他们使老百姓休养生息。那么乘苛急之法伤民之后，大有作为的君主兴起，使百姓暂时缓解一下压力，这样的王朝有上天的保佑，有人的佐助，国祚能不安稳长久吗？三国鼎立，曹魏、蜀汉先灭亡，孙吴紧随其后。孙氏不采用法家的治国方法，他后灭亡。大概也是其治国方法的回报。曹操就不用说了，诸葛亮是位道德高尚的人，他也采用申不害、韩非的法家治国理论而不知其失误，这是为什么呢？

蒋琬去世，费祎遇刺身亡后，蜀汉一定得灭亡，因为蜀汉国内无人才。想成就王业的人，一定要取得地盘。取得地盘，并不是说要它的险要、财赋，而是要得其人；得其人，并不是说要它的兵卒，而是要得它的贤才。巴蜀、汉中地区地盘狭小，人口也少，那么他的贤才就更少了。所以说，蒋琬死，费祎遇刺，而蜀汉没有人才。

尽管这么说，但我曾读常璩的《华阳国志》，发现这一地区彬彬可称的人才还是不少的。张鲁手下的阎圃，刘焉手下的黄权、王累、刘巴，都是国中才能出众的人。先主刘备所重用的人，都是跟随他从东部诸州来蜀的人，蜀汉末年，他们大多年老丧亡。当然蜀汉后继无人。蜀地并非缺乏人才，只是没有为先主刘备立过功的人，因此不被重用，由此可以知道，先主刘备君臣用人是有亲有疏的。先主刘备也。蒋、费亡而仅一姜维，维亦北士也，舍维而国无与托。败亡之日，诸葛氏仅以族殉，蜀士之登朝参谋议者，仅一奸佞卖国之谯周，国尚孰与立哉？

管仲用于齐，桓公死而齐无人；商鞅用于秦，始皇死而秦无人；无以养之也。宽柔温厚之德衰，人皆局蹐以循吏之矩矱，虽有英特之士，摧其生气以即于瓦合，尚奚恃哉？诸葛公之志操伟矣，而学则申、韩也。文王守百里之西土，作人以贻百年之用，鸢飞鱼跃，各适其性以尽其能，夫岂申、韩之陋所与知哉！

33.何晏、夏侯玄、李丰之死，皆司马氏欲篡而杀之也。而史敛时论之讥非，以文致其可杀之罪，千秋安得有定论哉？当时人士所推而后世称道弗绝者，傅嘏也、王昶也、王祥也、郑小同也。数子者，以全身保家为智，以随时委顺为贤，以静言处錞为道，役于乱臣而不怍，视国之亡、君之死，漠然而不动于心，将孔子所谓贼德之乡原，殆是乎！风尚既然，祸福亦异，天下之图安而思利者，固必褰裳而从之，禄位以全，家世以盛，而立人之道几于息矣。呜呼！此无道之世，所以崩风坏俗而不可挽也。

勤于耕战，察于名法，但为长远考虑培养后继人才，他却一直没有重视。蒋琬、费祎死后，蜀汉只剩下一个姜维，舍弃姜维，国家就无人可以托付。蜀汉灭亡的时候，诸葛氏全族为国殉难，蜀国的士大夫们登朝议论国之存亡者，仅有一个奸佞小人卖国求荣的谯周，到了这种地步，国家还靠谁而存在下去呢？

管仲被齐国所重用，齐桓公死后，齐国没有人才；商鞅被秦国重用，秦始皇死后，秦国也没有人才。原因只有一个，这就是他们没有培养后备人才。国家宽柔温厚的恩德衰亡后，人们的思想都局限在循吏的制度规则之中，虽有英杰俊才出世，想把人们从旧的规则拉出来重新组合一起，但他们还能依靠吗？诸葛亮的志向节操无人能与之相比，但他学的却是申不害、韩非的法家治国学说。周文王守有方圆百里的西部地区，但他却千方百计地征召人以备后世之用。天高任鸟飞，海阔凭鱼跃。凡是人才在这里都能找到用武之地。这些道理岂是主张法家治国理论的人所能知道的吗？

何晏、夏侯玄、李丰之死，都是司马氏想篡权夺位才杀了他们。而史书收集当时人们对他们几个人讥讽和非议，认为他们是因为写文章才招致的杀身之祸。人死之后难道还有定论吗？当时为人们所推崇的而且也是为后世称道的人士是傅嘏、王昶、王祥、郑小同等人。这几个人，都是以全身保家为聪明，为此，他们可以随时投靠任何人为贤，以静言随和为道，他们不以被乱臣贼子役使而惭愧，他们对国家的灭亡，君主的被弑，都漠然处之，毫不动心，孔子所说的贼害道德的乡愿之人，大概就是说的他们这种人。风尚既然如此，祸福也不同，天下那些企图太平、唯利是图的人，必然会牵着别人的衣服跟着走。这样，虽然保全了高官厚禄，其家族也会世世代代兴盛，但是他们立身处世的道德几乎丧失殆尽。唉！这是一个无道的社会，这也是风崩俗坏难以挽救的原因。

虽然，有未可以过责数子者存焉。魏之得天下也不以道，其守天下也不以仁，其进天下之士也不以礼；利啖之，法制之，奴虏使之，士生其时，不能秉耒而食，葛屦而履霜也。无管宁之操，则抑与之波流，保其家世已耳。故昶与祥皆垂裔百年而享其名位，兢兢门内之行，自求无过，不求有益于当时；士之不幸，天所弗求全也。狂狷挂于网罗，容容获其厚福，是或一道也；不可以汉、唐、宋数百年戴天履地栽培长育之人才，忘躯捐妻子以扶纲常者责之也。施及宋、齐以降，君屡易而士大夫之族望自若也，皆此焉耳。欧阳永叔伤五代无死节之臣，而不念所事之何君也，亦过矣。王彦章之忠，匹夫之谅而已矣，况余阙乎？

34.诸葛诞之起兵讨司马昭也，疑贤于王凌、毋丘俭，而实未见其愈也。俭与诞，皆以夏侯玄之死不自安，而徼幸以争权，使其克捷，其不为刘裕之诛桓玄，不能保也。且诞之讨昭，何为也哉？无抑不欲魏社之移于司马氏矣乎？魏而亡，亡于司马，亡于吴，无以异也，吴岂为魏惜君臣之义，诛权奸以安其宗社者哉？诞遣其子靓称臣于吴以起兵，则昭未篡而已先叛；以叛临篡，篡者未形而叛者已著；其志悖，其名逆，授司马昭以讨叛之名，而恶得不败邪？使其成也，司马昭之族甫糜，曹氏之社早屋矣。悲夫！借敌兵以讨贼者之亡人家国也，尽管这么说，但也不能过于责备这几个人的图存的想法。曹魏得天下不以道，守天下不以仁，选拔天下士人不以礼。他们以利来引诱士人，以法来控制士人，像使唤奴婢俘虏一样使唤士人，生于当时的士人，想秉耒而食，自食其力都不能，连穿葛草鞋去履霜的自由都没有。这些士人们既然没有管宁的节操，也就只能随波逐流，保其家世了。所以，王昶和王祥的后代，沿续了数百年仍然享有其名望和地位。小心谨慎地在门内之行，不求有益于当时，只求自家无过。士人生存在这个时代，也是他们的不幸，上天对他们也不求全责备，激进和拘谨保守的士人身遭大祸，而容容之士却能获其厚福，这或许是当时社会的一种普遍现象。所以，我们不能拿汉朝、唐朝、宋朝几百年戴天履地为国家的长远利益来培育人才，忘死舍身捐妻抛子以扶纲常的人来要求他们。这种现象，到了南朝的宋、齐以后，君主屡换，而一些士大夫族望仍然不变，都是由此发展而来的。欧阳修对五代没有死节之臣很是悲伤，但他没有考虑到这些大臣们所侍奉的君主是啥样的人，也是错误的。像王彦章的忠诚，也只是一般人的小信而已，更何况余阙呢？

诸葛诞起兵征讨司马昭，与王凌、毋丘俭相比似乎比他都要出师有名，其实也并没有见他好到哪里去。毋丘俭和诸葛诞，都是在夏侯玄死后，心中不安，因此才图侥幸起兵争权的，如果他取胜，也难保他们不像刘裕诛杀桓玄那样。况且，诸葛诞征讨司马昭，他为的是什么呢？莫不是不想将曹魏的社稷交给司马氏吗？曹魏不论是被司马氏所灭或是被孙吴所灭，并没有什么不同，孙吴难道会顾及曹魏的君臣之义，而诛杀其奸贼安定其社稷吗？诸葛诞起兵前先派自己的儿子诸葛靓向吴国称臣，那么这就是说司马昭没有篡位，而诸葛诞自己已经先叛变曹魏了。以叛贼之名讨伐篡贼，而篡位的行为还没有公开，其叛变的行为已经很明显了。诸葛诞其心荒谬，其名为叛逆，白白快一朝之忿而流祸无穷，诞实作俑，司马楚之、刘昶、萧宝寅相继以逞，而可许之为忠乎？

35.人知冯道之恶，而不知谯周之为尤恶也。道，鄙夫也，国已破，君已易，贪生惜利禄，弗获已而数易其心。而周异是，国尚可存，君尚立乎其位，为异说以解散人心，而后终之以降，处心积虑，唯恐刘宗之不灭，憯矣哉！读周《仇国论》而不恨焉者，非人臣也。

姜维之力战，屡败而不止，民胥怨之，然其志苦矣。民惮于劳，而不知君父之危，所赖以启其惰心而振其生气者，士大夫之公论耳。其论曰："既非秦末鼎沸之时，实有六国并据之势。"显然以秦予魏，以韩、燕视蜀，坐待其吞噬，唯面缚舆榇之一途耳。夫汉之不可复兴，天也；蜀之不可敌魏，势也；无可如何者也。故诸葛身歼而志决，臣子之道，食其禄，终其事，志不可夺，烈于三军之帅。且使人心不靡于邪说，兵力不销于荒惰，延之一日，而忠臣志士之气永于千秋。周而无人之心哉！无亦括囊以听，委之天而弗助其虐之为咎尚浅乎？夫民之不息，诚不容已于闵恤矣，譬之父母积疢，仆妾劳于将养，则亦酒食以劳之，和煦以拊之，使鼓舞而忘怨已耳。若恤仆妾之疲，废药食而听其酣寝，有人之心者，以是为恻隐哉？

把讨伐叛贼之名交给司马昭，他怎么能不败亡呢？即使其征讨司马昭成功，司马昭家族完全被消灭，那么曹氏的宗社也早就成为普通的屋舍了。令人痛心啊！想借敌国之兵讨贼的人却落得一个亡人家国的结果，为了图泄一时之忿却遗祸无穷。办这样的事，其始作俑者就是诸葛诞，跟接其后的还有司马楚之、刘昶、萧宝寅等人。像他们这样的人，能称之为忠臣吗？

人们都知道五代时期的冯道，是位没有臣节的人，而不知道蜀汉的谯周比他更坏。冯道，是个卑鄙无耻的人，国家已破亡，君主屡易，他贪生怕死，唯利禄是图，不能获得，就屡变其心，改换主子。然而，谯周不是这样，国家还存在，君主还在位，他却散布异说瓦解人心，而后最终投降了曹魏，他处心积虑，唯恐刘氏的社稷不灭亡，这样的人真是太可恨了！凡是读过谯周的《仇国论》而不恨他的人，肯定不是忠臣。

姜维竭力与曹魏决战，却屡战屡败，老百姓都埋怨他，然而他自有其苦心。老百姓只怕自己的负担过重，并不知道国家、君主的安危，所能够依赖启动人心而振奋民气的是士大夫们的公论。他说：“现在既然不是秦末鼎沸之时，却实有六国并据之势。”很显然，他们把秦比喻为魏，也把韩、燕比喻为蜀，如果坐待曹魏的吞噬，就只有投降一条路可走。汉室不能复兴，这是天意；蜀汉难以抵御曹魏的入侵，这也是大势。对此可以说是无可奈何。所以诸葛亮身虽死，而其心却十分坚决。臣子之道，食君主的俸禄，就要终生为国家服务，心志的不可动摇，比夺取三军主帅的位置更难。况且，让人心不为异端邪说所动，兵力也不荒废惰怠。只要延长一天，忠臣志士的气势就会永垂千秋。谯周是那种没有人心的人！无法把他的话全记录下来让人听，即使天知道也终不会助其为虐，难道他的危害还浅吗？只要老百姓还能受得了，确实不用给他们太多的迁就。就像是父母生当周之时，黄皓、陈祇蛊庸主而不顾百姓之疾苦；诚念民也，则亦斥奸佞，劝节俭，饬守令以宽廉，使民进而战餫，退而休息，可也。周塞目钳口，未闻一谠言之献，徒过责姜维，以饵愚民、媚奄宦，为司马昭先驱以下蜀，国亡主辱，己乃全其利禄；非取悦于民也，取悦于魏也，周之罪通于天矣。服上刑者唯周，而冯道末减矣。

36.王沈刺豫州，下教："陈长吏得失者，给谷五百斛；言刺史宽猛者，给谷千斛。"规己宽猛之宜，而赐之谷，犹之可尔。陈长吏之得失而赐之谷，险士猾民，竞起而诬讦其守令，祸可胜言哉？盖沈者，司马氏之私人也，司马氏以好士恤民之虚名，收辨士而要民誉，每下不情之令，行溢赏以诱天下，而沈为之役，故其教令如是之滥，未容深责也。陈廞、褚䂮入白沈曰："拘介之士，惮赏而不言；贪昧之人，慕利而妄举。"韪哉言乎！可推以尽明主用人听言之道矣。

了病，仆人们侍候非常辛苦，那么也可用酒食来慰劳他们，以温和的态度对待他们，使他们受到鼓舞而忘记埋怨。假若只体恤仆人们的辛苦，而听任他们酣睡，不为父母送药送食，有人心的人，会认为这是恻隐之心吗？

蜀汉末年，谯周在时，黄皓、陈祇等人蛊惑昏庸的后主刘禅，不顾百姓的疾苦。如果真是为老百姓着想，就应斥退奸佞小人，规劝君主节俭，饬令地方官吏宽厚廉洁，使老百姓进而能为军队输送粮草，退而可以休养生息，这样是对的。但是，谯周没有这样，对奸佞小人，昏君庸主的所作所为，他熟识无睹，闭口不提，没有听到他向君主进献过一句忠诤之言，只是过分地指责姜维，以收买愚民之心，以讨好宦官，像是司马昭的先锋一样先攻下了蜀国，国亡主辱，而他自己却可以保全其利禄。不取悦于民，而取悦于曹魏，谯周可以说犯下了滔天之罪。若要受刑的话，最残酷的刑罚应当让谯周来受，而冯道的罪责还在其次。

王沈担任豫州刺史时，下传命令说："能陈说地方长吏得失的人，给谷五百斛；能够评论刺史为政宽严的人，给谷一千斛。"让别人评价为政宽严是合适，赏赐他谷物，还算是可以。如果让人陈说地方长官的得失而赏赐给他谷物，那么一些险士刁民就会竟相起来诬陷攻击他们的地方长官，那祸之大能说得清吗？大概王沈这个人，是司马氏的亲信，司马氏为邀取好士恤民的虚名，接收一些口才好的人以获取百姓的称誉，每次都下一些令人不理解的命令，施行滥赏以引诱天下人，而王沈则是实际的实施者。所以王沈有这样滥的教令，也不能过分地指责他。陈廞、褚䂮当时对王沈说："你发布这个命令后，拘谨直介之士，害怕赏赐而不说；贪婪愚昧之人，为求利什么话都敢说。"这话说得太正确了！可以推而及于贤明的君主用人纳谏。

拒谏者，古今之所谓大恶也；亟取人言，而贪广听之名，其恶隐而难知。乃公孙强因之以亡曹，主父偃因之以乱汉。宋之中叶，上书言因革者，牍满公府，而政令数易，朋党争衡，熙、丰、元、绍之间，棼如乱丝，而国随以敝。近者民本轻达，贱士乘以希荣，奸相资之肆恶，一夫遽登省掖，而天下亟亡。呜呼！以赏劝言之害，较拒谏而尤烈，抑如此哉！

然则瑱纩之塞，与明聪之达，圣人兼用以应天下，抑何道也？曰：善听言者，必其善于择人者也。人而善与？言虽未得，有善者存矣。人而不善与？言虽得，有不善者存矣。唐、虞之廷，或吁或咈，交相弼违者，唯其为禹、皋、稷、契也。夫禹皋、稷、契，视君之失，若疢疾之攻于心；视民之病，若水火之迫于肌；而视言入而受禄也，若秽恶之加于鼻也，何俟于赏以劝之邪？故君子之听言，先举其人而后采其言，必不以利禄辱贤者之操，而导不肖者以猖狂无忌也。

察吏有常法，劾吏有常职，不获已而登斥奸讼枉之言，然非害切于国民而痛切其肌肤，则告讦之宵人耳，诛之可矣。一兴一废，一张一弛，进臣民而酌其可否，既已无疑矣，而犹为异说焉，斥之可矣。言虽甚当，不授以官；其效虽登，必进以礼。大臣坐论，日侍于燕间；谏诤有官，各责以言职。非是者，拒绝别人规劝的人，自古至今，人们都称之谓大恶；急于听取人言，贪得一个广听的名声，其恶因其隐蔽而人们难以知道。这就是公孙强以此使曹魏灭亡，主父偃以此使汉室动乱的原因。宋代中叶，上书声称改革的人很多，他们的上书公府的文书中到处都是，而宋朝此时朝廷政令不断变化，朋党相互争强斗胜。宋神宗熙宁、元丰，宋哲宗元祐、绍圣年间，朝政乱如丝麻，而国家也随之而衰落。近代，百姓本来就对一切都漫不经心，贱士也想乘此机会希图荣誉，权相借他们的议论肆无忌惮地作恶，假若这时有一勇士登上廷掖之中谋逆，国家很快就会灭亡。唉！靠赏赐鼓励人们进言的危害，远比不听劝谏的害处要大得多，或许就是因为此吧！

这样说来，那么愚昧的人和聪明的人，圣人都想兼而用之以顺应天下的要求，有什么好的办法吧？回答是有的。善于听别人话的人他一定也善于选择人。人很善良，尽管没有听他就话，肯定有善言保存着。人不善良，尽管听到了他的建议，但还有坏的想法保存着。唐尧、虞舜的朝廷中，经常出现反对的声音，而能起辅助和纠偏作用的，只有禹、皋陶、后稷和契。大禹、皋陶、后稷、契，他们把君主的过失看作是心腹之患；把百姓的疾苦视作是水火浇灼自己的肌肤；把因进言而获利禄的人视作是污秽的东西加于自己鼻前。为什么要用赏赐的办法来鼓励人们进言呢？所以，君子听言，首先要选拔其人，然后才听其言，肯定不会用利禄来侮辱贤人的节操，也不会用利禄来导致不肖之人猖狂无忌。

考察官吏有固定的办法，弹劾犯罪的官吏也设有专门的职务，不得已进用那些斥责奸贼辨明冤枉的言论，但不是切害于国民就是痛切其本人，这是攻讦别人的小人，像这样的人杀掉也是可以的。一兴一废，一张一弛，推荐臣民，首先要斟酌其行与不行，然后才能放心；若仍然是异说，斥责他也是可以的。他们的进言虽然很切实际，虽或兼容并包，而必厚防其生事启衅之伤。自匪佥人，恶有舍闺门子弟之职，置四民耕读之恒，弃官守慎修之纪，旦揣夕摩，作为嗷嗷炎炎之论，以动人主，而侥幸显名之与厚实哉！舜之耕稼陶渔而取人为善，人无所利于耕稼陶渔之夫，而言之不善者鲜矣。其为帝也，以耕稼陶渔之听听天下之言，则唯禹、皋、稷、契无私利之心，如深山之野人，而后决于从也。故其戒禹曰："无稽之言勿听。"而岂以利禄诱哓哓之士，使以讦为直乎？

鬻口舌以希利赖者，小人也，塾师也，祸福唯其妄测，文义唯其割裂，得利焉而情尽矣。此求治者所必远，为学者所必拒也。人君正己以莅下，节嗜欲、远宦寺、勤学问、公好恶，则小人之利病、国事之得失，触之而自知。非不待言也，抑非恃人言而遂足以治也。赏之而政刑乱、朋党兴、廉耻丧、风俗靡，自非奸雄之媚众以窃国，几何事此而不亡？此治乱之枢机，不可不审也。

37.后主失德而亡，非失险也，恃险也，恃则未有不失者也。君恃之而弃德，将恃之而弃谋，士卒恃之而弃勇。伏弩飞石，恃以却敌；危石丛薄，恃以全身；无致死之心，一失其恃，则匍伏奔窜之恐后；扼之于蹊径，而凌峭壁以下攻，则首尾不也不能马上授以官职；其效果尽管非常明显，推荐他也一定根据礼。大臣坐而论道，整日侍从显得很悠闲。对谏官、言官，一定要求他恪尽言职。如果不这样，听言时，虽或兼容并包，一定要防止出现生事启衅的危险。若自己不是小人，哪里有舍弃豪门子弟的位置，放下作四民耕读的常务，抛弃做官者应严格遵守的纪律，日夜揣摩，想作出一鸣惊人的议论，以惊动君主，而侥幸显名呢？舜在耕田种地，结网捕鱼中，选择那些做善事的人，在耕田种地结网捕鱼中不谋取私利的人，他们的话不善者很少。他做天子时，就是在耕田种地结网捕鱼中以听天之言，发现只有大禹、皋陶、后稷、契没有私利之心，如同深山里的普通人一样，而后才决定听从他们的建议。所以，他告诫大禹说："没有根据的话不要听。"难道能以利禄来引诱哓哓之士，让他们认为攻讦就是正直吗？

靠出卖自己的进言而希图获利的人，是小人，是塾师，他们这些人对国家的祸福妄加揣测，唯自己之意割裂文义，得利之后，他们的情实也就用尽了。想把国家治理好的人必须疏远他，学习圣学的人也要远离他。为人君者，只要能够正己临下，节制嗜欲，疏远宦官，以公心不以好恶处事，那么百姓的疾苦甘甜，国家政事的得失，触之而自知。并不是不听别人的建议，也并不是只听从别人的建议就可以把国家治理好了。对那些进言的人，如果赏赐他们，就会扰乱天下政刑，大兴朋党，丧失廉耻，破坏风俗，如果不是奸雄为了篡权夺位才这样做，有几个这样做不灭亡的。这是国家治乱兴衰的关键，不能不慎重。

后主刘禅失德导致国家的灭亡，并不是失去险要的地方而灭亡的，而是因为太依赖险要的地方才灭亡的，依赖性太强的就没有不丧失依赖的。君主依靠险要的地方守国，不修德政，将领恃险放弃谋划，士卒恃险失去勇猛的精神。伏弩飞石，依靠可以退敌；危石丛相顾而溃。故谓后主信巫言而失阴平之守以亡国，非也。阴平守，而亘数百里之山崖溪谷，皆可度越，阴平一旅，亦赘疣而已。李特过剑阁而叹刘禅之不能守，草窃之智，乘晋乱以苟延尔。谯纵、王建、孟知祥、明玉珍蹶然而起，熸然而灭，恃险愈甚，其亡愈速矣。

然则诸葛公曰："益州天府之国。"其言非乎？彼一时也，先主拥寡弱之资而无尺土，舍益州而无自立之地。乃其规画之全局，则西出秦川，东向宛、雒，皆与魏争于平原，而非倚险以固存也。迨乎关羽启衅于吴，先主忿争而败，吴交不固，仲谋已老，宛、雒之师不能复出，公乃率孤旅以向秦川，事难而心苦矣。况蒋琬据涪城，姜维据汉乐，颠当守户，而天日莫窥，不亡奚待焉？

汉高起自汉中，旋下三秦，急出成皋，是以濒危而终胜。光武定都雒阳，曹操中据兖州，皆以无险为险也。周公营雒，至计存焉，而或为之说曰："无德易以亡。"圣人既无私天下之心，抑岂欲其子孙之速亡乎？周迁雒，而不绝之系，其亡尤难于夏、殷。亡之难易，不在险之有无，明矣。

森，依靠他保全身体。如果没有舍身忘死的决心，一旦失去依靠的东西，就会争先恐后地匍伏逃窜。如果依恃把守的蹊径，一旦敌人从山顶上攻下来，就会因首尾不能相顾而溃退。所以，说后主刘禅信巫师之言而放弃了对阴平（今甘肃文县西北）的把守，所以才亡国的，这种说法是错误的。即使阴平有兵把守，而绵延数百里的地区，都可以度越，阴平驻军，也只是多余的。李特从剑阁经过的时候，对刘禅不能守住剑阁深为叹息，其实李特这个草野窃贼，只不过是乘晋末天下大乱而延残喘而已。其后，占据蜀地的谯纵、王建、孟知祥、明玉珍等，蹶起得快，灭亡得也快，越是恃险，灭亡得就越快。

这么说来，那么诸葛亮说："益州乃是天府之国"，他说的是不对了？当时是另外一种情况，先主刘备当时实力很弱，同时也没有地盘，如果不占据益州他便没立身之处。同时，根据诸葛亮的战略部署，西出秦川，东向宛城、洛阳，都是要与曹魏争夺平原而不是恃险图存。等到关羽在荆州与东吴挑起事端，先主刘备一怒之下起兵讨吴结果大败而归，从此与孙吴关系已不是十分牢固，再加上孙权年纪已大，出师宛城、洛阳的计划已难以实现，诸葛亮这时也只能率孤军出兵秦川，可谓是办事艰难，用心良苦。况且当时蒋琬占据涪城（今四川省涪陵市），姜维把守着汉乐（今四川省江油市），把守着蜀汉东方北方的门户，而外边的情况他们根本不了解，像这样恃险固守，不灭亡还等待什么呢？

汉高祖起自汉中（今陕西省汉中县东），很快攻下了三秦地区，很快又打到了成皋（今河南省荥阳县汜水镇），所以他虽然面临各种各样的危险而最终取得了胜利。光武帝刘秀定都洛阳，曹操占据兖州（今山东省金乡西北），都没有什么险要的地方可供把守。周公营建洛阳，这是保存周朝的深谋远虑，有人或会说："无德很容易灭亡。"圣人既然没有夺取天下的野心，难道想使他的子孙快点灭亡

38.司马昭进爵为王，荀顗欲相率而拜，王祥曰：“王、公相去一阶尔，安有天子三公可拜人者？”骤闻其言，未有不以为岳立屹屹，可以为社稷臣者。冯道之劳郭威曰：“侍中此行不易。”亦犹是也。炎篡而祥为太保于晋，威篡而道为中书令于周，则其亢矫以立名，而取合于新主，大略可知矣。昭谓祥曰：“今日然后知君见顾之深。”祥所逆揣而知其必然也。矜大臣之节，则太保之重任，终授之己也无疑。历数姓而终受瀛王之爵，道固远承衣盋于祥也。不吝于篡，而吝于一拜；不难于北面为臣，而难折节于未篡之先；天下后世不得以助逆之名相加，万一篡夺不成如桓玄，可以避责全身，免于佐命之讨，计亦狡矣。

以此推之，汲黯揖卫青，而曰：“使大将军有揖客，岂不重乎？”黯之情亦见矣。欲以此求重于权臣，而可谓之社稷臣乎？司马昭、郭威虽逆，而固非朱温之暴，可以理夺者也。使汲黯而遇梁冀，王祥、冯道而遇朱温，抑岂能尔哉？若夫社稷臣者，以死卫主，而从容以处，期不自丧其臣节，如谢安之于桓温，狄仁杰之于武氏，亦岂矫矫自矜以要权奸之知遇乎？

吗?周朝迁都洛阳,才使其世系没有断绝,它的灭亡比夏朝、商朝要难得多。很明显,国家灭亡的难易,并不在有无险要可以把守。

司马昭进爵位为晋王,荀顗想率群臣拜司马昭,王祥说:“司马昭是王爵,你是公爵,你们仅相差一级,哪有天子的三公拜见别人呢?”乍听其言,不能不对他肃然起敬,认为他是位合格的社稷之臣。冯道曾慰劳郭威说:“侍中此行可不容易啊!”跟王祥所说的话惊人地相似。司马炎篡魏自代以后,王祥为晋朝的太保,郭威篡位以后,冯道担任后周的中书令。那么他们矫造作是为求得一个好的名声,以迎合新的主子,他们想法大概就是这样。司马昭曾对王祥说:“今日然后知道你对我们很照顾。”王祥肯定揣测过司马昭的心思,知道他一定会这样,夸耀自己有大臣之节,那么太保这样的重任,最终还是毫无疑问地授予自己。经历了几个朝代以后,最终取得了瀛王的爵位。冯道本来就是远承王祥的衣钵。不吝于逆臣篡权夺位,却啬吝一拜礼;不难于北面称臣,却难于在逆臣未篡以前折节下拜。这样,即使到后代,天下也不能把帮助逆贼篡权的恶名强加其身,万一司马炎、郭威像桓玄一旦篡权夺位没有成功,他们也可以免遭谴责保全性命,逃避佐命之臣的讨伐。他们的计谋也太狡猾了。

由此推之,西汉时汲黯向卫青作揖,而且还说:“让大将军有拜见您的人,您的地位不就更重要了吗?”由此也可见汲黯的嘴脸。他是想以此求得权臣的重视,像他这样的人能称为社稷之臣吗?司马昭、郭威虽然篡权夺位,却并没有像朱温那样残暴,能够以理相夺。假如使汲黯遇到东汉的梁冀,王祥、冯道遇上后梁的朱温,难道他们也能这样做么?至于以江山社稷为重的大臣,舍身忘死,保卫君主,自己也可以从容处世,自己要求自己不丧失自己的臣节,就像谢安对桓温,狄仁杰对待武则天家族的人一样,难道他们矫揉做作,自我吹嘘,以此来博得权奸之臣的赏识吗?

卷十一

晋泰始元年起

1.魏削宗室而权臣篡，晋封同姓而骨肉残，故法者非所以守天下也；而怀、愍陷没，琅邪复立国于江东者几百年，则晋为愈矣。天下者，非一姓之私也，兴亡之修短有恒数，苟易姓而无原野流血之惨，则轻授他人而民不病。魏之授晋，上虽逆而下固安，无乃不可乎！然而三代王者建亲贤之辅，必欲享国长久而无能夺，岂私计哉？

人之所以异于禽兽者，非其利病生死之知择也。则君子之为天下君以别人于禽兽者，亦非但恤其病而使之利，全其生而使无死也。原于天之仁，则不可无父子；原于天之义，则不可无君臣。均是人而戴之为君，尊亲于父，则旦易一主，夕易一主，稽首匍伏，以势为从违而不知耻，生人之道蔑矣。以是而利，不如其病之；以是而生，不如其死之也。先王重不忍于斯民，非姑息之仁，以全躯保妻子、导天下于鱼虫之聚者，虑此深矣！然则晋保社稷于百年，而魏速沦亡于三世，其于君天下之道，得失较然矣。

晋武之不终也，惠帝之不慧也，怀、愍之不足以图存，元帝之不可大有为也；然其后王敦、苏峻、桓温相踵以谋逆，桓曹魏因削弱宗室而导致权臣篡位，西晋因分封同姓王而导致骨肉相残，所以，以往的方法并非就可以固守政权、拥有天下；至怀帝、愍帝时期，西晋被匈奴人攻灭，琅琊王司马睿遂在江南建立东晋，使王朝得以延续百余年，超过了曹魏政权。天下者，并非为一家一姓所私有，兴盛存亡的长短自有定数，如果能改朝换代而不致出现生灵涂炭、原野流血的惨状，则政权即可授予他人，百姓也不因此而患苦。曹魏王朝被晋室取代，晋统治者虽属大逆不道，天下百姓却得安宁，这就没有什么不可之处。然而夏、商、周三代统治者建立起宗亲、贤臣辅佐之制，目的是为了统治长久并避免篡权夺位，难道是出于一己之私利吗？

人之所以不同于禽兽，并非只知道利、病、生、死的选择。君子之所以成为天下之君且不同于禽兽的区别，也并非是能够体恤人的病患并使之得利，能够保全其生命并使之免于死亡。察究天下之仁，则不可以无父子；察究天下之义，则不可以无君臣。如果凡是人都可拥戴为君，尊亲为父，早晨改换一君主，日暮又换一君主，均对其跪伏称臣，以势利作为或从或违的标准而不知羞耻，人生之道就太渺小了。按此标准而得利，不如使其困顿；按此标准而生存，不如使其死亡。先王注重不忍加罪于此民，并非是姑息之仁，使其得以存活从而保全妻子，引导天下之人能够如鱼虫之聚而得以团聚，考虑得是十分深远的！晋朝保持国家政权达百余年，而曹魏只历经三世就迅速灭亡，其治理天下之道，孰得孰失就很清楚了。

晋武帝不能始终如一，惠帝不能聪明睿智，怀、愍二帝无力保存晋朝，元帝不能大有作为；在此之后王敦、苏峻、桓温等人相继图玄且移天步以自踞，然而迟之又久，非安帝之不知饥饱，而刘裕功勋赫奕，莫能夺也。谓非大封同姓之有以维系之乎？宋文帝宠任诸弟，使理国政、牧方州，虑亦及此；而明帝诛夷之以无遗，萧道成乃乘虚而攘之。嗣是而掇天位者如拾坠叶，臣不以易主为惭，民不以改姓为异。垂及唐、宋，虽权臣不作，而盗贼夷狄进矣。然则以八王之祸咎晋氏之非，抑将以射肩请隧咎文昭武穆之不当裂土而封乎？法不可以守天下，而贤于无法，亦规诸至仁大义之原而已。

2.谏必有专官乎？古之明王，工瞽、庶人皆可进言于天子，故周官无谏职，以广听也。谏之有官，自汉设谏议大夫始。晋初立国，以傅玄、皇甫陶为之，唐之补阙拾遗，宋之司谏，皆放此而立也。谏有专官，而人臣之得进言于君仅矣。虽然，古今之时异，而广听之与慎听也，不得不殊；进言之迹同，而受益之与防邪也，亦各有道；未可以一概论也。

古之民朴矣，农、工、商、贾各世其业；士之游于庠序者，亦各有常学，不能侈闻见、饰文词以动当世。迨及战国，教衰而人自为学，揣摩当世之务者，竞尚其说，纵之以言，则偏私逞而是非乱；则必择其忠直而达治理者任之，而后无稽之言，不敢破圣道、紊纲纪，以荧主听。则专官之任，亦未可谓尽非，时使然也。

谋叛乱，桓玄甚至篡夺皇位、称帝自踞，这种情况又延续很久，至安帝时并非不知饥饱，不想改变这一情况，实因此时刘裕功勋显赫，其势莫能削除。或者说未能大封同姓王以维护政权存在吗？宋文帝宠信、任用诸位兄弟，使之治理国政，镇守州郡，已经考虑到这一点；而到了明帝之时，则将掌握州镇兵权的兄弟子侄诛杀无遗，使得萧道成乘虚而入，夺取刘宋政权。自此劫取皇位如同拾坠地之叶，大臣不以改换君主为惭愧，百姓不以王朝易姓而惊异。延至唐、宋王朝，虽权臣未能作乱，盗贼和北方夷狄却进而侵扰。然则以八王之祸而归咎于晋朝分封宗室的错误，还是以射王中肩来求取封地而归咎于古代社会的裂土封疆之制呢？法则不可以固守天下，却胜于无法。亦当规于至仁大义的根本而已。

进谏必须设有专职之官吗？古代的贤明君王统治之时，工匠、盲人、一般百姓都可以向天子提出建议或意见，所以《周官》中就未设谏官之职，目的在于广泛听取意见。进谏设官，是自汉代设置谏议大夫一职开始的。西晋建国之初，以傅玄、皇甫陶担任此职，唐朝的补阙拾遗、宋朝的司谏，都是为进谏而设立的官职。进谏设置专官，形成臣民中仅有此职才得以向君主进言的状况。虽然古今时代各有不同，而广听言论与慎听言论就不能不有各自的特殊之处；进言的途径相同，而所受益处与防止奸邪也各有各的所得，不可以一概而论。

古时的民众十分淳朴，农、工、商、贾各从事着各自的行业；士人在学校学习者，也各有各的通常学业，不能以夸大的见闻、修饰的文词来影响社会。到了战国时代，教化衰弱而人各自为学，一些揣摩社会事务的人，竞相推崇各自的学说，广泛传播言论，造成偏私得逞而是非紊乱。因此，必须选择忠诚正直又明达事理者担任此职，而后那些无稽之谈就不敢破坏圣人之道，紊乱纲纪，以迷惑君主的视听了。专职谏官的设置，并不都是不可取的，而是时事形成的必然趋谏官专立，职专谏矣。然非专谏于其官，而禁外此者之谏也。不淫听于辨言，而不塞聪于偏听；苟得忠直知治者司其是非之正，则怀忠乐进者相感以兴。乃若听之之道，群言竞奏，而忠佞相殽，存乎君之辨之，不徒在言者也。谏者以谏君也。迩声色，殖货利，狎宦戚，通女谒，怠政事，废学问，崇佛老，侈宫室，私行游，媟威仪，若此者谏官任之。大小群臣下逮于庶人，苟有言焉，则固天子所宜侧席而听者也。即言之过，而固可无尤也。外此，人与政其亟矣。然而人之贤不肖，铨衡任之；政之因革，所司任之；虽君道之所必详，而清诸其源，则是非著而议论一；争于其流，则议论繁而朋党兴。贞邪利害，各从其私意，辨言邪说，将自此以起，固不可不慎防之。而广听适以召奸，尤明主所深惧也。

以要言之，言而讥非乎我者，虽激虽迂，而不可忽也；言而褒贬于人、辨说乎事者，辨虽详，辞虽切，而未可信也。士之受规于朋友者且然，而况君天下者乎！然则选忠直知治者任谏职于上，而主意昭宣，风尚端直，则群言博采，而终弗使主父偃、息夫躬之流，矜文采以仇其奸邪。慎之也，即所以广之也。又何必执周官之不设谏臣以下访刍荛哉？

势。

专门设立谏官，其职责为专管进谏。然而并非谏官才可以专职进谏，而禁止谏官以外之人进谏。不随意听信巧辨之言，又不堵塞言路而偏信片面之词；假如得到忠诚正直并熟悉治国之道者，由其担任辨别是非屈直的职务，则心怀忠诚、乐于进取者会倍受鼓舞，言路大兴。如果在开放言路、听取意见方面，群臣争相进言，而忠、奸之言相互混淆，需要君主从中辨别是非，那就不只是进言者的问题了。进谏者主要是为了劝谏君主。喜好声色，聚敛财富，亲近宦戚，使后妃得宠弄权，懈怠政务，荒废学问，崇尚佛道，奢侈宫室，私下行游，怠慢威仪，以上这些行为，是谏官所应当劝阻的。大小群臣下及于庶民百姓，假如有建议的话，天子应当认真听取，像对待贤良那样待之。即使所言有过份之处，也固然无可责怪。否则的话，人事与政务就会出现危机。然而，人事的贤良与否由主掌选拔人才的官员负责辨别，政务的因袭与变革由政府有关部门负责取舍。虽然为君之道必须详明，而明晰其根源，则是非清楚、议论统一；言路混乱，纷争不已，则议论纷繁而朋党兴起。贞洁、奸邪、利益、祸害等等，各党派从一已之私心出发，巧言争辨，散布邪说，这种现象将由此而起，所以，固然不可不谨慎防范。广开言路假如招致奸邪乘机而入，则尤其为贤明君主所深深忧虑。

以要言而论，语言中规劝我的地方，虽然偏激固执，但不可忽视；语言中褒贬他人、辨解他事之处，辨解虽详尽，言辞虽恳切，也未必可信。士人对待朋友尚且遵循这一规则，更何况统治天下的君主呢！为君主选择忠诚正直并熟悉治国之道者担任谏官，使君主之意昭彰宣明，风尚端肃正直，如此则言路广开，众长博采，而最终不能使主父偃、息夫躬一类的人，自恃文采以兜售他们的奸邪。由此看来，慎开言路即所以广开言路。又何必按照《周官》不设谏官而访求近者分谏职于台省，听亦广矣。而六科司抄发之任，十三道司督察之权，纠劾移于下，而君德非所独任，故诡随忿戾，迭相进退，而国是大乱，则广之适以废之。党人交争，劳臣掣肘，将谏官之设，以谏下而非谏君乎？拂其立谏之经，而予以谮言之径，乃至佥人游士献邪说以为用人行政之蟊贼。不专不慎，覆轨已昭，后世尚知鉴哉！

3.晋始建国，立七世之庙，除五帝之座，罢圜丘方泽之祀，合之于郊，皆宗王肃而废郑玄也。于是而知王肃之学，醇正于郑玄远矣。后世经学传郑氏，肃之正义，没而不传，则贾公彦、孔颖达之怙专师而晦道也。

周之祀典，组绀以上不废也；而限天子之庙于五世，合两世室而始为七，玄之托于义而贼仁也。《周礼》合乐于圜丘方泽者，非祭也，所以顺阴阳、合律吕而正乐也；而谓郊之外有圜丘方泽之大祀，玄之淫于乐以乱礼也。其尤妖诬而不经者，为上帝之名曰耀宝魄，又立灵威仰、赤熛怒、白招矩、叶光纪之名，为四方之帝，有若父名而宾字之者，适足以资通人之一哂。而以之释经，以之议礼，诬神媟天，黩祀惑民，玄之罪不容贷矣。托之于星术，而实传之于谶纬，夫且诬为孔氏之书；王肃氏起而辨之，晋武因而绌之，于是禁星气谶纬之学，以严邪说之防，肃之功大矣哉！惜乎世远俗流，师承道圮，而肃学不传也。如其传，则程、朱兴起，尚有所资以辟郑氏之淫辞草野之人意见的办法去做呢?

近世以来,谏官之职分设于台省,言路广开。六科给事中具有抄发之职,十三道监察御史具有督察之权,纠察、弹劾下移至各级官署,规范君主品德也非一职独任,因此,诡诈伴随忿愤乖戾,交相产生,国家政务由此大乱,其结果,广开言路恰似废止言路。朝内党派争斗,群臣相互牵制,谏官之设置岂不变成劝谏臣下而非劝谏君主了吗?违背设立谏官的原则,给进谗言提供途径,以致于众人游士进献邪说,成为用人行政的蟊贼。谏官之设,不专责、不慎重,其不良后果已很清楚,后世应当以此为鉴啊!

西晋建立之始,立太祖及三昭三穆之庙,废除五帝之座次,罢掉圜丘方泽之祭祀,而合并祭祀于郊外,这些都是尊崇王肃而废黜郑玄之说的结果。由此而知王肃之学要比郑玄之学纯正得多。然而后世多传播郑玄学说,而王肃的正确见解却被埋没失传,这是因贾公彦、孔颖达等人凭恃其师而掩盖经学之道所造成的。

周代的祭祀典礼,对组绀以上的列祖列宗都在所祀之列。立天子之庙限于五世,再合并两世之室而始为七,郑玄假托出于义而实则是诋毁仁。《周礼》所定合于圜丘方泽,并非一种祭祀,而是为了顺阴阳之气并合乎六律六吕的正规音乐。所谓郊外有圜丘方泽大祀之说,是郑玄惑乱乐律和礼法的手法。尤其妖诬而不合经学之道者,称上帝之名为耀宝魄,此外又立灵威仰、赤熛怒、白招矩、叶光纪为四方之帝,这种选择父名而引导其字的做法,恰恰足以遭到人们的讥笑。然而郑玄却以此解释经学,以此评议礼法,欺骗神灵,亵渎上天,滥用祀典,惑乱民众,郑玄之罪不容推卸。假托为星象之术,实际却传授宗教迷信之说,甚至将其诬蔑为孔子之书;对此,王肃起来进行辨证,晋武帝因此排除郑氏之说,禁止星气迷信之学,并严防邪说流行,所以王肃之功是非常大的。可惜时代久远,世风日下,治学之与！

4.三代以下，用兵以道，而从容以收大功者，其唯羊叔子乎！祖逖之在雍邱，宗泽之在东京，屹立一方以图远略，与叔子等。乃逖卒而其弟称兵以犯顺，泽卒而部众瓦解以为盗，皆求功已急而不图其安，未尝学于叔子之道以弭三军之骄气，骄则未有能成而不乱者也。

或曰：叔子之时，晋盛而吴衰，拥盛势以镇之，则敌亡可以坐待；而逖与泽抗方张之虏，未可以理折，则时异而不可相师矣。

曰：叔子之可以理服，而逖、泽不能者，遇陆抗耳。若夫敌国之氓，信其仁厚而愿归附之，则逖与泽之邻壤，犹晋、宋之遗黎；而叔子则晋、吴异主，义不相下者也。使逖与泽以此临之，不愈效乎！夫陆抗亦智深谋远不与叔子争一日之利耳，使其狂逞如石勒、女直之为，则其亡愈速；是遇陆抗者，两碁逢敌之难，而非易制于石勒、女直也。石勒虽骁，而志不及于江、淮，且未几而国内大乱，甚于孙皓之犹安处也。女直虽竞，而斡离不、挞懒、兀术各怀猜忌，豕突鹿奔，无有能如陆抗之持重以相制者。使二子以道御兵，以信抚民，以缓制敌，垂之数十年，赵有冉闵之乱，金有完颜亮之变，以顺临逆，以静待动，易于反掌矣。叔子之功，亦收之身后者也，何至于子弟为枭獍以伏诛，部曲窜萑苇而偾起哉！故曰逖与泽求之已道未得继承，王肃学说不能得到流传。如能流传下来，则二程、朱熹兴起，会有助于排除郑玄惑乱人心的谬论。

自夏、商、周三代以来，在用兵的方略上，能够从容不迫而获取巨大成功之人，当数羊祜羊叔子了。祖逖在雍邱（今河南省杞县），宗泽在东京（今河南省开封市），固守一方以图长远战略，这一点是与羊叔子相同的。但是，祖逖死后其弟率兵发动叛乱，宗泽死后其部众四散瓦解变成盗贼，这些都因求功心切而未能安稳内部，没有学习羊叔子的治军策略，以消除三军骄狂之气，军队骄狂就不可能成功，就不可能不出乱子。

强盛之势镇慑敌人，将其消灭是轻而易举的。而祖逖和宗泽所对抗的敌虏，正处在强盛之势，不可能挫败其锐气，时代不同、情况各异，所以不能相提并论，也不能仿效羊叔子的方法。

答曰：羊叔子之所以能用方法、准则折服敌方，而祖逖、宗泽却未能做到，是因羊叔子与陆抗对垒的结果。再者，如果敌国的民众相信其仁义宽厚而愿意归附，则祖逖和宗泽所对峙的敌境，都是原西晋、北宋的国土百姓，而羊叔子所面对的则是晋、吴两国，各有各的君主，从维护本国利益的道义上讲，是互不相下的。按此而论，祖逖和宗泽所面临的环境，是应当更有成效的。陆抗智谋深远，不与羊叔子争眼前一时之利，如果他像石勒、女真人那样狂妄逞强的话，更会加速自己灭亡。与陆抗为敌，晋、吴双方可谓棋逢对手，而不像石勒、女真人更容易对付些。石勒虽很骁勇，其势力范围却未能达到江淮一带，并且国内很快就发生大乱，还不如孙皓偏安江南一隅的局面。女真人虽很逞强，而斡离不、挞懒、兀术等人之间却互相猜忌，军事上盲目地乱冲乱闯，不能像陆抗那样，稳固持重，克制对方。如果祖逖、宗泽二人能以正确方法统兵，以诚信安抚民众，以缓招克敌制胜，延续数十年，以后后赵发生冉闵之乱，金国发生完颜亮之急而未图其安也。逖有雍邱之可据，而郭默、邵续之流，皆相倚以戴晋；泽有东京之可恃，而两河忠义，皆相待以效功；与为愤兴，而不与为固结，二子之志义尚矣，惜乎其不讲于叔子之道也。

5.用人与行政，两者相扶以治，举一废一，而害必生焉，魏、晋其验已。虽无佞人，而亟行苛政以钳束天下，而使乱不起；然而人心早离，乐于易主，而国速亡。政不苛而用佞人，其政之近道，足以羁縻天下使不叛，然而国是乱，朋党交争，而国速以乱。

曹孟德惩汉末之缓弛，而以申、韩为法，臣民皆重足以立；司马氏乘之以宽惠收人心，君弑国亡，无有起卫之者。然而魏氏所任之人，自谋臣而外，如崔琰、毛玠、辛毗、陈群、陈矫、高堂隆之流，虽未闻君子之道，而鲠直清严，不屑为招权纳贿、骄奢柔谄猥鄙之行，故纲纪粗立，垂及于篡，而女谒宵小不得流毒于朝廷，则其效也。

晋武之初立，正郊庙，行通丧，封宗室，罢禁锢，立谏官，变，祖逖、宗泽利用各自的时机，以顺对逆，以静待动，取得成功易如反掌。羊叔子成功之处，还延续到他去世之后，所以怎么会有子弟因叛乱而被杀、部众流窜草莽间而沦为盗贼的结果呢！这都是祖逖和宗泽急功近利、求胜心切而未能安固内部所造成的。祖逖有雍丘可以据守，郭默、邵续等当地武装与之配合，相互依靠以拥戴晋朝；宗泽有东京做为凭恃，两河抗金义军与之遥相呼应，相互协作以立战功。然而这些力量可与之共同奋斗，却不能与之稳固据守，祖逖、宗泽二人的复国大志值得崇尚，可惜他们却没有采用羊叔子的用兵之道。

用人与行政，这两方面相互配合，国家就可达到大治的目的，如果举一废一，祸害就必然会产生，曹魏、西晋的历史就是验证。虽然没有奸佞小人，却急促推行严刑苛政以管束天下，既使祸乱不起，人心却早已丧失，愿意改换君主，国家因此而迅速灭亡。另一方面，为政不严苛却任用奸佞小人，行政虽然接近治国的准则，足可以安抚天下并且不出现叛乱，然而国家大计由此混乱，朋党之间互相斗争，国家也会迅速大乱。

曹操总结东汉未年纪纲松驰的经验教训，采用申不害、韩非子的治国方法，实行法治，信赏必罚，臣民恐惧而不敢违法乱纪。而司马懿父子乘机用宽惠手法收揽人心，以后魏国君主被杀、国家灭亡，却没有起来捍卫之人。然而，曹魏政权所用之人，自谋臣而外，如崔琰、毛玠、辛毗、陈群、陈矫、高堂隆等人，虽未听说他们有哪些君子德行，却都耿直、清廉、严正，没有那些招权纳贿、骄奢谄媚、诬害他人等卑鄙行为，因此国家纲常法纪大体得到确立，一直延续到被篡权夺位之时，在此期间，后妃弄权、小人当道的现象未能形成，以致祸害朝廷，这是实行法治的效果。

晋武帝立国之初，规正郊祀、宗庙之礼，实行通丧之制，分封宗征废逸，禁谶纬，增吏俸，崇宽弘雅正之治术，故民藉以安；内乱外逼，国已糜烂，而人心犹系之。然其所用者，贾充、任恺、冯紞、荀勖、何曾、石苞、王恺、石崇、潘岳之流，皆寡廉鲜耻、贪冒骄奢之鄙夫；即以张华、陆机铮铮自见，而与邪波流，陷于乱贼而愍不畏死；虽有二傅、和峤之亢直，而不敌群小之翕訿；是以强宗妒后互乱，而氐、羯乘之以猖狂。小人浊乱，国无与立，非但王衍辈清谈误之也。

是用人行政，交相扶以图治，失其一，则一之仅存者不足以救；古今乱亡之轨，所以相寻而不舍也。

以要言之，用人其尤亟乎！人而苟为治人也，则治法因之以建，而苛刻纵弛之患两亡矣。魏之用人，抑苟免于邪佞尔，无有能立久长之本、建弘远之规者也。孟德之智，所知者有涯；能别于忠佞之分，而不能虚衷以致高朗宏通之士；争乱之馀，智术兴，道德坠，名世之风邈矣。仅一管宁，而德不足以相致也。晋承魏之安处，时非无贤，而奖之不以其道，进之不以其诚，天下颓靡，而以老、庄为藏身之固，其法虽立，文具而已。使二代之君，德修而勤于求治，天下群趋于正，而岂患法之不立乎？宋太祖、太宗之所以垂统久长，而天下怀其德于既亡之馀，庶几尚已！

室，罢废禁锢，设立谏官，征召逸士，禁止宗教迷信，增加官吏俸禄，推崇宽弘雅正的治国之术，因此民众得以安居乐业。即使以后内乱兴起、外狄进逼，国家行将灭亡之时，人心仍然系于晋朝。然而晋朝所用之人，如贾充、任恺、冯勖、荀紞、何曾、石苞、王恺、石崇、潘岳等，都是些寡廉鲜耻、贪赃枉法、骄奢淫佚之小人。即使像张华、陆机这样刚正不阿之士，也免不了与邪恶势力同流合污，陷入乱贼之中被杀，实在哀怜其不畏惧死亡；虽然有傅玄、傅咸、和峤等人的正直不屈，却敌不过众多卑鄙小人的联合诋毁；西晋宗室与皇后之间的相互残杀，使得氐、羯等族乘机骚扰，肆虐中原。所以，小人作乱，国家无法存立，并非仅仅由于王衍之辈清谈误国呀！

因此，用人与行政，两者相辅而行以求国家大治，失去其中一条，而仅存留一条就不足以救国，纵观古今乱亡的事例，相沿不变，都脱离不了这条规律。

以要言而论，用人方面尤为迫切。假如人能够成为法制之人，则法治因随之而建立，苛刻严政与纵容松驰这两种祸患均可消除。曹魏用人，抑或使之免于产生奸佞，却未能立长久之大计，建弘远之规制。以曹操的智慧，在知人方面是有限度的，他能辨别忠良与奸佞，却不能胸怀大度招致高朗宏通之士；处在纷争战乱之世，智谋权术兴起，道德名教坠落，美好的风尚已远离社会了。仅有一个管宁，其美德尚未达到很高的境界。西晋承袭魏国的安定局面，当时并非没有贤能之人，而是奖励不按照一定准则，提拔人才不遵循诚信标准，天下委靡不振，却以老、庄思想做为寄托的凭恃，虽然制定了一些法纪，却不过是一纸虚文而已。如果曹魏、西晋两代君主能修明品德、勤于政务、孜孜求治，天下之人一定会趋向正途，何愁法纪不立呢？宋太祖、太宗之所以能够长久治理国家，以致北宋灭亡后天下民众仍怀念其恩德，大概是对其崇尚的缘故吧！

6.杜预欲短太子之丧，而曰：“君子之于礼，存诸内而已。”安得此野人之言而称之哉！今有人焉，心不忘乎敬父，而坐则倨以待；情不恝乎爱兄，而怒则紾其臂；亦将曰存诸内而已乎？内外交相维、交相养者也，既饰其外，必求其内，所以求君子之尽其诚；欲动其内，必饬其外，所以导天下而生其心也。今使衰麻其衣，疏粝其食，倚庐其寝处，然而驰情于淫侈以忘其哀慕者，鲜矣；耳目制之，心不得而动也。藉令锦其衣，肉其食，藻井绮疏金枢玉户其寝处，虽有哀慕之诚，不荡而忘者，鲜矣；耳目移而心为之荡也。故先王之制丧礼，达贤者之内于外，以安其内；而制中材之外，以感其内。故曰：直情径行，戎狄之道也。夫鸟兽之啾啁以念死，内非不哀，而外无所饰，则未几而忘之矣；野人之内存而外不著见者，亦如是而已矣。

杜预之于学也亦博矣，以其博文其不仁，“六经”之旨，且以之乱。谅暗者，梁庵也，有梁无柱，茅苄垂地之庐也，而诬之曰心丧。叔向之讥景王曰：“有三年之丧二。”谓之有丧矣，非谓存诸内者之徒戚也，而诬之曰不讥除丧，而讥其燕乐之已早。预之存诸内者，诬圣欺天，绝人而禽之，犹曰君子之于礼，存诸内而已乎？故曰：“以礼制心。”心有不存，而礼制杜预想缩短太子的丧礼，说：“君子对于礼节，只要存于内心即可。”怎能以这种鄙野之人的言论为准呢！如今有些人，心中没有忘记尊敬父辈，然而却傲慢地坐在那里相待；对兄长并非毫无情谊，然而生气时却拧转兄长的臂膊；这些难道也能称做礼节存于内心吗？内心与外表是互为表里、互为依存的要修饰其外表，必求助其内心，以期达到君子竭尽赤诚的境界。要想打动其内心，必须整饰其外表，以引导天下之人产生此种心境。如今之人，使其身穿丧服，食粗茶淡饭，以坟庐旁为就寝之处，另一方面，又使其纵情声色、奢侈无度从而忘记悲哀者，是很少见的。这是由于耳闻目睹所处的环境，其淫侈之心是难以萌生的。假使让其穿锦绣衣服，吃鲜美肉食，将住所装饰得精美华丽，这样的话，虽有悲哀仰慕的诚意而不逐渐消除悲哀之情者，也是很少见的。这是由于耳目所见使哀悼的心情得以改变的结果。所以，先世之王制定的丧礼，可使贤良之士的内心悲哀显现于外，这有利于安定其内。对具有中等才德之人，如能形成外在的丧礼氛围，则可以感召其内心的悲哀之情。因此说，任凭自己的意思径直去做，那是戎狄民族的行事方法。鸟兽以鸣叫怀念死去的同类，并非其内心不悲哀，而在外表却无所修饰，所以很快就会忘掉这一切。草野之人，哀悼之情存于内心而外表却不显见者，也不过如同鸟兽一样罢了。

杜预的学问也十分渊博，以其博学文才而用于不仁，则“六经”的要旨都被搞乱了。帝王居丧又称为梁庵，是指居于有梁无柱、茅席垂地的庐舍，却被曲解为不穿丧服，只在心中悼念。叔向规劝晋景公道：“有三年之丧二。”意思是说有丧期，而不是指存于内心徒自忧伤，却被诬蔑为不规劝除去丧服，而谏劝其歌舞娱乐太早。杜预所谓存于内心的言论，诬蔑圣贤，欺骗上天，绝人伦之道而行禽兽之为，却怎么说君子对于礼节，只要存于内心即可呢？因此，“以礼制之。其外无别，则内之存与不存，又奚以辨哉？邪说逞，人道息。凡今之人，皆曰：臣忠、子孝、兄友、弟恭，求其心而已。而心之不可问者多矣。不仁哉杜预之言，以贼天下有馀也！

7.嵇绍可以仕晋乎？曰：不可。仕晋而可为之死乎？曰：仕而恶可弗死也！仕则必死之，故必不可仕也。父受诛，子仇焉，非法也；父不受诛，子不仇焉，非心也。此犹为一王之下，君臣分定，天子制法，有司奉行，而有受诛不受诛者言也。嵇康之在魏，与司马昭俱比肩而事主，康非昭之所得杀而杀之，亦平人之相贼杀而已。且康之死也，以非汤、武而见惮于昭，是晋之终篡，康且遗恨于泉下，而绍戴之以为君，然则昭其汤、武而康其飞廉、恶来矣乎！绍于是不孝之罪通于天矣。

沈充以逆伏诛，而子劲为晋效死。《蔡仲之命》曰："尔尚盖前人之愆。"沈劲克当之矣。绍盖前人之美，而以父母之身，糜烂而殉怨不共天之乱贼，愚哉其不仁也！汤阴之血，何不洒于魏社为屋之日，何不洒于叔夜赴市之琴，而洒于司马氏之衣也？

8.魏、晋之际，有贞士曰范粲，较管宁、陶潜而尤烈，而称道绝于后世。士之湮没而志不章者，古今不知凡几也！宁以行谊著，潜以文采传，粲无他表见，而孤心隐矣。乃其亢志坚忍，则二子者未之逮焉。送魏主芳而哀动左右，三十六年佯狂心。”心中如果不存，则以礼法制之，别无他法。内心存与不存，何以辨别呢？凡邪说横行，则人道息止。今日之人都说，臣下忠诚。子弟孝顺、兄长友善，兄弟恭敬，只求有心即可。然而心中无法了解之处是很多的。杜预的不仁不义之言，伤害天下实为有余！

嵇绍可以为晋朝做官吗？答曰：不可以。为晋朝做官可以为之献身吗？答曰：做官不尽责则可以免死。做官必定要死，就务必不可为之做官。父亲受诛杀，儿子结下仇恨，这样违背法规；父亲不受诛杀，儿子未结仇恨，这样违背心愿。如同一个王朝，君臣名分各有其位，天子制定法律，各级政府奉准执行，有被诛杀者和不被诛杀者的道理一样。嵇康在曹魏时期，同司马昭一样，共同为魏国君主服务，嵇康并非司马昭所能杀，结果反被其杀害，也就是相等之人相互残杀而已。而且嵇康之所以被害，是因为否定商汤、周武并引起司马昭的恐惧憎恨，最终司马氏集团得以篡位，嵇康不免遗恨于九泉之下。而嵇绍作为嵇康之子，却拥戴司马氏为君主，难道司马昭如同商汤、周武，而嵇康、嵇绍则如同飞廉、恶来父子吗？所以，嵇绍犯有天大的不孝之罪。

沈充以叛逆之罪遭到诛杀，其子沈劲为晋朝报国效死。《尚书·蔡仲之命》写道：“你应当遮盖前人的过失。”此语对沈劲是很恰当的。嵇绍却遮盖了其父的美名，以父母所生身躯糜烂而为不共戴天的乱贼殉葬，其不仁之举实在愚蠢。嵇绍身死汤阴，鲜血为什么不洒在魏国兴邦立国之日，为什么不洒在其父绑赴市曹被杀时所携带的琴上，反而因护卫司马氏而洒在了其衣上呢？

魏、晋之际，有位坚贞之士名叫范粲，与管宁、陶潜相比，更为刚毅，为人所赞扬、敬佩绝于后世。自古至今，不知有多少名士被湮没，其才志不得彰明于世。管宁以其品行著称，陶潜以其文采传世，范粲没有其他专长，惟有一心隐居不仕。其坚忍不屈的刚直志向，是不言，卒于车中，子乔侍疾，足不出邑里，父子之志行，诚末世之砥柱矣。文采行谊无所表见，志不存焉耳。宁之不若此也，宁未仕汉，而粲已受禄于魏也。潜之不若此也，知晋之将亡而去之，不亲见篡夺之惨也。故二子无妨以文行表见，而粲独不可。难哉其子之贤也！晋赐禄以养疾，赐帛以治丧，而不受。嵇绍闻之，尚为仇雠之子孙捐父母之身，人之贤愚相去有若此哉！粲之所为，难能也；非但难能也，其仁矣乎！

9.晋诏诸王大国置三军，次国二军，小国一军，其所依仿之名曰周制也。古之诸侯，皆自有兵，周弗能夺，而非予之也。其自周始建之国，各使有兵，彼有而此不得独无也。郡县之天下，兵皆统于天子，州郡不能自有其人民，独假王侯以兵，授以相竞之资，何为也哉？夫晋岂果循周制以追三代之久安长治也乎？惩魏之亏替宗室，而使权臣乘之耳。乃魏之削诸侯者，疑同姓也；晋之授兵宗室以制天下者，疑天下也。疑同姓而天下乘之，疑天下而同姓乘之，力防其所疑，而祸发于所不疑，其得祸也异，而受祸于疑则同也。

管、陶二人所不及的。送魏国君主曹芳时的哀痛情景深深打动左右之人，他三十六年假装疯癫，不言不语，最终死在车中。其子范乔侍奉、治疗他的疾病时，从未外出过乡里，范粲父子的才志品行，诚可谓末代之世的砥柱一般。文采、品行虽无所显见，志气能不存在吗？管宁与范粲情况不同，他没有担任东汉官职，而范粲则领取了魏国的俸禄。陶潜与范粲情况不同，他看到东晋即将灭亡，随去职归隐，未亲眼目睹篡夺政权时相互残杀的惨状。因此，管、陶二人未受妨碍，得以各自的文采、品行彰明显见于世，而范粲所处环境却不同。难为他的贤德呀！晋朝赐给俸禄以调养其疾病，赐给丝帛以治理其丧事，均遭其父子拒绝。嵇绍知道这一情况，尚为仇敌的子孙捐出父母生养之身躯，相比之下，人的贤良、愚蠢还有比此更为清楚的吗？范粲的作为，实在难能可贵，不仅难能可贵，尚且仁德啊！

晋朝颁布诏令，实行分封同姓王之制，王侯大国配置三军，次国配置二军，小国配置一军，这一做法的依据，美其名日仿效西周的分封制。但是，古时的诸侯国，各自都有自己的军队，周天子不能夺去，并不是他授予诸侯的。自周朝时开始建立起来的诸侯国，使其各有军队，彼国有而不能使此国无。天下推行郡县制后，军队皆归天子统辖，各州郡不能独立拥有其辖区内的人民，却单独授予各诸侯国以兵权，供给其得以相互争斗的资本，会产生何种后果呢？晋王朝难道果然想遵循西周之制，以达到像夏、商、周三代那样的长治久安局面吗？戒止了曹魏废弃宗室的做法，却使权臣有了可乘之机。曹魏削夺诸侯王的权力，是疑惧、不信任同姓王；晋朝将兵权授予宗室以控制天下，是疑惧、不信任天下之人。疑惧同姓王而天下之人乘机而起，疑惧天下之人而宗室乘机而起，竭力防范其所畏惧之处，而祸乱却发于其所不畏惧之处，发生祸乱的途径虽然不同，而因疑惧引起祸乱，这一点则是相同的。

呜呼！以疑而能不召乱亡之祸者无有。天下皆以为疑己矣，而孰亲之？其假以防疑者，且幸己之不见疑而窥其疏以乘之；无可亲而但相乘，于是而庸人之疑，终古而不释。道不足于己，则先自疑于心；心不自保，而天下举无可信，兄弟也，臣僚也，编氓也，皆可疑者也。以一人之疑敌天下，而谓智计之可恃以防，其愚不可瘳，其祸不可救矣。亲亲而以疑，则亲非其亲；尊贤而以疑，则贤非其贤；爱众而以疑，则众非其众。夫何疑哉？君子乐得其道，小人乐得其欲而已矣。交君子以道，给小人之欲，孤游于六合，而荆棘不生，无有圣贤而无豪杰之度者也。

10.天下恶有无故杀人而可以已乱者哉！齐王攸欲杀刘渊，王浑曰："奈何以无形之疑杀人。"其说是也。舍杀而无以驭之也，渊之所以终乱晋而残之也。不杀渊而渊反，则咎王浑；杀渊而胡叛，则抑且咎齐王；舍本循末，两俱有咎，而孰能任之？曹魏之居匈奴于内地，使若渊者得以窃中国文事武备之绪馀，济其奸而启雄心，其祸久矣。渊即死，若聪、若曜、若猛、若宣，挟怨以求逞，能旦杀一人、夕杀一人、皆无罪而翦之乎？契丹之所以深女直之怨而激之起，岂有幸哉！

呜呼！由于不信任却能不招致乱亡之祸的发生，这种情况是没有的。如果天下之人都互不信任，谁还能够亲近呢？防范他人之人，尚且庆幸自己不被对方怀疑，从而窥视对方疏漏之处以图有机可乘；没有可亲可信却相互寻找可乘之机，由此而使见识浅陋之人的疑忌，自古至今不能消除。当人的道德修养尚未达到一定标准时，自身心中首先产生疑忌，由于心中不能树立坚定信念，则天下之人的一举一动均感无从信任，兄弟也好，臣僚也好，百姓也好，都被视为可疑者。以一人的疑忌面对天下，并认为自己的智谋计策足可凭恃，用于防范，如此一来，其愚蠢则不可治愈，其祸患则不可避免。亲亲之间产生疑忌，则亲非为其亲；尊重贤良却又不信任，则贤良非其贤良；爱护民众却又不信任，则民众非其民众；何故产生猜忌呢？做为君子，乐于满足自己的理想信念，做为小人，希望满足自己的需求欲念。给予君子以道，满足小人之需，这样的话，即使周游天地四方，也不会遇到麻烦和障碍。所以，没有哪位圣贤不具备英雄豪杰那种宽宏大量之气度的。

天下怎有无故杀人而可以消除叛乱的呢！齐王攸想杀掉刘渊，王浑谏阻道，“怎么可以无根据的怀疑而杀人。”这种看法是对的。然而，放弃杀戮则无法进行控制，导致刘渊最终得以祸乱晋朝，残杀晋室。不杀刘渊终使刘渊反叛，责任归咎王浑；杀刘渊则使胡人叛乱，责任又要归咎齐王；舍其根本而遵循其末，这两方面都是错误的话，谁还能够胜任其职呢？曹魏政权将匈奴人迁居内地，结果使刘渊这样的人得以私下学到中国的文化典章和军事技能，从而助长了他叛乱篡位的奸雄之心，所以，这种祸患来之已久。刘渊死后，其他如刘聪、刘曜、王猛、石宣等人，皆是各自心怀怨恨，以期达到自己的目的，难道能够晨杀一人，夕杀一人，皆无罪而翦除掉他们吗？契丹的所作所为，引起女真人的深深怨恨，从而激起反抗，这怎能幸免夫晋承魏失，固未可急驱除之矣。王济欲任渊以平吴，纵虎自卫之术也。李憙欲发匈奴五部，假渊将军之号征树机能，此策之善者，而孔恂谏止之，何也？恂诚忧渊之叵测，抑必有术以制之，而但色变于谈虎哉？凉者，中国之赘馀也，河、湟之间，夷狄之所便也。渊西征而荡平树机能之墟，即割其地以安之，而渊之心戢矣。渊即不戢，五部之心亦戢矣。驭得其道，则且不敢窃河西而据之。即其不然，我据萧关以距之，其极逞也，亦但如元昊而止耳。孰如近在汾、晋之间，使我不轨之士民，教猱依虎，河决鱼烂于腹心乎？故知李憙之谋，非但以平树机能也，实以斥渊而远之也，此弭祸于将然之善术也。一疑之，一畏之，无可如何而姑置之；渊且自危、且自矜、尤且自信也。是召之以必反之道也。呜呼！晋之失政，贿赂已耳，交游已耳。王浑父子得贿而保渊，孔恂、杨珧不得贿而惎渊，故李憙之深识不庸。非渊之能亡晋也，晋自亡耳。

11.傅咸之忠，荀勖之佞，判然别矣。而其议省官也，则勖之说为长。故听言者，不惟其人，惟其言而已矣。咸刚直而疾恶已甚，见闲曹之吏，或怠傲而废功，或舞文以牟利，愤然曰：“焉用此为，而以费农夫之粟，空国家之帑哉！”其言非不快于一时之心，而褊衷以宰天下，天下又恶能宰哉！

于难。

西晋承袭魏国的失误，固然未能迅速驱除匈奴之人。王济打算任用刘渊以平定吴国，这是纵虎自卫的方法。李憙想动用匈奴五部之众，并授予刘渊将军称号，前往征讨河西鲜卑族首领树机能，这不失为一个好计策。然而孔恂却加以阻拦，为什么呢？孔恂诚然担心刘渊居心叵测，但是必须要有措施加以控制，不能仅仅谈虎色变而已。凉州实为中国多余之地，河湟地区是夷狄等游牧族便于居住之所，派刘渊西征，一举荡平树机能之叛，占据其地盘，将此地割给刘渊使其安顿，而刘渊的叛逆之心就会收敛。即使刘渊不能如此，而匈奴五部部众之心也会收敛的。所以，对其驾驭得当，刘渊等就不敢窥视河西而据之。即使达不到这一点，我们据守萧关以抵挡其侵扰，刘渊最逞强也只能像西夏元昊那样，到此为止。怎能像如今这样，使刘渊近在汾、晋一带，与晋朝那些图谋不轨的士民相互勾结，狼狈为奸，最终形成腹心之患。由此而知，李憙的计谋，不仅仅是平定树机能的叛乱，实则将刘渊调往边远地区，这是消除祸患于爆发之前的一种好方法呀。一则疑忌，一则畏惧，却没有恰当办法加以防范，姑且将刘渊置于内地；刘渊一则自危，一则自夸，况且尤其自信，从而导致了其必然反叛的结局。啊呀！晋朝所以失去政权，由于贿赂而已，由于交游而已。王浑父子因得到贿赂而保护刘渊，孔恂、杨珧因得不到贿赂而憎恨刘渊，所以李憙的深谋远识是不平凡的。并非刘渊的能力能够亡晋，实为晋朝自取灭亡。

傅咸之忠诚，荀勖之奸佞，二人有明显区别。然而，二人在议论裁减官吏方面，则荀勖之说更为可取。所以在倾听意见时，不应当看其人，而应当听其言才是。傅咸刚毅正直并且疾恶如仇，见一些清闲官署的官吏，或懈怠傲慢而耽误工作，或舞文弄墨以牟取私利，就气愤地斥责：“怎能用这种人，实为耗费农民的粮食，亏空国家的资古者方五十里之国，卿大夫士府史胥徒具，群聚以上食于公、下食于民，而不忧其乏。天下之大，庶官仅供其职，而曰"公私不足"，此翁妪之智，不出箪豆之间。故曰：褊衷以宰天下，天下弗能宰也。

古之建官以治事治民，固也；而君子野人，天秩之以其才，叙之以其类，率野人以养君子，帖然奉之而不靳，岂人为哉？王者以公天下为心，以扶进人才于君子之涂为道。故一事而分任之，十姓百家而即立之长以牧之，农人力耕而食之无愧，君不孤贵而养之必周；乃使一艺、一经、一能、一力者，皆与于君子之列，而相奖以廉耻。虽有荑稗，不尽田而芟刈，使扶良苗以长，但勿令夺苗之滋可矣。

官省而人之能与于选者其涂隘，力不任耕、志不安贱之士，末繇分天之禄以自表异，则且淫而为奸富，激而为盗贼。君子之涂穷，而小人之歧路百出，风俗氾滥于下，国尚孰与立哉！惟用人之涂广，而登进之数多，则虽有诡遇于幸门者，而惜廉隅、慎出处之士，亦自优游以俟，而自不困穷以没世。如其省官而员数减，则入仕也难；入仕难，则持选举之权者益重。数十人而争一轨，苟有捷径之可趋，虽自好者，不能定情以坚忍。而秉铨苟非其人，则自尊如帝，操吉凶也如鬼，托澄金！”这种言论，不只图心中一时的痛快，而是以狭隘的见解主宰天下，天下怎能主宰得了！

古代社会，方圆五十里的国家，卿大夫士府史胥等各种官职，形同虚设，不发挥多少实际作用，却群聚一起，上食国家俸禄，下食百姓粟帛，既便如此，也不忧虑出现供应匮乏的情况。天下是如此之大，对众多官员仅按其职务供应食俸，由此而说“公私不能满足其供应”，这实为老翁、妇人的短浅见解。所以说，以狭隘的见解来主宰天下，天下是不能被主宰的。

古代社会设置官员，治理国家，治理民众，是固然之势；而君子与草野之人，是上天分别赋予其不同之才，划分其不同之类的，由草野之人来供养君子，顺从供奉而不吝惜，这岂能是人为造成的？做为帝王，以服务于天下为己心，以扶持人才进入君子行列为己任。故此，一事而分职担任，十姓百家即组织起来，立长进行管理，农人因努力耕作而食之不愧，君子不负其尊责而奉养周全。使那些具有一艺、一经、一能、一力等一技之长的人，都得与君子同列，相互劝勉而知廉耻。虽然有茅草，不必所有都于田中铲除完，以便其能够扶助良苗生长，但要掌握好，不使其夺取良苗养分、影响良苗生长即可。

减省官员则人们入选为官的途径就很狭小，那些力不能胜任耕种、志不能安于贫贱的人，无由分得天所赋予的食禄以自我表现与人的不同，或淫邪而为奸富，或激变而为盗贼。君子之路穷尽，则小人之歪门邪道百出，风俗不断败坏，国家由谁来兴立！惟有用人途径宽广，入选仕途之人增多，虽有一些走奸佞门路而做官者，但那些珍惜志节、谨慎出处的士人，可自我优游以等待，自不穷困而埋没于世。如果裁省官职而人员减少，做官就会困难；做官困难，则执掌选举之权的人就愈显重要。数十人去争一条轨迹，假如有捷径可以寻求，即使洁身自好者也不能稳定情绪而顽强忍耐，假如执掌选拔人才大汰以为垄断，而所裁抑者类修洁之士，所汲引者皆躁佞之夫。士气萎，官邪兴，流沔而无所立，即使傅咸任之，且不能挽颓波以从纲纪，况莫保司铨之得尽如咸乎！故君子甚患夫刚直者之婞婞以忿疾当世，而欲以刻核重抑天下之心也。

况其言曰："公私不足，并官以务农。"则尤悖甚。为吏者几何人，而废天下几何之顷亩！有天下而汲汲忧贫，夺天所贵重之君子，使为农圃之小人，以充府库；非商鞅之徒，孰忍为此哉？治天下有道，非但足食而遂足以立也。荀勖曰："清心省事。"庶几经国之弘猷，讵可以其人而废之！

12.贾充之力阻伐吴也，不知其何心，或受吴赂而为之间，或忌羊、杜、二王之有功而夺其宠，皆未可知；抑以充之积奸之情度之，不但然也。曹操讨董卓、剿黄巾、平袁绍，战功赫然，而因以篡汉。司马懿拒诸葛、平辽东，司马昭灭蜀汉，兵权在握，而因以篡魏。充知吴之必亡，而欲留之以为己功，其蓄不轨之志已久，特畏难而未敢发耳。乃平吴之谋始于羊祜，祜卒，举杜预以终其事，充既弗能先焉，承其后以分功而不足以逞，惟阻其行以俟武帝之没，己秉国权，而后曰吴今日乃可图矣，则诸将之功皆归于己，而己为操、懿也无难。此其情杜预、张华固已知之，惮武帝之宠充而未敢言尔。观其纳女于太子，知惠帝之愚而以甥舅畜之；曹操之妻献帝，杨坚之妻周主，皆此术也。其谋秘，其奸伏，时无有摘发之者，而史亦权的人并非正直之士，高傲自尊，如帝王一般，操吉凶取否之权如同鬼神，并为自己所垄断，那些被裁汰压抑者都是廉洁有修养的人士，而被提拔引进者都是狡猾奸佞之徒。士风萎靡，官道邪兴，如流水已满而无所兴立，即使让傅咸主选，也不能挽转颓废之波以遵从纲纪，更何况很难保证主掌选官者都能像傅咸一样呢！所以，尤其担忧君子中那些刚直者，他们倔强而愤世疾俗，想严厉抑制天下的做官之心。

更何况其言还说："公私不足供应，裁并官员以务农。"这尤其错误。担任官吏者能有多少人，而究竟能占用天下多少土地！据有天下却急切地忧虑贫困，将上天所贵重的君子变为务农植圃的小人，意在充实府库积蓄，如果不是商鞅这类人物，谁能忍心如此作为呢？治理天下应有规则，不仅仅丰衣足食就足可以立国。荀勖说："清心省事。"差不多凡治国的弘远大计，岂能因本人不好而废弃呢！

贾充竭力阻拦征伐东吴，不知其用心何在？或者说是受了东吴的贿赂而为其所用，或者说是忌妒羊祜、杜预、王浚等人的功劳而削夺其宠信，这些都很难说。然而，以贾充的奸诈情况来分析，看来不是这样。曹操讨伐董卓、征剿黄巾、平定袁绍，战功显赫，因此得以篡夺东汉政权。司马懿西拒诸葛亮，北平辽东，司马昭攻灭蜀汉，手握兵权，因此得以篡夺曹魏政权。贾充知道东吴的必然灭亡之势，想留下将来由自己主持征讨，以立功劳，他蓄下这种不轨之志已久，但是由于畏难而未敢动作。平吴的计谋最初由羊祜提出，羊祜死后，推举杜预来完成这一事业。贾充既然不能先于羊祜力主其事，继承其后，而所分功劳则不足以达到个人目的，惟有阻拦这一行动，等到晋武帝去世以后，自己掌握朝政大权，然后再说孙吴今日可以征伐了，则诸位将领的平吴之功都可归己，那时自己仿效曹操、司马懿篡权就不难了。这种情况杜预、张华固然已经看出，但因惧于晋武帝对贾充的宠略之。千载之下，有心有目，灼见其情，夫岂无故以挠大猷也哉？

呜呼！晋感充之弑君以戴己，而不早为之防，求其免于乱也难矣。所幸充死七年而武帝始崩，贾谧庸才，且非血胤，不足以为司马昭耳。不然，高贵乡公之刃，岂有惮而不施之司马氏乎？一女子犹足以亡晋，充而在，当何如也？项羽非侯生之君也，汉高以其诳羽而远之若蛇虺；石守信、高怀德之流，未尝任弑君之恶也，宋太祖以其戴己而防之若仇敌；变诈凶很不知有名义者，君不可以为臣，士不可以为友。孙秀洒南向之涕，诸葛靓怀漆身之忠，晋弗能用焉，其不再传而大乱，有以也夫！

13.秦灭六国而销兵，晋平吴而罢州郡兵，未几而大乱以亡。泰誓称武王克殷，放牛归马，衅甲櫜弓，示天下弗用，秦、晋与周将无同道，而成败迥异，何也？

纣之无道，虐加于民，而诸侯或西向归周，或东留事纣，未尝日寻干戈，竞起为乱也。天下之志相胥以静，而弄兵乐祸之民不兴。及乎纣虐革，周政行，而皆仍故服，无与炀之，不待扑之也。战国之争，逮乎秦、项，凡数百年，至汉初而始定。

信而未敢说明。再观察贾充将女儿献给太子为妻一事，因他知道惠帝的愚笨，从而以甥舅身份取悦惠帝。曹操将女儿嫁给汉献帝为妻，杨坚将女儿嫁给周宣帝为妻，都是这种办法。贾充的计谋诡秘，奸诈隐伏，当时没有揭发之人，而史书也省略未载。千年以来，有心有目之士，明白透彻地看到了这一点，贾充怎能无缘无故地阻拦平吴大计的施行呢！

啊！晋朝已意识到贾充企图弑君自立，却不及早防范，如此则乞求免生祸乱是很难的。值得庆幸的是，贾充死后七年晋武帝方驾崩，贾谧是个庸才，而且并非贾充嫡亲后代，只是他的外孙，不足以成为第二个司马昭。不然的话，高贵乡公曹髦的兵刃，怎会有所畏惧而不敢大胆刺向司马昭呢？一个女子尚足以乱亡晋朝，贾充如果还在的话，又当如何呢？项羽并不是侯生的君主，汉高祖刘邦却因其诳骗项羽，像远避毒蛇那样不加录用；石守信、高怀德这些人，并未犯有弑君的罪恶，宋太祖赵匡胤却以其拥戴自己为帝，反而像防范仇敌那样防范他们。那些狡诈凶狠而不知声名节义之人，君主不可以他们为大臣，士人不可以他们为朋友。孙秀洒下向南之泪，诸葛靓对吴国心怀漆身之忠，晋朝不能加以任用，其不得传位久远，最终导致天下大乱，这是必然的啊！

秦朝攻灭六国后销毁兵器，西晋平定吴国后罢除州郡之兵，不久就都发生大乱，以致国家灭亡。《泰誓》中说周武王灭殷后，将牛马放归原野，将铠甲弓矢收藏起来，以显示天下不再用兵，秦、晋二朝与西周没有共同之道，而成败也迥然不同，究竟是何原因呢？

纣王统治无道，残酷虐待人民，各诸侯国或西向归附周王，或东留效忠纣王，不曾出现时常挑动战争、竞相群起作乱的现象。天下人民的志向趋于安宁，喜好兴兵惹祸之人就不得兴起。到了纣王虐政被革除、周王善政得到推行之时，仍都穿着原来的服饰，而没有将三国之争，逮乎隋末，凡数百年，至唐初而始定。安、史之乱，延乎五代，凡百馀年，至太平兴国而始定。靖康之祸，延乎蒙古，凡二百馀年，至洪武而始定。其间非无暂息之日若可以定者，然而支蔓不绝，旋踵复兴。非但上有暴君，国有奸雄；抑亦人心风俗一动而不可猝静，虔矫习成，杀机易发，上欲扑之而不可扑也。夫秦与晋恶能摄天下之心与气而敛之一朝哉？故陈胜有辍耕之叹，石勒有东门之啸，争乘虚而思起。此兵之不可急弭者，机在下也。

且夫周之兴也，文王受鈇钺而专征，方有事于密、阮、崇、黎，而早已勤修文德，勤圣学，演《周易》，造髦士，养国老，采南国之风，革其淫乱，儿童嬉游而掇芣苢，女子修事以采苹蘩，未尝投戈而始论道，息马而始讲艺也。优而柔之，以调天地和平之气，而于兵戎之事，特不得已而姑试之，上弗之贵，而下且贱之，圣人之所以潜移人心而陶冶其性者，如此其至也。而后戎衣甫著，而弓矢旋弢，天下以为实获我心，可澡雪以见荣于文治。秦之并六国、灭宗周，晋之篡魏而吞吴也，谋唯恐其不险，力唯恐其不竞，日进阴鸷残忍之夫，皇皇以图弋获，而又崇侈奔欲，以败人伦之检柙；其与于成功共富贵者，抑奢淫以启天下之忌，无以涤天下之淫邪，而畜其强狡于草泽；幸而兵解难夷，遂欲使之屈首以奉长吏之法，未有能降之焚烧，所以不用等待扑灭。战国时代的纷争，一直延续到秦始皇、项羽之时，共有数百年之久，至西汉初年才得以平定。三国时期的争战，一直延续到隋末，长达数百年，至唐朝初年才得以平定。安史之乱，一直延续到五代，共百余年之久，至北宋太平兴国年间才得以平定。北宋末年的靖康之祸，一直延续到元朝时期，长达二百余年，至明洪武年间才得以平定。在此期间，并非没有暂时可以安定的息宁之日，然而小的战乱不断，随后大的战乱复起。这是由于，不但上有暴君、国有奸臣枭雄，既使人心风俗也是一经发动而不会突然静止，劫掠之习已经形成，杀机容易发作，国家想将其扑灭却无法扑灭。秦、晋二朝不能收揽天下人心，与之同心同德，所以陈胜停止耕作，石勒于东门喧啸，争相乘机而起，发动事变。这就是军队不可急于取消，关键在于下层的原因。

周朝的兴起，于文王即位之后，接受鈇钺而有权进行征伐，当征灭密（今甘肃灵台西）、阮（今甘肃泾州东南）、崇（今陕西户县东）、黎（今山西黎城）等东、西部的方国时，早已是勤修文德，勘于圣学，推演《周易》，造就英俊之士，安养告老回家的卿大夫，采纳南方诸侯国家之风俗，革除其淫乱之习气，儿童嬉戏游玩，拾取车前草，女子修饰装扮，采集苹蘩，战事尚未结束，就已开始谈论道德、讲授技艺。采取优待安抚的措施，以协调天地和平的气氛，武力之事，非万不得已而使用。上层不能尊贵，下层尚且贫贱，圣人之所以逐步教化人心并陶冶其品性，按照以上做法就可以达到这一点。而后战衣刚刚穿上，弓箭就已收藏起来，天下于此认为已赢得其心，可以清洁的身心为荣，达到文治。而秦朝兼并六国、灭亡宗周，晋朝篡夺魏权、吞并吴国，所使计谋唯恐不阴险，所用力量唯恐不强劲，时常招收阴险残忍之人，匆忙以求达到目的。又崇尚奢侈，放纵欲念，败坏人伦法度；与之举事成功共享富贵者，则奢侈淫逸，开启天下的心抑志以顺从者也。上无豫教，而欲饰治安于旦夕，召侮而已矣。此兵之不可急弭者，教在上也。

陶璜、山涛力排罢兵之议，从事后而言之，验矣。然抑岂于天下甫离水火之日，寻兵不已，而日取其民纳之驰骤击刺之中乎？盍亦求诸其本矣。故圣人作而乱不难已，商、周是也，道之驯也；圣人不作，待其敝之已极，人皆厌苦而思偃武，帝王乃因而抚之，则汉、唐以后之一统是也，几之复也。庶几商、周之治者，其唯光武乎？寇盗方横，而奖道敦礼，任贤爱民，以潜消民气之戾于扰攘之中，兵不待弭而自戢，然而黎阳之屯，固不敢借口于放牛归马以自拟于周也。

14.子曰："不在其位，不谋其政。"夫士苟有当世之略，一言而可弭无穷之祸，虽非在位，庶几见用而天下蒙其休，何为其秘之哉？而孰知其固不可也？言之不切，而人习以为迂远之谈而不听；言之切而见用矣，天下测其所以然，而且以其智力与上相扞格；如其不用也，则适以启奸邪而导之以极其凶忒矣。

汉、魏之际，羌、胡、鲜卑杂居塞内，渐为民患，徙之出塞，万世之利也。虽不在秉国大臣之位，固且忧愤积中而不容已于切言之。即不用矣，后世且服其早识，而谓晋有人焉，此禁戒，从而无法荡涤社会上的淫乱邪恶现象，于荒野之中畜下了强悍狡诈的祸种；侥幸战乱解除、灾难平定，则又企图使其低头臣伏，遵奉长吏之法，那未能降伏其心志，使之真正顺从。上层没有使其心悦诚服的教诲，要想达到长治久安的目的，其结果只能是招致侮弄。这就是军队不可急于消除，教化在于上层的原因。

陶璜、山涛极力排除罢兵之议，从事后的情况来看，得到了验证。然而怎能于天下刚刚脱离水火之日，不断兴兵，使人民经常陷入驰骋厮杀的战乱之中呢？何不从根本上加以解决。因此，圣人兴起而祸乱不难结束，商、周王朝就是如此，这是由于道德法规逐渐达到的缘故；圣人不兴起，待战乱造成的破坏达到极限，人人都厌恶苦难，希望停止战争，帝王因此给予安抚，汉、唐王朝的统一局面就是如此，这是很少几次得以恢复的情况。与商、周之治差不多的情况，仅有汉光武帝时期吗？当寇盗横行之时，奖励道德、敦崇礼义、任用贤能、爱护民众，将民众的暴戾之气暗中消除于不太平的局世中，这样一来，兵革不用等待消除就自然收敛。然而黎阳屯兵割据的现象，固然不敢放牛归马、解除军备，自比拟于周朝。

孔子言道：“不在其位，不谋其政。”假如士人有治国韬略，一说出即可以消除无穷的祸患，虽未任职在位，却差不多能够得到采用而使天下得以休宁，何必使其不得公开呢？谁能说其必然不可采用呢！所谈不切要害，人们习惯上将其看作迂远不切实际的观点而不采纳；所谈切中要害而有实际作用，天下之人就猜度其原因，而且以其智力与上层相互抵触；如其所言不加采用，则恰好启蒙奸邪并使之发展到极其凶狠的程度。

东汉、曹魏之际，羌、胡、鲜卑等游牧民族杂居在塞内，逐渐成为民间祸患，如果将他们迁出塞外，实属万世之利。虽然不在执掌国政的大臣行列，却能在忧愤之中无法容忍而恳切陈言。即使所言不加郭钦、江统所以慷慨言之，无所隐而论之详也。故传之史策，而后世诵之不衰。乃钦之言曰：“有风尘之警，胡骑自平阳、上党不三日而至孟津，北地、西河、太原、冯翊、安定、上郡尽为夷狄之庭。”其后刘渊父子、石勒皆践其言，而晋遂亡。呜呼！岂非郭钦之言教猱升木乎？刘宣、张宾之谋，皆师钦之智，而灼见晋之可袭取者，非一日也。言之不用，而徒导人以乱矣。藉晋用之，因而下徙戎之令，群胡知其畏己，而已有可乘之势，于方徙之际溃烂以逞，又将奚以制之使弭耳以听邪？

故使钦而在坐论之列，与君若相密谋之内庭，则极言之而不嫌。言即不用，犹不致启戎心以增益其恶。恶有忘属垣之耳，扬于大庭曰：人将若何以加我，将若何以使我莫敌，我其终无如何哉？非其位也，谋不得而尽也，姑缄默以俟其变可也。虽义激于中，而不敢快于一发，诚慎之也。孔子曰：“吾其为东周乎！”所以为者不言也。圣人且慎于未可有为之日，况偶有所知者乎？

15.西晋之亡，亡于齐王攸之见疑而废以死也。攸而存，杨氏不得以擅国，贾氏不得以逞奸，八王不得以生乱。故举朝争之，争晋存亡之介也。虽然，盈廷而争者，未得所以存晋之道也。

攸之不安于国，武帝初无猜忌之心，荀勖、冯紞间之耳。勖与紞，贾充之私人，非但佞以容身，怀鬻国异姓之心久矣。忌攸者，非徒忌攸，实忌晋也。攸之贤，固足以托国，然岂果有采用，后世之人尚且佩服其早有见识，称晋朝不乏有识之士，这也正是郭钦、江统之所以慷慨陈词、无所隐瞒而论述详尽的原因。郭、江所言载于史册，后世传诵不衰。郭钦言道：“有战乱警报，胡人骑兵自平阳、上党出发，不过三天即可到达孟津，北地、西河、太原、冯翊、安定、上郡等地尽可为夷狄所占据。”此后刘渊父子和石勒的行动皆如郭钦所预言，西晋遂致灭亡。啊！难道郭钦所言是教唆恶人为恶吗？刘宣、张宾的谋略，都是学习了郭钦的智谋，很早就看出西晋有被袭取的可能。计谋说出却不采用，只能诱导他人作乱。假使晋朝采用郭钦等人谋略，下达迁徙戎狄之令，胡人得知晋朝畏惧自己，而自己有可乘之势，遂于迁徙之时发动叛乱，以期得逞，这将怎能加以制止、使其顺服听从呢？

所以，使郭钦在坐论的行列，与君主在内庭相为密谋，怎样谈都不必忌讳。所谈即使不被采用，也不致于启发戎狄之心以增涨其罪恶。这怎么会忘记隔墙有耳、被人窃听，而在大庭广众之前张扬说，人将怎样对付我，将怎样使我无法敌挡，我最终又无可奈何呢？不在其位，计谋不可言尽，姑且缄默不语以等待其变即可。虽义愤激发于心中，却不敢图一时之快而尽言，诚为谨慎呀！孔子言道：“我的作为在东周吗？”所以有作为者不言。圣人尚且慎重于未可有所作为之时，何况偶尔有所见解的人呢？

西晋之所以灭亡，实亡于齐王司马攸受到猜疑，以致罢废而死。司马攸假如还在的话，杨骏就不得擅权误国，贾南风就不得逞强弄奸，八王也不能发生叛乱。因此，举朝争执，实争晋朝存亡之所依赖。虽然满朝争论，却未得到保存晋朝的根本之道。

司马攸在朝廷中感到不安，晋武帝对其最初并无猜忌之心，都是荀勖、冯紞离间的结果。荀勖与冯紞都是贾充的私人亲信，不但靠谄媚以图进取，而且怀有卖国之心已很久了。忌恨司马攸，并非仅仅周公之德哉？即微攸而晋固可存。汉、唐、宋之延祚数百年，亦未尝有亲贤总已以制天下于一人，而卒不可乱，无他，无奸臣之在侧而已。刘放、孙资在魏主之奥窔，而司马氏援之以攘臂。勖与紞之于贾谧、杨骏，未知其谁属，而要其市司马氏之宗社于人，则早作夜思以谋逞志者也。攸即废，晋不必亡；勖、紞不除，晋无存理。修贾充之馀怨，则阴摈张华；排博士之忠言，而显斥曹志；苟有图存晋室者，小不惜官爵，大不惜躯命，扬于王廷，揭勖、紞之奸，迸之裔夷，则不待交章讼攸，而攸固以安，抑不待措攸于磐石之安，而晋固以存。今乃举尊卑疏戚之口合讼攸，而强帝持天下以任攸。荀勖固曰："陛下试诏齐王之国，必举朝以为不可。"堕其术中而犹竞以争，尚口乃穷，攸之困，晋社之危，诸臣致之矣。

夫一时徇名依附之众，不足言也。李憙、刘毅、傅咸忠直为当时之领袖，而不能取前谗后贼为宗社效驱除，晋之廷，不可谓有人矣。植君子则小人自远，则以进贤为本，斥奸为末，此自奸邪未逞之日言也。不逐小人则君子不安，则以斥奸为本，进贤为末，此为奸邪已盘踞于内之日言也。二者互相为本末，而君子知择焉，乃以明于人臣之义，而为社稷所赖。非然，则相激以益其乱而已矣。

忌攸，实为忌恨晋朝。司马攸的贤能，固然足可以将国家托其掌管，然而他果然有周公那样的贤德吗？即使不重用司马攸，晋朝也固然可以存在。汉、唐、宋等王朝之所以能够延续数百年，也未曾有贤能一人而制天下者，国家最终不发生祸乱，没有其他原因，就是由于没有奸臣在君主身边而已。刘放、孙资在魏国君主的左右，司马氏与他们互相勾结，气势更盛。荀勖、冯紞与贾谧、杨骏之间，虽不知谁与谁相属，而要将司马氏的王朝出卖于他人，则是朝思暮想以求得逞的计谋。司马攸即被罢废，晋朝却不会灭亡；荀勖、冯紞不除掉，晋朝就没有保存的可能。承接贾充的余怨，暗中排斥张华；抛弃博士的忠言，而公开斥责曹志；假如有力图保护晋朝之人，小不惜丢掉官爵，大不惜丧失性命，宣扬于朝廷之上，揭露荀勖、冯紞的奸恶，像驱除夷狄那样将其驱除，这样的话，则不必期待交章攻击司马攸，而司马攸的地位自然得以安稳，抑或不必待到司马攸有磐石之安，而晋朝必然得以保存。今日乃以尊卑亲疏之口合力为司马攸辩冤，认为司马攸主持天下强于皇帝。荀勖则说："陛下如果下诏齐王主持国政，必然会遭到满朝的反对。"遂堕入荀勖的计谋之中而竟相争论，推崇司马攸的言论乃尽，所以说，司马攸之难，晋王朝之危机，都是群臣导致的。

那些追随依附的众人，是不足以评议的。而李憙、刘毅、傅咸这些忠贞刚直、为当时领袖之类的人物，却不能为晋朝前除谗言、后驱奸贼，晋朝朝廷，不能说有才能之人呀。培植君子则小人自然远离，从而以近贤能为根本，以斥奸邪为次要，这是就奸邪尚未得逞之日而言。不驱逐小人则君子不得安宁，从而以斥奸邪为根本，以进贤能为次要，这是就奸邪已经盘踞朝廷之日而言。二者互相为主次，而知君子如何选择，从而彰明人臣之义，为国家社稷所依赖。不然的话，则相互激化，只能加重祸乱而已。

卷十二

惠帝

1.惠帝之愚，古今无匹，国因以亡。乃唐顺宗之瘖而无知，宋光宗之制于悍妻而不知有父，其愈于惠帝无几，而唐、宋不亡，有人焉耳。四顾晋廷之士，有可托以天下者乎？齐王攸之得物情也，其能为慕容恪与否，不敢信也。傅咸、刘毅谏诤之士，可任以耳目，而未可任以心膂，非能持大体者也。张华谋略之士，可与立功，而未可与守正，非能秉大节者也。托国于数子之手，不能救惠帝之危，况荀勖、冯紞、贾谧、杨骏之骄佞，挟戈矛以互竞者乎！傅咸、刘毅能危言以规武帝之失矣，贾充之奸，与同朝而不能发其恶。张华秉国，朝野差能安静，而杨后之废，且请以赵飞燕之罪罪之，依贾谧浮慕之推重，而弗能止其邪，华不能辞亡晋之辜矣。

或曰：狄仁杰厕身淫后奸贼之间，与周旋而不耻，论者以存唐之功归之，恶知华之非有密用，特不幸而未成耳？曰：仁杰骤贵于武后之朝，当高宗之世，未尝位大臣、秉国政，权固轻矣，故不能不假权于武后以济大难。华被武帝之深知，与平吴之大计，以开国元老，出典方州，入管机要，为天下所倾仰，仅托淫邪之党，涂饰治迹，而可称大臣之职哉？体先隳，望先失，志先夺，求有为于后，斡旋于已乱之馀，其将能乎？谓盈晋惠帝的愚昧，古今没有可比的，国家因此灭亡。唐顺宗哑而无知，宋光宗受制于凶悍妻子而不知有其父，这种情况与惠帝相比则更甚，然而唐、宋却未因此灭亡，这是由于朝中有贤能之人的缘故。环顾一下晋朝的人士，难道有可将天下托附给他的人物吗？齐王司马攸很有声望，但能否为慕容恪所赞许，这是不敢相信的。傅咸、刘毅为刚正不阿之士，可以任用以作耳目，却不可作为心腹，授以大任，这是由于他们不能识大体、顾大局的缘故。张华是位有谋略的人士，可以使其立功，却不能使其操守清正，这是由于他不能持大节的缘故。将国政托附给这几个人，是不能挽救惠帝的统治危机的，更何况还有荀勖、冯紞、贾谧、杨骏等骄横奸佞之徒的挟持戈矛、互相争斗呢！傅咸、刘毅能以危机之言规劝晋武帝的过失，而贾充奸诈，与之同朝却不揭发其罪恶。张华主掌国政，则朝廷内外就会缺少安宁，杨皇后被罢废，他主张以汉成帝皇后赵飞燕之罪的形式惩处，依凭贾谧虚华不实的推许尊重，遂不能阻止其奸邪得逞，张华是不能推卸晋朝灭亡之罪责的。

或者说，狄仁杰置身于淫后与奸贼之中，与他们周旋往来而没有耻辱，评论者将保护唐朝的功绩归其所有，至于张华，不知是否有不便公开的用心，但不幸没有成功呢？狄仁杰骤然在武则天执政期间显贵起来，然而在高宗统治时期，尚不曾位居大臣，执掌国政，权力还很大，所以不能不借助武后的权力以救济国难。张华被晋武帝深深器重，使其主谋平吴大计，此后又以开国元老的身份，出则巡视州郡，入则掌管机要，为天下之人所仰慕，然而却倚托淫邪势力，粉饰其治国政绩，这与大臣之职相称吗？身体先毁坏，名望先丧失，志之廷无一人焉，非已甚之辞也。

夫晋之人士，荡检逾闲，骄淫懦靡，而名教毁裂者，非一日之故也。魏政之综核，苛求于事功，而略于节义，天下已不知有名义；晋承之以宽弛，而廉隅益以荡然。孔融死而士气灰，嵇康死而清议绝，名教为天下所讳言，同流合污而固不以为耻。其以世事为心者，则毛举庶务以博忠贞干理之誉，张华、傅咸、刘毅之类是已。不然，则崇尚虚浮，逃于得失之外以免害，则阮籍、王衍、乐广之流是已。两者交竞，而立国之大体、植身之大节，置之若遗；国之存亡，亦孰与深维而豫防之哉？故与贾充偕而不惭，与杨骏比而不忌。如是，则虽得中主，难持以永世，况惠帝之愚无与匹者乎！董养升太学之堂而欢曰："天人之理既绝，大乱将作。"诚哉其言之也！

2.惠帝之七年，索头猗㐌西略诸夷三十馀国，拓拔氏入主中国之始基也。夷狄居塞内，乘中国之虚，窃为主于中国，而边远之地虚，于是更有夷狄乘之，而为主于所虚之地。夫夷狄所恃以胜中国者，朔漠荒远之乡，耐饥寒、勤畜牧、习射猎，以与禽兽争生死，故粗犷悍厉足以夺中国膏粱豢养之气。而既入中国，沉迷于膏粱豢养以弃其故，则乘其虚以居其地者，又且粗犷悍厉而夺之。故刘、石、慕容、姚、苻、赫连迭相乘而迭相袭，猗㐌之裔，乃养其锐于西北，徐起而收之，奄有群胡之所有，而享国以长，必然之势也。契丹人燕、云，而金人气先夺去，之后再希望其有所作为，斡旋协调于已经混乱之世，这将能够成功吗？所谓整个晋朝朝廷无一有作为之人并非过分之辞。

晋朝的人士中，那些不守礼法、骄奢淫逸、致使纲常名教败坏者，并非一天形成的。魏国考核吏治，过分强调官吏的具体事迹，而对官吏的节义却有所忽略，所以这一时期天下之人已不知有名分节义；晋承魏制，要求更加宽驰，因而品行志节更是荡然无存。孔融死后士气沮丧，嵇康死后清议断绝，名教纲常为天下人所讳言，同流合污则不以为耻。有心解决天下事物者，仅粗略列举一些琐碎事物以博得忠贞能干之赞誉，张华、傅咸、刘毅等就属这类人物。再一类，崇尚虚华不实，为保全自身而不管不问国家事物，阮籍、王衍、乐广等则属此类人物。这两类人物交相争逐，使立国的大体大局、植身的大节大义形同虚设；国家的存亡，又有谁系与己心并考虑防范措施呢？所以，与贾充偕伴而不感惭愧，与杨骏相比而无所顾忌。如此以来，即使出现中兴之主，也难以使王朝永世长存，更何况惠帝的愚昧是无人可比的。董养升太学之堂时叹息道："天人伦理既然已经不存，大乱就将爆发。"这句话是确确实实的呀！

惠帝七年，鲜卑族拓拔部的索头猗㐌在西部攻陷夷狄三十余国，从而为拓拔氏入主中国奠定了"始基"。夷狄迁居塞内，乘中国虚弱之机，窃夺政权，入主中原，而边远地区随之空虚，于是又有其他夷狄乘虚而入，入主空虚之地。夷狄战胜中国的原因，是由于他们长期居住荒凉边远的沙漠中，能忍耐饥寒，勤奋畜牧，练习射猎，以便与野兽博斗，争取生存，所以，他们的粗犷勇猛足以战胜中国那种用精美食物豢养出来的虚弱志气。然而，既已入主中国，随之也沉迷于精美食物和舒适生活的豢养之中，过去的生活习俗遂被抛弃，那些乘虚而入、占据其原有之地的夷狄，又以其粗犷勇猛夺取政权。所以，刘、石、慕容、姚、苻、赫连等西北游牧部族接连乘机而起，迭乘之于东；金人有河北，而蒙古乘之于北；知夺人而不知见夺之即在此矣。

鸣呼！其养锐也久，则其得势也盛；其得势也盛，则其所窃也深。自拓拔氏之兴，假中国之礼乐文章而冒其族姓，隋、唐以降，胥为中国之民，且进而为士大夫以自旌其阀阅矣。高门大姓，十五而非五帝三王之支庶，婚宦相杂，无与辨之矣。汉、魏徙戎于塞内，空朔漠以延新起之夷，相踵相仍，如蟹之登陆，陵陵藉藉以继进，天地之纪，乱而不可复理，乾坤其将毁乎！谋之不臧，莫知其祸之所极，将孰尤而可哉！

3.流民之名，自晋李特始。《春秋》所书戎狄，皆非塞外荒远控弦食肉之族也，其所据横亘交午于中国之溪山林谷，迁徙无恒，后世为流民、为山寇、皆是也。泽、潞以东，井陉以南，夹乎太行、王屋，赤白狄也；夹淮之薮，淮夷也；商、雒、淅、邓、房、均，戎蛮陆浑也；夔、巫、施、黔，濮人也；汉、川、秦、巩，姜戎也；潜、霍、英、六、光、黄、随、均，群舒也；宣、歙、严、处，岛夷也；其后以郡县围绕，羁縻而附之版图之馀。而人馀于地，无以居之；地馀于人，因而不治；遂以不务耕桑、无有定业而为流民，相沿数千年而不息。

相沿袭，猗狏的后代，在西北地区养精蓄锐，逐渐兴起，吸取了各游牧民族的力量和长处，因而国家存在长久，这是必然之势。契丹族占据燕、云十六州，金人乘机在东北兴起；金人占据河北，而蒙古族乘机兴起于西北；只知夺取他人政权而不知被他人所夺取，道理就在于此。

啊！谁养精蓄锐长久，谁的势力就强盛；谁势力强盛，则谁盗取的东西就多。自拓拔部兴起之后，假借中国的礼乐文化而冒充其族姓，隋唐以后，都成为中国之民，并且进而成为士大夫，自我赞扬其功绩和门第。高门大姓之中，十中有五都不是五帝三王的后裔，婚姻、官宦相交杂，已无法加以辨别。汉、魏王朝将戎狄迁至塞内，造成西北地区空旷，新的部族得以继之而起，相为接踵沿袭，如同螃蟹登陆一样，前后挤压进入中原，天地纲常法纪，乱而不可恢复，乾坤将因此而被毁灭！谋划不善，不知其祸已达到极点，将怎能以为是可行的呢！

流民名称，自西晋的李特开始。《春秋》一书所记载的戎狄，并不是指居住在塞外边远地区的射猎食肉民族，而是指所有那些分布中国各处山林豁谷之中、迁徙无常、后世或成为流民、或成为山寇的人。泽、潞以东，井陉以南，中间夹有太行、王屋等山的这一区域，为赤白狄所聚集；淮河流域一带，为淮夷所聚集；商、雒、淅、邓、房、均等地区，为戎蛮陆浑所聚集；夔、巫、施、黔等地区，为濮人所聚集；汉、川、秦、巩等地区，为姜戎所聚集；潜、霍、英、六、光、黄、随、均等地区，为舒人所聚集；宣、歙、严、处等地区，为岛夷人所聚集；以后这些地方建立郡县，对这些民族进行安抚笼络，并将其列入版图之中。然而，人多地狭，则无以定居；地广人稀，遂不加治理；因此，以不从事耕桑、没有固定生计者称之为流民，相沿数千年而从未断绝。

缅惟禹之奠下土也，刊山通道，敷其文命，声教讫乎四海，尽九州之山椒水曲而胥为大夏。延及三代，纳之政教之中，而制其贡赋，盖以治之者绥之也。殷、周斥之为戎狄，简其礼，薄其贡，而侵陵始作。后世附之郡县版图之馀，略其顷亩，蠲其征役，而为流民、为寇盗，乃益猖狂而逞。所以然者，非但骄之而使狠也。其属系于郡县者，率数百里而为不征、不繇、不教、不治之乡。其土广，其壤肥，卤莽以耕，灭裂以耘，而可以获。有溪泉而不为之陂池，有泽薮而土旷人稀，为虎兕蛇虺所盘踞。于是乎苟幸丰年之多获，而一遇凶岁，则无以自食；一有征调，则若责己以不堪，而怨咨离散。其钝者，不以行乞为耻，其黠者则以荡佚为奸。遵义、平越建，而播州之夷祸平；天柱、嘉禾、新田建，而武、靖、郴、桂之寇贼消。然则阶、文、秦、徽、英、六、随、黄、汉、雒、淮浦、夔、郧之可郡可县者，移人之馀，就地之旷，分画其田畴，收教其子弟，定其情，达其志，使农有恒产，士有恒心，国有恒赋，劳费于一时，而利兴于千载，六有为之君相，裁成天地以左右民，用夏变夷，迪民安土，非经世之大猷乎！而何弗之讲？明王作，名世兴，其尚此之图哉！

4.知事几、察物情者，可与谋国乎？未可也，抑不可以谋身。故张华终死而晋以大乱。华之决策平吴，何其明也；执政于淫昏之廷，而庶务粗举，民犹安之，何其审也；拒刘卞之说，不欲为陈蕃之为，以冀免于祸，抑不可不谓工于全身。然而身卒殒、国卒危者，何也？智有馀而义不足也。

缅想夏禹之时奠定下土，开山通道，施其政令，风声教化达到四海，使九洲的山川河流尽为大夏之域。延续夏、商、周三代，将其纳入政教之中，规定贡赋，对受治者缓为征收。殷、周时期将其视为戎狄，简化其礼法，少征其贡赋，侵凌之事开始出现。以后各代将其附在郡县版图之余，省略其田赋，蠲免其徭役，以致其或成为流民，或成为寇盗，愈加猖狂而逞凶。所以如此，不但使其骄横，而且更使其狠毒。属于郡县之中的戎狄，其数百里内均为不征赋役、不行教化之乡。这里土壤广阔肥沃，草率耕种，即可收获。有溪水泉流却不修建陂池，有湖泊田地却土旷人稀，遂为虎豹狼虫所盘踞。于是，幸遇丰年而多有收获，而一遇凶年饥岁，则缺乏足够食物；一有征发调拨之事，则更是不堪承受，怒声四起，离散他乡。其中愚纯者不以行乞讨饭为耻，黠猾者则胡作非为，淫佚为奸。以后，遵义，平越郡县兴建，而播州戎狄祸乱平息；天柱、嘉禾、新田郡县兴建，而武、靖、郴、桂等地寇贼消除。他如阶、文、秦、徽、英、六、随、黄、汉、洛、淮浦、夔、郧等地可设郡县之处，将戎狄迁至其多余空旷处，分给其田地，教育其子弟，安定其情，满足其志，使农民有恒常之产，士人有恒常之心，国家有恒常之赋，虽然劳心费物于一时，却可得永久之利。凡大有作为的君主大臣，规划天下以安置民众，用华夏礼法文化改变夷狄，开导民众，安定地方，这难道不是经世之大计吗！怎能不讲呢？贤明君主有所作为，而太平盛世则会出现，应崇尚这一谋划呀！

熟悉事态、体察物情的人，可以治理国家吗？回答为不可，甚至说也不可以保全其身。所以，张华最终被杀而晋朝由此大乱。张华决策平定吴国，是何等有所作为；执掌国政于淫乱昏庸的朝廷之中，典章法度初步得到确立，人民尚得安宁，是何等明悉政务；拒绝采用刘卞建议，不仿效东汉陈蕃的作为，以避免祸患，这不能说为保全其身华之言曰:“权戚满朝,威柄不一。”知此矣,而受侍中之位以管机要,何为乎?又曰:“吾无阿衡之任。”夫既任不在己矣,而与贾氏周旋终始,何心乎?华尝为贾充所忌而置之外,如其欲全身而免于罪戾,则及此而引去可也。贾模,贾氏之党也,知贾氏之亡晋,而以忧死。华且从容晏处,托翰墨记问以自娱,固自信其智足以游羿彀中而恃之以无惧。不清不浊之间,天下有馀地焉以听巧者之优游乎?天下有自谋其身处于无馀之地,而可与谋国者乎?故晋之亡,非贾谧能亡之,华亡之也。何也?君昏后虐,谗言高张,寇贼伏莽,天下所县望者,唯一华耳。刘卞进扶立太子之说,非不知人而妄投,亦舍华而更无可与言者。华无能为矣,然后志士灰心而狂夫乘衅。栋折榱崩,则瓦解而室倾,岂更有望哉!

且华之居势,非陈蕃比也,蕃依窦武以图社稷,武不得宦官之腹心为之内应;华则贾模、裴頠以贾氏之姻族为内援以相辅,其成也可八九得。然而不能者,华于贾氏废姑杀其母之日,委顺其间,则气不可复振;气已茶而能有为者,未之有也。盖华者,离义为智,而不知不义者之未有能智者也。是非之外无祸福焉,义利之外无昏明焉,怀禄不舍,浮沉于其间,则更不如小人之倾倒于邪而皆可偷以全身。是以孔光、胡广得以瓦全,而华不免,若其能败人之国家则一也。是以君子于而用心不为良苦。然而最终仍落得自身殒毁、国家危亡，这是为什么呢？由于才智有余而义节不足的缘故。

张华曾说："权臣勋戚满朝，国家威柄不得专一。"既然知道这一点，而又接受侍中之职以掌管朝廷大权，是为何呢？他又说："我没有伊尹那样的重任。"所任官职虽不由己，却始终与贾氏周旋往来，是何用心呢？张华曾为贾充所忌恨而遭排挤，如果他想保全其身并免受罪责的话，则可趁此引退而去。贾模是贾氏的党羽，他看到贾氏有亡晋之意，因此忧虑而死；而张华却泰然处之，舞文弄墨以自娱，十分自信自己的才智足可以置身圈套之中而无所畏惧。然而，处在不清不浊之世，天下怎能有余地以听任乖巧者四处优游呢？天下岂有将自身置于无进退余地的境遇之中，而又执掌国政的人呢？所以说西晋的灭亡，并非贾谧所亡，实为张华所亡。为什么这样说呢？这是由于：君主昏庸，皇后暴虐，谗言满期，寇贼四起，天下所寄予厚望者，只有张华一人。刘卞向张华提出扶立太子的建议，并非不知其人而随意提出，而是舍弃张华而没有其他可与之言者。张华却未能发挥作用，此后有为志士心灰意冷，而奸佞狂夫则更为嚣张。屋梁崩折，则瓦碎而室毁，岂能更有希望呢？

况且，张华身居要职，其地位非东汉陈蕃所能比，陈蕃只有依靠窦武来治理国家，而窦武却无法得到宦官支持以为内应；张华则有贾模、裴頠等贾氏的姻亲作为内援，以相辅佐，成功的可能性有八九分。然而却未能成功，原因在于，张华于贾氏废姑杀其母的日子里，仍委屈顺从其间，由此而志气不可再振，志气已经丧失而能有所为者，这种情况是没有的。张华其人，失去义节以求才智，却不知不义者是不能成为真正有才智者的。是非之外无祸福可言，义利之外无昏明可言，不愿舍弃功名利禄，浮沉于其间，还不如小人那样，投靠奸邪势力，苟且保全其身。如孔光、胡广等人得以瓦全，而张华则不免一其死也不闵之。

5.士有词翰之美，而乐以之自见，遂以累其生平而丧之，陆机其左鉴已。

机之身名两陨，濒死而悔，发为华亭鹤唳之悲，惟其陷身于司马颖，不能自拔，而势不容中止也。其受颖之羁绁而不能自拔，惟受颖辩理得免之恩而不忍负也。机之为司马伦撰禅诏也，无可贳其死。人免之于鈇钺之下，肉其白骨，而遽料其败，速去之以避未然之祸，此亦殆无人理矣。故机之死，不死于为颖将兵之日，而死于为伦撰诏之时。其死已晚矣！

虽然，机岂愚悖而甘为贼鹄乎？谢朝华，披夕秀，以词翰之美乐见于当世，则伦且资其谀颂以为荣，盖有求免而不得者。其不能坚拒之而仗节以死，固也。虽然，不死则贼，不贼则死，以琐琐之文名，迫之于必死必贼之地，词翰之美为累也若斯！“虎豹之文来藉”，遂将托于不材之樗，而后以终天年乎！而抑奚必其然邪？

君子之有文，以言道也，以言志也。道者，天之道；志者，己之志也。上以奉天而不违，下以尽己而不失，则其视文也莫有重焉；乐以之自见，则轻矣。乐以自见，而轻以酬人之求，则人不择而借之以为美。为人借而以美乎人，是翡翠珠玑以饰妇人也；倚门者得借，岂徒象服是宜之之子哉！

死，如同其能败亡他人国家，是一样的。君子对于他的死是不会怜念的。

士有文才，乐于以此自我推荐，遂以其生平所学而导致丧命，陆机其人可为例证。

陆机身败名裂，临死而悔悟，发出华亭鹤唳的悲哀之声，这是由于他跟随成都王司马颖反叛，不能自拔，而其趋势无法中止的缘故。之所以为司马颖效犬马之劳而不能自拔，是由于受司马颖为其辩解、免于获罪之恩，因此不忍辜负司马颖的缘故。陆机为赵王司马伦撰写禅位诏书，就不可赦免其死。人得以免遭杀戮，骤然预料到自己即将失败，迅速远离以躲避尚未发生的灾祸，这大概不合乎人之情理吧。所以陆机之死，不应死于为司马颖兴兵作乱之日，而应死于为司马伦撰写诏书之时。他的死已经算晚的了。

诚然，陆机怎能如此愚蠢悖谬，甘心成为叛贼之靶？他朝夕努力，辛勤治学，以才华之美而享誉于当世，因此司马伦以得到他的谄媚颂辞而感到荣耀，想求其免而不得同意。他不能坚决拒绝并仗节而死，这是必然的。诚然，不死则为叛贼，不为叛贼则必然以死，由于其小小的文才名气，被逼迫到了必死必贼之地，受文才美名之害于此可见了！“虎豹之文来进贡”，遂将托附于无用之材，此后怎能以终天年！然而为何必然如此呢？

君子有文才，用以言道，用以言志。道指天之道，志指个人之志。有文才则上以奉天而不违道法，下以尽己而不失志节，如此，则可视为十分看重自己的文才；乐于以文才而自我推荐，则可视为十分看轻自己的文才。乐于自我推荐，轻率地满足他人之求，对人不加选择地将自己的文才为其所用，并以为是好事。为人所利用并随意赞誉美化其人，如同用翡翠珠玑装饰妇人一样；上门者即可为其所用，岂只是适合妇人礼服之用的人吗！

呜呼！苟有文焉，人思借之矣，遑恤其道之所宜与志之所守乎？班固之典引，幸也；扬雄之美新，不幸也；汉明之欲借固，与王莽之欲借扬雄，一也。李白永王东巡之歌，永王借之也，陆游平原园林之记，韩侂胄借之也，不幸也；蔡邕之于郭有道，苏轼之于司马温公，幸也；然苟借焉，幸不幸存乎人，而焉能自必哉！君子之有文，以言道也，以言志也，以承天尽己而匡天下之邪淫者也。守己严，待物以正，勿以谀人、勿以悦人为天下侮，奚足为累，而效不才之檮为？

6.有必不可仕之时，则保身尚矣。外患已深，国危如线，亟得君而事之，身非所恤也。权臣擅于下，孤主立于上，扶弱图存，功虽不立，而志不可忘，苟非因权臣而进，身非所恤也，皆可仕也。必不可仕而以保身为尚者，其唯无天子之世乎！

所谓无天子者，非人逐失鹿、天位未定之谓也。择主而奉之以已乱，而定君臣之分，故张良归高帝、邓禹追光武，允矣。即不然，而为范增之从项羽，郭嘉、荀攸之依曹操，犹足以自见焉。唯至于晋惠帝之时，有天子而无之，人欲为天子而不相下，群不知有天子，而若可以无天子者。于斯时也，顺逆无常理，成败无定势，强臣林立，怙愚以逞，逆者逆，顺者亦逆也，败者败，成者亦败也。欲因之以事孤危之天子而不能，即欲掖之以为天子，而亦必不得。生人杀人而皆操天子之权。

啊！如果有文才的话，人们就想加以利用，忧虑过这样是否符合道法、是否利于坚守志节吗？班固创作《典引》，值得庆幸；扬雄创作《美新》，不值得庆幸；然而，汉明帝想利用班固的文才与王莽想利用扬雄的文才，是一样的。李白创作永王东巡之歌，使永王得以利用李白的文才，陆游写平原园林之记，使韩侂胄得以利用陆游的文才，这是不值得庆幸的；蔡邕颂扬郭泰，苏轼颂扬司马光，是值得庆幸的；然而，如果说利用的话，值得庆幸与不值得庆幸，因人而宜，怎能自我决定呢！君子有文才，用来言道，用来言志，用以秉承天意、克尽己责而纠正天下的邪淫者。对自己严格要求，对待事物就会正，不要谄媚于人，不要取悦于人，而为天下所耻笑，如此则有何难处，反而要效力于无用之为呢？

有必定不可做官之时，则保全其身犹可。外患已很深重，国家危在旦夕，亟需得到贤明君主而为其效力，则不应忧虑自身安危，面对权臣专断朝政于下，孤主独立无援于上的局面，扶助弱小君主以其保存国家，即使功劳不立，而志节亦不可忘，如果不是由于权臣而得以进用，自身安危则不应忧虑，皆可做官。必定不可做官而以保全自身为选择的话，只有在国无天子的情况下方可。

所谓无有天子，并不是指人们争逐帝位、天子未能确定的意思。在天下已经大乱的情况下，选择君主并尊奉之，从而确定君臣名分，如张良选择汉高祖，邓禹追随光武帝，这是恰当的。即使未能如此，像范增随从项羽，郭嘉、荀攸依附曹操，也足可以自我引荐。唯有晋惠帝时期，有天子如同没有，人们都想成为天子而争斗不相上下，大家都不知还有天子在位，此种情况可称为无天子。这一时期，顺逆已无常理，成败已无定势，强悍之臣林立，依靠愚昧则可以得逞；逆叛者为逆，顺从者也为逆，失败者为败，成功者也为败。在此情况下，要想侍奉孤危的天子是不可能的，即使想扶持其为天子，也是必夫然后纳身于狂荡凶狡之中，寄命于转盼不保之地，果矣其为大惑，而自贻以死亡也。王戎之免，幸也；王衍、陆机、潘岳之死，自贼者也。顾荣、张翰、戴渊、贺循褰裳而急去之，非过高绝人之智也，未有无天子而可仕者也。

7.晋有天下，初并蜀、吴，二方之民，习于割据之馀，未有以绥之也；而中朝内乱，故赵廞、李特、张昌、石冰乘之以兴。乃特之子孙窃蜀者数十年，而江南早定，刘弘之功茂矣哉！故以知国有干城，虽乱而弗难定也。虽然，岂独弘之功哉？其地有人，而后可以相资而理。李特之乱，蜀土风靡而从之，尽三巴之士，仅一诡僻之范长生而已。吴则贺循、华谭、周玘、顾荣皆洁身退处而为州郡所倚重，民乱而士不与俱，则民且茶然而自废，张昌、石冰之首不难馘已，而陶侃得以行其志于不疑。呜呼！此非晋能得之，其所繇来者旧矣。

孙氏之不足与言治理也，而未尝立一权谋名法之标准，则江介之士民，犹且优游而养其志。诸葛公贤于孙氏远矣，乃尚名法以钳束其下，人皆自困于名法之中，而急于事功以为贤，则涵泳从容之意不复存于风俗，安所得高视远览以曙于贞邪逆顺之大者哉！诸葛之张也，不如孙氏之弛也。孙氏不知道而道未亡，诸葛道其所道而道遂丧。自其隆中养志之日，以管、乐自比，则亦管、乐而已矣！齐之所以速乱而燕旋敝也。管、乐者，自其功而言；申、商者，自其学而言也。申、商法行而不可得的。使人生或使人死的人都操天子之权。置身于狂荡凶恶狡诈之中，寄命于朝不保夕之地，这样做实在是太糊涂了，是在自送死亡。王戎之免死，属于幸运；王衍、陆机、潘岳之死，是自我毁灭的结果。而顾荣、张翰、戴渊、贺循等人则揭起衣裳急忙离去，这并非他们有过高的超人智慧，而是因为没有那种无天子而可以做官的可能。

西晋据有天下，统一蜀、吴二国之初，这两国的民众，已习惯于割据状态，因此未能安抚下来；随后朝廷发生内乱，赵廞、李特、张昌、石冰等势力乘机兴起。李特的子孙窃据蜀地达数十年，而江南早已安定，刘弘的功劳是很显著的！由此而知，国家有捍卫者，虽然发生祸乱，也是不难平定的。或者说，难道只是刘弘的功劳吗？江南地区尚有其他人才，他们互相配合，对此地共同加以治理。李特之乱，蜀地之人群起响应，就三巴地区的士人而言，仅有一个怪异孤辟的范长生参与进去。吴国的贺循、华谭、周玘、顾荣等则都能洁身自好，为各州郡所器重，民众叛乱而士人不参与，民众就感到无力从而自然停止叛乱，张昌、石冰的首级就不难割下，陶侃则可得行其志而不受猜忌。啊！这并不是晋朝所以能得到蜀、吴，而是其趋势由来已久了。

孙氏统治江南，不足以言其有所治理，他并没有立过一个权谋名法的标准，所以江南地区的士人民众，尚且得以优闲自得培养其志。诸葛亮比孙氏要贤明得多，他崇尚名法以管束部下，人们都自困于名法之中，急功近利，以此为贤，沉浸于从容不迫之中的情况已不存在于风俗里，怎能得到高瞻远瞩、明察贞洁奸邪和叛逆顺从的人士呢！诸葛亮的治理，不如孙氏的松驰。孙氏不知法则而法则未亡，诸葛亮以法推行法治而法则遂失。他自从于隆中修养其志之日，就以管仲、乐毅自比，则也就是管仲、乐毅而已。然而，齐国很快就发生祸乱，而燕国也很快得以败亡。管仲、乐毅，自言其功劳；申不害、商鞅，民有贼心，君子所以重为诸葛惜也。

8.刘渊虽挟桀敖不逞之材，然其始志亦岂遽尔哉？观其讥随、陆之无武，绛、灌之无文，则亦自期于随、陆、绛、灌之中而已矣。其既归五部，闻司马颖之败，尚欲为之击鲜卑、乌桓，则犹未必遽背晋而思灭之也。司马颖延而挑之，刘宣等推而嗾之，始以流毒天下，而覆晋室。乃匈奴自款塞以来，蕃育于西河有年矣，渊匪茹而逞，不再世而子孙宗族及其种类骈死于靳准，无孑遗焉，则渊毒天下还以自毒，渊亦何利有颖之挑、宣之嗾，以糜烂冒顿以来数十传之苗裔部落于崇朝也？司马颖一溃其防，而河决鱼烂，灭其宗而赤渊之族，亦憯矣哉！

而推祸原所启，则王浚之结务勿尘先之也。司马氏自讧于室，固未尝假外援而召之乱也。浚狡有馀而力不足，乃始结鲜卑而开千馀年之衅；颖惧鲜卑，乃晋渊以敌之；交相用夷，颖不救死，而浚伏其诛。流毒天下者，殃必及身。及身者，殃之劵也；祸延百世者，殃之馀也。石敬瑭之妻子歼于契丹而无遗种，岂或爽哉！故王浚者，千古凶人之魁也，而效之者何相踵以自灭也！

9.死而不得其所者，谓之刑戮之民，其嵇绍之谓与！绍之不可死而死，非但逆先人之志节以殉仇贼之子孙也。惠帝北征，征绍诣行在，岂惠帝之暗能知绍而任之乎？司马越召之耳。冏也、乂也、颖也、颙也、越也，安忍无亲，而为至不仁，自言其学问。申不害、商鞅推行变法而民众有叛乱之心，君子所以深为诸葛亮感到惋惜啊。

刘渊虽挟有凶暴不法之材，然其最初之志怎能是这样的呢？观察他讥笑随、陆等人没有武才，绛、灌等人没有文才的情况，可以看出，他希望能够像随、陆、绛、灌等人那样，成为晋朝大臣。他率五部前来归附，得知司马颖战败的消息，尚想为晋朝攻打鲜卑，乌桓等，未必想背叛并消灭晋朝。司马颖延用刘渊归晋并进行挑拨，刘宣等人推举刘渊并嗾使其为乱，致使刘渊祸乱天下，推翻晋朝。自匈奴至塞内以来，在西河地区繁衍生息已有些年了，刘渊恃强而得逞，他去世以后，其子孙宗族及其种类都被靳准所杀戮，没有留下后代，所以刘渊为害天下并害己，他又有什么利于司马颖挑拨和刘宣嗾使之处，以毁灭冒顿以来传之数十代的后裔部落于一个早晨呢？司马颖败坏其族，如同河决鱼烂，致使灭刘渊其宗并杀其族，实在惨痛啊！

推究祸患的起因，是由王浚交结务勿尘引起的。司马氏集团内部发生混乱，起初并未借助外援从而召之祸患。王浚狡黠有余而力量不足，因此开始勾结鲜卑人，从而开启了千余年来的先例；司马颖惧怕鲜卑人，乃任用刘渊以抵抗鲜卑；双方互相利用夷狄，其结果，司马颖不救而死，而王浚则被杀掉。为害天下之人，其结果必然要害自身。害及其身，为灾难自身所造成；祸患延续百世，则为余祸所造成。石敬瑭的妻子儿女都被契丹人所杀并且没有留下遗种，这岂不很明白吗？所以，王浚其人，实为千古罪人之首，效仿者都相继导致了自我灭亡！

死而死得没有价值，是指因刑罚而被杀之人，嵇绍就属此类人物。嵇绍不应当死而死，不仅仅是违背了祖先志节而为仇贼子孙殉难的问题。晋惠帝进行北征，下诏嵇绍随行，以惠帝的昏庸怎能熟知嵇绍并加以任用呢？实际是司马越的意思。司马冏、司马乂、司马颖、一也。偶然而假托于正，奉土木偶人之孱主以逞，君子逆风，犹将避其腥焉。绍曰："臣子扈卫乘舆，死生以之。"妄言耳。乐为司马越之厮役而忘其死也。不知有父者，恶知有君。名之可假，势之可依，奉要领以从之，非刑戮之民而谁邪？秦准谓绍曰："卿有佳马乎？"导之以免于刑戮而不悟，妄人之妄，以自毙而已矣。

10.宋高宗免于北行，而延祀于杭州，幸也；琅邪王免于刘、石之祸，而延祀于建康，非幸也。当颖、颙、腾、越交讧之日，引身而去，归国以图存，卓矣哉！王之归，王导劝之也。导之察几也审，王之从谏也决，王与导之相得自此始，要其所以能然者有本矣。八王爂争之日，晋室纷纭轇轕，人困于其中而无术以自免。乃王未归国之先，一若无所短长浮沉于去就者；导以望族薄仕东海，而邪正顺逆之交，一无所表见。呜呼！斯所以不可及也。

老子曰："静为躁君。"非至论也。乃所谓静者，于天下妄动之日，端凝以观物变，潜与经纶，而属意于可发之几，彼躁动者，固不知我静中之动，而我自悠然有馀地矣。天地亦广矣，物变有所始，必有所终矣。事之可为者，无有禁我以弗为；所难者，身处于葛藟觊觎之中，而酒食相縻，赤绂相系，于是司马颙、司马越等人，情愿不顾宗亲关系，所作所为至为不仁，是一样的。偶然假托正宗，尊奉一个如同木偶般的懦弱君主以得逞，作为君子，即使处在逆风位置，也要避开其腥膻之气。嵇绍却说："臣下护卫君主，不惜以生命护之。"这实在是荒唐之言。他情愿做司马越的奴仆而舍生忘死。然而，不知有父母的人，更不知有君主。名可以借用，势可以依仗，奉旨意而盲目追随，他不被杀而会是谁呢？秦准曾对稽绍说："你可有驯服的良马吗？"意在提醒嵇绍以避免遭到杀戮，而嵇绍却不悔悟，无知之人的无知，终于导致了自取灭亡的结局。

宋高宗免于被金人掳走北还，并定都杭州以延续赵宋王朝的统治，是件幸事；琅邪王司马睿免遭刘渊、石勒之祸，得以定都建康（今江苏南京市），却并非幸事。当司马颖、司马颙，司马腾、司马越等正在互相争斗之日，司马睿则引身而去，回归自己封国以期生存，实为明智之举！司马睿的回归，是王导劝说的结果。王导能够审明事物，做出正确判断，司马睿则能够果断纳谏，司马睿与王导互有所得自此为始，之所以能够如此是有基础的。八王愤怒争斗之日，晋朝宗亲大臣纷纷纠缠进去，陷入其中而没有办法得以摆脱。当司马睿没有归回封国之前，没有什么短长、沉浮经历，而后去就国；王导以豪族身份在东海王那里担任小官，在交往邪正顺逆方面，毫无什么表现。啊！此即二人当时尚未互相结合的原因。

老子曾说："静定是躁动的主宰。"此语并非恰当言论。所谓静的含义，指当天下出现动乱之时，沉着观察事物变化，暗中筹划国家大事，留意于即将可以实行之时，那些急躁妄动之人，固然不知我静中有动，而我则悠然沉着，有充分的进退余地。天地十分广阔，事物之变既有开始，则必有终结。事物凡可行者，是没有什么可以阻止我以不行；所难之处，身处忧困与动荡不安的局势中，饮食相牵，祭服而戈矛相寻不觉矣。静者日悠然天宇之内，用吾才成吾事者无涯焉，安能役役与人争潆洄于漩澓之中乎！澄神定志于须臾，而几自审，言之有当者，从之自决矣。此王与导之得意忘言而莫逆于心者也。是术也，老、庄以之处乱世而思济者也。得则驰骋天下之至刚；不得，抑可以缘督而不近于刑。琅邪之全宗社于江东，而导昌其家世，宜矣。

二

虽然，此以处争乱云扰之日而姑试可也；既安既定而犹用之，则不足以有为而成德业。王与导终始以之，斯又晋之所以绝望于中原也。孔子思小子之简，而必有以裁之，非精研乎动静之几、与时偕行者，不足以与于斯。

11.晋保江东以存中国之统，刘弘之力也。弘任陶侃、诛张昌、平陈敏，而江东复为完土。侃长以其才，而弘大以其量，唯弘能用侃，侃固在弘帡幪之中也。夫弘又岂徒以其量胜哉！弘无往而不持以正者也。司马越之讨颙，颙假诏使弘攻越，弘不为颙攻越，亦不为越攻颙，而但移书以责其罢兵，正也，颙逆而越亦不顺也；恶张方之凶悖，不得已择于二者之间而受越节度，亦正也；受越节度，终不北向以犯阙诛颙，亦正也；张光者，颙之私人，讨陈敏有功，不以颙故而抑之，亦正也；天下方乱，而一之以正，行乎其所当行，止乎其所当止，不为慷慨任事之容，不操偏倚委重之心，千载而下，如见其岳立海相系，于是在不知不觉中就以兵戎相见，发生战乱。静者日常泰然悠游于天宇之内，依靠自己的才能成就自己的事业而无有穷尽，怎能劳苦不休地与他人在社会的漩流中争斗高低是非！澄定神志于须臾之间，则将可达到自我审明，言论恰当、正确，所行即可自然决断。这就是司马睿与王导彼此心领神会、配合默契、情投意合的原因。这是一种处世之道，老子、庄子以此身处乱世而思国济民。如果成功，则可驰骋天下而刚强，不成功，也可以观察局势而免受刑戮。所以，琅邪王能够在江南地区保全晋室宗庙国家，而王导则繁盛其家世，这是适宜的。

诚然，处在纷争不已的战乱之世，这种办法不仿一试。但是，既已安定而仍采用此法，就不能认为是有所作为并成就宏伟大业了。然而司马睿与王导始终采用这种办法，此即东晋未能收复中原的原因。孔子在思考其学生的选择时，对有些必定加以裁汰，不是精心钻研临近动、静从而采取与当时形势相适应的做法者，是不足以用于其时的。

东晋据有江南以保持中国传统的制度文化，主要是刘弘的功劳。刘弘任用陶侃、诛灭张昌、平定陈敏，江南地区因此得有完整领土。陶侃很有才干，而刘弘则很有器量，只有刘弘善于任用陶侃，陶侃固然在刘弘的庇荫之下。然而，刘弘又怎能是仅以器量而取得成功呢！刘弘无论做什么，都能坚持以正直、正义处之。司马越征讨司马颙，司马颙假借皇帝诏书指使刘弘攻打司马越，刘弘不为司马颙去攻打司马越，也不为司马越而去攻司马颙，并致以书信责其罢兵，这是正义之举，司马颙叛逆而司马越也不顺从；由于厌恶张方的凶悍悖谬，刘弘不得已在两者之间选择了司马越并受其节制，这也是正当之举；虽受司马越节制，却始终不率兵北犯朝廷以诛杀司马颙，这也是正义之举；张光其人是司马颙的私人亲信，因其征讨陈敏有功，刘弘涵之气象焉。使晋能举国而任之，虽乱而可以不亡；惜乎其不能独任，而弘亦早世以终也！

微弘，则周玘、顾荣、贺循无所惮而保其贞；微弘，则陶侃无所托以尽其才；微弘，则琅邪南迁，王导亦无资以立国。晋不能用弘，而弘能用晋。呜呼！当危乱之世，镇之以静，虑之以密，守之以大正，而后可以为社稷之臣。挟才而急于去就者，益其亡尔。有土可凭，有人可用，而褊心诡亿以召乱，曰：吾以行权。权其可与未可与立者道乎？

12.恶有天子中毒以死，而不能推其行弑之人者哉？惠帝之为司马越鸩也，无疑。越弑君，而当时天下不能穷其奸，因以传疑于后世，而主名不立。当其时，司马模、司马腾皆唯恐无隙而不足以逞者，然而胥中外为讳之，而模与腾不能藉以为名，史臣于百世之后，因无所据以正越弑逆之罪，何也？天下胥幸惠帝之死也。惠帝死，而乱犹甚，国犹亡；惠帝不死，则琅邪虽欲存一线于江东也，不可得矣。

惠帝，必不可为天子者也；武帝护之而不易储，武帝病矣；然司马氏之子孙，特不如惠帝之甚耳，无一而不可以亡天下者，则将孰易而可哉？惠帝之必亡也，使晋有社稷之臣，行伊、霍之事，而庶其定乎！司马越固亦有此心矣，然而不能者，不以他是司马颙亲信缘故而压抑他，这也是正当之举；天下方处在动乱之世，而始终能够坚持正义，行则当行其事，止则当止其事，不作慷慨任事之姿态，也不操偏倚委重之心思，千年以后，如见其像山岳立于海洋那样的气度。如果能使晋朝举国任用刘弘，国家则虽然有乱却不会灭亡；可惜刘弘未能执掌国政，而且过早地去世了。

如果没有刘弘，则周玘、顾荣、贺循等人会无所畏惧而保持其操守；没有刘弘，则陶侃就无所依托以施展其才能；没有刘弘，琅邪王司马睿南迁江东，王导就不会有资本用以立国的基础。晋朝不能重用刘弘，而刘弘却能用晋朝。啊！处在危乱之世，遇变不惊，虑事周密，恪守正义，这样方可为国家所依靠的大臣。依仗有才能而急于去显示，更容易使其败亡。有土地可以凭恃，有人才可以利用，却偏心诡诈，因此而招致祸乱，却说：我在行使权力。权力怎能给予那些不可给予之人呢？

怎能有天子中毒身亡却不能找出弑君之人的情况呢？晋惠帝被司马越毒死，这是无疑的。司马越弑君，而当时天下之人却未能揭露其罪恶，以致这一疑案传于后世，晋惠帝的死因不能确立。在当时，司马模、司马腾等惟恐没有线索进行追究，以达到其目的，然而朝廷内外对此都讳言其事，使司马模与司马腾无法找到追究之名，记录史实的官员于百世之后也因没有证据而定司马越弑君之罪。为什么呢？这是由于天下都庆幸晋惠帝之死。但是，惠帝死后，战乱仍很严重，国家仍然败亡，假如惠帝不死，琅邪王司马睿要想立足江东，保有江南一隅之地，是不可能的。

惠帝，必然不可作为天子，但晋武帝一直对其进行袒护，并且不改换皇位继承人，这是晋武帝的失误。然而司马氏的子孙们，仅仅是不像惠帝那样过分愚昧，实际上没有一个不可以败亡国家，换上谁将可以不亡国呢？惠帝统治，必然败亡国家，假使晋朝有安邦兴国司马伦已尝试焉，而为天下僇；司马颖、司马颙皆将为之，而先伏其辜；越而行伊、霍之事，则颙与颖所不敢为者而身任其咎，以召天下之兵，越虑之熟矣。无如此土木之暗主何！不得已而听人之毙之，越之情亦苦矣。

贵戚之卿，有易位之责，而越不能；养昏汶之主以速即于亡，而抑不可；顾怀帝之尚可有为，而非惠帝之死弗能立也。决出于倒行之一计，而扳怀帝以立，己无私焉，故天下且如释重负而想望图存之机。故一时人心翕然，胥为隐讳，以免越宫官之辟；后世亦存为疑案，而不推行鸩之人。夫人苟处不得已之势而志非逆者，则天讨不加，而清议不相摘发。弗能事也，弗能废也，社稷且岌岌焉，为天下任恶，天下所矜而容之者也。怀帝立五年，而越无篡心，其专杀而畏寇，则司马氏骄昏之习也，不足深责也。

13.孟子言保国之道，急世臣，重巨室，盖恶游士之徒乱人国也。夫游士者，即不乱人国，而抑不足以系国之重轻，民望所不归也。主其地，习其教，然后人心翕然而附之。陈敏之乱，甘卓反正，而告敏军曰：“所以戮力陈公者，正以顾丹阳周安丰耳，今皆异矣，汝等何为？”顾荣羽扇一麾，而数万人溃散。琅邪王镇建业，荣与玘瞻拜于道左，而江东之业遂定。夫的贤能大臣，仿效伊尹、霍光，推行善政，则基本可以安定国家。司马越固然有此心，然而却未能做到这一点，因为司马伦已经尝试过，却被天下人所杀；司马颖、司马颙都准备这样做，却先受到了分裂肢体的刑罚；司马越仿行伊尹、霍光之政，是司马颙和司马颖所不敢做而又要承担其罪责的事，用以号召天下之兵，司马越是经过深思熟虑的。没有像晋惠帝这样痴呆的昏庸君主又能如何！不得已而任凭人们将惠帝杀死，司马越也是情有苦衷的。

王公贵戚担任国家重要官职，有更换君主的职责，而司马越却不然；如果供养昏庸君主从而加速国家的败亡，抑或也是不可取的。考虑到怀帝尚可有所作为，但是惠帝不死就无法拥立。不得已而做出这种违背纲常法度的决断，援引怀帝即位，自己则无私心杂念，至此，天下之人如释重负并期望国家能有得以保存的转机。所以当时人心一致，都为司马越隐讳，以免其遭受宫官刑罚，后世之人也将此事存为疑案，而不追究投毒之人。假如人处在不得已的形势下，而并非心存叛逆，则不必对其进行讨伐，而舆论也不对其进行揭发、谴责。既不能有所作为，又不能将其废黜，导致国家社稷岌岌可危，在此情况下，为挽救天下而承担恶名，天下人是可以同情并容忍其人的。晋怀帝即位五年，而司马越始终无篡位之心。其专嗜杀戮并畏惧敌寇，是司马氏家族的骄横昏庸故习，不足加以深责。

孟子谈论保国之道，注重强调任用元老重臣和世家大族，十分厌恶那些游士，他们只会扰乱他人国家。做为游士，即使不扰乱他人之国，也不足以将国家重任寄托其身，因为他们在民众中没有什么声望。主管一方，教化其民，然后人心一致而归附。陈敏发生叛乱，甘卓反正，劝告陈敏叛军道："能够为陈敏尽力的人，主要有顾丹阳、周安丰等，如今他们都不再和陈敏一心，你们还将会有什么作为呢？"顾荣略施计策，就使陈敏数万人溃散。琅邪王司马睿入主建业此数子者，皆孙氏有国以来所培植之世族也，率江东而定八王已乱之天下，抗五胡窥吞之雄心，立国百年而允定，孟子之言，于斯为烈矣。

呜呼！地皆有人也，民皆有望也，用人者迫求之骤起喜事之人，而略老成物望之士，求民之归也难矣。光武所与兴者，南阳崛起之流辈，而其收河北以为根本，则唯得耿弇、寇恂、吴汉而大业定。刘焉倚东州兵为腹心，以凌驾蜀人而内乱；驯至于先主，所与者皆平原初起之爪牙，故两世而不收蜀一士之用，其亡也，民且去之若遗也。刘弘、王导知此，而以树建业百年之基，就其地，得其人，定天下之大略也，允矣。

（今江苏省南京市），江南大族顾荣与纪瞻等在道旁迎接，投靠司马睿，江东大业从此奠定。以上数人，都是孙吴建国以来所培植的世家大族，率领江南民众以安定被八王扰乱的天下，抗击五胡，挫败其企图吞并江南的野心，使东晋得以立国百年而天下安定，孟子所言于此得到验证，更显光明、正确。

啊！各地都有人才，民众都有期望，用人者迫不急待地使用那些骤然而起、喜好生事之人，而疏远那些老成持重、众望所归之士，这样的话，要想求得民众归附是很难的，与光武帝刘秀一道兴起者，是南阳一带的起事之人，而刘秀据有河北并以这里为立国的根本之地，则依靠了耿弇、寇恂、吴汉等人，从而奠定了立国大业。刘焉倚仗东州兵作为腹心，凌驾蜀人而兴起内乱；此后延续到先主刘备之时，所依赖者都是最初在中原起事时的心腹亲信，历经两世而不用蜀地一人，其后之所以败亡，是因为民心背离，不为其所用的缘故。刘弘、王导等人深知此理，从而为东晋王朝树立百年根基，到其地，用其人，确定国家的大政方略，这是可行的。

怀帝

1.晋武分诸王使典兵，晋不竞矣。彼皆膏粱纨袴之子也，教练不亲，束伍不禁，瓦合而徒炫其军容，足以乱尔，而不足以竞。乂、颖、颙、越之交相残杀，哄然而前，積然而熸，未尝有经旬之战守，而横尸万计，其以民命为戏久矣。不足以竞而欲相竞，于是乎不得不借夷狄以为强。刘渊之起，司马颖召之也；石勒之起，苟晞用之也；拓拔氏之起，刘琨资之也；皆不足以竞，不获已而藉之以竞，而晋遂亡。中国之祸，遂千馀年而不息。使竞在中国而无待于彼，不示以弱而绝其相陵之萌，则七国之反，赤眉、黄巾之乱，袁、曹、公孙、韩、马之争，中国亦尝鼎沸矣，既折既摧而还归于定，亦恶至此哉！

武帝无百年之算，授兵于孺子，司马颖之顽愚，延异类以逞，不足诛也。若夫刘琨者，怀忠愤以志匡中国，而亦何为尔邪？琨进索虏，将以讨刘渊也。拒一夷而进一夷，事卒不成，徒延拓拔猗卢于陉北，不亦偵乎！夫琨不能驱市人以敌大寇也，诚难；然君子之自靖以忠于所事，亦为其所可为而已矣。智索力穷，则归命朝廷，如魏胜、辛弃疾斯亦可矣，未有急一时而忘无穷之祸者也。盖琨亦功名之士耳，志在功名而不闻君子之道，则功不遂、名不贞，而为后世僇，自贻之矣。前有不虑之君，后有不虑之臣，相仍以乱天下；国速亡，夷、夏之防晋武帝分封诸王使其掌管军队，西晋从此不再强盛。这些都是过惯舒适生活的纨绔子弟，对军队训练不精、管束不严，如同乌合之众而白白炫耀其军容，其足以致乱，而不足以强劲。司马乂、司马颖、司马颙、司马越之间相互残杀，一哄而起，衰败而灭，在短短的数日战守中，就横尸万计，他们以民命为儿戏已很久了。不足以强盛却想争相强盛，于是，不得不借助夷狄力量以为强盛。刘渊之所以兴起，司马颖招引的结果；石勒之所以兴起，苟晞使用的结果；拓拔氏之所以兴起，刘琨支持的结果；这些人都不足以强劲，自身达不到就借助夷狄之力以求强劲，而晋朝遂致灭亡。因此，中国的祸患，延续千余年而未能止息。在中国内部进行竞争而不需外力为援，互不示弱以杜绝相互欺侮的苗头，如西汉的七国之叛，赤眉、黄巾等起义，袁绍、曹操、公孙度、韩遂、马腾之间的争斗，都属这类情况。当时中国也曾沸沸扬扬，混乱不堪，然而社会虽遭破坏和摧残，但最终仍趋于安定，没有像西晋那样的情况。

晋武帝没有百年长远规划，将兵权授予诸子，而司马颖十分愚昧无知，延引夷狄以求得逞，这还不足以将其诛杀。而刘琨其人，怀有忠贞发奋、匡扶国家之志，怎么也这样做呢？刘琨引进拓拔人，意在征讨刘渊。然而，拒挡一夷又引进一夷，事情最终不成，徒然将拓拔猗卢部族引入陉北一带，岂不是颠倒错乱了吗！刘琨不能驱使民众以抵抗强大寇虏，这固然是很难的；但是君子当自我安定以忠于所做之事，尽其力而为其可为即可。智谋用尽，力量用完，则可回朝廷复命，如魏胜、辛弃疾等人的做法就是，没有因急一时之用而忘记了无穷之祸者。刘琨也是位讲求功名的人士，假如志在功名却不明白君子之道，则功不就而名不贞，并为后世所耻笑，这都是自己造成的永裂。呜呼！将谁咎哉！

2.司马越出屯于项，非无策也；其败，则越非济险之人，外为苟晞所乘，而内任王衍以偾事耳。刘聪、石勒绕雒阳而南侵襄、邓，使晋君臣兵庶食绝援孤，画雒而困，其必蹙以待尽也无疑。重兵屯于外，则聪、勒进而越拟其后，必不敢凭陵而遽通三川。故苟晞内讧，越死，众无主，王衍不敢任事，而后聪始决起以犯王都。越之出屯，不足以为越罪，明矣。雒阳之孤危，越不能辞其责；其失也，在秉国之日，不能推诚任贤、辑和东南、以互相夹辅，一出而无有可倚者。山简纵酒自恣而忘君父，苟晞挟私争权而内相攻夺，张骏所遣北宫纯之一旅，且屡战而疲矣；怀帝又恶越，必欲灭越而不恤，自龁之，还以自毙；越之处势如此，亦安得不郁郁以死而以溃哉！

夫越非无心者，而特昧于从违耳。一秉政而唯王衍、庾敳、谢鲲、郭象、胡毋辅之虚浮之徒进，以是为可靖兵戎之气乎？一旦而欲建非常之功，跳出孤危，反兵内援，必不可得者。然其曰："臣出，幸而破贼，国威可振，犹愈于坐待困穷。"亦何遽非死地求生之长算哉？向令刘弘不死，使任山简之任，刘琨不北掣于王浚，张轨不远绝于凉州，东连琅邪，视聪、勒所向而自外击之，晋且可以不亡。其不能者，越非其人，非策呀。前有虑事不周密之君，后有虑事不周密之臣，相沿以乱天下，致使国家迅速灭亡，对周边少数民族的防范就会永久破裂。啊！这将是谁的罪责呢！

司马越屯兵项地，并非无计策可用；之所以失败，是由于司马越不是能解救危险的人，外为苟晞得到可乘之机，内则任用王衍以致败事。刘聪、石勒绕过洛阳而南侵襄樊、邓州，造成晋朝君臣百姓士兵没有吃的，孤立起来没有外援，困守洛阳，其结果，必然是形势紧迫，坐以待毙无疑。将重兵驻扎在外，刘聪、石勒如果进犯，则司马越即可绕于其后，刘聪、石勒必定不敢凭借山陵打通三川。然而苟晞发生内乱，司马越死，部众无主，王衍又不敢主持大局，此后刘聪才得以决心起兵进犯国都。司马越屯兵于外，不足以成为司马越之罪，这是很清楚的。但是，造成洛阳孤立危险的局面，司马越是不能推卸其罪责的；他的过失在于，当政时期不能以诚相待任用贤士，不能联合东南以互相配合，一出兵则无可倚靠者。山简其人喜好纵酒自恣，心中没有君父，苟晞其人挟私争权，内部互相攻斗，张骏所派遣的北宫纯一支队伍，连续作战，十分疲惫，加之晋怀帝又十分憎恶司马越，总想除掉司马越而不加以抚恤，自相倾轧，终将自我毁灭；司马越处在这样的形势之下，怎能不郁郁忧愁而死，以致溃败！

司马越并非没有心计之人，只是不明事物的或从或违。一等他执掌国政，遂起用了王衍、庾故、谢鲲、郭象、胡母辅之类的虚浮之徒，难道如此就可安定局势，消除兵戎之祸吗？要想建立非常之功，跳出孤立危险的局面，回师内援，那是必定做不到的。然而司马越却说："臣率兵出击，有幸能够击破贼寇，则国威可以振奋，犹胜于坐待困穷的状况。"何致于惶恐到做出非死地而求生的选择呢？如果以前刘弘不死之时，使其担任山简之职，刘琨不北受王浚牵制，张轨不远在凉州，东则联合琅邪王司马睿、观察刘聪，石勒的动向而从外之不善也。

若夫越之不奉怀帝以出而置之危地，则罪也。玄宗往蜀，太子在灵武，而安、史不能安于长安。诚使怀帝亲将以御狄于外，苟晞虽骄，山简虽慢，自不敢亢鈇钺而坐视。琅邪输江东之粟，饱士马以急攻，聪、勒其能入据空城以受四方之敌乎？越出而帝留，惴惴以居，藉藉以毙，越之罪大矣。虽然，或亦国君死社稷之说误之也。若君臣同死孤城，而置天下于膜外，虽猎卫主之名，亦将焉用此哉？

3.民愚无知，席安饱以为势，陵蔑孤弱，士大夫弗能止焉，与之俱流而斁其仁恕之心，忘出反之报，自贻死亡以为国病，祸发不可御矣。

夷狄非我族类者也，蝥贼我而捕诛之，则多杀而不伤吾仁；如其困穷而依我，远之防之，犹必矜而全其生；非可乘约肆淫、役之残之、而规为利也。汉纵兵吏残蹂西羌，而羌祸不解，夷狄且然，况中国之流民乎？夫其阑入吾士，不耕而食，以病吾民，褊人视之，其忿忮也必深。上无能养也，无能安也，弃坟墓，离亲戚，仰面于人以求免于冻馁，又岂其情之得已哉？役则役焉矣，驱则驱焉矣，不敌我士姓百家之相为朋比矣。愚民于是而以侮之为得计，士大夫于是而以制之为得势，有司于是以钳束驱除之为保我士民之功。一王之天下无分部进行袭击，晋朝且不可能亡国。然而，之所以未能如此，司马越并不是这样有才干的人，并非是计策不好。

假如司马越不尊奉怀帝即位称帝，而将其置于危险之地，那就是一种罪责。唐玄宗往四川出逃时，太子李亨在灵武，如此则安、史叛军就不能安稳地呆在长安。倘若使怀帝亲自出征，抗御夷狄，苟晞虽然骄横，山简虽然怠慢，必定不敢藐视天子的旨意而坐视不管。加之琅邪王司马睿输送江东地区粟帛供应军队，使军兵得以饱食而迅速出击，刘聪、石勒能入据空城以受四方之敌吗？然而，司马越率军出外却将怀帝留下，使其在城中惴惴不安，死亡惨重，所以，司马越之罪是很大的。或者认为那种国君为社稷而死的说法是不正确的。但是，倘若是君臣同死于孤城之中，而置天下大局于不顾，虽然得到一个捍卫君主之名，却又有什么用呢？

有些民众愚蠢无知，生活安定、衣食丰足就以为得势，欺凌孤弱，而士大夫不但不加制止，反而与之同流合污并丧失了仁厚之心，他们忘记了可能由此导致反抗，自待死亡从而成为国家隐患，一旦祸乱爆发则不可防御。

夷狄民族和我中原之民非同族，如果他们骚扰、侵犯我们而将其捕杀，即使多杀一些也不会损害我们的仁义；但是，如其穷困无助而有求于我们，可将其安置边远地区并加以防范，使其能够得以生存；而不可乘机肆虐侵欺，奴役残害他们，并打算以此为利。汉朝放纵兵士官吏残害西羌，导致羌祸不绝。夷狄民族尚且如此，更何况中原的流民呢？他们擅自闯入我们这一地区，不耕而食，给当地民众造成祸害，心胸狭窄的人看到这种情况，必定忿怨很深。国家不能养活他们，也不能安置他们，致使其抛弃祖宗坟墓，背井离乡，仰而求人，乞讨饭食，以免冻饿而死，这又岂能是他们心甘情愿的呢？对这些流民想役使则役使，想驱逐则驱逐，他们甚至对抗不了当地十户百土，天地之生非异类，而摧残之若仇雠，伤和气，乖人理，激怨怒，则害于而家、凶于而国，皆自取之焉耳。

西晋之末，蜀已覆于前矣。刘弘薨，山简暗，荆湘之士民虐苦流民；而若冯素者，且持保固乡里之邪说，惑狂愚残忍之荀眺，欲尽诛之；四五万家一时俱起，杜弢挟之以作乱，天道之必然，人情之必致也。呜呼！眺欲尽诛之，独非人乎，事即成而何忍？况其祇以自贼也！迨其已反，则又或咎之曰：杀之之不速也。不仁者不可与言，有如是夫！

4.刘聪陷雒阳，执怀帝，百官无一死者。呜呼！若此之流而可责以仗节死义之道乎？雒阳之困危也，周馥请幸寿春而不听，荀晞请幸仓垣而不果，迨其后欲出而不能，悲哉！帝将迁而公卿止之，为之辞曰：效死以守社稷也。乃若其情，则有二焉：弗能固守，而依于所迁，则迁寿春而周馥为公辅矣，迁仓垣则荀晞为公辅矣，从迁之臣，弗能据尊荣也，此一情也。久宦于雒，而治室庐、置田园、具器服、联姻戚，将欲往而徘徊四顾，弗能捐割，此又一情也。故《盘庚》曰："无总于货宝，生生自庸。"总其心于田庐器服之中，仰不知有君，俯不知有躯命，故曰若此之流，恶可责以仗节死义乎？

家的力量。因此，那些愚蠢的民众以欺侮他们为得计，士大夫以整治他们为得势，官府以管束、驱除他们而自认为有保一方士民之功。然而，同一国家没有不同之土，天地所生之民并非异类，却对这些流民像仇敌一样进行摧残，其结果必定是损伤和气，违背人理，激发怨愤，害家害国，这都是自己造成的恶果。

西晋末年蜀国早已灭亡。此时刘弘已死，山简昏庸不明，荆湘一带的百姓随意虐待流民，例如冯素，提出所谓保固乡里的邪说，蛊惑狂愚残忍的荀眺，企图将流民全部杀掉。结果导致四五万家流民一时俱起，杜弢乘机领头作乱，这是天道所必然、人情所必致的结果。啊，荀眺企图将流民全部杀掉，简直没有人性，果真这样做将于心何忍？更何况流民乃是自我伤残呢！等到流民已经起而造反，冯素之流又会责备说：杀流民杀得太晚了。对这种不仁不义者，无可言之语！

刘聪攻陷洛阳，俘虏了晋怀帝，百官中无一人为之死亡。啊！像这类人物难道可以责成其遵行仗节死义之道吗？当洛阳面临困危局势时，周馥建议怀帝迁往寿春，怀帝不听，苟晞请求迁往仓垣却也无结果，等到以后想出去却已不可能，实在可悲！怀帝想迁出洛阳而诸位公卿却加以阻止，表示要效死保卫国家。分析其中原因，主要有二：假如不能固守洛阳，依从怀帝转移，迁往寿春则周馥就会成为辅政大臣，迁往仓垣而苟晞则将成为辅政大臣，随从迁移的众官员，就不再拥有以往的尊贵荣誉，此为原因之一。诸位公卿长久在洛阳做官，置办起大量的田园房屋和家产，又广结姻亲贵戚，一旦将要离开，则会环顾四周，徘徊犹豫，不能忍心捐弃割舍这一切，此为原因之二。所以《盘庚》一书载曰：“人不一昧贪聚财宝，则可生生自我任用。”而将其心用于田庐家产之中，上不知有君主，下不知有身家性命，因此说像这种人怎么可以责成其仗节死义呢？

十金之产，卒逢寇乱，不忍捐其鸡豚瓮缶，而肝脑涂地，妻子为俘，汴京士庶拥李纲以欢呼者，此情而已矣。玄宗将奔蜀，杨国忠列炬请焚府库，帝曰："留此以与贼，勿使掠夺百姓。"其轻视货贝之情，度越寻常远矣。是以唐终不亡也。

5.刘琨送石勒之母以招勒，而勒不服；高齐送宇文护之母，而护旋攻之。不拘以为质，而欲以仁义动狡悍之寇，不已愚乎！曰：此未足以诮琨也。执人之父母，胁之以降，不降，则杀之以快意，此夷狄盗贼之行，有心者其忍效之乎？送之归，虽不足以怀之，而彼亦无辞以决于致死。曹嵩死而徐州屠，陶谦愚矣。琨非愚也，琨所以不能制勒者，怀、愍弱，琅邪孤，王浚挠之，其势不振；琨虽忼慨，而旧为贾谧、司马越所污染，威望不足以动人；抑且沉毅不如刘弘，精敏不如陶侃，勒是以睥睨之，知非己敌，而孰其听之？使琨而能如郭子仪也，则香火之誓，动回纥而有馀。回纥岂果畏鬼神、恤信义哉？有以制之，而又持名义以临之，蔑不胜焉。仁义有素，而声灵无拂，则此一举也，足以折勒之狡而制其死命，故曰："仁者无敌。"琨未全乎仁也，非仁过而愚也。若拘人之父母以胁其子，非人之所为也，固琨之所不忍而不屑者也。

6.王导秉江东之政，陈頵劝其改西晋之制，明赏信罚，综名责实，以举大义，论者韪之，而惜导之不从。然使导亟从頵拥有十金的产业，适逢天下寇乱，不忍丢弃其鸡、猪、坛、罐等物，从而导致其肝脑涂地，妻子被俘，汴京士庶民众拥护李纲抗金，就是为了保护自己那点区区的财产。唐玄宗将出逃四川时，杨国忠令手下持火把，请烧府库，唐玄宗却说："留下这些财物给贼寇，以免他们再掠夺百姓。"玄宗非常看轻金银财物的情况，要超出寻常之人很远很远。所以唐朝此后并未灭亡。

刘琨将石勒之母送还以招抚石勒，但石勒却不归服；高齐送还宇文护之母，而宇文护却接着攻打高齐；不将其母亲拘留作为人质，却想以仁义之心打动狡悍贼寇，这不是很愚蠢吗！回答曰：并不能因此事而讥嘲刘琨。绑架他人父母，以此胁迫其投降，不降，则杀其父母以发泄愤恨，这是夷狄盗贼的行为，有良心的人怎能忍心效仿呢？送其父母归去，虽不足以感怀其人，而对方也无借口以决一死战。曹嵩死而徐州被屠城，这是陶谦愚蠢所造成的。刘琨并不愚蠢，他之所以不能制服石勒，是由于怀、愍二帝太弱，琅邪王司马睿太孤单，王浚从中挠乱，威势不振；刘琨虽然慷慨激昂，但过去曾受贾谧、司马越的影响，其威望不足以振奋人心；抑且沉着刚毅不如刘弘，精于敏锐的不如陶侃，石勒因此十分小视刘琨，知道他不是自己的对手，这怎么能听从呢？假如刘琨能像郭子仪那样，订立盟誓，则足以打动回纥之人。回纥难道果然敬畏鬼神、遵守信义吗？既有力量加以制服，又持名节给予安抚，如此则没有不胜之理。仁义有常，而声灵则不可去，此一举动，足可以挫败石勒的狡诈而制其死命，因此说："仁义者无敌。"刘琨未必完全仁义，也并非愚蠢。假如拘禁他人父母以威胁其子，这不是人们所应该做的，刘琨固然不忍而且也不屑用此手法。

王导执掌东晋朝政，陈頵劝其改革西晋所定制度，赏罚分明，职责清楚，以行正义之举，发表议论的人都支持这一建议，可惜王言，大反前轨，任名法以惩创久弛之人心，江东之存亡未可知也。语曰："琴瑟之不调，必改而更张之。"非知治之言也。弦之不调，因其故而为节其缓急耳，非责之弦而亟易其故也。不调之弦，失之缓矣，病其缓而急张之，大弦急，小弦绝，而况可调乎？

晋代吏民之相尚以虚浮而乐于弛也久矣，一旦操之已蹙，下将何以堪之？且当其时，所可资以共理者，周顗、庾亮、顾荣、贺循之流，皆雒中旧用之士，习于通脱玄虚之风，未尝惯习羁络者；骤使奔走于章程，不能祗承，而固皆引去。于是虔矫束湿之人，拔自寒流以各逞其竞躁，吏不习，民不安，士心瓦解，乱生于内而不可遏矣。夫卞壸、陶侃，固端严劼毖之士也，导固引壸于朝端，任侃于方岳矣，潜移默化，岂在一旦一夕哉？宋尝病其纪纲之宽、政事之窳矣，王安石迫于改更而人心始怨；元祐、绍圣、建中靖国屡惩屡改，而宋乃亡。锻铁者，急于反则折。褊人憾前图之不令，矫枉而又之于枉，不可以治无事之天下，而况国步方蹙、人心未固之时乎？

且不但此也，汉末尚声誉，而曹操矫之以严；魏氏急名实，而司马矫之以宽；彼皆乐翘前人之过，形君人之非，以快人心而使乐附于已。当导之世，王敦尝用此术矣；其后桓温又用此术矣；所以进趋利徼功之人而与为逆也。导唯无此不轨之志，故即因为革，从容调御而不自暴其能，夫导岂无額之心导却未采纳。假如使王导听从陈頵建议，大政以往规制，加强法纪以纠正久已松驰的人心，那么，东晋政权是存是亡就很难说了。所谓“琴瑟音调不准，必改弦更张方可。”此语并非是熟悉治国道理的言语。琴弦不调，是因故而调节其缓急之用，并非要调弦而急促改变其故。不调之弦，失误在于过缓，担忧其缓而急促上弦，则大弦急而小弦断绝，如此则更可调吗？

晋代官吏民众崇尚虚浮并乐于松弛已很久了，所行一旦操之急迫，此后人们将怎能受得了呢？况且当时所能与之配合、共理国政者，有周顗、庾亮、顾荣、贺循等人，他们都是西晋王朝的旧臣，已习惯于放纵玄虚的风气，而未曾习惯于束缚管制；骤然使其循规蹈矩，遵守章法，他们不能尽心承当，固而会纷纷引退而去。于是那些喜好劫掠杀戮、推行严刑苛政的人，他们起自下层而显示出争名逐利之心，与人争竞，于是官吏不习惯，民众不安宁，士人之心背离，祸乱遂起于内部而不可遏制，像卞壶、陶侃等人，都是端严谨慎之士，王导将卞壶安排在朝中任职，而将陶侃出镇州郡，使其思想，性格逐渐得到改变，所以这怎能在一朝一夕中完成呢？北宋王朝曾患其纪纲宽弛、政事懒散，王安石急于改革而造成人心怨愤；以后元祐、绍圣、建中靖国年间屡戒屡改，而北宋最终还是灭亡。锻炼铁者，急于求成反会将其折断。目光短浅的人忧虑所定规制不能实行，故要纠正偏差却又导致偏差。所以不能盲目治理无祸乱的天下，更何况在国家形势紧迫、人心尚未稳固之时呢？

不仅如此，东汉末年崇尚声誉，曹操对此加以矫正，实行严政；魏国急切讲求政务实效，司马氏代魏后，则改行宽政；他们都乐于显示自己高于前人之处，做君主或众人所未做过的事情，又收揽人心并使之乐于归附自己。王导执政时期，王敦曾用过这一方法，其后桓温也用过此种方法，从而引用一些趋利邀功之人并与之结成叛逆。

哉？桓彝品藻之曰管夷吾，则其不袭王衍诸人之荡泆以靡天下可知也，又恶知其不服膺陈頵之谏而特不露其锋铓尔？有当世之略者，好恶不激，张弛不迫；褊人不知，求快一时，而怪其弗能为也，愚者何足与深言邪！

7.王弥劝刘曜都雒，曜不从，弥以是轻曜而背之。弥，盗魁之智耳，恶足以测狡夷之长算哉？石勒视刘曜而尤狡，张宾之慧，非弥所能测也。勒在葛陂，孔苌请夜攻寿春，据之以困江东，勒笑之，而从张宾北归据邺。勒横行天下，岂惴惴于纪瞻者？然而知瞻可胜，而江、淮之终不可据以为安，勒之智也。

江、淮之春有霖雨，常也；纪瞻与相持，不以雨为困而勒困，于此可以知地气、可以知天情矣。三代以上，淑气聚于北，而南为蛮夷。汉高帝起于丰、沛，因楚以定天下，而天气移于南。郡县封建易于人，而南北移于天，天人合符之几也。天气南徙，而匈奴始强，渐与幽、并、冀、雍之地气相得。故三代以上，华、夷之分在燕山，三代以后在大河，非其地而阑入之，地之所不宜，天之所不佑，人之所不服也。是故拓拔氏迁于雒，而六镇据其穴以残之，延及于齐、周，而元氏之族赤。守绪迁于蔡，而完颜氏之族歼。耶律亡，而其支庶犹全于漠北。蒙古亡，而其苗裔种姓君长塞外者且数百年。舍其地之所可安，以犯天纪，则未有能延者。枳橘貉鸲之性，黠者自喻唯王导没有图谋不轨之心，即使根据需要而有所因袭与变革，也是从容调整驾御，不去自显其能，王导怎无陈頵那种改革之心呢？桓彝被评论为管仲一类的人才，他不沿袭王衍等人的放荡行为以奢靡天下，这是很清楚的。但又怎知其不接受陈頵劝谏而特不露其锋芒呢。心怀宏伟治国之策者，而对好与恶而不激动，张与弛而不急迫；目光短浅的人不知这点，只求痛快于一时，这都在于这些人没有什么能为，对愚蠢之人何足以与之深言呢！

王弥劝刘曜定都洛阳，刘曜未予采纳，于是王弥轻视刘曜并背离而去。王弥，盗魁的谋士，怎能完全观察出狡猾夷狄的长远打算呢？石勒与刘曜相比更为狡猾，张宾的智慧，非王弥所能窥测到的。石勒占据葛陂后，孔苌建议乘夜间进攻寿春，以便占据此地而围困江东，石勒付之一笑，却听从张宾之言撤军北还，据有邺城。石勒横行天下，怎能畏惧纪瞻，然而他知道纪瞻能够取胜，江、淮地区终究不会据以为安，这正是石勒的智慧所在。

江、淮地区春天常有连绵大雨，纪瞻与石勒相对峙，不会因为雨而受困，石勒则会由此而可以明白地气、可以明白天情了。夏、商、周三代以上，美好之气聚于北方，而南方则为蛮夷之地。汉高祖刘邦兴起于丰、沛一带，因据楚地而定有天下，则上天之气开始移向南方。行郡县、废封建而变换于人，南北王者之气则转移于天，天人之道相为符合。天上王气向南迁徙，北方匈奴开始强盛，渐渐与幽、并、冀、雍等州地气相为符合。所以，三代以上，华夏与夷狄之分在燕山一带，三代以后移至黄河流域。如果不属本族之地而擅自闯入，据为己有，那么地则不适宜，天则不保佑，人则不归服。因此，像拓拔氏迁至洛阳，而北边六镇军兵遂占据其故地以作乱，此祸一直延续到北齐、北周，而元氏最终被灭族。再如：金哀宗完颜守绪南迁蔡州（今河南省汝南县）不久该族也被歼灭。耶律氏所建辽国虽亡，其族支庶犹能之，昧者弗知也。王弥、孔苌之所以愚而徒资曜、勒之笑也。

夫江、淮以南，米粟鱼盐金锡卉木蔬果丝枲之资，彼岂不知其利；而欲存馀地以自全其类也，则去之若惊。然则天固珍惜此土以延衣冠礼乐之慧命，明矣。天固惜之，夷且知之，而人弗能自保也，悲夫！中华之败类，罪通于天矣。虽然，夷而有曜、勒之识也，则自知此非其土，而勿固贪之为利以自殄其世也。

8.刘聪之臣有刘殷者，论史者或称以为贤。殷饰女以进于聪而固其宠，不足比数于人类者也。故其言曰："事君当几谏，凡人尚不可面斥其过，况万乘乎？"论者以为贤，则且为谄佞者排摘忠直之口实，殷虽不足比数于人类，而不可以不辨。

事父母而几谏者，既以不忍伤恩为重矣；且子日侍父母之侧，谏虽不切，而娓娓以继进，父母虽愎，亦无如其旦夕不相舍者何，而终必从之；非君之进见有时，言不伸而君且置之者也。父母之过，无安危存亡决于俄顷之大机，旦过而夕改，无过矣。君操宗社生民之大命，言出而天下震惊，行出而臣工披靡，一失而贻九州亿万姓百年死亡之祸，待之宛转徐图，虽他日听之而悔无及矣。父母之过，即有导谀之者，淫朋而已矣，保全于漠北一带。元蒙政权灭亡，而其民族种姓后代及部族首领尚能在塞外延续数百年抛弃能够安置其族的土地，违反天纪，是没有能够延续下来的。枳橘、貉、鸲鹆等动植物的特性，狡黠的人自然了解，愚昧的人就不得而知了。所以，王弥、孔苌是如此愚蠢，以致遭到刘曜、石勒的耻笑。

江、淮以南地区，米、粟、鱼、盐、金、锡、卉、木、蔬、果、丝、枲等各类物资十分丰富，他人怎能不知其中之利；而上天要存有余地以保全华夏族类，所以大批中原人口南迁江南。上天固然珍惜此土，用以延续汉族的礼乐文化，这是很清楚的。上天固然珍惜，夷狄也深知此理，而华夏之人却不能自保，实在可悲！那些中华的败类，犯有通天之罪。显然，夷狄中有刘曜、石勒那样的见识，自知江南并非所能占据之土，因此并不贪之为利以自毁其族。

刘聪下属大臣中有位刘殷，评论历史的人将其称为贤者。刘殷将其女儿进献刘聪做皇后，以巩固其受宠地位，因此不足以将其列入正直人士之中。其言曾说：“事君主应当少进谏，平凡之人尚不可当面斥责过错，何况万乘之尊的君主呢？”评论者以此为贤明之言，实则成为阿谀奉承者排挤忠直人士的口实。然而，刘殷虽不足与正直人士相并列，却不可不加辨明。

侍奉父母而少加规劝，是以不忍伤害父子恩情为重；规劝虽不迫切，而娓言缓进，父母虽然专断，也抵挡不住朝夕相处的骨肉亲情，最终必定能够听从。不像君臣相见，是有一定时间的，所言尚未谈透而君主已置之不听。父母有错，不存在安危存亡决定于倾刻之间的情况，晨有过失而夕改之，等于没有过错。君主掌握着国家和百姓的命运，言出而天下为之震动，行出而大小官员随之皆动，一有失误就会造成九州亿万民众百年死亡之祸，如果宛转进言以期改正，待以后采纳所提意见则已悔之晚矣。父母的过失，即使有引导其犯错之奴妾而已矣，其势不张，其徒不盛，其饰非簧惑之智，不能凌我而出其上；微言而告父母以所未觉，彼未能结党强辩以折我。君而不善，则聚天下之僻而辩、巧而悍者，称天人、假理势以抗我；而孤忠固忧其不胜，微言如呐，夺之者喧豗，而气且为夺矣。凡此数者，谏父母易，而谏君难。处其难，而柔颜抑气、操瓦全之心，以若吐若茹、而伺君之颜色，此怀禄固宠之便计，其为小人之道也无疑。况乎君臣义合，非有不可离之去就哉！

刘聪凶暴嗜杀，殷以是为保其富贵之计则得矣。以献女媚夷之禽心，而姑取誉于天下，其术巧矣。本不足与深论，而邪说一倡，若苏轼谏臣论之类，师其说以为诡遇之术，君臣之义废，忠佞之防裂矣。

愍帝

1.愍帝之西入长安，必亡之势也。刘聪虽去雒阳，石勒虽去江、淮，而聪在平阳，勒在鄴，雒阳已毁，襄、邓已残，勒一逾河而即至雒，聪一逾河而即犯关中；长安孤县于一隅，亘南北而中绝，二虏夹之，旋发而旋至。张轨远在河西，孤军无辅；李特又割据巴、蜀，而西南之臂断；天下所仅全者江东耳，而汝、雒荒残，则声势不足以相及；贾疋、索綝、麴允崛起乍合之旅，不足以系九鼎明矣。周顗等之中道而遁，非葸怯而人，也不过是淫乱邪恶的朋友或奴妾而已，其势力不强，人数不盛，其粉饰错误、蛊惑人心的智谋，不能凌驾于我之上，用不很明显的语言暗示父母，告知其所未察觉的情况，使那些谄媚之人不能相互勾结，强词狡辩，使我避免受到挫折。倘若君主不善，身边聚集一些善言巧辩、诡僻凶悍之人，他们谎称天人、假借道理与我对抗，忠贞刚正之士必然会忧虑自己不能取胜，所进之言吞吞吐吐，而与之争辩的奸巧之人则声音轰响，从而在气势上就被对方所压倒。凡此种种表明，劝谏父母容易，而劝谏君主则难。处在困难境遇，忍气吞声，委曲求全，观察君主的脸色而去猜想、去说话，这是保全官位、得受宠信的便利之计，以此作为小人所行之道当是无疑。更何况如果君臣情投意合，而不会使其离开君主身边。

刘聪凶残暴虐，喜好杀人，刘殷将女儿嫁给刘聪，以此做为保全富贵的计策，从而达到了目的。以献女儿来谄媚夷狄禽兽之心，暂且取誉于天下，此种办法实在乖巧。对此本不足加以深论，然而邪说得以提倡，比如苏轼的谏臣论等，就师从其说而将之称为不循正道以追求功名利禄的办法，如此则君臣之义丧失，而忠贞奸佞的戒备坏裂呀。

晋愍帝西入长安称帝，是一种必亡之势。刘聪虽离开洛阳，石勒虽离开江、淮，而刘聪占据平阳，石勒占据邺城，洛阳已经毁坏，襄阳、邓州也已残破，石勒一跨越黄河就可到达洛阳，刘聪一过黄河即可进犯关中。长安孤城悬于一隅，虽横贯南北却中间断绝接应，刘聪、石勒二虏东西夹击，随时起兵而随时可至。张轨军队远在河西，孤军无援；李特此时已割据巴、蜀，西南援助之臂已经断绝；天下唯有江南地区尚得保全，而汝州、洛阳一带荒凉残破，其声势已不足给予支援；贾疋、索綝、麹允等军队只是一些乌合之众，不足以保卫国背义也，知其亡在旦夕，而江东之犹可为后图也。

长安自汉以来，芜旷而不可为奥区久矣。聪、勒之不急犯而据之也，以其地之不足恃也。名之为天子之都，而后刘聪欲固获之矣。帝不入关，长安未即亡也。当其时，石勒已舍淮、襄而北矣，雒阳虽生蔓草，而陈、汝、蔡、邓犹凭楚塞以为固，东则连寿、泗而与江东通其津梁，西则连关、陕而与雍、凉系其络脉。此率然之势，首尾交应之形也。使愍帝不舍中州，而权定都于陈、许、宛、汝之间，二虏之不敢即犯辇毂明矣。疋、緌怀土而挟之以西，人无能与争，而但思逋散，则不亡何待焉？故嗣兴于丧乱之馀者，非果英武之姿，不可亟处危地以徼幸。非怯也，所系者重，一危而天下遂倾也。

夫夷狄亦何尝不畏中国哉？人所胥戴之共主，一再为其所获，而后知中夏之无人，不足惮也。苻坚自将以趋淝水，高纬亲行以救晋阳，皆以自速其亡，况素不知兵、徒以名义推奉之愍帝乎？智者知此而已；而愚以躁者，乃挟天子为孤注，而诮人畏沮，不量力，不度势，徒败人国家，岂有救哉！

然则肃宗拥朔方一隅之地，与天下相隔绝，何为而成收复之功邪？曰：禄山悍而愚，已据长安，意得而无远志，轻去幽、燕而丧其根本，是朝露将晞者也，故一隅攻之而已足。

家，这是很明白的。因此，周顗等人半途而潜走，并非胆怯而背信弃义，而是由于他们知道灭亡即在旦夕之间，江东地区此后还可得以图存。

长安自从汉朝以来，荒芜空旷而不可做为腹地已经很久了。刘聪、石勒不急于进犯此地而占据之，是因为该地不足为恃，名为天子所在的国都，而后则是刘聪企图稳稳擒获天子之处。假如晋愍帝不入关中，则长安未必很快就会灭亡。当时，石勒已舍弃淮河、襄阳地区北还，洛阳虽然荒凉，而陈州、汝州、蔡州、邓州等地仍可凭恃楚地防线得以稳固，东则连接寿、泗等地而与江南水路相通，西则连接关、陕等地而与雍、凉一带遥相呼应，此为十分清楚的首尾交相呼应之形势。即使愍帝不舍得离开中原，也可暂时定都于陈、许、宛、汝等州之间，这样一来，刘聪、石勒就不敢进犯天子，这也是很明白的。然而，贾疋、索琳因留恋故土而挟愍帝西至长安，当时没有人加以阻拦，人心皆思逃散，晋朝不亡更待何时？因此，要想振兴于丧乱之世，如果没有英武超凡的才能，是不可以处于危急之地以求取侥幸，这并非胆怯，而是关系重大，一旦危险则天下随即就会灭亡。

夷狄何尝不畏惧中国呢？但是，人们齐心拥戴的共主，一再被夷狄擒获，以后遂知中国无有才能之人，所以不足惧怕。苻坚亲率军队进攻淝水，高纬亲自出马以救晋阳，结果都迅速自我灭亡，更何况那位素不知兵、仅以其名义被推奉为君主的愍帝呢。智慧之人明白此点，而愚蠢并轻率求进之人，乃挟君主作为孤注，并讥讽嘲笑他人畏惧不前，真是自不量力，不明形势，徒败亡国家，这怎能有救呢！

然而，唐肃宗拥有朔方一隅之地，与天下其他地区相隔绝，为何成就了收复失地的功劳呢？答曰：安禄山凶悍而愚蠢，既已占据长安，遂意得志满而无长远大计，轻易离开幽燕，丧失了根本之地，如聪与勒各据狡兔之窟以相凌压，方兴而未戢，岂孤立之势所可敌哉？势因乎时，理因乎势，智者知此，非可一概以言成败也。

2.职官贱而士去其廷，封赏滥而兵逃其汛，天子之权轻，物无与劝，而忠贞干理者羞与匪人为伍，其情中涣，此成败之枢机，持之不谨，则瓦解而莫能止。陈頵谏琅邪以金紫饰士卒，符策委仆隶，非所以正纲纪。其言得矣。虽然，天下方乱，人心愈竞，死亡相枕，益不厌其荣宠之情，天子蒙尘，夷盗充斥，乃躁人得志以求名位之时也。重抑之，力裁之，项羽刓印，而韩信、陈平间行亟去；张元、吴昊斥于韩、范，而导西夏以倡狂；即才不如韩、陈，狡不加张、吴，乃以效于我而不足，以附夷狄盗贼而有馀；守頵之说，抑无以敛躁动之人心而使顺于己。

然则术其穷乎？曰：此非立法于宽严之两涂所可定也。天子者，化之原也；大臣也，物之所效也。天子大臣急于功，则人以功为尚矣；急于位，则人以位为荣矣。俭者，先自俭也，让者，先自让也，非可绳人而卑约之者也。其为崛起而图王，则缓称王、缓称帝，而众志不争。其为承乱以兴复，则缓于监国、缓于继统，而人心不竞。汉高之战成皋也，项羽一日未平，则一日犹与韩、彭、张、吴齿，故韩信请王，终夺之而不敢怨。光武听耿弇而早自立，故赤眉已降，而天下之乱方兴。帷幕翼戴同晨露很快即干，不能长远，故攻占一地就已满足。而刘聪与石勒则十分狡猾，各自据有其根据地以侵凌、进犯中原，势力兴盛而未有止息，这岂能是孤立无援的晋朝所能抵抗的吗？势因时而盛，理因势而成，智慧之人就能顺应趋势，而不可一概而论成败呀。

职官太贱而士则离开其职守，封赏太滥而军兵则逃离其防地，君主权力太轻，事物则无与为劝，而忠贞干练者羞于与那些庸碌无为之人为伍，人心涣散，这是成败得失的关键之所在，持之不慎，政权就会瓦解而无法制止。陈頵谏阻琅邪王司马睿以金印紫绶赋予士卒，以符命策书委任仆隶，这是不能端正纲常法纪的。所谏之言是很对的。国家处在乱世，人心愈思争斗，民众死亡众多，这些人则更加追求荣耀宠信，天子逃难，夷盗遍布中原，此正是轻率之人得志并追求功名地位之时。另一方面，用重典抑制、竭力裁革的话，也会造成祸患，如项羽不忍授权，则韩信、陈平暗地急急离去；张元、吴昊受到韩琦、范仲淹的斥责，遂引导西夏骚扰西北边陲；那些才能不如韩琦、范仲淹，狡黠不如张元、吴昊的人，效力于晋朝则有所不足，而党附夷狄盗贼则绰绰有余。假如遵守陈頵之说，抑或未必能够收敛那些躁动的人心，从而使其归顺于我。

如此一来，难道就没有办法了吗？答曰：这并不是立法或宽或严就可以定的。作为天子，是教化的根本；做为大臣，为万物所仿效。天子和大臣急功近利，则他人也以功名为崇尚；天子和大臣急于就位，则他人也以尊位为荣耀。节俭，应先自我节俭，谦让，应先自我谦让，不可以强迫、约束他人去做。为崛起而力图成就王业者，应当缓称王、缓称帝，如此则众人不争处乱世以求兴复国家者，应当缓于监国、缓于继承王业，如此则人心不斗。汉高祖刘邦进行成皋之战时，项羽的军队一天不消灭，则一天与韩、彭、张、吴等人平起平坐，所以韩信请称王，则终于授予而不敢抱怨。光武帝刘秀听从耿弇建议而之臣，骤起而膺三公之位，其下愈贵，己愈踞其上而益尊，其上益尊，其下愈扳援而上以竞贵。更始之廷，人衔王爵，则关内侯、骑都尉之充盈不可禁也。

呜呼！得而成，失而败，成而生，败而死，宗族县于刀俎，乌鸢睨其肉骨，奋志以与天争成败，与人争生死，此志皎然与天下见之，则必有尘视轩冕、铢视金玉之心，而后可鼓舞天下于功名之路。诸葛公曰："惟淡泊可以明志。"君与大臣之志明，则天下臣民之志定，岂恃综核裁抑以立纲纪哉！倚于宽，倚于严，其失均，其败均矣。

3.愍帝诏琅邪王睿为左丞相，南阳王保为右丞相，分督陕东西诸军，令保帅西兵诣长安，睿发江东造雒阳，此危急存亡相须以济之时也。琅邪方定江东，不从北伐，视君父之危若罔闻，姑置之而自保其境，信有罪矣。虽然，以纯忠盛德之事责琅邪，而琅邪无辞；若其不能，则愍帝此诏，戏而已矣。

帝之于二王也，名不足以相统，义不足以相长，道不足以相君。其为皇太子，非天下之必归心，而贾疋等之所奉也；其为天子也，非诸王之所共戴，麹允、索綝之所扳也。琅邪承八王之后，幸不为伦、颖、颙、越之争，繇王导诸人有观时自靖之智，而琅邪之度量弘远也。曾是一纸之诏，丞相分陕之虚名，遂足以鼓舞而折棰使之者哉？名为愍帝之诏，实则索綝、麹过早自立称帝，虽然赤眉义军已经投降，而天下之乱仍方兴未艾。在自己身边的臣僚，骤然而起，身居三公之位，其属下愈显贵，自己愈踞于其上而愈加尊崇，其上愈加尊崇，其下属则愈加攀援而上以竞相显贵。更始帝时期，人人争授王爵，关内侯、骑都尉之职充盈朝廷内外，不可禁废。

啊！得则成功，失则败亡，成功则生，败亡则死。倘若宗族亲朋危处刀斧之下，鸢鹰盯视其骨肉，则奋发斗志与天争成败，与人争生死，此志坦然昭明于天下，则必有不图官爵、不图财宝之士起而响应，而后可鼓舞天下之人行此功名之路。诸葛公言道："惟有淡泊可以明志。"倘若君与大臣志向正确，则天下臣民的意志可定，何必靠综核裁抑的方法来确立纲常法纪呢！偏倚宽政或偏倚严政，则均会导致失败。

晋愍帝下诏任琅邪王司马睿为左丞相，南阳王司马保为右丞相，分别督管陕州东西诸军队，令司马保帅西部军兵到长安，司马睿发兵江南以达洛阳，此正值危急存亡需要相互支援之时。但是，琅邪王司马睿刚刚稳定江南，故不听从命令北伐，视君父的危难如同不知道一样，遂将之搁置一边而自保江南之地，应当确信这是有罪的。诚然，以忠君报国为由责备琅邪王，则琅邪王是无可辩驳的；而琅邪王未能遵命，则愍帝诏书就视为儿戏了。

愍帝与二王之间，名分不足以相统，信义不足以相长，道法不足以相君。晋愍帝称皇太子时，天下并非为之归附，而是贾疋等人所尊奉；当他即位为天子时，又非诸王所共同拥戴，而是麴允、索琳等人所推举。琅邪王司马睿兴起于八王之后，幸而不为司马伦、司马颖、司马颙、司马越所争斗，这是由于王导等人有观察时事、安定自处的智慧，琅邪王有宽宏大量的气度。单单以一纸诏书和委任丞相分督陕州东西军兵的虚名，遂足以深受鼓舞并折服于所遣使者吗？名为愍允之令而已。以琅邪为君，以王导诸人为辅，而恬然唯綝与允之令以奔走恐后乎！

綝与允有效忠之心，而不知道也。度德、量力、相时者，道也。使二子拥愍帝于长安，而不舍秦王之号，与二王齿，且虚大位以俟有功而论定；则犹可弗使孤危以免帝于俘虏，二子亦自救其死以立勋名。而二子方施施然贪佐命之功而不自度也，是以其亡无与救也。元帝闻长安之破，司马氏已无馀矣，南阳王僻处而日就于危，不足赖也，然后徐即王位以嗣大统。读刘琨劝进之表，上下哀吁，求君之心切矣，然周嵩犹劝其勿亟急。得人心者，徐俟天命，非浅人所可与知也。

4.好谀者，大恶在躬而犹以为善，大辱加身而犹以为荣，大祸临前而犹以为福；君子以之丧德，小人以之速亡，可不戒哉！

石勒之横行天下，杀王弥如圈豚，背刘聪如反掌，天下闻其名，犹为心惕；而一为卑谄之辞以媚王浚，浚遂信之而不疑。唐高祖之起晋阳，疾下西京，坐收汾、晋而安辑之，岂为人下者？一为屈巽之辞以诱李密，密遂信之而不疑。浚死于勒，密禽于唐，在指顾之间，不知避也。浚之凶悖，迷此也宜矣。密起兵败窜，艰难辛苦已备尝矣，而一闻谀言，如狂醉而不觉。天下之足以丧德亡身者，耽酒嗜色不与焉，而好谀为最。元祐诸君子，且为蔡京所惑，匆仅以责之骄悖黠奸之浚与帝诏书，实则索琳、麹允等人之令而已。以琅邪王为君主，以王导等人为辅佐，又怎能安然接受索琳、麹允之令而匆忙奔走呢？

索綝与麹允有忠君之心，却不懂忠君之道。度德、量力、相时这三者结合，方称为道。假如让索綝、麹允二人拥立愍帝于长安，仍沿用愍帝的秦王称号，与琅邪王、南阳王地位平等，虚君主之位以等三人功劳大小再加以论定，就不会造成长安孤危，并可避免愍帝被俘，而索、麹二人也可免死自救并立下功勋。然而二人却飘飘然，贪图辅佐愍帝之功而不自我衡量，终于导致灭亡而无法拯救。晋元帝司马睿得知长安已被刘曜攻破，司马氏宗族已无余人，而南阳王司马保偏处一隅，日见危险，已不足依赖，此后遂从容即位称帝，继承大统。读刘琨所撰劝进之表，举朝上下哀叹，要求司马睿登极称帝的心情十分迫切，然而，即使在这种情况下，周嵩仍劝司马睿不要急于称帝。得人心者，徐徐等待天命安排，这并不是肤浅之人所可以知道的。

喜好被人奉承，大恶在身却以此为善，大辱加身却以此为荣，大祸临头却以此为福；君子由此而丧德，小人由此而速亡，不可不戒啊！

石勒横行天下，杀王弥如同杀猪一样，背叛刘聪如同反掌一样，天下之人闻听其名，心中都提高警惕。而石勒以一纸奉承言辞讨好王浚，王浚遂深信不疑。唐高祖起兵晋阳，迅速攻下长安，坐收汾、晋之地并很快安定局势，岂能是甘居人下者。然而却以一纸谦逊之辞引诱李密，李密遂深信不疑。结果王浚被石勒杀死，李密被唐朝擒获，仅在一念之间，却未能避免。王浚十分凶悍，受此蒙蔽也是适宜于他的。李密起兵失败，四处流窜，艰难辛苦已经备尝，而一听到奉承之言，如同狂醉一般，飘飘然而不知察觉。天下之中，足以丧德亡身者，耽酒好色尚不为最，而以喜好奉承为最。北宋元祐时期的诸位君密也。

5.建大业者，必有所与俱起之人，未可忘也；乃厚信而专任之，则乱自此起。元帝之得延祚于江东，王氏赞之也，而卒致王敦之祸，则使王敦都督江、湘军事，其祸源矣。

王氏虽有翼戴之功，而北拒石勒于寿春者，纪瞻以江东之众捍之于淮右，相从渡江之人，未有尺寸之效也。若夫辑宁江、湘，奠上流以固建业者，则刘弘矣；弘之所任以有功，则陶侃矣；平陈敏，除杜弢，皆侃也，侃功甫奏，而急遣王敦夺其权而踞其上，左迁侃于广州，以快敦之志，使侃欲效忠京邑，而敦已扼其吭而不得前，何其悖也！侃之得成功于荆、湘者，刘弘推诚不疑，有以大服其心尔。至是而侃不可保矣。迨其后有登天之梦，而苏峻之乱，踌躇不进，固将曰专任侃而侃且为敦，而不知其不然也。敦杀其兄而不恤，侃则输忱刘弘而不贰，其贞邪亦既较然矣。侃之不得为纯忠，帝启之，敦又首乱以倡之，而侃终不忍为敦之为；疑之制之，王氏之私，岂晋之利哉！

俱起之臣，虽无大权，而固相亲昵；新附者，虽权藉盛，而要领非其所操，腹心非其所测。故萧、曹与高帝俱兴，而参帷幄、定危疑，则授之张良、陈平；握重兵、镇重地，则授之韩信、彭越；新附者喜于见信，而俱起者安焉。韩信曰："陛下善于将将。"此之谓也。元帝怀翼戴之恩，疑才臣而疏远之，子，尚且被蔡京所迷惑，因此就不必仅仅责备骄悖奸诈的王浚和李密了。

创建大业者，必定要有与之共起之人，这是不可忘的；然而，对他们深加信任并授以很高职权的话，祸乱就会自此而起。晋元帝司马睿之所以能够继承帝位，延续晋朝统治于江南地区，是王氏家族支持的结果，然而最终导致王敦发动祸乱，则由于使王敦掌握江湘军事、拥有重兵的结果，这就是祸乱之源。

王氏家族虽有拥戴之功，但是北拒石勒于寿春，则是纪瞻率江南军民在淮右一带抗击的结果，与司马睿相从渡江南迁之人，却未效尺寸之力。而安宁江、湘，稳定长江上流以巩固健康之人，则是刘弘。刘弘所任而立下功勋者，则是陶侃。平定陈敏之叛，清除杜弢之乱，都是陶侃。而陶侃功勋不加奏明，却急急派遣王敦夺侃之权而位居其上，贬低陶侃并将其派至广州，以达到王敦的心愿，致使陶侃想效忠京师，而王敦已扼其咽喉，无法向前，这是何等谬误啊！陶侃之所以能在荆、湘地区取得成功，是由于刘弘推诚相待，能够使其心悦诚服。至此时而陶侃已不可保。到以后有人作登天之梦，苏骏发动叛乱，踌躇不前，固将说专任陶侃而陶侃尚且为王敦，却不知并非如此。王敦杀其兄而不悯恤，陶侃则忠心于刘弘而不变，其忠贞、奸邪于此可有明显比较了。陶侃之所以不得为纯忠，责任由皇帝开始的，继而王敦又作乱来倡导，而陶侃始终不忍做王敦之所为；猜疑陶侃、抑制陶侃，都是由于王氏出一己私利，这怎能对晋朝有利呢！

共同起事之臣，虽未掌管大权，却能够相互亲近；新归附之人，虽权势极盛，而要害非其所掌握，腹心非其所测知。故而萧何、曹参与汉高祖一块儿兴起，而运筹帷幄、安定危局，则由张良、陈平负责；掌握重兵、镇守要地，则由韩信、彭越负责；新附者乐于得到信任，而共同举事者则能得安稳。韩信曾说："陛下最善于用将。"这幸王导之犹有忌，而敦之凶顽不足以饵人心使归己，不然，司马氏其能与王氏分天下乎？有陶侃而不知任，帝之不足有为，内乱作而外侮终不能御也，不亦宜乎！

6.受谏之难也，非徒受之之难，而致人使谏之尤难也。位尊矣，人将附之而恐逆之，然附尊位者，非知谏者也；权重矣，人将畏之而早已惴之，然畏重权者，非能谏者也；位尊而能屈以待下，权重而能逊以容人，可以致谏矣，而固未可也。所尤患者，才智有馀，而勤于干理，于是乎怀忠欲抒者，夙夜有欲谏之心，而当前以沮，遂以杜天下之忠直，而日但见人之不我若，则危亡且至而不知。

夫人之有才，或与吾等，而有所长则有所短矣。且人之有才，而或出吾下，见吾之长，则自有长焉而疑其短矣。夫言之得，计之善，固有其理显著，人各与知，而才智有馀者，或顾不察者矣。且有才不逮，智不若，偶然一得而允合于善者矣。抑有谋之协，虑之深，而辞不足以达意者矣。尤有彼亦一善，此亦一善，在我者挥斥而见长，在彼者迟回而见绌者矣。然而君子所乐闻者，非必待贤智多闻之能为我师者也；正此才智出己之下，而专思一理、顺人情而得事之中者也。彼且闻我之恢恢有馀，献其所长，而恐摘以所短，则悃愊自好之士，不欲受迂阔浅鄙之讥，以资我之笑玩，而抑虑我之搜幽摘微，以穷己于所未逮，则夙夜之怀忠，必不能胜当前之葸缩。我即受之，而彼犹歆焉恐其不当。此教人使谏之难，君子之所虑，而隐是对的。而晋元帝心怀拥戴之恩，却猜疑才能之臣并疏远他们，所幸王导受到晋元帝的猜忌，而王敦的凶顽则不足以引诱人心归附自己，不然的话，司马氏能与王导共享天下吗？有陶侃这样的人才却不知加以重用，皇帝不是有作为的君主，结果内乱发作而外侮终究不能抗御，这是自然的结果。

接受进谏之难，并非仅仅是接受时难，而能够做到使人进谏才更难啊。地位尊贵者，人们往往依附于他而怕背逆他，所以依附尊位之人，并不知道要进谏；权势很重者，人们往往对之畏惧而早已揣摩其心思，所以畏惧重权之人，并不能够去进谏；位置尊贵却能屈身待下，权势很重却能谦逊容人，则可以纳谏，否则就未可。尤其要忧虑的，是那些才智很高、勤于政务、心怀忠诚、欲抒己见之人，他们夙夜有向君主劝谏之心，当前面有所阻止，就认为这是杜绝天下忠直之人，整日感到他人不如自己，这样则危亡将至而有所不知。

人有才能，或者与我相等，然而有所长则必有所短。而且人有才能而可能在我之下，见到自己的长处，则自认为有长处而否定其短。言语得当，计策高明，而将道理显示出来，使人们都能知道，才智很高的人中，或许有不被人察知者。尚且有才能不高、智慧不及者，偶然有一得之见而成为善策。也有谋略恰当、思虑深远却词不达意者。尤其有那种彼一善策、此一善策，在我之处则奔放出来而见其长，在彼者则徘徊不前而见其绌。然而君子所乐于闻听的，并非一定是贤明智慧多闻者才能成为我师，而是那些才智不如自己，却专门研讨一理，顺乎人情而符合事物发展，这样的人亦方为我师。对方得知我宽广有余，献其所长，而又恐选取其所短。那些至诚自好之士，不愿受迂腐浅鄙之人的讥讽，以便成为我的笑料，并担心我会搜幽摘微，以寻尽自己所未达到的程度，如此则夙夜心怀忠诚，也不能代替当前的惭愧心情。即使我接受了其谏言，而对方仍担忧，恐其所言恶扬善、乐取于人之所以圣与!

隗瑾之告张寔曰:“明公为政,事无巨细,皆自决之,群下受成而已;宜少损聪明以延访,则嘉言自至,何必赏也?”允矣其知道之言乎!

不当。此正是教人进谏的难处，君子之所思虑，而隐恶扬善、乐取于人则正是其高尚圣明之处！

隗瑾曾告诉张寔道：“明公主持政务，事无巨细，都要亲自处理断决，下属只是受其成而已；应少失聪明以延访贤能，则嘉言善策自然会来，何必赏呢？”此话非常允当，是明了进言之道的语言。

卷十三

东晋元帝

（自此至陈，凡僭伪诸国事俱附六代编年下论之。）

1.扶危定倾，以得人心为本务。国破君亡，天下喁喁然愿得主而事之，人心为易得矣，而未易也；非但其慰安之者非其道也，天下方喁喁然而愿得主，抑必天下之固喁喁矣；如其遽自信曰天下固喁喁然愿得我而为主，则天下之情解矣。非其情之所迫求而后应者，则贤者且不能伸其忠孝之愿；下此者，拥戴之勋名不归焉。于是乎解散踌躇曰：彼且自立乎其位，而责我之效功以相保。则虽名分正、威望立，而天下之奔走也不迫。乃始下奖劝联络之诏以縻天下之归己，而天下不应。我以奖劝联络之情辞縻天下，而天下恶得不骄？故当国破君亡之馀，不待天下之迫而迫自立者，非外逼以亡，则内争以叛。此岂挟机伪让之足以动天下哉？无宗国之痛而乘乱以兴，则欲为谦让也不能；其情疑，其气嚣，则其事躁而不以礼，必矣。

愍帝之立，贾疋等扳之以立而遂自立，则琅邪之在江东，南阳之在秦、陇，虽不与争，而坐视其亡而不救。匪直二王也，刘琨、慕容廆之在北，张寔之在西，陶侃之在南，皆坐视其亡而不恤。长安破，愍帝俘，司马子孙几于尽矣，琅邪拥众而居江左，削平内寇，安靖东土，未有舍琅邪而可别为君者。然而闻长安之变，官属上尊号而不许，固请而不从，流涕而权

（自此至陈，凡僭伪诸国事俱附六代编年下论之）

要扶大厦之将倾，要救国家之危亡，就要力争得到民心。当国家处于战乱，国君或逃或亡的时候，天下百姓急切地想有一个新的国君，这时候民心是比较容易争取的，因为人心思安。此时只用安慰的办法是不行的，因为百姓迫切需要新国君，这是形势所迫啊。如果这时有人非常自信地说：天下百姓想拥戴我为国君，这种情况也是可以理解的。如果不是形势所迫而后来却有了这种结果，那么有才能的人也不能达到对国对君忠孝的目的；也就更谈不上拥戴之功了。于是他们踌躕满志地说：他们自立国王，却要求我们效力来保护他们的王位。虽然当了国君名正言顺、威望建立，但天下仍有人奔走相逃。这时国王乃下诏奖励天下百姓归己，而天下人们并没多少反应。我用奖励劝慰诏书来笼络天下人们，天下百姓怎能不骄傲、放纵？所以当国破君亡之时，不是天下形势所迫而被迫当国君的人，不是被人逼亡，就是内部的官员相叛。这难道不是告诉我们要抓住时机来感动天下人吗？如果不是因同姓王朝灭亡而悲痛，而是乘着国家混乱而建立的王朝，那么这些新王朝想谦让也不能。这时他们既怀疑天下，又气焰嚣张，他们做事急躁而不循常规，这是一定的。

西晋愍帝司马邺当上皇帝，是贾疋等人支持的，而司马邺自己也终于自立为帝。琅邪王司马睿住在江东地区，南阳王司马保驻扎在秦陇地区（今陕甘地区），虽然他们不和司马邺争夺帝位，但却看着他的危亡而不救他。不只是这两个王如此，刘琨、慕容廆在北面，张寔在西面，陶侃在南面都看着他的危亡而不救之。后来，长安（今西安）被攻破，司马邺被俘虏，司马子孙几乎被赶尽杀绝。琅邪王司马即晋王之位。已而刘琨屡表陈痛哭之辞，慕容廆、段匹磾且合辞以劝进，豫州荀组、冀州邵续、青州曹嶷、宁州王逊，合南北以协请，江东人望纪瞻之流皆敦迫焉，然后践阼而改元，于是而元帝之位定矣。无求于天下，而天下求之，则人不容有异志而允安。东晋之基，成乎一年之需待，此人情天理之极致。其让也，即国之所以立也。

然且有未及待者，张寔也。寔之戴晋也坚，而择主也审，南阳王保无待而立，寔舍之而属望乎江东，寔表至，帝已先立，而寔之志反为之贰，称建兴年号，而不举太兴之正朔，寔岂不愿得君而事之哉？亦恶其不待己求而迫自君也。即此而人心向背之几可知矣。为人臣子，抑奉君亲之痛而有浮慕弋获之心，天下测其隐而鄙之，是天理之在秉彝者，不容纤芥之差乎！彼且不自知，而合离之情理自迥别也。因是而推戴无功者生其忮忌，翼赞有力者挟以骄陵，皆末流之必然矣。远人擅命以自尊，权奸怀逆而思逞，国欲存也，其可得乎！

睿率领众军民驻扎在江左(今长江以南地区),平定了这个地区的匪寇,安定了百姓,此时除了司马睿外没有别的人可以为国君。但是司马睿听说了长安的变乱,因此,官员们多次上书,请求司马睿做皇帝,而他都没有答应。后来他们答应暂且居晋王之位。官员们则泪流满面劝请司马睿即自位当晋皇帝。不久刘琨多次上表陈述悲痛之言辞,慕容廆、段匹磾等一起上表固劝司马睿即皇帝位。豫州的荀组,冀州的邵续,青州(今江苏扬州市西北)的曹嶷,宁州(今云南大部、贵州大部地区)的王逊,也一起请求,江东有名望的人纪瞻等在一起坚决要求,司马睿在这种情况下改元即位,这就是东晋元帝。自己本人无意做皇帝,而天下人们拥戴他,人们不愿让他有别的志向而自安。东晋王朝经过了一年的等待,终于建立,这是人情天理所致。司马睿的谦让,正是东晋立国的基础。

但是,也有没有来得及表示拥戴的,这就是张寔。张寔可以说是坚决拥戴晋王朝的,他是仔细选择人做皇帝的。南阳王司马保没有人拥戴而自立皇帝,张寔因此放弃支持他,而把希望寄托在江东司马睿身上。张寔劝进表到之时,而司马睿在此之前已做了皇帝。因此,张寔此时却有了贰心,自己建立前凉政权,称年号建兴,而不把大兴年号奉为正统。张寔难道不愿意为一个国君服务吗?他只是厌恶司马睿不等待他的请求,而自己为君罢了。从此件事可以观知人心向背的了。做人臣子,应该时刻为国君分忧,不允许表里不一。如果表里不一,内藏夺取之心,则天下人观其隐私而鄙视他,因为按照常理,真理在国君这一边,他们不容有丝毫的贰心!他们自身不知道,所以或合作、或分裂的结果自然迥然差别。所以,推举拥戴无功的产生妒忌,以致分离,而推举有功的人日益骄纵,这些都是没有远见的人所为的。远离贤人,自己专权以求尊位,奸臣心怀贰心想有所企图,在此情况下,国家想长治久安,这难道能够吗!

2.元帝之立也，王氏逼王室而与亢尊，非但王敦之凶悍也，王导之志亦僭矣。帝乃树刁协、刘隗于左右，以分其权而自固。然而卒以取祸者，非帝之不宜树人以自辅，隗、协之不宜离党以翼主也；其所以尊主而抑强宗者，非其道也。

承倾危以立国，倚众志以图存，则为势已孤。或外有挟尊亲之宗藩，或内有挟功名之将相，日陵日夷，而伏篡弑之机，此正君子独立以靖宗社之时，而糜躯非其所恤。然君之所急与吾之所以事君者在是，则专心致志以弥缝之而恐不逮。即有刑赏之失，政教之弛，风俗之敝，且置之以待主权既尊、国纪既立之后，而必不可迫为张弛，改易前政，以解臣民之心，使权奸得挟以为辞，而诱天下以归己。协与隗未足以知此，气矜而已矣。恃其刚决之才，标名义以为名，而钳束天下，一言之非，一事之失，张皇而摘之，于是乎盈廷之怨起，而王氏之党益坚。非臣民之叛上而即彼也，乍拂其情者激之也。

孟子曰："不得罪于巨室。"非谓唯巨室之是听也，不得罪于臣民，巨室弗能加之罪也。沉静以收人心，而起衰救敝之人作，且从容以俟人心之定，则权臣自戢，而外侮以消。况名法综核为物情所骇者，其可迫求之以拂众怒也乎！方正学未之逮也，隗与协又何足以及此！

东晋元帝司马睿称帝之后，诸臣并不全服。王氏家族威逼东晋王室，而且与之抗衡，不但王敦凶悍异常，而且王导也有超越皇帝之异志。司马睿就在自己旁边安排了刁协、刘隗，来削弱王导王敦等人的权力，以图巩固自己的地位。然而，最后导致自身的大祸，并非是皇帝不应安排人来辅助自己，而是因为刘隗、刁协不应脱离其党而辅助皇帝。他们为尊重皇帝而限制强大的王族，不是恰当的办法啊。

在危难的情况下建国称帝，又借依大臣的力量来图生存，形势还是比较困难的。在外部有人借着本身是同姓的皇族，在内部有的将领借着本人拥戴皇帝即位的功名，他们日侵月逼，妄图篡权夺位。这时正是君子以特立独行的节操来，安定国家的时候，就是牺牲也应在所不辞。如果皇帝急需的和我们大臣们急需的都是如此，那么大家就会同心协力来维护国家的安定了。如果这样，即使刑赏有所失明，政教有点松驰，风俗有点不好，而且这些又在皇帝尊号已定，纲纪已立之后，那么就不会被迫来改换政策，为人左右了。这样，也就不会使臣民失望，也更不会使奸臣借拥戴之功来横行霸道，也就不用引诱天下臣民来归向自己了。刁协、刘隗对此道所知不够，是因为他们过于自负了。他们自恃自身果断的才华，又以行仁义为名，以势力来压迫人。结果因为说错了一句话，办错一件事，就容易受到人们的指责，结果整个朝廷怨声载道，而王氏势力日益巩固、强大。这不是因为臣民愿做皇帝的叛逆而导致的结果，而是违背了臣民本身的愿望所致的。

孟子曾经说过：“不要得罪那些世家大族。”这不是说应该事事听命于世家大族。如果没有得罪臣民，世家大族对他们也无可奈何。如果用休养生息之策来取得人心，而且又有拯救国家于水火之中的人出来，而且民心逐渐安定，那么权奸自会有所收敛，外面的侵略者也会撤走。名声、法制等受到当时情况的限制，岂可不顾当时情

3.宗国沦亡，孤臣远处，而求自靖之道，岂有他哉？直致之而已矣。可为者为之，为之而成，天成之也；为之而败，吾之志初不避败也。如行鸟道者，前无所畏，后无所却，傍无可迤，唯遵路以往而已尔。旁睨焉而欲假一径以行吾志，甚则祸及天下，不甚则丧其身，为无名之死而已。刘琨之托于段匹磾是也。

非我类者，心不可得而知，迹不可得而寻，顷刻之变不可得而测，与处一日，而万端之诡诈伏于谈笑，而孰其知之？琨乃以孤立之身，游于豺狼之窟，欲志之伸也，必不可得；即欲以颈血溅刘聪、石勒，报晋之宗社也，抑必不能；是以君子深惜其愚也。以琨之忠，身死族夷，抱志长埋于荒远，且如此矣；下此者，陷于逆而为天下僇，亦终以不保其血胤。功则无功也，死则必死也，何乐乎其为此也！故曰直致之而已矣。

4.忌裨将之有功，恶人之奖之，恐为人用，背己以去，且将轧己而上之，此武人之恒态也。陈川之将李头，力战有功，祖逖厚遇之，头感逖，愿为之属，川疑忌而杀头以降石勒，于是而汴、晋之间大乱而不能定。呜呼！此将将者之所以难也。

知武人之情，而不逆其所忌者，则知权矣。非但畏彼之怨怒而曲徇之也，道固存焉，权即正也。三军之士，智者、勇者，勤敏而效死者多矣。智勇以效死而逾于主帅者有矣；而既况求追逐名利，而不顾众人的意愿呢！方孝孺没有做到这一点，刘隗与刁协又怎能做到这一点！

宗主国沦亡，一个臣子孤单地在远处，而欲求自身安定的办法，不是很难吗？只能听天由命了。能做到的要尽力做，做之而成功，这是天意；若没有做成，则说明我的目的没有达到。这就像走险峻狭窄的山路，只能前进，没有后退，没有别的路可走，欲想另辟一路来实行自己的志愿，严重的就会给天下带来祸害，不严重的则会给自己带来杀身之祸，成为无名的英雄。刘琨依托段匹磾就是这样的结果。

不同族类的人，我们不知他们的心理活动，也不知他的行为习惯，不能预测他们的心念的变化，我们与他们相处时，他们阳奉阴违、暗藏机谋，而又有谁知道呢？刘琨以孤单的一个人，在豺狼的魔窟中漫游，想实现他的愿望，这是必然行不通的；就是他想用与刘聪、石勒同归于尽的方式来报答晋皇帝，也不可能达到；所以我们对刘琨的愚行深感可惜。刘琨那么忠诚，和子侄一同被害，被埋藏在荒郊野地；还有那些被叛逆所困的人，被人侮辱、杀掉，他们也不能保全他们的后裔，他们这是更次一层了。有功的被说成无功，必定要死了，为什么要乐意做这些呢？所以说，天意如此啊。

武将最害怕的是他的副将立了战功，又怕别人奖励他，被别人利用，倾轧并高过自己，这是武将一般的常态。陈川的将领李头征战有功，祖逖待他甚厚，李头很感激祖逖，愿做他的部属。陈川就怀疑、嫉妒、杀掉了李头，投靠了石勒。结果汴（开封一带）、晋（山西）之间大乱而不能安定。唉！率领将军是比较困难的啊。

了解了武将的常态，而又不违背他们的愿望，就知道权术了。这不是畏惧他们怨怒而曲意顺从，而是真理在我们这一边，这也就是权术了。在三军里面，有很多有智、有勇、勤劳、不怕死的将士。他们已隶于人而受命，则纲纪存焉。纲纪者，人君之以统天下，元戎之以统群帅，群帅之以统偏裨者也。夫既已使之统，而又以不测之恩威、唯一时之功罪以行赏罚，则虽得其宜，而纲纪先乱。纲纪乱，则将帅无以统偏裨，元戎无以统将帅；失其因仍络贯之条理，而天子且无以统元戎。故韩信下燕、赵，平三齐，岂一手一足之烈哉！其智勇效死以成信之功者多矣。然而汉高知信而止，以李左车之贤智，信方北面受教，而高帝未尝拔之以受一邑之封。信曰："陛下不能将兵，而善将将。"此之谓与！

既已为其偏裨，则名义存焉；其智勇效死而或为主将之所抑，因之以徐惩其主将可也，非能率吾意而亟行之也。好恶虽当，而有所不可任；刑赏虽公，而不敢轻；鸠合数十万人而为之长，一一察其能否以用其恩威，力穷而争以起。逖之使头愿为之用以背陈川者，任情以行好恶，自谓至公，而不知纲纪为维系人心之枢纽也。夫逖慷慨英多，而未达大体，即不陨折，吾不敢信其匡复之功可成。称周公者，曰"欣欣休休，见善不喜，见恶不怒"。英君哲相，规模弘远，岂易及哉！

5.忠臣志士善保其忠贞者，尤不可以无识；苟无其识，则易动而不谋其终。谓荀彧之党曹操以篡汉者，已甚之辞也。不揣其终，而相沿以往，变故日深，而弗能自拔，彧以是死，而不能避不韪之名，急于行志而识不远也。当汉帝困于群凶之日，唯曹操能迎而安之，悠悠天下，舍操其何适焉？操之不可终任，人具知之，而转念之图，惟昏于初念；其为智也，不能大智大勇誓死为国的行为甚至超过了主帅，但他们不得不听命于主帅，这是因为有纲常、纪律的约束。皇帝统治天下臣民、元帅统帅群将、群将统领诸将士，靠的就是三纲五常，靠的是纪律。既然让他们统帅诸多人马，又不能正确地统帅，靠一时的功劳和失误来实行奖励和惩罚，那么纪律就会松驰。纪律松驰了，将帅就无法统帅将士、副将，而元帅也不能统帅将帅，这样就失去了常规、道理，皇帝也就不能指挥元帅了。所以韩信攻下燕越大地，平定三齐内乱，并非是靠他一人的力量。他部下众多有勇有谋的将领成就了他的功业。然而刘邦阻止了韩信的继续前进，只是因为李左车的建议，韩信才从其议；皇帝也才答应，而刘邦并未提拔他，让他接受封邑。韩信说：“皇帝您不能领兵，但却很会统帅将领。”真是如此啊！

既然名义上已做了副将，就要听主将的指挥；副将的大智大勇之策有时为主将压制，这时也不能按照自己的意见去行事，而要慢慢的从长其议。要任用好人，重视刑赏。自己做为几十万人的统帅，要想一一辨其好恶，力尽也不能做到。祖逖使李头愿听他的指挥，背离陈川，自认为任用了好人，自认为这是公平的，而不知道纪律是统治人们的根本。祖逖多才多谋，所做甚多，但最终没有统一中华。就是他不过早地死去，我也不能相信他会收复中原，统一中华，有一句称赞周公的话，是：“凡事谨慎有礼貌，看见善的不惊喜，看见坏的不发怒。”英明的皇帝，多才的贤相，要做到这一点，也是不容易的！

忠直的大臣志士要想很好地坚持他的忠诚、贞洁，尤其需要有见识、有远见；如果没有见识、远见，就不能有很好的结果。人们说荀彧之流是曹操夺取江东政权的工具，这话有点过份了。荀彧不推测曹操长远的目的，和他来往，结果两人产生了矛盾，荀彧因此而被迫自杀。最终他还落了叛逆的名声。这就是因为他急于实现自己的志向而远见尚不够啊。当东汉献帝刘协处于群雄分争，东汉王朝摇摇决两端于俄顷，迎刃以解，而姑为尝试，且自谓他日之可有变计，乃不知其终不能也。是以能早决以洁其身者之谓大智，高瞻其当之矣。

慕容廆之始戴晋也，既定辽东，欲以瞻为将军，抚心而告之曰："孤欲与君共清世难，翼戴王室。"廆慷慨而言之，瞻漠然而应之，郁郁以死，终不为屈，疑为已甚矣。夫瞻秉戴主之忠，而廆有可因以效忠之牖，姑听而观其后也未晚，然而瞻固知其不可恃也。廆之不可恃以终戴晋也，岂难知哉？抱忠而欲亟试之，则一念迟回，忘廆之能用己而己不能用廆也，则且如荀彧之不决以败其名节矣。处空谷而闻足音，则跃然而喜，恶知夫是音之非熊罴魆之相扰也！怀忠而愤宗国之倾没，闻有义声者欣然而就之，其不为乱贼所陷者鲜矣。高瞻之智，决于俄顷，粲然若黑白之不相淆，迎刃而解，捷于桴鼓；死于不屈之前，而不死于自拔末繇、力穷志沮之日。呜呼！可不谓贤哉！刘琨所不逮也，况荀彧乎！

6.祖逖立威河南，石勒求与通好，逖不报书，而听其互市，可谓善谋矣。

两军相距而绝其市，非能果绝之也；岂徒兵民之没于利而趋者、虽杀之而不止哉？吾且有时而需彼境之物用而阴购欲坠的时候，只有曹操能迎献帝而安之，除了他并无别人。曹操不能完成振兴东汉的任务，人人都知道，曹操篡夺汉位的思谋，恐怕很早就有。曹操在这两者中间抉择不是瞬时就能完成，他把迎接汉献帝作为一个尝试的计谋，认为可以利用汉献帝。而他也不知他也终不能达到他的目的。所以能及早决断，能洁身自好的人被称为有远见有智谋的人，高瞻就是这样一个人。

慕容廆起初拥戴晋王朝；他安定辽东（今辽河以东地区）以后，想派高瞻为将军，就诚心告诉他说："我想和你一起克服困难，肃清奸臣，辅佐王室。"慕容廆慷慨陈辞，高瞻反应冷淡，最后郁郁而死，我们想这也有点过分。高瞻是坚决拥戴晋朝的忠臣，而慕容廆又是可以效忠的凭借力量，高瞻暂且听从慕容廆的计谋，而看他以后所做所为再作打算也不迟。但高瞻原本就知慕容廆不足以依靠。不能一直依靠慕容廆来拥戴晋室，并非难以知道。如果高瞻怀抱着一腔忠心急欲尝试慕容廆的计谋，可能铸成错误，忘记慕容廆能任用自己而自己却不相信他，那么就会像荀彧那样不决断而败坏了他的名声。如果在空旷的谷地听到脚步声，就突然高兴，又怎能知道这不是熊罴发出的声音？如果有一腔热血，想恢复王室，听到有人喊正义的声音而不辨忠伪就去投奔，那么就可能被奸贼陷害，这种情况并不少见。高瞻决策于瞬时，他的决策简明易断，好像黑白一样分明，从而走上了一条正确的道路。他不是死在难以自拔，力尽丧志的时候，而是不屈而死。唉！怎能说他不是贤人呢！刘琨赶不上他，何况荀彧呢！

祖逖在河南有了威望，石勒写信要求与他和好，祖逖不给他回信，而是听任军民互做买卖，这可以说是善于谋算的了。

敌我两军相对抗，如果我们禁止双方做买卖，那是不容易的；禁止双方做买卖不仅使兵民得不到好处，而且有些人为了获利而不之矣。绝市者，能绝吾之不往，而不能绝彼之不来也。吾之往市者，非一日而即能致于彼，畜之牧之，舟车数百里而输之，未至于疆场而早已泄，故虽不能必绝，而多所绝。若彼之来也，授受于疆场，一夕而竟千金之易，而自我以逮吏士编氓，无不仰给焉，恶可绝也！于是而吾之金钱与其轻齐之货贿、尽辇以归敌，而但得其日就消亡之物，则敌日富而我日贫，金钱暗耗而不知，欲三军之无匮也不能，而民贫怨起矣。

且绝市者曰：忧间谍也。间谍之往来，恒于歧径，乃名为绝市，而必不能禁下之私通，则歧径四辟，而间谍之往来无忌。互市通，而关津有吏焉，以讥其出入；交易有期焉，以限其往复；军民之志欲得而私径芜，则间谍之出入阻矣。且间谍者，非必畜不轨之志以走险者也，私市通，歧径四出，人知官禁之疏，而渐与敌狎，则因而玩死以仇奸者多矣。一之于互市，市之外，无相狎之门，自非深奸巨慝忘死以侥幸者，孰敢尝试焉？以通之者绝之，逖之虑此密矣。此两军相距，赡财用、杜奸人之善术，用兵者不可不知也。

7.王导之不得为纯臣也，杀周顗而不可掩，论者摘之，允矣。然谓王敦篡而导北面为佐命之臣，以导生平揆之，抑必其所不忍。且王敦之凶忍，贼杀其兄而不忌，藉其篡立，导德望素出其上，必不能终保其死，导即愚，岂曾此之不察哉？

怕被杀。何况我们有时也需要对方的物资而秘密地购得。禁止买卖只能禁止我们不去对方那边，而不能禁止对方来我们这边做买卖。我们这边采购东西，不是一日就能采购得到的，即使从远处采购到，用牛拉马驮，舟车远送，没有运到战场就会泄露了秘密，这样，反而限制了我们。相反，若对方来我们这边做买卖，在战场附近交易，一天也可能达到数千的交易，我们物资供应也就有了保障，所以我们怎能禁止互市呢！结果我们的金钱都尽数给对方，而仅仅得到数日的消费，于是对方一天天富起来而我们日益贫困，我们三军日益困难，这样百姓就会有怨言。

禁止贸易的人说："贸易会招致间谍进来。"间谍出入我方，一般是从小路出入的，禁止贸易不能禁止百姓暗地的交易，而且小路那么多，间谍往来反而会更多。如果双方互通贸易，而且渡口、路口有官吏检查人们的出入；贸易也有一定的时间，限制人们的随意往复，这样军民就会高兴，小路也就无人走，从而限制了间谍的出入。间谍也并不都是身怀不轨之志，铤而走险的人。如果暗地里贸易，人们就会知道官吏禁止不严，有些人因此还会和敌方亲近，成为一个很有危险的奸人。如果对方互市，除了一定的场地，没有别的途径可与敌方亲近，那么不是很有胆量的奸人，谁敢心存侥幸冒死去尝试呢？所以，以双方互通贸易禁止间谍的出入，这是祖逖深思熟虑的高招。这也是两军对垒、使我方富足、杜绝奸人的好办法，带兵打仗的人应该知道这一点。

王导不能做纯一正直的大臣，这从周顗被杀即可看出，评论的人指摘他，这也是公允的。但如果说王敦思谋篡权而王导为他的辅佐，从王导平生所作所为推测，他不太可能这样做。而王敦残暴凶恶，奸贼杀掉他的兄长他也不忌恨，因为他想借此来篡位。王导威望声誉向来比王敦高，他一定也不会促成他的死，王导即使愚蠢，乃导之洪涩两端，不足以为晋之纯臣也，则有繇矣。盖导者，以庇其宗族为重，而累其名节者也。王氏之族，自导而外，未有贤者，而骄横不轨之徒则多有之。乃其合族以随帝渡江，患难相依而不离，于此而无协比之心焉，固非人之情矣。然而忠臣之卫主，君子之保家，则有道焉。爱之以其情也，亲之以其道也，因其贤不肖而用舍之以其才也，尽己所可为，而国家之刑赏，非己所得而私也。当其时，纪瞻、卞壶、陶侃、郗鉴之俦，林立于江左，而以上流兵柄授之于王敦，导岂有不逞之谋哉？恤其宗族，而不欲抑之焉耳。

将谓管叔之逆，周公且不忍防之于早乎？乃管叔者，非但周公之兄也，周公非但以己兄之故而使之监殷也。管叔者，固文王之子，武王之弟，成王之叔父也。俱为天子之懿亲，而以己之贤，疑彼之不肖而早制之，于是乎不可。而导岂其然哉？天下者，司马氏之天下，非王氏之天下也。惜其阀阅之素盛，念其辛苦之共尝，以人之天下而慰己之情，未有不陷于恶者。而其究也，乃至亲统六师，名为贼而推之刃，又何足以救名义而全天性哉？

呜呼！岂徒如导者，系国家安危之大故，人臣贞邪之大辨哉！凡人之亲爱其宗族也，亦各有道矣。己所得为，无不可推也；上而君，降而友，又降而凡今之人与凡天下之物，非吾所得私者，不得以自私，则抑不得以私其诸父昆弟。妄欲者何厌之有哉？教以正，迪以自立之方，士习为士，农习为农，黠者戢难道这一点也会不明白吗?

至于说王导首鼠两端,脚踩两足船,不能被称为东晋纯一不贰的忠臣,则是有原因的。因为王导以保护其宗族(王氏家族)为重,这就有损了他的名声。王氏家族除了王导之外,没有几个有才华的人,而横行不法之徒则为数不少。整个王氏家族随皇帝一起渡过长江,他们患难相依,不相分离,如果不能齐心共力,互相帮助,恐怕也不是人之常情。但忠臣应该保卫国主,君子护卫家族,是有道理的。要根据情况来爱护自己的家族,根据道理来帮助自己的家族。按照人们的才能大小而决定用与不用,不能任人唯亲,因为国家的惩罚和奖励,不是根据自己好恶决定的。当时,纪瞻、卞壸、陶侃、郗鉴等有才华之流,都聚于江东,而却把兵权授给王敦,王导难道不是想实现他的计谋吗?他主要是关心他的家族,而不想压制他罢了。

可能会有人说,管叔作乱叛逆,周公尚且不忍心过早地阻止他吗?管叔是周公的兄长,周公并不因为此而派他监视商。管叔,是周文王的儿子,是周武王姬发之弟,也是周成王姬诵的叔父。他同是天子的亲属,不能因为自己有才华,就怀疑他人有不轨之谋而及早约束他,也是不可能的。王导难道是这样吗?天下是司马氏的天下,而不是王氏的天下。王氏家族拥戴皇帝战功赫赫,尝遍了千辛万苦,而王导以别人的天下来抚慰自己的家族,难免不被人指责,可惜啊。究其原因,在于他亲自统帅三军,他被称为奸贼;处于尴尬境地,这又怎能保全他的名声而又保其忠诚呢!

唉!像王导这种人,他们手握重权,关系着国家的安慰,人们是比较容易分辨他们的忠贞和奸邪的。人们各自热爱保护其家族,自然有他的道理。能够得到的,就不要推辞。尊至皇帝,次之朋友,又次之一般人及其天下各物,不能得到的,就不要把他据为已有,他不得让父母兄弟所得而为私。贪婪的人有什么满足呢?只有教育他们,之，弱者振之，非徒无伤于天下，而抑可以保跃冶之子弟而予之安，则可以上告祖考而无憾矣。徇族党好恶之私，己虽正而必陷于邪，辱身不孝之罪，又奚逭哉！

明帝

1.明帝不夭，中原其复矣乎！天假五胡以乱中夏，气数之穷也，帝乃早世！王敦之横，元帝惴惴而崩，帝以幼冲当多难，举动伟然出人意表，可不谓神武哉？

王敦谋篡，而讽朝廷征己，使帝疑畏忧戚不欲征、而待其党之相迫，则敦之横逞矣。帝坦然手诏征之，若人主征大臣之故事，无所疑畏，而敦固心折不敢入也。敦欲以王导为司徒，听之也，导本可为司徒，无所疑也；抑以此奖导为君子，使浣濯其同逆之耻以乃心王室，而解散群臣阿比王氏之戾气。于是而导之志移，敦之党孤，奄奄且死而以篡为下计；区区为难者，钱凤辈亡赖之徒而已，殄灭之如摧枯矣。导贻王含之书曰："昔年佞臣乱朝，人怀不宁，如导之徒，心思外济。今则不然，圣主聪明，德洽朝野，凡在人臣，谁不愤叹。"导之情可见，从王氏者之情可见，天下之大势，明帝之大略，从可知矣。

折大疑者，处之以信；奠大危者，予之以安。天假明帝以年，以之收北方离合不定之人心，而乘冉闵之乱，吹枯折槁，以复衣冠礼乐之中夏，知其无难也。帝早没而不可为矣，悲开导他们，让他们改掉恶习走正路，使知识分子真正成为知识分子，农民真正成为农民，使狡猾的人有所收敛，使软弱之人振奋精神。这样不但对天下无害，而且可以使子弟廉洁，使他们安稳，这样就可以告慰于祖先了。如果任人唯亲，拉帮结派，自己虽然正直而一定陷于奸邪，被人指责，这对自己也是一种侮辱。至于不孝之罪，更是难以逃脱的了。

如果东晋明帝（司马绍）不过早地死去，中原可能已经收复了！天让五胡（五个少数民族，指匈奴、鲜卑、羯、氐、羌）扰敌中原，气数已尽，皇帝竟然早逝！由于王敦的横行，元帝郁郁而死。明帝年轻时经历多种战乱，举止庄严，出人意料，这不是神奇吗？

王敦思谋篡夺东晋政权，而他反而讥讽朝廷限制他。想使司马绍不敢征召他，使其党羽逼迫皇帝，从而使他更加肆无忌惮。但司马绍皇帝手写诏书很坦然地征召他，好像过去皇帝召别的大臣一样，一点也不怕，而王敦原来心里空虚，不敢应诏进宫。王敦想让王导做司徒，听从他的指挥。王导本可做司徒，不用怀疑的。明帝也以此奖励王导做君了，使他洗濯同党叛逆的耻辱，心归王室，而使群臣不再奉承王敦。于是王导之志移向王室，王敦孤立，形势困难而把篡权作为下策。发难的人数很少，只有钱凤几个无赖之徒，消灭这些人不费吹灰之力。王导给王含的信中说："过去奸臣在朝作乱，人心不安，我的部下，也想让外面接济，现在情况变了，主上圣明，众臣关系融洽，众臣都痛恨奸臣。"王导忠心由此可见。天下大臣的愿望，明帝的大智大谋，从中可知。

要去掉人们的怀疑，和他们相处时就要相信他们；要去掉人们的困难，就要安慰、帮助他们，使他们心安。如果上天让明帝再多活一些年，让他安定北方不安定的人心，而且借着冉闵的叛乱，乘胜追击，再来匡正中原人们的礼节，收复中原，想来不难。明帝早逝而不能夫!

2.君子之过，不害其为君子，唯异于小人之文过而已。王敦称兵犯阙，王导荏苒而无所匡正，周顗、戴渊之死，导实与闻，其获疚于名教也，无可饰也。故自言曰："如导之徒，心思外济。"盖刘隗、刁协不择逆顺，逞其私志，欲族诛王氏，而导势迫于家门之陨获，不容已于诡随，此亦情之可原而弗容隐饰以欺天下者也。及敦死而其党伏诛，谯王丞、戴渊、周顗以死事褒赠，岂非导悔过自反以谢周、戴于地下之日乎?而导犹且狎开门延寇之周札，违卞壶、郗鉴之谠议，而曰："札与谯王、周、戴见有异同，皆人臣之节。"导若曰札可尽人臣之节，则吾之于节亦未失也。假札以文己之过，而导乃终绝于君子之涂矣。

郗公爱子死而不哭，卞令力疾战而丧元，二君子者，无诸己非诸人，危言以定褒贬，非导之所能也。而引咎知非，以无异说于论定之后，夫岂不可?怙慝而欲盖弥章，不学于君子之道，虽智弗庸也。

成帝

1.少主立，而大臣尸辅政之名，虽周公之圣，不能已二叔之乱，况其下焉者乎?庾亮不专于己，而引西阳王羕、王导、卞壶、郗鉴、温峤与俱受托孤之遗诏，避汉季窦、梁之显责，亮其愈矣，虽然，恶有俱为人臣，徒崇此数人者持百尹之进退，做到这一点，可悲啊！

君子有了过错，对其君子之名没有大的妨害，这和小人有过而掩饰有迥然不同。王敦举兵犯上，王导犹豫而不去立时禁止、纠正，周顗、戴渊的被杀，王导也听说了，他后来内心也非常愧疚，这并不掩饰。所以他自己说过："像王导之流，心里也想着皇上。"刘隗，刁协不择时机，欲显现他们的才华，按照他们的愿望，把王氏家族全杀掉。而王导考虑整个王氏的家族的盛衰，不让他们的计谋得逞，这也有情可原，不用对天下人们掩饰。等到王敦病死，他的党羽被杀，谯王丞、戴渊、周因被奸杀而受到追谥、褒扬，这难道不是王导自己悔过、内疚而向周顗、戴渊道歉吗？王导还开门延请敌方的周札，违背卞壶、郗鉴的议见，而且他说："周札和谯王丞、周顗、戴渊有相似之处，都有人臣的气节。"王导说周札可以尽人臣的气节，我自己的气节也并未失去。借做周札来文饰自己的过错，王导自己也就与君子无关了。

郗鉴爱护自己的儿子，而子死他不哭，卞壶竭力战斗而丢掉了头颅，这两个君子反省自己没有的过错才会去议论别人，均能直言或赞或贬，王导不如他们两个。而他后悔知错，用赞扬评论在人们定论之后，这也是可以的。最怕的是坚持错误、掩盖错误而事实会是欲盖弥章，不学君子之大道，虽然有智慧也没有用处。

司马衍很年轻就当了皇帝（成帝），有大臣辅佐他执政。虽然周公旦是个圣明的人，尚且不能使管叔、蔡叔停止作乱，何况那些不如他的人呢？庾亮自己不专权，而请西阳王羕、王导、卞壶、郗鉴、温峤与他一起接受明帝临死前，委托诸位共同辅佐幼主的遗命，以求避开像汉代窦氏、梁氏专权那样被人指责，庾亮超过了他们。即使这而可以服天下哉？陶侃之贰，祖约、苏峻之逆，所必然矣。

夫主少则国政亦必有所裁，大臣不居辅政之任而恶乎可？而有道于此，则固无事立辅政之名，授之以独驭之权，而疑天下。无他，唯官常数定，官联相属，法纪豫立，而行其所无事焉耳。三公论道，而使莅庶事，则下侵六卿；百执不相越，而不守其官，则交争。故六卿百执之可否，三公酌之；而三公唯参可否，不制六卿百执以行其意。则盈廷多士，若出一人；州牧军帅，适如其恒。天子虽幼，中外自辑以协于治，而恶用辅政者代天子而制命邪？

夫古之天子，未尝任独断也，虚静以慎守前王之法，虽聪明神武，若无有焉，此之谓无为而治。守典章以使百工各钦其职，非不为而固无为也。诚无为矣，则有天子而若无；有天子而若无，则无天子而若有；主虽幼，百尹皆赞治之人，而恶用标辅政之名以疑天下哉？

是以三代之圣王，定家法朝章于天下初定之日，而行之百世，主少国疑之变，皆已豫持之矣。故三代千八百年，非无冲人践阼，而大臣无独揽之威福。若夫周公之辅政，则在六官未建、宗礼未定之日，武王末受命而不遑，不得已而使公独任之也。虽然，读《鸱鸮》之诗，而周之危、公之难，亦可见矣。有圣主兴，虑后世不能必长君令嗣之承统也，豫定奕世之规，样，有那么多的大臣，只崇爱这几个人，他们能掌握官员的升迁，而且能使天下人们服气吗？陶侃的不专一，祖约、苏峻的叛乱，一定会发生啊。

皇帝年轻，国家政权必然要有人辅佐，大臣不担任辅佐的任务能行吗？根据实际情况，不要凭借辅政的名义，来独自驾驭政权，而被人们怀疑。没有别的办法，只要确定官员人数，官官相联系，帮助，确立法纪，保证不出大事。三公本是论述道理的，而如果让他们处理一般的事，就会侵害下层官员的权力，官员不守其职，不执行法令，就会引起纷争。所以六卿百执是正是错，三公需要考虑。而三公只向上面报告他们的过错，让他们参考他们的意见，而并不强迫下层官员执行自己的意见。这样，朝廷就会多人才，而且团结如一人，管理军队，也是这样的道理。皇帝虽然年幼，朝廷内外齐心协力来帮助皇上，就不用辅佐大臣来帮皇帝制定命令、法纪了。

古代的皇帝不曾独断专权，他们谦虚安静地遵守前代皇帝的法令，即使聪明有为，也好像没有才能，这就是无为而治天下。遵守典章而使百官各司其职，不是无所作为的，而是要达到无为而治。真的无为而治，则天子有好像也没有；有天子而好像没有，则无天子而好像有。皇帝虽幼，百官也都称赞他是善于治理的人，哪里还用打着辅佐大臣的名声来让人们怀疑呢？

因此，夏商周三代的圣王，在王朝初建时就制定各种法律，以后各代都执行之。皇帝年轻人们怀疑的变故，他们都已预料到了。所以，三代一千八百年，没有人篡权，大臣也没有人能够独揽大权。至于像周公辅佐朝政，则是各项制度、礼仪没有制定的时候，周武王晚年拥有天下没来得及施展。是不得已才让周公独掌辅佐大权的。即使这样，我们读《鸱鸮》的诗，从中也可以看到周朝的危难，周公的困难。圣明的圣人出现，考虑到后代人一定不会长久地继承王置天子于有无之外，以虚静而统天下，则不恃有贵戚旧臣以夹辅。既无窦、梁擅国之祸，而亦不如庾亮之避其名而启群争。不然，主幼而国无所受裁，虽欲无辅政者，不可得也。

2.溃于内者，必决于外。苏峻反历阳而入建业，祖约据寿春以通石勒，然而勒不乘之以入犯者，非勒无狡焉之志也；刘曜破石虎于蒲坂，进围金墉，勒方急曜而不暇及也。咸和三年九月，斩苏峻。十二月，勒执曜于雒阳，使迟之一年，峻、约始破，则约迫而导勒以东，晋其糜矣。故夷狄之相攻，或为中国之利，利以一时耳；而据之以为利，相攻久而相灭，灭而并于一，害乃不救，何利之有乎？

“池之竭矣，不云自濒”，外迫而内难起也。“泉之竭矣，不云自中”，内乱而外患乘也。昧者乃曰：“外宁必有内忧。”谓以外患警内，而内忧可弭，则抑有内忧而可弭外之侵陵邪？向令曜、勒不逼，江东不孤，若峻、约之流，又何敢辄生其心？勒、曜之相攻而未相并，幸也，谋国者不敢恃也。

3.东晋之臣，可胜大臣之任者，其唯郗公乎！卞令忠贞之士，朝廷之望也，以收人心、易风俗、而安社稷，则未之敢许。晋之败，败于上下纵弛，名黄、老而实惟贪冒淫逸之是崇。王衍、谢鲲固无辞其责矣。乃江左初立，胡寇外逼，叛臣内讧，位，因此预定了各种法规、礼仪，把皇帝放在不必亲力亲为的位置上，以虚静恬淡治理天下，这样就不靠皇亲大臣的辅佐，天下也会安定。这样，就不会有窦氏、梁氏因为专权而导致的大祸，也就不会有像庾亮之流以避专权之名而开群臣争权之例。否则，皇帝年幼，国家没有什么可依赖的人来裁决，虽然想不用辅政大臣，也是不行的。

内部崩溃，在外部一定也会有所表现。苏峻在历阳（今安徽和县、含山两县）叛乱，后来攻入建业（今南京），祖约占据着寿春（今安徽寿县）和石勒勾结。但石勒不乘机侵略的原因，不是他没有奸诈的计谋，而是因为刘曜在蒲坂（今山西永济县西蒲州）打败石虎，进而围攻金墉，石勒被刘曜所困扰而没有精力进攻。咸和三年九月斩杀了苏峻，十二月石勒在洛阳打败了刘曜，延迟了他一年的进攻。后来苏峻、祖约失败，祖约被迫让石勒向东发展，东晋危险了。所以夷狄互相进攻，即使对中原王朝有利，也只是暂时的；而把它作为更得利的良策，他们双方相攻久就会双双被灭，最终被一人所吞并。有害而不救，对自己有什么好处呢？

“池子的水尽了，不是自己危险吗”。外部形势紧迫，内乱也会随之而来。“泉水里的水尽了，对自己也没什么好处。”内部有乱，外敌就会乘乱而进攻。愚昧的人说：“外面安定，内部一定会忧愁。”说让外侵对内部有所警示，内部忧患可以消弭；那么内部动乱也可以消弭外部的侵略吗？假定石勒、刘曜不相逼迫，江东政权不孤立，苏峻、祖约之流，又怎敢生其乱心。石勒，刘曜互相进攻而并没有合并，这是值得侥幸的，使那些谋国的人不足作为依靠。

东晋诸多的大臣，能担任大臣的职务，保有郗鉴一个人了！卞壶是忠臣，是朝廷众望所归的人物，但让他收揽人心，改变风俗，安定社稷，则不敢担保。晋的败亡，就败在上、下层层松驰，人人称道黄老之治，内在却崇尚贪婪、骄奢纵欲。王衍、谢鲲对此负有不可逃脱人士之心，习于放佚而惮于拘维，未易一旦革也。卞令执法纪以纠之，使人心震慑而知有名教，诚不可无此中流之砥柱。然充其所为，以惩创而无已，则乍强以所不习，而人思解散，便给之小人日饰以进，抑不保人心之永固而国势之能安也。

王敦之反，刁协、刘隗之操切激之；苏峻之反，庾亮之任法激之；障狂澜而堙之，鲧绩之所以弗成也。故先王忧人心之易弛而流也，劳来之以德教，而不切核之以事功；移易之以礼乐，而不督责之以刑名。临之象曰："咸临，吉，无不利。"非其感也，不可以临也。殷末之俗淫，而二南之化，游之于《芣苢》，安之于《摽梅》。大弛者反之以大张，大张必穷，而终之以大弛。名为王道，而实为申、商，不覆人之家国者，无几也。故卞令厉色立朝以警群臣之荡佚，不可无也，而任之以统驭六寓，厝社稷之安，定百官之志，则固未可也。"夬，扬于王廷。"暮夜之戎，可勿恤乎！

4.刘曜围雒阳，撤金墉之围，陈于雒西，一战而被禽以亡。其败也，饮博而不恤士卒，轻撤围以西，狂醉以自陷也，非不听谏者以厄勒于成皋之失计也。使曜深沟高垒，断勒入雒之路，内外不相应，勒一往之锐气且折，而弗能解金墉之围，旷日持久，上下有惰归之气，求归不得，亦窦建德之见禽于东京而已。假令曜分兵以扼成皋，御人于百里之外，所遣的责任。及东晋政权刚建立，外族在外入侵，内部有叛臣作逆，人们的心，都习惯于放纵，不愿意受到约束。这不是一天就能改变的。下令用法纪来纠正这种偏差，使人们受到礼教法纪的威慑，朝中应有这样的中流抵柱人才。但公平地说，他的整顿不过是惩治不法创制规矩而已，一时强制人们顺从，可是人心思散，反而给善于伪装的小人提供了提升的机会，这并不能使人心牢固，国家安定。

王敦的叛乱，是因为刁协、刘隗操之过激所致；苏峻的叛逆，则是庾亮的过于依赖法会所致。阻挡潮流而不顺之以势，这就是鲧治水没有成功的原因。所以过去的圣王担忧人心容易松驰，就用德政来教化他们，而不是用事功来审视他们；用礼乐来教导他们改换恶习，而并不用刑罚来严责他们。《周易》中临卦的象辞中说："大家受感召而都来到，这是吉利的，没有什么不利。"不是他们感召，他们就不会来到。殷商未年王朝骄横淫逸，《周南》《召南》的教化，在《诗经·芣苢》中游荡，而安定在《诗经·摽有梅》。大的松驰就会返回到全张的状态，全张之后必然穷尽，再回到松驰的状态，名为王道，此实际上是申、商法术，不颠覆国家的，没有几个。所以下令立法令来警策群臣的淫佚，这也少不了的。而让他掌握大权，安定社稷，安定百官的心愿，则是不可能实现的。"夬卦，有得意扬越于王庭的象征。"黑衣中的军事行动，能不让人忧心吗？

刘曜包围洛阳，撤掉对金墉的包围，而把军队部署在洛西，历经一次战斗而被擒致死。他失败的原因，在于他孤注一掷，而不关心士卒，轻率地撤围，而向西进攻，以致不能自拔，而不是他不听劝阻，欲困石勒于成皋（今河南荥阳汜水镇）的计谋不成所致。假使刘曜高筑墙，深挖沟，断绝石勒进攻洛阳的道路，使他内外不能呼应，那么他的锐气就会大减，就不能解开金墉的包围，这样相持的时间久了，军队上下就会有惰性，欲退又无路，也就会像后来的窦建德那样拒勒之将，固非勒敌，必先挫而溃，则围雒之军心尽解，其败决矣。勒曰："盛兵成皋，上策也；阻雒水，次也；坐守雒阳，成禽耳。"此勒畏曜坚壁以老己，姑为此言以安众耳，非果然也。曜撤围而陈于雒西，望蒲阪以为退步，勒曰："可贺我矣。"此则勒之果所欣幸耳。

千里县军，攻人于围城之下，兵之大忌也。撤围分军以拒人于险，险非我有，而军心不固。陈友谅解南昌之围，而死于鄱湖。军一分而不可合，一动而不可止，勒之智足以测此，姑为反语以安众心，或遂信其实然，勒且笑人于地下矣。

5.苏峻之乱，建业残敝，廷议迁都，王导独持不可，江左百年之基，导一言以定之，审乎难易之数也。梁元帝惮建业之凋残，据江陵之富庶，而速以亡。然则曹操弃雒阳，迁献帝于许，其一时之奸谋，以许为兖州之域，而挟天子为己私，非果厌雒阳之敝也。乃缘此而不能终一天下，亦有繇矣。

所谓难易之数者，宫阙毁败，邑里萧条，人民离散，粟货罄乏，乍然见之以为至难而未可收摄者也。乃夫人惊惧之情，移时而定矣，定则复思安其居而赡其生，不待上之赡之也。故《鸿雁》之诗曰："虽则劬劳，其究安宅。"莫之扰也。莫之扰，则民各有心，岂必劳来安集之殷勤？而加以劳来安集，则在东京（今洛阳）被活捉。假定刘曜分兵扼守成皋，在百里之外防御敌人，派去的将军，不是石勒所能抵挡的，一定会挫其锐气，击溃对方，那么包围洛阳的敌军就会溃散，他们失败也是肯定的了。石勒说："在成皋战斗是上策；被阻于洛水是次策，如果坐守洛阳，就会被活捉。"这是石勒害怕刘曜坚壁清野，使自己疲劳，因此用这样的话安慰众人的，不是真是这样的。刘曜撤掉金墉之围而陈兵于洛西，把蒲坂（今山西永济县蒲州）作为退兵之处，石勒就说："可以祝贺我胜利了。"这是石勒所希望看到的结果。

千里孤军，去包围别人的城池，这是兵家最忌讳的。撤掉包围，分散军队，在险要之处阻击敌人，这些地方又不是我所有的，所以军心不稳。陈友谅解撤南昌之围，而在鄱阳湖失败死去。军队一分散就不容易再统一，一战斗而不能停止，石勒已经估计到了这一点，因此他用反话安慰众心，使人们确实认为是这样。石勒之计成功，他在九泉之下也是高兴的。

苏峻叛乱，建业残破不堪，朝廷人士妄议迁都；王导认为不能这样，江东百年的基业，王导用一言而定下来，这是当时情况决定的。梁元帝萧绎恐惧建业的残破，欲凭借江陵（今湖北江陵县）的富庶，结果加剧了他的灭亡。但曹操放弃洛阳，把汉献帝挟持到许（今河南许昌市），这是他暂时的奸计，他把许都作为兖州的地域。他妄想借皇帝来实行他的私谋，不是真的厌恶洛阳残破。至于借此也不能统一天下，也是有原因的。

说难易之数，主要指的是都城里宫廷烧毁，农村萧条，人民妻离子散，货物缺乏。见到此情此景，认为这是无法改变的困难。人们恐惧的心情，是随着时间变化消失的，恐惧消失就又安居，而苟且生活，养家糊口，并不等待上面的救济。所以《鸿雁》诗篇中说："虽然劳苦，也乐安居家乡。"不要干扰他们。不干扰，则人人安心，不一定益劝矣。此似难而实易者也。

若夫固然其难者，则已动而不可复静之人心是已。人莫不歆于一时之利用而竞趋之，丝粟盐酪、酒浆鸡豚、庐舍帷帟之便利，妇人稚子之所歆，而人情之莫能夺者也。此凋敝而移之彼，虽徙如归焉，彼凋敝而又移之他。君民朝野，日唯延颈四望，睨乐土而苟安，穷年累岁，志在游移而无定情，其不愈穷愈蹙以之于绝地也无几矣。

楚迁陈而困，迁寿而危，迁吴而亡，非徒地形之不利也，趋利偷安之情，如回河而西之，必不可得也。导之言曰："镇之以静，群情自安。"知人情物理消长往复之几，而防众心之流以止之于早，规之已大，持之已定，岂有难知之数哉？庸人未之察耳。

6.庾亮征苏峻而激之反，天下怨之，固不能辞其咎矣。虽然，其志有可原者也。亮受辅政之命而不自擅也，尊王导于己上，而引郗鉴、卞壶、温峤以共济艰难，窦武之所不逮，非直异于梁冀、杨骏已也。晋之东迁，王氏执国而敦倡为逆，执兵柄者，皆有侵上之志而不可信。陶侃登天之梦，天下疑焉。祖约之悖，苏峻之奸，尤其不可揖盗以入室者也。以是为侃所怨，以激约、峻之速逆。特其识量不充，未足以乘高墉而解群悖耳。如必委曲以延不轨之奸宄于冲人之侧，则祸迟而大。亮免于激成之责，而孔光延王莽、褚渊推道成之罪，其可逃乎？

让上面辛苦的招徕安置。如果上面再来安置帮助，那就更好了。所以说，这表面看着很难，而实际上还是容易的。

至于比较难办的，是那些已经躁动，不能再安静的人心啊！人们没有不为了一时的利益而去争夺，诸如丝、粮食、布帛、盐、酒、鸡、猪、房子这些东西的便利，妇人幼子所喜好，是人情所不能改变的。此处破败而迁移别处，将迁徙当作回家一样平常。如果迁移的地方破败，就又会迁到别的地方。如果百姓、朝廷诸官，都举目四顾；都寻找乐土而苟且偷安，整年都想着游移而心无定志，那么不想贫穷窘迫，以至陷于绝地也是不可能的。

楚国迁都于陈（今河南淮阳）而更加困难，迁都于寿春（今安徽寿县）而危险，迁到吴（今江苏苏州）之后，楚国灭亡。不只是地形不利，人们趋利偷安之情，好像黄河倒流，一定不能做到。王导说："用安静来统治人们，民心自然安全。"了解了人情物理发展转化的关键，从而预防人们迁徙，从而及早加以阻止，这样，国家就易于安定，这不是很容易知道的吗？愚蠢的人不明白这一点。

庾亮征召苏峻，而导致苏峻反叛，天下人们埋怨他，他不能不负有责任，虽然，他的初衷不是如此。庾亮接受辅政大臣的任务而自己不专权，还很尊敬王导，而且还推荐郗鉴、卞壸、温峤等共同辅佐，共渡艰难，这是汉代窦武不及的，也和梁冀、杨骏不同。晋朝向东迁移，王氏家族手执大权，而王敦又成为叛逆。手握兵权的人，都有犯上的心愿，不能过分相信。陶侃上天的梦，人们怀疑他有贰心。祖约的背逆，苏峻的奸诈是不可引至皇帝身边的人。陶侃的埋怨加速了祖约、苏峻的叛乱。他的见识度量不够，不足以高瞻远瞩解除叛乱。如果他委曲求全，推荐这些奸臣在年幼皇帝身旁，大祸推迟了，而后果更严重。庾亮免除了造成激变的责任，而孔光推荐王莽，褚渊推举萧道成的罪责，是不能逃脱的。

亮以卫国无术而任罪，司马温公乃欲明正典刑以穷其罪，则何以处夫延王敦杀周、戴以逼天子之王导乎？温峤，人杰也，亮败窜，而峤敬之不衰，必有以矣。峻虽反，主虽危，而终平大难者，郗鉴、温峤也，以死殉国者，卞壸也，皆亮所引与同卫社稷者也。抑权臣，扶幼主，亮与诸君子有同心，特谋大而智小，志正而术疏耳。原其情，酌其罚，何遽以典刑加之？温公曰："晋室无政，任是责者，非王导乎？"导岂能劾功罪以伸求全之法者？卞敦观望逆党，拥兵不赴，导且不能加诛，有诸己，不能非诸人，况庾亮哉！

7.天下所极重而不可窃者二：天子之位也，是谓治统；圣人之教也，是谓道统。治统之乱，小人窃之，盗贼窃之，夷狄窃之，不可以永世而全身；其幸而数传者，则必有日月失轨、五星逆行、冬雷夏雪、山崩地坼、雹飞水溢、草木为妖、禽虫为蠥之异，天地不能保其清宁，人民不能全其寿命，以应之不爽。道统之窃，沐猴而冠，教猱而升木，尸名以徼利，为夷狄盗贼之羽翼，以文致之为圣贤，而恣为妖妄，方且施施然谓守先王之道以化成天下；而受罚于天，不旋踵而亡。

呜呼！至于窃圣人之教以宠匪类，而祸乱极矣！论者不察，犹侈言之，谓盗贼为君子之事，君子不得不予之。此浮屠之徒，但崇敬上木、念诵梵语者，即许以佛种，而无所择于淫坊酒肆以护门墙贪利养者；猥贱之术，而为君子者效之，不亦傎乎？石勒起明堂、辟雍、灵台，拓拔宏修礼乐、立明堂，皆是也。败类之儒，鬻道统以教之窃，而君臣皆自绝于天。故勒之庾亮因治国卫国无术而获罪，司马温公想根据法律来治他的罪，这样该如何处置王导因为迎接王敦杀掉周顗、戴渊而威逼皇帝的罪过呢？温峤是伟人，庾亮败窜，温峤对他的尊敬并无减少，一定是有原因的。苏峻虽然造反，皇帝出于危难之中，但最后平定大乱的是郗鉴、温峤，卞壶以死报效国家，而这些人都是庾亮所推荐而共同卫护国家的人。抵制奸臣，扶持幼主，庾亮和别的贤人都有此心。只不过他谋大智小，志大才疏罢了。推究其情，考虑他的错误，怎么能用法律而处罚呢？温公说："晋朝王室没有权力，推究其责任，不是王导之故吗？"王导怎能以他的功与过来保全他的名声，说明法律的健全呢？卞敦在叛党作逆时，手握重兵而不去作战，王导尚且不能诛杀。自己有错，不能非难别人，何况对于庾亮呢？

天下人们极其重视，认为不能据为己有的有两个：一个是皇帝之位，这是治统；另一个是圣人的教诲，这称作道统。皇帝统治一乱，小人、盗贼、夷狄等蜂起云拥，纷纷争皇帝之位，皇帝统治不能永远。有些能传至数代的，一定有日月失时，五星相逆运转，冬天打雷夏天下雪，地震、冰雹、水灾、草木为妖、禽兽成精等怪异现象，这样天地都不能安宁，人民不得尽享天命，和乱相对应，毫无差错。如果道统被窃，就像猴子穿衣戴帽、徒具人形，求名求利，作夷狄盗贼的帮凶，并把他们吹捧为圣贤，因而恣意妄为，而他们得意地认为这是恪守先王之道、教化天下，而结果被天惩罚，很快灭亡。

唉！盗窃圣人的理论来献媚匪类，祸乱就更大了！评论的人不加详察，还妄谈说盗贼做的是君子之事，君子不得不给他。这就好像佛门之徒，只要崇拜偶像，念诵梵经者，就认为是佛门徒弟，而并不觉察他们有些是奸淫之酒徒，只是想不劳而获的人。这些低贱之法，而被君子效法，不是很荒唐么？石勒盖明堂，建辟雍（祭祀之所），灵台；拓跋宏整修礼乐，建明堂，都是这样啊。有些知识分子子姓，骈戮于冉闵；元氏之苗裔，至高齐而无噍类；天之不可欺也，如是其赫赫哉！

虽然，败类之儒，鬻道统于夷狄盗贼而使窃者，岂其能窃先王之至教乎？昧其精意，遗其大纲，但于宫室器物登降进止之容，造作纤曲之法，以为先王治定功成之大美在是，私心穿凿，矜异而不成章，财可用，民可劳，则拟之一日而为已成。故夷狄盗贼易于窃而乐窃之以自大，则明堂、辟雍、灵台是已。明堂之说，见于孟子；辟雍灵台，咏于周诗。以实考之，则明堂者，天子肆覲诸侯于太庙，即庙前当扆之堂也；辟雍者，雍水之侧，水所环远之别宫，为习乐之所也；灵台，则游观之台，与囿、沼相间者也；皆无当于王者之治教明矣。汉儒师公玉带之邪说而张皇之，以为王者法天范地，布月令、造俊髦、必于此而明王道，乃为嵚零四出、曲径崇台、怪异不经之制以神之。此固与夷狄盗贼妖妄之情合，而升猱冠猴者鬻之以希荣利，固其宜矣。

夫使先王之果于此三宫而兴教化也，然亦偶有便于此也，一学宫，而庠、序、校异矣；一大乐，而夏、濩、武异矣；一大礼，而忠、质、文异矣。若夫百王不易、千圣同原者，其大纲，则明伦也，察物也；其实政，则敷教也，施仁也；其精意，则祗台也，跻敬也，不显之临、无射之保也；此则圣人之道统，非可窃者也。败类之儒，恶能以此媚夷狄盗贼而使自拟先王哉？劳民力，殚国帑，以黩圣而嚣然自大，则获罪于天；天灾之，人夺之，圣人之教，明明赫赫，岂有爽乎？论者犹曰君子的败类，卖道统教别人窃国，结果使君臣都自走绝路。所以石勒的子孙，接连被冉闵戮杀，元氏的后代，到高齐已无多少。所以，上天是不能欺骗的，真是如此！

即使这样，知识分子的败类，向夷狄盗贼出卖道统，而让他们所窃去的，怎能是先王的圣教？把圣教的精髓，大纲都漏掉了，只用了一些表面现象，诸如造的宫室，器物及进位，升降的办法，来作为详细统治的工具，他们自认为过去先王之成功的原因在此，因而认真学习、模仿，运用财物，命令百姓而一夕建成。所以夷狄盗贼易于窃取，而且自鸣得意的，就是建造了明堂、辟雍、灵台。明堂的说法，在《孟子》一书中有；辟雍、灵台在《周诗》中有吟诵。现在考证史实，明堂指的是天子接见诸侯的地方，天子在这里宣明政教，辟雍则是被水环绕，是练习乐舞之地方，灵台是游观之台，与囿沼相间，这些对天子治理国家都无多大用处。汉代儒士公玉带对此论述而使之扩展，把它作为皇帝治理国家的礼仪，认为一定要用这些来显明王道。因此，有人就建造了奇怪地建筑，弯曲的小路及高台，并神化它们。这本来和夷狄盗贼狡诈，妖妄的心思相符合，而那些升猱冠猴（怪异者）的人则希望以此获利，这本来也是应当的。

过去的圣王确实在这三宫中进行过教化，在此也有所得，也有便利。一是学到宫礼，进行教育活动，而庠、序、校三者并不相同；二是行大乐，而《大夏》、《大濩》、《大武》也不相同；一是大礼，忠直、质朴、文章也不相同。如果百王不变，千圣一样，他们的大纲则可明伦，察物；他们的实政，就可以用来教育，广施仁义，有大显之临，无穷之保。这就是圣人的道统，是不能窃走的。知识分子中的败类，怎能以此来向夷狄盗贼谄媚而让他们自比为先王呢？只是劳民伤财，亵渎圣人而以为自己伟大，这样就被天视为有罪，上天赐给他灾害，人们向他们夺权。圣人的教化光明显赫，怎会有差错？评论的还予之，不亦违天而毁人极也哉！

8.公山泄导吴枉道，使鲁有备，慕容翰止段兰之追慕容皝，而恐亡其国，皆良心发见于牿亡之馀不容泯者；然其视紾兄之臂而姑徐徐也何别哉？

夫人欲自免于不忠不孝也，唯初心之足恃而已矣。狄仁杰之事逆后而可善其终，未尝与于篡唐之谋，抑未与李勣诸人同受宗社之托也。宋齐愈手书张邦昌之名，而无痛哭不宁之色，则斩于市而非李纲之过。君父之大，顺逆之分，如黑白之昭著于前。道二：仁与不仁而已矣。已移足于不仁之泥淖，畏其陷染而姑自踸踔，终不可得而洒然。故极仁道之精微，有所未逮，虽有过焉，而君子谅之，未尝不可改也。设仁不仁之显途而去顺即逆，虽有乍见之恻隐，君子弗听；所从者不仁，终不可与于仁也。

若翰者，身为叛人，已自立于不仁之中矣，虽欲自拔，徒不信于段氏而危其身，抑必终为皝所忌而死，百悔丛心，又何补哉！

9.成帝以幼冲嗣立，委政王导，拜导及其妻曹氏，魏、晋君臣之际，陵夷至此，石勒曰："曹孟德、司马仲达狐媚以取天下。"诚有谓也。

古礼之见于今者，燕射之礼，君皆答拜，为诸侯于大夫言也。诸侯于大夫，不得视天子于诸侯；犹大夫于陪臣，不得视诸侯于大夫；等杀之差，天秩之矣。天子于诸侯，礼不概见，仅存者《觐礼》一篇，侯氏肉袒稽首，天子不答，分至严矣。天说，这是君子允许的，这不是违背天意而毁弃人论标准了吗！

公山泄给吴国人领错道路，使鲁国有防备，慕容翰阻止段兰追击慕容皝，恐怕灭亡他的国家，这都是良心发现，但这与慢慢地扭住兄长的胳膊有什么区别呢？

人要想免于不忠不孝的罪名，就要靠他原来的良心。狄仁杰事奉武则天却能善终，他不曾有篡唐的阴谋，也不曾和李勣等人同受国家的委托。宋齐愈推举张邦昌僭位，而没有痛哭不安的脸色，他被斩于市，并非是李纲的过错。君父孰大孰小，奸臣忠臣的分别，就像黑白一样分明，不能混淆。摆在面前的只有两个选择：仁还是不仁。已经开始走到不仁的泥淖中，害怕被染脏而跳着走，最终不能幸免。所以仁道的要义有所不及，即使有过错，君子也会原谅，因为这是可以改正的。假设两条道路非常明显，而还去离仁就逆，即使偶尔还有恻隐之心，君子也是不听的。跟从的人不仁，最终他也不会成就仁德。

像慕容翰，身为叛臣，自己已立于不仁中间，虽想自拔，只是白白地不被段兰信任，而危害自身，被慕容皝疑忌而死，虽然后悔，可有什么益处呢？

晋成帝因为很年轻即当皇帝，就把权力交给王导，并拜揖王导及他的妻子曹氏。魏、晋君臣的关系，到了这一点，所以石勒说："曹操、司马懿以狐媚夺取天下。"确实如此。

古代礼节在现在可以看到的，是燕射之礼，君都答礼，好像诸侯对待大夫的礼节，言论。诸侯之于大夫，不得像天子对待诸侯那样；这就好像大夫之于陪臣，不能像诸侯对待大夫那样，因为等级森严，这是天制定的。天子对待诸侯的礼节，现在不能全部见到，仅存在《觐礼》一文中。侯氏肉袒叩头，天子不答礼，等级森严，分别至清。天子如果不骄傲地对待臣下，只有站立不坐。天子向同姓族人作子之不骄倨以临臣下者，唯当宁立而不坐，天揖同姓，时揖异姓，士揖庶姓，而不听其趋跄，此三代之以礼待臣，而异于暴秦之已亢者也。恶有屈一人之至尊拜其下而及其妇人哉！

礼者，过不及之准也；抑之极，则矫而为扬之甚，势之必反也。垂及于女直、蒙古之世，鞭笞之，桎梏之，奴虏斥诟之；于是而有“者厮可恶”之恶声施于诏令，廷杖锁拏之酷政行于殿廷；三纲裂，人道毁，相反相激，害亦孔烈哉！三代之后，必欲取法焉，舍赵宋待臣之礼，其谁与归？

10.张骏能抚其众，威服西域，有兼秦、雍之志，疏请北伐，莫必其无自利之心也。而其言曰：“先老消落，后生不识，慕恋之心，日远日忘。”则悲哉其言之矣！

婴儿之失其母也，使婢妾饲之，受其狎侮，未尝不泣也；已而听之矣，已而安之矣，已而语之以母而不信矣，过墓而若有若无，且归而亟依婢妾矣。夫人至忘其母而不知悲，则仅留之家老，垂死而有馀哀，亦将谁与言之而谁听之乎？于是而人心之迷终不可复，复者，其唯天地之心乎！

宇文氏、鲜卑之运已穷，天乃默移之而授之杨氏，以进李氏而主中国。故杨氏之篡，君子不得谓之贼，于宇文氏则逆，于中国则顺；非杨氏之能以中国为心，而天下之戴杨氏以一天下也，天地之心默移之也。消落之故老，弗及见焉，而如之何弗悲？

11.困之象曰：“君子以致命遂志。”致命矣，而志不得遂，揖行礼，偶尔向异姓作揖，士民向百姓行礼。而不是听其任意，不行礼。这就是三代以礼节待人，而和残暴的秦朝不相同。哪里有天子屈身向大臣并及其夫人礼拜呢？

礼节是做事适中，对人有礼的标准，如果压抑太甚，就有人矫枉过正而至张扬，这样反而走向极端。至于到了女真，蒙古时代，有鞭打、捆绑、使人做为奴隶而怒骂的刑罚。于是有了“这厮可恶”的骂语在诏书中出现。而且在朝廷大殿上公然施行棍棒打人等种种酷刑，没有纲纪，人道可言，这害处太大了！三代之后，只有赵宋王朝能实行对待大臣的礼节，执行法律，除了此，并无别的王朝能做到此。

张骏能安抚他的士兵，在西域树立威望，能服众，并且有平定秦、雍地区的大志，上疏请求北伐。他不一定没有自私自利之心，他说过：“先老衰落，后代人不知道，羡慕眷恋之心，日日减少。”这话听起来让人感伤动容。

婴儿没有了母亲，让婢女、小妾喂养，受到亲近与欺侮，没有不哭泣的，但后来听从她的话，并且安心了。再给他提起母亲，他也不相信了，过母亲的墓地时好像有也好像没有母亲，回到家里又依靠婢妾了。如果人忘掉他的母亲不知悲痛，那么家臣将老，将死而悲哀，有谁能和他说话，并且听他呢？因此人心糊涂而不能复归，能够一阳复始，生生不息，就是天地之心吧！

宇文氏、鲜卑氏的天运已尽，上天乃将大运交给杨氏，以延进李氏而统治中华。所以，杨氏（杨坚）篡权，君子不能称其为奸贼，而对宇文氏来说，则是为叛逆，对于中华则是顺从民心；不是杨氏能以中华为心，而是天下拥戴杨氏统一天下，天心民意在默默转移。逝去的旧臣看不到国家一统，而又怎么不悲痛呢？

《周易》中的《困卦》象辞中说：“君子以献出己身，尽致己命，吊古者所为深悲不已也。然有致命者，志亦奚不可遂哉！文王安天下之志困矣，而武王周公遂之，犹文王也；“上帝临汝，勿贰尔心”，致命之谓也。巴西龚氏兄弟，不屈于李特，为特所杀，其子龚壮，积年不除丧，思以报特，特死，因李寿杀李期与其腹心，灭李雄之裔，而仇以复，劝寿称藩于晋，事虽不成，而父叔之志以白于天下。寿既僭位，征壮为太师，壮终不就，赠遗一无所受，寿亦弗能忌焉。壹其心，执其义，守其恒，虽困而亨，金绂岂能乱，葛藟岂能萦哉？

夫志者，执持而不迁之心也，生于此，死于此，身没而子孙之精气相承以不间。壮之志，即父叔之志也，死而无不可遂也。所可悲者，嵇康之有嵇绍耳。然而天之以亨困而不亨其不困者，未尝假也。壮怀报雠之心以说寿，而寿不疑借己以快其私；说寿以归晋，寿虽不从，而寿不以为侮；却寿之爵禄金帛，而寿不以为亢；抗章责寿之负约而不称藩，而寿不以为恨；志无往不伸，而龚氏两世之忠孝与蜀山而并峙。若绍也，溅血汤阴，徒为仇雠之篡主死，则朱绂酒食，为其葛藟，而恶望其亨哉？有志而不遂，有先人之志而不遂之，非所据而据焉，身之不保，而人贱之矣。此则可为抱志以先亡者悲也！

12.颜含可谓知道之士矣。郭璞欲为之筮，含曰：“修己而天不与者，命也。”此犹人之所易知也。又曰：“守道而人不知以达到他的心志。”努力奋斗了，而实现不了志愿，这是凭吊古代的人，所深感悲痛的。但有努力奋斗杀身成仁的人，志向有什么不可能达到呢！周文王定天下之志不能实现，而周武王、周公实现了，这就好像文王实现了。“上帝给你了，不要再生别的心思。”这即努力奋斗之意，巴西（在今四川境内）人龚氏兄弟，不向李特屈服，被李特所杀。他的儿子龚壮，好多年不发丧，想报仇。李特死后，因李寿杀李期，使其部下分裂，乃消灭了李雄的后代。龚壮报了仇之后，劝李寿向晋称臣，虽然没有成功，但父叔的志向大白于天下。张寿篡位之后，征召龚壮做太师，龚壮不接受，张寿所赠送的东西全部推辞，不予接受。张寿也不能怀疑。始终如一，持之以恒，坚守大义，即使困难而实际富有，顺达，封官许愿怎能乱了他的志向，流离失所怎能乱了他的心性？

志向，是人们坚持而不变之心，人们生死都为此，虽然自己已死但子孙仍坚持着并不间断。龚壮的志向，就是父叔的志向，自己身死志向不是不能达到。所可悲的，是嵇康之子嵇绍。然而上天让困者亨通，不困者不通，是不曾有假的。龚壮身怀报仇之心劝说张寿，而张寿不怀疑他借自己来称其私意；龚壮劝张寿归顺晋朝，张寿虽不答应，却也不以为这是欺侮他；龚壮退辞张寿所赠的财物，而张寿不把这作为抗逆，龚壮责备张寿违约而不向晋称臣，张寿并不以为恨；随时都欲伸志，龚氏两代忠孝和蜀地高山相并存。而像嵇绍，在汤阴溅血，白白为仇敌篡权而死，就是被人用酒食，祭服祭祀则怎能希望他通达呢？有志而没有实现，有先人的志向而不去实现，不是该要的而要，保全不了自己，人们就看不起他。这就可为身抱志向而先死的人可悲！

颜含可以说是懂道理的知识分子了。郭璞想为他卜筮，颜含说：“约束自己，提高修养，而上天不帮他，这是命啊。”这还是人们易者，性也。”渊乎哉其言之！非知性而能存者，不足以与于斯矣。

夫人能知其所知，而不知其所不知，必矣。欲人之知吾之性也实难，非吾之性异于人，彼不能知也；彼不自知其性，抑将知何者为性，而知吾性之然哉！不知仁，以为从井救人而已；不知义，以为长彼之长而已；性固人所不知，而急于求人之知，性则非性也。

夫郭璞有所测知于理数之化迹，而迫于求人知之，是以死于其术。苟其知性为人所不可知，则怀道以居贞，何至浮沉凶人之侧，弗能止其狂悖，而祇以自戕？无他，有所测知而亟欲白之，揣摩天命而忘其性之中含者也。

庸人之所欲知而亟问之鬼神象数者，贫富、穷通、寿夭已耳，皆化迹也。仁之恻隐痛痒喻于心，义之羞恶喜怒藏于志，动以俄顷，辨于针芥，而其发也，横天塞地不能自已，君子以信己者信之，尚弗能尽知也，而况凡今之人乎？子曰：“知我者，其天乎！”谓以心尽性，皎然于虚灵之无迹，非夫人耳目闻见之逮也。含庶乎其与闻此矣，出处以时，守礼以不屈，宜乎其为君子矣。

13.鲸鲵不脱于渊，豺虎不脱于林，失其所据，力殚而无所归。石虎据邺，慕容皝据卢龙，于是而东自濊貊，西及破落，南距阴山，北尽沙漠，皆为什翼犍之所有；拓拔氏之兴，延及百年，此基之矣。何也？虎与皝以其深渊丛林授之什翼犍，而自处于非据之地也。

知道的。他又说："遵守道义，而人们不知道，这是本性。"这话意义深刻！不知道本性而能保存自己的人，不能够和他谈论这一点。

人们能知道他所知道的，而不知道他不知道的，这是肯定的。想让人了解我的本性实在困难，这不是我的本性和别人的不同，他不知道，他自己不知道自己的本性，也怎会知道什么是性，而知道我的本性呢？不知仁，而以为仁义就是从井中救人；不知大义，而以为义就是视别人的长辈为自己的长辈，本性本是人们不知道的，而急于让人知道，本性就不是本性。

郭璞能测知理数的化迹，就想让别人知道，因此因其道术而死。如果他知道本性为人所不知道，身怀其道而不示，那么何至于在凶人旁边，仍不能停止狂妄，而竟至于自杀？没有其他原因，能够测知而急于告诉别人，考虑天命而忘记了本性就在其中。

一般人想知道而急着问鬼神象数的，无外乎贫富、穷通、寿命，这些都是化迹。仁，包含恻隐痛痒，这些都在人们心中；义，包含羞恶喜怒，这些都包含在人们的志向中。人们瞬时而动，而其行为黑白分明。而其出现，横天塞地不能控制。君子相信信任自己的人，还不能完全知道，何况一般人呢？孔子说："了解我的，只有上天！"说的是以心养性，好像虚灵一样没有踪迹，不是人们能够耳闻目见到的。颜含可能听到这了，出处以时，遵守大礼而不屈，可谓是君子了。

鲸鲵不能脱离水，豺狼、老虎不能脱离森林，如果他们失掉所凭借的东西，就会力尽而没有归处。石虎占据邺（今河北临障县附近），慕容皝占据卢龙（今河北喜峰口一带），于是东起濊貊，西到破落，南到阴山，北到沙漠，都被什翼犍占有。拓跋氏兴衰，连续百年，这就是它的基础。为什么？石虎和慕容皝把他们的深渊丛林给予了什翼犍，而自己占据了不该占据的地方。

天以洪钧一气生长万族，而地限之以其域，天气亦随之而变，天命亦随之而殊。中国之形如箕，坤维其膺也，山两分而两迤，北自贺兰，东垂于碣石，南自岷山，东垂于五岭，而中为奥区、为神皋焉。故裔夷者，如衣之裔垂于边幅，而因山阻漠以自立，地形之异，即天气之分；为其性情之所便，即其生理之所存。滥而进宅乎神皋焉，非不歆其美利也，地之所不宜，天之所不佑，性之所不顺，命之所不安。是故拓拔氏迁雒而败，完颜氏迁蔡而亡，游鳞于沙渚，啸狐于平原，将安归哉？待尽而已矣。

延之入者，中夏之人也，不足以保彼之命而徒自溃乱也。聪明神武者，知其得据而祗以失据也，无足惧也。筌之蹄之，不能有馀种矣。

14.取东晋之势与南宋絜论，东晋愈矣。江东立国，以荆、湘为根本，西晋之乱，刘弘、陶侃勤敏慎密，生聚之者数十年，民安、食足、兵精，刍粮、舟车、器仗，旦求之而夕给，而南宋无此也。东晋所用以保国而御敌者，纪瞻、祖逖、温峤所鼓舞之士勇，王敦、苏峻虽逆，而其部曲犹是晋之爪牙也，以视韩、岳收乌合之降贼，见利而动、见害而沮者，不相若也。王导历相四君，国事如其家事，而深沈静定，规恢远大，非若李伯纪、赵惟重、张德远之乍进乍退，志乱谋疏，而汪、黄、秦、吕结群小以间之也。则东晋之内备，裕于南宋远矣。刘、石之凶悍，虽不减于阿骨打，而互相忌以相禁且相吞也，固无全力以与晋争；慕容、苻、姚、段氏皆依晋为名，以与刘、石竞；李天以一气化生万物，而大地限定了它的活动区域，天气也随之变化，天运也各不相同。中国形状好像簸箕，大地在中间，两边是山绵延很长。北面自贺兰山，南到岷山，东到碣石（今河北昌黎县北），东到五岭，而中间为神皋。所以边远的夷人，好像衣服的边缘垂在边幅，因为大山、沙漠的阻碍而独立生活。他们地形，天气均不相同。只要是他们性情便利的，就是他们生存的办法。他们侵略中原，不是不喜欢那地方，而是因为地域不好，天不保佑，性所不顺，命所不安。所以拓拔氏迁到洛阳而败落，完颜氏迁到蔡（今河南上蔡附近）地而灭亡。在沙漠里游荡求生，在平原里战斗，将归何处呢？只有等待灭亡了。

请他们进来的是中原人，而他们并不能保护中原只会自行溃乱。聪明神式的人，知道其能占据而失去了该占据的地方，并不值得害怕。所以，老天如同捕鱼捉兔使他们没有后代了。

把东晋的形势与南宋的形势一起并论，东晋更甚了。东晋在江东立国，以湖南、荆州为根本据点，经过西晋的战乱，而刘弘、陶侃勤劳、聪明考虑周到，休养生息数十年，结果，百姓安居乐业，粮食充裕，军队精良，粮食、舟车、器仗，早上要晚上就能给，而南宋没有这样充足。东晋用来保家卫国，抵御外敌的人，是纪瞻、祖逖、温峤鼓舞起来的士气，王敦、苏峻虽为叛逆，但其士兵仍是东晋的爪牙。以此看韩世忠、岳飞招收的乌合之众，他们见利而动，见危险而沮丧、害怕，这两者是不相同的。王导在四个皇帝手下当丞相，国家大事好像他的家事，他深沉镇静，思谋深远、弘大，不像李伯纪、赵惟重、张德远时进时退，志乱谋疏，而且有汪、黄、秦、吕结党离间他们。东晋内部的防备，比南宋充裕多了。刘曜、石勒虽然凶悍不减于阿骨打，但他们互相疑忌，互相禁止而且想吞掉对方，本没有全力和晋抗争。慕容氏、苻氏、姚氏、段匹磾皆靠晋而成名，他特虽窃，李寿折于龚壮，不敢以一矢加于晋之边陲；张氏虽无固志，而称藩不改；仇池杨氏亦视势以为从违，为刘、石之内患；非若金源氏之专力以吞宋无所掣也。则东晋之外逼，轻于南宋远矣。

然而宋之南渡，自汪、黄、秦、汤诸奸而外，无不以报仇为言；而进畏懦之说者，皆为公论之所不容。若晋则蔡谟、孙绰、王羲之皆当代名流，非有怀奸误国之心也；乃其侈敌之威，量己之弱，创朒缩退阻之说以坐困江东，而当时服为定论，史氏侈为吁谟，是非之舛错亦至此哉！读蔡谟驳止庾亮经略中原之议，苟有生人之气者，未有不愤者也，谟等何以免汪、黄、秦、汤之诛于天下后世邪？

夫彼亦有所为而言矣！庾亮之北略，形王导之不振也，而左袒导者，诎亮以伸导；桓温之北伐，志存乎篡也，而恶温之逆者，忌其成而抑之；于是而中挠之情深于外御，为宰相保其勋名，为天子防其篡夺，情系于此，则天下胥以为当然，而后世因之以无异议。呜呼！天下之大防，人禽之大辨，五帝、三王之大统，即令桓温功成而篡，犹贤于戴异类以为中国主，况仅王导之与庾亮争权势而分水火哉！则晋之所谓贤，宋之所谓奸，不必深察其情，而绳以古今之大义，则一也。蔡谟、孙绰、王羲之恶得不与汪、黄、秦、汤同受名教之诛乎？

15.慕容皝求封燕王，晋廷迟回不予，诸葛恢抗疏拒之，义正而于计亦得矣。

慕容氏父子之戴晋，其名顺矣，则以韩信王齐之例，权们和刘曜、石勒相竞争。李特虽然窃权，李寿折服于龚壮，但不敢用一箭加在东晋的边境，张氏虽然没有固定的志向，而称藩臣不改；仇池杨氏也看形势而虚与委蛇，成为刘曜、石勒的内患；不像金源氏专心吞并宋朝而并没人能打击他。东晋受到外族的逼迫，比南宋轻多了。

但宋朝南逃，除汪、黄、秦、汤诸奸人之外，其余人无不思谋报仇。而说他们是胆小的言论，自然有失公允。而像东晋蔡谟、孙绰，王羲之都是当时名流，并无怀奸误国之心，而他们夸大敌人力量，衡量自己的弱点，提出了力量不足退缩的理论，以致被困江东，而当时人视此为宏远大谋，是非之混淆也太大了！读蔡谟驳斥阻止庾亮统治中原的议论，如果有一点正义感的话，没有不气愤的，蔡谟等怎能免掉汪、黄、秦、汤被后人谴责呢？

他说的也有一点正确的地方，庾亮北伐，是在王导不振的时候，而支持王导的人，则压制庾亮以助王导，桓温北伐，志在篡权；而不喜欢桓温的反对者，妒忌他的成就而压制他；于是在朝中坚决反对他北伐，为宰相保护功名，为天子防止别人篡权，其目的在此，而当时天下视此为当然，而后代也没有异议。唉！天下人大防的，人禽区别的，五帝、三王统治各不相同，就使桓温功名成就篡权而成，也比拥戴异类入主中国好，何况仅王导和庾亮争权势而水火不相容呢！东晋所谓的贤、南宋所谓的奸，我们不必仔细考察其内容，而用古今大义作标准，就统一了。蔡谟、孙绰、王羲之怎能不和汪、黄、秦、汤同受名教的危害呢？

慕容皝向东晋朝廷求封燕王，晋朝廷迟迟不给封，诸葛恢上疏拒绝了，这是正义的，而且对于计谋来说亦有所得。

如果慕容氏父子拥戴东晋了，他们就会名正言顺，就像韩信被王之而奚不可？曰：廆与皝非信之比，而其时亦非刘、项之时也。六国初亡，封建之废未久，分土各王，其习未泯，而汉高固未正位为天下君，且信者汉所拜之将，为汉讨项，虽王，固其臣也。慕容氏则与刘、石等为异类，蓄自帝之心久矣。晋业已一统，而特承其乱，非与刘、石交争而竞得者也。若慕容氏之奉晋也，则与石虎角立而势不敌，因其国士民与赵、魏之遗黎眷怀故主，故欲假晋以收之，使去虎而归己。晋割燕以封之矣，乃建鼓以号于众曰：吾晋之王也。则虎之党孤，而己得助矣。归己已定，则业入其笼中而不能去，又奚复须晋之王而不自帝哉！诸葛恢曰："借使能除石虎，是复得一石虎。"灼见其心矣。刘翔虽辩，亦恶能折此乎？当是时，石虎恶极而响于衰，皝谋深而日以盛，除虎得皝，且不如存虎以制皝。观其后冉闵之乱，慕容遂有河北而为晋劲敌，恢之说，验于未事之前矣。

或曰：晋不王皝，皝且自王自帝而奚不可？曰：我不授以名而资之饵，众发其奸以折之于早，国尚有人焉，知晋之所以御虎者不恃皝也，则皝之气夺矣，奚必禁其自王自帝哉！呜呼！王导、郗鉴、庾亮相继而亡，何充、庾冰、蔡谟皆庸材也，皝乃敢以此言试中国之从违；诸其臣者，畏其暴己罪状而徇之，诸葛恢不能固持其说，而晋事去矣。皝不死，慕容氏不乱，苻坚不起，吾未见晋之不折入于鲜卑也。

16.刘翔北归，谓晋公卿曰："石虎、李寿志相吞噬，王师当从事巴、蜀，一旦石虎并寿，据形便以临东南，智者所不能封齐王的例子，权且封王有何不可？答：慕容廆和慕容皝不能和韩信相比，而当时也不是刘邦、项羽之时。那时候，六国刚灭亡，分封制刚废不久，分封各王，习惯并没全灭，而刘邦本还没成为皇帝，而且韩信是刘邦提升的将领，为刘邦讨伐项羽，虽然给他封王，但仍是刘邦之臣子。慕容氏和刘曜，石勒等都是异族，想自称皇帝心已经很久。东晋则是已经统一，石、刘是接着过去的乱，这不是争天下而是东晋已是得到了天下。如果慕容氏伺奉了东晋，就会和石虎对立而势不衰，因为他国百姓和赵、燕的遗民都思念故主，所以他想借东晋以得民心，使他们离开石虎以归自己。如果东晋割燕来封之，慕容氏就会击鼓告诉百姓说："我是晋朝廷封的王。"这样石虎孤立，而自己得助了。如果人们归顺他已定，就进入了他的笼中不能离开，又何须东晋封王而不自己称帝呢！诸葛恢说："即使能除石虎，是又得一石虎。"这真是一语中的。刘翔虽然辨解，也怎能使他服从呢？当时，石虎已走向衰落，慕容皝深谋远虑，日以强盛，除掉石虎而与慕容皝对抗，还不如暂留石虎来牵制慕容皝。看以后冉闵的叛乱，慕容皝占据河北而成了东晋劲敌，诸葛恢之说法，验证于事情发生之前。

有人说，东晋不封慕容皝为王，慕容皝就自己称王称帝有何不可？答：我不给他封王让他能做诱饵，众人就会很早发现他的奸计就会反对他，国内还有人知道东晋以抗御石虎的不只靠慕容皝，那么慕容皝的气焰就消了，还有必要禁止他自己称王称帝吗？唉！王导、郗鉴、庾亮相继而死，何光、庾冰、蔡谟都是庸才，慕容皝才敢以此言试中国答应不答应；而诸位大臣，害怕他暴露自己的罪状而亲近他，诸葛恢不能坚持其说，所以东晋快完了。如果慕容皝不死，慕容氏就不乱，苻坚不会兴起，我可以预见东晋不会不屈服于鲜卑。

刘翔自北回朝，对晋朝公卿说："石虎，李寿志在吞并对方，我军应在巴、蜀建功，一旦石虎吞并李寿，据便利地形以临近东南，即善其后。”非为晋计深远也，恐虎并寿而益强，慕容氏不能敌也。虽然，又岂非晋人保固江东之要策哉？

陈轸说秦以灭蜀而临夷陵，楚乃失鄢、郢，东徙以亡。司马昭灭汉而临西陵，吴乃受王浚顺流之兵，而中绝以亡。梁失成都于宇文氏，而江陵困、湘东死，陈氏终以灭。盖江东据江、淮以北拒，而巴、蜀既失，横江而中溃，方卫首而中折其腰膂，未有不殒者也。李昪之得割据，王建为之蔽也；南宋之得仅延，吴玠、吴璘捍之也；孟昶灭而李煜坐毙，合州失而阳逻之渡不可防，皆明验也。故据全蜀以出秦、巩，而欲定关中则不得；扼秦、巩以保全蜀，而遥卫江南则有馀；何充、庾冰闻言不警，待桓温而后兴伐蜀之师；翔言之，温为之，虽非忠于晋者，而大造于江东，不可诬也。听其言，纪其功，亦奚必深求其心哉！

康帝

1.风会之所趋，贤者不能越也，君子酌其贞淫以立身，而不可执以论人。孟子之游，后车数十乘，从者数百人，多所辨以折异端，曲为说以动人主，使前乎此而为西周，后乎此而为两汉，必不然矣。然而有以异于田骈、慎到、苏秦、张仪者，即时所尚，而邪正之分自存也。

刘向、贡禹，经术同也；诸葛、司马，方略同也；一程、三苏，议论同也；不可以与贤者同而奖匪人，不可以与庸人同而使圣人也不能改变不利的形势。”这并不是为晋谋划深远，而是恐怕石虎并李寿而力量增强，慕容氏不能敌挡，即使如此，这又岂不是东晋保卫江东的要策吗？

陈轸劝说秦国灭蜀国而东临夷陵（今湖北宜昌市东南），楚国就失去了郢（今湖北江陵西北），鄢（今湖北境内），后来东迁而亡。司马昭灭掉曹汉临近西陵，吴国接受王濬顺流而下的军队，中断以后乃亡。梁国失掉成都于宇文氏，结果江陵陷入困境，湘东绝，陈氏最终灭亡。江东据江、淮而抗拒北敌，而巴蜀丧失，中间崩溃，只顾保护头部而中间腰部已断，没有不死的了。李昪能够割据，是因王建为他掩护；南宋能够苟延残喘，是因吴玠、吴璘捍卫的，孟昶被灭，李煜坐以待毙，合州（今四川境内）丢失而阳逻之渡，不能防守，都是明证。所以占据整个蜀地以出击秦、巩州（今属四川），但欲定关中则不能。扼守秦、巩以保卫全蜀，而遥卫江南则绰绰有余，何充，庾冰听此话而不警惕，等待桓温建立讨伐蜀地的军队，刘翔说了，桓温做了，虽然并非忠于晋王朝，而对江东却大有利，不可抹杀他们。听他们的言论，记载他们的功绩，何必深究其心！

清谈之风俗很盛行，即使贤能的人也不能超越，而君子则仔细考虑其坚贞、荒淫以此来立身，并不借此来评论人。孟子周游四国，后面跟从的车辆有几十辆，他进行了很多辩论用以折服别人，宛转地细说以图感动人主。就是在他之前的西周，在他之后的两汉，一定不能做到这一点，但是不同于田骈、慎到、苏秦、张仪这些人，就时风所尚而言，这其中也有邪正的区别。

刘向、贡禹经术是相同的；诸葛亮、司马懿方略也相同；二程、三苏议论也相同。不能赞扬贤良的人而奖励匪人，不能赞扬庸人而疑君子。殷深源、谢安石风流相似，名望相匹，而殷虚枵以致败，谢宁静以立功，或以江左风流为乱阶，而谓此中之无人，亦皮相而已矣。

自西晋以来，风会之趋固然矣，其失也，浮诞而不适于用；其得也，则孔子之所谓狂简也。狂者不屑为乡原之暖姝，简固可以南面者也。当时之士，得焉失焉，贞焉邪焉，皆托迹而弗容自异，故陶侃、卞壶、郗鉴、庾翼力欲矫之而不可挽。夫三四君子者，自卓立于风会之外，以不诡于正则愈矣；若必以此而定人之品骘，则殷浩之短暴，而谢傅不足以庸矣。知人者，别有独鉴存焉，而不问风会之同异。故曰："知人则哲，唯帝其难之。"

2.慕容翰不安于国而出奔，则固以所寓者为所托矣。始依段氏，沮段氏之追慕容皝，而贻其害，犹曰惧宗国之亡也。段氏灭，宇文氏逸豆归恤而安之，乃既归于燕，即说皝以灭宇文，输其上下之情形、地形之险阻，以决于必得；然则翰在宇文之日，鹰目侧注，虿尾潜钩，窥伺其举动而指画其山川，用心久矣。逸豆归走死，宇文氏散亡，翰得全功以归，而皝急杀之，非徒皝之忍也，翰之挟诈阴密而示人以叵测，天下未有能容之者也。

身之所托，心之所依，不与谋倾覆宗国之事可矣；身依之，心早去之，且伏不测之机以窥之，非人之不能容也，心自不容其身也。翰之将死，曰："欲为国家荡一区夏。"岂果然哉？皝有可图，祸先及之矣，而恶得以免于死？关羽之解白马怀疑君子。殷深源、谢安石都很风流，名望也一般大，但前者空谈以致名败，后者因宁静而成就功名，有人认为江东人风流，混乱，而说这里没有能人，这只不过是皮毛之谈。

自西晋以来，清谈之风本很盛行。其失在于它浮空，荒诞而不实用；其得在于孔子所说的狂简。狂放的人不屑对乡愿恭顺；简本来指可以从事政事。当时士人所谓的得失，贞邪，都假托一种形态而不容许不同，所以陶侃、卞壶、郗鉴、庾翼努力想矫正清谈之风而并无实现。这三四个人，自己独立于清谈之外，以便使自己不离于正。如果一定据此而确定人的品德，那么殷浩是残暴，而谢傅也不足以用了。了解别人，就有独特的借鉴存在，并不用问清谈的同异。所以说："深刻了解别人是一种智慧，对英明的帝王来说也是十万困难的事情。"

慕容翰因在国内不安而出逃，就把所居住的地方做为所依赖的地方。开始依赖段氏，对段氏追击慕容皝感到沮丧，结果留下祸害，说他害怕宗主国灭亡。段氏被灭，宇文氏逸豆归体恤他，安置了他。到他已归燕国，就劝说慕容皝灭宇文氏，并告诉他宇文氏上下左右的政治情报，地形概貌之情报，以求必胜。当他在宇文氏处的时候，就极为仔细地观察宇文氏的举动，并画出山川地形图，用心已很久了。逸豆归奔逃死亡，宇文氏四散逃亡，慕容翰得以得大功而回国。而慕容皝立即杀了他，不是慕容皝惨忍，而是因为慕容翰暗藏阴谋，有不测之心，天下没有人能容纳他。

自己身心既然依赖别人，不和别人思谋颠覆宗主国就行了；一个人身在曹营心在汉，而且暗伏着不可告人之目的窥探别人，不是别人不能容纳这样的人，而是自己的心也不能容纳自身。慕容翰将死之际说："想为国家荡平华夏。"难道是这样吗？慕容皝有可图之处，自身先有了大祸，怎能免于死呢？关羽解开白马之围，是因为他自围也，身依焉而不能不为之效，是以先主委诚焉。虽然，胡不若徐庶之置身事外而不与共功名也？

穆帝

1.王导且卒而荐何充，所以制庾氏也；庾翼卒，充授桓温以荆、梁军事，所以夺庾氏也；亮之疏也，翼、冰之隘也，皆不足以托社稷，而抑为后族，非可世委以国柄，固矣。然亮之责导，词正而理得。导荐充而亮不疑，充面折冰之废子立弟，而冰不怨。则庾氏之不为晋患，明矣。导修私怨而充怙之，以贻桓温之逆，而终成桓玄之篡。谋国而恩怨惟心，未有不贻国以尤者也。刘惔恶温而沮之，深识也；充持之，会稽王昱持之，以为唯温之英略，可以钳束庾氏不能与争耳。斯心也，温已见之。曰：区区一白面少年之庾爰之，且如猛虎之在侧，而惴惴以以需我之控制。君相若此，何惮而不逞哉？

疑其所不必疑，则可疑者进矣；疑其所不必疑，则奸雄知我之徒疑而无能制矣。故畜疑者，召祸之门也，而况乎其加之以忌也！王氏既衰，庾氏又替，王彪之、谢安方在下位而不足以持权，何充不谋固其国，唯庾氏之是竞，晋之亡肇于此矣。故唯无疑者可以当大任而不倾。

2.蜀之宜伐久矣，刘翔为晋言之，谢广亦知之夙矣。至李寿死，李势立，骄淫虐杀，此天亡李氏之日，不待再计而宜兴师者也。桓温西讨，晋廷惴惴然忧其不克，温目笑而心鄙之，身依赖曹操而不能不为他效力，因此刘备认为他诚实。虽然这样，为什么不像徐庶置身事外而不与他一起共有功名呢？

导将死，推荐了何充，欲以此制约庾氏；庾翼死了，何充把荆州、梁州（今陕西和四川一部分）军事大权授给桓温，以此夺庾氏之权。庾亮被疏远了，庾翼、庾冰识量狭隘，都不足以以社稷相托，贬仰，不能世代委以大权，本来就应如此，但庾亮责备王导，严词正确而有道理。王导推荐何充，而庾亮不怀疑，何充当面上奏庾冰之废子立弟，而冰并不怨恨。这样，庾氏不是东晋灾祸的制造者，就是很明白的。王导修私怨而何充坚持之，结果导致桓温的叛逆，最后桓玄篡权。为国谋者只凭自己内心的好恶，没有不给国家留下祸害的。刘惔厌恶桓温而阻止他，这是远见；何充坚持这种看法，会稽王昱坚持这种看法，认为只有桓温是英才大略，可以牵制庾氏而不能与他们争权。桓温已洞察他们的计谋，他说："小小年轻人庾爰之，置身于猛虎身旁，因此惶恐不安，需要我控制。君相都如此，我怕什么干不成呢？

怀疑那些不必怀疑的人，使那些可疑的人上去了；怀疑那些不必怀疑的人，使那些奸雄知道白白怀疑而不能控制。所以蓄意怀疑的，是召致大祸的途径，何况又加之以嫉妒呢！王氏已衰落，庾氏接替他，王彪之、谢安当时在下层而不能和他相分权，何充不谋划保护国家，而只和庾氏相争权，东晋的亡国发端于此。故只有不怀疑的人可以担当大任，而不会使国倾覆。

很久就该讨伐蜀地了，刘翔为东晋提出了这种言论，谢广也知这是他的夙愿。到李寿死亡，李势当权，他骄横荒淫暴虐，这是消灭李氏的好时机，不再用计谋就该举兵讨伐。桓温西征，朝堂上下惶恐拜表即行，知晋之无人也。刘惔曰：“但恐克蜀之后，专制朝廷。”其言验矣。

乃其遂无以处此哉？温表至，朝廷信之而不疑，下诏奖之以行，而命重臣率大师以继其后，则温军之孤可无虑，而专制之邪心抑不敢萌。惴惴忧之，漠然听之，败则国受之，克则温专其功，惔诚虑及，而胡不为此谋也？盖惔者，会稽王昱之客，非能主持国计者也。昱与殷浩皆虚诞亡实而茶然不振者，惔即为此谋而固不听，徒为太息而无可如何。晋非无人，有人而志不能行也。

3.冉闵尽灭羯胡，而曰：“吾属故晋人，请各称牧守，奉迎天子。”虽非果有效顺之诚，然虑赵人之不忘中国而不戴己，未敢遽僭也。有胡睦者，称闵功德，谓晋人远窜江左而不足戴，然后闵无所复忌而僭以成。呜呼！睦固晋之遗民也，而其逆如此，肉虫自生而自食，岂自外至哉？

睦之丧心失志至此极也，夫亦有其故矣。自刘渊起，中国人士诎于势而事之，始亦有不得已之心焉。已而食其馀以有富贵，假其威福以陵孤寡而啮龁之，改易礼法以狎其俗，口甘其味、身便其服者数十年矣，故心尽亡而习之也安。藉使归故版而奉正朔，则江东人士羞与为伍，而无以自容。于是闻中国衣冠之名而恧然沮矣。自绝归正之路，而偷安于萑苻以自雄，盖遥想王、谢、何、庾之风流而汗流浃背，则何如侈拥戴之功不安，忧虑不能取胜，桓温面带微笑，内心却充满了鄙视，上表以后就立即行动。他知道晋没有别人能讨伐蜀地了。刘惔说：“只怕他攻克蜀地之后，在朝廷专权。”他说的话后来验证了。

但他并没有达到这一点吗？桓温奏表到，朝廷信任他们并不怀疑，下颁布诏书奖励他前进，还命令大臣率领，大军在他的后面，桓温军队就孤立无援而不足为虑，他专制的奸心也不敢暴露。惶恐忧虑听之任之，如果他失败了，国家则承受他的失败，如果他胜利了，桓温就借功专权。刘惔确实考虑到了这，而又为什么不再做筹划呢？原来刘惔是会稽王昱的门客，不是能为国家主持大局的人。王昱和殷浩都是虚浮不实精神不振的人，刘惔就是为他们谋划而他们固執不听，只好白白叹息而无计可施。东晋不是没有人才，而是有人而志向不能实现罢了。

冉闵消灭完了羯胡，他就说：“我过去是晋人，请各处牧守，遵从天子之命。”虽然不是真有归顺的诚意，但他考虑到赵国人不忘掉中国而不拥戴自己，就不敢立即僭位。有一个人叫胡睦的人，称赞冉闵的功德，说晋人远逃江东而不值得拥戴，冉闵不再疑忌而终于僭位成王。唉！胡睦本是晋朝遗民，而其如此叛逆，如同虫生肉中又自食其肉，又怎么会是来自外部呢？

胡睦丧心病狂到了极点了，这也是有原因的。从刘渊时候起，中原人士屈服时势而事奉他，起初也是不得已而为之的。后来，粮食有余，而且富贵，借他们的威福欺凌孤寡而且吞食他们，改变礼法，接近胡俗，吃胡饭，穿胡衣已经数十年了，所以他们良心丧尽，而且习以为常。即使他们回归故土，伺俸晋朝廷，江东人也以与他们为伍为羞，他们也无地自容。于是他们听见中原衣冠的名字就感到惭愧、沮丧。自己断绝了归依正统的途径，而在鹰眼鬼目群中苟且偷安，自以为是英雄。想到王导、谢安、何充、庾亮的风流，自己就汗流夹背，那以矜于其穴哉!

斯心也,亦耻心之不容泯者也,而怙无耻以为耻,且贪权藉以自荣焉,于是而迷复之凶终不可反矣。诗云:“无纵诡随,以谨无良。”无纵者,非必以法绳之也,制于其早,而全其仅存之初心也。宕佚之,使习而安之,将奚及乎?

4.辛谧可谓得死所矣。历刘、石之世,征辟不就,然而害不及焉,则可以不死,而死为激。冉闵,中国之人也,其尽诛羯胡而有归正之言,虽非果可与言者,而言亦不辱矣。其说闵曰:“因兹大捷,归身晋朝,必有繇、夷之廉,享松、乔之寿。”非徒效忠于晋,其为闵计,亦忠之至、识之远者也。似可与言而与言,怀数十年之积悃,表见于一时,而非以辱吾言于犬羊之耳,可言也,斯可死也。龚壮宛曲以明心,辛谧直言以旌志,各以其所遇而自靖,君子之酌时宜以屈伸,道固然也。

或曰:谧言之矣,闵未必杀之,而何以死?曰:谧固知其不听也,不听而生,是为闵所容也。言出而志伸,志伸而生事毕,生事毕,不死奚俟乎?士怀孤志,不遇可死之时,而奄奄以存,可哀也夫!

5.蔡谟之谏北伐,为庾亮言也;王羲之之谏北伐,为殷浩言也。亮与王导不协,而欲立功以抑导于内;浩与桓温不协,而欲立功以折温于外;内不协而欲制胜千里也,必不可得。故二子之言,当其时而中于事会。虽然,君子之为言,计及当时,计及后世,时有不可明言者,则微言以动之,密谋以正之,而么怎能夸大拥戴之功劳而使自己光荣呢!

这种心思也表明羞耻之心不容泯灭。而坚持不把耻辱当作耻辱，且贪权以图自荣，结果迷乱的凶险终不能避免。《诗经》中说：“不要放纵阴谋，以防止有陷于不良。”不要放纵，不是指一定要用法律来衡量，而是要及早制约，保全其仅存的良知。拖延他，使他习惯而安稳，怎么能来得及呢?

辛谧可谓死得其所了。经历了刘、石之世，他们征迁不去，但也并未杀害他，本可以不死，而以死激励冉闵。冉闵是中原人，他杀尽羯胡人，而且有归顺之言，虽然并非与能言大义的人，但就话来说，也并不卑污。辛谧劝冉闵说：“趁此大胜，归顺晋朝，就一定会有处繇、伯夷那样的清廉，安享松柏、乔木那样的寿命。”他这表明并非只效忠东晋朝廷，就是对冉闵来说也可谓是至忠，见识深远了。他推测能和他说而才和他说，胸怀数十年之诚意，在表中尽现，而并没有将良言辱没于犬羊之耳。能说，这就可死了。龚壮宛转劝说以表明心志，辛谧直言不讳以表其志向，他们各自凭借遇到的情况表明心志，君子根据时势考虑周到能伸能屈，道理本来就是这样。

有的人说：“辛谧劝他之说，冉闵不一定要杀他，而他何以竟死?”答曰：“辛谧固知他不听他，没有听他而还活着，这是冉闵能容纳他啊。”话说出就表明了志向，志向表明了生命就该结束了，不死还等待什么呢? 壮士身怀孤志，没有遇到可死的时机，而苟且偷生，这可悲啊。

蔡谟劝谏北伐，是为庾亮说话，王羲之劝谏北伐，是为殷浩说话。庾亮和王导不团结，就想在内部立功以抑制王导；殷浩和桓温不协作，就想立功使桓温在外折服他；内部不团结，而想在千里之外取胜，一定不能做到。二人的言论，是合乎当时的形势的。虽然，君子做的言论，考虑到当时和后来，但当时有些话不能明说，就含蓄的言不因一时之急，伤久长之计。亮之正不足以服导，浩之才不足以制温，迫于立功，反致溃败，徒以沮挠人心而贻奸雄之笑，一时之事会也。王业之不可偏安，羯胡之不可纵佚，忘自强之术，而益召其侮，偷寡弱之安，而日蹙其亡，百世之大防也。羲之言曰：“区区江左，天下寒心，固已久矣。”业已成乎区区之势，为天下寒心，而更以陵庙邱墟臣民左衽为分外之求，昌言于廷，曾无疚愧，何弗自投南海速死，以延羯胡而进之乎？宋人削地称臣，面缚乞活，皆师此意，以为不竞之上术；闭户塞牖，幸盗贼之不我窥，未有得免者也。谯周仇国之论成，而刘禅之降旗旋竖，邪说之诬人亦酷矣哉！

若夫浩之欲折温也，亦非谋之不忠也；而折温之术，莫善于收温而用之。北伐之举，温先请之，而浩沮之；既乃自行而置温于局外，不资其一旅之援，温亦安坐上流而若罔闻；固温之乐祸以乘权，抑浩摈之而使成乎坐视。向令东西并进，而吾拥中枢之制，温固吾之爪牙，抑又恶足以逞？浩非其人，而羲之等不能以此说之，疑温忌温，而温之逆乃有所资以自雄。此所谓微言之，密谋之，制勍敌强臣于尊俎者，浅人不足以及此也。

6.苻健请命，而殷浩不能控，姚襄来归，而殷浩激之以叛，浩之咎也。然使浩开关纳之，而倚以收复中原，则亦梁之进侯景也。夫健与襄而可收以为用也哉？健之请命，杀麻秋辞来感动他，用计谋来纠正他，而并不因一时形势的紧急，毁坏长远之计。庾亮的正直不能使王导折服，殷浩的才干不能制约桓温，他们迫切想立功，反而招致溃败，只会破坏阻挠人心而留给奸雄笑柄，这也是当时的形势。帝王之业不能偏安，不能放纵羯胡，如果忘记了自强的办法，就更召致了他们的欺侮，因寡弱而苟且偷安，形势就日益紧张，任何时候都要防止这一点。王羲之说："小小江东，今天下人士寒心，这已经很久了。"已经形成了微弱的形势，为天下人士寒心，而且还以陵庙丘墟臣民左衽为非分的要求，在朝廷上妄谈，而没有惭愧之心，何不自己投入南海以求快死，借此来延请羯胡的进攻呢？宋朝人割地称臣，捆绑自己乞求活命，都是以此为师，把这作为不用斗争而生存的最好办法；关闭门户，塞住窗户，侥幸地认为盗贼不会窥探我，而这并不能免掉。谯周劝说蜀主投降的言论谈完，刘禅立即竖起投降的旗帜，邪说误国误人也太甚了！

至于殷浩想制服桓温，也不是他计谋不忠诚，而是使桓温折服的办法，最好应是让桓温为己所用。桓温先请求北伐，而殷浩阻止他；随后又自作主张，把桓温置于事外，不给他一兵一卒的援助，桓温自己也安坐上游而好像没有看见形势的恶化；这原本是桓温幸灾乐祸以图专权，也是殷浩排斥他而造成这种局面。假使东西一起并进，而我在中枢机关指挥，桓又是我的部将，他又怎能逞他的志向呢？殷浩不是那种办大事的人，而王羲之等人又不能以此来劝说他，而是怀疑妒忌桓温，而桓温叛逆也就有了借口。这就是所说的用微言劝说，用密谋纠正，制约强敌强臣的办法，浅薄的人不能做到这一点。

苻健请求归顺，但殷浩不能控制他；姚襄来归顺，而殷浩刺激他使之叛乱，这些是殷浩的过错。但如果殷浩开门接纳了他们，依靠他们收复中原，那么这也是梁武帝接纳侯景了。苻健和姚襄能不而惧；弋仲之使襄归晋，胜冉闵而惧也。健孤而畏冉闵之勇，弋仲死，襄孤而畏慕容之强，中立而无宁居，睨晋之弱而可诱以为后图，受其饵则为侯景，觉其机则引去而无伤，若此者，亦恶能抚之使为吾效用乎？何怪乎浩之不抚健而欲袭襄也。

浩力不足、智不逮耳，其谋未甚失也。拒之袭之，祸速而轻；纳之任之，祸迟而大。弋仲将终，忠顺之言孰闻之，襄述之耳；其辞愈逊，其情愈诡。议者乃以拒健激襄为浩罪，何古今乐进豺虎以自卫者之多也！夫不见健一入关而即自王，浩北伐而襄伏甲于山桑以邀之乎？使当健、襄纳款之日，闭关而却之，曰吾无所用尔为也，则二夷之气折矣。虽然，徒为大言无裨也，必自立之有本也。非若光武，亦安能骄语盆子曰“待汝以不死”哉！

7.桓温能用殷浩，殷浩不能用桓温。温曰：“浩有德有言，为令仆，足以仪刑百辟，朝廷用违其才耳。”此温之能用浩也。温请北伐，而浩沮之，浩之不能用温也。能用之而后能制之，能制之，则予之、夺之、生之、杀之而唯吾意。不能用矣，而欲制之，必败之道也。

温之逆也，刘惔料之矣，非必温之逆为不可制也，惔知能收之而为己用呢？苻健请求归顺，是因杀了麻秋而害怕；弋仲使姚襄归顺东晋，是因为胜了冉闵而害怕。苻健孤立而害怕冉闵的英勇；弋仲死后，姚襄孤立而害怕慕容的强大，如果中立就没有安定。他们看到东晋的软弱就认为可把他作为诱饵以图之，如果接受了诱饵就成为侯景，而晋如果发现了他们的阴谋，就跑开而对自己并无危害，像这样的人，怎能安抚他而为我用呢？无怪乎殷浩不安抚苻健而想袭击姚襄了。

殷浩力量不足，智谋也不够远大，但他的计谋也并无多大失误。拒绝他们，袭击他们，祸害来得快而危害小；而如果接纳他们，任用他们，祸害来得迟而危害大。弋仲快死了，他的忠顺的言论谁听到了，姚襄代他叙述了，他的言词越谦逊，他的内情越诡密。议论的人把拒绝苻健和促使姚襄叛乱作为殷浩的罪过，而不知古今中外引进豺虎以自卫的有很多！我们不是也看见苻健一进关内就立即称王，殷浩北伐而姚襄在山桑埋伏军队来请他打仗吗？假定当苻健、姚襄向晋朝进贡的时候，就闭关而拒绝他们，并且说你们对我们没什么用处，那么二人的气势就损失很大。虽然，徒说大话没有用处，也得有自立的根基。不像汉光武帝，他们怎能骄傲地告诉刘盆子说：“待你以不死呢？”

桓温能用殷浩，而殷浩不会用桓温。桓温说：“殷浩有德而能言，如果让他做令仆，就能够用礼仪，刑罚治理朝中官员。朝廷现在任命他的职务不是人尽其才。”这就是桓温能利用殷浩的地方。桓温请求北伐，而殷浩阻止他，这是殷浩不会使用桓温的表现。能利用他，然后控制他；而如果想控制他就应该先给予他，而后根据情况，决定是否夺取他的权力，决定他的生死。不能利用，而想控制他，这是一定要失败的。

桓温叛逆是刘惔预料到的，桓温叛逆不一定是不可控制的，但何充、殷浩之不足以制温也。夫温之始，岂有必不可制之情形哉？嫌隙已成，王彪之说会稽王，驰一纸书而即敛迹以退；其终于逆也，浩贻之也。惴惴然相恐于廷，若猛虎之且咥，温乃见人之疑我之篡，退必无以相容，乃疑我而不能制我，将与我竞功；而一败于许昌，再败于山桑，能事见矣，于是而技痒情兴，篡逆之志始奰发而不戢；微谢安、王彪之之夷犹淡漠，视猛虎如麋鹿，温必篡矣。

虎不撄则不攫，不走则不追；蠭不扑则不螫，不避则不触。岂徒温哉！董承不奉衣带之诏，曹操不敢犯及宫闱；曹爽不争顾命之权，司马氏不敢擅为废立。制之有道，用之有方，则温峤以新附之臣，而义旗回指之言，折久任方州、上流倚重之陶侃而有馀。浩任将相之重，物望所归，夫岂难于用温者，而徒尔惴惴也！谋愈深，祸愈成矣。

8.晋之失久矣！殷浩废，桓温受征讨之命，败苻苌于蓝田，进军灞上，败姚襄于伊水，收复雒阳，亦壮矣哉！当是时，石、冉初亡，苻、姚乍兴，健虽鸷而立国未固，襄甫扬去，乍集平旷之壤，势益飘摇，故挫之也易。善攻者攻其瑕，乘瑕以收功，而积衰之气以振。温可谓知所攻矣。其人关也，粮匮而还，其复雒也，置戍而返。说者曰：温有逆心，舍外而图内。此以刘裕例之，而逆其诈也。温之归镇，未尝内逼朝廷，如裕之为也。浩既废，会稽才弱而不足相难，王、谢得政新而望浅，非温内顾之忧也。温何汲汲焉？乃其所以不能进图全功而亟刘惔知道何充、殷浩不能控制桓温。桓温起初，怎能有不可控制的情形呢？彼此之间隔阂已经形成，王彪之劝说会稽王，给他送一封信他就收敛退兵，他最终成为叛逆，是殷浩留下的后果。在朝廷里，他们彼此怀疑，就像两只猛虎将要撕咬一样。桓温看到别人怀疑自己篡权，回去以后就彼此不能相容，但他们怀疑我而不能制约我，就将和我争功。而结果殷浩初败于许昌，再败于山桑（今安徽蒙城县北），于是桓温篡权之志壮大而不知收敛，假使没有谢安、王彪之的从容淡泊，把猛虎视为麋鹿，桓温一定篡权了。

老虎，如果人们不接近它，它就不会扑向你，如果你不跑，它就不会追你；蜂，如果你不扑它，它就不会螫你，不躲避它，它也不接触你。岂只是桓温呢！董承如果不奉衣带之诏，曹操就不敢犯上，不敢在宫廷行动；如果曹爽不争顾命之权，司马氏也不敢擅自立帝、废帝。统治国家有方法，用人也有规矩，温峤作为新归附的大臣，他用如不同心同德，义旗将会转向自己的言论，折服了久任方州，上流人士所倚重的陶侃。殷浩担任将相之要职，众望所归，怎会难用桓温，而徒增恐惧呢？计谋越深远，越会招致大祸。

晋失误很久了！殷浩被废庶人，桓温接受征讨的任务，在蓝田打败了苻苌，攻到灞上，在伊水打败了姚襄，收复了洛阳，也雄壮啊！在此时，石氏、冉闵才被消灭，苻氏、姚翼刚刚兴起，苻健虽然凶猛，但建国并不牢固，姚襄才逃走，聚集在空旷的土地上，其势也不稳，所以挫败他也容易。故善于进攻的应先进攻他空虚的地方，乘虚进攻以取得战功，使衰落之士气重振。桓温可以说知道何时攻击了。他攻入关中，因粮尽而返，他收复洛阳，安排军队守卫而返。游说的人说：桓温有反心，放弃外边而图谋里边。这是以刘裕为例子，进行的猜测。桓温回到所镇守之处，不曾像刘裕那样内逼朝廷。殷浩已被废为庶人，会稽王才弱而不足为难他，王、谢刚刚掌权而声望撤以还者，孤军乘锐气，快于一击，而无以继其后也。

晋偏安于江左，而又分焉，建业拥天子以为尊而力弱，荆、襄挟重兵以为强而权轻，且相离以相猜，而分为二。温以荆、襄之全力为孤注，其进其退，一委之温，而朝廷置之若忘，温即有忠诚，亦莫能自遂，而况乎其怀二心哉？臣与主相离也，相与将相离也，东与西相离也，以此而欲县军深入，争胜于蜂起之寇，万不可得之数矣。

尤可嗟异者，温方有事于关、雒，而荀羡东出山茌以伐燕，欲与温竞功，而忘其力之不逮。且燕非苻、姚新造之比也，慕容儁三世雄桀，而植根深固，撄势重难摇之虏以自取败衄，曾不知以一旅翼温，乘胜以复故都，岂不慎乎？秦寇平，燕之气夺；两都复，晋之势成；合天下之力以向燕，则燕不能孤立以相抗；协于温以成将就之功，则温之心折而不足以骋。乃彼方西向，我且东指，徒为立异而生其欺怨，谢万之愚，荀羡之妄，会稽之暗，怀忮以居中，欲温之成功于外，其可得乎？谋国若此，不亡为幸耳。其不亡也，犹温两捷之威有以起茸茶之气，詟凶狡之心也。

9.五胡旋起旋灭，而中原之死于兵刃者不可殚计。殚中原之民于兵刃，而其旋起者亦必旋灭。其能有人之心而因以自小，不是桓温内部的威胁。桓温为何心情急切？他之所以不能尽其全功而急切撤兵，是因为孤军作战凭借锐气，利于速战，缺乏援兵，没有粮草作为后援。

东晋在江东苟且偷安，但又有分裂，建业之朝臣拥戴天子，他们自以为尊贵但力量小；荆州、襄之权臣自以为强大，但权势小；他们彼此分裂、猜疑，结果一分为二。桓温把荆、襄的力量作为孤注，军队的进退，都得听命于桓温，但朝廷好像忘记了他们。桓温即使身怀忠诚，也不能达到他的心志，何况他还身怀二心呢？大臣和天子彼此相分离，丞相和将帅相分离，东与西彼此相分离，不能遥相呼应，借此而孤军深入，以求在蜂起云涌的贼寇中取胜，这确实是难乎其难啊。

尤其感叹的是，桓温正在关中、洛阳一带战斗，而荀羡在东边从山茌出发去讨伐燕国，想和桓温争相比功，但他忘记了他的力量不够。而且燕国不是苻健、姚襄新近兴起能比的。慕容儁经营了三代的雄杰，而且国基牢固，是很难对付的国家，进攻他们是自取灭亡。而他不如派一支军队支援桓温，乘胜就可收复旧都，这不是很好吗？秦地贼寇被荡平之后，燕地气焰就会被打压下去，两都城都收复，晋的力量强大，这时趁此机会，集合天下军队同心攻向燕地，燕国就不能孤立对抗。这样帮助桓温成就了大功，桓温就心服不会有叛逆之心。至于他向西进攻，而我向东进攻，这样就白白产生分歧，产生怨气，谢万的愚蠢，荀羡的狂妄，会稽王的胡涂，就明白了。他们内藏妒忌之心，而让桓温在外面成功，这可能吗？为国做这样的计谋，没有被亡还算侥幸。他没有立即灭亡的原因，是桓温两次大捷的余威使他们灰心丧气，也警告了狡猾的敌人不要轻举妄动。

五胡建立的国家兴起又衰亡。而在战争中死亡的中原人不可胜数。在战争中杀死的人太多，而他们一定会兴起又衰亡。在他们中间全者，唯慕容恪乎！故中国之君，一姓不再兴，而慕容氏既灭而复起。恪围段龛于广固，诸将请亟攻之，恪曰：“龛兵尚众，未有离心，尽锐攻之，杀吾士卒必多矣，自有事中原，兵不暂息，吾每念之，夜而忘寐，要在取之，不必求功之速。”呜呼！恻悱之言，自其中发，功成而人免于死，恪可不谓夷中之铮铮者乎！

古之用兵者，于敌无欲多杀也，两军相击，追奔俘者无几也，于敌且有靳焉，而况其人乎！战国交争，驱步卒以并命，杀敌以万计，而兵乃为天下毒，然犹自爱其民，而不以其死尝试也。尉缭之徒至不仁，而始为自杀其人之说，于是杨素之流，力行其说以驱民于死而取胜。突围陷阵者有赏，肉薄攻城者前殒而后进，则嗜杀者，非嗜杀敌，而实嗜杀其人矣。晨与行，夕与息，环拱听命于牙旌之下，方且呴呴然相聚以相保，而威之诱之，激之迫之，唯恐其不自投于死。呜呼！均是人也，而忍至此哉！用兵之杀人也，其途非一，而驱人为无益之死者，莫甚于攻城；投鸿毛于烈焰，而亟称其勇以奖之，有人之心，尚于此焉变哉！

只有一个同情人民的人，而他也因此得以保全自己，这就是慕容恪！所以，中原的国君，一姓之国不会再次兴起，而慕容氏已灭亡而后又兴起。慕容恪在广固包围段龛，他的诸位部将请求赶快进攻，慕容恪说："段龛士兵还有很多，他们还没有分离的心思，如果现在用精锐的部队进攻他们，我们士兵伤亡必大。自从和中原燃起战火，战斗就没停过，每想到此，我就夜不能寐。我们的目的在取它，不必过快求胜。"唉！他的恻隐之心，实是从内心发出，功名成就了而又不死人，慕容恪真可谓少数民族中的铮铮铁汉！

古代善于用兵的人，也不是想杀很多人，两军互相攻击时，并没有多少死命追击敌人的人。对于敌人尚且有吝惜之意，何况对待自己人呢！战国时诸国交战，驱使士兵去拼命，杀死敌人的数目达到数万。于是战争成为天下的大害，但他们还爱护各自的百姓，并不想让他们用死来作尝试。尉缭之类是最不仁爱的人，他们提出了自杀其人而取胜的理论，于是杨素之流的人，努力实行他的理论，驱使百姓以死来取胜。结果，能够攻破敌人阵地的人有重赏，和敌人近战的人前面倒下而后面的人随着进攻。那些喜欢杀人的人，不是喜欢杀敌人，而实际上是喜欢杀自己。早晨出发，晚上休息，在帅旗之下听命，而且通过集中来相互保护，而将帅则威逼利诱他，只怕他们不自投于死。唉！都是人，为什么惨忍至此！通过战争杀人，途径有很多，而驱使士兵做无谓扬拙的，就属攻城危害最大了。把鸿毛投入烈火中，而又称赞他的英勇并奖励他。有人的良心，竟会变成这样！

卷十四

哀帝

1.桓温请迁都雒阳，诚收复之大计也。然温岂果有迁都之情哉？慕容恪方遣吕护攻雒，温所遣援者，舟师三千人而止。温果有经略中原之志，固当自帅大师以镇雒，然后请迁未晚。惴惴然自保荆、楚，而欲天子渡江以进图天下，夫谁信之？为此言也，特以试朝廷所以答之者。而举国惊忧，孙绰陈百姓震骇之说，贻温以笑。温固曰：吾一言而人皆震恐，吾何求而不得哉！王述曰："但从之，自无所至。"温说折矣。而周章议论之情形，已早入温之目中。其云"致意兴公，何不寻遂初赋，而知人家国事"，非惮绰也，笑晋人之不足与人家国也。

夫温以虚声动朝廷，朝廷亦岂可以虚声应之？王述之议，亦虚声也。使果能率三吴、两淮之众渡江而响寿、谯，诏温移屯于雒，缮城郭、修坞戍，为战守计，而车驾以次迁焉，温且不能中止；外可以捍燕、秦，而内亦可以折温之逆志，乘其机而用吾制胜之策，诚百年一日之会，而晋不能也。燕、秦测之，温谅之，晋不亡者幸耳！

内宁而外可无忧，一道也；处治安之世以建威销萌之道桓温请求迁都洛阳，确实是收复中原的大计。然而，桓温难道果真有迁都洛阳的真情吗？当时，前燕慕容恪派遣大将吕护率军进攻洛阳，桓温所派遣的救援军队，水师仅三千人而已。桓温果真有经略中原的大志，固然应当亲自统帅大军坐镇洛阳，然后请求迁都也为时不晚。整日惴惴不安，自保荆、楚一带，而打算让天子北渡长江、图谋天下，谁相信他呢？制造这种言论，仅仅是用来试探一下朝廷如何答付。结果造成举国震惊，人人担忧，孙绰极力陈述百姓震惊、恐惧等不良后果，留给桓温以笑柄。桓温固然可以说：我说一句话能令朝廷震动害怕，我何求而不得呢？王述说："即使采纳桓温的建议，他自己也不知如何实施。"桓温的言论不攻自破。可是，各种奏章针对迁都一事议论的情形，早已在桓温的意料之中。其中说"向孙绰大人致意，为何不去读诵刘歆的《遂初赋》？却来谋划家国事。"不是畏惧孙绰，而是笑不足与晋人谈论家国之事。

桓温用虚张声势来震动朝廷，朝廷怎么能用虚张声势来应之呢？王述的议论也是虚张声势。假使朝廷果真能够统率江浙、两淮一带的军队北渡长江，而向寿州、谯县一带进攻，同时诏令桓温率军移兵屯驻洛阳，修筑内城外城，修建坞堡，增加防卫力量，作为能战能守的大计，然后皇上以及百官的车驾再有秩序地迁入洛阳，桓温将不能中途而废，对外可以抵御前燕、前秦，而对内可以打消桓温图谋不轨的思想，借助其中的机遇而用我的制胜之策，确实是百年不遇的机会，而东晋朝廷却无法办到。前燕、前秦时刻觊觎它，桓温又想得到它，东晋没有亡，真是幸运啊。

内部安定而外无忧虑是一样的，也是处于安定之世用通过立威也。外无忧而内可宁，一道也；处纷乱之日以强干弱枝之道也。夫桓温者，何足虑哉？慕容恪之沈鸷，苻坚之恢豁，东西交逼以相吞，而唯与温相禁制于虚声，曾不念强夷之心驰于江介也，是足悲也！晋不成乎其为君臣，而温亦不固为操、懿者也。

2.为人后者，为所生父母服期，亦天下之通丧也，仅见于士丧礼，而以情理推之，固可通于天子。天子丧礼无传文，后世执期丧达乎大夫之说，以屈厌而议短丧，非也。哀帝欲为所生周太妃服三年，则过；既而欲服期，是已。江霦执服缌之说，抑帝而从之，邪说也；天子绝期，而又何缌乎？为人后而继大宗，承正统，上严祖考，而不得厚其私亲，此以君臣之义裁之也。故欧阳修、张孚敬称考、称皇、称帝之说，紊大纲而违公义，固不若汉光武称府君之为允矣。

位号者，天下之公尊，非人子所得以己之尊加于其亲，义也。若夫死而哀从中发，哭踊服饰之节，达其中心之不忍忘，则仁也。降而为期，止矣；过此而又降焉，是以位为重而轻恩，戕性之仁矣。哀死者，情也；情之所自生者，性也。称尊者，名也；名之所依者，分也。秩然不可干者，分以定名；怆然不容已者，情以尽性。舜视天下犹草芥，而不得于亲，不可以为人，霦独非人之子与？必欲等之于疏属而薄之，则何如辞天来消除图谋不轨萌芽的办法。外无忧患而内部安定，也是一样的道理，是处于纷乱时用来加强中央力量、削弱地方力量的办法。桓温这个人，有什么值得考虑呢？前燕慕容恪沉稳机警，前秦苻坚恢宏大度，东西夹攻，交互紧逼，有吞并之势，而仅仅和桓温相互牵制于虚张声势，难道没有想到这些强大的夷族人曾有驰骋于江边之心吗？这太可悲了。不管是做为君，还是做为臣，东晋都无法长治久安，而桓温本来也不可与曹操、司马懿相比。

做为人的后代，为亲生父母服丧一年，也是天下通行的丧礼，仅仅见于《士丧礼》一书之中，而按照情理推断，当然也适用于天子。关于天子的丧礼没有专门的记载来论述，后世之人偏执服丧一年的礼义是遵照士大夫的丧礼，用来屈压于天子而商议服丧期短一点，这是错误的。哀帝想为生母周太妃服丧三年，则有点太过；不久，又打算服丧一年才算罢了，江霦偏执服缌之说，抑制皇帝而服从丧礼，是一种邪说；天子本不应服丧，而又何有服缌之说呢？做为人后而发扬延续大宗，承继正统，对上尊崇祖宗先人，而不得对自己的亲人另眼相待，独自优渥，这是用来判断君臣之义的标准。过去欧阳修、张孚敬称考、称皇、称帝之说，扰乱了大的纲常而违背公论，当然不如汉光武称府君较为公允了。

位号乃是天下共同尊崇的，非是做为人子能够以己之尊崇而加于其父母身上的，这是大义。如果父母死了，内心异常哀痛，悲恸万分，而想穿上丧服，亲自尽孝，用来表达内心的追思之情，永志不忘，这是仁义。退一步而为父母服丧一年也就罢了，如果超过这个标准而又再退一步，这是以位为重而轻视恩情即摧残了仁的本性。哀悼死者是人之常情，感情自然产生是人的本性。称号尊崇是名，名所依从的是职分。井然有秩，不可混乱的是按照职分来确定名位；怆然伤感，不能自我控制的是用感情来表达本性。舜视天下之人犹如草芥，而子之位而可尽一日之哀也！王子母死，请数月之丧，而孟子曰：“虽加一日，愈于已。”生而为庶子，莫如之何也。哀帝不立乎天子之位，而可致其哀，非生而诎者也。然则天子之位，其为帝之桎梏乎！周礼残缺，而往圣之精义不传，保残之儒，徒纷纭以贼道，奚足取乎！

3.苻坚之世，富商赵掇等车服僭侈，诸公竞引以为卿，坚恶而禁之。天下之大防二：中国、夷狄也，君子、小人也。非本未有别，而先王强为之防也。夷狄之与华夏，所生异地，其地异，其气异矣；气异而习异，习异而所知所行蔑不异焉。乃于其中亦自有其贵贱焉，特地界分、天气殊，而不可乱；乱则人极毁，华夏之生民亦受其吞噬而憔悴。防之于早，所以定人极而保人之生，因乎天也。君子之与小人，所生异种，异种者，其质异也；质异而习异，习异而所知所行蔑不异焉。乃于其中亦自有其巧拙焉，特所产殊类、所尚殊方，而不可乱；乱则人理悖，贫弱之民亦受其吞噬而憔悴。防之于滥，所以存人理而裕人之生，因乎天也。呜呼！小人之乱君子，无殊于夷狄之乱华夏，或且玩焉，而孰知其害之烈也！

不得于父母，不可做为君王的典范，独有江霦不是人之子吗？哀帝必欲按照上疏所论的丧礼而对父母礼薄，那么何如辞掉天子之位而可以尽一日之哀悼呢？齐国王子的母亲死了，请求行数月的丧礼，而孟子说："即使增加一日，也胜过没有。"生而为一般百姓的儿子，谁也不能对他怎么样。如果哀帝没有被立为天子，反而可以表达自己的哀悼，不是生下来就注定要受委屈的。既然这样，那么天子之位即是皇帝的枷索了。《周礼》的记载残缺不全，而以往圣人的精义不得留传，维持残缺不全的礼义的儒生们，徒然纷纷纭纭，歪曲正道，何足取呢？

前秦苻坚在位的时候，富商大贾赵掇等乘坐的车及所穿的服饰僭越礼制且极其奢侈，各位公卿都争相援引赵掇等为座上客，苻坚讨厌这种情况而明令禁止。天下的大防有两个，一个是"中国"和"夷狄"，一个是"君子"和"小人"。不是本来没有差别先王人为设置的大防。夷狄和华夏，生活在不同的地域，地域不同，他们的"气"自然存在差别；"气"不同而习性自然不同，习性不同而思想行为没有不存在差别的。至于其中也自然有贵贱不同，只是地界有别、天气不同，而不可混乱；如果混乱就会产生极大的毁灭性，华夏的百姓也将遭受他们的吞噬而憔悴不安，民不聊生。及早防备是用来安定百姓而保护天下的生灵，这是顺乎天意的。君子和小人，所生异种，异种即本质的差别；本质存在差别而习性自然不同，习性不同而思想行为没有不存在差别的。至于其中也自然会有巧拙的不同，只是群类不同、崇尚不同，而不可混乱；如果混乱就会出现违背理性的状况，贫穷柔弱的百姓也将遭受他们的吞噬而生活困顿。防止这种情况的泛滥是用来存天理而使百姓生活宽裕，这是顺乎天意的。唉！小人祸乱君子，与夷狄祸乱华夏没有什么差别，有的人很轻视这种现象，谁又知道他们祸害的惨烈程度呢？

小人之巧拙自以类分，拙者安拙而以自困，巧者衒巧而以贼人。拙者，农圃也，自困而害未及人者也。然夫子未尝轻以小人斥人，而特斥樊迟，恶之甚、辨之严矣。汉等力田于孝弟以取士，而礼教凌迟，故曰三代以下无盛治。夫以农圃乱君子，而弊且如此，况商贾乎？商贾者，于小人之类为巧，而蔑人之性、贼人之生为已亟者也。乃其气恒与夷狄而相取，其质恒与夷狄而相得，故夷狄兴而商贾贵。许衡者，窃附于君子者也，且曰："士大夫居官而为商，可以养廉。"呜呼！日狎于金帛货贿盈虚子母之筹量，则耳为之聩，目为之荧，心为之奔，气为之荡。衡之于小人也，尤其巧而贼者也，而能溷厕君子之林乎？

以要言之，天下之大防二，而其归一也。一者，何也？义、利之分也。生于利之乡，长于利之涂，父兄之所熏，肌肤筋骸之所便，心旌所指，志动气随，魂交神往，沈没于利之中，终不可移而之于华夏君子之津涘。故均是人也，而夷、夏分以其疆，君子、小人殊以其类，防之不可不严也。夫夷之乱华久矣，狎而召之、利而安之者，嗜利之小人也，而商贾为其最。夷狄资商贾而利，商贾恃夷狄而骄，而人道几于永灭。无磁则铁不动，无珀则芥不黏也。

帝奕

1.慕容暐罢荫户至二十万。以东北一隅而二十万户为权贵小人的机巧与笨拙自然按照类来区分，笨拙者安于笨拙而自我困顿，机巧者依仗机巧而残害他人。笨拙者即是农夫，虽然自我困顿而祸害未及他人。然而孔子不曾轻易斥责他人为小人，而仅仅斥责樊迟，是因为孔子非常讨厌樊迟，对君子和小人的分辨非常严格。汉朝等极力提倡耕种田地而选拔士人，从而礼教败坏，每况愈下，所以说：三代以下无盛治。用农夫来祸乱君子，弊病尚且如此，何况商贾呢？从事经商的人，和小人相似，都是靠投机取巧，而没有人的本性，靠损人来利己的。至于他们的“气”常常和夷狄相互吸取，他们的本质常常和夷狄相互补充，所以夷狄昌盛而商贾自然尊贵。元初学者许衡自认为是正人君子，也说：“士大夫居官而经商，可以养成廉洁奉公之风。”唉！整日游戏于金银、财帛、货物之间，时刻盘算着盈亏营利的多少，耳朵为之聩聋，眼睛为之迷惑，身心为之奔驰，神气为人荡漾。许衡和小人相比较，显得更加机巧而害人不浅，而能够跻身于君子之中吗？

简而言之，天下的大防有两个，而实际上可以归二为一。一是什么？义和利的区别。生在利之乡，长在利之途，深受父兄的感染熏陶，肌肤筋骸无一日离开“利”，心旌所指，志动气随，魂交神往，沉没在“利”的大海之中，终究不可更改而达到华夏君子的理想彼岸。所以，都是人，而夷狄和华夏按照疆域区分，君子和小人按照种类区分，这个大防不可不严啊。“夷狄”祸乱“华夏”已很久了，用亲近的态度能召来、以利相诱能安抚的即是嗜利的小人，而商贾为最。夷狄依靠商贾而获利，商贾仗着夷狄而骄横，而人道将永远灭绝了。无磁则铁不动，无珀则芥不黏。

慕容暐废除王公贵族的荫户达二十多万户。因东北一隅而有所荫，不受公家之役，民户减少，则赋役偏重，而民之疲瘠甚矣。盖夷狄之初起也，上下无章，资部族之强力以割据而瓜分之，狎为己有旧矣。故暐从悦绾之请，纠擿还郡县，而举国怨怒。然暐之亡，自以疑慕容垂使外叛而致败，既非罢荫户之所致，国无纪而民困，积弊虽去而害已深，故苻坚假仁义以动众而席卷之。则悦绾之言，亦憾其不夙尔。

呜呼！岂独夷狄之不纲者为然哉？四海之民力，自足以给天下之用而卫宗社。乃上不在国，下不在民，居间而为蠹贼者，中涓也、戚畹也、债帅也、勋旧也，皆顽民窳卒之所依以耗国而堕重于民者也。刘忠宣一搜隐占之禁旅而怨谤已腾，卒致挠败，君明臣忠，卒不能施厘正者，亲疏远迩之势殊而轻重已移也。其如此之浮言胥动者何哉！夫此琐琐者之恩怨，何足以系国家之安危，人主不审，曾不如慕容暐之能断矣。制之有法而慎于始，且不能持于其后，祖宗之法，未可恃也。中叶之主能不惑者，未见其人也，天下所以鲜有道之长也。

2.桓温伐燕，大败于枋头，申胤料之验矣。胤曰："晋之廷臣，必将乖阻，以败其事。"史不著乖阻之实，而以孙盛《阳秋》直书其败观之，则温之败，晋臣所深喜而乐道之者也。会稽王昱不能自强，而徒畏人之轧己，王彪之弗能正焉。呜呼！人之琐尾而偷也，亦至是哉！

二十万户被权贵所恩荫，不受国家的驱使，那么国家的民户自然减少，从而赋税和徭役更加沉重，而百姓疲惫不堪。大概夷狄刚刚发展，从上至下，杂乱无章，依仗部落族人的强大力量割据为政，瓜分地盘，一切都想据为已有。所以，慕容暐听从了悦绾的请求，纠察揭发荫户，归还于郡县，而举国怨恨、恼怒。然而慕容暐的灭亡，自然因为疑惑慕容垂，使他在外背叛而导致败亡，既非废除恩荫户所造成的，国家没有法纪而百姓受难，积弊虽然剔除而祸害已很深了，所以前秦苻坚假借仁义之师，率领大军而席卷全国。那么悦绾的言论也很遗憾无法如愿以偿。

唉！难道仅仅夷狄中不守法纪的是这样吗？依仗四海百姓的力量，自然能满足天下的费用而保卫宗庙社稷。至于上不忠于国家，下不关心百姓，其间祸害国家的蠹贼，即是宦官、外戚、将帅、贵族，都是顽民窳卒所依附的屏障，从而消耗国家、加重百姓的负担。刘忠宣一旦发布搜查隐匿占有的禁令而怨言和诽谤之词已载道盈耳，最终导致失败，君明臣忠，最终还是不能实施正确的方案，是因为亲疏远近的势力不同而轻重已经变化了。像这样浮言虚词全国震动，是为什么呢？这一点点的恩怨，怎么足以把国家的关系国家的安危，人君不采取慎重的态度，还不如慕容暐的判断能力。创造法度要慎重于开始，而且不能因循不变，祖宗之法，不能作为依仗。中叶之主能够不迷惑的还没有啊，这就是天下所以很少有长久不变的原因。

桓温率军讨伐前燕，在邺都以南的枋头（今河南浚县境内）被前燕截断了粮道而大败，申胤的预料应验了。申胤曾说："晋之廷臣，必将乖阻，以败其事。"史料上没有记录"乖阻"的实情，而按照孙盛写的《晋阳秋》直接写明桓温大败来看，那么桓温的大败即是晋朝大臣非常欢喜而且乐乐津道之事。会稽王司马昱不能够增强自己的力量，而徒然害怕担心倾轧自己，王彪之也不能纠正这种情况。唉！他们秦桧之称臣纳赂而忘仇也，畏岳飞之胜而夺宋也。飞亦未决其能灭金耳。飞而灭金，因以伐宋，其视囚父俘兄之怨奚若？而视皋亭潮落、硇门飓发、块肉无依者，又奚若也？温亦未能举燕之为忧耳。温而举燕，其篡不篡亦未可知也。为君相者，居重以不失人望之归，尽道以得民，推诚以得士，以礼待温，以道驭温，静正而不惊，建威以自固，温抑恶能逞志以逆而不恤天下之公讨？不然，则王莽、萧道成固无毫发之勋庸，而窃大宝如拾芥矣。庸主陋臣，如婴儿之护饵，而徒忌其姊娣，尚能安于位以有为乎？处堂以嬉，授兵柄于温，而又幸其败，温之怨且深，其轻朝廷也益甚。故会稽立而愤盈以逞，非其死之速也，晋必移社于桓氏矣。舍夷、夏之大防，置君父之大怨，徒为疑忌以沮丧成功，庸主具臣之为天下僇，晋、宋如合一辙，亦古今之通憾已！《春秋》予桓、文之功，讳召王请隧之逆，圣人之情见矣。若孙盛之流，徇流俗而矜直笔，幸灾乐祸，亦恶足道哉！

3.王猛请慕容垂之佩刀，给其子使叛逃，期以杀垂，司马温公讥其非雅德君子所为，何望猛之厚而责之薄也！猛者，乱人之雄者耳，恶知德哉！

委琐苟且竟然达到这种程度。

南宋奸臣秦桧对金称臣，交纳岁币银两而忘掉了国仇大恨，是害怕岳飞战胜金军而夺取南宋的江山。岳飞也未必一定能灭掉金国。如果岳飞灭掉金国，借助声势攻打南宋，那么这种情况和宋徽宗、宋钦宗被虏的国仇相比又怎么样呢？而和皋亭山潮落，硇门飓风狂暴、无依无托的百姓相比怎么样呢？桓温也未必能根除前燕的忧患。如果桓温铲除了前燕，他篡不篡位也不可知啊。做为国君和宰相，占据高位而不失去人心，极尽人道而得到百姓的拥护，推诚相待而得到贤士，用礼义优待桓温，用道义驾驭桓温，静正而不担惊，树立威望而自我巩固，桓温又怎么能施展异志叛逆朝廷而不考虑天下会共讨伐呢？如果不这样，那么王莽、萧道成固然没有丝毫的功勋业绩，而窃取皇帝宝座如拾草芥一般了。平庸的君主、目光短浅的大臣，就像婴儿保护食物一样，而徒然忌恨他的姊妹，还能够安于宝座而有所作为吗？处于庙堂之上，整日嬉喜享乐，不理国政，授给桓温兵权，而又庆幸桓温的失败，桓温的怨恨将更深，他也更加轻视东晋朝廷。所以，会稽王即位，桓温满腹怨恨准备施展自己的抱负，如果不是桓温很快死去，东晋的天下必然被桓氏所代替了。舍弃夷狄和华夏的大防，置君父的深仇大恨于不顾，徒然疑惑猜忌大臣来阻碍他的成功，这是庸主具臣所做的天大错误，东晋和南宋如出一辙，也是自古到今的遗憾大事！《春秋》上称赞齐桓公、晋文公的功业，而避讳召王请隧的叛逆，圣人之情即见于此。至于孙盛之流，徇流俗而自夸秉笔直书，幸灾乐祸，也不值得称道啊！

前秦大臣王猛请求借助来降的前燕大臣慕容垂的佩刀，来欺哄慕容垂的孩子使他们叛逃，期望以叛逃罪名杀掉慕容垂，司马光在《资治通鉴》中讽刺这不是雅德君子所为，怎么能期望王猛厚德而如此轻淡的责备呢？王猛是祸乱的高手，怎么知道什么是德？

猛以桓温为不足有为而不归晋，将谓苻坚之可与定天下乎？乃坚亡而晋固存，果孰短而孰长邪？使猛随温而东也，归晋也，非归温也。猛而果有定天下之略，则因温以归晋，而因可用晋以制温。然则其不随温而东，乃智量出乎温之下，而欲择易与者以获富贵耳。慕容垂奔秦，慕容评以鬻薪卖水之猥贱而握重兵，猛灭之，非智勇之绝人，摧枯折朽之易也。苻坚之不欲杀垂，猛岂能间之？而徒为挠乱，忌其宠而已矣。其誓三军曰："王景略受国厚恩，任兼内外，受爵明君之廷，称觞父母之室，不亦美乎？"猛之涯量尽于此矣。给无知之稚子而陷其死，商鞅、张仪之术也。朱子曰："三秦豪杰之士，非猛而谁？"伏戈矛于谈笑，激叛乱以杀人，妾妇耳，奚豪杰之云！

简文帝

简文一为琅邪王，相晋五年，桓温外拒燕、秦，内攻袁瑾，而漠然不相为援，盖其恶温而忌之夙也。既恶温矣，抑不能树贤能、修备御、以制温，温视之如视肉，徒有目而无手足，故惎之而犹拥立之，以为是可谈笑而坐攘之者也。盖至于听温之扳己以立而遂立焉，则生人之心，生人之气，无有存焉者矣。

帝奕未有失德，温诬其过而废之，于斯时也，简文既不王猛认为桓温不足以有所作为而不归附东晋，认为前秦苻坚可与之平定天下吗？最后苻坚灭亡而东晋依然存在，果真谁长谁短、谁是谁非呢？假使王猛跟随桓温而向东，是归附东晋朝廷，不是归附桓温。王猛如果真有平定天下的谋略，就可以通过桓温而归附东晋朝廷，从而可以在东晋施展自己的才能来控制桓温。然而，王猛没有跟随桓温向东，乃是智略雅量都在桓温之下，而是想挑选那些能轻易给他官位而获取荣华富贵的辅佐。慕容垂因受排挤投奔前秦，太傅慕容评以障固山泉、卖樵鬻水的粗陋见识而掌握重兵，王猛统兵灭掉前燕，不是智勇超人，而是摧枯拉朽非常容易。苻坚不想杀掉慕容垂，王猛难道能离间二人吗？这样做仅仅是徒然扰乱，忌恨慕容垂受宠罢了。他曾对三军宣誓说：“王猛受国厚恩，兼任内外各种政务，在明君的朝堂任职，在父母的庭堂举杯，真是人生的美事啊！”王猛的雅量就是这些。欺哄无知的孩子而想把慕容垂陷于死地，是秦国商鞅和张仪的奸术，朱熹曾说：“关中一带豪杰之士，不是王猛还有谁呢？”王猛谈笑之间埋下害人之刀，用杀人激发叛乱，真是一个妇道人家，怎么能称得上豪杰呢？

简文帝司马昱做琅邪王，辅佐东晋朝廷达五年之久，桓温对外抵御前燕、前秦，对内讨伐叛臣袁瑾，此时身为琅邪王的司马昱对此漠然视之，不去帮助救援桓温，大概他厌恶桓温而一贯表现吧。既然厌恶桓温，抑或不能树立贤能、整修防备而牵制约束桓温，桓温视司马昱如同视一行尸走肉，徒然有眼睛而无手足，所以想害他而犹拥戴他登上皇位，认为这样可以谈笑之间取而代之。至于司马昱听任桓温拉自己登基而遂登上皇位，那么，活人的良知和气机也就荡然无存了。

废帝司马奕的行为没有失德，桓温却诬蔑造谣司马奕的过失而能折之以卫奕，则以死拒温而必不立，奉名义之正，涕泣以矢之，温亦岂能遽杀己者？如其不择而推刃于己，则温之逆，受众恶而不足以容，即令己杀而温篡，亦可无咎于天下。乃虽靦然南面，而旋陨天年，位与寿皆朝露耳。等死也，为晋恭、齐顺之饮酖，何如誓死不立，以颈血报宗社哉！

温，贼也；简文相其君而篡之，亦贼也；贼与贼以智力为胜负，而不敌者受吞，必然之势也。病而一日一夜四发诏召温入辅，遗诏且云"君自取之"，乃语王坦之曰："天下傥来之运，卿何所嫌。"非但暗弱如谢安所云似惠帝者耳，得一日焉服衮冕正南面而心已惬，易其忌温之心而戴温不忘，乐以祖宗之天下奉之而酬其惠也。洵哉！简文之为贼也。

孝武帝

1.简文以懿亲任辅相而与贼同逆，尸天子之位，名器在其手而唯其所与，虽有王彪之、谢安、王坦之忠贤，而无可如何也。天不祚逆，使之速殒，而诸贤之志伸矣。坦之裂居摄之诏，惟简文笃疾不能与之争也。太子之立，廷臣欲待温处分，太子既立，太后犹有居摄之命，彪之抗议不从，温入朝，谢安谈笑而视之若无，惟简文之已死也。孝武方十岁，抑非英武之姿，诸贤之志可伸，而于简文也则不能。但责简文以暗弱，岂其出于十岁婴儿之下乎？故谓简文与人同逆而私相授受，非废掉他的皇位，在那个时候，简文帝既不能挫败桓温的阴谋来保卫司马奕，那么拼命来抵抗桓温而坚决不登皇位，奉正名正义，痛苦流涕来攻击桓温，桓温又怎么能很快杀害自己呢？如果桓温不考虑后果而加刃于己，那么桓温的叛逆之心，必定遭到众人的厌恶而不足以容，即使桓温杀掉自己而篡位，也可以无咎于天下。至于，虽然南面登上皇位，而很快享尽天年，皇位和寿命都像早上的露水一样。反正都是死，与其像晋恭帝、齐顺帝那样饮鸩而死，何如誓死不登皇位，甘洒鲜血来报效社稷呢？

桓温是窃国盗贼，简文帝辅佐其君主而篡夺皇位，也是窃国盗贼；盗贼和盗贼凭借智谋和势力来决定胜负，而不敌者遭受吞噬，这是必然的规律。简文帝身患重病，而一天一夜四次下诏书，宣召桓温入朝辅政，他的遗诏也说“君自取之”，还对大臣王坦之说：“天下傥来之运，您有什么疑虑。”不仅仅昏聩软弱如谢安所说像西晋惠帝，能够穿上龙袍、戴上皇冠、面南登基，过上一天皇帝之瘾，心中即感到无限的惬意，忌恨桓温之心荡然而去，对桓温戴德感円永志不忘，乐于把祖宗的天下奉献给桓温而报答桓温的恩德。简文帝实在是窃国盗贼啊！

简文帝司马昱以至亲的关系任东晋宰相而和窃国盗贼共同叛逆朝廷，登上皇位后就如僵尸一般，形同虚设，名器在手而唯桓温的马头是瞻，即使有王彪之、谢安、王坦之这样忠心贤良的大臣，也无可奈何。上天从来不眷顾叛逆者的命运，使简文帝很快死去，各位忠臣贤士的大志可以伸张了。王坦之曾用手撕碎简文帝让桓温任摄政大臣的诏书，只是简文帝病非常重不能和他抗争。立太子之时，朝廷大臣打算等待桓温处理，太子登上皇位，太后还有让桓温担任摄政大臣的懿命，王彪之抗议陈词，没有听从，桓温上朝的时候，谢安谈笑自若，视之若无，只是简文帝已经死去了。孝武帝刚十岁，也没有英苛论也。

简文篡而彪之不能止者，温与之协谋，内外之权交失也。简文死，温虽有淫威，而内无为之主者，于是彪之乃得忼慨以正之，谢安乃得从容以潜消之，不足为深忧矣。简文居中以掣曳，诸贤之困，不在虺虺，而在葛藟。晋祚未终，天夺匪人之速，亦快矣！若桓温者，无简文，则虽十岁婴儿而不能夺，固在诸贤局量之中，而弗能跃冶；虽决裂而成乎篡，亦必有以处之矣。

2.呜呼！人苟移情于富贵而沈溺以流焉，何所不至哉！天子之尊，四海之富，亦富贵也；簿尉之秩，百金之获，亦富贵也；垂至于死而苟一日得焉，犹埋心引吭以几幸之。不知其何所为也，不知其何所利也，垂至于死而不已；人而不仁，将如之何哉！《易》曰："不鼓缶而歌，则大耋之嗟，凶。"大耋矣，何嗟乎？名之未得、利之未遂焉，俄而嗟矣；俄而并忘其嗟，而埋未冷之心，引将绝之吭，以思弋获矣。有涯之日月，废鼓缶之欢，营营汲汲，笑骂集于厥躬而不恤。簿尉一天子，百金一四海也，人尽如驰，涂穷焉而后止。呜呼！亦何所不至哉！

王敦、桓温皆于老病奄奄、旦暮且死之日而谋篡不已，以明威武的雄姿，各位贤臣的大志就可以伸张，而在简文帝之时就不可能。仅仅责备简文帝昏庸软弱，难道他还在十岁婴儿之下吗？所以说简文帝和桓温共同叛逆朝廷而私下相互授受亲近，不是随便而发的高论。

简文帝篡夺皇位而王彪之不能阻止，是因为桓温和简文帝商议图谋，内外之权都失去了。简文帝死的时候，桓温虽有淫威，而朝内没有替他作主的人，于是王彪之才得以慷慨陈词来纠正他，谢安才得以从容不迫慢慢削弱他，使桓温的势力大减，不足为大患了。简文帝从中掣肘，诸位贤臣困顿，不在惶惶不安，而在求助不得。晋的国运没有结束，上天夺取匪类的性命也很快啊！像桓温之流，若没有简文帝，那么即使十岁婴儿他也不能夺其皇位，一切都在诸位贤臣的掌控之中，而桓温无法得势逞强；即使和桓温决裂而促成桓温图谋篡夺皇位，也一定有相应的应付手段。

唉！人如果移情于孜孜追求富贵而沉溺流俗不能自拔，什么事情做不出来呢？天子的尊位，四海的富有，也是富贵；簿尉的官秩，百金的收获，也是富贵；即使到死而妄想得到一天的富贵，还处心积虑，提起精神以期有幸得之。不知道他们为了什么，不知道他们能从中得到什么好处，即将死去而从不停止；做为人而没有仁义，将怎么样呢？《周易》上说："不鼓缶而歌，则大耋之嗟，凶。"既然年纪已很大了，为何还要叹息呢？因为没有得到名，没有得到利而叹息啊，一会儿就不再叹息，而埋下不甘沉寂之心，临死之时，放声高吭，以想有所收获。在垂暮之年，放弃擂鼓击缶的欢乐，营营役役，任凭世人笑骂而不顾。有簿尉官秩的还想登上天子的尊位，有百金的收获还想拥有四海的财富，人们都为之奔波驰骋，日暮途穷方才停止。唉！也是无所不至呀！

东晋的王敦和桓温都是在老病奄奄、朝不保夕之日而图谋篡位为将贻其子孙，则王含、王应奴隶之才，敦已知之；桓熙弱劣，玄方五岁，温亦知之矣。王导知敦之将死，起而讨敦；王、谢诸贤知温之将死，而坐待其毙；敦与温亦何尝不自知也。其心曰：吾一日而居天子之位，虽死犹生。呜呼！天下之不以敦、温之心为心者，吾见亦罕矣哉！

孟子曰："万钟于我何加焉，宫室之美，妻妾之奉，穷乏之得我，失其本心。"虽然，犹人生之有事也。至于奄奄垂死而三者皆不任受，然且鼓馀息以蹶起而图之，是何心哉？一念移于不仁，内忘其心，外忘其名，沈湎淫溺自不能已，而不复问欲此之何为也。谋天下者曰：簿尉之秩，百金之获，何足以死求之也？谋簿尉百金者曰：天子之尊，四海之奉，何易求焉？吾所求者，旦暮未死而可得也。而不知其情同矣，易地则皆然也。幼而忘身以贪果饵，长而忘身以贪温饱，相习相流，愈引愈伸而不可中止；自非立志于早，以名义养其心而生恻悱，未有老死而能忘者也。苟不志于仁，勿怪乱臣贼子之怙恶以没身也。

3.汉儒反经合道，程子非之，谓权者审经之所在，而经必不可反也。于道固然，而以应无道之世，则又有不尽然者。母后之不宜临朝，岂非万世不易之大经乎？谢安以天子幼冲，请崇德皇后临朝摄政，灼然其为反经矣。王彪之欲已之，而安不从。彪之之所执者经也，安之所行者权也，是又反经之得为权也。

的心还不知休止，认为将来可以留给他们的子孙后代，那么王敦的儿子王含、王应都是奴隶之才，王敦知道这一点；桓温的儿子桓熙柔弱无志，另一个儿子桓玄才五岁，桓温也知道。王导知道王敦将死，率军讨伐王敦；王彪之、谢安诸位贤臣知道桓温将死，而坐等其毙；王敦和桓温何尝不知道自己的情况呢？他们的心中都在说：我一日而登上天子之位，虽死犹生。唉！天下不以王敦、桓温的心愿为自己的心愿者，我很少见到啊！

孟子曾说："万钟于我何加焉，宫室之美，妻妾之奉，穷乏之得我，失其本心。"即使这样，也是活人应该有的事。至于奄奄垂死而三者都无法享用，然而却苟延残喘起而图谋，这是什么存心呢？一念之间，移于不仁不义，内忘其心，外忘其名，沉湎淫溺而不能自拔，反而不再问打算这样到底是为了什么。图谋天下的人说：簿尉这样的官秩，百金的俸禄，何足以死追求呢？图谋簿尉百金者说：天子之尊，四海之奉，多么不容易图求，我所图求的，只要早晚不死就可以得到了。而不知道其情相同，彼此交换一下位置所说的话都是这样。年幼时而不顾惜身体贪求果圃食物，长大后而不顾惜身体贪求温饱，相互影响牵引，越陷越深而不能自拔；自己不早些立志，用名和义养其心而生恻悱善念，没有老死而能忘怀的。如果不立志成仁，对乱臣贼子怙恶而身死也就不感到奇怪了。

汉儒反经合道，宋代大儒程颐非难它，认为当权者的所作所为应该用心判断经义所在，而经义必不可违背。对于有道之世，固然是这样，而用以应对无道之世，则又有不尽然的情况。母后不应该临朝听政，难道不是万世不变的大经吗？谢安以天子年幼为由，请求崇德皇后临朝摄政，非常明显违反经典了。王彪之打算阻止这件事，而谢安不听从。王彪之所依据的是经典，谢安所实行的是权宜之计，这是违反经典而能够做的权宜之计。

桓温虽死，扬、豫、江三州之军事，桓冲督之。冲不终逆而克保臣节，世遂以忠顺归之。夫冲特不为王含耳。含之逆，于未败之前已有显迹。温死，人心乍变，郗超之流折伏沮丧，恶知冲非姑顺异以縻系人心而徐图之邪？且冲果有怀忠效顺之情，当温存日，冲固与相得而为所付托者，何不可以规温而使守臣节？则冲之无以大异于温审矣。若温既亡而或说以诛逐时望，冲不听者，不能也，非不为也。王、谢诸贤，非刘隗、刁协之伦匹，温且不敢决于诛逐，冲亦量力而止耳。外人遽信其无他，谢安固察见之，而不早有以制之哉？奉太后为名，以引大权归己，而冲受裁焉，安盖沈思熟虑，执之坚固，而彪之不能夺也。

或曰：安为大臣，任国之安危则任之耳，何假于太后？曰：晋之任世臣而轻新进也，成乎习矣。王导之能秉政也，始建江东者也；庾亮，后族也；何充则王导所引重而授以政者也。至穆帝之世，权归桓氏，非一日矣。谢安社稷之功未著，而不受托孤之顾命，其兄万又以虚名取败；安之始进，抑受桓温之辟，虽为望族，无异于孤寒；时望虽隆，而蔡谟、殷浩皆以虚声贻笑，固群情之所不信；而乍秉大权，桓冲之党且加以专国自用之名而无以相折，则奉母后以示有所承，亦一时不获已之大计也。

桓温虽然在死了，但扬、豫、江三州的军事仍由桓冲总督指挥。桓冲最终没有背叛朝廷而保全了臣节，世人遂称赞他忠顺。桓冲只是不想做王敦的儿子王含罢了。王含背叛朝廷，在没有败露之前已有明显的迹象。桓温一死，人心突变，郗超之流折伏沮丧，怎么能知道桓冲不是姑且顺从朝廷用来笼络人心而慢慢图谋呢？况且，桓冲果真有怀忠效顺的真情，当桓温在世之时，桓冲固然和桓温相互依存、相互依托，为什么不能规劝桓温而使他保持臣节呢？那么桓冲和桓温没有大的差别已非常明白了。至于桓温死后而有人游说桓冲诛杀驱逐朝中诸位贤臣，桓冲没有采纳，是不能办到，不是不想去做。王彪之、谢安诸位贤臣，不是刘隗、刁协之辈，桓温尚且不敢轻易决断诛杀驱逐他们，桓冲也就衡量自己的势力而停止罢了。外人很快都相信桓冲没有其他的野心，谢安固然对桓冲有所觉察，而为什么不早些采取手段来牵制约束他呢？谢安以尊奉皇太后为名，从而大权掌握在自己手中，而桓冲受到一定程度的制裁，大概谢安深思熟虑，牢固地控制着政权，而王彪之不能改变谢安的主意了。

有的说：谢安做为朝廷大臣，重任在肩，身系国家的安危，那么朝廷尽管任用他，让他执掌国政，为什么借助于皇太后呢？答案是：东晋重用世代大臣而轻视新进大臣，已经养成习惯了。王导能够执掌国政，因是起初建立江东基业的功臣；庾亮和明帝皇后是一族；何充则是王导引荐重用而授以国政者。至穆帝之世，大权归于桓氏，不是一日了。谢安所建立的社稷之功不很显著，并且没有接受先皇托孤的遗诏，他的兄长谢万又以虚名贻笑天下；谢安起初进入朝廷，也是受桓温的举荐，虽然谢氏也是江东望族，但和孤寒庶族差不多；声望虽然很高，但是蔡谟、殷浩都以虚名来嘲笑他，固然不被大多数人信任；而突然掌握大权，桓冲的朋党还加给他专擅国政、独断自用的罪名而无以相折，那么尊奉母后以向天下表示有所承继，也是一时不得或曰：安胡不引宗室之贤者与己共事，而授大政于妇人邪？曰：前而简文之辅政，其削国权以柔靡，已如此矣。后而道子之为相，其僭帝制以浊乱，又如彼矣。司马氏无可托之人，所任者适足以相挠，固不如妇人之易制也。此之谓反经而合道，又何伤哉？

虽然，王彪之之议，不可废也。安虽不从，而每欢曰："朝廷大事，王公无不立决。"服其正也。审经以为权，权之常；反经以行权，权之变；当无道之天下，积习深而事势违，不获已而用之，一用而不可再者也。故君子慎言权也。

4.太元元年，谢安录尚书事，除度田收租之制。度田收租者，晋之稗政，鲁宣公税亩之遗弊也，安罢之，可谓体天经以定民制矣。

王者能臣天下之人，不能擅天下之土。人者，以时生者也。生当王者之世，而生之厚、用之利、德之正，待王者之治而生乃遂；则率其力以事王者，而王者受之以不疑。若夫土，则天地之固有矣。王者代兴代废，而山川原隰不改其旧；其生百谷卉木金石以养人，王者亦待养焉，无所待于王者也，而王者固不得而擅之。故井田之法，私家八而公一，君与卿大夫士共食之，而君不敢私。唯役民以助耕，而民所治之地，君弗得而侵焉。民之力，上所得而用，民之田，非上所得而有也。

助、彻者，殷、周之法也，夏则贡矣。贡者，非贡其地之已的大计啊。

有的说：谢安为什么不援引司马宗室中的贤人和他共同执掌国政，而授大政于妇人呢？答案是：以前，简文帝辅政，因为其柔弱委靡而侵削国家的政权，已如此严重。后而司马道子为宰相，他借助混乱僭越帝制，又像简文帝一样了。司马氏没有可以托付之人，所任用的足以从中阻挠乱政，固然不如妇人容易控制。这就被称为“反经”而“合道”，又有何伤害呢？

虽然这样，王彪之的建议也不可轻易放弃。谢安即使没有采纳，而每每叹息说：“朝廷大事，王公无不立决”佩服王彪之的正大。审经以为权，权之常；反经以行权，权之变；面对无道的天下，积习已深而事势乖违，不得已而用权宜之计，使用一次即可，而不可使用两次啊！所以，君子应非常慎重地探讨权变。

太元元年（376年），谢安录尚书事，废除度田收租的制度。度田收租是东晋的稗政，也是春秋时鲁宣公“初税亩”遗留下来的弊政，谢安废除它，可以称得上是体天常以定民制了。

国君能使天下之人皆为臣子，不能占尽天下之土地。人是生活在一定时代的。生活在王者之世，而生活优厚、使用便利、道德端正，等待国君安定天下而生活才得以有所保障；那么他们会竭尽全力来事奉国君，而国君毫不怀疑地承受。至于土地，则是天地之间固有的东西。历代国君盛衰无常，而山川原隰仍然没有改变；它滋生百谷、花草、树木、金石等养育人们，国君也等待它的养育，无所等待国君的，而国君固然不能独自占有它。过去的井田之法，私家得八成而公家得一成，国君和卿大夫共同分享收获，而国君不敢据为私有。只是役使百姓来助耕，而百姓所治之地，国君也不得随意侵夺。民力，国君能够使用；民田，不是国君能够占有的。

“助”和“彻”是殷商、周朝的办法，夏则是“贡”了。“贡”不产，贡其人力之所获也。一夫而所贡五亩之粟，为之制耳。曰五十而贡者，五十为一夫而贡其五也。若夫一夫之耕，或溢于五十亩之外，或俭于五十亩之中，为之一易、再易、莱田之名以宽其征。田则自有五谷以来民所服之先畴，王者恶得有之，而抑恶得税之？地之不可擅为一人有，犹天也。天无可分，地无可割，王者虽为天之子，天地岂得而私之，而敢贪天地固然之博厚以割裂为己土乎？知此，则度而征之者，人之妄也；不可度而征之者，天之体也；此之谓体天经矣。

以治民之制言之，民之生也，莫重于粟；故劝相其民以务本而遂其生者，莫重于农。商贾者，王者之所必抑；游惰者、王者之所必禁也。然而抑之而且张，禁之而且偷，王者亦无如民何。而惟度民以收租，而不度其田。一户之租若干，一口之租若干，有馀力而耕地广、有馀勤而获粟多者，无所取盈；窳废而弃地者，无所蠲减；民乃益珍其土而竞于农。其在强豪兼并之世尤便也，田已去而租不除，谁敢以其先畴为有力者之兼并乎？人各保其口分之业，人各劝于稼穑之事，强豪者又恶从而夺之？则度人而不度田，劝农以均贫富之善术，利在久长而民皆自得，此之谓定民制也。

太元之制，口收税米三斛，不问其田也。不禁兼并，而兼并自息，举末世之制而除之。安之宰天下，思深而道尽，复古以型今，岂一切苟简之术所可与议短长哉！

是贡其地土产，而是贡其人力所收获的东西。一个农夫所贡的是五亩之粟，即是制度。又说“五十而贡”者，是一个农夫耕种五十亩土地而贡其五亩之粟。至于一个农夫所耕种的土地，或超过了五十亩，或少于五十亩，就有“一易”、“再易”、“莱田”的名称来放宽征收的数量。田地之中自然有五谷用来吸引百姓躬耕田地之间，国君怎么能拥有它，又怎么能征收赋税。土地不可占为一人所有，就像天一样，天不可分，地不可割，国君虽然是上天之子，天地难道能得而据为私有，而敢贪求天地固然之博厚而割裂为自己的土地吗？了解这一点，那么度田而收租是人们不切实际的妄想；不可度田而收租是上天的本体。这就是所谓的“体天经”了。

从治理百姓的制度来说，百姓的生存，再没有比粟更重要了；所以相互勉励百姓务本而能生活下来的，再没有比农业更重要了。商贾是国君必须抑制的，游民、惰民是国君必须禁止的。然而，抑制商贾反而使他们更加嚣张，禁止游民、惰民反而使他们苟且偷生，国君也不知如何对待百姓。而只有度民而收租。而不度其田。一户的租税若干，一口的租税若干，有多余的劳力而耕地多，有勤于耕作而收获粟物多者，不再多收租税；废弃土地而不种田的也不蠲免减少租税；百姓将更加珍视土地而竞相务农。这在豪强兼并之世尤为简单易行，虽然没有田地而租税没有废除，谁还敢把自己祖先的耕地让那些力量强的人兼并呢？人人各自保护他按口分到的田地，人人各自勤于稼穑农事，豪强大户又怎么能夺取他们的土地？那么度人而不度田，即是勉励农业、均贫富的好办法，好处在于农民可长久地自保自安，这就是所说的定民制了。

太元时候的制度，每口收税米三斛，不再管他田地的多少。不禁止兼并，而兼并自然消失，实行末世的制度而根除了这种现象。谢安治理天下，思虑深远而道尽，古为今用，难道一切苟且简单的办法能

5.荆、湘、江、广据江东之上流，地富兵强，东晋之立国倚此也。而权奸内逼，边防外匮，交受制焉，亦在于此。居轻而御重，枝强而干弱，是以权臣窥天而思窃，庸人席富以忘危，其不殆也鲜矣。上流之势，以趋建业也则易，王敦、桓温之所以莫能御也；以度楚塞争淮表也则难，舟楫之利困于平陆，守险之长诎于广野，庾亮、桓温之所以出而即溃也。谢安任桓冲于荆、江，而别使谢玄监江北军事，晋于是而有北府之兵，以重朝权，以图中原，一举而两得矣。安咏诗而取“訏谟远猷”之句，是役也，可不谓谟猷之訏远者与？

江北、河南之众，纪瞻尝用之以拒石勒，而石勒奔；祖逖尝用之以向汝、雒，而汝、雒复；所以不永其功者，王导之弗能任也。导之弗能任者，专任王敦于上流，而不欲权之分也。纪瞻一出而不继，祖逖始成而终乱，王敦、桓温乃挟荆、湘以与晋争。内乱而外荒，积之数十年矣，安起而收之。虽使桓冲牧江、荆，而自督扬、豫。北府兵强，而扬、豫强于江、荆，势之所趋，威之所建，权归重于朝廷，本根固矣。况乎中原南徙之众，尤多磊落英多之士，重用之，以较楚人之僄而可荡者相什百也。《书》曰：“迪惟有夏，乃有室大竞。”竞以室，非竞以户庭也。安于是而知立国之弘规矣。故淝水之役，桓冲遣兵入援而安却之，示以荆、江之不足为轻重，而可无藉于彼，冲其够和谢安的办法比较而论短论长吗?

荆州、湘州、江州、广陵占据江东(长江中下游地区)的上流,地方富足,兵强将广,也是东晋赖以立国的保障。但是权奸内逼,边防外匮,都受这些地区的制约也在这一点。居轻而御重,枝强而干弱,因此权臣时刻窥视机遇而抓住不放来窃取皇位,庸人安于富裕的生活,毫无危机之感,很少有不灭亡的了。利用占据上流的优势,顺江而下,直奔都城建业(今南京市)则轻易而举,这是之所以不能抵抗图谋篡位的王敦、桓温的原因;度过楚地险要之地,争胜于淮河一带就很困难,战船的长处在平陆之地却无法得以施展,守卫险要的优势在平原旷野就显得笨拙,这是庾亮、桓温之所以率军向东,一触即溃的原因。谢安任命桓冲镇守荆州、江州,而又派他的侄子谢玄监领江北的军事,东晋因此而有一支强劲的北府兵,用以增强朝廷的军权,图谋收复中原,一举而两得了。谢安咏《诗》而取"吁谟远猷"之句,这次淝水之战,能不称得上是深谋远虑吗?

长江以北,黄河以南的士兵,之所以不能完成收复中原的功业,是王导不能给他们委以重任。王导不能对他们委以重任,是因为在上流重任王敦,而不想分王敦的军事大权。结果,纪瞻曾经用他们来抗拒石勒的入侵,结果石勒大败而逃;祖逖曾经用他们进军汝州、洛阳,结果收复了汝州、洛阳;纪瞻率军出击一次而不能继续扩大战果,祖逖北伐初期成功而最终混乱不堪,王敦、桓温才得以挟持荆州、湘州的军队和东晋王朝抗争。内乱而外荒,已经几十年了,谢安执政后而改变了这种境况。即使让桓冲掌握江州、荆州的军事大权,而自己督掌扬州、豫州的北府劲旅。北府军兵精将强,扬州、豫州的军事力量比江州、荆州强,大势所趋权威建立了起来,朝廷的大权自然渐渐收回而得以加强,根本就日益坚固了。况且,中原南迁的人中,有很多光明磊落、英勇向前的士人,重用他们,和楚地彪悍游荡的士卒能不终乎臣节哉?

宋高、秦桧之愚也，忧诸帅之强而不知自强，杀之削之而国以终敝。桧死，张浚任恢复，而败溃于符离，无可用之兵也。此殷浩之覆轨也。谢玄监军江北，择将简兵，六年而后用之，以破苻坚于淝水，非一旦一夕之效矣。

6.先王之教，觌文匿武，非徒以静民气而崇文治也。文可觌，武不可觌。不可觌者，不可以教，教之而武黩，黩则衰。苻坚作教武堂，命太学生明阴阳兵法者教诸将，狄道也，而适足以亡。其为狄道者，奖武以荡人心而深其害气，言治者或知其不可矣，而妄人犹以迂疏诮之；其适足以亡也，则人未有能信其必然者。善哉岳武穆之言曰：“运用之妙，存乎一心。”武而可以教教者哉？教之习之，其志玩，其气枵，其取败亡必矣。

兵之所尚者勇，勇非可教而能者也；所重者谋，谋非可豫设而为教者也。若其束伍之严，训练之勤，甘苦与共之以得士心，则取之“六经”而已足。其他诡诞不经而适以偾军杀将者，则阴阳时日壬遁星气之啧啧多言，非可进而进，可乘而不相比较，他们可以以一当其十，以十当其百。《尚书》上说："古人之道，惟有夏禹之时，乃有卿大夫，室家大强。"室家大强不是一家大强。谢安于是而知道立国的大纲了。所以，淝水之战，桓冲准备派军来增援北府军，被谢安拒绝，以此表示荆州、江州的军队无足轻重，而不用借助他们，由此来看，桓冲怎么能够不自始至终保持臣节呢？

宋高宗、秦桧非常愚蠢，时刻担忧各位将帅的军事力量强大而不知道自我加强军事力量，或者杀害他们，或者削弱他们，而国家最终疲惫不堪，日益凋敝。秦桧死后，张浚负责军事，准备恢复山河，在符离和金军作战时，全线溃败，从此没有可以用来打仗的军队了，重蹈了东晋殷浩北伐失败的覆辙。谢玄监军长江以北，挑选大将，精简士兵，六年之后方才使用，在淝水之战中指挥他们来击破苻坚的进攻，不是一朝一夕的功效。

先王的教化崇尚文隐武，不仅仅是用来安定民心而崇尚文治。文治可以崇，武功不可崇高。不可以崇尚，不可以教化，教化黩武，黩武就会衰落。苻坚设立教武堂教习军事武备，任命太学生中懂得阴阳、兵法的人教导各位将领，这是夷狄的办法，足以灭亡。夷狄的办法是奖励武功用来鼓舞人心而加深了他的为害之气，治国者有的知道这样行不通，而狂妄之人还认为这是迂腐之论而讥笑他；它足以灭亡，那么还有人不能相信这必然灭亡的规律。岳飞的议论很好啊，他说："运用之妙，存乎一心。"崇高武功而可以用来教习人们吗？教训他们，使他们演习军事战备，其志即将丧失，其气即将空虚，其取得的结果必然是灭亡了。

用兵打仗所崇尚的是勇敢拼杀，勇敢拼杀不是教训就能够做到的；所推崇的是谋略，谋略不是可以预先料定而教的。如果带兵打仗的将帅以严治军，勤于训练，和士兵同甘共苦而深得军心，那么从"六经"中吸取治军之法就可以了。其他诡诞不经而适足以败军杀乘，以鬼道败人之谋者也。至于骑射技击之法，虽可习焉，而精于态者不给于用；口授而目营之，规行矩止，观天画地，疑鬼疑神，以沮其气而荡其心，不败何待焉？自非狂狡虚妄之士，孰敢任为之师。自非市井亡赖窜身干进之徒，孰乐为之弟子。官为之制，妄人尝试焉，只以乱天下，而武备日以玩而衰。苻坚之好虚名而无实用，若此类者众矣，国破身死，而后人犹效之，愚不可瘳，一至此乎！

7.桓冲死，谢安分荆、豫、江三州以授诸桓，桓玄之祸始于此矣。安之虑桓氏已熟矣，折桓冲而令其无功愧死，其势可以尽削桓氏之权，以奖晋室；然而为此者，自以父子名位太重，贻桓氏以口实，不得已而平其怨忌也。夫桓氏亦岂以私怨怨安而危安者乎？忧不在桓氏，而在司马道子、王国宝也。二奸伏于萧墙，蛊孝武以忌安，而不足以相胜，则必假手桓氏以启衅。主昏相妒，以周公之圣，且不能塞不利孺子之口，而况安乎？故以知安之于此，有大不获已者在也。所任者，石虔也、石民也、伊也，以为差愈于玄而可免于乱；然而终不能免，则安穷矣。

虽然，安岂遂无道处此以保身而靖国乎？安秉国政于此十年矣，太后归政而已录尚书八年矣。夫岂晋廷之士举无可将，就是喋喋不休的阴阳时日、壬遁星气的言论，作战时本来不可以前进而前进，应该乘机制胜而没有乘机取胜，这是以鬼道来败人谋。至于说骑射、技击之法，虽然可以演习，而精于观察势态发展的人不必使用；口头传授而静观不做，循规蹈矩，观天画地，疑鬼疑神，用来沮丧士气而动摇军心，不是等着失败吗？如果不是狂妄、狡诈、虚夸之徒，谁敢任命他们训练军队？如果不是市井无赖、到处流窜以图求得入军当官之徒，谁乐于做他们的子弟？官府制定的制度，狂妄之人想在这上尝试一下自己的本领，只能是祸乱天下，而武备日益轻视而衰落。苻坚喜欢虚名而不切实际，这种人很多，最终国破身死，后人还要效法他，愚蠢到不可救药了。

桓冲死后，谢安把荆、豫、江三州的军事大权分别授给桓氏子弟，桓玄之祸即始于此。谢安考虑桓氏以防桓氏背叛篡位非常精细，挫败桓冲的野心而使桓冲无功羞愧死去，利用这种势态可以完全削夺桓氏掌握军权的局面，用来鼓励东晋王室；然而之所以授桓氏以军权，是他自己认为他们父子名位过重，害怕留给桓氏造谣诬陷的把柄，不得已而采取这种办法来平息桓氏的怨言、忌恨。桓氏也难道因为私人的怨恨而危及谢安吗？令人担忧的不在桓氏，而是在司马道子和王国宝啊。这两位奸臣伏于萧墙之中，蛊惑孝武帝，忌妒谢安，而力量不足以战胜谢安，那么必然借桓氏之手来挑起争端。君主昏庸无能，宰相嫉贤妒能，即使有周公的圣明，还不能杜绝“周公将对成王不臣的谣言，何况是谢安呢？所以知道此时的谢安，真是万不得已啊。谢安所任用的北府军统领是石虔、石民、伊，以为他们大致可以胜过桓玄可以避免祸乱；然而终究不能避免祸乱，那么谢安也无计可施了。

即使这样，谢安难道没有办法处理这种情况来保全自身并安定国家吗？谢安在朝廷执掌国政已经十年了，崇德太后还政于太子孝武大受之人材，使及早而造就之以储为国之柱石者？冲死之后，内不私之于子弟，外不复假于诸桓，君无可疑，相无可谤，而桓氏亦无所倚以争权。安之识早弗及此也，则临事周章，亦其必然之势矣。量不弘而虑不周，有靖国之忠，而惘于大臣之道，安不能免于责矣。

《鸱鸮》之诗曰："既取我子，勿毁我室。"周公长育人才之心，至于疑谤居东而哀鸣益切。人才者，大臣之以固国之根本者也，时未有贤，则教育之不夙也。不此之务，惴惴然求以弭谤，而贻国家之患，可深惜也夫！

8.问，次于学者也；问之道，尤重于学也。三代以下，于学也博，于问也寡；三代以上，于学也略，于问也详；故称舜之大知，好问其至矣。虽然，学者，自为学也；问待人，而其涂有二：有自问者，有问人者。自问者，恐其心之所信，非其身之所宜；身之所行，非其心之所得；处事外者，公理之衡也，不问而不我告，问而犹恐其不我告焉，孜孜以求之，舜之所以为大知也，圣之津梁也。问人者，舍其是非而求人之是非，舍天下之好恶，而求一人之好恶，察焉而愈昏，详焉而愈诐，君子之喜怒有偏者矣，小人之爱憎，未有不私者也，急于求短以疑其长，乱国暗主猜忌之臣所以惑焉而自夺其鉴也，愚者之狂药也。

皇帝时，谢安录尚书事已八年了。难道东晋朝廷的贤士都没有可以肩负重任的人材，让他及早造就培养储备为国家的柱石吗？桓冲死后，假使谢安对内不存私情、恩荫子弟，对外也不再借助于诸桓，国君无可怀疑，宰相无可诽谤，而桓氏也没有什么借口来争夺权势。谢安的识见达不到这种程度，那么临事只好草率应付，也是事情发展的必然之势。局量不恢弘而思虑不周详，有安定国家的忠心，而不知为臣之道，谢安不能逃脱责任。

《鸱鸮》诗中说："既取我子，勿毁我室。"周公时刻想着培育人才，至于种种猜疑诽谤不断飞来，他都置之不理，而且更加迫切地渴求人才。人才是大臣用来巩固国家根本的，暂时没有贤人，就不停地教导培养。不去访求、培养治国的人才，整日心神不宁以求得消除诽谤谣言，而留给国家长久的隐患，真是太令人痛惜了。

问次于学，问的方法比学更重要。夏、商、周三代以来，在学上广博，在问上寡少；三代以前，在学上简略，在问上详尽；所以称虞舜无所不知，是因为好问的缘故。即使这样，学是自己学；问得等待他人，有两种问法：有自我提问的，有问他人的。自我提问者，担忧内心相信的和自身应该做的不一致；自身的行为和自己本心的感受不一致；处理身外之事自有公理来衡量，不问而没人告诉我，问而还担心他不告诉我啊，孜孜以求，诚心询问，这是虞舜之所以成为无所不知的圣人的原因，也是通向圣明的桥梁。问人者，舍弃自己的是非标准而询求他人的是非标准，舍弃天下人的好恶而询求一个人的好恶，对此如果非常明了反而更加糊涂，对此如果非常详尽反而更加偏颇，君子的喜怒有偏见之处了，小人的爱憎，没有不是和自己的切身利益相关的。急于求他人的短处缺点而怀疑他人的长处，乱国昏庸的君主、猜疑忌妒的大臣都在这一点上迷惑不解，最终自己夺去了自己的谏诤贤人，也是愚蠢者的狂妄的药剂。

夫人之心行，有小略而大详者，有名污而实洁者，有迹诡而心贞者。君子于此，鉴之真，信之笃，不忍求人于隐曲，抑不屑也；而流俗之口，好挢举以矜其慧辨；奸邪之丑正者勿论焉。不择人而问之，则善恶互乱；有所偏任，则谗间行。问之君子，则且对以不知；问之小人，则尽言而若可倚。于是而贤才之心，疑畏而不为用；奸伪之士，涂饰以掩其恶；则有谗不见，有贼不知，皆好问者之所必致矣。居官而败其官，有天下而败天下，必也。故曰愚者之狂药也。舍其躬之得失，不考镜于公非，日取人之贞邪，待左右以为耳目，其亡速于桀、纣，不亦伤乎！

范宁为豫章太守，遣十五议曹下属城采求风政，吏假还，讯问官长得失。是道也，不自问己过而问人，以聋为聪之道也。徐邈责之曰："欲为左右耳目，无非小人，善恶倒置，谗谄并进，可不戒哉！"治道学术，斯言尽之矣。

9.有才皆可用也，用之皆可正也，存乎树人者而已矣。操树人之权者，君也。君能树人，大臣赞之；君弗能树人，责在大臣矣；君弗能树人，而掣大臣以弗能有为，大臣有辞也。君不令，而社稷之安危身任之，康济之功已著见，而为天下所倚重，乃及身而止，不能树人以持数世之危，俾免于亡，大臣无人的思想和行为，有小处忽略而大处周详的，有名声不好而实际廉洁清白的，有行迹诡密而内心忠正者；君子针对这种情况，明了其中真情，充分信任，不忍心苛求他人的隐微处，也不屑于这样做啊。而流言蜚语，众人之口，好抬举自己用来夸耀聪明雄辨，奸邪之徒的好恶更是不值得一提。不择人而问，那么善恶互乱，真伪难辨；如果有所偏颇而信任，那么谗言离间之词盛行。咨问正人君子，那么将回答不知道；咨问小人，那么详细谈论、口惹悬河，仿佛可以做为依托。于是，贤才的思想，受到怀疑，感到害怕而不被采纳；奸邪、矫伪之士，粉饰伪装来掩盖自己的罪恶；长此下去，即使进献谗言，君主也无法辨别，即使盗贼窃国，君主也不得而知，都是好问者所导致的必然结果。居官而败其官，有天下而败天下，是必然的。所以说：“愚者的狂药啊。”舍弃自身的得与失，不用公众的议论来分辨事情的是与非，每天听他人的言论，把左右亲近之人作为耳目，没有自己的独立见解和是非标准，他的灭亡比夏桀、商纣这样的暴君还快，不也很哀伤吗？

范宁做豫章太守时，派遣十五名议曹到所属城中采求百姓对政府的意见，吏员假装回来，范宁就讯问吏员官长的得失；这种办法，不自问己过而问他人，是以聋为聪的办法。徐邈责备他说：“欲为左右耳目，无非小人，善恶倒置，谗谄并进，可不戒哉！”治道学术，这句话已经概括尽了。

只要有才能都可以任用，任用他们都可以使之忠心为国，关键在于树人者罢了。掌握树人大权的是国君。国君如果能树人，大臣们辅佐他；国君如果不能树人，责任在于大臣了。国君不能树人，反而牵制大臣不能有所作为，大臣就有话可说了。国君没有发布政令，自身情愿肩负社稷的安危，安民济众的功勋已显而易见，而为天下之人所倚重，至于自身而止，不能树人来保持数世的安宁，使之免于灭亡，可辞矣。

王导、谢安，皆晋社稷之臣也。导庇其族而不能公之天下，故庾亮得而间之；然其没也，犹有郗鉴、王彪之、谢安以持晋室之危，虽非导之所托，而树之者犹导也。安以族盛而远嫌，不私其子弟可矣，当其身而道子以乱，迨其后而桓玄以篡，廷无端方严正之士，居端揆以镇奸邪，不于安责，将谁责而可哉？

老氏曰："功成身退，天之道。"安，学于老氏者也，故能以力建大勋之子弟，使远引以全名。而宗族虽有贤者，皆无列于朝右，以是为顺天兴废之理与？夫君子之进也，有先之者；其退也，有后之者。退而无以后之，则已成之绪，与身俱没，而宗社生民不被其泽。既已为公辅，建不世之勋，则宗社生民，即厥躬之休戚矣。全身而避名，知衰而听命，抑岂所谓善退者哉？退之难于进也久矣。未退之日而早为退之地，非树人其何以退乎？

或曰：时未有人也。夫王雅、王恭、殷仲堪、王珣之徒，躁而败者，望不重也，养不纯也。养其刚烈之气，檠括以正之，崇其位望，以止其浮夸，此诸人者固皆可用，用而皆可正者也。安弗能养以戢其骄，授之昏湎之主以导于诐，于是乎轻僄以从主之私，而激成上下相争之势。安存而政已乱，安没而国已倾，则举生平之志操勋名与庙社河山而消陨，安之退，一退而无馀矣。天之道，功成而退，春授之夏，冬授之春，元气相大臣也就无可逃责了。

王导、谢安都是东晋的社稷之臣。王导庇护他的族人而不能以公心治理国家，所以庾亮得以从中离间他与皇上的关系；然而，王导死后，还有郗鉴、王彪之、谢安来扶持岌岌可危的东晋宗室，虽然不是王导的临终托付，而树立三种风气的人还是王导。谢安因为家族旺盛而避开嫌疑，不袒护其子弟固然可以，在他执政时而司马道子祸乱朝廷，等到他死后而桓玄篡位，朝廷之中没有端方严正的人来执掌大权压制奸邪之徒，那么不责备谢安，又将责备谁呢？

老子说："功成身退，天之道。"谢安研读老子的学说，所以能够把那些建立功勋的子弟远引他任来求得好的名声，而他的宗族中即使有贤能的人，在朝廷上都没有相应的地位，认为这样是顺从天意、兴废有节吗？君子效命朝廷，有先于自己的人；如果闭门引退，有后继之人。引退之后而没有后继之人，那么已经建立的功业，和自身都将丧失，而国家的生灵也不能享受他的恩泽。既然已经担任宰相之职，执掌国政，建立了盖世的功勋，那么社稷生民也就和他休戚与共了。保全自己而逃避名声，知道国运衰落而听天由命，这难道是所说的善于引退吗？长久以来，退比进难。在未退之日而及早考虑引退之地，没有培养后继之人，他为什么还要引退吗？

有的说：当时没有合适的接班人。王雅、王恭、殷仲堪、王珣之辈，急躁而失败的原因是名望不重，涵养不深。如果蓄养他们的刚烈之气，矫正他们的过失，尊崇他们的官位，用来防止、杜绝他们的浮夸务虚之风，这几个人当然都可以重用，重用他们而都可以执掌国政。谢安不能培养他们而限制他们的骄横，昏庸的皇上授给他们官职而把他们引向浮夸，于是乎，他们轻意顺从皇上的个人利益，从而激成上下相争的态势。谢安在世而国政已经混乱不堪，谢安去逝后国家已经倾覆，那么谢安平生的志向、节操、功勋、伟业和宗庙、社嬗于无垠，豫养其穉而后息其老，故四序循环而相与终古。老氏不足以见此，而安是之学也。史鱼不能进蘧伯玉，死以为惭，此则老氏所谓死而不亡者也。

10.慕容宝定士族旧籍，分清浊，阅户口，罢军营封荫之户，而士民嗟怨。夷狄而效先王之法，未有不亡者也。以德仁兴者，以德仁继其业；以威力兴者，以威力延其命。沐猴冠而为时大妖，先王之道不可窃，亦严矣哉！以威力起者，始终尚乎威力，犹一致也。绌其威力，则威力既替矣，窃其德仁，固未足以为德仁也。父驴母马，其生为赢，赢则生绝矣，相杂而类不延，天之道、物之理也。自苻坚之败，北方瓜分而云扰，各恃其部曲以弹压士民而用之，无非浊也。纯乎浊而清之，清者非清，浊者失据，人民不靖，部曲离心，不亡何待焉？

虽然，天下之浊极矣，威力横行而贫弱无告，固不可以永也。慕容氏以亡，而拓拔氏承之以稍息，喁喁污秽之气，相延相俟以待隋、唐，则宝取亡之道，又未必非天下之生机也。士民怨之，彼士民者，又恶足与计恩怨哉？

稷、大好河山也都随之消失了，谢安引退，一退而无余地了。按照天道，功成而退，春授给夏，冬授给春，保持元气，相互嬗变，永无止境，预先培养幼草而后平安地安度晚年，所以四季循环而相与终古。老子不知道这一点，而谢安认为老子的学说很正确。春秋时卫国的大夫史鱼不能引见重用蘧伯玉，到死的时候，他才认为很遗憾，这就是老子所说的“死而不亡者寿”。

慕容宝考定士族旧籍，分别清浊，查明户口，废除军营封赏恩荫之户，造成百姓怨声载道。愚昧的“夷狄”效法华夏先王的治国之道，没有不灭亡的。依靠“德”和“仁”建立大业的，依靠“德”和“仁”继承发扬他的基业；依靠威势和实力建立大业的，依靠威势和实力延续他的国运。猴子沐浴而加冠而成为当时的“大妖”，对于先王的治国之道是无法据为己有，也是不容置疑的。依靠威势和实力兴起的，自始至终崇尚威势和实力，这是一致的。如果它的威势和实力稍微有所不足，那么它的威势和实力衰弱以后，开始盗取德仁之名，当然不能够认为是德仁。父亲是驴，母亲是马，二者相互交配，生下来的是骡，骡子以后再也无法生产了，从而绝种了，相互混杂而种类不能延续，这是自然事物发展的必然规律。自从苻坚败亡之后，北方的少数民族各自为政，瓜分天下而纷纷扰扰，战火连绵，各自依仗其部族来强压百姓，奴役人民，无非是混浊祸乱。浊到极点就要澄，清者非其人，浊者也就失据了，人心不稳，部曲离心，不灭亡还等什么吗？

即使这样，天下的混浊已非常严重了，威势横行百姓无处申诉，固然不可能长久。慕容氏因此而灭亡，而拓拔氏承继慕容氏拥有天下，稍微有所休养生息，污浊的习气一直延续到隋唐，那么慕容宝自取灭亡之道，又未必不是天下得以巩固延续的方法。百姓怨恨他，对于慕容宝统治下的百姓来说，又不足以和他们计较恩恩怨怨。

11.君子之泽五世而斩，小人之泽五世而斩，或且不及五世而无馀，君子深悲其后也。

永嘉之乱，中原沦陷，刘琨不能保其躯命，张骏不能世其忠贞，而汾阴薛氏，聚族阻河自保，不仕刘、石、苻氏者数十年；姚兴称帝于关中，礼征薛强，授以将军之号，遂降兴而导之以取蒲阪。悲夫！志士以九族殉中夏，经营于锋刃之下，贻子孙以磐石之安、衣冠之泽，而子孙陨落之也。虚名小利动不肖之心魂，而忘其祖父，彼先世英拔峻毅之气，怨恫于幽，而子孙或且以为荣焉，有如是夫！

姚兴之盛也不如苻氏，其暴也不如刘、石，迟之数年而兴死矣、泓灭矣，拓拔氏尤能容我而无殄灭之忧者，俟之俟之，隋兴而以清白子孙为禹甸之士民，岂遽不可？然而终不及待也。一失其身，而历世之流风以坠。前之人亦自靖而已矣，遑恤我后哉？溧阳史氏以建文旧臣，三世不入庠序，而史鉴之名凌王鏊而上之，何史氏之多幸也！

安帝

1.国之亡，类亡于淫昏暴虐之主，而晋独不然；前有惠帝，后有安帝，皆行尸视肉，口不知味、耳不知声者也。与子之法，定于立适，二君者，皆适长而豫建为太子，宜有天下者也。

君子的恩泽延续五代而终，小人的恩泽延续五代而终，其中有的将不到五代就丧失殆尽，君子对此深深感到痛惜和遗憾。

西晋永嘉之乱，中原大地沦陷于夷狄之手，刘琨虽然坚守并州，与刘聪、石勒相对抗，也不能保全性命，张骏不能世代保其忠贞，而汾阴的薛氏，聚集族人凭借黄河以求自我保全，不为刘曜建立的前赵、石勒建立的后赵、苻健建立的前秦政权卖命，几十年也不做夷狄的官；后秦的姚兴在关中称帝，用重礼征聘薛强，授给他将军的名号，于是薛强投降姚兴而引导军队攻取了蒲坂。可悲啊！志士以九族殉“华夏政权”，在锋刃之下惨淡经营，把面对灾难安如磐石、始终保持刚正坚强的精神留给子孙们，而子孙却将这种精神丧失了。面对虚名小利，动不肖灵魂，而忘记了祖父的遗训，他们先人豪爽挺拔、英勇不屈的灵魂，在阴间对他们的行为又怨又恨，而子孙们有的还不以为耻、反以为荣，竟然这样啊！

姚兴的后秦没有苻氏的前秦兴盛，它的残暴程度没有刘氏的前赵、石氏的后赵残烈，数年之后，姚兴死了，姚泓灭亡了，拓跋氏建立的北魏尤其能包容我而没有灭族的忧虑，等了又等，隋朝兴起而以清白子孙作为“华夏”汉族的百姓，难道真的不可以吗？然而，终于等不及了。一但失身，而历代的风气每况愈下。前人也自我保全罢了，何况我们这些后人呢？溧阳史氏以为是建文帝的旧臣，三代不进入学校，而史鉴的名声，远远高出于鳌而受世人的推崇，史氏是多么幸运啊！

国家灭亡，一般来讲，都是灭亡在荒淫、昏庸、残暴、狠毒的国君手中，而唯独晋朝不是这样，前有晋惠帝，后有晋安帝，都是行尸走肉、口不知味、耳不知声的人。按立太子的法则，一定要立嫡长子，这两位国君都是嫡长子而被预先立为太子，应该拥有天下。假若废掉藉废之而更立支庶之贤者，则抑凌越而为彝伦之斁。虽然，为君父者，苟非宠孽孽以丧元良，念宗社之安危，亦奚恤哉？抑非徒前君之责也，大臣有社稷之任，固知不可，而选贤以更立焉，自靖而忧国如家者所宜然也。

乃惠帝之嗣也，卫瓘争之矣，和峤争之矣，贾氏饰伪以欺武帝，而武帝姑息以不决。若安帝则上下无异辞，而坐听此不知寒暑饥饱者之为神人主。夫孝武之淫昏，诚无百年之虑矣，而何大臣之漠然不念也！

司马道子利其无知而擅之，固已。王恭犹皎皎者，而抑缄默以处此也，何哉？恭方与道子为难，恐道子执废适以为名而行其诛逐，天下不知安帝之果不胜任，而被恭以逆名，恭所不敢任也。道子争权，而人皆怀贰，岂徒恭哉？谢安且不敢任而抱东山之志。举国昏昏，授天下于聋瞽，而晋以亡；天也，抑人任其咎矣。

夫安功在社稷，言即不庸，而必无覆宗之祸，何恤而不为君父任知罪之权？若恭也，与其称兵而死于刘牢之之手也，则何如危言国本以身殉宗社乎？见义不为，而周章失措，则不勇者不可与托国，信夫！

2.公论者，朝廷之柄也。小人在位，天下未闻其恶，外臣未受其伤，而台谏争之，大臣主之，斥其奸而屏逐之，则臣民他们，而改立旁支庶子中的贤能之人，就会僭越礼制而败坏法度伦常。即使这样，做为国君，如果不宠爱嬖孽而丧失天良，顾念社稷国家的安危，又何必管他那么多呢？这也不仅仅是以前国君的过失，辅政大臣，肩负社稷的重任，本来知道立他们为太子不能胜任，而挑选贤能的人，改立太子，自我安定而忧国如家也是应该的。

关于晋惠帝的太子之位，司空卫罐抗争了，和峤也抗争了，贾皇后粉饰伪装欺蒙晋武帝，要立自己的孩子惠帝为太子，而晋武帝姑息她，犹豫不决。至于晋安帝，则上上下下没有不同的意见，而听任这位不知寒暑饥饱的太子登上皇位。晋孝武帝荒淫昏庸，诚然没有为王朝的百年大计考虑，而为什么大臣对此也漠然不顾呢？

司马道子利用晋孝武帝的无知而擅权朝政，固然是这样。王恭做为朝臣中的皎皎者，也对立安帝为太子缄默不语，不发表任何意见，为什么呢？王恭当时正和司马道子为难，担心司马道子以废除嫡长子为名而对他诛逐，天下之人不知道晋安帝确实无法胜任皇位，而王恭却会因此而背上叛逆的罪名，这是王恭所不敢承担如此重任的原因。司马道子争夺权力，而人人都怀有二心，难道仅仅是王恭吗？谢安尚且不敢担此重任而被司马道子排挤，只好抱着东山再起的志向出镇广陵。举国上下，昏昏沉沉，把天下交给痴呆无知之人，晋朝因此灭亡。这既是天意，也是人为的过失。

谢安有社稷之功，进献忠言即使不被采纳，也必定没有覆灭宗族的灾难，还顾惜什么而不为君王承担这有可能得罪君王的重任呢？像王恭，与其领兵作战而死于刘牢之之手，何如慷慨陈词为国本着想而以身殉难社稷呢？见义不为，而仓皇惊惧，那么不可以把国家托付给没有勇气和胆量的人，实在是这样！

公论即朝廷的权柄。小人在位，天下之人没有听说他的罪恶，在外的大臣没有受到他的伤害，而台谏之臣极力抗争，朝中大臣主持安于下而忘言，即其击之不胜，而四方犹静处以听，知朝廷之终有人而弗难澄汰也。如是，则不保国之无奸邪，而四海无争衡之祸。公论之废于上也，台谏缄唇，大臣塞耳，恶已闻于天下，而倒授公论之柄于外臣，于是而清君侧之师起，而祸及宗社。

刘隗、刁协以苛刻失人心，而王敦反；庾亮以轻躁损物望而苏峻反，晋廷之臣，未有持片辞以与隗、协、亮争者；贻强臣以犯顺，宗社几亡，固有以召之也。然犹曰隗、协之持论非不正也，庾亮之秉心非不忠也。若夫司马道子、王国宝，荒淫贪秽，灼然为晋之蟊贼，孝武虽与同昏，既而疑忌之、疏远之矣，乃在廷之士，持禄取容，无或以片言摘发而正名其为奸邪者。于是而外臣测国之无人，以激其不平之气，王恭、殷仲堪建鼓以鸣，而不轨之桓玄藉之以逞。公论操于下，而朝廷为养奸之渊薮，天下靡然效顺于逆臣，谁使之然邪？

或曰：道子帝之母弟，国宝居奥窔以交荧，未易除也。夫苟怀忠自靖，则以颈血溅奸邪，而何惮于强御？道子者，尤昏庸而弗难控制者也。孝武崩，国宝扣宫门求入，王爽拒之则止矣；王恭反，车胤以危言动之，国宝即解职待罪，而道子弗公道，斥责他的奸邪而驱逐他，那么天下臣民在下边安定而不知其中的情况；即使他们激烈攻击而没有胜利，而天下臣民还是静处以观事态的发展，知道朝廷终将有人而不难澄清事实，淘汰小人。像这样，就不能保证国家没有奸臣，而四海没有争权的灾难。公论废弃于上，台谏之臣缄默不语，朝廷大臣塞耳不闻，小人的罪恶已风闻天下，反倒把公论的大权授给在外的大臣，于是而“清君侧”的军队兴兵讨伐，从而祸及社稷。

晋元帝时，掌握军事的刘隗、尚书令刁协因为苛刻乱政，失去人心，而王敦以诛刘隗为名造反，率军攻入京城建康。晋成帝时，中书令庾亮因为轻躁行动，让人失望，而苏峻起兵造反，东晋朝廷之臣，没有说一句话来和刘隗、刁协、庾亮抗争的；让强权大臣以下犯上，社稷几乎灭亡，固然也有人召唤他们的。然而，有的人还说：刘隗、刁协的持论不是不正确，庾亮的用心不是不忠。至于说司马道子、王国宝，荒淫贪婪，污秽不堪，明明白白是东晋王朝的窃国大盗，孝武帝虽然和他们同样昏庸，不久还猜疑忌恨他二人、疏远他二人，而朝廷之人，吃着国家的俸禄，求得他二人的容纳，没有只言片语来指摘揭发他们的奸邪行为。于是，在外的大臣揣猜国中无人，用来激发心中的不平之气，南兖州刺史王恭和荆州刺史殷仲堪举兵号召，而图谋不轨的桓玄借助他们实现自己的篡夺野心。公论被外臣所掌握，而朝廷成为养育奸臣的渊薮，天下之人纷纷效忠于叛逆之臣，是谁造成这种局面呢？

有人说：司马道子是皇帝的同母弟弟，王国宝深居宫中迷惑皇上，不容易除掉。如果满怀忠心，自己起来安定朝廷，那以甘洒鲜血和奸臣拼命，面对强臣奋勇抵抗，又何惧之有？司马道子尤其昏庸而不难控制。孝武帝刚死时，王国宝扣打宫门，请求进入宫内，王爽拒绝王国宝的请求，仅此而已；王恭造反的时候，车胤用正直的言语说难杀之矣，是可鞭棰使而衔勒驭者也。孝武疑道子之专，而徐邈进汉文、淮南之邪说；国宝就王珣与谋，而珣犹有卿非曹爽之游词；在廷之臣胥若此矣。远迩愤盈之气，决发以逞，非特恭与仲堪，即桓玄之蓄逆不可掩，而天下从之以风靡，势之所必至也。谢安没而晋无大臣；谢安为门户计以退处，而晋早无亲臣矣。谏诤之职久废，士相习于迂缓，相尚以苟容，晋更不得谓有群臣矣。

方州重于朝廷，是非操于牧督，相寻而乱，终六代之世，假赵鞅晋阳之名以行篡弑，至唐而后定。故言路者，国之命也，言路芜绝而能不乱者，未之有也。

3.割地以封功臣，三代之制也，施之后世，则危亡之始祸矣；而割边徼之区以与有功之酋，害尤烈焉。古诸侯之有国，自其先世而已然，安于侯服旧矣。易姓革命而有所灭，以有所建，授之于功臣而大小相错，同姓异姓庶姓相间，互相制而不相下，抑制其贡享觐问之礼，纳之于轨物，而厚用其材，则封殖自大、以窥伺神器之心无从而作。然而荆、吴、徐、越抗颜以乱中夏，高宗惫于三年，宣王劳于南伐，迄春秋之季，愈无宁日矣。

自秦罢侯置守，而天下皆天子之土矣。天子受土于天而宰制之于己，亦非私也；割以与人，则是私有而私授之也。边徼之有闲地，提封不得而亩之，疑为委馀而不足惜；然而在动了王国宝，王国宝就解除职务，等待治罪，而司马道子也不难杀了，是可以拿鞭箠棰、缰绳驾驭的。孝武帝怀疑司马道子的专权，而徐邈进献汉文、淮南的邪说；王国宝和王珣图谋大事，而王珣还说“卿非曹爽”的游离之词。朝内的大臣全是这样乐。远近的人都义愤填膺，坚决要爆发出来，不仅仅王恭和殷仲堪，即使桓玄的叛逆之心毫不掩饰，而天下之人风靡响应，是势态发展的必然方向。谢安死后而东晋没有可肩负重任的大臣，谢安为门户考虑而退让，而东晋朝廷早就没有可以依靠的大臣了。谏诤的职位已经废弛很久了，士人已习惯于迂回缓慢，崇尚苟且因循，东晋朝廷更不能说有群臣了。

地方州郡的势力重于朝廷，是非掌握在州牧都督的手中，寻机作乱，六朝时期一直在延续。借助春秋时赵鞅据守晋阳之名而篡夺皇位、弑杀君主，这种情况到唐朝后才安定下来。所以说，进言之路是国家的命脉，言路一旦断绝而能够不混乱的，从来没有啊。

割地分封功臣是上古三代的制度，后世如果施行这种制度，就已埋下了危亡的祸根；而把边界地区割裂给有功的部族酋长，祸害尤其剧烈。古代诸侯拥有封国，自从他的先世已是这样，安于被封之国也就相沿不变了。王朝兴败、易姓革命之际就有所灭亡、有所突起，把败亡的侯国授给有功之臣，而大小不一，相互交错，同姓、异姓、庶姓相间而存，互相牵制而不相上下，也制定他们的贡享觐问的礼仪，统一制度，而优厚使用他们各自的财富，那么他们的封地逐渐扩大，存有窥视、篡夺王位之心也无处萌发。然而荆、吴、徐、越等诸侯背叛朝廷、祸乱中原，殷高宗在三年疲惫不堪，周宣王率军南伐楚国而疲劳，到春秋末年，更是国无宁日了。

自从秦朝建立，废除诸侯，设置郡守，而普天之下都是天子的国土了。天子接受上天授给的国土而由自己宰割支配，也不是归他自己一人所有；如果割裂土地给他人，则是把国土做为私有而私自授我为委馀者，在彼为奥区，经理其物产，生聚其人民，未有不为我有者也。拓拔氏以秀容川酋长尔朱羽健攻燕有功，割地三百里以封之，其后尔朱氏卒为拓拔氏之忧，而国因以亡，非千秋之明鉴也乎？建州之弃二百馀年，而祸发不救，胡未之考也？

或曰：一荒远之土，委诸其人，若蜀、滇、黔、粤之土官，虽有叛者而旋灭，其何伤？”非也。蜀、滇、黔、粤土夷之地，本非吾有也，羁縻之而已。世其土，服其官，彼亦有保宗全世之情而不敢妄以逞；一逞而固有反顾之心，恋其栈豆，则迫而攻之也易。若土已入我职贡，而以骁悍为我立功矣，取非其所世有者裨益之而长其雄心，其始也，徼幸而无所恤，其继也，屡进而无所止，一有怨隙，乘事会以狂起，其尚有所顾忌乎？拓拔氏虚六镇不为郡县，自秀容川始也，祸之所必生也。弃地者弃其国，宁有爽与？

4.天下多故，言兵者竞起，兵不可以言言者也。孙、吴之言，切于情势，近于事理矣，而当时用之，偶一胜而不足以兴。读其书者，未有能制胜者也，况其滥而下者乎？道不足则倚谋，谋不足则倚勇，勇不足则倚地，地不足则倚天，天不足则倚鬼。倚鬼，则敌知其举无可倚矣。倚鬼，则将吏士卒交释其给他人了。对于边界上的闲置土地，因为不能够用来封赏而耕种它，认为这些是多余之地而不值得可惜；然而，对于皇上来讲认为是多余的土地，而对于被封之人则是难得之沃土，精心经营其物产，生息聚集其人民，没有不为我所有的。北魏拓跋氏因为秀容川部落酋长尔朱羽健进攻燕国有功，割地三百里封赏给他，其后尔朱氏最终成为拓跋氏的心腹大患，而国家也因此灭亡，不是千百年来的明鉴吗？明朝放弃东北的建州之地二百多年，而战祸发生不去挽救，为什么不探究其中的原因呢？

有的说："对于荒远之土，委托给当地族人治理，像蜀、滇、黔、粤的土官，虽有背叛者而旋即灭亡，有何危害呢？"这种观点实际上是错误的。蜀、滇、黔、粤土著民族的土地，本就不是我们所有的，采取羁縻的政策也就罢了。让他们世代占有他们的土地，让当地人做官，他们也有保全宗族的内情而不敢妄想背叛逞快一时；一但造反背叛朝廷而固有恋家顾土之心，眷恋自己的乡土，那么靠近而进攻他们也是很容易的。如果土地已经归入我们正常的管理区域，而让那些骁悍之人为我国立功，取那些不是他们所拥有的东西补救他们，增长他们的雄心壮志，起初，侥幸而无所顾惜，随着时间的发展，他们将屡次得寸进尺而无所休止，一但产生怨恨和隔阂，会乘机猖狂蹶起，还会有什么顾忌呢？北魏拓跋氏空虚北方六镇，不在那里设置郡县，开始于秀容川部族，那么祸乱必定产生了。放弃土地的必将放弃国家，难道有差错吗？

天下多事之秋，谈论治军用兵的蜂拥而起，治军用兵是不可以随意谈论的，孙子、吴起总结治军用兵的经验，切近情势，近于事理，而当时应用于战争，偶然战胜一次而不足以兴盛。精心研读他们兵书战策的，没有能够绝对制胜的，何况那些泛滥而且不如他们所著的兵法呢？如果仁道不足就倚仗谋略，如果谋略不足就倚仗勇忧勤，智者知其无成而心先乱，愚者幸其有成而妄自骄，兵败身死，以殉术士巫觋之妖，未有免者。然而术士巫觋之说，终淫于言兵者之口，其说炙毂，其书汗牛，天下多故，乘之以兴，无乱人非乱世也。

王凝之奉天师道，请鬼兵御贼，而死于孙恩；殷仲堪奉天师道，不吝财贿以请祷，而死于桓玄；段业信卜筮巫觋，而死于沮渠蒙逊。鬼者，死之徒也，与鬼为徒，而早近于死。况以封疆人民倚于恍惚无实之妖邪，而贻国以亡，陷民于死？若是者，见绝于天，未有不丧其身首者也。段业，窃也；仲堪，叛也；天夺其魄，以迷于鬼，而死也固宜。王凝之清族雅士，分符治郡，以此戕身而误国，不亦愚乎？凝之之奉妖也，曰其世奉也，则王羲之不能辞其咎矣。

妖邪繁兴，附于兵家之言，世所号为贤者且惑焉。郭京以陷城，申甫以丧师，金御史声秉大节以不贰于生死，而亦惑焉，白圭之玷也。丁甲也，壬遁奇禽也，火珠林也，乞灵于关壮缪及玄武之神也，皆言兵者之所倚也。其书不焚，其祀不毁，惑世诬民，乱人不可戢矣。

5.论史者之奖权谋、堕信义，自苏洵氏而淫辞逞。近有李猛，如果勇猛不足就倚仗地利，如果地利不足就倚仗天时，如果天时不足就依仗神鬼。倚仗神鬼，那么对方知道他的军队已没有任何依靠了。如果依仗神鬼，那么将领、吏卒、士兵都将无忧无虑，聪明者知道他将一无所成而军心先乱，愚蠢者庆幸他将取得胜利而妄自骄傲，最终兵败身死，因为听信术士、巫觋的妖言而殉难的，没有幸免的。然而术士、巫觋的邪说，终日谈论治军用兵，夸夸其谈，这方面的书籍多如牛毛，天下多事之秋，乘机兴起，无非是祸乱世道人心。

王凝之尊奉天师道，请求鬼兵抵御贼寇，而死于孙恩之手；殷仲堪尊奉天师道，不惜金银钱财请愿祈祷，求得神灵的保护，而死于桓玄之手；段业信奉卜筮巫觋，而死于沮渠蒙逊之手。鬼是死亡之徒，与鬼为徒，就早日接近死亡。何况把国家人民的命运托付给恍惚不实的妖邪之说，而国家因之灭亡，把百姓置于死地；像这样，被上天抛弃，没有不丧命殒身的。段业是盗贼，殷仲堪是背叛，上天夺取他们的心志，使之迷惑于神神鬼鬼，死也是应有的下场。王凝之是清白之族、儒雅之士，做官任职治理地方，因此丧身而误国，不也愚蠢吗？王凝之尊奉妖道，曾说他是世代尊奉，那么王羲之不能推卸这种过错啊。

妖邪之道，纷繁兴盛，牵强附会于兵家之言，就连世人所公认的贤臣也将迷惑于此啊。郭京因此失陷城池，申甫因此丧军辱师，金御史声秉承大节忠贞不二，置生死而不顾，反而也迷惑妖道，即是清白之身的污点。什么丁甲、六壬遁甲、奇门演禽、火珠林，向关羽以及玄武的神位乞求显灵护佑，都是治军用兵者所倚仗的。他们这些妖邪歪道的书籍不焚烧，他们祭祀的神位不捣毁，就将蛊惑社会，迷乱百姓，无法收拾了。

论史者褒奖权谋、诋毁信义，从北宋的苏洵开始而过分虚夸的赞者，益鼓其狂澜而惑民倍烈。谏则滑稽也，治则朝四暮三也，谋则阳与阴取也。幸而成，遂以诮君子之诚悫，曰未可与权。其反覆变诈之不仇，以祸于国、凶于家、戮及其身，则讳之而不言。故温峤之阳亲王敦而阴背之，非无功于晋矣，然非其早卒，君子不能保其终为晋社稷之臣也，何也？向背无恒，而忠孝必薄也。前有吕布，后有刘牢之，勇足以戡乱，而还为乱人。呜呼！岂有数月之间，俄而为元显用，而即叛元显，俄而为桓玄用，而即图桓玄，能不祸于国、凶于家、戮及其身也乎？刘袭曰："一人三反，何以自立。"使牢之幸仇其诈，而桓玄受戮，论者将许之以能权；乃牢之杀元，而牢之之祸晋益深，君子岂受其欺哉？

夫君子之道，成则利及天下，不成而不自失。其谏也，用则居其位，不用则去之。又不然，则延颈以受暴君之刃而已，无可谲也。其定乱也，可为则为，直词正色以卫社稷，不济，则以身殉而已。死者，义也；死不死，命也；有命自天，而俟之以义，人之所助，天之所佑。故曰："履信思乎顺，自天佑之，吉无不利。"大易岂不可与权者哉？秉信非以全身，而身或以保；非以图功，而功或以成。托身失所，而为郗超；欲自免焉，则为温峤；加之以反覆之无恒，则为牢之。峤成而牢之败，牢之死而超生。天之所以祸福者，尤在信与不信哉！论人者以是为准而已矣。奖谲诈以徼功，所谓刑戮之民也。

言辞渐渐严重。近来有李赞，更是鼓噪其狂澜而迷惑百姓，越来越激烈。进谏之时滑稽可笑，治国之时朝三暮四，谋划之时阳与阴取。侥幸而有所成就，就以此为资本讥笑君子的诚实，还说不可以给这些人权力。对于这些人反复无常、狡诈多变不予考究，以及祸乱国家、败亡家族、自取灭亡，却避讳不言。过去，温峤表面亲近王敦而暗中背叛王敦，对东晋王朝不能说没有功绩，然而如果不是他过早地死去，君子也不能担保他最终成为东晋的社稷之臣，为什么呢？因为反复无常的人，其忠心孝心必然不纯。前有东汉末年的吕布，后有东晋的刘牢之，他们的勇猛足以戡定混乱，而终还是祸乱天下之人。唉！难道有数月之间，一会儿被司马元显任用，而立刻又背叛司马元显；一会儿被桓玄任用，而立刻图谋桓玄，能够不祸乱国家、败亡家族、自取灭亡吗？刘袭曾总结说："一人三反，何以自立？"假使刘牢之侥幸而实现了他的诈谋；而桓玄被杀，论史的人将称赞他善于权谋，如果刘牢之杀了桓玄，而刘牢之对东晋王朝的祸害将更深、更剧烈，君子难道能受他的欺骗蒙蔽吗？

君子之道，成功就恩泽天下，不成功也不自我失道。进谏之时，如果被采纳就居其官位，如果不被采纳就离开他。再不然，就情愿死于暴君的手中罢了，不必欺诈伪装。平定战乱之时，如果可以有所作为就去做，用刚正不屈的精神捍卫国家社稷，即使没有效果，就以身殉国罢了。为此而死是义，死还是不死是命运决定的，人的命是上天注定的，而施行仁义，人们自来帮助，上天自然护佑。所以说："笃守信用，思念和顺，自有上天保佑，大吉大利。"博大精深的《周易》难道不可以做为权变的依据吗？秉承信义不是为了保全自身，而自身有时得以保全；秉承信义不是为了图求建功立业，而功业有时自然成就。托身不当，从而成为郗超；想自我幸免，从而成为温峤；再加上反复无常，从而成为刘牢之。温峤成功而刘牢之失败，刘牢之死而

6.萧道成、萧衍、杨坚、朱温、石敬瑭、郭威之篡也，皆石勒所谓狐媚以取天下者也，刘裕其愈矣。裕之为功于天下也不一，而自力战以讨孙恩始，破之于海瀣，破之于丹徒，破之于郁洲，蹙之穷而赴海以死。当其时，桓玄操逆志于上流，道子、元显乱国政于中朝，王凝之、谢琰以庸劣当巨寇，若鸿毛之试于烈焰。微刘裕，晋不亡于桓玄而亡于妖寇；即不亡，而三吴全盛之势，士民所集，死亡且无遗也。裕全力以破贼，而不恤其他，可不谓大功乎？

天子者，天所命也，非一有功而可祗承者也。虽然，人相沈溺而无与为功，则天地生物之心，亦困于气数而不遂，则立大功于天下者，为天之所不弃，必矣。故道成、衍、坚、温、敬瑭、威皆不永其世，而刘宋之祚长，至于今，彭城之族尤盛。若夫谢安却苻坚而怀沧海之心，郭子仪平安、史而终汾阳之节，岂可概望之斯人乎？裕，不学者也；裕之时，僭窃相乘之时也；裕之所事者，无信之刘牢之，事裕者，怀逆徼功之刘穆之、傅亮、谢晦也；是以终于篡而几与道成等伍。当其奋不顾身以与逆贼争生死之日，岂尝早畜觊觎之情，谓晋祚之终归己哉？于争乱之世而有取焉，舍裕其谁也？

郗超生存下来。上天之所以有祸福的不同，尤其在于诚信和不诚信啊！衡量人应把这一点作为标准。褒奖诡谲欺诈以徼取功名，就是所说的将受上天刑罚的人。

萧道成、萧衍、杨坚、朱温、石敬瑭、郭威的篡位，都是石勒所说的用狐媚夺取天下，刘裕跟他们不同。刘裕对天下所立下的功绩很多，而自从竭力作战讨伐孙恩开始，他在沿海一带大破孙恩的叛军，再次在丹徒大破孙恩，继之在郁洲大破孙恩，穷追不舍，逼迫孙恩赴海而死。在那个时候，桓玄手握重兵，占据荆、江等地，位于上流，深怀叛逆之心，司马道子、司马元显专擅大权，在朝廷祸乱国政，王凝之、谢琰平庸无能来抵当强大的贼寇，就好像把鸿毛放在了烈火上。如果没有刘裕，东晋王朝即使不灭亡于桓玄之手，也将灭亡于贼寇孙恩之手；即使东晋王朝不灭亡，而三吴全盛的境况，士民所聚居的地区，也将死亡无遗了。刘裕竭尽全力大破贼寇孙恩，而不管其他，能不称得上有大功吗？

天子是承接天命的，不是一有大功就可以承受天命。即使这样，那么人人安于现状，沉溺于酒色之中，昏昏噩噩而不思建功立业，那么天地万物之心，也会气数将尽不遂人愿，那么对天下建立大功的人，不被上天所遗弃，这是必然的规律。因此，萧道成、萧衍、杨坚、朱温、石敬瑭、郭威都不能传给后代，而刘裕所建立的刘宋国运较长，即到今天，彭城的刘氏宗族尤其旺盛。至于谢安击退苻坚的进攻而胸怀沧海之心，郭子仪平定安禄山、史思明的叛乱而保持忠节，难道可以一概希望都是这种人吗？刘裕不学大道，当时，正是僭越礼制、窃取权位、乘机兴起之时，刘裕所侍奉的是无信无义的刘牢之，侍奉刘裕的，是满怀叛逆、徼功立业的刘穆之、傅亮、谢晦；因此终于篡夺皇位，几乎和萧道成为伍。当他奋不顾身和叛逆贼寇孙恩作战、置生死于度外之时，难道曾经早就蓄养觊觎之心，认为东晋的大

7.成败之数，亦晓然易见矣，而苟非间世之英杰，无能见者，气焰之相取相轧有以荡人之心神，使之回惑也。天下不可易者，理也；因乎时而为一动一静之势者，几也。桓玄竖子而干天步，讨之必克，理无可疑矣。然君非君，相非相，则理抑不能为之伸；以力相敌，而力尤不可恃；恶容不察其几哉？

玄犯历阳，司马休之走矣，尚之溃矣，玄所畏者，刘牢之拥北府之兵尔。牢之固曰："吾取玄如反手。"牢之即有不轨之心，何必不诛玄而挟功以轧元显，忽怀异志以附玄，甚矣牢之之诈而愚也。唯刘裕见之也审，故与何无忌、刘敬宣极谏牢之，以决于讨玄。斯时也，刚决而无容待也，几也。玄已入建业，总百揆，督中外，布置腹心于荆、江、徐、兖、丹阳以为巩固，而玄抑矫饰以改道子昏乱之政，人情冀得少安。牢之乃于斯时欲起而夺之，不克而为玄所削，众心瓦解，尚思渡江以就高雅之于广陵，其败必也。敬宣且昏焉，又唯刘裕见之也审，直告牢之以不能，而自还京口，结何无忌以思徐图。斯时也，持重而无患其晚也，几也。

夫几亦易审矣，事后而反观之，粲然无可疑者。而迂疏之士，执一理以忘众理，则失之；狂狡之徒，见其几而别挟一运终将落在自己身上吗？在纷争混乱之世而有可取之处的，除了刘裕还会有谁呢？

成败之数，也是非常明白、容易看到的，但是如果不是人世间的英雄豪杰，是不能看到的，各种气焰相互夺取相互倾轧来迷惑人们的心神，使他无法明白。天下不可更改的是理，借助天时而决定一动一静的大势，是机遇。桓玄这小子违犯天意，讨伐他必定取胜，这个理是勿庸置疑的。然而，国君不像国君，宰相不像宰相，那么理也不能为他伸张；用实力相对，而实力尤其不可依仗。哪能不容许他观察分析其中的机遇呢？

桓玄率军进犯历阳，司马休之逃跑了，司马尚之溃败了，桓玄所畏惧的是刘牢之拥有的北府军。刘牢之本来说："我战败桓玄就如翻手一样容易。"刘牢之即使有图谋不轨之心，何不诛杀桓玄以战功要挟朝廷来倾覆朝中专权的司马元显，忽然胸怀异志归附桓玄，刘牢之的欺诈手段也太愚蠢了。只有刘裕看到这种情况，审时度势，所以和何无忌、刘敬宣极力劝谏刘牢之，表示决心，要讨伐桓玄。此时，需要赶快下定决心而不容等待，这即是时机。桓玄攻入建业以后，总揽朝纲，掌握朝廷内外的大权，在荆州、江州、徐州、兖州、丹阳布置自己的心腹之人来巩固自己的地位，而桓玄也粉饰伪装纠正司马道子的昏庸混乱的朝政，人们都希望得到稍微的安定。刘牢之却在这个时候想起兵而夺取桓玄，没有战胜反而被桓玄削弱实力，军心瓦解，还想北渡长江投靠在广陵的高雅之，他的败亡是必然的。刘敬宣对这种情况也昏庸无知，又只有刘裕审时度势看到这种情况，直言劝告刘牢之不能渡江，而自己回到京口，与何无忌联合而想慢慢图谋。这时，沉稳持重则也为时不晚，即是机遇。

时机也容易明察，事情过后而回头来看，明白无疑。而迂腐之士，偏执一理而忘记了众理，那么就会失去时机；狂妄狡诈之徒，看机，则尤失之；无他，气焰之相取相轧，信乱而不信有已乱之几也。裕告无忌曰：“玄若守臣节，则与卿事之。”非伪说也，乱有可已之几，不可逆也。又曰：“不然，当与卿图之。”则玄已在裕目中矣。所谓间世之英杰能见几者，如此而已矣，岂有不可测之神智乎？

8.三吴之苦饥，自昔已然。晋元兴中，承桓玄闭籴、孙恩阻乱之馀，遂至填沟委壑，几空城邑，富室衣罗纨、怀金玉而坐毙。或曰“俗奢亡度以使然”，固也，而不尽然也。三吴之命，县于荆、江，上流有变，遏抑而无与哺之，则立槁耳。自晋之南迁也，建业拥大江而制其外，三吴其腹里也。人怀其安，而土著者不移，侨寓者争托，于是而士民之殷庶，甲乎天下。地有限而人馀于地，地不足于养人，历千馀年而一轨。乃三吴者，岂徒东晋之腹里，建业所恃以立国哉？财赋之盈，历六代、唐、宋而于今未替，则休养之以固天下之根本，保全千馀年之生齿，而使无凋耗，为元后父母者，恶容不汲汲焉。

夫人聚则营作之务繁兴，财恒有馀而粟恒不足；犹荆、湘土广人稀，力尽于耕，而它务不遑，粟恒馀而财恒不足。以此筹之，则王者因土作贡，求粟于荆、湘，而薄责以财；需财于吴、会，而俭取其粟；是之谓损益盈虚之大经，因地因人而不到了其中的时机而另选一时机，就更加失掉时机；没有其他的原因，在气焰相互夺取相互倾轧的时候，只相信乱而不相信在混乱之中有时机啊。刘裕告诉何无忌说：“桓玄如果遵守臣节，就和您共同侍奉他。”不是违心的话，因为混乱中有可以停止混乱的时机，不可逆转。又说：“如果桓玄不保持臣节，当和您共同图谋他。”那么桓玄已在刘裕的掌握之中了。所谓人世间的英雄豪杰能够看到时机的，如此而已，难道有深不可测的智慧吗？

三吴（即古代的吴兴、吴郡、会稽）之地，深受无粮可食的饥饿之苦，从先前已是这样。东晋元兴年间，因为遭受桓玄关闭三吴地区买入粮食的渠道、孙恩作乱所造成的危害，致使人们死无葬身之地，填沟委壑，城邑荒废，富家大户身穿丝绸、怀揣金银宝玉而坐以待毙，有的说“奢侈无度使然”固然有道理，但也不尽然。三吴之地命运和荆州、江州紧密相连，一旦位于上流的荆州、江州有所变化，遏制三吴之地的粮食来源，而它将无以为食，就立刻衰亡了。自从晋朝南迁以来，建业拥有长江而制其外围，三吴是腹里之地。人们怀恋其地，苟且求安，而土著者不迁移，侨寓者争相在此安身，于是士民日益繁多，甲于天下。土地有限而人口比土地多，土地不足于养活人民，千百年以来一直是这样，丝毫没有改变。至于三吴之地，难道仅仅是东晋王朝的腹里，建业所赖以立国的根本吗？财赋繁多，经过南朝六代、唐朝、宋朝而至今从没有所更改，那么如果休养三吴之地来巩固天下的根本，保全千百年来的黎民百姓，而使它不凋敝损耗，做为黎民百姓的父母——皇帝，不能不汲汲于此啊！

如果人口聚集，那么营作之务自然兴盛，钱财常常有余而粮食常常不足；而荆州、湘州地广人稀，劳动力全部用在耕种土地上，而不管其他事务，粮食常常有余而钱财常常不足。因此而统筹全局，那么皇帝因地制定应贡之物，向荆州、湘州需求粮食，而减少征收财违其理。而念此者鲜矣。

夫既厚责粟于三吴矣，无已，则严遏籴之禁以互相灌注，有粟者得货贿焉，有货贿者得粟焉，一王之土，合以成一家之盈缩，亦两利之术也。是故恶莫大于遏籴，桓玄之恶烈于孙恩矣。夫玄据上流，馁三吴以弱朝廷，自以为得计矣，又恶知己既窃晋而有之，则三吴者又已他日之根本也。使玄能抚之以乘京口之后，何至一败而无馀哉？故殃人者，未有不自殃者也。

9.桓玄将篡，杀北府旧将之异己者，司马休之、刘敬宣、高雅之相率奔燕，弃故国而远即于异类，为刘昶、萧宝寅之先驱。夫诸子亦各有其志行，岂其豫谋此污下之计为藏身之固哉？迫于死而不暇择尔。虽然，其为弃人于两间，固自取之也。桓玄之逆，非徒祸在所必避也，祸即不及，而岂忍为之屈。诸子据山阳以讨玄，虽不必其忠于晋，而固丈夫之节也，何至周章失措而逃死于鲜卑邪？

夫刘裕亦北府之杰，刘牢之之部曲也，坦然自立于京口而无所惧，玄岂与裕无猜乎？裕自有以为裕，而玄不足以为裕忧也。裕之还京口也，以徐图玄也；乃置玄不较，急击卢循于东阳而破走之，旋击徐道覆而大挫之，追卢循至晋安而又败之，未尝一日弛其军旅之事也。为晋用而若为玄用，为玄用而实为晋用；威伸于贼，兵习于战，若不知玄之将篡者，而玄亦税；向吴兴、会稽征求财税，而减少征收粮食；这即所说的有损有益、有盈有虚的大政方针，因地因人而不违背这个常理。而考虑到这一点的很少。

既然向三吴之地征收很多的粮食，从无休止，那么严厉重申阻止籴粮以便相互之间流通交易，有粮者通过流通得到钱财，有钱财者通过流通得到粮食，天子一人的土地，相互交易而形成一家的盈缩，也是互利的办法了。因此罪恶莫大于阻止买进粮食，桓玄的罪恶比孙恩更严重了。桓玄占据上流，断绝三吴之地的粮食来源而削弱朝廷的实力，自认为计谋成功了，又不知道自己既然窃取了东晋的政权而占有三吴之地，那么三吴之地又是自己他日的根据地。假使桓玄能在京口战役之后安抚百姓，何至于一败而不可收拾，毫无回旋余地呢？所以，祸害人的人没有不反过来祸害自己的。

桓玄将篡夺皇位，杀北府军旧将中的异己分子，大将司马休之、刘敬宣、高雅之相继逃奔燕，抛弃故国则投靠夷狄，作为刘昶、萧宝寅的先驱。这几个人各有特点，难道他们预先谋划此鄙陋、低下的计策作为藏身之固吗？乃是被死亡逼迫而无暇选择罢了。虽然这样，他们最终成为被两边都抛弃的人，固然是自食其果。桓玄的叛逆，不仅仅必须躲避灾祸，灾祸即使不及自身，而难道忍心屈服桓玄吗？这几个人占据山阳讨伐桓玄，虽然不必要求他们忠于东晋王朝，也算保持了大丈夫的气节，何至惊慌失措而逃亡到鲜卑族呢？

刘裕是北府军的英雄豪杰，也是刘牢之的部曲，在京口拥兵，坦然自立，无所惧怕，桓玄难道和刘裕不相互猜疑吗？刘裕自有刘裕生存的理由，而桓玄认为刘裕不值得担忧。刘裕之所以回到京口，是为了慢慢图谋桓玄；于是对桓玄篡夺皇位，置之不理，不和桓玄较量，而是勇猛地进击卢循于东阳而大败卢循，使卢循溃逃，又迅雷不及掩耳进击徐道覆而大大地重创徐道覆，追击卢循到晋安而再次打无以测其从违；非徒莫测也，虽测之而亦无如之何也。故玄妻刘氏劝玄除裕，而玄曰："吾方平荡中原，非裕莫可用者。既思用裕，亦固知裕威已建，非己所得而除也。玄知裕之不可除，故隐忍而厚待之以俟其隙；裕亦知玄之不能除己，故公然入朝而不疑。唯浃岁之间，三破妖贼，所行者正，所守者坚，人不得而疑，虽疑亦无名以制之也。裕居不可胜之地，而制玄有馀矣。

呜呼！士当逆乱垂亡、忧危沓至之日，诡随则陷于恶，躁竞则迷于所向，亦唯为其所可为，为其所得为；而定大谋、成大事者在此，全身保节以不颠沛而逆行者亦在此。休之、敬宣、雅之舍己所必为，则虽怀讨逆之心，而终入于幽谷矣。英雄之略，君子有取焉，安其身而后动，定其交而后求，正用之，可以独立于天纲裂、地维坼之日而无疚愧矣。

10.廉耻之丧也，与人比肩事主，而歆于佐命之荣赏，手取人之社稷以奉奸贼而北面之，始于西汉刘歆、公孙禄之徒，其后华歆、郗虑相踵焉。然天下犹知指数之也；幸而不遇光复之主，及身为戮，而犹无奖之者。上有奖之者，天下乃不知有廉耻，而后廉耻永亡。

败他，不曾一日放松军旅之事。刘裕的四面出击，被东晋王朝使用而好像被桓玄使用，为桓玄使用而实际被东晋王朝使用；威名震撼贼寇，士兵熟悉打仗，仿佛不知道桓玄将篡夺皇位，桓玄也无从测度刘裕是顺从还是违背；不仅无法揣测刘裕的态度，即使揣测到刘裕的态度也对刘裕无可奈何。所以桓玄的妻子刘氏劝桓玄除掉刘裕，而桓玄却说："我正在平荡中原之际，只有刘裕可用。"已经打算使用刘裕，也固然知道刘裕的威望已经树立了，不是自己所能够除掉的。桓玄知道刘裕不可除掉，所以隐忍不发而厚待刘裕，等待时机；刘裕也知道桓玄不能除掉自己，所以公然进入朝廷而毫不猜疑只是一年之间，三次大破贼寇，所行者正，所守者坚，人不得怀疑，即使怀疑也没有理由来制他。刘裕居于不可战胜的境地，而制胜桓玄绰绰有余了。

唉！士人遇到叛逆混乱即将灭亡、忧患危机纷至沓来之时，诡诈顺从就陷于大恶，急躁冒进而迷失方向，也只有做他可做之事，做他能做之事；而预定大谋，成就大事的人在此，保全自身、保持名节而不颠沛流离背道逆行的人也在此。司马休之、刘敬宣、高雅之舍弃自己应当做的，即使满怀讨伐叛逆之心，而最终陷于幽谷、进退两难了。英雄的谋略，君子有可取之处啊，保全自身而后行动，定其交往而后需求，正大地使用它，可以挺立在天翻地覆危机时刻也毫无内疚羞愧了。

和人并肩事奉君主，反而羡慕佐命大臣的荣华富贵，亲自夺取他人的江山社稷，奉献给奸臣而情愿面北称臣，如果这样就丧失了廉耻，丧失廉耻开始于西汉时的刘歆、公孙禄之辈，其后华歆、郗虑接踵而至。然而天下人还是指责数落他们；侥幸而没有遇到光复天下的君主，自身受戮，还是没有褒奖他们的。如果皇上褒奖他们的行为，天下之人就不知道有廉耻之心，而后廉耻之心永远消亡。

王谧世为晋臣，居公辅之位，手解安帝玺绶以授桓玄，为玄佐命元臣，位司徒，此亦华歆、郗虑之流耳。义兵起，桓玄走，晋社以复，谧以玄司徒复率百官而奉迎安帝，此诚豺虎不食、有北不受之匪类矣。刘毅诘之，逃奔曲阿，正王法以诛之，当无俟安帝之复辟。而刘裕念畴昔之私好，追还复位，公然鹄立于百僚之上，则其崇奖奸顽以堕天下之廉耻也，唯恐不夙。苟非志士，其孰不相率以即于禽兽哉？俄而事此以为主，而吾之富贵也无损；俄而事彼以为主，而吾之富贵也无损；夺人之大位以与人，见夺者即复得焉，而其富贵也抑无损。奖之以败闲丧检，而席荣宠为故物，则何怪谢晦、褚渊、沈约之无惮无惭，唯其所欲易之君而易之邪？

呜呼！忠与孝，非可劝而可惩者也。其为忠臣孝子矣，则诱之以不忠不孝，如石之不受水而不待惩也。其为逆臣悖子矣，则奖之以忠孝，如虎之不可驯而不可惩也。然则劝惩之道，唯在廉耻而已。不能忠，而不敢为逆臣；不能孝，而不敢为悖子；刑齐之也，而礼之精存焉。刑非死之足惧也，夺其生之荣，而小人之惧之也甚于死。天子正法以诛之，公卿守法以诘之，天下之士，衣裾不襒其门，比闾之氓，望尘而笑其失据，则惧以生耻。始耻于名利之得丧，而渐以触其羞恶之真，天子大臣所以濯磨一世之人心而保固天下者在此也。手解其玺绶，而复延之坐论之列，两相觌而不惭，则耻先丧于上，而何望其下乎？裕之不戮谧也，人心风俗之祸延及百年。唐黜王谧世代为晋朝大臣，身居公辅高位，亲自解下安帝的玉玺印绶、授给叛臣桓玄，当上桓玄的佐命大臣，位列司徒，这也是华歆、郗虑之流。义兵兴起，桓玄逃跑，东晋社稷得以光复，王谧做为桓玄的司徒率领百官而奉请迎接安帝重登皇位，这确实是豺虎不吃、扔到北方大漠也无人接受的土匪人啊。刘毅曾质问王谧，王谧就逃奔曲阿，明正典型来诛杀他，应当等不到安帝复辟。而刘裕顾念往日二人的私交甚好，追回王谧，让他恢复官位，公然位于百官之上，那么刘裕尊崇褒奖奸顽之人而堕落天下人的廉耻之心，恐怕不是他的本意。如果不是有志之士，谁不争先恐后地投奔北方野蛮的狄夷呢？一会儿事奉这个人做为君主，而我的富贵毫无损少；一会儿事奉这个人做为君主，而我的富贵毫无损少；夺去他人的皇位而给予别人，而被夺去皇位的人即使很快得以复辟，而他的富贵也丝毫无损。褒奖他丧节败德，而依然受到尊崇，一切如故，那么何怪谢晦、褚渊、沈约无惮无惭，随心所欲废立天子呢？

唉！忠和孝不是可以褒奖鼓励的却可以惩戒。做为忠臣孝子，那么引诱他不忠不孝，就如磐石不受水而不用惩戒呀。做为逆臣悖子，那么褒励他忠孝双全，犹如老虎不可驯服而不可以惩戒啊。既然这样，那么褒奖鼓励、惩戒的方法，唯有廉耻罢了。不能够为国尽忠，也不敢做叛逆之臣；为家不能尽孝，也不敢做恶逆之子；即使面对刑罚，而仁义的精神依然存在。刑罚对于死来讲，不足以恐惧害怕，如果夺去他平生的荣华，而小人对失去荣华的恐惧害怕比死亡还要严重。天子对这种人绳之以法，公卿大臣遵照国法质问这种人，天下的士人，从不登门和他交往，邻里百姓，嘲笑他失去廉耻，那么他会因为害怕而产生羞耻之心。起初对名与利的得失感到羞耻，而逐渐内心深处感到羞愧，这是天子大臣用来维系世人之心而保全巩固天下的根本所在。亲自解下皇帝的玉玺印绶，而又延请他坐论之列，双方苏威，而后老奸贩国之恶习以破。惜老成，徇物望，以为悖逆师，祸将自及矣。

11.李暠之后兴于唐，于是而知天道之在人心，非君子徒为之说以诱人于善也。《易》曰：“履信思乎顺，是以自天佑之，吉无不利。”夫人亦岂好为疑诈而与人相逆哉？爱憎乱之也。亦既见为可为而为之，见为可言而言之，则孰遽背其初心而自相刺戾？见可爱而移，见可憎而止，而后心不能以自保，宁弃信也，且以快一时之情也。爱憎者，非以顺物，而求物之顺己也，求物顺己而不顺于物，勿恤也。顺己者，爱之而赏醲；逆己者，憎之而罚滥；罚滥既已大伤乎人心，赏醲则得者自诧其邀取之工而不以为恩，不得者抱怏邑以不平者积矣。是故履信思顺者，不求之物理，而但求之吾情；知吾情之非物理，而物理在矣。

暠之戒诸子曰：“从政者审慎赏罚，勿任爱憎，折狱必和颜任理，用人无间于新旧，计近不足，经远有馀。”是说也，岂徒其规模之弘远哉？内求之好恶之萌以治其心，与天相顺，循物以信；三代以下不多得之于君子者，而暠以偏方割据之雄，能自求以求福；推此心也，可以创业垂统、贻百世之休矣。求治理而本诸心，昧者以为迂也，《诗》《书》所言，岂欺我哉？

都尊崇他而不惭愧，那么廉耻之心先在上边丧失，对于臣民又何必期望过高呢？刘裕不杀王谧，人心风俗的灾祸延续百年。唐朝建立，罢去苏威的官职，而后老奸臣猾、卖国求荣的恶习才更改了。怜惜老成持重，徇私情重物望，以逆臣悖子为师，祸害将危及自身了。

十六国时李暠后代兴盛于唐朝，由此而知，天道循环，在于人心，不是君子单纯的说教而诱人向善的。《周易》上说："讲究信义，顺乎天意，因此上天自然保佑他，吉无不利。"人也难道喜爱猜疑诡诈而相互叛逆吗？是因为爱憎之心祸乱他啊！既然已经看到大有作为而为，看到可以进言献策而进言献策，那么谁会仓促之间违背初心而自相矛盾呢？见可爱而变化，见可憎而停止，而后内心不能自保，宁愿抛弃信义，仅仅图感情上的一时快感。爱和憎，不是顺从事物，而要求事物顺从自己，要求事物顺从自己而不顺从事物，不值得可惜。对于顺从自己者，宠爱他而赏赐丰厚；对于背叛自己者，憎恨他而惩罚太滥；惩罚太滥已经大伤人心了，赏赐丰厚那么得到赏赐的人对他邀取宠爱的手段能得到如此的厚报感到惊讶，反而不认为这种赏赐是恩典，那些没有得到赏赐的人闷闷不乐，内心不平，积怨日深了。因此，讲究信义、顺乎天意的道理就是不求事物之理，而但求自己的感情中正与否；如果知道自己的感情不合事理，那就令当克制人情，保存物理了。

李暠告诫各位儿子说："从政者审慎赏罚，不要凭自己的爱憎用事，审理案件时务必和颜悦色，秉理公断，用人之时，不管新旧，计近不足，经远有余。"这种说法，难道仅仅是规模弘远吗？对内抑制自己的好恶而克制自己的感情，顺乎天意，用信义遵循事物之理；三代以下不可多得的君子，而李暠建立西凉政权，偏居一方，割据称雄，能够自求而求得福分；如果推广此心，可以创业垂统，留给百代的福分，求治理国家而求根本于内心，愚昧的人认为是迂腐之论，《诗经》、言综核者任憎也，世之言法者尽此耳；言宽大者任爱也，世之言恩者尽此耳。法近义而非义，以妨仁；恩近仁而非仁，以害义。秦政以刚而亡，汉元以柔召乱，非仁义也，且非法也，抑非恩也。任爱而淫，任憎而戾也。三代之王者，不立治天下之术，而急于学，克此心之爱憎而已矣。一不学而以爱憎为师，苻坚之厚慕容垂，恩不足以为恩，况诸暴虐者之淫刑以逞乎？暠未尝学者也，而冥合于道，学岂以文哉？梁、陈之主，旦坟夕典，而身为僇、国为灭亡，求之物而不求之己也。暠虽未学，吾必谓之学矣。一心得御，而太和之气归之，贻尔后昆于无穷，勿谓三代以下无其人也。

12.殷仲文推戴桓玄，谄以求容，哀章之徒也。义兵起，随玄西走，复与俱东下以抗顺。及峥嵘洲之败，玄且诛殛，乃叛玄而降，挟二妇人以求免，此宜膺党贼之诛而勿赦者也。幸逃于死，复守东阳，曾不赧而更以出守不执权为怨望。仲文之敢尔者，何也？王谧为三公，而人丧其耻心，故干荣之情不息也。刘裕、何无忌按法儿诛之，而时论不协，史氏憾裕之擅权以枉法，何也？谧登庸而仲文受戮，裕任爱憎之情，仲文死而无以服其心也。

虽然，谧之辱人贱行，疲懦无能为者也，借令重用仲文，

《尚书》上所说的话，难道欺骗我吗？

提倡综合考核者内心憎恨，世上谈论法律的都是这样；提倡宽厚包容者内心仁爱，世上谈论恩惠的都是这样。法接近义，而不是用义来妨害仁；恩接近仁，而不是用仁妨害义。秦始皇嬴政因为刚愎自用而灭亡，汉元帝因为柔弱带来祸乱，不是仁义，也不是法，也不是恩，放任内在的喜爱而淫慢，放任内心的憎恨而乖戾。三代称王者，不确立治理天下的手段，而仅仅学习他人的治国经验，克制了内心的爱憎罢了。一不学习而以爱憎为师，前秦苻坚优厚地对待前燕的慕容垂，即有恩惠也不足以扰络他，更何况那些残暴、凶狠滥施刑罚而逞一时之快的人呢？李暠不曾学习，而暗暗与天道吻合，学习难道仅凭文字吗？南朝梁、陈的皇帝，从早到晚攻读圣典，而自身被戮，国家灭亡，这是只求事物之理而不求于自身啊。李暠虽然没有学习圣典，我一定认为他学习了。一旦内心得以克制，而太和之气自然归于自身，留给子子孙孙，不要认为三代之下无其人了。

殷仲文推举拥戴桓玄，谄媚桓玄，求得包容，和王莽时期哀章是一类人。刘裕率领义兵兴起，殷仲文随桓玄而率军西逃，又和桓玄东下抗拒天意，等到峥嵘洲残败，桓玄即将被俘杀身，殷仲文又背叛桓玄而投降，挟持两位妇人以求得幸免于死，这是应该按照同党盗贼诛死而不能赦免的。侥幸逃避死亡，又守卫东阳，不曾感到羞愧而出守地方，因为不让他掌握实权而怨气很大，殷仲文为什么敢这样呢？是因为王谧位列三公大臣，而人们丧失廉耻之心，所以求取荣华富贵之情从不停息。刘裕、何无忌按照国法而诛杀了殷仲文，而当时舆论哗然，评论不一，修史的人对刘裕擅权枉法尤其感到遗憾，为什么？王谧被重用而殷仲文遭受杀戮，刘裕凭自己的爱憎之情，殷仲文的死无法让人心服啊。

即使这样，王谧为人卑贱，品格低下，懦弱无能，不能有所成而假之以权，祸岂有极哉？始与玄共逆者仲堪也，继为玄佐命者仲文也，挟其门族与其虚誉，摇动人心以恣狂逞，不能有刘裕之功，而篡谋更亟，天下之爚乱如沸羹，愈不知其所止矣。仲文之诛也，并诛桓胤，前此桓氏灭而胤以冲之子独免，谓冲忠耳。桓温死，谢安、王彪之正纲纪以匡晋室，北府兵强，荆、江气折，冲自保其躯命，不敢尝试，而遂许之以忠，蛇蝎冬蛰而无毒于人，其许之为祥麟威凤乎？谢玄破苻坚，而冲郁抑以死，推此心也，灭其族焉非滥也。

13.慕容超，鲜卑也，而无道以取死亡，不足道矣。苟有当于人心天理之宜者，君子必表出之，以为彝伦之准则。超母段氏在秦，姚兴挟之以求太乐诸伎，段晖言不宜以私亲之故，降尊自屈，先代遗音，不可与人。封逞言大燕七叶重光，奈何为竖子屈。呜呼！此岂有人之心者所忍言乎？超不听，而尽奉伎乐，北面受诏，而兴礼其母而遣之，超于是乎合人心之安以顺天理之得矣。超之窃据一隅而自帝，非天命也；慕容氏乘乱而世济其凶，非大统也；即其受天之命，承圣王之统，亦岂以天下故而弃置其亲于异域哉？舜之视天下也，犹草芥也，非超之所企及也；而不忍其亲之心，则充之而舜也。舜与蹠之分，岂相县绝乎？离乎蹠，上达则舜矣。

然则宋高宗之迎母后而割地称臣于女直，亦许之孝乎？宋高不可以超自解也。慕容暐之亡，亡于苻氏，苻氏其仇也，就，假使重用殷仲文，而授给他权力，祸害难道有这么严重吗？起初和桓玄共同叛逆的是殷仲堪，继之为桓玄佐命大臣的是殷仲文，挟其宗族，给他虚假的名声，动摇人心，恣意逞狂，不能有刘裕的复兴之功，而篡谋更加急迫，天下混乱，犹如沸羹，更不知道何时才能停止。殷仲文被诛杀，一并诛杀了桓胤，以前桓氏灭绝而唯独桓胤因是桓冲的儿子而幸免，认为桓冲忠心罢了。桓温死后，谢安、王彪之整肃纲纪，匡救晋室，北府兵强盛，荆、江军受挫，桓冲自保性命，不敢尝试，而遂称赞他的忠心，蛇蝎冬季蛰伏而不毒害人，就称赞它是祥麟威凤吗？谢玄大破苻坚，而桓冲因郁郁不乐死去，推想此心，灭掉他的宗族也不是滥杀了。

慕容超是鲜卑族人，因为无道而自取灭亡，不足挂齿。如果适时地顺乎人心，遵顺天理的，君子必旌表宣扬，做为法度伦理的准则。慕容超的母亲段氏在后秦，姚兴以此要挟慕容超索求燕国的太乐诸伎，大臣段晖就说不应该因为私亲的缘故，降尊自屈，先代传下来的乐伎，不能交给他人。大臣封逞说大燕有七世重光，奈何为姚兴这小子屈服。唉！这难道是稍有人心的人所忍心说的话吗？慕容超不采纳他二人的建议，而把所有的太乐诸伎都奉献给姚兴，北面称臣，接受诏书，而姚兴礼遇他的母亲段氏而派人送回，慕容超于是乎能够安定人心，顺从天理了。慕容超窃据一隅之地而自己称帝，不是天命；慕容氏乘着国家混乱而世代凶猛残忍，不是能够承继大统的；即是他受命于天，继承圣王的基业，也难道以天下的缘故而弃置至亲于他国吗？虞舜视天下犹如草芥一般渺小，不是慕容超所能渴望达到的；而对其至亲不忍，那么扩充他的仁爱之心就是虞舜了。虞舜和盗跖的区别，难道天差地别吗？远离盗跖，上达即是虞舜了。

然而，宋高宗赵构迎接母后而向女真族割地称臣，也称赞他孝顺吗？宋高宗不能用慕容超来自我解脱。慕容暐的灭亡，是灭亡在前姚氏非其仇也。国非其所灭，君父不为其所俘系，超乘乱而有青土，姚兴乘乱而有关中，两俱割据，以强弱相役，而固无首足之分，以母故而下之，非忘亲而自屈也。而宋高岂其然乎？况乎其未尝割世守之土，输岁币以自敝，仅以工伎之贱者易己罔极之昊天邪？

或曰："超之迎母并迎其妻，非纯孝也。"呜呼！君子之求于人也，可以苛察而无已乎？其为迎母矣，而于妻何嫌？且超即欲迎其妻而自屈，亦异于人之为妻而屈者。当慕容德随垂反叛之日，超母方娠，苻坚囚之，狱吏呼延平窃以逃于羌中而超生，超母感平全其子母之恩，为超娶平女，则呼延氏肉超母子之白骨，而恩亦大矣。妻为平女，而屈己以迎之归，亦厚道也，而何嫌焉？段晖、封逞矜血气以争，而不恤天性之恩，夷之鸷戾者也，不可与岳鹏举、胡邦衡同日并论也。

14.有一人之正义，有一时之大义，有古今之通义；轻重之衡，公私之辨，三者不可不察。以一人之义，视一时之大义，而一人之义私矣；以一时之义，视古今之通义，而一时之义私矣；公者重，私者轻矣，权衡之所自定也。三者有时而合，合则亘千古、通天下、而协于一人之正，则以一人之义裁之，而古今天下不能越。有时而不能交全也，则不可以一时废千古，不秦苻氏之手，苻氏是慕容氏的仇敌，姚氏不是慕容氏的仇敌。慕容氏所建立的燕国不是被姚氏所建立的后秦灭掉；君父也没有被姚氏所俘虏囚禁，慕容超乘机混乱而据有青土之地，姚兴乘机作乱而拥有关中地区，两个都是割据政权，以实力的强弱相互役使，而本来没有高低的区别，因为母亲的缘故而屈尊求全，不忘掉至亲而自我屈服。而宋高宗难道是这样吗？况且，慕容超未曾割让世代守卫的土地，交纳岁币而自我凋敝，而仅仅是用卑贱的乐工诸伎换来对自己有出身之恩的母亲啊？

有的说："慕容超迎接母亲，并且迎接他的妻子，不是纯孝。"唉！君子对人要求，可以苛刻细察到这种程度吗？他为了迎接母亲，顺便迎回妻子又有何不何呢？况且即使打算迎接他的妻子而自我委屈，也和为了妻子而自我委屈的人有所不同。当慕容德跟随慕容垂造反背叛之日，慕容超的母亲身怀六甲，苻坚囚禁了她，狱吏呼延平暗暗和她逃到羌族之地，而慕容超降生，慕容超的母亲感激呼延平保全母子的大恩，为慕容超娶下呼延平之女为妻，那么呼延氏对慕容超母子有再生之德，而恩情很大啊！慕容超的妻子是呼延平的女儿，而为此屈尊自己迎接妻子回来，也是厚道，而何嫌之有？段晖、封逞血气方刚，矜持抗争，而不管天性之恩，实乃夷狄当中凶猛、残暴的人，不可以和岳鹏举、胡邦衡相提并论。

有一人之正义，有一时之大义，有古今之通义；衡量轻重，辨别公私，三者不能不明察。用一人之义，和一时的大义相比较，那么一人之义即是私义；用一时之义，和古今通义相比较，那么一时之义即是私义；公义重，私义轻，权衡是非的标准自然而定。这三者有时而相互交合，一旦交合那么亘千古、通天下、而和谐于一人的公正，那么用一人之心裁决它，而古今天下不能超越。有时而不能完全交合，那么不可以以一时之义废弃千古之通义，不可以以一人废弃天可以一人废天下。执其一义以求伸，其义虽伸，而非万世不易之公理，是非愈严，而义愈病。

事是君而为是君死，食焉不避其难，义之正也。然有为其主者，非天下所共奉以宜为主者也，则一人之私也。子路死于卫辄，而不得为义，卫辄者，一时之乱人也。推此，则事偏方割据之主不足以为天下君者，守之以死，而抗大公至正之主，许以为义而义乱；去之以就有道，而讥其不义，而义愈乱。何也？君臣者，义之正者也，然而君非天下之君，一时之人心不属焉，则义徙矣；此一人之义，不可废天下之公也。

为天下所共奉之君，君令而臣共，义也；而夷夏者，义之尤严者也。五帝、三王，劳其神明，殚其智勇，为天分气，为地分理，以绝夷于夏，即以绝禽于人，万世守之而不可易，义之确乎不拔而无可徙者也。《春秋》者，精义以立极者也，诸侯不奉王命而擅兴师则贬之；齐桓公次陉之师，晋文公城濮之战，非奉王命，则序其绩而予之；乃至楚子伐陆浑之戎，犹书爵以进之；郑伯奉惠王之命抚以从楚，则书逃归以贱之；不以一时之君臣，废古今夷夏之通义也。

桓温抗表而伐李势，讨贼也。李势之僭，溃君臣之分也；温不奉命而伐之，温无以异于势。论者恶其不臣，是也，天下之义伸也。刘裕抗表以伐南燕，南燕，鲜卑也。慕容氏世载凶德以乱中夏，晋之君臣弗能问，而裕始有事，暗主不足与谋，具臣不足与议，裕无所可奉也。论者亦援温以责裕，一时之义下。偏执其中一义而求得伸张，其义即使伸张，也不是万世不变的公理，是非越是过于分明，而义越是受其累害。

事奉这个君主并为这个君主而死，终日尽忠，不避其难，即是正义。然而有做为他的君主，不是天下所共同尊奉应该做为君主的，那么即是为了一人的私利。春秋时，子路为卫辄而死，而不能称为义，卫辄是一时的乱人。由此推之，那么事奉偏居一方割据的君主不足以为是天下的君主，以死守卫他，而对抗大公至正的君主，自认为是为了义而义乱；离开这样的君主而投靠有道之君，反而讥笑他不义，而义更加乱。为什么？君臣关系着天下的正义，然而君主不是天下的君主，一时人心无所归属，那么义就变化了；这就是一人之义，不可废弃天下的公理。

做为天下所共同事奉的君主，君主发布政令而大臣共同执行，即是义；而夷狄和华夏者，辨义尤其严格。五帝、三王，劳其神明，竭其智勇，为天划分气，为地划分疆域，主要用来明确区别夷狄和华夏，即在人类中明确分别禽兽，万世遵守这条法则而不可更改，这个大义非常明了而从不动摇。《春秋》上，精辟的义理是人倫的最高标准，诸侯国不奉周王之命而擅自兴师就贬斥它；齐桓公次陉之师，晋文公和楚国的城濮之战，没有奉周王之命，那么记载他们的功绩而赞扬他们；至于楚子讨伐陆浑之戎，还写明爵位来肯定他；郑伯奉周惠王之命安抚陆浑，让它归服楚国，那么写上陆浑逃跑来鄙视它；不以一时的君臣，来废弃古今夷狄和华夏的通义。

桓温违抗君命而讨伐李势是讨伐贼寇。李势僭越礼制已经败坏了君臣的名分；桓温不是奉朝廷之命而讨伐李势，桓温和李势没有差别。议论的人厌恶他有不臣之心，是对的，那么天下之义伸张了。刘裕违抗朝命进攻南燕，南燕是鲜卑族建立的。慕容氏世代凶残，祸乱中华，东晋的君臣不能询问如何北征，而刘裕刚有战事，不伸，而古今之义屈矣。如裕者，以《春秋》之义予之，可也。若其后之终于篡晋，而后伸君臣之义以诛之，斯得矣。于此而遽夺焉，将听鲜卑之终污此土，而君尚得为君，臣尚得为臣乎？

15.国之将亡，惧内逼而逃之夷，自司马国璠兄弟始。楚之、休之相继以走归姚兴，刘昶、萧宝寅因以受王封于拓拔氏，日导之以南侵，于家为败类，于国为匪人，于物类为禽虫，偷视息于人间，恣其忿戾以徼幸，分豺虎之馀食，而犹自号曰忠孝，鬼神其赦之乎？

夫尊则君也，亲则祖若考也，宗祐将毁，不忍臣人而去之，义也。虽然，苟其忠孝之情发为义愤，如汉刘信、刘崇蹀血以起，捐脰领而报宗祊，斯则尚矣。若其可以待时而有为，则南阳诸刘、大则帝而小则侯，仇雠之首不难骮于渐台也。抑或势无可为而覆族之足忧乎？山之椒，海之澨，易姓名、混耕钓、以全身而延支裔，夫岂遂无道以处此哉？然则国璠之流，上非悼宗社之亡，下非仅以避死亡之祸，贪失其富贵，而倒行逆施以徼幸，乃使中夏之士相率而不以事夷为羞，罪可胜诛乎？国璠之始奔慕容氏也，以桓玄之篡，玄固可旦暮俟其亡者，而遽不能待；继奔姚氏也，刘裕之篡固尚未成，可静俟其成败者也，不能一日处于萧条岑寂之中；望犬羊而分馀食，廉耻灭而天良无遗矣。

足以和昏暗君主图谋，不足以和形同木偶的大臣商议，刘裕没有可以事奉的人了。议论的人也援引桓温责备刘裕，一时之义得以伸张，而古今之通义无法伸张了。像刘裕，按照《春秋》大义来赞扬他，完全可以。至于刘裕后来最终篡夺东晋的皇位，而后伸明君臣之义来诛灭他，这是能够做到的。于此而仓促指摘刘裕，将听任鲜卑最终污秽国土，而君主还能够做为君主，臣子还能够做为臣子吗？

国家即将灭亡，害怕朝内紧逼而逃往夷狄之地，是从司马国璠兄弟开始。司马楚之、司马休之相继逃跑归顺北方的姚兴，刘昶、萧宝寅因投奔拓跋魏而被拓拔氏封为王，每天带领魏军向南进犯，对于家族来说是败类，对于国家来说是盗匪，对于人类来说是禽兽、蛀虫，在世间仰人鼻息，苟且偷生，随意发泄私愤，侥幸成功，分得一点豺狼猛虎的残余食物，而犹自称为忠孝，鬼神能赦免他们吗？

天下至尊是君主，天下至亲是祖宗父母，社稷不保、大厦将倾之时，不忍心向他人称臣而离开，即是大义。虽然这样说，如果他满腔忠孝之心，义愤抗击，像汉朝的刘信、刘崇那样不惜流血、举兵而战，捐躯战场而报孝列祖列宗，是值得崇尚的。如果可以等待时机而有所作为，就像南阳诸位刘氏一样，大则称帝而小则封侯，仇敌的头颅不难被杀于渐台了。也有因为势力太弱不可有所作为而有灭族灭宗的担忧吗？就进入大山之中，逃入大海之内，变姓易名，或耕种田地，或悠闲垂钓，保全自身而延续后代，在这里难道是顺从无道之君吗？然而，司马国璠之流，上不是哀悼社稷的灭亡，下不是用来逃避死亡的灾祸，他们贪求失掉荣华富贵，而倒行逆施，侥幸请功，乃使中华之士相率效尤而不以事奉“夷狄”之人为羞耻，罪可胜诛吗？司马国璠起初投奔慕容氏，因为桓玄的篡逆，对于桓玄，本来可以等着他很快败亡的，而司马国璠不能等待，投奔姚氏之后，刘裕篡夺皇位固然还没有成功，可以静等其成败，而司马国璠不能一日处于沉孤丕之篡，刘氏之族全，炎之篡，曹氏之族全，山阳、陈留令终而不逢刀鸩。刘裕篡而恭帝弑，司马氏几无噍类。岂操、懿、丕、炎之凶慝浅于刘裕哉？司马氏投夷狄以亟病中夏，刘裕之穷凶以推刃也，亦有辞矣，曰：“彼将引封豕长蛇以蔑我冠裳者也”。而中夏之士，亦不为之抱愤以兴矣。纪季以酅入于齐，《春秋》无贬词焉。齐，纪仇也，宁附于齐，而不东走莱夷，南奔句吴，则犹能知其类也。

16.刘裕之篡，刘穆之导之也；其杀刘毅，胡藩激之也。不逞之士，游于帷幕，而干戈起于几席，亦可畏矣哉！诚其为奸雄矣，既能识夫成败之机，则亦知有名义也，故孙权劝曹操以僭夺，而操有踞炉著火之叹，既畏人之指摘，抑有慎动之思焉。而不逞之士，迫欲使之尝试，以幸得而己居其功；于是揣摩情形，动之以可疑，而慑之以可畏，则且谓天下之士业已许我，而事会不得不然；钱凤、郗超仅失之，而诡得者多矣，祸不可止矣。

先王收之于胶庠，而奖之以饮射，非以钳束之也，凡以养其和平之气而潜消其险诈也。王泽既斩，士非游说不显，流及战国，蔑宗周，斗群雄，诛夷亲臣，斩艾士民，皆不逞之士仇其攀附之私以爚乱天下。嗣是而后，上失其道，则游士蜂起。

独寂之中；寄希望于“夷狄”之辈而分得余食，廉耻之心灭而丧尽天良了。

曹丕篡夺汉朝皇位，刘氏宗族得以保全，司马炎篡夺曹魏皇位，曹氏宗族得以保全，让他们世居山阳、陈留，而没有兵祸之害。刘裕篡夺东晋皇位而弑杀了晋恭帝，司马氏宗族死亡殆尽。难道曹操、司马懿、曹丕、司马炎的凶狠奸邪比刘裕浅吗？司马氏投奔夷狄而向他们求救来恢复东晋王朝，刘裕穷凶极恶加刃于司马氏，也有话可说了，刘裕说：“他们将援引贪暴的夷狄来灭我华夏文明”。而中原人士，也不替他们奋起抗争而兴复东晋王朝。春秋时，纪季把酅地归入齐国，《春秋》上对这件事没有贬低之词。齐国是纪季的敌对之国，宁愿归附于中原的齐，而不东奔莱夷，南奔句吴这些外夷之地，还是能知道他的种族的。

刘裕篡夺东晋皇位是刘穆之诱导的，刘裕杀掉大将刘毅是胡藩激发的。不能达到个人目的的游士，游说于帷幕之中，交谈之间挑起战争，真可怕啊！他们确实是奸雄了，既然能够识别成败的时机，也应该知道有名有义。过去孙权曾劝曹操僭越礼制，夺取汉朝皇位，而曹操叹息这是把他放在火炉上烤，既已怕人指摘，也就深思熟虑，谨慎行动了。而没有达到个人目的的游士，迫切地想让他尝试一下，以侥幸取得成功而自己可居有拥立大功；于是他们揣摩情形，用可以疑惑来说动他，用可怕的后果来吓唬他，还说天下的大业已经交给我们，而时机成熟不得不这样；仅仅钱凤、郗超失去机会，而靠诡计取得成功的游士很多，那么灾祸不可休止了。

先王把游士们聚拢在学校之中，而用饮射之礼褒奖他们，不是用以约束他们，而是用这种办法培养他们和平之气而逐渐消弱他们的阴险狡诈。先王的恩泽已经失去，游士若不游说就无法显露，到了战国时期，他们蔑视东周，挑斗群雄纷争天下，诛灭亲信大臣，斩杀朱温之为枭獍，敬翔、李振导之也。石敬瑭之进犬羊，桑维翰导之也。乃至女直、蒙古之吞噬中华，皆衣冠无赖之士投幕求荣者窥测事机而劝成之。廉希宪、姚枢、许衡之流，又变其局而以理学为捭阖，使之自跻于尧、舜、汤、文之列，而益无忌惮。游士之祸，至于此而极矣。故娄敬、马周不遇英主，不值平世，皆足以乱天下而有馀。李沆以不用梅询、曾致尧为报国，解缙言虽可赏，必罢遣归田以老其才而戢其躁，圣主贤臣所以一风俗、正人心、息祸乱者，诚慎之也，诚畏之也。

17.开创之君，则有乡里从龙之士；播迁之主，则有旧都扈跸之人；念故旧以敦仁厚者所必不能遗也。然而以伤治理为天下害，亦在此焉。夫其捐弃坟墓、侨居客土以依我，亦足念也；而即束以法制，概以征役，则亦不忍也，而抑不能。然以此席富贵、图晏安、斥田宅、畜仆妾、人王人、土王土，而荡佚于赋役之外；河润及于姻亚，登仕版则处先，从国政则处后，不肖之子弟，倚阀阅，营私利，无有厌足；而新邑士民独受重役，而碍其进取之途。夫君若臣既托迹其地，恃其财力以相给卫，乃视为新附而屈抑之以役于豪贵。则以光武之明，而南阳不可问之语，已为天下所不平；又甚则刘焉私东州之众，以离西川之人心而速叛；岂徒国受其败，彼侨客者之荣利，又恶足以保邪？西人之子，随平王而东迁者也，谭大夫致怨于酒浆佩璲，而东诸侯皆叛。骄逸者之不可长，诚君天下者所宜斟酌而平民百姓，都是没有达到目的游士借助攀附之机，发泄私愤，祸乱天下。从此以后，上失其道，游说之士蜂拥而起。朱温的凶残，是敬翔、李振引导造成的。石敬塘向契丹族进表称臣，是桑维翰引导造成的。直至女真族、蒙古族吞噬中华，都是汉族中没有依托的游士投奔于他们的幕府之中为求得荣华，窥测事机而鼓励他们成就的。廉希宪、姚枢、许衡之流，又变改其局而用理学为依据，纵横捭阖，让他们跻身于唐尧、虞舜、商汤、周文王之列，而更加肆无忌惮。游士的灾祸，至此而达到极点了。因此，假使娄敬、马周没有遇到英明之主，没有遇到升平之世，都足以祸乱天下而有余。李沆因此不重用梅询、曾致尧报效国家，解缙的言论虽然值得欣赏，一定把他罢官回家以成就他的才智而收敛他的急躁之情，圣主贤臣所以用来统一风俗、端正人心、平息祸乱的，实在应该谨慎小心，实在应该敬畏啊。

开创基业的君主，就有乡里随从的士人；迁都他处的君主，就有旧都扈从之人；用敦厚仁爱顾念故旧的人必定不能遗忘。然而损伤治理之道成为天下大害，也正在于此。他们远离故土，侨居异乡来依附于我，足以让人顾念；而即使用法制来约束他们，一概征收赋役也不忍心，而也不能这样做。然而，因此享受富贵、贪图安逸、充斥田宅、蓄养奴仆妾妇，成为人中之王、土中之王，而不在国家赋税徭役之列；恩泽及子孙，互通婚姻，进入仕途之籍优先，治理国政则处后，不肖子弟，依仗门第功劳，营私舞弊，永不满足；而后来的土著士民单独承受繁重的徭役，阻碍他们入仕做官的途径。君主及大臣既然托身于他们的土地，依仗他们的财力来供给保卫东晋王朝，却把他们视为刚刚归附的臣民而压制他们，役使于豪富、权贵之门。那么以汉光武帝的英明，说出“南阳不可问”的话，已经为天下人所愤愤不平；更过分的是刘焉私有东州的军队，离散西川人心而召致背叛；难道仅仅国家遭受他的败坏，那么东晋侨客者的荣华私利，又怎务得其平也。

晋东渡而有侨立之州郡，选举偏而赋役减，垂及安帝之世，已屡易世，勿能革也。江东所以不为晋用，而视其君如胡越，外莫能经中原，内不能捍篡贼，诚有以离其心也。刘裕举桓温之法，省流寓郡县而申土断，然且格而不能尽行。其始无以节之，后欲更之，难矣。

18.崔浩智以亡身。其智也，适以亡其身；适以亡其身，则不智莫大焉。

君子之所贵于智者，自知也、知人也、知天也，至于知天而难矣。然而非知天则不足以知人，非知人则不足以自知。“天聪明，自我民聪明；天明威，自我民明威”；即民之聪明明威而见天之违顺，则秉天以治人，人之可从可违者审矣。故曰非知天则不足以知人。所事者君也，吾义之所不得不事也；所交者友也，吾道之不得不交也。不得不事、不得不交者，性也。事君交友，所以审用吾情以顺吾性，而身之得失系焉。故曰非知人不足以自知。繇此言之，极至于天，而岂难知哉？善，吾知其福；淫，吾知其祸；善而祸，淫而福，吾知其时；时有不齐，贞之以自求之理，吾知其复。絪缊之化无方，阴阳而已；阴阳之变化，进退消长而已。其征为象数，象数有不若，而静俟必反；其用为鬼神，鬼神不测，而诚格不违。故象数可以理贞，而鬼神可以正感。象数不可以术测也，鬼神不可以私求也。知么足以保全呢？西周末年，关中周文王的子孙，跟随周平王东迁，谭大夫作《大东》诗对酒浆佩坠表达了不满，而东方诸侯都背叛朝廷。骄逸之人不可能长久，君临天下者确实应该反复斟酌而务必求得公平啊！

晋朝东渡而有侨立州郡，选举官吏偏私而赋税徭役少，直到安帝之世，已经历了几代，不能革除了。江东之所以不为东晋所用，视其君主如蛮横的胡越一般，因为外不能经略中原，内不能抵御篡夺皇位的贼寇，确实有离心离德的趋势。刘裕采取桓温之法，裁减流寓郡县而重申土断之策，然而又受实情限制而不能完全推行。开始没有采取办法节制这种情况，其后又想更改，很难啊。

崔浩因为智慧而丧身。他的智慧正是他丧身的原因；因他的智慧导致了他丧身，那么他的不智莫大于此了。

君子有智的可贵之处是自知、知人、知天，至于知道天命是很难的。然而如果不知道天命就不足以知人，如果不知人就不足以自知。“上天的视听，依从臣民的视听；上天的责罚，依从臣民的赏罚。”从百姓的聪明明威而看到上天的违顺，就秉承天命而治理人民，人应当听从或违背就很明确了。所以说不知天命就不足以知人。所事奉的是君主，是因我们的大义不能不事奉；所结交的是朋友，是因我们的“道”不能不结交。不得不事奉、不得不结交的是人的本性；事奉君主、结交朋友，主要是要审慎使自己的感情顺从自己的本性，而自身的得失与此紧密相关。所以说不知人不足以自知。由此而言，直至于天命，难道很难知道吗？行善，是福的来源；放纵，是得祸的根本；从善良得祸，放纵德福，属于天时；天时有不合，用正身自求于理，将见大道周而复始。天地间元气变化多端，仅仅是阴和阳二气而已；阴阳的变化，仅仅是进退消长而已。它的征验是象数，象数若不是这样，而静静等待，必然复归，它的作用就是鬼神，鬼神莫此者，恒守而无渝，则象数鬼神赫赫明明昭示于心而无所惑，难矣。然而知此者之固无难也。非是者，谓之玩天而媟鬼，则但雠其术而生死于术之中，于人无择，于己不审，不亡其身何待焉？

浩之见知于拓拔嗣也，以《洪范》，以天文。其《洪范》非《洪范》也，非以相协厥居者也；其天文非天文也，非以敬授民时者也。及其后与寇谦之比，崇淫祀以徼福于妖妄而已矣。故浩之时，非开治之时也，而浩不知；吉凶者，民之聪明所察，民之明威所利用者也，而浩不知；嗣非高帝，己非子房，自以其占星媚鬼之小慧，逢迎伪主，因而予智焉，此所谓驱之阱而莫避也，不智孰甚焉？

无是非之心非人也，非人则禽也，禽非不能与于象数鬼神之灵也。鹊知戊己，而不知风撼其巢；燕知太岁，而不知火焚其室；风火之撼且焚者，天也，戊己太岁，象数之测也。蜮能射，而制于鹅；枭能咒，而食于其子；鹅以气制蜮，子以报食枭，天也，妖而射，淫而咒，鬼神之妄也。舍其是非而从其祸福，舍其祸福之理，而从其祸福之机，禽也，非人矣。浩之不别于人禽久矣，无足道者。为君子者，捐河、雒之精义，而曲测其象数；忘孝敬之合漠，而比昵于鬼神；天在人中而不能察，于知人而自知，其能贤于浩者几何也？此邵康节、刘文成之所测，用至诚来感通却从不违背。所以，象数可以用正理推究，而鬼神之术可以用正念来感通。对于象数，不可以用术数来预测，对于鬼神不可以用私念来求得。知道这些，坚守不渝，那么象数鬼神赫然明了，昭示于心而无所迷惑，难啊！然而，知道这些本来就不难了。如果不是这样，称之谓玩天而媒鬼，那么仅仅运用其术而生死在术数之中，对于他人不加选择，对于自己不予审明，不丧其身，还等什么呢？

崔浩之所以被拓拔嗣知道，是因他精研《洪范》，上知天文之学。他精研的《洪范》并不是真正的《洪范》，不是用来协助上天安定百姓生活；他所知道的天文并不是真正的天文，不是用来敬授百姓四季农作。等到后来和寇谦之攀比，崇尚淫祀以求福于虚妄之言罢了。所以，崔浩生活的时代，不是开明大治的时代，而崔浩不知道；吉凶，通过观察百姓的视听，通过利用百姓的赏罚而自然明了，但崔浩不知道；拓拔嗣不是汉高祖刘邦，自己不是谋臣张良，自然用他占星媚鬼的小聪明逢迎伪主，因而自作聪明，这就是所说的自己驱入陷井之中却不知逃避，还有比他更不智的人吗？

没有是非之心即不是人，不是人即是禽兽，禽兽不是不能知道象数、鬼神的灵验。喜鹊知道戊己，而不知道风摇动其巢穴；燕子知道太岁，而不知道火焚烧其室；风摇动，火焚烧，是天意，戊己和太岁，是象数的预测。蜮能含沙射人，而受制于鹅，枭能咒，而被其子吃掉；鹅用气制蜮，子用吃母来报答，这是天意，从妖到射，从淫到咒，这是鬼神的虚妄之处。舍弃其是非而从其祸福，舍弃其祸祸之理，而从其祸福之机，是禽兽，不是人了。崔浩和禽兽没有什么差别已很久了，不足挂齿。做为君子，放弃河图、洛书的精义，而曲解预测其象数，忘掉孝敬道义，而亲昵于鬼神；天意存在于人民之中而不能明了，知人而自知，其能够比崔浩贤能的又有几人呢？这就是邵康以可惜也。

19.慕容超求救于姚兴，姚泓求救于拓拔嗣，夫岂无唇亡齿寒之理足以动之乎？然而兴与嗣徒张虚声，按兵不动，坐视其亡。刘裕县军深入，诟姚兴击魏兵于河上，弗虑其夹攻，挑其怒而终无患。盖超与泓之愚以自亡，兴与嗣审于进退，而裕料敌之已熟也。崔浩曰："裕图秦久矣，其志必取，若遏其上流，裕心忿怒，必上岸北侵，是我代秦受敌也。"其说韪矣。空国兴师，越数千里而攻人，岂畏战者哉？窦建德轻举以救王世充，世充未破而建德先禽，其明验也。攻者志于攻也，三军之士皆见为必攻；守者志于守也，乘堙之人皆见为必守；两俱不相下，而生死县于一决，怒则果怒，惧则果惧也。若夫人不我侵，两相斗而我往参之，君与将无致死之心，士卒亦见为无故之劳，情先懈、气先不奋，取败而已矣。

呜呼！君子之所望于人者，以礼相奖、以情相好已耳，非若小人之相倚以雄也。己所怒而欲人怒之，己所忧而欲人忧之，父不能得之于子也。愚者不知，呼吁而冀人之为我怒、为我忧也，弗获已而应之，安足恃乎？若其不揣而为人忧怒以轻犯人者，则必妄人也。妄人先以自毙，而奚以拯人之危？齐桓次于聂北，能迁邢以存之，而不能为邢与狄战；吴为蔡请全力以攻楚，而夫概先乱吴国，蔡亦终灭于楚；恃人而忘己，为节、刘文成之所以让人感到可惜的原因。

慕容超向姚兴求救，姚泓向拓跋嗣求救，难道没有“唇亡齿寒”的道理足以使他们动心而发兵救援吗？然而，姚兴和拓跋嗣仅仅虚张声势，却按兵不动，坐视慕容超和姚泓灭亡。刘裕率兵孤军深入，大骂姚兴，攻击魏兵于河上，不再考虑他们形成夹功之势，挑动他们恼怒而终无后顾之忧。慕容超和姚泓因为愚蠢而自取灭亡。姚兴和拓跋嗣审时度势，谨慎进退，而刘裕对敌人的预料已经相当精细了。崔浩曾说：“刘裕图谋后秦已很久了，他志在必取，如果我们占据上流遏制刘裕，刘裕必然恼怒，必定上岸向北侵入，是我们代秦受敌。”他说的很对。刘裕倾尽全国之军，兴师进军，越数千里而进攻他人，难道害怕打仗吗？隋朝末年，河北的窦建德轻举率军援救王世充，世充没有被敌方攻破而窦建德首先被擒，这即是明显的验证。进攻者志在必攻，三军将士都认识到必攻；守卫者志在必守，防守之人都认识到必守；双方都相持不下，而是生是死，系于一次的决胜，恼怒就果真恼怒，恐惧就果真恐惧。如果人不侵犯我，双方相互战斗而我方军队前去参加战争，君主和大将没有拼死作战之心，士卒也认识到这是无故之劳，人情先松懈、士气先不振，只有取败罢了。

唉！君子对人所期望的，以礼相互奖励、以情相互结好罢了，不像小人那样相互倚仗而称雄。自己所恼怒的而欲他人也恼怒，自己所忧虑的而欲他人也忧虑，这样父亲也不能得到儿子的支持和拥护，愚蠢的人不知道这些，呼喊而希望他人为我恼怒、为我忧虑，得不到他人的响应，依仗什么呢？如果他不加思索而替人忧虑恼怒而轻易进犯他人，那么必是妄自尊大之人。妄自尊大之人首先自毙，而依靠什么来拯救他人之危呢？齐桓公把军队驻扎在聂北，能够迁移邢北之人让他们生存下来，而不能替邢北之人和狄人打仗；吴国被人恃而捐己，皆愚也。君子不入井以望人之从，则不从井以救人，各求诸己而已矣。嵇叔夜不能取必于子，文信国不能喻志于弟，忠孝且然矣。颜渊曰："夫子步亦步，趋亦趋，已瞠乎其后矣。"子曰："当仁不让于师。"学问且然矣。况一己之成败利钝而恃人之我援哉？明者审此，自强之计决，而不怨他人之不我恤，而后足以自立。"谓他人父，亦莫我顾，谓他人昆，亦莫我闻。"情也，势也，即理也。不得而怨，何其晚也！

20.刘裕初自广固归，卢循直逼建康，势甚危，而裕方要太尉黄钺之命；朱龄石方伐蜀，破贼与否未可知也，而裕方要太傅扬州牧之命；督诸军始发建康以伐秦，灭秦与否未可知也，而裕方要相国宋公九锡之命；则胡不待卢循已诛、谯纵已斩、姚泓已俘之日，始挟大功以逼主而服人乎？此裕之狡于持天下之权而用人之死力也。

夫能用人者，太上以德，其次以信，又其次则惟其权耳。人好逸而不惮劳，人好生而不畏死，自非有道之世，民视其君如父母，则权之所归，冀依附之以取利名而已。裕若揭其怀来以告众曰：吾且为天子矣，可以荣人富人，而操其生死者也。于是北归之疲卒、西征之孤军，皆倚之以效尺寸，而分利禄。如其不然，则劳为谁劳，死为谁死，则严刑以驱之而不奋。裕蔡国请求全力进攻楚国，而夫概先祸乱吴国，蔡国也最终被楚国灭掉；依仗他人而忘掉自己，为他人仗势而捐弃自己，都是愚蠢的。君子不自己进入井中也希望他人跟从，那么也不跳入井中搭救他人，各自求助于自己罢了。嵇叔夜不能要求儿子与自己取向一致，文信国不能要求弟弟跟自己做出同样的抉择，忠孝之人尚且这样。孔子的弟子颜渊曾说："老师走一步，我也走一步；老师快走，我也快走，直视着老师的方向。"孔子说："当仁不让于师。"学问尚且这样。何况自己一人的成败利钝怎能依仗他人援救我呢？明白的人非常清楚这些，那么自强的计划就会很快地制定出来，而不瞒怨他人不顾惜我，而后足以自立。"叫人父亲，他不肯赏光；叫人哥哥，他不肯答应。"情、势，就是理。得不到的就怨恨，多么晚啊！

刘裕刚从广固率军回朝，卢循直逼都城建康（今南京），形势十分危急，而刘裕此时要皇帝下达太尉黄钺的任命；朱龄石正在讨伐蜀地，能否战胜贼寇还不可知，而刘裕此时要皇帝下达太傅扬州牧的任命；刘裕从建康出发总督各路大军远征讨伐后秦，能否灭掉秦国还不可知，而刘裕此时要皇帝下达相国宋公九锡的任命；那么为什么不等到诛杀了卢循、斩掉了谯纵、俘虏了姚泓之时，才以大功相要挟逼迫皇帝而使人诚服呢？刘裕的狡诈之处在于紧握天下的大权而用人拼死而战。

能够用人的人，最好以仁德用人，其次以信义用人，又其次只有以权力用人罢了。人们好逸而不害怕辛劳，人们好生而不畏惧死亡，自然不是有道之世，百姓把君主看成亲生父母，那么权力归向的地方，人们都希望依附它来取得名和利罢了。刘裕如果坦开胸怀告诉众人说：我将做天子了，可以使人荣耀，可以使人富贵，而手握生杀予夺的大权。正因这样，从北方回来的疲弱士兵、西征的孤军，都依仗他而尽力战斗，从而分得利禄。如果不是这样，那么劳为谁劳，死有以揣人心而固持之，刘穆之虽狡，且不测其机，而欲待之凯还之日，其愧惧而死者，智不逮也。

因是而知晋之必亡也久矣。谢太傅薨，司马道子父子昏愚以播恶，而继以饥饱不知之安帝，虽积功累仁之天下，人且去之，况晋以不道而得之，延及百年而亡已晚乎！晋亡决于孝武之末年，人方周爰四顾而思爰止之屋，裕乘其间以收人望，人胥冀其为天子而为之效死，其篡也，时且利其篡焉。所恶于裕者，弑也，篡犹非其大恶也。

21.刘裕灭姚秦，欲留长安经略西北，不果而归，而中原遂终于沦没。史称将佐思归，裕之饰说也。王、沈、毛、傅之独留，岂繄不有思归之念乎？西征之士，一岁而已，非久役也。新破人国，子女玉帛足系其心，枭雄者岂必故土之安乎？固知欲留经略者，裕之初志，而造次东归者，裕之转念也。夫裕欲归而急于篡，固其情已。然使裕据关中，抚雒阳，捍拓拔嗣而营河北，拒屈丐而固秦雍，平沮渠蒙逊而收陇右，勋愈大，威愈张，晋之天下其将安往？曹丕在邺，而汉献遥奉以玺绶，奚必反建康以面受之于晋廷乎？盖裕之北伐，非徒示威以逼主攘夺，而无志于中原者，青泥既败，长安失守，登高北望，慨然流涕，志欲再举，止之者谢晦、郑鲜之也。盖当日之贪佐命以弋利禄者，既无远志，抑无定情，裕欲孤行其志而不得，则急遽以行篡弑，裕之初心亦绌矣。

为谁死，那么即使用严刑峻法驱使他们而不会奋勇战斗。刘裕因为揣猜人心而坚定地紧握大权，刘穆之虽然狡诈，也不能猜度其中的玄机，而打算等到刘裕凯旋班师之时，他惭愧恐惶而死的原因，是智慧不及刘裕啊！

因此而知东晋必然灭亡也是很久以来人们公认的事实，谢太傅死，司马道子父子因为昏庸愚蠢种下了恶果，而再加上不知饥饱的晋安帝，即使积功累仁的也会人心离散了，何况晋以不正当的方式得到的天下，延续百年而亡已经很晚了！晋朝的灭亡决定于孝武末年，人们都惊慌失措、仓惶四顾而想有所依止，刘裕乘机收拢人心，人们都希望他做天子而替他效命，他篡夺了东晋的帝位，天时也有利于他的篡位。人们讨厌刘裕的是弑君，篡夺帝位还不是他的大恶。

东晋刘裕灭掉姚氏建立的后秦，打算留在长安，经营西北，没有结果而回师东归，从而中原大地遂陷于沦没，被夷狄之人占领。史书上称大将僚佐思念东归，这是刘裕的粉饰之词。王、沈、毛、傅四位大将独自留在西北，难道仅仅他们没有思念东归之心吗？西征的士卒，一年轮番一次罢了，不是长久服役。刚刚打败他人国家，子女玉帛足以拴住他们的心，枭雄者难道必须回归故土才安心吗？由此而知打算留在长安，经略西北，乃是刘裕起初的志向，而匆忙东归，是刘裕改变了初衷。刘裕打算东归而急于篡夺东晋皇位，本来就是他的本性罢了。然而，假使刘裕占据关中地区，安抚洛阳，抵御拓跋嗣而经营河北一带，占据屈丐之地而牢固秦雍地区，扫平沮渠蒙逊而收复陇右，功勋越大，威望越大，东晋的天下又将归于谁呢？东汉末年，曹丕在邺城，而汉献帝只好在遥远的许昌奉献国玺印绶，刘裕为什么必须返回建康而当面接受国玺印绶呢？刘裕的北伐不仅仅是向人们展示威力逼迫君主，攘夺皇位，而无志于收复中原，刘裕的军队在青泥打败，长安失守，刘裕登高北望，感慨万端，伤心流涕，想再次率兵裕之为功于天下，烈于曹操，而其植人才以赞成其大计，不如操远矣。操方举事据兖州，他务未遑，而亟于用人；逮其后而丕与睿犹多得刚直明敏之才，以匡其阙失。裕起自寒微，以敢战立功名，而雄侠自喜，与士大夫之臭味不亲，故胡藩言：一谈一咏，搢绅之士辐凑归之、不如刘毅。当时在廷之士，无有为裕心腹者，孤恃一机巧汰纵之刘穆之，而又死矣；傅亮、徐羡之、谢晦，皆轻躁而无定情者也。孤危远处于外，求以制朝廷而遥授以天下也，既不可得，且有反面相距之忧，此裕所以汔济濡尾而仅以偏安草窃终也。当代无才，而裕又无驭才之道也。身殂而弑夺兴，况望其能相佐以成底定之功哉？曹操之所以得志于天下，而待其子始篡者，得人故也。岂徒奸雄为然乎？圣人以仁义取天下，亦视其人而已矣。

恭帝

1.赫连勃勃征隐士韦祖思而杀之，暴人之恒也。祖思不免于死。凡尸隐士之名以处乱世而无其实者，幸而不死，殆行险以徼幸之徒与！祖思之杀，以恭惧过甚，而逢勃勃之怒。恭惧非死道也。故庄周《人间世》有养虎之说，动色相戒，譬诸游羿之彀中，诚哉其言乎！而非也。若周之说，亦惧已甚而与死为徒者也。孔子之于阳货，义不屈而身不危，虽圣人哉，而被谢诲、郑鲜劝阻了。当时贪求高位以获取利禄的人，既没有远大的志向，也没有恒常的用心，刘裕想一意孤行也做不到了，急切篡夺东晋皇位，和刘裕的初心也消退了。

刘裕对天下所建立的功业，比曹操要盛大，但是他在培植人才来辅助他成就大业方面，却和曹操相差甚远了。曹操刚刚占据兖州图举大事之时，未暇顾及其他事务，而急于渴求人才；等到他死后而曹丕和曹睿还多得刚直、明敏之才，来匡正补救朝廷的过失。刘裕起身寒微，以勇敢作战建立功名，而雄心侠气，沾沾自喜，和士大夫们气息不投，所以胡藩说：一谈一咏，缙绅之士从四面八方归附，刘裕不如刘毅。当时在朝廷的人士，没有刘裕的心腹，仅仅依仗一个靠机巧纵横行事的刘穆之也死了；其余傅亮、徐羡之、谢晦，都是轻躁急进而心性不定的人。孤军深入，远离朝廷，处在异常危险的地方，想求得控制朝廷并在遥远的地方接受朝廷授予的天下，既不可得，还将有对抗相拒的担忧，这即是快要渡过河岸沾湿了尾巴，刘裕最终偏安一方草率地窃取皇位的原因。当时没有治国之才，而刘裕又没有统驭人才的方法。刘裕死后而篡夺皇位的人纷纷兴起，能指望他们相辅佐建立平定天下的功业吗？曹操之所以得志于天下，而等到他的儿子才篡夺皇位，是因为得到了人才辅助的缘故。难道仅仅乱世奸雄是这样吗？圣的君主凭借仁义取得天下，也要看有没有辅佐人才啊！

赫连勃勃征辟隐士韦祖思做官，反而又杀了韦祖思，残暴之人一贯如此。那么，韦祖思也就不能免于被杀。凡是徒具隐士的虚名而身处乱世无其实的人，幸而不死，也是铤而走险求得侥幸成功之人。韦祖思的被杀，因为他对赫连勃勃恭维恐惧太过了，而恰逢赫连勃勃恼怒之时。恭维恐惧不是导致死亡的原因。所以，庄子所写的《人间世》中有“养虎”之说，变动脸色而戒备，就好像跑进了羿的弓弩的射击范固无神变不测之用，求诸己而已。君子之于人也，无所傲，无所徇，风雷之变起于前，而自敦其敬信。敬者自敬也，信者自信也，勿论其人之暴与否也。贞敬信者，行乎生死之涂而自若，恂栗以居心，而外自和，初无与间也。其于暴人也，远之已夙矣。不可远而居正以自持，姚兴之与勃勃又奚择焉？

呜呼！即不幸而终不免于死矣，以正死，以谄死，（而死均）［均死，而］以正处死者，不犹愈乎？以正为道，其与死违者，常也；不免者，变也。以惧而谄，谄而死，蹈乎死之道也；即不死而生理不足以存，幸而免也。刚柔之外有自立之本，而后行乎进退而不迷。庄周之说，亦舍其自立者以忧天下而徼幸乎免者尔。又恶知祖思之恭惧，非闻庄周之说，以戒心于羿彀，而增其葸怯哉？

乃若祖思之窃隐士之名而亡实，则于其行见之矣。处夷狄争乱之世，一征于姚兴，再征于勃勃，随声而至，既至而不受禄，以隐为显名厚实之囮，蹠之徒也。中夏无主，索虏、羌胡迭为雄长，而桓温、刘裕两入关中，独不可乘其时以南归邪？如曰温与裕不可托也，则管宁归汉，亦何尝受羁络于曹操乎？如其不能，身绝天下之交，口绝天下之言，莫为之先容者，兴与勃勃抑岂能有独知之契以相求于梦遇哉？

围，这句话说得果真是这样吗？实际上并非如此。若像庄子所说的，也恐惧过度和死亡为伴了。春秋时，孔子对于鲁人阳货，坚守正义不屈服而自身并未受损，虽然是圣明之人，本来没有变化莫测的手段，只有求助于自心罢了。君子对于他人，无所傲慢，无所因徇，眼前即使发生雷霆万钧、狂风大作的变化，只加厚自己的敬信。敬即是自敬，信即是自信，不论他人残暴与否。坚定敬信的人，身处生死之中而坦然自若，内心戒慎恐惧，而外表自然平和，起初没有什么前后不同之处。对于残暴之人，已经一向远离他。不能远离残暴之人居正自守，对于后秦的姚兴和夏的赫连勃勃又有什么拣择的呢？

唉！即使不幸而终究不免于死，以身正而死，以谄媚而死，都是死，而以身正而死的，不也更好吗？以正为道，其和死亡相远离，是正常的；不免于死亡的，是特殊情况。因为恐惧而谄媚，因为谄媚而死亡，这是走向死亡的规律；即使不死而没有不死的道理，侥幸苟免罢了。刚柔之外有自立的根本，而后进退就不会迷惑。庄周的养虎之说，也是舍弃了其自立的根本忧虑天下而侥幸免于死亡罢了。又怎么知道韦祖思的恭维恐惧，不是听了庄周的养虎之说，而对羿的箭存有戒备之心，而增加他的害怕和胆怯呢？

到于像韦祖思窃取隐士的名声而徒具虚名，则从他的行为可以看到这一点。身处夷狄争乱之世，第一次被姚兴征辟做官，再次被赫连勃勃征辟做官，随着他人的呼唤而至，到了这二人身边而不接受厚禄，这是把隐居做为显名、求丰厚回报的手段，也是盗跖一类的人。中原没有君主，索虏、羌胡依次称雄称霸，而东晋桓温、刘裕两次率军进入关中，难道他不可以乘着他二人进入关中之时南归吗？如果说桓温和刘裕不能寄托，那么管宁归附汉朝，也何曾受曹操的束缚笼络呢？如果他不能这样，断绝和天下人的交往，闭口不谈天下事，没有人会首先求得接纳他，难道姚兴和赫连勃勃能有独知之机而梦寐以求他吗？

2.人之不肖，有贤者以相形，见贤而反求之己，改而从之，上也；虽弗能改，犹知愧焉而匿其不善，次也；以其相形，忮忌而思害之，小人之恶甚矣。然其忮忌之者，犹知彼之为贤，而惭己之不肖，则抑其羞恶之心销沈未尽，横发而狂者也。若夫与贤者伍，己之不肖无所逃责，而坦然忘愧，视贤者之痛哭流涕以哀世者，若弗见焉，若弗见焉，进不知改，退不知忌，而后羞恶之心荡然无馀，果禽兽矣，非但违之不远矣。

刘裕篡晋，而徐广流涕，此涕也，岂徐氏之私怨而肃然伤心者乎？通国之变，盈廷之耻，苟有人之心者，宜于此焉变矣。谢晦者，晋之世臣也，从容谓广曰："徐公，得无小过。"广曰："君为宋佐命，身是晋遗臣，悲欢固不可同。"则已置晦于人伦之外而绝之矣。晦亦若置广于物理之外而任之，无愧也，无忌也。人自行，禽自飞，兰自芳，莸自臭，同域而不惊，同时而不掩。呜呼！天下若此，而君子所以救世陷溺之道穷矣。微独晦也，宋君臣皆夷然听广之异己而无忌之者。嗣是而刘彧、萧道成、萧鸾、萧衍，相袭以怙为故常。君臣义绝，廉耻道丧，置忠孝于不论不议之科，为其所为，而是非相忘于无迹。不知者以为其宽厚，而孰知其天良灭绝之已极哉！曹操之杀孔北海，司马昭之杀嵇中散，耻心存焉。至于晋、宋之际，而荡尽已无馀，"八表同昏，平路伊阻，"陶元亮之悲，岂徒为晋室之存亡哉？

人若不肖，有贤者来相互比较，看到他人贤能而反过来要求自己，改正自己的过错而向贤者学习，是最好的；即使不能改正自己的过错，也知道和贤者相比而惭愧，进而隐藏不善的东西，稍次一点；因为和贤者相比，自己嫉妒忌恨而思想陷害贤臣，即是小人之大恶了。然而那些嫉贤妒能的人还知道他人贤能，而惭愧自己的不肖，那么或许他的羞恶之心尚未销沉殆尽，骄横迸发而狂傲罢了。如果和贤者为伍，自己的不肖无法逃避贤者的责备，反而坦坦然然，不知羞愧，视贤者因为哀伤世道日衰而痛哭流涕，好像没有听到，好像没有看到，进时不知改正，退时不知忌恨，而后羞恶之心荡然无存，真是禽兽了，这不仅仅是违背了做人的道理，而是偏离得太远了。

刘裕篡夺东晋皇位，而徐广痛哭流涕，这样痛哭流涕难道是徐广因为私人的怨恨而尽情伤心吗？举国的变化，满朝的耻辱，如果是稍有人心者，应该在此时而有所变化了。谢晦是东晋的世代大臣，轻松地对徐广说："徐公，得无小过。"徐广回答说："您做为宋的佐命大臣，自身也是东晋王朝的遗臣，悲欢之情固然不同。"那么已置谢晦于人伦之外而谢绝了和谢晦的交往。谢晦也好像置徐广于事理之外而任命他做官，既不羞愧，也不忌恨。人自行走，禽鸟自飞，兰草自芳，莸草自臭，同处一地而不惊，同时并存而不掩。唉！天下如果这样，君子用来挽救陷溺世道的方法穷尽了。不仅仅只有谢晦，宋的君臣都安然听任徐广之异己而没有忌恨徐广的。此后而刘彧、萧道成、萧鸾、萧衍，相互沿袭，都习以为常。君臣的礼义灭绝。廉耻之心丧失，对于忠孝不论不议，为所欲为，是非相忘，杳无形迹。不知道的人认为他们宽仁优厚，而谁知道他们天良灭绝已经达到了极点！东汉末年曹操杀死名士孔融，西晋司马昭杀死名士嵇康，廉耻之心尚存。至于晋、宋之际，而荡然无存，"四面八方一片昏暗，原来平坦的道路变得阻碍难行。"陶渊明的悲叹，难道仅仅为晋室的存亡吗？

卷十五

宋武帝

1.宋得天下与晋奚若？曰：视晋为愈矣，未见其劣也。魏、晋皆不义而得者也，不义而得之，不义者又起而夺之，情相若、理相报也。虽然，曹氏有国，虽非一统天下，而亦汔可小康矣。芳与髦，中主也，皆可席业以安。而司马氏生其攘心以迫夺之，视晋之桓玄内篡、卢循中起、鲜卑羌虏攘臂相加，而安帝以行尸视肉离天下之心，则固不侔矣。宋乃以功力服人而移其宗社，非司马氏之徒幸人弱而掇拾之也。论者升晋于正统，黜宋于分争，将无崇势而抑道乎？

固将曰："晋平吴、蜀，一天下矣，而宋不能。"魏、吴皆僭也，而魏篡，则平吴不可以为晋功；若蜀汉之灭，固殄绝刘氏二十馀世之庙食，古今所肃然而伤心者。混一不再传，而已裂土宇之广，又奚足以雄哉？中原之失，晋失之，非宋失之也。宋武兴，东灭慕容超，西灭姚泓，拓拔嗣、赫连勃勃敛迹而穴处。自刘渊称乱以来，祖逖、庾翼、桓温、谢安经营百年而无能及此。后乎此者，二萧、陈氏无尺土之展，而浸以削亡。然则永嘉以降，仅延中国生人之气者，唯刘氏耳。举晋人坐失之中原，责宋以不荡平，没其挞伐之功而黜之，亦大不平矣。

刘宋占有天下的方式与司马晋占有天下的方式，二者比起来怎么样呢？可以说宋比晋还好一些，看不到刘宋不好的地方。魏、晋两朝都是通过不仁义的形式占有了天下，不仁义而得到，然后不仁义者又起来夺取了他们的天下，这从情理上讲都是相应的。尽管如此，曹氏建立魏国，即使没有达到天下的大统一，却也差不多达到了小康水平。曹芳、曹髦是处于中期执政的皇帝，都可以凭着世业安稳统治。司马氏生起窃取之心，胁迫夺取了曹氏的权位，而这与晋朝桓玄内篡、卢循乘机起兵、鲜卑羌虏部族纷纷插手南进的情况，以及作为行尸走肉的晋安帝的坐视天下乱离之心，是根本不能相提并论的。刘宋则凭自己的功力变换了前朝的宗社国家，这不像司马氏乘人虚弱之机而篡夺了人家的国家。议论的人把晋升为正统的地位，而把刘宋黜为分争割据之列，这难道不是崇尚势力而压抑道统吗？

固然可以说："司马晋平定吴、蜀地区，能够统一天下，但刘宋却不能。"曹魏、孙吴都是僭伪之国，司马晋是篡夺了魏的政权，那么平定吴国，也不可以说都是晋的功劳。至于蜀汉的灭亡，则是灭绝了刘氏流传下来的二十余世的宗庙祭享，这是古今人们所为之伤心的事。社会的统一不能继续下去，导致了分裂，天下这么大地方，还有哪里可足以称雄呢？中原地区的丧失，是晋的责任，而不是宋的责任。宋武帝的力量兴起以后，东边灭掉了慕容超，西边灭了姚泓，北方的拓拔嗣、赫连勃勃也不敢再出战而回归老巢。自从前赵刘渊为乱以来，先后有祖逖、庾翼、桓温、谢安经历了百年的奋战，也没能取得如此大的胜利。在此之后，齐、梁、陈三朝，没有扩展尺寸土地，却又日渐丧失土地。因而，从晋永嘉以后，大长中原王朝人志气的，只有君天下者，道也，非势也。如以势而已矣，则东周之季，荆、吴、徐、越割土称王，遂将黜周以与之等；而嬴政统一六寓，贤于五帝、三王也远矣。拓拔氏安得抗宋而与并肩哉？唐臣隋矣，宋臣周矣，其乐推以为正者，一天下尔。以义则假禅之名，以篡而与刘宋奚择焉？中原丧于司马氏之手，且爱其如线之绪以存之；徒不念中华冠带之区，而忍割南北为华、夷之界乎？半以委匪类而使为君，顾抑挞伐有功之主以不与唐、宋等伦哉？汉之后，唐之前，唯宋氏犹可以为中国主也。

2.宋可以有天下者也，而其为神人之所愤怒者，恶莫烈于弑君。篡之相仍，自曹氏而已然，宋因之耳。弑则自宋倡之。其后相习，而受夺之主必死于兵与酖。夫安帝之无能为也，恭帝则欣欣然授之宋而无异心，宋抑可以安之矣；而决于弑焉，何其忍也！宋之邪心，固有自以萌而不可戢矣。宋武之篡也，年已耄，不三载而殂，自顾其子皆庸劣之才，谢晦、傅亮之流，抑诡险而无定情，司马楚之兄弟方挟拓拔氏以临淮甸，前此者桓玄不忍于安帝，而二刘、何、孟挟之以兴，故欲为子孙计巩固而弭天下之谋以决出于此。呜呼！躬行弑而欲子孙之得宋刘氏而已。每谈到晋人坐失中原领地的事，就责备刘宋未能收复回来，淹没了刘宋的奋力征战之功。贬低刘宋的地位，这也是很公平等的。

君主在天下的统治，是靠治道而不是靠势力的。如果按势力大小定高低，那么东周末期，荆、吴、徐、越各地区割土称王，就要把东周贬到与他们同等的地位。秦始皇统一天下广大地区，就可以说他的贤能远远超过三王、五帝。拓拔氏怎么能够同刘宋抗争而与之并驾齐驱呢？唐承隋统，宋承后周统，人们之所以愿意把这些王朝推为正统，是因为他们统一了天下。如若用义的形式则借假禅让之名，如若用篡的形式，则刘宋的选择之外还有别的吗？中原之地丢失于司马氏之手，爱惜它是因为它为华夏文明保存了一线生机，不考虑它作为中原民族冠带之区的地位，难道忍心割裂南北作为华、夷的界限吗？难道不去谴责把天下一半让给北虏民族统治的行为，反而却去贬抑有奋战之功的君主而使他不能得到与唐、宋王朝君主同等的地位吗？汉代以后，唐代之前，只有刘宋还可以称得上是中原的正统王朝。

刘宋占有天下，令神灵、人类所愤怒的丑恶事件，没有比杀君更厉害的了。篡夺君权的事接连不断，自从魏国曹氏的时候已是如此，刘只不过是沿用过去的做法而已。那么杀君的事则是从刘宋开始的。自此之后，相沿成例，被剥夺权位的君主必然被刀杀或者毒死。东晋安帝为政无能，恭帝则高兴地把权利让给了刘宋而没有怀疑之心，那么刘宋的统治也该是平安无事的了。后来又突然杀掉君主，这是何等的残忍！刘宋起生杀君的邪心，必然有其产生而不能改变的原因。宋武帝篡权时，年岁已老，以后不到三年就死了。他看自己的儿子都是庸劣无能之辈，谢晦、傅亮之流又阴险而心怀叵测，司马楚之兄弟想借用拓拔氏的力量进攻两淮。在此之前者，有桓玄起兵反对安免于弑，躬行弑而欲其臣之弗弑，其可得乎？徐羡之、傅亮、谢晦之刃，已拟其子之脰而俟时以逞耳。萧道成继起而殄刘氏之血胤，又何怪乎？

夫人孰有不欲其子孙之安存者也？试之危，乃以安之；忘其亡，乃以存之；日暮智衰，旁徨顾虑，而生其惨毒，皆柔苒不自振之情为之也，而身已陷乎大恶以弗赦。“日昃之离，不鼓缶而歌，则大耋之嗟，凶。”嗟叹兴而妄虑起，妄虑无聊而残害生，恶不戢矣。君子之老也，戒之在得；得之勿戒，躬亲大恶，不容于天地鬼神，可弗畏哉？

3.举宗社子孙之大计而与人谋之，必其人之可托，而后可征之色而见之辞，不然，则祸自此而生。汉高帝疑于所立，乃进而谋者，张良、叔孙通耳。良虽多智，而心固无私；通虽诡合，而缘饰儒术；且皆从容讽议之臣，未尝握兵而持国柄者也。外此则萧、曹不得与焉，陈平、周勃但委任于既定之后，先固未尝参议论焉。晋武所谋者卫瓘也，是可与谋者，而不听，是以失也。隋高祖之谋于杨素，唐太宗之托于李勣，皆鸷贼性成，而适足以贼其后裔；然二主之失，未能深知素、勣之奸耳。若宋武之于谢晦，知其机变而有同异矣；太子不足为君，乃密与晦谋，而使觇庐陵之能否，是以营阳、庐陵之腰领帝，二刘、何氏、孟氏又挟制安帝壮大自己的势力。有鉴于此，宋武帝要为他的后代考虑，巩固世业，消除有可能导致天下祸患的因素，所以就作出了杀君的决定。唉！自己干杀君的事而想让他的子孙以后能免于被杀，自己干杀君的事而想让他的大臣以后不干杀君的事，这能实现吗？当时徐羡之、傅亮、谢晦的刀子，已放在了他儿子的脖子上，专等待时机杀掉他。萧道成势力继起之后，又绝灭了刘氏的后代，这有什么奇怪吗？

人们有谁不想让他的子孙安全地活下来呢？让子孙们对危险提高警惕，则可以保证安全。消除死亡的威胁，则可以活下来。像宋武帝在年老体衰时徬徨顾虑，起生杀君的毒心，这都是软弱而自己不能振作自己所导致的结果，那么他自己也犯下了大恶不赦之罪。所谓“太阳西斜，不乐天知命，击缶而歌，叹息重老，就会有凶险。”嗟叹而后起邪念，邪念起则歹计生，作恶就不能制止。君子之人年岁高了以后，要戒自己的贪心。不戒贪得，去干那些丑恶的事，将会为天地鬼神所不容，难道这不可怕吗？

要与人商讨决定宗社子孙的大事情，那么这类人必须可以信托，然后再观察他的神色和言辞。不然的话，则祸患会由此产生。汉高帝在立后问题上犹豫不决时，选择商量的人是张良、叔孙通二人。张良虽足智多谋，但心底无私。叔孙通虽诡谲，但外示以儒术。他们二人也都是从容讽谏的大臣，而未尝掌握兵权把持国政。除此之外，其他人如萧何、曹参不得参与此事。陈平、周勃二人也只是委任在既定之后的事，在事情未定之前，就根本没有参加讨论。晋武帝所找的商事之人是卫瓘，这是可与谋事的人，但由于晋武帝不听从而造成了过失。隋高祖所找的人是杨素，唐太宗所托付的人是李勣。这两位都是狡黠成性而实足于把他们后代残害的人。这两位君主的失误，就在于未能深入了解杨素、李勣二人的奸猾之处。像宋授之于晦，而唯其生死之，不亦惑乎？

故有天下者，崇儒者以任师保，若无当于缓急，而保宗祊、燕子孙、杜祸乱者，必资于此。诗书以调其刚戾之气，名义以防其邪僻之欲，虽有私焉，犹不忍视君父之血胤如鸡鹜，而唯其骊磔。若夫身为人国之世臣，无难取其社稷唯所推奉而授之。若谢晦者，又居高位、拥兵柄，足以恣其所为；吾即可否不见于辞，喜怒不形于色，尚恐其窥测浅深而乘隙以逞，况以苞桑之至计进与密谋乎？至慎者几也，至密者节也；衡鉴定于一心，折衷待之君子。唐德宗谋于李泌，宋英宗决于韩琦，而祸乱允戢，其明效也。拓拔嗣询崔浩而国本定，亦庶几焉。知谢晦之险而信之，国不亡，幸也。

营阳王

1.乱臣贼子敢推刃于君父，有欲篡而弑者，有欲有所援立而弑者，有祸将及身迫而弑者；又其下则女子小人狎侮而激其忿戾，愍不畏死，遂成乎弑者。若夫身为顾命之大臣，以谋国自任，既无篡夺之势，抑无攀立之主，身极尊荣，君无猜忌，而背憎翕訿，晨揣夕谋，相与协比而行弥天之巨恶，此则不可以意测，不可以情求者矣。而徐羡之、傅亮、谢晦以之。

武帝信任谢晦，明明知道他变化多端，与自己的想法有很多不同的地方。太子不能够当君主，他却秘密地去同谢晦商量。还让谢晦去侧面观察庐陵王的能力如何，这样庐陵王以及营阳王都以为是得到了谢晦的恩待，把自己的生死都交给了谢晦一人。这不是太糊涂了吗？

所以说已建立天下的君主，要把崇尚儒学的人任命为太师、太保之类的官，他们即使在危急情况下不能当用，但要保持宗庙香火、繁衍子孙后代、避免祸患发生，非靠他们不可。他们通过读诗书而逐渐改变刚暴之气，重名义而逐渐改变邪僻之欲，即使有私恶之心，也不至于忍心把君父辈后代作鸡、鸭一样看待，而任人残害。作为国家的宿旧大臣，也不会乘国家危难之机颠覆它，而只去听从新立君王的指令。像谢晦其人，位居高职，握有兵权，足有条件去干他想干的丑恶之事。作为君主，即使意见可否不说出来，喜怒哀乐不表现出来，还唯恐他窥测深浅虚实，而阴谋乘机得逞，更何况把国家大计去同他进行秘密商量呢？至慎至密的事不要轻易说出去，要存放在自己一个人心中，耐心等待着可与商量的君子之人的到来。唐德宗与李泌商定策略，宋英宗与韩琦商定策略，均使祸乱得到了制止，这就是明显的例子。北方的拓拔嗣与崔浩商定了国家的根本大策，也取得了好的结果。晋武帝知道谢晦的险恶却又信用了他，国家没有因此而灭亡，也是万幸了。

乱臣贼子们之所以敢于刺杀他们的君父，有各种原因。有的是为了篡夺权位而杀，有的是为了拥立别的君主而杀，有的是祸患临头而被迫去杀。还有由于君主下边女子小人胡作非为而激起愤怒，就不顾死活，生起杀君之心。那些身为国家重臣要职的人，既没有篡夺权位的势力，也没有再立新君主的意愿，自身十分尊贵荣耀，君主也没有猜忌他的地方。但若这类人背地里憎恨诋毁君王，突然起不测之心，效法别人去干那些弥天大罪的丑恶之事，这也不是人所一定营阳王狎群小而耽嬉游，诚不可以君天下，然其立逾年耳，淫昵之党未固，狂荡之恶未宣，武帝托大臣以辅弼之任，夫岂不望其捡柙而规正之？乃范泰谏而羡之、亮、晦寂无一言。王诚终不可诲矣，顾命大臣苟尽忠夹辅以不底于大恶，亦未遽有必亡之势也。恶有甫受遗诏以辅之，旋相与密谋而遽欲弑之，抑取无过之庐陵而先凌蔑之？至于弑逆已成，乃左顾右眄，迎立宜都。处心如此，诚不可以人理测者。视枭獍之行如儿戏，视先君之子如孤豚，呜呼！至此极矣。是举也，羡之以位而为之首，而谋之夙、行之坚、挟险恶以干大恶者，实谢晦也。人至于机变以为心术而不可测矣，俛而彼焉，俛而此焉，目数动，心数移，殚其聪明才力以驰骋于事物之间隙，蹈险以为乐，而游刃于其肯綮；则天理不足顾，人情不足恤，祸福不足虑，而唯得逞其密谋隐毒之为愉；国有斯人，祸不中于宗社者鲜矣。

晦之初起，刘穆之之所荐也；其从军征伐，宋武之所与谋也。穆之者，固机变之魁；而宋武之诛桓玄、灭慕容超、胜卢循、俘姚泓，皆以入险而震人于不觉者为功；晦且师之，无所用之，则以试之君父而已。当其进言武帝，睥睨太子，侧目庐陵，贼杀之锋刃已回绕于二王之颈，曰“是可试吾术”，而二能预料的。然而，像徐羡之、傅亮、谢晦作恶的事，则是预先可以预料到的。

营阳王轻侮下人而沉溺于嬉玩，实在不可以充当天下的君主，被立为太子已经一年了，淫乱的一帮子人还没有形成，狂荡心的丑恶还没有暴露出来，武帝把辅佐君王的重任托付给大臣，难道说就不希望他们去约束和纠正营阳王的邪恶吗？范泰曾上言劝谏此事，但徐羡之、傅亮、谢晦却无一句规劝的话。营阳王的确是不可教诲的人，但如果顾命大臣能够尽忠辅佐君王，使他不至于做出大恶的事，那么也不会那样快就发展到面临灭亡的境地。怎么能有刚刚接受辅佐遗诏，而马上又与人密谋尽快杀掉他，并且把无过错的庐陵王作为凌辱对象的事呢？而叛逆杀君事成之后，又左顾右盼，迎立宜都王。处于这样的丑恶心理，真的是不能够用人伦的道理去预料。把凶猛鸟兽的活动当作儿戏，把先代君王的儿子视作无所依持的小猪，唉！至此也到了极其严重的地步。这件事，按职位来说徐羡之是最主要的责任者，而谋划最早、实行最坚决、怀凶险之心去干丑恶之事者，实际是谢晦。人到了以狡诈多变为心术而不可预测的地步，就会看法、计划屡变，用尽所有聪明才智去干他所要干的事，把冒险作为快乐，在要害之处游移。不顾天理道德，不体恤人情世故，不考虑祸福利害，而只以实现其恶毒阴谋之用心为快乐。如果国家出现这样的人，那么君王宗社很少有不遭祸的。

谢晦最初地位的抬升，是因为受到了刘穆之的推荐。他从军征战，是宋武帝把他当作了同谋的人。刘穆之，本来就是狡诈多变的魁首。宋武帝诛杀桓玄，消灭慕容超，战胜卢陵，俘获姚泓，他都因能冒险并给人以突然袭击而立了战功。谢晦效法他的为人，却无用武之地，于是就把君王作为自己做恶的对象。当谢晦向宋武帝进言的时候，就看准了太子、庐陵王这些目标，他的贼杀之刀已围绕在二王的王不觉也，武帝亦不觉也。机变熟而心魂数动，一念猝兴，杀机不遏，如是之憯哉！至于宜都既立，晦乃问蔡廓曰：“吾其免乎？”则亦自知其徒以膺天诛为万世罪人矣。然而不悔也，机变之得逞，虽死而固甘之也。故天下之恶，至于机变而止矣。

2.知人之难也，非不知而犹姑试之，诎于时而弗能为变计，则乱矣。武帝于谢晦，知其心挟异同，而犹委以六尺之孤，使二子骈首以受刃，其失较然也。虽然，帝岂尽惘于品藻哉？使文帝督荆州，以王昙首、王华为参佐，而谓文帝曰：“昙首沈毅有器度，宰相才也。”其后徐羡之等迎立文帝，众志疑殆，王华决行而大计定。元嘉之治，几至平康，皆华、昙首所饬正之规模。邂逅片言，生平遂决，帝之知人亦尚矣哉！而卒以伊、周之任付之晦、亮、羡之者，当是时，华、昙首之流，年尚少，名位卑，不足以弹压朝右，故且置之上流，而徐收其效。荆州者，建康之根本也。荆土有人，社稷虽危而不倾矣。乃其盈廷充位，他无可谋，而必任诸机变异同之人者，其时端直贞亮之士，若徐广、蔡廓、谢瞻者，既不屑为宋用，其馀则庸沓苟容屈于权贵之下风者，不得已而姑授之机变之人，时诎之不知，变计所从出也。

脖子周围，认为“这是试验我计划的时候了”，但二王以及宋武帝都一点也没有觉察到。他狡诈之心成熟后，就屡次想试一试他的丑恶计划，这样一念猝生，杀君之心就不可遏制，竟然如此惨忍。当宜都王册立以后，谢晦曾向蔡廓发问说：“我的罪过可以获免吗？”他自己也知道他做了弥天之恶而成为万世罪人。然而他并没有羞愧之心，丑恶阴谋得逞后，即使死也心甘。所以，天下的丑恶，到了机诈权变的时候已达到了顶点。

要深入了解人本来就很难，不是不了解姑且试用，被当时的时势所限制不能不如此，在政权交替时期使用这类人往往导致变乱。宋武帝对于谢晦，明明知道他心怀不测，却仍托付给他辅佐后代的重任，使两个儿子共同惨遭杀害，他用人的失误之处是很明显的。尽管如此，难道说宋武帝就没有选用一个得力的人吗？他曾派遣文帝为荆州（治今湖北江陵）长官，任命王昙首、王华二人为参佐官，并对文帝说：“王昙首沉着刚毅有器度，具有作宰相的才能。”后来徐羡之迎立文帝，人们心中都疑惑不定，只有王华出面，决定让文帝前行，大计才定。文帝元嘉时期的统治，之所以能接近平稳小康的水平，就是取决于王华、王昙首辅佐时所建立的规制。这里宋武帝的一句话，决定了文帝的一生，说明武帝对人的了解也是十分深入的。但他最终把国家重任交给了谢晦、傅亮和徐羡之，是因为当时王华、王昙首之辈，年岁尚小，名位尚低，不足以控制朝廷形势，所以姑且把他们安排为荆州佐官，慢慢逐渐地发挥他们的作用。荆州是守卫建康的根本之地，荆州只要有人在，国家即使形势危急也不会灭亡。当时朝廷的高职重位，之所以没有其他人选，而必须任用机智权变、心怀异同之类的人，就是因为的确没有忠贞亮节的人才，像徐广、蔡廓、谢瞻之辈又不屑于为刘宋所晋用，其他都是些平庸无能、苟且偷安而屈己于权贵之下的人物，所以不得已才把国家重任交给机谋伪江东自谢安薨，道子、元显以昏浊乱于内，殷仲堪、王恭以嫚薄乱于外，暗主尸位，寇攘相仍，王谧之流，党同幸免，廉耻隳，志趋下，国之无人久矣。非天地之不生才也，风俗之陵夷坏之也。苟非机变，则庸沓而已。迨乎机变之术已穷，庸沓之人已老，然后华、昙首、殷景仁、谢弘微脱颖以见。使宋之初有此数子者侍于密勿之地，晦等之恶何足以逞，而武帝亦恶役役于此数人而任之乎？

文帝

1.蛮夷之长有知道者，中国之人士愧之。故子曰："夷狄之有君，不如诸夏之亡。"甚悲夫中国也，宋之篡晋，义熙以后以甲子纪，而不奉宋之元朔，千古推陶公之高节。而武都王杨盛于晋之亡不改义熙年号。盛，仇池之酋长耳，与元亮颉颃于华、夷。晋氏衣冠之族，闻栗里之风而不愧者，又何以对偏方之渠帅也？盛临卒谓其世子玄曰："吾老矣，当终为晋臣，汝善事宋。"子之从违可与已而为变计哉？盛过矣。虽然，此非可以訦盛也。盛远在荒裔，虽受晋爵而不纯乎其为臣，进则不必为晋争存亡，退自有其不可亡之世守，则孤立而撄宋之怒，力不能敌，且以覆先人之宗社，固不可也。是以告其子以事宋而无贻危亡于后世，是亦一道也。

诈之人，因而当时不知道时势受限，导致了变乱的产生。

南朝自谢安死后，道子、元显昏浊无能而在内部搞变乱，殷仲堪、王恭借朝政不治之机变乱于外，昏暗的君主又不能发挥他的作用，变乱相继。王谧之徒，又侥幸免于治罪。说明廉耻心丧失，人们的上进心日下，国家缺乏贤人由来已久了。这不是上天没有造就出可选用的人才，而是政治风俗败坏所造成的结果。若不用机谋伪诈之人，那么就只有用平庸无能之辈。等到机谋伪诈之人的能力已尽，平庸无能之辈的年岁已老，然后才能任用王华、王昙首、殷景仁、谢弘微这些有才气的人。假使刘宋初期能有这么几位人物辅侍左右，保守国家计策不让泄漏，那么像谢晦之流的丑恶阴谋怎么可以得逞，而宋武帝又怎么能够劳苦不休地去培养这几个人而最后重用他们呢？

蛮夷民族的首领中有深知治世之道的人，中夏王朝的人士为此而感到羞愧。所以君子们认为："蛮夷民族中尚有君臣之议，不像中原诸侯已经没有了。"对中原王朝来说，真可悲啊！刘宋篡夺司马晋的权位后，自晋安帝义熙年以后就改用甲子纪年，而陶渊明则一直不承认刘宋的纪年，他的高风亮节受到千古人们所称颂。武都王杨盛直至东晋灭亡也没有改变义熙的年号。杨盛是仇池郡（治今甘肃成县洛谷镇）的部落酋长，与陶渊的高风壳节相互辉映于华、夷两地。晋朝的衣冠之族，如果听到像栗里（今江西九江南陶村西）陶渊明之类的高节事而不感到羞愧的话，那么该如何对待处于边区一方的少数民族首领呢？杨在临死的时候曾对其嫡长子杨玄说："我老了，应当始终作晋朝的大臣。你还年轻，应当精心事奉刘宋。"难道说儿子的心愿如何与自己相关而必须为他另找一条出路吗？杨盛想错了。尽管如此，也不可以非义杨盛的做法。杨盛当时远在荒僻边区，即使接受晋朝的封爵也不能完全尽到作臣的责任，进一步不必要去为晋朝的存亡而抗争，退一步则自有其不可丢弃的世代家业可守。那么如果若夫戴高天，履厚土，世依日月之光，有君父之深仇，无社稷人民之世守，洁其身于山之椒、水之涯、耕读以终身，无凶危之见逮，如溧阳史氏者，屡世不干仕进，而抑可不坠其宗。处此而曰“终吾身而已，子孙固当去事他人以希荣利”，双收名利以为垄断，岂可援盛以自解哉？民之多辟，不可如何者也；自立辟焉，以两全于义利，又将谁欺？

2.承大难之馀，居大位，秉大权，欲抑大奸以靖大乱，论者皆曰：“非权不济，名不可急正，义不可急伸，志不可急行，姑含忍以听其消而相安于无事，国乃可靖。故晋弑厉公，迎悼公，公掩荀偃、栾书、士匄之恶而从容驭之，晋乃以宁。”其说非也。夫不见悼公之掣于群贼，邢邱一会，而天下之政移于大夫，晋乃以终亡于八卿之裔。无他，名不正，义不伸，志不行，苟免于乱，乱之所以不息也。叔孙婼杀竖牛，而安其宗。汉献帝不能正董卓之罪，待其骄横而始杀之，故李傕、郭汜得以报雠为名，杀大臣，逼天子，而关东州郡坐视不救，韩馥、袁绍且以其为贼所立，欲废之而立刘虞。夫唯弑君之罪为神人所不容，而兄弟之痛根于性而弗容隐，受其援立，与相比昵，名一味坚持拥晋反宋，就会触怒刘宋，这不是他自家力量所能抵抗的，并且会破坏他们世代祖先的宗社祭享，所以不能这样。于是他就告诉他的儿子要事奉刘宋，以免对后世子孙造成危亡之患，这也不失为一条上策。

有些人上顶高天，下立厚土，世代享用日月之光，有君父之间的深仇大恨，无世守国家人民的责任，在山顶、水边自洁其身，靠读书、耕作度过一生，没有凶危祸患的顾虑，就像溧阳（今属江苏）史氏一样，累世与升官进职无干，又可以世代保持其宗社祭享。处于这种境地说："我按我的生活方式度过一生，至于子孙后代固然可以去事奉他人，以获取名利。"把名利双收作为万全之策，这种做法难道可以援引杨盛的例子来自我解脱吗？平民中许多有躲避尘世的，对他们则不能怎么样。然而，自己为了义利双全，坚持要躲避尘世，这又欺骗谁呢？

趁天下大难未平之机，占居大位，掌握大权，打击奸邪势力，控制天下大乱的形势。议论的人都说："不采取权宜的办法不能成事。名不可急于追正，义不可急于伸张，心愿不可急于去实现。要采取忍耐态度听任天下的形势自然好转，互相之间要像平安无事一样相处，这样国家便可以稳定。故此，春秋时晋国大夫刺杀厉公，迎立悼公，悼公掩盖荀偃、栾书、士匄的罪过而从容任用他们，这样晋国才得以安宁。"这种说法是错误的。历史上看不见晋悼公受制于群臣的事，但经过邢邱（今河南温县东）的一次会盟，天下的政权转移到诸大夫手中，晋国也最终灭亡于八卿官的后代之手。没有其他，名不追正，义不伸张，计划不去实施，而尚且免于变乱，这就是变乱之所以长期不止的根源。叔孙婼杀掉了竖牛，才得以保全了他的宗社。东汉献帝未能早治董卓之罪，等到他胡作非为时才杀了他，因此李傕、郭汜得以利用报仇的名义，杀大臣，威逼天下，对关东州郡的危急又坐视不不正，义不伸，志不行，忘亲贪位，如是而曰权也，是岂君子之所谓权乎？

文帝初立，百务未举，首复庐陵王之封爵，迎其柩还建康，引见傅亮，号泣哀恸，问少帝、庐陵薨废本末，悲哭呜咽，亮、晦、羡之自危之心惴惴矣。自危甚，则将相比以谋全，而虿毒再兴，固非其所惮为者。文帝之处此，将无虑之疏而发之躁乎？而非然也。明明在上者，天理也；赫赫在下者，人心也。无幸灾徼利之心，而自行其性之哀戚，视三凶如大豕，而孰恤其恩怨之私哉？故天下无不可伸者，义也，义以正名，而志卒以行。彼三凶者，方将挟迎立之恩以制帝，帝舍其私恩，伸其公怨，夺三凶之所恃，而消沮以退。是以擒羡之、亮如搏鸡豚；谢晦虽居上流，拥徒众，一旦瓦解，自伏其辜。名其为贼以行天讨，凡民有心，无复为之效死者，党孤而自溃矣。于帝得乘权止乱之道焉，不贪大位，不恤私恩，不惮凶威，以伸其哀愤，则一夫可雄入于九军，况业已为神人之主而何所惧哉？惟能居重者之谓权，委而下移，则权坠而衡昂矣，故程子曰：“汉以下无知权者。”

救。韩馥、袁绍则认为献帝为贼臣所立，要废掉他而再立刘虞为帝。只有杀君之罪是神灵、人类所不能容忍的，失去弟兄的痛苦是人的本性，也不容隐藏，受别人的扶立而作了君王，然后就相互亲近，名不追正，义不伸张，心愿不去实施，为了贪得君位而忘掉亲故，这样的权宜之术，难道说就是君子们所讲的权宜之举吗？

宋文帝即位的当初，当各项事务都没有开始做的时候，就首先恢复了庐陵王的封爵，把他的灵柩运回建康（今江苏南京），并引见傅亮，文帝涕泣哀痛，询问少帝、庐陵王废职、死去的前后情况，悲哭地说不出话来。当时傅亮、谢晦、徐羡之因有自危之心而感到惴惴不安。他们很害怕自己的处境，于是就相互阿比以求谋全性命，但是一旦毒计再生，也就不是他们所不敢去做的事。宋文帝处于这样的境地，会没有因考虑疏忽而担心祸患发生的感觉吗？实际并非如此。天理明明在上，人心赫赫在下。自己没有幸灾谋利的私心，而是进行发自人性的自我哀悼，把这三个凶残之人看作是像猪犬一样，谁还去忧虑他们的私人恩怨呢？所以，天下没有不可伸张的正义，伸张正义就是为了正名，然后自己的心愿才能最终得以实现。当时这三个凶残之人，想要借迎立文帝的恩德挟制文帝，文帝则不顾其私人恩德，伸张公愤，没有给予这三人可依恃的权力，三人神色沮丧拜退。因此，制服徐羡之、傅亮就像制服鸡和猪一样容易。谢晦虽位居上流，拥有众多党徒，但一旦他们的体系瓦解，他也自然落网。知道了奸贼的罪状，让天下人都来讨伐他们，这样凡是有良心的人也不会再为他们效死力，那么他们的党徒就会孤立而自行瓦解。对于皇帝来说，若懂得利用权力制止变乱的道理，就不要贪取大位，不要忧虑私人恩德，不要害怕凶威势力，而要伸张公愤，那么一人的力量就足以同九军力量相对抗，更何况神威显赫的君主，有什么可恐惧的？如果仅仅把占据高位作为权力的象征，那么一旦权力下移，君王的作用

3.文帝亲临延贤堂听讼，非君天下之道也，然于其时则宜也。自晋以来，民之不治也久矣，君非幼冲则昏暗耳，国事一委之宰辅者几百年。乃其秉政之大臣，图篡逆者，既以饵天下为心，而成乎纵弛；贤如王导、郗鉴、何充、谢安，亦唯内戢强臣，外御狄患，暇则从容谈说，自托风流；而贪鄙如司马道子，又弗论也。及晋之亡，而法纪隳，风俗坏，于斯极矣。宋武以武功猎大位，豪迈而不悉治理，固未遑念及于亲民也。刘穆之、傅亮区区机变之小人，视斯民之治乱漠然不与相关，有司之贪浊瞀乱者，不知其若何也。文帝承其敝而欲理已乱之丝，则更不得高拱穆清以养尊贵。而况羡之、亮、晦杀君立君，威震朝野，民且不知有天子。苟不躬亲延访，则虚县于上，废置惟人，亦恶足以制权奸、保大位乎？故急于亲临以示臣民之有主，抑求己自强之道也。以是知文帝之志略已深，而正逆臣之诛，成元嘉之治，皆繇此昉焉。

虽然，以是为君人之道则已末矣。国之大政，数端而已；铨选也，赋役也，刑狱也，乃其绪之委也，则不胜其冗，择得就会削弱，导致朝政的失衡而难于控制。所以程子曾说："自汉代以下，没有知道如何行权的人。"

宋文帝亲临延贤堂倾听、处理诉讼事务，这不是君王统治天下的正确方法，然而在当时也是合适的。自晋朝以来，民政得不到治理已经很长时间了。为君主者，不是幼弱就是昏暗无能，把国家事务完全交给宰辅处理的形势已延续了将近一百年。那些把持朝政大臣中图谋篡夺权位的人，把收拢天下人心作为他们的主要目的，又乘朝政混乱不治之机实现他们的丑恶阴谋。而贤能的大臣如王导、郗鉴、何充、谢安等人，也只是能够内制强臣、外御边患而已，闲暇时间则谈笑自如，寄托自身于风流人物之列。那些贪婪卑鄙之人如司马道子等，就更不用说了。到晋朝灭亡之际，国家法纪废驰，社会风俗破坏，已达到了极为严重的程度。宋武帝靠自己的武功夺取了统治大位，但他性格豪迈，不精心治理政务，就更没有机会去顾及下层民政事务了。刘穆之、傅亮这些机谋伪诈的区区小人，漠然看待人民的治乱问题，认为这与自己毫无相关。那么，刘宋贪浊混乱的官府机构，也不知能发展到何种程度。文帝即位后，面对这样的混乱的形势，要加以厘正，就不能够高枕无忧，养尊处优。更何况当时的徐羡之、傅亮、谢晦因为杀君立君，威震朝野，人民尚不知道有天子的存在。如果宋文帝不亲临延贤堂听政，虚悬于上方，一切政事都交给他人处理，那么又怎么能够制服奸猾权臣、稳保自己的大位呢？所以，他急于亲临听政，是要显示国家臣民具有共同的君主，这也是他让自己振奋自强的一个途径。由此便可知道文帝具有深远的谋略，而他纠正叛逆之臣诛杀的罪名，实现元嘉的治世统治，都是从此开始的。

尽管如此，可以说把这些作为君王统治天下的方法，也并不是上等良策。国家的重大政治是多方面的，如铨选、赋役、刑狱等，其他其人而饬之以法，士不废，民不困，而权亦不移。若必屈天子之尊，撤瑱纩以下问锥刀子女之淫慝，与民竞智而挠之者益工，与庶官争权而窃之者益密，明敏之过，终之以惛，求以起百年之颓靡，致旦暮之澄清，不亦难乎！帝之遣使行郡县访求民隐，诏郡县各言利病，斯可谓得治理矣。亲临听讼，暂尔权宜，非可法者也。王敬弘曰："臣得讯牍，读之正自不解。"其辞傲矣，而犹不失相臣之体。相臣执体要，佐天子以用人修法而天下宁，况天子乎？

4，赫连勃勃权谋勇力皆万人敌也，立国于险要之地，大修城池，宜足巩固以居而末如之何，乃至其子而遂亡。故夷狄恶其起而若未足忧也，不患其盛而若不可拔也。赫连氏亡而五胡杂糅之中原皆为拓拔氏所有，并刘、石、慕容、苻、姚、乞伏、赫连、沮渠、冯、高、吕、段、秃发之宇而合于一，固将挟全力以为南国忧，然而无足忧也。夷裔之未入中国，则忧其相并而合；既入中国，则患其杂冗而不适所治，不患其合一极盛而以相压也。故宋武之时难矣：奋勇以灭慕容超，而姚兴又竞；全力以灭姚泓，而赫连、拓拔又乘间以争；欲再举以争关中，而郑鲜之曰："江南士庶引领以望返旆。"盖二夷既灭，人心乍弛，不能再振矣。拓拔氏血战以克统万，穷兵以破蠕蠕，小方面的事务，更是不胜例举。如果选用得力的人才，建立完备的法制，那么才能之士不会得不到重用，人民不会困迫，君王的权力也不至于下移。如果一定要自屈天子的尊荣，取掉耳玉、绵絮的华饰，去下问那些操持锥刀子女们的淫恶，那么，与民争高低会导致下民扰政的现象更加厉害，与小官争权力会导致小官窃权的程度更加严重，过分明敏的政策最终导致了混乱的结果。以这种方式去振奋百年以来颓丧委靡的风气，立时三刻去澄清变乱的形势，不也很难吗？文帝派遣使者到地方郡县去访求民间疾苦，诏令地方郡县陈言本地区的利弊得失，这种做法可以说是统治天下的正确之道。他亲临延贤堂听政，只是暂时的权宜之计，是不可效法的。王敬弘曾说："我读过文帝亲临听讼的文书后，自己就觉得不可理解。"他的言语虽有些傲慢，但作为相臣还不失大体。如果相臣能够把握根本，辅佐天子选用人才，修立法度，那么天下就会稳定安宁，更何况天子作为君王的作用呢？

匈奴赫连勃勃的权谋和勇力，都可以同万人匹敌，他把自己的夏国都城建立在险要之地，并大修城池。这就足以巩固他的统治，没有谁能对他怎么样，但到他儿子统治时国家却灭亡了。所以人们讨厌夷狄力量的兴起，但好像这也没有什么可担忧的。同时也不担心夷狄国家的强盛，好像不可战胜一样。赫连氏灭亡之后，五胡杂揉的中原地区均为拓拔氏占有，并进一步向外扩展，把十六国中刘、石、慕容、苻、姚、乞伏、赫连、沮渠、冯、高、吕、段、秃发各部的土地合而为一，然后再竭尽全力进攻南方之国，然而对南方之国来说，也没有什么可担忧的。边夷民族没有进入中原以前，担心其各部之间互相联合起来。进入中原以后，则担心其杂冗不齐，不能适应中原的统治形式。不担心他们联合起来，组成极强的势力，以及来自他们的威胁。所以，宋武帝当时的处境很艰难：拼死灭掉慕容超后，又面精甲锐师半消折于二虏，是亦勃勃死而昌无能为之势也。宋能乘之，此其时矣；坐困江东，惮其威而不进，进而不敢与之敌，盖失此一时，而六代之偷安不足以兴。文帝非英武之君，到彦之之流不足以有为，惜哉！

5.拓拔焘惜财而不轻费，亲戚贵宠未尝横有所及，其赏赐勋绩死事之臣，则无所吝，用财之道，尽于此矣。有天下而患贫，岂惟其不当患也，抑岂有贫之可患乎？天之时、地之泽、人之力以给天下之用者，自沛然而有馀。乃患贫而愈窘于用，则崔浩之言审矣。国之贫，皆贫国之臣使之然也。贫国之臣有二：一则导君以侈者，其奸易知也；一则诱君于吝者，其奸难测也。诱君以吝者，使其君以贫告臣民，而使为我吝，君一惑之，则日发不足之欢，言之熟而遂生于心，必不以帑藏之实使其臣知之。君匿于上，奸人乃匿于下，交相匿而上不敌下之奸，浸淫日月，出入委沓，且使其君并不知有馀不足之实。猝有大兵大役馈饷赏赐之急需，皆见为不足而吝于出纳，而国事不可言矣。

临姚兴的威胁；全力消灭姚泓后，又与赫连、拓拔抗争；准备再度起兵争夺关中地区时，郑鲜之则说："江南的士大夫、老百姓都盼望着班师回防。"当时因为北方的两大强夷势力都被消灭，人心松懈，不能够再度振作起来，乃求班师。拓拔氏经过浴血奋战才攻下了赫连氏的都城统万（今陕西靖边县白城子），集中全部兵力才打败了蠕蠕部族，他们的精锐部队有一半力量损失在与这两股民族力量的战争中，这也是赫连勃勃死后，他的后继者赫连昌没有能力再度振兴的原因。那么刘宋如果能利用这一形势，正是它强盛的好机会。遗憾的是刘宋坐困江南，害怕拓拔氏的威势而不敢北进，即使北进也不敢与拓拔氏相对抗。那么丢失了这样一个好时机，就导致了以后六代偷安而没有能力再振兴的局面。宋文帝不是有英武之才的君主，到彦之这类人是没有什么作为的人，真的是可惜啊！

北魏太武帝拓拔焘吝惜财物，不轻易消费，对亲戚贵宠人员未尝更多地支出，但他对具有功勋业绩以及为国家而死的人的赏赐，则从不吝惜财物。那么这样的用财之道，也算是十分完美的了。统治天下而担心贫穷，难道说对贫穷不应当担忧吗？又难道说作为一个国家有担忧贫穷的必要吗？天时、地利、人力三者结合，以供给天下的消费，自然就绰绰有余。如果担心贫穷就会愈加限制消费，崔浩这话说地很有道理。国家之所以贫穷，都是这个贫穷国家的大臣所造成的。贫穷国家的大臣有两类：一类是引导自己的国君走向奢侈浪费的生活，他们的奸心显而易见；一类是诱导自己的国君吝于消费，他们的奸心难以预测。诱导自己的国君吝于消费的大臣，会让他的国君向臣民宣告国家的贫困形势，让臣民都来为国家吝惜财物。那么国君如果糊涂，就会日常发出财物不足的感叹，感叹的时间长了就会产生国家贫困的心理，他就一定不会把国家府库中的实藏财物之数让臣下知道。这样君王隐瞒于上，奸人隐瞒于下，互相隐瞒使君上不能遏制凡为此者，皆君之亲戚贵宠，而君以为真爱我者也。经用吝而其赏赐不吝，匪直赏赐耳，上下相匿，而大臣不能问，群臣不敢问，奸人且暗窃之以去，而上下皆罔所闻知。延及于子孙，则上无所匿于下，而专听奸人之匿以罔上，固必曰吾国贫也。大兵大役之猝至，非吝于用以酿溃乱，则横取之百姓而民怨不恤，曰吾实贫而不能不取之民也。则不徒亲戚贵宠之窃以厚藏者不可问，其所未窃者，湮沈填塞于古屋积土之中，至于国亡以资乱民之掠夺，新主之富有，而初不自知。呜呼！财一滥施于权贵，而事废于国，民怨于下，兵溃于境，国卒以亡，皆导吝之说为之，亦孰知导吝之情为窃国之秘术哉？庸主惑之，察主尤惑之，丧亡相踵而不悟，悲夫！

6.陶靖节之不仕，不可仕也，不忍仕也。其小试于彭泽，以世家而为仕，道在仕也。仕而知其终不可而去之，其用意深矣。用意深而终不可形之言，故多诡其辞焉。不可形之于言而托之诡词者，非畏祸也，晋未亡，刘裕未篡，而先发其未然之隐，固不可也。万一裕死于三年之前，义符辈不足以篡，一臣下的奸邪，那么日积月累，国家财物出入的帐目不清，连他的君主也不能知道国家财物有余还是不足的实际情况。如果突然遇到大的军事、大的功役，急需馈饷赏赐的财物，都会因为财物不足而吝于出纳，如此说来，国家的大事就不容再考虑了。

凡诱导君王吝惜财物者，都是君主的亲戚贵宠之人，但君王还自认为这是对他的真心热爱。国家费用吝于出纳，但赏赐却从不吝惜，而且不仅是赏赐，由于上下之间互相隐瞒，大臣不能过问，其他臣僚也不敢过问，那些奸邪之人就在暗地里窃取财物，这也不是君臣上下之间所能知道的。这种现象发展到后代子孙时，作为君上对后继者是没有什么可隐瞒的，只是由于奸邪之人用隐瞒之论来欺骗君上，必然要说，我们的国家十分贫困。这样要突然遇到大的兵事、大的功役，不是吝惜财物支出酿成大患，就是不顾百姓苦难而横征暴敛，还假说所谓由于国家实在贫困，不得不征取于民。实际上，国家财物不仅是亲戚贵宠窃取的大量积蓄不能过问，那些未被窃取的财物，长期充塞于陈旧的仓库之中，一旦国家灭亡，这些财物便成了乱民掠夺的对象。那么，应该归新立君主所拥有的大量财物，他当初也并不知道。唉！权贵人物滥用国家财物，使国事荒废，人民怨于下，军队溃于边境，而国家也最终灭亡，这都是诱导君主吝惜财物的思想所导致的，还有谁能知道吝惜之情是窃取国家命运的隐秘权术呢？平庸的君主对此迷惑，明察的君主对此仍然迷惑，使国家的丧亡接踵而来而还不能醒悟，真可悲啊！

陶渊明（谥靖节）隐居不做官，是他自己认为不能够做官，也不忍心去做官。他过去曾担任过彭泽县（今属江西）令的小官，这是他由于仕宦世家的原因而做的官，从道理上讲这时也应该做官。他做官后，知道自己最终还是不可以做官，于是就弃官而去，他的想法用意深远。他用意深远的想法终究没能用语言表达出来，但从他作如桓温死而谢安可保晋以复兴，何事以未成之逆加诸再造晋室之元勋，而为已甚之辞哉？此君子之厚也。故其归也，但曰“岂能为五斗米向乡里小儿折腰”。如是而已矣。

虽然，此言出而长无礼者之傲，不揣而乐称之，则斯言过矣。君子之仕也，非但道之行也，义也；其交上下必遵时王之制者，非但法之守也，礼也。县令之束带以见督邮，时王之制，郡守之命，居是官者必繇之礼也。知其为督邮而已矣，岂择人哉？少长也，贤不肖也，皆非所问也。孔子之于阳货，往拜其门，非屈于货，屈于大夫也；屈于大夫者，屈于礼也。贤人在下位而亢，虽龙犹悔，靖节斯言，悔道也。庄周曰：“无所逃于天地之间。”君子犹非之。君臣之义，上下之礼，性也，非但不可逃也，亢而悔，则蔑礼失义而不尽其性，过岂小哉？非有靖节不能言之隐，而信斯言以长傲，则下可以陵上；下可以陵上，则臣可以侮君；臣可以侮君，则子可以抗父。言不可不慎，诵古人之言，不可以昧其志而徇其词，有如是夫！

品的许多奇异词句中则得到了体现。他的想法之所以没有用语言直接表达出来，而是寄托于奇异的词句当中，并不是因为他害怕引祸烧身。当时东晋尚未灭亡，刘裕还没有篡夺权位，在这种环境下，他固然不可以表达出他能预见即将变化的形势的想法。万一刘裕早三年死去，他的后辈刘义符不能够篡夺权位，然后出现象桓温死后谢安仍能保证晋朝复兴的情况一样，那么将如何能够把篡权未成的危险之事强加给晋朝功臣的头上而为此制造危言耸听的言词呢？这是君子之人的考虑周到。所以他归乡时，只说："怎么能够因为五斗米去向乡里的小儿折弯腰。"仅仅如此而已。

尽管如此，说出这样的话则会助长无礼之人的傲气，如果说不思考就乐于去称颂它，那么说这句话是错了。君子之人为官，不但是良好道德的发扬，也是仁义的发扬。君子人为官的上下交往，一定遵守当时君王的命令，这不但是守法的表现，也是守礼的表现。就像县令必须束好自己的衣带去见郡的属吏督邮一样，当时君王的制令，郡守的指示，有关官吏必须按礼执行。县令只知道督邮的身份并对他不失礼便罢了，难道守礼还要选择人吗？这一问题，老少以及贤能、不贤能的人，都是不可以去问的。孔子对于阳货，曾经亲往他的门前拜见，这不是委屈自身于阳货，而是委屈了士大夫的形象。委屈士大夫，就是委屈礼义。贤能的人降居下位，就会有不满情绪，即使龙居下位也会有懊悔之感，陶渊明的上句话，道出了他心中的懊悔。庄周说过："无所逃于天地之间。"君子尚且非难这句话。君臣之间的仁义，上下之间的礼节，是出于人的本性，不但不能逃脱于天地之间，而且由于不满而懊悔，会导致礼义丧失，不能保全人的本性，这个过错难道还小吗？若不是有陶渊明的难言之隐，一味地去相信这句话，助长无礼人的傲气，那么下级则可以欺凌上级。下级欺凌上级，臣下就可以欺侮国君。臣下欺侮国君，儿子就可以对抗父亲。立言不可以不慎

7.扩其情以统初终，而汇观其同异，则听言也，固不难矣。非坚持一背戾之说，不然之效已著，而迷谬不解者之难辨也。言烦而竞，诡出而相违，莫可端倪，而唯其意之所营，以恣其辩，惑人甚矣，而尤无难辨也。凡言之惑人也，必有所动以兴；下者动以利，其次动以情，其次动以气。利者灼见之而辨矣，或倡之，遂或和之，然皆私利之小人也，于人辨之而已。情之动也无端，偶见为然而然之，偶见为不然而不然之，因而智计生焉，因而事之机、物之变、古人之言、皆可为其附会之资，而说益长、情益流，非有所利也，而若沥血以言之，不获已而必强人以听，此疑于忠而难辨者也。然人之情无恒者也，倏而然之，倏而不然之，则知其情之妄，而非理之贞也。至于气之动而尤不可御矣，若或鼓之，若或扬之，一人言之而群嚣然以和之，言者不知其所以言，和者愈不知其所以和，百喙争鸣，若出一口，此庄周所谓“飘风则大和而听其自已”者也。既自已矣，则前后之不相蒙，还以自攻也而不恤。虽然，亦岂有难辨者哉？观于拓拔氏伐蠕蠕之议，而鼓以气、荡以情者，直可资旁观者之一哂而已。

重，歌颂古人所说的话，不可以淹没其深刻含义，只去理解词句的表面，就像前面所说的那样。

要识别他人言论的正确与否，只要深入进去，融会贯通，查找其前后的异同，本来就不是什么困难的事。在并非坚持一背戾之说的情况下，尽管已明明知道他人言论不对的地方，迷惑不解的人仍然是难以识别的。利用烦琐的言语进行争论，因为诡辩而自相矛盾，令人摸不清头绪，但只有它的中心意思是可借以争辩的地方，尽管十分迷惑他人，也没有什么难以识别的。凡是能够迷惑他人的言论，一定有它打动人而令人信服的地方。这有三种情况：下等人为利益所打动，中等人为感情所打动，上等人为气质所打动。为利所打动者，会立场鲜明地为这一言论而争辩，有的倡导它，有的随和它，这些都是图谋私利的小人，让别人帮助他们识别就可以了。为感情所打动者，变化多端，偶然看到它对就承认它，偶然看到它不对就不承认它。因而这类人容易产生自己的观点，容易把事件的要害、事物的变化，以及古人的言论作为自己附会的根据。那么，这些人的说法会愈益繁杂，他的情感也愈益投入，实际这对他自己也没有什么利益可得，如同苦心沥血去表达自己的思想，在不得已的时候必然会怀疑为忠心，令人难以识别。然而人的情感没有永恒不变的，一会儿坚持这一观点，一会儿又反对这一观点。那么，对这类人，知道他情感的邪妄之处，知道他所坚持的并非道理的真谛就是了。至于为气质所打动者，尤其不可阻止，有的鼓吹它，有的颂扬它，一个人说出来，众多的人就一起顺风随和。那么，发此言论的人不知自己为什么要发出这样的言论，随和的人也更不知道自己为什么要随和，就像百鸟争鸣，若出一人之口，这就是庄周所说的：“顺着风向而大唱大和，听其自然。”如果自己有坚定的立场，就应该考虑自己观点的前后协调一致，并且找出自己不对的地方而敢于纠正。如果这样做，难道还有难以辨别的问题当其议伐赫连氏，则曰宜置赫连而伐蠕蠕，崔浩持之，伐赫，连而灭其国、俘其君矣；已而议伐蠕蠕，则又曰蠕蠕不可伐也。何前之伐蠕蠕也易而今难，何前之克蠕蠕也利而今无利？一言而折之有馀，而群喙争鸣不息，有如是夫！人以为不可伐，则曰可伐；人以为可伐，则曰不可。气之为风也，倏而南，条而北；气之之为冬夏也，倏而寒，倏而暑；调之为暄清之适者，因乎时而已矣。言之善者，调其偏而适以其时。崔浩之言，则可谓知时矣，风不可得而飘，寒有衣儒、暑有箑也。拓拔寿之能用崔浩也，而犹疑之。情兴气动，难乎其不撼，况智不如寿者乎？虽然，无难办也，统其初终，析其同异，以其所然攻其所不然，扩然会通以折中之，岂难辨哉？岂难辨哉？

8.元嘉之北伐也，文帝诛权奸，修内治，息民六年而用之，不可谓无其具；拓拔氏伐赫连，伐蠕蠕，击高车，兵疲于西北，备弛于东南，不可谓无其时。然而得地不守，瓦解猬缩，兵歼甲弃，并淮右之地而失之，何也？将非其人也。到彦之、萧思话大溃于青、徐，邵弘渊、李显忠大溃于符离，一也，皆将非其人，以卒与敌者也。文帝、孝宗皆图治之英君，大有为吗？下面看看北方拓拔氏进攻蠕蠕计划的制定情况，既鼓励士气，又打消情感，真可作为旁观者的一个笑料。

当拓拔氏讨论攻打赫连氏的时候，曾决定暂不攻打赫连，而转攻蠕蠕。当时崔浩则坚持攻打赫连，于是最后灭掉了赫连的国家，俘虏了它的国君。之后开始讨论攻打蠕蠕的事，却又认为蠕蠕不能够进攻。那么，为什么以前攻蠕蠕容易而现在变得困难了呢？为什么以前消灭蠕蠕是利而今却无利了呢？一个人的话不足以否定大政方针，那么众口争论不息，竟落到如此地步。大家认为不可攻，却认为可攻。大家认为可攻，却又认为不可攻。人的气度随风倒，一会儿南，一会儿北。就像冬夏的气节，一会儿寒冷，一会儿暑热。这样，要使自己感到冷暖舒服，就必须根据时令调配自己的穿着用具。那么，正确的建议，就可以纠正偏见而适应当时形势的需要。以上崔浩的建议，可以说是适应了当时的形势。他不是随风倒，而是要保持寒有衣穿、暑有扇子的生活环境。拓拔焘重用崔浩，对他却仍有猜疑之心。对讨论国家大事时出现的感情冲动现象，难怪崔浩就无动于衷，仍然坚持自己的想法，若比较起来难道崔浩的智慧就不如拓拔焘吗？尽管如此，问题的对错并不难辨别。只要通察问题的前前后后，找出其前后异同，以自己对的地方反驳其不对的地方，再融会贯通，击中要害，难道还难以辨别吗？难以辨别吗？

为了元嘉北伐，宋文帝诛杀权奸之人，整顿内政，实行与民休息六年的政策，这不能说是没有准备。北方的拓拔氏接连进攻赫连、蠕蠕、高车，军队困战于西北，困战于东南，这不能说是没有扩展势力的好时机。然而他们得到的土地却未能守住，以致瓦解退缩，丢兵弃甲，就连淮右地区的土地也丢失了，这是为什么呢？是因为任用的将领不当。那么到彦之、萧思话大败于青州、徐州地区，邵弘渊、李显忠大败于苻离（今安徽符离集），也是一样，都是因为将帅任用不于天下者，其命将也，非信左右佞幸之推引，如燕之任骑劫、赵之任赵葱也；所任之将，亦当时人望所归，小试有效，非若曹之任公孙强、蜀汉之任陈祗也；意者当代有将才而莫之能用邪？然自是以后，未见有人焉，愈于彦之、思话而当时不用者，将天之吝于生材乎？非也。天生之，人主必有以鼓舞而培养之，当世之士，以人主之意指为趋，而文帝、孝宗之所信任推崇以风示天下者，皆拘葸异谨之人，谓可信以无疑，而不知其适以召败也。道不足以消逆叛之萌，智不足以驭枭雄之士，于是乎摧抑英尤而登进柔软；则天下相戒以果敢机谋，而生人之气为之坐痿；故举世无可用之才，以保国而不足，况欲与猾虏争生死于中原乎？

夫江东之不振也久矣。谢玄监军事，始收骁健以鼓励之，于是北府之兵破苻坚而威震淮北；宋武平广固、收雒阳、入长安，而姚兴、拓拔嗣不能与之敌，皆恃此也。已而宋武老矣，北府之兵，老者退，少者未能兴也。宋武顾诸子无驾御之才而虑其逼上，故斗王镇恶、沈田子诸人于关中，使自相残刘而不问。文帝人立，惩营阳之祸，急诛权谋之士，区区一檀道济而剑已拟其项领。上之意指如彼，下之祸福如此，王昙首诸人雍容谈笑以俟天下之澄清，虽有瑰玮之才，不折节以趋荏当，仅仅用士兵与对方作战。宋文帝、魏孝宗都是励精图治的英明君主，他们也想大有作为于天下，所任命的将帅，也不是信奉左右佞妄奸幸之人所推荐的人选，如同已往燕国任用骑劫、赵国任用赵葱一样。所任命的将帅，也是当时众望所归，并经试用，已初有成效，并不像曹魏任用公孙强、蜀汉任用陈祗一样。这还能够说当代有将帅之才而不能得到任用吗？然而自此以后，未见有将帅之才出现，未见超过到彦之、萧思话而不为当时所用的帅才出现，难道是天底下没有能产生出这样的人才吗？并非如此。天底下产生出这样的人才，人们的君主还必须有鼓励他成长并培养他的方法。当世的士大夫，都是以君主的意旨作为追求的目标，然而刘宋文帝、南宋孝宗所信任推崇并使之盛誉天下的人，都是些拘谨胆怯之人，他们认为这些人可以信赖无疑，却不知道这些人也正是召致失败的人。他们认为道义不足以消除叛逆者的隐心，智力不足以去驾驭枭雄之士，于是就采取压制英雄豪杰、任用软弱胆怯的政策。这样天下人都把果敢机谋作为大忌，人们的志气因此受到了极大损伤。因此，整个世间没有可任用的人才，保全国家的人才尚且不足，更何况要去与北边民族在中原地带进行生死之战呢？

南方地区不得振兴的时间已经很久了。东晋谢玄监管军事后，开始招收骁勇人员，组织起强壮的队伍，于是他的北府兵能够战胜前秦苻坚，威震淮北。之后宋武帝之所以能攻下广固、收复洛阳（今属河南）、进入长安（今陕西西安），而姚兴、拓拔嗣都不能与之抗衡，就是凭借了这样的形势。后来宋武帝年老，北府的兵员年老的离退了，年轻的又未能振兴北府兵力量。宋武帝还考虑到他的几个儿子没有驾御能力，担心以后会下人专权威逼后继之君，所以把王镇恶、沈田子诸人排斥到关中地区，使他们自相残杀，置而不问。宋文帝即位后，惩治制造营阳祸患的人，急着去诛杀权谋之士，就连檀道济苒者，几何也？乃于其中择一二铮铮者使与猾虏竞，拓拔焘固曰：“龟鳖小竖，夫何能为。”其堕彼目中久矣。孝宗之任邵、李以抗女直，亦犹是也。岳诛韩废，天下戒心于有为，风靡而弗能再振矣。身无英武之姿，外有方张之寇，奖柔顺以挫英奇，虽抱有为之志，四顾无可用之人，前以取败而不自知，及其败也，抑归咎于天方长乱，而虏势之不可撄也，愈以衰矣！

9.暗而弱者之用兵，其防之也，如张幬帐以御蟁蠓，薄絺疏绤使弗能入焉，则鼾睡以终夕；若此而不弃师失地以近于亡也，不可得矣。崔浩策宋兵之易败也，曰：“东西列兵，径二千里，一处不过数千，形分势弱，可席卷而使无立草之地。”宋终不出其所料，金墉破而到彦之走，滑台败而萧思话走，守者分，攻者聚，一方溃，而诸方之患在腹心，不可支矣。故以战为守者，善术也；以守为战者，败道也；无他，将无略而以畏谨为万全之策也。

然则孔子之于战也慎，于行军也惧，又何以称焉？夫列兵这样一个区区小人物也准备杀掉。那么，君上的意旨是那个样，下人的祸福利害是这个样，而王昙首之类的人则雍容谈笑，等待着天下清明时候的到来。在这样的情况下，即使有奇异才能的人，不颓丧而甘愿为朝廷效力者，又有几人呢？在这为数不多的人中选择一两个佼佼者，使他们率兵与北虏对抗，拓拔焘则说："这些龟鳖小臣，如何能够成大事。"在他眼中老早已看不起这些小人物。南宋孝宗任用邵弘渊、李显忠与女真人作战，也是这种情况。就像岳飞被杀、韩世忠被撤职一样，天下人都不敢去做有为于当世的事，使社会风气萎靡而不能够再度振作。这样，君王自身没有英武的气质，边外有随时威胁的敌人，还采取奖用虚弱胆怯之人、挫伤英雄豪杰的政策，即使抱着有为天下的远大志向，周围却找不到可任用的人才，前方战败了还不知道，得知战败，而又归咎于上天的旨意，那么边区的敌对势力就不可阻挡，国家也愈益衰败。

糊涂怯弱人用兵，他的防卫之术，就像张开橱形的帐子以防御蠛蠓之类的小虫一样，用粗布细布抵挡使它不能进入，自己则在帐子里酣睡整个晚上。像这样，要保证不丧师失地而临近灭亡，是不可能的。北魏崔浩总结刘宋军队容易失败的原因时说："宋兵东西排列，战线长达二千里，一个地方的兵不过数千人。兵力分散，力量虚弱，魏兵可以席卷宋兵，使他们无立足之地。"果然，宋军终于不出崔浩所料。金墉被攻破后，到彦之退走。滑台（今河南滑县城）失败后，萧思话退走。宋军守卫力量分散，魏军进攻力量集中，这样宋军一个地方溃败，所有地方都会担心腹心地区的危急，局势也不可扭转。所以，以战为守是上等良策，以守为战则是败亡的策略。这样之所以失败，不是其他原因，而是由于将帅没有远大的策略，把苟且拘谨作为万全之策所导致的。

然而孔子对于战争也持谨慎的态度，对于行军也持恐惧的态千里，尺护而寸防之，岂其能惧哉？栉比株连以外蔽而安处其中，则心为之适然而忘忧；寇之来也，于彼乎，于此乎，我皆有以防之，则处败而声息先闻，固可自全以退，而无忽出吾后以夹攻之患；于是乎而惧之情永忘，弗惧也，则亦无所慎矣。若夫惧以慎者，一与一相当，虔矫三军，履死地而生之，曾是瓜分碁布为能慎也与？不战而慎，未临事而惧先之，不败何待焉？

10.滑台陷，青州没，宋师熸，而拓拔氏旋遣使人聘宋以求和亲，逾年而宋报礼焉，此南北夷夏讲和之始也。宋大败，而刘振之且弃下邳以奔逃，拓拔氏乘之以卷江、淮也易矣；顾敛兵以退而先使请和，岂其无吞宋之心哉？力疲于蠕蠕，而固不能也。乃乘宋之惴栗以收宋，知宋之得释重忧，必欣然恐后，此虏之狡也。夫宋新败之馀，弗能急与之争，则姑受其和而缓敌以待时，庸讵非策。且其于拓拔氏也，既非君父之仇，又无割地称臣之辱，如赵宋然者，则抑非义之所不许。顾亦思彼之先我以求和者何心乎？和者，利于夷狄而不利于中国，利于屡胜之兵，而不利于新败之国者也。

度，这还有什么可说呢？那样布兵达千里之长，采取尺护寸防的策略，难道说还能有恐惧感吗？那就连次栉比地保护自己，使自己处于安全的环境之中，那么自己的心里就会感到舒适而忘掉担忧。这样，即使敌人进攻，不管是那个地方，还是这个地方，总认为自己都可以防备。如果真的一个地方溃败，先得到消息，固然也可以撤退，以保全自己，也不会有敌人突然进行前后夹攻的担忧。因而恐惧之感会永远忘掉，不感到恐惧，也就不去采取谨慎的态度。恐惧与审慎是相辅相成的，与对方军队血战，置之死地而后生，难道说只有把军队分裂棋布才算是审慎吗？不去主动抗战而谨慎自己，不到战事时就先恐惧，不失败还等待什么呢？

在滑台（今河南滑县城）陷落，青州失守，刘宋军队惨败的情况下，北魏拓拔氏很快派遣使者到宋朝，请求和亲，一年以后，刘宋答应了拓拔氏的请求。这是南北方夷夏之间讲和的开始。当时宋军大败，将领刘振之又丢失下邳（今江苏睢宁西北）而逃。如果拓拔氏乘机席卷江、淮地区，也是容易的事。然而他们却收兵后退，首先遣使请和，难道他们就没有吞并刘宋的野心吗？主要是因为拓拔氏进攻蠕蠕后，兵力疲惫，本来也就无能力再进攻宋朝。于是就乘宋朝恐惧害怕之机，削弱宋方的抗战意志。他们也知道宋方得到和亲的请求后，会如释负重，必定要欣然答应，唯恐不及，这实际是拓拔氏所玩弄的诡计。那么对宋来说，是处于刚刚战败之后，不能急于去与拓拔氏抗争，姑且先接受拓拔氏的和议请求，暂缓一段，以等待时机，这难道不也是一种策略吗？况且，宋对魏既无君父之仇，又无割地称臣之辱，并不像赵宋王朝与北边民族的关系。再说从道义上讲，答应北边求和也是合适的。在这种情况下，难道还不去考虑北方首先求和是处于什么样的心理？双方言和，利于魏而不利于宋，利于常胜之兵，而不利于刚刚战败的宋朝之兵。

夷狄以战而强、以战而亡者也；其能悔祸以息兵，则休息其兵，生聚其民，蕃育其马，而其骑射技击，则性焉习焉，而不以不用而废。中国则恃和以安而忘危矣；士争虚名于廷，兵治生计于郊，人心解散，冀长此辑睦而罢兵以偷安，一旦闻警而魂摇，其败亡必矣。屡胜之馀，败之几也，虽屈己以和人，不以为辱而丧其气，抑以免骄兵之取败也，善居胜者也。若败矣，君方悔前者之妄动以致衄，而情不竞，惴惴危栗，得和以无虞，而涣然冰释，于是乎戒战之危，而歆和之利，虽不弭兵，兵必弭矣。边陲戍守之士，皆赘设而聊以逍遥，尚足恃以御非常之变邪？骄贪无厌之虏，方养全力以乘我，而我幸其驯扰，抱虎而望其息机牙，不亦愚乎？

刘宋以和而罢兵，赵宋欲罢兵而讲和，赵宋尤惫矣。以和而弭兵者，志不在弭兵，弭于外未忘于内，故刘宋犹可不亡。以弭兵而和者，唯恐己之不弱也，故赵宋君臣窜死于海滨而莫能救。且曰：“君无失德，民不知兵。”可胜悼哉！

11.拓拔氏诏举逸民，而所征皆世胄，民望属焉，其时之风尚然也。江左则王、谢、何、庾之族显，北方则崔、卢、李、郑边夷王朝凭借征战而强大，又因为征战而灭亡。如果他们能悔过而停止战争，采取休养军队，发展农业及畜牧业的政策，那么他们所拥有的骑射技能，也是平常所习用的，不会因为不用而废弛。而对作为中原统治的宋朝来说，由于议和，会导致居安忘危，使士大夫们开始追求虚名，兵员到郊外去自己谋生，人心涣散，并希望长此和睦地生活下去，不再进行战争，苟且偷安，那么一旦遇到紧急情况，就会魂飞色变，败亡也就是必然的事了。军队在多次胜利的背后，都隐藏着失败的因素。拓拔魏虽然屈己同宋议和，不因此而感到耻辱，灰心丧气，但他自己却也避免了骄兵取败的可能，这是善于争胜的做法。如若拓拔氏不求和，再战失败，那么他们的君主就会后悔当初不该轻举妄动，造成惨败的结局，情感上也不舒畅，恐惧害怕。到那时候再与宋讲和还不知道会有什么结果，不禁会有冷漠、失落的感觉。因此，拓拔氏采取求和的政策，既避免了战败的危险，又可以享受言和之利，这样即使想进行战争，也一定打不起来。议和之后，宋方边区的戍守将士，都成了虚设而逍遥自在，还足以成为抵御非常之变可依恃的力量吗？骄贪无厌的拓拔魏正养精蓄锐，准备等待时机全力以赴对付刘宋，而刘宋则中了他们驯服言和的计谋，就像抱着老虎而指望他们放下弓弩，不也太愚蠢了吗？

刘宋因为言和而罢兵，赵宋因为想罢兵而言和，二者比起来，赵宋的后果更为困顿。为言和而停止战争，其主要目的不在于停止战争，外边的战争停息了，还没有忘记内部的整治，所以刘宋还不会灭亡。为了停止战争而言和，则唯恐自己的力量不削弱，所以，赵宋王朝的君臣被逼南下，死于海滨而不能得救。还宣称所谓："君主没有失德的地方，人民不知道兵事。"不胜悲哀啊！

拓拔氏下令征举逸民隐士，但所征举的都是贵族后裔，也是民望所归的人，当时的风尚就是这样。当时比较著名的大族姓氏，南方之姓著，虽天子莫能抑焉，虽边远夷狄之主莫能易也。士大夫之流品与帝王之统绪并行，而自为兴废。风尚所沿，其犹三代之遗乎！

夫以族姓用人者，其途隘；舍此而博求之，其道广；然而古之帝王终不以广易隘者，人心之所趋，即天叙天秩之所显也。尧求人于侧陋，而舜固虞幕之裔；文王得贤于屠钓，而太公固四岳之嗣。降及于周衰而游士进，故孔子伤陪臣之僭，而忧庶人之议。《春秋》于私嬖骤起之臣，善则书人，恶则书盗；孟子恶处士之横逆，而均之于洪水猛兽；耕商驵侩胥史之徒起，而为大伦之蠹贼，诚民志之所不顺也。

汉高起自田间，萧、曹拔于掾吏，上意移而下俗乱，故江充、主父偃、息夫躬、哀章之徒，得以干主行私，乱君臣父子之彝伦而祸人宗社；然而古道之在人心者，不可泯也。六代南北分，而此意独传，以迄于唐，世胄与寒门犹相持而不下。及朱温肆清流之毒，五季摧折以无馀，宋因陋而不复。然其盛也，吕、范、韩、陈犹以华胄而登三事、列清要，天下咸想望之；其卓然立大勋明圣学者，类能不坠家声而为国所恃赖；至于文及甫、程松之为败类者，百不得一也。女直、蒙古更主中国，而北面事之者，皆猥类无行之鄙夫，无有能如崔浩之不有王、谢、何、庾，北方有崔、卢、李、郑。对于他们的势力，即使天子也不能抑制，即使边区夷狄的君主也不能改变。这些士大夫的流品地位同帝王的统绪地位并行，他们自为兴衰，这种沿习下来的风尚，是不是三代流传下来的遗风！

按照家族姓氏任用人才，范围狭隘。不用这种方式，而去广泛地征求人才，范围宽广。古代帝王之所以最终没有采用前者的方式去代替后者，是因为这些广泛征取的人才，是人心所共认的，也是上天所推崇的。尧在偏僻的地方征用人才，使后继者舜能保持虞幕后代的延续。周文王在屠夫、钓鱼人中选用贤才，使姜太公能够保持四岳之内后继有人。到周朝衰亡的时候，游说人士被晋用的愈益增多，所以，孔子为大臣超越本分而伤感，为平民百姓参政议政而担忧。《春秋》一书中，对出身低下而清云直上的大臣的记载，好的则作一般人来写，坏的则作寇盗来写。孟子也厌恶隐居不仕人的横行无德行为，把他们与洪水猛兽相提并论。那些从农从商、市侩小吏之类人政治力量的兴起，实际成了大伦道德的小害虫，实在是令人心所不顺畅的事。

汉高祖是从田间地头发迹的皇帝，萧何、曹参又是从一般小吏提拔上来。由于君上出身低微，用人的观念变化，导致下面的政风大乱。所以江充、主父偃、息夫躬、袁章之徒，能有干预朝政、专行己私的机会，他们破坏君臣父子的人伦道德，践踏人主之宗社。然而，古代帝王所建立的规制仍然铭记在人们心中，不可泯灭。魏晋南北朝时期，虽然南北界限分明，这种规制却独自传习，一直到了唐朝，世家大族与寒门庶族之间的斗争，仍相持不下。自唐末朱温清算门阀士族的流品毒素后，又经过五代时期的打击，门阀势力已荡然无存。宋代在这种形势下，也没有再度复兴门阀势力。然而，宋代也有巨族大姓兴盛的情况，比如吕、范、韩、陈四姓中，还有因为是世代贵族之家而惜怨祸以护士大夫之品类者，而古道埽地无馀。以迄于今，科举孤行，门阀不择，于是而市井锥刀、公门粪除之子弟，雕虫诡遇，且与天子坐论，而礼绝百僚。呜呼！君子之于小人，犹中国之于夷狄，其分也，天也，非人之故别之也，一乱而无不可乱矣。

六代固尝以夷狄主中国矣，而小人终不杂于君子，彼废而此不废焉。至于两俱废，而后人道之不灭者无几矣。拔浊流而清之，将谓引小人而纳于君子之途，道至大也；乃其弊也，夷君子于小人，而道遂丧。道大则荒，故先王畏其荒而不嫌其隘，譬之治津涂者，无迳隧而任人之行，则蔓草遍于周行，而无所谓津涂矣。其位，君子也；其职，君子也；其饰文物以希当世者，君子也。而钱刀嚣讼之声，习而闻之；役父谇母之色，狎而安之；则廉耻丧于天下，而人无以异于禽。故曰：将引小人而纳之君子，实夷君子于小人也。小人杂于君子，而仕与同官，学与同师，游与同方，婚姻与同种姓，天下无君子，皆小人矣，中国皆夷狄矣，可胜痛哉！有王者起，无仍朱温恶清流之升任政、兵、财及清要高职的人，不过这都是为天下所共认的人才。他们也都是表现突出，立有大功，精通圣人之学的人，差不多都没有败坏自家的名声，并成为国家所依赖的大臣。至于像文及甫、程松之之类的败类人物，一百中找不到一个。后来女真（金）、蒙古（元）入主中原以后，屈己奉事他们者，都是些像刺猥一样丧失德行的卑鄙之人，没有能像北魏崔浩一样，不顾惜自己的恩怨祸福去维护士大夫名品地位的人，那么，古代帝王所建立的规制，至此已扫地无遗。到了今天，只实行科举取士制度，不按门阀高低选用人才。因而乡下操持锥刀的人，以及官司打扫清洁的人，他们的子孙后代则能凭借自己的雕虫小技，获得与天子对坐谈论的机会，对百官也没有什么守礼可言。唉！君子与小人的关系，就像中原王朝与边夷民族之间的关系，他们的区分，是上天的意志，并不是因为人的意志把他们区别开来，那么一个环节出现混乱，其他也就没有不能乱的。

南北朝时期，北方的夷狄民族固然曾经入主中原，但小人最终不能混杂于君子之中，小人失节而君子不失节。如果小人、君子都失节，那么，正统的人道就等于消亡了。对浊流加以澄清，被认为是把小人转变成君子的途径，这是至为宽广的道路。他的弊病在于使君子变成小人，这样就会无路可走。前者道路宽广，但容易荒乱不精，所以先王的统治为避免荒乱，也不惜缩小范围，就像修建渡口的道路一样，若无路标指示而任人渡行，就会蔓草遍布口岸，没有什么渡口道路可言。如果占位的，居职的，舞文弄墨粉饰自己希功名的，都成了所谓君子。如果人民的钱物纠纷、争讼冤诉频频出现，而上方听到又习以为常。如果役使父亲、咒骂母亲的情况交替出现，而上方又安然不顾。那么说明整个天下已丧失了廉耻之心，人和禽兽就没有什么两样。所以说，把小人纳于君子之列，实际就等于把君子降置于小人之中。如若小人混杂于君子之中，二者任同等的官职，拜同样的老恶；名世兴，无避崔浩清流品之怨；庶以扶乾坤于不毁乎！

12.吏民得告守令，拓拔氏之制也。拓拔焘自谓恤弱民而惩贪虐，以伸其气，自以为快，而无知者亦将快之，要为夷狄駤戾之情，横行不顾，以乱纲纪、坏人心，奈之何世主不择而效之也！以事言之，能于天子之阙、大吏之廷、告守令者，必非愚懦可侮、被守令之荼毒而无告者也。奉公有式，守宪有常，守令犹以苛敛残虐枉抑之而无所忌，此其人见守令而惴栗弗敢逆者，而能叩天子之阙、登大吏之廷以告守令乎？此诏行，而奸猾胁守令以横行，守令且莫敢谁何，乡闾比族之弱民登其刀俎者，敢有或为喘息者哉？若夫贪墨之守令，免此亦易尔，宽假奸顽而与相比，则愚懦者之肉恣食之而固无忧也，其害于拓拔氏之世已著见矣。而君子所甚恶者尤不在此。逆大伦、裂大分也，奖浇薄而导悖乱也，贱天之所贵、夷堂廉而天子且不安其位也，此则君子之所甚恶也。

夫人君诚患守令之残民与？则亦思其残民也何所自，而师，游玩具有共同的方向，婚姻具有同类的种姓，那么天底下就没有君子存在，都成了小人。中原的正统王朝也不复存在，都成了夷狄的统治范围。不胜痛心啊！如若再有君王兴起，不要沿袭朱温反对清流的恶毒做法。如若再有盛名治世出现，不要打击像崔浩那样对流品不清的怨愤情绪。这样做的目的，就是希望能够扶植天地纲常不被毁灭啊！

官吏百姓可以告发郡守和县令官，这是北魏拓拔氏所实行的制度。拓拔焘自己宣称，他主张体恤弱民之苦，惩治贪虐之人，伸张正气。他为此而感到自豪，那么不知内情者也为此而感到高兴。他们认为这一政策是要遏制夷狄人们的暴戾情性，约束横行不轨、扰乱纲纪、破坏人心的行为。那么，为什么世间的君主不采用效法这一政策呢？从实际情况来看，能够在天子跟前、大官门庭告发郡守县令的人，一定不是软弱可欺、在郡守县令的迫害下无状可言的人。有制可循，有法可守，郡守县令尚且还敢暴敛、残虐以及枉自压制下民，肆无忌惮，这就是人们见到守令感到恐惧害怕，而不敢违抗他的原因，难道还能再去叩天子之门、登大官之堂告发郡守县令吗？这项诏令实行了以后，那些奸猾之人胁持守令而横行霸道，守令对谁也不敢怎么样，那么乡间小民受他们迫害时，还敢有喘息的机会？如若贪赃守令要想逃脱被告发的罪行，也是件容易的事，他们如果利用奸顽之人朋比为奸，那么愚懦之人就会成为他们的迫害对象，自然无后顾之忧，这种政策对拓拔氏统治所带来的害处也是显而易见的。以上这种情况中，君子之人十分厌恶的事情还没有考虑进去。破坏大伦道德，践踏名分仁义，晋用轻薄之人而导致混乱，沾污上天所尊贵的东西，破坏廉政，使天子不能稳固统治，这乃是君子之人最为厌恶的事情。

作为天子，真的担心守令残害人民吗？如果真的担心守令残害吾欲止其恶也，何以大正而小不能违。夫流品不清，而纨袴、赀郎、胥史、驵侩得以邀墨绶；铨选不审，而辇金、怀绮、姻亚、请谒得以猎大邑；秉宪不廉，而纠参会察施于如水之心。荐剡吹嘘集于同昏之党；皆教贪奖酷之所自也。原其所本，则女谒兴，宦寺张，戚畹专，佞幸进，源浊于上，流污于下，其来久矣。腥闻熏天，始从而怒之，假手于告讦之民以惩之；必民之是假也，亦恶用天子与大臣哉？夷狄不能禁其部曲，渐以流毒于郡邑，无已而此法行焉。堂堂代天而理民者，明大伦、持大法，以激浊扬清而弗伤其忠厚和平之气者，焉用此为？

13.儒者之统与帝王之统并行于天下，而互为兴替。其合也，天下以道而治，道以天子而明；及其衰，而帝王之统绝，儒者犹保其道以孤行而无所待，以人存道，而道可不亡。

魏、晋以降，玄学兴而天下无道，五胡入而天下无君，上无教，下无学，是二统者皆将斩于天下。乃永嘉之乱，能守先王之训典者，皆全身以去，西依张氏于河西；若其随琅邪而东迁者，则固多得之于玄虚之徒，灭裂君子之教者也。河西人民，就应该找出守令残害人民的原因，想办法去制止他们的丑恶行为。守令处理大政的方法得当，为什么还要去苛求他们不得有任何小的过错呢？官吏的流品高低不明确，就会给那些纨袴子弟、小商人、胥吏以及驵侩之人提供干政的机会。铨选制度不严格，就会给那些利用金绮贿赂、有婚姻关系，以及请托求见的人提供占大位的机会。执法不严，而去细究那些心洁如水人的过错，把一切事情的议论决择交给昏庸无能的一帮子人。这些都是教唆贪赃、助长残忍之风所导致的。若从本源上来考察，妇女得宠弄权，宦官势力膨涨，外戚专权，奸邪人被晋用，上源污浊，下流不清，这些现象的产生已经很久了。到这些现象发展到顶点的时候，统治者才为此而感到震怒，然后再凭借平民告发的罪状去惩治罪恶行为。既然一定要凭借平民之手，那么又怎么用得着天子及其大臣呢？夷狄国家不能制止其官员的罪恶行为，这种流毒又逐渐蔓延到地方郡县，所以不得已才实行这样的法令。而作为代表上天意志统治人民的堂堂天子，明确大伦道德，操持国家大法，推行澄浊扬清的政策，而又不伤害人们忠厚、和平的性情，怎么用得着实行这样的法令呢？

儒学的道统，与帝王之治的治统，二者并行于天下，并且二者又互为兴衰。若二者合一，那么天下就实现了正道的统治，正道通过天子为政而表现出来。到国家衰亡的时候，帝王之治的统绪断绝，而儒学的统绪仍然保持其自身的正道，独自流行于天下，不等待什么形势的来到。这些儒学家的人来保存人间正道，可以使正道不至于消亡。

魏、晋以来，随着玄学的兴起，天下已没有正道的存在。随着边外五胡民族进入中原，天下已没有君主可言。这样，上边不实施教化，百姓无学统可承，使儒学、帝王二统绪都将在天下消亡。晋朝永嘉之乱以后，能恪守先王训典的人，都自保其身，远离而去，到大西之儒，虽文行相辅，为天下后世所宗主者亦鲜；而矩矱不失，传习而废，自以为道崇，而不随其国以荣落。故张天锡降于苻秦，而人士未有随张氏而东求荣于羌、氐者。吕光叛，河西割为数国，秃发、沮渠、乞伏，蠢动喙息之酋长耳，杀人、生人、荣人、辱人唯其意，而无有敢施残害于诸儒者。且尊之也，非草窃一隅之夷能尊道也，儒者自立其纲维而莫能乱也。至于沮渠氏灭，河西无孤立之势，拓拔焘礼聘殷勤，而诸儒始东。阚骃、刘昞、索敞师表人伦，为北方所矜式，然而势屈时违，祇依之以自修其教，未尝有乘此以求荣于拓拔，取大官、执大政者。呜呼！亦伟矣哉！

江东为衣冠礼乐之区，而雷次宗、何胤出入佛、老以害道，北方之儒较醇正焉。流风所被，施于上下，拓拔氏乃革面而袭先王之文物；宇文氏承之，而隋以一天下；苏绰、李谔定隋之治具，关朗、王通开唐之文教，皆自此昉也。一隅耳，而可以存天下之废绪；端居耳，而可以消百战之凶危；贱士耳，而可以折嗜杀横行之异类。其书虽不传，其行谊虽不著，然其养道以自珍，无所求于物，物或求之而不屈，则与姚枢、许衡标榜自鬻于蒙古之廷者，相去远矣。

北去依附河西的前凉张氏。那些随从琅邪王东迁的人，也本来都是些受玄学影响颇深的人，是毁灭君子教诲的人。河西地区的儒家，尽管言词与行为相一致，但为天下后世人们所拜师传学的人却很少。然而他们自己则能保持儒学正道，传习不废，把儒学作为自己崇尚的道德，并且不因为国家的灭亡而贬低它的崇高地位。所以，前凉张天锡投降于前秦苻氏以后，前凉的儒士中没有随从张氏东移取荣于羌、氐民族的人。自吕光反叛后，河西地区分裂成几个小国，当时的秃发、沮渠、乞伏都是垂死挣扎的部族酋长而已，他们让人死、让人活、让人荣耀、让人耻辱，都只是凭借个人的意志，但他们没有敢对诸多儒士进行迫害。他们之所以能尊奉儒士，并不是因为窃据一方的边夷民族能尊奉儒学道德，而是因为这些儒士为他们建立了纲纪，使国家得以稳定不乱。到沮渠氏灭亡之后，河西地区失去了立国割据的形势，北魏的拓拔焘就采用礼遇等各种殷勤手段进行拉拢，使诸多儒士开始东向依附北魏。阚骃、刘昞、索敞三人在人伦道德修养方面是当时的表帅，并为北方人们所看重和模仿。由于感到时势的不顺，他们也只把儒学作为修养自身的道德，未尝有利用自己的儒学修养去求荣于拓拔氏，谋取下官、掌握大政的人。唉！也真的伟大啊！

江南地区可谓是衣冠礼乐之乡，然而雷次宗、何胤则利用佛、老学说破坏儒学正道，相比之下，北方的儒家还比较纯正。由于尊儒风气的流行，影响到上面和下面，使拓拔氏能够改头换面而俨然以袭先王儒统自居。之后北周的宇文氏也承继了儒统，到隋时已统一了天下。那么，苏绰、李谔制定隋朝的统治大纲，关朗、王通建立唐朝的文教制度，若追本求源的话，这里的儒统都是从前凉的儒统开始的。过去的前凉偏据一隅，却能保持天下即将废弃的儒学统绪。居住在极边地带，却能避免战争的凶危。而凭借这些贫贱儒士，却能够消除那些嗜杀横行的败类。虽然这些儒士的书没有流传，他们的事迹是故儒者之统，孤行而无待者也；天下自无统，而儒者有统。道存乎人，而人不可以多得，有心者所重悲也。虽然，斯道亘天垂地而不可亡者也，勿忧也。

14.营阳弑，庐陵死，而文帝之心戚矣。环任诸弟以方州，而托国政于彭城，非但以为不拔之基也；顾瞻兄弟，不忍为权臣所屠割，相奖以共理，冀以服天下而保本支；衰世之君能尔者鲜矣。不然，营阳废而己兴，岂不早忧奸人之援立以加我者而峻防之乎？然则彭城之伏罪以废弃，彭城之不仁也，于帝何尤焉！

义康之入辞也，唯对之号泣而无一语，义康而有人之心也，其何以自容也！义康奉顾命之诏，刘湛即昌言幼主之不可御天下。义康而无篡夺之心乎？即不能执湛以归司寇，自可面折而斥绝之；方且爱湛弥笃，而不自敛约，义康之心，路人知之矣。或曰：“义康非固有其意，而湛以倾险导之，义康固可原也。”亲则兄弟，尊则君臣，此立身何等事，而可谢咎于人之诱之也哉！扶令育谏文帝以保全义康则可矣，欲使召还而授以政，是亦一刘湛也，其见杀亦自取之也。

也不十分突出，但他们知道自我珍重，修养儒道，对他物无所求，他物引诱也心无所动，这种精神，与姚枢、许衡自我标榜而取宠于蒙古朝廷的行为相比，确实好得太多了。

可见，儒学的统绪单独流行而不等待什么可依恃的东西，天下历史的发展本来就没有统绪，但儒学则有统绪。儒学正道存在于人的思想当中，但这样的人并不多得，这是有心人所特别担忧的事。尽管如此，可以说儒学统绪在天地之间是永恒存在的，不会消亡，也不必为此担心。

营阳王被杀，庐陵王死去，宋文帝感到十分伤心，他当初任命自己的几个弟弟镇守四方州郡，并把国政托付给彭城王，并不仅仅是以此作为他统治的稳固基础。他还考虑到兄弟一堂，不忍心看着他们被权臣杀掉，所以让他们镇守地方，以鼓励他们共理朝政，并想以此折服天下，保全刘氏本支的世代延续。衰败之世的君主能像文帝这样做的很少。如果不是这样的话，营阳王废罢之后，文帝的势力兴起，难道他不早该考虑由于奸人拥立胁迫为君的原因而进行严格的防范了吗？彭城王伏罪被废，这是彭城王的不仁义，对文帝来说，又何罪之有！

义康王入朝辞别的时候，只对着文帝哭泣而说不出一句话，义康王如果有作人的良心，怎么可以对得起自己做的事呢！义康王接受托命之诏，刘湛就扬言幼弱的主人不能够统治天下。义康王你真的没有篡夺皇位的野心吗？你既然不能把刘湛交给司法官惩治，就自然应该当面批评他，并与他断绝关系。你不仅不这样做，反而更加宠爱刘湛，自己不去考虑约束他的行为，那么义康王的心理，过路人都会知道。有的人还认为：“义康王本来没有篡权的意向，只是由于刘湛的险恶用心而引导他这样做，义康王固然可以原谅。”亲近则有兄弟情谊，尊敬则有君臣关系，义康王置身于何等重要的地位，能把责

15.当其重也，则孔子之车，颜渊无椁而不可得也；当其轻也，则天子之尊，四海之富，如野蔌之在山麓水湄，而人思掇之也。谢灵运、范晔雕虫之士耳，俱思蹶然而兴，有所废立，而因之以自篡，天子若是其轻哉！何昉乎？昉于司马懿也。

王敦、桓温死而不成；桓玄狂逞遂志而终以授首；傅亮、谢晦、徐羡之甫一试其凶，而身膏鈇钺；而灵运、晔犹不恤死以思偾兴，唯视天下之果轻于一羽，而尫夫举之无难也。范晔之志趋无常，何尚之先知之，其处心非一日也；灵运犹倚先人之功业，而晔儒素之子弟耳，一念怏怏，而人主县命于其佩刀之下，险矣哉！萧道成、萧衍之侥得也，灵运、晔之侥失也，一也。大位之轻若此，曹操所经营百战而不敢捷得者也，故曰司马懿昉之也。

位不重，奸不戢，天下之祸乱不已，君臣之分义不立，故《易》曰："圣人之大宝曰位。"思所以服天下之心而早戢其异志，必有道矣。爱名器，慎选举，以重百官。贾生曰："陛尊、廉远、堂高。"知言也夫！

任推脱为别人诱胁的原因吗？扶令育劝说文帝保全义康王的性命是可以的，但要让他召还并授与他政位，则也成了和刘湛一样的人，他的被杀也是自食其果。

当把事情看重的时候，比如像孔子乘过的车子，颜渊死后因没有装入大棺材而不得乘用。当把事情看轻的时候，什么天子的尊严，四海的富裕，都如同山坡、水边的野菜一样，可以任人采摘。谢灵运、范晔是雕刻鸟虫的人士，却都急着想扩大自己的势力，一旦出现皇位废立的变化，就要乘机篡夺权利，天子的地位竟如此鄙贱啊！这种现象是从什么时间开始的？是从司马懿开始的。

王敦、桓温二人篡权阴谋没有得逞而死去，桓玄虽然篡权，阴谋得逞，但最终又被杀掉。傅亮、谢晦、徐羡之三人刚刚开始实施其篡权阴谋，就被斩杀。而谢灵运、范晔则不顾个人性命去考虑奋起，他们把天下变化后的结局看作是一根羽毛一样的轻松，所以这些狂妄之人实现其阴谋计划并不感到困难。范晔的思想变化无常，何尚之首先觉察到了他的丑恶阴谋，知道他在这方面的用心并不是一天两天了。谢灵运还凭借着先人功业的有利条件，范晔则是一般儒家的子弟，他们一个恶念起生，人们的君主就悬命在他们的佩刀之下，真是危险啊！萧道成、萧衍的乖戾行为得逞，谢灵运、范晔的乖戾行为失败，其性质都是一样的。对人君大位的轻蔑竟到了如此程度，曹操即使身经百战也没有敢马上篡夺帝位，所以说，这种现象的产生，是从司马懿开始的。

君王的地位得不到应有重视，奸邪行为得不到约束，导致天下祸乱不止，君臣之间的仁义名分不能够建立，因此，《周易》中记载："圣人的大宝就是职位的确立。"作为君王，思考安服天下人的方法并及早遏制邪恶之心萌发，一定有它的道理。保护名品地位所应有的荣誉，严格选举制度，才能充分发挥百官所应有的作用。贾生曾说：

16.高允几于知《易》矣。《易》曰："其出入以度，外内使知惧。"故圣人之作《易》也，使人度也，使人惧也；使人品也，即使人学也。子曰："不占而已矣。"谓不学也。拓拔丕从刘絜而欲谋篡，梦登白台，四顾不见人，使董道秀筮之，而道秀曰："吉。"此以占为占，而不知以学为占也。允曰："亢龙有悔，高而无民，不可以不戒。"此以学为占，而不于得失之外言吉凶也。

天下无所谓吉，得之谓也；无所谓凶，失之谓也；无所谓得失，善不善之谓也。然而圣人作《易》以前民用者，两俱仁而有不广，两俱义而有不精，时位变迁而争之于毫末，思虑穷，而《易》以何思何虑之妙用，折中以协乎贞，则《易》之所以神，而筮之所以不可废也。若夫臣之思忠，子之孝，义之必为，利之必去，昭然揭日月于中天，非偶然朽骨枯茎、乘不诚不道者之私以妄动，任术士之妄，谓之吉而遽信为吉，以祸天下而自戕者，所可窃以亿中也。

然而《易》亦未尝绝小人而不正告之也，通其义，裁之以理，使小人亦知惧焉。夫小人之为不善，行且为天下忧，故《易》不为小人谋，而为天下忧，惩小人之妄而使之戢，则祸乱不作，故大义所垂以遏小人之恶者，亦昭著而不隐。呜呼！知

“陛尊、廉远、堂高。”这是明白事理的言论啊！

高允几乎通晓《周易》。《周易》中记载：“其出入都要有法度，使内外诸臣有所戒惧。”故此圣人作《周易》，就是要使人们衡量自己，使人们对自己的错误行为感到恐惧。让人衡量测试自己，就是要让人向好的方面学习。孔子说：“不占而已矣。”就是说不测试自己，就会不学习而停止不前。拓拔丕要与刘契进行篡权的时候，曾作梦登到白台上，四周看不见人，他让董道秀对此梦作了占卜，道秀说：“是吉。”这是以占卜来预测，而不知道去通过学理来预测。高允则认为：“与龙升到极处会后悔，高高在上会失去人民，不可以不以此为戒。”这是强调通过学理来预测，而不是在利弊得失之外谈论吉凶祸福。

天下无所谓吉，得到的就是吉。天下无所谓凶，失去的就是凶。天下也无所谓得和失，好与不好就是得与失。然而圣人作《周易》，作为人们行为之前的学习标准，并要达到使人们的思想与行为相一致的目的，从仁上讲还不够广泛，从义上讲也不够周密。在由于时势变迁而引起人们对细小问题纷争的时候，若找不到什么解决的办法，就利用占卜起到不思不虑的妙用，来折中损益从而达到中道。以上就是《周易》之所以神妙，而卜筮之所以不能废除的原因。那么，大臣的忠心，儿子的孝顺，仁义必行，私利必弃，犹如日月经天，昭然若揭，这些事情并不是靠枯骨干草、假借不道德人的私欲而轻举妄动，以及听任术士妄言，说吉就马上信以为吉，最后给天下带来灾难又自食其果的人，他们凭自己的想象所能推测准确的。

《周易》所针对的，也并不排除小人不告诉他正道，而是要让小人通晓大义，用理来衡量他们的行为，使小人对自己的过错也有恐惧之感。小人不好的行为，将会成为天下普遍担忧的问题，所以《周易》主要不是为小人而作，而是为天下的忧患而作。纠正小人的此者鲜矣，而高允能知焉，不亦善乎！朱子乃谓《易》但为筮卜之书，非学者所宜学，何其言之似王安石，而顾出允下也！

17.历法至何承天而始得天，前此者未逮，后此者为一行、为郭守敬，皆踵之以兴，而无能废承天之法也。子曰："行夏之时。"伤周历之疏也。历莫疏于周，莫乱于秦，惟其简而已矣。《春秋》所书日食三十六，有未朔、既朔、月晦而食者，简故疏也。秦以建亥为岁首，置闰于岁终，简故乱也。历无可简者也，法备而后可合于天。承天之法，以月食之冲，知日之所在；因日躔之异于古，知岁之有差；以月之迟疾置定朔，以参合于经朔，精密于前人。天之聪明，以渐而著，其于人也，聪明以时而启，唯密以察者能承之。拘葸之儒，执其习见习闻以闭天之聪明，而反为之谤毁；嵬琐之士，偶得天明之一端，自诩其神奇，而欲废古人之规矩以为简捷；皆妄也。

古之所未至，可益也；以益之者改之，可改也。古之所已备者，不可略也；略之而使亡焉，则道因之而永废矣。废古而亡之，取便于流俗，苟且之术，秦之所以乱天下者，君子之所恶也。郭守敬废历元，俾算者之简便，徇流俗尔。历元废，则邪妄行为，使他们自己约束自己，则可避免祸乱的发生。所以，利用大义教育，去遏制小人的丑恶之处，也是《周易》作用明确不讳的一个方面。唉！了解如此深刻的人很少，高允能如此深刻地了解，不也是很高明吗！朱熹却认为《周易》仅仅是卜筮之类的书，不是学者所应该学习的教材。他的观点多么近似于王安石，明显居于高允之下。

历史上的历法，到何承天时开始符合自然界的特征。在此之前的历法都不完备，此后的历法有一行历法、郭守敬历法，都是在何承天历法之后流行的，但并没有改变何承天历法的内容。孔子说："行夏之时。"就是伤感周朝历法的粗陋。历法没有比周朝更粗陋的了，没有比秦朝更混乱的了，其原因都在于过分简略。《春秋》中记载日食共三十六种，如有未朔日食、既望日食、月晦日食，都由于简略而粗陋。秦朝把建亥月作为一年的首月，而把闰月作为一年的末月，由于简略而造成混乱。历法不能够简略，只有法条完备，才能与自然变化的特征相符合。何承天的历法，根据月食的角度，得知太阳所在的位置。根据太阳行迹与过去的差异，得知年岁长短的差异。根据月亮远行的速度确立定朔，再与经朔相参合。他的历法，比前人更为精密。天体的变化规律，是逐渐地显示出来，对于人来说，天体的变化随着时间的发展而产生，只有仔细观察的人才能了解它的变化规律。拘谨的人，利用自己经常见到或听到的知识去否定天体变化的某些规律，并且对正确的观点大加诋毁。邪僻琐细的人，偶尔有一个新发现，就会以神奇自夸，并且要推翻古人制度的条法，建立自己所谓新的正确的结论。这都是不正确的。

古代历法中不完备的地方，可以补充。因为补充而修改的，可以修改。古代历法中已经完备的内容，不能够删略。内容删略，弃而不用，那么古人总结出的正确道理就会永远消失。古历法废弃而消亡，又根据流俗随便制定历法，作为苟且一时之术，秦朝的历法导致了天甲子何所从始，奚以纪年而奚以纪日邪？近乃有欲废气盈朔虚，以中气三十日有奇纪孟仲季，而废闰并废月者，是天垂三曜而蔑其一也。夫人仰而见月，以月之改矣，知四时寒暑之且更矣；舍之而以中纪岁，非据历之成书，而人莫能知时之变迁矣。故古之以朔纪月，而为闰以通之于岁者，所以使人仰观于月而知时，犹仰观于日而知昼夜，何可废也。备古之所未逮，则自我而始，垂之无穷；古法废，则自我而且绝；此通蔽之大端，君子之所不敢恃己以逆天人也，岂徒历法为然哉！

18.王玄谟北伐之必败也，弗待沈庆之以老成宿将见而知之也；今从千馀岁以下，繇其言论风旨而观之，知其未有不败者也。文帝曰："观玄谟所陈，令人有封狼居胥意。"坐谈而动远略之雄心，不败何待焉？

兵之所取胜者，谋也、勇也，二者尽之矣。以勇，则锋镝雨集车驰骑骤之下，一与一相当，而后勇怯见焉。以言说勇者，气之浮也，侈于口而馁于心，见敌而必奔矣。若谋，则疑可以豫筹者也；而豫筹者，进退之大纲而已。两相敌而两相谋，扼吭抵虚，声左击右，阳进阴退之术，皎然于心目者，皆不可恃前定以为用。唯夫呼吸之顷，或敛或纵，或虚或实，念有其萌芽，而机操于转眄；非沈潜审固、凝神聚气以内营，则目荧而心不及动，辨起而智不能决。故善谋者，未有能言其谋者也。

下的混乱，这都是君子们所厌恶的事。郭守敬废除了历元历，使算者更为简便，这是顺从了流俗。废除历元历，那么甲子该从哪里开始，用什么来纪年，又用什么来纪日呢？近来又有人要废除气盈朔虚的规制，主张以三十宗日的中气来分纪孟仲季三个时期，废掉闰年以及分月的制度，这就把上天的日、月等三曜中否定了一曜的存在。人们仰面看月，根据月的变化，知道四季冷暖气候的更替。如果不用这个办法，而以中间纪岁，也不根据旧历的规制，那么人们就无法知道四季的变化。所以，古人以朔纪月，并设立闰月以平衡一年时间的长短，就是要让人们凭观月来知道四季的更替，就像观日而知道昼夜变化一样，怎么可以废除呢？对古人历法进一步完善，那么自我开始，将永垂千古。废除古人历法，那么自我开始，灭绝了先人天文的规制。此举，是通达也是蒙蔽的重大开端，君子们也不敢凭借己私违背天人的共同意愿，难道只有在历法问题上才是这样吗！

王玄谟北伐的必定失败，不等待沈庆之这样的老成宿将上阵便可知道。今日时隔千年，从他的言论意旨中去考察，知道他没有不败之理。文帝曾说："观看王玄谟的陈词，令人有封狼居胥的感觉。"坐下来谈论而树立远大策略的雄心，不失败还等待什么呢？

战争能够取胜，靠的是谋略和勇气，仅此二者就够了。关于勇的表现，在锋箭如雨、车驰骑骤的情况下，一对一作战，之后勇怯可以显而易见。只用语言标榜勇气，仅是浮于表面的勇气，多说于口而虚弱于心，遇见敌人就一定逃跑。至于谋略，则或许可以预先筹划。但预先筹划，也是军队进退的大纲而已。如果两军对垒而两相筹谋，采取避实就虚、声东击西、假进实退的战略，心中都十分明确，那么，都不能够依赖战前的筹谋去为战时所用。只有在喘息之机，趁着或敛、或纵、或虚、或实意念的产生，转眼间随机应变，选择适当的战略。若不是深入实际情况，进行仔细周密地谋划，那么，眼前的形势指天画地，度彼参此，规无穷之变于数端，而揣之于未事，则临机之束手，瞀于死生而噤无一语也，必矣。

玄谟之勇，大声疾呼之勇也；其谋，鸡鸣而寤、画衾扪腹之谋也；是以可于未事之先，对人主而拄笏掀髯，琅琅惊四筵之众。今亦不知其所陈者何如，一出诸口，一濡之笔，而数十万人之要领已涂郊原之草矣，况又与江、徐文墨之士相协而鸣也哉！

薛安都之攻关、陕而胜也，鲁方平谓安都曰："卿不进，我斩卿，我不进，卿斩我。"流血凝肘而不退，兵是以胜。武陵王骏之守彭城而固也，张畅谓江夏王义恭曰："若欲弃城，下官请以颈血污公马蹄。"骏听之，誓与城存亡，城是以全。繇此观之，拓拔氏岂果有不可当之势哉？勇奋于生死之交，谋决于安危之顷，武帝之所以灭慕容、俘姚泓，骂姚兴而兴不敢动，夺拓拔嗣之城以济师而嗣不敢遏，亦此而已矣。皆玄谟所引以自雄者，而心妄度之，目若见之，口遂言之，反诸中而无一虚静灵通之牖，以受情势之变，而生其心；则事与谋违，仓皇失措，晋寇以屠江、淮，不待智者而早已灼见之矣。

言兵者必死于兵，听言而用兵者，必丧其国，赵括之所以会令人目眩而心无所主，争辩纷起而大策不能确定。所以，善于谋划的人，没有谁能预先说出他的具体策略的。在战前指天画地，进行彼此考虑，把战争变化多端的形势归结为几种方案，在事情的成败之前就作了计划，那么，临战时机就会束手无策，在生死关头仍然眼睛昏花，不能作出最后决择，这是必定的结局。

王玄谟的勇敢，只是大声疾呼的勇敢。他的谋略，只是鸡鸣醒来后画被子摸肚皮的谋略。于是可以在战争之前，打动君主的心，震动周围的人们。现在也不知道他陈述的是些什么内容，一出于他的口，一形诸文字，就导致了数十万人惨死荒野，更何况还有江敦、徐孝嗣这些文墨之士与他协同鼓气呢！

薛安都进攻关、陕地区取得了胜利，当时鲁方平曾与薛安都立誓说："你不进，我杀你。我不进，你杀我。"最后鲜血凝固的臂肘上时也没有后退，于是他们的军队能取得胜利。武陵王刘骏稳固地镇守着彭城（今江苏徐州），当时张畅也曾对江夏王刘义恭发誓说："如果弃城逃跑，下官我请求用脖子上的鲜血染红您的马蹄。"刘骏也赞同他的誓言，坚持与彭城同存亡，于是彭城最终得以保全。由此看来，北魏拓拔氏的势力难道真的不可阻挡吗？只有在生死关头奋勇作战，在形势危急的一瞬间决定大策，宋武帝才能够消灭慕容，俘虏姚泓，骂姚兴而姚兴不敢违抗，占领拓拔嗣的城池以进军，而拓拔氏却不敢制止，也仅此而已。那些随从王玄谟而自我称雄的人，妄想预测战争的形势，好像亲眼看到，由此制定出计划，而到了应战之时，却没有一个冷静深入思考的人，去根据形势变化，制定出行之有效的策略。因此，形势与预先的谋划相违背，感到仓皇失措，导致敌人南进，破荡江、淮之地，这种结局不等待明智之人去预测，就早已十分明显的了。

纸上谈兵者一定死于战争，听信这些言论去用兵者，一定导致他亡赵，景延广之所以亡晋，一也。最下而郭京、申甫之妖诞兴焉。有国家者，亟正以刑可也。但废不用，犹且著为论说以惑后世，而戕民于无已。《易》曰：“弟子舆尸。”坐而论兵者之谓也。

19.于崔浩以史被杀，而重有感焉。浩以不周身之智，为索虏用，乃欲伸直笔于狼子野心之廷，以速其死，其愚固矣。然浩死而后世之史益秽，则浩存直笔于天壤，亦未可没也。直道之行于斯民者，五帝、三王之法也，圣人之教也，礼乐刑政之兴废，荒隅盗贼之缘起，皆于史乎征之，即有不典，而固可征也。若浩者，仕于魏而为魏史，然能存拓拔氏之所繇来，详著其不可为君师之实，与其乘间以入中国之祸始，俾后之王者鉴而知惧，以制之于早，后世之士民知愧而不屑戴之为君，则浩之为功于人极者亦伟矣。浩虽杀，魏收继之，李延寿继之，撰述虽秽，而诘汾、力微之秽迹犹有传者，皆浩之追叙仅存者也。

前乎此而刘、石、慕容、苻、姚、赫连之所自来佚矣；后乎此而契丹、女直、蒙古之所自出泯矣。刘、石、慕容、苻、姚、赫连之佚也，无史也；契丹、女直之泯也，蒙古氏讳其类，脱脱隐之也；然犹千百而存一也。宋濂中华之士，与闻君子之教，佐兴王以复中华者也，非有崔浩族诛之恐。而修蒙古之的国家灭亡。赵括之所以导致赵国灭亡，景延广之所以导致晋国灭亡，都是这个道理。最后来还有郭京、申甫妄言兵事利害导致失败的例子。统治国家者，应该随即将这些人绳之以法。如果法律废而不用，仍然助长这些人的邪妄之说，欺骗后世的人们，那么，人民将祸害无已。《周易》中说："弟子用战车载尸而归。"就是指责纸上谈兵的人。

北魏的崔浩因为修史暴露"国恶"的罪名被杀害，我对此深有感触。崔浩以忘我精神，为拓拔氏所任用，却要去正面记述北魏朝廷内部狼子野心的事实，把自己往死处赶，的确是愚昧。然而崔浩死后，后家的著述更加污秽，那么可以说，崔浩凭笔直书的精神是永存天际，不可泯灭。真实记载历史，这种风气实行于人类社会，是五帝、三王创立的规制，是出自圣人的教诲。礼乐刑政制度的兴废，荒远盗贼的缘起，都可以从史书中得到证明，即使没有典籍可查，本来也可以找到它的根据。像崔浩为官于北魏，又为北魏作史，然而能做到具体记载拓拔氏的发展历史，详细记载拓拔氏不能够当君王的实际情况，以及他们乘机侵入中原，开始制造祸乱的事实，使后世王者能够以此为鉴，知道忧心，并考虑即早制服他们，又使后世官民都感到羞愧而不把拓拔氏当作君王看待，说明崔浩对人们所做出的贡献是极大的，他也是位伟大的人物。崔浩虽死，后继者还有魏收、李延寿二人，他们撰述尽管也有些污秽，但对诘汾、力微等人的丑恶行迹仍有记载，这都是崔浩所作史书中仅存的内容。

在此之前，有关十六国中刘氏、石氏、慕容氏、苻氏、姚氏、赫连氏的历史发展情况不得而知。在此之后，有关契丹、女真、蒙古的历史发展情况，也无从考查。前者十六国诸代的历史不得而知，是因为缺乏历史记载。后者契丹、女真的历史无从查考，是因为元代蒙古人忌讳记述他们的历史，脱脱又从中隐瞒了历史真相。然而这些民史，隐其恶，扬其美，其兴也，若列之汉、唐、宋开国之君而有馀休；其亡也，则若无罪于天下而不幸以亡也。濂史成，而天下之直道永绝于人心矣。濂其能无愧于浩乎？浩以赤族而不恤，濂以曲徇虞集、危素而为蒙古掩其腥秽，使后王无所惩以厚其防，后人无所魏以洁其身。人之度量相越，有如此哉！后之作者，虽欲正之，无征而正之，濂之罪，延于终古矣。

20.生人之大节，至于不惮死而可无馀憾矣。然士苟不惮死，则于以自靖也，何不可为，而犹使人有馀憾焉，是可惜也。

袁淑死于元凶之难，从容就义以蹈白刃，其视王僧绰与废立之谋变而受其吏部尚书、以迹露而被杀者远矣。虽然，元凶劭之与君父有不两立之势也，自其怨江、徐而造巫蛊已然矣。淑为其左卫率，无能改其凶德，辞宫僚而去之，不可乎？可弗死也。及其日飨将士，亲行酒以奉之，枭獍之谋决矣，发其不轨而闻之于帝，不可乎？言以召祸，于此而死焉，可也。伐国不问仁人，其严气有以詟之也。风棱峻削岳立，而为元凶所忌，或殒其身，可也。何至露刃行逆之时，元凶尚敢就谋成败乎？且其官卫率也，将士之主也，元凶不逞，握符麾众，禽之以献，不济而死焉，可也。何踌躅永夜，而被其胁使族的历史仍有一少部分被记载下来。宋濂作为中原的士大夫，受的是君子们的教诲，承担辅佐君王兴起、恢复中原统治的重任，并没有像崔浩有惨遭灭族的担忧。然而他修蒙古的历史，却隐恶扬善，把蒙古元的兴起，看作是比汉、唐、宋开国君主的功劳还要大。又把蒙古元的灭亡，看作是无罪于天下而不幸的灭亡。宋濂史书撰就之后，天下凭笔直书的风格在人们心目中永远消失了。宋濂对崔浩不感到羞愧吗？崔浩不惜灭族的危险修史，而宋濂则卑屈顺从于虞集、危素的说法，为蒙古掩饰丑恶，使后来的君王不能从中得到借鉴而去进行周密地防范，使后来的人们不能从中吸取教训而去净洁他们的自身。人与人的度量有所不同，难道有如此大的差别吗！后世的作史者，想纠正前史隐恶的错误，但是在没有查证根据的情况去纠正它。宋濂所犯下的罪行，坑害千古的人们。

人生的气节，到不怕死的时候就没有什么可遗憾的了。然而，如果士大夫不怕死，就会自己安静地过活等死。干什么事不行，非要给人留下遗憾不可，真是惋惜。

袁淑死于元凶刘劭作难，从容就义。王僧绰参与废立君位的阴谋，即而转变立场，被授与吏部尚书，后又因事迹败露被杀。他的这种行为与袁淑相比，差得远了。尽管如此，元凶刘劭也有与君王势不两立的地方，自他与江敩、徐孝嗣结怨以后，造谣反对他的情况也已普遍。袁淑作为他的左卫率，自然不可能改变他的凶恶德性，但弃官而去，不也可以吗？这样可免于一死。到他每天犒劳将士，并亲自给将士祝酒的时候，说明凶险阴谋已经确定，这时向皇帝揭发他的不轨行为，不也可以吗？即使告发召来祸患，因此而死，也是可以的。那么讨伐别国不讲仁义，他的嚣张气焰也会有所收敛。如果自己立场坚定，而为元凶刘劭所忌恨，那么因此而死，也是值得的。怎么能够发展到刘劭在你死前还敢同你商量事情成败的地步呢？况且你是左卫登车，而泯泯以受刃乎？伤哉！淑之能以死免于从逆，而荏苒以徒亡也。

子曰："见义不为，无勇也。"淑之于义曙矣，而勇不足以堪之，将无有掣其情而使无勇者存邪？勇于定乱，勇于讨贼，难矣；勇于去官，决于一念而唯己所欲为者也，此之不决，则死有馀憾。为君子者，可不决之于早哉！养勇以处不测之险阻，无他，爵禄不系其心，则思过半矣。

21.晋、宋以降，国法圮、大伦斁、而廉耻丧，非一日矣。周札应王敦，而与卞壸、桓彝同其赠恤；王谧解天子玺绶以授玄，玄死，反归而任三公，天讨不加，而荣宠及之。数叛数归，靦颜百年而六易其主，无惑也。如是，宜速歼以亡；而其君犹能传及其世，其士大夫犹能全其族者，何也？盖君臣之道丧，而父子之伦尚存也。

元凶为逆，孝武起兵以致讨，元凶败矣，萧斌解甲带白幡来降，逆濬就江夏王义恭以降，而但问来无晚乎，固自谓得视王谧，斌犹可立人之朝，濬犹可有其封爵也。于是斩斌于军门，枭濬于大航，法乃伸焉，则人知覆载不容之罪无所逃于上刑。于斯时也，义愤所激，天良警之，人理不绝于天下，恃此也夫！故延及齐、梁而父子之伦独重。梁武于服除入见者，无哀率，是所有将士的主人，元凶险恶你可以握令符号召众将士，将元凶捉拿送往朝廷，如果事不成而死，也是值得的。为何整夜犹豫不决，最后被元凶胁迫登上刑车，而糊糊涂涂地被杀了呢？痛心啊！袁淑能够用死去避免服从与背离的选择，但许多时光已白白流逝了。

孔子说："看见义的事不去做，就是缺乏勇气。"从义上讲，袁淑表现突出，但他的勇气却不足称道，难道是他自己不懂得调节情感而导致勇气丧失了吗？勇气能用在平定动乱、讨伐盗贼方面，是有一定困难的。但勇于辞去官职，只是决定于自己的一念之想，仅此就不能决定，死后也有遗憾。作为君子，能不早做决择吗！培养自己的勇气，就是为了对付预料不到的险恶形势。培养勇气没有其他的办法，只要把爵位利禄置之度外，就已领悟了大半。

自晋朝、刘宋以来，国家法纪不立，大伦道德破坏，人们丧失廉耻之心，这种现象并非一日了。周札响应王敦，但又与卞壸、桓彝相勾结。王谧曾把天子的印绶解下来交给刘玄，刘玄死后，他反而归任三公官，没有遭到上天的惩罚，却又得到了宠荣的地位。他几次反叛，又几次归朝，一生带着惭愧的脸色奉事了六位君主，他并不是糊涂的人。这类人，应该尽快杀掉。但他的君主却仍然能够继续任用他，士大夫们也仍然能够保全他的家族，这是为什么呢？是因为君臣道德丧失而父子人伦尚存的原因。

元凶作乱，孝武帝起兵讨伐，元凶战败后，萧斌解下甲带持白旗前来投降，刘浚也到江夏王刘义恭处投降，但他们来降时还曾问来得不晚吧。之所以如此，是因为他们得意被王谧所看重，投降后，萧斌仍可以在朝中任职，刘浚仍可以得到封爵。于是后来在国门斩掉了萧斌，在浮桥杀掉了刘浚，法纪才伸张了正气，同时也让人们知道，犯下不能容忍的罪行，必然逃脱不了国法的惩罚。在这个时候，民愤高涨，天良恢复，人间的义理行于天下。都是因为这次用法律毁之容，则终身坐废。区区孱弱之江左，拥衣冠而抗方张之拓拔，存一线人理于所生，而若或佑之；于此可以知天，可以知不学不虑之性矣。萧正德、萧综捐父事贼，而无有正天诛者，然后江东瓦解以澌灭。兴亡之故，系于彝伦，岂不重与！

孝武帝

1.势变情移，而有元妄之灾，恬不知警，违时任意，则祸必及，庸夫之恒态也。惟然，而巧者测之，急改其常度，以迎当时之意指，乃至残忍惎害，为同类所饮恨而不顾，以是为自全之策；幸而全也，小人之尤也，而究以得全者亦鲜矣。

孝武以藩王起兵，而受臣民之推戴，德望素为诸王所轻，不自安也；于是杀铄，诛义宣，忍削本支，以快其志。江夏王义恭诱逆劭弃南岸，单骑南奔，上表劝进，斩逆濬，厥功大矣；于是畏祸之及己也，条奏裁损王侯九事，以希合孝武未言之隐，削剥诸王以消疑忌。夫义恭岂无葛藟之恩，利非在己，而灭天性以任骨肉之怨者，何也？以为先自我发，而人不得挟短长以议己，全躯保禄位之术，自诧为工矣。

伸张了正气。所以以后一直到南齐、南梁时期，都特别重视父子之间的伦理道德。梁武帝看到丧期年满入见的人无悲伤之色，就不再录用。面积不大而虚弱的江南王朝，依靠衣冠之族与势力日益增强的北方拓拔氏相对抗，能在人间保留这么有限的一点人伦道德，或许就可以保佑他们。他们由此可以知道上天的存在，由此可以知道不学而能不虑而得心天良之性。萧正德、萧综抛弃父亲去奉事奸贼，没有受到应有的惩罚，那么后来就导致了江南王朝的瓦解灭亡。伦理道德，关系到国家的兴亡，难道还不够重要吗！

如果在时势变化、无妄的灾难即将临头的情况下，采取安然而不知警惕的态度，违背时势，任凭自己的意向去办事，那么灾难必定降在你的身上，这是庸夫之人的惯常态度。但敏巧之人，则会根据时势变化，很快改变他平常的意向，以适应时势的发展，乃至不顾周围人的怨恨，做出残忍毒害的行为，以此作为保全自己的策略。有幸保全自己的，又把过错归咎于小人，而追究保全人自身的情况则十分少见。

孝武帝以藩王身份起兵，受到臣民的拥戴，但他的德望平常不被其他诸王所看重，所以感到内心不安。于是他杀掉刘铄和刘义宣，忍痛削掉本支的力量，以安慰自己的心。江夏王刘义恭曾诱使叛贼刘劭放弃南岸，单骑向南逃退，接着又向君上奏表，劝其进攻，杀掉了刘浚，他的功劳很大。因而，他自己也担心祸患降临，就向孝武帝陈奏了旨在削弱王侯势力的九项事情，以迎合孝武帝没有说出来的隐心，就是打击诸王势力，消除心中疑忌。刘义恭真的就没有同堂兄弟的情意，不关系到自己的利益，却要去干丧失天性而导致骨肉兄弟怨愤的事，为什么呢？因为他这样做是要表明自己是打击诸王势力的首先发起者，这样人们就无从议论自己的长短，这是他保全自己、保全禄位的手段，自以为是够高明的了。

或曰：遇暴人，丁险运，不授异姓以制我之权，而自任之，则祸泯于无形，亦知时度势者之不废乎！浸不若此，而以笃懿亲、固根本之言投于猜忌之衷，无救于时，而祗以自害，奚可也？曰：君子之处此，固有道矣。物激矣，而持之以定，禹之所以抑洪水也。势危矣，而居之以安，孔子之所以解匡围也。圣人岂有以异于人哉？出乎圣，即疾入乎狂。义恭之狂也，无以持物而自奠其居也。君多忌而寡恩矣，义宣等之不辑，非必妄干天位，而贪权势以启忮人之衅矣。义恭以有功居百僚之上，诚危矣；而远嫌以消疑忌，固无难也。自谢不敏，翩然而去之，养疾邱园，杜口朝政，则于以自全焉有馀矣。而何事导君以残刻，而已为不仁之俑哉？

主自疑也，吾自信也；诸王自竞也，吾自静也。或有闻风而相效者，则宗族以保，而帝亦且消其猜防骨肉之邪心。其不然也，为孝武献残忍之谋者，岂伊无人，而我处无咎之中，不已裕乎？唯其欲为功以固荣宠也，而违心以行颠倒之政，引君以益其慝，敛众怨以激其争，而后天理亡，民彝绝，国亦以危矣。身虽苟免，其喙息亦何异于禽兽哉？其究也，逃孝建、大明之网罗，翱翔百僚之上，而终授首于子业，狂者之自毙也，有人认为，遇到残暴的人，适逢坏的运气，不要把权位交给异姓的人，以免他窃夺我的权力，而应该自己掌握大权，如此可以使祸患泯灭于还没有显露的时候。这也是知时度势的人做事能够成功的方法啊！反之，不这样做，把团结亲近人、稳固国家根本的事情与猜忌之人交心，不但不能挽救形势，而且只能坑害自己，这怎么能行呢？应该说，君子之人面临这种形势，固然有他恰当的处理方法。在事情紧急的时候，冷静对待而得以平安处理，这是大禹治理洪水的方法。在形势危急的时候，沉着思索，考虑对策，可得平安，这是孔子解救匡之围困的方法。圣人难道就有与一般人不一样的地方吗？偏离了圣人的德行，进入了发狂的境地。刘义恭发狂后，就不能沉着地去衡量事物的利弊，不能稳固自己所依赖的根本。孝武帝多猜忌而缺少恩德，刘义宣之类人虽不够收敛，但也并不是要妄自干扰朝政，也并不是贪夺权势引发丑恶者野心的人。刘义恭尽管以大功超居百僚之上，但他的处境也实在危险。他要远避这些是非之事，消除别人对自己的猜忌，本来也没有什么难的。他要自己摆脱束缚，不去干这些事，从容离去，养病于园林，闭口不言朝政，那么，完全能够保全自己的性命。为什么非要去干诱发君王对诸王进行残害的事，而自己充当不仁义的替身呢？

君主有猜疑之心，我自己应该相信自己。诸王内部争斗，我自己应该镇定自若。即使随着形势变化，必须有所屈从，自己的宗族也可得以保全，君王对自己也不会有诸如兄弟骨肉猜疑、防范的邪妄之心。你要不那样做，向孝武帝提出残害诸王想法的，难道就没有其他人了吗？如果别人提出残害诸王的想法，而你自己没有任何过错，一身干净，不是很自在美好的吗？你自己只想着立功，稳固自己的荣誉和宠位，而违心做出善恶颠倒的事，引发君王实施其不良用心，激化他们之间的矛盾，导致纷争，这样做的后果，只能是天理消亡，人们未有免者也。道二：仁与不仁而已矣。一念之贪，天理之贼，圣狂之界也。

1.拓拔氏将立其子为太子，则杀其母，夷狄残忍以灭大伦，亦至此哉！然其后卒以未杀之淫妪擅国而召乱以亡，徒以椓杙天性而无救于亡，何为者邪？且夫母后者，岂特不可杀，而亦不必过为防者也。周之过其历也，化始于《关雎》，琴瑟钟鼓，唯是乐以友之，而内治修、国政不紊。彼为圣王之化，不可及矣。虽不及此，取供祭祀奉皇天先祖之伉俪而视之如仇雠，是可忍也，亦孰不可忍也！将必如浮屠氏之尽弃家室而后可治也邪？

内教之修尚矣，迪之以阴礼，而可使见德；统之以妇职，而可使见功。夫妇人亦犹是人也，无所见其功德，而后预外事以为荣。故先王勤饬以躬桑渍种之仪，劝奖以亚献馈笾之礼，有馀荣焉。虽乐于自见之哲妇，亦不患其幽闭深宫如圈豚笼鸟之待饲，而其志宁矣。其次，则后族虽贤弗任也，内竖之服勤于宫中者弗庸也，大臣得箴其举动，嗣子不托以匡扶，制之之道，亦岂无术，而必以为患哉？不然，人主六御在握，方将举天下之智勇而驭之，取草泽之雄、夷狄之狡而制之，匹夫之间的道德丧失，而国家也处于危险的境地。你自己虽然苟且免于一死，但这样过活与禽兽又有什么区别呢？其结果，逃脱了孝武帝对他的惩罚，地位功德超居于百僚之上，但最终又丧命于前废帝刘子业，这是狂妄者自取灭亡，是不可避免的。关于人生道路的选择有两条，就是仁义和不仁义。一念的贪心，便成为破坏天理的奸贼，圣人与狂人的区别就在这里。

北魏的拓拔氏在准备册立儿子为太子的时候，就杀了他的母亲。夷狄民族中实施残忍政策，破坏大伦道德，也到了如此严重的地步。然而拓拔氏的国家，最后终于因没被杀掉的淫妇擅权而召致变乱，导致灭亡，为政者只凭他那敲击马桩的天性已无力挽救危亡的形势，为什么会有如此后果呢？作为母亲皇后，不但不可以杀她们，对他们也不必过去防范。周代的统治，对妇人的问题采取开明政策起始于《关睢》之作。当时用琴瑟钟鼓的音乐来迎接贤女，而内宫整肃修明备，国政就不紊乱。圣王所采取的开化政策，拓拔氏是不可能实现的。不能这样做便罢了，却又把上承皇天先祖的母后视为仇敌，如若这都忍心，还有什么不能忍心做的呢！难道一定要像佛徒那样抛弃家室，然后才能建立稳固的统治吗？

对妇人自身进行教育尤为重要。用妇人的礼仪开导她们，可以使她们表现出自己的德行。把妇人的职事安排给她们，可以使她们表现出自己的功劳。即使其中有些表现不出自己的功劳和德行，那么以后干外面的事也会感到光荣。所以先王注重对他们进行各方面的礼仪教育，就是要让他们在以后有好的影响。这样即使乐于表现自己的要强妇人，也不担心她深处幽宫之中，像圈里的猪、笼里的鸟一样等待饲养，然而她的心却比较稳定。另一方面，凡是皇后的亲族，即使贤能也不能任用。凡是后族人亲戚在宫中充当杂工的，也不能任用，大臣对这些人的一举一动要进行指教，皇帝嗣子不要对这些亦有一匹偶，而惴惴然唯恐戕我国家也，不亦陋乎！

拓拔氏不足诛者也，有天下者，非猜而钳之，则昵而纵之。道二：仁与不仁而已，非取法于齐家之圣化，亦惆怅而不得其术也。

3.源贺请减过误入死罪者充卒戍边，拓拔濬从之，而奖贺曰："一岁所活不少"，是也。又曰："增兵亦多，"则乱政也，拓拔氏自此而衰矣。兵者，宗社生民所倚以为存亡生死者也。古者寓兵于农，兵亦农也。王者莫重乎农，则莫重乎兵，于风有《东山》焉，于雅有《杕杜》焉，相与劳来而咏歌之，如此乎其贵之也。后世召募兴，而朴者耕耨以养兵，强者战守以卫农，相为匹而不相下，坐食农人勤获之粟而不以为厉农，其有功则立朝右，与士伍而不以为辱士，抑如此乎其重之也。乃使犯鈇锧之刑，为生人所不齿者，苟全其命，而以行伍为四裔之徒，则兵之贱也，曾不得与徒隶等，求其不厌苦而思脱、决裂而自恣、幸败而溃散者，几何也？兵贱则将亦贱矣，授钺而专征者，一岸狱之长而已，廉耻丧，卤掠行，叛离易于反掌，辱人贱行者之固然，又何怪焉？

人讲匡扶朝政的事，要控制这些人，难道就没有好的方法，而必须制造灾难不行吗？不这样做，人主大权在握，就想着要搜罗天下智勇之士加以统帅，选用草泽中的英雄以及夷狄当中的狡强之人加以管束，平民百姓都有自己的配偶，整天提心吊胆唯恐这些人危及国家统治，这种处理方法不亦太鄙陋了吗！

拓拔氏不值得谴责。因为统治天下的基本方法，不是因猜忌而实行钳制政策，就是因亲昵而采取放纵政策。这里衡量的标准有两个方面，就是仁义还是不仁义。拓拔氏尽管不能在国家之内实施圣化政策，但也伤感他们不能找到适当的统驭方法。

北魏源贺请求减免由于过错而犯死罪人的刑罚，让他们充军戍边，文成帝拓拔浚听了他的请求，并夸奖他说："这样一年使死罪人活下来的可不少"，这说的也对。同时文成帝又夸奖说："这样给国家增兵也很多"，这是导致变乱的政见，那么从此以后，北魏也就衰弱了。军队，是国家宗社、黎民百姓生死存亡的依赖。古代采取寓兵于农的政策，兵也就是农。统治天下者，重视农，也重视兵，在"国风"的《东山》篇、"小雅"的《杕杜》篇中都记载，相互慰劳延请咏歌酬答，说明当时十分重视兵与农的关系。后来又实行募兵制度，力弱者以耕种养兵，力强者以战守保护耕种，兵农二者相互为用，都不能缺少。人们坐食农人辛勤耕获的粮食，都不做损害农业的事，有功的人到朝廷做官，而那些当兵者也不感到耻辱，兵与农的关系又如此重要。如果让犯有死罪、不能同一般人相提并论的人苟免性命，在国家军队里，选用这些犹如边夷民族之类的人充当兵员，那么兵员身份的下贱，尽管不能与罪犯等同，但要求他们做到不因为怕苦而想着逃跑，不因为分裂而放肆，不因为偶尔失败而离散，又有几个人呢？兵员下贱，将帅也就下贱，授权领兵出征的将帅，不过成了一个小小的监狱长而已，这样他们就会丧失廉耻之心，采取掳掠行为，举行夫兵，惟其精也，不惟其多也。士皆千金之士，将专阃外之尊，为国干城，一旅而敌百万。乌合之众，罪人无行，苟免而无惭，虽多何补哉？若以矜全过误而贷其命，则有流放之辟在焉。贺之说，涂饰以为两得，而不知其馁国之神气以向于衰也。后世免死充军，改流刑为佥伍，皆祖贺之术，而建之为法；行之未久而武备堕，盗贼夷裔狄横行而无与守国，夫亦见拓拔氏之坐制于六镇而以亡也乎！

4.自魏、晋以来至于宋，大明之世，而后权移于近臣。戴法兴、戴明宝、巢尚之皆赐爵掌中书事。前此者，权归大臣，天子虽有所宠信而不能伸，孝武以疑忌行独制，义恭等畏祸以苟全，于是而其法始变。春秋之季，世卿执国，非其族属，则谓之嬖大夫。以孔子之圣，位至下大夫而止，弗能为卿也。魏、晋以后，流品重，世族兴，而非门阀以进者，谓之幸臣；即人主之所委任，弗能登之三事也。乃以其时考之，春秋篡弑相仍，晋、宋权臣继攘，上用一人，而下远之也若将污己，仇之也若不两立，人君孤立，而兴废死生不能自保。盖嬖幸之名立，以禁锢天子之左右，流俗之稗政，夺攘之祸媒也。

反叛离移也易如反掌。这是低贱之人本来就有的特性，又有什么奇怪呢？

兵，要求精不要求多。如果兵员都是尊贵之士，将帅领兵在外具有崇高的威望，那么为国家战争，一旅可当百万兵的力量。如果是些乌合之众，犯过罪的人行为没有约束，免于一死却无自惭之感，那么兵虽多又有何用呢？如果怜悯犯过错的死罪犯人而赦贷他的性命，那么还有流放的偏颇。源贺的建议，表面上好像是一举两得，却不知道这大伤了国家的元气，是走向衰亡之路。后来所实行的免死充军，把流刑犯充军，都是延续了源贺的观点，并且发展成了固定的制度。这种制度实行不了多久就会削弱国家的武备力量，在盗贼、夷狄横行的情况下，不能够守卫国家，看到过拓拔氏拥有六镇兵力却导致国家灭亡的情况吗？

国家的权力，自魏、晋到刘宋孝武帝大明年间是一种情况，大明以后则是另一种情况，即国家的权力转移到亲近的小臣手中。当时的戴法兴，戴明宝、巢尚之都被赐爵承担中书事务。在此之前，权力归大臣所掌。天子即使有宠信的人也不能随意任用。孝武帝因为有猜忌之心，独自实行自己的一套制度，刘义恭等人又害怕危及自身而采取苟且偷生的态度，于是国家权力的分配就发生了变化。春秋时代，世代大官掌握国政，不是他们族系的人任官的，就称为得宠大夫，孔子虽为圣人，官职最高才任到下大夫，并不能担任卿官。自魏晋以后，开始重视流品地位，世家大族的力量兴起，那么不是门阀世族出身的官人，则称为得幸的大臣。当时君王所委任的官，也不能够担任国家的财、政、兵三大要职。根据当时的情况来考察，春秋时代篡权杀君的事频频发生，晋代以及刘宋前期，权臣也屡屡干扰朝政，君王若任用一个人，那么下边的人都敬而远之，好像要牵累自己似的，相互之间好像存在着势不两立的敌对情绪，这样就使人君处于孤立的境然而为人主所亲幸者，率多邪佞贪谗，导君于恶，而弄威福以仇奸利，卒不能收一人之用可恃为股肱者，何也？物之所贵，因而自贵者，道也；物之所贱，因而自贱者，机也。丰年谷贱而多荑稗，陂泽鱼贱而多臭腐，物论之所趋，物情之所竞，而物理之所繇以良楛，必然之势也。九品之外无清流，世族之外无造士，于是而不在此数者，知不足以应当世之宠光，穨然自放而已。其慧者，又将旁出歧趋以冀非分之福泽。故天子欲拔一士于流品之外，而果无其人。即有明辨之智，干理之才，喻利焉耳，稔恶焉耳，于是而天下后世益信孤寒特起之士果为佞幸，适以破国亡家而不可用；亦恶知摧抑而使智于污下者，虽有才智不能自拔也。

故人主之好尚，不能不随风俗以移，而圣王崛起，移风易俗，抑必甄陶渐渍之有日，而不可旦夕期其速革。孝武以近臣间大臣而终于乱，非天子不可有特用之人，其驯致之者，无以豫养之也。

5.一动而不可止者，势也。太上以道处势之先，而消其妄，静而自正也。其次坦然任之，不得已而后应，澄之于既波之后，则亦可以不倾。元凶造逆，天下同仇，孝武援戈而起，地，那么人君的废立生死也难以得到保证。大概是由于宠幸之人为官后，禁锢了天子左右其他人的权力。这种已形成流俗的杂乱政治，就是夺权干政祸患的引发之源。

然而，那些被君王所宠幸任用的人，大多数都是邪佞贪谗之人，他们引导君王作恶，耍弄威福制服奸利之人，最终没有一个能成为君王所依赖的辅助大臣，为什么呢？珍贵的东西，人们自然珍贵它；低贱的东西，人们自然贱视它。这是道理所在。年丰的时候粮食低贱，粮草也多。池塘的鱼多而低贱，腐臭的鱼也会不少。人们对事物的看法，事物与事物之间的差异，以及事物本身的好坏变化，都是必然的趋势。九品次第之外没有清流人选，世家大族之外没有才华之士，那么不在此列的人就会知道自己不能够得到当世的宠光，会感到颓丧而放任自己。其中聪慧的人，又会去找歪门邪道，求得他不应该得到的福份。因而天子要在流品之外选拔一位才人，就真的找不到这样的人。即使有明辨之智、干练之才的人，也成了谋利之徒，作恶之徒。所以，后世的人们愈益相信孤苦贫寒突起的人士，果然就是佞幸之人，他们只能导致家破国亡，不能任用。哪里知道采取这样的压制政策，使这些人常处于污浊下流，而其中的才智之士也不能够起用。

因此，君主的指导思想，不能够随从流俗变化。圣明君主崛起后，采取移风易俗政策，对这种坏的流俗要逐渐加以改变，而不能够期望在短时间内把它完全消除掉。孝武帝利用亲近小臣，分夺了大臣的权力，但之所以最终导致离乱，并不是天子找不到另外提拔的人，只是因为对利用的人没有进行事先培养的缘故。

天下一旦骚动就难以控制，这是由于这种形势的发展所决定的。圣明的君王能在形势出现之前就考虑对策，所以能消除祸患，镇定自若。次一等的君王，坦然坐观形势的发展，在不得已的情况下才以臣子而恤君父之惨，行戮兄弟而非忍，夫孰谓其非正者。然而诸王拥方州以自大，义宣反于江州，诞反于广陵，休茂反于襄阳，乘之以动而不可止，于是而孝武之疑忌深矣。削之制之，不遗馀力，而终莫能戢。嗣子虽不道，而祸速发于同姓之操戈，垂及明帝，杀戮逞而刘宗遂亡。波涛触乎崖石，逆风而歕薄，亦至此哉！揆厥所繇，不可谓非孝武之师先之也。

夫孝武之师，动以正也，乃一动而不可止，卒以倡乱者，岂谓其不宜县逆劭之首于都市哉？度之于先，而与物相安以息争也，固有道矣。义兵之至建业也，劭将授首，君父之怨释，臣子之职亦庶几尽矣。乃以次，则非长也；以望，则不足以服人也；于此顿兵于宫阙，正告诸王曰："吾之决于称兵也，以君父不忍言之惨，古今不再见之祸也。今元凶已伏诛矣，孤岂忍有利天下之心？以齿以德，必有所归，社稷不可以无主，吾将与诸王奉之。"使众意他有所属，臣子之道尽，虽不为天子而志已遂矣。如臣民以功而不我释与？抑引咎含哀，不得已而受命，推怵惕之忧，厚抚诸父昆弟，以广先君之爱，则天下既服其仁，而抑知大位之不可以力争也。天下定矣，乃听义恭之谄，元凶未斩，而先即位于新亭。然则起兵也，非果有割考虑对策，扭转已经出现的形势，这也可以保证国家不灭亡。刘宋元凶发难之时，天下共愤，孝武帝就乘机起兵，以臣子顾恤君父被惨害的名义，不惜采取残忍手段，杀戮兄弟骨肉，他这样做谁还能说他行为不正。然而地方诸王各据方州扩大自己的势力，刘义宣反抗于江州（今四川重庆），刘诞反抗于广陵（今江苏扬州），刘休茂反抗于襄阳（今湖北襄樊），他们乘机发起动乱而不可制止，因而进一步加深了孝武帝的疑忌之心。之后，孝武帝便采取各种办法，不遗余力地削弱、限制地方诸王的势力，但是最终没有达到控制诸王的目的。孝武帝的嗣子虽然不行仁道，但祸患却突发于刘氏同姓之间的同室操戈，这种形势发展到明帝时候，由于君王被杀，而最终导致了刘氏王朝的灭亡。波涛拍击岸石，逆风而行恶，也到了如此程度。若从根源上去追究，不能说不是孝武帝开了先辙。

孝武帝的军队，发动的目的是要匡扶正义，但自他起兵后天下的动乱就不可制止，最终导致了离乱，难道说他不应该杀掉叛贼刘劭而把刘劭的头悬吊在街市上吗？在局势转变之前就考虑对策，保证相互之间平安相处，停息分争，这本来就有它的道理。孝武帝的义兵到达建业（今江苏南京）的时候，刘劭将要被杀，那么这时对孝武帝来说，其实心中的君父之怨已经释解，作为臣子，也基本上尽到了责任。从地位上说，他不是最高首领。从威望上说，他不能安服民众。那么若在皇宫门前就此罢兵，向诸王郑重宣告："我之所以决定起兵，是因为君父蒙受了难言的遭遇，国家遇到了古今没有的祸患。现在作恶元凶已被斩杀，我怎么能够忍心有贪夺天下的想法呢？按照品次，按照功德，一定有我所当占的位置。国家社稷不能够没有君主，我将和诸王一起，共同为君主效力。"这样使人们意识到有另行安排你的位置，你作为臣子的责任也尽到了，即使不作天子，也会感到心安理得，如愿以偿。怎么能够向臣民表现你的功德而不进行自我收敛肝裂胆之痛，而幸兄弟之逆以获大宝也。波自我扬，而欲遏之也，得乎？

既急于自立而莫能待矣，则抑可自信曰：均为臣子，而诸王偃蹇于逆劭之世，我既诛贼子而得之，人情所归，非我贪也。有谅我者，其知顺逆者也，不足虑也；其横逆而逞者，狂飙之拂水而已，怀之以恩，而尚不可革，天下臣民，自不迷于向背，夫孰与我为敌者？坦然无惧于彼，而不轨者之意亦消。即有妄动之狡童，而义诎援孤，亦不崇朝而沮丧矣。乃孝武忮人也，甫一践阼，而杀其弟铄，视诸父昆弟若人可为己之为，而削夺禁制以亟掣曳之，夫而后告诸王以不日保之情，启其觊觎，徒树荆棘于寸心以相捍御，非能御也，教之而已矣。及身三叛，而嗣子速亡，不亦宜乎！呜呼！以忠孝始，以恧缩终，怀恧缩于心，启戈矛于外，惜哉！孝武有仁孝之资，而自流于薄恶，天子之位，犹可猎也，孝子之实，不可袭也，反（居）［诸］中而不诚，居之不安而卒于乱，乱其可止哉！遏之乃以扬之，得免于及身之戮，幸矣。

呢？如果带着罪咎、带着悲伤，在不得已的情况下接受辅佐之命，就应该以真诚之心，厚待优抚骨肉弟兄，发扬先君的恩德，天下人也就会被你的仁义所折服，同时也知道你所居有的大位，别人是不可以争夺的。而你在天下平定之后，却听信刘义恭的谗言，在元凶未杀之前，已首先在新亭宣布即位。那么回过头来看，你起兵的当初，并非真的有割肝裂胆的疼痛之感，其实是要乘借兄弟诸王的反乱之机，夺取君王的权位。从自己开始扬起了波澜，却要去制止它，能成功吗？

既然急于自立为君，不能等待，那么就应该自信：天下均为我的臣子，诸王的反抗势力在惩治奸贼刘劭时就已平定，我通过诛杀作恶的人而得到了天下，我为君主，是人心所向，并不是我贪心夺取的。体谅我者，是知道顺从，背离道理的人，不必担忧。那些背逆逞凶者，只不过是像暴风拂过水面一样的人，对他们则以恩相待，即使不可能完全改变他们的习性，天下的臣民也自然不会迷失他们自己的向背方向，还有谁能与我为敌呢？自己摆出坦然无惧的姿态，那么不轨者的邪心也自然会打消。即使有狡猾小人轻举妄动，也会受到正义的反对而势孤力单，不等到朝廷出面就会自行沮丧。但孝武帝是害人的君主，他刚一即位，就杀掉了他的弟弟刘铄，把兄弟诸王看成是可能也按自己的做法去做的人，采取削夺权力、迫害压制等手段，急于制服他们，那么之后又去向兄弟诸王诉说不能自保的境况，从而启发了他们的反抗情绪，这只是在自己心中树立荆棘，以求抵御诸王的势力。对诸王势力不能采取强硬的抵制政策，而只能采取缓和的教育方式加以解决。孝武帝执政，危及自身的反叛行为发生过三次，而自己的嗣子又很快死亡，这不也是自然的事吗！唉！孝武帝以忠孝之心起始，却以惭愧萎缩之心告终。内怀惭愧萎缩之心，却又外启干戈之争，真够惋惜啊！孝武帝具有仁孝的天资，却甘愿自落于不仁不孝的薄恶之列。天子的位置可以猎取，仁孝的传统却不能够继承。当了天

6.张岱历事宋之诸王，皆败度之纨袴也，岱咸得其欢心，免于［咎］恶，而自诩曰：“吾一心可事百君。”夫一心而可事百君，于仕为巧宦，于学为乡原，斯言也，以惑人心、坏风俗，君子之所深恶也。晋、宋以降，君屡易而臣之居位也自若，佐命于乱贼而不耻，反归于故主而不怍，皆曰：吾有所以事之者也。廉耻荡而忠孝亡，其术秘而不敢自暴，岱乃昌言之而以为得计。呜呼！至此极矣！

且夫事君之心，其可一者，忠而已矣；其他固有不容一者也。岱曰：“明暗短长，更是才用之多少耳。”才可以随方而诡合，遇明与之明，遇暗与之暗。假令桀为倾宫，将为之饰土木，纣为炮烙，将为之爇炉炭乎？故有顺而导之者，有徐而导之者，有正而折之者，有曲而匡之者，心不容一也。若逆天悖道之君，自非受托孤之寄，任心膂之重，义不可去，必死以自靖者，则亦引身以退，而必不可与同昏，恶有百君而皆可事者乎？则恶有一心以事君，而君可百者乎？游其心以逢君，无所往而不保其禄位，此心也，胡广、孔光、冯道之心也。全躯保荣利，而乱臣贼子、夷狄盗贼亦何不可事哉？心者，人之权衡也，故有可事有不可事，画然若好色恶臭之不待图惟也。苟其有心而不昧，则宋之诸王无一可事者，而百云乎哉？女而倚子，反又不诚心，居不安稳，终于导致了离乱，这种离乱可得制止吗！既遏制离乱，却又启发离乱，那么他能够免于杀身之祸，也算幸运了。

张岱所奉事的刘宋诸王，都是败坏常法的纨袴之人，但张岱却都迎得了他们的欢心，没有任何过错，张岱因此自诩说："我的一心可以事奉百位君主。"一心可事奉百君，在仕途中，可谓是机巧的为官方法，在求学上，可谓是乡原之士。这样的思想，蛊惑人心，败坏风俗，是君子们所深恶痛绝的观点。自晋、宋以来，君主屡屡更换，但大臣的官位却依旧自若，为离乱奸贼佐政而不感到耻辱，返归事奉过去的君主又不感到惭愧，并会说：我有事奉他们的不同方法。廉耻荡尽，忠孝消亡，这种心术一般隐秘于内而不敢向外人透露，张岱却公开扬言这一心术，自以为自己找到了随机应变的计策。唉！发展到这个程度是够严重的了。

事奉君王之心，若说只有一个的话，那就是忠。除忠之外，采取其他种种方式，本来就不能称为一心。张岱却说："根据君王的清明与昏暗程度，采取各不相同的事奉态度，这也是才智高低的表现。"就是说才智可以随着被事奉者的情况不同而变化多端地发挥，遇到清明的就采取清明的态度，遇到昏暗就采取昏暗的态度。那么，假令夏桀王用尽府库财物进行奢侈浪费，就去为他大兴土木吗？商纣王实施炮烙的酷刑，就去为他燃烧炉炭吗？所以对君王的事奉，有顺着诱导的，有慢慢诱导的，有反对正面的，有纠正错误的，所用之心本来就不能够一致。遇到那些离天背道的君王，事奉者若不是身付重托，位居要职，从道义上讲不能够离官而去，必效死而后已，那么就应该引身而退，一定不能够辅佐君王继续实行昏暗的统治，哪里能有百位君王都可事奉的呢？又哪里能有一心事奉君王，而百位君王都一样的呢？想尽各种办法去迎合君王，到哪里都能保有自己的俸禄地门也，贾而居肆也，皆一于利而无不可之心也。故曰：充岱之说，廉耻丧，忠孝亡，惑人心，坏风俗，至此极矣。

7.郡县之天下有利乎？曰："有，莫利乎州郡之不得擅兴军也。"郡县之天下有善乎？曰："有，莫善于长吏之不敢专杀也。"诸侯之擅兴以相侵伐，三代之衰也，密、阮、齐、晋，莫制之也；三代之盛，王者禁之，而后不能禁也。若其专杀人也，则禹、汤、文、武之未能禁也，而郡县之天下得矣。

人而相杀矣，诸侯杀之，大夫杀之，庶人之强豪者杀之，是鼋黾之相吞而鲸鲵之相吸也。夫禹、汤、文、武岂虑之未周，法之不足以立乎？自邃古以来，各君其土，各役其民，若今化外土夷之长，名为天子之守臣，而实自据为部落，三王不能革，以待后王者也。至于战国，流血成渠，亦剥极而复之一机乎！汉承秦以一天下，而内而司隶，外而刺守，若严延年、陈球之流，亢厉以嗜杀为风采，其贪残者无论也，犹沿三代之敝而未能革也。宋孝武猜忌以临下，乃定"非临军毋得专杀、非手诏毋得兴军"之制，法乃永利而极乎善，不可以人废者也。嗣位，这种心理，就是胡广、孔光、冯道之人的心理。如果仅仅为了保全自己，保全荣利，那么乱臣贼子、夷狄盗贼，还有哪一个不能事奉的呢？人们是通过心来决定自己应持的态度，因而对君王有的可以事奉，有的不可以事奉。这其间的界限如同好好色、恶恶臭一样分明，是不必考虑的。如果张岱真的有天良之心，刘宋诸王的哪一个就不应该事奉，何谈事奉百君呢？女子倚门卖笑，商贾在店铺口叫卖，都是处于谋利的一个心理，在这个心理之下，没有不可做的事。因此，从以上分析可以说明，张岱的思想流行，会导致廉耻之心丧失，忠孝之义消亡，蛊惑人心，败坏风俗，发展到这一地步就最为严重了。

天下实行郡县统治有利吗？应该说：“有利，它的好处没有比控制州郡不得擅自用兵再大了。”天下实行郡县统治好吗？应该说：“好，它的好处没有比控制官吏不敢专杀人命再大了。”诸侯擅自用兵，互相攻伐，导致了三代的衰败，当时的密、阮、晋、齐诸国，都不能控制这一局势。三代盛的时候，是君王禁止了地方用兵，但后来已不能禁止。至于地方官吏专杀人命，即使夏禹、商汤、周文王、周武王也不能禁止，然而实行郡县制的天下则做到了这一点。

人们之间的相互惨杀，是诸侯王之间的惨杀，士大夫之间的惨杀，平民百姓中豪强人之间的惨杀，就像青蛙与青蛙、大鱼与小鱼之间相互吞食一样。这难道是夏禹、商汤、周文与周武考虑不周，法制不能够建立吗？自远古以来，君王各治其土，各役其民，就像今天的边区民族首领，他们名义上是天子的守臣，而实际上是自己实行部落统治，三王时代还不能改变这种形势，只能等待以后的君王去改变了。到战国时代，血流成河，相互惨杀又发展到了一个高峰期。汉代继秦之后统一了天下，内立各种官职，外设刺史守令，但像严延年、陈球之流，以妄自惨杀来显示自己的风采，其他更加贪枉残忍的事就更不必再说了。由此可见，三代所遗留下来的弊病到汉代仍未能革是而毒刘之祸以减焉。至于唐、宋，非叛贼不敢称兵；有司之酷者，惟以鞭笞杀人，而不敢用刀锯；然后生人之害息，而立人之道存。不然，金、元之世，中国遗黎，其能胜千虎万狼之搏噬乎？

前废帝

沈庆之缚绔以入而收刘斌，斥颜竣而决诛逆劭，何其决也！及子业昏虐，柳元景首倡废立之谋，而庆之发之，蔡兴宗苦说以举事，沈文秀流涕以固请，而庆之终执不从，坐待暴君之鸩，又何濡软不断以自毙也！呜呼！六代之臣，能自靖以不得罪于名教者，庆之一人而已。

庆之曰："但当尽忠奉国，始终以之。"又曰："非仆所能行，固当抱忠以没耳。"斯言也，斯心也，抱孤忠以质鬼神而无欺者也。君而不道，天下固将叛之，要亦无可如何者。比干、箕子，岂不能剸纣之首以奉微子哉？而不尔者，天下之恶无有逾于臣弑其君者。安社稷者，亦以靖乃心耳，如之何其干之！如兴宗之言，取青溪之铠仗，率攸之辈驱三吴勇士以入，其能容子业使为昌邑王之从容以去乎？宋之社稷且以之而倾，而庆之已允为戎首矣。惧祸杜门，安居而俟命，啧啧之言，岂知庆之之心者哉？死生，命也；国之存亡，天也；己与孝武艰难同起，嗣子败类，而遽以其血染刀剑，天良囧囧于心，安能与阮佃夫寿寂之同为逆乎？

除。宋孝武帝因为对下人有猜忌之心，于是制定“不是战争时期不得专杀人命，没有手诏不得擅自兴兵”的制度，这是永久有利而且极好的法制，不能因人而废法。那么自此之后，惨杀的祸患逐渐减少。到唐、宋时期，不是叛贼不敢轻易动用军队。那些残酷的官吏，也只是利用鞭笞刑罚杀人，而不敢动用刀锯杀人。这样，人们的生命安全才能得到保证，作人的道德才能常存不灭。若不是这样，金、元时代中原王朝的遗民，还能抵挡住千虎万狼的惨害吗？

沈庆之作为一般人进入朝廷后，很快收夺了刘斌的权，贬斥颜竣，并决意诛杀逆贼刘劭，多么果敢啊！由于前废帝刘子业的昏虐统治，柳元景首先策划废立君王的阴谋，然而沈庆之却告发了他。当时蔡兴宗苦口劝说沈庆之另举大事，沈文秀也哭泣着坚决请求，但他最终还是执意不从，坐着等待暴君对他下毒手，又何必这么软弱无能而自取灭亡呢！唉！魏晋、南朝六代的大臣中，能够自我镇静而不违背名教道德的，只有沈庆之一个人。

沈庆之曾说：“只应当尽忠为国家效力，始终如一。”又说：“在自己的确无能为力的时候，就应当抱着忠心而死。”他的话就是他的心，抱着这样的赤胆忠心可以让鬼神评判，并没有什么欺妄的地方。君王不行仁道，天下本来就会出现离乱，要说对这种形势也不能够怎么样。难道比干、箕子不能够把商纣王的头割掉奉献给微子吗？他们之所以不这样做，是因为当时天下的恶还并没有发展到臣杀君的严重地步。要稳定国家社稷的形势，就应该镇定自己的内心，怎么能够冒犯呢！像蔡兴宗提出的策略，取用青溪的军备，让攸之等人率领三吴地区的勇士攻入朝廷，难道能容忍刘子业依旧作为昌邑王而从容离去？若是这样，刘宋的国家就会因此而倾覆，沈庆之也会成为兵事主谋。这些人畏祸而闭门不出，安稳居处而等待着命运的安排，却又议论纷纷，难道真的知道沈庆之的内心吗？人的生死，是由命所呜呼！董卓推陈留之刃，司马懿解曹芳之玺，桓温夺帝奕以与简文，刘裕弑安帝以立琅邪，皆假伊、霍以为名而成其篡。后此者，道成之弑苍梧，萧衍之戕东昏，皆已弑而必篡者也。庆之三朝宿将，威望行于南北，扶孝武以诛元凶，位三公而冠百辟，将吏皆出其门，扑子业之洊凶，以解朝野之焚溺，此乃乘时以收人心而猎大位之一机也。向令独夫已殄，众望聿归，且有骑虎不下之势，宋太祖所谓黄袍加身不繇汝者，刘氏之宗祐，且移于沈而不可辞。庆之虑此，而忍以其身为莽、操乎？进则帝矣，退则死矣，决之于心，而安于抱忠以死，故曰抱孤志以质鬼神，六代之臣，庆之一人而已。如曰愚以亡身，则箕子、比干先庆之而愚矣。

明帝

1.杀机动于内，祸乱极于外。宋之季世，拓拔氏未有南侵之谋也，而淮西、淮北席卷而收之，薛安都一反而北向，风靡萍散而不可止。谓明帝不从蔡兴宗之言，以重兵迎薛安都而使疑惧，犹末论也。

帝与子勋争立，而尽杀孝武二十八子，是石虎之所以歼其决定。国家的存亡，是由天所决定。沈庆之与孝武帝在艰难中同起，之后孝武帝的嗣子又不成器，在变乱中被杀害，天良明存于人心，怎么能够与阮佃夫、寿寂之同作叛臣呢？

唉！汉董卓杀陈留王，魏司马懿解除魏齐王曹芳的印玺，晋桓温夺取海西公司马奕的帝位交给简文帝，刘裕杀掉晋安帝而立琅邪王，这都是假借伊尹、霍光的虚名，而行篡权夺位之实。后来还有萧道成杀苍梧王，萧衍杀东昏侯，都是杀掉之后，必定篡权。沈庆之是历事三朝的宿将，在南北地区都有很高的威望，他曾扶植孝武帝而杀掉元凶，位居三公，超处于百官之上，当时的将、吏都出自他的门下。后来又挽救了刘子业的一次危局，扭转了朝野所面临的险恶形势，那么这个时候，要说就是乘机收拢人心，夺取君王大位的一个很好的机会。假令那时独夫民贼已消灭，他是众望所归，且有骑虎难下之势，即使像宋太祖身不由己有黄袍加身的情况，刘氏的权位移交给沈庆之，人们也没有什么可争议的。难道沈庆之有这样的打算，而忍心把他自己变成与王莽、曹操一样的角色吗？进一步则成为皇帝，退一步则身死，最后由内心决定了自己的态度，甘愿抱着对君王的忠心而死。所以说他是抱着自己的忠诚之心，让鬼神作证，这在魏、晋、南朝六代的大臣中，只有沈庆之一人。如果说这是因愚昧而死，那么商代的箕子、比干二人就先于沈庆之而做了这样愚昧的事了。

杀机生发于内，祸乱导恶于外。刘宋王朝的末叶，北方的拓拔氏没有南侵的阴谋，然而淮西、淮北地区却遭席卷而为别人所有。薛安都反叛后，又宣布投降北魏，随风而倒，天下的离乱不可制止。有人认为导致变乱的原因，是由于明帝没有听从蔡兴宗的建议，出动重兵迎接薛安都回归，从而使他感到疑虑恐惧。这也是不可取的观点。

明帝为了同刘子勋争夺皇位，全部杀掉了孝武帝的二十八个儿种类者。宋之不亡，幸耳；尚能抚有淮甸哉？二十八王，非皆挟争心者也，以子勋故，而迁忿怒以歼之，骨肉之恩，斩绝不恤。则夫淮、汝州郡应子勋而起者，虽剖心沥血以慰劳之，固将怀芒刺于寤寐，奚更待重兵之见胁乎？夫子业不道，而孝武恩在人心，人未忘也。子业死，明帝与子勋两俱有可立之势，而子勋兄弟为尤正。明帝据非所有，逞惎毒以殄懿亲，宁养假子而必绝刘氏之宗。明于义者去之若污，审于害者逃之若鹜，尚孰与守国而不亟扬以飞邪？孝武忌同姓亦至矣，子业虐诸父亦酷矣，至于明帝而抑甚焉。其后高湛、陈蒨相踵以行其残忍，皆不能再世。小人不知恩义，而抑不知祸福，将谓鬼神之可欺也，夫鬼神而可欺也哉！

2.自宋以来，贞人志士之言绝于天下。夏侯详者，名不显于当时，而能昌言以救刘勔之失，殆跫然空谷之足音矣。殷琰在寿杨，畏明帝之诛己，欲降于拓拔氏。详曰："今日之事，本效忠节，何可北面左衽乎？"至哉言乎！司马楚之、王琳而知此，不为千载之罪人矣。

以宋事言之，子业之弑，宵小挟怨毒而弑之，起明帝于囚系之中而扳之以立，为贼所立，乘间以窃位，不能正其始矣。子勋虽反，乃以独夫之将覆宗社而起，未纯乎不正也。孝武以子，这是石虎用来灭绝家族种姓的手段。在这样的形势下，刘宋不灭亡，就是万幸了，何谈再去占有淮甸地区？孝武帝儿子所封的二十八王中，并不是都怀有夺权位的野心，是由于刘子勋的缘故，才把他们都牵连进去，全被杀掉，骨肉之间的恩情，灭绝不惜。那么当时淮、汝地区州郡支持响应刘子勋的力量，即使剖心沥血地效命，也不能起到任何作用，怎么能有机会去等待重兵到来扶植呢？前废帝刘子业不行仁道，那么孝武帝的恩情犹在，人心不会忘记。刘子业死后，明帝与刘子勋二者都有当皇帝的资格，相比之下，刘子勋兄弟当皇帝的理由更充分。明帝没有后继之人，却不惜采用恶毒手段惨害近亲骨肉，而宁愿豢养假子也务必要灭绝刘氏后代。这样明了大义的人恨不得马上逃脱，好像奔跑的鸭子。那么还有谁愿意同明帝一起守保国家而不急着顺风而飞呢？孝武帝猜忌同姓的程度极高，刘子业对父辈的虐待尤为残酷，那么到了明帝又更加厉害了。其后高湛、陈蒨又相继采用这些残忍的手段，但都未能篡权夺位。小人之辈不知道恩义，也不知道祸福，他们以为鬼神是可以欺骗的，鬼神真的可以欺骗吗？

自刘宋以来，名人志士的精辟论说在天下已找不到。夏侯详这个人，名不显于当时，却能以善言补救刘勔过失的言论，这在当时犹如空空山谷中的脚步声一样，尤为清亮。殷琰在寿阳(今属山西)时，因害怕明帝杀掉自己，曾想着去投奔北魏拓拔氏。夏侯详就说：“当今之事，以发扬忠节为本，怎么可以向北面事奉不正统的君王呢？”真是精辟之言啊！司马楚之、王琳若懂得这个道理，也不会成为千古罪人。

就刘宋的情况而言，前废帝刘子业被杀，是因为有小小的仇怨。明帝是从系囚当中被扶植起来当了皇帝，是为奸臣所拥立，之后又乘机窃取了他的位置，刘宋在这方面一开始就没有正义可言。刘子勋虽讨贼而为神人主，一子不肖，以次而仍立其子，位固子勋之位也。应子勋而起者，名亦近正，志亦近义。详曰“本效忠节”，皎皎初心，岂自诬哉？夫既以名义为初心，则于义也当审。为先君争嗣子之废兴，义也；为中国争人禽之存去，亦义也；两者以义相衡而并行不悖。如其不可两全矣，则先君之义犹私也；中国之义，人禽之界，天下古今之公义也。不以私害公，不以小害大，则耻臣明帝而归拓拔，奚可哉？

呜呼！人莫急于自全其初心，而不可任者一往之意气。欲为君子，势屈而不遂其志，抑还问吾所自居者何等也。情之所流，气之所激，势之所迫，倒行逆施，则陷于大恶而不知，而初心违矣。故迫难两全之际，捐小以全大，乃与其初心小异而不伤于大同。故管仲事仇而夫子许之为仁，以其知小大公私之辨也。使怀子纠之怨，忿戾以去其故国，北走戎，南走楚，必与桓公为难，而雪其悁悁之忿，则抑匹夫匹妇之不若，禽兽而已矣。君子之称管仲曰“徙义”，徙而不伤君子之素，则合异于同，而无愧于天下。详曰“本效忠节”，大正而固不昧其初也。

反，却是由于独夫民贼即将颠覆国家政权，也不能说完全不正当。孝武帝因讨贼之功而成为有威望的君主，他的一个儿子不成器，就依次再立他的一个儿子为继承人，就是要稳固他的儿子刘子勋的继承人地位。响应刘子勋而起兵者，名也近乎正当，目的也近乎仁义。夏侯详所说“以发扬忠节为本”，很明显就是要发扬当初的忠节之心，难道这是自己捏造的吗？既然把忠节名义当作初心，就应当在义的问题上谨慎考虑。为先前的君主争辩嗣子的废立问题，是义的表现。为中原王朝辨别人与禽兽的不同，也就是中原王朝与边夷民族之间的存亡问题，也是义的表现。前两个问题从义的角度上去衡量，是相互一致的，并不违背。但在不可两全的情况下，关于先君嗣子问题的义，是狭私的义。而关于中原王朝问题的义，关系到人禽之间的区别，是天下古今所推重的公义。如果不以私义损害公义，不以小义损害大义，那么以臣属宋明帝为耻辱，而去投奔拓拔氏，怎么可以呢？

唉！人到了最后关头，没有比实现自己的初衷更迫切的事了，而不是任凭自己以往的意气随便发展。要当君子之人，在时屈势诎而不能满足自己意愿的情况下，就应该反过来问问自己处于何种境地。如果任情所流，任气所发，屈从于形势所迫，倒行逆施，那么自己身陷大恶之中也不会知道，回过头来看，则与自己的初衷两相违背。所以在迫于危难、面临两义选择的情况下，就应该舍小义而全大义，这样即使与自己的初衷稍有差别，也不损害于大同之事。所以管仲去奉事有仇怨的人，孔子却赞许这是仁的行为，因为管仲能知道小与大、公与私的区别。如果管仲仍然不忘子纠被杀的怨恨，愤然逃离他自己的故国，向北去投奔戎夷，或向南去投奔楚国，一定要同齐桓公作对，以雪自己的心头之恨，那么他会连普通百姓都不如，与禽兽差不多。君子称赞管仲的做法是“徙义”，徙事他人，既不伤君子的气度，又把小异合于大同之中，无愧于天下。夏侯详所说的“以发扬忠节

3.宋以金赎刘昶于拓拔氏，其情慝，其志憯矣。怀不肖之心于隐微，而千里之外见之，人不可罔也如斯夫！

何言乎其情慝也？昶之北奔，畏孝武之疑忌而见杀也。明帝既杀孝武之子以泄其忿娼，恐人怀孝武之恩而致怨于己，故召回昶，以暴孝武之过，曰“彼欲灭兄弟而我复之”，托于昶以扬孝武之恶，怀慝而故为之名也。

何言乎其志憯也？休仁者，亦其兄弟，所与争国而有功者也。疑忌既深，体仁自解扬州牧以免祸，而终不免于鸩；祎与休佑、休若无毫发之嫌，而先后被杀；所仅全者，庸劣之休范耳。昶才非休范之匹，而又有拓拔氏之外援，畏其在外，且挟强敌之势以入，争其养子，姑召之归。使其反邪，鸩杀之祸，必不在休仁兄弟之后。欲加之罪，而何患无辞乎？故曰其志憯也。

于是而魏人知之矣，昶亦知之矣。亢兄弟之词，而无来归之志，魏以全昶而昶以自全。灼见其恶而远之唯恐不夙，人其可以罔乎哉？论者乃曰：“赎昶，义也。”亦尝见明帝灭绝天性之恶已著而不可掩者乎？

4,佞佛者，皆非所据而据，心危而附之以安者也。自古帝为本”，就是正大光明，不昧其初心。

刘宋打算用金钱把刘昶从北魏拓拔氏那里赎回，其内情邪恶，其用心狠毒。内心深处隐藏着不良用心，而要施发于千里之外的北魏，人心不可以如此欺骗啊！

为什么说内情邪恶呢？刘昶之所以北向投奔拓拔氏，是因为他害怕受到孝武帝的猜忌而杀掉他。明帝杀了孝武帝的儿子，泄出自己的怨恨之后，又恐怕别人追怀孝武帝的恩德而与自己为仇，所以要召回刘昶，以显示孝武帝的罪恶，会说：“他要杀灭我们兄弟骨肉，而我来保护他们。”其目的就是要假托刘昶宣扬孝武帝的罪恶。因为心怀恶念，所以故意借了这样的名义。

为什么说用心狠毒呢？刘休仁也是明帝的近亲兄弟，在为他争夺皇位时曾立过功。后来由于明帝猜忌日深，刘休仁不得不自行解除其扬州（今属江苏）长官的职务，在当时幸免了杀身之祸，但最终未能免于一死。刘祎与刘休祐、刘休若没有任何可以猜忌的地方，但也先后都被杀掉。能保全自身性命的，只剩下庸劣无能的刘休范一人。刘昶的才智，并不是刘休范所能比得上的，而且他又有拓拔氏的外援，因此，明帝担心刘昶在外利用强敌之势进攻刘宋，同他的养子争夺皇位，姑且把他召回。如果他回来后谋反，那么他的性命一定和刘休仁弟兄没有两样。要治他的罪，何患找不到借口？所以说其用心是狠毒的。

这种情况，北魏人知道，刘昶也知道。刘昶借口兄弟关系不和，没有归宋之意。因而北魏方面保护刘昶，刘昶也得以自保。明显看得出明帝的丑恶用心，唯恐不能早点远离他，难道还可以欺骗人吗？议论的人却说：“赎还刘昶，是处于仁义的考虑。”难道他们见到过明帝灭绝人性、臭名昭著而不可掩盖的丑恶行为吗？

巧言会道的佛教之徒，他们所讲的东西是没有实际根据的论王至于士庶，其果服膺于释氏之说而笃信者，鲜矣。其为教也，离人割欲，内灭心而外绝物，而佞佛者反是，何为其笃信之？篡弑而居天子之尊，夷狄而为中国之主，德薄才菲，自顾而不知富贵所从来，怀慝负惭，叨窃而觉梦魂之不帖，始或感冥报之我佑，继或冀覆餗之无忧，于是而佛氏宿命之因缘，忏除之功德，足以慰藉而安之。故夷狄之君，篡逆之主，屈身降志，糜国殃民，以事土木之偶；而士大夫之徼幸显荣，乃至庶民之奸富者，亦惑滥分之荣膴所自致，而幸灾眚之不及。其有因而述其空寂之说者，则以自文其陋而已，非果以般若涅槃为身心之利，而思证入之也。于是而浮屠之为民害也，不可止矣。

拓拔氏置僧祇佛图户，夺国之民，而委赋役于贫弱之农民，其主倡之，州镇因而效之，遍天下以为民害。读杨衒之《伽蓝记》，穷奢竞靡，而拓拔氏以亡。“非所据而据焉，身必危”，浮屠氏其蒺藜矣。然则拓拔焘之诛沙门，又何也？彼乞灵于仙鬼，事异而情同，皆怀歉于人，而徼福于鬼，《夏书》所谓“巫风”也。

5.无可信之边将者国必危。掩败以为功，匿寇而不闻，一危也；贪权固位，怀忧疑以避害，无寇而自张之，以自重于外，二危也；二者均足以危国，而张虚寇以怙权者尤为烈焉。边将之言曰：无寇，则朝廷轻我。（边荒）［夷狄］盗贼之言曰：无我，则汝之为将也，削夺诛杀随之矣。于是而挑寇也，养寇证，他们内心胆怯，只有依附于佛教才得以安稳。自古以来，上自帝王下至士庶百姓，真正能接受佛教学说并真诚相信它的人，很少见。巧言会道的佛徒教育人们，要清静无欲，内灭私心，外绝接物，但他们则与此相反，何谈忠实相信教义？通过篡夺斩杀方式获得天子的尊位，夷狄的首领成了中原王朝的君主，德薄而才疏，不知道自身的富贵地位是从何而来，心负罪咎之感，神魂不定，或求上天保佑，或希食丰无忧，在这些情况下，佛教宿命因缘的理论，以及忏悔消灾的功德，就足以安慰这些人的心。所以夷狄的君主，篡夺权位的君主，往往屈己丧志，损国害民，以提倡佛教，供奉土木偶象。而那些士大夫们也顺风而倒，信奉佛教，希望侥幸显荣。乃至平民中的奸富之人，也迷信佛教，希望荣事临身，而灾难不及。其中有指斥佛教空寂之说的人，也只是文字表面的揭露，并没有从所谓涅槃的境界中去考虑深入驳论。所以佛教毒害人民的形势日益发展，不可制止。

拓拔氏建立僧尼佛图户，侵夺了一般农民的利益，并把赋役压在贫弱的农民身上。君王首先实行了这样的政策，地方州镇也纷纷效仿，整个天下的人民都受其害。从杨衒之《洛阳伽蓝记》中可以看到，当时在佛教方面的奢侈浪费十分严重，而拓拔氏也最终灭亡。依仗了不该依仗的，那么自身必然处于危险境地，相信浮屠氏也就是像走在蒺藜上一样。然而拓拔焘曾经诛沙门，这又为什么呢？因为他们乞求仙鬼显灵，这尽管与佛事不同，但都是一样的，都贬低人的作用，而乞求鬼神赐福，这就是《夏书》中所说的装神弄鬼的情况。

如果没有可信任的边防将帅，那么国家必危。掩盖失败以显示自己的功绩，隐瞒敌情而不上报，是危的一个方面。贪夺权势以稳固自己的地位，心怀疑忌而不去干对自己不利的事，无敌情而虚张声势，以抬高自己在朝外的地位，这是危的又一个方面。这两方面都足以导致国家面临危亡的境地，其中凭借权力而虚张声势者尤其危险。

也，纵寇也，无所不至，玩弄人君于股掌之上，一恐喝而唯我所欲。呜呼！此固猜疑防制自以为智之主也，而玩弄之如婴儿，不亦伤乎！

宋明帝欲除萧道成，荀伯玉为之谋，使轻骑挑魏之游兵，而遽以警闻，繇是而道成终据兖州以立篡弑之基。故掩败以为功，匿警而不闻者，视此而祸犹小也。择人而任之，既任而信之，坦衷大度以临之，彼敢欺我哉？故莫愚于猜疑防制之主，而暗者犹次也。

6.赵武灵王授位于子，而自称主父，废长立少，恐其不安于位也。拓拔弘授位于子，而自称太上皇帝，子幼而恐为人所篡夺也。宗爱弑两君，而浚几不立；乙浑专杀无君，弘几死其手；故弘年甫二十，急欲树宏于大位。以素统臣民，而已镇抚之，犹恐人心之贰也，故先逊位于子推，使群臣争之，而又阳怒以试之，故子推之弟子云力争以为子推辞，而陆馥、源贺、高允皆犯颜以谏而不避其怒。其怒也，乃其所深喜者也。其退居而事佛、老，犹武灵之自将以征伐，皆托也；不欲明示其授子之意旨，而以此为辞也。此二主者，皆强智有馀，事功自喜，岂惮劳而舍国政者乎？弘好黄、老，而得老氏之术，其欲逊位子推也，老氏欲取固与之术也；其托于清谧而匿其建立用边将的话来说，就是如果没有敌人，朝廷肯定轻视我这个将帅。用夷狄盗贼的话来说，就是如果没有我们入侵，你们作为将帅，削夺权力、惨遭杀害的事就会随之而来。因而边将有挑敌的，养敌的，纵敌的，方法无所不用，人君被玩弄于手掌之上，边将对人君只要一声恐喝，就可以为所欲为。唉！这还是自命为猜疑防制体系十分严密的君主，却被人们当作婴儿一样玩弄，不够伤心吗！

宋明帝想铲除边将萧道成的势力，当时荀伯玉为他作参谋，令边区轻骑兵先挑逗北魏的巡逻士兵，之后萧道成马上就报告有敌兵入侵，也正是由此开始，萧道成最终以兖州（今属山东）为据点。奠定了篡权杀君的基础。所以，掩盖失败来表现自己功绩，隐瞒敌情而不上报，两者与此相比，所造成的祸患还算小的了。如果选拔人才而任用他，既任用他就相信，以坦诚大度之心对待他，那么他还敢欺骗我吗？因此说，没有比猜疑防制严密的君主更愚昧的了，昏暗的君主也比他精明一些。

赵武灵王把君位授给他的儿子，自称为主父，废长立幼，因为他担心以后长子不服。北魏拓拔弘之所以也把君位让给他的儿子，而自称太上皇帝，是因为儿子年幼，担心以后君位被别人所篡夺。过去宗爱曾杀掉两位君主，拓拔浚也几乎没能占居君位。乙浑专杀性，眼中无君，拓拔弘也差点儿死于他手。因此，拓拔弘年刚二十，就急欲树立拓拔元宏的君王大位，按照平常的方法去统治臣民，而自己刚坐阵抚治。在这之前，拓拔弘还唯恐别人有贰心，所以先把皇位让给拓拔子推，以挑起群臣的争议，之后才又佯装愤怒，试着把皇位让给了拓拔元宏。所以，当时子推的弟弟云极力为子推争夺皇位，而陆馥、源贺、高允却不顾拓拔弘的愤怒，反脸劝谏要让元宏当皇帝。拓拔弘表面上愤怒的事，正是他所最喜欢的事。他退居下来后，奉事佛、老之学，这就像赵灵王自己率兵出征一样，纯是假托之名。他嗣子之旨也，老氏守兑之术也。所欲立者非不正，而诡道行之，巧笼宗室大臣之心，亦狡矣哉！而抑岂君人之道哉？

虽然，其以传位笼子推而制之，犹贤于宋明帝之贼杀兄弟以安其养子远矣。黄、老之术，所繇贤于申、韩也。然而疑虑以钳制天下，则一也。故曰黄、老之流为申、韩，机诈兴而末流极于残忍，故君子重恶之也。夫古之明王，岂不欲安其冢嗣以奠社稷乎？唯豫教而游之于大学，一时之俊士，皆有恩纪以相结，而择师保傅以辅之，学以成，德以修，而授益以固，奚事此哉？

或曰：宋高宗之内禅，论者何以无讥也？曰：高宗以孝宗为太祖之裔，疏远已甚，不得不早正位以防争，而高宗年已及耄也。唯其时、唯其人而已矣。

7.有不待劝者，士之学也，农之耕也。劝士以学，士乃习为为人之学；为人而学，学乃为道术之蠹，世道之患。升俊有常典，养士有常法，人主尊师问道以倡之，士自劝矣。若旦命不想明确表示他把皇位授给儿子的用心，就找了这样的借口。以上赵武灵王、拓拔弘两位君主，在当时都还身强智足，并以自己当皇帝所取得的成绩而感到自喜，难道他们真的害怕辛劳而自愿舍弃国政吗？拓拔弘喜好黄、老之学，同时他也学到了老子的权术，他把皇位先让给子推，就是老子所谓要想取之而必先与之的权术。他假托喜欢静谧不被打扰，不暴露其授立嗣子皇位的用心，就是老子所谓塞兑闭门的权术。他授立嗣子皇位，也并不是不正当的事，但采用诡诈的方式进行，巧妙地去收笼宗室大臣人员的心，也算狡猾了。这难道也是授立君主的正当方法吗？

尽管如此，他先传位给子推以收笼人心，最后又废掉了子推，这种行为与宋明帝惨杀兄弟稳固养子皇位的行为比起来，要好得多了。运用黄、老的权术，比运用申、韩的权术要好一些。然而，用疑虑之心来钳制天下，这一点是一致的。因此说，由黄、老之术转变为申、韩权术，那么欺诈之风就会盛行，发展到后期会极尽残忍之能事，因而被君子们深为厌恶。古代的圣明君王，难道他们就不去考虑稳定继承人的地位以稳定国家社稷吗？对嗣子，只能够预先教育，让他在大学里学习，广泛结交一时的名人志士，选择各种老师帮助他进步，这样，学业成，德行修，授与他君位就会更加稳固，哪能用得着那样做呢？

有的会说：南宋高宗也曾内禅让位，人们为何没有讥讽他呢？高宗因为孝宗是宋太祖的后裔，关系很疏远，不能不即早确立他的皇位，以避免纷争，同时高宗当时也已到了老年。只能根据当时的情况、当时的人选而定。

不必等人劝说就去做的，有士人的学习，农夫的耕作。劝说士人学习，士人就会感到是为别人而学。为别人而学，那么他的学问就成为败坏学风的蛀虫，破坏世道的邪念。提拔人才有固定的制度，而夕饬之，赏法行而教令繁，徒有劝学之名，而士日以偷。果有志于学者，岂待劝哉？宋立伪学之禁，而士趋朱子之门也如归，禁之不止，何容劝邪？

虽然，士无志于学，劝之而不学，弗能为益，而犹无伤于士。若农，则无不志于得粟者矣。其窳者，既劝之而固不加勤；而劝之也，还以伤农。方其恪共于耕之日，士女营营，匪朝伊夕，从事于陇首，而吏拥车骑喧豗于中野以贰其心，则民伤；于是刻核之吏，搜剔垦莱以增益其赋，苛求馀丁以增益其役，而民愈伤。夫古之省耕者，君与民亲，而天子之圻，诸侯之国，提封既狭，不容委之有司，且君有公田，自省其获而以馀惠民也。后世尽地以与民，而但收其赋税，薄赋则可弗补助，息讼轻徭则可弗省督，胡为委贪廉不可信之有司以扰妇子于耕馌哉？

拓拔氏，夷也，闻中国有圣人之道焉，取其易行者而行之，于是奔走郡县而名为劝农；又勒取民牛力之有馀者，以借惰窳之罢民。其挠乱纷纭，以使民无宁志也，不知何若，守令乃饰美增赋以邀赏，天下之病，尚忍言哉！蒙古课民种桑，而桑丝之税加于不宜桑之土，害极于四百馀年而不息。读古人书而不知通，旦识而夕行之，以贼道而害及天下，陋儒之妄，培养士人有固定的法则，人们的君主勤于尊师问道以发扬好的学风，这样士人自然就会努力学习。如果早劝说晚督促，让士人学习，那么只会赏法流行，教法繁杂，徒有劝学之名，士人的学习也日益松懈。真正有志于学习的人，难道需要劝说吗？赵宋王朝建立禁止学习伪学的制度，但士人投到朱熹门下学习的很多，法制所不能禁止，还用得着劝说吗？

尽管如此，如果士人无心学习，劝说他也不会学习，起不到好作用，但也起不到坏作用。至于农夫，没有不想着得到粮食的。那些懒惰的农夫，即使劝说他耕作，他也不会多勤快，并且劝说反而会起到影响他耕作的效果。当共同耕作之日，男女集集，不分昼夜，劳作于田间地头，如果官吏的车马带着喧闹声进入田间，督促他们，分散他们的心，那么对农夫则是一个伤害。如果刻剥之吏，通过各种方式搜刮农夫，以增加赋税收入，又苛求农家剩余劳力去承担徭役，那就更加伤害农夫的耕作了。古代减轻农民负担，表现出君与民的亲近关系，在天子京城周围的千里之内，诸侯的封国之内，由于封地不大，也不把农事交给有关机构办理，并且君王有他自己的公田，可以减少赋税征收，给农民带来惠利。后世才开始把国家的土地全部分给人民，政府只征收赋税，那么，赋役薄农民就会自愿交纳，徭役轻，公平合理，也就不需要官府去催督，怎么能够委任贪婪不可相信的官吏去干扰农夫农妇的耕作呢？

拓拔氏，是边夷民族，他们听说中原王朝内部实行圣人之道，就吸取容易执行的拿到他们国家实行，于是也来回奔走于郡县的田野，美其名曰劝农。又勒令牛多的民户出牛，借给懒散的贫民耕作之用。北魏繁杂的干扰政策，使农民的心得不到安宁，那些郡守县令不了解这些情况，一味地增加税额以邀功请赏，天下人所遭受的祸害，不堪言啊！元朝课民种桑，但桑丝之税却强加于不适宜种桑的地非夷狄之主，其孰听之？

后废帝

1.纣之亡也，正名之曰独夫。独夫者，有天下而国必亡，身必戮，大分之尊不足以居之，先王之泽不足以庇之。况在下位而为独夫，未有能得人之天下者也。

刘休范以庸劣而免于忮主之杀，乃乘君死国乱之际，而求乾天位，张敬儿以一健卒入二万人之中斩其首，无卫之者，此其为独夫也奚疑，而可为天子乎？然且几陷建业，为天子。甚哉！晋、宋之末天子之易为，而人思为之，其贱曾不如有道之世一命试为邑宰者，何足谓为大宝哉！草芥而已矣。

天子如草芥，而人思为之，为之不克，而为独夫以死者，休范也；为之克而终为天子者，萧道成也。以小慧小才言之，则道成之愈于休范也远矣；以君天下言之，则休范、道成一也，皆独夫也。道成弑君，张敬儿取白帽加其首，曰："事须及热。"为道成之腹心者，敬儿之流，一休范之许公舆、丁文豪也。褚渊虽贵，而无称于宋。止此三数人，而掇宋之宗社如一羽，授之道成，而道成居之以安。呜呼！至于此，而天下犹有贵贱之等差哉？贤不肖尤非所论矣。

区，这一弊政一直持续了四百余年而未能制止。读古人的书却不知道去变通考虑，早上有感晚上就去实行，因为伤道而害及天下，这些粗陋儒士的邪妄之政，如果不是夷狄的君主，还会有谁接受呢？

商纣王死后，人们称他为独夫。只要独夫为王，虽占有天下，国家也必然灭亡，他自身也必然被杀，君王的大分之尊，不足以保全他，先前君王的德泽不足以庇护他。更何况位居下位而充当独夫的人，还不能得到人们共有的天下。

刘休范因为庸劣无能，方免于害人君主明帝的斩杀，但他还乘君死国亡之际，妄图夺取皇帝的位置，只靠张敬儿这样一个强兵的力量，冲入二万人之中就把他杀掉了，周围没有保护他的人，这是独夫还有什么怀疑，难道他可当天子吗？然而他的兵也几乎要攻克建业（今江苏南京），他也几乎成为天子。真危险啊！晋朝、刘宋的末期，天子是容易当的，而人们也都想着去作天子，天子大位低贱的程度还不如太平时期的一个郡守，怎么可以称得上是大宝之位呢！只不过是一草芥而已。

天子贱如草芥，而人们都想着去作天子，如若不能入愿，就充当独夫而死，刘休范就是这样的人。如愿以偿，终于作了天子，萧道成就是这类人。就小小才能智慧而言，那么萧道成比刘休范强多了。就充当天下君主而言，刘休范与萧道成可以说是一样，都是独夫。萧道成杀君，张敬儿就把白帽戴在萧道成的头上，并说：“做事必须趁热打铁。”作为萧道成的心腹之人，张敬儿之流，就如同刘休范的心腹许公舆、丁文豪一样。褚渊虽是清贵人物，但在刘宋并不显名。仅凭这么三四个人，推翻刘宋宗社却就像拿掉一根羽毛一样，把国家权力很轻松地交给了萧道成，萧道成也由此稳定了他的统治。唉！到了这个时候，天下难道还有贵贱等级的差别吗？至于人才的贤能、不贤能问题，就更不必再说了。

曹氏之篡也，威服群雄而有讨董卓之义，有迎驾于蒙尘之功焉。刘宋之篡也，灭鲜卑，俘羌夷，荡妖贼，夷桓玄，恭帝所被夺而不怨者也。司马氏奸矣，而平辽东，灭蜀汉，四世而后得之。道成者，胠箧之盗，媚褚渊而已，裒然正南面而立，论者以罪褚渊，未尽也。渊一亡赖之鄙夫耳，安能以天下与人哉！微渊而造成固足以篡，无他，唯天子之如草芥而人可为之者也。前有道成，后有霸先，五代有石敬瑭、刘知远、郭威，而篡夺亦将息矣。未有天之所子，人之所君，而人思为之者也。君子于此，远之唯恐不速。陶弘景其知此矣，“唯可自怡悦，不堪持赠君”，目笑而心怜之已尔。

2.［边外］夷狄之轻于杀人，其天性然也。有时乎思所以生人，而非果有不忍人之心，乃以生之之道杀之，遂自信为矜恤。呜呼！民之遇此也，可悲也夫！

拓拔弘重用大刑，多令覆鞫，以自诧其矜恕，而囚系积年，不为决遣，其言曰：“幽苦则思善，故智者以囹圄为福堂。”哀哉！民之瘠瘐死于监狱者不知凡几，而犹谓之福堂邪？《易》曰：“君子以明慎用刑，而不留狱。”明慎矣，速断之，而刑者刑，免者免，各得其所，而无所连逮；即或明慎未至，而枉者固千百而什一也。何也？择折狱之吏，申画一之曹操篡权的时候，他的势力威服群雄，并有讨伐董卓的正义之举，有迎救皇帝于危难之中的大功。刘宋篡权之前，曾灭掉鲜卑，俘获羌夷，平荡妖贼，制服桓玄，所以晋恭帝被剥夺权位也没有什么怨言。晋司马氏虽说奸猾，但也平定辽东，灭掉蜀汉，经历四世之后才得到了天下。萧道成，本是开箱偷东西的一个盗贼，只是靠取媚褚渊，才居然在南方建立起一个小朝廷。人们后来都怪罪褚渊，这也未尽妥当。褚渊只不过是一个无赖的鄙夫而已，他怎么能够把人们的天下转手让给别人呢？仅靠一个微弱的褚渊，萧道成就能够站稳脚跟，这不是因为有其他原因，只是由于天子的地位贱如草芥，人人都可以作天子。这样的例子，前面有萧道成，后面有陈霸先，五代时期有石敬瑭、刘知远、郭威，篡权夺位的恶作剧也将要止息了，没有受命的帝王，受人爱戴的君王，没有人想着去占有大位。对这类事情，君子们远避它唯恐不及。陶弘景则懂得这个道理，他说："山中风景只可怡悦自心，却不能够赠送给您。"这里表面上是发笑，而内心里却是可怜那些人。

夷狄民族的统治者轻于杀人，这是他们的天性所决定的。他们有时候也考虑让人过活，但在对人并没有不能容忍之心的情况下，仍然借用活人之道杀人，并且还誉为怜悯之举。唉！人民遇到这种情况，真是可悲啊！

北魏拓拔弘慎重对待重罪刑罚，一般都多次下令进行复核，以表现其同情宽恕之心，然而囚犯却累年禁系，不为他们断案，还说什么："犯人处在幽苦的环境中，才能知道迁善改过。因此，明智的人就把监狱当作福堂。"真可悲啊！人民病死于牢狱者不知有多少人，还能称得上是福堂吗？《周易》中说："君子用刑即时、谨慎，不滞留案件。"用刑即时、谨慎，就是要尽快断遣，该受刑的受刑，该赦免的赦免，各得其所，不使托延。即使没有完全做到即时、谨慎用刑，脱法，除条例之繁，严失入之罚，枉者固千百而什一矣。夫人之情伪，不可掩于初犯之日，证佐未累，其辞尚直，情穷色见，犹可察也；迨及已久，取案牍而重复理之，移审审于他署，而互相同异，犯者之辨，且屡屈屡伸而错舛益甚，目眩心疑，愈以乱矣。不留者，取人之初心而验其诚也；非今岁一官，明岁一吏，颠倒反覆之所能得其情也。徒以饥寒疾疫死之于丛棘之下，不亦惨乎！如是以为矜恤，亦嗜杀之转念而已矣。

若其罢门房之诛，则得之矣。乃门房之诛所自来，亦有繇也。夷狄而主中国，王侯将相皆其种类，群起于驰逐之中，儦儦俟俟以为群友，则一人富贵而合族骄盈，耕者不耕，猎者不猎，依倚势门，互相煽虐，非被诛者之陷及门房，而门房之陷人于诛者多矣。安与同其噬搏，危与共其诛夷，亦自取之矣。前之立法者，深恶夫合族之蜂集，待食于将吏，众为虐而一人独婴其祸，弗与惩之，而门房之败类横逞益烈也。罢其诛，不禁其朋从之恶，拓拔氏之所以敛怨而终亡也。

顺帝

国无人焉则必亡，非生才之数于将亡之国独俭也。上多猜，则忠直果断之士不达；上多猜而忠直果断者诎，则士相漏者在千百之中也不过十分之一。为什么呢？因为选择断狱之吏，申明统一法制，消除繁杂条例，严立错判之罪，在这种情况下，冤枉者在千百中本来也有十分之一。犯人罪状的真假，在初犯之日是不可能掩盖住的，如果证据不足，犯者仍然不说实话，那么他的心虚之情就会表现于脸面，乃可从此追察。如若时间长了，就取来档案进行反复查对，并借助于其他官司，进行相互对证，这样犯者的自我辩解就会屡屈屡伸，所出现的漏洞会越来越多，以致到最后目眩心乱，不得不自行败露。如果犯者无资料可查，就根据他当初的口供与事实相对照，检验他的心是否诚实。对犯人的审讯，不是今换一官，明换一吏，靠来回更用主狱人员得到实情。若是这样，犯人只有饥寒病死于丛棘之中，不也太残忍了吗？像这样怜悯同情犯人的方式，也是惨杀人命的另一种形式。

拓拔氏废除灭族之法，也是自取灭亡的做法。诛灭宗族法律的产生，也有它的根源；夷狄民族入主中原以后，过去王侯将相的家族，都成了依附拓拔氏的人，俨然趋赴成了拓拔氏的众多朋友，那么一人富贵，全族荣华，耕作的不再耕作，狩猎的不再狩猎，依恃家族的势力，争为肆虐，如果不是被杀者牵连宗族，那么宗族环境中导致人被诛杀者就会更多。一人得安则全族肆虐，那么一人临危就诛灭全族，也是应得的。以前之所以建立这样的法制，就是因为人们对这种全族蜂集作恶感到深恶痛绝。他们只靠将吏养活，如果全族为虐而一人独当其祸，对家族人员不给以惩治，那么宗族中的败类就会更加横行无忌。后来废除了诛杀宗族的制度，不能制止家族人员的肆虐行为，拓拔氏的统治也就激起了人们的愤怒，而最终导致了灭亡。

国家无人才必亡，这不是因为天下所造就的才人之数对即将灭亡的国家来说独少。君上多猜疑之心，那么忠直果敢的人士就不能被习于茸靡，虽有贞志，发焉而不成。宋自孝武迄于明帝，怀猜忌以待下，四十馀载矣，又有二暴为君之狠毒以间之，人皆惴惴焉旦夕之不保，而茸靡图全之习已成。其不肖者，靡而之于恶，以戴叛逆、戕君父而不愧，则褚渊之流是已。其贤者，虽怀贞而固靡，其败也，则不足立皎皎之节，即使其成，而抑无以收底定之功，则袁粲、刘秉是已。粲与秉孤立，而思抗悍鸷多徒之萧道成，不爱死以报刘氏，则固无容深求者。粲闻道成废立之谋，而不能抗辞以拒之，秉以军旅一委道成，授之以篡逆之柄，且置勿论。徒其决计以诛道成，幸而克矣，不知二子者，何以处沈攸之，而终延宋祚也？

苍梧之昏虐，安成之巽懦，皆道成所不以置诸目中者，所与争天下者，攸之而已。攸之又岂有刘氏之子孙在其意中乎？攸之之欲为道成也，非一日也。兵已顺流直下，而道成授首于内，则攸之歌舞而入，挟重兵，居大功，握安成于股掌，二子欲与异而固不能。委社稷于攸之，掷宗祊于道成，有以异乎？吾知二子者，歧路仓皇，欲如今日之捐生以报国，不可得已。此无他，以刚决为嫌，以深谋为讳，自孝建以来，士大夫酿成雍容观变之习，蔡兴宗已启其源，而流不可止也。故兴宗之死，无可为宋惜者。兴宗存，则为袁、为刘，否则为谢朏而已。史称粲简淡平素无经世材，非无材也，狎于全身避咎之术，以逃猜主之鼎镬，气已茶而不可复张。宋末之人材，大抵然也。

晋用。在这种情况下，士人都相互习安于平淡的生活，即使有大志者，去干也不能成功。刘宋自孝武帝至明帝，以猜忌之心对待下人的情况，持续了四十年，其中还有两位暴君采取了更为狠毒的驭下政策，这使人们都旦夕害怕而不能自己保全自己，因而形成了苟且求全的习气。那些不成器者，由平庸之辈起而成大恶之人，他们与叛贼同流合污，谋划刺杀君父，却并不感到耻辱，褚渊之流即是这类人。那些贤能者，虽怀大志而过于琐碎，如若失败，不能够彰显清白的志节。即使成功，也不能取得安定天下的大功，袁粲、刘秉就是这类人。袁粲、刘秉势孤力单，为了对抗势力强大的萧道成，不惜以死报效刘氏，这固然不能苛求。袁粲知道萧道成策划废立皇帝的阴谋时，没能与他争辩并劝阻他。以及刘秉把军队全部交给萧道成掌管，给了他篡权夺位的军事力量。这些也都置而不论。只说他们决计杀掉萧道成，如果能万幸成功的话，不知道他们二人又如何对待沈攸之，而延续刘宋的天下呢？

苍梧王昏虐，安成王怯弱，他们都是萧道成看不到眼里的人物，能与萧道成争夺天下者，只有沈攸之。沈攸之又难道能看得起刘氏的子孙吗？沈攸之想与萧道成一样作天下君主，也不是一日了。沈攸之的兵顺流而下的时候，萧道成已在朝内投降。沈攸之则载歌载舞进入朝中，手握重兵，身立大功，并控制安成王于他的手掌之上，在这种情况下，袁粲、刘秉二人要反对本来已不可能。他们把刘宋政权交给了沈攸之，和把刘氏宗社交给了萧道成，有什么不同吗？我知道当时二人处于进退两难的境地，要像今天这样以死报国，也是不可能的。没有其他的原因，乃是由于在这种情况下，人们以刚毅果敢、深谋远略为大忌。自孝武帝孝建年以后，士大夫们已养成从容观变的气习，这从蔡兴宗开始，以后日益流行，已不可制止。所以蔡兴宗之死，并不为刘宋所惋惜。蔡兴宗要不死，就会成为袁粲、刘秉故以猜驭下者，其下慑焉而旁流，刚化为柔，直化为曲，密化为疏，祸伏而不警，祸发而无术，为君子者，无以救其亡，而小人勿论已。

一样的人物，或者成为谢朏一样的人物。历史上说袁粲平庸而无经世之才，不是他本身无才，而是由于受了避害保身之术的影响，他要逃脱猜疑君主的斩杀，这样使他的勇气消丧而不能再度振起。刘宋末期的人才，大抵上都诸如此类。所以，以猜忌对待下人，那么下人志气慑服而却另走他道，刚变为柔，直变为曲，密变为疏，祸患将临而不感到担心，祸患发生而没有对策，为君子者，也不能挽救灭亡的趋势，那些小人之辈就更不用提了。

卷十六

齐高帝

1.凡篡位者，未即位皆称名，已即位则称帝，史例也。萧齐无功窃位，不足列于帝王之统系，而以帝称者，以北有拓拔氏之称魏，故主齐以存中国。

天下一之治，统于天子者也，以天子下统乎天下，则天下乱。故封建之天下，分其统于国；郡县之天下，分其统于州。后世曰道、曰路、曰行省、曰布政使司，皆州之异名也。州牧刺史统其州者也，州牧刺史统一州而一州乱，故分其统于郡。隋、唐曰州，今曰府。郡守统其郡者也，郡守统一郡而一郡乱，故分其统于县。上统之则乱，分统之则治者，非但智之不及察，才之不及理也。民至卑矣，其识知事力情伪至不齐矣。居尊者下与治之，亵而无威，则民益亢而偷；以威临之，则民恇惧而靡所骋。故天子之令行于郡而郡乱，州牧刺史之令行于县，郡守之令行于民，而民乱。强者玩焉，弱者震掉失守而困以死。唯县令之卑也而近于民，可以达民之甘苦而悉其情伪。唯郡守近于令，可以察令之贪廉敏拙而督以成功。唯州牧刺史近于守，可以察守之张弛宽猛而节其行政。故天子之令不行于郡，州牧刺史之令不行于县，郡守之令不行于民，此之谓一统。上侵焉而下移，则大乱之道也。而暴君污吏，恒下求以迫应其所欲，于是牧刺不能治守，守不能治令，令抑不能治民。其尤乱者，天子之令，下与编氓相督责，守令益旷，奸民益逞，懦民益凡是篡夺皇位者，即位前称名，即位后称帝，这是历史上的惯例。萧齐高帝萧道成无功而窃取了皇帝位，按说还不能并于帝王之列。这里之所以以帝相称，就是因为北方有拓拔氏建立的魏国，称齐高帝即是要树立萧齐作为中原正统王朝的地位。

天下之统治，总统于天子。如果以天子直接统治天下，则天下大乱。所以，封建制下的天下，由各诸侯国分别统领。郡县制下的天下，由各州分别统领。后世所谓的道、路、行省或布政使司，都是州的别称。各州之政，总统于州牧或刺史官，如果州牧或刺史官直接统治一州，则一州大乱，所以州的行政又分别由各郡统领。隋朝、唐朝称州，今称府。那么，郡守是一郡的最高长官，若郡守直接统治一郡，一郡也会大乱，所以郡的行政又分别由各县统领。可见天下的统治，由上级直接统治则大乱，分别由各级地方政府统治则大治。这不仅仅是因为由于人的才智有限而不能上通下达、遍察遍理一切，还因为天下老百姓是最卑下的阶层，他们在知识、能力、情感等方面都很不一致。居尊位的上级直接参与下层社会的治理，若轻慢而无威力，则下民愈益放肆难治。若采取严厉的政策统治，则下民会恐惧害怕而不知适从。所以，天子的命令越级下行于郡则郡乱，州牧或刺史的命令越级下行于县，郡守的命令下行于民，则民众乱。这样会导致强者肆意妄为，而弱者不能自存以致困迫而死。那么只有县令是最低层的官，他们接近于民，可以了解人民的甘苦和民俗、民情状况。只有郡守是接近县令的官，他们可以省察县令的贪廉行为以及才能的高低，并督促其对本辖区的治理。只有州牧或刺史是接近于郡守的官，他们可以省察郡守为政的张驰或宽猛，并对其产生制约作用。所以说天子困，则国必亡。故统者，以绪相因而理之谓也，非越数累而遥系之也。

江左之有天下，名为天子，而其时之人已曰：适如平世之扬州刺史而已。虽然，荆、扬、徐、梁四州之土广矣，而又益之以交、广、宁三州之地，视商、周之天下，版图不隘也。而天子急奔其欲，日遣台使下郡县以征求于民；则天子一县令，台使一胥隶也。乃既名为天子之使而有淫威，则民之死于督迫者积矣；实为天子之令而威已媟，则民之无惮于上以亢守令者又多矣。齐高立，令群臣言事，而竟陵王首以为言，知治道矣。

将亡之国，必频遣使以征求于天下。遣御史矣，遣给谏矣，且遣卿贰矣。民愈怨，事愈废，守令愈偷，未有不亡者也。画尊卑而限之，乃以联四海而一之。故《春秋》书武氏子、家父、毛伯之来求，以著天王之不君而自绝其纽也。

的命令不行于郡级，州牧或刺史的命令不行于县级，郡守的命令不行于底层的人民，这就是所谓的天下一统的统治体制。如果上下体制越级行事，那就是导致天下大乱的做法。然而暴君污吏的统治，接连不断地向下层人民勒索财物以满足其贪欲，使州牧、刺史无能力制约郡守，郡守无能力制约县令，县令也无能力去统治下层的人民。更有甚者，天子的命令直接下达下层人民中督责实行，这样使郡守、县令的权力更加消弱，强顽之民更加妄为，懦弱之民更加困迫，那么国家也必然灭亡。因此，“统”就是按照上下体制的结构分级治理的意思，并不是高高在上的天子越数级而直接遥制天下。

江南地区已有了正统王朝的统治，名义上也是天子为政，而当时的人们却说：“天子就像太平时期一个扬州刺史而已。”尽管这样说，因居有荆州、扬州、徐州，梁州四州之地，毕竟面积很大了，再加上交州、广州、宁州三州地区，与商周两朝统治区域相比，版图并不算小。人们之所以这样说，就是因为天子急着为了满足自己的欲望，经常派遣中央官吏到底层郡县去向人民勒索财物，这样天子也就成了一个小小的县令官，中央官吏也就成了一般的胥吏。于是，中央官吏作为天子的使者到郡县作威作福，人民死于官吏催督、困迫者就多了。那么，作为天子的命令也没有什么效力了，人民当中不害怕上级威势以致对抗郡守、县令的人也就会更多。萧齐高帝即位时，命令诸臣上言时政得失，当时竟陵王上言中首先谈到了这个问题，说明他深谙天下的统治之道。

即将灭亡的国家，统治者必然频频派遣使者到地方郡县去向人民勒索财物。当时不仅派遣了御史官、给谏官，而且还派遣了卿副官。这样，人民更加怨愤，行政机制更加破坏，郡守、县令的权力更加削弱没有不亡国之理。划清上下之间尊卑高下的界限，分级而治，在此基础上才能实现连贯四方的大一统政治。故此，《春秋》一书中

2.义不可袭者也，君子验之于心，小人验之于天。心所弗信，君子弗为。天所弗顺，小人无成。徒曰义而遂执言以加人，则义在外也。故辟外义之邪说，而乱以不生。

齐无寸功于天下，乘昏虐而窃其国、弑其君、尽灭其族，神人之所不容，义之必讨者也。刘昶以宋室懿亲，拥拓拔氏之众三十万以向寿阳，流涕纵横，遍拜将士，求泄其大仇，于义无不克者也，而困于垣崇祖之孤军，狼狈而退；再举以向甬城，周盘龙父子两骑驰骋万众之中，朒缩旋师。然则智力伸而义诎，将天之重护萧齐以佑乱贼、挫忠孝哉？盖昶者，非可以义服人者也。其奔也不仁，其仕于拓拔氏也不正；而其假于报雠以南侵也，又豫为称藩于魏之约，以蔑中夏之馀绪；则其挟强夷以逞也，乘国之亡而遂其私也。

呜呼！昶诚拊心而自问，果闵宗国之亡、祖考之不血食、合族之歼死邪？否也？昶方流涕之时，不能自喻，而天下又恶从而喻之？然而天鉴之矣。故愤盈以出，而疲苭以归，天夺之也。若夫昶之耽荣宠于索虏，则千载以下，可按迹以知心者记载武氏子、家父、毛伯索求于民的事情，以说明高高在上的天子做有损于人君形象的事而自绝其上下联系纽带的事实。

义不能靠偶然的闪现，君子应验于自己的内心，而小人则应验于上天。君子之人，心所不信的东西，自己也不做。小人凭天守义，天不助我，则事废不成。如果只说守义并用语言去表白某人的行为，那么义也就成了人身之外的东西。因此，要排除外义的邪妄之说，避免离乱的发生。

萧齐的建立，对天下人来说无尺寸之功。他们是乘前朝统治昏暗、政治腐败之机，窃取了人家的国位，杀掉了人家的国君，并诛灭了人家的宗室家族。这是神人所不容、义节上也必然要受讨伐的行为。刘昶作为刘宋宗室的近亲，拥北方拓拔氏三十万兵马进驻寿阳，并哭哭涕涕，泪流满面，向南朝将士行恭拜之礼，仰求他们帮助他报其心中的深仇大恨。这些做法都能合义，可是被垣崇祖的孤军所围困，狼狈逃退。之后再次举兵进攻甬城，由于周盘龙父子两路骑兵骋驰战斗于万人兵马之中，刘昶兵受挫后撤退。这样说由于人的智力增强而导致了仁义的削弱，难道上天就是为了再次保护萧齐才保佑乱贼而挫损忠良的吗？刘昶是不能够用义节服人的人。刘昶出奔是不仁义的，担任拓拔氏的官职也是不正当的行为。他假借报仇的名义引领拓拔氏南侵，又预先向拓拔魏作了到南方称藩为臣的约定，辱蔑中夏王朝的统绪。他依恃拓拔氏的威势放任，乘国家危亡之际来实现其个人私欲。

唉！刘昶若实在扪心自问，他自己真的怜悯宗室国家的灭亡、祖庙血食祭祀的断绝、全族人户的惨死吗？并非如此。当刘昶哭涕流泣之时，自己不能表白出来，而天下人又怎么能够表白出来呢？但是，上天象一面镜子为他作了证。所以，他满腔愤恨地出去，疲备不堪地回来，这是上天对他的惩罚。像刘昶这样靠取悦拓拔魏争得荣耀和宠也。义不义，决于心而即征于外，验之天而益信，岂可掩哉？

3.魏、晋以降，臣节隳，士行丧，拥新君以戕旧君，旦比肩而夕北面，居之不疑，而天下亦相与安之也久矣。独至于褚渊而人皆贱之，弟照祝其早死，刘祥斥其障面，沈文季责其不忠；且其子贲以封爵为大辱，而屏居不仕。华歆、王祥、殷仲文、王弘、傅亮之流，均为党逆，渊独不齿，何也？此天理之权衡发见于人心者，铢两之差不昧也。

党篡逆而叨佐命之赏者多矣。有志同谋合而悦以服焉者，有私恩固结而不解者，有不用于时而奋起以取高位者；其下则全躯保禄位被胁而诡随者。凡此，以君子之道责之，则无可容，以小人之情度之，则犹相谅，而渊皆不然。渊者，联姻宋室，明帝任之为冢宰者也。其时，齐高巴陵王休若之偏裨耳，渊不藉之以贵，抑未尝与协谋而相得，恩所不加，志所不合，势不相须，权不相下。乃其决于党逆而终始成乎篡弑者，无他，己则不孝，脱衰干进，而忌袁粲之终丧，欲夺粲以陷之死；宋不亡，齐不篡，则粲不死，遂以君授人而使加以刃，遂倾其祚，皆快意为之而不恤；于是永为禽兽，不足比数于人伦。故闺门之内，弟愿其死，子畏其污；子弟不愿以为父兄，而后虽流风颓靡之世，亦不足以容。不然，何独于渊而苛责之邪？

爱，即使千年以后，人们也可根据他的事迹知道他的真正心意。守义不守义，决定于自己的内心，并表现于自身之外，若应验于上天，就更加可信，怎么能够掩盖呢？

自魏、晋以来，大臣义节败坏，士大夫行操丧失，杀旧君主而拥立新君主。早上并肩而站，晚上就北面事之。天下人对这类事也没有什么疑惑不解的，习惯于这种形势已经很长时间了。唯有到了褚渊时情况有所不同。当时人们都看不起他，他的弟弟褚炤祝他早死，刘祥反对他的假面具，沈文季指责他不忠。他的儿子褚贲，也把封爵作为奇耻大辱，以致隐居不仕。其他华歆、王祥、殷仲文、王弘、傅亮之类，也皆与奸贼结党，可是，只有褚渊受到众人的反对，为什么呢？这是天理的尺度在人们内心的体现，一点也不会有差错。

朋党篡逆的人当中，贪于佐命之赏的人很多。其中有的是乐于志同道合而情愿服从，有的是靠私人恩情连结，有的是在当时不被重用而想奋起取得高位。其他则都是保全自己、确保禄位的追随者。凡是这些，若用君子的标准来要求，则根本无法容忍。若用小人的标准去衡量，还可以谅解。而对褚渊来说，君子、小人的标准都无法衡量。褚渊过去与刘宋宗室联姻，明帝任命他为宰相之职。当时，齐高帝是巴陵王休若的一位偏将而已，褚渊不凭借他的力量使自己荣享富贵，谋划事情又未尝与他的思想相一致，两人之间，没有建立恩情，没有共同心愿，互不相容，互相争胜。他之所以能依靠朋党篡逆夺权取得成功，不是其他原因，而是自己不孝，不顾一切，孤注一掷地干这些事。他还忌恨袁粲终丧的事，想要窃夺袁粲的权力而置他于死地。刘宋未亡，萧齐没有篡位时，袁粲没有死，于是就把君位授与别人，让君王去加害袁粲，之后又随即废掉了君王。这些都是任凭自己的快意所干的事，没有什么体恤之情。所以，褚渊永远是属于禽兽之列，不值得用人伦去议论他。难怪自家之中，兄弟祝愿他早死，褚贲之辞父爵，疑非人子之道矣；而屏居墓下，终身不仕，则先自靖而不伤父子相隐之恩；无他，忘利禄而后可曲全于人伦之变也。以名位权势而系其心者，于君亲何有哉？张居正以冲主为辞，杨嗣昌以灭贼自诧，幸而先填沟壑，不及见国之亡尔，不然，其为褚渊必也。绝其本根，见弃于天，人之贱之也夙矣。不待恶已著见而后不容于天下也。

武帝

1.范缜作神灭论以辟浮屠，竟陵王子良饵之以中书郎，使废其论，缜不屑卖论以取官，可谓伟矣。虽然，其立言之不审，求以规正子良而折浮屠之邪妄，难矣。

子良，翩翩之纨袴耳，俯而自视，非其祖父乘时而窃天位，则参佐之才而已；而爵王侯、位三公，惊喜而不知所从来，虽欲不疑为夙世之福出而不可得，而缜恶能以寥阔之论破之？夫缜"树花齐发"之论，卑陋已甚，而不自知其卑陋也。子良乘篡逆之馀润而位王侯，见为茵褥而实粪溷；缜修文行而为士流，茵褥之资也，而自以为粪溷。以富贵贫贱而判清浊，则已与子良惊宠辱而失据者，同其情矣，而恶足以破之？

儿子躲避他的污职。当时他的子弟就不愿认他当父兄，后来即使到了社会风气颓废之世，人们也无法容忍他的行为。若不是这样，为什么唯独要对褚渊进行严厉地指责呢？

褚贲不接受他父亲的爵命，好像也不符合作儿子的道理。他终身隐居不仕，则是在自己洁身自好的前提下，又不损伤父子间为尊者讳之恩。这没有其他办法，只有忘掉利禄功名，而后才能使自己适应世间人伦的变化。以名位权势占据自己内心的人，他的心里哪有君王、亲属的位置呢？张居正以皇帝年幼为借口，杨嗣昌因灭贼而夸耀自己的功绩，他们幸而先死于沟壑，没等到看见国家的灭亡。不然的话，他们二人将来一定要成为像褚渊一样的人。断绝人伦的人，就会被上天抛弃，这类人受人们所鄙视也是很平常的事。这类人实际上不用等到他们的丑恶完全暴露出来就已被天下人所不容了。

南齐范缜曾作过一篇《神灭论》，以批判佛教的学说。当时竟陵王萧子良以中书郎官为诱饵，让范缜废弃他的神灭论学说。范缜看不起这种以出卖自己的理论换取官职的做法，没有这样做。他也可称得上是一位伟人啊！尽管如此，由于他的立论中有不审慎的地方，只求这篇《神灭论》去端正萧子良的思想，并进一步达到消灭佛教邪妄学说的目的，也是很难的。

萧子良，文采风流的纨袴子弟，低下头自己看看自己，若不是他的祖父乘机窃取了天子的位置，则只不过是辅佐君上的一位普通官员而已。然而现在他享封王侯、位居三公，却惊喜这些荣誉不知从何而来。尽管他要不怀疑往世的福份也不可能，但是，范缜怎么能够以寥寥数语的概括去改变他的思想呢？范缜“树花齐发”的论述，已经是十分卑陋的理论，但他自己却不知道这种理论的卑陋之处。萧子良凭着篡逆所得来的恩惠而荣升王侯爵位，这从表面上看是垫褥，而实际上是粪堆。范缜修练文辞、德操而加入士人的行列，是垫夫以福报诱崇奉学佛之徒，黠者且轻之矣；谓形灭而神不灭，学佛之徒，慧者亦谓为常见而非之矣。无见于道，而但执其绪论以折之，此以无制之孤军撩蜂屯之寇盗，未有不衄者也。

子良奚以知神之不灭哉？谓之不灭，遂有说焉以成乎其不灭。缜又奚以知神之必灭哉？谓之灭，遂有说焉以成乎其灭。非有得于性命之原而体人道之极，知则果知，行则果行，揭日月而无隐者，讵足以及此？浮游之论，一彼一此，与于不仁之甚，而君子之道乃以充塞于天下。后之儒者之于浮屠也，或惑之，或辟之，两皆无据，而辟之者化为惑也不鲜。韩愈氏不能保其正，岂缜之所克任哉？夫其辨焉而不胜，争焉而反屈者，固有其本矣。范缜以贫贱为粪溷，韩愈以送穷为悲叹，小人喻利之心，不足以喻义，而恶能立义？浮屠之慧者，且目笑而贱之。允矣，无制之孤军必为寇盗禽也。

2.官无常禄，赃则坐死，日杀人而贪弥甚；有常禄矣，赃乃坐死，可无辞于枉矣，乃抑日杀人而贪尤弥甚。老氏曰：“民不畏死，奈何以死威之！”诚哉是言也。拓拔氏之未班禄也，枉法十疋、义赃二十疋、坐死；其既班禄也，义赃一疋、枉法无多少、皆死；徒为残虐之令而已。

褥的人才，而自己却以为是粪堆。用富贵贫贱标准来判定清与浊，与萧子良受宠若惊而失去自控能力的情况是相同的，怎么能够改变他的思想呢？用福报去引诱那些学佛之徒，狡黠者会看不起。若说形灭而神不灭，佛徒中聪慧者也会因为这属于常见而非议你的说教。不明大道，而只用一般的绪论去说服人们，这就像是一支没有节制的孤军去撩拨像聚蜂一般的寇盗，没有不失败的。

萧子良怎么能知道神灵不灭呢？认为神灵不灭，于是就有理论去论证它。范缜又何以知道神灵必灭呢？认为它灭，于是就有理论去论证它。若不是从人的性命之原出发，真正体验出人道的真理，知道的真正知道，实践的真正去实践，面对日月在天而没有掩盖；难道能足以说明你的理论吗？那些虚妄浮夸之说，各式各样，其危害比不仁义还要厉害，而君子之人的学说却在天下难以行通。后来的习儒者对佛教的态度，有的怀疑，有的驳斥，他们都无从找到根据，最后反驳者转变为疑惑者的也有不少人。佛教流行，韩愈尚没能矫正过来，难道范缜能胜此任吗？针对这个问题，分辨而不能取胜，争论反而不能成理，这本来就有其根源。范缜把贫贱看作是粪便，韩愈以送穷为悲叹。小人具有好利之心，不足以同他谈义，而又怎么能够立义呢？佛徒中的聪慧者，也将取笑、鄙视这种理论。合乎道理，无节制的孤军必然为寇盗所捉获。

官员若没有固定的俸禄，犯贪赃罪者就处以死刑，这样天天杀人而贪赃者反而更多。有固定俸禄的官员，犯贪赃罪也处以死刑，这谈不上有什么冤枉的，但天天杀人而贪赃者却仍然愈益增多。老子说过：“老百姓不害怕死，怎么可以以死相威胁呢！”这话实在说得很好。北方的拓拔氏没有制定俸禄制度以前，规定枉法贪污十匹、义赃（为他人之利而贪污）二十匹，处以死罪。颁布俸禄制度之后，又规定义赃一匹、枉法贪污无论多少，都处以死罪。这只是徒劳地制夫吏岂能无义赃一疋者乎？非於陵仲子之徒，大贤以下，未有免焉者也。人皆游于羿之彀中，则将诡遁于法，而上下相蒙以幸免。其不免者，则无交于权贵者也，有忤于上官者也，绳奸胥之过、拂猾民之欲者也。狎奸胥，纵奸民，媚上官，事权贵，则枉法千疋而免矣。反是，不患其无义赃一疋之可搜摘者也。于是乎日杀人而贪弥甚。不知治道，而刻核以任法，其弊必若此而不爽。故拓拔令群臣自审不胜贪心者辞位，而慕容契曰："小人之心无常，帝王之法有常。以无常之心，奉有常之法，非所克堪，乞从退黜。"盖以言乎常法之设，徒使人人自危，而人人可以免脱，其意深矣！宏不悟焉，死者积而贪不惩。岂但下之流风不可止哉？以杀之者导之也。

3.拓拔氏之禁谶纬凡再矣，至太和九年诏焚之，留者以大辟论。盖邪说乘一时之淫气，泛滥既极，必且消亡，此其时也。于是并委巷卜筮非经典所载而禁之，卓哉！为此议者，其以迪民于正而使审于吉凶也。《礼》于卜筮者问之曰："义与？志与？义则可问，志则否。"又曰："假于时日卜筮以疑众，杀。"盖卜筮者，君子之事，非小人之事，委巷之所不得与也。

定残酷、暴虐的法令而已。

一般的官吏中间怎么可能没有义赃一定的人呢？若不是像於陵仲子之类的人，那么达官贵人以下，没有谁能够获免的。人们都被限制在严密的法网之下，则通过各种巧妙渠道逃脱法律的惩罚，并且上下之间相互蒙骗，以求罪行的减免。那些不能免罪的，则是没有结交权贵人物的人，有违犯上级官吏意愿的人，以及惩治奸猾胥吏过错、拒绝不轨下民要求的人。如果轻慢对待奸猾小吏，放纵下民的不轨行为，取媚于上级官司，奉事权贵人物，那么，即使枉法贪赃一千匹，也可以获免治罪。若不是这样，对任何官吏都不担心搜察不出他义赃一匹的罪证来。所以说，天天杀人而贪脏者反而越多。不明白治世之道，仅用这些残酷的法律行于天下，其政治的弊端必然由此产生。因而，拓拔氏执政后，命令群臣审察自己，若有贪赃枉法之心者，自己自觉辞去官位。当时慕容契就说："小人之心变化无常，帝王的法律固定不变。若以变化无常之心，去执行固定不变的法律，是很难胜任的。请求对贪赃官吏实行罢免或贬黜。"这就是说，国家建立固定不变的法制，只是让人人都有自危的感觉，这样人人都可以免于犯罪，其意义深远啊！拓拔宏不懂得这一治世之道，所以，他的统治尽管犯死罪者累积，贪赃行为却仍得不到惩治。这难道只是下层社会的贪赃之风不可遏制吗？也是由于杀人多所导致的。

北魏的拓拔氏曾几次下令禁止谶纬宗教迷信的学说流行，至孝文帝太和九年又下诏焚灭这些经籍，若私自保留者，以大辟罪论处。这种迷信说教乘一时淫风而盛行，已经泛滥到了顶点、如果一定要消除这些邪说，也正是这个时候，于是，当时连街巷卜筮之说非经典中所记载的，也一概禁止，可以说涉及面很大啊！持这种观点的人，其目的就是要引导百姓从思想上走向正道，而慎重对待预测吉凶祸福的事。《礼》中有向上筮者问说："你这是合宜的道理呢？还是出自君子之于卜筮，两疑于义而未决于所信，问焉而以履信；事逆于志，已逆于物，未能顺也，问焉而以思顺。得信而履，思效于顺，则自天佑之，吉无不利。若此者，岂委巷小人所知，亦岂委巷小人所务知者哉？其当严刑以禁之也，非但奸宄之妄兴以消其萌也，即生人之日用，亦不可以此乱之也。

死生，人道之大者也。仰而父母，俯而妻子，病而不忍其死，则调持之已耳。乃从而卜筮之，其凶也，将遂置之而废药食邪？其吉也，将遂慰焉而疏侍省邪？委巷之人，以此而妨孝慈以致之死，追悔弗及矣。婚姻，人道之大者也。族类必辨，年齿必当，才质必堪，审酌之已耳。乃从而卜筮之，其吉也，虽匪类而与合邪？其凶也，虽佳偶而与离邪？委巷之人，其以此乱配偶而或致狱讼，追悔弗及矣。抑如寇至而避之，不容已者也。避之必以其时，而不可待；避之必于其地，而不可迷；深思而谋之，有识者虽不免焉，鲜矣。乃从而卜筮之，其吉也，时地两失，必趋于陷阱邪？其凶也，时地两得，必背其坦途邪？委巷之人，以此而蹈凶危，追悔弗及矣。繇此言之，委巷之有卜筮，岂但纳天下于邪乎！抑且陷民于凶危咎悔之涂。而愚民无识，方且走之如骛。王者安全天下而迪之以贞，故王制以为自己意愿所想呢？若是合宜的道理则可占卜，若是出自自己的意愿则不可占卜。”《礼》中又记载：“乘机以卜筮预测凶吉造谣惑众者，斩首。”大凡卜筮的事情，是德高君子之事，并非小人之事，街巷中一般的人是不能参与的。君子之人对卜筮所占的结果，也持怀疑态度而不敢完全相信，若问他他会说只有实践才能相信。如果事情的发展违背了自己的意愿，自己也改变了原来所想的做法，占卜结果未能应验，若问他他会说我想着应该这么做才好。半信半疑而去实践，再随机应变让事情向好的方面发展，那么也会得到上天的保佑，所有事情无不大吉大利。像这些，难道是街巷小人所知道的，也难道是他们一定要知道的吗？应当实施严厉的刑法禁止街巷小人的卜筮活动，这不仅仅是为了遏制犯法作乱之人的妄为，即使一般人们的日常生活，也不可以由此搅乱。

死和生，是人们一生的大事。上面有父母，下面有妻子儿女，若他们有重病，都不忍心让他们及早死去，必然想办法扶养延长他们的寿命。如果求卜筮占测，那么要是凶的话，就把病人放置不管、不喂药进食了吗？要是吉的话，就只安慰而不精心服侍了吗？那些街巷之人，往往用卜筮之术妨碍孝慈之心而置病人于死地，这时后悔也来不及了。婚姻也是人生中的一件大事。配偶双方的族类要分清，年龄要适当，才能、品格要相称，各方面情况审察后相配就可以了。如果求卜筮占测，要是吉的话，即使是行为不正当的人，也可结婚？要是凶的话，即使是相配的佳俪也要离散？那些街巷之人，往往用卜筮之术在配偶双方之间制造矛盾，以致造成案件纠纷，这时后悔也来不及了。又如盗匪入侵时的逃避，是不容迟缓的事。逃避必须及时，而不能等待。逃避必须知道逃往何处，不能迷乱。仔细思索，周密策划，这当中虽有人未能逃脱，但也为数很少。如果求卜筮占测，要是吉的话，时间和逃往何地的机会都已失去了，难道一定要往陷井里跳非杀莫能禁也。

且委巷卜筮之术背于经典者，于古不知何若，而以今例之，则先天序位也，世应游魂也，窃卦气于陈抟也，师纳甲于魏伯阳也，参六神生克神煞于星家之琐说与巫觋之妖术也。自焦、京以来，其诬久矣。沿流不止，为君子儒者，不能自拔流俗之中以守先王之道，亦且信其妄而跻之羲、文、周、孔之间，芜其微言，叛其大义，徒以惑民而导之于险阻。呜呼！拓拔氏夷也，而知禁之；为君子儒者，文之以淫辞，而尊之为天人之至教，不谓之异端也，奚可哉？程子鄙康节之术而不屑学，康节之术，委巷之师也。

4.拓拔氏太和九年，从李冲之请，五家立邻长，五邻立里长，五里立党长，此里长之名所自昉也。冲盖师《周礼》之遗制而设焉。乃以周制考之，王畿为方千里，为田九万万亩。以古亩百步今亩二百四十步约之，为田三万七千万有奇，以今起科之中制准之，为粮大约二百二十万石，视今吴县、长洲二邑吗？要是凶的话，若有时间，有逃避的地方，难道一定要不走坦途而投他路吗？那些街巷之人，往往因为卜筮之术而走向危险境地，后悔已来不及了。由此看来，街巷的卜筮，难道仅仅是收容了天下的邪说吗！它的害处还在于把老百姓带到危险而咎悔莫及的境地。然而，愚昧的老百姓没有见识，姑且一味地去相信这些说教。帝王要平安保全天下的人们，并教育他们遵守礼仪道德，所以，帝王统治者认为不杀不足以消除这些邪妄之说。

另外，街巷卜筮的说教违背礼义经典学说的情况，最古不知道如何，但从今天的事例来看，则先天序位，世应游魂，从陈抟之学中窃取卦气之说，从魏伯阳那里学来纳甲学说，以及把六神生克神煞之学掺杂到星家的琐细学说中，掺杂到巫人的妖术中，等等。自焦延寿、京房二人以来，欺人害世的说教已经很久远了。长期以来这些邪说未能制止，那些德高君子习儒的人，在流俗邪说中也不能自拔，不能恪守先王的礼义道德，并且相信卜筮的妄言，而思想上下浮动于羲、文、周、孔学说之间。对礼义学说，荒废其微言，背离其大义，只以邪妄之说蛊惑人们，并让他们走向危险的境地。唉！北魏的拓拔氏是边夷民族，尚且知道禁止卜筮之说。而作为君子习儒的人，却对邪妄之说大加修饰，把它尊奉为天下人的最好教条，不认为这些邪说是异端理论，这怎么可以呢？二程看不起康节（邵雍）的学问，认为他的学问不值得一学。康节的学说，乃是街巷卜筮学说的理论依据所在。

北魏拓拔元宏（孝文帝）太和九年，听从李冲的建议，在地方五家人户中设一邻长，五邻中设一里长，五里中又设一党长，里长之名就是从这个时候开始的。大概李冲是根据《周礼》中流传下来的制度所设立的地方长官。从周代制度来考察，当时王畿内方圆一千里，所有田地面积九万万亩，按照古代一亩百步今日一亩二百四十步折合之赋而不足，则其为地也狭，为民也寡矣。周之侯国千八百，视今州县之数而尤俭也。以甚狭之地，任甚寡之民，区别而屑分之也易。且诸侯制赋治民之法，固有不用周制者，如齐之轨里，楚之牧隰，不能强天下以同也。以治众大之法治寡小，则疏而不理；以治寡小之法治众大，则渎而不行。故《周礼》之制，行之一邑而效，行之天下而未必效者多矣。

三长之立，李冲非求以靖民，以核民之隐冒尔。拓拔氏之初制，三五十家而制一宗主，始为一户，略矣，于是而多隐冒。冲立繁密之法，使民无所藏隐，是数罟以尽鱼之术，商鞅之所以强秦而涂炭其民者也。且夫一切之法不可齐天下，虽圣人复起，不能易吾说也。地有肥瘠，民有淳顽，而为之长者亦异矣。民疲而瘠，则五家之累专于一家；民悍而顽，则是五家而置一豺虎以临之也。且所责于三长者，独以课核赋役与？抑以兼司其讼狱禁制也？兼司禁制，则弱肉强食，相迫而无穷；独任赋役，则李代桃僵，交倾而不给。黠者因公私敛，拙者奔走不遑，民之困于斯极矣。非商鞅其孰忍为此哉？

估计，有田三万七千万亩还多，又按今日一般的课税制度来算，能收粮食大约二百二十万石，还比不上现今吴县（今属江苏）、长洲（今江苏苏州市）两县的赋税收入，说明周代王畿的土地面积并不大，人户也不多。周代的诸侯国总共一千八百个，也少于现今所有的州县之数。由于面积很小，人数很少，所以地方各部分区别开来并进一步作较细的划分，也是一件容易的事。况且各诸侯国对民的征赋制度以及统治人民的方法，本来也有不采用周朝统一制度的，如齐国的都城地区，楚国的沼泽牧地，并不能强制天下所有的地区都采用相同的制度。若采用统治地大人众的方法去统治地小人少的地区，政治就会疏而不理。若采用统治地小人少的方法去统治地大人众的地区，就会涣散而无法统治下去。因此，《周礼》所载的制度，实行于一邑地区而有效，实行乐天下所有的地区则不一定有效的情况会很多。

邻、里、党三长的设立，对李冲来说不是为了安定平民百姓，而是为了督察平民中反叛迹象的发生。拓拔魏最初的制度，是三五十家设立一宗主，实际相当于一户的组织，这种制度也太简略了，所以隐情贪冒的事情多有发生。李冲建立了如此繁密的制度，使老百姓不能有隐藏之情，这是数网同下以捕尽水中鱼的方法，也是商鞅通过变法增强秦国力量而使百姓涂炭的方法。大凡统一的法制不可能在天下所有地区普遍实行，即使圣人再度来世，也不能改变我这一观点。土地有肥有瘠，平民有淳朴有强顽，而担任平民里长之类的人也各有不同。平民窘迫困苦，则五家牵累由一家承担。民有强顽而不法，则是五家中增加了一个豺虎的威胁。邻、里、党三长的职责，是只让他们督核赋役呢？或者还让他们兼管有关诉讼案件及违法事务呢？若兼管法制，就会弱肉强食，相互迫害而无穷尽。若只管赋役事务，就会出现有替代、有抗税现象，相互倾轧而造成赋役任务完不成。那些狡黠者借公名私自收敛，愚拙者逃散不及，而平民困迫于这夫民无长，则不可也，隐冒无稽，而非违莫诘也。乃法不可不简，而任之也不可不轻，此王道之所以易易也。然则三五十家而立宗主，未尝不为已密，而五家栉比以立长，其祸岂有涯乎？民不可无长，而置长也有道；酌古今之变，参事会之宜，简其数而网不密，递相代而互相制，则疲羸者不困，而强豪者不横。若李冲之法，免其赋役，三载无过，则升为党长，复其三夫，吾知奸民之恣肆无已矣。

要而论之，天下之大，田赋之多，人民之众，固不可以一切之法治之也。有王者起，酌腹里边方、山泽肥瘠、民人众寡、风俗淳顽，因其故俗之便，使民自陈之，邑之贤士大夫酌之，良有司裁之，公卿决之，天子制之，可以行之数百年而不敝。而不可合南北、齐山泽、均刚柔、一利钝，一概强天下以同而自谓均平。盖一切之法者，大利于此，则大害于彼者也。如之何其可行也！

5.齐以民间谷帛至贱，而官出钱籴买之，亦权宜之法，可以救偏者也。民之所为务本业以生，积勤苦以获，为生理之必需，佐天子以守邦者，莫大乎谷帛。农夫终岁以耕，红女终宵而纺，偏四海，历万年，唯此之是营也。然而婚葬之用，医药之需，盐茗之资，亲故乡邻之相为酬酢，多有非谷帛之可孤种境况已到了十分严重的程度。若不是商鞅还有谁能忍心推行这样的制度?

百姓中没有长官,是不可以的,这样隐冒之情无从查考,若不是明显违法无法察问。法制不可以不简,而职任不可以不轻,这就是帝王之道之所以容易推行的原因。然而,三五十家设一宗主,这已经是十分周密的制度,那么每五家连着都设邻长,由此造成的祸害还有边际吗?民间不可以没有长官,但设长官也有一定的方式。参考古今历史的变化,根据当地的实际,设长数量从简,法网不密,使长官之间按顺序相替代,又互相牵制,这样疲羸之人不困迫,而强豪之人不得纵横。像李冲推行的制度,免去长官的赋役负担,若三年无过错,提升为党长,再免除其三夫之税。由此便知道,当时奸顽之民的恣肆行为已层出不穷。

概括而论,天下之大,田地赋税之多,百姓人户之众,本来就不可以用一刀切的方法来统治。若有贤王来治世,根据土地远近、山泽肥瘠、人民多少、风俗好坏这些因素,再根据各地区实际,让百姓自己选择统治的方法,然后由本地区贤能的士大夫审量,交由官司裁定,最后公卿大臣表决通过,用天子诏令形式发布于外,这样建立的制度,可以推行数百年而不破坏。不可以对南北所有地区、山泽。都采取划一的刚柔、利钝标准,强求天下所有,地区一概相同而达到所谓的均平。一刀切的法制,从表面上看是大利的政策,但对各个地方上的不同地区则是大害的政策。像这样的政策怎么能够推行呢!

萧齐统治者当民间谷帛最便宜的时候,就下令出官府钱籴买,这也是权宜之计,可以起到平衡物价的作用。平民百姓一生从事农业,经过长期勤苦劳作以享收获,这是他们生活所必需做的。辅佐天子保全国家,没有比谷帛更重要的了。农夫终年从事耕作,女子通夜从事纺织,走遍四海,经历万年,只有这些事是根本。然而,人的婚行，必需金钱以济者。乃握粟抱布，罄经年之精髓适市，而奸商杂技挥斥之如土芥；故菽粟如水火，而天下之不仁益甚。孟子之言，目击齐、梁之饿莩充涂、仇杀相仍者言也，非通论也。

乃当其贵，不能使贱，上禁之弗贵，而积粟者闭粜，则愈腾其贵；当其贱，不能使贵，上禁之勿贱，而怀金者不仇，则愈益其贱；故上之禁之，不如其勿禁也。无已，贱则官籴买之，而贵官粜卖之，此“常平”之法也。而犹未尽也。官籴官买，何必凶年而粜卖乎？以饷兵而供国用，蠲民本色之征，而折金钱以抵谷帛之赋，则富室自开廪发笥以敛金钱，而价自平矣。故曰：权宜之法，可以救偏者也。

乃若王者之节宣也有道，则亦何至谷帛之视土芥哉！金钱不敛于上而散布民间，技巧不淫于市而游民急须衣食，年虽丰，桑蚕虽盛，金钱贱而自为流通，亦何待官之籴买，而后使农夫红女之不困邪？故粟生金死而后民兴于仁。菽粟如水火，何如金钱之如瓦砾哉！

葬、医药、盐茶之用的消费，以及亲戚、朋友、乡邻相互之间的应酬，许多不是仅用谷帛就可以满足的，还必须有金钱作辅助之用。于是在这种情况下，人们就要把自己多年辛苦劳作收获的粮食和布帛拿到市场上去卖，换取金钱。但是，那些奸商以及玩弄伎俩的人却把这些谷帛当作粪土、草芥一样挥霍。所以，粮食像水火一样充足，而天下社会所存在的不仁义现象就更加厉害。以上是孟子所说的话，好像是他目睹了齐、梁两国饿死者满路、仇杀相仍的社会现象后才得出的结论，而并不是普遍性的结论。

当物价贵的时候，没有办法使之降低，由政府下令使之降低，但屯积粮食者采取闭籴的对抗政策，这样物价又越来越贵。当物价便宜的时候，没有办法使之上升，由政府下令使之上升，但怀有金钱的人不出钱响应，这样物价又越来越低。因此，上级政府下禁令，还不如不禁为好。如果物价贵贱差距得不到控制，那么贱时就由政府籴买，贵时就由政府粜卖，这就是常平物价的方法，而且，这种方法的好处不仅如此。官府籴买的谷帛，为什么一定要等到收成不好的年份才粜卖呢？如果把这些谷帛用来供军队、国家所用，蠲免百姓的本色税征，把他们的谷帛之赋改折金钱交纳，那么富有的人就自然会打开谷帛仓库，收敛金钱，这样物价也就自然平衡了。所以说，权宜之法，可以起到平衡物价的作用。

如果君王统治有道，那么怎么会能发展到视谷帛如粪土、草芥的地步！金钱不收敛于上级官府而散布在民间，弄技巧之人不干扰市场而使游荡之民急须衣食，这种情况下年成即使丰盈，桑蚕业即使兴盛，金钱也至贱而在市场上流通，这还为什么要靠官府去籴买，以解脱农夫、织女所处的困境呢？所以说，粮食布帛多了，金钱的作用小了，平民百姓的生活才能在仁义中发展；粮食如水火一样充足，怎么比得上金钱如瓦砾一样的形势呢！

6.拓拔宏诏群臣言事，李彪所言，几于治道，君子所必取焉。其善之尤者，曰："父兄系狱，子弟无惨容；子弟被刑，父兄无愧色，宴安自若，衣冠不变，骨肉之恩，岂当如此？父兄有罪，宜令子弟肉袒诣阙请罪；子弟有坐，宜令父兄露板引咎，乞解所司。"以扶人伦于已坠，动天性于已亡，不已至乎！夫父兄之引咎，子弟之请罪，文也；若其孝慈恻怛之存亡，未可知也。役于其文，亦恶足贵乎？而非然也。天下骛于文，则反之于质以去其伪；天下丧其质，则导之于文以动其心。故质以节文，为欲为君子者言也；文以存质，所以闵质之亡而使质可立也。

天下之无道也，质固浇矣，而犹有存焉者，动止色笑之间，对人而生其愧怍。不知道者曰："忠孝慈友之浅深厚薄，称其质而出之，而何以文为？"则坦然行于忻戚之便安，而后其质永丧而无馀。今且使父兄被罪者肉袒于阙，子弟坐刑者退省于官，则虽不肖者，亦愿其父兄子弟之免，而己可以即安。此情一动，而天性之孝慈，相引而出。小人之恶敛，而君子之志舒，此非救衰薄、挽残忍之上术与？

近世有南昌熊文举者，为吏部郎，其父受赇于家，贻书文北魏拓拔宏曾下令让群臣奏言时政得失，当时李彪的上言，接近于治世之道。这是君子之人一定要选择的言论。其中尤为精辟的奏言说："作父兄的被囚禁，而作子弟的没有惭愧的表现。子弟受刑，作父兄的也无愧色，安然自若，衣冠依旧。父兄子弟都是骨肉之恩，怎么能够这样做呢？父兄犯罪，应该让他的子弟袒身到官司去请罪。子弟坐刑，应该让他的父兄公布罪状，承担责任，并请求押解官司治罪。"这种做法，是在扶植已坠落的人伦道德，感动已消亡的人的天性，不也是最好的办法吗！父兄承担责任，子弟到官司请罪，这都是表现于文辞而已，至于他们是否是真的有孝慈恻隐忧伤之心，并未能知道。见诸于文辞，也值得称赞吗？这里并不是这个意思。把这种文辞布告于天下，则会对人的本性起到萌发作用而消除虚伪的成分。天下有人丧失了人的固有本质，乃通过文辞加以引导以感动其内心。所以，根据人的本性修辞立文，是对作君子的人而言。利用文辞去发扬人的本质，就是要怜悯人性消亡的人而使他们的人性再度恢复。

天下社会间人道丧失，人的本性发挥固然处于低谷，但仍有人性的存在，人们在举止谈笑之间，对某些人就会产生惭愧的感觉。不明白人道者会说："忠孝慈友之心的深浅厚薄，可以与人的本性相一致而自然表现出来，那么为何还要以文辞的形式去教育呢？"如果让人性在人们的悲欢生活中任便自然发展，那么到后来人的本性会永远丧失而荡然无存。这里父兄犯罪让其子弟袒身到官司请罪，子弟受刑让其父兄自责于官，那么即使不成器者，也希望其父兄子弟获免，而自己以得以安生。人的这种情感一萌动，人天性中的孝慈之心就会相伴而出，使小人的恶性收敛，而君子的性情更加舒畅，这难道不是拯救人性衰薄、矫治残酷人性的上策吗？

近代有个南昌（今属江西）人叫熊文举，曾为吏部郎官，他的父亲举，为人求官。逻者得之，其父逮问遣戍，而文举以不与知匄免，莅事如故，渐以迁官，未三年而天下遂沦。悲哉！三纲绝，人道蔑，岂徒一家之有馀殃哉！

7.正统之论，始于五德。五德者，邹衍之邪说，以惑天下，而诬古帝王以征之，秦、汉因而袭之，大抵皆方士之言，非君子之所齿也。汉以下，其说虽未之能绝，而争辨五德者鲜；唯正统则聚讼而不息。拓拔宏欲自跻于帝王之列，而高闾欲承苻秦之火德，李彪欲承晋之水德；勿论刘、石、慕容、苻氏不可以德言，司马氏狐媚以篡，而何德之称焉？夏尚玄，殷尚白，周尚赤，见于礼文者较然。如衍之说，玄为水，白为金，赤为火，于相生相胜，岂有常法哉？天下之势，一离一合，一治一乱而已。离而合之，合者不继离也；乱而治之，治者不继乱也。明于治乱合离之各有时，则奚有于五德之相禅，而取必于一统之相承哉！

夫上世不可考矣。三代而下，吾知秦、隋之乱，汉、唐之治而已；吾知六代、五季之离，唐、宋之合而已。治乱合离者，天也；合而治之者，人也。舍人而窥天，舍君天下之道而论一姓之兴亡，于是而有正闰之辨，但以混一者为主。故宋濂作史，在家接受了别人的贿赂，就给熊文举写了封信，说是要他帮助某人找一个官职。结果这封信被巡逻的人得到，他的父亲被逮捕查问，遣往戍边。然而熊文举却以不知道此事为由而请求赦免，仍然依旧干平常的事务，逐渐也迁升了官职，之后不到三年而天下沦丧。真可悲啊！纲常礼教消亡，仁义道德不存在，这难道只是一户人家最后遭殃吗？

所谓正统的理论，起始于五德。五德之论，是邹衍的邪妄之说，他以此蛊惑天下的人们，还诬造古帝王来加以验证。秦、汉时代又承袭了这些学说。五德之论大体上都是方术人士的语言，而不是君子之人的语言。汉代以来，这种说教虽未能止绝，但争辨五德内容者很少，只有正统理论一直是人们互相讨论的话题。北魏拓拔宏想要跻身于帝王之列，而高闾想要他继承苻氏前秦的火德，李彪要继承晋朝的火德。这里不讨论前赵刘氏、后赵石氏、前燕慕容氏、前秦苻氏不具备论德的资格，单就晋朝司马氏靠谄媚取宠篡夺帝位而言，能与何德相配呢？夏代崇尚黑色，商代崇尚白色，周代崇尚赤红色，这在礼仪记载中已经很清楚了，像邹衍的学说，玄黑同水，白同金，赤红同火，它们之间的相生相克，难道有固定不变的法则吗？天下历史的发展，一离一合，一治一乱而已。离散之后乃合而为一，合的形势不能继续，则又离散。散乱之后而得到大治，大治的形势不能继续，则再度散乱。明确天下治乱合离形势各有其自然发展时期的道理，还为什么要采用五德更替的理论而一定要按顺序继承相应的德呢？

上古时代的历史发展无可考据。自夏、商、周三代以下，我知道秦朝、隋朝的离乱，以及汉朝、唐朝的大治。我知道六代、五代时期的离乱，以及唐朝、宋朝的统一。治乱合离的发展，是上天的安排，而统一起来并达到大治，则是人起了作用。不谈人的作用而谈上天，以元为正，而乱大防，皆可托也。夫汉亡于献帝，唐亡于哀帝，明矣。延旁出之孤绪，以蜀汉系汉，黜魏、吴而使晋承之，犹之可也。然晋之篡立，又奚愈于魏、吴，而可继汉邪？萧詧召夷以灭宗国，窃据弹丸，而欲存之为梁统；萧衍之逆，且无以愈于陈霸先，而况于詧？李存勖，朱邪之部落，李昇，不知谁氏之子，必欲伸其冒姓之妄于诸国之上，以嗣唐统而授之宋，则刘渊可以继汉，韩山童可以继宋乎？近世有李槃者云然。一合而一离，一治而一乱，于此可以知天道焉，于此可以知人治焉。过此而曰五德，曰正统，嚚讼于廷，舞文以相炫，亦奚用此哓哓者为！

8.篡逆之臣不足诛，君子所恶者，进逆臣而授以篡弑之资者也。夫唯曹操、刘裕，自以其能迫夺其君，操不待荀彧之予以柄，而刘穆之、傅亮因裕以取富贵，非裕所藉以兴也。司马懿之逆，刘放、孙资进而授之也，放、资之罪无所逭矣；然放、资固天下之险人也，亦无足诛也。萧道成之逆谁授之？刘秉也。萧鸾之逆谁授之？萧子良也。夫秉之忠，子良之贤，其于放、资，薰莸迥别矣；而优柔恇怯，修礼让之虚文以成实祸，不谈统治天下的道理而谈？姓王朝的兴亡，于是在这种情况下就有正统非正统之辨，实际上只是以统一的王朝为正统。所以明代宋濂撰著历史，乃以元朝为正统，那么其他的都可降为非正统之列。汉代灭亡于献帝，唐朝灭亡于哀帝，历史已经很明白。后来刘氏的孤支刘备到西南发展，建立蜀国，仍称蜀汉以继汉统。排除魏国、吴国的地位，而使晋朝继承汉统，这也是可以的。然而，晋司马氏篡夺帝位的做法又有什么好于魏、吴两国的而可以继承汉统呢？南梁末期，萧詧引领西魏兵马灭掉了自己的萧氏国家，他占据了南方的弹丸之地，想以此继承萧梁的统序。南梁的建立者萧衍的叛逆行为，本来就没有什么地方好于南陈的建立者陈霸先，更何况后来的萧詧呢？李存勖（后唐建立者）出身于边族朱邪部落，李昪也不知道是何氏之子，他们务必要发扬其假汉姓的统治而超居于其他诸国之上，以上承唐统而下启宋统。若这么说，十六国时期刘渊（建立汉国）还可以继承汉统、元末韩山童还可以继承宋统吗？近代有位叫李槃的人曾这样说过。通过社会一合一离、一治一乱的变化，可以明确自然发展法则，可以明确人类统治的道理。避开这些问题而去谈五德、谈正统，聚在一起互相讨论，修辞立文互为炫耀。仅这些问题还有什么值得哓哓不息地争辨呢？

历史上篡逆皇位的大臣不值得谴责，君子之人所厌恶的，是选用有篡逆心的大臣并给予他篡夺皇位机会的人。只有曹操、刘裕二人是靠自己的能力，迫使旧皇帝退位而自己当了皇帝。曹操得帝位，不等待荀彧给他鼎力之助，而刘穆之、傅亮二人却是依靠刘裕才享得富贵，并不是刘裕凭借他们的力量才夺得皇位。司马懿之所以能篡权，是刘放、孙资进用了他并给他提供了这个机会，刘放、孙资所犯下的罪是不容逃脱的。然而刘放、孙资本来就是天下的阴险人物，也不值得谴责。南齐萧道成篡权的机会是谁给的？是刘秉。南齐萧鸾于是而后为君子之所甚恶，以二子者可以当君子之恶者也。金日磾之让霍光也，曰："臣胡人，且使匈奴轻汉。"自揣审，知光深，而为国亦至矣。然终日磾之世，霍光不敢受封，上官桀不敢肆志，则日磾固毅然以社稷为己任，而特避其名耳。秉以宋之宗室，子良以齐之懿亲，受托孤之重，分位可以制百官，品望可以服天下，忠忱可以告君父；而迂回退巽，知奸贼之叵测，而宾宾然修礼让之文，宗社之任在躬，恝忘而不恤。岂徒其果断之不足哉？盖亦忠诚之未笃也。是以君子恶之也。

《易》曰："谦，德之柄也。"君子以谦为柄，而销天下之竞，岂失其柄以为谦，而召奸宄以得志乎？秉终受刃，而子良郁郁以亡，亦自悔之弗及矣。更称"子良仁厚，不乐世务，故以辅政推鸾"。诚不乐世务也，山之椒，水之湄，独寐寤歌，胡为乎立百僚之上而不早退也？

郁林王

1.孟子曰："尽信书则不如无书。"《尚书》删自仲尼，且不可尽信，况后世之史哉？郁林王昭业之不足为君，固已。然曰："世祖积钱及金帛不可胜计，未期岁而用尽"，则诬矣。夷考篡权的机会是谁给的？是萧子良。刘秉的忠心，萧子良的贤能，若与刘放、孙资二人相比，就像臭草和香草一样有明显的区别。而刘秉、萧子良二人优柔寡断，担心恐惧，作礼让虚文而酿成实祸。于是后来他们便成了君子之人十分厌恶的人，因为他们二人的行为足以成为君子厌恶的对象。西汉大臣金日磾让权给霍光的时候说："臣我出身于边族胡人，这样会使匈奴轻蔑汉朝。"这是他自己经过审量后，觉得霍光有远略，才这样做，这对国家来说也够好了。但是一直到金日磾去世之前，霍光也不敢接受封职，上官桀也不敢放肆。可见，金日磾在世时，毅然以国家社稷为己任，只是让去名声而已。刘秉作为刘宋的宗室后代，萧子良作为萧齐的近亲；又接受了尊上的重托，地位可以制服百官，品望可以震服天下，忠忱之心可以告慰先辈君父。但由于他们二人犹豫退让，担心奸贼们居心叵测，就不讲条件地写了礼让之文，尽管宗社国家的重任在自己一身，却安然置外而不顾。这难道说只是他们的果敢能力不够吗？大概也是他们对国家社稷的忠诚之心没有达到相应高度的缘故。所以，君子之人厌恶他们。

《周易》中记载："谦，是人道德的根本。"君子之人以自谦为标准，对天下人们的争强好胜之心能起到限制作用。难道像前面说的以放弃权力表明自谦，而非要召来心怀不规之人提供给他们恣肆的机会吗？刘秉最后终于被杀，萧子良怀着忧伤而死，也是自己后悔已来不及了。史书上说："萧子良宽仁厚道，不乐于世间政务，所以把佐治重任让给萧鸾。"萧子良如果的确不乐于从事政务，那么，一个人在山之巅，水之边，想睡则睡，醒来便歌，自由自在，像这样的生活有什么不好，为何还要位居百官之上而不早早引退呢！

孟子说过："若完全相信书上的东西，则不如无书好。"《尚书》是删编于仲尼之手，尚且不可全信，更何况后世的史书呢？南齐郁林王萧昭业的能力不足于充当君王，本来也就是这样。然而史书上却朞岁之中，未尝有倾宫璇室裂缯凿莲之事也，徒以掷涂赌跳之戏，遂荡无穷之帑乎？隋炀之侈极矣，用之十三年而未竭，郁林居位几何时，而遽空其国邪？当其初立，王融先有废立之谋矣；萧鸾排抑子良，挟权辅政，即有篡夺之心矣。引萧衍同谋，而征随王子隆，于是而其谋益亟，郁林坐卧于刀锯之上，而愚不知耳。鸾已弑主自立，王晏、徐孝嗣文致郁林之恶，以掩鸾滔天之罪，欲加之罪，何患无辞乎？

史于宋主子业及昱，皆备纪其恶，穷极秽媟，不可以人理求者，而言之已确，岂尽然哉？乱臣贼子弑君而篡其国，讵可曰君有小过而我固不容，则极乎丑诋而犹若不足，固其所矣。夫宋孝武之惩于逆劭也，明帝之必欲立昱而固其位也，齐武之明而俭也，夫岂不知子孙之不肖而思有以正之乎？大臣挟人人可为主之心，不以戴贼为耻，谁与进豫教之道于先，献箴规之言于后者。待其不道，暴其恶以弑之已耳。此三数君者，亦尝逆师保之训，杀忠谋之臣否邪？此可以知在廷之心矣。人道绝，廉耻丧，公然讦数其君之恶，而加以已甚之辞，曰：此其宜乎弑而宜乎篡者也。恶足信哉！

记："前边世祖累积下来的钱币和金帛不可胜计，到郁林王时不到一年而用尽。"这是诬谄的说法。着实考察这一年之中，郁林王未曾有过动用宫库中一点东西的事，仅靠玩弄掷涂赌跳的游戏，就可以用尽仓库中无穷之财富吗？隋炀帝的奢侈程度已达到了顶点，但仓库中的财物使用了十三年还未尽，郁林王在位才多长时间，竟那么快用完了国库中的财物？当他初即位的时候，王融最先怀有废立的阴谋。萧鸾排斥萧子良，挟权辅政之后，始有篡夺皇位之心。他勾引萧衍作为同谋，又征用随王萧子隆，于是他废立阴谋的时机更加成熟。这时的郁林王已经坐卧在刀锯之上，但他却愚惑而未能觉察。当萧鸾已杀掉君主而自立为皇帝的时候，王晏、徐孝嗣便开始发布文辞，造谣郁林王的丑恶行为，以此来掩盖萧鸾的滔天之罪。若要捏造郁林王的罪行，何患无话可说？

史书中，对南朝宋废帝刘子业及后废帝刘昱的记载，都详细记述其丑恶的一面，甚至追究到污秽、轻慢的小事。如果是不可用人情去追究的事，则说他自己已经承认。难道他在位时都是这样做的吗？乱臣贼子们杀君主而篡夺国位，哪里可以说是因为君主有小过而我坚决不容的原因，实则是极尽诋毁之能事，唯恐罪证不足，本来也就是这样。诸如宋孝武帝惩治刘劭杀父皇的叛逆之罪，宋明帝一定要策立刘昱而稳定他的地位，齐武帝明达而约束自己的行为，难道他们不知道子孙后代不成器而去想办法培养他们吗？如果大臣压抑人人愿为君做事效力的心情，君主不以同贼臣同流合污为耻辱，那么，还有谁愿前前后后去向君主讲述即早教育子孙的道理，奏陈规劝之言呢？等到君主行为不正的时候，这些乱臣贼子们便宣布君主的罪恶，并杀掉他。这几位君主，也曾有过违背师长的教训、斩杀忠谋大臣的行为吗？由此便可知道他们在位时的心理。做人的道德灭绝，廉耻之心丧失，大肆攻击其君王的短处，并加以极尽诋毁之辞，

2.人而不仁，言动皆非人之所测；天下而不仁，向背皆任其意之所安。不仁者，非但残忍忮害之谓也。残忍忮害者，抑必先蒙昧其心，漠然于身，漠然于天下，而后敢动于恶而无忌。虽然，犹或有时焉，遇大不忍之事，若鬼神临之，而恻恻以不宁，则人亡其仁，而仁未遽去其心也。唯夫为善不力，为恶不力，漠然于身，漠然于天下，优游淌瀁而夷然自适者，则果不仁也，如死者之形存而哀乐不足以感矣。此其为术，老聃、杨朱、庄周倡之，而魏、晋以来，王衍、谢鲲之徒，鼓其狂澜，以荡患孝之心，弃善恶之辨，谓名义皆前识也，谓是非一天籁也，于我何与焉？漠然于身而丧我，漠然于天下而丧耦，其说行，而天下遂成一刀刺不伤、火焚不爇之习气，君可弑，国可亡，民可涂炭，解散披离，悠然自得，尽天下以不仁，祸均于洪水猛兽而抑甚焉。

萧鸾之弑郁林也，谢瀹与客围棋，局竟，遂卧而不问；虞悰闻变，但曰"王、徐缚绔废天子，天下岂有此理邪？"江斅则托疾吐哕而去；谢朏出为吴兴守，致酒数斛与其弟，曰："可力饮此，勿豫人事。"此数事者，当时传之以为高。而立人之朝，食人之禄，国亡君弑，若视黄雀之啄螳螂，付之目笑，非至不仁者，其能若此乎？故刻薄残忍者，情之不戢，祸及君亲，而在这种情况下，乃说：像这样的君王应该杀掉他而夺取他的君王之位。这怎么能够令人信服呢！

作人如果没有仁义，那么他的言行举止都不是人所能预料的。统治天下者若没有仁义，那么人心的向背也都不可预测，只有任其发展。不仁义，并非仅指残忍嫉害而言。做残忍嫉害行为的人，一定要先蒙蔽自己的内心，对自己看得淡漠，对天下人看得淡漠，然后他才敢作恶无恐。尽管如此，仍然有些时候，他去作不太忍心的大恶事情时，会感到好像鬼神在他身边，以致于恐惧不安。这种情况则说明，他自己撇开了仁义，但仁义本身并没有马上从他的心中离去。那些为善不能，为恶也不能，漠然看待自己，看待天下人，怡然自得的人，才是真的没有仁义存在了，就像死者尸存而哀乐不足以感动他一样。这种思想，较早是由老聃、杨朱、庄周所提倡的，但魏、晋以来，王衍、谢鲲之类的人，又大肆宣扬，以冲消忠孝之心，丢弃善恶的区别，认为名和义都是前人的见识，是和非都是一个上天的定夺，这对我自己有什么相干？漠然对待自己而丧失自我，漠然对待天下人而丧失友情。这种思想流行，必然造成天下社会一刀刺不伤、火烧燃不着的流俗习气。若是这样，认为君主可斩杀，国家可灭亡，人民可涂炭，天下社会分崩离析，而自己悠然自得，随便它天下社会不仁义的形势发展到何种程度，这种思想所导致的祸患要比洪水猛兽还厉害。

萧鸾杀郁林王的时候，谢沦正在同客人下围棋。一局完了之后，他躺下休息，不管不问政事。当时虞悰得知变乱后，只说道：“王晏，徐孝嗣绑架废掉了天子，天底下哪有这种道理？”江敩其人，则借口有病呕吐而离去。谢朏当时外出任吴兴（今属浙江）郡守，就送给他的弟弟几斗酒，并说：“你可尽管饮这些酒，但不要参与人事问题。”以上几件事，当时都被视为高论。然而，作为朝中的官，享受俸禄，看到国亡君死，好像看到到黄雀吃螳螂一样，付之一笑，若不是丧失清宵一念，犹有愧悔之萌。唯若瀹、悰、斅、朏之流，恬然自适，生机斩而痛痒不知，仁乃永不生于其心，而后人理尽绝。士大夫倡之，天下效之，以成乎不仁之天下。追原祸始，唯聃、朱、庄、列“守雌”“缘督”之教是信，以为仁之贼也。君子恶而等之洪水，恶此而已。

明帝

1.人才之靡也，至齐、梁而已极。非尽靡也，尸大官、执大政者，靡于上焉耳。明帝之凶悖，高、武之子孙，杀戮殚尽而后止，而大臣谈笑于酒弈之间自若也。乃晋安王子懋之死，其防閤陆超之、董僧慧先与子懋谋举兵者，独能不昧其初心：僧慧则请大敛子懋而就死，业已无杀之者，而视子懋幼子讯父之书，一恸而卒；超之或劝其逃，而曰“吾若逃亡，非唯孤晋安之恩，亦恐田横之客笑人”，端坐以待囚，而为门生所杀，头陨而身不僵。夫二子者，非但其慷慨以捐生也，审于义以迟回，濒死而不易其度，使当托孤寄命之任，其不谓之社稷之臣与？乃皆出自寒门，身为武吏，其视王、谢、徐、江世胄华门、清流文苑之选，世且以为泾、渭之殊，而以较彼之转而忘君、安心助逆者，果谁清而谁浊也？故曰：尸大官、执大政者靡于上，而下未尽然也。

了作人的仁义，能这样做吗？所以，刻薄残忍的人，尽管他的恶心没有收敛的时候，但如果祸及君亲，早上醒来一想，还仍会有羞愧的感觉。但像谢冶、虞悰、江斅、谢朏之流，怡然自得，君主被杀了，他们一点儿不在乎，这类人就是仁义在心中消失，而作人的道德已完全灭绝。由于士大夫们的提倡，天下人的效仿，以致造成天下社会失去仁义的形势。追根求源，这种思想危害的原因，就在于一味信奉老聃、杨朱、庄周、列子所谓“守雌”、“缘督”的教条，这是仁义思想的大敌。君子之人把这些说教当作洪水一样厌恶，他们所厌恶的也就是这些而已。

国家可用人才的缺乏，至南朝齐、梁时期达到了顶点。但朝野上下也并非尽然如此，主要表现在任大官、握大政的上层统治阶级中缺乏人才。如对齐明帝手下的所谓危险、背逆人物，以及高帝、武帝的子孙后代，都务必要斩尽杀绝而后止，而大臣们却谈笑于饮酒、对弈之中，怡然自若。再如晋安王萧子懋死后，过去首先向他策划起兵的防卫官陆超之、董僧慧二人，一直能坚持不改变他们拥护萧子懋的初衷。当时董僧慧请求，隆重敛葬萧子懋后他随即就死。在准备杀他的时候，他看到萧子懋幼子向父亲讯问的书信，悲恸而死。陆超之呢，当时有人劝说他逃跑，他却回答说：“我若逃跑，不仅对不起晋安王对我的恩德，也恐怕死后被田横的门客耻笑。”于是，他端正地坐着，等待着人来囚禁他。最后被他的门生所杀，头落地后身体没有倒下。董僧慧、陆超之二人，不但慷慨献出了自己的生命，而且坚持正义，极力抗争，临死就没有改变他的气度。假使让他们二人承担托孤寄命之重任，能不是国家社稷的重臣吗？他们都出自寒门人家，担任小小的武吏官，若与出身于世胄华门清流文苑之选的王晏、谢冶、徐孝嗣、江斅相比，世间都认为有泾、渭之别。将王、谢、徐、江扭脸不认君、一心助叛逆的行为与董、陆二人的为人行事比起来，到永嘉之后，风俗替矣。而晋初东渡，有若郗鉴、卞壸、桓彝之流，秉正而著立朝之节；纪瞻、祖逖、陶侃、温峤，忘身以弘济其艰危。乃及谢傅薨，王国宝用事以后，在大位者，若有衣钵以相传，擅大位以为私门传家之物，君屡易，社屡屋，而磐石之家自若；于是以苟保官位为令图，而视改姓易服为浮云之聚散。唯是寒门武吏，无世业之可凭依，得以孤致其恻隐羞恶之天良。繇此言之，爵禄者，天子齐一人心、移易风俗之大权在焉，不可与下以固然，而使据之以为己重，其亦明矣。世业者，天子之守也，非下之所得怙也。闾井之子弟，受一顷田于祖父，而即以赋税怨县官，亦何以异于此哉？拓拔宏曰："君子之门，无当世之用，要自德行纯笃。"纯笃云者，岂不恤名义，长保其富贵之家世而已乎？

2.拓拔宏之伪也，儒者之耻也。夫宏之伪，欺人而遂以自欺久矣。欲迁雒阳，而以伐齐为辞，当时亦孰不知其伪者，特未形之言，勿敢与争而已。出其府藏金帛衣器以赐群臣，下逮于民，行无故之赏，以饵民而要誉，得之者固不以为德也，皆欺人而适以自欺也，犹未极形其伪也。至于天不雨而三日不食，将谁欺，欺天乎？人未有三日而可不食者，况其在豢养之底谁清谁浊呢？因此说，任大官、握大政的统治阶级上层人才严重缺乏，而下边的地方上并不尽然。

历史上自晋代永嘉之乱以后，政治流俗有了很大变化。晋统治者当初向东发展的时候，有像郗鉴、卞壸、桓彝之类的人，理正朝纲，建立各项制度。纪瞻、祖逖、陶侃、温峤等人，又舍身忘己，辅助国家顺利渡过难关。但自谢傅死，王国宝专权以后，位居大政者，好像有了衣钵相传继，都是霸占高职作为自己私门传家的依凭，尽管君王屡屡变换，社祭屡屡更室，这些豪门之家却如磐石一样而安然自若。他们只以苟且保全自己的官位为目的，而把改姓易服的政局变幻看成是像浮云聚散一样轻松。只有出身于寒门的武吏，没有世代家业可依凭，能够独立施展他们恻隐羞恶的天良之性。由此看来，官位、俸禄中，包含着天子统一人心、移风易俗的权量，不能够把这些权力固定到特定的人手中，而使他们据此以抬高自己的身价，这里的道理很清楚。世代的家业，是靠天子统治来守护的，而不是下边人所能够依仗的。乡下的子弟，若从他的祖父那里得到一顷田地，就要因交纳赋税问题而怨恨县令，这种情况与前面说的还有什么不同呢？北魏拓拔宏曾说过："出身于君子世家的人，没有当世所能任用的人才，关键要德行纯朴笃实。"这里所说的德行纯朴笃实，难道就是不顾名和义，而去长久保持自己富贵的家世吗？

北魏拓拔宏实行虚伪统治，这是习儒者的耻辱。拓拔宏虚伪，在欺人的招牌下又自己欺骗自己，这种统治已经很长时间了。想要迁都洛阳（今属河南），就以讨伐齐国为借口，这在当时谁人不知道他的虚伪，只是没有说出来，不敢与他争辩而已。他把府库中的金帛衣器拿出来分赐给大臣们，下层直到对平民，施行无缘无故的赏赐，以求利诱人们而获得好名声。这样，得到他赏赐者，也不以为这是他所施下的恩德，都是欺骗别人而实际欺骗自己的做法。但是，这些还不子乎！高处深宫，其食也，孰知之？其不食也，孰信之？大官不进，品物不具，宦官宫妾之侧孰禁之？果不食也欤哉！而告人曰："不食数日，犹无所感。"将谁欺？欺天乎？

宏之习于伪也如此，固将曰圣王之所以圣，吾知之矣，五帝可六，三王可四也。自冯后死，宏始亲政，以后五年之间，作明堂，正祀典，定祧庙，祀圜丘迎春东郊，定次五德，朝日养老，修舜、禹、周、孔之祀，耕藉田，行三载考绩之典，禁胡服胡语，亲祠阙里，求遗书，立国子大学四门小学，定族姓，宴国老庶老，听群臣终三年之丧，小儒争称之以为荣。凡此者，典谟之所不道，孔、孟之所不言，立学终丧之外，皆汉儒依托附会、逐末舍本、杂谶纬巫觋之言，涂饰耳目，是为拓拔宏所行之王道而已。尉元为三老，游明根为五更，岂不辱名教而羞当世之士哉？故曰儒者之耻也。

德立而后道随之，道立而后政随之。诚者德之本，欺者诚之反也。汉儒附经典以刻画为文章，皆不诚之政也。而曰帝之所以帝，王之所以王，在是而已。乃毕行之以欺天下后世者唯宏尔。后之论者犹艳称之，以为斯道之荣，若汉、唐、宋之足以表现他的特别虚伪之处。还有，天不下雨他三天不吃东西，这是要欺骗谁，欺骗上天吗？人没有三天而可以不吃东西的，何况他处在有人豢养的环境之中呢？他高处深宫之内，要吃东西，有谁知道？他不吃东西，又有谁能相信？大官僚不向他送食物，餐具不备，那么在宦官宫妾的范围内谁去禁止呢？若真的不吃东西吗？干嘛又告知人们说："已经一连几天不吃东西了，却仍没有感动上天下雨。"这是要欺骗谁，欺骗上天吗？

拓拔宏习惯于虚伪的做法竟如此这般，因而肯定会说，圣王之所以能成为圣王，我知道其中的原因，五帝可以变为六帝，三王可以增为四王。自冯太后死后，拓拔宏开始亲理政事，在他执政以后的五年中间，连续修筑明堂，建立祀典之制，设置宗庙，祭祀圜丘，行东郊春礼，排定五德次序，规定养老制度，修立舜、禹、周、孔之祭坛，亲自耕种藉田，推行一年期满考查成绩的规章，禁止穿胡人的服饰和使用胡人的语言，亲自到阙里祭祀，收求地方遗书，建立国子大学、四门小学，规定各族姓氏，宴请朝中和地方元老，准许群臣守三年之丧。所以，那些不起眼的习儒者们都喜悦地称颂这些政策，以为这是国家的荣耀。如此之类，典章制度中没有记载，孔子、孟子也未曾说过，除了立学、终丧两件事外，其他都是汉儒通过假托附会、舍本求末并杂揉谶纬巫觋邪说所倡导的，都是为了涂饰耳目而已。这就是拓拔宏所实行的王道统治罢了。当时尉元为三老人，游明根为五更，岂不是沾污了名教道德而使当世士大夫感到羞愧吗？所以说，这是习儒人的耻辱。

德行树立起来，而后人道随之发展。人道建立起来，而后政道随之发展。诚是德行的根本，欺妄就是与诚相对立的。汉儒通过附会儒家经典来撰造词章文字，都是不符合诚的政道。还说什么帝之所以为帝，王之所以为王，关键也就在这里。把这些政策完全推行贤主俱所无逮者。不恤一日之劳，不吝金钱之费，而已为后世所欣慕，则儒者将以其道博宠光而侈门庭乎？故曰儒者之耻也。

虽然，抑岂足为君子儒之耻哉？君子儒之以道佐人主也，本之以德，立之以诚，视宏之所为，沐猴之冠，优俳之戏而已矣。备纪宏之伪政于史策，所以示无本而效汉儒附托之文具，则亦索虏欺人之术也，可以鉴矣。

3.王敬则之子幼隆，以谢朓其姊壻也，告以反谋，而朓发之，敬则败死，朓迁吏部，则夫妇之恩绝；其后始安王遥光要与同反，复以告左兴盛，为遥光所杀，则保身之计亦迷；故论者以咎朓之倾险。虽然，使朓从幼隆而秘其谋，从遥光而受卫尉卿之命以为内应，于义既已不可，而事败骈诛，又何足以为全身之智乎？呜呼！士之处乱世遇乱人也难矣。若朓者，非有位望之隆足为重轻，干略之长可谋成败者也，徒以词翰之美见推流辈而已。而不轨以徼幸者，必引与偕而不相释，夫朓亦岂幸有此哉？无端苦以相加，而进有叛主之逆，退有负亲戚卖友朋之憾，“握粟出卜，自何能谷”。朓之诗曰：“大江流日夜，客心悲未央。”诚哉其可悲乎！

于天下以欺骗后世之人者，只有拓拔宏一人。后世的评论之人还美称这些政策，认为这种政道之伟大，是汉、唐、宋三代中的贤能君主都比不上的。拓拔宏之为政，不用一日之劳，不花金钱之费，而能获得后世人们的欢心和称颂，那么，当时的习儒者将能够因其政道的伟大光耀而自由放纵于朝廷之上吗？所以说这是习儒者的耻辱。

尽管如此，这样的政道难道也足以成为君子儒的耻辱吗？君子儒以政道辅佐君主，这种政道以德行为根本，以诚为基础，而把拓拔宏之政道看成是沐猴的帽子、俳优艺人的游戏而已。具体记载拓拔宏虚伪政治的事实于史籍当中，就是要说明丢弃根本的东西而去效法汉儒附会假托的虚妄之说，这也是北魏虏人的所采用的欺骗人的治世之术，应该以此为鉴。

王敬则的儿子王幼隆，因为谢朓是他的姐夫，所以就告诉他要策划谋反；然而谢朓揭发了他要谋反的事，这样王敬则因计划失败而死，谢朓则迁升为吏部官，谢朓夫妇之间的情意也由此断绝。后来始安王遥光向谢朓提出一同谋反，谢朓又把这个事情告诉了左兴盛，最后谢朓被遥光所杀。这样看来，谢朓并不清楚自己的保身之法。因此，议论的人都指责谢朓为人倾轧险恶。尽管如此，假使谢朓能听从王幼隆去秘密谋反，听从遥光的话接受卫尉卿官职而作内应，这从仁义上讲已经不可从，结果若谋反事情败露后一同被杀，难道还能算得上是明智的保身之策吗？唉！士大夫处于乱离之世、与乱离之人打交道也够难的了。像谢朓这个人，没有高职品望去决定事情的重轻，也没有高智才略去把握事情的成败，只是因辞章之美为同辈人推崇而已。那些谋反而侥幸事成者，一定是要找到同谋而互不辜负，谢朓难道也有这个幸运的机会吗？谢朓真是无端自找苦吃，偕同谋反会有反叛君上之罪，不参与谋反，则又有辜负亲戚、出卖朋友的遗憾，就像所说的“持粟出外占卜，从何能打得粮食”一样。

夫朓直未闻君子之教、立身于寡过之地而已，非怀情叵测、陷人以自陷之佥人也，而卒以不令而死。夫君子之处此，则有道矣：可弗仕，勿仕也；仕可退，无待而退也；无可退焉，静而若愚，简而若荡；既已为文人矣，山川云物之外，言不及于当世，交不狎于乱人，则庄周所谓才不才之间者近之。而益之以修洁，持之以端严。乱人曰：此沈酣词艺而木强不知道者，未足与谋也。则虽怀慝而欲相告，至其前而默然已退。荣不得而加，辱不得而至，福不得而及，祸不得而延，庶其免夫！朓之不能及此也，名败而身随之，宜矣。虽然，又岂若范晔、王融、祖珽与魏收之狂悖猥鄙乎？谚曰："文人无行。"未概可以加朓也。

东昏侯

1.扬雄曰："鸿飞冥冥，弋者何篡焉？"雄未能践其言也，若其言，则固可深长思也。冥冥者时也，飞者道也；鸿以飞为道，不待冥始飞也，而所以处冥者得矣。弋者之不篡，非有篡之之心，限于冥而罢其机牙也。苟有可篡，则于冥而篡之也滋甚。唯使弋者忘其篡之情，而后鸿以安于云逵，其以销弋者之情已久矣。

谢朓的诗中有这么一句:“大江流日夜,客心悲未央。”这是真的可悲啊!

谢朓只是没有按照君子们的教诲去做,使自己立身于为人处世尽量减少过错的环境之中。他并不是居心叵测,害人又害己之类的人,他最后终于没有得到什么上方指令而死。那些君子们遇到这类事情,则有一套方法:不可以做官,就不做官;官位可退,就不再等待而自动退下;官职不可以退,就采取清静态度像傻子一样,藐视一切,就当作世间事情一切都不存在;作文人者,除了山川云物外,言论不涉及当世之务,交往不亲近于离乱之人。庄周所论述的士人当处于才与不才之间就类似这个道理。这类人如果再进一步修洁自己的身心,永远保持端严的风度,那么离乱的人就会说:这些人是拘泥于文辞艺术而固执己见,不通达事理的人,不值得去与他们同谋。于是,离乱之人虽怀有邪念想说出来,到了跟前却又默然不语。这对你来说,不增荣誉,不加耻辱,不得福也不得祸,一切都可以避免了。谢朓不能够做到这一点,所以身败名裂,这也是合乎道理的。尽管如此,谢朓又怎么能够与范晔、王融、祖珽、魏收的肆意卑鄙之人相像呢?俗话说:“文人无行。”对谢朓来说,不能够一概而论。

西汉扬雄曾说:“鸿雁飞翔在冥冥的天空,射箭的人怎么能够猎取呢?”扬雄没有能够实践他的话,但就这句话而言,也足以值得人们意味深长地去思索了。这里的冥冥,是指当时的时间。飞是指鸿雁在天空的行路。鸿雁以飞作为它行进的方式,并不是等待到高空时才起飞。它所以要飞得高,就是为了能保全自己。射者不能得到它,也没有得到它的心,是因为限于鸿雁飞得太高而不得不放下自己弓弩的机关。如果能得到鸿雁,那么在天空射雁的情况就会越来越厉害。只有让射者打消射杀鸿雁的欲望,鸿雁才能安全飞翔于云空。鸿雁高飞而打消射者欲望这种情况已由来已久。

王敬则反，欲劫何胤为尚书令，敬则长史王弄璋曰：“何令高蹈，必不从；不从，便应杀之；举大事，先杀名贤，必不济。敬则乃止。夫胤何以得此于弄璋乎？至何点而尤危矣。崔慧景反，逼点召之，点弗能脱，唯日与谈佛义，不及军事。慧景败，东昏侯欲杀点，萧畅曰：点若不诱贼共讲，未易可量。”东昏乃止。点又何以得此于畅邪？点与胤之时冥矣，上有乱君，下有乱臣，而二子若罔知也，守其［机］飞之恒而已。二子者，学于浮屠氏者也，而守其恒而以自安于道，且若此矣，况君子之忠信为甲胄，礼义为干橹者乎！飞绝于地，而非有择地。故二子迫处于吴、越之间，而不必浮海滨而居荒峤。飞无求于人而人自仰之。故畅、弄璋不必与相知，而曲为之护。乱君乱臣，弋之不可，而弋之之志自消。二子岂以飞为避弋之术哉？自翔于云路，而弋固莫能篡也。

故飞者，非怙之以不可篡也；冥者，非可乘以飞之机也。天下无道，吾有其道；道其所道，而与天下无与。然而道之不可废也，不息于冥，亦不待冥而始决也。持己自正，修其业而人心自顺，生死祸福，俟之天，听之世，己何知焉？是故扬雄氏之言，可深长思也，而非固为暗晦以图全之陋术也，愈于庄生曳涂之说远矣。

王敬则谋反，想要何胤去作他的尚书令官。当时的王敬则长史王弄璋就说：“让何胤升高位，他定不同意。若不同意，就该杀掉他。我们谋划大事，如果先杀有贤人，一定不会成功。”于是，王敬则便打消了这个想法。这里王弄璋怎么如此了解何胤呢？至何点时的情况更加危险。崔慧景谋反后，威逼何点作他的官职，这样何点不得脱身，就每天给他谈论佛教经义，不涉及军事，崔慧景谋反失败后，南齐东昏侯要杀掉何点，萧畅就说：“何点如果不每天同崔慧景谈佛经作为引诱，那么后果就不容易预料。”于是，东昏侯不再要杀何点。萧畅又怎么如此了解何点呢？何点与何胤二人当时清静高处，可谓冥冥之时。上有乱君，下有乱臣，他们却好像全然不知，仍然保持像鸿飞一样的清高状态。他们二人是受了佛教思想的影响，才采用保持清高以保全自己的态度。他们处世尚且如此，更何况那些以君子之忠信为盔甲，以礼义为盾牌的人呢！飞行远离地面，那么地面上并没有可选择的地方。所以，何点、何胤二人能近处于吴、越地带，而不必去流落海滨，居住荒山。在天空中飞的，无求于人而又受到人的仰视，所以他们二人不必去与萧畅、王弄璋交朋友，却能得到萧、王二人不同方式的保护。乱君乱臣，不能够射杀，那么射杀之心就会自行消失。难道说何点、何胤二人就是以飞的清高作为逃避射杀的方法吗？如果自己飞翔于云端，那么射者本来就不能够猎取。

所以说，飞并不是不被射杀的凭借。高空，并不是乘机逃跑的条件。天地下无道路可走，我有我的道路可走。我走我的道路，而与天下不相干。然而大道不能够丢弃，它不会消失于高空，要走不等待非要到高空时才决定。以正道持身，修练自己的德业而人心自顺，其他生死祸福，一切都由上天、世间安排，我自己知道什么呢？所以说扬雄的话发人深思，并不是要守昏暗来保全自己的鄙陋之术，它比庄周“曳尾于涂”的说法精辟得多了。

2.齐之逆，非曹、马、刘氏之比也；东昏之虐，非苍梧、郁林之比也；故萧衍虽篡，而罪轻于道成。乃自宋以来，天下之灭裂甚矣，一帝殂，一嗣子立，则必有权臣不旋踵而思废之。伺其失德，则暴扬之，以为夺之之名。当扆之席未暖，今将之械已成。谢晦一启戎心，而接迹以兴者不绝，至于东昏立，而无人不思攘臂以仍矣。江祏也，刘暄也，萧遥光也，徐孝嗣也，沈文季也，陈显达也，崔慧景也，张欣泰也，死而不惩，后起而益烈，汲汲焉唯手刃其君以为得志尔。身为大臣，不定策于顾命之日，不进谏于失德之始，翘首以待其颠覆，起而杀之。呜呼！君臣道亡，恬不知恤，相习以成风尚，至此极矣！

拓拔氏闻风而起，元禧无故而乘其主之出猎，遂欲举兵以内乱。自有天地以来，人道之逆，未有甚于此时者也。能挽其狂波而扶名义于已坠者，顾不伟与！于是而萧懿独秉耿耿之忠，白刃临头而不易其节，弟衍说之而不听，张弘策说之而不听，徐曜甫说之而不听；祸将及矣，曜甫知之，劝其奔襄阳，而奋然曰：“自古皆有死，岂有叛走尚书令邪？”可不谓皎皎炎炎，天日在心，而山岳孤立者乎！沈庆之不忍废子业而死，犹有低回之心焉，懿则引领受刃，以全大臣之节，尤为烈矣。一人风之，而天下之心亦动。故自是以后，自非决志篡夺，萧齐叛逆的程度，不是曹魏、司马晋、刘宋所能比的。东昏侯肆虐的程度，也不是刘宋苍梧王、萧齐郁林王所能比的。所以南梁萧衍虽然篡夺权位，但罪轻于南齐的萧道成。自从刘宋以来，天下社会的伤亡离散形势就十分严重。一个皇帝死，一个嗣子即位，那么就一定有掌权之臣转眼间就去考虑废掉他。一旦等到发现了皇帝的过失，就把它宣扬出去，以此作为废掉他的借口。而当宫中屏风上的席子未暖的时候，这里已准备好了行动的器械。自谢晦起了以武力废君之心以后，这类事件接连不断地发生。到东昏侯即位的时候，也是没有人不想着去试试这么做。诸如江祏、刘暄、萧遥光、徐孝嗣、沈文季、陈显达、崔慧景、张欣泰之类。由于这些人死后也没有受到惩罚，所以后起者愈演愈烈，以致于发展到只有亲手杀死自己的国君才感到快乐的地步。而那些身为大臣的人，在顾命之日不定决策，在国君有过失的当初不进劝谏之言，只是翘首等待着朝廷被颠覆之日，然后可以乘机起来杀死自己的君主。唉！君臣之间的道德消亡，安然自若，不知道体恤国家的患难，互相传习而成了一时之风，这个时候已达到了顶点。

南齐政局的混乱，使北方的拓拔氏闻风而起。南齐内部的元禧，也准备乘君王外出打猎之机起兵，发动内乱。自有天地以来，人道的破坏，从来没有发展到如此严重的程度。这个时候，若谁能力挽狂澜，扶持已坠落的名义道德，岂不是伟人吗？那么唯独萧懿可谓是这样的人物。他怀着耿耿报国之心，当刀放在他脖子时仍不改变气节。当时他的弟弟萧衍，还有张弘策，徐曜甫，劝说他他都不听。当大祸临头时，徐曜甫知情，便劝说他出逃襄阳（今湖北襄樊），他却愤怒地说："在这种情况下，自古以来都有死者，难道有叛逃的尚书令吗？"萧懿不可以说是皎皎炎炎、天日在心，像山岳一样矗立的人物吗？沈庆之因不忍心废掉萧子业而死，尚有过犹豫之心。萧懿则自不敢视嗣君如圈豚、旋拥立而旋执杀之，懿之为功于名教大矣哉！炀之者谢晦，扑之者懿也。晦罪滔天，而懿之功又岂可泯乎？

3.孟昶与刘裕同起，卢循寇逼而昶惧以死；萧颖胄与萧衍同起，萧璝兵逼江陵而颖胄惧以死；庸人轻动而丧其神守，裕与衍固不以其存亡为轻重也。乃昶、颖胄之无定情固矣，假令不死，而裕、衍之势成，昶、颖胄其能终臣晋、齐乎？抑知己之非裕、衍之敌而不争乎？昶且为刘毅，颖胄且为沈攸之也无疑；则其死也，又裕、衍之幸也。昶死而刘毅无援，颖胄死而衍安坐以有国；天下稍宁，免于兵争者五十馀年，则颖胄之死，非徒衍之幸，抑天下之幸也。

颖胄之立南康王也，非衍志也，颖胄挟以制衍也。故于诸篡主，唯衍差为近正者有二：颖胄恇怯，欲请救于魏，其时元英方欲乘乱以袭襄阳，幸其主不从耳，而请援以挑之，是授国于索虏也。衍毅然曰："丈夫举事，欲清天步，岂容北面请救戎狄？"则其视刘文静之引突厥以贻后患者为正矣。颖胄之立南康也，果不忘萧鸾之血祀乎？抑道成立顺帝、萧鸾立海陵之故智耳。已正君臣之分，而又夺而弑之，则君臣之道，遂沦己主动去让他们杀害，以成全作为大臣的气节，尤其壮烈啊！萧懿一个人带了这么一个了不起的头，天下人的心也为之感动。所以自此以后，不是自己坚决要篡夺权位的人，不敢把嗣君看作是像圈里的小猪一样，马上拥立又转眼杀掉，萧懿对恢复名教道德所做出的贡献是巨大的。破坏名教道德者是谢晦，而打击这种歪风者是萧懿。谢晦罪恶滔天，萧懿的功劳难道又可以泯灭吗？

东晋末年，孟昶与刘裕同时起兵，后来卢循率兵逼进，孟昶恐惧而死。南齐末年，萧颖胄与萧衍同时起兵，后因萧璝率兵逼近江陵（今属湖北），萧颖胄恐惧而死。这些平庸之辈轻举妄动而丧失生命，刘裕、萧衍本来也不会把他们的生死存亡看作是与轻重攸关的问题。孟昶、萧颖胄二人本来也没有固定不变的信念，假使他们不死，如果刘裕、萧衍的势力壮大，昶、颖胄二人能最终扶救东晋、南齐的灭亡吗？因为知道自己的力量不足以与刘裕、萧衍相对抗就不去争斗了吗？这没有什么疑问，孟昶就像刘毅一样，萧颖胄就像沈攸之一样。那么他们的死，又是刘裕、萧衍的福份。孟昶死后，刘毅孤立无援。萧颖胄死后，萧衍得以稳坐而建立了自己的国家。之后天下逐渐安宁，没有战乱的形势持续达五十余年之久。那么说，萧颖胄之死，不仅是萧衍的福音，也是天下的福音。

萧颖胄之所以册立南康王，不是萧衍自己的心愿，而是颖胄挟制萧衍的结果。与所有篡夺权位的人相比，只有萧衍的处事比较接近正道，表现在以下两件事上：当萧颖胄害怕恐惧之时，想求救于拓拔魏。当时元英正想乘南方离乱之机进攻襄阳（今湖北襄樊），幸好的是他的君主没有答应。萧颖胄就是想以求援去挑逗拓拔魏南下，这实际就是要把国家的命运拱手让给北魏人。而萧衍得知后，刚毅地说道：“大丈夫做事，要像清天一样正大光明去进行，难道能够容忍向北面的戎狄求救吗？”这与刘文静勾结突厥造成后患的行为相丧而无馀。衍之东下也，东昏已死于张稷之手，衍乃整勒部曲以入建康，自以宣德太后令承制受百僚之敬，而非受命于南康。南康王至姑熟，而衍已自立，未尝一日立于南康之廷。非己立之，未尝臣之，则视唐之奉代王而逼之禅也，又有间矣。故曰视诸篡者为近正也。藉令颖胄不死，必阳奉南康以与衍争，而规灭衍以自篡；不胜，则北引索虏以残中国仅存之统，王琳之祸，颖胄先之矣。故颖胄之死，非徒衍之幸，抑天下之幸也。

乃若衍之恶不可掩者，则弑和帝是已。衍固欲置之南海，而沈约以危词动之，然衍以是恶约，夺其权而加以恶谥，则衍且有自艾之心矣。若颖胄之茸顽，而欲师道成、鸾之故辙，死而其慝隐耳，衍之所不屑也。

比，可以说是正道。萧颖胄册立南康王，是真的没有忘记萧鸾的悲惨结局吗？这是走萧道成册立顺帝、萧鸾树立海陵王的老路。既然建立了君臣之间的关系，却又夺了君位而杀了他，那么君臣之间的道德已沦丧到一点也没有了。萧衍东下的时候，东昏侯已死于张稷之手，于是萧衍整顿兵马进入建康（今江苏南京），自己以宣德太后指令的名义理政，接受百官的朝敬，却并不是受命于南康王。南康王到达姑熟（今安徽当涂）的时候，萧衍已经自立为帝，没有一天是立于南康王的朝廷为臣。不是自己拥立的王，又不曾向他称臣，这与唐代迎奉代王而又逼迫他让位的行为，又有所不同。所以说与所有篡夺权位者相比，萧衍的处事接近于正道。如果萧颖胄不死，必定要阳奉南康王，据此与萧衍争斗，达到消灭萧衍而自己篡夺君位的目的。如若事败不成，就会求救于拓拔魏，以消灭中原王朝仅存的正统势力。这样王琳所造成的祸害，萧颖胄已经为先导了。因此，萧颖胄之死，不只是萧衍的福音，也是天下的福音。

至于萧衍不可掩盖的丑恶，刺杀齐和帝就是一例。当时萧衍坚持要把和帝流放到南海边区，沈约却以危耸的语言说动了他。但是，萧衍也由此开始忌恨沈约，削夺了他的权力，并加给他一个丑恶的谥号，说明萧衍自己也有惩戒之心。像萧颖胄这样的平庸小人物，却想去效法萧道成、萧鸾的故辙，死而有憾，还怀抱着邪恶的隐私，这些都是萧衍所不屑考虑的。

文/白/对/照

讀通鑑論

四

〔清〕王夫之 著
伊 力 译

团结出版社

卷二十四——卷三十一

卷二十四

德宗

1.骤为震世之行者，其善必不终。震世之善，骤为之而不疑，非其心之能然，闻人之言善者，亟信之也。闻人之言善而信以为必行，则使闻人之言不善者，抑不审之于心而亟从之。闻人不善之言而信，则人之言善者，无不可疑也。交相疑信，而善者恒不敌不善者之巧给，奚望其善之能有终邪？且夫事之利病，岂其有常，人之贤不肖，岂易以一概论哉？胥一善，而或为之而效，或为之而不效，义难精也；亟于信者，期其必效矣，期之太过，不遂其望，而或至于隳功，遂以疑善之不足为也。胥为君子，而或不爽其名，或大爽于其名，志难知也；亟于信者，期君子之必善矣，期之太过，不慰其所求，而或至于败行，遂以疑君子之不可用也。若此者，欲其善之终也，必不可得矣。夫明主之从善而进贤，宽之以取效之涂，而忍其一时之利钝；谅小人之必不仁，而知君子之有不仁者，但黜其人，而不累于其类；然后其决于善也，以从容而收效，决于用贤也，以阔略而得人。无他，审之于心，百折迂回，详察乎理之必有与事之或然，而持其志以永贞，非从人闻善而遽希骤获之功也。

忽然间有惊世骇俗的举动的人，他做好事必然做不到底。震动世界的善事，马上去干而没有丝毫犹豫，并不是他心里认为这事一定对，而是听别人说这是一件善事，自己就非常相信了。听别人说这是善事便相信了，极力去办，那么听别人说这不是一件善事，大概是没有从内心仔细考虑便极力去办了。听别人说不好的话便相信了，那么对于别人说的好话，便觉得都可怀疑了。有时相信，有时怀疑，但是行善的人往往没有作恶的人能言善辩，怎能指望行善的人会坚持到底呢？何况事情的利弊并无规律可循，人的贤愚能够一概而论吗？等你办完了一件善事，可能有人会来仿效，也可能没有人去仿效，这是因为从道理上说还不很周全，否则，人们都去仿效了。非常相信别人的人，期望别人都去仿效善事，期望太高，达不到自己想象的那样好，或者劳而无功，便对善事怀疑，而认为不该去办了。都是获得君子称号的人，有的名实相副，有的名不副实，这是因为一个人的志向难以摸清。非常相信别人的人，期望君子所办的事必然尽善尽美，期望太高，达不到自己的要求，或者被称为君子的人干了坏事，便怀疑君子的言行通统不可信。指望有这些想法的人把善事做到底，是不可能的。英明的君主择善而从，任用贤人，千方百计给他提供施展抱负的机会，原谅他一时的失误；知道小人必行不仁不义之事，同时也了解君子也有不仁不义的行为，只要把行不义的人驱逐贬斥就行了，不要使君子同类的人都受到连累；然后决定去作某件善事，便会很从容地收到效果；决定任用贤能的人，雍容大度便能得到贤人。这其中没有别的奥秘，是君王能独立思考，百折迂回，详细审视道理何在与事情是否能成功，于是坚持不懈地做出努力，这才能够成功，不唐德宗之初政，举天宝以来之乱政，疾改于旬月之中，斥远宦寺，间制武人，慎简贤才以在位。其为善也，如日不足，察常衮之私，速夺其相位，以授所斥责之崔祐甫，因以震动中外，藩镇有聪明英武之言，吐蕃有德洽中国之誉；乃不一二年而大失其故心，以庇奸臣、听谗贼，而海内鼎沸，几亡其国。人徒知其初吉终乱之善不长，而不知其始之善非固有之，道听而袭取之；迨乎物情之变，固不可知，期效迫而不副其所期，则惩往而急于改图，必然之势也。罢转运盐铁使而省职废；命黜陟使巡天下，而洪经纶激田悦之军，使之痛哭；任文臣以分治，而薛邕以文雅旧臣，盗隐官物巨万，张涉以旧学师友，坐赃放黜。所欲行者龃龉，所相信者二三，犹豫于善败藏否之无据，奸佞起而荧之，无惑乎穷年猜忌，内蛊而外离也。

向令德宗于践阼之始，曲体事几之得失，而权其利害之重轻；深察天人之情才，而别其名实之同异；析理于心，穷心于理，郑重研精，不务皎皎之美名，以需效于岁月。则一事之失，不以沮众事；一人之过，不以疑众人。其失也，正其所以得也；其可疑也，正以无不可信也。尧不以共、驩而防舜、禹，周公不以管、蔡而废亲亲；三折肱为良医，唯身喻之而已。躁人浮慕令名，奚足以及此哉？故于德宗之初政，可以决其不克是从别人那里听到一件善事，便马上希望获得成功。

唐德宗初次执政时，列举天宝以来的弊政，在一月之中全部革除，贬斥宦官，限制武将，选择人才充实官吏队伍。他执行善政，争分夺秒，发现常衮作宰相，不能大公无私，便免去他的官职，任命常衮所排斥的崔祐甫为相。他的这一举措震动中外，藩镇赞誉德宗聪明英武，吐蕃赞誉唐朝以德服人。谁知不到一二年，德宗便反其道而行之，包庇奸臣，听信谗言，弄得国内大乱，几乎亡国。人们只知道德宗坚持善事而不长久，还不知道他开始行善事就不是出自真心，不过是听从别人建议而采取的临时措施。等到外面情况变化了。他还不知道，期望行善马上见到效果但又没看到效果时，就马上改弦更张，这是必然的道理。撤消转运盐铁使而使有关部门无事可作，任命黜陟使巡视天下，其中一个叫洪经纶的黜陟使用言辞刺激田悦的军队，使他痛哭；任用文臣分治天下，而薛邕以文雅旧臣的身份，贪污官府私物成千上万，张涉是修养很高的旧学师友，因贪污而被贬谪。德宗打算做的都是见不得人的龌龊事，所相信的只是身边的几个人，赏罚时善恶好坏都没有什么根据，奸佞之人又进谗言迷惑他，也就不奇怪为啥德宗一年到头心存疑虑，朝中小人进谗言，朝外大臣离心离德了。

如果德宗在即位之初，能仔细衡量事情的得失，掂量利害的轻重，仔细调查出类拔萃的人的才能，判别他是否名副其实；按情理作出判断，做到心中有数，慎重做出决策，不贪图美好的虚名，以便让出类拔萃的人将来有所成就。那么，即使这些人在一件事上有失误，也不会影响别的事；一人犯了错误，也不会怀疑其他人。天子即使有了小小失误，但在别的地方又得到了很多；即使对一个人有怀疑，也不会对所有的人都加以怀疑，尧不因共工、驩兜这样的恶人而防备舜和大禹，周公不会因为管叔、蔡叔叛乱而废掉所有的宗亲；三次有终也。

2.法为贤者设乎？诚贤矣，虽不授之以法而可矣。故先王之制法，所以沮不肖者之奸私，而贤者亦循之以寡过。唐既于牧守之外置诸道诸使，使自择任寮吏，于是其未乱也，人树党以营私，其乱也，聚徒以抗命。沈既济上选举议，犹欲令州府辟用僚佐，而不任宰相吏部兵部之铨除，且曰："今诸道诸使自判官副将以下，皆使自择辟吏之法。"何其不恤当时之大害至此极也！自天宝兵兴以后，迄于宋初，天下浮薄之士，置身私门，背公死党，以逆命谋篡、割据分争者谁邪？既济以为善政，而论者奖之为三代之遗法，甚矣！其贻祸之无穷矣。

夫环天下之贤不肖，待铨除于吏部，不足以辨不齐之材品，此诚有未允者，而亦事理之不得不然者也。操黜陟之权于一人者，天子宪天以立极，犹万汇之荣枯统于真宰也。分进退之衡，使宰相部臣司其进，牧守使臣纠其退者，各有所司而不相侵，犹春夏之司生，秋冬之司杀，互成岁功也。牧守既临下以考功罪矣，又使兼爵人禄人之权焉，则诬上行私、政散人流而不可止。唐之以判官副将听诸使之自择，其威福下移之害，既可睹矣。激安禄山以反者，幽、燕部曲也；党刘展以反摔折手臂，自己就有了治病的经验，便可成为良医，这只有自己心领神会了。浮躁的人只会羡慕别人的美名而不脚踏实地去干，怎能理解这些道理呢？因此从德宗执政之初，我们就可知道他办善事不会坚持到底了。

法律是为贤明的人制定的吗？如果是贤人，不用法律约束也不会犯罪。因此古代帝王设置法律，是用来阻止那些心怀奸诈的人的奸谋，贤能的人遵循法律也会减少罪过。唐朝却在地方官之外另外设置诸道的使臣，让他们自己选择下属官吏，这样一来，天下还未大乱时，人人结党营私，天下大乱时，他们又聚集士卒抗拒王命，大臣沈既济上书议论选举的事，建议各地州府可以自己任用部属，而不必接受宰相、吏部、兵部的任命，并且说："如今诸道诸使自判官、副将以下的官吏，让他们自己订出选择官吏的办法。"为什么不担忧这样做的坏处会到这种地步呢？自从天宝年间兵兴以后，直到宋朝初年，天下浅薄轻浮的人，投靠私人，背叛国家，树立私党，抗命不遵，阴谋篡位、割据分裂者是哪些人，还不就是这些人吗？沈既济认为让地方官自己挑选部下是善政，而议论者称赞为夏、商、周三代以来遗留下来的好办法，这话太过分了，给国家带来的祸患真是无穷尽啊！

环顾天下人，是贤还是不肖，都集中到吏部等待任命，这实在辨别不出那些良莠不齐的人的品质和才能，让吏部任命不一定公道允妥，但按事情的道理又不得不这样做。天子把晋升和贬谪的大权集中在一个人手里，他代表天帝立于至高无上的地位，好比天下万物生长、枯萎都操纵在上帝手里一样。天子应掌握好人才进退的事，让宰相和六部大臣掌管人才的任用，让地方官员和使臣弹劾不称职的人，各负其责而互不侵犯，比如春天夏天是万物生长的季节，秋天冬天是万物收获的季节，相辅相成，这才构成完整的一年。地方官员既已负责考察部下的功劳与罪过，又让他们兼管部下的官职和俸禄，者，江、淮亲旧也；劝李宝臣以抗命者，王武俊也；导李惟岳以自立者，毕华也；说朱滔以首乱者，王侑也；奉四叛以称王者，李子千也。自非端士，必怀禄以为恩。足不涉天子之都，目不睹朝廷之法，知我用我，生死以之，而遑问忠孝哉？故自田承嗣、薛嵩、李正己、李希烈以洎乎李克用、朱温、王建、杨行密，皆有尽心推戴之士以相煽而起。朝廷孤立，无与为谋，唐之亡，亡于人之散，明矣。抑令天下无衅，牧守无妄动之心，而互相辅倚，以贪纵虐民、荡佚法制，亦孰与禁之？而国民之交病，不可诘矣。既济倡为邪说，以破一王之法制，意者其为藩镇之内援，以禁天子不得有一士之用乎？不然，何大纲已失，必取其细目而裂之也？其曰“辟吏之法，已试于今”，不轨之情，已不可掩矣。

3.不欲以其死累天下者，君子之义也；不忍于送死之大事，而不以天下故俭其亲者，人子之心也；两者并行而各尽。故尸子曰：“夫已多乎道。”岂必唯父命之是从哉？况乎有固吝之心，而托之遗命以自饰也！秦殚天下之力以役骊山，穷奢戕民，洵无道矣。乃欲之者，嬴政之自纵其恶，非胡亥之矫父命以崇侈虐民也。且秦之毒民而以自亡，岂但骊山之役哉？

这样一来，地方官员欺骗上级，以权谋私，弄得政治腐败，人才流失而无法制止。唐代的判官、副将等官员都听凭诸道使臣自己挑选，权力下放带来的坏处，已经很清楚了。激成安禄山反叛朝廷的，是安禄山在幽、燕之地的亲朋故旧；劝李宝臣抗拒天子命令的，是王武俊；唆使李惟岳自立为王的，是毕华；说朱滔首先叛乱的，是王侑；尊奉四个叛臣称王的，是李子千。如果不是正直而又有见识的人，必定是拿谁的钱就感激谁，这些人足没有到过京城，眼没有看过朝廷的法律，谁相信他重用他，他就生生死死都跟着人家，哪里还会给朝廷尽忠尽孝呢？因此自田承嗣、薛嵩、李正己、李希烈直到李克用、朱温、王建、杨行密，都有尽心推戴他们的人去煽动，他们就反叛了。朝廷孤立，没人给他们出主意，唐朝的灭亡，是亡在人才的流失上，这是很明显的道理。即使天下太平无事，地方官员也没有叛乱的打算，他们结成一伙，互相支持、依靠，贪污受贿，虐待百姓，藐视法制，又有谁能禁止得了呢？国家、百姓陷于痛苦之中，便不问可知了。沈既济倡导邪说，打破了天子的法制，是不是想作藩镇的内援，禁止天子连一个贤能的人也用不成呢？不然的话，为什么朝廷的威信已不存在，还要计较地方官员用人的小事而破坏法制呢？既济还说：“任用官吏之法，如今已经实行过了。”可见图谋不轨的心，已经掩盖不住了。

不想以自己的死亡连累天下的人，是有道德的人的义举；不忍心在安葬父母这件大事上，而以天下人主张薄葬，便对父母草草安葬，这是当子女的心意，这两件事可以并行不悖。因此战国时的学者尸子说：“现在的道德规范很多”，岂能一切都遵循父母之命？何况有些人非常吝啬，便假借父母薄葬的遗嘱来掩饰自己呢？秦朝竭天下的财力去修骊山的始皇墓，穷奢极欲，伤害百姓，的确是无道之君。之所以要这样做，是嬴政自己恶，并非他儿子胡亥假借父亲的名义

《檀弓》出于汉儒之杂记，有非圣人之言者矣。其曰：“葬也者，藏也，欲人之弗见之也，封树云乎哉？”

夫人不愧于天，不怨于人。死，天下知其死；葬，天下知其葬；怀其恩者，过墓而欷歔；闻其风者，望阡而忾想。即其不然，亦相忘于林峦之下。何所抱恨，何所含羞，而托鼠穴以深匿，欲人之弗知之邪？如其负大恶、施大怨，死而人且甘心焉，则不封不树，裒然平土，而操斸以椓之，犹易易也。故以知《檀弓》之言，非夫子之言也。

曾子曰：“人未有自致者，必也亲丧乎！”士庶人有财而得为，皆可致而无弗致也；况四海兆民之元后，父终母亡，终古止此一事，而为天下吝乎？丧礼之见于士丧者，且如彼其慎以周矣，遣车抗木，茵翣明器，空中人之产，士贫且贱，犹且必供；以此推而上之，至于天子，率万国以送其亲，而迪民以归厚，不可过也，而矧可不及邪？遗命虽严，在先君以自章其俭德，惟不朘削斯民、致之死亡，而已善承先志矣。若挟此为辞，吝财力以违可致之心，薄道取法于墨者，充塞仁义，其视委壑而听狐蝇之嘬食也无几，非不仁者，孰忍此哉？

去铺张浪费，搜括百姓。何况秦朝因苛敛百姓而亡国，并非只修骊山坟墓一件事，其他苛政还有不少啊！

《檀弓》一篇是出自汉朝儒生的杂记，有些并不是孔圣人的话，比如说“埋葬死人就是隐藏，不想让人再见到死者，为什么还要在坟上植树呢？”

人活着如无愧于天，和别人也没有仇怨，他死了，天下人都知道他已死；他埋葬了，天下人也都知道他已安葬，受过他恩惠的人，经过他的墓就心酸流泪，听说他的高风亮节，眼望阡陌上的坟墓就会叹息不已。就是没有多少长处，人们也不过是把他忘记在树林、山岗上而已。死去的人还有什么余恨，还怕什么羞辱，而必须在老鼠穴一样的洞中深深埋葬，不让人知道呢？如果那人活着时有很大罪恶，得罪过很多人，他死后人们拍手称快，他的坟墓不封土不种树，不过是一块平地，即使拿大锄敲打死者的尸首，也是很容易的事。因此知道《檀弓》上所说，不是孔子的言论。

曾子说：“人们没有自己主动去参加不认识的人的丧礼的，除非是亲戚死了才去，”老百姓手中有钱，又想大办丧事，只要是可招揽的人，没有不招揽的；何况四海之内亿万百姓尊奉的天子，就好像父母亡故一样，从古到今，葬父母是一件大事，埋葬天子难道可以吝惜钱财吗？丧礼见于《士丧》一书的，如一般人就考虑得慎重周到，安排车辆运送棺木，棺木上裹着布作保护，制作随葬的器物，这些花费能用光一户中等人家的全部积蓄，一般读书人就是再穷，也要置办以上所说的东西。以此往上推到天子，全国百姓为他送葬，这是教导百姓对死者要厚道，不能超过承受能力，哪里是让你该办的也不办呢？先帝遗命很严厉，不过是要表现出他很节俭，不愿盘剥老百姓，让他们在苦难中挣扎，这也算是秉承祖先的遗志了。如果拿这个话为理由，吝惜财力去做违背祖宗心愿的事，效法墨家的主张而薄葬，表面上看唐德宗葬代宗于元陵，诏从优厚，而令狐峘曰："遗诏务从俭薄；不当失顾命之意。"不仁哉其言之乎！为人子者，当亲存之日，无言不顺，无志不养，没而无遗训之不奉，姑置此言焉可也。他不具遵，而唯薄葬之言为必从，将谁欺也？邪说诬民，若此类者，殆仁人之所必诛勿赦者与！

4.政莫善于简，简则易从。抑唯上不惮其详，而后下可简也。始之立法者，悉取上下相需、大小常变之条绪而详之，乃以定为画一，而示民以简，则允易从矣。若其后法敝而上令无恒，民以大困，乃苟且以救一时之弊，舍其本，而即其末流之弊政，约略而简之，苟且之政，上与民亦暂便之矣。上利其取给之能捷，下利其期会之有定，稍以戢墨吏、猾胥、豪民之假借，民虽殚力以应，而亦幸免于纷扰。于是天下翕然奉之，而创法者遂自谓立法之善，又恶知后之泛滥而愈趋于苛刻哉！

盖后世赋役虐民之祸，杨炎两税实为之作俑矣。夫炎亦思唐初租、庸、调之成法，亦岂繁苛以困民于旬输月送乎？自天宝丧乱以后，兵兴不已，地割民凋，乃取仅存之田土户口，于租、庸、调之外，横加赋敛，因事取办而无恒，乃至升斗锱铢皆洒派于民，而暴吏乘之以科敛，实皆国计军需，在租、是充满仁义，实际上是把天子的尸体扔在沟壑中听任狐狸践踏，蚊蝇吮食，除非是不仁不义的人，谁忍心这样干呢？

唐德宗把代宗埋葬在元陵，下诏说要优葬，大臣令狐峘说："代宗遗诏说一定要薄葬，不应违背他临终之言。"这是多么冠冕堂皇的话呀！当儿女的，当双亲活着时，听从父母的话，竭力侍奉双亲，父母的遗言句句照办，这倒也说得过去。如果父母的话一句也不听，只听从父母说过薄葬的话，诸如此类的事，具有正义感的人会对这种人口诛笔伐，而不原谅他！

制定政令最好是简便一点，简便了容易遵从，或者是上边制定政令的人认为越详越好，然后下边的官没执行起来，可以简单一些。开始制定法令的人，是根据当时全国上下的需要，条文经常变动而又非常详尽，经过修订，整齐画一，让老百姓感到简便，这就妥当而易于服从了。如果后来法令遭到破坏而上边的法令又变化无常，百姓受到了损害，天子为了匡救一时的弊政，只好舍本逐末，采用那些最不好的弊政，在那些弊政的基础上加以简化，马马虎虎暂且实行下去，天子和老百姓也暂时感到方便了，上级认为这些法令简便明了，贯彻执行得快，下边则认为政令执行起来有了章程，这能够制止贪官污吏。奸猾小人借法令生事，百姓虽竭尽全力应付差役，所幸的是其他人不再来骚扰。于是天下人一致遵奉这些法律，而创立法令的人自认为制订得很完善，他哪里知道这些法令后来泛滥成灾，变得越来越苛刻了呢？

后世赋役繁重，虐待百姓，这种祸害始于杨炎的两税法。杨炎考虑到唐初的租、庸、调之法，百姓给官府缴纳绢、绵，还要服劳役，半月输送一回，或一个月输送一回，这岂不也是繁苛之政吗？自从天宝之乱以后，国土被分割，民生越来越凋弊，统治者利用现存的田地户口，在租、庸、调之外，横加赋敛，有事便摊派粮款而没有一定庸、调立法之初，已详计而无不可给者也。举天下之田亩户口，以应军国之用，而积馀者尚不可以数计。量其入以为出，固不待因出而求入也。因出以求入，吏之奸，民之困，遂浸淫而无所止。然一时丧乱之权计，有司亦乘时以破法，而不敢以为一定之规。民虽劳，且引领以望事之渐平，而输正供者犹止于其数也。两税之法，乃取暂时法外之法，收入于法之中。于是而权以应迫者，皆以为经。当其时，吏不能日进猾胥豪民而踪指之，猾胥豪民不能日取下户朴民而苛责之，膏血耗而梦寝粗安，故民亦甚便也。非时非法之箕敛并于上，而操全数以待用，官亦甚利也。乃业已为定制矣，则兵息事已，国用已清，而已成之规不可复改。人但知两税之为正供，而不复知租、庸、调之中自馀经费，而此为法外之征矣。既有盈馀，又止以供暴君之侈、污吏之贪，更不能留以待非常之用。他日者，变故兴，国用迫，则又曰："此两税者正供也，非以应非常之需者也，"而横征又起矣。以此思之，则又何如因事加科，旬输月送之无恒，上犹曰此一时不获已之图，不可久者也；民犹知租、庸、调之为正供，而外之苛征，事已用饶，可以疾苦上闻，邀求蠲贷者也。唯据乱法以为法，则其乱不已。呜呼！苟且以图一时之便利，则其祸生民亦至此哉！

的规矩，甚至一升一斗米，一文一厘钱都要百姓承担，而残暴的官吏乘机贪污中饱，实际上国家的需要、军队的开支，在租、庸、调立法之初，已经包括在内，而无须征收了。拿天下的田亩户口，去应付国家和军队的费用，剩余的还多得无法统计。量入为出，不应该是看支出多少，然后再设法收入。如果看支出多少，而后想办法搜括，官吏便可实施他们的奸计，百姓免不了要吃苦头，这样一来，搜刮便没有止境了。但是天子因遇见丧事、叛乱而实行的权宜之计，执行部门也会借机修改法规，但不敢一成不变地执行下去。百姓虽然困苦。却希望事态渐渐平息下去，缴纳给官府的赋税，不要超过此数了。两税法的实行，是取暂时的、法令规定之外的成法，收入于法令之中，于是这些因适应形势而施行的权宜之计，都变成正常的法令了。就在那个时候，官府不能天天去追踪惩罚那些巧取豪夺的低级官吏和土豪劣绅，低级官吏和土豪劣绅也不敢天天去敲诈勒索那些老实巴脚的百姓，百姓们虽然钱财受到了盘剥但可以睡安稳觉了，因此也觉得很方便。那些不合时宜、不合法令的剥削都合并到一起了，全部上缴以备应用，官府也感觉很方便。已经成为定制的赋税，虽然因战争停止，国家的费用也未超出限度，但已成的规矩不能更改了。人们只知道两税法是法定的赋税，而不知租、庸、调中已有多余的经费，不应该再另外征收了。既然有了盈余，这一部分只供暴君的奢侈，贪官的中饱私囊，而不能留作以后意外的开支。到将来国家发生了其他变故，急需钱财时，官吏们又会说："两税法是正常的赋税，意外的开支并不包括在内，"于是横征暴敛又起来了。从这件事上可以想象，还不如遇到急事时临时摊派，一旬或一月一征收，看需要而定。上边会说这是一时不得已的权宜之计，不能当作经常性的税收。百姓也知道租、庸、调是正式的赋税，其他的都是苛捐杂税。本来征收租、庸、调就已经够用了。其他税款可以请求免掉了。如果把混乱的法令当两税之法行之数百年，至宋而于庸外加役焉，役既重派于民，而作辍犹无定也。至成化中，而朱都御史英者，又为一条鞭之法，于夏秋税粮之外，取滥派之杂徭，编于正供，箕敛益精，而漏卮愈溃。迨乎兵兴用棘，则就条鞭之中，裁减以输京边，而地方之经费不给，又取之民，而莫能禁制。英且以法简易从，居德于天下，夫孰知其为杨炎之续以贻害于无穷乎！

夫立法之简者，唯明君哲相察民力之所堪，与国计之必畜，早有以会其总于上；而瓜分缕别，举有司之所待用者，统受于司农；以天下之富，自足以给天下之需，而不使群司分索于郡县，则简之道得矣。政已敝，民已疲，乃取非常之法，不恤其本，而横亘以立制。其定也，乃以乱也；其简也，乃以繁也；民咸死于苟且便利之一心，奚取于简哉？杨炎以病民而利国，朱英以利民而害民，后之效之者，则以戕民蠹国而自专其利，简其可易言乎？炎不足诛，君子甚为英惜焉。

5.言治道者讳言财利，斥刘晏为小人。晏之不得为君子也自有在，以理财而斥之，则倨骄浮薄之言，非君子之正论也。夫所恶于聚财者，以其殃民也。使国无恒畜，而事起仓卒，危作正常的法令，混乱就不会停止。唉呀，如果马马虎虎贪图一时的便利，那么给百姓带来的灾难就大了。

两税法实行了数百年，到了宋代在庸外又加上了劳役，劳役加重了百姓的负担，有时执行，有时停止，没有一定的规矩。到明代成化年间，都御史朱英又制定一条鞭法，在夏税秋粮之外，把胡乱征收的杂税徭役，编入正式赋税之中，征敛越来越精，而带来的祸患越严重。到了大量用兵费用紧张时，就在一条鞭法征得的赋税中，提出一部分分配给京城和边疆，但地方的经费却不拨了，地方官取之于民，朝廷也禁止不住。朱英因一条鞭法容易实行，使天下人都感谢他，哪里晓得一条鞭法是杨炎两税法的继续而给百姓带来了无穷的灾难呢！

要想使立法简便，只有明君贤相了解百姓的承受能力以及国计必须有多少储备，然后汇总到中央，再分门别类列出有关方面支出的费用，通统交给司农处理。以天下的财富，自然能满足天下人的需要，而不至于使中央的机关向郡县摊派勒索，这样做法令就能简便了。政治已经腐败，百姓已经穷困，就采取特别的办法，不顾惜根本，在正常法令中又制定另外的制度，这样一来，本来是为了安定，却出现了混乱，本来是为了简便，却出现了繁琐。百姓都习惯于虽然不正规但执行起来方便的法令，简单从事有什么可取之处呢？杨炎的两税法虽使百姓穷困但对国家有利，朱英本想给百姓带来利益却坑害了百姓，后来仿效他的人，以害民坑国而为自己捞取好处，难道能轻易说法令简单就好吗？杨炎被杀头也不亏，正直的人却替朱英感到惋惜。

谈论治国之道的人忌讳说财利，斥责刘晏是小人。刘晏不能称为君子自有其他原因，因为理财而斥责他，是浅薄轻浮的说法，不是正人君子所应该说的话。人们之所以鄙视聚财的原因，是因为聚财亡待命，不能坐受其毙，抑必横取无艺以迫民于死，其殃民又孰甚焉？故所恶于聚财之臣者，唯其殃民也，如不殃民而能应变以济国用，民无横取无艺之苦，讵非为功于天下哉？

晏之理财于兵兴之日，非宇文融、王鉷、元载之额外苛求以困农也，察诸道之丰凶，丰则贵籴，凶则贱粜，使自有余息以供国，而又以蠲免救助济民之馁瘠，其所取盈者，奸商豪民之居赢，与墨吏之妄滥而已。仁民也，非以殃民也。榷盐之利，得之奸商，非得之食盐之民也；漕运之羡，得之徒劳之费，非得之输輓之民也。上不在官，下不在民，晏乃居中而使租、庸不加，军食以足。晏死两午，而括富商、增税钱、减陌钱、税间架，重剥馀民之政兴，晏为小人，则彼且为君子乎？

抑考当日户口虚盈之数，而晏体国安民之心，不可没矣。兵兴以来，户不过二百万，晏任财赋之季年，增户百万，非晏所统者不增，夫岂晏有术以饵之，使邻民以归己邪？户口之耗，非果尽死亡也。贪污之吏，举百费而一责之农民，猾胥持权，以私利为登耗，民不任其诛求，贿吏而自诡于逃亡死绝，猾胥鬻天子之民以充囊橐，偷窳之守令，亦以户少易征，免于祸国殃民。如果国家没有固定的积蓄，仓促之间有了大事，国家处于危亡之中，不能坐着等死，那就必然对百姓横征暴敛，这样给百姓带来的灾难与理财相比，哪个更厉害呢？因此那些鄙视理财的大臣，是因为理财给百姓带来灾难，如果不给百姓带来灾难而又能应付突发事件，并且能增加国家收入，百姓也没有被盘剥不止的痛苦，这不是对天下很有利的事情吗？

刘晏理财于战争进行之时，不像宇文融、王鉷、元载那样额外征求而困扰百姓。他察看各地是丰收年还是荒歉年，丰收时加价买粮，荒歉年低价卖出，自然有盈余供给国家，并且又免除百姓钱粮，救济那些挣扎在饥饿线上的农民。刘晏所赚的钱，是奸商豪民多余的钱，以及贪官污吏非法所得，因此，刘晏理财给百姓带来了好处，而不是祸害百姓，食盐专卖得到的利益，是从奸商那里得到的，不是从用盐的老百姓那里得到的；漕运（水道运输）的盈余，是得的辛苦钱，并非从拉纤的农民那里搜括来的，上不给官府添麻烦，下不给百姓增加负担，刘晏处在官府、百姓中间，能够让租税徭役都不增加，军队的粮草得到保证。刘晏死后两年，官府便盘剥富有商人、增加税收钱、减少流通一百文的钱，盖房子也要交税，残酷盘剥百姓的混乱政治又开始了。如果说刘晏是小人，那么这些人的行为难道是君子吗？

如果考察一下当时户口减少或增加的情况，刘晏为国安民的功劳，就不能埋没了，自从安史之乱以来，全国户口不满二百万户，刘晏理财的末年，户数增加了一百万，而刘晏理财之前却没有增加，难道说刘晏有勾引之术，使邻国的百姓跑到唐朝来吗？户口的减少，不完全是人口死亡的原因，贪官污吏把一切负担都加在农民身上。手中持有特权的下级官吏，中饱私囊却都算在官府开支的帐上，百姓忍受不了这样的盘剥，便贿赂官府假称逃亡死绝了，这些低级官吏不惜出卖催科不足之罚，而善匿者长子孙，据阡陌，征徭不及，以为法外之民，其著籍而重受荼毒，皆穷乡愿朴者尔。户日耗，赋必日增，仅存之土著，日毙于杖棰凶系之下，此其所以增者百一、而减者十三也。晏唯通有无、收盐利、清輓兑、以给军用，而常赋有经以不滥；且所任以理租、庸者，一皆官箴在念之文士，而吏不得以持权。则彼民也，既优游于奉公之不扰，自不乐受猾胥之胁索，抑安居晏寝，无漏逃受戮之隐忧，有田而租，有口而庸、调，何惮而不为版籍之良民，以康乃身心邪？然则非晏所统而户不增者，非不增也，增于吏而不增于国也。晏得其乐于附籍之本情，以杜奸胥之诡，使乐输者无中侵之伤，故民心得而户口实，仁人君子所以体民而生聚者，亦此而已。岂乞灵于造物而使无夭札，遥呼于胡、越而使受戎索哉？然则晏之于财赋，君子之用心也，不可以他行之瑕责之也。

6.无利于国，无补于民，听奸人之挟持，为立法禁，以驱役天下而桎梏之，是谓稗政。能知此者，可与定国家之大计矣。

刘晏庀军国之用，未尝有搜求苛敛于民，而以榷盐为主。

百姓，用这些不义之财充实自己的钱包，那些素质低下而又偷懒的地方官员，也认为户口少了容易征收赋税，免得按户征收不到粮税时受罚，那些善于隐蔽自己的富有农民，子孙蕃衍，广有土地，不纳徭役，似乎是法外之民，那些在官府中有户籍而受着残酷剥削的，都是穷乡僻壤中的老实农民。户口一天天减少，所余的人赋税必然一天天增加，剩下来的定居人口，一天天死亡于责打、囚禁之下，因此人口增加只是百分之一而减少却是十分之二三。刘晏流通有无、收取盐利、以盐利所得招募船工挽漕，用这些收入去满足军队的需要，因此赋税收入很正常并且不滥收，派去担任收取赋税和安排劳役的，都是遵守官府制度的文人，那些狡猾的下级官吏不能弄权捣鬼。这样一来，百姓乐于接受应纳的赋税，人人奉公守法，自然不接受狡猾的下级官吏的敲诈勒索，于是他们放心居住，安心睡觉，没有漏掉户籍、逃亡他乡、受到捉拿惩罚的担心，有田就缴税，有劳力就出徭役和布疋，何乐而不当有户籍的老百姓，以使自己身心愉快呢？但是刘晏理财之前户口之所以没有增加，不是没有增加，是增加到贪污吏手中而没有增加到国家手中罢了。刘晏使百姓乐于登记户籍，杜绝了低级官吏对农民的敲诈勒索，使愿意为国家缴税的人不再受到别的伤害，因此很得人心，户口也就真实了，贤能的人体谅百姓并能使他们人丁旺盛，也不过像刘晏这样而已，岂能无所作为，乞求天帝不要降瘟疫，免得百姓早死，或者是求救于胡、越等少数民族，接受他们的法令，以解决国家的灾难吗？刘晏精心理财，这是贤人君子对国家的一片忠心，不能因为刘晏有其他的缺点，连理财这一点也加以否定。

对国家不利，对百姓没什么帮助，听凭小人的挟持，订立法令，用来奴役天下百姓并给他们加上许多束缚，这是腐败政治。能理解这一点的人，才可以与他们商量国家大事。

刘晏为国家疏理经费，没有横征暴敛百姓而以卖盐为主要来盐之为利，其来旧矣。而法愈繁则财愈绌，民愈苦于淡食，私贩者遂为乱阶，无他，听奸商之邪说，以擅利于己，而众害丛集矣。官榷之，不能官卖之也；官卖之，而有抑配、有比较、有增价、有解耗，殃民已亟，则私贩虽死而不惩。必也，官于出盐之乡，收积以鬻于商，而商之奸不仇矣。统此食盐之地，统此岁办之盐，期于官无留盐、商无守支、民无缺乏，踊贵而止耳。官总而计之，自灶丁牢盆薪刍粮值之外，计所得者若干，足以裕国用而止耳。一入商人之舟车，其之东之西，或贵或贱，可勿问也。而奸商乃胁官以限地界。地界限，则奸商可以唯意低昂，居盈待乏，而过索于民。民苦其贵，而破界以市于他境，官抑受商之饵，为之禁制，徽纆日累于廷，掠夺日喧于野，民乃激而走挺，于是结旅操兵，相抗相杀，而盗贼以起。元末泰州之祸，亦孔烈矣。若此者，于国无锱铢之利，君与有司受奸商之羁豢，以毒民而激之乱，制法之愚，莫甚于此，而相沿不革，何也？朝廷欲盐之速仇，不得其术，而墨吏贪奸商之贿，为施网罟，以恣其射利之垄断，民穷国乱，皆所弗恤也。

晏知之矣，省官以省掣查支放之烦，则商既不病；一委源，盐能为国家带来利益，这是很早的事了。法令定得越详尽而财政收入越少，百姓越是没有盐吃，私盐贩子便乘机捣乱市场，这里没有其他原因，是官府听信了奸商的胡说八道，把卖盐的好处全归于自己，于是各种弊病便生出来了。官府专营盐业，但官府不应该自己去卖盐，官府去卖盐，有限额分配、有各方面的比较，有增加盐价、有路途中的亏损等，这些费用都得百姓承担，给百姓带来了许多灾难。因此，私盐贩子屡禁不止。即使受到惩罚也不停止，如果这样办：官府在产盐的地方，收积食盐卖给商人，商人的奸计也就行不通了，统治这片产盐之地，管理这些每年办理一次的食盐，到了官府不再存盐，商人不囤积居奇，百姓不缺乏食盐，盐价上涨自然就可制止住了。官府可以统计一下，盐丁所需的煮盐器具、柴炭、粮食各值多少，除这些成本外，还能剩余多少，只要够国家用就可以了。盐一进入商人的车或船，他们往东往西，或贵卖或贱卖，这官府就管不住了。有些奸商还胁迫官府限定地区卖盐。在所限的地区里，奸商可以任意降价提价，囤积食盐，到缺盐时高价卖出，勒索百姓。百姓苦于食盐太贵，便越界到处买盐。官府接受了奸商的贿赂，禁止百姓出境买盐，并捆绑那些出境买盐的百姓到官府来，百姓反对掠夺的呼声越来越高，到后来便挺而走险，结成团伙，手操兵器，反抗官府，杀戮无辜，“盗贼”便出现了。元朝末年张士诚反于泰州（江苏境内），带来的灾难可真大呀！像卖盐这样的事情，如此处理，对国家没有丝毫好处，朝廷和有关官员受奸商的好处，替他们说话，骚扰百姓激成叛乱，制定法令的人真是愚蠢到极点了。但是历朝历代又跟着去学，这是为什么呢？朝廷想把食盐迅速卖出去，但又没有恰当的办法，因为接受了贪官污吏和奸商的贿赂，就替他们摆设圈套，让农民上当，使奸商们垄断食盐获利，弄得民穷国乱，但统治者毫不心疼。

刘晏很了解盐业的情况，减少官员审查、收盐、发盐的环节，商之商，而任其所往，商亦未尝无利也。相所缺而趋之，捷者获焉，钝者自咎其拙，莫能怨也。而私贩之刑不设，争盗抑无缘以起。其在民也，此方挟乏以增价，而彼已至，又唯恐其仇之不先，则踊贵之害亦除。守此以行，虽百王不能易也。晏决策行之，而后世犹限地界以徇奸商，不亦愚乎？

持其大纲，疏其节目，为政之上术也。统此一王之天下，官有煮海之饶，民获流通之利，片言而决耳，善持大计者，岂有不测之术哉？得其要而奸不能欺，千载莫察焉，亦可叹已！

7.德宗不许李惟岳之嗣位而乱起，延及数年，身几危，国几亡，天下鼎沸，是岂可谓德宗之宜听其嗣，使假我之爵位，据我之土地甲兵以抗我哉？而不许之，则又兵连祸结而不解。论者至此而议已穷，谓不先其本，而急图其末，是已。顾处此迫不及待之势，许不许两言而判，徒追咎于既往，而无以应仓卒，是亦尘羹土饭之言耳。

粤自田承嗣等势穷而降，罪可诛，功无可录，授以土地甲兵者，仆固怀恩奸矫上命而擅予之也。起家无赖之健儿，为贼已魘，偷窃土壤，乃欲效古诸侯之世及，延其福祚，其愚而狂以自取灭亡也，本可折棰以收之者也。宝臣先死，惟岳首为难人不感到吃亏，把盐全部交给商人，让他们随意贩卖，商人也感到有利可图，看哪里缺盐就往哪里卖，跑得快的能够获利，跑得慢的只能自认霉气，埋怨不了别人。不去征罚贩私盐的人，贩盐人之间也就没有什么争端了。对老百姓来说，这个盐贩子看到盐少要抬价，另一个盐贩子又来了，他唯恐盐销售不出，便不敢涨价，这样，物价上涨的弊端便可革除了。这个办法切实可行，应该十代、百代地执行下去，不要更改。刘晏采取的措施很得体。而后代之人还划地界让奸商销盐，这不是太愚蠢了吗？

把握好大政方针，细节可以马虎一点，这是执行政策的最佳方案。治理大一统的天下，政府有煮海为盐的好处，百姓得到了流通的便利，事情很明白，几句话就可以决定了，善于决定国家大政方针的人，哪里有高深莫测的谋略呀，只要掌握住要领，奸邪之人便不敢欺骗以实施奸计了，但是后世的人总是不明白这一点，真是可叹啊！

德宗不答应李惟岳承袭他父亲李宝臣的节度使之位，引起了叛乱，持续了好几年，德宗几度处于危险之中，国家几乎灭亡，天下混乱到了极点，这是不是说德宗应该允许惟岳继任节度使，用朝廷的土地和武器反抗朝廷呢？如果不许，又兵连祸结而无法解决。议论者至此已无话可说，只能说德宗这样做不是先顾根本，而先顾旁支末节，这种议论未尝不对。但是，处在紧迫危急的环境中，允许或是不允许要马上决定，没有太多的考虑时间。只追究德宗以往的失误，而没有料到突然出了事应如何应付，议论者的那些话不过是像以尘土浓汤，以土块做馒头，于事无补，无足轻重而已。

自从田承嗣等势穷力蹙投降以来，按他们的罪应当杀，没有什么功劳可以记载，之所以要给他们官职，让他们掌握土地、军队，是仆固怀恩擅自以天子的名义分封他们的。这些人大多是流氓无赖出身，当贼寇到了穷途末路，窃据一方，便打算仿效古代诸侯世袭之端，暗弱无能，而张孝忠、王武俊又与离心而伏戈相拟，则首抑之以惩李正己、田悦、梁崇义于未发也，诚不可不决之一旦者矣。不许，而四凶表里以佐乱，痈之必溃，养之奚可哉？曾未逾年，而田悦大衄，李纳势蹙，惟岳之首悬于北阙，天下亦且定矣。悦与纳株守一军，无难坐待其毙。然则惟岳之叛，不足以为唐社稷病，而德宗之不许，事虽劳而固有功矣。天下复乱，固非不许惟岳之所致也。

谓杀刘晏而群叛怀疑以竞起者，非也；晏自不当杀耳，不杀晏，而河北能戢志以听命乎，谁其信之？不杀来瑱而仆固怀恩固反，不杀刘晏而河北固叛，贼指为名以激众怨耳，实则了不相及之势也。抑欲天子不敢杀一人，以媚天下而取容乎？惟岳既诛，成德已平，而处置朱滔、王武俊者乖方以致乱，则诚过已。虽然，滔、武俊之志，犹之乎承嗣、宝臣也，平一贼而进一贼，又岂易言哉？呜呼！盖至是而所以处此者诚难，论者设身处此，又将何以处之与？

且德宗之初政，犹励精以求治，卢杞初升，其奸未逞，固本治内，即不逮汉光武、唐太宗之威德，亦可无咎于天下。以此言之，痈久必溃，河壅必决，代宗以来，养成大患，授之德制，使他们的幸福长久延续下去；真是愚蠢狂妄，自取灭亡，本来可以折断策马的杖，便能收拾他们，可说是容易得很，李宝臣先死，而张孝忠、王武俊又和他离心离德，打算干戈相见。首先攻打他，可以使李正己、田悦、梁崇义感到恐惧，不敢叛乱了，这事要当机立断，不能拖延。不允许李惟岳嗣位，无非是他和李正己、田悦、梁崇义互相勾结，举行叛乱。是疮必然要溃烂，又何必养疮留患呢？还未超过一年，田悦被打得大败，李纳势力穷困，李惟岳的头已经悬到京城北门了，天下已经基本安定了，田悦、李纳只有自身的队伍，只能坐而待毙。但是，李惟岳的叛乱，对唐朝社稷没有构成威胁，德宗不许他承袭节度使之位，虽然出了点麻烦，但德宗却立了功。后来天下又乱，这和不许李惟岳继承父位毫不相干。

有人说天子杀掉刘晏而李惟岳等人怀疑会整到自己头上来，于是决定叛乱，这说法不对。不应当杀刘晏。不杀刘晏，河北的诸军阀能伏伏贴贴听天子的命令吗？谁能相信？不杀来瑱，仆固怀恩也要反，不杀刘晏，河北的军阀也会反，叛乱分子以杀刘晏为借口起兵，是为了激起人们对天子的怨恨，实际上他们起兵和刘晏毫不相干。难道说他们想让天子不杀一人，以此讨好天下人，并取得天子的信任吗？李惟岳既已被杀，成德（河北正定、赵县一带）已经平定，再去处置朱滔、王武俊领导无方，以致引起叛乱，就太过分了。虽然说朱滔、王武俊的野心和田承嗣、李宝臣一样，平掉了田承嗣、李宝臣这两个贼，又多出了朱滔、王武俊这两个贼，时局真难预料啊！唉呀，事情到这个地步，真是难于处理，让那些发议论的人设身处地想想，又该怎样处理呢？

德宗初即位时，励精求治，未敢懈怠。卢杞刚刚提升，他的奸谋还未得逞，如果这时德宗采取措施巩固国本，治理内部，即使赶不上汉光武帝、唐太宗那样的威名，至少也不会造成什么失误，从这例宗，诚有无可如何者。固非天数之必然，亦人事渐渍之下游成乎难挽，岂一事之失宜所猝致哉？

乃若德宗之不能定乱而反益乱者，则有在焉。当时所冒昧狂逞以思乱者数人耳，又皆纨袴子弟与夫偏裨小将无能为者也。若环海内外，戴九叶天子以不忘，且英明之誉，早播于远近，贼之宗党，如田庭玠、邵真、谷从政、李洧、田昂、刘怦，下至幽、燕数万之众，无欲叛者。德宗诚知天下之不足深忧，则群逆之党，固可静待其消。而德宗不能也，周视天下，自朝廷以至于四方，无一非可疑者。树欲静而撼之，波欲澄而扫之，疥癣在四末，而鍼石施于膏肓，可谈笑以收功，必震惊以召侮，愈疑愈起，愈起愈疑，乃至空腹心之卫，以争胜于东方。忧已深，虑已亟，祸愈速而败愈烈。梁州之奔，斯致之有繇，而非无妄之灾矣。

盖河北之势不能不乱者，代宗积坏之下游也，而于德宗则为偶起之波涛。事穷而变，变则有通之几焉。田承嗣、李宝臣、李正己、朱希彩之毒，大溃而且竭矣，其溃也，正其所以痊也。呜呼！能知苟安之必为后患，祸发之可待消亡，守顺逆之经，居高乘权，因穷变通久之时，无震动慹悚之惑，而后天子看，脓疮时间长了必然溃烂，河道被堵塞了必然决口。代宗以来，给国家造成了危机，他把这个烂摊子交给德宗，德宗也无能为力了。这种局面不能说全是天意造成的。也是人们计划不周，造成了难以挽回的后果，哪里是因为一件事没有办好，便突然产生了这样的恶果呢？

如果说德宗不能平定叛乱反而添了乱子，还有几分道理。当时不顾一切，逞凶叛乱者只有几个人，而且都是纨袴子弟和无足轻重的下级军官，没有什么能耐。如果分析天下形势，百姓并未忘记拥戴当朝天子，而且德宗英明的说法，早已闻名远近，贼人的同党，如田庭玠、邵真、谷从政、李洧、田昂、刘怦，以至幽、燕之地数万士兵，没有人想发动叛乱，德宗十分清楚，不必为江山担忧，那一群叛乱者的同伙，不去讨伐也会自然灭亡。但德宗做不到这一点。他环顾天下，从朝廷到地方，没有一人不值得怀疑。大树本想平静，偏要去摇它；波浪本想平息，偏要去晃动它，疥癣这样的小病，本来在四肢，但打针吃药却对着膏肓。自认为在谈笑之间，就可收到功效，结果却是出于意外，招致侮辱。越是怀疑别人不忠，越是采取混乱措施；越是采取混乱措施，越是怀疑别人对自己不忠，最后德宗把心腹卫士派到首都东边去平乱，而当时祸患已经很严重，德宗也非常忧虑。后来祸患越严重，官兵失败得也越厉害，德宗只好逃到梁州（陕西汉中），造成这一局面是有原因的，并不是凭空掉下来的灾难。

河北军阀之所以兴兵叛乱，是代宗时积累下的恶果，那时是小涟漪，到德宗时便成为惊涛骇浪了。事情发展到无路可走就要起变化，变到最后才有路可走，田承嗣、李宝臣、李正己、朱希彩等人是大毒瘤，到溃烂时毒就快散完了。溃烂正是痊愈的开始。唉呀，能够了解苟且偷安必然招来后患，祸患发生了不必着急，可以等待他自然消亡，天子只要能把握住处理大臣中服从和背叛的原则，就能居高下静于一人之心。一发不效，惴惴焉迫为改图，载鬼一车，而孤张不说，庸人之识量，所为自贻伊戚者，唯此而已矣。

8.刘盆子请降，光武曰："待以不死耳。"大哉言乎！理正而法明，量弘而志定，无苟且求安之情，则威信伸而乱贼之胆已戢，天下之宁也必矣。《诗》云："我徂惟求定。"定者，非一旦之定也。志惟求定，未定而不以为忧，将定而不以为喜，所以求之者，持之心者定也。

史朝义穷蹙东走，官军追败之于卫州，而薛嵩、李宝臣降；再败于莫州，穷蹙无归，而田承嗣降；独与数百骑北奔塞外，而李怀仙杀之以降；马燧、李抱真、李晟大败田悦于临洺，梁崇义俘斩于襄阳，李惟岳援孤将溃，而张孝忠降；马燧等大破田悦于洹水，朱滔、张孝忠攻拔束鹿，惟岳烧营以遁，而王武俊杀惟岳以降。凡此皆枭雄狡狯、为贼爪牙、以成其乱者，火熸水平，则卖主以图侥幸，使即不降，而欲烬之灰，欲澄之浪，终不足以复兴。且其反面无亲，旦君夕虏，憯焉绝其不忍之心者，允为乱人，非一挫可消其狂猘。以视赤眉、盆子，其恶尤甚；而既俯首待命，则制之也尤便。待以不死，而薄给以散秩微禄，置之四裔，则祸于此而讫矣。官军将士，血战以摧强寇，功未及录，而穷乃投怀之鸷兽，宠以节钺，授以临下，因势利导，由穷途末路变化到长治久安之时，这样，天下不会受到震动，人们没有畏惧不安，在天子心目中，全国已经安定了。如果一项措施没有成功，便心存疑虑，改换治国办法，这好比拉着一车鬼去集市上卖，而在前边又设立了捕投猛兽的网去拦截鬼。平庸人见识短，常干些自相矛盾、给自己带来麻烦的事，从德宗处理藩镇这件事，就可以看出来了。

刘盆子请求投降，光武帝说："我可以不杀他！"这是多么冠冕堂皇的话呀！道理正确法令便简单明了，气量大决心便容易定，不随便地向乱臣贼子请求安定，威信便会伸张而使乱贼不敢萌生异志，天下就必然安定了。《诗经》说："我前往的目的就是求得安定。"所谓定，非一个早晨就能安定下来。目的是求得安定。如暂时没有安定下来，也用不着忧愁，快要安定了，也用不着高兴，我所孜孜以求的，心里想的，就是要安定呀！

史朝义穷途末路向东逃跑，官军追赶并在卫州（河南卫辉市）再次将他打败，史朝义的部下薛嵩、李宝臣向官军投降，史朝义再次在莫州打了败仗（河北任丘），穷困到无人收留，他的部下田承嗣投降，史朝义率领着数百人逃奔塞外，李怀仙把他杀死，然后向官军投降。马燧、李抱真、李晟在临洺（河北永年县）大败田悦，梁崇义被俘斩首于襄阳（湖北今地），李惟岳外无援兵，内部将领溃散，他的部下张孝忠投降，马燧等人大败田悦于洹水（河南北部卫河支流安阳河），朱滔、张孝忠拿下束鹿（河北今地），李惟岳烧营逃跑，王武俊杀死李惟岳，向官军投降。凡此种种，都是勇猛难制的人凶恶狡猾，当贼臣的爪牙，帮助他们叛乱，当火灭水平，战争失败之后，他们又卖主求荣，以图封赏，这些人即使不降，也不过是将灭之火，将平之浪，成不了大气候。况且这些人翻脸无情，早上尊奉你为君王，晚上便会把你当作俘虏，凶狠残暴，没有恻隐之心，的确是乱臣贼子，不土疆，义士心灰，狂徒得志，无惑乎效忠者鲜而犯顺者日滋也。

语有之曰：“受降难于受敌”，而非此之谓也。两国相距，势埒力均，乍然投分，诚伪难知，则信难矣。以天下之全力，奉天子之威，讨逆臣而蹙之死地，得生为幸，虽伪何为？操生死荣辱之权于吾腕掌，夫何难哉？夫光武初定雒阳，寇盗林立，统孤军以遏归寇之冲，则诚难耳；而一言折盆子之觊觎，易且如彼。况朝义、惟岳焚林之浮焰已灭，天下更无馀爝乎？

恶已滔天而戮其身，固非不仁也。且使以不死待之，而刘盆子终老于汉，固可贷其生命，则其为恩也亦厚矣，非若白起、项羽坑杀之惨也。乃唐之君臣，迫于乱之苟定，一闻瓦解，惊喜失措，纳蜂虿于怀中，其愚也足以亡国，不亡者幸尔。朱温叛黄巢以归，而终篡唐；郭药师叛契丹以来，而终灭宋。代、德之世，唐犹强盛，是以得免于亡；然其浸以乱而终亡于降贼，于此始之矣。宠薛嵩等以分士者，仆固怀恩之奸也；君是受了一次挫折，便能温顺驯服的疯狗。再看看赤眉军、刘盆子等，他们非常凶恶。后来都老老实实听光武帝的命令，制服他们非常方便。允许他们不死，多少给点官职和俸禄，把他们安置在边远地区，他们造成的灾难也就到此为止了。官军的将领士兵，经历血战打败贼寇，还没有封赏他们的功劳，而对于穷途末路来投降的像猛兽一样凶恶的人，封赏他们官职，让他们镇守一方，仁人志士心灰意冷，狂恶之徒心满意足，无怪乎效忠天子者越来越少，叛逆者越来越多了。

谚语说：“接受投降比受到敌人包围还难受”，这句话不适用于德宗时期。两国交兵，势均力敌，对方忽然投降，是真是假，难以辨别，很难使人相信他是真降。用全国的力量，打着天子的旗号，声讨叛贼并把他们赶得走投无路，那些人活下来就是万幸，他们就是假投降，又有什么关系？生死荣辱的大权操在我们手中，接受他们的投降又有什么难受呢？光武帝初定洛阳时，寇贼林立，光武帝率一支孤军制服了贼寇的凶焰，这才是难以做到的事，他三言两语就打消了刘盆子统治天下的念头，表现得多么轻松啊！何况史朝义、李惟岳所放的通天大火已被扑灭，全国连小的叛乱也没有了，接受他们投降，又有什么妨碍呢？

罪恶滔天而被杀，不能说对他不仁义。光武帝不杀刘盆子，刘盆子得以老死汉朝，刘秀饶他不死，对他的恩德也算很厚了，不像白起、项羽坑杀降卒那样悲惨，唐朝的君臣急于使叛乱得到安定，一听说贼寇土崩瓦解，惊喜之极，忙中出错，便把螫人的蚂蜂揽到了怀中，他们的愚蠢足以亡国，国家没亡，真是幸运。朱温叛变黄巢归顺唐朝，最后篡夺了唐朝江山，郭药师叛变契丹投奔宋朝，最后领着金兵灭掉北宋。代宗、德宗时候，唐朝还比较强盛，因此能免于灭亡，但是逐渐地发生了叛乱，最终灭亡在降贼手中，从德宗时就开始了。

与大臣听之者，其偷也。孝忠、武俊，则德宗自假之威，而又猜忌以裁抑之，马燧等不能与贼争功，尚何能夺其宠命哉？

9.君闇相佞，天下有乱人而无奸雄，则乱必起，民受其毒，而国固可不亡；君暗相奸，有奸雄以芟夷乱人，而后国之亡也，不可复支。汉、唐之亡，皆奸相移政，而奸雄假名义以中立，伺天下之乱，不轻动而持其后，是以其亡决矣。

田悦、李纳、李惟岳、朱滔，皆狂騃躁妄、自取诛夷者也，虽相煽以起，其能如唐何邪？又况李希烈、朱泚之狂愚已甚者乎？希烈之镇淮宁，猎得旌节，非能如河北之久从安、史，豢养枭雄，修城缮备之已夙；梁崇义脆弱无难平者，幸而有功，固不足以予雄；淮宁处四战之地，东有曹王皋，西有哥舒曜，北有马燧、李抱真、张孝忠、李怀光云屯之旅，希烈憯无所畏，据弹丸之地，横鲠其中而称帝，拟之袁术，而又非其时也。朱泚兵权已解，与朱滔悬绝一方，旁无可恃之党，乘无主之乱兵，一旦而遽登天位，保长安片土，为燕雀之堂，以视桓玄，百不及一也。此二竖者，白昼而攫市金，直不足以当奸雄之一笑。自非李元平、源休、张光晟辈之愍不畏死，谁则从之？卢杞邪矣，而挟偏私以自怙，然未尝如郗虑、崔胤之与贼交谋也。以此言之，德宗能持以郑重，而不括民财、空扈卫，宠信薛嵩并让他镇守一方，是仆固怀恩出的坏主意；天子和大臣都轻易地相信了，原因是偷懒，没有思考。张孝忠、王武俊，是德宗提拔并准给他们权威的，后来又受到德宗的猜忌而制裁他们。马燧等人和投降的贼寇争功劳，又怎能使天子不宠爱已投降的贼人，转而宠爱自己呢？

天子暗弱而宰相巧言谄媚，天下有叛乱之人而没有奸雄，必然要出乱子，百姓受到荼毒，国家强盛时，还不至于灭亡；天子暗弱，宰相邪恶狡诈，有奸雄去消灭叛乱的人，然后国家亡了，就不可能再支撑起来了。汉朝、唐朝的灭亡，都是邪恶狡诈的宰相把持了政权，而奸雄却假装中立，等待天下发生叛乱时，他不轻易活动，而是最后寻找机会下手，因此，国家必然要灭亡。

田悦、李纳、李惟岳、朱滔等人，都是狂妄愚蠢而又暴躁的人，他们自取灭亡，虽然互相勾结，又能把唐朝怎么样呢？更何况李希烈、朱泚之流狂妄愚蠢，本领还不如田悦、李纳等人，就更没有什么作为了。李希烈镇守淮宁（河南汝南），虽然也有节度使的称号，他称兵割据，就不如河北的军阀；河北的军阀很早便跟随安禄山、史思明，养成了桀骜不驯的枭雄性格，他们占据的城池也是深沟高垒，修缮已久了。梁崇义是军阀中比较脆弱的一个，不难平定，即使平了他，也算不上什么英雄。淮宁处在四面受包围的境地，东边有曹王皋，西边有哥舒曜，北边有马燧、李抱真、张孝忠、李怀光等众多的军队，李希烈凶恶而无所畏惧，仅有弹丸之地，处在四面包围之中还要称帝，和袁术相比，时机又没有三国时那样称雄割据的有利环境。朱泚已失去兵权，与朱滔又隔绝甚远，天各一方，身旁也没有可以依靠的党羽，乘着天下无主、兵荒马乱的时候，一个早上便登上了天子宝位，只能统治长安这一小片土地，垒一个燕雀居住的小窝，和晋朝的桓玄相比，本领还不及桓玄的百分之一。李希烈、朱泚这两个狂徒以争旦夕之功于外，此竖子者，恶足以逞哉？

夫群贼之中，狡黠而知忖者，王武俊耳。擒惟岳，反朱滔，皆其筹利害之已夙而能留馀地以自处者也。天子不恃以为依，宰相不结以为党，抑有李晟、马燧，力敌势均，而怀忠正以扼之，故其技止此，而不足以逞其邪心。不然，进而倚之以立功，则桓玄平而刘裕篡，黄巢馘而朱温逆，不知武俊之所止矣。

夫戡乱之主，拯危之将相，虑患不可不密也；尤不可无镇定之量，以谨持其所不必防。李抱真得武俊之要领而示之以诚；李晟蔑视怀光之反，而安据渭桥，不为妄动；皆能忍暴集之奔湍，坚以俟其归壑者也。有臣如此，贼不足平矣。德宗之召乱也，视希烈之恶已重，而捐社稷之卫为孤注以与争也。田悦、李纳、武俊皆降，而希烈称帝，奄奄日就于毙，何足以烦空国之师乎？可以知已乱之大略矣。

10.人而不仁，所最恶闻者忠孝之言，而孝为甚。君子率其性之诚然而与言，则必逢其怒；加之以欷歔垂涕行道酸心的行为，好比光天化日之下去市场上抢人家的金子，只能让有本领的奸雄笑话，除了像李元平、源休、张光晟这些不怕死的无赖跟随他们，还会有谁跟随他们呢？卢杞是一个奸邪之人，狭隘自私，飞扬跋扈，但也不像郗虑、崔胤那样，与贼人勾结。从这一点看，德宗老成持重，不搜括民财，把身边的护卫都派到外地去讨伐叛乱，李希烈、朱泚等狂徒的阴谋，还会得逞吗？

在一群乱臣贼子中，狡猾而又工于心计者，要数王武俊了。他擒捉李惟岳，反抗朱滔，都是反复掂量利害，做到胸有成竹，把事情处理得圆满周到。天子不依靠他作心腹，宰相不和他结为死党，更何况还有李晟、马燧和他势均力敌，他们二人一心为国，对王武俊构成了威慑力量。因此，王武俊的结局只能如此，没法实现他的野心了。不然的话，他可以凭仗讨伐李惟岳的功劳得寸进尺，要挟朝廷，这样一来，就会造成桓玄虽平而刘裕篡位，黄巢被正法而朱温叛逆的局面，王武俊走到哪一步，就很难预料了。

善于平定叛乱的天子，拯救国家于危亡中的将相，考虑祸患不可不周密，尤其是不能没有处惊不变的度量、用小心谨慎对待可能出现的意外情况。李抱真掌握了王武俊的特点，待之以坦诚，李晟对李怀光的反叛持蔑视态度，他安稳地驻兵渭桥，不轻举妄动。李抱真、李晟都能忍受湍流浊浪袭击。最后等到湍流浊浪归入沟壑中去，朝中有这样的大臣，叛乱就不难平定了。德宗因政策失误而招致叛乱，他看到李希烈罪恶最大，于是孤注一掷，把身边的卫士派出去作战，田悦、李纳、王武俊后来都投降了，而李希烈却称帝了，但他气息奄奄，一天天接近死亡，哪里值得调全国的所有军队去平叛呢？从这件事上，就可以知道平定叛乱该用什么策略了。

是人却不干仁义的事，这些人最讨厌听的是忠孝之言，尤其讨厌尽孝。仁人君子如果不考虑方式，与那些不仁义的人谈论忠孝，必定之语，而怒愈不可撄矣。陈天彝之言于至不仁者之前，勿论其怒与否也，不可与言而与言，先失言矣。

颜鲁公谓卢杞曰："先中丞传首至平原，真卿以舌舐其面血，公忍不相容乎？"近世高邑赵冢宰以魏广微叔事逆奄，而叹曰："昆溟无子。"鲁公陷死于贼中，冢宰没身于远戍，取祸之繇，皆君子之过也。

虽为小人，而犹知有父，犹知其父之忠清，而耻贻之辱。则与父所同志者，虽异趣殊情，而必不忍相忮害，此不待人言而自动于心。盖牿亡之馀，夜气犹存，不能泯没者也。既不自知矣，知之而且以其父为戒矣，则忠臣孝子，固其不必有怨，而挟虿以唯恐不伤者也。蔡京小人耳，使京而为君子，蔡攸岂但执手诊视、迫其病免已乎？故夫子之责宰予，待其出而斥其不仁，弗与尽言也。使以三年之怀，面折其逆心，震丧其贝，而彼且跻于高陵，与于不仁之甚矣。君子于此，知其人理之已尽，置之而勿与言也。漠然若蜂虿之过前，不问其谁氏之子也。权在则诛殛之，权不在，则远引以避之，如二胡之于秦桧，斯得矣。卢奕、魏允成之生豺虺，腹悲焉可也。

会惹恼他们，如果声泪俱下，苦口婆心劝说他们行忠孝之道，他们的恼怒就更不会停止了。在不仁不义的人面前陈说天下人应该遵循的道理，不管他们是否生气，说了不应该说的话，都是失言。

颜鲁公真卿对卢杞说：“我当中丞的父亲首级传到平原（山东今县）时，我愿用舌头舔去父亲脸上的血，你难道不答应吗？”近代高邑（河北柏乡北）人赵南星因为魏广微叔父的事得罪了宦官，便叹息说：“我崑溟不会有儿子了。”后来颜真卿死于李希烈之手，吏部尚书赵南星被流放远方，二人得祸的原因，就是因为太仁慈了。

虽然是小人，他也知道有父亲，知道他父亲是一身清白的好人，害怕给父亲的名誉带来耻辱。在这一点上，他和父亲想法相同，虽然因性格不同而走的道路不同，当儿子的也必然不会损害父亲的名誉，这不用交待，他心里也会想到。即使被限制在圈栏之内的牛马，豪气还在，保卫父亲名誉的心情也不会泯灭。如果本人没有自知之明，或者知道该怎样做，还要违背父亲的意愿，那么忠臣孝子，不必对这一部分人怨恨，好像衣服里裹着蚂蜂，不螫伤他们就不甘心。蔡京是一个小人，如果他是正人君子，他的儿子岂能拿着他的手为他看病，强迫他因病退休吗？孔子责备宰予，等待他出了屋门后才斥责他不仁不义，没有把心里的话全部说出来。如果孔子把积存在心里已经三年的话说出来，当面斥责宰予不听教诲，就等于一次厉害的雷霆，震得宰予丧失了财产。只得跑到高山上躲避，这不是不仁不义到极点了吗？仁人君子知道这个道理，对于一个人已经仁至义尽，他再不听，就不要再罗嗦了。应该冷漠对待那个不听话的人，就像蚂蜂在一个小孩面前飞，也不要打听那是谁家的小孩，手中有权时，可以把那个坏人杀掉，手中无权，就躲得远远的避开他，如同胡宏、胡铨躲避秦桧一样，这就可以了。卢奕、魏允成变成了豺狼式的人，又没法改变他，只要心里知道他不是好人就行了。

11.樊系受朱泚之伪命，为撰册文，乃仰药而死。其愚甚，其污不可浣，自度必死，而死于名节已亏之后，人所怪也。呜呼！人之能不为系者，盖亦鲜矣。以为从贼撰册，法所不赦，光复之后，必罹刑戮，惧而死者，未尽然也。待至光复议法之日，止于死耳，蟪蛄之春秋，且苟延以姑待，亦庸人所必不能引决者，则系之死，实以自顾怀惭，天彝之未尽忘者也。

乃既惭而有死之心矣，而必自玷以两亏者，其故有三，苟非持志秉义以作其气，三者之情，中人以下之所恒有，而何怪于系焉。怀疑而有所待，一也；气不胜而受熏灼以不自持，二也；妻子相萦而不能制，三也。泚之僭逆，出于仓卒，所与为党者，姚令言一军耳；在廷之臣，固有劝泚迎驾者，不徒段司农也。系于此，不虑泚之必逆，而姑俟之，一旦伪命见加，册文见委，惊惶而迫无以应，退而后念名义之已亏，而愤以死也。此无他，其立朝之日，茫然于贞邪之辨，故识不早而造次多疑也。

迨乎伪命及身，册文相责，斯时也，令言之威已张，源休、蒋镇、张光晟、李忠臣实繁有徒，出入烜赫于系左右，夸之以荣，怖之以祸，挥霍谈笑，天日为迷。系于此时，心知其逆而气为所夺，口呿目眩，不能与之争胜，杂遝凭陵，弗能拒也，魂摇樊系接受朱泚的伪命，为他撰写登基当天子的册文，后来又喝药自尽。他愚蠢之极，他的坏名声也洗不掉了。他考虑到将来必然被处死，但他死于名声和气节都已损伤之后，使人感到奇怪，唉呀，像樊系那样对待生死的也不多见。认为樊系给贼人撰写册文，按法律说不会赦免，朝廷打败贼人之后，必然会遭到惩罚，他因害怕而死。也不完全是如此。等到河山光复，讨论法律之时，樊系也不过是一死，蟪蛄这样的虫子，只有从春天到秋天不到一年的寿命，还苟延残喘，不想马上死亡，一般人不想很快送命，也是这个道理。这样说来，樊系之死，实在是自己感到羞惭，这是天良还未完全丧尽者的举动。

既然樊系感到惭愧而有必死的心，又使自己的名声和气节都受到玷污，他这样做有三个原因，如果不是坚持正义而立场坚定，这三条原因平常人都要考虑，又何必单独责怪樊系呢。樊系撰写册文时心中有怀疑，还想观望等待，这是第一个原因；心中正气不足，一旦受到贼党的威胁利诱，就把握不住，这是第二个原因；受到老婆孩子的连累无法摆脱，这是第三个原因。朱泚自立为伪天子，事情很突然，他的同党只有姚令言听从调遣的军队，朝中大臣有很多人劝朱泚去迎接天子，不只段司农一人劝说朱泚，樊系在这个时候，还没有估计到朱泚会叛变，想等一段再说，忽然间朱泚的命令来了，把撰写册文的任务交给他了，樊系又吃惊着急，想不出妥善的办法来，等到撰写完册文，才想到名声和气节都已玷污，于是愤而自尽。这里没有其他原因，樊系在朝时，只考虑到谁对天子忠，谁是奸臣，对朱泚缺乏认识而又生性多疑，才导致了他喝药自尽的悲剧。

等到朱泚的命令下来，让樊系撰写册文，这时姚令言已成了大权在握的风云人物，他和源休、蒋镇、张光晟、李忠臣等一伙人，声势煊赫，经常出入于樊系左右，夸耀荣华富贵，又用灾难恐吓他，朝中乌烟瘴气，连太阳也失去了光采，樊系这时心里知道朱泚一伙是乱神荡，四顾而无可避之方，伸纸濡毫，亦不复知为己作矣。此无他，立义无素，狎小人而为其所侮，乍欲奋志以抗凶锋，直足当凶人之一笑；义非一旦之可袭，锋棱不树者，欲振起而不能，有含羞以死而已矣。

当德宗出奔之际，姜公辅诸人皆宵驰随跸，李晟在北，家固居于长安，弗能恤也，系徒留而不能去。既而陷身贼中矣，段司农、刘海宾击贼而死，一时百僚震慑，固可想见；而妇人孺子牵裾垂涕，相劝以瓦全，固有不忍见闻者。系濡迟顾恤，以撰册保全其家，以一死自谢其咎，盖无如此呴呴嗫嗫者何也。

呜呼！至于此而中人以下之能引决者，百不得一矣。捐身以全家，有时焉或可也，郭汾阳之斥郭晞，而自入回纥军中是也。捐名义以全妻子，则无有可焉者也。身全节全，而妻子勿恤，顾其所全之大小以为择义之精，而要不失为志士；身死节丧，而唯妻子之是徇，则生人之理亡矣。此亦有故，素所表正于家者无本，则狎昵嚅唲、败乱人之志气以相牵曳也。夫若是，岂易言哉？怪系之所为者，吾且恐其不能为系；即偷免于他日，亦幸而为王维、郑虔以贻辱于万世已耳。段司农自结发从军以来，其光昭之大节，在军中而军中重，在朝廷而朝廷重，夫岂一旦一夕之能然哉！

臣贼子，但气势被叛贼震慑住了，目瞪口呆，不能与贼人辨真理之所在，贼子指手划脚，樊系不能抗拒，神魂颠倒，四外看看没有可以逃避的地方，伸纸挥笔，也不知道册文是不是自己写的了。这里没别的原因，他平日正义的修养不够，玩弄小人反而受到侮辱。猛然间想奋发有为抵抗贼人对他的威胁，只能受到恶人的嘲笑，高尚的道德和行为不是一天就可养成的，平常就树立不起来仁人志士的形象，一旦有事想振翅高飞已不可能，只有忍辱含羞，一死了之。

当德宗出逃之时，姜公辅等人晚上赶路追随天子，李晟时在北方，而他的家在长安，也顾不上了，樊系却徘徊停留，没有跟随德宗，接着他就陷身贼寇中了。段司农、刘海宾因击打朱泚而死，一时之间在百官中引起很大震动，这是可想见的。而家中有妻子、小孩的牵累，牵衣流泪，劝丈夫委屈求全，其情景真使人不忍心看。樊系迟疑不决，想找个两全之策，以撰写册文保全一家不死，又喝药自尽来惩罚自己失节，这也是想说而不敢说，没办法中采取的办法。

唉呀，像樊系这样的作法，中等智力的人能做到这一点的，一百个中也难找到一个，舍弃性命保全一家，有时还可找到这样的人，比如郭子仪斥责家人郭晞，只身进入回纥军中，就是一个例子，身落恶名以保全妻子，还没有值得称道的人，性命、名节都得到保全，妻子如何不在考虑之列，要看他所保全的是大节小节，再来判断他行为道德的高低，这样的人不失为仁人志士。性命、名节都丢了，妻子、孩子也成了牺牲品，连作人的资格都不够了。这里也有原因，有些人平常想为家庭作个榜样，但又没有资本，于是就蝇营苟苟，没有骨气，败坏别人的志气，和坏人同流合污，如果是这样，还有什么话说呢？对樊系的行为感到奇怪的人，恐怕还作不到樊系所作的事，即使是苟且偷生，将来也不过是像王维、郑虔那样，留下万世耻辱而已。段司农（即段秀实）自年轻时从军以来，他光明磊落的气节，在军队中受到

12.奸佞之惑人主也，类以声色狗马嬉游相导，而掣曳之以从其所欲；不则结宫闱之宠、宦寺之援为内主，以移君之志。唯卢杞不然，蛊惑之具，一无所进；妇寺之交，一无所附；孤恃其机巧辩言以与物相枝距，而德宗眷倚如此其笃。至于保朱泚以百口，而泚旋反；命灵武、盐夏、渭北援兵勿出乾陵，而诸军溃败；拒李怀光之入见，而怀光速叛；言发祸随，捷如桴鼓，而事愈败，德宗之听之也愈坚。及乎公论不容，弗获已以谪之，而犹依依然其不忍舍，杞何以得此于德宗邪？德宗谓“人言杞奸邪，朕殊不觉”者，亦以其无劝淫导侈之事，无宦官宫妾之援也。夫杞岂不欲为此哉？德宗之于嗜欲也轻，而宫中无韦后、杨妃之宠，禁门无元振、朝恩之权也。

德宗之所以求治而反乱，求亲贤而反保奸者，无他，好与人相违而已。乐违人者，决于从人。一有所从，雷霆不能震，魁斗不能移矣。杞知此而言无不与人相违也。其保朱泚也，非与泚有香火而为贼间也，众言泚反，则曰不反而已矣；其令援军勿出乾陵也，非于诸将有隙而陷之死地也，浑瑊言漠谷之危，则曰不危而已矣。故颜鲁公涕泣言情而益其怒；李揆以将领的敬重，在朝廷中受到朝廷的敬重，这种情操难道是一朝一夕所能养成的吗？

奸佞之人迷惑天子，大多是以声色狗马玩乐把天子引向岐途，从而使天子听从自己的摆布；不然的话，就是勾结宫中得宠的人，或者依靠宦官的帮助为主，转移君主励精图治的志趣。只有卢杞不是这样，既不以声色狗马把天子引向歧途，也不结交得宠的后妃和宦官，只是凭仗他办事机智和能言善辩，便能和采用其他手段得宠的人抗衡，德宗对他的相信和倚赖才如此之深。至于他以自己百口人保朱泚不反，而朱泚却迅速反叛，命令灵武（宁夏今地）、盐夏（陕西定边、靖边一带）、渭北的援兵不要出乾陵（陕西乾县），结果援兵败于贼寇；拒绝李怀光入朝见天子，怀光马上叛乱；他话一出口，马上招致祸患，快得好像用槌敲鼓，鼓声马上传到自己耳朵里一样，事情办得越是糟糕，德宗越是相信他。等到舆论一致反对卢杞时，德宗不得已才贬谪了他，还依依不忍放他出朝，卢杞为什么如此得到他的信任呢？德宗说：“人们都说卢杞奸邪，朕却没有这个感觉。”也就是因为卢杞没有引诱他声色狗马、骄奢淫佚，也没有宦官，后妃做他的内援。难道是卢杞不想引诱德宗声色狗马吗？问题是德宗对这些事兴趣不大，后宫中没有像中宗时韦皇后、玄宗时杨贵妃那样得宠的后纪，宦官中也没人像程元振，鱼朝恩那样有权啊！

德宗力求天下大治，结果反而大乱，力求做到亲近贤人反而宠信了奸臣，没有其他原因，是他好和大臣唱反调，好唱反调的人，一旦听了别人的话，就非常坚决，雷打不动，魁斗星这样主宰文运的神也不能改变他的主张。卢杞了解德宗这个特点，因此事事都和其他大臣唱反调，他担保朱泚不会造反，并非与朱泚有过盟约而中了他的离间之计，众人说朱泚要反叛，他说不反，如此而已；他命令官府援军不要出乾陵，并非和将领们有仇而要置之于死地，大将浑瑊说把军天子所恤，而必驱之行。人所谓然，则必否之；人所谓非，则必是之。于是德宗周爰四顾，求一力矫众论如杞者而不可得。志相孚也，气相协也，孰有能间之者？盖德宗亦犹杞而已。己偏任之，众力攻之；众愈攻之，己益任之。其终不以杞为奸邪者，抑岂别有所私于杞哉？向令举朝誉杞，而杞不足以容矣。故奸邪必有党，而杞无党也。挟持以固宠于上者，正以孤立无援，信为忠贞之敻绝耳。

夫人之恶，未有甚于力与人相拂者也。王安石学博思深，持己之清，尤非杞所可望其肩背；乃可人之否，否人之可，上不畏天，下不畏人，取全盛之天下而毁裂之，可畏哉！孤行己意者之恶滔天而不戢也。鲧以婞直而必殛，夫岂有贪惏婞婣之为乎？

13.德宗之初，天下鼎沸，河北连兵以叛，李希烈横亘于中，朱泚内逼，天子匿于褒、汉，李楚琳复断其右臂，韩滉收拾江东以观成败，其有必亡之势者十九矣。李晟、马燧以孤军援之，非能操全胜之势。而罪己之诏一下，天下翕然想望清谧，陆敬舆之移主心以作士气、存国脉者，功固伟矣。然所以言出而效随者，繇来有二，不然，则汉之将亡，亦有忠靖之臣，宋之将亡，亦下哀痛之诏，而何以讫于不救邪？

队开到漠谷（陕西永寿西北）很危险，他说不危险，如此而已。因此颜真卿流泪向他求情，要求保护父亲的首级时，遭到他的坚决拒绝；李揆是天子要保护照顾的人，卢杞一定要把他驱赶到朝外。人们说这样做合适，他必然否定这一意见；人们认为这样作不对，他必然坚持。于是德宗举目四顾，想找一个像卢杞这样坚持己见，与众不同的人，却找不到。卢杞和德宗志趣相投，气息相通，谁能使他们关系产生裂痕呢？其实德宗也是又一个卢杞。自己对卢杞偏听偏信，于是众人竭力攻击卢杞；众人越是攻击卢杞，自己对他越是信任。他始终不认为卢杞是奸邪之人，难道是和他私人交情不错吗？如果满朝文武都赞誉卢杞，恐怕卢杞早就在朝中存不住了。因此说凡奸邪之人都有同党，而卢杞却没有，他能够挟持天子并取得天子的信任，正因为他孤立无援，使德宗相信他是对自己特别忠贞的人。

人的错误，没有比竭力和别人唱反调，更使人恼火了。王安石学问博大精深，严格要求自己，卢杞根本不能望其项背，但却坚持赞成别人反对的事情，否定别人赞成的事情，上不怕天，下不怕人们的议论，把一个好端端的天下毁裂葬送了，真是可怕呀！一意孤行，听不进别人意见的人，真是罪恶滔天而不止啊！鲧因为刚愎自用，不听人言，治水无功，被舜所杀，他哪里有曲意逢迎，贪婪不足的行为呢？

德宗即位之初，全国一片混乱，河北诸镇联合叛乱，李希烈受命平叛，却与叛军同流合污，朱泚逼迫天子让位，德宗躲藏到褒（陕西勉县东南）、汉（四川广汉）二州，李楚琳又切断了德宗的右臂，韩滉拥兵江东坐观成败，当时天下形势，十之八九是要亡国了。李晟、马燧都率孤军援救天子，并没有打败叛军的把握。但德宗罪己诏一下，天下人一致希望天下太平，陆敬舆能使德宗回心转意，激励士气，保全社稷，功劳算是很大了。他之所以一说话就有人响应，有两个原因，不然的话汉朝将亡之时，也有尽忠报国的大臣，宋朝将亡之时，其一，则德宗之为君也，躁愎猜忌，以离臣工之心，而固无奢淫惨虐之暴行以失其民，故乱者自乱，德宗固居然四海之瞻依也。仓皇北出，而段司农追韩旻以返，得安驱以入奉天；赵升鸾劫驾之谋尤亟矣，浑瑊一泄其谋，复得徐行以入梁州。天下知吾君之尚在，故罪己诏下，咸翘首以望荡平。河北群逆，亦知唐室之必兴，而有所归命。皆乘舆无恙，足以维系之也。向令帝之出也不速，或为逆贼所害，则如梁氏父子死于侯景之手，而梁速熸；或为逆贼所劫，则如汉献困于董卓，辱于李傕、郭汜，而汉遂夷。唐于是时，无宗藩之可倚，如琅邪之在江东；无储贰之可扶，如肃宗之在灵武；敬舆将何托以效忠？天下无主可依，则戴贼以安，亦必然之势矣。唯唐之君臣，不倡死社稷之邪说，沮卷土重来之计；故维系人心者，亦不仅在慷慨淋漓之一诏也。

其一，则惑德宗以致乱者卢杞也，敬舆与杞忠佞不两立，而其奔赴行在也，与杞同至。当是时，敬舆所欲除帝根本之蠹以涤旧恶者，莫杞若也。杞所深知，危言切论虽未斥讼其奸，而必将逐己者，唯敬舆也。颜真卿、李揆、崔宁，杞皆先发而制之矣，唯敬舆以患难同奔之侣，迫不及排，而气焰丰采、直辞正色，非杞之可投间以相攻。乃犹不仅此也，凡奸臣知不容于也曾下哀痛责己的诏书，为什么到底都没有保住江山呢？

第一条，德宗当天子时，性格暴躁，刚愎自用，又好猜忌人，因此大臣中离心离德，但他没有骄奢淫佚，横征暴敛等行为，因而没有失去民心，因此，叛乱者尽管叛乱，德宗仍然是天下百姓信赖、依靠的天子。他仓皇北逃时，段秀实（官职为大司农）马上追赶韩旻返回，德宗得以安然进入奉天（陕西乾县）；赵升鸾阴谋劫驾，形势已很紧迫了，浑瑊把赵升鸾的阴谋泄漏出去，便没人听从赵升鸾了，德宗不慌不忙进入梁州（陕西汉中）。天下人都知道天子还在，因此德宗罪己诏一下，都翘首盼望迅速把贼寇扫平。黄河以北的一群军阀，也知道唐朝必然复兴，都表示服从天子的指挥。只要天子安然无恙，天下便仍可维持。如果德宗不赶紧出走，或者被逆贼害死，就好比梁武帝萧衍父子死于叛臣侯景之手，梁朝很快便亡了。或者被反贼劫持，例如汉献帝被董卓所用，受到李傕、郭汜的侮辱。汉朝也就完了。唐朝在这个时候，不像晋元帝司马睿在江东有宗室可以依靠，也不像当年玄宗逃跑时，有太子李亨在灵武即位，陆敬舆去向何人效忠呢？天下没有可靠的天子作依托时，便会拥戴贼寇以保安宁，这也是必然之理呀。只有唐朝的君主不提倡困守孤城，死于社稷的，成功地阻止了贼寇卷土重来的诡计，因此能把天下人心联系在一起的，也不仅仅是那一通慷慨淋漓的罪己诏。

另一个原因，迷惑德宗而招致祸乱的是卢杞，陆敬舆与卢杞，一忠一奸，势不两立，陆敬舆跑到德宗居住之地时，是和卢杞一同到达的。那时，陆敬舆想清除德宗身边的蠹虫，而使朝政清明，矛头首先是指向卢杞，卢杞也深知这一点，慷慨陈词虽未直接点名自己是奸臣，但最后必然把自己赶出朝中的，只有陆敬舆一人。颜真卿、李揆、崔宁等人，卢杞都先发制人，把他们排挤走了，只有陆敬舆是患难中共同投奔天子的伙伴，慌乱之中来不及排挤他，他的悠闲气度，正士而反噬无已，虽见迸逐，犹将偾起者，唯其有党也。故蔡京误国已有明征，而靖康之初，小人犹沮抑君子以不得伸其忠悃。杞则执拗专横之性不与人相亲，而唯与人相忮；恃君之宠如山岳，而视百僚如培塿；虽引裴延龄、白志贞以与同污，而未尝以天子之爵禄市恩饵众。故敬舆一受上知，杞旋放黜，而在廷在外，举倚敬舆以求安，无有暗护杞以沮挠敬舆者。德宗偏听之性一移，而中外翕然。不然，宋室垂亡，而王爚、陈宜中之党犹沮文信国之谋，吾未见敬舆之得行其志，以历数德宗之失，畅言之而无所挠也。

是故天下无君，则后立之君必不固；小人有党，则君子之志必不行。非此二者，则人心不摇，廷议不乱，内靖而外不离；叛寇之起纵如乱丝，亦有绪而无难理矣。人臣而知，则勿为李纲之诐辞，陷其主以寒天下之心；人君而知，则勿任结党之小人，塞君子以效忠之路。存亡之枢，决于毫发，盖可忽乎哉！

14.《诗》云："辞之辑矣，民之洽矣。辞之怿矣，民之莫矣。"辑云者，合集事理之始终，序次应违之本末，无有偏伸，无有偏屈，详析而得其要归也。如是，则物无不以类辨，事无不以绪成，而智愚贤不肖之情，皆沁入而相感，故曰民之动人风采，一脸正气，使卢杞找不到借口攻击他。还不仅如此，凡奸臣都知道自己不会见容于正人君子，便诬陷他们，虽然遭到斥逐，还要奋起反击，是因为奸臣都有同伙。蔡京误国害民已经有明显的迹像，但到靖康初年，奸邪小人还阻挠正人君子，使他们不能表白对天子的忠诚。卢杞的性格是执拗专横，不和别人亲近，专门和人作对，凭仗着天子的宠爱，把自己看作山岳，把朝中百官看作小土丘；他虽然勾结裴延龄、白志贞，和这些人同流合污，可也没有把天子的爵禄拿出去收买人心，沽名钓誉。陆敬舆一受到天子的信任，卢杞马上被贬出朝外，不管是朝廷之内，还是朝外，都依靠陆敬舆以求平安，没有人袒护卢杞去阻挠陆敬舆。德宗偏听偏信卢杞的习惯一改过来，朝野都一致称赞。不然的话，宋朝将亡时，王爚、陈宜中一伙还会破坏文天祥复国的计划，加速了宋朝灭亡。我不认为陆敬舆之所以能够施展自己的抱负，是因为一一揭发德宗的失误，畅所欲言而没有受到阻挠。

如果天下开始就没有天子。后来立的天子，地位必然不稳；小人如果结成死党，正人君子的愿望必然行不通。做到以上说的那两条，人心就不会动摇，朝廷上的议论就不会混乱，内部安定，外边不会离心离德，贼寇叛乱纵然像丝线那么乱，也有头绪，不难梳理了。当臣子的，不要仿效李纲说别人的坏话，使高宗放黜了一批大臣，天下士子都觉得心寒（按：这一议论不妥）；当天子的，不要信任结党营私的小人，阻塞仁人君子效忠天子的道路。国家存亡的关键，决定于毫发之间，怎么能够忽视呢？

《诗经》说：“言词亲密和气，老百姓就容易接受，言词欢快明朗，会受到百姓的勉励。”这里所说的“辑”，是指集中事情的原委本末，按照事情的次序，哪些该作，哪些不该作，没有偏见，没有歪曲，言辞妥当，掌握住要领。这样，物以类相分，事情按头绪办，智洽也。怿云者，推于其心之所以然，极于其事之所必至，宛转以赴其曲，开朗以启其迷，虽锢蔽之已深，而善入其中则自悦，虽危言以相戒，而令其易改则自从。如是，则君与臣不相抗，智与愚不相拒，意消气静，乐受以无疑，故曰民之莫也。如是者，无他道焉，辞不以意兴，意不以气激，尽其心以达人之心，诚而已矣。故《易》曰："修辞立其诚。"诚立而后辞可修，抑必辞修而后诚乃立。不然，积忠悃于咽膈，轮囷猝发，浮动而不本于心，甚则反激以召祸而不莫，不然，亦悠悠听之而固不洽也。辞之为用大矣哉！

今有说于此，其为理之必然，明矣。见为是而毅然决之曰是，其所以是者未之详也，其疑于非而必是者未之辨也，则人亦挟其所是者以相抗矣；见为非而愤然斥之曰非，其所以非者未能摘也，其疑于是而固非者莫能诘也，则人亦报我以非而相折矣。是与非立于未事之先，未有定也，观于已事之后，而非者非，是者亦难全其是也。恃气以言之，一言以断之，无体验成熟之实，而出之也厉，父不能得之于子，师不能得之于弟子，而况君臣之际乎？故修辞而足以感人之诚者，古今不易得也。非陆敬舆其能与于斯哉！今取其上言于德宗者而熟绎之。推之使远，引之使近，达之以其情，导之以其绪，曲折以尽其波澜，而径捷以御之坦道，扩其所忧，畅其所郁，排宕之以尽其变，翕合之以归于一，合乎往古之经，而于今慧、愚笨、贤能、不正派等人的情况，都能表达出来并让人接受，老百姓就高兴了。所谓怿，是推测某人心中所想，判断事情所必然发生的结局，很宛转打中他的心扉，开导并澄清他心中的迷惑，虽然他受蒙蔽已经很深，并为此而洋洋自得，虽然你用直言劝告他，但是，改弦易辙还得他自觉自愿。这样一来，君与臣不会对抗，有智慧的和愚蠢的不会发生摩擦，都心平气和，乐于接受你说的道理，因此说会受到百姓的勉励。能做到这一点，没有其他道理，用词不能凭自己杜撰，表达心意不能感情用事；尽自己的心意去打动别人的心扉，也就是靠一个诚字了。因此《易经》上说："修辞要先立诚心。"诚心有了然后才可去修辞，或者是修辞学好了，诚心也就立起来了。否则的话，把一片忠诚聚集在咽喉间，在曲曲折折中突然发作，这是表面上的敷衍之词而不是出于本心，会因偏激召来祸患而使人不快，再不然，别人漫不经心地听，也不容易接受。修辞的用处可真大呀！

话说到这里，为什么要学习修辞，道理已经很明白了。见到正确的事情就果断地说正确，至于为什么正确却不清楚，他怀疑某件事不正确，但正确的是什么样子，也不清楚，那么也会坚持自己认为正确的和你对抗了；见别人作不对的事，愤愤地斥责说不对，为什么不对却说不出道理，他对这件事怀疑却不能查清其中的奥妙，那么就会持相反的意思来驳斥我了。对或错在没做那件事以前，是不能确定的，在事情发生之舌，错的当然错了，而对的也未必全部都对。仗着一时的意气去说话，话说得很果断，但没有去体验这话是否准确、合乎事实，口气又很严厉，父亲的话，儿子未必听，老师的话，弟子未必听，何况是君臣之间呢？因此修辞学得好，足以打动别人的，古往今来都不易得到。除了陆敬舆，谁还能作到这一点呢？现在我挑选他上德宗奏疏中的话详加推敲。他的词句能把义理推得很远，也能把义理解释得很近，动之以情，晓之以理，曲折而又波澜起伏，允协，究极于中藏之密，而于事皆征，其于辞也，无间然矣。贞元以后，棼乱之宇宙，孤危之社稷，涣散之人心，强悍之戾气，消融荡涤，而唐室为之再安，皆敬舆悟主之功也。故曰辞之为用大矣哉！

前乎此者，董仲舒正而浮，贾谊奇而偏，魏征切而俗，莫能匹也。后乎此者，苏轼辩而诡，真德秀详而迂，莫能及也。不主故常而不流，不修藻采而不鄙，“六经”邈矣，危言日进，欲以辞立诚，而匡主安民，拨乱反正，三代以下，一人而已矣。

15.乱与治相承，恒百馀年而始定，而枢机之发，系于一言，曰利而已。盗贼之与夷狄，亦何以异于人哉？志于利，而以动人者唯利也。

唐自安、史以后，称乱者相继而起，至于德宗之世，而人亦厌之矣。故田悦、李惟岳、朱滔、李怀光之叛，将吏士卒皆有不愿从逆之情，抗凶竖而思受王命；然而卒为所驱使者，以利啖之而众暂食其饵也。田绪杀田悦，虑将士之不容，乃登城大呼，许缗钱千万，而三军屏息以听；李怀光欲奔据河东，众皆不顺，而许以东方诸县听其俘掠，于是席卷渡河。嗣是以后，凡据军府、结众心以擅命者，皆用此术而蛊众以逞志。呜呼！此以利贸片时之欢者，岂足以窥非望而成乎割据哉？以此很快便把德宗的思虑引到正确的道路上来，排除他的忧虑，使他心情舒畅，辞语千变万化，后来归于一致，契合古代的经典，还符合现在的道理，能够把心中所要说的话都说出来，所说的事后来都能应验。辞语能有如此的妙用真是了不得呀！唐朝自贞元年间以后，天下混乱，社稷江山危险，人心涣散，强悍暴戾的气氛笼罩着全国，在这种情况下，唐朝能再次转危为安，这是陆敬舆用语言使德宗醒悟的功劳。由此看来，文辞的作用是很大的呀！

在陆敬舆之前，董仲舒的文章议论虽正确，但浮华而不深入，贾谊的文章奇异而偏激，魏征的辞语能切中要害但很粗俗，都不能和陆敬舆相比。在他之后的人，苏轼的文章雄辩但是含有欺诈的成份，真德秀的议论详尽但是迂阔，也赶不上陆敬舆。不刻意修饰文采但不显得粗俗，"六经"离现在很远了，缺乏真知灼见的议论和文章越来越多了，如果用文辞使人立起诚心，匡救天子，安抚百姓，拨乱反正，夏、商、周三代以下，也只有陆敬舆一人而已。

乱和治相衔接，一直继续到一百多年才能安定下来，其中的关键，可用一句话说清，这就是利。强盗与国家四周的夷狄，和平常人有什么不同呢？他们的愿望是得利，而所以能打动人的也只有利。

唐代自安、史之乱后，拥兵叛乱相继而起，到了德宗的时候，人们也都讨厌叛乱了，因此，田悦、李惟岳、朱滔、李怀光等人叛乱后，将领和士兵中都有人不愿跟着叛乱，打算抗击叛臣，接受天子的指挥，但是最后还是接受了叛乱者的驱使，是因为叛乱者用利来引诱众人，而众人也暂时被拉过去了。田绪杀田悦时，顾虑他手下的将士不答应，便登城大呼大叫，答应给士兵缗线一千万，三军士兵便心甘情愿地服从了他；李怀光打算迅速占据河东（山西一带），众人都不愿意，李怀光答应东边的几个县让士兵抢劫掳掠，于是士兵便收拾行装，渡过黄河。从此以后，凡是占据州县，取得人心来抗拒天子为藏身之固，利尽人离，旋以自灭，盖亦盗贼之算而已矣。

老子曰：“乐与饵，过客止。”天君子岂不知人情之且然哉？乃得天下而不为，身可死，国可亡，而必不以此诉合于愚贱之心者，则所以定天下之志而安其位也。以利动天下而天下动，动而不可复止，有涯之金粟，不足以填无涯之溪壑，故唐之乱也无已期。利在此而此为主矣，利在彼而彼为主矣，鬻权卖爵之柄，天子操之，且足以乱，庶人操之，则立乎其上者之岌岌何如也？天子听命于藩镇，藩镇听命于将士，迄于五代，天子且以贿得，延及宋而未息，郊祀无名之赏，几空帑藏，举天下以出没生死于钱刀。呜呼！利之亡国败家也，盗贼一倡其术，而无不效之尤也，则乱何繇已也，而其愚已甚矣！

盗贼散利以饵人，夷狄聚利以制人，皆利乘权以制生人之命也。谁生厉阶，意者其天乎！抑亦宇文融、王鉷、杨慎矜、杨炎之徒导其源邪？是故先王贱利以纳民于名义，节其情，正其性，非计近功者所能测。而孟子三斥梁王，杜篡弑夺攘之萌，其功信不在禹下也。

的，都是用这种方法蛊惑人心，从而使自己的阴谋得逞。这种以厚利来换取一时欢乐的人，能够达到满足私欲，割据一方的目的吗？以给人利益来换取自己安身立命之地，利益尽了，人也就离散了，过不了多久，自己灭亡了。用利益引诱人，只是盗贼的打算罢了。

老子说：“音乐与美食，能使过路的人停下不走，”仁人君子难道不知得到利益是人之常情吗？他们也可用利益收买人心，但他们不干，自身的性命可以不要，国家可以灭亡，但他们绝不会用利去迎合那些愚蠢低贱的人的心，这是为了安定天下人心，让人们安于自己的地位，不要有非分的举动。用利来打动天下人，天下人果然就行动起来了，一行动便无法制止，以有限的金钱，去填永远也填不平的人心，因此唐朝的叛乱不能停止。利益掌握在这个人手里，这个人就可当天子；利益掌握在那个人手里，那个人就可以当天子。卖官卖爵的大权，操在天子手里，还会造成混乱，操在一般人手里，他高立于众人之上，处境又是如何危险呀！天子得听藩镇的命令，藩镇得听将士的命令，这种局面一直持续到五代，用贿赂可以当上天子。一直到宋代，这一坏风气也未平息，到南郊祭天，要举行赏赐，再加上没有名目的赏赐，国库几乎空了，全天下之人都是在金钱的驱使下出生入死，利禄是亡国败家的东西，盗贼首先祭起这个法宝，天下人都纷纷跟着效法，这样一来，天下的混乱何时才能结束呢？提倡利的人真是愚蠢到了极点！

盗贼分散金钱来引诱人，夷狄之人聚敛金钱是为了制服别人，这都是“利”在起作用，制约着人的生命，这种祸端是谁引起的？难道是天意吗？或者是宇文融、王鉷、杨慎矜、杨炎之流开的头呢？因此古代贤明的天子鄙视“利”字，把老百姓引入正路，节制他们的欲望，纠正他们贪利的性格，这都是急功近利的人所办不到的。孟子曾经三次斥责梁惠王，把他篡夺周天子之位，抢占全国疆土的念头，遏

16.汉有推恩之诏，则赐民爵，不知当时天下何以位置此盈廷盈野之有爵者也。或者承三代之馀，方五十里之小国，卿、大夫、士亦林立于比间之中，民之无爵者，逐不得比数于人类，汉亦聊以此谢其觖望邪？无禄之爵，无位之官，浮寄于君子野人之间，而天下不乱者，未之有也。

德宗蒙尘梁、汉，国储已空，赏无可行，以爵代赏，陆敬舆曰：“所谓假虚名以佐实利者也。”夫爵而仅以佐利之穷，名而诡于虚以诱人之悦，天子尚谁与守官，而民志亦奚以定乎？且夫唐之所以自丧其柄而乱生不已者何邪？轻虚名以召实祸也。一降贼而平章矣，御史大夫矣，其去天子直寻丈之间耳。李惟岳之求节钺，德宗固曰：“贼本无资，假我位号以聚众耳。”是明知爵命之适以长乱矣。时蹙势穷，不得已而又用之，则人主之能操魁柄以制四方者，诚难矣哉！

献瓜果之民，赐以试官，敬舆以为不可，诚不可矣。要其实，岂但献瓜果者乎？奏小功小效于军中，而骤予以崇阶，使与功臣能吏相齿以进，下傲上，贱妨贵，以一日之微劳，掩生平之大节，甚则伶人厮养陵乘清流积阀之间，又恶足以劝忠而鼓士气哉？敬舆此论，犹争于其末而遗其本也。贼以利啖，我以名饵，术相若矣；利实名虚，势不敌矣。夫亦恃唐祚未穷，而朱滔、李怀光皆猥陋，人无固志耳；不然，是术也，允足以止在萌芽状态，他的功劳的确不在夏禹之下啊！

汉代有推恩的诏书，就赏赐老百姓爵位，不知道当时怎么处理这些充满田野的有爵位的人。或者是承继夏、商、周三代的做法吗？在方圆五十里的小国之中，卿、大夫、士等官员林立于村镇之中，老百姓如果没有爵位，便不能站立于人群之中，难道汉朝是用爵位来满足人们的渴望吗？没有俸禄的爵位，没有职位的官员，游荡于真正的官员和百姓之间，天下肯定会造成混乱。

德宗遭难逃到梁州（陕西汉中）、汉州（四川广汉），国库已空，无法行赏，就以爵位代替赏赐，陆敬舆说："这就是给个虚名以换来实际利益的做法。"用爵位来帮助解决经济上的困难，用欺诈虚伪的名义引诱别人高兴，天子还能指望谁忠于职守，民心又怎样才能安定呢？唐朝自己丧失了权力，叛乱老是不能止息，原因何在？这是轻视虚名，随便授官而召来的实祸。一个投降朝廷的贼寇，可以封他平章，御史大夫，这离天子的位置，已经不很遥远了。李惟岳向德宗请求节制一方的权力，德宗却故意说："贼寇本来没有资本，不过是假借我的爵位、名号去招集人马而已。"这是明明知道给贼寇爵位，会加剧混乱局面，天子到山穷水尽时，不得已祭起了爵位这个法宝，这样，天子要操纵大权控制四方，的确是很困难的事。

献瓜果的百姓，德宗想赏赐他为掌管考试的官员，陆敬舆认为不妥当，的确是不妥当。其实，又仅仅是封献瓜果的人为官不恰当吗？在军队中立了一件小功或办了一件事，便马上给他高官，使他和有功之臣，能干的官吏平起平坐，以下傲上，以贱辱贵，以一天就能建立的微小功劳，就重用他，而不看他一生中当贼寇的罪责，甚至优伶，给人当差役的人，也侧身到门第高贵的人们中间，又怎能去激励忠臣、鼓舞士气呢？陆敬舆的言论，是只争论细微末节而丢掉了根本。贼用利来引诱人，我以爵位作为诱饵，手段近似，利是实的，名是虚亡矣。

慎重其赏，则一缣亦足以明恩，一级固足以昭贵；如其泛滥无纪，人亦何用此告身以博酒食邪？故当多事之秋，倍重名器之予，非吝也；禄以随爵，位以随官，则效节戮力以拔自寒微、登于显秩者，无近功而有大利，固无患人之不劝也。德宗始于吝而终于滥，中无主而一发遂不能收，敬舆欲挽之而不能邪？抑其谋之未足以及此邪？爵亢名贱，欲望天下之安，必不可得之数也。

17.奚以知其为大智哉？为人所欺者是已。奚以知其能大治哉？不忧人之乱我者是已。故尧任伯鲧，而圣不可知；子产信校人，而智不可及。盖其审乎理乱安危得失之大纲，求成吾事，求济吾功，求全吾德焉而止。其他是非利害、百说杂进于前，且姑听之。必不可者，我既不为之移矣。彼小人之情，有愚而不知者焉，有躁而不审者焉，有随时倾动而无适守者焉，有规小利而觊幸得之者焉，凡此皆不足以挠我之大猷，伤我之经德。无论其得与不得，情识有涯而善败亦小，欣然笑听，以徐俟其所终，即令其奸私仇而事有妨，要亦于我无伤，而恶用穷之哉？所欺者小，窃吾之沾濡而止，校人之诈，仅食一鱼的，赏人爵位还是没有给人实利有吸引力啊！德宗凭仗的是唐朝气数未尽，朱滔、李怀光等是有勇无谋、猥琐鄙陋之人，他们本来就没固定的奋斗目标，因此失败了。否则的话，德宗用爵位拉拢人的做法，早已导至亡国了。

慎重进行封赏，就是一匹布也足以表明朝廷的恩德，赏一级官也就足以使他高贵了，如果封赏泛滥而没有节制，官职就失去了应有的价值，人们还能够用这些任命官职的文书去换取酒食吗？因此，当天下多事的时候，应当更加珍惜爵位，这不是吝啬。俸禄的多少根据爵位的高低，位置的高低是看官职的大小，这样，为朝廷效力尽忠，出身微贱后来又登了高位的人，虽然当时赏赐很薄，好像没有什么利益，到后来必然得到好处，因此不必担心赏薄而无人肯忠于朝廷，德宗开始时吝惜爵位，后来又失去控制，心中没有主张，所以一旦放开手，便不可以收拾，陆敬舆对此是打算匡救而无力呢，还是他见识短浅，没有看到滥赏官爵的弊病呢？爵位泛滥，名声就跟着贬值，希望天下能得到安宁，那是不可能的事啊！

怎样知道那人有大的智慧呢？从他受人欺骗上可以看出。怎样知道那人有治理天下的大本领呢？他从不忧虑别人给自己捣乱。因此，唐尧不同意伯鲧治水，但四岳十二牧决定后，他还是服从了，并信任鲧，尧的圣明，不是一般人可企及的；子产相信管理池沼的小官，他的智慧，一般人也比不上。尧和子产都仔细考虑了治理的混乱，国家的安危，得与失的大概，一心想使自己的事业成功，自己的道德得到保全，除此以外的是非利害，即使有一百种意见在自己面前游说，不过是姑且听一听而已。不管他们怎样说，我都不会改变自己的主张。那些小人们的心情，有愚蠢而又缺乏智慧的，有性格急躁而又考虑问题不周密的，有随时改变主意而无坚定主张的，有计算小利而希望弄到手的，凡此各种，都不足以阻挠我实现自己的谋略，也不会也；所欺者大，自有法以议其后，禹不能为鲧庇也。持大法，捐小利，以听小人之或徼薄福而或即大刑，志不挠，神不惊，吾之所以敕几于理乱安危得失者，如日月之中天，不驱云以自照也。智者知此，而其智大矣，以治天下，罔不治矣。

德宗言自山北来者，张皇贼势，颇似窥觇。陆敬舆曰："役智弥精，失道弥远。"智哉言乎！夫张皇者之情，大要可见矣，愚而惊，躁而惧，随时倾动，而道听涂说，其言不足信，其情可矜也。吾之强弱，在人耳目之间，何必窥觇而始悉。吾所欲为者，大义在讨贼而无所隐，进止之机在俄顷，而必不轻示初至之人。即使其为窥觇邪，亦何足以为吾之大患；且将情穷迹露，自趣于死，而奚容早为防制哉？敬舆之说，非徒为阔略之语以夸识量也，取天下之情伪而极之，诚无所用其弥缝之精核矣

18.名者，实之所自薄也，故好名为士之大戒。抑闻之曰：

伤害我经常保持的道德规范。和这些人对话，不管有没有收获，他们的知识有限，所谈之事成功也好，失败也好，都是小事，自己要很高兴地去听，一直听到他把话说完，即使奸诈的人发泄私愤，对一些事造成了损害，但对自己毫无关系，何必穷追不舍，一定要打听清楚呢？有人进行小小的欺骗，不过是沾我点小便宜，管理池沼的小官欺骗子产，也不过是吃了一条鱼而已；如果有人进行大欺骗，自然有法律制裁他，就是大禹也没法包庇他的父亲鲧。坚持国家的大法，舍弃小的利益，听任奸诈小人或者是得到了小小的好处，或者是受到了大刑罚，自己的意志不会受到阻挠，精力不因此而分散，我之所以致力于拯救国家，使其乱而得治、危而复安的信念，好像高悬在天空的日月，不用驱散云雾，也可看得见，有智谋的人如能做到这一点，他的智谋就称得上伟大了。用这种方法治理天下，哪有不治的道理？

德宗说从山北回来的人，故意宣传贼人势力强大，好像是在探听朝廷虚实。陆敬舆说："越是在编造谎话上下大工夫，离正确的道路就越远。"这是很有智谋的人所说的话。故意扩大贼人势力的人，他的心情大约可以想像得到，因愚蠢而惊慌，因急躁而恐惧，随时改动自己的话，道听涂说，他的话不能使人相信，他的精神状态令人可怜。我方的强弱，人们都可听得到、看得见，何必等窥探之后才知道呢？我所打算办的事，大义是讨伐贼寇，不必隐瞒这一点，前进或停止的时机，在顷刻之间便能决定，这一机密不会让初来的人知道。即使那人是来窥探军情，也不会给我们造成多大损害，他自己情亏理屈，真相毕露，是自取灭亡，又何必早早地对山北来的人进行防范呢？陆敬舆所说的话，并非仅只是迂阔不切实际的话，用来显示自己的气识和胆量的，让那些感情虚伪的人尽情表演，他那一套编造得天衣无缝的言辞已没有用处了。

所谓名，向来被务实的人看不起，因此，喜好名声是士大夫的大

“三代以下，唯恐不好名。”斯亦非无谓之言，盖为人君取士、劝奖天下于君子之途而言也。士以诚自尽而远乎名，则念深而义固；上以诚责下而忌其名，则情睽而耻刓；故名者，亦人治之大者也。因义而立，谓之名义；有节而不可逾，谓之名节；人君之求于士者，节义而已。

名固有相因而起者矣，皋、夔、逢、比，皆名之可慕者也。惟所好在名，则非必皋、夔，而必为皋、夔之言；彼固不足为皋、夔，而君可与于尧、舜矣。非必逢、比，而必为逢、比之言；彼固不足为逢、比，而君可免于桀、纣矣。夫导君以侈，引君以贪，长君之暴，增君之淫，仇害君子而固结小人，取怨兆民而邀欢戚宦，亦何求而不得，所不得者名耳；则好名者，所畏忌而不欲以身试者也。于名而不好，则好必有所移。荣宠，其好矣；利禄，其好矣；全身保妻子，其好矣。人君而恶好名，将谓此仳仳有屋、蔌蔌有穀、享厚实之小人，为诚朴无饰而登进之乎？

夫所言非道，不足以为名；君未有过，不足以为名；时未有危，不足以为名。取善言而效之，乘君瑕而攻之，知时危而先言之；既而其言验矣，天下相与传诵之，然后忠直先识之名归焉。夫士苟非自好之有素，忧国之有诚，但以名之所在，不忌。或者听到有人说："夏、商、周三代下，唯恐人不喜欢名声。"这也不是没根据的话，这是为了给天子找到称职的人，勉励天下人都达到仁人君子的境界而说的话。士大夫以忠诚自勉而远离名声，这念头越深，合宜的行为和道德越牢固。天子以忠诚要求臣下而又忌妒他的名声，这与情理不合，等于玩弄臣下。因此，名也是人君治理天下的一件大事。因合乎时宜的行为与道德而确立的，叫做名义；有公认的节操而不可违犯，叫做名节，天子要求士大夫的，也就是节义两个字。

名声是有一定条件才形成的，皋陶、夔、关龙逢、比干，都是受人羡慕的。士大夫喜爱名声，就是没有皋陶、夔那样的地位，也要说出皋陶、夔所说的话，他们固然比不上皋陶和夔，但是君王都可以比得上尧、舜了。不是关龙逢、比干，却说出关龙逢、比干所说的话，他们固然不能和关龙逢、比干相比，但是君王却免掉了桀、纣那样的坏名声。把天子引导到奢侈、贪婪的境地，助长天子的暴虐，引诱天子去寻找美色，陷害君子而和小人结为一伙，取怨于亿万老百姓而博取外戚和宦官的欢心，什么好处都可以得到，就是得不到好名声。喜欢好名声的人，都害怕这一点而不敢以身相试。不喜欢名声的人，他的爱好必然转移到别处了。受天子宠爱是一种荣耀，他喜欢；利禄，他喜欢；成全自己又保护妻子，他也喜欢。当天子的讨厌好名声，是不是认为住在简陋的小屋里的人，才有可能出现享受爵禄的贵人，得到很大利益而又地位低下的人，是不是靠着朴素无华，不用美名来装饰自己，后来却登上了高位呢？

一个人所说的话不合乎道理，不能享有美名；天子没有过错，不会使他成名；时局没有发生危机，也不会使他成名。取美好的言行仿效着去做，在天子有错误时提出规谏，知道时局危险首先提出建议，不久，他的话全都应验了，天下人互相传诵，然后，忠诚正直、恤恶怒，不避罪罟，而力争于廷，诚为臣之末节，而君子之所耻为。然其益于人主也，则亦大矣。忠信诚悫，端静和平，格心非而略人政，以远名而崇实者，间世而一遇。如有其人，固宅揆亮工、托孤寄命之选也。谏省部寺以降，有官守言职者，岂必尽得此而庸之乎？则汲汲焉求好名之士，唯恐不得；而加之罪名曰“沽直好名”，安得此亡国之语哉！

德宗恶姜公辅之谏，谓其指朕过以求名。诚指过以求名，何惜不予之名，而因自惩其过乎？陆敬舆曰：“掩己过而过弥著，损彼名而名益彰。”所以平复谏者之浮气也，实不尽然也。予士以名，则上收其实也。

19.德宗之闇也，舍李晟、浑瑊不信而信吐蕃也。吐蕃归国，陆敬舆以为庆快，其识卓矣。

借兵于夷以平寇，贼阑入而掠我人民，乘间而窥我社稷，二者之害易知也。愚者且为之辞曰：掠夺虽弗能禁，然忍小害以除大患，亦一时之权计也。若夫乘间吞灭之害，则或轻信其不然，而究亦未必尽然，愚暗者且以香火要之矣。故二者之害易知，而愚者犹有辞以争。若夫其徒劳而祗以弛我三军之气，骄我将帅之心，旋以偾败，则情势之必然；不必其灭我掠见识远大等美名，都归到他头上了。士大夫如果没有良好的品质，没有忧国忧民的诚心，只要是沽名钓誉的地方，不管事情好坏，不怕危险，在朝廷上竭力去争，这是当臣子的末节，对于仁人君子来说是个耻辱。一般人不这样做，但是对于君王来说，也会从中受到教益。忠诚老实又讲信用，端庄严肃又心平气和，去掉私心杂念不追求参与政事，不图虚名而干实事者，好多年才遇上一个这样的人。如有这样的人，肯定是居官任职，管理国家大事而又坦白忠诚，可以托付儿子，托付国家大事的人选中央御史台、六部以下，如果要挑选谏言，这些人不是很合适的人选吗？非常急迫地追求好名声的人，唯恐得不到好名声，这些踏实肯干，不追求虚名的人，却给他们加上沽名钓誉的罪名，这是从哪里来的亡国之语呢？

德宗讨厌姜公辅进谏，说他是指着天子的过错追求美名。就算是如此，为什么不给他这个美名，而是要受到了挫折以后才自己改过呢？陆敬舆说：“越是掩盖自己的错误，错误就越明显，越是要损害别人的名誉，那个人就越出名。”如果说这是为了抑制那些求名者的浮躁情绪，但是结果并非如此。给士大夫一个好名声，天子能收到实际好处。

德宗是昏庸之君，舍弃李晟、浑瑊这样的忠臣而不相信，却偏信吐蕃。吐蕃军队归国时，陆敬舆非常高兴，真是见识远大呀。

从少数民族那里借兵平贼寇，贼寇擅自闯入百姓家进行劫掠，少数民族的队伍乘机想占有我朝的江山，二者为害都是很清楚的。愚蠢的人甚至说，少数民族军队的抢掠虽不能禁止，但忍小害以除大的祸患，也是一时的权宜之计。至于他们乘机吞灭朝廷，有人认为事情未必这样严重，后来事实也证明没有颠覆朝廷，但是愚蠢的人已经和少数民族军队勾结，窜通他们灭亡朝廷了。贼寇、少数民族两方面带来的害处容易知道，而愚笨的人还要争论不休。如果少数民我，而祸在眉睫，犹弗见也。古今之以此致覆军、杀将、失地之害者不一矣，岂难知哉？

夫我有危亡之忧，而借人之力以相援，邢、卫且不能得之于齐桓，而况夷乎？两军相当，锋矢相及，一死一生，以力相敌，以智相距，以气相凌，将不能自保，兵不能求全，天下之至凶至危者也。岂有人焉，唯他人之是恤，而君忘其败，将忘其死，以致命于原野哉？孙膑之为赵败魏，自欲报魏也；项羽之为赵破秦，自欲灭秦也。不然，则君欲之而将不欲，将即欲之，三军之士必嗤其强以肝脑殉人而固不听也。故吴结蜀以为援，蜀待吴以交起，而俱灭于魏；诸葛诞、王凌、毋丘俭倚吴而毙于孤城；窦建德不揣以奔赴王世充之难，军心不固而身为俘虏；恃人与为人所恃者之成败，概可见矣。

两军相距，乞援于外，而外亟应之者，大抵师邓析教讼之智，两敌恒轻，而己居其重，其所援者特未定也。此以情告，彼亦以情告，此以利饵，彼亦以利饵，两情俱可得，两利俱可收，相其胜者而畸与之，夫岂有抑彼伸此之情哉？敛兵旁睨，于胜者居功，于败者亦可无怨，翱翔于其间，得厚实以旋归，族的军队没建立功劳，他们的到来只是消磨了我方三军的士气，对我方的将帅耀武扬威，过不了多久；我方便会败在贼寇手里，这是事情发展的必然结果，不一定等他们灭亡我们的国家，抢掠我们的百姓，到祸在眉睫时，还看不清少数民族士兵的真面目。古往今来，因借少数民族军队导致军队覆没，大半被杀，土地丧失的教训很多，这点道理还不明白吗？

当国家处于危急存亡关头时，借别人的力量援救自己，邢、卫两国还不能得到齐桓公的帮助，何况是向少数民族借兵呢？双方的军队交锋打仗，弓箭相交，一死一生，以力量相拼，以智慧相斗，以气势压倒对方。当将领的不能保全自己，当士兵的性命没有保障，这是天下很危险的事，如果有这样的人，他整天想的是姑息敌人，君王这样做会亡国，将领这样做会丧失生命，果真如此，又何必在野外和敌人拼个你死我活呢？孙膑替赵国打败魏国，是为了报魏国对他施以刖刑的仇，项羽为赵国打败秦国，是想灭掉秦国，自己称王。不然的话，天子想做的事，将军不想做；将军想做的事，三军士兵又讥笑他拿着别人的脑袋作赌注而不接受指挥。因此，吴国结交蜀国以为外援，蜀国却与吴国交恶，引起了战争，于是，吴、蜀两国都被魏国灭亡了。诸葛诞、王凌、毋丘俭倚靠吴国而毙命于孤城之下，窦建德不衡量自己的力量去援助王世充，军心不固，自己也成了俘虏，依靠别人和被别人依靠，这其中的成功和失败，可以想见。

两军相对抗，向外边请求援助，外边之所以答应得很痛快，大多是抄袭了春秋时期郑国人邓析的伎俩，态度游移不定，模棱两可。对于敌对的双方都掂量了一下，认为分量都轻，自己站到哪一方，哪一方的力量就重了，因此到底援助谁，还未作出决定。这一方面用利益引诱我，那一方也用利益引诱我，双方的请求都接受，双方的利益都收下，看哪方能取胜，就倒向哪方，哪里有抑强扶弱，伸张正义弱者之败自不瘳也。藉令无为之援者，无所恃以生玩敌之心，而量力以自奋，亦何至狂起无择，以覆师失地于一朝哉？

故凡待援于人者，类为人所持以自毙。况夷狄之唯利是趋，不可以理感情合者乎？宇文、高氏之用突厥也，交受其制，而不得其一矢之力，其明验已。回纥之为唐讨安、史也，安庆绪、史怀义之愚不能反用回纥以敝唐也。德宗乃欲效之以用吐蕃，朱泚狡而据充盈之府库，我能与争媚狡夷、使必亲我乎？吐蕃去，军心固，将任专，大功必成，敬舆知之审矣。古人成败之已迹，著于史册，愚若王化贞者，尚弗之省，而以为秘计，天夺妄人之魄以祸人国，亦至此哉！

20.德宗以进取规画谋之陆敬舆，而敬舆无所条奏，唯戒德宗之中制，俾将帅之智勇得伸，以集大功。其言曰："锋镝交于原野，而决策于九重之中；机会变于斯须，而定计于千里之外；上掣其肘，下不死绥。"至哉言乎！要非敬舆之创说也。古者命将推毂之言曰："阃以外，将军制之。"非帝王制胜之定法乎？而后世人主遥制进止之机以取覆败，则唯其中无持守，而辩言乱政之妄人惑之斯惑也。

的相法呢？按兵不动，观察形势，在胜利一方跟着表功，失败一方对自己也不怨恨，巧妙地周旋于双方之间，得到巨大好处才率兵返回，弱者的失败，只好自己承担后果了。假如一个国家没有外援，没有依靠，就不可能产生麻痹松懈的心理，只能靠自身的力量奋起反击，何至于会走投无路，没有选择的余地，在一日之间就兵败呢？

因此凡等待别人援助的人，大都是受人挟持，导致失败，更何况少数民族唯利是图，不可晓之以理，动之以情呢？十六国时期西魏的宇文氏和北齐的高氏，都向突厥借过兵，交替受到突厥的挟制，甚至连一支箭的援助也没有得到，这是被历史证明了的。回纥人替唐朝讨伐安、史之乱，安庆绪、史怀义愚蠢到不知借用回纥的力量去围困唐朝，德宗想凭借历史经验向吐蕃借兵，狡猾的朱泚占据了金钱布匹充足的国库，德宗能和朱泚争着向吐蕃献媚讨好，使他亲近朝廷吗？吐蕃军队走了，军心巩固了，可以专心任用将领了，这样，大功必然告成，陆敬舆对吐蕃看得太透彻了。古人成功失败的痕迹，已经写在史册上，像明末王化贞这样愚蠢的人，还没有认识到这一点，认为向少数民族借兵是一个秘密法宝。他给国家召来了祸患，受到了惩罚，这是天意呀！

德宗把如何打败贼寇、恢复失地的计划，与陆敬舆商量，陆敬舆没有提出更多的计谋，只是告诫德宗用人要专，不要从中插手，以便将士们的智勇得以发挥，从而成就大功。他说："刀枪弓箭在原野交锋，但决策的人却在深宫高院之中，机会瞬息万变，但指挥作战的人在千里之外，天子在上面牵制，士兵无法作战，不可能不临阵退却。"这话说得多好啊，这不是陆敬舆的创造。古代任命大将、推荐人才时说："宫门之外，将军自己处理好了。"这不是帝王制胜的法宝吗？后代的帝王遥遥控制战争的进退，结果打了败仗，这是自己心中把持不定，受了那些高谈阔论，扰乱政治的狂妄人的迷惑。

惑之者多端，而莫甚于宦寺。宦寺者，胆劣而气浮，以肥甘纨绣与轻佻之武人臭味相得，故辄敢以知兵自命。其欲进也如游鱼，其欲退也如惊鹿，大言炎炎，危言恻恻，足以动人主之听。人主习闻之，因以自诧曰："吾亦知兵矣。"此祸本也。既已于韬铃之猥说略有所闻矣，又以孤立于上，兵授于人，而生其猜防。弗能自决也，进喋喋仡仡之士，屑屑以商之，慎重而朴诚者弗能合也。于是有甫离帖括，乍读孙、吴者，即以其章句声韵之小慧，为尊俎折冲之奇谋。见荷戈者而即信为兵也；见一呼一号一跳一击者，而即诩为勇也；图画之山川，管窥之玄象，古人偶一试用之机巧，而宝为神秘。以其雕虫之才、炙毂之口，言之而成章，推之而成理，乃以诮元戎宿将之怯而寡谋也，竞起攘袂而争之。猜闇之君一入其彀中，遂以非斥名帅，而亟用其说以遥相迫责。军已覆，国已危，彼琐琐云云之子，功罪不及，悠然事外，彼固以人国为嬉者，而奈何授之以嬉也？庸主陋相以寡识而多疑者，古今相袭而不悟，呜呼！亦可为大哀也已。

一彼一此者，死生之命也；一进一退者，反覆之机也；一屈一伸者，相乘之气也。运以心，警以目，度以势，乘以时。矢石雹集、金鼓震耳之下，蹀血以趋而无容出诸口者，此岂挥箑拥垆于高轩邃室者所得与哉？以敬舆之博识鸿才，岂不可出天子受的迷惑来自各方面，最严重的是受宦官的迷惑。这些宦官，见识浅而脾气傲，他们吃着美好的食物，穿着华丽的衣服，与那些轻佻不稳重的武人臭味相投，因此常常以懂得军事自居。他们想往上爬时像游鱼一样无孔不入，他们想脱身时像受惊的鹿一样很快逃跑，他们好说冠冕堂皇的套话，也会危言耸听，以打动天子的心，天子听到宦官谈论军事的话多了，便会说："我也知道用兵打仗了。"这是产生祸乱的原因。天子既然对于文韬武略多少有点了解，又因为高高在上，把兵权交给别人，却又对带兵的人产生了怀疑。他犹豫不决之时，就任用了一些高谈阔论的人，商量一些琐碎的事情，稳重而诚实的人就被甩在一边了。于是有些人刚刚丢下科举应试的范文，读了两句孙武、吴起的书，便认为读书作学问是小智谋，要干在宴会谈判中制胜对方的大智大勇，见了带兵器的便相信是士兵，见有人一呼一叫一跳一击，便赞叹为勇士，绘画山川景物，探测天体奥密，古代人偶然为之的技巧，他认为神秘得很，高不可攀。以他的雕虫小技，能言善辩的口才，出口成章，言之成理，用这些小伎俩去讥诮元帅、老将胆怯，缺乏谋略，并跃跃欲试，争夺领兵之权。昏暗不明的君主一旦上了他们的圈套，便斥责有名的将帅，按宦官的意见去指挥军队，等到军队打了败仗，国势已经危险，这些唠唠叨叨的宦官，又毫无责任，超然物外，他们拿国家当儿戏，天子为什么给他们权力去戏弄国家呢？昏暗的君王和平庸的宰相因见识短浅而好猜疑，古往今来，相继不绝，一个也不觉悟，真是可悲呀！

一彼一此，关乎着一个人是生是死的命运，一进一退，关乎着是成功还是失败的时机，一屈一伸，是相辅相成的元气。把这些运用于心，时刻观察动向，衡量形势，找好机会，以求发挥自己的才智。当矢石如雨，战鼓震耳的情况下，只能舍生忘死向前冲杀，无法再用言语商量，这些哪里是摇着扇子或拥着火炉，在高屋华室中高谈阔片语以赞李晟、浑瑊之不逮，而杜口忘言，唯教其君以专任。而白面书生，不及敬舆之百一，乃敢以谈兵惑主听，勿诛焉足矣，而可令操三军之生死、宗社之存亡哉？宦寺居中，辩言日进，亡国之左券，未有幸免者也。

21.西域之在汉，为赘疣也，于唐，则指之护臂也，时势异而一概之论不可执，有如此夫！

匈奴之大势在云中以北，使其南挠瓜、沙，则有河、湟之隔，非其所便。而西域各有君长，聚徒无几，仅保城郭，贪赂畏威，两袒胡、汉，皆不足为重轻，故曰赘疣也。至唐，为安西，为北庭，则已入中国之版；置重兵，修守御，营田牧，屹为重镇。安、史之乱，从朔方以收两京，于唐重矣。代、德之际，河、陇陷没，李元忠、郭昕闭境拒守，而吐蕃之势不张，其东侵也，有所掣而不敢深入，是吐蕃必争之地也，于唐为重矣。惟二镇屹立，扼吐蕃之背以护萧关，故吐蕃不得于北，转而南向，松、维、黎、雅时受其冲突。乃河、洮平衍，驰骤易而防御难。蜀西丛山沓嶂，骑队不舒，扼其从入之路，以困之于山，甚易易也，故严武、韦皋捍之而有馀。使割安西、北庭以畀吐蕃，则戎马安驱于原、洮，而又得东方怀归怨弃之士卒为乡导以深入，祸岂小哉？

论的人所能办得到的呢？以陆敬舆的博学多才，岂不能够说几句话帮助李晟、浑瑊克服错误吗？他却闭口不言，只让德宗自作主张，那些白面书生，才能不及陆敬舆的百分之一，竟敢大谈军事迷惑君王，不杀就很便宜他们了，怎能让他们操纵三军将士的生死和国家的存亡呢？宦官居住宫中，天天用诡辩的言辞去迷惑天子，这是亡国的证据，哪朝哪代也不能幸免呀！

西域在汉朝时，只是一块多余的肉瘤，对于唐朝来说，好像是保护臂膀的手指一样，时势不同，不可一概而论，就是这个道理。

匈奴的根本在云中（山西大同）以北，他们如果南侵瓜（甘肃安西东南）、沙（甘肃郭煌西）二州，则有黄河、湟水的阻隔，很不方便。而西域各国都有君长，人口不多，仅能保卫城郭，贪图贿赂，害怕攻打，不管是袒护匈奴，或是袒护汉朝，都无足轻重，因此说是多余的肉瘤。到了唐代，西域分为安西、北庭二镇，已经划入中国的版图，唐朝在那里设重兵，修缮城池，屯田牧马，屹立为重镇。安、史之乱，二镇和朔方郡（宁夏灵武一带）一起收复两京（长安、洛阳），对唐朝来说，太重要了。代宗、德宗之际，李元忠、郭昕关闭边境，守卫城池，制止了吐蕃势力的扩张，他们东侵，因有后顾之忧而不敢深入，因此，二镇是吐蕃必争之地，对唐朝来说，是边疆重镇。只有二镇巍然屹立，控扼吐蕃的后背以保护萧关（宁夏夏固原县东南），吐蕃才不能向北发展，转而向南，松（四川汉源北）、维（四川五里县东北）、黎（四川汉源北）、雅（四川雅安）等地经常受到侵犯，河（甘肃临夏东北）、洮（甘肃临潭）二州都是平原，便于骑兵驰骋而防御困难，四川西部都是高山峻岭，骑兵行走不便，只要扼守住出入的道路，把他们囚禁在山中，是很容易的事，因此严武、韦皋守御四川绰有余力，如果割安西、北庭二镇给吐蕃，那么戎人的战马便会从容不迫地驰驱于原（甘肃镇原）、洮二州，再加上想回到东方家乡，埋怨天拓土，非道也；弃土，亦非道也；弃土而授之劲敌，尤非道也。邺侯决策，而吐蕃不能为中国之大患，且无转输、戍守、争战之劳，胡为其弃之邪？永乐谋国之臣，无有如邺侯者，以小信小惠、割版图以贻覆亡之祸，观于此而可为痛哭也。

22.陆敬舆自奉天得主以来，事无有不言，言无有不尽，而德宗之不从者十不一二也。兴元元年，车驾还京，征邺侯自杭赴阙，受散骑之命，日直西省，迄乎登庸，逮贞元五年，凡六载，而敬舆寂无建白；唯邺侯出使陕、虢，敬舆一谋罢淮西之兵；及邺侯卒，敬舆相，举属吏，减运米，广和籴，止密封，却馈赠，定宣武，敬舆复娓娓长言之。李进而陆默，李退而陆语，是必有故焉，参观求之，可以知世，可以知人，可以知治理与臣道矣。

夫邺侯岂妨贤而窒言路者哉？敬舆之所陈，又岂邺侯之所非，而疑不见庸以中止者哉？盖敬舆所欲言者，邺侯早已言之，而邺侯或不得于君者，敬舆终不能得也。德宗之倚敬舆也重，而猜忮自贤之情，暂伏而终不可遏，势蹙身危，无容不听耳。而敬舆尽其所欲言，一如魏征之于太宗者以争之，德宗子把他们丢弃的士兵作向导，向内地深入，祸患还小吗？

开疆拓土，不值得称道，放弃土地，也不合乎情理，把土地丢弃给敌人，就更不合乎情理了。邺侯李泌的决策，使吐蕃不能成为中原的祸患，并且没有转运粮食、戍守战争的劳苦，为什么要放弃这二镇呢？明朝永乐年间给国家出主意的大臣，没有赶得上邺侯的，用小恩小惠，割版图给敌人，从而造成亡国的大祸，看到这一点，真使人忍不住痛哭流涕啊！

陆敬舆自从在奉天（今陕西乾县）得到德宗以来，凡是国家大事他没有不说的。既说了就没有不说完的，而德宗不听从的也不过占十之一二。兴元元年，德宗的车驾返回京师，就征召邺侯李泌自杭州（今属浙江）赶赴京师赴任，受散骑常侍的任命，每日值班于中书省，直到他被重用，到贞元五年，共六年，而陆敬舆却默然没有陈述意见；仅李泌出使陕（今河南陕县）、虢（今河南灵宝县）时，陆敬舆才专一谋划罢去讨伐淮西（今河南汝南县）叛乱的兵马；到李泌死后，陆敬舆成为宰相，开始推荐下属的官吏，减少运送粮米，扩大政府向民间征购粮食的措施，停止密封制度，拒绝馈赠恶习，平定宣武军（今河南开封市），陆敬舆再次连续不断地加以长篇大论。李泌被进用而陆敬舆就静默不语，李泌退下来后而陆敬舆就言语了，是必然有其原因，对各种情况加以比较观察就可以求得结论了，就可以了解世道了，就可以了解一个人了，就可以了解当时的治理情况和臣下的道德了。

邺侯李泌怎么会妨碍贤臣而阻塞进言之路的人呢？陆敬舆所陈述的建议，又怎能是李泌所非难的，而怀疑不见任用加以中止的呢？大概是陆敬舆所想说的，李泌早已经说过罢了，而李泌或者不能得到德宗的信任，陆敬舆也终究不会得到。德宗依靠陆敬舆也非常重用他；而德宗猜疑忌恨自认为贤臣的情由，暂埋在心里而最后还是不不平之隐，特折抑而未著，故一归阙而急召邺侯者，固不欲以相位授敬舆也。邺侯以三世元老，定危亡而调护元良，德望既重，其识量弘远，达于世变，审于君心之偏蔽，有微言，有大义，有曲中之权，若此者皆敬舆之所未逮也。小人以气相制，君子以心相服，使敬舆于邺侯当国之日而啧啧多言，非敬舆矣。故昔之犯颜危谏以与德宗相矫拂者，时无邺侯也。夫岂乐以狂直自炫，而必与世相违哉？

论者或加邺侯以诡秘之讥。处人天伦斁叙之介，谋国于倾危不定之时，而奋激尽言于猜主之前，以博人之一快，大臣坐论格心之道，固不然也。使邺侯而果挟诡秘之术，则敬舆何为心折以忘言邪？邺侯卒，而敬舆又不容已于廷争，其势既然，其性情才学抑然。无有居中之元老、主持而静镇之，如冬日乍暄，草木有怒生之芽，虽冰雪摧残，所弗恤也，则又敬舆之穷也。

23.天子禁卫之兵，得其人而任之，以处多虞之世，四末虽败，可以不亡。唐自肃、代以来，倚神策一军以强其干。及德宗亟讨河、汴，李晟将之而北，白志贞募市井之人以冒名而无实，于是姚令言一呼，天子单骑而走，中先痿也。及李怀光平，李晟移镇凤翔，神策一军仍归禁卫。于斯时也，任之得人与不可遏制，形势急迫身命危殆之时，不容许他不听罢了。而陆敬舆尽情地说他想说的话，就和魏征谏诤唐太宗一样，德宗忿忿不平的伤痛，特压抑而未显露出来，所以李泌一旦归任而德宗急忙召回他，必不是想用宰相的位置授予陆敬舆。李泌已是三朝元老，有安定危亡而营救太子的功劳，道德威望既然很崇高深重，他见识度量远大，通达世事的变化，明悉君王心思的不正和受蒙蔽，有含意深远的精当言论，有懂得诗书礼乐等经书中的要义，有折中取正的大权，这样的人都是陆敬舆所做不到的。无德的人用义气互相制约，有德的人用诚心使人归服，假使陆敬舆在李泌掌握国家政权之时而啧啧受到称赞，那就不是陆敬舆了。所以过去能冒犯君上的威严，危惧谏诤用来与德宗互相匡正争夺的，除了李泌就没有别人了。怎能贪乐纵情而自己炫耀自己，而务必和世俗相违背呢？

议论的人或者给李泌加上隐密难测的讥讽。正处在人的天然伦常败坏堕落之时，在国家处于倾颓危亡不定之时进行谋划，谋划是国家于倾颓危亡不定之时，在猜疑多心的君主面前发奋激烈的忠义之言，以博取人们的一时快乐，大臣坐在那里议论正心的道理，固然不是这样。假使李泌果然持有隐密难测的策略，则陆敬舆为什么佩服而默喻其意呢？李泌死了，而陆敬舆又不容许在朝廷争论，当时形势既然如此，他的性情才学就被压抑了。没有能因居于元老之中主持而镇静处之，就像冬天忽然暖和，草木有怒生的的枝芽，虽然有冰雪摧残，而不加以怜恤，这又使陆敬舆感到困窘了。

天子设置侍卫宫廷的军队，能得到合适的人选而任命他为将领，用他来处理多难的世道，就像人体的四肢虽然败坏，还可以不致死亡。唐代自从肃宗、代宗以来，依靠禁军神策军用以增强主干。到了唐德宗亟待讨伐河阳（今河南孟县）、汴州（今河南开封市）的叛乱，李晟率军前往征讨而败北，白志贞招募市井商人冒充军队而有名无得，安危存亡之大机会也。德宗四顾无所倚任，而任之中官，终唐之世，宦寺挟之以逞其逆节，而迄于亡。当德宗初任中官之日，邺侯、敬舆无一言及之，何其置大计于缄默也？所以然者，自李晟而外，亦无可托之人也。

禁兵操于宦寺，而天子危于内；禁兵授之帅臣，而天子危于外。外之危，篡夺因之，宋太祖骤起于一旦，而郭、柴之祀忽诸，此李、陆二公所不能保也。晟移镇而更求一如晟者，不易得也；即有一如晟者，而抑难乎其为继。盖当日所可任者，唯邺侯耳。邺侯任之，则且求能为天子羽翼、终无逆志者以继之，法制立而忠勤遍喻于吏士，虽有不顺者，弗能越也，如是，乃可保之数十年，而居重驭轻之势以成。然而邺侯不可以自言也，敬舆亦不能以此为邺侯请也。德宗之欲任窦文场、王希迁也，固曰犹之乎吾自操之也。汉灵帝之任蹇硕，亦岂不曰犹吾自将之也乎？君畜疑自用，则忠臣心知其祸而无为之谋。李、陆二公救其眉睫之失，足矣；恶能取百年之远猷，为之辰告哉！

实，于是姚令言奋臂呼喊向叛军进攻，（这些冒充军队的商人便自动退却），德宗就单枪匹马而逃走，主帅就先行动不便了。到了李怀光之乱被平定下去后，李晟就移军镇守凤翔（今陕西凤翔县），神策军仍归属禁军统领。在当时，任命将领得当与不得当，正是安危存亡的时机。德宗四面观望没有可依靠的将领，于是就任命宦官充当神策军统帅，一直到唐代终结都是这样，宦官倚仗着手中的军权，以施展其背叛行为，而直到唐代灭亡。当初德宗开始任命宦官充当神策军统帅之时，邺侯李泌、陆敬舆没有一句话提到此事，他们为什么置国家大计于闭口不言呢？他们之所以这样做，是因为除李晟之外，再也没有什么可以寄托的人了。

禁军大权掌握在宦官小人的手里，而皇帝的危难就来于内部；禁军大权授给将帅大臣，而皇帝的危难就来于外部。外部发难了，接连而来的是篡夺皇位，宋太祖赵匡胤一旦骤然起兵，而郭威、柴荣的宗庙祭祀就灭绝了，就是有李泌、陆敬舆两位大臣也不能保住它。李晟移镇凤翔而想再求一个像他这样的人，也是不容易得到的；即使有一位像李晟这样的人，而还是难为他能继承事业。大概当时能任命的人，只有李泌罢了。李泌任职之时，尚且能成为皇帝的辅佐、终究没有篡逆的志向，法制建立了而忠勤的道理就会普遍晓喻给吏士，虽然有不顺服的人，也不能超越界限，这样，就可保持数十年，而身居重位驾轻就熟的形势就可以形成。但是李泌不能自己这样说，陆敬舆也不能因此为李泌去请求。德宗想任用窦文场、王希迁为神策军统帅，所以说如同德宗自我操纵他们；汉灵帝所任命的蹇硕，也岂不是说他自己能驾驭他们吗？君主蕴藏着疑惑之心而自以为是，则忠臣心知要遭受灾祸而就不为君主出谋献策。李晟、陆敬舆二人能解救他的急迫失败，已经够了；怎么能采取百年远大的谋划，为皇上以时告戒呀！

24.前有谗而不见，后有贼而不知，可谓天下之至愚矣。夫其所以不知者何也？瞻前而欲察见其谗，顾后而欲急知其贼也。可见者既见而知之矣，未可见者恶从而知之？必将乐闻密告之语，以摘发于所未形。此勿论密告者之即为谗贼也，即非谗而不为贼，而人之情伪亦灼然易见矣。当反侧未安之际，人怀危疑未定之情，苟非昏溺，岂遽安心坦志以尽忘物变之不可测哉？惟其然也，明者持之以静，乃使迹逆而心顺者，忧危而失措者，有过而思改者，为恶而未定者，皆得以久处徐思而定其妄虑。然而终不悛焉，则其恶必大著，不待摘发而无可隐。如是，则谗贼果谗贼也，在前在后而无不周知也，斯乃谓之大智。

达奚抱晖杀节度使张劝，据陕州，要求旌节，东与李希烈相应，邺侯单骑入其军中，于时宾佐有请屏人白事者，邺侯拒之曰："易帅之际，军中烦言，乃其常理，不愿闻也。"夫抱晖之逆既著矣，必有与为死党者，亦无容疑矣；或有阴谋乘间以作乱者，亦其恒矣；要可一言以蔽之曰，技止此耳。河东之军屯于安邑，马燧以元戎偕行，威足以相制，邺侯之虑此也周，持此也定，屏人以白者，即使果怀忠以思效，亦不过如此而已，恶用知哉？拒之勿听，则挟私而谤毁者，道听而张皇者，浅中而过虑者，言虽未出，其怀来已了然于心目之间。若更汲汲然求取而知之，耳目荧而心志乱，谗贼交进，复奚从而辨之哉？

前面有谗言而看不见，后有民贼而不知道，真可谓是天下最愚蠢的人了。那他所以不知道是什么原因呢？看看前面想其谗言，回过头来看看后面而又想急于明察贼寇。可以看见的既看见了而又知道了。没有看见的怎么会从而知道呢？必又乐于听到密告的语言，以便在未形成之前采取行动。在此暂且不论密告的人即是陷害别人的人，即不陷害别人就不是民贼，但人的真伪也就显而易见了。当他翻来覆去不安之时，人怀危惧疑虑未定的情绪下。假若不是昏迷沉溺的话，怎么就心安理得而都忘掉事物的变化不可推测呢？仅仅是这样，明智的人就会保持镇静，如此就使这种迹象预先可以猜度而使他心顺的，有过虑而想改正的，想作恶而未拿定主意的，都可以得到深思熟虑而灭除其狂妄的思虑。然而终究有不思悔改的，是他的罪恶特别显著，不等待采取行动而就暴露了出来。如此，用谗言害人的民贼就是用谗言害人的民贼，在前面在后面没有人不知道的，这就是所谓的大智。

达奚抱晖杀害节度使张劝，占据陕州（今河南陕县），要求符节，东面与叛臣李希烈相呼应，李泌单人匹马进入他的军中，当时达奚、抱晖的幕僚有人请摒去旁人表白事实，李泌拒绝他说：“改换将帅之时，军中言论烦杂，这是正常的道理，我不愿听。”而达奚抱晖叛逆之事既然暴露，必有和他同为死党的人，也是无须讳言的；或有阴谋乘间作乱的，也是正常的现象；总之用一句话来概括它说：花招仅如此而已。河东（今山西永济县西南）的军队屯驻在安邑（今山西运城东北），马燧将军以主帅同行，他的威望足以制约河东的军队，李泌对此考虑的十分周密，掌握这样的大局就能稳定军心，摒去旁人加以表白的人，即使果有忠贞之心以思报效国家，也不过如此罢了。何必需要知道呢？拒绝不听这些闲言，对持有私怨而谤毁的人，道听途说而惊慌失措的人，浅薄中伤而过于忧虑的人，言论虽然未天下之变多端矣，而无不止于其数。狐，吾知其赤；乌，吾知其黑；虎，吾知其搏；蛇，吾知其螫；蛙，吾知其鸣；鳖，吾知其喑；泾，吾知其清；渭，吾知其浊；冬，吾知其必霜；夏，吾知其必雷。故程子之答邵尧夫曰："吾知雷之从起处起也。"天地之变，可坐而定，况区区谗贼之情态乎？献密言以效小忠者，即非谗贼，亦谗贼之所乘也，况乎不保其不为谗贼也。知此者，可以全恩，可以立义，可以得众，可以已乱，夫是之谓大智。

25.禄山、思明父子旋自相杀，而朝义死于李怀仙，田悦死于田绪，李惟岳死于王武俊，朱泚死于韩旻，李怀光死于牛名俊，李希烈死于陈仙奇，而李怀仙旋死于朱希彩，陈仙奇旋死于吴少诚，恶相师，机相伺，逆相报，所固然也。杀机之动，天下相杀于无已。愍不畏死者，拥兵以自危，莫能自免。习气之熏蒸，天地之和气销烁无馀。推原祸始，其咎将谁归邪？习气之所繇成，人君之刑赏为之也。

安、史之迭为枭獍，夷狄之天性则然，无足怪者，夫亦自行吾天诛焉可矣。史朝义孤豚受困，有必死之势，李怀仙与同逆而北面臣之，一旦反面而杀之以为功，此岂可假以旌节、跻之将相之列者。高帝斩丁公，光武诛彭宠之奴，岂不念于我有功哉？名义之所在，人之所自定，虽均为贼，而亦有大辨存出，必会明了于心目之间。如再心情急切地去求取而知道它，耳目就眩惑而心志就紊乱，谗言和民贼互相进攻，又何从而辨别它呢？

天下的变化是无常的，而无不有其定数。狐，我知道它是赤红色；乌鸦，我知道它是黑色的；虎，我知道它会搏击；蛇，我知道它会螫人；蛙，我知道它会鸣叫；鳖，我知道它不能出声；泾水，我知道它的水很清；渭水，我知道它的水很混浊；冬天，我知道它必然要下霜；夏天，我知道它必然会打雷。所以程颐回答邵尧夫说："我知道打雷是从打雷的地方而起的。"天地的变化，可以坐在那里就能判定，何况小小的谗言和民贼的形势吗？进献密言以效小忠的人，即使不是制造谗言的民贼，也可为制造谗言的民贼所利用，更何况不保证他不成为陷害别人的民贼。知道这些道理，就可以保全恩惠，可以完成大义，可以得到众人，可以制止叛乱，这样才叫做大智。

安禄山、史思明父子很快自相残杀，而史朝义死于李怀仙之手，田悦死于田绪之手，李惟岳死于王武俊之手，朱泚死于韩旻之手，李怀光死于牛名俊之手，李希烈死于陈仙奇之手，而李怀仙很快又死于朱希彩之手，陈仙奇很快死于吴少诚之手，他们以恶为榜样，等待时机相互窥伺，以叛逆相互报复，这是必然的。杀机一动，天下互相残杀不止。祸乱不怕死的人，拥兵自重以危害自己，不能自免。这种恶习的熏洗交蒸，使天地之间的和气销熔得没有了。推究祸乱的开始，其罪过将归于谁呢？恶习之所以能形成，是君主的刑罚和奖赏造成的。

安禄山、史思明轮流成为忘恩负义的恶人，是夷狄的天性所决定的，没有什么奇怪的，也是他自己施行的天诛地灭就认可了。史明义像一头孤单的猪一样被围困，有必死的形势，李怀仙与同谋篡逆的人而北面称臣，一旦反目而就杀了他以为功劳，这怎么可以借给他符节、让他跻身于将相之列。汉高祖斩杀丁公，光武帝诛杀彭宠的也。尽天下之兵力以蹙垂亡之寇，岂待于彼之自相吞龁以杀其主而后乱可讫乎？降可受也，杀主以降，不可贳也。偏裨不可以杀主帅，则主帅不可以叛天子之义明矣。幸而成，则北面拥戴以为君，及其败，则剸其首以博禄位而禄位随之，韩旻、陈仙奇恶得而不效尤以徼幸乎？朱希彩、吴少诚又何惮而不疾为反戈邪？一人偷于上，四海淫于下，我不知当此之时，天下之彝伦崩裂，父子、妇姑、兄弟之间若何也！史特未言之耳。幽、燕则朱滔、朱泚迭为戎首，淮西则少诚、少阳踵以怙乱，而唐受其败者数十年而不定。代宗毁坊表于前，而德宗弗能改也，恶积而不可复掩矣。

26.陆敬舆之筹国，本理原情，度时定法，可谓无遗矣。其有失者，则李怀光既诛之后，虑有请乘胜讨淮西者，豫谏德宗罢诸道之兵也。诸道罢兵八阅月，而陈仙奇斩李希烈以降，一如敬舆之算，而何以言失邪？乃参终始以观之，则淮西十馀年勤天下之兵血战以争、暴骨如莽者，皆于此失其枢机也。

安危祸福之几，莫不循理以为本。李怀光赴援奉天而朱泚遁，卢杞激之而始有叛心，虽叛而引兵归河东，犹曰“俟明春平贼”。据守一隅，未敢旁掠州县、僭称大号也。所恶于怀光者，杀孔巢父而已，抑巢父轻躁之自取也。德宗欲赦之，盖奴仆，怎不思念对我有功吗？名分在那里，是人自己决定的，虽然都是民贼，而也有极其辨论存疑的必要。用尽天下的兵力以迫促垂亡的敌人，怎么能等待他们的自相吞咬来杀死他的主子而后叛乱就可以完事呢？投降可以接受，杀死主子而降，就不可宽纵了。偏裨将领不可以杀主帅，而主帅不可以背叛皇帝的大义是很明白的。侥幸而成功，就北面拥戴他为君，到失败的时候，就砍掉他的头用来求得禄位而禄位就随之而来，韩旻、陈仙奇怎么不照坏样子用来侥幸呢？朱希彩、吴少诚又担心什么不疾速反戈一击呢？一人苟且偷安于上，全国就会惑乱于下面，我不知道当此之时，天下的伦常崩坏，父子、妇姑、兄弟之间如何了！史书上没有特别记载下来。幽（今北京市）、燕（今北京市西南）之地朱滔、朱泚更替为军队的首领，淮西（今河南汝南）则是吴少诚、吴少阳接着趁火打劫，而唐政府军受其挫败者达数十年而没有平定。代宗毁旌表于前，而德宗也不能改变这一状况，恶迹积垒而不能再掩盖了。

陆敬舆筹画国策，本着事理的原来情况，审时度势制定法律，可以说是无遗漏了。其中有失误的地方，则是李怀光被杀以后，思虑有的人请求乘胜去讨伐淮西叛乱，陆敬舆就事先劝谏德宗罢去各道的兵马。各道罢去兵马过了八个月，而陈仙奇就杀了李希烈投降唐朝，一切都和陆敬舆谋画的一样，而为什么说是失误呢？于是参照方镇将领叛乱的始终来加以观察，就淮西叛乱十余年臣下动用天下兵马勤劳王事血战以争夺淮西，暴露的白骨和草一样多，都是在这时失去讨伐淮西的关键。

安危祸福的多少，无不遵循规律以为根本。李怀光率军开赴前线支援奉天（今陕西乾县）而叛乱的朱泚就逃遁了，因为卢杞激怒了他而开始有叛乱的野心，他虽然叛乱领兵回归河东，还说“等到明年春天再讨平贼寇”。他据守在一个角落里，未敢劫掠其他州县、伪称有自反恕物之心焉，李晟、马燧、李泌坚持以为不可，斯亦过矣。若希烈者，胜孤弱狂愚之梁崇义，既无大功于唐室；且当讨崇义之日，廷臣争其不可任，而德宗推诚以任之；贼平赏渥，唐无毫发之负，遽乘危以反，僭大号以与天子竞存亡，力弱于禄山，而恶相敌矣。此而可忍，万世之纲纪裂矣。何居乎敬舆之欲止其讨也？乘河中已下之势，河北三帅敛手归命，蹙已穷之寇，易于拉朽，乃吝一举之劳，而曰“不有人祸，必有鬼诛”。为天下君而坐待鬼诛，则亦恶用天子为也？俟人祸之加，则陈仙奇因以反戈，而吴少诚踵之，淮西数十年不戢之焚，皆自此启之矣。

原情定罪，而罪有等差；饬法明伦，而法有轻重。委之鬼诛，则神所弗祐；待之人祸，则众难方兴。怀光可赦，希烈必不可容。法之所垂，情之所衷，道之所定，抑即势之所审；而四海之观瞻，将来之事变，皆于此焉决也。故敬舆之于此失矣。随命李晟、浑瑊、马燧一将临之，而淮、蔡荡平，天下清晏，吴少诚三世之祸不足以兴，而淄青、平卢、魏博之逆志亦消矣。失之垂成，良可惜哉。

帝号。朝廷厌恶李怀光的地方，是他杀死了孔巢父罢了，是孔巢父轻率急躁而自取杀身的。德宗想赦免他，大概是有反躬自问宽恕他人的心罢了，李晟、马燧、李泌坚持己见以为不可这样做，这也是失误了。如李希烈这样的人，能战胜势单力孤狂妄愚蠢的梁崇义，既然并无大功于唐室，况且当时讨伐梁崇义之时，朝中大臣争着劝说李希烈不能重任，而德宗推诚布公加以任用；平贼之后赏赐优厚，唐朝也无一丝一毫亏负于他，而他却骤然乘危机之时来反叛朝廷，伪称帝号来与皇帝竞争存亡，他的力量又弱于安禄山，而他的罪恶却和安禄山相当。对他的罪恶可以容忍的话，那么万代以来的法制就分崩离析了。为什么陆敬舆居然想停止讨伐他呢？乘河中（今山西永济县西薄州镇）已被唐军攻下之势，河北（今黄河以北地区）三帅缩手投降，迫促穷途末路之寇，就易如摧枯位朽，竟吝惜轻而易举的劳苦，而说“不是有人祸，必然有鬼杀”。身为天下的君主而坐以待毙于鬼杀，却怎么能有天子的作为？等待着人祸的到来，则陈仙奇因以而反戈，而吴少诚接着反叛朝廷，淮西数十年不能收敛他们的战火，都是因此而开启的。

按原情定罪，而罪有大小不等；整顿法律明白伦理，而法有轻重。把事情交给鬼杀，神就不会保佑；等待着人祸的到来，则很多困难就会兴起。李怀光可以赦免，而李希烈就不可容忍他。法之所以流传下来，情之所以发自内心，道义所以能安定人心，还是事物发展明悉的结果；而天下的人都在观看，将来世事的变迁，都是在此时决定的。所以陆敬舆就在于此时失误了。顺便命令李晟、浑瑊、马燧一将亲临前线，而淮州（今河南泌阳）、蔡州（今河南汝南县）被扫荡平定，天下太平，吴少诚三代的祸害不可兴起，而淄青（今山东益都）、平卢（今山东东平县西北）、魏博（今河北大名县东北）三镇的篡逆之志也就消除了。失误于将要成功之时，很可惜呀。

27.细行不矜，终累大德，三代以下，名臣正士、志不行而道穷者，皆在此也；君以之而不信，民以之而不服，小人以之反持以相抗，而上下交受其诎。欧阳永叔以困于闺帷之议，而陶谷之挫于南唐，尤无足怪也。

张延赏奸佞小人，熌乱天下，吐蕃劫盟之役，几危社稷，廷臣莫能斥其奸，而李晟抗表以论劾之，正也。晟之告李叔度曰：“晟任兼将相，知朝廷得失而不言，何以为臣？”推此心也，其力攻延赏之志，皎然可正告于君父；而在廷将继之以助正抑奸者，不患其孤鸣矣。乃德宗疑其抱夙忿以沮成功，终任延赏，听之以受欺于吐蕃，晟虽痛哭陈言，莫能救也。平凉既败，浑瑊几死，延赏之罪已不可掩，然且保禄位以终，而谴诃不及。无他，成都营妓之事，延赏早有以持晟之长短，而上下皆惑也。晟之论延赏也，且忘其有营妓之事；即不忘，而岂得以纤芥之嫌，置相臣之贤奸与边疆之安危于不较哉？而君与廷臣既挟此为成心，以至史官推原衅郄，亦谓自营妓而开，晟之心终不白于天下，唯其始不谨而微不慎也。饮食醉饱、琴书弈博之微，皆有终身臧否、天下应违之辨存焉。故昔人以在官抄书亦为罪过，而不可不慎。观于李晟，可以鉴矣。

28.乱国之财赋，下掊克于民，而上不在官，民乃殄，国乃生活小节不慎重，最终要带累大的德行，夏、商、周三代以后，有名望的大臣和正直的士人、志向得不到实行而政治主张困窘的人，道理都在这里；君主任用他而得不到信任，百姓用他而不服从他，小人用他反而和他相对抗，而上下互相受其冤屈。欧阳修因而困窘于宫门帷幕之中的议论，陶谷受挫于南唐，更不足怪了。

张延赏是德宗时奸佞的小人，毁乱天下，吐蕃劫盟的战役，几乎危害国家，朝廷大臣不能斥责他的奸佞，而李晟却上表直言弹劾他，这是正直之臣。李晟告诉李叔度说：“李晟兼任将相之职，明知朝廷得失而不敢直言，怎么配做臣子呢？”推测他此时的心情，那力攻张延赏的志气，洁白如此可以严正告知于君父；而在朝廷得继续辅助正义压制奸邪，不用忧虑他势孤力单的抗争了。是德宗惑疑他抱有平素的怨恨用来阻挠张延赏成功，最后还是任命了张延赏，听任他在吐蕃上当受骗，李晟虽然痛哭陈述自己的意见，也不能挽救了。平凉（今属甘肃）之役既失败，浑瑊几乎死于战场，张延赏的罪行已经不能掩盖，而且保住了他禄位直到老死，连谴责呵斥也没做到。没有其他的原因，无非是李晟在成都（今属四川）谋求歌妓的事，张延赏早就掌握了李晟的是非，而上下都受欺骗了。李晟劾论张延赏，况且忘记自己有谋求歌妓的事；即使忘记此事，而怎么能用细小的嫌疑，对宰相大臣的贤奸与边疆的安危不加以比较呢？而国君与大臣既然持此成为偏见，以至于写史的官员推究原来的破绽，也说是自谋求歌妓开始，李晟的心终究不能大白于天下，唯独是他开始时不谨慎而对微小的事情不慎重。饮食醉饱、琴书棋博戏等微小的事，如果不注意，都会有终身好坏、天下响应和违杭的论辩存在呀。所以过去的人认为在官抄书也可以成为罪过，而不可不慎重。观察李晟的这件事，可以作为借鉴。

治理国家的财赋，对下聚敛贪狠于民，而皇上不居官任职，老百益贫，民罔不怨；天子闻之，赫然以怒，皆所必然，而无不快其发觉者。然因此而句勘之以尽纳于上，则害愈浸淫，而民之死也益剧矣，是所谓“牵牛以蹊人之田而夺之牛”也。

假公科敛者，正以不发觉而犹有所止耳。发觉矣，上顾因之而收其利，既无以大服其心，而唯思巧为掩饰以自免；上抑谓民之可多取而必应也，据所句勘于墨吏者岁以为常，则正赋之外，抑有句勘之赢馀，列于正供，名为句勘，实加无艺之征耳。且上唯利其所获，而不抵科敛者于法，则句勘之外，又有横征，而谁能禁之？民之无知，始见墨吏之囊毕输之内帑，未尝不庆快焉，孰知昔之剥床以辨者，后且及肤乎？故用之一时而小利，行之数世，而殃民之酷、殆不忍言。李长源以此足防秋之国用，欲辞聚敛虐民之罪，不可得已。

诚恶墨吏之横征，恤民困而念国之匮也，句勘得实，以抵来岁之赋，可以纾一时之急，而民亦苏矣，民知税有定额，而吏亦戢矣，斯则句勘之善政与！

29.《小弁》所以为君子之诗者，太子欲废未废之际，其傅陈匡救之术于幽王也。故其所以处父子君臣之际，曲尽调停之理，而夺其迷惑浸淫之几。邺侯用之，以全德宗之恩，而奠其宗社。故《小弁》为君子之诗，其利溥也。

姓就困苦了，国家就更加贫困，老百姓没有不怨恨的；皇帝听说后，赫然发怒，都是所必然的事，而都想赶快发觉它。既然如此因而察勘此事将聚敛的钱财尽数交纳到上面，这样危害更加扩大，而百姓的死活也更加剧了，这就像所说的“牵着牛践踏了别人的田地，田地的主人就把牛夺了过去”那样过分。

借助公家的名义催科聚敛的人，正因为没发觉而还有所停止。发觉了，上面注意到了因而没收他聚敛的财产，既不能大服其心，而他就想出巧妙的办法来加以掩饰以图自免其罪；上面也以为可以向老百姓多索取而他们也必然答应，据所察勘到的贪官每年都习以为常，除田赋正税之外，还有察勘后的赢余，就列于法定的赋税，起个名字叫句勘，实际上是增加无限度的征收罢了。况且上面一心图利有所收获，而不支持把征科聚敛者绳之于法。除法定的赋税之外，又有横征暴敛，而怎能禁止它呢？百姓无知，刚开始看见贪官污吏所聚敛之物尽输运到国库，未曾不庆贺称快，谁知剥落的床体不会从床头到后来的床面呢？所以用它作为暂时的小利，推行数代，而危害百姓的残酷情况，几乎不忍心说出来。李长源想用横征暴敛的钱财满足调往边境（称为防秋）以充国用，想推辞掉他聚敛百姓残害人民的罪行，也没有达到目的。

朝廷的确厌恶贪官污吏的横征暴敛，怜恤百姓的困难而思念国家的匮乏，察勘属实，可以充当来年的赋税，可以解除暂时的危机，而百姓也可以得到生养休息，百姓知道赋税是有定额的，而官吏也知道止息，这就是“句勘”的善政啊！

《诗经》中的《小弁》所以能成为君子的诗，是太子宜臼要废而未废之时，他的师傅陈述匡救的方法来进献给周幽王。所以当时他处在父子君臣地位的时候，用委曲调停的道理。而夺回幽王迷惑浸渐的心情。唐代的李泌利用《小弁》一诗，以保全德宗对自己的恩惠，其诗曰:“君子不惠,不舒究之。”但言究,则听谗而惑者,固自以为究矣;乃其弥究而弥惑者,惟其不舒也。浅人之情,动于狂而不可挽,无他,闻言而即喜,闻言而即怒耳。以其躁气与谗人之深机而相触,究之迫,则虽有至仁大孝之隐,皆弗能自达。邺侯曰:“愿陛下从容三日,究其端绪。”用此诗也。气平而谗人之机敛,抱忠欲言者,敢于进矣,故间一日而德宗果悟也。

其诗又曰:“君子无易繇言,耳属于垣。”易言者,不必信之于心也。心非必惑,而偶触于谗言,以有喜怒过情之辞,亦将曰:吾为君父之尊,言即失而无大过也。乃一出而人信以为固然矣。匪直怀奸者,幸有间之可乘;即观望而无定情者,亦谓君子之喜在此而怒在彼,即此以迎合之,而将得其心。在旁在侧者,见为不足惮,而言之也无择,恶知一入于其耳以生其心,伏莽之戎,怙此言以为依据,而旋相构扇于无已哉!惟慎于口而人不得窥其际,则谗人之气愈敛,而抱忠欲言者敢于进矣。邺侯曰:“陛下还宫,当自审思,勿露此衷于左右。”用此诗也。故德宗流涕曰:“太子仁孝,实无他也。”

《小弁》垂训于千载之上,而邺侯以收曲全慈孝、安定国家之至仁大孝于千载之下,故曰:《小弁》,君子之诗也。自非而奠定了宗庙社稷。所以《小弁》是君子的诗，它的利益广大。

这首诗说：“幽王不聪明，对谗言不从容考察。”仅仅说考察，是指听信谗言而迷惑的人，所以自己认为应该考察了；宁肯他越考察而越迷惑，还不如不表达自己的意见呢。浅薄人的情绪，行动起来就轻狂而不可挽救，没有其他的原因，听了好听的话就喜欢，听了刺耳的话就发怒罢了。用那急躁的气氛和谗邪人的老谋深算而互相接触，就是考察急迫，又虽有大仁大孝的精微，都不能自己达到目的。李泌说：“请陛下从容三日，考察它的来龙去脉。”用的就是这首诗的意思。心平气和而谗邪人就会乘机收敛，抱有忠贞之心想谏诤的人，就敢于进献忠言了，所以隔了一天德宗果然就醒悟了。

《小弁》这首诗又说：“君子不轻易发言，谗人的耳朵紧贴着墙，（就会被他们听去）。”轻易发言的人，不必听信于心。心不是那样想的就会迷惑，而偶然接触谗言，因有喜怒超过常情的言语，也将会说：我有君父的尊严，言语即使有失误而没有大的过错。于是言语一出而他人就信以为真是这样了。怀有奸邪之心的人，侥幸有间隙可乘之机；即使观望而没有拿定主意的人，也以为君子的喜好在这里而恼怒在那里，就因此而迎合它，而将得到他的欢心。在他旁边的人，见此不足以害怕，而说话也就不加选择了，怎知言语一出而进入他的耳朵因而产生邪心，潜匿的盗贼，依仗着这些言论作为根据，而立即连结煽动不止呀！但是谨慎说话而别人就不能窥探他的心际，则谗人的气焰就会更加收敛，而抱有忠心想谏诤的人就敢于进献忠言了。李泌说：“陛下回宫后，当自己审视反思时，不要把内心的话暴露给左右的人。”就是用的这首诗的意思。所以德宗痛哭流涕说：“太子李诵仁德孝顺，确实没有其他的事。”

《小弁》这首诗留给后人的训诫在千年以上，而李泌用以求全慈孝、安定国家的大仁大孝在千年以下，所以说：《小弁》这首诗，是幽王之丧心失志，循其道而无不可动。《诗》之为教至矣哉！知用君子之道者，君子也。邺侯之为君子儒，于斯见矣。

30.君相可以造命，邺侯之言大矣！进君相而与天争权，异乎古之言俟命者矣。乃唯能造命者，而后可以俟命，能受命者，而后可以造命，推致其极，又岂徒君相为然哉！

天之命，有理而无心者也。有人于此而寿矣，有人于此而夭矣，天何所须其人之久存而寿之？何所患其人之妨已而夭之？其或寿或夭不可知者，所谓命也。而非天必欲寿之，必欲夭之，屑屑然以至高大明之真宰与人争蟪蛄之春秋也。生有生之理，死有死之理，治有治之理，乱有乱之理，存有存之理，亡有亡之理。天者，理也；其命，理之流行者也。寒而病，暑而病，饥而病，饱而病，违生之理，浅者以病，深者以死，人不自知，而自取之，而自昧之，见为不可知，信为莫之致，而束手以待之，曰天之命也。是诚天命之也。理不可违，与天之杀相当，与天之生相背，自然其不可移矣，天何心哉？

国家之治乱存亡，亦如此而已矣。而君相之权藉大，故治乱存亡之数亦大，实则与士庶之穷通生死、其量适止于是者，一也。举而委之于天，若天之有私焉，若天之纤细而为蟪蛄争春秋焉。呜呼！何其不自揣度，而谓天之有意于已也！故邺侯之言非大也，非与天争权，自知其藐然不足以当天之喜君子作的诗。周幽王如果不是丧失心志的话，遵循道德而没有什么可以动摇的。《诗》的教育太大了！知道用君子原则的人，就是君子。李泌作为有道德的学者，在这里就见到了。

辅佐国君的人可以造就自己的命运，李泌的议论伟大呀！成为君相的人而与天争权，又不同于古代的言论就只好等待命运的到来了。是唯有造就命运的人，而后才可以等待命运，能接受命运的人，而后可以造就命运，推论达到极点，又怎能仅仅是辅佐国君的人是这样呢？

天命是有准则而没有意志的。有人由此而长寿，有人由此而夭亡，天为什么要别人久存而长寿呢？又为什么忧虑别人防碍自己而夭亡呢？他或者长寿或者夭亡，这就叫命。而并不是天命必然想让他长寿，必然想让他夭亡，忙碌不安地用极高明的造物者与人争夺短暂的时光。生有生的道理，死有死的道理，治有治的道理，乱有乱的道理，存有存的道理，亡有亡有道理。天这东西，就是原则；天命，就是原则流传下来的东西。寒冷而生病，酷暑而生病，饥饿而生病，饱食而生病，是违犯了生的原则，时间短的就生病，时间长的就病死，人自己并不知道，而是自找的，而自己愚昧，看见它当做不可知，相信它认为作不到，而束手无策坐以待毙，这就叫天命，是真心实意相信天命。原则不可违抗，这就与天杀人相当，与天生育万物相违背，自然是不可改变的，天怎么会有意志呢？

国家的治乱存亡，也和这一样罢了。而君相的权力假如大了，所以治乱存亡的命运也就大了，实际上与士庶百姓的贫困显达生死、这估量正与此相同，这是其一。全委托于天，假如天有私心呢，假如天为了细小的事而与昆虫这样的小生命争年岁呢。唉呀！为什么不自己加以考虑估量，而以为天有意于自己！所以李泌的议论并不伟大，并不是与天争权，自知天远而不足以担当天的喜怒，而天本来就没有喜怒，而天固无喜怒，惟循理以畏天，则命在己矣。

虽然，其言有病，唯君相可以造命，岂非君相而无与于命乎？修身以俟命，慎动以永命，一介之士，莫不有造焉。祸福之大小，则视乎权藉之重轻而已矣。

31.陆敬舆之在翰林，言无不从，及其爰立，从违相半，其从也，皆有弗获之色焉，何也？大权者，人主之所慎予，小人之所争忮，君子之所慎处者也。敬舆之忠直明达，允为社稷之臣，而邺侯将卒，不急引以自代，盖邺侯知此位之不易居，为德宗谋，为敬舆谋，固未可遽相敬舆也。

宰相之重，仕宦之止境也。苟资望之可为，皆垂涎而思得。董晋、窦参、苗晋卿所不敢相排以相夺者，徒邺侯耳，非能忘情而甘出其下也。邺侯以三朝元老立翼戴之功，而白衣归山，屈身参佐，无求登台辅之心，其大服不肖者之心夙矣。肃宗欲相之，而李辅国忌焉则去；代宗欲相之，而元载忌焉则去；君输忱以延伫，己养重以徘徊，乃以大得志于多猜之主，宵小盈廷，而俯首以听命，敬舆岂其等伦哉？自扈从以来，无日不在君侧，无事不参大议，虽未授白麻，而邺侯既卒，其必相也无疑矣。呜呼！欲相未相之际，奸窥邪伺，攒万矢以射一鹄，亦危矣哉！邺侯之不荐以自代，全敬舆，即以留德宗法家拂士于他日，而敬舆不知也。

怒，仅遵循原则来畏惧天，那命就在自己了。

虽然是这样，他的言论是有毛病的，唯有君相可以造就命运，为什么不是君相就不能参与命运呢？提高自己的道德修养用以等待命运，谨慎自己的行动以保长寿，一个士人，没有不可以造就自己的命运。祸福的大小，就看权力的轻重罢了。

陆敬舆在翰林院的时候，他所说的话皇上没有不听从的，到了他调换官职被立为宰相时，他的话听从与不听从者各占一半，听从的，他都带有不能得到的面色，这是为什么呢？有大权的人，君主很慎重地才给予他，是奸佞小人所争夺嫉妒的，有道德的人所以很慎重的处在这个位置上。陆敬舆的忠直明达，可以充当国家重臣，而李泌将死之时，不急于引领陆敬舆来代理自己的位置，大概是李泌知道宰相的位置不容易当，为德宗谋划，为陆敬舆谋划，所以未能急于让陆敬舆为宰相。

宰相的重要，是做官的人最高止境了，如果资格和声望可以做宰相，都想夺取而得到它。董晋、窦参、苗晋卿所以不敢互相排挤用以争夺它，是因为有李泌罢了，并不是他们不为情感所动而甘心居于他的下位。李泌以三朝元老辅佐拥戴的功劳，而做平民归还山林，屈于僚属，没有求登宰辅的心思，他大大地畏惧不贤者的心愿由来已久。肃宗想任命他为宰相，而李辅国忌恨他而离去；代宗想任命他为宰相，而元载忌恨他而离去，皇上真心实意引颈而望，自己长久被重视而徘徊不前，于是就大得其志于多猜疑他人的君主，奸佞小人充满殿廷，而俯首听命，陆敬舆怎么能和他们是同类呢？他自随从皇上以来，无日不在皇帝的旁边，没有什么事情他不参与大的议论的，虽然未接受皇上用白麻纸宣告的封赏，而李泌已死，陆敬舆必然成为宰相这是毫无疑问的。唉呀！到了皇上想任命他为宰相而又未任命的时候，奸邪的人都伺机争夺这个位置，聚集着万只箭矢用以射一鹄今为敬舆计，邺侯在位，国政有托，而敬舆忘言，未可以去乎？董晋、窦参受平章之命，未可以去乎？窦参以贪败，物望益归于己，未可以去乎？参死，参党疑敬舆之谮，未可以去乎？与忮陋之赵憬同升，未可以去乎？沾沾然若留身于岩廊以待枚卜之来，则倒授指摘于人，而敬舆之危益岌岌矣。及既相也，裴延龄判度支，苦谏而不从，吴通玄腾谤书于中外，姜公辅以泄语坐贬，贾耽、卢迈相继而登三事，及是而引身已晚矣。然且徘徊不决，坐待贬斥，几以不保其腰领。以自全也，不宜；以靖国也，尤不可矣。何也？己被罪，而忠直之党危，邪佞之志得，祸必中于国家也。

宰相者，位亚于人主而权重于百僚者也。君子欲尽忠以卫社稷，奚必得此而后道可行乎？至于相，而适人间政之道诎矣。欲为绳愆纠谬之臣，则不如以笔简侍帷帟之可自尽也。邺侯知之，敬舆弗知也，二贤识量之优劣，于此辨矣。

32.贞元八年，江、淮水潦，米价加倍，畿辅公储委积，陆敬舆请减江、淮运米，令京兆边镇和籴，酌一时之缓急，权其重轻，信得之矣，然未可为立国之令图也。丰凶者，不定之数；田亩所出，则有定之获也。丰而馀，凶而不足，通十年之算，丰而有馀，凶而犹无不足，则远方之租米，毕令轻赍，京边之庸调，悉使纳米可也。如其不然，则丰年之所偶馀，留之民鸟，也是很危险的呀！李泌不推荐陆敬舆来代替自己，是保全陆敬舆，即是在将来保留德宗的法家贤明之士，而陆敬舆是不知道的。

今天为陆敬舆谋划，李泌在位时，国家大政有所寄托，而陆敬舆无须用言语说明，不可以离去吗？董晋、窦参接受平章官职的命令，不可以离去吗？窦参以贪污而败露，众望更归于自己，不可以离去吗？窦参死了，窦参的党羽怀疑是陆敬舆进的谗言，他的同党不可以离去吗？与刚愎浅陋的赵憬一同升官，赵憬不可以离去吗？沾沾自喜如留身于危险的廊间以等待占卜的人到来，反而倒被别人指出错误，而陆敬舆的危险就更加剧了。到了他既然是宰相时，裴延龄被任命为管理财政的官员，他苦心相劝而皇上不听，吴通玄抄写攻击别人的文书散发于中外，姜公辅因泄露此事被贬官，贾耽、卢迈相继升官，到了此时引身后退已经晚了。然而徘徊不决，坐待被贬斥，几乎是不得其中的要领。用来自全保身，不合适；用来安定国家，更不行了，为什么呢？自己遭受罪名，而忠直的志同道合的人就危惧了，奸邪的人就得志了，灾祸必然涉及到国家。

宰相，位置仅次皇帝而权力又大于其他百官。有道德的人想尽忠来保卫国家，何必非得到宰相而后才可以实行呢？至于相，能使敌人离间政事的道路失败。想做为正罪过纠谬误的臣子，就不如用笔筒侍立于帐幕之中可以达到目的。李泌知道这些，而陆敬舆就不知了，两位贤人见识气量的优劣，在此可以辨明了。

唐德宗贞元八年，长江、淮河水涝为灾，米价成倍增长，京畿一带公家储备的粮食积聚很多，陆敬舆请求减少江、淮一带的运米，命令京兆（今陕西西安市）和边镇各地向民间强制收购粮食，酌情缓解暂时的急需，权衡这种办法的轻重缓急，确实合适，但不能成为立国的根本加以命令和谋划。丰年和凶年，是没有一定的数量；田里所出产粮食，是有一定数量的。丰收就剩余，灾年就不足了，通常以十年来间，以待凶岁，使无顿竭之忧；奈何乍见其丰，遽籴之以空在民之藏乎？

为国用计者，耕九馀三，恒使有馀以待凶岁。如其馈餫有限，吏禄军食，丰仅给而凶则乏，又值京边谷馀而价贱，则抑以钱绢代给，使吏与军自籴于民，犹之可尔。何也？自籴则食有节而支不縻，民尚不至虚廪囷以自匮。若官与和籴，就令无抑买捐民之弊，而必求如额以供坐食者之狼戾与窖藏之红朽，不复念此粟者，他日小民炊烟屡绝，求粒米而无从者邪！况乎立国有经，恒畜有馀以待水旱，则江、淮荐饥，自可取足太仓，捐岁运以苏民，何事敛民之积以虚根本哉？

敬舆所陈，令江、淮斗米折钱八十，计其所赢馀钱十万四千缗，一时行之，觉为公私之两利，而国无常守之经，官操商贩之计，空内地之积，夺凶岁之储，使牟利之臣，因得营私以殃民，其失也大矣。以要言之，京边之盈馀，不可聚于上而急食之也。此不易之定论也。

33.陆敬舆请罢关东诸道防秋戍卒，令供衣粮，募戍卒愿留及蕃汉子弟，广开屯田，官为收籴，自战自耕于其所守之地，此亦以明府兵番戍之徒劳而自弱，不如召募之得也。论者于计算，丰年就有余，灾年还更没有不足的，就远方所出的租米，完全命令当地运送，京师、边地所出的税和绢绫等，都使交纳粮米就行了。如果不是这样，就把丰年偶然有所剩余，留在民间，用它来接济灾年，使百姓没有困顿力竭的忧虑，怎么突然看见丰收，便急于收买粮食使民间储藏空虚呢？

为国家谋划的人，要让百姓耕种九年剩余三年的粮食，经常使百姓有余粮来接济灾荒年景。如果百姓运送粮食有了限制，官吏的俸禄军队粮食，丰收了仅够供给而灾年就困乏了，又逢着京师边疆粮食有余而价格低贱，就还是用钱绢代给，使官吏与军队自己向百姓买粮，还是可以的。为什么呢？自己买粮就有节制而支出不糜废，百姓尚且不至于空虚粮囷而自己困乏。如果官府向百姓强制征购粮食，就是命令不要压低价钱购买除去百姓弊端，而必须求得如数粮食以供给不劳而获者浪费粮食与窖藏腐朽，不再考虑这些粮食，他日百姓炊烟断绝，要得到一粒米也没有地方求得呀！何况立国有常道，经常积蓄有余用以接济水旱灾害，就是长江、淮河一带一再饥食，自然可以取足于大粮仓的米，拿来每年运去以缓解百姓的饥困，为什么要聚敛百姓的积蓄以空虚根本呢？

陆敬舆所陈述的建议，令长江、淮河一带每斗米折合钱八十文，计算所赢余的钱有十万四千缗（一千文–为一缗）暂时实行它，觉得对公家对私人两便，然而国家没有一成不变的常理，官吏操持商人的计谋，空虚内地的积蓄，夺去灾年的储备，使牟取暴利的臣子，因能营取私利以残害人民，这种失误就大了。总而言之，京师边境多余的粮食，不能积聚在上面而急于吃掉它。这是不变的定论。

陆敬舆请求罢去函谷关以东各道防备边防的戍边士卒，令他们自备衣服粮食，召募这些戍卒愿意留在边地以及蕃族、汉族子弟，广泛开垦屯田，官府收买他们的粮食，自战自耕于他们所守卫的地方，敬舆所陈，则韪其说，而惜德宗之不从；乃于府兵，则赞其得三代之良法而谓不可易。贪为议论，不审事理，自相龃龉，罔天下后世以伸其无据之谈，如此者，亦奚必他为之辩哉？即其说以破之而足矣。

夫折中至当之理，存其两是，而后可定其一得；守其一得，而后不惑于两是。诚不易也，就今日而必法尧、舜也，即有娓娓长言为委曲因时之论者，不可听也。诚不容不易也，则三代之所仁，今日之所暴，三代之所利，今日之所害，必因时而取宜于国民，虽有抗古道以相难者，不足听也。言府兵则府兵善，言折衣粮以召募则召募善，心无衡而听之耳，耳无准而听纸上之迹与唇端之辩，受夺于强辞，而傲岸以持己之是，唯其言而自谓允惬于天下。呜呼！小言破道，曲说伤理，众讼于廷，文传于后，一人之笔舌，旦此夕彼，其以万世之国计民生戏邪！不然，奚为此喋喋哉？持其前后彼此之论以相参，则其无目无心，如篱竹得风之鸣，技自穷矣。

34.自米粟外，民所输者，本色折色奚便？国之利不宜计也，而必计利民。利民者，非一切之法所可据为典要，唯其时而已。唐之初制，租出谷，庸出绢，调出缯、纩、布，其后两税法行，缯、纩、布改令纳钱。陆敬舆上言：“所征非所业，所业这也足以说明府兵（当时的一种兵制）番戍制度的徒劳无益而是自我消弱的表现，不如召募戍卒合适。议论的人对陆敬舆所陈述的建议，则称赞他的陈述，而惋惜德宗不听从；至于府兵制度，就称赞他适合西魏、北周、隋三代的良好办法而不可改变，他贪于议论，不审察事实的道理，互相意见不合，欺骗天下后世以陈述他们无根据的谈论，如果这样的话，也何必为他辩论呢？而他的说法就已经破灭就足够了。

适中是极恰当的道理，保存其双方，而后可肯定其中一种合适的说法；保持其中一种合适的说法，而后就不迷惑这两种说法了。这诚然是不容易的，就今日来说必效法尧、舜，即是有娓娓动听的长篇大论为事情的原委因时而论的，也不可听从。这诚然也是不容易的，那是三代的仁义，今日就成了暴行了，三代实行它就能取得利益，今日实行它就成了祸害，必须因时代不同而采取合适于国民的政策，虽有违抗古代的道理用来相诘难的人，也不足以听他的议论。议论府兵就说府兵好，议论折合衣粮以召募戍卒就说召募好，心中不衡量而听他们说罢了，耳朵没有准则而听纸上的痕迹与唇舌的辩驳，接受强辞夺理的谈论，而性格高傲以持己见，唯有认为自己的言论公平满意于天下，唉呀！小小的言论破坏大的原则，歪曲的说法伤害大的道理，众人讼说于殿堂，文章传流于后世，一人的笔墨口舌，早上是这样晚上是那样，而以万代的国计民生当儿戏呀！不然的话，为什么如此喋喋不休呢？拿这些前后彼此的言论相参照，则他们无眼无心，就像篱笆上的竹子有了风就发出鸣叫，本领自然就没有了。

除米粟以外，百姓所交纳的，有实物（本色）改为货币（折色）者为什么便利呢？国家的利益不容易计算，而必须计算百姓的利益。有利于百姓的，并非一切办法都可以依据简要的法度，因为时代不同罢了。唐代开始实行这一制度时，租税是出谷米的，力役是出绢的，调非所征，请令仍输本色。”执常理以言之，宜无以易也；揣事理以言之，则有未允者焉。

绢、缯、纩、布之精粗至不齐矣，不求其精，则民俗之偷也，且以行滥之物输官，而吏以包容受赇。既损国计、导民奸；而取有用之丝枲，为速敝之绢布，灭裂物产，于民亦病矣。如必求其精且良与？而精粗者，无定之数也，墨吏、猾胥操权以苛责为索贿之媒，民困不可言矣。钱则缗足而无可挟之辞矣，以绢、布、绵、缕而易钱，愚氓虽受欺于奸贾，而无恐喝之威，则其受抑者无几，虽劳而无大损也，此折钱之一便也。

树桑者先王之政，后世益之以麻枲、吉贝，今绵花。然而不能所在而皆植也。桑枲之土，取给也易，而不产之乡，转买以充供，既以其所产者易钱，复以钱而易绢、缯、纩、布，三变而后得之，又必求中度者，以受奸商之腾踊，愚氓之困，费十而不能得五也。钱则流通于四海而无不可得，此又一利也。

丁田虽有定也，而析户分产，畸零不能齐一，势之所必然也。绢、缯、纩、布必中度以资用，单丁寡产尺寸铢两之分，不可以登于府库，必计值以求附于豪右；不仁之里，不睦之家，挟持以虐孤寒，无所控也。钱则自一钱以上，皆可自输之官，是随乡土所产交纳缯、纩、布的，到了后来实行夏秋两季征税（两税法）的办法，缯、纩、布才改令交纳钱。陆敬舆向皇上建议说："所征收的东西并非百姓所生产的东西，百姓所生产的东西并非官府所征收的东西，请下令仍让百姓交纳实物（本色）。"用通常的道理来说，应当不改它；度量事情的原由，就有不得当的地方了。

绢、缯、纩、布的精制与粗糙是很不整齐的，而百姓的习俗就会浇薄，况且百姓用粗制滥造的东西交纳给官府，而官吏用包容的手法接受贿赂，既损害国家的利益、又诱导百姓奸邪；而取有用的丝麻，造成迅速破坏的绢布，草率物产，对百姓也有害。如何求得精制和优良的产品呢？而且什么叫精什么叫粗，也没有一定的界限，贪污的官员，狡猾的小吏操纵着权力用来苛刻斥责百姓作为索取贿赂的手段，百姓的贫困就不能用言语来形容了。钱只要足了而官吏就没威胁之辞了，用绢、布、绵、缕而换钱，愚昧的百姓虽然受奸商的欺骗，而没有恐吓的威胁，所受的冤屈也了了无几，虽然劳累而没有大的损失，这就是把实物折成钱方便的原因之一。

种植桑树是过去历代帝王的政策，后代更增加种植麻、棉，但是不能各地都种植桑、麻、棉。种植桑、麻的地方，取给就容易了，而不出产桑、麻的地方，就转买他地的丝、麻用来供给官府，既用当地所产的物品换钱，还要用钱再换成绢、纩、布，经过三次变换而后才能得到它，又必须求取精粗适中的，因而受奸商折腾，愚昧百姓的困苦，费十分的力气而不能得到五分的利益。钱可以流通于天下而谁都可以得到它，这又是一种便利。

成年人的田地虽有一定数量，而分家分产业，零星不能整齐划一，这种形势是所必然的。绢、缯、纩、布必然是粗细适中才能使用，单独的成年人有缺少产业一尺一寸一铢一两的分别，不能用它交纳于府库，必须计算价钱并附属大户；如果是不仁义的乡里，不和睦的家此又一利也。

丝枲者，皆用其新者也，民储积以待非时之求，而江乡雨湿，山谷烟蒸，色黯非鲜，则吏不收，而民苦于重办；吏既受，而转输之役者民也，舟车在道，雾雨之所沾濡，稍不谨而成黦黴，则上重责而又苦于追偿。其支给也，非能旋收而旋散之也，有积之数十年而朽于藏者矣；以给吏士，不堪衣被，则怨起于下，是竭小民机杼之劳，委之于粪土矣。钱则在民在官，以收以放，虽百年而不改其恒，此又一利也。

积此数利，民虽一劳而永逸，上有支给而下有实利。金钱流行之世，所不能悉使折输者，米粟而已，然而民且困焉。况欲使之输中度之丝麻，累递运之劳以徒供朽坏乎？

唐初去古未远，银未登于用，铸钱尚少，故悉征本色可也。敬舆之言，惜旧制之湮，顺愚民不可虑始之情耳。金钱大行于上下，固无如折色之利民而无病于国也。故论治者，贵于知通也。

35.陆敬舆论税限迫促之言曰：“蚕事方兴，已输缣税；农功未毕，遽敛谷租。上责既严，吏威愈促。急卖而耗其半直，求假而费其倍偿。”悲哉！乱世之民；愚哉！乱世之君也。

民之可悲者，聂夷中之诗尽之矣。其甚者，不待二月而始卖新丝，五月而始粜新谷也。君之愚也，促之甚，则民益贫；

庭，强迫以虐待孤寡贫寒的人，这就不能控制了。用钱交纳自一钱以上，都可以交给官府，这又是一大便利。

交丝麻的，都得用新鲜的，百姓积储起来用以等待不按时的征求。而江淮之乡经常下雨潮湿，再加上山谷中的烟熏，颜色深黑不鲜艳，而官吏不收，百姓苦于重新买办；官吏既然接受，而运输的役力还是百姓，船车在道路上，被雾雨所淋湿，稍有不慎就有变成黄黑色的敝病，上面就会重重责罚而又苦于被迫追偿。支出供给的事，并不是能立即收而立即分散的，有积存数十年而腐朽于窖藏之中的；用它供给官吏，又不能做衣服被褥，怨恨就会起于下面，这是竭尽百姓纺纱织布的劳苦，堆积于粪土之上。钱在民间在官府，可以收回可以放出去，虽经百年而不会改变它的样子，这又是一大便利。

积累有这些便利，百姓可以一劳永逸，上面有支出供给之便下面又有实际的利益。金钱流行的时代，所以不能都使这些东西折成钱而交纳，是粟米罢了，然而百姓就困苦了。况且想使百姓交纳粗细适中的丝麻织品，带累运送的劳苦用以仅供腐朽损坏吗？

唐初离古代不远，银子还没使用，铸钱还少，所以都征实物也是可以的。陆敬舆的议论，惋惜旧制的埋没，顺从愚昧百姓不可与他们谋划事物开始的情形罢了。金钱大量流行于上下，固然不如折换为钱以利于民而又无害于国家。所以议论治国的道理，贵就贵在知道变通这件事上。

陆敬舆论述赋税期限紧迫的言论说：“养蚕的事情刚刚兴起，旋即交纳缣税；农事还没有完毕，就急于收取谷租。上面责逼既严，官吏威胁就越急促。百姓急于买出而消耗一半的价钱，求借于别人而就得加倍偿还。”悲伤呀！乱世的百姓；愚蠢呀！乱世的君主。

百姓的悲哀情形，唐末诗人聂夷中在他的诗篇中把百姓的疾苦阐发得很详尽了。更严重的是，等不到二月而就开始卖新的蚕丝，五民益贫，则税益逋；耕桑之获，止有此数，促之速尽，后虽死于桁杨，而必无以继；流亡日苦，起为盗贼，而后下蠲逋之令，计其所得，减于缓征者，十之三四矣；何其愚也！迫促之令，君愍而不知计，民惴而不敢违。墨吏得此以张其威焰，猾胥得此以仇其罔毒，积金屯粟之豪民得此以持贫民之生死，而夺其田庐子女。乱世之上下，胥以迫促为便，而国日蠹、民日死，夫谁念之？

孟子曰："用其一，缓其二。"缓之为利溥矣哉！所谓缓者，非竟置之谓也，通数十百年而计之，缓者数月而已。绌邪臣急功之谋，斥帑臣吝发之说，烛计臣卸责之私，姑忍之，少待之，留一春夏之间，俟之秋冬，而明岁之春夏裕矣，源源相继，实亦未尝有缓也。统计之于累岁之馀，初何有濡迟之忧哉？国家当急遽之时，自有不急之费，取此而姑忍之，少待之，可省以应急需者不患乏也，而奈何遽责之千里之遥、转输之不逮事者也！缓者，骄帅、奸臣、墨吏、猾胥、豪民之大不便，而人君深长之益也，愚者自不知耳。君愚，而百姓之可悲、无所控告矣。

36.德宗始召叛臣之乱，中徇藩镇之恶，终授宦竖之权，树小人之党，其不君也足以亡，而不亡者，幸也。乃夷考其行，月就开始出卖新谷了。由于君主的愚蠢，催促的更厉害，而百姓就更加贫困了；百姓更加贫困，而赋税就更加拖欠；耕田种桑的收获，只有这些东西，催促紧迫百姓很快就用尽了，后来虽死于刑具之中，而必然不会再继续交纳了；流亡的百姓日益贫苦，就起来成为盗贼，而后再下达免除的命令，计算所能得到的，必然减少用于缓征的办法，十分之三四了；为什么这样愚蠢！强迫逼促的命令，君主不明而不知谋划，百姓恐惧而不敢违抗。贪赃的官员得以借此而声张他的威风气焰，狡诈的小吏得以借此以应验他没有毒害百姓，积蓄金银屯聚粮食的豪民得以借此置贫苦百姓的生死于不顾，而劫夺他们的田宅和子女。乱世的君臣上下，把强迫逼促看成是方便，而国家就日益侵蚀、百姓日益死亡，谁还想念他们呢？

孟子说："用其中的十分之一，缓征其中的十分之二。"缓征就使利广大了！所说的缓征，并不是废置不征的意思，贯通上千年而计议它，缓征的事就是数月罢了。可以排除奸臣急于成功的阴谋，斥责臣民少于征发的说法，照明谋臣推卸责任的私心，姑且忍耐一下，等待一下，保留一个春夏的时间，等到秋冬，而到了明年春夏就宽裕了，赋税就会源源相继而来，实际上也不曾有什么缓征。统计于历年的节余，当初怎么会有延迟交纳的忧虑呢？国家当窘急之时，自然会有不急用的费用，取此不急用之费而暂时忍耐一下，少加等待一下，可节省下来以应付急需这就不忧虑困乏了，而为什么骤然责求于千里遥远的地方，转动于不急用的事呢！缓征这事，给骄横的兵帅、奸邪之臣、贪污官员、狡诈小吏、豪强大姓以很大不便，而是帝王深长的利益，愚蠢的人自己不知道罢了。君主愚蠢，而百姓就可悲了。没有地方去控告了。

德宗开始召致叛臣的动乱，中间又曲从于藩镇割据的恶势力，最终授给宦官大权，树立小人的党羽，君主不像君主就足以灭亡，而非有征声逐色、沉溺不反之失也，非有淫刑滥杀、暴怒不戢之恶也，抑非有闻善不知、遇事不察之暗也；疑其可进中主而上之，以守成而保其福祚；然而卒为后世危亡之鉴者，论者以为好疑之过，是已。虽然，好疑者、其咎之流也，非其源也；穷本探源，则好谀而已矣。故陆敬舆欲释其疑，而不足以夺其心而使之悛；盖其厚有所疑者，唯其深有所信也，非无所信而一用其疑也。于卢杞则信，于裴延龄则信，于窦文场、霍仙鸣则信，于韦渠牟则信，败而不怒，贬而不释，死而犹追念之，推心置腹，群言交击，而爱之益坚。且不仅是也，陆贽之始，李泌之终，亦未尝不唯言是听而无有二三也。然则岂好疑为其不可解之惑哉？

敬舆之在奉天也，有排难之显功，言无不中，则秉义虽直，处时虽危，而志得神怡，发之于辞气颜色也，必温和而浃洽，故罪己之诏，虽暴扬其过而不以为侮。若长源，则宛曲从容之度，足以陶铸其骄气，而使其意也消。卢杞诸奸，岂有别术以得当哉？无宫壶之援，无中涓之助，唯面柔口泽，探意旨而不相违拂耳。是故德宗之得失，恒视所信而分，专有所信，则大有所疑。呜呼！千古庸人膏肓不起之病，非以失所信而致然哉？有大信者，必有厚疑；有厚疑者，必有偏信；或信或疑，贤奸俱不可恃，唯善谀者能取其深信，而天下皆疑矣。

德宗没有灭亡，是他太侥幸了。就心平气和地考察他的行动，他并没有听取淫声追逐美色、沉迷不悟的过失，并没有乱用刑罚滥杀无辜、暴怒不止的罪恶，也并没有听到善良的言论不察觉、遇到事情不考察的昏暗；我疑惑他可进入中等君主之上，用保存前代开创的业绩而保持他自己的福禄皇位；然而最终成为后代危险灭亡的借鉴这件事，议论的人认为他有好怀疑的过错，是这样。虽然如此，好疑惑人这件事，是他罪责的支流，并不是他罪责的根源；追究他的根本探索他的渊源，是他好听阿谀奉承人的话罢了。所以陆敬舆想消除他的怀疑，而不能改变他的这种思想使他改过自新；大概是他重视怀疑这样的事，虽然这样，但他又有深信不疑的地方，并非什么都不相信而只是怀疑。对卢杞就相信，对裴延龄就相信，对窦文场、霍仙鸣就相信，对韦渠牟就相信，对他们的失败而不加怒，对他们被贬而挂念，他们死了还加以追念，对他们诚心相待，众言交错攻击他们，德宗对他们爱护得更坚决。况且不仅是这样，陆敬舆刚开始时，李泌直到最后，德宗也未尝不是唯有他们的议论才能听进去而没有怀疑。那么怎能使好疑成为不可解释之迷呢？

陆敬舆在奉天（今陕西乾县）的时候，有排除危难的显著功劳，他的言论没有不适当的，他的秉性义气虽然耿直，所处的时机虽然危险，而志向达到心情愉快，表现在他的语气面色上，必然是面色温和情意和洽，所以德宗下了罪己的诏书，虽猛烈宣扬自己的过错而不认为是侮辱。如陆长源，那委曲从容的态度，足能陶冶他的骄气，而使他的意志消散。卢杞等奸臣，能有什么别的术数以合乎自然之理呢？没有宫中支援，宦官的帮助，仅仅是面色柔和口液润泽，探知皇上意旨而不相违背罢了。所以德宗的得失，常看他所信任的人就可以分清楚了，他专门信任一些人，而又大大疑惑另一些人。唉呀！年代久远的昏庸之人病势严重起不来了，是不是因为他失去所信任的人夫人之多所疑也，皆生于不足。智不足，则疑人之己诳；力不足，则疑人之己凌。先自疑而旁皇无据，四顾不知可信之人，于是谀者起而乘之，谅其所易为，测其所易知，浅为尝而轻为辨，则不足者亦优为之而掩其所短。固将曰：非与我合者，言我所不知、不能以相欺，彼即亦一道与，固非我之攸行；且恶知其非矫诬以夺人于所不逮，而仇其异志乎？直者之疑愈厚，则谀者之信愈坚，于是偏信而无往不疑，乃以多疑召天下之离叛。故曰疑者其弊之流也，信者其失之源也。

道处于至足者，知从我者之非诚，而违我者之必有道也。故尧无疑于群臣之荐鲧，而鲧不足以病尧。下此者，皆有不足也。知不足而不欲掩，则谀我者之情穷矣。流俗之言，苟且之计，恶足以进于前哉？此中材救过之善术也。能知此，则天下皆与善之人而奚疑乎？天下皆与善之人而又奚有所偏信乎？故德宗之失，失于信也。好谀而信之，虽圣哲痛哭而不救其败。纣之恶无他，好谀而信飞廉、恶来者深也。

而才导致这样的呢？有大的听信，必有深重的疑惑；有深重的疑惑，必然有偏听偏信；或者偏听偏信或者疑惑他人，贤臣和奸臣都不可依靠，只有善于阿谀奉承的人才能取得他的信任，而天下就都疑惑了。

人之所以多疑，都产生于自己的智慧不够。智慧不完备，就怀疑别人欺骗自己；能力不完备，就怀疑别人会超越自己。首先是自己怀疑而心神不定无所依据，四处观望不知有何信任的人，于是阿谀奉迎的人就乘机而起，相信他容易改变自己的所为，估计他容易知觉，浅易的就加以尝试而轻率的就使用巧言，那么不完备的人也满足于这样而掩盖他的短处。必将这样说：不与我合作的人，讲我所不知道的事情不能认为它就是欺骗，那也是一种道理，必不是我的行为；况且怎知他不是诬害无辜以在我所做不到的地方夺取别人，而实施他们篡夺的意图呢？对正直士人怀疑越深，而阿谀奉迎的人受到信任就更牢固，于是偏听偏信而所到之处无不怀疑，却因多疑招致天下的叛离。所以说怀疑是弊政的支流，信就失去根源了。

政治主张安排极完备的人，就知道听从我的人并非诚实，而违抗我的人必有他的道理。所以尧不怀疑群臣推荐鲧，而鲧也不能危害尧。在此以下的人，都有不完备的地方。知道不完备就不加以掩盖，这样阿谀奉迎我的人在情理上就窘困了。世欲的言论，不循礼法的谋划，怎么能进献于皇上的面前呢？这就是有中等才能的君主补救过失的好办法。能知道这些，则天下都与人为善而何必还怀疑呢？天下都与人为善而又何必有所偏听偏信呢？所以德宗的失误，就在于他失误于信任。好听阿谀的话而相信它，虽有超凡道德才智的人痛哭而也不能挽救他的失败。殷纣王的罪恶并没有其他的方面，就是他好听阿谀奉迎的言论而深信飞廉、恶来这样的人。

卷二十五

顺宗

王伾、王叔文以邪名古今，二韩、刘、柳皆一时之选，韦执谊具有清望，一为所引，不可复列于士类，恶声一播，史氏极其贬诮，若将与赵高、宇文化及同其凶逆者，平心以考其所为，亦何至此哉！

自其执政以后，罢进奉、宫市、五坊小儿，贬李实，召陆贽、阳城，以范希朝、韩泰夺宦官之兵柄，革德宗末年之乱政，以快人心、清国纪，亦云善矣。顺宗抱笃疾，以不定之国储嗣立，诸人以意扶持而冀求安定，亦人臣之可为者也。所未审者，不能自量其非社稷之器，而仕宦之情穷耳，初未有移易天位之奸也。于是宦官乘德宗之危病，方议易储以危社稷，顺宗瘖而不理，非有夹辅之者，则顺宗危，而宪宗抑且不免。代王言，颁大政，以止一时之邪谋，而行乎不得已，亦权也。宪宗储位之定，虽出于郑絪，而亦俱文珍、刘光琦、薛盈珍等诸内竖修夺兵之怨，以为诛逐诸人之地。则韦执谊之惊，王叔文之忧色，虽有自私之情，亦未尝别有推奉，思摇国本，如谢晦、傅亮之为也。乃史氏指斥其恶，言若不胜，实核其词，则不过曰“采听谋议，汲汲如狂，互相推奖，僩然自得，屏人窃语，莫测所为”而已。观其初终，亦何不可测之有哉？所可憎者，器小而易盈，气浮而不守，事本可共图，而故出之以密，谋王伾、王叔文的心术不正是古今闻名的，而韩泰、韩晖、刘禹锡、柳宗元却都是当时公认的杰出人才，韦执谊也有很高的声望，但是他们一被二王重用，就被士大夫们视为异己、羞于为伍，恶声远扬，连司马光也对他们大加指责，好像他们真得都像赵高、宇文化及一样包藏祸心、凶残恶毒，其实不带偏见地考察考察他们的所做所为，并没有达到那种程度呀！

自从他们执政以后，免掉了德宗末年盘剥人民的进奉、宫市等陋规，裁撤了欺凌京城百姓的五坊小儿，贬了贪婪残酷的京兆尹李实的官，召回了遭受打击的正直官员陆敬舆、阳城，任用范希朝、韩泰去夺被宦官把持的兵权，改革了德宗时代的昏乱统治，从而大快人心，澄清了国家政治，这些举动都是很好的。顺宗在因身染重病而动摇了他的国家继承人地位的情况下登基为皇帝，使得唐王朝的中央大权群龙无首，二王等人为了国家的安定根据自己的主张帮着顺宗进行统治，这也是作为臣子可以干得。但是不足的是，他们不能正确地估量到自己的品行并不足以担当起整个国家的大任，而且把热衷做官的心态表现得淋漓尽致，从他们的初衷来看并没有变更皇位的野心。在宦官们乘德宗病危正讨论改变皇位继承人图谋危害国家的时候，顺宗因为病重不能讲话而不能控制大局，这时如果没有人来辅佐他，那么顺宗就很危险了，而宪宗恐怕也免不了同样的命运。在这种危急的形势下，二王等人代替皇帝讲话，颁布国家大政，来制止危害国家的阴谋，是出于不得已才这么做得，这也是灵活变通的做法呀。至于确立宪宗的皇位继承人地位，固然是郑絪的功劳，而且也是俱文珍、刘光琦、薛盈珍等宦官为了报二王夺兵权的仇，拉拢皇储以便将本无他奇，而故居之以险，胶漆以固其类，亢傲以待异己，得志自矜，身危不悟，以要言之，不可大受而已矣。因是而激盈廷之怨，寡不敌众，谤毁腾于天下，遂若有包藏祸心为神人所共怒者，要亦何至此哉！

伾、叔文诚小人也，而执谊等不得二人不足以自结于上，伾、叔文不得于牛昭容、李忠言不足以达于笃疾之顺宗。呜呼！汉、唐以后，能无内援而致人主之信从者鲜矣。司马温公之正，而所资以行志者太后；杨大洪之刚，而所用以卫主者王安；盖以处积乱之朝廷，欲有所为，弗获已而就其可与言者为纳约之牖也。叔文、伾之就诛，八司马之远窜，事所自发，亦以宦官俱文珍等怨范希朝、韩泰之夺其兵柄，忿怼急泄而大狱疾兴。诸人既蒙不赦之罪，神策监军，复归内竖，唐安得有斥奸远佞之法哉？宦官之争权而迭相胜负耳。杜黄裳、袁滋不任为主也。故执谊等有可黜之罪，而遽谓为千古之败类，则亦诬矣。

来打击二王等人所做的准备，因此当宪宗正式做太子时，韦执谊的惊荒，王叔文的忧虑，即使都是为了自身的安危，但他们也不是像谢晦、傅亮所干得那样，另有人选，想改变皇位继承人。所以司马光痛斥二王、韦执谊等人的奸恶，有点儿名不副实，仔细考察一下他的说法，也只不过说："二王等人采纳意见，谋划事情，张张狂狂，他们之间互相吹捧，傲然自得，而且总是背着人偷偷议事，使别人猜不出他们倒底要干些什么"罢了。其实看看他们的前后活动，哪里有什么大奸谋的呀？他们的可恶之处在于，器量狭小而容易自满；气质浮躁而不能专一；事情本可以和大家共同商量的，却故意示以神密；谋略本不新奇，却故意耸人听闻；对同党则亲密无间，对异己则傲慢无礼；一得志便自高白大，身处危境而不觉悟，简单地说，他们不过不配担当国家大任罢了。正因为他们的这些缺陷才激励了全朝人士的怨恨，寡不敌众，使得诽谤毁骂传遍天下，于是就被看作好像都是真得包藏祸心引得神人共怒的大奸臣，其实他们并没有达到这个地步呀！

王伾、王叔文确实都是小人呀，但是韦执谊等人不依靠二王就不能使顺宗皇帝重视自己，而王伾、王叔文不依靠皇帝的宠妃牛昭容、亲信宦官李忠言，也不能使身患重病的顺宗皇帝重用自己。唉！汉、唐以后，大臣能够不依靠皇帝身边人的支持而被皇帝信任重用的太少了。像司马光这样正直的人，也得依靠高太后的支持来施展自己的抱负；像杨大洪这样刚强的人，也得利用宦官王安的帮助来卫护皇帝；大抵身处政治昏暗的朝廷的大臣，要想有所作为，就得不得已地依靠皇帝的亲信作为取得皇帝信任的媒介啊。王叔文、王伾的死，八司马被流放边远地区，这件事的发生，也是因为宦官俱文珍等怨恨二王安排范希朝、韩泰夺取他们的兵权，所以到宪宗一登基就急于把这种怨愤发泄出来，从而很快就大肆兴狱，惩罚了二王等人。二王等人受到杀、贬的惩罚后，皇家御林军神策军的兵权，又回到了宦官繇此以观，士之欲有为当世者，可不慎哉！天下之事，昭昭然揭日月而行者，与天下共之。其或几介危疑，事须密断者，则缄之于心，而制之以独。若骤得可为之机，震惊相耀，以光大之举动为诡秘之声容，附耳蹑足，昼呼夜集，排群言，敛众怨，自诩为忧国如家，乃不知旁观侧目者且加以不可居之大慝。事既秘，言不能详，欲置辩而末从，身受天下之恶，自戕而已矣。《易》曰：“不出户庭，无咎。”慎之于心也。不出门庭则凶矣。门内之密谋，门外之所疑为叵测者也。流俗之所谓深人，君子之所谓浅夫也。读柳宗元谪后之书，“匪舌是出”，其愚亦可哀也已！

宪宗

1.礼何为而作也？所以极人情之至而曲尽之也。古礼之佚不传者多矣，见于《三礼》者，唯《丧礼》为略备，达于古今，无不可繇也。然而犹有阙焉，时之所不然，事之所未有，情之所不生，礼之所未及也。于是而后儒折中论定之道，有可参酌以极得其中，则遭乱失其父母，寻求不得，生死莫能知，而为之追服，是已。

们的手中，这样唐王朝怎么还会有办法去清除奸佞之徒呢？只不过是听任宦官们相互争权轮流执政罢了。杜黄裳、袁滋是不能为皇帝排忧解难的啊。所以韦执谊等人固然有应该受到贬斥的罪过，但是武断地说他们就是千古罪人，也是不真实的呀。

由此来看，士大夫要想参与现实政治有所作为，一定要谨慎啊！国家的大事，像日月运行那样昭然若揭，天下人都可看到，不可隐匿。如果有的国事介于隐秘、危疑之间，需要秘密决策的，则要埋在心里，而且要独自决断。倘若像二王等人那样突然间得到行使国家大权的机会，就一惊一诈，把本来可以光明正大做得事情故意加以诡秘化，鬼鬼祟祟，昼呼夜集，排斥大家的意见，招揽众人的怨恨，反倒自夸爱国如家，为国分忧，竟然不知道身旁的不满者将要动手干掉他们了。这时候，因为做得事很隐秘，又不能详尽地讲出来，所以要想辩白也没有人信，只好身受天下人士的痛恨了，这种做法就是自杀呀。《易》说“不出家门，没有灾祸。”这只是说做人做事要小心谨慎呀。如果读书不化真得不出家门，那就危险了。天天关起门来窃窃私议，外人就会怀疑你真得有什么不可告人的阴谋。所以像这种世俗之人所说的深沉的人，在君子眼里不过是粗浅的匹夫啊。我读了柳宗元遭贬后所写的文章，发现他并没有认识到这一点，竟然还说：“不是口舌说得出的”我真为他的愚昧感到悲哀啊！

礼是为什么而制定的呢？是为了人们能够细致周到地表达人伦之至情啊。古代的礼书散佚失传的太多了，现在能够见到的《三礼》中，只有《丧礼》是比较完整，而且古今通行，没有不能用的。但是，《丧礼》仍然还有不完备的地方，这是因为时代不同了，过去不存在的事，就不会产生相应的实情，所以古礼也不可能涉及到啊。于是后代的儒学家遇到新情况时，就得根据古礼确定的原则斟酌出合乎情理的新礼来，像遭遇战乱而同父母失散，又寻找不到，在不知二老生礼文之未及此也有故；古者分土建侯，好问不绝，偶为仇敌，而礼之往来不废，声问相逮，无有阻也。故诸侯失国而为寓公，大夫去国而有羁禄，即其为行人而见执，临战伐而见俘，其生其死，必相闻矣。则生而遥告以吉凶，死而得奔丧、还葬，奚有寻求不得而待追服者哉？

王莽之世，盗贼坌起，永嘉而后，胡、汉分割，于是而贵贱均于俘囚，老弱随其转徙，千里无人，音问既绝，转掠不定，踪迹莫稽，乃有父子殊天，终相睽隔，母妻漂散，不审存亡者。呜呼！生不得聚，死不得知，疏衰者，非人子之可用报亲者，而犹不克尽三年之哀慕，亦惨矣哉！晋庾蔚之等始建议寻求三年之外，俟中寿八十而服之，此亦以礼定情之极致，周公复起，不能易也。

德宗母沉太后因乱陷贼，不知所在。德宗即位，寻求数十年不得，迨德宗之葬，礼官乃申蔚之之议，以德宗启殡日，发沉后之丧，因此而祔庙之礼行焉。夫蔚之限寻求以三年，俟死存亡的情况下，不得已而为他们行追服礼，就是后人制定的新礼啊。

古礼书中没有关于追服的条文是有原故的：古时天子分封土地，建立诸侯国，各国之间互通友好的使者不绝于道，即使两国偶尔出现了敌对状态，但是礼仪上的往来仍然不断，互通消息的渠道，并未受阻。所以即使像诸侯国的国君失去君位后到别国当寓公，大夫逃离本国到别国拿奉禄，甚至是普通的行人被别国抓了，参加战争在战场上被俘虏了，所有这些人的生死，一定能传到他的亲人的耳中。因此，这些人活着的时候他远方的亲人可以了解他的情况，死了可以去奔丧、运回家中安葬，在这种环境中哪里还会有寻找不到父母而需要行追服礼的呢？

王莽统治时期，各地盗贼并起，永嘉年间以后，胡人和汉人把天下分割成两块，那时候的人不管贵族平民都同俘虏和囚犯一样老老少少都得四处迁移，躲避战乱，造成有的地方千里之内看不见人烟，各地之间的音讯断绝了，再加上人们漂泊不定，没有踪迹可察，就出现了父与子天各一方终生不能相见、母亲和妻子都失散了不知彼此死活的情况。唉！活着不能团聚，自己的亲人死了也不知道，单是穿上粗布丧服并不足以表达孩子对父母养育之恩的报答，可是当时连这种最基本的礼都不能行，更不用说为父母服丧三年了，这种事也太惨了呀！所以，晋朝的庾蔚之等人首先建议寻访父母三年以上而找不到的，等父母的寿命活到古代的中寿即八十岁时就可以为他们服丧了，这也是用礼来表达人子之情的最好办法，即使是制礼大师周公复生，也是不能改变的。

德宗皇帝的母亲沈太后在战乱中落入叛贼手中，不知下落，德宗即位后，寻访了几十年也找不到，等到德宗死后下葬时，负责礼仪的官员就用庾蔚之的意见，在德宗发殡的同天，为沈太后发丧，因此发丧于中寿，而德宗终身不废寻求者，以德宗已正位临民为宗社主，不容因母而废大政，即位寻求，两不相碍也。而士大夫既含重哀，必废婚宦，尽心力为寻求地，期以三年，则人子之志伸，而生人之理亦无崩坏之忧矣。晋、宋以来，有因此而永绝婚宦者，其志可尚，而其道不可常，殆亦贤者之过。蔚之裁之以中，不亦韪与！不宦则祭祀不修，不婚则继嗣不立，抑非所以广孝也。且夫寻求不得，而生死固无据焉，衔恤靡至，一以丧礼居之，万一亲幸而存，岂非之生而致之死乎？即位而寻求，临朝不废之典，宜于天子；限求以三年，权停婚宦，宜于士夫。酌中寿之年以服丧，生存之望可绝；以启殡之日而为忌，人子之道以终；变而不失其常，补古礼之未有，合先圣之大经，此其选已。

2.杜黄裳之请讨刘辟，武元衡之请征李锜，李绛之策王承宗、田兴，不待加兵而自服，皆时为之也。知时者，可与谋国矣。

自仆固怀恩以河北委降贼而僭乱不可复制者，安、史之在宗庙里同时举行两人的祭礼。庾蔚之把寻访父母的年限定为三年，并且等到父母八十岁时就为他们发丧，而德宗皇帝却终生不停地寻找母亲，这是因为德宗已经登基为帝做了国家元首，身上的重担不容他为了寻找母亲而荒废国家大政，做皇帝和寻访母亲，两件事不能互相防碍啊。但是，如果是士大夫们遇到与父母失散的情况，就不能婚娶、做官，而要竭尽全力去寻访父母，在这种情况下，以三年为期限，既能把儿子对父母的深情充分抒发出来，又不会有损害他今后过正常生活的忧患。晋、宋时期以来，有的人竟因为寻访父母而终身不娶亲、不做官，这种人的品德是很高尚的，但是他们的做法并不可取，这大概就是贤人的不足吧；庾蔚之的意见则是比较适中的，这不是很对的吗！不做官就不能担当祭祀祖先的重任，不结婚就没有后代继承人，这并不是弘大了孝道啊。寻访不到父母，没有他们生死存亡的凭据，只是因为心里悲伤，便马上为他们服丧，万一他们幸而还活着，那岂不是催促他们早死吗？因此，像德宗皇帝这样即位后既寻访母亲又不废朝政和正常生活的典故，适合皇帝这种地位的人；寻访以三年为期限，在这期间暂且不结婚、不做官的做法，适合士大夫这种地位的人。根据中寿的年岁为父母发丧，是因为八十高龄的老人已无活着的希望了；把儿子发殡那天作为父母的忌日，表示作为人子的义务已经结束了；这些做法既有灵活性又不失礼的原则，补充了古礼的不足之处，符合儒家先哲的经典，真是最佳的选择啊。

杜黄裳请求皇上派兵讨伐刘辟，武元衡请求皇上派兵攻击李锜，李绛提出不用武力制服王承宗、田兴的谋略，宪宗采纳了他们的建议，没有大动干戈就制服了这些藩镇，这些胜利是靠正确把握时势才取得的。所以说，只有善于认识时势的人，才可以参与制定国家的大政方针。

自从仆固怀恩把河北地区丢给降贼以后，唐王朝就无力镇压藩诛，非唐师武臣力制其死命而殪之，贼自败亡而坐收之也。幽、燕、河、济，贼所纠合之蕃兵、突骑皆生存，而枭雄之心未艾，田承嗣、薛嵩、朱希彩之流，狼子野心，习于战斗，狃于反覆，于斯时也，虽李、郭固无如之何，而下此者尤非其敌也。代宗骄之，德宗挑之，俱取败辱，虽有黄裳、元衡之能断，李绛之善谋，我知其未易为筹度也。

至于元和，而天下之势变矣。向所与安、史同逆矫厉自雄者，死亡尽矣，嗣其僭逆者，皆纨袴骄憨、弋色耽酒之竖子也。其偏裨，则习于叛合、心离志怠、各图富贵之庸夫也；其士卒，则坐縻粟帛、饮博游宕之罢民也。而狎于两代之纵弛，不量力而轻于言叛；乃至刘辟以白面书生，李锜以贵游公子，苟得尺寸之土，而妄寻干戈；此其望风而仆、应手而糜者，可坐策之而必于有功。韦丹、李吉甫且知西川之必下以劝兴师，况黄裳、元衡之心社稷而有成谋者乎？故德宗奋而启祸，宪宗断而有功，事同而效异也。

夫既知其可以讨矣，则亦知其可以不战而屈之矣。姑试镇的犯上作乱了，像安禄山、史思明失败被杀，并不是因为唐朝军队和武将奋力作战才消灭他们的，而是反贼自己内讧而自取灭亡的，唐朝军队不过是坐收渔翁之利罢了。那时，在幽燕之地、黄河济水之间，安史等人纠集的吐蕃兵和突厥骑兵还都存在，而且他们的反叛念头并未止息，田承嗣、薛嵩、朱希彩之流，也都野心勃勃，他们善于作战，反复无常，在这种形势下，即便是李泌、郭子仪这样的人对他们也没有办法，才能不如李、郭的人就更不是他们的对手了。为了收服他们代宗对他们姑息纵容，德宗则诱之以利，结果都失败了，遭受了羞辱，其实即便是杜黄裳、武元衡这样能够果断行事的人，李绛这样善于出谋划策的人，我看也未必能够轻易地筹划出对付他们的高招。

到了元和年间，天下的形势就变了。过去同安禄山、史思明一起谋过反的那些桀傲不驯的人，都死光了，继他们而起的那些心怀不轨的人，都是些锦衣玉食、骄横愚昧、沉溺于酒色的混小子呀。这帮纨袴子弟手下的部将们，都是些反复无常、离心离德、胸无大志、只追求个人富贵的庸人；他们的士兵，也都是坐享吃穿、酗酒赌博、到处游荡的懒惰刁民。这些谋反的人只看到代宗、德宗两朝皇帝对他们的先辈们束手无策，而不了解当时的具体情况，就狂妄地轻视朝廷，不自量力地把反叛挂在嘴边；甚至像刘辟这样的白脸书生、李锜这样的贵族少爷，才占据了一小片土地，就敢轻率用武力对抗朝廷；对付这种望风而倒，动手即碎的胡闹，坐着不动想个办法就能成功。所以连韦丹、李吉甫之流都看出了讨伐西川的刘辟一定能成功，这才鼓励皇帝动武，更何况像杜黄裳、武元衡这些一心为国而且胸有成竹的人呢？同样一件事，德宗费尽心力去干却招来了灾祸，而宪宗仅点头同意便获得成功，效果的确不同呀。

既然已经认识到这些反贼可以讨伐，也就认识到不用打仗就可其威于西川而西川定，再试其威于镇海而镇海平。河北豢养之子弟，固不测朝廷之重轻，而苟求席安以自保，众心俱弛，群力不张。于斯时也，唐虽不自信其有必胜之能，而魏博、成德非王武俊、田悦之旧，彼自知之，亦可众量之矣。吉甫目击杜、武之成绩，欲效之以徼功于河北，是又蹈德宗之覆辙也。李绛之洞若观火，又岂有绝人之智计哉？故代宗之弛而失御，宪宗之宽而能安，亦事同而效异也。所以异者无他，惟其时也。

时者，方弱而可以强，方强而必有弱者也。见其疆之已极，而先自震惊，遂朒缩以绝进取之望；见其势之方弱，而遽自踸踔，因兴不揣之师；此庸人所以屡趋而屡蹶也。焚林之火，达于山椒则将熸，扑之易灭而不敢扑，待之可熄而不能待，亦恶知盈虚之理数以御时变乎？刘渊、石虎、苻坚、耶律德光、完颜亮，天亡之在眉睫矣，不知乘时者，犹以为莫可如何，而以前日之覆败为惩。悲夫！

3.制科取士，唐之得元、白，宋之得二苏，皆可谓得人之盛矣。稹、居易见知于裴中立，轼、辙见重于司马君实，皆正人君子所嘉与也。观其应制之策，与登科以后忼慨陈言，持国是，规君过，述民情，达时变，洋洋乎其为昌言也。而抑引古以使他们屈服了。宪宗姑且在西川检验了一下朝廷的声威，马上就平定了西川，再在镇海检验了一下朝廷的声威，马上就平定了镇海。这时那些河北地区的藩镇首领，确实摸不透朝廷的虚实，只有苟且求得自己身边的安全来保全自身，士卒们的军心也动摇了，战斗力也下降了，在这个时候，唐朝虽然没有一定能够战胜叛逆的自信心，但是魏博、成德两个藩镇也不敢像过去王武俊、田悦在位时那样跋扈了，对于这一点两镇的首领自己很清楚，这也可以通过他们部下的情绪估量到啊。李吉甫目睹了杜黄裳、武元衡的功绩以后，也想仿效他们在河北立功，这次却重蹈了德宗的覆辙。其实李绛对河北形势也很清楚，但是他也没有办法，哪里有什么过人的计谋呢？过去代宗放纵藩镇反而失去了对藩镇的控制；宪宗也采取宽厚政策对待藩镇却能保持国家的安定，这也是同样的做法却有不同的效果啊。

时势，可以使弱者变强，而强者中间一定包含弱的因素。看到强大到极点的敌人，就自己先把自己吓倒，于是就觉得进取无望了，便龟缩起来；看到敌人的势力刚一削弱，马上就高兴得跳着走路，并不加思量地派兵去打；这些做法就是平庸的人每干一件事都会失败的原因啊。森林大火烧到山顶时就快要灭了，扑灭它很容易，人们却不敢去扑；等它自然熄灭吧又等不及，这也是怎么掌握好事物盈虚的辩证关系，进而根据时势的变化来驾驭事物的吗？刘渊、石虎、苻坚、耶律德光、完颜亮等帝王，在覆灭的命运就在眼前时，也不知道顺应时势还认为没有什么能怎样自己，竟然还把过去帝王灭亡的教训当作警钟。太可悲了！

制定科举制度来选拔人才，唐代取中了元稹、白居易，宋代取中了苏轼、苏辙，都可以称得上选拔人才中的盛事啊。裴度对元稹、白居易有知遇之恩，司马光也很推重苏轼、苏辙，这都是正人君子所称道的呀。观看这几个人应考时的策论，以及中选后的慷慨陈词，确昔，称先王，无悖于往圣之旨，则推重于有道之士而为世所矜尚，宜矣。推此志也，以登三事，任密勿，匡主而庇民，有馀裕焉。乃此数子者，既获大用，而卞躁诪张，汇引匪人以与君子相持而害中于国，虽裴、马秉均以临之，弗能刨艾也。然则制科求士，于言将不足采，而可以辩言乱政之责斥之乎？

夫此数子者，非其言之有过，善观人者，不待其败德之已章，而早已信其然矣。奚以明其然也？此数子者，类皆酒肉以溺其志，嬉游以荡其情，服饰玩好书画以丧其守。凡此，非得美官厚利，则不足以厌其所欲。而精魄既摇，廉耻遂泯，方且号于人以为清流之津迳，而轻薄淫泆之士乐依之，以标榜为名士。如此，而能自树立以为君之心膂、国之桢干、民之荫藉者，万不得一。

文章之用，以显道义之殊涂，宣生人之情理，简则难喻，重则增疑。故工文之士，必务推荡宛折，畅快宣通，而后可以上动君听，下感民悦。于是游逸其心于四维上下，古今巨细，随触而引伸，一如其不容已之藏，乃为当世之所不能舍。则苏轼所谓“行云流水、初无定质”者是也。始则覃其心以达其言，实都是扶持国家大政、规戒君主过失、表达百姓疾苦、解释时势变化的洋洋洒洒的正当言论啊。即使是引用古代的事例和过去帝王的典故，也都不违背圣人的宗旨，因此他们被道德高尚学识渊博的人所称赞，被当时的普通人所仰慕，也是应该的。根据他们的这种情况，让他们位居三公，担当国家机密大事，辅助皇帝、庇护百姓是游刃有余的啊。这几个人，被皇帝重用后，却表现得性情急躁、飞扬跋扈，聚积歹人同正直的人士作对，给国家带来了危害，这时即便是裴度、司马光掌权，也不能制约他们了。但是通过科举来选取人才，难道不根据文章的言论优劣为取舍而把好文章都指责为巧言乱政的货色吗?

这几个人呀，并非是他们的言论有什么错误，善于观察人的人，不等所察者的恶行已经败露，便早就知道他必然如此了。这是怎么预见的呢?比如这几个人，都是那类喜爱酒肉胜过自己的志向，游玩嬉戏就能够败坏自己的性情，为了获得漂亮的服饰、玩物、书画就可以丧失自己的操守的人。这种人，没有高官厚禄就不能满足自己的欲望。当他们的意志经不起物质享受的诱惑而动摇时，也就没有廉耻了，这样才敢自命为清高人士的代表，于是那些没有廉耻自我放纵的人也乐于依附他们，把自己标榜成名士。像这种人，能够把自己培养成皇帝的得力助手、国家的栋梁并给百姓带来幸福的，是不会有的。

文章的作用是表现“道”的不同途经，宣扬人生的道理，因此太简略了就不能使人明白，太繁琐了就会使人产生困惑。所以擅长写文章的人，一定要致力于把文章写得既起伏有致、委婉曲折，又流畅练达，只有这样的文章才能上可以吸引皇帝的视听，下可以获得百姓的欢喜。因此，作文章的人要细心观察东西南北天上地下的各种事物，了解古往今来的大小事情，具备各方面的知识，别人一点，当时就能既则即其言以生其心，而淫泆浮曼、矜夸傲辟之气，日引月趋，以入于酒肉嬉游服饰玩好书画之中，而必争名竞利以求快其欲。此数子者，皆以此为尚者也。而抑博览六籍，诡遇先圣之绪说以济其辩，则规君过、陈民情、策国事，皆其所可沉酣以入、痛快以出，堂堂乎言之，若《伊训》《说命》《七月》《东山》之可与颉颃矣。则正人君子安得不敛衽以汲引为同心，而流传简册，浅学之士能勿奉为师表乎？乃有道者沉潜以推致其隐，则立心之无恒，用情之不正，皆可即其述古昔、称先王之中察见其诐淫，况其滥于浮屠、侈于游冶者，尤不待终篇、而知其为羊膻蚁智之妄人哉！

若其淋漓倾倒，答临轩之问，陈论劾之章，若将忘辱忘死，触忌讳，犯众怨，以为宗社生民计者，固可取为人主之龟鉴，而不得斥之为非。则唯上之所以求之者，以直言敢谏设科，则以应知遇、取名位者在此，慧足以及，胆足以胜，固无难伸眉引吭以言之无怍，而可取者不乏也。

是故明主之求言，大臣之广益，无择于人也；言而可听博引旁证，就像自己胸中的知识多得都容不下似的，这样的人也是社会上不可缺少的。苏轼所说的："像浮云流水一样飘乎不定"，就是这种人的特点啊。这种人最初是靠深思熟虑才写出畅达的文辞，后来畅达的文辞却左右了他们的思想，这时他们放荡轻佻、傲慢古怪的气质就日渐增多，最终沉溺到酒肉、游玩、服饰、玩物、书画之中，为了满足自己的物质享受，他们必定会争名夺利。元、白、二苏这几个人，都是崇尚这些的呀。但是他们也的确广泛地阅读过"六经"，能巧妙地利用圣人的遗说来帮助自己论辩，所以他们规劝君主、陈述百姓疾苦、谋划国事的文章都是饱含激情、深沉痛快、冠冕堂皇的呀，可以同《尚书》中的《伊训》、《说命》和《诗经》中的《七月》、《东山》等篇章相抗衡啊。因此正人君子怎么能够不谦恭地把他们视为同道呢，而且他们的文章广为流传，那些学识不深的人又怎能不把他们尊为师长和表率呢？只有真正博学而正直的人才能深刻地觉察到他们见不得人的地方，像做人没有一贯的准则、也不正视这些缺陷，都可以从他们作品称引古代事例和先王典故时所表露出的偏颇中觉察到，更何况作品中还有滥用佛教观点以及放纵邪淫的东西呢，所以用不着读完文章就知道他们是气味不正智力贫乏的荒谬之人呀！

但是在他们那些淋漓尽致地回答皇帝垂询的文章以及议论国事、指责当权者的奏章中，如果是为了国家安危和百姓的幸福着想而不计生死荣辱，冒着触怒皇帝，招惹众怒的危险而写的，君主当然可以拿来参考，而不能因人废言。皇帝设科取士就是为了选拔敢于直言相谏的人才，要想取得皇帝的重用获得高官就得直谏，这种事只要是有一定的智慧和足够的胆量的人，都不难理直气壮地慷慨陈词，这些言论的可取之处也不少啊。

所以贤明的皇帝征求意见，大臣们增长见识，都是不用挑选人者，乐取其言，以释吾回而增吾美也。若其用人也，则不以言也；言而可听，必考其用心之贞淫，躬行之俭侈，而后授以大任也。《书》曰："敷奏以言"，言无不尽。若其黜陟，则必"明试以功"而后定。子曰："君子不以言举人，"诚千古片言之居要矣。然则策贤良以问政，明王广听大智之道也；设制科以取士，唯其言以登用之，则国是乱、佞人进，治道之大蠹也。制科而得才士如元、白、二苏而止，元、白、二苏长于策问奏疏而止，不恣其辨以终为君子伤。节宣之权，人主大臣司之，可弗慎与！

4.庙谟已审，采诤臣之弼正以决行止，其于治也有失焉，鲜矣。庙谟无据，倚群臣之道谋以相争辩，其于乱也幸免焉，鲜矣。何也？贸贸然于得失利害之林，一事至而无以自主，天子有耳而无心，大臣辞谤而避罪，新进之士，气浮而虑短。"彼亦一是非，此亦一是非。"苟可言焉则言之，不能言者亦学语而言之，勿论其挟私也，即其无私，而读古人数策之书，辄欲引据；凭寤寐偶然之慧，见为实然；听曲士末俗之言，妄为歆动；念生平身受之累，推为利害。琅琅然挟持以为口实，理亦近是，情亦近是，以与深谋熟虑相龃龉。言出气盈，不任受诎。于是而误国殃民，终无可救也。

的；只要别人说的话有可取之处，就高兴的接受，来改正自己的缺点增加自己的优点。但是如果用人，就不能单凭这个人的言辞是否动听了；他的言论可以参考，还必须考察他的心术是否端正，他的生活是否俭朴，考察以后才能委以重任。《尚书》说："奏章是可以广为铺陈的。"是说鼓励臣子们要言无不尽。但是涉及到对臣子的任用，就必须根据"公开考察他的能力"来定了，孔子说："君子是不单凭言辞来选拔人才的"这真是千年以来十分重要的至理名言啊。用策论形式向天下的贤人征求对国家大政的看法，这是贤明的君主扩展视听的明智之举；但是通过科举制度来选人，而且仅看其言论就加以重用，这种做法只会搅乱国家大事，使奸邪之人得以掌权，这是政治清明的大敌呀。科举制选拔的人才像元稹、白居易、苏轼、苏辙可以说是最好的了，他们都擅长写策论、奏章，能力不过如此，替裴度、司马光等正人君子惋惜的是，为什么不专让这几个人做个言官呢？用人的大权掌握在皇帝和大臣手中，一定要谨慎啊！

由皇帝和宰相们认真制定的大政方针在采纳谏官的意见后再去执行，是很少会有偏差的，反之，皇帝和宰相们都没主见，单靠群臣随意谋划和互相争论来制定的大政方针，执行起来是很少不出偏差的。为什么呢？朝廷的大政方针直接影响国家的得失盛衰，绝不能冒冒失失，否则，一碰到事便没有人作主，皇帝光会听而不会想，大臣们害怕非议和承担责任也闭口不言，而那些才进入官场的人，年轻气盛，不能作长远考虑，他们"那里是一种是非，这里也是一种是非"，有点儿想法就说出来，没有想法的也学别人的话来说，姑且不论他们是否怀有私心了，即便是无私，不过是读过几篇古人的文章，动辄就拿来引用；把自己平常偶而产生的念头当成确实如此；听到识见不高的歪论，就妄自喜爱；把自己的那点儿经历作为衡量事情利害的标准，而且理直气壮地引作证据，看来似乎合情合理；他们的意见以宪宗之时事言之，一藩镇之逆也。言讨者，并欲加兵于归命之魏博。言抚者，遂欲屈志于穷凶之淮、蔡。彼以为饬法之王章，此以为怀柔之文德。彼以此为养寇而失权，此以彼为生事而酿祸。河汉无涯之口，穷年靡定，究将谁与适从哉？谋之已烦，传之将遍，一端未建，四海喧腾。幕士游人，测众论之归以揣摩而希附会；奸胥猾吏，探在廷之踪指以豫为避就。左掣右牵，百无一就。迨其论定，而弊已丛生。况乎多事之秋，（强藩）［夷狄］盗贼间谍伏于辇下，机密播于崇朝，授以倒持之枢，而危亡必矣。

唐制：诰令已下，有不便者，谏官上封事驳正改行。驳之于后以兼听得中，而不议之于先以喧嚣致乱，道斯定矣。元稹甫受拾遗之命，辄欲使谏官各献其谋，复正牙奏事及庶司巡对，唯欲夺宰相之权，树己之威福而已。谏官者，谏上之失也。议方未定，天子大臣未有失也，何所谏也？论道者，三公之职；辰告者，卿士之司；纠谬者，谏官之责。各循其分，而上下志通，大猷允定。稹小人，恶足以知此哉？

同别人深思熟虑的见解相抵触时，全凭意气用事，不愿承认自己的错误，这样只会祸国殃民，最终把国家搞到不可救药的地步。

拿宪宗朝的现实例子来说，单是如何对待不听话的藩镇，就有两种针锋相对的主张。主张讨伐的，对愿意归顺朝廷的魏博镇也要动武；主张安抚的，对穷凶极恶的淮西镇也要迁就。这一派认为用国法严惩藩镇才符合唐朝的典章，那一派认为实行安抚政策才显示皇帝的美德。主战派指责主抚派姑息纵容强盗丧失国家大权，主抚派指责主战派妄生事祸给国家制造灾祸，双方的争论都像天上没有边际的银河一样滔滔不绝，穷年累月也不止息。倒底要听从谁的呢？这件事反复谋划，几乎传遍全国，一件实事也没办成，却搅得天下不安宁。那些靠作幕僚四处乞食的人，根据对争论结果的推测来编造一番道理去阿附大臣谋取利禄；那些狡猾奸诈的官吏们，也窥探朝廷中哪一派将要获胜以便提前卖身投靠。两派互相牵掣，朝廷什么事也干不成，等到主意拿定了，各种祸患也四处可见了，何况在当时那么复杂的环境中，夷狄和反贼们的间谍就潜伏在朝廷周围，国家的机密大事闹得满朝风雨，这就等于给敌人提供了颠覆自己的要领，因此唐王朝的危难是不可避免的啊！

根据唐朝的制度，皇帝的诏令下达后，其中有不合适的地方，谏官可以把自己的意见连同诏令一起封好送还朝廷，改正后再颁布执行。像这样议定大政方针后再征求意见使之完善，而不是先在朝中议论，闹得满朝风雨，乱七八糟，才是正确的做法呀。元稹刚当上左拾遗这种谏官，就想让谏官们参与议论国家大政，而且要恢复在皇宫正殿奏事和皇帝每日召见普通官员访问政事的旧制度，这实际上是要夺宰相的权，让自己作威作福罢了。谏官就是专门指出皇帝和大臣过失的官员，在国家大政方针还没有议定时，皇帝和宰相们并没有过失，又怎么谏呢？议论国家大政，是三公的职责；按时告戒皇帝要

5.枢密之名，自宪宗以任宦官刘光琦始。绎其名，思其义，责以其职，任以其功。军之生死，国之安危，毫厘千里之差，九地九天之略皆系焉。三代而后，天子与夷狄盗贼争存亡，非复古者大司马掌九伐之法，鸣钟击鼓驰文告以先之，整步伐以莅之，所能已天下之乱也。则此职之设，有其举之，不可废已。所宜致慎而杜旁落之害者，但在得其人耳。惟若宪宗委之宦官，则吐突承璀、王守澄资以擅废立而血流宫禁，乃因此而谓分宰相之权，夺兵部之职，所宜废也，岂非因噎废食而不忧其馁乎？五代分中书、枢密为二府，虽狃于战争而歆重戎事，然准汉大将军丞相之分职，固三代以后保国之善术也。

国之大事，在祀与戎。夫祀既宗伯之所司矣，而礼部之外必设大常，盖以礼部统邦礼，职既繁委，分心力以事神，则恪恭不挚，专责之大常，而郊庙之事乃虔。以此例戎，其可使宰相方总百揆而兼任之乎？抑可使兵部统铨叙功罪，稽核门荫，制卒伍之践更，清四海之邮传，核屯田之租入，督戎器之造作，百端交集，宵旦不遑，乃欲举三军生死之命，使乘暇而谋之，其不以国与寇也，不亦难乎？兵部所掌者，兵籍之常也；

由九卿承担；纠正过失，是谏官的责任，这三者各按自己的职权办事，才能上下一心，制定出正确的大政方针。元稹是个小人，他怎么会知道这些呢？

枢密使这个官职，是宪宗皇帝授给宦官刘光琦以后才有的。探究这个官职的名称、意义、职掌、作用，可以看出军队的存亡、国家的安危以及兵家权谋都同它联系在一起。夏、商、周三代以后，历朝帝王都同夷狄、强盗、反贼进行着生死搏斗，恢复古代大司马所掌管的九种讨伐不服王命者的方法，采用出征时击鼓鸣钟并派人先去送战书然后士卒们排着整齐的队伍、迈着一致的步伐开向战场的作战方式是不能平息国家的危乱的呀。因此枢密使这个官职的设置，是有意义的，不可废掉啊。这个官职的设置，皇帝也很慎重，其实只要用人得当，就可以避免军权旁落的危害。宪宗把这个官职交给了宦官，于是吐突承璀、王守澄就利用枢密使的职权擅自废立皇帝，制造宫廷血案，但因此就说枢密使分走了宰相的权力，侵夺了兵部的职掌，应该废弃，岂不是因噎废食却不担心饥饿吗？五代时期把中书、枢密分为二个机构，虽然当时战争很多，因此枢密的权就偏重一些，然而这两个部门同汉代大将军和丞相的职权划分相比较，确实是三代以后保障国家安全的好办法呀。

国家的大事在于祭祀和军事。祭祀既然已由礼部尚书主管，但礼部之外还一定要设太常这个官，这大概是因为礼部掌管国家的各种礼仪，职责繁重，再分心力去供奉神灵，就显得不太恭敬了，把奉神的任务交给太常专管，那么国家的祭祀与宗庙供奉就比较虔诚了。用这个例子看军事，难道可以让统帅百官的宰相来兼任军事首脑吗？兵部是个掌管军人奖功罚罪、审察武职的荫袭、制定士卒服役政策、清理全国邮传系统、核算屯田收入、监督兵器制作，事务繁多，日夜忙碌的机构，如果把关系到全军生死存亡的大事交给兵部，让它抽枢密所领者，战守之变也。进止奇正，阴阳互用。存亡之大，决于呼吸；经画之密，审于始终。文字不得而传，语言不得而泄。上承人主帷帟之谋，遥领主帅死生之命。大矣哉！专其事而恐不胜，乃以委诸守章程而综众务者乎？

枢密一官，必举而不可废，审矣。时或宇内方宁，兵戈不试，则县其职以令宰相兼之可耳。而官属必备，储才必夙，一旦有疆埸之事，则因可任之人，授以固存之位，与天子定谋于尊俎。至其为谋之得失，有宰相以参酌于前，有谏官以持议于后，亦不患其擅国柄而误封疆矣。汉举朝政尽委之大将军，而丞相听命，五代使枢密察宰相，固歆重而贻权奸之祸。唐、宋之失，在任刘光琦、童贯，盖所任非人，而非其设官之咎。若周官大司马总戎政，摄祀事，兼任征伐，则唯封建之天下，无夷狄盗贼之防则可耳，后世固不得而效也。

6.牛僧孺、李宗闵、皇甫湜皆以直言极谏而居显要，当其极陈时政之得失，无所避忌，致触李吉甫之怒，上累杨於陵、韦贯之以坐贬，而三人不迁，岂不人拟为屈、贾，代之悲愤，望其大用以济时艰乎？乃其后竟如之何也！故标直言极谏之名以设科试士，不足以得忠直之效，而登进浮薄，激成朋党，挠乱国政，皆缘此而兴。汉、唐之末造，蔡邕髡钳，刘蕡绌落，空儿谋划一下，那不等于把国家拱手送给敌人了吗？兵部所管理的是军队的日常事务，枢密使所掌握的是变幻无常的战争大事。像军队的进退、用兵的奇正、攻守的互用，这些关系到军队和国家安危的大事，瞬息间就要作出决断；而且要谋划得细致周到，始终保持谨慎。这些事，不能写成文字，也不能嘴里乱说，全凭枢密使秉承皇帝的旨意，在远方担任主帅掌握全军的生死命运，事关重大啊！这种事派专人专管还怕不能胜任，何况把它交给墨守章程管理杂务的兵部呢？

枢密使这个官职，一定要设置而不可以废掉，道理很清楚。在天下太平没有战争的时候，可以把这个职位空起来，让宰相兼任一下就行了。但是枢密使的属官一定要有，同时也要时刻培养人才，一旦战端复起，就有可以担任这个职务的人，授给他这个一直存在的官，同皇帝共同谋划军事大事。为了保证谋略的正确，可以先同宰相共同研究，然后再听取谏官的意见，这样做，也不用担心枢密使擅权误国了。汉代把朝政都交给大将军，丞相也得听命于他，五代让枢密使监督宰相，这样权力失衡就会给朝廷带来奸臣掌权的祸殃。唐、宋的失误在于任用刘光琦、童贯等宦官，这是所用非人的问题，而不是枢密这个官职的过失。像《周官》书中所写的大司马总管军政，还代理祭祀事务，兼任统兵出征，这样设官；只有在国家实行分封诸侯国的制度，而且也没夷狄强盗反贼可防范的情况下才可以，后世当然不能效法呀！

牛僧孺、李宗闵、皇甫湜是因为敢于讲真话，提意见才当上高官的，当他们竭力陈述当时政治的得失时，没有忌讳，以致于触怒了李吉甫，连累到杨於陵、韦贯之被贬官，他们三人也很久不能升官，因此怎么不被士大夫们看作屈原、贾谊那样忠贞之士，替他们悲愤，希望皇帝能够重用他们来挽救政治危局呢？但他们后来究竟怎样呢？他们故意打着选拔敢于直谏的人才的旗号开科取士，结果不仅没有论者深为愤惋，而邕以党贼亡身，蕡亦无行谊可见，则使登二子于公辅，固不能救汉之亡、起唐之衰，亦概可睹矣。

人君之待谏以正，犹人之待食以生也。绝食则死，拒谏则亡，固已。然人之于食也，晨而饔，夕而飧，源源相继，忘其为食，而安于其所固然；如使衰瘠之夫，求谷与刍豢而骤茹之，实非其所胜受也，则且壅滞于中而益增其病。故明王之求谏也，自师保宰弼百司庶尹下至工瞽庶人，皆可以其见闻心得之语，因事而纳诲。以道谏者，不毛举其事；以事谏者，不淫及于他。渐渍从容，集众腋以成裘，而受滋培于霡霂。未有骤求之一旦，使倾倒无馀，尽海内之事而纤悉言之，概在廷之人而溥遍刺之，驰骛曼延，藻帨文华，取悦天下，而与大臣争用舍之权者也。非浮薄之士，孰任此为截截之谝言哉？夫唯言是求，无所择而但奖其竞，抑又委取舍于考官，则憸人辨士揣摩主司之好恶以恣其排击，若将忘祸福以抒忠，实则迎合希求为登科之捷径，端人正士固耻为之。生僧孺等之允为奸邪，不待覆辀折毂，而有识者信之早矣。

夫李吉甫之为邪佞也，杨於陵、韦贯之身为大臣，不能选出忠贞正直的人才，反而录取了那些轻薄的人，后来结成同党，扰乱国家政治，都是从这时开始的。汉朝、唐朝的末期，蔡邕遭刑罚，刘蕡被贬黜，后世的评论家们都替他们愤恨惋惜，其实蔡邕因为是反贼董卓的同党才被杀的，而刘蕡本人也没有什么值得称道的品行，就是把他们两人放到宰辅的位子上，必定也不能挽救汉唐的衰亡，这是显而易见的。

皇帝靠谏言来保证自己行动正确，就像人靠吃饭来维持生命一样。不吃饭就会饿死，不纳谏就会灭亡，确实如此啊。但是吃饭对人来说，早也吃，晚也吃，一顿挨一顿天天如此，也就忘了吃饭的意义，把它当作理所当然的事；但假如让一个衰弱的病夫，很快吃掉大量的粮食和肉食，他确实受不了，而且还会积滞在肠胃中给他添病。所以贤明的君主征求谏言，从太师太保宰辅百官僚佐到工匠盲人和普通百姓，都可以把自己的见闻和心得体会贡献出来供君主采纳。对国家大政进谏的，不要细举小事，对具体问题进谏的，不要涉及其他。君主从容不迫地坚持纳谏，就像花草接受小雨的滋润培养一样，便能博采众长，收到集腋成裘的功效。没有像牛、李那样，突然间广征谏言之士，要用一个早上的功夫就把天下的所有事都仔细说尽，把朝廷所有官员都普遍指责到，这都是些好高骛远、自我粉饰、哗众取宠，实际上是同大臣们争夺用人大权的人啊！如果不是轻薄的人，谁会说出这种娓娓动听的花言巧语呢？把直言进谏作为选拔人才的唯一标准，而且不加选择地奖励那些善于辩论的人，再把取舍大权交给考官，于是那些奸邪善辨的人便揣摩考官好恶尽情攻击朝政和官员，好像忠心耿耿，不计祸福，实际上只是把这作为迎合考官乞求作官的捷径而已，正人君子当然耻于这么做。牛僧儒等人确实是奸邪之人，不用等到他们完全败露，有见识的人早就相信了。

李吉甫是个奸邪的人，杨於陵，韦贯之身为大臣，却不能向皇帝以去留争其进退，既与比肩事主，而假手举人以诋斥之，则其怀谖以持两端，亦可见矣。於陵、贯之以举人为摇挤之媒，僧孺、宗闵以考官为奥援之托，则使击去吉甫，而於陵、贯之之为吉甫可知也。若僧孺、宗闵、湜之并不能为吉甫，则验之他日，亦既章章矣。何也？上之所以求谏者，不以其道，则下之应之也，言直而心固曲也。无人不可谏，而何待于所举之人；何谏不可纳，何必问之考官之选。以道格君者，匪搏击之是快；以理正事者，非泛指而无择。朝而渐摩，夕而涵濡，何患忠言之不日彻于耳；乃市纳谏之名，招如簧之口，以侈多士之美哉！

三代之隆无此也，汉、唐之盛无此也。此科设而争辨兴，抑扬迭用以激成朋党。其究也，謇直者为枉之魁，徒以气焰锋鋩鼓动天下，而成不可扑之势。僧孺等用，而唐乃大乱，以讫于亡。有识者于其始进决之矣。

7.岁丰谷熟而减其价，则粜者麇集，谷日外出，而无以待荒；岁凶谷乏而减其价，则贩者杜足，谷日内竭，而不救其死。乃减价者，小民之所乐闻，而吏可以要民之誉者也，故俗吏乐为之。夫亦念闻减价而欢呼者何民乎？必其逐末游食、不务稼穑、不知畜聚之民也。若此者，古谓之罢民，罚出夫布而置指出李吉甫的奸恶，在皇帝重用李吉甫的时候，他们也不辞职。他们既然已经甘于同李吉甫辅佐皇帝了，却又借牛僧孺、李宗闵等举人的手来攻击他，由此可见，杨、韦二人也是心怀奸诈的两面派呀。这样，杨於陵、韦贯之利用牛、李作为自己排挤李吉甫的工具，牛僧孺、李宗闵也利用杨、韦作为自己在朝廷的靠山，如果他们真的排挤掉李吉甫，那么杨於陵、韦贯之就是李吉甫第二，这是很清楚的。而牛僧孺、李宗闵、皇甫湜连李吉甫都不如，从他们后来的行动看，也是很清楚的。为什么呢？皇帝不按正当的渠道来求谏，臣子响应的，即使直言进谏也是心术不正。天下的人都可以进谏，何必专等举荐的谏人呢；所有的谏言都可倾听，为什么一定要听考官选拔出来的人的话呢。用正道辅佐君主的谏官，并不因为攻击一切才感到痛快；用正理匡正国事的谏官，也不是不加选择的胡乱指责。如果君主朝夕不断地坚持纳谏，何必担心每天忠言不绝于耳呢？像宪宗这样为了获得善于纳谏的好名声而开设直言极谏设科取士，广招花言巧语的人，是因为他认为广有这种人才是很好的啊！

但是，像夏、商、周这样兴隆的朝代就没有这种做法。设置直言极谏科引得朝廷争辩之风大兴，大臣们彼此争辩，以言分类，形成朋党，最终，那些不正派的人做了党魁，气焰嚣张，锋芒毕露，搅乱天下，形成了强大势力。所以牛僧孺等一受重用，唐王朝就天下大乱了，最终导致灭亡。这种结局有见识的人在牛李进入朝廷时就断定了。

一个地区在好年景粮食大丰收时降低粮价，本地的老百姓就会成群结队出外卖粮，每天都有大批粮食运到外地，本地再遇到灾荒，就没有粮食了；在灾荒之年粮食欠收时降低粮价，外地的卖粮者就不会运粮食来卖，本地的粮食又不够，老百姓就要饿死了。但是降低粮价，老百姓很欢迎，地方官也可以因此受到群众的赞誉，所以那些不识大体的官吏们乐于这么做。然而应该想一想欢迎粮食降价之圜土者也。男勤于耕，女勤于织，洿池时修，获藏必慎者，岁虽凶不致于馁；即为百工负贩以自养，而量腹以食，执劳不倦，无饮博歌咢、昼眠晨坐骄佚之习，岁虽凶不致于馁。即甚乏矣，而采薮于山泽，赁佣于富室，亦亟自计其八口之飦粥，而必不哄然于河滨路隅，望价之减，以号呼动众。然若彼者，实繁有徒；一唱百和，猝起哀鸣。冀官之减价，乃不念价即减，而既减之金钱，顾其橐而何有也。如是者，徇其狂妄，而以拒商贩于千里之外，居盈之豪民，益挟持人之死命以坐收踊贵之利。罢民既自毙，而官又导之以趋于毙。呜呼！俗吏得美名，而饥民填沟壑，亦惨矣哉！

卢坦为宣、歙观察使，岁饥，谷价日增，或请抑之，坦持不可，而商贩辐辏，民赖以生。知治道者之设施，固俗吏之所疑也。俗吏者，知徇罢民而已。故罢士不可徇之以谋道，罢民不可徇之以谋生。罢士惮登天之难，而欲废绳墨以可企及，则必陷于愚陋；罢民恤斯须之苦，而欲忘长虑以竞目前，则必陷于死亡。君子之弗徇之，尸其怨而不恤，诚有其大不忍者矣。

8.宪宗志平僭乱，李绛请释王承宗于恒、冀，而困吴少诚的都是哪些人？他们一定是那些倒买倒卖、四处混饭、不从事农业生产、不懂得家庭积蓄的人啊。这些人，古代叫做疲民，当时是要罚他们出力役钱甚至要关进监狱的呀。而那些男子勤于耕耘，妇女勤于纺织，按时修补水塘，懂得储备财物的人，即使遇到大荒年也不会挨饿；就连那些靠当工匠和小商贩谋生的人；只要操劳不倦，不铺张浪费，没有酗酒、赌博、迷恋歌舞、夜里玩乐白天睡觉等陋习，一遇到荒年也不致于挨饿。即便真的没有办法了，他们还可以到山泽之间采集野菜，到富人家里当帮工，像这些人想得都是如何让一家人有碗粥嚼，必定不会去鼓动群众，闹哄哄地聚集在河边路旁，等着粮食降价；但是像后一种不安份的人也不少啊，他们一呼百应，发出哀鸣，恳求官府降低粮价；但是他们也不想一想，即便粮价减了，减价后多出的金钱又有多少装在自己口袋里呢。如果官府屈从这些狂妄的人，就等于把商贩拒于千里之外，那么那些广有积蓄的土豪们就更能凭借他们手中掌握着关系人民生死的粮食来坐收物价上涨的厚利了。疲民们饿死了，而官府的行动又加速了他们的死亡。唉！肤浅的官吏因其肤浅竟得到了美誉，而饥民的尸体却填满了山沟，太惨了！

卢坦当宣、歙观察使时，遇到了饥荒，粮价逐日上升，有人请求他抑制粮价，卢坦坚持不同意，于是各地商贩纷纷把粮食运到这里销售，使当地百姓得以活命。懂得治国之道的人的措施，是肤浅的官吏所不明白的。肤浅的官吏只知道屈从于疲民而已。因此有见识的官员不同疲士商量治国之道，不同疲民商量活命的办法，疲士畏惧困难，一定要废尽天下的所有规章，所以必定愚昧浅陋；疲民为了一点小苦可以不顾长远只顾眼前，所以必定招致死亡。君子不屈从于他，也不顾他的怨恨，确实要有大不忍的决心啊。

宪宗皇帝立志平定犯上作乱的藩镇，李绛请求先不进攻占据于申、蔡，尠已。有攻坚而瑕自破者，有攻瑕而坚渐夷者，存乎其时而已矣。当是时，国家积弱，而藩镇怙强，河北其轮囷盘错以折斧斤者也。攻其瑕而国威伸，瑕者破而逆气折，故西川、江、淮叛而速平，唯其瑕也。然而坚者自若，则以申、蔡逼近东都，中天下而持南北之吭，河北以窥朝廷之能否，故用兵之所宜先者，莫急于淮、蔡。吴少诚处四战之地，旁无应援，李师道殚力以为之谋，为盗而已，弗能出一卒以助其逆，彼瑕易脆，而国威可伸。申、蔡平而河北震惊，不于此而攻瑕，将安攻乎？

若当时之最宜缓而不可急攻者，莫恒、冀若矣。王武俊首听李抱真之约，发愤讨逆，功固可念也。而南有魏博以为之障，北有幽、燕以为之援，东有淄青以为率然之首尾，吐突承璀不揣而加兵，徒以资卢从史之逆，自取之也。自申、蔡而外，所可申讨者，唯淄青耳。淄青者，南接淮、海，而西与燕、魏相悬千里，势不足以相救。故刘裕之灭慕容超也，一入大岘，而直捣其郛，穷海必亡之势也。李纳无尺寸之功，有邱山之恶，而师道继之，以鼠窃之小丑，力不足以大逞，但恃穿窬之徒，以胁宰相，骇中外，焚帑藏，犯陵庙，宵起昼伏，幸免于天诛，堂堂正正以九伐之法临之，如山压卵，莫之能御矣。舍此不图，而遽求多于难拔之恒、冀，不亦愚乎？

恒、冀的王承宗而围困占据申、蔡的吴少诚，这是对的。打仗，有先攻强敌而弱敌不战自败的情况，也有先攻弱敌而后逐渐消磨掉强敌的实力再平定它的情况，究竟采用哪种战术，要根据当时的情形来定。那个时候，朝廷长期衰弱，藩镇的力量比较强大，尤其是河北地区，形势曲折盘错足以使朝廷损兵折将。因此就要通过攻打弱敌来伸扬国威，同时弱敌被消灭了也可以打击强敌的锐气，所以过去能迅速平定西川、江、淮的叛贼，就是因为他们弱呀。但是强敌却依然如故，申、蔡等地靠近东都洛阳，居天下之中，控制着南北咽喉要道，关系到河北诸镇是否敢于进攻朝廷，所以要消灭藩镇割据，首先就要攻打申、蔡。这一地区处于四战之地，无险可据，又没有外援，尽管李师道尽心尽力替吴少诚出谋划策，但李师道不过是个强盗而已，不会派一兵一卒帮他对搞抗朝廷，因此，申、蔡弱小易败，在这里可以大展国威。而且攻下申、蔡就可以威震河北诸镇，这时候不攻打吴少诚这个弱敌，还攻打谁泥?

当时最不宜于攻打的就是恒、冀了。当初，王武俊率先听从李抱真的约请，奋勇讨伐叛逆，为朝廷出力，这个功劳不能忘记。而且该镇南有魏博作屏障，北有幽、燕为后援，东边的淄青也公然与它结盟，吐突承璀不加考虑就对恒、冀开战，只是助长了卢从史的嚣张气焰，自取失败。自申、蔡以外，还可以进行征讨的，只有淄青了。淄青南边是淮河和大海，西边同燕、魏相隔千里，不及相救。所以当年刘裕消灭慕容超，就是一攻下大岘，便直捣其心脏，迫使慕容超背海作战，直至灭亡。而且，过去的淄青节度使李纳对国家没有半点儿功劳，却有很多恶行，他的继承人李师道，更是一个鼠辈小丑，干不了大事，单靠几个钻墙打洞的亡命之徒，杀害宰相，恐吓大臣，焚毁国库，侵犯皇陵，只是由于他们昼伏夜出，小心谨慎，才侥幸没被朝廷诛杀。如果朝廷堂堂正正地用九伐之法进攻淄青，那么就像用山压卵

《诗》不云乎？“池之竭矣，不云自频。”池者，无源之水也，故频竭而中随之。藩镇之逆，池水之溢耳。元和之世，溢者将涸，竭其频而池自无馀。宪宗持疑不决，庙议乱于中涓，故历年久而后平，贼虽平而国亦惫矣。

9.揣摩情势、游移捭阖之士，其术得仇，而天下之乱不可止。战国之分争，垂数百年而不定，暴骨连野，人之死者十九，皆此等心机所动，持天下而徇己说者成之也。至于唐之季世，而游士之口复腾。河北兵连，宇内骚扰，一言偶中，狂夫捐久长之利害，而一意徇之。险矣哉！若谭忠之为田季安、刘济谋者是已。

于斯时也，为季安谋万全者，岂有他哉？陈王承宗之逆而必败，淮蔡、淄青之自速其亡。使二镇合兵，蹙承宗使就缚归命，改镇修职，则季安、济长保其富贵；而承宗既禽，淮蔡不敢穷兵以抗命，淄青不敢仗盗以党奸，天下亦蒙其安平之福矣。其后田弘正一逼郓州，而李师道旋授首于刘悟，其明效矣。而谭忠持两端之策，揣朝廷之举动，姑顺天子之命，实保承宗之奸，以上免朝廷之怒，下结叛逆之心。自谓谋之已工，而昧于久长之计者，惊其揣度之中，无定之衷，固不胜其如簧之舌。于是取堂邑以市交，收饶阳、束鹿以谢咎。二镇固可处堂而嬉也，而天下之祸，乃以此而深。使微忠也，则二镇顺而一样，是不费吹灰之力的。但是放着这么弱的敌人不打，而去攻打难以战胜的恒、冀，不是太蠢了吗？

《诗经》不是说过“池塘的水干了，是很频繁的”。池塘是没有活水源的，所以经常会干枯。这些反叛的藩镇，像溢出来的池水呀。元和年间，那些反叛的藩镇气焰非常嚣张，但是就像池水反复几次溢出，池塘就干枯无余水一样，也在衰落了。然而由于宪宗的犹豫不决，再加上宦官们干扰朝政，所以用了多年功夫才平定了反贼，反贼虽然被消灭了，但国家也元气大伤了。

那种既善于估量国家形势又精于纵横捭阖之术的人如果被敌人所任用，那么国家就会大乱不止了。战国时期各国相互争斗了数百年，尸骨遍野，十分之九的人口被战争夺去了生命，这种惨况都是那些纵横捭阖的游士们为了卖弄自己的本事而促成的呀。到唐朝末年，这种游士又出现了。那时河北地区藩镇割据，天下不太平，这些游士略施小计，便让那些骄悍的武将不计长远利害，一心一意地听从他，太可怕了！谭忠替田季安、刘济出谋划策就是一个例子。

当时，要是真得想替田季安谋划一个万全之策，只有下面这一条：说明王承宗的逆谋必定失败，淮蔡、淄青两镇的倒行逆施正在加速自己的灭亡，然后劝田季安、刘济集中两镇的兵力，逼迫王承宗束手就擒，把他献给朝廷，再把藩镇改为直隶朝廷的州县，这样他们二人就可以长享富贵了，除此之外，哪会有更好的计策呢？假如擒获了王承宗，那么淮蔡就不敢再拥兵对抗朝廷，淄青也不敢再纵容强盗交结奸人了，天下也就太平了。这条计策的可行性从后来田弘正一逼郓州，李师道就被刘悟杀死的实事中得到了验证。然而谭忠却揣摩朝廷的意图给田、刘二人献了一条首鼠两端的计策，表面上顺从皇帝，实际上庇护王承宗，这样，一方面避免得罪朝廷，另一方面又同反贼结成心腹，对于谭忠这条自谓很周到的计策，没有远见的归命，一言而决耳；逆而助贼，亦一言而决耳；痈已溃，收之而固无难也。故曰忠之为谋险矣哉！

故上之倾危而祸及天下者，莫甚于善揣中外之情形而持之不失，李巨川之亡唐，张元、吴昊之乱宋，皆此也。杜荀鹤、韦庄之流，始于容身，终于幸利，然技止于雕虫，犹不尸为戎首。而兀术欲走，一书生揣岳、秦之衅，言如持券，以终陷东京而不复。当国者之御此曹也难矣，奖之则群起而挠国是，抑之则反面而事寇仇。惟当祸乱繁兴之日，庠序仍修，贡举不辍，使有坦道之可遵，而旁蹊庶其可塞乎！将帅不得荐幕士，督府不得用参谋，亦拔本塞源之一道也。

10.李吉甫之专恣，宪宗觉之，而拜李绛同平章事以相参酌，自谓得驭之之道矣。乃使交相持以启朋党之争，则上失纲而下生乱，其必然也。绛贞而吉甫邪，弗待辨也。虽然，谓绛为得大臣之道，又岂能胜其任哉？秦誓曰：“唯截截善谝言。”言者，小人之所长也，非君子之所可竞也。小人者，不畏咎于人，不怀惭于己，君以为是，滔滔日进而益骋，君以为非，诋诃面承而更端以进，无愧咎之容。若君子，则言既不听，耻田季安极为叹服他的判断准确，再加上自己胸无主见，抵不住谭忠如簧之舌的诱惑，便采纳了。于是他们卖交情取了堂邑，报王命收了饶阳、束鹿，两镇皆大欢喜。但是天下的祸患因此就更深了。假如没有谭忠，那么两镇归顺朝廷，是一句话就定的事；公开叛变帮助逆贼，也是一句话就定的事，这样做就像痈已溃烂，收拾它并不难呀。所以说谭忠的计谋太阴险了啊！

因此，游士倾覆朝廷危害天下莫过于他的善于估量朝野形势而没有失误，像李巨川在灭亡唐朝中的作用，像张元、吴昊在搞乱宋朝中的作用，都是这样啊。杜荀鹤、韦庄之流，投靠藩镇，开始是为了保身，后来则是贪图利禄，但是他们只有文学才能而已，还不足作为谋主帮藩镇祸乱国家。然而当金国的兀术准备逃走时，也是一个书生推测岳飞、秦桧之间的矛盾，言之确凿，兀术就不再退兵了，最终使宋朝再也没有收复东京。掌管朝政的宰辅们是很难驾驭这些游士的，奖用他们吧就会纷纷干扰国政，贬抑他们吧就会反过去为国家敌人服务。只有在国家祸乱繁多的时候，仍然重视儒生的学校教育，不废正常的科举制度，使读书人都有坦途可走，才可以堵塞他们去做游士的旁门左道啊！同时，还要要求统兵的将帅不得推荐幕士作官，督府里不得任用参谋，这也是杜绝游士的一种办法呀。

宪宗对李吉甫专权无忌有所觉察，因此任命李绛为同平章事来制约他，认为这是驾驭大臣的好方法。结果使二李对抗，相持不下，引发出朋党之争。因此，皇帝不讲原则，就会造成政局不稳，这是必然的。李绛正直，李吉甫奸邪，这是不辩自明的。虽然如此，但是并不能说李绛就掌握了做大臣的正道。《尚书·秦誓》上说："善言巧变"。花言巧语是小人的特长，正人君子是不能比的。小人这种人，不怕得罪人，也不知羞耻，皇帝认为好的，他便滔滔不绝地过分渲染，皇帝认为不好的，他即使当面受责也不在乎，马上就顺着皇帝的于申说，奚琐琐尚口之穷乎？君子而以言与小人角长短，未有贞胜者也。《易》曰：“咸其辅颊舌。”应非不以正也，然相激而愈支，于以感上下之心，难矣。

夫大臣者，衷之以心，裁之以道，持之以权，邦之荣怀与其杌陧系焉者也。不得已而有言，言出而小人无所施其唇舌，乃可定众论之归，而扶危定倾于未兆。若其一再言之，君已见庸而众嚣莫止者，必君志之未定，而终且受诎，则所谓“不可则止”者矣。夫吉甫岂安于受挫不思变计者乎？言出而绛必折之，宪宗且伸绛而抑之矣。然而屡进不已，蹻蹻争鸣者，何也？彼诚有所恃也。恃宪宗之好谀在心，乍咈而终俞；绛之相尚以口，言多而必踬也。如是而可以辩论之长与争消长哉？“彼亦一是非，此亦一是非。”各得其朋以相抵牾，而党祸成矣。此大臣之道，所不欲以身任天下之纷纭者也。

绛而知此，则当命相之日，审吉甫之植根深固、不可卒拔，辞平章不受，使人主知贞邪之不可并立，而反求其故，吉甫可逐也。即受之而姑舍他务，专力昌言，斥吉甫之奸，必不与同谋国事，听则留，否则去，不但无自辱之憾，且正邪区分，可俟小人之偾辀折轴，而徐伸其正论，于国亦非小补也。不此之务，屈身以与同居论道之席，一盈一虚，待下风者随之而草偃，朋党交持，祸延宗社，绛能辞遇雨之濡哉？

意思改弦更张，而且毫无愧容。像君子这种人，皇帝不采纳自己的进言，便耻于再说，怎么会斤斤于卖弄口舌呢？君子在花言巧语方面是比不过小人的呀。《易经》上说：“交感相应在口头上。”不是因为言论符合正道才失败，而是讲话时越急就越含混不清，这样要想感动朝野上下是很难的啊。

作为身系国家安危的大臣，要用心来折衷事情，按照正道来决断事情，同时还要保持灵活性。迫不得已而要有所进言，也要考虑周到，使小人无可挑剔，只有这样才可以统一上下的认识，使国家避免危难。如果大臣反复进言，君主还没有拿定主意，反复争论下去，最终是要受屈辱的，因此说：“不可则止”啊。同时像李吉甫这种人又岂能安于受挫而不思改变？他一讲话，李绛就驳斥他，宪宗支持李绛而抑制他，但李吉甫仍然进言不止，他这样不停地争着讲话，是为什么？他确实是有所依靠的呀。他所依靠的就是宪宗内心喜欢听奉承话的，奉承话听多了宪宗就不会再生他的气了，而李绛是不会说这些肉麻话的，他话说多了，宪宗就讨厌他了。像这样两个人怎么可能通过辩论来争胜负呢？他们各有各的是非标准，而且每人身边都有一批志趣相同的人，双方互相争斗，从而形成了朋党之祸。这就是大臣不应置身于朝廷纷争中的原因。

假如李绛明白这个道理，那么在宪宗任命他为宰相的时候，看到李吉甫的地位很稳，不能马上除掉，就应该推辞不受，使宪宗明白正邪不可并立，这样宪宗权衡利弊，就可能罢掉李吉甫宰相职务。即使李绛做了宰相，也要姑且放弃别的工作，专门抨击李吉甫奸邪误国，坚决不同他一起商量国事，皇帝支持就留任，不支持就辞职，这样做不但不会招致耻辱，而且还使正邪分开，等到小人被清除后，再慢慢伸张正论，这样做对国家也很有益。但李绛却做不到这些，他同李吉甫并肩做宰相，一正一邪，使朝廷内部产生分裂，结成朋党，呜呼！言固未有方也，论固未有定也，失其大正，则正邪之迁流未有据也。吉甫、绛，君子小人之辨分矣。他日德裕欲掩父之恶以修怨，而牛僧孺、李宗闵、李逢吉、元稹之徒，愈趋以与德裕争胜，则君子之名实又归于李氏。一波而万波随，不知所届，要皆口舌文字之争胜负于天下，而国之安危，俗之贞淫，淌滉而无据，言之得失，可为善恶之衡乎？尽臣道者不可不知，正君道者尤不可不知也。

11.魏博田季安死，其子擅立，李吉甫请讨之，而李绛请俟其变。筹之堂上而遥制千里，度之未事而验之果然，不两月而田兴果请命奉贡，效其忠贞，一如绛言，不差毫发。古今谋臣策士，征验疾速，未有如此之不爽者也。

河朔自薛嵩、田承嗣以来，世怙其逆，非但其帅之稔恶相仍也，下而偏裨，又下而士卒，皆利于负固阻兵，甘心以携贰于天子。故帅死兵乱，杀夺其子，拥戴偏裨者不一，而终无有恃朝廷为奥援者。绛即知田怀谏之必见夺于人，亦恶知其不若朱希彩、吴少阳之相踵以抗王命哉？而坚持坐待之说，不畏事机之变，咎将归己，无所顾畏者，岂果有前知不爽之神智，抑徼天幸而适如其谋邪？言而允中，固有繇来，绛秘不言，而无从致诘耳。

田兴之得军心，为季安所忌久矣。与季安不两立，而特诎于季安，待其死以蹶起，奄有魏博，谋之夙矣。欲定交于邻互相争斗，给国家带来灾祸，李绛是推卸不掉自己的责任的。

唉！言论都不是一成不变的，失去正确的方向，那么正邪的划分也就没有依据了。李吉甫、李绛谁是君子谁是小人是很清楚的，但后来李德裕为了掩盖父亲李吉甫的恶行却加以报怨，因此牛僧孺、李宗闵、李逢吉、元稹等人就更加剧了同李德裕的争斗，这时君子的名实归到李德裕名下了。朋党之争是一波起而万波随，没有边际，其实都是些笔墨官司，对国家的安危、社会风气的好坏不起作用，即使定出胜负，又能拿来做衡量善恶的标准吗？大臣们应该明白这一点，皇帝更应该明白这一点啊！

魏博节度使田季安死后，他的儿子田怀谏擅自接掌了节度使的官职，当时，李吉甫请求朝廷派兵讨伐，但是李绛却认为应该静待其变。不到两个月，田兴果然请求归顺朝廷，为皇帝尽忠，同李绛所说的丝毫不差。像这样朝堂上的谋划竟然能够控制千里之外的局势，对尚未发生事情的分析竟然迅速得到验证，古今的谋臣策士都不能做到啊。

河朔地区自从薛嵩、田承嗣割据以来，一直控制在叛逆手中，而且不仅历任主帅都心怀异志，就连他们手下的部将乃至士卒，也都是对抗王命的。因此尽管主帅死后，往往发生兵变，剥夺主帅儿子的继承权，拥戴有威望的将领为节度使，但却始终没有依靠朝廷作内援的。因此即使李绛知道田怀谏的兵权一定会被别人夺走，可是他又怎么能够肯定新的掌权者不会像朱希彩、吴少阳那样继续同朝廷作对呢？然而他坚持静坐等待的主张，不怕承担贻误战机的罪责，他这样自信，难道真的有先见之明，或者是侥幸说中的呢？李绛的料事如神，一定有原因，但他却保密不肯说，也就无从知道了。

田兴深得军心，田季安防范他很久了。田兴同田季安矛盾很深，不过是曲从于他，所以田季安死后，田兴便迅速崛起，完全控制了魏镇，以成其窃据，乃四顾而无有可托之强援，念唯归命朝廷为足以自固。乃欲自达于天子，而盈廷道谋，将机泄而祸且至。知唯李绛之可因效悃也，信使密通以俟时相应，举国不知，而绛之要言已定，非一日矣。绛言诸将怨怒，必有所归，而不斥言兴者，为兴秘之耳。逐怀谏而有魏博，绛与有谋焉；请命修贡，皆绛之成谋也。绛自策之，自言之，何忧乎事之不然哉？能致之者，绛之忠也；能持之者，绛之断也；能密之者，绛之深也；要非以智揣度、幸获如神之验也。

故大臣之以身任国事也，必熟识天下之情形，接纳边臣之心腹，与四方有肺腑之交，密计潜输，尽获其肝胆，乃可以招携服远，或抚或剿而罔不如意。夫以一人之忧为忧，以天下之安危为安危者，岂孤立廷端，读已往之书，听筑室之谋，恃其忠智而无偾事之虞哉？

大臣之谋国也，既如此矣，则天子命相，倚之以决大疑、定大事，亦必有道矣。殿阁之文臣，既清孤远物，而与天下素不相接；部寺之能臣，钱谷刑名杂冗，而于机事有所未遑；危疑无定之衷，竭智以谋，愈详而愈左。故人主之命相，必使入参坐议，出接四方，如陆贽、李绛之任学士也，早有以延揽方博镇，实现了自己的夙谋。为了巩固自己的地位，田兴四处寻找强援，最后认识到只有归顺朝廷才足以自保。于是田兴便想向皇帝表达归顺的愿望，不过又担心在朝廷上公开议论这件事会泄露机密，给自己带来灾难。他知道只有李绛才可以帮助自己实现效忠皇帝的愿望，便派信使秘密地同李绛建立了联系，准备相机而动。这件事没人知道，从李绛静坐等待主张看，他们的来往也不是一天的事了。李绛所说的魏博诸将心怀怨怒，必将另推主将，而不指出田兴的名字，是替他保密呀。因此，田兴驱逐田怀谏控制魏博，李绛是参与了谋划的；而田兴归顺朝廷的所有做法，更都是李绛的安排。李绛自己策划，再自己说出来，何必担心事情不是这样呢？帮助田兴归顺朝廷，表现了李绛对国家的忠心；把这件事安排得有条不紊，表现了李绛处理事情的能力；这件事的前期保密工作做得很好，表现了李绛的沉着；因此李绛对魏博镇形势的判断可不是单凭智慧进行推测而侥幸获得的呀。

由此可见，大臣肩负国家重任，一定要熟悉天下的形势，要善于结纳边臣的心腹，广有肺腑之交，暗中运用计谋帮助他们，获得他们的拥护，这样就可以使朝廷威伏远近，对于边镇或招抚或讨伐运用自如，都能成功。像李绛这样把皇帝的忧患当成自己的忧患，把天下的安危当成自己的安危的人，岂是那种清高孤傲，只会读古书而毫无主见，自夸有忠心有智谋而没有实际做事能力的人所能比的吗？

大臣既然是这样谋划国家大事的；那么皇帝任用他为宰相，依靠他解决疑难大事，也就必然有办法了。朝廷中的文臣们，孤芳自赏，不愿接触社会；朝廷各部寺的官员们，日夜忙碌着干事务性工作，对于谋划国家的政治、军事大事是不能胜任的；像这两种人如果去议论国家疑难大政，只会越议论越没办法。所以皇帝任命宰相，一定要让他们入朝则坐而论道，出朝则广交四方，像陆敬舆、李绛任学士镇而得其要领；天下亦知主眷之归，物望之集，可与为因依，而听其颐指；无患乎事机之多变，而周章以失据矣。不能知人而厚防之，严宰执招权之罚，禁边臣近侍之交，以漠不相知之介士，驭万里之情形，日削日离，待尽而已矣。

12.唐置神策军于京西京北，虽以备御吐蕃，然曾倚此军削平叛寇，则资以建国威、捍非常，实天子之爪牙也。德、宪以来，权归中涓与西北节镇，虏至莫能奔命。李绛所为，欲据所在之地，割隶本镇，使听号召以击。虏之猝至，不致待请中尉，迟延莫救也。宪宗闻绛之言，欣然欲从，而终于不果，识者固知其必不果也。

唐于是时，吐蕃之祸缓矣，所甚患者，内地诸节度分拥强兵，画地自怙，而天子无一爪牙之士；于此而欲夺之中涓之手，授之节镇，中涓激天子以孤危，辞直而天子信之，又将何以折之邪？是军也，昔尝以授之白志贞矣。朱泚之乱，瓦解而散，外臣之无功而不足倚，有明验也，故付之于宦官，亦无可委任，而姑使其听命宫廷耳。如复分割隶于节镇，则徒为藩镇益兵，而天子仍无一卒之可使。有若朱泚者，猝起于肘腋，勿论其能相抗制也，即欲出奔，而踉跄道路，将一车匹马而行乎？绛不虑此，欲削中涓之兵柄，而强人主以孤立，操必不可行之策，徒令增疑，何其疏也！

时，就结交方镇的将领了解方镇的形势；天下人士也因宰相被皇帝所器重，又很有声望，可以依附他，听从他的指挥；这样宰相们就不会因为形势多变而张皇失措了。如果皇帝不会用人，而且还严加防范，使宰相手中无权，又不能结交边臣了解形势，这样用一个什么也不懂的人来掌管国家大政，只会使国家的情况一天比一天糟，直到灭亡。

唐朝设置神策军，把它布署在京城的西边和北边，虽然开始是用来防御吐蕃的，然而也曾依靠它扫平过反贼和强盗，后来就用它来保卫朝廷，防范突发事件，实际上成了皇帝的近卫军。德宗、宪宗以来，它的统制权落到宦官和西北节镇的手里，战斗力削弱了，李绛准备根据神策军分布的位置，把它分别交给当地的藩镇直接统帅，这样当敌人突然来袭时，神策军就可以同别的军队一样直接战斗，不用再去请示由宦官担任的中尉了，从而避免贻误战机。宪宗听了李绛的建议，也很乐意这么办，但最后还是没有这么做，有见识的人知道他一定不会这么做的。

在这个时候，对唐朝威胁最大的已不再是吐蕃了，而是内地的那些节度使们。他们拥强兵，擅割据，而皇帝手中却没有能用的一兵一卒；在这种情况下想从宦官手中夺取神策军交给节镇，宦官们只要用皇帝的孤危处境打动皇帝，皇帝就会改变主意，面对宦官们的正当理由，又怎么去反驳呢？神策军过去曾交给白志贞统率，在朱泚叛乱中瓦解了，由于外臣统率无方，才交给了内臣即宦官，也没有什么事可干，只是让它听命宫廷而已。如果再把它分割开交给节镇统率，只不过是替藩镇增兵，皇帝手里仍没有一兵一卒可用。假如再有像朱泚那样的人，突然在京城附近发动叛乱，皇帝不要说抵抗了，就是出逃，身边没有一兵一卒能行吗？李绛不考虑这些，只是为了剥夺宦官的兵权，就不惜让皇帝孤立无援；设计这样必不可行的计划，只会使人怀疑其用心，李绛太疏忽了！

绛诚虑之深，策之审，则当抗言中涓揽兵之非宜，取神策一军隶之兵部，简选而练习之，猝有边警，驰遣文武大臣将之以策应，外有寇则疾应外，内有乱则疾应内，与节镇相为呼应，而功罪均之。如此，则天子有军，应援有责，而中涓之权亦夺矣。奈之何舍内廷之忧而顾外镇之患乎？如曰待边将之奏报而后遣救，无以防虏寇之驰突。则侦探不密，奏报不夙，边镇之罪也，非神策之需迟而不及事也。唐室之患，不在吐蕃而在藩镇，已昭然矣，如之何其弗思？

13.人臣以社稷为己任，而引贤才以共事，不避亲戚，不避知旧，不避门生故吏，唯其才而荐，身任疑谤而不恤，忠臣之之效也。周公遭二叔之流言，既出居东，而所汲引在位者，皆摧残不安于位，公身之不恤，而为之哀吟曰："既取我子，勿毁我室。"小人动摇君子，取其为国所树之人，指之以朋党，毁之以私亲，诚可为蠹然伤心者矣。虽然，公以叔父受托孤之任，抚新造之国，收初定之人心，以卫社稷，故必近取休戚相倚者以自辅，固未可概为人臣法也。

立贤而先亲知，非无说以处此矣。狎习已夙，则其性情易见而贤否易知，非遥采声闻者之比也。且吾权藉既尊，风尚既正，属在肺腑者，苟非甚不肖，若李虞、李仲言之于李绅，亦将习见正人，习闻正论，顺风而偃，乐出于清忠之涂；则就亲知而拔用之，非无得也。然而有大患者，苟其端亮忠直、忧国如家也，则其议论风旨恒毅然外见，而人得测其喜怒从违之所向。于是所与亲知者，熟尝其肯綮以相迎合，亦习为亢爽之如果李绛考虑周到细致的话，就应该极力陈说宦官掌管兵权的危害性，并建议把神策军全军交给兵部管理，进行整训，提高战斗力，遇到突发战事，派文武大臣去统率它对付内外之敌，使它同节镇相为呼应，同样奖功罚罪。如此，则皇帝也有自己的军队了，保卫朝廷的责任也落实了，而且也夺去了宦官的兵权。为什么李绛不顾皇帝的忧虑而去顾外镇的担心呢？如此等收到边将的奏报再派神策军去救援，无法防备敌人的快速攻击。其实侦探不密，奏报不快，是边镇的罪过，不是神策军故意拖延误事。当时唐朝的大患，不在吐蕃而在藩镇，这是很明显的，为什么李绛就不想想呢？

忠臣以国家以己任，举荐贤才共图国事，就应该不避讳自己的亲戚、老朋友、学生和老部下，唯才是举，不惜因此而遭受怀疑和诽谤。周公因为管、蔡二叔的流言，迁到东周去住，他所任用的官员，都因迫害而不愿做官，周公不顾自身安危，而替这些人哀吟说："取了我的人，不要毁他们了"。小人为了排斥君子，就把君子为国而选用的人才，指为朋党，或者诋毁为私人亲属，确实令人伤心啊。虽然如此，但是周公作为成王的叔父，辅佐成王，安抚新建立的国家，收揽刚安定下来的民心，来保卫社稷，所以必定选用身边休戚相关的人来帮助自己，大臣们是不能效法的呀。

选拔贤才先从自己熟知的人开始，这是有道理的。对经常在一起的人，容易掌握他的性情，知道贤与不贤，这不是光听说过而不认识的人所能比的。况且，大臣的权力既然很大，风气很正，身边的人除非很不好，像李绅家的李虞、李仲言那样，其余的因为经常同正人君子在一起，经常听取正当的言论，经过熏陶，乐于作清正忠诚的人；那么从自己亲身了解的人中选拔任用官员，不是无所得的呀。然而这中间有个大隐患，像那种端方正直、忧国如家的人，他们的议论也是公开的，人们可以从中推测出他的喜怒从违。于是，他的熟人容、高深之说、以自旌而求仇。如牛僧孺、元稹、李宗闵、刘栖楚之流，危言碎首，亦何遽出贾谊、朱云之下；杜钦、谷永，徒观其表见，且可以欺后世而有馀；苏舜钦、石延年、黄庭坚、秦观游大人之门，固宜受特达之知遇；杜祁公、司马温公所不能却也，而后竟如之何也？未遇则饰貌以相依，已仇则操戈以入室。凶终之祸，成乎比匪，不亦伤乎！

宪宗诘宰相"当为朕惜官，勿用之私亲"。此必有先入之言，诬绛以受私者。绛曰："非亲非故，不谙其才。"言之诚是，宪宗弗能夺也。而李吉甫因之指斥善类为朋党，以利攻击者，即在于此。非尽吉甫之诬也，使牛僧孺，李宗闵、元稹、刘栖楚之徒，早为绛之亲故，而备闻其忼慨之论，绛能勿引与同升乎？而倾危爚乱之祸始，将谁归邪？自非周公以至圣有知人之哲，以叔父居摄政之尊，则未可亟引亲知，开小人姻亚膴仕之端；况乎人主方疑，同官方忌，为嫌疑之引避者乎？进以树特立之操，退以养和平之福，大臣之常度也。绛虽忠，未讲于此，上不能靖国，而下以危身，抑有以致之矣。

14.吴元济一狂騃竖子耳，中立于淮、泗之间，仅拥三州不协之众，延晨露之命，所恃者王承宗，既不能出一步以蹑官军之后，李师道独以狗盗之奸，刺宰相，焚陵邑，胁朝廷以招抚，而莫救元济之危，非能如向者河北连衡之不易扑也。而唐举十六道之兵，四面攻之，四年而后克，何其惫邪？论者责分兵便按照他的特点迎合他，也表现出慷慨激昂，发些高深议论自我表现，求得赏识。比如牛僧孺、元稹、李宗闵、刘栖楚，直言陈说，不避刑罚，不比贾谊、朱云差；杜钦、谷永，光看他们的表现，也足可以欺骗后世之人的；苏舜钦、石延年、黄庭坚、秦观因为能进入高官的大门所以会被看重加以任用，即使是杜祁公、司马温公这样正人君子也不可能拒绝他们。这以后又怎么样呢？没有受到赏识时，粉饰自己，千方百计地投靠，实现目的后就反目成仇；这样的例子太多了，令人叹息啊！

宪宗批评宰相说："你们应当替我珍惜官位，不要大加任用自己的亲戚来谋私。"这一定是因为有人先向他诬告李绛任用私人了。李绛则说："非亲非故的人，我不知道他的本事。"确实如此，宪宗也就无话可说了。李吉甫指责那些正人君子是朋党，便于进行攻击，其原因也在于此。这并非全是李吉甫的诬陷呀，假使牛僧孺、李宗闵、元稹、刘栖楚之流，是李绛的亲戚故交，听过他的言论，李绛能不升他们的官吗？而这样招来的危害国家的责任又该归谁承担呢？不是像周公那样极为圣明又有知人之智，并以王叔身份作摄政的，就不可以广用亲戚朋友，以致使小人通过婚姻裙带关系进入仕途；更何况皇帝怀疑，同僚防范，为了招致更大的嫌疑来重用应该回避的亲朋们吗？在位时保持特立独行的品德，退休时保养身体淡泊明志，这是大臣的常则呀。李绛虽然忠贞，却不知道这些，因此他不仅不足以清除国家的祸乱，反而给自己招来了危险，这也是有原因的呀。

像吴元济这样一个既狂妄又愚昧的小子，率领区区三州各怀异志的部众，居于淮、泗之间，四战之地，苟延残喘，他所依靠的王承宗，不能援助一兵一卒；李师道呢，专用几个强盗，刺宰相，焚陵邑，胁迫朝廷招抚自己，也不会救助他。因此，吴元济并不过去河北诸镇那样，是很容易消灭的。但是，唐朝用十六道的兵力，四面进攻，打如连鸡，参差不齐，以致师老而无功，似矣；然使专任一将，四邻诸道，旁观坐听其成败，则势益孤，而覆败无速，则专任固不如分任，审矣。

乃详取其始末而究之，元济岂有滔天之逆志如安、史哉？待赦而得有其旌节耳。王承宗、李师道亦犹是也。兵力不足以抗衡，唯恃要结间贰以求得其欲，师道遣三数匹夫入京邸，杀宰相，毁陵寝，焚屯聚，挟火怀刃，而大索不获者，为之渊薮者谁也？非大臣受三寇之金钱以相阿庇，而讵能尔邪？则其行赂诸镇，观望不前，示难攻以胁天子之受降，概可知已。外则韩弘之阻李光颜，内则韦贯之、钱徽、萧俯、李逢吉等之阻裴度，皆醉饱于三寇之苞苴，而为之唇舌者也。故蔡州一空城，元济一独夫，李愬一夕而缚之如鸡骛，其易也如此，而环攻四年，其难也如彼，唐安得有将相哉？皆元济豢饲之鹰犬而已。仅裴、武两相立于百僚之上，为疑谤之招，弗能胜也。其迟久而后克，不亦宜乎？

故国家当寇难相临之日，才臣有不足任之才，勇将有不可鼓之勇，(边外)[夷狄]盗贼所以蛊天下者，皆豆区之惠，而人为之风靡。非有清贞之大臣，前不屑千金，后不恤猛虎，则天子终无可寄之心膂。诸葛公曰："唯澹泊可以明志。"人君尚知所托国哉！

15.德宗令廷臣相过从者，金吾伺察以闻，愚矣哉！夫苟了四年才消灭吴元济，怎么这样差劲呢？有的评论者指责分兵太多，像捆在一起的鸡一样，行动不一，互相牵制，似乎很对；假使专任一将，那么四邻诸道，就会袖手旁观，任其成败，这样的话，唐军势单力孤，很快就会失败，因此专任一将确实不如分任众将审慎啊。

究其始末，吴元济哪里有安禄山、史思明那么大的野心呢？只是要朝廷赦免他的罪过并让他保有节度使位置罢了。王承宗、李师道也是如此呀。由于兵力不足以同朝廷抗衡，于是他们便想用旁门左道的办法实现自己的愿望，李师道派遣几个强盗潜入京城，杀宰相，毁陵寝，焚屯聚，闹得京城乌烟瘴气，像这种挟火怀刃公然肇事的强盗，朝廷大肆搜捕竟然抓不到，是谁把他们隐藏起来了呢？如果不是朝中大臣收了这些反贼的金钱而加以庇护，谁又能藏得了他们呢？因此，围攻吴元济的诸镇，观望不前，并借口难攻胁迫皇帝接受吴元济降顺；大概也因为他们收了吴元济的贿赂啊。朝外韩弘阻挠李光颜，朝内韦贯之、钱徽、萧俛、李逢吉等阻挠裴度，这些人都被吴元济、王承宗、李师道这三个反贼用金钱喂饱了，所以就替他们说话呀。所以同样是蔡州这样一座空城，吴元济这样一个独夫，李愬只用一个晚上的功夫就解决了，太容易了，而其他诸将却围攻了四年也没有拿下，也太难了，所以说唐朝怎么还会有将相呢？都是吴元济豢养的鹰犬呀。单凭裴度、武元衡这两位宰相是敌不过这些贪官污吏的呀。因此用了四年的时间才攻克蔡州是不奇怪的。

所以在国家蒙受敌人祸乱的时候，大臣不肯为国分忧，武将不肯奋勇杀敌，纵容敌人横行天下，这都是因为他们被敌人的小惠打倒了呀。只有那种清贞的大臣，他们不屑千金，不畏猛虎，才是皇帝的依靠啊。诸葛亮说：“只有澹泊于名利才可以保持自己的志向。”皇帝应该明察可以共图国家大事的人啊！

德宗皇帝命令金吾暗中监视大臣间的相互来往，并向他报告，纳贿营私，则公庭可以密语，暮夜可以叩户，姻族游客可以居间，乃至黄冠缁流、优俳仆隶、一言片纸而可通，奚必过从哉？裴晋公同平章事，以平寇须参众议，请罢其禁，于私第见客，宪宗许之。则岂徒收集思之益，以周知阃外之情形？而洞开重门，阴慝无所容其诡秘。杜私门、绝幸窦之善术，莫尚于此也。

然而处此也亦难矣。惩猜防之失，则以延访为公；戒筑室之谋，则又以慎交为正；两者因其时而已。李太初群言杂陈，而漠然不应，宁蒙天下之讥怨，自以不用游谈之士为报国。盖截截谝言，非执中有权者，未易使之日进于前也。尝览元、白诸人之诗，莫不依附晋公以自矜善类；乃至归休绿野，犹假风韵以相激扬。然则当日私第之所接纳，其能益于公以益于国者，盖亦鲜矣。

以要言之，人君不可禁大臣之交游，而大臣固当自重其嚬笑。论辨也，文章也，韵度也，下至于琴尊书画山川玩好鉴赏之长也，皆劳视听、玩时日、以妨远略，而佥人可托以求仇者也。若夫一邑一乡之利害，此长彼短之策略，危言之而欲亟行之，祗以病国殃民，而开无穷之害。延访者，可务好士乐善之虚名，为宵人仇利达乎？周公下士至矣，而七月、东山惟与农夫戍卒咏室家田庐之忧乐，何有于指天画地之韬铃，月露风云之情态哉？故延访之公必以慎听之、正持之，勿徒矜虚名这种做法太愚蠢了！假如大臣们要收贿谋私，那么办法太多了，可以在衙门里窃窃私语；可以深夜登门拜访；可以通过亲戚幕僚中间传话；甚至可以利用道士、和尚、戏子、奴仆来传递书信，哪里一定要来往呢？裴度做宰相的时候，因为平定贼寇需要广泛征集各方面人士的建议，请求皇帝开禁在自己的住宅中接待客人，宪宗允许了。这么做不仅收到了集思广益，广泛了解外界情况的效果；而且大开重门，真的有什么阴谋也无从隐藏，这也是杜绝行私门路和侥幸登仕的好办法呀。

然而这么做也很难啊。一方面，为了避免皇帝的猜疑防范大臣的过失，要广泛接待各类人士；另一方面，为了避免议论空泛，没有成效，还要慎重选择宾客；这两方面各有侧重，要因时而定。过去李太初对待宾客们的议论，一句话也不说，甘愿被大家痛恨，他却自认为不听游士的话就是报国。大概都是花言巧语，除非那种有主见通权变的人才会拒之门外，别的人很难做到啊。我读元稹、白居易的诗，发现他们都以能够依附裴度而自豪，甚至到了退休归隐时，还通过诗歌来相互激扬。由此可见，裴度当年在自己私宅接待宾客，对国家的益处也不见得有很多助益啊。

简要地说，皇帝不应当禁止大臣的交游，同时大臣也应当自重自爱。论辩呀，文章呀，诗词呀，乃至琴、尊、书画、山川、玩好等，都会使身体疲劳，耗费时间，防碍公务，请个人代管一下就行了。至于听任那些游士的建议，就地方利害、国家大政作出决策并实行的，只会祸国殃民，招来无穷的祸害。接待宾客，可以只贪图重视人才乐于行善的虚名，而使小人得到官禄吗？周公谦恭下士古今闻名，而他的诗《七月》、《东山》也只是同农夫、边防上的戍卒一起歌咏家庭、田舍，哪里有指天画地的韬略、月露风云的情态呢？所以说大臣要想公正地接纳贤士一定要谨慎地听，正确地用，不要贪虚名而损害国家而损实事也。

16.宪宗之用裴公也深，而信之也浅，所倚以谋社稷之大计，协心合德而不贰者，独淮蔡一役而已。然当其时，已与李逢吉、王涯旅进而无别。及乎淮蔡既平，公居首辅，而宦官承宠为馆驿使，赐六军辟仗使印，公不能以一言规正；皇甫镈、程异以聚敛与公分论道之席，公力争，而以朋党见疑；浚龙首池，起承晖殿，张奉国、李文悦白公谏止，而二人坐贬。凡此数者，有一焉即宜拂衣以去；乃层累相违，公终栖迟于朝右，夫岂贪荣宠以苟容哉？盖亦有其故矣。

公开阁以延士，而一时抱负之士，皆依公以利见，公去则不足以留，必群起而为公谋曰：公不可去也，委任重而受知深，志虽不伸，自可因事纳忠，以大造于家国，公姑隐忍以镇朝廷，使吾党得竭股肱之力，以持危而争胜。此言日进，公且不能违，而偃仰以息其浩然之志，所必然矣。故公俛仰中外，历事闇主，狎迩宵人，乍屈乍伸，终留不去，皆附公之末光者相从臾以羁迟也。公之浮沉前却，不谓无补于昏乱，则从臾者之言亦未为无当矣。及通数代之治乱而计之，则所补者小，所伤者大，起水火之争，酿国家之祸，公未及谋也。为公谋者，其志、其量、其识皆不足以及此，而公大臣之道以诎矣。

国家之患，莫大乎君子以若进若退之身与小人迭为衰的大事啊。

宪宗虽然重用裴度，但并不信任他。他们君臣一心共同完成的国家大事，仅有平定淮西吴元济这一战役而已。即使在那个时候，裴度也同李逢吉、王涯没有什么差别。等到淮蔡平定以后，裴度做了宰相，这时，皇帝宠爱的宦官做了馆驿使而且还得到了六军辟仗使的官印，对这种不符典章的做法，他没有讲过一句话；后来皇甫镈、程异这两个暴敛民财的人也做了宰相，裴度极力反对，结果反被宪宗怀疑他有朋党之见；宪宗修浚龙首池，盖承晖殿，张奉国、李文悦告诉裴度，要劝皇帝停止这两项工程，结果这两个人被贬了官。像这几种情况，只要有其中一种，裴度就应该拂袖而去，但积累了这么多不当的举措，他还做宰相，难道是他贪图荣华而不要脸吗？其实是有缘故的呀。

裴度在自己私宅接待宾客，当时有抱负的人，都因有利可图而依附于他，而他要辞去宰相，这些人也就没地方去了，所以他们纷纷替裴度谋划说：您不能辞职呀，您受皇帝的知遇之恩，担任了国家的大任，即使受点儿挫折，仍可以为国尽忠，为国家有所建树呀，您姑且忍气继续坐镇朝廷，让我们能够竭尽股肱之力，共同扶持国家危局而取得成功吧。这样的话每天都能听到，裴度不能不听，所以就打消了自己辞职的念头，这是必然的呀。因此，裴度辅佐不贤明的皇帝，终日同小人们在一起共事，而且屡受挫折，一直当他的宰相，都因为那些依附他沾他的光的人奉承的呀。当然裴度身在朝中，对于朝廷的昏暗政治有所补救，那些奉承他的人的话也没有完全错。但是如果把数代的治乱合起来看，那么他对国家补救的小，伤害的就大了，这并不是说他直接给国家带来了灾难，那些替他出主意的人，对国家也没有什么危害，只是说裴度丧失了做大臣的正道。

国家的危患，没有大过君子以若进若退的身份同小人一起浮沉王，而祇以坚小人之恶。何也？君子之道，不可则去耳。小人乃不以君子为忧，而聚族以谋攻击，则忌媢之恶，所遑者即自起于其朋俦，而同归于消灭。邺侯一归衡山，而张良娣、李辅国之首交陨于白刃。唯君子终留于位，附君子者，犹森森岳岳持清议于廷间，且动闇主之心，而有所匡正；小人乃自危，而益固其党以争死命，抑且结宫禁、挟外援以制人主，而其势乃成乎不可拔。泰之拔茅以汇也，否亦拔茅以汇也，而君子之汇，终诎于群策群力之险毒。故刘向不去，而王氏益张；李膺再起，而宦官益肆；司马温公入相，而熙丰之党益猖。

大臣之道，不可则止，非徒以保身为哲也，实以静制天下之动，而使小人之自敝也。彼附末光者，跃冶争鸣，恃为宗主，以立一切之功名，而足听哉？是晋公之不去，公之亵也，唐之病也，朋党之祸，所以迄于唐亡而后止也。惟澹泊可以明志，惟爱身乃以体国，惟独立不受人之推戴，乃可为众正之依归。惜乎公之未曙于此也。而后知邺侯之不可及矣。

17.韩愈之谏佛骨，古今以为辟异端之昌言，岂其然哉？卫道者，卫道而止。卫道而止者，道之所在，言之所及，道之所否，言之所慎也。道之所在，义而已矣；道之所否，利而已矣。是非者，义之衡也；祸福者，利之归也。君子之卫道，莫大乎卫其不谋祸福以明义之贞也。今夫佛氏之说，浩漫无涯，纤微曲尽，而惑焉者非能尽其说也；精于其说者，归于适意自逸，的，这只能使小人更恶。为什么呢？君子做官的准则是“不可则去”。君子不在朝廷，小人们就不用防范君子了，他们之间由于利害不均，便会相互争斗，最后同归于尽。所以当年邺侯李泌一归隐衡山，张良娣、李辅国这些小人就送了命。如果君子仍然留任，那么依附君子的人，便会严格地按正人君子的做法用正直的言论来抨击小人，劝戒不贤的皇帝，希望补救国政；小人们就会自危，从而纠集起来死命挣扎，甚至交结宦官、借助外援来控制皇帝，形成极大的势力，难以铲除。《易经·泰》中的拔掉茅草使同质相汇，《易经·否》中也有拔掉茅草使同质相汇，但是君子们的“汇”，最终敌不过小人们的“汇”的险毒。所以西汉刘向不离开朝廷，外戚王氏的势力越来越大；东汉李膺再次入朝做官而宦官们就更为放肆了；司马光当宰相后，王安石的余党也更猖狂了。

大臣的正道在于“不可则止”并不仅是为了明哲保身，实际上也是用静来制天下的动，让小人们自相残杀。那些依附于人的人，巧言迷惑宗主，实际上是为自己的功名打算，他们的话，怎么能听呢？所以裴度不离开朝廷，是他的不足、唐朝的危害呀。导致了朋党之祸，一直漫延到唐亡才止。只有淡泊才可以明志，只有洁身自好才可以辅助国家，只有独立自主才能不接受旁人的推戴，从而使各种正行汇聚起来。可惜裴度不明白这些呀，由此可见邺侯也是不可企及的呀。

韩愈关于佛骨的谏言，是古今公认的排斥异端的美言，难道是这样吗？捍卫正道，只捍卫正道就罢了。捍卫正道而只是说，在正道的范围内进行论说，对于正道所否定的在进行论说时就要谨慎了。正道是什么呢？是义。正道所否定的是什么呢？是利。衡量义的标准是是非，衡量利的标准是祸福。君子们捍卫正道，关键就在于不要用祸福这个标准来衡量义这个概念。佛教学说浩瀚无涯，涉及到方方面面，不懂的人是无法掌握它的；精通佛学的人，能做到怡然自所谓“大自在”者是也。则固偷窳而乐放其心者之自以为福者也。其愚者，或徼寿禄子孙于弋获，或觊富贵利乐于他生，唯挟贪求幸免之心，淫泆坌起以望不然之得。夫若是者，岂可复以祸福之说与之争衡，而思以易天下哉？

愈之言曰：“汉明以后，乱亡相继，运祚不长，梁武舍身，逼贼饿死。”若以推究人心贞邪之致，世教隆替之源，固未尝非无父无君之教流祸所及。然前有暴秦之速灭，哀、平之早折，则尽举而归罪于浮屠，又何以服哓哓之口哉？愚者方沉酣于祸福，而又以祸福之说鼓动以启争，一彼一此，莫非贪生畏死、违害就利之精，竞相求胜。是恶人之焚林而使之纵火于室也，适以自焚而已矣。

夫君子之道，所以合天德、顺人心、而非异端之所可与者，森森鼎鼎，卓立于祸福之外。比干之死，不信文王之寿考；陈、蔡之厄，不慕甥馆之牛羊；故曰“无求生以害仁”。于是帝王奉之以敷教于天下，合智愚贤不肖纳之于轨物，唯曰义所当然，不得不然也。饥寒可矣，劳役可矣，褫放可矣，囚系可矣，刀锯可矣。而食仁义之泽，以奠国裕民于乐利者，一俟其自然而无所期必。若愚者之不悟，亦君子之无可如何。而道立于己，感通自神，俟之从容，不忧闇主庸臣、曲士罢民之不潜消其安。

愈奚足以知此哉？所奉者义也，所志者利也，所言者不出其贪生求福之心量，口辨笔锋，顺此以迁流，使琅琅足动庸人之欣赏，愈之技止此耳，恶足以卫道哉？若曰深言之而宪宗乐，就是所谓的“大自在”呀。这就是那些偷懒不愿自我修养的人所说的福呀。至于那些愚昧的人，或者乞求寿、禄、多子多孙，或者希望来生过上富贵生活，都是怀着侥幸心理，乞求不可能的事情。像这些人，怎么还能用祸福的理论同他们相争，来改变天下风气呢？

韩愈说：“汉明帝以后，各个朝代祸乱相继，而且寿命不长，梁武帝舍身求福，结果反被反贼围困，最后饿死。”如果是探究人心的正邪之分，教化的兴衰原由，那么并不是因为佛教才制造出这么多灾祸。因为佛教传入我国前就有暴虐的秦朝的迅速灭亡以及汉哀帝、汉平帝被谋杀这些事，如果全部都归罪于佛教，又怎么能服众口呢？愚昧的人正沉溺于祸福轮回的说教中，而韩愈又用祸福之说来挑起争论，它们彼此之间，不过是贪生怕死，趋利避害的观念互相争胜。这就像本来要点火烧树林，却把火点在自己家里，结果自己烧死了自己。

君子们的正道，符合上天的规律，顺应百姓的心理，不是异端所同意的，它森森严严与祸福无关。比干的死，不能延长周文王的寿命，孔子被困在陈、蔡之间，不羡慕甥馆里的牛羊，所以说：“不要为了活命就不顾仁义了”。因此古代帝王们向天下宣传教化，不论人的聪明愚昧贤还是不肖，都要遵守这个准则，这是因为义就是这样。所以说，君子在饥寒、劳役、褫放、囚系、受刑等情况下，都不能丢掉义呀。在仁义的影响下，君子对于强国富民的“利”是听其自然而没有过高要求的。如果愚昧的人一直不觉悟，君子也没有办法。君子以正道立身就会感觉清明，从容不迫，不去担忧昏主庸臣、曲士疲民们不减少他们的荒谬。

韩愈哪里配知道这些道理？他推崇的是义，表现出来的却是利，他的言论都是出自贪生求福的心理，只不过擅长文笔，文章琅琅上口，使庸人欣赏不已罢了。韩愈的本事也就只有这些，怎么配捍卫不察，且姑以此怖之，是谲也、欺也，谓吾君之不能也，为贼而已矣。

18.宪宗之崩，见弑已明，而史氏以疑传之，莫能申画一之法，谓内侍陈弘志为戎首者，非无据矣。而流观终始，则弘志特推刃之贼，而污潴之首辟，不仅在弘志也。

繇前事而观之，郭氏受册先皇，为广陵王妃，伉俪已定；宪宗立，群臣屡请正位中宫，而宪宗不从；已而与吐突承璀谋废穆宗，立沣王恽，事虽未行，而郭妃母子亦岌岌矣。穆宗忧而谋于郭钊，钊曰俟之，则“今将”之志，藏之久矣。

繇后事而观之，陈弘志者，非能执中外之权，如吐突承璀、王守澄之杀生在握也。宪宗虽服药躁怒，而固为英主，不至如敬宗之狂荡昏虐也。承璀倚宪宗以执大命，而志在沣王，弘志以么麽乍起而行弑，正承璀执言讨贼拥立沣王一机会，而奈何听其凶逆，莫为防制？如谓承璀力所不逮，则王守澄当因之以诛弘志，而分罪于承璀，以夷灭之，其辞尤顺。今皆不然，在宫在官，相率以隐，俯首结舌，任弘志之优游，则岂弘志之能得此于盈廷乎？

帝弑未几，而郭氏皇太后之命行矣。穆宗非能孝者，而奉之极其尊养。郭氏虽饰贤声以自暴，而侈靡游佚，固一不轨之妇人，其去武、韦无几也。宪宗未殡，承璀杀矣，沣王亦相正道呢？如果说韩愈担心，说深了宪宗听不懂，姑且以祸福吓吓他，那就是居心奸诈，是欺骗，是说君主不能为义，这是奸贼啊！

宪宗死于谋杀，这是很清楚的，但是司马光却认为这只是传闻，没有一个准确一致的说法。其实说宦官陈弘志是杀害宪宗的祸首是有根据的。然而把这件事的始末仔细地考察一下，可以发现，陈弘志只不过是个具体动手干的逆贼，而这件大逆不道的事的主谋，并不是他呀。

从以前的事实来看，穆宗的母亲郭氏早在宪宗还是广陵王时就被先皇正式册封为王妃了，是宪宗的正妻；所以宪宗做皇帝后，大臣们多次请求封郭氏为皇后，但是宪宗却不同意。不久宪宗就同吐突承璀商量废掉穆宗的太子地位，另立沣王李恽为皇储，这件事虽然没有办，但由此可见郭妃母子的地位十分危险。穆宗十分忧惧，便找郭钊求计，郭钊说等着吧，因此，谋弑宪宗的蓄谋，由来已久了。

从以后的事实来看，陈弘志不像吐突承璀、王守澄等手握兵权的太监，他自己手里并没有什么权力。宪宗虽然因为服食丹药变得性情暴躁，但他仍是一个比较英明的皇帝，不至于像敬宗那样狂荡暴虐呀。作为宪宗亲信的吐突承璀手握大权，而且拥护沣王，那么陈弘志这个小丑突然谋杀宪宗，正好给他提供借讨贼为名兴兵拥立沣王为帝的机会，可是他为什么听任陈弘志行凶而不制裁呢？如果是吐突承璀的实力不足，那么王守澄也可以借这个机会杀掉陈弘志，再诬陷吐突承璀也参与谋杀了宪宗，把他除掉，这样说也很顺理成章啊。实际则不然，当时无论是宦官还是大臣，大家都闭口不谈宪宗的死因，由着陈弘志逍遥自在，那么全朝人士怎么能这样呢？

宪宗刚被杀害，郭氏就当上了皇太后。而穆宗并不是个孝顺的人，但对郭氏却极力供养。郭氏这个人自夸很贤惠，实际上骄奢淫佚，不是一个守规矩的妇女，同武则天和中宗的韦皇后相差无几。宪继而含冤以死矣。穆宗母子拥帝后之尊，恬然而不复问；举朝卿士，默塞而不敢言；裴度虽出镇河东，固尸元老之望，韩愈、柳公权、崔群皆有清直之誉，而谈笑以视先君之受刃。区区一埽除之弘志，安能得此于天下？则上下保奸之情形，又不可掩矣。

考诸稗官之传记，宣宗既立，追宪宗之仇，郭氏迫欲坠楼。弑逆之迹，暴露于论定之后，则宪宗之贼，非郭氏、穆宗而谁哉？衅之所自生，则惟承璀惑主以易储，故激而生变，郭钊所云俟之者，正俟此一日也。穆宗以适长嗣统，逆出秘密，故大臣不敢言，史臣不敢述，而苟且涂饰；不唯郭氏逭韦后之诛，穆宗逃刘劭之戮，陈弘志抑以逸罚为千秋之疑案。呜呼！唐至是犹谓国之有人乎？而裴度、张弘靖、柳公权，韩愈之为人臣，亦可知矣。

宗尚未安葬，吐突承璀就被杀了，沣王也相继含冤而死了。穆宗母子身为皇帝和太后，竟然对先帝的死因不加追问，而且还很安然；朝中百官，也都沉默着不敢讲话。裴度当时已出任河东节度使，是大家公认的元老，韩愈、柳公权、崔群也都有清廉刚直的美名，但就连这些人对待宪宗被杀也无动于衷。像陈弘志这样一个区区宦官，杀了国君竟会安然无事，这就把当时朝廷上下庇护奸贼的情形暴露无遗。

根据野史的记载，宣宗即位后，追查宪宗被杀的事，郭氏被逼得想跳楼自杀。这件事更暴露出谋害宪宗的罪魁祸首就是郭氏和穆宗。这件惨事起因于吐突承璀蛊惑宪宗改变皇储，最后激出了宪宗被害的恶果，郭钊当时对穆宗所说的等着吧，正是指的这件事啊。穆宗作为嫡长子继承皇位，名正言顺，而且他谋害宪宗也很秘密，所以大臣们都不敢讲话，史官也不敢记载甚至加以粉饰。因此不单是郭氏和穆宗躲过了像韦皇后和刘劭被杀那样的惩罚，就连陈弘志也逍遥法外。唉！唐朝到了这种地步，还能说国家有正直的人吗？从这件事也可看出裴度、张弘靖、柳公权、韩愈这些大臣们的品行啊。

卷二十六

穆宗

1.元和十四年，李师道授首，平卢平；其明年，王承宗死，承元归命，请别除帅，成德平；又明年，刘总尽纳其土地士马，送遣部将于京师，为僧以去，卢龙平；田弘正徙镇成德，张弘靖出帅卢龙，自肃、代以来，河北割据跋扈之风，消尽无馀，唐于斯时，可谓旷世澄清之会矣。乃未三载，而朱克融因张弘靖以起，王庭凑杀田弘正以据成德，乱更酷于前代，终唐之世，讫不能平。穆宗荒宴以忘天下，而君非君；崔植、杜元颖闒茸不知远略，而相非相；张弘靖骄贵不接政事，而帅非帅；求以敉宁天下也，诚不可得。虽然，亦何至如此之亟哉？

田弘正之输忱于王室，非忠贞之果挚也，畏众之不服，而倚朝廷以自固也。刘悟之杀李师道，师道欲杀悟，而悟先发制之也。王承元之斩李寂等而移镇义成，惩师道之死而惧也。刘总之弃官以去，见淄青、魏博之瓦解，党援既孤，而抱弑父与兄之巨慝不自保也。是宪宗之世，河北之渐向于平者，皆其帅之私心违众，以逃内叛外孤之害，而非其偏裨士卒之所愿元和十四年（公元819年），平卢镇节度使李师道被杀，朝廷恢复了对平卢镇的统治权；次年，成德，镇节度使王承宗死，其弟王承元归顺朝廷，上表请求另派节度使，成德镇也因此被纳入朝廷的统治之下；又次年，卢龙镇节度使刘总主动向朝廷投降，把户籍簿册、兵马械杖全部上交朝廷，自己出家当了和尚。这样，长期割据自保的卢龙镇也成为大唐王朝直接控制下的一个方镇。接着，朝廷改派田弘正为成德镇节度使，张弘靖为卢龙镇节度使，唐朝自肃、代二宗以来，诸侯割据河北地区的历史终于结束，历时多年的藩镇割据终于被廓清。这时的唐朝，可以说是交上了旷世澄清的好运。但好景不长，不到三年，朱克融就在卢龙镇作乱，囚禁节度使张弘靖；王庭凑也率叛将攻杀了田弘正，篡夺了成德镇的统治权。从此，河北地区的动乱比以前更为酷烈，直到唐朝灭亡时还没有结束。具体考察这种由暂时的安宁而走向长期动荡的原因，从表面上看，似乎是因为唐穆宗作为一国之君，整日沉湎于荒唐的宴饮之中，没有一点忧国忧民的君主样子；崔植、杜元颖作为当朝宰相，才能低劣；缺乏远见，完全不称职；张弘靖掌管兵权，骄贵不过问具体事务，也不是一个合格的元帅。在这样的背景下乞求河北地区的长治久安，当然是不大可能的。

尽管穆宗时期上至皇帝、下至将帅的庸碌无为可能引起河北地区由治而乱，但这并不是真正的原因。具体考察一下河北地区的历史便可知道，田弘正任成德节度使的时候，只是一味地讨好王室，其实这并不是真正忠贞的表现，只不过是他担心部下不服，企图依靠朝廷以自保的权宜之计。刘悟杀了刘师道，原因也是由李师道想杀刘悟而起，只是刘悟作到了先发制人。王承元杀李寂等人后移镇义成，欲，则暂见为定，而实则陻滔天之水以数尺之堤耳。王遂一入沂州，而王弁即反；王承元欲去赵，而诸将号哭。抚斯势也，虽英君哲相，不可以旦暮戢其凶顽，岂徒驾驭之非人，以激成仓卒之祸乎？呜呼！天地有迁流之运，风俗有难反之机，非大有为者化行海宇，若舜之分北三苗，而洞庭、彭蠡之狂波永息，则必待天地之有悔心，而正人之气倍胜于邪慝，以力争其胜，岂易言哉？

河北者，自黄帝诛蚩尤以来，尧、舜、禹敷文教以薰陶之，遂为诸夏之冠冕，垂之数千年而遗风泯矣。永嘉之乱，司马氏不能抚有，委之羯胡者百馀年，至唐而稍戢。乃未久而玄宗失御，进轧荦山之凶狡，使为牧帅，淫威以胁之，私恩以啖之，披坚执锐、竞强争胜以习之，怒马重裘、割生饮湩以改易其嗜欲，而荧眩其耳目，于是乎人之不兽也无几。故田承嗣、薛嵩、李宝臣之流，非有雄武机巧之足以抗天下，而唐之君臣，目睨之而不能动摇其毫发。非诸叛臣之能也，河北之骄兵悍民、气焰已成，而不可扑也。师道死，恶足以惩之？弘正、承元之顺命，恶足以化之？其复起而乐为盗贼，必然之势也。垂及于石敬瑭，而引契丹以入，欣奉之为君亲。金、元相袭，凶悍相师，日月不耀，凡数百年。而数千里之区，士民无清醒之是他看到了李师道被杀的惨剧，担心自己有朝一日也会步李师道的后尘。至于刘总弃官出家的原因，也不过是他看到淄青、魏博等方镇相继被朝廷平定，卢龙镇成了孤立无援的割据势力；加上自己又有杀父弑兄的恶名，如果继续把持节度使的位置，很难保证平安无事。由此可见，河北地区的几大方镇在宪宗时期相继归顺朝廷，全都是其首领出自私心的考虑，并不是全镇上下一致同意的，因此，尽管当地在各方镇归顺朝廷后出现过短暂的安宁，其实也都不过是一些假像。这种假相，犹如用小堤坝阻挡大洪水一样靠不住。所以，王遂一入沂州，王弁便举兵反叛；王承元刚刚打算离方镇而去，手下诸将便哭涕劝阻。在这种情况下，即使明君贤相也难以驾驭，更何况是昏君暗臣呢？啊！天地和人间都有祸福的轮回，如果没有像虞舜那样的力挽狂澜之人，以其浩然之气感动上苍，使人间正气远远超过奸邪之气，想让天下安宁又谈何容易呢？

河北地区从黄帝诛杀蚩尤的时候开始就已经有了较高的文明，以后历尧、舜、禹各位圣贤，相继兴文敷教加以熏陶，于是使这里成为天下最发达的地区。这种高度文明一直持续了数千年，直到两汉以后才慢慢被破坏。晋朝永嘉之乱爆发以后，司马氏王朝无力控制河北地区，结果使这里成了残暴的少数民族争霸的地方。这种局面一直持续了数百年，直到唐朝建立后才有所改观。但好景不长，至唐玄宗时，又让从轧荦山来的蛮凶之人（安禄山）统治这里，诱以财利，树以私恩，施以淫威，并要求当地人民去披坚执锐、争强好胜，甚至还训练他们去骑烈马、穿兽衣、茹毛饮血。在这种情况下，人也就与禽兽相差无几了。因此，像田承嗣、薛嵩、李宝臣等人，敢在唐朝君臣面前耀武扬威，并不是因为具有能够与天下抗争的才能，而是长期受河北地区兵骄民悍风气影响的结果。所以，尽管李师道被杀、田弘正、王承元归顺了朝廷，但并没有从根本上改变河北地区的局面，一有气，凡背君父、戴夷盗、结宫闱、事奄宦、争权利、夸武虣者，皆其相尚以雄、恬不知耻之习也。天气昌，则可以移人；人气盛，亦可以熏天。胎之乳之，食其食，衣其衣，少与之嬉，长与之伍，虽有和粹文雅之姿，亦久而与化。耒甫释而即寻戈，经方横而遽跃马，欲涤除以更新，使知有君亲以效顺也，难矣。

自开元以后，河北人材如李太初、刘器之、司马君实者，盖晨星之一见尔。而类皆游宦四方，不思矜式其乡里。邵康节犹以南人为相为乱阶，其亦诬矣。虽然，无往不复之几，必将变也。薛河东、赵高邑、魏南乐三数君子者，以清刚启正学，其有开必先之兆乎？非章志贞教之大儒一振起之，洗涤其居食衣履、嚬笑动止之故态，而欲格其心，未有胜焉者也。论世者属目而俟之久矣。

2.贡举者，议论之丛也，小人欲排异己，求可攻之瑕而不得，则必于此焉摘之，以激天下之公怒，而胁人主以必不能容。李德裕修其父之夙怨，元稹佐之，以击李宗闵、杨汝士。长庆元年进士榜发，而攻讦以逞，于是朋党争衡，国是大乱，迄于唐亡而后已。近者温体仁之逐钱谦益，夺其枚卜，廷讼日风吹草动，当地必然又陷于动乱。甚至到五代时期，石敬塘把契丹人领进河北，当地人还高兴地推奉他为君主。以后历金至元，凶悍相继，当地不受王化，又有数百年。当此之时，在这片广袤数千里的土地上，百姓顽固不化，诸如不忠不孝、认贼作父、巴结权贵、争权夺利、武勇好斗的事时有所见，究其原因，正是崇尚武略、不知廉耻风气的反映。自然界的变化可以影响人类，人间有正气，也可以改变大自然。人世间的事情就像养育孩子一样，从小就怀他、奶他，给他吃的、穿的，幼年时与他玩耍，长大后给他安排入伍，他无论如何都会在这种环境中慢慢被感化。如果刚放下锄头就去拿刀枪，刚拉上经线就去跳马，显然有些操之过急。同样，在河北地区的旧风俗还没有被转变过来的时候就去要求当地人效顺朝廷、忠于君主，显然也是困难的。

从玄宗开元年间以后，河北地区像李太初、刘器之、司马君实等人那样的人才无疑是太少了，大多是游宦四方，而不致力于改变家乡面貌。邵康节认为南方人担任宰相才是动乱的根源，这种观点是不正确的。尽管如此，天下有难而不去改变，必然会发生动乱。薛河东、赵高邑、魏南乐等人用清正之气诱导顽民，不正是开了改变河北旧俗的先河吗？要想移风易俗，只有在足为天下人楷模的饱学之士的倡导下，从居处饮食、一举一动等小事情上做起，然后循序渐进，才能从根本上解决问题。关心河北局势的人，早就盼望着这么一天。

贡举是天下舆论发端的地方。当那些势利小人想攻击别人而找不到把柄时，往往借用这一途径搬弄是非，此期引起众怒，要胁人主。李德裕就曾因为父亲积下的旧怨，在元稹的帮助下，于长庆元年（公元821年）贡举时攻击李宗闵、杨汝士，结果终于遂了心愿。从此以后，朋党相争，朝政大乱，一直持续到唐朝灭亡。明代的温体仁攻争，边疆不恤，以底于沦胥，盖一辙也。

贡举之于天下，群人士而趋之者也。其不仇者，皆能多其口说以动众者也。抑他日之可在位以持弹射之权，公卿贪势位、昵子孙、私姻亚，莫此著明，而其犯群怒也为烈。故张居正之子首胪传，王锡爵之子冠省试，摇群心，起议论，国以不靖，祸亦剧矣。李德裕自以门荫起家，远嫌疑而名位亦伸，既有以谢荐绅之怨怒；其知贡举，榜发而有“相将白日上青天”之誉；迨其贬窜，而有“八百孤寒齐下泪”之思；持此以摘发奸私而快其诛鉏，何求而不克乎？幸而德裕之于唐，功过相半也。使德裕而为温体仁之奸，唐亡于其手而众且欣戴焉，又孰惩哉？

夫翘举暧昧以报夙怨者，诚小人之术矣。然所以致此者，其情固私，其事固鄙，苟知义之所不许，亦何为而授人以口实乎？夫以贿相援者勿论已。以知交言，知其人之才，而有荐贤之任，扬之王庭，固无吝也。如其不能，则亦相爱以道，使知命而待时耳。如行能心迹他无足取，仅以文笔之长，乍然相赏，不保众论之谐，又奚足汲汲为之谋利达哉？以子弟言，其才足用也，门荫有可进之资，而何须贡举？既以文就有司之试，则才而见抑，自有司之过，而于己何尤？然而相承不舍，关节公行，虽才望之大臣，他端不枉，而于此荏苒无惭，士习不端，成千馀年之恶俗，伊可叹也。

击钱谦益，剥夺了他的职位，终日官司不断，边防吃紧也不去过问，结果使外族人乘虚而入，断送了明朝江山。这样的结局，与李德裕等人的做法如出一辙。

贡举对天下人来说，是士人学子争竞之地。那些能够出人投地之人，大都能以自己的言行去影响别人。一旦有了手握权柄之日，贪图权势、荫庇子孙、弹护姻亲、假公济私等便成了家常便饭，所引起的众怒也较常人为多。所以，张居正的儿子在贡举时能名列榜首，王锡爵的儿子省试第一，当此之时，天下凶凶，群情不服，国不安宁，祸乱也由此而起。李德裕本是依靠先人的资历而门荫入仕的，不是因为贡举才获得名位，有条件避免舆论的非议；当他典掌贡举之时，发榜之日，天下人对他有“清正公平”的奖誉；即使后来罢官而去，下层学子仍为他感到惋惜。用这样的威望去惩治罪恶，难道还有不成功的吗？幸好李德裕生活在唐朝，并且还是有些功劳的人，假若他像温体仁那样奸诈，断送了唐朝又欺骗了众人，天下又该怎样追究他的责任呢？

把个人的恩怨掺杂于贡举之中，实际上是一种小人的技俩。然而这种作法尽管为世人不齿，但当事人如果知道不为天下所容的道理，又何必落下让人议论的把柄呢？这里暂且不论贿赂求援的事，仅就知人善任而言，如果知道某人确有才能，就有把他举荐上去的义务，如果做不到，也应以道义相教诲，使它安心等待时机。假如某人仅有文辞可尚，其他一无可取，贡举之人便赞赏不已，也不顾及天下人的议论，对于这样的人，又怎能委以经邦济国的重任呢？再如就自己的子弟而言，如果确有真才实学，依靠门荫也能获得进身的机会，并不再需要通过贡举的途径。如果参加贡举而不被通过，就是官府的责任，与自己又有什么关系呢？然而绝大多数人都不能明白这点，为了子弟的事情公然去托门路、拉关系，即使是素有令望的大臣也不内不胜妇人孺子之嚅唲，外不胜姻亚门生之治比，恤暮年之炎冷，念身后之荣枯，一中其隐微而情不能禁，贤者不免，勿问垄断之贱丈夫矣。宗闵之于婿苏巢，汝士之于弟殷士，固也；郑覃行谊无大疵而庇其弟朗，李绅以贤见忌而有所请托，乃至裴中立以耆德元勋，何患其子不与清华之选？而使其子撰膺冒昧之荣，尤可惜也。习尚之移人，特立不染者，伊何人邪？有之，则允为豪杰之士矣。

3.朱克融首乱，囚张弘靖，而授以卢龙；史宪诚胁忠孝之田布以死，而授以魏博；王庭凑杀推诚平贼之田弘正，而授以成德；唐之不足以兴而迤逦以亡，在此矣。河北之乱，始于仆固怀恩之割地以授降贼，成于崔植、杜元颖、王播之因乱以奖叛人。怀恩之奸，植、播、元颖之陋，固无足责者；郭汾阳位兼中外，裴中立身任安危，而坐视失图，莫能匡救，抑又何也？

夫汾阳固有不可力争者矣。前乎河北之降，汾阳以朔方孤旅崛起勤王，威望未能大著也。清渠之败，相州之溃，亦稍挫矣。宦官忌公，夺其兵柄以授其偏裨，一出而复东京、馘能免俗。千余年来，相沿成习，实在是可悲可叹。

那些在贡举上殉私情的人，其实是有许多苦衷的。譬如说，他在家中有妇人孩子的求情，在外有姻亲门生的攀比，自己又担心晚年时门庭冷落，去世以后家道衰败。所以一牵涉到自己的家务私事，便情不自禁地受私心的连累。这点，贤人君子都不能免，更勿论普通百姓了。就唐朝而论，李宗闵在女婿苏巢的事情上、杨汝士在兄弟杨殷士的事情上都是如此。郑覃本是个受人称道的人，在兄弟郑朗的事情上也未能免俗；李绅也是个有德才的士大夫，遇到子弟的事情时也免不了去请托公卿；甚至像裴中立这样的德高望重之人，其实根本不用去担心子弟的功名，但他仍然要为儿子裴撰去争利禄，他也因此遭到世人的非议，实在是有些可惜。总而言之，社会风气可以使一个人改变自己的初衷，假若有人能丝毫不受其影响，那么他一定是位天下公认的俊杰。

朱克融囚禁张弘靖，首先挑起事端，是唐朝治而复乱的罪魁祸首，而朝廷反而授给了他卢龙节度使的职务；史宪诚攻杀了忠于朝廷的田布，朝廷却把魏博镇交与他管理；王庭凑杀害了平乱有功的田弘正，朝廷也同样让他出任成德节度使。唐朝所以不能复兴而走向灭亡，原因正在于这种忠奸不辨、是非不分。河北地区的叛乱由仆固怀恩把方镇分封给叛臣而发端，接着因崔植、杜元颖、王播等人的放纵降将而进一步恶化。细究起来，仆固怀恩是奸佞小人，崔植、杜元颖、王播孤陋没有远见，他们的失策尚有情可原；但如郭汾阳（郭子仪）位兼中外，裴中立（裴度）身任安危，他们眼看着朝政失误而不能匡救，又怎么解释呢？

其实，郭汾阳是有他的苦衷的。早在河北地区发生叛乱时，他以微弱的兵力孤军抗敌，并没有获得太大的威望。加上不久又在清渠、相州等地作战失利，威名进一步受到影响。当朝的宦官忌恨他的朝义，方且揶揄公以功不若人；使公于此持异议，以与怀恩相抵牾，吝予降贼以节钺，既嫌于忌怀恩而毁其方略，且使怀恩蛊朔方之将士，谓公压己以绌三军之劳绩；他日者怀恩叛，而朔方之众，恶能戴公如父母以效于国乎！公戢意以静持之，知不可挽，则姑听之，而有馀地以图他日之荡平；公之虑深而志谨，国危君窜而社稷终赖以安，非浅衷之所易测也。

若中立以元臣受专征之命，而元稹、魏弘简居中掣之，中立抗辨以争而不能夺其宠任；其受三叛之归，锡以方镇，非徒庇三叛也，不欲公复收前日淮蔡之功名而解其兵柄也，则中立岂容伸其远虑哉？三叛受封，而公罢为东京留守，不恤唐室之安危，唯（裴）［抑］公之是图，稹之志也。植、元颖辈且无能为异同，况中立可自与争得失乎？用兵危事也，内有携贰之宰执，而危乃滋甚。使中立力争弗与，决志以进讨，败者十九矣；徒杀士卒、虚帑藏，讨之不克，而复封之，身为戮而国愈蹙，此一往自任之浅图，而中立其肯身执其咎乎？

虽然，君如此其昏也，相如此其劣也，聋者不可使聪，狺才能，把他的部队交由他的偏部将指挥，结果收复了东京洛阳，杀死了叛将史朝义，故意制造了他的才能不及别人的事实。假如他在这时仍指陈朝政得失，与仆固怀恩争短长，反对把河北方镇交与叛将，无疑会更加引起仆固怀恩的不满，促使仆固怀恩去挑拨他与将士的矛盾。如果仆固怀恩有一天反叛朝廷，他的部将也未必再会像对待父母一样对他。他正是明白自己的险恶处境，以静制动坐观时变。明知仆固怀恩胡作非为，干脆听之任之，以等待时机拨乱反正。由此可见，他处事是谨慎的，考虑问题是有远见的。在国家危难、皇上出逃的危险时期能够转危为安，如果没有过人的才智和计谋，显然是无法做到的。

裴中立的情况则有所不同。他以宰相之躯去负责征讨平叛，时常受到元稹、魏弘简等人的牵制。尽管他能在皇帝面前抗辩力争，但一点也不能改变皇上对元稹、魏弘简等人的宠任。等他从三位叛将那里受降归来，朝廷授给了他方镇之职，其目的并不是为了让他监视三叛，而是担心他如果继续掌握兵权，会建立像在淮蔡地区那样的不赏之功，实际上是剥夺了他的兵权。这样，他连继续施展谋略的机会也没有了。等到三叛受封以后，他则被贬为东京留守，这样的除授，实际上是元稹从自己的个人恩怨出发的，完全不是为了国家的利益。在这时候，崔植、杜元颖都无法与元稹争衡，他更无法与元稹谈论得失。加上领兵打仗本来就是要担当很大风险的，当不被朝中权贵支持时风险更大。假如裴中立力争而不被同意，决意率兵讨贼，他十有八九要打败仗，其结果只能是断送无辜将士的性命，浪费军资粮草。如果作战失败，还有可能以身抵罪，到时候不仅性命不保，而且还要累及国家前途。这本是十分浅显的道理，裴中立自然是十分清楚的。

尽管君是昏君，相是劣相，大局已定，不可救药，但裴中立就可者不可使驯。如中立者，可以去乎，而岂其未也？中立之兼将相也，与汾阳异。汾阳将而相者也，其相，宠之也，去就不关其名节，留身于浮沉之间，以为他日社稷之寄，将臣之道也。中立相而将者也，其将，假以秉钺为三军之重，而固非将也，留身于浮沉之间，则道以身轻，而不足为宗社生民之卫；李逢吉、元稹乃至无赖之郑注，皆可颉颃以为伍，身即留而固不足建他日补天镇海之功，多言数穷，以激小人而坚护其恶，岂徒无补，而害且因之益滋矣。元稹、魏弘简用而三叛罢征，三叛割据而元稹复相，沃膏救火，火乃愈炽，斯君子所重为中立惜也。汾阳默而唐安，中立屈而唐乱，时各有权，道各有分，人各有司，故二公者，地异而不可并论者也。

4.君子小人忽屈忽伸，迭相衰王，其乱也，更甚于小人之盘据而不可摇，何也？君子体国，固自有其规模；小人持权，亦自有其技术。小人骤进，深忌君子，固乐翘小过而尽反其道；君子复升，深恶小人，抑疾恶已甚，而概绌其谋。夫既执国政而行其所欲为矣，疆埸之或战或守，寇盗之或剿或抚，征徭之或罢或兴，礼制铨除之或隆或替，边臣受而行之将士，部寺受而行之庶司，郡邑受而行之百姓，其善者固乐从之矣，小人之稗政，亦既不得已而奉行之，财已费，力已劳，习之已成，因之免害。乃忽于此焉，忽于彼焉，将无定略，官无定守，士无定习，民无定从，奸人缘之以持两端，愿民因之而无准则，岂特小人之病国殃民已亟矣哉？君子之以摇荡天下之视听，而俾以离职而去吗？其实，他身兼将相之任，与郭汾阳的情况并不相同。郭汾阳是由将而升任为相的，任命他为宰相是为了褒奖他，他担任宰相与否对他来说并不重要。国家安宁时在官场中升降沉浮，一有战事再担当重任，是像他这样将帅的最佳选择。裴中立则是先相后将的，他出任将帅掌管三军的领导职务，国家安危系于一身，如果不能克尽职守，就不足以完成保家卫国的重任，而他实际上也缺乏担当三军统帅的能力，当在职之时，像郑注、李逢吉、元稹等人都可以左右他的举动，即使继续留任下去，也难以再建立更大的功勋，更何况他言语不检，树敌太多，不仅与事无补，反而会招来更多的灾祸。朝廷任用元稹、魏弘简时，三位叛将就有反叛之心，至三叛割据时，朝廷反而升元稹为宰相，无疑是沃膏救火，火上加油，助长了天下的动乱。这也是正人君子替裴中立可惜的地方。总而言之，郭汾阳的静观时变换来了唐朝的安宁，裴中立的委曲求全引起了唐朝的动乱，万物不同，人各有别。所以就二人来说，是不能相提并论的。

在穆宗时期的政坛上，那些品德较好的正人君子和无赖小人交互执政，频繁地更换着宰辅之人。这种政局不稳所造成的危害，要远比小人长期把持朝政大得多。原因何在呢？因为君子当政的时候，自有一套治理国家的办法；小人当政，也有自己的施政手段。每当小人上台以后二十分忌讳以前执政的君子，往往要把现行政策全部推翻，反其道而行之；君子执政以后，对小人的所有作为深恶痛绝，也要革旧鼎新，重新推行一套政策。因此，执掌国家权柄的人往往根据自己的喜好去施政，造成战场上时战时守、对盗贼时剿时抚、赋役时罢时兴、礼制时隆时替等一系列后果。每当新的政策推行下来，将帅接受后让部下去执行，中央部委让地方去执行，地方又把它向百姓灌输。如果推行的是好政策，还会让各级乐于接受，但即使是完全不正确的命令，下级也要去奉行，既浪费了财力，又使各级人餍餍靡骋者亦不保其不导以乱也。机事之泄，奸弊之兴，穷民之左右救过而不遑，士大夫之疑殆而交相嚚讼，然而政不乱、民不穷、封疆不偾、国不危亡者，未之有也。

夫小人之能固君宠、结众心、幸成劳以侈功绩者，亦尝取天下之大略而筹之。有钳制之术，而下不敢违；有从欲之饵，而或享其利；有揣摩之机，而夷狄盗贼亦可相持以苟安。未几而尽易之，汲汲焉唯恐其复进，不循其序，而操之已蹙，乃易之未久，而小人果复起矣，取已泄之机、已乱之绪而再用之，外之必讧，内之必困，君子小人交受其咎，非但小人之乱之也。

穆宗在位四年耳，以君子，则裴度也，李绅也，韩愈也；欲为君子而不驯者，李德裕也；以小人，则李逢吉也，元稹也、牛僧孺也，王播也，李宗闵也；庸靡不能自固而居其间以浮沉尸大位者，崔植也，杜元颖也；虽无大过而不克有为者，萧俛也，郑覃也。或正或邪，或才或窳，无所择而皆执国政，俄而此庸矣，俄而又黜矣，俄而此退矣，俄而又进矣，一言之等疲于奔命，还使执行的人形成不辨是非的习惯。国家的政策时而是这样，时而是那样，将帅没有固定的方略，官府没有固定的制度，士大夫没有固定的道德标准，天下百姓没有固定的生活准则。举国上下一片茫然，无所施从，正好给那些奸诈小人提供了钻营的机会。这样的结局，难道与小人的祸国殃民还有什么区别吗？君子当政时的除旧布新，尽管具有美好的愿望，但也不能排除会引起民心动乱的结果。政策推行了，弊端出来了，天下百姓疲于应付，士大夫茫然不解而争论不休。在这种情况下，如果政不乱、民不穷、边疆不吃紧、国家不危亡，那才是奇迹。

就小人而言，能够骗取皇帝的信任、赢得下人的支持、侈谈功德是非的原因，也是权衡天下大势而采取的对策。如对下人，他有钳制压服的办法，又会用利禄相引诱；对皇上则能揣摩其心思，极尽讨好之能事。即使是那些外族反叛者和天下的盗贼，也能在他当政时相安无事。一旦下台以后，继任者担心他会复出，把他的政策全部推翻，改行新政。时间不久而小人重新上台，仍旧推行自己原有的一套办法。但这时已经不比从前，因为其为政的真相已经大白于天下，如果不加以改进，势必会引起内忧外患。至战乱发生的时候，无论是君子还是小人，都逃脱不了天下人的指责。由此可见，动乱的发生，并不仅仅是小人的责任。

穆宗在位的时间只有四年，当时朝中可以被称为君子的人，有裴度、李绅、韩愈；想做君子而不像君子的人，以李德裕为代表；纯粹是无道的小人有李逢吉、元稹、牛僧孺、王播、李宗闵；庸碌无为、与时沉浮的人，有崔植、杜元颖；虽没有大过，也没有什么功劳的人，有萧俛、郑覃。他们这些人，有正有邪，有忠有奸，有人才能出众，有人智慧顽劣，都被推上了宰辅的位置，一会儿这个上台，一会儿那个下去，一会儿这个升进，一会儿那个贬退，一句话，一件事，忤合，一事之得失，摇摇靡定，而宦竖与人主争权，谏官与将相争势，任贤贰，去邪疑，害不可言也。并其任小人者，亦使小人无自固之地，一谋不遂，一语未终，早已退而忧危，求闪烁自全之术。呜呼！晴雨无恒，而稻麦腐于陇首；参连杂进，而血气耗于膻中。不知其时之人心国事旦改夕更，以快一彼一此之志欲，吏乘之以藏奸，民且疲于奔命，夷狄盗贼得间而乘之者奚若也！唐之不即倾覆也，亦幸矣哉！

李林甫之奸也，非杨国忠大反之而犹可不乱。靖康贤奸争胜，而国以速亡。极乱之国有治人，有治人而益乱。靖乱者自有道焉，非相反之谓也。

敬宗

1.君父之志未定，奸邪之机方张。嗣子幼冲，或掖之以践阼，不以戴己者为恩、摇己者为怨，而过用其刑赏，非德若舜、禹有天下而不与者不能。一饭之德，犹求报之，贡举之知，犹终事之，中人之情，君子不禁，可谓之私，亦可谓之厚也。反此者，廓然大公，天下一人而已。叔孙昭子不赏私劳，敻绝之行也；抑竖牛谗贼，公愤所归，虽欲赏之，而众必争。故以此而责人主合同异、泯恩怨于参大议之大臣也诚难。乃以此而醲赏重罚，失政理而乱国是，则大臣之受之者实任其咎。循天理、饬王章以靖众志，非翼戴大臣之责而谁责哉？

都成了进退的原因，朝不保夕，摇摆不定。加上宦官从中弄权，谏臣与将相争势，为害实在不浅。当任用小人的时候，小人同样也无法自保，一个计谋有闪失，一句话不合意，就开始担心可能被罢免，就谋求自我保全之策。唉！天气如果晴雨无常，就要影响庄稼的收成；对吃的东西如果不加选择，也会影响身体的健康。朝政像这样因为个人的奸恶而变化无常，使官吏乘机藏奸，百姓疲于奔命，还给夷狄盗贼提供了可乘之机。唐朝没有在这时灭亡，也实在是万幸的事。

玄宗时的李林甫虽然是个奸臣，但当时如果没有杨国忠推倒他的政策重来，也不致于造成太大的祸害。北宋末年，朝廷中忠奸两种势力争斗不休，结果酿成了靖康之乱，宋朝也因此走向灭亡。国家在最乱的时候容易出现治乱的人，但如果治乱的人措施不力，反而可能添乱。这里的意思是说，治理动乱自有合适的办法，而不是其他。

先皇的遗愿还没有付诸实施，奸邪之人就已经有了作乱的机会。穆宗驾崩以后，继位的皇帝年幼无知，被人抱持着登上皇帝的宝座，还不明白去感谢那些拥戴自己的人、仇恨那些反对自己的人，因此也不会为此而加以赏罚。奖恩惩怨，自古如此，除非他有像虞舜、大禹那样的品德。别人对自己有一顿饭的功德，就去设法相报答；科考时因为举荐了自己，甚至终身把他当作父亲，这是天下大多数人的做法，即使是堂堂君子也不能免俗。这种作法，可以认为是私情，也可以当作是忠厚的表现。如不如此，能够作到大公无私，古往今来是极为罕见的。从前的叔孙昭子没有对那些有恩的人进行奖赏，是卓绝的表现；竖牛怀有贰心，引起众怒，这时如果仍对他奖赏，天下人也会不赞成。因此，如果把赏罚当作君主的是否对大臣离合同异、泯灭恩怨是困难的。如果皇帝因为某人对自己的登基有功有过而重赏重罚，超乎寻常的法度之上，那么被赏罚的人也难以推托责任。按翼戴者可以居功矣，则异议者恶得而无罪！知异议之必按是非为功罪，而非异议之即罪，则翼戴者之不可以援立为功，审矣。今夫荐贤才以在位，拔寒素而跻荣，意甚盛也。然苟为靖共之君子，则必曰吾以事君也，而不敢尸其报以牟利。况夫天子者，天之所命也，天下臣民所欲得以为父母者也；窃天之权，敛臣民之志欲，而曰我自立之，我可以受翼戴之赏，自以为功，而求天子之弗我功也，不可得也。自以为功，天子功之，则不与其议而疑于异己者，恶得而免于罪乎？始之者，大臣也，迨其滥觞，而宦官宫妾进矣。援一人而立为天子，小人之奇货也。于是孙程、王守澄、仇士良乘隙而徼之，于是而贾充、傅亮因而专之，于是而华歆、郗虑、王谧、柳璨不难移人之宗社以贸己之宠荣。篡夺相仍，皆贪功者之一念为之也，而徒以咎人主之赏私劳无大公之德哉？

穆宗保王守澄之逆而厚赐神策军士，敬宗听李逢吉之谮而窜李绅，其相袭以乱刑赏，非一日之故矣。于是而知金日磾之不以托孤受爵，卓哉其不可及已。周勃居功相汉，而致袁盎骄主之谮；杨廷和居功受爵，而贻门生天子之谴。英主觉之于事后，而不能慎之于当时，勃与廷和自任已坚，气焰上夺其君，有不能遽抑者在也。识卑器小，忠贞不笃，以天子为墨庄，自贻凶危而害流后世，三代以下无大臣，究其情实一鄙夫而已照通常的规律办事，使国家正常运转，稳定朝纲，安抚众心，不正是辅佐拥戴大臣的责任吗?

如果拥立新君的人可以是有功的话，那么持不同政见者一定是有罪了。假若根据是非看待功与罪，持异议的人不一定有罪，辅佐拥戴的人显然也是不可以自认为有功的。又如推荐贤良人才去做官，奖拔出身低贱的人去获得荣华富贵，其用意当然很好。这样做的人如果是有道德的君子，会认为是在为皇上选拔人才，而不当成是树立自己的私恩以求报答。况且所谓天子，是上天安排他做天下主人的，臣民百姓是要当作父母看待的。如果拥立新君的人把上天和百姓赋予的权力当成是自己的功劳，认为是自己拥立了天子，据以为功，乞求封赏，希望天子永远感激自己，是求也求不来的。如果自认为有功，天子也加以奖赏，从而遭受那些反对者的猜疑，又怎能免于灾难呢?当初的时候，不过是位大臣，一旦奖罚过甚，难免不引起宦官宫妾的升进。如果在一个人的帮助下登基为帝，很容易成为小人手中的玩偶。因此，像孙程、王守澄、仇士良等人都乘机作乱，贾充、傅亮等人乘机专权，华歆、郗虑、王谧、柳璨等人甚至为了自己而把国家假手送人。由此可见，朝政不稳的原因与贪图功利的人的私念有关，怎能仅仅认为是皇上赏私劳、不公正呢?

穆宗曾在王守澄作乱时竭力保护他，还重赏了身边的神策军人。敬宗则听信李逢吉的谗言，把忠贞的李绅流放在外。两位皇上相继坏乱刑赏，其实也有历史的根源。只有在这时，才能体会到金日磾没有因为拥立新君而居功求赏的可贵。周勃因功当上了汉朝的宰相，引起了袁盎对他骄横不忠的议论；杨廷和因功获得了爵位，别人甚至讽刺他把天子当成了自己的学生。聪明的人往往在事过之后才能清醒，而不能在事情来临谨慎从事。像周勃和杨廷和那样，因为权高位重，尽管有功高盖主之嫌，也有不能立即贬抑的原因。如果气量小，矣。居密勿之地，与促膝之谋，国本不定，竭忠贞以立正议，事定国安，引身而去，以杜绝私劳之赏，则倾危之祸，其尚息乎！

2.小人之情，愈趋而下；小人之伪，愈变而升。故征事考言以知人于早，未易易也。读遗文，观已迹，以论昔人之贤奸，亦未易易也。古今所谓小人者，导君以征声逐色、黩货淫刑，其恒也；持禄容身，希旨献谀，而不敢触犯人主、乖忤宦妾，其恒也；生事徼功，掊克兴利，以召天下之怨，其恒也。乃自元和以来，至穆、敬之世，所为小人者术益进，而窃忠贞正大之迹以制天下，而不得以为非，后世诵其奏议，且将有味乎其言，而想望其风采。呜呼！至此而小人之奸可胜诘哉？

李吉甫之始执政也，以推荐贤才致天下之誉，上国计簿，以人主知财用之难而思节省，尤大臣之要术也。其他则媢疾导谀，心违其言，不可胜道矣。元稹、李宗闵起而对策，诘吉甫之奸，推奥援之托，堂堂侃侃，罢黜不以为忧，充斯志也，何有于崔潭峻、魏弘简、王守澄之刑馀？又何有于李逢吉、王播之贪鄙？言之也不怍，尤不惧也。一旦改面而事佞幸以傍趋，有倍蓰于吉甫诸人之为者。观其始进，览其遗文，亦恶知其灭裂之至于此哉？

见识短，不能全心全意忠于皇上，仅仅把皇上当作白痴一个，并为后世留下无穷的祸害，实在算不上是贤德之人。常言说三代以下无大臣，仔细看看都不过是贪鄙之人。官居权要之地，整天与帝王商谈国事，当国家没有君主时能以国家为重，拥立明君，事成之后，引身而去，杜绝因功封赏的机会，若能这样，国家也就有可能避免许多祸乱了。

小人的感情会变得越来越冷淡，小人的虚伪会越来越上升。因此，如果在较早的时候从言行上分辨出人的好坏，并不是一件容易的事情。同样，分析其遗留下来的文章，考察其有过的事迹，并以此确定其贤能与否，也同样不容易。古今所说的小人，通常是说他引诱君主追逐声色、贪财滥刑；或者为了保住自己的权势，对皇上阿谀奉承，不敢触犯龙颜，更不敢招惹宦官、后妃；或者无事生非，虚报功名，兴财逐利，激起民怨。特别是唐朝从元和年间（公元806——820年）开始，到穆宗、敬宗时期，小人的骗人伎俩更为高明，装做是忠贞正直的当权者，而不是故意为非作歹。至使后人读到他们奏章的时候，甚至去体味其言论的精彩，风姿的卓荦。啊！到了这种地步，小人的奸诈又从何处识别呢？

李吉甫刚刚当政的时候，因为推荐贤良之人而赢得了天下人的称赞。他又把记载国家日常开销的簿册送给皇帝阅览，使皇上知道财政困难，以便节约用度，这种做法，也是当政大臣所应该做的。至于别的一些事情，如嫉妒怨恨阿臾奉承，阳奉阴违、口是心非等等，不可胜数。元稹、李宗闵等人在皇帝面前向他发难，指责他是奸佞小人，结党营私，侃侃而谈，至使遭受贬官，他也不以为然。由此而言，他与崔潭峻、魏弘简、王守澄等宦官相比如何？与李逢吉、王播等贪官相比又如何？言语不相冒犯，因此也没有什么惧怕。一旦趋炎附势去巴结奸佞之人，与李吉甫等人的所作所为相距甚远。考察其当初若夫刘栖楚者，则尤异矣。敬宗晏朝，百官几至僵仆，栖楚危言以谏，至于以首触地，流血被面而不退，迹其风采，均等朱云，固李渤之所不逮也；王播赂王守澄求领盐铁，复与独孤朗等延英抗论，尤不畏强御、鉏奸卫国之丰标也；而栖楚之为栖楚何如邪？奸谄之尤，而冒刚方之迹，有如此夫！然其所建白，犹一时一事以气矜胜耳。至于牛僧孺而所托愈难测矣。韩弘荐贿，中外咸食其饵，而僧孺拒之，其律己也，君子之守也；悉怛谋据地以降，李德裕力请受纳，而僧孺坚持信义，其持议也，君子之正也；则且许以果为君子，而与于帝王之文德，以无忝于大臣，固无多让。而僧孺之为僧孺又何如邪？结李宗闵为死党，倾异己，坏国事，姑自戍削以建门庭，而仇其险毒，又如此。

夫穆、敬二帝虽曰淫昏，而是非之心未能全泯，故此诸奸者，亢厉自饰，而揣无诛殛之忧，唯是冒忠直正大之迹，欺天下以自容于公论。盖自唐中叶以后，韩愈氏依傍“六经”之说以建立标帜，则非假圣贤之形似，不足以鼓吹后起之人才为之羽翼。因时所尚，凭其浮动之气、小辨之才，而栖楚且为忠戆之领袖，僧孺且为道义之仪型。小人之窃也，至于此而穷工极变，上欺人主，下欺士民，延及后世，犹使儒者史臣以周公不享越裳、《春秋》不登叛人之义滥许僧孺，而栖楚叩头流的言行，阅读其留下的文章，怎能知道事实的真相呢？

至于像刘栖楚那样的人，情况就更加不同了。敬宗迟迟不上朝，百官等待得几乎昏迷，栖楚犯颜强谏，甚至以头触地，叩头流血，仍不罢休。看看他这时的风采，与朱云当年的做法没有什么不同，即使是李渤也有所不及；王播想得到盐铁使的美差，去贿赂王守澄，刘栖楚得知以后，便与独孤朗等正人君子公开抨击此事，这种做法，也是不畏强暴、锄奸卫国的高尚举措。但事实上，刘栖楚是个什么样的人呢？不过是假冒刚正名声的奸佞小人罢了。他的某些作为，也不过是一时一事罢了。此外，至于像牛僧孺这样的人，其奸佞嘴脸隐藏得更深，更难以让人去发现。当韩弘向百官行贿时，中外官员不加拒绝，只有牛僧孺坚辞不要，这似乎是严于律己的君子作风；悉怛谋向朝廷投降，李德裕等人都极力主张接受，也只有牛僧孺一人认为应重信义。这似乎也是正人君子的做法。但如果仅仅因为这些事而把他当作君子，当成是辅佐帝王的有道德的大臣，认为他无愧于名臣的称号，没有多少指责的地方；其实，牛僧孺的为人又是如何呢？与李宗闵结为死党，打击不依附自己的人，破坏国家政治，用公款建造私宅，做了许多阴险歹毒的事。

穆宗、敬宗两位皇帝虽然荒淫昏庸，但还有点是非之心，因此当时的奸佞小人还不敢完全放纵，还要装模做样地克制自己，装作像是忠正大臣的样子，上骗皇帝，下欺舆论，以免遭受无端的祸害。所以从唐代中叶以后，韩愈根据“六经”的意思制订了一种是非标准，如果不假借圣贤的名义，就无法引起别人的共鸣。因为当时有这样的风气，加上个人有应变的策略，刘栖楚成了忠戆正直的领袖，牛僧孺成了道义的典型。小人骗取虚名，竟然达到了如此的地步！不仅为害当时，而且遗患后世，甚至使有些史官把牛僧孺的不受贿赂与周公不享越裳、《春秋》不载叛人的义举相提并论，更没有人去指出刘栖血之奸，无有能摘发之者。呜呼！小人之恶滔天，尚谁与惩之哉？孔子曰：“未有小人而仁者也。”小人之仁，正其不仁之甚者，辨者不可不审也。

文宗

1.唐自元和以后，国之无人久矣。王守澄、陈弘志推刃天子，无有敢斥言之者，纵横两代，至文宗之季年，而后以他罪诛之，则刘克明何惮而不灭烛以弑少年之天子邪？克明滔天之罪，发之者，王守澄等四宦竖也；斩之者，神策飞龙宦竖所将之兵也。路隋以学士而为逆贼草制，韦处厚俯仰而推讨贼之功于江王，如是，尚可谓唐之有人乎？

孙明复之治《春秋》曰：“称国以弑者，国之人皆不赦也。”胡氏讥其已酷，非也；所谓国之人者，非下逮于庶人，亦其当国之臣、允膺在宫在官之辟者也。然则宪、敬二君之弑，唐之大臣所可逭不赦之诛者谁也？韩弘、张弘靖、李逢吉、王播、皇甫镈、韦处厚，贤不肖无得而免焉。而李绛、裴度，忠贞为众望所归，亦何面目立新主之廷焉？当其时，宦竖之势张矣。然未至如汉末诸奄，斩艾忠良，空天下之群而无遗也；且未如肃、代之世，程元振、鱼朝恩杀来瑱如圈豚，夺郭子仪之权位如夺婴儿之弄具也；刘蕡一摅其忠愤，抗言不忌，虽不擢第，而抑无蔡邕髡钳、张俭亡命之祸。则唐室诸臣，亦何惮而不孤鸣其公愤？呜呼！国之无人至于此极，而抑何以致此哉？

国家之大患，人臣之巨慝，莫甚于自相朋比，操进退升沉楚叩头流血的奸诈。啊！小人罪恶滔天，又有谁去惩罚呢？孔子说："世上还没有仁义的小人。"小人的仁义，正是他最不仁义的表现，天下人不能不加以辨别。

唐朝自元和年间以后，很久都没有忠臣了。王守澄、陈弘志向天子动武，没有人出面干预，使二人长期作威作福，直到文宗末年才因别的罪被诛杀，怎能不使刘克明毫无顾忌地杀害年幼的皇帝呢？刘克明的滔天大罪，正是由王守澄等宦官引发，以及宦官所统领的禁卫军作帮凶。路隋是著名的学士，仍不免为乱臣贼子起草文书；韦处厚为了自保，也把平定内乱的功劳让给江王。诸如此类的事情，能谈唐朝有忠臣吗？

孙明复所传的《春秋》说："如果皇帝在位时被杀，举国都有不可饶恕的罪。"胡三省讥讽这话过于残酷，其实不然。这里所说举国之人，只是指身有官职的人而言的，并不是说黎民百姓。那么宪宗、敬宗二人的被杀，百官中犯有不赦之罪的人都是哪些人呢？韩弘、张弘靖、李逢吉、王播、皇甫镈、韦处厚等人无论贤能与否，显然都难逃其咎，至于李绛、裴度等为众望所归的人，难道就有脸面站在新皇帝的面前吗？当时尽管是宦官势力膨胀的时候，但还没有达到像汉朝末年那样随意诛杀忠良的程度；也不像肃宗、代宗时期那样，程元振、鱼朝恩像杀猪一样杀害来瑱、像拿走婴儿玩具那样夺走郭子仪的兵权；正直的刘蕡进忠言时无所顾忌，虽然没有取得功名，但也没有遭受像蔡邕受刑、张俭流放那样的报复。既然如此，当时的大臣没有为皇帝鸣不平，又有什么顾忌呢？唉！朝中没有忠臣，到了如此的地步，但又何以如此呢？

国家和臣下最大的忌讳，莫过于拿自己与别人相攀比，把自己的于同类之盈虚，而天子特为其酬恩报怨、假手以快志之人。所谓正人者，唯以异己相倾之徒为雌雄不并立之敌；其邪者，则以持法相抑之士为生死不戴天之仇。而非天子莫能代之以行其志，非左右持权之宦竖莫能助己以快其欲。藉令当宪宗之弑，而建讨贼之旌，则岂徒弘志哉？守澄其渠帅也；匪徒守澄，郭后其内贼也；匪徒郭后，穆宗其戎首也。推究至极，不容中已。而守澄尸威福之柄，两立于邪正之交，以持衡而颠倒之；郭后挟国母之尊，穆宗固世嫡之重，天位既登，动摇不可。则发义问者此党之人，而彼党即乘瑕而进。功隳名败，身不保而祸延同类。于是素有忠直之望者，亦惴惴然惜门户以图伸；而依附之士，咸啮指扪舌以相劝止。低回一起，慷慨全消，方且尊太后，肆大赦，以掩其恶而饰之，因循安位，以求遂其汲引同汇、拒绝异己之情。为君子者，固曰吾以是为善类地也，而况匪人之比哉？宦竖乃以知外庭之情志，视君父之死如越人之肥瘠，闭户自保，而以不与为安。敬宗虽无刘子业、萧宝卷之凶淫，一失其意，而刃剚其胸，何不可使路隋、韦处厚泚笔弄舌以文其大恶乎？呜呼！盈廷若是，而按孙氏《春秋》之法，非诬也。李绛、裴度虽云贤者，其能逃于法外哉？

李长源归卧衡山，而李辅国不敢竟其恶；郭汾阳罢兵闲处，而鱼朝恩不敢肆其毒；君子不浮沉于爵禄权势之中，乱臣贼子自有所畏忌而思戢。元和以降，所号为大臣者，皆荏苒于不进不退之交，而白刃两加于天子之脰。唐之无人，厥有繇升降沉浮放在对别人的观望之上，把皇帝当作是自己酬恩报怨、实现自己意愿的傀儡。所谓的正人君子，只把那些因与自己不合而相倾诈的人当作不共戴天的敌人；奸佞小人则把那些按照法度惩治自己的人当作仇敌。当奸佞小人要实观自己意愿的时候，只有通过天子之手才能达到目的，也只有让当权的宦官帮助自己才能实现私欲。当宪宗被杀的时候，首先举起讨贼大旗的人，难道只是陈弘志一人吗？王守澄还是他的首领呢；不仅是王守澄，郭后还是内应呢；不仅是郭后，穆宗更是其领袖呢。推究根底，事实不容否认。王守澄掌握着生杀大权，居于邪正之间，因掌权而推翻了宪宗；郭后依仗着国母的地位，穆宗凭借着嫡子的身份，既然继承了皇位，事实再也不可改变。此时举起义旗的人都是同党，属于另一派的人也乘机争取位置。假若功名不成功，自己和同类都要受惩罚。于是那些一向有忠臣名望的人，也为自己的门户打算，去寻求发展的机会；那些游说之徒也以此相劝。一旦遇到波折，原有的慷慨义气全然不见，转而去尊崇太后，贪图大赦，以掩饰从前的不忠之举，企图保住位置，庇护同类，排斥异己。做君子的人，会说自己是把这作为忠臣的阵地，更何况没有人能与之类比呢？宦官则因了解外朝的实情，把皇帝的死当作像越人见了胖子一样关门自保，把不参与政变当作保全自己的手段。当然，就敬宗来看，虽然没有像刘子业、萧宝卷那些凶狠荒淫，但也曾随意诛杀过得罪自己的人，但为何不让路隋、韦处厚鼓动文笔口舌去宣传其罪过呢？唉！举国上下尽是如此，如果按孙氏《春秋》的做法，并不是诬蔑。李绛、裴度虽说是贤良君子，能够逃脱法规的谴责吗？

当年，李长源虽然罢官到衡山隐居，李辅国仍不敢肆无忌惮地为非作歹；郭汾阳交出兵权后在家闲处，鱼朝恩也不敢有任何轻视。像二人这样的君子、忠臣，尽管不在官场权势中周旋，那些乱臣贼子仍因为有所忌惮而有所收敛。到了元和年间以后，能够被称为大矣。文宗进李训、郑注而谋诛内贼，非尽不明也。人皆知有门户，而不知有天子，无可托也。

2.朋党兴，而人心国是如乱丝之不可理，将孰从而正之哉？邪正无定从，离合无恒势，欲为伸其是、诎其非，画一是非以正人之趋向，智弗能知，勇弗能断。故文宗曰："除河北贼易，去朝廷朋党难。"亦非尽暗弱之说也。

李宗闵、牛僧孺攻李吉甫，正也；李德裕修其父之怨而与相排摈，私也。乃宗闵与元稹落拓江湖，而投附宦官以进，则邪移于宗闵、稹；而德裕晚节，功施赫然，视二子者有薰莸之异矣。李逢吉之恶，夫人而恶之，德裕不与协比，正也；而忽引所深恶之牛僧孺于端揆，以抑逢吉，而睦于僧孺，无定情矣。德裕恶宗闵，讦贡举之私以抑之，累及裴度，度不以为嫌，而力荐德裕入相，度之公也；李宗闵与度均为被讦之人，乃背度而相倾陷，其端不可诘矣。宗闵与稹始皆以直言进，既皆与正人忤，而一争进取，则稹合于德裕以沮宗闵，两俱邪而情固不可测矣。杨汝士之污浊，固已；德裕以私怨蔓延而讦之使贬，俾与裴度、李绅同条受谤，汝士之为贞邪不决矣。白居易故为度客，而以浮华与元稹为胶漆之交，稹之倾度，居易不免焉，而德裕亟引其从弟敏中，抑又何也？李训、郑注欲逐臣的人，无不身处不进不退之地，至使出现了两位被杀的皇帝，唐朝缺乏忠正良臣，可见是有来由的。文宗提拔李训、郑注而计划讨伐朝中宦官，也并不全是昏庸之举。当时人只知道有自己的小家小户，而不知道上有天子的重要性，因此天子是没有人可以依托的，遭受杀身之祸也就不可避免。

派系间的争斗开始以后，人心果如乱丝一样不可梳理，听从谁的才是正确的呢？谁正确、谁错误无法确定，谁成功、谁失败都不长久，要想遵从正确的，抨击错误的，定下一个能让大家遵从的是非标准，即使是聪明的人也无法施展其才智，勇敢的人也无法加以决断。所以文宗说："朝廷平定河北地区的叛乱容易，消除朝中的派系困难。"这句话并不是一种暗弱无能的说法。

李宗闵、牛僧孺攻击李吉甫，是一种正当之举；李德裕因为父亲积下的旧怨而加以排挤，也是一种自私的行为。等李宗闵、元稹被排挤出朝廷，又投靠宦官得以复职以后，则又变成了奸邪之人；至于李德裕晚年的操守，有较大的功德，与二人有很大区别。李逢吉是个作恶多端的人，让人人厌恶，李德裕不与他结成同盟，是正确的表现；但他突然又把向无好感的牛僧孺拉来作宰辅，企图用他来打击李逢吉，则是一种反复无常的举动。李德裕讨厌李宗闵，假借科举来排挤他，甚至连累到裴度，但裴度并不介意，反而竭力推荐李德裕入朝做宰相，这是裴度公正的表现；李宗闵、裴度都是被排挤的人，本应同病相怜，但李宗闵转而打击裴度，其用心险恶难测。李宗闵当初与元稹都是因为敢于直言而知名，等到与正直的人发生矛盾，为了争夺名利，元稹则借助李德裕的势力打击李宗闵，两人的奸邪更不值得谈论。杨汝士的贪脏枉法，是出于本性；李德裕出于私怨而贬低他，让他与裴度、李绅同时遭受弹劾，杨汝士是冤屈还是罪有应得又不可言。白居易原是裴度的门客，因为轻薄浮华而与元稹结为狐朋狗德裕，而荐宗闵以复相，乃未几陷杨虞卿而窜宗闵于明州，何其速也！聚散生于俄顷，褒贬变于睚眦，是或合或离、或正或邪，亦恶从而辨之哉？上无折中之宸断，下无臧否之定评，颠倒天下以胥迷乱，智者不能知，果者不能决也。揆厥所繇，则自李绛恃其忠直而不知大臣之体，与小人比肩事主，而相角以言。口给之士，闻风争起，弄其辅颊，议论兴而毛举起，权势移而向背乖，贸贸焉驰逐于一起一伏之中，惊波反溅，罔知所届。国家至此，其将何以立纲纪而保宗社哉？

唐、宋以还，败亡一轨，人君尸居太息而未可如何。呜呼！乱之初生，自所谓君子者开之，不但在噂沓之小人也。吕吉甫、章惇之害未去，而首击伊川者，司马公之门人苏轼、苏辙也；奄党之祸未除，而特引阮大铖以倾众正者，温体仁所击之钱谦益也。当王介甫恶二苏之日，体仁陷谦益之时，岂料其速变之如斯哉？烈火焚原而东西不知所极，公忠体国之大臣虑之已早，镇静慎默以赞天子之独断，而人心戢、风俗醇。苟非其人，弗能与于斯也。

3.文宗耻为弑君之宦竖所立，恶其专横而畏其害己也，旦夕思讨之，四顾而求托其腹心，乃擢宋申锡为相，谋之不克，申锡以死，祸及懿亲，而更倚李训、郑注、王涯、舒元舆以致甘露之变。申锡之浅躁，物望不归；训、注则无赖小人，繇友，元稹与裴度相争的时候，白居易也做过帮凶，但李德裕又拉拢白居易从弟白敏中，又是什么缘故呢？李训、郑注谋划赶走李德裕，推荐李宗闵接任宰相，但不久又陷害杨虞卿，把李宗闵流放到明州，其变化又是何等的迅速。诸如此类的变化发生于俄顷之间，褒贬因为区区小事，究竟是合是离、是正是邪，谁又能说得清呢？在上没有正直的公断，在下没有舆论的监督，是非的界限全然颠倒，使聪明的人无法决断，果敢的人变得犹豫不决。考察其最初的原因，实际上由李绛自以为忠正而不知人臣的礼节，与奸佞小人同朝供职，相与以言论争执。至使那些善于搬弄是非的人闻风而动，利用其伎俩兴风作浪，制造矛盾，于是混淆了视听，搅乱了是非界线，使各派的争执此起彼伏，忽高忽下。当惊涛海浪拍击海岸之际，还不知其原因何在，国家到了这种地步，又怎能建立纲常制度以捍卫宗庙社稷呢？

唐、宋以后，天下的兴亡如出一辙，皇上眼睁睁看着国家灭亡也毫无办法。唉！祸乱初起的时候，多是由所谓的君子引起，并不是因为无耻的小人。当宋朝还没有把吕吉甫、章惇造成的祸害完全清除，首先向伊川先生发难的，是司马公的门人苏轼、苏辙；宦官之害的余毒还在时，利用阮大铖排斥忠正大臣的，是温体仁对钱谦益的发难。当王介甫厌恶苏轼、苏辙的时候，温体仁诬陷钱谦益的时候，怎会料到会发生如此迅速的变化呢？当大火在原野上焚烧的时候，临近的地方无法预料它所要达到的程度；关心国家安危的大臣对国家的兴亡考虑越早，以镇静沉默的态度去帮助天子果敢决断，则人心可以安定、风俗可以净化。如果不是合适的人，是不能作到这些的。

文宗把自己被弑君的宦官拥立为皇帝当成耻辱，厌恶他们专横跋扈，又担心他们会以同样的手段杀害自己，整天思考着讨伐宦官的办法，四下里寻找可以寄托为腹心的人，于是便提拔宋申锡担任宰相，但还没等把计划付诸实施，宋申锡便断送了性命，还连累了亲近宦竖以进，倾危显著，可畏而不可狎；涯、元舆又贪浊之鄙夫也。文宗即不足与于知人之哲，亦何颠越乃尔哉？于其时，非无勋望赫奕之元臣如裴中立、英果能断之伟人如李文饶，而清谨自持如韦处厚、郑覃者，犹不致危身以偾国。文宗俱未进与密谋以筹善败，独决意以托匪人，夫亦有故存焉。

唐之诸臣，皆知有门户而不知有天子者也。宠以崇阶，付以大政，方且自诧曰：此吾党之争胜有力，而移上意以从己。其心固漠然不与天子相亲，恃其朋类争衡之战胜耳。故以裴中立之誉望崇隆，为四朝之元老，而陈弘志之弑，杜口包羞；若李文饶，则假宦竖王践言以内召；而李宗闵、元稹、牛僧孺之恃阴腐为奥援者，又勿论也。

外有不相下之仇敌，则内不可更有相忤之中人；争衡于一进一退之间，则不能复问大贞大邪之辨；文宗盖流览踌躇，知其无可与谋也。而宋申锡以轻狷不审去就之庶尹，为两党所不推；舒元舆、王涯、贾餗，则首鼠两端，持禄免咎者也；训、注之邪，上知之矣，乃其不择而击之力，一试之德裕，再试之宗闵，两党皆其所搏噬，庶谓其无所固执而可借为爪牙者耳。

人等。文宗接着打算依靠李训、郑注、王涯、舒元舆等人，但又激起了甘露之变。宋申锡是一个浅薄好动的人，没有令人钦佩的声望；李训、郑注等则是无赖小人，通过宦官才获得官位，带有明显的不臣之心，都是些可怕不可亲信的人；王涯、觎元舆二人则是惯于贪赃枉法的无能小辈。文宗尽管不能称为知人善任的哲人，但又为什么屡屡认错人呢？在当时，并非没有像裴中立这样素有声望的元老重臣，像李文饶这样的果敢善断的英杰伟人，韦处厚、郑覃这样的清谨持重的大臣。如果与他们商量讨伐宦官的事，也不至于使国家、个人双方受害。文宗没有与他们密谋有关事宜，只是自己按意愿行事，于是便屡屡遭受挫折。文宗之所以如此，也是有一定原因的。

唐代的大臣，大都是只知道保全自己身家性命而不顾及国家、皇上的自私之人。皇上给他们以高官厚禄，并把国家大事相寄托，而他们则认为是自己同党们相争的结果，把皇上的意愿当成是自己派系的胜利。他们的心思既然不与皇上相亲近，只是依仗着自己同类的势力；所以，尽管裴中立是誉满中外的四朝元老，当遇到陈弘志作乱时，仍闭口掩盖自己的羞惭；李文饶也假借宦官王践言以应召；至于李宗闵、元稹、牛僧孺等结援于宦官的人，就更加不足论了。

作为当权的人，当外有与自己势力不相上下的敌人的时候，在内朝更不能有与自己政见不同的宦官；当双方争斗各有胜负的时候，也无法看清谁忠谁奸；文宗所以踌躇不决。也正是由于这种原因。他所委寄的人，宋申锡是轻狂不知深浅的俗吏，是矛盾中的两大派系都不愿结援的人；舒元舆、王涯、贾餗是善于见风使舵、衣食俸禄而不愿陷入是非之地的人；至于李训、郑注的奸邪不正，则深为皇上所知，于是便借助其力量，初向李德裕试探，再向李宗闵试探。因为他们与两大派别都有矛盾，文宗便以为用他们为心腹爪牙无所顾虑，实在是可悲至极！

悲夫！自长庆以来，所敢以一言触宦竖者，独一刘从谏而已，而固防其且为董卓也。则文宗不以委之申锡、训、注而谁倚乎？藉令谋之中立，而中立未必应也；谋之文饶，而文饶固不从也；谋之处厚、覃，而处厚、覃且战栗以退也；谋之宗闵、僧孺，而比于宦官以反噬也。故文宗交不敢信，而托之匪人。无他，环唐之廷，大小臣工贤不肖者，皆知有门户，而忘其上之有天子者也。弑两君，杀三相，裴中立且自逍遥于绿野，而况他人乎？

4.牛、李维州之辨，伸牛以诎李者，始于司马温公。公之为此说也，惩熙丰之执政用兵生事，敝中国而启边衅，故崇奖处錞之说，以戒时君。夫古今异时，强弱异势，战守异宜，利害异趣，据一时之可否，定千秋之是非，此立言之大病，而温公以之矣。

乃所取于牛僧孺之言抑德裕者，曰诚信也。诚揭诚信以为标帜，则谋臣不能折，贞士不能违，可以慑服天下之口而莫能辩。虽然，岂其然哉？夫诚信者，中国邦交之守也。夷狄既逾防而为中夏之祸矣，殄之而不为不仁，夺之而不为不义，掩之而不为不信。使恤彼相欺之香火，而养患以危我社稷、杀掠我人民、毁裂我冠裳也，则太王当终北面于獯鬻，文王可自长庆年间（公元821——824年）以后，朝臣中敢于用言语抉击宦官的人，只有刘从谏一人，但朝廷又担心他会引起像董卓那样的祸乱。在这种情况下，文宗不把诛伐宦官的重任寄托在宋申锡、李训、郑注等人的身上，又能寄托谁呢？假设他把想法与裴中立商量，裴中立未必就能按他说的去做；如果与李文饶商谈，李文饶也肯定不会答应；若与韦处厚、郑覃商量，二人也一定会战战惊惊地辞退而去；与李宗闵、牛僧孺密谋，说不定二人还会把消息告诉宦官，然后反过来算计皇上。所以，文宗没有可以信赖的大臣，只能冒险托付不中意的人。因为没有别的，在整个大唐朝廷中，无论是大小朝臣还是百工技巧，无论是贤才良臣还是不肖之徒，都只知道有自己的门户家庭，而不去考虑天皇老子的生老病死。当两个皇帝、三位宰相相继被杀以后，裴中立仍能在田原间逍遥自在，更何况别人呢？

关于牛僧孺、李德裕二人在维州问题上的得失，贬低李德裕而称赞牛僧孺的倾向，是从司马温公（司马光）开始的。司马温公持这种观点的目的，不过是鉴于熙宁、元丰时期的当权者（宋神宗）因用兵不当而无故挑起事端、至使边境吃紧的教训，因此崇尚淳厚的风气，以引起皇上的警惕。但时代变迁了，强弱更换了，战守交替了，利害变异了，因为一时的需要而妄下结论，正是立论的大忌，但司马温公没能顾及到这些。

司马温公所用牛僧孺的话去贬低李德裕，无非是诚、信二字。如果把诚信当作招牌，则任何一位大臣都无法去指责，忠贞之人也无法违犯，可以堵住天下人的口。但事实的确如此吗？说到诚与信，实际是中国邦交的根本原则。但当外族人踏过边防侵略进来的时候，进行抵抗不是不仁，与它争斗不是不义，偷袭它也不是不守信用。假若因怜悯他们而大发慈悲，留下危害我国家、杀掠我人民、毁裂我衣冠的祸患，则周太王也应终生向獯鬻族首领称臣、周文王也永奉币于昆夷，而石敬瑭、桑维翰、汤思退、史弥远允为君子矣。

突厥、回纥，唐曲意以下之者，皆有功于唐，舍其暂时之恶，而以信绥之，犹之可也。然而且有不必然者，其顺逆无恒，驭之有制，终不可以邦交之道信其感孚也。况乎吐蕃者，为唐之封豕长蛇，无尺寸之效，有邱山之怨，偶一修好，约罢戍兵，而于此言诚信乎？僧孺曰：“徒弃诚信，匹夫之所不为。”其所谓诚信者，盖亦匹夫之谅而已矣。其以利害言之，而曰：“彼若来责，养马蔚茹川，上平凉阪，万骑缀回中，不三日至咸阳桥。”是其张皇虏势以相恐喝也，与张仪夸秦以胁韩、楚之游辞，同为千秋所切齿。而言之不忌，小人之横，亦至此哉！

夫吐蕃自宪宗以后，非复昔之吐蕃久矣。元和十四年，率十五万众围盐州，刺史李文悦拒守而不能下，杜叔良以二千五百人击之，大败而退；其明年，复寇泾州，李光颜鼓厉神策一军往救，惧而速退；长庆元年，特遣论讷罗以来求盟，非慕义也，弱丧失魄，畏唐而求安也。其主彝泰多病而偷安，不数年，继以荒淫残虐之达磨，天变于上，人叛于下，浸衰浸微，而论恐热、婢婢交相攻以迄于亡。安得如僧孺之言，扣咸阳侨、深入送死而无择哉？敛手頫颜，取悉怛谋献之，使磔于境上，以寒向化之心。幸吐蕃之弱也，浸使其强，日无唐，而镞刃之下岂复有唐乎？

当永远向昆夷人朝贡，而像石敬塘、桑维翰、汤思退、史弥远等引狼入室的人也都可以被称为君子了。

唐朝所以给突厥、回纥以太多的礼遇，是因为两族曾经有功于唐，暂时不去理会他们的凶残，而以信义相待，也不过是一时的权宜之计罢了，是可以让人理解的。当然，也有不必如此的情由，因为他们反复无常，与他们交往应有一定的法规，总不能按通常的做法去办事。何况吐蕃只不过是唐朝的潜在敌人罢了，对唐朝没有任何的好处，但却有极大的怨恨。双方偶然一修好，相约停战罢兵，就能去大谈信义吗？牛僧孺说："徒劳无意地失去诚信，任何人都不会去做。"这里所说的诚信，也不过是一孔之见罢了。他从利害关系的角度看，却说："如果吐蕃来兴师问罪，养马于蔚茹川，登上平凉坂，挥师进回中，很快就可以进军到咸阳桥。"这些话，实际是在长敌人的志气，与张仪当年夸赞秦朝而胁迫韩、楚两国的游说之辞毫无二至，都是千秋万代遭人痛恨的。说这些话而无所避忌，可见小人蛮横到了什么程度！

就吐蕃的情况看，自宪宗以后，已经远非昔日可比了。元和十四年（公元819年），吐蕃派十五万人围困盐州，刺史李文悦便抵抗住了他们的进攻。杜叔良率领一千五百人出击，又把他们打得大败；次年，吐蕃派军进攻泾州，李光颜率神策一军前往求援，使吐蕃闻风丧胆，很快解围而去。长庆元年（公元821年），吐蕃专门派遣论讷罗前来结盟，其目的也不是因为钦慕礼仪，而是因为自己衰弱不堪，为了自保而求安定。其首领彝泰多病而偷安，几年以后，继位的达磨更加荒淫残暴，终于使天怒人怨，众叛亲离，其势力也越来越衰弱，加上论恐热、婢婢轮番向吐蕃进攻，直到其灭亡为止。因此，从事实看，完全不像牛僧孺所说，他们能进攻到咸阳桥，深入大唐腹地。为了自己的脸面，俘获了悉怛谋，让他驻守在边境之上，也使那些愿意归化僧孺又曰："吐蕃四面万里，失一维州，未损其势。"则其欺弥甚矣。吐蕃之强，以其尽有北境也。于宪宗之世，全力南徙，以西番重山深谷，地险而腴，据为孤兔之窟，于是而始衰，沙陀、黠戛斯、回纥侵有其故疆矣。故韦皋一振于西川，而陇右之患以息。其南则南诏方与为难，而碉门、黎、雅之间，乃其扼要之墟，得之以制其咽吭，则溃散臣服，不劳而奏功。西可以收岷、洮，南可以制南诏，北可以捍黠戛斯、回纥之东侵，而唐无西顾之忧。其在吐蕃，则大害之所逼也。而岂无关于损益哉？

夫夷狄聚则逆而散则顺，事理之必然者也。拒归顺者以坚其党，故婢婢曰："我国无主，则归大唐。"然与论恐热百战而终不归者，惩悉怛谋之惨，知唐之不足与也。以是为诚信，将谁欺乎？夫僧孺岂果崇信以服远、审势以图宁乎？事成于德裕而欲败之耳。小人必快其私怨，而国家之大利、夷夏之大防，皆不胜其恫疑之邪说。文宗弗悟而从之，他日追悔而弗及。温公抑遽许之曰："僧孺所言者义也。"使然，则周公之兼夷狄，孔子之作《春秋》，必非义而后可矣。

大唐的外族首领打消了归化的念头。这时幸好是吐蕃衰落的时候，如果它强盛，不把唐朝放在眼里，在交战之后难道还有唐朝吗？

牛僧孺又说："吐蕃控制着方圆万里的土地，丢了一个维州，对它丝毫无损。"这句话更是一派胡言。吐蕃强盛的原因，正是因为它完全控制着北部边境。在宪宗的时候，吐蕃人开始大举南迁，认为西番一带山高岭深，地势险峻，土地肥沃，可以作为自保之地，于是便迁到那里，但也从此开始衰落，沙陀，黠戛斯、回纥也乘机侵占了吐蕃故地。所以当韦皋在西川得胜的时候，大唐在陇西的威胁便被解除。此外，在吐蕃以南，又有南诏与他们为敌；而在碉门、黎、雅之间，正是其最要害最薄弱的地方，控制这里正像卡住咽喉一样，定能使他们溃散臣服，不用兴师动众便可收到功效。并且在西方可以收复岷、洮，在南方可以牵制南诏，在北方可以抵御黠戛斯、回纥的东侵，唐朝可以彻底解除西顾之忧。但这对吐蕃来说，则无疑是遭受了灭顶之灾。可见，这怎能与得失无关呢？

就外族人而言，聚在一起就容易滋生事端，分散开来就会附首贴耳，这是必然的事理，如果拒不归顺，也是为了让同类更为团结。所以婢婢说："如果我们没有了首领，就来归顺大唐。"但他在与论恐热发生多次战斗以后仍不肯向朝廷投降，其原因也是由于看到了悉怛谋的悲惨下场，知道唐朝并不是那样可信的。如果把这当作诚信，又能骗得了谁呢？况且牛僧孺真的能推崇信义让远人信服、审时度势以图谋安宁吗？不过是要败坏李德裕已经建立的功劳罢了。小人之情，向来都是从自己的利益出发的，而不把国家的安危、夷狄和华夏的区别放在心上，这些甚至还抵不了他的异端邪说。唐文宗当初没能洞察牛僧孺的奸诈，听信了他的谗言，事过之后，已经追悔莫及了。司马温公也同样评价说："牛僧孺所说的话体现了一个义字。"果真如此的话，那么周公兼并夷狄、孔子作《春秋》，也都算不上是

5.李宗闵欲逐郑覃，而李德裕亟荐之，文宗自内宣出，除覃为御史大夫。宗闵曰：“事皆宣出，安用中书？”其妨贤之情，固不可掩然以官守言，则职之所宜争；以国事言，则内降斜封之弊，所宜早杜其渐也。崔潭峻以“八年天子听其行事”折之，讵足以服宗闵哉？郑覃经术议论果胜大任，人主进一善士，昭昭然揭日月而行之，制下中书，孰敢违者？假令宗闵抗命而中沮，即可按蔽贤之辟，施以斥逐。乃若有所重畏而偷发于其所不及觉，以与宰相争胜负之机，其陋有如此者。宗闵得持国宪官常以忿怼于下，以此而求折朋党之危机，宜其难矣。故司马温公曰：“明不能烛，强不能断，使朝廷有党，人主当以自咎。”其说韪矣。乃又曰：“不当以罪群臣。”则于君子立身事上、正己勿求之道，未协于理；而奖轻儇、启怨尤、激纷争之害，不可复弭。元祐、绍圣之际，狺狺如也，卒以灭裂国事，取全盛之宋而亡之。一言之失，差以千里，可不慎哉！

黜陟之权，人主之所以靖国也；格心之道，大臣之所以自靖也；进退之节，语默之宜，君子之所以立身也。居其位，安其职，尽其诚而不逾其度。故人主不审于贤奸之辨，而用舍不决，使小人与君子交持于廷，诚宰相之所深忧。然小人者，岂能矫君心之必不然者，而胁上以从己哉？则格心者本也，适人者末也。但令崇奢佞鬼、耽酒渔色、牟利殃民、狎宦竖、通女

“义”了。

当李宗闵打算赶走郑覃时，李德裕极力维护他，唐文宗也专门下了一道诏书，升迁郑覃为御史大夫。李宗闵对此极不服气，说：“既然事情都由皇上作主，还要宰相干什么？”但他妨碍贤人升迁的意图，也因此无法掩盖。这件事若从任官原则的角度看，李宗闵不服是应当的；就国家的用人制度说，则有皇上滥用职权的弊病，是应早早被杜绝的。崔潭峻用“八岁天子听宰相摆布”的话讽讥李宗闵，怎能让他服气呢？郑覃在经术、议论方面都有才能，得官完全应当；皇帝得到了这样一位人才，也是正大光明的事情，下诏让宰相去执行，又有谁敢违抗呢？如果李宗闵拒不奉诏，就犯了阻碍贤人的罪，是要被贬免官职的。但如果有所畏惧仍在私下里活动，与宰相争夺权力，就是一大弊端。李宗闵当权秉政时对属下不公正，企图以此改变朋党相争的危机，就更加不容易。所以司马温公说：“明亮的东西如果不能发光，强壮的东西如果不能决断，使朝廷中形成朋党，做皇帝的人应该自责。”这种说法是正确的。但又接着说：“不应当因此而怪罪群臣。”这句话就有些欠妥了，因为它对君子的立身事上、处事律己等都缺乏道理，容易引起怨愤，奖赏轻薄、激发纷争，不能禁止。在元佑、绍圣时期，世道正是如此，最后引起国家政治的混乱，致使强盛的宋朝走向灭亡。一句话的失误是如此的巨大，能不慎重吗？

任用和罢免官吏的权力，是皇上安宁国家的法宝；使自己心地纯正的办法，是作为人臣自律的手段；进退是否有节度，言语是否合乎时宜，也正是君子的立身根本。在官位上时，就应忠于职守，竭尽自己的诚心，不使逾越既定的法规。如果做皇帝的分辨不清臣下的忠奸，用谁、不用谁犹豫不决，使小人与君子在朝廷上争斗不休，这才是宰相所应忧虑的。然而，就小人而言，又怎能去强迫皇上改变观点，听从自己的意见呢？所以说，反省自己是根本，要求别人才是末谒之害，一一檠括于宫庭之嗜好，则事之可否、理之得失、人之贞邪，无所蔽窒，而小人自不足以群聚而争胜。若其格心之道已尽，而君惛不知，容小人之相抵牾，则引身以退，杜口忘言，用养国家之福，而祸不自我而兴。故孔子去鲁，不争季孙之权；孟子去齐，不折王驩之佞。在国则忘身，去国则忘世，身之安也，天下之福也。

如或不得于君，不容于小人，乞身事外，犹且纷纭接纳，进人士而与结他日之援。为忧国计与？适以激国事之非；为进贤计与？适以贻贤者之伤。气盈技痒，愤懑欲舒，且与浮薄之士，流连于山川诗酒之中，播歌谣以泄悁疾，抑或生而有再用之情，没而有子孙之计，树人自辅，悦己者容，乃使诡躁之夫，依附以希他日之进，党祸乃成，交争并峙，立身之不慎也，事上之不诚也，素位不安，害延于国，为人臣而若此，咎亦奚辞？乃曰“不当以罪群臣”，不已过与？

即其在位之日，道在匡君，而人才之进退，国有常典，官有定司，固非好恶欲伸，唯己所任。一大臣进，而望风饰行以求当于端揆者，千百其群也。言论相符、行止相应者，不使退就衔勒，奚必利民而卫国，特以竞胜于异己耳。苟可以取盈，然且破法而为非常之举，汲引而怀取必之心，则唯以所好者之升沉为忧喜，而君父生民或忘之矣。质之夙夜，讵可云精白乃节。如果让宠幸奸佞、沉湎酒色、兴利害民、巴结宦官、讨好后宫的祸害一一括约为宫庭的嗜好，那么对事情的可否、道理的得失、人臣的忠奸都无所隐蔽，小人也不能集聚在一起争强斗胜。如果反省自己做到了仁至义尽，皇上昏庸不能明白，容忍小人兴风作浪，就应辞官而去，闭口不言是非，以期望国家的福禄，同时也远离了祸乱。因此，孙子能够主动离开鲁国，不与季孙争权夺利；孟子也能离开齐国，不去揭露王驩的奸佞。在官不应顾念自己的安危，去官应忘掉世事，只有保持身心安康，才是天下的福分。

如果在官时不能得到君主的赏识，又不被小人所容忍，就应该置身于是非之外。如果仍四处活动，结交朋党以图东山再起，是为国家考虑吗？这样做反而会破坏国家的纲纪；是为了发现人才吗？只能是伤害人才。如果精力旺盛，有技艺无处发挥，心中的不快想倾吐出来，不如与那些轻薄好动的人一起，去到山川之中饮酒作乐好好发泄，填词作歌以排遣心中郁闷。说不定在有生之年还会被朝廷起用，去世时也为子孙做个打算。培养别人以帮助自己，为赏识自己的人效力，就会致使那些工于心计的人，依附于别人而等待时机，造成邦派势力，两两相争，正是自律不严、对人主不忠、不安分守己、遗害国家的表现。做大臣的如果是这样，又有什么责任可以推卸的呢？所谓“不应当向群臣问罪”，不是有些过分吗？

大臣在位的时候，责任是匡辅君主。至于人才的升降，国家有国家的制度，政府有政府的职责，并不是自己的主观意愿所能决定的。当某个大臣升迁的时候，不知有多少人在跃跃欲试、觊觎着宰相的位置。如果言语相合、行动一致，不让他遭受埋没，即使不从保家卫国利益百姓的大政上考虑，也应是与异己势力相争的动力。假使可以任满取盈，甚至打破常规做出非常的举措，汲引并报着必胜的信心，只关心同党的升降沉浮，不把芸芸众生放在心上。如果这样，能说是心乎？

夫德裕之视宗闵，其得失迥矣。而内不能却崔潭峻、王践言之奥援，外不能忘牛僧孺、杨虞卿之私怨，则使文宗推心德裕，使汲引其所好者置于要地，而宗闵不敢或违也，终不可得。其后武宗亦既独任之矣，未久而白敏中、令狐绹复起，以尽反其局。岂非德裕乘权之日，恃主知之深厚，聚朋好以充廷，而不得志者如伏火石中，得水而爆烈哉？

夫元祐亦犹是也，皆为君子者，进则响响，退犹跃跃，导人心于嚣讼而不可遏也。以宰相之进退归人主，以卿尹之黜陟归所司，正己尽诚，可则行，否则止，绝新进之攀附，听天命之废兴，虽有小人，何所乘以自立为党？其不然也，而曰“不可以责群臣”也，无惑乎温公之门有苏轼诸人之寻戈矛于不已也。

6.杜牧愤河朔三镇之跋扈，伤府兵之废败，而建议欲追复之，徒为危言，贻后世以听荧耳。牧知藩镇之强在府兵既废之后，而不知惟府兵之积弱，是以蕃兵重，边将骄，欺唐之无兵，以驯致于桀骜而不可复诘也。且当太和之世，岂独河北之抗命哉？泽潞、山南无非拥强兵以傲岸者。而欲取区区听命之州郡，劳其农而兵之，散其兵而农之，则国愈无兵、民愈困、乱将愈起。甚矣！空言无实，徒以荧慕古者之听，而流祸于来今，未有已也。

心安理得吗?

李德裕对李宗闵的看法，得失有很大差别。当在内朝不能破坏崔潭峻、王践言的结援，外朝不能忘记牛僧孺、杨虞卿等人的私怨的时候，如果唐文宗放心地去任用李德裕，让他把同党安置在权要之地，而李宗闵不敢有半句怨言，其实是完全不可能的。后来，唐武宗也曾经把重任交给他一个人，但不久就被白敏中、令孤绹两人取代，完全破坏了原有的格局。难道这仅仅是李德裕当权的时候，依仗着皇上对自己的了解，把亲朋好友都安置地朝廷内外，使那些不得志的人整天提心吊胆吗?

元佑时期的情况也是如此。当有声望的人升迁的时候天下喁喁，罢职以后仍跃跃欲试，把人心变得好动不止。应该把宰相的罢免权归附皇上，卿尹的升降权归附相应官府，端正自身，竭尽忠诚，可用则用，不可用则罢免，断绝后进之人攀附的妄想，一切听从自然的安排。这样，虽然有奸佞小人，又依恃着什么去结邦拉派呢? 若不这样，使认为“不能因此而责难群臣”，也难怪司马温公的手下有苏轼等专门对那些意见不合的大臣寻衅闹事了。

杜牧对河朔三镇的飞扬跋扈感到愤慨，对府兵制度的破坏感到伤心，从而建议恢复府兵制，其实这只不过是痴人说梦，徒为后人留下笑柄。杜牧明白，藩镇势力的强盛是在府兵制度遭到破坏以后。但不明白藩镇势力所以强盛的原因，正是因为府兵制的削弱，致使边将骄横，欺负朝廷没有掌握一支过硬的军队，以致桀骜不驯，不听号令。况且在太和年间的时候，不听朝廷调遣的方镇又岂止是河北地区的呢? 如泽潞、山南等地都拥兵观望，若只想把那些听从朝廷号令的州郡，让农民接受训练成为军人，或者解散军队去务农，只能使国家更加缺少兵力，使农民更加穷困。使祸乱爆发的机会更多。杜牧太不了解实情了! 空话不实，只能迷惑那些崇信古人的言论，甚至府兵之害，反激而为藩镇，势所必然，祸所必趋，已论之详矣。乃若杜牧所言有可取，而唐之初制尚可支百年者，则十六卫是已。十六卫，以畜养戎臣、储将帅之用者也。天下之兵各分属焉，而环王都之左右，各有守驻以待命，盖分合之势，两得之矣。分之为十六，则其权不专，不致如晋、宋以后方州抚领拥兵而篡逆莫制也。统之以十六，则其纲不弛，不致如宋之厢军解散弱靡以成乎积衰也。

夫边不能无兵，边兵不可以更戍而无固心，必矣。兵之为用，有战兵焉，有守兵焉。守兵者，欲其久住，而卫家即以卫国者也；而守之数不欲其多，千人乘城，十万之师不能卒拔，而少则无粮薪不给之忧。战兵者，欲其遄往而用其新气者也；一战之勇，功赏速效，虏退归休，抑可无长征怨望之情。然则十六卫之与边兵，互设以相济，寇小入，则边兵守而有馀；寇大入，则边兵可固守以待。而十六卫之帅，唯天子使，以帅其属而战焉。若夫寇盗有窃发之心，逆臣萌不轨之志，则十六卫中天下以林立，而谁敢恣意以逞狂图乎？

唯是十六卫之兵，必召募挑选，归营训练，而不可散之田亩，则三代以下必然之理势，不可以寓兵于农之陈言，坐受其弊者也。就其地食其食，无千里飞輓之劳；就其近属其卫，遗留祸患于后代，没有个穷尽的时候。

府兵制所造成的危害，进一步激化了藩镇的势力，势在必然，祸所必趋，前面已作过详细的论述。如果说杜牧的话还有可取之处，那么唐朝初年创立的制度尚能继续推行的话，也只有十六卫了。十六卫是培养将帅勇士的地方，天下的兵力分别由各卫统领，驻扎在京城四周，专门听候上级的调遣。这种用兵制度，有分有合，其实是最相宜的。分开来成为十六卫，各卫自有统领，军队的指挥权也不属于个人专有，这就避免了像晋、宋时期州郡领兵将帅拥兵作乱的悲剧重演的可能；十六卫合起来又成一体，并有一定的制度相约束，也不至于像宋代厢军那样衰弱患散不堪一击。

边境不能没有军队把守，守边的军队不能经常更换驻防的地方，以免军心不稳，这是一般的道理。军队的作用，有的是被用作进攻的，有的则专门是用以防守的。防守的军队，应以长期驻扎一个地方为准则。保卫好了家园也就是捍卫了国家；守军的人数也不应太多，如用一千人的兵力去守城，十万军队也未必能马上攻下，况且因为人数较少，也可解除粮草不给的后顾之忧。用于进攻的军队则不然，他们要有出奇不意的旺盛斗志，一战就能取胜，贵在速战速决。战争过后，班师还朝，按功行赏，也可以避免长期作战人心痪散的弊病。况且十六卫与边驻军之间，还可以同时并存，相互支援，遇到小规模的寇盗入侵，边防军只要加强防守便可取胜；若有大规模的战事，边防军也可以严加防守等待时机，十六卫也可在天子的调遣下投入战斗。如果遇到突发事件，十六卫以驻守在天下中央的优势可以随时出击，谁又敢随意兴风作浪呢?

不过，十六卫的战士必须由召募选拔而来，集中在军营中严加训练，而不能让他们遍布于农村之中，这是夏商周以来的必然道理，不能拘泥于寓兵于农的成见，遭受不应有的祸害。如果在驻防的地方无居中遥制之病。卫率巡之，所司练之，有司供亿之，皆甚便也。此则唐初之善制，不必府兵而可行之后世者也。以杜牧之时，尤可决行于一朝，非若府兵之久敝而不可再兴者，何也？河朔之叛臣不可遽夺，而内地犹可为也。且自宪宗以来，淄青、淮蔡、西川、淮南贼平之日，兵不可散，固可移矣；成德、卢龙、魏博归命之日，兵不能罢，亦可调矣。以恩恤之，以威临之，仍使为兵，而稍移易之，固皆不安南亩习于戎行者，又何难于措置之有哉？朝无人焉，虑不及此，而后天下终不可得而平。牧固不足以及此，而漫无忧国之心者，又勿论已。

7.甘露之变，杀生除拜皆决于中尉，文宗不得与知，而李石、郑覃于其时受宰相之命，二子病矣！君子之进退，必以其正；其以身任国家之大政也，必以其可为之时。血溅于独柳之下，而麻宣于殿陛之间。二子者，誉望素隆，而何为其然邪？曰：此未可以为二子病也。夫二子于此，虽欲辞相而义之所不许也。

梅福之弃官，申屠蟠之辞召，位未高，君未知有我，且时已敝极而无可为也。留正出国门而宋几危，陈宜中奔占城而宋遂亡，偷免于危殆，以倡人心之离散，无生人之气矣。夫二子者，唐之大臣，而为文宗所矜重者也。天子不胜于宦竖，兵解决给养问题，也就避免了千里转运的劳顿；就地负责当地的治安，也可免除受制于朝廷的弊病；让卫率监督他们，让军官训练他们，让当地官府供应他们，都极为方便。这是唐朝初年较好的制度，不是只有府兵制才适合后世推行的。就杜牧时的情况看，这种制度还可以推行开来，并不像府兵制那样弊病太多无法继续采用。为什么呢？河朔地区的叛乱虽不能马上平定，但若在内地推行十六卫制也是可行的。何况自唐宪宗以来，淄青、淮蔡、四川、淮南等方镇被平定以后，军队不应该解散，但可以转移到内地；成德、卢龙、魏博等方镇归顺朝廷的时候、军队虽不可罢黜，仍然可以调动。如果用恩惠去安慰军人，用权威去命名他们，让他们继续留在部队里，只是稍稍把他们改变一下，因此那些不安心种田而习惯于部队作战的人，又有什么理由不听安排呢？可惜当时朝廷缺乏人才，没有想到这些，天下也没能安定下来。杜牧既然都没有做这样的考虑，至于那些毫无忧国忧民之心的人，就更加无从谈起了。

甘露之变爆发的时候，朝廷的生杀除授大权都由宦官掌握，唐文宗不得参与，但李石、郑覃二人在这时被任命为宰相，二人交厄运了！正人君子的升职与贬官，都应有正当的途径；特别是在担当国家重要官职的时候，更应在适当的时候。当忠臣的鲜血抛洒在独柳树下，战士的尸体停放在殿堂之间的时候，李石与郑覃二人以已有的声望担当宰辅之任，应该怎样做才可以呢？有人说：不必为二人担心。二人在这时候，虽然不愿担任宰相，但以道义上看，又不允许他们辞职。

从前梅福辞官不做，申屠蟠不应征召，是因为名声和官位还不很高，皇上还不知道有他们的存在，况且当时的时代已无可救药。留正刚出宋国大门，宋国就出现了危险；陈宜中出奔占城，宋朝接着便被灭亡，像二人这样为了保全自己而逃避危难，引起举国上下人心涣刃交加于黼扆，掠夺纵横于内省，三相囚系以磔徇，天子之仅保其首领者一间耳。二李之党，分析以去；裴中立以四朝元老，俯首含羞；二子不出而薄收其溃败之局，以全天子、安社稷，将付之谁氏而可哉？幸而二李之党与宦竖之未相结纳，而训、注始事宦官而中叛之，故仇士良辈无心腹之大臣引与同恶，特循资望而授政柄于二子，是以匪人不进，诛杀止于数人而不滥及。使二子者畏避而引去，宵人乘隙投中尉之门，以骤起而执政，其祸更当何如邪？

夫二子之受相位而不辞，非乘间以希荣，盖诛夷在指顾之间而有所不避也。六巡边使疾驱入京，声言尽杀朝士以恐喝搢绅，李石安坐省署以弭其暴横。于斯时也，石固以腰领妻孥为社稷争存亡，为衣冠争生死，可不谓忠诚笃悱、居易俟命之君子乎？江西、湖南欲为宰相召募卫卒，而石不许，刺客横行，刃及马尾，固石所豫知而听之者也。薛元赏之能行法于神策军将，恃有石也；宋申锡之枉得以复伸，覃为之也。止滔天之水者，因其溃滥而徐理之，卒之仇士良之威不敢逞，文宗得以令终，而武宗能弭其乱，自二子始基之矣。皎皎硁硁之节，恶足为二子责邪？唐无静正诚笃之大臣，李石其庶几乎！覃其次矣。

8.听言以用人，不惑于小人，而能散朋党以靖国，盖亦难散，完全不是应该作的。至于李石、郑覃二人，是被唐文宗依重的朝廷重臣。文宗不甘心受宦官的摆布，引起了宦官的叛乱，使兵刃交加于御榻之前，掠夺纵横于宫廷之内，三位宰相惨遭囚禁，文宗自己也仅仅得以保住性命。原来追随李德裕、李宗闵的人纷纷离别而去，像裴中立这样的四朝元老也只能俯首听命。如果李石、郑覃二人不出来收拾残局，保卫天子，安定社稷，谁又能担当这一职务呢？幸好李德裕和李宗闵的同党没有与宦官勾结起来，原来依附于宦官的李训、郑注也叛变而去，因此仇士良等人再也找不到能沆瀣一气的人同朝作恶，只有按照资历和声望选择李石、郑覃二人做宰相，于是其他一些为非作歹的人也没有获得职位，惨遭杀害的人也是仅有的几个。假使二人畏惧灾祸而逃避，其他的人乘机投奔到宦官门下，进而窃居官位，所造成的灾害又会有多大呢？

李石、郑覃二人接受了任命而不推辞，并不是在此时贪图荣禄，而是甘冒杀身之祸的勇敢做法。当六位巡边使长驱进京、声称杀尽满朝文武以相威胁的时候，李石安坐宰相府中以制止其横暴。在这时，李石不顾妻儿老小而为国家争存亡，为王公百官争生死，难道不是忠诚笃悱、居易俟命、舍生忘死的君子吗？江西、湖南两地的人愿意为宰相召募一批卫士，但李石不允许；京城中刺客横行，甚至把刀架在他的马尾之上，他仍不以为意。薛元赏所以能对神策军动用法律，也正是因为李石为他撑腰；宋申锡的冤枉能够得到昭雪，也是郑覃的功劳。治理国家就像治理洪水一样，只能在其泛滥以后慢慢根治。仇士良所以在后来没敢胡作妄为、文宗也没有遭受杀身之祸、唐武宗能够平定叛乱，正是李石、郑覃二人奠定了根基。二人有忠谨正直的节操，怎能受责备呢？唐朝缺乏静正诚笃的大臣，但李石却是难得的一个。郑覃与李石相比，又次了一些。

根据自己的陈述去使用人才，不被奸诈的小人迷惑，并且能使矣。虽然，无难也。有人于此，而或为之言曰：是能陈善道、纠过失以匡君德者也；是能决大疑、定大计以固国本者也；是能禁奸邪、裁佞幸以清国纪者也；是能纾民力、节浮费以裕国用者也；是能建国威、思远略以靖边疆者也。如此，则听之而试之察之，验其前之所已效，审其才之所可至，而任之也可以不疑。假不如其言，而覆按之，远斥之，未晚也。有人于此，而或为之言曰：是久抑而宜伸者也；是资望已及、当获大用、而或沮之者也；是其应得之位禄与某某等、而独未简拔者也；是尝蒙恩知遇，而落拓不偶、为人所重惜者也。如此，则挟进退以为恩怨，视荣宠为已应得，以与物竞，而相奖于富贵利达，以恤私而不知有君父者矣，不待辨而知其为朋党之奸、小人之要结矣。

杨嗣复托宦官讽文宗以召用李宗闵，而文宗欲量移之。计其为辞，不过曰：是固陛下宰辅，流落可矜而已矣；抑不过曰：是盖李德裕之以朋党相抑，李训、郑注之以邪佞相陷而已矣。夫德裕之所逐，固无可辞于小人；而训、注之所排，岂必定为君子？抑问其昔居辅弼之任，所建立者奚若耳。若夫无益于国，而徒尸显秩，则已概可知矣，其党固不能为之辞。而但以曾充宰相，遂不可使失宠禄，将天子以天位任贤才使修天职而止于屈者伸之、邑郁欲得者怜而授之，是三公论道之尊，仅如黄叶以止儿啼矣。

邦派势力解散，使国家安静，其实并不容易。但说难也不难。如果有这么一个人，被人这样推荐说：他是一个能建议实行好政策、纠正过失以匡正君主品德的人；是一个能办大事、定大计以巩固国家根本的人；是一个能禁止奸邪、治裁佞违以澄清国家纲纪的人；是一个体恤民情、节省不必要的费用以使国家用度充裕的人；是一个能树立国威、充满远见以安靖边疆的人。如果是这样的话，就不妨按他说的话去考察他、试用他，看他以前是怎么做的，审视他的才能能够达到什么程度，再使用他也就心中有数。如果不像他说的那样，再治他的罪；辞退他、放逐他，也不为晚。再如有这么一个人，也被别人推荐说：他是一个长期受压制应被平反的人；是一个素有声望，应被重用但被排挤的人；是一个应该得到像某人一样的官禄但仍没有被提拔的人；是一个曾被知遇但落拓不群、令人惋惜的人。如果这样的话，只不过是把个人的进退当成恩怨，把荣宠当作个人应得的事情，与别人相争，提拔别人获得富贵利禄，树立私恩而不把皇帝放在眼里，不用考察就能知道是在结党营私、图谋私利。

杨嗣复通过宦官讽谏唐文宗起用李宗闵，文宗打算视情况而处理这件事。看一下杨嗣复申辩的话，不过是：李宗闵是文宗的老臣，贬抑在外实在可惜；要么就是：李宗闵是被李德裕以朋党相压制、被李训、郑注以邪佞相陷害的人。其实，被李德裕排挤的人中，可能包括一些奸佞小人，而被李训、郑注排抑的，也不一定全是君子，只要看看他在位的时候做了什么事便清楚了。如果他的所作所为无益于国家，仅仅是衣食宰相的俸禄，就可以知道他的才能了，他的同党也没有什么可以为他申辩的。仅仅因为他曾做过宰相，不能使他失掉高贵的禄位，让天子把宰相职位重新授给他；如果因为有人为他叫屈而改变做法，因为怜悯他而让他重新得官，就是把三公这样的治理国家的重任，当作制止小孩哭闹的玩具了。

嗣复曰："事贵得中。"洵如其言，亦以平二李之不平，使无偏重而已；其以平其不平者，各厌其富贵利达之欲而已。天子无进贤退不肖之权，但为群臣谋爵禄之去留以消怨忌，是尚得谓天下之有天子乎？况其所谓得中者，祇以渐引小人而挠善类邪！宋徽宗标建中之号，而奸邪遂逞。无他，其所谓中者，夫人欲富贵利达，两相敌而中分之谓也。上无纲，下无耻，习以成风，为君子者，亦曰是久处田间，宜为汲引者也。朋党恶得而禁？士习恶得而端，国是恶得而定乎？

武宗

1.呜呼！士生无道之世，而欲自拔于流俗，盖亦难矣。文宗凭几之际，李珏等扳敬宗子成美而立之，仇士良废成美，立武宗。武宗立，珏与杨嗣复以是窜逐，于是而李宗闵之党不容于朝，政柄之归必于李德裕，此屈伸之势所必然者也。德裕即无内援，而舍我其谁？固非一枢密杨钦义之能引己也。然德裕终以淮南赂遗腾交通之名于天下后世，而党人且据以为口实，虽欲辞托身宦竖之丑而不可得。前此者，崔潭峻、王践言皆能白德裕之直，然则德裕之于中人，不能自立坊表以不受磷缁，亦已久矣。

夷考德裕之相也，首请政事皆出中书，仇士良挟定策之功，而不能不引身谢病以去。唐自肃宗以来，内竖之不得专政者，仅见于会昌。德裕之翼赞密勿、曲施衔勒者，不为无力，夫岂乐以其身受中人之援引者乎？然而唐之积敝，已成乎极重杨嗣复说："巴结权贤就能得官。"他这样说，不过是想平定二李所造成的不平，使没有偏重罢了；他所以要平定二人的不平，不过是厌恶富贵功利的欲望而已。天子没有提拔贤才斥退冗官的权力，只能为群臣提供官禄爵位、升进去留以平定怨愤，这样能说天下有皇帝吗？况且杨嗣复所说的得官，是指逐渐拉拢小人与忠正良臣相争斗。宋徽宗标榜建中名号，奸邪之人便因此获得成功。没有别的，杨嗣复所说的得官，是指人有企图富贵的心思，两两相遇而使平均起来。在上没有纲纪法规，在下缺乏廉耻之心，相沿成俗，作为君子，也说是长期荒废在外，应当被招引进来。如果这样的话，朋党又怎能禁止，风气又怎能纠正，国家的正气又怎能确定呢？

唉！文人如果生活在无道的时代，想做到洁身自爱一尘不染，实在是太难了。文宗去世的时候，李珏等人推奉唐敬宗的儿子李成美为帝，仇士良则废黜李成美，另立唐武宗。武宗即位后，李珏和杨嗣复都以擅自废立之罪被贬官驱逐，李宗闵一派也从此被赶出朝廷，朝政大权落入李德裕之手，这正是政治斗争的必然结果。因为李德裕没有朝中的知己作为靠山，正好成为当权秉政的合适人选，这种结局，并不是一个枢密使杨钦义所能决定的。但李德裕最终还是因为贿赂当政人物的丑闻被天下人记住，他的政敌也以此作为攻击他的把柄，他想否认结纳宦官的事实也做不到。在这事发生以前，崔潭峻、王践言等人还都认为他是一个正派的人，其实，李德裕与宦官之间，早就不是清清白白得能够立牌坊相旌表的了。

李德裕担任宰相的时候，国家重要的事情都能自己决定。仇士良虽然有拥立武宗的功勋，仍不得不称病罢官而去。唐朝自肃宗以来，宦官没有专断朝政，也只有在这一时期。李德裕在辅佐皇帝，参决政事，玩弄权术方面不是没有才能，怎么安心接受宦官的摆布呢？

难反之势。在内则中书与枢密相表里也；在外则节使与监军相呼吸也；拒之而常在其左侧，小不忍而旋受其大屈。践言与于维州之谋，潭峻藉宣郑覃之命，德裕固曰吾不为宦者用而我用宦者也。杨钦义之内召，无所屈节，而以宝玩厌其欲，德裕固曰此以待小人而使忘机，非辱也。吾行吾志，何恤于硗硗皎皎之嫌疑乎？然而以视君子立身之大防，则终玷矣。

生斯世也，士君子之防，君且毁之，不可急挽也，则抱有为之志欲抒于国者诚难矣。然则如之何而可哉？洁己无可羡之赀，谋国无偏私之党，以君命而接之以礼，秉素志而持之以正，进不触其深忌，退不取其欢心，俟时以得君，而无求成求可之躁愿，庶其免乎！乃德裕功名之士也，固不足以及此也。以德裕之材，当德裕之世，勿容深责焉，可矣。

2.老氏曰："天下之至柔，驰骋天下之至刚。"此女子小人滔天之恶，所挟以为藏身之固者也。

唐之宦官，其势十倍于汉、宋。李辅国驱四十年御世之天子如逸豚而莅之。其后宪宗死焉，敬宗死焉，太子永死焉，绛王悟、安王溶、陈王成美死焉，三宰相、一节度、合九族而死焉。庖人之于鸡鹜，唯其操鸾刀而割之也。文宗垂涕而叹，尽管如此，唐朝政出多门的流弊由来已久，已成为积重难反的局势。如在朝廷是中书与枢密相勾结，在地方是节度使与监军互为表里，如果排斥一方又未必能占上风，小小的不忍就可能引起大的冤屈。比如说，王践言参与了收复维州的谋划，崔潭峻也有起用郑覃的功劳可恃，而李德裕仍认为自己不曾被宦官利用、只有自己利用宦官。杨钦义引荐他入朝，他没有在此事上失身份，只是进献些珠宝珍玩来迷惑杨钦义，并认为这是对待像杨钦义这样的人、转移他的注意力的一种方法，并不是一种耻辱。况且自己按自己的意愿行事，又管舆论怎样说呢？事实上，从正人君子立身行事的立场出发，李德裕在这一问题上总不能算是清白无辜的。

生活在当时的情况下，士人君子的处世标准常常遭到挫折，如君主就能破坏它。所以也就不可以一再坚持，若想有所作为报效国家并不容易。那么怎样做才算是正确的呢？应该是洁身自好不贪财利，为国尽忠不结纳朋党，听从皇上的命令而不失礼，按照自己的追求做个正派的人，升职加官而不犯忌讳，也不因为要讨人欢心而屈服退让，把握时机匡正君主，不去追求不应得的东西，如果能做到这些，大概也就能免俗了！不过，就李德裕而言，他毕竟是一个重视功名利禄的人，所以还无法想到这些。看看李德裕的才能，考察他生活的时代，如果不对他求全责备，也就可以了。

老子说：“天下最为柔软的东西，能够战胜最为刚强的东西。”这也是妇人与奸佞小人制造滔天罪恶、赖以隐藏自己的手段的原故。

唐代宦官势力的强大，要远远超过汉朝、宋代的十倍以上。李辅国甚至能把称帝四十年的皇帝当成家里豢养的猪狗一样摆弄。后来，宪宗因为宦官而死，敬宗也因宦官而死，此外如太子李永、绛王李吾、安王李溶、陈王李成美，以及三位宰相、一位节度使及其亲戚自比于周赧、汉献而以为不如，郁郁饮醇酒以成疾而崩，其凶悍之锋，不可向迩也如此。以为神策六军在其指掌，故莫之能制，是已，而未尽然也。当其时，节镇林立，大臣分阃，合天下之全力，以视六军豢养之罢民，岂不相敌，而奚惴惴焉？及观仇士良之教其党曰："天子不可令闲，日以奢靡娱其耳目，无暇更及他事。"然后知其所以殴中材之主入于其阱而不得出者，唯以至柔之道縻系之，因而驰骋之，蔑不胜矣。

夫耳目之欲，筋骸之逸，狎而安之，顺而受之，亦曰此人主之所应得，近侍之所宜供者耳。于国无损，于事非专，即不以为彼功，而抑非可为彼罪也。乃当其骄横著见，人主亦含忿不堪而思翦涤。俄而退息于深宫，则娱乐迭进，而气不觉其渐平矣；稍定焉，而姁姁孅孅、百出以相靡，竟不知夙忿之何以遽蠲也。气一往而衰，安望其复振哉？

凡娈童稚女、清歌妙舞、捐烦解愤者，皆其戈矛鸩毒之机也。正人端士沮丧而不得以时进献其忱，则皆废然返曰：出而与吾谋屏除者，入而且与之欢笑，吾恶能胜彼哉？徒自诛夷贬窜而弗能摇动之也。未有不缄口息机，听其孤危而莫恤者也。则臣非其臣，兵非其兵，狎媚旦进，而白刃夕张，莫能测焉。至柔之驰骋至刚，绰乎其有馀矣。

家族也都被宦官杀害。这些人就像厨师手中的鸡、雁一样，只有任凭宰杀的份。唐文宗甚至也只能暗自伤心落泪，自认为不如周赧王、汉献帝，最后也在闷闷不乐、借酒浇愁中染病而死，宦官势力的凶悍强盛，竟然达到了这样势不可挡的程度！如果认为宦官因为掌握着神策六军，才会这样的猖獗放肆，也不是没有道理；但事实上并不仅仅如此。在当时，方镇林立，大臣分别控制着天下，如果他们集中起来与宦官豢养的疲惫六军相对抗，怎能不敌？又有什么不安的呢？如果看一看仇士良教导他同类的话："你们不能让皇上有空闲的时候，应该整天用奢靡淫逸去迷惑他，这样他就没有精力去管别的事情了。"就能明白他为什么能摆布皇帝了。用至柔的办法去欺骗他，然后再去摆布他，这样做没有不凑效的。

生理上的快乐，如眼睛和耳朵的欲望，筋骨形骸的安逸，用狎昵去安定它，顺势去接受它，有人认为这是皇上应该享受的，是皇帝身边的人应该满足皇上的。况且这对国家来说并没有损害，就事理来说也不专断，即不能作为某人的功德，也不能因此而定某人的罪。只是当骄横不法显而易见的时候，皇上才会因忿恨不堪而考虑翦除。但当退朝后来到后宫的时候，可以使心情舒畅的娱乐接踵而来，原有的怒气也慢慢散去；心绪安定下来以后，又会与宦官宫妾谈笑娱乐，也不知原来的怒气为什么会这么快就被代替。怒气一过就会衰落，怎能期望重新振作呢？

诸如娈童少女、清歌妙舞、消闲解闷的事情，都是像戈矛鸩毒一样瓦解人意志的契机。当正人君子为不能向皇上表白忠诚而伤心的时候，都会转而思索道：皇上刚刚还在与我谈论废黜宦官的事，罢朝回宫以后又与他们在一起娱乐欢笑，如果是这样的话，我又怎能斗得过宦官呢？刚才的话，只能为自己招来灾祸，而一点不能动摇他们。因为大臣们会有这样的想法，所以都会闭口不谈是非，眼看着皇然则群奄之势重邱山而弑逆相寻也，岂恃神策之孤军哉？恃此而已矣。汉、宋之闇主受制于家奴者皆此；而唐之立国，家法不修，淫声曼色，自太宗以来，漫焉进御而无防闲之教，故其祸为尤酷焉。口鼻非藉之不安臭味；肢体非藉之不宜清暖；烦劳菀结非藉之不能穆耳而愉心。林池鱼鸟、书画琴弈、张弧怒马，各有所嗜，而皆能为夺情息怒之媒。机械之张，烈于强秦，密于曹操，彼以刚争，此以柔制，虽欲如周赧、汉献而不能，果不如矣。人主而能知此，则勿曰宦官之恶不可扑也。以一念之无欲，塞滔天之横流，有馀裕矣。然而知之者鲜，能之者尤百不得一也，是以难也。

3.河北三镇之不戢也，岂其富强足以抗天下不可制哉？唐无以制之耳。卢龙之乱，陈行泰、张绛相继拥兵以胁节钺，张仲武起而讨之，问其所有士卒几何，合军士土团千馀人而已；问其兵食所出，则仰给于妫州以北而已。卒如仲武之料，幽州下，叛人得。然则唐果制胜得理，以天下之力，举三镇如拾芥耳。而终困于不能者，庙谟不定，诸帅离心，且逆党私人奔走京国，贿赂行于廷臣，皆为张皇贼势以劝姑息，嚣张不辑，乱其成谋也。君暗臣偷，视蕞尔之叛臣，莫之能胜，而曰上遭受危险而毫不怜悯。这样，大臣不再是与皇上心思相同的大臣，士兵也不再是效忠皇上的士兵。如早上还在醉生梦死，晚上就可能遭受杀身之祸，这也是有可能的。由此可见，充满阴柔的东西战胜刚强的东西，完全是游刃有余的。

那么，宦官能够有强大的势力去杀天子、诛朝臣，真的是依靠孤立的神策军吗？事实也的确如此。汉朝、宋代受制于人的暗弱皇上也都是因为宦官有所依恃。况且唐朝立国时期，皇帝不重视家法的制订，无不沉湎于淫声曼色之中。从唐太宗以后，皇帝随意进御后妃而不注重相关的礼仪，使祸乱的发生更为残酷。似乎口鼻离了他们便不知味道，肢体离了这些人就不能清软；烦恼忧愁离了她们就不能消除。其实，花鸟虫鱼、琴棋书画、骑马游猎等都能赏目悦心。阴柔势力的开始，爆发于秦朝，进一步发展于汉末曹操时期，遇到刚强势力时就以柔韧手段相对抗，这时的皇上虽想当周赧王、汉献帝也无法实现。作为皇帝的人如果能明白这些，就不会再说宦官势力无法消灭的话。如果能克服自己的欲念，去治理滔天的洪流，也绰绰有余。然而很少能有人明白这一道理，甚至百分之一的人也做不到，所以要实现以刚胜柔的愿望，消灭宦官势力，是十分困难的。

河北三镇不听朝廷号令，难道是因为它们富强得足以与朝廷相抗衡吗？其实只不过是朝廷无力控制它们罢了。卢龙镇作乱的时候，陈行泰、张绛等人相继拥兵要胁监军之人，张仲武起兵相讨伐，人问他有多少兵将，回答是把军人和乡兵加在一起也不过千余人；又问他军队的给养从哪里来，也不过是依靠妫州以北地区罢了。正如张仲武预料的那样，如果幽州失守，叛变的方镇就可以得逞。但如果唐朝平叛的措施得力，再依靠天下的军队，平定河北的叛乱易如反掌。然而唐朝最终还是没能消灭割据，其原因在于朝廷内部不稳，将帅们人心不齐，加上作乱的藩镇又私下里派人入京活动，收买朝中当河朔习乱已久，人心难化。恶！是何言也！

刘稹阻兵擅立，李德裕决策讨之，是已；而复曰："但得镇魏不与之同，则稹无能为，"何其视镇魏之太重也！张仲武既以卢龙归命，拊镇魏之背矣；何弘敬、王元逵非有田承嗣、王武俊之枭桀，即令纳稹赂以阴相唇齿，而朝廷宣昭义问以临之，又岂敢北不畏卢龙之乘其后，南不畏宣武之逼其前，西不畏河中之制其腋，显相抗拒，以党逆而蹶兴哉？战即不力，亦持两端以视势所趋耳。然则刘稹既灭，移弘敬、元逵于他镇，不敢违也；召弘敬、元逵以赴阙，不敢拒也。彼虽骄蹇而惽瞀，抑且念昔之负固以长子孙者，不死于天诛，则死于帐下；何如束身归阙，席富贵而保后昆。部曲虽或嚣张，帅心弛而气亦颓矣。威可服也，恩可怀也，张仲武之令图可羡，刘稹之狂谋可鉴也。区区数州之土，两竖子尸居其上，而曰终难化也，德裕之于此懵矣。乃遣重臣输悃于二镇曰："河朔自艰难以来，列圣许其传袭，已成故事。"则既明输左券，授以不拔之势，俨若敌国，此言出，后其可追哉？

权人士，劝他们故意把事态说得极为严重，让朝廷承认既成事实，打乱其原有的计划。因为上有昏君，下有离心的大臣，把小小的叛乱当成是莫大的事件，认为其强大得不可战胜，并以河朔地区人心思乱由来已久、难以驯化为借口。这样做实在可恶！这些话也太不成体统！

刘稹举兵反抗朝廷，李德裕决定派兵讨伐，这种决定是正确的；但又认为："如果镇魏镇的人不与他勾结起来，他就成不了什么气候。"这其实是过于看重了镇魏的势力。张仲武既然已经带着卢龙镇归顺朝廷，实际上就是立在了镇魏的后背之上；何弘敬、王元逵也不都是像田承嗣、王武俊那样难以对付的人，既使接受刘稹的贿赂并给予支援，如果朝廷把天下形势分析给他们听，他们又怎能不怕北方的卢龙镇在他们背后出击，南方的宣武镇从他们的前方相攻击，西方的河中镇在他们的心腹地区穿插，三方联合夹击，叛乱就能成功吗？既然没有必胜的把握，也都会不再真正介入，以观望事态发展。如果在平定刘稹以后，把何弘敬、王元逵迁到别的方镇，他们也不敢违抗；如果把二人征召还朝，他们也不敢抗拒。他们虽然骄横，但极昏庸无能，况且还会考虑过去对朝廷的背叛可能对子孙有影响，结局不是遭上天惩罚，就是死在军帐之中；这些都不如向朝廷投降、请罪，既能继续保住富贵，还可以不让子孙遭受连累。不管手下的战士作何打算，只要将帅的决心动摇，军人们就会丧失斗志。这样，朝廷的威力可以降服叛乱，恩德可以怀柔人心，张仲武的义举令人敬慕，刘稹的叛乱也可以让人引以为戒。小小的几个州郡，只有两位乱臣贼子把持，就认为不可征服，这正是李德裕昏庸的表现。他甚至还派人向二镇表示屈服，说："河朔地区自离乱以来，各位皇上都允许自己作主，这是不成文的规矩。"言外之意，就是听之任之了。这样，既然朝廷作出了保证，把权力下放给了他们，允许他们的割据势力存在，话说出了口，又怎能收回来呢？

泽潞，王土也；其人，王人也；镇魏亦非北胡南蛮自为君长之国也。镇魏可，泽潞奚其不可？又何以折刘稹而服泽潞之人心乎？夫镇魏西扼壶关、东连曹、郓，南一涉河而即汴宋，中原之堂奥也。横骨颐中，而欲食之下咽也，必不可得。唐之所以一乱而不可再兴，皆此等成之也。德裕苟且以成一时之功，曾不恤祸结兵连之无日，习之难化，岂在河朔哉？在朝廷耳。武宗听之，诏二镇曰："泽潞一镇，与卿事体不同。"言不顺，事不成，呜呼！唐终不可为矣。

4.杨弁称乱河东，逐李石，结刘稹，而其所恃者，纳贿于中使马元实。元实归，大言于廷曰："弁有十五里光明甲"，以恐喝朝廷，徼求节钺。李德裕折之而后沮。以此推之，凡唐之藩镇，类以数州之土，一旅之众，抗天下之威，而朝廷僶俛以从其欲，非兵力之果强也，皆贿也。非李德裕折元实之奸，则弁之纳贿亦掩而不著，史氏亦无从记之矣。

贿行于中涓，而天子慑；贿行于宰相，而百官不能争；贿行于省寺台谏，而天子宰相亦不能胜。前此之讨淮蔡、讨平卢，廷议纷然，唯恐兵之不罢者，此也；德宗窥见其情，厚疑群臣，孤愤兴兵，而中外坐视其败者，亦此也。唐之乱，贿赂充塞于天下为之耳。凡三百馀年，自卢怀慎、张九龄、裴休而外，唐之能饰簠簋以自立于金帛之外者无有。虽贤者固不能保其洁清，特以未败露而不章，实固不可问也。藩镇之叛，峙泽潞地区，是皇上的领土；生活在那里的人民，也是皇上的臣民；镇魏也不是像南蛮北胡那样的独立王国。镇魏可以这样，泽潞又为何不能呢？又怎能打击刘稹而让泽潞的民心安定呢？况且镇魏地区西扼壶关，东连曹、郓二州，向南一渡河就能到达汴宋二州，汴宋二州正处于中原的核心一带。嘴里含着骨头，再想把吃的东西咽下去，显然做不到。唐朝之所以在一次大乱之后不能复兴，都是由于有上述的原因存在。李德裕迁就叛将而贪图一时的功劳，是否想到祸乱会永远无休无止？形成的恶习，又岂止在河朔地区呢？其实正在朝廷。武宗听了他的建议，向二镇下诏说："泽潞一镇，与你们的情况不同。"出言不顺，大事不成，可叹啊！唐朝最终还是不可救药。

杨弁之所以敢在河东作乱，驱逐李石，结纳刘稹，是因为贿赂了皇帝的特使马元实。马元实回朝以后，向朝廷夸大其辞说："杨弁有精兵良将，仅铠甲就摆了十五里。"企图用这来恐吓朝廷，徼求节钺，只是由于被李德裕揭穿才没有得逞。由此可以得知，凡是唐代的方镇，无不是依靠几州的土地，少量的军队与天下抗衡，而朝廷对他们也无可奈何，这并不是因为方镇的兵力强盛，而是由于贿赂了朝廷官员的结果。如果没有李德裕揭露出马元实的谎言，杨弁行贿的事实也无法暴露，史官也就没有什么可记载的了。

如果贿赂了宫中的人，从而为行贿的人说好话，那么皇帝也会感到害怕；同样，如果宰相受了贿，百官也不敢与他争辩；如果各署大臣都受了贿，皇帝和宰相也无法坚持正义。例如在这件事情以前，朝廷远征淮蔡，讨伐平卢，朝野上下一片反对，唯恐朝廷不撤军回来，其原因正在于此，唐德宗明白了实情，怀疑群臣的不忠，自己决意派兵，但朝野上下没有一人与他同心，只是坐等他的失败，其原因也是群臣受了贿。唐朝之所以会出现天下大乱的局面，也与贿赂不无关系。在其立国的三百多年间，除卢怀慎、张九龄、裴休以外，能够安若敌国，相惎若仇仇，且唯以金钱贸中外之心，而天子不能自固，况州郡群有司之废置哉？

盖唐自立国以来，竞为奢侈，以衣裘仆马、亭榭歌舞相尚，而形之歌诗论记者，夸大言之，而不以为怍。韩愈氏自诩以知尧、舜、孔、孟之传者，而戚戚送穷，淫词不忌，则人心士气概可知矣。迨及白马之祸，凡锦衣珂马、传觞挟妓之习，熸焉销尽。继以五代之凋残，延及有宋，膻风已息。故虽有病国之臣，不但王介甫之清介自矜、务远金银之气，即如王钦若、丁谓、吕夷甫、章惇、邢恕之奸，亦终不若李林甫、元载、王涯之狼藉，且不若姚崇、张说、韦皋、李德裕之豪华。其或毒民而病国者，又但以名位争衡，而非宠赂官邪之害。此风气之一变也。

乃唐之率天下以奔欲崇货而迟久不亡者，何也？朝士以贿而容奸，逆臣亦以贿而自固，志气俱偷，其欲易厌，故称兵犯顺者，皆护其金穴以自封，而无问鼎登天之志。其尤幸者，回纥、吐蕃唯以侵掠为志，浸淫久而自敝，亦无刘渊、石勒之雄心。斯以幸存而已矣。使如宋也，三虏迭乘以压境，岂能待一迁再迁三迁而后亡哉？贿赂之败人国家，如鸩之必死，未有能生之者也。

于清贫不受财帛诱惑的人几乎没有。纵然是贤人也不能保证自己清白无辜，只不过是贪污受贿的事实没有暴露出来，天下人才不会知道罢了。当方镇叛乱发生以后，各方镇成为大唐王朝内部的国中之国，双方像敌人一样。这时的方镇专门用金钱贿赂朝廷的大小官员，天子也被孤立起来，更何况各方镇中原有的行政官员呢？

唐朝自建立以来，举国上下竟相奢侈浮华，把穿着华丽、住处舒适、追求玩乐作为时尚，并通过诗歌论著反映出来，随意夸大事实，推波助澜，而不知道其危害。即使像韩愈这样自称是得尧、舜、孔、孟真传的人也不免随波逐流，其社会风气可想而知。直到白马之祸发生以后，那种崇尚锦衣玉马、饮酒弄妓的风气才开始消失。接着是五代十国的凋零残破，到宋朝建立以后，这种风气已经荡然无存。所以在宋代，虽然有失职误国的大臣，但不仅王介甫能清白自立，把金银看作瓦烁；即使是王钦若、丁谓、吕夷甫、章惇、邢恕等奸佞之人，也都不像李林甫、元载、王涯那样赃货浪藉，以及姚崇、张说、韦皋、李德裕等人那样奢侈豪华；即便是有害民害国的人，也都仅限于在名位上的争斗，而不是贿赂别人破坏法纪。这是社会风气的一大改变。

那么，唐朝虽然贿赂公行但又没有马上亡国的原因何在呢？朝中的文武百官因为贿赂而藏奸，乱臣贼子也因贿赂而自我保护，虽然地位不同，但所用手段一致，同样是贪得无厌。所以，凡是那些举兵作乱的人，都是为了保住自己的财利，但没有取代大唐天子位置的野心。更为侥幸的是，即使是回纥、吐蕃这样强有力的对手，也只是对唐朝侵略掠夺而已，时间长了还自动走向衰落，同样没有像刘渊、石勒那样争夺天下的雄心壮志，这也使唐朝能够长期幸存下来。假如像宋朝那样，辽、夏、金三国交相入侵，怎能一而再、再而三地不亡国呢？贿赂对国家的危害，就像喝了剧毒的人肯定要死一样，还没有

5.杀降者不仁，受其降而杀之不信，古有其言，诚仁人君子之言也。虽然，言各有所指，道各有所宜，不揆其时，不察其故，不审诸顺逆之大义，不度诸好恶之公心，而唯格言之是据，则仁人君子之言，皆成乎蔽。仁蔽而愚，信蔽而贼，不可不辨也。

所谓杀降不仁而无信者，为两国交争，战败而倒戈，与夫夷狄盗贼之胁从而自拔者言也。或党恶之志固不坚，或求生之外无馀志，则亦生全之，或且录用之，而蠲忿怒以予维新，斯允为敦仁而崇信矣。刘稹之叛，郭谊为之谋主，及夫四面合围，三州已下，稹守孤城而日蹙，谊与王协说稹束身归朝，稹既从之欲降矣，谊乘其懈杀之以自为功，武宗与李德裕决计诛之，夫岂非允惬人心之公恶者以行大法？而司马温公讥其失信。其信也，非其所以蔽而愚且贼者乎？

乱人者不殄绝之，则乱终不已者也。怀以仁，而即乘吾仁以相犯；结以信，而即怙吾信以相欺者也。而唐藩镇之乱，率因此而滋。自禄山为逆以来，拥戴之者，岂果侥幸其主之成大业，而己为邓禹之效尺寸哉？人挟好乱之心，而嗾其主帅以为逆魁，以弋利于己。故李宝臣、薛嵩、田承嗣首自反噬，而果获分土拥尊之厚利。盖当劝乱之日，已挟自私之计。上胁朝廷，下睨其主，流血千里，主族亦赤，无非可罔利之左券。而能够生存下来的。

诛杀已经投降的人不仁，接受了投降又去杀人是不守信用；这些话是古人说的，显然是出自仁人君子之口。不过，这些话所指的有特殊情况，道理也有各自适合的地方，如果不分时地，不看原因，不对具体问题进行具体分析，一味地照搬教条，那么原来的至理名言就有可能成为束缚人们手脚的绊脚石。行仁义过分了就是愚蠢，讲信用过分了就要受其伤害，所以不能不认真辨别。

所谓杀害投降的人不仁义、不讲信用，是指两国交战的时候，战败的一方举旗投降，以及被胁迫作乱而又投奔朝廷的人而言的。如果反叛的决心并不坚定，或者仅仅是为了保住性命，那么也应该赦而不杀，或者还可以给他官做，放弃前嫌重新开始，这也是充满仁义和信用的做法。当刘稹举兵叛乱时，郭谊充当他的谋士。等被官兵四面包围、他所控制的地方被收复三州、仅守孤城一座的时候，郭谊与王协联合劝说刘稹向朝廷投降，刘稹也加以采纳；但正在这时，郭谊乘他放松警惕的时候杀了他，自己向朝廷邀功请赏。唐武宗与李德裕决定把他杀掉，不正是要惩罚首犯以快人心的做法吗？但却被司马温公讥讽为不守信用。他所说的信用，难道不是愚蠢和弊陋的信用吗？

对作乱的人如果不给予彻底消灭，则天下的动乱永远不会有结束的时候。如果用仁义相对待，他们就会因为仁义而更加猖狂；如果用信用相结纳，他们也会因为我们讲信用而相欺骗。唐代的藩镇之乱，其实都是因为这些原因而日益猖獗。自安禄山叛乱以来，跟随作乱的人难道都是希望他成就大事、像邓禹那样匡救国家吗？不过都是因为自己有反叛之心，但又不愿自当首领，而拥戴一个人为主帅，并通过他使自己获得好处。所以当李宝臣、薛嵩、田承嗣等叛将从安禄山的手下投降朝廷以后，都获得了相当的职位和利益。因此也可以朝廷果以姑息而厚酬之，位兼将相，泽及子孙，人亦何惮而不日导人以叛逆哉？卖主之腰领以求荣，主族夷而己诧元功。计当日之为藩镇者，侧目而寒心，自非狂騃如刘稹者，未有不以杀王协、郭谊为大快者。频年身膏原野之鬼，与痛哭郊原之寡妻孤子，固且不怨稹而怨协、谊。故二贼伏诛，而后武、宣之世，藩镇无叛者。既有以大服其心，而裨将幕僚，知无他日幸免侥功之转计，则意亦戢，而不敢导其主以狂猘。杀一二人而全天下，仁也；杀无恒之人以行法，信也。高帝斩丁公，而今古称其义，况躬为逆首者乎？

且刘稹既从谊、协之谋以欲降矣，谊可容，稹独不可降乎？杀降者，谊也；杀谊者，所以杀杀降者也，而何尤焉？唯项羽施之于敌国之赤子，李广施之于解辫之（荒服）［夷狄］，则诚恶矣。未可以为反覆倾危之乱人引以求曲宥也。施大仁，惇大信，各有其时，各有其情，各有其理。以一言蔽千古不齐之事变，适以自蔽而已，君子所弗尚也。

6.宦者监军政于外而封疆危，宦者统禁兵于内而天子危。

说，当他们劝人谋反的时候，就已经有了自私的打算：在上可以威胁朝廷，在下可以看主帅的作为，至使战火不断，血流千里，主帅也受损失，而自己则可以见机争取获利。朝廷为了安抚人心，也会不再计较过去的行为，给以重重的奖赏，使他们获得可以出将入相的职位，甚至还能使他们的子孙受益。如果是这样，天下的人又有谁不去劝人作乱呢？出卖自己的主帅以求取荣禄，主帅被杀而自己立了首功。所以看一看当年那些挑起藩镇作乱的人，无不让人侧目寒心。如果不是昏庸得像刘稹那样，也一定会把杀王协、郭谊当作正当的事看待。甚至那些在多年的战争中屈死的冤魂，以及在荒郊野外痛哭的孤儿寡母、也不会痛恨刘稹而痛恨王协、郭谊。所以在二人被朝廷惩处以后，武宗、宣宗的时候，再也没有发生藩镇作乱的事。朝廷既然有安抚藩镇首领的办法，各首领的幕僚也明白在日后不会有邀功的机会，也自动打消劝人作恶的念头，再也不敢煽动首领作乱。像这样杀一两个人而换来天下的安宁，实际上也是在行仁义；杀掉反复无常的小人而执行国法，也是讲信用。当初高帝杀丁公，人们都说他做了一件仁义的事，况且唐武宗诛杀的还是叛乱的首领呢？

再者，刘稹既然已经听从了王协、郭谊的话，准备向朝廷投降；郭谊能够想到这些，难道刘稹就不能独自作这种打算吗？杀降将的人，是郭谊；杀郭谊的人，是在杀死杀降将的人，有什么不应该呢？乱讲仁义、信用的做法，只有项羽对敌国的忠臣使用过、李广对归化的外族人使用过，但仍然让人觉得其做法欠妥，不能把这些当作赦免那些反复无常的降将的样板。行仁义，讲信用，要看是什么场合，属于什么情况，无论怎样作都有其道理。用一句话来概括历史上性质完全不同的事变，不过是自己束缚自己的手脚，不是正人君子所应崇尚的。

在唐代中叶以后，宦官掌握着监理各地军队的大权，引起了天下监军之危封疆，李德裕言之至悉矣。乃天子之危，非宦者之统禁兵遽能胁之而死生废立之也。天子之兵，散布于天下，将皆其臣，卒皆其民也。其在内而为禁兵，如唐神策军者，但百之一耳，又非百战立功能为天下雄者也。宦者虽握固之以为己有，而势不能与天下争衡。胁君自恣，乃至弑刃横加，岂能无畏于四方之问罪乎？其无所惮而血溅宫庭、居功定策者，实恃有在外监军之使，深结将帅而制其荣辱生死之命，指麾吏士而市以呴呕宴犒之恩也。故王守澄、陈弘志、杨承和躬行大逆，不畏天下有问罪之师；乃至四朝元老分符持节之裴中立，亦视君父之死噤口而不敢谁何；独一刘从谏执言相加，而怀来又不可问。无他，诸帅之兵，皆宦者之爪牙，举天下而在其掣肘，虽仗义欲鸣，而力穷于寡助也。于是而知德裕之为社稷谋，至深远矣。其以出征屡败为言者，指其著见之害以折之，使不敢争耳。显纠其沮挠军事之失，而不揭其揽权得众之祸，使无所激以相抵牾，则潜伏之大慝，暗消于忘言矣，此德裕之所以善于安主而防奸也。

然抑岂徒其立言之善哉？仇士良忌之而不能伤，乃乞身以去；敕监军不得预军务、选牙队，而杨钦义、刘行深欣然唯命而不敢争。极重之弊，反之一朝，如此其易者，盖实有以制的衰亡危乱；同样，他们还统领着朝廷的禁卫军，使皇帝屡屡遭受危难。宦官监军对天下的危害，在李德裕的话中有过详细的解析。至于对皇帝的威胁，如果没有宦官统领禁军，他们也不至于能随意废立皇帝甚至加以杀害。遍布天下的军队实际上都是皇帝的军队，军中的将领是他的大臣，士兵是他的臣民。驻守在宫城内的则是禁军，像唐代神策军这样的，数量不到军队总数的百分之一，其性质也不是能够百战百胜、称雄天下的军队。宦官虽然能把这支军队牢牢掌握在手中，但其力量完全不能与天下抗衡。当威逼皇上、任意妄为、甚至杀害君主的时候，难道不担心天下人会起来兴师问罪吗？他们之所以敢在宫廷中胡作非为，正是因为有在各地监军的宦官做他们的靠山，这些人掌握着将帅们的荣辱生死大权，又善于向士兵施展小恩小惠树立私恩。所以当王守澄、陈弘志、杨承和等人亲手杀害皇帝的时候，并不担心天下的军队会来问罪；甚至使有天下军队指挥权的四朝元老裴中立，在看到皇上被杀以后也不敢说惩办凶手的话；只有一个刘从谏敢于仗义直言，但说了以后又起不了任何作用。究其原因，正在于天下的军队都是宦官的爪牙，普天之下都在宦官的掌握之中，虽然有人愿意为皇上鸣不平，但也势单力薄，缺乏帮助。只有了解了上述这些，才能知道李德裕为唐朝社稷所作的打算，是多么地深谋远虑。他把宦官领兵作战不力、屡战屡败作为抨击宦官的理由，而这一理由又是天下公认的事实，即使是宦官也无可争辩。李德裕在奏折中只指责宦官在军事上的无能，而不揭露他们干预朝政所造成的祸害，让他们想争辩也没有借口，这样就把宦官潜伏的祸患暗自隐蔽在没有提到的言语中，也正是李德裕善于安主防奸的高明之处。

李德裕在计谋上的出众，又岂止是在言语上的高明呢？仇士良忌恨他但又无法伤害他，只好自己躲避而去；他建议皇上下诏命令监军不得干预军务、选配卫队，诏书下来以后，杨钦义、刘行深等宦之也。唐之相臣能大有为者，狄仁杰而外，德裕而已。武宗不夭，德裕不窜，唐其可以复兴乎！

7.后世有天下者，欲禁浮屠之教以除世蠹也良难。会昌五年，诏毁寺及招提兰若四万馀区，归俗僧尼二十六万五百人，可谓令之必行矣。然不数年而浮屠转盛，于是所谓黄檗者出，而教外别传之邪说充塞于天下，禁之乃以激之而使兴，故曰难也。

武宗听道士赵归真之说而辟佛，以邪止邪，非贞胜之道，固也；未几而武宗崩，李德裕逐，宣宗忌武宗君相而悉反其政，浮屠因缘以复进，其势为之也。虽然，假令武宗永世，德裕安位而行志，又岂可以举千年之积害、一旦去之而消灭无馀哉？何也？以一日矫千年之弊，以一君一相敌群天下狂惑泛滥之情，而欲铲除之无遗，是鲧之陻洪水以止其横流，卒不能胜者也。

夫群天下积千年而奔趋如骛，自有原委，亦自有消归。故天下之僧寺兰若，欲毁之则一旦毁之，此其无难者也；勒二十馀万僧尼使之归俗，将奚归哉？人之为僧尼者，类皆孤露惰游无赖之罢民也，如使有俗之可归，而晏然为匹夫匹妇，以田尔田、庐尔庐，尚宁干止也，则固十九而不为僧尼矣。一旦压之使无所往而得措其身，则合数十万伏莽之戎，黠者很者阴聚官也都乖乖奉命。在唐朝积弊已久的宦官之害，一日之间就被改变，之所以这么容易，关键是掌握着制服他们的法宝。在唐朝担任宰相并能有较大成就的人，除了狄仁杰以外，也只有李德裕了。如果唐武宗没有较早去世、李德裕后来没有被罢官的话，说不定唐朝还真的可以复兴起来。

佛教兴起以后，统治天下的人想禁毁这种为害天下的宗教并不容易。会昌五年（公元845年），武宗下令销毁佛寺及佛教建筑四万余所，让二十六万零五百位僧尼全部还俗，可以说是雷厉风行。但没过几年，佛教反而更加猖獗地发展起来，甚至像黄檗这样迷惑人的雕虫小技也出现在世上，与佛教有关的异端邪说充斥天下。禁佛反而成了佛教发展的动力，可见消灭佛教是多么难了。

唐武宗采纳道士赵归真的建议禁毁佛教，实际上是以邪止邪，采用的并不是正确的手段；不久武宗去世，李德裕罢相，宣宗忌害武宗君臣而把他们制订的政策全部推翻，佛教因此也不再被禁止。尽管是这样，假令武宗没有去世，李德裕也能长期担任宰相的话，就能把佛教在千余年来造成的危害一下子消灭干净吗？为什么呢？用一天的时间去矫正千年的积弊，以一君一相的力量与天下的狂乱之徒相抗衡，希望彻底加以根制，就像鲧用堵塞的办法治理洪水一样，是不能收到成效的。

佛教在天下流传千年，人们竞相信仰，趋之如鹜，是有一定的原因，也有自己消亡的办法。所以，对天下的寺院建筑，若想毁坏，很快就能毁坏，并没有多大的困难；但如果要强迫二十多万僧尼同时还俗，怎么去还呢？自愿做僧尼的人，大多都是孤寡、穷困、懒惰、游手好闲、流氓无赖等社会渣滓，如果社会真有他们生活的地方，他们也就会安安静静地做丈夫或妻子，种自己的地，住自己的房，十之八九也不会去做僧尼。一旦在强迫下失去安身的地方，实际上把他于宵旦，愤懑图惟，谋歧涂以旁出，若河之决也，得蚁穴以通，而奔流千里，安可复遏哉？故浮屠之教，至大中以后，乃益为幽眇闪烁之论、吊诡险畸之行以耸动生人，而莫测其首尾。以相诧而翕从之，皆其摈逐无聊之日，潜身幽谷，思以争胜而求伸者也。

夫欲禁浮屠氏者，亦何用深治之哉？自有生民以来，有四民则有巫，巫之为术不一，要皆巫也，先王不能使无也。浮屠之以扇动天下者，生死祸福之报应而已，则亦巫之幻出者而已。若其黠者，杂庄、列之说，窃心性之旨，以与君子之道相竞，而见道未审者惑之，然亦千不得一也。故取浮屠之说与君子之道较黑白，而衰王固不能保于末俗；取浮屠与巫者等而以巫道处之，则天下固多信巫而不信浮屠者，其胜负相敌也。浮屠而既巫矣，人之信之也犹巫，则万室之邑，其为巫者凡几？而人无爱戴巫如父母者，且犹然编户征徭之民也。如此，则浮屠熸矣。

故寺院不容不亟毁也；范金冶铜之像，不容不亟销也；田园之税，丁口之徭，不容不视齐民也。无广厦长寮以容之，无不税之田以豢之，无不徭之政以逸之，无金碧丹漆以艳其目，无钟磬铃铎以淫其耳，黯淡萧条，而又验其老幼，使供役于郡邑，则不待勒以归俗，而僧犹巫也，巫犹人也。进无所安，退思自便，必将自求田庐，自畜妻子，以偕于良民。数十年之中，不见其消而自无几矣；即有存者，亦犹巫之杂处，弗能为们变成了数十万仇敌，如果为发泄愤懑图谋不轨，就像黄河即将决口一样，有一小小的洞穴就能使堤岸崩溃，使河水一泄千里，又怎能阻挡呢？所以佛教在大中年间（公元847——860年）以后，越来越变得迷惑众人、耸人听闻，让人不知深浅，其原因正是在被禁毁的时候，一些不法僧尼苦想方设法找出来的对策。

如果真的想禁毁佛教，又何必非要采取强硬的措施呢？自从人类诞生以后，有人的地方就有巫师，尽管其迷惑人的法术不一，但毕竟都是巫师，无论多么英明的先烈圣贤都无法禁止他们的存在。佛教之所以能成为蛊惑人心的宗教，不过是讲究生老祸福、因果报应罢了，这些与巫师的伎俩没有什么区别。如果真的有那么一些诡黠的人把庄子、列子学说和儒家思想杂糅于佛教之中，用它与正统的学说相抗衡，迷惑人的视听，为数也极少极少。所以，如果把佛教思想与正统学说相比较，统治天下的人也不一定能不受其思想的影响；如果把佛教当作巫术对待，天下也许会有更多的人信巫术而不信佛教，两两相比旗鼓相当。这样，佛教既然成了巫术，信仰它的人也就是信仰巫术，那么一村一县又有多少巫师？况且天下没有谁愿意把巫师当作父母看待，只不过是普通的编户齐民罢了。这样，佛教自然就土崩瓦解了。

所以，佛教寺院不能不马上毁坏，佛像不能不销毁，百姓的税役不能不考虑。如果没有寺院让僧尼去住，没有免税的良田供养他们，没有不服徭役的政策优待他们，没有金碧辉煌的装饰愉悦他们的眼睛，没有钟磬铃铎声萦绕在他们耳边，改换以暗淡萧条的环境，并且根据年龄大小去州郡服劳役，那么，就不等朝廷强迫他们还俗，他们也会变成与常人一样的人。如果继续做僧尼无处安身，就会自动考虑去留问题，也无疑会自己申请一块土地，娶妻嫁人，变成普通百姓。过不了多少年，也就可以消亡殆尽了。即使有人继续信仰民大病者也。禁其为僧尼，则傲岸而不听，含怨以图兴。弗禁其僧，而僧视耕夫之赋役；弗禁其尼，而尼视织女之缕征。无所利而徒苦其身，以茹草而独宿，未有不翻然思悔者。徒众不依，而为幽眇之说、吊诡之行者，亦自顾而少味。先王之不禁天下之巫，而不殊于四民之外，以此而已。然则有天下而欲禁浮屠以一道德、同风俗者，亦何难之有哉？特未之思耳。

宣宗

1.宣宗初识李德裕于奉册之顷，即曰："每顾我，使我毛发洒淅。"夫宣宗非孱主，德裕非有跋扈之气发于声色，如周勃之起家戎伍、梁冀之世习骄倨者，岂果见之而怵然哉？有先入之言使之猜忌者在也。武宗疾笃，旬日不能言，而诏从中出，废皇子而立宣宗，宣宗以非次拔起，忽受大位，岂旦夕之谋哉？宦官贪其有不慧之迹而豫与定谋，窃窃然相嚅呢于秘密之地，必将曰太尉若知，事必不成。故其立也，惴惴乎唯恐德裕之异己，如小儿之窃饵，见厨妇而不宁也。语曰："盗憎主人。"其得志而欲诛逐之，必矣。

此抑有故德裕当武宗之日，得君而行志，裁损内竖之权，自监军始。监军失权，而中尉不保神策之军，于时宦官与德裕有不两立之势。德裕为之有序，无可执以相挠，而上得武宗之信任，下有杨钦义、刘行深之内应，故含怨毒也深而不敢发。

佛教，也会像巫师那样杂处于民间，也不会给天下造成大的危害。如果强迫他们不做僧尼，他们会心中不服气，含怨以图再起。不禁止谁做僧人，只是把他当作普通的农夫对待，让他担负正当的赋税徭役；也不禁止谁做尼姑，只是让她像普通民女那样交纳女工制品。这样，做僧尼不但没有什么好处，反而会更加带来麻烦，也就不再会有不醒悟的人。因为大多数人不再信仰佛教，仅有的一些搬神弄鬼的佛教徒，也会自感索然无味。前代的帝王没有禁止民间的巫术，不让巫师比普通民众特殊，原因也在这里。果真如此的话，天下的统治者打算禁止佛教、统一道德、净化风俗，又有何难呢？只不过是没有想到这些罢了。

唐宣宗初次在接受奏章见到李德裕的时候，就说："他每次看我，都让我毛骨悚然。"宣宗不是一个暗弱的皇帝，李德裕也不是专横跋扈之气溢于言表，像出身行伍的周勃、世代骄横的梁冀等那样的人，宣宗见了他真的就会心里发怵吗？不过是已经有人在他面前说过李德裕的坏话罢了。当武宗病重的时候，多日不能说一句话，忽然从宫中传出废掉皇太子、另立唐宣宗的诏书。宣宗原没有继位的机会，忽然被宣布为继承人，能会是一时的决定吗？宦官见他有些愚笨而决定拥戴他，偷偷地在私下进行密谋，肯定会对他说：这件事情如果让太尉李德裕知道了，就不会成功。所以在他继位以后，心里常害怕李德裕与自己不一心，就像小孩偷吃了东西、见了厨妇就心里不安一样。所以有常言说："小偷最怕见到主人。"在得势以后而想法驱逐他，也就成了必然的事。

这件事的由来也是有原因的。李德裕在唐武宗的时候，因为受皇上信任，颇能按自己的主意行事。如他建议剥夺宦官领兵的权力，使宦官首先丧失在地方监军之权，接着使朝中的宦官也无法继续控制神策军，因此，在李德裕与宦官之间，也就形成了水火不相容的势迨乎武宗疾笃不能言之日，正其河决痈溃、可乘以快志之时也。不废皇子立宣宗，则德裕不可去；不詸宣宗以德裕威棱之可畏，则宣宗之去德裕也不决。其君惴惴然如捍大敌之不能姑待，而后德裕必不能容。盖德裕之所能控御以从己者，杨钦义、刘行深而已，二人者，其能敌宫中无算之貂珰乎？皇太叔之诏一下，德裕无可措其手足，待放而已矣。唐之亡，亡于宦官，自此决矣。

或者谓德裕事英断之君，相得甚欢，而不能于弥留之际，请凭玉几、受顾命以定冢嗣，使奸人得擅废立之权，非大臣卫国之谊，是已。然有说焉。武宗春秋方富，虽有疾而非必不可起之危候，方将大有所为，而不得遽谋身后；迨及疾之已笃，昏不能言，虽欲扣阍请见，而谁与传宣以求必得哉？所可惜者，先君之骨未寒，太尉之逐已亟，环唐之廷，无有一人焉昌言以伸其忠勋者。岂徒无为之援哉？白敏中之徒且攘臂而夺相位，崔、杨、牛、李抑引领以望内迁，而郑肃、李回莫能御也。意者德裕之自矜已甚，孤傲而不广引贤者以共协匡赞邪？抑自朋党兴，唐之士风披靡于荣辱进退之间，而无贤可荐邪？二者皆国家危乱之券也，必居一于此，宜乎唐之不复兴矣。

头。李德裕做事情有理有据，宦官无法加以干挠，加上他上有皇帝的信任，下有杨钦义、刘行深做内应，所以尽管宦官对他恨之入骨，仍不敢轻举妄动。等到武宗病重不能言语的时候，正是宦官所遇到的天赐良机。如果他们不把皇太子废掉而另立宣宗，就无法动摇李德裕的位置；不在宣宗面前说李德裕如何如何可怕，宣宗也就下不了除掉李德裕的决心。因为宣宗把李德裕当成一大威胁而惴惴不安，李德裕也就肯定不能被他容忍。而李德裕所能结纳的作为内应的人，也只不过是杨钦义、刘行深两人罢了。仅仅有这两个人，怎能与宫中那么多掌权的宦官相对抗呢？所以当另立皇太叔的诏书下来的时候，李德裕只会感到手足无措，只能等待时间听候发落。唐代的灭亡是因为宦官，就是在这时埋下的祸根。

有人说李德裕在英明的唐武宗手下担任宰相，两人相处极好，但不能在唐武宗弥留之际，在病榻前受遗诏决定继位的人选，从而为宦官提供了决定废立的机会，并不是作为一个大臣为了国家所应做的。也是有原因的，唐武宗正是年富力强的时候，虽然偶患小病也不致于影响生命，正应该大有作为，还不是为身后事作打算的时候；等到病情加重，昏迷不醒，李德裕若想叩门请求进见，又有谁帮他通报、或者谁来作主呢？尤为可惜的是，唐武宗刚刚驾崩，尸骨未寒，李德裕被罢免的大局就已决定，而整个朝廷中甚至没有一人替他倾诉不平。而且，难道仅仅是没人支持他吗？白敏中等人正在磨拳擦掌争夺相位，崔、杨、牛、李等人也在盼望着能够重新回到朝中，而郑肃、李回也无法控制。那么是李德裕过于自信、没有广泛结纳贤才以共同协赞朝廷吗？或者说唐朝自朋党之乱兴起以后，天下的士人沉浮于荣辱进退之间，真的没有贤才可以推荐吗？上述两点，都是国家危乱的原因所在，也至少有一个是李德裕被罢免的原因，也难怪唐朝无法复兴起来了。

2.宣宗初立，以旱故，命大臣疏理系囚，而马植亟以刻核之言进，请官典犯赃及杀人者不听疏理。夫二者之不可遽释，是已；而并不听其疏理，唯法吏之文置之辟而莫辩，宣宗用申、韩之术，束湿天下以失人心，植实首导之矣。

唐自高宗以后，非弑械起于宫闱，则叛臣讧于肘腋，自开元二十馀年粗安而外，皆乱日也，而不足以亡者，人心固依恋而不忍离，虽役繁赋重，死亡相接，抑且戴奕叶之天子于不忘。无他，自太宗以宽容抚士庶，吞舟漏网，则游鳞各呴沫于浦屿，即有弱肉强食之害，而民不怨其上也。罗希奭、吉温以至穷凶如侯、索、周、来，抑但施惨毒于朝士，而以反叛为名，未尝取吏民琐细之愆，苛求而矜其聪断；马植之徒，导主以渊鱼之察，而后太宗之遗泽斩矣。

植之言曰："贪吏无所惩畏，死者衔冤无告。"亦近乎情理之说也。乃上方下宽恤之政，用答天灾，而遽以综核虔矫之令参之，则有司相劝以武健，持法律以核吏民，广逮系以成锻炼，有故入而无矜疑，士怨于官，民愁于野，胥史操生死以取货贿，可胜言哉？

夫申、韩之以其术破坏先王之道者，岂不以为情理之宜，唐宣宗初继位的时候，因为天下发生了旱灾，下令大臣把关押的犯人再重新审理一遍。但马植突然建议不让那些贪污和杀人的案件申诉，希望严惩两类犯人。上述两种性质的犯罪当然不可原谅，但如果不允许犯人申诉，只听主管法官的随意定罪，正是宣宗采用申、韩的严刑峻法统治天下，从而失去民心的开始，而马植实际上是罪魁祸首。

唐朝自高宗以后，不是宫廷发生叛乱，就是地方出现谋反，除开元时期有二十多年较为安定的政局以外，几乎全是动乱的日子。这些动乱之所以没有使唐朝马上灭亡，是因为人心对唐朝还有依赖，尽管死亡相继、赋役繁重，仍旧没有忘记拥戴一个个相继统治天下的帝王。其原因不是别的，是因为唐太宗为唐朝制订了对天下人民较为宽容的法律，即使有个别的罪犯逍遥法外，也都能够注意隐遁形迹，不至于过分地兴风作浪。尽管有弱肉强食的弊病，天下百姓对朝廷也没有太多的不满。像罗希奭、吉温甚至穷凶极恶的侯、索、周、来等人，也只是对朝廷百官滥用刑罚，而没有把普通百姓的小小犯罪抓住不放。只有可恶的马植等人，引诱皇上去注意天下百姓所有的非法行为，从而破坏了唐太宗以来宽简立国的大政方针。

按照马植的话说："如果贪官污吏无所畏惧受冤而死的人想告发也没有门路。"这句话多少还有些道理。但当皇上打算实行宽容政治、以便消除天灾的时候，突然又建议皇上对某些罪犯进行严惩，则各级政府有可能误以为是要用法律把天下的官吏、百姓全部审核一遍，争相去逮捕犯人以响应朝廷的号召，造成被捕入狱的多、放还归家的少，使士大夫在官府里发怨言，百姓在乡村发愁，而办案人员因为掌握着生杀大权而收受贿赂，造成重新犯罪，其危害是不能用言语说完的吗？

申、韩在当年用法制以取代先王遗留下来的宽简政治，不也是诛有罪以恤无辜乎？而一倚于法，天下皆重足而立。君子之恶其贼天下而殄人国脉者，正以其近于情理，易以惑人也。

以赃吏论，古今无道之世，人士相习于贪叨，而其得免于逮问者，盖亦鲜矣。夫苟舍廉耻以纵朵颐，则白昼攫金而不见人，岂罪罟之所能禁乎？无道以止之于未淫，则察之愈密，诛之愈亟，夤缘附托行贿以祈免之涂愈开，贿不给而虐取于民者愈剧。究其抵法而无为矜宥者，一皆拙于交游、吝于荐贿、溪壑易厌之细人而已。以法惩贪，贪乃益滋，而上徒以召百官之怨讟，下益以甚穷民之朘削，法之不可恃也明矣。

以杀人论，人即不伏欧刀于市，亦未有乐于杀人者也；已论如法，而苟全于疏理之下，虽不死而生理亦无几矣。若其忿怼发于睚眦，则当挥拳操刃之下，恶气薰心，固且自忘其死，抑岂暇念他日之抵法而知惩？若云死者含冤，则天地之生，业已杀一人矣，而又杀一人以益之，奚补哉？且一人抵坐，而证佐之株连，寡妻孤子之流离于寺署者凡几也！

故贪吏伏法，杀人者死，法也。法立于画一，而张弛之机，操于君与大臣之心。君子之道，所为迥异于申、韩之刻薄者，不欲求快于一时之心也。心苟快，而天地和平之气已不足以存，俗吏恶知此哉？综核行，而上下相督、还相蔽也。炫明从情理出发、诛杀罪人以保护无辜者吗？但一旦形成法律，天下人就要重视起来。反对他们做法的人攻击他们鱼肉天下、坏乱朝纲，也是因为其做法近于情理，容易迷惑人。

就贪官污吏而言，古今在法制废弛的时代，人们习惯于贪污聚敛，但真正能免于法律制裁的人并不多。如果不顾廉耻地去搜刮民财，就像白天去偷人金钱而不注意别人一样，怎是法律所能禁止的呢？在天下没有得到完全治理的时候去惩治犯罪，如果惩治越严，处罚越重，那些企图通过求托关系、贿赂官员，以求免于处罚的人也就越多，收受贿赂少的人也就会更加变本加利地向百姓搜刮。看一看那些被法律处置但又没有获得宽简的案件便可知道，被处置的无非是些不善交游，舍不得钱财，又没有门路的下层人而已。用法律去惩办贪污，贪污反而更盛行，对皇上来说只会招来百官更多的怨言，对百姓来说也只会引来更多的盘剥和搜刮。由此可见，法律并不是完全可以依恃的。

再就杀人的情况看，人们既然都不愿意被杀，也没有谁乐意去杀人；如果已经按照法律定了罪，又在申诉以后能够暂时保住性命，仍然不会有多少生存希望。如果因为一些小事与别人发生矛盾，就去挥刀杀人，不顾当时的死活，又怎能想到将来会被依法严惩呢？如果说死的人有冤屈，那么天地间的法则就是让人生存的，已经杀了一个人，而又再杀一人去抵罪，死过的人就能复生吗？况且一人伏法以后，相关的人也被牵连，被关押的孤儿寡母不知有多少？

所以，贪官污吏遭法律惩处，杀人的人偿命，这是执法的原则。法律是铁定的，但怎样去执行，则由君主和大臣去决定。正确的方法与申、韩法家的刻薄不同，并不是为了一时的痛快。如果为了一时的利益，天地之间的和平气象就不足以保持，这种道理，目光短浅的官吏怎能领悟得到呢？如果实施严刑峻法，就会造成上下监督、又同样受者瞀，炫聪者聋。唐室容保之福泽，宣宗君臣销铄之而无馀，马植实首导之。苛刻一行，而莫之知止，天下粗定，而卒召吏民之叛以亡，固不如向者之姑息，乱而可存也。

3.知人之难久矣，而抑有其可知者，君子持之以为衡，而失亦鲜矣。人之为不肖也，其贪惏贼害、淫溺愦乱，得之气质者，什不得一；类皆与不善者习，而随之以流，因以泛滥而不可止。故君子之观人于早也，持其所习者以为衡，视其师友，视其交游，视其习尚，未尝无失，而失者终鲜。拔骍角于犁牛之中，非圣哲弗能也。

李德裕引白敏中入翰林，既为学士，遂乘武、宣改政之初，夺德裕之相，竭力排之，尽反其政，以陷德裕于贬死，而乱唐室。夫敏中之不可引而使在君侧，岂待再计而决者哉？德裕之初引敏中也，以武宗闻白居易之名，欲召用之，居易老而德裕以敏中进。然则知敏中者以居易，用敏中犹其用居易也。居易以文章小技而为嬉游放荡、征声逐色之倡，当时则裴中立悦其浮华而乐与之嬉；至宋，则苏氏之徒喜其纵逸于闲捡之外而推尚之；居易之名，遂喧腾于天下后世。乃核其人，则元稹之死友也。稹闻谪九江而垂死惊坐，胡为其然哉？以荡闲逾捡相昵于声色，而为轻浮俗艳之词以蛊人于淫纵。当其时如杜牧者，已深恶而欲按以法矣。稹鬻身奄宦，排抑正人，以使河北终叛，而为唐之戎首；居易护为死党，不得，则托于害的恶果。太亮的眼睛容易瞎，太灵的耳朵容易聋，唐代所以能够长期立国的一点福禄，被宣宗及其大臣破坏得毫无所剩，正是由马植所引起的。苛刻的政策一推行，也就不再会想到去终止；刚刚安定下来的天下，又重新引起了百姓的叛乱，甚至亡国。这样不如过去那样容忍犯罪，天下虽乱仍不至于亡国。

要想了解一个人并不容易，这是由来已久的老问题，如果真的对某人有所了解，并能以一贯的态度加以对待，那么失误也就少了。真正的不肖之徒并不多，尤其是天生就贪婪贼害、沉溺昏乱的人，在人类中连十分之一也不到；大都是受坏人影响，随波逐流，放任自己而越陷越深。所以正人君子往往在早期去了解人，把他的习气作为他的特点，并了解交往的朋友、师生，以及他的个人习惯；虽然不能保证万无一失，但真正看错人的并不多。从芸芸众生中去发现出类拔萃的人才，如果不是圣贤就做不到。

李德裕把白敏中推荐进入翰林院，既当了翰林学士，便乘武宗、宣宗政权交替的时候，与李德裕争夺宰相职位，竭尽打击排挤之能事，并把他推行的政策全部推翻，甚至陷害李德裕被贬官处死，终于引起唐朝的内乱。像白敏中这样的人，不应该被引荐到皇帝身边做官，难道是考虑再三之后才能决定的吗？李德裕当初引荐白敏中的原因，是由于唐武宗听到了白居易的名声，想把他安排在身边供职，但因为白居易年事已高，李德裕这才推荐他的从弟白敏中。可见，知道白敏中是因为白居易，起用白敏中也就与起用白居易一样。白居易依恃着会写文章会做诗的小小本事，引诱别人嬉游放荡、征声逐色，当时就把裴中立等人迷惑而常在一起游处；至宋代，苏轼等人又对他能够置身物外的处世态度大为推崇；于是便使白居易的名声和影响增大起来。其实，白居易是个什么样的人呢？不过是元稹的死党罢了。元稹听说发配九江而垂死惊坐，为何会这样呢？因行为放醉吟以泄其青衫之泪。敏中为其从弟，与居与游，因之而受君相之知，梦寝之所席而安者居易耳。若此而欲引为同心，以匡君而卫社稷，所谓放虎自卫者也，而德裕胡弗之知也！

使武宗欲用居易之日，正色而对曰：此浮薄儇巧之小人，耽酒嗜色，以淫词坏风教者，陛下恶用此为？则国是定矣。李沆、刘健之所以允为大臣也。而德裕不能，其尚有两端之私与？不然，则已习未端，心无定衡之可持而易以乱也。先儒谓苏轼得用，引秦观之徒以居要地，其害更甚于王安石，唯其习尚之淫也。舍是而欲鉴别人才，以靖国家、培善类，未有能免于咎者也。

4.周墀为相，韦澳谓之曰："愿相公无权。"伤哉斯言！所以惩李相、朱崖之祸，而叹宣宗之不可与有为也。宰相无权，则天下无纲，天下无纲而不乱者，未之或有。权者，天子之大用也。而提权以为天下重轻，则唯慎于论相而进退之。相得其人，则宰相之权，即天子之权，挈大纲以振天下，易矣。宰相无权，人才不繇以进，国事不适为主，奚用宰相哉？奉行条例，画敕以行，莫违其式而已。宰相以条例行之部寺，部寺以荡而以声色相游处，又用轻浮俗艳的诗歌去引诱人们追逐淫逸。当时像杜牧等人，就已经十分讨厌他的为人而打算绳之以法。元稹投靠在宦官门下，排挤正派的大臣，并最终引起了河北的叛乱，实际是唐朝的罪魁祸首；白居易想投靠他作为死党而又达不到目的，便沉湎于诗酒之中发泄不满。白敏中作为他的从弟，整天与他在一起，并因为他获得了当权者的知遇，这其实也是白居易梦寐以求的事。如果因为这些便引荐他作为同事，并想通过他去匡正君主，捍卫社稷，实际上也就像释放老虎而又去自卫一样，但李德裕为什么没有想到这些呢？

假如在唐武宗打算起用白居易的时候，严肃地劝他说：这是一个浮薄奸巧的小人，是个沉溺酒色、用淫词坏乱朝廷纪纲的人，陛下怎能依靠他？这样，国家的正确选择也就可以确定下来了。同样这也是李沆、刘健等被大家称赞为负责任大臣的原因所在。但李德裕没能做到，是因为他有两面讨好的私心吗？否则，就是自己的行为没能端正，心中没有主见而乱了规矩。以前曾经有人说，在苏轼得势的时候，引荐秦观等人担任重要职位，所造成的危害比王安石还要大，就是因为他们崇尚淫逸。如果没有一定的准则，而想鉴别人才，进而安宁国家、培养贤才，没有不遭人指责的。

周墀当宰相后，韦澳劝他说：“愿你不要有权。”说这句话是多么遗憾啊！他这样说，是因为看到了李相、朱崖二人的灾难，叹息宣宗不是一个可以共事的人。但宰相没有权力，天下也就没有纲纪，没有纲纪而不乱的，还没有过。所谓权力，对天子来说是大有用处的。但若把权力看得过于重要，则只适合使用那些只说不做的宰相。如果宰相的人选合适，那么宰相的权力实际就是天子的权力，把握大方向以振兴天下，也比较容易。如果宰相手中没权，人才不能通过他的手选拔上来，国家的大事无法作主，又用宰相做什么呢？不过是条例行之镇道，镇道以条例行之郡邑，郡邑以条例行之编氓，苟且涂饰以应条例，而封疆之安危，群有司之贤不肖，百姓之生死利病，交相委也，抑互相容以仇其奸也。于是兵窳于边，政弛于廷，奸匿于侧，民困于野，莫任其咎，咎亦弗及焉。宰相不得以治百官，百官不得以治其属，民之愁苦者无与伸，骄悖者无与禁，而天子方自以为聪明，遍察细大，咸受成焉。夫天子亦恶能及此哉？摘语言文字之失，按故事从违之迹而已矣。不则寄耳目于宵小，以摘发杯酒尺帛之愆而已矣。天下恶能不乱哉！

上揽权则下避权，而权归于宵小。天子为宵小行喜怒，而臣民率无以自容。其后令狐绹用一刺史，而宣宗曰：“宰相可谓有权。”其夺天下之权，使散寄而无归，固不可与有为也。韦澳见之审矣。无权则焉用相哉？弗问贤不肖也，但可奉行条例，皆可相也，其视府史胥徒也又奚以异？周墀又何用相为？生斯世也，遇斯主也，不能褰裳以去，而犹贪白麻之荣，墀亦不可谓有耻矣。

5.德、宣二宗，皆怀疑以御下者也，而有异，故其致祸亦有殊焉。德宗疑其大而略其小，故于安危大计，不信忠谅之言，奸邪得乘之，而乱遂起；然略于细小之过，忘人于偶然之失，则人尚得以自容。于卢杞之奸倾听之，于陆贽之忠亦倾听奉行条例，签署名字，按常规办事的机器罢了。如果宰相把现成的条例分发给各中央机构，各中央机构也会原封不动地向地方传达，地方也同样会照本宣科，把它推行给普通百姓。如果是这样地应付差使，那么国家的安危、百官的贤能与否、百姓的生死也都无人过问，只是相互推诿比着不怀好意。于是就使军队瓦解于边境，政策废驰于官府，奸诈的事情隐藏于身边，老百姓受困于田野，没有一个人去承担责任，即使有责任也追究不到任何人身上。宰相无法治理百官，百官无法管理下属，百姓的冤苦无从申诉，骄横、狂悖的行为无法禁止，而天子只会自以为聪明，大小事都能洞察，坐享其成，但他哪里又能想到真实的情况呢？宰相做事只能是找一找言论上的差错，按规矩去传达那怕是不正确的命令。或者把眼睛盯在细微末节上，去处理像因为饮酒不公、缺尺短两之类琐碎的事情。如果是这样的话，天下哪还有不乱的！

如果皇上揽权，大臣们就会躲避权力，其权限只在于处理细小的事。天子如果因为一些小事情而动感情，那么文武百官就无法安生。后来的宰相令狐绹因为选拔了一名刺史，宣宗就说："你太有权了。"像这样剥夺宰相的权力，使权力悬在那里无所归属，所以也就无法与他共同做什么事情。韦澳的见解是审慎的。不给宰相权力，又要宰相干什么呢？不管贤能与否，只要能作到上传下达，都能做宰相，这样与一般的刀笔小吏又有什么区别呢？周墀又何必担任宰相呢？生活在这样的时代，遇到了这样的君主，不能脱下官服而去，而贪图一时的地位，周墀也不能算是懂得廉耻的人。

唐德宗和唐宪宗，都是对臣下充满疑心的皇帝，但他们的做法又有所区别，所招来的灾祸也有所不同。唐德宗是大处怀疑小处不疑，所以在关系到国计民生的大问题上，不相信忠恳的意见，使奸佞之人乘虚而入，引起动乱；但他不在意群臣细小的过错，对偶然的之，故其臣无涂饰耳目、坐酿祸原之习，其败乱终可拯也。宣宗则恃机警之耳目，闻一言而即挟为成心，见一动而即生其转念，贤与奸俱岌岌不能自保，唯蔽以所不见不闻，而上蠹国、下殃民，徼幸免于讥诛，则无所复忌。虽有若陆贽之忠者在其左右，一节稍疏，群疑交起，莫敢自献其悃忱。其以召乱也缓，而一败则不可复救矣。

马植之贬，以服中涓之带也；萧邺之命相，旨已宣而中止，以王归长之覆奏也；崔慎繇之罢，以微露建储之请也；李燧之镇岭南，旌节及门而返，以萧仿之一言也；李远之不用，以长日棋局之一诗也。李行言以樵夫片语而典州，李君奭以佛祠数老而遽擢。举进退刑赏之大权，唯视人謦欬笑语、流目举踵之间，而好恶旋移，是非交乱。荆棘生于方寸，忮害集于俄顷。自非白敏中、令狐绹之恋宠喜荣，谁敢以身试其喜怒而为之用乎？天下师师，交相饰以避过，则朝廷列土偶之衣冠，州郡恣穿窬之长吏，养奸匿慝，穷民其奚恃以存哉？呜呼！怀疑以察纤芥之短长，上下离心而国不亡者，未之有也。其待懿宗而祸始发，犹幸也，又恶足以比德宗哉？

雷，至动也；火，至明也。以灼灼之明，为非常之动，其象为丰。“丰其蔀，日中见斗。”以星之明乱日之明，则窥其户而无人。易之垂训显矣哉！

过失也不计较，所以百官还能从容相处。他对卢杞的奸诈能听之信之，对陆贽的忠正良言也能认真倾听，因此他的大臣没有装模做样，自讨苦吃的恶习，虽有败乱也能拯救。宣宗则依仗自己耳聪目明，听别人一句话便记在心里，见别人一件事便改变主意，朝臣无论贤能与否都感到自身难保，转而对什么事情也不说不问，上害国家，下殃黎民，只考虑自己能够平安无事，也就心满意足了。这时即使有像陆贽这样的忠臣在宣宗身边，只要稍有不慎，就会引起怀疑，也就不敢再像以前那样无所顾忌了。这种专门注意小节的做法虽然不一定马上引来大祸，但一旦祸乱爆发也就无可救药。

马植被贬官的原因，是因为系了一条中涓人的带子；萧邺被任命为宰相的诏书已下又突然变卦，原因是王归长奏了他一本；崔慎繇的罢官，是因为他有意让皇上立太子；李燧出镇岭南的仪仗即将被送到家中而又宣布追回，也是因为萧仿的一句话；李远不被封官，是因为在一次下棋时作了一首不恰当的诗。同样，李行言因为樵夫的一句话而获得了州刺史的职务，李君奭也因为寺院里几个人的闲话而被迅速提拔。人事的升降和赏罚大权，在转眼之间就发生变化，好恶旋移，是非交乱。如果不是白敏中、令狐绹等贪图权势的人，谁能把自己的身家性命与皇帝的喜怒好恶相联系呢？天下人如果都去矫饰自己避免出现过错，则在朝廷上的不过是一些穿衣戴帽的木偶，在州郡的也都是听任摆布的长吏，纵容奸邪蓄藏祸患，黎民百姓又去依靠谁呢？唉！因为一些小事而无端去怀疑别人，造成上下离心而又不会亡国的，还从来没有过。宣宗所造成的祸害，直到懿宗时才爆发，对宣宗来说也是万幸；这又怎能与德宗相比呢？

雷是最能让人震动的声音，火也是极为明亮的。以耀眼的光明加以响亮的震动，在《周易》八卦里属于《丰》卦。卦辞说：“丰象的时候，白天可以见到星斗。”星星的光亮既然能够把日光遮掩，则天下

6.古今之亡国者，有二轨焉，奸臣篡之，夷狄夺之也。而祸各有所自生。夷狄之夺，晋、宋是已。君昏、将懦、兵弱而无纪，则民虽帖然图安，乃至忠愤思起为之效命，而外逼已危，不能支也。奸臣之篡，则不能猝起而遽攘之也，必编民积怨，盗贼繁兴，而后奸臣挟平寇之功，以钳服天下而奉己为主，汉、唐是也。张角起而汉裂，黄巢起而唐倾。而汉则有公孙举、张婴以先之，唐则有鸡山妖贼、浙东裘甫以先之。一动而戢，再动而嚣，三动而如火之燎原，不可扑矣。

唐之立国，至宣宗二百馀年，天下之乱屡矣，而民无有起而为盗者。大中六年，鸡山贼乃掠蓬、果、三川，言辞悖慢，民心之离，于是始矣。崔铉之言曰："此皆陛下赤子，迫于饥寒。"当是时也，外无吐蕃、回纥之侵陵，内无河北、淮蔡、泽潞之叛乱，民无供亿军储、括兵远戍之苦，宣宗抑无宫室游观、纵欲敛怨之失，天下亦无水旱螽螟、千里赤地之灾，则问民之何以迫于饥寒而遽走险以自求斩艾乎？然则所以致之者，非有司之虐害而谁耶？李行言、李君奭以得民而优擢，宜足以风厉廉隅而坊止贪浊矣，然而固不能也。君愈疑，臣愈诈，治象愈饰，奸蔽愈滋，小节愈严，大贪愈纵，天子以综核御大臣，大臣以综核御有司，有司以综核御百姓，而弄法饰无人，万室皆空。《周易》的警告是多么深刻啊！

古今亡国的原因主要有两种，一是被奸臣篡夺，另一是被外族灭亡，并且各有各的原因。被外族灭亡的事例，如晋朝、宋朝都是如此。当皇帝昏庸、将帅怯懦、士兵缺乏斗志和纪律的时候，即使天下百姓伏首听命以保平安，甚至满怀忠心效顺朝廷，因为威胁来自外面，也不能保证国家不灭亡。至于奸臣的篡国，天下百姓则不能做到纷纷起来去反对他，因为其出现在百姓怨愤、盗贼群起的时—候，奸臣依恃自己平定天下的功勋，强制天下推奉自己为主。这样的事例，以汉、唐两朝为代表。张角起义爆发，汉朝顷刻分裂；黄巢义旗一举，唐朝也土崩瓦解。在这以前，汉朝有公孙举、张婴等人的暴动；唐朝有鸡山义军、浙东裘甫起义等等。天下一有暴动就会使人心不安，再有暴动就会使人情嚣嚣，最后就像原野上点燃大火一样，再也不能扑灭。

唐代建国以后，到宣宗时已有二百多年，天下的动乱时有发生，但百姓自动起来作乱的事情还没有发生过。大中六年（公元852年），鸡山一带的农民举兵攻打蓬、果、三川等地，言辞激烈，终于引起民心的叛离。对此，崔铉欺骗皇上说："这些都是陛下的良民，是迫于饥寒才如此的。"在当时，唐朝边境没有回纥、吐蕃等侵扰，内地也没有河北、淮蔡、泽潞等地的叛乱，百姓更没有沉重的徭役负担，宣宗也不是淫佚无度、横征暴敛的天子，天下也没有遇到水旱螽螟、千里绝收的灾害，那么百姓为什么会迫于饥寒而去冒被诛杀的危险呢？他们反抗的原因，除了官府的压榨和迫害又会是什么呢？李行言、李君奭都是因深得民心而获得提拔的，他们的行为足可以成为反腐倡廉的表率了，然而事实并非如此。君主越是对臣下疑心，大臣就越欺骗君主；天下治理的假相越是矫揉造作，奸诈也就隐蔽得越多；小节越是严谨，大贪也就越放纵。君主用威严去要求大臣，大臣也会用非者骄以玩，朴愿自保者罹于凶，民安得不饥寒而攘臂以起哉！

小说载宣宗之政，琅琅乎其言之，皆治象也。温公亟取之登之于策，若有馀美焉。自知治者观之，则皆亡国之符也。小昭而大聋，官欺而民敝，智攫而愚危，含怨不能言，而蹶兴不可制。一寇初起，翦灭之，一寇踵起，又翦灭之，至再至三而不可胜灭，乱人转徙于四方，消归无地，虽微懿宗之淫昏，天下波摇而必不能定。宣宗役耳目，怀戈矛，入黠吏之囮，驱民以冻馁，其已久矣。至是而唐立国之元气已尽，人垂死而六脉齐张，此其候矣。

7.韦澳者，以藏身自固为道者也，异于贪进病国、徼幸危身之鄙夫远矣，而不足以谋国。宣宗屏左右与商处置宦官之法，而澳曰："与外廷议之，恐有太和之变，不若择其中有识者与之谋。"此其为术也甚陋，澳之识岂不足以知此之非策？而云尔者，不敢身任其事以自全而已矣。

太和之变，所以主辱而臣死者，李训、郑注本无藉小人，舒元舆、贾餗皆贪庸为朝野所侧目，与宦官以机械相倾而不胜，其宜也，而岂宦官之终不可受治于外廷哉？舍外廷而以宦官治宦官，程元振尝诛李辅国矣，王守澄尝诛陈弘志矣，是以毒攻毒之说，前毒去而后毒更烈也。盖宦官之乱国而胁君也，与外廷之小人异。小人诛则其党亦离，能诛小人者，即不必为同样的手段去要求部下，部下则进一步虐待百姓。至使那些玩弄法律的人更加骄横不法，素志自保的人则屡遭凶险。在这是非颠倒的时代，并不缺吃少穿的百姓怎能不去起来反抗呢！

笔记野史中所记载的宣宗政治，都是歌舞升平的一派繁荣景象。司马温公把这些记载引用过来，似乎也有称赞之意。事实上，真正的情况都掩盖在这些虚假之下。小小的预兆可能引起大的灾祸，官吏的欺诈会使百姓受害，聪明的人去索取，愚钝的人就难免受危险。百姓有怨愤而无处发泄，只能自己起来反抗官府。动乱刚发生还可以平定，动乱多了就无法压制。愤怒的百姓迁徙于四方，申诉无门，加上后来的懿宗又是昏庸的皇帝，天下的动乱终于酿成。宣宗指使爪牙，身怀利刃，刺探消息，乱捕乱捉，使百姓冻馁不保，其实由来已久。唐朝到这时已经丧失了立国的元气，就像垂死的人脉理全部舒张一样，已经到了最后的时刻。

韦澳把藏身自保作为处世之道，与那些贪进害国、徼幸危身的官员有很大的不同，但也不足与他商谈国家大事。唐宣宗曾让左右的人退去，与他商量翦除宦官的事，他则说："这件事如果与外朝百官商量，恐怕会因为泄密而引起像太和年间那样的叛乱，不如找一些有见识的宦官商量。"他这种避事远祸的做法是十分不高明的，以他的才智难道不知所说的完全不是好办法，但仍这样建议，不过是不想担当重任而保全自己罢了。

太和事变的发生，之所以造成主辱臣死的严重后果，是因为李训、郑注都是不能依靠的小人，舒元舆、贾餗是贪残平庸令人讨厌的无能之辈，与宦官相斗而遭受失败，正是在情理之中，怎能说是宦官永远不会被外朝的百官击败呢？如果不依靠外朝的百官，而用宦官去惩治宦官，就像程元振杀李辅国、王守澄杀陈弘志那样，只能是以毒攻毒，前毒被消灭了，后毒更加酷烈。况且宦官胁迫君主坏乱国家大君子，而亦惩小人之祸以反其为者也。若宦官则自为一类，而与外廷争盈虚衰王之数，其自为党也，一而已矣。勿论进而与谋，谋之必泄，祇以成乎祸乱；即令抒心尽力为我驱除，而诛彼者即欲行彼之事，天子恃之，外廷拱手而听之，后起之祸，倍溢于前，又将何所藉以芟夷之哉？故曰其术陋矣。

夫天子而果欲断以行法，诛不顺之奄孽，正纲维以自振也，岂患无其术哉？外廷非尽无人也，即如李文饶者，优游讽议而解诸道监军之兵柄，则使制此刑馀也，优有馀裕，而摧抑之以向于死。充位之大臣，则为白敏中、为令狐绹，怀禄固宠之鄙夫，既阴结内援，而不敢任诛锄之事；使其任之，又舒元舆、王涯、贾餗之续耳。盖其炫小明而矜小断，以纤芥之嫌疑，为转眄之刑赏。其以为慎名器者，匹夫之吝也；其以为察吏治者，老妇之聪也。佞人亟进而端士离心，故仅一守正之韦澳，而唯计全身于事外。如使推诚待下，拔功业已著、才望可委之大臣，修法纪以饬中外。乃下明诏，申太宗之禁制，废中尉之官；以神策之军授司马，革枢密之职；以机要之务归中书，夺其所本无，而授以埽除之常职。是天子大臣所可昭昭然揭日月以行者，廷臣莫敢异议，百姓莫不欣悦，藩镇莫不钦仰，一二怀奸之奄竖，何所挟以相抗？亦奚用屏人私语，若大敌之对垒，力不能支，思乘瑕而攻劫之乎！

政，与外朝的小人害国并不相同。小人被杀后，他的同党也会分崩离析；能诛杀小人的人，虽然不一定就是君子，但至少是能看到小人政治所造成的危害而打算改弦更张的人。而宦官则自成系统，是团结在一起与外朝百官争权夺利的一大派别。别说与他们商量翦除宦官的事，商量也会泄密，只能引起祸乱；即使有人能竭尽全力为朝廷卖命，也只能是杀了别人而自己取而代之，君主要依靠他，外朝百官听他摆布，将要造成的危害只会超过从前，因此又有什么可以依赖的呢？所以说韦澳的建议是十分浅陋的。

如果君主真的要端正法纪，诛除不听命令的宦官，何愁没有办法呢？外朝也不是没有可以依靠的人。像李文饶那样，谈笑之间就向皇上提出了剥夺宦官在各地监军权力的建议，如果让他去制服宫中宦官，完全胜任有余。至于其他的人，像白敏中、令狐绹，都不过是些尸位素餐的人罢了，或者怀禄固宠，与宦官勾勾搭搭，完全不能胜任翦除宦官的事；如果勉为其难，也只能会步舒元舆、王涯、贾餗等被宦官杀害的后尘。因为他们自以为聪明而只注意细小的事，把细端末节当成行赏施罚的根据。他们所认为的在名节问题上的慎重，不过是普通人的吝啬；所认为的明察秋毫，也不过是像老太太那样的聪明。奸佞小人当朝而使正人君子离心，所以仅有的一位正直的韦澳也整天思考着怎样去保全自己。如果皇上能推诚以待百官，提拔那些功勋卓著、才望可委的人担任重要职务，修法纪以整顿内外，就应当明确下一道诏书，重申唐太宗时所制订的基本国策，废除宦官担任的中尉官；把神策军交司马掌管，改变枢密使的权限；把机要的事务交外朝的中书掌管，剥夺宦官本来就没有的权力，而只让他们做一些洒扫庭除等日常事务。这才是皇上所应该名正言顺去做的事情，朝廷大臣对这种做法不会表示什么异议，天下百姓也会为之欢欣鼓舞，各个方镇也会仰慕朝廷的英明决断。即使有几个顽固不化的宦官，或曰：习已成，则其党已固；夺之遽，则其怨必深。环左右者皆其徒也，伏弑械以求逞，宣宗所重虑者，未为过也。夫恶，唯隐而益深，故孔子成《春秋》而乱贼惧，发其所匿而正名之，则恶泄而不能再兴矣。夫宪宗、敬宗之不保其躯命，岂尝斥而夺之使激而成之乎？宪宗之弑，陈弘志虽伏辜而未正其恶；敬宗之弑，刘克明虽授首而未诛其党；内外交相匿，而后伏莽之戎有所怙以相胁。宣宗于此，正告中外，诘先君之贼，申污潴之讨，宣发其恶，显然于天下之耳目，则使有"今将"之心，抑知其无所匿藏而逃不赦之辟，又孰敢睥睨君父以逞其狂图哉？太和君臣唯不知此，是以伏兵殿幄，反受大逆之名，三相骈死于独柳，非外廷与谋而事机必败也。乃宣宗之为君也，以非次为宦官所扳立，反以贻怨于社稷之臣，故怀私恩、忍重辱，隐而不能发露耳。是以韦澳迁延自免，而不能为之谋，知其荏苒者之有所系也。

8.国无可用之人则必亡。国之无人，非但其君不欲用之，抑欲用之而固无人也。铮铮表见者，非迂不适用，则小有才而不足任大，如是者不得谓之有人。夫其时岂天地之吝于生才以亡人之国乎？秉道行义、德足以回天者，间世而一出，亦又怎能与天下大局相对抗？又何必要与人偷偷商议，像两军对阵时无法占胜对方、找机会偷袭对方一样呢？

有人说：宦官专权的局面由来已久，他们的势力已经根深蒂固，如果迅速去剥夺他们的权力，只会引起更大的怨愤；朝野上下都是他们的死党，正想寻找机会扰乱天下，宣宗所以有些顾虑，也不是没有道理的。然而，丑恶的东西越隐瞒就越深。当孔子的《春秋》流传以后，天下的乱臣贼子无不惧怕，是因为揭露了他们想隐瞒的东西，并用正确的立场去对待它，于是丑恶的东西就会因尽人皆知而无法继续危害社会。至于像唐宪宗和唐敬宗那样被宦官杀害，难道是因为曾斥责他们并要剥夺他们的权力而引发的吗？宪宗被杀后，陈弘志虽被惩处，但他的罪行并没有向天下人公布；敬宗被杀后，朝廷尽管处决了一个刘克明，但他的阉党仍都逍遥法外；正因为朝野内外争相隐瞒其罪恶，才使这些身边的隐患有所依恃而威胁天下。宣宗如果能严正地告知天下，声讨杀害先君的凶手，伸张正义，揭露罪恶，让宦官在天下的耳目知道自己难逃法网，又有谁还能不再把君主放在眼里而胡作妄为呢？太和事变中的君臣由于不明白这些，所以才引起叛乱，造成是非颠倒、宰相被杀的严重后果，何况这也与是否与外朝百官商谈处置宦官的办法毫无关系。宣宗做皇帝，是在本来无缘的情况下被宦官推奉的，无意中引起社稷大臣的怨恨，所以在一方面要顾及宦官的拥戴之恩，还要忍受由此带来的羞辱，只能隐忍不去发露。而韦澳想法加以推脱，不去为他出谋划策，也了解他这种左右为难的处境。

如果国家没有可以依靠的人肯定要灭亡。国家缺乏人才，并不仅仅是君主不想使用，而是想用但没有可用的人。那些跃跃欲试的人，不是迂腐得无法任用，就是才能低劣而无法委以重任，像上述这样也算不上是有人才。在这时，是天地故意吝啬人才而想让国家灭安能必其有？或贤智之士，宅心无邪，而乐为君用，则亦足以匡乱救亡，功成事定，而可卓然为命世之英，此则存乎风尚之所移耳。故国之无人，惟贤智之士不为国用，恬然退处以为高，以倡天下，置君父于罔恤，于是乎国乃终以无人。

夫一二贤智之士不为国用，而无损于当世，似未足以空人之国，使忘君父也。乃唯贤智之士，立身无瑕，为谋多臧，天下且属望之，而以不为国用为道。其究也，置其身于是非休咎之外，天下具服其卓识，而推以为高；于是知有其身以求免于履凶蹈危者，皆慕其风，以为藏身之固，则宗社安危生死一付之迂愚巧黠之人；而自好者智止于自全，贤止于不辱，志不广，学不博，气不昌，乃使数十年内，尽士类皆成乎痿痹泮涣之习；自非怀禄徼幸、依附乱贼而不惭者，皆不可与有言、不可与有为之人也。于是乎天下果于无人。而狐狸昼嗥，沐猴衣锦，尚谁与治之哉？

宣宗之世，上方津津然自以为治也。而韦澳谓其甥柳玭曰："尔知时事浸不佳乎？皆吾曹贪名位所致耳。"是其为言，夫非贤智者之言乎？于是上欲以澳判户部，且将相之，而浩然乞出镇以引去。盖澳之不为唐用，非一日矣。周墀入相，问以所可为，则曰："愿相公无权。"宣宗屏人语以将除宦官，则曰："外廷不可与谋。"其视国家之治乱，如越人之肥瘠，而以自亡吗？那些能够秉道行义、具有回天之力的人也只是多年才会出现一个，能是每朝每代都有吗？或者那些贤哲之人，一心一意地报效国家，能够匡正祸乱、拯救危亡，成就功业，安定社会、成为时代的大救星，这是要看社会风尚的如何了。所以说国家缺乏人才，只是因为那些有才能的人不愿为国家效力，追求恬然自得的安定生活，并把这作为激扬名声的手段，而不把皇上放在眼里，于是便使国家显得更加缺乏人才。

如果有一两个贤能的人不愿效忠国家，对社会并不能造成太大的损失，似乎还不致于造成天下的人才匮乏、不关心君主的死活。只是由于满怀才智的人重视个人的品德修养，出谋划策的意见比较忠恳，被天下人作为典范，并且把不听朝廷征召作为自己的追求，其终极原因，是想置身于是非之外，使天下人叹服其远见卓识，被尊奉为至高无上的人；于是那些凡是想远离是非以求自保的人都仰慕其风采，作为保护自己的法宝，保卫天下的责任也就自然落到那些迂腐狡黠的人身上；而洁身自好的人只把聪明才智放在保护自己身上，贤能也仅限于不受屈辱，所求的不多，听学的不广，从而在数十年中，天下的士人被困于痿靡不振的恶习；如果不是心怀爵禄，行险侥幸、依附乱臣贼子而不知羞耻的人，都不能算是有所作为的人。于是天下也就真的缺乏人才了。像豺狼当道、沐猴而冠、是非颠倒的弊病，又依靠谁去治理呢？

唐宣宗在位的时候，常常自我陶醉于天下大治的美梦之中。但韦澳却对外甥柳玭说："你知道时局越来越坏吗？这都是像你我这些贪图权势的人造成的。"这些话，难道不是充满哲理吗？当宣宗打算任命韦澳为吏部尚书、并有意升迁他为宰相时，他则一再请求到地方去任职。这是因为韦澳不打算为唐朝出力卖命，并不是一朝一夕的事情了。早在周墀任宰相时，问他该怎样去做，他说："愿你手中没保其身者，始终一术也。盖于时贤智之士，周览而俯计焉，择术以自处焉，视朝廷如燎原之火，不可向迩，非令狐绹之流、容容以徼厚福者，无不戒心于谋国矣。此习一倡，故唯张道古、孟昭图之愚忠以自危，魏谟、马植之名高而实诎，姑试其身于险而罔济；其不尔者，率以全身远害为风轨。故郑遨、司空图营林泉以自逸；而梁震、孙光宪、罗隐、周庠、韦庄之流，寄身偏霸以谋安。其于忧世爱君之道，梦寐不及而谈笑不涉，天下恶得有人哉？

宣宗之世，唐事犹可为也，而何以人心之遽尔也？宣宗甫践阼，而功著封疆、谋匡宫府之李文饶，贬死于万里之外；其所进而与图政者，又于一言一笑、一衣一履之间，苛责其应违。士即忘身以殉国，亦何乐乎受不令之名以褫辱哉？人君一念之烦苛，而四海之心瓦解，则求如李长源、陆敬舆履艰危、受谗谤以自靖者，必不可得。非唯不得，贤智之士，固且以为戒也，不亡何待焉！

9.安、史作逆以后，河北乱、淄青乱、朔方乱、汴宋乱、山南乱、泾原乱、淮西乱、河东乱、泽潞乱，而唐终不倾者，东南为之根本也。唐立国于西北，而植根本于东南，第五琦、刘晏、韩滉，皆藉是以纾天子之忧，以抚西北之士马而定其倾。东南之民，自六代以来，习尚柔和，而人能劝于耕织，勤俭足以自给而给公，故不轻萌猖狂之志。永王璘、刘展一妄动而即平，无与助之者也。刘展既诛，席安已久，竭力以供西北而不敢告劳。至于宣宗之季年而后乱作。大中九年，浙东军乱，权。”宣宗与他密谋讨伐宦官的事，他也说：“这事不适合与像我这样的外朝官员谋划。”他把国家的治乱当成越人看待肥胖病一样，而把保全自己当成一贯的追求。所以当时的贤能之士，遍观天下而自谋对策，想方设法进行自保，把朝廷当作焚烧的大火一样加以躲避，如果不是像令狐绹那样利欲熏心的人，是不会在国家的事情上不留有警戒之心的。这种风气一开，除了张道古、孟昭图因为愚忠而自找麻烦外，郑遨、司空图等人都营造府第以自我陶醉；梁震、孙光宪、罗隐、周庠、韦庄等人也委身于各地的割据首领以保平安。在忠于君主、忧虑世事等方面，不去想、不去说的人又哪里有呢？

宣宗的时候，唐朝还不是不可拯救，但没想到人心会变成这样。宣宗刚一登基，功勋卓著、素有令望的李文饶就被贬死在万里之外；他所提拔的掌管朝政的人，又因为一言一笑一衣一履而遭到指责；天下的士人既然打算不顾自己而效忠国家，又怎能受得了这些冤枉气呢？因为君主在一念之间所造成的失误，导致了天下的分崩离析，这时若想再有像李长源、陆敬舆等人那样忠贞不渝的人也无法得到了。不仅得不到，而且还会使充满才能的人畏而远之，这样的朝代怎么会不灭亡呢？

安史之乱以后，河北、淄青、朔方、汴宋、山南、泾原、淮西、河东、泽潞等地都发生了叛乱，但唐朝并没有被推翻，其原因就在于作为，唐朝立国根本的东南部并没有乱。唐代在西北地区建立国家，而把东南作为立国的根本，像第五琦、刘晏、韩滉等人也都是依靠这里而解除了皇上的忧虑，安抚西北地区的人心军心。东南地区的人自六朝以来，以人心柔和、勤于耕种为风尚，其劳动所得足以自用和交纳赋税，所以并不会轻意萌发叛乱之心。永王璘、刘展作乱而很快失败，就是因为没有人支持。刘展被杀以后，东南地区又安定下来，竭诚供奉朝廷而没有丝毫懈怠，直到宣宗末年才重新走向动乱。大中逐李讷，越三年而岭南乱矣，湖南逐韩悰矣，江西逐郑宪矣，宣州逐郑薰矣，不谋而合，并起于一时。其称乱者，皆游惰之兵，非两河健战之雄；所逐者皆观察使，奉朝命以牧军民，非割据擅命之雄，倚牙兵以自立，倡偏裨以犯上，非所据而人思夺之者也。盖于是而唐之所以致此者可知矣。在昔之日，军兴旁午，供亿繁难而不叛；大中之世，四海粗安，赋役有经而速反；岂宣宗之刑民而无醉饱者使然哉？观察使慢上残下，迫民于死地，民乃视之如仇仇，不问而知李讷辈之自取之也。

虽然，又岂非宣宗之纵蟊贼以害良稼哉？观乎张潜之言曰："藩府财赋，所出有常，苟非赋敛过差及减削衣粮，则羡馀奏于代移之际者，何从而致？"盖进奉者，兵民之所繇困，而即其所繇叛也。及懿宗之初，始禁州县税外科率。而薛调上言："所在群盗，半是逃户。"故军乱方兴，民亦相寻而为盗。裘甫之聚众，旬日而得三万，皆当年昼耕夜织、供县官之箕敛者也。货积于上而怨流于下，民之瓦解，非一日矣。王仙芝、黄巢一呼，而天下鼎沸，有司之败人国家，不已酷乎！

夫宣宗之于吏治，亦勤用其心矣，徒厚疑其臣，而教贪自己。令狐绹父子黩货于上，省寺相师而流及郡县，涂饰耳目者愈密，破法以殃民也愈无所忌。唐之亡，宣宗亡之，岂待狡童继起，始沉溺而莫挽哉？于是藩镇之祸，且将息矣，河北诸帅皆庸竖尔，是弗难羁靮驭者。彼昏不知，惴惴然防之，而视东九年（公元855年），浙江东部发生叛乱，赶走李讷，三年后岭南也发生叛乱。以及发生湖南驱逐韩悰、江西驱逐郑宪、宣州驱逐郑薰等一系列事件。各地叛乱不谋而合，一时并起。作乱的人都是些散兵游勇，与北方雄健的斗士不同；所驱逐的人都是奉朝廷命令驻守各地的观察使，与那些割据自立、不听朝命、擅自安置、招兵买马的割据势力不同。唐朝在这时发生动乱的原因通过上述也可以明了了。过去的百姓负担沉重而不叛乱，大中年间天下安宁、赋役固定而发生叛乱，难道是宣宗压迫百姓、贪得无厌而引起的吗？观察使对朝廷傲慢无理，对百姓刻意盘剥，把人逼上了绝路，百姓才会把他们当作仇敌，这正是李讷等人自己引起的灾祸。

尽管是上述这样，又难道不是宣宗自己纵容贪官污吏去残害百姓的吗？听听张潜的话吧：“各方镇的财政收入都有固定的标准，如果不是收入过少及削减开支，则又怎么能去羡慕朝政变迁时有盈余的奏报呢？”可知对朝廷的交纳赋税，已经成为天下百姓的沉重负担，也是引起叛乱的原因。至懿宗初年，才开始下令禁止正常赋税以外的额外征发。此外，薛调也说：“天下起来作乱的人，有一半是逃亡的农户。”所以军乱刚爆发的时候，天下百姓也相继成为强盗。裘甫举起义旗以后，十多天就发展到三万多人，这些人也都是当年昼耕夜织、被官府任意盘剥的人。国家积累了财富而百姓充满怨恨，也不是一朝一夕的事情。王仙芝、黄巢振臂一呼，天下群起响应，不正说明贪官污吏对国家破坏的严重吗？

唐宣宗在吏治方面，也算得上是一个勤奋用心的皇帝，但他对百官妄加怀疑，而不制止他们的贪污。于是便有令狐绹父子聚敛于上，各衙门的人遍布州郡。但这些人越多，祸国殃民时也就更加无所顾忌。唐朝的灭亡，实际上是亡在宣宗的手里，怎能是在天下的反抗风起云涌以后才无法挽救的呢？这时，方镇造成的祸乱即将过去，河南为噬肤不知痛、沥血不知号之圈豚池鹜也。“人莫踬于山，而踬于垤”，岂不信夫？民者，兵之命也；安者，危之府也；察者，昏之积也；弱者，强之徒也。可不慎哉！可不慎哉！

北各地的方镇首领都是些平庸无能之人，是不难被朝廷制服的。但朝廷对此无所了解，整天提心吊胆加以防范，而把东南地区百姓当成咬肉不知痛、放血不知叫的圈猪池鹅对待。常言说："人不被高山绊倒，而在小土堆上摔跤"，不是很正确的吗？百姓是军队的命根子，安全是危险的根据地，明察是昏庸的积聚，软弱是刚强的再生，能不谨慎吗！能不慎重吗！

卷二十七

懿宗

1.王式之平裘甫，康承训之平庞勋，史据私家之文，张大其功，详著其略。呜呼！是亦吹剑首者之一吷而已矣。但以一时苟且收拾之近效言之，则童贯之剿方腊，且非无可纪之绩也；至于朱儁、皇甫嵩之平黄巾，则尤赫然矣。乃皆不旋踵而大乱作，国随以亡，爝火之温，不能御冰雪，久矣！饥寒之民，猝起弄兵，志不固，力不坚，大举天下之兵以临之，其必克者势也。所难者，尽取而斩艾之，则降不可杀，即尽取而斩艾之，而其溃逃以免者犹众也。既不得为良民，而抑习于掠夺，则狂心不可卒戢，夫何能使之洗心浣虑以服勤于田亩哉！况有司之暴虐不革，复起而扰之，则乍息之火，得风而燎原，未可以贼首既俘，信烟波之永息也。

靖康之世，京东之贼亦蜂起矣，宗汝霖收之而帖然者，使自效于行伍，而拔用其枭雄，俾仍合其部曲也。汝霖卒，贼且复溃矣，重起而收之者韩、岳也，咸有所归，而不复杂之耕桑市肆之中，使鞅掌而思浮动，故宋以宁。王式乃于裘甫之既擒，不复问数万之顽民消归何处，爪牙乍敛，而睥睨于人间，则后日之从庞勋以乱徐州，随王仙芝、黄巢以起曹、濮者，皆脱网之鱼，游沙汀而鼓浪。式曰非吾事也。甫一擒而策勋饮王式镇压裘甫起义，康承训平定庞勋暴动，都被史家根据笔记野史而扩大了功劳，详细地记载了他们的方略。唉！这也不过是一般的功劳罢了。如从短期的成效看，像童贯镇压方腊起义，也不是没有什么可记载的；至于朱儁、皇甫嵩镇压黄巾起义，其影响更大。但动乱刚刚结束就开始了更大的动乱，国家也都随即灭亡，小小的成效并不能改变大局，向来都是如此。当饥寒交迫的农民刚刚起来反抗的时候，意志还不坚定，势力还不坚强，如果遭到重兵围剿，没有不失败的。对官府来说，困难的是如果把他们全部杀掉，则又顾虑不能杀害投降的人，既使能杀掉被俘的人，但没有被抓住的人仍然很多。他们既然无法过安分守己的日子，已经习惯了打家劫舍，他们狂野的心一时也无法收回来，这样又怎能让他们老老实实地去耕田种地呢？况且官府又不会改变对农民的压榨政策，还会继续对农民进行盘剥，因此刚刚熄灭的反抗火焰，一有风吹草动便会重新燃烧。因此，也不能认为杀害了一两个流氓头子，就彻底地平定了农民的反抗。

北宋末年，汴京东部的农民也纷纷揭竿而起，但当遇到宗汝霖后变得服服帖帖，是因为宗汝霖把他们改编为效忠朝廷的军队，提拔了他们的领导人，让他仍旧作为队伍的领导者。宗汝霖去世后，这支部队也随之瓦解，但不久又被韩世忠、岳飞收编，让他们有了合适的归宿，而不让他们再回到农民中去，他们能够披坚执锐为朝廷效力，因此宋朝也能安宁下来。但王式在裘甫俘获以后，就不再问他手下数万战士的去向，实际上这些士兵遗患于民间，所以后来当庞勋在徐州起义、王仙芝、黄巢在曹、濮地区反唐时，相随的人大多都是原至，可以鸣豫于当时，书功于竹帛矣。

夫乱军叛民与藩镇异。藩镇之反，虽举军同逆，而必倚节度使以起伏，渠帅既诛，新帅抚之，三军仍安其故籍而不失其旧。故裴中立曰："蔡人亦吾人也，绥之则靖矣。"乱军叛民者，虽有渠帅，而非其夙奉之君长，人自为乱，渠帅自诛，众志自竞，非有以统摄之，而必更端以起。当斯时也，非分别其强弱之异质，或使之归耕，或使之充伍，又得良将吏以安存之，则愈散而祸愈滋。以式为将，以白敏中之徒为相，居中而御之，何功之足纪哉！徒以长乱而已矣。又况康承训之进沙陀以亡唐邪？

2.古之称民者曰"民喦"。上与民相依以立，同气同伦而共此区夏者也，乃畏之如岩也哉？言此者，以责上之善调其情而平其险阻也。唐至懿宗之世，民果喦矣。裘甫方馘，而怀州之民攘袂张拳以逐其刺史，陕州继起，逐观察使崔荛；光州继起，逐刺史李弱翁。狂起而犯上者，皆即其民也。观察刺史而见逐于民，其为不肖，固无可解者。虽然，贪暴之吏，何代蔑有？一拂违其情，而遽起逐之，上且无如之何，天下恶得而不亡！夫民既如此矣，欲执民而治其逐上之罪，是不矜其穷迫而激之乱也；欲诛观察刺史以抚民，而民之不道又恶可长哉？小失豪民之意，猖猖而起，胁天子以为之快志，抑不大乱不已。

来的起义军。对此，王式还认为与自己无关，俘虏了裘甫就算大功告成，可以论功于当时，名垂后世了！

况且，农民反抗朝廷与藩镇割据的情况并不相同。藩镇作乱的时候，尽管是整个藩镇军队起来反叛，但都要根据节度使的起伏而起伏，当旧的节度使被杀后，新的继任者安抚他们，军队仍能按原来的编制存在。所以裴中立说："蔡人是我们的百姓，安抚他们就能稳定。"但反抗的农民并不是这样，他们虽然也有领导者，但领导者并不是他们一向推奉的人，都是各人按照自己的意愿行事，领导者的被杀对他们也不会有多大影响，他们依旧会按照自己的意愿去斗争，如果没有安抚他们的好办法，他们仍旧会重新起来。在这时，如果不根据他们强弱的具体情况加以区别对待，让一些人回去种田，一些人编入军队，任命一些好的将领或官吏去统治他们，只能会引起更大的动乱。朝廷让王式作将领，让白敏中等人当宰相，皇上居中指挥他们，又有什么功劳可以记载的呢？只能是助长动乱的发生。又况且会出现康承训引诱沙陀人灭亡唐朝的事情呢？

古代人把老百姓称为"民岩"。皇帝与百姓相互依赖，同呼吸同命运同生活在一个世界上，难道怕百姓像怕癌变一样吗？这样比喻的意思，不过是想让皇帝充分调动百姓的性情而防范他们凶险的一面罢了。唐代至懿宗，百姓果然变得僭越（即犯上作乱）起来。裘甫举兵反唐以后，怀州的百姓相继起来赶跑了州刺史，接着，陕州百姓驱逐了观察使崔荛，光州驱逐了刺史李弱翁。这些起来造反的人，其实原来都是受他们统治的人，观察使、刺史之所以被百姓驱逐，固然有他们自身的原因，但贪暴的官吏在哪朝哪代没有？一旦不合意便群起而攻之，甚至皇帝对他们也无可奈何，天下哪还有不灭亡的！百姓既然已经采取了这种非常手段，如果把他们抓起来惩罚驱逐上司的罪行，是不了解他们的无奈而逼他们去造反；如果把观察使、然则反此而欲靖之也无术，则抑追诘其所繇来，而知畏民之嚣者，调制其性情于早，不可唯意以乱法也。

人君所恃以饬吏治、恤民隐者，法而已矣。法者，天子操之，持宪大臣裁之，分理之牧帅奉若而守之。牧帅听于大臣，大臣听于天子，纲也；天子咨之大臣，大臣任之牧帅，纪也。天子之职，唯慎选大臣而与之简择牧帅。既得其人而任以郡邑之治矣，则刑赏予夺一听大臣。所访于牧帅者，实考其淑慝功罪而决行之。于是乎民有受墨吏之荼毒者，昂首以待当宁之斧钺。即其疏脱而怨忿未舒，亦俯首以俟后吏之矜苏。而大臣牧帅既得其人，天子又推心而任之，则墨吏之能疏脱以使民含怨者，盖亦鲜矣。

而宣宗之为君也不然。其用大臣也，取其饰貌以求容者而已；其任牧帅也，取其拔擢自我无所推引者而已。至于州县之长，皆自我用焉，而抑不能周知其人，则微行窃听，以里巷之谣诼为朝章。李行言、李君奭之得迁，恶知非贿奸民以为之媒介哉？乃决于信，而谓廷臣之公论举不如涂人之片唾也。于是刑赏予夺之权，一听之里巷之民，而大臣牧帅皆尸位于中，无所献替。民乃曰此褎然而为吾之长吏者，荣辱生死皆操之我，天子而既许我矣。其黠者，得自达于天子，则讦奏而忿以泄，奸亦以仇；其很者，不能自达，则聚众号呼，逐之而已。曰刺史杀掉以安抚民心，不是在鼓励百姓的非法之举吗？官吏刚刚一失民意就被驱逐，使百姓得以乘机胁迫天子去伸张正义，如果不酿成大乱就不会终止。但如果不这样也没有更好的安抚办法，就追究他的责任，可知担心百姓僭越，应该在较早时期改变他们的性情，不能让他们随意去践踏法律。

皇帝所依靠的整饬吏治、抚恤百姓苦衷的手段，不过是法律罢了。法律，由皇帝执掌，法官裁决，并通过各地的官吏加以执行。各级官吏听最高的执法官指挥，法官又听皇帝指挥，这是执法的总纲；皇帝向大法官咨询，大法官让各级官吏执法，这是纪律。皇帝的职责，就是认真选拔大臣并通过他们选拔各级官吏。如果有了合适的人选并授以方面之职，也就是把一个地方的刑赏予夺的权力全部交给了他一个人。要想从他那里了解的，也只是他的功过才能如何了。如果百姓在地方官那里受了屈辱或冤枉，也只有听候朝廷处理。即使朝廷不负责任而无法为百姓作主，也应等待下一任官吏的昭雪。如果大臣和地方官都能各司其职，皇帝又能放心大胆地使用他们，那么真正为害百姓的贪暴官吏，也就少见了。

但唐宣宗却不是这样做的，他所任用大臣的标准，不过是只注重表面现象罢了。他所用的地方官吏，也都是些只知道为了自己而不去关心别人的人，至于各州县的长官，虽然是被他任命的，但他对这些人无所了解，只是私下派人查访打听，把道听途说的一些东西当作事实，像李行言、李君奭等人升迁的原因，难道就能排除他们自己派人制造虚假舆论以欺骗皇上的可能性吗？但皇帝能够深信不疑，朝野上下的公正舆论甚至不如路人的只言片语重要，于是，天下的刑赏予夺大权也就受了街谈巷议的左右。各级官吏虽然担任着职务，也无法履行匡正君主的职责，老百姓也会蔑视这些当官的人，荣辱生死都会由百姓操纵，因为皇帝听老百姓的。其中一些诡黠奸巧的人，甚天子而既许我以予夺长吏矣，孰能禁我哉？不曰天子固爱我，即称兵犯上而不忍加罚于我；则曰天子固畏我，即称兵犯上而不敢加刑于我。长是不惩，又何有于天子哉？耰鉏棘矜以攻城掠野，无不可者。民非本嚣，上使之嚣；既嚣，孰能反之荡平哉？裘甫方平，庞勋旋起，皆自然不可中止之势也。山崩河决，周道荆榛，岂但如嚚哉？宣宗导之横流，非一朝一夕之故矣。懿宗又以昏顽济之，祸发迟久而愈不可息。民气之不可使不静，非法而无以静之。非知治道者，且以快一时之人心为美谈，是古今之大惑也。

3.庞勋之乱，崔彦曾以军帑空虚不能发兵留戍而起，盖至是而唐之所以立国者，根本尽矣。夫财上不在国，下不在民，为有国者之大蠹，而唐养天下之力以固国者，正善于用此。其赋入之富有，自军府以至于州县，皆有丰厚之积，存于其帑，而节度、观察、刺史、县令、皆得司其出纳之权。故一有意外之变，有司得以旋给，而聚人以固其封守。乃至内而朝廷乱作，外而寇盗充斥，则随所取道因便以输者，舟车衔尾而相继。而不但此也，官用所资，不责以妄支之罪，则公私酬赠宴犒、舆服傔从，沛然一取之公帑，军吏不待削军饷以致军怼，守令不致剥农民以召民怨。故唐无孤清之介吏，而抑无婪纵至可以直接向皇帝汇报，肆意歪曲事实以发泄私愤；不能直接见到皇帝但又善于自作主张的人，就聚众煽动，驱逐官吏。他们会认为，既然皇帝给了我监督长官的权力，谁敢禁止我这样做呢？不是说皇帝十分看重自己，就是奉兵作乱也不会遭到惩罚；就是说皇帝也怕我们，即使举兵作乱也不敢惩罚我们。助长这种恶习而不加惩处，对皇帝又有什么好处呢？他们聚众闹事攻城掠野，几乎什么事情都敢做。百姓本来不猖狂，是皇帝使他猖狂的；当他们已经肆无忌惮地僭越后，谁还能压制住他们的呢？裘甫的暴动刚刚过去，接着就发生了庞勋起义，都是被皇帝纵容的必然结果。当山崩河决，天下分崩离析、满目荒凉的时候，天下怎能仅仅是僭越呢？宣宗引诱天下变成这样，也不是一朝一夕造成的。昏庸顽劣的懿宗继续推行这一政策，则又起到了推波助澜的作用，使祸乱的爆发变成迟早的事情而永远不能消除。老百姓的特点注定是静而不动，也只有加强法制才让他们安静下来。不了解治世之道的人，只把能使一时的人心愉快当作美谈，这正是古今为政的大忌。

庞勋反唐的原因，崔彦曾认为是由朝廷的军费空虚不能发兵驻守引起的，可知唐朝到这时连立国的根本也不存在了。天下的财富上不掌握在国家手中，下不储藏在百姓家，这是天下统治者的大忌，而唐代当初能够畜养天下的财力使政权巩固的手段，也正在这里。唐朝丰富的赋税收入，使军队和州县都有充裕的积蓄，从而能使节度使、观察使、刺史、县令等各级官吏都掌握着财政调度大权。所以一旦发生了意外事件，有关的政府就能就近解决给养问题，集中力量加以自救。甚至像朝廷大乱、外族入侵这样的大事，也能就近调发所需资财。不仅如此，政府的各种开支都依赖这些积蓄，也不用妄自向民间索取，军队也不用克扣军人的粮饷，太守县令也不用盘剥农民以引起怨恨。所以唐既没有清白自立的官吏，也没有贪婪污浊的小人，官之贪人。官箴不玷，官秩不镌，则大利存焉。虽贪鄙之夫，亦以久于扬历为嗜欲之溪壑，而白昼攫金、褫夺不恤之情不起。观于李萼所称清河一郡之富，及刘晏、韩滉咄嗟而办大兵大役之需者可知已。

自德宗以还，代有进奉，而州郡之积始亏。然但佞臣逢欲以邀欢天子，为宫中之侈费；未尝据以为法，敛积内帑，恃以富国也。宣宗非有奢侈之欲，而操综核之术，欲尽揽天下之利权以归于己。白敏中、令狐绹之徒，以斗筲之器，逢君之欲，交赞之曰：业已征之于民，而不归之于上，非陈朽于四方，则侵渔于下吏，尽辇而输于天府者，其宜也。于是搜括无馀，州郡皆如悬磬，而自诩为得策，曰：吾不加敛于民，而财已充盈于内帑矣。乱乃起而不可遏矣。唯其积之已盈也，故以流艳懿宗之耳目，而长其侈心。一女子子之死，而费军兴数十万人之资。帛腐于笥，粟陈于廪，钱苔于砌。狡童何知，媚子因而自润，狂荡之情，泰然自得，复安知天下之空虚哉？一旦变起，征发繁难，有司据空帑而无可如何，请之于上，而主暗臣奸，固不应也。号呼已亟，而或应之，奏报弥旬矣，廷议又弥旬矣，支放转输又弥旬矣。兵枵羸而不振，贼乘敝以急攻，辇运未集，孤城已溃，徒迟回道路，为贼掠夺，即捐钜万，何当一钱之用哉！

且当官而徒守空橐也，公私之费，未能免也；贪欲之情，府的开支因此而不用发愁，其实是大有好处的。纵然有欲壑难填的人，也因为有所依靠而不至于过分贪婪，像擅自搜刮民财、不顾百姓死活的事件也不会发生。这从李萼称赞清河郡的富有、刘晏、韩滉在转眼之间就解决了军费开支等问题上都可以清楚地看到。

但从唐德宗以后，各地经常要向朝廷进献财物，引起了军府州郡用度的空虚，但仅仅是奸佞小人为了讨好皇上，供应宫中毫无节制的开销，也不曾当作成规、聚集内财，凭借此来富国。唐宣宗并没有奢侈的欲望，只是推行集权政治，想把天下大小的权力都集中在自己手里，而白敏中、令狐绹等鼠目寸光的人为讨好宣宗，轮流向宣宗献计说：财富既然已从民间积聚起来，如果不上交于朝廷，就会在各州县发霉腐烂，或者让那些贪娈的人侵吞，应该全部运到朝廷统一掌管。宣宗采纳了这一建议，下令把各地积聚的资财全部集中起来，使原来较为富裕的州郡都变得穷困起来，宣宗对此还自以为得意，说：我不加重农民负担，就使朝廷的积蓄丰富起来。其实他并不明白，这正是引发祸乱的原因。因为有他的丰富积累，才使懿宗有了奢侈自满的念头，就连死去一个小小的孩子，他也会花费能够满足十多万军队的钱财。仓库中的布帛因为存放太久而腐烂变质，粮食发生霉变，堆积的铜钱长满铜锈。对于这些，年幼的皇帝怎能知道，只是自己泰然地享受浮华。一旦天下发生动乱，州郡再向民间证调就会十分困难，眼睁睁地看着空虚的仓库无可奈何。请求朝廷支援，也因为皇上昏庸、大臣奸诈而不会马上办到。即使能被朝廷批准，也会经过申请、商议、批准、支取、运输等一系列繁难程序而耽误大事。得不到给养的军队会因此而缺乏斗志，敌人则会乘虚而入，没等到朝廷把给养补充进来，城防就会被敌人攻破，运来的钱粮也会被敌人占有。这时即使有亿万粮草，又怎能比需要时的一钱管用呢？

况且，各级政府都是些办事机构，各种开支无法避免，人的贪未可责中人之能窒也。必将减额以剥其军，溢额以夺其民。此防一溃，泛滥无涯，田野之鸡豚，不给追胥之酒食，寡妻弱子，痛哭郊原，而贪人之溪壑，固未厌也。揭竿而起，且以延旦夕之生命，而以敝襦败甲、茹草啜飦之疲卒御之，有不倒戈而同逆者乎？官贫而民益贫，兵乱而民胥乱。徒聚天下之财于京邸，一朝失守，只为盗资。综核之政，揽利权以归一，败亡合辙，今古同悲。然后知唐初之积富于军府州县者，诚官天府地四海为家之至术也。

故曰“财散则民聚”。散者，非但百姓之各有之也，抑使郡邑之各有之也。“财聚则民散”。聚者，既不使之在民，又不使之给用，积之于一帑，而以有用者为无用也。散则以天下之财供天下之用，聚则废万事之用而任天下之危。贪吝之说，一中于君相之心，委生人之大计，为腐草块石以侈富，传及子孙，而骄淫奢溢，为天下僇，不亦伤乎！故有家者，恶其察鸡豚也；有国者，恶其畜聚敛也。庶人尽力以畜财，囤粟而朽蠹之，则殃必及身；窖金而土壤之，则子孙必绝。以有用为无用，人怨之府，天之所怒也，况有天下者乎？

4.唐之亡不可救，五代之乱不可止，自康承训奏使朱邪赤心率沙陀三部落讨庞勋始。灭唐者，朱温也，而非温之能灭唐也。温自起为贼，迄于背黄巢而降之日，未尝有窥天之志欲也不会因为用度不足而丝毫改变，只能引起克扣粮饷、加重盘剥等新的违法乱纪行为。这种风气一开，就会无法禁止。甚至田野上的鸡鸭和圈中的猪羊，也无法满足贪官污吏的酒食需要。那些寡妇和幼小的孩子都在野外痛苦，贪人的欲壑永远得不到满足。农民即使举起反抗的大旗，也只是为了自己能够生存下去。朝廷用衣食不保、铠甲不整的军队去镇压他们，难道会有不反过来响应农民的吗？如果官府贫困，只会使百姓更加穷困，军队发生暴乱，百姓也同样会乱，徒劳无益地把资财集中在朝廷，万一朝廷失守，这些财产反而会成为敌人的给养。因此可以说，像唐宣宗这样推行集权政治的人，把财权、政权统统集中在自己的手里，只会带来亡国亡家的后果，何况这也是自古以来的规律。这也从另一方面说明，唐朝初年把财权放在军府州县，的确不失为官天府地、四海为家的好办法。

所以说“财散则民聚”。所谓散，也不是使财富分散在百姓手中，而是聚集在军府郡县之中。至于“财聚则民散”，意思是财产既然不能为民众所有，不让它派上用场，集中在库房里，就把有用的资财变成了无用的东西。财富分散开来是把天下的财产供应天下人使用，聚集起来就是让它发挥不了作用而任凭天下充满危险。贪吝的说法只会让皇帝宰相听着欢心，而把关系到国计民生的财富当成无用的东西留给子孙，使他骄淫奢逸、造成危害。所以，理家的人忌讳连鸡狗的事情都管，有国的人则不应聚敛财富，百姓如果全力去积累财富，屯积聚奇而不去利用，只能为自己造成祸害。若把金钱埋藏起来，也会有断子绝孙的报应。把有用的东西变成无用的，是天怒民怒的事情，何况是统治天下的人呢？

唐朝灭亡的大势不可挽回，五代的动乱无法制止，都是由康承训请求朝廷让朱邪赤心率领沙陀三部镇压庞勋暴动开始的。灭亡唐朝的人尽管是朱温，但可不是朱温一人能把唐朝灭掉的。朱温自举也。儇、昭以为之君，时溥、高骈以为之将，张濬、崔胤为奥援于内，而李克用、李茂贞、王行瑜各挟逐鹿之心，温乃内动于恶而无所忌。若沙陀者，介吐蕃、回纥之衰，自雄于塞上，固将继二虏而与中国为敌者也。羽翼未成，而阳受羁縻，与刘渊之在河西也无以异。因其未叛，聊使僻居沙徼，绝其窥觎，目不知中国之广狭，心不喻唐室之强弱，则自以为仅可募立于边陲，而忘情于中夏。则唐之不振，虽有朱温辈之枭逆，且将与朱泚同其销归。唐即不足以自存，尚可苟延以俟命世之英以代兴，而中原之祸不极。承训乃揖而进之，使驰骋于河、淮、江、海之间，与中国之兵相参而较勇怯，平贼之功，独居最焉，祸其有能戢之者乎？

庞勋拥数万之众横行，殚天下之师武臣力，莫能挫抑，而沙陀以千骑驰突其间，如薙靡草，固将睥睨而笑曰：是区区者而唐且无如之何，吾介马奔之而遽成齑粉，则唐之为唐可知矣。举江、淮、沂、泗千里之郊，坚城深池，曾不足以御藐尔之庞勋，而待命于我，则唐之唯我所为而弗难下也，又可知矣。泽潞、淄青，所称东西之藩屏也，坐拥旌旄，据千里之强，统甲兵以自固，坐视逆寇之披猖，曾莫肯以一矢相加，而徒仰待于我，则中国之众叛孤立、弗为捍卫也，又可知矣。振旅而归，分茅朔野，吾亦何求而不得哉？国昌老而克用兴，目已无唐，兵反唐开始，直到背叛黄巢投降朝廷，都没有过当皇帝的梦想。因为僖宗、昭宗是他的君主，时溥、高骈是著名将领，加上有张俊、崔胤等人做他的内应，以及李克用、李茂贞、王行瑜等人有与唐朝争夺天下的野心，朱温这才有不臣之心。至于沙陀人，则是在吐蕃、回纥衰落以后，独自称雄于边塞之上，是在两大民族以后与唐朝争夺天下的主要对手。但它在当初的势力还不强大，所以也在名义上接受唐朝的统治，这种情况，与刘渊当年接受晋朝的羁縻没有什么两样。因为它在这时还没有反叛的意思，如果让它在边境地区长期居住下去，不让它产生与唐朝争衡的野心，不让它知道唐朝到底有多大，不知道唐朝的强弱虚实，就会自认为自己仅仅能居住在边疆之上，不会有任何非分之想。这样，尽管唐朝国力不振，以及有朱温等人的作乱，也只会有像朱泚一样的下场，唐朝即使能永久立国，也可以苟延残喘到有振兴大唐的英雄豪杰出现的时候，中原地区也不会有动乱。但康承训垂首引来了沙陀人，使他们在河淮江海之间横冲直撞，并得以了解唐朝军队的作战能力，自己在平定唐朝内乱中立下首功，因此会使唐朝免祸吗？

庞勋依靠数万起义军横行天下，几乎所向无敌，但在沙陀人面前毫无对抗的能力，沙陀人因此而暗笑道：“像这样的对手就使唐朝无法应付，唐朝的无能也就可想而知了。广袤的天下和坚固的城池就挡不住一个小小的庞勋，请求我们前来救助，唐朝对我的依靠也就可想而知了。泽潞、淄青二州，一向被认为是唐朝的两大藩屏，拥兵自保而不去帮助朝廷解决任何危难，使朝廷转而依靠我们，那么唐朝的众叛亲离、处境孤立也可想而知。如果在班师凯旋以后，我们向唐朝提出分境而治、建立独立势力的条件，又有什么困难的呢？所以在沙陀首领李国昌年老、李克用势力兴起以后，就开始不把唐朝放在眼里，自认为唐朝是可以取代的。像沙陀这样的部族能入主固将奋袂而起曰：是可取而代也。沙陀可以主中国，则契丹、女直、蒙古之强倍于沙陀者，愈无不可也，而祸延于无极矣。乃论者曰：克用父子尽忠于唐，以赐姓而收为宗支，又何陋邪？然则承训召寇以入，为灭唐之戎首，罪其可逭乎？朱温甫灭，沙陀旋窃，石敬瑭、刘知远皆其部落，延至于郭威，而中国始有得主之望，祸亦烈矣哉！

夫承训之力，即不足以敌庞勋，而河北诸帅，自张仲武、王元逵、何敬弘归命以来，皆有效顺之成劳，无抗衡之异志。则胡不请移镇魏、淄青之兵，下兖南，出曹、宋，拊勋之背，承训从汝、亳以捣其膺，少需日月，游鱼之釜，可坐待其焦也。而承训贪功亟进，当国大臣又茸鄙无谋以听之，爝火入积薪之下，沃之以膏，待其焰发而始悔，莫能及也。故唐之灭，非朱温灭之，沙陀灭之也；非沙陀之能灭之也，唐自灭也。而承训其祸原矣。

5.穆宗、敬宗之无道也，谏之者极言其失，虽不能行，未尝不以为允而矜全之也。至于懿宗，私路岩而流陈蟠叟于爱州；同昌公主死，欲族医官，而贬温璋为振州司马，使仰药以死，且寄恨于刘瞻而再贬之；传及僖宗，侯昌业、孟昭图、张道古皆死焉。温璋临仰药而叹曰："生不逢时，死何足惜。"呜呼！生不逢时，而林泉可以养志，上有耽欲无人理之君，下有黩货无人心之相，以项领试之，愤不自惜，将弗过乎？故传《春秋》者，以泄冶不去而谏死，为不合于默语死生之道。则中国，那么契丹、女真、蒙古等远比沙陀强大的民族，也就没有什么不可以的，祸乱也就会永远的无休无止。或许有人会说：李克用父子二人都尽忠于唐，被赐了皇姓认了宗族，与自己人还会有什么区别呢？像康承训这样引狼入室的人，罪行就可以原谅吗？朱温刚被灭掉，沙陀马上就取而代之，像石敬瑭、刘知远等人也都是沙陀人的部属。直到郭威时，中原的人才开始有重掌天下的机会，可见所造成的灾害是多深重！

康承训既然无力镇压庞勋，河北地区的将领，自张仲武、王元逵、何敬弘听命朝廷以来也都有效忠朝廷的想法，而不再有坐观时变的野心；那么为什么朝廷不去调动镇魏、淄青等方镇的兵力，进军兖南，直指曹、宋，从庞勋背后直插进去，而康承训从汝、亳一线正面进攻，这样，过不了多久，庞勋就会像锅里的活鱼一样自动灭亡。只是由于康承训贪功冒进，当国的大臣又因缺乏主见而听之任之，就使唐朝成为火上加油的柴草一样，等到火已经烧起来再去后悔，一切也都晚了。所以说唐朝不是朱温灭亡的，而是沙陀人灭亡的；不仅是沙陀人灭亡的，而是唐朝自取灭亡的。康承训则是引发灾祸的根源。

穆宗和敬宗尽管都是无道的昏君，劝谏他的人极力指出他的过失，虽然不能采纳，但私下里也会觉得公允而不置直谏者于死地。至懿宗则不然，他信任路岩而把陈蟠叟流放到爱州；同昌公主因病而死，他认为是医官的责任，要把他们全家杀掉，还把温璋贬为振州司马，强迫他喝药自杀，并且又寄恨刘瞻再度贬他；到僖宗时，侯昌业、孟昭图、张道古等人也都因敢于进忠言而被杀害。温璋临喝药说道：“生的不是时候，死了没有可遗憾的。”唉！尽管生不逢时，但还有山林泉水可以寄托性情，上有贪于私欲而缺乏人性的君主，下有贪赃枉法毫无人心的宰相，拿自己的生命去开玩笑，因为愤怒而不爱此数子者，其不免于讥矣。抑考《春秋》书杀大夫泄冶于前，而记陈平国身弑国亡于后。比事以观，则圣人以大泄冶之死，为陈存亡之本，固未尝以责备贤者之例责冶也。

夫人臣之谏君，有爱君无已而谏者，有自伸其道、自不忍违其心而谏者。君而可谏与？或有所不审而违于图存之理，或不戒而心佚于道以成乎非僻；为臣者，不忍其误入于邪，而必檠括之以归于正。则危言亟进，不避恶怒而必争。君为重也，而身轻矣。君而不可谏矣，乃吾性之清，不能受物之浊，吾学之正，不能同世之邪。生而为士，仕其义矣，出而事君，忠其节矣，立于人之廷，与鄙夫旅进，视其淫昏而固若污濊之加于其身，有言不可隐也，有心不可昧也，所学不可忘也。以畏祸为情而有怀不吐，笑当世之迷而全身以去，则七尺之躯，无以答上天，生我之恩，无以酬父母；内顾此心，无可容其汶汭者，愤盈以出而不能缄。等死耳，何必三日不汗之可忍，而此不可忍也？则危言切论之，死而无憾者。心为重也，而身尤轻矣。

韩偓、司空图处无可救药之时也，君即唯我之是听，而我固无如之何也，去之可也。蟠叟诸人，君听我而乱犹可治也，亡犹可存也，望望然而去之，匪君是爱，固不可以为心矣。

惜自己，又能怪谁呢？所以传《春秋》的人把泄冶因进忠言而被杀说成是不懂得默语死生之道。按照这种观点，温璋等人虽死也要被指责。但实际上是《春秋》把泄冶被杀的事记载在前面，把陈平国身死国亡记载在后边。两件事对比一下就可知道，《春秋》的作者是要光大泄冶的死，把它作为陈国存亡的根本，并没有用通常责怪贤人的话去责怪泄冶。

具体看看大臣谏争君主的原因，有的是因为过于忠于君主而去谏争，有的是为了申明自己的道理，不想违背心思而去谏争。那么君主可以劝谏吗？有些是因为不慎而违背了图存的道理，有些是不注意自己的品德而形成过失；作人臣的人不忍心看着君主误入歧途，便会想方设法引导君主回到正道上来，于是便用言语相讽谏，而不在意君主是否爱听。因为君主毕竟是重要的，自己的身体和性命是次要的。如果君主不听匡谏，那么自己也毕竟尽到了责任，是因为自己性情洁静，不能容忍任何污浊，自己的学问正派，不能与世上的邪恶混同在一起，活在世上做了士大夫，出来做官是尽自己的责任，对于君王忠诚尽节，有时虽然可能遇到昏君，但应把君主的荒淫昏庸当成像是污秽在他身上一样，有话不能隐瞒，有良心不能愚昧，学过的东西也不能忘。如果因怕祸事而不去指出，嘲笑天下的人执迷不悟而想法保全自己，那么七尺的男儿身躯就无法报答上天容我生在世上的恩情，也无法酬谢父母的养育之情；心里装不下任何污物，心中的言语不吐不快，生死也应当置之度外。人能忍受因生病而几天不出汗，为什么不能忍受死呢？如果说出了自己应该说的话，死了也就没有什么遗憾。因为人的心灵毕竟是重要的，身体则是次要的。

韩偓、司空图在唐朝灭亡的大势无法挽救的时候，既然不能让皇上唯言是从，自己对此无能为力，辞官而去是合适的选择。至于陈蟠叟等人，如果进谏能够被皇上采纳，天下的大乱还可以治理，危亡夫泄冶当春秋之世，大夫于诸侯不纯乎为臣，故礼有不用而去之，去犹可也。四海一王，寰宇士大夫共戴一主，不能南走粤、北走胡，而即其宇内之林泉以偷生，而坐视其败，斯亦不成其丈夫矣。传《春秋》者，谓非贵戚之卿则去，亦据侯国之有世臣者言耳。后世同姓之支庶，食禄而不与国政，天子所倚为心膂股肱者，皆草茅之士也，将谁诿而可哉？故诸君子之或窜或死而不去以全身也，不系乎君之可谏与否也。

僖宗

1.君暴而天下尚有生也，君贪而天下尚有财也，有司违诏令以横征蠲免之税，而后民乃无可免之死。国家重敛以毒民，而民知毒矣。乃且畏督责，避棰楚，食淡茹草，暑而披裘以负薪，寒而衣葛以履霜，薄昏葬之情，竭耕织之力，以冀免于罪罟，犹可逃也。既颁明诏予之蠲免矣，于是而心乃释然，谓有仅存之力，可以饱一食而营一衣，而不知有司积累以督责其后者之尤迫也，夫乃无可以应，而伐木撤屋、鬻妻卖子，终不给而死于徽纆之下，是蠲免之令驱民于死之阱也。

僖宗元年，关东旱饥，有司征已蠲之税倍急，卢携痛哭陈之，敕已允停重征，而有司之追呼自如，是纵千百暴君贪主于的时代会过去，但犹犹豫豫地辞官而去，心里忠于君主而最终放弃，这算不上是问心无愧。

况且在泄冶生活的春秋时代，士大夫对诸侯来说，不算纯粹的君臣关系，在言语不被采纳的时候辞别而去，也算不上不义。但当天下一统、四海之内都在一位君主统治下的时候，士大夫没有选择君主的机会，而在这位君主管辖之内的山林之间苟且偷生，坐视国家危亡于不顾，这也算不上是大丈夫应该做的。《春秋》作者的意思，是说如果没有担任重要的职务就可以辞别而去，这也是针对当时在诸侯国中担任职务的士大夫而言的。至于后代那些同在一个王朝中的人，领取俸禄而不关心国家兴亡，使皇上除了去依靠那些无德无才的草莽之辈，又能去委寄谁呢？所以像温璋等人不去为了自己而遭受流放、被杀等厄运，与君主的能不能被谏争并没有关系。

如果皇帝残暴荒唐还不至于使天下灭亡，皇帝贪婪也不致于使天下穷困，但如果各级官吏不遵守法令而去横征暴敛，把已经免除的农民负担重新压在他们身上，那么百姓只有死路一条。国家加重聚敛以伤害农民，农民也知道它的危害，为了逃避催逼殴打，去过粗茶淡饭的日子，夏天里穿棉衣打柴，冬天穿单衣踏霜履雪，节俭婚丧嫁娶的费用，全力进行耕种纺织，以期避免责罚，这样还能有一线生机。等到听了朝廷减免农民负担的诏令，他们的心情会稍稍放宽，认为还可以用仅存的力量去为生存拼搏一下，吃顿饱饭买件新衣，还料想不到官府会把多年的旧帐一起来算，因为无法负担，便被砍伐了树木，扒掉了房子，甚至卖掉妻子和孩子，仍免不了在催逼之下走向死亡的厄运，可见，朝廷颁布的所谓减免农民负担的诏令实际上是把农民逼上绝路的陷井。

僖宗元年（公元874年），关东地区发生旱灾和饥荒，当地政府却逼着催讨早已被废除的赋税，卢携痛哭着在朝廷上指出这种做法天下，而一邑之长皆天子也，民其能不死，国其能不乱乎？

夫以天子而制有司甚易也，乃一墨敕下，吏敢于上方王命以下贼民而不忌者，何恃而然也？上崇侈而天下相习以奢，郡邑之长，所入凡几，而食穷水陆，衣尽锦绮，马饰钱珂，妾被珠翠，食客盈门，外姻麕倚，若一有不备，而憔悴不足以生。上吏经过之饔饩、宾客之赠贿促之于外，艳妻逆子、骄仆汰妾谪之于内。出门入室，无往非胁之以剽夺，中人以下，且视死易而无以应此之尤难，尚何知有天子之诏？而小民之怨讟勿论已。

懿、僖之世，相习于淫靡，上行之，下师师以效之，率土之有司胥然，诛不胜诛，而无可如何者一也。

尽天下之吏，咸习于侈以贪矣，前者覆车，后者知戒，抑岂无自艾以奉法而生不忍斯民之心者？乃自令狐绹、路岩、韦保衡执政以来，唯货是崇，而假刑杀以立威，莫之敢抗，宰相索之诸道，诸道索之州县，州县不索之穷民而谁索哉？执此以塞上官之口，而仰违诏旨，不得不为之护蔽，下虐穷民，不得不为之钳服，天子孤鸣，徒劳笔舌而已，此其竟不能行者二也。

即以情理而论，出身事主，寓家于千里内外，耕桑之计已辍，仰事俯畜，冠昏丧祭姻亚岁时之酬酢，亦犹夫人也，又加不合适，僖宗也下诏禁止这样做，但当地政府仍是置若罔闻。这是把无数个暴君贪主遣派到天下各地，一个小小的村落长官就成了能够发号施令的大皇帝，这时，农民怎能不被逼死，国家又怎能不大乱呢？

如果皇帝想控制各级官吏是十分容易的，但诏令下去后无人执行，各级官吏又是依恃着什么敢这样胆大妄为的呢？皇帝的生活奢侈浮华，天下也跟着效法。小小的郡县长官能有多少收入，但能吃遍山珍海味，穿锦绣衣，骑名贵马，妻妾穿金戴玉，食客终日不断，姻戚争相豪华。一旦用度不足，就觉得无法生存下去。官吏的衣食和赠给别人的礼品都是家庭以外的花销，妻妾子孙、僮仆妾媵的各种花费则是内部开支。但无论是吃的穿的还是用的花的，无非都是由巧取豪夺而来。一般人都认为死了容易而满足这些十分困难，又怎能知道还有皇帝的诏书？对百姓的怨愤更不会放在心里。

懿宗、僖宗的时候，天下以奢侈淫靡为风尚，上行下效，各级官吏无不如此，杀不胜杀。对这一问题的毫无办法是原因之一。

普天下的官吏争相奢侈和贪残，如果把别人受惩处的原因当成自己的鉴戒，又怎能不会有奉法自励、对百姓产生恻隐之心的人呢？自从令狐绹、路岩、韦保衡等人当政以来，一心只知道聚敛财货，并把判刑杀人当作树立权威的手段，使下级不敢违抗，于是便有宰相向各道索取、各道向所属州县索取的事情，而州县除了向农民催讨以外又能去催讨谁呢？通过这种手段以堵塞上级的责罚，只能不去管皇帝的诏书如何，上级也尽力为下级遮挡，对其虐待百姓的暴行尽力庇护，而皇帝的诏书也就成为徒费笔墨口舌的一纸空文，这是减轻农民负担的诏书无法得到贯彻执行的第二个原因。

再从情理上看，出来做官的人以天下为家，没有耕种纺织的收入可以依凭，一切都要依靠俸禄收入，加上婚丧嫁娶等一系列开以不时经过之贵显，晨夕相偕之上官，卮酒篡飧，一缣一筐，无可绝之人理，既不可傲岸自矜，而大远乎人情，又况学校桥梁舟车廨舍之修建，愈不可置之罔闻，驲递戍屯转漕之需，且相迫而固其官守，夫岂能捐家以代用哉？恃朝廷之制，储有馀以待之耳。乃自宣、懿以来，括羡馀以充进奉，铢算尺量，尽辇而归之内府，需者仍前而给之无策，唯取已蠲之税以偿之，而贪人因求盈以自润，虽下蠲除之令，竟无处置之方，姑以虚文塞言路之口，而天子固有偷心，终不能禁之惩之，俾民受其实者三也。

懿、僖之世，三者备矣。卢携虽痛哭流涕以言之，抑孰令听之哉？天子不为有司坊，而有司无坊；天子不为有司计，而有司自为天子。害之积也，乱之有源也，非一天子暴且贪之故也。是以唐民迫于必死而揭竿以起也。

2.秦销天下之兵而盗起，唐令天下乡村各置弓刀鼓板而盗益横，故古王者之训曰“觌文匿武”。明著其迹曰觌，善藏其用曰匿。其觌之也，非能取五礼之精微大喻于天下也，宣昭其迹，勒为可兴而不可废之典，以徐引之而动其心。其匿之也，非能取五兵之为人用者遽使销亡也，听民置之可用不可用之间以自为之，而知非上之所亟也。夫销之则无可藏也，无支，和各种的招待费、应酬费等等，都要按一定的规矩去筹备，既不能傲岸自矜，也不能不近人情。何况还有修建学校、桥梁、车船、房屋等许多事项，这些也都不能置若罔闻；此外还有屯戍漕运等许多开支，都是必须执行而又影响官职的大事，总不能拿自己的私人积蓄去做这些事情吧？只得依靠朝廷的制度，预先积储一些以应急。特别是自宣宗、懿宗以来，把各地积累的财产全部集中到朝廷，使各级官府的开支断绝了依靠，而用度依然如故。在没有别的办法的情况下，也只能把恢复已经被减免的赋税而作为补偿的手段，贪官也乘机为自己搜刮，尽管下了禁止加重农民负担的诏令，但没有一个解决政府日常开支来源的补救办法，只是用一纸空文去应付天下的议论，即使皇帝有减轻农民负担的诚意，也无法禁止贪污，农民也因此得不到一点好处，这是减轻农民负担的诏书得不到执行的第三个原因。

在懿宗、僖宗时代，上述三种情况都同时存在，卢携尽管去痛哭流涕谏争皇上，但又怎能让人去执行呢？如果皇上不为官府建造房舍，官府也就没有房舍使用；同样，皇上如果不为各级官吏打算，各级官吏也就成了自作打算的土皇帝。可见，祸害有起因，动乱有渊源，并不是皇帝的残暴贪婪造成的。唐朝把百姓逼上了绝路，百姓只有起来反唐一条路可走。

秦朝销毁天下的兵器而盗贼群起，唐代让天下人各置兵器而寇盗更加横行，所以古代的圣贤有“觌文匿武”的格言。觌的意思是让大家都能见到，匿的意思则是仔细隐藏起来。所谓的显而易见，并没有把《五礼》的精妙理论向天下人阐明。宣传和昭示其形迹，刊布成可兴不可废的法典，慢慢引导并深入人心。把武的东西隐匿起来，并不是把对人类有用的兵器全部销毁，而是让百姓自愿地去收藏起来，并知道这样做不是君主所急不可待的，如果销毁兵器就没有什可藏非匿也；令民置之，则觊之矣，虽觊之而固不为我用也。非上能匿，亦非上能觊也，是以其速乱以亡，均也。

秦并天下于一己，而信为无用武之日；唐见裘甫、庞勋、王仙芝之接迹以起，而遽惊为不可戢之乱。庸人无舒徐之识，有所见而暴喜，有所见而暴惧，事异情同，其速以乱亡，均也。秦销兵而民操耰鉏棘矜以起，后世知鉴之笑之，而效之者鲜。唐令天下乡村各置刀兵以导人于乱，其为乱政，有著见之祸矣；而后世言御盗之术，以乡团保甲为善策，相师于不已，匪徒庸主具臣恃为不得已之计，述古昔、称先王者亦津津焉。呜呼！无识而言政理，盈于古今，亦至是乎！

驯良之民，授之兵而不敢持以向人，使之置兵，徒苦之而已，有司督之，猾胥里魁督之，小则罚，大则刑，辍衣食之资，弃耕耘之日，以求免于诛责，究则闭目摇手，虽有盗入其室，劫其父，缚其子，而莫敢谁何，乡邻又勿问也。其为强悍胜兵之民与？则藉之以弄兵而争习技击，以相寻于私斗，豪右之长，又为之渠帅以号召，夺朴民，抗官吏，大盗至，则统众以应之，邓茂七之首乱于闽者，其明验已。

受命于天以为之君，弗能绥民使弗盗也；奉命于君以为之长，弗能卫民使盗戢也；资民之食以为将为兵，盗起殃民，么可藏匿，没什么可藏就没有“匿”，让百姓置备兵器，也就是让它显而易见，尽管这样仍不会听凭朝廷使用。这不是能由朝廷决定和左右的。一旦去强制执行，也就会迅速引起动乱并走向亡国，其道理是完全相同的。

秦朝把天下统一以后，自认为今后再也不会有使用武力的时候；唐朝见裘甫、庞勋、王仙芝等人相继起来反抗，最终酿成无法平定的内乱。平庸的人缺乏远见，一遇到事情就暴喜暴忧，事虽有别但道理相同，都是迅速乱亡的结局，秦朝销毁兵器，但百姓手提耰锄棍棒起来造反，后代的人知道以此为鉴并取笑这种无知之举，因而很少有人效法。唐朝让天下百姓都去准备刀枪剑戟，实际是在诱导百姓作乱，它为天下政治所造成的祸乱是显而易见的；但后代所谓防贼的办法，把组织乡团保甲作为上策并相互仿效，不仅使它成为昏庸的君主和无能的大臣所依靠的方法，而且还是称古述昔的人津津乐道的话题，唉！古今无知的人谈论为政的方法，竟然到了这种地步！

真正安分守己的百姓，即使被武装起来也不敢把刀枪对着别人，让他们携带武器只能使他们为难。但官府和乡绅都督促他们进行武装训练，否则有小过即罚，大过即处刑，只好荒废生活，错过耕种的季节，以求免于责罚，最终也只能闭目摇手，即使有盗贼来家抢劫，污辱家人，也不敢出来抵抗，乡邻们也更是如此，这难道就是所谓的比兵丁还要强悍的百姓吗？如果使他们获得一些作战技能，在私下争斗时有所作用，并用豪强担当他们的首领，抢劫民财，对抗官府，有其他的乡兵民勇前来即相率响应。像邓茂七在福建地区的反抗朝廷，就是明显的一个例证。

接受上天的安排而君临天下的人，不能安抚百姓不去做强盗，被君主任命为各级官吏的人，不能保护百姓不受盗贼骚扰，靠天下弗能捕馘使民安也；乃取廛居井牧之编氓，操凶器以与不逞之徒争生死，民何利乎有君，君何取于有吏，国何务于有兵哉？君不君，吏不吏，兵不卫民，瓦解竞强，不群起而逐中原之鹿，尚奚待哉？故言乡团保甲者，皆唐僖宗、韦保衡之徒也。

3.《阴符经》，术人之书也，然其测物理之几，以明吉凶之故，使知思患豫防之道，则君子有取焉。其言曰：“火生于木，祸发必克。”谓夫祸发于有本，资之起者，还以自贼而不可复扑也。盈天地之间皆火也，而必得木以为其所生之本，故发而相害者果也。

古今亡国之祸，唯秦暴殄六国而天下怨，蒙古入主中原而民不从。则草泽之崛起者，足以相代而不必有所资。自非然也，亡汉者黄巾，而黄巾不能有汉；亡隋者群盗，而群盗不能有隋；亡唐者黄巢，而黄巢不能有唐。其为火也，非不烈也，而为雷龙之光、火井之焰，乍尔熺然而固易熸也。唯沙陀则能亡唐而有之者也，祸发之必克也。发而克矣，不可复扑，垂之数传而馀焰犹存。朱邪亡矣，邈佶烈、石敬瑭、刘知远皆其部落也。垂及于宋太宗之世，而后刘钧之馀焰熄焉。祸之必克，岂不信夫！

如黄巢者，何足为深虑哉？裘甫馘矣，庞勋斩矣，王仙芝死于曾元裕之刃，黄巢亦终悬首于阙下矣。浮动之害，气已泄百姓养育的将帅和军队，在动乱的时候不能去安顿秩序，而让那些没有自卫能力的普通百姓拿起刀枪与亡命之徒争生死，那么百姓从君主那里获得什么好处呢？君主又从官吏那里得到什么呢，国家又要军队做什么呢？只能是君主不像君主，官吏不像官吏，当兵的不保护百姓，国家土崩瓦解而弱肉强食，群雄并起而逐鹿中原。所以，称赞乡团保甲制度的人，只能是像唐僖宗、韦保衡一样的无能之辈。

《阴符经》虽然是一部方术之士的书籍，但它对事物之理的测定，对吉凶祸福原因的探索，使人知道事先预防的办法，都还是有借鉴意义的。书中有句话说："火如果从木中生出，爆发的灾祸一定能酿成大乱。"意思是说灾祸的来源有它的原因，这种原因能引起严重后果。整个天地之间都是由火组成，但一定要有木作为它燃烧的本源，所以会有燃烧和熄灭的过程。

古今引起天下灭亡的祸乱，只有秦朝残暴灭亡六国时引起了民怨，蒙古入主中原时遭到激烈抵抗。因此即使是偏僻地区崛起的弱小势力，也能取代一个王朝而不需要有什么资本。从事实上说，灭亡汉朝的是黄巾军，但黄巾军没有统治汉朝；灭亡隋朝的是许多农民起义军，但农民起义军也没能控制隋朝；灭掉唐朝的是黄巢，而黄巢也同样没有成为唐朝的统治者。当上述这些反抗火焰爆发以后，所造成的声势并不是不激烈，但却都是些像闪电、火花一样的火焰，来得突然去的也快。只有沙陀人才是灭亡唐朝并统治唐朝的势力，应了"祸发必克"那句话。火烧起来并有了结果，就无法再去扑灭，过了很久仍然会有余火存留。沙陀部虽然首领朱邪去世了，但邈佶烈、石敬瑭、刘知远等人作为他的余部仍然存在，直到宋朝太宗的时候，才有刘钧的势力被最后平定。祸乱必然被制止，难道不正如此吗？

像黄巢这样的农民暴动，又有什么可以不安的呢？唐朝末年动乱的结果，是庞勋、裘甫等人的相继被杀，王仙芝被曾元裕杀害，黄而还自烬，奚能必克也！沙陀据云中、雁塞之险，名为唐之外臣，薄效爪牙之力，而畜众缮备，秣马练士，收馀蓄，结鞑靼，聚谋臣，纠猛将，以伺中国之间，为日久矣。介黄巢之乱，聚族而谋，李尽忠、康君立、薛志勤、程怀信、李存璋所共商拥戴者，与刘宣等之推戴刘渊也若出一辙。于是而夺唐之志，或伏或兴，或挫或扬，或姑为顺，或明为逆，三世一心，群力并聚，盘踞云中，南据太原以为根本，虽欲拔之而必不胜矣。刘渊之在离石、西河也，尔朱荣之在六镇、秀容也，唐高祖之在晋阳、汾阳也，皆此地也。外有北狄之援，内有士马之资，而处于中国边鄙之乡，当国者置之度外，而不问其强弱逆顺之情势。岁而积之，月而渐之，狎而亲之，进而用之，虚吾藏以实之，偶一为功，而无识之士大夫称说而震矜之。使之睥睨四顾，熟尝吾之肯綮，幸一旦之有变，人方竞逐于四战之地，而已徐徐以起，是正所谓“厝火积薪之下”者也。然且合中外之早作夜思，竭四海、疲九州之力，以与无根之寇争生死而亟求其安，夫恶知拊吾背、乘吾危以起者，火已得风而薪必尽也！木资火以生，而旋以自焚，岂有爽哉？李克用杀段文楚以据大同，唐不知戒，他日寇急，又延之以入，而沙陀之祸，几百年而始灭，悲夫！

4.无忘家为国、忘死为君之忠，无敦信及豚鱼、执义格鬼神之节，而挥霍踊跃、任慧力以收效于一时者，皆所谓小有巢也被斩首示众。像上述这些可以游动的火焰，火势减弱后虽在燃烧，又怎能最终成功呢？但沙陀人却不相同，他们拥有云中、雁门等险要位置，名义上是唐朝的外臣，时而对唐朝提供些帮助，但在私下里却招兵买马，训练战士、收买余部，结援鞑靼，聚集谋臣，结纳猛将，等待时机，由来已久。在黄巢起义爆发后，沙陀人聚在一起商议，李尽忠、康君立、薛志勤、程怀信、李存璋等人共同商定推举首领的事情，这种做法，与当年刘宣等人推奉刘渊的做法毫无二至。可是使他们与唐朝争夺天下的打算时显时露，时高时低，有时公然作乱，有时则主动支援朝廷。前后三代人同心协力，全族人团结一致。以云中为根据地，向南又占据着太原，朝廷虽然打算除掉他们而无法取胜。在这以前，刘渊的势力兴起于离石、西河；尔朱荣兴起于六镇、秀容川；唐高祖兴起于晋阳、汾阳，其地理方位也都在这一带。这里的四周，在北方有北狄的支援，内部有战兵、战马作为资本，又位于中原王朝的偏远边境，不被当权的人所重视，也不关心他们势力的强弱和对朝廷的态度如何。一旦年深日久，日积月累，加上朝廷的亲近和使用，竭尽自己的力量武装他们，偶然立一次功，就被无知的士大夫称赞不已。因此也就引起他们的反叛之心，等到遇着中原内乱的时候，就蠢蠢欲动，慢慢地壮大自己的势力，这正是所谓的“把火放在燃烧的柴草之下”。这时的中原王朝正在全力对付内乱，哪知在自己的背后乘机而动的火焰，已经借助着风力燃烧起来了！木柴遇到火就能燃烧，但也很快会被烧完，哪有不受损失的呢？当李克用攻杀段文楚占据大同的时候，唐朝还不知道戒备，一旦内部战乱发生，又把他们请进来帮助平定叛乱，终于酿成了历时几百年的沙陀之乱，难道不是极可悲的吗？

如果没有舍家卫国、舍死为君的忠诚，以及恩及池鱼、义动鬼神的节操，而能够风光一时，不过是所谓的小有才能。小有的才能，才也。小有才者，匹夫之智勇而已。小效著闻，而授之以大任于危乱之日，古今之以此亡其国者不一，而高骈其著也。唐自宣宗以后，委任非人，以启乱而致亡也亦不一，而任高骈于淮南，兼领盐铁转运，加诸道行营都统，其尤也。

使骈而无才可试，无功可录，则虽暗主庸相，偶一任之而不坚。而骈在天平，以威名著矣；在岭南，破安南矣；在西川，拒群蛮矣。计当日受命专征之将相，如曾元裕、王铎者，声望皆不能与之相伉，以迹求之，郑畋且弗若也。而唐之分崩灭裂以趋于灰烬者，实骈为之。

何以明其然也？王仙芝、黄巢虽横行天下，流寇之雄耳。北自濮、曹，南迄岭海，屠戮数千里，而无尺地一民为其所据；即至入关犯阙，走天子、僭大号，而自关以东，自邠、岐以西北，自剑阁以南，皆非巢有；将西收秦、陇，而纵酒渔色于孤城，诚所谓游釜之鱼也。使骈收拾江、淮，趋河、雒，扼其东奔之路，巢且困死于骈之掌上，而何藉乎逆蹙怀奸之朱温，畜志窥天之李克用乎？唐可不亡矣。即不然，而若刘宏之在荆州；又不然，而若韩滉之在江东；息民训士，峙刍粟以供匮乏。则温与克用且仰哺于骈，而可制其生死。二凶亦不敢遽逞其欲，唐亦可不亡矣。而一矢不加于汴、蔡，粒粟不出于河、淮。夫骈固非有温与克用乘时擅窃之成谋也，贵已极，富已淫，匹夫之情欲已得，情欲得而才亦穷矣。

也只是匹夫的智谋和勇略。如果因为有小小的成绩便在危乱的时期授以重任，自古以来造成国家灭亡的也不在少数，高骈便是其中最突出的一个。唐代自宣宗以后，所委寄的都不是合适的人才，因此而引起的动乱和衰亡也情况不一，而授以高骈节度淮南的重任，兼领盐铁转运使，加诸道行营都统，是最有代表性的。

假如高骈在当初没有施展才能的机会，没有什么功劳可以记录，则即使遇上暗主昏相，也只是偶然使用他便不再留意。但高骈在天平年间就已经有了较高的名声，在岭南时又收复了安南，在西川降服了众多的少数民族，这些功勋，连当时的曾元裕、王铎等接受过专征大权的将相也有所不及；从事绩看，郑畋也只能望其项背。但使唐朝分崩离析并最终化为灰烬的人也正是他。

为什么要这样说呢？像王仙芝、黄巢等能够纵横驰骋于天下的人，也不过是流动的英雄罢了。他们的势力尽管能够北起濮、曹，南达岭海，广袤数千里，但没有真正的一土一民归他们所有；即使能入关赶走皇帝，建立政权，但东部自关以东，西部自邠州、岐州以西北，南自剑阁以南，都不是他的势力所及的地方。虽有收复秦、陇地区的打算，但因在孤城长安沉湎酒色而使计划搁置。这正是所谓的锅中之鱼。假如高骈出兵收复江淮，挥师直指河洛，切断他们东进地道路，黄巢就会被困死在高骈的股掌之上，朝廷又何必再去依靠心怀鬼胎的朱温和觊觎朝廷的李克用呢？唐朝也就不会灭亡了。即使不这样，而像刘宏在荆州、韩滉在江东那样保境安民，也可以向朝廷提供粮草费用。这样，朱温、李克用也要依靠高骈的支援，生杀大权也就落到高骈的手里，朱、李二人也就不敢轻举妄动，唐朝也同样不会灭亡。但他没有向朝廷提供一兵一卒，运送过一粟一米。这正是因为高骈缺乏像朱温和李克用那样的远见，当富贵到了顶点，心满志得的时候，原有的才能也就穷尽了。

骈之所统，天下之便势也。有三吴之财赋，有淮、徐之劲卒，而繇后以观，若钱镠、杨行密、王潮者，皆可与共功名者也。骈忠贞不足以动人，淡泊不足以明志，偃蹇无聊，化为妖幻，闭于闺中，邑邑以死，回视昔之悬军渡海、深入蛮中者，今安在哉？受制妖人，门无噍类，一旦而为天下嗤笑，繇是观之，才之不足任也审矣。

但言才，则与志浮沉，与情张弛，一匹夫而已矣。童贯亦有平方腊之功，而使当女直；熊文灿亦有定海寇之效，而使抚流贼；乃至朱儁、皇甫嵩之荡除黄巾而束缚于董卓。乱国之朝廷所倚赖，乱世之人心所属望，皆其不可与有为者也。然后知狄公之能存唐，唯有保全流人、焚毁淫祠之大节；汾阳之靖乱，唯其有闻乱即起、被谤不贰之精忠。大人君子，德牣于中而后才以不穷。富贵不淫，衰老不怯。偶然奋起之小绩，遽委以大猷，“鼎折足，覆公餗，其形渥，”此之谓已。

5.刘巨容大破黄巢于荆门，追而歼之也无难；即不能歼，亟蹑其后，巢亦不敢轻入两都。而巨容曰：“国家喜负人，有急则抚存将士，不爱官赏，事宁则弃之。”遂逸贼而任其驰突，使陆梁于江外。此古今武人养寇以胁上之通弊也。国亡而身家亦陨，皆所弗恤，武人之愚，武人之悍，不可瘳已！

高骈所掌管的地区，是天下最重要的地区之一。这里不仅有三吴地区丰富的财赋，而且还有淮、徐地区的精兵良将。依靠这些优势，足可以使他建立像后来的钱镠、杨行密、王潮等人那样的功名，但他对皇上的忠贞不足以让别人感动，淡泊不足以明志，在穷极无聊的时候信用妖幻，关在屋中闷闷求死，不知当年悬军渡海、深入蛮中的英武将帅的风采又到哪里去了？他甘愿听从妖幻之人的摆布，终于搭上了性命，并成为天下人谈论的笑柄。由此可见，他的才智显然不堪当重任的。

仅就才能而论，若与意志相浮沉，与性情相张弛，也不过是个普通人罢了。宋朝的童贯也有镇压方腊起义的功劳，朝廷便让他去对付女真人；明朝的熊文灿在消灭倭寇上建立过功勋，朝廷则改派他去镇压农民起义；甚至汉代的朱儁、皇甫嵩能够镇压黄巾起义，但却在董卓面前毫无抵抗的能力。国家在大乱时所依赖的，以及战乱时的百姓所期待的都是像上属这些人一样不能大有作为的人，因此才更能明白狄仁杰为安定唐朝而保全流亡的百姓，焚烧掉滥建的祠庙的高尚节操；郭子仪平定内乱时所表现的一听到有动乱就起来制止，一受到诽谤就毫无贰心的赤胆忠心。能够被称作大人君子的人，都是因为具有高尚的品德，然后才会有发挥不完的才能。富贵不贪求，衰迈而不怯弱。偶然有了一点小成绩，就把重任交给他，也只会带来危害，所谓的“执掌国家大权而力不胜任，就会出现祸乱”，所含的也就是这个道理。

刘巨容在荆门打败了黄巢起义军。如果再进一步就能大获全胜，即使不能全胜，而挥师跟随其后，农民军也不敢轻易进攻京城。但刘巨容说：“朝廷喜欢辜负别人，当需要的时候就去安抚将士，不惜封官许愿，当大局安定的时候就把他们抛弃。”于是便听任农民军撤军而去，毫不加以阻挠，这是古今武士养寇以胁迫朝廷的一贯做乃考唐之于功臣也，未尝有醢菹之祸，而酬之也厚，列土封王，泽及子孙，汾阳、临淮、西平赫然于朝右，懿、僖无道，抑未尝轻加罪于效绩之臣，康承训之贬，固有逗挠之实，非厚诬之也，朱邪赤心、辛谠皆褒然节钺矣。巨容所云负人者，奸人之游辞耳，岂果负之哉？则巨容负国之罪，无可逃于天宪矣。

虽然，抑岂非为之君者弗能持正以正人，有以致之乎？人君操刑赏以御下，非但其权也，所以昭大义于天下而使奉若天理也。天下莫喻乎义，则上以劝赏刑威、悚动其心，而使行其不容已。故曰："上好义，则民莫敢不服"。巨容曰："有急则抚存将士，不爱官赏。"是以官赏诱将士于未有勋劳之日，使喻于利而歆动之。寇贼方起，爵赏先行，君臣之义，上先自替以市下。唯天下有乱，不必有功，而可以徼非分之宠荣，贼一日未平，则可胁一日之富贵，恶望其知有君臣之义，手足头目之相卫者乎？巨容之情，非以防他日之见薄也，实以要此日之见重也。

如使寇难方兴之日，进武臣而责以职分之所当为，假之事权，而不轻进其爵位。大正于上，以正人心，奖之以善，制之以理，而官赏之行，必待有功之日。则义立于上，皎如日星，膏血涂于荒郊，而亦知为义命之不容已。及其策勋拜命，则居之法。如果国家灭亡了，自己的身家性命也就不可保，武人对此毫不顾及，其愚蠢和蛮悍是无可救药的！

事实上，唐朝对功臣从没有过不公正的待遇，对他们的赏赐都十分厚重，甚至不惜封王分土，像郭子仪、李光弼、李晟等功臣都获得了显要的封赏。即使是懿宗、僖宗这样的昏君，也没有轻易治功臣的罪。至于康承训被贬固然有因怯阵而避敌的实情，但也不是对他重重治罪，而且朱邪赤心、辛谠等人还都被授予了重要职务。刘巨容所谓的朝廷负人，也不过是奸佞小人的托辞罢了，难道真的辜负他了吗？刘巨容辜负国家的罪行，是难以逃脱上天的惩罚的。

尽管如此，难道是做君主的不能正确对待功臣，有什么原因吗？君主掌握着对臣下的生杀赏罚大权，这不仅是一种权力，也是向天下人昭示大义以奉为准则的一种手段。天下的道理也就是个“义”，君主可以鼓励行赏，严厉执法，以此震慑百姓，使他们不敢做不义的事。所以说“君主讲信义，百姓不敢不服”。但刘巨容却说：“皇上有事则安抚将士，不惜重赏”。这是说皇上在将士未有功劳的时候用官赏相诱惑，使他们贪图功利而去战斗。正当天下刚刚发生动乱的时候就去滥行封赏，把君臣的关系变成了庸俗的交易，也就毫无“义”可言，因此也就使在任何动乱发生的时候，将士不论有功与否，都可以邀功求赏，天下一天不太平，就可以获得一天的富贵，哪能再去希望他们顾念君臣间的大义，切记手足身体相互保护的道理呢？刘巨容的想法并不是怕以后不被重用，而是希望获得当日的重用。

如果在动乱刚刚爆发的时候，让武将明白自己的职责，授给权力而不轻易封官赐爵，就是一种正确的做法。君主做得对了，人心也就正了，加上再以善相奖励，以理相制约，在真正应该论功行赏的时候再进行赏赐，就会使信义确立于上，皎皎如日月；战士拼死疆场，也安而受之也荣。虽桀骜之武人，其敢有越志哉？宋太祖以河东未平，不行使相之赏，而曹彬不曰国家负人，诚有以服之者也。

6.取亡唐之贼加之李克用，非深文也。克用父子溃败奔鞑靼，语鞑靼曰："黄巢北来，必为中原患，一旦天子赦吾罪，与公辈南向共立大功，谁能老死沙漠。"论者谓以此慰安鞑靼而自全者，非也。克用之持天下也固，而知必入其掌中，揣之深、谋之定、而言之决也。故其后所言皆验，而卒以此陵唐室，终为己有，夫岂姑以此慰鞑靼之心哉？

当李琢、李可举讨之之日，国昌已老，克用之力未固，黄巢尚在江、淮之间，唐室尚宁，合西北之全力以攻新造之一隅，不敌也。克用知所可用者，从未挫于中国之鞑靼也，故不难舍两镇以去，而北收鞑靼以为己资；又遣李友金伪背己以降而为之内谋；其布腹心之党于忻、代、云中以结人心者，秘密而周悉。可举、琢一胜而幸其逃，弗能问也，赫连铎乃欲赂鞑靼以取之，为其所笑而已。及巢已陷京，李友金募杂胡三万，睥睨偃蹇，阳不听命，而曰："若奏天子赦吾兄罪，召以为帅，则代北之人，一麾响应。"既得召命，克用果以鞑靼万人疾驱而入，士卒皆为用命。则内外合谋，玩唐于股掌，卒如其意，岂一朝一夕之能得此哉？外有鞑靼，内有友金，虽逃奔，愈于固守以抗争也多矣。此克用之险狡，人莫能测其藏者也。

也知道是义不容辞的职责。一旦有被奖赏的时候，也会觉得踏实和荣耀。如果是这样的话，哪怕是桀骜不驯的武人，又怎敢有越轨的举动？后来的宋太祖因为没有平定河东，就不对有关将士行赏，而曹彬也不认为是朝廷对他不公平，就是因为有能使他服气的道义。

如果把灭亡唐朝乱臣贼子的罪名加在李克用身上，并不是没有道理的。当李克用父子被朝廷击败而出奔鞑靼的时候，曾对鞑靼人说："黄巢挥师北上，必然成为朝廷的心腹大患。一旦皇上赦免了我的罪，就与你们一起南下立大功，谁甘心老死沙漠。"有人说这是为了安慰鞑靼人以图自保的话，其实并不这么简单。李克用对天下的形势了如指掌，知道必定为自己掌握，其揣摸之深、智谋之坚定、言语之决断都反映在这些话中。所以他所说的在后来都得到了应验，并因此而篡夺了唐朝，把天下据为己有，怎能说是仅仅为了安慰鞑靼人心呢？

当李琢、李可举讨伐沙陀人的时候，李国昌已经年老，李克用的势力还没有巩固，黄巢也还在江淮地区活动，唐朝的政局还比较安定。把西北地区的全部兵力调来对付立足未稳的沙陀人，沙陀人还无法相抗衡。李克用知道自己可以结援的势力，是从没被唐朝打败的鞑靼人，所以放弃所占领的地区对他来说并不难，反而可以到北方去结援鞑靼人，他同时又让李友金假意投降唐朝，作为自己的内应，他在忻、代、云中等地所布置下的心腹势力和对人心的收买，真可谓秘密而又周详。李可举、李琢刚一战胜他们又庆幸他们逃走，还把赫连铎建议贿赂鞑靼人以斩草除根的计划当作笑话，于是便使李克用安然自全。等到黄巢攻陷京师的时候，李友金又率军三万观望不进，故意不听朝命，说："如果奏明皇上赦免我兄长的罪过，召他回来担任将帅，那么在大漠南北的人都会响应朝廷。"朝廷采纳以后，李克用果然带着万名鞑靼人长驱而入，士卒也都听从他的指挥。可见鸣呼！使当日者，唐室文武将吏能合困黄巢于长安而歼夷之，则克用之谋夺矣，唐以存，而沙陀之祸息矣。然而克用料之而必中、图之而必成者，何也？沙陀自随康承训立功于徐、泗之日，已目空中国之无人，不能如黄巢何，而必资于己也。奸人持天下之短长，以玩而收之，至克用而极，非刘渊、石勒之能及也。所据者一隅，而睨九州如橐中之果饵，视盈廷之将吏如痿痹之病夫，黄巢、朱温皆其借以驱人归己之鹯獭，是之谓狼子野心，封豕之方伏、长蛇之方蛰者也。

7.黄巢之乱，唐中外诸臣戮力以效节者，唯郑畋一人而已。畋以将佐不听拒贼，闷绝仆地，刺血书表，誓死以斩贼使，不可谓非忠之至；以文吏率数千人拒尚让五万之众，败之于龙尾陂，传檄天下，诸道争应，贡献蜀中者不绝，不可谓非勇之甚，抑不可谓非智之尤；然而一向长安，旋即溃败，凤翔内乱，孤城不保，诸镇寒心，贼益巩固，卒使王铎假手于反覆横逆之朱温、包藏异志之李克用，交起灭贼，因以亡唐，而畋忠勋之成效亦毁，则唯不明于用兵之略也。

这是一个里应外合的诡计，把唐朝玩弄在股掌之上，一切都在预料之中，又怎能是一朝一夕的事情呢？李克用在外有鞑靼人的支援，在内有李友金做内应，虽然有一时的逃亡生涯，但所带来的益处要更多一些，这是李克用的阴险之处，是很难让人预料到的。

唉！假如当时唐朝的文武将吏联合起来把黄巢围困在长安并彻底击败，那么李克用的计划也就会破产，唐朝的统治得以维持，沙陀人的祸乱就可以平息了。然而一切又为什么会按李克用所预料的那样发展呢？因为早在沙陀人帮助康承训立功于徐、泗一带的时候，就已经看到唐朝缺乏人才，不能把黄巢怎么样，一定会求助于自己。奸佞小人乘人之危而去争夺天下，李克用是最突出的一个，即使是刘渊、石勒也无法与他相比。他当初所拥有的不过是一隅之地，而把天下看成是盘中的果子，把满朝文武当成委靡不振的病人，而把黄巢、朱温当成替他争夺天下的帮凶。其用心之歹毒，正是所谓的狼子野心，以及将要伤人的野兽、毒蛇。

黄巢起义时，朝廷的内外大臣能够竭尽全力忠于朝廷的，只有郑畋一人。郑畋见将士们不肯前去作战，气愤得昏厥过去，醒来后写下血书，誓死杀掉了前来劝降的使者，这些所作所为，不能不说是忠诚到了极点；他以文官的身份带着仅有的几个人与尚让的五万大军作战，结果在龙尾陂大获全胜，接着传檄天下，引起广泛响应，派人向流亡在蜀地的皇帝进献方物的人络绎不绝，这些也不能不说是他的勇武到了极点，才智到了极点；然而他指挥的人马一到长安便被打败，接着又引起了凤翔的内乱，使孤城不保，诸镇寒心，起义军的势力反而因此得到巩固，而王铎也得以借助反复无常的朱温和包藏祸心的李克用的力量去与起义军作战，并最终使唐朝走向灭亡，郑畋原有的威名也完全丧失，这种结局其实是他不了解用兵策略的缘故。

郭汾阳之收西京、李西平之擒朱泚也，奋臂以前，气可吞贼，而迟回郑重，合兵四集，旁收其枝蔓，乃进而拔其根本，夫岂怯懦而忘君父之急、虚士民之望乎？贼之初终强弱，洞然于心目之间，如果之在枝，待其熟而扑之，易落而有馀甘，斯以定纷乱而措宗社于磐石，所谓用兵之略也。

善制胜者，审之明，持之固，智无所矜，勇无所恃，静如山而后动如水，不可御矣。而畋异是。唐弘夫龙尾陂之捷，尚让恃胜而骄，故弘夫得施其智，恶足恃为常胜哉？贼之据长安也方五月，其犷悍之气未衰，其剽掠之毒未遍，其荒淫之欲未逞，其睽离之心未生，畋收新集之孤旅，王处存、王重荣之众方鸠，高骈拥兵而观望，王铎迟钝而不前，乃欲遽入长安，搏爪牙方张之鸷兽，宜其难矣。

且黄巢之易使坐毙也，非禄山、朱泚之比也。禄山植根于幽、燕者已固，将士皆其部曲，结之深、谋之协矣。而自燕徂秦，收地二千馀里，逐在皆布置军粮以相给，禄山且在东都，为长安之外援，而不自试于罗网。朔方孤起，东北无援，以寡敌众，以五围十，犹似乎宜急攻而不宜围守以待其困。朱泚虽乍起为逆，而朱滔在卢龙以为之外援，李纳、王武俊与为唇齿，李希烈又梗汴、蔡以断东南之策应，泚虽孤守一城，固未困也。则李西平以一旅孤悬，疑持久而生意外之变。若黄巢，则陷广州旋弃之矣，蹂湖、湘旋弃之矣，渡江、淮旋弃之矣，申、蔡、汴、宋无尺地为其土，无一民为其人，无粒粟为其郭子仪在收复西京、李晟在活捉朱泚的时候，都是士气高昂而用兵谨慎。当大军合围以后，先在四周打外围战，然后再攻击其核心部位，这难道是怯懦得忘记了形势的急迫和违背了百姓的愿望吗？实际是把对方的强弱虚实了解得很透彻，就像对树上的果子一样，等到成熟以后打落它，就容易掉下来并有好的味道，这正是定纷乱保社稷的万全之策，也就是所谓的用兵策略。

善于出奇制胜的将帅，思想明确，态度坚决，决策果断，其智谋和勇敢都能得到彻底地发挥，镇静如山而动若洪水，挡也挡不住。但郑畋却不是这样。唐弘夫在龙尾陂大捷的原因，是由于尚让凭借着胜利而骄傲，所以唐弘夫才有机会施展才智。但仅此一点，又怎能认为就能常胜不败呢？等到黄巢等人攻占长安的时候，正是五月的天气，士气正在高昂，弱点还没有暴露，而郑畋依靠刚刚集结在一起的孤军，在王处存、王重荣的军队正在集结、高骈拥兵观望、王铎犹豫不前的形势下，急切向长安进军，与严阵以待的起义军作战，要想获胜显然是困难的。

况且像对待黄巢这样的起义军，在战略上只能让他坐以待毙，而与安禄山，朱泚的情况完全不同。安禄山在幽、燕地区的根基十分坚固，手下的将士也都十分效忠于他。他自幽燕到关中，占领了两千里的地方，每到一处都安排有充足的粮草，他自己坐镇东都，是长安的外围之地，而不自己投入罗网。至于郭子仪在朔方的举兵，属于孤军作战，在东北部也没有外援，以较少的兵力与较多的敌人相对抗，用五人去围困十人，正确的策略是速战速决而不是长久围困。而朱泚刚刚反唐的时候，有朱滔在卢龙镇作他的外援，李纳、王武俊与他相勾结，李希烈又在汴、蔡地区帮助他切断朝廷与东南地区的联系，所以尽管他孤守一城，也不是孤立无援的。但李晟去平定他时则孤军奋战，同样担心时间久了会出意外。至于黄巢的农民起义军，攻陷馈饷，所倚为爪牙者朱温、尚让，皆非素所统御，同为群盗，偶相推奉尔。而以官军计之，王铎拥全师于山南，未尝挫衄，固可以遏贼之逸突。藉令畋戢其怒张之气，按兵而逼其西，处存、重荣增兵以压其北，檄铎自商、雒扼同、华以绝其归路，萦之维之，蹙之凌之，思唐之民，守壁坞以绝其刍粟。夫黄巢者，走天子，据宫阙，僭大号，有府库，褎然南面，而贼之量已盈矣。淫纵之馀，加以震叠，众叛群离，求为脱钩之鱼，万不得矣。朱温即降，而魄落情穷，但祈免死，贷其命而授以散秩，且弭耳而听命。沙陀后至，知中国之有人，亦得赦前愆、复徼边镇之为厚幸，何敢目营四海，窃赐姓以觊代兴乎？斯时也，诚唐室存亡之大枢，而畋未能及此也，深可惜也。

古今文臣授钺而堕功者，有通病焉，非怯懦也。怯懦者，固藏身于绅笏，而不在强场之事矣。其忧国之心切，而愤将士之不效死也，为怀已夙，一旦握符奋起，矜小胜而惊喜逾量，不度彼己而目无勍敌，听慷慨之言而轻用其人，冒昧以进，一溃而志气以颓，外侮方兴，内叛将作，士民失望而离心，奸雄乘入而斗捷，乃以自悼其失图，而叹持重者之不可及，则志气愈沮而无能为矣。易折者武士之雄心，难降者文人之躁志。

广州又放弃广州，荡平湖、湘又撤兵而去，到达江、淮又立即退出，至使在申、蔡、汴、宋等地没有一个地方为他所有，没有一人听他指挥，没有一点粮草可以作为军饷，所依靠的朱温、尚让等人也都不是他的旧部，只是因为有着共同的目标而暂时推奉他。再从官方的情况看，王铎在山南的兵力丝毫没受损失，完全可以阻止他们向这一地区的进攻。假如郑畋慨然在西部向他发起攻击，王处存、王重荣增兵压制北境，传檄王铎从商洛地区扼守同、华等州断绝他的退路，包围他而不发起进攻，忠于朝廷的百姓坚壁清野以断绝他的粮草供应，则黄巢只有失败一条路。况且他赶走了皇帝，占领了皇宫，自己登上了皇位，据有了府库，坦然南面称孤道寡，追求也已到了顶点，在他意志消退的时候，各路大军对他施以重压，使他众叛亲离，这时他如果再像上了鱼钩的鱼儿那样要求自由，也就万分难了。特别是在朱温投降以后，他的处境更加穷迫，只希望朝廷能赦免他的死罪，或者赏给一官半职，也就会俯首听命。随之而来的沙陀人知道唐朝还有人才，也会打消以前的念头，把重新回到边境地区安安稳稳当作极大的荣幸，又怎敢再目空一切、依靠获得赐姓的荣誉觊觎唐朝呢？这个时期，实际正是关系唐朝存亡的重要关头，但郑畋没有预料到这些，实在令人惋惜。

古今文人领兵而毁掉功名的，有相同的症结，而并不是因为怯懦的缘故，如果是怯懦，就会藏身在官绅文章之间，而不必再去染指疆场上的事情。因为他们有迫切的忧国之心，又愤恨将士不能为国家出生入死，为了自己的夙愿，一旦有了掌握军队的机会，就会被一些小小的胜利冲昏头脑，不再考虑敌我力量的实情而忽视对手的强大，听信一时的慷慨陈辞而不去考察实情如何，冒然进军，一旦失利就会丧失斗志，但这时又恰恰是内忧外患的紧急关头。战斗的失利使百姓失望，而奸佞小人便施展小技连连获胜。看到这些，他们又会对自己志节可矜，尚不免于偾败，况其忠贞果毅之不如畋者乎？用兵之略，存亡之介也，岂易言哉！岂易言哉！

8.朱温夜袭李克用，其凶狡固不待论，虽然，克用、温之曲直，亦奚足论哉！盖克用、温自决雌雄以逐唐已失之鹿而不两立，犹之乎袁绍、曹操之争夺汉，沉攸之、萧道成之争夺宋也。故曰其曲直不足论也。

当是时，黄巢虽败，而僖宗之不能复兴，王铎辈之不能存唐也，已全堕温与克用心目之中。温目无唐之君臣，克用之目更无温，又岂复有唐之君臣乎？使克用不得脱于温之锋刃，则温之篡也必速。然而篡之速，则其败也可立待也。为贼初降，无功可纪，未得一见天子、受朝廷之命，但仰濡沫于王铎，一旦而袭杀援己之功臣，早已负不直于天下而为众所指攻，即逼天子而夺之，亦黄巢之续，不旋踵而亡，唐尚可存也。且沙陀之众为克用效命也久矣，存勖、嗣源俱年少而有雄才，温亦奚足以逞哉？藉此以正温之罪，奋起而诛权藉未成之奸，而唐亡一贼矣；克用死，而唐固亡一贼矣。唯其袭杀之不克也，迟温之篡以养其奸，挫克用之逆而归谋自固，是以唐再世而后亡，一亡而不可复。若夫二人之曲直，亦恶足论哉！

无克用而温之篡也不必成；成温之篡者，僖宗之昏，昭宗的失利更加痛心，慨叹自己不如老成持重的前人，因此也就会更加灰心丧气和无所作为。武士的雄心最容易受挫折，文人躁动不安的意志最难改变。志节虽可矜持，但仍免不了失败，何况是那些在品德方面不及郑畋的人呢？用兵的策略是关系到国家存亡的大事，怎是容易说清的呢？

朱温在夜间偷袭李克用，其手段凶猛狡猾固不待论，尽管这样，两人的是非曲直又怎能挂齿呢！两人为争夺唐朝天下而水火不容，其性质犹如当年的袁绍与曹操争夺汉朝天下，沈攸之、萧道成争夺刘宋江山一样，所以其是非曲直是不足论的。

当时，黄巢起义虽已被镇压，但僖宗也不是位能够振兴唐朝的君主，王铎等人也不能保证唐朝不灭亡，这种形势，全被朱温、李克用所看透。朱温不把唐朝君臣放在眼里，李克用则不把朱温放在眼里，又怎能在意唐朝君臣呢？如果李克用没有从朱温的刀锋下逃脱，那么朱温篡唐的步伐肯定加快。不过他如果迅速篡唐，也会迅速走向灭亡。作为刚刚投降朝廷的叛臣，还没有立下什么功劳，也没有见过皇上，接受过朝廷的命令，只是仰承王铎的鼻息生活，一旦攻杀了对自己有恩的功臣，早已经在人们心中的恶名就会更加昭著，即使逼迫君主夺得皇位，也不过是黄巢势力的继续，马上就会失败，而唐朝又可以获得生机。况且沙陀人听命李克用时间已久，而李存勖、李嗣源等人又都年轻有为，又怎能容忍朱温长期独霸中原呢？他们乘机起来讨伐朱温，就会使唐朝少一个逆臣。如果李克用被除掉，唐朝也少了一个乱臣贼子。只是朱温对李克用的偷袭没能成功，推迟了他篡唐的步伐而畜养了他的奸佞，挫伤了李克用的叛逆而促使他留意自保，也使唐朝能够多延续几年，一灭亡便无法复兴。由此可见，朱温、李克用二人的是非曲直，是完全不足论的。

如果没有李克用，朱温对唐朝的篡窃未必就能成功。促成朱温之躁，自延而进之，张濬、崔胤之徒，又多方以构成之。抑且指沙陀以为兵端，而唐君臣不惬于沙陀者，假手于温以成其恶。不然，则温且不能为董卓，而其乞降之初志，固望为田承嗣、李宝臣而志已得矣。

无温而克用之为刘渊，必也。首发难于大同，其志不吞唐而不已，从鞑靼以来归，一矢未加于贼，早已矫伪诏，胁帅臣，掠太原，陷忻、代，自立根本。及其归镇也，乘孟方立之内乱，夺取潞州，岁出兵争山东，而三州皆为俘掠，野绝稼穑。使不忌朱温之险悍，则回戈内向，僖宗之青衣行酒于其庭，旦暮事也。

温贼耳，狡诈而无定情，吕布之俦也。克用以小忠小信布私恩，市虚名，而养叵测之威，卒使其部落四姓代兴，以异族而主中夏，流毒数世，岂易制哉！岂易制哉！要此二贼之狂奰，皆王铎无讨贼之力，委身而假借之，及其相攻，坐视而不能制，则铎延寇之罪，又出康承训之上。使二贼者，视唐为虚悬之器，相竞以夺，其曲其直，又孰从而辨之乎？

9.“作善，降之百祥；作不善，降之百殃。”善不善之分歧不一矣，而彝伦为其纲。彝伦攸叙，虽有不善者寡矣；彝伦攸斁，其于善也绝矣。君臣者，彝伦之大者也。“君非民，罔与立；民非君，罔克胥匡以生。”名与义相维，利与害相因，情自篡唐的原因，有僖宗的昏庸、昭宗的狂躁，招降朱温而提拔他，另外就是张俊、崔胤等人有意无意间对朱温的帮助。此外，沙陀人的入侵也是祸端，唐朝君臣对沙陀人有畏惧心理，想假手于朱温进行对抗，否则的话，朱温也就成不了像董卓一样的人，当初投降朝廷的想法，也不过希望能像田承嗣、李宝臣那样获得封疆授土的机会罢了。

但如果没有朱温，李克用也一定能成为像刘渊一样的人。他当初在大同叛变，把灭亡唐朝作为自己的终极目标。特别从鞑靼人那里回来以后，没有向农民军作任何军事行动，而是矫诏胁迫将帅去攻打太原，占领忻、代等州，自己为自己开拓了一片立足之地。等他回到方镇的时候，又乘孟方立的内乱攻占潞州，同年又出兵掠夺山东，把三州之地据为己有，使百姓无法从事耕种。如果不是他对朱温还有些顾忌，一定会回马向京师，而僖宗成为他青衣行酒的仆人，也是指日可待的事。

朱温是一个反复无常的狡诈小人，就像当年的吕布一样。李克用则采取施展小忠小信的办法树立私恩，用虚假的声名伪装自己，私下里包藏祸心，遂使沙陀人四朝相继统治中原，造成极大危害，又怎能是容易制止的呢？总而言之，朱温、李克用二人之所以能成为推翻唐朝的罪魁祸首，都是因为王铎在黄巢起义时无力控制政局，企图假手二人安定局势，等到他们相互攻击，又只能坐视而不能制止。可见王铎延寇自危的罪行，比康承训还要大。而朱、李二人把唐朝当作悬在空中的器物去争夺，是非曲直，又怎能说清呢？

“做了善事，上天会赐给他祥瑞；做了坏事，会遭到应得的报应。”区分好事与坏事的标准不同，但都是从是否符合天地人的常道为准的。如果一切顺畅，虽有不好的事也会很少，如果违背了常规，善也就会消失。至于君民关系，是道德准则中最高的标准。“君相依于不容已，而如之何其戮之！君惟纵欲，则忘其民；民惟趋利，则忘其君。欲不可遏，私利之情不自禁，于是乎君忘其民而草芥之，民忘其君而寇仇之。夫乃殃不知其所自生，而若有鬼神焉趋之而使赴于祸。君之身弑国亡、子孙为戮，非必民之戕之也，自有戕之者矣；民之血膏原野、骴暴风日者，非必君之剿绝之也，自有剿绝之者矣。故曰百殃。百云者，天下皆能戕之、剿绝之，而靡所止也。

唐自宣宗以小察而忘天下之大恤，懿、僖以淫虐继之，民怨盗起，而亡唐者非叛民也，逆臣也。奔窜幽辱，未酬其怨，而昭宗死于朱全忠之手，十六院之宗子，骈首而受强臣之刃，高祖、太宗之血食，一旦而斩。君不仁以召百殃，既已酷矣，而岂徒其君之酷哉？李克用自潞州争山东，而三州之民俘掠殆尽，稼穑绝于南亩；秦宗权寇掠焚杀，北至滑、卫，西及关辅，东尽青、齐，南届江、淮，极目千里，无复烟火，车载盐尸以供糇粮；孙儒攻陷东都，环城寂无鸡犬；杨行密攻秦彦、毕师铎于扬州，人以堇泥为饼充食，掠人杀其肉而卖之，流血满市；李罕之领河阳节度，以寇钞为事，怀、孟、晋、绛数百里间，山无麦禾、邑无烟火者，殆将十年；孙儒引兵去扬州，悉焚庐舍，驱丁壮及妇女渡江，杀老弱以充食；朱温攻时溥，徐、泗、濠三州之民不得耕获，死者十六七。若此者凡数十年，殃之及乎百姓者，极乎不忍见、不忍言之惨。夫岂仅君之不善、受罚主没有百姓就无法自立，百姓没有君主也就没有人引路。”名和义是相辅相成的，利和害是互为因果的，性情的依赖则不由自己。君主如果一味去满足自己的意愿，就会忘掉劳苦大众；百姓若是追求名利，也就不会把君主放在眼里。人的欲望不容易遏制，自私自利之情也无法控制。因此才会出现君主忘记对百姓的责任，而把他们当作草芥一样看待；百姓也把君主当作寇仇，而不知祸害由何而来，像是有鬼神在那里作祟一样。君主的亡国丧生，子孙被杀，不一定就是百姓所为，而自有被杀的原因；百姓的颠沛流离，暴尸荒郊，也不一定是君主的逼迫，而同样有使他们这样的原因。所以说“百殃”。“百”的意思是天下人都能去戕害君主，剿绝百姓，而无休无止。

唐朝自宣宗以留意小是小非为统治手段以来，忘记对百姓的抚慰体恤，加上懿、僖二宗淫虐相继，引起天下反叛，但使唐朝灭亡的并不是起来反抗的百姓，而是叛逆的大臣。皇帝的离京逃亡，历尽羞辱，也未能平息百姓的怨愤。接着便有昭宗被朱全忠杀害、皇亲国戚接连被杀、对高祖、太宗的祭祀香火断绝等一系列事件。君主的不仁慈招来了一系列灾祸，既然已很酷烈，但又怎能仅仅是君主遭殃呢？李克用自潞州争山东，三州的百姓都被俘掠而去，致使在田野见不到耕种的人；秦宗权寇掠焚杀的范围，北自滑、卫两州，西到关中三辅，东到青、齐地区，南临长江淮河，使千里之地不见炊烟，甚至用马车拉着盐渍的尸体作为军粮；孙儒攻克东都洛阳，整个城中鸡犬不留；杨行密攻打被秦彦、毕师铎占据的扬州，百姓用堇草泥巴做饼子充饥，捕捉百姓杀肉去卖，使满街巷到处是鲜血；李罕之任河阳节度使时，专门以打家劫舍为职业，使怀、孟、晋、绛等州数百里中，近十年间都是满目荒凉，罕见人迹；孙儒带兵从扬州撤退，把所有住房都烧掉，驱赶青年人及妇女过江，把老弱儿童全部杀害做军粮；朱温攻打时溥时，徐、泗、濠三州百姓无法耕种，十分之六七的人都被杀于天哉？不善在君而殃集于君，杀其身，赤其族，灭其宗祀，足相报也。天岂无道而移祸于民哉？则民之不善自贻以至于此极，而非直君之罪矣。

天子失道以来，民之苦其上者，进奉也，复追蠲税也，额外科率也，榷盐税茶也。民辄疾首以呼、延颈以望，曰：恶得天诛奄至，易吾共主，杀此有司，以舒吾怨也！及乎丧乱已酷，屠割如鸡豚，野死如蛙蚓，惊窜如麋鹿，馁瘠如鸠鹄，子视父之剖胸裂肺而不敢哭，夫视妻之强搂去室而不敢顾，千里无一粟之藏，十年无一荐之寝，使追念昔者税敛取盈、桁杨乍系之苦，其甘苦何如邪？则将视暗君墨吏之世，如唐、虞、三代而不可复得矣。乃一触其私利之心，遽以不能畜厚居盈为大怨，诅君上之速亡，竞戴贼而为主。举天下狺狺薨薨而相怨一方，忘乎上之有君也：忘乎先世以来，延吾生以至今者，君也；忘乎偷一日之安，而尚田尔田、庐尔庐者，君也。其天性中之分谊，泯灭无馀，而成乎至不仁之习也，久矣！积不善而殃自集之，天理周流，以类应者不测，达人洞若观火，而怙恶者不能知，一旦沓至，如山之陨，如水之决，欲避而无门，故曰百殃也。

夫民之愚夙矣，移之以使作善者君也，则君固不得辞其咎矣。而匡维世教以救君之失，存人理于天下者，非士大夫之责乎？从君于昏以虐民者，勿论已；翘然自好者，以诋讦为直，害。像上述这样的惨剧历时数十年，祸害危及百姓，眼不忍见，口不忍言，这难道仅仅是因为君主不好，要遭受上天的惩罚吗？如果君主不好就使他遭殃，杀了他和他的亲族，使他的宗庙香火不继，也就足够了，上天难道是嫁祸百姓呢？其实百姓也是因为自己的不善而招来了祸害，并不仅仅是君主有罪过。

皇帝失去民心以来，百姓怨愤他的，是对他的进贡奉献，以及追加已经蠲免的赋税、额外的科率、高额的盐钱和茶税等等。百姓对此大声疾呼，翘首观望，说：上天为什么不施加惩罚，换个皇上，杀掉贪官，为我们出口恶气呢？等到动乱越来越严重，百姓像鸡猪一样惨遭屠杀，像蚯蚓青蛙一样死在外面，像麋鹿一样四处逃亡，像鸠鹄一样挨饥饿，儿子见到父亲被剖胸挖肺而不敢哭，丈夫见妻子被人夺去而不敢回顾，千里之内没有一粒粮食储备，十年之中也没有一席之地可以安静的休息，即使再去怀念过去那些被加倍盘剥的日子，所遭受的痛苦又怎么样呢？甚至把君昏官贪的时代当成比唐虞三代还要好也无法挽回。于是刚一触及他们的自私自利之心，便把没能作充足的储备当作莫大的遗憾，诅咒皇上早死早亡，争相拥戴新首领，在一方发泄个人私愤，而忘记君主的实际存在。忘记先世以来，让百姓有今天的，正是君主；忘记能够获得暂时安宁的原因，能够在田中耕稼在屋中生活的，也正是君主，其天性中原有的善心泯灭殆尽，形成不仁不义的心理，由来已久了！不善积聚在一起就有灾祸到来，天地轮回，天理昭彰，对善恶的分辨明明白白，但作恶的人对此不能觉察，一旦灾祸降临，就像山崩地裂、江河决堤一样不可阻挡，所以说是大祸临头。

百姓都是愚顽的，教他们行善的是君主，因此君主无法推脱这一责任。至于匡正世俗以纠正君主的过失，保留世人生存的道理于天下的人，不还是士大夫的责任吗？那些跟随君主虐待百姓的人，可以以歌谣讽刺为文章之乐事，言出而递相流传，蛊斯民之忿怼以诅咒其君父，于是乎乖戾之气充塞乎两间，以干天和而奖逆叛，曾不知莠言自口而彝伦攸斁，横尸流血百年而不息，固其所必然乎！古之君子，遇无道之君，去国出奔，不说人以无罪，故三代立国千年，而无屠割赤地之惨。作善之祥，岂徒在一人哉！

孟子曰："民为贵，社稷次之，君为轻。"因时之论也。当其时，文、武之泽已斩，天下忘周而不以为君，周亦忘天下而不自任为君，则君子虽欲自我君之而不能。若夫六王者，非篡逆之臣，则介在戎狄，无异于酋帅，杀人盈野，以求君天下而建社稷，君非君而社稷亦非社稷矣，故轻也。君与社稷轻，而天所生之人，不可以无与立命，则苟有知贵重其民者，君子不得复以君臣之义责之，而许之以为民主可也。

黄巢既灭之后，僖宗乐祸以逞志，首挑衅于河东。朱温，贼也；李克用，狄也；起而交争。高骈、时溥、陈敬瑄各极用其虐；秦宗权、孙儒、李罕之、毕师铎、秦彦之流，杀人如将不及。当是时，人各自以为君，而天下无君。民之屠剥横尸者，动逾千里，驯朴孤弱之民，仅延两间之生气也无几。而王潮约军于闽海，秋毫无犯；王建从綦毋谏之说，养士爱民于西蜀；张全义招怀流散于东都，躬劝农桑；杨行密定扬州，辇米赈暂且不论；那些想要自重自爱的人，把攻击别人当作正当的行为，把歌谣讽刺当作写文章的乐事，言语出口以后便在天下流传，蛊惑民心去诅咒君主，引起乖戾风气充斥于天地之间，影响正常的自然规律，还不明白自己所造成的祸害。甚至引起天下的长期动乱，难道这是必然的吗？古代的仁人志士，见到君主无道，就辞别而去，见了人也不提君主的罪行，所以三代立国虽然长达千余年，但也不见发生天下动荡的惨剧，作善而造成的吉祥，又怎是因为一两个人的缘故呢！

孟子说："普天之下百姓最为尊贵，其次才是国家社稷，最后才是君主。"这是有所指而言的。当他说这些话的时候，文王和武王的福泽已经丧失殆尽，天下忘记了周朝的存在，也不把周王当作君主，周王也忘记天下而不自以为是天下人的君主，因此纵然有仁人君子想拥戴他也做不到。至于代替周朝而有天下的六国统治者，虽不是篡逆而来的职位，但也与外族人和外族人的首领差不多。通过诛杀别人的手段而实现建邦立国的梦想，虽然做了君主而不像君主，所建立的国家也不像国家，所以与百姓比起来都是次要的。既然君主与社稷都没有百姓重要，而百姓又不能没有人领导，因此即使一旦有尊重百姓的人，仁人君子也不能再以君臣之义要求他，而把他当作百姓的主人。

黄巢失败以后，僖宗想乘动乱之机实现自己的意愿，首先向河东地区发起进攻，叛贼朱温和外族人李克用也起来与唐朝争夺天下。此外，高骈、时溥、陈敬瑄等人割据一方，秦宗权、孙儒、李罕之、毕师铎、秦彦等人也竞相把杀人当作儿戏。在这时，各割据首领都是自为君主，而天下实际上也就没有了君主。百姓被杀掠盘剥的遍及数千里之地，流离失所的百姓仅能保住一条性命。然而，像王潮在闽台地区能够做到秋毫无犯；王建听从綦毋谏的建议，在巴蜀地区养士爱民；张全义在东都洛阳一带招抚流民，劝课农桑；杨行密占饥；成汭抚集凋残于荆南，通商劝农。此数子者，君子酌天地之心，顺民物之欲，予之焉可矣。存其美，略其慝，不得以拘致主帅之罪罪王潮，不得以党贼之罪罪全义，不得以僭号之罪罪王建，不得以争夺之罪罪行密，不得以逐帅自立之罪罪成汭。而其忘唐之尚有天子，莫之恤而擅地自专者，概可勿论也。

非王潮不能全闽海之一隅，非王建不能保两川于已乱，非全义不能救孙儒刃下之馀民，非行密不能苏高骈虐用之孑黎。且其各守一方而不妄觊中原，以糜烂其民，与暴人争衰王。以视朱温、李克用之竭民肝脑、以自为君而建社稷，仁不仁之相去，岂不远哉？呜呼！至是而民为重矣。非倚之以安君而卫社稷之谓也，视其血染溪流、膏涂原草者，虽欲不重之，而有人心者固不忍也。君怙恶以殃民，贼乘时而行其残忍，民自不靖而旋以自戕，三者皆祸之府也，而民为可矜也。何也？屠刈流离之民，固非尽怨上行私、延首待乱之民也。天且启数子之心，救十一于千百，而亦可以为民之主矣。

昭宗

1.“国家将亡，必有妖孽。”妖孽者，非但草木禽虫之怪也，亡国之臣，允当之矣。唐之乱以亡也，宰执大臣，实为祸本。大中以来，白敏中、令狐绹始祸者也，继之以路岩、韦保衡之贪叨无厌而已极；然其为人，鄙夫耳，未足以为妖孽也。草木之妖，亦炫其华；禽虫之孽，亦矜其异；未尝一出而即害领扬州后，亲自运粮赈济饥民；成油在荆南收拾残局，通商劝农。上述这些人，能够顺应天地的意愿，考虑百姓的疾苦，不失为动乱时期的君子。评价他们时应该看主流，不应因为王潮曾经拘禁主帅而全盘否定他，也不应把与起义军联系的罪名加在张全义身上。此外，也不应责怪王建的擅自称王的罪名、杨行密的兼并罪名、成油的逐帅自立罪名，他们不顾念唐朝尚有皇帝的存在，不去体恤而自相称王，这些是时局造成的原因，可以被原谅。

如果没有王潮，闽海地区就不会得以保全；没有王建，巴蜀地区也不会在大乱以后得到迅速安宁；同样，张全义拯救了被孙儒残暴对待的百姓；杨行密也使被高骈虐待的农民获得了新生。况且他们只是把守一方而不觊觎中原，使中原农民免受新的灾害，也不与残暴的人争夺中原地区的统治权，把他们与朱温、李克用的残害百姓、争相自立相比，是仁还是不仁，相差不是极远吗？啊！到这时百姓才被重视起来。这里并不是说依靠他们去安定君主、保卫国家，而是看到他们遭受血染溪流、膏涂原草的灾祸，虽不想去重视他们，也会在良心的谴责下不再去虐待他们。君主恃恶而危害百姓，乱臣贼子乘机施展暴虐，百姓不能自救而立即遭受灾祸，上述三个方面都是祸乱的根源。而百姓是最让人同情的。为什么呢？屠杀流浪的百姓，并不全是对皇上不满、专门兴风作浪的人，上天可怜天下苍生，让上述这些仁人君子心灵开窍，尽力拯救多灾多难的劳苦大众，是有资格做百姓的主人的。

“国家将要灭亡的时候，一定会有妖孽出现。”所谓妖孽，并不仅仅是指花鸟虫鱼等怪异的东西，像那些引起国家灭亡的大臣，也应当被看作是妖孽。唐朝的大乱以至灭亡，其原因实际与当政的大臣有关。大中年间（公元847——860年）以后，白敏中、令孤绹都是首先挑起祸端的宰相，继任的路岩、韦保衡则更加贪得无厌，但他们的于人。及其后也，草木之妖，还以自萎；禽虫之孽，还以自毙；无救于己，而徒以乱天下。人而如斯，其中不可测，其得失不可致诘，竭慧尽力，冒险忘身，蘉蘉荧荧，唯以亡国败家为见长之地，身为戮，族为夷，皆其所弗虑也，斯则为妖孽而已矣。张濬、崔昭纬、崔胤、孔纬、李溪是已。而萧遘、杜让能心知不可，僶勉而从之波靡，亦妖风所袭，失其精魄者也。

华歆、郗虑之亡汉以建魏也，刘穆之、傅亮之亡晋以建宋也，皆有为为之也。而此数人者，未尝有夹辅朱温以篡唐之定计。当张濬劝州牧以输粮，孔纬捐病妻而赴阙，不谓有效忠于国之劳而不得；其激昭宗以挑衅于晋、召祸于汴也，抑非有亡唐以成他人篡夺之心。不知其何所挟持，而唯恐兵之不起、乱之不滋、宗社之不危、生民之不死。宗社危，生民死，则身戮族夷，亦其所甘心而快志者，非妖孽而何为狂迷之如此哉？进而详核其心，有小慧而欲试耳，有小才而思仇耳，贪一日宰辅之权，使克用、温之或畏己或亲己以耸动天下而已耳。桃李不蕊而乍荣于冬，麇麚无择而游于市，使天下知己之能为祸福于乱世，则死固不恤。呜呼！人之如斯，晋而与谋国，国欲不亡，必不可得矣。

僖宗未自蜀归之日，天下尚可为也。郑畋即未能定乱，而慷慨忠愤，为天下人望之归，受将相而不辞，诚有弗容辞者，非技痒热中而贪高位也，僖、昭之际，岂复得为朝廷哉？河东为人还只不过是庸碌无能，还算不上是真正的妖孽。草木禽虫的妖异精怪虽然相继出现，但还不至于一出现就去伤害人类。后来，草木中的妖异枯萎了，禽虫中的精怪死亡了，没能拯救自己，只是给天下造成危害，人类也是这样，其思想让人无法捉摸，得失也一时难以论定，对朝廷竭诚尽力，冒险忘身，轰轰烈烈但所作所为只会给国家造成危害，对自己的身败名裂，牵连族人也毫不顾惜，这样的人也就是妖孽。张浚、崔昭纬、崔胤、孔纬、李溪都是这们的人，至于萧遘、杜让能虽然明白自己行为的不当，但随波逐流，沾染了妖风邪气，属于失魂落魄的人。

从前，华歆、郗虑等人灭汉建魏和刘穆之、傅亮的灭晋建宋都是有一定原因的，如果让他们去辅佐朱温灭亡唐朝，他们未必能有必胜的把握，然而张浚劝州牧运输粮食，孔纬抛下生病的妻子奔赴朝廷，不认为是效忠国家之举便不公平，他们煽动昭宗平定晋、汴两大势力，也不一定就包藏着故意想灭亡唐朝而使敌人得利的祸心。但他们所抱有的想法，似乎是担心战争不爆发，祸乱不残酷。国家不危亡，百姓不被杀。国家危亡了，百姓被杀了，即使自己遭受杀身灭族之祸，也是心甘情愿，这样的人如果不是妖孽，又怎能如此昏庸不开窍呢？如果再来看看他们的思想，就可以知道是自认为有点小聪明而想发挥出来，有些小才能而想使用出来，贪图一时的权势，使李克用、朱温敬畏亲附以搏取虚名。桃李没有含苞而突然在冬季开放，麇麃不在它们应呆的地方而去招摇过市，都不过是想让天下人知道自己有作威作福的能力，即使死了也在所不惜。唉！人到了这步田地，把他放在执掌国家的位置上，要想国家不灭亡，也是不可能的。

僖宗未从四川回来的时候，唐朝大局还有可以挽救的希望。尽管郑畋没有能力平定动乱，但他慷慨忠愤，气节可嘉，是天下人敬仰的领袖。他接受将相的重任而不推辞，是因为时局艰难不容他推辞，叛，朱邪攘臂而仍之，岐、邠构难于肘腋，关以东，朱温、时溥、孙儒、高骈、李罕之、朱瑾战垒相望，天子孤守一城，不能当一县令，即为宰相，如鄙夫之志欲安富尊荣者，何有于是，稍有知者，非誓以一死报宗庙，则必视为荆棘犴狴而不能一朝居，岂忍效濬、昭纬、胤、纬、溪之奔骛如狂哉？萧遘、杜让能且以端人自命，夫亦念何忠之可效，何功之可成，而营营汲汲于平章之虚号，何为者也？非愚也，狂也，是亦桃李之荣于冬，麋麚之游于市也。妖风方熺，荡之扇之，相逐而流，自好者不免焉，亦可悲矣！

生斯时也，郑遨尚矣；陈抟托游仙以自逸，其亦可矣；司空图、韩偓进不能自靖，而退以免于污辱，其尚瘥乎！又其下者，梁震、罗隐、孙光宪之寓食于偏方，而不为乱首；更不能然，则周庠、严可求、韦庄小效于割据之主，犹知延祸之非，而苟免于天人之怨怒。若张濬之流，窃卫主之名，贪晨霜之势，含毒起秽以速君之死亡，而血流于天下。呜呼！至此极矣！故曰妖也。

2.刘巨容能烧药为黄金，田令孜求方不与而见杀，非巨容之吝于与也，其术甚陋，不可以告人也。术之甚陋者，盖即今市井小人以汞与铜为赝金银，欺不识者以仇其奸而已矣。天下岂有能烧药为金者哉？土之可为甓也，木之可为炭也，米之可酿为酒、铅之可炼为粉也，天下别无甓、炭、酒、粉，而待人并不是自己技痒心热而贪图权位。况且僖宗、昭宗的时候，朝廷又是什么样的朝廷呢？河东地区发生叛乱，朱邪又在那里推波助澜，岐、邠二州位于唐朝的腹心之地，也在那里动荡不安；关陇以东，朱温、时溥、孙儒、高骈、李罕之、朱瑾等人互相攻掠，使皇帝号令所能达到的地方只有一个城镇那么大，连个县令也不如。在这种情况下出任宰相，又有多大的实际意义？对富贵尊荣又有多大益处？稍稍有点头脑的人，如果不是为了誓死保卫国家，一定会认为权势是可怕而不可参与的，怎又能像张浚、崔昭纬、崔胤、孔纬、李溪等人那样热衷于此呢？萧遘、杜让能自认为是立身正直的人，但为什么不考虑一下在当时背景下，有什么忠心可以报效，有什么功名可以成就？而昏昏然然地接受官位，又是为了什么呢？这其实是颠狂而不是愚昧，与桃李冬天开花、麋麚招摇过市毫无区别。当妖风刮起的时候去煽它荡它，随波逐流，即使是洁身自好的人也在所不免，实在是可悲啊！

生活在这样的时代，郑遨超脱了；陈抟假意游仙而自我安慰，也是可以的。司空图、韩偓既不能自靖又希望免于羞辱，是应被指责的。不及这些人的，梁震、罗隐、孙光宪寓居于偏安的地区，而不充当动乱的祸首；更不及的，周庠、严可求、韦庄向割据的首领施展才技，但他知道招来灾祸的危害，企图于天怒人怨中获得苟免。至于张浚之流，假借保卫皇帝的虚名，贪图权势，阴险歹毒而导致了国家的迅速灭亡，天下也因此血流成河，啊！他们对天下的危害达到了极点，所以应该被称为妖孽！

刘巨容掌握提炼黄金的技术，田令孜求教不成而杀了他，并不是他舍不得传授，而是因方法过于卑陋而见不得人。最为卑陋的技术，也就是像现在的不法之徒那样用汞和铜制造假金银，用以欺骗无知的人，天下哪有冶炼丹药而生产黄金的技术呢？泥土可以做坯，木柴可以烧炭，米谷可以酿酒，铅丹可以炼粉，除此以外，天下就以成之。若夫金，则既有之矣。生于矿中者，自有其质；炼于火、汰于沙者，自有其方；成乎形质者，自有其物。煮桔梗以甘香之味，似参而固非参；炼硝石为轻白之状，似硇而固非硇。市井小人之术，欲以欺人，则必秘之而不告人以方；告人以方，则奸穷不仇，而有识者且唾其面矣。是以方士秘之，以死护之，繇其秘可以知其奸，可以知其陋矣。

夫其奸以藏陋者，为术甚易，而理固无难辨也。自汉武帝惑于方士，而天下惑之，刘子政以儒者而淫焉。施及后世，天子以服食丧身，匹夫以烧丹破产，畏死而得夭，贪富而得贫，则何如市井小人公然为伪，虽伏罪而不至于死亡哉？

且夫金银之贵，非固然之贵也。求其实，则与铜、铅、铁、锡也无以异；以为器而利用则均，而尤劣也；故古者统谓之五金。后世以其约而易赍也，遂以与百物为子母，而持以求偿，流俗尚之，王者因之，成一时之利用，恶知千百世而下，无代之以流通而夷于块石者乎？本不足贵，而岂有神异之术化他物以成之者。然则铜、铅、铁、锡逮于块石，抑将有药术焉可化而成哉？甚矣！贪而愚者之不可瘳也。刘巨容可自致于高位，而能奋勇以破黄巢，然且身死而族灭，盖为伪金以欺天下，鬼神之所弗赦也。要其术，则市井小人为锻工者之陋技而已矣。

再也没有另外的坯、炭、酒、粉，让人去生产。至于黄金，则是固有的东西。如从矿物中储藏的，就有它的形质，经过火的冶炼，泥沙提取的，也有一定的方法，使黄金成为一定形状的，也有固定的器物。又如把桔梗的香味蒸煮出来，其方法像浸泡但不是浸泡，把硝石炼成轻白的粉末状，像硇又不是硇。市井小人如果想欺骗别人，就会故意隐瞒而不告诉别人；如果把方法说了出来，也就无法再施展自己的奸巧，况且还会遭到有识之士的唾骂。所以身怀小技的人竭力去保密，甚至以死相维护。从他的诡秘就可以知道他的奸巧，他的卑陋。

对于奸巧藏陋的人来说，所掌握的技术十分一般，这从道理上也不难辩驳。从汉武帝被方术之人迷惑以来，天下人也都受了迷惑，而刘子政更以儒家的身份去推波助澜。到了后来，天子因服食丹药而丧生，百姓因炼丹而破产，产生了怕死的人反而早死、求富的人反而家贫的后果。这怎能与市井小人那样公然作假、虽然败露也不至于死亡相比呢？

况且金银的贵重并不是固有的。从实质上看，金银与铜、铅、铁、锡没有太大的区别，制造成器物使用都一样，甚至还不如这些金属；所以古代人把它们通称为五金。后代人觉得它们体积小，便于携带，便把它们与世间的财物相对衡量，带在身上作为资财，形成风气，人人崇尚，于是才使金银得到利用，显得贵重起来。又怎能知道千百年以后，它们也许不再流通而被当成普通石头看待呢？黄金本不足贵，也没有用别的办法生产它的神异技术。况且像铜、铅、铁、锡和石块等等，难道就能用丹药生产吗？由此可见，贪婪人的愚昧无知到了什么程度！刘巨容自己能获得较高的权位，并能奋不顾身地去与黄巢农民军作战，但最后落了个身死族灭的下场，实际是因为伪造黄金欺骗天下、被鬼神所不容。他所使用的方法，其实也不过是像擅长锻造的市井小人那样的卑陋技艺罢了。

3.曹操、袁绍，皆汉贼也；朱温、李克用，皆唐贼也；其争欲篡夺之心，两不相下之势，一辙也。乃曹操挟天子为名以攻袁绍而胜，张濬奉天子倚朱温攻克用而败。盖献帝之在许也，四方无一旅之可指使，一唯操之是听，故操无所掣而得行其意。昭宗犹有河朔三镇及昭义之军与韩建之众，濬持两端，忌温而挠之，且恐昭义为温所得，争先轻进，是以温志不决而独受敌以溃。繇此言之，则汉处必不能存之势，而唐犹可存，谋国非人，以致倾覆，所谓"匪降自天"也。

藉令得贤主良相，怀辑未叛之藩镇，收拾禁旅，居关中以静持之，斥汴、晋之奸交，绝其奏讦，听其自相搏噬，乘其敝而折之，二寇之气，偾张而必竭，不难制也。而昭宗君臣非其人也，是以速亡。

乃繇温、克用而言之，温岂能为曹操乎？操假名义以行，而务植根于深固；温则贼耳，凶狡以逞，利人之斗，乘之以窃利，力不足以胜天下，而挑天下以敝，乃以自雄。

其与张濬合谋而攻克用也，朝廷方倚河朔以捣晋阳之东北，而温攻魏博以幸其疲而收利。盖其许昭宗以讨克用，有两利之术焉，不必其亡克用也。克用而败邪？是张濬为我灭一巨敌也；克用既亡，已乃服罗弘信于魏博，收张全义于东都，扼唐而困之关中，北无晋阳之难，专力以起亡唐，此一利也。克用而胜邪？克用且负抗拒王师之辜于天下，而已可因之以饵唐曹操和袁绍都是汉朝的乱臣贼子，朱温和李克用都是灭亡唐朝的奸臣，他们对天下的争夺和水火不容的势头都如出一辙。不过，曹操假借皇帝的名义攻击袁绍获得了胜利，而张濬奉天子依朱温却惨遭失败，原因在于汉献帝驻跸许昌的时候，四方没有一兵一卒听他的指挥，只能听任曹操的摆布，因此曹操在毫无牵制的情况下能够按意愿行事，而唐昭宗则有河朔三镇和昭义的军队、韩建的兵力等的支持。张浚在昭义镇和朱温之间摇摆不定，既怕朱温来攻又怕他占领昭义镇，因此轻举妄动，使朱温在没有拿定主意的情况下单独受敌并惨遭失败。由此可见，汉朝所处的是必定灭亡的环境，而唐朝尚有存在的希望，因为当权者的失误而引起国家的灭亡，这正是所说的“不是出于天意”。

假令唐朝有英明的君主和贤良的宰相，抚恤对朝廷尚有诚意的方镇，把仅有的军队集中起来，以关中为根本等待时机，声讨汴、晋两大叛臣的奸谋，断绝他们与朝廷的联系，听凭他们互相攻击，等两败俱伤时乘机出兵，必然大伤两方的元气，制服他们也就不难了。但昭宗及其大臣都不是贤能之人，唐朝也因此迅速灭亡。

仅就朱温和李克用来说，朱温真的能像曹操一样吗？曹操处处以天子的名义行事，把自己的根基奠定得十分牢固；朱温则由唐朝的叛民起家，因为凶恶狡猾而获得成功，乘人之危而获得利益，没有战胜天下的力量但挑起天下的争端，然后自己称雄于世。

朱温与张濬合谋攻击李克用的时候，朝廷正在依靠河朔三镇攻击李克用盘踞的晋阳（今山西太原南郊）东北，而朱温则乘魏博镇的空虚去收渔人之利，正是因为他答应唐昭宗攻打李克用的时候，就已经盘算好对自己的好处，而不一定要把李克用击败。按照他的设想，如果李克用败了，就等于张濬为自己消灭了一大对手。李克用的势力既然已经不存在，自己就可以降服魏博镇的罗弘信，收编张全义于而折入于己；且克用胜，唐已残而不复能振，是克用为我效驱除之力也。

曹操务定天下之乱，而居功于己以收之；温则务构天下之乱，而己乘其纷以制之。利天下之乱者，未有能成者也；是以温能灭唐，仅有中原之一线，而速亡于李存勖之手。藉令温乘张濬之谋，举全力以攻克用，克用平，而河北三镇固不能与争，持定难之大功，以挟天子、令诸侯，同、华、西川孰能与竞，徐起而收曹操、刘裕之成局，温之于天下，可八九得也。夫温于时不臣之恶未著，所负不义之名于天下者，独悖援己之惠于克用耳。克用于温有恩，而于唐则固贼也。凶狡不知名义，抑无尺寸定乱之功，霸业终以不成，徒逞枭獍之心以食君父，故曰温贼也，非曹操所屑与后先者也。

国虽将亡，犹有图存之道；臣虽甚逆，犹有居胜之术；两俱不能，而后使沙陀四姓交乱中国者数十年，而契丹乘之，意者其天乎！

4.所谓智士者，非乘人而斗其捷以幸胜之谓也。周知于得失成败之理，而避人之所竞，弃人之所取，以立本而徐收安定之功也。李左车欲扼韩信于险，一战之克耳，非必能全赵东都，把唐朝困死在关中一隅，加上在北方没有了李克用的威胁，自己正好可以全力去作灭唐准备，这正是对自己有利的一个方面；从另一方面看，如果李克用胜了，他就要承担抗拒王师的罪名，而自己则可以让唐朝重用自己，况且因为李克用已经取胜，遭受重创的唐朝必然一败涂地无法振兴，这正是李克用为自己办了一件好事。

曹操把安定天下作为自己的追求，然后以此作为控制天下的资本，朱温则是想方设法使天下大乱，然后自己乘乱控制天下。但事实上，利用天下的动乱来达到个人目的的，还从来没有人能够成功过；所以尽管朱温灭亡了唐朝，但他所能控制的也仅仅是中原地区，并且不久就被李存勖灭掉。假如朱温采纳张浚的计划，竭尽全力去攻打李克用并把他击败，那么河北三镇就无法与他抗衡，他就可以依靠平定叛乱的功劳去挟天子、令诸侯，同、华、西川等州也不能与他竞争，接着还可以像曹操、刘裕那样收拾残局，天下的十之八九也会归他所有。况且他在当时对朝廷的不臣之心还没有完全暴露，所担负的不义罪名也不过是对曾经救助过自己的李克用的不守信义。李克用对朱温有恩德，但对唐朝而言则是贼臣。但朱温凶蛮狡诈不知这样考虑，不仅没能获得一点平定内乱的功劳，而且也最终没能完成霸业，仅仅是满足了自己鱼肉天下的枭獍之心。所以说朱温是奸贼一个，是无法与曹操相提并论的。

国家虽然将要灭亡，但仍有图存的机会；大臣虽然不忠于国家，但仍有立于不败之地的权术；但在唐末，上述这两个方面都不存在了，所以才造成沙陀四姓交相作乱中原达数十年之久的严重后果，其后又是契丹人的乘虚而入，这难道是天意吗？

所谓聪明人，并不是说利用自己的才智去与人争斗而侥幸取胜，而是详细了解得失成败的道理，避开别人争竞的东西，抛弃别人所选择的东西，以树立根本而收到安定的功劳。李左车想在韩信危也，未足称智也；而说韩信以不战而收河北，民以宁，军以全，保胜而服未平之寇，则真大智之用也，信能听之以成功，功归信矣。于西川、淮南得两智士焉。王先成说王宗侃以招安而下彭州；高勖说杨行密通商邻道，选守令，课农桑，而保淮南。智矣哉！非祇以成王建割据之资，赞行密定霸之业也，而救民于锋刃之下，以还定而安集之，仁亦溥矣。

盖所谓智者，非挟机取捷之术，而是是非非之准也。挟机取捷以仇术于乱世，一言而死者积矣，害且伏于利之中矣。是是非非者，所以推行其恻隐之大用，平英雄之气，顺众庶之欲，功不速、利不小、而益元方者也。此两者固相妨矣，小智之所争，大智之所不屑也。天下方纭纭以起，利害生于俄顷，虽有英杰之姿，目眩心荧，贪逐于利害之小数而忘其大。智者立于事外，以统举而周知之，辨仁暴之大司，悉向背之殊致，见穴中之角逐，皆鹑斗蚁争之末技，乃以游于象外，而得其圜中。苟非其人，则且笑以为迂拙之图，而孰令听之？王建、杨行密之决从二子也，亦不可谓非智也。何也？智者之言，愚者之所笑也。

5.据地以拒敌，画强以自守，闭米粟丝枲布帛盐茶于境不令外鬻者，自困之术也，而抑有害机伏焉。夫可以出市于人者，必其馀于己者也。此之有馀，则彼固有所不足矣；而彼抑有其难的时候发难，不过是一战的胜利罢了，并不能使赵国保全，因此也就算不上是智勇之人；但又说服韩信，和平收服河北，百姓得以安宁，军队得以自全，以胜利者的姿态收降没有被平定的寇盗，是发挥了大智大勇的才智，而韩信接受建议并获得成功，自己独享了功劳。唐代则在西川、淮南两地出现了两位充满才智的人，王先成劝说王宗侃通过招降的办法攻克了彭州；高勖也说服杨行密向近邻的地区发展贸易，选拔地方官，劝课农桑，从而保全了淮南。太聪明了！这些不仅仅是为王建的割据积累资本，为杨行密的霸业奠定基础，而且还从战争中拯救了黎民百姓，让他们得以安居乐业，是仁慈厚善的举动。

因此，所谓的聪明，并不是乘机取巧的艺术，而是衡量是非曲直的准则，如果在动乱的时代采用取巧的办法，一句话就能使许多人丧生，其危害还会在一时的收益中潜伏下来，而是是非非正好可以调动其恻隐之心，满足英雄的气概，顺应民众的要求，虽然收效不快，但可以获得无穷的利益。这两方面情况相似，一般的聪明人所要争取的，正是最聪明的人所不屑一顾的。当天下动荡的乱世，利害会瞬息变化，虽然有聪明才智，但如果看不清、辨不明，就会贪于小利而忘记大益。聪明人置身于世外，对天下大势了如指掌，对仁暴向背辨析极清，把天下人的争斗当作昆虫鸟雀相斗，虽游身物外而洞察其中。如果遇到有远见的主人，还会被以为是迂腐的浅见，而又有谁去采纳呢？王建、杨行密能够采纳二人的建议，也不能不认为他们是充满才智的。为什么呢？因为聪明人的话，往往会被愚蠢的人当作笑料。

把守自己阵地去与敌人对抗，画定疆域进行自保，关闭市场不让茶米油盐丝葛布帛等商品向境外流通，这实际上是自我束缚的办法，并且还潜伏着极大危害。像那些可以用来出售的东西，大多是自有馀，又此之所不足也。天下交相灌输而后生人之用全，立国之备裕。金钱者，尤百货之母，国之贫富所司也。物滞于内，则金钱拒于外，国用不赡，而耕桑织纴采山煮海之成劳，委积于无用，民日以贫；民贫而赋税不给，盗贼内起，虽有有馀者，不适于用，其困也必也。

如其曰闭关以扼敌于桴乏，言之似是，而适足为笑耳。凡诸物产之为人所待命以必求其相通者，莫米粟若矣。闭粜则敌可馁，此尤说之可据者，而抑岂其然哉？苟迫于饥馑而金钱可支也，则逾绝险以至者，重利存焉，岂至怀金以坐毙哉？即有馁而道殣者，抑其老弱耳，国固未尝乏可用之丁壮也。夫差许越粜而越灭之，夫差之骄悖，宰嚭之奸邪，自足以亡国，而岂许粜之故乎？晋惠公背秦施而闭粜，兵败身俘，国几以亡。剿绝生人之命以幸灾而徼胜，天之所怒，人之所怨，三军万姓皆致死于我，而吾国之民，抑以徒朽其耕获之资，不获赢馀之利，怨亦归焉。欲不败亡，不可得已。米粟者，彼己死生之命，胜败之司也。其闭之也，而害且若此，又况其他馀于己而待仇之货，得以转易衣被器械养生送死之具者，为立国之资，而金钱去彼即此，尤百为之所必需，以裕国而富民，举在是乎？

且不徒此也，禁之者，法之可及者也；不可禁者，法之所己剩余不用的东西，自己有余，别人也许有所不足，而别人有余的东西，自己也不一定就够用。天下正因为有相互调剂的贸易，才使人们用度充足，这也是立国之道之一。至于金钱，则是货物交易的媒介，国家的贫富都受其制约。如果货物在仓库积压不动，实际上就是拒不接受金钱，使国家的用度不丰富，耕桑纺织采山煮海等收益也成为无用的东西，百姓也就会日益贫困。百姓贫困又可能引起无法交赋纳税的后果，甚至使寇盗横行，虽有剩余的东西，但无法利用，造成贫困是必然的。

如果说闭关锁国是想引起敌国用度缺乏，这种说法听起来似乎有些道理，实际上只能让人取笑，人们生活所必需的物品中，以食品最为重要。如果不出售粮食就能使敌国乏粮，这样说还有些道理，但事实果真如此吗？如果受饥饿所迫并有足够的金钱，一定会有人去冒险获取厚利，怎么会抱着金子等死呢？即使有饿死在路途中的人，也一定是老弱病残者，因此也就不可能使敌国缺乏身强力壮的战士。吴王夫差曾经答应与越国通商但被越国灭亡，是因夫差的骄悖和宰嚭的奸邪足以引起亡国，怎能与通商与否联系起来呢？晋惠公关闭了与秦国通商的市场，兵败被俘，国家也险些灭亡。如果断绝了人们生活的所需而企图徼幸获胜，必然引起天怒人怨。如果敌国的军人和老百姓都因为自己断绝粮食贸易而饿死，自己国家的百姓收获的粮食又在那里腐烂变质，无利可获，则也同样要引起百姓的怨恨，不想败亡也不可能。粮食是敌我生活的依靠，关系到竞争中的胜负，若自己有盈余而拒绝出售、使对方匮乏，其危害就如上所述。更何况其他一些对自己用处不大可以出售、甚至可以换来衣被器械等生活所需的货物呢？货物是立国的物资来源，金钱作为交易的依托，从对方流到自己手里，可以富国富民，其核心不正在这里吗？

况且还不仅如此，被禁止的贸易只能是法律所能禁止的，法律不可及者也。禁之于关渡之间，则其仇之也愈利，皇皇求利之民，四出而趋荒险之径以私相贸，虽日杀人而固不可止。强豪贵要，于此府利焉。则环吾之封域，无非敌人来往之冲；举吾之人民，无非敌人结纳之党。阑入已成乎熟径，奸民外告以腹心，间谍交午于国中而莫之能御，夫且曰吾禁之已严，可无虑也。不亦愚哉？

夫唯通市以无所隐，而视敌国之民犹吾民也，敌国之财皆吾财也，既得其欢心，抑济吾之匮乏，金钱内集，民给而赋税以充，耕者劝耕，织者勤织，山海薮泽之产，皆金粟也，本固邦宁，洞然以虚实示人，而奸宄之径亦塞。利于国，惠于民，择术之智，仁亦存焉，善谋国者，何惮而不为也？

高勖劝杨行密悉我所有、邻道所无者，相与贸易以给军用，选守令，课农桑，数年之间，仓廪自实。行密从之，垂至于李氏有国，而江、淮之民，富庶甲天下，文教兴焉。田頵称之曰："贤者之言其利溥。"不洵然与？

6.藩镇交横于外，则任亲军以制之，乃李茂贞以亲军跋扈尤甚于藩镇，昭宗凝目四注，无可任之人，乃出曹诚等于外，而令诸王统兵以宿卫，盖不得已之极思耳，然亦未尝非计也。南阳诸刘，卒灭王莽矣；琅邪渡江，晋以延矣；康王南避，宋以支矣；刘焉、刘表不救汉亡，而高帝之祀后曹氏而斩者，犹不能禁的禁也禁不住。如果在边防渡口禁止交易，那么引起别人做伪也更容易，追逐利润的人会在人迹罕至的地方去私下交易，虽然天天把违禁的人杀害也制止不住。甚至权贵豪强也要参与这种违法交易，使整个边境都成为敌人来往的通道，举国上下的人都成为敌人的贸易伙伴，敌人来往轻车熟路，奸民相互传递信息，间谍前来刺探情报而又无法发现。这时仍然认为自己已经下过禁令，没有什么可以担心的，不是十分愚蠢吗？

只有相互间通商无所隐瞒，把敌国的百姓当成是自己的百姓，敌国的财富都是自己的财富，不仅可以使敌国高兴，还可以解决自己用度的不足，使财源滚滚而来，百姓也有了交纳赋税的能力，耕田的人安心生产，纺织的人乐于工作。山陵河海，草野湖泽出产的东西变成金钱，国家的根本就会得到巩固，社会秩序也会安定下来。然后把这种国富民足的真相向世人展示出来，心怀叵测的人也就会自动打消念头。因此可以说，通商贸易利于国，惠于民，充满智慧，又有仁义。善于为国家大事出谋划策的人，有什么理由不会作这种打算呢？

高勖劝杨行密把自己用不完但敌国缺乏的货物全部拿去交易，以补充军国开支；选拔地方官，劝课农桑，数年以后，国家的用度自然充足，杨行密全部采纳并加以推广，从此以至李氏建国，江淮地区的百姓是天下最富有时，文化教育也因此繁荣起来，对此，田頵称赞说："贤者的话让人受益无穷。"事实不正是这样吗？

当藩镇势力在各地割据自治的时候，朝廷派亲信大臣统兵前去镇压，但引起了李茂贞依靠亲军专横跋扈的严重后果，其危害比藩镇割据还要严重，所以迫使昭宗在皇族宗室中物色合适人选，因为无人可以胜任，不得已才让曹诚等人到各地担任职务，而让宗室诸王统兵宿卫，这是不得已的办法，也不算是不正确。从前，在南阳的刘姓宗室从王莽手中夺回了汉家江山；琅邪王渡江也使晋朝国祚得以延豫州也。故《诗》曰："宗子维城。"岂虚也哉？

乃昭宗聚群宗子使领亲兵而任之，卒以陷之死地，至于哭呼宅家而莫之能救，宗子尽而身随以弑，国随以亡，岂天厌李氏而不足以动天下之心乎？朱邪、存勖以异类，徐知诰以不知谁氏之子孙，冒宗支而号召以兴；然则李氏之裔仅有存者，人心未尽忘唐也。而骈死凶刃，至于卒斩，则昭宗实使之然，而非宗子之不可任也。任之已晚，而抑非其地也。

树宗子于四方，各有所据以立基，而即用其人，人皆为用也，则成败不可知，抑此仆而彼起。刘虞死于燕，刘琮降于楚，而先主可兴于蜀；南阳王败死于陇右，而元帝可兴于吴。昭宗不早图此，而待分崩孤立之日，合聚诸王于孤城，拥乌合之罢民，号令不出于国门，以与封豕长蛇争生死，一败而歼焉，李氏安得有馀烬哉？盖至是而欲众建之方隅，以与王室相维系也，难矣。

僖宗之自蜀返也，天下虽已割裂，而山南、剑南、河西、岭南犹王土也；西川虽为逆奄之党，而车驾甫旋，人犹知有天子。于斯时也，择诸王之贤者分领节镇，收士民、练甲兵以为屏翰，尚莫之能御也。至于昭宗之世，王建据西川矣，王潮据剑南矣，刘隐据岭南矣，成汭、周岳、邓处讷先后分有荆南续；康王渡江建立了南宋；而刘焉、刘表无力挽救汉朝的灭亡，但汉朝高帝的祭祀之所以能在曹魏政权灭亡后才断绝，是因为刘备建立了蜀汉政权。所以《诗经》说：“同族子孙相互团结，众志成城。”怎能是空话呢？

但昭宗让宗室子弟统帅亲兵，实际上是把他们置之死地，让他们在家中号哭而无人能救，宗室消尽而随即被杀，国家接着灭亡，难道是苍天厌恶了李氏而不足感动天下的人心吗？朱邪存勖以外族人的身份、徐知诰以外姓人的身份而假冒皇族名义号召天下获得广泛支持；可见人心并没有完全忘记大唐。但宗族的被杀，惨遭灾祸，实际上是由于昭宗的缘故，而并不是因为他们不能被任用。其原因还因为昭宗起用他们太晚，并且用的还不是地方。

把宗室成员安置在四方，各有统领并建立根基，任用他们并使他们听从安排，但其结果并不容易预料，或者会出现此起彼伏的局面。早在东汉末年，刘虞死在燕地，刘琮在楚投降别人，但刘备却在巴蜀地区获得复兴，西晋末年，南阳王在陇右失败，而琅邪王却在三吴地区建国。唐昭宗没能在这方面早作打算，只是等到天下分崩，势孤力单的时候才如梦初醒，把皇族近亲都集中在一座孤城之中，指挥一群乌合之众，号令也无法传布到城门以外，而让他们与劲敌抗衡，显然是以卵击石，皇族一败而不可收拾，李姓人哪还能有人保全下来呢？所以到这时还想建立自己的势力，用以保卫王室，是十分困难的。

僖宗从巴蜀还京的时候，天下虽然已经四分五裂，但山南、剑南、河西、岭南等地还听从朝廷号令；西川虽与叛臣有联系，在这种时候，挑选诸王中的贤能之人去分别统领方镇，收揽民心，训练军队，作为朝廷的外援，还是能够有所作为的。但到昭宗的时候，王建占领了西川，王潮攻克了剑南，刘隐盘踞了岭南、成汭、周岳、邓处讷及湖南矣，河西为邠、岐所阻，不能达矣。即欲散置诸王为牧守，以留李氏子孙不绝之系，不可得矣。不予之以兵，则落拓民间而降于编氓；予之以兵，则召祸不敌而阖室芟夷。时非可为，地无足恃，其不如赐姓之夷族、冒宗之庶姓，犹堪以虚号诧天潢而自帝自王也，必矣。读史者所为览存勖、知诰之称唐，而重为李氏悲也。

7.两国相距，而介其间者输敌情以相告，唯智者为能拒之；闇于计者，倚之为耳目，则大害伏于左侧而不知。夫于我无大德，于彼无大仇，而蹈危机以与人胜败安危之大故，不虑其泄而祸必及己也，此则何心，不待再计，知其动于利而已矣。利者，无往而不得者也。奸人窥之而知其微，因而持之而得其妙，利在此，则输彼之情以与此，利在彼，则输此之情以与彼，反掌之间而已。而不但然也，方其输彼情于我，即可得我情而输于彼。必其输我之情于彼，而后得彼之情以输于我。操之纵之，阳之阴之，可以立小信，可以诧先几，浮弋而获以侥功，夸大其辞、容易其谈以诱引，微示以利，而导敌以实其言，于彼无怨，于此无罪，悠然于凶危之地而无所忌畏。如是者，得利于我，而即得利于彼。一挑一引，迷乱人之大计，以迄于危败。乃其利则已两得之矣。此不待再计而知者也。

言兵者曰“知彼知己”，恃吾之知而已。其大势如此，其先后瓜分了荆南及湖南，而河西地区又被邠、岐隔断，无法到达。这时即使想把诸王分派到各地去，使李姓子孙有一个延续的机会，也无法实现了。不给他们军队，他们就会流亡民间并降为普通百姓，给他们兵权，他们也会因无法与敌人抗衡而累及宗族。时事到了无可作为的时候，土地也同样不可依恃，宗室成员还不如被赐了皇姓的外族人和冒宗的外姓人，他们还能够独霸一方称帝称王。阅读史书的人看到朱邪存勖、徐知诰建国号仍称唐，就更加为李姓皇帝感到可悲。

两国对阵的时候，介于两国之间的第三者把敌情告诉自己，只有充满才智的人才会拒不听从；如果缺乏计谋，就会把间谍当作自己的耳目，这样的危害就像危险已到身边而不知道一样，间谍对我方来说没有大的恩德，与对方也没有大的仇恨，而甘冒危险去参预别国的胜败安危大计，不怕消息泄露后对自己不利，其居心无需多言，不过是受财利驱使罢了。财利是无往而不能得的，间谍看见就知道它的好处，拿到就知道它的妙处。如果好处在这边，就会把那边的情报传递给这边；如果好处在那边，也会把这边的消息告诉那边，这些都是易如反掌的事情。况且还不仅如此，当他们把对方的情报告诉我方时，也同样可以刺探到我方的情报并告知对方，同样，也只有在把我方的情报传递给对方的时候，才会从对方刺探到情报再报告给我方。这样还可以两边讨好，两边操纵，专门以夸大其辞的虚假情报加以诱惑，引诱出机密的东西，不仅两边都不得罪，而且自己也可乘机取利，在凶险的环境中悠然自得地坐收渔利，并且毫无顾忌。这样，能从我方得利，也就意味着能从对方得利，一挑一引，乱人大计，直到引起危亡，但他们却可以从两边收益。这些都是明显的事实。

兵法上曾说“知己知彼”，意思是自己要对敌我双方有所了解，要归如此耳，恶用此嗫嚅耳语、乍惊乍喜者哉？是以智者坚拒之，而不使乱我之耳目。自非怀忠感德、得当而为内应者，与夫猝至不期问而答者，勿容听也。此两敌相距、勿贰尔心之枢要也。而中国之用夷也，为尤甚焉。与为难者一夷也，介于其侧、伏而未动者又一夷也，则且两持其命而蛊我以效顺之忱。实欲倾我而姑与我通以市利于彼，间输彼浮薄之情以坚吾之信。我进则老之，我守则诱之，我大败而不能责彼之相误。至愚者诧为秘密之机而自矜外助，卒之小以残我边强，大则害及宗社。古今之庸主闇臣、堕其阱中者，败亡相积，而倾覆之后，徒增追论之痛哭。使能早却其游词而绝之，岂至是哉？

于是而王建之识，不可及矣。黎、雅三部浅蛮岁赐缯帛，使觇南诏蛮，反取赂南诏，诇我虚实。建绝其赐而斩部将之与蛮交通者，自此群蛮戢服。而终五代以迄宋，南诏不入寇扰，皆建之善谋善断以窒乱源也。

呜呼！岂徒守边御夷、阻关拒敌者之宜然哉？君有不听令之臣，父有不若训之子，上有交相构之友，顺则绥之，逆则折之，存乎情与理而已。宵小居中，乘吾恶怒以居间，而发其既然已有了解，又何必再偷偷摸摸的私下交易呢？所以聪明的人都坚决拒绝间谍的胡言乱语，不让他们扰乱自己的视听。除了那些确实是感恩戴德，忠心耿耿的内应所传递的信息，凡是主动送上门来的情报，都不必加以重视，这是两国相对时不容三心二意的根本原则。特别中原王朝对四周少数民族的利用，更应该如此。当中原王朝与外族人发生矛盾的时候，外族也不过是一个民族，但在这一民族旁边有可能还有打算乘机而动的民族，这一民族就有可能在我方和与我方发生矛盾的民族之间周旋，并欺骗我方说效忠于我，而实际上是想颠覆我或假意与我交好而乘机刺探能向对方提供的情报，或者偶尔把对方一些价值不大的情报告诉我方以骗取信任。我方进攻则会拖延我方行动。我方坚守则会诱使我方出击，我方虽大败也不知责怪他们的信息不实。愚蠢的人因有人主动送来情报而悠然自得，其恶果只能是危害自己的边疆，或者危害江山社稷。古今的昏庸君主和愚蠢的大臣，因此而落入间谍圈套的为数实在不少。等到失败或亡国以后，也只会因上当受骗而后悔莫及。如果早早地拒绝间谍游说的虚假情报，又何至如此呢？

因此可以说王建在这一问题上的胆识，是别人无法相及的。黎、雅等民族年年都接受赏赐，打算让他们监视南诏蛮，但他们反而接受南诏蛮的贿赂刺探我方情报，王建于是便果断的断绝了对他们的赏赐，还把与他们有联系的将领全部处决，从此各族人自动听从管理，经五代以至宋朝，南诏人也不敢入寇内地，这些都是因为王建的果敢善断而断绝了祸乱的根源。

啊！不贪图小利听信谗言，怎能仅仅是在守边御敌、两军对垒等方面呢？君主有不听号令的大臣，父亲有不服管教的儿子，自己会有不一心的朋友，在顺畅时去安抚他们，在忤逆时痛加指出，处处以情理相要求。如果有小人夹在两者之间，在自己发怒的时候故意来搬隐慝以相告者，皆乐人之祸以取利者也。旦此暮彼，递相诇扇，固无恒也。以此而贼恩酿祸，如陈侯溺之于公子招、隋文帝之于杨素，身死其手，而犹以为忠者，古今相积，不可胜道。则拒塞游说以一军心，岂徒将兵者之宜然？而瑱纩以塞耳目，又岂徒为君父者之当慎哉！

8.挟天子以令诸侯而威服天下，自桓、文始。曹操袭其迹，因以篡汉，二袁、吕布、刘表不能与之争，此奸雄已试之成效，后起者所必袭也。乃克用连兵入寇，朱温方构难徐、郓而不问；王行瑜、韩建、李茂贞劫逐天子，朱温坐视而不恤；李克用既讨平之，乃听盖寓之言，不入见而还镇；李茂贞犯顺，昭宗如华州，困于韩建，全忠在汴，扣关以奔驾也甚易，而方南与杨行密争，不一问也；及刘季述以无援之宦竖废天子幽之，崔胤召温以入，而尚迟回不进，让复辟之功于孙德昭；克用则方治城自保，而念不及此。何此二凶者，置天子于三数叛人之手，不居之以为奇货；而善谋如盖寓，亦不能师荀彧之智，以成其主之篡夺；岂其智之未逮而力之不能也与？

天下之理，顺逆而已。顺者，理之经也；逆者虽逆，而亦有逆之理焉。溯危滩而上者，楫折牵绝而可济，以其所沿之流，犹是顺流之津也。夫桓、文之津，岂温与克用之所可问弄是非，把对方隐瞒的事来告诉自己，不过是想幸灾乐祸而自己获利罢了。一会儿讨好这边，一会儿又到那边说这边的坏话，交相煽动，反复无常，通过这种手段来制造祸福，就像当年的陈侯溺与公子招、隋文帝与杨素一样，被人骗杀了还当别人忠于自己，这样的事古今以来多得不可胜数。可见，拒不听信游说的话以统一军心，怎么仅仅是带兵的将领的事呢？善于决断而杜绝谗言，又怎么仅仅是做君主的人应当慎重的呢？

用挟天子以令诸侯的办法威服天下，这种手段开始于春秋时期的齐桓公和晋文公，曹操因袭了他们的做法，获得了取代汉朝的统治权，使袁绍、袁术、吕布、刘表等人无法与自己抗衡，这种办法是乱世的奸雄获得成效的法宝，也是后人纷纷加以仿效的。但在唐朝末年，当李克用兴兵入侵的时候，朱温因在徐、郓地区发展霸业而不救援朝廷；王行瑜、韩建、李茂贞劫持天子，朱温坐视而不过问；李克用帮朝廷平定了叛乱，也听从盖寓的建议，不入见皇帝而是立刻撤军还镇；李茂贞起兵作乱，昭宗出走华州，被韩建控制，朱温这时正在汴州，带兵救驾易如反掌，但也只顾与南方的杨行密争夺地盘而不过问皇上生死；至宦官刘季述废掉昭宗并加以囚禁的时候，崔胤请求朱温入援，而他们犹豫不前，让解救昭宗复位的功劳落在孙德昭身上；李克用也正在积极营建自己的巢穴，根本不去过问这些事情。可见朱温和李克用是什么样的人，让皇帝由几个乱臣贼子摆布，不把他当作可以对自己大有好处的奇货；而善于为人出谋划策的盖寓等人，也不能像当年的荀彧那样，帮助完成自己主人的霸业，这难道是他们的智谋和力量达不到吗？

天下的道理，无非是顺从和逆乱。顺从是常理，而叛逆也有叛逆的理由，就像在险滩上冒险行船一样，楫折牵坏而可以渡过，因为它所行驶的水流，仍是顺水的。至于齐桓公、晋文公当年所经历的时哉？桓、文定王嗣，反王驾，北讨戎，南服楚，通诸侯之贡于周京，故召王受锡而诸侯敛衽，诚有以服天下之心，固非温、克用之所可企及已。

即若曹操，奋起以讨董卓，几捐生于荥阳，袁绍、韩馥欲帝刘虞，而坚于西向，退居许下，未尝敢以一言忤天子也。献帝为李、郭诸贼所逼，露处曹阳，茕然一夫耳，汉室群臣救死不遑，而奚问天子？董承、杨奉微弱，而徒然骄蹇，操以礼奉迎，使即一日之安；虽心怀逆节，而所循之迹，固臣主之名义，是逆而依理之顺以行，以其初未有逆也。

李克用以异类而怀野心，父子承恩，分受节钺，忽动刘渊之逆志，起而据云中以反。既败而走，结鞑靼以窥中国，幸黄巢之乱以阑入，寸效未展，先掠河东。黄巢困蹙已极，薄收收复之绩，结王重荣以拊长安之背，流矢及于御座，公为国贼而莫之忌。其偶胜岐、邠斩行瑜也，天下固知其非为国讨贼而祇以自雄也。乃欲袭义以奉天子、制雄藩，立败之术耳。盖寓知而止之，克用亦自知其非曹操矣。

朱温则盗耳，王铎无识，而假之以权，掠击自擅，无丝发之功于唐室。若令遽起乘危，握天子于股掌，天下群起而攻代，怎是朱温和李克用所能比的呢？齐桓公、晋文公二人确定王位的继承人，恢复了周王的统治地位，北讨戎狄，南伐楚蛮，打通各地诸侯通向周朝京师进贡的道路。所以能引起周王的尊敬和天下诸侯的敬重，正是因为他们的所作所为能够让天下人信服，是朱温、李克用二人无法相比的。

即使就曹操来说，当初起兵伐董卓，几乎在荥阳为国捐躯；袁绍、韩馥二人打算别立刘虞为帝，而他坚决推奉汉献帝，接着退居许昌，从不说一句不忠天子的话，献帝后来被李傕、郭汜二人劫持，在曹阳露营而居，情形与一个逃亡的难民差不多，相随的群臣自身难保，又哪有一人再过问他的死活？董承、杨奉势力单薄，但仍骄横不敬，而曹操在这时按最隆重的礼遇迎接了献帝，使他有了安宁的生活，尽管曹操的所作所为可能在为自己打算，但他的一举一动都没有超越君臣的界限，是虽有逆乱则仍具有顺的形势，因为他在当初并没有逾越法度。

但李克用却是以外族人的身份包藏灭亡唐朝的祸心。父子二人本来都受过大唐的恩惠，并受命掌握军队，但忽然有了像刘渊当年那样的的反叛念头，在云中举兵反抗朝廷，被击败逃走以后，又与鞑靼人勾结在一起觊觎唐朝，并乘黄巢反唐之机进入中原，直到黄巢不能自保的时候，这才象征性地与黄巢作战，与王重荣一起进攻长安，至使弓箭几乎射在皇帝身上而毫无顾忌。即使后来偶而战胜了王行瑜收复岐、邠，天下人仍可以清楚看到他并不是为了国家去平定内乱，而是为了自己的称王称霸。在这种背影下去用正义的族号推奉天子，号召天下，只能使他迅速失败。所以盖寓明白这点而劝止他，李克用自己也明白不是曹操那样的人。

朱温则是盗贼出身，因为王铎缺乏才识，在他投降后授给了兵权，使他能征伐自擅，对朝廷没有立下任何功勋。如果他乘机控制皇之，曾王行瑜、韩建之不若也。故温自知其不可，而李振、敬翔亦不以此为之谋。假义者，必有在己之义可托；身为叛贼之魁，负大不义于海内，而奚托哉？故唯坐待人之亡唐而后夺之，其志决也。

以势言之，温与克用所亟争者，河北也。河北归汴，则扼晋之吭；河北归晋，则压汴之脊。刘仁恭、王镕、罗弘信、李罕之、朱瑄、朱瑾横亘于其间，温屡败矣，克用则危矣。藉令竭全力以入关中而空其巢穴，温入长安，则克用会河东以牵河北，渡河以捣汴，而温坐毙。克用入长安，则温率雒、蔡、山南以扣关，而燕、赵、魏、潞捣太原以拔其本根，而克用立亡。义不可假，名无可尸，而抑失形势以自倾，故皆知其不可。且畜力以求功于河北，置孤危之天子于狡竖奄人之手，使促之以亡而后收之。是以刘季述之逆，温且迟回不进，朱温之篡弑，李克用不兴缟素之师。温利克用之逆，克用亦利温之弑，其情皆穿窬也。岂徒不能托迹桓、文哉？曹操之所为，抑其不能以身任之者也。故崔胤已为内主，李振谏使入讨，温尚聊遣蒋玄晖因胤以谋，而自引兵向河中，置长安于缓图，如此其不遽也。然且篡唐而仅得天下八九之一，不十年而遽亡。不能如曹操，则固不能如其雄峙三分而传之数世也。

帝，天下人无疑会群起而攻之，其下场甚至连王行瑜、韩建也不如。因此，朱温也知道自己不是能够控制皇帝以号召天下的人，他的谋士李振、敬翔也不为他出这种主意。如果假借仁义的名义，自己必须行得正，立得直，然后才能使用这种手段。自己就是叛贼的首领，并且还有大不义的罪名使天下闻知，又怎能再假借正义的名义呢？只能坐等别人灭亡唐朝以后再与别人争夺，这就是朱温的策略。

从形势上看，朱温与李克用争夺的焦点在河北地区，如果河北归朱温所有，则可以扼住李克用占据的三晋咽喉；如果河北归李克用，也可以压制住朱温占据的汴宋地区的脊背。加上有刘仁恭、王镕、罗弘信、李罕之、朱瑄、朱瑾等势力在两者之间周旋，两人的处境都不妙。即使竭尽全力杀入关中也与事无补。比如朱温入关进攻长安，李克用就会以河东之师牵制河北，渡过黄河直捣朱温大后方汴京（今河南开封），朱温也就只能坐着等死；如果李克用进攻长安，朱温也会率领洛、蔡、山南等地的军队杀入关中，而燕、魏、赵、潞等割据势力也会直捣他的根据地太原（今属山西），李克用无疑也会迅速失败。正是因为两人不能假借正义的名义树立威信，加上还有会坐失根本的危险，所以他们都明白无法通过控制皇帝的办法来达到个人的目的，于是便积蓄力量想在河北地区求得发展，而让孤立无援的皇帝由几个阉宦小人摆布，听凭他们灭亡唐朝以后再收拾残局。因此，当刘季述作乱的时候，朱温故意徘徊不进而不加以征讨；朱温杀了皇帝以后，李克用也不兴缟素之师。朱温利用李克用的叛逆，李克用也利用朱温诛杀天子，其用心不言自明，又怎仅仅是不能像齐桓公、晋文公二人那样勤王呢？即使是曹操的所作所为，他们也无法做到。所以当崔胤控制朝政以后，李振建议朱温起兵讨伐，而他却派蒋玄晖与崔胤商议事情，自己带兵去争夺河中，把攻占长安作为次要的事，还显得不慌不忙。这种策略只能使他在篡唐以后拥有天下至仁大义者起，则假仁假义者不足以动天下，商、奄之所以速灭也。无至仁大义之主，则假仁义者犹足以钳制天下，袁绍之所以不能胜曹氏也。至于欲假仁义而必不得，然后允为贼而不足与于雄杰之数，视其所自起与其所已为者而已。以曹操拟桓、文，杜蘅之于细辛也；以朱温李克用拟曹操，瓦砾之于碔砆也；此其不可强而同者也。

9.李克用按兵自保，大治晋阳城堑，刘延业谏其不当损威望而启寇心，克用赏以金帛，而修城之役不为之辍。夫自处于不亡之势，以待天下之变，克用之处心择术，以此为谋久矣。其明年，朱温果陷泽、沁、潞、辽，直抵晋阳城下，攻不能克而返。克用知温之志，固思灭己而后篡唐，抑知温之所急者在篡唐，固不能持久以敝我也，城坚不可拔，而温且折矣。

李茂贞之劫驾，温篡之资也；温挟主以东而篡之，克用之资也。幸之以为资，而克用之为谋也尤固。身既数为叛逆，不能假存唐之名以利于篡；威望未张，又不能尸篡唐之名以召天下之兵；迟回敛翼，置天下于不问，以听其陆沉，而可谢咎以持温之短长，克用之狡也。然至是而克用为稍循于理矣。修守备、休士卒以自强，而纳李袭吉之言，训兵劝农，以立开国建家之本，则不但李茂贞、韩建辈之所弗逮，朱温亦远出其下矣。训兵务农者，图王之资也；修城治堑者，保国之本八九分之一的地盘，建国不久就迅速灭亡。不能像曹操那样，奠定雄据三分的基础和相传数代的皇位。

当大仁大义的人兴起以后，假仁假义就不能煽动天下，这正是商、奄迅速灭亡的原因。如果没有大仁大义的英雄，则假仁假义的人也可能控制天下，比如当年的袁绍不能战胜曹操便是如此。至于想用仁义的手段而又无法使用，最后成为奸贼而不能进入雄杰之列，就要看他当初发家的途径和后来的作为了。拿曹操与桓、文相比，就像用杜蘅比细辛一样；用朱温、李克用与曹操相比，也像用瓦砾比玉石一样；都是不能同日而语的。

李克用拥兵自保，大修晋阳（今山西太原南）城壕，刘延业劝他不应自损威望而让人怀疑图谋不轨，李克用重赏了他，但仍然不停止修城。其实，这种作法是把自己放在万全之地，等待天下的变化。李克用的处心积虑，作这种打算已经很久了。次年，朱温果然攻占了泽、沁、潞、辽等州，兵临晋阳城下，无法攻克而撤退。李克用早就料到朱温会在灭掉自己后再篡夺唐朝政权，也知道朱温正在急于篡唐自立，不会在晋阳一带持久相持下去，因为自己早有防备，把城墙修得坚固而无法攻破，而朱温实际上遭受了损失。

李茂贞劫持皇上，实际上为朱温篡唐制造了机会；而朱温强迫皇上东迁并灭亡唐朝，也为李克用提供了机会。因为有了这种机遇，李克用的计划就更加巩固。自己多次兴兵犯上，不能借用保卫唐朝的名义帮助自己篡唐；自己名声不大，也不能用篡唐的名义号召天下的军队；只能自己加以收敛，暂且不去过问天下的事，听任它升降沉浮，并且可以乘机抓住朱温的把柄，这正是李克用狡猾的地方，他也能这样变被动为主动。于是，他去修建防御工事、休养士卒以自强，并采用李袭吉的建议，训练军队，劝课农桑，为将来的建国立业作好准备。上述这些，不仅李茂吉、韩建等人无法作到，即使是朱温也远不也；刘延业恶足以知之？而曰“宜扬兵以严四境”，枵于内而张于外，亡而已矣。

然而克用之赏延业者，何也？其自保以观变之心，不可令部曲知之；知之则众志偷矣。延业能为夸大之言，以作将士之气，故赏之以劝厉士心，此克用之所以狡也。己不然，而怒之；己所然，而喜之；则庸人之所以危亡也。

10.王抟之为相也，以明达有度量见称于时。观其进言于昭宗者，亦正大明恺而有条理，似有陆敬舆之风焉。呜呼！唐于是时，敬舆在，亦必不欲居密勿以任安危，不能也，故不欲也，而况于抟乎？

德宗多猜而信谗矣，然遇事能思，不至如昭宗之轻躁以无恒也。德宗之廷，奸佞充斥矣，然心存固宠如卢杞、裴延龄耳，不至如张濬、崔昭纬、崔胤之外结强藩以鬻国也。德宗之侧，宦竖持权矣，然恶正导欲如霍仙鸣、窦文场耳，不至如刘季述、韩全诲之握人主死生于其掌也。德宗之叛臣，交起纵横矣，然蹶起无根如朱泚、李希烈耳，不至如朱温、李克用之植根深固必于篡夺也。而德宗抑有李晟、浑瑊、马燧之赤心为用，故李怀光虽叛，不敢逼上而屏迹于河中；而昭宗则无人不起而劫之，曾无一旅之可依也。夫时异而势殊，既如此矣。然则敬舆而处昭宗之世，君笃信之，且不能救唐之亡，况抟之于敬舆，其贤愚之相去，本非等伦，不可以言之近似而许之也乎！

能及。因为练兵劝农是图谋称王的资本，修理城池是自相保卫的本钱，刘延业哪能想到这些呢？只会说“应该让军队去保卫边境”。如果像他说的这样，只是一种外强中干的做法，其结果也只有走向灭亡一条路。

那么，李克用奖赏刘延业的动机又何在呢？他的自保以观时变的策略，不想让手下人知道；知道了就会引起群情的变化。刘延业能说夸大其辞的话，并且这些话能够鼓动士气，因此奖赏他以劝励人心，这也是李克用狡猾的地方。如果自己不这么想就去发怒，自己这么想就去高兴，只能是像庸人那样自己招来灾害。

王抟做宰相的时候，因明达有度量而被时人称道。从他劝谏昭宗的话看，也还明白有条理，像当年的陆敬舆一样。啊！这时的唐朝，如果有陆敬舆，也一定不愿意任职于权要之地而身系国家的安危，因为不能，所以不想，更何况是王抟呢？

唐德宗对群臣多猜疑而喜欢听信谗言，但遇事还善于动脑子，不至于像昭宗这样轻躁无常；德宗的朝廷尽管充斥着奸佞之人，但像卢杞、裴延龄也不过要保住在皇上心中的位置，并不像张浚、崔胤等与藩镇勾结出卖国家；德宗时虽有宦官掌权，但不过是霍仙鸣、窦文场等人，而不像刘季述、韩全诲那样把皇上的生死大权掌握在自己手中；德宗时尽管叛乱屡发，但朱泚、李希烈等都毫无根基，并不像朱温、李克用拥有能够篡夺唐朝的坚固基础；况且德宗还有李晟，浑瑊、马燧等忠臣听凭任用，尽管发生了李怀光的叛乱，也只是局限于河中一隅，不敢兴师直指朝廷；而昭宗时的天下人都想起来劫持他，也没有一支军队听他调遣。两个时代不同，形势显然有别，就像上述一样。加上陆敬舆在德宗时极受信任，仍不能从危亡中拯救唐朝，更何况王抟与陆敬舆相比，在贤能和才智上相差甚远，不能因为喜怒相近而轻易把二人相提并论。

敬舆之为学士管中制也，一言出，一策行，中外翕然以听。卢杞之奸，莫之掣曳，岂徒其言之得哉？有以大服其心者在也。抟之筮仕不知几何时，而一旦跻公辅之列，天下初不知有其人，则素所树立者可知；德不如也，则威不如矣。敬舆于扶危定倾之计，规画万全，上自君心，下达民隐，钱谷兵刑、用人行法、皆委悉其条理，取德宗之天下巨细表里，一一分析而经理之。而抟则唯一计之得耳，其曰“宜俟多难渐平，以道消息”，是已。顾问多难何恃以渐平，则道亦穷矣；才不如也，则权不如矣。敬舆之得君也至矣，然逐卢杞、吴通玄而敬舆仍守学士之职，匪直让郱侯于首揆已也，并窦参、董晋而不欲躐居其上。抟德威不立，才望不著，一旦而立于百僚之上，于时天子虽弱，而宰相犹持天下之权，逆臣且仰其进止，固有恩怨交加、安危系命之钜责焉；不揣而遽任之，与顽鄙无藉之李溪、朱朴旅进而不惭，是亦冒昧荣名、不恤死辱者耳。以视敬舆之栖迟内制、不易爰立者何如？节不如也。节不如，而以任扶危定倾之大计。“负且乘，致寇至，盗思夺之。”凶，其可免乎？

人臣当危乱之日，欲捐躯以报主，援亡国而存之，抑必谨其进退之节，不苟于名位。而后其得也，可以厌服奸邪之心；即其不然，身死国亡，而皎然暴其志行于天下。今置身其列，凝目而视之，居此位者，非崔胤之逆，则朱朴辈之蝇营狗苟陆敬舆以文官身份管理朝政，所说的话和发布的命令都能被天下人遵从，卢杞虽奸诈而没有形成朋党，难道只因为陆敬舆的话起了作用吗？其实是因他有制服卢杞的办法。而王抟的入仕也不知在什么时候，忽然之间跻身到公卿之列，天下还不知道有他这样一个人，由此可见他平时缺乏声望，德行不如别人，也就意味着威望不如别人。陆敬舆在拯救国家安危方面的计谋可谓周密详细，上能打动天子，下能体恤百姓疾苦，至于钱粮兵刑、用人行法，都由他去处理，把德宗的天下大小事情都安排得井井有序。而王抟只在一件事上有所主见，亦即“等天下逐渐太平的时候用道义去降服宦官”，然而用什么办法去平定天下的危难呢？等危难过去了，道义也就完结了，才能不如别人，权力也就不如别人。陆敬舆在德宗面前可以说是受尽了信任，当朝廷罢免了卢杞、吴通玄以后，他仍旧担任他原来的职务，并不仅是要把第一的位置让给郇侯，而且还有不愿位居窦参、董晋等人之上的打算。王抟的功德和声名没有树立起来，才能和威望也不明显，一旦官居群臣之上，而这时天子虽然暗弱，但天下的大权仍掌握在宰相手里，乱臣贼子还注视着宰相的进退，所以宰相担负着恩怨交加、国家安危系于一身的重大责任，不考虑自己的才能而冒然位任宰相，与庸俗不堪的李溪、朱朴等人同朝进退而不觉惭愧，是他也贪图权位，不顾生死的一种表现。拿这些与陆敬舆的安居卑位不妄升进相比怎样呢？可见在节操上也有所不及。在节操不及的情况下而去决定关系到天下安危的大计，“小人如果占据君子之位，盗贼也想抢夺他。”这样能避免凶险吗？

大臣在天下危亡的时候，想不顾生死报效国家，拯救将要灭亡的朝廷，必须要在进退的节操方面小心谨慎，不应贪图名位。然后才会在得失方面胜人一筹。可以压服奸邪的人心，即使不能这样，身死国亡以后，也能留下芳名于天下。而如今置身于官场之中，仔细看一者，而屑与之并立于台座哉？且即其言而论之，以止昭宗之躁率，置宦寺于缓图，昭宗弗听，惑于崔胤以召祸，抟乃伸其先见之明耳。然令如抟之言，养宦官之奸，姑任其恶，又将何所底止邪？激李克用之反者，田令孜也；成韩建之恶、肆囚主之凶者，刘季述也；通李茂贞以劫驾者，韩全诲也。至此时，而宦官与外镇逆臣合而相寻于祸乱，唐不亡，宦官不自趋于杀尽而不止，安得有外难平而以道消息之日乎？其言似也，而又验。虽然，抑岂有可采之实哉？

11.唐之将亡，无一以身殉国之士，其韩偓乎！

偓之贬也，昭宗垂涕而遣之，偓对曰："臣得贬死为幸，不忍见篡弑之辱。"斯闻者酸心、见者裂肝之日也。而偓不仰药绝吭以死于君侧，则偓疑不得为捐生取义之忠矣。然而未可以责偓也，君尚在，国尚未亡，无死之地；而时方贬窜，于此而死焉，则是以贬故死也，匹夫匹妇之婞婞者矣。

偓去国而君弑，未几而国亡，偓之存亡无所考见，而不闻绝粒赴渊以与国俱逝，此则可以死矣，建文诸臣，所以争光日月也，而偓不逮。乃以义审之，偓抑可以无死也。伪命不及，非龚胜不食之时，而谢枋得卖卜之日也。湮没郁抑以终身，则较家铉翁之谈经河上为尤遂志耳。纣亡而箕子且存，是亦一道也。

看，占据职位的人，不是像崔胤这样的逆臣，就是朱朴等投机钻营的人，而又怎能有心思与他们同朝为官呢？况且仅就王抟的话来看，意思是想让昭宗注意轻躁草率的毛病，不要急着去诛除宦官。但昭宗不听，反而受崔胤的迷惑召来了祸害，这就是王抟的先见之明。然而如果真像王抟所说，对宦官的作威作福不去过问，又怎能去制止他们呢？引起李克用反叛的是田令孜，促成韩建的罪恶并囚禁天子的凶手是刘季述，私通李茂贞而劫持皇驾的是韩全诲。在这时，宦官与方镇勾结起来发动叛乱，唐朝不灭亡，宦官不被杀绝就无法禁止，哪里还有天下太平以后再慢慢处置宦官的时间呢？王抟与陆敬舆的话虽然近似，但实际上相去甚远，他的言论看上去似有可取之处，但实际上哪里可取呢？

唐朝将要灭亡的时候，没有一个以身殉国的士大夫。如果真要找一个的话，那么就是韩偓了！

韩偓被贬官的时候，昭宗流着泪为他送行，韩偓说："臣把贬死作为荣幸，不忍心看见篡弑的羞辱。"这是听的人心酸、见的人肝裂的时候。但韩偓没能饮药自杀于皇帝的身边，是他认为虽死也无法换取捐生取义的忠臣名声。后人不应因此去责备他，因为当时皇上还在，国家还没有灭亡，还不是他自杀的时候；况且他正被贬官，这时死也会被认为是因贬官而死，其作用与一般人的心胸狭窄差不多。

韩偓被贬以后不久，昭宗就被杀害，唐朝也被灭亡，韩偓的生死下落不明，但没有听说他绝食或跳水与唐朝共生死的消息，其实这正是他可以死的时候。建文时期的大臣都是因与国俱亡而名垂青史的，但韩偓也有他不死的理由。篡逆王朝的诏命没有向他颁发，他所处的环境与龚胜绝食、谢枋得卖卦的时候不同。默默无闻地去了却残生，与家铉翁在河上的传授学业相比更能遂心愿。这与商纣灭亡而箕子仍留在世上是同一个道理。

人臣当危亡之日，介生死之交，有死之道焉，有死之机焉。蹈死之道而死者，正也；蹈死之道而或不死者，时之不偶也；蹈死之机而死者，下愚而已矣。

昭宗反辟，刘季述伏诛之谋，偓与赞焉，蹈死之道一也。工抟请勿听崔胤之谋，杀宦官以贾祸，胤怒而诬杀之；偓为昭宗谋，亦云“帝王之道，当以重厚镇之，此曹不可尽诛以起祸”，其忤胤也与抟同，蹈死之道二也。韦贻范求宦官与李茂贞，起复入相，命偓草制，偓坚持不草，中使曰：“学士勿以死为戏。”茂贞曰：“学士不肯草制，与反何异？”蹈死之道三也。从昭宗于播迁幽辱之中，白刃之不加颈者一线耳，而守正不挠，季述不能杀，崔胤不能杀，茂贞不能杀，非偓可取必于凶人之见免也，偶然而得之也。乃偓之终不蹈死之机，则爱其生以爱其死，固有超然于祸福之表者也。

姚洎之将入相也，谋于偓，而偓告以不就。为人谋者如是，则自为之坚贞可知矣。苏捡欲引为相，而怒曰：“君奈何以此相污！”昭宗欲相之，则荐赵崇、王赞以自代。其时之宰相，皆汴、晋、邠、岐之私人，树以为内主者也。权虽倒持于逆藩，而唐室一即一离之机犹操于宰相，尸其位，则已入其彀中，而奸贪之小人趋入于阱中，犹见荣焉，此所谓死之机也。偓惟坚持必不为相之节，抑知虽相而无救唐亡、衹以自危之理；且知虽不为相而可以尽忠，唯不为相而后可尽忠于主之势。故晋人不疑其党汴，汴人不疑其党岐，宦官不疑其附崔胤，胤不疑其大臣在国家危亡的时候，处在生死的紧要关头，有去死的道理和机会。按死的道理去死，就是死得其所，遵从了死亡的道理而不去死，是因为有不死的原因；但若不问缘故而去死，也就是愚蠢的选择。

昭宗反正以后，韩偓参与了诛杀刘季述的计划，这是他险些被杀的第一件事。王抟请求昭宗不要采纳崔胤的建议，不要去触动宦官自找灾祸，因此而被崔胤杀害，韩偓进谏昭宗，也说"帝王的正确做法应该是慎重行事，这些人不应全部被杀以免引起祸乱"，这与王抟的言论几乎相同，也是他险些被杀的第二件事。韦贻范通过宦官和李茂贞请求再次出任宰相，昭宗让韩偓起草诏令，他坚决拒绝，昭宗的使臣说："学士你不要把死当作儿戏。"李茂贞也说："学士不肯起草诏书，与谋反有什么区别？"这是他险些被杀的第三件事。他随从昭宗在播迁幽禁羞辱之中，时刻都有被杀的危险，但能刚正不屈，使刘季述、崔胤、李茂贞等人都不敢对他动杀机，这并不是因他一定能在凶人的手中逃脱灾难，而是因为偶然中的万幸。至使韩偓终于能在灾难中保全下来，拥有超脱祸福以上的运气。

姚洎将要入朝担任宰相的时候，向韩偓求教，而韩偓告诉他不要就职。向人出这样的主意，可知他自己的打算和追求。苏捡想拉他同任宰相，他则愤怒说道："你为什么要这样污辱我！"昭宗想让他担任宰相，他则推荐赵崇、王赞代替自己。这时的宰相都是晋、汴、邠、岐等割据势力的死党，是他们在朝廷安插的耳目。权力虽然是出自藩镇之手，但唐朝的日常政务仍由宰相处理，一旦担了这一职位，就像进入了别人的陷阱之中，只有贪图权势的小人才会引以为荣，这也就是所谓的死亡之时。韩偓坚持不担任宰相，似乎也明白即使担任了宰相也拯救不了唐朝、只能葬送自己，并且还知道虽不担任宰相而不妨碍为国尽忠，只有不担任宰相才有机会更多地效忠朝廷。因附宦官。立于四虚无倚之地，以卫孤弱之天子而尽其所可为，疑忌浅，怨毒不生，虽茂贞且愧曰：“我实不知书生礼数。”而恶亦息矣。此其可生、可死、可抗群凶而终不蹈死之机者也。

无死之机，是以不死；履死之道，是以不辱。若偓者，其以处危亡之世，诚可以自靖焉矣。其告昭宗曰：“万国皆属耳目，不可以机数欺之，推诚直致，日计不足，岁计有馀。”其奉以立身也，亦此道也夫！

12.宰相数易，则人皆可相，人皆可相，则人皆可为天子之渐也。宰相之于天子，廉陛相蹑者也，下廉夷而上陛亦陵。唐高宗用此术也，以轻于命相，故一妇人谈笑而灭其宗祀，替其家嗣，裴炎、傅游艺夷之，武三思、承嗣因而陵之，相因之势也。高宗承全盛之宇，戴太宗之泽而不保其子，况昭宗当僖宗丧败之馀，强臣逆奄交起相乘之世乎？

自龙纪元年至唐亡天祐三年，凡十九岁，而张濬、孔纬、刘崇望、崔昭纬、徐彦若、郑延昌、杜让能、韦昭度、崔胤、郑綮、李溪、陆希声、王抟、孙偓、陆扆、朱朴、崔远、裴贽、王溥、裴枢、卢光启、韦贻范、苏捡、独孤损、柳璨、张文蔚、杨涉，或起或废者二十七人，强臣胁之，奄人制之，而朝廷不能操黜陟之权，固矣；抑昭宗轻率无恒，任情以为喜怒，闻一言之得，而肝胆旋倾，幸一事之成，而营魂不定，乃至登进可惊为他态度明确，李克用不怀疑他党附朱温，朱温也不怀疑他党附李茂贞，宦官不怀疑他是崔胤的同党，崔胤也不怀疑他党附宦官。他立身于四周毫无依托之地，以保卫孤立无援的皇上并能有所作为，树敌不多，不招致怨恨，即使李茂贞也会惭愧地说：“我实在不明白书生的礼数。”对韩偓的成见也因此消失。这就是他能生、能死、能与群凶周旋而不致于被杀的原因所在。

没有死亡的机会，所以不死；能坚守正义，所以也不受羞辱。像韩偓这样，生在天下多事之秋，足可以自我保持操守了，他对昭宗说：“天下的国家就像人的耳朵和眼睛一样，不能用机巧的诡计去欺骗，应该以诚相待，虽然暂时不见益处，时间久了，就受益无穷。”他自己处世的诀窍，不也是如此吗？

宰相如果经常更换，那么人人都能当宰相，甚至人们也慢慢可以做皇帝。宰相对天子来说，就像幕帘和台阶一样，帘子不正台阶也会受损。唐高宗采用这种办法，轻率地任命宰相，使一个妇女就能在谈笑间灭亡国家，改变他的宗庙祭祀。裴炎、傅游艺杀了他，武三思、武承嗣因而陵辱他，无不相继因袭。高宗所在的还是唐朝全盛时代，继承了太宗的恩泽仍不能保住后代，何况昭宗是在僖宗丧乱之后，生活在一个强臣宦官交相作乱的时代呢？

从龙纪元年（公元889年）到唐朝灭亡时的天佑三年（公元906年）共十九年，相继有张浚、孔纬、刘崇望、崔昭纬、徐彦若、郑延昌、杜让能、韦昭度、崔胤、郑綮、李溪、陆希声、王抟、孙偓、陆扆、朱朴、崔远、裴贽、王溥、裴枢、卢光启、韦贻范、苏捡、独孤损、柳璨、张文蔚、杨涉等二十七人出任宰相，强臣胁迫他们，宦官控制他们，而朝廷毫无任免升降的权力，是根本原因。另外也由于昭宗反复无常，一切由自己的喜怒爱好出发，听一句好话就会动心，观一件好事就心神不定，甚至还升任一些令人吃惊的人，被天下人当作笑料；

可愕之人，为天下所姗笑，犹自矜特达之知，餗覆无馀，而犹不知悔，其识闇而自用，以一往之情为爱憎，自取灭亡，固千古必然之偾轨也。

抑就诸人言之，人之乐居尊位者，上之以行其道，次之以成其名，其下则荣利之餍足耳。当高宗之世，天下方宁，而宰相尊。名之所归，利之所擅，贸贸然群起而相凌夺以觊得，鄙夫之情类然，无足怪者。自僖宗以来，天子屡披荆榛，两都鞠为茂草。国门之外，号令不行。虽有三台之号，曾无一席之安。计其恫喝涂人而招纳贿赂者，曾不足当李林甫、令狐绹之傔从。不安而危，不富而贫。其尊也，藩镇视之如衙官；其荣也，奄宦得加以呵詈。一旦有变，则天子以其颈血而谢人，或杀或族，或斥远方而毙于道路。此诸人者，稍有识焉，何乐以身试沸膏之鼎而思沾其滴沥乎？故苏捡欲经营韩偓入相，而偓怒曰“以此相污”，诚哉其污也！而一时风会所淫，如饮莨菪之酒，奔驰恐后，而莫之能止。前者殊死，后者弹冠，人之无良，亦至是哉！

呜呼！士贵有以自立耳。无以自立，而寄身于炎寒之世局，当塾教之始，则以利名为鹄矣；当宾兴之日，则以仕宦为津矣；一涉仕宦之涂，进而不知所终，退而无以自处，则紫阁黄扉，火城堂食，人拟为生人之止境；而自此以外，前有往古，后有来今，上有高天，下有厚地，仰有君父，俯有黎民，明有名甚至还自以为聪明，造成恶果还不知悔改。他的才智暗弱而刚愎自用，把自己的情感作为爱憎的标准，自取灭亡，这是自古以来就难以改变的事实。

再就出任宰相的人看，人们喜欢登上尊崇地位的，较好的人是为了推行自己的政策，其次的人是为了成就功名，最下等的是为了满足自己的虚荣心。在唐高宗的时候，天下刚刚安宁，宰相的位置最为尊宠。不仅是声名的归宿，而且还是利益的来源，所以天下人才会争相觊觎这一位置，这是一般人的奋斗目标，不足为怪。但自僖宗以后，天子经常东奔西逃，两都皇宫长满荒草，国门之外，号令无法推行，虽有宰相存在，也没有一点可以安身之处。看看他们向路途之人发号施令索取贿赂的丑态，还不如李林甫、令狐绹的随从威风。他们的尊贵之处不是安全而是危险，不是富足而是贫穷，他们的荣耀也只是被藩镇当作衙役，甚至宦官也能对他们发号施令。一旦发生变故，皇上还要拿他们开刀，杀害他们及其全家向世人谢罪，或者把他们流放到远方，使他们在路途上自生自灭。这些人如果稍有点思想，怎能乐意去用自己的身体去试探沸腾的汤锅而试图沾些汤汁呢？所以当苏捡想让韩偓出任宰相时，韩偓就愤怒地说“用这种办法污辱自己”，事实上也的确如此。但一时的风尚如此，就像喝多了酒的人，争先恐后相追逐，禁止也禁止不住。当前面的人死了，后面的人仍在跃跃欲试，人们缺乏良知，竟然达到了这种程度！

啊！士大夫的可贵就在于有自己的处世标准。如果没有一定的追求，把自己置于变化无常的世界中，当小时候刚刚入学的时候，就被以名利相灌输；当成年以后，又把仕宦当作奋斗目标；一旦踏上仕途，做官不知到何种程度，退守也不知道自己该怎么办，则会把豪华的住所，美味的肴馔当作生活的终极目标；除此以外，前有古人，后有来者，上有蓝天，下有黄土，抬头有君父，低头有百姓，明处有名教，幽有鬼神，凡民有口，妻子有颜，平旦鸡鸣，有不可自昧之恻隐羞恶，皆学所不及，心所不辨，耳闻之而但为声响，目见之而但为文章，漠不相关，若海外三山之不我即也。呜呼！士若此，而犹不以宰相为人生不易得之境，鼎烹且俟之崇朝，鼎食且侥于此日，其能戒心戢志如韩偓者，凡几人也？世乱君昏，正其逞志之日，又何怪焉？世教衰，民不兴行，天下如狂，而国以亡、君以屠、生民以殄。是以先王敦廉耻、尚忠孝、后利先义，以养士于难进易退之中，诚虑周而道定也。

13.昭宗为朱温所劫迁，流离道左，发间使求救于李克用、王建、杨行密，是垂死之哀鸣，不择而发，惟足悲悼而已。夫三镇者，其可以抗朱温遏其篡弑之恶而责以君臣之大义者乎？使三镇犹然唐之臣子，而兵力足以胜温也，则温亦不敢遽图凶逆；王行瑜、李茂贞、韩建之无成，温稔知之，故迟回而待之今日，则熟审彼己之形势，目中已无三镇，知唯予志而莫违矣。

克用而可抗温邪，岂一日忘温者？昭宗尝和解之而不听，而况有言之可执，卷甲疾趋，岂待闲诏之求援乎？克用于时方修城堑，保太原、泽、潞、邢、洺之不遑恤，其必不能逾太行以向汴、雒，明矣。王建北倚剑阁，东扼瞿唐，乘人之所不争，据险以自存，身未习百战之劳，而所用者两川之土著，不能出教，暗处有鬼神，普通百姓有口齿，妻妾有容颜，天亮前有鸡叫，这些都是无法不使人动恻隐羞恶之心，也都是学不到的。心灵所能分辨的，耳朵听到后只当作声音，眼睛看见后只当作普通文章，对它们漠不关心，只当作是海外三山与自己无关一样，啊！士大夫到了这种地步，仍不把宰相当作一般人达不到的境界，遭到鼎烹还希望有在朝廷上尊崇的时候，钟鸣鼎食时则庆幸有这样的一天，真正能像韩偓那样约束自己的人又能有几个呢？当世道大乱、皇上昏庸的时候，正是这些人想实现自己梦想的时候，又有什么可以奇怪的呢？人世间的正气衰竭，百姓不去注意自己的品行，天下人都像发了狂，而国家也因此灭亡，君主被杀、生民涂炭。因此，至圣先师们敦尚廉耻、推崇忠孝，教人们先义后利，以此来培养士人的知难而进、见机而退的意识，的确是考虑得周道全面的。

昭宗被朱温劫持迁徙，颠沛流离，私下派人向李克用、王建、杨行密求救，其实这不过是临死前的哀鸣，没有考虑这样做是否合适，只能让人觉得可悲罢了。像上述三个方镇首领，真的能与朱温抗衡并阻止他篡夺政权、责怪他在君臣礼节上的行为吗？假如三镇真的是唐朝的忠臣和支持者，兵力又能够战胜朱温，那么朱温也不敢冒然篡唐；朱温还深知，王行瑜、李茂贞、韩建等人成不了大事，所以才一直推延到现在，正是他仔细分析了天下形势，心目中早就没有了三个方镇，只知道自己的主意已定，而没有人能够改变。

李克用能够与朱温对抗吗？难道他能是忘掉朱温的人吗？昭宗曾想让他们二人和解，但他不听，更何况有言语可以依靠、整顿军队而来，怎会再等到诏书的求援呢？李克用这时正在修筑晋阳城防，保护太原、泽、潞、邢、洺等州还来不及，他一定不会越过太行山去进攻汴、洛，是明摆着的事实。王建北依剑阁，东扼瞿塘峡，拥有无人相争之地，据守险要以自保，身体没有经过多次战争的劳顿，而所任穴以斗者，如之何其能与强暴之朱温争生死也？杨行密虽尝挫温矣，而舟楫之利，失水则困，故仅可以保江、淮，而不能与骑步争逐于平野；新得朱瑾兖、郓之馀众，骑兵稍振，而瑾又温所鱼肉之残耳；且使出汝、亳而西讨，钱镠乘其东陲，马殷乘其南界，田頵之徒又从中而讧，进不利而退失守，为温之擒而已。是三镇之力不足以进取为昭宗而兴师也，明矣。

抑以君臣之义责望三镇，夫三镇又何足以言哉？克用之思夺唐，其与朱温先后之间耳，委唐之亡于温，以嫁不道之辜，而已徐起以收之，克用之怀挟久矣；浸令其力可任，假密诏以兴师，胜温而挟天子，亦温之于茂贞也，况乎其处心积虑之固不然也。王建得蜀，而早有公孙述、刘备、李特之全局在其意中，羁縻于唐，不敢先发以招天下之弹射耳；其逼顾彦晖逐韦昭度而走之，逆节已著，昔固尝托勤王之名而阳出兵以掠地，非李茂贞阻之，则乘长安之虚而收洮、巩，临秦、凤以称西帝，岂复于唐有源本之思，以效桓、文之绩乎？

克用，狄也；王建，奄宦之私人也。不足援名教以望之，所固然矣。然昭宗妄亿而号呼，犹有说也。沙陀承恩三世，李国昌起骑将而分节钺，克用逋逃朔漠，赦其族诛之辜，而赐以国姓；王建随驾奔蜀，负玺以从，艰难与共之君臣，亲若父子；则克用、建自逆，而唐固笃恩义以为之君，当危急之秋，用的又都是蜀巴地区的人，不擅长出川与人争斗，又怎会与强暴的朱温争生死呢？杨行密尽管曾打败过朱温，但所依靠的是舟船，一旦没有水流就要受困，所以只能在江淮地区发展，而不能在平原与骑兵步兵作战。况且他刚刚得到朱瑾在兖、郓二州的余部，虽然骑兵的力量有所加强，但朱瑾毕竟是朱温手下的败将，即使杨行密能够从汝、亳地区西讨朱温，但钱镠会乘机从东部攻打他的后方，马殷也会从南部攻击他，田頵等人又会在中部作乱，造成进不利，退失守的结局，甚至还要被朱温俘获。因此说，三镇都不会为昭宗而兴师动众，事实是明显的。

如果用君臣间的道义去要求三镇，三镇又怎能值得一提呢？李克用早已把篡夺唐朝作为既定方针，他与朱温的作法只有先后的区别。他计划让朱温灭亡唐朝，让他承担不义的罪名，而自己再慢慢起兵收拾朱温，这是他蓄谋已久的计划。假定他的势力能与朱温对抗，接到密诏后发兵而来，战胜了朱温也就等于控制了天子，其性质与朱温打败李茂贞并夺回天子的做法一样，更何况他从来就不打算这么作呢？王建占领巴蜀以后，心中早就有了像当年的公孙述、刘备、李特等割据自保的打算，表面上受唐朝羁縻，而不敢因首先叛唐而招来天下人的指责，他逼迫顾彦晖，驱逐韦昭度，实际上就已暴露了自己的意图，如果不是李茂贞阻挡了他，一定会在长安空虚的时候占领洮、巩等地，兵临秦、凤而称西帝，哪里对唐朝还有点忠诚？又怎能去效法齐桓公、晋文公兴兵勒王呢？

李克用是外族人，王建是宦官养育的人，不配用名教去要求他们，然而昭宗殷切期望他们入援，也不是没有道理的。沙陀人三代相继接受大唐的恩德，骑兵出身的李国昌甚至能当上军队的统帅，李克用逃亡沙漠，也被赦免灭族的罪行，并赐给了国姓；王建随鸾驾出奔巴蜀，背负御玺相从，与昭宗是艰难与共的君臣，亲如父子。因此，迫而呼之，非过望也。

若夫杨行密者，于昭宗何有哉？高骈据千里之腴壤，一矢不加于贼，而坐拥富贵，土芥其人民，使无所控告，毕师铎、秦彦、孙儒竞起争夺，血流盈壑，弥望蒿莱，唐弗能问也。行密足未尝履王都，目未尝见宫阙，起于卒伍，无尺寸之诏可衔，削平之而抚仅存之生齿，是草泽崛起，无异于陈胜、项梁之于秦也。霸局已成，唐不能禁，授以爵命而姑为维系，其君臣之义，盖已浅矣。天下已非唐有，而人民必有恃以存，力捍凶锋，保江、淮之片土，抗志崛立，独能不附逆贼，甘奉正朔，如王师范、罗绍威、韩建之所为，亦可谓之丈夫矣。唐一日未亡，行密一日不称王，而帝制赏罚之事，听命于朝，循分自揣，安于其位，而特不屑臣服于逆贼之廷，亦可谓之不妄矣。唐何德以及行密，而望其为郭子仪、李晟之精忠，以抵触凶人争一线之存亡哉？

如曰溥天率土，义不可逃也，汤、武且有惭德矣。项羽不弑怀王，汉高岂终北面？行密保境息民以待时变，唐可再兴，则为窦融；唐不可兴，则为尉佗；而但不为枭獍之爪牙，斯已足矣。既不可以君臣之义苛求其效死，而昭宗又奚望其援己哉？

故三镇者，无一可倚者也。昭宗先无自固之道，祸至而周在接到密诏后而不响应，是李克用、王建自己不顾恩义，而唐昭宗则是顾念恩义的君主。在危难的关头请求他们入援，并不是非分之想。

至于杨行密，与昭宗又有什么关系呢？高骈占据着千里沃土，一次也没有与叛贼作战，而坐享荣华，奴役百姓，使他们状告无门。而毕师铎、秦彦、孙儒等人相继起来与他争夺，致使血流遍野，荒草丛生，唐朝对此也无力过问。杨行密的双脚没有到过天子都城，眼睛也没有见过宫阙，由下等兵丁起家，没有一点皇恩可以凭借，但能安定江淮并解救百姓，是出自下层的英雄，与秦末的陈胜、项梁毫无二致。当霸业成就以后，唐朝也同样无法禁止，转而授给他官爵相拉拢。可见他与唐朝在君臣关系上的情义，是非常浅薄的。因为天下已不再是唐朝的天下，而人民又必须有所依靠才能生存。杨行密能够力挽狂澜，救百姓于水火之中，保住江淮大片领土。并且还能不跟随别人作乱，甘心推奉正朔，像王师范、罗绍威、韩建等人的做法一样，完全可以称作是大丈夫的行为。唐朝存在一天，杨行密就一天不称王，而赏罚等大事都听从朝廷的命令，丝毫不加逾越，安于自己的职位，又不屑向叛臣的朝廷屈服，这些称得上没有妄想。而唐朝对杨行密有什么恩德呢？奢望他能像郭子仪、李晟一样精忠报国，去与朱温对抗而争取一线的希望呢？

如果说普天之下都逃脱不了一个义字，那么商汤和周武王也有所惭愧。秦朝末年，若是项羽不杀怀王，汉高祖就能终生称臣吗？杨行密保境安民坐观时变，如果唐朝能够复兴，那么自己就像窦融一样投靠朝廷；唐不能复兴，自己则像尉佗一样割据自保；而不去做非法的事情助纣为虐，这就足够了。既然不能用君臣的大义去苛求他效忠朝廷，而昭宗又有何必要去企望他救援自己呢？

所以说，三镇没有一个可以依赖。昭宗在事先没有自保的办法，章。“谓他人昆，亦莫我闻。”势之所必然者也。屠门之悲号，不如其喑矣。

昭宣帝

1.嬴政坑儒，未坑儒也，所坑者皆非儒也；朱温杀清流，沉之河，未杀清流也，所杀者非清流也。信为儒，则嬴政固不能坑之矣；信为清流，则朱温固不能杀之矣。

温诚诛鉏善类不遗馀力，而士大夫无可逃之彀中邪？乃于韩偓弗能杀也，于司空图弗能杀也，于郑綮亦弗能杀也；又下而为梁震、罗隐之流，且弗能杀也。凡此见杀者，岂以身殉国而与唐偕亡者乎？抑求生于暴人之手而不得其术者耳。天下不知其谁氏之土，天子不知有几日之生；情逆而恣媿怹者，腥臊之臭味逼人；无赖而充班行者，醉梦之眉目疑鬼；犹且施施然我冠子佩，旦联缀以充庭，夕从容而退食。若此之流，谓之清也，则谁复为浊流邪？

朱温为之主，李振为之辅，必杀矣；明天子在上，贤执法在列，亦未可贳而弗诛也。游于浊而自炫其清，斯所谓“静言庸违”者，四裔之投，其可宥乎？而欧阳永叔谓裴枢等惜一太常卿不与伶人，使其不死，必不以国与人，过矣。

晋、宋、齐、梁之护门第，唐人之护流品，其席荣据要之习气耳。门第流品横亘其肺肠，而怙众以喧呶，仰不知有君父，俯不知有廉隅，皆此念为之也。王谧解玺绂以授桓玄，不欲自失其华族耳。枢等不死，劝进朱温者，岂待张文蔚、杨涉事到临头而慌了手脚，“说别人不行，自己更不如”，是形势发展的必然结果。即使是屠宰场发出的悲鸣，也没有像他这样软弱无力。

秦始皇坑儒，实际上并没有坑儒，所坑杀的都算不上是真正的儒生，朱温杀有清流声望的士大夫，把他们沉到河里，实际上并没有杀清流，所杀的也算不是清流之人。如果被认为是儒生，那么秦始皇就不能坑杀他；公认的清流，朱温也不能会去淹死他们。

朱温尽管在诛杀士大夫上不遗余力，但大夫真的就没有逃脱的可能吗？像韩偓这样的人他不能杀，司空图不能杀，郑綮也不能杀；次一些的人，如梁震、罗隐等等，他也不能杀。而那些被杀害的，真的就是以身殉国与唐共存亡吗？不过是想从暴徒手中求生但又无门罢了。天下不知道是谁的天下，天子也不知能活几天，一味篡逆而恣意胡作非为者，气焰嚣张逼人。在朝廷上担任官职的无耻之徒，昏昏然如行尸走肉，仍要去装模作样地穿上朝服，白天相继上朝，晚上从容就食。像这样的人如果被认为是清流的话，那么什么人是浊流呢？

朱温做他们的首领，李振加以辅佐，一定会杀了他们。假若有英明的皇帝当政，贤良的宰相掌权，也不一定留他们的性命，本来就生活在浊流之中而自认为清高，这正是所谓的“心口不一”。而欧阳永叔说裴枢等人因为爱惜太常卿的官职而不把它授给戏子，如果他不被杀，也一定不会把国家送给别人，这种说法是不正确的。

晋、宋、齐、梁时期的士大夫重视自己的门第，唐代的人维护声望和官品，这些都是贪图富贵的陋习。当门第观念在心中作怪的时候，就会一切从这一观念出发，上不知有皇帝的存在，下不知还有廉耻，这些都是由成见造成的。东晋末年，王谧把皇帝的玺绶解下来交哉？但使不失其清流之品序，则人人可奉之为天子矣。忠孝之存去，名位之重轻，则清浊之大界也，非永叔之所知也。

2.强国非安天下之道，而取天下之强摧残之、芟夷之、以使之弱，则天下之乱益无已。故养天下之力于不试，不见其强而自不可弱者，王道也；国方弱而张之，相奖以武健而制之以其方，使听命者，霸功也；因其强而强之，莫之能戢而启其骄，乱之所自生也；畏其民之强而摧之夷之，乃至殄灭之以使弱，则既以自弱而还以召乱。无强无弱，人皆可乱，则天下瓦解而蜂起以相残，祸之最烈者也。

战国之强也，天下以乱。嬴政恶其强而思弱之，既弱六国之众，并弱其关内之民，销其兵刃，疲以力役，强者虔刘殆尽，而耰鉏棘矜之徒以起，椎埋黥配之夫，尸王号而长吏民，天下一无可畏而皆可畏矣，民乃争趋于死而莫之救矣。

唐之乱，藩镇之强为之也。藩镇之强，始于河北，而魏博为尤，魏博者，天下强悍之区也。自光武用河北之兵以平寇乱，遂屯兵黎阳，定为永制，而东汉以强。故其民习于强而以弱为耻，天下资之以备患。垂及于唐，上未加以训练，而骁桀之习，未尝替也。然亦何尝为天下患哉？安、史之平，代宗不给篡位的桓玄，目的也是不想失去自己的富贵荣华。如果裴枢等人不死，劝说朱温取代唐朝的人，又怎会是张文蔚、杨涉呢？如果为了不让自己失去清流的人品，则每个人都会推奉朱温做皇帝。士大夫是否忠孝，名位是重是轻，都是划分清浊的标准。这些，并不是欧阳永叔所能知道的。

强国并不是使天下安宁的办法，但如果把强大的国家摧残、损坏成弱小的国家，那么天下的动乱就会无休无止。所以，既使不使用也要积蓄天下的力量，看上去不强大而实际上不寡弱，这正是王者之道。当国家微弱的时候而拯救，崇尚武勇并用正确的办法加以约束，使人人听从号令，这是霸主的功业；如果在强盛时仍进一步去强化，使国家无法驾御而引起骄傲，这正是祸乱的本源；担心百姓强大而摧残和压制他们，甚至不惜杀人而使他们衰弱下去，这实际上是使自己衰弱而引发祸乱的办法。因为没有强弱，人人都能起来造反，天下必将在自相残杀中土崩瓦解，所造成的危害也最严重。

战国的时候是强盛的，但天下也因此而大乱。秦始皇厌恶这种强盛使它衰弱下去，不仅削弱了六国势力，而且还削弱了关中的力量，销毁了兵器，用繁重的徭役压制百姓，结果把强盛的国力变得衰弱不堪，耕田的农民乘机而起，犯罪之人也能够称王称霸，天下在无人可怕的情况下变得都可怕起来，百姓也争着去出生入死，而无力拯救。

唐代的动乱，是由藩镇的强盛引起的。藩镇的强大，由河北开始，而以魏博镇最为强大。魏博镇是天下最为强悍的地方。从东汉光武帝依靠河北的兵力平定内乱以来，便在黎阳屯驻了军队，并作为永久的制度，而东汉也因此强盛起来。因此，当地的百姓习惯了争强好胜，而把寡弱当作耻辱，天下也因此依靠这里而防备祸乱。入唐以后，朝廷虽然没有刻意训练这里的兵民，但当地崇尚勇武的风气并没能抚有，田承嗣起而收之以自雄，为藩镇之戎首。幽、燕、沧、冀、兖、郓、淄、青之不逞，皆恃魏博之强，扼大河以亘塞河南而障蔽之，田兴一受命，而河北瓦解，其为天下重久矣。广明以后，黄巢横行天下，而不敢侧目河朔，恃此也；汴、晋交吞以窥唐室，而王镕、刘仁恭既不敢南向以争天下，抑不至屈于汴、晋而为其仆隶，恃此也。罗绍威以狂騃竖子听朱温之蛊，一夕而坑杀牙兵八千家，于是而魏博为天下弱，天下蔑不弱也。

鸣呼！岂徒绍威之自贻幽辱危亡也哉？天下之一治一乱也，其乱则上激下之怒而下以骄，骄气偾张，无问强弱也，强者力足以逞而怨愤浅，弱者怨毒深，藻聚萍散，不虑死亡，以姑尝试其诪张，而蜂起以不可遏。《诗》云："无拳无勇，职为乱阶。"唯无拳勇者之乱，乱不可弭也。有强者以制其左右，则犹有惮焉。天下胥弱，而骄固不可戢也。无藉以兴，旋灭而旋起，既无所惮，何人不可踔跃以为难哉？

故自魏博牙兵之歼也，而朱温之计得。于是一时割据之雄，相奖以为得计，日取天下智计勇猛之将吏军卒而杀之，唯恐强者之不尽也。故迨乎温、存勖交争之世，而天下皆弱。蹶然而起者，猝然而仆，不能一朝自固也。胥天下而皆弱矣，勿待强者之骄，而弱者无不骄也。于是而割天下而裂之，苟有十有改变。然而又是怎样危害天下的呢？安史之乱平定以后，代宗不能安抚河北，田承嗣乘机在这里发展势力称雄天下，成为藩镇作乱的开始。幽、燕、沧、冀、兖、郓、淄、青等方镇势力不及，都依仗有魏博镇作坚强后盾，拒守黄河而断绝黄河以南的联系。等到田兴接受了朝廷的号令，河北其他方镇也立即土崩瓦解。可见魏博镇在天下的地位是多么重要。到广明年间（公元880——881年）以后，黄巢的农民军在天下南征北战，但不敢进入河朔地区，也是因为这里不容易战胜的缘故。李克用和朱温相互攻击以觊觎唐朝江山，而王熔、刘仁恭既不敢南下争夺天下，也没有沦落为李、朱二人的奴仆，也是因为如此。可恨的是凶险小人罗绍威听信了朱温的挑拨，一夜之间杀害了河北兵丁八千家，于是魏博镇急剧衰落下去，成为天下微弱的地区，天下也因此衰弱不堪了。

唉！怎能是罗绍威自己挑起幽辱危亡的祸害呢？天下的大势是有治有乱，其动乱是由上面的政策引起下边的愤怒和骄横，骄横表露的时候，也就不再关心强弱如何。强大的势力足可以依靠自己的实力去达到目的，所积聚的怨愤也不深，而弱者的怨愤较深，像浮萍和水藻的聚散一样，不关心死活，以实现愿望为目的，蜂起云涌而不能遏止。《诗经》说："没有拳头又缺乏勇气，是祸乱的根源。"只有没实力和勇气的祸乱发生以后，才无法制止。如果有强大的势力牵制他们，他们心里才会忌惮。如果毫无凭藉而骤然作乱。屡败屡起，毫无顾忌，又有什么人不去作乱呢？

所以自魏博镇的兵力被消灭以后，朱温的计划便能够实现了。其他一些割据的奸雄，相继效法罗绍威的做法，整天杀害有勇有谋的将帅士兵，唯恐强壮的人不被杀绝。因此到朱温、李存勖交相争斗的时候，整个天下已经微弱得精疲力竭，一朝兴起的势力会在突然之间垮掉，不能保住一时的安宁。因为天下都微弱不堪，因此不等姓百家可持白梃、张空拳者，皆弃耒耜以喧呼。高季兴、孟知祥、王延政、董昌、刘龑、钟传、马希萼、雷满、张文表、危全讽之琐琐者，翦妇人之衣绣以为韎韐，伐空山之曲木以为戈矛，或以自帝，或以自王，或以自霸。而石敬瑭羸病之懦夫，刘知远单寒之孤雏，且褎然宅土中以称元后。呜呼！勿论其不足以君也，抑勿论其不足以霸也，即与群盗齿，曾不足与张角、齐万年、方腊争雄长，皆无惮而自诧为刘、项、孙、曹也。风淫草靡，乃进契丹而为君父，弱天下者之召乱于无已，固如是夫！

“赳赳武夫，公侯干城。”文王之仁也，且求武夫于中林中逵之下，曾是抚有果毅强御之众，而可屠割俾尽，以启不量力者之骄悖乎？绍威之愚，朱温之惨，不足诛也。天有大乱之数，强者先歼焉，匪寇匪仇，杀之若将不及，亦衰气之使然与！

3.昭宗虽暗不足以图存，而无淫虐之慝足以亡国。朱温起于群盗，凶狡如蛇虺，无尺寸之功于唐，而夺其三百年磐石之社稷。乃盈天下世胄之子，荐绅之士，建牙分阃之帅，无有一人感怆悲愤、不忍戴贼以为君者，而独得之丁会。会之帅泽潞也，温胁昭宗授之旌节，则固温之私人，而于昭宗无恩礼之孚、倚为腹心者也。帅昭义者六年，温拔潞州而授之，乃闻昭宗凶问，帅将吏缟素流涕，幸李嗣昭之来攻，而降河东，曰：“虽受梁王举拔之恩，诚不忍见其所为。”盖汉、宋之亡，忠节不胜书，而唐之亡也，唯此一士耳。

有强大的势力骄横，弱小的势力就都骄横起来，于是天下也被割裂开来。只要有几个人能够提棒挥拳，就要丢掉农具去作乱，像高季兴、孟知祥、王延政、董昌、刘龑、钟传、马希萼、雷满、张文表、危全讽等萎琐之辈，毁坏妇人衣服作旗帜，砍伐树木作刀枪，有的称帝，有的称王，有的称霸，甚至像石敬瑭这样多病的懦夫，刘知远这样单门独户的小儿，也能挖坑聚土自称大王，啊！且不说他们没有做君主的才能，也不说他们不足以称霸，既使与过去的一些农民英雄相比，也不及张角、齐万年、方腊等人，更不足与刘邦、项羽、孙权、曹操等人想提并论。社会风气到了这种地步，甚至还要推举契丹人为首领，使微弱的天下召来了无穷无尽的灾难，竟然是这样！

“雄纠纠的武士，是国家的栋梁。”像周文王这样的至仁君主，还要从天下广招贤才，而唐朝曾经有强大的国力和英勇善战的军队，都被斩尽杀绝，从而引起自不量力之人的骄横狂悖。罗绍威的愚昧、朱温的歹毒，实在是罪不容诛。天下将有大乱发生，必将先使强者受害。他们不是贼寇也不是敌人，仍去争先恐后地加以杀害，也是衰微之气造成的。

唐昭宗尽管暗弱得不能保全自己，但也没有足以亡国的淫虐行为。朱温出身于盗贼，凶狠狡猾得像毒蛇一样，对唐朝没有一点功勋，反而篡夺了它坚如磐石的三百年江山。对此，普天下的官僚子弟、文武百官、中外将帅没有一人感慨悲愤，也没有一人不去拥戴朱温，仅仅只有丁会一人效忠唐室。丁会当初出任泽潞镇的首领，是朱温强迫昭宗任命，而不是昭宗树立私恩、结为腹心。他在昭义镇任职六年，当朱温攻克潞州后又授给了他。等他听到昭宗被杀的消息，毅然帅将士为昭宗发丧。遇到李嗣昭前来进攻，他干脆归附了河东的李克用，说：“虽然接受过梁王（朱温）的奖拔之恩，但也不忍心见他所作的篡逆之事。”在汉朝和宋朝亡国的时候，天下的尽忠守节之人数不或曰：克用亦唐贼也，去温而即克用，奚愈焉？

曰：会于此时无可归矣。以独力而思讨贼，昭宣帝刀俎之馀肉，无能辅矣。保境以自固，汴、晋夹焉，而必不可以终日，则兵民且歼于凶人之刃。乃在温篡弑未成之日，则克用之去温也无几，在温弑主之后，则克用犹未有此滔天之逆，而相依以自全焉可矣。不北面以推戴弑君之贼、为佐命之勋臣，而身亦可以无辱矣。项羽杀韩王，而张良归汉。韩王不死于项羽，汉抑岂能分天下以王韩者？归其为我报君父之仇者，则虽不能存我故国，而志亦可以伸。况乎篡弑之贼，覆载不容之大憝，虽有其心，未有其事，君子可许其改而弗亟绝之，则克用可归，会亦舍此而奚归乎？知有君而为之哀，知其贼而不为之臣，天下无君，而聊以谢党逆之罪，志士忠臣之处此，亦如是而已。唐之亡，盈天下而唯一士也，会奚让焉？

胜数，而唐朝灭亡时，只有这么一位忠臣。

也许会有人说：李克用也是唐朝的奸贼，丁会背叛朱温去投靠他，又有什么区别呢？

回答是：丁会在这时没有人可以依附。如果用自己的力量起兵讨伐朱温，而昭宣帝也只是别人砧板上的剩肉，无法让人辅佐；如果拥兵自保，则有朱温和李克用的夹击，肯定也支持不了多久，况且军队和百姓还要无端地受害。当朱温还没有篡唐以前，李克用与他没有什么区别，但到朱温杀害了昭宗以后，李克用就没有犯下这样的大罪，丁会依赖他保全自己也未尝不可。不去推奉犯上作乱的奸贼，不做他的佐命功臣，则自己也不蒙受耻辱。项羽当年杀掉韩王，张良也同样背叛他去投靠刘邦。如果韩王没死在项羽的手里，那么刘邦会把天下分给他一块让他独自称王称霸吗？归附他不过是想借他的手去为自己的君主报仇，这样虽不能恢复自己的国家，但仍可以伸张自己的志气。何况怀有篡权野心的人，在篡窃以前虽有野心，但并没有形成事实，正人君子可以期望他痛改前非，而不是为他下结论。因此说李克用是可以归附的，丁会除了他还能有谁去归附呢？知道有君主而去为他悲痛，知道是奸贼而不去做他的臣民，天下没有君主，正可以以此来声讨奸贼的罪行。即使是志士忠臣生活在这时，也只能这样做。唐朝灭亡时，普天之下只有丁会这么一位忠臣，而他又有什么可以责怪呢？

卷二十八

五代上

（合称五代者，其所建之国号，皆不足称也。朱温，盗也，与安禄山等，李存勖、石敬瑭、刘知远，沙陀三部之小夷，郭威攘窃无名，故称名。周主荣，始不与谋篡逆，受命为嗣，而有平一天下之志，故称周主，愈于夷盗之流，要之皆不足以为天子。）

1.称五代者，宋人之辞也。夫何足以称代哉？代者，相承而相易之谓。统相承，道相继，创制显庸相易，故汤、武革命，统一天下，因其礼而损益之，谓之三代。朱温、李存勖、石敬瑭、刘知远、郭威之琐琐，窃据唐之京邑，而遂谓之代乎？郭威非夷非盗，差近正矣，而以黥卒乍起，功业无闻，乘人孤寡，夺其穴以雺立，以视陈霸先之能平寇乱，犹奴隶耳。若夫朱温，盗也；李存勖、石敬瑭、刘知远，则沙陀犬羊之长也。温可代唐，则侯景可代梁、李全可代宋也；沙陀三族可代中华之主，则刘聪、石虎可代晋也。

且此五人者，何尝得有天下哉？当朱温之时，李克用既与敌立，李茂贞、刘仁恭、王镕、罗绍威亦拥土而不相下，其他杨行密、徐知诰、王建、孟知祥、钱镠、马殷、刘隐、王潮、高季兴，先后并峙，帝制自为，分土而守，虽或用其正朔，究未尝奉冠带、祠春秋、一日奔走于汴、雒也。若云汴、雒为王者宅把唐宋之间这段历史称作五代，是宋朝人的说法。而事实上，又怎能以朝代相称呢？朝代的意思是相承相易。正统相继承，道义相取代，创立新制度以改变旧体制，因此像商汤灭夏、周武代商，统一天下，针对旧礼制进行变革，所以被称为夏、商、周三代。而朱温、李存勖、石敬瑭、刘知远、郭威等凡夫俗子，因为窃据了唐代的京城，所建的政权就有资格被称为朝代吗？郭威的出身既不是外族人也不是盗贼，相比起来还有些正统，但当初由受刑的士兵发家，没有建立什么功业，只是乘后晋皇帝幼小、皇太后临朝之机，欺负孤儿寡母而获得了王位，把他与当年的陈霸先屡立战功相比较，做人的奴仆也不如。至于朱温，则是盗贼；李存勖、石敬瑭、刘知远，都是沙陀人的部落酋长。如果朱温的篡唐能够称作代，那么侯景篡梁、李全篡宋也能称作代；李存勖等三位沙陀首领能够称作中原皇帝，刘聪、石虎也能称为代晋的皇帝了。

况且朱温等五人，什么时候拥有过天下呢？在朱温称帝的时候，既有李克用作他的劲敌，又有李茂贞、刘仁恭、王镕、罗绍威与他分庭抗礼，更有杨行密、徐知诰、王建、孟知祥、钱镠、马殷、刘隐、王潮、高季兴等人相继独霸一方，称帝自保，割据称雄。尽管其中的有些人采用了他的国号、年号，但也从没有采用他的礼仪制度，春秋两季进行祭祀，前往汴、洛两京进行朝贡。如果说汴、洛两京是中出治之正，则舜、禹受禅，不仍陶唐之室，汤、武革命，不履夏、商之都，而苻健、姚兴、拓拔宏奄有汉、晋之故宫，将以何者为正乎？倘据张文蔚等所撰之玉册，而即许朱温以代唐，则尤奖天下之逆而蔑神器矣。

且夫相代而王天下者，必其能君天下而天下君之，即以尽君道也未能，而志亦存焉。秦、隋之不道也，抑尝立法创制，思以督天下而从其法令，悖乱虽多，而因时救弊者，亦有取焉。下至王莽之狂愚，然且取海宇而区画之，早作夜思，汲汲于生民之故。今石敬瑭、刘知远苟窃一时之尊，偷延旦夕之命者，固不足论；李克用父子归鞑靼以后，朱温帅宣武以来，觊觎天步，已非一日，而君臣抵掌促膝、密谋不辍者，曾有一念及于生民之利害、立国之规模否也？所竭智尽力以图度者，唯相搏相噬、毒民争地、以逞其志欲。其臣若敬翔、李振、周德威、张宪之流，亦唯是含毒奋爪以相攫。故温一篡唐，存勖一灭温，而淫虐猥贱，不复有生人之理，迫胁臣民，止供其无厌之求。制度设施，因唐末之稗政，而益以藩镇之狂为。则与刘守光、孟知祥、刘龑、王延政、马希萼、董昌志相若也，恶相均也，纭纭者皆帝皆王，而何取于五人，私之以称代邪？初无君天下之志，天下亦无君之之心，燎原之火，旋起旋灰，代也云乎哉？

正统的天子之都，那么当年的舜、禹在接受禅让的时候，也不是在陶唐氏居住过的地方；商汤、周武王改朝换代，也没有踏上夏、商的国都；然而苻健、姚兴、拓跋宏都是在汉、晋故宫中称孤道寡的，他们就算得上是正统吗？假若根据张文蔚等人撰写的劝进文书，把朱温的篡唐当作取代唐朝而有天下，只能是鼓励天下的篡逆行为而蔑视君位。

况且，相互替代而统治天下的，必须有君临天下的威望和让天下人当作君主去看待，即使不能尽人君之道，也应有做天下君主的大志。秦朝和隋代都不是有道德的王朝，他们都曾创立法律制度，企图用法规督促天下并让天下人遵从，尽管其中有不少弊病，但也不是一无可取的。甚至像王莽这样的狂愚之人，还能把天下统一起来并分区而治，心中对天下百姓早早作过打算。而如今的石敬瑭、刘知远窃取了一时的尊宠地位，只为了一时的苟延残喘，固不足论，李克用父子归鞑靼以后，朱温统帅宣武军以来，就已经开始觊觎唐朝天下，然而他们与谋士之间秘密商议，屏人耳语的，难道有一点是为了天下百姓的利害、立国的规模制度吗？所竭尽智谋和力气去图谋的，都不过是相互争斗，掠民争地，以实现自己的美梦。他们的谋臣像敬翔、李振、周德威、张宪等人，也只知道张牙舞爪去祸害别人。所以当朱温刚刚篡唐、李存勖刚刚篡后梁以后，便滥施淫威，进行残暴统治，不给百姓留下一点活路，压迫人民，只为了满足自己贪得无厌的追求，在制度和各种措施上都沿袭唐朝的弊政，并且还加入了藩镇的胡作非为。拿他们与刘守光、孟知祥、刘龑、王延政、马希萼、董昌等人相比，完全是志气相同，罪恶相均，都是为了自己的称帝称王。可见朱温等五人所建立的五个政权，又有什么可取？又有什么资格被称为朝代呢？他们本来就没有做天下君主的想法，天下人也没有把他们当作君主的心思，都不过像遍野上燃烧的火焰一样，随起随必不得已，于斯时也，而欲推一人以为之主，其杨行密、徐温、王建、李昪、钱镠、王潮之犹愈乎！尚有长人之心，而人或依之以偷安也。

周自威烈王以后，七国交争，十二侯画地以待尽，赧王纳土朝秦，天下后世固不以秦代周，而名之曰战国。然则天祐以后，建隆以前，谓之战国焉允矣，何取于偏据速亡之盗夷，而推崇为共主乎？中国不可无君，犹人不可无父也。孤子未能克家，固无父矣，不得晋悍仆强邻而名之曰父。是以有无父之子，有无君之臣民。人之彝伦，天之显道，不可诬也。

宋之得天下也不正，推柴氏以为所自受，因而溯之，许朱温以代唐，而五代之名立焉。名不可以假人，天下裂而不可合，夷盗窃而不可纵，夺其国号，该之以五代，聊以著宋人之滥焉云尔。

2.夷狄以劫杀为长技，中国之御之也以信义。虽然，岂易言哉？获天之祐，得人之助，为天下君，道周仁至，万方保之，建不试之威，足以服远，于是奋赫然之怒，俘系而殄灭之，弗能拒也，乃可修信义以绥之，任其来去而与相忘，弗能背也。李克用之在河东，奚足以及此哉！

沙陀之与契丹，犹麐之于鹿也，捷足者先耳。阿保机背七部更代之约而踞汉城，克用父子受大同之命而窥唐室，其以灭，又怎能被称为朝代呢？

在这时，如果一定要推奉一位君主，那么也只能在杨行密、朱温、王建、李昇、钱镠、王潮等人中间选择。他们还都有点做人君主的良心，百姓依靠他们还可以偷安一时。

周朝自威烈王以后，七国交争，十二诸侯划地而守，至周赧王向秦朝纳土朝贡，而天下和后代人不认为是秦朝取代了周朝，而称为战国。至于在唐宋之际，天祐以后和建隆以前（公元907——960年），称为战国还较为恰当，又何必把盗贼和外族人建立的偏安、短命政权当作正统呢？国家不能没有君主，就像人不能没有父亲一样。孤儿不能支撑门面，是因为没有父亲，他不能把强悍的奴仆或邻居称作父亲。所以天下有死了父亲的儿子，也有缺少君主的百姓。人伦次序和自然界的规律都是固定的，容不得半点虚假。

宋朝获得天下的途径也算不上是正统，推奉柴姓的北周为本源，因此而追溯以前，把朱温的篡唐当作取代唐朝，从而也就有了五代的名号。名称不能随便许人，天下分裂而不能统一，外族人和盗贼的篡窃不能听之任之，剥夺他们的国号，总称之为五代，是宋朝人随意命名事例中的一种。

外族人善于攻杀劫掠，中央王朝对他们的态度是以诚相待。尽管如此，这种政策能够始终不变吗？有上天的保佑和人的帮助；当了天下的君主，为百姓考虑得周道，做到了仁至义尽，获得天下的一致拥戴，建立了不可抵挡的威名，足以使远方的人服服贴贴。即使忽然心血来潮，发兵讨伐不臣服的民族也会使对方无力相拒。进而用信义相安抚，听任他们自由来往，他们也不会有背叛行为。但李克用在河东的时候，并没有做到这些。

沙陀人与契丹人比起来，就像麈和鹿同场竞技一样，谁的速度快谁就能取胜。阿保机背叛了七部更代的规矩而盘踞汉城，李克用变诈凶狡相尚，又相若也。素所怀挟者无以相逾，而克用为李可举所挫，投命鞑靼，素为殊族所轻，威固不足以相制。阿保机帅三十万之众以来寇，目中已无克用，克用与之连和，力屈而求安耳。克用短长之命，阿保机操之，而东有刘仁恭与为父子，南有朱温遥相结纳，三雄角立，阿保机持左右手之权，以收其垄断之利，以其狡毒，不难灭同类世好之七部，而何有于沙陀之杯酒？当是时，朱温强而克用弱，助温以夹攻克用，灭之也易，助克用以远攻温，胜之也难，克用乃欲以信结之，约与灭温，直一哂而已。契丹于时未可得志于河东，姑许之而弗难旋背之，克用乃曰："失信夷狄，自亡之道。"拒谋臣之策，不擒之于酣饮之下，何其愚也！

阿保机初并七部，众心未固，德光孤雏耳，突欲闇弱而莫能为主，阿保机死，则七部各怀其故主，分析以去，而契丹之势衰，李从珂、石重贵之败亡不速，赵宋无穷之祸亦以早捐，岂非中华之一大幸与？以克用之机变雄桀，而持老生之常谈，假帝王之大义，以成乎三百馀年中原之毒螫，意者其天邪？不然，何其愚也！

以帝王之惇信义也，三苗来格矣，舜必分北之；昆夷可事矣，文王必拒駾之；东夷既服矣，周公必兼并之；未尝恃硁硁父子则在驻守大同以后而窥视大唐江山，他们的奸诈多变又是十分相似的。平常所作的打算无人逾越，而李克用被李可举击败，投奔鞑靼，一向被他们所轻视，所以他的威力还无法制服鞑靼人。阿保机带着三十万人入寇内地，眼中已不再有李克用，李克用与他连和，也只是一种求安的手段；李克用的生死实际上操纵在阿保机的手里，况且在他的东部有刘仁恭与阿保机亲如父子，南部的朱温也遥相结纳，三雄鼎立，阿保机利用这种左右手的优势，还可以收到独有的利益，再加上他的狡诈险毒，也不难消灭同族中其他的七大势力，这样，哪里还会有沙陀人的好处呢？在这时，朱温强盛而李克用微弱，如果契丹人帮助朱温消灭李克用，简直是易如反掌，如果帮助李克用远攻朱温，则不一定就有必胜的把握。李克用因为有利用契丹人与朱温对抗的打算，便想与契丹人讲究信义，相约共同消灭朱温，其实这只是让人一笑的想法。契丹人这时在河东还没有得势，姑且答应些什么，也不难在事后反悔，但李克用却说："失去与契丹人的信用，是在自取灭亡。"因此拒绝谋士的建议，不利用能够击败他的机会消灭他们，实在是愚蠢至极！

阿保机刚刚统一了契丹七部，人心还没有安定下来，况且德光还只是个孤弱的小孩，突欲暗弱不足以统帅契丹，因此如果在这时杀掉阿保机，原来的契丹七部各怀念旧有的部落首领，叛变而去，契丹人的势力就会大大衰弱，李从珂、石重贵也不致于迅速败亡，赵宋王朝无穷的灾祸也会早日断绝，这难道不是中央王朝的二大好事吗？像李克用这样桀羁多智的人，假借帝王所推行的大义，被老生常谈所束缚，造成三百多年中原大乱的恶果，难道是天意吗？如若不然的话，是多么愚蠢啊！

以帝王之尊守信义，三苗民族前来归顺，而虞舜让他们分布在北边，昆夷民族也可以归化，而文王力拒了他们；东夷臣服以后，周以姑纵也。晋文公弃楚之小惠，败之于城濮，而《春秋》大之，宗周以安，宋、郑以全，所繇异于宋襄远矣。故曰：夷狄者，欺之而不为不信，杀之而不为不仁，夺之而不为不义者也。以一夫擒之而有馀，举天下之全力经营二百馀年而终不克，无可归咎，而不容已于重惜，故曰：意者其天也。不然，克用之狡，岂守老生之谈、附帝王之义者哉？

3.士之不幸，生乱世之末流，依于非所据之地，以保其身，直道不可伸也，而固有不可屈者存。不可伸者，出而谋人之得失也；必不可屈者，退而自循其所守也。于唐之亡，得三士焉。罗隐之于钱镠，梁震之于高季昌，冯涓之于王建，皆几于道矣。胥唐士也，则皆唐之爱养而矜重者也。故国旧君熸灭而无可致其忠孝，乃置身于割据之雄，亦恶能不小屈哉？意其俯仰从容于幕帟者，色笑语言，必有为修士所不屑者矣！以此全身安土，求不食贼粟而践其秽朝已耳。至于为唐士以阅唐亡，则幽贞之志无不可伸者，镠、建、季昌亦且愧服而不以为侮，士苟有志，亦孰能夺之哉？

冯涓尚矣！为建参佐，抗建称帝之妄曰："朝兴则未爽臣节，贼在则不同为恶。"迪建以正，而以自守其正也。建不从，而杜门不出，建弗能屈焉，则其素所树立有以服建者深矣！

公也兼并了他们；都没有听任他们而有所放纵。晋文公放弃了楚国的小小恩惠，在城濮地区大败他们，因此而获得了《春秋》的称颂，周朝和宋、郑等国都得以自全，这要比宋襄公的所作所为有远见得多。所以说：对付边外各族，欺骗他们不是不守信用，杀了他们也不是不仁，抢夺了他们也不是不义。当用一人就足以擒拿的时候而不去做，而引起天下人全力对付二百多年而不能获胜，其责任无法追究，也用不着过于惋惜，因为这是天意。如若不然，像李克用这样狡诈的人，怎能受老生常谈所迷惑，故意去攀附帝王的仁义呢？

士大夫最大的不幸，是生活在乱世的末年，依托在不合适的地方，以保全自己，无法伸张正义，但也有守正不屈的人。无法伸张的，是在外替人谋划得失；不能受屈的，是自己的立身之道。在唐代灭亡时，就有三个这样的人。罗隐对钱镠的态度，以及梁震与高季昌、冯涓与王建之间的关系，都是可以被认为正统的。他们都是由唐朝政府培养、对唐朝感情深重并老成持重的人。当故国旧君一同消失以后，无法再为他们尽忠，便依靠于割据称雄的人，又怎能不受委屈呢？意思是在他从容出入于幕府之中时，还能够强颜欢笑，言语自若，这些必定被隐士们不屑一顾。通过这种方法保全自己并保全家园，以达到不食贼人粟米和不踏贱人朝堂的目的。至于作为唐朝的士人目睹了唐朝的灭亡，被压抑的意志没有不可以伸张的，像钱镠、王建、高季昌等人还能随俗而不认为是屈辱，士大夫如果真的有志气，又有谁能够改变呢？

冯涓的做法是高尚的。担任王建的参佐，曾在王建打算称帝时抗议他的妄想说："在势力兴起以后还没有尽一点人臣的义务，盗贼尚在，也不能与他们一样去作恶。"用正义去斥责王建，是因为他自己行得正、立得直。王建没有采纳，他闭门不出，王建也无法让他屈服，可以推知他平时有许多令王建叹服的言行。

梁震无能规正季昌使拒贼而自立，非震之计不及此也，季昌介群雄之间，形势不便，而寡弱固无能为也。震居其国，自全焉足矣。以前进士终老于土洲，季昌屈而己自伸，祇恤其躬，而不暇及人，是亦一道也。

罗隐之说钱镠讨朱温也，曰："纵无成功，退保杭、越，可自为东帝。"隐非欲帝镠也，动镠以可歆，冀雪昭、哀之怨，而正君臣之义也。其曰"奈何交臂事贼，为终古羞"，伟哉其言乎！正名温之为贼，不已贤于后世史官之以梁代唐，而名之曰帝、曰上乎？隐固诙谐之士，而危言正色，千古为昭；镠虽不用，隐已伸矣。

唐之重进士也，贵于宰辅。李巨川、李振之流，皆以不第而生其怨毒。涓既起家幕佐，隐与震皆以不第无聊，依身藩镇，而皎皎之节，炎炎之言，下视天祐末年自诧清流之奸辅，犹豚彘然。一列为士，名义属焉，受禄与否何较哉？天秩之伦，性植之正，周旋曲折，隐忍以全生，而耿耿清宵者不昧也。唐之亡，三士而已，公卿大夫恶足齿乎？司马子长有言："伯夷虽贤，得孔子而名益著。"三子者，降志辱身，非可望伯夷之清尘者也，而能自标举于浊乱之世，不易得也。后世无称焉。宋人责人无已而幽光掩，可胜叹哉！

梁震没有能劝止高季昌抗拒盗贼以自立，并不是因为他的计谋没有达到这些，而是因为高季昌介立于群雄之间，形势不便，而自己又势单力薄无可作为。梁震生活在这样的环境中，能够自我保全就已经足够了。他以唐朝进士的身份老死在蛮荒之地，高季昌屈服而自己可以伸张，只体恤他对事情的亲自过问，而无暇顾及人事，这也是一种道德。

罗隐劝钱镠讨伐朱温时，这样说："即使不能成功，退保杭、越地区，也足以自称东方帝王。"罗隐在这里并不是想拥立钱镠为帝，而是想诱发钱镠的欲望，以此而帮助昭雪唐昭、哀二宗的冤屈，正大君臣之间的情义。他说"为什么要低头屈服于奸贼，让后人耻笑呢"，这句话是多么伟大啊！正确地指出朱温是奸贼，不比后代的史官称朱温篡唐为代唐、把他称为帝、称为皇上强得多吗？罗隐尽管是个风趣诙谐的人，但能正色直言，光照千古；钱镠虽不采纳，但罗隐的正气毕竟伸张了。

唐朝十分重视天下的士大夫，把他们看得比宰辅还要珍贵。像李巨川、李振等人，都是因为没能考取功名而对唐朝不满的。冯涓既然起家于幕府的僚佐，可见也没有功名，而罗隐和梁震也因没有进士及第而失魂落魄，投靠到藩镇中。但他们的正直不屈和铮铮言语，与天祐末年那些自认为是清正的权奸宰辅相比，后者不过是猪和鸡鸭罢了。一旦名入士籍，就有了士人的义务，做官与否又有什么关系呢？苍天规定的伦理秩序，人的本性植根于正直之上，无论怎样的周旋曲折，为了保合自己而作怎样的忍耐，但赤心不改，追求不变，良心不昧。唐朝灭亡了，只剩下这样三位名士，那些公卿士大夫又何足挂齿呢？司马子长曾说："伯夷尽管是位贤者，但在孔子的称赞以后才有更大的名声。"而唐末的三位名士能够在身体受辱的情况下保全气节，尽管不能与伯夷的清净不俗相比，但能保全于乱世，出污泥

4.极乎凶顽不逞之徒，皆可守吾正而御之以不迫。然则孔北海抗曹操而不胜，亦其恢廓不拘之有以致之，况裴枢、赵崇辈之以轻薄犯朱温哉？张颢、徐温公遣牙兵攻其主而杀之，庭列白刃，集将吏而胁以奉己，其暴横不在曹操、朱温下也。严可求以幕僚文笔之士，从容而进，折张颢吼怒之气，使之柔以悦从；颢之凶威，不知何以遽若春冰之消释，唯其羁靮而莫之能违。勿谓淮南小国也，杨渥非天子也，张颢无董卓、萧道成之位尊权重也，白刃当前，一叱而腰领已绝，奚必卓、道成而后能杀人哉？可求所秉者正，所忘者死，夷然委命，而不见有可惧者，即不见有可争，其视颢犹蜂虿耳，不触之，不避之，徐用其割制而怒张之气自消。朱瑾曰："瑾横戈冲犯大敌，今乃知匹夫之勇不及公远矣。"无他，瑾虽勇于杀人，而不能无畏死之心，愤然一往，理不及而莫持其终也。

呜呼！乱世岂乏人杰哉？可求当之矣。神闲则智不穷，志正则神不迫，卒使杨隆演不丧其世家，乃至感刺客而敛刃以退。汉、唐之将亡，而得若人焉，郗虑、柳璨无所施其蠹蠹，操、温之焰亦将扑矣。唐不能用可求，可求不为唐用，而小试之淮南，仅为霸府之砥柱，则何也？朝廷多噂沓浮薄之士，沮而不染，也是极为难得的。但他们的英名被埋没，后代没有人称赞他们。宋朝人尽会无端地责难别人而掩盖了事实真相，实在可悲可叹。

无论对待什么样的凶顽不法之徒，都要用自己的正气去从容不迫地对待。然而当年的孔融与曹操对抗没有获胜，是因为有他自己放达不已原因，何况裴枢、赵崇等人用轻薄的言行去冒犯朱温呢？张颢、徐温公派卫士去攻杀主人，在朝廷布置全副武装的斗士，把文武百官集中在一起，强迫他们推举自己，其暴横的行为一点也不在曹操、朱温之下。但严可求作为一个普通的文官，从从容容地挺身而出，折服了张颢的嚣张气焰，让他心平气和地听从自己；像张颢这样凶猛蛮横的人，不知为什么就变得这样像春天的冰块消溶一样，听任他的操纵而不敢违抗。不要认为淮南是个小国，杨渥不像天子，张颢也没有董卓、萧道成的尊宠地位和庞大的权力，在刀枪就在眼前的时候，一不小心就会身首异处，怎能不会像董卓、萧道成那样去杀人呢？严可求所恃的是一身正气，所不顾及的是自己死活，毅然而冒着生命危险，大义凛然，临危不惧，把张颢看作是蜂虿一个，不碰它也不避开，慢慢地旋展才能将他的怒气化解。朱瑾说："我曾南征北战所向无敌，现在才知道不过是匹夫之勇，与严公相差远了。"原因不是别的，朱瑾虽能勇敢地与敌人搏击，但也不能没有怕死的想法，愤然从军而去，是否能凯旋并没有把握。

啊！乱世的时候难道真的缺少英雄豪杰吗？严可求就是一个。神情有闲则智谋不断，志气刚正则神情从容，于是便使杨隆演没有丧失自己的王位，甚至还让刺客感动得垂剑而退。汉朝和唐朝将要灭亡时，而有了这样一些人：如果郗虑、柳璨得以施展才智，曹操、朱温的气焰也能够被扑灭。唐朝不能公正地使用严可求，而严可求也没有为唐朝尽力，只是在淮南略施才技，充当了地方政权的中流贤才而不达，而割据偏安之小国无之也。

5.高郁说马殷置“回图务”，运茶于河南北，卖之于梁，易缯纩战马，而国以富，此后世茶马之始也。古无茶税，有之自唐德宗始。文宗时，王涯败，矫改其政而罢之。然则茶税非古，宜罢之乎？非也。古之所无，后不得而增，增则病民者，谓古所可有而不有者也。古不可以有，而今可有之，则通古人之意而推以立法，奚病哉？

茶者，古所无也，无茶而何税也？《周礼》仅有六饮之制。孟子亦曰“冬则饮汤，夏则饮水”而已。至汉王褒僮约，始有武都买茶之文，亦仅产于蜀，唯蜀饮之也。六代始行于江南，而河北犹斥之曰“酪奴”。唐乃遍天下以为济渴之用，而不能随地而有，唯蜀、楚、闽、粤依山之民，畦种而厚得其利。其利也，有十倍于耕桑之所获者矣。古之取民也，耕者十一，漆林之税则二十而五，以漆林者，非饥寒待命之需也。均为王民，不耕不桑，而逸获不赀之利，则天下将舍耕桑而竞于场圃，故厚征之，以抑末务、济国用，而宽吾南亩之氓。则使古而有茶，其必厚征之以视漆林，明矣。

府其利于仅有之乡，而天下日辇金钱丝粟以归之不稼不穑之家，其豪者笼山包阜而享封君之奉。乃天下固无茶，而民无冻馁之伤，非有大利于民，而何恤其病？诚病矣，废茶畦砥柱，结果如何呢？朝廷上多是些贪图权位的浮薄之徒，阻碍了贤人升迁的道路，但这种情况并不见于偏安割据的小国中。

高郁劝马殷设置“回图务”官署，专门负责在大河南北的茶叶贸易，把茶叶卖给后梁，换取丝绸战马，以此而谋求国富民强，这便是后来的茶马交易的开始。古时候并没有茶税，其税收是从唐德宗时开始的。唐文宗时，王涯在政争中失败，他所推行的茶税也停止征收。那么就因为古时候没有茶税，就应该罢除吗？不是的。古时候没有，后代也不准增加，增加了对百姓不利，是说古时候应该有而没有。古时候不应该有，而现在可以有，是考虑了古人的情况而建立成法，又有什么不合适呢？

茶叶在古代本来就没有，没有茶又怎么征税呢？《周礼》上仅有《六饮》的规定。孟子也说“冬天喝热水，夏天饮冷水”。至汉代王褒撰《僮约》时，才首次提到武都买茶一事，也只是出产在巴蜀地区，只有当地人饮茶。六朝时江南地区也开始饮茶，而被北方人称为“酪奴”。进入唐代以后，饮茶的风气才遍布天下，把它当作解渴的饮料，但并不是各地都出产茶叶，只是蜀、楚、闽、粤等地的山民种植茶叶并获取厚利，其利益超过种田人的十倍以上。古代让百姓交纳的赋税，耕田人的税率是十分之一，经营漆林果园的税率是二十分之五，因为漆林果园不是解决温饱饥寒的必需品，所以税率较重。作为同一个王朝的百姓，不耕不桑就能获取厚利，则天下人都会丢下农桑而去追逐林场园圃的利润，所以才加重征收，以限制茶业的发展，满足国家需求，使耕田的百姓负担宽松一些。可见，如果古代有茶，也会像对漆林的征税一样收以重税，这是显而易见的。

把利益限制在仅有的一些地方，而天下人整天向不耕不种的人家运送金银丝绸米粮，其势力强大的甚至封固山泽而享受像君主那样才有的进奉。因为天下本来就没有茶，百姓也没有饥寒不保的伤而不采，弗能税也；虽税之，而种者不休，采者不辍，何病之有哉？即其病也，亦病夫射利之黠民，而非病吾旦耕夕织、救死不赡之民也。则推漆林之法，重税而以易缯马于不产之乡，使三代王者生饮茶之世，未有于此而沾沾以市恩也。

故善法三代者，法所有者，问其所以有，而或可革也；法所无者，问其何以无，而或可兴也。跬遵而步效之，黠民乃骄，朴民乃困，治之者适以乱之。宽其所不可宽者，不恤其所可恤，恶足以与于先王之道乎？

6.汴、晋雌雄之势，决于河北，故李克用坐视朱温之吞唐而莫之能问，以河北未收，畏其乘己也。朱温下兖、郓以西临赵、魏，势亦便矣。乃河北者，自天宝以后，倔强自立，不可以勇力机谋猝起而收之者也。魏博为河北强悍之最，罗绍威愚騃而内猜，欲自戕其心膂。温于斯时，抚魏博而绥之，发绍威之狂谋，顺众志而逐之，择军中所悦服者授以节钺，则帅与兵交感以乐为用。以此北临镇定，乘刘仁恭父子之乱，荡平幽、燕，则克用坐困于河东，即得不亡，为卢芳而已矣。而温固贼也，残杀之心，闻屠戮而心喜，乌合之众，忌胜己而唯恐其不亡，八千家数万人之命，黄口不免，于是而镇定、幽、燕，人忱骈死，而怨温彻骨矣。石公立曰："三尺童子，知其为人。"王镕虽愚，通国之人，无有不争死命者，罗绍威且悔而离心，王害，如果对百姓没有大的好处，又何必去注意茶的危害呢？既然有弊病，就去荒废茶园而不采摘，也就不用征税了，虽然征茶税，而种茶的人不停地种，采茶的人不停地采，又有什么弊病呢？即使有弊病，也是对争逐财利的刁民不利，而不是对勤于耕织的百姓不利。因此根据向漆林征税的办法，收取重税并用茶叶向不产茶的地方换取丝绸马匹，如果三代帝王生活在有饮茶习惯的时代，也不会像这样去追逐财利。

所以，善于效法三代的人，效法三代时已经有的做法，看看为什么这样做，或者可以对这种做法进行改革；三代所没有的法规，要看看为什么没有，或者可以创立一些新制度。如果一味盲从或效法，无疑会使狡诈的人更加狡诈，纯朴的百姓更加穷困，治理他们反而是害他们。宽纵所不能宽限的，不体恤应该体恤的，又怎能称得上是王者之道呢？

朱温和李克用两大势力的强弱，取决于是否拥有河北。所以在朱温篡唐时，李克用只能坐视不管，原因就在于他还没有控制河北，担心朱温乘机消灭自己，朱温攻克了兖郓二州，从这里西攻赵、魏，形势也便利得多。因为河北在天宝年间以后，割据自保，是无法用武力或智谋一下子就能控制的。处于河北各大方镇首位的魏博镇，因为罗绍威愚蠢多疑，曾打算自己消灭自己的心腹势力。朱温在这时，如果极力去安抚魏博镇，并揭露罗绍威的阴谋，顺应民心而驱逐他，选拔有威望的人担任军队首领，则将帅和士兵都会听他调遣。然后以这里为据点北击镇定，乘刘仁恭父子作乱之机荡平幽、燕，那么李克用就会被困在河东，即使不灭亡，也最多像卢芳那样拥兵自保。但朱温由于贼心不改，本性难移，听到杀人就心里高兴，看到超过自己的人就希望他早死，使八千多家数万人的性命，甚至怀中的婴儿也没能幸免于难；于是，镇定、幽、燕等地的人心大乱，对朱温有了刻骨处直不待谋而自合，西迎克用，下井陉以抚赵、魏，而伪梁之亡必矣。

弱魏博以失辅者，温自取之也；激镇定以离心者，温自取之也；魏博弱而镇定无所惮者，温自取之也；隔刘守光于冀北，使骄悖而折入于晋者，温自取之也。祸莫大于乐杀人，危莫甚于杀强以自弱，而盗以此为术，恶足以容身于天地之间哉？温之亡，不待群雏之还相翦灭也。惜乎无命世之英起而收之也。

7.不仁者不可与言，非徒谓其无益也，言之无益，国亡家败，而吾之辩说自伸于天下后世，虽弗能救，祸亦不因我而烈，则君子固有不忍缄默者。而不仁者不但然也，心之至不仁也，如膏之沸于镬也，噀之以水，而焰乃益腾。唯天下之至愚者，闻古人敢谏之风，挟在己偶然之得，起而强与之争，试身于沸镬，焚及其躬，而焰延于室，则亦可哀也已。若孙鹤之谏刘守光是已。守光囚父杀兄，据弹丸之地，而欲折李存勖，南面称帝，与朱温争长，不仁而至此极也，尚可与言哉？孙鹤怀小惠而犯其必斩之令，屡进危言，寸斩而死，鹤斩而守光之改元受册也愈坚，鹤之愚实酿之矣。

罗隐之谏钱镠，镠虽不从，而益重隐，惟其为镠也；冯涓之谏王建，建虽不从，而涓可引去，惟其为建也。镠与建犹可与言，言之无益，而二子之义自伸，镠与建犹足以保疆土而贻仇恨。石公立说：“哪怕是三岁小孩，也知道了朱温的为人。”王熔尽管愚昧，但能获得举国上下的拥护；罗绍威也后悔众叛亲离，王处直则毫不犹豫地投靠了李克用，攻占井陉，抚慰赵、魏，于是，朱温的灭亡也就成了势所必然。

让魏博镇变得微弱并使自己失去依靠，是朱温自讨苦吃；激化与镇定的矛盾而使上下离心，也是朱温自找的；魏博的衰弱使镇定无所顾忌，也是朱温自找的。把刘守光隔绝在冀北，使他骄横狂悖并最终被后晋征服，更是朱温自找的。最大的灾祸莫过于喜欢杀人，危险也以杀害强者使自己衰弱为大，但强盗把这些作为法宝，怎能在天地间容得下身呢？朱温的灭亡是必然的，不用群雄起来消灭他。可惜的是没有命世的英雄出来收拾残局。

对不仁的人不应该向他献智谋，这不仅是说徒劳无益。说了没有好处，甚至家破人亡，但自己的言论能够使天下后世知道，虽不能在当时起匡救作用，但灾祸也并不会因此加剧，所以正人君人大多不愿保持沉默。不过，不仁义的人并不如此，心中的不仁义，就像锅中的沸腾的油一样，兑入了水，火焰就会更加燃烧，只有天下最愚蠢的人，听说古人敢于谏争的事例，自认为自己一时的正确，出来强行争辩，用自己的身体去试探沸腾的油锅，既烧死了自己，又害了全家，是十分可悲的。像孙鹤讽谏刘守光就是这样。刘守光囚禁父亲，杀害兄长，占据弹丸一样大的地方，而妄想折服李存勖，南面称帝，与朱温争短长，不仁不义到了极点，又有什么建议可以向他提呢？孙鹤自以为正确而甘冒被杀头的危险，多次危言相劝，终于被斩首示众。他的被杀反而坚定了刘守光篡位的决心，这显然是孙鹤的愚蠢造成的。

罗隐对钱镠的讽谏，虽然没有被采纳，但更加尊重罗隐，因为讽谏的是钱镠；冯涓谏争王建，王建没有采纳，而冯涓可以辞职离去，也因为他谏争的人是王建。钱镠和王建都还是能够听人说话的子孙，夫亦视其心之仁尚有存焉者否耳。至不仁者，置之不论之科，尚怀疑畏；触其怒张之气，必至横流戈矛，乘一旦之可施，死亡在眉睫而不恤。是以箕子佯狂，伯夷远避，不欲自我而益纣之恶也。况鹤与守光无君臣之大义，而以腰领试暴人之白刃乎？

且夫罗隐、冯涓之说，以义言之也；鹤之说，以势言之也。以义言，言虽不听，而义不可屈，且生其内愧之心；以势言，则彼暴人者，方与天下争势，而折之曰汝不如也，则暴人益愤矣。匹夫搏拳相控，告以不敌，而必忘其死。守光有土可据，有兵可恃，旦为天子而夕死，鹤恶能谅以不能哉？鹤，小人也，不知义而偷安以徼幸之智也，徒杀其身，激守光而族灭之，与不仁者相昵，投以肺肠，则亦不仁而已矣。故曰："不仁者不可与言。"戒君子之夙远之，以勿助其恶也。

8.张承业请李存勖使刘守光之称帝以骄之，唐高祖骄李密之故智也。密终降而授首，守光终虏而伏诛，所谓兽之搏也必蹲其足，禽之击也必戢其翼，权谋之险术，王者所弗尚也。

存勖闻守光之自尊，欲伐之矣。然则伐之为正乎？可伐之罪在彼已极，执言申讨，师则有名矣。而徒恃其名以责人之逆，反之于己，既无天与人归之实，亦无拨乱安民之志，且于固本自强之术未有得也，凭气而争，奚必胜之在己哉？

人，听了不去采纳，而罗隐、冯涓二人表明了态度，钱镠和王建也能保住江山并传给子孙，是因为他们心中还有仁义存在。最不仁义的，不去向他提建议，还要有所疑虑；触犯他的怒气，结果只能是引起祸端，而不关心自己的死活。因此，当年的箕子假装疯癫，伯夷也远走避祸，都是不想因为自己而加重纣王的罪恶。更何况孙鹤和刘守光之间还没有君臣的大义，是用自己的身体去试探暴君的刀锋呢?

况且，罗隐、冯涓劝人的话，都是从大义的角度而言的；孙鹤的话，是从势利角度说的。以大义而进言，虽不被采纳，但义不能屈，还可使听的人自感惭愧；以势利而言，则听的人本来就是与天下相争的暴虐之人，说他不如别人，只能增加他的愤怒。就像一般人打架一样，说对方不如自己，只能会引起他拼命。刘守光有地盘、有军队，又有想当皇帝的梦想，孙鹤怎么就认为他做不到呢? 孙鹤不过是个势利小人，不知道义，只知有小聪明，其结果只能引来杀身之祸，激怒刘守光而全家被杀。与不仁义的人相亲近，给他一些好处，也不能改变他。所以说“不仁的人不配听人提建议”。贤人君子应而远之，不应再助纣为虐。

张承业请求李存勖派人祝贺刘守光称帝，意思是通过这种办法激起他的骄横之心，这也是当年的唐高祖对付李密的手段。李密后来终于投降唐高祖并被斩首，刘守光也被俘虏和杀害，正是所谓野兽博斗前必弯曲前腿，鸟类出击前必然合拢翅膀，是权谋中一种阴险的手段，统治天下的人不应加以崇尚。

李存勖听说刘守光称帝，曾打算出兵讨伐。那么，讨伐他就是正义吗? 他当然有极大的应该讨伐的罪行，仗义声讨，应该说是师出有名。但如果依靠这种名义去遣责别人逆乱，而自己也不是众望所归的人，也没有拔乱安民的志气，在固本自强方面也没有充分的安排，只是凭一时的义愤而与他相争，难道就一定能取得胜利吗?

王者以义兴师，而四方攸服，非徒以其名也。唐高初定长安，残隋未翦，怒李密之妄而挑之，密且扼关以困己，而内受刘武周、薛举之逼，则唐高之事败矣。李存勖孤处河东，镇定之交未固，朱温之势方张，空国以与狂騃之竖子争虚名于幽、蓟，镇定疑而河中起捣其虚，则存勖之亡必矣。

繇是言之，推尊以骄之，非义之所许；愤怒而攻之，抑为谋之不臧；使王者而处此，将如之何哉？王者正己而不求于人者也。彼枵然自大者，何足比数乎？脆弱者必折，暴兴者必萎，冥行者必蹶，天怒人怨者必见绝于天人，知之既审，视之如蠕动之虫，无待吾之争而抑无容骄之也。其来也，以非礼加我而未甚也，姑应之以礼，而告之以正可也；其以非礼加我而不可忍也，闭关以绝其使命而已。欲犯我而我无启衅之端，欲狎我而我居是非之外，秉义以自强，固本以待时，饬边陲之守，杜小利之争，凝静不挠，而飘风疾雨坐视其消散，或人亡之而为我驱除，或恶已穷而徐申吾天讨，则两者之失亡，而贞胜之理得矣。天下莫敢不服，后世无得而訾矣。张承业何足以及此哉？克用父子之终以诈力穷而不能混一区宇，国祚不延，与假义挑兵者均之失也。

庄生曰："人莫鉴于流水，而鉴于止水。"勇而悻怒，智而诈谖，皆流水之波也。稍静以止，而得失昭然，岂难知哉？唐统治天下的人要兴正义之师，天下人攸然归附，并不仅是为了名义。唐高祖刚刚进入长安的时候，隋朝的残余势力还没有消灭，如果见李密称帝而冒然出师讨伐，李密势必会拒守关隘困住他，加上刘武周、薛举在内部作乱，唐高祖无疑会失败。李存勖孤零零地据守河东，与镇、定等方镇的关系还可巩固，而朱温的势力又是鼎盛的时候，如果竭尽全力与刘守光在幽、蓟地区争虚名，那么镇、定二镇必然关系破裂，河中的势力也会乘虚进攻他，李存勖的灭亡也是必然的。

由此看来，推崇别人而让他骄横，并不是道义所允许的；发怒而加以进攻，也不是一种好的办法；统治者遇到这种情况，应该怎样做呢？统治者应是自身正直而不求于人的人。对方妄自尊大，又何足与他攀比呢？脆弱的一定会断折，暴然而起的一定会衰微，见不得人的事一定会暴露，天怒人怨的一定会遭到报应，既然熟知这些道理，就应把对方当作会游动的小虫一样，没有必要与它相争或使他骄横。如果对方来攻，把非礼的罪名加在头上不算过分，若按礼法回应，用正义告诉他尚还可以；对方以非礼的罪名加在自己身上而使自己无法容忍，关门自保不相来往也未尝不可。向我挑衅而没有借口，想亲近但我方又处在是非之外，依靠正义而自强，巩固根本等待时机，加强边境防守，不去争夺小利，心平气静不受干扰，等待暴风骤雨的自动消散，或者等别人把对方灭亡后再收拾残局，或者在对方恶名暴露天下后再兴正义之师，则双方的兴亡，一定是自己最后获胜。这样，天下也就不敢不服从，后代人也无法相指责。然而张承业又怎能想到这些呢？李克用父子最终因为精疲力竭而没有统一天下，国家的命运没能长久，与假借名义冒然兴师不无关系。

庄子说："人不要用流水作镜子，而应用静水。"勇敢但常常发怒，多智但充满奸诈，就像流水的波纹一样。如果使它静止，得失就高姑以一纸报李密，差贤于存勖之往贺，虽非王者之道，而犹足以兴。毫厘之差，亦相悬绝矣。

9.李存勖据河东与朱温争天下，亦已久矣。所任者皆搏击之雄，无有人焉赞其大计为立国之规者也。其略用士人参帷幕者，自冯道始，沙陀之不永，四易姓而天下终裂，于此可知已。

刘守光之凶虐，触之必死，其攻易、定，犯强晋，道谏之而系狱，然免于刀锯，逸出而西奔者，何也？孙鹤之流，力争得失，是以灭身；道之谏之也，其辞必逊，且脂韦之性，素为守光所狎，而左右宵人固与无猜，是以全也。守光囚父杀兄而道不言，其有言也，皆舍大以规小，留馀地以自全，而聊以避缄默之咎者也。

岂徒于守光为然哉？其更事数姓也，李存勖之灭梁而骄，狎倡优、吝粮赐也，而道不言；忌郭崇韬，激蜀兵以复反，而道不言；李从珂挑石敬瑭以速祸，而道不言；石重贵不量力固本以亟与虏争，而道不言；刘承祐狎群小、杀大臣，而道不言；数十年民之憔悴于虐政，流离死亡以濒尽，而道不言；其或言也，则摘小疵以示直，听则居功，不听而终免于斥逐，视人国之存亡，若浮云之聚散，真所谓谗谄面谀之臣也。刘守光不能杀，而谁能杀之邪？克用父子经营天下数十年，仅得一士焉，则道也，其所议之帷帟而施之天下者，概可知矣。

会显而易见，怎会难以知道呢？唐高祖姑且用一纸贺词回报了李密，略强于李存勖亲自去向刘守光祝贺，虽不是王者之道，但仍有助于自己势力兴起，小小的差别，结果是极为悬殊的。

李存勖依靠河东地区与朱温争天下，由来已久。所任用的都是能征善战的勇士，没有人为他建国立业出谋画策。他选拔士大夫作幕僚的做法，是从冯道开始的。沙陀人的势力不能长久，四次改朝换代而天下始终分裂，在这里就可知道。

刘守光十分凶恶残暴，触犯他的人一定被杀。他进攻易、定二州，与李存勖相争，冯道因劝说而被下狱，但没有被杀，并能逃出来投靠李存勖，原因何在呢？像孙鹤等人极力与刘守光争得失，结果无不被杀；冯道劝谏刘守光时，所用的言语肯定谦逊温和，况且他绵软的性情一向得刘守光喜欢，刘守光身边的人也与他关系极好，所以他才能保全。当刘守光囚父杀兄的时候，冯道不说一句话，他所劝说的，也都是舍大求小、鸡毛蒜皮，为保全自己而留有余地，还可以避免被人指责为不能尽职。

冯道的为人处事，怎是仅仅对刘守光这样呢？他先后经历了几个王朝，在李存勖灭梁后骄横、狎昵倡优、吝啬赏赐的时候，冯道不去匡谏；李存勖忌恨郭崇韬，引起蜀地军队的叛乱，他也不去谏争；李从珂因挑衅石敬瑭而迅速招来灾祸，他也不谏争；石重贵不去巩固根本而与契丹人相争，他也不匡谏；刘承祐狎昵小人，诛杀大臣，他也不匡谏；百姓数十年间遭受暴虐统治，流离死亡几乎灭绝，他也不谏争；他所谏争的，只是指出君主的小过错，企图用这种手段显示自己的正直；被君主采纳就是自己有功，不采纳也不至于被罢免斥逐，把国家的存亡当成是浮云聚散一样，真是一个不折不扣的阿谀奉承之徒。像刘守光这样的暴君都没能杀他，而谁又能杀他呢？李克用父子二人花数十年的心血经营天下，仅仅得到了一位士大夫，这便呜呼！人知道之堕节以臣人，不知其挟小慧以媚主，国未亡而道已仇其卖主之术，非一日矣。此数主者，颠倒背乱于黼扆，道且尸位而待焉，不知其何以导谀也？然而不传者，摘小过以炫直，自饰而藏奸，世固未易察也。

10.篡弑以叨天位，操、懿以下，亦多有之，若夫恶极于无可加，而势亦易于剿绝，无有如朱温者，时无人焉，亟起而伸天讨，诚可叹也。

其弑两君也，公然为之而无所掩饰；其篡大位也，咆哮急得而并废虚文；其禽兽行遍诸子妇也，而以此为予夺；其嗜杀也，一言一笑而流血成渠；尔朱荣、高洋、安禄山之所不为者，温皆为之而无忌。乃以势言之，而抑不足以雄也。西挫于李茂贞，东折于杨行密，王建在蜀，视之蔑如也；罗绍威、马殷、钱镠、高季昌，虽暂尔屈从，而一兵尺土粒米寸丝不为之用。其地，则西不至邠、岐，东不逾许、蔡，南不过宛、邓，北不越宋、卫，自长安达兖、郓，横亘一线，界破天中，而四旁夹之者，皆拥坚城、率劲卒以相临。其将帅，则杨师厚、刘鄩、王彦章之流，皆血勇小慧，而不知用兵之略。其辅佐，则李振、敬翔，出贼杀，入谄谀，而不知建国之方；乃至以口腹而任段凝为心膂，授之兵柄，使抗大敌而不恤败亡。取其君臣而统论是冯道。他在国家大政上所提的建议在天下推广的，也就可以想见了。

啊！人人都知道冯道是毫无节操而随意向人称臣的人，不知道他还有通过玩弄小聪明而迷惑君主，国家还没有灭亡时就已作出卖君主的打算，并不是一天两天的事情。上述这些君主，在皇位上屡屡出现失误，而冯道担任官职而听之任之，但不知他是怎样谄媚君主的？他的手段尽管没有流传下来，但通过指责君主小小的过错以炫耀自己的正直，粉饰自己而包藏祸心，这些都是世人不易觉察的。

通过篡权和杀人的办法获得政权，在曹操、司马懿以后有过不少，但像朱温那样穷凶极恶，而又容易被击败的还不曾有过。因为当时天下乏人，没有人能够起来讨伐他，才让他得以作威作福，是十分可悲可叹的。

他杀害唐朝两位皇帝的时候，公然行凶而毫不掩饰；他篡夺政权时，急不可待而不顾起码的礼仪；他对儿媳们发泄兽行，并把这作为升降子孙的手段；他嗜杀成性，言语之间就能血流成河；尔朱荣、高洋、安禄山等所不能去做的，他都做了并且毫无顾忌。就情势而论，他是不足以称雄天下的。他曾在西部被李茂贞击败，东部又受制于杨行密，甚至连固守巴蜀的王建也不如。至于罗绍威、马殷、钱镠、高季昌等人，尽管曾一度屈服于他，但从未向他交纳过一粒米一根丝，也没有一个士兵一寸土地归他使用。他所占有的地盘，西不到邠、岐，东不过许、蔡，南不及邓、宛，北不越宋、卫，只有从长安到兖、郓的狭长一线，孤零零地立在中间，而四周又都是拥有坚城劲旅的强敌。他的将帅中，像杨师厚、刘鄩、王彦章都不过是一介武夫，不懂得用兵作战的策略。他的辅佐大臣，如李振、敬翔等等，只知道出门杀人抢劫，在朝阿谀奉承，而不知道建国的方法；甚至为了满足自己的私欲而任用段凝作为心腹，授给兵权，让他与敌人作战而不之，贪食、渔色、乐杀、蔑伦，一盗而已矣。而既篡以后，日老以昏，亦禄山在东都、黄巢踞长安之势也。于是时也，矫起而扑灭之，不再举而功已就矣。所难者，犹未有内衅之可乘耳。未几，而朱友珪枭獍之刃，已剸元恶之腹。兄弟寻兵，国内大乱，则乘而薄之，尤易于反掌。然而终无其人焉，故曰诚可叹也。

李存勖方有事于幽、燕，而不遑速进，天讨之稽，有自来矣。盖存勖一将帅之才耳，平一海宇之略，讨逆诛暴之义，非其所可胜任也。使能灭朱温父子，定汴、雒，刘守光琐琐狂夫，坐穷于绝塞，将焉往哉？困吾力以与守光争胜负，朱友贞乃复以宽缓收离散之众，相持于河上，梁虽灭而存勖之精华已竭矣。

呜呼！杨行密不死于朱温淫昏之前，可与有为者，其在淮南乎？乘彼自亡之机，掩孤雏于宛、雒，存勖弗能抗也。行密死，杨渥弑，隆演寄立人上，徐温挟内夺之心，不能出睢、亳以行天讨，尚谁望哉？行密者，尚知安民固本、任将录贤，非存勖之仅以斩将搴旗为能者也。故天祐以后，天下无君。必欲与之，淮南而已。然而终弗能焉，故曰诚可叹也。

11.夫人无一可恃者也，已恃之，人亦以名归之，名之所归，人之防之也深，御之也力，而能终有其所恃者，无有。以勇名者，人以勇御之，而死于勇；以谋名者，人以谋御之，而死于谋。二者俱自亡之道也，而谋为甚。何也？勇者，一与一相管胜败如何。把他们的君臣合在一起来看，贪财好色、残暴好杀、蔑绝人伦，不过是一群强盗罢了。况且在他篡权以后，日见年老而昏庸，其形势就像安禄山在洛阳、黄巢在长安时一模一样。在这时，如果有人起兵灭亡他，几乎是易如反掌。所可担心的，只是他的内部还没有发生动乱。不久，凶残的朱友珪就发动政变，杀害朱温，兄弟间动起干戈，引起国内大乱，这时如果乘机进攻他，获胜是轻而易举的。然而始终没有这样的人，所以说是十分可惜的。

李存勖这时正在幽、燕地区兴兵作战，无力撤兵向内，使灭亡后梁的时机又一次错过。其实，李存勖只有做一个将帅的才能，没有统一天下的策略和讨逆诛暴的能力，假如他能够消灭朱温父子，安定汴、洛地区，那么又何必在意像刘守光这样的区区狂徒呢？竭尽自己的力量与刘守光争夺胜负，使朱友贞有了用宽缓的办法收拾残局的机会，双方相持于大河南北，尽管后梁在后来灭亡了，但李存勖的精力也消耗殆尽。

啊！如果杨行密没有死在荒淫昏庸的朱温前面，那么可能有所作为的人会出在淮南吗？利用后梁自取灭亡的机会，兴兵在宛、洛地区讨伐后梁，即使李存勖也无法相抗。杨行密一死，杨渥被杀，杨隆演寄立于别人之上，徐温心怀不臣之心，不能出兵睢、亳讨伐后梁，又能指望谁呢？杨行密还能知道安民固本、任将录贤，是仅知道领兵打仗的李存勖不能相比的。所以在天祐年间以后，天下没有君主，若要真的找出一位，也就是淮南的杨行密，然而他最终没能完成统一的大业，所以说是可悲可叹的。

人类本身是没有什么可以依仗的，如果自己依仗什么，别人也就会认为他在这方面有特长。一旦有了这样的名声，别人也会在这方面提防他，加倍留意他，而他最终也会失去这方面的优势。例如有人勇敢出名，别人也会用勇敢防御他，他或者还会因勇敢而死；

当者也，万刃林立，而所当者一二人，其他皆疏隔而不相及者也，故抑必以谋胜之，而不易以勇相御。谋则退而揣之者，尽人可测也；合千万人一得之虑，昼忖而夕度之，制之一朝，而非一朝之积也；一人有涯之机智，应无涯之事变，而欲以胜千万人之忖度乎？夫惟明于大计者，其所熟审而见为然之理势，皆可与人共知之而无所匿。持之甚坚，处之甚静；小利不争，小害不避。时或乘人之瑕，而因机以发。其谋虽奇，人且玩之而不觉。事竟功成，而人乃知其不可测也。此之谓善谋。若夫机变捷巧，自恃其智而以善谋名矣，目一瞬而人疑之，手一指而人猜之，知其静者非静而动者非动也，于是此谋方起，人之测之也已先，既已测之，无难相迎而相距，犹且自神其术曰："吾谋不可测也。"其不败也鲜矣。

刘鄩与晋兵相距于魏，鄩乘虚潜去以袭晋，奇谋也。然使鄩素以持重行师，御堂堂正正之众，无谖诈出没之智名，则晋人抑且与相忘，偶一用谋，而晋阳且入其彀中矣。乃鄩固以谋自恃，而人以善谋之名归之也。存勖曰："吾闻刘鄩一步百计。"呜呼！斯名也，而讵可当哉！语亦人窥之，默亦人窥之，进亦人窥之，退亦人窥之，无所不用其窥，虽有九地九天之变计，无不在人心目中矣。无不见制于人，而遑足以制人乎？

若以善于谋划知名，别人也会以智谋相防御，他或者也要死在智谋上；勇与谋都是自取灭亡的途径，而以智谋为害更大，为什么呢？勇敢是指一人对一人而言的，当大敌当前的时候，冲着自己的也不过一二人，其他都因为距离较远而无法相害，所以在这种情况下只适合用智谋取胜，而不能用勇敢相对抗。智谋是在闲暇时自我揣摸的，人人都可以有；把数万人想出来的一个好主意，白天黑夜加以思索，在一时形成看法，但并不是一时积累而成的；一个人的机智是有限度的，用有限的机智应付无限的事件，就能够战胜千万人的思想吗？况且那些在大的计谋上聪明的人，所熟悉和认为必然的道理，都能让人所共知而不是加以藏匿，意志越坚定，对待它越冷静，不争小利，不避小害，时而乘人不备把握机会及时出击，其计谋虽然奇妙，而别人毫无觉察，等事情结束以后，自己的大功也已告成，别人这才会明白自己高深莫测，这才是善于谋划。如果机变捷巧，自认为有善于谋划的名声，一转眼就让人生疑，一动手就让人猜想，知道他静的时候并不静，动的时候并不是动，因此当他刚刚有些想法，人们也早就预测到了，不难抗拒他或对付他，而这时仍自认为别人不知道自己的想法，不失败是不可能的。

刘鄩在魏与后晋的军队对阵，乘机派兵偷袭，无疑是个奇妙的智谋。但如果刘鄩平时习惯于持重领兵，率领的是一支堂堂正正的军队，没有机智多谋的名声，那么后晋军队可能不在意他，他偶然出一妙计，后晋的大本营晋阳（今山西太原南）也可能落在他的手里。但事实却完全相反。刘鄩是个自认为足智多谋的人，别人也这样认为他。李存勖曾说：“我听说刘鄩走一步，就会有一百个主意冒出来。”哎呀！这样的名声，是容易担当的吗？说句话就会让人窥视，不说话也会遭人揣测；前进时有人留意，后退了也被别人盯住，动不动都在别人的监视之下，纵然有九万九千个计谋，也都会在别人的意料之是以小勇者，大勇之所不用；小智者，大智之所不事。固吾本，养吾气，立于不可胜之地，彼且自授我以胜，而我不劳，王者之用兵，无敌于天下，唯此也。故《牧誓》之戒众也，唯申以步伐之法，作其赳桓之气，而谋不与焉。夫岂但用兵为然哉？兵，险道也，而犹然，况乎君子之守身涉世，以出门而交天下，其可使人称之曰此智士也乎？

12.夷狄之强也，以其法制之疏略，居处衣食之粗犷，养其駤悍之气，弗改其俗，而大利存焉。然而中国亦因之以免于害。一旦革而以中国之道参之，则彼之利害相半矣。其利者，可渐以雄长于中国；而其害也，彼亦自此而弱矣。

故曰：“鱼相忘于江湖，人和忘于道术。”彼自安其逐水草、习射猎、忘君臣、略昏宦、驰突无恒之素，而中国莫能制之。乃不知有城郭之可守，墟市之可利，田土之可耕，赋税之可纳，昏姻仕进之可荣，则且视中国为不可安之丛棘；而中国之人被掠以役于彼者，亦怨苦而不为之用。两相忘也，交相利也，此顺天之纪，因人之情，各安其所之道也。

中行衍说匈奴不贵汉之缯帛，而匈奴益强，然其入寇之害，亦自此杀矣。单于虽有不逞之志，而中国之玉帛子女，既为其俗之所不贵，城郭宫室，既为其居之所不安，则其名王大人至于部众，咸无所歆羡，而必不效死以为单于用。匈奴自强，而汉亦以安，此相忘之利也。

中。因为自己处处会受制于人，而又怎么能去制服别人呢？

所以说小小的勇敢是大勇的人所不屑为的，小聪明也不是最聪明的人所愿做的；巩固自己的根本，培养自己的志气，使自己处于不败之地，别人还会主动为自己的胜利提供方便，而自己又不劳顿，这就是王者之师能够天下无敌的诀窍。所以《牧誓》在告诫军队的时候，只强调行军的节奏，鼓起他们英勇作战的士气，而不提及任何智谋。那么，怎么仅仅是行军作战如此呢？用兵是危险的事情，尚且如此；更何况正人君子的处事保身，走出门去交游天下，能够被人认为是足智多谋的人吗？

中国周边各族强盛的原因，是因为法律制度不健全，衣食住处粗犷原始，养成了他们英勇骠悍的习气，不改变这种风气，就会有很大的好处，同时内地也可以避免他们的危害。一旦用内地的办法去改变他们，则对他们来说可能有利有害。其利可能是逐渐地超过内地，而害可能是因此而衰落下去。

所以说："鱼儿期望江湖，人类盼望道术。"周边民族满足于追逐水草、骑射狩猎、不知君臣、忽视成家和做官、游牧无常的习惯，中央王朝也无力控制他们。他们因此也不知道城郭的防守、市场的利润、耕地的好处、交税的义务、婚姻仕宦的荣耀，还把内地看成是无法安宁的丛林；而内地人遭受他们奴役的，也忌恨他们的陋习而不为他们卖力，两两相望，交互获利，这是顺应上苍的安排，根据人的性情，各安其所的好办法。

中行衍劝说匈奴不要把汉朝的缯帛当作贵重的物品，匈奴因听信了劝说而更加强大，他们入寇汉朝的祸害也因此而止。单于虽怀有吞并天下的野心，但内地的珍宝美女既然是他们平时不注意的，城郭宫廷既然是他们不习惯的，因此他的各级将领和一般百姓，都对这些不加留心，也不会因为单于一人的喜欢而为他卖力。凶奴独自强曹操迁匈奴馀众于河西，婚宦寝食居处变其俗，而杂用中国之法，于是乎启怀、愍之祸；然而刘、石、慕容、苻、姚、赫连之族，亦如朝菌之荣，未久而萎。其俗易，其利失，其本先弱也。

韩延徽为刘守光所遣，入契丹，拘留不返，因教以建牙、筑城、立市、垦田、分族类、辨昏姻、称帝改元，契丹以是威服小夷，而契丹之俗变矣；阿保机之悍，亦自此而柔矣。非石敬瑭延而进之，莫能如中国何也。杂华夷而两用之，其害天下也乃烈。中国有明君良将，则夷以之衰；无人焉，则导之以中国之可欲，而人思掠夺，则中国以亡。延徽虽曰："我在此，契丹不南牧。"然其以贻毒中国者，不如中行衍之强匈奴即以安汉也。

女直之陷汴，张㲄、郭药师之使之也；蒙古之灭宋，吕文焕、刘整之使之也。阿骨打、铁木真强悍可息也，宋之叛臣以朝章国宪之辉煌赫奕者使之健羡，则彼且忘其所恃，奔欲以交靡。乱人之害，亦酷矣哉！又况许衡、虞集以圣人之道为沐猴之冠，而道丧于天下，尤可哀也夫！尤可哀也夫！

13.刘岩曰："中国纷纷，孰为天子！"此唐亡以后五十馀年之定案也。严既已知之矣，而又拥海隅一曲之地，自号为帝。赵光裔、杨洞潜、李殷衡之琐琐者，冒宰辅之荣名。郑綮曰："歇后郑五为宰相，时事可知矣。"而终就之，然后乞身而盛，而汉朝也因此不受骚扰，这就是相忘而不相及的好处。

曹操把匈奴的残余部落迁到河西地区，用内地人的婚姻仕宦、睡觉吃饭居住风俗改变他们的习惯，并用内地的办法统治他们，于是便为晋末的怀愍之乱留下了祸根；然而刘渊、石勒、慕容廆；苻健、姚兴、赫连勃勃等所在的部族，也像早晨开放的草菌一样，很快就衰落下去。他们的风俗改变了，优势便也消失，是从根本上衰落的。

韩延徽受刘守光的派遣，出使契丹，被扣留下来，于是便把内地的造房、筑城、贸易、种田、分别亲族、辨认婚姻、称帝改元等技术和习俗全部传授给契丹人，契丹也因此而称雄于其他部落，其风俗也随之改变；原本是骠悍的阿保机，也变得柔顺起来。如果没有石敬瑭招引他进入内地，他也不能把中央王朝怎么样。让外族人吸收了内地的长处，对天下的危害极大。如果中央有明君良将，则外族人可能衰落；反之就会引起他们的贪欲，想法到内地来发泄淫威，中央王朝也会因此灭亡。韩延徽口头上虽说；“有我在这里，契丹人不敢向南窥视。”然而实际上由他引起了祸患，不像中行衍使匈奴强盛而换取汉朝的安宁。

女真人攻陷汴京，实际上由张瑴、郭药师二人引起的；蒙古人灭亡宋朝，也与吕文焕、刘整二人有关。阿骨打、铁木真的强悍可以慢慢减弱，而宋朝叛臣所说内地的繁华引起他们的羡慕，使他们忘记了自己的优势，为了私欲而与内地交争。乱臣贼子所造成的危害，是何等的残酷呢！更何况许衡、虞集用圣人的学说去美化外族人，使王道在天下丧失，不是更可悲吗！

刘岩说：“中国内地大乱，谁是皇帝呢？”这是唐朝灭亡以后五十多年的真实写照。刘岩既然明知是这样，而又依靠所占据的海边一片地方，自己称帝。赵光裔、杨洞潜、李殷衡等无名小辈，也得以窃据宰相的称号。郑綮曾自嘲说：“歇后郑五能当宰相，天下时局可去，则亦归田之相矣。自知之，自哂之，复自蹈之，苟徼一日之浮荣，为天下僇、为天下笑而已矣。

呜呼！人可不自念也哉？于人则智，自知则愚，事先则明，临事而暗，随世以迁流，则必与世而同其败，人可不自念也哉！勿论世也，且先问诸己；勿徒问之己也，必有以异乎世。桀、纣方继世以守禹、汤之明祀，而汤、武之革命不疑；周敬王方正位于成周，齐、晋且资其号令，而孔子作《春秋》，操南面命讨之权；夫岂问世哉？若其不可，则孙权劝进，而曹操犹知笑之；唐高祖推戴李密，而为光禄卿以死；皆夫人之炯鉴也。

无德而欲为君，无道而欲为师，无勇而欲为将帅，无学而欲为文人，曰：天下纷纷，皆已然矣，吾亦为之，讵不可哉？始而惭，继而疑，未几而且自信，无患乎无人之相诱以相推也。鉴于流水者，固无定影也。童子见伎人之上竿而效之，或悲之，或笑之，虽有爱之者，莫能禁也。悲夫！

14.汤缵禹服，武反商政，王道以相师而底于成。夫汤岂但师禹，武岂但师汤哉？必师禹者其祗台，必师汤者其圣敬也，德不可降也。若夫立法创制之善者，夏、殷之嗣王，不必其贤于我，而可师者皆师也。故曰“君子不以人废言”。《尚书》录秦穆之誓，《春秋》序齐桓之绩，以为一得之贤，可以为想而知。”但最终还是就任了宰相，接着又辞官而去，但仍然是罢任归田的宰相。自己明知，自己嘲笑，接着又自己陷进去，搏取一时的虚名，只会让天下人失望、让天下人嘲笑。

啊！人难道能不自爱吗？在针对别人时显得聪明，轮到自己就变得愚蠢；在事先看得很清楚，事到临头就糊涂起来。随着社会而升降沉浮，一定会与世道一样败落下去，人难道不该为自己考虑吗！不说世道，应先叩心自问；不仅是叩心自问，还要看看与别人有什么区别。桀、纣二人是继奉大禹、商汤香火的君主，而商汤、周武王毫不犹豫地起来推翻他们；周敬王还在成周称孤道寡，而齐、晋两国就已经在发号施令，孔子也因此作《春秋》，掌握着口诛笔伐的大权；可见能相信世道吗？如果说不可以，那么当孙权劝进的时候，曹操还知道置之一笑；唐高祖推戴李密做天子，而李密最终落了个老死在光禄卿职位上的下场；这些都是应引以为鉴戒的。

无德无能而想做君主，无道无德而想当老师，无勇无谋而想做将帅，无学无问而想当文人，说：天下纷纷，都已经这样，我也去做一做，有什么不可以呢？开始时还有些惭愧，接着就动了心，马上又充满自信，还不担心没有人来诱惑或推戴。如果用流水做镜子，照出的人影就不会固定。小孩见玩杂技的人爬上竹竿而加以效法，有人觉得可悲，有人觉得好笑，虽然有人喜爱他，也不能去劝止，实在可悲啊！

商汤继承了大禹的政策，而周武王不因循商朝制度另行新政，都是王道相师而获得成功的典范。那么商汤仅仅是效法大禹、武王仅仅是效法商汤吗？效法大禹的是他的精神，效法商汤是对他的尊敬，品德不能降低。在立法创制中可以遵从的，像夏商时期继位的君王，不一定就比自己强多少，但如果有值得效法的就一定要效法。所以说“贤人君子不因为人的好坏而否定他的言论”。《尚书》中记录了万世法也。必规规然守一先生之言，步之趋之，外此者皆曰不足法也，何其好善之量不弘，择善之情不笃也。

唐始置枢密使以司戎事，而以宦官为之，遂覆天下。夫以军政任刑人，诚足以丧邦；而枢密之官有专司，固法之不可废者也。王建割据西川，卑卑不足与于王霸之列。而因唐之制，置枢密使以授士人，则兵权有所统，军机有所裁，人主大臣折冲于尊俎，酌唐之得失以归于正，王者复起，不能易也。于是一时僭伪之主多效之，而宋因之，建其允为王者师矣。

兵戎者，国之大事，泛然而寄之六卿一官之长，执其常，不恤其变，变已极，犹恐不守其常，文书期会，烦苛琐屑，以决呼吸之安危，兵无异于无兵，掌征伐者无异于未尝掌矣。属吏各持异议，胥史亦握枢机，奏报会议喧腾于廷，间谍已输于寇，于是天子有所欲为而不敢泄者，不得不寄之奄人。故曰无异于无兵，无异于无掌征伐者也。

宋设枢密使而不救其弱丧者，童贯等擅之耳。高宗以后，惩贯之失，官虽设而权不归。藉令建炎之世，有专任恢复之事者，为韩、岳之宗主，而张俊、刘光世之俦，莫敢不听命焉，秦桧、汤思退恶得持异议以沮之哉？

宋季之虚设，犹不设也。自是以还，竟废之，而以委之次秦穆公的誓词，《春秋》中叙述了齐桓公的事迹，当作是有所可取的人，可以作为千秋万代的准则。如果严格按照某位圣贤的话去做，一步一趋加以模仿，否定除此以外的一切，就说明他从善的肚量还不弘大，择善而从的态度还不够真诚。

唐代创立了由枢密使典掌军队的制度，并让宦官担任这种官职，引起了天下倾覆的后果。把军政大权交给受过刑的人掌握，这种政策本身就足以亡国；而枢密使又有专门的职掌，是不能废止的制度。王建割据巴蜀地区，势单力薄不足以成为霸主之一。但他因袭唐朝的制度，让士大夫担任枢密使，使兵权有所归依，军中事务有所裁决，君主大臣受制度约束，改变唐朝制度的弊端，使它臻于完善，并使自己的势力得以崛起，无人敢于阻挡。于是当时天下的其他割据政权纷纷起来效法，后来的宋朝也因袭不改，而王建也可以因此而被称为君主的师傅了。

战争是国家的大事，把它不负责任地交给六卿中的一人掌管，因袭着毫无变化的制度，等发生彻底变化时，还担心不能按常规去做，来往文书公函繁琐至极，并借此来决定生死命运。因此，在这种情况下的军队也就等于没有军队，带兵的人也等于没有带兵。下属们各执一词，小吏们掌握着重权，奏报商议使朝廷沸沸扬扬，而间谍乘机把消息探听走，致使君主想有所作为而不敢去做，只能把大权交给宦官。所以说这样与没有军队毫无差别，也与没有统帅一样。

宋代设立了枢密使一职，但没能挽救它积贫积弱的命运，都是由童贯等人的擅权造成的；高宗以后，吸取了童贯的教训，虽设置枢密使但不给实权。假使建炎年间（公元1127—1130年）有专门主持复兴大业的人，做韩世忠、岳飞的统帅，那么张俊、刘光世等人也不敢不听从号令，秦桧、汤思退又怎敢出来反对并加以阻挠呢？

宋朝末年对枢密使一职的虚设，像不设一样。从此以后，又进登八座、株守其职之尚书，与新进无识之职方。将无曰此唐之敝政，王建之陋术，不足取法，而吾所师者，周官之王道也。以之箝天下言治者之口则足矣，弱中国，孤天子，皆所弗恤。石敬瑭废之，而速亡于契丹，庸徒愈乎？

15.宋齐邱请徐知诰除输钱代折之法，令丁税悉输谷、帛，繇是江、淮旷土益辟，国民两富，其故何也？杨氏之有国也，西北不逾淮，东不过常州，南不过宣州，皆水国也。时无冬夏，日无昼夜，舟楫可通，无浃旬在道之久，无越山闸水之难，则所输粟、帛，无黣敝红朽之患，民固无推毂经时之费，无耗蠹赔偿之害，恶得而不利也？地无几，税亦有涯，上之受而藏之也，亦不致历年未放、淹滞陈腐之伤，上亦恶得而不利也？且于时天下割裂，封强各守，战争日寻，商贾不通，民有有馀之粟、帛，无可贸迁以易金钱，江、淮之间，无铜、铅之产以供鼓铸，而必待钱于异国，粟、帛滞而钱穷，取其有馀，不责其不足，耕夫红女，得粒米寸丝而可应追呼，非四海一家，商贾通而金钱易得之比也。是以齐邱言之，知诰行之，因其时，就其地，以抚其人民，而国民交利，岂虚也哉？

惟然，而不可以为古今天下之通法，亦较然矣。转输于数千里之外，越崇山，逾绝险，堰涸水，犯狂涛，一石之费，动逾数倍，漂流湿坏，重责追偿，山积薮藏，不堪衣食，谓齐邱、一步废除了这一官职，把权力交给朝中八位大臣中地位较低、仅仅是奉行职守的尚书，以及新设置的职方郎中。不要说枢密使是唐朝的弊政、王建的雕虫小技，不足以当作成法，而自己所采用的是《周官》王道的办法，用这种话搪塞天下探讨治乱的人的嘴足够，至于国家的寡弱和皇帝的孤立都可以毫不过问。石敬瑭废除这种制度，迅速被契丹人灭亡，不是很好的例子吗？

宋齐丘请求徐知诰罢免百姓用交钱代替交纳谷、帛的纳税办法，让成年人的赋税全部改交谷、帛，从此江淮地区的荒地被纷纷开垦，国家与百姓都有所富足，原因何在呢？在杨行密统治淮南的时候，版图在西北不过淮河，东不过常州，南不过宣州，有水路交通的便利。不论早晚或季节，水上都可以行船，既不废时又不废力，所运输的粮食和布帛也没有发霉变质的危险，百姓还不用为推车运输增加开支，也没有损耗赔偿的担心，怎能不收益呢？国土有限，税额也有限，朝廷征收上来并加以保管，也不至于多年不加检查，拖欠或腐烂，朝廷又怎能不获得好处呢？况且，当时天下分裂，各割据政权关门自保，战争时有发生，正常贸易无法进行，纵然百姓的谷、帛有剩余，也无法拿去换回金钱；而江淮地区又不出产能够铸钱的铜、铅，只能依靠从别的地方运送钱来；谷、帛充足而钱币缺乏，朝廷把百姓多余的东西征收上来，而不去追求他们缺乏的东西，使农夫织女有米和丝就能完税，这也是在天下统一时贸易发达而容易得到钱币所不能相比的。所以宋齐丘提出了建议，徐知诰加以采纳并推行开来，利用当时的特定环境和条件，安抚了境内百姓，并使国家和个人都获得了好处，难道不是很成功吗？

尽管是这样，不能把上述办法当作古今天下所通行的办法，也是极明显的。把赋税辗转运输到数千里以外，翻越崇山峻岭，跨过惊涛骇浪，历尽千辛万苦，为运输一石粮食而花费数倍的价钱，如有风知诰为良法而师之，民以死，国以贫，岂有爽乎？舟行而汲者以盂㪷水，林居而樵者以手折薪，市廛而欲效之，其愚也，不待哂也。十亩之农，计粒而炊乃不馁；鬻蔬之子，以囊贮钱乃不失。陶、猗而欲师之，其穷也，可立待也。闻古人一得之长，据陈言而信为良法，若此类者众矣！困天下以自困，不足与有言，久矣。

16.徐温大破钱镠，知诰请乘胜东取苏州，温念离乱久而民困，因镠之惧，戢兵息民，使两地各安其业，而曰“岂不乐哉”，蔼然仁者之言乎！自广明丧乱以来，能念此者谁邪？而不谓温以武人之能尔也。

均与人为伦，则不忍人之死，人之同心也，而习气能夺之。天方降割于民，于是数不仁之人倡之，而鼓动天下，以胥流于残忍，非必有利存焉，害且随之如影响。而汶汶逐逐，唯杀是甘，群起以相为流转。乃习气者，无根株者也。有一人焉，一念之明，一言之中，一事之顺，幸而有其成效，则相因以动，而恻隐羞恶之天良复伸于天下，随其力之大小、心之醇疵，以为其感动之远近。苟被其泽，无不见功于当时，延及于数世，则杨行密是已。

当行密之时，朱温、秦宗权、李罕之、高骈之流，凶风交扇于海内。乘权者既忘民之死，民亦自忘其死；乘权者既以杀人为乐，民亦以相杀为乐。剽夺争劫，有不自知其所以然而若吹日晒和损耗还要加倍赔偿，山积水藏，不堪衣食，这时仍认为宋齐丘、徐知诰的办法可取并加以效法，百姓会被折磨而死，国家也会因此贫困，难道会有任何好处吗？本来坐在船上的人而用小器皿汲水，住在山林的人用手砍柴，都市里的居民想要效法他们，显然是愚蠢的。家有十亩耕地，计算着过日子就不会挨饿；卖蔬菜的人，用布袋存钱就不会丢失；而陶匠、皮匠想学他们的办法，显然会马上变穷。因为古人曾有过一些好办法，根据陈辞烂调而把它当作信条，这样的人太多了！既束缚了天下又困住了自己，不足对此发表评论，历来如此！

徐温大败钱镠以后，徐知诰请求乘胜攻占苏州，而徐温顾念战乱已久百姓穷困，利用钱镠恐惧的心理，避免战争而与民休息，使两地的百姓都能安居乐业，因此说“这不更好吗”？这是多么仁慈和蔼的话啊！从广明年间（公元880——881年）发生动乱以后，能够想到这些的又有谁呢？更何况徐温是武将出身呢？

把别人看得像自己一样，就不忍心别人死去；一旦人们的想法一样，风俗习惯也能改变。上天把大难降到人间，加上一些残忍的人推波助澜，鼓动天下，把天下变得充满残暴，不仅对人类的生存不利，灾害还会接踵而来。而天下相尚，以杀人为乐趣，群起而相仿效。可见风俗是有其根源的。如果有一个人在某一方面有远见，或者有一句话说得中肯，一件事做得顺利，而且见到了成效，则天下也会随之而动，恻隐和羞恶作为人的本能也会被唤醒，根据他力量的大小、心灵的纯洁程度而发挥作用，一旦被润泽，就会在当时发挥作用，甚至延续到后代，杨行密便是这样的人。

在杨行密生活的时代，朱温、秦宗权、李罕之、高骈等人，把凶恶残忍的风气散布到海内外。当权的人既然不顾百姓死活，百姓也就不在意自己的生死；当权者既然以杀人为乐趣，百姓也把自相残杀当不容已者，莫能解也。行密起于卒伍，亦力战以有江、淮，乃忽退而自念，为固本保邦之谋，屡胜朱温，顾且画地自全，而不急与虎狼争食。于是工、淮、之寡妻弱子幸保其腰领，以授之徐温。温乃以知全民之为利，而歆动以生其不忍昧之心。盖自是江、淮之谋臣战士，乘暴兴之气，河决火延，以涂人肝脑于原野者，皆废然返矣。故抚有江、淮，至于李煜而几为乐土。温之所谓乐者，人咸喻焉而保其乐，温且几于仁者，要皆行密息浮情、敛狂气、于习气炽然之中所培植而生起者也。则行密之为功于乱世，亦大矣哉！

呜呼！习气之动也，得意则骄以益盈，失势则激而妄逞，仰不见有天，俯不见有地，外不知有人，内不知有己。《易》曰："迷复，凶。"唯其迷，是以不复，有能复者，然后知其迷也。"十年不克"，"七日而反"，存乎一人一念而已矣。当乾坤流血之日，而温有是言，以留东南千里之生命于二十馀年，虽一隅也，其所施及者广矣！极乱之世，独立以导天下于恻隐羞恶之中，勿忧其孤也，将有继起而成之者，故行密之后，必有徐温。此天地之心也，不可息焉者也。

17.严下吏之贪，而不问上官，法益峻，贪益甚，政益乱，民益死，国乃以亡。群有司众矣，人望以廉，必不可得者也。中人可以自全，不肖有所惮而不敢，皆视上官而已。上官之虐取也，不即施于百姓，必假手下吏以为之渔猎，下吏因之以仇其箕敛，然其所得于上奉之馀者亦仅矣。而百姓之怨毒诅咒，作享受；当抢劫掠夺时，甚至不知道自己在做什么，似乎是不容自己不这样，而不知道其原因何在。杨行密出身于行伍之中，通过奋力拼搏而拥有了江淮地区，突然静下心来考虑固本安邦的办法，即使是多次战胜朱温，也是为了保护自己，而不是急着与虎狼争食。于是，江淮地区的寡妇孤儿能够得以保住性命，并能延续到徐温时。徐温也因此知道了保全百姓的重要性，有了不忍为害百姓的恻隐之心。从此，江淮地区的谋士、兵丁，因故在外地帮助作威作福的，都纷纷返回家乡。所以，江淮地区直到南唐末年还是一方乐土。徐温所做的能让人喜悦的好事，人们相互继承而传袭下来。而徐温基本上能称为仁人君子，也是在杨行密的平息浮薄之情、收敛狂荡之气的环境中培养出来的。可见杨行密在乱世中所立下的功勋，是相当大的。

啊！习气的形成，得意时就骄横盈满，失势时则激发狂荡之气，抬头不见有天，低头不知有地，在外不知有别人，在内不知有自己。《周易》说："迷乱困惑，凶。"因为有迷乱，所以不能返回；有能复原的，才会知道过去的迷茫。"十年不能攻克"，"七天就可返回"，这些都保存在一人一念之中。当天下因战乱而流血的时候，徐温能有罢兵安民的想法，使东南地区方圆千里以内的人民能够在二十多年内安静地生活，尽管是一隅之地，但其影响所及是十分深远的。天下大乱的时候，能够独自引导天下百姓恻隐羞恶的本性，不用担心他的势单力薄，一定会有人继承下来。所以在杨行密以后，一定有个徐温来响应他。这正是天地的本意，是不能加以改变的。

严禁下层官吏贪污，而不过问上层官吏如何，那么法律越严峻，贪污也就越厉害，政事也就越腐败，百姓也就受害越深，国家也会因此灭亡。天下的官吏是很多的，百姓期望他们清廉，但他们未必如此。一般的官吏可以作到洁身自好，不肖的人因有所顾忌而不敢放肆，都要看上司如何。如果上司是贪得无厌的人，即使不直接向百姓乃至叩阍号愬者，唯知有下吏，而不知贼害之所自生。下吏既与上官为鹰犬，复代上官受缧绁，法之不均，情之不忍矣。

将责上官以严纠下吏之贪，可使无所容其私乎？此尤必不可者也。胥为贪，而狡者得上官之心，其虐取也尤剧，其馈献也弥丰；唯琐琐箪豆之阘吏，吝纤芥以封殖，参劾在前而不恤，顾其为蠹于民者，亦无几也。且有慎守官廉，偶一不捡而无从置辩者矣。故下吏之贪，非人主所得而治也，且非居中秉宪者之所容纠也，唯严之于上官而已矣。严之于上官，而贪息于守令，下逮于簿尉胥隶，皆喙息而不敢逞。君无苛核之过，民无讼上之愆，岂必炫明察以照穷檐哉？吏安职业，民无怨尤，而天下已平矣。

下吏散于郡邑，如彼其辽阔也，此受诛而彼固不戢，巧者逃焉，幸者免焉。上官则九州之大，十数人而已，司宪者弗难知也；居中司宪者，二三人而已，天子弗难知也。顾佐洁身于台端，而天下无贪吏。握风纪之枢，以移易清浊之风者，止在一人。慎之于选任之日，奖之以君子之道，奚必察于偏方下邑而待小民之讦讼其长上乎？杨廷式按县令之受赇，请先械系张崇，而曰“崇取民财，转献都统”，归责于徐知诰也，可谓知治本矣。

索取，也会假借下层官吏的手去鱼肉百姓，而下层官吏也会想法满足他的贪欲，但所得到的除进奉上司以外也不会剩下很多。而百姓所痛恨和诅咒的是直接压榨他们的下层官吏，并不知道灾害的根源在哪里。下层官吏既然充当了上司的鹰犬，还要代替上司受诅咒，可见法规不公平，情理难容。

如果责令上司去严惩下级的贪污，就能不容私情吗？这种办法更加不可行。当下官贪污时，狡猾的人有上司作保护，其贪心更大，对上司的贡献也就更丰厚，只有那些自奉简约的人，吝惜任职地方的财物，也不理会上司的索取，才会对百姓造成较小的危害。或者有奉公守法的人，偶一不慎便有口难辩了。所以下层官吏的贪污，并不是君主所能制止的，也不是当朝秉政的人所容易纠弹的，只有从上层官吏做起。如果对上层官员要求严格，贪污就会从郡守县令等官员中消失，甚至他们的随员也不敢轻意向民间索取。这样，君主不再受对百官苛刻的指责，百姓也不再会告发官吏，难道只有洞察一切的途径才能解决问题吗？官吏们安于自己的职守，百姓也没有什么怨言，天下也就因此会太平了。

下层官吏分散在各地，因为分布较广，即使在一个地方有一两个人被惩处，也不会对另一地方的官员发生多大的影响。奸巧的人会设法逃避，幸运的人则可以漏网。上层官吏则为数较少，整个国家也不过十几人，司法官员不难了解他们，而在朝中负责司法的人，也不过两三个，皇帝对他们也很容易了解。比如顾佐在当政时，因为洁身自好，天下也因此没有贪官污吏，掌握着天下风气的大权，并能改变清浊习俗的，也只有一人。在选任官吏的时候应十分慎重，用正确的道理去激励他们，又何必再去查遍天下，看看哪里有被百姓告发的官员呢？杨廷式审理县令受贿的案件，请求先治张崇的罪，说“张崇搜刮百姓钱财，然后上交给都统”，意思是说责任在徐知诰那里。

18.张承业之忠，忠于沙陀耳。或曰“唐之遗忠”，岂定论哉？李存勖得传国宝，将称帝，承业亟谏止之，欲其灭朱氏，求唐后复立之，削平吴、蜀，则天下自归，虽高祖、太宗复生，不敢复居其上，以立万世之基。此其以曹操、刘裕处存勖，而使长有天下也明甚，岂果有存唐复辟之心乎？使能求唐后以立邪？则朱温篡夺之日，可早立以收人心。承业噤不一语，而必待朱氏既灭之后，此则何心？

恶莫大于弑君，而篡国次之。篡者，北面称臣而又攘夺之之谓也。若夫故主已亡，乘天下无君以自立，则抑可从末减矣。使沙陀灭逆贼，定天下，而退守臣服，洵忠臣之效也。沙陀即不能然，而承业以此为志，功虽不就，自不损其孤忠。乃承业不然，阳奉李氏，为沙陀欺天下之罔。藉令果如其言，朱氏灭，吴、蜀平，建不世之功，拥震主之威，然后胁赘疣之君，奉神器以归己；为之君者，柔懦而安于亡，则如晋恭帝之欣然执笔而终不免于鸩，如其挟不平以图存，则成济之刃且剚其胸，存勖之果成乎篡弑，而李氏之子，以颈血易一日之衮冕，不已惨乎？

躁人之意计，偷求一旦之尊荣；奸人之权谋，敢窃欺天之名义。承业奄人耳，尽心于沙陀，而欲欺天下，无足怪者，君子固不可罔也。存勖不从其策，犹得免于篡弑之元恶，而李氏可以说他是找到了根源。

张承业的忠心，是向着沙陀人的，有人说这是唐代的遗忠，难道就是定论吗？李存勖得到了传国宝，打算称帝，张承业劝他不要这样，应该先把后梁灭掉，推奉唐朝皇室的后代为帝，平定吴、蜀等割据势力，天下也因此而会归附，即使是唐高祖、太宗复活，也不敢再高居自己之上，千秋万代的基业也可以因此奠定。其实，这不过是把李存勖当作曹操、刘裕看待，使他能够长期统治天下，难道是真的为了复兴唐朝吗？如果真的能够找来一个唐朝皇室的后代并推奉，那么，当朱温篡权的时候，就应当推奉一人以收揽人心，但张承业在这时哑然不语，只是等后梁灭亡以后才开口说话，这是什么居心呢？

天下的罪恶以杀害君主为最大，篡夺别人的国家还居于次要地位。篡权是指原本向人称臣而又夺他的君位。如果原来的君主已经去世，在天下没有君主的时候自立为皇帝，则还可以减轻一些罪孽。假使沙陀人消灭了叛乱，安定了天下，退回原地而向唐朝称臣，这就是忠臣的做法。但沙陀既然作不到这样，而张承业又以这为志向，虽不能成功，对他的忠心也毫无损害。但张承业也不是这样，在表面上推奉唐朝的后裔，实际上是用来帮助沙陀人欺骗天下。假令真的像他说的那样，后梁灭亡，吴、蜀平定，建立了极大功勋，拥有震主的威风，然后逼迫傀儡皇帝，把天下让给自己；做他的君主的人，软弱而安于灭亡，就像晋恭帝那样欣然答应让出皇位但仍不免被毒死一样。如果不甘心被别人篡夺，也会有像成济那样的人起来杀了他。其结果是：李存勖最终达到篡权的目的，而唐朝的幸存子孙用自己的生命换取一两天的皇位，这难道不是很悲惨吗？

轻浮狂躁之人的心思，往往是为了获得一时的尊贵荣华；奸臣的权谋，敢于窃取欺骗天下的名义。张承业是个宦官，为沙陀人出力卖命，仍想欺骗天下，是不足为怪的，但仁人君子不应被欺骗。李存之苗裔，不致如元魏、宇文之赤族，饰虚名以伏隐慝，犹且谓承业之忠于唐也。导天下以伪而贼仁义，必斯言也夫！

19.朱温灭后，五姓之主中土者，皆旋夺于握兵之臣。即不能夺，而称兵以思夺者，此扑而彼兴，无他，唯无相而已。无相者，非必其时之无人也，抑非偏任武人，而相不能操国柄也。藉令有其人，欲授之国柄，固将不能。何也？崛起之日，初不与闻大计，一旦称帝，姑且求一二人以具员而置之百僚之上，如仗象然，谁从而听之哉？

李存勖之欲为帝久矣，日率将士以与朱氏争存亡，而内所任者故奄张承业，外则姑以冯道司笔墨而已。未尝一日运目游心于天下士，求一可任者，与定大谋、经画天下之治理。至于梁势将倾、众争劝进之日，乃就四镇判官求一二人以为相。大谋非所与闻，大任非所夙拟，其主虽闻名而非所矜式，其将相虽觌面而不与周旋，一旦加以枚卜之虚名，使处百僚之上，彼挟百战之功匡扶以起者，固曰：何从有此忽起在位之人居吾上邪？彼固藉我以取富贵，而恶能不唯我是从乎？汉高相萧何，乃至叱诸将之功为狗而不怒者，实有大服其心者，非一朝一夕之故也。豆卢革、卢程依戎幕以起家，恶足胜其任哉？名之曰相，实均于无相。枢密得操其行止，藩镇直视为衙官。天子孤立，心膂无托，夺之也如吹槁，弗复有难焉者矣。

勖没有采纳他的建议，避免了一个篡权元凶的恶名。而唐朝皇帝的子孙，也没有像元魏、北周的皇室那样被灭族。粉饰虚名以隐藏真实面目，而仍然认为张承业是忠于唐朝的。引诱天下人作假而损害仁义道德，也就是这样的话！

朱温的后梁灭亡以后，相继统治中原的五个王朝都由武将所灭亡，即使不能夺权，而拥兵打算夺权的也是此起彼伏，其原因不是别的，都是因为没有宰相的缘故。没有人做宰相，并不是说没有合适的人选。即使不是偏任武人，宰相也不能掌握国家大权。假使有合适的人选，想把国家大权交给他，也不能做到。为什么呢？当势力兴起的时候，没有参与谋划，一旦称帝，姑且找一两个人在名义上做百官的首领，就像树立个傀儡一样，那么谁又会听他的呢？

李存勖很久以来就想做皇帝，整天带着军队与后梁作战，在内委任宦官张承业，对外则让冯道掌管往来公函和起草命令，从没有留意过天下的士大夫，从中挑选一个合适的人，与他商量军国大计和经营天下的方略。等后梁将要灭亡、众人争相劝他称帝的时候，这才想起让各地将领推荐一两个担任宰相的人选。被推荐的人既然没有参与过国家大事的谋划，也没有担当重任的打算，君主虽听说过他的名声而没有见过他的功业，文武百官虽见过面也不曾打过交道，一旦被推到宰相任上，位居百官以上而拥有虚名，则那些屡立战功的开国功臣会认为：从哪里来了这样一个地位超过我的人呢？他不过是利用我们而享受富贵，而哪能不听从我们的呢？汉高祖当年用萧何担任宰相，他甚至把萧何比作猎人而把立大功的众将比作猪犬训斥而不会引起愤怒，就是因为有能让将领们信服的功劳，并不是一朝一夕的缘故。而豆卢革、卢程不过是从幕僚起家，怎能担当宰相的重任呢？把他们称为宰相，实际上就是没有宰相，因为他们的行动要受枢密使操纵，甚至还会被藩镇当作办理杂事的衙役看待，结果是天下可无相也，则亦可无君也。相轻于鸿毛，则君不能重于泰山也。故胡氏曰：“人主之职，在论相而已。”大有为者，求之夙，任之重，得一二人，而子孙黎民世食其福矣。

20.君臣、父子，人之大伦也。世衰道丧之日，有无君臣而犹有父子者，未有无父子而得有君臣者也。自朱温以至柴氏，七姓十五人，据中士而称帝，天下后世因而帝之。乃当时之臣民，固不倾心奉之以为君，劫于其威而姑号之曰天子，君臣之伦，至此而灭裂尽矣。尤可悯者，并其父子而乱之。漫取一人而子之，遂谓之子；漫推一鬼而祖考之，遂谓之祖考。于是神怒于上，人迷于下，父子之恩，以名相假，以利相蒙，其与禽兽之聚散也奚别？如是而犹望天下之有君臣也，必不可得之数矣。

沙陀夷酋耳，唐蔑天逆理而赐之姓，遂假以竞于朱温曰：吾李氏子也。存勖称帝，仍号曰唐，以高祖、太宗、懿宗、昭宗杂朱邪执宜、朱邪赤心之中而祖之，唐之祖宗，能不恫怨于幽乎？嗣是而徐知诰者，不知为谁氏之子，乃自撰五世名讳，选吴王恪而祖之。呜呼！蔑论陇西之苗裔犹散处于人间，天之弗祐，亡则之耳，绝则绝耳，何忍取夷狄盗贼之子而以为子孙哉？所谓辱甚于死亡也。后世史官犹从而奖之，曰：此唐也，可以绍李氏之统者也。天理无馀，人心尽椓，至此而人不足以天子孤立无援，无人可以依靠，篡夺他就像风吹槁草一样，几乎没有一点困难。

天下如果可以没有宰相，也就可以没有君主。如果宰相像鸿毛一样轻，君主也不会像泰山一样重。所以胡氏说："君主的职责，不过是要选拔一个好的宰相。大有作为的人，精心挑选，委以重任，能有一两个，子孙后代和黎民百姓都会世世代代享受他的福禄了。

君臣、父子，是人类伦理纲常中最重要的。在世道衰乱的时候，可以出现没有君臣但有父子的现象，而不可能没有父子而有君臣，自后梁以至后周，经过了七姓十五人，割据中原而称皇帝，天下和后代人也这样称呼他们。至于当时的百姓，即使不愿意倾心推奉他们为君主，也要碍于压力而称呼他们为皇帝，君臣之间的伦理界限，到这时已经消亡殆尽。更为可惜的，是父子关系也出现混乱。随便找来一人当作儿子，于是便称他为儿子，随便推戴一位死鬼作为祖先，于是便称他为祖父或父亲，其结果是神仙发怒于上，百姓迷茫于下。父子间的恩情，因为名声而可以假借，出于私利而可以蒙骗，这与禽兽聚集在一起又有什么区别呢？像这样还希望天下有君有臣，显然是一种奢望。

沙陀是外族当中的强大部落，因为唐朝皇帝违背天意而赐给他们姓氏，于是便假借这一名义向朱温抗争说：我是大唐皇室的后代。李存勖称帝，仍称唐朝，把唐高祖、太宗、懿宗、昭宗，以及朱邪执宜、朱邪赤心合在一起当作祖先，而唐代的真正祖宗，能不在地下怨恨吗？另外还有徐知诰，不知是何人的子孙，也自己编造五代以内的祖先名号，把吴王李恪当作祖先。啊！不论陇西李氏的苗裔还生活在民间，苍天不相保佑，死的死了，灭绝的灭绝了，又怎么忍心去把夷狄盗贼的子孙当作子孙呢？这就是所说的侮辱比死亡的痛苦更大。但后代的史官还沿袭这种说法并加以提倡，说：这也是唐，可以绍继存矣。《诗》不云乎？“谓他人父，终莫我顾。”逆风所煽，号为天子者且然，又何怪乎贾谧、秦熺之爚乱天常也。

21.李存勖不可以为天子，然固将帅之才也，知用兵之略矣，得英主而御之，与韩信齿。

奚以明其然邪？麏鹿之走也捷于虎，卒为虎获者，数反顾也。规规恃其穴以为所据，其偶败也，急奔而护其穴，其胜也，复虑人之乘己而内荧，于是内未溃而外失可乘之机，敌且蹙之使自毙于穴中，未有不败者也。存勖知此矣。

自克用以来，太原其根本也，则泽潞其喉吭也。太行之险一失，则井陉之道且危。存勖殚全力以图东方，澶、郓悬隔千里之外，间以赵、魏，潞州叛，泽州陷，太原内蹙，而东出之师，若脊断而不能举。于斯时也，不知兵者，必且舍澶、郓以旋师而西顾，乃一受其掣，而踉跄以返，王彦章之流，蹑其迹而乘之，太原其委命之墟矣。而存勖之计此决矣，李继韬之内叛，视若疥癣；泽州之失，唯惜裴约，而弃若赘疣；急攻杨刘，疾趋汴、雒，一战而朱氏以亡，其神矣哉！太原自克用修缮城隍以来，非旦夕可拔者，大兵集于东方，继韬虽狡，梁人虽鸷，必不敢遽尔合围，不忧归师之夹逼。敌见吾视泽、潞之乱若罔闻，则益不测吾之所为，胆先自破，沮其乘虚之计，而河上之师终恃此以为挠我之令图，则虑我之情缓，而相防之计疏。此一举而袭梁都、夷友贞、平河南，规恢之大略也。微韩信，孰唐朝的血统。天理丧失殆尽，人心也都失去天良，到这种地步，人也就不足被称为人。《诗经》不是这样说吗？“把别人称作父亲，别人也不会照顾自己。”逆乱的风气所煽动，自称是天子的人尚且如此，像贾谧、秦熺等坏乱伦理纲常的人就更不足论了。

李存勖不足以做天子，但还是个出色的将帅，熟知用兵的策略，如果有英明的君主驾御他，他完全可以成为像韩信一样的军事家。

为什么要这样说呢？麏鹿跑动的速度比虎还要敏捷，但终究被虎擒获，原因就是由于它多次回头而影响速度。规规自恃有个安全的老巢，如果偶然失败，就会急忙回来保护洞穴，如果胜了，也担心有人乘机侵犯，于是在内部没有溃败的情况下失去外部的可乘之机，敌人还会想法把它困死在洞穴之内，没有不败亡的。李存勖就明白上述道理。

自李克用以来，太原就是沙陀人的根本所在，而泽、潞则是他们的咽喉之地，如果太行山的屏障丧失，则井陉一线就会出现危机。李存勖竭尽全力争夺东方，而澶、郓二州又被隔绝在千里之外，如果赵、魏、潞州发生叛乱，泽州失守，太原危急，而东征的军队就会像断了脊梁一样不能发挥威力。在这时候，如果不懂得用兵之道，一定会丢弃澶、郓二州而撤军西还，造成刚一交手，就急忙西退，王彦章等人则乘虚而入，太原仍然无法保住。但李存勖的战略是明确的，把李继韬的叛乱当成是疥癣一样无关紧要；泽州的失陷，也只可惜裴约，放弃它就像割掉多余的瘤疣一样，只是急率大军进攻杨、刘，迅速出兵汴、洛，只打一仗就灭亡了后梁，简直是神机妙算！况且太原自李克用修建城池以来，并不是旦夕之间就能攻克的。加上入侵的军队又集中在东方，不论李继韬多么狡诈，后梁军队多么善战，也一定不敢冒然联合起来合围太原，而李存勖也就不必担心撤军回来的时候前后受敌。而敌人见自己对泽、潞的叛乱置若罔闻，则足以及此？谓存勖为将帅之才，非虚加之矣。

纳其身于内，而外日陵乘而不能御；投其身于外，则内虽未固而自可无虞。大略可以不倾，则姑置之，而纵横游衍，无不可以自得。此处身之善地，即安心之妙术也。呜呼！知此者鲜矣。项羽急返西楚，而汉追之；唐置太原，听刘武周、梁师都之侵犯，以亟攻东都，而三寇皆夷；得失之机，决于此耳。庸人怙其所已得，志士忘其所已能，志量之不齐，善败之所自殊也。知此者，可与立功，可与定乱，可与进善，可与广业。明此者哲，昧此者愚，岂徒用兵为然哉？

22.成而不倾，败而不亡，存乎其量之所持而已，智非所及也。量者心之体，智者心之用。用者用其体，体不定，则用不足以行；体不定而用或有所当，惟其机也。机者发而可中，而不足以持久，虽成必败，苟败必亡。故曰非智所及也。项羽、李存勖战而必胜，犯大敌而不挠，非徒其勇也，知机之捷亦智矣，然而卒以倾亡者，岂智之遽穷乎？智则未有不穷者也。

更加摸不清自己的打算，先吓破胆，使他们乘虚进攻的计划受挫，而在黄河岸边的军队也会依据这点而作为挠乱我方的条件，考虑到我方情况迟缓，也会放松防范的心理。这是一举攻克后梁国都、俘虏皇帝朱友贞，平定中原的基本战略。如果没有韩信那样的军事才能，谁又能作这样的考虑呢？说李存勖有将帅的才能，并非加给他的虚名。

如果为了内部的事情而返回，则来自外部的压力会逐渐增大并无法抗拒；如果置身于外，则虽然内部不稳而自己没有危险；根基不会倾覆，就可以暂且不管，因此而纵横驰骋，也可以随心所欲，按计划行事，这是自保的好办法，也是安定人心的上上之策。啊！能够知道这些的人太少了。当年的项羽急着返回西楚，但汉朝的军队追在他身后；唐朝初起的时候，把太原放在那里不管，听任刘武周、梁师都的入侵，而去向东都发起猛攻，结果是三方都被消灭，是得是失，就看这些了。平庸的人吝惜已经得到的东西，而有志气的人会忘掉过去的才能，二者由于贤愚不同，其胜败的结果也会悬殊。明白这些，便可以立功，可以定乱，可以进善，可以广业。明白这些的是哲人，想不到这些的便是愚蠢，怎又仅仅是用兵一个方面呢？

成功后不倾覆，失败了不灭亡，关键在于气度所能达到的程度，而不是因为才智的如何。度量是心灵的主体，智力是心灵的发挥。用的时候是用它的本体，本体不定，则才用不足以发挥；本体不定而才用或者有所施展，这主要是看时机如何了。机会来了也许可以成功，但并不一定能够持久，虽然成功也必定失败，若失败也肯定灭亡。所以说并不是才智所能左右的。项羽、李存勖都是战无不胜的人，在大敌当前时都能不屈不挠，不仅是因为勇敢，还因为能把握取胜的战机，这也是充满才智的，但结果都没能逃脱失败和灭亡的命运，难道是才智用尽了吗？聪明的人也会有才智衰竭的时候。

项羽不足以持败，一摧于陔下，遂愤恚失守而自刭，量不足以胜之也。藉令戢悻悻之怒，渡江东以为后图，韩、彭、英布非不可移易而必忠于汉者，收馀众，间群雄，更起而角死力，汉亦疲矣。而羽不能者，量止于一胜之威，败出于意外而弗能自固也。羽可以居胜而不可以持败，故败则必亡，存勖可以忍败，而不足以处胜，故胜则必倾，一也。李嗣源定入汴之策，既灭朱友贞，一入汴而以头触嗣源曰："天下与尔共之。"卒为嗣源所迫，身死国亡，量不足以受之也。藉令忍沾沾之喜，以从容论功而行赏，人且喻于君臣之义，虽有大勋，亦分谊所当尽，嗣源虽挟不轨之心，无有为之效命者，自敛雄心以俯听。而存勖不能者，量尽于争战之中，胜出于意外而弗能自抑也。

汉高一败于彭城，再败于荥阳，跳身孤走，而神不为怵，故项羽终屈其难折之锋；宋祖端居汴京，曹彬为下江南，收六十馀年割据不服、数千里之强土，而不轻授以使相，故功臣终安臣节而天下定。成大业者，在量而不在智，明矣。量者，定体于恒者也。体定于百年之长虑，而后机不失于俄顷之利钝。忧喜变迁，须臾不制，转念知非，而势已成乎莫挽，唯定体之不立故也。败则唯死而已，胜则骄淫侈靡，无所讫止，羽、存勖之以倾败终也，决于此耳。

项羽不足以承受失败的打击，刚在陔下遭受挫折，便不知所措而自杀，是他的度量不足以战胜自己。假如他含恨渡江谋求东山再起，韩信、彭越，英布等人也就不一定非效忠刘邦不可，收拾残余势力，离间群雄关系，重新起来争夺天下，则刘邦也会疲惫不堪。但项羽做不到这些，他的度量只限于打胜仗后的威风，意外的失败就会使他乱了方寸。项羽可以经受战胜的洗礼而不能渡过失败的打击，因此失败了就必定灭亡。而李存勖可以忍受失败，但不足以享受胜利，因此胜利了就会倾覆，情况与项羽完全相同。李嗣源为他设计了进攻汴京的策略，他采纳后果然打败了朱友贞，进入汴京，接着便用头碰着李嗣源说："天下是咱们俩的。"结果受李嗣源逼迫，身死国亡，可见他的度量并不能承受这些。假使他能忍住沾沾之喜，从容按功劳赏赐部下，人们明白了对他有君臣的义务，虽然立有大功，也会认为是自己应尽的义务；李嗣源尽管有不臣之心，也不会有人为他卖命，也就会收敛自己而听从号令。但李存勖没有这样做，是因为他的气量已经在争战中用尽，意外的胜利就把他的头脑冲昏了。

汉高祖当初在彭城（今江苏徐州）被打败，接着又在荥阳（今属河南）全军覆没，只好独自脱身逃走，但意志并没有消沉下去，项羽最终也被他这种不屈不挠的精神所击垮，宋太祖端坐在汴京城中，派曹彬为他收复了割据六十多年、不听朝廷号令的数千里江南河山，但又不轻易地授给他宰相的官职，而曹彬也能安心于自己的节操：成就大业的人，在于气度而不在于智谋，是显而易见的。气度是使自己安定如常的内在因素。如果自己有长久的打算和计划，也就不在意一时的得失。对喜怒的变化一刻也不能自制，转眼知道了错误，而事实已无法挽回，正是因为没有一定的主见。失败了只有死亡一条路可走，胜利了就骄奢淫逸，无休无止，项羽、李存勖失败的根本原因，就在这里。

生之与死，成之与败，皆理势之必有，相为圜转而不可测者也。既以身任天下，则死之与败，非意外之凶危；生之与成，抑固然之筹画。生而知其或死，则死而知其固可以生；败而知有可成，则成而抑思其且可以败。生死死生，成败败成，流转于时势，而皆有量以受之，如丸善走，不能逾越于盘中。其不动也如山，其决机也如水，此所谓守气也。气守而心不动，乃以得百里之地而觐诸侯、有天下，传世长久而不危。岂徒介然之勇，再鼓而衰，不足恃哉？智足以制胜，而俄顷之间，大忧大喜之所乘，声音笑貌传其摇荡无主之衷，倾败即成乎莫挽。豪杰之与凡民，其大辨也在此夫！

活着与死去，成功与失败，都是不可避免和相互轮回而不受人所左右的。既然把自己交给了天下，那么，死亡和失败都应在意料之中；活着和成功也都不可避免。活着就应明白会死去，而死了也应知道还可以生存；失败时应想到会有成功的时候，成功后也应想到会有失败的一天。生死、死生、成功、失败，失败、成功，都会因形势不同而发生变化，应该有承受它们的气度，就像圆球善于滚动、但又永远跳不出盘子一样。不动的时候应稳如泰山，时机一到就动如流水，这就是所说的保守正气。克制自己意志而不轻易动心，便可以成为一方君主并能使远方的诸侯前来朝贡，拥有天下，代代相传而没有危险。这难道是只有一点勇气、经受不了考验所能比的吗？才智足可以制约胜利，而在突然之间的大喜大悲出乎意料，便会显得手足无措，无所适从，其倾败也就无法挽救。豪杰与普通百姓的区别，也就在这里了。

卷二十九

五代中

1.伐蜀之役，郭崇韬谏止段凝为帅，议正而事允矣；其复止李嗣源之行，则崇韬之自灭与灭唐也，皆在于此。

崇韬请遣继岌，固知继岌之不可独任，而必需己副之，名为继岌，实自将也。崇韬之辞镇汴州也，曰："臣富贵已极。"至此而又贪平蜀之功利，岂冒昧不止哉？盖以伐蜀为自全之计。而反以此自灭者，何也？位尊权重，其主已疑，内有艳妻，外多宵小，稍稍裁正，众方侧目，故忧内之不可久居，而欲息肩于阃外，上挟冢嗣，下结众将，相倚以安，冀可远谗人之怨以自立于不拔之地，可谓谋之已工矣。乃不知谗佞交加之日，顾离人主左右，握重兵，据腴土，成大功，媢忌益深，在廷者又以睽离不亲，心皆解散，固将益附奸邪而听其嗾嗾；况乎奄有王建畜积之藏，多受降将邀欢之贿，蹑钟会之已迹而益以贪，则必罹卫瓘之网罗而弗能辩，诛死在眉睫而不悟。其工也，正其愚矣。

李嗣源有河上先归之衅，载人汴决策之功，假之以兵，资之以蜀，则且为王建，而为朱邪氏树一劲敌于西方；故崇韬身任之以抑嗣源，损其威望，而使易制，俾存勖无西乡之忧，其为存勖谋也，亦可谓工矣。而不知蚕丛一隅，以叛易，以守难，若欲窥秦、陇出剑阁以争衡于中国，则诸葛且不能得志，故曹讨伐蜀国时，郭崇韬上谏阻止段凝为统帅，由于他建议公正被赐允了，后来他又主谏阻止李嗣派出行作统帅，于是郭崇韬与后唐败亡了，原因就在于此。

郭崇韬请求派遣继岌为统帅，本知道继笈是不能独行的，必需自己作为副使，名义上的统帅是继笈，实质自己是专擅取权。崇韬辞退坐镇汴州(今开封)时说："我已经富贵到顶了。"此时又贪婪平定蜀国之功利，难道不能冒昧有余吗？大概但把讨伐蜀国作为自我保全之计吧。可是万没想到却因此自亡，原因何在呢？位尊权重，君主已有怀疑，内拥有娇艳的妻子，外有众多行为鬼祟的坏人，稍微裁正一点，大家都会侧目以视，所以担心里边不能长久立足，便想在外面歇息，上挟家眷，下结众将，相倚以安，希望着远离小人之积怒以自立不败之地，真可谓工于心计，用心良苦。岂不知在谗媚奸人充斥之时，愿意离开君主身边，身有重兵，占据丰腴之地，立大功，防忌日益深，朝廷的人又眼睁睁看着远离君主，身心俱乱，则更加附庸奸邪而听滥语；况且还有王建积畜的财宝，对于受降者将邀其共观，施以恩贿，偷偷跟着钟会走的人将更会贪心，这样必然要陷到卫瓘的网罗之中而不能申辩，死于眼前而不能醒悟，其工于心计之处也不是其愚笨之处。

李嗣源有河上先归之争端，打进汴州决策之功绩，借给他军队，资之以蜀国，则为王建，而为朱邪氏在西方树一劲敌；所以郭崇韬身居要任时极力抑制李嗣源，损坏他的威望，使他易被制服，使李存勖没有西部的忧患。他作为李存勖的谋士，够费心机了，岂不知蚕丛之地，易攻难守，要想占据秦、陇，打出剑阁来争衡于中原，连诸葛丕曰："囚亮于山。"嗣源即怀异志，恶能度越重险以犯顺，何似擅河朔之富强，拊汴、雒之项背，建瓴南下，势无与遏邪？畏虎豹之在山林，乃驱之以居园垣之右，便其噬攫，而崇韬不知也。

朱邪氏之寇，深于腹心矣。继岌，欲使立功以定储者也，而杀崇韬者继岌；董璋、孟知祥，所倚以镇抚诸将而定蜀者也，而乱蜀者璋与知祥；抒忠而逢怒，推信而召逆，自后观之，其愚甚矣。乃一皆崇韬之夜思早作，自谓十全之远虑也。繇此思之，退而全身，进而已乱，岂智计之能胜任哉？抑强止逆、弭妒消嫌之术，岂有他焉？勿尸功，勿府利，靖诸己以立于危乱之中，则猜主佞臣与震主之权，皆翕伏于镇定之下。崇韬固不足以与于斯也，祸不速于反掌，足为永鉴已！

2.受命专征，伐人之国而灭之，大功之所归，尤大利之所集也。既已据土而有国，其畜积必饶；既已有国而又亡之，其黩货而宝珠玉也，必多藏以召夺；且其权贵纳款，欲免诛夷而徼新宠，其荐贿也，必辇载以凑大帅之门；其为大利之所集也，必矣。大功不可居，而非不可居也。曹彬与平西蜀，独下江南，而任兼将相，世享荣名，大功灼然在己，而岂容逊避？所以自免于危者，利耳。

且夫功成而上为主忌、下召人疑者，唯恐其得众而足以兴也。十夫之聚，必以豚酒；蛊民归己，必以私恩；笼络智谋勇力之夫，必以馈赠；兵甲刍粮之费，必以家藏。藉令功成归第亮也不能如愿，所以曹丕说，“囚禁诸葛亮于山中。”李嗣源即使怀有其他志向，也不能度越重险之地以冒天下之大不韪，怎能擅自据河朔之富强，拊汴、洛（今河南开封，洛阳一带）之项背，居高临下向南用兵，其势无法遏制了吗？畏怕虎豹在山林中，便驱之居于园垣之上，便于吞噬攫取，而郭崇韬就不会这样。

朱邪氏的侵略，深入心腹，成为大患。继岌想使他立功后立他为皇帝，而杀掉郭崇韬的是继岌；董璋、孟知祥是被用来镇抚各将士而平定蜀国的，而后使蜀国局势混乱的仍是董璋与孟知祥，倾吐真心而遭逢怒斥，推诚置腹而召至抵触，后人看待此事更觉其愚蠢。一切都是郭崇韬出谋划策，自以为是十全十美的远虑之策。由此想到，退而保全自身，进则促成大乱，难道智谋之计能胜任吗？抑制强大制止叛乱消息奸佞，开解仇怨之计术，难道还有超过它不成？不要全图功利，安宁自己以自立于危乱之势中，多疑的君主，奸佞的臣子和震慑君主的大权，都埋伏于镇定之下。郭崇韬本不足以成这样，祸害不速而至，真是可以作为永远的鉴镜啊！

接受命令出征去讨伐别国并且灭了它，真是大功所归，大利所集。拥有了土地与国家后其积蓄一定富饶，有了国家又使之灭亡，一定是无节制滥用宝珠财富招致为人夺取，况且豪门权贵纳款，想免除诛夷而邀取新的宠幸，他们进荐的贿物，必然用车装着凑近大帅之门，此乃大利集归的必然趋势。大功不可据占，不是说不可居有。曹彬参与平定西蜀，独自统兵讨灭江南，又兼任将相，一世享有荣名，大功灼然，难道容不了谦逊退避？所以能免于危难的，是利益。

功成名就的人，常为君主所忌恨，为下边的人怀疑，他们主要是害怕他得民心而足可以勃兴腾达。多人相聚，一定要吃肉饮酒，蛊惑的百姓归顺自己，一定是由于私人恩怨，（要想）笼络智勇双全之人，定要馈赠礼物；军队、装备、粮草的费用，一定得自己聚藏，假如大之日，车还甲散，行橐萧然，游士无所觊而不蹑其门，百姓与相忘而不歆其惠，应门皆朴樕之人，宴会无珠玑之客，则虽猜主忮臣，亦谅其不足有为而坦然信之；左右佞幸，亦知其无可求索而恩怨两消；虽有震主之功名，亦何不逌然于旷夷之宇哉？

诸葛公曰："淡泊可以明志。"故薄田株桑，所以践其言而允保忠勋之誉，岂虚也哉！夫郭崇韬者，恶足以知此乎？其主既已忌之矣，哲妇壬人又争变黑白以将置之死，而灭蜀之日，货宝妓乐充牣其庭，以此而欲求免于死也，必不可得之数也。

呜呼！岂徒为人臣者受命专征以亡国之货宝丧其身哉？人主之不以此而贻子孙黎民之害者，盖亦鲜矣。汉高帝之入关也，秦并六国，举九州数百年之货宝，填委于咸阳，古今之大利，亦古今之至危，不可居者也。樊哙一武夫耳，知其不可据而斥之如粪土，帝听其言，为封府库，非但当时消项羽之恶怒、远害于鸿门也，且自羽焚宫以后，秦之所积，荡然四散，而关中无钩金尺帛之留，然而既有天下，古今称富者，莫汉若也。唐起太原，而东都之藏，已糜于李密、王世充之手；江都之积，又尽于宇文化及之徒。荡然一虚枵之天下，唐得之而海内之富上埒于汉。宋则坐拥郭氏世积之资，获孟昶、李煜、刘鋹之积，受钱俶空国之献，其所得非汉、唐之比也。乃不数传而子孙汲汲以忧贫，进王安石、吕惠卿以夺民之锱铢，而不救其亡。合而观之，则贫者富而富者贫，审矣。

功告成，衣锦还乡之日，军队解散，行橐空空，游士无所觊觎，不再进入其家门，百姓与之相忘却，也不羡慕其恩惠，来到门口之人皆是朴淳人士，宴会上也没有披金戴银、珠光宝气的客人，这样就是喜欢猜疑的君主和善于嫉恨臣民，也会原谅他不足以有为而坦然相信他，左右的人谗媚奉幸，也知他没什么可索求的便恩怨皆消了，虽然有震主之功名，也与旷阔的野外、辽廓的宇宙有什么不同呢？

诸葛亮说过：淡泊可以明志静。所以他家的财产只有一些薄田，几百棵桑树，由此，也就履行了其诺言，允许保留其忠勋的荣誉，这难道是虚空的吗？而郭崇韬难道不懂得这个浅明的道理吗？他的君主已经忌恨于他，妇孺百姓又争着想搞个青红皂白将他处于死地，而灭亡蜀国之时，他的庭院却充满了金银珠宝之货，享乐之歌妓，这样想免于一死，是必然不可能的。

哎！难道只有臣下受命讨代别国所得的货宝，并为此而丧身吗？君主能不因此而留给子孙百姓之祸害的，恐怕也很少吧。汉高祖入关的时候，秦吞并了六国，把九洲大地几百年的货宝，都运到咸阳，这真是古今之大利，也是古今之大危呀。不能长久居住于此。樊哙是一武将，他知道不能把货宝据为己有，便视之如粪土，嗤之以鼻，皇帝听了他的话，为他封了库车，这不但消除了当时项羽的反感愤怒之情，也使后来鸿门宴的祸害消亡了，并且从项羽一把火烧了皇宫后，秦朝的积蓄，荡然四散，而关中没留下金银财宝绫罗绸缎之货，然而有了天下后古今往来富裕的，都不如汉朝。唐朝自太原起兵，东都洛阳的宝物，已奢糜于李密、王世充之手；江都（今江苏杨州）的积宝，又耗尽于宇文化及之辈；空荡荡的天下，唐朝得到手后积蓄的财富比汉朝并不逊色。宋朝则是坐吃郭氏家族世代积蓄的资财，获得孟昶、李煜、刘鋹的积蓄，接受了钱镠献出的国宝，它所得的财富是远非汉唐所能比的，可是没有传几代，子孙便没有可攫取的财所以然者何也？天子以天下为藏者也。知天下之皆其藏，则无待于盈馀而不忧其不足，从容调剂于上下虚盈之中，恒见有馀，而用以舒而自裕。开创之主，既挟胜国之财为其私橐，愚昧之子孙，规规然曰：此吾之所世守也。以天子而仅有此，则天下皆非其天下，而任之贪窳之臣，贪者窃而窳者废，国乃果贫，则虐取于民，而民乃不免于死。侈者既轻于纵欲，吝者益竞于厚藏；侈犹可言也，至于吝而极矣。朽敝于泥土之中，乾没于戚宦之手，犹且羡前人之富而思附益之。卒有水旱，民填沟壑，或遇寇乱，势穷输輓，乃更窃窃然唯恐所司望吾私积，而蔽护益坚。若田野多藏之鄙夫，畏人之求贷而蹙额以告匮，恶知有天下之为天子哉！守其先世之宝藏以为保家之懦夫而已。匹夫而怀是心，且足以亡家而丧其躯命，况天子乎？

汉、唐之富，富以其无也；宋之贫，贫以其有也。国亡身戮，更留此以为后起败亡之媒，哀哉！武王散鹿台、钜桥之积，非徒以仁民也，不使腐秽之藏教子孙以侈吝也。李存勖之为君，郭崇韬之为将，斗筲耳，以利相怨，而交啮以亡，又何足算哉！

3.有一言可以致福，有一言可以召祸，听其言知其所以言，吉凶之几决矣。言固有饰为之者焉，从容拟议而撰之以物，便开始担心贫困，到了王安石、吕惠卿时，夺取老百姓的财富，也不能挽救其自身危亡。总而言之，贫困的富裕了而富有的贫困了，果然不错。

之所以这样是为什么呢？君主天子把天下所有的财宝当作自己的财宝。想着天下万物都是自己的，于是也不期盼着财物盈累充余，也不担心财物不充足，从容调剂使用于空盈中，总觉得充余有盈，用时便舒坦而自觉宽裕。开创大业的君主，挟制着胜国的财宝为其私有，愚昧其子孙，以一幅规矩的样子说：这是我世代相守的财物。仅因为君主如此，那么天下都不是他的天下，而任使贪坏之臣，贪婪的盗窃而粗劣的浪费，国家将最终贫困下去，于是向老百姓施以暴虐，老百姓最终免不了一死。奢侈的既然无所谓放荡纵欲，吝啬的就更竞争着多藏财物；奢侈还可以原谅，到了吝啬便是到极点了，无以复加。腐朽烂于泥土之中，耗空财物出于贵戚、宦官之手，还羡慕前人的富有，想着不断增加自己的财富。突遇水旱之灾，民填沟壑，或遇到贼寇之乱，势必困穷至尽，就更害怕瞄望我的积蓄，于是就蔽护的更厉害。假如民间有许多百姓，害怕他们贷货求财，而急匆匆地宣告财物匮乏，不知道天下还有天子吗！私守着先代的宝藏用来保家只不过一介懦夫而已。人人都这样想，足可以亡家丧身，又何况皇帝天子呢？

汉、唐的富裕，是因为它的贫乏；宋代的贫困是由于它的富有。国破身亡，又以此作为最后败亡的媒介，真可悲呀！周武王分散鹿台，钜桥的积财，不只是为了施仁于百姓，是为了不让腐朽秽恶的财宝使子孙后代奢侈吝啬。李存勖作为君主，郭崇韬作为将士，一斗一筲罢了，因利益而相怨恨，甚至相互争斗而灭亡，又值得什么！

一句话可以带来幸福也可以招来灾祸，听一个人的话知道他为什么这么说，是吉是凶就差不多可以得出结论。语言本来就有掩饰言，行固不践，心固不存；又有甚者，假义以雠利，假仁以雠忍，是非不生于心，吉凶固不应也。至于危困交于身，众论摇于外，生死存亡、取舍趋避间不容发之际，于此而有言，则其心无他，而言非伪饰，此则吉凶之几所自决也。李嗣源当郭崇韬、李存乂、李继麟骈首夷族之日，朱守殷戒以震主之勋，劝为远祸之策，而嗣源曰："吾心不负天地，祸福之来无可避，委之于命耳。"斯言也，可以全身，可以致福，终以奄有朱邪氏之国，不亦宜乎？

奚以知其言之从心，而非中怀毒螯姑为委命之说以欺世邪？李存勖耽乐昏昧，伶人操生死之柄，功臣之危，旦不保夕。于斯时也，嗣源非闇于术者，而思惟之路已绝，旷然远念，惟有委命之一道可以自安。郭崇韬任气于先而营私于后，祸已见矣，固有以知其无可奈何之下，唯宅心镇定以不纷也。

奚以知其行之能践也？委身昏乱之廷，死亡在旦夕，终不求脱身归镇拥兵而待乱，受命讨邺，乃从容以去。唯无求去之心，故廷臣得以推毂，存勖释其猜疑，而晏然以行也。则当其正告守殷之日，嗣源之心，无疑无隐，昭然揭以示人，消无妄之灾，获陨天之福，皆非以意计幸得。而终始所守者，委命之一言也。充斯言也，即许以知道焉可矣。故其得国以后，举动多中于理。而焚香告天，求中国之生圣人，盖亦知天之所佑，必不在乘虚据位之异类，廓然曙于天命之常，而目睫之纷纭，不为目眩而心荧也。

君子于僭伪之主有取焉者，唯嗣源乎！苻坚、拓拔宏伪饰的，从容拟定议计并撰写出来，行动可以不履行，心意可以不保留，更有甚者，假借仁义谋取利益，肆行残忍、心中就不会有是非，吉凶本也是不应该的。到了危困交身之时，谣言四起，生死存亡取舍趋避刻不容缓之机，此时的话语，心中什么也没有，而语言也不是伪装掩饰真相的，这样吉凶就几乎可以裁决了。李嗣源在郭崇韬、李存乂、李继麟共同消灭外族的时候，朱守殷以震主的荣勋告戒他，劝他远离祸害之策略，而最终出现朱邪氏的国家，不也是应该的吗？

怎样才能知道他的话是发自内心的，而不是心怀毒计姑且为了委命之说来欺骗世人吗？李存勖沉迷于音乐中，昏昧无知，戏人操纵着他生死的权柄，功臣之危，朝不保夕。到此时此刻，李嗣源不是暗于心机，而是想着路已断绝，心中旷然而念，只有受命一路可以自我保安。郭崇韬开始一意孤行，后营私于己，祸害已渐露端倪，本来就应该明晓无可奈何之下，只有稳定人心方可不混乱也。

难道他知道自己能履行诺言吗？委身昏乱的朝廷，随时都面临着死神的威胁，最终没有求得脱身，拥兵自重来等待混乱之势，受命去讨伐邺城（今河此邺县）便从容出征。没有离去的心意，所以朝中大臣都极力推崇他，连李存勖也解除了疑虑与猜忌，他便安然无恙了。当他正为朱守殷告戒时，李嗣源的心是无忧无隐，明晰地展于世人，消除无妄之灾，获悉陨天之福，这都不是心中计策所侥幸得到的，而最终所奉守的，是受命一句话。扩充这句话即使说他知道也是可以的。所以他在得到国家后，举动大多合乎情理。焚香祷告于上苍，乞求中国出圣人，大概也知上天保佑了他，他绝对不是那种乘虚而入占据皇位的，廓然受之于天命的曙光，而眼边的混乱纷纭，始终没有眼花缭乱而为之心动。

在所有以下犯上篡夺君位的帝王中，君子认为比较可取的只有以诬天而罔人，其善也，皆其恶也，何足论哉！夫不知命而饰为之说曰“吾知命也”，有之矣；不信有命而饰为之说曰“吾委命也”，未之有也。若嗣源者，信之真，故言之决也。

4.李嗣源之不欲犯顺以攘国，非伪也。朱守殷劝其归镇而不从，赵在礼帅诸将迎奉而泣辞之，皆死生之际也。乃置身于宵小之中而不惧，跳出以集兵雪耻而不遑，固可信其立志之无他矣。然而终不免于逼君篡国之逆者，为诸将所迫，而石敬瑭其魁也。敬瑭曰：“安有上将与叛卒入贼城而他日能免者？”此言出而嗣源穷矣。既不能保其腰领与妻子，而抑受从逆之罪以伏法，名实交丧，取生平而尽弃之，天高地厚，嗣源无馀地以自容。敬瑭所为持其肯綮要以必从者，机深而言厉，嗣源恶得而不从邪？惟其然，而嗣源之昧于事几以失断，亦愚矣！

敬瑭之强使举兵也，岂果尽忠效死戴主帅以定大业哉？自唐亡以来，天下之称帝称王者，如春雨之蒸菌，不择地而发，虽名天子，实亦唐之节度使焉耳。李存勖灭梁而奄有之，地差大于群雄，而视刘岩、钱镠、王延翰也，亦无以异。主无恒尊，臣无恒卑，民亦初无恒向，可夺也，则无不可夺也。以存勖之百战成功如此其炎炎也，不数年而已熸，则嗣源一旦卷甲犯主以横有其国，又岂有长存之理？其旋起而可旋灭，人皆知之，而敬瑭料之熟矣。嗣源不反，存勖虽亡，乌必止于他李嗣源一人！苻坚、拓拔宏假装着诬骂上苍而蒙敝百姓，他们的善意，都是因为他们有不善的想法，有什么值得称道的！不知道天命而假装说：“我知天命也”这种人是有的；不相信天命而假装：“我受命也”这种人是没有的。像李嗣源这个人，他相信自己的话是真的，所以便说得坚决果断。

李嗣源不想倒行逆施，篡夺君位，并不是伪装出来的。朱守殷规劝他归镇拥兵他没有听从，赵在礼率领诸位将士迎奉他，他哭着离去，都是生死之际，紧要关头。他置身于坏人之中而毫无畏惧，跳出来集合军队报仇雪耻也不恐惶，主要是他特别坚信自己的志向没有其他原因；然而最终仍免不了成了逼君篡国的叛逆者，是为手下将士所迫，尤其是石敬瑭。石敬瑭说：“哪有将帅与叛兵进入敌城而后免于一死的呢？”这句话一出口，李嗣源便完了。既不能保全自己与妻子儿女的性命，还得接受叛逆之罪来伏法，名实皆丧，拿一生的一切全都摒弃掉，天高地厚，也让李嗣源无地自容，石敬瑭便劝持他愿从紧要处想，一定会服从的，机谋深而言语严厉，李嗣源怎能不从呢？这样，李嗣源对于事情的糊涂认识，造成判断失误，亦够愚笨啦！

石敬瑭强迫他用兵大举，难道真是为了尽忠效死拥戴主帅奠定大业的吗？自唐朝灭亡以来，天下称王称帝的人，多如春雨后的蒸菌，随地而发，名义上是天子，实际上是唐朝的节度使罢了。李存勖灭梁后继承了梁政权，地盘略大于群雄，再看看刘岩、钱镠、王延翰也没什么不同。君主没有一直尊重的，臣没有永远卑下的，百姓开始就没有固定的方向，可以夺，则没有不可以夺取的。李存勖历经百战，成功之日何等气焰嚣张，可没几年已败退下来，而李嗣源带领军队冒犯君主建起自己的国家，难道就有永存的道理吗？他突然崛起又匆匆灭亡，人人皆知，而石敬瑭更是心中有数的。李嗣源不造反，人之屋。敬瑭辈部曲偏裨，望浅力微，安能遽为弋获乎？康义诚、李绍虔、王建立、李绍英咸有此心，而敬瑭以子婿之亲，握牙之重，固将曰嗣源之后，舍我其谁邪？盖亦如史宪诚、朱希彩、朱滔之相因以夺节钺耳。嗣源亦微测之，故祝天求生圣主以绝此凌夺之逆，自知其国不可永，而敬瑭决策犯顺之邪心，必不能保之身后，顾低回顾眄无以自主，荏苒而从之，识者固怜其柔以愚也。

夫嗣源之处此，一言而决耳。斩石敬瑭以息浮议，悉力以攻赵在礼而平之，待继岌之归而定其储位，则乱亦自此而息。若存勖忌深而犹不免，则嗣源固曰“无负于天地，委之于命”，又何忧惧之有哉？

唐之乱甚而必亡也，朱温竭其奸谋十馀年而后篡。朱温之虐也，存勖血战几死几生而后灭之。乍然蹶兴，不折一矢，不需旬月，而即帝于中土，自嗣源始。敬瑭、知远、郭威皆旦北面而夕黼扆，如优俳之冠冕，以成昏霾之日月，嗣源首受其恶，以成敬瑭之奸。呜呼！惟其愚也，辞大恶而不得矣。

5.李嗣源即位之初，诏诸使贡奉毋得敛于百姓，禁刺史以下不得贡奉。然则自此以前，诸使立贡奉之名以虐取于民，下至守令，亦可以财贿交于人主，久矣。

进奉始自唐德宗，至宣宗以后而愈滥。其始官有馀财，小李存勖就难灭亡，乌一定就落在了别人的屋檐上。敬瑭之流是部队偏将，威望很浅力量也薄弱，怎能迅速得逞成为主子呢？康义诚、李绍虔、王建立、李绍英可都有此心，而石敬瑭以女婿亲戚的名份，掌握军事大权，本想说：李嗣源之后，除了我还有谁呢？大概也像史宪诚、朱希彩、朱滔之相继夺权一样。李嗣源也看出了苗头，所以求祝上苍赐给一圣明之王来杜绝这个凌夺的叛逆，心中明白自己的国家不可长久，而石敬瑭决策冒犯顺意的邪念，断然不能保留他，低头看看，回头瞧瞧，顾念四周，无以自主，便慢慢随从了他，明智的人都可怜他的柔弱带来的愚笨。

李嗣源到了这一地步，一句话决定斩除石敬瑭，平息浮议，全力以赴去攻打赵在礼并且镇压抚平他，等到李继岌回来确立其皇位，则不会有什么混乱之势。如果李存勖忌恨深厚并且不赦免李嗣源，李嗣源就是一再说“无负于天地，受之于命”，又有什么可忧虑害怕的呢？

唐朝混乱过度就一定要灭亡，朱温用尽其奸计十多年而后篡权；朱温的暴虐，李存勖生死血战最后消灭了他。突然崛起，不费一箭一矢，不需多长时间，便在中原大地登上皇位，是从李嗣源开始的。石敬瑭、刘知远、郭威等都是早上还是万人之上的皇帝，晚上就成了一般臣民，就好像戏人唱戏时戴的帽子，一瞬间的时间，造成了昏霾的年代，李嗣源最先冲当了罪孽的魁首，促成了石敬塘的奸谋。哎，正由于他的愚笨，想摆脱罪恶也不能够了。

李嗣源刚即位时，下令各使者、官吏进贡时，不得向老百姓搜刮财物，并且禁令：刺史以下的官吏不能进奉。然而在此之前，各使者借进贡之名向老百姓掠夺搜敛，下至守令一职，都可以用钱财的贿赂巴结讨好君主，这已是很长时间了。

上进贡奉之事是从唐德宗开始的，至了唐宣宗时，日益泛滥。刚人不知散于州府之固为天子有，而以之献谀。庸主惩于播迁之贫，而恃为非常之备，因而不拒，日加甚焉。及乎官不给而索之民，贡有涯而取无艺。庞勋之乱，起于军府之虚；黄巢之乱，起于掊敛之急。垂至唐亡，天下裂，民力尽，而不能反。则其俯首剜肉以充献纳，盖不知其流祸之何若矣。乃其率天下以无忌惮，蔑上下之等，视天子若亭长三老之待食于鸡豚，则置之废之、奉之夺之、易于反掌者，亦缘此为致祸之源。何也？天子者，以绝乎臣民而尊者也，故曰“天险不可升也”。刺史以下微贱之吏，得以锱铢上交于殿陛，则所谓天子者，亦下吏交游之侪伍耳。置之废之，奉之夺之，又何忌乎？

或曰：三代之王天下也，方五十里之小国，亦得以币玉上享于王，四海交媚于一人，一人未尝轻也，进奉何病哉。曰：即此而推之，三代之法，不可挟以为名，治后世之天下，非一端而止矣。古之诸侯，虽至小弱，然皆上古以来世有其土，不以天子之革命为废兴，非大无道，弗能灭也。新王受命，虽有特建之国，亦必视此而不容独异。故天子者，亦诸侯之长耳。列国取民之制，各从其旧，而不尽奉新王之法。其与诸侯以兄弟甥舅相往来，颉颃上下，法不能伸，故唯恃礼以绥之，使其宾服，大要视今安南、缅甸之称臣奉贡而已。使享使聘，以财相接，亦王者因时服远之权宜，非可必行于万世者也。天下而既一王矣，上以禄养下而下弗能养上，揆之于理，亦法天之显道开始官吏有多余的财富，小人不知道散于各州府的财富本应是皇帝的，便把它献上，阿谀奉称一番，昏庸的皇帝惩于播迁之贫，便视之为额外的收入，储藏起来，而不加拒绝，于是进奉之风更加严重，到了官吏没有供养时便向百姓搜索，真是进贡有边而向百姓索取无涯呀。庞勋起义，是由于军府空虚；黄巢起义是由于搜敛所逼；最后到了唐灭亡之时，天下四分五裂，百姓力穷财空，再也不能恢复元气了。那么再俯首割肉来充献贡，真不知道带来的流弊祸乱该是什么情形。于是有人率领无所畏惧之人，排除了上下的等级差别，看待天子就像亭长三老，对待食物与鸡猪一般，一切都无所谓了。于是立他还是废他，奉贡或是夺取都易如反掌，这就是导致祸乱的源头。为什么呢？天子是以断绝百姓而成为尊贵的人，所以说：“天险不可升也”。刺史以下的微贱官吏，能够用锱铢之宝上贡给皇帝陛下，那么所谓的天子，也就成了小官小吏交结的人了。立他废他，奉贡于他，还是夺取于他，还有什么可顾忌的呢？

有人说：三代时的天下，不过是方圆五十里的小国，国王能享以钱币珠宝，天下都讨好天子一人，天子也并不受人轻视，进奉有什么危害呢？回答说：由此而推之，三代时的法规不能只看名称，治理后世的天下，不是一方面就可以了。古代的诸侯，虽然势力微小，然而都是自上古以来有自己国土，他们不以天子的变动而随之废兴，不是很严重的道德败坏，是不能灭掉他的。新的国王受命登位，虽也有新建的国家，也会恰当处理，不会轻易变异。所以说，天子也只是诸侯的首领而已。各国获取民心之制度，都是顺应旧制，而不是全部奉行新的礼法。他与诸侯皆以兄弟甥舅之亲戚关系相来往，不相上下，法令不能施展，所以只有靠礼法来安定国家，使诸侯服从自己，基本上与现在安南（今越南）缅甸的称臣奉贡相似罢了。使之享受使之受聘，以财物相结交，也是作国王的因时服远之权益之策，不是一定可也。天养万物，而物莫能致其养，以道相临而交以绝，交绝而后法伸，法伸而后道建，清虚在上，万汇咸受其裁成。使三代王者处后世之天下，宪天出治，亦如此而已，何事龊龊然受下邑小臣之壶觞箪笥哉？

且天下之赋税，皆天子之有矣，不欲私之，而以禄赐均之于百官。既已予之，则不可夺之以归己。于是而廉隅饬焉，风教行焉。推此而定上下之章，以内临外，以尊临卑，以长临属。司宪者，秉法以纠百职，百职弗敢亵也；奉使巡宣者，衔命以行郡邑，郡邑弗敢黩也。君子之廉以奖，而小民之生以遂。故为之禁制以厚其坊，督抚监察郡守，不敢奉其壶飧；方面监司邑令，不敢呈其竿牍。以法相裁，以义相制，以廉相帅，自天子始而天下咸受裁焉。君子正而小人安，有王者起，莫能易此矣，而何得借口三代之贡享上交以训贪而启渔民之祸哉？

且三代之衰也，天子求金车，而中肩之难作；大国索裘马，而鞭尸之怨深；禹、汤、文、武承上古之流，不能遽革，其流弊亦可见矣。继此而兴者，塞源唯恐不严耳。通古之穷，乃可以御今；酌道之宜，乃可以制礼；故曰“所损益可知也”。使古有之，今遂行之，因流滥而莫之止，则唐、宋之进奉，何以遽召败亡？而嗣源之禁，其上下不交之否道乎？

以通行于万世的。天下既然是一个王，上面能以奉禄养下，而下面不能奉养上面，揣测其道理，也是效法天地所显示的道法吧。上天滋养万物而万物不能使上天得以奉养，因道相近便交往断绝了，交往断绝后法理便随意延伸，法理延伸便出现后来的道法，清虚在上，万事万物都会受到裁正。假使三代时之国王处在后来的天下，宪天出治，也不过如此而已。受下边小官微臣的点滴奉贡，还有什么事这么肮脏呢？

况且天下的赋税，都是天子所有，不想独自占有，便以奉禄均赐于文武百官。既然已经给了他们，就不能夺回归自己。于是廉洁的地方得以条理，社会风气也越来越好。由此来制定上下相守之章法，以内临外，以尊临卑，以长临属。主管司法的，秉公执法纠正百官，文武百官就不敢亵渎其职了；奉命巡使的官员，受命出巡各郡邑地方，郡邑之官也不敢黩职轻率了；君子以廉洁劝勉自己，则百姓日子才能过得下去。所以为此制订制度加以防范，督抚监察郡守就不敢轻易奉以酒食；各种监司邑令，也不敢竖其他们的旗竿标牌；以法相裁正，以义相制理，以廉洁相率领，从天子开始，天下之人都受其裁治。君子端正，小民平安，即使有称王的人出来，也不能改变这一切秩序。那还怎么以三代之贡享上交为借口来引导贪贿，带给百姓无穷的后患呢？

三代也衰败了，天子索求金银财宝，于是有周桓王被射中肩头的祸患，楚国索求衣物马匹，于是就有了平王被鞭尸的怨忿；夏禹、商汤、周文王、武王接承上古之流风，不会马止变革，但其流弊已渐露端倪。从此而兴起的人，阻塞源泉唯恐不严密。由古代的一切可以御管今天；斟酌道法之适宜恰当，才能制定礼法；所以说："所损益可知也"。假如古代就有的，今天加以施行，因流弊泛滥而不能阻止，唐宋的进贡，怎么会迅带地召致败古呢？而李嗣源的禁令，使其

6.李嗣源召术者周玄豹，赵凤谏止之，曰：“术者妄言，杀人灭族多矣。”伟哉！不易之论也。杀人灭族者，就谋逆不成者而言，凤有所讳而偏举之耳。谋而成，则李存勖毙于一矢、焚于乐器以亡国矣。谋而成，至于亡人之国；不成，则以自灭其族，固多有之。然天下之欲图神器者无几，而时之可乘、力之可乱者，尤不数有。则术者之害，疑于未烈，若不必严斥而厚禁之也。

虽然，奚必如玄豹之许嗣源以贵不可言，导以反逆，而后为天下祸哉？举古今，尽天下，通士庶，苟信术者，无不受其陷溺；而蔑天理，裂人伦，趋利而得害，图安而得危，无有不然者也。故王制曰：“假于时日卜筮以疑众，杀。”夫术者志尽于衣食，非有大慝焉，而使服上刑，不已过与？乃观其惑民之流害所极，而后知先王之法，以正人心、维风教，齐民以礼而全其恩义，诚至矣哉！

星相也，葬法也，壬遁时日也，火珠林、观梅、河雒之数兆也，鬻之以受愚人之濡沫，乃使婚者失其配偶，居者去其乐土，死者暴其骴骼，兄弟相疑以相害，邻里相轧以相吞，狱讼繁兴，杀伤相踵，生人之祸，至此而极，非杀之何足以当其辜哉？然则杀人灭族之祸，非徒图谋不轨者为然，身以之杀、族以之灭而不知者多矣！身幸不杀，族幸不灭，而冒昧以趋于禽行，则尽古今天下之愚者胥然也。善推赵凤之言，以极其情事上下不相交责，难道是不符合道法的吗？

李嗣源召用方术之士周玄豹，赵凤上谏阻止他说：“方术之士胡说八道，搞得杀人灭族的事太多了”。真了不起呀！不能更改的高论。杀人灭族的人，就其谋反叛逆不成而言，赵凤是有所讳言而且有偏见之举。谋反成功了，则李存勖死于一箭，自焚于乐器之中，最后使国家败亡。谋反成功，灭了别人的国家；谋反不成，那么只有毁灭自己的家族，这是很多的。然而世上谋篡君位的没有多少，并且有机可乘者、有力可乱者，尤其不多。所以巫术的危害，我怀疑它没那么厉害，好像不必严厉斥责它，也不必严历禁止它。

尽管这样，为什么一定要像周玄豹对李嗣源的许诺，事成之后贵不可言，导致了谋反逆乱，成了后来天下的祸端呢？大凡古今天下，官吏百姓，假如有信巫术的，没有不受到它的溺陷的；加上诬蔑天理，分裂人伦，想得到却遭了害，想苟安却危急不堪，没有不是这样的。所以先王礼制里谈：“假如有搞迷信巫术来疑惑百姓的，格杀勿论”。从巫术者假如仅仅为了衣食之志，没有大的恶念，而让他服酷刑处以死罪，不是有点过分了吗？再看看那些蛊惑百姓之流害达到极点所造成的恶果，才会知道先王的法制，可以端正人心、维持风气教化，以礼整齐百姓，保全他们的恩义，是多么至诚！

星月之相，葬人之法，天干地支，火金木土是观看世象的几个预兆，接近了愚笨之人而用之，就会使结婚的人失去伴侣，安居的人离开乐土，死去的人暴以骨尸，兄弟之间互相猜疑、互相残害，邻里之间相互压轧、吞并，诉讼案件频繁迭出，杀伤之事接踵而至，活着的人的祸灾，到这样地步也算是无以复加了，这样不处以死刑怎能抵消他的罪过呢？然而杀人灭族之祸害，不是只有图谋不轨的人才做的，身体被杀、族被灭的，不知有多少了！侥幸身体没被杀害，家族没有被灭掉，冒昧活着如禽兽一般行走，真是古今往来最愚笨之必然，术者之可畏，有如是哉！

解缙庖西封事，请废大统历建除宜忌之文，以绝术者之源，诚卓论也。凤与缙非能知道者，而秉正以拒邪，守先王之典训，贤于蔡西山远矣。

7.王环为马殷攻高季兴，大败之，薄江陵城，敛兵而退。谓荆南为四战之地，宜存季兴以为楚扞蔽，策之善者也。季兴虽存，不能复为殷患，而委靡以苟存于吴、蜀、汴、雒之交，以间隔长沙而不受兵，故殷得以保其疆土。虽然，藉此而图固本自强之术，息民训兵以待天下之变，则虽大有为焉可矣。无以善其后，而徒幸兵之不我及，以安旦夕，则所谓“无敌国外患者国恒亡”也。殷之陋也，非环之失计也。

天下当战争不定之世，所甚患者，受天下之冲以犯天下之难，力未完，业不及远，骤得胜而扼吭拊脊以召敌之攻，其败也可立而待，而愚者幸之以居功。越之与楚，不相及也，句践灭吴，而后越受楚兵以亡。契丹灭而女直之祸中于汴，女直灭而蒙古之祸中于杭，皆弱不自量，撤藩篱而欣幸以召攻者。夫岂但弱者为然哉？齐桓公而知要冲之地不可争也，姑置江、黄为不侵不叛之国以隔楚，则陈、蔡、郑、许可以安于北向。急收江、黄，授楚以兵端，而二国灭。于是楚一伸臂而旋及于泗上，无所碍矣。

的。善意地推敲赵凤的话，也即事物发展极致的必然，巫术之人之可怕，真是如此！

解缙《庖西封事》，请求废除《大统历》，建议废除其中应该忌讳的文字，以断绝巫术之人的泉源，实乃真知灼见。赵凤与解缙不是通晓道法之人，而能秉公执正，拒排邪恶，遵守先王之典训，要比蔡西山贤达多了。

王环为马殷攻打高季兴，大败高季兴，快到江陵城的时候，收兵而退。认为荆南为四面受敌的地方，应保存高季兴为楚国的屏障，这是最好的策略。高季兴虽然存在，但不能再为殷仲堪所担心，而把依靠有和吴、蜀、汴、洛的交往而能存续，以中间隔着长沙而不受战争，所以殷得以保住其疆土。虽然这样，藉此而考虑固本自强的方法，让民众生息训练军队来对待天下之变，这样就可以有大作为了。不懂得妥善处理其后，但只是希望战争和我没有关系，以取得短暂的安定，那么，这就是所谓的“没有敌对国家的忧患，国家就会因此而灭亡”的道理。马殷浅陋无知，不是王环的计策有失。

天下处于战乱的时期，最大的的忧患就是，接受天下人冲击要害之地而犯天下之难，力量不完备，能力不够，骤然得胜却被卡住喉咙扶脊而招来敌人的进攻，这样失败也就指日可待了，而愚蠢的人还以为这是幸运，并以此居功。越国和楚国，原本不相及的，勾践灭吴，然后越国受楚兵攻击，国家灭亡。契丹被消灭后，女真的兵祸就到了汴州，女真消灭，而蒙古的兵祸就到了杭州，这都是弱者不自量力，撤去篱笆就觉得高兴，这样反而招来进攻的敌人。这难道只有软弱的人是这样的吗？齐桓公就知道要冲突要害之地不可争，姑且把江、黄作为为不侵略不背叛的国家以隔离着楚国，这样，陈、蔡、郑、许等国就安于北方；急于收拾江、黄两国，结果给了楚国派兵的借口，而把这两个国家消灭了，于是楚国一伸胳膊就能够到泗水边强弱之积，非一旦之复；偶然之胜，非持久之术。故曰“地有所不争”，非散地之谓也。散地者，敌视之如赘疣，而我收其实利，得之也可以厚吾力，而不犯敌之全力以相逼。唯夫南北之襟喉，东西之腰领，忽为我有而天下震惊，得则可兴，失则必危，兴者百一，而危者十九，竭吾财、殚吾力以保之，一仆而瓦解。策士无识，乃曰：此要地也，所必争者也。不揣而听之，致死以争之，可为寒心矣。

善用王环之谋，以养吾全力，使强敌相忘而可大得志于天下。惜乎马殷之不足以及此也，为怯而已矣。虽然，犹可以不亡，待之再世也。

8.唐亡以后，不知始于何日，禁民造麴，官造卖之以收息。既自号为帝王，而所行若此，陋无以加矣。又其甚者，禁民铸铁，官铸农器，强市于民，则尤不仁之甚者也。虽然，犹未甚也。李嗣源天成三年，听民造麴，而于秋税亩收五钱，又三年，听民铸农器，于夏秋税二亩收农具三钱，自谓宽政，而不知其贼民之益甚也。造麴者非必有田，有田者方待麴于人而不知造，无端而代鬻麴者以输税，其税之也何名？至于铸农器者，不耕而获农人之粟，哀此贫农，辍餐褫衣以博一器，而又为冶人代税。二者横征，而后农民之苦日积而月深矣。

上，中间就没有什么障碍了。

强和弱的积累，不是一天就能形成的；偶然的胜利，这不是长久的办法；所以说“有些地方不可以争”，这不是散地的意思。散地的意思是，敌人看着似乎多余无用的地方，而我实际能够从中得到利益，得到之后可以丰厚我的力量，也不会引来敌人的全部力量来相逼。只有南北的咽喉，从东到西的要领之地，突然为我所有，令整个天下人震惊，这样的地盘，得到了就可以兴盛，失去了就必然危险。兴盛的可能只有百分之一，而危险的可能有十分之九，竭尽我财、尽全力来保护这个地方，可能因为一个仆人就土崩瓦解了。出谋划策的人没有认识，就说：这是重要的地方，所以要争夺。如果有不仔细考虑而听从这样的建议，就去拼死相争的，这就真令人寒心了。

马殷如果善用王环的计谋，以培养我全部的力量，使强敌相忘，这样就可以得志于天下了。可惜的是马殷是不足以到这个境界的，他只是感到怯弱而已。虽然这样，他也还可以不亡，等到他的第二代都还有机会。

唐灭亡后，不知道从什么时候开始，国家禁止百姓造麹，官员制造出售用来收利息。既然自称为帝王，而所做这样，这就显得简陋得无以复加了。更严重的是，禁止百姓铸铁，官家还铸农器，强卖给农民，这尤其不仁。虽然这样，还没有到最严重的地步。李嗣源天成三年，允许百姓造麹，而在秋税每亩收税五钱，又过了三年，允许百姓铸农器，在夏秋税二亩地征收农具税三钱，还说这是宽政，不知道这样戕害百姓反而更加厉害。制造麹的人不一定有田，有田的人需要麹还需要向人购买，而不知道自己造，这样一来就无端地给卖麹的人缴纳了税，那他交的是什么税呢？至于铸造农具的，不耕作而获得农民的粮食，可怜这贫困的农民，节衣缩食以得到一件农具，还要为人家代缴税。这两种税收横征，然后农民的痛苦就积聚得更深作此俑者，其情易知也。居于上而号为帝王，则民皆惟吾所取而无不可得也。而工贾善为规避，则取之也，劳心力而不能必得。唯农民者，越陌度阡而不知所往，舍稼穑而无以为生，人虽逃而田不移，田即芜而额固存，宗族里井苟在籍者，皆可责以代输而无可避，奚暇问名之所宜、实之所允哉？简易便捷，悬桁杨以拟其项背，取盈焉而已矣。

造麴铸器者，居嬴以宴处；而经年不见麴、称贷以买器者，俯首而唯其箕敛。呜呼！是尚有所控告乎？乃为之说曰：亩五钱耳，二亩三钱耳，无大损于民，而合以成多。哀哉！日益之，岁增之，不见多而已积矣。至不仁者，自矜其得利之易，合并以责之田亩。此法一立，相仍者累积而不已，明主弗能察也，惠主弗能蠲也，延及数百年，而户口盐钞桑丝钱息车船木竹之税，一洒散之于田亩。瘖不能言，蹇不能去，坐受工贾山泽之征，习焉而莫测其所以，皆自嗣源始之。孰谓嗣源为有仁心而几于小康乎？

9.不能谋身而与之谋国，其愚不可瘳；不能谋国而许之以安民，则论史者之耳食而涂说者也。李嗣源，胡人之铮铮者耳。其篡夺也，年已老矣，骄奢淫泆之事，以血气衰而且息，于是或一言焉有恤民之辞，间一念焉。有苏民之志，乃其所托国者则安重诲也。夫重诲之奸与忠勿论，而举生杀予夺一任其喜怒，胁持其主以钳制群僚，激董璋、孟知祥而唯恐不为了。

做出这个定的人，他的想法很简单。居于尊位，称为帝王，而百姓都是为我任意索取的，没有不可能得到的。而工匠商人善于逃避，想向他们索取，无论如何也不一定能得到。只有农民，离开了田地便不知道去哪里，舍弃耕作便无法生存，就是人逃跑了，田地是不会动的，田地即使荒芜了，总数是不变的，亲族邻居在世在户籍的，都有责任替之交纳赋税而无可逃避，什么时候问过是名份应该的、实际允许的吗？简易便捷搭起框架盘算着他自己的一切，索取丰满罢了。

制作曲料与铸造农具的人，赢利后居住在安乐之地；而那些多年见不到曲料、靠借钱去买农具的人，只有俯首听任国家赋敛。哎！这还有什么可控告吗？于是有人说：一亩地交五钱，两亩地交三钱而已，不会对百姓有大的损害，可合起来就可观了。可悲啊！天天长，年年增，不见其多，已经积累日深了。至于不仁的人，自己靠着得利的容易，合并起来去责惩田亩之人。此法一立，互相依照的人不断增多，圣明的君主也不能察获，聪惠的皇帝也不能免除，延续到几百年，而户口、盐钞桑丝钱息，车船木竹等等苛捐杂税，全部散落到田亩之上。沉默着无话可说，穷困而无法离去，只有遭受工贾山泽的征罚，已习惯了，而不会问问为什么，这都是从李嗣源开始的。谁说李嗣源有仁义之心而几乎到了小康生活水平呢？

不能谋身的人让他去图谋国家，简直是愚笨之极；不能图谋国家的人允许他去安定百姓，这只不过是评论历史的人用耳吃饭而胡言乱语罢了。李嗣源，是响当当的胡人，他篡夺权位时，已年事过高，干些骄奢淫逸之事，最后因血气衰败而死掉，对此或许有人说，他是有抚恤百姓的言辞的，只不过是偶然一念，有复苏百姓生计之志，可是他依靠的治国者是安重诲。且不论安重诲此人是奸或是忠，他一生的生杀予夺都是出于自己的喜怒哀乐，协持其君主来钳制其他祸先，其主厌之而不戢，上下胥切齿怨之而不恤，碎首横尸而不知祸之所自发，其谋身之愚也如此，而嗣源所与托国者，则重诲也。流血溅于宫庭，攘夺悬于眉睫，如是而欲求斯民一日之安，其可得乎？

当其时，天地闭，龙蛇争，固乏贤矣。然文臣则如任圜之尽力以忧公，张文宝之秉礼以重国，赵远之见祸于几先；武臣则如康福之外迁而宣力，姚洪之抗节以致命。善用之皆可以任大，而重诲媢疾以间之，嗣源弗能用也。孙晟、韩熙载且南走吴以思反噬。夫岂无人哉？以权谋与同起者亲之，以粗犷与相叶者狎之，故久知重诲之恶，而复与相持泣下。詹詹之智，得国而已穷；呴呴之仁，昵爱而难割。乃至从灿血重诲之刃，为从珂乞命于重诲，而幽辱无聊，血胤之不保，尚能推恻隐之心以施于邦国乎？且非徒重诲也。重诲诛，而范延光、赵延寿踵之而进，奸顽且出重诲右矣，而后国以必亡。民之死者，不知其几千万矣，尚曰可以安民也哉？

呜呼！民之有生也，恃上之不绝其生也。上能保民之生也，必先知自保其生也。忘其身之死亡，则无复念人宗社之存亡。任一往之气，乘须臾之权，何不可为也？愚者日与之居，臭味相移，则念偶动于慈柔而辄为中沮，已在陷溺之中，何暇援人之溺也？风惩稍艾，虐政稍苏，暂觉其有小康之德，而身死国乱，孽子悍婿狺争于中，而契丹乘之以入，皆自重诲启之，嗣源召之。一言一事之惠泽，杯水之于车薪，孰能许之以群官众臣，激怒董璋、孟知祥，唯恐他们不成灾祸之首，其君主厌烦他，他也不收敛一点，上下群臣皆对他怀有切齿之恨，他也毫无惧色，到碎首横尸却不知道祸害之泉源，他谋身如此愚笨，而李嗣源委托的治国者，却是安重诲。宫廷流血残杀不止，纷乱争夺迫于眼前，像这样还想求得百姓一日之安，可能吗？

此时此刻，天地闭合，龙蛇相斗，本来就缺乏圣贤之人。然而文臣像任圜却尽力为国忧思，张文宝秉公执礼以国为重，赵远总是提前发现祸端；武臣像康福在外效力国家，姚洪因为抗节而丧命；要好好重用他们都以他们为重，而安重诲嫉恨他们，便来离间这些忠臣，使李嗣源也不能重用他们。孙晟、韩熙载投奔吴国时还想着东山再起。难道没有人了吗？以权谋同兴之人，他亲近，以粗犷之举与他相谐调之人，他亲昵有余，所以虽早知安重诲的恶孽，还是又与他相持泣下。那么一点可怜的智慧，得到国家时已经用之已穷了；所谓恭顺的仁慈，由于过分昵爱而难以割舍。以至于李从灿死于安重诲之手，为了李从珂还得向安重诲乞情，而内心隐藏的污辱无所依赖，同血脉的后代尚不能保全，怎会推广他的恻隐之心去施恩于邦国呢？而且并非安重诲一人呀，重诲被杀之后，范延光、赵延寿又接踵而来，他们的奸佞顽诈竟超出了安重诲，后来国家一定要灭亡。百姓死亡的，已不知有几千万了，还谈什么安定百姓呢？

哎！百姓能活在世上，是靠着上边没有断绝他们的生路；上面能保全百姓的生命，他一定知道自己保全自己的生命。忘却了自己的生死，那么就无法想到社稷的存亡，任他的过去之积习，利用片刻间的手中权柄，有什么不能做的呢？愚笨的人与他共同相处，臭味相投，即使偶尔动了慈善温柔之怀，也会随时被他中断阻止，自己都陷入了溺水之中，还怎么有空隙去援救别人的陷溺呢？疯狂的罪过稍为有点收敛，暴虐的为政稍微开始转机，便很快觉得具备了小康之德仁邪?

10.仁者，有生之类所必函也；生者，上天之仁所自荣也。故曰“本立而道生”。仁动于天，厚植于心，以保其天性之亲，于是而仁民爱物之德，流行于天下，人道之生也；于是而传世永久之福，垂及于百世，天道之生也。于吴越钱氏有足深取者。

钱镠与董昌为流匹，起群盗之中，其殴人争战，戕民逞志，屈志逆贼，受其伪册，与高季兴、马殷、刘岩、王延政、孟知祥互有长短，而无以大异。则爝火之光，宜其速熸耳。而延及宋世，受爵王廷，保世滋永，垂及于今，犹为华族，子姓蕃衍，遍于江东，夫亦何道而致然哉?

仁莫大于亲亲，非其私之之谓也。平夷其心，视天下之生，皆与同条共贯，亦奚必我父兄子弟之必为加厚哉?此固不可深求于物理，而但还验其心之所存、与所必发者而已。均之为人，而必亲其亲者，谁使之然也?谓之天，而天未尝诏之；谓之道，而道亦待闻于讲习辩说之馀矣。若其倏然而兴、怵然而觉、恻然而不能忘者，非他，所谓仁也。人之所自生，生于此念，而习焉不察耳。释氏斥之为贪爱之根，乃以贼人而绝其类。韩愈氏曰：“博爱之谓仁。”言博也，则亦逐流而失其源也，博则其爱也弛矣。

有人于此，可生也，亦可杀也，见为可生，而生之也快，见为可杀，而杀之也亦快，即见为不可杀，而卒不能不杀也，则行，然而身死国乱，孽子悍婿狂争于中原，契丹人又乘机侵入，这都是从安重诲开始引起的，李嗣源召来的。一句话一件事的恩惠，犹如杯水车薪，谁能认可他是为仁呢？

仁义是有生命的所必需包容的；生命是上天的仁义所赐而自我昌盛的。所以说“本立而道生”。仁义活动在天间，深植于内心深处，因为能保全其天性之亲，于是仁义百姓爱护物体之德行，在天下流行，人道就出现了，于是又传永久之福，留重百世，天道就诞生了；对于吴越王钱镠及后代来说，足以从中汲取些什么。

钱镠与董昌相似，起于乱世群盗之中，他们打人、争战、杀人放纵志趣，无志的逆贼接受他不正当的册封，他们与高季兴、马殷、刘岩、王延政、孟知祥之人互有长短，没什么大的区别。小火的光焰，应该是很快熄灭的。而到了宋朝，受爵王廷，保世滋永，留传至今，还是华夏之族，后代繁衍，偏安于江东，怎么会这样呢？

仁义没有比亲近他的亲者更大的了，这里不是谈的他私自的亲人。安定自己的心，把天下的民生，都看作自己的同族同类，为什么一定要厚戴自己的父兄子弟呢？这本不必求助于事物之理，只不过反过来检验一下自己的心存于何地，发之何处罢了。一样都是人，却一定要亲近他的亲者，谁让他这样做呢？说是天吧，天未尝下诏于他；说是道吧，道也等着聆听那些讲习辩说之人的话语呢。如果他突然兴盛了，时刻怵怕而警觉。怀着一颗恻隐之心不能相忘这没有别的，这就是所说的仁义。人本来出生时，都有此念，只不过习以为常，无以察觉罢了。佛教斥责此乃贪爱之本性，于是就伤害它使它绝迹。韩愈说过：“博爱之谓仁。”说的博，也追逐支流失去源头的做法，一味的博爱也就松弛了。

有这么一个人，可以让他活，也可以处死他，觉得可以让他活，那么很快就活下来了，发现可以把他杀掉，那么他也就很快被杀掉亦置之矣。至于父子兄弟，即不容已于杀，而必戚然以终身，如其见为可生，则必不如他人之唯力是视，尽吾道而付之无可奈何者。以此思之，仁天下也有穷，而父子兄弟之仁，则不以穷而妨其爱也。唯不仁者，舍其约以务于博。即有爱焉，亦散漫以施，而自矜其惠之溥；如其穷矣，则视父子兄弟亦博爱中之一二人而已。置之可也，杀之又奚不可哉？故与人争名，名不两归而杀心起；与人争利，利不两得而杀心起；乃至与人争国、争天下，势不两立而杀心愈熺。

呜呼！汉文帝之贤也，且以尺布斗粟致不容之怨，况下此者！于是而曹丕、刘彧、高湛、陈蒨，自不欲全其本支，而本支亦如其意焉以斩。天道之不忒，仁不仁一念之报焉耳。朱友圭、李从珂僭主中国，为不仁之倡，而徐知诰、马殷之子孙相效以自殄其族。夫此数不仁者，抑岂无爱以及人哉？爱之无择而穷矣。视其属毛离里者，皆与天下之人物无以异，无妨于己则生之，有碍于己则杀之。墨、释之邪，韩愈氏之陋，实中于不肖者之心，以为天理之贼，不可瘥也。

而钱元瓘独全友爱以待兄弟。钱镠初丧，位方未定，而元瓘与兄弟同幄行丧，无所猜忌，陆仁章以礼法裁之，乃不得已而独居一幄。其于元璙也，相让以诚，相对而泣，盖有澹忘富贵、专致恻怛者焉。故仁风扇而天性行。施及弘俶，群臣废兄立己，众将不利于其兄，而弘俶以死保之，优游得以令终。

了。发现他可以不被处死，那么最终他是死不掉的，也就放置了他。至于父子兄弟，即便不容也许也已被杀掉，一定会终身戚然悲伤，如果发现他可以不死，那么就不必像别人那样竭其全力，尽了自己的道义，放了他也就无可奈何了。由此想到，对天下施以仁义也会穷尽，而对父子兄弟的仁义，则不会因为穷尽而妨碍其他的爱。只有不仁之人，才会舍弃少的去贪求博爱，即便有爱，也是散漫施爱，而自己依持着恩泽之广大，如果爱穷尽了，把对父子兄弟的爱也不过看作博爱中的十分之一、二罢了。放了他可以，杀了他又有什么不能呢。所以与人争名、争利，最后一无所获时便顿起杀心；与人争天下、争国家，空手无得，那么杀机之心就更明显了。

哎！汉文帝的贤达，尚且因为一尺布一斗粮招致了不容之怨，何况在他之下的人呢？于是到了曹丕、刘彧、高湛、陈蒨时，他们也没想着要保全他们的根本，而他们的根也如他们的意志被夺掉。天道没有出错，仁与不仁不过是偶时一念的报答罢了。朱友珪、李从珂代统中原，成了不仁义的倡导，而徐知诰、马殷的子孙后代也相以仿效，以致于自己灭了自己的家族。这些个不肖仁者，难道还没有施人于仁爱吗？仁爱没有选择也就穷尽了。看看那些与体内相隔之皮毛，与天下的人没什么区别，与自己无妨则让活着，与自己有妨碍就杀死他。墨子、释氏的不当之论，韩愈的陋见，正中这些不肖人之下怀，以为是伤害大理，不可改变了。

而唯独钱元瓘保全友爱来对待自己的骨肉兄弟。钱镠刚死，主位尚无定，而元瓘与其兄弟在同一帐幄行丧，无所猜忌，陆仁章用礼法来劝阻他，他才不得不独居一帐。他对于元瓘，以诚相让，相对而泣泪，大概是淡漠了富贵，专意为了忧伤悲苦的。所以仁义之风盛行，天性就通行。到了弘俶时，众臣都要废掉他的哥哥立他为上，众将也对他哥哥不利，而弘俶以死担保，优良的品德伴随其终。自古被废除自古被废之主，昌邑而后，未有能如是者。孝友传家，延于奕世，亦盛矣哉！推其源流，皆元瓘一念之仁为之也。此一念者，爱之所凝，至约而无所穷也，非墨、释之所与知也。

11.天人之际难言矣！饥馑讹言、日月震电、百川山冢之变，《诗》详举而深忧之；日食、地震、雪雹、星孛、石陨、鹢飞之异，《春秋》备纪而不遗，皆以纳人君于忧惧也。乃其弊也，或失之诬，或失之鬼。其诬也，则如刘子政父子分析五行以配五事，区分而凿证之，变复不惟其德而唯其占，有所倚而多所贷，宽猛徇其臆说，而政愈淫。其鬼也，依附经义以乱祀典，如董仲舒土龙祈雨之术，徒以亵天而导淫祀，长巫风，败风教，则惧以增迷，人事废而天固不可格也。夫为诬为鬼，既以资有识者之非笑，于是如康澄者，乃为之说曰："阴阳不调，三辰失行，小人讹言，山崩川涸，蟊贼伤稼，不足惧也。"王安石之祸天下而得罪于名教，亦此而已矣。

夫人主立臣民之上，生杀在己，取与在己，兴革在己。而或益之以慧力，则才益其骄；或相习于昏虐，则淫荡其性；所资以息其敖辟而纳于檠括者，唯惧之一念耳。故明主之于天下，无不惧也。况灾异有凋伤之实，讹言乃播乱之媒，饥馑系生民之命，而可云不足惧乎？民情何以定而讹言永息？饿殍何以苏而饥馑不伤？三辰失轨，川决山崩，当其下者，沴气足以戕生，凶征足以召乱，何以镇抚而不逢其害，岂徒惧而已哉？又岂如《五行志》之随征修复，自诩以调燮而安其心？《春秋的国王，从昌邑以后，没有像这样的了。孝道之人传留家宝，流传于后世，也会兴盛啊！追根求源，都是因钱元瓘的一念仁义而来的。这一偶念，是由仁爱所凝结而成的，简要而不会穷尽，这可不是墨子，释氏所能得知的呀。

天人之间的关系很难说清啊！饥馑讹言、日月地震、百川山冢的变故，《诗经》里都有详细叙述，并为此忧虑深深；日食、地震、雪雹、慧星、陨石、鸟倒飞的变异，《春秋》中纪述详备毫无遗漏；都是劝勉主才忧惧的。其弊端在于，有的失之诬枉，有的则失之迷信。其诬陷所在，如刘子政父子分别剖析的五行配五事、对它们加以区分并确凿地加以证明，所变化的不是仅为了德行而是为了独占，有所依靠，便有所借贷，大多都曲从于其主观臆说，政治就愈加淫邪。所谓鬼，依附于经典之上来搞乱祀典，如董仲舒以土龙祈雨的法术，只会亵渎上天，导致淫祀，助长巫术之风，败坏风气教化，害怕以重增迷惑，人事皆废而天道就会不可及。所以作诬作鬼之事，为后人有识之士留下了笑柄，如康澄，就说过："阴阳不调，三辰失行，小人讹言，山崩川涸、蟊贼伤稼，不足惧也。"王安石危害天下违背教化之罪，也不过如此罢了。

君主位居臣民之上，生死在己，取给在己，兴废在己。有的再加上智慧的力量，那么他就更加骄横；或者仿学昏庸暴虐，淫荡其性情；能使他平息傲慢邪僻而容纳约束矫正的，只有害怕此念。所以圣明之主，没有不害怕天下的。况且灾异还有凋谢之时，讹诈之言便作为传播邪乱之媒介，饥馑关联着百姓的生命，能说不足以害怕吗？民情无以安定而讹诈之言永息；饿死之尸无以复活而饥馑无以改变；日月星辰失去轨行，百川决流山川崩裂，最低限度，伤气足以戕害生命，凶恶的征兆足以召致混乱，无以镇抚而不逢其害；难道只有害怕吗？又怎么能像《五行志》之随征修复，自诩可以调谐而安定民心；

繁露》之媟用术法，苟求营祷而亡其实哉？

夫仲舒、子政惟不知惧而已。谓天地鬼神之可以意为迎合，而惧心忘矣。诚知惧者，即澄所谓“畏贤人之隐，畏民业之荒，畏上下之相蒙，畏廉耻隳而毁誉乱，忠言不进，谄谀日闻”者也。唯其惧之在彼，而后畏之在此。天人之应，非一与一相符，而可以意计揣度者也。一惧而天在人之中，万理皆繇此顺矣。澄何足以与于此哉？王安石之学，外申、韩而内佛、老，亦宜其懵焉而为此无忌惮之言也。孔子曰：“畏天命。”《诗》、《春秋》见诸行事，非意计之能量，久矣！

12.银、夏之乱，终宋之世，勤天下之力，困于一隅，而女直乘之以入，其祸自李彝超之拒命始。彝超之地无几，亦未能有战胜攻取之威力也，而负嵎以抗天下，挟何术以自固而能然乎？

天下而已裂矣，苟非有道之主，德威足以服远，则有无可如何之人，操甚卑甚陋之术，而智勇交受其制。高季兴以无赖名，而孤立群雄之中，处四战之地，据土不亡者两世；彝超亦用此也，而地在绝徼，为中国之所不争，士马尤强焉。欲殄灭之，其可得乎？中国之乱也，十馀年而八姓十三君，倏兴倏废，彝超父子无所归命，亦无所抗衡，东与契丹为邻，又委顺以为之间谍。不但此也，中国有反叛之臣，无论其成与不成，皆挟可左可右之势，而利其赂遗；薄侵边鄙而不深入以犯难，讨之则城守坚而不下，抚之则阳受命而不来。如是者，虽大定之世，未易治也，而况中国无君之天下，尤得以日积月累而滋大

《春秋繁露》的轻慢用术之法，暂且求得祷祈而消灭其事实吗？

董仲舒、刘子政只是不知道害怕。说天地鬼神可以用意计迎合之，忧惧之心便记忘却了。真知道忧惧的是如康澄所说的“怕贤人隐居，怕民业荒芜，怕上下互相蒙蔽，怕廉耻之心毁坏而毁誉混乱，忠直的言论不能进谏，谄媚阿谀天天听闻”这些情况。只有忧惧那些，而后才会忧惧这天人之感应，不是一一对应的，而可以揣摩估计的。忧惧于天在人之中，所以事理便可以理顺。康澄怎么会到达这一地步呢？王安石的学说，外学于申不害，韩非子，内学于释迦、老子之说，也确是他们糊涂无知而说了肆无忌惮的言语。孔子说：“敬畏天命。”《诗经》、《春秋》见机行事，不是意计所能估量的，这已是很长时间了！

银（今陕西米脂一带）夏的叛乱，直到宋朝灭亡，穷尽了所有的力量，困受于二隅，而女真族乘机攻入，这个祸端是从李彝超拒绝命令开始的。李彝超的土地没多少，也没有战胜攻取的巨大威力，但他能负隅顽抗了天下，他是使用了什么策略巩固自己的呢？

天下已经四分五裂，假如不是有道义的君主，德威充足让远边服从，出现了无可奈何的人，用什么卑陋之策，让智者勇者都受其挟制。高季兴以无赖出名，他孤立群雄之中，地处四面受敌之位，能占据不亡的国土保留两代；李彝超也用了此法，地处边界，是中原所不愿力争的，军队强大，想灭掉它，谈何容易？中原处于乱世，十多年出现了八个姓十三个君主，忽兴忽废，李彝超父子无所归命，无所抗争，东与契丹人为邻，又委顺当作它的间谍。不但是这中原朝廷有逆反叛乱的人，不论其成功与否，都可以挟持他们于在左右之势，以利用他们贿赂；他总是轻侵边界又不深入腹内作乱，讨伐他因城郭坚守牢固无法攻下，抚植他，他又假装受命也不来。像这种情况，即使是太平盛世，也不容易治服，更何况当时中原是无君统治的天下，怎乎？是与荆南高氏仿佛略同而情势异，中国之雄桀，鄙夷而姗笑之，乃不知其窃笑群雄者之尤甚也。

夫其为术，抑有可以自立之道焉。季兴以盗掠诸国之贡享而得货，彝超以两取叛臣之贿赂而收利，其以缮城郭、修甲兵、养士卒者，皆取给于他国无名之馈遗，而不尽苦剥其民，则民得以有其生而兵不匮。君子以大义裁之，则曰此盗术也。然当生民流亡憔悴之日，僭窃以主中国者，方日括民财以养骄卒，以媚黠虏，用逞其不戢之凶威，至于釜甑皆强夺以充赏。而季兴、彝超夺彼不道之馀，以苏境内之民，则亦苟焉自全之便术也，恶亦浅矣。

季兴所处，必争之地耳，不然，与彝超均渐渍以岁月，虽宋全盛之天下，得韩、范以为将相，亦屏立而不可下矣。彝超敛兵聚利，为谋已深，李嗣源位未固，势未张，遽欲挑之，其将能乎？徒以益其强固、而为百馀年之大患已耳。制无赖者，非大有为之君，未易易也。

13.李从珂之入篡也，冯道遽命速具劝进文书，卢导欲俟太后命，而道曰："事当务实。"此一语也，道终身覆载不容之恶尽之矣。

实者，何也？禽心兽行之所据也。甘食悦色，生人之情，生人之利用，皆实也。无食而紾兄臂，无妻而搂处子，务实而不为虚名所碍耳。故义者，人心之制，而曰名义；节者，天理之间，而曰名节；教者，圣人率性以尽人之性，而曰名教。名之为能够日积月累而滋育增大呢？这与荆南的高季兴仿佛有点相似，而情形又不一样，中原的雄杰，鄙夷视之，嗤笑他，殊不知他窃笑群雄是更胜一筹啊。

他那样做的谋略，其中蕴含了自立之道义。高季兴以盗擦各国的贡享得以资财，李彝超以收取两边叛臣的贿赂获利，他能用来修缮城郭，整顿军队，饷养士兵的钱财，都来自于别国无名的馈赠，而不用全靠盘剥百姓，这样百姓也可以有其生计而军队也不匮乏。君子用深的道义来裁定，说这是盗术。然而当百姓四处流亡，面色憔悴之时，非法暂主中原朝廷的人，只会凭着搜刮百姓之财来豢养骄横的士兵，献媚于狡黠的人虏，以此来显示其永无休止的凶威，甚至连釜甑之器具也用来充赏。而高季兴、李彝超夺取那些不道义的钱财，来养境内百姓，这也是暂且保全自己的方便之策，造成的恶迹也少多了。

高季兴所处之位是必争之地，否则，与李彝超一样都渐渐沤渍于岁月之中，即使宋朝全盛于天下，以韩琦、范仲淹为将相，也依然会傲慢狂妄而不能的呀。李彝超招收兵马聚敛财利，积谋已久，李嗣源尚未稳固其位，努力没有扩张，想急于挑衅他，这可能吗？只会增强他的强固，使他成为一百多年的祸害罢了。制服无赖之徒，不是大有作为的君主，是不容易改变他的。

李从珂篡权时，冯道迅速命令卢导准备好劝进文书，卢导想等待太后的命令，而冯道说："事当务实。"这一句话，囊括了冯道一生天地不容的恶迹。

实指的是什么呢？是禽心兽行之人所据为己有的东西。甘美的食物，和悦的颜色，都是人们要利用的东西，是人之性情所需，这都是实际的事情。无食可吃则抢杀兄长，无妻子则强抢邻家，这样务了实，并不为虚有之名所耽搁。所以义，是人心的限制，而称之为义；节用大矣哉！宰我以心安而食稻衣锦，则允为不仁；子路以正名为迂，而陷于不义。夫二子者，亦务实而以名为缓者也。一言之失，见绝于圣人。推至其极，曾元务实以复进养亲，而不可与事亲。贤者一务实，而固陋偷薄，贼天理，灭风教。况当此国危君困之际，邀荣畏死，不恤君父之死亡，而曰此实也，无事更为之名也。其恶岂有所艾哉？

夫所谓实者，理之不容已，内外交尽而无馀憾之谓也。有其实，斯有其名矣。若卢导者，心摇而无所执，理不顺而无能守，然幸有此一念之羞恶，不敢以人臣司天子之废立，故欲调停掩饰以稍盖其恶，而示天下以君之不可自我而予夺，则亦实之仅存者耳。道乃并此而去之，不灭尽其实而不止。

呜呼！岂徒道之终身迷而不复哉？此言出，而天下顾锱铢之利，求俄顷之安，蒙面丧心，上不知有君，内不知有亲，公然以其贪猥亡赖、趋利耽欲之情，正告天下而不泚其颡，顾欣然自得曰：吾不为虚名所误也。亲死而委之大壑，曰吾本无葬亲之实心，勿冒孝名也；穴墙而盗邻粟，曰吾本有得粟之实情，勿冒廉名也。则人类胥为禽兽，尚何嫌乎？但务实而不知有名者，犬豕之食秽以得饱也，麇鹿之聚麀以得子也。道之恶浮于纣、祸烈于跖矣。

道死而擿之者起，顾未有穷其立念之差于务实之一言是天理之持守，而称之为节；教是圣贤之人率先施行来影响人之性情，而称之为名教；名的作用了可真大呀！宰我因为心安理得而吃穿无拘，便称他为不仁之人；子路以正名作为迂腐之见，而陷于不义；这两个人，也是为了务实把名义放于身后。一句话的过失，便被圣人否绝了。这种情况发展到极限，曾元务实后又进一步养亲人，而不能侍奉双亲。圣贤之人一旦务实，就更加轻薄浅陋，盗用天理，灭绝风教。况且趁着国危君困之际，贪荣怕死，不抚恤父老的亡灵，且说这是实际，现实没有什么来代替这个名称了。难道他的恶劣会有所收敛吗？

所说的实，是天理所不容的，说的是里外皆穷尽了而自己没什么遗憾。有了实，也有了名。像卢导心里摇摆不定而无所执掌，天理不顺而无以为守，然而幸亏他还有羞恶这一念头，不敢以臣下之身份主管天子废立，所以想调停掩饰来稍稍掩盖他的恶念，向天下展示君主是不可随意自我予夺的，这才是仅存的实际情况。冯道乃合并到一起，不灭掉其实而不停止。

哎！难道只有冯道终身迷恋其中不知返吗？他的那句话一出口，天下之人都看着锱铢小利，求得片刻的安宁，蒙面丧心，上不知有君主，内不知有亲戚，公然以其贪猥无赖、趋沉利欲之性情，正告天下而不湿其前额，反而欣然自得地说：我是不为虚名所耽误的。他亲人死了，把它掷之于沟壑之中，还说我本无埋葬亲者的实心，不要冒充孝顺的名义；挖了墙洞偷了领居家的粮食，还说我本来就有得到粮食的实情，不要冒充廉洁的美名；则人都成了禽兽，还有什么可嫌弃厌恶的呢？只知务实而不知有名义的人，猪狗的肮脏之食就可以得以充饱充饥，与麋鹿中的牝鹿呆在一起就可以有后代。冯道的恶劣超出了商纣，其祸害之烈超过了盗蹠。

冯道死了后，指责他的人出现了，看着他穷尽的念想并不比务实者，于是李贽之徒，推奖以大臣之名，而世教愈乱，亦憯矣哉！

14.节之初九曰："不出户庭，无咎。"而夫子赞之曰："几事不密则害成。"乃所谓密者，难言之矣。缄之于心，杜之于口，筹虑既审，择老成能断之士而决之，一言而定矣。不审于此，嗫嗫嚅嚅，两三促膝，屏人窃语，夜以继日，而但不令人知其所言者何事，则戈矛丛于墙阴，猜防遍于宇内，何成之有哉？速败而已矣。

宋文帝以君臣私语彻旦不休，而逆子推刃；李从珂屏侍臣于便殿，与冯赟、卢文纪等密谈，而敬瑭速反，皆自谓密而以召祸者也。夫子固曰："乱之所繇生，则言语以为阶。"窃窃然密谈尽日而不已者，非言语乎？使其言之于大廷而众闻之也，其机亦止此而已。终日言而人不知其何所云也，然后虽一欬一笑，人皆见为深机。是以两人闭户下帷，妇姑附耳之智，敌群策群力之交加，其不相敌，久矣。今日言之，他日更言之，所图度者未见之施行，则奸雄抑窥其言愈多而心愈惑，无能为也，必矣。故密者，缄之于心，杜之于口，审虑而决以一言，必不以窃窃之谈相萦聒者也。

石敬瑭之必反也，可抚而服之，一言而毕耳；可讨而定之，一言而毕耳。以廓达无猜抚敬瑭，而敬瑭无辞以起衅；以秉顺攻逆讨敬瑭，而敬瑭亦无挟以争。若疑若信，若勇若怯，计其所密谋者，皆迂疏纤曲，以茅缚虎、以油试火之术耳，而后从珂之死亡终不可救。宋昌拒周勃之请间，而中外帖然，斯的一句话差，于是李贽这些人，以大臣之名对他加以推崇勉励，而世上名教更回混乱，亦真悲惨呀！

《节》卦的初九爻辞是：“不出户庭，无咎。”而孔子也赞成说：“重要的事情不缜密就造成祸害。”所说的密是很难说清的。缄默于心，杜绝于口，筹划思虑之后，选一老成能断之人而决定结果，一句话就决定了。对此不作审议，嗫嚅无以言，三三两两促膝相语，夜以继日，只是不让人知道他们说的什么事，而置戈矛放于背阴之地，猜测防范于宇内，会有什么成功呢？只会迅速败亡而已。

宋文帝君臣整天在一起窃窃私语，被逆子刘劭所弑杀；李从珂使侍臣立于便殿，与冯赟、卢文纪等密谈，而石敬瑭终于造反起事；这都是因密谈私语而引起的祸害。孔夫子说：“国家动乱的发生，最初都是因为言语不慎所造成的”偷偷地成日密谈不停的，不是话语吗？让他在朝廷上公开说话，让大家都听听，他的机密也不过如此。终日说个不停而别人都不知他说些什么，然后对于他的一声叹息一次笑容，人们看见了都以为是深藏的机密。这样两个人关下户帷，以妇人附耳般的小聪明，想抵挡群策群力的大智慧，这是不能相抵的，已是很久的了。今天说，明天说，所图谋估测的事也没有看到他施行，而奸雄也窥探出他的话越多，而心中越发困惑，不能有所作为，这是必然的。所以从事密谈之人，缄默于心，杜绝于口，审议思虑决定于一句话，一定不会以偷偷的言谈相聒噪。

石敬瑭是定要叛反的，可以抚慰他使他制服，一句话就完了；可以讨伐他使安定，一句话就行了。以廓达无猜忌之心抚慰石敬瑭，那么石敬瑭就没有借口挑起事端；以来秉顺攻讦叛逆之人讨伐石敬瑭，石敬瑭无以挟争。仿佛怀疑又仿佛相信，像是勇敢又像是怯懦，看看那些从事密谋之人，都是迂疏浅曲，用油试火、以茅缚虎之小计罢了，但后来李从珂的死，始终没有得以挽救。宋昌拒绝了周勃秘谈则善于用密者与!

15.刘知远之智，过于石敬瑭也远甚，拒段希尧、赵莹移镇之谋而亟劝敬瑭以反，其情可知也。当其时，所谓天子者，苟有万人之众、万金之畜，一旦蹶起，而即褎然南面，一李希烈、朱泚之幸成者而已。范延光、赵延寿、张敬达之流，智力皆出知远下，而知远方为敬瑭之偏裨，势不足以特兴，敬瑭反，而后知远以开国元功居诸帅之右，睨敬瑭之篡而即睨其必亡，中州不归己而奚归邪？呜呼！人之以机相制，阴阳取与伏于促膝之中，效死宣力，皆以自居胜地，而愚者不悟，偷得一日之尊荣以亡其族，亦可愍矣哉!

知远之于敬瑭，杨邠、郭威之于知远，一也。杨邠贪居于内，自速其祸耳。敬瑭不知倚知远为腹心，愚已甚也。知远知邠与威之将效己，而不早为之防，事势已然，未可急图也。知远早殂，不及施葅醢之谋耳，使天假以年，邠、威之诛，岂待郭允明哉？然而树刘崇于晋阳以延其血食，则知远之智，果远过于敬瑭矣。称臣纳土于契丹，知远固争不可，亦自为计也。故缮城治兵，屹立晋阳以观变，而徐收之。李存勖之后，其能图度大谋以自立者，唯知远耳。而终不能永其祚者，虽割据叨幸之天子，亦不可以智力取也。

16.谋国而贻天下之大患，斯为天下之罪人，而有差等焉。祸在一时之天下，则一时之罪人，卢杞是也；祸及一代，则一代之罪人，李林甫是也；祸及万世，则万世之罪人，自生民以的请求，而内外都服服帖帖，这就是善于使用密谋的人！

刘知远的智力，要比石敬瑭高出许多，否决了段希尧、赵莹的移镇谋略，而急劝石敬瑭谋反，他的心情就可得知了。此时此刻，所谓的天子，即使拥有万人之众，万金之蓄，一旦蹶起，成为令人颂扬的天子，也是像李希烈、朱泚的侥幸成功罢了。范延光、赵延寿、张敬达之流，智力都在刘知远之下，而刘知远仅为石敬瑭的辅弼，势力不足以专兴，敬瑭谋反了，刘知远后来成为以开国元勋的美名位居诸帅之上，他睨视了石敬瑭的篡权也就睨视了他的败亡，中原之地不归属自己还归谁呢？哎！人们以心机互相牵制，阴阳夺予都潜伏于促膝相谈之中，效死宣力，都以自居胜地，而愚笨之人不会醒悟，偷得一天尊贵荣耀而灭亡了自己家族，也够悲伤的呀？

刘知远对于石敬瑭，杨邠、郭威对于刘知远，都是一样的。杨邠贪居于内，自然加速了他的灾祸来临。石敬瑭不知道依靠刘知远为心腹，真乃愚蠢之极。刘知远知道杨邠与郭威将要效仿他自己，而没有早作防备，事态已发展到最后了，无法急于图谋计策了。刘知远死得早没有来得及施行菹醢的酷刑，假如上天再赐给他时间，杨邠与郭威被诛死，难道还会等到郭允明吗？然而他立刘崇于晋阳来延续他的血脉后代，可见刘知远的智谋，果然要比石敬瑭高出许多。石敬瑭向契丹称臣割地，刘知远也知道不能力争，也就自己出谋划策了。所以修缮城郭，整治军队，坚守在晋阳来观掠变动，慢慢地收夺。李存勖之后，能够图谋大计自我存立的只有刘知远了。而最终也不能长久地保有他的福分，即使割剧成功侥幸成了宠幸的天子，也不能用智力来获取。

谋国而为天下留下大祸的人是天下的罪人，他们是有差别的。祸害于一时的天下，则是一时的罪人，卢杞是这样的罪人；祸害于一代的则成为一代的罪人，李林甫就是这样的人；祸害于千代万世的来，唯桑维翰当之。刘知远决策以劝石敬瑭之反，倚河山之险，恃士马之强，而知李从珂之浅软无难摧拉，其计定矣；而维翰急请屈节以事契丹，敬瑭智劣胆虚，遽从其策，称臣割地，授予夺之权于夷狄。知远争之而不胜，于是而生民之肝脑，五帝三王之衣冠礼乐，驱以入于狂流。契丹弱而女直乘之，女直弱而蒙古乘之，贻祸无穷，人胥为夷，非敬瑭之始念也，维翰尸之也。

夫维翰起家文墨，为敬瑭书记，固唐教养之士人也，何仇于李氏，而必欲灭之？何德于敬瑭，而必欲戴之为天子？敬瑭而死于从珂之手，维翰自有馀地以居。敬瑭之篡已成，己抑不能为知远而相因以起。其为喜祸之奸人，姑不足责；即使必欲石氏之成乎，抑可委之刘知远辈而徐收必得之功。乃力拒群言，决意以戴犬羊为君父也，吾不知其何心！终始重贵之廷，唯以曲媚契丹为一定不迁之策，使重贵糜天下以奉契丹。民财竭，民心解。帝昺厓山之祸，习为固然；毁夷夏之大防，为万世患。不仅重贵缧系客死穹庐而已也。论者乃以亡国之罪归景延广，不亦诬乎？

延广之不胜，特不幸耳。即其智小谋强，可用为咎，亦仅倾臬捩鸡徼幸之宗社，非有损于尧封禹甸之中原也。义问已昭，虽败犹荣，石氏之存亡，恶足论哉？正名义于中夏者，延广也；事虽逆而名正者，安重荣也；存中国以授于宋者，刘知远也；于当日之俦辈而有取焉，则此三人可录也。自有生民以是万世之罪，有史以来当之无愧的唯有桑维翰了。刘知远作出决策劝石敬瑭谋反夺天下，依着河山之险要，军队之强健，并且知晓李从珂浅软无力，不难摧毁他，他的计策够安稳了；而桑维翰急于请求他丧节屈义去侍奉契丹，石敬瑭智力低劣、贼胆虚小，便纳从了桑维翰的计策，割地称臣，把生杀予夺之权授于夷狄之族，刘知远据理以争，无法取胜。于是便出现了百姓之肝脑涂地之景象，三王五帝时倡导的礼乐之制，都葬送到了狂流之中。契丹衰弱了，女真族趁势占领中原，女真衰弱了，蒙古族得以兴盛南下中原，祸害无止境，百姓都成为夷族，这不是石敬瑭的初始所念，而是桑维翰所导致的。

桑维翰出身于文墨之家，是石敬瑭的书记文官，原本是后唐的有教养之人士，他为什么仇视李氏家族而一定要灭他呢？为什么对石敬瑭有功德，一定要拥戴他为天子呢？石敬瑭要死于李从珂手下，桑维翰自然有立足的余地。石敬瑭篡权成功后，自己也不会为刘知远而相因而起。他是幸灾惹祸的奸人，姑且不足以责斥他；即使这样一定想使石氏家族成功吗？也可以委身于刘知远这些人，慢慢收夺一定会得以功成。可非要力排群言，决意拥戴狗羊为君父，不知他用心何在？始终侍奉于石重贵之朝廷，唯独以曲媚契丹族为不变之策，使石重贵糜费天下来奉负契丹，百姓之财枯竭了，百姓之心解散了，宋帝的崖山之祸，是积久必然的，推毁了华夏之重要防范，成了万代的后患，这不过使得石重贵用绳子自杀于他乡罢了。有人就把亡国的罪责归于景延广一身，这不是诬陷之辞吗？

景延广没有取胜，实乃不幸呀；即使他智小谋强，用了他为罪过，也不过是倾覆了枭捩鸡（石敬塘父）侥幸得到的宗社国土，对尧封禹甸的中原大地是不会有损害的。大义已昭然天下，虽败犹荣，石氏家族的存亡，还有什么可说的呢？端正名义于天下的是景延广；事情虽未成功而端正名声正义的是安重荣；存留中原于宋代的是刘知来，覆载不容之罪，维翰当之。胡文定传《春秋》，而亟称其功，殆为秦桧之嚆矢与！

17.贵奚有定哉？当世之所不能有而有之者，安富尊荣则贵也。太上以行其道，其次以席其安，其下以遂其欲，至于遂欲而已贱矣。然利在其身，施及其子孙，犹得以有其荣利，犹流俗之贵也。无此数者，当时耻与为徒，后世相传为笑，身危而如卧于棘丛，子孙转眄求为庶人而不可得，则亦无可欲之甚者，然且耽耽逐逐以求得之，其狂愚不可药已。

至贵者，天子也；其次，则宰相也。朱友贞、李从珂、石敬瑭、刘知远皆自曰吾天子也。悲夫！一日立乎其位，而万矢交集于梦寐，十年之内，幸鬼祸之先及者，速病以死，全其腰领，而子姓毕血他人之刃；其未即死者，非焚则馘，一如犴狴之戮民，待秋冬而伏法耳。刑赏不得以自主，声色不得以自娱，血胤不得以相保，贱莫贱于此焉。而设深机、冒锋刃，以求一日之高居称朕。袭优俳之兖冕，抑无其缠头酒食之利赖，夫亦何乐乎此邪？于是既号为天子矣，因而有宰相焉。其宰相者，其天子之宰相也。利禄在须臾，辱戮在眉睫，亦优俳之台辅而已矣，冯道、卢文纪、姚顗、李愚、刘昫、赵莹、和凝、冯玉之流皆是也。尸禄已久，磐固自如，其君见为旧臣而不能废，其僚友方畏时艰而不与争。庸人忘死忘辱，乘气运之偶及，遂亦欣然自任曰“吾宰相也”，无不可供人姗笑也。

远；在当时可以载录以正义之名的伴侣就是这三个人。有史以来，沉浮不言的罪恶只有桑维翰首当其冲。胡文定为《春秋》作传时，竟多次称赞他的功绩，大概是秦桧一类的先导吧！

富贵难道会固定不变吗？世上不能拥有却可以拥有的，安富尊荣就是富贵；最上首先能行其道义，然后坐定其安稳之座，再次能遂心所欲，到了遂心所欲这一步，已经是下贱的了。然而利益系于他一身，施恩利于其子孙后代，还能够有其荣利，还可有流俗的富贵。没有这些想法，当时耻于为徒，后世相传为笑柄，身处于危机之中，如卧于棘荆丛中，子孙后代转而想做普通百姓，也无法求得，那么也没什么欲望可求的，也沉溺其中逐个来乞求得到，他们的愚蠢真是不可救药了。

至尊至贵的人是天子；其次是宰相。朱友贞、李从珂、石敬瑭、刘知远都自名为天子，真可悲呀！继位一天，就梦到万箭穿刺于身，十年之内，有鬼神先宠幸他的，速病死亡的，保全了他的身体，而其子孙后代都为别人所杀；那些没有立即死去的，不是自焚就是被割去左耳，简直就像监狱中待死的人，待到死期来临也就以身伏法了。处罚还是奖赏自作不了主，声乐色相自己不能随意欢娱，后代子孙不能保其性命，低贱再也没有这样低贱了。然而设下深机，冒着利刃之风险，来求得做一天的高位居尊，求得称朕之欲。穿着戏人的衣冠，也没有一点酒食的利益，也如此欢乐？既然自名为天子，也就有宰相了。宰相，是天子的宰相。利禄旦夕可有，耻辱杀戮之运就在眼前，也是戏人的唱台罢了，冯道、卢文纪、姚顗、李愚、刘昫、赵莹、和凝、冯玉之流都是这类人。早已不在职位，可依然坚固不变，他的君主眼看着他是旧臣不能废弃他，他的同僚慕友也害怕时事艰险可惧，不与之相争斗，这些庸人忘却了生死与荣辱，趁着一时而来的运气，欣喜若狂地说：“我是宰相也。”没有不被后人耻笑的。

虽然，犹未甚也。桑维翰一节度使之掌书记耳，其去公辅之崇既悬绝矣，必不可得，而倒行逆施者无所不至：力劝石敬瑭割地称臣，受契丹之册命，迫故主以焚死，斗遗民使暴骨，导胡骑打草谷，城野为墟，收被杀之遗骸至二十馀万，皆维翰一念之恶，而滔天至此，无他，求为相而已。耶律德光果告敬瑭曰："维翰效忠于汝，宜以为相。"而居然相矣。人恫于明，鬼哭于幽，后世有识者推祸始而怀馀怒；即在当日者，刘知远、杜重威、景延广亦交诋其非，杨光远且欲甘心焉。荼毒已盈，卒缢杀于张彦泽之半组。计其徼契丹之宠，自号为相之日，求一日之甘食、一夕之安寝也而不可得，而徒以残刘数十万之生灵，毁裂数千年之冠冕，以博德光之一语。旦书记而夕平章，何为者邪?

夫维翰以文翰起家成进士，即不能如梁震、罗隐之保身而不辱；自可持禄容身，坐待迁除，如和凝、李崧之幸致三事。乃魂驰而不收，气盈而忘死，以骤猎不可据之浮荣，其实不如盛世之令录参佐也。而涂炭九州、陆沉千载，如此其酷焉。悲夫！天之生维翰也，使其狂猘之至于斯，千秋之戾气，集于一人，将谁怨而可哉？乞者乞人之墦，非是而不能饱；盗者穴人之室，非是而不能获。维翰不相，自可图温饱以终身；维翰即相，亦不敌李林甫、卢杞之掾史；即以流俗言之，亦甚可贱而不足贵，明矣。处大乱之世，君非君，相非相，揽镜自即使这样，也不是最过分的。桑维翰只不过是一位节度使的一名书记文官罢了，他根本谈不上什么公辅的崇尚，但是他的倒行逆施，没有不得逞的，他力劝石敬瑭割地称臣；接受契丹的册命。逼迫他的旧主自焚而亡，争斗遗下的百姓使他们暴骨露尸，引导胡族军人打劫草谷万木，遍地废墟，致使被杀的遗骸达二十多万，这都是桑维翰一念召致的罪恶，造成这种滔天罪行的原因，没有别的，只是为了求得宰相的官位而已。耶律德光果然相告于石敬瑭说："桑维翰效忠于你，可以任他为宰相。"而最终当了宰相。人们害怕光明，鬼在幽暗之处哭泣，后来的有识之士追溯其祸端源头而心头余怒未消；即使在当时之世，刘知远、杜重威、景延广也相互诋骂他的罪过，杨光远又尚且想甘心呢。恶贯满盈，最后为张彦泽所缢死。算算他出卖给契丹的宠媚，自称为宰相的时候，就连求得一天的美食、一夜安寝也不能。只会以残杀数以十万计的生灵，毁裂数以千年的官帽，来博得耶律德光的一句话，早上是书记而晚上便成了平章政事的宰相，这是为了什么呢？

桑维翰以文翰起家成了进士，即不能像梁震、罗隐那样保全自己但不受凌辱；自然可以奉禄保全自身，坐等迁升，像和凝、李崧一样幸致三事。于是魂魄飞驰，无以收回，气满而忘死，因突然得到而不能据有其浮华的荣耀，他实际不如盛世之时的令录参佐小官。而涂炭九州、国土为侵略者占领千载，如此之残酷。真可悲呀！天生桑维翰，致使他的疯狂到了这一步，千代之罪过集于他一身，这能怪罪于谁呢？乞讨之人乞求于别人的坟墓之间，不这样他不能得以温饱；盗窃之人窃入别人居室，不这样不能偷获东西。桑维翰不当宰相，自然可以一生温饱；桑维翰当了宰相，也敌不过李林甫、卢杞的掾史小官；即使用流俗之言来看他，也真是下贱之极，谈不上尊贵，这是显窥，梦回自念，乞邪盗邪？君邪相邪？贵邪贱邪？徒以殃万民、祸百世，胡迷而不觉邪？

而易见的。处在大乱时代，君主不是君主，宰相不是宰相，揽镜自顾，梦回一般，念念自问，是乞讨者，还是盗贼呢！是君主呢，还是宰相？是尊贵、还是下贱呢？只是祸国殃民，害于百世，为什么迷恋其中而不觉醒呢？

卷三十

五代下

（自石敬瑭称号之年起）

1.契丹之于石敬瑭，为劳亦仅矣。解晋阳之围败张敬达者，敬达师老，而无能如晋阳何也。敬瑭南向，而耶律德光归，河南内溃，张彦泽迎敬瑭以入，初未尝资契丹之力，战胜以灭李氏而有之。且德光几舍敬瑭而立赵德钧，其待敬瑭之情，亦不固矣，曾不如突厥之于唐也。乃敬瑭坚拒众议，唯桑维翰之是听，以君父戴之，而为之辞曰信义也。呜呼！敬瑭岂知人间之有信义者哉？

古今逆臣攘夺人国者，类有伟伐以立威，而后人畏以服从而不敢动。无大功而篡者，唯萧道成、萧衍与敬瑭而已。然道成、衍遇淫昏之主，臣民不保其死，于是因众怨以兴，而为节俭宽容之饰行以结纳中外之心，天下且属心焉。李从珂无刘子业、萧宝卷之淫虐，敬瑭一庸驽之武人，杳不知治理为何物，资妇势以得节钺，其据一隅以反也，自唐季以来，如梁崇义、刘稹之徒，无成而县首阙下者非一矣，敬瑭幸得不伏其辜耳。在位八年，固无一言之几道、一政之宜民。其识量之不足以服人，自知之，桑维翰亦稔知之，即与之四海一王之天下，亦不能一朝居，而况此岌岌摇摇、不宁不令之宇，仅守国门以垂旒乘辂哉！故甫篡位而范延光、张从宾、符彦饶、李金全、安从进、安重荣蜂起以争，杨光远、张彦泽杀人于前而不能石敬瑭做皇帝，契丹几乎没有怎么帮助他。解晋阳之围打败张敬达，是因为张敬达的军队已经疲备不堪，对晋阳已经没有任何办法了。石敬瑭向南进军，而耶律德光却北归了。这时河南内溃，张彦泽把石敬瑭迎接进来，当初石敬瑭并没有借助契丹的力量来灭亡李唐。再者，耶律德光当初差一点立赵德均而舍弃石敬瑭，他对待石敬瑭的感情，是很不稳固的，还不如唐朝时突厥对唐王那么忠心。但是石敬瑭坚决不听从众位大臣的意见，只听从桑维翰一个人的，使契丹称儿称臣，还美其名曰信义，哎呀！石敬瑭难道也知道人间有信义吗？

古今篡权的那些逆臣，大多数都是凭借他们曾立过的大功绩来树立威信，这样人们就会害怕他而不敢反抗。没有立过大功而篡权的人，只有萧道成、萧衍与石敬瑭。但是萧道成、萧衍是遇到了昏庸之主，他的臣民们都不愿尽力拥护他，所以二萧借着众人的怨气反叛，他们当皇帝后以节俭宽容的行为来结交收纳人心，使天下人都拥护他们。李从珂没有刘子业、萧宝卷那么淫虐，石敬瑭不过是一个平庸且才能低下的武夫。根本不知道治理国家是怎么回事，只是凭借着妇人的帮助得到一个武官的职位，节制一方而反叛，自唐以来，梁崇义、刘稹这类人，由于反叛失败而被杀头示众的人很多，但是石敬瑭却侥幸逃脱了惩罚。他在位八年，根本就没有一句有道理的话，没有做一件对人民有益的事，他的见识气量不足以让人信服，他自己是很清楚的，桑维翰也同样清楚地知道。即使给他一个全国统一的皇帝，他也不一定能治理得好，更何况他现在的统治又是如此的危诘，刘知远且挟密谋以俟时而动，敬瑭盖惴惴焉卧丛棘之上，不能自信为天子也。

德不可恃，恃其功；功不可恃，恃其权；权不可恃，恃其力；俱无可恃，所恃以偷立乎汴邑而自谓为天子者，唯契丹之虚声以恐喝臣民而已。故三镇继起，张皇欲窜，而刘知远曰："外结强虏，鼠辈何能为？"则契丹以外，敬瑭无可依以立命也可知矣。张从宾将逼汴州，从官汹惧，而桑维翰神色自若，夫岂有谢傅围棋之雅量哉？心目之间，有一契丹隐护其脰领耳。而借口曰信义，将谁欺乎？惟其无以自主而一倚于契丹，故人即持其长短以制之。赵延寿、杜重威皆效之，而国以亡，血胤以斩，则维翰之谋，适以促其绝灭而已矣。敬瑭之窃位号也，与张邦昌，刘豫也正等，又出于安禄山、黄巢之下，宋人奖之以绍正统，无惑乎秦桧之称臣构而不怍也。

2.《礼》曰："刑不上大夫。"古之大夫，方五十里之国，有三人焉，次国倍之，大国四之。周千八百国，计为大夫者万人以上，盖视汉之亭长，今之仓巡驿递耳。而不以刑辱之，则所以养廉隅而厚君子小人之别至矣。天下恶得而不劝于善邪？

险。他只不过是仅仅能守住皇位安逸享乐罢了。所以他刚开始篡位的时候，范延光、张从宾、符彦饶、李金全、安从进，安重荣这些人便都蜂涌而起与他相争。杨光远、张彦泽在他面前杀人他也不敢责问。而刘知远也怀有密谋在待机而动。石敬瑭整日惴惴不安好像躺在丛棘上一样，不敢相信自己是天子。

不能依靠品行，就依靠功劳；如果没有功劳可依靠，那就依靠权势；如果没有权势，那就依靠自己的力量；如果没有什么可依靠的。那就只能在汴州自立为天子，依靠契丹势力。来恐吓臣民罢了。所以当三镇反叛的时候，他就惶惶然想逃跑，这时刘知远说："我们和强大的契丹相连结，那些鼠辈们能有什么作为？所以，除了契丹以外，可以知道石敬瑭没有别的可依恃了。张从宾将要进逼汴州的时候，官员们都很惊惧，这时只有桑维翰神色自若，他难道有成竹在胸吗？其实没有，不过在他心目之中，背后有契丹在为他撑腰罢了。但是他还要强说自己最讲信义，这是在欺骗谁呀！他们没有一点自主能力而只能依靠契丹，所以人们就能抓住他的这个短处来制约他。赵延寿，杜重威因为都是效仿石敬瑭的作法，所以他们的国家也被灭亡，他们的后代也被斩杀。所以说桑维翰的计策，只不过是促使他们尽快亡国罢了。石敬瑭的篡权称帝，和张邦昌、刘豫是一样的，还不如安禄山、黄巢。宋人褒奖他把他定为正统，无异于秦桧对金称臣赵构却不感到惭愧呢。

《礼记》上说："大夫拥有特权不受刑。"古时候，方圆五十里的地方，就大约有三个大夫，中等的国家，会有六个，而大国就会有十二个左右。周朝有一千八百多个诸侯国，算起来大约有上万个大夫，汉时的亭长，就是现今的仓巡驿递。就连这样的小官犯罪也不用刑来屈辱他们。所以，就要教育人们使人人有高尚的品德，看重君子和小人的差别，这样做天下人怎么会都不学好呢？

刑者，非大辟之谓也，罪在可杀，则三公不贷其死，而况大夫？唯是宫、刖、劓、墨之刑，不使夷于小人，褫衣而残肢体耳。汉以杖代肉刑，则杖之为刑亦重矣哉！匍伏之，肉袒之，隶卒之贱凌蹴而捶之。于斯时也，烦冤污辱之下，岂复有君子哉？王昶之僭号于闽也，淫虐不拟于人类，其臣黄讽诀妻子以进谏，不恤死也。至于昶欲杖之，则毅然曰："直谏被杖，臣不受也。"昶不能屈，黜之为民。充讽之志，岂黜是恤哉？触暴人而死，则死而已矣，而必不受者辱也。于此而知后世北寺之狱，残掠狼藉，廷杖之辱，号呼市朝，非徒三代以下虐政相沿，为人君者毁裂纲常之大恶。而其臣惜一死以俯受，或且以自旌忠直，他日复列清班为冠冕之望者，亦恶得而谢其咎与？

"士可杀不可辱"，非直为君言，抑为士言也。高忠宪公于缇骑之逮，投池而死，曰："辱大臣即以辱国"韪矣。立坊表以正君臣之义，慎遗体以顺生死之常，蔑以尚矣。其次则屏居山谷，终身不复立于人之廷可也。士大夫而能然，有王者起，必革此弊政，而明盘水加剑之礼，人道尚足以存乎！

3.刘知远之图度深密也，石敬瑭其几俎间物耳，恶足以测之哉！始而决劝敬瑭以反，为己先驱也。三镇兵起，敬瑭问刑罚，并不是指大辟这样的重罪，如果罪大恶极要杀头，那么三公这样的大官也不能被宽恕，更别说那些大夫了。宫刑、刖刑、劓刑、墨刑，这些刑罚不是要消灭那些罪犯，只是剥了他们的衣服弄残他们的肢体罢了。汉朝时的肉刑都用杖刑代替，但是用杖刑作为惩罚的手段就显得有些过重了。受刑的人趴在地上，脱去衣服，隶卒们很蔑视地将他踩在脚下用鞭子抽打他，这时，在这样的冤屈与侮辱之下，难道能称君子吗？王昶在闽地冒用帝王的尊号荒淫无道。他的臣子黄讽与妻儿诀别之后前去进谏，不考虑会被杀死。但是等到王昶要用刑的时候，他却毅然说："我因为直谏被罚以杖刑，我不愿接受这样的惩罚。"王昶不能让他屈服，就把他削职为民。如果实现了黄讽的志向，难道他会怜惜被罢官吗？触犯了暴人而被杀死，不过一死，是必定不能受他的侮辱的。由此可知后世北寺之狱，到处残掠狼藉，犯人受那廷杖的屈辱，奔走号呼在大堂上和大街上，这不只是三代以来虐政相沿的后果，也不是君主们违返了封建法规；但是那些做王大臣的不愿冒死进谏，却甘愿俯首顺从他们的君主。有的大臣自诩为刚直忠心的人，希望以后能位列清班有一个体面的名声，但是这些人怎么才能推诿他们的过错呢？

"士子宁可死，也不愿受侮辱"这不只是对君子而言的，也是对那些士说的。高攀龙被缇骑逮捕，他投池而死，并且说："侮辱大臣就是在侮辱国家"。他说得很对啊！立牌坊是用来纠正君臣的道德行为。保存遗体是为了顺应生死的规律这乃是上策；士大夫们还可以隐居在山谷中，终身不再求取功名也是可以的。士大夫们能够这样做，那么当有能成王业的人出现的时候，他们是一定会革除这种弊政的。申明大臣伏剑自杀之礼，这样人道才能够存在啊！

刘知远的图谋是经过深思熟虑的，石敬瑭就像别人案板上的肉，他是不可能猜测到刘知远的图谋的。刘知远劝石敬瑭反叛，只是计，而曰：“陛下抚将相以恩，臣戢士卒以威。”盖子罕专宋之故智也。

自唐以来，人主之速趋于亡者，皆以姑息养强臣而倒授之生杀之柄，非其主刚核过甚而激之使叛也。今欲使敬瑭以呴沫之仁假借将相，则当时所宜推心信任、恣其凌轹而不问者，莫知远若矣。恩遍加于将相，而可独致猜防于知远乎？柔而召侮，躁人先凌之，以乱其心志。故安重荣之流，急起以疲敬瑭之力，知远乃乘其后席卷而收之已耳。威移于己，则三军所畏服者，知有知远而忘有敬瑭；戢兵以卫民，则百姓所仰戴者，不感敬瑭而唯感知远。兵从令而民归心，故可以安坐晋阳，而俟契丹之倦归，以受人之推戴。此知远之成算，使敬瑭入其中而不觉者也。藉令石重贵而不为契丹之俘虏邪？亦拱手而授之知远尔。

傲岸不受平章之命，重为其主之疑怒，而赵莹为之拜请，感其恩抚大臣之言也。敬瑭忍怒而使和凝就第劝谕，假借之恩宠者已素，而威不足以张也。范延光、杨光远、张彦泽骄横以速石氏之亡，知远收之也不待劳矣。契丹中起而乱之，故知远之得之也难。当桑维翰献割地称臣之计，知远已早虑之矣，虑己之难乎其夺之竖子之手也。而卒能自保，以逐夷而少息其民。故自朱温以来，许其有志略而几于豪杰者，唯知远近之矣。

让他做自己的问路石，在三镇起兵反抗石敬瑭的时候，石敬瑭曾向刘知远问计，刘知远说："陛下只用您的恩惠来抚慰那些将相，我用威望使士卒听命。"这不过是子罕专宋的旧计谋。

自唐以来，迅速趋于灭亡的国家，都是因为那当皇帝的姑息纵容强臣并且给予他们生杀大权的结果。而不是因为作皇帝的太刚愎自用而激起他们的臣子反叛。现在想让石敬瑭用那琐屑的假仁义施恩于将相，则当时所应推心信任、任他放纵恣肆期凌毁损而不问的，没有像刘知远这样的了。给将相以恩惠，难道能单独猜防刘知远吗！人柔弱了就会被别人期侮，那些狡猾的人会首先凌辱他，这样就会扰乱他的心志。所以安重荣这类人都急急忙忙地起兵从而削弱了石敬瑭的力量。于是刘知远乘机以席卷之势取得了政权。把威望转移到自己身上，那么三军所畏服的是刘知远而不是石敬瑭；整顿军队来保卫人民，那么百姓所仰慕拥戴的是刘知远而不是石敬瑭，士兵听命，百姓归心，所以刘知远就可以安稳地坐镇晋阳，等到契丹力尽北归的时候，他就可以使百姓拥戴他做皇帝了。这些都是刘知远的谋算，使石敬瑭进入他的圈套还未发觉。假使石重贵不作契丹的俘虏呢？那么他也会拱手把政权让于刘知远罢了。

刘知远不屑接受宰相的大印，引起了石敬瑭的猜疑。但是在石敬瑭发怒的时候，幸亏赵莹出来替他求情，这是感谢刘知远曾经有过恩抚大臣的言论。于是石敬瑭忍受愤怒令和凝到刘知远的府中去慰问他，但他惯用那假仁假义的恩宠，所以对刘知远来说，石敬瑭是没有什么威严了。范延光、杨光远、张彦泽的骄横加速了石敬瑭的灭亡，刘知远收拾他们一点儿也不费力气。契丹入侵中原使中原大乱，所以刘知远想得中原也不容易。当桑维翰向石敬瑭献上割地称臣的计策时，刘知远早就考虑到了。他考虑的是从这些人手中夺取政权的困难。最终还要能够自保，然后驱逐契丹使人民能休养生

4.石氏之世，君非君，将非将，内叛数起，外夷日逼，地蹙民穷，其可掩取之也，八九得也。江南李氏之臣，争劝李昪出兵以收中原，而昪曰：“兵之为民害深矣！不忍复言，彼民安，吾民亦安。”其言，仁者之言；其心，量力度德保国之心也。盖杨行密、徐温息兵固国之图，昪能守之矣。

兴衰之数，不前则却。进而不能乘人者，退且为人所乘。图安退处，相习于偷，则弱之所自积也。李氏惟不能因石氏之乱而收中原，江、淮之气日弛，故宋兴而国遂亡，此盖理势之固然者。而揆之以道，则固不然。若使天下而为李氏所固有，则先祖所授，中叶而失之，因可收复之机，乘之以完故土，虽劳民以求得，弗能恤也，世守重也。非然，则争天下而殄瘁其民，仁人之所恶矣。徐知诰自诬为吴王恪之裔，虽蒙李姓，未知为谁氏之子，因徐温而有江、淮，割据立国，义在长民而已。长民者，固以保民为道者也。社稷轻而民为重，域外之争夺，尤非其所亟矣。以匹夫奄有数千里之疆，居臣民之上，揣分自全，不亦量极于此乎？苟为善，后世子孙以大有为于天下者，天也；知其弱不足立而浸以亡者，亦天也，非可以力争者也。李昪于是而几于道矣。当其时，石敬瑭虽不竞，而李氏诸臣求可为刘知远、安重荣之敌者，亦无其人。陈庆之乘拓拔之乱以入雒阳，而髡发以逃；吴明彻乘高齐之亡以拔淮北，而只轮不返，皆前事之师也。即令幸胜石氏，而北受契丹之勍敌，东息。所以自朱温以来只有刘知远才可以被称为有志略的英雄豪杰。

石敬瑭统治的时候，可以说君非君，将非将，内部叛乱不断，外面还有契丹的威逼，国家地狭人穷，如果派兵攻打，十之八九会得胜的。江南李昇的臣子们，都力争劝李昇出兵收取中原，但是李昇说："打仗给人民造成的灾难很深了，我不愿再这样做了，他们的人民安居乐业，我国的人民也都安居乐业呀！"他的话，是仁慈的人说的话，他所考虑的，是怎样才能使人民安居乐业，怎样才能保卫国家不受侵犯。所以杨行密、徐温息兵强国的策略，李昇是一直遵守的呀。

如果不前进就会后退，这是兴衰的规律。前进如果不能战胜别人，退却的时候就会被别人战胜。如果图谋安定，退守相处，习惯于得过且过，这就会使国家越来越弱。李氏不能乘石敬瑭挠乱中原的有利时机进攻他，从而使江、淮人民的士气日益松懈，所以当宋兴起的时候他的国家就被消灭了。这是理所当然的。但是如果用道衡量，那就不是这样的。假使天下是李氏所固有的，那么国家是先祖留下的，到中叶时失去了，借着可收复的时机，乘机统一故土，虽然取得这些土地要劳民伤财，也是不能怜悯的，因为这是祖先所留下的基业，夺回它是最重要的。如果不是这样，那么因为争夺天下而使人民穷困灭绝，这是仁人所厌恶的。徐知诰自称是吴王恪的后裔，他虽说姓李，但其实自己并不知道姓什么，依靠徐温才有了江、淮的土地，他建立的国家，抚养人民才是他的根本任务。抚养人民，就是以保民为根本道义的。对他来说，国家安危应放在次要地位，应把人民放在首位，对于那国家以外的争夺，不是他所急于要做事。如果让一个平常人拥有数千里的疆域，自己称天子而居于臣民之上，他如果自己保全力量，不是也能做到这些吗？如果做得好，那么后世子孙对天下有大的作为，这是天命，如果后世子孙非常软弱而被别人侵略而最终亡国，这也是天命，这是不可以力争的。李昇这样做就几乎启吴越之乘虚，南召马氏之争起，外成无已之争，内有空虚之害，江、淮亘立于中以撄众怒，危亡在旦夕之间，而夸功生事者谁执其咎乎？故曰量力度德，自保之令图也。

其仁民也，虽不保其果有根心之恻悱，而民受其赐以延生理，待宋之兴，全父老、长子孙、受升平之乐，不可谓非仁者之泽矣。《诗》不云乎？“民亦劳止，汔可小康。”人之情也，劳不可堪也，死愈不忍言也。杨行密、徐温、李昪予民以小康，可不谓贤哉？高季兴之猥也，天下笑其无赖，而视王曦、刘龑之贼杀其民以自尊愈矣，况江南之奠残黎，使安枕于大乱之世，数十年民不知兵也乎！

5.江南李氏按行民田之肥瘠以定税，凡调兵兴役、非常事而猝求于民者，皆以税钱为率。宋平江南，承用其法，延及于今，一用此式，故南方之赋役所以独重，此《春秋》所谓用田赋也。

古者以九赋作民奉国，农一而已，其他皆以人为率。夫家之征，无职事者不得而逸。马牛车器，一取之商贾。役，则非士及在官者，无不役也。是先王大公至正、重本足民之大法，接近于道义了。那时，石敬瑭虽然很软弱，但李昪手下的大臣没有一个能和安重荣、刘知远为敌的。陈庆之乘着拓拔氏入侵中原的时候占领洛阳，结果是败逃而归；吴明彻乘着高齐亡国的时候进攻淮北，却全军覆没；这些都是前世的教训呀。即使他侥幸战胜了石氏，但是北面还有契丹这样的强敌，东面的吴越还有人要乘虚而入，南面马氏也会来进攻，这时，对外已成了没完没了的争夺，而内部也很空虚，随时都会有人来进攻，江、淮横贯中原会触犯众怨，危亡只在旦夕之间，那些夸功生事的大臣们，谁能承担这个责任呢？所以说量力而行是自我保全的好策略。

对人民实行仁政，虽然不能保证人民没有什么别的可担心的，但是人民承蒙他的赏赐而得以延长生命，等到宋朝兴起之后，可以保全父老，抚养子孙，享受升平之乐，不能说这不是仁义之人的恩惠呀。《诗经》不是说“老百姓太劳苦，也该稍稍得到安乐了。”这都是人之常情，劳作不能忍受，死就更不忍说了。杨行密、徐温、李昪给人民以小康生活，不是很贤明吗？高季兴的鄙陋，天下人笑他为无赖，但是王曦、刘龑这类人屠杀其民而自尊的行为，又比高季兴更甚。这些是不能和江南李氏相比的。李氏王朝治理百姓，使他们安定地生活在大动乱的年代，数十年都没有战争威胁他们。

江南李氏按照民田的肥瘠来定取收税标准。凡是调兵兴役的事，如果不是因为紧急而突然有求于人民的事情，都是以税钱为标准。宋讨平江南之后，继承了这个方法，一直延用到今天，但是用这种征税方法之后，南方的赋役就显得尤其沉重。这是《春秋》一书中所说的征用田赋。

古时候，百姓给国家所服的徭役有九项。农赋是其中之一。其他赋税都以人口为标准。国家征发徭役，凡没有职务的人都不能逃脱徭役。马牛车器，都从商贾那里取得。徭役，除了读书人和做官万世不可易者也。是故民乐有其恒产而劝于耕。苟非力不任耕、世习工贾者，皆悉安于南亩。无弃土，无游民，不俾黠巧惰淫者，舍其先畴以避征徭，而坐食耕夫之粟。民食足而习驯，无或冻馁流离而起为巨寇。财足用，器足修，兵足使，而夷狄不能为患。其为天下利亦溥矣哉！今变法而一以田税为率，已税矣，又从而赋之。非时不可测度之劳，皆积堕于农。而计田之肥瘠以为轻重，则有田不如无田，而良田不如瘠土也。是劝民以弃恒产而利其莱芜也。民恶得而不贫，恶得而不堕，恶得而不奸，国恶得而不弱，盗贼恶得而不起，戎狄恶得而不侵哉？故自宋以后，即其全盛，不能当汉、唐之十一，本计失而天下瘠也。

夫有民不役，而役以田，则等于无民。据按行之肥硗，为不易之轻重，则肥其田者祸之所集，而肥者必硗。有税有役，则加于无已，而无税则坐食游闲之福，民何乐而为奉上急公之民？悖道拂经之政，且有甚于商鞅者。乃相承六百年而不革，无他，君偷吏窳，据地图税籍而易于考索。若以人为登耗，则必时加清理以调其损益，非尽心于国计民生者不能也。简便之法，易以取给，而苟且以自恣。不知天子之允为元后父母、命官分职、以共天职，将何为邪？王者起而厘正之，莫急于此矣！

的，其余人都要服役。这是先王大公至正，重视农业使百姓丰衣足食的好制度，万世不能更改的呀！所以凡有恒产的百姓都要勉励他们进行农业生产，如果不是因为体力不行而不能耕种以及世代经商的人，都应进行农业生产。没有荒田，没有游民，不让那些狡猾懒惰的人舍弃祖先的产业逃避徭役，坐食农民辛勤种得的粮食。人民有充足的食物就会安居乐业，就没有人因为冻饿流离而作强盗了。财物够用，器具多、兵士善于作战，那么外族就不敢来侵犯我们，这就给国家很大利益呀！如今变法之后只以田税作为标准，交过税之后，接着还有赋役。当时是不可能估计到，这样做的后果是把各种负担都集中到了农业上。用田地的肥瘠来判断征税的多少，那么有田还不如无田，良田不如坏田。这是让人民放弃恒有的产业去经营荒地。这样做人民怎么会不贫穷，又怎么会不堕落，怎么会不变得邪恶，国家怎么会强盛，盗贼怎么会不造反闹事，外族怎么会不侵略我们呢？所以自宋以后，即使是在全盛时期，国家的力量也不如汉唐的十分之一，这是放弃农业才使天下贫困的呀。

有百姓不用，却从田地中征收赋税，这就和没有百姓一样。按照田的肥贫。作为不变的征税标准，那么肥沃的田地会因此得祸，所以肥田也必定变成了贫田。税役结合，征收无度，但是如果没有税人民就会坐食游闲地享福，还有谁愿意作那急公奉上的良民呢？这种违背道德常规的政策，更有甚于商鞅的变法。是相沿用了六百年都没有变革，无他，那些君主刻薄官吏懒惰，根据地块大小作图为征税的依据，这样做便于考察。如果以人为作为损耗的标准，那就必须经常加以清理来均衡损益，如果不是为国计民生尽力的人就不会这样做。简便之法，容易取给，便暂时这样做。不知道那天子作为一国之君，命官分职，共同掌管人民，他们都在做些什么？那些登基做皇帝的人都要改正它，没有比这更紧急的了。

6.景延广抗不称臣，挑契丹之怒，而石晋以亡，古今归罪焉。流俗之论无当于是非，若此类者众矣。

石氏之亡不亡，奚足为有无哉？即以石氏论，称臣称男，责赂无厌，丑诟相仍，名为天子，贱同仆隶，虽得不亡也奚益？重敛中国之所有，以邀一日之欢。军储不给而军怨于伍，流离载道而民怨于郊。将吏灰心，莫为捍卫，更延之数年，不南走吴、楚以息肩，则北走契丹以幸利，一夫揭竿而四方瓦解，石氏又恶保其不亡乎？石氏之亡，桑维翰实亡之，而奈何使延广代任其咎也！

称臣、割地、输币之议，维翰主之，敬瑭从之。二人以往，唯依阿苟容之冯道、安彦威而已。刘知远已异议于早，吴峦、王权或死或贬而不甘为之屈，安重荣则不难剸敬瑭之首、封心沥血以谢万世者也。延广与知远对掌马步、为亲军之帅，知远怀异心以幸其败而不力争，延广扶孱主以耻其亡而独奋起，延广之忠愤，虽败犹荣，而可重咎之以折中国生人之气邪？

夫契丹岂真不可敌而以鸿毛试炉火哉？敬瑭所倚以灭李氏者，徒晋阳解围一战耳。又张敬达已老之师也，遇险而惧，不敢渡河而返。从珂自溃，非胡骑之果能驰突也。杨光远诱之，赵延寿导之，而中国水旱非常，上下疲于岁帑，乃敢举兵南向。然且伟王败而太原之兵遁；石重贵自将以救戚城，而溺杀过半，恸哭而逃；高行周拒之于澶洲，而一战不胜，收军北由于景延广拒不称臣使契丹恼羞成怒而灭了后晋，于是古今都把晋亡的罪责推到景延广的身上，但是流俗的议论是不能作为标准的。因为类似这样的事有很多。

石敬瑭是否亡国，是无足轻重的。从石敬瑭这方面看，他对契丹称臣称儿，贿赂无厌，丑恶诟病相沿袭，虽然名誉上也称为天子，其实他卑贱得就像仆隶一样。即使不亡国对人民又有什么好处呢？他对中国进行重税搜刮，来讨好契丹博取他们的欢心，军储不发给士兵而导致军士们怨恨，人民流离失所而怨声载道，将吏灰心，没有人愿意保卫国家，几年之后，要么到吴、楚之地立足，要么北投契丹去得到一点好处，一人造反全国就会立刻崩溃，石敬瑭又怎么能保卫自己不亡国呢？石晋的灭亡，实在是桑维翰导致的，却为什么要让景延广代桑维翰承担这个责任呢？

称臣、割地、输币这些意见，是桑维翰的主张，石敬瑭不过是依计而行罢了。以前，他们两个主要听从苟且偷安的冯道、安彦威。对于以上的意见，刘知远早就表示过反对，而吴峦、王权因为不甘受屈辱而遭贬或被杀，安重荣则要杀死石敬瑭、剖心沥血以谢万世。景延广和刘知远同掌马步军，都是亲军的统帅，刘知远心怀异志希望景延广失败而不力争。景延广扶持懦弱的君主，为了洗涮亡国的耻辱而独自奋起。他是如此的忠愤，虽败犹荣，怎么能重责他以挫折中原百姓的士气呢？

契丹真的不可抵挡，就像用鸿毛去试炉火吗？石敬瑭依靠契丹消灭李氏政权的，只是晋阳解围的那一战。而且当时张敬达的军队已经疲备不堪，遇到险境就害怕，不敢渡河就撤退了。李从珂是自己内部溃败了，不是契丹把他们打败的。契丹进入中原是有杨光远与赵延寿作内奸，而当时中国水旱灾害严重，人民疲于要交岁币，在这种情况下，契丹才敢举兵入侵。由于伟王的失败从而使太原的军队去；安审琦救皇甫，遇慕容彦超于榆林店而自惊以溃；阳城之战，符彦卿一呼以起，倾国之众，溃如山崩，弃其奚车，乘驼亟走。当是时也，中国之势亦张矣；述律有蹉跌何及之惧，气亦熸矣。而延广罢去，留守西京，悲愤无聊，唯自纵酒。桑维翰固争于重贵，复奉表称臣以示弱，然后孙方简一叛，大举入寇，而重贵为俘。繇此观之，契丹何遽不可拒？延广何咎？而维翰之贻害于中国，促亡于石氏，其可以一时苟且之人情，颂其须臾之安，而贳其滔天之罪哉？

韩侂胄挟鹰犬之功，杀忠贞，逐善类，恶诚大矣，而北伐非其罪也。成败，天也；得失，人也；或成而败，或败而成，视其志力而已。宋即北伐而小挫，自可更图后效。乃以挑衅渝盟为侂胄之罪，然后人心靡，国势颓，至于亡而不复振。故延广逐而石氏之亡决，侂胄诛而赵宋之衰成。身为大帅，知有战而不知有降，其官守也。延广蒙讥，则岳鹏举之杀，其秦桧再造之功乎？

7.石敬瑭起而为天子，于是人皆可为，而人思为之。石敬瑭受契丹之册命为天子，于是人皆以天子为唯契丹之命，而求立于契丹，赵延寿、杨光远、杜重威，皆敬瑭之教也。欲为天子，而思反敬瑭之为，拒契丹以灭石氏者，安重荣耳。虽兵败身死、蒙叛臣之号，而以视延寿辈之腥污，犹有生人之气矣。

逃跑，石重贵准备亲自去救戚城，但由于渡河时损兵过半，也逃跑了；高行周在澶洲拒敌，由于一战不胜，便收军北去；安审琦救皇甫的时候，在榆林店遇到慕容彦超，军队惊溃；阳城之战，符彦卿一呼而起，全国军队，溃如山崩，弃车乘驼迅速逃跑了。当时，中国的形势很紧张，但是耶律述律有一些失败就惊惧得要命，他也太胆小了。景延广被免官，留守西京，悲愤无聊，便只有纵酒解愁；桑维翰又说服石重贵，再次奉表对契丹称臣示弱。但是孙方简的反叛，对契丹大举入寇，石重贵被俘虏了。由这些看来，契丹有何可怕和不可抵挡的？景延广又有什么罪过呢？桑维翰贻害中国，促使石晋亡国，怎么能因为那一时的苟且之情，便对这须臾的安宁表示颂扬，而赦免桑维翰的滔天大罪呢？

韩侂胄凭借他立过的一些小小的功劳，就敢杀忠贞的大臣，驱逐好人，罪恶的确很大呀，但是北伐却不是他的罪过，成败是天命；得失，取决于人、有的人成而败，有的人败而成，不过看他的志力罢了，宋北伐时虽受到一些小的挫折，仍可自强以图后效，却把毁约的罪推到韩侂胄的身上，这之后人心不盛，国势衰败，一直到亡国都没有能力重新振作起来，所以说景延广被逐决定石晋必定要被灭亡，韩侂胄被杀宋就必定要衰败。身为大帅，知道战斗而不知道投降，这是做官的职责。景延广受到指责，那么，岳飞被杀，难道是秦桧的再造之功吗？

石敬瑭做了天子，于是人人都可以做天子，而且人人也都想做天子。石敬瑭被契丹封为天子，于是人们都以为天子只能听从契丹的委任。赵延寿、杨光远、杜重威都请求契丹能册封自己为天子，这都是在效仿石敬瑭。想做天子，但却反对石敬瑭的所作所为，抗拒契丹消灭石晋的人，是安重荣。他虽然兵败身死，还被诬以叛臣的罪名，但他与赵延寿那些人相比，却还不算是没有骨气的。

刘知远持重以待变，尤非可与敬瑭辈等伦者也。今且责知远之拥兵晋阳，不以一矢救重贵之危，而知远无辞。虽然，岂尽然哉？李守贞、杜重威、张彦泽，兵力之强，与不相上下，而交怀忮害之心；桑维翰居中持柄，怙契丹以制藩帅；石重贵轻躁以畜厚疑，前却无恒，力趋于败。天之所坏，不可支也，徒以身殉，俱碎而已。

若夫君臣之义，固有不必深求以责知远者。当日之君臣，非君臣也。知远之器识，愈于敬瑭远矣。为其偏裨，以权势而屈居其下，相与为贼，以夺李从珂之宗社，一彼一此，衰王相乘，岂尝受顾命辅重贵以保固石氏之邦家乎？敬瑭不推心以托，知远亦不引以自任也，久矣。则护河东片土，休兵息民，免于打草谷之掠杀，而待契丹之退，收拾残疆，慰安杀戮之馀民，知远之于天下也，不可谓无功。杜重威、李守贞、张彦泽之恶已播而不可掩，桑维翰媚虏以虔刘天下而自杀其躯，于是人喻于从夷之凶危。而重贵已俘，国中无主，始徐起而抚之，知远之成谋决矣。摈契丹以全中夏而授之郭氏，契丹弗敢陵也。盖自朱温以来，差可许以长人者，唯知远耳。嗣子虽失，而犹延河东数十年之祀，亦其宜矣。然而不足以延者，知远亦沙陀也。于时天维地纪未全坼也，固不可以为中国主也。

8.兵聚而散之，平天下者之难也。汉光武抚千馀万之降刘知远拥兵待变，尤其不能与石敬瑭这类人相提并论。如今都指责刘知远拥兵晋阳，看到石重贵处于危难之中，却不肯发一矢之力前去救援，刘知远没什么可辩解的，虽然事实如此，难道事情就完全是这样的吗？李守贞、张彦泽的兵力都很强盛，他们和刘知远不相上下，但他们都怀有暗害对方的心思。桑维翰在朝中握有大权，依仗契丹的势力节制各个藩师的元帅，石重贵轻躁而召来了深重的疑忌，前进后退都无章法，渐趋于衰败，上天让他失败，是不能强求的，只不过白白牺牲了生命，弄得身败名裂罢了。

至于说到君臣之义，那就更不必深究来责备刘知远了。因为当时的君臣，并不能称为君臣。刘知远的器识，石敬瑭是无法与他相比的。刘知远作为石敬瑭的部下，由于石敬瑭权势大而暂时屈居其下，和他狼狈为奸，篡夺李从珂的政权。一彼一此，这时是两个将要衰败的国家在互相追逐，刘知远难道曾经受托要辅佐石重贵而保卫晋朝的江山吗？石敬瑭不以诚相待，刘知远也就不引以自任，这种情况有很长一段时间了。刘知远保卫河东的土地，休兵息民，使人民不受契丹的侵扰，他等待契丹退出中原以后，来收拾残破的国土，安慰那些遭戮的百姓，刘知远对于天下人来说，不能说没有功劳。杜重威、李守贞、张彦泽的罪恶已流传于世而无法掩盖，桑维翰讨好契丹杀害天下百姓，他自己也落得自杀了事。于是人们知道讨好契丹是多么危险；石重贵被俘后，中原没有了君主，刘知远这才开始安抚各地，他的计谋终于实现了。他排斥契丹统一中国而把天下给予郭威，契丹不敢侵犯中原。自朱温以来，可以说因抚养人民而被赞许的，唯有刘知远罢了。他虽设有亲生儿子，但还是统治了河东数十年，也是应当的呀。但他最终不能延长统治，是因为刘知远也是沙陀人。当时中原广大地区还没有沦陷，所以刘知远不能作中国的天子。

把集中的士兵解散回家，这是平天下中最难做的事。汉光武帝贼，使各安于井牧，遐哉！自武王戢干櫜矢之后，未有能然者矣。无仁慈之吏以抚之，无宽缓之政以绥之，无文教之兴以移之，则夫习于憍悍、狃于坐食者，使之耕耘，不耐耰鉏之劳，使之工贾，不屑锱铢之获；朵颐肥甘、流连饮博之性，梦寐寄于行闲；小有骚动，触其雄心，即如螽蝗之蔽日，无有能御之者矣。

河北自天宝以来，民怙乱而不安于田庐久矣。魏博之牙兵已歼，不能惩也。石晋置天威军而不可用，遂罢之。乃虽不可用，而跃冶之情，仍其土习，则一动而复兴。罢之，亦问其何所消归邪，而抑不为之处置。无赖子弟，业已裤褶自雄于乡里，无有馀地可置此身，能合而不能离，为盗而已矣。梁晖起于相，王琼起于澶，其起也，契丹掠杀之虐激之，即无契丹之掠杀，亦安保其为井牧之驯民乎？敬瑭父子之为君，虚中国以媚虏，纵骄帅以称兵，而草泽之奸，能朝耕而暮织乎？

民不富，不足以容游惰之民；国无教，不足以化犷戾之俗。自非光武，则姑听其著伍以待其气之渐驯，而后使自厌戎行以思返，乃可得而徐为之所。刘知远安集民之保山谷者，定其志气以渐思本计，自是以后，盗乃渐息。集之也，故贤于散之也。

曾经招抚了千万余农民起义军，使他们各自安居于土地之上，这些都是过去的事了！自武王收天下的兵器之后，没有人能这样做了。没有仁慈的官吏安抚他们，也没有宽缓的政策安抚他们，没有兴教化来改变他们；那么对于那些性情骄悍的人，习惯于好吃懒做的人，如果让他们耕种田地，他们忍耐不了农活的繁重劳动，如果让他们经营工商，他们却不屑于那一点钱财。他们那贪图享受、流连饮博的性情，每时每刻都在行动中显露出来；如果社会上稍有混乱，就会触发他们的雄心，蜂涌而起，就像蝗虫遮蔽天日，没有人能抵挡得了。

自天宝以来，河北人民乘着混乱而骚动，不安心于家业生产有很长一段时间了，魏博的亲兵已被歼灭，不能惩罚那些乱民。石晋政权虽然有天威军但却不能使用，于是便取消了这支军队。虽然暂时不能使用，但是军士那种急于求用的心情，却是相沿已久的旧习，一旦有混乱情况，他们便会立即复动。把军队解散，让士兵们去哪里呢？政府也不安排处置他们。那些无赖子弟，在乡里横行称霸，对他们来说，没有别的地方可以安置他们，他们只能集在一块而不能分散，于是便只能做强盗了。梁晖起于相，王琼起于澶，他们的反叛，是由契丹的杀掠而引起的。但是即使没有契丹的掠杀，就能保证他们全成为安于农业的良民吗？石敬瑭父子作为皇帝，搜刮中原以献媚于契丹，纵容将帅称兵自重，这些起于草泽间的盗贼，即使解散让他们回家，他们能起早贪黑地进行耕种吗？

如果人民生活不富裕，就无能力养活那些游手好闲的惰民，国家不实行教育，就不能化去人民那些狂戾的旧习。即然自己比不上汉光武帝，则暂时让士兵待在军队之中，使他们渐渐丧失那些野性，然后，他们就会厌烦军旅生活而考虑退伍，这样就可以慢慢地安置他们。刘知远把人集中起来进行耕种，是安定他们的志气使他们渐渐地习惯农业生产，从这以后，盗贼渐渐没有了，所以说集中兵士比解

9.得国而速亡，未有如沙陀刘氏者也。反者一起，兵未血刃，众即溃，君即死，国即亡，易如吹槁，亦未有如沙陀刘氏者也。其后宋夺柴氏而尤易，亦迹此而为之耳。

刘氏之代石晋也，以视陈霸先而尤正。二萧、石、郭皆怀篡夺之谋，兴叛主之甲。知远虽不救重贵之亡，而不臣之迹未著。重贵已见俘于契丹，石氏无三尺之苗裔可以辅立者，中原无主，兆人乐推，而始称大号，以收两都，逐胡骑。然且出兵山左，思夺重贵，不克而始还。若是者，宜其可以代兴而永其祚，然而不能者，其故有二：《诗》曰："宗子维城，大宗维翰。"先正亲亲以笃天伦，而枝干相扶之道即在焉。《易》曰："开国承家，小人勿用。"先王尊贤以共天职，而心膂相依之道即在焉。汉、唐之兴，其亲也，不能如周、召之一心，而分土为侯王者，固不可拔也；其贤也，不能如伊、吕之一德，而居中为宰辅者，固不可乱也。

刘氏起于沙陀，以孤族而暴兴，承祐之外，仅一刘崇父子，而威望不能与郭威、杨邠、史弘肇相颉颃。举国之人，知孤雏一禽而其宗熸矣。郭氏亦犹是也。柴氏虽有宗党，然不能正名为皇族，亦一夫而已矣。一旦拥他姓以代之，孰相难者，而又何劳再举乎？

散兵士要好。

建立国家却迅速灭亡的，没有像刘氏政权这样的；反叛的人一起，兵不血刃，他的军队就溃败了，国君被杀死了，于是国家也就灭亡了，容易得像吹干草一样，这样的情况，除了刘氏政权外，再也找不到了。这之后宋夺柴氏政权也是如此的容易，大概就是仿效这种作法。

刘知远代替石重贵做皇帝的情况，和陈霸先特别相似。萧道成、萧衍、石敬瑭、郭威都有篡权的阴谋，都是第一个起兵反叛的。刘知远虽然看着石重贵的灭亡而不去相救，但他反叛的迹象还未显露，石重贵被契丹俘虏后，石氏便没有后人可以继位，中国便没有国君了，而亿万人民推戴他，认为刘知远可以做皇帝，于是他就继承了大位，收取两都，驱逐胡骑。他出兵山左，想一举抢回石重贵，但终因失败而撤军。如果是这样，他应当代替石氏称王而永保其国不灭，但他却没有做到。这里有两个原因。《诗经》说："宗子是城墙，大族是栋梁。"先王亲善亲人加深他们之间的关系，这和枝干相扶持的道理是一样的。《易经》说："开国承家，小人勿用。"先王尊敬贤人与他们共同治理国家，这和心膂相依的道理是一样的。汉、唐是很兴盛的，但他们的亲属，却不如周朝时周公、召公那样齐心，被封为侯王分得土地，国家坚固不易被摧毁；他们的贤臣，却没有伊尹、吕望那么有德行，可以居中主持政事，所以国家不易发生动乱。

刘氏从沙陀兴起，没有亲属，除承佑之外，只有一个刘崇父子，但他们的威望却不能和郭威、杨邠、史弘肇相抗衡，全国上下，都知道刘知远一旦被擒，他的整个宗族就等于灭亡了，郭威也是这样的。柴荣虽然也有宗党，但却不能把他们正名为皇族，所以他仍然是一个人，一旦有人拥他姓之人来代替他，那想起来发难的人，又何需起兵攻伐他呢？

亲不可恃，天也，则庶几恃有贤辅以左右之耳。知远之命相，竟求之于军幕执笔之客佐，天下贱之恶之，狎而蔑之，倏起旋灭，无为太息者，尤无足怪矣。故刘氏之亡，亡于苏禹珪、苏逢吉之为相，王章之为三司使也。是郭威、杨邠、史弘肇所睥睨叱诧而使濡毫待命如胥史者也。四年而刘氏之庙荡为寒灰，尚谁拯哉？

天之下，民所仰者君也；君之下，民所仰者相也。君非君，则天不能息其乱；相非相，则君不能保其国。开国承家，小人亟用，人之所鄙，天之所弃，不能一朝居矣。二苏从幕中贱士躐辅弼之荣，即求如敬翔、任圜、和凝而不可得，乃欲伸弱主以折强臣，其待四年而亡犹晚矣。

郭氏之相，虽德不称位，而范质、李谷之视二苏，则云泥也，是以后亡。而承祐既灭，刘崇犹能保一隅之祀者数十年，愈于郭、柴之顿斩，则同姓存亡之故也。亲贤之得失，国祚之短长，岂不一如符券与？

10.李业、郭允明导其主以杀大臣，而刘氏速亡。人心未固，主势不张，而轻用不测之威，翦推戴之臣，杨邠、史弘肇、王章虽死，郭威拥重兵，据雄藩，恩结将吏，权操威福，遽欲以一纸杀之，其以国戏也，愚不可诘矣。虽然，刘氏之存亡，恶足系天下之治乱哉？杨邠等就诛，而天下始有可安之亲戚不能依靠，这是天命，那么就要依靠贤明的人来辅佐。但刘知远任命丞相，却在军中找出几个执笔的客佐。于是天下人都很轻视他，蔑视他，这样，他兴起得快，灭亡的就也很快，没有人为他感叹，这是不奇怪的。所以刘氏政权的覆亡，是因为苏禹珪、苏逢吉做了他的宰相，王章做了三司使。这些人都是郭威、杨邠、史弘肇所厌恶可斥的人，他们看待这些人就像一般胥吏一样。刘氏政权只维持了四年就灭亡了，谁还能够拯救他呢？

举国上下，民所仰靠的是皇帝，皇帝之下，民所仰靠的是宰相。如果君主不称职，那么就是上天也不能停息世上的混乱；如果宰相不称职，那么君主就不能保有他的国家。开国承家，任用小人，就会使人人鄙夷，上天也不相助他，这个国家就容易灭亡。苏禹珪、苏逢吉出身卑贱，被提拔为辅政大臣，这是很荣耀的职位，他们虽也想像敬翔、任圜、和凝那样，但是却做不到，他们也想扶持弱主折服强臣，但却没有那个才能，所以刘氏政权维持四年才亡国，还显得有些晚了呢。

郭氏的宰相，虽然他们的德行不称其职，但范质、李谷和苏禹硅，苏逢吉相比却稍胜一筹，但他最终还是没能保住郭氏政权。承佑被灭之后，刘崇还能偏居一隅使刘氏政权延续了数十年，胜过了郭威、柴荣的迅速灭亡。他们一存一亡的原因，是因为刘崇是同姓相承而柴荣则是异姓相承。亲近贤臣的得失，国家命运的长短，难道不像一张凭证吗？

李业、郭允明诱使他们的主子乱杀大臣，促使刘氏政权的速亡。当时人心未固，皇上的势力还不强大，他就轻易乱用威严，乱杀功臣，杨邠、史弘肇、王章虽然死了，但是郭威还拥有重兵，占有很大的土地，他用恩惠结交将士和官吏，掌握着赏罚的大权，而李、郭二人想用一道诏令就把郭威杀死，这简直在拿国家开玩笑，他们真是愚势，则此举也，论世者之所快也。

自唐以来，强臣擅兵以思篡夺者相沿成习，无有宁岁久矣。朱温、李克用先后以得中原，而李嗣源、石敬瑭、刘知远踵之以兴。盖其间效之蹶起，或谋而不成，或几成而败者，锋刃相仍，民以荼毒也，不可胜纪。当其使为偏裨与赞逆谋也，已伏自窃之心。延及于石、刘之代，而无人不思为天子矣。安重荣、安从进、杨光远、杜重威、张彦泽、李守贞虽先后授首，而主臣蹀血以竞雌雄，败则族，胜则帝，皆徼幸于不可知之数。幸而伏诛，国亦因是而卒斩。流血成川，民财括尽，以仅夷一叛臣，而叛者又起。彼固曰：与我并肩而起者，资我以兴，恶能执法以操我生死之柄？况其茕茕孺子，而敢俨然帝制，秉鈇钺以临我乎？

自杨邠等以羽翼刘氏之宿将，威振朝廷，权行疆内，而一旦伏尸阙下，如圈豚之就烹。于是而所谓功臣者，始知人主自有其魁柄，不待战争，而可刈权奸若当门之草。故郭氏之兴，王峻、侯益之流，不敢复萌跋扈之心；而李谷、范质、魏仁浦乃得以文臣衔天宪制阃帅之荣辱生死。柴氏承之，樊爱能等疾趋赴市，伏死欧刀，而人不惊为创举，邠、章、弘肇之诛，实倡其始也。有邠、章、弘肇之诛，而后樊爱能等之辟，伸于俄昧得不可理喻呀。但是，刘氏政权的存亡，难道就足以能和国家的兴乱衰败联系在一起吗？杨邠等人被杀之后，国家开始趋于安宁，这件事情，是会让论世者感到高兴的。

自唐以来，那些强臣擅兵蓄谋篡权已相沿成习了。天下也很久不得安宁了。朱温、李克用先后在中原做了皇帝，而后李嗣源、石敬瑭、刘知远也都相继效仿。大凡这段时间内人们互相仿效而反叛的，有的人虽有蓄谋但最终没有成功，有的人几乎成功但还是失败了，这一时期兵祸不断，人民遭到荼毒，这些事情多得数不过来。当那些人还是一个副将参与帮助策划谋反时，他们就已经怀有当皇帝的野心了。到了石敬瑭、刘知远的时代，则人人都想作皇帝了。安重荣、安从进、杨光远、杜重威、张彦泽、李守贞虽然先后都被杀死，但是主臣之间相互杀戮以争高下的事连绵不断，失败了就会祸灭九族，胜利了便称帝做皇上，这些胜败的事都是很侥幸的，没有人能够预测。他们虽然被杀死了，但是国家也因此而灭亡了。士兵血流成河，百姓钱财被刮尽，才刚刚消灭了一个叛臣，另一个叛臣又出现了，他们还鄙夷地说："和我并肩起事的人，是依赖我的力量才做皇帝的，他怎么能掌管我的生死呢？更何况他不过是一个小孩，竟敢装模作样地称皇帝，用杀戮来统治我吗？

开始时杨邠等人凭着维护网罗刘氏的一些宿将，一时间威振朝廷，权行疆内，但一旦当他们被杀，就像圈内的小猪被烹煮一样容易。于是那些所谓的功臣，才知道他们的主上还亲自掌握着大权，不用等到战争，就可以铲除那些权奸，就像割门前的草一样容易，所以郭威当皇帝之后，王峻、侯益这些人，就都不敢存有跋扈之心了。这样，尽管李谷、范质、魏仁浦都是文臣，却可以依据皇上的命令来掌握那些统兵在外的将帅们的荣辱生死。柴荣继承皇拉后，樊爱能等因预谋不轨而被杀，人们不因为这是创举而感到惊奇，所以杨邠、王倾，而众心允服；有爰能等之戮，而后石守信辈以得释兵保禄位为幸，宋之中外载宁者三百载。呜呼！业、允明之不量而亟杀权臣也，殆天牖之以靖百年飞扬盘踞之恶习乎！抑事会已极，无往不复，自然之数也。

郭威以一头子黜王守恩，用白文珂，而盈廷不敢致诘。杨邠、史弘肇斥其主以禁声，而曰“有臣等在”。此而不诛，刘氏其足以存乎？刘氏即存，天下之分崩狂竞以日寻锋刃也，宁可小息乎？邠、章、弘肇死，于是风气以移，内难不生，而国有馀力，然后吴、蜀、楚、粤可次第而平。故此举也，天下渐宁之始也。刘承祐之死生，国之存亡，不足论也。

11.耳目口体之各有所适而求得之者，所谓欲也。君子节之，众人任之。任之而不知节，足以累德而损于物。虽然，其有所适而求得之量以任之而取足，则亦属厌而止，而德不至于凶，物不蒙其害。君子节情正性之功，未可概责之夫人也。况乎崇高富贵者，可以适其耳目口体之需，不待损于物而给，且以是别尊卑之等，而承天之祐，则如其量而适焉，于德亦未有瑕也。

天下有大恶焉，举世贸贸然趋之，古今相狃而不知其所以然，则溢乎耳目口体所适之量，而随流俗以贵重之，所谓宝器者是已。耳目口体不相为代者也，群趋于目，而口失其味、章、史弘肇的被杀，实在是这种情况的开始呀。前有杨邠、王章、史弘肇的被诛，后有樊爱能等人的被杀，这些事情都发生在瞬间，从而使得众人心服；有了樊爱能被杀的前车之鉴，所以石守信等人才能在被解除兵权之后，还能以保有禄位为荣幸，使宋朝安宁了三百多年。哎呀，李业、郭允明在没有细加衡量的情况下杀戮权臣，这大概是上天要来平定这百年来人人都能飞扬盘踞的恶习吧。当事情发展到了极端，没有不往复的，这是自然规律呀！

郭威仅用一纸手令就罢免了王守恩，任用白文珂，朝廷上下没有人敢说不是。但杨邠、史弘肇却敢斥责他们的主人不要说话，还说“有臣等在”。这种人如果不杀，刘氏政权怎么能存在呢？即使刘氏政权不灭，那么天下分崩离析，众强角逐，战争不断的局面会停止吗？当杨邠、王章、史弘肇死后，社会风气才开始大变，国家不再动乱，国家也开始强盛，然后吴、蜀、楚、粤等地可以依次被平定。所以这种做法，是天下将要太平的开始。刘承佑的生死，刘氏政权的存亡，是不值得议论的。

耳目口体各有所需求的东西，这就是所谓的欲；君子知道节欲，普通人只知道放纵欲望，放纵欲望而不知道节制，就会败坏品德，损害别人。虽然，如果有欲望而只是适当地量取，满足了就停止，那么品行就不会败坏，别人也就不会受到伤害；但是君子有节制纠正性情的功力，这是不必要求普通人的。那些崇高富贵的人，他们可以满足他们耳目口体的需要，不待损害它物就可以了。他们还根据这来区别尊卑等级，他们受着上天的佑护，如果适量的满足欲望，那么对品行就不会有所损害。

世上有不良的东西，人们都急忙向他奔去，古今的人们都习惯了却不知道为什么这样，只是满足了耳目口体的所需就随流俗把它看得很贵重，这就是所谓的宝器。耳目口体是不能互相代替的，如果用体失其安，愚矣。群趋于耳，而目亦不能为政，则其愚愈不可言也。宝之为宝，口何所甘、体何所便哉？即以悦目，而非固悦之也。唯天下之不多有，偶一有之，而或诧为奇，于是腾之天下，传之后世，而曰此宝也。因而有细人者出，摘其奇瑰以为之名，愚者歆其名，任耳役目口四体以徇传闻之说，震惊而艳称之曰此宝也，是举五官百骸心肾肺肠一任之耳，而不自知其所以贵之重之、思得而藏之之故。呜呼！其愚甚矣。

《传》曰："匹夫无罪，怀璧其罪。"孟子曰："宝珠玉者殃必及身。"何也？愚已甚，耳目口四肢不足以持权，则匹夫靡可衣可食之腴产以求易之，或且竞之于人，而戕天伦、凌孤寡，皆其所不恤；崇高富贵者，则虚府库、急税敛、夺军储以资采觅，流连把玩，危亡不系其心。"殃必及身"，非虚语也。乃试思之，声音可以穆耳乎？采色可以娱目乎？味可适口，而把玩之下，四体以安乎？于阗之玉，驰人于万里；合浦之珠，杀人于重渊；商、周之鼎彝，毁人之邱墓；岂徒累德以黩淫哉？其贻害于人也，亦已酷矣！从吠声之口，荡亡藉之心，以祸天下，而旋殃其身。愚者之不可致诘，至此而极矣。郭氏始建国，取宫中宝器悉毁之，尽万亿之值，碎之为泥沙，不知者且惜之，抑知其本与泥沙也无以异。不留之于两间以启天下之愚，亦快矣哉！

眼睛来代替其他的，则会口失其味，体失其安，这是很愚笨的呀。如果让耳目口体代替其他的，那么眼睛就不能起到应有的作用，如果这样做就太愚笨了。宝物对口来说味道有什么甘美的？对身体来说又有什么舒适的呢？即使是看着高兴，但其实并不是真正的对它感到高兴，只是因为这东西不多，偶然发现一个，或者是因为惊异于它的奇特，于是便把它传之于天下，传之于后世，都说这是宝贝，于是就有小人选择它的奇瑰之处为它命名，那些愚蠢的人喜欢它的名字，任凭耳朵轻信这些传闻并役使耳目口体也顺从它，由于惊奇而称赞说这是宝贝。只是放任那五官百骸心肾肺肠，但却不知道它到底贵重在哪里，也不考虑收藏它的原因，哎呀！这真是太愚蠢了。

《传》说："百姓没有罪，因身藏璧玉而获罪。"孟子说："以珠玉为宝者殃必及身。"这是为什么呢？一个人太愚蠢了，耳目口体便不能权衡利弊。一般人用那可衣可食的丰裕的资产来换取它；或者和别人争夺，于是就会伤害兄弟亲情，欺凌孤寡之人。他们不会对他们所做的事感到惭愧。崇高富贵的人为了得到这些宝贝，就会挖空府库，急征暴敛、夺取军资来供他们采觅，然后整日把玩，从来不把危亡放在心上；"灾祸必然会连累到自己"说得一点也不错呀！我们试着想想，声音可以使耳朵感到舒适吗？美色看着快乐吗？食物的味道很适合口味，但是把玩之下，四体感到舒适吗？于阗的宝玉，人们万里迢迢把它送来合浦的珠宝，使许多人丧命于重渊；商、周的鼎彝，是毁人的邱墓；难道我们能白白地损坏了品行而任意放纵吗？这些东西贻害人类，实在太残酷了。什么样的话都听从，什么样的欲望都加以放纵，用宝贝祸害天下，但立刻就会殃及其身，愚蠢得不可理喻，到了这种地步就已经达到了极限。郭威建国之始，把宫中的宝器都毁掉了，大约有万亿的价值。这些宝器都被粉碎得和泥沙一样。不知道的人觉得可惜，但是人们都应该知道，这些宝器本来与泥沙就没夫岂徒宝器为然乎？书取其合六书之法，形声不舛而已；画取其尽山川动植之形，宫室器服之制，知所考仿而已；典籍取其无阙无讹，俾读者不疑其解而已。晋人之字，宋、元之画，澄心堂之典籍，尽取而焚之，亦正人心、端好尚之良法也。

12.闭粜以杀邻国之民，至不仁也；徒杀邻民而朽吾民之粟以趋于贫，至不智也。李氏淮南饥，周通粜以济之，二者之恶去矣。其后复大旱，民度淮争籴，李氏遂筑仓多籴以供军，周乃诏舟车运载者勿予。夫禁舟车而但通负担，则所及者近，而力弱不任负者死相积矣。郭氏方有吞并江、淮之计，不欲资敌粮以困之，自谓得算，而不知此斗筲之智，徒损吾仁而无益也。

旱饥即至于悬罄，岂有馁死之兵哉？所馁死者，民耳。立国则必有积储矣，即不给，而民之仅存者严刑迫之，无求不得也。又不给，而坐食于民，或纵之掠夺而不禁也。则使其主多籴以为军食，亦以纾民之死尔。禁舟车之运，勿使粜充军食者，亦适以重困其民也，岂果于救民者之所忍为乎？

什么两样的。不把这些宝器留在世上，这样就不会有那么多愚蠢的人了。这真是大快人心呀。

难道只有宝器才是这样的吗？书只要符合六书的法则，使形声不错乱就可以了。画只是画出山川动植物的形态，宫室器具服饰的样子，使人们知道它所依照模仿的是什么就可以了；典籍只要内容无损害，无虚假，使读者不怀疑它的解释就可以了。晋人的字，宋、元的画，澄心堂的典籍，都拿来把它们烧毁，这也是纠正人心，端正崇高品德的好办法呀。

不卖给邻国人民粮食看着他们饿死，这是不仁义的表现，饿杀了邻国人民而自己国家的粮食却腐烂了使人民趋于贫困，这是最不聪明的作法。李氏统治的淮南地方缺乏粮食，后周便卖粮食赈济他们，两国之间的仇怨便化解。这以后又遇到大旱，人民都渡淮河争相要购买粮食，李氏就修筑粮仓大量收购粮食以供应军需，看到这种情况，后周便下令凡是用舟和车买粮的就不能卖给他们。这种禁止舟车运输只让人肩扛的政策，对那些住得近的人有利，远的人就到不了了。但是那些力弱不能负重的人死得到处都是。这时，郭氏正想吞并江、淮，于是便不再供给李氏粮食想使他们困乏，郭威自以为得计，但他却不知道，他的这个小计谋除有损于他的仁义的名声外其他实在是没有一点儿好处。

干旱饥饿直到粮食用尽，难道会有饿死的士兵吗？所饿死的都是老百姓罢了。一个国家就应当有积蓄的粮食，如果不充足，就用严刑逼迫人民拿出他们仅存的粮食，只要这样做就不会得不到粮食，如果还不充足，就坐食于民，或者让士兵掠夺而不加禁止。那么让江南李氏多买进粮食作为军粮，这也是可以延缓人民的死亡的呀！但是郭威却禁止用舟车运输，不卖粮食给那些买粮作军粮的人，这是在困乏他的百姓呀，这难道就是那些想救民于水火的人所忍心做即以制胜之策言之：两敌相压，丰凶各异，所隔者一衣带水耳。淮南之民，强欲籴者，转斗而北，不可禁御。饥瘠濒死，睨饱食之乡，欲与争一旦之命，死且不恤，弱瘠无制之民且如此矣。如使兵食不继，彼且令于众曰：誓死一战，则禾粟被野者唯吾是饱。而兵之奋臂以呼，争先而进，以自救死亡，复何易捍哉？

无德于民，不足以兴；积怨于兵，则足以亡。晋惠公闭粜而秦师致死，身为俘囚。大有为者，不与人争一饥一饱之利钝也。故唯深研于人情物理之数者，而后可与尽智之用、全仁之施。郭氏固不足以及此，为德不永，而功亦不集。唯保天下者可以有天下，区区之算奚当哉！

13.法不可以治天下者也，而至于无法，则民无以有其生，而上无以有其民。故天下之将治也，则先有制法之主，以使民知上有天子、下有吏，而已亦有守以谋其生。其始制法也，不能皆善，后世仍之，且以病民而启乱。然亦当草创之际，或矫枉太甚，或因陋就简，粗立之以俟后起者之裁成。故秦法之毒民不一矣，而乘六国纷然不定之馀，为之开先，以使民知有法，然后汉人宽大之政可因之以除繁去苛而整齐宇内。五胡荡然蔑纪，宇文氏始立法，继以苏绰之缘饰，唐乃因之为损益，亦犹是也。

的事吗?

即使用制胜之策来说，两敌互相压制对方，丰凶各有所不同，他们之间仅隔一条河罢了。淮南的人民，身强力壮而又想买到粮食的，都展转相争地北上，没有人能够制止得了，人民贫困饥饿得快要死亡了，看着那可饱食的地方，多么想吃一顿饭以延长一日的活命，他们这时是不会害怕死亡的。贫困软弱无制的百姓尚且这样啊。假若军粮不够了，那敌方的将领只要对士兵们下令说：你们只要誓死一战，那么田野中遍地的禾粟就能让你们吃个饱。这样，士兵们就会奋臂而呼，争先前进，以救自己于死亡的边缘，这样的军队是容易抵御的吗?

无德于民，国家就不会强盛，积怨于士兵，国家就会灭亡。晋惠公因为不卖粮食给秦国，秦军就拼死作战，他自己反而成了俘虏。将有大作为的人，从不与人争一饥一饱的小利。所以只有那些深研人情物理的人，才能尽才尽智，保全人义的施为。郭威本来就是做不到这些的。所以他不能长久地施行仁义，也就不会有多少功绩。只有能安定天下的人才可以拥有天下，郭威那一点点策谋又算得了什么呢?

如果法律不能起到应有的作用，就等于没有法律。没有法律，人民就无法生存，天子就等于没有臣民。所以每当天下将要被统一治理的时候，就要有人制定法律，使人民知道上有天子，下有官吏，他们自己也有就必遵守的规则，这样人民才可以安居乐业。最先制定的法令，不可能很完美，后世的人仍用它，就会有奸民开始作乱。当法令草创之时，有的矫枉过正，有的因循简陋而不求改进，只是先有个原则，等待后人去修改完善它。所以秦法虽然害民不浅，但它却是在六国纷争不定的情况下制定的，它开创了制定法律的先例，使人民知道有法令存在。这之后，汉朝实行了宽大的法令，依据秦法去繁除苛，使法令行之全国。五胡入中原的时候，他们无视法律，而宇自唐宣宗以后，懿、僖之无道也，逆臣盗贼，纷纭割据，天子救死不遑，大臣立身不固。天下之无法，至于郭氏称周，几百年矣。唐之善政，无一存者，其下流之蠹政，则相沿而日以增。盖所谓天子者，强则得之，弱则失之；所谓宰相者，治乱非所任，存亡非所恤。其令于民也，桎梏之以从令，渔猎之以供军。如此，则安望其有暇心以问法纪哉？叛臣而天子矣，武人而平章矣，幕客而宰相矣，则其所为庶司百尹、郡邑长吏者，举可知也。其薄涉文墨者，则亦如和凝之以淫词小藻、取誉花间而已。及郭氏之有国也，始有制法之令焉。然后为之君者可曰：吾以治民为司者也；为之民者亦曰：上有以治我，非徒竭我之财、轻我之生以为之争天下者也。

夫郭氏之法，固不可以与于治者多矣。其宽盗一钱以上之死也，罢营田赋赋民而使均于民赋也，除朱温所给民牛之租也，皆除民之大蠹而苏之，亦救时之善术矣。若其给省耗于运夫，则运者苏而输者之苦未蠲也；禁民之越诉，而弗能简良守令以牧民，则奸民乍戢，而州县之墨吏逞，民弗能控告也；讼牒不能自书，必书所倩代书者姓名，以惩教讼，而讼魁持利害以胁人取贿，奸民益恣，而弱民无能控告也；其除卖牛文氏首先制定法律，然后苏绰为之修饰，唐朝依据这些法令进行增减，和汉改秦法是大致相同的。

唐朝自宣宗以后，懿宗僖宗都是无道昏君，那些逆臣盗贼都纷纷割据称霸，天子自己生命不保，大臣立身也不稳定，这样，天下没有了法律，一直到郭威建立后周，这中间已经有几百年了。唐朝时期的好政策，没有一样流传下来的，但是那些坏政策，却流传下来而且还有所增加。那段时间，所谓的天子，如果势力强，就可以做，势力弱，即使做了天子也会被人推倒。所谓的宰相，他们没有能力治国安邦、平定动乱，对于国家的存亡，他们也不在乎，当时的法令对于人民来说，就是要约束人民使其听话，搜括他们以供给军队；都照这个样子，怎么能希望他们有闲暇之心去关心法律呢？叛臣作了天子，武人作了平章，幕客作了宰相，至于那些庶司百尹、郡邑长吏，就更不用说他们的出身了，大致和以上诸官都差不多。那些粗通文墨的人，都不过像和凝一样，只是以淫词小藻，取誉于花间罢了。等到郭氏建国之后，才开始制定法令。这时，作为君主的才能说：我是以治理人民为根本职责的。作为臣民的也可以说："我们的天子是依照法律来管理我们的，不是要搜尽我们的资产，轻视我们的生命，让我们为他打天下的。

郭氏的法律，不能有助于治理的项目很多。其中对盗一钱以上的判死罪这项进行了放宽，免去营田赋使均于民赋，废除朱温时规定的借给农民耕牛要收税。这些都是消除不利于人民的法令而使人民能够有所恢复，这也是当时有利于国家的好政策。但是也有不好的政策。如其中把供给减免的规定只施行于运夫，这样运输就会得以恢复，而那缴纳赋税的人的负担却没有被减免。还有禁止人民越级上诉。但是却不能选拔好的长官来治理人民，于是当上面派人来检查的时候，那些奸民便都收敛起来，而州县的贪官污吏们也皮者之税，令田十顷税一皮，徒宽屠贾，而移害于农、加无名之征也。凡此皆以利民而病之，图治而乱之，法之所立，弊之所生矣。

盖其为救时之善术者，去苛虐之政，而未别立一法，故善也。其因陋就简而生弊者，则皆制一法以饰前法，故弊也。法之不足以治天下，不徒在此，而若此者为尤。虽然，以视荡然无法之天下，则已异矣。君犹知有民而思治之，则虽不中而不远；民犹知有法而遵之，则虽蒙其害而相习以安。盖郭氏惩武人幕客之樵苏其民而任其荒秽，标掊克之成格以虐用之于无涯，于是范质、李谷、王溥诸人进，而王峻以翼戴之元功，不能安于相位，故有革故取新之机焉。枢密不能操宰相之进止，宰相不复倚藩镇以从违，君为民之君，相为君之相，庶几乎天职之共焉。嗣是而王朴、窦俨得以修其文教，而宋乃困之以定一代之规。故曰：天下将治，先有制法之主，虽不善，贤于无法也。

汉承秦之法而损益之，故不能师三代；唐承拓拔、宇文之法而损益之，故不能及两汉；宋承郭氏、柴氏之法而损益之，都包庇纵容那些奸民，于是百姓就没有办法控告了。人民不能自己写状纸，就必须请人代书并且写上代书者的姓名，为了惩罚教讼，那些写讼谍的首领就要因为将冒险为其代书而威胁请求书写的人以取贿赂。这样，奸民就会更加无拘束，老百姓就没有能力控告了，还有它的免除卖牛皮所要交的税，而把税摊于田亩中，令种十顷田的人交一张牛皮的税，这样做只是宽免了屠户，但却移害于农，给农夫增加无名的赋税。以上这些法令都是为了有利于民，却没有做好，反而害了人民，希望治乱却没有成功。制定了法律，却出现了弊端。

那些救治时弊的好政策，应当是去掉原先法律中的苛虐之政，不再另外重新立法令，这样就是好的法令，那些因循简陋而不求改进而生弊端的法令，都是因为又制定了法律来修饰以前的法律，所以就出现了弊端，法令不能充分地治理天下，不只是以上的原因，但这是最重要的。但是，比起那没有法纪的国家，这些有弊端的法律也不就错了。天子知道有人民而考虑怎样治理他们，则虽不中正也不远；民知有法律要遵守它，则虽然会受到法律的危害也会相习以安的。郭威惩罚那些武人幕客，他们只让人民打柴割草却荒芜土地，写出标明那些苛捐杂税的规格来剥削人民，供他们无限度地使用。这之后，范质、李谷、王溥诸人得以升官，而王峻虽立有拥戴郭威登上皇位的大功，却不能再作宰相了。所以这时就有了革故鼎新的机会了，枢密院不能控制宰相的行为，宰相不能倚靠藩镇而胡作非为。这样，天子才能为百姓的天子，宰相才能对天子负责，差不多各种官吏都各尽其职了。这以后王朴、窦俨才可以施行文教，宋朝于是依据它而制定了一代的法规。所以说：天下将治，必定要先有制定法律的君主，法令虽然不完美，但也比没有法令好呀。

汉沿用秦法而对其有所增减，所以不能效法三代之法；唐沿用拓拔氏，宇文氏的法令而对其有所增减，所以不能超过西汉，宋沿用故不能逾盛唐。不善之法立，民之习之已久，亦弗获已，壹志以从之矣。损其恶，益之以善，而天下遂宁。唯夫天下方乱而未已，承先代末流之稗政以益趋于下，而尽丧其善者。浸淫相袭，使裤褶刀笔之夫播恶于高位，而无为之裁革者，于是虽有哲后，而难乎其顿改，害即可除，而利不可卒兴，此汤、武之继桀、纣与高皇帝之继胡元所以难也。有法以立政，无患其疵，当极重难反之政令，移风俗而整饬之以康兆民，岂易言哉！上无其主，则必下有其学。至正之末，刘、宋诸公修明于野，以操旋转之枢，待时而行之，其功岂浅鲜乎？

14.无子而立族子，因昭穆之序为子以奉宗祀，自天子达于士，一也；而天子因授以天下为尤重。异姓者不得为后，大法存焉。《春秋》莒人后鄫，而书之曰灭，至严矣。乃事有至变者焉，则郭氏是已。郭威起于卒伍，旁无支庶，年老无子，更无可立之肩群从；柴氏之子，既其内姻，从之鞠养，而抑贤能可以托国，求同姓之支子必不可得，舍郭荣亦将孰托哉？既立宗庙，以天子之礼祀其先，神虽不歆非类，而岂自我馁之乎？故立异姓以为后，未可为郭氏责也。

或曰：威无同姓可立之后，知荣之贤，引而置之将相之位，以国禅之而不改其族姓，仿尧、舜之道，不亦美乎？舜宗郭氏、柴氏的法令而对其有所增减，所以不能胜过盛唐。不好的法令制定了，人民沿用它习惯它很久了，就不会停止了，这是因为人民已认真执行这项法律了。减去法令中不好的，增加有益的，这样天下就会安宁。在天下混乱不定的时候，沿用先代的不好的政策使它更坏，抛弃了所有好的法令；人们浸淫相习，那些军队的武夫做了大官做尽坏事，这时也没有人去修改法令；于是虽然有圣人出现，要想使它迅速改变也很困难。虽然当时有的法令可以很快除去，但是有益的法令却不能立刻施行，这就是商汤、武王继夏桀、商纣之后和高皇帝继胡亥之后制定法令，致就当时的社会秩序特别困难的原因。有法律执行，就不能怕有错误，面对那些积重难反的政令，要想移风易俗并整治修饰那些法令使它对人民有利，这是不容易做到的呀！上无其主，则必下有其学。至正末年，刘、宋诸公整治修饰好法令向百姓公布，掌握事情的关键，待时而动，他们的功绩难道很渺小吗？

如果没有子嗣就立同族的人，依照昭穆的顺序，收养他作儿子以奉祀祖先。自天子到一般人，都是一样的。但是天子因为授命掌管天下，所以立子嗣祭祀祖先就显得特别重要。不能立异姓的人为后，这是规矩。《春秋》一书中说莒人立鄫人为后嗣，于是便称这种作法是莒人绝后，这就有些太严了。但是事情是有变化的，郭氏就是一例。郭威发迹是从士兵开始的，他没有其他亲属，年老无子，便没有人被立为太子；柴氏之子柴荣，是他的内侄，从小被郭威收养作义子。并且柴荣很贤明，足能把国家托付给他。如果非要找同姓的族子那是不可能找到的。除了柴荣还能有谁呢？既然已经立了宗庙，用天子之礼祭祀祖先，那么神人虽不愿享受别族人的供祀，难道我们能因此而自我毁灭吗？所以立异姓为后，是不能责怪郭威的。

有的人说：“郭威没有同姓子嗣可立，他知道柴荣很贤明，那么让他做宰相或者大将军，然后把皇位禅让给他而不改他的族姓。仿尧而祖文祖，祀亦可弗绝也。

曰：时则上古，人则圣人，在位者则皋、夔、稷、契，而后舜、禹之受禅，天下归心焉。乃欲使篡夺之君、扰乱之世，强藩睥睨以思弋获之大位，取一大贤以下之少年，遽委以受终，庸讵得哉？舜穆四门，叙百揆，雷雨弗迷，而共、驩犹狺于廷，三苗犹叛于外。若禹平水土，定九州，大勋著于天人，群后之倾心久矣，舜抑承尧之已迹而踵行之，而荣恶足以胜之？自朱、李以来，位将相而狂争者，非一人也。郭氏之兴，荣无尺寸之功，环四方而鼻立者，皆履虎咥人之武人，荣虽贤，不知其贤也，孤雏视之而已。俄而将相矣，俄而天子矣，争夺者攘臂而仍之，不能一朝居也，徒为子哙、子之，而敢言尧、舜乎？

所难处者，荣既嗣立而无以处柴守礼耳。论者乃欲别为郭氏立后，而尊守礼为太上皇，则何其不审而易于言也！郭氏无可立之后明矣，将谁立邪？荣之得国，实以养子受世适之命，郭氏之恩，何遽忍忘。身非汉高自我而有天下，则不得加皇号于私亲。礼之所不许者，宋英宗且不得加于濮王，而况守礼乎！然则将如之何？守礼之为光禄卿，先朝之命也。迎养宫中，正名之曰所生父；其没也，葬以卿，祭以天子；其服，视同姓之为人后者为之期，则庶乎变而不失其常矣。外继甯宗之法，不可执也。为天子而旁无可立之支庶，古今仅一郭氏，道效尧舜的做法，不是也很好吗？舜继承尧而以文祖为其祖先，祭祀的事也没有灭绝啊。

有人说：“那时是上古之时，人是圣人，在位的是皋、夔、稷、契、然后是舜、尧，他们都是实行的禅让制，天下人都很信服他们，现在想在随时都有人篡权的情况下，在那混乱的国家中，在强藩环立都想获取大位的时候，寻找一个大贤以下的少年，把国家托付给他这能办得到吗？舜管理四门肃穆，担任百揆井然有序，置身烈风雷雨也不会迷失，在这种圣人的统治下，共土、驩兜这些人还敢在大堂上乱言，三苗还反叛于外，像禹平定水土，安定九州，他的功劳天下人都知道，他们对他都信服得很久了，舜也是按照尧的办法治理国家的，而柴荣能够比得过这些圣人吗？自从朱温、李克用以来，做了将相而互相争夺权势的，不止一人，郭氏的兴起，柴荣没有立一点功绩，在他周围，都是些踩虎尾咬人的强悍武夫，柴荣虽然很贤明，但没人知道他的贤明，都把他看作一个无所依靠的小孩罢了。当时的人们一会儿是将相，一会儿就成了天子，争权夺势的人攘臂相沿，不能在一朝中久居，只不过是子哙、子之而言，怎么敢和尧、舜相比呢？

所难处理的事，是柴荣既然被立为天子，那么该怎么对待柴守礼呢？有的人想另外给郭威立后，而尊柴守礼为太上皇，这是不加思考的人说话的。郭威没有别的人可以立，这是很明白的事，他还能够立谁呢？柴荣被立为天子，其实是以养子的名义被授予大命的，郭威对他的恩德，是不能忘记的。如果不是汉高帝那样的人得到了天下，就不能对私亲加皇号。宋英宗尚且不能加号于濮王，这是礼法所不允许的，更何况柴守礼呢？那么该怎么办呢？柴守礼官拜光禄卿，这是先朝任命的，柴荣把他养在宫中，名正言顺地称他为生父；他死之后，以卿礼埋葬，以天子之礼祭祀，他的丧服，和同姓人而为别人继承香火的人所穿丧服相同，都是一年丧期，立庶子只是一种变通而穷则变，变乃通也。

15.与人俱起，血战以戴己为君，功成位定，而挟勋劳以相抗，亦武人之恒也。即虑其相仍以攘臂，自可以礼裁之，以道制之，使自戢志以宁居。遽加猜忮而诛夷之，刻薄寡恩，且抱疚于天人，汉高帝之所以不得与于纯王之道也。郭氏因群力以夺刘氏之国，而王殷无罪受诛，王峻贬窜而死，其事与高帝同，而时则异，未可以醢菹韩、彭之慝责郭氏也。

自唐天宝以来，上怀私恩而姑息，下挟私劳以骄横，拥之而兴之日，早已伏夺之之心。位枢密、任节镇者，人无不以天子为可弋获之飞虫，败者成者，乍成而旋败者，相踵以兴，无岁而兵戈得息。乃至延契丹以蹂中国，纲维裂，生民之血涂草野，极矣。李嗣源之于存勖也，石敬瑭之于嗣源也，郭威之于刘知远也，皆自以为功而相师以起者也。究不能安于其位以贻后昆，而徒辱中原之神皋天阙，为旦此夕彼之膻场。其他速败而自灭其族者，更仆而不胜数。至于郭氏有国，幸而存者鲜矣。高行周卒，慕容彦超灭，王峻辈擅国之兵，夺民之财，其以乱天下也无疑。郭氏虽不可以行天诛，而天诛不容缓矣。乱人之未绝，其乱不衰，决意行法于廷而不劳争战，事会已及，不违反伦理纲常。异姓人被立为后就会删改祖宗的法规，这是不能做的事。做了皇帝却没有后嗣旁支可以立为后的，古今只有郭威一人，路到尽头就要改变，改变了才能使路畅通。

和别人一起反叛，经过血战后使别人拥戴自己做皇帝，功成位定，于是那些辅佐他的人就凭借着他们曾立的功劳来与之相抗衡，这都是武人的一惯作法。如果君主考虑到这些大臣会相沿袭旧有的习惯而反叛的话，就可以用礼法，用道义制裁他们，使他们自己收敛这种志向而安居。如果君主们只是凭着猜测就把功臣杀害，这是非常刻薄寡恩的作法，而且他将要愧对天下人。这就是汉高帝不能被称为有道义的好君王的原因。郭威凭借着众人的力量夺取了刘氏政权，但王殷却无罪被杀，王峻也被贬窜而死，这事和汉高帝做过的事有些相同是时间有所不同，所以不能用汉高帝杀害了韩信、彭越的过错来指责郭威。

唐朝自天宝以来，皇上因对某人怀有私恩而姑息他，大臣们却凭着一些功劳就骄横无比。那些大臣拥立他做皇帝的时候，就早已怀有篡权的阴谋。那些做枢密、任节镇的官员们，没有人不认为天子是一只可以轻易捉住的飞虫。反叛的人有失败的、成功的，也有乍成旋败的，他们接连兴事，没有哪一年没有战争的。直到契丹入侵中原，国家法度不存在了，百姓遭到杀害，这时已达到了极限，李嗣源推翻李存勖，石敬瑭推翻李嗣源，郭威推翻刘知远，都是自认为自己有功劳而相继反叛的。但是他们最终还是不能安于其职位并把它留给后世子孙，只不过辱没了中原的神皋天阙，把它作为战场。其他那些很快失败而被灭族的人，更是多得数不过来。郭威建立国家，是其中鲜见的幸运者。高行周死了，慕容彦超也被消灭了，王峻等人独揽全国兵权。掠夺人民的财产，他们无疑是乱天下的人。郭威虽然不能代天诛杀死他们，但上天的诛杀是不会来迟的。乱世的人不灭绝，变极而复，尚奚容其迟疑乎！

殷、峻诛，而后樊爱能、何徽可伏法于牙门，武行德、李继勋可就贬于国法；乃以施于有宋，而石守信、高怀德之流，敛手以就臣服。天诛也，王章也，国之所以立、民之所藉以生也。故曰不可以醢菹韩、彭之罪罪之也。百年以来，飞扬跋扈之气习为之渐息，一人死，则万人得以保其生，王殷、王峻俯首受诛，不亦快与！

16.国家有利国便民之政，而遣专使以行，使非其人，则国与民交受其病，弗如其已之也。使者难其人而不容已，则弗如即责之所司，而饬以违令之大法，固愈于专使之病国与民远矣。

夫国家之置守令，何为者也？岂徒以催科迫民而箕敛之乎？岂徒以守因陋就简之陈格，而听其日即于废驰乎？岂徒以听民之讼，敛钧金束矢之入以为讼府，而启民于争乎？下有疾苦而不能达，则为达之，以不沮于上闻；上有德意而不能宣，则为宣之，以不穷于下逮。于是有上言便宜以拯民而益国者，参廷议而决其可行矣，即以属之守令，使进其邑之士大夫与其耆老，按行阅视，条奏其方略，而即责之以行。苟其玩上旨以违民心，专改革而违国宪，则有诛殛贬褫之法以随其后。贤者劝，不肖者惩，蔑不可举也。

那么混乱就不会结束。于是郭威决定在朝中行使法律而不等到了战争再诛杀他们，事情发展到了极限，就会往复，又怎么能容他迟疑呢？

王殷、王峻被杀，这之后樊爱能、何徽也都被杀。武行德、李继勋依照国法被贬，到了宋朝，石守信、高怀德等人很轻易地表示臣服。这都是上天进行的诛伐，是帝王的典礼制度快定的，因为只有这样，国家才能安定，人民才能得以生存。所以说不能用杀韩信、彭越那样的大罪来指责郭威。这样做之后，百年来的那种武人飞扬拔扈的习气渐渐消失了。一人死了，但是万人可以保住他们的生命，王殷、王峻的被杀，不是也很令人高兴吗？

国家有利国便民的好政策，便派专使执行，如果专使不能胜任，那么对国家对人民都有危害。这样，如停止这项政策，这个专使如果不愿停止，那么不如立刻把他送交有关机关，告诉他违背命令的有关处罚条例，就会使那些专使少做有害于国家和人民的事。

国家设置守令，是让他干什么呢？难道只是让他们对人们横征暴敛吗？难道是让他们守着那陈规陋习，看着这些法规日益废驰而不闻不问吗？难道只是让他们听听人民的诉讼，然后把那些状子都收起来不管，而让人民自己争斗吗？人民有了疾苦他不知道，即使有人告诉了他，他也不会上奏皇帝。天子有好的政策，他也不能传之于民，即使宣布了这些政策，也不能达于下层，于是如果有人上奏那些适宜的救民利国的措施，在朝廷上议论后认为可以实行的，便把它传给守令，让他们把这些措施给士大夫与老绅士，让他们按辈分阅视，然后制定出全部计划和策略，在所辖之地开始实施。如果他对抗旨意欺骗君主，去做那有违民心的事，专一改革而违反国家法律，那么就当被杀头或被贬斥。表彰有才能的，惩罚不贤明的，没有不可以检举的。

夫既有悉治理以上言者，娓娓而尽其利病，贪猾暴虐之吏，固无可容其欺蔽。即有老病疲茸、怠而坐驰之守令，监司得持课程以督其不逮；监司朋比饰说以罔上，司宪之臣，得持公议以纠其不若。廷臣清，监司无枉，守令不敢失坠，有言者必有行者，取之建官分职之司而已足，夫何阻隔不宣之足虑哉！若夫言利病者，徒取给于笔舌而固不可行，则守令得详悉以上请，而仍享无事之清晏，奚用专使督行而有不得其人之忧哉！

明君之治，择守令而已；守令不易知，择司铨司宪者而已。司铨司宪者，曰在天子之左右，其贤易辨也。而抑得贤宰相以持衡于上，指臂相使，纲维相挈，守令之得失，无不可通于密勿，则天子有德意而疾通于海内，何扞格之有乎！此之不谨，而恃专使以行上意，是臂不能使指，而强以绳曳之也。一委之专使，则守令监司皆卸其利国利民之责，行之不顺，国病民劳而不任其咎。即有贤者，亦以掣曳而废其职，况不肖者之徒张威福，迫促烦苛，以苟且报奉行之绩乎！

江南李氏听刺史田敬洙之请，修水利于楚州，溉田以实边，而冯延己使李德明任其事，因缘侵扰，兴力役，夺民田，而塘竟不成；巡抚诸州以问民疾苦，而使冯延鲁以浅劣轻狂任之，反为民害；徐铉、徐锴论列其委任之失，顾得贬窜。夫岂特二冯之邪佞不可任哉！使守令牧民，而别遣使以兴事，未有可焉者也。

既然有尽心治理并向天子上言的人，娓娓地道尽其中的利害关系；那些贪猾暴虐的官吏，就没有办法来欺蒙他。对那些年老病多疲累耳聋，懈怠而内心躁动的守令，就令监司持课程来监督他们的行为；如果监司相互勾结欺瞒皇上，那么司宪之臣，就会依据公议来纠正他们错误。大臣清廉、监司不滥施刑罚，守令也不敢失职，有说就有做，这样就是能作到各个官员各司其职，还有什么可忧虑的呢？至于那些谈论利病的人，只是从奏折和耳闻中获取资料的办法是不可推行，守令可以详细请示，可仍然无事，这样就不必派专使来督促他的行动，也不用忧虑他们会不尽心尽职了。

明君治理天下，最重要的只是选拔守令罢了。但守令的品行君主是不易知道的，那么他只要选拔司铨司宪就可以了。司铨司宪整日都在皇上左右，他们的贤明是容易分辨的，如果得了一个贤明的宰相，使他持衡于上，指臂相使，纲维相挈，守令的得失，他很快就会知道，天子有旨意，他也会很迅速地传遍整个国家。如果不这样，只依靠专使来传达皇上的旨意，这就像不让胳膊指挥手指，而强用绳子去拉手指一样，一旦把责任委托给专使，那么守令监司就都不再负有利国利民的职责，如果法令执行得不顺利，那么即使国病民劳他们也不负责任；即使有贤明的人，也会因为他的阻碍而撤他的职，更何况那些不肖的污吏们作威作福，剥削人民急政暴敛，用以上报他们执行政策的功绩。

江南李氏听从了刺史田敬洙的请求，在楚州兴修水利工程，灌溉田地充实边防，但是冯延鲁让李德明管理这件事，李德明因此而侵挠百姓、兴力役，夺民田，这项水利工程竟然没有完成，想派人巡抚诸州了解人民的疾苦，但却派了冯延鲁这样浅劣轻犯的人去办这件事，反而害了百姓，徐铉、徐锴由于委任官员的失误，都被贬官。难道是冯延巳、冯延鲁奸佞不能胜任吗？让守令管理人民，但却又派专

17.周主威疾笃，遗命鉴唐十八陵发掘之祸，令嗣主以纸衣瓦棺敛已，自谓达于厚葬之非而善全其遗体矣。其得国也不以正，既无以求福于天；其在位也，虽贤于乱君，而固无德于天下，以大服于人。惴惴然朽骨之是忧，而教其臣子使不能尽一日之心力以效于君亲，其智也，正其愚也。尤可哂者，令刻石陵前，以纸衣瓦棺正告天下后世，吾恶知其非厚葬而故以欺天下邪？则乱兵盗贼欲发掘者，抑必疑其欺已，愈疑而愈思发之。汉文令薄葬，而霸陵之发，宝玉充焉。言其可信，人其以言相信邪？

陵墓之发，自嬴政始。骊山之藏，非直厚葬已也，金银宝玉，鼎彝镜剑，玉以为匣，汞以为池，皆非生平待养之资，而藏之百年，愈为珍贵者，是以招寇。若夫古之慎终厚葬、以尽人子之心者，敛襚之衣无算，遣车明器祭器柳衣茵罂赠帛，见于《士丧礼》者，如彼其备。等而上之，至于天子，所以用其材而极孝养必具之物者，礼虽无考，而萃万国之力以葬一人，其厚可知也。然皆先骨而朽，出于藏而不适于用。则人子之忧以舒，而终鲜发掘之患。先王之虑之也周，取义也正，而广仁孝以尽臣子之情也至。不可过也，抑不可不及也。周主威不学无术，奚足以知此哉！墨氏无父，夷人道于禽兽，唯薄葬为其恶之大者。藉口安亲而以济其吝物寡恩之恶，禽道也。为君父使来兴事，这是从来没有的事。

周主郭威病重的时候，鉴于唐十八陵被掘，便遗命嗣主用纸衣瓦棺收敛他，自称虽然没有厚葬但可以保全他的遗体。郭威建立国家的手段并不名正言顺，所以他没有什么可求福于天的。他在位的时候，虽然比那些昏庸之主贤明，但他实际上没有给天下人做多少好事，只是凭着他立过一些大功，手中有些权势而使别人服从他。他惴惴不安地忧虑他死后朽骨是否会被盗，便告诉他的臣子薄葬自己，使他们不能对君尽一日的忠心。这是他聪明的地方，也正是他愚蠢的地方。尤其可笑的是，他令人在陵前刻字，正告天下人是用纸衣瓦棺下葬的，但是，我怎么能不考虑他不是厚葬而故意欺骗天下人的呢，那么乱兵盗贼想发掘他的陵墓的，必定也会怀疑他是在欺骗自己，越是怀疑就越想发掘。汉文帝曾令薄葬，但是霸陵被发掘的时候里面充满了宝玉，他的话是让人相信，可是人们真地会相信他的话吗?

陵墓被盗，是从嬴政开始的，骊山陵墓里的宝藏，已超过了厚葬的标准，那些金银宝玉鼎彝镜剑，玉作的匣子，汞作的池水，都不是他平时生活中所需要的东西，收藏了百年的东西，越来越显得珍贵了，于是便容易招来盗贼。至于说古时人们就进行厚葬，以尽为人子的孝心，那敛襚的衣服暂且不计算在内，只是那些遣车明器祭器柳衣茵翣赠帛，凡是《士丧礼》中有的，都准备得很完备，用这和天子相比，那天子所需的东西，表明孝心所必须的东西，虽然无依据可考但是用万人的力量去葬一个人，他的厚葬程度就可想而知了。但是那些陪葬的东西都比骨头腐朽得早，只是为了贮藏却不适合使用。如果为人子的知道这些，那么陵墓被发掘的祸患就会很少了。先王考虑问题很周道，理由也很充分，也能够让臣子表明他们的忠孝之心，所以在下葬的时候他不会让臣子厚葬，也不会让其薄葬，适可而止罢者，以遗命倡之，亦不仁矣。

18.高平之战，决志亲行，群臣皆欲止之，冯道持之尤坚，乃至面折之曰："未审陛下能为唐太宗否？"夫谓其君为不能为尧、舜者，贼其君者也。唐太宗一躬帅六师之能，而大声疾呼，绝其君以攀跻之路，小人之无忌惮也，一至此哉！道之心，路人知之矣，周主之责樊爱能等曰："欲卖朕兴刘崇。"道之心，亦此而已。习于朱友贞、李从珂之朒缩困溃而亡，已不难袖劝进之表以迎新君，而己愈重，卖之而得利，又何恤焉？周主惮于其虚名而不能即斩道以徇，然不旋踵而道死矣，道不死，恐不能免于英君之窜逐也。

若夫高平之战，则治乱之枢机，岂但刘、郭之兴亡乎？郭氏夺人之国，失之而非其固有；刘氏兴报仇之师，得之而非其不义。乃其系天下治乱之枢机者，何也？朱友贞、李存勖、李从珂、石重贵、刘承佑之亡，皆非外寇之亡之也。骄帅挟不定之心，利人之亡，而因仇其不轨之志。其战不力，一败而溃，反戈内向，殪故主以迎仇雠，因以居功，擅兵拥土，尸位将相，立不拔之基以图度非分，樊爱能等犹是心也，冯道亦犹是心也。况周主者，尤非郭氏之苗裔，未有大功于国，王峻辈忌而思夺之夙矣。峻虽死，其怀峻之邪心者实繁有徒。使此一了。后周君主郭威不学无术，他怎么会知道这些道理呢？墨氏无父，人们都说他是禽兽，其实只是薄葬才是他的大错。借口安亲，却满足他的吝惜物用少有恩情的错误做法，这是禽兽行径。作为天子，以遗命提倡这些，是很不仁义的呀。

高平之战的时候，后周君主柴荣决定亲自前去，众臣都想要阻止他，而冯道尤其坚决，还当面阻止他说："不知道陛下能超过唐太宗吗？"说自己的主上不能和尧、舜相比的，这是小看他的君主，唐太宗有亲帅六师的本领，冯道如此说，是在断绝其君主仿效先贤的道路，小人无所忌惮的表现，竟至如此呀！冯道的心思，人人都知道，后周君主郭威曾责备樊爱能等人说："你们是想把我出卖给刘崇。"冯道的心思，是和樊爱能一样的。他曾经历过朱友贞、李从珂由于困乏溃散而败亡的事情，所以他就很容易做出手拿劝表迎接新君的事，自己的权位愈高，投降的功劳愈大，卖主能得到的利益就愈多。为了这些，他是不在乎后周是否亡国的。柴荣忌惮冯道的虚名而不能立刻把他杀死示众，但是不久冯道就死了，冯道即使不死，恐怕他也不能不遭到英明君主的贬斥。

至于说到高平之战，这是治乱的关键，不只是刘氏政权与郭氏政权的兴亡。郭氏夺取了别人的政权，如果国家败亡了，那么他失去的不是他所固有的；刘崇打着报仇的旗号胜利了，也不能说不义。但说这一仗是国家治乱的关键，是什么原因呢？朱友贞、李存勖、李从珂、石重贵、刘承佑的败亡，都不是外敌将他们灭亡的。那些持权骄横的大将怀有篡权的阴谋，利用他人的败亡，来满足自己不轨的志向；所以在和外敌作战时，一战不力，便败退而归，反戈投降，杀死原来的人迎接仇敌，凭着这些便居功自傲，独揽兵权，占据土地，不做事情，空占将相的位置，奠定坚固的基业谋求非分的作法。樊爱能等有这种心思，冯道也有这个心思，更何况柴荣本来就不是郭威役也，不以身先而坐守汴都，仰诸军以御患，小战不胜，崩溃而南，郭从谦、朱守殷之于李存勖，康义诚之于李从厚，赵德钧之于李从珂，杜重威、张彦泽之于石重贵，侯益、刘铢之于刘承佑，皆秉钺而出，倒戈而反，寇未入而孤立之君殪，周主亦如是而已矣。

且不徒长逆臣之恶、以习乱于不已也，刘崇方挟契丹以入，周师溃，周国亡，草谷之毒再试，而黎民无孑遗，德光且留不去，而中国无天子，刘崇者，又岂能保其不为刘豫？而靖康汴梁、祥兴海上之祸，在此役矣。夫冯道亦逆知有此而固不以动其心，不失其为瀛王者，而抑又何求哉？唯周主决志亲征，而后已溃之右军，不足以摇众志；溃掠之逃将，不足以劫宫阙。身立血战之功，而樊爱能等七十人之伏辜，无敢为之请命。于是主乃成乎其为主，臣乃成乎其为臣，契丹不战而奔，中国乃成乎其为中国。周主之为天子，非郭氏授之，自以死生为生民请命而得焉者也，何遽不能为唐太宗？而岂冯道之老奸所可测哉？

19.盗非可一时猝捕而弭者也，故汉武帝分遣绣衣持节逐捕而盗愈甚。盍亦思盗之所以能为盗者乎？以为倏聚倏散、出鬼入魅者，从其为盗之顷，见其如此耳。其必有居也，必与民而杂处；其劫夺而衣食之也，必有所资于市易；其日游行而无的后裔，对国家也没有立过什么大功，王峻等人很忌妒他，平素就想夺取他的权位，王峻虽然死了，但是怀有和王峻一样心思的人还多得很。所以这一仗，如果他不身先士卒只是坐守汴都，依靠诸路军队抵御外患，一旦小战不胜，那么军队就会败退下来，郭从谦、朱守殷对于李存勖，康义诚对于李从厚，赵德钧对于李从珂，杜重威、张彦泽对于石重贵，侯益、刘铢之对于刘承佑，那些大将都是领兵外抗强敌而后倒戈反击的，敌人还没有来那孤立的君主就被杀死了，后周君主也是遭到这样的命运呀！

暂且不说那些逆臣的罪恶作法，也不说他们已习惯于那不停息的战乱，且说如果刘崇引导契丹入侵，后周军溃败，后周灭亡了，那么人民又要遭受涂炭，百姓就不会存活多少了。如果耶律德光不返回故地，中原无皇帝，那么刘崇又岂能保证他不会像刘豫那样？所以靖康被俘汴梁、祥兴逃亡海上的悲剧是否出现，就在这一仗了。冯道知道如果失败必定会有这种结果，但却不能动摇他投降的决心。因为投降后他还能作瀛王，他还有什么可求的呢？只是后周君主决定要亲征，所以后来在战斗中虽然右军溃败，但却不足以动摇军士的志气，败逃的将领，都不敢劫掠宫阙；樊爱能等七十多人虽然立有大功，但他们被杀的时候，却没有人敢为他们求情。于是天子才名副其实的成为天子，大臣也名副其实地成为大臣，契丹不战而逃，中国也就名副其实地成为中国，后周君主柴荣做天子，可以说不是郭威授予他的，是他甘愿为人民的利益舍生忘死换取来的。怎么不能和唐太宗相比呢？这难道是冯道这样老奸巨滑的人所可以测知的吗？

盗贼是不可能一下子就能逮捕干净的，所以当初汉武帝分遣绣衣持节搜捕盗贼，而盗贼却越来越多。但是我们何不想想那盗贼是怎么劫掠偷盗的呢？一般都认为盗贼都是忽聚忽散，行踪神出鬼没，盗贼们在作案的时候，大概都是这样。但是他们必定有固定的忌也，必与其乡之人而相往来；其不能以盗自居、必有托以自名也，必附于农工商贾技术之流，而曰所业在是。故乡之人知其盗也，郡邑之胥吏，莫不知其盗也；所不知者，朝廷猝遣之使，行芒芒原野之中，阅穰穰群居之众，尽智殚威，祇以累疑似之民，而终不知盗之所在耳。使臣逐捕之，则守令坐委之曰：天子之使如此其严威，无可如何，而何易责之我邪？则盗益游行自得而罔所忌畏。以秦皇、汉武之威，大索天下，而一夫不可获，况使臣哉！

盗者，天子之所不能治，而守令任治之；守令之所不能知，而胥役知之；胥役之所不尽知，而乡里知之。乡里有所畏而不与为难，胥役有所利而为之藏奸。乃乡里者，守令之教化可行；而胥役者，守令之法纪可饬者也。盗亦其民，胥役亦其胥役，舍此勿责，而欲使使者以偶见之旌旄、驰虚声而早使之规避，则徒为民扰而盗不戢，其自贻之矣。周主知其然，罢巡检使臣，专委节镇州县，诚治盗之要术也。

20.王朴画平一天下之策，先下江南，收岭南，次巴蜀，次幽、燕，而后及于河东。其后宋平诸国，次第略同，而先蜀后江南，晚收河东，而置幽、燕于不复，与朴说异。折中理势以为定论，互有得失，而朴之失小，宋之失大也。

居住地，必定要与百姓相杂处；他们掠劫东西也要交换用来穿衣吃饭，那么就必定有可以交换的市场，他们每日闲逛毫无忌惮，必定要和他们的乡人相往来；他们不能以强盗自居，必定要有别的工作掩盖，所以他们必定在农工商贾这些行业中工作，对人说这是他的职业。所以，他的左邻右舍都知道他是盗贼，郡邑的胥吏，也没有人不知道。不知道的人，是那些朝廷突然派来的使臣。他们在芒芒原野中行走，观察着熙熙攘攘的人群，虽然绞尽了脑汁，用尽了威严，也只能怀疑那些可疑的人，最终不知道盗贼在哪里。如果使臣追捕那些盗贼，守吏就会包庇盗贼，并且说："天子派来的使臣如此威严，简直无所不能，为什么还要我去治理呢？"于是盗贼就会更加猖狂而没有什么畏惧了。以秦始皇、汉武帝这样的威严，对天下进行大搜捕，都没有抓到一个强盗，更不用说那些使臣了。

盗贼，天子不能治理他们，应当委任守令去治理；守令不知道盗贼在哪里，而胥役却是知道的；胥役如果不完全知道，那么乡里人是知道的。但是乡里人因为畏惧盗贼，所以就不愿和他们做对，胥役因为能从盗贼那里得到好处，所以就包庇他们。对于乡里人的那种做法，守令只要加以教化就可以了。对于胥役，则用国家法律就可以消除了。盗贼是守令统治者的人民，胥役是守令手下的胥役，舍去这些不管，却想派使者凭着偶然见到的情况来逮贼，其实使者们出动的风声早就使盗贼躲藏起了，使臣们只是扰乱人民却不能抓捕盗贼，还是使盗贼漏网了。后周君主知道这个缘故，所以罢除了巡检使臣，而专门派人节镇州县，这的确是治理盗贼的好办法。

王朴曾经制定平定天下的策略，先收江南、岭南，后收巴蜀，然后收幽、燕，最后再收河东。以后宋平定诸国，顺序都差不多，但是他先收巴蜀后下江南，最后收复河东，而不去收复幽、燕的策略，与王朴的不相同。对于这两个策略，用理势作准则来定论的话，则互有得以势言之，先江南而后蜀，非策也。江南虽下，巫峡、夔门之险，水陆两困，仰而攻之，虽克而兵之死伤也必甚。故秦灭楚、晋灭吴、隋灭陈，必先举巴蜀，顺流以击吴之腰脊，兵不劳而迅若疾风之埽叶，得势故也。

以道言之，江南虽云割据，而自杨氏、徐氏以来，以休兵息民保其国土，不随群雄力竞以争中夏。李璟父子未有善政，而无殃兆民、绝彝伦、淫虐之巨慝；严可求、李建勋皆贤者也，先后辅相之；冯延已辈虽佞，而恶不大播于百姓，生聚完，文教兴，犹然彼都人士之馀风也。孟知祥据土以叛君，阻兵而无保民之志；至于昶，骄淫侈肆，纵嬖幸以虐民也，殆无人理。则兴问罪之师以拯民于水火，固不容旦夕缓也。岭南刘氏积恶三世，民怨已盈，殆倍于孟昶，而县隔岭峤，江南未平，姑俟诸其后，则势之弗容迫图者耳。

先吴后蜀，理势之两诎者也。此宋之用兵，贤于王朴之策也。若夫河东之与幽、燕，则朴之策善矣。

刘知远之自立也，在契丹横行之日，中土无君而为之主，以拒悍夷，于华夏不为无功。刘崇父子量力自守，苟延血食，志既可矜；郭氏既夺其国，而又欲殄灭其宗祀，则天理之绝已尽；抚心自问，不可以遽加之兵，固矣。虽在宋世，犹有可失，但是王朴的错误小而宋的错误大。

从势这方面看，先收江南而后收巴蜀，不是好计策。江南虽然攻下了，但是巫峡、夔门的天险，是水陆都很难攻下的，如果往上打，那么即使攻克了也会死伤很多士兵。所以秦灭楚，晋灭吴，隋灭陈，都是先攻克巴蜀，然后顺流攻打吴地的要害，不必费多大力气就能像疾风扫落叶一样拿下它，这就是得势的缘故。

从道义这方面看，江南虽说也是强藩割据，但是自杨氏、徐氏以来，他们一直都是采取的息兵休民的政策保卫国家的，不和群雄争夺中原的土地，李璟父子虽然没有什么善政，但是他们却没有危害百姓，没有断绝常理，也没有淫虐这样的大恶行；严可求、李建勋都是贤明的人，他们先后做宰相来辅佐李氏父子。冯延巳这类人虽然奸佞，但他们的恶行百姓是不大知道的；人口增殖，物资也都积蓄了，文教也施行了，俨然是彼都人士的余风。孟知祥占据一方反叛，虽然有军队却没有保家卫国的志向，至于孟昶，更加骄淫侈肆，纵容宠幸的人危害人民，做尽那没有人理的事。对于这样的人，兴问罪之师救民于水火之中，本来就是刻不容缓的事情，岭南刘氏三代都作恶，民怨沸腾，更加倍于孟昶；但是距离很远又隔着五岭，而且江南也还没有被平定，所以要暂且把他放在后面，这是势所不容许急迫攻打的。

先攻吴后攻蜀，从理势两方面都行不通，这就是宋用兵的策略要比王朴高明的地方。至于说河东与幽、燕，那么还是王朴的策略好。

刘知远称皇帝，是在契丹横行中原的时候，当时中原没有君主统治这个地方。于是刘知远做了皇帝来抵抗强大的契丹，这对于华夏来说，不能说没有功劳。刘崇父子量力自守，苟且活命，他们的志向是值得表彰的。郭威夺得了刘氏的政权，还要赶尽杀绝，这是灭绝悯者存也。契丹乘石敬瑭之逆，阑入塞内，据十六州以灭裂我冠裳，天下之大防，义之所不容隳者，莫此为甚。驱之以复吾禹甸，乃可以为天下君。以理言之，急幽、燕而缓河东，必矣。

即以势言，契丹之据幽、燕也未久，其主固居朔漠，以庐帐为便安，视幽、燕为赘土，未尝厚食其利而歆之也。而唐之遗民犹有存者，思华风，厌膻俗，如吴峦、王权之不忍陷身污秽者，固吞声翘首以望王师，则取之也易。迟之又久，而契丹已恋为膏腴，据为世守，故老已亡，人习于夷，且不知身为谁氏之馀民，画地以为契丹效死，是急攻则易而缓图则难也。幽、燕举，则河东失左臂之援，入飞狐、天井而夹攻之，师无俟于再举，又势之所必然者。王朴之谋，理势均得，平一天下之大略，斯其允矣。

宋祖有志焉，而不能追惟王朴之伟论，遂绌曹翰之成谋，以力敝于河东，置幽、燕于膜外，则赵普之邪说蛊之也。普，蓟人也，有乡人为之居间，以受契丹之饵，而偷为其姻亚乡邻免兵戈之警，席犬豕以鼾睡，奸谋进而贻祸无穷。惜哉！其不遇周主，使不得试樊爱能之欧刀也。

21.一日而欲挽数千年之波流，一人而欲拯群天下之陷溺，难矣哉！杨、墨之贼道也，兴于春秋之世，至孟子而仅及天理的。他应当抚心自问，不应当对刘崇急速用兵，这是很有道理的呀。即使到了宋朝，也仍有很多值得同情的。契丹乘着石敬瑭叛逆的机会，入侵中原，占据十六州分割我国的疆土。从道义上说，天下的防护是不容毁坏的，没有比这更重要的了。驱逐契丹恢复我们的家园，这样才可以做国君。从理这方面说先攻幽、燕后攻河东，是必然的。

再从形势这方面看，契丹占据幽、燕的时间不长，契丹主习惯于居住在大漠，以庐帐为居，只把幽、燕当作多余的土地。他还没有从中得到更多的利益而喜欢它。这时唐朝还有遗民在那里生活，他们想念中华的习俗，厌恶契丹的风俗。像吴峦、王权这些人都不愿呆在这种不干净的地方，所以他们只能暂时忍气吞声而每日翘首盼望中原的军队。这时攻打它，就很容易。如果时间长了，契丹人认为这是块好地方而开始留恋它，想世代占据这个地方。那时老人们已经亡故，年青人习惯了契丹的风俗，不知道他们是谁的子孙，以至视中原为敌国而为契丹卖命，所以说急攻容易，而迟攻就很难攻下这块地方。如果幽、燕被攻下，那么河东就像失去了一条臂膀，无人援助它，然后从飞狐、天井两地夹攻，不费很大的力气就能攻下，这就是势所要求的。王朴的谋略，理势均得，平定天下的策略，这就足够了。

宋太祖很有志向，但他他却不能用王朴的策略而用曹翰的。他攻下了河东，却把幽、燕置于国土之外，这都是赵普的邪说蛊惑了他的缘故。赵普是蓟人，曾经有乡人为他勾通，使他做契丹的奸细给乡里报警，以免乡人受那兵灾的祸患，与狗猪同席以鼾睡，进献奸谋而贻祸无穷。真可惜啊，他没有遇到后周君主，所以他才没有像樊爱能那样被杀。

一天就想挽回那数千年的波流，一人想把天下从陷溺中拯救出来，这是很难的呀！杨、墨这些小人的理论，兴于春秋之时，到孟子百年，且为之徒者，唯强力慧辨之士，能习之者亦寡矣，士或淫而民固无有信从之者。韩愈氏曰：“孟子辞而辟之，廓如也。”抑亦易为廓如矣。浮屠之入中国，至唐、宋之际，几千年矣。信从之者，自天子达于比户，贫寡之民、老稚妇女，皆翕然焉。拓拔氏、宇文氏、唐武宗凡三禁之，威令已迫，天下顾为之怨愤，不旋踵而复张，无惑乎愚者之言曰：是圣教之不可蔑者也。周主荣废无额寺院，禁私度僧尼，而存寺尚二千有奇，僧尼犹六万。说者或病其不力为铲除，乃不知周主之渐而杀其滔天之势也，为得其理。使有继起者踵而行之，数十年而其邪必衰止。固非严刑酷令，凭一朝之怒所可胜者也。

浮屠之惑天下也有三：士之慧而失教者，闻有性命之说，心仪其必有可以测知而不知所从，浮屠以浮动乍静之冏光示之，遂若有所依据。而名利之劳役已疲，从之以乍息其心旌，若劳极而荫于林，因谓为吾宅也，熟寐而不知其倚于荆棘也。然而如此者，十不得一。其次则畏死患贫、负疚逃刑之顽夫，或觊其即得，或望之身后，自无道以致福，无力以求安，而徼幸于不然之域，遂竭心力资财以贩贸之。又其下则目炫于塔庙形像之辉煌，耳淫于钟磬鼓钹之鞺鞳，心侈于千人之聚、百人之集、焚香稽首之殷勤，贸贸然而乐为其徒者，尽天下而皆然。非知有所谓浮屠之法也，知寺院僧尼而已。而避役之罢民，逃伍之溃卒，叛逸之臧获，营生不给，求偶不得，无藉之惰氓，利其徒众之繁有，可以抗句索、匿姓名、仰食而偷生。

时只不过才百年，而且他们的徒弟，都是强力慧辩的人，但能学习他们的就只有几个人，士子如果做那邪恶的事，那么人民就不会信从他们了。韩愈氏说："孟子辞而避之，廓如也。"这是容易廓如的呀。浮屠传入中国，到唐、宋时，已将近一千年了。信从佛教的，上自天子，下至黎民，贫寡之民，老幼妇女，都很相信它。拓拔氏、宇文氏、唐武宗三朝曾禁止过它，下的命令威严而紧迫，天下百姓都很怨愤，没有多久就又恢复了原来的情况，无怪乎愚蠢的人说：这是圣教都不能小看呀。周主废除了无数的寺院，下令禁止私自出家，即使这样，还仍然留有寺院二千多个，僧尼约有六万，有人主张把他们都铲除，其实，他们不知道周主是在慢慢地消除这种滔天之势，这是很有道理的。让他的后继者按他的方法继续实行，那么数十年之后，浮屠的势力必定会衰止的。所以消除浮屠不是凭严刑酷令，也不是凭一人之怒呀。

浮屠蛊惑天下有三条，那些本来聪明但没有受教育的人，听说有性命的说教，心想事物必定可以测知，但自己不知道该怎样测量，而浮屠以浮动乍静的光明显示出来，就好像有所依据；追求名利已感到疲倦了，以信从浮屠来平静心性，就像很劳累的时候在荫下乘凉一样，还说这是我的家，熟睡着却不知道他正靠着荆棘。然而像这样的，大约只有十分之一。其次是那些害怕死亡又担心贫穷，带着稍微的一点惭愧之心逃避刑罚的顽民，他们有的希望目前就有幸福，有的希望以后得之，但他们又没有办法去求得幸福，也没有办法求得安宁的生活，他们只有心存侥幸在那不可知的地方，于是便竭尽心力资财前往获利。第三是有些人看到塔庙的辉煌而感到目炫，很喜欢听到钟磬鼓钹的声响，喜欢那聚集着千百人一起殷勤地焚香稽首的热闹场面。于是便贸贸然很高兴地加入到这些人的行列中，满天下大概都是这样；这些人不知道浮屠的那些法则，只是知道寺院有僧若此者，其势杀，其额有限，其为之师者，辽戾寒凉而不振，则翕然夸耀之情移，萧散以几于衰灭。然后宽徭省罚以安小人，明道正谊以教君子，百年之内，可使萍散而冰消也。急诛之而激以舆，缓图之而焰以熸，此制胜之善术，禹之所以抑洪水者，唯其渐而已矣。

拓拔、宇文固不足以及此，唐武之后，继以宣宗，抑流急必逆之势然也。周主行裁损之法，得之矣，而宗社旋移；宋太宗天伦既斁，怀疚不宁，冀获庇覆于心忘罪灭之邪说，是以法立未久，旋复嚣张。呜呼！道丧不复，抑生人之不幸与！而导以猖狂者，李遵勖、杨亿之为世教蟊贼，亦不可胜诛也。赵抃、张九成皆清节之士也，而以身导其狂流，于是而终不可遏，岂周主除邪不尽之过乎？

22.周主立二税征限，夏税以六月，秋税以八月，两税既行，无有便于此矣。急于此则民病，易知也；缓于此则民亦病，未易知也。

夫惟富人之求而无不给也，则急之与缓勿择也。贫民者，岁之所获，仅此而已矣，急之则称贷而倍偿，固也；获之有量，而须用者无方，乘其方有之日，使以其应输者输官，则所尼罢了。那些逃避徭役的农民，逃伍的士兵，叛逃的奴婢，他们没有办法生活，没有办法找到配偶，还有那些没有户籍的懒惰百姓，他们凭着人多，便可以抵抗捉拿，隐匿姓名，仰仗别人而吃饭活命。像这样的人，如果杀尽他们，是不容易办到的，如果让他们当兵，他们则辽戾寒凉委靡不振，那一致夸耀的样子没有了，萧散得差不多就要衰灭了。如果宽减徭役省察刑罚安抚那些小人，开明正道，因地制宜教育那些君子，那么百年之内，就可以使萍散冰消。杀得急了就会激起他们的反叛，慢慢地对付他们就可使其逐渐消灭，这是制胜的好办法。禹之所以能治洪水，就是用的慢慢疏导的办法。

拓拔氏、宇文氏根本就没有能力做到这些，唐武宗之后，唐宣宗继续实行，但那仰制过急反而自招祸端的趋势就很明显了。后周君主实行裁减的办法，很成功，但不久他就亡国了，宋太宗作了有损天伦的事，心里忧苦不安宁，把希望寄托在恢复保护那些能使心性坐忘罪业灭尽的邪说上，所以后周君主的办法实行没有多久，浮屠之势就又嚣张起来。哎呀！道义失去而不能恢复，这也是人民的不幸啊！李遵勖、杨亿这些人诱使这些猖狂泛滥，他们这些世教之蠹贼，是杀不完的。而赵抃、张九成都是品行高尚的人，但他们也亲自倡导，于是它最终还是没有被遏制住，这难道是周主消除邪恶不干净的过失吗?

周主制定两税法进行征税，夏税在六月，秋税在八月，两税俱行，没有比这更方便的了。如果征税比这早，那么人民容易困乏，这是容易知道的，如果征税比这晚，那么人民也容易困乏，这却是不易察觉的。

只有富人可以在任何时候交税，所以早征晚征是不用选择的，而那些贫民，每年所收获的，只有有限的一部分，如果征收得早了，就必须借贷，回头还要倍加偿还，这是实际情况；收获的东西有一定馀为私家之养者，或足或乏，皆可经度以节一岁之用。六月而蚕织成矣，十月而禾黍登矣，而上无期以限之，愚民忘他日之催科，妇子艳丝粟之有羡，游食之工贾，乡邻之醵会，相与縻其赢馀。室已如县而征求始迫，于是移来岁未审之丰歉，倍息以贷而求免于桁杨。上且曰：吾已缓之，而犹不我应，民之顽也。乃不知缓之正所以迫之也哉！

情不可不谅也，时不可不知也。役车其休之后，予以从容谋生之计，而暇豫以图，方春于耜之劳，民不能自度，上为度之。而当其缓也不容急，当其急也不容缓，忧民之忧者，不可不察也。以六月征者，期成于八月；以十月征者，期尽于一冬。力可供，则必之以速完；贫不可支，则蠲除于限末。严豪民玩上之罚，开贫寡自全之路，一岁毕一岁之征，民习而安焉。王者复起，不能易也。

23.文信公奉使不屈，从容就死，推忠贞者，莫之能逾也。求其先信国而兴者，颜鲁公而外，孙晟其无愧焉。

信国以儒臣起义，事中国之共主，败而不挠，亡而不屈。而晟捐其故国，自北徂南，投身危邦，事割据之主，则出身次第不若信公之大正。江南非四海兆人之元后，而为之效死，盖亦褊矣，而未可以此短晟也。晟虽非江南之人士，然其南奔也，石、刘二氏以沙陀部落而僭大号，且进契丹以入践中原，君劣臣离，上下荡然无纪，虽云故上，固志节之士所不忍的数量，但是需要使用的却没有限度，乘着他有的时候，让他们把应交的交给官府，那么剩下的就是他们自己的，有的多有的少，都可以自己计划着用一年。六月蚕丝成了，十月禾黍丰收，但是如果国家没有征收的期限，那么这些愚民就会忘记将来的催科交粮的事，妇女儿童都喜爱有这么多的丝粟，于是便四处游食乡邻聚会喝酒，相互奢侈他们赢余的粮食。当用光了的时候，政府才开始征税，于是他们便把第二年的还不知是否能丰收的粮食借高利贷来请求免于枷锁。天子说：我已经晚征税了，他们还不交纳，真是顽民呀。他不知这种缓征正是急征啊！

民情不可不谅，时间也不能不了解，役车在休整之后，就要交给人民使他们筹划谋生之计，如果慢慢筹划，到春天时就要在田间耕作，百姓自己不能打算，天子就为他们打算。当该缓的时候不能急，该急的时候不能缓，天子应该忧民之忧，这是不能不察的。六月征收，八月结束，十月征收，却要一冬才能完结。有能力交税，就必须迅速让他上交；如果贫穷不能交税，就在限期到时减免他。严惩豪民欺骗官吏的行为，让贫寡之人有条活路，一年收完一年的赋税，人民就能安居乐业。即使还有另外的人称王，这种方法也不能改变了。

文天祥奉命出使而不屈服，从容就死，论起他的忠贞，没有人能超过他了。如果说文天祥以前还有这样有的忠贞之士的话，那么除了颜真卿而外，就要数孙晟了。

文天祥以文臣的身份抗击外敌，事奉天下共主，失败了不屈服，死了也不屈服。孙晟离开他原来的国家，由北向南，投身于危邦，侍奉江南割据之主，所以他的出身次第没有文天祥那么正大光明。江南之主并非天下人民的君主，如果为他忠尽效死、就有些不值了。但却不能因为这来指责孙晟，孙晟虽然不是江南人士，但他南下的原因是因为石敬瑭、刘知远从一个沙陀部落而得以在中国称帝、而且还把契一日居也。江南承天下无君之乏，保境息民，颇知文教，士不幸生于其世，无可致身之地，则择地而蹈，能用我者，为尽臣节，委诚以舍命，初非叛故主、附新君、仅酬国士之知者，此亦奚足以此病晟哉！

乃若晟之奉表于周，请奉正朔，与信公之祈请于蒙古也，其事略同；而折中于义，则晟愈焉。江南之与周齿也，小役大，弱役强，役焉而可保其宗社，则宗社重矣。宋之于蒙古，人禽之大辨也，屈志以祈请，虽幸而存，为犬豕之附庸，生不如其死，存不如其亡，而宗社抑轻矣。然则信公之为赵氏宗社谋也则忠，而为自谋其所以效忠者则失也。海上扁舟，犹存中华之一线，等死耳，择死所而死之，固不如张、陆之径行以自遂矣。晟之屈己以请命，志士之所弗堪，固劳臣之所必效。幸得当而延李氏一日之宗祊，屈不足以为辱；但不以其私屈焉，而志已光昭矣。此晟之死，视信公为尤正焉。若其坚贞之操，从容之度，前有鲁公，后有信公，雁行而翔于天步，均也，又何多让与！

24.窦俨论相之说，非也。天子之职，择相而已矣。百为之得失，百尹之贞邪，莫不以择相为之本。为天下之元后父母，仅此二三密勿之大臣，为宗社生民效其敬慎，不知自择，而委之前在此位者，以举所知而任之，不知天之与以天下、而天下丹引入中原，他们所建立的国家，君主恶劣臣下叛离，上下荡然没有法纪，虽然是孙晟故土，但是凡是有志节的人都不愿在那里生活，江南承担起天下无君所造成的困乏，保卫境内使百姓安居，人民颇知文教，君子不幸生活在那个年代，虽然没有可安身的地方，但是却可以选择一处地方安身，如果有能用他的君主，便为其尽做大臣的职责，一定要真心敢为国而舍命。他不是背叛故主，依附新君，他只是在报答明君的知遇之恩，人们怎么能因此来指责孙晟呢？

像孙晟奉表到后周，请求奉周正朔，这与文天祥祈请蒙古的事是差不多相同的；但是用义来判断，那么孙晟要胜过文天祥。江南与后周唇齿相依，小国臣服于大国，弱国臣服于强国，表示臣服就可以保卫他的国家，所以国家就很重要了。宋和蒙古，是人与禽兽的分别，屈志祈请于蒙古，虽然有幸生存下来，作为狗和猪的附庸，那么活着还不如死了，生存还不如灭亡。这时国家就显得不那么重要了。但是文天祥为赵氏的宗社进行谋划，这是很忠义的，但是他考虑自己为什么要效忠就有些错误了。海上的一叶扁舟，也还是中华的一部分。一样是死，就要选择应死的去死，不应当效仿张世杰、陆秀夫的作法自逐自己。孙晟屈使自己到周请命，这是志士所不能忍受的，但却是忠臣所必须效仿的。幸而这一请命延长了李氏政权的寿命，但屈服还不算受辱；但不用他私自屈辱自己，他的志向已昭示天下了。所以孙晟的死，比文天祥的死就尤其正大光明了。像他那坚贞的节操，从容的风度，前有颜真卿，后有文天祥先后相继，他们都是一样呀，又何必要说那么多呢？

窦俨论宰相的理论，是不对的。天子的职责，是选拔宰相。他治理天下的得失，百官的好坏，没有不以选拔宰相为根本的。作为天子，只有这二三个亲密的大臣，为国家和人民的利益尽其心力，但是他却不知道自己去选择宰相，反而把这个任务交给前任宰相，让他戴之以为大君，何为者邪？既云令宰相举所知矣，是信其有知人之明、靖国之忠也；又责以保任，而举非其人，责其举者，是何其辱朝廷而羞当世之士邪？保任之法，用之于庶官，且徒滋比阿覆蔽之奸，况举天下以授之调燮，而但恃缘坐举主之峻法乎？又况人不易知，不保其往，乃以追责耆旧归田之故老，借使王安石蒙坏法之谴，文潞公且被褫夺，秦桧正误国之刑，胡文定与坐戮尸乎？

俨又云："姑试以本官权知政事，察其职业之堪否而后实授"则尤谬甚。以此法试始进之士，使宰一邑、司一职者，子产犹曰"美锦不以学制"。与天子坐而论道、为天下臣民所倚赖之一二人，乃使循职业以课能否而用舍之，知有耻者，亦不愿立于其廷；况其以道事君，进退在己，而不以天子之喜怒为进退者哉？此法行，则惟兢兢患失之鄙夫，忍隐以守章程、充于廉陛而已。

夫人臣出身事主而至于相，非一日之遽得之也；人君登进草莱之士而至于相，非一日骤予之也。或自牧守，或自卿贰，或自词臣，业已为群情所歆厌，而数蒙人主之顾问。兵农礼乐，皆足以见其才；出处取与，皆足以征其守；议论设施，皆足以测其量；荐拔论劾，皆足以试其交。而待诸已入纶扉、将宣麻敕之日，始以职业考其优劣而进退之乎？甚矣！俨之罔于推举他所了解的人做宰相，那天子不知道这是上天让他得了天下，人民拥戴他做了皇帝，但他却作了些什么呢？即使说让宰相推举他所了解的人，这也是天子信任他有知人之明，有安邦定国的忠心；但是还要让他保任，如果他推荐的人不称职，就责备那荐举者，这是多么羞辱朝廷和当时君子的作法，保任的办法，如果用于一般官吏，就只能增长人们相互勾结阿谀奉承掩过饰非的行为；更何况要把天下交给他治理，而仅仅依恃举荐不当要受严厉惩罚就行吗？还有人是不容易被了解的，不能保证他以前的所作所为，于是还要追责耆旧归田的人，假使对王安石行坏法的谴责，文彦博且被褫夺；秦桧正误国之刑，胡文定难道也要因此被杀吗？

窦俨又说："暂且让官吏掌管政事，然后考察他工作的好坏来决定是否真正把权力授予他。"这就更错了。用这种办法试行于刚做官的人，让他们掌管一邑一职，子产曾说："好的锦帛不应拿来让人学习裁制衣裳。"宰相和天子坐在一起论道，成为天下臣民所依赖之人，出主意让官吏任职以检验他能否胜任而决定是否任用他，知道有廉耻的人，是不愿在这样的国家中做官的；更何况他们以道来侍奉君主，进退都由自己，而不是因天子的喜怒而进退，这种办法如果实行，则只有那些害怕有过失的小人才能忍隐而守章法，充数于殿下罢了。

作为了臣子出身事主而做了宰相，这不是一天就能得到的。天子选拔那些德才兼备的人让他做宰相，也不是一天就能给予他们的。那些宰相有的来自地方官，有的来自朝中大臣，有的来自词臣，他们早已习惯于众人的喜怒厌恶，他们也多次蒙受天子的关心。从兵农礼乐诸事中，足以看到他的才能，他的所作所为，足能证明他的操守；议论设施，足能测出他的气量；荐拔论劾，足能试出他的交际，等到任职期满，经过考核，才知道他任职的优劣而决定升或迁？窦俨欺君人之道也。苛细以亵天职，猜疑以解士心，长君之偷，劝臣之党，而能尊主庇民，未之有也。漠然不相信之人，一人誉之，即引而置之百僚之上，与谋宗社生民之大，使其歆实授而饰迹以求荣，天下其得有心膂之臣乎？

盖自唐昭宗处倾危之世，廉耻道丧，桢干已亏，而昭宗躁竞，奖浮薄之风，故张濬、朱朴之流，卒然拔起以尸政府，而所谓宰相者贱矣。俨习于陋俗之泛滥，固将曰：此朝廷执笔以守典章之掾史耳，姑试之而以程限黜陟之，奚不可哉？洵如其言，天下恶得而定邪！

25.周主南伐江南，劳师三载，躬亲三驾，履行阵，冒矢石，数十战以极兵力，必得江北而后止。江北既献，无难席卷以渡江，而修好休兵，馈盐还俘，置之若忘。呜呼！此其所以明于定纷乱之天下而得用兵之略也。盖周主之志，不在江南而在契丹也。

当时中原之所急者，莫有大于契丹也。石敬瑭割地以使为主于塞内，南向而俯临中夏，有建瓴之势焉。叛臣降将，导以窃中国之政令，而民且奉之为主。德光死，兀欲、述律交相戕贼，至是而其势亦衰矣，是可乘之机也。然其控弦驰马，犷悍之力，犹未易折棰以驱之出塞。且自朱温以来，所号为中国主者，仅横亘一线于雍、豫、兖、青之中，地狭力微，不足以逞志。而立国之形，犬牙互入，未能截然有其四封，以保其内而应乎外。则不收淮南、江北之地，中国不成其中国。守不固，骗皇上的作法，太过分了。苛求细则而轻慢天职，胡乱猜疑使君子失望，助长君主的刻薄，劝大臣的结党，这样的人能尊敬主上庇护人民，我们还没有见到。对那漠然不信的人，如果有一个称赞他，就让他做宰相，处在百官之上，和他谋划国家人民的大计，使他喜爱那实际的权力而掩饰他的过失去求得荣华富贵，这样天下还能有栋梁之臣吗?

自唐昭宗以来，国家处于将要灭的危机中，廉洁耻心道义丧尽，国家栋梁已亏损，但昭宗又如此急躁，竟然奖励那浮薄的风气，所以张濬、朱朴这类人才得以掌握大权，那所谓的宰相就显得很卑贱了。窦俨习惯于泛滥的陋俗，所以还说：这是朝廷执笔以守典章的属员罢了，只是暂且让他们试一试然后依据法规决定是否罢免他们，为什么不可以呢? 如果确实如他说的那样，那么天下怎样才会安定呀。

后周君主攻伐江南，劳师三年，三次亲征，在军阵中冒着石矢作战，打了数十次仗，一定要得到江北才停止。得江北之后，渡江就很容易了。然后修好和兵，赠给食盐，交还俘虏，好像把它忘了一样，哎，这是他明于平定天下而且也很有用兵的策略的原因。但周主的志向，不在江南而在于契丹。

当时对中原来说，当务之急是把契丹驱逐出境。石敬瑭割地给契丹使他成为中原之主，他向南俯临中夏，很有统一中国的野心，那些叛臣降将，引导契丹窃取了中国的政权，人民还要把他们当作主子。耶律德光死后，耶律兀欲、耶律述律互相残杀，这时契丹的势力开始衰竭了，此时正是可乘之机。但是他们尚有很强的力量，要想把他们驱逐出塞外还是不容易的。而且自朱温以来，在中原称王的，所辖地方不过在雍、豫、兖、青一线之中，地方狭小，力量微弱，是不足以逞志的。而且他们建立国家的形状，也是犬牙交错、参差不齐，不能四面封固，这样就不能保证他的内部不乱，也不能保证他有能力兵不强，食不裕，强起而问燕云之故壤，石重贵之覆轨，念之而寒心矣。

然而契丹不北走，十六州不南归，天下终不可得而宁。而欲勤外略，必靖内讧。乃孟氏之在蜀，刘氏之在粤，淫虐已甚，下之也易，而要不足以厚吾力、张吾威也。唯江南之立国也固矣，杨、徐、李阅三姓，而保境息民之谋不改。李璟虽庸，人心尚固，求以胜之也较难。唯其难也，是以胜其兵而足以取威，得其众而足以效用，有其土而足以阜财，受其降而足以息乱。且使兵习于战，以屡胜而张其势；将试于敌，以功罪而择其才。割地画江，无南顾之忧，粤人且遥为效顺。于是逾年而自将以伐契丹，其志乃大白于天下。而中国之威，因以大振。其有疾而竟不克者天也，其略则实足以一天下而绍汉、唐者也。王朴先蜀、粤而后幽、燕之策非也，屡试而骄以疲矣。威方张而未竭，周主亟之，天假之年，中原其底定乎！

26.古乐之亡，自暴秦始。其后大乱相寻，王莽、赤眉、五胡、安、史、黄巢之乱，遗器焚毁，不可复见者多矣。至于柴氏之世、仅有存者，又皆汉以后之各以意仿佛效为者。于是周主荣锐意修复，以属之王朴。朴之说非必合于古也，而指归之要，庶几得之矣。至宋而胡安定、范蜀公、司马温公之聚讼又对外作战。所以不收淮南、江北之地，中国就不能称为中国。守不坚固，兵不强盛，食物不充足，勉强出兵攻打燕云故土，就会重蹈石重贵的覆辙，这些想起来就让人寒心呀！

但是如果契丹不撤出中原，十六州不归复中国，那么天下终究不得安宁。但是要想向外发展，就必须先停止内讧。而孟氏在蜀，刘氏在粤，他们都非常淫虐，攻打他们很容易，但是这些地方即使得到了也不会增强我们的力量，扩大我们的威望。只有江南建国很牢固了，杨、徐、李共历三姓，他们一直奉行保绥疆士使百姓修养生息的政策，李璟虽然昏庸，但人心未散，想要战胜他还比较困难。正因为困难，因而战胜了他们的军队足以取得威望，得到了他们的士兵足以供我们使用，占有他们的土地足以从那里得到财富，接受他们投降还要能够停止那里的动乱，并且使军队习于战斗，让他们屡战屡胜扩大他们的威势，使将领领兵和敌人作战，以他们的功过来决定他们的才能，割地画江，在南方没有后顾之忧。粤人也会在遥远地方效劳顺从他。于是过几年之后出兵讨伐契丹，他的志向于是大白于天下。中国的威望才能因此而大振。如果有疾病而不能治愈，这是天命，这个策略是足以能统一天下并且还能继续汉、唐的雄风。王朴先攻蜀、粤、后攻幽、燕的策略是不对的。屡试之后就会觉得不对了。在威望扩大而没有衰竭的时候，周主及时使用它，上天所授予的机会，中原一定会平定的。

古乐的消亡，从秦朝开始。秦以后，社会动荡不安，大乱频繁，经过王莽、赤眉、五胡、安史、黄巢之乱后，遗留下的乐器都被焚毁了，许多都没有办法再见到了。到了柴荣统治时期，那些仅存的乐器，也大都是汉朝以后的仿制品；于是柴荣决定修复古乐，把这件事交托给王朴去办。王朴的意见不一定和古时的情况相符合，但是那主要的宗旨，却和古时相一致，宋朝时胡瑗、范镇、司马光等又众说纷兴，蔡西山掇拾而著之篇，持之确，析之精。虽然，未见其见诸行事者可以用之也。

孔子曰："大乐必简。"律吕之制，所以括两间繁有之声而归之于简也。朴之言曰："十二律旋相为宫，以生七调，为一均；凡十二均、八十四调而大备。"朴之所谓八十四调者，其归十二调而已。计其鸿细、长短、高下、清浊之数，从长九寸径三分之律，就中而损之，旋相生以相益，而已极乎繁密。九九之数，尽于八十一，过此则目不能察，手不能循，耳不能审，心不能知，虚立至密至赜之差等，亦将焉用之也？蔡氏黄钟之数，十七万七千一百四十七，推而施之大钟大鎛，且有不能以度量权衡分析之者，而小者勿论矣。尽其数于九九八十一而止，升降损益，其精极矣。取其能合之调为十二均足矣。故王朴律准从九寸而下，次第施柱，以备十二律，未为疏也。然自唐以降，能用此者犹鲜。过此以推之于十七万七千一百四十七之密，夫谁能用之哉？大乐必简，繁则必乱，况乎其徒繁而无实邪？

夫两间之声，而欲极其至赜之变，则抑岂但十七万七千一百四十七而已乎？今以人声验之，举一时四海之人，其唇、舌、腭、喉、齿、鼻，举相似也；引气发声，其用均也；乃其人之众，为十七万七千一百四十七者，不知凡几也。虽甚肖者，隔垣而可别，乍相逼以相聆，似矣，而父母妻子则辨之也无有同者。是知天下之声，无涯无算，以十七万七千一百四十七该之，谓之至密，而固不能尽其万一，纭，莫衷一是，于是蔡元定便把它整理成书，书中资料确切，分析精辟。但是，我们还不能知道它是否切实可用。

孔子说："大乐必简。"律吕的规则，是要总括众多的声音然后将他们简缩。王朴说："十二律互相交溶为宫，可以生出七调，称为一均；一共有十二均、八十四调才完备。"王朴所说的八十四调，归纳起来，只有十二调；计算它的鸿细、长短、高下、清浊的数量，长短有九寸，直径长有三，就其中再减去一些，继而会有新的出现并有所增加，这样就太繁密了。九九之数，到八十一为止，超过这个数目，眼睛就看不清楚，手也无法遵循，耳朵也无法分辩，心也不能明白，虚立得太繁密太深奥使其中有许多差别，这样还怎么使用呢？蔡氏黄钟之数，有十七万七千一百四十七个，把它实行于大钟大镈之上，就不能度量权衡分折它了。大的如此，小的就更不用说了。把数目截止到九九八十一个，然后增加删减，这样就能使其精确了。取其中合协的调组成十二均就足够了。所以王朴所立音律的标准是从九寸往下，次第施柱，使十二律完备，他这样做应当是很周密的了。但是自唐以来，能使用这个方法的人几乎没有。超过这个界限而至于十七万七千一百四十七，如此繁密，谁还能使用呢？大乐必定简单易行，繁密就会混乱而难循，更不要说那只是繁密而不实用的乐法了。

天地间的声音，要想达到它的深奥的变化，那十七万七千一百四十七之数怎么能够用呢？现在用人声来检验它。选出同时代的人，使各地都有，他们的唇、舌、腭、喉、齿、鼻，都是相似的，引气发生，也都一样；选取的人有十七万七千一百四十七多个，但却不知总数到底有多少，这些人的声音虽然很相似，但只要把他们分隔开，就可以分别出来，在近处听，也很相似，但他们的父母妻儿却可分辩出来。所以天下的声音，是无边无际不可估算的，用十七万七千一百四十七之数未包括它。虽然说已经很繁密了，但也不则其为法也，抑隘甚矣。

天地之生，声也、色也、臭也、味也、质也、性也、才也，若有定也，实至无定也；若有涯也，实至无涯也。唯夫人之所为，以范围天地之化而用之者，则虽至圣至神、研几精义之极至，而皆如其量。圣者之作，明者之述，就其量之大端，约而略之，使相叶以成用，则大中、至和、厚生、利用、正德之道全矣。其有残缺不修，纷杂相间，以成乎乱者，皆即此至简之法不能尽合耳。故古之作乐者，以人声之无涯也，则以八音节之，而使合于有限之音。抑以八音之无准也，则以十二律节之，而合于有限之律。朴之衍为七调，合为十二均，数可循，度可测，响可别，目得而见之，耳得而审之，心得而知之，物可使从心以制，音可使大概而分。其不细也，乃以不淫人之心志也；过此以往，奚所用哉？

呜呼！王朴极其思虑，裁以大纲，乐可自是而兴矣。至靖康之变，法器复亡，淫声胡乐，爚乱天下之耳，且不知古乐之为何等也。有制作之圣、建中和之极者出焉，将奚所取正哉？如朴之说，固可采也。九寸之黄钟，以累黍得其度数，有一定之则矣。而上下损益，尽之十二变而止。而用黄钟以成众乐也，不限于九寸，因而高之，因而下之，皆可叶乎黄钟之律。则九其九而黄钟之繁变皆在焉，则十一律、七调、十二均之繁变皆在焉。巧足以制其器，明足以察其微，聪足以清其纪，心足以穷其理，约举之而义自弘，古乐亦岂终不可复哉？若苛细烦密之说，有名有数，而不能有实，袛以荧人之心志，而使不敢过是它的万分之一，如果以它来制定法则，那就太狭隘了。

天地之中，有声、色、臭、味、质、性、才。看起来好像有定数，其实没有，看起来好像有边际，其实没有。人们规范天地造化而为之用，虽然他是至圣至神的人，虽然他研究精义已很深，但他的行为也有一定的限度。圣人的作品，聪明人的论述，只要取其精辟的部分，删改修整，使它适于实用，那么大中、至和、厚生、利用、正道这些道理就完备了。如果这中间有残缺而不能修的地方，有纷乱相杂以至于很混乱的地方，那么用这种方法就能修正它。所以古时制定尔去的人。因为人声无有边际，便用八个音节来节制，使它合于有限的音律。又因为八音也有不准确地方，就用十二音律来节制，使它合于有限的音律。王朴把音律扩展为七调，合为十二均，这样，就有数量可循，也可以测度，可以分辨声音眼睛能看见，耳朵也能分辨它，心也能明白它，可以随心意来节制物，也可以大略划分声音，但它还不够致密，就是不能惑乱人们的心志；如果超过了这些，还有什么用呢？

哎！王朴尽心思考，制定大纲，古乐大概可以从此而恢复兴旺了。但到了靖康之变的时候，法器又全部毁灭，淫声胡乐，扰乱了天下人的视听，没有人知道古乐是什么了。如果有能制作的人，能建中和的人出现，又将从哪里取得正确的依据呢？王朴的意见，是可以采用的。九寸的黄钟，凭累黍就可测知它的度数，是因为它有一定的规则。但是增加删改，也不过十二种变化罢了。用黄钟来演奏别的音乐，那么就不能限于九寸，可因实际情况或高或低，都可凭借黄钟的音律来演奏，那么九其九而黄钟的各繁杂变化都在其中了，那么十一律、七调、十二均的繁琐变化都在其中了。灵巧可以制造器具，明白可以察其细微，辨别声音，可以分清它的法度，心可以明白它的道理，约略举出其内容就能显得很广博，古乐难道真的不能恢复吗？像那苛细繁密的说法。有名有数，却不能有实，只不过疑惑人的心志使他言乐，京房以下之所以为乐之赘疣也。折中以成必简之元声，尚以俟之来哲。

们不敢谈论音乐，这就是为什么京房以下会成为音乐中多余的部分的原因。寻找一个标准来制定简略的基本的乐声，这还需要以后有才能的人来做。

卷末

叙论一

论之不及正统者，何也？曰：正统之说，不知其所自昉也。自汉之亡，曹氏、司马氏乘之以窃天下，而为之名曰禅。于是为之说曰：“必有所承以为统，而后可以为天子。”义不相授受，而强相缀系以掩篡夺之迹，抑假邹衍五德之邪说与刘歆历家之绪论，文其诐辞，要岂事理之实然哉？

统之为言，合而并之之谓也，因而续之之谓也。而天下之不合与不续也多矣！盖尝上推数千年中国之治乱以迄于今，凡三变矣。当其未变，固不知后之变也奚若，虽圣人弗能知也。商、周以上，有不可考者。而据三代以言之，其时万国各有其君，而天子特为之长，王畿之外，刑赏不听命，赋税不上供，天下虽合而固未合也。王者以义正名而合之。此一变也。而汤之代夏，武之代殷，未尝一日无共主焉。及乎春秋之世，齐、晋、秦、楚各据所属之从诸侯以分裂天下；至战国而强秦、六国交相为从衡，赧王朝秦，而天下并无共主之号，岂复有所谓统哉？此一合一离之始也。汉亡，而蜀汉、魏、吴三分；晋东渡，而十六国与拓拔、高氏、宇文裂土以自帝；唐亡，而汴、晋、江南、吴越、蜀、粤、楚、闽、荆南、河东各帝制以自崇。士其土，民其民，或迹示臣属而终不相维系也，无所统也。六国离，而秦苟合以及汉；三国离，而晋乍合之，非固合

《读通鉴论》为什么不涉及正统呢？这是因为：正统之说，不知自何时开始。汉亡以后，曹氏、司马氏乘机窃取天下，反美其名曰禅让。于是便有人为它找理论根据说："必须有所继承才能称为正统，而后才能成为名符其实的天子"。从道义上讲，决不能把天子大权授予篡权者，然而他们到处寻找理论依据来掩盖其篡权之实，证明他们是正统；他们还假借邹衍的阴阳五行的邪说及刘歆历法的学说来附会自己，这岂能是真理？

所谓统，就是大一统，而后继续的行为，可是国家不统一不继续的时候很多！就拿从古至今数千年的中国历史来说吧，已经发生了三次大变革了。当它未发生变革时，决不可能知道以后会发生什么变革，即使圣人也不会知道。商、周以前的历史多为传说。就以夏商周三代的历史为例，当时众小诸侯国各有其国君，而天子只是名义上一国之主，在首都以外的地方，诸侯国各行其事，天子的号令就行不通，连赋税也没人上交，国家名义上是统一的，但实际上并不统一。有道明君根据道义使国家得到统一，就是一次变革。而成汤取代夏朝，武王王取代殷商，国家没有一天没有共同的君主的。春秋时期，齐、晋、秦、楚各自称霸一方，争夺天下；到了战国时期秦与六国合纵联横互相称雄，周赧王反而去秦国朝拜，国家没有统一的天子，哪还有正统可言？这段历史是我国统一分裂的开始。汉朝亡后，蜀、魏、吴三国鼎立；西晋灭亡后，司马氏又在江南建立东晋，此方十六国各自称帝；唐朝亡后，中国历史进入五代十国，各据一方，统治人民，互相攻伐，今天你亡我，明天我灭你，更无正统可言。齐、楚、燕、韩、魏、赵被秦统一直到汉、魏、蜀、吴三国分裂，被晋统一，并非永也。五胡起，南北离，而隋苟合之以及唐；五代离，而宋乃合之。此一合一离之局一变也。至于宋亡以迄于今，则当其治也，则中国有共主；当其乱也，中国并无一隅分据之主。盖所谓统者绝而不续，此又一变也。夫统者，合而不离、续而不绝之谓也。离矣，而恶乎统之？绝矣，而固不相承以为统。崛起以一中夏者，奚用承彼不连之系乎？

天下之生，一治一乱。当其治，无不正者以相干，而何有于正？当其乱，既不正矣，而又孰为正？有离有绝，固无统也，而又何正不正邪？以天下论者，必循天下之公，天下非夷狄盗逆之所可尸，而抑非一姓之私也。惟为其臣子者，必私其君父，则宗社已亡，而必不忍戴异姓异族以为君。若夫立乎百世以后，持百世以上大公之论，则五帝、三王之大德，大命已改，不能强系之以存。故杞不足以延夏，宋不足以延商。夫岂忘禹、汤之大泽哉？非五子不能为夏而歌雒汭，非箕子不能为商而吟麦秀也。故昭烈亦自君其国于蜀，可为汉之馀裔；而拟诸光武，为九州兆姓之大君，不亦诬乎？充其义类，将欲使汉至今存而后快，则又何以处三王之明德，降苗裔于编氓邪？

蜀汉正矣，已亡而统在晋。晋自篡魏，岂承汉而兴者？唐承隋，而隋抑何承？承之陈，则隋不因灭陈而始为君；承之宇文氏，则天下之大防已乱，何统之足云乎？无所承，无所统，正不正，存乎其人而已矣。正不正，人也；一治一乱，天也。犹日之有昼夜，月之有朔、弦、望、晦也。非其臣子以德之顺逆久统一，五胡在北方兴起，中国南北又分裂，隋朝统一了全国直到唐代；五代时期国家又分裂，宋朝把它统一了。这是我国历史又一次从分裂走向统一。至于宋朝灭亡直到今天国家得到治理，是因为国家有统一的天子，国家暂时离乱，也没有分裂割据的皇帝。这是因为没有人再去争谁是正统，谁是正统的继承者，这是我国历史的又一次变革。所谓统，就是从分裂走向统一，续就是有所继承而不间断。搞分裂，会赞成统一吗？灭绝了，就不会继承统一了。在中原崛起统一了华夏的人，还需要用什么与继承不相关连的系统的名义吗？

一个朝代建立后，有治有乱。当其兴旺发达时，没有不正的东西来干扰，谈正有什么用呢？发生动乱时，就是因为没有了正，谁还算正呢？有分裂，有断绝，本来就没有统，还有什么正与不正的区别呢？就整个天下来说；必须遵循大公无私的规律，天下不是少数民族与盗贼能统治的不是一家一姓的天下。当人臣子的，必须忠于君主，如果国家灭亡了，决不忍心拥戴异族异姓为君主。如果一个朝代存在很久，就以大公论之，那么五帝、三王有那么大的德，但天命已改，还是不能永存的。所以杞不能延长夏的统治，宋不能延长商的统治。怎能忘记禹、汤的大恩大德呢！只有五子才能为夏而歌洛汭，只有箕子才能为了商朝而吟颂麦秀。所以刘备也能在四川称帝，自以为刘汉王朝的继承人；如果把他比作中国大一统的皇帝刘秀，不是乱弹琴吗？按这个逻辑推论，想使汉至今永存才算完美，那么三王把苗裔赶在深山老林和边远地区的功德放在什么位置呢！

蜀汉是正统，亡后正统在晋。可是晋是篡夺魏的政权而得天下，岂是继承汉而建立的？唐朝承继隋朝，而隋是承继谁呢？如果说他是承继陈，则隋不是灭陈之后才称帝；是承继宇文氏，如是则朝代的更迭已乱，还有什么正统可言？天有什么继承，没有什么正统，正与不正完全是因人而异。正不正，完全是人决定的；一治一乱，取决定天命之去留，而詹詹然为已亡无道之国延消谢之运，何为者邪？宋亡而天下无统，又奚说焉？

近世有李槃者，以宇文氏所臣属之萧岿，为篡弑之萧衍延苟全之祀，而使之统陈。沙陀夷族之朱邪存勖，不知所出之徐知诰，冒李唐之宗，而使之统分据之天下。父子君臣之伦大紊，而自矜为义，有识者一吷而已。若邹衍五德之说，尤妖妄而不经，君子辟之，断断如也。

叙论二

天下有大公至正之是非焉，匹夫匹妇之与知，圣人莫能违也。然而君子之是非，终不与匹夫匹妇争鸣，以口说为名教，故其是非一出而天下莫敢不服。流俗之相沿也，习非为是，虽覆载不容之恶而视之若常，非秉明赫之威以正之，则恶不知惩。善亦犹是也。流俗之所非，而大美存焉；事迹之所阂，而天良在焉。非秉日月之明以显之，则善不加劝。故《春秋》之作，游、夏不能赞一辞，而岂灌灌谆谆，取匹夫匹妇已有定论之褒贬，曼衍长言，以求快俗流之心目哉？庄生曰："《春秋》经世之书，圣人议而不辩。"若华督、宋万、楚商臣、蔡般，当春秋之世，习为故常而不讨，乃大书曰"弑其君"。然止此而已，弗俟辩也。以此义推之，若王莽、曹操、朱温辈之为大恶也，昭然见于史策，匹夫匹妇得以诟厉之于千载之下，而又何俟论史者之喋喋哉？

今有人于此，杀人而既服刑于司寇矣，而旁观者又大声疾于天命；这就如同天有昼夜，月有圆缺，初一、十五一样。这不是他的臣子能用德的顺逆理论来决定天命的；还有迷迷糊糊地为已经灭亡的无道之国延长寿命的，这何必呢！宋亡而天下无统，又怎么说呢？

近来有个叫李槩的人，以宇文氏所臣属的萧岿，为弑君篡权萧衍延续国祚，让他成为陈的正统。沙陀族的朱邪存勖，不知其祖先为谁的徐知诰，却冒充李唐王朝的宗室，说自己割据的天下是正统。父子君臣之伦大乱，还自称是义，有知识的人只是小声说说罢了。像邹衍的五德之说，尤其妖妄而不经，有识之士都会同他辩论并批判他的。

天下有大公至正的是非，普通人都知晓，圣人不能回避。当时君子所认为的是非，不能与普通人争鸣，平时宣传名教，所以理论一出天下人不敢不服，流俗相沿下来，习惯了将不正确的事当成正确的，虽然有不能容忍的大恶存在也看得很平常，如果不下大力气去纠正，罪恶就得不到惩罚。好事也是这样，流俗认为是不好的东西实际是很好的，对问题的认识虽有不同，但真理永远存在；如果不用日月那样的光明照耀他，美好的行为就得不到鼓励。所以《春秋》问世后，子游、子夏没有一句增加之词，怎能谆谆教导，将普通人已有定论的褒贬，变幻离奇的语言，以满足俗人的要求？庄生说：“《春秋》是部治世大典，圣人只记载它而不评论它。”如华督、宋万、楚商臣、蔡般，都生活在春秋时代，已习以为常而不去研究，乃大书曰：“弑其君”。也不过如此而已，没有任何评论。用这个道理推论，像王莽、曹操、朱温这些大坏蛋，都明明白白地写在史书里，千百年来普通人都指责、痛恨他们，又何必等史学家喋喋不休的说教呢？

现在有个人，因杀人而被法院判刑，旁观者又大声疾呼号召人呼以号于人曰：此宜杀者。非匹夫匹妇之褊躁，孰暇而为此？孟子曰："《春秋》成而乱臣贼子惧。"惟其片言而折，不待繁言，而彼诈遁之游辞不能复逞。使圣人取中肩之逆、称王之僭，申明不已，而自谓穷乱贼之奸，彼奸逆者且笑曰：是匹夫匹妇之巷议也，而又奚畏焉。

萧、曹、房、杜之治也；刘向、朱云、李固、杜乔、张九龄、陆贽之贞也；孔融、王经、段秀实之烈也。反此而为权奸、为宦寺、为外戚、为佞幸、为掊克之恶以败亡人国家也。汉文、景、光武、唐太宗之安定天下也，其后世之骄奢淫泆自贻败亡也。汉高之兴，项羽之亡，八王之乱，李、郭之功，史已详纪之，匹夫匹妇闻而与知之。极词以赞而不为加益，闻者不足以兴；极词以贬而不为加损，闻者不足以戒。唯匹夫匹妇悻悻之怒、沾沾之喜，繁词累说，自鸣其达于古者，乐得而称述之。曾君子诱掖人之善而示以从入之津，弭止人之恶而穷其陷溺之实，屑侈一时之快论，与道听涂说者同其纷呶乎？故编中于大美大恶、昭然耳目、前有定论者，皆略而不赘。推其所以然之繇，辨其不尽然之实，均于善而醇疵分，均于恶而轻重别，因其时，度其势，察其心，穷其效，所繇与胡致堂诸子之有以异也。

叙论三

论史者有二弊焉：放于道而非道之中，依于法而非法之审，褒其所不待褒，而君子不以为荣；贬其所不胜贬，而奸邪们说：此人应当判处死刑。除了无知识的人乱喊外，谁有功夫做这种傻事？孟子说："《春秋》成而乱臣贼子惧。"一句话命中要害.不需要长篇大论就驳倒了欺诈的谎言。如果写出的人不去揭露叛逆者、篡权者的罪行，只是简单的说说他们对社会的危害性；那些乱臣贼子就会说："这是一般人街谈巷议之言，没有什么可怕的。"

萧何、曹参、房玄龄、杜如晦都是治世能臣；刘向、朱云、李固、杜乔、张九龄、陆贽都是品德高尚的学者；孔融、王经、段秀实都是刚正不阿之士；但他们有的被权奸、有的被宦官，有的被外戚、有的被宠幸的小人所陷害；汉文帝、汉景帝、汉光武、唐太宗一些明君，使国家繁荣昌盛，人民安居乐业；但他们的子孙却骄奢淫逸，使国家败亡；汉高祖能得天下，项羽却乌江自刎，晋朝八王之乱，唐代李光弼、郭子仪平叛之功，史书上都有详细记载，妇孺皆知用最美好的语言形容他们，听的人也不会高兴；用最坏的语言形容他们，听的人也不会引以为戒。只有普通百姓才会忽而高兴，忽而恼怒，絮絮道道说个不停，自认为自己通晓历史，到处给人讲。君子要善于教育人并指明前进的道路，劝说人不做坏事不陷害别人，绝对不要为了一时高兴，就与道听途说者唠唠叨叨。所以本书中对那些大美大恶、昭然耳目、前有定论的东西，都略去不写。推其为什么这样做的原因，评论不完全这样的道理，择善而行，分别轻重，因其时，度其势，察其心，穷其效，就知道与胡致堂等人有所不同。

论历史的人有两个弊端：如果用原则来衡量，他们都不够标准，褒贬不适，君子不以为荣，奸佞之徒反以为笑；就是有错误，尚顾以为笑。此既浅中无当之失矣。乃其为弊，尚无伤于教、无贼于民也。抑有纤曲嵬琐之说出焉，谋尚其诈，谏尚其谲，徼功而行险，干誉而违道，奖诡随为中庸，夸偷生为明哲，以挑达摇人之精爽而使浮，以机巧裂人之名义而使枉。此其于世教与民生也，灾愈于洪水，恶烈于猛兽矣。

盖尝论之：史之为书，见诸行事之征也，则必推之而可行。战而克，守而固，行法而民以为便，进谏而君听以从，无取于似仁似义之浮谈，祇以致悔吝而无成者也。则智有所尚，谋有所详，人情有所必近，时势有所必因，以成与得为期，而败与失为戒，所固然矣。然因是而卑污之说进焉，以其纤曲之小慧，乐与跳荡游移、阴匿钩距之术而相取；以其躁动之客气，迫与轻挑忮忿、武健驰突之能而相依；以其妇姑之小慈，易与狐媚猫驯、淟涊柔巽之情而相昵。闻其说者，震其奇诡，歆其纤利，惊其决裂，利其呴呕，而人心以蛊，风俗以淫，彝伦以斁，廉耻以堕。若近世李贽、钟惺之流，导天下于邪淫，以酿中夏衣冠之祸，岂非逾于洪水、烈于猛兽者乎？

溯其所繇，则司马迁、班固喜为恢奇震耀之言，实有以导之矣。读项羽之破王离，则须眉皆奋而杀机动；览田延年之责霍光，则胆魄皆张而戾气生。与市侩里魁同慕汲黯、包拯之绞急，则和平之道丧；与词人游客共叹苏轼、苏辙之浮夸，则惇笃之心离。谏而尚谲，则俳优且贤于伊训；谋而尚诈，则甘誓不齿于孙、吴。高允、翟黑子之言，祇以奖老奸之小信；李克用三垂冈之叹，抑以侈盗贼之雄心。甚至推胡广之贪庸以抑无伤害政教，危害百姓。还有些怪异的说法，谋略超过其诈，劝谏不直接了当，而是隐隐约约，邀取功名而行走险路，干求荣誉而违背道义，奖励诡诈说是中庸，夸耀怕死偷生为明哲保身，企图使忠诚老实之人轻浮，以巧言花语使人枉妄；其危害国家与人民比洪水猛兽还厉害。

常言说：写历史，就是以史为鉴。用以教育人民，攻必克，战必胜，遵照历史经验，人民感到方便，用历史劝谏君主他能听从，不能用似是而非的空谈，使人民无所邃从。智者见智，仁者见仁，人情如此，事情都有原因，以成功为目的，以失败为鉴戒，这就是结论。然而因此就用卑污的语言，耍小聪明，玩文字游戏，以权术骗人，以其轻率的举动，挑起刚愎自用或一介武夫按照自己的意图前进；以其妇姑之小慈，而与狐媚猫驯、污浊柔异之情相亲昵。听到这些说法，为其奇怪诡计所动，喜欢其小利，拉帮结派，互为声援；这些人心狠毒，风俗败坏，道德沦丧，思想堕落。像近世李贽、钟惺这类人，诱导大家走上邪淫，是华夏礼仪之邦的祸害，不是比洪水猛兽还厉害吗?

追根求源，则是因司马迁、班固喜欢恢奇震耀的言论，实在是他们诱导的结果。读项羽攻破王离，则偕人振奋，也想拿起武器奔赴战场；看田延年之责霍光，无比愤概。与市侩闾里首领一起美慕汲黯、包拯刚烈急切的性格，则和平之道丧失；与词人游客共叹苏轼、苏辙之浮夸，则忠厚笃诚之心离。规劝崇尚欺诳，则艺人贤于《伊训》；计策崇尚诡诈，则《甘誓》不齿于孙式、吴起。高允、翟黑子之言，是鼓励老奸之小信；李克用三垂冈之叹，是给盗贼鼓劲。甚至以胡广之贪庸来打击忠直，而满足庸俗鄙陋之人的心志，表扬冯忠直，而惬鄙夫之志；伸冯道之逆窃以进夷盗，而顺无赖之欲。轻薄之夫，妄以为慷慨悲歌之助；雕虫之子，喜以为放言饰说之资。若此之流，允为残贼，此编所述，不敢姑容。刻志兢兢，求安于心，求顺于理，求适于用。顾惟不逮，用自惭恧，而志则已严，窃有以异于彼也。

叙论四

1.治道之极致，上稽《尚书》，折以孔子之言，而蔑以尚矣。其枢，则君心之敬肆也；其戒，则怠荒刻核，不及者倦，过者欲速也；其大用，用贤而兴教也；其施及于民，仁爱而锡以极也。以治唐、虞，以治三代，以治秦、汉而下，迄至于今，无不可以此理推而行也；以理铨选，以均赋役，以诘戎兵，以饬刑罚，以定典式，无不待此以得其宜也。至于设为规画，措之科条，《尚书》不言，孔子不言，岂遗其实而弗求详哉？以古之制，治古之天下，而未可概之今日者，君子不以立事；以今之宜，治今之天下，而非可必之后日者，君子不以垂法。故封建、井田、朝会、征伐、建官、颁禄之制，《尚书》不言，孔子不言，岂德不如舜、禹、孔子者，而敢以记诵所得者断万世之大经乎？

《夏书》之有《禹贡》，实也，而系之以禹，则夏后一代之法，固不行于商、周；《周书》之有《周官》，实也，而系之以周，则成周一代之规，初不上因于商、夏。孔子曰：“足食，足道的叛逆行为，而顺从无赖的贪欲。轻荡之人，妄自认为慷慨悲歌就有所助益，雕虫小技之人，庆幸认为放纵言论虚伪巧言就能长善救失。像这类人，允许他们毁坏，此书所述，不敢姑且纵容，刻志兢兢，求于心安定，求于理顺从，求在用上适合。回想自己，感到惭愧；但我对自己要求很严格，这乃是不同于他人的地方。

国家的管理制度，是依据《尚书》制定的，以孔子的言论加以判断，好到不能再好了。治理国家的关键，在于君主是否尊守制度；应戒除的是懈怠政事，过分刻苛，达不到就厌烦，超过了就想更快一些，它最大的用处，在于任用贤人使他们兴教化；行施于民，君主应该对人民仁爱，给他们更多的利益。用它来治理唐尧、虞舜，治理三代，治理秦朝、汉朝，直到今天，都可以用这个道理来推行；用它来整饬官吏的选拔，用它来平均赋役，用它来整顿军队，用它来整治刑罚，用它来规定典章，都是因此而得好处的。至于设计规画，筹措科条，《尚书》中没有说，孔子也没有说，难道是留下实而不求于详吗？以古时的法制，治古时的国家，但是却不能限制今日，这是因为君了不以它为法规；用今日的法规，治今日之天下，而不能决定以后的事情，这是君子不愿使此法流传，所以封建、井田、朝会、征伐、建官、颁禄这些制度，《尚书》中不论及，孔子也不论及。难道德不如舜、禹、孔子的人也敢凭他记诵所得的知识来判断那万世的大经吗？

《夏书》中有《禹贡》，这是真的，但它是联属于禹的，所以夏代的法制，在商、周时是不实行的。《周书》中有《周官》，这是真的，但他联属于周，所以成周一代的法规，最初没有沿袭于夏、商。孔子说："食物充足，士兵充足，百姓守信。"怎样才能充足，怎样才能诚兵，民信之矣。”何以足，何以信，岂靳言哉？言所以足，而即启不足之阶；言所以信，而且致不信之咎也。

孟子之言异是，何也？战国者，古今一大变革之会也。侯王分土，各自为政，而皆以放恣渔猎之情，听耕战刑名殃民之说，与《尚书》、孔子之言，背道而驰。勿暇论其存主之敬怠仁暴，而所行者，一令出而生民即趋入于死亡。三王之遗泽，存十一于千百，而可以稍苏，则抑不能预谋汉、唐已后之天下，势异局迁，而通变以使民不倦者奚若。盖救焚拯溺，一时之所迫，于是有“徒善不足为政”之说，而未成乎郡县之天下，犹有可遵先王之理势，所繇与《尚书》、孔子之言异也。要非以参万世而咸可率繇也。

编中所论，推本得失之原，勉自竭以求合于圣治之本。而就事论法，因其时而酌其宜，即一代而各有弛张，均一事而互有伸诎，宁为无定之言，不敢执一以贼道。有自相蹠盭者矣，无强天下以必从其独见者也。若井田、封建、乡举、里选、寓兵于农、舍笞杖而行肉刑诸法，先儒有欲必行之者矣。袭《周官》之名迹，而适以成乎狄道者，宇文氏也；据《禹贡》以导河，而适以益其溃决者，李仲昌也。尽破天下之成规，骇万物而从其记诵之所得，浸使为之，吾恶知其所终哉！

2.旨深哉！司马氏之名是编也。曰“资治”者，非知治知乱而已也，所以为力行求治之资也。览往代之治而快然，览往代之乱而愀然。知其有以致治而治，则称说其美；知其有以召实可信，难道是不愿说吗？说他为什么充足，要立刻说出不足的理由，说他为什么诚实，就要求找到不诚实的原因。

孟子的言论和这不一样，这是为什么呢？战国时期，是古今一大变革的时期。侯王分疆裂土，各自为政，但是他们都以放纵恣肆捕鱼打猎贪逐美色之情，听从那些《耕战》、《刑名》、《殃民》的学说，这些都是和《尚书》、孔子的言论背道而驰的。没有功夫讨论那时君主们的诚敬荒怠仁爱凶暴的行为，他们所作的，是一下令而百姓就要死亡。三王遗留的美德，大约只留下了十分之一，虽然可以稍有恢复，但仍不能预料到汉、唐以后的情况，时代不同了，而变通不使百姓厌烦的政策又在哪里呢。救火和救落水者，本是急迫的事情，于是便有只有善政不能称为政的说法；但是国家还没有施行郡县治，还仍有先王的理势存在，原因就在于和《尚书》、孔子的言论有差异。世上决没有一成不变的法规可以遵循。

本书中所论述的，在于推求得失的根本，使勉强符合于圣人治理的根本；而且就事论法，是因时制宜的，即每一代的法令都有松有紧，同样的事情却都互有伸屈，我宁可把这些作为不确定的议论，也不敢偏执不正确的言论，这里有自相矛盾的议论，我不敢强使天下人信从我个人的见解。像井田、封建、乡举、里选，寓兵于农、去掉鞭笞、仗锤而施行残害身体的刑罚，这些法律以前也有人想要这样实行。沿用《周官》的办法，实行起来很合适，于是使形成少数民族的法规，这是宇文氏所做的。根据《禹贡》来疏导河流，对治理江河溃决有用处，这是李仲昌作的。尽破天下的成规，惊骇于万物而依据他记诵所得的东西，逐渐实行，我不知道它的结果会如何。

司马光给这本书取的名字，意义很深刻呀！称其为“资治”；不仅是为了知治知乱而已，也是为了要寻求治国的经验。看到以前人们治理得好，心里就特别高兴，看到以前天下的混乱，心里就会感到很乱而乱，则诟厉其恶。言已终，卷已掩，好恶之情已竭，颓然若忘，临事而仍用其故心，闻见虽多，辨证虽详，亦程子所谓“玩物丧志”也。

夫治之所资，法之所著也。善于彼者，未必其善于此也。君以柔嘉为则，而汉元帝失制以酿乱；臣以戆直为忠，而刘栖楚碎首以藏奸。攘夷复中原，大义也，而梁武以败；含怒杀将帅，危道也，而周主以兴。无不可为治之资者，无不可为乱之媒。然则治之所资者，一心而已矣。以心驭政，则凡政皆可以宜民，莫匪治之资。而善取资者，变通以成乎可久。设身于古之时势，为己之所躬逢；研虑于古之谋为，为己之所身任。取古人宗社之安危，代为之忧患，而己之去危以即安者在矣；取古昔民情之利病，代为之斟酌，而今之兴利以除害者在矣。得可资，失亦可资也；同可资，异亦可资也。故治之所资，惟在一心，而史特其鉴也。

“鉴”者，能别人之妍媸，而整衣冠、尊瞻视者，可就正焉。顾衣冠之整，瞻视之尊，鉴岂能为功于我哉！故论鉴者，于其得也，而必推其所以得；于其失也，而必推其所以失。其得也，必思易其迹而何以亦得；其失也，必思就其偏而何以救失；乃可为治之资，而不仅如鉴之徒县于室、无与炤之者也。

忧伤，知道他有办法治理，就称说他的好办法，知道他的作法引起了混乱，就斥责他的不好；议论已经完了，书已经合上了，好恶之情也没有了，像忘了一样，遇到事情仍按他的旧想法去做，听到见到的很多，议论观察得也很仔细，但这都不过是程子所谓的“玩物丧志”罢了。

治理所需要的是法规。善于做那些事的，未必就善于做这些事。君主如果以柔和美善为原则，那么就有汉元帝丧失法制而导致国家混乱的事情出现，如果臣子以戆直为忠义的话，那么就有刘栖楚因藏奸而被杀的事。抵抗外夷，恢复中原，这是大义所在，但是梁武帝却失败了；因怒杀戮将帅，这是极其危险的作法，但后周君主他却因此而使国家强盛了。没有不可以作为治理的经验的，也没有不可以作为动乱的依据的。然而治理所应凭借的，应当是心。用心来控制政事，那么什么政策都可以适合于民，没有错误的治理之资；善于取得经验的人，变通以后就可以使法规施行很久，设想自己处于古时的形势中，就像自己亲身所经历的一样；研究考虑古时的谋略，把他作为自己的任务。取古人国家的安危，使自己为之忧患，那么自己就会为它寻找除危即安的方法；取古时民情的利病，让自己来为他考虑；那么现在的兴利除害的方法就有了。做对了的事情可以借鉴，错了的事情也可以借鉴，相同的事情可以借鉴，不同的也可以借鉴。所以，治国所借鉴的，只在于心，历史只不过是用来作借鉴的。

“鉴”即镜子，可以看出人的面貌美丑，衣冠是否整齐、瞻视是否尊严，都可以纠正过来。然而衣冠之整齐、瞻视之尊严，镜子对我有什么功劳呢？所以谈论借鉴的人，对于成功的事情，都要找出它成功的原因，对于失败的事情，都要找出失败的原因。成功了的，必定要循着它的道路走，考虑怎样做才对，失败了的，就要考虑它的偏颇，怎样才能挽救错误，这样才可以作为治理的凭借。而不是只让镜其曰“通”者，何也？君道在焉，国是在焉，民情在焉，边防在焉，臣谊在焉，臣节在焉，士之行己以无辱者在焉，学之守正而不陂者在焉。虽扼穷独处，而可以自淑，可以诲人，可以知道而乐，故曰“通”也。

引而伸之，是以有论；浚而求之，是以有论；博而证之，是以有论；协而一之，是以有论；心得而可以资人之通，是以有论。道无方，以位物于有方；道无体，以成事之有体。鉴之者明，通之也广，资之也深，人自取之，而治身治世、肆应而不穷。抑岂曰此所论者立一成之侀，而终古不易也哉！

子空悬于室，却不使用它。

取名“通”，为什么呢？是因为这里有为君之道，有国家大政方针，有民情，有边防，有臣谊，有臣节，还有君子怎样做才不辱没气节，还有怎样学才不变得邪恶。虽扼穷独处，却可以洁身自好，也可以教育别人，可以知晓道义而感到高兴，所以取名曰“通”

引伸其义，因而有议论。深入探求，因而有议论；旁证博引，因而有议论；合并统一，因而有议论，自己明白而可以使别人也明白，于是有议论。道义无方，就以位物于有方；道义无体，就以成事之有体。借鉴的人可使之聪明，通晓的也就很多，借鉴的更深广。人人都可从中取得鉴戒，治身治世，随意应用都没有穷尽。怎么能说这里所议论的就是一成不变的呢！

图书在版编目（CIP）数据

文白对照读通鉴论 / (清) 王夫之著；伊力译. --
北京：团结出版社, 2018.3

ISBN 978-7-5126-6185-1

Ⅰ. ①文… Ⅱ. ①王… ②伊… Ⅲ. ①中国历史—古代史—编年体②《资治通鉴》—译文 Ⅳ. ①K204.3

中国版本图书馆CIP数据核字(2018)第041048号

出版：团结出版社

（北京市东城区东皇城根南街84号 邮编：100006）

电话：(010) 65228880　　65244790　(传真)

网址：www.tjpress.com

Email：65244790@163.com

经销：全国新华书店

印刷：北京盛彩捷印刷有限公司

开本：148×210　1/32

印张：75.5

字数：1800千字

版次：2018年11月 第1版

印次：2018年11月 第1次印刷

书号：978-7-5126-6185-1

定价：256.00元（全4册）